BYRFODDAU

≈	yn cyfateb i	GRAM	
®	nod masnachu	gw.	
adf	adferf	gw.h.	gweler hefyd
AMAETH	amaethyddol	GWLEID	gwleidyddiaeth
amhers	amhersonol	HAN	hanes, hanesyddol
amod	amodol	ll	lluosog
ANAT	anatomeg	LLEN	llenyddiaeth
ans	ansoddair	llen	llenyddol
anwedd	iaith anweddus	llyth	llythrennol
ardd	arddodiad	MASN	masnachol
ASTROL	astroleg	MATH	mathemateg
ASTRON	astronomeg	MEDD	meddygaeth
AWYR	awyrennol	MIL	militaraidd
ayb	ac yn y blaen	MODUR	trafnidiaeth, moduron, ceir
b	benywaidd	MOR	morio, morwrol
ban	y fannod	MWYN	mwyngloddio
be	berf	PENS	pensaernïaeth
be.gyn	berf gynorthwyol	PRIFYSG	prifysgol
be.a	berf anghyflawn	rhag	rhagenw
be.e	berf enw	rhag gofyn	rhagenw gofynnol
be.g	berf gyflawn	rhag medd	rhagenw meddiannol
BEIBL	o'r Beibl	rhag perth	rhagenw perthynol
BIOL	bioleg	rhagdd	rhagddodiad
BOT	botaneg	RHEILFF	rheilffordd
byrf	byrfodd	rhif	rhifol
CELF	celf	rhn	rhywun
CEM	cemeg	rhth	rhywbeth
CERDD	cerddoriaeth	rn	rywun
COG	coginio	rth	rywbeth
CREF	crefydd	sgyrs	sgyrsiol
cyf	gradd gyfartal	SÔOL	swôleg
CYFR	cyfreithiol	TECH	technoleg
CYFDR	cyfrifiadureg	TECS	tecstilau
CYFRYNG	cyfryngau	TEL	telathrebu
CYLL	cyllid	TRYD	peirianneg drydan
cymh	gradd gymharol	TYW	tywydd
cys	cysylltair	THEAT	theatr
CHWA	chwaraeon	YSG	ysgol
DAEAR	daearyddiaeth		
dib	dibynnol		
dif	difrïol		
DIWYD	diwydiant		
ebych	ebychiad		
eith	gradd eithaf		
ffig	ffigurol		
FFILM	ffilm, sinema		
FFIS	ffiseg		
FFOTO	ffotograffiaeth		
g	gwrywaidd		
geir	geiryn		
gorch	gorchymyn		

GEIRIADUR

Almaeneg–Cymraeg
Cymraeg–Almaeneg

◆◆

WÖRTERBUCH

Deutsch–Walisisch
Walisisch–Deutsch

Wolfgang Greller
Marcus Wells   Bethan Powell
Mererid Hopwood
Heini Gruffudd

yn cynnwys yr orgraff Almaeneg newydd

ISBN 1-85644-417-1

Argraffiad cyntaf: Hydref 1999

Cyhoeddwyd gan: Y Ganolfan Astudiaethau Addysg
Prifysgol Cymru
Yr Hen Goleg
Aberystwyth
Ceredigion SY23 2AX
Cymru/Wales

♦ ♦

Tîm golygyddol

Cyfarwyddwr a Phrif Olygydd: Wolfgang Greller
Golygyddion: Marcus Wells, Bethan Powell, Mererid Hopwood
Golygydd Ymgynghorol: Heini Gruffudd
Cynorthwy-wyr: Alun Jones, Kathryn Jones, Ceri James, Myfanwy Williams
Clawr: Enfys Beynon Jenkins
Argraffu: Argraffwyr Cambria, Aberystwyth

Cydnabyddiaethau: Fe hoffem ddiolch i Awdurdod Cwricwlwm, Cymwysterau ac Asesu Cymru am noddi'r fenter hon. Ein diolch cywiraf i Medwin Hughes a staff Coleg y Drindod, Caerfyrddin am eu cydweithrediad parod a'u hynawsedd yn ystod cyfnod paratoi'r geiriadur hwn. Diolch hefyd i aelodau'r pwyllgor monitro am fwrw golwg dros y deunydd ac am eu hawgrymiadau gwerthfawr. Fe hoffem hefyd ddiolch i Marian Giles Jones am ei chefnogaeth a'i chyngor. Bu yn gefn i'r fenter o'r dechrau. Bu Bruce Griffiths yntau yn hynod gefnogol gan gynnig nifer o awgrymiadau gwerthfawr. Fe hoffem ddiolch i Meirion Davies a thîm golygyddol y Geiriadur Ffrangeg – Cymraeg yn ogystal â Glyn Saunders Jones o'r Ganolfan Astudiaethau Addysg ym Mhrifysgol Cymru Aberystwyth am eu cefnogaeth a'u cymorth parod.

RHAGAIR

Yn sgil y twf enfawr a welwyd ym maes addysg drwy gyfrwng y Gymraeg yn ystod y blynyddoedd diwethaf, daeth dysgu ieithoedd modern drwy gyfrwng y Gymraeg yn ddigon cyffredin bellach gan amlygu'r angen am ddeunyddiau dysgu perthnasol. Nod y fenter hon, a ariannwyd gan ACCAC, yw sicrhau cyfle cyfartal i ddisgyblion sy'n sefyll eu harholiadau drwy gyfrwng y Gymraeg. Eisoes cyhoeddwyd y *Geiriadur Almaeneg* gan Wolfgang Greller (CAA, 1996) ar gyfer safon TGAU a Chyfnod Allweddol 3. Bwriad y geiriadur newydd yw ychwanegu at y gynsail hon a chyflwyno geirfa sy'n addas ar gyfer Safon Uwch a thu hwnt.

Seiliwyd y geiriadur ar nifer o weithiau perthnasol a gyhoeddwyd yn ystod y blynyddoedd diwethaf, megis y *Geiriadur Termau* (cyh. GPC), y *Termiadur Ysgol* (ACCAC), *Geiriadur Prifysgol Cymru* (GPC), *Geiriadur Gomer i'r Ifanc* gan D. Geraint Lewis (Gomer), a *Geiriadur yr Academi* (GPC) gan Bruce Griffiths a Dafydd Glyn Jones. Wrth i'r ymchwilwyr ymgymryd â'r gwaith o lunio geiriadur Cymraeg-Almaeneg newydd, ymgymerodd tîm arall o ymchwilwyr â'r gwaith o ysgrifennu geiriadur Cymraeg-Ffrangeg. Bu cryn dipyn o gydweith-redu rhwng y ddwy fenter.

Dylid nodi bod yr amrywiaeth eang o dermau a geir yn y Gymraeg a'r Almaeneg wedi achosi anawsterau o bryd i'w gilydd. O ran egwyddor ni ddyfeisiwyd unrhyw dermau newydd. Gwelir yn hytrach ymdrech i lynu wrth ymadroddion a thermau a ddefnyddir yn barod mewn iaith bob dydd. Gan mai geiriadur cyfieithu yn hytrach na geiriadur diffinio ydyw, bu rhaid dewis a dethol yr eirfa a gynhwyswyd, gan hepgor rhai geiriau. Dewiswyd felly eiriau pwysicaf yr iaith Almaeneg. Wrth chwilio am eiriau penodol, fe ddylai'r darllenydd fod yn hyblyg ac edrych am gyfystyron. Mae synnwyr cyffredin yn bwysicach na'r un maen prawf arall. Eto i gyd, fe gynhwyswyd cynifer o ymadroddion a phriod-ddulliau ag a oedd yn bosib, gan gynnwys iaith lafar ac enghreifftiau ymarferol.

Yn sgil diwygio orgraff yr iaith Almaeneg, rhoddir sylw i'r newidiadau sillafu, a gwneir pob ymdrech i'w cynnwys mewn ffordd ymarferol. Wrth ystyried y nifer fawr o eiriau rhyng-wladol (yn enwedig benthyciadau o'r Saesneg) a geir yn y ddwy iaith, penderfynwyd cynnwys y pwysicaf yn unig yn y gyfrol hon.

Rhagarweiniad

Dilynir trefn yr wyddor i restru'r termau gan gynnwys yr enwau cyfansawdd a'r byrfoddau. Cyfeiria'r term 'enw cyfansawdd' at enwau a ysgrifennir fel un gair neu â chysylltnod, e.e. **Haus** + **Tier** = **Haustier**. Er mwyn arbed lle cynhwyswyd y geiriau cyfansawdd o dan yr un prifair os yw'r ail elfen yn ymddangos hefyd yn brifair.

Haus- *kompos:* **~tier** *nt* anifail *g* anwes; **~tür** *f* drws *g* y tŷ.

Wrth chwilio am fyrfodd fel **St.** am **Sankt**, dylid edrych yng ngholofn **st...** yn hytrach nag yng ngholofn **sa...**

Mae geiriau yr effeithiwyd arnynt gan y diwygio orgraff diweddar ac sydd bellach yn cael eu gwahanu yn cael eu trin yn wahanol. Dylid chwilio am y rhain yn safle'r gair cyfansawdd ond fel arfer bydd yno groesgyfeiriad at y prifair newydd. Er enghraifft, saif **schwarz malen** ar wahân ac felly mae'r cyfieithiad o dan yr ansoddair **schwarz**.

Mewn sawl achos nodir y prif enw neu ferf yn unig, yn enwedig mewn achosion lle mae'n hawdd ffurfio geiriau eraill o'r prifair. Er enghraifft gyda'r terfyniad -**iad** ceir **crasu** → **crasiad**. Yn yr Almaeneg defnyddir y terfyniad -**in** yn rheolaidd er mwyn ffurfio enwau benywaidd. Er bod y rhan fwyaf o'r ffurfiau benywaidd wedi eu cynnwys ni chynhwyswyd pob un ohonynt. Gellir dod o hyd i'r cyfieithiad wrth y ffurf wrywaidd.

> **Beisitzerin** → **Beisitzer** ['baɪzɪtsər] (**-s**, -) *m (bei Prüfung)* arholwr *g*; *(JUR)* aseswr *g*.

Defnyddir uwchrifau er mwyn gwahaniaethu rhwng geiriau gwahanol a sillefir yr un fath. Er enghraifft: **de**[1] *g*, **de**[2] *ans*, **de**[3] *b*.

O blith llythrennau ag acenion dylid nodi mai dim ond llythrennau â'r acen grom a ystyrir yn llythrennau unigol. Mae llythrennau ag acenion eraill yn cael eu trin yn union yr un fath â llythrennau heb acen. Felly mae **ô** yn llythyren unigol ond nid yw **é**. Hefyd yn Almaeneg yr un llythyren yw **o** ac **ö**.

Gellir chwilio am ymadroddion gosod a phriod-ddulliau o dan air cyntaf yr ymadrodd neu'r elfen bwysig gyntaf. Felly, ceir **rhuo chwerthin** o dan **rhuo**, ond ceir **bod am eich gwaed** o dan **gwaed**. Dylid anwybyddu rhai geiriau megis y fannod, arddodiaid, rhagenwau a rhifau wrth chwilio am ymadrodd penodol ac edrych am yr enw/y ferf/yr ansoddair cyntaf. Er enghraifft, er mwyn chwilio am yr ymadrodd **in Gang bringen** dylid edrych o dan **Gang**.

Llunwedd a threfn y cofnodion

> **Peripherie** [perife'ri:] (-, -n) *f* amgant *g*, perifferi *g*; *(um Stadt)* cyrion *ll*; *(MATH)* cylchedd *g*.

O ran argraffwaith mae'r prifeiriau yn ymddangos mewn llythrennau bras, fel **Peripherie** yn yr enghraifft uchod.

Wedyn fe nodir

a) ffurf ffonetig rhai prifeiriau Almaeneg, e.e. [perife'ri:].

b) ffurfiau genidol a lluosog enwau Almaeneg, a ffurfiau benywaidd a lluosog enwau ac ansoddeiriau Cymraeg mewn cromfachau, e.e. (-, -n).

c) eu swyddogaeth ramadegol mewn llythrennau italig, e.e. *f*.

ch) cyd-destun y cyfieithiad, e.e. *(um Stadt)* neu *(MATH)*.

Mae'r cyd-destunau yn gwahanu rhwng ystyron gwahanol. Ceir tri math sylfaenol ar gyd-destun:

♦ Maes cyswllt

Nodir y rhain mewn prif lythrennau bach mewn cromfachau, a cheir rhestr lawn ohonynt yn yr adran fyrfoddau ar ddechrau'r geiriadur. Yn yr enghraifft uchod mae *(MATH)* yn golygu bod y cyfieithiad sy'n dilyn yn perthyn i faes mathemateg.

◆ <u>Dull a chywair</u>

Nodir y gwahanol fathau ar ddull neu steil ieithyddol mewn llythrennau bach mewn cromfachau, a cheir rhestr lawn ohonynt yn yr adran fyrfoddau ar ddechrau'r geiriadur. Er enghraifft, golyga *(sgyrs)* fod y term yn cael ei ddefnyddio'n sgyrsiol.

◆ <u>Cyfystyron, cysyniadau ac esboniadau</u>

a) Cyfystyron: geiriau â'r un ystyr sy'n gorgyffwrdd â'i gilydd. Nodir y rhain mewn llythrennau bach mewn cromfachau. Er enghraifft, mae *(rhifo)* yn gyfystyr â'r ferf **cyfrif**.

b) Cysyniadau: geiriau sy'n cael eu defnyddio yn aml gyda'r prifeiriau. Nodir y rhain mewn llythrennau bach mewn cromfachau. Er enghraifft, gyda'r prifair **dal** defnyddir y cysyniad *(bws, trên ayb)*.

c) Esboniad: gair sy'n esbonio'r prifair ymhellach. Er enghraifft, o dan y prifair **cyff** mae angen gwahanu rhwng cyfieithiadau sy'n cyfeirio at *(y corff)*, *(bresych)*, a *(llinach)*.

Cenedl geiriau

Nodir cenedl pob un o'r prifeiriau a'r cyfieithiadau. Os bydd dewis, nodir hyn o ran yr Almaeneg trwy ddefnyddio: *oder* neu drwy ddefnyddio / ar ôl cyfieithiad.

Jogurt ['joːɡurt] *m oder nt* iogwrt *g*.

iogwrt *g* Jogurt *m/nt*.

Defnyddir *gb* gydag enwau Cymraeg i nodi'r posibilrwydd o ddefnyddio'r genedl wrywaidd neu fenywaidd, heb ddynodi p'un sydd fwyaf cyffredin. Yn yr achosion hyn mae'n fater o ddewis personol pa genedl a ddefnyddir. Er enghraifft: **canllaw** *gb*, **rhaca** *gb*.

Yn achos enwau Almaeneg sy'n dod o ansoddeiriau rhoddir y genedl fel hyn (gw. isod am eu ffurfdroad):

Badende *m/f* ymdrochwr(aig) *g(b)*.

Mewn achos lle mae terfyniad yn penderfynu ai gwrywaidd neu fenywaidd ydy'r gair, mae'r ffurf ramadegol y tu mewn i'r cromfachau yn cyfeirio at y prifair â'r terfyniad. Felly mae

Bahnbrecher(in) *m(f)* arloeswr(aig) *g(b)*

yn cynnwys y ffurf wrywaidd **Bahnbrecher** *m* arloeswr *g* a'r ffurf fenywaidd **Bahnbrecherin** *f* arloeswraig *b*.

Dylid nodi bod y genedl ramadegol yn bwysicach na'r genedl naturiol. Er enghraifft, mae'r enwau Almaeneg **Mädchen** a **Weib** yn ddiryw er eu bod yn cyfeirio at ferched. Enghreifftiau eraill yw **arth** yn y Gymraeg a **Person** yn yr Almaeneg sydd yn fenywaidd o ran cenedl ramadegol er eu bod yn gallu cyfeirio at fenyw neu wryw. Nid yw'r terfyniad -iad, sy'n cyfeirio at enwau cenedl, yn newid hyd yn oed pan sonnir am ferch. Er enghraifft, nid yw cenedl yr enw **Fenesiad** yn newid, hyd yn oed os cyfeirir at fenyw.

Yn achos ansoddeiriau Cymraeg lle mae dwy ffurf wahanol i'w cael, rhoddir y cyfieithiad o dan y ffurf wrywaidd. Byddwch yn dod o hyd i groesgyfeiriad o dan y ffurf fenywaidd. Er enghraifft: **ber** *ans gw.* **byr**.

<u>Tarddeiriau benywaidd</u>

Gan amlaf cynhwysir ffurfiau gwrywaidd yn ogystal â benywaidd y prifeiriau. Nodir y rhain fel arfer o dan yr un prifair. Serch hynny, penderfynwyd y dylid cwtogi, ac nid yw ffurfiau benywaidd sy'n anarferol mewn iaith bob dydd yn cael eu nodi. Er enghraifft, nodir y ffurf wrywaidd **swyddog** yn unig, gan fod **swyddoges** yn anarferol. Yn ogystal, o ganlyniad i'r cyfyngiadau ar faint y geiriadur, ni chynhwyswyd ffurfiau benywaidd a ystyrir yn hawdd i'w llunio wrth ddefnyddio'r ffurf wrywaidd. Fe ffurfir nifer fawr o enwau benywaidd Almaeneg trwy ychwanegu'r terfyniad -in at y ffurf wrywaidd. Er enghraifft, o'r enw gwrywaidd **Spieler** ceir y ffurf fenywaidd **Spielerin**. Yn yr un modd fe ffurfir nifer fawr o enwau benywaidd yn y Gymraeg trwy ddisodli'r terfyniad **-wr** gan y terfyniad **-wraig**. Er enghraifft mae'n bosib ffurfio'r enw benywaidd **pypedwraig** o'r enw gwrywaidd **pypedwr** yn y modd hwn.

Os nad yw'n bosib chwilio am y ffurf fenywaidd ar bwys y prifair gwrywaidd, dylid chwilio amdani fel prifair unigol. Er enghraifft, nid yw'r enw benywaidd **Türkin** yn ymddangos ar bwys y ffurf wrywaidd **Türke** gan fod yr wyddor yn mynnu trefn wahanol, gyda'r gair **Türkei** rhyngddynt.

Gan amlaf gydag enwau a restrir yn y ffurf **Jurist(in)** *m(f)* defnyddir y ffurf rhwng cromfachau yn y fenywaidd yn unig.

Enwau daearyddol

Ni nodir cyfieithiad yn y Gymraeg o enwau daearyddol Almaeneg ond:

a)   pan geir gwahaniaeth sylfaenol rhwng y ddau enw, er enghraifft: **Argentinien** a'r **Ariannin**.

b)   pan ystyrir hwy yn rhy bwysig i'w hepgor, er enghraifft: **Amerika** ac **America**.

O ran orgraff yr enwau dilynir y canllawiau a geir yn *Orgraff yr Iaith Gymraeg* gol. Ceri W. Lewis, 1987 (GPC), er enghraifft: **Siapan** a **Tsieina**.

Ni chynhwysir enwau sydd yn union yr un fath heblaw am fân wahaniaethau o ran orgraff, er enghraifft: **Istanbul** ac **Istanbwl**. Ceir mynegai o enwau daearyddol ar ôl yr adran Almaeneg-Cymraeg yng nghanol y llyfr.

Ffurfiau lluosog

Ar yr ochr Gymraeg rhoddir y lluosog bob tro. Ar yr ochr Almaeneg dynodir y ffurf luosog heblaw am rai â'r ffurfiau rheolaidd canlynol:

-chen: Lluosog: -
das Mädchen, die Mädchen

-e: Lluosog: *(gwrywaidd)* **-n**; *(benywaidd)* **-n**; *(diryw)* -
der Bote, die Boten; die Blume, die Blumen; das Gebirge, die Gebirge

-el: Lluosog: *(gwrywaidd)* -; *(benywaidd)* **-n**; *(diryw)* -
der Kegel, die Kegel; die Kugel, die Kugeln; das Mittel, die Mittel

-en: Lluosog: *(gwrywaidd)* -; *(diryw)* -
der Fladen, die Fladen; das Essen, die Essen

-er: Lluosog: *(gwrywaidd)* -; *(benywaidd)* **-n**; *(diryw)* -
der Lehrer, die Lehrer; die Zeder, die Zedern; das Ufer, die Ufer

-heit: Lluosog: **-en**
die Bosheit, die Bosheiten

-in: Lluosog: **-nen**
die Lehrerin, die Lehrerinnen

-keit: Lluosog: **-en**
die Kleinigkeit, die Kleinigkeiten

-lein: Lluosog: -
das Büchlein, die Büchlein

-ling: Lluosog: **-e**
der Prüfling, die Prüflinge

-nis: Lluosog: *(benywaidd)* **-se**; *(diryw)* **-se**
die Fäulnis, die Fäulnisse; das Geheimnis, die Geheimnisse

-schaft: Lluosog: **-en**
die Freundschaft, die Freundschaften

-ung: Lluosog: **-en**
die Lösung, die Lösungen

Nid yw enwau Almaeneg â'r arwydd *kein pl* fel arfer yn cael eu defnyddio yn y lluosog, gyda'r fannod amhendant na chyda rhifau. Er enghraifft: **Justiz** (-, *kein pl*).

Ar gyfer isgofnodion, nodir cenedl y gair ond ni nodir y ffurf enidol na'r ffurf lluosog. Er enghraifft, ar ôl yr isgofnod **Fachbuch** nodir bod yr enw yn ddiryw, ond ni cheir y ffurf luosog **Fachbücher**. Gan fod elfen olaf nifer o eiriau cyfansawdd Almaeneg hefyd wedi eu cynnwys fel prifeiriau yn y geiriadur, dylid chwilio amdanynt fel prifeiriau er mwyn cael y ffurf luosog. Yn yr achos uchod, fe ddylai'r darllenydd chwilio am yr enw **Buch**.

Ffurfiau genidol

Nodir y terfyniad genidol ar ôl pob enw. Fe ffurfir terfyniadau rheolaidd y genidol trwy ychwanegu **-s** neu **-es** at enwau gwrywaidd a diryw ond ni cheir unrhyw newid gydag enwau benywaidd.

das Rad: *gen:* **des Rad(e)s**

die Frau: *gen:* **der Frau**

Dynodir yr **e** mewn cromfachau gan fod ei defnydd yn prysur ddiflannu o'r iaith lafar.

Ceir nifer o eithriadau i'r rheol:

a) Fe ffurfir genidol enwau gwrywaidd neu ddiryw sy'n gorffen ag **-s**, **-ß**, **-sch**, **-x**, **-z**, **-ss**, **-st** a rhai sy'n gorffen â chytsain ddwbl trwy ychwanegu **-es**:

das Haus: *gen:* **des Hauses**
der Fuß: *gen:* **des Fußes**
der Tisch: *gen:* **des Tisches**
der Gast: *gen:* **des Gastes**
der Kampf: *gen:* **des Kampfes**

SYLWER: nid yw'r **e** yn **-es** yn cael ei gollwng yn yr eithriadau uchod.

b) Fe ffurfir genidol enwau gwrywaidd â'r terfyniadau **-er**, **-el**, **-en** a **-ling** trwy ychwanegu **-s**:

der Jäger: *gen:* **des Jägers**
der Beutel: *gen:* **des Beutels**
der Magen: *gen:* **des Magens**
der Schützling: *gen:* **des Schützlings**

Enwau gwan

Mae enwau gwan yn terfynu ag **-en** bob amser ac eithrio'r cyflwr enwol unigol. Mae'r enwau gwan i gyd yn wrywaidd.

	unigol	*lluosog*
enwol	der Mensch	die Menschen
gwrthrychol	den Menschen	die Menschen
genidol	des Menschen	der Menschen
derbyniol	dem Menschen	den Menschen

Mae nifer fawr o enwau gwan yn diweddu â'r llythyren **-e** yn y cyflwr enwol unigol. Er enghraifft: **Affe, Bote, Franzose, Schwabe**.

Mae nifer fawr o enwau o darddiad tramor yn enwau gwan, yn enwedig rhai â'r terfyniadau acennog **-and**, **-graph**, **-ent**, **-ist**, **-krat**, **-oge**, **-nom**. Er enghraifft: **Diplomand, Paragraph, Student, Komponist, Demokrat, Psychologe, Astronom**.

Enwau ansoddeiriol

Nodir bod enwau ansoddeiriol Almaeneg yn cymryd yr un ffurf yn y benywaidd a'r gwrywaidd trwy ddefnyddio *m/f*. Er enghraifft: **Blinde** *m/f*; y ffurf fenywaidd yw **die Blinde**, yr wrywaidd **der Blinde**. Defnyddir yr un terfyniadau ag ar gyfer ansoddeiriau.

- ar ôl y fannod bendant:

	unigol	*lluosog*
enwol	der Tote	die Toten
gwrthrychol	den Toten	die Toten
genidol	des Toten	der Toten
derbyniol	dem Toten	den Toten

- ar ôl y fannod amhendant

	unigol	*lluosog*
enwol	ein Toter	Tote
gwrthrychol	einen Toten	Tote
genidol	eines Toten	Toter
derbyniol	einem Toten	Toten

Mae'r enw ansoddeiriol **Beamte** yn wrywaidd yn unig, a'r ffurf fenywaidd yw **Beamtin**. Fel arall maent yn dilyn y rheolau uchod.

Adferfau

Ar ochr Almaeneg-Cymraeg y geiriadur ni ddynodir adferfau fel prifeiriau unigol (ar wahân i'r ansoddeiriau) ond pan ddefnyddir hwy mewn modd adferfol yn unig. Er enghraifft: **höchst, wohl, sehr**.

Os nad yw adferf yn cael ei rhoi, mae ganddi yn union yr un ffurf â'r ansoddair heb unrhyw derfyniad. Er enghraifft, mae ffurf adferfol yr ansoddair **höflich** yn union yr un ffurf â'r ansoddair, felly mae'n bosib dweud: **sie hat ihm höflich geantwortet**, ac **er ist ein höflicher Junge**.

Berfau

Mathau ar ferfau

Ceir pedwar math ar ferf yn yr Almaeneg:

♦ transitives Verb *(vt)*

Defnyddir y rhain pan geir gwrthrych uniongyrchol i'r ferf. Er enghraifft: **lernen** *vt* dysgu, **sie lernt das Abc**.

◆ intransitives Verb *(vi)*

Defnyddir y rhain:

a) pan geir gwrthrych anuniongyrchol neu dderbyniol sy'n cymryd rhan yn y weithred, er enghraifft: **antworten** *vi*, **sie antwortet dem Polizisten.**

b) pan geir arddodiad gyda'r ferf. Er enghraifft: **achtgeben auf** *vi*, **geben Sie bitte auf die Kinder acht.**

c) pan na cheir gwrthrych i'r ferf. Er enghraifft: **die Maschine läuft; die Uhr geht.**

◆ reflexives Verb *(vr)*

Defnyddir y rhain os yr un yw'r gwrthrych a'r goddrych, a phan fo'r weithred yn cyfeirio at y siaradwr ei hunan. Er enghraifft: **ich fürchte mich.** Noder bod y ffurf hon yn cyfateb i ferfau sy'n dechrau â'r rhagsillaf **ym-** yn y Gymraeg, er enghraifft: **ymadael, ymolchi.**

◆ unpersönliches Verb *(unpers)*

Defnyddir y rhain pan fo'r rhagenw amhersonol **es** yn gweithredu fel goddrych. Er enghraifft: **es regnet, es schneit, es gibt.**

Ceir tri math ar ferf yn y Gymraeg

◆ berf anghyflawn *(be.a)*

Fel gyda'r *Verb transitiv* yn yr Almaeneg, defnyddir y rhain pan geir gwrthrych uniongyrchol i'r ferf. Er enghraifft: **darllen llyfr; gwylio'r teledu.** Nid yw'r gwrthrych bob amser yn cael ei nodi. Ni chynhwysir y gair **rhywbeth** yn y cofnod Cymraeg ond pan fo'n angenrheidiol ei gynnwys yn y cyfieithiad Almaeneg. Er enghraifft: **gwneud môr a mynydd o rth**: aus einer Mücke einen Elefanten machen.

Ar ôl cadarnhau mai berf anghyflawn ydyw trwy chwilio am y prifair, dylid ychwanegu'r gair **rhywbeth** yn feddyliol er mwyn cael y gwrthrych. Er enghraifft: **rhoi i mewn** - ar ôl cadarnhau bod **rhoi** yn ferf anghyflawn, gellir ychwanegu'r gwrthrych, felly ceir **rhoi rhth i mewn.**

◆ berf gyflawn *(be.g)*

Fel gyda'r *Verb intransitiv* yn yr Almaeneg, defnyddir y rhain:

a) pan geir arddodiad gyda'r ferf, er enghraifft: **bydd ef yn gofalu am y plentyn heno.**

b) pan na cheir gwrthrych i'r ferf, er enghraifft: **mae pethau'n mynd yn dda.**

◆ berf amhersonol *(amhers)*

Fel gyda'r *unpersönliches Verb* yn yr Almaeneg, defnyddir y rhain pan fo rhagenw amhersonol yn gweithredu fel goddrych, er enghraifft: **mae hi'n bwrw glaw.**

Arwyddion gyda berfau

untrenn   Nodir berfau â rhagsillafau anwahanadwy â'r arwydd *untrenn*.

▷   Nodir lle mae berf Almaeneg yn gwahanu; er enghraifft: **aḅerkennen**: **er erkannte es ab**.

(+sein), *(+haben oder sein)*, *(+haben)*   Dynodir berfau sy'n cymryd y berfenw **sein** yn y perffaith, gorberffaith a'r dyfodol perffaith â'r arwydd *(+sein)*. Pan fo'n bosib defnyddio **haben** neu **sein**, dynodir hynny â'r arwydd *(+haben oder sein)*, a phan fo'r ferf yn cymryd **haben**, gwelir yr arwydd *(+haben)*. Pan nad enwir y naill ferfenw na'r llall, dyiid defnyddio **haben**.

irreg   Dynodir berfau afreolaidd Almaeneg â'r arwydd *irreg*. Mae rhestr ohonynt yng nghanol y llyfr. Yn ogystal â'r prif ferfau afreolaidd, dynodir berfau cyfansawdd afreolaidd (h.y. berfau â rhagsillaf). Er enghraifft, ceir ffurfiau y ferf gyfansawdd **erbrechen** ar bwys ffurfiau'r ferf afreolaidd **brechen**.

Croesgyfeiriadau

Defnyddir croesgyfeiriadau:

- er mwyn cyfeirio'r darllenydd at eiriau Almaeneg neu Gymraeg â'r un ystyr yn union ond â sillafiad gwahanol. Er enghraifft: **cyfodi** *be.a, be.g* = **codi**; **oxydieren** *vt, vi* = **oxidieren**. Mae hynny'n arbennig o bwysig gyda newidiadau orgraff yn yr Almaeneg; er enghraifft: **stillegen** *vt* = **stilllegen**.

- er mwyn dynodi byrfoddau. Er enghraifft: **Azubi** *m/f abk (ugs)* = **Auszubildende**.

gweler (gw.) / vgl.   Defnyddir yr arwyddion hyn er mwyn cyfeirio at ffurfiau gramadegol nad ydynt yn cyfateb yn union i'r prifair, fel ffurf fenywaidd neu luosog afreolaidd ansoddair neu enw, neu ffurf berf afreolaidd (fel arfer yn y gorffennol). Rhoddir cyfeiriad at y prifeiriau perthnasol. Er enghraifft: **gwen** *ans gw.* **gwyn**; **Atlanten** *pl von* **Atlas**; **gab** *vb vgl.* **geben**.

gweler hefyd (gw.h.) / vgl. auch   Defnyddir yr arwydd hwn er mwyn ychwanegu at y prifair gwreiddiol, felly gall y darllenydd chwilio am ragor o ymadroddion sy'n gysylltiedig â'r prifair. Er enghraifft: **can** *gw.h.* **cant**; **cancr** *gw.h.* **canser**; **siezen** *vgl. auch* **duzen**; **arten** *vgl. auch* **geartet**.

Atalnodau a symbolau

ᴬ ᴰ ˢ   Dynodir geiriau nad ydynt yn safonol mewn un yn unig o'r gwledydd sy'n siarad Almaeneg yn unig. Hynny yw, pan ddefnyddir gair mewn iaith safonol yn Awstria yn unig, dynodir hynny â'r arwydd ᴬ. Defnyddir ˢ am y Swistir, a ᴰ am yr Almaen. Mewn rhai achosion, mae'n bosib dod o hyd i gyfuniad o wledydd, e.e. **Matura**ᴬˢ *f.* Defnyddir yr arwyddion nid yn unig ar gyfer prifeiriau, ond yn ogystal ar gyfer idiomau (mae **der Knopf ist ab** yn safonol yn yr

Almaen yn unig), ar gyfer ynganiad gwahanol ([kaˈfeː] yn hytrach na [ˈkafe]), ar gyfer cyd-destunau gwahanol (e.e. ystyr y gair **Base** yn y Swistir yw 'modryb') ac yn y blaen. Nid yw'r dynodiad hwn yn golygu bod y gair yn annealladwy i bobl eraill y byd Almaenig.

~ Mae'r arwydd tild yn yr isgofnodion yn cyfeirio at y prifair. Pan fo'n rhaid newid y llythyren gyntaf yn fach neu'n fawr, nodir hynny ar ddechrau'r isgofnod. Er enghraifft, mae'r ferf **schleudern** yn troi yn enw yn yr ymadrodd **ins S~ kommen**.

( ) Yn gyffredinol, mae cromfachau o amgylch rhan o'r cyfieithiad yn golygu y gellir cynnwys y rhan honno, ond nid yw'n hollol angenrheidiol er mwyn cyfleu yr ystyr. Er enghraifft, gellir cyfieithu **clogfaen** sef **(großer) Stein** naill ai yn **großer Stein** neu yn **Stein** yn unig. Pan geir y cromfachau o amgylch rhan gyntaf enw, dylid ysgrifennu'r ail ran â llythyren fawr pan fo'r rhan gyntaf yn cael ei hepgor. Er enghraifft, mae'r cyfieithiad am **casino** sef **(Spiel)kasino** wedyn yn cael ei nodi fel **Kasino**.

, Defnyddir atalnod rhwng cyfeithiadau gwahanol er mwyn dangos mai cyfystyron ydynt. Er enghraifft: **komisch** *adj* digrif, doniol, ysmala.

Dylid nodi nad yw'r atalnod yn cyfleu cyfystyron pan ddefnyddir ef o flaen is-gymalau yn yr Almaeneg. Er enghraifft: **'rwy'n methu â chredu ei bod hi'n hwyr** ich kann nicht glauben, dass sie zu spät kommt.

; Defnyddir gwahannod er mwyn dangos bod y cyfeithiadau yn cyfleu ystyron gwahanol. Er enghraifft: **Gesellschaft** *f* cymdeithas *b*; *(Begleitung,* COMM*)* cwmni *g*; *(Abend-. Reise usw)* parti *g*.

– Defnyddir yr arwydd hwn er mwyn gwahaniaethu rhwng dau siaradwr. Er enghraifft: **diolch! – croeso!** danke! – bitte!

/ Defnyddir y llinell hon er mwyn rhoi enghreifftiau gwahanol, er enghraifft: **cof da/gwael** gutes/schlechtes Gedächtnis. Hefyd mae'n gwahaniaethu rhwng dwy elfen gydgyf-newidiol mewn ymadrodd, er enghraifft: **palu/rhaffu celwyddau** lügen wie gedruckt. Mae'r arwydd hefyd yn dynodi mwy nag un genedl pan fo enw'n gallu cyfeirio at ddyn neu wraig, er enghraifft: **Blinde** *m/f* dyn dall, gwraig ddall.

neu / oder Defnyddir yr arwyddion hyn er mwyn dynodi mwy nag un genedl ar gyfer rhai enwau, er enghraifft: **arian** *g* neu *ll*; **Gelee** *nt oder m*. Mae'n dynodi hefyd ymadroddion gwahanol â'r un cyfieithiad yn yr iaith arall; er enghraifft: **mynd i'r cŵn** *neu:* **mynd rhwng y cŵn a'r brain** vor die Hunde gehen.

gb   Defnyddir yr arwydd hwn er mwyn nodi'r posibilrwydd o ddefnyddio'r genedl wrywaidd neu fenywaidd yn ddiwahân gyda rhai enwau Cymraeg, heb ddynodi p'un sy'n cael ei defnyddio amlaf. Yn yr achosion hyn mae'n fater o ddewis personol pa genedl a ddefnyddir; er enghraifft: **canllaw** *gb*, **ham** *gb*, **rhaca** *gb*.

≈   Golyga'r arwydd hwn fod y cyfieithiad yn cyfateb i derm yn yr iaith arall ond nad yw'n gallu cyfleu'r un ystyr yn union. Mae hyn yn wir yn bennaf am sefydliadau yn y gwahanol wledydd. Er enghraifft: **Gymnasium** *nt* ≈ ysgol ramadeg.

®   Defnyddir yr arwydd hwn er mwyn dynodi nod masnachol. Er enghraifft: **Cola** *f oder nt* cola *g*, Coca-Cola® *g*.

Ynganiad y geiriau Almaeneg

Mae ynganiad llawer iawn o eiriau Almaeneg yn rheolaidd, a chymerir yn ganiataol fod gan y darllenydd wybodaeth o batrymau sylfaenol. Rhoddir y ffurf ffonetig mewn achosion pan nad yw'r canllawiau yn berthnasol, ac ar gyfer geiriau o darddiad tramor nad ydynt yn dilyn y patrymau ynganu Almaeneg. Pan geir mwy nag un ynganiad posib, nodir hyn yn ogystal. Ni roddir y ffurf ffonetig ar gyfer gair cyfansawdd neu darddair pan fo'n bosib dod o hyd i'r ynganiad o'r ffurf seml.

Llafariaid

a)   Nodir llafariad hir yn y trawsgrifiad trwy ysgrifennu nod hir ar ei hôl: **Dieb** [diːb].

b)   Yngenir **ie** acennog yn hir [iː]: **sieben** [ˈziːbən]. Pan ychwanegir y terfyniad lluosog, mae'r ynganiad yn newid i [iːə]: **Knie**, *pl* **Knie** [ˈkniːə]. Pan geir **ie** mewn sill ddiacen, yr ynganiad yw [iə]: **Familie** [faˈmiːliə].

c)   Yngenir llafariaid dwbl fel llafariad hir: **Aas** [aːs]; **See** [zeː]; **Zoo** [tsoː]; Yr eithriad yw **Kaffee** [ˈkafe] (yn yr Almaen yn unig).

ch)   Mae **h** sy'n dilyn llafariad yn golygu bod y llafariad yn hir: **sah** [saː]; **Zeh** [tseː]; **Sohn** [soːn]; **Stuhl** [ʃtuːl].

d)   Mae **y** yn bodoli yn yr Almaeneg mewn geiriau tramor yn unig. Mae'r ynganiad yn debyg i'r llythyren **ü** neu weithiau **i**; **hysterisch** [hʏsˈteːrɪʃ]; **Oxyd** [ɔˈksyːt, ɔˈksiːt].

Cytseiniaid

dd)   Ynganiad **th** yw [t]: **Thema** [ˈteːma]; **Mythos** [ˈmyːtɔs].

e)   Ynganiad **w** yw [v]: **Wald** [valt].

f)   Ynganiad **z** yw [ts]: **Zahn** [tsaːn].

ff)   Ynganiad **v**:

(i) Ynganiad arferol **v** mewn geiriau brodorol ac ar ddiwedd gair yw [f]: **Vogel** ['fo:gəl]; **Präservativ** [prɛzɛrva'ti:f].

(ii) Ynganiad **iv** mewn geiriau sy'n diweddu â'r llythrennau -iv yw [i:f] pan nad oes terfyniad, ond pan geir terfyniad mae'r ynganiad yn newid i [i:v]: **alternativ** [altərna'ti:f]; **alternative Politik** [~ti:və]; **die Alternative** [altərna'ti:və].

(iii) Fel arall, yn arbennig mewn geiriau benthyg, ynganiad **v** yw [v]: **Vase** ['vɑ:zə].

g)   Ynganiad **ng**:

(i) Ynganiad arferol **ng** yw [ŋ]: **Hunger** ['huŋər].

(ii) Mewn geiriau cyfansawdd lle mae'r elfen gyntaf yn gorffen ag -n a'r ail elfen yn dechrau ag **g**-, mae'r synau yn cael eu hynganu ar wahân: **Angestellte** ['angəʃtɛltə], **ungeheuer** ['ʊngəhɔʏər].

ng)   Ynganiad **-tion** ar ddiwedd gair yw [tsi'o:n] ac yng nghanol gair [tsion] bob tro: **Nation** [natsi'o:n], **national** [natsio'nɑ:l].

h)   **st, sp**

(i) Pan geir **st** neu **sp** yng nghanol neu ar ddiwedd gair yr ynganiad yw [st], [sp]: **Gast** [gast], **Kruste** ['krʊstə], **Distanz** [dis'tants]; **raspeln** ['raspəln].

(ii) Ar ddechrau gair neu ar ddechrau ail elfen gair cyfansawdd yr ynganiad safonol yw [ʃt], [ʃp]: **Straße** [ʃtrɑ:sə], **Spaß** [ʃpɑ:s], **aufspießen** ['aʊfʃpi:sən].

i)   Ynganiad arferol **ch** yw [ç]: **ich** [ɪç], **frech** [frɛç]. Ar ôl **a, o, u, au** yr ynganiad yw [x]: **Dach** [dax], **Schlauch** [ʃlaʊx]. Mae ynganiad **ch**- ar ddechrau gair yn amrywio yn ôl yr ardal neu'r iaith wreiddiol. Yngenir geiriau sy'n dod o'r Sbaeneg neu'r Saesneg fel rheol gyda [tʃ-]: **Chili** nt. Mewn geiriau Ffrangeg ceir [ʃ-]: **Chauvinist** m. Mae geiriau Groeg yn amrywio yn ôl Almaeneg yr ardal. O flaen **e** neu **i** [ç-] ydy'r ynganiad safonol yn yr Almaen ond fe glywch chi [ʃ-] hefyd. Yn Awstria dewch o hyd i [k-] bob tro. Er enghraifft: **China** ['çi:na, 'ʃi:na, 'ki:na]. Rhoddir y ffurf ffonetig ar gyfer pob gair sy'n dechrau â **ch**.

l)   Ynganiad **-ig** ar ddiwedd gair yn yr Almaen yw [ɪç]: **Honig** ['ho:nɪç]. Ceir mewn rhai ardaloedd yn ne yr Almaen ac yn Awstria yr ynganiad safonol [ɪk]: **Honig** ['ho:nɪk]. Pan ychwanegir terfyniad sy'n dechrau â llafariad, yr ynganiad yw [ɪg] ymhob man: **Könige** ['kø:nɪgə].

ll)   Yngenir **h** [h]:

(i) ar ddechrau gair: **holen** ['ho:lən].

(ii) mewn geiriau fel **Ahorn** ['a:hɔrn], **Uhu** ['u:hu], **aha** [a'hɑ:], ac **Oheim** ['o:haɪm].

(iii) yn y terfyniadau -heit, -haft ayb.

A

A¹, a [ɑː] *nt* A, a *b*; **~ wie Anton** A am Anton; **das ~ und O** holl hanfod a diben rhth; *(Grundwissen)* y pethau sylfaenol; **wer ~ sagt muss auch B sagen** *(fig)* cystal gwario punt â gwario ceiniog.

A² *f abk (= Autobahn)* ≈ M *(e.e.* M4).

Ä, ä [ɛː] *nt* A umlaut; **~ wie Ärger** Ä am Ärger.

a. *abk (= am)* **Frankfurt a. Main** Frankfurt ar y Main.

à [ɑː] *präp (COMM)* yr un.

AA¹ [ɑːˈʔɑː] *nt abk (= Auswärtiges Amt)*ᴰ y Swyddfa Dramor.

AA² [ɑːˈʔɑː] *m abk (= Anonyme Alkoholiker)* alcoholigion *ll* anhysbys.

Aal [ɑːl] (-(e)s, -e) *m (ZOOL)* llysywen *b*, **sich winden wie ein ~** *(fig)* gwingo gan chwithdod; **glatt wie ein ~** *(fig)* llyfn fel llysywen.

aalen [ˈɑːlən] *vr (ugs)* gorweddian, diogi; **sich in der Sonne ~** torheulo.

aalglatt *adj* llithrig.

a.a.O. *abk (= am angegebenen Ort)* loc. cit.

Aas [ɑːs] (-(e)s, -e) *nt* corff *g* anifail marw.

Aasgeier *m (ZOOL)* fwltur *g*.

ab¹ [ap] *präp +dat* o, o... ymlaen; **~ Werk** *(COMM)* o'r ffatri; **Kinder ~ 12 Jahre(n)** plant 12 mlwydd oed a throsodd, heb fod o dan ddeuddeg; **~ morgen** o yfory ymlaen; **~ sofort** o hyn ymlaen, o hyn allan.

ab² [ap] *adv* i ffwrdd, bant; **~ und zu** bob hyn a hyn, o bryd i'w gilydd, yn awr ac yn y man; **links ~** i'r chwith; **~ nach Hause!** i ffwrdd, adre! adre â thi! **~ durch die Mitte!** *(ugs)* hel dy draed! **von da ~** o hynny ymlaen, ers hynny; **von heute ~** *oder:* **~ sofort** o heddiw ymlaen; **der Knopf ist ~**ᴰ mae'r botwm wedi dod o'i le; *(auf Fahrplänen)* **Augsburg ~ 12:20** ymadael ag Augsburg am 12.20.

Abakus [ˈabakʊs] *m (MATH)* abacws *g*.

abändern [ˈapˈʔɛndərn] *vt* altro, newid; *(Gesetzentwurf)* newid; *(Strafe, Urteil)* diwygio.

Abänderung (-, -en) *f* newidiad *g*, adolygiad *g*.

Abänderungsantrag (-(e)s, ˉ-e) *m (POL)* diwygiad *g* arfaethedig.

abarbeiten [ˈapˈʔarbaɪtən] *vt (Schulden, Kalorien)* cael gwared â.

♦ *vr* bustachu, llafurio.

Abart [ˈapˈʔaːrt] (-, -en) *f (BIOL)* amrywiaeth *b*, math *g*.

abartig *adj* anarferol, anghyffredin.

Abb. *abk (= Abbildung)* llun *g*.

Abbau [ˈapbaʊ] (-(e)s, *kein pl*) *m* datgymalu *g*,

datgysylltu *g*; *(Verminderung)* lleihad *g*; *(Verfall)* dirywiad *g*; *(BERGB)* cloddio *g* (am lo), mwyngloddio *g*; *(CHEM)* dadelfeniad *g*.

abbaubar *adj:* **biologisch ~** pydradwy.

abbauen [ˈapbauən] *vt* datgymalu; *(verringern)* lleihau; *(BERGB)* cloddio (am lo), mwyngloddio; *(CHEM)* dadelfennu; **Arbeitsplätze ~** cael gwared â swyddi.

Abbaurechte *pl (BERGB)* hawliau *ll* cloddio.

abbeißen [ˈapbaɪsən] *irreg vt* cnoi ymaith, brathu ymaith.

abbeizen [ˈapbaɪtsən] *vt* pilio (paent).

abbekommen [ˈapbəkɔmən] *irreg vt:* **etwas ~** cael darn (o rth); *(beschädigt werden)* cael niwed; *(verletzt werden)* cael eich anafu; *(ugs:*ᴰ *Deckel)* datod, tynnu.

abberufen [ˈapbəruːfən] *irreg vt* galw yn ôl.

Abberufung (-, -en) *f* galwad *gb* yn ôl, adalwad *b*.

abbestellen [ˈapbəʃtɛlən] *vt* diddymu, canslo.

abbeuteln [ˈapbɔʏtəln] *vt* ysgwydd (oddi wrth rth).

abbezahlen [ˈapbətsaːlən] *vt* talu, clirio (dyled).

abbiegen [ˈapbiːgən] *irreg vi (+sein)* troi; *(Straße)* troi, gwyro.

♦ *vt (+haben)* plygu; *(ugs: verhindern)* osgoi, cadw draw.

Abbiegespur (-, -en) *f* lôn *b* droi.

Abbild [ˈapbɪlt] *nt* portread *g*; *(einer Person)* tebygrwydd *g*.

abbilden [ˈapbɪldən] *vt* darlunio, portreadu.

Abbildung (-, -en) *f* llun *g*, darlun *g*; *(Schaubild)* diagram *g*.

abbinden [ˈapbɪndən] *irreg vt (MED)* clymu, rhwymo.

Abbitte [ˈapbɪtə] *f:* **~ leisten** ymddiheuro.

abblasen [ˈapblaːzən] *irreg vt (Staub)* chwythu i ffwrdd; *(absagen)* canslo.

abblättern [ˈapblɛtərn] *vi (+sein)* fflochennu, fflawio.

abblenden [ˈapblɛndən] *vt, vi (AUTO)* dipio golau.

Abblendlicht [ˈapblɛntlɪçt] *nt (AUTO)* golau *g* llai.

abblitzen [ˈapblɪtsən] *vi (+sein) (ugs)* **jdn ~ lassen** dangos y drws i rn.

abbrechen [ˈapbrɛçən] *irreg vt (+haben)* torri oddi ar, torri ymaith; *(beenden)* terfynu, rhoi'r gorau i; *(COMP)* terfynu; *(Gebäude)* chwalu, dymchwel; *(Zelt)* tynnu i lawr; **die Zelte ~** *(fig)* symud (i rywle arall).

♦ *vi (+sein) (brechen)* torri; *(aufhören)* stopio; **sich** *dat* **einen ~** *(ugs: sich anstrengen)* gweithio ei hochor hi, gweithio nes bod yn chwys domen.

abbrennen ['apbrɛnən] *irreg vt (+haben)* llosgi.

♦ *vi (+sein)* llosgi i lawr, llosgi i'r bôn; **abgebrannt sein** *(ugs: pleite)* bod heb yr un geiniog, bod heb yr un ddimai goch.

abbringen ['apbrɪŋən] *irreg vt:* **jdn von etw ~** peri i rn newid ei feddwl, troi rhn oddi wrth ei fwriad; **jdn vom Weg ~** ailgyfeirio rhn; *(fig)* arwain rhn ar gyfeiliorn.

abbröckeln ['apbrœkəln] *vi (+sein)* briwsioni, breuo, ymfalurio; *(FIN: Preise)* gostwng.

Abbruch ['apbrux] *m (von Haus)* dymchweliad *g*, chwalfa *b*; *(COMP)* terfyniad *g*; *(von Verhandlungen)* torri *g* trafodaeth, toriad *g* mewn trafodaeth; **etw** *dat* **~tun** gwneud drwg i rth, niweidio rhth.

Abbruch- *kompos:* **~arbeiten** *pl* gwaith *g* chwalu; **~arbeiter** *m* chwalwr *g*.

abbruchreif *adj* yn barod i'w chwalu.

abbrühen ['apbry:ən] *vt* gwynnu, ysgaldanu.

abbuchen ['apbu:xən] *vt* debydu, tynnu o gyfrif; *(durch Dauerauftrag)* talu drwy archeb reolaidd.

abbürsten ['apbʏrstən] *vt* brwsio ymaith, glanhau â brws.

abbüßen ['apby:sən] *vt (Strafe)* bwrw.

Abc [ɑ:be:'tse:, abe'tse:] *nt:* **das ~** yr abiec *gb*, yr wyddor *b*.

ABC-Waffen *pl abk (= atomare, biologische und chemische Waffen)* arfau *ll* ABC (arfau atomig, biolegol a chemegol).

abdampfen ['apdampfən] *vi (+sein) (ugs: losfahren)* ei chychwyn hi.

abdämpfen ['apdɛmpfən] *vt (Zigarette)* diffodd, mygu.

abdanken ['apdaŋkən] *vi* ymddiswyddo, ildio; *(König)* ymddiorseddu.

Abdankung (-, -en) *f* ymddiswyddiad *g*; *(König)* ymddiorseddiad *g*.

abdecken ['apdɛkən] *vt* dadorchuddio; *(bedecken)* gorchuddio; *(Tisch)* clirio; *(Loch)* gorchuddio, toi.

Abdeckfolie *f* ffoil *g* plastig.

Abdeckung *f* gorchudd *g*.

abdichten ['apdɪçtən] *vt* inswleiddio, ynysu; *(NAUT)* calcio.

abdrängen ['apdrɛŋən] *vt* gwthio/gyrru o'i le.

abdrehen ['apdre:ən] *vt (+haben) (Gas, Licht)* diffodd, troi i ffwrdd; *(Film)* gorffen; **jdm den Hals ~** *(ugs)* rhoi tro yng ngwddf rhn.

♦ *vi (+sein oder haben) (Schiff)* newid cyfeiriad, newid hynt, troi.

abdriften ['apdrɪftən] *vi (+sein)* mynd gyda'r llif, drifftio ymaith.

abdrosseln ['apdrɔsəln] *vt* tagu; *(AUTO)* peri i fodur nogio; *(Produktion)* lleihau.

Abdruck¹ (-(e)s, -e) *m (Kopie)* argraffiad *g*.

Abdruck² (-(e)s, ¨-e) *m (Gips~, Wachs~)* ôl *g*, argraff *b*; *(Fuß~, Finger~ usw)* ôl *g*, marc *g*.

abdrucken ['apdrʊkən] *vt* argraffu, printio.

abdrücken ['apdrʏkən] *vi (schießen)* saethu.

♦ *vt (ugs: Person)* cofleidio, gwasgu (yn eich breichiau); **jdm die Luft ~** gwasgu'r anadl allan o rn.

♦ *vr (ugs)* gadael olion.

abebben ['ap'ɛbən] *vi (+sein) (fig)* treio, adlifo, mynd yn ddistyll.

Abend ['ɑ:bənt] (-s, -e) *m* noswaith *b*, noson *b*, hwyr *g*, min *g* nos; **gegen ~** fin nos, gyda'r hwyr; **den ganzen ~** **(über)** gydol y noswaith; **guten ~** noswaith dda; **heute ~** heno; **zu ~ essen** bwyta swper, swpera.

Abend- *kompos:* **~anzug** *m* siaced *b* ginio; **~brot**ᴰ *nt* swper *gb*; **~dämmerung** *f* cyfnos *g*; **~essen** *nt* swper *gb*, cinio *gb*.

abendfüllend *adj* yn para gydol y noswaith.

Abend- *kompos:* **~gottesdienst** *m* yr Hwyrol Weddi; **~gymnasium**ᴰ *nt* ysgol *b* nos; **~kassa**ᴬ *f*, **~kasse** *f* *(THEAT)* swyddfa *b* docynnau; **~kleid** *nt* gwisg *b* fin nos; **~kurs** *m* dosbarth *g* nos; **~land** *nt (GEOG, HIST)* y Gorllewin *g*.

abendlich *adj* hwyrol, nosweithiol.

Abendmahl *nt (REL)* y Cymun *g* (Bendigaid), **das Letzte ~** y Swper *gb* Olaf.

Abendrot *nt* gwrid *g*, machlud *g* haul.

abends *adv* gyda'r nos, fin nos, gyda'r hwyr; **montags ~** bob nos Lun.

Abend- *kompos:* **~schule** *f* ysgol *b* nos; **~stunden** *pl* hwyr *g*; **~unterhaltung** *f* noson *b* lawen; **~vorstellung** *f* perfformiad *g* hwyrol; **~zeitung** *f* papur *g* hwyrol.

Abenteuer ['ɑ:bəntɔʏər] (-s, -) *nt* antur *gb*, anturiaeth *b*; *(Liebes~)* carwriaeth *b*.

abenteuerlich *adj* anturus, mentrus.

abenteuerlustig *adj* anturiaethus.

Abenteuerspielplatz (-es, ¨-e) *m* cae *g* antur.

Abenteurer (-s, -) *m* anturiwr *g*, anturiaethwr *g*; **~in** *f* antures *b*.

aber¹ ['ɑ:bər] *konj* ond; *(jedoch)* sut bynnag, fodd bynnag, serch hynny.

aber² *ptkl:* **das ist ~ toll** mae hynny'n wych! **nun ist ~ Schluss!** dyna hen ddigon! **vielen Dank – ~ bitte!** diolch yn fawr! – croeso; **bist du ~ braun!** edrych mor frown rwyt ti! **oder ~** ynteu.

aber³ *adv:* **tausend und ~tausend** miloedd ar filoedd.

Aber (-s, -) *nt* gwrthwynebiad *g*; **kein ~!** a dyna ddiwedd arni!

Aberglaube ['ɑ:bərglaʊbə] (-ns, *kein pl*) *m* ofergoel *b*.

abergläubisch [ˈaːbərglɔʏbɪʃ] *adj* ofergoelus.

aberkennen [ˈapˀɛrkɛnən] *irreg vt:* amddifadu, difreinio.

Aberkennung *f* amddifadu *g*, cymryd *g* oddi ar.

abermalig [ˈaːbərmaːlɪç, -ɪk] *adj* unwaith eto.

abermals [ˈaːbərmaːls] *adv* eto, eilwaith, drachefn, unwaith eto.

Abessinien *nt* (HIST) Ethiopia *b.*

Abf. *abk* = **Abfahrt.**

abfahren [ˈapfaːrən] *irreg vi* (+sein) ymadael, mynd, cychwyn; (ugs) ~ **auf** +akk gwirioni ar, dwlu ar; **der Zug ist abgefahren** mae'r trên wedi ymadael; (fig) rydych wedi colli'r cyfle, rydych yn rhy hwyr; **der Zug fährt um 08:00 von Leipzig ab** mae'r trên yn ymadael â Leipzig am 8 o'r gloch.
♦ *vt* (+sein oder haben) (Strecke entlangfahren) gyrru ar hyd.
♦ *vt* (+haben) (Film) dechrau; (Kamera) troi; (Reifen) treulio; **jdn ~ lassen** (ugs: abblitzen) dweud wrth rn i fynd i grafu.

Abfahrt [ˈapfaːrt] (-, -en) *f* ymadawiad *g*, cychwyniad *g*; (von Autobahn) allanfa *b*; (Ski fahren) disgyniad *g*; (Piste) trac *g*, disgynfa *b.*

Abfahrts- *kompos*- ~**lauf** *m* (Skirennen) ras *b* i lawr y llethr; ~**tag** *m* diwrnod *g* ymadael; ~**zeit** *f* amser *g* ymadael.

Abfall [ˈapfal] (-(e)s, ̈-e) *m* (Haushaltsmüll) sbwriel *g*; (IND) gwastraff *g*, gwehilion *ll*, sgrap *g*; (Rückgang) gostyngiad *g*; (Verschlechterung) dirywiad *g*, gwaethygiad *g.*

Abfalleimer *m* bin *g* sbwriel, tun *g* lludw.

abfallen [ˈapfalən] *irreg vi* (+sein) disgyn, cwympo (oddi ar); (sich neigen) disgyn, goleddfu; (REL, POL: vom Glauben) cefnu, cilio, ymwahanu; (geringer werden) gostwng; **wieviel fällt bei dem Geschäft für mich ab?** faint o elw ddaw o hynny i mi?

abfällig [ˈapfɛlɪç, -ɪk] *adj* dibrisiol, dilornus, difenwol; ~**e Bemerkung** dibristod *g.*

Abfallprodukt (-(e)s, -e) *nt* cynnyrch *g* gwastraff.

abfangen [ˈapfaŋən] *irreg vt* dal, atal; (Person) dal; (Aufprall) esmwytho, clustogi; (Nachricht) rhyng-gipio.

Abfangjäger (-s, -) *m* (MIL) sgarmesydd *g.*

abfärben [ˈapfɛrbən] *vi* gwelwi, colli lliw; (Wäsche) rhedeg, colli lliw; (fig) **auf jdn ~** dylanwadu ar rn.

abfassen [ˈapfasən] *vt* ysgrifennu, drafftio.

abfertigen [ˈapfɛrtɪgən] *vt* prosesu; (an der Grenze) clirio; (Waren) clirio, rhyddhau; (Kundschaft) gwasanaethu, gweini; **jdn kurz ~** wfftian rhn, trin rhn yn anghwrtais.

Abfertigung (-, -en) *f* prosesu *g*, clirio *g*, delio *g*; (Bedienung) gwasanaeth *g*; (Auszahlung) tâl *g* colli gwaith.

abfeuern [ˈapfɔʏərn] *vt* tanio, saethu, lansio.

abfinden [ˈapfɪndən] *irreg vr* derbyn, ymostwng i; **sich mit etw** dat ~ dygymod â rhth, dod i delerau â rhth; **er konnte sich nie damit ~, dass** ... ni fu erioed yn barod i dderbyn y ffaith fod...
♦ *vt* talu, setlo.

Abfindung (-, -en) *f* iawndal *g*, tâl *g* colli gwaith; (von Gläubigern) taliad *g* terfynol.

abflachen [ˈapflaxən] *vt* (+haben) lefelu, gwastatáu.
♦ *vi* (+sein) (fig: sinken) gostwng, gwaethygu.

abflauen [ˈapflaʊən] *vi* (+sein) gostegu, darfod, ymlonyddu; (Fieber) cilio; (COMM, Nachfrage) gostwng, lleihau.

abfliegen [ˈapfliːgən] *irreg vi* (+sein) (AERO) cychwyn, esgyn, codi.
♦ *vt* (+haben) (Gebiet) hedfan dros.

abfließen [ˈapfliːsən] *irreg vi* (+sein) llifo ymaith; **ins Ausland ~** (Geld) llifo o'r wlad.

Abflug [ˈapfluːk] (-(e)s, ̈-e) *m* (AERO) gadawiad *g*, cychwyniad *g*, esgyniad *g*; (Vögel) ehediad *g.*

Abflugzeit *f* amser *g* hedfan.

Abfluss [ˈapflʊs] (-es, ̈-e) *m* draen *g*, gollyngfa *b*, agorfa *b*; **oberirdischer ~** dŵr *g* ffo.

Abflussrohr *nt* pibell *b* wastraff, draen *g*, draenbib *b.*

Abfolge [ˈapfɔlgə] *f* dilyniant *g*, olyniaeth *b.*

abfragen [ˈapfraːgən] *vt* rhoi ar brawf, arholi; (COMP) holi; **jdn etw ~** holi rhn ynghylch rhth.

abfrieren [ˈapfriːrən] *irreg vi* +dat (+sein) fferu, rhewi; **ihm sind die Finger abgefroren** collodd ei fysedd drwy frath rhew; (ugs: fig) **mir frieren die Finger ab** mae fy mysedd yn rhewi.

Abfuhr [ˈapfuːr] (-, -en) *f* symudiad *g*; (fig) gwrthodiad *g*, sen *b*, sarhad *g*; **jdm eine ~ erteilen** gwrthod cais rhn, rhoi rhn yn ei le; **eine ~ bekommen** cael eich gwrthod.

abführen [ˈapfyːrən] *vt* arwain ymaith; (Polizei) arestio; (Geld, Steuern) talu.
♦ *vi* (MED) rhyddhau'r corff.

Abführmittel (-s, -) *nt* moddion *ll* rhyddhau'r corff, moddion gweithio.

Abfüllanlage (-, -en) *f* gwaith *g* potelu.

abfüllen [ˈapfʏlən] *vt* tapio, tynnu; (in Flaschen) potelu, costrelu.

Abgabe [ˈapgaːbə] (-, -en) *f* y weithred o roi i mewn; (von Ball) pàs *g*; (Steuer) treth *b*, ardoll *b*; (einer Erklärung) rhoi *g.*

abgaben- *kompos*- ~**frei** *adj* di-dreth; ~**pflichtig** *adj* agored i dreth incwm.

Abgabetermin (-(e)s, -e) *m* dyddiad *g* cau; (für Hausarbeit usw) dyddiad *g* cyflwyno.

Abgang [ˈapgaŋ] (-(e)s, ¨-e) *m (von Schule)* ymadawiad *g*; *(Weggehen)* ymadawiad; *(THEAT)* mynd allan; *(MED: Ausscheiden)* ysgarthiad *g*; *(Fehlgeburt)* camesgoriad *g*.

Abgangszeugnis (-ses, -e) *nt* tystysgrif *b* gadael ysgol.

Abgas [ˈapgaːs] (-es, -e) *nt* nwy *g* gwacáu; *(AUTO)* nwy *g* llosg, mwg *g*.

abgeben [ˈapgeːbən] *irreg vt (aushändigen)* rhoi, trosglwyddo; *(Ball)* pasio; *(Wärme)* taenu; *(Amt)* trosglwyddo; *(Schuss)* tanio, saethu; *(Urteil)* mynegi; *(Erklärung)* cyhoeddi; *(darstellen)* chwarae; **jdm etw ~** *(überlassen)* gadael rhth i rn; **seine Stimme ~** *(POL)* bwrw'ch pleidlais; **Fahrrad abzugeben** beic ar werth.

♦ *vr:* **sich ~ mit** cyfeillachu â, cymdeithasu â; *(befassen)* ymwneud â.

abgebrannt [ˈapgəbrant] *adj (ugs)* heb yr un ddimai goch.

abgebrüht [ˈapgəbryːt] *adj (ugs: skrupellos)* gwydn, croengaled.

abgedroschen [ˈapgədrɔʃən] *adj* ystrydebol; *(Witz)* tila, gwirion.

abgefahren [ˈapgəfaːrən] *adj (Reifen)* moel.

abgefeimt [ˈapgəfaɪmt] *adj* cyfrwys.

abgegeben [ˈapgəgeːbən] *pp von* **abgeben**.

abgegriffen [ˈapgəgrɪfən] *adj (Buch usw)* di-raen, ag ôl bodio arno; *(Redensart)* ystrydebol.

abgehackt [ˈapgəhakt] *adj* toredig, cwta; **~ sprechen** siarad yn gwta.

abgehangen [ˈapgəhaŋən] *pp von* **abhängen**.

♦ *adj:* **(gut) ~** *(Fleisch)* wedi ei hongian ers tro.

abgehärtet [ˈapgəhɛrtət] *adj* gwydn, caled; *(fig)* profiadol.

abgehen [ˈapgeːən] *irreg vi (+sein)* ymadael, mynd i ffwrdd; *(THEAT)* mynd allan; *(ugs: abgezogen werden)* cael ei dynnu (oddi wrth rth); *(ugs:*^D *Knopf usw)* datod, dod yn rhydd, dod o'i le; *(MED)* cael ei ysgarthu; **Wallenstein geht ab** â Wallenstein allan; **links ~** *(Straße)* mynd i'r chwith; **von einer Forderung ~** rhoi'r gorau i amod; **von seiner Meinung ~** newid eich meddwl; **ab geht die Post!** *(fig)* ffwrdd â ni! **davon gehen 5% ab** tynner 5% oddi ar hynny; **jdm geht etw ab** *(fehlen)* bod heb rth, bod yn ddiffygiol yn rhth; *(vermissen)*^A colli rhth, bod â hiraeth am rth.

♦ *vt (+sein) (Strecke)* cerdded ar hyd *(e.e.* llwybr) i'r pen; *(MIL: Gelände)* patrolio.

abgekämpft [ˈapgəkɛmpft] *adj* wedi ymlâdd, wedi blino'n llwyr.

abgekartet [ˈapgəkaːrtət] *adj:* **ein ~es Spiel** sefyllfa amheus wedi'i chynllwyno ymlaen llaw; **die**

Sache war von vornherein ~ twyll oedd yr holl beth.

abgeklärt [ˈapgəklɛːrt] *adj* digynnwrf, tawel.

abgelegen [ˈapgəleːgən] *adj* anghysbell, diarffordd, pellennig.

abgelten [ˈapgɛltən] *irreg vt (Ansprüche)* diwallu, cwrdd â.

abgemacht [ˈapgəmaxt] *adj* wedi'i drefnu, wedi cytuno arno; **~!** iawn!

abgemagert [ˈapgəmaːgərt] *adj (sehr dünn)* tenau, main; *(ausgemergelt)* nychlyd.

abgeneigt [ˈapgənaɪkt] *adj* anfodlon, diawydd.

abgenutzt [ˈapgənʊtst] *adj* treuliedig, di-raen; *(Reifen)* wedi treulio; *(fig: Klischees)* hen.

Abgeordnete [ˈapgəˀɔrdnətə] *m/f* cynrychiolwr(aig) *g(b)*; *(Parlament)* Aelod *gb* Seneddol, AS.

abgerichtet *adj (Hund)* hywedd.

abgerissen *adj (ugs)* llarpiog.

Abgesandte [ˈapgəzantə] *m/f* cynrychiolwr(aig) *g(b)*, cennad *b*.

abgeschieden [ˈapgəʃiːdən] *adj (entlegen)* anghysbell, diarffordd.

Abgeschiedenheit *f* neilltuaeth *b*.

abgeschlagen [ˈapgəʃlaːgən] *adj (besiegt)* wedi'i drechu; *(erschöpft)*^D wedi ymlâdd.

abgeschlossen [ˈapgəʃlɔsən] *pp von* **abschließen**.

♦ *adj (Wohnung)* hunangynhwysol.

abgeschmackt [ˈapgəʃmakt] *adj* di-chwaeth.

Abgeschmacktheit *f* diffyg *g* chwaeth; *(Bemerkung)* sylw *g* di-chwaeth.

abgesehen [ˈapgəzeːən] *pp von* **absehen**; **~ von** ar wahân i, ac eithrio; **~ davon** ar wahân i hynny, yn ychwanegol at hynny; **es ~ haben auf** +*akk* bod â golwg ar.

abgesondert *adj* ar wahân.

abgespannt [ˈapgəʃpant] *adj* lluddedig, wedi ymlâdd.

abgesperrt *adj* cloëdig.

abgestanden [ˈapgəʃtandən] *adj* hen; *(Bier)* di-flas, fflat; **~es Wasser** merddwr *g*.

abgestorben [ˈapgəʃtɔrbən] *adj (BIOL, MED)* wedi marw; *(gefühllos)* fferllyd, dideimlad.

abgestuft *adj* graddedig.

abgestumpft [ˈapgəʃtumpft] *adj (gefühllos: Person)* dideimlad, croendew; *(Gefühle, Gewissen)* wedi gwanhau, wedi merwino.

abgetakelt [ˈapgətaːkəlt] *adj (fig)* musgrell.

abgetan [ˈapgətaːn] *pp von* **abtun**; **damit ist die Sache ~** dyna ddiwedd arni.

abgetragen [ˈapgətraːgən] *adj* di-raen, treuliedig.

abgewetzt *adj* hendraul.

abgewinkelt *adj* onglog.

abgewinnen [ˈapgəvɪnən] *irreg vt:* **jdm Geld ~** ennill arian gan rn; **einer Sache Geschmack ~** mwynhau rhth, cael blas ar rth.

abgewogen [ˈapgəvoːgən] *pp von* **abwiegen.**
♦ *adj*[D] *(Urteil, Aussage)* wedi'i bwyso a'i fesur, gofalus.

abgewöhnen [ˈapgəvøːnən] *vt:* **jdm etw ~** annog rhn i roi'r gorau i rth; **sich** *dat* **etw ~** rhoi'r gorau i rth.

abgewrackt *adj (fig)* drylliedig.

abgezehrt *adj* esgyrnog, llwglyd.

abgießen [ˈapgiːsən] *irreg vt* tywallt i ffwrdd, arllwys i ffwrdd.

Abglanz [ˈapglants] (**-es,** *kein pl*) *m* adlewyrchiad *g*, cysgod *g*.

abgleiten [ˈapglaɪtən] *irreg vi (+sein)* llithro.

Abgott [ˈapgɔt] (**-(e)s,** ¨**-er**) *m* eilun *g*.

abgöttisch [ˈapgœtɪʃ] *adj* idolatraidd; **~ lieben** addoli, dwlu ar.

abgrasen [ˈapgraːzən] *vt (Feld)* pori; *(ugs: absuchen)* chwilio a chwalu, chwilota.

abgrenzen [ˈapgrɛntsən] *vt* gosod terfynau, darnodi, gwahaniaethu (rhwng); *(Gelände)* ffensio, amgáu.
♦ *vr:* **sich ~ (gegen** *+akk)* ymddatgysylltu (oddi wrth), gwrthod arddel cysylltiad (â).

Abgrenzung *f* darnodiad *g*.

Abgrund [ˈapgrʊnt] (**-(e)s,** ¨**-e**) *m* dibyn *g*; *(fig)* agendor *gb*, hafn *gb*.

abgründig [ˈapgrʏndɪç, -ɪk] *adj* annirnadwy, annealladwy.

abgrundtief *adj (Hass, Verachtung)* dwfn, llwyr.
♦ *adv:* **~ hässlich** hyll iawn, hyll dros ben.

abgucken[D] [ˈapgʊkən] *vt, vi (ugs)* copïo.

Abguss [ˈapgʊs] (**-es,** ¨**-e**) *m (TECH)* cast *g*, mowldiad *g*; *(KUNST)* replica *g*; **einen ~ machen von** *+dat* bwrw.

abhacken [ˈaphakən] *vt* torri ymaith, tocio.

abhaken [ˈaphaːkən] *vt* ticio, marcio.

abhalten [ˈaphaltən] *irreg vt (Versammlung usw)* cynnal; **jdn ~ von** *+dat (hindern)* cadw rhn rhag, rhwystro rhag.

abhandeln [ˈaphandəln] *vt (Thema)* delio â, traethu; **jdm etw ~** taro bargen â rhn ynglŷn â rhth.

abhanden [apˈhandən] *adj:* **~ kommen** mynd ar goll.

Abhandlung [ˈaphandlʊŋ] (**-, -en**) *f* traethawd *g*, ymdriniaeth *b* (**über** *+akk:* ar).

Abhang [ˈaphaŋ] (**-(e)s,** ¨**-e**) *m* allt *b*, llethr *gb*, goriwaered *g*, disgynfa *b*.

abhängen [ˈaphɛŋən] *irreg vt (+haben) (Anhänger)* datfachu, datgysylltu; *(Verfolger)* dianc rhag.
♦ *vi (Fleisch)* hongian; **~ von** *+dat* dibynnu ar; **das hängt davon ab** mae'n dibynnu.

abhängig [ˈaphɛŋɪç, -ɪk] *adj* dibynnol (**von** *+dat* ar).

Abhängigkeit *f* dibyniaeth *b*, dibyniad *g*; *(Drogen)* caethineb *g*.

abhärten [ˈaphɛrtən] *vt* caledu, gwneud yn galed.
♦ *vr* ymgaledu, ymgryfhau; **sich ~ gegen** *+akk* cynefino â, ymgaledu yn erbyn.

abhauen[1] [ˈaphaʊən] *vi (ugs)* ei heglu hi, ei gwadnu hi, ei bachu hi; **hau ab!** bacha hi o 'ma! hel dy draed!

abhauen[2] *irreg vt* torri ymaith, tocio; *(Baum)* torri.

abheben [ˈapheːbən] *irreg vt* codi; *(Karten)* torri pac; *(Masche)* gollwng; *(Geld)* codi (o gyfrif), tynnu.
♦ *vi (Flugzeug)* esgyn, codi; *(TEL)* ateb y ffôn.
♦ *vr:* **sich ~ von** *+dat* gwahaniaethu oddi wrth.

Abhebung (**-, -en**) *f (Geld)* codiad *g*, endyniant *g*.

abheften [ˈaphɛftən] *vt* ffeilio; *(nähen)* tacio, pinio; *(mit Heftmaschine)* staplo.

abhelfen [ˈaphɛlfən] *irreg vi +dat* unioni, cywiro.

abhetzen [ˈaphɛtsən] *vr* brysio, rhuthro o gwmpas, ymlâdd.

Abhilfe [ˈaphɪlfə] *f* cymorth *g*, unioni *g*, cywiro *g*; **~ schaffen** unioni cam.

abholen [ˈaphoːlən] *vt (Gegenstand)* hôl, casglu, codi; *(Person)* mynd i nôl, cwrdd â.

Abholmarkt [ˈaphoːlmarkt] (**-(e)s,** ¨**-e**) *m (COMM)* archfarchnad *b* dalu a chario.

abholzen [ˈaphɔltsən] *vt (Wald)* clirio, datgoedwigo, datfforestu.

abhorchen [ˈaphɔrçən] *vt (MED)* gwrando (ar frest rhn).

abhören [ˈaphøːrən] *vt* clustfeinio, tapio; *(Vokabeln)* arholi; *(Tonband)* gwrando ar; **abgehört werden** *(ugs)* cael eich bygio.

Abhörgerät [ˈaphøːrgərɛːt] (**-(e)s, -e**) *nt* offer *ll* clustfeinio, dyfais *b* fygio.

abhungern [ˈaphʊŋərn] *vr (ugs)* **sich** *dat* **10 Kilo ~** colli 10 kilo trwy fynd ar ddeiet.

Abi[D] [ˈabi] (**-s, -s**) *nt (ugs)* = **Abitur.**

Abitur[D] [abiˈtuːr] *nt (SCH)* arholiad *g* lefel A; **das ~ machen** sefyll arholiadau lefel A; *vgl. auch* **Matura**[AS].

Abiturient[D] [abituriˈɛnt] (**-en, -en**) *m (~in f)* ymgeisydd *g* am yr Abitur.

Abk. *abk* = **Abkürzung.**

abkämmen [ˈapkɛmən] *vt (Gegend)* cribinio, cribo, archwilio.

abkanzeln [ˈapkantsəln] *vt* rhoi pryd o dafod i, rhoi cerydd i.

abkapseln [ˈapkapsəln] *vr* ymneilltuo (o rth), ymgadw (rhag rhth).

abkaufen [ˈapkaʊfən] *vt* prynu; *(ugs: fig)* credu.

abkehren [ˈapkeːrən] *vt (fegen)* ysgubo, brwsio; *(Blick)* troi'ch llygaid heibio.

♦ *vr* troi ymaith, troi o'r neilltu.

abklappern ['apklapərn] *vt (ugs: Kunden)* galw i weld; *(Geschäfte, Straße)* ~ **nach** *+dat* cribinio am.

abklären ['apklɛːrən] *vt (klarstellen)* egluro, datrys.

♦ *vr (sich beruhigen)* tawelu.

Abklatsch ['apklatʃ] (**-es**, **-e**) *m (fig)* copi *g* gwael, cysgod *g*.

abklemmen ['apklɛmən] *vt (Nabelschnur, Leitung)* clampio.

abklingen ['apklɪŋən] *irreg vi (+sein)* darfod; *(Fieber)* cilio, gwanhau; *(Ton)* gwanychu, diffodd.

abknallen ['apknalən] *vt (ugs)* saethu.

abknöpfen ['apknœpfən] *vt:* **jdm Geld ~** *(ugs: abnehmen)* gwasgu arian o rn.

abkochen ['apkɔxən] *vt* berwi; *(keimfrei machen)* diheintio (trwy ferwi).

abkommandieren ['apkɔmandiːrən] *vt (MIL: zu Einheit)* gyrru; *(zu bestimmtem Dienst)* ~ **zu** neilltuo ar gyfer.

abkommen ['apkɔmən] *irreg vi (+sein)* ymadael, mynd i ffwrdd; *(vom Thema)* crwydro, mynd ar ôl ysgyfarnog; **von der Straße ~** mynd oddi ar y ffordd, mynd ar ddisberod; **von einem Plan ~** rhoi'r gorau iddi.

Abkommen *nt* cytundeb *g*, cyfamod *g*.

abkömmlich ['apkœmlɪç] *adj* rhydd, ar gael.

Abkömmling ['apkœmlɪŋ] (**-s**, **-e**) *m (Nachkomme)* disgynnydd *g*.

abkoppeln *vt* dadgyplu.

abkratzen ['apkratsən] *vt (+haben)* crafu oddi ar.

♦ *vi (+sein) (ugs)* cicio'r bwced, trengi.

abkriegen ['apkriːgən] *vt (ugs)* cael darn (o rth); *(beschädigt werden)* cael niwed; *(verletzt werden)* cael eich anafu.

abkühlen ['apkyːlən] *vi (+sein)* oeri, ymoeri.

♦ *vt (+haben)* oeri, claearu.

♦ *vr (+haben) (Mensch)* tawelu, ymbwyllo.

Abkunft ['apkʊnft] (**-**, *kein pl*) *f* tarddiad *g*, gwreiddyn *g*.

abkürzen ['apkʏrtsən] *vt* torri'n fyr, cwtogi; *(Wort)* talfyrru, byrhau; **den Weg ~** dilyn llwybr llygad.

Abkürzung (**-**, **-en**) *f (Wort)* byrfodd *g*, talfyriad *g*; *(Weg)* llwybr *g* tarw, llwybr llygad.

abladen ['aplɑːdən] *irreg vt, vi* dadlwytho; *(fig: ugs)* **Ärger ~** tywallt eich dicter, bwrw'ch llid.

Ablage ['aplɑːgə] (**-**, **-n**) *f* storfa *b*, man *gb* cadw, silff *g*; *(für Akten)* cwpwrdd *g* ffeilio; *(Kleider~)* lle *g* i gadw cotiau; ~ **für Ausgänge** basged *b* allan; ~ **für Eingänge** basged dderbyn.

Ablagesystem *nt* system *b* ffeilio.

ablagern ['aplɑːgərn] *vt (+haben)* gosod (i lawr); *(Schlamm usw)* dyddodi.

♦ *vr (+haben)* ymgasglu, gwaddodi, gwaelodi.

Ablagerung (**-**, **-en**) *f (GEOL)* dyddodyn *g*, gwaddod *g*; *(Schmutz)* haenen *b*, caenen *b*.

ablassen ['aplasən] *irreg vt (Wasser, Dampf)* gollwng; **Ärger ~** tywallt eich dicter.

♦ *vi:* ~ **von** *+dat* cefnu ar.

Ablauf ['aplaʊf] *m (Abfolge)* hynt *b*, olyniaeth *b*; *(einer Frist)* diwedd *g*, terfyn *g*; *(Abfluss)*[D] gollyngfa *b*, cwter *b*; **nach ~ eines Jahres** ymhen blwyddyn; **nach ~ des Monats** ar ddiwedd y mis.

ablaufen *irreg vi (+sein) (Ereignisse)* digwydd, dilyn eu hynt; *(Frist, Pass)* darfod, gorffen, dod i ben; *(abfließen)*[D] llifo ymaith; ~ **lassen** *(abspielen: Platte)*[D] chwarae, ailchwarae; *(Film)* dangos.

♦ *vt (+haben) (Sohlen)* treulio (yn ddim); **jdm den Rang ~** achub y blaen ar rn; **sich** *dat* **die Beine nach etw ~** *(ugs)*[D] hanner lladd eich hun yn chwilio am rth.

Ablaut ['aplaʊt] *m (GRAM)* gwyriad *g*.

Ableben ['apleːbən] *nt (geh)* marwolaeth *b*.

ablegen ['apleːgən] *vt* gosod i lawr; *(aufbewahren)* storio, ffeilio; *(Kleider)* diosg; *(Gewohnheit)* rhoi'r gorau i; *(Prüfung)* sefyll; **einen Eid ~** tyngu llw; **Zeugnis ~** dwyn tystiolaeth.

♦ *vi (Schiff)* gollwng rhaffau, hwylio.

Ableger ['apleːgər] (**-s**, **-**) *m (BOT)* ymledydd *g*, blaguryn *g* bôn; *(fig)* cangen *b*.

ablehnen ['apleːnən] *vt* gwrthod; *(missbilligen)* anghymeradwyo.

♦ *vi* gwrthod.

ablehnend *adj* negyddol, anghymeradwyol; **ein ~er Bescheid** gwrthodiad *g*, nodyn *g* gwrthod.

Ablehnung (**-**, **-en**) *f* gwrthodiad *g*, nacâd *g*; **auf ~ stoßen** cael anghymeradwyaeth.

ableisten ['aplaɪstən] *vt:* **den Wehrdienst ~** gwneud gwasanaeth milwrol.

ableiten ['aplaɪtən] *vt (Wasser)* ailgyfeirio; *(folgern)* diddwytho, casglu; *(Wort)* olrhain, tarddu.

Ableitung (**-**, **-en**) *f (Folgerung)* diddwythiad *g*, casgliad *g*; *(GRAM)* tarddiad *g*; *(Wort)* tarddair *g*.

ablenken ['aplɛŋkən] *vt* troi ymaith, gwyro; *(zerstreuen)* tynnu sylw rhn; *(stören)* gwrthdynnu sylw.

♦ *vi* newid y pwnc, troi'r stori.

Ablenkung (**-**, **-en**) *f* ymyriad *g*, ymyrraeth *b*; *(Störung)* gwrthdyniad *g*.

Ablenkungsmanöver *nt* tacteg *b* wrthdyniadol; *(um vom Thema abzulenken)* ysgyfarnog *b*.

ablesen ['apleːzən] *irreg vt* darllen; **jdm jeden Wunsch von den Augen ~** rhagweld dymuniadau rhn.

ableugnen ['aplɔʏgnən] *vt* gwadu, nacáu.

ablichten ['aplɪçtən] *vt* llun-gopïo; *(fotografieren)* tynnu llun o.

abliefern ['apliːfərn] *vt* danfon, dosbarthu; **etw bei jdm ~** trosglwyddo rhth i rn.

Ablieferung (-, -en) *f* cludiad *g*, danfoniad *g*.

abliegenᴰ ['apliːgən] *irreg vi* bod yn bell (o'r ffordd); *(fig)* bod yn ddiasbedain.

ablistenᴰ ['aplɪstən] *vt* = **abluchsen**.

Ablöse ['apløːzə] (-, -n) *f (Schichtwechsel)* cyfnewid *g*; *(FIN)* tâl *g*.

ablösen ['apløːzən] *vt (ersetzen)* cymryd lle rhn/rhth; *(Amt)* olynu; *(abtrennen)* tynnu oddi ar, cael gwared â; *(FIN: Schuld, Hypothek)* clirio, talu; *(Methode, System)* disodli, cymryd lle rhth.

♦ *vr (auch: einander ~)* gwneud rhth yn eich tro; *(Schichtwechsel)* newid shifft.

Ablösung (-, -en) *f (Angestellter)* diswyddiad *g*; *(Schichtwechsel)* cyfnewid *g*.

abluchsen ['aplʊksən] *vt (ugs)* **jdm etw ~** twyllo rhn o rth, gwasgu rhth allan o rn.

Abluft ['aplʊft] *f (TECH)* aer *g* gweddillion.

ABMᴰ [aːbeːˈʔɛm] *abk (= Arbeitsbeschaffungsmaßnahmen)* cynllun *g* creu gwaith.

abmachen ['apmaxən] *vt (vereinbaren)* cytuno; *(ugs: herunternehmen)* tynnu (oddi ar); **abgemacht!** cytuno!

Abmachung (-, -en) *f* cytundeb *g*.

abmagern ['apmaːgərn] *vi (+sein)* teneuo, meinhau; *(Tiere)* culhau.

Abmagerungskur (-, -en) *f* deiet *g* llwgu; **eine ~ machen** mynd ar ddeiet.

Abmarsch ['apmarʃ] (-es, ¨-e) *m* cychwyniad *g*.

abmarschbereit *adj* parod i gychwyn.

abmarschieren ['apmarʃiːrən] *vi (+sein)* martsio ymaeth.

abmelden ['apmɛldən] *vt* datgofrestru; *(Telefon)* datgysylltu; **jdn polizeilich ~** datgofrestru rhn gyda'r heddlu; **ein Kind von der Schule ~** tynnu plentyn o'r ysgol; **sie ist bei mir abgemeldet** nid wyf eisiau unrhyw beth i'w wneud â hi.

♦ *vr* rhoi gwybod am ymadawiad; *(im Hotel)* ymadael.

abmessen ['apmɛsən] *irreg vt* mesur.

Abmessung (-, -en) *f* mesuriad *g*, mesur *g*, hyd *g* a lled.

abmontieren ['apmɔntiːrən] *vt* tynnu i lawr, dadosod; *(Maschine)* datgymalu.

ABM-Stelleᴰ *f* swydd dros dro a grewyd drwy gynllun creu gwaith; *vgl.* **ABM**.

abmühen ['apmyːən] *vr* gweithio, ymdrechu, ymlafnio, bustachu.

abnabeln ['apnaːbəln] *vt, vr (auch fig)* torri llinyn bogail.

abnagen ['apnaːgən] *vt* cnoi.

Abnäher ['apnɛːər] (-s, -) *m (TEX)* dart *g*.

Abnahme ['apnaːmə] (-, -n) *f* gwarediad *g*, tynnu *g* ymaith; *(COMM)* prynu *g*; *(Verringerung)* lleihad *g*, gostyngiad *g* (**an** +*dat* mewn).

abnehmen ['apneːmən] *irreg vt* tynnu ymaith, tynnu i lawr; *(tragen helfen)* cymryd oddi ar; *(Führerschein)* cymryd oddi ar; *(Prüfung)* arholi, cynnal; *(Telefonhörer)* codi; *(begutachten: Auto, Gebäude)* archwilio; *(Maschen)* cyfyngu, gostwng; *(MED: amputieren)* trychu; **jdm Geld ~** gwasgu arian o rn; **jdm etw ~** *(abkaufen)* prynu rhth gan rn; *(fig: glauben)* credu rhn; **jdm Arbeit ~** ysgwyddo baich rhn arall; **jdm ein Versprechen ~** peri i rn addo rhth.

♦ *vi* gostwng, lleihau; *(schlanker werden)* colli pwysau, teneuo; *(Mond)* cilio.

Abnehmen *nt* cil *g*, gwendid *g*.

abnehmend *adj:* **~er Mond** lleuad ar ei chil.

Abnehmer ['apneːmər] (-s, -) *m (COMM)* prynwr *g*, cwsmer *g*; **viele ~ finden** gwerthu'n dda; **~in** *f* prynwraig *b*, cwsmer *g*.

Abneigung ['apnaɪgʊŋ] (-, -en) *f* atgasedd *g*, atgasrwydd *g*.

abnorm [ap'nɔrm] *adj* eithriadol.

abnormal ['apnɔrmal] *adj* anarferol, anghyffredin.

abnötigen ['apnøːtɪgən] *vt:* **jdm etw ~** gwasgu rhth allan o rn.

abnutzen ['apnʊtsən] *vt, vr* treulio, gwisgo; *(Reifen)* treulio'n llyfn.

Abnutzung (-, -en) *f* traul *b*, treuliad *g*; **allgemeine ~** *(COMM)* traul dderbyniol.

Abnutzungserscheinung *f* ôl *g* traul.

Abo ['abo] (-s, -s) *nt abk (ugs)* = **Abonnement**.

Abonnement [abɔnə'mãː] (-s, -s) *nt* tanysgrifiad *g*; *(Theater~)* tocyn *g* tymor.

Abonnent [abɔ'nɛnt] (-en, -en) *m* tanysgrifiwr *g*; **~in** *f* tanysgrifwraig *b*.

abonnieren [abɔ'niːrən] *vt untrenn* tanysgrifio i.

abordnen ['apˈʔɔrdnən] *vt* dirprwyo, anfon.

Abordnung (-, -en) *f* dirprwyaeth *b*, dirprwyon *ll*.

Abort [a'bɔrt] *m (veraltet)* tŷ *g* bach, lle *g* chwech.

abpacken ['appakən] *vt* pacio.

abpassen ['appasən] *vt (Person)* disgwyl; *(ugs: auflauern)* dal; *(Gelegenheit)* aros am; **etw gut ~** amseru rhth yn dda.

abpausen ['appauzən] *vt* trasio, gwneud dargopi o.

abpfeifen ['appfaɪfən] *irreg vt, vi:* **(das Spiel) ~** chwibanu i ddod â gêm i ben.

Abpfiff ['appfɪf] (-(e)s, -e) *m* chwiban *gb* olaf.

abplagen ['applaːgən] *vr* ymdrechu, bustachu, ymlafnio.

Abprall ['appral] (-(e)s, -e) *m* adlam *g*, gwrthnaid *b*; *(von Kugel)* rhybediad *g*, adlam.

abprallen ['apralən] *vi (+sein)* adlamu, sboncio (ymaith); **an jdm ~** *(fig)* methu â gwneud argraff ar rn.

Abpraller *m* rhybediad *g*.

abputzen ['apputsən] *vt* glanhau, brwsio ymaith.

abquälen ['apkvɛːlən] *vr* bustachu, ymdrechu'n galed.

abrackern ['aprakərn] *vr (ugs)* bustachu, llafurio.

abrasieren *vt* siafo.

abraten ['apraːtən] *irreg vi:* **jdm von etw ~** cynghori rhn i beidio â gwneud rhth, rhybuddio rhn rhag rhth.

Abraum[D] ['apraum] (-(e)s, *kein pl*) *m (ugs)* rwbel *g*, sbwriel *g*.

abräumen ['aprɔʏmən] *vt, vi* clirio, tacluso.

abreagieren ['apreagiːrən] *vt:* **seinen Zorn an jdm/etw ~** bwrw llid ar rn/rth.

♦ *vr* ymdawelu, ymlonyddu.

abrechnen ['aprɛçnən] *vt (MATH)* didynnu; *(vom Preis)* tynnu.

♦ *vi* talu'ch dyledion; *(fig)* **mit jdm ~** talu'r pwyth yn ôl, dial ar rn; **darf ich ~?** hoffech chi'r bil?

Abrechnung (-, -en) *f* mantolen *b*; *(Aufstellung)* cyfriflen *b*, datganiad *g* ariannol; *(fig: Rache)* dial *g*, dialedd *g*; **die ~ machen** mantoli; **in ~ stellen** didynnu; **~ über** *+akk* bil *g* am.

Abrechnungszeitraum (-(e)s, ¨-e) *m* cyfnod *g* cyfrifyddu.

Abrede ['apreːdə] *f:* **in ~ stellen** gwadu, nacáu, amau.

abregen ['apreːgən] *vr (ugs)* ymdawelu, ymlonyddu.

abreiben ['apraɪbən] *irreg vt* rhwbio; *(säubern)* sychu yn lân.

Abreibung (-, -en) *f (fig: Prügel)* cweir *gb*, curfa *b*; **jdm eine ~ geben** waldio rhn.

Abreise ['apraɪzə] (-, -n) *f* ymadawiad *g*, cychwyniad *g*.

abreisen *vi (+sein)* gadael, cychwyn (ar daith).

abreißen ['apraɪsən] *irreg vt (Haus)* dymchwel, chwalu; *(Blatt)* rhwygo ymaith; **den Kontakt nicht ~ lassen** cadw mewn cysylltiad.

abrichten ['aprɪçtən] *vt (Tier)* hyfforddi, dysgu.

abriegeln ['apriːgəln] *vt (Straße, Gebiet)* ynysu; *(Tür)* bolltio.

abringen ['aprɪŋən] *irreg vt:* **sich** *dat* **ein Lächeln ~** glaswenu, gwenu gydag ymdrech.

Abriss ['aprɪs] (-(e)s, -e) *m (Übersicht)* amlinelliad *g*, braslun *g*; *(Abbruch)* dymchweliad *g*, chwalfa *b*.

abrollen ['aprɔlən] *vt (abwickeln)* datod.

♦ *vi (ugs: Programm)* mynd, rhedeg; *(Veranstaltung)* digwydd, mynd yn ei flaen; *(Ereignisse)* datblygu.

Abruf ['apruːf] (-(e)s, -e) *m:* **auf ~** ar alw.

abrufen *irreg vt (COMP)* adfer; *(Mensch)* galw ymaith;

(COMM: Ware) gofyn am gludiad.

abrunden ['aprʊndən] *vt (Kante)* llyfnhau; *(MATH)* talgrynnu i lawr; *(perfektionieren)* caboli.

abrupt *adj* siarp, disymwth, ffwr-bwt.

abrüsten ['aprʏstən] *vi* diarfogi.

Abrüstung (-, -en) *f* diarfogiad *g*.

abrutschen ['aprʊtʃən] *vi (+sein)* llithro.

Abs. *abk* = **Absender**; = **Absatz**.

absacken ['apzakən] *vi (+sein) (sinken)* ymsuddo; *(Boden, Gebäude)* ymsuddo, sadio.

Absage ['apzaːgə] (-, -n) *f* gwrthodiad *g*, nacâd *g*; *(Einladung)* ateb *g* negyddol.

absagen ['apzaːgən] *vt* diddymu, canslo; *(Hochzeit)* datgyhoeddi; *(Einladung)* ymesgusodi.

♦ *vi* canslo, rhoi'r gorau i rth; *(ablehnen)* gwrthod; **jdm ~** canslo cyfarfod â rhn.

absägen ['apzɛːgən] *vt* llifio ymaith; *(ugs: entmachten)* diswyddo.

absahnen ['apzaːnən] *vt* codi'r hufen.

♦ *vi (fig)* hufennu.

Absatz ['apzats] (-es, ¨-e) *m (Text)* paragraff *g*; *(Treppen~)* pen *g* grisiau, landin *b*; *(Schuh)* sawdl *gb*; *(COMM)* gwerthiant *g*; *(JUR)* adran *b*; *(Bodensatz)* gwaddod *g*, gwaelodion *ll*.

Absatz- *kompos:* **~flaute** *f (COMM)* cwymp *g* yn y farchnad; **~förderung** *f* ymgyrch *gb* werthu; **~gebiet** *nt (COMM)* marchnad *b*; **~prognose** *f* rhagolygon *ll* gwerthiant; **~schwierigkeiten** *pl* anawsterau *ll* gwerthiant; **~ziffern** *pl* ffigurau *ll* gwerthiant.

absaufen ['apzaufən] *irreg vi (+sein) (ugs: ertrinken)* boddi; *(Motor)* boddi; *(Schiff)* suddo.

absaugen ['apzaugən] *vt (Flüssigkeit)* sugno allan; *(Teppich)* hwfro, sugnlanhau.

abschaben ['apʃaːbən] *vt* crafu, rhuglo.

abschaffen ['apʃafən] *vt* dileu, diddymu, cael gwared â.

Abschaffung (-, -en) *f* dilead *g*, diddymiad *g*.

abschälen *vt* pilio, plicio.

abschalten ['apʃaltən] *vt (Licht)* diffodd; *(Gerät)* troi i ffwrdd.

♦ *vi (entspannen)* ymlacio; *(nichts wahrnehmen)* dechrau delwi.

abschätzen ['apʃɛtsən] *vt* amcangyfrif; *(Lage)* barnu, asesu; *(Person)* pwyso a mesur.

abschätzig ['apʃɛtsɪç, -ɪk] *adj* bychanol, dirmygus.

abschauen[A] ['apʃauən] *vt (ugs)* **jdm etw ~** copïo rhn wrth wneud rhth.

Abschaum ['apʃaum] (-(e)s, *kein pl*) *m* slafan *g*, llysnafedd *g*; *(Gesindel)* gwehilion *ll* cymdeithas.

Abscheu ['apʃɔʏ] (-(e)s, *kein pl*) *m oder f* atgasedd *g*, gwrthwynebiad *g*; **~ erregend** ffiaidd, cyfoglyd, atgas.

abscheulich [apˈʃɔʏlɪç] *adj* ffiaidd, atgas, erchyll.

abschicken [ˈapʃɪkən] *vt* anfon ymaith.

abschieben [ˈapʃiːbən] *irreg vt (ausweisen)* alltudio, anfon o'r wlad; *(fig: Verantwortung)* ~ **auf** +*akk* taflu ar, bwrw ar.

Abschied [ˈapʃiːt] *m* ffarwél *gb; (von Armee)* dadfyddino *g;* ~ **nehmen von** +*dat* ffarwelio â, canu'n iach i; **seinen ~ nehmen** ymddiswyddo, ymddeol.

Abschieds- *kompos:* ~**brief** *m* llythyr *g* ffarwel; ~**feier** *f* parti *g* ffarwel.

abschießen [ˈapʃiːsən] *irreg vt (Flugzeug)* saethu i'r llawr; *(Geschoß)* saethu, tanio, lansio; *(ugs: Minister)* cael gwared â; **den Vogel ~** *(fig, ugs)*[D] rhagori ar bawb.

abschirmen [ˈapʃɪrmən] *vt* ynysu, cuddio o'r golwg, gwarchod rhag.

♦ *vr (sich isolieren)* torri cysylltiad, ynysu eich hun.

abschlaffen [ˈapʃlafən] *vi (ugs)* fflagio, diffygio.

abschlagen [ˈapʃlaːgən] *irreg vt (abhacken)* torri i ffwrdd; *(ablehnen)* gwrthod, pallu; *(MIL: Angriff)*[D] troi yn ei ôl.

abschlägig [ˈapʃlɛːgɪç, -ɪk] *adj* negyddol.

Abschlagszahlung (-, -en) *f* taliadau *ll* cyfamser.

abschleifen [ˈapʃlaɪfən] *irreg vt* swndio; *(Rost)* cael gwared â.

♦ *vr* treulio.

Abschleppdienst (-(e)s, -e) *m (AUTO)* gwasanaeth *g* tynnu ceir, criw *g* damweiniau.

abschleppen [ˈapʃlɛpən] *vt* halio, towio.

Abschlepp- *kompos:* ~**seil** *nt* rhaff *b* halio; ~**wagen** *m* lorri *b* ddamweiniau.

abschließen [ˈapʃliːsən] *irreg vt (Tür)* cloi; *(beenden)* terfynu, diweddu, gorffen; *(Vertrag, Handel)* selio, cwblhau; *(Versicherung)* codi; *(Wette)* selio; **ein Studium ~** graddio.

♦ *vi:* **mit der Vergangenheit ~** torri cysylltiad â'r gorffennol.

♦ *vr (sich isolieren)* ynysu'ch hunan.

abschließend *adj* terfynol.

♦ *adv* yn derfynol, yn olaf, i gloi.

Abschluss [ˈapʃlʊs] *m (Beendigung)* cwblhad *g*, diweddglo *g; (COMM: Bilanz)* mantoli *g; (von Vertrag, Handel)* cwblhad; **zum ~** ar y diwedd, i gloi; **seinen ~ machen** *(UNIV)* graddio, cael gradd.

Abschluss- *kompos:* ~**feier** *f (SCH)* seremoni *b* raddio; ~**prüfer** *m* arolygydd *g* ariannol; ~**prüfung** *f (SCH)* arholiad *g* terfynol; *(UNIV)* arholiadau *ll* gradd; ~**rechnung** *f* cyfrif *g* terfynol; ~**zeugnis** *nt (SCH)* tystysgrif *b* gadael ysgol.

abschmecken [ˈapʃmɛkən] *vt (kosten)* blasu; *(würzen)* ychwanegu pupur a halen.

abschmieren [ˈapʃmiːrən] *vt (AUTO)* iro, seimio.

abschminken [apʃmɪŋkən] *vt:* **sich ~** tynnu colur.

♦ *vr (ugs)* **das kannst du dir ~** anghofia am hynny.

abschmirgeln [ˈapʃmɪrgəln] *vt* swndio.

abschnallen [ˈapʃnalən] *vt* datod.

♦ *vr* datod gwregys diogelwch.

♦ *vi (ugs: fassungslos sein)* synnu'n fawr.

abschneiden [ˈapʃnaɪdən] *irreg vt* torri i ffwrdd.

♦ *vi* perfformio, llwyddo; **bei etw gut ~** *(ugs)* cael hwyl arni.

Abschneider[A] *m* llwybr *g* llygad.

Abschnitt [ˈapʃnɪt] (-(e)s, -e) *m* rhan *b; (MIL)* sector *gb; (Kontroll~)* bonyn *g; (Zeit~)* cyfnod *g*.

abschnüren [ˈapʃnyːrən] *vt* atal/rhwystro trwy glymu.

abschöpfen [ˈapʃœpfən] *vt* codi'r hufen, sgimio.

abschrauben [ˈapʃraʊbən] *vt* datod, datsgriwio.

abschrecken [ˈabʃrɛkən] *vt* rhwystro, atal; *(TECH, mit kalter Flüssigkeit)* oeri.

abschreckend *adj* ataliol, rhybuddiol; ~**es Beispiel** rhybudd; **eine ~e Wirkung haben** rhwystro, atal, dychryn (rhn rhag gwneud rhth).

abschreiben [ˈapʃraɪbən] *irreg vt* copïo, llen-ladrata; *(verloren geben)* anghofio am; *(COMM)* gostwng pris; *(von der Steuer)* eithrio o'r dreth; **er ist bei mir abgeschrieben** *(ugs)* nid wyf eisiau dim mwy i'w wneud ag ef.

Abschreibung (-, -en) *f (COMM)* tynnu *g; (Wertverminderung)* gostyngiad *g*.

Abschrift [ˈapʃrɪft] (-, -n) *f* copi *g*.

abschuften [ˈapʃʊftən] *vr (ugs)* slafio, llafurio.

abschuppen *vt (KOCH)* digennu, pluo.

abschürfen [ˈapʃʏrfən] *vt* crafu, ysgraffinio.

Abschürfung *f* ysgraffiniad *g*.

Abschuss [ˈapʃʊs] (-es, ¨-e) *m* taniad *g*, tanio *g; (von Flugzeug)* saethu *g* i'r llawr; *(Jagd)* saethu *g*.

abschüssig [ˈapʃʏsɪç, -ɪk] *adj* serth, ar oleddf.

Abschussliste *f:* **er steht auf der ~** bydd e'n ei chael hi.

Abschussrampe *f* safle *g* lansio.

abschütteln [ˈapʃʏtəln] *vt* cael gwared â; *(Verfolger)* dianc rhag.

abschütten [ˈapʃʏtən] *vt (Flüssigkeit usw)* arllwys ymaith, tywallt ymaith.

abschwächen [ˈapʃvɛçən] *vt* lleihau, gwanhau; *(Kritik, Behauptung)* tymheru, lleddfu, lliniaru.

♦ *vr* lleihau.

abschweifen [ˈapʃvaɪfən] *vi (+sein)* crwydro o'r thema.

Abschweifung (-, -en) *f* crwydriad *g*.

abschwellen [ˈapʃvɛlən] *irreg vi (+sein)* lleihau, gwanio; *(Lärm)* distewi, tewi.

abschwenken [ˈapʃvɛŋkən] *vi (+sein)* troi, gwyro.

abschwören [ˈapʃvøːrən] *irreg vi +dat* rhoi'r gorau i, ymwadu, troi cefn ar.

absehbar [ˈapzeːbɑːr] *adj* rhagweladwy; **in ~er Zeit** cyn bo hir; **das Ende ist ~** mae'r diwedd o fewn golwg.

absehen [ˈapzeːən] *irreg vt (Ende, Folgen)* rhagweld; *(abschauen)* **jdm etw ~** gwneud rhth yr un fath â rhn arall, efelychu rhth gan rn.

♦ *vi:* **~ von** *+dat* ymatal rhag; *(nicht berücksichtigen)* peidio ag ystyried, peidio â rhoi sylw i; **davon ~ etw zu tun** ymatal rhag gwneud rhth.

abseilen [ˈapzaɪlən] *vt* gollwng ar raff.

♦ *vr (Bergsteiger)* abseilio.

abseits¹ [ˈapzaɪts, apˈzaɪts] *adv* anghysbell, diarffordd.

abseits² [ˈapzaɪts] *präp +gen* i ffwrdd oddi wrth.

Abseits [apˈzaɪts] *nt (SPORT)* camsefyll *g*; **im ~ stehen** camsefyll; **im ~ leben** byw ar yr ymylon.

absenden [ˈapzɛndən] *irreg vt* anfon, danfon.

Absender (-s, -) *m* anfonwr *g*, anfonydd *g*.

absenken [ˈapzɛŋkən] *vt (Gärtnerei)* brigblannu.

absetzbar [ˈapzɛtsbɑːr] *adj (Waren)* gwerthadwy; *(von Steuer)* tynadwy, gostyngadwy.

absetzen [ˈapzɛtsən] *vt (niederstellen)* rhoi i lawr; *(COMM: verkaufen)* gwerthu; *(FIN: abziehen)* tynnu, didynnu; *(entlassen)* diswyddo; *(König)* diorseddu; *(aussteigen lassen)* gollwng; *(Hut)* tynnu, diosg.

♦ *vr (sich davonmachen)* ffoi, ei throi hi, ei bachu hi; *(sich ablagern)* gwaddodi, cronni.

Absetzung (-, -en) *f (Entlassung)* diswyddiad *g*; *(von König)* diorseddu *g*; *(FIN: Abzug)* gostyngiad *g*, didyniad *g*; *(Theaterstück usw)* canslo *g*, dileu *g*.

absichern [ˈapzɪçərn] *vt* diogelu, gwneud yn ddiogel; *(schützen)* amddiffyn.

♦ *vr* amddiffyn eich hun, diogelu eich hun.

Absicht [ˈapzɪçt] (-, -en) *f* bwriad *g*; *(Ziel)* amcan *g*, pwrpas *g*; **mit ~** yn fwriadol.

absichtlich *adj* bwriadol, pwrpasol.

absichtslos *adj* anfwriadol, difwriad.

absinken [ˈapzɪŋkən] *irreg vi (+sein)* suddo; *(sich verringern)* gostwng, lleihau.

absitzen [ˈapzɪtsən] *irreg vi (+sein) (vom Pferd)* disgyn.

♦ *vt (+haben)* **eine Strafe ~** bwrw tymor yn y carchar.

absolut [apzoˈluːt] *adj* llwyr, diamod, absoliwt.

Absolutismus [apzoluˈtɪsmʊs] *m* absoliwtiaeth *b*; *(POL)* unbennaeth *b*; *(REL)* diamodaeth *b*.

absolutistisch *adj* unbenaethol.

Absolvent (-en, -en) *m* (**~in** *f*) graddedig *gb*.

absolvieren [apzɔlˈviːrən] *vt untrenn (SCH, UNIV)* gorffen, cwblhau.

absonderlich [apˈzɔndərlɪç] *adj* rhyfedd, hynod, od.

absondern [ˈapzɔndərn] *vt* gwahanu, didoli; *(MED)* gollwng, secretu.

♦ *vr* ynysu eich hunan.

Absonderung (-, -en) *f* gwahaniad *g*; *(MED)* secretiad *g*.

absorbieren [apzɔrˈbiːrən] *vt untrenn (Flüssigkeit, Wissen)* sugno, llyncu; *(PHYS)* amsugno; *(Lärm)* lleddfu, tawelu; *(Stoß)* clustogi.

abspalten [ˈapʃpaltən] *irreg vt* hollti, gwahanu; *(fig)* esblygu.

abspannen [ˈapʃpanən] *vt (Wagen, Pferd)* gollwng, datglymu.

♦ *vi (entspannen)* ymollwng.

Abspannung (-, -en) *f (Ermüdung)* blinder *g* llethol, lludded *g*.

absparen [ˈapʃpɑːrən] *vt:* **sich** *dat* **etw ~** crafu a chynilo ar gyfer rhth.

abspecken [ˈapʃpɛkən] *vi* colli pwysau.

abspeisen [ˈapʃpaɪzən] *vt:* **jdn ~** *(fig)* rhoi rhth da i ddim i rn.

abspenstig [ˈapʃpɛnstɪç, -ɪk] *adv:* **jdm etw ~ machen** denu rhth oddi ar rn.

absperren [ˈapʃpɛrən] *vt (Straße)* cau; *(Verkehr)* atal; *(Tür)* cloi.

Absperrhahn *m (TECH)* falf *b*.

Absperrung (-, -en) *f* rhwystr *g*; *(Sperre)* baricad *g*.

abspielen [ˈapʃpiːlən] *vt (Platte, Tonband)* chwarae; *(Ball)* pasio; *(MUS)* **vom Blatt ~** chwarae ar yr olwg gyntaf.

♦ *vr (geschehen)* digwydd.

absplittern [ˈapʃplɪtərn] *vt* naddu, cracio.

Absprache [ˈapʃprɑːxə] (-, -n) *f* trefniad *g*.

absprechen [ˈapʃprɛçən] *irreg vt (vereinbaren)* trefnu; **jdm etw ~** gwrthod rhth i rn; *(in Abrede stellen)* gwadu.

♦ *vr* cytuno ymlaen llaw.

abspringen [ˈapʃprɪŋən] *irreg vi (+sein)* neidio i lawr; *(AERO)* neidio allan; *(Farbe, Lack)* cracio, caenu; *(fig: sich distanzieren)* tynnu'n ôl.

Absprung [ˈapʃrʊŋ] (-(e)s, ¨-e) *m* naid *b*.

abspulen [ˈapʃpuːlən] *vt (Kabel, Garn)* datod.

abspülen [ˈapʃpyːlən] *vt* rhoi dŵr dros, tynnu trwy ddŵr; *(Geschirr)*⁰ golchi.

abstammen [ˈapʃtamən] *vi* hanu, tarddu, deillio; *(Wort)* tarddu, deillio **(von** *+dat* o).

Abstammung (-, -en) *f* tras *b*, llinach *b*, ach *b*; *(Wort)* cyff *g*; **französischer ~** o dras/linach Ffrengig.

Abstand [ˈapʃtant] (-(e)s, ¨-e) *m* pellter *g*; *(zeitlich)* ysbaid *gb*, cyfnod *g*; **mit großem ~ führen** bod ar y blaen o bell ffordd; **~ gewinnen von** *+dat (fig)* ymbellhau oddi wrth; **~ halten** *(AUTO)* cadw draw; **von etw** *dat* **~ nehmen** ymatal rhag; **mit ~ der beste** y gorau o ddigon, y gorau heb os.

Abstandssumme (-, -n) *f* iawndal *g.*

abstatten ['apʃtatən] *vt (Dank)* rhoi; *(Besuch)* ymweld â, rhoi tro am; *(Schulden)* talu fesul tipyn.

abstauben ['apʃtaʊbən] *vt, vi* dwstio, tynnu llwch (oddi ar); *(ugs: stehlen)* dwyn, bachu; *(SPORT)* sgorio gôl lwcus.

Abstauber (-s, -) *m* (**~in** *f*) rhn sy'n troi pob dŵr i'w felin ei hun.

Abstecher ['apʃtɛçər] (-s, -) *m* gwyriad *g,* llwybr *g* llygad; **einen ~ nehmen** mynd y ffordd fyrraf, dilyn llwybr llygad; **einen ~ ins Grüne machen** mynd am drip bach i'r wlad.

abstecken ['apʃtɛkən] *vt (Grenzen)* amlinellu, nodi ffiniau; *(Saum)* pinio.

abstehen ['apʃteːən] *irreg vi (Ohren, Haar)* ymwthio; *(entfernt sein)*° sefyll draw.

Absteige ['apʃtaɪɡə] (-, -n) *f* gwesty *g* rhad.

absteigen *irreg vi (+sein) (vom Rad)* disgyn; *(wohnen)* lletya; **in einem Gasthof ~** lletya/aros mewn gwesty; **in die zweite Liga ~** disgyn i'r ail adran; **auf dem absteigenden Ast sein** bod ar i lawr.

abstellen ['apʃtɛlən] *vt (niederstellen)* gosod i lawr; *(Auto)* parcio; *(ausschalten: Radio)* diffodd, troi i ffwrdd; *(Missstand, Unsitte)* rhoi diwedd ar.

Abstellgleis *nt (BAHN)* seidin *g;* **jdn aufs ~ schieben** *(fig)* cael gwared â rhn.

Abstell- *kompos:* **~kammer** *f* ystafell *b* (fach) ar gyfer trugareddau; **~raum** *m* storfa *b,* ystafell *b* storio.

abstempeln ['apʃtɛmpəln] *vt* stampio, rhoi stamp ar.

absterben ['apʃtɛrbən] *irreg vi (+sein)* marw, darfod; *(Körperteil)* merwino, fferu; *(Motor)* tagu.

Abstieg ['apʃtiːk] (-(e)s, -e) *m* disgyniad *g,* ffordd *b* i lawr; *(SPORT)* disgyniad; *(fig)* dirywiad *g.*

abstillen *vt (Säugling)* diddyfnu.

abstimmen ['apʃtɪmən] *vi* cymryd pleidlais (**über** *+akk* ar).

♦ *vt (Interessen)* cysoni, cymhwyso; *(Termine, Ziele)* cytuno ar; *(Farben)* tonyddu.

Abstimmung (-, -en) *f* pleidlais *b,* pôl *g.*

abstinent [apstɪ'nɛnt] *adj (von Alkohol)* ymatalgar, llwyrymwrthodol.

Abstinenz (-, *kein pl*) *f* llwyrymwrthodiad *g,* sobrwydd *g.*

Abstinenzler (-s, -) *m* llwyrymwrthodwr *g.*

Abstoß *m (SPORT)* cic *gb* gôl.

abstoßen ['apʃtoːsən] *irreg vt* gwthio ymaith, cael gwared â; *(anekeln)* gweld yn atgas; *(FIN: Aktien)* gwerthu.

♦ *vr (vom Rand usw)* gwthio eich hunan oddi ar rth.

abstoßend *adj* hyll, salw, ffiaidd, gwrthun.

abstottern ['apʃtɔtərn] *vt (ugs: Schulden)* talu fesul tipyn.

abstrahieren [apstra'hiːrən] *vt, vi untrenn* haniaethu.

abstrakt [ap'strakt] *adj* haniaethol; **~e Malerei** paentio *g* haniaethol.

Abstraktion *f* haniaeth *gb.*

Abstraktum (-s, **Abstrakta**) *nt* haniaeth *gb;* *(GRAM)* enw *g* haniaethol.

abstrampeln ['apʃtrampəln] *vr (ugs)* llafurio, slafio.

abstreifen ['apʃtraɪfən] *vt (Schmuck)* tynnu; *(Schuhe, Füße)*° sychu.

abstreiten ['apʃtraɪtən] *irreg vt* gwadu, nacáu.

Abstrich ['apʃtrɪç] (-(e)s, -e) *m (MED)* rhwbiad *g;* **~e machen** anelu'n is.

abstrus *adj* astrus, dirgel.

abstufen ['apʃtuːfən] *vt (Hang)* terasu; *(Farben)* graddliwio; *(Gehälter)* graddio, graddoli.

Abstufung *f* graddoliad *g.*

abstumpfen ['apʃtumpfən] *vi (+sein) (Bleistift)* treulio; *(Messer)* colli min; *(Glanz, fig)* pylu, lleddfu; *(Gefühle)* colli teimlad.

Absturz ['apʃturts] (-es, ¨-e) *m* cwymp *g;* *(AERO)* damwain *b;* *(COMM: Preise)* gostyngiad *g,* cwymp.

abstürzen ['apʃtʏrtsən] *vi (+sein)* cwympo; *(AERO)* cwympo o'r awyr.

absuchen ['apzuːxən] *vt* chwilio, archwilio.

absurd [ap'zʊrt] *adj* abswrd, disynnwyr.

Abszess [aps'tsɛs] *m oder nt (MED)* casgliad *g,* crawniad *g,* cornwyd *g.*

Abt. *abk* = **Abteilung.**

Abt [apt] (-(e)s, ¨-e) *m* abad *g.*

abtasten ['aptastən] *vt* byseddu, bodio; *(ELEKT)* sganio, archwilio; *(bei Durchsuchung)* chwilio, ffrisgio.

abtauen ['aptaʊən] *vt (+haben), vi (+sein)* toddi, meirioli, dadmer; *(Kühlschrank)* dadrewi.

Abtei [ap'taɪ] (-, -en) *f* abaty *g,* mynachlog *g.*

Abteil [ap'taɪl] (-(e)s, -e) *nt (Zug~)* adran *b* drên, cerbydran *b.*

abteilen ['aptaɪlən] *vt (GRAM)* rhannu, cyplysnodi.

Abteilung (-, -en) *f (in Firma, Kaufhaus)* adran *b;* *(MIL)* carfan *b,* uned *b.*

Abteilungs- *kompos:* **~leiter** *m* pennaeth *g* adran; *(im Kaufhaus)* rheolwr *g* adran; **~zeichen** *nt (GRAM)* cyplysnod *g.*

abtippen ['aptɪpən] *vt (Text)* teipio (copi).

Äbtissin [ɛp'tɪsɪn] *f (REL)* abades *b.*

abtönen ['aptøːnən] *vt (Farbe)* tonyddu.

abtöten ['aptøːtən] *vt (Nerv)* lladd, marweiddio; *(auch* *fig)* lladd, difa.

abtragen ['aptraːgən] *irreg vt (Erde)* gwneud yn wastad; *(GEOL)* erydu; *(Kleider)* treulio; *(Schulden)* talu, clirio, setlo.

abträglich ['aptrɛːglɪç] *adv +dat* drwg i, niweidiol i.

Abtragung (-, -en) *f (GEOL)* erydiad *g*.

Abtransport ['aptransport] (-(e)s, -e) *m* cludiant *g*.

abtransportieren *vt* cludo ymaith, symud.

abtreiben ['aptraɪbən] *irreg vt (+haben) (Boot)* peri i golli cyfeiriad; *(Kind)* erthylu.

♦ *vi (+sein)* colli cyfeiriad/cwrs, cyfeiliorni.

♦ *vi (+haben) (Schwangerschaft abbrechen)* erthylu.

Abtreibung (-, -en) *f* erthyliad *g*.

Abtreibungs- *kompos:* **~paragraph** *m (JUR)* deddf *b* erthylu; **~versuch** *m* ymgais *gb* i erthylu.

abtrennen ['aptrɛnən] *vt (lostrennen)* gwahanu; *(abteilen)* rhannu, gwahanu, dosrannu; *(Wort)* cyplysnodi.

Abtrennung *f* partisiwn *g*.

abtreten ['aptreːtən] *irreg vt (+haben) (überlassen)* ildio; *(Rechte, Ansprüche)* trosglwyddo; **sich** *dat* **die Füße ~** sychu traed.

♦ *vi (+sein) (THEAT)* mynd allan; *(zurücktreten)* ymddiswyddo, rhoi'r gorau i swydd; **~!** *(MIL)* ffwrdd â chi!

Abtritt ['aptrɪt] (-(e)s, -e) *m (Rücktritt)* ymddiswyddiad *g*.

abtrocknen ['aptrɔknən] *vt, vi* sychu.

abtropfen ['aptrɔpfən] *vi (+sein):* **etw ~ lassen** gadael i rth ddripsychu.

abtrünnig ['aptrʏnɪç, -ɪk] *adj* annheyrngar.

abtun ['aptuːn] *irreg vt (fig)* diystyru, wfftian, **etw kurz ~** wfftian rhth.

aburteilen ['apˀʊrtaɪlən] *vt (JUR)* dedfrydu.

Abverkauf *m* sêl *g*, gwerthiant *g*.

abverlangen ['apfɛrlaŋən] *vt* trethu; **jdm etw ~** mynnu rhth gan rn; **den Angestellten zu viel ~** gweithio eich staff yn rhy galed.

abwägen ['apvɛːgən] *vt (auch irreg) (fig)* cydbwyso, cloriannu, swmpo.

abwählen ['apvɛːlən] *vt* diswyddo trwy bleidlais.

abwälzen ['apvɛltsən] *vt:* **~ auf** *+akk (Schuld, Verantwortung)* taflu ar, bwrw ar; *(Arbeit)* llwytho ar; *(Kosten)* trosglwyddo i.

abwandeln ['apvandəln] *vt* addasu, cymhwyso; *(Verb)* ffurfdroi.

abwandern ['apvandərn] *vi (+sein)* symud ymaith, ymfudo.

Abwärme ['apvɛrmə] *f* gwres *g* sy'n mynd ar goll.

abwarten ['apvartən] *vt* aros am, disgwyl am; **das Gewitter ~** aros i'r storm ostegu.

♦ *vi* aros; **~ und Tee trinken** *(ugs)* eistedd ar y

ffens, does ond aros a gweld; **eine abwartende Haltung einnehmen** chwarae gêm aros.

abwärts ['apvɛrts] *adv* i lawr, i waered, tuag i lawr; **mit dem Land geht es ~** mae'r wlad yn mynd ar i lawr.

Abwasch¹ ['apvaʃ] (-(e)s, *kein pl*) *m (Geschirr)* golchi *g* llestri, y llestri *ll* sydd i'w golchi.

Abwasch² *f* sinc *b*.

abwaschen ['apvaʃən] *irreg vt (Schmutz)* golchi, golchi'n lân; *(Geschirr)* golchi.

Abwaschwasser *nt* golchion *ll*; *(pej: schlechter Kaffee)* coffi *g* gwan.

Abwasser ['apvasər] (-s, ¨-) *nt* golchion *ll*, carthion *ll*.

Abwasser- *kompos:* **~aufbereitung** *f* gwaith *g* trin carthion; **~kanal** *m* carthffos *b*.

abwechseln ['apvɛksəln] *vi, vr* digwydd bob yn ail, aryneilio, amyneilio; *(Personen)* **sich/einander abwechseln** gwneud bob yn ail.

abwechselnd *adj* ar yn ail, am yn ail.

Abwechslung (-, -en) *f* amrywiaeth *gb*, newid *g*; *(Zerstreuung)* difyrrwch *g*, adloniant *g*; **für ~ sorgen** darparu adloniant.

abwechslungsreich *adj* amrywiol, adloniadol.

Abweg ['apveːk] *m:* **auf ~e geraten** mynd ar gyfeiliorn.

abwegig ['apveːgɪç, -ɪk] *adj* di-sail.

Abwehr ['apveːr] *f* amddiffyniad *g*; *(Schutz)* gwarchodiad *g*; **auf ~ stoßen** cael eich gyrru yn ôl.

Abwehrdienst *m (MIL)* gwasanaeth *g* cudd-ymchwil.

abwehren *vt* amddiffyn, pario, cadw draw; *(Ball)* stopio; **abwehrende Handbewegung** ystum *gb* ymwrthod.

Abwehr- *kompos:* **~reaktion** *f* adwaith *g* amddiffynnol; **~stoff** *m (MED)* gwrthgorffyn *g*.

abweichen ['apvaɪçən] *irreg vi (+sein)* gwyro; **er weicht von seiner Meinung ab** mae e'n newid ei feddwl; **von einander ~** gwahaniaethu; *(Meinungen)* gwrthgyferbynnu, anghydweld; **vom rechten Weg ~** *(fig)* mynd oddi ar y llwybr cul.

abweichend *adj* gwahaniaethol, gwyredig.

Abweichler (-s, -) *m (ugs: POL)* rebel *g*.

Abweichung (-, -en) *f (zeitlich, zahlenmäßig)* gwyriad *g*; **zulässige ~** *(TECH)* terfyn *g* goddefiant.

abweisen ['apvaɪzən] *irreg vt* anfon ymaith, gyrru ymaith; *(Antrag)* gwrthod; **er lässt sich nicht ~** nid yw'n derbyn na yn ateb.

abweisend *adj (Haltung)* oeraidd, anghroesawgar.

abwenden ['apvɛndən] *irreg vt* troi heibio, gyrru ymaith.

abwerben ['apvɛrbən] *irreg vt* denu oddi wrth.

abwerfen ['apvɛrfən] *irreg vt* taflu; *(Profit)* cynhyrchu, creu; *(aus Flugzeug)* gollwng; *(Spielkarte)* taflu.

abwerten ['apvɛrtən] *vt (FIN)* gostwng gwerth, dibrisio.

abwertend *adj (Worte, Sinn)* difrïol.

Abwertung (-, -en) *f* dibrisiad *g*, gostyngiad *g* gwerth.

abwesend ['apveːzənt] *adj* absennol; *(fig: geistes~)* pell.

Abwesenheit *f* absenoldeb *g*; **durch ~ glänzen** *(ironisch)* bod yn amlwg oherwydd eich absenoldeb.

abwickeln ['apvɪkəln] *vt* dadweindio, datod; *(Geschäft)* dirwyn i ben; *(fig: erledigen)* dod i ben â.

Abwicklungskosten *pl* costau *ll* gweithrediad.

abwiegen ['apviːgən] *irreg vt* pwyso, mantoli.

abwimmeln ['apvɪməln] *vt (jdn)* cael gwared â.

abwinken ['apvɪŋkən] *vi (auch irreg)* rhoi arwydd o wrthod (â'ch llaw); *(fig: ablehnen)* gwrthod.

abwirtschaften ['apvɪrtʃaftən] *vi* mynd ar i lawr, dirywio.

abwischen ['apvɪʃən] *vt* dileu, sychu; *(putzen)* tynnu llwch, dwstio, sychu.

Abwurf ['apvurf] (-(e)s, ¨-e) *m* tafliad *g*; *(Bomben usw)* gollwng *g*; *(von Reiter)* tafliad, bwrw *g*.

abwürgen ['apvʏrgən] *vt (ugs)* tagu, llindagu; *(zunichte machen)* atal; *(Motor)* peri i beiriant fethu; **etw von vornherein ~** lladd rhth yn yr egin.

abzahlen ['aptsaːlən] *vt* talu, clirio, setlo.

abzählen ['aptsɛːlən] *vt, vi* cyfrif; **abgezähltes Fahrgeld** arian teithio cywir.

Abzählreim (-(e)s, -e) *m* rhigwm *g* cyfrif.

Abzahlung (-, -en) *f* ad-daliad *g*.

abzapfen ['aptsapfən] *vt* tynnu; *(Bier)* tapio; **jdm Blut ~** cymryd gwaed rhn, gwaedu rhn.

abzäunen ['aptsɔʏnən] *vt* ffensio, neilltuo â ffens.

Abzeichen ['aptsaɪçən] (-s, -) *nt* bathodyn *g*; *(Orden)* medal *gb*.

abzeichnen ['aptsaɪçnən] *vt* tynnu llun, copïo; *(unterschreiben)* arwyddo, llofnodi, torri enw ar.

♦ *vr* bod yn amlwg/weladwy; *(vorhersehbar sein)* ymddangos, ymrithio.

Abziehbild ['aptsiːbɪlt] *nt* troslun *g*, trosglwyddyn *g*.

abziehen ['aptsiːən] *irreg vt (+haben)* tynnu; *(Haut)* blingo, tynnu croen; *(Truppen)* tynnu yn ôl; *(MATH)* didynnu, tynnu; *(kopieren)* dyblygu; **das Bett ~** tynnu'r dillad oddi ar y gwely.

♦ *vi (+sein)* mynd ymaith; *(Truppen)* tynnu'n ôl.

abzielen ['aptsiːlən] *vi:* **~ auf** +*akk* targedi, ergydio.

abzischen *vi (abhauen)* codi cynffon.

Abzug ['aptsuːk] (-(e)s, ¨-e) *m* ymadawiad *g*; *(von Truppen)* ciliad *g*; *(Gewehr)* clicied *b*; *(Kopie, FOTO)*

copi *g*, print *g*; *(Korrekturfahne)* proflen *b*; *(MATH)* didyniad *g*, tynnu *g*; *(Betrag)* gostyngiad *g*, didyniad; *(Rauch~)* corn *g* simnai, ffliw *b*; **jdm freien ~ gewähren** gadael i rn fynd yn ddiogel.

abzüglich ['aptsyːglɪç] *präp* +*gen (MATH)* namyn, â (rhth) yn llai, yn llai o.

abzugsfähig[D] *adj (FIN)* tynadwy cyn treth.

abzweigen ['aptsvaɪgən] *vi (+sein)* fforchio.

♦ *vt (+haben) (Geld usw)* neilltuo, rhoi yn eich poced i'ch hun.

Abzweigung (-, -en) *f* cyffordd *b*.

Accessoires [asɛsoˈaːrs] *pl* cyfwisg *b*, ategion *ll*.

Acetat [atseˈtaːt] *nt (CHEM)* asetad *g*.

Aceton [atseˈtoːn] *nt (CHEM)* aseton *g*.

Acetylen [atsetyˈleːn] *nt (CHEM)* asetylin *g*.

ach [ax] *excl* O! **~ ja!** wel ïe! wrth gwrs! **~ ja?** wir? **~ so!** felly mae! wela'i!

Ach *nt:* **mit ~ und Krach** â chroen dannedd, o drwch blewyn.

Achilles- *kompos:* **~ferse** *f (fig)* man *g* gwan; **~sehne** *f (ANAT)* llinyn *g* yr ar.

Achsbruch ['aksbrux] *m (AUTO)* echel *b* wedi torri.

Achse ['aksə] (-, -n) *f* echel *b*, gwerthyd *b*; **auf ~ sein** bod ar fynd.

Achsel ['aksəl] (-, -n) *f (~höhle)* cesail *b*; **mit den ~n zucken** codi'r ysgwyddau.

Achsen- *kompos:* **~bruch**[D] *m (AUTO)* echel *b* wedi torri; **~kreuz** *nt* system *b* cyfesurynnau; **~mächte** *pl (HIST)* Pwerau'r Acsis.

Achs- *kompos:* **~last** *f* llwyth *g* echel; **~nagel** *m* limpin *g*.

acht [axt] *num* wyth; **heute in ~ Tagen** wythnos i heddiw.

Acht[1][D] [axt] (-, -en) *f* wyth *g*; *(beim Eislaufen usw)* ffigur *g* wyth.

Acht[2] (-, *kein pl*) *f* sylw *g*; **~ geben ~** *(zuhören)* talu sylw i; **~ geben auf** +*akk* gofalu am; **gib ~!** cymer ofal! **sich in ~ nehmen vor** +*dat* tendio rhag, gofalu rhag; **außer ~ lassen** diystyru, anwybyddu; **habt ~!** *(MIL)* ymsythwch!

achtbar *adj* parchus, teilwng.

achte *adj* wythfed.

Achteck ['axt[7]ɛk] (-(e)s, -e) *nt* octagon *g*, wythongl *b*.

achteckig *adj* wythonglog.

Achtel (-s, -) *nt (MATH)* wythfed *g*; *(Wein)* gwydraid *g*.

Achtelnote *f (MUS)* cwafer *g*.

achten ['axtən] *vt* parchu.

♦ *vi:* **~ auf** +*akk* talu sylw i; **darauf ~, dass ...** bod yn ofalus bod..., cymryd gofal bod...

ächten ['ɛçtən] *vt* gwahardd.

Achter[A] *m* = **Acht**[1].

Achter- *kompos:* **~bahn**[D] *f* ffigur *g* wyth; **~deck** *nt*

(NAUT) dec *g* ôl.

achtfach ['axtfax] *adj* ar ei wythfed, wythwaith.

Acht geben *irreg vi vgl.* **Acht²**.

achthundert ['axthʊndərt] *num* wyth cant.

achtlos ['axtlo:s] *adj* diofal.

achtmal ['axtma:l] *adv* wyth gwaith, wythwaith.

achtsam ['axtza:m] *adj* sylwgar, astud, gofalus.

Achtstundentag *m* diwrnod *g* gwaith wyth awr.

Achtung ['axtʊŋ] *f* sylw *g*, gofal *g*; *(Ehrfurcht)* parch *g*.
♦ *excl:* ~! gwyliwch! byddwch yn ofalus! *(MIL)* ymsythwch! **alle** ~! da iawn chi! go dda! ~, **fertig**, **los**! parod! ewch! ~ **Hochspannung**! perygl! trydan! ~ **Lebensgefahr**! perygl bywyd! ~ **Stufe**! gwyliwch rhag y gris!

Achtungserfolg (-(e)s, -e) *m* llwyddiant *g* sy'n ennill cydnabyddiaeth.

achtzehn ['axtse:n] *num* deunaw, un deg wyth.

achtzehnte *adj* deunawed.

achtzig ['axtsɪç, -ɪk] *num* pedwar ugain, wyth deg.

Achtzigerjahre *pl* yr wythdegau *ll*.

ächzen ['ɛçtsən] *vi* ochain, griddfan, cwynfan.

Acker ['akər] (-s, ¨-) *m* cae *g*.

Acker- *kompos:* **~bau** *m* amaethyddiaeth *b*; **~land** *nt* tir *g* âr.

ackern ['akərn] *vi* aredig, troi; *(ugs: hart arbeiten)* dygnu arni.

Ackerrain *m* talar *b*.

a conto *adv (COMM)* ar gyfrif.

Action [aktsi'o:n] *f* digwydd *g*.

Actionfilm *m* ffilm *b* lawn digwydd.

A.D. *abk (= anno Domini)* OC.

a.D. *abk (= außer Dienst)* wedi ymddeol.

a.d. *abk (= an der)* **Krems a.d. Donau** Krems ar Ddonwy.

ad absurdum *adv:* ~ **führen** *(Argument usw)* peri i (rhth) droi'n hurt.

ADAC^D *abk (= Allgemeiner Deutscher Automobil-Club) m ≈* AA, RAC.

ad acta *adv:* **etw** ~ **legen** *(fig)* rhoi terfyn ar rth, cau pennod ar rth.

Adam ['a:dam] *m:* **bei** ~ **und Eva anfangen** *(ugs)* dechrau o'r dechrau.

Adamsapfel *m (ANAT)* afal *g* breuant.

Adaptation [adaptatsi'o:n] *f* addasiad *g*.

Adapter *m (TECH)* addasydd *g*.

adaptierbar *adj* cymwysadwy.

adaptieren [adap'ti:rən] *vt* addasu.

Adaption *f* ymaddasiad *g*.

adäquat [adɛ'kva:t] *adj* digonol, cymwys, priodol.

addieren [a'di:rən] *vt* adio, ychwanegu.

Addition [adɪtsi'o:n] *f (MATH)* swm *g*, adiad *g*, sym *b* adio.

ade [a'de:] *excl (geh)* ffarwél!

Adel ['a:dəl] (-s, *kein pl*) *m* bonedd *g*, pendefigaeth *b*, uchelwyr *ll*; ~ **verpflichtet** bonedd a ddwg gyfrifoldeb.

adelig *adj* bonheddig, uchelwrol, pendefigaidd.

Adelige *m/f* uchelwr(aig) *g(b)*, pendefig(es) *g(b)*.

Adelsstand *m* urdd *b* marchog; **in den** ~ **erheben** urddo.

Ader ['a:dər] (-, -n) *f* gwythïen *b*; *(Veranlangung)* tuedd *b*.

Adhäsion [athɛzi'o:n] *f* adlyniad *g*.

Adhäsionsverschluss [athɛzi'o:nsfərʃlʊs] *m* sêl *b* ludiog, caead *g* glynol.

adhäsiv [athɛ'zi:f] *adj* glynol.

adieu *excl* ffarwél! bydd wych!

Adjektiv ['atjɛkti:f] (-s, -e *oder* -a) *nt (GRAM)* ansoddair *g*.

adjustieren [atjʊ'sti:rən] *vt* tacluso.

Adler ['a:dlər] (-s, -) *m* eryr *g*.

Adlerauge *nt (fig)* llygad *gb* barcud.

adlig *adj* = **adelig**.

Adlige *m/f* = **Adelige**.

Administration [atministratsi'o:n] *f* gweinyddiaeth *b*.

administrativ [atministra'ti:f] *adj* gweinyddol.

Admiral [atmɪ'ra:l] (-s, -e) *m (NAUT, MIL)* llyngesydd *g*.

Admiralität [atmirali'tɛ:t] *f* y Morlys *g*.

adoptieren [adɔp'ti:rən] *vt* mabwysiadu.

Adoption [adɔptsi'o:n] *f* mabwysiad *g*.

Adoptiv- *kompos:* **~eltern** *pl* rhieni *ll* mabwysiadol; **~kind** *nt* plentyn *g* trwy fabwysiad; **~mutter** *f* mam *f* trwy fabwysiad; **~vater** *m* tad *g* trwy fabwysiad.

Adr. *abk* = **Adresse**.

Adrenalin [adren'li:n] *nt* adrenalin *g*.

Adressant [adrɛ'sant] (-en, -en) *m* anfonydd *g*.

Adressat [adrɛ'sa:t] (-en, -en) *m* derbynnydd *g*.

Adressbuch [a'drɛsbu:x] (-(e)s, ¨-er) *nt* cyfeiriadur *g*.

Adresse [a'drɛsə] (-, -n) *f* cyfeiriad *g*; **an der falschen** ~ **sein** bod ar y trywydd anghywir.

adressieren [adrɛ'si:rən] *vt:* ~ **an** +*akk* cyfeirio at rn.

Adria ['a:dria] (-, *kein pl*) *f (GEOG)* Môr *g* Adria.

adriatisch [adri'a:tiʃ] *adj* Adriatig.

Advent [at'vɛnt] *m* yr Adfent *g*, y Dyfodiad *g*; **der erste** ~ Sul cyntaf yn Adfent.

Advent(s)- *kompos:* **~kalender** *m* calendr *g* yr Adfent; **~kranz** *m* torch *b* Adfent; **~sonntag** *m* dydd Sul yr Adfent; **~zeit** *f* adeg yr Adfent.

Adverb [at'vɛrp] *nt (GRAM)* adferf *gb*.

aero- *in kompos* aero-.

Aerobic [ɛ'ro:bik] *nt* aerobeg *b*.

Aerodynamik *f* aerodynameg *b*.

Aeronautik *f (veraltet)* aeronoteg *b*.

Affäre [a'fɛ:rə] (-, -n) *f* achos *g*, helynt *b*; *(Liebes~)*

carwriaeth *b* (ar y slei); **sich aus der ~ ziehen** *(ugs)* dod allan ohoni.

Affe [ˈafə] (-n, -n) *m (ZOOL)* mwnci *g*; *(ugs: Dummkopf)* twpsyn *g*; **du bist wohl vom wilden ~n gebissen!** *(ugs)*[D] rwyt ti'n hollol wirion; **er sitzt da wie der ~ auf dem Schleifstein** *(ugs)*[D] mae'n eistedd fan'na'n edrych fel bwbach; **ich denk', mich laust der ~!** *(ugs)*[D] wel, wel beth nesaf!

Affekt [aˈfɛkt] *m:* **im ~** *(JUR)* ar gynhyrfiad.

affektiert [afɛkˈtiːrt] *adj* mursennaidd, ymhongar, coeg, ffuantus.

Affektiertheit *f* mursendod *g*.

affenartig *adj* fel mwnci; **mit ~ Geschwindigkeit** *(ugs)* ar wib, fel cath i gythraul, fel mellten.

affengeil[D] *adj (ugs)* gwych, ffantastig.

Affen- *kompos:* **~hitze** *f (ugs)* gwres *g* anhygoel; **~liebe** *f* serch *g* cibddall; **~schande** *f (ugs)* cywilydd *g* mawr; **~schwanz** *m (COMP)* symbol *g* '@'.

Affentempo *nt (ugs)* **mit einem ~** fel cath i gythraul, fel mellten.

Affentheater *nt (ugs)* **ein ~ aufführen** gwneud sioe.

affig[D] *adj* dwl, gwirion.

Affront [aˈfrɔ̃ː] *m* sarhad *g*.

Afghane [afˈɡaːnə] (-n, -n) *m* Affganiad *g*; *(Hund)* ci *g* Affgan.

Afghanin *f* Affganiad *g*.

afghanisch *adj* Affganaidd.

Afghanistan [afˈɡaːnɪstaːn] (-s) *nt (GEOG)* Affganistan *b*.

Afrika [ˈafrɪka] (-s, *kein pl*) *nt (GEOG)* Affrica *b*.

Afrikaans [afriˈkaːns] (-, *kein pl*) *nt* Affricaneg *b*.

Afrikaner [afriˈkaːnər] *m* Affricanwr *g*; **~in** *f* Affricanes *b*.

afrikanisch *adj* Affricanaidd.

afro-amerikanisch [ˈafroˀamɛrɪˈkaːnɪʃ] *adj* Affro-Americanaidd.

After [ˈaftər] (-s, -) *m (ANAT)* anws *g*, rhefr *g*.

AG *f abk (= Aktiengesellschaft)* cwmni *g* cyd-gyfalaf.

Ägäis [ɛˈɡɛːɪs] (-, *kein pl*) *f (GEOG)* Môr *g* Aegea.

Ägäisches Meer *nt (GEOG)* Môr *g* Aegea.

Agent [aˈɡɛnt] (-en, -en) *m (~in f)* asiant *g*, gweithredwr *g*; *(Geheim~)* ysbïwr *g*.

Agententätigkeit *f* ysbïwriaeth *b*.

Agentur [aɡɛnˈtuːr] (-, -en) *f* swyddfa *b*, asiantaeth *b*.

Agglomeration [aɡlɔməratsiˈoːn] *f* cytrefiad *g*.

Aggregat [aɡreˈɡaːt] (-(e)s, -e) *nt* cyfanswm *g*, cyfanred *g*; *(TECH)* uned *b*.

Aggregatzustand *m (PHYS)* cyflwr *g*, stad *b*.

Aggression [aɡrɛsiˈoːn] *f* ymddygiad *g* ymosodol; *(kriegerisch)* rhyfelgarwch *g*, ymladdgarwch *g*.

aggressiv [aɡrɛˈsiːf] *adj* ymosodol, ymladdgar.

Aggressivität [aɡrɛsiviˈtɛːt] *f* natur *b* ymosodol,

ymddygiad *g* ymosodol *g*.

Aggressor [aˈɡrɛsoːr] (-s, -en) *m* ymosodwr *g*.

Ägide *f:* **unter der ~ von** dan nawdd.

agieren [aˈɡiːrən] *vi* gweithredu.

agil [aˈɡiːl] *adj* sionc.

Agitation [aɡitatsiˈoːn] *f* cynnwrf *g*, ymgyrchu *g*.

agitieren [aɡiˈtiːrən] *vi* ymgyrchu.

agnostisch [aˈɡnɔstɪʃ] *adj* agnostig.

Agonie [aɡoˈniː] *f* gwewyr *ll* angau, ing *g* marwolaeth.

Agrar- [aˈɡraːr] *kompos:* **~industrie** *f* amaethyddiaeth *b*; **~politik** *f* polisi *g* amaethyddol; **~staat** *m* gwlad *b* amaethyddol.

Ägypten [ɛˈɡʏptən] (-s, *kein pl*) *nt (GEOG)* yr Aifft *b*.

Ägypter *m* Eifftiwr *g*, Eifftiad *g*; **~in** *f* Eifftes *b*.

ägyptisch [ɛˈɡʏptɪʃ] *adj* Eifftaidd.

ah [aː] *excl* a!

aha [aˈhaː] *excl* o! felly wir! wel, wel!

Aha-Erlebnis *nt* fflach *b* sydyn.

Ahle [ˈaːlə] *f* mynawyd *g*.

Ahn [aːn] (-en, -en) *m* hynafiad *g*, cyndad *g*.

ahnden [ˈaːndən] *vt (bestrafen)* cosbi; *(geh: rächen)* dial am.

ähneln [ˈɛːnəln] *vi +dat* ymdebygu i.

ahnen [ˈaːnən] *vt* rhagsynio, rhagdeimlo; *(Verdacht haben)* amau, drwgdybio; **nichts Böses ~** peidio ag amau dim; **du ahnst es nicht!** does dim syniad gyda thi! **davon habe ich nichts geahnt** doedd gen i ddim o'r syniad lleiaf am hynny.

Ahnen *pl* hynafiaid *ll*; *vgl.* **Ahn.**

Ahnenforscher *m* achydd *g*.

Ahnenforschung *f* achyddiaeth *b*, olrhead *g*.

ähnlich [ˈɛːnlɪç] *adj* tebyg, cyffelyb; **das sieht ihm wieder mal ~** mae hynny'n nodweddiadol ohono.
♦ *präp +dat* tebyg i.

Ähnlichkeit (-, -en) *f* tebygrwydd *g*.

Ahnung [ˈaːnʊŋ] (-, -en) *f* syniad *g*, clem *b*; *(Verdacht)* amheuaeth *b*, drwgdybiaeth *b*; **keine ~!** dim syniad!

ahnungslos *adj (unwissend)* di-glem; *(ohne Verdacht)* heb amheuon, diarwybod.

Ahorn [ˈaːhɔrn] *m (BOT)* masarnen *b*.

Ähre [ˈɛːrə] (-, -n) *f* tywysen *b*, llafur *g*.

AHS[A] *f abk (= allgemein bildende höhere Schule)* ysgol *b* uwchradd.

Aids [eːdz] *nt (MED)* Afiechyd Imiwnedd Diffygiol, AID.

Akademie [akadeˈmiː] *f* academi *b*, athrofa *b*.

Akademiker [akaˈdeːmikər] (-s, -) *m (~in f)* academydd *g*, person *g* graddedig.

akademisch [akaˈdeːmɪʃ] *adj* academaidd.

Akazie [aˈkaːtsiə] (-, -n) *f (BOT)* acasia *b*, draenen *b* yr

Aifft.

Akk. *abk* = **Akkusativ.**

akklimatisieren [aklimatiˈziːrən] *vr* hinsoddi; *(fig)* ymgyfarwyddo, ymgynefino.

Akkord [aˈkɔrt] (-(e)s, -e) *m (MUS)* cord *g*; *(fig)* im ~ arbeiten gweithio ar dasg, gwneud gwaith tâl.

Akkordeon [aˈkɔrdeon] (-s, -s) *nt* acordion *g*.

Akkordlohn (-(e)s, ¨-e) *m* taliad *g* yn ôl y gwaith.

Akkreditiv [akrɛdiˈtiːf] (-s, -e) *nt (COMM)* llythyr *g* credyd.

Akku [ˈaku] (-s, -s) *m* = **Akkumulator.**

Akkumulator *m* croniadur *g*.

akkurat [akuˈrɑːt] *adj* manwl gywir; *(sorgfältig)* gorfanwl.

Akkusativ [ˈakuzatiːf] *m (GRAM)* cyflwr *g* gwrthrychol.

Akkusativobjekt *nt* gwrthrych *g* uniongyrchol.

Akne [ˈaknə] *f (MED)* acne *g*.

Akribie [akriˈbiː] *f (geh)* manwl gywirdeb *g*.

Akrobat [akroˈbɑːt] (-en, -en) *m* acrobat *g*; ~in *f* acrobat *g*.

Akrobatik [akroˈbɑːtɪk] *f* acrobateg *b*.

akrobatisch *adj* acrobatig.

Akt [akt] (-(e)s, -e) *m* gweithred *b*; *(JUR)* deddf *b*; *(THEAT)* perfformiad *g*; *(KUNST)* noethlun *g*.

Akte [ˈaktə] (-, -n) *f* coflen *b*, dogfen *b*, ffeil *b*; etw zu den ~n legen storio rhth yn y ffeiliau, ffeilio.

Akten- *kompos:* ~deckel *m* plygell *b*; ~koffer *m* bag *g* dogfennau.

aktenkundig *adj* a gofnodwyd.

Akten- *kompos:* ~notiz *f* ffeil *b*; ~ordner *m* ffeil *b*, plygell *b*; ~schrank *m* cwpwrdd *g* ffeilio, cabinet *g*; ~tasche *f* bag *g* dogfennau; ~zeichen *nt* cyfeirnod *g*.

Aktfoto *nt* noethlun *g*.

Aktie [ˈaktsiə] (-, -n) *f (FIN)* cyfran *b*, cyfranddaliad *g*, siâr *b*; ~n *pl* stociau *ll*; wie stehen die ~n? *(ugs)* sut mae pethau?

Aktien- *kompos:* ~bank *f (FIN)* banc *g* cydgyfalaf; ~emission *f (FIN)* dyroddiad *g* cyfrannau; ~gesellschaft *f* cwmni *g* cyd-gyfalaf; ~index *m* mynegrif *g* cyfrannau; ~kapital *nt* cyfalaf *g* cyfrannau; ~kauf *m* buddsoddiad *g*; ~kurs *m* pris *g* cyfran, dyfynbris *g*; ~mehrheit *f* cyfranddaliad *g* mwyafrifol; ~zertifikat *nt* tystysgrif *b* cyfrannau.

Aktion [aktsiˈoːn] (-, -en) *f* gweithred *b*; *(Kampagne)* ymgyrch *gb*; ~ Licht ins Dunkel ≈ plant mewn angen.

Aktionär [aktsioˈnɛːr] (-es, -e) *m* (~in *f*) cyfranddeiliad *g*.

Aktions- *kompos:* ~gemeinschaft *f* grwp *g* gweithredu; ~radius *m* amrediad *g*, pellter *g*; *(fig: Wirkungsbereich)* cwmpas *g*; ~woche *f* wythnos *b*

rali.

aktiv [akˈtiːf] *adj* prysur, gweithgar, gweithredol; *(MIL)* rheolaidd, parhaol; ~er Vulkan llosgfynydd *g* byw.

Aktiv (-s) *nt (GRAM)* y stad *b* weithredol.

Aktiva [akˈtiːva] *pl (FIN)* asedau *ll*.

aktivieren [aktɪˈviːrən] *vt* cychwyn, ysgogi; *(fig: Arbeit, Kampagne)* sbarduno; *(Mitarbeiter)* ysbrydoli.

Aktivität [aktɪviˈtɛːt] (-, -en) *f* gweithgaredd *g*, prysurdeb *g*.

Aktiv- *kompos:* ~posten *m (FIN)* ased *g*; ~saldo *m (COMM)* gweddill *g* credyd.

aktualisieren [aktualɪˈziːrən] *vt (COMP)* diweddaru.

Aktualität [aktualɪˈtɛːt] (-, -en) *f* cyfamseroldeb *g*; *(einer Mode)* modernedd *g*, cyfoesedd *g*.

aktuell [aktuˈɛl] *adj* cyfoes, cyfredol, diweddar; *(Situation)* presennol; eine ~e Sendung *(RADIO, TV)* rhaglen *b* materion cyfoes.

Akupunktur [akupuŋkˈtuːr] *f (MED)* acwbigiad *g*.

Akustik [aˈkustɪk] *f* acwsteg *b*.

akustisch [aˈkustɪʃ] *adj* acwstig; ~e Gitarre gitâr *b* acwstig; ich habe dich rein ~ nicht verstanden ni chlywais i'n iawn beth ddywedaist.

akut [aˈkuːt] *adj* llym, enbyd; *(Frage)* yn fater o frys.

AKW *nt abk* = **Atomkraftwerk.**

Akzent [akˈtsɛnt] (-(e)s, -e) *m* acen *b*; *(Betonung)* pwyslais *g*; ~e setzen pwysleisio'r prif bwyntiau.

akzentuieren [aktsɛntuˈiːrən] *vt* acennu.

Akzentuierung *f* aceniad *g*.

Akzentverschiebung *f (fig)* newid *g* pwyslais.

Akzept [akˈtsɛpt] (-(e)s, -e) *nt (COMM: Wechsel)* derbyniad *g*.

akzeptabel [aktsɛpˈtaːbəl] *adj* derbyniol.

Akzeptanz [aktsɛpˈtants] *f* derbyniad *g*.

akzeptieren [aktsɛpˈtiːrən] *vt* derbyn, cyd-fynd, cytuno.

AL *f abk* (= *Alternative Liste*) *vgl.* **alternativ.**

Alabaster [alaˈbastər] *m* marmor *g*.

à la longue *adv* yn y tymor hir, ymhen y rhawg.

Alarm [aˈlarm] (-(e)s, -e) *m* rhybudd *g* o berygl, larwm *g*; falscher ~ rhybudd ffals; ~ schlagen seinio rhybudd, canu larwm.

Alarmanlage *f* system *b* rybuddio/larwm.

alarmbereit *adj* yn barod i weithredu ar ganiad y larwm.

Alarmbereitschaft *f* parodrwydd *g* i weithredu ar ganiad y larwm.

alarmieren [alarˈmiːrən] *vt* rhybuddio, galw (yr heddlu *e.e.*).

alarmierend *adj* cythryblus.

Alaska [aˈlaska] (-s) *nt (GEOG)* Alasga *b*.

Alb [alp] *m* ellyll *g*.

Albaner [alˈbɑːnər] (-s, -) *m* (~in *f*) Albaniad *g*.

Albanien [alˈbɑːniən] (-s, *kein pl*) *nt* (GEOG) Albania *b*.

albanisch [alˈbɑːnɪʃ] *adj* Albaniaidd.

Albanisch *nt* (*Sprache*) Albaneg *b*.

albern [ˈalbərn] *adj* gwirion, hurt, ffôl, penwan, dwl.

Albernheit *f* gwiriondeb *g*.

Albino [alˈbiːno] *m* albino *g*.

Albtraum (-(e)s, ¨-e) *m* hunllef *b*.

Album [ˈalbʊm] (-s, **Alben**) *nt* albwm *g*.

Albumen *nt* (BIOL) albwmen *g*.

Alchemie [alçeˈmiː, alkeˈmiː] *f* alcemeg *b*.

Alchemist *m* alcemydd *g*.

Alexie [alɛkˈsiː] *f* geirddallineb *g*.

Alge [ˈalgə] (-, -n) *f* alga *g*.

Algebra [ˈalgebra^D, alˈgeːbra^A] (-, *kein pl*) *f* algebra *gb*.

Algenpest *f* yslafan *gb*.

Algerien [alˈgeːriən] (-s, *kein pl*) *nt* (GEOG) Algeria *b*.

Algerier (-s, -) *m* (~in *f*) Algeriad *g*.

algerisch [alˈgeːrɪʃ] *adj* Algeraidd.

Algorithmus [algoˈrɪtmʊs] *m* algorithm *g*.

alias [ˈɑːlias] *adv* a elwir hefyd, alias, a lysenwir.

Alibi [ˈɑːlibi] (-s, -s) *nt* alibi *g*.

Alimente [aliˈmɛntə] *pl* cyfran *b* ysgar, alimoni *g*.

Alkali [alˈkɑːli] *nt* (CHEM) alcali *g*.

Alkohol [ˈalkohol, alkoˈhoːl] *m* alcohol *g*, gwirod *gb*; **dem ~ verfallen sein** bod yn gaeth i'r botel; **unter ~ stehen** bod dan ddylanwad alcohol.

alkoholarm *adj* gwan.

alkoholfrei *adj* dialcohol; **~es Getränk** diod *b* feddal.

Alkoholgehalt *m* cryfder *g* (gwirod).

Alkoholika *pl* gwirodydd *ll*.

Alkoholiker [alkoˈhoːlɪkər] (-s, -) *m* alcoholig *g*, meddwyn *g*; **~in** *f* meddwen *b*.

alkoholisch *adj* alcoholaidd, meddwol; **~es Getränk** diod *b* feddwol.

Alkoholismus [alkoholˈɪsmʊs] *m* alcoholiaeth *b*.

Alkoholverbot *nt* gwaharddiad *g* alcohol.

Alkoven [alˈkoːvən, ˈalkoˌvən] *m* alcof *g*.

all [al] *indef pron* **1** (*sämtlich*) ~ **sein Geld** ei arian i gyd; (*jeglich*) **~er Anfang ist schwer** deuparth gwaith ei ddechrau; **~er guten Dinge sind drei** tri chynnig i Gymro; **~er Art** o bob math; **2** (*wie viele?*) **~e** *pl* pob un; **wir ~e** pob un ohonom; **~e Kinder waren da** roedd y plant i gyd yno; **~e Kinder mögen ihn** mae pob plentyn yn ei hoffi fe; **~e beide** y ddau, y ddwy; **sie kamen ~e** daethant i gyd; (*mit Zeit- oder Maßangaben*) bob; **~e vier Jahre** bob pedair blynedd; **~e fünf Meter** bob pum metr; (*fig*) **~e Welt** y byd a'r betws, pawb; **3**: **~es** *nt* pob, popeth; **~es Gute** pob hwyl; **~es in ~em** at ei gilydd, rhwng popeth; **~es was er sagt** popeth a ddywed; **trotz ~em** er gwaethaf popeth; **vor ~em** yn anad

dim.

All [al] (-s, *kein pl*) *nt* bydysawd *g*, gofod *g*.

all- *kompos*: **~abendlich** *adj* bob nos; **~bekannt** *adj* gwybyddus/hysbys i bawb.

alle¹ [ˈalə] *indef pron vgl.* **all.**

alle²^D *adv* (*zu Ende, aufgebraucht*) wedi gorffen; **der Wein ist ~** mae'r gwin wedi gorffen, nid oes gwin ar ôl; **etw ~ machen** gorffen rhth: **den Kuchen ~ machen** gorffen y deisen, bwyta'r deisen i gyd.

Allee [aˈleː] (-, -n) *f* lôn *b* goed, rhodfa *b* goed.

Allegorie [alegoˈriː] *f* alegori *b*.

allegorisch [aleˈgoːrɪʃ] *adj* damhegol.

allein [aˈlaɪn] *adv* yn unig; (*ohne Hilfe*) ar eich pen eich hun; **~ stehend** sengl, dibriod.

  ♦ *konj* ond; (*nicht nur*) nid yn unig; **allein schon der Gedanke** dim ond wrth feddwl am y peth.

Allein- *kompos*: **~erhalter** *m* unig cynhaliwr *g*; **~erziehende** *m/f*, **~erzieher** *m* rhiant *g* sengl.

Alleingang *m*: **im ~** ar eich pen eich hun, ar eich liwt eich hunan.

Allein- *kompos*: **~herrschaft** *f* unbennaeth *b*; **~herrscher** *m* unben *g*, awtocrat *g*.

alleinig *adj* unig.

Alleinsein *nt* bod ar eich pen eich hunan; (*Einsamkeit*) unigrwydd *g*.

allein stehend *adj vgl.* **allein.**

Allein- *kompos*: **~unterhalter** *m* unig ddiddanwr *g*; **~vertretung** *f* (COMM) unig asiantaeth *b*.

allemal [ˈaləˈmɑːl] *adv* (*jedesmal*) bob tro, bob amser; (*ohne weiteres*) heb os, wrth gwrs, yn bendant; **das schaffen wir ~** (*ugs*) byddwn ni'n siŵr o lwyddo i wneud hynny; **ein für ~** unwaith ac am byth.

allenfalls [ˈalənˈfals] *adv* (*höchstens*) ar y mwyaf, fan bellaf.

allerbeste *adj* y gorau.

allerdings [ˈalerˈdɪŋs] *adv* (*zwar*) eithr, rhaid cyfaddef; (*gewiss*) yn sicr.

Allergie [alerˈgiː] (-, -n) *f* alergedd *g*.

allergisch [aˈlɛrgɪʃ] *adj* alergaidd; **auf etw** *akk* **~ sein** bod yn wrthnaws/alergaidd i rth.

allerhand [ˈalerˈhant] *adj indekl* pob math o; **das ist doch ~!** mae hyn yn ormod! **~!** (*lobend*) ardderchog!

Allerheiligen *nt* Gŵyl *b* yr Holl Saint.

allerhöchste *adj* yr uchaf un; **es wird ~ Zeit, dass ...** mae'n hen bryd i…

allerhöchstens [ˈalerˈhøːkstəns] *adv* fan bellaf.

allerlei [ˈalerˈlaɪ, ˈalerlaɪ] *adj indekl* pob math o.

allerletzte *adj* olaf un; **das ist doch das ~** (*ugs*) mae'n annioddefol!

allerneueste *adj* mwyaf newydd, diweddaraf.

allerneuste *adj* = allerneueste.

Allerseelen *nt* Gŵyl *b* y Meirw.

allerseits *adv* ym mhobman; **prost ~!** iechyd da i chi i gyd.

Allerwelts- *in kompos (Durchschnitts-)* cyffredin; *(nichtssagend)* ystrydebol.

allerwenigste *adj* lleiaf oll; **die ~n Menschen wissen das** ychydig iawn o bobl a ŵyr hynny.

Allerwerteste *m (ugs)* pen *g* ôl.

alles ['aləs] *pron* popeth; **~ in allem** rhwng popeth; *vgl.* **all.**

allesamt [alə'zamt] *adv* i gyd.

Alles- *kompos:* **~fresser** *m* hollysydd *g;* **~kleber** *m* glud *g* hollddefnyddiol.

Allgäu ['algɔʏ] *nt (GEOG)* rhan o ardal yr Alpau yn Bafaria.

allgegenwärtig ['alge:gənvɛrtɪç, -ɪk] *adj* hollbresennol.

allgemein ['algəmaɪn] *adj* cyffredinol; *(oberflächlich)* bras; **auf ~en Wunsch** trwy alw poblogaidd; **im ~en Interesse** er lles y cyhoedd; **im A~en fel** arfer, yn gyffredinol.

♦ *adv:* **es ist ~ üblich** mae'n arferol, fel rheol; **~ bekannt** hysbys i bawb, ar gof a chadw; **~ gültig** fel rheol; **~ verständlich** dealladwy i bawb.

Allgemeinbildung *f* addysg *b* gyffredinol.

allgemein gültig *adj vgl.* **allgemein.**

Allgemeingut *nt* eiddo *g* cyhoeddus.

Allgemeinheit ['algəmaɪnhaɪt] (-, -en) *f (Menschen)* y cyhoedd *g;* **~en** *pl (Redensarten)* sylwadau *ll* cyffredinol.

Allgemeinwissen *nt* gwybodaeth *b* gyffredinol.

Allheilmittel [al'haɪlmɪtəl] *nt* eli *g* at bob briw; *(fig)* ateb *g* i bob problem.

Alligator [ali'ga:tor] (-s, -en) *m (ZOOL)* aligator *g,* crocodil *g* America.

alliiert [ali'ʔi:rt] *adj* cynghreiriol.

Alliierte *m/f* cynghreiriad *g.*

Alliteration [alitəratsi'o:n] *f (LIT)* cyflythreniad *g,* cyseinedd *g.*

all- *kompos* **~jährlich** *adj* blynyddol, bob blwyddyn; **~mächtig** *adj* hollalluog.

Allmächtige *m (REL)* y Goruchaf *g.*

allmählich [al'mɛ:lɪç] *adv* yn raddol; **es wird ~ Zeit** *(ugs)* mae'n hen bryd.

Allradantrieb *m* gyriant *g* pedair olwyn.

allseitig ['alzaɪtɪç, -ɪk] *adj (allgemein)* cyffredinol.

allseits *adv* = **allerseits.**

Alltag ['alta:k] (-(e)s, *kein pl) m* bywyd *g* pob dydd.

alltäglich [al'tɛ:klɪç] *adj* dyddiol, beunyddiol; *(gewöhnlich)* arferol.

Alltags- *in kompos* cyffredin, arferol; **~kleidung** *f*

dillad *ll* plaen/anffurfiol; **~mensch** *m* rhn cyffredin.

Allüren [a'ly:rən] *pl* ymddygiad *g* od; *(eines Stars)* rhodres *g.*

allwissend [al'vɪsənt] *adj* hollwybodol.

allzu *adv* llawer rhy; **er macht das ~ gern** mae'n llawer rhy hoff o wneud hynny; **~ oft** llawer rhy aml; **~ viel** gormod o lawer.

Allzweck- *in kompos* amlbwrpas; **~raum** *m* ystafell *b* amlbwrpas; **~reiniger** *m* glanhawr *g* amlbwrpas.

Alm [alm] (-, -en) *f* ffridd *b,* porfa *b* yn yr Alpau.

Almanach *m* almanac *g.*

Almhütte *f* hafod *b.*

Almosen ['almo:zən] (-s, -) *nt* elusen *b,* cardod *b.*

Alpen ['alpən] *pl (GEOG)* yr Alpau *ll.*

Alpen- *kompos:* **~blume** *f* blodyn *g* yr Alpau; **~glühen** *nt* gwrid *g* (ar y mynyddoedd); **~veilchen** *nt* bara'r hwch; **~vorland** *nt (GEOG)* troedfryniau'r Alpau.

Alphabet [alfa'be:t] *nt* gwyddor *b.*

alphabetisch *adj* yn nhrefn yr wyddor, gwyddorol.

alphabetisiert [alfabeti'zi:rt] *adj* llythrennog.

Alphabetisierung *f* llythrennedd *g.*

alphanumerisch [alfanu'me:rɪʃ] *adj* alffaniwmerig.

Alphorn ['alphɔrn] (-(e)s, ¨-er) *nt (MUS)* alpgorn *g.*

Alpinist [alpi'nɪst] (-en, -en) *m* dringwr *g.*

Alptraum *m* = **Albtraum.**

als [als] *konj* **1** *(zeitlich)* pan; *(gleichzeitig)* wrth; **damals, ~ ...** (yn y dyddiau) pan...; **gerade, ~ ...** wrth...; **2: sie arbeitet ~ Lehrerin** athrawes yw hi wrth ei gwaith; **~ Antwort** fel ateb; **~ Erstes** yn gyntaf; **~ Kind** pan yn blentyn; **3** *(bei Vergleichen)* na, nag; **sie kam später ~ wir** daeth hi'n hwyrach na ni; **ich trinke lieber Wein ~ Wasser** mae'n well gen i win na dŵr; **nichts ~ Ärger** dim byd ond helynt; **4: ~ ob fel** petai; **~ wollte er gehen** fel petai ef am fynd.

alsbald [als'bald] *adv* yn fuan.

also ['alzo] *konj* felly; *(folglich)* o ganlyniad; **~ gut!** iawn te! **~, so was!** nefoedd fawr! **na ~!** 'chi'n gweld!

alt [alt] *(komp* **älter,** *superl* **am ältesten)** *adj* hen; **~er Hut** *(fig)* cawl *g* eildwym; **~ werden** mynd yn hen, heneiddio; **ich werde heute nicht ~** *(fig, ugs)* nid wyf yn fy ngweld yn para'n hir heno; **alles beim A~en lassen** gadael popeth fel yr oedd; **ich bin nicht mehr der A~e** nid wyf yr hyn fues i; **das A~e Testament** yr Hen Destament *g.*

♦ *adv:* **zwanzig Jahre ~** ugain oed.

Alt *m (MUS)* alto *gb.*

Altar [al'ta:r] (-(e)s, ¨-e) *m* allor *b.*

Altarraum *m* cangell *b,* cysegrfa *b.*

Altbau ['altbaʊ] (-s, -ten) *m* hen adeilad *g.*

Altbauwohnung *f* fflat *gb* mewn hen adeilad.

alt- *kompos:* **~bekannt** *adj* adnabyddus; **~bewährt** *adj* (Methode) profedig; (Tradition) yn bod ers tro.

Altbier *nt* cwrw *g* tywyll Almaenig.

Alte *m/f* hen ŵr, hen wraig; **~n** *pl* hen bobl *ll*, henoed *ll*.

alteingesessen ['alt'aɪngəzɛsən] *adj* hirsefydlog.

Alteisen *nt* haearn *g* sgrap.

Altenheim[D] *nt* cartref *g* hen bobl.

Altenteil ['altəntaɪl] (-(e)s, *kein pl*) *nt:* **sich aufs ~ zurückziehen** (fig) cilio o'r byd cyhoeddus.

Altenwohnheim[D] *nt* = Altenheim.

Alter ['altər] (-(e)s, *kein pl*) *nt* oedran *g*; (Greisen~) henoed *g*; **er ist in deinem ~** mae e'r un oed â thi; **im ~ von** yn… blwydd oed.

älter ['ɛltər] (*komp von* alt) *adj* hŷn; (betagt) oedrannus.

altern ['altərn] *vi* (+sein) heneiddio.

alternativ [altɛrna'ti:f] *adj* amgen; **~e Medizin** meddygaeth *b* amgen; **A~e Liste** (POL) cytundeb etholiad rhwng y Blaid Werdd a gwahanol bleidiau.

Alternative [altɛrna'ti:və] (-, -n) *f* dewis *g*.

Alternativ- *kompos:* **~medizin** *f* meddygaeth *b* amgen; **~technologie** *f* technoleg *b* amgen.

alters *adv* (geh) **von ~ her** ers tro byd.

altersbedingt *adj* yn ymwneud ag oed arbennig; (Krankheit) wedi ei achosi gan henaint.

Alters- *kompos:* **~bereich** *m* ystod *b* oedran; **~grenze** *f* ffin *b* oedran; **~gruppe** *f* grwp *g* oedran; **~heim** *nt* cartref *g* hen bobl; **~rente** *f*, **~pension** *f* pensiwn *g*.

altersschwach *adj* eiddil, gwan.

Altersversorgung *f* pensiwn *g*, darpariaeth *b* ar gyfer henaint.

Altertum ['altərtu:m] (-s, ¨-er) *nt* y cynfyd *g*; **Altertümer** *pl* henebion *ll*.

altertümlich ['alterty:mlɪç] *adj* (veraltet) hynafaidd.

Alterungsprozess *m* proses *gb* heneiddio.

Ältestenrat ['ɛltəstənra:t] *m* cyngor *g* yr henuriaid.

altgedient *adj* â wasanaeth hir.

Altglas *nt* gwydr *g* i'w ailgylchu.

Altglas- *kompos:* **~container** *m* cynhwysydd *g* gwydr i'w ailgylchu; **~sammlung** *f* banc *g* poteli.

althergebracht [alt'he:rgəbraxt] *adj* traddodiadol.

Altherrenmannschaft *f* (SPORT) tîm o bobl dros 30 oed.

Altistin [al'tɪstɪn] *f* (MUS) cantores *b* alto.

altklug ['altklu:k] *adj* hollwybodus, henaidd.

Alt- *kompos:* **~lasten** *pl* gweddillion *ll* gwastraff peryglus; **~material** *nt* sgrap *g*; **~metall** *nt* metel *g* sgrap.

altmodisch *adj* henffasiwn.

Alt- *kompos:* **~papier** *nt* hen bapur *g* (i'w ailgylchu); **~papiersammlung** *f* banc *g* papur; **~stadt** *f* rhan *b*

hynaf y dref, hen dref; **~steinzeit** *f* palaeolithig *g*.

altsteinzeitlich *adj* palaeolithig.

Altstimme (-, -n) *f* (MUS) llais *g* alto.

Altwarenhändler *m* gwerthwr *g* pethau ail-law.

Altweiber- *kompos:* **~knoten** *m* cwlwm *g* nain; **~märchen** *nt* coel *b* gwrach; **~sommer** *m* haf *g* bach Mihangel.

Alu ['a:lu] *abk* = Aluminium.

Alufolie ['a:lufo:liə] *f* papur *g* gloyw, papur arian.

Aluminium [alu'mi:niʊm] (-s, *kein pl*) *nt* alwminiwm *g*.

Alzheimerkrankheit *f* Clefyd *g* Alzheimer.

am [am] (= an dem); **~ 15. März** ar Mawrth 15fed; **~ letzten Sonntag** ddydd Sul diwethaf; **~ Abend** gyda'r hwyr; **~ Anfang** ar ddechrau; **~ Ende** yn y diwedd; **~ Ende der Woche** ar ddiwedd yr wythnos; **~ Essen sein** (ugs)[D] wrthi'n bwyta; **~ Horizont** ar y gorwel; **~ Kamin** ger y tân, wrth yr aelwyd; **~ Leben bleiben** aros yn fyw; **~ Morgen** yn y bore; **~ Rand der Verzweiflung** ar fin anobeithio; **~ Tag zuvor** y diwrnod o'r blaen.

♦ *superl:* **~ besten** gorau; **~ schönsten** mwyaf prydferth; **du musst es ~ besten wissen** ti ŵyr orau.

Amalgam [amal'ga:m] *nt* (MED) amalgam *g*.

Amateur [ama'tø:r] (-(e)s, -e) *m* amatur *g*.

Ambiente [ambi'ɛntə] *nt* awyrgylch *g*, naws *b*.

Ambition [ambitsi'o:n] (-, -en) *f* uchelgais *gb*; **~en auf etw** *akk* **haben** trachwantu am rth.

Amboss ['ambɔs] (-es, -e) *m* einion *b*.

ambulant [ambu'lant] *adj* allanol; **~e Behandlung** triniaeth *b* allanol.

Ambulanz *f* man mewn ysbyty i drin cleifion allanol; (Rettungswagen) ambiwlans *g*.

Ameise ['a:maɪzə] (-, -n) *f* (ZOOL) morgrugyn *g*.

Ameisen- *kompos:* **~bär** *m* morgrugysor *g*; **~haufen** *m* twmpath *g* morgrug; **~säure** *f* asid *g* fformig.

Amen ['a:mɛn] *nt* (REL, fig) amen *g*.

Amerika [a'me:rika] (-s, *kein pl*) *nt* (GEOG) America *b*; (Vereinigte Staaten) yr Unol Daleithiau *ll*.

Amerikaner [ameri'ka:nər] *m* Americanwr *g*; **~in** *f* Americanes *b*.

amerikanisch *adj* Americanaidd.

Ami ['ami] (-s, -s) *m* (ugs, pej: Amerikaner) Ianci *g*; (Soldat) milwr *g* Americanaidd.

Aminosäure [a'mi:nozɔyrə] (-, -n) *f* (CHEM) asid *g* amino.

Amme ['amə] (-, -n) *f* mam *b* faeth, llaethfam *b*.

Ammenmärchen *nt* coel *b* gwrach.

Ammer ['amər] (-, -n) *f* (ZOOL) bras *g*.

Ammoniak [amoni'ak, a'mo:niak] *m* (CHEM) amonia *g*.

Ammonit [amo'ni:t] (-en, -en) *m* amonit *g*.

Amnesie [amne'zi:] *f* (MED) amnesia *g*.

Amnestie [amnɛsˈtiː] *f* pardwn *g*, amnest *g*.

Amöbe [aˈmøːbə] (-, -n) *f (BIOL)* amoeba *g*.

Amok [ˈɑːmɔk, aˈmɔk] *m:* ~ **laufen** rhedeg yn benwyllt.

Amortisation [amɔrtizatsiˈoːn] *f (COMM)* amorteiddio *g*.

amortisieren [amɔrtiˈziːrən] *vr:* **es wird sich** ~ bydd yn talu yn y pen draw.

Ampel [ˈampəl] (-, -n) *f* golau *g*, goleuadau *ll* traffig; *(Blumen~)* basged *b* grog.

Ampere *nt (TRYD)* amper *g*.

Amperemeter *nt (TRYD)* amedr *g*.

Ampfer [ˈampfər] *m (BOT)* tafolen *b*.

Amphibie [amˈfiːbiə] (-, -n) *f (ZOOL)* amffibiad *g*.

amphibisch [amˈfiːbɪʃ] *adj* amffibaidd.

Amphitheater [amfiteˈɑːtər] (-s, -) *nt* amffitheatr *b*, amchwaraefa *b*.

Amplitude [ampliˈtuːdə] *f (PHYS)* osgled *g*.

Ampulle [amˈpʊlə] (-, -n) *f* ampwl *g*, ffiol *b*.

Amputation [amputatsiˈoːn] (-, -en) *f (MED)* trychiad *g*.

amputieren [ampuˈtiːrən] *vt* trychu.

AMS^ *abk (= Arbeitsmarktservice)* canolfan *gb* waith.

Amsel [ˈamsəl] (-, -n) *f (ZOOL)* aderyn *g* du, mwyalchen *b*.

Amt [amt] (-(e)s, **Ämter**) *nt* swydd *b*; *(Gebäude)* swyddfa *b*; *(Pflicht)* dyletswydd *b*; **ein** ~ **bekleiden** dwyn swydd; **jdn in ein** ~ **einführen** sefydlu rhn mewn swydd; **zum zuständigen** ~ **gehen** mynd at yr awdurdod perthnasol; **von** ~**s wegen** yn swyddogol.

Amtfrau^D *f* = **Amtmännin**.

amtieren [amˈtiːrən] *vi* dal swydd gwas sifil, bod mewn grym; *(fungieren)* **als ...** ~ gweithredu fel…

amtierend *adj* gweithredol; *(derzeitig)* presennol.

amtlich [ˈamtlɪç] *adj* swyddogol; ~**es Kennzeichen** *(AUTO)* rhif *g* cofrestru; ~ **handeln** *(pej)*^D ymddwyn yn swyddogol.

Amtmann^D (-(e)s, -**männer** *oder* -**leute**) *m* gwas *g* sifil uwch.

Amtmännin^D *f* gwas *g* sifil uwch.

Amtsarzt *m*, **Amtsärztin** *f* swyddog *g* meddygol.

amtsärztlich *adj:* ~ **untersucht werden** cael archwiliad meddygol swyddogol; ~ **Zeugnis** tystysgrif *b* feddygol.

Amts- *kompos:* ~**deutsch** *nt* iaith *b* swyddfeydd, swyddogeg *b*; ~**diener** *m (JUR)* beili *g*.

Amtseid *m:* **den** ~ **ablegen** tyngu llw *g* swyddogol.

Amtsgeheimnis *nt (geheime Sache)* cyfrinach *b* swyddogol; *(Schweigepflicht)* dyletswydd *b* i gadw cyfrinachau swyddogol.

Amtsgericht *nt* llys *g* ynadon.

amtshandeln^A *vi untrenn (pej)* ymddwyn yn swyddogol.

Amts- *kompos:* ~**justiz** *f* ynadaeth *b*; ~**leiter** *m* prif swyddog *g*; ~**missbrauch** *m* camddefnydd *g* o'ch swydd; ~**periode** *f* cyfnod *g* mewn swydd; ~**person** *f* swyddog *g*; ~**richter** *m* ynad *g*; ~**schimmel** *m (ugs)* biwrocratiaeth *b*; ~**sprache** *f* swyddogeg *b*; ~**stunden** *pl* oriau *ll* swyddfa; ~**träger** *m* deiliad *g* swydd.

Amtsweg *m:* **auf dem** ~ trwy sianeli swyddogol.

Amtszeit *f* tymor *g* yn y swydd.

Amulett [amuˈlɛt] (-(e)s, -e) *nt* swynogl *b*.

amüsant [amyˈzant] *adj* diddan, adloniadol, gogleisiol.

Amüsement [amyzəˈmãː] *nt* adloniant *g*.

amüsieren [amyˈziːrən] *vt* diddanu, difyrru.

♦ *vr* ymddifyrru, mwynhau; **sich über etw** *akk* ~ cael rhth yn ddoniol.

amusisch [ˈɑːmuːzɪʃ] *adj* anghelfydd.

an[1] [an] *präp +dat* **1** *(räumlich: wo? auf, bei)* ar; *(nahe bei)* gerllaw, wrth, yn agos (at rth); ~ **diesem Ort** yn y fan hon; ~ **der gleichen Stelle** yn yr un fan; ~ **der Wand** ar y wal; ~ **Bord** *(NAUT)* ar y bwrdd; ~ **Deck** *(NAUT)* ar y dec; **zu nahe** ~ **etw** rhy agos i rth; **unten am Fluss** i lawr wrth yr afon; **Bonn liegt am Rhein** mae Bonn ar lan afon Rhein; **sie wohnen Tür** ~ **Tür** maen nhw'n byw drws nesa i'w gilydd; **jdn** ~ **der Hand nehmen** cydio yn llaw rhn; ~ **der Spitze** ar flaen y gad; **2** *(zeitlich: wann?)* ar; ~ **diesem Tag** ar y diwrnod hwn; **am heutigen Tag** ar y dwthwn hwn; **3:** **arm** ~ **Fett** yn isel mewn saim/braster; **jung** ~ **Jahren** ifanc; ~ **etw sterben** marw o rth; ~ **(und für) sich** fel arfer; *vgl. auch* **am**.

♦ *präp +akk* **1** *(räumlich: wohin?)* at; **er ging** ~**s Fenster** aeth (draw) at y ffenest; **ein Brief schreiben an jdn** ysgrifennu llythyr at rn; **etw** ~ **die Wand schreiben** ysgrifennu rhth ar y wal; ~ **die Arbeit gehen** bwrw iddi; **2** *(woran?)* ~ **etw denken** meddwl am rth; ~ **Gott glauben** credu yn Nuw; **3** *(gerichtet an)* i, at; **eine Frage** ~ **dich** cwestiwn i ti; **4** *(ungefähr)* tua, oddeutu; ~ **die hundert Stühle** rhyw gan cadair.

an[2] *adv* **1** *(auf Fahrplänen)* **Dresden** ~ **18:30** yn cyrraedd Dresden am 18.30; **2** *(ab)* **von da** ~ o hyn allan; **von heute** ~ o heddiw ymlaen; **3** *(angeschaltet)* ymlaen; **das Licht ist** ~ mae'r golau ymlaen; *(bekleidet)* **ohne etw** ~ heb ddim byd amdanoch, yn noeth.

Anachronismus [anakroˈnɪsmʊs] (-, **Anachronismen**) *m* anacroniaeth *b*, camamseriad *g*.

anachronistisch *adj* anacronistig, camamserol.

Anagramm [anaˈgram] (-s, -e) *nt* anagram *g*.

analog [anaˈloːk] *adj* cydweddol, cyfatebol, paralel.

Analogie [analoˈgiː] (-, -n) *f* cyfatebiaeth *b*, tebygrwydd *g*.

Analogrechner *m (COMP)* cyfrifiadur *g* analog.

Analphabet ['analfabeːt] (-en, -en) *m* (~in *f*) rhn anllythrennog.

Analyse [anaˈlyːzə] (-, -en) *f* dadansoddiad *g; (CHEM)* dadelfeniad *g*.

analysieren [analyˈziːrən] *vt* dadansoddi; *(CHEM)* dadelfennu.

Analytiker [anaˈlyːtɪkər] (-s, -) *m* dadansoddwr *g*.

analytisch [anaˈlyːtɪʃ] *adj* dadansoddol; ~e **Verbalform** *(GRAM)* ffurf gwmpasog berf.

Anämie [anɛːˈmiː] (-, -n) *f* anemia *g*, diffyg *g* gwaed.

anämisch [aˈnɛːmɪʃ] *adj* anemaidd, anemig.

Ananas ['ananas] (-, - *oder* -se) *f (BOT)* pinafal *g*.

Anarchie [anarˈçiː] *f* anarchiaeth *b*.

anarchisch [aˈnarçɪʃ] *adj* anarchaidd.

Anarchist [anarˈçɪst] (-en, -en) *m* (~in *f*) anarchydd *g*.

Anästhesist [anˀɛsteˈzɪst] (-en, -en) *m* (~in *f*) *(MED)* anesthetydd *g*.

Anatomie [anatoˈmiː] *f* anatomeg *b*.

anatomisch [anaˈtoːmɪʃ] *adj* anatomegol.

anbahnen ['anbaːnən] *vr* bod ar y ffordd, codi; *(sich andeuten)* bod yn agos, ymrithio.

♦ *vt* cychwyn.

Anbahnung *f* cychwyn *g*.

anbandeln^, **anbändeln**^D *vi (ugs)* fflyrtian; *(bei Rauferei)* pryfocio.

Anbau ['anbaʊ] (-(e)s, *kein pl*) *m (AGR)* amaethu *g*, tyfu *g; (Gebäude)* estyniad *g*.

anbauen ['anbaʊən] *vt (AGR)* ffermio, tyfu; *(pflanzen)* plannu; *(Gebäudeteil)* ychwanegu darn i adeilad, estyn.

Anbaugebiet *nt:* **ein gutes** ~ ardal *b* dda am dyfu cnydau.

Anbaumöbel^D *pl* dodrefn *ll* unedol.

anbehalten ['anbəhaltən] *irreg vt (Kleidung)* cadw ymlaen.

anbei [anˈbaɪ] *adv* amgaeëdig, caeëdig; ~ **schicken wir Ihnen** ... amgaewn...

anbeißen ['anbaɪsən] *irreg vt* cymryd cnoad o.

♦ *vi* brathu, cnoi; *(fig)* llyncu'r abwyd; **zum A~ aussehen** *(ugs)* bod yn hudolus o dlws.

anbelangen ['anbəlaŋən] *vt* ymwneud â; **was mich anbelangt** o'm rhan i.

anberaumen ['anbəraʊmən] *vt (geh)* trefnu.

anbeten ['anbeːtən] *vt* addoli.

Anbetracht ['anbətraxt] *m:* **in** ~ +*gen* gyda golwg ar..., ac ystyried...

anbetteln ['anbɛtəln] *vt* mynd ar ofyn rhn.

Anbetung ['anbeːtʊŋ] *f* addoliad *g*.

anbiedern ['anbiːdərn] *vr:* **sich** ~ **(bei jdm)** ffalsio (ar rn), gwenieithio (rn), cynffonna (ar rn).

anbieten ['anbiːtən] *irreg vt* cynnig.

♦ *vr* gwirfoddoli, cynnig (gwneud rhth); **das bietet sich als Lösung an** ymddengys hynny'n ddatrysiad.

anbinden ['anbɪndən] *irreg vt* rhwymo, clymu; *(verbinden)* cysylltu; **kurz angebunden** *(fig)* cwta, swrth, sych, sychlyd.

Anblick ['anblɪk] *m* golwg *g*, golygfa *b*.

anblicken *vt* edrych ar.

anblinken *vt* fflachio goleuadau car ar rn.

Anbot^ *nt* tendr *g*.

anbraten ['anbraːtən] *irreg vt (Fleisch)* brownio.

anbrechen ['anbrɛçən] *irreg vt (+haben)* dechrau; *(Vorräte)* dechrau, cychwyn.

♦ *vi (+sein) (Tag)* gwawrio, torri; *(Nacht)* nosi.

anbrennen ['anbrɛnən] *irreg vi (+sein)* mynd ar dân; *(KOCH)* llosgi.

anbringen ['anbrɪŋən] *irreg vt* dod â rhth; *(Ware)* gwerthu; *(montieren)* rhoi yn sownd, cysylltu; **an der Wand** ~ rhoi yn sownd wrth y wal.

Anbruch ['anbrʊx] *m* dechrau *g; (Tag)* gwawr *b*, toriad *g* dydd; *(Nacht)* cyfnos *g*, gwyll *g*.

anbrüllen ['anbrʏlən] *vt* rhuo ar.

Anchovis [anˈʃoːvɪs] *f (KOCH)* brwyniad *g*.

Andacht ['andaxt] (-, -en) *f* ffyddlondeb *g*, defosiwn *g; (konzentriert)* sylw *g* astud; *(Gottesdienst)* oedfa *b*, gwasanaeth *g; (Ehrfurcht)* parch *g*.

andächtig ['andɛçtɪç, -ɪk] *adj* defosiynol; *(interessiert)* eiddgar, ymroddedig; *(religiös)* duwiol, crefyddol.

Andachtsstätte *f* addoldy *g*.

andauern ['andaʊərn] *vi* parhau, dal i fynd.

andauernd *adj* parhaol, di-baid.

Anden ['andən] *pl (GEOG)* **die** ~ yr Andes *ll*.

Andenken ['andɛŋkən] (-s, -) *nt* coffadwriaeth *b*, cof *g; (Reise~)* swfenîr *g;* **ein** ~ **an** +*akk* cofrodd *b* am.

andere ['andərə] *adj* arall; *(verschieden)* gwahanol; **der** ~ y llall; **kein** ~r neb arall; **am** ~n **Tag** drannoeth; **ein** ~s **Mal** tro arall, rywbryd eto; **sie hat einen** ~n mae cariad arall ganddi; **von einem Tag zum** ~n dros nos; **mit** ~n **Worten** mewn geiriau eraill.

♦ *pron:* **von etw** ~m **sprechen** sôn am rth arall; **es blieb mir nichts** ~s **übrig** nid oedd dewis arall gennyf; **unter** ~m ymhlith pethau eraill; **alles** ~ **als zufrieden** popeth ond yn fodlon.

anderenfalls *adv* = **andernfalls**.

andererseits *adv* ar y llaw arall.

andermal *adv:* **ein** ~ rywbryd eto, rywdro arall.

ändern ['ɛndərn] *vt, vr* newid, altro; *(umstrukturieren)* ail-wampio.

andernfalls *adv* os amgen, fel arall.

andernorts *adv* rywle arall.

anderntags *adv* y dydd o'r blaen.

anders [ˈandərs] *adv:* ~ **(als)** yn wahanol (i); **wer ~?** pwy arall? **niemand ~** neb arall; **wie nicht ~ zu erwarten** yn ôl y disgwyl; **wie könnte es ~ sein?** sut gallai fod yn wahanol? **ich kann nicht ~** ni allaf beidio; *(muss leider)* nid oes dewis gennyf; ~ **ausgedrückt** mewn geiriau eraill; **jemand ~** rhywun arall; ~ **aussehen** edrych yn wahanol; ~ **formulieren** aralleirio; ~ **lautende Berichte** adroddiadau i'r gwrthwyneb.

andersartig [ˈandərsˌartiç, -ɪk] *adj* gwahanol.

Andersdenkende *m/f* anghydffurfiwr *g*.

anderseits *adv* = **andererseits**.

anders- *kompos:* ~**farbig** *adj* o liw gwahanol; ~**gläubig** *adj* o ffydd wahanol.

andersherum *adv* fel arall, i'r gwrthwyneb; *(ugs: homosexuell)* hoyw.

anders lautend *adj vgl.* **anders**.

anderssprachig *adj* anghyfiaith.

anderswo *adv* rywle arall.

anderswoher *adv* o rywle arall.

anderswohin *adv* i rywle arall.

anderthalb [ˈandərthalp] *adj* un a hanner.

Änderung [ˈɛndəruŋ] (-, -en) *f* newid *g*, altrad *g*.

Änderungsantrag (-(e)s, ⸚-e) *m* *(POL)* gwelliant *g*.

anderweitig [ˈandərvaɪtɪç, -ɪk] *adj* ychwanegol.
   ♦ *adv (anderswo)* rywle arall; ~ **beschäftigt** yn brysur wrth rth arall.

andeuten [ˈandɔʏtən] *vt* dangos, goblygu; *(Wink geben)* lled awgrymu.

Andeutung (-, -en) *f* awgrym *g*, ensyniad *g*.

andeutungsweise *adv (als Anspielung)* fel awgrym; *(als flüchtiger Hinweis)* wrth fynd heibio.

andichten [ˈandɪçtən] *vt:* **jdm etw ~** *(ugs: zuschreiben)* priodoli rhth i rn.

andocken [ˈandɔkən] *vi* docio.

Andrang [ˈandraŋ] (-(e)s, *kein pl*) *m* gwasgfa *b*, mewnlifiad *g*.

andrehen [ˈandreːən] *vt (einschalten)* troi/rhoi ymlaen; *(ugs)* **jdm etw ~** perswadio rhn i brynu rhth.

androhen [ˈandroːən] *vt* bygwth gwneud rhth cas i rn.

Androhung (-, -en) *f:* **unter ~ von Gewalt** dan fygwth trais.

anecken [ˈanʔɛkən] *vi (+sein) (ugs)* **bei jdm ~** codi gwrychyn rhn.

aneignen [ˈanʔaɪɡnən] *vr:* **sich** *dat* **etw ~** dod i feddiant rhth, cael gafael ar rth; *(widerrechtlich)* dwyn rhth; *(sich mit etw vertraut machen)* dysgu rhth.

aneinander [anʔaɪˈnandər] *adv* wrth ei gilydd, gyda'i gilydd; ~ **fügen** asio wrth ei gilydd; ~ **geraten** dechrau ymladd; ~ **grenzen** cyffwrdd; ~ **legen**

cyfosod, dwyn/rhoi at ei gilydd.

Anekdote [anɛkˈdoːtə] (-, -n) *f* anecdot *gb*, hanesyn *gb*.

anekeln [ˈanʔeːkəln] *vt* codi cyfog ar, ffieiddio.

Anemometer [anemoˈmeːtər] (-s, -) *nt* anemomedr *g*, mesurydd *g* gwynt.

Anemone [aneˈmoːnə] (-, -n) *f (BOT)* blodyn *g* y gwynt.

anerkannt [ˈanʔɛrkant] *adj* cydnabyddedig.

anerkennen [ˈanʔɛrkɛnən] *irreg vt* cydnabod; *(würdigen)* gwerthfawrogi; **das muss man ~** *(zugeben)* nid oes dadl ar ei gylch; *(würdigen)* mae'n rhaid ystyried hynny.

anerkennend *adj* gwerthfawrogol.

Anerkennung *f* cydnabyddiaeth *b*, tysteb *b*; ~ **finden** ennill eich plwyf.

anerzogen [ˈanʔɛrtsoːɡən] *adj* caffaeledig.

anfachen [ˈanfaxən] *vt* megino (tân); *(fig)* cynnau.

anfahren [ˈanfaːrən] *irreg vt (+haben) (Hafen)* anelu am; *(ugs: anbrüllen)* neidio i ben rhn.
   ♦ *vi (+sein)* dynesu; *(losfahren)* gyrru i ffwrdd; ~ **an** *+akk* taro.

Anfahrt [ˈanfart] (-, -en) *f (Weg, Zeit)* taith *b*, siwrnai *b*; *(Zufahrt)* dynesiad *g*.

Anfall [ˈanfal] (-(e)s, ⸚-e) *m (MED)* pwl *g*, pang *g*, pangfa *b*; *(Herz~)* trawiad *g*; *(fig)* ffit *b*; *(Wut~)* ffit o ddicter; *(FIN)* croniad *g*; **einen ~ bekommen** *(fig)* cael ffit *b*; **in einem ~ von** *(fig)* mewn pwl o.

anfallen [ˈanfalən] *irreg vt (+haben) (attackieren)* ymosod.
   ♦ *vi (+sein) (Arbeit)* codi, ymddangos; *(Zinsen)* cynyddu; *(sich anhäufen)* cronni; **die ~den Kosten** y costau sy'n codi.

anfällig [ˈanfɛlɪç, -ɪk] *adj* eiddil, gwan, bregus; *(Maschine)* ffaeledig; ~ **für etw** tueddol o gael rhth.

Anfang [ˈanfaŋ] (-(e)s, ⸚-e) *m* dechrau *g*, dechreuad *g*, cychwyn *g*; *(vorderes Ende)* top *g*; **von ~ an** o'r cychwyn; **zu ~** ar y dechrau; ~ **fünfzig** yn eich pum degau cynnar; ~ **der Woche** ar ddechrau'r wythnos; ~ **Mai** ar ddechrau Mai; **einen neuen ~ machen** troi dalen newydd.

anfangen [ˈanfaŋən] *irreg vt* dechrau, cychwyn; *(tun)* gwneud.
   ♦ *vi* dechrau, cychwyn; **damit kann ich nichts ~** *(nützt mir nichts)* nid yw hynny o ddefnydd i mi; *(verstehe ich nicht)* nid yw hynny'n golygu dim i mi; **mit dir ist heute (aber) gar nichts anzufangen!** nid oes llawer o hwyl arnat ti heddiw! **bei einer Firma ~** dechrau gweithio i gwmni.

Anfänger [ˈanfɛŋər] (-s, -) *m* dechreuwr *g*, dysgwr *g*.

Anfängerglück *nt* lwc *b* y dechreuwr.

Anfängerin *f* dechreuwraig *b*, dysgwraig *b*.

Anfängerkurs *m* cwrs *g* dechreuwyr.

anfänglich *adj* cychwynnol, dechreuol; *(ursprünglich)* gwreiddiol.

anfangs *adv* i ddechrau; **wie ich ~ erwähnte** fel y dywedais yn y lle cyntaf.

Anfangs- *kompos:* **~buchstabe** *m* llythyren *b* gyntaf; **~gehalt** *nt* cyflog *g* cychwynnol; **~stadium** *nt* cyflwr *g* cychwynnol.

anfassen ['anfasən] *vt (berühren)* cyffwrdd, palfalu.
 ♦ *vi:*[D] **mit ~** rhoi help llaw.
 ♦ *vr:* **es fasst sich weich an** mae'n teimlo'n feddal.

anfechtbar ['anfɛçtbɑ:r] *adj* gwadadwy, dadleuol.

anfechten ['anfɛçtən] *irreg vt* herio; *(Urteil)* apelio yn erbyn; *(geh: beunruhigen)* **was ficht dich an** beth sy'n dy annog.

anfeinden ['anfaɪndən] *vt* trin yn elyniaethus.

anfertigen ['anfɛrtɪgən] *vt* cynhyrchu, paratoi; *(Anzug usw)* teilwra.

anfeuchten ['anfɔʏçtən] *vt* gwlychu.

anfeuern ['anfɔʏərn] *vt (fig)* cymell, annog; *(Stimmung)* tanio.

anflehen ['anfle:ən] *vt* deisyf, erfyn ar.

anfliegen ['anfli:gən] *irreg vt (AERO)* dynesu, hedfan i.

Anflug ['anflu:k] *m (AERO)* dynesiad *g*; *(Spur)* tinc *g*; **sein Akzent hat einen deutschen ~** mae llediaith Almaenig ganddo.

anfordern ['anfɔrdərn] *vt* mynnu; *(COMM)* archebu.

Anforderung (-, -en) *f* disgwyl *g*, gofyn *g*; *(COMM)* archebu *g*; **hohe ~en stellen** disgwyl llawer.

Anfrage ['anfrɑ:gə] (-, -n) *f* ymholiad *g*, cais *g*; *(POL)* cwestiwn *g*.

anfragen ['anfrɑ:gən] *vi* holi, gofyn, ymholi.

anfreunden ['anfrɔʏndən] *vr* gwneud ffrindiau; **sich mit etw ~** *(fig)* dod i hoffi rhth.

anfügen ['anfy:gən] *vt* ychwanegu, atodi; *(beifügen)* amgáu.

anfühlen ['anfy:lən] *vt, vr* teimlo.

anführen ['anfy:rən] *vt* arwain; *(zitieren)* dyfynnu; *(ugs:*[D] *betrügen)* camarwain.

Anführer (-s, -) *m* (**~in** *f*) arweinydd *g*; *(Gangster)* bos *g*.

Anführung *f (Zitat)* dyfyniad *g*; **unter ~ eines Beispiels** gan roi enghraifft.

Anführungszeichen *nt* dyfynnod *g*.

Angabe ['angɑ:bə] (-, -n) *f* datganiad *g*; *(TECH)* manylion *ll*; *(ugs: Prahlerei)* brolio *g*; *(SPORT)* serf *g*; **ohne ~ von Gründen** heb roi rhesymau; **~n** *pl (Auskunft)* manylion *ll*; **~n zur Person** manylion *ll* personol.

angaffen ['angafən] *vt* rhythu ar.

angeben ['ange:bən] *irreg vt* rhoi; *(bestimmen)* gosod, rhoi; *(LIT: Quelle)* cydnabod; **den Ton ~** *(MUS)* rhoi'r nodyn; *(fig)* bod yn geffyl blaen.
 ♦ *vi* brolio, ymffrostio; *(SPORT)* serfio.

Angeber (-s, -) *m* (**~in** *f*) broliwr *g*, ymffrostiwr *g*.

Angeberei [angeːbəˈraɪ] *f* brolio *g*, ymffrost *g*.

angeberisch *adj* ymffrostgar, gwyntog.

angeblich ['angeːplɪç, anˈgeːplɪç] *adj* honedig, tybiedig.

angeboren ['angəbo:rən] *adj* cynhenid, cynhwynol; *(MED)* o'ch geni.

Angebot ['angəbo:t] (-(e)s, -e) *nt* cynnig *g*; *(COMM)* cyflenwad *g*; **~ an** +*dat* cyflenwad o, stôr o; **im ~** *(ugs)* pris *g* gostyngol/arbennig; **~ und Nachfrage** cyflenwad a galw.

Angebotspreis *m (COMM)* pris *g* cynnig.

angebracht ['angəbraxt] *adj* priodol, addas.

angebrannt ['angəbrant] *adj:* **es riecht hier so ~** mae aroglau llosgi yma.

angebrochen ['angəbrɔxən] *adj (Packung, Flasche)* wedi'i (h)agor; **was machen wir mit dem ~en Abend?** *(ugs)* be' wnawn ni â gweddill y noson?

angebunden ['angəbʊndən] *adj* ynghlwm; **kurz ~ sein** *(ugs)* bod yn gwta.

angefressen ['angəfrɛsən] *adj:* **~ sein** *(fig)* wedi cael llond bol, sorri.

angeführt ['angəfy:rt] *adj:* **oben ~** uchod; **unten ~** isod.

angegossen ['angəgɔsən] *adj* **wie ~ sitzen** *(Schuhe usw)* yn ffitio i'r dim.

angegriffen ['angəgrɪfən] *adj* gwan, blinedig, wedi blino'n lân; **er wirkt ~** mae'n edrych fel pe bai dan straen; **sie ist gesundheitlich ~** mae hi'n wan o ran iechyd.

angehalten ['angəhaltən] *pp von* **anhalten**; **~ sein, etw zu tun** cael eich gorfodi i wneud rhth.

angehaucht ['angəhauxt] *adj:* **links/rechts ~ sein** *(POL)* bod â thueddiad asgell chwith/dde.

angeheiratet ['angəhaɪratət] *adj* yn perthyn trwy briodas.

angeheitert ['angəhaɪtərt] *adj* lled feddw, hanner meddw.

angehen ['ange:ən] *irreg vt (+sein oder haben) (beginnen)* dechrau ar; *(angreifen)* ymosod ar; *(SPORT)* taclo; *(bitten)* **jdn ~ um** mynd i'r afael â rhn am; **das geht mich nichts an** nid oes a wnelo hynny â mi, nid fy musnes i yw hynny.
 ♦ *vi (+sein)* dechrau; *(Licht)* dechrau goleuo, cynnau; **gegen jdn ~** ymladd yn erbyn rhn; **gegen etw ~** *(Missstände)* taclo rhth, cymryd camau yn erbyn rhth.

angehend *adj* darpar, tebygol.

angehören ['angəhø:rən] *vi* +*dat* perthyn i.

Angehörige *m/f* perthynas *gb*.

angeklagt ['angəklɑːkt] *adj* cyhuddedig.

Angeklagte *m/f* cyhuddedig *g*, diffynnydd *g*.

angeknackst ['angəknakst] *adj* (*ugs: Gesundheit*) bregus; (*Selbstbewusstsein*) wedi gwanhau.

Angel ['aŋəl] (-, -n) *f* gwialen *b* bysgota; (*Tür*) colyn *g*; **die Welt aus den ~n heben** (*fig*) troi'r byd a'i ben i waered.

Angelegenheit ['angəleːgənhaɪt] (-, -en) *f* mater *g*, peth *g*, busnes *gb*.

angelernt ['angəlɛrnt] *adj* (*Arbeiter*) lled-fedrus.

Angelhaken ['aŋəlhɑːkən] (-s, -) *m* bach *g* pysgota.

angeln ['aŋəln] *vt* (*Fisch*) glanio pysgodyn; (*fig*) bachu.

♦ *vi* pysgota, genweirio.

Angeln (-s, *kein pl*) *nt* pysgota *g*.

Angelpunkt ['aŋəlpʊnkt] *m* canolbwynt *g*, pwynt *g* canolog; (*Frage*) pwynt *g* tyngedfennol.

Angelrute ['aŋəlruːtə] (-, -n) *f* gwialen *b* bysgota.

Angelsachse ['angəlzaksə] (-n, -n) *m* (*HIST*) Eingl-Sais *g*; **Angelsächsin** *f* Eingl-Seisnes *b*.

angelsächsisch ['aŋəlzɛksɪʃ] *adj* Eingl-Seisnig; **im ~en Raum** (*GEOG*) yn y gwledydd lle siaredir Saesneg.

Angel- *kompos:* **~schein** *m* trwydded *b* bysgota; **~schnur** *f* lein *b* bysgota.

angemessen ['angəmɛsən] *adj* dyladwy, cymwys, gweddaidd; (*passend*) priodol, addas; **gegen ~e Bezahlung** am dâl priodol.

Angemessenheit *f* priodoldeb *g*.

angenehm ['angəneːm] *adj* braf, hyfryd, pleserus; **eine ~e Überraschung** siom ar yr ochr orau; **~!** (*bei Vorstellung*) mae'n dda gen i gwrdd â chi! **das A~e mit dem Nützlichen verbinden** cyfuno gwaith â phleser.

angenommen ['angənɔmən] *pp von* **annehmen**.

♦ *adj* rhagdybiedig; (*Kind*) mabwysiedig, wedi'i fabwysiadu; **~, wir ... a** bwrw ein bod ni...

angeödet ['angəˀøːdət] *adj* syrffedus.

angepasst ['angəpast] *adj* wedi cydymffurfio, wedi ymaddasu.

Anger ['aŋər] *m* comin *g*, cytir *g*.

angeregt ['angəreːkt] *adj* bywiog, llawn symud; **~e Unterhaltung** trafodaeth *b* gyffrous.

angerührt ['angəryːrt] *adj* (*fig*) croendenau, pig.

angesäuselt ['angəzɔʏzəlt] *adj* (*ugs*) lled-feddw, sliw.

angeschlagen ['angəʃlɑːgən] *adj* (*fig*) blinedig, lluddedig; (*Gesundheit*) gwael.

angeschlossen ['angəʃlɔsən] *adj* cysylltiedig.

angeschmiert ['angəʃmiːrt] *adj* (*ugs*) mewn helynt; **der A~e sein** bod wedi cael eich dal.

angeschrieben ['angəʃriːbən] *adj* (*ugs*) **bei jdm gut ~ sein** bod yn ffefryn gan rn; **bei jdm schlecht ~ sein** bod wedi pechu yn erbyn rhn.

angeschwollen ['angəʃvɔlən] *adj* chwyddedig; (*Fluss*) uchel.

angesehen ['angəseːən] *pp von* **ansehen**.

♦ *adj* parchus.

Angesicht ['angəzɪçt] *nt* (*geh*) wyneprydd *g*; **von ~ zu ~** wyneb yn wyneb; **im ~ der Gefahr** yn wyneb perygl.

angesichts *präp* +*gen* o ystyried; **~ des schlechten Wetters** o ystyried y tywydd drwg; **~ der Tatsachen** yng ngoleuni'r ffeithiau.

angesogen ['angəzoːgən] *adj* soeglyd.

angespannt ['angəʃpant] *adj* dan straen, llawn tensiwn; (*Aufmerksamkeit*) astud; (*Arbeit*) anodd, caled; (*COMM: Markt*) wedi'i or-estyn.

angestammt ['angəʃtamt] *adj* traddodiadol; (*Rechte*) etifeddol; (*Besitz*) etifeddig.

angestellt ['angəʃtɛlt] *adj* cyflogedig.

Angestellte *m/f* gweithiwr *g*, gweithwraig *b*; (*Gegensatz zu Arbeiter*) gweithiwr coler wen; **die ~n** personél *g*, staff *g*.

angestrengt ['angəʃtrɛŋt] *adv* gydag ymdrech fawr.

angetan ['angətɑːn] *adj:* **von etw ~ sein** cael argraff dda o rth, cael eich swyno gan rth; **dein Kuchen hat es ihm ~** swynwyd ef gan dy gacen.

angetrunken ['angətrʊŋkən] *adj* lled feddw, hanner meddw.

angewandt ['angəvant] *adj* cymhwysol.

angewiesen ['angəviːzən] *adj:* **~ sein auf** +*akk* dibynnu ar; **auf sich selbst ~ sein** bod yn ddibynnol arnoch eich hunan.

angewöhnen ['angəvøːnən] *vt:* **sich etw ~** gwneud eich hunan yn gynefin â rhth.

Angewohnheit ['angəvoːnhaɪt] (-, -en) *f* arfer *gb*, defod *b*.

angewurzelt ['angəvʊrtsəlt] *adj:* **wie ~ dastehen** sefyll yn stond, yn methu symud o'r fan.

angiften ['angɪftən] *vt* (*ugs*) siarad yn gwta â.

Angina [aŋˈgiːna] *f* (*MED*) llid *g* yr argeg.

angleichen ['anglaɪçən] *irreg vt* addasu, cymathu, lefelu.

Angler ['aŋlər] *m* genweiriwr *g*, pysgotwr *g*.

angliedern ['angliːdərn] *vt:* **~ an** +*akk* (*Verein, Partei*) cysylltu â; (*Land*) atodi at.

Anglikaner(in) *m(f)* eglwyswr(aig) *g(b)*.

anglikanisch [angliˈkɑːnɪʃ] *adj:* **die ~e Kirche** Eglwys *b* Loegr; (*in Wales*) yr Eglwys yng Nghymru.

Anglist [aŋˈglɪst] (-en, -en) *m* (**~in** *f*) arbenigwr *g* mewn Saesneg; (*Student*) myfyriwr *g* mewn Saesneg.

Anglowaliser ['aŋglovaliːzər] *m* Cymro *g* di-

Gymraeg; **~in** *f* Cymraes *b* ddi-Gymraeg.

anglowalisisch *adj* Eingl-Gymreig.

Angola [aŋ'go:la] (**-s**) *nt* (GEOG) Angola *b*.

angolanisch [aŋgo'la:nɪʃ] *adj* Angolaidd.

angreifen ['angraɪfən] *irreg vt* (*attackieren*) ymosod ar; (SPORT) taclo; (*berühren*) cyffwrdd; (*beschädigen*) niweidio, difrodi.

  ♦ *vr* (*anfühlen*) teimlo.

Angreifer (**-s**, **-**) *m* ymosodwr *g*; (SPORT) taclwr *g*; **~in** *f* ymosodwraig *b*.

angrenzen ['angrɛntsən] *vi:* **an etw** *akk* **~** ffinio ar rth.

Angriff ['angrɪf] (**-(e)s**, **-e**) *m* ymosodiad *g*, cyrch *g*; **etw in ~ nehmen** dechrau rhth, gwthio'r cwch i'r dŵr.

Angriffsfläche *f:* **jdm/etw eine ~ bieten** darparu targed *g* i rn/rth.

angriffslustig *adj* ymosodol.

Angst [aŋst] (**-**, **¨-e**) *f* ofn *g*, cyfyngder *g*, dychryn *g*; **~ haben** ofni *g*; **~ haben vor** +*dat* bod ag ofn rhag; **~ haben um** +*akk* ofni dros, poeni ynghylch; **jdm ~ einflößen** tarfu ar rn, codi ofn ar rn; **nur keine ~!** peidiwch ag ofni; **es mit der ~ zu tun bekommen** rhusio.

angst *adv:* **ihr ist ~ und bange** mae ofn arni.

angstfrei *adj* heb fod ag ofn.

Angsthase *m* (ugs) llwfrgi *g*, cachgi *g*.

ängstigen ['ɛŋstɪgən] *vt* dychryn.

  ♦ *vr:* **sich ~** bod ag ofn; **sich ~ um** +*akk* pryderu am, ymboeni am.

ängstlich ['ɛŋstlɪç] *adj* nerfus, gofidus; (*besorgt*) anesmwyth, pryderus; (*schüchtern*) diniwed, swil, gwangalon.

Ängstlichkeit *f* ofnusrwydd *g*, gofid *g*, pryder *g*.

Angstschweiß *m:* **mir brach der ~ aus** roeddwn i'n chwys oer.

angurten ['angʊrtən] *vt* rhoi gwregys *g* diogelwch am.

  ♦ *vr* gwisgo gwregys diogelwch.

Anh. *abk* (= *Anhang*) atodiad *g*.

anhaben ['anha:bən] *irreg vt* gwisgo; **er kann mir nichts ~** ni all roi bys arnaf.

anhaften ['anhaftən] *vi* glynu wrth.

anhalten ['anhaltən] *irreg vt* dal, stopio; **jdn zur Arbeit ~** annog/argymell rhn i weithio.

  ♦ *vi* stopio; (*andauern*) parhau, dyfalbarhau; **um die Hand eines Mädchens ~** gofyn am law merch mewn priodas.

anhaltend *adj* parhaol, di-baid.

Anhalter ['anhaltər] *m* bodiwr *g*, ffawddheglwr *g*; **per ~ fahren** ffawddheglu, bodio, ei bodio hi; **~in** *f* bodwraig *b*.

Anhaltspunkt *m* cliw *g*, arwydd *gb*.

anhand [an'hant] *präp* +*gen* trwy, gyda, efo; **~ eines Beispiels** trwy enghraifft.

Anhang ['anhaŋ] *m* atodiad *g*; (*Familie*) teulu *g*; (*Fans*) cefnogwyr *ll*.

anhängen ['anhɛŋən] *irreg vt* hongian; (*Wagen*) bachu, cyplu; (*Zusatz*) ychwanegu; (COMP) atodi; **sich an jdn ~** dilyn wrth gwt rhn; **jdm etw ~** (*fig: anlasten*) beio rhn am rth.

Anhänger (**-s**, **-**) *m* cefnogwr *g*, ffan *g*; (AUTO) ôl-gerbyd *g*, trelar *g*; (*am Koffer*) label *gb*; (*Schmuck*) tlws *g* crog.

Anhängerschaft *f* cefnogwyr *ll*, selogion *ll*.

anhänglich ['anhɛŋlɪç] *adj* ffyddlon, teyrngar.

Anhänglichkeit *f* ymlyniad *g*, ffyddlondeb *g*.

Anhängsel ['anhɛŋzəl] *nt* atodiad *g*, ychwanegiad *g*.

anhauen ['anhauən] *vt* (*ugs: ansprechen*) **jdn ~ um** +*akk* poeni rhn am.

anhäufen ['anhɔʏfən] *vt* pentyrru, tyrru.

Anhäufung ['anhɔʏfʊŋ] (**-**, **-en**) *f* casgliad *g*.

anheben ['anhe:bən] *irreg vt* codi.

anheften ['anhɛftən] *vt* clipio; (TEX) brasbwytho.

anheim [an'haɪm] *adv:* **jdm etw ~ stellen** gadael y penderfyniad am rth i rn.

anheimelnd ['anhaɪməlnt] *adj* cartrefol, cysurus, cyfforddus.

anheizen ['anhaɪtsən] *vt* (*Ofen*) cynnau; (*fig*) tanio; (*fig: Wirtschaft*) procio, ysbarduno; **die Stimmung ~** tanio'r awyrgylch, codi'r hwyl.

anheuern ['anhɔʏərn] *vi* (NAUT) ymgofrestru.

  ♦ *vt* (NAUT, fig) hurio, cyflogi.

Anhieb ['anhi:p] *m:* **auf ~** yn syth, y tro cyntaf; (*kurz entschlossen*) yn y fan a'r lle; **es klappte auf ~** roedd yn llwyddiant o'r cychwyn cyntaf.

anhimmeln ['anhɪməln] *vt* (*ugs*) addoli, eilunaddoli.

Anhöhe ['anhø:ə] (**-**, **-n**) *f* bron *b*, pen *g* y bryn, tyle *g*.

anhören ['anhø:rən] *vt* gwrando ar.

  ♦ *vr* swnio; **das hört sich gut an** mae hynny'n swnio'n dda.

Anhörung *f* gwrandawiad *g*.

Animierdame [ani'mi:rda:mə] (**-**, **-n**) *f* gweinyddes *b* mewn clwb nos.

animieren [ani'mi:rən] *vt* annog, cymell.

Anis [a'ni:s, 'a:nis] (**-es**, **-e**) *m* anis *g*.

Ank. *abk* = **Ankunft**.

ankämpfen ['ankɛmpfən] *vi:* **gegen etw ~** brwydro yn erbyn rhth; **gegen die Müdigkeit ~** brwydro yn erbyn blinder.

Ankauf ['ankauf] *m* (COMM) prynu *g*; **An- und Verkauf von ...** prynir a gwerthir…

ankaufen *vt* prynu.

Anker ['aŋkər] *m* (NAUT) angor *gb*; **vor ~ gehen** gollwng angor, bwrw angor; **den ~ lichten** codi angor.

ankern *vt, vi* angori.

Ankerplatz ['aŋkərplats] **(-es, ¨-e)** *m (NAUT)* angorfa *b*.

anketten *vt* cadwyno.

Anklage ['anklɑːgə] *f (JUR)* cyhuddiad *g*, inditiad *g*; **gegen jdn ~ erheben** *(JUR)* dwyn cyhuddiad yn erbyn rhn.

Anklagebank *f* bar *g*; **auf der ~ sitzen** bod o flaen eich gwell.

anklagen ['anklɑːgən] *vt* cyhuddo; **jdn (eines Verbrechens) ~** *(JUR)* cyhuddo rhn (o drosedd).

Anklagepunkt *m* cyhuddiad *g*.

Ankläger(in) ['anklɛːgər] *m(f)* erlynydd *g*.

Anklageschrift *f* cyhuddeb *b*.

anklammern ['anklamərn] *vt* clipio, pegio, stwfflo.

♦ *vr:* **sich ~ an** *akk oder dat* glynu ar rth.

Anklang ['anklaŋ] *m:* **bei jdm ~ finden** bod yn dderbyniol i rn.

ankleben ['ankleːbən] *vt* glynu, sticio; **Plakate ~ verboten!** dim posteri!

Ankleidekabine ['anklaɪdəkabiːnə] **(-, -n)** *f* ystafell *b* newid.

ankleiden ['anklaɪdən] *vt, vr* gwisgo.

anklingen ['anklɪŋən] *irreg vi (+sein) (erinnern)* **~ an** *+akk* atgoffa o; **~ lassen** *(Thema)* cyffwrdd â.

anklopfen ['anklɔpfən] *vi* curo ar y drws.

anknipsen[D] ['anknɪpsən] *vt (Lampe)* cynnau; *(Schalter)* switsio.

anknüpfen ['anknʏpfən] *vt* rhoi yn sownd yn ei gilydd; *(Beziehungen)* sefydlu, dechrau; *(Gespräch)* cychwyn.

♦ *vi (anschließen)* **~ an** *+akk* cyfeirio at.

Anknüpfungspunkt *m (fig)* dolen *b* gyswllt.

ankommen ['ankɔmən] *irreg vi (+sein)* cyrraedd; *(Anklang finden)* **bei jdm (gut) ~** cael croeso brwd gan rn.

♦ *vi unpers:* **es kommt darauf an** mae'n dibynnu; **darauf kommt es an** *(wichtig sein)* dyna beth sy'n bwysig; **~ gegen** *+akk* ymdopi â; **er ließ es auf einen Streit ~** roedd yn barod i ddadlau yn ei gylch; **es darauf ~ lassen** *(riskieren)* mentro; **es auf einen Versuch ~ lassen** bod yn barod i roi tro arni.

ankreiden ['ankraɪdən] *vt (fig)* **jdm etw ~** edliw rhth i rn.

ankreuzen ['ankrɔʏtsən] *vt* gwneud arwydd croes, ticio.

ankündigen ['ankʏndɪgən] *vt* cyhoeddi, datgan.

Ankündigung (-, -en) *f* cyhoeddiad *g*.

Ankunft ['ankʊnft] **(-, ¨-e)** *f* cyrhaeddiad *g*, dyfodiad *g*.

Ankunftszeit (-, -en) *f* amser *g* cyrraedd.

ankurbeln ['ankʊrbəln] *vt (fig: beschleunigen)* prysuro;

die Konjunktur ~ cryfhau'r economi.

ankuscheln ['ankʊʃəln] *vr:* **sich ~ an jdn** swatio yn erbyn rhn.

anlächeln ['anlɛçəln] *vt* gwenu ar.

anlachen ['anlaxən] *vt* gwenu ar; **sich** *dat* **jdn ~** *(ugs)* denu rhn, bachu rhn.

Anlage ['anlɑːgə] **(-, -n)** *f (Park)* gerddi *ll*; *(TECH)* ffatri *b*, gwaith *b*; *(MIL)* sefydliad *g*, safle *g*; *(Sport~ usw)* adnoddau *ll*; *(ugs: Stereo~)* system *b* stereo; *(FIN)* buddsoddiad *g*; *(Begabung)* dawn *gb*, talent *b*; *(Beilage)* amgaead *g*.

Anlagevermögen *nt (FIN)* asedau *ll* cyfalaf.

anlangen ['anlaŋən] *vt (+haben) (ugs: anbelangen)* ymwneud â; **was mich anlangt** o'm rhan i.

♦ *vi (+sein) (ugs: ankommen)* cyrraedd.

Anlass ['anlas] **(-es, ¨-e)** *m* achos *g*; *(Ereignis)* achlysur *g*, digwyddiad *g*; **aus ~** *+gen* ar achlysur rhth; **~ geben zu** *+dat* cychwyn, achosi; peri; **etw zum ~ nehmen** bachu ar gyfle; **beim geringsten ~** am y rheswm lleiaf; **bei jedem ~** ar bob cyfle.

anlassen ['anlasən] *irreg vt* gadael ymlaen; *(Motor)* tanio peiriant.

♦ *vr*[D] *(ugs)* **sich gut ~** dechrau'n dda.

Anlasser (-s, -) *m (AUTO)* taniwr *g*.

anlässlich ['anlɛslɪç] *präp +gen* ar achlysur rhth.

Anlauf ['anlaʊf] **(-(e)s, ¨-e)** *m (SPORT)* rhediad *g*; *(fig: Versuch)* ymdrech *gb*, cynnig *g*.

anlaufen ['anlaʊfən] *irreg vi (+sein) (SPORT)* rhedeg; *(Fenster)* stemio, cymylu; *(Metall)* pylu, colli sglein; *(Film)* dod i'r sinema; *(ugs: beginnen)* cychwyn, dechrau; **rot ~** gwrido, cochi; **gegen etw ~** mynd yn erbyn rhth; **angelaufen kommen** rhedeg at rn.

♦ *vt (+haben) (Hafen)* anelu at.

Anlauf- *kompos:* ~stelle *f* lle i fynd (gyda'ch problemau); **~zeit** *f (fig)* amser *g* cychwyn.

anläuten ['anlɔʏtən] *vi* canu.

anlegen ['anleːgən] *vt* rhoi; *(Geld)* buddsoddi; *(Akte)* cychwyn; *(COMP: Datei)* creu; *(gestalten)* cynllunio; *(veraltet: anziehen)* rhoi dillad ymlaen; **die Ohren ~** moeli clustiau; **etw an etw** *akk* **~** rhoi rhth yn erbyn rhth; **ein Gewehr ~ (auf** *+akk)* anelu dryll (at); **es auf etw** *akk* **~** ceisio/bwriadu gwneud rhth; **wie legen wir es an?** sut ydyn ni'n mynd ati? **strenge Maßstäbe ~** gosod safonau llym; **sich mit jdm ~** *(ugs)* profocio rhn, tynnu rhn yn eich pen.

♦ *vi (NAUT)* glanio, tirio, galw mewn porthladd.

Anlege- *kompos:* ~platz *m (NAUT)* glanfa *b*; **~stelle** *f (NAUT)* glanfa *b*.

anlehnen ['anleːnən] *vt* pwyso; *(Tür)* gadael yn gilagored; **sich an etw ~** pwyso yn erbyn rhth.

Anlehnung *f (Imitation)* **in ~ an** *+akk* yn dilyn esiampl (rhth), yn null (rhth).

Anlehnungsbedürfnis *nt* angen *g* am gariad a gofal.

anlehnungsbedürftig *adj* ag angen am gariad.

anleiern[D] ['anlaɪərn] *vt (ugs)* dechrau, cychwyn; **jdn ~** achwyn wrth rn.

Anleihe ['anlaɪə] (-, -n) *f (FIN)* benthyciad *g*; *(Wertpapier)* bond *g*.

anleiten ['anlaɪtən] *vt* hyfforddi, dysgu.

Anleitung (-, -en) *f* cyfarwyddiadau *ll*.

anlernen ['anlɛrnən] *vt* hyfforddi, dysgu.

anlesen ['anleːzən] *irreg vt:* **sich** *dat* **etw ~** dysgu rhth trwy ddarllen.

anliegen *irreg vi (Kleidung)* glynu; *(Grundstück)* cyffwrdd.

Anliegen ['anliːgən] (-s, -) *nt* pwnc *g*, achos *g*; *(Wunsch)* dymuniad *g*.

anliegend *adj (Kleid)* yn ffitio'n dyn; *(Grundstück)* gerllaw; *(beigefügt)* amgaeëdig.

Anlieger[D] (-s, -) *m* preswylydd *g*; **~ frei** preswylwyr yn unig.

anlocken ['anlɔkən] *vt* denu; *(Tiere)* llithio, tynnu.

anlügen ['anlyːgən] *irreg vt* dweud celwydd wrth.

Anm. *abk* = **Anmerkung.**

Anmache[D] ['anmaxə] *f (ugs)* bachiad *g*; *(Belästigung)* poendod *g*, plagio *g*.

anmachen ['anmaxən] *vt (Salat)* rhoi dresin ar, enllynio, blasuso; *(einschalten)* rhoi/troi ymlaen; *(Zigarette)*[D] tanio.

anmalen ['anmaːlən] *vt* peintio, lliwio.

  ♦ *vr (pej: schminken)* gorymbincio.

Anmarsch ['anmarʃ] *m:* **im ~ sein** *(auf +akk)* symud ymlaen (tuag at); *(ugs)* bod ar ei ffordd.

anmaßen ['anmaːsən] *vr:* **sich** *dat* **etw ~** hawlio rhth.

anmaßend *adj* ffroenuchel, hunanol, balch.

Anmaßung *f* digywilydd-dra *g*, gorhyder *g*, hyfdra *g*.

Anmelde- *kompos:* **~formular** *nt* ffurflen *b* gofrestru; **~frist** *f* cyfnod *g* cofrestru.

anmelden ['anmɛldən] *vt (einschreiben)* cofrestru; *(Besucher)* cyhoeddi; *(Recht, Ansprüche)* datgan, cyhoeddi; **ein Gespräch nach Deutschland ~** *(TEL)* cofnodi galwad ffôn i'r Almaen.

  ♦ *vr* ymgofrestru; *(sich ankündigen)* cyflwyno eich hunan.

Anmeldestelle *f* cofrestrfa *b*.

Anmeldung (-, -en) *f* cofrestriad *g*; *(von Besuch)* cyhoeddiad *g*; **nur nach vorheriger ~** dim ond trwy drefniad.

anmerken ['anmɛrkən] *vt* gwneud sylw, nodi; *(schriftlich)* gwneud nodyn o; **jdm seine Freude ~** sylwi ar hapusrwydd rhn; **sich** *dat* **nichts ~ lassen** cuddio teimladau.

Anmerkung (-, -en) *f* nodyn *g*, nodiad *g*.

Anmut ['anmuːt] (-, *kein pl*) *f* gosgeiddrwydd *g*, mireinder *g*.

anmuten ['anmuːtən] *vt (geh)* **es mutet mich komisch an** ymddengys i mi'n rhyfeddol.

anmutig *adj* gosgeiddig, gweddaidd, mirain.

annageln ['annaːgəln] *vt* hoelio, tacio.

annähen ['annɛːən] *vt* gwnïo *(e.e. botwm)* ar.

annähern ['annɛːərn] *vr* nesáu.

annähernd *adv:* **~ tausend Leute** yn agos at fil o bobl; **nicht ~ soviel** ymhell o fod cymaint; **~ gleich groß** tebyg o ran maint.

Annäherung (-, -en) *f* dynesiad *g*, nesâd *g*.

Annäherungsversuch (-(e)s, -e) *m:* **einen ~ machen** ceisio denu, fflyrtian.

Annahme ['annaːmə] *f (Empfang)* derbyniad *g*; *(Vermutung)* tybiaeth *b*, dyfaliad *g*; *(UNIV)* theori *b*; **unter der ~, dass ...** damcanu bod...

Annahme- *kompos:* **~erklärung** *f* derbyniad *g*; **~stelle** *f* cownter *g*; **~verweigerung** *f* gwrthodiad *g*.

annehmbar ['annɛːmbaːr] *adj* derbyniol, cymeradwy.

annehmen ['annɛːmən] *irreg vt* derbyn; *(Namen)* cymryd; *(meinen)* tybio, synied; *(vermuten)* rhagdybio; **Gestalt ~** siapio; **an Kindes Statt ~** mabwysiadu; **eine Herausforderung ~** cymryd y sialens; **angenommen, das ist so** a bwrw bod hynny yn wir.

  ♦ *vr +gen* cymryd cyfrifoldeb am.

Annehmlichkeit (-, -en) *f* cyfforddusrwydd *g*, nwydd *g*, mwynderau *ll*.

annektieren [anɛk'tiːrən] *vt untrenn* cyfeddiannu, meddiannu.

anno ['ano] *adj:* **~ 1910** ym 1910; **~ dazumal** *(ugs)* oesoedd yn ôl; **von ~ dazumal** ers cyn cof; **~ Domini** Oed Crist.

Annonce [a'nõːsə, a'nõːs[A]] (-, -n) *f* hysbyseb *b*.

annoncieren [anõː'siːrən, anon'siːrən] *vt, vi untrenn* hysbysebu.

annullieren [anʊ'liːrən] *vt untrenn* dirymu, diddymu.

Annullierung *f* diddymiad *g*.

Anode ['anoːdə] (-, -n) *f (ELEKT)* anod *g*.

anöden ['anˀøːdən] *vt (ugs)* diflasu'n llwyr.

anomal ['anomaːl] *adj (regelwidrig)* afreolaidd, anarferol; *(nicht normal)* rhyfedd, od.

anonym [ano'nyːm] *adj* dienw, anhysbys; **A~e Alkoholiker** alcoholigion anhysbys.

Anorak ['anorak] (-s, -s) *m* anorac *g*.

anordnen ['anˀɔrdnən] *vt* trefnu, dosbarthu; *(befehlen)* gorchymyn.

Anordnung (-, -en) *f* trefn *b*; *(Befehl)* gorchymyn *g*; **~en treffen** rhoi gorchymyn, trefnu.

anorganisch [ˈanɔrgaːnɪʃ] *adj (CHEM)* anorganig, anorganaidd.

anpacken [ˈanpakən] *vt* cydio yn, mynd i'r afael â; **mit ~** estyn help llaw.

anpassen [ˈanpasən] *vt* cyfaddasu; *(fig)* addasu, cymathu.

♦ *vr* ymaddasu, cydymffurfio.

Anpasser(in) *m(f) (pej)* cydymffurfiwr *g*.

Anpassung *f* addasiad *g*; *(sozial)* cydymffurfiad *g*.

Anpassungsdruck *m* pwysau *ll* i gydymffurfio.

anpassungsfähig *adj* hyblyg, addasadwy.

Anpassungsfähigkeit *f* hyblygrwydd *g*.

anpeilen [ˈanpaɪlən] *vt (TECH, RADIO)* nodi cyfeiriant *g*; *(fig)* bod â'ch bryd ar.

Anpfiff [ˈanpfɪf] (**-s**, **-e**) *m (SPORT)* chwibaniad *g* cychwyn, dechrau *g* gêm; **einen ~ bekommen** *(ugs)*[D] cael pryd o dafod.

anpflanzen [ˈanpflantsən] *vt* tyfu.

anpicken[A] [ˈanpɪkən] *vt* sticio, glynu.

anpöbeln [ˈanpøːbəln] *vt* dilorni, poeni.

Anprall [ˈanpral] *m:* **~ an** *+akk* gwrthdaro *g*, taro yn erbyn.

anprallen [ˈanpralən] *vi (+sein):* **~ an** *+akk* taro yn erbyn.

anprangern [ˈanpraŋərn] *vt* condemnio, collfarnu, cyhuddo.

anpreisen [ˈanpraɪzən] *irreg vt* clodfori, canmol; **Waren ~** canmol nwyddau ar goedd.

Anprobe [ˈanproːbə] *f (Kleidung)* ffitiad *g* (dillad).

anprobieren [ˈanprobiːrən] *vt* trio (dillad) ymlaen.

anpumpen [ˈanpumpən] *vt (ugs)* **jdn ~** gofyn am fenthyg gan rn.

anquatschen [ˈankvatʃən] *vt (ugs)* siarad â; *(Mädchen)* ceisio bachu.

Anrainer[A] [ˈanraɪnər] *m* preswylydd *g*; **ausgenommen ~** ac eithrio preswylwyr.

anraten [ˈanraːtən] *irreg vt* argymell, cynghori; **auf A~ des Arztes** ar gyngor y meddyg.

anrechnen [ˈanrɛçnən] *vt (fig)* cyfrif; **jdm etw hoch ~** bod â thipyn o feddwl o rn am rth.

Anrecht [ˈanrɛçt] *nt:* **~ auf** *+akk* hawl ar.

Anrede [ˈanreːdə] *f* cyfarchiad *g*, dull *g* o gyfarch.

anreden [ˈanreːdən] *vt* cyfarch, dechrau sgwrs â.

anregen [ˈanreːgən] *vt* symbylu, cymell, ysgogi; **angeregte Unterhaltung** trafodaeth *b* gyffrous.

anregend *adj* cyffrous.

Anregung (**-**, **-en**) *f* symbyliad *g*, awgrym *g*.

anreichern [ˈanraɪçərn] *vt* cyfoethogi.

Anreise [ˈanraɪzə] (**-**, **-n**) *f* cyrhaeddiad *g*.

anreisen *vi (+sein)* cyrraedd, teithio i rywle.

anreißen [ˈanraɪsən] *irreg vt (kurz zur Sprache bringen)* cyffwrdd â.

Anreiz [ˈanraɪts] *m* anogaeth *b*, symbyliad *g*.

anrempeln [ˈanrɛmpəln] *vt (anstoßen)* bwrw i mewn i; *(absichtlich)* penelinio, gwthio.

anrennen [ˈanrɛnən] *irreg vi (+sein):* **gegen etw ~** *(fig)* brwydro yn erbyn rhth.

Anrichte [ˈanrɪçtə] (**-**, **-n**) *f* seld *b*, dreser *b*.

anrichten [ˈanrɪçtən] *vt* arlwyo, darparu; **Unheil ~** creu helynt; **da hast du aber etwas angerichtet!** *(ugs: verursacht)* dyna ti wedi dechrau rhth nawr!

anrüchig [ˈanryçɪç, -ɪk] *adj* anweddus, amheus.

anrücken [ˈanrʏkən] *vi (+sein)* dynesu.

Anruf [ˈanruːf] (**-(e)s**, **-e**) *m* galwad *gb* ffôn.

Anrufbeantworter *m* peiriant *g* ateb.

anrufen [ˈanruːfən] *irreg vt* gweiddi ar, galw ar; *(TEL)* ffonio.

anrühren [ˈanryːrən] *vt (KOCH)* cymysgu; *(berühren)* palfalu.

ans (= **an das**); **etw ~ Licht bringen** *(fig)* dod â rhth i'r goleuni; **~ Bett gefesselt** caeth i'r gwely.

Ansage [ˈanzaːgə] (**-**, **-n**) *f* cyhoeddiad *g*.

ansagen [ˈanzaːgən] *vt* cyhoeddi; *(diktieren)* arddweud.

♦ *vr* dweud eich bod yn dod.

Ansager (**-s**, **-**) *m* cyflwynydd *g*, darlledwr *g*; **~in** *f* cyflwynwraig *b*, darlledwraig *b*.

ansammeln [ˈanzaməln] *vt* casglu, pentyrru.

♦ *vr* ymgasglu, cronni; *(fig: Wut)* corddi, crynhoi.

Ansammlung (**-**, **-en**) *f* casgliad *g*, clwstwr *g*; *(Leute)* ymgasgliad *g*.

ansässig [ˈanzɛsɪç, -ɪk] *adj* preswyl.

Ansatz [ˈanzats] (**-es**, **¨-e**) *m* cychwyn *g*, dechrau *g*; *(Haar~)* llinell *b* y gwallt; *(wissenschaftlich)* theori *b*; *(Verlängerungsstück)* estyniad *g*; **die ersten Ansätze zu etw** egin *ll* rhth.

Ansatz- *kompos:* **~punkt** *m* man *g* cychwyn; **~stück** *nt (TECH)* darn *g* atodol.

ansaufen [ˈanzaufən] *vr (ugs)* meddwi.

anschaffen [ˈanʃafən] *vt (kaufen)* prynu; *(befehlen)*[A] gorchymyn; **sich** *dat* **Kinder ~** *(ugs)* cael plant.

♦ *vi:* **~ gehen** *(ugs: durch Prostitution)* bod ar y gêm.

Anschaffung (**-**, **-en**) *f* pryniant *g*.

anschalten [ˈanʃaltən] *vt* rhoi/troi ymlaen, tanio.

anschauen [ˈanʃauən] *vt* edrych ar.

anschaulich *adj* eglurhaol.

Anschauung (**-**, **-en**) *f (Meinung)* safbwynt *g*; **aus eigener ~** o'ch profiad eich hunan.

Anschauungsmaterial *nt* deunydd *g* esboniadol.

Anschein [ˈanʃaɪn] (**-(e)s**, *kein pl*) *m* rhith *g*, golwg *b*; **allem ~ nach** yn ôl pob golwg; **den ~ haben** ymddangos.

anscheinend *adj* ymddangosiadol.

anscheißen [ˈanʃaɪsən] *vr:* **~ vor** *+dat (vulg: fürchten)* arswydo rhag.

anschieben [ˈanʃiːbən] *irreg vt (Fahrzeug)* gwthio.

anschirren [ˈanʃɪrən] *vt (Pferd)* harneisio.

Anschiss [ˈanʃɪs] (**-es**, *kein pl*) *m (ugs)* **einen ~ bekommen** cael pryd o dafod, cael stŵr.

Anschlag [ˈanʃlaːk] (**-(e)s**, **¨-e**) *m (Attentat)* ymosodiad *g*; *(von Taste)* trawiad *g*; *(Klavier)* cyffyrddiad *g*; *(Tafel)* rhybudd *g*, arwydd *gb*; *(COMM)*ᴰ amcangyfrif *g*; **einem ~ zum Opfer fallen** cael eich llofruddio gan asasin; **ein Gewehr im ~ haben** *(MIL)* bod â reiffl yn barod i'w danio.

Anschlagbrett (**-(e)s**, **-er**) *nt* hysbysfwrdd *g*.

anschlagen [ˈanʃlaːgən] *irreg vt* gosod; *(Akkord)* taro; *(Kosten)*ᴰ amcangyfrif; **sich** *dat* **den Kopf ~** bwrw eich pen; **einen anderen Ton ~** *(fig)* newid eich cân.
♦ *vi* taro; *(wirken)* gweithio; *(Glocke)* canu; *(Hund)* cyfarth; **an etw** *akk* **~** taro/bwrw yn erbyn rhth.

Anschlagtafel *f* hysbysfwrdd *g*.

anschließen [ˈanʃliːsən] *irreg vt* cysylltu, cyplysu; *(an Steckdose)* plygio i mewn.
♦ *vi (folgen)* **an etwas** *akk* **~** dilyn.
♦ *vr* ymuno â; *(beipflichten)* cytuno â; **sich an etw** *akk* **~** *(Feld, Gebäude)* cyffinio â rhth, cyffwrdd â rhth.

anschließend *adj (folgend)* dilynol.
♦ *adv* wedyn, wedi hynny.

Anschluss [ˈanʃlus] (**-es**, **¨-e**) *m (ELEKT, BAHN, TEL)* cysylltiad *g*; *(TEL: Nebenapparat)* estyniad *g*; *(von Wasser usw)* cyflenwad *g*; *(COMP)* porth *g*; **im ~ an** yn dilyn, ar ôl; **~ finden** gwneud ffrindiau; **kein ~ unter dieser Nummer** nid yw'r rhif hwn ar gael; **den ~ verpassen** *(BAHN usw)* colli'r cysylltiad; *(fig)* colli cyfle.

anschmiegen [ˈanʃmiːgən] *vr* swatio yn erbyn rhn.

anschmiegsam [ˈanʃmiːkzam] *adj* anwesol, mwythus.

anschmieren [ˈanʃmiːrən] *vt* baeddu; *(ugs: täuschen)* twyllo.

anschnallen [ˈanʃnalən] *vt* bwclo.
♦ *vr* gwisgo gwregys *g* diogelwch.

Anschnallpflicht *f* gorfodaeth *b* i wisgo gwregys diogelwch.

anschnauzen [ˈanʃnautsən] *vt (ugs)* gweiddi ar.

anschneiden [ˈanʃnaɪdən] *irreg vt (Laib)* torri, dechrau (torth); *(Ball)* troelli; *(Thema)* cyffwrdd â, crybwyll.

Anschnitt [ˈanʃnɪt] *m* tafell *b* gyntaf.

Anschovis [anˈʃoːvɪs] *f (KOCH)* brwyniad *g*.

anschrauben [ˈanʃraubən] *vt:* **~ an** +*dat* sgriwio ar.

anschreiben [ˈanʃraɪbən] *irreg vt (COMM)* rhoi rhth ar gyfrif rhn; *(benachrichtigen)* ysgrifennu at; **~ lassen** cael ar goel; **sie ist bei ihm gut angeschrieben** mae

ganddo feddwl uchel ohoni; **sie ist bei ihm schlecht angeschrieben** nid oes ganddo lawer o feddwl ohoni.

anschreien [ˈanʃraɪən] *irreg vt* gweiddi ar.

Anschrift [ˈanʃrɪft] *f* cyfeiriad *g*.

Anschuldigung [ˈanʃuldɪguŋ] (**-**, **-en**) *f* cyhuddiad *g*.

anschwärzen [ˈanʃvɛrtsən] *vt (fig: ugs)* **jdn ~ bei** +*dat* pardduo rhn wrth.

anschwellen [ˈanʃvɛlən] *irreg vi (+sein)* chwyddo, ymchwyddo.

anschwemmen [ˈanʃvɛmən] *vt* golchi i'r lan.

anschwindeln [ˈanʃvɪndəln] *vt* twyllo.

ansehen [ˈanzeːən] *irreg vt* edrych ar; *(Programm)* gwylio; **jdm etw ~** gweld rhth wrth olwg rhn; **jdn für etw ~** ystyried rhn yn rhth, cyfrif rhn yn rhth; **sich** *dat* **etw ~** bwrw golwg ar rth; *(Film)* gweld; **etw mit ~** gweld rhth yn digwydd; **jdn schief/scheel ~** gwgu ar rn.

Ansehen (**-s**, *kein pl*) *nt* parch *g*; *(Ruf)* enw *g*; *(JUR)* **ohne ~ der Person** heb ffafrio neb.

ansehnlich *adj* golygus; *(beträchtlich)* sylweddol.

anseilen [ˈanzaɪlən] *vt* rhaffu.

ansengen [ˈanzɛŋən] *vt* darlosgi, rhuddo.

ansetzen [ˈanzɛtsən] *vt (festlegen)* pennu, gosod; *(entwickeln)* datblygu; *(Fett)* magu bloneg; *(Blätter)* tyfu; *(zubereiten)* paratoi, darparu; **Rost ~** dechrau rhydu; **~ an** +*akk (anfügen)* ychwanegu at; *(anlegen, an Mund usw)* codi i'r geg.
♦ *vi (anfangen)* dechrau gwneud rhth; *(dick werden)* magu/ennill pwysau.

Ansicht [ˈanzɪçt] (**-**, **-en**) *f (Anblick)* golwg *g*; *(Meinung)* barn *b*; **zur ~** *(COMM)* ar brawf; **meiner ~ nach** yn fy marn i, yn fy nhyb i.

Ansichts- *kompos:* **~karte** *f* cerdyn *g* post; **~sache** *f* mater *g* o farn.

ansiedeln [ˈanziːdəln] *vt* cynefino, cartrefu; *(Tierart)* cynefino.
♦ *vr* ymgartrefu, setlo; *(Industrie)* ymsefydlu.

Ansitz *m (für Jagd)* gwylfa *b*.

ansonsten [anˈzɔnstən] *adv* fel arall, os amgen.

anspannen [ˈanʃpanən] *vt (Pferd)* harneisio; *(Muskel)* estyn.

Anspannung *f* straen *gb*, tyndra *g*.

Anspiel [ˈanʃpiːl] *nt (SPORT)* dechrau *g* y chwarae.

anspielen [ˈanʃpiːlən] *vi (Spiel)* dechrau gêm; **auf etw** *akk* **~** cyfeirio at rth.

Anspielung (**-**, **-en**) *f* ensyniad *g*; **~ auf** +*akk* cyfeiriad *g* at.

Ansporn [ˈanʃpɔrn] (**-s**, *kein pl*) *m* anogaeth *b*, ysgogiad *g*, swmbwl *g*, sbardun *g*.

anspornen [ˈanʃpɔrnən] *vt* annog, sbarduno, ysgogi.

Ansprache [ˈanʃpraːxə] (**-**, **-n**) *f (Rede)* anerchiad *g*, araith *b*.

ansprechen ['anʃprɛçən] *irreg vt* torri gair â rhn; *(bitten)* apelio at; *(gefallen)* plesio.

♦ *vi:* ~ **auf** +*akk* ymateb i; **jdn auf etw** *akk* ~ holi rhn ynghylch rhth.

ansprechend *adj* atyniadol, deniadol.

Ansprechpartner *m* cyswllt *g*.

Ansprechzeit (-, -en) *f (für Medikament)* amser *g* ymateb.

anspringen ['anʃprɪŋən] *irreg vt (+haben)* neidio ar; *(Raubtier)* llamu ar; *(Hund: hochspringen)* neidio i fyny ar.

♦ *irreg vi (+sein) (Motor)* tanio, cychwyn.

anspritzen ['anʃprɪtsən] *vt* taenellu, tasgu.

Anspruch ['anʃprʊx] (-s, ¨-e) *m* hawl *b*, hawliad *g*; ~ **auf** +*akk* hawl ar; **jdn in** ~ **nehmen** defnyddio rhn; **hohe Ansprüche stellen** disgwyl llawer; **den Anprüchen gerecht werden** cwrdd â'r gofynion.

anspruchslos *adj* diymffrost, ysgafn.

anspruchsvoll *adj* llethol, trwm; *(COMM)* drud, moethus.

anspucken ['anʃpʊkən] *vt* poeri ar.

anstacheln ['anʃtaxəln] *vt* sbarduno, procio.

Anstalt ['anʃtalt] (-, -en) *f* sefydliad *g*; ~**en machen, etw zu tun** paratoi/hwylio i wneud rhth.

Anstand ['anʃtant] (-(e)s, *kein pl*) *m* moesoldeb *g*, priodoldeb *g*; *(Manieren)* moesau *ll*.

anständig ['anʃtɛndɪç, -ɪk] *adj* gweddus, llednais.

♦ *adv (ugs)* go iawn; **jdn** ~ **verprügeln** rhoi cweir go iawn i rn.

Anständigkeit *f* gwedduster *g*, lledneisrwydd *g*.

anstandslos *adv* yn ddiwarafun, yn ddiymdroi.

anstarren ['anʃtarən] *vt* syllu ar, rhythu ar.

anstatt [an'ʃtat] *präp* +*gen* yn lle.

♦ *konj:* ~ **etw zu tun** yn hytrach na gwneud rhth.

anstauen ['anʃtaʊən] *vr (ugs: aufstauen)* cronni; *(Blut in Adern usw)* gorlenwi; *(fig: Gefühle)* cronni.

anstecken ['anʃtɛkən] *vt (Abzeichen)* gwisgo, sicrhau â phin; *(an Steckdose)* plygio i mewn; *(MED)* heintio; *(Pfeife)* tanio; *(Haus)* rhoi ar dân.

♦ *vr:* **ich habe mich bei ihr angesteckt** rwy wedi dal *(e.e.* annwyd) ganddi.

♦ *vi (fig)* bod yn heintus.

ansteckend *adj (MED)* heintus, trosglwyddadwy; *(fig)* heintus.

Ansteckung (-, -en) *f* heintiad *g*.

anstehen^D ['anʃteːən] *irreg vi (+sein)* ciwio, sefyll mewn ciw, aros mewn cwt.

ansteigen ['anʃtaɪgən] *irreg vt (+sein) (Straße)* codi, dringo, esgyn; *(Temperatur, Preise)* codi.

anstelle [an'ʃtɛlə] *präp* +*gen* yn lle.

anstellen ['anʃtɛlən] *vt (Arbeit geben)* cyflogi; *(machen)*

gwneud; *(einschalten)*^D rhoi/troi ymlaen.

♦ *vr* ymuno â chiw, ciwio; *(ugs)* **er stellt sich dumm an** mae'n esgus ei fod yn dwp.

Anstellung (-, -en) *f* gwaith *g*, swydd *b*; ~ **auf Lebenszeit** swydd *b* am oes.

ansteuern ['anʃtɔʏɐn] *vt* anelu am, cyfeirio am, mynd am.

Anstieg ['anʃtiːk] *m* dringfa *b*; *(fig: Preise usw)* codiad *g*, cynnydd *g*.

anstiften ['anʃtɪftən] *vt* achosi; **jdn zu etw** ~ annog rhn i wneud rhth.

Anstifter (-s, -) *m* (~**in** *f*) anogwr *g*, achoswr *g*.

Anstiftung (-, -en) *f (von Tat, Mensch)* anogaeth *b*, symbyliad *g*.

anstimmen ['anʃtɪmən] *vt (Lied)* ledio, dechrau; *(Geschrei)* codi, gweiddi.

Anstoß ['anʃtoːs] *m* ysgogiad *g*, hwb *g*; *(Ärgernis)* tramgwydd *g*; *(Fußball)* y gic *gb* gyntaf; **ein Stein des** ~**es** *(umstrittene Sache)* asgwrn *g* y gynnen; ~ **nehmen an** +*dat* digio o achos rhth.

anstoßen ['anʃtoːsən] *irreg vi (+sein)* taro, cnocio; *(mit der Zunge)*^D bloesgni, lisban; *(mit Gläsern)* ~ **(auf** +*akk*) cynnig llwncdestun (i); **an etw** *akk* ~ taro yn erbyn rhth; *(angrenzen)* bod yn gyfagos â rhth, ffinio ar rth.

♦ *vt (+haben)* gwthio, taro.

anstößig ['anʃtøːsɪç, -ɪk] *adj* tramgwyddol, anllad, anweddus.

Anstößigkeit *f* anwedduster *g*.

anstrahlen ['anʃtraːlən] *vt* llifoleuo; *(anlachen)* gwenu'n braf ar.

anstreben ['anʃtreːbən] *vt* ymdrechu i gael.

anstreichen ['anʃtraɪçən] *irreg vt* peintio; *(markieren)* rhoi marc ar rth; *(korrigieren)* cywiro.

Anstreicher (-s, -) *m* peintiwr *g*.

anstrengen ['anʃtrɛŋən] *vt* straenio, gordrethu; *(JUR)* **eine Klage** ~ dwyn achos.

♦ *vr* ymegnïo, ymdrechu, gwneud ymdrech.

anstrengend *adj* caled, blinderus, llafurus.

Anstrengung (-, -en) *f* ymdrech *b*, straen *gb*.

Anstrich ['anʃtrɪç] *m* cot *b* o baent.

Ansturm ['anʃtʊrm] *m* rhuthr *g*; *(MIL)* ymosodiad *g*.

ansuchen ['anzuːxən] *vi:* **um etw** ~ gwneud cais am rth.

Ansuchen (-s, -) *nt* cais *g*.

Antagonismus [antagoˈnɪsmʊs] *m* gwrthwynebiaeth *b*.

antanzen ['antantsən] *vi (+sein) (ugs)* ymddangos.

Antarktis [antˈʔarktɪs] *f (GEOG)* Antarctig *b*.

antasten ['antastən] *vt* cyffwrdd â; *(Recht)* tresmasu ar; *(Ehre)* taflu amheuaeth ar.

Anteil ['antaɪl] *m* cyfran *b*; *(Mitgefühl)* cydymdeimlad *g*; **~ nehmen an** +*dat* cyfranogi o; *(sich interessieren)* ymddiddori yn; *(mitfühlen)* cydymdeimlo; **~ an etw** *dat* **haben** *(beitragen)* cyfrannu at.

Anteilnahme [ˈantaɪlnaːmə] *f* cydymdeimlad *g*.

Antenne [anˈtɛnə] *f* erial *gb*; *(ZOOL)* teimlydd *g*; **eine ~ für etw haben** *(fig: ugs)* bod ag ymdeimlad at.

Anthologie [antoloˈgiː] *f* blodeugerdd *b*.

Anthrazit [antraˈtsɪt] *m* glo *g* caled.

anti- [ˈanti] *in kompos* gwrth-.

Antialkoholiker *m* llwyrymwrthodwr *g*.

antiautoritär *adj* gwrthawdurdodol.

Antibabypille *f* y bilsen.

Antibiotikum (-s, **Antibiotika**) *nt* *(MED)* gwrthfiotig *g*, antibiotig *g*.

antik [anˈtiːk] *adj* hynafol; **~e Geschichte** hanes *g* yr hen fyd.

Antike [anˈtiːkə] (-, *kein pl*) *f* *(HIST)* **die ~** y cynfyd *g*.

Antikörper [ˈantikœrpər] *m* *(MED)* gwrthgorff *g*.

Antillen [anˈtɪlən] *pl* *(GEOG)* India'r Gorllewin, Ynysoedd *ll* y Caribî.

Antilope [antiˈloːpə] *f* *(ZOOL)* antelop *g*, gafrewig *b*.

Antipathie [antipaˈtiː] (-, -n) *f* gelyniaeth *b*.

antippen [ˈantɪpən] *vt* taro'n ysgafn, cyffwrdd yn ysgafn.

Antiquariat [antikvariˈaːt] *nt* siop *b* pethau hen a gwerthfawr; *(Bücher~)* siop *b* hen lyfrau.

antiquiert [antiˈkviːrt] *adj* *(pej)* hen ffasiwn, hynafol.

Antiquität [antikviˈtɛːt] (-, -en) *f* hynafiaeth *b*; **~en** *pl* creiriau *ll*.

Antiquitäten- *kompos*: **~handel** *m* siop *b* hen bethau; **~händler** *m* gwerthwr *g* hen bethau; **~handlung** *f* siop *b* hen bethau; **~sammler** *m* hynafiaethydd *g*.

antisemitisch [antizeˈmiːtɪʃ] *adj* gwrthiddewig.

Antisemitismus [antizemiˈtɪsmʊs] *m* gwrthiddewiaeth *b*.

Antiseptikum [antiˈzɛptɪkʊm] *nt* germleiddiwr *g*.

antiseptisch [antiˈzɛptɪʃ] *adj* gwrth-heintiol, antiseptig, germladdol.

Antithese [antiˈteːzə] *f* cyferbyniaeth *b*.

Antlitz [ˈantlɪts] *nt* *(geh)* gwedd *b*, wynepryd *g*.

antörnen [ˈantœrnən] *vt, vi (ugs: Drogen, Musik)* cyffroi, codi blys; **das törnt an** mae hynny'n cyffroi.

Antrag [ˈantraːk] (-(e)s, ¨-e) *m* cynnig *g*, cynigiad *g*; *(Gesuch)* cais *g*; *(Heirats~)* cynnig *g* priodas; **einen ~ auf etw** *akk* **stellen** gwneud cais am rth; *(JUR)* cofnodi cais am rth.

Antrags- *kompos*: **~formular** *nt* ffurflen *b* gais; **~gegner** *m* *(JUR)* gwrthapelydd *g*.

Antragsteller (-s, -) *m* (**~in** *f*) ymgeisydd *g*; *(JUR)* hawlydd *g*.

antreffen [ˈantrɛfən] *irreg vt* dod ar draws, dod o hyd i.

antreiben [ˈantraɪbən] *irreg vt (+haben)* gyrru; *(TECH)* gyrru; *(anschwemmen)* golchi i'r lan; **jdn zur Eile ~** cymell rhn i frysio.

♦ *vi (+sein)* cael ei olchi i'r lan.

Antreiber (-s, -) *m* *(pej)* teyrn *g*.

antreten [ˈantreːtən] *irreg vt (+haben)* *(Amt, Strafe)* dechrau; *(Erbschaft)* etifeddu; *(Beweis)* cynnig; *(Reise)* cychwyn ar.

♦ *vi (+sein)* ffurfio rhes; *(MIL)* mynd i'r rheng; *(zum Dienst)* ymbresenoli; **zur Prüfung ~** sefyll arholiad; **gegen jdn ~** chwarae/ymladd yn erbyn rhn.

Antrieb [ˈantriːp] *m* gyriant *g*; *(fig)* ynni *g*, egni *g*, mynd *g*; **aus eigenem ~** o'ch gwirfodd, o'ch pen a'ch pastwn eich hunan.

Antriebskraft (-, ¨-e) *f* *(TECH)* nerth *g*, pŵer *g*.

antrinken [ˈantrɪŋkən] *irreg vt*: **sich** *dat* **Mut ~** ymwroli trwy yfed; **sich** *dat* **einen Rausch ~** meddwi; **angetrunken sein** bod yn lled feddw.

Antritt [ˈantrɪt] *m* dechrau *g*, dechreuad *g*; *(eines Amts)* cychwyn *g*.

antun [ˈantuːn] *irreg vt*: **jdm etw ~** gwneud rhth (cas) i rn; **sich** *dat* **Zwang ~** gorfodi eich hun; **sich nichts ~** *(ugs)*[A] peidio â chyffroi.

antupfen [ˈantupfən] *vt* tapio â'r bys, taro yn ysgafn.

anturnen [ˈantœrnən] *vt, vi* = **antörnen**.

Antwort [ˈantvɔrt] (-, -en) *f* ateb *g*, ymateb *g*; **um ~ wird gebeten** atebwch os gwelwch yn dda, RSVP.

antworten [ˈantvɔrtən] *vi untrenn* ateb, ymateb.

Antwortkuvert *nt* amlen *b* ag ateb taledig.

Anus [ˈaːnʊs] (-, **Ani**) *m* *(ANAT)* rhefr *g*.

anvertrauen [ˈanfɛrtrauən] *vt*: **jdm etw ~** ymddiried rhth i rn.

♦ *vr*: **sich jdm ~** ymddiried yn rhn.

anvisieren [ˈanviziːrən] *vt* targedu, anelu am.

anwachsen [ˈanvaksən] *irreg vi (+sein)* *(fig)* tyfu, cynyddu.

Anwalt [ˈanvalt] (-(e)s, ¨-e) *m* cyfreithiwr *g*, twrnai *g*; *(fig: Fürsprecher)* eiriolwr *g*, amddiffynnydd *g*.

Anwältin *f* cyfreithwraig *b*, twrnai *g*.

Anwaltschaft *f* *(JUR)* y bar *g*.

Anwalts- *kompos*: **~kammer** *f* ≈ Cymdeithas *b* y Gyfraith; **~kanzlei** *f* swyddfa *b* cyfreithwyr; **~kosten** *pl* costau *ll* cyfreithiol.

Anwandlung [ˈanvandlʊŋ] (-, -en) *f* mympwy *g*; **eine ~ von etw** *dat* pwl *g* o rth; **~en bekommen** cael pwl.

anwärmen [ˈanvɛrmən] *vt* cynhesu.

Anwärter [ˈanvɛrtər] (-s, -) *m* (**~in** *f*) ymgeisydd *g*.

anweisen [ˈanvaɪzən] *irreg vt* gorchymyn, hyfforddi; *(zuteilen)* neilltuo, dosrannu.

Anweisung (-, -en) *f* gorchymyn *g*, cyfarwyddyd *gb*; *(COMM)* taliad *g*; *(Post~, Zahlungs~)* archeb *b* bost, archeb arian.

anwendbar [ˈanvɛntbaːr] *adj* ymarferol, addas.

anwenden [ˈanvɛndən] *irreg vt* defnyddio; *(Gesetz, Regel)* gweithredu.

Anwender- *kompos:* **~programm** *nt (COMP)* rhaglen *b* gymwysiadau; **~software** *f (COMP)* meddalwedd *g*.

Anwendung (-, -en) *f* defnydd *g*; *(Gesetz, Regel)* gweithrediad *g*.

anwerfen [ˈanvɛrfən] *irreg vt (Motor)* tanio.

anwesend [ˈanveːzənt] *adj* presennol; **die A~en** y rhai presennol.

Anwesenheit [ˈanveːzənhaɪt] *f* presenoldeb *g*, gŵydd *g*; **in ~ von** yn ngŵydd.

Anwesenheitsliste (-, -n) *f* cofrestr *b*.

anwidern [ˈanviːdərn] *vt* diflasu, troi stumog rhn.

Anwohner [ˈanvoːnər] (-s, -) *m* (**~in** *f*) preswylydd *g*; **ausgenommen ~** ac eithrio preswylwyr.

Anwuchs [ˈanvuːks] *m* coedwig *b* ifanc.

Anzahl [ˈantsaːl] *f* nifer *gb*; **eine große ~ Leute** nifer fawr o bobl.

anzahlen [ˈantsaːlən] *vt* talu i lawr.

Anzahlung *f* blaendal *g*, ernes *b*.

anzapfen [ˈantsapfən] *vt* tapio.

Anzeichen [ˈantsaɪçən] (-s, -) *nt* arwydd *gb*; *(MED)* symptom *g*; **alle ~ deuten darauf hin, dass ...** yn ôl pob golwg...

anzeichnen [ˈantsaɪçnən] *vt* nodi, marcio.

Anzeige [ˈantsaɪɡə] (-, -n) *f (Annonce)* hysbyseb *b*; *(an Maschine)* cloc *g*, deial *g*; *(COMP)* arddangoswr *g*, dangosydd *g*; *(Polizei)* achwyniad *g*; **gegen jdn ~ erstatten** achwyn ar rn wrth yr heddlu.

anzeigen [ˈantsaɪɡən] *vt (zu erkennen geben)* dangos; *(bekannt geben)* cyhoeddi; *(bei Polizei)* hysbysu.

Anzeigenteil *nt (in Zeitung)* hysbysebion *ll*, mân hysbysebion.

anzeigepflichtig *adj* i'w hysbysebu.

Anzeiger (-s, -) *m* dangosydd *g*.

anzetteln [ˈantsɛtəln] *vt (ugs)* peri, ennyn.

anziehen [ˈantsiːən] *irreg vt (spannen)* tynnu ar; *(Schraube)* tynhau; *(Knie)* codi; *(Kleidung)* gwisgo, rhoi amdanoch; *(Besucher)* atynnu, denu; *(Feuchtigkeit)* sugno.

♦ *vi:* **an etw ~** tynnu ar rth.

♦ *vr* ymwisgo.

anziehend *adj* atyniadol, deniadol.

Anziehung (-, -en) *f* tynfa *b*; *(Reiz)* atyniad *g*, dengarwch *g*.

Anziehungskraft *f* atyniad *g*; *(PHYS)* disgyrchiant *g*.

Anzug [ˈantsuːk] (-(e)s, ¨-e) *m* siwt *b*; *(Herankommen)* **im ~ sein** *(Gewitter usw)* yn nesáu, bod ar y ffordd.

anzüglich [ˈantsyːklɪç] *adj* personol; *(anstößig)* sarhaus.

Anzüglichkeit *f* atgasedd *g*; *(Bemerkung)* sylw *g* anweddus.

anzünden [ˈantsʏndən] *vt* cynnau, tanio, ennyn.

Anzünder (-s, -) *m* taniwr *g*.

anzweifeln [ˈantsvaɪfəln] *vt* amau.

AOK[D] *f abk* (= *Allgemeine Ortskrankenkasse*) *vgl.* **Ortskrankenkasse**[D].

äolisch [ɛˈoːlɪʃ] *adj* Iolig.

Aorta [aˈɪɔrta] (-, **Aorten**) *f (ANAT)* aorta *g*.

APA[A] *f abk* (= *Austria Presse-Agentur*) asiantaeth *b* newyddion Awstria.

apart [aˈpart] *adj (ungewöhnlich)* neilltuol, anghyffredin; *(reizvoll)* atyniadol.

Apartheid [aˈpaːrthaɪt] (-s, *kein pl*) *f (POL)* apartheid *g*.

Apartment [aˈpartmənt] (-s, -s) *nt* fflat *g*.

Apathie [apaˈtiː] (-, *kein pl*) *f* difaterwch *g*, anegni *g*.

apathisch [aˈpaːtɪʃ] *adj* difater, apathetig.

Apfel [ˈapfəl] (-s, ¨-) *m* afal *g*; **in den sauren ~ beißen** *(fig)* llyncu'r chwerw; **etw für einen ~ und ein Ei kaufen** *(ugs)*[D] prynu rhth am geiniog a dimai.

Apfel- *kompos:* **~baum** *m* afallen *b*, pren *g* afal; **~kuchen** *m* tarten *b* afalau; **~mus** *nt (KOCH)* mwtrin *g* afalau; *(als Beilage)* saws *g* afalau; **~saft** *m* sudd *g* afal.

Apfelsine[D] [apfəlˈziːnə] (-, -n) *f* oren *gb*.

Apfel- *kompos:* **~tasche** *f (KOCH)* pastai *b* afalau; **~wein** *m* seidr *g*.

APO[D] *f abk* (= *außerparlamentarische Opposition*) gwrthwynebiad *g* allseneddol.

apolitisch [ˈaːpoliːtɪʃ] *adj* amholiticaidd.

Apostel [aˈpɔstəl] (-s, -n) *m (REL)* apostol *g*.

Apostroph [apoˈstroːf] (-(e)s, -e) *m* collnod *g*.

Apotheke [apoˈteːkə] (-, -n) *f* fferyllfa *b*, siop *b* fferyllydd.

Apotheker (-s, -) *m* (**~in** *f*) fferyllydd *g*.

Apparat [apaˈraːt] (-(e)s, -e) *m* offer *ll*, cyfarpar *g*; *(Foto~)* camera *g*; *(Telefon)* ffôn *g*; *(RADIO, TV)* set *b*; *(Verwaltungs~, Partei~)* peirianwaith *g*; **am ~!** *(TEL)* yn siarad! **am ~ bleiben** dal y lein.

Apparatur [aparaˈtuːr] (-, -en) *f* cyfarpar *g*.

Appartement [apartˈmãː] (-s, -s) *nt* fflat *gb*.

Appell [aˈpɛl] (-(e)s, -e) *m (MIL)* mwstwr *g*; *(fig)* apêl *gb*, ple *g*; **zum ~ antreten** ffurfio rhesi ar gyfer galwad enwau.

appellieren [apeˈliːrən] *vi:* **~ an** +*akk* apelio at.

Appendix [aˈpɛndɪks] *m (Anhang)* atodiad *g*.

Appetit [apeˈtiːt] (-(e)s, *kein pl*) *m* chwant *g*, archwaeth *gb*; **guten ~!** mwynhewch eich bwyd!

appetitlich *adj* blasus.

appetitlos *adj* diarchwaeth.

Appetitlosigkeit *f* diffyg *g* archwaeth.

applaudieren [aplaʊˈdiːrən] *vi* clapio, curo dwylo;

jdm ~ rhoi clap i rn.

Applaus [ap'laus] (-es, *kein pl*) *m* cymeradwyaeth *b*, curo *g* dwylo.

Appretur [apre'tu:r] *f* aildewychiad *g*.

approbiert [apro'bi:rt] *adj (Arzt)* trwyddedig.

Apr. *abk* (= *April*) Ebrill *g*.

Aprikose [apri'ko:zə] (-, -n) *f* bricyllen *b*, apricot *b*.

April [ap'rɪl] *m* Ebrill *g*; **im ~** ym mis Ebrill; **heute ist der zweite ~** yr ail o Ebrill yw hi heddiw; **in diesem ~** fis Ebrill hwn; **Anfang ~** ddechrau mis Ebrill; **jdn in den ~ schicken** gwneud ffŵl Ebrill o rn.

April- *kompos:* **~scherz** *m* sbort *gb* ar y cyntaf o Ebrill; **~wetter** *nt* cawodydd *ll* Ebrill.

apropos [apro'po:] *adv* gyda llaw.

Aquädukt [akvɛ'dukt] *m oder nt* traphont *b* ddŵr.

Aquaplaning [akva'pla:nɪŋ] (-(s), *kein pl*) *nt* sglefrio ar ddŵr ar wyneb y ffordd.

Aquarell [akva'rɛl] (-(e)s, -e) *nt* paentiad *g* dyfrlliw.

Aquarellfarbe *f* dyfrlliw *g*.

Aquarium [a'kva:rium] (-s, **Aquaria**) *nt* acwariwm *g*, pysgoty *g*.

Äquator [ɛ'kva:tɔr] (-s, *kein pl*) *m (GEOG)* cyhydedd *g*.

äquivalent *adj* cyfwerth.

Äquivalent [ɛkviva'lɛnt] (-(e)s, -e) *nt* cyfwerth *g*.

Ar [a:r] (-(e)s, -e) *m oder nt (Maß)* âr *g* (100m²).

Ära ['ɛ:ra](-, **Ären**) *f* adeg *b*, cyfnod *g*, oes *b*.

Araber ['arabər] *m* Arab *g*; *(Pferd)* arabfarch *g*; **~in** *f* Arabes *b*.

Arabien [a'ra:biən] (-s, *kein pl*) *nt (GEOG)* Arabia *b*.

arabisch *adj* Arabaidd; **~e Ziffern** rhifolion Arabaidd; **A~er Golf** *m (GEOG)* Geneufor *g* Arabia; **A~e Halbinsel** *f (GEOG)* Arabia, Penrhyn *g* Arabia.

Arabisch [a'ra:bɪʃ] *nt (Sprache)* Arabeg *b*.

Arbeit ['arbaɪt] (-, -en) *f* gwaith *g*; *(Stelle)* swydd *b*; *(manuell)* llafur *g*; *(wissenschaftliche)* traethawd *g*; *(Klassenarbeit)* prawf *g* dosbarth; **~ suchen** chwilio am swydd; **Tag der ~** Gŵyl Lafur; **sich an die ~ machen** bwrw iddi; **jdm ~ machen** *(Mühe)* achosi trafferth i rn; **das war eine ~** dyna waith caled ydoedd.

arbeiten ['arbaɪtən] *vi* gweithio, llafurio; **Schicht ~** gweithio sifftiau.

♦ *vt (Metall usw)* gweithio ar; **sich nach oben ~** *(fig)* gweithio eich ffordd i fyny.

Arbeiter (-s, -) *m* gweithiwr *g*; *(Gegensatz zu Angestellter)* gweithiwr coler las, llafurwr *g*; **angelernter ~** gweithiwr lled-fedrus; **ungelernter ~** labrwr *g*.

Arbeiter- *kompos:* **~familie** *f* teulu *g* dosbarth gweithiol; **~gewerkschaft** *f* undeb *g* llafur.

Arbeiterin *f* gweithwraig *b*; *vgl. auch* **Arbeiter**.

Arbeiter- *kompos:* **~kind** *nt* plentyn *g* o deulu dosbarth gweithiol; **~klasse** *f* dosbarth *g* gweithiol, proletariat *g*; **~partei** *f* plaid *b* lafur.

Arbeiterschaft *f* gweithwyr *ll*, gweithlu *g*.

Arbeiter-und-Bauern-Staat *(HIST)* *m* gwladwriaeth *b* gweithwyr a gwerinwyr.

Arbeiterwohlfahrt[0] *f* cymdeithas *b* les gweithwyr.

Arbeitgeber(in) *m(f)* cyflogwr(aig) *g(b)*.

Arbeitnehmer *m* gweithiwr *g*.

Arbeitsablauf *m* rheolwaith *g*.

arbeitsam ['arbaɪtza:m] *adj* gweithgar, llafurus.

Arbeits- *kompos:* **~amt** *nt* canolfan *gb* waith; **~aufwand** *m* cysegriad *g* egnïon; **~bedingungen** *pl* amgylchiadau *ll* gweithio; **~belastung** *f* pwysau *ll* gwaith; **~beschaffung** *f* cynllun *g* creu gwaith.

Arbeitsbeschaffungsmaßnahme *f (ABM)*[0] cynllun *g* creu gwaith.

Arbeitserlaubnis *f* trwydded *b* waith.

arbeitsfähig *adj* ffit i weithio.

Arbeits- *kompos:* **~fläche** *f* wyneb *g* gweithio; **~gang** *m* cam *g* gweithredu; **~gemeinschaft** *f* gweithgor *g*; **~gericht** *nt* tribwnlys *g* diwydiannol; **~gewand** *nt* troswisg *b*; **~gruppe** *f (fig)* gweithdy *g*.

arbeitsintensiv *adj* llafurddwys.

Arbeitskraft *f* gweithiwr *g*, llafurwr *g*; **Arbeitskräfte** *pl (Mitarbeiter)* gweithlu *g*, gweithwyr *ll*.

Arbeitslager *nt* gwersyll *g* gwaith.

arbeitslos *adj* di-waith, ar y clwt, ar y dôl.

Arbeitslose[1] *m/f* rhn di-waith.

Arbeitslose[2] *f (Beihilfe)* dôl *g*.

arbeitslosen- *kompos:* **~geld** *nt* dôl *g*; **~hilfe** *f* budd-dâl *g* atodol; **~unterstützung** *f* budd-dâl *g* diweithdra; **~versicherung** *f* yswiriant *g* rhag diweithdra.

Arbeitslosigkeit *f* diweithdra *g*.

Arbeits- *kompos:* **~markt** *m* marchnad *b* waith; **~moral** *f* agwedd *gb* at waith; **~platte** *f (Küche)* arwyneb *g* gwaith; **~platz** *m* swydd *b*, gweithle *g*; *(COMP)* gweithfan *gb*.

Arbeitsplatzvermittlung *f* asiantaeth *b* waith.

Arbeits- *kompos:* **~raum** *m* gweithdy *g*; **~recht** *nt* cyfraith *b* ddiwydiannol.

arbeitsscheu *adj* diog.

Arbeits- *kompos:* **~schutz** *m* diogelwch *g* yn y gweithle; **~tag** *m* diwrnod *g* gwaith; **~teilung** *f* rhaniad *g* llafur; **~tier** *nt* anifail *g* gweithio; *(fig: ugs)* slafiwr *g*.

arbeitsunfähig *adj* rhy wael i weithio.

Arbeitsunfall *m* anap *g* yn y gwaith.

Arbeitsverhältnis *nt* perthynas *b* rhwng y cyflogwr a'r cyflogedig; *(Arbeitsvertrag)* cytundeb *g*; **in einem ~ stehen** bod yn gyflogedig.

Arbeits- *kompos:* **~vermittlung** *f* canolfan *gb* waith;
(*privat*) asiantaeth *b* waith; **~vertrag** *m* cytundeb *g*;
~weise *f* method *g*; **~woche** *f* wythnos *b* o waith;
~zeit *f* oriau *ll* gwaith.

Arbeitszeitverkürzung *f* gostyngiad *g* mewn oriau
gwaith.

Arbeitszimmer *nt* astudfa *b*.

ARBÖ[A] *m* (= *Auto-, Motor- und Radfahrerbund Österreichs*)
≈ RAC.

archaisch [arˈça:ɪʃ] *adj* hynafaidd.

Archäologe [arçeoˈloːgə] (**-n**, **-n**) *m* archaeolegwr *g*.

Archäologie [arçeoloˈgiː] *f* archaeoleg *b*.

Archäologin *f* archaeolegwraig *b*.

archäologisch *adj* archaeolegol.

Arche [ˈarçə] (**-**, **-n**) *f:* **die ~ Noah** arch *b* Noa.

Archipel [arçiˈpeːl] *m* ynysfor *g*.

Architekt [arçiˈtɛkt] (**-en**, **-en**) *m* (**~in** *f*) pensaer *g*.

architektonisch [arçitɛkˈtoːnɪʃ] *adj* pensaernïol.

Architektur [arçitɛkˈtuːr] *f* pensaernïaeth *b*.

Archiv [arˈçiːf] (**-s**, **-e**) *nt* archif *g*.

archivieren [arçiˈviːrən] *vt* storio, rhoi i gadw.

ARD[D] *m abk* (= *Arbeitsgemeinschaft der Rundfunkanstalten
Deutschlands*) corfforaeth *b* ddarlledu yn yr
Almaen.

Areal [areˈaːl] (**-s**, **-e**) *nt* tiriogaeth *b*, maes *g*.

Arena [aˈreːna] (**-**, **Arenen**) *f* talwrn *g*, arena *b*;
(*Stierkampf~*) ymrysonfa *b*.

arg [ark] (*komp* **ärger**, *superl* **am ärgesten**) *adj* drwg
drybeilig, ofnadwy; **~ entäuscht werden** cael eich
siomi'n arw; **es zu ~ treiben** mynd yn rhy bell,
mynd dros ben llestri.

Argentinien [argɛnˈtiːniən] (**-s**, *kein pl*) *nt* (*GEOG*) yr
Ariannin *b*.

Argentinier (**-s**, **-**) *m* (**~in** *f*) Archentwr(aig) *g(b)*, un
o'r Ariannin.

argentinisch *adj* Archentaidd, o'r Ariannin.

Ärger [ˈɛrgər] (**-s**, *kein pl*) *m* (*Wut*) dicter *g*;
(*Unannehmlichkeit*) trafferth *gb*, helbul *g*, helynt *gb*;
jdm ~ machen achosi trafferth i rn; **sich ~
einhandeln** cwrdd â gofid.

ärgerlich *adj* (*lästig*) diflas, cythruddol, trafferthus;
(*zornig*) dig.

ärgern [ˈɛrgərn] (**-(e)s**, **-e**) *vt* gwylltio, cynddeiriogi,
cythruddo.

  ♦ *vr* gwylltio.

Ärgernis (**-ses**, **-se**) *nt* tân ar eich croen, niwsans *g*;
(*Anstoß*) blinder *g*, gwarth *g*; **öffentliches ~ erregen**
bod yn niwsans cyhoeddus.

Arglist *f* dichell *b*.

arglistig [ˈarklɪstɪç, -ɪk] *adj* cyfrwys, dichellgar; **~e
Täuschung** twyll *g*, dichell *b*.

arglos [ˈarkloːs] *adj* naïf, diddichell.

Arglosigkeit *f* didwylledd *g*.

Argument [arguˈmɛnt] (**-s**, **-e**) *nt* rheswm *g*, pwynt *g*,
dadl *b*; **ich verstehe Ihr ~** rwy'n derbyn eich
pwynt.

Argumentation *f* ymresymiad *g*.

argumentieren [argumɛnˈtiːrən] *vi* ymresymu,
dadlau.

Argusauge [ˈargusˀˀaugə] *nt:* **mit ~n** â llygaid barcud.

Argwohn [ˈarkvoːn] (**-(e)s**, *kein pl*) *m* amheuaeth *b*,
drwgdybiaeth *b*.

argwöhnisch [ˈarkvøːnɪʃ] *adj* amheugar, drwgdybus.

Arie [ˈaːriə] (**-**, **-n**) *f* unawd *g*, aria *b*.

Aristokrat [arɪstoˈkraːt] (**-en**, **-en**) *m* uchelwr *g*,
pendefig *g*.

Aristokratie [arɪstokraˈtiː] *f* pendefigaeth *b*, uchelwyr
ll.

Aristokratin *f* uchelwraig *b*.

aristokratisch [arɪstoˈkraːtɪʃ] *adj* pendefigaidd,
uchelwrol.

Arithmetik [arɪtˈmeːtɪk] *f* (*MATH*) rhifyddeg *b*.

arithmetisch *adj* rhifyddol; **~es Mittel** cymedr *g*
rhifyddol.

Arkaden [arˈkaːdən] *pl* (*Bogengang*) arcêd *b*, rhodfa *b*
dan do.

Arktis [ˈarktɪs] (**-**, *kein pl*) *f* (*GEOG*) yr Arctig *g*.

arktisch *adj* arctig.

arm [arm] (*komp* **ärmer**, *superl* **am ärmsten**) *adj* tlawd,
llwm; (*fig*) truan; **~ dran sein** cael amser caled; **~es
Schwein** (*fig*) truan bach.

Arm *m* braich *b*; (*Fluss*) cangen *b*; **der ~ des Gesetzes**
pŵer *g* y gyfraith; **jdn auf den ~ nehmen** (*fig*) tynnu
coes rhn, gwneud sbort am ben rhn; **jdm unter die
~e greifen** (*fig*) rhoi help llaw i rn; **einen langen ~
haben** (*fig*) bod â dylanwad mawr.

Armada *f* (*HIST*, *fig*) armada *gb*.

Armatur [armaˈtuːr] (**-**, **-en**) *f* armatwr *g*.

Armaturenbrett (**-(e)s**, **-er**) *nt* panel *g* deialau.

Armband [ˈarmbant] (**-(e)s**, **¨-er**) *nt* breichled *b*.

Armbanduhr (**-**, **-en**) *f* oriawr *b*, wats *b*.

Armbrust *f* bwa *g* croes.

Arme *m/f* tlotyn *g*, tloten *b*; **die ~n** y tlodion; **der ~!**
(*fig*) y truan! y creadur bach! **die ~!** y greadures
fach!

Armee [arˈmeː] (**-**, **-n**) *f* byddin *b*.

Armeekorps *nt* (*MIL*) corfflu'r fyddin.

Ärmel [ˈɛrməl] *m* llawes *b*; **die ~ aufkrempeln** torchi
llewys; **etw aus dem ~ schütteln** (*fig*) tynnu rhth o
het.

Ärmel- *kompos:* **~aufschlag** *m* cyffsen *b*; **~kanal** *m*
(*GEOG*) y Sianel *b*, Môr *g* Udd.

ärmellos *adj* heb lawes.

Armenhaus *nt* elusendy *g*, tloty *g*.

Armenien [arˈmeːniən] *nt (GEOG)* Armenia *b*.
Armenier (-s, -) *m* (~in *f*) Armeniad *g*.
armenisch [arˈmeːnɪʃ] *adj* Armenaidd.
Armenisch *nt (Sprache)* Armeneg *b*.
Armenrecht *nt (JUR)* cymorth *g* cyfreithiol.
Arm- *kompos:* **~lehne** *f* braich *b*; **~leuchter** *m (pej: ugs)* hurtyn *g*.
ärmlich [ˈɛrmlɪç] *adj* tlawd, anghenus; **aus ~en Verhältnissen** o deulu tlawd.
armselig [ˈarmzeːlɪç, -ɪk] *adj* truenus, gwael, llwm; *(Mitleid erregend)* gresynus.
Armut [ˈarmuːt] (-, *kein pl*) *f* tlodi *g*.
Armutsgrenze *f* ffin *b* dlodi.
Armutszeugnis *nt (fig)* **jdm ein ~ ausstellen** dangos ffaeleddau rhn.
Aroma [aˈroːma] (-s, Aromen) *nt* persawr *g*.
Aromatherapie [aromateraˈpiː] *f* aromatherapi *g*.
aromatisch [aroˈmaːtɪʃ] *adj* persawrus, pêr, aromatig.
Arrangement [arãʒəˈmãː] *nt* trefniant *g*, trefniad *g*; *(Zusammenstellung)* gosodiad *g*.
arrangieren [arãˈʒiːrən] *vt* trefnu, rhagdrefnu.
♦ *vr* dod i ddealltwriaeth â rhn.
Arrest [aˈrɛst] (-(e)s, -s) *m* arestiad *g*; **~ bekommen** cael eich carcharu.
arretieren [areˈtiːrən] *vt* arestio; *(TECH)* atal rhag symud.
arrogant [aroˈgant] *adj* trahaus, rhyfygus, ffroenuchel.
Arroganz [aroˈgants] (-, *kein pl*) *f* traha *g*, rhyfyg *g*.
Arsch [arʃ] (-es, ¨-e) *m (vulg)* tin *b*, pen ôl *g*; *(für Person)* cont *b*; **jdm in den ~ kriechen** llyfu tin rhn; **leck mich am ~!** twll dy din di! **am ~ der Welt** *(ugs)* ym mhen draw'r byd.
Arsch- *kompos:* **~backe** *f* ffolen *b*; **~kriecher** *m (ugs)* crafwr *g*; **~loch** *nt (vulg)* twll *g* tin.
Arsen [arˈzeːn] (-s, *kein pl*) *nt (CHEM)* arsenig *g*.
Arsenal [arzeˈnaːl] *nt* stordy *g* arfau.
Art [art] (-, -en) *f (Weise)* ffordd *b*, dull *g*, modd *g*; *(Sorte)* math *g*; *(BIOL)* rhywogaeth *b*; **eine ~ Käse** math ar gaws; **Häuser aller ~** pob math ar dai; **einzig in seiner ~ sein** bod yn unigryw; **auf diese ~ und Weise** yn y ffordd hon; **das ist doch keine ~!** nid dyna sut i ymddwyn! **es ist nicht ihre ~, so etwas zu tun** nid yw'n nodweddiadol ohoni hi i wneud hynny; **ich mache das auf meine ~** fe'i gwnaf yn fy null i; **Schnitzel nach ~ des Hauses** golwyth wedi'i goginio yn null y bwyty.
arten [ˈartən] *vi (+sein):* **nach jdm ~** tynnu ar ôl rhn; *vgl. auch* **geartet.**
Artenschutz (-es, *kein pl*) *m* diogelu *g* rhywogaethau dan fygythiad.

Arterie [arˈteːriə] (-, -n) *f (ANAT)* rhydweli *b*, gwythïen *b* fawr, arteri *b*.
Arterienverkalkung *f (MED)* = **Arteriosklerose.**
Arteriosklerose [arterioskleˈroːzə] *f (MED)* arteriosglerosis *g*.
Artgenosse [ˈartgənɔsə] (-n, -n) *m* planhigyn/anifail o'r un rhywogaeth; *(fig: Mensch)* rhn o'r un teip.
Arthritis [arˈtriːtɪs] (-, **Arthritiden**) *f (MED)* arthritis *g*, llid *g* y cymalau.
Arthrose [arˈtroːzə] *f (MED)* cymalwst *b*.
Arthussage [ˈartuszaːgə] *f (LIT)* chwedlau *ll* Brenin Arthur.
artig [ˈartɪç, -ɪk] *adj* ufudd, da.
Artigkeit *f* ufudd-dod *g*.
Artikel [arˈtiːkəl] (-s, -n) *m (in Zeitung)* erthygl *gb*; *(COMM: Ware)* eitem *b*; *(GRAM)* bannod *b*.
Artikulation [artɪkulatsiˈoːn] *f* ynganiad *g*.
artikulieren [artikuˈliːrən] *vt* ynganu, cynanu; *(formulieren)* geirio; *(ausdrücken)* lleisio.
Artillerie [artɪləˈriː] *f (MIL)* magnelaeth *b*, magnelau *ll*.
Artilleriebeschuss *m* magneliad *g*.
Artillerist (-en, -en) *m* gynnwr *g*, magnelwr *g*.
Artischocke [artiˈʃɔkə] (-, -n) *f* marchysgallen *b*.
Artistik [arˈtɪstɪk] (-, *kein pl*) *f* celfyddyd *b*; *(Geschicklichkeit)* medrusrwydd *g*; *(Zirkus~)* perfformio *g* mewn syrcas.
Arznei [aːrtsˈnaɪ] (-, -en) *f* meddyginiaeth *b*, moddion *ll*, drŷg *g*.
Arzneimittel *nt* meddyginiaeth *b*, cyffur *g*.
Arzt [aːrtst] (-es, ¨-e) *m* meddyg *g*, doctor *g*; **praktischer ~** meddyg teulu; **den ~ rufen** galw'r meddyg.
Ärztekammer [ˈɛːrtstəkamər] *f ≈* Cyngor Meddygol Cyffredinol.
Arzthelferin *f* nyrs *b*, cynorthwywraig *b* meddyg.
Ärztin [ˈɛrtstɪn] (-, -nen) *f* meddyges *b*, doctores *b*.
ärztlich *adj* meddygol.
Arztpraxis (-, **Arztpraxen**) *f (Räumlichkeiten)* meddygfa *b*.
As¹ [as] (-, -) *nt (MUS)* A *b* feddalnod.
As² (-, -se) *nt* = **Ass.**
Asbest [asˈbɛst] (-(e)s, *kein pl*) *m* asbestos *g*.
Asbesthandschuh *m* maneg *b* asbestos.
Asche [ˈaʃə] (-, -n) *f* lludw *g*, ulw *ll*; *(Zigarette)* llwch *g*.
Aschen- *kompos:* **~bahn** *f (SPORT)* trac *g* lludw; **~becher** *m* blwch *g* llwch; **~brödel** *nt*, **~puttel** *nt (LIT, fig)* Ulw-Ela *b*.
Aschermittwoch *m* dydd *g* Mercher y Lludw.
äsen [ˈɛːzən] *vi* pori.
aseptisch [aˈzɛptɪʃ] *adj* aseptig.
Asiat [aziˈaːt] (-en, -en) *m* (~in *f*) Asiad *g*.

asiatisch *adj* Asiaidd.

Asien ['ɑːziən] (-s, *kein pl*) *nt (GEOG)* Asia *b*.

asozial ['ɑːzotsiɑːl] *adj* anghymdeithasol, gwrthgymdeithasol.

Asoziale *m/f* rhn gwrthgymdeithasol.

Aspekt [as'pɛkt] (-(e)s, -e) *m* ystyriaeth *b*, agwedd *gb*.

Asphalt [as'falt] (-(e)s, -e) *m* asffalt *g*, tarmac *g*.

asphaltieren [asfal'tiːrən] *vt* asffaltio, tarmacio.

Asphaltstraße *f* ffordd *b* ag wyneb o asffalt.

Aspik [as'piːk] *m oder nt (KOCH)* asbig *g*, jeli *g*.

Aspirierung [aspi'riːruŋ] *f (GRAM)* treiglad *g* llaes.

aß *vb vgl.* essen.

Ass [as] (-, -e) *nt (Kartenspiel)* as *gb*; *(fig)* pencampwr *g*, giamstar *g*.

Ass. *abk* = Assessor; = Assistent.

assembeln [a'sɛmbəln] *vt (COMP)* cydosod.

Assemblersprache *f (COMP)* iaith *b* gydosod.

Assessor [a'sɛsɔr] (-s, -en) *m* gwas *g* sifil sydd wedi cwblhau'r cyfnod o hyfforddiant.

assimilieren [asimi'liːrən] *vt* cymathu.

Assistent [asɪs'tɛnt] (-en, -en) *m* cynorthwywr *g*; ~in *f* cynorthwywraig *b*.

Assistenzarzt *m* meddyg *g* ysbyty.

assistieren [asɪs'tiːrən] *vi* +*dat* cynorthwyo.

Assoziation [asotsiatsi'oːn] *f* cysylltiad *g*; *(Verein)* cymdeithas *b*.

assoziieren [asotsiːirən] *vt* cyplysu, cysylltu.

Ast [ast] (-(e)s, ¨-e) *m* cangen *b*, cainc *b*; **am längeren ~ sitzen** *(fig)* bod yn drech na rhn; **sich** *dat* **einen ~ lachen** chwerthin yn eich dyblau.

AStAᴰ (-, **Asten**) *m abk* (= *Allgemeiner Studentenausschuss*) undeb myfyrwyr.

Aster ['astər] (-, -n) *f (BOT)* serennllys *g*.

Asterisk [aste'rɪsk] *m* seren *b*, serennig *b*.

Asteroid [astero'iːd] (-s, -en) *m* asteroid *g*.

ästhetisch [ɛs'teːtɪʃ] *adj* esthetaidd, esthetig.

Asthma ['astma] (-s, *kein pl*) *nt (MED)* asthma *g*, mogfa *b*.

Asthmatiker [ast'maːtɪkər] (-s, -) *m* (~in *f*) asthmatig *g(b)*.

asthmatisch *adj* asthmatig.

astral [a'straːl] *adj* serol.

astrein ['astraɪn] *adj (ugs)* gonest, union; *(echt)* dilys; *(prima)* gwych.

Astrologe [astro'loːgə] (-n, -n) *m* astrolegwr *g*.

Astrologie [astrolo'giː] *f* astroleg *b*, sêr-ddewiniaeth *b*.

Astrologin *f* astrolegwraig *b*.

Astronaut [astro'naut] (-en, -en) *m* gofodwr *g*; ~in *f* gofodwraig *b*.

Astronautik [astro'nautɪk] (-, *kein pl*) *f* astronawteg *b*, gofod-deithio *g*.

Astronom [astro'noːm] (-en, -en) *m* seryddwr *g*.

Astronomie [astrono'miː] *f* seryddiaeth *b*, astronomeg *b*.

astronomisch [astro'noːmɪʃ] *adj* astronomaidd; *(fig)* enfawr.

ASUᴰ *f abk* (= *Abgassonderuntersuchung*) prawf *g* gollyngiad nwy llosg.

Asyl [a'zyːl] (-s, -e) *nt* lloches *b*; *(Heim)* cartref *g*; *(Obdachlosen~)* lloches i'r digartref; ~ **gewähren** llochesu.

Asylant [azy'lant] (-en, -en) *m* (~in *f*) rhn sy'n chwilio am lloches wleidyddol.

Asylrecht [a'zyːlrɛçt] *nt (POL)* hawl ar lloches wleidyddol.

asymmetrisch ['aːzyme'trɪʃ] *adj* anghymesur.

A.T. *abk* (= *Altes Testament*) HD (Hen Destament).

Atelier [atəli'eː] (-s, -s) *nt* stiwdio *b*.

Atem ['aːtəm] (-s, *kein pl*) *m* anadl *gb*, gwynt *g*; **den ~ anhalten** dal eich gwynt; **außer ~** â'ch gwynt yn eich dwrn; **jdn in ~ halten** cadw rhn mewn gwewyr; **das verschlug mir den ~** aeth hynny â'm gwynt; **einen langen ~ haben** bod â dyfalbarhad.

atemberaubend *adj* syfrdanol.

Atembeschwerden *pl* tagfa *b*; ~ **haben** bod â'ch brest yn gaeth.

atemlos *adj* byr eich gwynt, â'ch gwynt yn eich dwrn.

Atem- *kompos:* ~**not** *f* tagfa *b*; ~**pause** *f* seibiant *g*, hoe *b* fach; ~**übung** *f* ymarfer *gb* anadlu; ~**wege** *pl (ANAT)* llwybr *g* anadlu; ~**zug** *m* anadliad *g*, chwythiad *g*, pwff *g*.

Atheismus [ate'ɪsmʊs] (-, *kein pl*) *m* anffyddiaeth *b*, atheistiaeth *b*.

Atheist [ate'ɪst] (-en, -en) *m* anffyddiwr *g*, anghredadun *g*; ~in *f* anffyddwraig *b*.

atheistisch *adj* di-gred.

Äther ['ɛːtər] *m (CHEM)* ether *g*.

Äthiopien [ɛti'oːpiən] (-s, *kein pl*) *nt (GEOG)* Ethiopia *b*.

Äthiopier (-s, -) *m* (~in *f*) Ethiopiad *g*.

äthiopisch *adj* Ethiopaidd.

Athlet [at'leːt] (-en, -en) *m* mabolgampwr *g*, athletwr *g*.

Athletik [at'leːtɪk] *f* mabolgampau *ll*.

Athletin *f* mabolgampwraig *b*, athletwraig *b*.

Atlanten *pl von* **Atlas.**

Atlantik [at'lantɪk] (-s, *kein pl*) *m (GEOG)* yr Iwerydd *g*, yr Atlantig *g*.

atlantisch *adj* Atlanaidd, Atlantig; **der A~e Ozean** *(GEOG)* yr Iwerydd *g*.

Atlas ['atlas] (- *oder* -ses, -se *oder* **Atlanten**) *m* atlas *g*, llyfr *g* mapiau.

atmen ['aːtmən] *vt, vi* anadlu; *(Pflanze)* resbiradu.

Atmosphäre [atmo'sfɛ:rə] ƒ awyrgylch g; (MET, PHYS) atmosffer g; (Druck) pwysedd g atmosfferig.

Atmosphärendruck m pwysedd g atmosfferig.

atmosphärisch adj atmosfferaidd.

Atmung ['a:tmʊŋ] (-, kein pl) ƒ anadliad g, anadlu g; (Pflanze) resbiradaeth b.

Atoll [a'tɔl] (-s, -e) nt (GEOG) atol b.

Atom [a'to:m] (-s, -e) nt atom gb.

atomar [ato'ma:r] adj atomig, niwclear; ~er Sprengkopf m dyfais b niwclear.

Atom- kompos: ~bombe ƒ bom gb niwclear; ~energie ƒ ynni g niwclear; ~gewicht nt (PHYS) pwysau ll atomig; ~kern m niwclews g atomig; ~kraft ƒ ynni g niwclear; ~kraftwerk nt gorsaf b ynni niwclear, atomfa b; ~krieg m rhyfel gb niwclear; ~lobby ƒ lobi b niwclear; ~macht ƒ pŵer g niwclear, gwlad b ag arfau niwclear; ~meiler m adweithydd g niwclear; ~müll m gwastraff g niwclear; ~physik ƒ ffiseg b niwclear; ~pilz m cwmwl g madarchaidd niwclear; ~rakete ƒ (MIL) taflegryn g niwclear; ~sperrvertrag m (POL) cytundeb g i atal ymlediad arfau niwclear; ~sprengkopf m arfben g niwclear; ~strom m ynni g niwclear; ~test m prawf g niwclear; ~testgelände nt maes g prawf niwclear; ~versuch m prawf g niwclear; ~waffe ƒ arf gb niwclear.

atomwaffenfrei adj (Zone) anniwclear.

Atom- kompos: ~wirtschaft ƒ diwydiant g niwclear; ~zeitalter nt oes b atomig.

atonal ['a:tonal] adj (MUS) digywair.

Atonalität [atonalı'tɛ:t] (-, kein pl) ƒ (MUS) digyweiredd g.

Atout [a'tu:] nt oder m (Trumpf) trwmp g.

Attacke [a'takə] (-, -n) ƒ (Angriff) ymosodiad g; (SPORT) tacl gb.

attackieren [ata'ki:rən] vt ymosod, dwyn cyrch; (SPORT) taclo.

Attentat [atɛn'ta:t] (-(e)s, -e) nt (POL) ymgais gb i lofruddio, ymosodiad g (auf +akk ar).

Attentäter ['atɛntɛ:tər] (-s, -) m ymosodwr g; ~in ƒ ymosodwraig b.

Attest [a'tɛst] (-(e)s, -e) nt tystysgrif b feddygol.

Attraktion [atraktsi'o:n] (-, -en) ƒ (sehenswerter Ort) atynfa b; (Zirkus~ usw) atyniad g.

attraktiv [atrak'ti:f] adj atyniadol, deniadol, apelgar; (Mann) golygus; (Frau) prydferth.

Attrappe [a'trapə] (-, -n) ƒ rhth ffug, rhth coeg; **bei ihr ist alles ~** mae popeth amdani yn ffals.

Attribut [atrɪ'bu:t] (-(e)s, -e) nt (GRAM) ansoddair g.

ätzen ['ɛtsən] vi (Säure) bod yn ysol, llosgi; (fig) pigo, gwawdio.

ätzend adj (Säure) ysol; (Geruch) egr, siarp; (fig:

Humor) brathog, miniog; (ugs: furchtbar) cythruddol, ofnadwy, echrydus.

au! [aʊ] excl aw! ow! ~ **weh!** ow! ~ **ja!**⁰ gwych!

Aubergine [obɛr'ʒi:nə] (-, -n) ƒ (KOCH) planhigyn g wy.

auch [aʊx] adv **1** (ebenfalls) hefyd, yn ogystal; **ich** ~ minnau hefyd, a minnau; ~ **nicht** chwaith; **ich** ~ **nicht** na minnau chwaith; **oder** ~ neu; ~ **das noch!** a hynny ar ben popeth! **2** (selbst, sogar) hyd yn oed; ~ **wenn es regnet** hyd yn oed os bydd hi'n bwrw glaw; **ohne** ~ **nur zu fragen** heb ofyn hyd yn oed; **3** (wirklich) yn wir; **du siehst müde aus – bin ich** ~ rwyt ti'n edrych yn flinedig – ydw wir; **so sieht es** ~ **aus** dyna sut mae'n edrych yn wir; **4: wer** ~ pwy bynnag; **was** ~ beth bynnag; **wozu ~?** pam y byd? **wie dem** ~ **sei** sut bynnag; **wie sehr er sich** ~ **bemühte** er mor galed yr oedd e'n trio, er cymaint yr ymdrechai.

Audienz [aʊdi'ɛnts] (-, -en) ƒ (bei Papst, König) gwrandawiad g.

Audimax [aʊdi'maks] nt (UNIV: = Auditorium Maximum) prif-ddarlithfa b.

audiovisuell [aʊdiovizu'ɛl] adj clyweled.

Auditorium [aʊdi'to:rium] (-s, Auditorien) nt (Hörsaal) darlithfa b; (geh: Zuhörerschaft) cynulleidfa b; ~ **Maximum** prif-ddarlithfa b.

auf¹ [aʊf] präp +dat (wo?) ar, ar ben; ~ **dem Tisch** ar y bwrdd; ~ **dem Weg** ar y ffordd; ~ **der Post** yn y swyddfa bost; ~ **der Party** yn y parti; ~ **der Straße** yn y stryd; ~ **dem Land** yng nghefn gwlad; ~ **der ganzen Welt** yn yr holl fyd; ~ **der linken Seite** ar yr ochr chwith; ~ **der Stelle** (sofort) ar unwaith; ~ **Urlaub** ar wyliau; **was hat es damit ~ sich?** beth mae'n ei olygu?

♦ präp +akk **1** (wohin?) ar, i; ~ **den Tisch** (legen) (rhoi) ar y bwrdd; ~ **die Post gehen** mynd i'r swyddfa bost; **aufs Land fahren** mynd i'r wlad; **etw ~ einen Zettel schreiben** ysgrifennu rhth ar ddarn o bapur; **2** (zeitlich) **die Nacht (von Montag) ~ Dienstag** nos Lun; ~ **eine Tasse Kaffee** am baned o goffi; ~ **die Minute** (pünktlich) i'r funud; **3:** ~ **Deutsch** yn Almaeneg; ~ **Lebenszeit** am oes; ~ **Kosten** +gen ar draul (rhth); ~ **Wiedersehen** da bo'ch; **bis** ~ **weiteres** hyd nes ymlaen; **bis ~ sie** heblaw amdani hi, ac eithrio hi; ~ **gut Glück** ar antur; ~ **einen Polizisten kommen 1.000 Bürger** mae un heddwas i bob mil o ddinesyddion; ~ **einmal** (plötzlich) yn sydyn; (zugleich) ar yr un pryd; ~ **seinen Vorschlag** (hin) yn ôl ei awgrym e; ~ **gar keinen Fall** byth bythoedd.

auf² adv **1** (hinauf) i fyny, lan; ~ **und ab** i fyny ac i lawr, lan a lawr; ~ **und davon** i ffwrdd, bant; ~!

(los!) awn ni! i ffwrdd â ni! **~ in den Kampf!** i'r gad! **von klein ~** o'ch plentyndod; **2** *(aufgestanden)* wedi codi; **~ sein** *(nicht im Bett)* bod ar eich traed; **ist er schon ~?** ydy e wedi codi'n barod? **3** *(offen)*[D] agored, ar agor; **das Fenster ist ~** mae'r ffenestr ar agor.

auf[3] *konj:* **~ dass** er mwyn; **~ Grund = aufgrund.**

auf̱arbeiten ['aʊf'arbaɪtən] *vt (erledigen)* dal i fynu â.

auf̱atmen ['aʊf'ɑːtmən] *vi* gollwng ochenaid o ryddhad.

auf̱bahren ['aʊfbɑːrən] *vt* ymgeleddu, diweddu.

Aufbahrungshalle *f* corffdy *g*, marwdy *g*.

Aufbau ['aʊfbaʊ] (-s, -ten) *m* adeiladu *g*, codi *g*; *(Struktur)* adeiledd *g*, strwythur *g*, fframwaith *g*; *(oberes Teil)* rhan *b* uchaf, goruwchadeilad *g*.

auf̱bauen ['aʊfbaʊən] *vt* adeiladu, codi; *(gründen)* gosod ar ei draed; *(Existenz)* trefnu'ch bywoliaeth.
- ♦ *vt, vi:* **~ auf** +*dat* seilio/sylfaenu ar.
- ♦ *vr:* **sich vor jdm ~** ymsythu (yn llawn) o flaen rhn.

auf̱bäumen ['aʊfbɔʏmən] *vr* ymsythu, ymgodi; *(revoltieren)* gwrthryfela.

auf̱bauschen ['aʊfbaʊʃən] *vt* bolio; *(fig)* chwyddo, gorliwio, gwneud môr a mynydd o.

auf̱begehren ['aʊfbəgeːrən] *vi (geh)* mynnu, herio.

auf̱behalten ['aʊfbəhaltən] *irreg vt (Hut, Brille, Maske)* cadw amdanoch.

auf̱bekommen ['aʊfbəkɔmən] *irreg vt (ugs: öffnen)* llwyddo i agor; *(Hausaufgaben)* cael.

auf̱bereiten ['aʊfbəraɪtən] *vt* prosesu; *(Trinkwasser)* puro, dad-ddifwyno.

Aufbereitungsanlage (-, -n) *f* ffatri *b* brosesu.

auf̱bessern ['aʊfbɛsərn] *vt* uwchraddio; *(Gehalt)* gwella, ychwanegu at.

auf̱bewahren ['aʊfbəvɑːrən] *vt* cadw, storio; *(in die Gepäckaufbewahrung geben)* rhoi i'r storfa fagiau.

Aufbewahrung *f* cadwraeth *b*; *(Gepäck~)* storfa *b* fagiau, man *g* gadael bagiau; **jdm etw zur ~ geben** rhoi rhth yng ngofal rhn.

Aufbewahrungsort *m* man *g* cadw.

auf̱bieten ['aʊfbiːtən] *irreg vt (Kraft, Mut)* magu; *(Armee, Polizei)* byddino, cynnull.

Aufbietung *f:* **unter ~ aller Kräfte** gan ymwroli.

auf̱binden ['aʊfbɪndən] *irreg vt (fig)* **jdm einen Bären ~** tynnu coes rhn; **lass dir doch so etwas nicht ~** paid â llyncu hynny.

auf̱blähen ['aʊfblɛːən] *vr* chwyddo, ymchwyddo.

auf̱blasen ['aʊfblɑːzən] *irreg vt* llenwi ag aer, rhoi gwynt mewn, chwythu i fyny; *(fig: Sache)* gwneud môr a mynydd o.
- ♦ *vr (ugs)* mynd yn fawreddog, rhodresa.

auf̱bleiben ['aʊfblaɪbən] *irreg vi (+sein) (Person)* aros ar eich traed yn hwyr y nos.

auf̱blenden ['aʊfblɛndən] *vt (Scheinwerfer)* fflachio/taflu goleuadau car ar.
- ♦ *vi* gyrru â golau llawn.

auf̱blicken ['aʊfblɪkən] *vi* edrych i fyny, codi'ch llygaid; **zu jdm ~** *(fig)* parchu rhn, meddwl yn fawr o rn.

auf̱blühen ['aʊfblyːən] *vi (+sein) (Blume)* agor, blodeuo; *(fig)* ffynnu, llewyrchu, blodeuo.

aufblühend *adj (fig)* ffyniannus.

auf̱bocken ['aʊfbɔkən] *vt (TECH)* codi a rhoi ar stand.

auf̱brauchen ['aʊfbraʊxən] *vt* defnyddio'r cyfan o.

auf̱brausen ['aʊfbraʊzən] *vi (+sein) (fig)* gwylltio.

aufbrausend *adj* hawdd ei wylltio, byrbwyll.

auf̱brechen ['aʊfbrɛçən] *irreg vt (+haben)* agor rrth gan ei dorri; *(Schloss)* pigo.
- ♦ *vi (+sein)* agor, hollti; *(losgehen)* cychwyn, ymadael.

auf̱breiten[ʌ] ['aʊfbraɪtən] *vt* taenu.

auf̱bringen ['aʊfbrɪŋən] *irreg vt (öffnen)* llwyddo i agor; *(Mode)* gwneud yn ffasiynol; *(sammeln)* cael gafael ar; *(finanzielle Mittel)* codi; *(zur Sprache bringen)* gwyntyllu; *(ärgern)* gwylltio; **all seine Kräfte ~** casglu nerth eithaf; **Verständnis für etw ~** bod yn barod i ddeall (sefyllfa rhn arall).

Aufbruch ['aʊfbrʊx] (-(e)s, ̈-e) *m* cychwyn *g*, cychwyniad *g*.

auf̱brühen ['aʊfbryːən] *vt (Tee)* gwneud.

auf̱brummen ['aʊfbrʊmən] *vt (ugs)* **eine Strafe aufgebrummt bekommen** cael dedfryd; **jdm die Kosten ~** gadael y costau i rn.

auf̱bürden ['aʊfbyrdən] *vt:* **jdm etw ~** llwytho rhn â rhth.

auf̱decken ['aʊfdɛkən] *vt* dadorchuddio, dadlennu; *(Verschwörung)* datgelu, dinoethi; *(Spielkarte)* dangos.

Aufdeckung *f* dadleniad *g*.

auf̱drängen ['aʊfdrɛŋən] *vt:* **jdm etw ~** gwthio/gorfodi rhth ar rn.
- ♦ *vr* ymwthio; **sich jdm ~** eich gwthio'ch hun ar rn, mynd yn hyf ar rn, tarfu ar rn; **es drängt sich (jdm) der Verdacht auf, dass ...** ceir yr argraff fod...

auf̱drehen ['aʊfdreːən] *vt (Licht)* cynnau; *(Wasserhahn usw)* troi ymlaen; *(Ventil)* agor; *(Schraubverschluss)* datod, dadsgriwio; *(Lautstärke)* troi yn uwch; *(Haare)* rhoi mewn cyrlwyr/cwrlers.

aufdringlich ['aʊfdrɪŋlɪç] *adj* ymwthgar, ymwthiol, busneslyd; *(Parfüm)* cryf, plagus.

aufeinander [aʊf'aɪ'nandər] *adv* ar ben ei gilydd; *(schießen)* ar ei gilydd; *(warten)* am ei gilydd; *(vertrauen)* ei gilydd; **~ folgen** dilyn ei gilydd; **~**

folgend olynol; **~ legen** gosod ar ben ei gilydd; **~ prallen** gwrthdaro, taro yn erbyn ei gilydd; **~ treffen** cwrdd â'i gilydd; *(fig)* gwrthdaro.

Aufeinanderfolge *f* dilyniant *g*.

aufeinander folgen *vi (+sein) vgl.* **aufeinander.**

aufeinander folgend *adj vgl.* **aufeinander.**

aufeinander legen *vt vgl.* **aufeinander.**

aufeinander prallen *vi (+sein) vgl.* **aufeinander.**

aufeinander treffen *vi vgl.* **aufeinander.**

Aufenthalt ['aʊfʔɛnthalt] *m* arhosiad *g*; *(Verzögerung)* oediad *g*, oedi *g*; *(BAHN: Halten)* stop *g*, arhosiad *g*, saib *g*; *(Ort)* cynefin *g*, cyrchfa *b*.

Aufenthalts- *kompos:* **~erlaubnis** *f*, **~genehmigung** *f* trwydded *b* breswylio; **~ort** *m* cyrchfa *b*; **~raum** *m* ystafell *b* gyffredin.

auferlegen ['aʊfʔɛr'le:gən] *vt:* **jdm etw ~** gosod/gorfodi rhth ar rn.

auferstehen ['aʊfʔɛrʃte:ən] *irreg vi (+sein)* atgyfodi.

Auferstehung *f* atgyfodiad *g*.

aufessen ['aʊfʔɛsən] *irreg vt* bwyta i gyd.

auffädeln ['aʊffɛ:dəln] *vt* cadwyno.

auffahren ['aʊffɑ:rən] *irreg vi (+sein) (aufspringen)* neidio i fyny; *(wütend werden)* gwylltio; *(in den Himmel)* esgyn; **~ auf** *+akk (Brücke)* mynd ar; *(Auto)* taro car o'ch blaen; *(Sandbank)* taro'r gwaelod;.
   ♦ *vt (+haben) (Geschütze, Truppen)* byddino, dod â.

auffahrend *adj* byrbwyll, dig.

Auffahrt (-, -en) *f (Haus~)* esgynfa *b*, dreif *g*; *(Autobahn~)* slipffordd *b*.

Auffahrunfall (-(e)s, ˝-e) *m* pentyriad *g*.

auffallen ['aʊffalən] *irreg vi (+sein)* llygad-dynnu, sefyll allan; **angenehm/unangenehm ~** creu argraff dda/ddrwg; **jdm ~** *(bemerkt werden)* taro rhn; **mir ist aufgefallen, dass ...** roeddwn i'n sylwi bod…

auffallend *adj* trawiadol, nodedig, llygad-dynnol.

auffällig ['aʊffɛlɪç, -ɪk] *adj* nodedig, hynod, eithriadol.

auffangen ['aʊffaŋən] *irreg vt* dal; *(Funkspruch)* codi; *(Preise)* sefydlogi, mynegrifo; *(abfangen: Aufprall usw)* clustogi, lleddfu.

Auffanglager (-s, -) *nt* gwersyll *g* derbyn.

auffassen ['aʊffasən] *vt* deall, amgyffred; *(auslegen)* dehongli.

Auffassung (-, -en) *f (Meinung)* barn *b*, tyb *gb*; *(Auslegung)* syniadaeth *b*, daliad *g*.

Auffassungsgabe *f* cynneddf *b*, crap *g*.

auffindbar ['aʊffɪntbɑ:r] *adj* darganfyddadwy.

aufflammen ['aʊfflamən] *vi (+sein) (Feuer, Unruhen usw)* mynd yn dân golau.

auffliegen ['aʊffli:gən] *irreg vi (+sein)* hedfan, codi i'r awyr; *(Fenster, Tür)* agor yn chwap; *(ugs: Rauschgiftring)* cael ei chwalu.

auffordern ['aʊffɔrdərn] *vt* galw ar; *(befehlen)* gorchymyn ; *(bitten)* gofyn i.

Aufforderung (-, -en) *f (Befehl)* gorchymyn *g*; *(Einladung)* gwahoddiad *g*.

aufforsten ['aʊffɔrstən] *vt (Gebiet)* coedwigo, ailfforestu; *(Wald)* ailblannu.

Aufforstungsgebiet *nt* planhigfa *b*.

auffrischen ['aʊffrɪʃən] *vt* adnewyddu; *(Kenntnisse)* gloywi, rhoi sglein ar; *(Erinnerungen)* deffro, dihuno, procio; *(Impfung)* atgyfnerthu.
   ♦ *vi (+haben) (Wind)* oeri.

Auffrischung *f* = **Auffrischungsimpfung.**

Auffrischungsimpfung *f (MED)* chwistrelliad *g* atgyfnerthol.

aufführen ['aʊffy:rən] *vt (THEAT)* llwyfannu, actio, perfformio; *(in einem Verzeichnis)* rhestru, manylu; **einzeln ~** rhestru fesul eitem, eitemeiddio.
   ♦ *vr (sich benehmen)* ymddwyn.

Aufführung (-, -en) *f (THEAT)* perfformiad *g*; *(Liste)* cofnod *g*, manyleb *b*.

auffüllen ['aʊffʏlən] *vt* llenwi; *(Vorräte)* ailgyflenwi; *(Öl)* llenwi i'r ymyl.

Aufgabe ['aʊfga:bə] (-, -n) *f* tasg *b*, gorchwyl *g*; *(Arbeit)* jôb *b*, swyddogaeth *b*; *(SCH: Haus~)* gwaith *g* cartref; *(Verzicht)* rhoi'r gorau i; *(von Gepäck)* cofrestru *g*, cofnodi *g*; *(von Post)* postio *g*; *(von Inserat)* rhoi *g* (yn y papur), gosod *g*; **sich** *dat* **etw zur ~ machen** ymgymryd â rhth.

aufgabeln ['aʊfgɑ:bəln] *vt (ugs, Person)* bachu; *(Sache)* cael gafael ar.

Aufgabenbereich *m* dyletswydd *b*, maes *g* cyfrifoldeb.

Aufgang ['aʊfgaŋ] (-(e)s, ˝-e) *m (Treppe)* grisiau *ll*, staer *b*.

aufgeben ['aʊfge:bən] *irreg vt (verzichten)* rhoi'r gorau i; *(Brief)* anfon, postio; *(Gepäck)* cofrestru, cofnodi; *(Bestellung)* rhoi, gwneud; *(Inserat)* rhoi (yn y papur); *(Rätsel)* gosod.
   ♦ *vi* ildio, rhoi'r gorau iddi, rhoi'r ffidl yn y to.

aufgeblasen ['aʊfgəbla:zən] *adj* chwyddedig; *(eingebildet)* hunanbwysig, rhodresgar.

Aufgebot ['aʊfgəbo:t] *nt* cyflenwad *g*, darpariaeth *b*; *(Heirats~)* gostegion *ll*.

aufgedonnert ['aʊfgədɔnərt] *(ugs) adj* yn swanc i gyd.

aufgedreht ['aʊfgədre:t] *adj (ugs: aufgeregt)* bywiog, llawn cyffro.

aufgedunsen ['aʊfgədʊnzən] *adj* chwyddedig, pwfflyd.

aufgegeben *pp von* **aufgeben.**

aufgehen ['aʊfge:ən] *irreg vi (+sein) (sich öffnen)* agor; *(Sonne, Teig)* codi; *(THEAT: Vorhang)* codi; *(Knoten)* datod; *(MATH)* gweithio allan yn berffaith; **~ (in**

+dat) (sich widmen) ymgolli (yn); **in Flammen ~** mynd yn wenfflam; **jdm geht ein Licht auf** *(fig: klar werden)* mae'n gwawrio ar rn; **in einer Sache ~** *(fig)* ymgolli yn rhth.

aufgeilen ['aʊfgaɪlən] *vt, vr (vulg)* cynhyrfu, cyffroi.

aufgeklärt ['aʊfgəklɛːrt] *adj* goleuedig; *(sexuell)* yn gwybod beth yw beth.

aufgekratzt ['aʊfgəkratst] *adj (ugs)* yn llawn bywyd/asbri, mewn hwyliau da.

aufgelaufen ['aʊfgəlaʊfən] *adj:* **~e Zinsen** *(FIN)* llog *g* cronedig.

Aufgeld[D] ['aʊfgɛlt] *(-(e)s, -er)* *nt (FIN)* premiwm *m*.

aufgelegt ['aʊfgəleːkt] *adj:* **gut ~ sein** bod mewn hwyliau da; **zu etw ~ sein** teimlo awydd gwneud rhth, bod mewn hwyl i wneud rhth.

aufgenommen *pp von* **aufnehmen**.

aufgeregt ['aʊfgəreːkt] *adj* cynhyrfus, wedi cynhyrfu, nerfus.

aufgerundet ['aʊfgərʊndət] *adj (Zahl)* talgrwn.

aufgeschlossen ['aʊfgəʃlɔsən] *adj* â meddwl agored, eangfrydig.

Aufgeschlossenheit *f* eangfrydedd *b*.

aufgeschmissen ['aʊfgəʃmɪsən] *adj (ugs)* mewn picil, mewn penbleth.

aufgeschrieben ['aʊfgəriːbən] *pp von* **aufschreiben**.

aufgestanden ['aʊfgəʃtandən] *pp von* **aufstehen**.

aufgetakelt ['aʊfgətaːkəlt] *adj (ugs)* wedi gwisgo fel cangen Mai.

aufgewärmt ['aʊfgəvɛrmt] *adj* eildwym; *(pej)* **~ Geschichte** potes *g* eildwym.

aufgeweckt ['aʊfgəvɛkt] *adj* craff, peniog, deallus, clyfar.

aufgießen ['aʊfgiːsən] *irreg vt (Wasser)* arllwys, tywallt; *(Tee)* mwydo, trwytho.

aufgliedern ['aʊfgliːdərn] *vt* dosbarthu.

♦ *vr:* **sich ~ in** *+akk* ymrannu i.

aufgreifen ['aʊfgraɪfən] *irreg vt (Thema)* codi, mynd ar ôl; *(Verdächtige)* dal, cipio.

aufgrund [aʊf'grʊnt] *präp +gen* yn rhinwedd, ar sail; *(wegen)* oherwydd, o achos.

Aufguss *m* trwyth *g*.

aufhaben ['aʊfhɑːbən] *irreg vt (Hut usw)* gwisgo; *(Hausaufgabe)* gorfod gwneud.

♦ *vi*[D] *(ugs: Laden)* bod yn agored.

aufhalsen ['aʊfhalzən] *vt (ugs)* **jdm etw ~** beichio rhn â rhth.

aufhalten ['aʊfhaltən] *irreg vt (stoppen)* stopio; *(Person)* cadw, dal, rhwystro rhag mynd; *(Entwicklung)* rhwystro, arafu, dal yn ôl; *(Tür, Hand)* dal yn agored, agor; **jdn bei der Arbeit ~** *(abhalten, stören)* rhwystro rhn rhag gweithio; **die Hand ~** *(fig: Geld verlangen)* disgwyl tâl, estyn llaw am arian.

♦ *vr (wohnen)* byw; *(bleiben)* aros; **sich mit etw ~** gwastraffu amser gyda rhth.

aufhängen ['aʊfhɛŋən] *irreg vt (Wäsche)* hongian; *(Menschen)* crogi.

♦ *vr* crogi eich hunan; *(COMP)* chwalu.

Aufhänger (-s, -) *m (am Mantel)* dolen *b*; *(fig)* rheswm *g*, esgus *g*.

Aufhängung *f (TECH, AUTO)* crogiant *g*, hongiad *g*.

aufhäufen ['aʊfhɔʏfən] *vt* tyrru.

aufheben ['aʊfheːbən] *irreg vt (vom Boden)* codi; *(aufbewahren)* cadw, storio; *(Sitzung)* diweddu, dirwyn i ben; *(Urteil)* diddymu; *(Gesetz)* dileu, diddymu, dirymu.

♦ *vr* diddymu ei hunan; **bei jdm gut aufgehoben sein** cael ei warchod yn dda gan rn.

Aufheben *nt:* **ohne viel ~** diffwdan; **viel ~s machen um** *+akk* ffwdanu ynghylch.

aufheitern ['aʊfhaɪtərn] *vt (Mensch)* llonni, sirioli, codi calon.

♦ *vr (Himmel)* goleuo, brafio, codi'n braf; *(Miene)* goleuo, sirioli.

Aufheiterung (-, -en) *f* sirioli *g*, llonni *g*; *(MET)* ysbeidiau *ll* heulog.

aufheizen ['aʊfhaɪtsən] *vt* twymo.

aufhelfen ['aʊfhɛlfən] *irreg vi:* **jdm ~** *(beim Aufstehen)* helpu rhn i godi.

aufhellen ['aʊfhɛlən] *vt, vr* clirio; *(Farbe, Haare)* aroleuo, goleuo.

aufhetzen ['aʊfhɛtsən] *vt* annog, hysian, ennyn.

aufheulen ['aʊfhɔʏlən] *vi* sgrechian; *(Sirene)* (dechrau) nadu/llefain; *(Motor)* rhuo, grwnan.

aufholen ['aʊfhoːlən] *vt (Zeit)* adennill.

♦ *vi* dal i fyny.

aufhorchen ['aʊfhɔrçən] *vi* codi clustiau, clustfeinio.

aufhören ['aʊfhøːrən] *vi* gorffen, stopio, dod i ben; **~ etw zu tun** rhoi'r gorau i wneud rhth.

aufhussen[A] *vt* hysian.

aufkaufen ['aʊfkaʊfən] *vt* prynu yn gyfan gwbl; *(COMM: übernehmen)* trosfeddiannu.

aufklappen ['aʊfklapən] *vt* agor (cyllell, gwely *ayb*).

aufklaren *vi* clirio, goleuo.

aufklären ['aʊfklɛːrən] *vt (Geheimnis, Mord)* datrys, egluro; *(Person)* goleuo; *(sexuell)* addysgu am ryw; *(MIL)* rhagchwilio.

♦ *vr* dod yn glir.

Aufklärer (-s, -) *m (MIL)* awyren *b* ragchwilio.

Aufklärung (-, -en) *f (von Kriminalfall)* datrys *g*, eglurhad *g*; *(sexuell)* addysg *b* ryw; *(MIL, AERO)* rhagchwiliad *g*, archwiliad *g*; **die A~** *(HIST)* y Goleuedigaeth *b*.

Aufklärungsarbeit (-, -en) *f* gwaith *g* addysgol.

aufkleben ['aʊfkleːbən] *vt:* ~ **auf** +*akk* glynu ar, dodi ar.

Aufkleber (-**s**, -) *m* sticer *g*.

aufknöpfen ['aʊfknœpfən] *vt* agor botymau, dadfotymu.

aufknüpfen ['aʊfknʏpfən] *vt* (*Knoten*) datod, agor; (*aufhängen*) crogi.

aufkochen ['aʊfkɔxən] *vt* codi i'r berw.

aufkommen ['aʊfkɔmən] *irreg vi* (+*sein*) (*Wind*) codi, cryfhau; (*Zweifel, Gefühl*) codi, ymddangos, digwydd; (*Mode*) dod yn ffasiynol; ~ **für** +*akk* talu am; **für einen Schaden** ~ talu am y difrod; **endlich kam Stimmung auf** o'r diwedd cododd yr hwyl.

aufkrempeln ['aʊfkrɛmpəln] *vt* (*Ärmel*) torchi.

aufkreuzen ['aʊfkrɔʏtsən] *vi* (+*sein*) (*ugs: erscheinen*) ymddangos.

aufkündigen ['aʊfkʏndɪɡən] *vt* (*Vertrag*) terfynu, canslo.

aufladen ['aʊflaːdən] *irreg vt* llwytho; (*ELEKT*) trydanu, gwefru.

Auflage ['aʊflaːɡə] (-, -**n**) *f* (*von Buch*) argraffiad *g*, golygiad *g*; (*Zeitung*) cylchrediad *g*; (*Bedingung*) amod *gb*; **jdm etw zur** ~ **machen** gwneud rhth yn amod i rn.

Auflagenhöhe *f* (*von Buch*) nifer *gb* yr argraffiadau; (*von Zeitung*) cylchrediad *g*.

auflassen ['aʊflasən] *irreg vt* (*auflösen*) dileu, dirwyn i ben; (*Hut*) gadael ymlaen; (*ugs:* [D] *offen lassen*) gadael yn agored.

auflauern ['aʊflaʊərn] *vi* +*dat:* **jdm** ~ ymguddio yn barod i ddal rhn.

Auflauf ['aʊflaʊf] *m* (*KOCH*) pob *g*; (*süß*) pwdin *g*; (*Menschen~*) torf *b*, tyrfa *b*, twr *g*.

aufleben ['aʊfleːbən] *vi* (+*sein*) (*Mensch, Gespräch*) bywhau, bywiocáu, sirioli; (*Interesse*) adfywio, atgyfodi.

auflegen ['aʊfleːɡən] *vt* rhoi ar; (*Schallplatte*) chwarae; (*Telefonhörer*) rhoi i lawr; (*Prospekt usw*) argraffu, printio.

auflehnen ['aʊfleːnən] *vr* gwrthryfela.

Auflehnung *f* gwrthryfel *g*.

auflesen ['aʊfleːzən] *irreg vt* casglu, hel, codi.

aufleuchten ['aʊflɔʏçtən] *vi* (+*haben*) goleuo.

aufliegen ['aʊfliːɡən] *irreg vi* gorwedd ar; (*COMM*) bod ar gael.

auflisten ['aʊflɪstən] *vt* rhestru, taflennu.

auflockern ['aʊflɔkərn] *vt* llacio; (*fig: Eintönigkeit*) bywhau, bywiocáu; (*entspannen, zwangloser machen*) ystwytho, llacio; **sich** ~ (*SPORT*) ymlacio.

Auflockerungen *pl* (*MET*) ysbeidiau *ll* heulog.

auflösen ['aʊfløːzən] *vt* hydoddi; (*Rätsel*) datrys; (*Konto*) cau; (*Firma*) dirwyn i ben; (*Haushalt*) torri,

chwalu.

♦ *vr* hydoddi, dod yn rhydd, cael ei ddatrys; **sich in Tränen** ~ wylo, llefain.

Auflösung *f* hydoddiad *g*; (*Rätsel*) datrysiad *g*; (*TV, COMP: Bildschirm~*) eglurdeb *g* llun.

aufmachen ['aʊfmaxən] *vt* agor; (*Kleidung*) datod, datglymu.

♦ *vr* cychwyn; (*zurechtmachen*) gwisgo eich hun.

Aufmacher *m* (*in der Zeitung*) erthygl *gb* flaen.

Aufmachung *f* (*Kleidung*) dillad *ll*, owtffit *b*; (*Gestaltung*) diwyg *g*, gwedd *b*.

Aufmarsch ['aʊfmarʃ] *m* parêd *g*; (*POL*) rali *b*.

aufmerksam ['aʊfmɛrkzaːm] *adj* astud, sylwgar; **auf etw** *akk* ~ **werden** dod yn ymwybodol o rth, sylwi ar rth; **jdn auf etw** *akk* ~ **machen** tynnu sylw rhn at rth, dangos rhth i rn; (*das ist*) **sehr** ~ **von Ihnen** (*nett*) rydych yn garedig iawn.

Aufmerksamkeit *f* sylw *g*, astudrwydd *g*; (*Geschenk*) anrheg *b* fach; **etw** *dat* ~ **schenken** talu sylw i; **jds** ~ **lenken auf** +*akk* tynnu sylw rhn at.

aufmöbeln ['aʊfmøːbəln] *vt* (*ugs, Gegenstand*) adnewyddu; (*ugs, beleben*) bywiocáu.

aufmotzen ['aʊfmɔtsən] *vt* (*ugs*) tartio, smartio.

♦ *vi* (*ugs*) mynd yn haerllug.

aufmucken ['aʊfmʊkən] *vi* (*ugs*) protestio.

aufmuntern ['aʊfmʊntərn] *vt* (*erheitern*) llonni, codi calon, sirioli; (*ermutigen*) cefnogi, swcro.

aufmüpfig ['aʊfmʏpfɪç, -ɪk] *adj* anhydrin, afreolus, gwrthryfelgar.

Aufnahme ['aʊfnaːmə] *f* derbyniad *g*, croesawiad *g*; (*in Klub*) derbyn *g*; (*in Liste*) cynhwysiad *g*; (*Beginn*) dechreuad *g*, cychwyniad *g*; (*Aufschreiben*) nodi *g*, rhestru *g*, ysgrifennu *g*; (*FOTO*) llun *g*; (*Tonband~, Video~*) recordiad *g*.

Aufnahmeantrag *m* cais *g* am fynediad/aelodaeth.

aufnahmefähig *adj* â'r gallu i amgyffred.

Aufnahme- *kompos:* ~**gerät** *nt* recordydd *g*; ~**leiter** *m* (*FILM, TV*) rheolwr *g* cynhyrchu; ~**prüfung** *f* prawf *g* mynediad; ~**stopp** *m* (*COMM: für Mitarbeiter*) terfyn *g* ar recriwtio; (*POL: für Flüchtlinge*) terfyn *g* ar fewnfudiad.

aufnehmen ['aʊfneːmən] *irreg vt* (*annehmen*) derbyn; (*in Liste*) cynnwys; (*in Spital usw*) derbyn, cofrestru; (*beherbergen*) rhoi llety/lloches i; (*fassen*) dal; (*erfassen*) amgyffred; (*beginnen*) dechrau; (*notieren*) nodi; (*fotografieren*) tynnu llun; (*auf Tonband*) recordio, tapio; (*FIN: Kredit*) codi; **eine Hypothek** ~ codi morgais; **Kontakt** ~ **mit jdm** cysylltu â rhn; **es mit jdm** ~ **können** medru cystadlu â rhn.

aufnötigen ['aʊfnøːtɪɡən] *vt:* **jdn etw** ~ gorfodi rhth ar rn.

aufoktroyieren ['aʊfʔɔktroajiːrən] *vt:* **jdm etw** ~ (*geh*) gorfodi rhth ar rn.

aufopfern ['aʊf²ɔpfərn] *vr* aberthu eich hunan, ymroi.

aufopfernd *adj* dihunan, anhunanol.

aufpassen ['aʊfpasən] *vi (aufmerksam sein)* dal sylw at rth, rhoi sylw i rth; **~ auf** *+akk* gofalu am, edrych ar ôl, gwarchod; **aufgepasst!** cymerwch ofal! tendiwch!

Aufpasser (-s, -) *m* (**~in** *f*) *(Wächter)* gard *g*, ceidwad *g*.

aufpflanzen ['aʊfpflantsən] *vt (Messer)* gosod ar y blaen.

♦ *vr:* **sich vor jdm ~** gosod/plannu eich hun o flaen rhn.

aufpicken ['aʊfpɪkən] *vt* pecian; *(aufkleben)*^A sticio.

aufplatzen ['aʊfplatsən] *vi (+sein)* agor yn glep, byrstio.

aufplustern ['aʊfpluːstərn] *vr (Vogel)* garwhau plu; *(Mensch)* swanco.

aufpolieren ['aʊfpoliːrən] *vt* gloywi, graenu.

Aufprall ['aʊfpral] (-(e)s, -e) *m* gwrthdrawiad *g*, trawiad *g*.

aufprallen ['aʊfpralən] *vi (+sein)* taro, gwrthdaro.

Aufpreis ['aʊfpraɪs] (-es, -e) *m* cost *b* ychwanegol, pris *g* ychwanegol.

aufpumpen ['aʊfpʊmpən] *vt (Reifen)* llenwi ag aer, pwmpio.

aufputschen ['aʊfpʊtʃən] *vt (durch Drogen)* annog, symbylu.

Aufputschmittel *nt* symbylydd *g*.

aufputzen ['aʊfpʊtsən] *vt* addurno, trimio.

♦ *vr* gorymbincio.

aufraffen ['aʊfrafən] *vr* ymysgwyd, ystwyrian, mynd ati.

aufragen ['aʊfraːgən] *vi* ymgodi, ymsythu.

aufrauen ['aʊfraʊən] *vt* garwhau.

aufräumen ['aʊfrɔʏmən] *vt, vi (wegräumen)* clirio; *(Zimmer)* tacluso, twtio.

aufrecht ['aʊfrɛçt] *adj* syth, unionsyth; *(ehrlich)* cyfiawn, gonest, teg; **~e Haltung** ymddaliad *g* unionsyth.

aufrechtbleiben *vi* aros mewn grym, sefyll.

aufrechterhalten *irreg vt* cynnal, cadw; **die Ordnung ~** cynnal/cadw trefn.

aufregen ['aʊfreːgən] *vt, vr* cynhyrfu, cyffroi; *(ärgerlich machen)* gwylltio, bod yn ddn ar groen rhn; *(nervös machen)* cynhyrfu; *(beunruhigen)* poeni.

aufregend *adj* cyffrous, cynhyrfus; *(faszinierend)* gwefreiddiol.

Aufregung *f* cyffro *g*, cynnwrf *g*; *(Nervosität)* nerfusrwydd *g*; *(Beunruhigung)* aflonyddwch *g*.

aufreiben ['aʊfraɪbən] *irreg vt (erschöpfen)* blino'n lân;

(MIL: völlig vernichten) difa, chwalu'n llwyr.

aufreibend *adj* llafurus, caled, trwm, blinedig.

aufreihen ['aʊfraɪən] *vt (in Linie)* gosod mewn rhes, cadwyno.

aufreißen ['aʊfraɪsən] *irreg vt (Umschlag)* rhwygo yn agored; *(Augen)* agor yn llydan; *(Tür)* agor yn sydyn; *(Straße)* agor ar ei hyd, agor/codi wyneb (stryd); *(ugs: Mädchen)* bachu.

Aufreißer (-s, -) *m (Person)* merchetwr *g*.

aufreizen ['aʊfraɪtsən] *vt* herian, pryfocio.

aufreizend *adj (nervig)* herllyd, heriog; *(sexy)* pryfoclyd, rhywiol.

aufrichten ['aʊfrɪçtən] *vt* codi, gosod ar ei draed; *(moralisch)* cysuro.

♦ *vr* codi, cwnnu, ymsythu; *(moralisch)* ymgalonogi, ymwroli; **sich im Bett ~** eistedd yn gefnsyth yn y gwely.

aufrichtig ['aʊfrɪçtɪç, -ik] *adj* cywir, diffuant, gonest, geirwir; **~en Dank** pleidlais o ddiolch.

Aufrichtigkeit *f* gonestrwydd *g*, diffuantrwydd *g*, cywirdeb *g*.

Aufriss ['aʊfrɪs] *m (MATH)* trawstoriad *g*, trychiad *g*; *(ugs: Mädchenfang)* mercheta *g*; *(Mädchen)* cariad *gb*; **auf ~ gehen** hel merched.

aufrollen ['aʊfrɔlən] *vt* dirwyn, weindio, torchi.

aufrücken ['aʊfrʏkən] *vi (+sein) (vorrücken)* symud ymlaen; *(nachrücken)* cau'r bwlch.

Aufruf ['aʊfruːf] (-(e)s, -e) *m* galwad *gb*, gwysiad *g*; *(zur Hilfe)* galw *g*, apêl *gb*.

aufrufen ['aʊfruːfən] *irreg vt (Namen)* galw allan; *(auffordern)* jdn ~ etw zu tun apelio at, galw ar rn; **einen Schüler ~** gofyn i blentyn ateb cwestiwn.

Aufruhr ['aʊfruːr] (-(e)s, -e) *m* mwstwr *g*, terfysg *g*; **in ~ sein** yn ferw gwyllt.

Aufrührer (-s, -) *m* rebel *g*, terfysgwr *g*, gwrthryfelwr *g*; **~in** *f* rebeles *b*.

aufrührerisch *adj* gwrthryfelgar, stwrllyd.

aufrunden ['aʊfrʊndən] *vt (MATH)* talgrynnu.

aufrüsten ['aʊfrʏstən] *vt, vi* arfogi.

Aufrüstung *f* arfogiad *g*.

aufrütteln ['aʊfrʏtəln] *vt (fig)* deffro, ennyn, ysgwyd rhn o'i ddiogi.

aufs (= **auf das**); **~ Neue** drachefn.

aufsagen ['aʊfzaːgən] *vt (Gedicht)* adrodd, datgan.

aufsammeln ['aʊfzaməln] *vt* hel, casglu.

aufsässig ['aʊfzɛsɪç, -ɪk] *adj* afreolus, gwrthryfelgar, anufudd.

Aufsatz ['aʊfzats] (-es, ̈-e) *m (schriftlich)* traethawd *g*; *(auf Gerät usw)* darn *g* ychwanegol.

aufsaugen ['aʊfzaʊgən] *irreg vt* sugno, llyncu.

aufschauen ['aʊfʃaʊən] *vi* edrych i fyny, codi llygaid.

aufscheuchen ['aʊfʃɔʏçən] *vt* dychryn ymaith, codi.

aufschichten ['aʊfʃɪçtən] *vt* pentyrru, stacio.

aufschieben ['aʊfʃiːbən] *irreg vt (verschieben)* gohirio, oedi; **aufgeschoben ist nicht aufgehoben** nid ydych yn cael gwared â rhth trwy ei ohirio; *(Einladung)* efallai rywbryd eto.

Aufschlag ['aʊfʃlaːk] (-(e)s, ̈-e) *m (TEX)* hem *b*, sêm *b*; *(Jacken~)* llabed *gb*; *(Manteltasche)* fflap *g*; *(Aufprall)* gwrthdrawiad *g*, trawiad *g*; *(Preis~)* taliad *g* ychwanegol; *(Tennis)* serf *b*.

aufschlagen ['aʊfʃlaːgən] *irreg vt (öffnen)* agor, torri; *(Augen)* agor; *(Zelt, Lager)* codi, gosod.
   ♦ *vi (+sein) (auftreffen)* taro; *(teurer werden)* codi mewn pris; *(Tennis)* serfio.

aufschließen ['aʊfʃliːsən] *irreg vt (Schloss)* datgloi, agor.
   ♦ *vi (aufrücken)* cau'r bwlch, closio.

Aufschluss ['aʊfʃlʊs] (-es, ̈-e) *m* gwybodaeth *b*; ~ **geben** rhoi gwybodaeth.

aufschlüsseln ['aʊfʃlʏsəln] *vt:* ~ **nach** +*dat* dosrannu yn ôl; *(klassifizieren)* dosbarthu yn ôl.

aufschlussreich ['aʊfʃlʊsraɪç] *adj* addysgiadol, goleuol.

aufschnappen ['aʊfʃnapən] *vt (ugs: hören)* clywed, deall, dirnad.

aufschneiden ['aʊfʃnaɪdən] *irreg vt* torri yn agored *(e.e.* â chyllell); *(Brot)* tafellu; *(MED)* ffleimio.
   ♦ *vi* brolio, ymffrostio.

Aufschneider *m* brolgi *g*, ymffrostiwr *g*.

Aufschnitt ['aʊfʃnɪt] (-(e)s, *kein pl*) *m (KOCH)* cig *g* oer.

aufschnüren ['aʊfʃnyːrən] *vt* datod; *(Paket)* datglymu.

aufschrauben ['aʊfʃraʊbən] *vt (öffnen)* datsgriwio, llacio.

aufschrecken ['aʊfʃrɛkən] *vt (+haben)* dychryn, brawychu, arswydo.
   ♦ *vi (+sein)* neidio i fyny.

Aufschrei ['aʊfʃraɪ] *m* bloedd *b*, gwaedd *b*.

aufschreiben ['aʊfʃraɪbən] *irreg vt* nodi, cofnodi, rhoi ar bapur; **jdn** ~ *(als Strafe)* bwcio.

aufschreien ['aʊfʃraɪən] *irreg vi* gweiddi, ebychu.

Aufschrift ['aʊfʃrɪft] (-, -en) *f (Inschrift)* arysgrif *b*, arysgrifen *b*; *(auf Etikett)* label *gb*.

Aufschub ['aʊfʃuːp] (-(e)s, ̈-e) *m* oediad *g*, gohiriad *g*; **jdm ~ gewähren** caniatáu estyniad i rn.

aufschürfen ['aʊfʃʏrfən] *vt:* **sich** *dat* **die Haut ~** ysgraffinio eich croen.

aufschütteln ['aʊfʃʏtəln] *vt (Poster)* rhoi siglad i.

aufschütten ['aʊfʃʏtən] *vt* gwasgaru, lledaenu; *(Kohle)* rhoi ar (y tân); *(Damm, Deich)* codi.

aufschwatzen ['aʊfʃvatsən] *vt:* **jdm etw ~** *(ugs)* perswadio/darbwyllo rhn.

Aufschwung ['aʊfʃvʊŋ] *m (Antrieb)* hwb *gb*, gwthiad *g*; *(COMM)* twf *g*, bŵm *g*; *(SPORT)* cylchdroad *g*.

aufsehen ['aʊfzeːən] *irreg vi* edrych i fyny, codi llygaid; ~ **zu** edrych i fyny at/i; *(fig)* edmygu, meddwl yn fawr o.

Aufsehen *nt* cynnwrf *g*, syfrdandod *g*, syndod *g*; ~ **erregen** creu cyffro, ~ **erregend** syfrdanol, cyffrous, cynhyrfus; ~ **vermeiden** osgoi sylw.

Aufseher (-s, -) *m* (~**in** *f*) gwarchodwr *g*, ceidwad *g*, warden *g*; *(im Betrieb)* pen-gweithiwr *g*, fforman *g*; *(Museum, Park usw)* gofalwr *g*; *(bei Prüfung)* arolygwr *g*.

auf sein *irreg vi (+sein)* vgl. **auf²**.

aufsetzen ['aʊfzɛtsən] *vt (Hut, Brille)* rhoi ymlaen, gwisgo; *(Dokument)* llunio, cyfansoddi, paratoi.
   ♦ *vr* eistedd yn syth.
   ♦ *vi (Flugzeug)* glanio.

Aufsicht ['aʊfzɪçt] *f* arolygiad *g*, gwiliadwriaeth *b*; ~ **haben** bod ar ddyletswydd; **bei einer Prüfung ~ führen** arolygu arholiad; **unter ~ des Arztes** o dan ofal y meddyg.

Aufsichts- *kompos:* ~**behörde** *f* cwango *g*; ~**rat** *m (COMM)* bwrdd *g* cyfarwyddwyr; ~**ratspräsident** *m (COMM)* cadeirydd *g* y bwrdd.

aufsitzen ['aʊfzɪtsən] *irreg vi (+haben) (auf Pferd)* mynd ar gefn; *(Boot, Auto)* taro'r gwaelod, taro'r llawr; **jdn ~ lassen** *(ugs)ᵖ (+sein)* rhoi cawell i rn, peidio â chadw oed; **jdm ~** *(ugs)ᵖ* llyncu beth mae rhn yn ei ddweud.

aufspalten ['aʊfʃpaltən] *irreg vt* hollti.

aufspannen ['aʊfʃpanən] *vt (Netz, Sprungtuch)* taenu, ymestyn; *(Schirm)* agor, codi.

aufsparen ['aʊfʃpaːrən] *vt* cynilo.

aufsperren ['aʊfʃpɛrən] *vt* datgloi, agor; *(Mund)* agor led y pen; **die Ohren ~** *(ugs)* moeli'ch clustiau.

aufspielen ['aʊfʃpiːlən] *vi (Musikgruppe)* chwarae, canu.
   ♦ *vr* rhodresa, swanco; **sich als etw ~** cymryd arnoch eich bod yn…, ymddwyn fel pe baech yn…

aufspießen ['aʊfʃpiːsən] *vt* trywanu, picellu.

aufspringen ['aʊfʃprɪŋən] *irreg vi (+sein) (hochspringen)* neidio i fyny; *(sich öffnen)* agor yn glep; *(Hände, Lippen)* mynd yn graciog; **auf etw** *akk* ~ neidio ar rth.

aufspulen ['aʊfʃpuːlən] *vt* sbwlio.

aufspüren ['aʊfʃpyːrən] *vt* olrhain, dod o hyd i.

aufstacheln ['aʊfʃtaxəln] *vt* ysgogi.

aufstampfen ['aʊfʃtampfən] *vi* pystylad, sathru, stampio; **mit dem Fuß ~** taro troed.

Aufstand ['aʊfʃtant] (-(e)s, ̈-e) *m* gwrthryfel *g*, terfysg *g*.

aufständisch ['aʊfʃtɛndɪʃ] *adj* gwrthryfelgar,

anystywallt, terfysglyd.

Aufständische *m/f* terfysgwr(aig) *g(b)*.

aufstauen ['aʊfʃtaʊən] *vr* ymgasglu; *(fig: Ärger)* cronni, corddi.

aufstechen ['aʊfʃtɛçən] *irreg vt* gwneud twll yn.

aufstecken ['aʊfʃtɛkən] *vt* glynu, pinio.

aufstehen ['aʊfʃteːən] *irreg vi (+sein)* codi, sefyll.

aufsteigen ['aʊfʃtaɪgən] *irreg vi (+sein)* esgyn; *(auf Pferd)* mynd ar gefn; *(Rauch)* codi; **~ auf etw** *akk* dringo ar rth, mynd ar rth.

Aufsteiger (-s, -) *m (SPORT)* tîm *g* sydd wedi cael dyrchafiad; **sozialer ~** dringwr *g* cymdeithasol.

aufstellen ['aʊfʃtɛlən] *vt* codi, gosod ar ei draed; *(aufreihen)* gosod mewn rhes; *(zusammenstellen)* ffurfio, cyfansoddi; *(Kandidaten)* enwebu, cynnig; *(Forderung, Behauptung)* cyflwyno, cynnig; *(Rekord)* gosod; **Zelt ~** codi pabell.

Aufstellung (-, -en) *f (Liste)* rhestr *b*; *(SPORT)* aelodau *ll* o dîm.

Aufstieg ['aʊfʃtiːk] (-(e)s, -e) *m (auf Berg)* esgyniad *g*, dringfa *b*; *(Fortschritt)* codiad *g*, esgyniad *g*; *(beruflich, SPORT)* dyrchafiad *g*.

Aufstiegschance ['aʊfʃtiːksʃɑːsə] (-, -n) *f* cyfle *g* am ddyrchafiad.

aufstöbern ['aʊfʃtøːbərn] *vt (Wild)* dychryn; *(entdecken)* darganfod, dod o hyd i.

aufstoßen ['aʊfʃtoːsən] *irreg vt* gwthio'n agored.

♦ *vi* torri gwynt, igian, bytheirio.

aufstrebend ['aʊfʃtreːbənt] *adj* uchelgeisiol.

aufstreichen ['aʊfʃtraɪçən] *vt* taenu, gwasgaru.

Aufstrich ['aʊfʃtrɪç] (-(e)s, -e) *m (KOCH)* past *g*.

aufstülpen ['aʊfʃtʏlpən] *vt (Ärmel)* torchi; *(Hut)* gwisgo.

aufstützen ['aʊfʃtʏtsən] *vt (Körperteil)* pwyso, cynnal, propio.

♦ *vr:* **sich ~ auf etw** *+akk* pwyso ar rth.

aufsuchen ['aʊfzuːxən] *vt (besuchen)* gweld, ymweld â; *(konsultieren)* ymgynghori â.

auftakeln ['aʊftaːkəln] *vt (NAUT)* rigio, taclu.

♦ *vr (pej, ugs)* gorwisgo, gorymbincio.

Auftakt ['aʊftakt] (-(e)s, -e) *m (MUS)* curiad *g* i fyny; *(fig)* rhagchwarae *g*, pennod *b* gyntaf.

auftanken ['aʊftaŋkən] *vi* mynd i gael petrol.

♦ *vt* llenwi â phetrol.

auftauchen ['aʊftaʊxən] *vi (+sein)* ymddangos, dod i'r golwg; *(U-Boot)* codi i'r wyneb; *(Zweifel)* codi.

auftauen ['aʊftaʊən] *vt (+haben)* toddi, meirioli, dadmer; *(Tiefkühlspeisen)* dadrewi, dadmer.

♦ *vi (+sein)* meirioli, dadlaith; *(Speise)* dadrewi, dadmer; *(fig: Person)* ymollwng.

aufteilen ['aʊftaɪlən] *vt* rhannu; *(Raum)* rhannu ystafell â phared.

Aufteilung (-, -en) *f* rhaniad *g*, partisiwn *g*.

auftischen ['aʊftɪʃən] *vt* rhoi (bwyd) ar y bwrdd, cynnig (bwyd); *(fig)* adrodd.

Auftrag ['aʊftrɑːk] (-(e)s, ˙-e) *m (COMM)* archeb *b*; *(Aufgabe)* tasg *b*; *(Anweisung)* comisiwn *g*; **im ~ von** ar ran.

auftragen ['aʊftrɑːgən] *irreg vt (Essen)* arlwyo, darparu; *(Farbe)* taenu, peintio; *(Kleidung, Schuhe)* treulio; **jdm etw ~** rhoi tasg i rn.

♦ *vi (dick machen)* **die Jacke trägt auf** mae'r siaced yn gwneud i rn edrych yn dew; **dick ~** *(fig)* gorliwio, gor-ddweud.

Auftraggeber (-s, -) *m* (**~in** *f*) *(COMM)* cwsmer *g*; *(Verbrechen)* penddihiryn *g*, bos *g*.

Auftragnehmer *m* contractwr *g*.

Auftragsbestätigung *f* derbynneb *b* o archeb.

auftreiben ['aʊftraɪbən] *irreg vt (ugs: beschaffen)* dod o hyd i, ffeindio.

auftrennen ['aʊftrɛnən] *vt (TEX)* datod, dad-wneud.

auftreten ['aʊftreːtən] *irreg vt (+haben)* agor trwy gicio.

♦ *vi (+sein) (THEAT)* ymddangos, perfformio; *(mit Füßen)* camu, troedio; *(sich verhalten)* ymddwyn; *(fig: eintreten)* digwydd; *(Schwierigkeiten)* codi; **als Vermittler ~** gweithredu fel canolwr/cyfryngwr.

Auftreten *nt (Vorkommen)* ymddangosiad *g*; *(Benehmen)* ymddygiad *g*.

Auftrieb ['aʊftriːp] (-(e)s, *kein pl*) *m (PHYS)* hynofedd *g*, hynofiant *g*, codiant *g*; *(fig)* ysgogiad *g*, hwb *g*.

Auftritt ['aʊftrɪt] (-(e)s, -e) *m (THEAT)* ymddangosiad *g*, mynediad *g* i'r llwyfan; *(Szene, fig)* golygfa *b*.

auftrumpfen ['aʊftrʊmpfən] *vi* dangos eich doniau.

auftun ['aʊftuːn] *irreg vr* agor i fyny.

auftürmen ['aʊftʏrmən] *vr (Gebirge usw)* ymgodi, ymddyrchafu; *(Schwierigkeiten)* pentyrru, cynyddu.

aufwachen ['aʊfvaxən] *vi (+sein)* deffro, dihuno.

aufwachsen ['aʊfvaksən] *irreg vi (+sein)* tyfu (i fyny), cael eich magu.

Aufwand ['aʊfvant] (-(e)s, *kein pl*) *m* gwariant *g*, traul *b*; *(Luxus)* rhwysg *g*, rhodres *g*; **bitte, keinen ~!** peidiwch â mynd i drafferth.

aufwändig ['aʊfvɛndɪç, -ɪk] *adj (teuer)* drud, costus; *(mühselig)* llafurus.

Aufwandsentschädigung *f* lwfans *g* costiau.

aufwärmen ['aʊfvɛrmən] *vt* ailgynhesu, aildwymo; *(alte Geschichten)* codi.

♦ *vr* twymo, cynhesu.

aufwarten ['aʊfvɑːrtən] *vi (servieren)* stiwardio, gweini; *(zu bieten haben)* **mit etw ~** cynnig rhth.

aufwärts ['aʊfvɛrts] *adv* i fyny, lan, tuag i fyny; **~ gehen** mynd ar i fyny, gwella.

Aufwärtsentwicklung *f* twf *g*, tyfiant *g*, datblygiad *g*.

Aufwärtstrend *m (COMM)* twf *g*, gwellhad *g*.

Aufwasch[D] ['aʊfvaʃ] *m (ugs)* = **Abwasch**[1].

aufwaschen *vt* glanhau.

aufwecken ['aʊfvɛkən] *vt* deffro, dihuno.

aufweichen ['aʊfvaɪçən] *vt* meddalu, trwytho; *(Brot)* mwydo, trochi.

aufweisen ['aʊfvaɪzən] *irreg vt* dangos; **der Redner weist neue Möglichkeiten auf** mae'r siaradwr yn tynnu sylw at bosibiliadau newydd.

aufwenden ['aʊfvɛndən] *irreg vt (Geld)* gwario; *(Zeit)* treulio; *(Mühe)* **viel Mühe ~** gwneud pob ymdrech, mynd i drafferth mawr.

aufwendig *adj* = **aufwändig**.

aufwerfen ['aʊfvɛrfən] *irreg vt (Erde)* pentyrru; *(Fragen usw)* codi.

aufwerten ['aʊfvɛrtən] *vt (FIN)* ailbrisio; *(fig)* codi gwerth.

aufwickeln ['aʊfvɪkəln] *vt (aufrollen)* sbwlio, rholio, torchi; *(ugs: Haar)* rhoi mewn cyrlwyr/cwrlers.

aufwiegeln ['aʊfviːgəln] *vt* ysgogi, hysian.

aufwiegen ['aʊfviːgən] *irreg vt* gwrthbwyso, mantoli; *(gutmachen)* gwneud iawn am; **die Vorteile wiegen die Nachteile auf** mae'r manteision yn gwneud iawn am yr anfanteision; **etw ist nicht mit Gold aufzuwiegen** mae rhth yn werth mwy na'r byd i gyd.

Aufwind ['aʊfvɪnt] *m* blaengerrynt *g*; **neuen ~ bekommen** *(fig)* cael ail wynt.

aufwirbeln ['aʊfvɪrbəln] *vt* chwyrlïo, troelli; **Staub ~** *(fig)* achosi/creu cyffro.

aufwischen ['aʊfvɪʃən] *vt* sychu, glanhau, mopio.

aufwühlen ['aʊfvyːlən] *vt (Erde)* tyrchu; *(Meer)* corddi; *(Gefühle)* cynhyrfu.

aufzählen ['aʊftsɛːlən] *vt* rhestru, enwi.

aufzehren ['aʊftseːrən] *vt (Vorräte)* dihysbyddu.

aufzeichnen ['aʊftsaɪçnən] *vt* braslunio; *(schriftlich)* nodi'n fras; *(auf Band)* recordio, tapio.

Aufzeichnung (-, -en) *f (schriftlich)* cofnod *g*, nodyn *g*; *(Aufnahme)* recordiad *g*; *(TV)* darllediad *g*.

aufzeigen ['aʊftsaɪgən] *vt* dangos, arddangos.

aufziehen ['aʊftsiːən] *irreg vt (+haben) (Uhr)* weindio; *(großziehen)* magu, meithrin, codi; *(ugs: necken)* tynnu coes; *(veranstalten)* trefnu.

♦ *vi (+sein) (Wolken)* crynhoi.

Aufzucht ['aʊftsʊxt] (-, *kein pl) f (das Großziehen)* codi *g*, magu *g*.

Aufzug ['aʊftsuːk] (-(e)s, ˝-e) *m (Fahrstuhl)* lifft *g*; *(THEAT)* act *b*; *(Aufmarsch)* gorymdaith *b*; *(Kleidung)* gwisg *b*, dillad *ll*.

Aufzugsschacht *m* siafft *b* lifft.

aufzwingen ['aʊftsvɪŋən] *irreg vt:* **jdm etw ~** gwthio/gorfodi rhth ar rn.

Aug. *abk* = **August**.

Aug *nt* = **Auge**; **~ in Auge** wyneb yn wyneb; **~ um Auge** llygad am lygad.

Augapfel ['aʊkˀapfəl] (-s, ˝-) *m* pelen *b* y llygad; *(fig)* cannwyll *b* llygad; **ich hüte es wie meinen ~** fe yw cannwyll fy llygad.

Auge ['aʊgə] (-s, -n) *nt* llygad *gb*; *(Fett~)* globwl *g* braster; *(auf Würfel)* smotyn *g*; **unter vier ~n** rhyngoch chi a fi, yn breifat; **vor aller ~n** o flaen pawb; **jdn mit anderen ~n sehen** gweld agwedd newydd ar rn; **einer Gefahr ins ~ sehen** wynebu perygl; **ich habe kein ~ zugetan** chysgais i 'run winc; **ein ~ zudrücken** *oder:* **beide ~n zudrücken** *(ugs)* cau eich llygaid ar, anwybyddu; **jdn aus den ~n verlieren** colli golwg ar rn; *(fig)* colli cysylltiad â rhn; **etw ins ~ fassen** ystyried rhth; **das kann leicht ins ~ gehen** *(fig)* gall y chwarae droi'n chwerw; **ins ~ springen** llygad-dynnu, tynnu sylw.

Augen- *kompos:* **~arzt** *m* arbenigwr *g* llygaid, offthalmolegydd *g*; **~ärztin** *f* arbenigwraig *b* llygaid, offthalmolegydd; **~binde** *f* mwgwd *g*.

Augenblick (-(e)s, -e) *m* eiliad *gb*, chwinciad *g*; **im ~** ar hyn o bryd, ar y funud.

augenblicklich *adj (gegenwärtig)* ar hyn o bryd; *(sofort)* ar unwaith, yn ddisymwth.

Augen- *kompos:* **~braue** *f* ael *b*; **~gläser** *pl* sbectol *b*.

Augenhöhe *f:* **in ~** cyfuwch â'r llygad.

Augen- *kompos:* **~licht** *nt* gallu *g* i weld; **~lid** *nt* clawr *g* y llygad.

Augenmerk *nt (Aufmerksamkeit)* sylw *g*; **das ~ lenken auf** *+akk* hoelio sylw ar.

Augenschein *m:* **in ~ nehmen** edrych yn fanwl ar.

augenscheinlich *adj* amlwg.

Augen- *kompos:* **~weide** *f (fig)* balm *g* i'r llygaid, gwledd *b* i'r llygaid; **~winkel** *m* cil *g* y llygad; **~zeuge** *m* llygad-dyst *g*.

Augment [aʊgˈmɛnt] (-s, -e) *nt (GRAM)* ychwanegiad *g*.

August [aʊˈgʊst] (-(e)s *oder* -, -e) *m* Awst *g*; **im ~** ym mis Awst; **heute ist der zweite ~** yr ail o Awst yw hi heddiw; **in diesem ~** mis Awst hwn; **Mitte/Ende ~** ganol/ddiwedd mis Awst.

Auktion [aʊktsiˈoːn] (-, -en) *f (COMM)* arwerthiant *g*, ocsiwn *b*.

Auktionator [aʊktsioˈnaːtor] (-en, -en) *m* arwerthwr *g*, ocsiynwr *g*.

Aula ['aʊla] (-, **Aulen** *oder* -s) *f* neuadd *b* gynnull.

Aureole [aʊreˈoːlə] (-, -n) *f (ASTRON)* halo *b*.

aus[1] [aʊs] *präp +dat* **1** *(räumlich)* o; *(von, hinaus)* allan o; **er geht ~ dem Zimmer** mae e'n mynd o'r ystafell; **er ist ~ Berlin** mae e'n dod o Berlin; **~**

aller Welt o bedwar ban byd; **~ dem Fenster** trwy'r ffenestr; **~ der Haut fahren** *(fig)* colli'ch tymer; **~ dem Weg!** o'r ffordd! **2** *(hergestellt)* wedi ei wneud; **eine Tür ~ Holz** drws pren, drws wedi ei wneud o bren; **ein Armband ~ Gold** breichled *b* aur; **3** *(Ursache)* o, am; **~ Erfahrung** o brofiad; **~ Neugier** o ran chwilfrydedd; **~ Prinzip** ar egwyddor; **~ Spaß** am hwyl; **~ Anlass eurer Vermählung** ar achlysur eich priodas; **4: ~ dir wird nie etwas** ni ddaw dim ohonot ti; **~ der Mode** allan o ffasiwn.

aus² *adv* **1** *(zu Ende)* wedi gorffen, ar ben; **es ist ~ mit ihm** mae hi ar ben arno; **etw ist ~ und vorbei**, mae rhth wedi gorffen yn bendant; **2** *(ausgeschaltet)* i ffwrdd, bant, wedi ei ddiffodd; **der Fernseher ist ~** mae'r teledu wedi ei droi i ffwrdd, mae'r teledu wedi ei ddiffodd; **Licht ~!** diffoddwch y golau! **3** *(in Verbindung mit 'von')* **von Rom ~** o Rufain; **ich kann das Auto vom Fenster ~ sehen** rwy'n gallu gweld y car o'r ffenest; **von sich ~** *(selbständig)* ar eich liwt eich hunan; **von mir ~** o'm rhan i; **4: ~ und ein gehen** mynd a dod; *(bei jdm)* ymweld â rhn yn aml; **weder ~ noch ein wissen** peidio â gwybod beth i'w wneud nesaf; **auf etw** *akk* **~ sein** bod ar ôl rhth.

Aus [aʊs] (-) *nt* *(SPORT)* **ins ~ gehen** mynd dros y llinell.

ausarbeiten [ˈaʊsʔarbaɪtən] *vt* *(Plan)* gwneud yn fanwl, gweithio i'r pen.

♦ *vr* *(austoben)* ymarfer corff, gollwng stêm; **er arbeitet sich im Garten aus** mae e'n gollwng stêm yn yr ardd.

ausarten [ˈaʊsʔartən] *vi (+sein)* troi, gwaethygu; **die Proteste arteten in Schlachten aus** trodd y gwrthdystio yn ymladd.

ausatmen [ˈaʊsʔaːtmən] *vi* anadlu allan.

ausbaden [ˈaʊsbaːdən] *vt* *(ugs)* **etw ~ müssen** gorfod dwyn y baich am rth, gorfod derbyn y bai am rth.

ausbalancieren *vt* cydbwyso, cadw'r ddysgl yn wastad.

Ausbau [ˈaʊsbaʊ] (-s, -ten) *m* *(Gebäude)* estyniad *g*; *(kein pl: Idee)* datblygiad *g*.

ausbauen [ˈaʊsbaʊən] *vt* ehangu, estyn; *(TECH)* uwchraddio; *(herausnehmen)* datod, datgysylltu, tynnu yn ddarnau, tynnu ar led; **den Motor ~** tynnu'r peiriant yn ddarnau.

ausbaufähig [ˈaʊsbaʊfɛːɪç, -ɪk] *adj* *(fig)* â'r potensial i'w ehangu/uwchraddio.

ausbedingen [ˈaʊsbədɪŋən] *vt:* **sich** *dat* **etw ~** mynnu rhth.

ausbeißen [ˈaʊsbaɪsən] *irreg vt:* **sich** *dat* **an etw** *dat* **die Zähne ~** *(fig)* cael trafferth gyda rhth, cael rhth yn anodd.

ausbessern [ˈaʊsbɛsərn] *vt* atgyweirio, trwsio.

Ausbesserungsarbeiten *pl* gwaith *g* atgyweirio, gwaith *g* trwsio.

ausbeulen [ˈaʊsbɔʏlən] *vt* codi tolciau yn.

Ausbeute [ˈaʊsbɔʏtə] *f* *(Ertrag)* cynnyrch *g*, cnwd *g*; *(Fang)* dalfa *b*; *(Gewinn)* elw *g*.

ausbeuten [ˈaʊsbɔʏtən] *vt* *(BERGB)* cloddio (am fwynau), hysbyddu; *(Person)* cymryd mantais o, ymelwa, ecsbloetio.

Ausbeuter(in) *m(f)* ecsbloetiwr *g*.

Ausbeutung *f* ecsbloetiaeth *b*.

ausbezahlen [ˈaʊsbətsaːlən] *vt* *(Geld)* talu allan.

ausbilden [ˈaʊsbɪldən] *vt* addysgu, hyfforddi; *(Fähigkeiten)* datblygu.

Ausbilderᴰ *m* = **Ausbildner.**

Ausbildnerᴬˢ *m* hyfforddwr *g*; **~in** *f* hyfforddwraig *b*.

Ausbildung (-, *kein pl*) *f* addysg *b*, hyfforddiant *g*; **er ist noch in der ~** mae e'n parhau i fod dan hyfforddiant, mae e'n dal i gael addysg.

Ausbildungs- *kompos:* **~förderung**ᴰ *f* grantiau *ll* i fyfyrwyr; **~platz** *m* prentisiaeth *b*, hyfforddiant *g*; **~programm** *nt* rhaglen *b* hyfforddi; **~zeit** *f* cyfnod *g* hyfforddi.

ausbitten [ˈaʊsbɪtən] *irreg vt:* **sich** *dat* **etw ~** *(geh: erbitten)* gofyn am rth.

ausblasen [ˈaʊsblaːzən] *irreg vt* diffodd trwy chwythu ar; *(Ei)* gwagio.

ausbleiben [ˈaʊsblaɪbən] *irreg vi (+sein)* *(Personen)* peidio â dod, cadw draw; *(Ereignisse)* peidio â digwydd; **die Post blieb aus** ni ddaeth y post; **es konnte nicht ~, dass ...** roedd yn anochel bod...

ausbleichen [ˈaʊsblaɪçən] *vi* colli lliw.

ausblenden [ˈaʊsblɛndən] *vt, vi* *(TV, FILM)* diffodd, gwanhau.

Ausblick [ˈaʊsblɪk] (-(e)s, -e) *m* golygfa *b*; *(fig)* rhagolwg *g*, dyfodol *g*.

ausbomben [ˈaʊsbɔmbən] *vt* chwalu gan fomio.

ausbooten [ˈaʊsboːtən] *vt* *(ugs)* twyllo.

ausborgen [ˈaʊsbɔrgən] *vt:* **sich** *dat* **etw ~** benthyg, benthyca.

ausbrechen [ˈaʊsbrɛçən] *irreg vi (+sein)* *(entkommen)* dianc; *(beginnen)* cychwyn, dechrau; **ein Krieg ist ausgebrochen**, mae rhyfel wedi cychwyn; **in Tränen ~** dechrau wylo'n hidl, dechrau beichio crïo.

♦ *vt (+haben)* *(herausbrechen)* torri allan.

Ausbrecher (-s, -) *m* (**~in** *f*) dihangwr(aig) *g(b)* o garchar.

ausbreiten [ˈaʊsbraɪtən] *vt* *(Arme)* ymestyn; *(Decke)* taenu.

♦ *vr* ymledu, ymagor; **sich über ein Thema ~**

ymhelaethu ar bwnc.

Ausbreitung *f* lledaeniad *g*, amlediad *g*.

ausbrennen ['aʊsbrɛnən] *irreg vt (+haben)* rhuddo, cochi; *(Wunde)* serio.

♦ *vi (+sein) (Kerze usw)* llosgi hyd at ddiffodd.

ausbringen ['aʊsbrɪŋən] *irreg vt (ein Hoch)* cynnig.

Ausbruch ['aʊsbrʊx] (-(e)s, ¨-e) *m (Krieg, Krankheit)* cychwyn *g*; *(von Vulkan)* ffrwydriad *g*; *(Gefühls~)* pwl *g*; *(von Gefangenen)* echdoriad *g*, dihangiad *g*.

ausbrüten ['aʊsbry:tən] *vt* deor; *(fig: Plan)* creu, dyfeisio.

Ausbuchtung ['aʊsbʊxtʊŋ] *f* chwydd *g*; *(Küste)* cildraeth *g*, bae *g* bychan.

ausbügeln ['aʊsby:gəln] *vt* smwddio; *(ugs: Fehler, Verlust)* gwneud yn iawn (am).

ausbuhen ['aʊsbu:ən] *vt* wfftian, bwio.

Ausbund ['aʊsbʊnt] (-(e)s, *kein pl*) *m:* **ein ~ an Tugend** patrwm *g* o rinwedd.

ausbürgern ['aʊsbʏrgərn] *vt* alltudio.

ausbürsten ['aʊsbʏrstən] *vt* brwsio.

ausdämpfen ['aʊsdɛmpfən] *vt* mygu; *(Zigarette)* diffodd.

Ausdauer ['aʊsdaʊər] (-, *kein pl*) *f* ynni *g*, nerth *g*; *(Beharrlichkeit)* dyfalbarhad *g*, dycnwch *g*.

ausdauernd *adj* dyfal, dygn.

ausdehnen ['aʊsde:nən] *vt* estyn; *(fig: Macht)* lledu.

♦ *vr* ymledu, ymestyn.

Ausdehnung *f* ymlediad *g*.

ausdenken ['aʊsdɛŋkən] *irreg vt:* **sich** *dat* **etw ~** meddwl am rth, dyfeisio rhth; **das ist nicht auszudenken** *(unvorstellbar)* mae hynny'n annirnadwy.

ausdiskutieren ['aʊsdɪskuti:rən] *vt* trafod yn drylwyr.

ausdrehen ['aʊsdre:ən] *vt* troi i ffwrdd.

Ausdruck ['aʊsdrʊk] (-s, ¨-e) *m* ymadrodd *g*, dywediad *g*, priod-ddull *g*; *(Gesichts~)* golwg *b*, edrychiad *g*; *(Fach~)* term *g*, gair *g*; *(COMP)* allbrint *g*, copi *g* caled; **mit einem ~ des Bedauerns** gan fynegi edifeirwch.

ausdrucken ['aʊsdrʊkən] *vt (Text)* allbrintio.

ausdrücken ['aʊsdrʏkən] *vt (auspressen, Zitrone)* gwasgu; *(Zigarette)* diffodd; *(formulieren)* mynegi, cyfleu, lleisio; *(zeigen)* dangos, datgan.

♦ *vr* mynegi eich hun; *(sich zeigen)* ymddangos, amlygu ei hun.

ausdrücklich *adj* penodol, unswydd, union.

Ausdrucksfähigkeit *f* mynegiant *g*; *(Gewandtheit)* croywder *g*, llithrigrwydd *g*.

ausdruckslos *adj* difynegiant, digyffro.

ausdrucksstark *adj* llawn mynegiant; *(Sprache)* cyhyrog.

ausdrucksvoll *adj* = **ausdrucksstark**.

Ausdrucksweise *f* ieithwedd *g*, mynegiant *g*.

Ausdünstung ['aʊsdʏnstʊŋ] *f (Dampf)* tarth *g*, ager *g*; *(Geruch)* arogl *g* drwg (o'r corff).

auseinander [aʊs?aɪˈnandər] *adv (getrennt)* ar wahân; **weit ~** ymhell oddi wrth ei gilydd; **~ bringen** gwahanu; **~ fallen** chwalu, dadfeilio, syrthio'n ddarnau; **~ gehen** *(Menschen)* ymwahanu; *(Meinungen)* anghytuno â'i gilydd; *(ugs: dick werden)* magu pwysau, pesgi; **~ halten** cadw ar wahân, gwahaniaethu; **~ klaffen** agor led y pen; **~ laufen** *(Menge)* ymchwalu, ymwasgaru; **sich ~ leben** ymddieithrio; **~ nehmen** datod, tynnu'n ddarnau; **~ schreiben** ysgrifennu'n ddau air; **jdm etw ~ setzen** *(erklären)* esbonio rhth i rn, rhoi rhth ger bron rhn; **sich mit etw ~ setzen** *(sich befassen)* ymdrafferthu; *(diskutieren)* trin a thrafod rhth.

Auseinandersetzung (-, -en) *f* dadl *b*, ymrafael *g*.

auserkoren [aʊs?ɛrkoːrən] *adj (Mensch)* dethol, dewisol.

auserlesen ['aʊsɛrleːzən] *adj* dethol, dewisol.

ausersehen ['aʊs?ɛrzeːən] *irreg vt (geh)* **dazu ~ sein, etw zu tun** wedi eich dethol i wneud rhth.

auserwählen ['aʊs?ɛrvɛːlən] *vt* rhagordeinio.

auserwählt *adj* dethol.

ausfahrbar ['aʊsfaːrbar] *adj* estynadwy, ymestynnol; *(Antenne, Fahrgestell)* ôl-dynadwy.

ausfahren ['aʊsfaːrən] *irreg vi (+sein) (im Auto)* mynd am dro yn y car; *(im Kinderwagen)* mynd am dro.

♦ *vt (+haben)* tynnu allan (erial *e.e.*); *(AUTO)* gyrru i'r eithaf; *(ausliefern: Waren)* dosbarthu; *(TECH)* estyn.

Ausfahrt ['aʊsfaːrt] (-, -en) *f (Autobahn, Garage)* allanfa *b*; *(Spazierfahrt)* gwibdaith *b*, tro *g* yn y car.

Ausfall[1] ['aʊsfal] (-(e)s, *kein pl*) *m (Versagen)* methiant *g*; *(Produktionsstörung)* toriad *g*; *(Strom~)* diffyg *g* pŵer; *(radioaktiver ~)* llwch *g* ymbelydrol, alldafliad *g*; *(Verlust)* colled *gb*; *(Nichtstattfinden)* canslad *g*.

Ausfall[2] (-(e)s, ¨-e) *m (MIL)* cyrch *g*, ymosodiad *g*; *(Fechten)* rhagwth *g*.

ausfallen ['aʊsfalən] *irreg vi (+sein) (Zähne, Haare)* dod allan, syrthio allan; *(nicht stattfinden)* bod wedi ei ganslo; *(wegfallen)* bod wedi ei hepgor; *(Person)* cwympo allan, tynnu'n ôl; *(nicht funktionieren)* torri (lawr); *(Strom)* pallu; *(Resultat haben)* **die Arbeit fällt gut aus** mae'r gwaith yn mynd yn hwylus, mae'r gwaith yn llwyddiant; **wie ist das Spiel ausgefallen?** beth oedd canlyniad y gêm? **die Schule fällt morgen aus** nid oes ysgol yfory.

ausfallend *adj* dilornus, enllibus.

ausfällig ['aʊsfɛlɪç, -ɪk] *adj* = **ausfallend**.

Ausfall- *kompos:* **~straße** *f* priffordd *b* allweddol;

~zeit *f (von Maschine)* amser *g* segur.

ausfegen [ˈaʊsfeːɡən] *vt* ysgubo.

ausfeilen [ˈaʊsfaɪlən] *vt* llyfnhau; *(fig: Stil)* gloywi.

ausfertigen [ˈaʊsfɛrtɪɡən] *vt (Urkunde, Pass)* cynllunio, paratoi; *(Rechnung)* llenwi, paratoi; **doppelt ~** dyblygu, lluosogi.

Ausfertigung (-, -en) *f* cynllunio *g*, paratoi *g*, llenwi *g* (ffurflenni *ayb*); *(Abschrift)* copi *g*; **in doppelter ~** ar ffurf ddyblyg.

ausfindig [ˈaʊsfɪndɪç, -ɪk] *adj:* **~ machen** darganfod, dod o hyd i.

ausfliegen [ˈaʊsfliːɡən] *irreg vi (+sein)* hedfan ymaith; **sie sind ausgeflogen** *(ugs)* maen nhw oddi cartref.

ausfließen [ˈaʊsfliːɡən] *irreg vi (+sein) (auslaufen)* gollwng; *(Wunde usw)* rhedeg.

ausflippen [ˈaʊsflɪpən] *vi (+sein) (ugs)* mynd yn wallgof.

Ausflucht [ˈaʊsflʊxt] (-, ˙-e) *f* esgus *g*.

Ausflug [ˈaʊsfluːk] (-(e)s, ˙-e) *m* gwibdaith *b*, trip *g*.

Ausflügler [ˈaʊsflyːɡlər] *m* gwibdeithiwr *g*; **~in** *f* gwibdeithwraig *b*.

Ausfluss [ˈaʊsflʊs] (-es, ˙-e) *m (Abfluss)* ceg *b*, agorfa *b*; *(MED)* llif *g*, rhedlif *g*.

ausfragen [ˈaʊsfraːɡən] *vt* cwestiynu, holi'n drwyadl, stilio.

ausfransen [ˈaʊsfranzən] *vi* raflo.

ausfressen [ˈaʊsfrɛsən] *irreg vt (aushöhlen)* rhydu, cancro, treulio; *(ugs: anstellen)* troseddi, cyflawni (rhth drygionus).

Ausfuhr [ˈaʊsfuːr] (-, -en) *f* allforion *ll*; *(COMM: Exporte)* allforiad *g*, allforio *g*.

ausführbar [ˈaʊsfyːrbar] *adj* dichonadwy, ymarferol; *(COMM)* allforiadwy.

ausführen [ˈaʊsfyːrən] *vt (verwirklichen)* cyflawni, gweithredu; *(Person)* mynd â rhn allan; *(Hund)* mynd â'r ci am dro; *(COMM: exportieren)* allforio; *(erklären)* rhoi manylion am.

Ausfuhrgenehmigung (-, -en) *f* trwydded *b* allforio.

ausführlich [ˈaʊsfyːrlɪç] *adj* manwl.

Ausführlichkeit *f* manylder *g*.

Ausführung (-, -en) *f (Stil)* gwneuthuriad *g*, dull *g*, cynllun *g*; *(Durchführung)* cyflawniad *g*, cyflawni *g*; *(Herstellungsart)* fersiwn *gb*; *(Erklärung)* esboniad *g*.

Ausfuhrzoll [ˈaʊsfuːrtsɔl] *m* toll *b* allforio.

ausfüllen [ˈaʊsfʏlən] *vt* llenwi; *(Formular)* llenwi; *(Beruf)* bod yn foddhaus; **die Pause mit etw ~** llenwi'r egwyl drwy wneud rhth.

Ausg. *abk* = **Ausgabe**.

Ausgabe [ˈaʊsɡaːbə] (-, -n) *f (Geld)* gwariant *g*, traul *g*, cost *b*; *(Aushändigung)* rhannu *g*, dosbarthu *g*; *(Paket~)* storfa *b* baciau; *(Buch)* argraffiad *g*;

(Zeitschrift) rhifyn *g*; *(COMP)* allbwn *g*; **~n** *pl* costau *ll*, gwariant *g*.

Ausgang [ˈaʊsɡaŋ] (-(e)s, ˙-e) *m* allanfa *b*, ffordd *b* allan; *(Ausgangspunkt)* man *g* cychwyn; *(Ergebnis)* canlyniad *g*; *(Ende)* diwedd *g*; *(Ausgehtag)* egwyl *b* o'r gwaith, seibiant *g*; **ein Unfall mit tödlichem ~** damwain *b* angheuol; **kein ~** dim allanfa.

Ausgangs- *kompos:* **~basis** *f* man *g* cychwyn; **~punkt** *m* man *gb* cychwyn; **~sperre** *f* cyrffyw *g*.

ausgeben [ˈaʊsɡeːbən] *irreg vt (Geld)* gwario; *(austeilen)* rhannu allan, dosbarthu; *(COMP)* cynhyrchu, allbynnu; **ich gebe heute Abend einen aus** *(ugs)* rwy'n prynu rownd o ddiodydd heno.

♦ *vr:* **sich für etw ~** honni eich bod yn rhth; **der Mann gab sich für jünger aus** roedd y dyn yn honni ei fod in iau.

ausgebeult [ˈaʊsɡəbɔʏlt] *adj (Kleidung)* llac, di-siâp; *(Hut)* tolciog.

ausgebildet *adj* hyfforddedig, proffesiynol.

ausgebucht [ˈaʊsɡəbuːxt] *adj (Vorstellung, Flug)* a phob tocyn wedi ei godi, wedi gwerthu allan; *(Hotel)* llawn.

Ausgeburt [ˈaʊsɡəbuːrt] *f (der Fantasie)* cynnyrch *g* erchyll.

ausgedehnt [ˈaʊsɡədeːnt] *adj* helaeth; *(zeitlich)* hir, maith.

ausgedient [ˈaʊsɡədiːnt] *adj (verbraucht)* heb gael ei ddefnyddio mwyach; *(Soldat)* wedi ei ryddhau, wedi ei ddadfyddino; **~ haben** wedi rhoi gwasanaeth da.

ausgefallen [ˈaʊsɡəfalən] *adj (ungewöhnlich)* anarferol, trawiadol.

Ausgefallenheit *f* odrwydd *g*.

ausgefuchst [ˈaʊsɡəfʊkst] *adj (ugs: listig)* cyfrwys, clyfar.

ausgegangen [ˈaʊsɡəɡaŋən] *pp von* **ausgehen**.

ausgeglichen [ˈaʊsɡəɡlɪçən] *pp von* **ausgleichen**.

♦ *adj* cytbwys, sad.

Ausgeglichenheit (-, *kein pl*) *f* cydbwysedd *g*, sadrwydd *g*.

ausgehen [ˈaʊsɡeːən] *irreg vi (+sein)* mynd allan; *(zu Ende gehen)* dod i ben, gorffen; *(Haare)* syrthio allan, teneuo; *(Feuer, Ofen, Licht)* diffodd; *(Strom)* pallu; *(Resultat haben)* diweddu; *(spazieren gehen)* mynd allan am dro; *(Wäsche)*ᴬ rhedeg, colli lliw; **mir ging das Benzin aus** rhedais allan o betrol; **von etw ~** *(wegführen)* arwain o rth; *(herrühren)* dod o rth; *(zugrunde legen)* seilio ar rth; **wir können davon ~, dass ...** medrwn ni gymryd fel man cychwyn fod...; **auf etw** *akk* **~** anelu at rth; **leer ~** cael dim byd, peidio â llwyddo; **schlecht ~** diweddu'n wael.

ausgehungert [ˈaʊsgəhuŋərt] *adj* llwglyd.

Ausgehverbot [ˈaʊsgeːfɛrboːt] *nt* cyrffyw *g.*

ausgeklügelt [ˈaʊsgəklyːgəlt] *adj* dyfeisgar, celfydd, medrus.

ausgekocht [ˈaʊsgəkɔxt] *adj (ugs: durchtrieben)* cyfrwys; *(fig)* llwyr; **das ist ~er Blödsinn** mae hynny'n hollol hurt.

♦ *pp von* **auskochen.**

ausgelassen [ˈaʊsgəlasən] *adj* hwyliog, bywiog.

Ausgelassenheit (-, *kein pl*) *f* hwyliogrwydd *g*, hwyl *b*, gorfoledd *g.*

ausgelastet [ˈaʊsgəlastət] *adj* cwbl brysur.

ausgeleiert [ˈaʊsgəlaɪərt] *adj* treuliedig.

ausgelernt [ˈaʊsgəlernt] *adj* wedi ei hyfforddi, yn gymwys.

ausgeliefert *adj:* **jdm ~ sein** bod ar drugaredd rhn.

ausgemacht [ˈaʊsgəmaxt] *adj (ugs: Schwindel usw)* llwyr, hollol.

ausgemergelt [ˈaʊsgəmɛrgəlt] *adj* tenau, esgyrnog.

ausgenommen[1] [ˈaʊsgənɔmən] *präp +gen* ac eithrio, heblaw, ar wahân i; **Anwesende ~** ac eithrio'r rhai sy'n bresennol.

ausgenommen[2] *konj* oni bai; **er kommt ganz bestimmt, ~ es gibt Glatteis** daw yn sicr oni bai fod rhew du.

ausgeprägt [ˈaʊsgəprɛːkt] *adj* arbennig, amlwg; *(Eigenschaft)* digamsyniol.

ausgerechnet [ˈaʊsgərɛçnət] *adv* yn union; **~ du** ti o bawb; **~ heute** heddiw o bob diwrnod.

ausgereift *adj* aeddfed.

ausgeschlossen [ˈaʊsgəʃlɔsən] *pp von* **ausschließen.**

♦ *adj (unmöglich)* amhosibl; **es ist nicht ~, dass** ... ni ellir diystyru'r ffaith fod…

ausgeschnitten [ˈaʊsgəʃnɪtən] *adj:* **tief ~** *(Kleid)* â gwddf isel.

ausgeschrieben [ˈaʊsgəʃriːbən] *adj* mewn geiriau llawn.

ausgesprochen [ˈaʊsgəʃprɔxən] *adj* llwyr, hollol; *(Begabung usw)* neilltuol, arbennig; *(unverkennbar)* eglur, amlwg.

♦ *adv* heb os nac oni bai, heb amheuaeth; **~ gut** arbennig o dda, da dros ben.

ausgestorben [ˈaʊsgəʃtɔrbən] *adj* diflanedig, darfodedig; *(fig: öde)* anghyfannedd; **der Platz war wie ~** roedd y sgwâr yn anarferol o dawel.

ausgesucht [ˈaʊsgəzuːxt] *adj* dethol.

ausgetrocknet [ˈaʊsgətrɔknət] *adj* sych; *(Fluss)* hesb.

ausgewachsen [ˈaʊsgəvaksən] *adj* yn ei lawn dwf.

ausgewählt [ˈaʊsgəvɛːlt] *adj* dewisedig.

ausgewogen [ˈaʊsgəvoːgən] *adj* cytbwys; *(Maß)* cyfartal, cydradd.

ausgezeichnet [ˈaʊsgətsaɪçnət] *adj* ardderchog, gwych, penigamp.

ausgiebig [ˈaʊsgiːbɪç, -ɪk] *adj* digonol; *(Essen)* hael, mawr, sylweddol; *(Gebrauch)* helaeth, sylweddol; **ein ~es Frühstück** brecwast hael; **~ schlafen** cysgu'n hir a braf.

ausgießen [ˈaʊsgiːsən] *irreg vt (aus Behälter)* tywallt, arllwys; *(entleeren)* gwagio.

Ausgleich [ˈaʊsglaɪç] (-(e)s, -e) *m* cydbwysedd *g*; *(Gegengewicht)* gwrthbwys *g*; *(Gutmachung)* iawn *g*; *(von Konflikten)* cysoniad *g*, cysoni *g*; *(SPORT)* sgôr gyfartal; **den ~ erzielen** unioni'r sgôr; **zum ~** er mwyn gwneud iawn am rth, er mwyn gwrthbwyso rhth; **das ist ein guter ~** *(entspannend)* mae hynny'n ymlaciol iawn; *(COMM)* **in ~ gehen** mynd yn fethdalwr.

ausgleichen [ˈaʊsglaɪçən] *irreg vt* gwrthbwyso, mantoli; *(Konflikte)* datrys; *(Höhe)* lefelu.

♦ *vi (SPORT)* unioni, gwneud yn gyfartal.

Ausgleichs- *kompos:* **~sport** *m* gweithgaredd *g* cadw'r heini; **~tor** *nt* gôl *b* sy'n unioni'r sgôr; **~übung** *f* ymarfer *gb* cydadfer.

ausgraben [ˈaʊsgraːbən] *irreg vt* palu, tyrchu, ceibio; *(Leiche)* datgladdu; *(fig)* dwyn i'r golwg, datgelu.

Ausgrabung (-, -en) *f* cloddio *g*, cloddiad *g*; *(archäologische Stätte)* cloddfa *b*.

ausgrenzen [ˈaʊsgrɛntsən] *vt* gwahanu, cau allan.

Ausgrenzung *f* gwahaniad *g*, cau *g* allan.

Ausguck [ˈaʊsgʊk] *m* gwylfa *b*.

Ausguss [ˈaʊsgʊs] (-es, ¨-e) *m (Abfluss)* ceg *b*, agorfa *b*, draen *g*; *(Kannenschnabel)* pig *g*; *(Spüle)* sinc *g*.

aushaben [ˈaʊshaːbən] *irreg vi (Schule beenden)* gorffen.

♦ *vt*[D] *(ugs: Kleidung)* bod wedi tynnu.

aushalten [ˈaʊshaltən] *irreg vt* dioddef; *(ugs: Geliebte)* cadw.

♦ *vi* parhau; **sich von jdm ~ lassen** cael eich cynnal gan rn; **das ist nicht zum A~** mae hynny'n annioddefol.

aushandeln *vt* [ˈaʊshandəln] trafod (telerau).

aushändigen [ˈaʊshɛndɪgən] *vt:* **jdm etw ~** rhoi rhth i rn, traddodi rhth i rn.

Aushang [ˈaʊshaŋ] (-(e)s, ¨-e) *m* hysbysiad *g*.

aushängen [ˈaʊshɛŋən] *vt (Meldung)* gosod, arddangos; *(Türe)* tynnu oddi ar ei golfachau, dadgolfachu.

♦ *irreg vi* hongian, cael ei arddangos.

Aushängeschild (-(e)s, -er) *nt* arwydd *gb* (siop); *(fig)* **als ~ für etw dienen** hyrwyddo/hysbysebu rhth.

ausharren [ˈaʊsharən] *vi* goddef, dioddef, dal, parhau.

aushäusig[D] [ˈaʊshɔyzɪç, -ɪk] *adj* allan, oddi cartref.

ausheben [ˈaʊsheːbən] *irreg vt (Grube, Erde)* palu; *(Diebsnest)* gwagio, clirio; *(MIL: Rekruten)* listio.

aushecken [ˈaʊshɛkən] *vt (ugs)* dyfeisio, ffugio; **einen Plan ~** dyfeisio cynllun.

aushelfen [ˈaʊshɛlfən] *irreg vi:* **jdm ~** cynnig help llaw i rn; *(vorübergehend helfen)* cynnig help dros dro; **können Sie mir mit 50 Mark ~?** allwch chi roi benthyg 50 Mark i mi dros dro?

Aushilfe [ˈaʊshɪlfə] *f* cymorth *g*, help *g* (llaw); *(Person)* cynorthwywr(aig) *g(b)*, gweithiwr *g* dros dro.

Aushilfs- *kompos:* **~kraft** *f* cynorthwywr(aig) *g(b)*, gweithiwr *g* dros dro; **~lehrer** *m* athro *g* cyflenwi; **~lehrerin** *f* athrawes *b* gyflenwi.

aushilfsweise *adv* dros dro, er mwyn llenwi bwlch.

aushöhlen [ˈaʊshøːlən] *vt* cafnu, pantio; *(fig: untergraben)* tanseilio.

ausholen [ˈaʊshoːlən] *vi* swingio, estyn braich yn ôl; *(zur Ohrfeige)* codi llaw yn barod i daro; *(beim Gehen)* brasgamu; **weit ~** *(fig: Thema)* ehangu'n bell; **der Lehrer holte weit aus** dechreuodd yr athro â rhagymadrodd hir; **zum Gegenschlag ~** *(wtl, fig)* paratoi am wrthymosodiad.

ausholzen [ˈaʊshɔltsən] *vt, vi* teneuo.

aushorchen [ˈaʊshɔrçən] *vt* holi, pwyso (am wybodaeth).

aushungern [ˈaʊshʊŋərn] *vt* newynu, llwgu; **die Bewohner der Stadt ~** newynu trigolion y dref hyd at ildio.

auskegeln [ˈaʊskeːgəln] *vr:* **sich** *dat* **den Arm ~** rhoi braich o'i lle.

auskennen [ˈaʊskɛnən] *irreg vr* gwybod llawer am rth; *(in einem Ort)* adnabod rhywle'n dda; *(in Fragen usw)* bod yn wybodus; **man kennt sich bei ihr nie aus** mae'n amhosib gwybod lle rydych yn sefyll gyda hi.

auskippen [ˈaʊskɪpən] *vt* gwagio.

ausklammern [ˈaʊsklamərn] *vt (Thema)* anwybyddu, gadael allan.

Ausklang [ˈaʊsklaŋ] *(-(e)s, ¨-e)* *m* diwedd *g*.

ausklappbar [ˈaʊsklapbaːr] *adj:* **dieser Tisch ist ~** mae modd lledu'r bwrdd hwn.

auskleiden [ˈaʊsklaɪdən] *vr* dadwisgo, tynnu dillad oddi amdanoch.
   ♦ *vt (Wand)* leinio, panelu; **das Zimmer ist mit Tapeten ausgekleidet** mae'r ystafell wedi ei phapuro.

ausklingen [ˈaʊsklɪŋən] *irreg vi (+sein) (Ton, Lied)* tewi, gwanio; *(Fest usw)* dod i ben, dirwyn i ben; *(Abend)* **~ lassen** dwyn i ben.

ausklinken [ˈaʊsklɪŋkən] *vt (Bomben)* gollwng.
   ♦ *vr (ugs: nicht mitmachen)* gwrthod.

ausklopfen [ˈaʊsklɔpfən] *vt (Teppich)* curo (llwch o garped); *(Pfeife)* taro (llwch o bib).

auskochen [ˈaʊskɔxən] *vt* berwi; *(MED)* diheintio, sterileiddio.

auskommen [ˈaʊskɔmən] *irreg vi (+sein) (entkommen)* dianc; *(fig)* **mit jdm gut ~** cyd-dynnu'n dda â rhn; **mit etw ~** bod yn ddigon i rn, cael dau benllinyn ynghyd; **ohne etw ~** byw heb.

Auskommen *(-s, kein pl)* *nt (Einkünfte)* cyflog *g*; **sein ~ finden** ennill bywoliaeth; **mit ihr ist kein ~** mae'n amhosib cyd-dynnu â hon.

auskosten [ˈaʊskɔstən] *vt* mwynhau hyd yr eithaf.

auskramen [ˈaʊskraːmən] *vt (ugs)* dod o hyd i, datgladdu; *(fig: alte Geschichten usw)* dod (â rhth) i fyny.

auskratzen [ˈaʊskratsən] *vt (auch MED)* crafu.

auskugeln [ˈaʊskuːgəln] *vr:* **sich** *dat* **den Arm ~** rhoi braich o'i lle.

auskühlen [ˈaʊskyːlən] *vi* oeri.

auskundschaften [ˈaʊskʊntʃaftən] *vt* ysbïo, fforio; *(MIL)* rhagchwilio, archwilio.

Auskunft [ˈaʊskʊnft] *(-, ¨-e)* *f* gwybodaeth *b*; *(Details)* manylion *ll*; *(Büro)* swyddfa *b* wybodaeth, swyddfa *b* hysbysrwydd; *(Telefon~)* hysbysrwydd *g* ffôn; **jdm ~ erteilen** rhoi gwybodaeth i rn.

auskuppeln [ˈaʊskʊpəln] *vi (AUTO)* datgydio, datgysylltu'r cydiwr.

auskurieren [ˈaʊskuriːrən] *vt* gwella, iacháu.

auslachen [ˈaʊslaxən] *vt* chwerthin am ben rhn, gwneud hwyl am ben rhn.

ausladen [ˈaʊslaːdən] *irreg vt* dadlwytho; *(Gäste)* tynnu gwahoddiad yn ôl.
   ♦ *vi (Äste)* ymledu.

ausladend *adj (Gebärden, Bewegung)* ysgubol.

Auslage [ˈaʊslaːgə] *(-, -n)* *f* ffenestr *b* siop.

Auslagen *pl (Ausgabe)* gwariant *g*, costau *ll*.

Auslagendekorateur *m* ffenestrwr *g*.

Ausland [ˈaʊslant] *(-(e)s, kein pl)* *nt* gwlad *b* dramor; **im ~** dramor; **ins ~** dramor.

Ausländer [ˈaʊslɛndər] *(-s, -)* *m* tramorwr *g*, estron *g*.

Ausländerfeindlichkeit *f* estrongasineb *g*, senoffobia *g*.

Ausländerin *f* tramorwraig *b*, estrones *b*.

ausländisch [ˈaʊslɛndɪʃ] *adj* tramor, estron.

Auslands- *kompos:* **~aufenthalt** *m* arhosiad *g* tramor; **~gespräch** *nt (TEL)* galwad *gb* ffôn â rhn dramor; **~korrespondent** *m* gohebydd *g* tramor; **~reise** *f* taith *b* dramor, trip *g* tramor; **~schutzbrief** *m* yswiriant *g* teithio tramor; **~vertretung** *f* cynrychiolaeth *b* dramor.

Auslangen[A] [ˈaʊslaŋən] *nt:* **sein ~ finden** cael dau benllinyn ynghyd.

auslassen [ˈaʊslasən] *irreg vt* hepgor, gadael allan, sgipio; *(versehentlich)* anghofio, esgeuluso; *(Fett)* toddi; *(Kleidungsstück)* llacio, estyn; **seine Wut an jdm ~** bwrw (eich) llid ar rn.

♦ *vr:* **sich über etw** *akk* **~** mynegi barn ar rth, ymhelaethu.

Auslassungszeichen (-s, -) *nt* collnod *g*.

auslasten ['auslastən] *vt* gwneud defnydd llwyr o; *(Maschine)* defnyddio i'r eithaf; *(Person)* rhoi cymaint o waith ag y bo modd.

Auslauf ['auslauf] (-(e)s, "-e) *m* (Kinder, Tiere) libart *g*; *(Ausfließen, Leck)*[D] diferiad *g*, gollyngiad *g*.

auslaufen ['auslaufən] *irreg vi (+sein)* llifo allan, rhedeg allan; *(Behälter)* gollwng; *(zum Stillstand kommen)* arafu hyd at y diwedd; *(Vertrag)* dod i ben; *(NAUT)* ymadael, mynd i'r môr; *(Wäsche)*[D] rhedeg, colli lliw.

Ausläufer ['auslɔyfər] (-s, -) *m (von Gebirge)* esgair *b*; *(MET: von Hoch)* cefnen *b*; *(MET: von Tief)* cafn *g*; *(Pflanze)* ymledydd *g*; **unterirdischer ~** crachgoeden *b*, gwylltimp *g*.

ausleeren ['auslerən] *vt* gwagio, gwacáu, diwel.

auslegen ['auslegən] *vt* taenu; *(mit Teppich)* carpedu; *(Waren)* arddangos; *(Geld)* benthyca, rhoi benthyg; *(Köder)* gosod; *(bedecken)* gorchuddio; *(interpretieren)* dehongli.

Ausleger ['auslegər] (-s, -) *m (von Kran usw)* braich *gb*.

Auslegung (-, -en) *f* dehongliad *g*, esboniad *g*.

ausleiern ['auslaɪərn] *vr, vi (Schraube)* treulio, llacio.

Ausleihe[D] ['auslaɪə] (-, -n) *f* benthyciad *g*; *(Bibliothek)* desg *b* fenthyca.

ausleihen ['auslaɪən] *irreg vt (borgen)* benthyca; *(ugs:*[D] *leihen)* rhoi benthyg; **sich** *dat* **etw ~** benthyca rhth, cael benthyg rhth.

auslernen ['auslɛrnən] *vi (Lehrling)* cwblhau prentisiaeth; **man lernt nie aus** mae dysg i'w chael o'r crud i'r bedd, mwyaf wêl a mwyaf glyw.

Auslese ['auslezə] *f* detholiad *g*; *(Elite)* goreuon *ll*; *(Wein~)* gwin o rawnwin dethol.

auslesen ['auslezən] *irreg vt* dewis, dethol; *(zu Ende lesen)* gorffen, darllen hyd at y diwedd.

ausleuchten ['auslɔyçtən] *vt* llifoleuo.

ausliefern ['auslifərn] *vt (Waren)* danfon, dosbarthu; *(übergeben)* trosglwyddo; *(an anderen Staat)* estraddodi; **jdm ausgeliefert sein** bod ar drugaredd rhn.

♦ *vr* **sich jdm ~** ildio'ch hun i rn.

Auslieferungsabkommen (-s, -) *nt* cytundeb *g* estraddodi.

ausliegen ['ausligən] *irreg vi (zur Ansicht)* cael ei arddangos; *(Prospekte)* bod ar gael (i'r cyhoedd); *(Liste)* bod i fyny.

auslöffeln ['auslœfəln] *vt* llwyo.

auslöschen ['auslœʃən] *vt* diffodd; *(fig)* dileu, difodi;

auslosen ['auslozən] *vt* bwrw coelbren, tynnu blewyn cwta.

auslösen ['ausløzən] *vt (hervorrufen)* achosi, peri; *(Explosion, Schuss)* tanio; *(Gefangene)* pridwerthu, talu pridwerth am; *(Pfand)* prynu yn ei ôl; *(KOCH: Knochen)* ffiledu.

Auslöser (-s, -) *m (Gewehr)* clicied *b*; *(Anlass)* rheswm; *(FOTO)* rhyddhäwr *g* caead.

ausloten ['auslotən] *vt (NAUT: Tiefe)* plymio, plymennu; *(fig)* plymio.

auslüften ['auslyftən] *vt* eirio.

ausmachen ['ausmaxən] *vt (Licht, Feuer)* diffodd; *(Radio)* diffodd, troi i ffwrdd; *(vereinbaren)* cytuno ar; *(entdecken)* canfod, gweld; **das war ausgemacht** roeddem yn cytuno ar hynny; **die Rechnung macht 500 Mark aus** mae'r bil yn dod i 500 mark; **ein Schiff in der Ferne ~** canfod llong yn y pellter; **das macht ihm nichts aus** nid yw o bwys iddo, does dim ots ganddo; **macht es Ihnen etwas aus?** ydych chi'n meindio? oes gwahaniaeth gennych?

ausmalen ['ausmalən] *vt* peintio; *(fig)* disgrifio; **sich** *dat* **etw ~** dychmygu rhth.

Ausmaß ['ausmas] (-es, -e) *nt* mesur *g*, hyd a lled; *(fig auch)* hyd a lled, graddfa *b*.

ausmerzen ['ausmɛrtsən] *vt (ugs)* cael gwared â, bwrw allan.

ausmessen ['ausmɛsən] *irreg vt* mesur, maintioli.

ausmisten ['ausmɪstən] *vt (Stall)* carthu; *(ugs: Schrank usw)* tacluso; *(Sachen)* cael gwared â.

ausmustern ['ausmustərn] *vt (Maschine, Fahrzeug usw)* peidio a'i ddefnyddio mwyach; *(MIL: entlassen)* gollwng (o'r fyddin).

Ausnahme ['ausnamə] (-, -n) *f* eithriad *g*; **eine ~ machen** eithrio, gwneud eithriad; **~n bestätigen die Regel** yr eithriad sy'n profi'r rheol.

Ausnahme- *kompos:* **~erscheinung** *f* eithriad *g*, enghraifft *b* unigryw; **~fall** *m* achos *g* eithriadol; **~zustand** *m* stad *b* o argyfwng.

ausnahmslos *adv* yn ddieithriad, heb eithriad.

ausnahmsweise *adv* y tro hwn yn unig, fel eithriad.

ausnehmen ['ausnemən] *irreg vt (Tier)* diberfeddu; *(Nest)* dwyn o'r nyth; *(Ausnahme machen)* gwneud eithriad o, eithrio; **jdn ~** *(ugs)* dwyn y cyfan oll oddi wrth rn.

♦ *vr* creu argraff, ymddangos.

ausnehmend *adj* eithriadol.

ausnüchtern ['ausnyçtərn] *vt, vi* sobreiddio.

Ausnüchterungszelle (-, -n) *f* cell *b* sobri.

ausnutzen ['ausnutsən] *vt* ecsbloetio, cymryd mantais o.

ausnützen ['ausnytsən] *vt (Zeit, Gelegenheit)* gwneud

yn fawr o, gwneud y mwyaf o; *(Einfluss)* defnyddio; *(Mensch, Gutmütigkeit)* manteisio ar, ymelwa ar.

auspacken ['aʊspakən] *vt* dadbacio.

♦ *vi (ugs: gestehen)* cyffesu, cyfaddef.

auspeitschen ['aʊspaɪtʃən] *vt* fflangellu.

auspfeifen ['aʊspfaɪfən] *irreg vt* bwio, hwtio, gweiddi bw ar.

ausplaudern ['aʊsplaʊdərn] *vt (weitererzählen)* lledu, adrodd; *(Geheimnis)* datgelu.

auspolstern ['aʊspɔlstərn] *vt* padio.

ausposaunen ['aʊspozaʊnən] *vt (ugs)* dweud ar goedd.

ausprägen ['aʊsprɛ:gən] *vr (Begabung, Charaktereigenschaft)* dod i'r golwg, dod yn amlwg.

auspressen ['aʊsprɛsən] *vt* gwasgu.

ausprobieren ['aʊsprobi:rən] *vt* arbrofi, rhoi tro ar, rhoi prawf ar.

Auspuff ['aʊspʊf] (-(e)s, -e) *m (AUTO)* pibell *b* wagio.

Auspuff- *kompos:* **~gas** *nt* nwy *g* llosg; **~rohr** *nt* pibell *b* wagio; **~topf** *m (AUTO)* tawelydd *g*.

auspumpen ['aʊspʊmpən] *vt* pwmpio.

ausquartieren ['aʊskva:rti:rən] *vt* taflu (rhn) allan, cael gwared â (rhn).

ausquetschen ['aʊskvɛtʃən] *vt (Zitrone)* gwasgu; *(ugs: ausfragen)* croesholi; *(aus Neugier)* tynnu gwybodaeth o.

ausradieren ['aʊsradi:rən] *vt* dileu, rhwbio allan; *(fig)* dinistrio, distrywio.

ausrangieren ['aʊsraŋʒi:rən] *vt (ugs)* taflu allan; *(Maschine, Auto)* taflu ar y domen, sgrapio.

ausrauben ['aʊsraʊbən] *vt* ysbeilio.

ausräuchern ['aʊsrɔʏçərn] *vt* mygu, mygdarthu.

ausräumen ['aʊsrɔʏmən] *vt (Schrank, Zimmer)* gwagio; *(Dinge)* clirio, cael gwared â; *(Zweifel)* cael gwared â; **alle Bedenken ~** dileu'r amheuon i gyd.

ausrechnen ['aʊsrɛçnən] *vt* cyfrifo, cyfrif, gweithio allan.

Ausrede ['aʊsre:də] (-, -n) *f* esgus *g*.

ausreden ['aʊsre:dən] *vi* gorffen (dweud eich barn); **er hat mich nicht mal ~ lassen** ni adawodd i mi orffen siarad.

♦ *vt:* **jdm etw ~** perswadio rhn i beidio â gwneud rhth.

♦ *vr:* **sich bei jdm ~** ymagor i rn, dweud eich cwyn wrth rn.

ausreiben ['aʊsraɪbən] *vt* sgrwbio.

ausreichen ['aʊsraɪçən] *vi* bod yn ddigon, gwneud y tro.

ausreichend *adj* digonol.

Ausreichendᴰ *nt (SCH)* D *b*.

Ausreise ['aʊsraɪzə] *f* ymadawiad *g* â gwlad; **bei der ~** wrth ymadael â'r wlad.

Ausreiseerlaubnis *f* fisa *b*, teitheb *b*.

ausreisen ['aʊsraɪzən] *vi (+sein)* ymadael â'r wlad.

ausreißen ['aʊsraɪsən] *irreg vt (+haben)* rhwygo/tynnu allan, diwreiddio; *(Haar)* plycio; **sie hat sich** *dat* **kein Bein ausgerissen** *(ugs)* ni wnaeth hi ryw lawer o ymdrech.

♦ *vi (+sein) (Riss bekommen)* rhwygo; *(ugs)* ei gwadnu hi, ei bachu hi.

ausrenken ['aʊsrɛŋkən] *vt:* **sich** *dat* **die Schulter ~** datgymalu eich ysgwydd.

ausrichten ['aʊsrɪçtən] *vt (Botschaft)* rhoi neges (i rn); *(Hochzeit usw)* trefnu; *(in gerade Linie bringen)* gosod mewn rhes; *(angleichen)* gwneud yn gyson â rhth arall, cysoni â rhth arall; *(Text)* unioni, tablu; **richte ihr meine Grüße aus** cofia fi ati hi; **ich werde es ihm ~** dweda' i wrtho; **etw bei jdm ~** llwyddo gyda rhn; *(ugs)* **jdn ~** siarad yn ddrwg am rn.

Ausrichtung *f* arwedd *b*.

Ausritt ['aʊsrɪt] *m* reid *b*.

ausrollen ['aʊsrɔlən] *vt* rholio.

ausrotten ['aʊsrɔtən] *vt* difa, difodi.

Ausrottung *f* difodiad *g*.

ausrücken ['aʊsrʏkən] *vi (+sein) (Feuerwehr, Polizei)* cael eu galw allan; *(ugs: weglaufen)* rhedeg i ffwrdd.

Ausruf ['aʊsru:f] (-(e)s, -e) *m (Schrei)* cri *b*, bloedd *b*, bonllef *b*; *(GRAM)* ebychiad *g*; *(Verkünden)* datganiad *g*.

ausrufen ['aʊsru:fən] *irreg vt* gweiddi, bloeddio; *(verkünden)* cyhoeddi, datgan; **jdn ~ lassen** galw.

Ausrufezeichnen (-s, -) *nt* ebychnod *g*.

ausruhen ['aʊsru:ən] *vt, vi, vr* gorffwys, dadflino.

ausrüsten ['aʊsrʏstən] *vt* cyfarparu, ffitio, arfogi.

Ausrüstung *f* offer *ll*, cyfarpar *g*, ger *gb*, taclau *ll*.

ausrutschen ['aʊsrʊtʃən] *vi (+sein)* llithro.

Ausrutscher (-s, -) *m (ugs)* llithriad *g*, cam *g* gwag, caff *g* gwag.

Aussaat ['aʊsza:t] *f* heuad *g*.

Aussage ['aʊsza:gə] (-, -n) *f* mynegiad *g*, gosodiad *g*; *(JUR)* datganiad *g*; **der Angeklagte verweigerte die ~** gwrthododd y cyhuddedig roi tystiolaeth.

aussagekräftig *adj* llawn mynegiant.

aussagen ['aʊsza:gən] *vt* mynegi, datgan; *(bedeuten)* golygu; *(JUR)* rhoi tystiolaeth; **das sagt nichts aus** nid yw hynny'n golygu dim byd.

Aussatz ['aʊszats] (-es, *kein pl*) *m (MED)* y gwahanglwyf *g*.

aussätzig ['aʊszɛtsɪç, -ɪk] *adj* gwahanglwyfus.

Aussätzige *m/f* gwahanglaf *gb*; *(fig: Ausgestoßener)* gwrthodedig *gb*, alltud *g*.

aussaugen ['aʊszaʊgən] *vt (Wunde)* sugno (gwenwyn *ayb*) allan; *(fig: ausbeuten)* godro, gwaedu yn sych.

ausschalten ['aʊsʃaltən] *vt* troi i ffwrdd; *(fig)* cael gwared â.

Ausschank ['aʊsʃaŋk] (-(e)s, ̈-e) *m* dosbarthu *g* diodydd; *(COMM)* gwerthu *g* diodydd; *(Theke)* bar *g*.

Ausschau ['aʊsʃaʊ] (-, *kein pl*) *f:* ~ **halten nach** gwylio am, edrych am; *(suchen)* chwilio am.

ausschauen ['aʊsʃaʊən] *vi:* ~ **nach** +*akk* gwylio am, edrych am; *(suchen)* chwilio am.

ausscheiden ['aʊsʃaɪdən] *irreg vt (+haben) (aussondern)* gwahanu, cael gwared â; *(MED)* ysgarthu.
♦ *vi (+sein) (aus Klub)* gadael; *(aus Amt)* ymddeol; *(SPORT)* colli lle mewn pencampwriaeth; **er scheidet für den Posten aus** ni ellir ei ystyried am y swydd.

Ausscheidung (-, -en) *f (MED)* ysgarthiad *g*; *(SPORT)* deoliad *g*, diraddiad *g*; *(aus Amt)* ymddeoliad *g*.

Ausscheidungswettkampf (-(e)s, ̈-e) *m* cystadleuaeth *b* fwrw allan, gêm *b* gwpan.

ausschenken ['aʊsʃɛŋkən] *vt* arllwys, tywallt; *(an der Schank)* gweini, cynorthwyo y tu ôl i'r bar.

ausscheren ['aʊsʃeːrən] *vi (+sein) (Fahrzeug)* gadael eich lôn; *(aus Kolonne)* gwyro o gonfoi/fintai; *(zum Überholen)* tynnu allan.

ausschildern ['aʊsʃɪldərn] *vt* dynodi ag arwyddbyst.

ausschimpfen[D] ['aʊsʃɪmpfən] *vt* dweud y drefn wrth, tafodi.

ausschlachten ['aʊsʃlaxtən] *vt (Auto)* tynnu'n ddarnau i'w h*aildefnyddio; *(fig)* gwneud môr a mynydd o.

ausschlafen ['aʊsʃlaːfən] *irreg vr, vi*[D] cael noson dda o gwsg, bwrw blinder; **ich bin nicht ausgeschlafen** wnes i ddim cysgu digon, wnes i ddim bwrw fy mlinder.

Ausschlag ['aʊsʃlaːk] *m (MED)* brech *b*, ecsema *g*; *(von Pendel)* siglad *g*, osgled *g*; *(von Nadel)* gogwyddiad *g*; **den ~ geben** *(fig)* troi'r fantol.

ausschlagen ['aʊsʃlaːgən] *irreg vt (mit Stoff verkleiden)* gorchuddio, panelu; *(Zahn)* taro allan; *(verweigern)* gwrthod.
♦ *vi (+haben) (Pferd)* cicio'n wyllt; *(BOT)* blaguro, egino.

auschlaggebend *adj* tyngedfennol, hollbwysig.

ausschließen ['aʊsʃliːsən] *irreg vt* cloi allan; *(SPORT)* anghymhwyso; *(verbannen)* diaelodi, diarddel, bario; *(Fehler, Möglichkeit)* diystyru, anwybyddu; **ich will mich nicht ~** gan fy nghynnwys fy hun.

ausschließlich *adj* unigryw, neilltuedig.
♦ *adv* yn unswydd; ~ **Gemüse** llysiau yn unig.

ausschlüpfen ['aʊsʃlʏpfən] *vi (+sein) (aus Ei)* deor.

Ausschluss ['aʊsʃlʊs] *m* diarddeliad *g*, gwaharddiad *g*; **unter ~ der Öffentlichkeit** ddim yn agored i'r cyhoedd; *(JUR)* yn y dirgel.

ausschmücken ['aʊsʃmʏkən] *vt* addurno, harddu; *(fig)* **eine Geschichte ~** ychwanegu at stori.

ausschneiden ['aʊsʃnaɪdən] *irreg vt* torri allan; *(Büsche)* tocio.

Ausschnitt ['aʊsʃnɪt] (-(e)s, -e) *m (Teil)* segment *g*, trychiad *g*; *(von Kleid)* gwddf *g*, gyddflin *b*; *(Zeitungs~)* toriad *g*, torryn *g*; *(FILM)* dyfyniad *g*.

ausschöpfen ['aʊsʃœpfən] *vt* llwyo, codi; *(fig: Möglichkeiten)* dihysbyddu; **Wasser aus etw ~** codi dŵr o rth.

ausschreiben ['aʊsʃraɪbən] *irreg vt (ganz schreiben)* ysgrifennu mewn geiriau llawn; *(Scheck)* llenwi; *(Stelle, Wettbewerb usw)* hysbysebu, rhoi gwybod am.

Ausschreibung *f (von Wahlen)* galw *g*; *(von Stelle)* hysbyseb *g*.

ausschreiten ['aʊsʃraɪtən] *vi* brasgamu.

Ausschreitung ['aʊsʃraɪtʊŋ] (-, -en) *f* terfysg *g*, cynnwrf *g*.

Ausschuss ['aʊsʃus] (-(e)s, ̈-e) *m* cydbwyllgor *g*, gweithgor *g*, comisiwn *g*; *(Abfall)* gwastraff *g*, sborion *ll*, sgrap *g*; *(COMM: auch: ~ware)* eitem *b* wrthodedig.

ausschütten ['aʊsʃʏtən] *vt* colli, gollwng; *(Eimer)* gwagio, gwacáu; *(FIN: Gewinn)* talu.
♦ *vr*[D] *(ugs)* **sich vor Lachen ~** siglo chwerthin.

Ausschüttung *f (FIN)* dosbarthiad *g*, dosraniad *g*.

ausschwärmen ['aʊsʃvɛːrmən] *vi (+sein) (Bienen, Menschen)* heidio allan; *(MIL)* ymdaenu, ymledu.

ausschweifend ['aʊsʃvaɪfənt] *adj (Leben)* afradlon; *(Fantasie)* gormodol, eithafol.

Ausschweifung *f* gormodedd *g*.

ausschweigen ['aʊsʃvaɪgən] *irreg vr* cadw'n ddistaw.

ausschwitzen ['aʊsʃvɪtsən] *vt* chwysu.

aussehen ['aʊszeːən] *irreg vi* edrych, ymddangos; *(scheinen)* argoeli; **gut ~** edrych yn hardd/olygus; **wie sieht's aus?** *(ugs: wie steht's)* sut olwg sydd ar bethau? **das sieht nach nichts aus** nid oes golwg arbennig ar hwnna.
♦ *vi unpers:* **es sieht nach Regen aus** mae golwg glaw arni; **es sieht schlecht aus** mae golwg wael ar bethau.

Aussehen (-s, *kein pl*) *nt* golwg *b*, gwedd *b*, siâp *g*.

aus sein *irreg vi (+sein) vgl.* **aus**[2].

außen ['aʊsən] *adv* y tu allan; **nach ~** tuag allan; ~ **ist es rot** mae'n goch ar y tu allan.

Außen- *kompos:* **~amt** *nt* Swyddfa *b* Dramor; **~antenne** *f* erial *gb* allanol; **~arbeiten** *pl* gwaith *g* ar du allan y tŷ; **~aufnahme** *f (FOTO)* llun *g* tu allan;

~bezirke *pl* cyrion *ll* dinas.

Außenbordmotor *m* modur *g* allanol.

aussenden ['aʊszɛndən] *irreg vt* danfon, gyrru; *(ausstrahlen)* pelydru.

Außen- *kompos:* **~dienst** *m (COMM)* gwaith *g* y tu allan i'r swyddfa; **~handel** *m (COMM)* masnach *b* dramor; **~minister** *m (POL)* Gweinidog *g* Tramor; **~ministerium** *nt* Swyddfa *b* Dramor; **~politik** *f* polisi *g* tramor.

außenpolitisch *adj (Entwicklung, Lage)* estron.

Außenseite *f* y tu allan.

Außenseiter *m* dieithryn *g*, dyn/benyw ar y cyrion.

Außen- *kompos:* **~spiegel** *m (AUTO)* drych *g* allanol; **~stände** *pl (COMM)* ôl-ddyledion *ll*, dyledion *ll* heb eu clirio; **~stehende** *m/f* rhn o'r tu allan, person *g* allanol, allanwr *g*; **~stelle** *f* cangen *b*; **~verteidiger** *m (SPORT)* maswr *g*; **~welt** *f* y byd *g* mawr y tu allan.

außer[1] ['aʊsər] *präp +dat (abgesehen von)* ac eithrio, ar wahân i; *(räumlich)* allan o; **~ Atem** a'ch gwynt yn eich dwrn; **~ Gefahr** allan o berygl; **~ Zweifel** yn ddiamau, heb os nac oni bai; **~ Betrieb** wedi torri; **~ sich** *dat* **sein (vor Wut)** bod yn gynddeiriog, bod yn ynfyd; **~ sich** *dat* **sein vor Freude** bod wrth eich bodd; **~ Dienst** wedi ymddeol; **~ Landes** dramor; **~ Stande** annaluog, heb fod â'r gallu.

außer[2] *konj (ausgenommen)* ac eithrio, ar wahân i; **~ wenn** oni bai; **~ dass** ac eithrio, heblaw.

außeramtlich ['aʊsər'amtlɪç] *adj* answyddogol.

außerdem ['aʊsərdeːm] *konj* yn ogystal, ar ben hynny, yn ychwanegol.

♦ *adv* beth bynnag, ta beth.

außerdienstlich ['aʊsərdiːnstlɪç] *adj* y tu allan i'r gwaith, yn breifat.

äußere ['ɔysərə] *adj* allanol.

Äußere *nt* yr ochr *b* allanol, yr wyneb *g* allanol; *(fig: Aussehen)* golwg *b*.

außer- *kompos:* **~ehelich** *adj* y tu allan i'r briodas; **~gewöhnlich** *adj* anarferol, anghyffredin.

außerhalb ['aʊsərhalp] *präp +gen* tu allan i.

♦ *adv* tu allan.

außerirdisch ['aʊsər'ɪrdɪʃ] *adj* allfydol.

Außerkraftsetzung [aʊsər'kraftzɛtsʊŋ] *f* diddymiad *g*, dilead *g*.

äußerlich ['ɔysərlɪç] *adj* allanol; **rein ~ betrachtet** ar yr wyneb, ar yr olwg gyntaf.

Äußerlichkeit (-, -en) *f (fig)* peth dibwys *g*; *(Oberflächigkeit)* arwynebolrwydd *g*; *(Formalität)* ffurfioldeb *g*.

äußerln[A] *vi:* **~ gehen** mynd â'r ci am dro.

äußern ['ɔysərn] *vt* llefaru, dweud, yngan.

♦ *vr* dweud eich barn; *(sich zeigen)* ymddangos,

dod i'r golwg.

außer- *kompos:* **~ordentlich** *adj* anarferol, neilltuol; **~parlamentarisch** *adj* allseneddol; **~planmäßig** *adj* annisgwyl, nas trefnwyd.

außersinnlich *adj:* **~ Wahrnehmung** canfyddiad *g* allsynhwyraidd.

äußerst ['ɔysərst] *adv* eithriadol, eithaf, ar y naw.

außer Stande *adv vgl.* **außer**[1].

Äußerste *nt:* **bis zum ~n gehen** mynd i eithafion.

äußerste *adj* pellaf, mwyaf; *(räumlich)* pellaf; *(Termin)* cyn hwyred â phosib; *(Preis)* gorau; **mein ~s Angebot** fy nghynnig *g* olaf un.

äußerstenfalls *adv* os daw hi i'r pen, ar y gwaethaf.

Äußerung ['ɔysərʊŋ] (-, -en) *f (Bemerkung)* lleferydd *gb*, sylw *g*; *(Behauptung)* mynegiad *g*, datganiad *g*; *(Zeichen)* arwydd *gb*.

aussetzen ['aʊszɛtsən] *vt (Kind, Tier)* mynd a gadael, troi cefn ar; *(Belohnung)* cynnig gwobr; *(Urteil, Verfahren)* gohirio; *(Boote)* gollwng.

♦ *vi (Maschine)* methu; *(aufhören)* aros am dro; *(Pause machen)* seibio; *(beim Spiel)* colli tro; **sich einer Sache** *dat* **~** gadael eich hun yn agored i rth; **etw ausgesetzt sein** bod ar drugaredd rhth, bod o dan ddylanwad rhth; **was haben Sie daran auszusetzen?** beth sydd gyda chi yn ei erbyn; **etw an jdm ~** gweld bai ar rn, beio rhn.

Aussicht ['aʊszɪçt] *f* golygfa *b*; *(in Zukunft)* rhagolwg *g*, gobeithion *ll*; **etw in ~ haben** bod â rhth mewn golwg; **jdm etw in ~ stellen** addo rhth i rn.

aussichtslos *adj* anobeithiol, trist.

Aussichtspunkt *m* golygfan *b*.

aussichtsreich *adj* addawol, braf.

Aussichtsturm *m* tŵr *g* golygfa.

Aussichtswarte *f* = **Aussichtsturm**.

aussieben ['aʊsziːbən] *vt, vi* chwynnu.

aussiedeln ['aʊsziːdəln] *vt* trawsgludo.

Aussiedler ['aʊsziːdlər] *m (Auswanderer)* ymfudwr *g*; **~in** *f* ymfudwraig *b*.

aussöhnen ['aʊszøːnən] *vt* cymodi.

♦ *vr* ymgymodi â'ch gilydd; **sich mit dem Schicksal ~** dod i delerau â'ch tynged.

Aussöhnung *f* cymod *g*.

aussondern ['aʊszɔndərn] *vt* gwahanu (dau beth), chwynnu, neilltuo.

Aussonderung *f* neilltuaeth *b*.

aussortieren ['aʊszɔrtiːrən] *vt* didoli, gwahanu, dethol.

ausspannen ['aʊsʃpanən] *vt (Pferd)* dadfachu, datglymu; *(ugs: Mädchen, Freund)* **jdm jdn ~** pinsio cariad rhn.

♦ *vi (sich entspannen)* gorffwys, ymlacio.

aussparen ['aʊsʃpaːrən] *vt* gadael yn wag.

aussperren ['aʊsʃpɛrən] *vt* cloi allan.

ausspielen ['aʊsʃpiːlən] *vt (Karte)* chwarae'r cerdyn cyntaf; *(Gewinne)* cynnig yn wobr; **jdn gegen jdn ~** gosod rhn yn erbyn rhn arall.

♦ *vi (Kartenspiel)* mynd yn gyntaf; **ausgespielt haben** bod wedi gorffen/darfod.

ausspionieren ['aʊsʃpioˈniːrən] *vt (Pläne usw)* ysbïo; *(Person)* ysbïo (ar).

Aussprache ['aʊsʃpraːxə] (-, -n) *f* ynganiad *g*, cynaniad *g*; *(Akzent)* acen *b*; *(Streit)* **eine offene ~** siarad *g* plaen.

aussprechen ['aʊsʃprɛçən] *irreg vt* ynganu, cynanu; *(äußern)* mynegi; **der Regierung das Vertrauen ~** bwrw pleidlais o hyder yn y llywodraeth.

♦ *vr (sich anvertrauen)* ymagor, dweud eich cyfrinach; *(diskutieren)* trafod; **sich ~ über** *+akk* siarad am.

♦ *vi (zu Ende sprechen)* gorffen siarad.

Ausspruch ['aʊsʃprʊx] *m* sylw *g*, mynegiad *g*; *(geflügeltes Wort)* dywediad *g*, ymadrodd *g*.

ausspucken ['aʊsʃpʊkən] *vt* poeri allan.

♦ *vi* poeri.

ausspülen ['aʊsʃpyːlən] *vt* golchi'n lân; *(Mund)* golchi.

ausstaffieren ['aʊsʃtafiːrən] *vt* cyfarparu; *(Zimmer)* dodrefnu.

Ausstand ['aʊsʃtant] (-(e)s, ̈-e) *m* streic *b*; **in den ~ treten** mynd ar streic.

ausstatten ['aʊsʃtatən] *vt* darparu, donio; *(Zimmer)* dodrefnu; *(Person)* **jdn mit etw ~** cyfarparu rhn â rhth.

Ausstattung *f (Kleidung)* pâr *g* o ddillad; *(Aussteuer)* gwaddol *g*; *(Aufmachung)* cyflwyniad *g*; *(Einrichtung)* dodrefnu *g*.

ausstechen ['aʊsʃtɛçən] *irreg vt (Augen)* tynnu; *(Kekse)* torri allan; *(Rasen, Graben)* torri, cloddio; *(Torf)* codi; *(übertreffen)* rhagori ar.

ausstecken ['aʊsʃtɛkən] *vt (ELEKT)* datgysylltu.

ausstehen ['aʊsʃteːən] *irreg vt* goddef, haru.

♦ *vi (noch nicht dasein)* heb gyrraedd/ddigwydd hyd yn hyn; **seine Antwort steht noch aus** rydym yn dal i aros am ei ateb.

aussteigen ['aʊsʃtaɪgən] *irreg vi (+sein)* disgyn, mynd allan (o gerbyd/bws *ayb*); **alles ~!** *(von Schaffner)* pawb allan! **aus der Gesellschaft ~** gwrthgilio o'r gymdeithas; **~ lassen** *(SPORT)* ochrgamu.

ausstellen ['aʊsʃtɛlən] *vt* arddangos; *(ugs: ausschalten)* troi/rhoi i ffwrdd; *(Rechnung, Scheck)* llenwi; *(Pass, Zeugnis)* rhoi.

Aussteller (-s, -) *m (auf Messe)* arddangoswr *g*; *(von Scheck)* codwr *g*.

Ausstellung (-, -en) *f* arddangosfa *b*, sioe *b*; *(Pass,*

Zeugnis) darparu *g*, rhoi *g*; *(einer Rechnung)* llenwi *g*.

Ausstellungs- *kompos:* **~datum** *nt* dyddiad *g* cyflenwi; **~stück** *nt* eitem *b* nid yw ar werth.

aussterben ['aʊsʃtɛrbən] *irreg vi (+sein)* darfod, diflannu.

Aussterben *nt* marwolaeth *b*, diwedd *g*.

Aussteuer ['aʊsʃtɔʏər] *f* gwaddol *g*.

aussteuern ['aʊsʃtɔʏərn] *vt (Verstärker)* cymhwyso, addasu.

Ausstieg ['aʊsʃtiːk] *m* allanfa *b*; **~ aus der Atomenergie** tynnu'n ôl o ynni niwclear.

ausstopfen ['aʊsʃtɔpfən] *vt* stwffio.

ausstoßen ['aʊsʃtoːsən] *irreg vt (Luft, Rauch)* gollwng, rhyddhau, tarthu; *(verbannen)* diaelodi, taflu allan; *(IND: herstellen)* cynhyrchu; **einen Schrei ~** rhoi gwaedd.

ausstrahlen ['aʊsʃtraːlən] *vt* disgleirio, llewyrchu; *(RADIO, TV)* darlledu; *(Person)* **sie strahlt Freude aus** mae hi'n llenwi'r lle â llawenydd.

Ausstrahlung (-, -en) *f* tywynnu *g*, disgleirio *g*; *(fig)* carisma *g*; **erotische ~** apêl *b* rywiol.

ausstrecken ['aʊsʃtrɛkən] *vt, vr* estyn, ymestyn.

ausstreichen ['aʊsʃtraɪçən] *irreg vt* dileu, croesi allan; *(glätten)* llyfnu.

ausstreuen ['aʊsʃtrɔʏən] *vt* gwasgaru; *(fig: Gerücht)* lledaenu, taenu.

ausströmen ['aʊsʃtrøːmən] *vi (+sein) (Gas)* dianc.

♦ *vt* rhyddhau, gollwng; *(fig)* disgleirio, llewyrchu; **ihre Miene strömte Glückseligkeit aus** roedd dedwyddwch yn disgleirio o'i llygaid.

aussuchen ['aʊszuːxən] *vt* dewis, dethol, pigo.

austarieren ['aʊstariːrən] *vt* lefelu, mantoli.

Austausch ['aʊstaʊʃ] *m* cyfnewid *g*.

austauschbar *adj* cyfnewidiadwy.

austauschen ['aʊstaʊʃən] *vt* cyfnewid, amnewid.

Austausch- *kompos:* **~motor** *m* peiriant *g* newydd, modur *g* amnewid; **~schüler** *m* disgybl *g* cyfnewid; **~student** *m* myfyriwr *g* cyfnewid.

austeilen ['aʊstaɪlən] *vt* dosbarthu, rhannu; *(Karten)* delio.

Auster ['aʊstər] (-, -n) *f* wystrysen *b*.

austoben ['aʊstoːbən] *vr (Kind)* gollwng stêm; *(zornig sein)* mynd yn wyllt; *(Sturm)* chwythu ei phlwc; *(sich müde machen)* blino'n lân, ymlâdd.

austragen ['aʊstraːgən] *irreg vt (Post)* dosbarthu, cario; *(Wettkampf)* cynnal; **einen Streit ~** ymryson; **ein Kind ~** cael plentyn.

Austräger ['aʊstrɛːgər] *m (von Zeitung)* bachgen *g* papur newydd.

Austragungsort *m* ymrysonfa *b*.

Australien [aʊsˈtraːliən] (-s, *kein pl*) *nt (GEOG)*

Awstralia.

Australier (-s, -) *m* (**~in** *f*) Awstraliad *g*.

australisch [aʊsˈtrɑːlɪʃ] *adj* Awstralaidd.

austreiben [ˈaʊstraɪbən] *irreg vt* (*vertreiben*) erlid, gyrru ymaith; **jdm etw ~** annog rhn i roi'r gorau i rth.

♦ *vi* (*Pflanze*) blaguro, egino.

austreten [ˈaʊstreːtən] *irreg vi* (*+sein*) (*aus Schule, Verein*) gadael; (*zur Toilette*) cael eich esgusodi; (*Wasser*) gollwng; **aus einem Amt ~** ymddiswyddo.

♦ *vt* (*+haben*) (*Feuer*) sathru ar dân i'w ddiffodd; (*Schuhe, Treppe usw*) treulio.

austricksen [ˈaʊstrɪksən] *vt* (*ugs: SPORT, fig*) twyllo.

austrinken [ˈaʊstrɪŋkən] *irreg vt* (*Glas*) gwagio.

♦ *vi* gorffen, gwagio'ch gwydryn.

Austritt [ˈaʊstrɪt] (-(e)s, -e) *m* (*aus Verein, Partei*) ymddeoliad *g*; (*Gas*) gollyngiad *g*.

austrocknen [ˈaʊstrɔknən] *vt* (*+haben*), *vi* (*+sein*) sychu, crasu.

austüfteln [ˈaʊstʏftəln] *vt* (*ugs*) gweithio allan, dyfeisio.

ausüben [ˈaʊsʔyːbən] *vt* (*Beruf*) dilyn; (*innehaben: Amt*) dal; (*Funktion*) cyflawni; (*Einfluss*) dylanwadu ar; **einem Reiz auf jdn ~** bod yn ddeniadol i rn; **eine Wirkung auf jdn ~** cael effaith ar rn; **Druck auf jdn ~** rhoi pwysau ar rn.

Ausübung *f* ymarfer *gb*; **in ~ seines Dienstes** wrth gyflawni ei swydd; **in ~ seiner Pflicht** wrth gyflawni ei ddyletswydd.

ausufern [ˈaʊsʔuːfərn] *vi* (*+sein*) (*fig*) mynd yn rhemp, mynd dros ben llestri; (*Konflikt*) gwaethygu, dwysáu.

Ausverkauf [ˈaʊsfɛrkauf] *m* arwerthiant *g*, sêl *g*.

ausverkaufen [ˈaʊsfɛrkaufən] *vt* gwerthu i gyd; (*Geschäft*) gwerthu i gyd.

ausverkauft *adj* (*Vorstellung, Ware*) wedi gwerthu'r cwbl; (*THEAT: Haus*) llawn.

auswachsen [ˈaʊsvaksən] *irreg vi* (*+sein*): **das ist zum A~!** (*ugs*) mae'n ddigon i'ch gyrru'n wallgof.

Auswahl [ˈaʊsvɑːl] (-, *kein pl*) *f* amrywiaeth *gb*, dewis *g*.

auswählen [ˈaʊsvɛːlən] *vt* dewis, dethol, pigo.

Auswahl- *kompos:* **~möglichkeit** *f* dewis *g*; **~spiel** *nt* (*SPORT*) prawf *g*.

Auswanderer [ˈaʊsvandərər] (-s, -) *m* allfudwr *g*, ymfudwr *g*.

Auswanderin *f* allfudwraig *b*, ymfudwraig *b*.

auswandern [ˈaʊsvandərn] *vi* (*+sein*) allfudo, ymfudo.

Auswanderung (-, -en) *f* allfudiad *g*.

auswärtig [ˈaʊsvɛrtɪç, -ɪk] *adj* allanol; (*ausländisch*) tramor; **~er Prüfer** arholwr *g* allanol; **das A~e Amt**[D] (*POL*) y Swyddfa *b* Dramor.

auswärts [ˈaʊsvɛrts] *adv* allan; (*SPORT*) oddi cartref; (*nach außen*) tuag (at) allan; **~ essen** bwyta allan.

Auswärtsspiel (-(e)s, -e) *nt* gêm *b* oddi cartref.

auswaschen [ˈaʊsvaʃən] *irreg vt* golchi'n lân; (*spülen*) streulio, tynnu trwy ddŵr; (*GEOL*) erydu.

auswechseln [ˈaʊsvɛksəln] *vt* cyfnewid, newid.

Ausweg [ˈaʊsveːk] (-(e)s, -e) *m* (*fig*) ffordd *b* allan, ateb *g*; **der letzte ~** y gobaith *g* olaf.

ausweglos *adj* anobeithiol.

Ausweglosigkeit *f* anobaith *g*, cors *b*.

ausweichen [ˈaʊsvaɪçən] *irreg vi* (*+sein*) symud i wneud lle; (*fig*) osgoi.

ausweichend *adj* di-ddal, gochelgar.

Ausweichmanöver (-s, -) *nt* gweithred *b* (er mwyn) osgoi.

ausweinen [ˈaʊsvaɪnən] *vr* arllwys eich cwd, beichio crïo.

Ausweis [ˈaʊsvaɪs] (-es, -e) *m* cerdyn *g* adnabod; (*Mitglieds~*) cerdyn aelodaeth; (*Bibliotheks~*) cerdyn; **~, bitte!** ga'i weld eich dogfennau, os gwelwch yn dda.

ausweisen [ˈaʊsvaɪzən] *irreg vt* alltudio, gyrru o'r wlad.

♦ *vr* profi'ch hunaniaeth.

Ausweis- *kompos:* **~karte**[D] *f* dogfennau *ll* adnabod; **~kontrolle** *f* archwiliad *g* pasport, gwiriad *g* pasport; **~papiere** *pl* dogfennau *ll* adnabod.

Ausweisung *f* diarddeliad *g*, alltudiaeth *b*.

ausweiten [ˈaʊsvaɪtən] *vt* ehangu, lledu.

Ausweitung *f* chwyddiant *g*.

auswendig [ˈaʊsvɛndɪç, -ɪk] *adv* ar gof; **~ lernen** dysgu ar gof.

auswerfen [ˈaʊsvɛrfən] *irreg vt* (*Anker, Netz*) bwrw, castio.

auswerten [ˈaʊsvɛrtən] *vt* (*beurteilen*) asesu, mesur a phwyso; (*analysieren*) dadansoddi.

Auswertung *f* dadansoddiad *g*; (*Nutzung*) defnyddio *g*.

auswickeln [ˈaʊsvɪkəln] *vt* (*Bonbon usw*) agor, dadlapio.

auswinden [ˈaʊsvɪndən] *vt* gwasgu.

auswirken [ˈaʊsvɪrkən] *vr*: **sich ~ auf** *+akk* cael effaith ar, effeithio ar.

Auswirkung (-, -en) *f* effaith *b*, dylanwad *g*.

auswischen [ˈaʊsvɪʃən] *vt* glanhau o'r tu mewn; **jdm eins ~** (*ugs*) twyllo rhn.

Auswuchs [ˈaʊsvuks] (-es, ¨-e) *m* (*fig*) rhemp *b*; (*Missstand, Übersteigerung*) gormodedd *g*; **das sind Auswüchse seiner Fantasie** ffrwyth ei ddychymyg gorliwgar yw hynny; **Auswüchse annehmen** mynd yn ormod.

auswuchten [ˈaʊsvuxtən] *vt* (*AUTO: Reifen*) mantoli,

gwrthbwyso.

auszahlen ['aʊstsaːlən] *vt* talu; *(Arbeiter)* talu yn llwyr; **jdn ~** *(JUR)* prynu cyfran rhn.

♦ *vr (sich lohnen)* bod yn werth chweil; **Verbrechen zahlt sich nicht aus** nid yw troseddu'n talu.

auszählen ['aʊstsɛːlən] *vt (Stimmen)* cyfrif; *(beim Boxen)* rhoi'r cownt i.

auszeichnen ['aʊstsaɪçnən] *vt* anrhydeddu, rhoi gwobr i rth; *(MIL)* arwisgo; *(COMM)* prisio.

♦ *vr* amlygu'ch hun, disgleirio; **der Wagen zeichnet sich durch ... aus** un o brif nodweddion y car ydy…

Auszeichnung (-, -en) *f* arbenigrwydd *g*, bri *g*; *(Preis)* gwobr *b*; *(Ehrung)* anrhydeddu *g*; *(Ehre)* anrhydedd *gb*; *(Orden)* arwisgiad *g*; **mit ~** gyda chlod; *(UNIV)* dosbarth *g* cyntaf.

ausziehbar *adj (TECH)* telesgopig, estynadwy.

ausziehen ['aʊstsiːən] *irreg vt (+haben) (Kleidung)* diosg, dihatru; *(Tisch)* tynnu allan.

♦ *vr (+haben)* dadwisgo, tynnu oddi amdanoch.

♦ *vi (+sein) (aus Wohnung)* symud allan; *(geh, selten: aufbrechen)* mynd; **zur Jagd ~** mynd i hela.

Auszubildende *m/f* hyfforddai *g*; *(Handwerker)*[D] prentis *g*.

Auszug ['aʊstsuːk] (-(e)s, ¨-e) *m (aus Wohnung)* ymfudiad *g*, symud *g*; *(aus Buch)* sampl *b*, dyfyniad *g*; *(Konto~)* cyfriflen *b*, adroddiad *g* banc.

auszupfen ['aʊstsʊpfən] *vt* plycio.

autark [aʊ'tark] *adj* hunanddigonol, hunangynhaliol.

authentisch [aʊ'tɛntɪʃ] *adj* dilys.

Authentizität [aʊtɛntitsiˈtɛːt] *f* dilysrwydd *g*.

autistisch [aʊ'tɪstɪʃ] *adj* awtistig.

Auto ['aʊto] *nt* car *g*; **mit dem ~ fahren** mynd yn y car; **~ fahren** gyrru, moduro.

Autoatlas ['aʊto'ʔatlas] (- *oder* -ses, -atlanten) *m* llyfr *g* mapiau.

Autobahn ['aʊtobaːn] *f* trafffordd *b*.

Autobahn- *kompos:* **~dreieck** *nt* cyffordd *b* ar y drafffordd; **~kreuz** *nt* croesffordd *b* ar y drafffordd; **~zubringer** *m* ffordd *b* gyswllt.

Autobiografie [aʊtobiograˈfiː] *f* hunangofiant *g*.

Auto- *kompos:* **~bombe** *f* bom *gb* car; **~bus** *m* bws *g*; *(Reisebus)* coets *b*.

autochthon [aʊtɔx'toːn] *adj* brodorol.

autodidaktisch [aʊtodiˈdaktɪʃ] *adj* hunanddysgedig.

Autodrom [aʊto'droːm] *nt* bympar *gb* (ar ffair).

Auto- *kompos:* **~fähre** *f* fferi *b* geir; **~fahrer** *m* gyrrwr *g*, modurwr *g*; **~fahrerin** *f* gyrwraig *b*; **~fahrt** *f* tro *g* mewn car; **~friedhof** *m* tomen *b* geir.

autogen [aʊto'geːn] *adj* hunanweithredol,

annibynnol; **~es Training** ymarfer ymlacio.

Autogramm [aʊto'gram] *nt* llofnod *g*.

Autoindustrie *f* diwydiant *g* ceir.

Autokrat [aʊto'kraːt] (-en, -en) *m* awtocrat *g*.

Automat [aʊto'maːt] (-en, -en) *m* peiriant *g* awtomatig; *(Getränke, Zigaretten)* peiriant *g* gwerthu; *(Spiel~)* lleidr *g* unfraich.

Automatik [aʊto'maːtɪk] *f* peirianwaith *g* awtomatig; *(AUTO)* system drawsyrru awtomatig.

automatisch [aʊto'maːtɪʃ] *adj* awtomatig, peiriannol; **~e Steuerung** awtopeilot *g*.

automatisieren [aʊtomatiˈziːrən] *vt* awtomateiddio.

Automatisierung *f* awtomatiaeth *b*, awtomasiwn *g*.

Automechaniker *m* dyn *g* y garej.

Automobil- [aʊtomoˈbiːl] *kompos:* **~ausstellung** *f (COMM)* arddangosfa *b* geir; **~industrie** *f* diwydiant *g* ceir.

autonom [aʊto'noːm] *adj* awtonomaidd, ymreolus.

Autonomie [aʊtono'miː] *f* hunanlywodraeth *b*, ymreolaeth *b*.

Autopilot ['aʊtopiloːt] (-en, -en) *m* awtopeilot *g*.

Autopsie [aʊtɔp'siː] *f (MED)* post-mortem *g*, awtopsi *g*.

Autor ['aʊtɔr] (-s, -en) *m* awdur *g*, ysgrifennwr *g*.

Auto- *kompos:* **~radio** *nt* radio *g* car; **~reifen** *m* teiar *g*; **~reisezug** *m* trên *g* i geir; **~rennen** *nt* ras *b* geir.

Autorin [aʊ'toːrɪn] (-, -nen) *f* awdures *b*.

autoritär [aʊtoriˈtɛːr] *adj* awdurdodaidd, awdurdodus; *(Erziehung)* llym.

Autorität [aʊtoriˈtɛːt] *f* awdurdod *gb*; *(Spezialist)* arbenigwr *g*; **er ist eine ~ auf dem Gebiet** mae'n arbenigwr yn y maes.

autoritativ [aʊtoritaˈtiːf] *adj* awdurdodol.

Autoschlange *f (ugs)* rhes *b* o geir.

Autostopp ['aʊtoʃtɔp] *m:* **per ~ fahren** ffawdheglu, bodio.

Autostopper(in) *m(f)* ffawddheglwr(aig) *g(b)*.

Auto- *kompos:* **~straße** *f* ffordd *b* ddeuol; **~telefon** *nt* ffôn *g* mewn car; **~unfall** *m* damwain *b* car; **~verleih** *m*, **~vermietung** *f* cwmni *g* llogi ceir; **~waschanlage** *f* golchfa *b* geir.

avanti[A] [a'vanti] *ebych* ymlaen â ni!

AvD[D] *m abk (= Automobilclub von Deutschland)* Cymdeithas Foduro'r Almaen, ≈ RAC.

Aversion [avɛrziˈoːn] (-, -en) *f* casbeth *g*.

axial [aksiˈaːl] *adj* echelinol.

Axiom [aksiˈoːm] (-s, -e) *nt* gwyddor *b*.

Axt [akst] (-, ¨-e) *f* bwyall *b*.

AZ, Az. *abk = Aktenzeichen.*

Azetat *nt = Acetat.*

Azeton *nt = Aceton.*

Azoren [a'tsoːrən] *pl (GEOG)* yr Asores *ll*.

Azteke [ats'teːkə] (-n, -n) *m* Astec *g*.

aztekisch [atsˈteːkɪʃ] *adj* Astec.
Azubi[D] [aˈtsuːbi] *m/f abk (ugs)* = **Auszubildende**.

B

B¹, b [be:] *nt* B, b *b*; **~ wie Bertha** B am Bertha.

B² *f abk* = **Bundestraße.**

B³ *nt (MUS)* **B-Dur/b-Moll** b fflat fwyaf/leiaf.

Baby ['be:bɪ] (-s, -s) *nt* babi *g*, baban *g*.

Baby- *kompos:* **~ausstattung** *f* dillad *ll* baban; **~nahrung** *f* bwyd *g* babi.

babysitten *vi* gwarchod baban.

Babysitter(in) *m(f)* gwarchodwr(aig) *g(b)* plant.

Baby- *kompos:* **~speck** *m (ugs)* bloneg *g* glasoed; **~wäsche** *f* dillad *g/ll* baban.

Bach [bax] (-(e)s, ˙-e) *m* nant *b*, ffrwd *b*.

Bache *f (ZOOL)* tyrches *b*.

Bachstelze *f (ZOOL)* siglen *b* wen, sigl-i-gwt *g*.

Backblech ['bakblɛç] (-(e)s, -e) *nt* hambwrdd *g* crasu.

Backbord ['bakbɔrt] (- *oder* -s, *kein pl*) *nt (NAUT)* y llaw *b* chwith.

Backe ['bakə] (-, -n) *f* boch *b*, cern *b*.

backen *irreg vt, vi* pobi, crasu; **frisch gebackenes Brot** bara *g* ffres.

Backen- *kompos:* **~bart** *m* locsyn *g* clust; **~knochen** *m (ANAT)* cern *b*; **~zahn** *m* cilddant *g*, dant *g* malu.

Bäcker ['bɛkər] *m* pobydd *g*, pasteiwr *m*.

Bäckerei (-, -en) *f (Gebäck)* teisennau *ll*; *(~laden)* siop *b* fara, popty *g*.

Bäckerin *f* pobwraig *b*, pobyddes *b*.

Bäckerjunge (-n, -n) *m (Lehrling)* cyw-bobydd *g*.

Back- *kompos:* **~fisch** *m* pysgod *ll* pob; *(fig: Teenagerin)* merch *b* yn ei harddegau; **~form** *f* tun *g* pobi; **~huhn** *nt* cyw iâr wedi ei ffrïo mewn briwsion bara; **~obst**ᴰ *nt* ffrwythau *ll* sych; **~ofen** *m* popty *g*, ffwrn *b*; **~pfeife**ᴰ *f* bonclust *g*, cernod *b*; **~pflaume**ᴰ *f* eirinen *b* sych, prwnsen *b* sych; **~pinsel** *m* brws *g* crwst; **~pulver** *nt* powdr *g* codi; **~rohr** *nt* popty *g*, ffwrn *b*; **~stein** *m* priddfaen *g*, bricsen *b*; **~teig** *m* cytew *g*.

Backup *nt (COMP)* copi *g* cadw.

Backup-Datei *f (COMP)* ffeil *b* wrth gefn.

Bad [ba:t] (-(e)s, ˙-er) *nt* bath *g*, baddon *g*; *(Badezimmer)* ystafell *b* ymolchi; *(Schwimm~)* pwll *g* nofio; *(Thermal~)* ffynnon *b* boeth; *(Ort)* tref *b* ffynhonnau, sba *g*; **ein ~ nehmen** cael bath.

Bade- *kompos:* **~anstalt** *f* sba *b*, baddondy *g*; **~anzug** *m* siwt *b* nofio; **~haube**ᴬ *f* cap *g* nofio; **~hose** *f* trowsus *g* nofio; **~kappe**ᴰ *f* cap *g* nofio; **~mantel** *m* gŵn *g* ymdrochi; **~meister** *m* achubwr *g* bywydau; **~mütze**ᴰ *f* cap *g* nofio.

baden ['ba:dən] *vi* cael bath, bathio, ymdrochi.

◆ *vt* rhoi bath i.

Badende *m/f* ymdrochwr(aig) *g(b)*.

Bade- *kompos:* **~ort** *m* tref *b* ffynhonnau, sba *g*; **~sachen** *pl* dillad *ll* nofio; **~schwamm** *m* sbwng *g* ymolchi; **~strand** *m* traeth *g*; **~tuch** *nt* lliain *g* mawr, tywel *g* bath; **~wanne** *f* bath *g*, baddon *g*, twbyn *g*.

Badewannenrand *m* rhimyn *g* bath.

Badezimmer *nt* ystafell *b* ymolchi.

Badminton *nt* badminton *g*.

baff [baf] *adj:* **~ sein** *(ugs)* bod yn fud gan syndod.

Bafögᴰ *nt abk (= Bundesausbildungsförderungsgesetz)* system grantiau i fyfyrwyr yr Almaen; **sie sucht um ~ an** mae hi'n ceisio am grant.

Bagatelle [baga'tɛlə] (-, -n) *f* peth *g* dibwys.

Bagger ['bagər] (-s, -) *m* turiwr *g*; *(NAUT)* carthlong *b*.

baggern *vt, vi* turio, tyrchu; *(NAUT)* carthu; *(ugs für arbeiten)* gweithio.

Baggersee (-s, -n) *m* pwll graean llawn dŵr.

Baguette *f oder nt* bara *g* Ffrengig, torth *b* hir.

Bahamas [ba'ha:mas] *pl:* **die ~** *(GEOG)* y Bahamas *ll*; **auf den ~** yn y Bahamas.

bähenᴬˢ [bɛ:ən] *vt* crasu, tostio.

Bahn [ba:n] (-, -en) *f* llwybr *g*, ffordd *b*; *(Eisen~)* rheilffordd *b*; *(Spur)* lôn *b*; *(Renn~)* rhedfa *b*, trac *g*; *(ASTRON)* cylchdro *g*; *(Stoff~)* darn *g*, stribyn *g*; **mit der ~** ar y trên; **~ frei!** allan o'r ffordd! **jdm die ~ frei machen** *(fig)* braenaru'r tir ar gyfer rhn; **jdn aus der ~ werfen** drysu rhn yn lân.

Bahnbeamte *m* swyddog *g* rheilffordd.

bahnbrechend *adj* arloesol; **~e Fortschritte machen** torri tir newydd.

Bahnbrecher(in) *m(f)* arloeswr(aig) *g(b)*.

Bahndamm *m* arglawdd *g* rheilffordd.

bahnen *vt:* **sich** *dat* **einen Weg ~** gwthio eich ffordd drwodd.

Bahnfahrt *f* taith *b* drên.

Bahnhof ['ba:nho:f] (-(e)s, ˙-e) *m* gorsaf *b*, stesion *b*; **auf dem ~** yn yr orsaf; **ich verstehe nur ~** *(ugs)* nid wyf yn deall yr un gair, mae'r cyfan yn ddryswch i mi.

Bahnhofs- *kompos:* **~buffet** *nt* bwyty *g* mewn gorsaf; **~halle** *f* cyntedd *g* yr orsaf; **~mission** *f* cymdeithas elusennol i helpu teithwyr y rheilffordd; **~vorsteher** *m* gorsaf-feistr *g*; **~wirtschaft**ᴰ *f* bwyty *g* mewn gorsaf drên.

bahnlagernd *adj (COMM)* i'w gasglu o'r orsaf.

Bahn- *kompos:* **~linie** *f* rheilffordd *b;* **~schranke** *f* clwyd *b* ar groesfan rheilffordd; **~steig** *m* platfform *g.*

Bahnsteigkarte (-, **-n**) *f* tocyn *g* platfform.

Bahnstrecke *f* llinell *b* rheilffordd.

Bahnübergang ['baːnyːbərgaŋ] (-(e)s, ˮ-e) *m* croesfan *b* rheilffordd; **beschrankter ~** croesfan rheilffordd gyda chlwyd; **unbeschrankter ~** croesfan rheilffordd heb glwyd.

Bahnwärter ['baːnvɛrtər] (-s, -) *m* gofalwr *g* signalau.

Bahre ['baːrə] (-, **-n**) *f* cludwely *g,* elor *b.*

Baiser [beˈzeː] (-s, -s) *nt* meringue *g.*

Baisse ['bɛːsə] (-, **-n**) *f (FIN: im Börsenmarkt)* cwymp *g.*

Bajonett [bajoˈnɛt] (-(e)s, -e) *nt* bidog *gb.*

Bajonett- *kompos:* **~fassung** *f (Glühbirne)* cap *g* bidog; **~verschluss** *m* caead *g* bidog.

Baked Beans *pl* ffa *ll* pob.

Bakelit® [bakeˈliːt] *nt* Bakelite®.

Bakterie [bakˈteːriə] *f* bacteriwm *g,* germ *g.*

Balance [baˈlɑ̃ːsə] (-, *kein pl*) *f* cydbwysedd *g,* balans *g.*

Balanceakt *m* act *b* falansio; *(fig)* ymgais *gb* i gadw'r ddysgl yn wastad.

balancieren [balɑ̃ˈsiːrən] *vt (+haben), vi (+sein)* cydbwyso, balansio.

bald [balt] *adv (zeitlich)* yn fuan, ymhen fawr o dro, cyn bo hir; *(beinahe)* bron; **ich hätte ~ etwas gesagt** bron i mi ddweud rhth; **bis ~** hyd nes ymlaen, tan toc; **~ darauf** yn fuan wedi hynny; **so ~ wie möglich** cynted bosibl, mor fuan â phosibl.

Baldachin ['baldaxiːn] *m* canopi *g.*

baldig ['baldɪç, -ɪk] *adj* buan; **~e Besserung** gwellhad *g* buan; **~e Genesung** adferiad *g* buan.

baldmöglichst *adv (möglichst bald)* cyn gynted ag y bo modd.

Baldrian ['baldriaːn] (-s, -e) *m (BOT)* triaglog *b.*

Balearen [baleˈaːrən] *pl:* **die ~** *(GEOG)* y Baleares *ll.*

Balg [balk] (-(e)s, ˮ-er) *m oder nt (ugs, pej: Kind)* cnaf *g,* cythraul *g* bach.

balgen ['balgən] *vr:* **sich ~ um** cwffio dros, ymgodymu dros.

Balkan ['balkaːn] (-s, *kein pl*) *m (GEOG)* **der ~** y Balcanau *ll.*

Balken ['balkən] *m* trawst *g; (Trag~)* hytrawst *g; (Stütz~)* postyn *g,* prop *g; (Grafik)* bar *g,* barlinell *b.*

Balkendiagramm *nt* siart *g* bar, graff *g* bar.

Balkon [balˈkoːn] (-s, -s *oder* -e) *m* balconi *g; (THEAT)* oriel *b,* galeri *b.*

Ball [bal] (-(e)s, ˮ-e) *m* pêl *b; (Tanz)* dawns *b.*

Ballade [baˈlaːdə] *f (LIT)* baled *b,* pryddest *b.*

Ballast [baˈlast, ˈbalast°] *m* llwyth *g,* baich *g,* bwrn *g;* **~ über Bord werfen** taflu'r balast i'r môr; *(fig)* cael gwared â'r hyn sydd yn ormod.

Ballaststoff *m (KOCH)* ffibr *g* naturiol.

Ballbesitz *m (SPORT)* meddiant *g.*

Ballen ['balən] (-s, -) *m (Stroh~)* belen *b,* swp *g; (ANAT)* pelen *b* y droed, cledr *b* y llaw.

ballen *vt (Faust)* cau, gwasgu; *(Kugel formen)* gwasgu rhth yn bêl.

♦ *vr (Wolken usw)* pentyrru, cynyddu; *(Menschen)* ymgasglu/hel mewn torf dyn.

Ballerina *f* dawnswraig *b* bale.

ballern ['balərn] *vi (ugs)* saethu, tanio.

Ballett [baˈlɛt] (-(e)s, -e) *nt* bale *g.*

Balett- *kompos:* **~tänzer** *m* dawnsiwr *g* bale; **~tänzerin** *f* dawnswraig *b* bale.

Ballistik [baˈlɪstɪk] (-, *kein pl*) *f* balisteg *b.*

ballistisch *adj* balistig.

Balljunge ['baljuŋə] (-n, -n) *m* codwr *g* pêl.

Ballkleid ['balklaɪt] (-(e)s, -er) *nt* gwisg *b* hwyrnos, gŵn *g.*

Ballon [baˈlõː] (-s, -s *oder* -e) *m* balŵn *gb.*

Ballonfahrer(in) *m(f)* balwnydd *g.*

Ballsaal *m* neuadd *b* ddawnsio.

Ballspiel ['balʃpiːl] (-(e)s, -e) *nt* gêm *b* bêl.

Ballung ['baluŋ] (-, **-en**) *f* crynhoad *g; (von Energie)* cynnydd *g.*

Ballungs- *kompos:* **~gebiet** *nt,* **~raum** *m* cytrefiad *g,* clymdref *b;* **~zentrum** *nt* canolfan *b* (poblogaeth, diwydiant *ayb*).

Balsaholz ['balzahɔlts] *nt* pren *g* balsa.

Balsam ['balzaːm] *m* balm *g.*

Baltikum ['baltɪkum] (-s, *kein pl*) *nt (GEOG)* **das ~** y Baltig *g.*

baltisch ['baltɪʃ] *adj* Baltig.

Balustrade [baluˈstraːdə] *f (Brüstung)* balwstrad *g.*

Balz [balts] (-, **-en**) *f (von Vögeln)* arddangosiad *g* paru; *(Paarungszeit)* tymor *g* paru.

Bambus ['bambus] (-ses, -se) *m (BOT)* bambŵ *g.*

Bambus- *kompos:* **~rohr** *nt* ffon *b* fambŵ; **~vorhang** *m (POL)* y Llen *b* Fambŵ.

Bammel° ['baməl] (-s, *kein pl*) *m (ugs)* **(einen) ~ vor etw haben** bod ag ofn rth arnoch.

banal [baˈnaːl] *adj* cyffredinol, mân, dibris.

Banalität [banaliˈtɛːt] (-, **-en**) *f* cyffredinedd *g.*

Banane [baˈnaːnə] (-, **-n**) *f* banana *b.*

Bananen- *kompos:* **~schale** *f* croen *g* banana; **~stecker** *m (ELEKT)* plwg *g* banana.

Banause [baˈnauzə] (-n, -n) *m* Philistiad *g.*

Band¹ [bant] (-(e)s, ˮ-e) *m (Buch~)* cyfrol *b;* **das spricht Bände** mae hynny'n esbonio'r cyfan.

Band² (-(e)s, ˮ-er) *nt* rhuban *g,* band *g,* incil *g; (Binde)* rhwymyn *g; (Ton~)* tâp *g; (Fließ~)* cludfelt *g,* rhes *b* gydosod; *(ANAT)* gewyn *g*; *(RADIO)* ystod *b*; *(von Fass)* cylchyn *g*; **etw auf ~ aufnehmen** tapio rhth; **am laufenden ~** *(ugs)* dro ar ôl tro, yn fynych, byth a hefyd.

Band³ (-(e)s, -e) *nt (Freundschaft)* rhwym *g*; **~e** *pl* rhwym; *(Fessel)* rhwymyn *g*, hual *g*, gefyn *g*.

Band⁴ [band] (-, -s) *f* band *g*, grŵp *g* pop; **in einer ~ spielen** chwarae mewn band.

band *vb vgl.* **binden.**

Bandage [banˈdaːʒə] (-, -n) *f* rhwymyn *g*, cadach *g*.

bandagieren [bandaˈʒiːrən] *vt* rhwymo, strapio.

Bandbreite [ˈbantbraɪtə] (-, -n) *f* rhychwant *g*, ystod *b*.

Bande¹ [ˈbandə] (-, -n) *f (Billiard, Eishockey usw)* ymyl *gb* mewnol.

Bande² (-, -n) *f (Straßen~)* gang *g*, pac *g*.

bändigen [ˈbɛndɪgən] *vt (Tier)* dofi; *(Trieb, Leidenschaft)* meistroli, rheoli, ffrwyno.

Bandit [banˈdiːt] (-en, -en) *m* bandit *g*, herwr *g*, lleidr *g*.

Band- *kompos:* **~maß**ᴰ *nt* tâp *g* mesur, incil *g* mesur; **~nudeln** *pl* tagliatelle *g*; **~säge** *f* cylchlif *b*; **~scheibe** *f (ANAT)* disg *g*.

Bandscheibenschaden *m* disg *g* wedi llithro.

Bandwurm *m (ZOOL)* llyngyren *b*.

bang [baŋ] *adj* = **bange; mir ist angst und ~** mae arna i ofn.

bange [ˈbaŋə] *adj* ofnus, brawychus; *(besorgt)* pryderus; **mir wird es ~** rwy'n dechrau ofni; **mir ist ~** mae ofn arna i; **jdm B~ machen** codi ofn ar rn.

Bangemacher [ˈbaŋəmaxər] *m* codwr *g* bwganod.

bangen *vi:* **~ um** *+akk* pryderu am, poeni ynghylch.

Banjo [ˈbandʒo] (-s, -s) *nt* banjo *g*.

Bank¹ [baŋk] (-, ̈-e) *f (Sitz~)* mainc *b*, sêt *b*; *(Sand~)* traethell *b*, banc *g* tywod; **etw auf die lange ~ schieben** *(ugs)* gohirio gwneud rhth.

Bank² (-, -en) *f (FIN)* banc *g*; **Geld auf der ~ haben** bod ag arian yn y banc.

Bank- *kompos:* **~anweisung** *f* archeb *b* banc; **~auftrag** *m* taliad *g* trwy'r banc; **~automat** *m* peiriant *g* arian; **~beamte** *m* clerc *g* banc; **~einlage** *f* arian *g* cadw.

Bänkellied [ˈbɛŋkəliːt] *nt* baled *b*.

Bankett [baŋˈkɛt] (-(e)s, -e) *nt (Essen)* gwledd *b*; *(Straßenrand)* ysgwydd *b*, ymyl *gb*.

Bank- *kompos:* **~fach** *nt (Schließfach)* coffor *g* adneuon; **~gebühr** *f* treuliau *ll* banc; **~geheimnis** *nt* cyfrinachedd *g* mewn bancio.

Bankier [baŋkiˈeː] (-s, -s) *m (FIN)* banciwr *g*.

Bank- *kompos:* **~konto** *nt* cyfrif *g* banc; **~leitzahl** *f* rhif *g* côd y banc; **~note** *f* papur *g* banc.

Bankomatᴬ *m* peiriant *g* arian, twll *g* yn y wal.

Bankomatkarteᴬ *f* cerdyn *g* arian parod.

Bankraub *m* lladrad *g* o'r banc.

bankrott [baŋˈkrɔt] *adj (COMM)* toredig, wedi methdalu.

Bankrott *m (FIN)* methdaliad *g*; **~ gehen** mynd yn fethdalwr, mynd i'r wal; **~ anmelden** datgan methdaliad.

Bankrotterklärung *f* datganiad *g* o fethdaliad.

Bankrotteur *m* methdalwr *g*.

Bank- *kompos:* **~schließfach** *nt* coffor *g* adneuon; **~überfall** *m* lladrad *g* banc.

Bann [ban] (-(e)s, -e) *m (HIST)* alltudiad *g*; *(Kirchen~)* esgymuniad *g*; *(fig: Zauber)* swyn *g*; **im ~ der Musik stehen** cael eich swyno gan ddarn o gerddoriaeth.

bannen [ˈbanən] *vt (bezaubern)* swyngyfareddu, hudo; *(HIST)* alltudio; *(Geister)* bwrw allan; **eine Gefahr ~** atal perygl.

Banner [ˈbanər] (-s, -) *nt* baner *b*, lluman *g*.

Baptist [bapˈtɪst] (-en, -en) *m (REL)* Bedyddiwr *g*; **~in** *f* Bedyddwraig *b*.

bar¹ [baːr] *präp +gen (geh: frei von)* prin o, heb; **~ aller Hoffnung** heb obaith yn y byd.

bar² *adj (unbedeckt)* noeth; **~er Unsinn** lol botes maip; **~es Geld** arian parod, arian sychion; **etw für ~e Münze nehmen** *(fig)* derbyn rhth ar ei olwg; **etw ~ bezahlen** talu am rth gydag arian parod.

Bar [baːr] (-, -s) *f* clwb *g* nos, bar *g*.

Bär [bɛːr] (-en, -en) *m* arth *b*; **jdm einen ~en aufbinden** *(ugs)* tynnu coes rhn.

Baracke [baˈrakə] (-, -n) *f* caban *g*, lluest *g*.

Barbar [barˈbaːr] (-en, -en) *m (~in f)* anwar *g*, barbariad *g*.

Barbarei *f* barbariaeth *b*, barbareiddiwch *g*.

barbarisch [barˈbaːrɪʃ] *adj* barbaraidd, anwar.

Barbestand *m* arian *g* mewn llaw.

Barbier *m* barbwr *g*.

Bardame (-, -n) *f* barforwyn *b*.

Barde *m* bardd *g*.

Bärenhunger (-s, *kein pl*) *m (ugs)* **einen ~ haben** bod ar eich cythlwng.

bärenstark *adj (ugs)* cyn gryfed ag arth.

Barett [baˈrɛt] *nt (Mütze)* beret *g*.

barfuß [ˈbaːrfuːs] *adj* troednoeth.

barg *vb vgl.* **bergen.**

Bargeld [ˈbaːrgɛlt] *nt* arian *g* parod.

bargeldlos *adj:* **~er Zahlungsverkehr** delio ar goel/gredyd.

barhäuptig *adj* pennoeth.

Barhocker *m* stôl *b* far.

Bärin *f* arthes *b*.

Bariton [ˈbaːrɪtɔn] (-s, -e) *m (MUS)* bariton *g*.

Barkauf *m* tâl *g* arian parod.

Barke *f (NAUT)* ysgraff *b*, bad *g*.
Barkeeper ['bɑːrkiːpər] *m* barmon *g*.
Barkredit *m* benthyciad *g* arian parod.
Barmädchen *nt* barforwyn *b*.
Barmann (-(e)s, ¨-er) *m* barmon *g*.
barmherzig [barm'hɛrtsɪç, -ɪk] *adj* trugarog, tosturiol.
Barmherzigkeit *f* trugaredd *b*, tosturi *g*.
barock *adj (fig)* baróc.
Barock [ba'rɔk] (-s *oder* -, *kein pl*) *m oder nt* baróc *g*.
Barograph [baro'grɑːf] (-en, -en) *m (MET)* barograff *g*.
Barometer [baro'meːtər] (-s, -) *nt* baromedr *g*; **das ~ steht auf Sturm** *(fig)* mae rhyw ddrwg yn y gwynt.
Baron [ba'roːn] (-s, -e) *m* barwn *g*.
Baroness *f* = **Baronesse.**
Baronesse [baro'nɛs] (-, -n) *f* barwnes *b*.
Baronet *m* barwnig *g*.
Baronin *f* = **Baronesse.**
Barren ['barən] (-s, -) *m (Sportgerät)* barrau *ll* cyflin; *(Gold~)* bar *g*, ingot *g*.
Barriere [bari'ɛːrə] (-, -n) *f* atalfa *b*, rhwystr *g*.
Barrikade [bari'kɑːdə] (-, -n) *f* baricad *g*.
barsch *adj* swta, cryg; **jdn ~ anfahren** ateb rhn yn swta/siarp.
Barsch [barʃ] (-s, -e) *m (ZOOL)* draenogiad *g*.
Barschaft *f* asedau *ll* rhydd, arian *g* parod.
Barscheck (-s, -s) *m (FIN)* siec *b* heb ei chroesi.
barst *vb vgl.* **bersten.**
Bart [bɑːrt] (-(e)s, ¨-e) *m* barf *b*, locsyn *g*; *(von Schlüssel)* blaen *g* allwedd.
bärtig ['bɛːrtɪç, -ɪk] *adj* barfog.
bartlos *adj* difarf.
Bartmeise *f (ZOOL)* titw *g* barfog.
Bar- *kompos:* **~vermögen** *nt* ased *g* rhydd; **~zahlung** *f* taliad *g* arian parod.
Basar [ba'zɑːr] (-s, -e) *m* basâr *g*.
Base¹ ['bɑːzə] (-, -n) *f (CHEM)* bas *g*.
Base²ᴰˢ (-, -n) *f (Kusine)*ᴰ cyfnither *b*; *(Tante)*ˢ modryb *b*.
Baseball *nt (SPORT)* pêl-fas *b*.
Basen *pl von* **Base** *oder* **Basis.**
BASIC *nt (COMP)* BASIC *gb*.
basieren [ba'ziːrən] *vt:* **~ auf** (+*dat*) seilio ar.
♦ *vi:* **~ auf** (+*dat*) bod yn seiliedig ar.
Basilika [ba'ziːlika] (-, -**Basiliken**) *f* basilica *g*, brenhinllys *g*.
Basilikum [ba'ziːlikʊm] (-s, *kein pl*) *nt* basil *g*.
Basis ['bɑːzɪs] (-, **Basen**) *f* sail *b*, sylfaen *gb*; *(MATH)* bôn *g*; **die ~** *(POL)* gwerin gwlad.
basisch ['bɑːzɪʃ] *adj (CHEM)* alcalïaidd.
Basis- *kompos:* **~demokratie** *f* democratiaeth *b* y werin; **~gruppe** *f* grŵp *g* gweithredu.

Baske ['baskə] (-n, -n) *m* Basgiad *g*.
Basken- *kompos:* **~land** *nt (GEOG)* Gwlad *b* y Basg; **~mütze** *f* beret *g*.
Basketball *nt* pêl-fasged *b*.
Baskin ['baskɪn] (-, -**nen**) *f* Basges *b*.
baskisch *adj* Basgaidd, Basg.
Baskisch *nt (Sprache)* Basgeg *b*.
Bass [bas] (-es, ¨-e) *m (Stimme, Instrument)* bas *g*; *(Sänger)* baswr *g*.
Bassin [ba'sɛ̃ː] (-s, -s) *nt (Schwimm~)* pwll *g* nofio.
Bassist [ba'sɪst] (-en, -en) *m* canwr *g* bas dwbl.
Bass- *kompos:* **~schlüssel** *m (MUS)* cleff *g* y bas; **~stimme** *f* bas *g*, isalaw *b*.
Bast [bast] (-(e)s, -e) *m* raffia *g*.
basta ['basta] *interj:* **(und damit) ~!** a dyna ddiwedd y gân!
basteln ['bastəln] *vt* gwneud (gartref).
♦ *vi* potsio; **an etw** *dat* **~** potsio gyda rhth.
Bastion *f (MIL)* bastiwn *g*.
Bastler *m* crefftwr *g* cartref.
BATᴰ *m abk* (= *Bundesangestelltentarif*) cyfradd gyflogau i weithwyr yn yr Almaen.
bat *vb vgl.* **bitten.**
Bataillon [batal'joːn] (-s, -e) *nt* bataliwn *g*.
Batik ['bɑːtik] (-s, -en) *m (TEX)* batic *g*.
Batist [ba'tɪst] (-(e)s, -e) *m (TEX)* lliain *g* main, camrig *g*.
Batterie [batə'riː] (-, -n) *f* batri *g*; *(MIL)* magnelfa *b*.
Batteriehuhn *nt* iâr *b* gaeth, iâr *b* fatri.
Bau¹ [bau] (-(e)s, *kein pl*) *m (Bauen)* adeiladu *g*; *(Aufbau)* adeiladwaith *g*; *(Körper~)* corffolaeth *b*, maint *g*; *(~stelle)* safle *g* adeiladu; **sich im ~ befinden** yn cael ei adeiladu.
Bau² (-(e)s, -**ten**) *m (Gebäude)* adeilad *g*, tŷ *g*; **im ~ sitzen** *(ugs)* bod yn y carchar.
Bau³ (-(e)s, -e) *m (Tier~)* twll *g*, gwâl *g*, ffau *b*; *(BERGB)* lefelydd *ll*.
Bau- *kompos:* **~arbeiten** *pl (Straßen~)* gwaith *g* ffordd; **~arbeiter** *m* labrwr *g* adeiladu, adeiladwr *g*.
Bauch [baux] (-(e)s, ¨-e) *m* bol *g*, tor *b*; *(ANAT)* stumog *b*, abdomen *g*; **sich** *dat* **vor Lachen den ~ halten** torri'ch bol gan chwerthin; **einen ~ ansetzen** magu bola; **sich den ~ voll schlagen** bwyta llond eich bol.
Bauch- *kompos:* **~ansatz** *m (Beginn eines Bauches)* dechrau *g* bol, bol *g* bach; **~fell** *nt (ANAT)* perfeddlen *b*.
bauchig ['bauxɪç, -ɪk] *adj* boliog.
Bauchlandung *f:* **eine ~ machen** *(fig)* methu'n llwyr.
Bauch- *kompos:* **~muskeln** *pl* cyhyrau *ll* yr abdomen; **~nabel** *m* bogail *gb*, botwm *g* bol; **~redner** *m* tafleisiwr *g*; **~schmerzen** *pl* poen *b* yn y bol, bol *g*

tost.

Bauchspeicheldrüse *f (ANAT)* pancreas *g*.

Bauchtanz *m* bolddawns *b*.

Bauchweh *nt* = **Bauchschmerzen**.

Baud-Rate [baut'ra:tə] *f (COMP)* cyfradd *b* baud.

Baudenkmal *nt* hynafiaeth *b*.

bauen ['bauən] *vt* adeiladu, codi; *(ugs: verursachen: Unfall)* achosi; **auf jdn/etw** ~ dibynnu ar rn/rth; **da hast du Mist gebaut** *(ugs)* rwyt ti wedi gwneud cawlach o bethau.

Bauer[1] ['bauər] **(-n** *oder* **-s, -n)** *m* ffermwr *g*, amaethwr *g*, hwsmon *g*; *(HIST, Schach)* gwerinwr *g*.

Bauer[2] **(-s, -)** *nt oder m (Vogelkäfig)* cawell *g* adar.

Bäuerchen ['bɔʏərçən] *nt (Kindersprache)* torri *g* gwynt.

Bäuerin ['bɔʏərɪn] **(-, -nen)** *f* ffermwraig *b*; *(Frau des Bauern)* gwraig *b* fferm.

bäuerlich *adj* gwerinol, gwladaidd.

Bauern- *kompos:* ~**brot** *nt* bara *g* cartref; ~**fängerei** *f* hoced *b*; ~**frühstück** *nt* brecwast *g* gyda selsig a chaws; ~**haus** *nt* ffermdy *g*, tŷ *g* fferm; ~**hof** *m* fferm *b*, buarth *g*; ~**küche** *f* cegin *b* wladaidd; ~**regel** *f (fig)* coelion *ll* tywydd.

Bauernschaft **(-, -en)** *f* ffermwyr *ll*, gwerin *b*.

Bauernschläue ['bauərnʃlɔʏə] *f* cyfrwyster *g* cynhenid.

Bauerntum *nt* gwerin *b*.

baufällig *adj* dadfeiliedig.

Baufälligkeit *f* adfeiliad *g*, dadfeiliad *g*.

Bau- *kompos:* ~**firma** *f* cwmni *g* adeiladu; ~**führer** *m* pen-gweithiwr *g*, fforman *g*; ~**gelände** *nt* safle *g* adeiladu; ~**genehmigung** *f* caniatâd *g* adeiladu; ~**gerüst** *nt* sgaffaldau *ll*; ~**herr** *m* trefnydd *g* adeiladu; ~**ingenieur** *m* peiriannydd *g* sifil.

Bauj. *abk* = **Baujahr**.

Bau- *kompos:* ~**jahr** *nt* blwyddyn *b* adeiladu; *(COMM)* blwyddyn *b* gwneuthuriad; ~**kasten** *m* bocs *g* brics; ~**klötzchen** *nt* plocyn *g* chwarae; ~**kosten** *pl* costau *ll* adeiladu; ~**land** *nt* tir *g* adeiladu; ~**leute** *pl* gweithwyr *ll* adeiladu.

baulich *adj* saernïol.

Bau- *kompos:* ~**löwe** *m* mentrwr *g* adeiladu; ~**lücke** *f* llain *b* adeiladu heb ei datblygu rhwng dau adeilad.

Baum [baum] **(-(e)s, ¨-e)** *m* coeden *b*, pren *g*, gwydden *b*; **einen** ~ **fällen** cymynu coeden; **heute könnte ich Bäume ausreißen** rwy'n teimlo'n egnïol iawn heddiw.

Baumarkt **(-(e)s, ¨-e)** *m* archfarchnad *b* y crefftwr cartref.

Baumeister *m* trefnydd *g* adeiladu.

baumeln ['bauməln] *vi* hongian, pendilio; **mit der Seele** ~ ymlacio, meddwl am ddim byd.

bäumen ['bɔʏmən] *vr* ymgodi, ymsythu.

Baum- *kompos:* ~**grenze** *f* coedlin *b*; ~**harz** *nt* resin *g*.

baumlos *adj* moel.

Baum- *kompos:* ~**nuss**[s] *f* cneuen *b* Ffrengig; ~**schere** *f* siswrn *g* tocio; ~**schule** *f* meithrinfa *b*, planhigfa *b*; ~**stamm** *m* bôn *g* coeden; ~**stumpf** *m* boncyff *g*; ~**wolle** *f* cotwm *g*.

Baumwollgras *nt (BOT)* plu'r gweunydd.

Bau- *kompos:* ~**plan** *m* cynllun *g* adeiladu; ~**platz** *m* safle *g* adeiladu; ~**sachverständige** *m/f* syrfëwr *g*; ~**satz** *m* tegan *g* adeiladu.

Bausch [bauʃ] **(-es, -e** *oder* **¨-e)** *m (Watte)* wadin *g*; **in** ~ **und Bogen** *(fig)* y cwbl i gyd, y cyfan oll.

bauschen ['bauʃən] *vt, vi, vr* bolio, chwyddo, llenwi.

bauschig *adj* boliog, bagiog.

bausparen ['bauʃpa:rən] *vi untrenn* cynilo arian gyda chymdeithas adeiladu.

Bauspar- *kompos:* ~**kassa**[A] *f,* ~**kasse** *f (FIN)* cymdeithas *b* adeiladu; ~**vertrag** *m (FIN)* cytundeb *g* cynilo cymdeithas adeiladu.

Bau- *kompos:* ~**stein** *m* carreg *b* adeiladu; *(ELEKT)* cyfansoddyn *g*; *(Spiel)* plocyn *g* chwarae; ~**stelle** *f* safle *g* adeiladu; *(Straße)* gwaith *g* ffordd; ~**stil** *m* dull *g* pensaernïol.

bautechnisch *adj* yn ôl technegau adeiladu.

Bauteil *nt* rhan *b* o dŷ parod.

Bauten *pl vgl.* **Bau**[2].

Bau- *kompos:* ~**unternehmen** *nt* cwmni *g* adeiladu; ~**unternehmer** *m* contractwr *g* adeiladu; ~**weise** *f* dull *g* o adeiladu; ~**werk** *nt* adeilad *g*; ~**zaun** *m* palis *g*.

b.a.w. *abk (= bis auf weiteres)* nes clywir yn wahanol.

Bayer ['baɪər] **(-n, -n)** *m* (~**in** *f*) Bafariad *g*.

Bayern ['baɪərn] *nt (GEOG)* Bafaria *b*.

bayrisch ['baɪrɪʃ] *adj* Bafaraidd.

Bazillus [ba'tsɪlʊs] **(-, Bazillen)** *m* basilws *g*, bacteriwm *g*, germ *g*.

Bd. *abk (= Band*[1]*)* cyf. (cyfrol).

Bde. *abk (= Bände)* cyfrolau *ll*.

beabsichtigen [bə'ʔapsɪçtɪgən] *vt untrenn* bwriadu, ystyried, amcanu.

beabsichtigt *adj* amcanol.

beachten [bə'ʔaxtən] *vt untrenn* rhoi sylw i, cymryd sylw o; *(Vorschrift)* ufuddhau i; **Vorfahrt** ~ ildio i rn ar yr heol.

beachtenswert *adj* nodedig, trawiadol.

beachtlich *adj* sylweddol.

Beachtung *f* sylw *g*; **unter** ~ gan gymryd sylw; *etw dat* **keine** ~ **schenken** anwybyddu rhth.

Beamte [bə'ʔamtə] **(-n, -n)** *m* swyddog *g*; *(Staats~)*

gwas *g* sifil.

Beamtendeutsch *nt* swyddogeg *b*.

Beamtenlaufbahn *f:* die ~ einschlagen dechrau gyrfa yn y gwasanaeth sifil.

Beamtentum *nt* gwasanaeth *g* sifil.

Beamtenverhältnis *nt:* im ~ stehen bod yn was sifil.

beamtet *adj* â chytundeb parhaol.

Beamtin *f* gwas *g* sifil; *(Bank~)* swyddog *g*.

beängstigen [bə'ɛŋstɪɡən] *vt* brawychu.

beängstigend *adj* brawychus.

beanspruchen [bə'ʔanʃpruxən] *vt untrenn* hawlio; *(Zeit, Platz)* cymryd; jdn ~ mynd â holl sylw rhn; etw stark ~ rhoi pwysau mawr ar rth.

beanstanden [bə'ʔanʃtandən] *vt untrenn* cwyno am; *(Rechnung)* amau.

Beanstandung (-, -en) *f* cwyn *gb*.

beantragen [bə'ʔantrɑːɡən] *vt untrenn* ceisio, gofyn am.

beantworten [bə'ʔantvɔrtən] *vt untrenn* ateb.

Beantwortung (-, -en) *f* ateb *g*.

bearbeiten [bə'ʔɑːrbaɪtən] *vt untrenn* gweithio, trin, prosesu; *(Thema)* trafod, trin; *(Land)* trin, amaethu; *(CHEM)* trin; *(Buch)* diwygio, adolygu; *(MUS)* trefnu, addasu; *(ugs: beeinflussen wollen)* dwyn perswâd ar.

Bearbeiter(in) *m(f)* addasydd *g*.

Bearbeitung (-, -en) *f* prosesu *g*; *(Adaptation)* addasiad *g*; *(von Buch)* adolygiad *g*, diwygio *g*; *(MUS)* trefniant *g*; die ~ meines Antrags hat lange gedauert cymerodd amser hir i ddelio â'm cais.

Bearbeitungsgebühr (-, -en) *f* cost *b* weinyddu.

beatmen [bə'ʔɑːtmən] *vt untrenn:* jdn künstlich ~ resbiradu rhn, rhoi cymorth anadlu i rn.

Beatmung [bə'ʔɑːtmʊŋ] (-, *kein pl*) *f* resbiradaeth *b*, anadlu *g* adferol.

beaufsichtigen [bə'ʔaʊfzɪçtɪɡən] *vt untrenn* arolygu, goruchwylio.

Beaufsichtigung *f* arolygiad *g*, goruchwyliad *g*.

beauftragen [bə'ʔaʊftrɑːɡən] *vt untrenn* comisiynu; jdn mit etw ~ rhoi rhth yng ngofal rhn.

Beauftragte *m/f* cynrychiolydd *g*; *(COMM)* contractwr *g*.

bebauen [bə'baʊən] *vt untrenn* adeiladu/codi rhth ar; *(AGR)* trin, ffermio.

beben ['beːbən] *vi* crynu, siglo.

Beben *nt* cryndod *g*, cwafer *g*; *(Erd~)* daeargryn *gb*.

Bebenherd *m (GEOL)* llygad *gb*, ffocws *g*.

bebildern [bə'bɪldərn] *vt untrenn* darlunio.

Béchamelsauce *f (KOCH)* saws *g* bechamel.

Becher ['bɛçər] (-s, -) *m (ohne Henkel)* gwydryn *g*; *(Joghurt~)* potyn *g*; *(große Tasse)*[D] cwpan *gb*, mŵg *g*.

bechern ['bɛçərn] *vi (ugs: trinken)* diota, yfed.

Becken ['bɛkən] (-s, -) *nt* basn *g*, cawg *g*; *(MUS)* symbal *g*; *(ANAT)* pelfis *g*.

bedacht [bə'daxt] *adj* meddylgar, pwyllog; auf etw *akk* ~ sein ymboeni ynghylch rhth.

Bedacht [bə'daxt] (-(e)s, *kein pl*) *m:* mit ~ *(vorsichtig)* gan bwyll, yn ofalus; *(absichtlich)* yn fwriadol.

bedächtig [bə'dɛçtɪç, -ɪk] *adj (umsichtig)* pwyllog, gwyliadwrus; *(langsam)* araf.

bedanken [bə'daŋkən] *vr untrenn:* sich (bei jdm) ~ diolch (i rn); ich bedanke mich herzlich diolch o galon.

Bedarf [bə'dɑːrf] (-(e)s, *kein pl*) *m* angen *g*, eisiau *g*; *(Menge)* anghenion *ll*, gofynion *ll*; *(COMM)* galw *g*; alles für den häuslichen ~ popeth i'r cartref; je nach ~ yn ôl y gofyn; bei ~ os bydd eisiau, wrth angen; ~ an etw *dat* haben bod ag angen rhth; den ~ decken diwallu'r angen.

Bedarfsartikel *m* amod *gb*.

Bedarfsfall *m:* im ~ os bydd eisiau, wrth angen.

Bedarfshaltestelle *f (für Autobus)* arhosfan *gb* ar gais.

bedauerlich [bə'daʊərlɪç] *adj* anffodus, gresynus; es ist sehr ~ mae'n destun gofid.

bedauern [bə'daʊərn] *vt untrenn* gresynu at, edifarhau; *(bemitleiden)* pitïo; ich bedau(e)re mae'n ddrwg gen i, mae'n flin 'da fi; wir ~, Ihnen mitteilen zu müssen mae'n ddrwg gennym orfod rhoi gwybod i chi.

Bedauern (-s, *kein pl*) *nt* edifeirwch *g*.

bedauernswert *adj (Zustände)* anffodus, gofidus; *(Menschen)* truenus.

bedecken [bə'dɛkən] *vt untrenn* gorchuddio.

bedeckt [bə'dɛkt] *adj* gorchuddiedig, dan orchudd; *(Himmel)* cymylog.

bedenken [bə'dɛŋkən] *irreg vt untrenn* ystyried, meddwl dros; ich gebe zu ~, dass ... gofynnir i chi ystyried bod...

Bedenken (-s, -) *nt (Überlegen)* ystyriaeth *b*; *(Zweifel, Skrupel)* amheuon *ll*; mir kommen ~ rwy'n dechrau amau.

bedenklich *adj* amheus; *(bedrohlich)* peryglus.

Bedenkzeit *f* amser *g* i feddwl; zwei Tage ~ dau ddiwrnod i ystyried.

bedeuten [bə'dɔʏtən] *vt untrenn* golygu, dynodi; das bedeutet nichts Gutes nid yw hynny'n argoeli'n dda.

bedeutend *adj* arwyddocaol, pwysig; *(beträchtlich)* sylweddol.

bedeutsam [bə'dɔʏtzɑːm] *adj* o bwys, pwysfawr; *(viel sagend)* arwyddocaol.

Bedeutung (-, -en) *f* ystyr *gb*, arwyddocâd *g*; *(Wichtigkeit)* pwys *g*, pwysigrwydd *g*.

Bedeutungslehre *f (GRAM)* semanteg *b*.

bedeutungslos *adj* diarwyddocâd, dibwys.

bedeutungsvoll *adj* ystyrlon, arwyddocaol; *(wichtig)* pwysig.

bedienen [bə'di:nən] *vt untrenn* gweini ar; *(Maschine)* gweithio, rheoli; **werden Sie schon bedient?** a oes rhn yn gweini arnoch? **damit sind Sie sehr gut bedient** bydd hwn yn ddefnyddiol iawn i chi; **ich bin bedient!** *(ugs)* rwy wedi cael llond bol!
♦ *vr (beim Essen)* helpu eich hun; **sich einer Sache ~** gwneud defnydd o rth.

Bedienstete *m* gwas *g* (mewn tŷ).

Bedienung (-, *kein pl*) *f* gwasanaeth *g*; *(Kellner)* gweinydd(es) *g(b)*; *(Verkäuferin)* merch *b* siop; *(Zuschlag)* tâl *g* gwasanaeth; *(von Maschinen)* gweithio *g*, trin *g*.

Bedienungsanleitung (-, **-en**) *f* cyfarwyddiadau *ll*.

bedingen [bə'dɪŋən] *vt untrenn (voraussetzen)* golygu, gofyn; *(verursachen)* achosi, peri.

bedingt [bə'dɪŋt] *adj (eingeschränkt)* cyfyngedig; *(Zusage, Annahme)* amodol; **nur ~ gelten** dim ond yn rhannol ymarferol; **~ geeignet** yn addas i ryw raddau.

Bedingung (-, **-en**) *f* amod *gb*; **unter der ~, dass ...** ar yr amod bod...; **günstige ~en** telerau *ll* ffafriol.

bedingungslos *adj* diamod; **~e Kapitulation** *(MIL)* ildio *g* diamod.

bedrängen [bə'drɛŋən] *vt untrenn* plagio, treisio.

Bedrängnis [bə'drɛŋnɪs] (-, **-se**) *f (seelisch)* cystudd *g*, enbydrwydd *g*, gorthrymder *g*.

Bedrängung (-, **-en**) *f* anhawster *g*, trafferth *gb*, helynt *b*.

bedrohen [bə'dro:ən] *vt untrenn* bygwth.

bedrohlich *adj* bygythiol.

Bedrohung (-, **-en**) *f* bygythiad *g*, perygl *g*.

bedrucken [bə'drʊkən] *vt untrenn* printio ar.

bedrücken [bə'drʏkən] *vt untrenn* llethu, poeni; **was bedrückt dich?** beth sy'n dy boeni ti?

bedürfen [bə'dʏrfən] *irreg vi untrenn +gen (geh)* bod angen rhth; **der Kranke bedarf eines Arztes** mae angen meddyg ar y claf.

Bedürfnis (**-ses**, **-se**) *nt* angen *g*; **das ~ nach etw** *dat* **haben** bod ag angen rhth; **~se befriedigen** cwrdd â'r gofynion.

Bedürfnisanstalt *f (geh)* cyfleusterau *ll* cyhoeddus.

bedürfnislos *adj* cynnil, darbodus.

bedürftig *adj* anghenus.

Beefsteak ['bi:fste:k] (**-s**, **-s**) *nt* stêc *b*; **deutsches ~**[D] risol *gb*, pelen *b* friwgig.

beehren [bə'e:rən] *vt untrenn* anrhydeddu; **wir ~ uns** mae'n bleser gennym; **dürfen wir Sie wieder ~?** a oes modd i ni eich gweld chi eto?

beeilen [bə'aɪlən] *vr untrenn* brysio, rhuthro,

prysuro.

beeindrucken [bə'aɪndrʊkən] *vt untrenn* gwneud argraff ar, codi edmygedd yn.

beeinflussen [bə'aɪnflʊsən] *vt untrenn* dylanwadu ar, mennu ar.

Beeinflussung (-, **-en**) *f* dylanwad *g*.

beeinträchtigen [bə'aɪntrɛçtɪgən] *vt untrenn* amharu ar, mennu ar; *(Sehvermögen)* amharu ar; *(Freiheit)* cyfyngu ar.

beenden [bə'ɛndən] *vt untrenn (zu Ende führen)* gorffen, diweddu, cwblhau; **er beendete sein Leben in der Schweiz** bu'n byw yn y Swistir hyd ei farwolaeth.

beendigen [bə'ɛndɪgən] *vt untrenn (ein Ende setzen)* gorffen, terfynu; **er beendigte sein Leben in der Schweiz** lladdodd ei hun yn y Swistir.

Beendigung *f* terfyn *g*.

beengen [bə'ɛŋən] *vt untrenn* llesteirio, cyfyngu; **beengende Kleidung** dillad tynn.

beengt *adj* cyfyng; *(fig)* wedi'i fogi.

beerben [bə'ɛrbən] *vt untrenn* etifeddu ar ôl rhn.

beerdigen bə'ɛrdɪgən] *vt untrenn* daearu, claddu.

Beerdigung (-, **-en**) *f (Begräbnis)* angladd *gb*; *(Beisetzung)* claddedigaeth *gb*.

Beerdigungs- *kompos:* **~institut** *nt*, **~unternehmen** *nt* trefnydd *g* angladdau, cwmni *g* angladdau; **~unternehmer** *m* trefnydd *g* angladdau.

Beere ['be:rə] (-, **-n**) *f* mwyaren *b*, aeronen *b*; *(Weintrauben)* grawn *ll*.

Beerenauslese (-, **-n**) *f* gwin *g* wedi ei wneud o rawnwin dethol.

Beet [be:t] (**-(e)s**, **-e**) *nt (Blumen~)* gwely *g* blodau, pâm *g*.

befähigen [bə'fɛ:ɪgən] *vt untrenn* galluogi.

befähigt *adj (begabt)* dawnus, talentog; **~ zu etw** galluog i wneud rhth.

Befähigung *f* gallu *g*, medrusrwydd *g*; *(Qualifikation)* cymhwyster *g*; *(Begabung)* dawn *gb*; **die ~ zum Richteramt** y cymwysterau i fod yn farnwr.

befahl *vb vgl.* befehlen.

befahrbar [bə'fɑ:rbɑ:r] *adj* tramwyadwy; *(NAUT)* mordwyol; **nicht ~** *(Straße)* ar gau.

befahren [bə'fɑ:rən] *irreg vt untrenn* tramwyo, trafaelio; *(NAUT)* hwylio.
♦ *adj:* **eine stark ~e Straße** ffordd brysur.

befallen [bə'falən] *irreg vt untrenn:* **Angst befiel sie** llethwyd hi gan ofn, daeth ofn drosti.

befangen [bə'faŋən] *adj (voreingenommen)* rhagfarnllyd; *(schüchtern)* swil, chwithig.

Befangenheit (-, *kein pl*) *f (JUR)* rhagfarn *b*, tueddiad *g*.

befassen [bə'fasən] *vr untrenn:* **sich ~ mit** +*dat*

(beschäftigen) ymdrin â, ymwneud â; *(sich auseinandersetzen)* trin, trafod, delio â.

Befehl [bə'fe:l] (-(e)s, -e) *m* gorchymyn *g*; *(COMP)* gorchymyn; **zu ~!** *(MIL)* ie syr! **auf ~ handeln** gweithredu ar orchymyn; **den ~ haben über** +*akk* bod yn ben ar, bod mewn awdurdod ar.

befehlen [bə'fe:lən] *irreg vt untrenn* gorchymyn; **jdm etw ~** gorchymyn i rn wneud rhth; **du hast mir gar nichts zu ~** nid wyf am dderbyn gorchmynion gennyt ti.

♦ *vi* rhoi gorchmynion.

befehligen [bə'fe:lɪgən] *vt untrenn* bod yn ben ar, bod mewn awdurdod ar.

Befehls- *kompos:* **~empfänger** *m* rhn isradd; **~form** *f* *(GRAM)* y modd *g* gorchmynnol.

Befehlshaber (-s, -) *m* *(MIL)* prif swyddog *g*, pennaeth *g* milwrol.

Befehls- *kompos:* **~notstand** *m* *(JUR)* rhwymedigaeth *b* i ufuddhau gorchmynion; **~verweigerung** *f* anufudd-dod *g*.

befestigen [bə'fɛstɪgən] *vt untrenn* sicrhau, clymu; *(stärken)* cryfhau; *(MIL)* atgyfnerthu, cadarnhau; **~ an** +*dat* rhoi yn sownd yn.

befestigt *adj (MIL)* caerog.

Befestigung (-, -en) *f (MIL)* nerthiant *g*, cryfhad *g*, sicrhau *g*; *(Halterung)* gafaelydd *g*, ateg *b*; *(Verstärken)* cryfhau *g*, atgyfnerthu *g*.

Befestigungsanlage (-, -n) *f* amddiffynfa *b*.

befeuchten [bə'fɔʏçtən] *vt untrenn* lleithio, gwlychu.

befinden [bə'fɪndən] *irreg vr untrenn* bod (yn rhywle); *(sich fühlen)* teimlo.

♦ *vt untrenn:* **jdn/etw für etw ~** ystyried rhn/rhth yn rhth.

♦ *vi untrenn:* **~ über** +*akk* penderfynu ar.

Befinden (-s, *kein pl*) *nt* iechyd *g*, cyflwr *g*.

befingern [bə'fɪŋərn] *vt (ugs)* byseddu.

beflaggt *adj* banerog.

beflecken [bə'flɛkən] *vt untrenn* staenio; *(fig: Ruf, Ehre)* llychwino, pardduo.

befleckt *adj* staenedig, blotiog.

beflegeln^ *vt* diawlio.

beflügeln [bə'fly:gəln] *vt untrenn (fig)* ysbrydoli.

befohlen *pp von* **befehlen**.

befolgen [bə'fɔlgən] *vt untrenn* ufuddhau i; *(Regeln)* dilyn.

befördern [bə'fœrdərn] *vt untrenn (transportieren)* cludo, trosglwyddo; *(beruflich)* dyrchafu; **etw per Bahn ~** danfon rhth gyda'r rheilffordd; **jdn ins Jenseits ~** *(ugs)* llofruddio rhn.

Beförderung *f* cludiant *g*; *(in Karriere)* dyrchafiad *g*.

Beförderungskosten *pl* costau *ll* cludiant.

befragen [bə'fra:gən] *vt untrenn* holi, stilio,

cwestiynu; *(um Stellungnahme bitten)* **~ über** +*akk* ymgynghori ynghylch.

Befragung *f* arolwg *g* barn.

befreien [bə'fraɪən] *vt untrenn* rhyddhau, gwaredu; *(erlassen)* **er wurde vom Sport befreit** cafodd ei esgusodi rhag gwneud chwaraeon.

Befreier(in) *m(f)* rhyddhawr(aig) *g(b)*, gwaredwr(aig) *g(b)*.

befreit [bə'fraɪt] *adj (freigestellt)* wedi cael ei esgusodi; *(erleichtert)* wedi cael rhyddhad.

Befreiung *f* rhyddhad *g*, gwaredigaeth *b*; *(Erleichterung)* gollyngdod *g*; *(Erlass)* esgusodiad *g*.

Befreiungs- *kompos:* **~bewegung** *f* mudiad *g* rhyddid; **~kampf** *m* brwydr *b* dros ryddid; **~versuch** *m* ymdrech *gb* i ddianc.

befremden [bə'frɛmdən] *vt untrenn* rhyfeddu, synnu; *(unangenehm)* cythryblu.

Befremden (-s, *kein pl*) *nt* syndod *g*.

befreunden [bə'frɔʏndən] *vr untrenn* dod yn gyfarwydd â; **sich mit jdm ~** dod yn gyfaill i rn.

befreundet *adj* cyfaill (i rn); **wir sind schon lange** *(miteinander)* **~** rydym yn ffrindiau ers amser maith.

befriedigen [bə'fri:dɪgən] *vt untrenn* diwallu, digoni, bodloni; **sich ~** *(sexuell)* mastyrbio.

befriedigend *adj* boddhaol.

Befriedigend *nt (SCH: Note)* C *b*.

Befriedigung (-, *kein pl*) *f* boddhad *g*, diwalliad *g*.

befristet [bə'frɪstət] *adj* cyfyngedig (o ran amser); *(Arbeitsverhältnis)* dros dro.

befruchten [bə'frʊxtən] *vt untrenn* ffrwythloni; *(BOT)* peillio; *(fig)* bywiogi, ysbrydoli.

Befruchtung *f* ffrwythloniad *g*; *(BOT)* peilliad *g*; **künstliche ~** cyfebru *g*/ffrwythloni *g* artiffisial.

Befugnis [bə'fu:knɪs] (-, -se) *f* hawl *gb*, awdurdod *gb*; **seine ~ überschreiten** mynd y tu hwnt i'ch awdurdod, tresmasu.

befugt *adj* awdurdodedig.

befühlen [bə'fy:lən] *vt untrenn* teimlo, cyffwrdd.

befummeln *vt (ugs)* palfalu, bodio.

Befund [bə'fʊnt] (-(e)s, -e) *m* dyfarniad *g*; *(MED)* barn *b* feddygol, diagnosis *g*.

befürchten [bə'fʏrçtən] *vt untrenn* ofni.

Befürchtung (-, -en) *f* ofn *g*, pryder *g*.

befürworten [bə'fy:rvɔrtən] *vt untrenn* cefnogi.

Befürworter(in) *m(f)* eilydd *g*, daliedydd *g*, cefnogwr(aig) *g(b)*.

Befürwortung *f* cefnogaeth *b*.

begabt [bə'ga:pt] *adj* dawnus, talentog, medrus.

Begabung [bə'ga:bʊŋ] (-, -en) *f* dawn *gb*, talent *b*.

begann *vb vgl.* **beginnen**.

begatten [bə'gatən] *vr untrenn* paru, cyplu.
♦ *vt* paru â, cyplu â.

begeben [bə'ge:bən] *irreg vr untrenn* (*gehen*) mynd; (*geschehen*) digwydd; **sich in ärztliche Behandlung ~** cael triniaeth feddygol; **sich in Gefahr ~** eich rhoi'ch hun mewn perygl.

Begebenheit (-, **-en**) *f* digwyddiad *g*.

begegnen [bə'ge:gnən] *vi untrenn* (*+sein*): **jdm ~** dod ar draws rhn, cyfarfod â rhn, taro ar rn; **jdm mit Respekt ~** (*behandeln*) trin rhn â pharch; **ihre Blicke begegneten sich** cyfarfu eu llygaid.

Begegnung (-, **-en**) *f* cyfarfyddiad *g*; (*SPORT*) gêm *b*.

begehen [bə'ge:ən] *irreg vt untrenn* (*Straftat*) cyflawni; (*Weg*) defnyddio, mynd ar hyd; (*geh: Jubiläum*) dathlu.

Begehr *nt* (*geh*) chenychiad *g*.

begehren [bə'ge:rən] *vt untrenn* (*geh*) dyheu am, chwennych; **Einlass ~** deisyf mynediad.

begehrenswert *adj* chwenychadwy; (*Person*) swynol, atyniadol.

begehrlich *adj* trachwantus.

begehrt *adj* poblogaidd, y mae mawr alw amdano.

begeistern [bə'gaɪstərn] *vt untrenn* cynhyrfu, tanio brwdfrydedd yn; (*inspirieren*) ysbrydoli; **er ist für nichts zu ~** nid yw'n ymddiddori mewn dim.
♦ *vr untrenn:* **sich für etw ~** mynd yn frwd dros rth.

begeistert *adj* brwd, brwdfrydig, eiddgar; **~ sein** bod wrth eich bodd dros rth.

Begeisterung (-, *kein pl*) *f* brwdfrydedd *g*, angerdd *gb*, hoen *gb*.

Begierde [bə'gi:rdə] (-, **-n**) *f* dyhead *g*, gwanc *g*, blys *g*.

begierig [bə'gi:rɪç, -ɪk] *adj* awyddus, awchus, eiddgar; (*voll Verlangen*) chwannog, gwancus.

begießen [bə'gi:sən] *irreg vt untrenn* dyfrhau; (*feiern*) yfed i rth, bedyddio; **das müssen wir ~** rhaid i ni ddathlu hynny.

Beginn [bə'gɪn] (-(*e*)**s**, *kein pl*) *m* dechrau *g*, cychwyn *g*, dechreuad *g*; **zu ~** ar y dechrau; **zu ~ des Jahres** ar ddechrau'r flwyddyn.

beginnen *irreg vt, vi untrenn* dechrau, cychwyn.

beglaubigen [bə'glaʊbɪgən] *vt untrenn* cydlofnodi, adarwyddo; (*Abschrift*) dilysu; (*Echtheit*) gwirio.

Beglaubigung (-, **-en**) *f* cydlofnod *g*; (*von Abschrift, Übersetzung*) dilysiad *g*; (*von Echtheit*) gwiriad *g*.

Beglaubigungsschreiben (-**s**, -) *nt* tystlythyr *g*.

begleichen [bə'glaɪçən] *irreg vt untrenn* talu, clirio, setlo (*dyled*); **mit Ihnen habe ich noch eine Rechnung zu ~** (*fig*) mae gen i byth i'w dalu i chi.

begleiten [bə'glaɪtən] *vt untrenn* mynd gyda, hebrwng; (*zu Fuß*) cydgerdded â; (*MUS*) cyfeilio i.

Begleiter (-**s**, -) *m* cydymaith *g*; (*Freund*) cymar *g*; (*MUS*) cyfeilydd *g*; **~in** *f* cymdeithes *b*, cymhares *b*; (*MUS*) cyfeilyddes *b*.

Begleit- *kompos:* **~erscheinung** *f* sgileffaith *b*; **~musik** *f* cyfeiliant *g*; **~papiere** *pl* (*COMM*) dogfennau *ll* amgaeëdig; **~schiff** *nt* llong *b* hebrwng; **~schreiben** *nt* llythyr *g* eglurhaol; **~umstände** *pl* amgylchiadau *ll* cyd-ddilynol.

Begleitung *f* cwmni *g*, cwmpeini *g*; (*MIL*) gosgordd *b*, gosgorddlu *g*; (*MUS*) cyfeiliant *g*.

beglücken [bə'glʏkən] *vt untrenn* difyrru, plesio, cyfareddu.

beglückwünschen [bə'glʏkvʏnʃən] *vt untrenn:* **~ zu etw** llongyfarch ar rth.

begnadet [bə'gnaːdət] *adj* dawnus, galluog.

begnadigen [bə'gnaːdɪgən] *vt untrenn* rhoi pardwn i.

Begnadigung *f* pardwn *g*, amnest *g*.

begnügen [bə'gnyːgən] *vr untrenn:* **sich ~ mit** *+dat* bodloni ar.

Begonie [bə'goːniə] *f* (*BOT*) begonia *g*, clust *b* y mochyn.

begonnen *pp von* **beginnen**.

begossen [bə'gɔsən] *pp von* **begießen**.
♦ *adj:* **er stand da wie ein ~er Pudel** (*ugs*) roedd golwg annifyr iawn arno, roedd yn edrych fel iâr ar y glaw.

begraben [bə'graːbən] *irreg vt untrenn* claddu; (*Hoffnung*) anghofio; (*beenden: Streit*) dirwyn i ben, rhoi diwedd ar; **dort möchte ich nicht ~ sein** (*ugs*) ni hoffwn fod yn y fath dwll; (*fig*) **einen Streit ~** terfynu dadl, cymodloni.

Begräbnis [bə'grɛːpnɪs] (-**ses**, -**se**) *nt* angladd *gb*, cynhebrwng *g*.

begradigen [bə'graːdɪgən] *vt untrenn* sythu, unioni.

begrapschen *vt* bodio, palfalu.

begreifen [bə'graɪfən] *irreg vt untrenn* deall, amgyffred, dirnad.

begreiflich *adj* dealladwy, eglur; **ich kann mich ihm nicht ~ machen** ni allaf egluro'n glir iddo.

begrenzen [bə'grɛntsən] *vt untrenn* (*beschränken*) cyfyngu.

begrenzt *adj* ffinedig, cyfyngedig.

Begrenztheit *f* cyfyngiad *g*; (*fig*) culni *g*.

Begriff [bə'grɪf] (-(*e*)**s**, -**e**) *m* dirnad *g*, syniadaeth *b*; **im ~ sein, etw zu tun** bod ar fin gwneud rhth; **sein Name ist mir kein ~** nid yw ei enw yn golygu dim byd i mi; **du machst dir keinen ~ davon** does dim syniad gennyt; **für meine ~e** yn fy marn i; **schwer von ~ sein** (*ugs*) bod yn araf yn ei ddeall hi.

Begriffsbestimmung *f* diffiniad *g*.

begriffsstutzig *adj* araf eich meddwl, di-glem, hurt.

begriffsstützig[A] *adj* = **begriffsstutzig**.

begrub *vb vgl.* **begraben.**

begründen [bəˈgrʏndən] *vt untrenn (Gründe geben)* cyfiawnhau; *(stiften)* sefydlu; **etw näher ~** rhoi rhesymau pendant am rth.

Begründer (**-s**, **-**) *m* sefydlwr *g*; **~in** *f* sefydlwraig *b*.

begründet *adj* rhesymol, ar sail dda; **sachlich ~** wedi ei seilio ar ffeithiau.

Begründung (**-**, **-en**) *f* rheswm *g*, cyfiawnhad *g*.

begrünen [bəˈgryːnən] *vt untrenn* plannu coed a llwyni.

begrüßen [bəˈgryːsən] *vt untrenn* cyfarch, croesawu.

begrüßenswert *adj* calonogol, derbyniol iawn.

Begrüßung (**-**, **-en**) *f* cyfarch *gb*, croesawiad *g*, croeso *g*.

begünstigen [bəˈgʏnstɪgən] *vt untrenn (Person)* ffafrio; *(Sache)* hwyluso, hyrwyddo.

begünstigt *adj* ffafriedig.

Begünstigte [bəˈgʏnstɪçtə, -ɪktə] *m/f* buddiolwr(aig) *g(b)*.

begutachten [bəˈguːt⁷axtən] *vt untrenn* arolygu, asesu; *(ugs: ansehen)* edrych ar.

Begutachter *m* aseswr *g*, syrfëwr *g*.

begütert [bəˈgyːtərt] *adj* cyfoethog, tiriog.

begütigend [bəˈgyːtɪgənt] *adj (Worte)* lliniarol, lleddfol; **~ auf jdn einreden** tawelu rhn.

behaart [bəˈhaːrt] *adj* blewog.

behäbig [bəˈhɛːbɪç, -ɪk] *adj (dick)* corffog, tew; *(schwerfällig)* difwstwr; *(geruhsam)* cyfforddus.

behaftet [bəˈhaftət] *adj:* **~ sein mit** +*dat* dioddef gan.

behagen [bəˈhaːgən] *vi untrenn:* **das behagt ihm nicht** nid yw yn ei blesio.

Behagen (**-s**, *kein pl*) *nt* bodlonrwydd *g*, bodlondeb *g*; **mit ~ essen** bwyta yn awchus.

behaglich [bəˈhaːklɪç] *adj* cysurus, clyd, cartrefol.

Behaglichkeit (**-**, *kein pl*) *f* clydwch *g*, cysur *g*.

behalten [bəˈhaltən] *irreg vt untrenn* cadw, dal; *(im Gedächtnis)* cadw mewn cof, cofio; **etw für sich ~** cadw cyfrinach; **~ Sie Platz!** peidiwch â chodi!

Behälter [bəˈhɛltər] (**-s**, **-**) *m* cynhwysydd *g*, bocs *g*, llestr *g*.

behämmert⁰ [bəˈhɛmərt] *adj (ugs)* hurt, lloerig, gwirion bost.

behänd *adj* = **behände.**

behände [bəˈhɛndə] *adj* sionc.

behandeln [bəˈhandəln] *vt untrenn* trin; *(Patient)* trin, rhoi triniaeth i; *(Maschine)* trin, gweithio; *(Thema)* trin, trafod; **der behandelnde Arzt** y meddyg ar ddyletswydd.

Behändigkeit *f* sioncrwydd *g*, chwimder *g*.

Behandlung (**-**, **-en**) *f* triniaeth *b*; *(von Maschine)* trin *g*, trafod *g*, gweithio *g*.

behängen [bəˈhɛŋən] *vt untrenn* addurno.

beharren [bəˈharən] *vi untrenn:* **auf etw** *dat* **~** mynnu rhth, taeru rhth.

beharrlich *adj (unerschütterlich)* diysgog, disyfl; *(geduldig)* amyneddgar; *(hartnäckig)* dygn, cyndyn, ystyfnig.

Beharrlichkeit (**-**, *kein pl*) *f* dygnwch *g*, ystyfnigrwydd *g*.

behauen [bəˈhauən] *vt* cerfio, naddu.

behaupten [bəˈhauptən] *vt untrenn* honni, haeru; *(sein Recht)* hawlio, arddel eich hawliau; **von jdm ~, dass ...** honni i rn fod...

♦ *vr untrenn* gwneud safiad; **sich auf dem Markt ~** *(COMM)* ymsefydlu ar y farchnad.

Behauptung (**-**, **-en**) *f* honiad *g*, haeriad *g*.

Behausung [bəˈhauzʊŋ] *f* preswylfa *b*, trigfan *b*, cyfannedd *g*; *(armselig)* hofel *b*, twll *g*.

beheben [bəˈheːbən] *irreg vt untrenn (beseitigen)* cael gwared â; *(Missstände)* unioni, cywiro; *(Störung)* clirio, cael gwared â; **einen Schaden ~** atgyweirio, trwsio.

beheimatet [bəˈhaimatət] *adj:* **~ in** +*dat* byw yn; *(Tier, Pflanze)* brodorol o.

beheizen [bəˈhaitsən] *vt untrenn* gwresogi.

Behelf [bəˈhɛlf] (**-(e)s**, **-e**) *m* peth *g* dros dro.

behelfen *irreg vr untrenn:* **sich** *dat* **mit etw ~** ymdopi â rhth dros dro, gwneud y tro â rhth.

behelfsmäßig *adj* dros dro.

behelligen [bəˈhɛlɪgən] *vt untrenn* poeni, plagio.

behende *adj* = **behände.**

beherbergen [bəˈhɛrbɛrgən] *vt untrenn* lletya, rhoi llety i.

beherrschen [bəˈhɛrʃən] *vt untrenn (Volk)* rheoli, llywodraethu; *(meistern)* meistroli; *(Sprache)* siarad.

♦ *vr untrenn* eich rheoli'ch hun, ymreoli; **beherrsch' dich!** gan bwyll!

beherrscht *adj* dan reolaeth.

Beherrschtheit (**-**, *kein pl*) *f* hunanreolaeth *b*.

Beherrschung (**-**, *kein pl*) *f* rheolaeth *b*, meistrolaeth *b*; **die ~ verlieren** colli'ch tymer.

beherzigen [bəˈhɛrtsɪgən] *vt untrenn* ystyried o ddifri.

beherzt *adj* dewr, gwrol, calonnog.

behielt *vb vgl.* **behalten.**

behilflich [bəˈhɪlflɪç] *adj* cymwynasgar; **jdm ~ sein (bei)** bod o gymorth i rn (gyda).

behindern [bəˈhɪndərn] *vt untrenn* atal, rhwystro.

behindert *adj* dan anfantais, methedig.

Behinderte *m/f* rhn anabl.

Behindertenzuschuss *m* lwfans *g* yr anabl.

Behinderung (**-**, **-en**) *f* rhwystr *g*; *(Körper~)* anabledd *g*, nam *g* corfforol; **geistige ~** nam meddyliol.

Behörde [bəˈhøːrdə] (**-**, **-n**) *f* awdurdod *gb*;

behördlich *adj* awdurdodol, swyddogol.

Behuf [bə'hu:f] *m:* **zu diesem ~** i'r perwyl hwn.

behüten [bə'hy:tən] *vt untrenn* gwarchod; **jdn vor etw** *dat* ~ amddiffyn rhn rhag rhth.

behütet *adj (Jugend)* cysgodol, diogel.

behutsam [bə'hu:tzɑ:m] *adj* gofalus, gwyliadwrus; **man muss es ihr ~ beibringen** bydd rhaid torri'r newydd yn ofalus iddi.

Behutsamkeit (-, *kein pl*) *f* pwyll *g*, gofal *g*.

bei [baɪ] *präp +dat* **1** *(nahe bei)* yn agos at, gerllaw; *(unter, zwischen)* ymhlith; **~ Hamburg** ger Hamburg; **~m Friseur** yn y siop drin gwallt; **~ uns** yn ein tŷ ni; **~ den Eltern wohnen** byw gyda'ch rhieni; **~ Freunden übernachten** aros gyda ffrindiau; **~ einer Firma arbeiten** gweithio i gwmni; **~m Militär** yn y fyddin; **~ Goethe** yng ngwaith Goethe; **2** *(mit)* **hast du Geld ~ dir?** oes arian gen ti? **ich habe jdn ~ mir** mae rhn gyda mi; **~ offenem Fenster schlafen** cysgu gyda'r ffenest yn agored; **~ lebendigem Leibe** yn fyw; **3** *(während)* yn ystod, tra, wrth (wneud rhth); *(Zustand, Umstand)* **~ Nacht** gyda'r nos; **~ Nebel** pan fo niwl; **~ Regen** os bydd yn bwrw glaw; **~ Nacht und Nebel** *(fig)* yn ddirgel; **~ solcher Hitze** a hithau mor boeth; **~ meiner Ankunft** wrth i mi gyrraedd; **~ der Arbeit** wrthi'n gweithio; **~m Fahren** tra yn gyrru; **~ einer Prüfung** mewn arholiad; **4** *(Schwur)* myn; **~ Gott** myn Duw, neno'r Tad; **5: ~ weitem** o bell ffordd; **~ sich** *dat* **sein** *(bei Bewusstsein)* bod yn ymwybodol; *(bei Trost)* bod mewn iawn bwyll; **~ Feuer Scheibe einschlagen** os bydd tân, torrwch y gwydr; **~ seinem Talent** gyda'i ddawn e.

beibehalten ['baɪbəhaltən] *irreg vt* cadw.

Beibehaltung (-, *kein pl*) *f* cadw *g*.

Beiblatt ['baɪblat] (-(e)s, ̈-er) *nt* atodiad *g*.

beibringen ['baɪbrɪŋən] *irreg vt (Beweis, Zeugen)* dod â, dwyn; *(Gründe)* gosod; **jdm etw ~** *(lehren)* dysgu rhth i rn; *(zu verstehen geben)* peri i rn ddeall rhth; *(zufügen)* achosi rth i rn.

Beichte ['baɪçtə] *f* cyffes *b*.

beichten ['baɪçtən] *vt, vi untrenn* cyffesu.

Beicht- *kompos:* **~geheimnis** *nt (REL)* cyfrinach *b* y gyffes *b*; **~stuhl** *m* cyffesgell *b*.

beide ['baɪdə] *pron:* **meine ~n Brüder** fy nau frawd; **die ersten ~n** y ddau/ddwy gyntaf; **wir ~** ni ein dau/dwy; **einer von ~n** un o'r ddau/ddwy; **alle ~** ill dau/dwy; **alles ~s** y ddau/ddwy ohonyn nhw; **~ Mal** y ddwy waith.

beiderlei *adj indekl* o ddau fath.

beiderseitig *adj* o'r ddeutu, cilyddol.

beiderseits *adv* ei gilydd, o ddeutu.

♦ *präp +gen* o'r ddeutu i.

beidhändig ['baɪthɛndɪç, -ɪk] *adj* â dwy law dde.

beidrehen ['baɪdre:ən] *vt (NAUT)* troi llong i mewn i'r gwynt.

beidseitig ['baɪtzaɪtɪç, -ɪk] *adj (auf beiden Seiten)* ar y ddwy ochr.

beieinander [baɪʔaɪ'nandər] *adv* ynghyd, gyda'i gilydd; **gut ~ sein** *(ugs: gesundheitlich)* bod yn iach; *(geistig)* bod yna i gyd, bod yn graff.

Beifahrer ['baɪfɑ:rər] *m* cyd-deithiwr *g* (yn y sedd flaen); **~in** *f* cyd-deithwraig *b* (yn y sedd flaen).

Beifahrersitz *m (AUTO)* sedd *b* flaen.

Beifall ['baɪfal] (-(e)s, *kein pl*) *m* cymeradwyaeth *b*; **~ finden** cael cymeradwyaeth; **~ klatschen** curo dwylo, rhoi clap i; **~ heischend** yn chwilio am gymeradwyaeth.

beifällig ['baɪfɛlɪç, -ɪk] *adj (zustimmend)* cefnogol, ffafriol; *(nebenbei)* achlysurol, atodol.

beifügen ['baɪfy:gən] *vt* amgáu, atodi.

Beigabe ['baɪgɑ:bə] (-, **-n**) *f* ychwanegiad *g*.

beige [be:ʒ] *adj* lliw gwlanen, llwydfelyn.

beigeben ['baɪge:bən] *irreg vt (zufügen)* ychwanegu.

♦ *vi:* **klein ~** ymostwng, ildio.

Beigeschmack ['baɪgəʃmak] (-(e)s, *kein pl*) *m* adflas *g*.

Beignet *m (KOCH)* toesen *b*.

Beiheft *nt* llyfryn *g* cymorth.

Beihilfe ['baɪhɪlfə] *f* budd-dâl *g*, lwfans *g*; *(Studien~)* grant *g*; *(JUR)* cynorthwyo ac ategu; **~ zum Mord** cefnogaeth *b* mewn llofruddiaeth.

beikommen ['baɪkɔmən] *irreg vi +dat (+sein)* rhoi rhn yn ei le; *(einem Problem)* delio â, trin.

Beil [baɪl] (-(e)s, **-e**) *nt* bwyall *b*.

Beilage ['baɪlɑ:gə] (-, **-n**) *f (Zeitungs~)* atodiad *g*; *(KOCH)* tatws a llysiau, saig atodol.

beiläufig ['baɪlɔyfɪç, -ɪk] *adj* achlysurol, atodol.

♦ *adv* gyda llaw, wrth fynd heibio.

beilegen ['baɪle:gən] *vt (hinzufügen)* amgáu, ychwanegu; *(Streit)* setlo, cymodi; **einen Streit ~** torri dadl.

beileibe [baɪ'laɪbə] *adv:* **~ nicht** dim ar unrhyw gyfrif.

Beileid ['baɪlaɪt] (-(e)s, *kein pl*) *nt* cydymdeimlad *g*; **herzliches ~** cydymdeimlad *g* dwys/angerddol.

beiliegend ['baɪli:gənt] *adj* amgaeëdig.

beim = **bei dem**.

beimessen ['baɪmɛsən] *irreg vt +dat* priodoli, cyfrif, tafoli.

Bein [baɪn] (-(e)s, **-e**) *nt* coes *b*, hegl *b*; **jdm ein ~ stellen** baglu rhn; *(fig)* rhwystro rhn; **sich** *dat* **ein ~ brechen** torri'ch coes; **wir sollten uns auf die ~e machen** *(ugs)* well i ni hel ein traed; **jdm ~e machen** *(ugs: antreiben)* cael rhn i frysio; **die ~e in die Hand nehmen** *(ugs)*[D] ei heglu/gwadnu hi; **sich**

dat **die ~e in den Bauch stehen** gorfod aros am oesoedd; **etw auf die ~e stellen** (*fig*) trefnu rhth.

beinahe ['baɪnɑːə] *adv* bron, jest, o fewn trwch blewyn.

Beinbruch ['baɪnbrʊx] (-(e)s, ̈-e) *m* toriad *g* coes; **das ist kein ~** (*fig: ugs*) gallai (pethau) fod yn waeth; **Hals- und ~!** pob lwc!

beinhalten [bə'ʔɪnhaltən] *vt untrenn* cynnwys.

beipflichten ['baɪpflɪçtən] *vi:* **jdm ~** cytuno â rhn, cyd-weld â rhn, cyd-fynd â rhn.

Beirat ['baɪrɑːt] *m* cymdeithas *b* ymgynghorol; *(SCH: Eltern)*[D] cymdeithas *b* rieni ac athrawon.

beirren [bə'ʔɪrən] *vt untrenn* cymysgu, drysu; **sich nicht ~ lassen** peidio â chyffroi, cadw'ch pen.

beisammen [baɪ'zamən] *adv* ynghyd, gyda'i gilydd.

beisammenhaben *irreg vt:* **er hat (sie) nicht alle beisammen** (*ugs*)[D] dyw e ddim yn llawn llathen, dyw e ddim yna i gyd.

Beisammensein (-s) *nt* ymgynulliad *g*, ymgasgliad *g*, bod ynghyd.

Beischlaf ['baɪʃlɑːf] (-(e)s, *kein pl*) *m* (*JUR*) ymgydiad *g*, cyfathrach *b* rywiol.

Beisein ['baɪzaɪn] (-s, *kein pl*) *nt* presenoldeb *g*.

beiseite [baɪ'zaɪtə] *adv* o'r neilltu, i'r naill ochr; **Spaß ~!** o ddifrif! **~ legen** (*sparen*) arbed, cynilo, cadw, neilltuo; **~ schaffen** cael gwared â.

beisetzen ['baɪzɛtsən] *vt* claddu.

Beisetzung (-, -en) *f* angladd *gb*, claddedigaeth *b*, daearu *g*.

Beisitzer ['baɪzɪtsər] (-s, -) *m* (*bei Prüfung*) arholwr *g*; *(JUR)* aseswr *g*.

Beisl[A] *nt* tafarn *b*.

Beispiel ['baɪʃpiːl] (-(e)s, -e) *nt* enghraifft *b*; (*Vorbild*) esiampl *b*; **mit gutem ~ vorangehen** gosod esiampl dda; **sich** *dat* **an jdm ein ~ nehmen** efelychu rhn; **zum ~** er enghraifft.

beispielhaft *adj* rhagorol, penigamp, canmoladwy; **sein Verhalten ist ~** mae ei ymddygiad yn batrwm i eraill.

beispiellos *adj* digyffelyb, heb ei debyg, dihafal.

beispielsweise *adv* er enghraifft.

beißen ['baɪsən] *irreg vi* brathu, cnoi; (*Rauch, Säure*) llosgi; **ins Gras ~** (*ugs*) cicio'r bwced.
  ♦ *vt* brathu; (*kauen*) cnoi.
  ♦ *vr* (*ugs: Farben*) gwrthdaro, anghytuno.

beißend *adj* deifiol, brathog, llym; (*Geruch*) egr, siarp; (*fig: Humor*) coeglyd, sarcastig, deifiol.

Beißzange (-, -n) *f* gefel *b*, pinsiwrn *g*.

Beistand ['baɪʃtant] (-(e)s, ̈-e) *m* cefnogaeth *b*, cymorth *g*; *(JUR)* cyfreithiwr *g*; **jdm ~ leisten** cefnogi rhn, ategu rhn.

beistehen ['baɪʃteːən] *irreg vi* +*dat* cefnogi,

amddiffyn; (*ermuntern*) swcro, ymgeleddu.

Beistelltisch ['baɪʃtɛltɪʃ] (-es, -e) *m* bwrdd *g* bach.

beisteuern ['baɪʃtɔʏərn] *vt* cyfrannu.

beistimmen ['baɪʃtɪmən] *vi* +*dat* cytuno, cyd-weld, cyd-fynd.

Beistrich ['baɪʃtrɪç] (-(e)s, -e) *m* atalnod *g*, coma *g*.

Beitel ['baɪtəl] (-s, -) *m* gaing *b*, cŷn *g*.

Beitrag ['baɪtrɑːk] (-(e)s, ̈-e) *m* cyfraniad *g*; (*Zahlung*) tâl *g*, ffi *b*; (*Versicherungs~*) premiwm *g*; **einen ~ leisten** cyfrannu.

beitragen ['baɪtrɑːgən] *irreg vt, vi:* **~ zu** cyfrannu i/at; (*mithelfen*) cynorthwyo, helpu.

beitragsfrei *adj* digyfraniad, yn rhadd ac am ddim.

beitragspflichtig *adj* cyfrannol; **~ sein** (*Mensch*) gorfod cyfrannu.

Beitragszahlende *m/f* aelod *g* sydd yn talu ffioedd.

beitreten ['baɪtreːtən] *irreg vi* +*dat* (+*sein*) ymuno â, ymaelodi yn.

Beitritt ['baɪtrɪt] (-(e)s, -e) *m* ymaelodi *g*, aelodaeth *b*.

Beitrittserklärung *f* datganiad *g* ymaelodi.

Beiwagen ['baɪvɑːgən] (-s, -) *m* (*Motorrad~*) ystlysgar *g*, seicar *g*; (*Straßenbahn*) cerbyd *g* ychwanegol.

beiwohnen ['baɪvoːnən] *vi* (*geh*) **einer Sache** *dat* **~** bod yn bresennol.

Beize ['baɪtsə] (-, -n) *f* (*Holz~*) staen *g*, lliw *g*; (*KOCH*) marinâd *g*.

beizeiten [baɪ'tsaɪtən] *adv* yn brydlon; **ich möchte ~ da sein** rwyf eisiau cyrraedd yn brydlon.

beizen *vt* (*Holz*) staenio, trin.

bejahen [bə'jaːən] *vt untrenn* (*Frage*) ateb yn gadarnhaol, dweud 'ie'; (*gut heißen*) cytuno â, derbyn.

bejammern [bə'jamərn] *vt untrenn* galaru.

bejammernswert *adj* truenus, gresynus.

bekakeln[D] [bə'kɑːkəln] *vt untrenn* (*ugs*) trafod.

bekam *vb vgl.* **bekommen.**

bekämpfen [bə'kɛmpfən] *vt untrenn* (*Gegner, Seuche*) ymladd yn erbyn, brwydro yn erbyn; (*fig*) gwrthwynebu; **sich ~** ymladd, brwydro.

Bekämpfung *f* brwydr *b*, ymladdfa *b*, ymgyrch *gb*; **~** +*gen* brwydr yn erbyn.

bekannt [bə'kant] *adj* adnabyddus, enwog, tra hysbys; **mit jdm ~ sein** adnabod rhn; **~ machen** (*veröffentlichen*) cyhoeddi, datgan; **jdn mit jdm ~ machen** cyflwyno rhn i rn; **sich mit etw ~ machen** ymgynefino â rhth, ymgyfarwyddo â rhth; **durch etw ~ werden** dod yn enwog oherwydd rhth; **das ist mir ~** rwy'n gwybod hynny; **es kommt mir ~ vor** mae'n edrych yn gyfarwydd i mi; **~ geben** cyhoeddi, datgan, dweud ar goedd; **es wird ~ gegeben** bydded hysbys i bawb.

Bekannte *m/f* cydnabod *gb*.

Bekanntenkreis *m* cylch *g* (o gydnabod).
bekanntermaßen *adv* fel y gŵyr pawb.
Bekanntgabe [bə'kantgɑːbə] *f* cyhoeddiad *g*.
bekannt geben *irreg vt vgl.* **bekannt.**
Bekanntheitsgrad *m* gradd *b* o enwogrwydd.
bekanntlich [bə'kantlɪç] *adv* fel mae pawb yn gwybod.
bekannt machen *vt vgl.* **bekannt.**
Bekanntmachung (-, -en) *f* cyhoeddiad *g*, hysbysiad *g*.
Bekanntschaft [bə'kantʃaft] (-, -en) *f* cynefindra *g*, cyfarwydd-dra *g*; **die ~ von jdm machen** cwrdd â rhn, dod i adnabod rhn; **~ mit etw machen** *(ugs)* dod i wybod am rth, mynd trwy brofiad.
Bekassine *f (ZOOL)* giach *g*.
bekehren [bə'keːrən] *vt untrenn* gweddnewid, argyhoeddi.
bekehrt *adj* troëdig.
Bekehrung *f* tröedigaeth *b*.
bekennen [bə'kɛnən] *irreg vt untrenn* cyfaddef, cyffesu, addef; *(Glauben)* proffesu; **Farbe ~** *(fig, ugs)* dangos ochr.
 ♦ *vr untrenn:* **sich ~ zu** +*dat* datgan eich cefnogaeth i.
Bekenner *m* proffeswr *g*.
Bekenntnis [bə'kɛntnɪs] (-ses, -se) *nt* cyfaddefiad *g*, addefiad *g*; *(Religion)* cyffes *g*, enwad *g*; **ein ~ zur Demokratie ablegen** datgan eich ffydd mewn democratiaeth.
beklagen [bə'klɑːgən] *vt untrenn* galarnadu, galaru dros.
 ♦ *vr* cwyno, achwyn, grwgnach (**über** +*akk* am).
beklagenswert *adj* truenus, gresynus; *(Mensch)* truenus; *(Zustand)* truenus, affwysol; *(Unfall)* dychrynllyd, ofnadwy.
beklatschen [bə'klatʃən] *vt untrenn (applaudieren)* cymeradwyo.
bekleben [bə'kleːbən] *vt untrenn:* **etw mit Bildern ~** gludio lluniau ar rth.
bekleckern[D] [bə'klɛkərn] *vt untrenn (ugs)* blotio, difwyno, staenio.
bekleiden [bə'klaɪdən] *vt untrenn* gwisgo, dilladu; *(Amt)* llenwi, dal.
Bekleidung [bə'klaɪdʊŋ] *f* dillad *ll*; *(geh: eines Amtes)* daliadaeth *b*.
Bekleidungsindustrie *f* diwydiant *g* dillad.
beklemmen [bə'klɛmən] *vt untrenn* llethu, digalonni, tristáu.
Beklemmung *f* cyfyngder *g*; *(Gefühl der Angst)* pryder *g*, ofn *g*.
beklommen [bə'klɔmən] *adj* anesmwyth, trallodus.
Beklommenheit *f* anesmwythder *g*.

bekloppt[D] [bə'klɔpt] *adj (ugs)* gwallgof, lloerig, hurt.
beknackt[D] [bə'knakt] *adj (ugs)* = **bekloppt.**
beknien [bə'kniːən] *vt untrenn (ugs: oftmals ersuchen)* erfyn ar.
bekommen [bə'kɔmən] *irreg vt untrenn (+haben)* cael, derbyn, ennill; *(Kind)* cael, esgor ar; *(Zug)* dal; **es mit jdm zu tun ~** mynd i helynt gyda rhn.
 ♦ *vi untrenn (+sein):* **jdm ~** dygymod â rhn; **das Essen bekommt ihm nicht** nid yw'r bwyd yn dygymod ag ef; **wohl bekomm's!** iechyd da!
bekömmlich [bə'kœmlɪç] *adj* ysgafn, hawdd ei dreulio.
beköstigen [bə'kœstɪgən] *vt untrenn* darparu lluniaeth ar gyfer, bwydo, porthi.
bekräftigen [bə'krɛftɪgən] *vt untrenn* cadarnhau, ategu, cyfnerthu.
bekräftigend *adj* ategol.
Bekräftigung *f* cyfnerthiad *g*, ategiad *g*.
bekreuzigen [bə'krɔʏtsɪgən] *vr untrenn* ymgroesi, gwneud arwydd y groes.
bekritteln [bə'krɪtəln] *vt untrenn* barnu, pigo brychau yn, gweld diffygion yn.
bekümmern [bə'kʏmərn] *vt untrenn* poeni, gofidio, becso.
bekümmert *adj* gofidus, prudd.
bekunden [bə'kundən] *vt untrenn* dangos, mynegi.
belächeln [bə'lɛçəln] *vt untrenn* gwenu am ben rhth.
beladen [bə'lɑːdən] *irreg vt untrenn* llwytho.
 ♦ *adj* llwythog, beichiog.
Belag [bə'lɑːk] (-(e)s, ̈ -e) *m* haenen *b*, côt *b*; *(Zahn~)* cen *g*, deintgen *g*; *(auf Zunge)* croen *g* (gwyn); *(Brems~)* leinin *g* brêc.
belagern [bə'lɑːgərn] *vt untrenn* gwarchae ar.
Belagerung *f* gwarchae *g*.
Belagerungs- *kompos:* **~ring** *m (MIL)* cylchfa *b*; **~zustand** *m* stad *b* o fod dan warchae.
belämmert [bə'lɛmərt] *adj* yn chwithig, mewn embaras.
Belang [bə'laŋ] (-(e)s, -e) *m* pwysigrwydd *g*, pwys *g*; **von ~ sein** bod yn bwysig/berthnasol; **~e** *pl (Interessen)* diddordebau, achosion.
belanglos *adj* dibwys, distadl, amhwysig, dinod.
Belanglosigkeit *f* dibwysedd *g*, dinodedd *g*.
Belastbarkeit [bə'lastbaːrkaɪt] *f (Brücke, Aufzug)* llwyth *g* eithaf a ddelir; *(von Menschen)* terfyn *g* goddefiant; *(Nerven)* cryfdcr *g*, goddefiant *g*.
belassen [bə'lasən] *irreg vt untrenn (in Zustand, Glauben)* gadael yn union fel y mae; **wir ~ es dabei** gadawn ni hi fel y mae.
belasten [bə'lastən] *vt untrenn* llwytho, llethu, beichio; *(fig: bedrücken)* poeni, gofidio, becso; *(COMM: Konto)* debydu; *(JUR)* cyhuddo, taflu bai ar;

mit einer Hypothek ~ morgeisio.

◆ *vr* llethu eich hunan; *(JUR)* euogi eich hunan.

belastend *adj (JUR)* cyhuddol, damniol.

belästigen [bə'lɛstɪgən] *vt untrenn (stören)* plagio, poeni; *(nerven)* blino, tarfu ar; **sexuell ~** hambygio yn rhywiol.

Belästigung (-, -en) *f* pla *g*, bwrn *g*, niwsans *g*; **sexuelle ~ am Arbeitsplatz** hambygio *g* rhywiol yn y gwaith.

Belastung [bə'lastʊŋ] (-, -en) *f* llwyth *g*, baich *g*; *(fig: Sorge)* baich, pwn *g*; *(COMM)* taliad *g*, debyd *g*; *(mit Hypothek)* morgais *g*; *(JUR)* tystiolaeth *b* ddamniol.

Belastungs- *kompos:* **~material** *nt (JUR)* tystiolaeth *b* gyhuddol, tystiolaeth *b* ddamniol; **~probe** *f* prawf *g* pwysau a ddelir; *(fig)* prawf *g*; **~zeuge** *m* tyst *g* dros yr erlyniad.

belaubt [bə'laʊpt] *adj* deiliog.

belaufen [bə'laʊfən] *irreg vr untrenn:* **sich ~ auf** +*akk* dod yn rhth; **die Kosten ~ sich auf 70DM** cyfanswm y costau yw 70 marc.

belauschen [bə'laʊʃən] *vt untrenn* clustfeinio ar.

beleben [bə'le:bən] *vt untrenn (anregen)* bywhau, bywiocáu; *(COMM)* sbarduno, codi.

◆ *vr untrenn (Straße)* dadeni, dod yn fyw, deffro.

belebt [bə'le:pt] *adj (Straße)* prysur, bywiog.

Beleg [bə'le:k] (-(e)s, -e) *m (Rechnung)* derbynneb *b*, taleb *b*; *(Beweis)* prawf *g*, tystiolaeth *b*; *(Beispiel)* enghraifft *b*.

belegen *vt untrenn (Brot)* taenu ar; *(Platz)* cadw; *(Zimmer)* cymryd, llenwi; *(Kurs, Vorlesung)* cofrestru, ymgofrestru; *(beweisen)* gwirio, cadarnhau, profi; **durch Beispiele ~** profi ag enghreifftiau; *(MIL: mit Bomben)* bomio.

Belegschaft [bə'le:kʃaft] *f* gweithwyr *ll*, staff *g*.

belegt [bə'le:kt] *adj:* **~es Brot** darn o fara gyda chig/chaws *ayb; (Zimmer)* llawn; *(Zunge)* cennog; *(Stimme)* cryg.

belehren [bə'le:rən] *vt untrenn* hyfforddi, hysbysu, dangos i; **jdn eines Besseren ~** dysgu gwers i rn; **er ist nicht zu ~** ni waeth heb â dweud wrtho, dyw e'n gwrando dim.

Belehrung *f* hyfforddiant *g*, hysbysiad *g*.

beleibt [bə'laɪpt] *adj* corfflog, tew.

beleidigen [bə'laɪdɪgən] *vt untrenn* sarhau, digio, tramgwyddo.

beleidigt [bə'laɪdɪçt, -ɪkt] *adj* wedi ei sarhau; *(gekränkt)* dig; **die ~e Leberwurst spielen** *(ugs)* pwdu, digio.

Beleidigung (-, -en) *f* sarhad *g*; *(JUR)* athrod *g*.

beleihen [bə'laɪən] *irreg vt untrenn (COMM)* cael benthyg arian yn erbyn.

belemmert [bə'lɛmərt] *adj* = **belämmert**.

belesen [bə'le:zən] *adj* dysgedig, hyddysg, darllengar.

beleuchten [bə'lɔʏçtən] *vt untrenn* goleuo; *(fig)* taflu goleuni ar.

Beleuchter (-s, -) *m* technegydd *g* goleuo.

Beleuchtung *f* goleuad *g*, goleuni *g*.

beleumdet [bə'lɔʏmdət] *adj:* **schlecht ~ sein** bod ag enw drwg.

beleumundet [bə'lɔʏmʊndət] *adj* = **beleumdet**.

Belgien ['bɛlgi:ər] *nt (GEOG)* Gwlad *b* Belg.

Belgier (-s, -) *m* (**~in** *f*) Belgiad *g*.

belgisch ['bɛlgɪʃ] *adj* Belgaidd.

Belgrad ['bɛlgra:t] (-s) *nt (GEOG)* Beograd *b*.

belichten [bə'lɪçtən] *vt untrenn (FOTO)* datguddio, dadlennu.

Belichtung *f (FOTO)* datguddiad *g*, dadleniad *g*.

Belichtungsmesser (-s, -) *m (FOTO)* deial *g* goleuni.

Belieben [bə'li:bən] *nt:* **nach ~** fel y mynnoch.

belieben *vi untrenn unpers:* **wie es Ihnen beliebt** fel y mynnoch.

beliebig [bə'li:bɪç, -ɪk] *adj* pa un bynnag, unrhyw; **ein ~es Buch** unrhyw lyfr a fynnoch; **jeder B~e** pwy bynnag.

◆ *adv* fel y mynnoch; **etw ~ ändern** newid rhth fel y mynnoch; **~ viele** cymaint ag y mynnoch.

beliebt [bə'li:pt] *adj* poblogaidd; **sich bei jdm ~ machen** gwneud eich hunan yn boblogaidd gyda rhn.

Beliebtheit *f* poblogrwydd *g*.

beliefern [bə'li:fərn] *vt untrenn* darparu, cyflenwi â.

bellen *vi* cyfarth, coethi.

Belletristik [bɛlɛ'trɪstɪk] *f* ffuglen a barddoniaeth.

belohnen [bə'lo:nən] *vt untrenn* gwobrwyo.

Belohnung (-, -en) *f* gwobr *b*.

Belüftung [bə'lʏftʊŋ] *f* awyru *g*, awyriad *g*.

belügen [bə'ly:gən] *irreg vt untrenn* dweud celwydd wrth, twyllo, hocedu.

belustigen [bə'lʊstɪgən] *vt untrenn* diddanu, difyrru.

Belustigung *f* difyrrwch *g*, diddanwch *g*, hwyl *b*.

bemächtigen [bə'mɛçtɪgən] *vr untrenn:* **sich einer Sache** *gen* **~** cipio rhth, meddiannu rhth.

bemalen [bə'ma:lən] *vt untrenn* peintio.

bemängeln [bə'mɛŋəln] *vt untrenn* beirniadu, barnu, gweld bai ar.

bemannen [bə'mannən] *vt untrenn* cyflenwi (â dynion), criwio.

bemannt *adj* â chriw.

Bemannung *f (Besatzung)* criw *g*.

bemerkbar [bə'mɛrkba:r] *adj* amlwg, canfyddadwy, gweladwy; **sich ~ machen** *(Person)* tynnu sylw atoch eich hun; *(auffallen)* dod yn amlwg.

bemerken [bə'mɛrkən] *vt untrenn (wahrnehmen)* sylwi,

gweld, nodi; *(sagen)* dweud, sôn am, cyfeirio at, crybwyll.

bemerkenswert *adj* nodedig, trawiadol, rhyfeddol.

Bemerkung (-, -en) *f (Aussage)* sylw *g*.

bemitleiden [bəˈmɪtlaɪdən] *vt untrenn* tosturio wrth, trugarhau wrth.

bemühen [bəˈmyːən] *vr untrenn* ymdrafferthu, ymboeni; **sich um eine Stelle ~** chwilio am swydd.
♦ *vt untrenn* trafferthu, poeni.

bemüht *adj:* **darum ~ sein, etw zu tun** gwneud eich gorau glas i wneud rhth, mynd i drafferth fawr i wneud rhth.

Bemühung (-, -en) *f* ymdrech *b*, ymgais *gb*, trafferth *gb*.

bemüßigt [bəˈmyːsɪçt, -ɪkt] *adj (geh)* **sich ~ fühlen** teimlo bod rhaid i chi.

bemuttern [bəˈmʊtərn] *vt* mwytho, anwylo.

benachbart [bəˈnaxbaːrt] *adj* cymdogol, cyfagos.

benachrichtigen [bəˈnaːrɪçtɪgən] *vt untrenn* hysbysu, rhoi gwybod i.

Benachrichtigung *f* hysbysiad *g*, hysbysrwydd *g*, gwybodaeth *b*.

benachteiligen [bəˈnaːxtaɪlɪgən] *vt untrenn* anfanteisio, dodi dan anfantais.

benehmen [bəˈneːmən] *irreg vr untrenn* ymddwyn, bihafio; **sich daneben ~** ymddwyn yn ddrwg.

Benehmen (-s, *kein pl*) *nt* ymddygiad *g*; **gutes ~** moesau *ll*, moesgarwch *g*; **kein ~ haben** dangos diffyg moesgarwch, wedi eich magu heb foesau da.

beneiden [bəˈnaɪdən] *vt untrenn* cenfigennu wrth, eiddigeddu wrth.

beneidenswert *adj* dymunadwy, chwenychadwy.

Beneluxländer [ˈbeːnelʊkslɛndər] *pl (GEOG)* Benelwcs *b*.

Beneluxstaaten *pl (GEOG)* = **Beneluxländer**.

benennen [bəˈnɛnən] *irreg vt untrenn* enwi, galw.

Bengel [ˈbɛŋəl] (-s, -(s)) *m* cnaf *g*, cenau *g*, coblyn *g*, gwalch *g*.

Benimm [bəˈnɪm] (-s, *kein pl*) *m (ugs)* moesgarwch *g*, cwrteisi *g*.

benommen [bəˈnɔmən] *adj (betäubt)* wedi merwino, wedi fferru; *(geschockt)* syfrdan, pensyfrdan.

benoten [bəˈnoːtən] *vt untrenn (SCH)* marcio.

benötigen [bəˈnøːtɪgən] *vt untrenn* bod ag angen.

benutzen, benützen [bəˈnʊtsən, bəˈnʏtsən] *vt untrenn* defnyddio, gwneud defnydd o; **jdn ~** manteisio ar rn, cymryd mantais o rn.

Benutzer (-s, -) *m* defnyddiwr *g*.

benutzerfreundlich *adj (COMP)* hawdd ei ddefnyddio/drin.

Benutzerin *f* defnyddwraig *b*.

Benutzung *f* defnydd *g*, defnyddiad *g*; **jdm etw zur ~ überlassen** rhoi rhth at wasanaeth rhn.

Benzin [bɛnˈtsiːn] (-s, -e) *nt* petrol *g*; **bleifreies ~** petrol di-blwm.

Benzineinspritzanlage *f (AUTO)* system *b* chwistrellu tanwydd.

Benzin- *kompos:* **~kanister** *m* can *g* petrol; **~tank** *m* tanc *g* petrol; **~uhr** *f* deial *g* petrol, cloc *g* petrol.

beobachten [bəˈʔoːbaxtən] *vt untrenn* gwylio, syllu; *(sehen)* gweld, sylwi; *(überwachen)* cadw golwg ar, arolygu.

Beobachter (-s, -) *m (~in f)* gwyliwr *g*, gwylwraig *b*; *(Augenzeuge)* tyst *g*; *(TV)* gohebydd *g*.

Beobachtung (-, -en) *f* gwyliadwriaeth *b*, arsylliad *g*, arsylwad *g*; **unter ~ stehen** bod o dan wyliadwriaeth.

beordern [bəˈʔɔrdərn] *vt untrenn:* **jdn zu sich ~** galw rhn ger eich bron.

bepacken [bəˈpakən] *vt untrenn* llwytho, pacio *(e.e. asyn)*.

bepflanzen [bəˈpflantsən] *vt untrenn* plannu.

bequatschen [bəˈkvatʃən] *vt untrenn (ugs)* **etw ~** trafod rhth.

bequem [bəˈkveːm] *adj* cyfforddus, cysurus, esmwyth; *(handlich)* cyfleus; *(faul)* diog, dioglyd.

bequemen [bəˈkveːmən] *vr untrenn:* **sich ~, etw zu tun** *(pej)* ymfodloni ar wneud rhth, trafferthu i wneud rhth.

Bequemlichkeit (-, -en) *f* cyfleustra *g*, esmwythdra *g*, cyfforddusrwydd *g*; *(Faulheit)* diogi *g*, pydrwch *g*.

beraten [bəˈraːtən] *irreg vt untrenn* cynghori, argymell; **schlecht ~ sein** bod wedi derbyn cyngor gwael.
♦ *vr untrenn* ymgynghori â, gofyn cyngor gan; *(besprechen)* trafod; **sich (von jdm) ~ lassen** ymgynghori (â rhn), gofyn cyngor (rhn).

beratend *adj* ymgynghorol; **jdm ~ zur Seite stehen** bod yn ymgynghorwr i rn.

Berater(in) *m(f)* cynghorwr(aig) *g(b)*, ymgynghorwr(aig) *g(b)*.

beratschlagen [bəˈraːtʃlaːgən] *vi untrenn* ymgynghori.
♦ *vr untrenn* ymgynghori ynghylch.

Beratung (-, -en) *f* cyngor *g*; *(Besprechung)* ymgynghoriad *g*, ymgynghori.

Beratungsstelle *f* canolfan *b* gynghori.

berauben [bəˈraʊbən] *vt untrenn* dwyn oddi ar, lladrata oddi ar.

berauschen [bəˈraʊʃən] *vt untrenn* meddwi; *(fig)* swyno, hudo.

berauschend *adj* meddwol; **das war nicht sehr ~** *(ironisch)* nid oedd hynny'n gyffrous iawn.

berechenbar [bəˈrɛçənbaːr] *adj* cyfrifadwy, mesuradwy; *(Verhalten)* rhagweladwy, disgwyliadwy.

berechnen [bəˈrɛçnən] *vt untrenn* cyfrifo, mesur; *(COMM: anrechnen)* codi arian am.

berechnend *adj (pej: Mensch)* craff, ystrywgar, amcanus.

Berechnung (-, -en) *f* cyfrifiad *g*; *(Absicht)* craffter *g*, cynllwyn *g*; *(COMM)* pris *g*, cost *b*.

berechtigen [bəˈrɛçtɪɡən] *vt untrenn* awdurdodi, rhoi hawl i, caniatáu; *(fig)* cyfiawnhau.

berechtigt *adj (begründet)* cyfiawnadwy, cyfiawn, teg; *(bevollmächtigt)* awdurdodedig.

Berechtigung *f* hawl *b*, awdurdod *gb*; *(fig)* cyfiawnhad *g*.

bereden [bəˈreːdən] *vt untrenn (besprechen)* trafod, sôn am; *(überreden)* perswadio, darbwyllo.

beredt *adj* huawdl.

Bereich [bəˈraɪç] *m* ardal *b*; *(Umkreis)* cylch *g*, cyffiniau *ll*; *(Ressort, Gebiet)* maes *g*; **das ist mein ~** fy maes i yw hwn.

bereichern [bəˈraɪçərn] *vr untrenn* budrelwa, gorelwa, ymgyfoethogi; **sich auf Kosten anderer ~** gorelwa ar gefn rhn arall, pluo'ch nyth.

♦ *vt untrenn* cyfoethogi.

bereifen [bəˈraɪfən] *vt* cylchu.

Bereifung [bəˈraɪfʊŋ] *f (AUTO)* set o deiars.

bereinigen [bəˈraɪnɪɡən] *vt untrenn (fig)* datrys, setlo, trefnu.

bereisen [bəˈraɪzən] *vt untrenn (Land)* teithio (hyd a lled); *(COMM: Verkaufsgebiet)* gofalu am; **unsere Vertreter ~ dieses Gebiet** mae ein trafaelwyr yn gofalu am yr ardal hon.

bereit [bəˈraɪt] *adj* parod; **zu etw ~ sein** bod yn barod i rth; **sich ~ erklären** datgan eich parodrwydd.

bereiten [bəˈraɪtən] *vt untrenn* paratoi, darparu; *(Essen)* coginio; *(Kummer, Freude)* achosi; **jdm den Weg ~** agor/torri ffordd i rn; **einer Sache** *dat* **ein Ende ~** rhoi terfyn ar rth.

bereithalten *irreg vt* cadw wrth gefn.

♦ *vr* bod yn barod.

bereitlegen *vt* gosod yn barod.

bereitmachen *vt* paratoi.

♦ *vr untrenn* ymbaratoi.

bereits [bəˈraɪts] *adv* eisoes, yn barod.

Bereitschaft [bəˈraɪtʃaft] *f* parodrwydd *g*; **~ haben** *(Arzt usw)* bod ar wyliadwriaeth; **in ~ sein** bod yn barod, bod wrth gefn.

Bereitschafts- *kompos:* **~arzt** *m* meddyg *g* ar alwad; **~dienst** *m* gwasanaeth argyfwng.

bereitstehen *irreg vi* bod yn barod.

bereitstellen *vt* paratoi ar gyfer defnydd, trefnu

bod (rhth) ar gael.

Bereitung (-, -en) *f* paratoad *g*, paratoi *g*.

bereitwillig [bəˈraɪtvɪlɪç, -ɪk] *adj* parod, bodlon.

Bereitwilligkeit *f* parodrwydd *g*.

bereuen [bəˈrɔyən] *vt untrenn* edifarhau, gresynu at, difaru am.

Berg [bɛrk] (-(e)s, -e) *m* mynydd *g*, bryn *g*, rhiw *b*; *(von Wäsche usw)* pentwr *g*; **mit etw hinterm ~ halten** *(fig)* cadw'n dawel ynghylch rhth; **über alle ~e sein** bod yn bell i ffwrdd; **über den ~ sein** *(ugs)* bod wedi gwella; **da stehen einem ja die Haare zu ~e** mae'n ddigon i godi'r gwallt ar eich pen.

bergab [bɛrkˈʔap] *adv* ar y goriwaered, i lawr rhiw, ar i lawr; **mit ihm geht es ~** *(fig)* mae e'n mynd ar i lawr.

Bergarbeiter *m* cloddiwr, mwynwr *g*; *(Kohle)* glöwr *g*.

bergauf *adv* ar y gorifyny, i fyny rhiw, ar i fyny.

Berg- *kompos:* **~bahn** *f* rheilffordd *b* fynydd; **~bau** *m* mwyngloddio *g*; *(Kohle)* cloddio *g* am lo.

bergen [ˈbɛrɡən] *irreg vt (retten)* achub; *(Ladung)* achub, arbed; *(enthalten)* cynnwys, dal.

Berg- *kompos:* **~fried** *m* gorthwr *g*, mwnt *g*; **~führer** *m* tywyswr *g* mynydd; **~gipfel** *m* copa *gb*, pen *g* mynydd.

bergig [ˈbɛrɡɪç, -ɪk] *adj* mynyddig, bryniog, serth.

Berg- *kompos:* **~kamm** *m* crib *g*, esgair *b*, cefn *g*; **~kette** *f* cadwyn *b* o fynyddoedd; **~kristall** *m* creigrisial *g*.

Bergmann (-(e)s, ~leute) *m* cloddiwr *g*, mwynwr *g*; *(Kohle)* glöwr *g*.

Bergnot *f:* **in ~ geraten** mynd i drafferth ar fynydd.

Berg- *kompos:* **~predigt** *f (REL)* y Bregeth ar y Mynydd; **~rettungsdienst** *m* tîm *g* achub ar fynydd; **~rutsch** *m* tirlithriad *g*, tirgwymp *g*; **~steigen** *nt* mynydda *g*, dringo *g* mynyddoedd; **~steiger** *m* mynyddwr *g*, dringwr *g*.

Berg-und-Tal-Bahn *f* ffigur wyth *g*.

Bergung *f (von Menschen)* achubiad *g*, achubiaeth *b*; *(von Material)* adenilliad *g*, adferiad *g*; *(NAUT)* achubiad, adferiad.

Berg- *kompos:* **~wacht** *f* tîm *g* achub ar fynydd; **~werk** *nt* mwynglawdd *g*, cloddfa *b*; *(Kohle)* glofa *b*, pwll *g* glo.

Bericht [bəˈrɪçt] (-(e)s, -e) *m* adroddiad *g*.

berichten [bəˈrɪçtən] *vt, vi untrenn* crybwyll, mynegi, adrodd.

Berichterstatter [bəˈrɪçtʔɛrʃtatər] (-s, -) *m* gohebydd *g*.

berichtigen [bəˈrɪçtɪɡən] *vt untrenn* cywiro, cymhwyso.

Berichtigung (-, -en) *f* cywiriad *g*.

berieseln [bə'ri:zəln] *vt untrenn* chwistrellu â dŵr;
sich ~ **lassen** *(fig)* eistedd yn oddefol o flaen y
teledu.

Berieselungsanlage *f* ysgeintiwr *g*.

Beringsee ['be:rɪŋze:] *f (GEOG)* Môr *g* Bering.

beritten [bə'rɪtən] *adj* ar gefn ceffyl.

Berliner[1] [bɛr'li:nər] *adj* o Berlin.

Berliner[2] *m (Person)* Berliniad *g*; *(KOCH)[D]* toesen *b*; ~in
f Berliniad *g*.

berlinerisch *adj* sy'n perthyn i Berlin.

Bermudas [bɛr'mu:das] *pl (GEOG)* **auf den** ~ yn
Bermiwda.

Bernhardiner [bɛrnhar'di:nər] *m* ci *g* Sant Bernard.

Bernstein ['bɛrnʃtaɪn] *m (GEOL)* ambr *g*.

bersten ['bɛrstən] *irreg vi (+sein)* byrstio, rhwygo,
torri; **zum B~ voll** dan ei sang.

berüchtigt [bə'rʏçtɪçt, -ɪkt] *adj* drwg-enwog, ag enw
drwg, gwaradwyddus; **berühmt** ~ gwaradwyddus.

berücksichtigen [bə'rʏkzɪçtɪgən] *vt untrenn* ystyried,
cadw mewn cof.

Berücksichtigung *f* ystyriaeth *b*; **unter** ~ **der Tatsache,
dass...** o ystyried y ffaith fod...

Beruf [bə'ru:f] (-(e)s, -e) *m* gwaith *g*, swydd *b*;
(Gewerbe) galwedigaeth *b*, crefft *b*; **was sind sie
von ~?** beth yw eich gwaith? **seinen ~ verfehlt
haben** bod yn y gwaith/galwedigaeth anghywir.

berufen[1] [bə'ru:fən] *irreg vt untrenn (in Amt)* cyfethol,
penodi.
  ♦ *vr untrenn:* **sich** ~ **auf** +*akk* cyfeirio at, galw ar.

berufen[2] *adj* galluog, medrus; **zu etw** ~ **sein** bod â
galwad at rth.

beruflich [bə'ru:flɪç] *adj* proffesiynol, yn ymwneud â
gwaith; **er ist** ~ **viel unterwegs** mae e'n teithio
llawer gyda'r gwaith.

Berufsausbildung *f* hyfforddiant *g* gwaith.

berufsbedingt *adj* yn ymwneud â'r gwaith,
galwedigaethol.

Berufs- *kompos:* ~**berater** *m* cynghorwr *g* gyrfaoedd;
~**beratung** *f* cyfarwyddyd *gb* gyrfa; ~**bezeichnung** *f*
disgrifiad *g* swydd, teitl *g* swydd; ~**erfahrung** *f*
profiad *g* galwedigaethol; ~**feuerwehr** *f*
gwasanaeth *g* tân proffesiynol; ~**geheimnis** *nt*
cyfrinach *b* broffesiynol; ~**krankheit** *f* clefyd *g*
galwedigaethol; ~**laufbahn** *f* gyrfa *b*.

Berufsleben *nt* bywyd *g* proffesiynol; **im** ~ **stehen**
bod yn gweithio.

berufsmäßig *adj* proffesiynol.

Berufs- *kompos:* ~**risiko** *nt* peryglon *ll* gwaith; ~**schule**
f ysgol *b* alwedigaethol, ysgol fasnach; ~**soldat** *m*
milwr *g* proffesiynol; ~**sportler** *m* mabolgampwr
g proffesiynol.

berufstätig *adj* cyflogedig.

berufsunfähig *adj* rhy wael i weithio, anaddas i
weithio.

Berufsverbot *nt:* **jdm** ~ **erteilen** gwahardd rhn o'i
waith.

Berufs- *kompos:* ~**verkehr** *m* trafnidiaeth *b* oriau brys;
~**wahl** *f* dewis *g* o yrfa.

Berufung [bə'ru:fʊŋ] *f* galwedigaeth *b*; *(Ernennung)*
penodiad *g*, apwyntiad *g*; *(JUR)* apêl *gb*, apeliad *g*;
~ **einlegen** apelio; **unter** ~ **auf** +*akk* gan dyfynnu,
gyda golwg ar.

Berufungsgericht *nt* llys *g* apêl.

beruhen [bə'ru:ən] *vi untrenn:* **auf etw** *dat* ~ bod yn
seiliedig ar rth, bod â sylfaen o rth; **etw auf sich** ~
lassen gadael rhth fel y mae; **das beruht auf
Gegenseitigkeit** mae hynny yr un fath ar y ddwy
ochr.

beruhigen [bə'ru:ɪgən] *vt untrenn* tawelu, llonyddu,
heddychu.
  ♦ *vr untrenn (Mensch)* tawelu/llonyddu eich hun;
(Situation) tawelu, gostegu.

Beruhigung *f* cysur *g*, cadarnhad *g*; *(der Nerven)*
llonyddu *g*, tawelu *g*; **zu jds** ~ i gysuro rhn, i
galonogi rhn.

Beruhigungs- *kompos:* ~**mittel** *nt* tawelydd *g*, tawelyn
g, llonyddwr *g*; ~**pille** *f* tawelyn *g*.

berühmt [bə'ry:mt] *adj* enwog, hyglod; **das war nicht**
~ *(ugs)* doedd hynny ddim yn arbennig o dda.

berühmt-berüchtigt *adj* drwg-enwog.

Berühmtheit (-, *kein pl*) *f* enwogrwydd *g*, clod *gb*.
  ♦ (-, -en) *f (Person)* rhn enwog, rhn o fri.

berühren [bə'ry:rən] *vt untrenn* cyffwrdd; *(flüchtig
erwähnen)* sôn am, cyfeirio at, crybwyll;
(gefühlsmäßig) cynhyrfu, cyffwrdd calon (rhn);
von etw peinlich berührt sein bod mewn embaras
dros rth; **das berührt mich nicht** nid yw'n amharu
arna i.

Berührung *f* cyffyrddiad *g*.

Berührungspunkt (-(e)s, -e) *m* man *gb* cyffwrdd.

bes. *abk* = **besonders**.

besagen [bə'za:gən] *vt untrenn* golygu, meddwl.

besagt *adj (Tag usw)* dan sylw.

besaiten [bə'zaɪtən] *vt untrenn:* **neu** ~ *(Instrument)*
aildantio, newid tannau (telyn *e.e.*).

besänftigen [bə'zɛnftɪgən] *vt untrenn* tawelu, cysuro,
gostegu, lleddfu.

besänftigend *adj* esmwythlon, lleddfol, cysurlon.

Besänftigung *f* tawelu *g*, lleddfu *g*.

besaß *vb vgl.* **besitzen**.

Besatz [bə'zats] (-es, ̈-e) *m (TEX)* ymylwaith *g*, godre
g.

Besatzung *f (NAUT, AERO)* criw *g*; *(MIL)* garsiwn *gb*,
gwarchodlu *g*; *(Besetzung)* goresgyniad *g*,

meddiannaeth *b*; *(Besatzungszeit)* cyfnod *g* y goresgyn.

Besatzungs- *kompos:* **~macht** *f* grym *g* goresgynnol, pŵer *g* cyfeddiannol; **~zeit** *f* cyfnod *g* y goresgyn; **~zone** *f* ardal *b* oresgynedig, sector *g* goresgynedig.

besaufen [bə'zaʊfən] *irreg vr untrenn (vulg)* meddwi.

beschädigen [bə'ʃɛ:dɪgən] *vt untrenn* niweidio, difrodi, torri.

Beschädigung (-, -en) *f* niwed *g*, difrod *g*.

beschaffen[1] [bə'ʃafən] *vt untrenn* caffael, cael gafael ar.

beschaffen[2] *adj* o wneuthuriad; **so ~ sein wie ...** fel..., bod o'r un fath â...

Beschaffenheit *f* cyfansoddiad *g*, natur *b*; **je nach ~ des Materials** yn ôl natur y deunydd.

Beschaffung *f* caffaeliad *g*.

beschäftigen [bə'ʃɛftɪgən] *vr untrenn* llenwi eich amser yn gwneud rhth, bod yn brysur yn gwneud rhth; **sich ~ mit** +*dat (behandeln)* ymwneud â.

♦ *vt untrenn (Angestellte)* cyflogi; *(innerlich)* **etw beschäftigt jdn** mae rhth ar feddwl rhn.

beschäftigt *adj* prysur; *(angestellt)* **bei einer Firma ~ sein** gweithio i gwmni.

Beschäftigung (-, -en) *f (Tätigkeit)* gweithgaredd *g*; *(Beruf)* gwaith *g*, swydd *b*; *(Anstellung)* cyflogaeth *b*; *(geistig)* diddordeb *g*, ystyriaeth *b*; **einer ~ nachgehen** *(geh)* gweithio.

Beschäftigungs- *kompos:* **~programm** *nt* cynllun *g* gweithio; **~therapie** *f* therapi *g* gwaith.

beschämen [bə'ʃɛ:mən] *vt untrenn* cywilyddio, codi cywilydd ar.

beschämend *adj* cywilyddus, gwarthus.

beschämt *adj* mewn cywilydd, wedi cywilyddio.

beschatten [bə'ʃatən] *vt untrenn* cysgodi; *(Verdächtige)* dilyn, sodli (ar ôl).

Bescheid [bə'ʃaɪt] (-(e)s, -e) *m* gwybodaeth *b*, hysbysrwydd *g*; *(Vorwarnung)* rhybudd *g*; *(Weisung)* cyfarwyddiad *g*; **ich weiß ~** rwy'n gwybod; **jdm ~ sagen** rhoi gwybod i rn, hysbysu rhn; **jdm ordentlich ~ sagen** *(ugs)* dweud eich barn wrth rn heb flewyn ar dafod.

bescheiden[1] [bə'ʃaɪdən] *irreg vt untrenn:* **etw abschlägig ~** gwrthod.

bescheiden[2] *adj (zurückhaltend)* gwylaidd, swil; *(anspruchslos)* diymhongar, cymedrol; *(geringfügig)* isel, gostyngedig.

bescheiden[3] *vr untrenn* ymfodloni, bod yn fodlon ar rth.

Bescheidenheit (-, *kein pl*) *f* diymhongarwch *g*, gwylder *g*.

bescheinen [bə'ʃaɪnən] *irreg vt untrenn* tywynnu ar, goleuo.

bescheinigen [bə'ʃaɪnɪgən] *vt untrenn* tystio i, ardystio; *(bestätigen)* cydnabod, cadarnhau; **hiermit wird bescheinigt, dass...** mae hyn i gadarnhau bod...

Bescheinigung (-, -en) *f* tystysgrif *b*, dogfen *b* swyddogol; *(Empfangsbestätigung)* derbynneb *b*.

bescheißen [bə'ʃaɪsən] *irreg vt untrenn (vulg)* twyllo.

beschenken [bə'ʃɛŋkən] *vt untrenn:* rhoi anrheg i.

bescheren [bə'ʃe:rən] *vt untrenn:* **jdm etw ~** rhoi rhth (annisgwyl) i rn; **jdn ~** rhoi anrhegion i rn.

Bescherung *f* dosbarthu *g* anrhegion Nadolig; *(ugs)* **das ist eine schöne ~!** dyna lanast! dyna draed moch! **da haben wir die ~!** *(ugs)* felly y dywedais y bydde' hi!

bescheuert[D] [bə'ʃɔʏərt] *adj (ugs)* hanner call, disynnwyr.

beschichten [bə'ʃɪçtən] *vt untrenn (TECH)* cotio, caenu.

beschießen [bə'ʃi:sən] *irreg vt untrenn* saethu ar.

beschildern [bə'ʃɪldərn] *vt untrenn* gosod arwyddbyst ar.

beschimpfen [bə'ʃɪmpfən] *vt untrenn* dwrdio, difenwi.

Beschimpfung *f* difrïaeth *b*, tafod *g* drwg.

beschirmen [bə'ʃɪrmən] *vt untrenn (beschützen)* gwarchod, amddiffyn.

Beschiss[D] [bə'ʃɪs] (-es, *kein pl*) *m (vulg)* **das ist ~!** dyna dwyll! twyll yw hynny!

beschiss *vb vgl.* **bescheißen**.

beschissen *pp von* **bescheißen**.

♦ *adj (vulg)* uffernol.

Beschlag [bə'ʃla:k] (-(e)s, ¨-e) *m (Metallband)* gosodiad *g* metal, ffitiad *g* metal; *(Hufeisen)* pedol *b*; *(Dampf auf Glas)* anwedd *g*; **etw in ~ nehmen** monopoleiddio rhth, meddiannu rhth.

beschlagen [bə'ʃla:gən] *irreg vt (+haben) untrenn* cotio, gorchuddio, caenu; *(Pferd)* pedoli; *(begatten)* ymgydio.

♦ *vi, vr (+sein) untrenn (Glas)* cymylu, stemio; **~ sein in** +*dat* bod yn hyddysg yn, bod yn gyfarwydd â.

Beschlagnahme *f* atafaeliad *g*.

beschlagnahmen [bə'ʃla:kna:mən] *vt untrenn* mynd â rhth oddi ar rn, atafael, cymryd meddiant o.

Beschlagnahmung *f* atafaeliad *g*.

beschleunigen [bə'ʃlɔʏnɪgən] *vt untrenn* cyflymu, ysbarduno.

Beschleunigung *f* cyflymiad *g*.

beschließen [bə'ʃli:sən] *irreg vt untrenn* penderfynu ar; *(beenden)* gorffen, diweddu, terfynu.

beschlossen *pp von* **beschließen**.

Beschluss [bə'ʃlʊs] (-es, ¨-e) *m* penderfyniad *g*; **einen ~ fassen** cytuno i dderbyn cynnig.

beschlussfähig *adj:* ~ **sein** bod â digon o bleidleisiau i basio cynnig.

beschmieren [bəˈʃmiːrən] *vt untrenn (Wand)* baeddu, rhwbio â.

beschmutzen [bəˈʃmʊtsən] *vt untrenn* baeddu, maeddu, difwyno.

beschneiden [bəˈʃnaɪdən] *irreg vt untrenn* torri; *(stutzen)* tocio; *(Strauch)* brigdorri; *(REL)* enwaedu.

beschnuppern [bəˈʃnʊpərn] *vt untrenn* ffroeni, arogleuo.

beschönigen [bəˈʃøːnɪgən] *vt untrenn* lliwio; *(verharmlosen)* bychanu; **beschönigender Ausdruck** mwythair *g*, gair *g* llednais.

beschränken [bəˈʃrɛŋkən] *vt untrenn* cyfyngu.

♦ *vr untrenn:* **sich ~ auf** *+akk* eich cyfyngu'ch hun i, ymgyfyngu i.

beschrankt [bəˈʃraŋkt] *adj (Bahnübergang)* â chlwyd.

beschränkt [bəˈʃrɛŋkt] *adj* cyfyngedig, cyfyng; *(Mensch)* culfarn, culfrydig; **Gesellschaft mit ~er Haftung** *(COMM)* cwmni *g* cyfyngedig.

Beschränktheit *f* culni *g* meddwl, culfrydedd *g*.

Beschränkung *f* cyfyngiad *g*.

beschreiben [bəˈʃraɪbən] *irreg vt untrenn* disgrifio; *(Papier)* ysgrifennu ar.

Beschreibung (-, -en) *f* disgrifiad *g*.

beschrieb *vb vgl.* **beschreiben.**

beschriften [bəˈʃrɪftən] *vt untrenn* labelu, rhoi label ar, marcio.

Beschriftung *f* llythreniad *g*.

beschuldigen [bəˈʃʊldɪgən] *vt untrenn* cyhuddo, pwyntio bys at.

Beschuldigung (-, -en) *f* cyhuddiad *g*.

beschummeln [bəˈʃʊməln] *vt untrenn (ugs)* twyllo, hocedu.

Beschuss [bəˈʃʊs] (-es, *kein pl*) *m:* **unter ~ nehmen;** *(MIL)* magnelu, bombardio; *(fig)* ymosod ar, beirniadu; **unter ~ geraten** dod i flaen y gad, dod i'r rheng flaen.

beschützen [bəˈʃʏtsən] *vt untrenn:* amddiffyn, diogelu, gwarchod, cysgodi; ~ **vor** *+dat* gwarchod rhag.

Beschützer *m* gwarcheidwad *g*, amddiffynnwr *g*; **~in** *f* amddiffynwraig *b*.

Beschützung *f* amddiffyniad *g*, gwarchod *g*.

beschwatzen [bəˈʃvatsən] *vt untrenn (ugs: überreden)* perswadio, argyhoeddi.

Beschwerde [bəˈʃveːrdə] (-, -n) *f* cwyn *g*, achwyniad *g*; *(Mühe)* caledi *g*, cyni *g*; **~n** *pl (Leiden)* poen *gb*, dolur *g*; ~ **einlegen** *(geh)* cwyno'n swyddogol.

beschwerdefrei *adj* heb ddolur.

beschweren [bəˈʃveːrən] *vt untrenn* trymhau, cynyddu pwysau.

♦ *vr untrenn* cwyno, achwyn, grwgnach.

beschwerlich *adj* blinderus, llafurus, beichus.

beschwichtigen [bəˈʃvɪçtɪgən] *vt untrenn* heddychu, tawelu, llonyddu.

Beschwichtigung *f* tawelu *g*, llonyddu *g*.

beschwindeln [bəˈʃvɪndəln] *vt untrenn (betrügen)* twyllo, hocedu; *(belügen)* dweud celwydd wrth.

beschwingt [bəˈʃvɪŋkt] *adj* hoenus, llawn asbri, penysgafn.

beschwipst [bəˈʃvɪpst] *adj (ugs)* lled feddw, penysgafn.

beschwören [bəˈʃvøːrən] *irreg vt untrenn (Aussage)* cadarnhau trwy dyngu llw; *(anflehen)* crefu ar, erfyn ar, ymbilio ar; *(Geister)* galw, consurio.

beseelen [bəˈzeːlən] *vt untrenn* ysbrydoli.

besehen [bəˈzeːən] *irreg vt untrenn* edrych ar; **genau ~** archwilio.

beseitigen [bəˈzaɪtɪgən] *vt untrenn* symud, cael gwared â.

Beseitigung *f* symudiad *g*, gwarediad *g*.

Besen [ˈbeːzən] (-s, -) *m* ysgub *b*, brws *g* llawr; *(pej: Frau)* hen ast *b*; **ich fresse einen ~, wenn das stimmt** os felly y mae, bwytaf fy het.

Besen- *kompos:* **~kammer** *f* sbens *b*; **~stiel** *m* coes *b* ysgub, coes *b* brws.

besessen [bəˈzɛsən] *adj* obsesedig, ag obsesiwn; *(von einer Idee)* wedi gwirioni ar, wedi penwirioni ar.

Besessenheit *f* obsesiwn *g*.

besetzen [bəˈzɛtsən] *vt untrenn* meddiannu, goresgyn; *(Platz)* llenwi, cymryd; *(Posten)* llenwi; *(Rolle)* castio i, dewis actorion i; *(mit Edelsteinen)* gosod, addurno.

besetzt *adj* llawn; *(Platz)* wedi ei lenwi, wedi ei gymryd; *(TEL)* yn brysur; *(Toilette)* dim yn rhydd.

Besetztzeichen *nt (TEL)* arwydd *gb* ar waith.

Besetzung *f* goresgyniad *g*, meddiannaeth *b*; *(von Stelle)* llenwi *g*, dewis *g*; *(THEAT, FILM)* cast *g*; *(von Rolle)* castio *g*, dewis *g* cymeriadau; **in zweiter ~ spielen** *(THEAT)* perfformio â dirprwy actorion; *(SPORT)* chwarae â'r eilyddion.

besichtigen [bəˈzɪçtɪgən] *vt untrenn* ymweld â, cael golwg ar.

Besichtigung *f* ymweliad *g*.

besiedeln [bəˈziːdəln] *vt untrenn* poblogi, gwladychu; **dicht besiedelt** trwchus ei boblogaeth.

Besiedelung *f* cyfanheddu *g*, gwladychu *g*; *(Bebauung)* anheddiad *g*.

Besiedlung *f* = **Besiedelung.**

besiegeln [bəˈziːgəln] *vt untrenn* selio.

besiegen [bəziːgən] *vt untrenn* gorchfygu, trechu, maeddu.

Besiegte *m/f* yr un a orchfygwyd, yr un a drechwyd.

besinnen [bəˈzɪnən] *irreg vr untrenn* *(nachdenken)* meddwl, pendroni; *(erinnern)* cofio; **sich anders ~** newid barn.

besinnlich *adj* myfyriol, meddylgar, synfyfyriol.

Besinnung *f* ymwybyddiaeth *b*, ymwybod *g*; **zur ~ kommen** *(Bewusstsein)* dod atoch eich hun, adennill ymwybyddiaeth; *(Vernunft)* dod i iawn bwyll, callio.

besinnungslos *adj* anymwybodol.

Besitz [bəˈzɪts] (**-es**, **-tümer**) *m* meddiant *g*, perchenogaeth *b*; *(Eigentum)* eiddo *g*; **in ~ nehmen** meddiannu; **~ ergreifen von** +*dat* cymryd meddiant o.

Besitzanspruch *m* hawlio *g* meddiant; *(JUR)* teitl *g*, hawl *gb*.

besitzanzeigend *adj* *(GRAM)* **~es Fürwort** rhagenw *g* meddiannol.

besitzen *irreg vt untrenn* meddu ar, perchenogi, piau.

Besitzer (**-s**, **-**) *m* (**~in** *f*) perchennog *g*, perchen *g*.

besitzergreifend *adj* meddiannol, meddiangar.

Besitz- *kompos:* **~ergreifung** *f* meddiannaeth *b*; **~nahme** *f* meddianaeth *b*, atafaeliad *g*.

Besitztum (**-s**, **¨-er**) *nt* *(Grundbesitz)* stad *b*, tiriogaeth *b*, eiddo *g*.

Besitzurkunde *f* gweithredoedd *ll* eiddo.

besoffen [bəˈzɔfən] *adj* *(ugs)* meddw, wedi meddwi, chwil.

besohlen [bəˈzoːlən] *vt untrenn* *(Schuh)* gwadnu, rhoi gwadn ar.

besolden [bəˈzɔldən] *vt* cyflogi.

Besoldung *f* cyflog *g*, tâl *g*.

besondere *adj* arbennig, enwedig; *(eigen)* nodedig; *(eigenartig)* neilltuol, rhyfeddol.

Besondere *nt:* **nichts ~s** dim byd arbennig.

Besonderheit [bəˈzɔndərhaɪt] *f* nodwedd *b*, hynodwedd *b*.

besonders [bəˈzɔndərs] *adv* yn arbennig, yn enwedig; **das Essen war nicht ~** nid oedd y bwyd yn arbennig iawn; **wie geht's dir? – nicht ~!** sut mae? – dim yn arbennig!

besonnen [bəˈzɔnən] *adj* pwyllog, call, synhwyrol.

Besonnenheit *f* pwyll *g*, callineb *g*, synnwyr *g*.

besorgen [bəˈzɔrgən] *vt untrenn* *(beschaffen)* caffael gafael ar; *(kaufen)* prynu; *(erledigen)* gwneud, gofalu am; **es jdm ~** *(ugs)* siarad yn blaen â rhn.

Besorgnis (**-**, **-se**) *f* pryder *g*, gofid *g*, anesmwythyd *g*; **~ erregend** sy'n peri gofid, brawychus.

besorgt *adj* pryderus, gofidus, anesmwyth.

Besorgtheit *f* gofid *g*, pryder *g*.

Besorgung *f* caffaeliad *g*; *(Kauf)* pwrcas *g*, pryniant

g; *(Einkauf)* **~en machen** siopa.

bespannen [bəˈʃpanən] *vt untrenn* *(Tennisschläger)* rhoi llinynnau ar; *(MUS)* tantio.

bespielen [bəˈʃpiːlən] *vt untrenn* *(Tonband, Kassette)* recordio ar.

bespielbar [bəˈʃpiːlbaːr] *adj* *(Rasen)* o safon i chwarae arno.

bespitzeln [bəˈʃpɪtsəln] *vt untrenn* ysbïo ar.

besprechen [bəˈʃprɛçən] *irreg vt untrenn* trafod; *(Buch)* adolygu; *(Tonband)* recordio ar.

♦ *vr*[D] *untrenn* trafod, trin a thrafod, ymgynghori.

Besprechung (**-**, **-en**) *f* cyfarfod *g*, trafodaeth *b*; *(von Buch)* adolygiad *g*.

besprenkeln *vt untrenn* sgeintio.

bespringen [bəˈʃprɪŋən] *irreg vt untrenn* *(Tier)* neidio ar.

bespritzen [bəˈʃprɪtsən] *vt untrenn* tasgu ar.

besser [ˈbɛsər] *(komp von* **gut***)* *adj* gwell; **es geht ihm ~** mae e'n teimlo'n well; **ich gehe jetzt ~** gwell i mi fynd; **~e Leute** pobl *b* fwy dethol; **~ spät als nie** gwell hwyr na hwyrach; **sie hat schon ~e Tage gesehen** mae hi wedi gweld dyddiau gwell; **~ den Spatz in der Hand als die Taube am Dach** *(Sprichwort)* gwell aderyn mewn llaw na dau mewn llwyn.

bessern *vt untrenn* gwella.

♦ *vr untrenn* gwella; *(Menschen)* diwygio.

Besserung (**-**, **-en**) *f* gwelliant *g*; **gute ~!** brysiwch wella! gwellhad buan! **auf dem Weg der ~ sein** gwella.

Besserwisser *m* hollwybodusyn *g*, Sioni gwybod popeth.

Bestand [bəˈʃtant] (**-(e)s**, **¨-e**) *m* *(Bestehen)* parhad *g*, sefydlogrwydd *g*; *(COMM: Vorrat)* stoc *b*, cyflenwad *g*; *(Kassen~)* swm *g*, gweddill *g*; **~ haben** parhau'n hir, goroesi.

bestand *vb vgl.* **bestehen**.

bestanden *pp von* **bestehen**.

♦ *adj:* **nach ~er Prüfung** ar ôl pasio'r arholiad.

beständig [bəˈʃtɛndɪç, -ɪk] *adj* *(dauernd: auch fig)* cyson, parhaus; *(fortwährend)* parhaol, gwastadol; *(Wetter)* sefydlog, digyfnewid; *(Stoff)* gwydn, a fydd yn gwrthsefyll.

Bestands- *kompos:* **~aufnahme** *f* cymryd *g* stoc; **~überwachung** *f* rheolaeth *b* ar stoc.

Bestandteil *m* rhan *b*, cydran *b*, cyfansoddyn *g*, elfen *b*; *(Zutat)* cynhwysyn *g*; **sich in seine ~e auflösen** cwympo'n ddarnau.

bestärken [bəˈʃtɛrkən] *vt untrenn* cryfhau; **das bestärkte meinen Verdacht, dass ...** cryfhaodd hynny fy amheuon bod...; **jdn in etw** *dat* **~** calonogi rhn yn rhth; **er hat sie in ihrer Meinung bestärkt** cadarnhaodd ei barn hi.

bestätigen [bəˈʃtɛːtɪɡən] *vt untrenn* cadarnhau; *(anerkennen, COMM)* cydnabod; **den Empfang eines Briefes ~** cydnabod derbyn llythyr; **jdn im Amt ~** cadarnhau penodiad rhn.

Bestätigung *f* cadarnhad *g*, cydnabyddiaeth *b*.

bestatten [bəˈʃtatən] *vt untrenn* claddu.

Bestatter *m* trefnydd *g* angladdau.

Bestattung *f* angladd *gb*, claddedigaeth *b*.

Bestattungsinstitut (-(e)s, -e) *nt* cwmni *g* angladdau.

bestäuben [bəˈʃtɔybən] *vt untrenn* powdro, ysgeintio; *(Pflanze)* peillio.

bestaunen [bəˈʃtaunən] *vt untrenn* synnu at, rhyfeddu at, edrych yn syn ar.

beste [ˈbɛstə] *(superl von* **gut***) adj* gorau; **so ist es am ~n** fel hyn sydd orau, dyna sydd orau; **am ~n gehst du gleich** y peth gorau fyddai i ti fynd ar unwaith.

Beste *nt (Wohl)* lles *g*; **zu jds ~n** er lles rhn; **aufs ~** yn y ffordd orau posibl; **das ~ aus etw machen** gwneud y gorau o rth; **jdn zum ~n halten** tynnu coes rhn, herian rhn, **etw zum ~n geben** perfformio rhth; **es steht nicht zum ~n** nid yw'n argoeli'n dda iawn.

bestechen [bəˈʃtɛçən] *irreg vt untrenn* llwgrwobrwyo, llygru, iro llaw.

♦ *vi untrenn (Eindruck machen)* **durch etw ~** creu argraff oherwydd rhth.

bestechend *adj (Schönheit)* hudolus, swynol; *(Angebot)* atyniadol.

bestechlich *adj* llygradwy.

Bestechung *f* llwgrwobrwyaeth *b*, llygredigaeth *b*.

Bestechungs- *kompos:* **~geld** *nt* cildwrn *g*, llwgrwobr *b*; **~versuch** *m* ymgais *gb* i lwgrwobrwyo.

Besteck [bəˈʃtɛk] *nt* cyllyll a ffyrc *ll*, cytleri *g*; *(MED)* taclau *ll*.

Besteckkasten *m* blwch *g* o gyllyll a ffyrc.

bestehen [bəˈʃteːən] *irreg vi untrenn (existieren)* bodoli, bod; *(andauern)* para, parhau; **~ auf** +*dat oder* +*akk* mynnu; **~ aus** +*dat* cynnwys; **die Schwierigkeit besteht darin, dass ...** craidd y broblem yw bod...; **Schönheit vergeht, Tugend besteht** *(Sprichwort)* pyla prydferthwch ond pery rhinwedd; **~ bleiben** parhau, aros.

♦ *vt untrenn (Probe, Prüfung)* llwyddo mewn, pasio; *(Kampf)* ennill.

Bestehen *nt:* **seit ~ der Firma** ers i'r cwmni fod mewn bodolaeth, ers sefydlu'r cwmni.

bestehen bleiben *irreg vi (+sein) vgl.* **bestehen.**

bestehlen [bəˈʃteːlən] *irreg vt untrenn:* **jdn ~** dwyn oddi ar rn.

besteigen [bəˈʃtaɪɡən] *irreg vt untrenn* dringo; *(Pferd)* mynd ar gefn; *(Thron)* esgyn i.

Bestellbuch [bəˈʃtɛlbuːx] *nt* llyfr *g* archebion.

bestellen [bəˈʃtɛlən] *vt untrenn* archebu; *(vorladen)* trefnu gweld; *(Acker)* trin, amaethu; *(Grüße)* anfon; *(ernennen)* **zum Nachfolger ~** penodi/enwi yn olynydd; **er hat nicht viel zu ~** nid oes ganddo lawer o ddylanwad; **ich bin für 10 Uhr bestellt** mae gen i apwyntiad am 10 o'r gloch; **es ist schlecht um sie bestellt** *(fig)* mae hi mewn cyflwr drwg, mae'n wael arni.

Bestell- *kompos:* **~formular** *nt (COMM)* ffurflen *b* archebu; **~liste** *f* rhestr *b* archebion; **~nummer** *f* rhif *g* archeb; **~schein** *m* cwpon *g* archebu.

Bestellung *f (COMM)* archeb *b*; *(Ernennung)* enwebiad *g*, apwyntiad *g*.

bestenfalls [ˈbɛstənfals] *adv* ar y gorau.

bestens [ˈbɛstəns] *adv* ardderchog, yn dda iawn.

besteuern [bəˈʃtɔyərn] *vt untrenn (FIN)* trethu, codi treth ar.

bestialisch [bɛstiˈaːlɪʃ] *adj (ugs)* bwystfilaidd, ciaidd.

besticken [bəˈʃtɪkən] *vt untrenn* brodio.

Bestie [ˈbɛstiə] *f* bwystfil *g*.

bestimmen [bəˈʃtɪmən] *vt untrenn* pennu, penderfynu ar; *(klassifizieren)* dosbarthu; *(definieren)* diffinio; *(aussersehen)* enwebu; *(ernennen)* penodi; *(veranlassen)* penderfynu, gorchymyn; *(prägen)* nodweddu; **über jdn ~** penderfynu dros rn; **du hast hier nicht zu ~** nid gennyt ti y mae'r hawl i benderfynu yma.

bestimmend *adj (Faktor, Einfluss)* tyngedfennol.

bestimmt [bəˈʃtɪmt] *adj (entschlossen)* cadarn; *(festgelegt)* gosodedig, penodol; *(besonderes)* penodol, arbennig; **suchen Sie etwas B~es?** ydych chi'n chwilio am rywbeth penodol/arbennig? **~er Artikel** *(GRAM)* y fannod (bendant); **~es Integral** *(MATH)* integryn *g* pendant.

♦ *adv (gewiss)* yn bendant, yn sicr; *(vorgesehen)* ar gyfer; **das Geld ist zum Bezahlen der Versicherung ~** mae'r arian wedi ei glustnodi ar gyfer talu'r yswiriant.

Bestimmtheit *f* cadernid *g*, sicrwydd *g*, pendantrwydd *g*; **in aller ~** yn bendant.

Bestimmung (-, -en) *f (Klassifizierung)* dosbarthiad *g*; *(Definition)* diffiniad *g*; *(Verordnung)* rheol *g*; *(Festsetzen)* pennu *g*, gosod *g*; *(Zweck)* pwrpas *g*; *(Schicksal)* tynged *b*.

Bestimmungsbahnhof *m (BAHN)* pen *g* taith.

bestimmungsgemäß *adj* fel y cytunwyd.

Bestimmungs- *kompos:* **~hafen** *m* porthladd *g* terfynol; **~ort** *m* pen *g* taith.

Bestleistung [ˈbɛstlaɪstʊŋ] *f* y perfformiad *g* gorau.

bestmöglich [ˈbɛstmøːklɪç, -ɪk] *adj* gorau posibl.

Best.-Nr. *abk* = **Bestellnummer.**

bestrafen [bəˈʃtraːfən] *vt untrenn* cosbi.

Bestrafung *f* cosbedigaeth *gb*.

bestrahlen [bəˈʃtraːlən] *vt untrenn* tywynnu ar; *(MED)* trin â phelydrau.

Bestrahlung *f (MED)* triniaeth *b* â phelydrau, radiotherapi *g*.

Bestreben [bəˈʃtreːbən] (-s, *kein pl*) *nt* ymdrech *b*, ymgais *gb*; *(Ziel)* nod *gb*, amcan *g*.

bestrebt *adj*: ~ **sein, etw zu tun** ymdrechu i wneud rhth.

Bestrebung *f* = **Bestreben**.

bestreichen [bəˈʃtraɪçən] *irreg vt untrenn (Brot)* taenu rhth dros.

bestreiken [bəˈʃtraɪkən] *vt untrenn (IND)* rhoi dan waharddiad; **die Fabrik wird zur Zeit bestreikt** mae streic ymlaen yn y ffatri ar hyn o bryd.

bestreiten [bəˈʃtraɪtən] *irreg vt untrenn (abstreiten)* nacáu, anghytuno â, gwadu; *(Lebensunterhalt)* talu am, ymgynnal; **er hat das ganze Gespräch allein bestritten** fe wnaeth y siarad i gyd.

bestreuen [bəˈʃtrɔʏən] *vt untrenn* gwasgaru dros, ysgeintio dros.

Bestseller [bɛstˈsɛlər] *m* llyfr a mynd arno.

bestürmen [bəˈʃtyːrmən] *vt untrenn (mit Fragen)* gorlwytho, llethu (gan).

bestürzen [bəˈʃtʏrtsən] *vt untrenn* cythryblu, cynhyrfu.

bestürzend *adj (Nachrichten)* cythryblus, cynhyrfus, poenus.

bestürzt *adj* ysgytiedig, wedi cael sioc.

Bestürzung (-, *kein pl*) *f* ysgytiad *g*, ysgytwad *g*, sioc *gb*.

Bestzeit [ˈbɛsttsaɪt] *f (SPORT)* amser *g* gorau.

Besuch [bəˈzuːx] *m* ymweliad *g*; *(Gast)* ymwelydd *g*; *(SCH, Kurs)* dilyn *g*; **einen ~ machen bei jdm** ymweld â rhn, galw heibio i rn; **~ haben** bod ag ymwelwyr yn y tŷ; **bei jdm auf ~ sein** *oder:* **bei jdm zu ~ sein** bod ar ymweliad â rhn, aros gyda rhn.

besuchen [bəˈzuːxən] *vt untrenn* ymweld â; *(Schule, Kurs)* mynychu, dilyn; **die Vorträge sind gut besucht** mae mynd mawr ar y darlithoedd.

Besucher (-s, -) *m* (~in *f*) ymwelydd *g*, gwestai *g*.

Besuchs- *kompos:* ~**erlaubnis** *f* caniatâd *g* i ymweld; ~**zeit** *f* oriau ymweld.

besudeln [bəˈzuːdəln] *vt untrenn (geh: beschmutzen)* baeddu; *(geh: Namen, Ehre)* difwyno.

betagt [bəˈtaːkt] *adj* oedrannus.

betasten [bəˈtastən] *vt untrenn* cyffwrdd â.

betätigen [bəˈtɛːtɪgən] *vt untrenn (bedienen)* gweithio, rheoli, trin.

♦ *vr untrenn* cymryd rhan, gweithio; **sich in der Partei ~** gweithio yn y blaid; **sich als etw ~**

gweithio fel rhth.

Betätigung *f* gweithgaredd *g*; *(beruflich)* gwaith *g*, swydd *b*; *(TECH)* gweithrediad *g*.

betäuben [bəˈtɔʏbən] *vt untrenn (MED)* anestheteiddio; *(ohnmächtig machen)* merwino; *(fig: Gewissen)* lleddfu.

Betäubung *f (Narkose)* **örtliche ~** anesthetig *g* lleol.

Betäubungsmittel *nt* anesthetig *g*.

Bete[D] [ˈbeːtə] *f*: **Rote ~** betysen *b* goch, bitrwtsen *b*.

beteiligen [bəˈtaɪlɪgən] *vr untrenn:* **sich ~ an** +*dat* cymryd rhan mewn, cyfranogi o; **sich an den Unkosten ~** talu'ch cyfran o'r costau.

♦ *vt untrenn:* **jdn an etw ~** gadael i rn gymryd rhan mewn rhth.

Beteiligte *m/f* y bobl yr effeithir arnynt; *(Teilnehmer)* cyfranogwr *g*; *(Geschäftspartner)* cyfranddaliwr *g*, cyfranddeiliad *g*; *(Komplize)* cyd-leidr *g*, cyd-droseddwr *g*.

Beteiligung *f* cyfranogaeth *b*; *(Teilnahme)* cymryd *g* rhan; *(Anteil)* rhan *b*, cyfran *b*; *(Besucherzahl)* presenoldeb *g*, mynychu *g*.

beten [ˈbeːtən] *vi* gweddïo.

♦ *vt (Rosenkranz)* erchi, dweud.

beteuern [bəˈtɔʏərn] *vt untrenn* maentumio; *(Unschuld)* haeru.

Beteuerung (-, -en) *f* maentumiad *g*, haeriad *g*.

Beton [beˈtɔn] (-s, -s) *m* concrit *g*.

betonen [beˈtoːnən] *vt untrenn* pwysleisio; *(GRAM)* acennu.

betonieren [betoˈniːrən] *vt* concritio.

Betonmischer *m* = **Betonmischmaschine**.

Betonmischmaschine (-, -n) *f* cymysgwr *g* concrit.

betont [bəˈtɔnt] *adj* acennog; *(Höflichkeit)* pendant, bwriadol; *(Sachlichkeit)* diamwys.

Betonung *f* pwyslais *g*; *(GRAM)* acen *b*, aceniad *g*.

betören [bəˈtøːrən] *vt untrenn* hudo, twyllo.

betr. *abk* = **betreffend**; = **betreffs**.

Betracht [bəˈtraxt] *m*: **in ~ kommen** bod dan ystyriaeth; **in ~ ziehen** ystyried; **nicht in ~ kommen** bod yn anymarferol; **außer ~ lassen** peidio ag ystyried.

betrachten [bəˈtraxtən] *vt untrenn* edrych ar; *(fig)* edrych ar, ystyried.

Betrachter (-s, -) *m* gwyliwr *g*, arsyllydd *g*; ~**in** *f* gwylwraig *b*.

beträchtlich [bəˈtrɛçtlɪç] *adj* sylweddol, helaeth.

Betrachtung *f (Ansehen)* archwiliad *g*; *(Erwägung)* ystyriaeth *b*; **über etw** *akk* ~**en anstellen** synfyfyrio ynghylch rhth.

betraf *vb vgl.* **betreffen**.

Betrag [bəˈtraːk] (-(e)s, ¨-e) *m* swm *g*; ~ **erhalten** *(COMM)* swm *g* wedi'i dderbyn.

betragen [bə'tra:gən] *irreg vi untrenn* dod (yn rhth);
die Summe beträgt 1000 Mark cyfanswm yw 1000 o
farciau.

♦ *vr untrenn* ymddwyn, bihafio.

Betragen (-s, *kein pl*) *nt* (*SCH*) ymddygiad *g*.

betrat *vb vgl.* **betreten**[1].

betrauen [bə'trauən] *vt untrenn:* **jdn mit etw ~**
ymddiried rhth i rn.

betrauern [bə'trauərn] *vt untrenn* galaru am.

beträufeln [bə'trɔyfəln] *vt untrenn:* **den Fisch mit Zitrone
~** ysgeintio sudd lemwn dros y pysgod.

Betreff [bə'trɛf] *m* (*in Brief*) **~: Ihr Schreiben vom ...**
ynglŷn â'ch llythyr dyddiedig…, parthed eich
llythyr dyddiedig…

betreffen [bə'trɛfən] *irreg vt untrenn* ymwneud â, bod
a wnelo â; (*sich auswirken*) effeithio ar; **was mich
betrifft** o'm rhan i.

betreffend *adj* perthnasol.

betreffs *präp +gen* ynglŷn â, parthed.

betreiben [bə'traɪbən] *irreg vt untrenn* (*ausüben*)
gweithredu, arfer; (*Handwerk*) dilyn; (*Studien*)
ymgymryd â; (*TECH: antreiben*) gyrru; **Sport ~**
chwarae chwaraeon.

Betreiben *nt:* **auf jds ~ hin** ar anogaeth *b* rhn.

betreten[1] [bə'tre:tən] *irreg vt untrenn* mynd i mewn i
(rywle); (*auftreten*) camu ar; **B~ verboten** cadwch
draw!

betreten[2] *adj* chwithig, annifyr; **es herrschte ~es
Schweigen** roedd yno ryw dawelwch chwithig.

betreuen [bə'trɔyən] *vt untrenn* gofalu am.

Betreuer (-s, -) *m* (**~in** *f*) (*einer Person*) gofalwr(aig)
g(b); (*Kinder*) gwarchodwr(aig) *g(b)*; (*UNIV*) tiwtor *g*;
(*SPORT*) hyfforddwr(aig) *g(b)*.

Betreuung *f* gofal *g*, gofalaeth *b*; **er wurde mit der ~
der Gruppe beauftragt** rhoddwyd y grŵp dan ei
ofal.

Betrieb [bə'tri:p] *m* (*Firma*) cwmni *g*, busnes *g*; (*Fabrik*)
ffatri *b*; (*Betreiben*) gweithrediad *g*; (*Treiben*)
bwrlwm *g*; **außer ~** wedi torri, ddim yn gweithio;
in ~ sein yn gweithio; **eine Maschine in ~ nehmen**
dechrau defnyddio peiriant; **in den Geschäften
herrscht großer ~** mae'r siopau'n brysur iawn; **er
hält den ganzen ~ auf** (*ugs*) mae'n dal popeth yn ei
ôl.

betrieb *vb vgl.* **betreiben**.

betrieblich *adj* yn ymwneud â'r cwmni.

Betriebs- *kompos:* **~anleitung** *f* cyfarwyddiadau *ll*;
~ausflug *m* trip *g* y gwaith.

betriebseigen *adj* yn perthyn i'r cwmni.

Betriebserlaubnis *f* trwydded *b*.

betriebsfähig *adj* yn gweithio, mewn cyflwr i
weithio.

Betriebs- *kompos:* **~ferien** *pl* gwyliau *ll*'r cwmni;
~führung *f* rheolaeth *b*; **~geheimnis** *nt* cyfrinach *b* y
fasnach; **~kapital** *nt* cyfalaf *g* gweithredol; **~klima**
nt awyrgylch *g* yn y gweithle; **~kosten** *pl* costau *ll*
cyfredol; **~leitung** *f* rheolaeth *b*; **~rat** *m* cyngor *g* y
gweithwyr.

betriebssicher *adj* diogel (i drin, i weithredu).

Betriebs- *kompos:* **~stoff** *m* tanwydd *g*; **~störung** *f*
methiant *g*; **~system** *nt* (*COMP*) system *b* weithredu;
~unfall *m* damwain *b* yn y gweithle; **~wirt** *m*
arbenigwr *g* mewn rheolaeth busnes; **~wirtschaft** *f*
economeg *b*.

betrinken [bə'trɪŋkən] *irreg vr untrenn* meddwi.

betroffen [bə'trɔfən] *pp von* **betreffen**.

♦ *adj* (*bestürzt*) wedi eich syfrdanu; (*beeinträchtigt*)
dan effaith, wedi eu effeithio arnynt; **die von der
Änderung ~en Arbeiter** y gweithwyr yr effeithwyd
arnynt gan y newidiad; **ich bin nicht ~** nid yw
hynny yn ymwneud â mi, nid oes a wnelo
hynny â mi.

betrogen *pp von* **betrügen**.

betrüben [bə'try:bən] *vt untrenn* cystuddio, trallodi,
peri gofid i.

betrübt *adj* trist, gofidus, galarus.

betrug *vb vgl.* **betragen**.

Betrug [bə'tru:k] (-(e)s, *kein pl*) *m* twyll *g*, dichell *b*;
(*JUR*) twyll *g*.

betrügen [bə'try:gən] *irreg vt untrenn* twyllo; (*JUR*)
twyllo; (*Ehepartner*) bod yn anffyddlon i.

Betrüger (-s, -) *m* (**~in** *f*) twyllwr(aig) *g(b)*,
celwyddgi *g*.

betrügerisch *adj* twyllodrus, anonest, celwyddog;
(*JUR*) twyllodrus, dichellgar; **in ~er Absicht** gyda
bwriad i dwyllo.

betrunken [bə'truŋkən] *adj* meddw.

Betrunkene *m/f* rhn wedi meddwi.

Bett [bɛt] (-(e)s, -en) *nt* gwely *g*; **zu ~ gehen** *oder:* **zu ~
gehen** mynd i'r gwely; **das ~ machen** gwneud y
gwely, taenu'r gwely; **ans ~ gefesselt** (*Kranke*)
caeth i'r gwely.

Bett- *kompos:* **~bezüge** *pl* dillad *ll* gwely; **~decke** *f*
blanced *b*, gwrthban *g*; (*Daunen~*) carthen *b* blu.

bettelarm ['bɛtəl'arm] *adj* tlawd iawn, llwm iawn,
heb ddimai goch.

Bettelei [bɛtə'laɪ] *f* cardota *g*, begera *g*.

Bettelmönch *m* mynach *g* o urddau cardod.

betteln ['bɛtəln] *vi* cardota, begera; **~ um** *+akk* begera
am.

betten ['bɛtən] *vt* darparu gwely i; **wie man sich bettet
so liegt man** (*fig*) fel y cyweiriaist dy wely, rhaid i
ti orwedd ynddo.

Betthupferl *nt* pwdin *g* nos da; (*Radio-, TV-Sendung*) stori *b* nos da i blant.

Bettkante *f* erchwyn *gb*.

bettlägerig *adj* caeth i'r gwely, gorweiddiog.

Bett- *kompos:* **~laken**^D *nt* cynfas *gb*; **~lektüre** *f* deunydd *g* darllen yn y gwely.

Bettler ['bɛtlər] *m* cardotyn *g*; **~in** *f* cardotes *b*.

Bettnässer *m* gwlychwr *g* gwely.

Bettschwere *f (ugs)* **die nötige ~ haben** bod yn ddigon blinedig i gysgu.

Bett- *kompos:* **~tuch** *nt* cynfas *gb*; **~vorleger** *m* mat *g* erchwyn y gwely; **~wäsche** *f*, **~zeug** *nt* dillad *ll* gwely, cynfasau *ll*.

betucht [bə'tu:xt] *adj (ugs)* cefnog, ar ben eich digon.

betulich [bə'tu:lɪç] *adj* ffyslyd; *(Redeweise)* mursennaidd.

betupfen [bə'tʊpfən] *vt untrenn* ffatio; *(MED)* swabio.

Beugehaft ['bɔʏgəhaft] *f (JUR)* arestiad *g* dan wŷs i dystiolaethu.

beugen ['bɔʏgən] *vt* plygu; *(GRAM)* ffurfdroi.
♦ *vr untrenn (sich lehnen)* plygu drosodd, gwyro ymlaen; **sich aus dem Fenster ~** pwyso allan o'r ffenestr; *(fig: sich fügen)* **sich jds Willen ~** ymostwng i ewyllys rhn.

Beule ['bɔʏlə] *f* chwydd *g*, lwmpyn *g*, hwrlyn *g*; *(Delle)* tolc *g*.

beunruhigen [bə'^ʔʊnru:ɪgən] *vt untrenn* gofidio, achosi pryder i, poeni.
♦ *vr untrenn* gofidio, anesmwytho, pryderu.

beunruhigt *adj* aflonydd, gofidus.

Beunruhigung *f* gofid *g*, anesmwythyd *g*, pryder *g*.

beurkunden [bə'^ʔu:rkʊndən] *vt untrenn* ardystio.

beurlauben [bə'^ʔu:rlaʊbən] *vt untrenn* caniatáu/rhoi gwyliau i; *(suspendieren)* diarddel o waith.

beurteilen [bə'^ʔʊrtaɪlən] *vt untrenn* barnu, asesu; *(SCH)* marcio; *(SPORT, Show)* beirniadu; *(abschätzen)* amcangyfrif.

Beurteilung *f* barn *b*, arolygiad *g*, asesiad *g*; *(JUR)* dyfarniad *g*; *(Note)* canlyniad *g*, marc *g*.

Beute ['bɔʏtə] *f* ysbail *b*, anrhaith *b*; *(von Raubtieren)* ysglyfaeth *b*.

Beutel ['bɔʏtəl] *m* bag *g*, cwd *g*, sachell *b*; *(Geld~)* pwrs *g*; *(Tabak~)* cwdyn *g* baco.

beuteln *vt* siglo, rhuglo, rhoi siglad i.

Beuteltier *nt (ZOOL)* marswpial *g*, bolgodog *g*.

bevölkern [bə'fœlkərn] *vt untrenn* poblogi.

Bevölkerung *f* poblogaeth *b*; *(Volk)* pobl *b*.

Bevölkerungs- *kompos:* **~dichte** *f* dwysedd *g* poblogaeth; **~explosion** *f* twf *g* cyflym mewn poblogaeth; **~schicht** *f* haen *b* gymdeithas; **~statistik** *f* ystadegau *ll* poblogaeth.

bevollmächtigen [bə'fɔlmɛçtɪgən] *vt untrenn* caniatáu

i, rhoi awdurdod i.

Bevollmächtigte *m/f* procsi *g*, un sy'n awdurdodedig.

Bevollmächtigung *f* awdurdodiad *g*.

bevor [bə'fo:r] *konj* cyn; **~ du gehst** cyn i ti fynd.

bevormunden [bə'fo:rmʊndən] *vt untrenn* trin yn nawddoglyd, trin fel plentyn.

bevormundend *adj* nawddoglyd.

bevorstehen [bə'fo:rʃte:ən] *irreg vi* bod gerllaw, ar ddod; **jdm ~** bod o flaen rhn; **das steht uns noch bevor** dyna beth sy'n ein haros ni.

bevorstehend *adj* agos, ar fin digwydd, ar ddod.

bevorzugen [bə'fo:rtsu:gən] *vt untrenn* ffafrio, breinio; *(lieber haben)* bod yn well gan (rn).

bevorzugt *adv* breiniol; **etw ~ behandeln** rhoi blaenoriaeth i rth.

Bevorzugung *f* ffafriaeth *b*.

bewachen [bə'vaxən] *vt untrenn* gwarchod, amddiffyn, diogelu.

Bewacher(in) *m(f)* gwarchodwr(aig) *g(b)*.

bewachsen [bə'vaksən] *adj* gorchuddiedig â thyfiant.

Bewachung [bə'vaxʊŋ] *f (Bewachen)* gwarchod *g*; *(Leute)* gwarchodlu *g*, gwyliedyddion *ll*.

bewaffnen [bə'vafnən] *vt untrenn* arfogi.

Bewaffnung *f (Vorgang)* arfogi *g*, arfogaeth *b*; *(Waffen)* arfau *ll*.

bewahren [bə'va:rən] *vt untrenn* cadw; **jdn vor etw ~** cadw/arbed rhn rhag rhth; **Gott bewahre!** Duw a'n gwaredo! **den Kopf ~** *(fig)* cadw'ch pen.

bewähren [bə'vɛ:rən] *vr untrenn* profi'n werthfawr, profi gwerth.

bewahrheiten [bə'va:rhaɪtən] *vr untrenn* dod yn wir.

bewährt [bə'vɛ:rt] *adj* dibynadwy.

Bewährung *f* prawf *g*; *(JUR)* profiannaeth *b*; **auf ~** ar brawf; **ein Jahr Gefängnis mit ~** dedfryd *gb* ohiriedig o flwyddyn o garchar.

Bewährungs- *kompos:* **~frist** *f* cyfnod *g* ar brawf; **~helfer** *m* swyddog *g* prawf/profiannaeth.

Bewährungsprobe *f:* **etw einer ~** *dat* **unterziehen** rhoi rhth ar brawf.

bewaldet [bə'valdət] *adj* coediog; **~er Hang** gallt *b*.

bewältigen [bə'vɛltɪgən] *vt untrenn* meistroli; *(Problem)* datrys, goresgyn; *(Arbeit)* cwblhau.

bewandert [bə'vandərt] *adj* gwybodus, arbenigol.

Bewandtnis [bə'vantnɪs] *f:* **damit hat es folgende ~ ...** y ffaith amdani yw...

bewarb *vb vgl.* **bewerben**.

bewässern [bə'vɛsərn] *vt untrenn* dyfrhau, irigeiddio.

Bewässerung *f* dyfrhad *g*, irigeiddiad *g*.

bewegen¹ [bə've:gən] *vt, vr untrenn* symud; *(rühren)* syflyd, cyffwrdd; **der Preis bewegt sich um die 50**

Mark mae'r pris oddeutu 50 marc.

bewegen² *irreg vt untrenn:* **jdn zu etw** ~ annog/cymell rhn i wneud rhth.

bewegend *adj* gwefreiddiol, teimladwy.

Beweggrund (-(e)s, ¨-e) *m* cymhelliad *g*, rheswm *g*.

beweglich *adj* symudol, symudadwy; *(flink)* ystwyth, sionc, heini.

Beweglichkeit *f* symudedd *g*, ystwythder *g*.

bewegt *adj (Leben)* cyffrous, lliwgar; *(Meer)* garw; *(ergriffen)* wedi ei gynhyrfu, wedi ei effeithio.

Bewegung (-, -en) *f* symudiad *g*; *(Ergriffenheit)* teimlad *g*, emosiwn *g*; *(körperlich)* ymarfer *gb*; ~ **machen** ymarfer corff.

Bewegungs- *kompos:* **~freiheit** *f* rhyddid *g* i symud; *(fig)* rhyddid i weithredu; **~lehre** *f* seiberneteg *b*.

bewegungslos *adj* llonydd, disymud.

Beweis [bə'vaɪs] (-(e)s, -e) *m* prawf *g*, dangosiad *g*; *(Zeichen)* arwydd *gb*.

Beweisaufnahme *f (JUR)* gwrandawiad *g* tystiolaeth.

beweisbar *adj* profadwy.

beweisen [bə'vaɪzən] *irreg vt untrenn* profi; *(zeigen)* dangos; **was zu** ~ **war** yr hyn oedd i'w brofi.

Beweis- *kompos:* **~führung** *f* ymresymiad *g*; *(JUR)* cyflwyniad *g* achos; **~kraft** *f* cryfder *g* tystiolaeth.

beweiskräftig *adj* argyhoeddiadol.

Beweis- *kompos:* **~last** *f (JUR)* baich *g* y profi; **~mittel** *nt* tystiolaeth *b*; **~not** *f (JUR)* prinder *g* tystiolaeth; **~stück** *nt* dangosyn *g*.

bewenden [bə'vɛndən] *vi untrenn:* **etw dabei** ~ **lassen** ei gadael hi yn y fan yna.

bewerben [bə'vɛrbən] *irreg vr untrenn* ymgeisio (am).
♦ *vt untrenn (Produkt)* hysbysebu.

Bewerber (-s, -) *m* (~**in** *f*) ymgeisydd *g*.

Bewerbung (-, -en) *f* cais *g*.

Bewerbungs- *kompos:* **~formular** *nt* ffurflen *b* gais; **~frist** *f* dyddiad *g* cau; **~unterlagen** *pl* dogfennau *ll* cais.

bewerkstelligen [bə'vɛrkʃtɛlɪgən] *vt untrenn* cyflawni, cwblhau, llwyddo i wneud.

bewerten [bə'vɛrtən] *vt untrenn* asesu, nodi gwerth.

Bewertung *f* gwerthusiad *g*, asesiad *g*.

bewies *vb vgl.* **beweisen.**

bewilligen [bə'vɪlɪgən] *vt untrenn* caniatáu.

Bewilligung *f* caniatâd *g*, trwydded *b*.

bewirken [bə'vɪrkən] *vt untrenn* achosi, peri.

bewirten [bə'vɪrtən] *vt untrenn* bwydo, rhoi bwyd a diod i rn.

bewirtschaften [bə'vɪrtʃaftən] *vt untrenn* amaethu, ffermio.

Bewirtung *f* lletygarwch *g*; *(im Restaurant)* gwasanaeth *g*.

bewog *vb vgl.* **bewegen.**

bewohnbar [bə'voːnbaːr] *adj* cyfannedd, cyfanheddol.

bewohnen [bə'voːnən] *vt untrenn* preswylio yn, trigo yn, cyfanheddu yn.

Bewohner (-s, -) *m* (~**in** *f*) preswylydd *g*, trigolyn *g*.

bewölkt [bə'vœlkt] *adj* cymylog.

Bewölkung *f* cymylau *ll*.

Bewölkungsauflockerung *f* toriad *g* yn y cymylau.

Bewunderer (-s, -) *m* (~**in** *f*) edmygydd *g*.

bewundern [bə'vʊndərn] *vt untrenn* edmygu.

bewundernswert *adj* rhagorol, clodwiw, rhyfeddol.

Bewunderung *f* edmygedd *g*.

bewusst [bə'vʊst] *adj* ymwybodol; *(absichtlich)* bwriadol; **sich** *dat* **einer Sache** *gen* ~ **sein** bod yn ymwybodol o rth; **ich bin mir der Tatsachen** ~ rwy'n ymwybodol o'r ffeithiau; **jdm etw** ~ **machen** gwneud rhn yn ymwybodol o rth; **sich** *dat* **etw** ~ **machen** sylweddoli rhth.

bewusstlos *adj* anymwybodol.

Bewusstlosigkeit *f* anymwybyddiaeth *b*, anymwybod *g*; **bis zur** ~ *(ugs)* hyd at syrffed.

Bewusstsein [bə'vʊstzaɪn] *nt* ymwybyddiaeth *b*, ymwybod *g*; **bei** ~ yn ymwybodol; **im** ~, **dass** ... o wybod bod...

Bewusstseinsbildung *f (POL)* ffurfio *g* syniadau politicaidd.

bewusstseinserweiternd *adj:* **~e Drogen** cyffuriau *ll* seicedelig.

Bewusstseinserweiterung *f* ehangu *g* ymwybyddiaeth.

Bez. *abk* = **Bezirk.**

bez. *abk* = **bezüglich.**

bezahlen [bə'tsaːlən] *vt untrenn* talu am; **es macht sich bezahlt** bydd yn werth chweil.

Bezahlung *f* tâl *g*, taliad *g*; **gegen** ~ am dâl.

bezaubern [bə'tsaubərn] *vt untrenn* swyno, hudo.

bezaubernd *adj* hudol, swynol.

bezeichnen [bə'tsaɪçnən] *vt untrenn (kennzeichnen)* marcio; *(nennen)* galw; *(beschreiben)* disgrifio, dynodi.

bezeichnend *adj:* ~ **für** +*akk* nodweddiadol o.

bezeichnenderweise *adv* yn nodweddiadol.

Bezeichnung *f (Ausdruck)* term *g*, gair *g*; *(Beschreibung)* disgrifiad *g*.

bezeugen [bə'tsɔʏgən] *vt untrenn* tystio i, bod yn dyst i.

bezichtigen [bə'tsɪçtɪgən] *vt untrenn:* **jdn einer Sache** *gen* ~ cyhuddo rhn o rth.

Bezichtigung *f* honiad *g*, cyhuddiad *g*.

beziehen [bə'tsiːən] *irreg vt untrenn (einziehen)* symud i mewn i; *(Bett)* cyweirio, newid y dillad; *(Standpunkt)* cymryd, mabwysiadu; *(erhalten)* derbyn, cael; **etw auf jdn/etw ~** cyfeirio rhth at rn/rth.

♦ *vr untrenn (sich bewölken)* mynd yn gymylog, tywyllu; **sich ~ auf** *+akk* cyfeirio at.

Beziehung *f (Verbindung)* cysylltiad *g*, perthynas *b*; *(Liebe)* perthynas, carwriaeth *b*; **diplomatische ~en** cysylltiadau *ll* diplomyddol; **eine ~ haben (mit jdm)** caru ar y slei; **eine gute ~ haben zu jdm** hoffi rhn; **~en haben** adnabod y bobl iawn; **seine ~en spielen lassen** tynnu llinynnau; **in jeder ~** *(Hinsicht)* ym mhob ffordd.

Beziehungskiste *f (ugs)* perthynas *b*.

beziehungsweise *adv* neu; *(genauer gesagt)* hynny yw, neu'n hytrach.

beziffern [bəˈtsɪfərn] *vt untrenn (angeben)* **~ auf** *+akk* amcangyfrif yn.

Bezirk [bəˈtsɪrk] *m (in Großstadt)* bwrdeistref *b*, ardal *b*; *(POL)* dosbarth *g*.

Bezirks- *kompos:* **~gericht** *nt* Llys *g* y Goron; **~rat** *m* cynghorwr *g* dosbarth; **~vertretung** *f* cyngor *g* dosbarth; **~verwaltung** *f* cyngor dosbarth/sir.

bezirzen [bəˈtsɪrtsən] *vt untrenn (ugs)* hudo.

Bezogene [bəˈtsoːgənə] *m/f (FIN)* ardynedig *g*.

Bezug [bəˈtsuːk] (-(e)s, -̈e) *m (Hülle)* gorchudd *g*; *(Gehalt)* cyflog *g*, incwm *g*; *(COMM)* archebu *g*; *(Beziehung)* **~ zu** perthynas *b* â; **in ~ auf** *+akk* parthed, ynghylch; **~ nehmen auf** *+akk* cyfeirio at.

bezüglich [bəˈtsyːklɪç] *präp +gen* parthed, ynghylch.

Bezugnahme [bəˈtsuːknaːmə] *f:* **~ auf** *+akk* cyfeiriad *g* at.

Bezugsperson *f:* **die wichtigste ~ des Kindes** y person y mae gan y plentyn y berthynas agosaf ag ef.

Bezugs- *kompos:* **~preis** *m (COMM)* pris *g* adwerth; **~quelle** *f* ffynhonnell *b* cyflenwad.

bezuschussen [bəˈtsuːʃusən] *vt untrenn (ugs)* rhoi cymhorthdal i.

bzw. *abk* = **beziehungsweise**.

bezwecken [bəˈtsvɛkən] *vt untrenn* anelu at.

bezweifeln [bəˈtsvaɪfəln] *vt untrenn* amau.

bezwingen [bəˈtsvɪŋən] *irreg vt untrenn* gorchfygu.

Bezwinger *m* concwerwr *g*.

Bf. *abk* = **Bahnhof**.

BfA[D] *f abk (= Bundesversicherungsanstalt für Angestellte)* cwmni yswiriant ffederal ar gyfer gweithwyr.

BfV[D] *nt abk (= Bundesamt für Verfassungsschutz)* swyddfa ffederal i warchod y cyfansoddiad.

BG[D] *f abk (= Berufsgenossenschaft)* undeb *g* proffesiynol.

BGB *nt abk (= Bürgerliches Gesetzbuch) vgl.* **bürgerlich**.

BGH[D] *m abk (= Bundesgerichtshof)* y Goruchaf Lys Ffederal.

BH *m abk (= Büstenhalter)* bronglwm *g*.

Bhf. *abk* = **Bahnhof**.

BI[D] *f abk* = **Bürgerinitiative**.

Biathlon [ˈbiːatlɔn] (-s, -s) *nt (SPORT)* biathlon *g*.

bibbern[D] [ˈbɪbərn] *vi (ugs: vor Kälte)* crynu.

Bibel [ˈbiːbəl] (-, -n) *f (REL)* Beibl *g*.

Bibelzitat *nt* dyfyniad *g* o'r Beibl.

Biber [ˈbiːbər] *m (ZOOL)* afanc *g*.

Bibliografie [biblioɡraˈfiː] *f* llyfryddiaeth *b*.

Bibliographie *f* = **Bibliografie**.

Bibliothek [biblioˈteːk] (-, -en) *f* llyfrgell *b*.

Bibliothekar [biblioteˈkaːr] (-s, -e) *m* **(~in** *f***)** llyfrgellydd *g*.

biblisch [ˈbiːblɪʃ] *adj* Beiblaidd.

bieder [ˈbiːdər] *adj* parchus; *(Kleider)* plaen, dirodres.

Biedermann (-(e)s, -̈er) *m (pej)* bourgeois *gb*.

biegbar [ˈbiːkbaːr] *adj* ystwyth, hyblyg.

Biege[D] [ˈbiːɡə] *f (ugs)* **die ~ machen** ei heglu hi.

biegen [ˈbiːɡən] *irreg vt, vr (+haben)* plygu, camu; **sich ~ vor Lachen** siglo chwerthin; **auf B~ oder Brechen** trwy deg neu hagr.

biegsam [ˈbiːkzam] *adj* hyblyg, ystwyth.

Biegsamkeit *f* hyblygedd *g*, ystwythder *g*.

Biegung [ˈbiːɡuŋ] (-, -en) *f* tro *g*; *(Fluss)* ystum *gb*, dolen *b*.

Biene [ˈbiːnə] (-, -n) *f (ZOOL)* gwenynen *b*; *(ugs: Mädchen)* hogan *b*, croten *b*.

Bienen- *kompos:* **~honig** *m* mêl *g*; **~korb** *m* cwch *g* gwenyn; **~schwarm** *m* gre *b* o wenyn; **~stich** *m (KOCH)* math ar deisen; **~stock** *m* cwch *g* gwenyn; **~wabe** *f* crwybr *g*; **~wachs** *nt* cwyr *g* gwenyn.

Bier [biːr] (-(e)s, -e) *nt* cwrw *g*; **zwei ~, bitte** dau wydraid o gwrw, os gwelwch yn dda; **~ vom Fass** tablen *b*, cwrw casgen.

Bier- *kompos:* **~bauch** *m (ugs)* bol *g* cwrw; **~brauer** *m* bragwr *g*; **~deckel** *m* mat *g* cwrw; **~dose** *f* can *g* o gwrw; **~garten** *m* gardd *b* dafarn; **~glas** *nt* gwydryn *g* cwrw; **~krug** *m* tancard *g* cwrw; **~schinken** *m* math ar selsig; **~seidel** *nt* tancard *g* bach o gwrw; **~wurst** *f* math ar selsig; **~zelt** *nt* pabell *b* gwrw.

Biest [biːst] (-s, -er) *nt (Tier)* bwystfil *g*; *(pej: Person)* bwystfil *g*; *(Frau)* cnawes *b*.

biestig [ˈbiːstɪç, -ɪk] *adj* ciaidd.

bieten [ˈbiːtən] *irreg vt* cynnig; **sich** *dat* **etw ~ lassen** goddef rhth, dioddef rhth.

♦ *vr (Gelegenheit)* **sich jdm ~** cynnig ei hun i rn, codi i rn.

bifokal *adj* deuffocal.

Bigamie [biɡaˈmiː] (-, *kein pl*) *f* dwywreiciaeth *b*, deuwriaeth *b*.

Bikini [biˈkiːni] (-s, -s) *m* bicini *g*.

Bilanz [biˈlants] (-, -en) *f* mantolen *b*; *(fig)* canlyniad g; **eine ~ aufstellen** paratoi mantolen; **~ ziehen aus** +*dat* pwyso a mesur rhth, mesur hyd a lled rhth.

Bilanzprüfer *m (FIN)* archwiliwr *g*.

bilateral ['bi:latɛra:l] *adj* dwyochrog; **~er Handel** masnach *b* ddwyffordd; **~es Abkommen** *nt* cytundeb *g* dwyochrog.

Bild [bɪlt] (-(e)s, -er) *nt* llun *g*, darlun *g*; (*KUNST*) paentiad *g*; (*Foto*) llun, ffoto *g*; (*Spiegel~*) adlewyrchiad *g*; (*fig*) llun, delwedd *b*; **ein ~ machen** tynnu llun; **im ~e sein** (*fig*) bod ynddi hi, deall y cwbl.

Bild- *kompos:* **~auflösung** *f (TV, COMP)* eglurdeb *g* llun; **~band** *m* cyfrol *b* â lluniau; **~bericht** *m* adroddiad *g* ffotograffig; **~beschreibung** *f (SCH)* disgrifiad *g* o ddarlun.

bilden ['bɪldən] *vt* ffurfio; (*darstellen*) creu, ffurfio; (*ausbilden*) addysgu.

  ♦ *vr* codi, ymffurfio; (*lernen*) addysgu eich hunan.

bildend *adj:* **~e Kunst** arlunio *g*.

Bilder- *kompos:* **~buch** *nt* llyfr *g* darluniau, llyfr lluniau; **~rahmen** *m* ffrâm *b* ddarlun.

Bildfläche ['bɪltflɛçə] *f* sgrin *b*; **von der ~ verschwinden** (*fig: ugs*) mynd o'r golwg.

bildhaft ['bɪlthaft] *adj* (*Sprache*) byw, darluniadol.

Bildhauer *m* cerflunydd *g*, cerfiwr *g*.

bildhübsch *adj* pert iawn.

bildlich ['bɪltlɪç] *adj* darluniadol, ffigurol; **sich** *dat* **etw ~ vorstellen** dychmygu rhth.

Bildnis ['bɪltnɪs] (-ses, -se) *nt* portread *g*.

Bild- *kompos:* **~platte** *f* disg *g* fideo; **~röhre** *f* tiwb *g* pelydrau catod; **~schirm** *m (TV)* sgrin *b*; (*COMP*) monitor *g*.

Bildschirmtext *m* teletestun *g*.

bildschön *adj* hardd, hyfryd.

Bildtelefon *nt* fideoffon *g*.

Bildung ['bɪldʊŋ] *f* (*Ausformung*) ffurfiant *g*; (*Wissen, Erziehung*) addysg *b*, hyfforddiant *g*.

Bildungs- *kompos:* **~gang** *m* gyrfa *b* addysgol; **~gut** *nt* treftadaeth *b*; **~lücke** *f* bwlch yn eich addysg; **~politik** *f* polisi *g* addysg; **~urlaub** *m* gwyliau *ll* addysgol.

Bildungsweg *m:* **der zweite ~** addysg ail gyfle.

Bildungswesen *nt* system *b* addysg.

Bild- *kompos:* **~weite** *f (FOTO)* pellter *g*; **~zuschrift** *f* ateb *g* gan amgáu llun.

bilingual ['bi:lɪŋgva:l] *adj* dwyieithog.

Billard ['bɪljart, bi:'ja:r] (-s, -e) *nt* biliards *g*.

Billard- *kompos:* **~kugel** *f* pêl *b* filiards, pelen *b*; **~stock** *m* ffon *b* biliards, ciw *g* biliards.

billig ['bɪlɪç, -ɪk] *adj* rhad; (*gerecht*) teg, rhesymol; **recht und ~** teg; **~es Geld** arian *g* hawdd; **~e**

Handelsflagge baner *b* cyfleustra.

billigen ['bɪlɪgən] *vt* derbyn, rhoi sêl bendith ar.

Billig- *kompos:* **~laden** *m* siop *b* ddisgownt; **~preis** *m* pris *g* isel.

Billigung *f* caniatâd *g*, sêl *b* bendith.

Billion [bɪli'o:n] *f* triliwn *g*.

bimmeln ['bɪmɛln] *vi* tincial.

Bimsstein ['bɪmsʃtaɪn] *m* carreg *b* bwmis.

bin *vb vgl.* **sein¹**.

binär [bi'nɛ:r] *adj* deuaidd, deuol.

Binärzahl *f (MATH)* rhif *g* deuaidd.

Binde ['bɪndə] (-, -n) *f* rhwymyn *g*, cadach *g*; (*Arm~*) band *g*, rhwymyn; (*MED*) cadach misglwyf; **sich** *dat* **einen hinter die ~ gießen** llowcio diod.

Binde- *kompos:* **~bogen** *m (MUS)* clwm *g*; **~gewebe** *nt* (*ANAT*) meinwe *b* gyswllt; **~glied** *nt* dolen *b* gyswllt.

Bindehautentzündung *f (MED)* llid *g* yr amrannau.

Bindemittel (-s, -) *nt* glynwr *g*, cyflynydd *g*.

binden ['bɪndən] *irreg vt* clymu, rhwymo; (*rechtlich*) gorfodi.

  ♦ *vr* (*sich verpflichten*) ymrwymo.

bindend *adj* cyfrwymol, gorfodol; (*Zusage*) pendant; **~ für** +*akk* yn orfodol i.

Binde- *kompos:* **~strich** *m* cysylltnod *g*, cyplysnod *g*; **~wort** *nt (GRAM)* cysylltair *g*.

Bindfaden ['bɪntfa:dən] (-s, ¨-) *m* llinyn *g*, cortyn *g*; **es regnet Bindfäden** (*ugs*)ᴰ mae'n tresio bwrw.

Bindung ['bɪndʊŋ] (-, -en) *f* rhwym *g*; (*Beziehung*) perthynas *b*; (*Ski~*) rhwymiad *g* (ar gyfer esgid sgïo).

binnen ['bɪnən] *präp* +*dat oder* +*gen* oddi mewn i, o fewn.

Binnen- *kompos:* **~hafen** *m* porthladd *g* ar afon; **~handel** *m (COMM)* masnach *b* gartref; **~land** *nt* gwlad *b* ganoldir; **~markt** *m* marchnad *b* gartref; **~reim** *(LIT)* odl *b* fewnol.

Binse ['bɪnzə] (-, -n) *f (BOT)* brwynen *b*, hesgen *b*; **in die ~n gehen** (*fig: ugs*) bod yn fethiant.

Binsenwahrheit *f* = **Binsenweisheit**.

Binsenweisheit *f* gwireb *b*.

Biochemie *f* biocemeg *b*.

Biografie [biogra'fi:] (-, -n) *f* cofiant *g*, bywgraffiad *g*.

biografisch [bio'gra:fɪʃ] *adj* bywgraffyddol.

Biographie *f* = **Biografie**.

biographisch *adj* = **biografisch**.

Bioladen ['biola:dən] (-s, ¨-) *m* siop *b* werdd.

Biologe [bio'lo:gə] (-n, -n) *m* biolegydd *g*, bywydegydd *g*.

Biologie [biolo'gi:] *f* bioleg *b*, bywydeg *b*.

Biologin *f* biolegydd *g*.

biologisch [bio'lo:gɪʃ] *adj* biolegol, bywydegol; **~e Vielfalt** bio-amrywiaeth *b*; **~e Uhr** cloc *g* biolegol.

Bio- *kompos:* **~sphäre** *f* bïosffer *g*; **~technik** *f* biotechnoleg *b*; **~top** *m oder nt* bïotop *g*; **~treibstoff** *m* tanwydd *g* biolegol.

BIP *abk* = **Bruttoinlandsprodukt.**

Birke ['bɪrkə] (-, -n) *f (BOT)* bedwen *b*.

Birkhuhn *nt (ZOOL)* grugiar *b*.

Birma ['bɪrma] *nt (HIST, GEOG)* Burma *b*, Myanmar *b*.

Birnbaum ['bɪrnbaum] (-(e)s, ̈-e) *m (BOT)* coeden *b* ellyg.

Birne ['bɪrnə] (-, -n) *f* gellygen *b*, peren *b*; *(ELEKT)* bwlb *g*.

bis¹ [bɪs] *präp +akk, adv* **1** *(zeitlich)* hyd, tan, hyd at; *(spätestens)* erbyn; **wir brauchen sie ~ Dienstag** mae eu hangen nhw erbyn dydd Mawrth; **~ auf weiteres** hyd nes ymlaen; **~ tief in die Nacht** tan yr oriau mân; **~ bald** tan toc; **~ jetzt** hyd yn hyn, hyd yn awr; **~ in alle Ewigkeit** am byth; **~ zum Schluss** hyd at y diwedd; **2** *(räumlich)* hyd at, mor bell â; **ich fahre ~ Hamburg** rwy'n mynd mor bell â Hamburg; **~ an den Rhein** hyd at afon Rhein, yr holl ffordd i afon Rhein; **~ hierher** hyd yma; **3** *(mit Zahlen)* hyd at, tan; **~ zu 200 Menschen** hyd at 200 o bobl; **4: ~ zum letzten Tag** tan y diwrnod olaf; **~ auf die Haut nass** yn wlyb at y croen; **~ auf den letzten Tropfen** i'r gwaelod; **~ auf jdn/etw** *(außer)* ac eithrio rhn/rhth; *(einschließlich)* gan gynnwys rhth.

bis² *konj* **1** *(in Verbindung mit von)* **von 10 ~ 20** rhwng 10 ac 20; *(zeitlich)* **von ... ~ ...** o... hyd...; **2** *(zeitlich)* nes, hyd nes, tan; **~ es dunkel wird** hyd nes iddi dywyllu.

Bischof ['bɪʃo:f, -ɔf] (-s, ̈-e) *m (REL)* esgob *g*.

bischöflich ['bɪʃø:flɪç] *adj* esgobol, esgobaidd.

Bischofssitz *m* dinas *b* gadeiriol.

bisexuell [bizɛksu'ɛl] *adj* deuryw.

bisher [bɪs'he:r] *adv* hyd yn hyn.

bisherig [bɪs'he:rɪç, -ɪk] *adj* hyd yn hyn.

Biskaya [bɪs'ka:ja] *f (GEOG)* **Golf von ~** Bae Vizcaya.

Biskuit [bɪs'kvi:t] (-(e)s, -s *oder* -e) *m oder nt* teisennau wedi'u gwneud o does ysgafn.

Biskuit- *kompos:* **~gebäck** *nt* ≈ teisen *b* felen, teisen sbwng; **~roulade** *f* rhôl *b* o'r Swistir; **~teig** *m* toes *g* ysgafn.

bislang [bɪs'laŋ] *adv* hyd yn hyn.

Bison *m (ZOOL)* beison *g*.

Biss [bɪs] (-es, -e) *m* brathiad *g*.

biss *vb vgl.* **beißen.**

bisschen ['bɪsçən] *nt* ychydig, tipyn; **ein ~** tipyn *g*, pisyn *g*, mymryn *g*.

Bissen ['bɪsən] (-s, -) *m* tamaid *g*, cegaid *b*; **sich** *dat* jeden **~ vom Mund absparen** edrych yn llygad pob ceiniog.

bissig ['bɪsɪç, -ɪk] *adj (Hund)* brathog, cas, milain; *(Bemerkung)* brathog, hallt; **Vorsicht, ~er Hund!** ci peryglus!

bist *vb vgl.* **sein¹.**

Bistum ['bɪstu:m] *nt (REL)* esgobaeth *b*.

bisweilen [bɪs'vaɪlən] *adv* ambell waith, weithiau.

Bit [bɪt] (-s, -s) *nt (COMP)* bit *g*.

Bittbrief ['bɪtbri:f] *m* deiseb *b*.

Bitte ['bɪtə] (-, -n) *f* cais *g*; **auf seine ~ hin** ar ei gais.

bitte *interj (2pl und höflich)* os gwelwch yn dda; *(2sg)* os gweli di'n dda; *(nach 'danke')* croeso, peidiwch â sôn; **na, ~!** dyna chi! **~ schön!** *(nach 'danke')* croeso; *(beim Überreichen)* dyma chi; *(im Geschäft)* gaf i eich helpu chi? **wie ~?** pardwn? **darf ich? – aber ~!** gaf i? – siŵr iawn!

bitten ['bɪtən] *irreg vt* gofyn i; *(jdn)* **um etw ~** gofyn (i rn) am rth; **aber ich bitte dich!** paid â sôn! **ich bitte darum** os nad oes gwahaniaeth gennych; **ich muss doch sehr ~!** ar fy ngwir! **ich lasse ~** gofynnwch iddo/iddi ddod i mewn.

bittend *adj* erfyniol, ymbilgar.

bitter ['bɪtər] *adj* chwerw, dreng; *(Schokolade)* tywyll; **etw ~ nötig haben** bod ag angen dybryd rhth.

bitterböse *adj* dig iawn, blin iawn.

bitterernst *adj:* **damit ist es mir ~** yr wyf yn hollol o ddifrif.

bitterkalt *adj* oer ofnadwy.

Bitterkeit *f* chwerwder *g*, chwerwedd *g*.

bitterlich *adv* yn enbyd, yn chwerwdost.

Bittsteller (-s, -) *m* (**~in** *f*) deisyfydd *g*.

bittstellig *adj:* **~ werden** mynd ar ofyn rhn.

Biwak ['bi:vak] (-s, -s *oder* -e) *nt* gwersyll *g*.

bizarr *adj* rhyfedd.

Bj. *abk* = **Baujahr.**

Blabla [bla:'bla:] (-s, *kein pl*) *nt (ugs)* rhibidirês *b*, malu *g* awyr.

blähen ['blɛ:ən] *vt* chwyddo.

♦ *vi (Speisen)* achosi gwynt.

Blähung (-, -en) *f (MED)* gwynt *g*.

blamabel [bla'ma:bəl] *adj* chwithig, cywilyddus, gwarthus.

Blamage [bla'ma:ʒə] *f* cywilydd *g*, chwithdod *g*.

blamieren [bla'mi:rən] *vr* gwneud ffŵl ohonoch eich hun, codi cywilydd arnoch eich hun.

♦ *vt* codi cywilydd ar.

blanchieren [blãn'ʃi:rən] *vt (KOCH)* gwynnu, sgaldanu.

blank [blaŋk] *adj (glänzend)* disglair, gloyw; *(sauber)* glân, gloyw; *(unverhüllt)* noeth; *(ugs: ohne Geld)* heb yr un geiniog, heb yr un ddimai goch; **~er Hohn** gwatwar noeth, dirmyg pur; **~er Fels** craig *b* noeth.

blanko ['blaŋko] *adv* gwag.

Blanko- *kompos:* **~scheck** *m* siec *b* wag; **~vollmacht** *f* rhwydd hynt *b*.

Blasbalg (-(e)s, ¨-e) *m* megin *b*.

Bläschen ['blɛːsçən] (-s, -) *nt* swigen *b* fach; *(MED)* swigen fach, pothell *b*.

Blase ['blɑːzə] (-, -n) *f* swigen *b*; *(Luft~)* bwrlwm *g*; *(MED)* pothell *b*; *(Blut~)* pothell waed; *(ANAT)* pledren *b*.

Blasebalg *m* = Blasbalg.

blasen ['blɑːzən] *irreg vi* chwythu; **zum Aufbruch ~** *(fig)* cyhoeddi ei bod hi'n amser ymadael.

♦ *vt:* **die Trompete ~** canu'r trwmped, trympedu.

Blasenentzündung *f (MED)* llid *g* y bledren, systitis *g*.

Bläser ['blɛːzər] (-s, -) *m (MUS)* chwythofferynnwr *g*.

blasiert [blaˈziːrt] *adj* ffroenuchel.

Blas- *kompos:* **~instrument** *nt* offeryn *g* chwyth, chwythofferyn *g*; **~kapelle** *f* band *g* pres, seindorf *b* bres; **~musik** *f* cerddoriaeth *b* chwythofferynnau.

Blasphemie *f* cabledd *g*.

blasphemisch *adj* cableddus.

blass [blas] *adj* llwyd, gwelw; *(fig: Ahnung)* gwan; **~ vor Neid** yn las gan genfigen.

Blässe ['blɛsə] (-, *kein pl*) *f* gwelwder *g*.

Blatt [blat] (-(e)s, ¨-er) *nt (Baum)* deilen *b*; *(Papier)* dalen *b*, darn o bapur; *(Zeitung)* papur *g* newydd; *(Karten)* llond llaw o gardiau; **vom ~ singen** canu ar yr olwg gyntaf; **sich kein ~ vor den Mund nehmen** siarad heb flewyn ar dafod.

blättern ['blɛtərn] *vi:* **in etw** *dat* **~** *(Buch)* troi tudalennau, fflicio trwy.

Blätterteig *m (KOCH)* crwst *g* haenog, crwst pwff.

Blatt- *kompos:* **~gold** *nt* deilen *b* aur; **~laus** *f* lleuen *b* y coed; **~werk** *nt* dail *ll*.

blau [blaʊ] *adj* glas; *(Auge)* du; *(ugs: betrunken)* meddw, wedi meddwi; *(KOCH)* **Forelle ~** brithyll wedi'i ferwi; **~es Auge** llygad *gb* du; **mit einem ~en Auge davonkommen** *(fig)* dianc yn ysgafn; **~er Fleck** clais *g*; **~er Brief** rhybudd *g* ysgrifenedig, llythyr *g* yr hwi; *(SCH)* llythyr yn bygwth ailadrodd blwyddyn; **er wird sein ~es Wunder erleben** *(ugs)* ni fydd yn gwybod beth a'i trawodd.

blauäugig *adj* llygatlas, llygaid *ll* gleision; *(fig)* hygoelus, naïf, diniwed.

Blaubeere[D] *f (BOT)* llusen *b*, llusen *b* ddu fach.

blaublütig *adj (adelig)* o waed coch.

Blaue *nt:* **Fahrt ins ~** taith *b* ddirgel; **das ~ vom Himmel herunterlügen** palu/rhaffu celwyddau.

blaugefroren *adj* yn las o'r oerfel.

Blau- *kompos:* **~helm** *m (ugs)* milwr *g* y Cenhedloedd Unedig; **~kraut**[D] *nt* bresychen *b* goch; **~licht** *nt* golau *g* glas (sy'n fflachio).

blaumachen *vi (ugs)* osgoi gweithio, aros gartref.

Blau- *kompos:* **~meise** *f (ZOOL)* titw *g* tomos las; **~pause** *f* glasbrint *g*; **~säure** *f* asid *g* prwsig; **~strumpf**[D] *m (fig)* ysgolheiges *b*, libwraig *b*; **~wal** *m (ZOOL)* morfil *g* glas.

Blazer ['blɛːzər] *m* blaser *gb*.

Blech [blɛç] (-(e)s, -e) *nt* tun *g*, metel *g* dalennog, llenfetel *g*; *(Back~)* padell *b* bobi; **~ reden** *(ugs)*[D] siarad dwli.

Blech- *kompos:* **~bläser** *pl (MUS)* yr adran *b* bres; **~büchse** *f*, **~dose** *f* tun *g*, can *g*.

blechen ['blɛçən] *vt, vi (ugs: bezahlen)* talu.

Blech- *kompos:* **~schaden** *m (AUTO)* difrod *g* i gorff car; **~trommel** *f* drwm *g* tun.

blecken ['blɛkən] *vt:* **die Zähne ~** dangos eich dannedd.

Blei[1] [blaɪ] (-(e)s, *kein pl*) *nt* plwm *g*.

Blei[2] (-s, -s *oder* -e) *m abk (ugs: Bleistift)* pensil *g*.

Bleibe ['blaɪbə] *f* to *g* dros eich pen, llety *g*.

bleiben ['blaɪbən] *irreg vi (+sein)* aros; **wo bleibst du so lange?** beth sy'n dy gadw cyhyd? **bitte, ~ Sie sitzen** peidiwch â chodi da chi; **~ Sie am Apparat** *(TEL)* daliwch y lein; **das bleibt unter uns** mae hyn rhyngom ni a neb arall; **etw ~ lassen** gadael i rth fod, hepgor rhth.

bleibend *adj (Erinnerung)* sy'n parhau, tragwyddol; *(Schaden)* parhaol.

bleich [blaɪç] *adj* llwyd, gwelw.

Bleiche *f* = Bleichmittel.

bleichen ['blaɪçən] *vt* cannu, gwynnu; *(Haare)* goleuo.

Bleichgesicht *nt (ugs: Weißer)* gringo *g*.

Bleichmittel *nt* cannydd *g*.

bleiern ['blaɪərn] *adj (aus Blei)* plymaidd; *(schwer)* trwm, plwm.

bleifrei *adj (Benzin)* di-blwm.

Bleigießen *nt* dweud ffortiwn ar nos Galan gan ddefnyddio siapiau plwm.

bleihaltig *adj* yn cynnwys plwm.

Bleistift ['blaɪʃtɪft] (-(e)s, -e) *m* pensil *g*.

Bleistift- *kompos:* **~absatz** *m* sawdl *b* bigfain; **~spitze** *f* min *g* pensil; **~spitzer** *m* naddwr *g*.

Bleivergiftung *f* gwenwyn *g* plwm.

Blende ['blɛndə] *f (am Fenster)* llen *b* dywyll, bleind *g*; *(FOTO)* agorfa *b*.

blenden ['blɛndən] *vt* dallu; *(fig: irreführen)* twyllo, camarwain.

blendend *adj* llachar, dallol; *(fig)* ardderchog, godidog, urddasol; **~ aussehen** edrych yn wych.

Blender *m (ugs)* twyllwr *g*, hocedwr *g*.

blendfrei ['blɛntfraɪ] *adj (Glas)* anadlewyrchol.

Blick [blɪk] (-(e)s, -e) *m (kurz)* cipolwg *g; (Anschauen)* edrychiad *g,* sylliad *g; (Aussicht)* golygfa *b;* **Liebe auf den ersten ~** cariad ar yr olwg gyntaf; **den ~ senken** edrych i lawr; **einen ~ werfen auf** *+akk* bwrw golwg dros; **mit einem ~** ar gipolwg; **den bösen ~ haben** bod â golwg gas arnoch; **einen ~ für etw haben** bod â llygad da am rth.

blicken ['blɪkən] *vi* edrych; **das lässt tief ~** mae hynny'n ddadlennol, mae hynny'n datgelu llawer; **sich ~ lassen** dangos eich wyneb.

Blick- *kompos:* **~fang** *m* peth *g* sydd yn dal sylw, atyniad *g* llygad; **~feld** *nt* maes *g* gwelediad; **~kontakt** *m* cysylltiad *g* gweledol.

Blickpunkt *m:* **im ~ der Öffentlichkeit** yn llygad y cyhoedd.

blieb *vb vgl.* **bleiben.**

blind [blɪnt] *adj* dall; *(Glas)* pŵl, dwl; **~er Alarm** camrybudd *g;* **~er Passagier** teithiwr *g* cudd; **~ schreiben** cyffyrdd-deipio; **~er Fleck** *(ANAT)* dallbwynt *g.*

Blinddarm (-(e)s, ˝-e) *m (ANAT)* coluddyn *g* crog.

Blinddarmentzündung *f (MED)* llid *g* y pendics, llid y coluddyn crog.

Blinde *m/f* dyn *g* dall, gwraig *b* ddall.

Blindekuh ['blɪndəku:] *f:* **~ spielen** chwarae mwgwd yr ieir.

Blinden- *kompos:* **~hund** *m* ci *g* tywys; **~schrift** *f* braille *g.*

Blindgänger ['blɪntgɛŋər] *m (MIL, fig)* pelen *b* ddiwerth/glwc.

Blindheit (-, *kein pl*) *f* dallineb *g;* **mit ~ geschlagen sein** *(fig)* cael eich taro'n ddall.

blindlings ['blɪntlɪŋs] *adv* fel bod yn ddall.

Blindschleiche (-, -n) *f (ZOOL)* neidr *b* ddefaid, dallneidr *b.*

blind schreiben *irreg vi vgl.* **blind.**

blinken ['blɪŋkən] *vi (strahlen)* disgleirio, pefrio; *(Leuchtturm)* fflachio, arwyddo; *(AUTO)* arwyddo.

Blinker *m (AUTO)* cyfeiriwr *g,* dangosydd *g.*

Blinklicht (-(e)s, -er) *nt* golau *g* fflachio; *(AUTO)* cyfeiriwr *g.*

blinzeln ['blɪntsəln] *vi* amrantu, ysmicio llygad, wincio.

Blitz [blɪts] (-es, -e) *m* mellten *b,* llucheden *b; (FOTO)* fflach *b;* **wie der geölte ~** ar wib; **wie ein ~ aus heiterem Himmel** *(fig)* yn hollol annisgwyl.

Blitzableiter *m* rhoden *b* fellt.

blitzen ['blɪtsən] *vi (aufleuchten)* fflachio, disgleirio; *(funkeln)* gwreichioni.

♦ *vi unpers (MET)* melltennu, lluchedu.

Blitz- *kompos:* **~gerät** *nt (FOTO)* gwn *g* fflachio; **~licht** *nt*

(FOTO) fflacholau *g,* fflach *b.*

blitzsauber *adj* cyn loywed â swllt, yn lân fel pin mewn papur.

Blitzschlag *m* taranfollt *b.*

blitzschnell *adj, adv* mewn chwinciad, mor gyflym â mellten.

Blitzwürfel *m (FOTO)* ciwb *g* fflach.

Block [blɔk] (-(e)s, ˝-e) *m* bloc *g; (großer Stein)* slab *g; (Wohn~)* bloc o fflatiau; *(Häuser~)* bloc o dai, rhes o dai; *(Notiz~)* pad *g,* bloc nodiadau.

Blockade [blɔ'kɑ:də] (-, -n) *f* gwarchae *g,* blocâd *g.*

Block- *kompos:* **~buchstabe** *m* priflythyren *b* floc; **~diagramm** *nt* siart *g* bloc; **~flöte** *f (MUS)* recorder *g.*

blockfrei *adj (POL)* amhleidiol, anymochrol; **die ~en Staaten** gwledydd *ll* amhleidiol.

Blockhaus (-es, ˝-er) *nt* = **Blockhütte.**

Blockhütte (-, -n) *f* caban *g* coed/pren.

blockieren [blɔ'ki:rən] *vt* rhwystro, atal.

♦ *vi (Räder)* mynd yn sownd; *(Gewehrabzug)* cloi, blocio, jamio.

Block- *kompos:* **~schokolade** *f* siocled *g* coginio; **~schrift** *f* priflythrennau *ll;* **~stunde** *f* gwers *b* ddwbl; **~vorlesung** *f (UNIV)* sesiwn *gb* dwbl/ddwbl, sesiwn dwys/ddwys.

blöd [blø:t] *adj* = **blöde.**

blöde ['blø:də] *adj* gwirion, hurt, ffôl.

blödeln *vi (ugs)* chwarae'r ffŵl, chwarae o gwmpas.

Blödheit *f* twpdra *g,* ffolineb *g.*

Blödian (-(e)s, -e) *m (ugs)* twpsyn *g.*

Blödmann (-(e)s, -männer) *m (ugs)* twpsyn *g,* gwirionyn *g,* ynfytyn *g.*

Blödsinn *m* lol *b,* dwli *g.*

blödsinnig *adj* gwirion, hurt, ffôl.

blöken ['blø:kən] *vi (Schaf)* brefu.

blond [blɔnt] *adj* â gwallt golau, penfelyn.

Blondine [blɔn'di:nə] (-, -n) *f* merch benfelen.

bloß¹ [blo:s] *adj* **1** *(nackt)* noeth; **mit ~em Auge** â llygad noeth, heb sbienddrych; **mit der ~en Hand** â llaw noeth, â dyrnau noeth; *(fig)* heb arfau; **2** *(alleinig: nur)* unig, pur; **der ~e Gedanke bringt mich zum Zittern** rwy'n crynu dim ond wrth feddwl am y peth; **~er Neid** cenfigen *b* bur, cenfigen lwyr.

♦ *adv* yn unig, dim ond; **~ drei** dim ond tri, tri yn unig; **sie ist nicht dumm, ~ faul** nid yw hi'n dwp, dim ond yn ddiog.

bloß² *Partikel:* **lass das ~!** gad iddo fod nawr! **wie ist das ~ passiert?** sut ar y ddaear digwyddodd y fath beth? **~ nicht!** paid!

Blöße ['blø:sə] *f* noethni *g; (fig)* gwendid *g;* **sich eine ~ geben** dangos eich gwendid.

bloßfüßig *adj* troednoeth.

bloßlegen *vt* datguddio, datgelu, dinoethi.

bloßstellen *vt* codi cywilydd ar.

blubbern *vi* ffrwtian.

Bluejeans *pl oder f* denims *ll*.

Blues *m (MUS)* melan *b*.

blühen [ˈblyːən] *vi* blodeuo; *(fig)* ffynnu, llewyrchu, prifio.

♦ *vt:* **jdm ~ etw** mae rhth o flaen rhn.

blühend *adj (Pflanze)* blodeuog; *(Aussehen)* yn disgleirio, yn edrych yn dda iawn; *(Handel)* llewyrchus, llwyddiannus; *(Fantasie)* byw; **wie das ~e Leben aussehen** edrych yn bictiwr o iechyd.

Blume [ˈbluːmə] (-, -n) *f* blodyn *g*; *(von Wein)* persawr *g*; *(Kaninchen)* cynffon *b*; **etw durch die ~ sagen** dweud rhth mewn ffordd anuniongyrchol.

Blumen- *kompos:* **~geschäft** *nt* siop *b* flodau; **~gesteck** *nt* trefniad *g* blodau; **~händler** *m* blodeuwr *g*; **~handlung** *f* siop *b* flodau; **~kasten**[D] *m*, **~kiste** *f* bocs *g* ffenestr; **~kelle**[D] *f* trywel *g*; **~kohl**[D] *m (BOT)* bresychen *b* wen, blodfresychen *b*; **~kranz** *m* torch *gb* o flodau; **~schaufel**[A] *f* trywel *g*; **~strauß** *m* tusw *g* o flodau, pwysi *g* blodau; **~topf** *m* pot *g* blodau, pot pridd; **~zwiebel** *f* oddf *g*, bwlb *g*.

blumig *adj* blodeuog.

Blunzen[A] *f* pwdin *g* gwaed.

Bluse [ˈbluːzə] (-, -n) *f* blows *gb*.

Blut [bluːt] (-(e)s, *kein pl*) *nt* gwaed *g*; **~ abnehmen** *(MED)* tynnu gwaed; **~ spenden** rhoddi gwaed; **~ vergießen** tywallt gwaed; **bis aufs ~** *(fig)* hyd at waed; **nur ruhig ~** peidiwch â cholli'ch limpyn; **jdn bis aufs ~ bekämpfen** ymladd yn erbyn rhn i'r eithaf; **das liegt ihm im ~** mae hynny yn ei wead; **~ ist dicker als Wasser** *(fig)* tewach gwaed na dŵr.

blutarm [ˈbluːt⁷arm] *adj* anemaidd, anemig.

Blut- *kompos:* **~armut** *f* diffyg *g* gwaed; **~bad** *nt* galanas *gb*; **~bahn** *f* llif *g* gwaed; **~bank** *f* banc *g* gwaed.

blutbefleckt *adj* gwaedlyd.

Blut- *kompos:* **~bild** *nt* cyfrifiad *g* gwaed; **~blase** *f (MED)* chwysigen *b* waed; **~buche** *f (BOT)* ffawydden *b* goprog; **~druck** *m* pwysedd *g* gwaed.

Blüte [ˈblyːtə] (-, -n) *f* blodeuyn *g*; **in ~ stehen** blodeuo; *(fig)* **in der ~ seiner Jahre** ym mlodau ei ddyddiau, ar ei anterth.

Blutegel [ˈbluːt⁷eːgəl] (-s, -) *m (ZOOL)* gele *b*.

bluten [ˈbluːtən] *vi* gwaedu.

Blüten- *kompos:* **~blatt** *nt* petal *g*; **~boden** *m* cynheilydd *g*; **~kelch** *m* blodamlen *b*; **~staub** *m* paill *g*.

Bluter (-s, -) *m (MED)* haemoffilig *gb*.

Bluterguss [ˈbluːt⁷ɛrgus] (-es, ¨-e) *m* gwaedlif *g*, gwaedlin *g*; *(auf Haut)* clais *g*.

Blütezeit [ˈblyːtətsaɪt] *f* amser *g* blodau, amser blodeuo; *(fig)* anterth *g*, uchafbwynt *g*, dyddiau *ll* gorau.

Blut- *kompos:* **~gefäß** *nt (ANAT)* llestr *g* gwaed, gwythïen *b*; **~gerinnsel** *nt (MED)* ceulad *g*; **~gruppe** *f (MED)* grŵp *g* gwaed.

blutig [ˈbluːtɪç, -ɪk] *adj* gwaedlyd.

blutjung *adj* ifanc iawn.

Blut- *kompos:* **~konserve** *f* uned *b* o waed wedi'i storio; **~körperchen** *nt* cell *b* waed; **~kreislauf** *m* cylchrediad *g* y gwaed; **~kruste** *f* torthen *b*; **~lache** *f* pwll *g* o waed; **~orange** *f* oren *gb* waed; **~probe** *f* prawf *g* gwaed.

blutrot *adj* coch-coch.

Blutspender *m* rhoddwr *g* gwaed.

blutstillend *adj* styptig, gwaed-ataliol.

Blutstropfen *m* dafn *g* gwaed.

Blutsturz *m* gwaedlif *g*.

blutsverwandt *adj* yn perthyn trwy waed.

Blutsverwandtschaft *f* perthynas *b* trwy waed.

Blut- *kompos:* **~transfusion** *f (MED)* trallwysiad *g* gwaed; **~übertragung** *f (MED)* trallwysiad *g* gwaed.

Blutung (-, -en) *f* gwaedlif *g*.

blutunterlaufen *adj* dan lif o waed.

Blut- *kompos:* **~vergießen** *nt* tywallt *g* gwaed; **~vergiftung** *f* gwenwyniad *g* gwaed; **~wurst** *f* pwdin *g* gwaed.

Blutzucker *m (MED)* siwgr *g* gwaed.

Blutzuckerspiegel *m (MED)* lefel *b* y siwgr yn y gwaed.

BLZ *abk* = Bankleitzahl.

BMX-Rad *nt* BMX.

BND[D] *m abk* = Bundesnachrichtendienst.

Bö [bøː] (-, -en) *f* = Böe.

Boa [ˈboːa] *f (ZOOL)* boa *b*.

Boccia [ˈbɔtʃa] *nt* bowls *ll* Eidalaidd.

Bock [bɔk] (-(e)s, ¨-e) *m* bwch *g*, hwrdd *g*, maharen *g*; *(Gestell)* trestl *g*, cynhaliad *g*; *(SPORT)* ceffyl *g* pren; **~ springen** neidio caseg felen; **alter ~** *(ugs)* yr hen afr; **den ~ zum Gärtner machen** *(fig)* rhoi'r haidd yng ngofal yr hwch; **den ~ abschießen** *(ugs, fig)*[D] gwneud cam gwag; **~ auf etw haben** *(ugs:*[D] *Lust)* bod ag awydd gwneud rhth; **die Böcke von den Schafen trennen** *(fig)* rhannu'r defaid oddi wrth y geifr.

Bockbier *nt* math ar gwrw cryf.

bocken [ˈbɔkən] *vi (ugs)* nogio, achosi trafferth.

Bockerl[A] *nt* mochyn *g* coed.

Bocksbeutel[D] *m* potel foliog yn cynnwys gwin o Ffranconia.

Bockshorn *nt:* **sich von jdm ins ~ jagen lassen** gadael i rn eich digalonni.

Bock- *kompos:* **~sprung** *m* naid *b* llyffant; **~wurst**[D] *f*
(KOCH) selsigen *b* gig moch.

Boden ['bo:dən] (**-s**, ¨-) *m* daear *b*; *(Fuß~)* llawr *g*;
(Meeres~, Fass~) gwaelod *g*; *(Dach~)* atig *b*, taflod
b; **am ~ zerstört sein** *(ugs)* bod wedi eich dryllio;
etw aus dem ~ stampfen *(fig)* gwneud rhth o ddim;
(Häuser) codi dros nos; **auf dem ~ der Tatsachen**
bleiben glynu at y ffeithiau; **zu ~ fallen** syrthio i'r
ddaear; **festen ~ unter den Füßen haben** bod ar dir
sych; **den ~ unter den Füßen verlieren** colli gafael;
(fig) mynd i ddyfroedd dyfnion; **an ~ gewinnen** *(fig)*
ennill tir.

Boden- *kompos:* **~fetzen**[A] *m* clwt *g* llawr; **~kontrolle** *f*
(Raumfahrt) rheolaeth *b* o'r ddaear.

bodenlos *adj* diwaelod; *(fig)* haerllug, anhygoel;
eine ~e Gemeinheit mileindra haerllug.

Boden- *kompos:* **~personal** *nt* (AERO) staff *g* daear;
~platte *f* teilsen *b*; **~satz** *m* gwaddod *g*; **~schätze** *pl*
adnoddau *ll* mwynol; **~tuch** *nt* cadach *g* llawr;
~turnen *nt* campau *ll* llawr; **~vase** *f* fâs *b* fawr.

Böe ['bø:ə] (**-**, **-n**) *f* hyrddwynt *g*, pwff *g* o wynt,
chwythad *g*.

bog *vb vgl.* **biegen**.

Bogen ['bo:gən] (**-s**, ¨-) *m* (ARCHIT, MUS) bwa *g*; *(Linie)*
cromlin *b*; *(Waffe)* bwa; *(Papier)* dalen *b*; **einen**
großen ~ um etw machen *(meiden)* peidio mynd ar
gyfyl rhth; **jdn in hohem ~ hinauswerfen** *(ugs)* taflu
rhn allan; **den ~ heraushaben** *(ugs)* dod i'w deall
hi.

Bogen- *kompos:* **~gang** *m* (ARCHIT) arcêd *b*; **~schießen** *nt*
saethyddiaeth *b*; **~schütze** *m* saethydd *g*; **~sehne** *f*
llinyn *g* (bwa).

Bohemien ['bohemiɛ:] (**-s**, **-s**) *m* Bohemiad *g*.

Bohle[D] ['bo:lə] (**-**, **-n**) *f* astell *b*, estyllen *b*.

Böhme ['bø:mə] (**-n**, **-n**) *m* Bohemiad *g*.

Böhmen *nt* (GEOG) Bohemia *b*.

Böhmin (**-**, **-nen**) *f* Bohemiad *b*.

böhmisch ['bø:mɪʃ] *adj* Bohemaidd; **das sind für mich**
~e Dörfer *(ugs)* mae hynny'n ddryswch i mi.

Bohne ['bo:nə] (**-**, **-n**) *f* ffeuen *b*; **grüne ~n**[D] ffa *ll*
Ffrengig; **blaue ~n** *(ugs)* bwledi *ll*; **nicht die ~** *(ugs)*[D]
dim o gwbl, nid y mymryn lleiaf.

Bohnen- *kompos:* **~kaffee** *m* coffi *g* iawn; **~kraut** *nt*
safri *g*; **~stange** *f* *(fig: ugs)* sgimren *b*.

Bohnenstroh[D] *nt:* **dumm wie ~** *(ugs)* mor dwp a slêj.

bohnern[D] ['bo:nərn] *vt* cwyro, gloywi, sgleinio.

Bohnerwachs ['bo:nərvaks] *nt* cwyr *g* lloriau.

Bohrassel *f* (ZOOL) mochyn *g* coed.

bohren ['bo:rən] *vt* turio, ebillio; *(Loch)* tyllu, drilio.
♦ *vi* tyllu, drilio; *(fig: fragen)* holi, stilio; *(drängen)*
plagio; *(Schmerz, Zweifel)* cnoi; **nach Öl ~** tyllu am
olew; **in der Nase ~** pigo trwyn.

Bohrer (**-s**, **-**) *m* dril *g*.

Bohr- *kompos:* **~insel** *f* llwyfan *gb* olew; **~loch** *nt* twll
g turio; **~maschine** *f* dril *g*; **~turm** *m* deric *g*; **~winde**
f carn *g* tro.

Boiler ['bɔylər] (**-s**, **-**) *m* gwresogydd *g* dŵr.

Boje ['bo:jə] (**-**, **-n**) *f* (NAUT) bwi *g*.

Bolivianer [bolivi'a:nər] (**-s**, **-**) *m* (**~in** *f*) Bolifiad *g*.

Bolivien [bo'li:viən] *nt* (GEOG) Bolifia *b*.

bolivisch [bo'li:vɪʃ] *adj* Bolifaidd.

Bollwerk ['bɔlvɛrk] (**-(e)s**, **-e**) *nt* gwrthglawdd *g*,
rhagfur *g*, bwlwarc *g*.

Bolschewismus [bɔlʃe'vɪsmʊs] (**-**, *kein pl*) *m* (POL)
Bolsefigaeth *b*.

Bolzen ['bɔltsən] (**-s**, **-**) *m* bollt *b*.

Bolzenschneider *m* (TECH) torrwr *g* bollt.

bombardieren [bɔmbar'di:rən] *vt* magnelu,
bombardio; *(aus der Luft)* bomio; *(fig)* peledu.

bombastisch *adj* bombastig.

Bombe ['bɔmbə] (**-**, **-n**) *f* bom *gb*; **wie eine ~**
einschlagen dod fel taranfollt.

Bomben- *kompos:* **~alarm** *m* bygythiad *g* bom; **~angriff**
m (MIL) bombardiad *g*; **~anschlag** *m* cyrch *g*
bomiau; **~drohung** *f* bygythiad *g* bom; **~erfolg** *m*
(fig) llwyddiant *g* ysgubol.

bombenfest *adj* *(fig)* hollol sicr.

Bombengeschäft *nt* *(ugs, fig)* **ein ~ machen** gwneud
ffortiwn, gwneud arian da.

bombensicher *adj* diogel rhag bomiau; *(totsicher)*
hollol sicr, cwbl sicr.

Bombentrichter *m* ceudwll *g*.

bombig ['bɔmbɪç, **-ɪk**] *adj* *(ugs)* gwych , campus.

Bommel[D] *m* tasel *g*.

Bon [bɔŋ] (**-s**, **-s**) *m* taleb *b*, papuryn *g*.

Bonbon [bon'bo:n, bɔŋ'bɔŋ][D] (**-s**, **-s**) *m oder nt* losin,
fferen *b*.

Bonboniere *f* bocs *g* o siocledi.

Bonus *m* bonws *g*; *(FIN)* premiwm *g*.

Bonze ['bɔntsə] (**-n**, **-n**) *m* pwysigyn *g*.

Bonzenviertel *nt* *(ugs)* ardal *b* lle mae'r crachach yn
byw.

Boom [bu:m] *m* (COMM) bŵm *g*.

Boot [bo:t] *nt* cwch *g*.

Boots- *kompos:* **~hafen** *m* marina *g*; **~rennen** *nt* ras *b*
fadau.

Bord[1] [bɔrt] *m* (AERO, NAUT) ochr *b* llong; **an ~** ar long;
über ~ gehen mynd dros y bwrdd i'r môr; *(fig)*
mynd yn angof.

Bord[2] *nt* *(Brett)* astell *b*, silff *b*.

Bordell [bɔr'dɛl] (**-s**, **-e**) *nt* puteindy *g*.

Bordfunkanlage ['bɔrtfʊŋk'anla:gə] *f* radio *gb* (ar
long).

Bordstein[D] ['bɔrtʃtain] (**-(e)s**, **-e**) *m* ymylfaen *g*, ochr *b* palmant.

borgen [ˈbɔrgən] *vt:* **jdm etw ~** rhoi benthyg rhth i rn; **sich** *dat* **etw ~** *(ausleihen)* benthyg rhth.

Borke [ˈbɔrkə] *f (BOT)* rhisgl *g.*

Borneo [ˈbɔrneo] *nt (GEOG)* Borneo *b.*

borniert [bɔrˈniːrt] *adj* cul eich meddwl.

Börse [ˈbøːrzə] (-, -n) *f* cyfnewidfa *b* stoc/stociau; *(Geld~)* pwrs *g.*

Börsen- *kompos:* **~kurs** *m (FIN)* dyfynbris *g;* **~makler** *m* brocer *g* stoc; **~notierung** *f* pris *g* cyfredol ar y farchnad stoc, dyfynbris *g.*

Borste [ˈbɔrstə] (-, -n) *f (von Bürste)* blewyn *g* brws; *(Tier)* gwrychyn *g.*

borstig [ˈbɔrstɪç, -ɪk] *adj* gwrychog.

Borte [ˈbɔrtə] (-, -n) *f* addurniadau *ll,* ymylwaith *g.*

bös [bøːs] *adj* = **böse.**

bösartig [ˈbøːsˀartɪç, -ɪk] *adj* anfad, maleisgar, cas, milain; *(Krankheit)* niweidiol, llidog.

Böschung [ˈbœʃʊŋ] (-, -en) *f* llethr *gb;* *(Ufer, Damm)* clawdd *g,* arglawdd *g.*

böse [ˈbøːˀzə] *adj (zornig)* dig, blin, wedi gwylltio; *(schlimm)* drwg, gwael; **~s Omen** arwydd *gb* drwg; **das sieht ~ aus** mae'n edrych yn wael; **das war nicht ~ gemeint** ni fwriadwyd hynny'n gas.

boshaft [ˈboːshaft] *adj* maleisus, sbeitlyd, drygionus.

Bosheit *f* malais *g,* casineb *g.*

Bosnien [ˈbɔsniən] *nt (GEOG)* Bosnia *b.*

Bosnien-Herzegowina [ˈbɔsniənhɛrtsəˈgoːviːna] *nt (GEOG)* Bosnia a Hercegovina.

Bosnier (-s, -) *m (~in f)* Bosniad *g.*

bosnisch [ˈbɔsnɪʃ] *adj* Bosniaidd.

Boss [bɔs] (-es, -e) *m (ugs)* bos *g,* pennaeth *g,* giaffar *g.*

böswillig [ˈbøːsvɪlɪç, -ɪk] *adj* maleisus, drygionus.

bot *vb vgl.* **bieten.**

Botanik [boˈtaːnɪk] *f* botaneg *b,* llysieueg *b.*

Botaniker *m (~in f)* botanegydd *g.*

botanisch [boˈtaːnɪʃ] *adj* botanegol; **~er Garten** gardd *b* fotanegol.

Bote [ˈboːtə] (-n, -n) *m* negesydd *g.*

Botendienst (-(e)s, -e) *m* = **Botengang.**

Botengang [ˈboːtəngaŋ] (-(e)s, ¨-e) *m* neges *b.*

Botschaft [ˈboːtʃaft] (-, -en) *f* neges *b,* cenadwri *b,* newydd *g;* *(POL)* llysgenhadaeth *b.*

Botschafter *m (~in f)* llysgennad *g.*

Bottich [ˈbɔtɪç] (-(e)s, -e) *m* twb *g,* cerwyn *b.*

Bouillon [buˈljõː] (-, -s) *f (KOCH)* isgell *g;* *(Suppe)* potes *g* clir.

Boulevard- [buləˈvaːr] *kompos:* **~blatt** *nt (ugs)* tabloid *g;* **~presse** *f* gwasg *b* y tabloidau; **~stück** *nt* drama *b* ysgafn.

Bouquet [buˈkeː] *nt (Blumenstrauß)* pwysi *g.*

Boutique [buˈtiːk] *f* siop *b* ddillad, boutique *g.*

Bovist *m (BOT)* pwrs *g* y mwg.

Bowlingbahn [ˈboːlɪŋbaːn] (-, -en) *f* ale *b* fowlio.

Box [bɔks] (-, -en) *f (Behälter)* bocs *g;* *(Lautsprecher)* uned *b* sain; *(für Pferd)* stâl *b.*

boxen [ˈbɔksən] *vi* bocsio, paffio, pwnio.

Boxer (-s, -) *m* bocsiwr *g,* paffiwr *g.*

Box- *kompos:* **~handschuh** *m* maneg *b* focsio; **~kampf** *m* gornest *b* focsio.

Boykott [bɔˈkɔt] (-(e)s, -e *oder* -s) *m* boicot *g.*

boykottieren [bɔkɔˈtiːrən] *vt* boicotio.

BR[D] *abk* (= *Bayerischer Rundfunk)* gorsaf radio yn Ne'r Almaen.

brabbeln *vi, vt (ugs)* preblan.

brach *vb vgl.* **brechen.**

brachial [braxiˈaːl] *adj:* **mit ~er Gewalt** nerth braich ac ysgwydd.

Brachland *nt (AGR)* braenar *g,* gwndwn *g.*

brachliegen [ˈbraːxliːgən] *irreg vi* gorwedd yn fraenar.

brachte *vb vgl.* **bringen.**

Brachvogel *m (ZOOL)* gylfinir *g.*

Branche [ˈbrãːʃə] (-, -n) *f (COMM)* busnes *g,* galwedigaeth *b.*

Branchenverzeichnis (-ses, -se) *nt (TEL)* cyfeiriadur *g* masnachol, tudalennau *ll* melyn.

Brand [brant] (-(e)s, ¨-e) *m* tân *g,* tanllwyth *g;* *(Durst)* syched *g* ar ôl noson o yfed; *(MED)* madredd *g,* pydredd *g;* **in ~ stecken** rhoi ar dân.

Brand- *kompos:* **~anschlag** *m* cyrch *g* llosgi bwriadol; **~eisen** *nt* haearn *g* llosgi.

branden [ˈbrandən] *vi (Meer)* torri fel tonnau ar yr arfordir.

Brandenburg [ˈbrandənburk] *nt (GEOG)* Brandenburg *b.*

Brand- *kompos:* **~fleck** *m* darlosgiad *g;* **~herd** *m* tarddle *g* y tân.

brandmarken [ˈbrantmaːrkən] *vt untrenn* serio; *(fig)* gwarthnodi, archollnodi.

brandneu *adj (ugs)* newydd sbon.

brandroden *vt untrenn* llosgi coed.

Brand- *kompos:* **~salbe** *f (MED)* eli *g* i losgiadau; **~stifter** *m* llosgwr *g;* **~stiftung** *f* llosgi *g* bwriadol.

Brandung [ˈbrandʊŋ] *f* treigliad *g* y tonnau.

Brand- *kompos:* **~wunde** *f* llosg *g;* **~zeichen** *nt (AGR)* nod *gb.*

brannte *vb vgl.* **brennen.**

Branntwein [ˈbrantvaɪn] *m* brandi *g.*

Branntweinsteuer *f* treth *b* ar wirod.

Brasilianer [braziliˈaːnər] (-s, -) *m (~in f)* Brasiliad *g.*

brasilianisch *adj* Brasilaidd; **~es Portugiesisch**

(Sprache) Portiwgaleg *b* Brasil.

Brasilien [braˈziːliən] *nt (GEOG)* Brasil *b.*

Bratapfel [ˈbrɑːtˀapfəl] *m (KOCH)* afal *g* pob.

braten [ˈbrɑːtən] *irreg vt* rhostio; *(in Pfanne)* ffrio.

Braten (-s, -) *m (KOCH)* cig *g* rhost; **den ~ riechen** *(fig)* sylwi ar ryw ddrwg yn y caws.

Braten- *kompos:* **~duft** *m* aroglau *g* ffrio; **~fett** *nt* saim *g;* **~saft** *m (KOCH)* grefi *g.*

Brat- *kompos:* **~hähnchen**[D] *nt,* **~hendl**[A] *nt,* **~huhn** *nt* cyw *g* iâr wedi ei rostio; **~kartoffeln** *pl* tatws *ll* wedi eu ffrio; **~pfanne** *f* padell *b* ffrio.

Bratsche [ˈbrɑːtʃə] *f (MUS)* fiola *b.*

Brat- *kompos:* **~spieß** *m* cigwain *b;* **~wurst** *f* selsigen wedi ei ffrio.

Brauch [braʊx] (-(e)s, ¨-e) *m* arferiad *g,* arfer *gb,* defod *b.*

brauchbar *adj (verwendungsfähig)* defnyddiadwy; *(nützlich)* defnyddiol.

brauchen [ˈbraʊxən] *vt (bedürfen)* bod ag angen rhth arnoch; *(ugs: verwenden)* defnyddio; *(müssen)* **sie ~ das Boot nicht zurückbringen** nid oes rhaid i chi ddychwelyd y cwch; **wie lange braucht man, um ...** faint o amser y mae ei angen i...; **kannst du das ~?** elli di wneud defnydd o hwn?

Brauchtum (-(e)s, -er) *nt* traddodiad *g,* arferion *ll.*

Braue [ˈbraʊə] (-, -n) *f (Augen~)* ael *b;* **die ~n hochziehen** codi aeliau.

brauen [ˈbraʊən] *vt* bragu.

Brauerei [braʊəˈraɪ] (-, -en) *f* bragdy *g.*

Brauhaus *nt* = Brauerei.

braun [braʊn] *adj* brown; *(von Sonne)* â lliw haul arno; *(POL: pej)* Natsïaidd; **~ gebrannt** â chroen brown, â lliw haul.

Bräune [ˈbrɔynə] (-, *kein pl) f* lliw *g* brown; *(Sonnen~)* lliw *g* haul.

bräunen [ˈbrɔynən] *vt* brownio, gwneud yn frown; *(sonnen)* torheulo; *(Sonne)* troi'n frown.

braun gebrannt *adj vgl.* braun.

Braunkohle *f* glo *g* llwyd.

Brause [ˈbraʊzə] (-, -n) *f* cawod *b;* *(von Gießkanne)* trwyn *g,* blaen *g;* *(Getränk)* lemonêd *g,* diod *b* befriog.

brausen [ˈbraʊzən] *vi (+sein)* rhuo; *(eilen)* rhuthro, brysio.
   ♦ *vr (+haben) (duschen)* cael cawod.

Brause- *kompos:* **~pulver** *nt* sierbet *g;* **~tablette** *f* tabled *b* ewynnog/byrlymol.

Braut [braʊt] (-, ¨-e) *f* priodferch *b;* *(Verlobte)* dyweddi *b,* darpar wraig *b.*

Bräutigam [ˈbrɔytɪgam] *m* priodfab *g;* *(Verlobter)* dyweddi *g,* darpar ŵr *g.*

Braut- *kompos:* **~jungfer** *f* morwyn *b* briodas; **~kleid** *nt*

ffrog *b* briodas; **~paar** *nt* priodfab a phriodferch.

brav [brɑːf] *adj (artig)* da, ufudd; *(bieder)* parchus; **sei schön ~!** bydd yn blentyn da!

bravo [ˈbrɑːvo] *excl* da iawn wir! go dda!

BRD (-, *kein pl) f abk* (= *Bundesrepublik Deutschland)* **die alte ~** cyn-Orllewin yr Almaen.

Brechbohne[D] [ˈbrɛçboːnə] (-, -n) *f* ffeuen *b* Ffrengig.

Brecheisen [ˈbrɛçˀaizən] *nt* trosol *g.*

brechen [ˈbrɛçən] *irreg vt (+haben)* torri, malu; *(Licht)* plygu, gwyrdorri; *(fig: Mensch)* trechu; **den Widerstand ~** sathru ar wrthsafiad; **die Ehe ~** godinebu.
   ♦ *vi (+sein)* torri; *(erbrechen)* chwydu; **mir bricht das Herz** mae fy nghalon i'n torri; **er bricht mit der Vergangenheit** mae'n torri â'r gorffennol.
   ♦ *vr (PHYS: Licht)* gwyrdroi.

Brecher (-s, -) *m (NAUT)* ton *b* fawr, moryn *g,* caseg *b* fôr.

Brechmittel (-s, -) *nt:* **das ist das reinste ~** *(ugs)* mae'n codi cyfog arna'i.

Brech- *kompos:* **~reiz** *m* cyfog *g,* pwys *g;* **~stange** *f* trosol *g.*

Brechung *f (des Lichts)* plygiant *g.*

Brei [braɪ] (-(e)s, -e) *m (Masse)* mwydion *ll;* *(KOCH)* griwal *g;* *(Hafer~)* uwd *g;* **um den heißen ~ herumreden** *(ugs)* siarad yn hirwyntog.

breit [braɪt] *adj* llydan, eang; *(Wissen, Angebot)* eang; **weit und ~** ar hyd ac ar led; **die ~e Masse** trwch *g* y boblogaeth, y dorf *b,* y werin *b* bobl; **ein ~ gefächertes Angebot** dewis *g* eang; **sich ~ machen** estyn eich hyd, gorweddian.

breitbeinig *adj* â'r coesau ar led.

Breite [ˈbraɪtə] (-, -n) *f* lled *g;* *(GEOG)* lledred *g.*

breiten [ˈbraɪtən] *vt:* **etw über etw** *akk* **~** taenu rhth dros rth; **den Mantel des Schweigens über etw ~** peidio â dweud yr un gair am rth.

Breiten- *kompos:* **~grad** *m (GEOG)* mesur *g* o ledred; **~sport** *m* chwaraeon *ll* poblogaidd, camp *b* boblogaidd.

breitschlagen *irreg vt (ugs)* perswadio; **sich ~ lassen** gadael i rn eich perswadio.

breitschultrig *adj* ag ysgwyddau llydan.

Breitseite *f (NAUT)* ystlys *gb* llong.

breittreten *irreg vt (ugs)* rhygnu ymlaen am.

Bremsbelag [ˈbrɛmsbəlaːk] *m* leinin *g* brêc.

Bremse [ˈbrɛmzə] (-, -n) *f (TECH)* brêc *g;* *(ZOOL)* cleren *b* lwyd, pryf *g* llwyd.

bremsen [ˈbrɛmzən] *vi* brecio, arafu.
   ♦ *vt (abbremsen)* arafu; *(Aufprall)* esmwytho, clustogi; *(fig: Entwicklung)* ffrwyno.

Brems- *kompos:* **~flüssigkeit** *f (AUTO)* hylif *g* breciau; **~klotz** *m* bloc *g* brêc; **~licht** *nt* golau *g* brecio;

~pedal *nt* pedal *g* brêc; **~spur** *f* ôl *g* llithro teiar; **~weg** *m* pellter *g* brecio.

brennbar ['brɛnbɑːr] *adj* fflamadwy; **leicht ~** hylosg, fflamadwy iawn.

Brennelement *nt* elfen *b* danwydd.

brennen ['brɛnən] *irreg vi* llosgi, bod ar dân; *(Kerze)* llosgi; *(Licht)* bod ymlaen; **wo brennt's denn?** *(fig: ugs)* beth yw'r holl gynnwrf? beth yw'r ffwdan? **darauf ~, etw zu tun** bod bron â marw eisiau gwneud rhth.
♦ *vt (Ziegel, Ton)* tanio, crasu; *(Branntwein)* distyllio, distyllu.

brennend *adj* gwenfflam, tanbaid; *(fig)* ysol.

Brennessel *f* = **Brennnessel**.

Brenn- *kompos:* **~holz** *nt* tanwydd *g*, cynnud *g*; **~material** *nt* tanwydd *g*; **~nessel** *f (BOT)* danhadlen *b* boeth; **~ofen** *m* odyn *b*.

Brennpunkt *m (PHYS)* canolbwynt *g*, ffocws *g*; **im ~ stehen** *(fig)* bod yn ganolbwynt diddordeb.

Brenn- *kompos:* **~spiritus** *m* gwirod *gb* methyl; **~stoff** *m* tanwydd *g*; **~weite** *f (PHYS)* hyd *g* ffocal.

brenzlig ['brɛntslɪç, -ɪk] *adj (Geruch)* llosgedig; *(fig)* ansicr, ansefydlog; **die Lage ist sehr ~** mae'r sefyllfa yn ansicr iawn.

Bresche ['brɛʃə] (-, -n) *f:* **in die ~ springen** *(fig)* camu i'r adwy; **eine ~ schlagen in** *+akk* adwyo, bylchu.

Bretagne [bre'tanjə] *f (GEOG)* **die ~** Llydaw *b*.

Bretone [bre'toːnə] *m* Llydawr *g*.

Bretonin *f* Llydawes *b*.

bretonisch *adj* Llydewig.

Bretonisch *nt (Sprache)* Llydaweg.

Brett [brɛt] (-(e)s, -er) *nt* bordyn *g*, astell *b*; *(Bord)* silff *b*; *(Spiel~)* bwrdd *g*; **~er** *pl (ugs: Ski)* sgïau *ll*; *(THEAT)* **~er, die die Welt bedeuten** y llwyfan *gb*; **schwarzes ~** hysbysfwrdd *g*, arwyddfwrdd *g*; **er hat ein ~ vor dem Kopf** *(ugs)* mae fel postyn o dwp.

brettern ['brɛtərn] *vi (ugs: rasen)* mynd ar ras wyllt.

Bretterzaun (-(e)s, ¨-e) *m* palis *g* coed, ffens *b* bren.

Brettspiel (-(e)s, -e) *nt* gêm *b* fwrdd.

Brezel ['breːtsəl] (-, -n) *f oder nt* pretsel *g*.

Brief [briːf] (-(e)s, -e) *m* llythyr *g*; **einen ~ senden an jdn** anfon llythyr at rn.

Brief- *kompos:* **~beschwerer** *m* pwysau *ll* papur; **~freund** *m* ffrind *g* llythyru; **~kasten** *m* blwch *g* llythyrau; **~kopf** *m* pennawd *g* llythyr; **~qualität** *f (COMP)* ansawdd *g* llythyr; **~kuvert** *nt* amlen *b*.

brieflich *adj* trwy lythyr.

Brief- *kompos:* **~marke** *f* stamp *g*; **~markenalbum** *nt* llyfr *g* stampiau; **~öffner** *m* cyllell *b* agor llythyrau; **~papier** *nt* papur *g* ysgrifennu; **~tasche** *f* waled *b*; **~taube** *f* colomen *b* negesau; **~träger** *m* postmon *g*, dyn *g* y post; **~umschlag** *m* amlen *b*;

~waage *f* mantol *b* lythyrau; **~wechsel** *m* gohebiaeth *b*.

Bries *nt (KOCH)* cefnedyn *g*.

briet *vb vgl.* **braten**.

Brigade [bri'gɑːdə] (-, -n) *f (MIL)* brigâd *b*; *(in der DDR)* tîm *g* gwaith.

Brigadegeneral *m (MIL)* brigadydd *g*.

Brigadier *m (MIL)* = **Brigadegeneral**.

Brikett [bri'kɛt] (-s, -s) *nt* bricsen *b* lo.

brillant [brɪl'jant] *adj (fig)* disglair, gloyw, llachar.

Brillant (-en, -en) *m* diemwnt *g* disglair.

Brille ['brɪlə] (-, -n) *f* sbectol *b*; *(Schutz~)* sbectol amddiffyn; *(von Toilette)* sedd *b* doiled.

Brillen- *kompos:* **~etui** *nt* cas *g* sbectol; **~gestell** *nt* ffrâm *b* sbectol; **~schlange** *f (ZOOL)* neidr *b* gycyllog; *(ugs, pej)* sbeci *g*; **~träger** *m* rhn sy'n gwisgo sbectol.

brillieren *vi (fig)* disgleirio.

bringen ['brɪŋən] *irreg vt* dod â; *(begleiten)* hebrwng, rhoi lifft i; *(Gewinn abwerfen)* dwyn, cynhyrchu; *(veröffentlichen)* cyhoeddi; *(THEAT)* dangos; *(RADIO, TV)* darlledu; **etw in die Zeitung ~** cyhoeddi rhth yn y papur newydd; **jdn dazu ~, etw zu tun** perswadio rhn i wneud rhth; **jdn zur Verzweiflung ~** achosi penbleth i rn; **jdn zum Lachen/Weinen ~** peri i rn chwerthin/grïo; **es weit ~** gwneud yn dda, cyrraedd yn bell; **jdn nach Hause ~** hebrwng rhn adre; **jdn auf eine Idee ~** rhoi syniad ym mhen rhn; **jdn um etw ~** amddifadu rhn o rth; **es bringt dir nichts zu kommen** ni thycia i ti ddod; **das bringt er nicht** *(ugs)*[D] nid yw hi ynddo, nid yw'n ddigon abl i'w wneud.

brisant [bri'zant] *adj* dadleuol.

Brisanz [bri'zants] (-, *kein pl*) *f* natur *b* ddadleuol.

Brise ['briːzə] (-, -n) *f* awel *b*, chwa *b*.

Brite ['briːtə] (-n, -n) *m* Prydeiniwr *g*; *(HIST)* Brython *g*.

Britin (-, -nen) *f* Prydeinwraig *b*.

britisch ['briːtɪʃ] *adj* Prydeinig; **die B~en Inseln** *(GEOG)* Ynysoedd *ll* Prydain, yr Ynysoedd Prydeinig.

Britone *m (HIST)* Brython *g*.

Broccoli *pl oder m* = **Brokkoli**.

bröckelig ['brœkəlɪç, -ɪk] *adj* briwsionllyd, bregus, braenllyd.

Brocken ['brɔkən] (-s, -) *m* darn *g*, tamaid *g*; *(Fels)* darn *g* mawr o graig; **ein paar ~ Spanisch** rhyw fymryn o Sbaeneg; **ein harter ~** *(ugs)* problem ddyrys i'w datrys.

brodeln ['broːdəln] *vi* byrlymu, berwi; *(ugs:[A] trödeln)* loetran, oedi, stelcian.

Broiler[D] *m (KOCH)* ffowlyn *g*, cyw *g* iâr.

Brokat [bro'kɑːt] *m (TEX)* brocêd *g*.

Brokkoli ['brɔkoli] *pl (ugs auch m:* -**s**, -**s**) brocoli *g*, blodfresych *ll* caled.

Brombeere ['brɔmbe:rə] (-, -**n**) *f (BOT)* mwyaren *b* ddu.

Brombeerstrauch *m* miaren *b*.

bronchial [brɔnçi'a:l] *adj* bronciol, bronciaidd.

Bronchien ['brɔnçiən] *pl (ANAT)* broncia *ll*, pibellau *ll* y frest.

Bronchitis [brɔn'çi:tɪs] (-, **Bronchitiden**) *f (MED)* broncitis *g*, llid *g* (ar) y frest.

Bronze ['brõ:sə] *f* (-, -**n**) efydd *g; (pl:* -**n:** *Skulptur)* delw *b* efydd.

Bronzemedaille *f (SPORT)* medal *gb* efydd.

bronzen *adj* efydd.

Bronzezeit *f (HIST)* yr Oes *b* Efydd.

Brosame[D] ['bro:za:mə] (-, -**n**) *f* = **Brösel.**

Brosche ['brɔʃə] (-, -**n**) *f* broets *b*, tlws *g*.

Broschüre [bro'ʃy:rə] (-, -**n**) *f* llyfryn *g*, pamffledyn *g*.

Brösel *m oder nt* briwsionyn *g*.

bröselig *adj* briwsionllyd.

Brot [bro:t] (-(e)**s**, -**e**) *nt* bara *g; (~laib)* torth *b; ~ backen* gwneud bara; *sein tägliches ~ verdienen* ennill eich bara; *das ist ein hart verdientes ~ (fig)* mae hynny'n ffordd anodd o ennill bywioliaeth.

Brötchen ['brø:tçən] (-**s**, -) *nt (belegt)* brechdan *b; (Semmel)*[D] rhôl *b* fara; *kleine ~ backen (fig)*[D] anelu'n is.

Brötchengeber *m (ugs)* cyflogwr *g*, darparwr *g*.

Brot- *kompos:* ~**dose** *f* bin *g* bara; ~**laib** *m* torth *b* o fara.

brotlos *adj (Person)* di-waith; *(Arbeit)* amhroffidiol; *eine ~ Kunst* gwaith heb ennill arian.

Brot- *kompos:* ~**rinde** *f* crwstyn *g;* ~**zeit**[D] *f (Pause)* amser *g* egwyl, te *g* deg.

BRT *abk (= Bruttoregistertonne)* tunnell *b* ar dystysgrif.

Bruch[1] [brux] (-(e)**s**, ̈-**e**) *m* toriad *g*, tor *g; (fig)* rhwyg *b*, rhwygiad *g; (MED: Leisten~)* torllengig *g*, torgest *b; (Knochen, Bein)* torasgwrn *g*, toriad *g; (MATH)* ffracsiwn *g;* **zu ~ gehen** cael ei dorri; *sich einen ~ heben* torri eich llengig.

Bruch[2] [bru:x] (-(e)**s**, ̈-**e**) *m oder nt* cors *b*.

Bruchbude ['bruxbu:də] (-, -**n**) *f (ugs)* twll *g* o le, cwt *g*.

brüchig ['brʏçɪç, -ɪk] *adj* brau, bregus.

Bruch- *kompos:* ~**landung** *f* cwymplaniad *g;* ~**rechnung** *f* ffracsiynau *ll;* ~**stelle** *f* man *gb* torri, toriad *g; (von Knochen)* torasgwrn *g;* ~**strich** *m (MATH)* llinell *b* ffracsiwn; ~**stück** *nt* darn *g* bach, talch *g*, tameidyn *g*.

Bruchteil *m* nifer *b* fach, ffracsiwn *g; im ~ einer Sekunde* o fewn dim, mewn amrantiad.

Bruchzahl *f (MATH)* ffracsiwn *g*.

Brücke ['brʏkə] (-, -**n**) *f* pont *b; (Zahn~)* pont; *(NAUT: Kommando~)* pont lywio; *(Teppich)* carthen *b*, rỳg *b*.

Brückenwaage *f* pont *b* bwyso.

Bruder ['bru:dər] (-**s**, ̈-) *m* brawd *g; (Kloster~)* brawd; *unter Brüdern* rhyngoch chi a fi.

brüderlich ['bry:dərlɪç] *adj* brawdol; *etw ~ teilen* rhannu'n deg.

Brüderlichkeit *f* brawdoliaeth *b*.

Brudermord *m* brawdladdiad *g*.

Brüderschaft *f* brawdoliaeth *b; ~ trinken* codi'ch gwydrau a chytuno i alw eich gilydd yn 'ti'.

Brühe ['bry:ə] (-, -**n**) *f (Suppe)*[D] isgell *g*, gwlych *g; (fig)* niwl *g; (pej)* slwts *g*, tail *g*.

brühwarm *adj (ugs) er hat das sofort ~ weitererzählt* fe ail-adroddodd y stori yn ddi-ymdroi wrth y byd a'r betws.

Brühwürfel[D] ['bry:vʏrfəl] (-**s**, -) *m (KOCH)* ciwb *g* isgell.

brüllen ['brʏlən] *vi* rhuo, bloeddio.

Brüllen *nt* rhu *g*.

Brummbär ['brʊmbɛ:r] (-**en**, -**en**) *m (fig)* grwgnachwr *g*.

brummeln ['brʊməln] *vt* mwmial, dweud yn aneglur.

brummen ['brʊmən] *vi (Bär, Mensch)* chwyrnu, arthio; *(Insekt)* sïo, swnian; *(Motoren)* rhuo; *(murren)* grwgnach, cwyno, achwyn; *mir brummt der Kopf* mae fy mhen yn troi.

♦ *vt* murmur.

Brummer *m (ugs: LKW)* lori *b* fawr, jygarnot *g*.

brummig *adj (ugs)* blin, piwis, drwg eich tymer.

brünett [brʏ'nɛt] *adj* pryd tywyll.

Brunftzeit *f* tymor *g* bridio.

Brunnen ['brʊnən] (-**s**, -) *m* ffynnon *b*.

Brunnenkresse *f (BOT)* berwr *g* dŵr.

brüsk [brʏsk] *adj* swta, cwta, disymwth.

brüskieren [brʏs'ki:rən] *vt* sennu, sarhau.

Brüssel ['brʏsəl] *nt (GEOG)* Brwsel *b*.

Brust [brʊst] (-, ̈-**e**) *f (ANAT: Brustkorb)* brest *b; (weibliche)* bron *b; einem Kind die ~ geben* bwydo plentyn o'r fron.

Brustbein *nt (ANAT)* sternwm *g*.

brüsten ['brʏstən] *vr* brolio, ymffrostio.

Brust- *kompos:* ~**fell** *nt* pilen *b* yr ysgyfaint; ~**fellentzündung** *f* pliwrisi *g*, llid *g* yr ysgyfaint; ~**flosse** *f* bronasgell *b;* ~**kasten** *m*, ~**korb** *m* brest *b*, dwyfron *b*, thoracs *g;* ~**krebs** *m* cancr *g* y fron; ~**panzer** *m* llurig *b;* ~**schwimmen** *nt* nofio *g* ar y frest, nofio broga; ~**tasche** *f* llogell *b*.

Brusttton *m: im ~ der Überzeugung* gydag argyhoeddiad llwyr.

Brüstung ['brʏstʊŋ] (-, -**en**) *f* canllaw *g* pont neu falconi, balwstrad *g*.

Brustwarze ['brʊstvaːrtsə] (-, -n) *f* teth *b*, tethen *b*.

Brut [bruːt] (-, -en) *f* nythaid *b*, deoriad *g*; *(Brüten)* deor *g*; *(pej)* criw *g*, haid *b*.

brutal [bruˈtaːl] *adj* creulon, milain, ciaidd.

Brutalität [brutaliˈtɛːt] *f* creulondeb *g*, cieiddiwch *g*.

Brutapparat ['bruːtʔaparaːt] (-(e)s, -e) *m* deorydd *g*.

brüten ['bryːtən] *vi* gori, deor; *(fig)* ~ über +*akk* synfyfyrio dros, myfyrio dros.

brütend *adj*: ~e Hitze gwres *g* llethol.

Brüter *m* *(TECH)* **schneller ~** adweithydd *g* bridiol cyflym.

brütig *adj* gorllyd.

Brut- *kompos*: ~**kasten** *m* deorydd *g*, deoriadur *g*; ~**stätte** *f* meithrinfa *b*, magwrfa *b*.

brutto ['brʊto] *adv* crynswth, gros.

Brutto- *kompos*: ~**einkommen** *nt* incwm *g* crynswth, enillion *ll* crynswth; ~**gehalt** *nt* cyflog *g* crynswth; ~**gewicht** *nt* pwysau *ll* crynswth; ~**gewinn** *m* elw *g* gros/crynswth.

Bruttoinlandsprodukt *nt* *(COMM)* cynnyrch *g* mewnwladol crynswth.

Bruttolohn *m* cyflog *g* crynswth.

Bruttosozialprodukt *nt* cynnyrch *g* gwladol crynswth.

brutzeln ['brʊtsəln] *vi* *(ugs)* sisial-ffrïo.

Btx *abk* = **Bildschirmtext.**

BSE *abk* Ymenyddglwyf Spwngffurf Gwartheg, BSE; *(ugs)* Clefyd Gwartheg Gwallgof.

BSP *nt abk* = **Bruttosozialprodukt.**

Bub[A] [buːp] (-en, -en) *m* bachgen *g*, hogyn *g*, crwt *g*; *(Sohn)* mab *g*; *(Kartenspiel)* jac *g*, gwalch *g*.

Bube ['buːbə] (-n, -n) *m* *(veraltet: Schurke)* cnaf *g*, cenau *g*, gwalch *g*; *(Kartenspiel)* jac *g*, gwalch.

Bubikopf ['buːbikɔpf] *m* *(Frisur)* toriad *g* byr, bob *g*.

Buch [buːx] (-(e)s, ¨-er) *nt* llyfr *g*; **Bücher** *pl* *(COMM)* cyfriflyfr *g*; **er redet wie ein ~** mae e'n siarad fel melin bupur; **ein ~ mit sieben Siegeln** dirgelwch *g* llwyr; **über etw ~ führen** cadw cofnod o rth; **zu ~ schlagen** gwneud gwahaniaeth sylweddol.

Buch- *kompos*: ~**binder** *m* rhwymwr *g* llyfrau; ~**deckel** *m* clawr *g*; ~**drucker** *m* argraffwr *g*.

Buche ['buːxə] (-, -n) *f* *(BOT)* ffawydden *b*.

Buchecker *f* *(BOT)* cneuen *b* ffawydd.

buchen ['buːxən] *vt* *(vorbestellen)* archebu; *(Urlaub)* bwcio; *(FIN: Geldbetrag)* cofnodi; **etw als Erfolg ~** cofnodi bod rhth yn llwyddiant.

Bücherbrett ['byːçərbrɛt] *nt* silff *b* lyfrau.

Bücherei [byːçəˈraɪ] *f* llyfrgell *b* gyhoeddus.

Bücher- *kompos*: ~**regal** *nt* cwpwrdd *g* llyfrau, silffoedd *ll* llyfrau; ~**schrank** *m* cwpwrdd *g* llyfrau; ~**wurm** *m* llyfrbryf *g*; *(fig)* llyfrbryf, darllenwr *g* brwd.

Buchfink ['buːxfɪŋk] *m* *(ZOOL)* asgell *b* fraith.

Buch- *kompos*: ~**führung** *f* *(FIN)* cadw *g* llyfrau, cadw cyfrifon; ~**halter** *m* *(FIN)* cyfrifydd *g*, llyfrifwr *g*; ~**haltung** *f* cyfrifyddiaeth *b*; *(Abteilung)* adran *b* gyllid.

Buchhandel *m* masnach *b* lyfrau; **im ~ erhältlich** ar gael mewn siopau llyfrau.

Buch- *kompos*: ~**händler** *m* llyfrwerthwr *g*; ~**handlung** *f* siop *b* lyfrau; ~**messe** *f* ffair *b* lyfrau; ~**prüfung** *f* *(FIN)* archwiliad *g*; ~**rücken** *m* meingefn *g*.

Buchse ['bʊksə] (-, -n) *f* *(ELEKT, TEL)* jac *g*.

Büchse ['byksə] (-, -n) *f* *(Dose)* blwch *g*, cas *g*; *(Gewehr)* gwn *g*, dryll *g*, reiffl *b*; *(Fleisch~)*[D] can *g*, tun *g*.

Büchsen- *kompos*: ~**fleisch**[D] *nt* cig *g* tun; ~**milch**[D] *f* llaeth *g* anwedd, llaeth anweddig; ~**öffner**[D] *m* agorwr *g* tun.

Buchstabe ['buːxʃtaːbə] (-ns, -n) *m* llythyren *b*.

buchstabieren [buːxʃtaˈbiːrən] *vt untrenn* sillafu.

buchstäblich ['buːxʃtɛːplɪç] *adv* yn llythrennol; *(fig)* cystal â bod, bron.

Buchstütze ['buːxʃtʏtsə] *f* pentan *g* llyfrau, pennell *b*.

Bucht [bʊxt] (-, -en) *f* bae *g*.

Buchung ['buːxʊŋ] (-, -en) *f* archeb *b*; *(COMM)* cofnod *g*, cofnodiad *g*.

Buchweizen ['buːxvaɪtsən] *m* *(BOT)* gwenith *g* yr hydd, gwenith *g* y bwch.

Buckel ['bʊkəl] (-s, -) *m* crwb *g*, gwargrymedd *g*; *(Erdhügel)* twmpath *g*, ponc *b*; ~ **machen** gwargrymu; **du kannst mir den ~ runterrutschen!** *(ugs)* dos i grafu! dos i chwarae!

buckelig *adj* gwargrwm.

buckeln ['bʊkəln] *vi* cynffonna.

bücken ['bʏkən] *vr* gwyro ymlaen, plygu drosodd; **sich nach etw ~** plygu drosodd i godi rhth.

bucklig *adj* = **buckelig.**

Bückling ['bʏklɪŋ] (-(e)s, -e) *m* *(ZOOL: Fisch)* pennog coch *g*, ciper *g*; *(ugs: Verbeugung)* moesymgrymiad *g*, ymgrymiad *g*.

buddeln ['bʊdəln] *vi* *(ugs)* cloddio, turio, tyrchu.

Buddha *m* Bwda *g*.

Buddhismus *m* Bwdiaeth *b*.

Bude ['buːdə] (-, -n) *f* *(ugs)* llety *g*; *(Stand)*[D] stondin *b*; **in meiner ~** yn fy nhŷ/fflat i; **jdm die ~ einrennen** *(ugs)* poeni/plagio rhn.

Budget [bʏˈdʒeː] (-s, -s) *nt* cyllideb *b*.

Büfett[D] [bʏˈfɛt] (-, -n) *(Anrichte)* seld *g*, seldfwrdd *g*; *(Geschirrschrank)* dreser *b*; *(Bahnhofs~)* bwyty *g* mewn gorsaf; **kaltes ~** bwyd oer mewn parti *ayb*.

Büffel ['bʏfəl] *m* ych *g* gwyllt, byfflo *g*.

büffeln ['bʏfəln] *vt, vi* *(ugs)* swotio.

Buffet[AS] [bʏˈfeː, ˈbʏfeˢ] (-s, -s) *nt* = **Büfett**.

Bug [buːk] *m (NAUT)* blaen *g*, trwyn *g*; *(AERO)* trwyn *g*.

Bügel [ˈbyːgəl] *m (Kleider~)* cambren *g*, pren *g* hongian dillad; *(Brille)* braich *gb*; *(Steig~)* gwarthol *b*, gwarthafl *b*.

Bügel- *kompos:* **~brett** *nt* bwrdd *g* smwddio; **~eisen** *nt* haearn *g* smwddio; **~falte** *f* plygiad *g* mewn dilledyn, crychiad *g*.

bügelfrei *adj* gwrthblyg, gwrthgrych; *(Hemd)* dripsych.

bügeln [ˈbyːgəln] *vt, vi* smwddio.

Buhmann [ˈbuːman] (-(e)s, ¨-er) *m (ugs)* cocyn *g* hitio, bwci-bo *g*.

Bühne [ˈbyːnə] (-, -n) *f* llwyfan *gb*.

Bühnenbild *nt (THEAT)* set *b*, cefndir *g*.

Bühnenbildner *m (THEAT)* dyluniwr *g*.

Buhruf [ˈbuːruːf] *m* bw *g*, bwio *g*.

buk *vb vgl.* **backen**.

Bukett[D] *nt* = **Bouquet**.

Bulette[D] [buˈlɛtə] *f (KOCH)* risol *b*, pelen *b* gig.

Bulgare [bʊlˈgaːrə] (-n, -n) *m* Bwlgariad *g*.

Bulgarien [bʊlˈgaːriən] *nt (GEOG)* Bwlgaria *b*.

Bulgarin (-, -nen) *f* Bwlgariad *g*.

bulgarisch [bʊlˈgaːrɪʃ] *adj* Bwlgaraidd.

Bulgarisch *nt (Sprache)* Bwlgareg *b*.

Bulimie [buliˈmiː] *f (MED)* bwlimia *g*, clefyd *g* bwyta.

Bull- *kompos:* **~auge** *nt (NAUT)* portwll *g*; **~dogge** *f* ci *g* tarw.

Bulldozer [ˈbʊldoːzər] *m* tarw *g* dur, tarw tryfal.

Bulle [ˈbʊlə] (-n, -n) *m* tarw *g*; *(pej: Polizist)* heddwas *g*; **~n** *pl* y glas *g*.

Bumerang [ˈbuːməraŋ] (-(e)s, -s *oder* -e) *m* bwmerang *g*.

Bummel [ˈbuməl] (-s, -) *m* tro *g* bach, wâc fach; *(Schaufenster~)* edrych ar ffenestri'r siopau, crwydro'r siopau.

Bummelant[D] [buməˈlant] (-en, -en) *m* diogyn *g*; *(fig)* malwen *b*.

Bummelei [buməˈlaɪ] *f* loetran *g*, sefyllian *g*, segurdod *g*.

bummeln [ˈbuməln] *vi (+sein)* crwydro, cerdded yn hamddenol; *(trödeln)* loetran, sefyllian, hel eich traed.

Bummel- *kompos:* **~streik** *m* streic *b* araf, gweithio'n araf; **~zug** *m* trên *g* araf.

Bummler *m* llusgwr *g* traed, loetrwr *g*; *(Zug)* trên *g* araf; **~in** *f* loetwraig *b*.

bumsen [ˈbumzən] *vi (+sein) (schlagen)* dyrnu, curo; *(prallen, stoßen)* taro, cnocio.

♦ *vt, vi (+haben) (ugs: koitieren)* cnuchio, ymgydio.

Bund[1] [bunt] (-(e)s, ¨-e) *m (TEX: Hosen~)* llinyn *g* gwasg, band *g* gwasg; *(Freundschaft)* cynghrair *gb*; *(POL)* cynghrair, cydffederasiwn *g*; *(Organisation)* undeb *g*; **beim ~** *(Militär)*[D] yn y fyddin; *(Staat)*[A] yn y gwasanaeth sifil; **den ~ fürs Leben schließen** priodi.

Bund[2] (-(e)s, -e) *m (Blumen, Radieschen)* tusw *g*, pwysi *g*; *(Stroh)* swp *g*, bwndel *g*; *(Schlüssel~)* cylch *g*.

Bündchen [ˈbʏntçən] *nt (Ärmel~)* cyffsen *b*.

Bündel [ˈbʏndəl] (-s, -) *nt* swp *g*, bwndel *g*, bwrn *g*.

bündeln [ˈbʏndəln] *vt* bwndelu, sypynnu.

Bundes- *in kompos* ffederal.

Bundesbahn *f:* **die Deutsche ~** Rheilffordd *b* Ffederal yr Almaen; **die Österreichischen ~en** *pl* Rheilffordd Ffederal Awstria.

Bundes- *kompos:* **~bank**[D] *f* banc *g* ffederal; **~bürger**[D] *m* dinesydd *g* ffederal; **~deutsche** *m/f* Almaenwr *g*, Almaenes *b*; **~gerichtshof**[D] *m* y Goruchaf Lys *g* Ffederal; **~grenzschutz**[D] *m* gwarchodlu *g* ffederal y ffin; **~hauptstadt** *f* prifddinas *b* ffederal; **~haushalt** *m (POL)* cyllideb *b* genedlaethol; **~heer**[A] *nt* byddin *b* ffederal Awstria; **~hymne** *f* anthem *b* genedlaethol; **~kanzler** *m* Canghellor *g* Ffederal; **~land** *nt* talaith *b* ffederal; **~liga** *f (SPORT)* cynghrair *gb* cyntaf.

Bundesnachrichtendienst[D] *m* gwasanaeth *g* cyfrin ffederal.

Bundespost[D] *f:* **die (Deutsche) ~** Post *g* Ffederal yr Almaen.

Bundes- *kompos:* **~präsident** *m* Llywydd *g* Ffederal; **~rat** *m (POL)* Siambr *b* Ffederal; **~regierung** *f* Llywodraeth *b* Ffederal.

Bundesrepublik *f* gweriniaeth *b* ffederal; **die ~** *(GEOG)* yr Almaen.

Bundes- *kompos:* **~staat** *m* gwlad *b* ffederal; **~straße** *f* priffordd *b*, cefnffordd *b*; **~tag**[D] *m* Senedd yr Almaen.

Bundestags- *kompos:* **~abgeordnete**[D] *m/f* Aelod Seneddol *g* Almaenig; **~wahl**[D] *f* etholiad *g* seneddol (ffederal).

Bundes- *kompos:* **~verfassungsgericht**[D] *nt* Llys *g* Cyfansoddiadol Ffederal; **~wehr**[D] *f* Lluoedd *ll* Arfog yr Almaen.

Bundfaltenhose (-, -n) *f* trywsus *g* pletiog/crych.

Bundhose (-, -n) *f* clos *g* pen-glin.

bündig [ˈbʏndɪç, -ɪk] *adv:* **kurz und ~** yn gryno, yn gywasgedig.

Bündnis [ˈbʏntnɪs] (-ses, -se) *nt* cynghrair *gb*.

Bündnispartner *m (POL)* cynghreiriad *g*.

Bungalow [ˈbuŋgaloː] *m* byngalo *g*.

Bunker [ˈbuŋkər] (-s, -) *m (MIL)* daeardy *g*, byncer *g*; *(Luftschutz~)* lloches *b* cyrch awyr.

bunt [bunt] *adj* lliwgar; *(gemischt)* cymysg; **jdm zu ~ werden** mynd yn ormod/annioddefol i rn.

Bunt- *kompos:* **~papier** *nt* papur *g* lliw; **~stift** *m* pensil *g* lliw, creon *g*.

Bürde ['byːrdə] (-, -n) *f* baich *g*.

Burenkrieg *m (HIST)* Rhyfel *gb* y Boer.

Burg [burk] (-, -en) *f* castell *g*, caer *b*.

Bürge ['byrgə] (-n, -n) *m* gwarantwr *g*, gwarant *gb*, mechnïwr *g*.

bürgen ['byrgən] *vi* gwarantu, tystio; **für jdn ~** gwarantu rhn; **für Qualität ~** gwarantu safonau.

Bürger (-s, -) *m* (**~in** *f*) (Staats~) dinesydd *g*; *(HIST, Bourgeois)* bwrdeisiwr *g*, bwrdeiswraig *b*.

Bürger- *kompos:* **~forum** *nt* gwasanaeth *g* cymunedol; **~initiative** *f* gweithred *b* sifil, deiseb *b*, petisiwn *g*; **~krieg** *m* rhyfel *gb* cartref.

bürgerlich *adj* (Rechte) dinesig, sifil; (Klasse) dosbarth canol; **~es Recht** cyfraith *b* sifil; **Allgemeines B~es Gesetzbuch** *nt* Côd *g* Sifil.

Bürger- *kompos:* **~meister** *m* maer *g*; **~recht**[D] *nt* hawliau *ll* sifil; **~rechtler** *m* gweithiwr *g* dros iawnderau gwladol.

Bürgerschaft *f* poblogaeth *b*, dinasyddion *ll*.

Bürgersteig[D] *m* palmant *g*, pafin *g*.

Bürgertum *nt* dinasyddion *ll*.

Burg- *kompos:* **~friede** *m* (fig) cadoediad *g*; **~graben** *m* ffos *b*; **~hof** *m* cwrt *g*; **~hügel** *m* mwnt *g*.

Bürgin *f* gwarantwraig *b*.

Burgmauer *f* muriau *ll* castell.

Bürgschaft *f* (FIN) gwarant *b*, ernes *b* dros ddyled; **~ leisten** mechnïo, sicrhau mechnïaeth i rn.

Burgund [bur'gunt] (-s, *kein pl*) *nt* (GEOG) Bwrgwyn *b*.

Burgunder [bur'gundər] *m* (Wein) gwin *g* Bwrgwyn.

Burma ['burma] *nt* (HIST, GEOG) Burma *b*, Myanmar *b*.

Büro [by'roː] (-s, -s) *nt* swyddfa *b*, biwro *gb*.

Büro- *kompos:* **~angestellte** *m/f* gweithiwr *g* swyddfa; **~klammer** *f* clip *g* papurau; **~kraft** *f* gweithiwr *g* swyddfa.

Bürokrat [byro'kraːt] (-en, -en) *m* biwrocrat *g*.

Bürokratie [byrokra'tiː] *f* biwrocratiaeth *b*.

bürokratisch [byro'kraːtɪʃ] *adj* biwrocrataidd, biwrocratig.

Bürokratismus [byrokra'tɪsmus] *m* biwrocratiaeth *b*, mân reolau *ll*.

Büroschluss [by'roːʃlus] *m* amser *g* cau swyddfa.

Bursch [burʃ] (-en, -en) *m* = **Bursche**.

Bursche ['burʃə] *m* bachgen *g*, llanc *g*, hogyn *g*, crwt *g*, boi *g*; (Diener) gwas *g*.

Burschenschaft *f* brawdoliaeth *b* fyfyrwyr.

burschikos [burʃi'koːs] *adj* (jungenhaft) tomboiaidd, bachgennaidd; (unbekümmert) didaro, diffwdan, hamddenol.

Bürste ['byrstə] (-, -n) *f* brws *g*.

bürsten ['byrstən] *vt* brwsio.

Bürzel ['byrtsəl] (-s, -) *m (Vogel)* tin *b*.

Bus [bus] (-ses, -se) *m* bws *g*.

Busbahnhof *m* gorsaf *b* fysiau.

Busch [buʃ] (-(e)s, ̈-e) *m* llwyn *g*, perth *b*; **auf den ~ klopfen** (aushorchen) mynd ar sgawt, holi rhn yn gall; (prahlen) brolio, ymffrostio.

Büschel ['byʃəl] *nt* tusw *g*, twffyn *g*.

buschig ['buʃɪç, -ɪk] *adj* perthog; (Haar) trwchus.

Busch- *kompos:* **~messer** *nt* bilwg *g*; **~werk** *nt* prysglwyn *g*.

Busen ['buːzən] (-s, -) *m* mynwes *b*, dwyfron *b*.

Busenfreund *m* cyfaill *g* mynwesol; **~in** *f* cyfeilles *b* fynwesol.

Bushaltestelle ['bushaltəʃtɛlə] (-, -n) *f* arhosfan *gb* bysus, safle *g* bysiau.

Bussard ['busart] (-(e)s, -e) *m* (ZOOL) boncath *g*.

Buße ['buːsə] *f* penyd *g*, iawn *g*, cymod *g*; (Geld) dirwy *b*.

büßen ['byːsən] *vt, vi* gwneud penyd, penydu, talu'n hallt am; **das soll er mir ~!** fe gaiff dalu am hyn!

Busserl[A] ['busərl] *nt* sws *g*.

Bußgeld ['buːsgɛlt] (-es, -er) *nt* dirwy *b*.

Bussi[A] *nt* = **Busserl**.

Buß- und Bettag *m* (REL) dydd *g* gweddi ac edifeirwch (yn yr Eglwys Brotestannaidd).

Büste ['bystə] *f* mynwes *b*, dwyfron *b*; (KUNST) penddelw *b*.

Büstenhalter *m* bra *g*, bronglwm *g*.

Busunternehmen *nt* cwmni *g* bysiau.

Butan [bu'taːn] (-s, *kein pl*) *nt* (CHEM) biwtan *g*.

Büttenrede[D] ['bytərəːdə] *f* araith *b* draddodiadol mewn carnifal yn ardaloedd Catholig afonydd Rhein a Main.

Butter ['butər] *f* menyn *g*; **alles in ~!** (ugs) popeth yn iawn!

Butter- *kompos:* **~berg** *m* mynydd *g* menyn; **~blume** *f* (BOT) blodyn *g* ymenyn, crafanc *b* y frân; **~brot** *nt* bara *g* menyn; **~brotpapier** *nt* papur *g* menyn; **~dose** *f* dysgl *b* fenyn; **~fass** *nt* buddai *b*, corddwr *g*; **~keks** *m* bisgïen *b* fenyn; **~milch** *f* llaeth *g* enwyn.

buttern ['butərn] *vt, vi* corddi.

butterweich *adj* fel uwd o feddal.

Butzen ['butsən] *m* (ugs: von Apfel) craidd *g*, calon *b*.

BVG[D] *nt abk* = **Bundesverfassungsgericht**.

b.w. *abk* (= bitte wenden) trosodd.

Byte (-s, -s) *nt* (COMP) beit *g*.

Bz. *abk* = **Bezirk**.

bzgl. *abk* = **bezüglich**.

bzw. *abk* = **beziehungsweise**.

C

C¹, c [tse:] *nt* C, c *b*; **~ wie Cäsar** C fel Cesar.

C² *abk* (= Celsius) C.

C³ *abk* (CHEM) carbon *g*; **~ 14** radio-carbon *g*.

ca. *abk* = circa.

Cabaret [kaba're:] (-s, -s) *nt* cabare *g* dychan.

Cabriolet [kabrio'le:] (-s, -s) *nt* (AUTO) car *g* codi to.

Café [ka'fe:] (-s, -s) *nt* caffi *g*, tŷ *g* coffi.

Cafeteria [kafete'ri:a] (-, -s) *f* caffeteria *g*.

Cafetière *f* pot *g* coffi.

Cairn *m* (HIST) carn *b*.

cal *abk* (= Kalorie) kal.

Calais [ka'le:] (-, *kein pl*) *nt* (GEOG) **die Straße von ~** Culfor *g* Dwfr.

Camcorder (-s, -) *m* camera *g* fideo.

campen ['kɛmpən] *vi* gwersylla, pabellu.

Camper *m* gwersyllwr *g*; **~in** *f* gwersyllwraig *b*.

Camping ['kɛmpɪŋ] (-s, *kein pl*) *nt* gwersylla *g*.

Camping- *kompos:* **~bett** *nt* gwely *g* gwersyll; **~bus** *m* cerbyd *g* gwersylla; **~liege** *f* gwely gwersyll; **~platz** *m* maes *g* pebyll, gwersyllfa *b*; **~sessel** *m* stôl *b* blygu.

Cape *nt* (TEX) clogyn *g*, hugan *b*.

Caravan ['karavan] (-s, -s) *m* carafàn *b*.

Carnet [kar'ne:] (-s, *kein pl*) *nt* (COMM) trwydded *b* ryngwladol tollau.

Cäsium ['tsɛːziʊm] *nt* cesiwm *g*.

catchen ['kɛtʃən] *vi* reslo, ymaflyd.

ccm *abk* (= Kubikzentimeter) cc, cm³.

CD (-, -s) *f abk* (= Compactdisc) crynoddisg *g*.

CD-Player *m* = CD-Spieler.

CD-ROM (-, -s) *f* (COMP) CD-ROM *g*.

CD-Spieler *m* chwaraewr *g* CD.

CDU⁰ *f abk* (= Christlich-Demokratische Union) Undeb *g* Cristnogol-Ddemocrataidd.

Celli *pl von* Cello.

Cellist [tʃɛ'lɪst] (-en, -en) *m* (**~in** *f*) soddgrythor(es) *g(b)*, canwr *g* soddgrwth.

Cello ['tʃɛlo] (-s, -s *oder* Celli) *nt* soddgrwth *g*, sielo *g*.

Celsius ['tsɛlziʊs] *m* Celsius.

Cembalo ['tʃɛmbalo] *nt* (MUS) sembalo *g*, harpsicord *g*.

Ces, ces [tsɛs] (-, -) *nt* (MUS) C feddalnod.

Ceylon ['tsaɪlɔn] (-s, *kein pl*) *nt* (HIST, GEOG) Seilón *b*, Sri Lanka *b*.

Chalet [ʃa'le:] *nt* tŷ *g* haf.

Chamäleon [ka'me:leɔn] (-s, -s) *nt* (ZOOL) cameleon *g*, madfall *b* symudliw.

Champagner [ʃam'panjər] *m* siampaen *g*.

Champignon ['ʃampɪnjö:] (-s, -s) *m* botwm *g* madarch.

Champion ['tʃɛmpiən] (-s, -s) *m* pencampwr *g*.

Chance ['ʃãːsə] (-, -n) *f* cyfle *g*, siawns *b*.

Chancengleichheit *f* cyfle *g* cyfartal.

Chaos ['ka:ɔs] (-, *kein pl*) *nt* anhrefn *b*, ffradach *g*.

Chaot [ka'o:t] (-en, -en) *m* dyn di-drefn; (POL) anarchydd *g*; **~in** *f* benyw ddi-drefn *b*; (POL) anarchydd.

chaotisch *adj* anhrefnus, di-drefn.

Charakter [ka'raktər] (-s, -e) *m* cymeriad *g*, personoliaeth *b*.

charakterfest *adj* o gymeriad cryf, a rhuddin ynoch.

charakterisieren [karakteri'zi:rən] *vt* nodweddu, hynodi.

Charakteristik [karakte'rɪstɪk] (-, -en) *f* nodweddiad *g*, disgrifiad *g* y nodweddion.

Charakteristikum [karakte'rɪstɪkʊm] (-s, -a) *nt* nodwedd *b*; **~a** *pl* neilltuolion *ll*.

charakteristisch [katakte'rɪstɪʃ] *adj* nodweddiadol.

charakterlos [ka'raktərlo:s] *adj* (unehrenhaft) anegwyddorol; (unscheinbar) di-liw, anwadal.

Charakterlosigkeit *f* diffyg *g* egwyddor.

Charakter- *kompos:* **~schwäche** *f* gwendid *g* cymeriad; **~stärke** *f* cryfder *g* cymeriad; **~zug** *m* nodwedd *b*.

Charisma [ka'rɪsma] *nt* carisma *g*.

charismatisch [karɪs'matɪʃ] *adj* carismatig.

charmant [ʃar'mant] *adj* swynol, dymunol.

Charme [ʃarm] (-s, *kein pl*) *m* swyn *g*.

Charta ['karta] *f* (POL) siarter *b*.

Charter- ['tʃartər] *kompos:* **~flug** *m* (AERO) taith *b* siarter; **~flugzeug** *nt*, **~maschine** *f* awyren *b* siarter.

chartern ['tʃartərn] *vt* siartro, llogi, hurio.

Chassis [ʃa'si:] (-, -) *nt* (AUTO) siasi *gb*, ffrâm *b*.

Chauffeur [ʃoˈfø:r] *m* gyrrwr *g*.

Chauffeuse *f* gyrwraig *b*.

Chaussee [ʃo'se:] *f* (veraltet) heol *b* fawr.

Chauvi ['ʃo:vi] *m* (ugs) = Chauvinist.

Chauvinismus [ʃovi'nɪsmʊs] *m* siofiniaeth *b*.

Chauvinist [ʃovi'nɪst] (-en, -en) *m* (**~in** *f*) siofinydd *g*, siofiniad *g*.

checken ['tʃɛkən] *vt* (überprüfen) archwilio, edrych; (ugs: verstehen) deall.

Chef [ʃef] (-s, -s) *m* pennaeth *g*, meistr *g*, bos *g*; (ugs) giaffar *g*, y prif *g*.

Chef- *kompos:* **~arzt** *m* meddyg *g* ymgynghorol hŷn; **~etage** *f* llawr *g* y gweithredwyr.

Chefin *f* meistres *b*.

Chef- *kompos:* **~koch** *m* pen-cogydd *g*; **~redakteur** *m* prif olygydd *g*; **~sekretärin** *f* cynorthwywraig *b* bersonol, prif ysgrifenyddes *b*; **~visite** *f (MED)* rownd *b* y meddyg ymgynghorol.

Chemie [çe'mi:, ke'mi:] *f* cemeg *b*.

Chemiefaser *f* ffeibr *g* synthetig.

Chemikalie [çemi'ka:liə, kem'ka:liə] *f* cemegyn *g*.

Chemiker ['çe:mikər, 'ke:mikər] *m* cemegwr *g*, cemegydd *g*; **~in** *f* cemegwraig *b*.

chemisch ['çe:mɪʃ, 'ke:mɪʃ] *adj* cemegol; **~e Industrie** diwydiant *g* cemegau; **~er Prozess** proses *gb* gemegol; **~e Reinigung** sychlanhad *g*; *(Putzerei)* sychlanhawyr *ll*.

Chemotherapie ['çe:motera'pi:, 'ke:motera'pi:] *f (MED)* cemotherapi *g*.

Cherub ['çe:rub, 'ke:rub] *m* ceriwb *g*.

Chicorée [ʃiko're:] (-s, *kein pl*) *f oder m (BOT)* sicori *g*.

Chiffon [ʃi'fõ:] *m (TEX)* shiffon *g*.

Chiffre ['ʃɪfrə] (-, -n) *f (Geheimzeichen)* seiffr *g*; *(in Zeitung)* rhif *g* bocs.

Chiffremaschine *f* peiriant *g* seiffro.

Chile ['tʃi:lə] (-s, *kein pl*) *nt (GEOG)* Chile *b*.

Chilene [tʃi'le:nə] (-n, -n) *m* Chilead *g*, Tsilead *g*.

Chilenin (-, -nen) *f* Chilead *g*, Tsilead *g*.

chilenisch [tʃi'le:nɪʃ] *adj* Chileaidd, Tsileaidd.

Chili ['tʃi:li] *nt:* **~ con carne** *(KOCH)* tsili *g*.

China ['çi:na, 'ki:na] (-s, *kein pl*) *nt (GEOG)* Tsieina *b*.

Chinakohl *m (BOT, KOCH)* dail *ll* Tsieineaidd.

Chinese [çi'ne:zə, ki'ne:zə] (-n, -n) *m*, **Chinesin** *f* Tsieinead *g*, Tsieinî *g*.

chinesisch [çi'ne:zɪʃ, ki'ne:zɪʃ] *adj* Tsieineaidd; **die Ch~e Mauer** Mur *g* Mawr Tsieina.

Chinesisch *nt (Sprache)* Tsieinëeg *b*.

Chinin [çi'ni:n, ki'ni:n] (-s, *kein pl*) *nt* cwinîn *g*.

Chip [tʃɪp] *m (COMP)* sglodyn *g*.

Chipkarte ['tʃɪpkartə] (-, -n) *f* cerdyn *g* smart.

Chips [tʃɪps] *pl* creision *ll*.

Chirurg [çi'rurg, ki'rurg] (-en, -en) *m* llawfeddyg *g*; **~in** *f* llawfeddyges *b*.

Chirurgie [çirur'gi:, kirur'gi:] *f* llawfeddygaeth *b*; **plastische ~** llawfeddygaeth gosmetig.

chirurgisch [çi'rurgɪʃ, ki'rurgɪʃ] *adj* llawfeddygol; **ein ~er Eingriff** llawdriniaeth *b*, triniaeth *b* lawfeddygol.

Chlor [klo:r] (-s, *kein pl*) *nt (CHEM)* clorin *g*.

Chlorbrille *f (SPORT)* gwydrau *ll* i nofio.

Chlorid [klo'ri:d] *nt (CHEM)* clorid *g*.

Chloroform [kloro'fɔrm] (-s, *kein pl*) *nt* clorofform *g*.

chloroformieren [klorofor'mi:rən] *vt untrenn* clorofformio.

Chlorophyll [kloro'fyl] (-s, *kein pl*) *nt* cloroffil *g*.

Choke *m (AUTO)* tagydd *g*.

Cholera ['ko:lera] *f (MED)* colera *g*, y geri *b*.

Choleriker [ko'le:rikər] *m* dyn *g* â thymer wyllt; **~in** *f* dynes *b* â thymer wyllt.

cholerisch [ko'le:rɪʃ] *adj* llidiog, colerig.

Cholesterin [kolɛste'ri:n] (-s, *kein pl*) *nt* colesterol *g*.

Cholesterinspiegel *m (MED)* lefel *b* golesterol.

Chor [ko:r] (-(e)s, ¨-e) *m* côr *g*; *(Musikstück, THEAT)* corws *g*; *(ARCHIT)* cangell *b*.

Choral [ko'ra:l] (-(e)s, ¨-e) *m* corâl *g*, corawd *gb*.

Choreograf [koreo'gra:f] (-en, -en) *m* (**~in** *f*) coreograffydd *g*.

Choreografie [koreogra'fi:] *f (THEAT)* coreograffi *g*, dawnslunio *g*.

Choreograph *m* = **Choreograf**.

Choreographie *f* = **Choreografie**.

Chor- *kompos:* **~gestühl** *nt (in Kirche)* sedd *b* côr; **~herr** *m (REL)* canon *g*; **~knabe** *m* bachgen *g* côr; **~probe** *f* ymarfer *gb* côr.

Chose ['ʃo:zə] *f (ugs: Angelegenheit)* peth *g*, mater *g*.

Chr. *abk* = **Christus**.

Christ [krɪst] (-en, -en) *m (REL)* Cristion *g*.

Christbaum *m* coeden *b* Nadolig.

Christenheit *f* y Byd *g* Cristionogol.

Christentum (-s, *kein pl*) *nt* Cristionogaeth *b*.

Christi *gen von* **Christus**.

Christin *f* Cristionoges *b*.

Christkind *nt* y baban Iesu.

christlich *adj* Cristionogol, Cristnogol.

Christus (**Christi**, *kein pl*) *m* Crist *g*; **nach Christi Geburt** Oed *b* Crist; **Christi Himmelfahrt** y Dyrchafael.

Chrom [kro:m] (-(e)s, *kein pl*) *nt (CHEM)* cromiwm *g*, crôm *g*.

chromatisch *adj* cromatig.

Chromosom [kromo'zo:m] (-s, -en) *nt (BIOL)* cromosom *g*.

Chronik ['kro:nɪk] (-, -en) *f* cronicl *g*.

chronisch ['kro:nɪʃ] *adj* cronig, parhaus, parhaol.

Chronist *m* cofiadur *g*.

Chronologie [kronolo'gi:] *f* amseryddiaeth *b*, cronoleg *b*, trefn *b* amser.

chronologisch [krono'lo:gɪʃ] *adj* cronolegol, amseryddol.

Chronometer *m* amserydd *g*.

Chrysantheme [kryzan'te:mə] (-, -n) *f (BOT)* blodyn *g* Mihangel.

ciao [tʃao] *ebych* pob hwyl!

Cidre ['si:dr(ə)] *m* seidr *g*.

circa ['tsɪrka] *adv* tua, oddeutu, o gwmpas.

Circe ['tsɪrtsə] *f* fflyrt *b*.

Cis, cis [tsɪs] (-, -) *nt (MUS)* C lonnod.

City ['sɪti] (-, -s) *f* canol *g* dinas; **in der ~ yng** nghanol y ddinas; **die ~ von Berlin** canol Berlin.

Clan *m* clan *g*.

clean [kliːn] *adj (ugs: von Drogen)* yn rhydd o gyffuriau.

clever ['klɛvər] *adj* peniog, clyfar, ffel; *(gerissen)* cyfrwys.

Clique ['klɪkə] *f* clic *g*.

Clog *m* clocsen *b*.

Clou [kluː] (-s, -s) *m (von Geschichte)* craidd *g*; *(von Show)* uchafbwynt *g*.

Clown [klaʊn] (-s, -s) *m* clown *g*.

cm *abk (= Zentimeter)* cm.

Co *abk (= Compagnon)* partner *g*; **Müller und ~** Müller a'i gwmni.

Cockpit ['kɔkpɪt] (-s, -s) *nt* caban *g* peilot.

Cocktail ['kɔkteːl] (-s, -s) *m* coctel *g*; **Molotow-~** coctel Molotof.

Cocktailparty *f* parti *g* coctel.

Code *m* côd *g*.

Codenummer *f* rhif *g* côd.

Cognac ['kɔnjak] (-s, -s) *m* Cognac *g*, brandi *g* (Ffrengig).

Coiffeur *m* cynllunydd *g* gwallt.

Cola ['koːla] (-, -s) *nt oder f* cola *g*, Coca-Cola® *g*.

Collage [kɔˈlaːʒə] *f (KUNST)* gludlun *g*.

College *nt* coleg *g*.

Colt *m* rifolfer *g*.

Comic ['kɔmɪk] *m* comic *g*.

Comic-Heft *nt* comic *g*.

Commonwealth *nt oder m (POL)* y Gymanwlad *b*.

Compact Disc (-, -s) *f* crynoddisg *g*.

Compagnon ['kɔmpanjõ] *m* = **Kompagnon**; *vgl. auch* **Co**.

Computer [kɔmˈpjuːtər] *m* cyfrifiadur *g*.

Computer- *kompos:* **~arbeitsplatz** *m* gweithfan *gb*; **~erfahrung** *f* llythrennedd *g* cyfrifiadurol.

computergesteuert *adj* wedi ei lywio gan gyfrifiadur.

Computergrafik *f* graffigwaith *g* cyfrifiadurol.

computerisieren *vt* cyfrifiaduro, compiwtereiddio.

Computer- *kompos:* **~kriminalität** *f* troseddu *g* cyfrifiadurol; **~programm** *nt* rhaglen *b* gyfrifiadur; **~spiel** *nt* gêm *b* gyfrifiadur; **~system** *nt* system *b* gyfrifiadurol; **~technologie** *f* technoleg *b* gyfrifiadurol; **~virus** *m* firws *g*.

Conférencier [kõferãsiˈeː] (-s, -s) *m* cyflwynydd *g*.

Container [kɔnˈteːnər] *m* cynhwysydd *g*.

Containerschiff *nt* llong *b* gynwysyddion, cynhwyslong *b*.

Contergankind [kɔntərˈgankint] *nt* plentyn *g* thalidomid.

cool [kuːl] *adj (ugs: lässig)* didaro, hamddenol, cŵl.

Copyright *nt* hawlfraint *b*.

Cord [kɔrt] (-(e)s, -e *oder* -s) *m (Stoff)* melfaréd *g*, cordyrói *g*.

Cordhose *f* trowsus *g* melfaréd.

Cornflakes *pl* creision *ll* ŷd, grawnfwyd *g*.

Cornichonᴰ [kɔrniˈʃõː] (-s, -s) *nt* gercin *g*, cucumer *g* pîl.

Cornwall *nt (GEOG)* Cernyw *b*.

Couch [kaʊtʃ] (-, -s *oder* -en) *f* soffa *b*.

Couchgarnitur *f* swît *b* dridarn.

Couleur [kuˈløːr] (-s, -s) *f (geh)* math *g*; *(POL)* ochr *b*, plaid *b*.

Coup [kuː] *m* strôc *b*.

Coupé [kuˈpeː] *nt (AUTO)* coupé *g*; *(Eisenbahn~)* adran *b* drên.

Couplet *nt (LIT)* cwpled *g*.

Coupon [kuˈpõː, kuˈpɔŋᴰ] (-s, -s) *m* cwpon *g*, tocyn *g*.

Courage [kuˈraːʒə] (-, *kein pl)* *f* dewrder *g*, gwroldeb *g*.

Cousin [kuˈzɛ̃ː, kuˈzɛŋᴰ] (-s, -s) *m* cefnder *g*; **~ ersten Grades** cefnder cyntaf; **~ zweiten Grades** cyfyrder *g*.

Cousine [kuˈziːnə] (-, -n) *f* cyfnither *b*; **~ zweiten Grades** cyfyrderes *b*.

Cover *nt (von Schallplatte)* clawr *g*.

Cowboy *m* cowboi *g*.

Crack [krɛk] (-, *kein pl)* *nt (Droge)* crac *g*.

Credo *nt* credo *g*.

Creme [kreːm] (-, -s) *f (Haut~, fig)* hufen *b*; *(MED)* hufen, eli *g*; *(Schuh~)* cwyr *g*; *(KOCH)* hufen *b*, mousse *g*; **die Crème de la crème** y gorau oll, y goreuon oll.

cremefarben *adj* hufenlliw.

cremig ['kreːmɪç, -ɪk] *adj* hufennog.

Crêpe[1] *f (KOCH)* crempog *b*.

Crêpe[2] *m (TEX)* = **Krepp**.

Crux [krʊks] (-, *kein pl)* *f (Schwierigkeit)* problem *b*.

CSUᴰ (-, *kein pl)* *f (= Christlich-Soziale Union)* Undeb *g* Cristnogol Cymdeithasol.

CT-Scanner *m (MED)* sganiwr *g* CT.

Curriculum [kuˈriːkulʊm] (-s, **Curricula**) *nt* cwricwlwm *g*.

Curry[1] ['kœrɪ] (-s, *kein pl)* *m (Gewürz)* cyrri *g*.

Curry[2] (-s, *kein pl)* *nt (Speise)* cyrri *g*.

Currypulver *nt* powdwr *g* cyrri.

Cursor ['kœːrsər] (-s, *kein pl)* *m (COMP)* cyrchwr *g*.

Cutter ['katər] *m (Film)* torrwr *g*; **~in** *f* torwraig *b*.

D

D, d [deː] *nt* D, d *b*; **~ wie Dora** ≈ D fel Dora.

da¹ [daː] *adv* **1** *(örtlich)* yna; *(hier)* yma, yn y fan yma; **~ draußen** allan fan yna; **~ und dort** yma a thraw; **~ bin ich!** dyma fi! **~ ist/sind ... dyna...**; **~ hast du dein Geld** dyma dy arian; **~, wo** lle; **~ sein** bod yn bresennol; **ist noch Milch ~?** oes llaeth ar ôl? **sind wir schon ~?** ydyn ni wedi cyrraedd yn barod? **ein Arzt, der immer für seine Patienten da ist** meddyg sydd bob amser ar gael i'w gleifion; **2** *(zeitlich)* yna; **es war niemand im Zimmer, ~ habe ich ...** doedd neb yn y stafell, felly gwnes i...; **~ ist es passiert** yna y digwyddodd y peth; *(folglich)* felly; **von ~ an** o hynny allan; **3**: **~ haben wir Glück gehabt** dyna beth oedd lwc; **was gibt's denn ~ zu lachen?** beth sydd yn ddoniol? **~ kann man nichts machen** does dim i'w wneud am y peth.

da² *konj (weil)* oherwydd, o achos, gan.

da-³ *betont in adv* hynny: **~bei, ~für, ~gegen, ~mit** *usw.*

d.Ä. *abk (= der Ältere)* yr hynaf.

DAADᴰ (-, *kein pl*) *m abk (= Deutscher Akademischer Austauschdienst)* Gwasanaeth *g* Cyfnewid Academaidd yr Almaen.

dabehalten *irreg vt* cadw.

dabei¹ [daˈbaɪ] *adv (neben)* gyda fe/hi/nhw; *(darunter)* yn bresennol; *(obwohl)* er, serch; **die Rechnung liegt ~** mae'r bil yn amgaeëdig; **~ sein** *(anwesend)* bod yn bresennol; *(beteiligt)* bod ynghlwm wrth; **sie war auch ~** roedd hi yn eu plith hefyd; *(noch dazu)* **er ist faul und ~ noch dumm** mae e'n dwp yn ogystal â diog; **er ist noch nicht fertig, ~ arbeitet er schon seit gestern daran** mae e heb orffen eto er iddo fod wrthi ers doe; **~ ist er eigentlich ein netter Mensch** fel arfer mae e'n ddyn caredig; **was ist schon ~?** beth yw'r ots am hynny? **es ist doch nichts ~, wenn ...** does dim ots os...; **es bleibt ~** gadawn ni hi ar hynny; **es soll nicht ~ bleiben** nid dyna'i diwedd hi; **das Dumme ~** yr hyn sy'n wirion am y peth; **er war gerade ~ zu gehen** roedd e ar fin mynd; **hast du ~ etwas gelernt?** wnest ti ddysgu rhywbeth drwy wneud hynny? **~ darf man nicht vergessen, dass ...** yn hynny o beth ni ddylid anghofio bod...; **es kommt doch nichts ~ heraus** ni ddaw dim byd ohoni; **ich finde nichts ~** nid wyf yn gweld dim o'i le yn hynny.

dabei² [daˈbaɪ] *adv (zeitlich)* wrth/gan wneud hynny; **~ ist es passiert** dyna pryd digwyddodd y peth; **das Schwierige ~ ist, ...** yr hyn sy'n anodd am

hynny yw...; **die ~ entstehenden Kosten** y costau sy'n deillio o hyn; **~ ist er ein netter Mensch** yn hynny o beth mae e'n ddyn caredig.

dabei sein *irreg vi (+sein) vgl.* **dabei¹**.

dabeistehen *irreg vi (+sein oder haben)* sefyll o gwmpas.

dableiben *vi* aros (ymlaen).

Dach [dax] (-(e)s, ¨-er) *nt* to *g*; **unter ~ und Fach sein** *(abgeschlossen)* bod yn sicr; **der Vertrag ist unter ~ und Fach** mae'r cytundeb wedi'i selio; **jdm eins aufs ~ geben** *(ugs)* rhoi pryd o dafod i rn; **ein ~ über dem Kopf** to dros eich pen, llety *g*.

Dach- *kompos*: **~balken** *m* dist *g*, nenbren *g*; **~boden** *m* croglofft *b*, atig *b*; **~decker** *m* teilsiwr *g*, llechdŵr *g*; **~fenster** *nt* ffenestr *b* do; **~first** *m* crib *gb*; **~gepäckträger** *m (AUTO)* rhesel *b* ben to; **~geschoß** *nt* nenlofft *b*, llawr *g* atig; *(oberster Stock)* llawr *g* uchaf; **~giebel** *m* talcen *g* tŷ; **~kammer** *f* garet *b*; **~luke** *f* ffenestr *b* do; **~pappe** *f* ffelt *g* toi; **~rinne** *f* landar *gb*, cafn *g* bargod.

Dachs [daks] (-es, -e) *m (ZOOL)* mochyn *g* daear, broch *g*.

Dachschaden [ˈdaxʃaːdən] *m (ugs)* **er hat einen ~** nid yw'n llawn llathen.

Dachshund [ˈdakshʊnt] (-(e)s, -e) *m* dachshund *g*, brochgi *g*.

Dachstuhl *m (ARCHIT)* cronglwyd *b*.

dachte *vb vgl.* **denken**.

Dachtelᴬ *f (ugs)* swaden *b*, clowten *b*.

Dach- *kompos*: **~terrasse** *f* teras *gb* to; **~träger** *m (AUTO)* rhesel *b* ben to; **~verband** *m* corff *g* adain; **~vorsprung** *m* bargod *g*; **~ziegel** *m* teilsen *b* to.

Dackel [ˈdakəl] *m* = **Dachshund**.

Dadaismus *m* Dadaiaeth *b*.

dadurch [daˈdʊrç] *adv (räumlich)* syth drwodd; *(durch diesen Umstand)* o ganlyniad, trwy hynny; *(deshalb)* oherwydd hynny, am y rheswm yna.

♦ *konj*: **~, dass** oherwydd.

dafür *adv* amdano fe, iddo fe; *(anstatt)* yn lle, yn hytrach na; *(Tausch)* yn ei le; *(zustimmen)* o blaid; **ich bin ~** rwyf i o'i blaid; **was bekomme ich ~?** beth gaf i amdano fe? **in Englisch ist er schlecht, ~ spricht er gut Deutsch** mae'n wael yn Saesneg ond ar y llaw arall mae'n siarad Almaeneg yn dda; **er ist bekannt ~** mae'n adnabyddus am hynny; **er ist immer ~ zu haben** mae e wastad yn barod i wneud hynny; **~ bin ich ja hier** dyna'r rheswm i

mi fod yma; **er kann nichts ~ nid ei fai e yw**
hynny.

Dafürhalten (-s, *kein pl*) *nt (geh)* **nach meinem ~** yn fy
marn i.

dafür können *irreg vt vgl.* **dafür.**

DAG[D] *f abk (= Deutsche Angestellten-Gewerkschaft)* ≈
Undeb *g* Cenedlaethol y Gweithwyr
Cyhoeddus.

dagegen[1] [daˈgeːgən] *adv* yn ei erbyn; **haben sie
etwas ~, wenn ich rauche?** a oes ots gennych fy
mod yn ysmygu? **ein Auto fuhr ~** trawodd car yn
ei erbyn; **sie war ~** roedd hi yn ei erbyn; **ich hätte
nichts ~ (einzuwenden)** mae hynny'n iawn gen i;
ich war von Anfang an ~ roeddwn yn ei erbyn o'r
dechrau; **~ sind wir machtlos** rydym yn ddi-rym
yn erbyn hynny; **~ kann man nichts tun** does dim
i'w wneud yn ei erbyn; **~ ist Fred harmlos** mae
Fred yn ddiniwed o'i gymharu.

dagegen[2] *konj* ar y llaw arall.

dagegenhalten *irreg vt (vergleichen)* cymharu ag ef;
(entgegnen) cynnig (rhth) yn wrthwynebiad.

daheim [daˈhaɪm] *adv* gartref.

Daheim (-s, *kein pl*) *nt* cartref *g.*

daher[1] [daˈheːr] *adv (von dort)* oddi yno, o fan yna;
(Ursache) o hynny; *(deswegen)* am hynny, dyna
pam; **das weiß ich ~, weil ...** rwy'n gwybod hynny
oherwydd…; **das kommt ~, dass ...** daw hynny o
achos bod…; **~ die Schwierigkeiten** dyna beth
sy'n achosi'r anawsterau.

daher[2] *konj (deswegen)* dyna pam, felly.

dahergelaufen *adj:* **jeder ~e Kerl** unrhyw ffŵl.

daherreden *vt* dweud heb feddwl.

dahin *adv (räumlich)* tuag yno, tua'r fan honno;
(vergangen) wedi mynd; **bis ~** tan hynny; **ist es
noch weit bis ~?** ydy hi'n dal yn bell? **das tendiert
~** mae'n tueddu at hynny.

dahingegen *konj* ar y llaw arall.

dahingehen *irreg vi (+sein) (Zeit)* pasio, mynd.

dahingehend [ˈdahɪngeənt] *adv* ynghylch y mater
hwn, yn hynny o beth.

dahingestellt [daˈhɪngəʃtɛlt] *adv:* **es bleibt ~, ob ...**
rhaid aros i weld a…; **etw ~ lassen** gadael yn
benagored.

dahinschleppen [daˈhɪnʃlɛpən] *vr* llusgo ymlaen yn
araf; *(fig: Verhandlungen, Zeit)* llusgo ymlaen,
rhygnu ymlaen.

dahinschmelzen [daˈhɪnʃmɛltsən] *irreg vi (+sein)* bod
dan gyfaredd.

dahinschwinden [daˈhɪnʃvɪndən] *irreg vi (+sein)*
gwywo.

dahinsiechen [daˈhɪnsiːçən] *vi (+sein)* nychu.

dahinten [daˈhɪntən] *adv* draw fan yna.

dahinter [daˈhɪntər] *adv* y tu ôl iddo fe; **~ her sein**
ceisio cael gafael arno; **sich ~ klemmen** *(ugs)*
bwrw iddi, torchi llewys; **sich ~ knien** *(ugs)* bwrw
iddi, torchi llewys; **~ kommen** cael hyd i achos.

dahinvegetieren [daˈhɪnvegetiːrən] *vi* lled-fyw, pydru
byw.

Dahlie [ˈdaːliə] (-, -n) *f (BOT)* dahlia *g.*

DAK[D] (-, *kein pl*) *f abk (= Deutsche Angestellten-
Krankenkasse)* Yswiriant *g* Iechyd i Weithwyr yr
Almaen.

dalassen [ˈdaːlasən] *irreg vt (ugs)* gadael (tu ôl).

dalli [ˈdali] *excl (ugs)* **~, ~!** yn gyflym! siapia hi!

damalig [ˈdaːmaːlɪç, -ɪk] *adj* o'r adeg honno.

damals [ˈdaːmaːls] *adv* bryd hynny.

Damast [daˈmast] *m (TEX)* damasg *g,* damasgwe *b.*

Dame [ˈdaːmə] (-, -n) *f* boneddiges *b;* (*Schach, Karten*)
brenhines *b;* (*Spiel*) draffts *ll;* **~n** (*Toilette*) merched
ll.

Damebrett *nt (Spiel)* tawlbwrdd *g.*

Damen- *kompos:* **~bekleidung** *f* dillad *ll* menywod;
~besuch *m* ymweliad *g* gan fenywod; **~binde** *f*
cadach *g* mislif.

damenhaft *adj* boneddigesaidd, bonheddig.

Damensattel *m:* **im ~ reiten** marchogaeth wysg eich
ochr.

Damenwahl *f* dawns *b* ymyrryd (merched yn
dewis).

Damespiel *nt* draffts *ll.*

Damhirsch [ˈdamhɪrʃ] *m (ZOOL)* hydd *g* brith.

damit[1] [daˈmɪt] *adv* ganddo fe, ag ef; *(begründen)*
gyda hyn; **was meint er ~?** beth yw ei fwriad wrth
ddweud hyn? **was soll ich ~?** beth ddylwn i
wneud â hwn? **was ist ~?** beth sydd o'i le felly?
genug ~! dyna ddigon!

♦ [ˈdaːmɪt] **und ~ basta!** a dyna hi! a dyna'i
diwedd hi! **~ eilt es nicht** does dim brys.

damit[2] [daˈmɪt] *konj* er mwyn; **~ nicht** rhag i; **~ er
nicht verschwindet** rhag iddo ddiflannu.

dämlich [ˈdɛːmlɪç, -ɪk] *adj (ugs)* twp.

Damm [dam] (-(e)s, ¨-e) *m* clawdd *g;* (*Stau~*) argae *g,*
arglawdd *g;* (*Hafen*) morglawdd *g;* (*Bahn, Straße*)
gorglawdd *g.*

dämmen [ˈdɛmən] *vt (Wasser)* argáu, cronni; *(Schall)*
lleddfu, distewi.

dämmerig [ˈdɛmərɪç, -ɪk] *adj* = **dämmrig.**

Dämmerlicht *nt* cyfnos *g,* hwyrddydd *g,* gwyll *g;*
(Halbdunkel) hanner golau *g,* gwyll.

dämmern [ˈdɛmərn] *vi (Tag)* gwawrio; *(Abend)* nosi;
(fig) **es dämmerte ihm, dass ...** gwawriodd arno
fod…

Dämmerung *f* llwydolau *g;* (*Morgen~*) cyfddydd *g,*
gwawr *b;* (*Abend~*) cyfnos *g.*

Dämmerzustand (-(e)s, ¨-e) *m (Halbschlaf)* cyflwr *g* swrth/cysglyd; *(Bewusstseinstrübung)* cyflwr *g* lledymwybodol.

dämmrig *adj* llwydolau, cyfnosol.

Dämmung *f* ynysu *g*, inswleiddio *g*.

Dämon ['dɛ:mɔn] (-s, -en) *m* demon *g*, diafol *g*, ysbryd *g*.

dämonisch [dɛ'mo:nɪʃ] *adj* dieflig, cythreulig.

Dampf [dampf] (-(e)s, ¨-e) *m* ager *g*, stêm *g*; *(Dunst)* tarth *g*, anwedd *g*; **Dämpfe** *pl* mygdarth *g*; **jdm ~ machen** *(ugs)* gwneud i rn frysio; **~ ablassen** *(fig)* gollwng stêm.

Dampfbügeleisen *nt* haearn *g* stêm.

dampfen *vi* stemio, ageru.

dämpfen ['dɛmpfən] *vt (KOCH)* stemio; *(glätten)* smwddio â stêm; *(Stoß)* lladd, meddalu; *(Schall)* distewi; *(fig)* gwanhau, lleddfu.

Dampfer ['dampfər] (-s, -) *m (NAUT)* agerlong *b*, stemar *b*; **auf dem falschen ~ sein** *(fig)*ᴰ bod ar y trywydd anghywir.

Dämpfer ['dɛmpfər] (-s, -) *m (MUS: bei Klavier)* lleddfwr *g*; *(bei Geige, Trompete)* mudydd *g*; **jdm einen ~ geben** torri crib rhn; **er hat einen ~ bekommen** *(fig)* lladdwyd ei ysbryd, fe'i digalonnwyd.

Dampf- *kompos:* **~kochtopf** *m* sosban *b* bwysedd; **~maschine** *f* peiriant *g* ager, injan *b* stêm; **~schiff** *nt* agerlong *b*; **~turbine** *f* tyrbin *g* ager; **~walze** *f* rholer *gb* metlin, stêm-roler *gb*.

Damwild ['damvɪlt] *nt* hydd *g* brith.

danach [da'naːx] *adv (zeitlich)* wedyn, ar ôl hynny; *(gemäß)* yn ôl hyn; **mir war nicht ~ (zumute)** nid oedd awydd gennyf; **er griff schnell ~** ceisiodd gydio ynddo; **es sieht ~ aus** dyna sut mae'n edrych.

♦ ['daːnaːx] **~ kann man nicht gehen** ni ellir cymryd hyn yn ganiataol.

Däne ['dɛːnə] (-n, -n) *m* Daniad *g*.

daneben [da'neːbən] *adv* wrth ei ochr; *(im Vergleich)* o'i gymharu.

danebenbenehmen *irreg vr* camymddwyn, cambihafio.

danebengehen *irreg vi (+sein) (Ziel verfehlen)* methu; *(Plan)* methu, ffaelu.

danebengreifen *irreg vi* methu; *(fig)* bod yn bell ohoni.

danebensein *irreg vi (+sein) (ugs: verwirrt sein)* bod wedi drysu'n lân.

Dänemark ['dɛːnəmark] (-s, *kein pl*) *nt (GEOG)* Denmarc *b*.

Dänin (-, -nen) *f* Daniad *g*.

dänisch ['dɛːnɪʃ] *adj* Danaidd; **~e Dogge** Daniad *g* mawr.

Dänisch *nt (Sprache)* Daneg *b*.

Dank [daŋk] (-(e)s, *kein pl*) *m* diolch *g*; **vielen ~** *oder:* **herzlichen ~** diolch yn fawr; **jdm ~ sagen** diolch i rn; **mit ~ zurück!** diolch yn fawr am y benthyciad; **Gott sei ~** diolch byth; **jdm zu ~ verpflichtet sein** bod yn ddyledus i rn.

dank *präp +dat oder +gen* diolch i.

dankbar *adj* diolchgar; *(Aufgabe)* gwerth chweil, boddhaus; *(praktisch)* hydrin.

Dankbarkeit *f* diolchgarwch *g*.

danke ['daŋkə] *interj* diolch; **~ gut** iawn diolch; **~ vielmals** diolch yn fawr.

danken *vi +dat* diolch (i rn); **nichts zu ~!** peidiwch â sôn! croeso! **dankend erhalten** derbyn â phleser; **dankend ablehnen** gwrthod gan ddiolch.

dankenswert *adj (Bemühung, Hilfe)* caredig; *(lohnenswert)* gwerth chweil.

Dankgottesdienst *m* Cwrdd *g* Diolchgarwch.

danksagen *vi untrenn* mynegi diolch.

Dankschreiben *nt* llythyr *g* o ddiolch.

dann [dan] *adv* yna; **~ und wann** o bryd i'w gilydd; **~ eben nicht** dyna ddiwedd arni (felly); **erst ~, wenn ...** dim ond pan..., dim nes i...

dannen ['danən] *adv: von ~ (geh: weg)* ymaith.

daran [da'ran] *adv (räumlich)* arno fe, wrtho fe; **nahe ~** yn agos; *(zeitlich)* **im Anschluss ~** yn dilyn hynny; **ich war nahe ~, zu ...** roeddwn ar fin...; **es ist nichts dran** *(ist nicht fundiert)* does dim sail iddo; **gut dran sein** bod yn dda eich byd; **er ist ~ gestorben** bu farw ohono; **du tust gut ~** mae'n well i ti; **das Beste ~** y peth gorau amdano fe.

♦ ['daran] **es liegt ~, dass ...** y mae o achos bod....

darangehen *irreg vi (+sein):* **~, etw zu tun** dechrau gwneud rhth.

daranmachen *vr:* **sich ~, etw zu tun** mynd ati i wneud rhth.

daransetzen *vt:* **alles ~** mentro; **er hat alles darangesetzt, von Cardiff wegzukommen** mae wedi gwneud ei orau i ddianc o Gaerdydd.

darauf [da'rauf] *adv (räumlich)* arno fe, ar ben hynny; *(auf etw zu)* tuag ato fe; *(danach)* wedyn; **am Tag ~** *oder:* **tags ~** drannoeth; **~ antworten** *(in der Folge)* ateb i hynny; **es kommt ~ an, ob ...** mae'n dibynnu a...; **seine Behauptungen stützen sich ~, dass ...** sail ei ddatganiadau yw bod...; **wie kommst du ~?** beth sy'n peri i ti feddwl hynny? **~ folgend** canlynol; **am ~ folgenden Tag** y diwrnod nesaf.

daraufhin [darauf'hɪn] *adv (danach)* wedyn; *(aus diesem Grund)* o ganlyniad i hyn; *(im Hinblick darauf)* yn hyn o beth; **~ sagte sie ...** a dacw hi'n dweud...

daraus [da'raus] *adv* ohono fe; **was ist ~ geworden?** beth ddaeth ohono fe? beth yw ei hanes? **~ geht**

hervor, dass ... mae hynny yn golygu bod...; **~ folgt, dass** ... canlyniad hynny yw bod...

darbieten ['dɑːrbiːtən] *vt (geh)* cyflwyno, perfformio.
 ♦ *vr* cynnig ei hun, ymgyflwyno.

Darbietung (-, -en) *f* perfformiad *g*, datganiad *g*.

darein- *präf (veraltet)* = **drein-**.

darf *vb vgl.* **dürfen**.

darin [dɑˈrɪn] *adv* ynddo fe; **der Unterschied liegt ~, dass** ... y gwahaniaeth yw bod...

darlegen ['dɑːrleːgən] *vt* traethu, egluro, dehongli.

Darlegung (-, -en) (-, -en) *f* eglurhad *g*, dehongliad *g*.

Darlehen ['dɑːrleːən] (-s, -) *nt (FIN)* benthyciad *g*.

Darm [darm] (-(e)s, ¨-e) *m (ANAT)* coluddyn *g*, perfedd *g*.

Darm- *kompos:* **~ausgang** *m (ANAT)* rhefr *g*; **~grippe** *f (MED)* ffliw *g* gastrig; **~saite** *f (MUS)* tant *g* coludd; **~trägheit** *f* llesgedd *g* coluddion.

darstellen ['dɑːrʃtɛlən] *vt (abbilden, bedeuten)* darlunio, portreadu; *(THEAT)* chwarae; *(beschreiben)* disgrifio.
 ♦ *vr* ymddangos.

Darsteller (-s, -) *m* (**~in** *f*) actor(es) *g(b)*.

darstellerisch *adj:* **eine ~e Glanzleistung** perfformiad campus, campwaith o berfformiad.

Darstellung (-, -en) *f* portread *g*, darluniad *g*; *(Beschreibung)* disgrifiad *g*.

darüber [dɑˈryːbər] *adv (räumlich)* uwch ei ben; *(über hin)* drosto; *(mehr)* rhagor; *(fig: in Bezug auf)* amdano, yn ei gylch; *(geh: dabei)* wrth wneud hynny; **er war ~ eingeschlafen** roedd e wedi syrthio i gysgu wrth wneud hynny; **~ hinaus** tu hwnt; *(zusätzlich)* ar ben hynny; **~ hinweg sein** *(fig)* bod wedi dod drosto; **seine Gedanken ~** ei farn ar y pwnc; **~ geht nichts** nid oes mo'i debyg; **~ liegen** bod uwchben.

darüber liegen *irreg vi vgl.* **darüber**.

darum[1] [dɑˈrʊm] *adv (dafür)* amdano; *(räumlich)* **~ herum** o'i gwmpas; **er bittet ~** mae'n gofyn amdano; **er würde viel ~ geben, wenn** ... rhoddai lawer petai...
 ♦ ['dɑrʊm] **es geht ~, dass** ... y peth yw bod...

darum[2] *konj* dyna pam.

darunter [dɑˈrʊntər] *adv (räumlich)* oddi tano; *(mitten drin)* yn eu plith; *(weniger)* llai; **ein Stockwerk ~** un llawr yn is; **was verstehen Sie ~?** beth mae hynny yn ei olygu i chi? **~ kann ich mir nichts vorstellen** nid yw hynny'n golygu dim i mi; **~ fallen** cael ei gynnwys, cael ei gyfrif yn eu plith; **~ mischen** cymysgu; **~ setzen** *(Unterschrift)* rhoi ar.

darunter fallen *irreg vi (+sein) vgl.* **darunter**.

darunter mischen *vt vgl.* **darunter**.

darunter setzen *vt vgl.* **darunter**.

das [das] *def art nt* y, yr, 'r.
 ♦ *pron* hynny, hwn; **~ heißt** hynny yw; **~ und ~** peth a pheth; **~ ist genug** dyna digon; **was ist ~?** beth yw hynny? **~ muss man ihm lassen** chwarae teg iddo.

da sein *irreg vi (+sein) vgl.* **da**[1].

Dasein ['dɑːzaɪn] (-s, *kein pl*) *nt (Leben)* bywyd *g*; *(Bestehen)* bodolaeth *b*; *(Anwesenheit)* presenoldeb *g*; **sein ~ fristen** crafu eich bywoliaeth.

Daseinsberechtigung *f* hawl *gb* i fyw.

Daseinskampf *m* brwydr *b* fodolaeth, brwydr *b* i fodoli.

dass [das] *konj* bod, mai, taw; **so ~** gyda'r canlyniad bod.

dasselbe [dasˈzɛlbə] *nt adj* yr un.
 ♦ *pron* yr un un.

dastehen ['dɑːʃteːən] *irreg vi (+sein oder haben)* sefyll yno; **allein ~** bod ar eich pen eich hun; **ich stehe jetzt als Lügner da** gadawyd fi'n edrych fel celwyddgi; *(fig)* **gut ~** bod mewn sefyllfa dda.

Datei [daˈtaɪ] *f* ffeil *b*.

Dateiname *m (COMP)* enw *g* ffeil.

Daten ['dɑːtən] *pl (Angaben)* manylion *ll*, gwybodaeth *b*; *(COMP)* data *ll*; **~ verarbeiten** prosesu data; *vgl. auch* **Datum**.

Daten- *kompos:* **~autobahn** *f (COMP)* uwchdrafffordd *b* wybodaeth; **~bank** *f* data-bas *g*, cronfa *b* ddata; **~erfassung** *f* bachu *g* data; **~satz** *m* cofnod *g* o ddata; **~schutz** *m* gwarchod *g* data; **~sichtgerät** *nt* uned *b* arddangos gweledol, sgrîn *g*; **~träger** *m* cludwr *g* data; **~übertragung** *f* trawsyriant *g* data; **~verarbeitung** *f* prosesu *g* data; **~verwaltung** *f* rheolaeth *g* data.

datieren [daˈtiːrən] *vt* dyddio.

datiert *adj* dyddiedig.

Dativ ['dɑːtiːf] (-s, -e) *m (GRAM)* cyflwr *g* derbyniol.

dato ['dɑːto] *adv:* **bis ~** *(COMM)* hyd yn hyn, hyd yma, hyd heddiw.

Dattel ['datəl] (-, -n) *f* datysen *b*.

Dattelpalme *f* palmwydden *b* ddatys.

Datum ['dɑːtʊm] (-s, Daten) *nt* dyddiad *g*; **das heutige ~** y dyddiad heddiw.

Datumsgrenze *f (GEOG)* y llinell *b* ddyddio.

Dauer ['dauər] *f* parhad *g*; *(Zeitspanne)* cyfnod *g*; *(Bestand, Fortbestehen)* parhad *g*; **es war nur von kurzer ~** ni pharodd yn hir; **auf die ~** yn y pen draw; *(auf längere Zeit)* yn barhaol, am byth.

Dauerauftrag *m (FIN)* archeb *b* reolaidd.

dauerhaft *adj* parhaol, diddarfod.

Dauerhaftigkeit *f* parhad *g*, cadernid *g*.

Dauer- *kompos:* **~karte** *f* tocyn *g* tymor; **~lauf** *m* rhediad *g* pellter hir.

dauern ['daʊərn] *vi (anhalten)* parhau; *(brauchen)* cymryd amser; **es hat lange gedauert, bis er …** cymerodd amser hir i…

dauernd *adj* cyson, parhaus.

Dauer- *kompos:* **~obst** *nt* ffrwythau *ll* cadw; **~redner** *m (pej)* siaradwr *g* hirwyntog; **~regen** *m* glaw *g* parhaol; **~schlaf** *m* cwsg *g* hir/estynedig; **~stellung** *f* swydd *b* barhaol; **~welle** *f* toniad *g* parhaol, pyrm *g*; **~wurst** *f* salami *g*; **~zustand** *m* sefyllfa *b* barhaol.

Daumen ['daʊmən] (**-s, -**) *m* bawd *gb*; **jdm die ~ drücken** *(fig)* croesi eich bysedd i rn; **über den ~ peilen** brasgyfrif, bwrw bras amcan; **~ drehen** cicio'ch sodlau.

Daumen- *kompos:* **~lutscher** *m* rhn sy'n sugno ei fawd; **~schraube** *f* sgriw *b* fawd.

Daune ['daʊnə] *f* manblu *ll*.

Daunendecke *f* carthen *b* blu.

Davidsstern *m* seren *b* Dafydd.

davon [da'fɔn] *adv* ohono; *(weg)* i ffwrdd; *(Grund)* o'r herwydd; **das kommt ~!** dyna a ddaw ohono fe; **~ abgesehen** ar wahân i hynny; **wenn wir einmal ~ absehen, dass …** dim ond i ni anwybyddu'r ffaith fod…; **~ sprechen** sôn am hynny; **was habe ich ~?** pa les wnaiff i mi? **ich bin ~ betroffen** mae hynny'n ymwneud â mi, mae hynny'n effeithio arnaf.

davongehen *irreg vi (+sein)* ymadael.

davonkommen *irreg vi (+sein)* dianc.

davonlassen *vt:* **die Finger ~** *(fig)* gadael llonydd i.

davonlaufen *irreg vi (+sein)* rhedeg i ffwrdd.

davonmachen *vr* mynd ymaith, cilio, ymbellhau.

davonstehlen *vr* sleifio ymaith.

davontragen *irreg vt* cario ymaith, cludo ymaith; *(Verletzung)* cael, derbyn.

davor [da'foːr] *adv (räumlich)* o'i flaen; *(bevor)* cyn hynny; *(zuvor)* cynt, yn gynt; **der Tag ~ war sonnig** roedd y diwrnod cynt yn heulog; **~ warnen** rhybuddio rhagddo.

dazu [da'tsuː] *adv (hinzu)* ato; *(nebenher)* gydag ef; **was meinst du ~?** beth rwyt ti'n ei feddwl am hynny? **sich ~ äußern** mynegi barn ar y mater; **und ~ noch** a hefyd, ac yn ychwanegol, ac yn ogystal; **ein Beispiel ~** dyma i chi enghraifft o hyn; **das Recht ~** yr hawl i wneud hynny; **~ bereit sein, etw zu tun** bod yn barod i wneud rhth; **~ fähig sein** bod yn alluog i wneud hynny; **es gehört ~** mae'n rhan hanfodol ohono, dyna'r disgwyl; **da gehört schon einiges ~** *(fig)* mae'n gofyn cryn dipyn (i wneud hynny).

dazugehörig *adj* priodol, perthnasol.

dazukommen *irreg vi (+sein)* bod yn ychwanegol; *(an einen Ort)* dod, troi lan; **kommt noch etwas dazu?** oes unrhyw beth arall? **wie komme ich denn dazu?** pam dylwn i? **ich bin nicht dazugekommen** *(erledigen)* ni ddes i ben ag ef.

dazulernen *vt:* **schon wieder was dazugelernt!** mae dyn yn dysgu rhth newydd bob dydd!

dazumal ['daːtsumal] *adv:* **anno ~** yn y dyddiau hynny.

dazuschauen[A] *vi (sich anstrengen)* gwneud ymdrech, pydru arni; *(sich beeilen)* mwstro, ei symud hi.

dazutun *irreg vt* ychwanegu.

Dazutun *nt (Hilfe)* cymorth *g*; **er hat es ohne dein ~ geschafft** fe lwyddodd heb dy gymorth di.

dazwischen [da'tsvɪʃən] *adv* yn y canol; *(räumlich)* rhyngddynt hwy; *(unter)* yn eu plith.

dazwischenfahren *irreg vi (+sein) (eingreifen)* mynd rhyngddynt, ymyrryd.

dazwischenfunken *vi (ugs: stören)* rhoi'ch bys yn y brywes.

dazwischenkommen *vi (+sein) (+dat)* cael eich dal ynddo fe; **mir ist etwas dazwischengekommen** mae rhth annisgwyl wedi codi.

dazwischenreden *vi (unterbrechen)* torri ar draws; *(sich einmischen)* rhoi'ch pig i mewn.

dazwischenrufen *vi (stören)* heclo.

dazwischentreten *irreg vi (+sein) (eingreifen)* ymyrryd.

DB[D] *f abk (= Deutsche Bahn)* rheilffyrdd *ll* yr Almaen.

DBP[D] *f abk (= Deutsche Bundespost) vgl.* **Bundespost**.

DDR *f abk (HIST: = Deutsche Demokratische Republik)* Gweriniaeth Ddemocrataidd yr Almaen.

D-Dur *f (MUS)* D *b* fwyaf.

Dealer ['diːlər] (**-s, -**) *m (Drogenhändler)* pedler *g* cyffuriau.

Debatte [de'batə] *f* dadl *b*, trafodaeth *b*; **das steht hier nicht zur ~** nid hwnnw yw pwnc y drafodaeth bresennol.

debattieren [deba'tiːrən] *vi* trafod, dadlau.

Debet ['deːbɛt] (**-s, -s**) *nt (FIN)* debydau *ll*, taliadau *ll*.

debil *adj* hanner pan.

Debüt [de'byː] (**-s, -s**) *nt* ymddangosiad *g* cyntaf, cynnig *g* cyntaf.

Debütant (**-en, -en**) *m* (**~in** *f*) newyddian *g*.

dechiffrieren [deʃɪ'friːrən] *vt* datgodio.

Dechsel ['dɛksəl] (**-, -n**) *f* neddau *b*.

Deck [dɛk] (**-(e)s, -s**) *nt (NAUT)* dec *g*; **an ~ gehen** mynd ar y dec.

Deckblatt (**-(e)s, ¨-er**) *nt (Schutzblatt)* clawr *g*, gorchudd *g*; *(BOT)* blodeulen *b*.

Decke ['dɛkə] (**-, -n**) *f* gorchudd *g*; *(Bett~)* blanced *b*; *(Tisch~)* lliain *g* bwrdd; *(Zimmer~)* nenfwd *g*; **unter einer ~ stecken** *(fig)* gweithio law yn llaw; **an die ~**

gehen cynddeiriogi, mynd yn ffyrnig; **sich nach der ~ strecken** llunio'r wadn fel y bo'r troed; **mir fällt die ~ auf den Kopf** *(fig)* rwy'n teimlo'n glawstroffobig.

Deckel ['dɛkəl] (-s, -) *m* caead *g*; *(Buch)* clawr *g*; **eins auf den ~ kriegen** *(ugs)* cael pryd o dafod.

decken ['dɛkən] *vt* gorchuddio; *(Tisch)* hulio, arlwyo, gosod; *(Dach)* toi; *(MIL, Schach: Deckung geben)* gwarchod rhag ymosodiad gelyn; *(SPORT)* marcio, sodli; *(Tierzucht)* ffrwythloni; **mein Bedarf ist gedeckt** nid oes angen dim arnaf; *(fig)* rwyf wedi cael llond bol.

♦ *vr* cytuno, cyd-daro.

Deckfarbe *f* lliw *g* di-draidd.

Deckmantel *m:* **unter dem ~ von** dan gochl, dan rith.

Deckname (-ns, -n) *m* ffugenw *g*.

Deckung ['dɛkʊŋ] *f (Schutz)* cysgod, cuddfan *g*; *(Boxen, Fußball)* gwarchod *g*, amddiffyniad *g*; *(Übereinstimmung)* cytundeb *g*; **zur ~ seiner Schulden** i dalu ei ddyledion; **~ suchen** *oder:* **in ~ gehen** cysgodi; **~ geben** amddiffyn trwy danio.

deckungsgleich *adj* cyson, cyfath.

Decoder [de'ko:dər, dɪ'koʊdər] *m (TV)* datgodiwr *g*.

Deduktion *f* diddwythiad *g*.

de facto [de:'fakto] *adv* mewn ffaith.

Defätismus *m* ildfrydedd *g*.

Defätist (-en, -en) *m* (~**in** *f*) ildfrydwr(aig) *g(b)*.

defekt [de'fɛkt] *adj* diffygiol.

Defekt (-(e)s, -e) *m* diffyg *g*, nam *g*, ffaeledd *g*.

defensiv [defɛn'si:f] *adj* amddiffynnol.

Defensive [defɛn'si:və] *f:* **jdn in die ~ drängen** gorfodi rhn i'w amddiffyn ei hun.

definieren [defi'ni:rən] *vt* diffinio.

Definition [definitsi'o:n] *f* diffiniad *g*.

definitiv [defini'ti:f] *adj* terfynol, pendant.

Defizit ['de:fitsɪt] *nt (FIN)* diffyg *g*; *(Mangel)* diffyg *g*, prinder *g*.

defizitär [defitsi'tɛ:r] *adj:* **eine ~e Haushaltspolitik führen** dilyn polisi economaidd sy'n arwain at ddiffyg.

Deflation [deflatsi'o:n] *f (COMM)* datchwyddiant *g*.

deflationär [deflatsio'nɛ:r] *adj* datchwyddol.

deformieren *vt* anffurfio.

deformiert *adj* camffurfiedig.

deftig ['dɛftɪç, -ɪk] *adj (Essen)* sylweddol; *(Witz)* bras, aflednais.

Degen ['de:gən] *m* cleddyf *g*; *(SPORT)* cleddyf blaenbwl, épée *b*.

Degeneration *f* dirywiaeth *b*, adfeiliad *g*.

degenerieren [degene'ri:rən] *vi (+sein)* dirywio.

degeneriert *adj* dirywiedig.

degradieren [degra'di:rən] *vt* diraddio, darostwng, iselhau.

Degradierung *f* gostyngiad *g* mewn graddfa.

dehnbar ['de:nba:r] *adj* ystwyth, estynadwy; *(Begriff)* llac.

Dehnbarkeit *f* hydwythedd *g*, elastigrwydd *g*.

dehnen ['de:nən] *vt, vr* estyn, ymestyn.

Dehnung *f* ymestyn *g*, tynnu *g*.

Dehydratation *f (PHYS, TECH)* dadhydradiad *g*.

dehydratisieren *vt* dadhydradu.

Dehydrite *pl* dadhydradydd *g*.

Deich [daɪç] (-(e)s, -e) *m* clawdd *g*, gorglawdd *g*.

Deichsel ['daɪksəl] (-, -n) *f* siafft *b*, paladr *g*, llorp *b*.

deichseln *vt (fig: ugs)* sgemio, ei gweithio hi.

dein ['daɪn] *poss pron* dy; *(im Brief)* ~ yr eiddot yn bur.

deine *pron* dy un di, o'r eiddot.

deiner *gen von* **du**; **ich gedenke ~** *(geh)* rwy'n meddwl amdanat ti.

deinerseits *adv* o'th ran di.

deinesgleichen *pron* pobl fel ti.

deinetwegen *adv (für dich)* er dy fwyn di; *(wegen dir)* o'th achos di.

deinetwillen *adv:* **um ~ = deinetwegen.**

deinige *pron* = **deine.**

Dekade *f* degawd *g*.

dekadent [deka'dɛnt] *adj* dirywiedig.

Dekadenz [deka'dɛnts] *f* dirywiad *g*, dadfeiliad *g*.

Dekan [de'ka:n] *m (UNIV, REL)* deon *g*.

Dekanat *nt* deoniaeth *b*.

deklassieren [dekla'si:rən] *vt (herabsetzen)* israddio; *(SPORT)* rhagori ar, trechu.

Deklination [deklinatsi'o:n] (-, -en) *f (GRAM)* rhediad *g*, ffurfdroad *g*.

deklinieren [dekli'ni:rən] *vt* rhedeg, ffurfdroi.

dekodieren *vt* dad-ddynodi.

Dekolleté [dekɔl'te:] *nt* gwddf *g* isel.

Dekolletee *nt* = **Dekolleté.**

dekontaminieren *vt* dad-ddifwyno, dadlygru.

Dekor [de'ko:r] (-s, -s *oder* -e) *nt oder m* decor *g*, addurn *g*.

Dekorateur [dekora'tø:r] *m (Schaufenster~)* addurnwr *g* ffenestri; **~in** *f* addurnwraig *b* ffenestri.

Dekoration [dekoratsi'o:n] (-, -en) *f* addurniad *g*; *(in Schaufenster)* addurno ffenestri; *(Ehrenzeichen)* addurn *g*, medal *gb*.

dekorativ [dekora'ti:f] *adj* addurnol.

dekorieren [deko'ri:rən] *vt* addurno.

Dekostoff ['de:koʃtɔf] *m (TEX)* defnydd *g* dodrefnu.

Dekret [de'kre:t] (-(e)s, -e) *nt (POL)* dyfarniad *g*, gorchymyn *g*.

Delegation [delegatsi'o:n] (-, -en) *f* dirprwyaeth *b*, cynrychiolwyr *ll*.

delegieren [dele'gi:rən] *vt:* **~ an** +*akk (Aufgaben)* dirprwyo i.

Delegierte *m/f* dirprwy *g*, cynrychiolydd *g*.

Delfin [dɛlˈfiːn] (-s, -e) *m (ZOOL)* dolffin *g*, môr-hwch *gb*.

Delfinschwimmen *nt* strôc *b* pilipala.

delikat [deliˈkaːt] *adj (zart, heikel)* tyner, eiddil, teimladwy; *(köstlich)* danteithiol, blasus.

Delikatesse [delikaˈtɛsə] (-, -n) *f* danteithfwyd *g*.

Delikatessengeschäft (-(e)s, -e) *nt* siop *b* bwydydd tramor *b*, siop *b* bwydydd anghyffredin.

Delikt [deˈlɪkt] (-(e)s, -e) *nt (JUR)* tramgwydd *g*, trosedd *b*.

Delinquent [delɪŋˈkvɛnt] (-en, -en) *m (geh)* tramgwyddwr *g*, troseddwr *g*.

Delirium [deˈliːriʊm] (-s, -Delirien) *nt* deliriwm *g*; **im ~ sein** bod yn ddryslyd.

Delle [ˈdɛlə] (-, -n) *f* tolc *g*; **eine ~ machen** gwneud tolc.

delogieren [deloˈʒiːrən] *vt* gyrru tenant o'r tŷ.

Delphin *m* = **Delfin.**

Delphinschwimmen *nt* = **Delfinschwimmen.**

Delta *nt (GEOG)* delta *g*, moryd *b*.

dem [deːm] *art dat von* **der** *oder* **das; wie ~ auch sei** 'ta waeth am hynny, 'ta beth, sut bynnag.

Demagoge [demaˈgoːgə] (-en, -en) *m (POL)* demagog *g*.

Demarkationslinie [demarkatsiˈoːnsliːniə] (-, -n) *f (POL)* llinell *b* derfyn.

Dementi [deˈmɛnti] (-s, -s) *nt* gwadiad *g*, gwadu *g*, nacâd *g*.

dementieren [demɛnˈtiːrən] *vt* gwadu, nacáu.

dementsprechend [ˈdeːmˀɛntˈsprɛçənt] *adj* priodol, sy'n gweddu.

♦ *adv* yn gyfatebol.

demgemäß [ˈdeːmgəˈmɛːs] *adv* felly, o ganlyniad.

demnach [ˈdeːmˈnaːx] *adv* yn ôl hynny.

demnächst [ˈdeːmˈnɛːçst] *adv* yn fuan, nes ymlaen.

Demo [ˈdeːmo] (-s, -s) *f (ugs: Demonstration)* protest *b*, gwrthdystiad *g*.

Demographie [demograˈfiː] *f* demograffeg *b*.

demographisch *adj* demograffig.

Demokrat [demoˈkraːt] (-en, -en) *m (POL)* democrat *g*; **~in** *f* democrat.

Demokratie [demokraˈtiː] (-, -n) *f* democratiaeth *b*.

demokratisch [demoˈkraːtɪʃ] *adj* democrataidd, democratig, gwerinaidd.

demokratisieren [demokratiˈziːrən] *vt* democrateiddio.

demolieren [demoˈliːrən] *vt* dymchwel, dinistrio, difrodi.

Demonstrant [demonˈstrant] (-en, -en) *m* gwrthdystiwr *g*; **~in** *f* gwrthdystwraig *b*.

Demonstration [demonstratsiˈoːn] *f* gwrthdystiad *g*,

protest *b*.

demonstrativ [demonstraˈtiːf] *adj* arddangosol, amlwg.

demonstrieren [demonˈstriːrən] *vt* arddangos.

♦ *vi (POL)* gwrthdystio.

Demontage [demonˈtaːʒə] (-, -n) *f* dymchwel *g*, datgymalu *g*.

demontieren [demonˈtiːrən] *vt* dymchwel, datgymalu, tynnu'n ddarnau; *(Räder)* tynnu.

demoralisieren [demoraliˈziːrən] *vt* digalonni, gwangalonni.

Demoskopie [demoskoˈpiː] (-, *kein pl*) *f* ymchwil *gb* ar farn gyhoeddus, arolwg *g* barn.

demselben *dat von* **derselbe** *oder* **dasselbe.**

Demut [ˈdeːmuːt] *f* gostyngeiddrwydd *g*.

demütig [ˈdeːmyːtɪç, -ɪk] *adj* gostyngedig, diymhongar.

Demütigung [ˈdeːmyːtɪgʊŋ] *f* gwaradwydd *g*.

demzufolge [ˈdeːmtsuˈfolgə] *adv* felly, o ganlyniad.

den¹ *art akk sg oder dat pl von* **der¹.**

den² *pron akk sg von* **der².**

denen *pron dat pl von* **der².**

denjenigen *pron akk von* **derjenige.**

Denkanstoß *m:* **jdm einen ~ geben** rhoi rhth i rn gnoi cil drosto, rhoi achos meddwl i rn.

Denkart *f* meddylfryd *g*.

denkbar [ˈdɛŋkbaːr] *adj* dirnadwy.

denken [ˈdɛŋkən] *irreg vi* meddwl; *(meinen)* tybio, credu, meddwl; *(nachdenken)* ystyried; **~ an** *+akk* meddwl am; **wo ~ Sie hin!** beth sydd yn eich pen chi! **ich denke schon** dyna rwy'n ei feddwl; **für jdn gedacht sein** bod wedi'i fwriadu ar gyfer rhn; **daran ist gar nicht zu ~** mae hynny'n amhosibl; **ich denke nicht daran, das zu tun** wna i 'mo hynny ar gyfrif yn y byd.

♦ *vr (beabsichtigen)* **er dachte sich** *dat* **nichts dabei** fynnodd e ddim drwg.

♦ *vt* meddwl; *(sich vorstellen)* **das kann ich mir ~** gallaf ddychmygu hynny.

Denken (-s, *kein pl*) *nt* meddwl *g*, rhesymiad *g*.

Denker (-s, -) *m (~in f)* athronydd *g*; **das Volk der Dichter und ~** gwlad beirdd ac athronwyr.

Denkfähigkeit *f* deallusrwydd *g*.

denkfaul *adj* dioglyd (o ran meddwl).

Denkfehler *m* camsyniad *g* rhesymegol.

Denkmal (-s, ¨-er) *nt* cofadail *gb*, cofeb *b*; **jdm ein ~ setzen** codi cofeb i rn.

Denkmalschutz *m:* **unter ~ stellen** gosod dan warchodaeth.

Denkpause *f:* **eine ~ einlegen** cymryd seibiant i bwyso a mesur.

Denk- *kompos:* **~vermögen** *nt* deall *g*, gallu *g*; **~weise** *f* meddylfryd *g*.

denkwürdig *adj* cofiadwy.

Denkzettel *m:* jdm einen ~ verpassen dysgu gwers i rn.

denn[1] [dɛn] *konj* oherwydd, achos; **es sei ~, (dass)** oni bai (fod).

denn[2] *adv* felly; **wie geht's ~** sut wyt ti felly? *(nach Komparativ)* na, nag; **schöner ~ je** mwy prydferth nag erioed; **warum ~?** pam 'te?

dennoch[1] ['dɛnɔx] *konj* serch hynny, er hynny.

dennoch[2] *adv:* **und ~,** ... ac eto...

denselben [deːnˈzɛlbən] *akk von* **derselbe**.

♦ *dat von* **dieselben**.

dental *adj* deintiol.

Dentist *m* deintydd *g*; **~in** *f* deintyddes *b*.

Denunziant [denʊntsiˈant] (-en, -en) *m* condemniwr *g*, ceryddwr *g*; *(Informant)* hysbyswr *g*; **~in** *f* condemnwraig *b*, ceryddwraig *b*.

denunzieren [denʊnˈtsiːrən] *vt* cyhuddo, achwyn ar.

Deo *nt* = **Deospray**.

Deodorant *nt* diaroglydd *g*.

Deospray ['deːoʃpreɪ] *nt* chwistrell *b* diarogli.

Depesche [deˈpɛʃə] (-, -n) *f* neges *b* frys.

deplatziert [deplaˈtsiːrt] *adj* allan o'i le, anaddas.

Deponie [depoˈniː] (-, -n) *f (Müll)* tomen *b*.

deponieren [depoˈniːrən] *vt (ablegen)* rhoi, dodi, gosod; *(Geld auf der Bank)* ymddiried.

Deportation *f* caethglud *b*.

deportieren [deporˈtiːrən] *vt* alltudio, gyrru o'r wlad.

Depot [deˈpoː] (-s, -s) *nt* warws *gb*, stordy *g*; *(Bus~)* gorsaf *b*, depo *g*; *(Bank~)* ystafell *b* ddiogel, coffor *g*.

Depp[A] [dɛp] (-en, -en) *m* gwirionyn *g*, llwdn *g*.

Depression [deprɛsiˈoːn] (-, -en) *f* iselder *g*, pruddglwyf *g*, digalondid *g*.

depressiv [deprɛˈsiːf] *adj* digalon, pruddglwyfus.

deprimieren [depriˈmiːrən] *vt* digalonni, tristáu.

deprimiert *adj* digalon, isel.

der[1] [deːr] *m (f* die, *nt* das, *pl* die : *gen m* des, *f* der, *nt* des, *pl* der : *dat m* dem, *f* der, *nt* dem, *pl* den : *akk m* den, *f* die, *nt* das, *pl* die) *def art* y, yr, 'r; **~ Rhein** afon Rhein; *(ugs)* **~ Klaus** Klaus; **~ moderne Mensch** *(im allgemeinen)* y dyn modern; **~ Tod** marwolaeth *b*, Angau; *(mit Possessiv)* **~ Fuß des Berges** troed y mynydd; *(mit Superlativ)* **~ beste** yr un gorau; *(als Teil des Objekts)* **gib es ~ Frau** rho fe i'r ferch.

der[2] *m (gen m* dessen, *f* deren, *nt* dessen, *pl* deren : *dat pl* denen) **1** *rel pron* a, y; **der Schlüssel, den ich suche** yr allwedd y chwiliaf amdani; **2** *demon pron (gen pl* derer) hwn, hon, hyn; *(jener, dieser)* hwnnw, honno, hynny, y rhain; **~ da war es** efe ydoedd; **~**

mit dem Bart hwnnw a chanddo farf; **die Kinder derer, die** ... plant y rhain a...; **das da gefällt mir** rwy'n hoffi hwnnw.

derart *adv (Art und Weise)* yn y fath fodd; **wie kann man sich ~ benehmen?** sut mae e'n medru ymddwyn yn y fath fodd? *(solch)* mor; **ein ~ alter Baum** coeden mor hen; *(so sehr)* i'r fath raddau; **es ärgert mich ~, dass** ... mae yn fy ngwylltio gymaint, fel...

derartig [deːrˈʔartɪç, -ɪk] *adj* o'r fath; **bei ~en Versuchen** trwy arbrofion o'r fath.

derb [dɛrp] *adj* cryf; *(grob)* bras.

Derbheit *f* garwder *g*, craster *g*.

deren *pron gen von* **der**[2].

derentwillen ['deːrəntˈvɪlən] *adv:* **um ~** o'u plegid.

derer *pron gen pl von* **der**[2].

dergestalt ['deːrgəˈʃtalt] *adv (geh)* **~, dass** ... yn y fath fodd bod...

dergleichen ['deːrˈɡlaɪçən] *adv* o'r fath; **er tat nichts ~** ni wnaeth ddim byd o'r fath; **und ~ (mehr)** a phethau tebyg, a'u tebyg.

Derivat *nt (GRAM)* deilliad *g*.

derjenige ['deːrjenɪɡə] *pron* fe; *(mit rel pron)* **~, welcher** ... yr un a...

dermaßen ['deːrˈmaːsən] *adv* mor, i'r fath raddau.

Dermatologe *m (MED)* dermatolegydd *g*.

derselbe [deːrˈzɛlbə] *m adj* yr un; **~ Hund** yr un ci.

♦ *pron* yr un un.

derweilen ['deːrˈvaɪlən] *adv* yn y cyfamser.

derzeit ['deːrtsaɪt] *adv (jetzt)* ar hyn o bryd, ar yr adeg hon.

derzeitig ['deːrˈtsaɪtɪç, -ɪk] *adj* presennol.

des *art gen von* **der**[1].

Des (-, -) *nt (MUS)* D *b* feddalnod.

Deserteur [dezɛrˈtøːr] (-s, -e) *m (MIL)* enciliwr *g*, ffoadur *g*, dihangwr *g*.

desertieren [dezɛrˈtiːrən] *vi (+sein) (MIL)* ffoi, encilio.

desgl. *abk* = **desgleichen**.

desgleichen ['dɛsˈɡlaɪçən] *adv* hefyd, yn ogystal.

deshalb ['dɛsˈhalp] *adv, konj* dyna pam, felly, o ganlyniad.

Design [dɪˈzaɪn] (-s, -s) *nt* cynllun *g*, dyluniad *g*.

Designer *m (~in f)* dyluniwr *g*, cynllunydd *g*.

designiert [deziˈɡniːrt] *adj:* **der ~e Nachfolger** darpar olynydd.

Desillusion *f* dadrith *g*.

desillusionieren *vt* dadrithio.

Desinfektion [dezɪnfɛktsiˈoːn] *f* diheintiad *g*.

Desinfektionsmittel (-s, -) *nt* diheintydd *g*.

desinfizieren [dezɪnfiˈtsiːrən] *vt* diheintio.

Desinteresse [dɛsˈʔɪntəˈrɛsə] (-s, *kein pl*) *nt* diffyg *g* diddordeb.

desinteressiert [dɛs'ʔɪntərɛ'siːrt] *adj* dihidio, diddiddordeb.

desorganisiert [dɛs'ʔɔrganiˈziːrt] *adj* di-drefn.

Desoxyribonukleinsäure *f (BIOL)* asid *g* diocsiriboniwclëig.

Despot *m* unben *g.*

desselben *gen von* **derselbe** *oder* **dasselbe**.

dessen *pron gen von* **der**[2]; **~ ungeachtet** serch hynny, er hynny.

Dessert [dɛ'sɛːr] (**-s**, **-s**) *nt* melysfwyd *g*, pwdin *g.*

Dessertlöffel *m* llwy *b* bwdin.

Dessin [dɛ'sɛ̃ː] (**-s**, **-s**) *nt (TEX)* patrwm *g*, cynllun *g.*

Destillation [dɛstɪlatsiˈoːn] *f* distylliad *g*, distyllu *g.*

Destillerie *f* distyllfa *b.*

destillieren [dɛstɪˈliːrən] *vt* distyllu.

destilliert *adj* distyll.

desto ['dɛsto] *adv:* **~ besser** gorau oll; **je früher ~ besser** gorau po gyntaf.

destruktiv [destrʊkˈtiːf] *adj* dinistriol.

deswegen ['dɛsveːgən] *konj* felly, o ganlyniad, oherwydd hynny.

Detail [de'taɪl, de'taɪj] (**-s**, **-s**) *nt* manylyn *g*; **ins ~ gehen** manylu ar.

detaillieren [detaˈjiːrən] *vt* manylu ar, nodi yn fanwl.

detailliert *adj* manwl.

Detektiv [detɛkˈtiːf] (**-s**, **-e**) *m* ditectif *g.*

Detektor [de'tɛktɔr] (**-s**, **-en**) *m (TECH)* canfodydd *g*, synhwyrydd *g.*

Detonation [detonatsiˈoːn] (**-**, **-en**) *f* taniad *g*, ffrwydrad *g.*

detonieren *vi* ffrwydro.

detto[A] *adv* = **dito**.

Deut [dɔʏt] (**-s**, **-s**) *m:* **um keinen ~** yr un iod.

deuten *vt* dehongli, egluro; *(Zukunft)* rhagweld, darllen.

  ♦ *vi:* **~ auf** +*akk (hinweisen)* cyfeirio at; *(zeigen)* pwyntio bys at.

deutlich ['dɔʏtlɪç] *adj* clir, eglur, diamwys; **jdm etw ~ zu verstehen geben** gwneud rhth yn hollol eglur i rn.

Deutlichkeit *f* amlygrwydd *g*, eglurdeb *g.*

deutsch [dɔʏtʃ] *adj* Almaenig; *(Sprache)* Almaeneg; **D~e Demokratische Republik** *f (HIST)* Gweriniaeth Ddemocrataidd yr Almaen, Dwyrain yr Almaen.

Deutsch *nt (Sprache)* Almaeneg *b*; **auf ~** yn Almaeneg; **auf gut ~ (gesagt)** ≈ mewn Cymraeg croyw.

Deutsche *m/f* Almaenwr *g*, Almaenes *b*; **ich bin ~r** Almaenwr ydw i; **die ~n** *pl* yr Almaenwyr *ll.*

Deutschland *nt (GEOG)* yr Almaen *b.*

Deutschland- *kompos:* **~lied** *nt* anthem genedlaethol

yr Almaen; **~politik** *f* polisi *g* cartref; *(von fremdem Staat)* polisi *g* tuag at yr Almaen.

deutschsprachig *adj (Bevölkerung, Gebiete)* Almaeneg eu iaith; *(Zeitung, Ausgabe)* yn yr iaith Almaeneg; *(Literatur)* Almaeneg.

deutschstämmig *adj* o linach Almaeneg.

Deutschwörterbuch *nt* geiriadur *g* Almaeneg.

Deutung ['dɔʏtʊŋ] (**-**, **-en**) *f* dehongliad *g.*

Devise [de'viːzə] *f* arwyddair *g*; **~n** *pl (FIN)* arian tramor.

Devisenausgleich *m (FIN)* cysoni *g* arian tramor.

Devisenkontrolle *f (FIN)* rheolaeth *b* ar gyfnewid.

Dez. *abk* = **Dezember**.

Dezember [de'tsɛmbər] *m* mis Rhagfyr *g*; **im ~** ym mis Rhagfyr; **heute ist der zweite ~** yr ail o Ragfyr yw hi heddiw; **in diesem ~** mis Rhagfyr hwn; **Anfang ~** ddechrau mis Rhagfyr.

dezent [de'tsɛnt] *adj (unaufdringlich)* cynnil, anymwthgar; **~e Beleuchtung** goleuadau ysgafn; **~er Hinweis** beirniadaeth gynnil.

dezentralisieren *vt, vi* datganoli.

Dezentralisierung [detsɛntraliˈziːrʊŋ] *f* datganoli *g.*

Dezernat [detsɛr'naːt] (**-(e)s**, **-e**) *nt (Verwaltung)* adran *b.*

Dezibel ['deːtsibɛl] (**-s**, **-**) *nt* desibel *g.*

Deziliter *m* decilitr *g.*

dezimal [detsiˈmaːl] *adj* degol.

Dezimalbruch (**-(e)s**, **¨-e**) *m* ffracsiwn *g* degol.

Dezimale *f (MATH)* degolyn *g.*

Dezimal- *kompos:* **~punkt** *m* pwynt *g* degol; **~stelle** *f* lle *g* degol; **~system** *nt* system *b* ddegol, trefn *b* ddegol; **~zahl** *f* degolyn *g.*

Dezimeter *m* decimetr *g.*

dezimieren [detsiˈmiːrən] *vt* dinistrio, gwneud yn llai.

DFB[D] *m abk (= Deutscher Fußball-Bund)* cymdeithas bêl droed yr Almaen.

DGB[D] *m abk (= Deutscher Gewerkschaftsbund)* ≈ Cyngres yr Undebau Llafur.

dgl. *abk* = **dergleichen**.

d.h. *abk (= das heißt)* h.y. (hynny yw).

Dia ['diːa] *nt (FOTO)* sleid *b.*

Diabetes [dia'beːtɛs] (**-**, *kein pl*) *m (MED)* clefyd *g* siwgr.

Diabetiker [dia'beːtikər] (**-s**, **-**) *m* (**~in** *f*) rhn â'r clefyd siwgr.

diabolisch *adj* cythreulig.

Diagnose [dia'gnoːzə] *f (MED)* diagnosis *g*, barn *b* feddygol.

diagnostizieren [diagnɔstiˈtsiːrən] *vt, vi (MED, fig)* diagnosio, dadansoddi.

diagonal [diagoˈnaːl] *adj* croes, lletraws, lletgroes.

Diagonale (-, -en) *f* croeslin *b*.

Diagramm [diaˈgram] (-(e)s, -e) *nt* diagram *g*, graff *g*, siart *g*.

Diakon [diaˈkoːn] *m* (REL) diacon *g*.

Diakonie [diakoˈniː] *f* (REL) gwaith *g* cymdeithasol.

Diakonisse *f* (REL) diacones *b*.

Dialekt [diaˈlɛkt] (-(e)s, -e) *m* tafodiaith *b*.

dialektal [dialɛkˈtaːl] *adj* tafodieithol.

Dialektausdruck *m* dywediad *g* tafodieithol.

dialektfrei *adj* heb dafodiaith, heb fod mewn tafodiaith.

Dialektik *f* dilechdid *g*.

dialektisch [diaˈlɛktɪʃ] *adj* dialectegol, dilechdidol.

Dialog [diaˈloːk] (-(e)s, -e) *m* sgwrs *b*, ymddiddan *g*, deialog *gb*.

Diamant [diaˈmant] (-en, -en) *m* diemwnt *g*.

Diapositiv [diapoziˈtiːf] *nt* (FOTO) sleid *b*, tryloywlun *g*.

Diaprojektor [diaproˈjɛktɔr] (-s, -en) *m* taflunydd *g* sleidiau.

Diärese *f* (GRAM) didolnod *g*.

Diät [diˈɛːt] (-, -en) *f* deiet *g*; ~ **halten** cadw at ddeiet, bwyta yn ôl deiet.

Diäten *pl* (POL) lwfans *g*.

dich [dɪç] *akk von* **du**.

♦ *refl pron* ti dy hun.

dicht [dɪçt] *adj* (undurchlässig) dal dŵr, dwrglos; (Nebel) trwchus, tew; (Regen) trwm; (Gewebe) o wead clòs/mân; (ugs) **er ist nicht ganz ~** mae e'n wallgof; (ugs: zu) ar gau.

♦ *adv:* ~ **bevölkert** trwchus ei boblogaeth; **jdm ~ auf den Fersen** wrth sawdl rhn.

Dichte *f* dwysedd *g*, tewdra *g*; (PHYS, fig) crynoder *g*.

dichten [ˈdɪçtən] *vt* (dicht machen) selio, peri bod rhth yn dal dŵr *ayb*; (LIT) cyfansoddi, ysgrifennu.

Dichter (-s, -) *m* (Poet) bardd *g*, prydydd *g*; (Autor) awdur *g*; ~**in** *f* prydyddes *b*, awdures *b*.

dichterisch *adj* barddonol; ~**e Freiheit** (GRAM) rhyddid *g* bardd.

dichthalten [ˈdɪçthaltən] *irreg vi* (ugs) cau eich ceg, cadw cyfrinach.

Dichtkunst *f* cerdd *b* dafod.

dichtmachen [ˈdɪçtmaxən] *vt* (ugs) cau.

Dichtung¹ *f* (TECH) wasier *b*; (AUTO) gasged *gb*.

Dichtung² *f* (LIT: Gedichte) barddoniaeth *b*; ~ **und Wahrheit** (fig) ffuglen a ffaith.

dick [dɪk] *adj* (fett) tew; (Buch usw) trwchus; **durch ~ und dünn** er gwell er gwaeth.

Dickdarm *m* (ANAT) coluddyn *g* mawr, perfeddyn *g* mawr, colon *g*.

Dicke¹ (-, -n) *f* trwch *g*, tewder *g*.

Dicke² (-n, -n) *m/f* dyn *g* tew, menyw *b* dew.

Dickerchen *nt* twmplen *b*.

dick- *kompos:* ~**fellig**ᴰ *adj* croendew, tew eich croen; ~**flüssig** *adj* gludiog, trioglyd; ~**häutig** *adj* croendew.

Dickicht (-s, -e) *nt* istyfiant *g*, dryslwyn *g*.

Dickkopf *m* penbwl *g*, rhn pengaled.

dickköpfig *adj* pengaled, ystyfnig.

Dickmilchᴰ *f* llaeth *g* wedi ei suro.

Dickschädel *m* = **Dickkopf**.

die [diː] *def art* y, yr, 'r; *vgl.* **der¹**; ~ **Pille** y bilsen.

♦ *pron* hon, y rhain; *vgl.* **der²**.

Dieb [diːp] (-(e)s, -e) *m* lleidr *g*; **haltet den ~!** lleidr! daliwch y lleidr!

Diebin *f* lladrones *b*.

diebisch [ˈdiːbɪʃ] *adj* lladronllyd; (Freude) direidus.

Diebsgut *nt* ysbail *b*.

Diebstahl [ˈdiːpʃtaːl] (-(e)s, ¨-e) *m* lladrad *g*.

diebstahlsicher *adj* diogel rhag lladron.

Diebstahlsicherung *f* system *b* larwm.

diejenigen *pron pl* y rheiny, y rhain.

Diele [ˈdiːlə] (-, -n) *f* (Flur) cyntedd *g*, neuadd *b*; (Brett)ᴰ astell *b*, estyllen *b*; (Eis~)ᴰ siop *b* hufen iâ.

dienen [ˈdiːnən] *vi* +*dat* gwasanaethu, gweini, cynorthwyo; (nutzen) bod o ddefnydd i; **womit kann ich ~?** sut alla i fod o gymorth i chi? (in Geschäft) beth alla'i wneud i chi?

Diener [ˈdiːnər] (-s, -) *m* gwas *g*; (Verbeugung) moesymgrymiad *g*; **einen ~ machen** moesymgrymu.

Dienerin *f* morwyn *b*.

Dienerschaft *f* gweision a morynion.

dienern [ˈdiːnərn] *vi* (fig) ~ cynffonna.

dienlich *adj* defnyddiol, o gymorth.

Dienst [diːnst] (-(e)s, -e) *m* gwasanaeth *g*; (Arbeit, Arbeitszeit) gwaith *g*; **der öffentliche ~** y gwasanaeth sifil; ~ **am Kunden** gwasanaeth cwsmeriaid; **jdm zu ~en stehen** bod ar gael i rn; **jdm einen ~ erweisen** gwneud ffafr i rn; **außer ~** (frei) peidio bod ar ddyletswydd; (pensioniert) wedi ymddeol; ~ **haben** *oder:* **im ~ sein** bod ar ddyletswydd, bod ar wasanaeth; ~ **habend** (Arzt, Offizier) ar ddyletswydd; ~ **tuend** ar ddyletswydd.

Dienstag [ˈdiːnstaːk] (-(e)s, -e) *m* dydd *g* Mawrth; **am ~** ddydd Mawrth; ~ **Abend** nos Fawrth; ~ **in acht Tagen** *oder:* ~ **in einer Woche** wythnos i ddydd Mawrth; ~ **vor einer Woche** wythnos yn ôl i ddydd Mawrth.

dienstags *adv* ar ddydd Mawrth, bob dydd Mawrth.

Dienst- *kompos:* ~**alter** *nt* hyd *g* cyfnod o wasanaeth; ~**antritt** *m* dechrau *g* swydd newydd.

dienstbeflissen *adj* gweithgar, cydwybodol, brwd.

Dienstbote (-n, -n) *m* gwas *g*.

Dienstboteneingang *m* drws *g* cefn.

diensteifrig *adj* gweithgar, cydwybodol, brwd.

dienstfrei *adj* dim ar ddyletswydd.

Dienst- *kompos:* **~gebrauch** *m (von Waffe)* defnydd ar ddyletswydd; **~geheimnis** *nt* cyfrinach *b* swyddogol; **~gespräch** *nt* galwad *gb* ffôn fusnes; **~grad** *m (MIL)* gradd *b*.

Dienst habend *adj vgl.* **Dienst**.

Dienstleistung (-, **-en**) *f* gwasanaeth *g*.

Dienstleistungs- *kompos:* **~betrieb** *m* cwmni *g* yn y diwydiant gwasanaethu; **~gewerbe** *nt* diwydiant gwasanaethu; **~sektor** *m* y diwydiant *g* gwasanaethu.

dienstlich *adj* swyddogol.

Dienst- *kompos:* **~mädchen** *nt* morwyn *b*; **~marke** *f* bathodyn *g*; **~plan** *m* rhestr *b* ddyletswydd; **~reise** *f* taith *b* fusnes; **~stelle** *f* swyddfa *b*, man *g* gwaith.

Dienst tuend *adj vgl.* **Dienst**.

Dienst- *kompos:* **~vorschrift** *f* rheolau *ll* swyddogol; **~wagen** *m* car *g* swyddogol; **~weg** *m* sianelau *ll* swyddogol; **~zeit** *f* oriau *ll* gwaith; *(MIL)* hyd *g* cyfnod o wasanaeth.

dies [diːs] *dem pron (geh)* hwn *g*, hon *b*; **~ und das** hwn a hon, hwn a'r llall.

diesbezüglich *adj* yn y cyswllt hwn.

diese(r,s) *dem pron* hwn, hon, hyn; **~ Nacht** heno; **~r Tage** rhywbryd y dyddiau hyn.

Diesel ['diːzəl] (**-s**, *kein pl*) *m* diesel *g*.

dieselbe [diːˈzɛlbə] *f adj* yr un.

    ♦ *pron* yr un un.

dieselben *pl adj* yr un.

    ♦ *pron* yr un rhai.

Diesel- *kompos:* **~lok** *f* trên *g* diesel; **~öl** *nt* olew *g* diesel.

diesig ['diːzɪç, -ɪk] *adj* tarthog, tawchlyd, tesog.

diesjährig ['diːsjɛːrɪç, -ɪk] *adj* y flwyddyn hon.

diesmal ['diːsmal] *adv* y tro hwn.

diesseits ['diːszaɪts] *präp +gen* ar yr ochr hon.

Diesseits (-, *kein pl*) *nt* y fuchedd *b* hon.

Dietrich ['diːtrɪç] *m* bach *g* clo.

diffamieren [dɪfaˈmiːrən] *vt* difenwi.

Diffamierung *f* enllib *g*.

Diffamierungskampagne *f (POL)* ymgyrch *g* difenwi, ymgyrch *g* taflu baw.

differential *adj* = **differenzial**.

Differential *nt (TECH)* = **Differenzialgetriebe**.

Differentialrechnung *f (MATH)* = **Differenzialrechnung**.

Differenz [dɪfeˈrɛnts] (-, **-en**) *f (Unterschied)* differyn *g*, gwahaniaeth *g*; *(Meinungsverschiedenheit)* gwahaniaethau barn; *(Restbetrag)* gweddill *g*.

differenzial [dɪfeˈrɛntsiˈaːl] *adj* gwahaniaethol.

Differenzial *nt (TECH)* = **Differenzialgetriebe**.

Differenzialgetriebe *nt (TECH)* gêr *gb* differol.

Differenzialrechnung *f (MATH)* calcwlws *g* differol.

differenziell *adj* gwahaniaethol.

differenzieren [dɪferɛnˈtsiːrən] *vt, vi* gwahaniaethu, neilltuo.

differenziert *adj* cymhleth, dyrys, astrus.

differieren *vi* anghydweld.

diffus [dɪˈfuːs] *adj* dryslyd, cymysglyd.

Diffusion *f (PHYS)* trylediad *g*.

digital [digiˈtaːl] *adj* digidol, byseddol.

Digital- *kompos:* **~anzeige** *f* arddangosiad *g* digidol; **~rechner** *m* cyfrifiadur *g* digidol; **~uhr** *f* oriawr *b* ddigidol, wats *b* ddigidol.

Diktaphon [dɪktaˈfoːn] (**-(e)s**, **-e**) *nt* dictaffon *g*.

Diktat [dɪkˈtaːt] (**-(e)s**, **-e**) *nt* arddywediad *g*; *(POL, HIST)* dictad *g*.

Diktator [dɪkˈtaːtɔr] (**-s**, **-en**) *m* unben *g*, teyrn *g*.

diktatorisch [dɪktaˈtoːrɪʃ] *adj* unbeniaethol, unbennaidd.

Diktatur [dɪktaˈtuːr] (-, **-en**) *f* unbennaeth *b*.

diktieren [dɪkˈtiːrən] *vt* arddweud; *(aufzwingen)* gorchymyn.

Diktion [dɪktsiˈoːn] *f* dull *g* mynegi.

Dilemma [diˈlɛma] (**-s**, **-s** *oder* **-ta**) *nt* dilema *g*, penbleth *g*.

Dilettant [dileˈtant] (**-en**, **-en**) *m* (**~in** *f*) diletant *g*, amatur *g*.

dilettantisch *adj* diletantaidd, amaturaidd, gwael.

Dill [dɪl] *m (BOT, KOCH)* hen ŵr *g*.

Dille^A ['dɪlə] *f* = **Dill**.

Dimension [dimɛnziˈoːn] (-, **-en**) *f* maintioli *g*, mesur *g*, hyd *g* a lled *g*.

DIN *f abk (= Deutsche Industrie-Norm)* ≈ Safon Brydeinig; **~ A4** A4.

Ding [dɪŋ] (**-s**, **-e**) *nt* peth *g*; **das ist ein ~ der Unmöglichkeit** mae hynny'n gwbl amhosibl; **guter ~e sein** bod mewn hwyliau da; **so wie die ~e liegen** fel y mae pethau; **es müsste nicht mit rechten ~en zugehen, wenn…** byddai braidd yn rhyfedd pe bai…; **ein krummes ~ drehen** cyflawni trosedd, troseddu, tramgwyddo; **aller guten ~e sind drei** tri chynnig i Gymro.

dingen ['dɪŋən] *irreg vt (veraltet)* cyflogi, hurio.

dingfest *adj:* **jdn ~ machen** arestio rhn.

dinglich *adj* materol.

Dings *nt (ugs)* bechingalw *g*, pethma *g*.

Dingsbums ['dɪŋsbʊms] (**-s**, *kein pl*) *nt (ugs)* bechingalw *g*, pethma *g*.

Dingsda *nt (ugs)* bechingalw *g*, pethma *g*.

dinieren *vi* ciniawa.

Dinosaurier [dinoˈzauriər] (**-s**, -) *m* deinosor *g*.

Diözese [diø'tse:zə] (-, -n) *f (REL)* esgobaeth *b*.

Diphtherie [dɪfte'ri:] (-, -n) *f (MED)* difftheria *g*, y clefyd *g* coch.

Diphthong *m (GRAM)* deusain *b*.

Dipl.-Ing. *abk* = **Diplomingenieur.**

Diplom [di'plo:m] (-(e)s, -e) *nt* diploma *gb*, tystysgrif *b*; *(Hochschulabschluss)* gradd *b*.

Diplomarbeit *f (UNIV)* ymdriniaeth *b*, traethawd *g* estynedig.

Diplomat [diplo'ma:t] (-en, -en) *m (~in f)* diplomat *g*.

Diplomatie [diploma'ti:] *f* diplomyddiaeth *b*.

diplomatisch [diplo'ma:tɪʃ] *adj (POL, fig)* diplomataidd, diplomatig; **~es Geschick** sgìl *g* diplomataidd.

Diplomingenieur *m* ≈ Meistr yn y Gwyddorau, MSc.

dir [di:r] *dat von* **du.**

♦ *refl pron* i ti dy hun.

direkt [di'rɛkt] *adj* uniongyrchol; *(geradewegs)* syth; **eine ~e Frage** cwestiwn *g* uniongyrchol.

Direktion [dirɛktsi'o:n] *f* rheolaeth *b*; *(Büro)* swyddfa *b*'r pennaeth.

Direktmandat (-(e)s, -e) *nt (POL)* mandad *g* uniongyrchol.

Direktor [di'rɛktor] (-s, -en) *m* cyfarwyddwr *g*; *(SCH)* prifathro *g*, pennaeth *g*; **~in** *f* cyfarwyddwraig *b*, prifathrawes *b*, pennaeth.

Direktorium [dirɛk'to:rium] (-s, -Direktorien) *nt* bwrdd *g* cyfarwyddwyr, bwrdd *g* rheoli.

Direktübertragung (-, -en) *f* darllediad *g* byw.

Direktverkauf (-(e)s, ̈-e) *m* gwerthu *g* uniongyrchol.

Direktwahl *f (POL)* cynrychiolaeth *b* uniongyrchol.

Dirigent [diri'gɛnt] (-en, -en) *m (MUS)* arweinydd *g*; **~in** *f* arweinyddes *b*.

dirigieren [diri'gi:rən] *vt* cyfarwyddo; *(MUS)* arwain.

Dirne ['dɪrnə] (-, -n) *f* putain *b*.

Dis [dɪs] (-, -) *nt* D *b* lonnod.

Disco ['dɪsko] (-, -s) *f* = **Diskothek.**

Disharmonie [dɪsharmo'ni:] (-, -n) *f* anghytgord *g*.

Diskette [dɪs'kɛtə] *f (COMP)* disg *g*, disg hyblyg.

Diskettenlaufwerk *nt (COMP)* disg-yrrwr *g*.

Disko *f abk* = **Diskothek.**

Diskont [dɪs'kɔnt] (-s, -e) *m (COMM)* gostyngiad *g*, disgownt *g*.

Diskontsatz *m (COMM)* cyfradd *b* ddisgownt.

Diskothek [dɪsko'te:k] (-, -en) *f* disgo *g*, clwb *g* nos.

diskreditieren [dɪskredi'ti:rən] *vt (geh)* taflu amheuaeth ar.

Diskrepanz [dɪskre'pants] *f* anghysondeb *g*.

diskret [dɪs'kre:t] *adj* cynnil, anymwthgar.

Diskretion [dɪskretsi'o:n] (-, *kein pl*) *f* cyfrinachedd *g*; **bei höchster ~** yn hollol gyfrinachol.

diskriminieren [dɪskrimi'ni:rən] *vt* anffafrio.

Diskriminierung *f* anffafriaeth *b*.

Diskus ['dɪskʊs] (-, -se) *m (SPORT)* disgen *b*.

Diskussion [dɪskʊsi'o:n] (-, -en) *f* trafodaeth *b*, dadl *b*; **zur ~ stehen** bod dan sylw.

Diskussions- *kompos:* **~beitrag** *m* cyfraniad *g* at y drafodaeth; **~runde** *f* seiat *b* holi.

Diskuswerfen *nt (SPORT)* taflu *g* disgen.

diskutabel [dɪsku'ta:bəl] *adj* dadleuol.

diskutieren [dɪsku'ti:rən] *vt, vi* trafod, dadlau; **darüber lässt sich ~** mae'n bosibl dadlau ynglŷn â'r peth.

dislozieren *vt (MED)* dadleoli.

disponieren [dɪspo'ni:rən] *vt (geh: planen)* gwneud trefniadau.

Disposition [dɪspozitsi'o:n] (-, -en) *f (Anordnung)* trefniad *g*; *(Anlage)* tueddiad *g*; *(geh: Verfügung)* **jdm zur ~ stehen, zu jds ~ stehen** bod ar gael i rn.

Disput *m (geh: Streit)* anghydfod *g*, ymrafael *g*.

Disqualifikation *f* diarddeliad *g*.

disqualifizieren [dɪskvalifi'tsi:rən] *vt* anghymhwyso; *(SPORT)* gwahardd.

Dissertation [dɪsɛrtatsi'o:n] (-, -en) *f* traethawd *g* doethuriaeth, thesis *g*.

Dissident [dɪsi'dɛnt] (-en, -en) *m (~in f)* gwrthwynebydd *g*.

Dissimilation *f (GRAM)* dadfathiad *g*.

Dissonanz [dɪso'nants] (-, -en) *f (MUS)* anghytseinedd *g*.

Distanz [dɪs'tants] (-, -en) *f* pellter *g*; *(fig: Abstand)* gwrthrychedd *g*; *(Zurückhaltung)* gwyleidd-dra *g*; **jdn auf ~ halten** cadw rhn o hyd braich.

distanzieren [dɪstan'tsi:rən] *vr:* **sich ~ von** +*dat* ymbellhau oddi wrth.

distanziert *adj* pell.

Distanzscheibe *f (TECH)* wasier *b*.

Distel ['dɪstəl] (-, -n) *f (BOT)* ysgallen *b*.

Distelfink *m (ZOOL)* teiliwr *g* Llundain.

Disziplin [dɪstsi'pli:n] (-, -en) *f* disgyblaeth *b*.

Disziplinarverfahren *nt* gweithrediadau *ll* disgyblu.

diszipliniert *adj* disgybledig.

dito ['di:to] *adv* ditto, yr un peth.

Diva ['di:va] (-, -s) *f* difa *b*, prif gantores *b*, prif actores *b*.

Divergenz *f* dargyfeiriad *g*.

divers [di'vɛrs] *adj pl:* **~e** amrywiol, amryfal; *(verschiedene)* gwahanol.

Diverses [di'vɛrzəs] *pl* amryw bethau.

Dividend *m (MATH)* rhannyn *g*.

Dividende [divi'dɛndə] (-, -n) *f (FIN)* rhandal *g*, buddran *b*, difidend *g*.

dividieren [divi'di:rən] *vt:* **~ durch** rhannu â.

Division *f (MATH)* rhaniad *g*.

Divisor *m (MATH)* rhannydd *g*.

Diwan _m_ soffa _b_, glwth _g_.

d.J. _abk (= der Jüngere)_ yr ieuengaf; _(= dieses Jahr)_ eleni.

DJH[D] _nt abk (= Deutsche Jugendherberge)_ Cymdeithas Hostelau Ieuenctid yr Almaen.

DM _abk (= Deutsche Mark)_ marc _g_ (Almaenig), DM.

d.M. _abk (= dieses Monats)_ o'r mis hwn.

D-Mark ['deːmark] (-, -) _f_ marc _g_ (Almaenig).

d-Moll _f (MUS)_ d _b_ leiaf.

DNS _f abk (= Desoxyribonukleinsäure, BIOL)_ asid _g_ diocsiriboniwclëig.

doch[1] [dɔx] _adv_ **1** _(dennoch)_ wedi'r cyfan; _(ohnedies)_ beth bynnag; **und ~** ac eto; **er kam ~ noch** daeth wedi'r cyfan; **du weißt es ja ~ besser** rwyt ti'n gwybod mwy na mi beth bynnag; **es war ~ ganz interessant** roedd hi'n eithaf diddorol wedi'r cyfan; **2** _(als bejahende Antwort)_ siŵr iawn; **das ist nicht wahr – ~!** nid yw hynny'n wir – ydy mae e! **3** _(auffordend)_ **komm ~!** tyrd! **lass ihn ~** gad iddo fod; **nicht ~!**[D] o na! **wenn ~** petai ond; **wenn er ~ nur nach Hause ginge** o na bai e'n mynd adref; **4** _(ja)_ **er ist ~ erst 10** ond dim ond 10 oed yw e; **Sie wissen ~, wie das ist** rydych yn gwybod sut mae hi.

doch[2] _konj (aber)_ ond; _(trotzdem)_ beth bynnag, serch hynny; **und ~ hat er es getan** ond fe'i gwnaeth serch hynny.

Docht [dɔxt] (-(e)s, -e) _m_ wic _g_, pabwyr _g_.

Dock [dɔk] (-s, -s _oder_ -e) _nt (NAUT)_ doc _g_.

Dockgebühren _pl_ tollau _ll_ porthladd.

Dogge ['dɔgə] (-, -n) _f_ ci _g_ tarw; **Deutsche ~** ci mawr Denmarc, Daniad _g_ mawr.

Dogma ['dɔgma] (-s, **Dogmen**) _nt_ dogma _gb_.

dogmatisch [dɔg'maːtɪʃ] _adj_ dogmataidd, dogmatig.

Dohle ['doːlə] (-, -n) _f (ZOOL)_ jac-y-do _g_.

Doktor ['dɔktɔr] (-s, -en) _m (Arzt)_ meddyg _g_; _(Wissenschaft)_ doctor _g_, doethur _g_; **den ~ machen** _(ugs)_ gwneud doethuriaeth.

Doktorand [dɔktɔ'rant] (-en, -en) _m_ darpar ddoethur _g_; **~in** _f_ darpar ddoethures _b_.

Doktorarbeit (-, -en) _f_ traethawd _g_ doethuriaeth.

Doktorat [dɔktɔ'raːt] _nt_ doethuriaeth _b_.

Doktor- _kompos:_ **~titel** _m_ doethuriaeth _b_; **~vater** _m_ tiwtor _g_.

Doktrin _f_ athrawiaeth _b_.

doktrinär [dɔktri'nɛːr] _adj_ athrawiaethus.

doktrinell [dɔktri'nɛl] _adj_ athrawiaethol.

Dokument [doku'mɛnt] (-(e)s, -e) _nt_ dogfen _b_, papur _g_.

Dokumentar- _kompos:_ **~bericht** _m_ rhaglen _b_ ddogfennol; **~film** _m_ ffilm _b_ ddogfennol.

dokumentarisch [dokumɛn'taːrɪʃ] _adj_ dogfennol.

Dokumentarspiel _nt_ drama _b_ ddogfennol.

Dokumentation _f_ rhaglen _b_ ddogfennol.

dokumentieren [dokumɛn'tiːrən] _vt_ dogfennu; _(fig: zu erkennen geben)_ datgelu.

Dolch [dɔlç] (-(e)s, -e) _m_ dagr _gb_.

Dolde ['dɔldə] _f (BOT)_ wmbel _g_.

Dollar _m (FIN)_ doler _b_.

Dolmen _m (HIST)_ dolmen _b_, cromlech _b_.

dolmetschen ['dɔlmɛtʃən] _vi_ lladmeru, cyfieithu.

Dolmetscher (-s, -) _m_ lladmerydd _g_, cyfieithydd _g_; **~in** _f_ lladmerydd _g_, cyfieithwraig _b_.

Dolomiten [dolo'miːtən] _pl (GEOG)_ **die ~** y Dolomitau _ll_ (mynyddoedd rhwng Awstria a'r Eidal).

Dom [doːm] (-(e)s, -e) _m_ eglwys _b_ gadeiriol.

Domäne [do'mɛːnə] (-, -n) _f_ maes _g_, pau _b_.

dominant _adj_ trechol.

Dominante [domi'nantə] (-, -n) _f (MUS)_ llywydd _g_.

Dominanz _f_ uchafiaeth _b_.

dominieren [domi'niːrən] _vi_ rhagori, goruchafu.

  ♦ _vt_ goruchafu, gorbwyso.

Dominikaner _m (REL)_ Dominiciad _g_.

dominikanisch _adj_ Dominicaidd; **D~ Republik** _(GEOG)_ y Weriniaeth _b_ Ddominicaidd.

Domino _nt_ domino _g_.

Dominostein _m_ domino _g_.

Dompfaff ['doːmpfaf] (-en, -en) _m (ZOOL)_ coch _g_ y berllan.

Dompteur [dɔmp'tøːr] (-s, -e) _m_ hyfforddwr _g_ anifeiliaid mewn syrcas.

Dompteuse [dɔmp'tøːzə] (-, -n) _f_ hyfforddwraig _b_ anifeiliaid mewn syrcas.

Donau ['doːnau] _f (GEOG)_ **die ~** Donaw, afon Donaw.

Donner ['dɔnər] (-s, -) _m_ taranau _ll_; **wie vom ~ gerührt**[D] syfrdan, wedi cael ysgytwad.

donnern _vi unpers (+haben) (MET)_ taranu.

  ♦ _vi (+sein oder haben)_ taranu; **an die Tür ~** dyrnu'r drws.

  ♦ _vt (+haben) (ugs: werfen, treten)_ taro, taranu, dyrnu.

donnernd _adj_ taranllyd.

Donnerschlag (-(e)s, ¨-e) _m_ taraniad _g_.

Donnerstag ['dɔnərstaːk] (-(e)s, -e) _m_ dydd _g_ Iau.

Donnerwetter ['dɔnərvɛtər] _nt_ storm _b_ o daranau; _(fig: Zurechtweisung)_ cystwyad _g_, pryd _g_ o dafod; **~!** y nefoedd wen! _(anerkennend)_ yn wir! _(ärgerlich)_ **zum ~!** neno'r Tad!

doof[D] [doːf] _adj (ugs)_ twp, dwl, ffôl.

Dopingkontrolle ['dɔpɪŋkɔntrɔlə] (-, -n) _f (SPORT)_ prawf _g_ cyffuriau.

Doppel ['dɔpəl] (-s, _kein pl_) _nt (SPORT)_ parau _ll_; _(Abschrift)_[D] dyblygiad _g_, copi _g_.

Doppel- _kompos:_ **~band** _m (Buch von doppeltem Umfang)_ dau lyfr mewn un gyfrol; *(zwei Bände)* dwy gyfrol; **~bett** *nt* gwely *g* dwbl.

doppelbödig *adj (fig)* amwys.

doppeldeutig *adj* amwys.

Doppel- *kompos:* **~fenster** *nt* gwydro *g* dwbl, gwydriad *g* dwbl; **~gänger** *m* rhn sydd yr un ffunud â rhn; **~haus** *nt* tŷ *g* pâr, tŷ semi; **~helix** *f* helics *g* dwbl; **~kinn** *nt* tagell *b*; **~korn** *m* math ar schnaps; **~punkt** *m* colon *g*, gorwahannod *g*.

doppelseitig *adj* dwyochrog; **~e Anzeige** hysbyseb *b* ddau dudalen.

doppelsinnig *adj* amwys.

Doppel- *kompos:* **~stecker** *m* addasydd *g* dwyffordd; **~stunde** *f (SCH)* gwers *b* ddwbl.

doppelt ['dɔpəlt] *adj* dwbl; *(Staatsbürgerschaft)* deuol, dwbl; *(COMM)* **~e Buchführung** cofnod *g* dwbl; **in ~er Ausfertigung** ar ffurf ddyblyg; **~er Boden** gwaelod ffug.

♦ *adv* dwywaith; **ich bin ~ so alt wie Sie** rwyf ddwywaith eich oed chi; **die Karte habe ich ~** mae gennyf ddau o'r cerdyn hwn; **~ gemoppelt** *(ugs)* ddwywaith heb angen.

Doppelte *nt* dwbl *g*.

Doppel- *kompos:* **~verdiener** *m* rhn gyda dau incwm *g*; *(pl: Paar)* teulu gyda dau incwm; **~zentner** *m* 100 cilogram *g*; **~zimmer** *nt* ystafell *b* ddwbl.

Dorf [dɔrf] (-(e)s, ̈-er) *nt* pentref *g*.

Dorf- *kompos:* **~älteste** *m/f* henuriad *g*; **~bewohner** *m* pentrefwr *g*.

Dörfler *m* pentrefwr *g*.

Dorn¹ [dɔrn] (-(e)s, -en) *m (BOT)* draenen *b*; **jdm ein ~ im Auge sein** bod yn ddraenen yn ystlys rhn.

Dorn² (-(e)s, -e) *m (Schnallen~)* tafod *g*; *(TECH)* mynawyd *g*.

Dornenhecke *f* drysi *ll*.

dornig ['dɔrnɪç, -ɪk] *adj* dreiniog, pigog, dreinllyd.

Dornröschen [dɔrn'rø:zçən] *nt* y Rhiain Gwsg.

Dornröschenschlaf *m (fig)* cwsg *g* trwm.

dörren ['dœrən] *vt* sychu, crasu.

Dörrobst ['dœro:pst] *nt* frwythau *ll* sychion.

Dorsch [dɔrʃ] (-es, -e) *m (ZOOL)* penfras *g*.

dort [dɔrt] *adv* yna, acw; *(außer Sichtweite)* yno, yna; **~ drüben** yn y fan yna; **~ und ~** *(irgendwo)* y lle a'r lle.

dorther *adv* o fan 'na, o fan acw.

dorthin *adv* i fan 'na, i'r fan acw.

dorthinaus *adv:* **frech bis ~** *(ugs)* haerllug tu hwnt.

dortig ['dɔrtɪç, -ɪk] *adj* o'r fan yna.

Dose ['do:zə] (-, -n) *f* blwch *g*, bocs *g*; *(Lebensmittel)* tun *g*, can *g*.

dösen ['dø:zən] *vi (ugs)* hepian, pendwmpian.

Dosen *pl von* **Dose** *oder* **Dosis**.

Dosen- *kompos:* **~milch** *f* llaeth *g* anwedd; **~öffner** *m* agorwr *g* tun.

dosieren [do'zi:rən] *vt* dogni.

Dosis ['do:zɪs] (-, **Dosen**) *f* dogn *g*, dos *gb*.

Dotierung [do'ti:rʊŋ] (-, -en) *f* gwaddol *g*; *(von Posten)* tâl *g*.

Dotter ['dɔtər] (-s, -) *m* melynwy *g*.

Double ['du:bəl] (-s, -s) *nt (FILM)* dirprwy actor(es) *g(b)*.

Downsyndrom *nt (MED)* syndrom *g* Down, cyfrediad *g* Down.

Doz. *abk* = **Dozent(in)**.

Dozent [do'tsɛnt] (-en, -en) *m* darlithydd *g*; **~in** *f* darlithwraig *b*; **~ für** darlithydd mewn.

dpa *f abk* (= *Deutsche Presse-Agentur*) asiantaeth newyddion yr Almaen.

Dr. *abk* = **Doktor**; **Dr.h.c.** *abk* (= *Doktor honoris causa*) doethur er anrhydedd; **Dr.jur.** *abk (Doktor der Rechtswissenschaften)* Ll.D.; **Dr.med.** *abk (Doktor der Medizin)* ≈ Baglor (nid Doethur) mewn Meddygaeth; **Dr.phil.** *abk (Doktor der Geisteswissenschaften)* Ph.D.; **Dr.theol.** *abk (Doktor der Theologie)* D.D.

Drache ['draxə] (-n, -n) *m (Fabelwesen)* draig *b*.

Drachen ['draxən] (-s, -) *m* barcut *g*; *(pej: zänkische Frau)* jaden *b*; **einen ~ steigen lassen** hedfan barcut.

Drachenfliegen (-s, *kein pl*) *nt (SPORT)* barcuta.

Dragée [dra'ʒe:] (-s, -s) *nt (Bonbon)* losinen *b* siocled; *(MED)* dragee *g*.

Draggen ['dragən] (-s, -) *m (NAUT)* angoryn *g*.

Draht [dra:t] (-(e)s, ̈-e) *m* gwifren *b*; **auf ~ sein** bod yna i gyd, bod yn effro fel y gog.

Draht- *kompos:* **~bürste** *f* brws *g* gwifrog; **~esel** *m (ugs)* beic *g*; **~gitter** *nt* rhwyll *b* wifrog.

drahtig ['dra:tɪç, -ɪk] *adj (Mann)* gewynnog, gwydn.

drahtlos *adj* heb fflecs.

Drahtseil *nt* cebl *g*; **Nerven wie ein ~** gwydn fel cortyn.

Drahtseilbahn *f* rhaffordd *b*, rheilffordd *b* gebl.

Draht- *kompos:* **~zange** *f* gefel *b*; **~zieher** *m (fig)* tynnwr *g* llinynnau.

Drainage [drɛ'na:ʒə] *f* draeniad *g*.

drakonisch *adj* llawdrwm.

drall [dral] *adj* cydnerth; *(mollig)* llond ei chroen.

Drall (-(e)s, -e) *m* gogwydd *g*; *(fig)* tueddiad *g*; **einen ~ nach links haben** *(AUTO)* tynnu i'r chwith.

Drama ['dra:ma] (-s, **Dramen**) *nt* drama *b*.

Dramatiker [dra'ma:tikər] *m* dramodydd *g*; **~in** *f* dramodwraig *b*.

dramatisch [dra'ma:tɪʃ] *adj* dramatig.

Dramaturg [drama'tʊrk] (-en, -en) *m* cyfarwyddwr *g* artistig; *(TV)* cynhyrchydd *g* dramâu.

dramaturgisch *adj* dramataidd.

dran [dran] *adv vgl.* **daran**; *(an der Reihe)* **du bist ~** dy dro di yw hi; **spät ~ sein** bod yn hwyr; **ich weiß nicht, wie ich bei ihm ~ bin** wn i ddim ble rwyf yn sefyll gydag ef.

dranbleiben *irreg vi (+sein) (ugs)* aros yn agos; *(am Apparat)* aros ar y lein, dal y lein.

Drang [draŋ] (-(e)s, ˝-e) *m (Trieb)* dyhead *g*; *(Druck)* pwysau *ll*.

drang *vb vgl.* **dringen**.

drängeln [ˈdrɛŋəln] *vi* gwthio, penelinio.

drängen [ˈdrɛŋən] *vt (schieben)* gwthio, gwasgu, pwyso; *(antreiben)* annog, cymell.

  ♦ *vi (eilig sein)* bod yn fater o frys; *(Zeit)* gwasgu; **auf etw** *akk* **~** mynnu rth.

drangsalieren [draŋzaˈliːrən] *vt untrenn* plagio.

dranhalten *irreg vr (befolgen)* dilyn; *(ugs:*[D] *sich beeilen)* ei siapo hi, pydru.

drankommen *irreg vi (+sein) (an die Reihe kommen)* cael eich tro; *(SCH)* cael eich galw; *(Frage, Aufgabe)* codi.

drannehmen *irreg vt (ugs: Schüler)* holi.

dransetzen *vt =* **daransetzen**.

drastisch [ˈdrastɪʃ] *adj* grymus, drastig.

dräuen *vi (veraltet)* gwgu.

drauf [drauf] *adv vgl.* **darauf**; **~ und dran sein, etw zu tun** bod ar fin gwneud rhth; **etw ~ haben**[D] *(können)* medru gwneud rhth yn rhwydd; *(Kenntnisse)* bod yn hyddysg; **gut ~ sein** bod mewn hwyliau da.

Draufgänger (-s, -) *m* rhyfygwr *g*, herfeiddiwr *g*.

draufgehen *irreg vi (+sein) (ugs: verbraucht werden)* cael ei ddefnyddio'n llwyr; *(kaputtgehen)* cael ei ddryllio.

draufzahlen *vi (fig: Einbußen erleiden)* talu'r pris.

draußen [ˈdrausən] *adv* y tu allan.

drechseln *vt* turnio.

Drechsler [ˈdrɛkslər] (-s, -) *m* turniwr *g* coed.

Dreck [drɛk] (-(e)s, *kein pl*) *m* budreddi *g*, baw *g*; *(Kot)* llaid *g*, mwd *g*; **~ am Stecken haben** bod â chath yn y cwpwrdd; **das geht ihn einen ~ an** *(ugs)* ni ddylai fusnesu.

dreckig [ˈdrɛkɪç, -ɪk] *adj* budr, brwnt; **es geht mir ~** *(ugs)* rwyf yn wael fy myd.

Drecksau *f (vulg)* mochyn *g* budr.

Dreckskerl *m (ugs)* mochyn *g* budr.

Dreh [dreː] (-s, -s *oder* -e) *m:* **den ~ raushaben** *(ugs)*[D] bod wedi cael crap ar rth.

Dreh- *kompos:* **~achse** *f* echel *b* cylchdro; **~arbeiten** *pl (FILM)* y ffilmio; **~bank** *f* turn *g* metel.

drehbar *adj* cylchdroadwy.

Drehbuch *nt (FILM)* sgript *b*.

drehen *vt* troi, cylchdroi; *(Zigaretten)* rholio; *(FILM)*

ffilmio; **ein Ding ~** *(ugs)*[D] cyflawni trosedd.

  ♦ *vi (Wind)* troi, cylchdroi; *(FILM)* ffilmio.

  ♦ *vr* troi, troelli; *(handeln von)* **sich um etw ~** bod a wnelo â, ymwneud â.

Dreher (-s, -) *m* turniwr *g*.

Dreh- *kompos:* **~leier** *f* hyrdi-gyrdi *g*; **~moment** *nt* momentwm *g*; **~orgel** *f* organ *b* dro; **~ort** *m* lleoliad *g* ffilmio; **~scheibe** *f* trofwrdd *g*; **~sessel** *m* cadair *b* dro; **~strom** *m* cerrynt *g* teirgwedd; **~stromgenerator** *m* tyrbogeneradur *g*; **~tür** *f* drws *g* troi.

Drehung (-, -en) *f (kreisförmige Bewegung)* cylchdro *g*, cylchdroad *g*; *(Umdrehung)* tro *g*, troad *g*.

Drehwurm *m (ugs)* **den ~ haben** bod â'r bendro arnoch.

Drehzahl *f* cyfradd *gb* cylchdroeon.

Drehzahlmesser *m (AUTO)* rhifydd *g* cylchdroeon, cylchdroadur *g*.

drei [drai] *num* tri, tair; **aller guten Dinge sind ~** tri chynnig i Gymro; **~ Uhr** tri o'r gloch; **~ viertel** tri chwarter; **~ viertel acht** *(Uhrzeit)* chwarter i wyth; **~ Tage** tridiau *ll*; **~ Jahre alt** tair blwydd oed.

Drei[D] *f* rhif *g* tri; *(SCH)* C *b*.

Dreibettzimmer *nt* ystafell â thri gwely ynddo.

dreidimensional *adj* tri ddimensiwn.

Dreieck *nt* triongl *g*.

dreieckig *adj* trionglog.

Dreiecksverhältnis *nt* y triongl *g* tragwyddol.

dreieinhalb *num* tri a hanner.

Dreieinigkeit *f (REL)* y Drindod *b*.

Dreier[A] *m =* **Drei**.

dreierlei *adj indekl* tri math *g* ar.

dreifach *adj* triphlyg; **die ~e Menge** teirgwaith y maint.

Dreifaltigkeit *f (REL)* y Drindod *b*.

Drei- *kompos:* **~fuß** *m* trybedd *b*; *(Schemel)* stôl *b* deirgoes; **~gangschaltung** *f* trawsyriant *g* tair gêr.

dreihundert *num* tri chant.

Dreikäsehoch *m (ugs)* Twm Pwt, bachgen *g* bach.

Dreikönigsfest *nt (REL)* Gŵyl *b* Ystwyll.

dreimal *adv* tair gwaith, teirgwaith.

dreimalig *adj* tair gwaith, teirgwaith.

dreinblicken [ˈdrainblɪkən] *vi:* **traurig ~** bod â golwg drist, bod yn drist eich gwedd.

dreinreden [ˈdrainreːdən] *vi +dat (unterbrechen)* torri ar draws rhn; *(sich einmischen)* ceisio dylanwadu ar.

dreinsehen [ˈdrainzeːən] *irreg vi:* **traurig ~** bod â golwg drist, bod yn drist eich gwedd.

Dreirad [ˈdrairaːt] (-(e)s, ˝-er) *nt* treisicl *g*.

Dreisprung [ˈdraiʃprʊŋ] *m (SPORT)* naid *b* driphlyg.

dreißig [ˈdraisɪç, -ɪk] *num* deg ar hugain, tri deg.

dreist [draist] *adj* haerllug, hyf, digywilydd.

Dreistigkeit _f_ hyfdra _g_, ehofnder _g_.

dreitausend _num_ tair mil.

drei viertel _num vgl._ **drei.**

Dreiviertel- _kompos:_ **~stunde** _f_ tri chwarter awr _b_; **~takt** _m_ (MUS) amseriad _g_ tri-pedwar.

Dreizack _m_ tryfer _gb_.

dreizehn ['draɪtseːn] _num_ tri ar ddeg _g_, tair ar ddeg _b_, un deg tri/tair; **jetzt schlägt's ~!** dyna ddigon!

dreizehnte _adj_ trydydd ar ddeg, trydedd ar ddeg.

dreschen ['drɛʃən] _irreg vt_ (Getreide) dyrnu, ffusto; (ugs: verprügeln) rhoi curfa, rhoi cweir; **Skat ~** (ugs)^D chwarae sgat.

Drescher _m_ dyrnwr _g_.

Dreschflegel _m_ ffust _b_.

Dreschmaschine _f_ dyrnwr _g_.

dressieren [drɛˈsiːrən] _vt_ (Tier) hyweddu, hyfforddi.

dressiert _adj_ hywedd.

Dressing _nt_ (KOCH) marinâd _g_, dresin _g_.

Dressur [drɛˈsuːr] (-, **-en**) _f_ hyfforddiant _g_.

Dressurreiten _nt_ (SPORT) dressage.

Dr.h.c. _abk_ (= Doktor honoris causa) doethur er anrhydedd.

dribbeln _vi_ (SPORT) driblo, jyglo.

driften ['drɪftən] _vi_ (+sein) (NAUT, fig) gwyro.

Drillbohrer ['drɪlboːrər] (**-s**, **-**) _m_ dril _g_.

drillen ['drɪlən] _vt_ (bohren) tyllu, ebillio; (MIL) drilio, hyfforddi; (fig) ymarfer; **auf etw gedrillt sein** (ugs: fig) bod yn brofiadol yn rhth.

Drilling ['drɪlɪŋ] (**-s**, **-e**) _m_ tripled _g_.

Drillmaschine ['drɪlmaˈʃiːnə] (-, **-n**) _f_ (Landwirtschaft) hadaradr _b_, dril _g_ hau.

drin [drɪn] _adv vgl._ **darin;** (ugs) **bis jetzt ist noch alles ~** mae popeth yn agored hyd yn hyn.

dringen ['drɪŋən] _irreg vi_ (+sein) (ein~) dod i mewn i rth; (heraus) dod allan o rth; (hindurch) dod trwy rth, treiddio; **in jdn ~** annog rhn, perswadio rhn.

dringend ['drɪŋənt] _adj_ taer, pwysig iawn, ar frys.

dringlich ['drɪŋlɪç] _adj_ taer, pwysig iawn.

Dringlichkeit _f_ brys _g_.

Dringlichkeitsstufe _f_ blaenoriaeth _gb_; **~ eins** blaenoriaeth fwyaf.

drinnen ['drɪnən] _adv_ tu mewn.

drinstecken ['drɪnʃtɛkən] _vi_ (ugs) **da steckt eine Menge Arbeit drin** aeth llawer o waith i mewn i hynny.

dritt [drɪt] _adv:_ **wir kommen zu ~** bydd tri ohonom yn dod.

dritte _adj_ trydydd _g_, trydedd _b_; **~ Zähne** dannedd _ll_ gosod; **die D~ Welt** y Trydydd Byd; **das D~ Reich** y Drydedd Reich.

Drittel ['drɪtəl] _nt_ traean _g_, trydydd _g_.

drittens ['drɪtəns] _adv_ yn drydydd.

drittklassig ['drɪtklasɪç, -ɪk] _adj_ trydedd radd, trydydd dosbarth.

Dr.jur. _abk_ (Doktor der Rechtswissenschaften) Ll.D.

DRK^D _nt abk_ (= Deutsches Rotes Kreuz) y Groes Goch Almaenig.

Dr.med. _abk_ (Doktor der Medizin) ≈ Baglor (nid Doethur) mewn Meddygaeth.

droben ['droːbən] _adv_ (oben drauf) fry, ar y pen uchaf, y tu uchaf.

Droge ['droːgə] (-, **-n**) _f_ cyffur _g_.

drogenabhängig _adj_ caeth i gyffuriau.

Drogen- _kompos:_ **~handel** _m_ masnach _b_ gyffuriau; **~händler** _m_ deliwr _g_ mewn cyffuriau, gwerthwr _g_ cyffuriau; **~hund** _m_ ci _g_ synhwyro; **~missbrauch** _m_ camddefnyddio cyffuriau; **~sucht** _f_ caethiwed _g_ i gyffuriau.

drogensüchtig _adj_ caeth i gyffuriau.

Drogensüchtige _m/f_ rhn caeth i gyffuriau.

Drogerie [drogəˈriː] _f_ siop _b_ fferyllydd, fferyllfa _b_.

Drogist [droˈgɪst] (**-en**, **-en**) _m_ fferyllydd _g_; **~in** _f_ fferyllwraig _b_.

Drohbrief ['droːbriːf] _m_ llythyr _g_ bygythiol.

drohen ['droːən] _vi_ +dat bygwth.

Drohgebärde (-, **-n**) _f_ ystum _gb_ bygythiol.

Drohne ['droːnə] (-, **-n**) _f_ (ZOOL) gwenynen _b_ ormes.

dröhnen ['drøːnən] _vi_ (widerhallen) atseinio, datseinio, diasbedain; (Motor) rhuo, chwyrnu.

Drohung ['droːʊŋ] (-, **-en**) _f_ bygythiad _g_.

drollig ['drɔlɪç, -ɪk] _adj_ (niedlich) annwyl, hoffus, ciwt; (lustig) rhyfedd, doniol.

Dromedar _nt_ (ZOOL) dromedari _g_.

Drops^D [drɔps] (-, **-**) _m_ losen _b_ ffrwyth.

drosch _vb vgl._ **dreschen.**

Droschke ['drɔʃkə] (-, **-n**) _f_ (veraltet) cerbyd _g_ hacnai.

Droschkenkutscher (**-s**, **-**) _m_ gyrrwr _g_ cerbyd hacnai.

Drossel ['drɔsəl] (-, **-n**) _f_ (ZOOL) bronfraith _b_; (TECH) throtl _b_.

drosseln ['drɔsəln] _vt_ (Motor) cau'r throtl; (Heizung) troi i lawr; (Produktion) cyfyngu ar.

Dr.phil. _abk_ (Doktor der Geisteswissenschaften) Ph.D.

Dr.theol. _abk_ (Doktor der Theologie) D.D.

drüben ['dryːbən] _adv_ tu draw, ar yr ochr _b_ arall.

drüber ['dryːbər] _adv_ uwchben; _vgl._ **darüber.**

Druck [drʊk] (-(**e**)**s**, **-e**) _m_ (Drücken) gwasgiad _g_, pwyso _g_; (PHYS) pwysedd _g_; (fig: Belastung) baich _g_, pwysau _ll_, pwn _g_; (Zwang) pwysau; (Buch, Bild) argraffiad _g_, printiad _g_; (Druckart) teip _g_; **~ hinter etw machen** dwyn pwysau ar rth; **jdn unter ~ setzen** gwasgu ar rn; **~ ausüben auf jdn** dylanwadu ar rn; **in ~ gehen** (Zeitung) mynd i'r gwely.

Druckbuchstabe (**-n**, **-n**) _m_ llythyren _b_ argraffedig; **in ~n schreiben** printio, ysgrifennu mewn llythrennau breision.

Drückeberger (-s, -) *m (ugs)* diogyn *g*.

drucken ['drʊkən] *vt* argraffu, printio.

drücken ['drʏkən] *vt (Knopf)* pwyso; *(fig: Preise)* cadw yn isel; *(bedrücken)* llethu; **das Gewissen drückt ihn** mae cydwybod yn ei lethu; **jdm die Hand ~** ysgwyd llaw rhn; **jdm etw in die Hand ~** rhoi rhth i rn.

♦ *vi* gwasgu; **wo drückt der Schuh?** *(fig)* ble mae'r esgid fach yn gwasgu? beth yw'r broblem?

♦ *vr:* **sich vor etw** *dat* **~** osgoi gwneud rhth.

drückend *adj (Last)* mawr, trwm; *(Armut)* affwysol; *(Hitze)* trymaidd, mwll.

Drucker (-s, -) *m* peiriant *g* argraffu, argraffydd *g*.

Drücker *m* botwm *g*; *(ugs: Gewehrabzug)* clicied *b*; **am ~ sein** bod mewn grym; **auf den letzten ~** *(fig: ugs)*[D] ar y funud olaf.

Druckerei (-, -en) *f* gwasg *b*.

Drucker- *kompos:* **~presse** *f* gwasg *b*; **~schwärze** *f* inc *g* argraffu.

Druck- *kompos:* **~fahne** *f* proflen *b*, gali *gb*; **~fehler** *m* gwall *g* argraffu, camargraffiad *g*; **~knopf** *m (TEX)* styden *b* wasgu, botwm *g* clec; **~kochtopf** *m* sosban *b* bwysedd; **~kopf** *m* pen *g* argraffu; **~luft** *f* awyr *b* gywasgedig; **~messer** *m* medrydd *g* gwasgedd; **~mittel** *nt (fig)* pwysau *ll*, dylanwad *g*.

druckreif *adj* parod i'w argraffu; *(fig)* wedi'i gaboli.

Druck- *kompos:* **~sache** *f* deunydd *g* printiedig; **~schrift** *f* ysgrifen *b* brintiedig; *(gedrucktes Werk)* pamffledyn *g*; **~stelle** *f (MED)* man *gb* gwasgu; **~taste** *f* botwm *g* pwyso; **~welle** *f* siocdon *b*.

Druide [dru'iːdə] (-n, -n) *m* derwydd *g*.

drum [drʊm] *adv* vgl. **darum**; *(ugs)* **~ herum** o gwmpas; **mit allem D~ und Dran** gan gynnwys popeth perthnasol.

Drumherum ['drʊmhɛ'rʊm] *nt* geriach *g*.

drunten ['drʊntən] *adv (unten)* obry, oddi tanodd.

drunter ['drʊntər] *adv (ugs)* = **darunter**; **~ und drüber** plith draphlith.

Drüse ['dryːzə] (-, -n) *f* chwarren *b*.

DSB[D] *m abk (= Deutscher Sportbund)* Cymdeithas Chwaraeon yr Almaen.

Dschungel ['dʒʊŋəl] *m* jyngl *b*, dryswig *b*, drysgoed *g*.

DSD[D] *nt abk (= Duales System Deutschland)* system ddeuol ailgylchu gwastraff.

dt. *abk* = **deutsch**.

DTP *nt abk (= Desktop publishing)* bwrdd-gyhoeddi *g*.

Dtzd. *abk (= Dutzend)* dwsin *g*.

du [duː] *pron* ti; **mit jdm per ~ sein** bod ar delerau ti a thithau â rhn; **auch ~** a thithau.

Du *nt:* **jdm das ~ anbieten** cynnig i rn ddefnyddio'r

ffurf 'ti'.

dual *adj* deuol.

Dual *m (GRAM)* deuol *g*.

Dualismus *m* deuoliaeth *b*.

Dübel ['dyːbəl] (-s, -) *m* hoelbren *g*, plwg *g*.

dübeln ['dyːbəln] *vt* pegio.

Dublin ['dablɪn] *nt (GEOG)* Dulyn *b*.

ducken ['dʊkən] *vr* plymio, dowcio.

Duckmäuser ['dʊkmɔʏzər] *m* ameniwr *g*, rhn swil.

Dudelsack ['duːdəlzak] (-(e)s, ̈-e) *m* bagbib *b*, y pibau *ll*.

Duell [du'ɛl] (-s, -e) *nt* gornest *b*, ymladdfa *b*.

Duett [du'ɛt] (-s, -e) *nt* deuawd *gb*.

Duft [dʊft] (-(e)s, ̈-e) *m* aroglau *g* da, persawr *g*, gwynt *g* da.

duften *vi* bod ag oglau da arno, arogli'n bêr, perarogli.

duftig ['dʊftɪç, -ɪk] *adj (Stoff, Kleid)* main, ysgafn.

Duft- *kompos:* **~note** *f (von Parfüm)* nodwedd *b* persawr; **~wasser** *nt* persawr *g*.

dulden ['dʊldən] *vt (ertragen)* dioddef; *(zulassen)* goddef, caniatáu.

duldsam ['dʊltzam] *adj* goddefgar, goddefol.

Duldsamkeit *f* cydymddygiad *g*.

dumm [dʊm] *(komp* **dümmer**; *superl* **am dümmsten)** *adj* twp, hurt, ffôl; *(ärgerlich)* plagus, diflas, annifyr; **das wird mir zu ~** mae hynny y tu hwnt; **du willst mich wohl für ~ verkaufen** rwyt ti'n meddwl fy mod i'n dwp, mae'n debyg; **der D~e sein** bod yr un sydd wastad yn colli; **so etwas D~es** dyna wirion; **der ~e August** *(ugs)*[D] y clown *g*; **sich ~ und dämlich reden** *(ugs)* siarad tan ddydd Sul y Pys.

dummdreist *adj* haerllug.

dummerweise *adv (leider)* yn anffodus.

Dummheit (-, -en) *f* ffolineb *g*, twpdra *g*; *(Tat)* camgymeriad *g*, camsyniad *g*.

Dummkopf (-(e)s, ̈-e) *m* hurtyn *g*, ffŵl *g*, twpsyn *g*, twpsen *b*.

dumpf [dʊmpf] *adj (Ton)* aneglur, marwaidd; *(Schmerz)* amhendant; *(Erinnerung)* niwlog; *(stickig)* trymaidd.

Dumpfheit *f* marweidd-dra *g*; *(von Luft)* myllni *g*; *(der Erinnerung)* amhendantrwydd *g*.

Dumpingpreis ['dampɪŋpraɪs] (-es, -e) *m* pris *g* nesaf i ddim.

Düne ['dyːnə] (-, -n) *f* twyn *g*, tywodfryn *g*.

Dung [dʊŋ] (-(e)s, *kein pl) m* tail *g*.

düngen ['dʏŋən] *vt* gwrteithio, teilo, achlesu.

Dünger ['dʏŋər] *m* tail *g*, achles *gb*; *(Kunst~)* gwrtaith *g*.

dunkel ['dʊŋkəl] *adj* tywyll; *(Stimme)* dwfn, isel; *(Ahnung)* amhendant, ansicr; *(rätselhaft)* tywyll, aneglur; *(zwielichtig)* amheus, brith; **im D~n tappen** *(fig)* ceisio gwneud rhth heb wybod yn iawn sut i'w wneud.

Dunkel (-(e)s, *kein pl*) *nt* tywyllwch *g;* **im ~n tappen** palfalu mewn tywyllwch.

Dünkel ['dʏŋkəl] (-s, *kein pl*) *m* hunan-dyb *gb.*

dunkelblau *adj* dulas, glas tywyll.

dunkelgrün *adj* gwyrdd tywyll.

dünkelhaft *adj* hunandybus.

Dunkelheit *f* tywyllwch *g;* *(fig)* aneglurder *g;* **bei Einbruch der ~** wrth iddi nosi.

Dunkelkammer (-, -n) *f (FOTO)* ystafell *b* dywyll.

dunkeln *vi unpers* tywyllu, nosi.

Dunkelziffer (-, -n) *f* ffigurau amcan am achosion na chafwyd gwybodaeth amdanynt.

dünn [dʏn] *adj* tenau, main; **~ gesät** gwasgaredig.

Dünndarm *m* coluddyn *g* bach.

dünnflüssig *adj* tenau, dyfrllyd.

Dünnheit *f* teneuwch *g.*

dünnmachen[D] *vr:* **sich ~** *(ugs)* ei bachu hi, diflannu.

Dünnschiss[D] *m (ugs)* dolur *g* rhydd.

Dunst [dʊnst] (-(e)s, ¨-e) *m* anwedd *g,* ager *g;* *(Wetter)* tarth *g,* tawch *g,* nudd *b.*

Dunstabzugshaube *f* lwfer *gb* echdynnu.

dünsten ['dʏnstən] *vt (KOCH)* stemio, stemian.

Dunstglocke *f* mwrllwch *g,* mantell *b* niwl.

dunstig ['dʊnstɪç, -ɪk] *adj* tarthog, tawchlyd.

düpieren [dy'pi:rən] *vt (täuschen)* twyllo.

Duplikat [dupli'kɑ:t] (-(e)s, -e) *nt* copi *g,* dyblygiad *g.*

duplizieren *vt* dyblygu.

Dur [du:r] (-, *kein pl*) *nt (MUS)* mwyaf.

durch[1] [dʊrç] *präp +akk* **1** *(hindurch)* trwy; **~ den Urwald** trwy'r ddryswig; **~ das ganze Land** dros y wlad i gyd; **etw geht ~ die Presse** mae'r papurau i gyd yn ysgrifennu am y peth; **2** *(mittels)* trwy, trwy gyfrwng; *(wegen)* oherwydd, o achos; **Tod ~ den Strang** marwolaeth trwy grogi; **~ Zufall** ar hap, ar ddamwain; **~ die Post** gyda'r post; **~ seine Bemühungen** o ganlyniad i'w ymdrechion.

durch[2] *adv* **1** *(hin~)* drwy; **die ganze Nacht ~** drwy'r nos, gydol y nos; **den Sommer ~** gydol yr haf; **~ und ~** yn llwyr, yn gyfan gwbl; **8 Uhr ~** *(ugs)*[D] wedi troi 8 o'r gloch; **2** *(KOCH: gut gebraten)* **gut ~** wedi digoni, wedi ei rostio'n dda.

durcharbeiten *vi (ohne Pause)* gweithio ymlaen heb seibiant.

♦ *vt* gweithio trwy.

♦ *vr:* **sich durch die Post ~** gweithio eich ffordd trwy'r llythyron.

durchatmen *vi* anadlu yn ddwfn.

durchaus [dʊrç'aʊs] *adv* yn hollol; *(unbedingt)* yn sicr, yn bendant; **~ nicht** *(in verneinten Sätzen: als*

Verstärkung) dim ar unrhyw gyfrif; *(als Antwort)* dim o gwbl; **das lässt sich ~ machen** ymddengys hynny'n hollol ddichonadwy; **ich bin ~ Ihrer Meinung** cytunaf yn llwyr â chi.

durchbeißen *irreg vt* brathu trwodd.

♦ *vr (fig)* dygnu arni.

durchblättern *vt* bodio, fflicio (trwy lyfr).

Durchblick ['dʊrçblɪk] (-(e)s, -e) *m (fig)* dealltwriaeth *b,* amgyffred *g,* dirnadaeth *b;* **den ~ haben** *(ugs, fig)* gwybod be' ydy be'.

durchblicken ['dʊrçblɪkən] *vi* edrych trwy; *(ugs: verstehen)* **bei etw ~** deall rhth; **etw ~ lassen** *(fig)* lledawgrymu rhth, lledgyfeirio at rth.

Durchblutung [dʊrç'blu:tʊŋ] *f* cylchrediad *g* gwaed.

durchbohren [dʊrç'bo:rən] *vt untrenn* tyllu.

durchboxen ['dʊrçbɔksən] *vr (ugs, fig)* **sich durch etw ~** ymladd eich ffordd trwy rth.

durchbrechen[1] ['dʊrçbrɛçən] *irreg vt (+haben)* torri trwy.

♦ *vi (+sein)* torri trwodd; **die Sonne bricht durch** mae'r haul yn torri trwy'r cymylau.

durchbrechen[2] [dʊrç'brɛçən] *irreg vt untrenn (+haben)* *(überwinden)* torri trwy; **das Flugzeug durchbricht die Schallmauer** mae'r awyren yn torri trwy'r mur sain.

durchbrennen ['dʊrçbrɛnən] *irreg vi (+sein) (Draht, Sicherung)* llosgi trwodd; *(ugs)* rhedeg i ffwrdd.

durchbringen ['dʊrçbrɪŋən] *irreg vt (Kranken)* dod trwodd â, tynnu trwodd; *(Familie)* cynnal; *(Geld, Erbe)* gwastraffu, gwario yn ofer.

Durchbruch ['dʊrçbrʊx] (-(e)s, ¨-e) *m (Öffnung)* agoriad *g,* bwlch *g;* *(fig: Erfolg)* llwyddiant *g;* *(der Zähne)* torri *g;* **zum ~ kommen** ymddangos.

durchdacht [dʊrç'daxt] *adj* wedi'i ystyried yn ofalus.

durchdenken ['dʊrçdɛŋkən] *irreg vt* cynllunio'n ofalus.

durchdiskutieren ['dʊrçdisku'ti:rən] *vt* trafod yn drwyadl.

durchdrängen ['dʊrçdrɛŋən] *vr* gwthio eich ffordd trwodd.

durchdrehen ['dʊrçdre:ən] *vi (Räder)* troi; *(ugs)* gwylltio, mynd yn grac.

♦ *vt*[D] *(Fleisch)* briwo, torri'n fân.

durchdringen[1] ['dʊrçdrɪŋən] *irreg vi (+sein)* ymreiddio.

durchdringen[2] [dʊrç'drɪŋən] *irreg vt untrenn* treiddio.

durchdringend ['dʊrçdrɪŋənt] *adj* treiddgar; *(Kälte, Wind)* deifiol; *(Stimme)* miniog.

durchdrücken ['dʊrçdrʏkən] *vt* gwasgu trwodd; *(Knie)* sythu; *(fig: Gesetz, Reformen)* gwthio trwodd; *(seinen Willen)* cael eich ffordd.

durcheinander [durç'aɪ'nandər] *adv* mewn dryswch, blith draphlith; *(ugs: verwirrt)* wedi drysu; **im Zimmer lag alles ~** roedd popeth yn blith draphlith yn yr ystafell; **~ bringen** gwneud cawl o bethau; *(verwirren)* drysu; **~ reden** siarad yr un pryd â'ch gilydd; **~ trinken** cymysgu diodydd, yfed diodydd o fathau gwahanol.

Durcheinander (-**s**, *kein pl*) *nt* (*Unordnung*) anhrefn *b*, traed *ll* moch, cawl *g*; *(Verwirrung)* dryswch *g*.

durcheinander bringen *vt vgl.* **durcheinander**.

durcheinander reden *vi vgl.* **durcheinander**.

durchfahren ['durçfɑːrən] *irreg vt (+sein)* gyrru trwy; **die Nacht ~** teithio gydol y nos.

♦ *irreg vi (+sein)* gyrru'n syth trwodd; **der Zug fährt bis Klagenfurt durch** mae'r trên yn mynd trwodd i Klagenfurt heb stop.

Durchfahrt ['durçfɑːrt] (-, -**en**) *f* (*Durchreise*) tramwy *g*; *(Transit)* ffordd *b* drwodd; *(Passage eines Hauses)* tramwyfa *b*; **auf der ~** ar y ffordd drwodd; **keine ~!** dim mynediad!

Durchfall ['durçfal] (-**s**, ¨-**e**) *m* (*MED*) dolur *g* rhydd.

durchfallen ['durçfalən] *irreg vi (+sein)* syrthio trwodd; *(bei Examen)* methu, ffaelu.

durchfinden ['durçfɪndən] *irreg vr* llwyddo i gyrraedd.

durchfliegen ['durçfliːgən] *irreg vi (+sein)* (*ugs: in Prüfung*) methu, ffaelu.

Durchflug ['durçfluːk] *m:* **Passagiere auf dem ~** teithwyr *ll* tramwy.

durchforschen [durç'fɔrʃən] *vt untrenn* archwilio, ymchwilio.

durchforsten [durç'fɔrstən] *vt untrenn* (*fig: Akten*) cribo.

durchfragen [durç'frɑːgən] *vr* dod o hyd i rywle trwy ofyn.

durchfressen [durç'frɛsən] *irreg vr* (*fig*) bwyta eich ffordd trwodd.

durchführbar ['durçfyːrbɑːr] *adj* ymarferol bosibl, posibl, dichonadwy.

durchführen ['durçfyːrən] *vt* cyflawni, gweithredu; *(abhalten)* cynnal.

Durchführung ['durçfyːruŋ] *f* gweithrediad *g*, cyflawniad *g*, perfformiad *g*.

Durchgang ['durçgaŋ] (-(**e**)**s**, ¨-**e**) *m* tramwyfa *b*; *(bei Produktion, Versuch)* rhediad *g*; (*SPORT, Wahl*) rownd *b*; **~ verboten!** dim ffordd drwodd!

durchgängig ['durçgɛŋɪç, -ɪk] *adj* cyffredinol.

Durchgangs- *kompos:* **~handel** *m* (*COMM*) masnach *b* dramwy; **~lager** *nt* gwersyll *g* tramwy; **~stadium** *nt* stad *b* dros dro.

durchgeben ['durçgeːbən] *irreg vt* (*RADIO: Nachricht*) cyhoeddi.

durchgefroren ['durçgəfroːrən] *adj* (*Mensch*) wedi rhewi'n gorn, wedi fferru.

durchgehen ['durçgeːən] *irreg vt (+haben)* (*studieren*) mynd dros, myfyrio dros.

♦ *vi (+sein)* mynd trwodd; *(ausreißen: Pferd)* torri'n rhydd, rhedeg i ffwrdd; **mein Temperament ging mit mir durch** collais fy nhymer, aeth fy nhymer yn drech na mi; **jdm etw ~ lassen** peidio â chosbi rhn am wneud rhth.

durchgehend *adj* (*ununterbrochen*) cyson, heb doriad; **~ geöffnet** (*Geschäft*) agored trwy'r dydd.

durchgeschwitzt ['durçgəʃvɪtst] *adj* yn foddfa o chwys.

durchgewetzt *adj* tenau, wedi'i dreulio.

durchgreifen ['durçgraɪfən] *irreg vi:* **hart ~** (*fig*) gweithredu'n llym.

durchhalten ['durçhaltən] *irreg vi* dyfalbarhau, parhau.

♦ *vt* cynnal, dal at, palu ymlaen.

Durchhaltevermögen *nt* dyfalbarhad *g*.

durchhängen ['durçhɛŋən] *irreg vi (+sein oder haben)* llaesu, hongian yn llipa.

durchkämmen *vt untrenn* (*durchsuchen*) cribo, chwilio'n fanwl.

durchkommen ['durçkɔmən] *irreg vi (+sein)* dod trwodd; *(überleben)* tynnu trwyddi, dod drosti; *(bei Examen)* llwyddo; **ich bin bei der Prüfung durchgekommen** rwyf wedi pasio'r arholiad.

durchkreuzen [durç'krɔʏtsən] *vt untrenn* (*Plan*) llesteirio, rhwystro.

durchlassen ['durçlasən] *irreg vt* (*Person*) gadael trwodd; *(Wasser)* gadael i mewn.

durchlässig ['durçlɛsɪç, -ɪk] *adj* tyllog, yn gollwng.

Durchlaucht ['durçlauxt] (-, -**en**) *f* (*veraltet*) **Euer ~** Eich Uchelder.

Durchlauf ['durçlauf] *m* (*COMP*) rhediad *g*.

durchlaufen [durç'laufən] *irreg vt untrenn* (*Schule, Phase*) mynd trwy.

Durchlauferhitzer (-**s**, -) *m* gwresogydd *g* dŵr ebrwydd.

Durchlaufzeit (-, -**en**) *f* (*COMP*) hyd *g* y rhediad.

durchleben [durç'leːbən] *vt untrenn* (*Zeit*) byw yn ystod; *(Gefühl)* cael profiad o.

durchlesen ['durçleːzən] *irreg vt* darllen o'r dechrau i'r diwedd.

durchleuchten [durç'lɔʏçtən] *vt untrenn* (*MED*) tynnu llun pelydr X; *(kritisch betrachten)* dadansoddi'n ofalus, edrych yn ofalus ar.

durchlöchern [durç'lœçərn] *vt untrenn* tyllu; *(mit Kugeln)* rhidyllu.

durchmachen ['durçmaxən] *vt* (*erleiden*) dioddef, profi; *(weitermachen)* **sie wollten die Nacht ~** yr oeddynt yn bwriadu dathlu trwy'r nos.

Durchmarsch ['dʊrçmaːrʃ] (-es, ⸚-e) *m* ymdaith *b* trwodd; *(ugs: Durchfall)* dolur *g* rhydd.

Durchmesser ['dʊrçmɛsər] (-s, -) *m* diamedr *g*.

durchnässen [dʊrç'nɛsən] *vr untrenn* socian, mwydo.

durchnässt *adj* gwlyb, soeglyd.

durchnehmen ['dʊrçneːmən] *irreg vt (SCH)* astudio, trafod, mynd dros; **die Lehrerin hat heute das 'Gododdin' durchgenommen** aeth yr athrawes dros 'y Gododdin' heddiw.

durchnummerieren ['dʊrçnʊməriːrən] *vt* rhifo (yn olynol).

durchorganisieren ['dʊrçʔɔrganiˈziːrən] *vt* trefnu yn fanwl iawn.

durchpausen ['dʊrçpaʊzən] *vt* trasio.

durchpeitschen ['dʊrçpaɪtʃən] *vt* rhoi andros o chwip i; *(fig: Reform)* gwthio trwodd.

durchqueren [dʊrç'kveːrən] *vt untrenn* croesi, tramwyo.

durchrechnen ['dʊrçrɛçnən] *vt* cyfrif.

durchregnen ['dʊrçreːgnən] *vi unpers:* **es regnet durchs Dach durch** mae'r glaw yn dod trwy'r to.

Durchreiche ['dʊrçraɪçə] *f* agorfa *b* weini.

Durchreise ['dʊrçraɪzə] *f* tramwy *g*; **auf der ~** ar y daith trwodd.

Durchreisevisum *nt* fisa *b* dramwy.

durchringen ['dʊrçrɪŋən] *irreg vr* perswadio'ch hunan, dod i gasgliad ar ôl hir a hwyr.

durchrosten ['dʊrçrɔstən] *vi (+sein)* rhydu'n llwyr.

durchrutschen ['dʊrçrʊtʃən] *vi (+sein)* llithro trwodd; *(bei Prüfung)* crafu trwodd.

durchs = **durch das**.

Durchsage ['dʊrçzaːgə] (-, -n) *f (RADIO)* cyhoeddiad *g*.

Durchsatz ['dʊrçzats] *m (IND)* trwygyrch *g*.

durchschauen¹ ['dʊrçʃaʊən] *vi* edrych trwodd.

durchschauen² [dʊrç'ʃaʊən] *vt untrenn (verstehen)* deall; **er hat es nicht durchschaut** nid oedd e'n ei deall hi; *(Person, Lüge)* gweld trwy; **ich habe ihn gleich durchschaut** roeddwn yn gweld trwyddo o'r dechrau.

durchscheinen ['dʊrçʃaɪnən] *irreg vi* disgleirio trwodd.

durchscheinend *adj* tryloyw.

durchschlafen ['dʊrçʃlaːfən] *irreg vi:* **ich habe 6 Stunden durchgeschlafen** cysgais i am 6 awr.

Durchschlag ['dʊrçʃlaːk] (-(e)s, ⸚-e) *m (Kopie)* copi *g* carbon; *(Sieb)*ᴰ hidlen *b*.

durchschlagen ['dʊrçʃlaːgən] *irreg vt (+haben) (entzweischlagen)* hollti (yn ddau); *(durch ein Sieb)*ᴰ hidlo, rhidyllu.

♦ *vr (+haben)* ymdopi, dod i ben.

♦ *vi (+haben) (zum Vorschein kommen)* ymddangos.

durchschlagend *adj (überwältigend)* ysgubol.

Durchschlagpapier *nt (Kohlepapier)* papur carbon.

Durchschlagskraft *f (von Geschoß)* treiddiad *g*; *(fig: von Argument)* grym *g* perswâd.

durchschlängeln ['dʊrçʃlɛŋəln] *vr:* **sich ~ durch** +*akk* gwau eich ffordd trwy.

durchschlüpfen ['dʊrçʃlʏpfən] *vi (+sein)* llithro trwodd.

durchschneiden ['dʊrçʃnaɪdən] *irreg vt* torri.

Durchschnitt ['dʊrçʃnɪt] *m (Mittelwert)* cyfartaledd *g*; **über dem ~** yn uwch na'r cyfartaledd; **im ~** ar gyfartaledd.

durchschnittlich *adj* cymedrol, canolig; *(gewöhnlich)* cyffredin; **~ begabt** â gallu cymedrol; **~ groß** o daldra cymedrol.

Durchschnitts- *kompos:* **~einkommen** *nt* incwm *g* cyfartalog; **~geschwindigkeit** *f* buanedd *g* ar gyfartaledd; **~mensch** *m* dyn *g* cyffredin; **~wert** *m* cyfartaledd *g*, cymedr *g*.

Durchschrift ['dʊrçʃrɪft] (-, -en) *f* copi *g*.

Durchschuss ['dʊrçʃʊs] (-es, ⸚-e) *m (Loch)* twll *g* bwled.

durchschwimmen [dʊrç'ʃvɪmən] *irreg vt untrenn* nofio ar draws.

durchsegeln ['dʊrçzeːgəln] *vi (+sein) (ugs: nicht bestehen)* **bei einer Prüfung ~** methu arholiad yn llwyr.

durchsehen ['dʊrçzeːən] *irreg vt (Arbeit)* edrych trwy, mynd dros, adolygu.

durchsetzen¹ ['dʊrçzɛtsən] *vt* gorfodi, mynnu; **seinen Kopf ~** cael eich ffordd eich hunan.

♦ *vr (Erfolg haben)* llwyddo; *(sich behaupten)* mynnu eich ffordd eich hunan, gwneud fel y mynnoch.

durchsetzen² [dʊrç'zɛtsən] *vt untrenn* cymysgu â.

durchsetzt [dʊrç'zetst] *adj* brith o rth; **der Kuchen ist mit Rosinen ~** mae'r deisen yn frith o gyrens.

Durchsicht ['dʊrçzɪçt] *f* archwiliad *g*; **eine genaue ~ der Bücher** archwiliad *g* manwl o'r llyfrau.

durchsichtig ['dʊrçzɪçtɪç, -ɪk] *adj (transparent)* tryloyw; *(fig: klar)* clir, dealladwy.

Durchsichtigkeit *f* tryloywder *g*.

durchsickern ['dʊrçzɪkərn] *vi (+sein)* hidlo, diferu, ymdreiddio; *(fig: bekannt werden)* gollwng.

durchsieben ['dʊrçziːbən] *vt* hidlo, gogrwn, rhidyllu.

durchsitzen ['dʊrçzɪtsən] *irreg vt (abnutzen)* treulio.

durchspielen ['dʊrçʃpiːlən] *vt* chwarae o'r dechrau i'r diwedd; *(proben)* treialu, ymarfer.

durchsprechen ['dʊrçʃprɛçən] *irreg vt* trafod yn drwyadl.

durchstehen ['dʊrçʃteːən] *irreg vt* gwrthsefyll, goroesi.

Durchstehvermögen *nt* dyfalbarhad *g*.

durchstellen ['dʊrçʃtɛlən] *vt (TEL)* cysylltu.

durchstöbern [dʊrçʃtø:bərn] *vt untrenn* chwilota mewn, turio mewn.

durchstoßen[1] ['dʊrçʃto:sən] *irreg vi (+sein)* torri drwodd.

durchstoßen[2] [dʊrçʃto:sən] *irreg vt untrenn (+haben)* treiddio.

durchstreichen ['dʊrçʃtraɪçən] *irreg vt* croesi allan.

durchsuchen [dʊrçzu:xən] *vt untrenn* archwilio, chwilio'n drwyadl.

Durchsuchung *f* archwiliad *g*.

Durchsuchungsbefehl *m* gwarant *gb* chwilio.

durchtrainiert ['dʊrçtrɛ:niːrt] *adj* heini, ffit.

durchtränken [dʊrçtrɛŋkən] *vt untrenn* trochi, gwlychu, socian.

durchtreten ['dʊrçtre:tən] *irreg vt (Pedal)* gwasgu; *(Starter)* cicio.

durchtrieben [dʊrçtri:bən] *adj* cyfrwys, ystrywgar.

Durchtriebenheit *f* cyfrwyster *g*.

durchuntersuchen *vt* rhoi archwiliad meddygol i rn.

durchwachsen [dʊrçvaksən] *adj (Speck)* brith, rhesog; *(überwachsen)* gwyllt; **der Garten ist mit Unkraut ~** mae'r ardd yn llawn chwyn.

Durchwahl ['dʊrçvaːl] *f (TEL)* deialu *g* uniongyrchol; *(bei Firma)* estyniad *g*.

durchwählen *vi* deialu'n uniongyrchol.

durchweg ['dʊrçveːk, dʊrçvɛk] *adv* trwyddi draw, yn hollol, yn llwyr.

durchwegs[AS] *adv* = **durchweg**.

durchwurschteln ['dʊrçvʊrʃtəln] *vr (ugs)* dod drwyddi rywsut, crafu drwodd, stryffaglio.

durchzählen ['dʊrçtsɛːlən] *vt* cyfrif.

 ♦ *vi* rhifo.

durchzechen ['dʊrçtsɛçən] *vt:* **die Nacht ~** cael noson o yfed a meddwi.

durchzeichnen *vt* olinio.

durchziehen ['dʊrçtsi:ən] *irreg vt (Faden)* tynnu trwy.

 ♦ *vi (+sein)* mynd trwodd.

durchzucken [dʊrçtsʊkən] *vt untrenn* saethu trwy, gwibio trwy.

Durchzug ['dʊrçtsu:k] *m (Luft)* awel *b*, drafft *g*, gwynt *g*; *(Armee)* gorymdaith *b* drwodd.

Durchzugsverkehr (-s, *kein pl*) *m* trafnidiaeth *b* drwodd, traffig *g* trwodd.

durchzwängen ['dʊrçtsvɛŋən] *vr* gwasgu trwodd, ymwthio trwy.

dürfen ['dʏrfən] *irreg vi* **1** *(Erlaubnis haben)* cael gwneud, bod â chaniatâd i wneud; **darf ich?** a gaf i? ga'i? **es darf gelacht werden** mwynhewch eich hun; **das darf nicht passieren** mae'n rhaid i hynny beidio â digwydd; **da darf sie sich nicht**

wundern ni ddylai hynny ei synnu; **darf ich ins Kino gehen?** ga'i fynd i'r sinema? **2** *(bittend)* **~ wir Sie ersuchen zu gehen** a gawn ni ofyn i chi ymadael; **was darf es sein?** sut gaf i eich helpu? beth allaf i ei wneud drosoch chi? **3** *(können)* **das ~ Sie mir glauben** gallwch chi fy nghredu i; **das darf nicht wahr sein!** nid wyf yn credu hynny! **wir freuen uns, Ihnen mitteilen zu ~** rydym yn falch o allu dweud wrthych chi; **4** *(Möglichkeit)* **das dürfte genug sein** dylai hynny fod yn ddigon; **es dürfte Ihnen bekannt sein, dass ...** dylech wybod bod..., fe wyddoch debyg iawn fod...

durfte *vb vgl.* **dürfen.**

dürftig ['dʏrftɪç, -ɪk] *adj (ärmlich)* anghenus, tlawd; *(unzulänglich)* annigonol; *(enttäuschend)* siomedig.

dürr [dʏr] *adj (trocken)* sych, crin, anial; *(mager)* tenau, main, esgyrnog.

Dürre ['dʏrə] *f* sychder *g*, crinder *g*; *(Magerkeit)* meinder *g*, teneuwch *g*.

Durst [dʊrst] (-(e)s, *kein pl*) *m* syched *g*; **~ haben** bod â syched *g*; **einen über den ~ getrunken haben** *(ugs)* bod wedi yfed un yn ormod; **~ löschen** torri syched; **den ~ stillen** disychedu.

dursten *vi* sychedu.

dürsten *vi:* **~ nach** +*dat* dyheu am.

durstig ['dʊrstɪç, -ɪk] *adj* sychedig.

Durststrecke *f (fig)* caledi *g*, amseroedd *ll* caled.

Dusche ['duʃə] *f* cawod *b*; **eine kalte ~ verabreichen** *(fig)* taflu dŵr oer ar.

duschen *vi, vr* cael cawod, mynd dan gawod.

Duschgelegenheit (-, -en) *f* cyfleusterau *ll* cawod, cawodydd *ll*.

Düse ['dy:zə] *f* chwistrell *b*, trwyn *g*; *(Flugzeug~)* jet *b*.

Dusel ['du:zəl] *m (ugs: Glück)* **da hat er ~ gehabt** roedd yn lwcus.

Düsen- *kompos:* **~antrieb** *m* jet-yriant *g*; **~flugzeug** *nt* awyren *b* jet; **~jäger** *m* jet *b* ymladd, jet ryfel; **~triebwerk** *nt* peiriant *g* jet.

Dussel[D] ['dʊsəl] (-s, -) *m (ugs)* twpsyn *g*.

dusselig[D] *adj (ugs)* twp, hurt, dwl.

düster ['dy:stər] *adj* tywyll, niwlog; *(Gedanken, Zukunft)* diobaith, prudd.

Düsterkeit *f* = **Düsternis.**

Düsternis *f* tywyllwch *g*, gwyll *g*, caddug *g*.

Dutzend ['dʊtsənt] (-s, -e) *nt* dwsin *g*.

dutzendfach *adv* sawl gwaith, dwsinau o weithiau.

dutzendmal *adv* sawl gwaith, dwsinau o weithiau.

dutzendweise *adv* fesul dwsin, wrth y dwsin.

duzen ['du:tsən] *vt* defnyddio 'du' wrth siarad â rhn, bod ar dermau ti a thithau â rhn; *vgl. auch* **siezen.**

Dynamik [dy'nɑ:mɪk] *f (PHYS)* deinameg *b*; *(fig: Schwung)* momentwm *g*; *(von Menschen)* ynni *g*, egni *g*.

dynamisch [dy'nɑ:mɪʃ] *adj* deinamig, egnïol.

Dynamit [dyna'mi:t] (**-s**, *kein pl*) *nt* deinameit *g*.

Dynamo [dy'nɑ:mo] *m* deinamo *g*.

Dynastie *f* brenhinllin *b*.

Dystrophie *f (MED)* nychdod *g*.

dz *abk* = **Doppelzentner**.

dz. *abk* = **derzeit**.

D-Zug ['de:tsu:k] *m* trên uniongyrchol, trên trwodd; **ein alter Mann ist doch kein ~** *(ugs)* nid milgi mo henwr.

E

E¹, e [e:] *nt* E, e *b*; ~ **wie Emil** E am Emil.

E² *abk* = Eilzug; = Europastraße.

Ebbe ['ɛbə] *f* trai *g*; ~ **und Flut** llanw a thrai.

eben¹ ['e:bən] *adj (flach)* gwastad; *(glatt)* llyfn.

eben² *adv (soeben)* newydd, ar fin; *(bestätigend)* yn union; ~ **deswegen** dyna pam; **das ist ~ so** felly mae a felly bydd hi; **mein Bleistift war doch ~ noch da** ond roedd fy mhensil i yno funud yn ôl.

Ebenbild *nt* ffunud *g*, delw *b*; **das ~ seines Vaters** yr un ffunud â'i dad.

ebenbürtig *adj*: **jdm ~ sein** bod cyfuwch â rhn.

Ebene ['e:bənə] *f* tir *g* gwastad; *(fig)* lefel *b*; *(MATH, PHYS)* gwastad *g*, plân *g*.

ebenerdig *adj (im Erdgeschoß)* ar y llawr isaf.

ebenfalls *adv* yn yr un modd, yn ogystal, hefyd; *(nach Wünschen)* **danke ~**! a chithau!

Ebenheit ['e:benhaɪt] *f* gwastadrwydd *g*; *(Glätte)* llyfnder *g*.

Ebenholz *nt* eboni *g*.

ebenso *adv* yn union fel, megis yn union; ~ **gut** cystal; ~ **oft** cyn amled; ~ **viel** cymaint; ~ **weit** cyn belled; ~ **wenig** cyn lleied.

Eber ['e:bər] (**-s**, **-**) *m* baedd *g*, twrch *g*.

Eberesche ['e:bər'ɛʃə] (**-**, **-n**) *f (BOT)* cerddinen *b*, criafolen *b*.

ebnen ['e:bnən] *vt* lefelu, gwastatáu; **jdm den Weg ~** agor ffordd i rn.

Echo ['ɛço] *nt* atsain *b*, adlais *g*; **ein lebhaftes ~ finden** cael ymateb ffafriol.

Echolot *nt (NAUT)* sonar *g*, ecoseiniwr *g*.

Echse ['ɛksə] (**-**, **-n**) *f (ZOOL)* ymlusgiad *g*.

echt [ɛçt] *adj* dilys, gwir, iawn; *(typisch)* nodweddiadol; **ein ~er Waliser** Cymro glân; ~**er Bruch** *(MATH)* ffrasiwn *g* bondrwm; **ich hab' ~ keine Zeit** *(ugs)* yn wir, does gen i ddim amser o gwbl.

Echtheit *f* dilysrwydd *g*.

Eck *nt* = Ecke.

Eckball ['ɛkbal] *m (im Fußballspiel)* cic *b* gornel.

Ecke ['ɛkə] (**-**, **-n**) *f* cornel *gb*, congl *b*; **gleich um die ~** yn syth wedi troi'r gornel; **an allen ~n und Enden sparen** cynilo bob cyfle, arbed pob ceiniog; **jdn um die ~ bringen** *(ugs)* lladd rhn; **mit jdm um ein paar ~n herum verwandt sein** perthyn i rn trwy goes ôl mam-gu.

eckig ['ɛkɪç, -ɪk] *adj* onglog; ~**e Klammern** bachau sgwâr.

Eck- *kompos:* ~**pfeiler** *m*, ~**stein** *m* conglfaen *g*; ~**zahn** *m*

dant *g* llygad; ~**zins** *m (FIN)* cyfradd *gb* benthyg isaf.

Ecstasy *nt (Droge)* ecstasi *g*.

ECU (**-**, **-s**) *m (FIN)* ecu *g*.

Ecuador [ekua'do:r] *nt (GEOG)* Ecwador *b*.

edel ['e:dəl] *adj* bonheddig, crand, tirion.

Edel- *kompos:* ~**ganove** *m* dihiryn *g* bonheddig; ~**gas** *nt (CHEM)* nwy *g* nobl, nwy diledryw; ~**kastanie** *f (BOT)* castan *b*, cneuen *b* gastan; ~**mann** *m* gŵr *g* bonheddig; ~**metall** *nt* metel *g* gwerthfawr; ~**rost** *m* rhwd *g* gwyrdd; ~**stein** *m* gem *gb*, carreg *b* werthfawr; ~**weiß** *nt (BOT)* troed *b* y llew, edelweiss *g*.

editieren *vt* golygu.

Edition *f* golygiad *g*.

editorisch *adj* golygyddol.

EDV (**-**, *kein pl*) *f abk* (= *elektronische Datenverarbeitung*) prosesu *g* data electronig.

EEG *nt abk* (= *Elektroenzephalogramm, MED*) EEG.

Efeu ['e:fɔʏ] (**-s**, *kein pl*) *m (BOT)* eiddew *g*, iorwg *g*.

Effeff [ɛf'ɛf] *nt (ugs)* **etw aus dem ~ können** medru gwneud rhth fel chwarae plant.

Effekt [ɛ'fɛkt] (**-(e)s**, **-e**) *m* effaith *b*, canlyniad *g*.

Effekten [ɛ'fɛktən] *pl (FIN)* stoc *g*.

Effektenbörse *f (FIN)* cyfnewidfa *b* stoc.

effektiv [ɛfɛk'ti:f] *adj* effeithiol, gwirioneddol.

Effektivität *f* perfformiad *g* effeithiol.

Effet [ɛ'fe:] (**-s**, **-s**) *m* troelliad *g*.

effizient *adj* effeithiol, effeithlon.

Effizienz *f* effeithlonrwydd *g*.

EG *f abk (HIST: Europäische Gemeinschaft)* y Gymuned *b* Ewropeaidd.

egal [e'ga:l] *adv* man a man, yr un peth; ~ **wie groß** dim ots pa mor fawr; **das ist mir ~** does dim ots gen i; ~ **wo** ble bynnag.

egalitär [egali'tɛ:r] *adj (geh)* cydraddol, egalitaraidd.

Egge ['ɛgə] (**-**, **-n**) *f (AGR)* og *b*.

eggen *vt, vi* ogedu.

Ego *nt* myfi *g*.

Egoismus [ego'ɪsmʊs] *m* hunanoldeb *g*, myfiaeth *b*, egoistiaeth *b*.

Egoist [ego'ɪst] (**-en**, **-en**) *m* myfiwr *g*, egoist *g*; ~**in** *f* myfïwraig *b*, egoist.

egoistisch [ego'ɪstɪʃ] *adj* hunanol, myfïol, egoistaidd.

egozentrisch [ego'tsɛntrɪʃ] *adj* hunangar, egosentrig.

eh [e:] *adv:* **seit ~ und je** ers oesoedd, ers oes pys;

(ohnedies) **ich komme ~ nicht dazu** ddof i ddim i ben â gwneud hynny.

e.h. *abk* = **ehrenhalber,** = **eigenhändig.**

ehe *konj* cyn.

Ehe ['eːə] (-, -n) *f* priodas *b;* **die ~ eingehen** priodi; **in wilder ~ leben** byw tali.

Ehe- *kompos:* **~beratung** *f* cyngor *g* priodasol; **~bett** *nt* gwely *g* dwbl; **~brecher** *m* godinebwr *g.*

Ehebruch *m* godineb *gb;* **~ begehen** godinebu.

Ehe- *kompos:* **~frau** *f* gwraig *b,* priod *b;* **~leute** *pl* pâr *g* priod.

ehelich *adj* priodasol; *(Kind)* cyfreithlon.

ehelichen *vt* priodi.

ehemalig *adj* blaenorol, cynt, cyn-.

ehemals *adv* gynt, o'r blaen.

Ehe- *kompos:* **~mann** *m* gŵr *g,* priod *g;* **~paar** *nt* pâr *g* priod; **~partner** *m* priod *g;* **~partnerin** *f* priod *b.*

eher ['eːər] *adv (früher)* ynghynt; *(lieber)* yn hytrach na; *(mehr)* yn fwy; *(ziemlich)* gweddol, eithaf; **nicht ~ als** nid cyn; **um so ~, als** cymaint mwy felly oherwydd.

Ehe- *kompos:* **~ring** *m* modrwy *b* briodas; **~scheidung** *f* ysgariad *g;* **~schließung** *f* gwasanaeth *g* priodas, defod *b* briodas.

Ehestand *m:* **in den ~ treten** priodi.

eheste *adj (früheste)* cyntaf, cynharaf; **am ~n** *(liebsten)* gorau; *(am wahrscheinlichsten)* mwyaf tebygol.

Ehe- *kompos:* **~vermittlung** *f (Büro)* cwmni *g* trefnu priodasau; **~versprechen** *nt (JUR)* addewid *gb* i briodi.

ehrbar ['eːrbaːr] *adj* anrhydeddus, parchus.

Ehre ['eːrə] *f* anrhydedd *gb,* gogoniant *g,* bri *g,* braint *gb;* **etw in ~n halten** trysori rhth; **jdm die letzte ~ erweisen** talu'r gymwynas olaf i rn.

ehren ['eːrən] *vt* anrhydeddu, breinio.

ehrenamtlich *adj* anrhydeddus, mygedol.

Ehrenbürgerrecht *nt:* **die Stadt verlieh ihr das ~** rhoddwyd iddi'r ddinasfraint.

Ehrendoktor *m* doethur *g* er anrhydedd.

Ehrengast *m* gŵr *g* gwadd, gwraig *b* wadd.

ehrenhaft *adj* anrhydeddus, parchus.

ehrenhalber *adv:* **er wurde ~ zum Vorsitzenden auf Lebenszeit ernannt** fe'i gwnaed yn llywydd anrhydeddus am oes.

Ehren- *kompos:* **~mann** *m* dyn a geidw at ei air; **~mitglied** *nt* aelod *g* anrhydeddus; **~platz** *m* lle *g* blaenaf, lle anrhydeddus; **~rechte** *pl* iawnderau *ll* dinesig.

ehrenrührig *adj* difenwol.

Ehrenrunde *f* cylchdro *g* gorchest, lap *b* yr enillydd.

Ehrensache *f* mater *g* o anrhydedd; **~!** ar fy ngair!

ehrenvoll *adj* anrhydeddus.

Ehrenwort *nt* gair *g,* addewid *gb;* **~!** ar fy ngwir!

ehrerbietig ['eːrˀɛrbiːtɪç, -ɪk] *adj* parchus.

Ehrfurcht ['eːrfurçt] *f* parchedig ofn *g,* parch *g* mawr; **~ erregend** *oder:* **~ gebietend** arswydus; *(Stimme)* awdurdodol.

ehrfürchtig ['eːrfʏrçtɪç, -ɪk] *adj* parchedig; **~e Scheu** ofnadwyedd *g.*

Ehrgefühl *nt* ymwybyddiaeth *b* o anrhydedd.

Ehrgeiz ['eːrɡaɪts] (-es, *kein pl) m* uchelgais *gb.*

ehrgeizig *adj* uchelgeisiol.

ehrlich ['eːrlɪç] *adj* gonest, diffuant; **~ verdientes Geld** cyflog *gb* onest; **~ gesagt** a bod yn onest.

Ehrlichkeit (-, *kein pl) f* gonestrwydd *g,* didwylledd *g.*

Ehrung ['eːrʊŋ] *f* anrhydedd *gb,* mawrygiad *g.*

ehrwürdig ['eːrvʏrdɪç, -ɪk] *adj* hybarch, parchus, urddol.

Ehrwürdigkeit *f* urddas *g.*

ei! *excl* wel, wel! caton pawb! neno'r Tad!

Ei [aɪ] (-(e)s, -er) *nt* wy *g;* **~ im Glas** wy lledferwedig; **jdn wie ein rohes ~ behandeln** trin rhn yn orofalus; **verlorenes ~** *(KOCH)* wy wedi'i botsio; **wie aus dem ~ gepellt aussehen** *(ugs)[D]* edrych fel pin mewn papur; **~er** *pl (ugs: Hoden)* ceilliau *ll,* cerrig *ll.*

Eibe ['aɪbə] (-, -n) *f (BOT)* ywen *f.*

Eichamt ['aɪçˀamt] (-(e)s, ¨-er) *nt* Swyddfa *b* Bwysau a Mesurau.

Eiche ['aɪçə] (-, -n) *f (BOT)* derwen *b.*

Eichel ['aɪçəl] (-, -n) *f* mesen *b.*

Eichelhäher *m (ZOOL)* sgrech *b* y coed.

eichen ['aɪçən] *vt* graddnodi, calibradu; *(ugs)* **er ist geeicht** mae e'n gallu yfed llawer.

Eichhörnchen (-s, -) *nt (ZOOL)* gwiwer *b.*

Eichkätzchen (-s, -) *nt* = **Eichhörnchen.**

Eichmaß *nt* mesur *g* safonol.

Eichung *f* safoniad *g.*

Eid [aɪt] *m* llw *g;* **einen ~ ablegen** tyngu llw; **eine Erklärung an ~es statt abgeben** gwneud datganiad ar lw.

Eidam *m (veraltet)* daw *g,* mab-yng-nghyfraith *g.*

Eidechse ['aɪdɛksə] (-, -n) *f (ZOOL)* madfall *b.*

Eiderente ['aɪdərˀɛntə] *f (ZOOL)* hwyaden *b* fwythblu.

eidesstattlich ['aɪdəsʃtatlɪç] *adj* **~e Erklärung** affidafid *g.*

Eidgenosse *m* Swisiad *g,* Swistirwr *g.*

Eidgenossenschaft *f:* **Schweizerische ~** *(GEOG)* Cydffederasiwn *g* y Swistir.

Eidgenossin *f* Swisiad *b.*

Eidotter ['aɪdɔtər] *nt* melynwy *g.*

Eier- *kompos:* **~becher** *m* cwpan *gb* wy; **~frucht**[D] *f* planhigyn *g* wy; **~kuchen**[D] *m* omled *gb,* crempog

g, pancosen b; **~likör** m gwirod o wyau,
Advokaat® g.

eiern ['aɪərn] vi (ugs) siglo, woblo.

Eier- kompos: **~schale** f plisgyn g wy, masgl b wy;
~schwammerlᴬ nt siantrel gb; **~speise**ᴬ f wy g wedi
ei sgramblo; **~stock** m (ANAT) wyfa b, ofari g; **~uhr** f
cloc g berwi wy.

Eifel ['aɪfəl] (-, kein pl) f (GEOG) Mynyddoedd yr Eifel.

Eifer ['aɪfər] (-s, kein pl) m brwdfrydedd g, sêl b,
eiddgarwch g; **mit großem ~ bei der Sache sein**
gwneud rrth â chorff ac enaid, gwneud rhth yn
llawn brwdfrydedd; **im ~ des Gefechts** yn
fyrbwyll, yn ddifeddwl.

Eifersucht ['aɪfərzʊxt] f cenfigen b, eiddigedd g.

eifersüchtig ['aɪfərzʏçtɪç, -ɪk] adj eiddigeddus,
cenfigennus; **~ auf** +akk eiddigeddus o; **~ sein**
eiddigeddu.

eiförmig ['aɪfœrmɪç, -ɪk] adj wyfwrf.

eifrig ['aɪfrɪç, -ɪk] adj brwdfrydig, selog, eiddgar,
awyddus.

Eigelb ['aɪgɛlp] (-(e)s, -e oder -) nt melynwy g.

eigen ['aɪgən] adj eich hun; (seltsam) hynod,
rhyfedd, od; **ihr ~es Geld** ei harian ei hun; **sein ~er
Herr sein** bod yn feistr arnoch chi'ch hun; **in ~er
Person** yn ei briod berson; **auf ~e Faust** ar eich
liwt eich hun; **mit dem ihm ~en Lächeln** gyda'i
wên unigryw; **sich** dat **etw zu E~ machen**
perchenogi rhth, gwneud rhth yn eiddo i chi'ch
hun.

Eigenart f nodwedd b, priodoledd b.

eigenartig adj nodweddiadol, unigryw.

Eigenbau m: **er fährt ein Fahrrad Marke ~** (ugs) mae'n
gyrru beic modur o wneuthuriad cartref.

Eigenbedarf m: **für den ~** ar gyfer eich defnydd eich
hun, ar gyfer eich anghenion; **der Vermieter
machte ~ geltend** dangosodd y perchennog fod
angen y tŷ arno fe ei hunan.

Eigen- kompos: **~brötler** m creadur g rhyfedd/unig;
~gewicht nt pwysau ll marw.

eigenhändig adj â'ch llaw eich hunan.

Eigenheim nt tŷ g perchennog preswyl.

Eigenheit f hynodwedd b, nodwedd b, hynodrwydd
g.

Eigen- kompos: **~initiative** f blaengarwch g, menter b;
~kapital nt (FIN) cyfalaf g personol; (von Firma)
cyfalaf g y cwmni; **~liebe** f hunanaddoliad g; **~lob**
nt hunan-glod g, hunan-fawl g.

eigenmächtig adj trahaus, llawdrwm, awdurdodol.

Eigen- kompos: **~name** m enw g priod; **~nutz** m
hunan-les g, hunan-fodd g.

eigens adv yn arbennig, yn enwedig.

Eigenschaft (-, -en) f nodwedd b, priodwedd b,

teithi ll, ansawdd gb; **~en** pl teithi ll.

Eigenschaftswort nt (GRAM) ansoddair g.

Eigensinn (-(e)s, kein pl) m ystyfnigrwydd g,
cyndynrwydd g.

eigensinnig adj (stur) ystyfnig, cyndyn, penstiff;
(egoistisch) hunanol.

eigenständig adj annibynnol.

Eigenständigkeit (-, kein pl) f annibyniaeth b.

eigentlich ['aɪgəntlɪç] adj gwir, gwirioneddol, go
iawn.

♦ adv yn wir, mewn gwirionedd, mewn difrif;
was willst du ~ hier? pam yn y byd rwyt ti yma?

Eigentor nt gôl yn eich erbyn eich hun.

Eigentum ['aɪgəntuːm] (-s, ¨-er) nt eiddo g.

Eigentümer ['aɪgəntyːmər] (-s, -) m perchennog g,
perchen g; **~in** f perchenoges b.

eigentümlich adj hynod, rhyfedd.

Eigentümlichkeit f hynodrwydd g.

Eigentums- kompos: **~delikt** nt (JUR: Diebstahl) lladrad
g; **~wohnung** f fflat g rhyddfreiniol, fflat g â
rhyddfraint.

eigenwillig ['aɪgənvɪlɪç, -ɪk] adj â meddwl ei hun,
penderfynol.

eignen ['aɪgnən] vr: **sich ~ für/als** bod yn addas ar
gyfer, gweddu i; **dieses Buch eignet sich
vortrefflich als Geschenk** mae'r llyfr hwn yn
arbennig o addas i'w roi yn anrheg.

Eignung f addasrwydd g, priodoldeb g.

Eignungs- kompos: **~prüfung** f prawf g cymhwyster;
~test m prawf g cymhwyster.

Eilbote ['aɪlboːtə] (-n, -n) m negesydd g brys; **per ~n**
drwy gludiad brys.

Eilbrief (-(e)s, -e) m llythyr g brys.

Eile ['aɪlə] (-, kein pl) f brys g, prysurdeb g; **das hat
keine ~** nid oes brys.

Eileiter (-s, -) m (ANAT) dwythell b wyau, tiwbiau ll
Fallopio.

eilen ['aɪlən] vi (+sein) (Mensch) brysio, prysuro,
rhuthro; (dringend sein) bod o frys, bod â brys
arno; **die Angelegenheit eilt sehr** mae'n fater o
frys.

eilends adv yn frysiog, ar frys.

Eilgut nt cludiad g brys, nwyddau ll brys.

eilig ['aɪlɪç, -ɪk] adj brysiog, llawn brys; (dringlich)
angen ar fyrder, angen ar frys, taer angen; **es ~
haben** bod mewn brys, bod ar frys.

Eiltempo nt: **etw im ~ machen** gwneud rhth ar frys,
gwneud rhth yn frysiog.

Eil- kompos: **~zug** m trên g cyflym; **~zustellung** f post g
brys.

Eimer ['aɪmər] (-s, -) m bwced gb; **im ~ sein** (ugs) bod
yn ffradach.

ein¹ [aɪn] *adv* i mewn; **E~/Aus** *(an Geräten)* agor/cau, agor a chau; **nicht ~ noch aus wissen** heb wybod beth i'w wneud, bod mewn penbleth llwyr; **er geht bei uns ~ und aus** mae e'n byw a bod yn ein tŷ.

ein² *num adj* un; **~e Katze** un gath.

♦ *indef art:* **ich lese ~ Buch** rwy'n darllen llyfr; **~ wenig** tipyn bach; **~ für alle Mal** waeth un gair na chant; **er ist ihr E~ und Alles** fe yw cannwyll ei llygad hi.

einander [aɪˈnandər] *pron* ei gilydd.

einarbeiten [ˈaɪnˀarbaɪtən] *vt* hyfforddi, rhoi ar ben y ffordd; *(freien Tag)* gweithio i gael diwrnod yn rhydd; **sich in etw** *akk* **~** ymgyfarwyddo â rhth, trwytho eich hun yn rhth.

Einarbeitungszeit *f* cyfnod *g* hyfforddi.

einarmig [ˈaɪnˀarmɪç, -ɪk] *adj* unfraich; **~er Bandit** *(fig)* peiriant *g* gamblo, lleidr *g* unfraich.

einäschern [ˈaɪnˀɛʃərn] *vt (Leichnam)* amlosgi; *(niederbrennen)* llosgi'n ulw.

Einäscherung *f* amlosgiad *g*.

einatmen [ˈaɪnˀɑːtmən] *vt, vi* anadlu i mewn.

einäugig [ˈaɪnˀɔɣɪç, -ɪk] *adj* unllygeidiog.

Einbahn(straße) (-, -n) *f* stryd *b* unffordd.

Einband [ˈaɪnbant] (-(e)s, ¨-e) *m* rhwymiad *g*, gorchudd *g*, clawr *g*.

einbändig [ˈaɪnbɛndɪç, -ɪk] *adj* un gyfrol.

einbauen [ˈaɪnbauən] *vt* gosod i mewn.

Einbau- *kompos:* **~kasten** *m* cwpwrdd *g* wal; **~küche** *f* cegin *b* osod; **~möbel** *pl* celfi *ll* gosod; **~schrank** *m* cwpwrdd wal.

einbegriffenᴰ [ˈaɪnbəgrɪfən] *adj* = **inbegriffen**.

einbehalten [ˈaɪnbəhaltən] *irreg vt* dal yn ôl, cadw yn ôl.

einberufen [ˈaɪnbəruːfən] *irreg vt* cynnull, galw; *(MIL)* galw i'r fyddin, byddino.

Einberufung *f* cynulliad *g*, cyd-gynulliad *g*; *(MIL)* galwad *gb* i'r fyddin.

Einberufungsbefehl *m (MIL)* galwad *gb* i'r fyddin.

einbetten [ˈaɪnbɛtən] *vt* mewnosod.

Einbettzimmer (-s, -) *nt* ystafell *b* sengl.

einbeziehen [ˈaɪnbətsiːən] *irreg vt* cynnwys.

einbiegen [ˈaɪnbiːgən] *irreg vi (+sein)* troi.

einbilden [ˈaɪnbɪldən] *vt:* **sich** *dat* **etw ~** dychmygu rhth; **sich** *dat* **viel auf etw** *akk* **~** *(stolz sein)* bod yn hunandybus ynghylch rhth.

Einbildung *f* dychymyg *g*; *(Überheblichkeit)* hunan-dyb *gb*, traha *g*.

Einbildungskraft *f* dychymyg *g*.

einbinden [ˈaɪnbɪndən] *irreg vt* rhwymo.

einbläuen [ˈaɪnblɔyən] *vt (ugs)* **jdm etw ~** pwnio rhth i ben rhn.

einblenden [ˈaɪnblɛndən] *vt (FILM)* mewnhidlo.

einbleuen *vt* = **einbläuen**.

Einblick [ˈaɪnblɪk] *m* dirnadaeth *b*, dealltwriaeth *b*; **~ in die Akten nehmen** archwilio'r ffeiliau; **jdm ~ in etw** *akk* **gewähren** caniatáu i rn gael golwg ar rth.

einbrechen [ˈaɪnbrɛçən] *irreg vi (+sein) (einstürzen)* cwympo, syrthio; *(ins Eis)* torri trwodd; *(Dieb)* torri i mewn; *(MIL)* goresgyn.

Einbrecher (-s, -) *m* (**~in** *f*) lleidr *g*.

Einbrennᴬ *f (KOCH)* gwlych *g*, roux *g*.

einbringen [ˈaɪnbrɪŋən] *irreg vt* dod â, dwyn; *(Ernte)* cynaeafu, medi; *(Geld, Vorteil)* dwyn, cynhyrchu; *(beisteuern)* cyfrannu.

einbrocken [ˈaɪnbrɔkən] *vt (ugs)* **jdm etwas ~** gollwng rhn ynddi.

Einbruch [ˈaɪnbrux] (-(e)s, ¨-e) *m (Diebstahl)* lladrad *g*; *(von Wasser)* treiddiad *g*; *(von Winter, Dunkelheit)* dynesiad *g*; *(FIN)* cwymp *g*, dymchweliad *g*; *(MIL)* treiddiad *g*; **bei/vor ~ der Nacht** wrth/cyn iddi nosi.

einbruchssicher *adj* diogel rhag lladron.

Einbuchtung [ˈaɪnbuxtʊŋ] *f* tolc *g*; *(Bucht)* cilfach *b*, bae *g*.

einbürgern [ˈaɪnbʏrgərn] *vt* dinasyddio, Cymreigio.

♦ *vr* dod yn gyffredin, dod yn arferol; **das hat sich so eingebürgert** mae hynny erbyn hyn wedi dod yn arfer.

Einbürgerung *f* dinasfreiniad *g*.

Einbuße [ˈaɪnbuːsə] *f* fforffediad *g*, colled *gb*.

einbüßen [ˈaɪnbyːsən] *vt* colli, fforffedu.

einchecken [ˈaɪntʃɛkən] *vt, vi (AERO)* cofnodi.

eincremen [ˈaɪnkreːmən] *vt* rhoi eli ar groen.

eindämmen [ˈaɪndɛmən] *vt (Fluss)* argáu, cronni; *(fig)* ffrwyno.

eindecken [ˈaɪndɛkən] *vt (ugs: überhäufen)* **mit Arbeit eingedeckt sein** bod yn boddi mewn gwaith; *(ugs)* **sich ~ mit** *+dat* cadw cyflenwad o.

eindellen *vt* pantio, tolcio.

eindepschenᴬ *vt* tolcio.

eindeutig [ˈaɪndɔytɪç, -ɪk] *adj* digamsyniol, pendant, clir.

eindeutschen [ˈaɪndɔytʃən] *vt (Fremdwort)* Almaeneiddio.

eindimensional *adj* un dimensiwn.

eindrehen *vt (Haare)* cyrlio, crychu.

eindringen [ˈaɪndrɪŋən] *irreg vi (+sein)* gwthio'ch ffordd i mewn, ymwthio i mewn; *(angreifen)* goresgyn; *(Gas, Wasser)* treiddio, ymdreiddio; **auf jdn ~** blino rhn â rhth, plagio rhn â rhth.

eindringlich *adj* taer, dwys; **ich habe ihn ~ gebeten** erfyniais arno.

Eindringling (-s, -e) *m* ymwthiwr *g*, tresmaswr *g*.

Eindruck [ˈaɪndruk] (-(e)s, ¨-e) *m* argraff *b*; **einen guten**

~ auf jdn machen creu argraff dda ar rn.

eindrücken ['aɪndrʏkən] *vt* gwasgu i mewn.

eindrucksvoll ['aɪndrʊksfɔl] *adj* trawiadol, gafaelgar, sy'n creu argraff.

eine(r,s) *pron* rhywun; *(bestimmter)* y naill; **wie kann ~r nur so dumm sein!** sut medr rhywun fod mor wirion; **~r nach dem anderen** un ar y tro; **weder der ~ noch der andere** na'r naill na'r llall; **es kam ~s zum anderen** daeth y naill beth ar ben y llall.

einebnen ['aɪn'e:bnən] *vt* lefelu, gwastatáu.

eineiig ['aɪn'aɪɪç, -ɪk] *adj:* **~e Zwillinge** gefeilliaid *ll* unfath.

eineinhalb ['aɪn'aɪn'halp] *num* un a hanner.

einengen ['aɪn'ɛŋən] *vt* cyfyngu, cadw o fewn terfynau.

Einer ['aɪnər] *m (MATH)* uned *b*; **Zehner und ~** degau ac unedau; *(Ruderboot)* cwch *g* rasio sengl.

einerlei ['aɪnər'laɪ] *adj (gleichartig)* yr un math ar; *(gleichgültig)* **es ist mir ~** does dim gwahaniaeth gen i.

einerseits *adv* ar y naill law.

einfach ['aɪnfax] *adj* syml; *(unkompliziert)* hawdd; *(nicht mehrfach)* sengl; **~e Fahrt** tocyn sengl; **~e Leute** pobl gyffredin.

  ♦ *adv* yn hollol, yn wironeddol.

Einfachheit *f* symlrwydd *g*, symledd *g*; **der ~ halber** er symlrwydd.

einfädeln ['aɪnfɛ:dəln] *vt (Faden)* rhoi trwy grau nodwydd; *(bewerkstelligen)* cynllunio, trefnu.

  ♦ *vi (beim Slalomlauf)* mynd ag un sgi yr ochr arall i'r ffon.

einfahren ['aɪnfɑ:rən] *irreg vt (+haben) (Auto)* rhedeg i mewn; *(einbringen)* dod â, dwyn; *(Barriere)* bwrw i lawr.

  ♦ *vi (+sein)* gyrru i mewn; *(Zug)* tynnu i mewn (i'r orsaf); *(BERGB)* mynd i lawr, mynd dan ddaear; *(ugs: Misserfolg erleiden)* methu, cael eich siomi.

  ♦ *vr (+haben)* ymgyfarwyddo.

Einfahrt ['aɪnfɑ:rt] (-, **-en**) *f* mynedfa *b*; *(BERGB)* ffordd i lawr; **~ freihalten!** cadwer y fynedfa'n glir!

Einfall ['aɪnfal] (**-s**, **¨-e**) *m (Idee)* syniad *g*; *(PHYS: Licht~)* trawiad *g*; *(MIL)* ymosodiad *g*, cyrch *g*.

einfallen *irreg vi (+sein) (einstürzen)* syrthio, disgyn, dymchwel; *(Licht)* dod i mewn; *(MIL)* ymosod; *(Idee haben)* **etw fällt jdm ein** mae rhth yn taro rhn, mae syniad yn dod i feddwl rhn; **es fällt mir jetzt nicht ein** ni allaf gofio'r funud hon; **dabei fällt mir mein Onkel ein** mae hynny'n f'atgoffa o'm hewyrth; **sich** *dat* **etw ~ lassen** cael syniad da; **das fällt mir nicht im Traum ein** *(fig)* ni fyddwn i byth yn breuddwydio gwneud y fath beth; *(einstimmen)* **in etw** *akk* **~** ymuno â rhth.

einfallslos *adj* diysbryd.

einfallsreich *adj* ysbrydoledig.

Einfallsreichtum *m* dyfeisgarwch *g*.

einfältig ['aɪnfɛltɪç, -ɪk] *adj* syml, diniwed, twp.

Einfaltspinsel *m (ugs)* gwirionyn *g*, creadur *g* diniwed.

Einfamilienhaus [aɪnfa'mi:liənhaus] (**-es**, **¨-er**) *nt* tŷ *g* sengl, tŷ ar wahân.

einfangen ['aɪnfaŋən] *irreg vt* dal.

einfarbig, einfärbig[A] *adj* unlliw.

einfassen ['aɪnfasən] *vt (Edelstein)* gosod; *(Beet, Stoff)* ymylu.

Einfassung *f* gosodiad *g*, ymyl *gb*.

einfetten ['aɪnfɛtən] *vt* iro, seimio.

einfinden ['aɪnfɪndən] *irreg vr* ymddangos, cyrraedd.

einfließen ['aɪnfli:sən] *irreg vi (+sein)* llifo i mewn; **~ lassen** dweud wrth fynd heibio.

einflößen ['aɪnflø:sən] *vt:* **jdm etw ~** rhoi rhth i rn; *(Idee, Angst)* trwytho rhn yn rhth, meithrin rhth yn rhn.

Einfluss ['aɪnflʊs] (**-es**, **¨-e**) *m* dylanwad *g*; **~ nehmen auf** *+akk* dylanwadu; **seinen ~ geltend machen** taflu eich pwysau (i mewn i ddadl).

Einflussbereich *m* maes *g* dylanwad.

einflussreich *adj* dylanwadol.

einflüstern ['aɪnflʏstərn] *vt:* **jdm etw ~** sibrwd rhth wrth rn; *(fig)* awgrymu rhth.

einförmig ['aɪnfœrmɪç, -ɪk] *adj* unffurf.

Einförmigkeit *f* undonedd *g*, unffurfiaeth *b*.

Einfriedung *f* llan *b*.

einfrieren ['aɪnfri:rən] *irreg vi (+sein), vt (+haben)* rhewi.

einfügen ['aɪnfy:gən] *vt* gosod, ychwanegu.

einfühlen ['aɪnfy:lən] *vr:* **sich in jdn ~** cydymdeimlo'n llwyr â rhn, empatheiddio â rhn.

einfühlsam ['aɪnfy:lzɑ:m] *adj* teimladwy, sensitif.

Einfühlungsvermögen *nt* empathi *g*, tiriondeb *g*; **mit großem ~** yn deimladwy iawn.

Einfuhr ['aɪnfu:r] (-, **-en**) *f (COMM)* mewnforiad *g*.

Einfuhrartikel *m (COMM)* nwydd *g* wedi ei fewnforio.

einführen ['aɪnfy:rən] *vt (Mensch, Brauch)* cyflwyno, rhagarwain; *(COMM)* mewnforio; **jdn in sein Amt ~** sefydlu rhn mewn swydd.

einführend *adj* rhagarweiniol.

Einfuhr- *kompos:* **~genehmigung** *f (COMM)* trwydded *b* mewnforio; **~kontingent** *nt* cwota *g* mewnforio; **~sperre** *f* gwaharddiad *g* mewnforio; **~steuer** *f* toll *b* fewnforio; **~stopp** *m* gwaharddiad *g* mewnforio.

Einführung *f* cyflwyniad *g*; *(Buch)* rhagymadrodd *g*, rhagarweiniad *g*.

Einführungspreis *m* pris *g* cychwynnol.

Einfuhrzoll *m* treth *b* fewnforio.

einfüllen ['aɪnfʏlən] *vt* tywallt i mewn.

Eingabe ['aɪngaːbə] *f* deisyfiad *g*, deiseb *b*; *(COMP)* mewnbwn *g*.

Eingang ['aɪngaŋ] (-(e)s, ˝-e) *m* mynedfa *b*; *(COMM)* derbyniad *g*; *(Sendung)* post *g*; **wir bestätigen den ~ Ihres Schreibens vom…** cydnabyddwn dderbyn eich llythyr dyddiedig…

eingangs *adv* ar y cychwyn.

♦ *präp +gen (formell)* **~ Ihres Briefes** ar ddechrau eich llythyr.

Eingangs- *kompos:* **~bereich** *m* mynedfa *b*, cyntedd *g*; **~bestätigung** *f* derbynneb *b*; **~halle** *f* mynedfa *b*; **~stempel** *m* *(COMM)* stamp *g* derbyn.

eingeben ['aɪngeːbən] *irreg vt (Daten)* bwydo, mewnbynnu, teipio i mewn; *(Gedanken)* ysbrydoli, ysgogi.

eingebettet ['aɪngəbɛtət] *adj:* **~ zwischen Hügeln** yn nythu rhwng y bryniau.

eingebildet ['aɪngəbɪldət] *adj* dychmygol; *(eitel)* hunandybus, ffroenuchel; **~er Kranker** *m* claf *g* diglefyd.

Eingeborene ['aɪngəboːrənə] *m/f* brodor(es) *g(b)*.

Eingebung ['aɪngeːbʊŋ] *f* ysbrydoliaeth *g*.

eingedeckt *pp von* **eindecken**.

eingedenk ['aɪngədɛŋk] *präp +gen* o gofio; **~ dessen, dass…** o gofio bod…

eingefahren *adj (Verhaltensweise)* arferol.

eingefallen *adj (Gesicht)* esgyrnog, main.

eingefleischt *adj (überzeugt)* ymroddedig, selog; *(Gewohnheit, Vorurteile)* wedi ei wreiddio'n ddwfn, dwfn yn y pen; **~er Junggeselle** hen lanc rhonc.

eingefroren *adj* wedi'i rewi.

eingehen ['aɪngeːən] *irreg vi (+sein) (Aufnahme finden)* dod i mewn; *(Brief, Geld)* yn cael ei dderbyn; *(Stoff)*ᴬ crebachu, mynd yn llai; *(sterben: Tier, Pflanze)* marw; *(Firma)* cau; **~ auf** *+akk (reagieren)* ymateb i; **jdm ~** *(einleuchten)* bod yn ddealladwy i rn; **das Geschäft ist eingegangen** aeth y busnes i'r wal.

♦ *vt (+sein)* cytuno ar; *(Wette)* gosod, taro.

eingehend *adj* trwyadl, trylwyr.

eingekeilt ['aɪngəkaɪlt] *adj* wedi'i gyfyngu.

eingekesselt ['aɪngəkɛsəlt] *adj* amgylchynedig, wedi'i amgylchynu.

Eingemachte ['aɪngəmaxtə] *nt* cyffaith *g*, jam *g*, picl *g*; *(ugs: Ersparnisse)* cynilion *ll*.

eingemeinden ['aɪngəmaɪndən] *vt (POL)* corffori, cynnwys, cyfuno.

eingenommen ['aɪngənɔmən] *adj:* **~ von** hoff o; **~ gegen** rhagfarnllyd yn erbyn.

eingerostet *adj* stiff, rhydlyd.

eingeschnappt ['aɪngəʃnapt] *adj (ugs)* blin, pwdlyd; **~**

sein pwdu, sorri'n bwt.

eingeschrieben *adj* cofrestredig, cofnodedig.

eingeschworen *adj* wedi ei dderbyn (ar lw); *(Gemeinschaft)* clòs.

eingesessen *adj* hir-sefydlog.

eingespannt *adj* prysur.

eingespielt ['aɪngəʃpiːlt] *adj:* **aufeinander ~ sein** deall ei gilydd, bod mewn cytgord â'i gilydd.

Eingeständnis ['aɪngəʃtɛntnɪs] (-ses, -se) *nt* cyfaddefiad *g*, cyffesiad *g*.

eingestehen ['aɪngəʃteːən] *irreg vt* cyfaddef, cyffesu.

eingestellt ['aɪngəʃtɛlt] *adj (Betrieb)* wedi cau; **auf etw ~ sein** bod yn barod am rth; **ich bin im Moment nicht auf Besuch ~** nid wyf yn barod am ymwelwyr ar hyn o bryd.

eingetragen ['aɪngətraːgən] *adj (COMM)* cofrestredig, cofnodedig; **~es Warenzeichen** nod *gb* masnach gofrestredig; **~er Geschäftssitz** swyddfa *b* gofrestredig.

Eingeweide ['aɪngəvaɪdə] (-s, -) *pl* perfedd *g*, coluddion *ll*, ymysgaroedd *ll*.

Eingeweihte ['aɪngəvaɪtə] *m/f* un sydd â gwybodaeth o rth, un sydd yn rhan o'r gyfrinach.

eingewöhnen ['aɪngəvøːnən] *vr:* **sich ~ in** *+akk* dygymod â, cynefino â.

eingießen ['aɪngiːsən] *irreg vt* arllwys.

eingleisig ['aɪnglaɪzɪç, -ɪk] *adj (BAHN)* untrac.

eingliedern ['aɪngliːdərn] *vt:* **sich ~ in** *+akk* ymdoddi i, ymgyfuno â.

eingraben ['aɪngraːbən] *irreg vt* claddu, palu i mewn.

♦ *vr:* **dieses Erlebnis hat sich seinem Gedächtnis eingegraben** mae'r profiad hwn wedi gadael ei ôl arno.

eingravieren *vt* llythrennu.

eingreifen ['aɪngraɪfən] *irreg vi* ymyrryd.

eingrenzen ['aɪngrɛntsən] *vt* amgáu; *(fig: Problem)* gosod ffiniau, pennu terfynau.

Eingriff ['aɪngrɪf] *m* ymyriad *g*; **chirurgischer ~** llawdriniaeth *b*.

einhaken ['aɪnhaːkən] *vt* bachu, cydio; **sich bei jdm ~** cydio ym mraich rhn, cysylltu breichiau.

Einhalt ['aɪnhalt] *m:* **~ gebieten** *+dat* rhoi stop ar, rhoi terfyn ar.

einhalten *irreg vt (Regel)* cadw.

einhämmern ['aɪnhɛmərn] *vt (ugs)* **jdm etw ~** *(fig)* pwnio rhth i ben rhn.

einhandeln *vt:* **sich** *dat* **Ärger ~** chwilio am drwbl.

einhändig ['aɪnhɛndɪç, -ɪk] *adj* unllaw.

einhändigen ['aɪnhɛndɪgən] *vt* rhoi i mewn.

einhängen ['aɪnhɛŋən] *vt* hongian i mewn; *(TEL*ᴰ *auch vi)* rhoi'r ffôn i lawr; **sich bei jdm ~** cydio ym mraich rhn.

einheimisch ['aɪnhaɪmɪʃ] *adj* brodorol, lleol.

Einheimische *m/f* brodor(es) *g(b)*, rhn lleol; **die ~n** y bobl leol.

einheimsen ['aɪnhaɪmzən] *vt (ugs)* dwyn adre.

einheiraten ['aɪnhaɪraːtən] *vi:* **in einen Betrieb ~** priodi busnes, priodi i mewn i fusnes.

Einheit ['aɪnhaɪt] (-, -en) *f (Maß, MIL)* uned *b; (ein Ganzes)* undod *g*, cyfander *g; (Bauteil)* elfen *b;* **eine geschlossene ~ bilden** ffurfio cyfanrwydd unedig.

einheitlich *adj* cyson, unffurf, unwedd.

Einheits- *kompos:* **~front** *f (POL)* ffrynt *gb* unedig; **~liste** *f (POL)* rhestr *b* unedig o ymgeiswyr; **~preis** *m* pris *g* safonol.

einheizen ['aɪnhaɪtsən] *vi* troi'r gwres ymlaen, cynnau tân; **jdm tüchtig ~** *(fig: die Meinung sagen)* siarad yn blaen â rhn.

einhellig ['aɪnhɛlɪç, -ɪk] *adj* unfryd.

einholen ['aɪnhoːlən] *vt (aufholen)* dal, goddiweddyd; *(Verspätung)* adennill; *(Rat, Erlaubnis)* ceisio, gofyn; *(Netz, Boot)* halio; *(Fahne, Segel)* gostwng; *(ugs:[D] einkaufen)* prynu.

Einhorn ['aɪnhɔrn] (-(e)s, ¨-er) *nt* uncorn *g*.

einhüllen ['aɪnhʏlən] *vt* lapio, gorchuddio.

einhundert ['aɪn'hʊndərt] *num* cant.

einig ['aɪnɪç, -ɪk] *adj* cytûn; **sich** *dat* **~ sein** cytuno; **sich ~ werden** dod i gytundeb; **~ gehen** *(geh)* cytuno.

einige *indef pron* rhywrai, peth; **~s** cryn dipyn; **in ~r Zeit** ryw ben, rywbryd neu'i gilydd; **seit ~r Zeit** ers peth amser; **in ~r Entfernung** o bell; **dazu ist noch ~s zu sagen** erys ambell beth i'w ddweud o hyd am hynny.

   ◆ *num* rhai; *(mehrere)* nifer, sawl; **~ Male** sawl gwaith; **mit Ausnahme ~r weniger** gydag ambell eithriad; **vor ~n Tagen** pa ddiwrnod.

einige Mal *adv vgl.* **einige**.

einigen *vr:* **sich ~ auf** *+akk* cytuno ar, dod i gytundeb ynglŷn â.

   ◆ *vt* uno.

einigermaßen *adv* i raddau; *(leidlich)* yn weddol, yn gymharol.

einiges *pron vgl.* **einige**.

einig gehen *irreg vi (+sein) vgl.* **einig**.

Einigkeit (-, *kein pl*) *f* undod *g; (Übereinstimmung)* cytgord *g*.

Einigung *f* cytundeb *g*, cydsyniad *g; (Zusammenhalt)* undod *g; (Vereinigen)* uno *g*.

einimpfen ['aɪn'ɪmpfən] *vt:* **jdm etw ~** brechu rhn â rhth; *(fig)* plannu rhth ym mhen rhn.

einjagen ['aɪnjaːgən] *vt:* **jdm einen Schrecken ~** rhoi braw i rn; **jdm Furcht ~** codi ofn ar rn.

einjährig ['aɪnjɛːrɪç, -ɪk] *adj* blwyddyn; *(ein Jahr alt)*

blwydd oed; *(Pflanze)* unflwydd.

einkalkulieren ['aɪnkalkuliːrən] *vt* cymryd i ystyriaeth.

einkassieren ['aɪnkasiːrən] *vt (Geld, Schulden)* casglu, hel.

Einkauf ['aɪnkaʊf] (-s, ¨-e) *m* pryniant *g*.

einkaufen *vt* prynu.

   ◆ *vi* siopa, gwneud negeseuon; **~ gehen** mynd i siopa.

Einkäufer *m* (**~in** *f*) *(COMM)* prynwr(aig) *g(b)*.

Einkaufsbummel *m:* **einen ~ machen** mynd am dro i'r siopau.

Einkaufs- *kompos:* **~korb** *m* basged *b* siopa; **~leiter** *m (COMM)* prif brynwr *g;* **~liste** *f* rhestr *b* siopa; **~markt** *m* uwchfarchnad *b;* **~netz** *nt* bag *g* rhwyllog; **~passage** *f* arcêd *b;* **~preis** *m* pris *g* cyfanwerthol, pris *g* cost; **~tasche** *f* bag *g* siopa; **~wagen** *m* troli *g* siopa; **~zentrum** *nt* canolfan *gb* siopa; **~zettel** *m* rhestr *b* siopa.

einkehren ['aɪnkeːrən] *vi (+sein): (Ruhe, Frühling)* dod; **in einem Gasthof ~** galw heibio i dafarn.

einkerben *vt* rhicio, rhigo.

einkesseln ['aɪnkɛsəln] *vt (MIL)* amgylchynu.

einklammern ['aɪnklamərn] *vt* bracedu, rhoi mewn cromfachau.

Einklang ['aɪnklaŋ] *m* cytgord *g; (MUS)* unsain *b*.

einkleiden ['aɪnklaɪdən] *vt* gwisgo; *(fig)* mynegi.

einklemmen ['aɪnklɛmən] *vt* gwasgu, stwffio rhwng.

einknicken ['aɪnknikən] *vi (+sein) (in die Knie gehen)* plygu, methu.

einkochen ['aɪnkɔxən] *vt* stiwio, berwi i lawr; *(Obst)* potelu, piclo.

Einkommen ['aɪnkɔmən] *nt* incwm *g*, enillion *ll*.

einkommens- *kompos:* **~schwach** *adj* ar gyflog isel; **~stark** *adj* ar gyflog uchel.

Einkommenssteuer *f* treth *b* incwm.

Einkommensteuererklärung *f (FIN)* datganiad *g* treth incwm.

Einkommensverhältnisse *pl* incwm *g*.

einkreisen ['aɪnkraɪzən] *vt* amgylchynu, amgylchu, cwmpasu.

einkriegen[D] ['aɪnkriːgən] *vr (ugs: sich fassen)* **sie konnte sich gar nicht mehr darüber ~, dass ...** roedd hi'n methu amgyffred y ffaith fod...

Einkünfte ['aɪnkʏnftə] *pl* enillion *ll*, derbyniadau *ll*.

einladen ['aɪnlaːdən] *irreg vt (aufladen)* llwytho; *(Person)* gwahodd; *(bezahlen)* **ich lade dich ein** fi sy'n talu.

einladend *adj* deniadol.

Einladung *f* gwahoddiad *g*.

Einlage ['aɪnlaːgə] *f (FIN: Kapital)* buddsoddiad *g; (Spar~)* cynilion *ll*, adnau *g; (Programm~)* anterliwt *gb*, rhaglen *b* atodol; *(für Schuh)* mewnwadn *g; (für*

Zahn) llenwad *g* dros dro; *(KOCH)* nwdls *ll*, llysiau *ayb* mewn potes.

einlagern [ˈaɪnlaːgərn] *vt* storio, rhoi yng nghadw.

Einlass [ˈaɪnlas] (-es, ¨-e) *m (Zutritt)* mynediad *g*; **jdm ~ gewähren** caniatáu mynediad i rn.

einlassen *irreg vt* gadael i rn ddod i mewn; *(einsetzen)* mewnosod; *(Holz, Leder)*ᴬ trin.

♦ *vr:* **sich mit jdm ~** ymhel â rhn; **sich auf etw** *akk* **~** ymhel â rhth, mynd ynghlwm wrth rth; **sich auf einen Kompromiss ~** cytuno ar gyfaddawd; **ich lasse mich auf keine Diskussion ein** nid wyf yn barod i drafod y mater.

Einlauf [ˈaɪnlauf] *m (SPORT)* dyfodiad *g*; *(von Pferden)* terfyn *g*; *(MED)* enema *gb*.

einlaufen [ˈaɪnlaufən] *irreg vi (+sein)* cyrraedd, dod i mewn; *(SPORT)* gorffen ras; *(Wasser)* llifo i mewn; *(Stoff)*ᴰ crebachu, mynd yn llai; **in den Hafen ~** mynd i'r porthladd.

♦ *vt (+haben) (Schuhe)* ystwytho; *(Motor, Maschine)* rhedeg i mewn; **sich ~** *(SPORT)* twymo, cynhesu.

einläuten [ˈaɪnlɔʏtən] *vt (neues Jahr)* croesawu â chlychau, seinio; *(SPORT: Runde)* canu'r gloch.

einleben [ˈaɪnleːbən] *vr* ymgartrefu.

Einlegearbeit *f* mewnosodiad *g*.

einlegen [ˈaɪnleːgən] *vt (einfügen: Blatt, Sohle)* gosod, mewnosod; *(KOCH)* piclo; *(Protest)* codi; **ein Veto ~** rhoi feto ar; **Berufung ~** gwneud apêl; **eine Pause ~** gorffwys; **ein gutes Wort bei jdm ~** dweud gair da wrth rn (am rn).

Einlegesohle *f* mewnwadn *g*.

einleiten [ˈaɪnlaɪtən] *vt (Rede)* cychwyn; *(Wasser, Strom)* darparu, cyflenwi â; *(Geburt)* ysgogi, cychwyn.

Einleitung *f* cyflwyniad *g*, rhagarweiniad *g*, rhagair *g*.

einlenken [ˈaɪnlɛŋkən] *vi (fig: nachgeben)* ildio.

einlesen [ˈaɪnleːzən] *irreg vr:* **sich in ein Gebiet ~** dysgu am faes trwy ddarllen.

♦ *vt (COMP: Daten)* bwydo rhth i mewn.

einleuchten [ˈaɪnlɔʏçtən] *vi +dat* bod yn eglur.

einleuchtend *adj* clir, eglur, amlwg.

einliefern [ˈaɪnliːfərn] *vt* danfon; **jdn ins Krankenhaus ~** mynd â rhn i'r ysbyty.

Einlieferungsschein *m* tystysgrif *b* dderbyn.

Einliegerwohnung [ˈaɪnliːgərvoːnʊŋ] *f* fflat *b* gyflawn (wedi'i rhentu mewn tŷ).

einlochen [ˈaɪnlɔxən] *vt (Billardkugel)* pocedu, potio; *(ugs: einsperren)* rhoi dan glo.

einloggen *vi (COMP)* mewngofnodi.

einlösen [ˈaɪnløːzən] *vt (Scheck)* newid; *(Schuldschein)* diwystlo, prynu yn ôl; *(Versprechen)* cywiro, cadw.

einlullen *vt* mesmereiddio.

einmachen [ˈaɪnmaxən] *vt* potelu, piclo, preserfio.

Einmachglas (-es, ¨-er) *nt* pot *g* piclo, jar *b* biclo.

einmal [ˈaɪnmaːl] *adv* unwaith; *(erstens)* yn gyntaf; *(irgendwann)* rywbryd; **nehmen wir ~ an** gadewch i ni dybio am funud; **noch ~** unwaith eto; **nicht ~** dim hyd yn oed; **auf ~** yn sydyn, ar unwaith; **es war ~** *(LIT)* amser maith yn ôl roedd...; **~ ist keinmal** *(Sprichwort)* nid yw unwaith yn cyfrif dim; **waren Sie schon ~ in Rom?** fuoch chi erioed yn Rhufain?

Einmaleins *nt* tabl *g* lluosi.

einmalig *adj* unigryw, di-ail; *(nur einmal)* unigol, sengl; *(prima)* di-ail, penigamp; **zum ~en Gebrauch** tafladwy.

Einmannbetrieb *m* cwmni *g* undyn.

Einmarsch [ˈaɪnmarʃ] *m (MIL)* goresgyniad *g*.

einmarschieren [ˈaɪnmarʃiːrən] *vi (+sein)* ymdeithio i mewn, ymosod.

einmengen [ˈaɪnmɛŋən] *vr:* **sich ~ in** *+akk* ymyrryd yn, busnesa yn.

einmieten [ˈaɪnmiːtən] *vr:* **sich bei jdm ~** lletya gyda rhn.

einmischen [ˈaɪnmɪʃən] *vr:* **sich ~ in** *+akk* ymyrryd yn.

Einmischung *f* ymyrraeth *b*.

einmotten [ˈaɪnmɔtən] *vt* rhoi i'w gadw.

einmünden [ˈaɪnmʏndən] *vi (+sein):* **~ in** *+akk (Fluss)* llifo i, aberu yn; *(Straße in Platz)* arwain at; *(in andere Straße)* ymuno â, cwrdd â.

einmütig [ˈaɪnmyːtɪç, -ɪk] *adj* unfryd.

einnähen [ˈaɪnnɛːən] *vt (TEX: enger machen)* meinhau.

Einnahme [ˈaɪnnaːmə] (-, -n) *f (MIL)* gorchfygiad *g*, meddiannu *g*; *(Geld)* derbyniadau *ll*; *(von Medizin)* cymryd *g*; **wissen Sie über die ~ Bescheid?** ydych chi'n gwybod sut i'w gymryd? **~n und Ausgaben** *(FIN)* incwm a gwariant.

Einnahmequelle (-, -n) *f* ffynhonnell *b* incwm.

einnehmen [ˈaɪnneːmən] *irreg vt* cymryd; *(Platz)* cymryd, llenwi; *(Stelle)* gweithredu fel; *(MIL)* gorchfygu, cipio; *(MED)* llyncu; **jdn ~ für** *+akk* dwyn perswâd ar rn o blaid.

einnehmend *adj* atyniadol.

einnicken [ˈaɪnnɪkən] *vi (+sein) (ugs)* pendwmpian, syrthio i gwsg.

einnisten [ˈaɪnnɪstən] *vr* nythu; *(fig)* lletya.

Einöde [ˈaɪnˀøːdə] (-, -n) *f* diffeithwch *g*, anialwch *g*.

einölen [ˈaɪnˀøːlən] *vt* iro.

einordnen [ˈaɪnˀɔrdnən] *vt* dosbarthu; **sich ~** *(sich anpassen)* dygymod, ymaddasu; *(AUTO)* mynd i'ch lôn.

einpacken [ˈaɪnpakən] *vt, vi* pacio.

einparken [ˈaɪnpaːrkən] *vt* parcio.

einpauken[D] [ˈaɪnpaʊkən] *vt (ugs)* **jdm etw ~** pwnio rhth i ben rhn.

einpendeln [ˈaɪnpɛndəln] *vr* ymsefydlogi, setlo.

einpennen[D] [ˈaɪnpɛnən] *vi (+sein) (ugs: einschlafen)* syrthio i gwsg.

einpferchen [ˈaɪnpfɛrçən] *vt (Tiere)* ffaldio, llocio, cau i mewn; *(fig)* llocio.

einpflanzen [ˈaɪnpflantsən] *vt* plannu; *(MED)* impio, mewnblannu.

einplanen [ˈaɪnplaːnən] *vt* cynnwys mewn cynllun, cynllunio ar gyfer.

einprägen [ˈaɪnprɛːgən] *vt* argraffu, bathu; **sich** *dat* **etw ~** dysgu rhth ar gof.
 ♦ *vr:* **sich jdm ~** *(im Gedächtnis bleiben)* argraffu ar feddwl rhn.

einprägsam [ˈaɪnprɛːkzaːm] *adj* hawdd ei gofio; *(Melodie)* cofiadwy.

einprogrammieren [ˈaɪnprogramiːren] *vt (COMP)* bwydo i mewn.

einprügeln [ˈaɪnpryːgəln] *vi:* **auf jdn ~** estyn ergyd i rn.

einpudern *vt* powdro.

einquartieren [ˈaɪnkvaːrtiːren] *vt (MIL)* lluestu, lletya; **Gäste bei Freunden ~** lletya ymwelwyr gyda ffrindiau; **sich ~** aros (gyda), cymryd llety.

einrahmen [ˈaɪnraːmən] *vt* fframio.

einrasten [ˈaɪnrastən] *vi (+sein)* cydio, clecian.

einräumen [ˈaɪnrɔʏmən] *vt (wegräumen)* clirio, rhoi i gadw; *(überlassen: Platz)* ildio, rhoi; *(zugestehen)* cyfaddef.

einrechnen [ˈaɪnrɛçnən] *vt* cynnwys; *(berücksichtigen)* cymryd i ystyriaeth.

einreden [ˈaɪnreːdən] *vt:* **jdm etw ~** darbwyllo rhn i gredu rhth.

Einreibemittel [ˈaɪnraɪbəmɪtəl] *nt* eli *g*.

einreiben [ˈaɪnraɪbən] *irreg vt* rhwbio ar.

einreichen [ˈaɪnraɪçən] *vt* rhoi i mewn; *(Antrag)* anfon i mewn.

einreihen [ˈaɪnraɪən] *vt (einordnen)* rhoi yn; *(klassifizieren)* dosbarthu; **etw in etw** *akk* **~** gosod rhth yn rhth; **sich ~** *(AUTO)* ymuno â'r lôn gywir.

Einreise [ˈaɪnraɪzə] (-, -n) *f* mynediad *g* i wlad, mewnfudiad *g*.

Einreise- *kompos:* **~bestimmungen** *pl* rheolau *ll* mynediad (i wlad); **~erlaubnis** *f* trwydded *b* fynd i mewn i wlad; **~genehmigung** *f* papur caniatâd i deithio i mewn i wlad.

einreisen [ˈaɪnraɪzən] *vi (+sein):* **in ein Land ~** teithio i mewn i wlad.

Einreiseverbot *nt* gwaharddiad *g* mynediad (i wlad).

Einreisevisum *nt* fisa *b*, teitheb *b*.

einreißen [ˈaɪnraɪsən] *irreg vt (+haben) (Papier)* rhwygo; *(Gebäude)* dymchwel, chwalu.
 ♦ *vi (+sein)* rhwygo; *(ugs, pej: Gewohnheit werden)* dod yn arfer.

einrenken [ˈaɪnrɛŋkən] *vt (Gelenk)* rhoi yn ôl i'w le; *(fig)* rhoi trefn ar, setlo; **sich ~** *(fig)* gweithio er daioni, sortio ei hun allan.

einrichten [ˈaɪnrɪçtən] *vt (Haus)* dodrefnu; *(schaffen)* sefydlu; *(arrangieren)* trefnu; **sich ~** *(in Haus)* rhoi celfi yn eich tŷ; **sich ~ auf** *+akk (sich vorbereiten)* ymbaratoi am; *(sich anpassen)* ymaddasu i.

Einrichtung *f (Wohnungs~)* dodrefn *ll*, celfi *ll*; *(öffentliche Institution)* sefydliad *g*, corff *g*; *(Ausrüstung)* cyfarpar *g*.

Einrichtungsgegenstand (-(e)s, ¨-e) *m* dodrefnyn *g*.

einrosten [ˈaɪnrɔstən] *vi (+sein)* rhydu'n sownd.

einrücken [ˈaɪnrʏkən] *vi (+sein) (Soldat)* ymuno, ymgofrestru.
 ♦ *vt (+haben) (Zeile)* cilosod, tynnu i mewn; *(Anzeige)* rhoi yn y papur.

eins *num* un; **mir ist alles ~** does dim ots gen i; **~ zu ~** *(SPORT)* un yr un; **~ nach dem anderen** un ar y tro; **~ sein** cytuno; **~ a** *(ugs: bestens)* o'r radd flaenaf.

Eins[D] [aɪns] (-, -en) *f* un, rhif *g* un; *(SCH)* marc *g* gorau, A *b*; **er ist eine ~ im Schwimmen** mae e'n nofio fel pencampwr.

einsagen [ˈaɪnzaːgən] *vi:* **jdm ~** cofweini ar rn.
 ♦ *vt:* **jdm etw ~** sibrwd rhth wrth rn.

einsalzen [ˈaɪnzaltsən] *vt* halltu.

einsam [ˈaɪnzaːm] *adj* unig, ar eich pen eich hun; **~e Spitze** *(ugs)* yn wirioneddol wych.

Einsamkeit *f* unigrwydd *g*, unigedd *g*.

einsammeln [ˈaɪnzaməln] *vt* casglu.

Einsatz [ˈaɪnzats] (-es, ¨-e) *m (Teil)* mewnosodiad *g*; *(an Kleid)* mewnosodyn *g*; *(Risiko)* menter *b*; *(Spiel~)* arian *g* betio; *(Verwenden)* defnydd *g*; *(MIL)* gweithrediad *g*, ymgyrch *gb*; *(MUS)* cydiad *g*; **im ~** ar waith; **zum ~ kommen** cael ei ddefnyddio; **etw unter ~ seines Lebens tun** mentro pob dim i wneud rhth.

Einsatzbefehl *m* gorchymyn *g* i'r argyfwng.

einsatzbereit *adj* parod i'r gad.

Einsatzkommando *nt* llu *g* ymosod, cyrchlu *g*.

einsäumen *vt* hemio.

einschalten [ˈaɪnʃaltən] *vt* rhoi ymlaen; *(einfügen)* mewnosod; *(Pause)* cymryd seibiant; *(Person)* tynnu i mewn; **sich ~** *(fig)* ymyrryd.

Einschaltquote (-, -n) *f (TV)* nifer *gb* y gwylwyr.

einschärfen [ˈaɪnʃɛrfən] *vt:* **jdm etw ~** argraffu rhth ar feddwl rhn.

einschätzen [ˈaɪnʃɛtsən] *vt* amcangyfrif, barnu; **sich ~** barnu eich gwerth eich hun, gwerthuso eich hun.

Einschätzung *f* asesiad *g.*

einschenken ['aɪnʃɛŋkən] *vt* arllwys, tywallt.

einschicken ['aɪnʃɪkən] *vt* anfon i mewn.

einschieben ['aɪnʃiːbən] *irreg vt* gwthio/gwasgu i mewn, rhyngosod; *(zusätzlich)* ychwanegu; **eine Pause ~** cymryd hoe/seibiant.

einschiffen ['aɪnʃɪfən] *vt* cludo ar long; **sich ~** esgyn i fwrdd llong, byrddio llong.

einschl. *abk* = **einschließlich.**

einschlafen ['aɪnʃlɑːfən] *irreg vi (+sein)* syrthio i gysgu; *(Fuß, Hand)* cyffio, colli teimlad; *(fig)* dod i ben, darfod.

einschläfern ['aɪnʃlɛːfərn] *vt (schläfrig machen)* gwneud yn gysglyd; *(narkotisieren)* achosi cwsg i; *(töten: Tier)* difa; *(Gewissen)* tawelu, llonyddu.

einschläfernd *adj* yn achosi cwsg; *(langweilig)* blinderus.

Einschlag ['aɪnʃlɑːk] (-(e)s, ¨-e) *m* trawiad *g;* *(fig: Spur)* awgrym *g.*

einschlagen ['aɪnʃlɑːgən] *irreg vt (Fenster)* torri; *(Schädel)* malu; *(AUTO: Räder)* troi; *(TEX: Saum)* troi i fyny; *(in Papier)* pacio, lapio; *(Weg, Richtung)* dewis, cymryd.

♦ *vi (Blitz)* taro; *(sich einigen)* ysgwyd llaw ar rth, taro bargen; *(Anklang finden)* llwyddo; **es muss irgendwo eingeschlagen haben** mae'n rhaid bod mellten wedi taro yn rhywle; **auf jdn ~** bwrw rhn.

einschlägig ['aɪnʃlɛːgɪç, -ɪk] *adj* perthnasol; **er ist ~ vorbestraft** *(JUR)* mae e wedi cael ei euogfarnu o'r blaen am drosedd debyg.

einschleichen ['aɪnʃlaɪçən] *irreg vr (in Haus)* sleifio, ymgripio; *(Fehler)* graddol ymddangos; *(in Vertrauen)* mynd i lawes rhn.

einschleppen ['aɪnʃlɛpən] *vt (Krankheit)* cario, dod â.

einschleusen ['aɪnʃlɔyzən] *vt:* **~ in** *+akk* smyglo i mewn i.

einschließen ['aɪnʃliːsən] *irreg vt (einsperren)* cloi i mewn; *(umgeben)* amgylchynu; *(umfassen)* cynnwys; **sich ~** cloi eich hun i mewn.

einschließlich *adv* cynhwysol.

♦ *präp +gen* gan gynnwys.

einschmeicheln ['aɪnʃmaɪçəln] *vr:* **sich bei jdm ~** ennill ffafr rhn, gwenieithio, gorganmol rhn.

einschmuggeln ['aɪnʃmʊgəln] *vt* smyglo i mewn.

einschnappen ['aɪnʃnapən] *vi (+sein) (Tür)* clecian i'w le; *(fig)* bod yn bigog; **eingeschnappt sein** bod yn pwdu.

einschneidend ['aɪnʃnaɪdənt] *adj (fig)* drastig.

einschneien ['aɪnʃnaɪən] *vi unpers (+haben):* **eingeschneit sein** bod wedi cael eich caethiwo gan eira.

Einschnitt ['aɪnʃnɪt] (-(e)s, -e) *m (Tal)* hollt *gb;* *(im Leben)* pwynt *g* tyngedfennol; *(MED)* toriad *g,* endoriad *g.*

einschnüren ['aɪnʃnyːrən] *vt (einengen)* torri i; **dieser Kragen schnürt mich ein** mae'r colar hwn yn fy nghrogi i.

einschränken ['aɪnʃrɛŋkən] *vt* cyfyngu; *(Kosten)* lleihau; **sich ~** cwtogi ar wario.

einschränkend *adj* cyfyngiadol; **~ möchte ich sagen** ... rhaid amodi hwn trwy ddweud...

Einschränkung (-, -en) *f* cyfyngiad *g;* *(Vorbehalt)* amod *gb.*

Einschreibe- *kompos:* **~brief** *m* llythyr *g* cofnodedig; **~gebühr** *f* tâl *g* cofrestru.

einschreiben ['aɪnʃraɪbən] *irreg vt* ysgrifennu i mewn; **sich ~** cofrestru.

Einschreiben *nt* llythyr *g* cofnodedig.

einschreiten ['aɪnʃraɪtən] *irreg vi (+sein)* ymyrryd; **~ gegen** gweithredu yn erbyn.

Einschub ['aɪnʃuːp] (-(e)s, ¨-e) *m* mewnosodiad *g.*

einschüchtern ['aɪnʃyçtərn] *vt* dychryn, brawychu.

Einschüchterung *f* dychryn *g,* brawychiad *g.*

einschulen ['aɪnʃuːlən] *vt (Arbeiter)* hyfforddi; *(SCH: Kind)* **eingeschult werden** dechrau yn yr ysgol.

Einschussloch *nt* twll *g* bwled.

einschweißen ['aɪnʃvaɪsən] *vt (in Plastik)* tynlapio; *(TECH)* **etw in etw ~** asio rhth i rth.

einschwenken ['aɪnʃvɛŋkən] *vi (+sein)* troi, gwyro.

einsehen ['aɪnzeːən] *vt (Akten)* cael cip ar; *(prüfen)* archwilio, arolygu; *(Fehler)* cydnabod; *(verstehen)* deall, amgyffred; **das sehe ich nicht ein** nid wyf yn deall pam.

Einsehen (-s, *kein pl*) *nt* dealltwriaeth *b;* **ein ~ haben** bod yn deall.

einseifen ['aɪnzaɪfən] *vt (auch fig)* seboni.

einseitig ['aɪnzaɪtɪç, -ɪk] *adj* unochrog; *(Ernährung)* anghytbwys.

Einseitigkeit *f* unochredd *g.*

einsenden ['aɪnzɛndən] *irreg vt* anfon i mewn.

Einsender (-s, -) *m* anfonydd *g.*

Einsendeschluss (-es, ¨-e) *m* dyddiad *g* cau.

Einsendung ['aɪnzɛndʊŋ] (-, -en) *f* rhth wedi'i anfon i mewn.

Einser ['aɪnsər] *m* = **Eins.**

einsetzen ['aɪnzɛtsən] *vt* gosod i mewn; *(in Amt)* penodi; *(Geld)* betio; *(verwenden)* defnyddio; **sich ~** gweithio yn galed; **sich ~ für** *+akk* cefnogi; **ich werde mich dafür ~, dass** ... gwna'i ngorau i sicrhau bod...

♦ *vi (Regen)* dechrau; *(MUS)* dechrau, cydio.

Einsicht ['aɪnzɪçt] (-, -en) *f (Verständnis)* dirnadaeth *b,* dealltwriaeth *b;* *(in Akten)* cip *g;* **zur ~ kommen,**

dass ... dod i'r casgliad bod…; **~ nehmen in** +akk cael cip ar.

einsichtig adj (Mensch) call, deallus; **jdm etw ~ machen** gwneud rhth yn ddealladwy i rn.

Einsichtnahme f darlleniad g; **zur ~** er sylw.

einsichtslos adj anneallus.

einsichtsvoll adj deallus, call.

Einsiedler ['aɪnziːdlər] (-s, -) m meudwy g.

einsilbig ['aɪnzɪlbɪç, -ɪk] adj (GRAM) unsill, unsillafog; (Mensch) tawedog.

Einsilbigkeit f tawedogrwydd g.

einsinken ['aɪnzɪŋkən] irreg vi (+sein) suddo i mewn.

Einsitzer ['aɪnzɪtsər] (-s, -) m cerbyd neu gwch i un.

einspannen ['aɪnʃpanən] vt (Papier) rhoi i mewn; (Pferde) rhoi mewn harnais; **jdn für seine Zwecke ~** bachu rhn i wneud rhth i chi.

Einspänner[A] ['aɪnʃpɛnər] m (Kaffee) coffi g du â hufen chwip.

einsparen ['aɪnʃpaːrən] vt arbed ar, cwtogi ar; (Posten) gwaredu.

Einsparung f cwtogiad g, arbedion ll.

einspeichern ['aɪnʃpaɪçərn] vt (COMP) bwydo rhth i mewn.

einspeisen vt (COMP) mewnbynnu.

einsperren ['aɪnʃpɛrən] vt (einkerkern) carcharu; (einschließen) cloi i mewn.

einspielen ['aɪnʃpiːlən] vr (MUS, SPORT) twymo, cynhesu, ymarfer; **sich aufeinander ~** dod ar yr un donfedd â rhn.

◆ vt (Film: Geld) dwyn elw; (Instrument) tiwnio, tonyddu; (RADIO, TV) darlledu rhwng dau beth; **gut eingespielt** â rhediad rhwydd.

einsprachig ['aɪnʃpraːxɪç, -ɪk] adj uniaith.

einspringen ['aɪnʃprɪŋən] irreg vi (+sein) (aushelfen) camu i'r adwy, helpu.

einspritzen ['aɪnʃprɪtsən] vt chwistrellu.

Einspritzmotor m (AUTO) modur g chwistrellu.

Einspruch ['aɪnʃprʊx] (-(e)s, ¨-e) m gwrthwynebiad g; **~ erheben** (JUR) codi gwrthwynebiad.

Einspruchsfrist f (JUR) hyd y cyfnod a ganiateir i gofnodi gwrthwynebiad.

Einspruchsrecht nt hawl gb i wrthwynebu.

einspurig ['aɪnʃpuːrɪç, -ɪk] adj (BAHN) untrac; (Straße) ffordd b un lôn, ffordd gul; **~es Fahrzeug** beic g, beic modur.

einst [aɪnst] adv un tro; (dereinst, irgendwann) ryw ddydd.

Einstand ['aɪnʃtant] m (Tennis) gêm b gyfartal, diws g; (Antritt) dechrau a dathliad swydd newydd.

einstechen ['aɪnʃtɛçən] irreg vt gwanu, tyllu, treiddio; **~ auf jdn** gwanu rhn.

einstecken ['aɪnʃtɛkən] vt (in Tasche) pocedu,

cymryd; (ELEKT) plygio i mewn; (ugs: hinnehmen) llyncu.

einstehen ['aɪnʃteːən] irreg vi (+sein): **für jdn ~** mechnïo rhn, **für etw ~** gwarantu rhth; (Ersatz leisten) gwneud yn iawn am rth.

einsteigen ['aɪnʃtaɪɡən] irreg vi (+sein) mynd i mewn; (hineinklettern) dringo i mewn; (einbrechen) torri i mewn; (COMM: in Geschäft) cymryd rhan; **alles ~!** pawb arno/arni!

Einsteiger m dechreuwr g.

einstellen ['aɪnʃtɛlən] vt (beenden) rhoi terfyn ar, stopio; (Gerät) cywiro, calibradu; (Fotoapparat) ffocysu; (Sender) codi gorsaf; (unterstellen) rhoi i mewn; (in Firma) rhoi swydd i, cyflogi; **Zahlungen ~** atal taliadau; **sich ~** (Erfolg) cyrraedd; **sich auf jdn ~** ymaddasu i rn; **sich auf etw** akk **~** ymbaratoi ar gyfer rhth.

einstellig ['aɪnʃtɛlɪç, -ɪk] adj (Zahl) un digid.

Einstellplatz ['aɪnʃtɛlplats] (-es, ¨-e) m (für Auto) lle g parcio.

Einstellung ['aɪnʃtɛlʊŋ] f (Beendigung) ataliad g; (Gerät) cywiriad g, cysoniad g; (FOTO) ffocysu g; (Geisteshaltung) agwedd gb; (von Arbeiter) penodi g, apwyntio g.

Einstellungsgespräch (-(e)s, -e) nt cyfweliad g.

Einstellungsstopp m terfyn g ar recriwtio.

Einstieg ['aɪnʃtiːk] (-(e)s, -e) m mynediad g; (Bus) mynedfa b, drws g; (Beginn) dechreuad g, dechrau g; **kein ~** dim mynediad.

einstig ['aɪnstɪç, -ɪk] adj blaenorol.

einstimmen ['aɪnʃtɪmən] vi (MUS) tiwnio.

◆ vr (in Stimmung bringen) creu'r awyrgylch iawn.

einstimmig adj unfarn, unfryd; (MUS) ar gyfer un llais.

Einstimmigkeit f unfrydedd g.

einstmalig ['aɪnstmaːlɪç, -ɪk] adj cynt.

einstmals ['aɪnstmaːls] adv ers talwm.

einstöckig ['aɪnʃtœkɪç, -ɪk] adj deulawr.

einstudieren ['aɪnʃtudiːrən] vt (THEAT) ymarfer.

einstufen ['aɪnʃtuːfən] vt prisio, dosbarthu.

Einstufung f prisiant g, dosbarthu g; **nach seiner ~ in eine höhere Gehaltsklasse** wedi iddo godi i lefel incwm uwch.

einstündig ['aɪnʃtʏndɪç, -ɪk] adj awr.

einstürmen ['aɪnʃtʏrmən] vi (+sein): **auf jdn ~** rhuthro tuag at rn; (Eindrücke) ysgubo dros rn, llethu rhn.

Einsturz ['aɪnʃtʊrts] (-es, ¨-e) m cwymp g.

einstürzen ['aɪnʃtʏrtsən] vi (+sein) dymchwel, cwympo; (fig) **auf jdn ~** gorlethu rhn.

Einsturzgefahr (-, -en) f perygl g o gwymp, perygl o ddymchweliad.

einstweilen ['aɪnstvaɪlən] adv yn y cyfamser;

(vorläufig) dros dro.

einstweilig ['aɪnstvaɪlɪç, -ɪk] *adj* dros dro; **~e Verfügung** *(JUR)* gwaharddeb *b* dros dro.

eintägig ['aɪntɛ:gɪç, -ɪk] *adj* undydd, yn para am un diwrnod.

Eintagsfliege ['aɪnta:ksfli:gə] (-, **-n**) *f (ZOOL)* cylionyn *g* Mai, gwybedyn *g* Mai.

eintauchen ['aɪntauxən] *vt (+haben)* trochi, dipio.

♦ *vi (+sein)* plymio, ymdrochi.

eintauschen ['aɪntauʃən] *vt:* **~ gegen** +*akk* cyfnewid am.

eintausend ['aɪn'tauzənt] *num* mil *b.*

einteilen ['aɪntaɪlən] *vt (in Teile)* rhannu; *(klassifizieren)* dosbarthu; *(Geld, Zeit)* cynllunio, dosrannu; **jdn zu etw ~** pennu gorchwyl i rn.

einteilig ['aɪntaɪlɪç, -ɪk] *adj* undarn.

Einteilung *f* dosbarthiad *g*, dosraniad *g*, rhaniad *g.*

eintönig ['aɪntø:nɪç, -ɪk] *adj* undonog.

Eintönigkeit *f* undonedd *g.*

Eintopf ['aɪntɔpf] (-(e)s, ¨-e) *m (KOCH)* cawl *g*, stiw *g*, lobsgows *g.*

Eintracht ['aɪntraxt] (-, *kein pl*) *f* cytgord *g.*

einträchtig ['aɪntrɛçtɪç, -ɪk] *adj* cydgordiol, cytûn.

Eintrag ['aɪntra:k] (-(e)s, ¨-e) *m* cofnod *g*; **amtlicher ~** cofnod swyddogol mewn cofrestr.

eintragen ['aɪntra:gən] *irreg vt (in Buch)* cofnodi; *(Profit)* cynhyrchu; **sich ~** ymrestru; **sein Film hat ihm Ruhm und Reichtum eingetragen** mae ei ffilm wedi dod â chlod a golud iddo.

einträglich ['aɪntrɛ:klɪç] *adj* proffidiol.

Eintragung *f* cofnod *g.*

eintreffen ['aɪntrɛfən] *irreg vi (+sein) (ankommen)* cyrraedd; *(Ereignis)* digwydd.

eintreiben ['aɪntraɪbən] *irreg vt (Geld)* casglu, hel.

eintreten ['aɪntre:tən] *irreg vi (+sein)* mynd i mewn; *(sich ereignen)* digwydd; **~ in** +*akk (Partei usw)* ymaelodi yn, ymuno â; **für jdn/etw ~** cefnogi rhn/rhth, dadlau dros rn/rth.

♦ *vt (+haben) (Tür)* cicio ar agor.

eintrichtern ['aɪntrɪçtərn] *vt (ugs)* **jdm etw ~** pwnio rhth i ben rhn.

Eintritt ['aɪntrɪt] *m (Betreten)* mynediad *g*; *(Beitritt)* ymaelodi *g*, ymuno *g*; *(Preis)* tâl *g* mynediad; **~ frei** mynediad am ddim; **~ verboten!** dim mynediad! **bei ~ der Dunkelheit** wrth iddi nosi.

Eintritts- *kompos:* **~geld** *nt* tâl *g* mynediad; **~karte** *f* tocyn *g* mynediad; **~preis** *m* pris *g* mynediad.

eintrocknen ['aɪntrɔknən] *vi (+sein)* sychu, crino.

eintrudeln ['aɪntru:dəln] *vi (+sein) (ugs)* cyrraedd.

eintunken ['aɪntuŋkən] *vt (Brot)* dowcio.

einüben ['aɪn'y:bən] *vt* dysgu trwy ymarfer.

einundzwanzig *num* un ar hugain.

einundzwanzigste *adj* unfed ar hugain.

einverleiben ['aɪnfɛrlaɪbən] *vt* meddiannu; *(Gebiet)* cyfeddiannu; **sich** *dat* **etw ~** *(fig: geistig)* mewnoli rhth.

einvernehmen *vt (verhören)* croesholi.

Einvernehmen ['aɪnfɛrne:mən] (-s, *kein pl*) *nt* cytundeb *g*, dealltwriaeth *b*; **in beiderseitigem ~** trwy gytundeb o'r ddeutu; **sich mit jdm ins ~ setzen** dod i ddealltwriaeth â rhn.

einverstanden ['aɪnfɛrʃtandən] *adj:* **~!** iawn! o'r gorau! **~ sein** bod yn gytûn; **sich mit etw ~ erklären** rhoi sêl eich bendith ar rth.

Einverständnis ['aɪnfɛrʃtɛntnɪs] (-ses, *kein pl*) *nt* dealltwriaeth *b*; *(gleiche Meinung)* cytundeb *g*; **im ~ mit jdm handeln** gweithredu gyda sêl bendith rhn.

Einwand ['aɪnvant] (-(e)s, ¨-e) *m* gwrthwynebiad *g*; **einen ~ erheben** codi gwrthwynebiad.

Einwanderer ['aɪnvandərər] (-s, -) *m* mewnfudwr *g.*

Einwanderin *f* mewnfudwraig *b.*

einwandern *vi (+sein)* mewnfudo.

Einwanderung *f* mewnfudiad *g.*

einwandfrei ['aɪnvantfraɪ] *adj* perffaith.

♦ *adv* yn hollol; **etw ~ beweisen** profi rhth yn ddiamheuol.

einwärts ['aɪnvɛrts] *adv* tuag i mewn.

einwecken[D] ['aɪnvɛkən] *vt (ugs: einkochen)* potelu, preserfio.

Einweg- *kompos:* **~flasche** *f* potel *b* dafladwy; **~spritze** *f* chwistrell *b* dafladwy.

einweichen ['aɪnvaɪçən] *vt* gadael i socian.

einweihen ['aɪnvaɪən] *vt (Kirche)* cysegru; *(eröffnen)* agor yn swyddogol; **jdn in etw** *akk* **~** datgelu manylion rhth i rn; **er ist eingeweiht** *(fig)* mae'n gwybod y cyfan.

Einweihung *f* cysegriad *g*; *(Eröffnung)* agoriad *g.*

einweisen ['aɪnvaɪzən] *irreg vt* arwain; *(in Arbeit)* cynnig arweiniad i; *(ins Krankenhaus)* danfon, gyrru.

Einweisung (-, -en) *f (in Arbeit)* cyflwyno *g*; *(ins Krankenhaus)* danfon *g.*

einwenden ['aɪnvɛndən] *irreg vt (zu bedenken geben)* gwrthddadlau; *(dagegen sein)* **etw einzuwenden haben gegen etw** gwrthwynebu rhth.

einwerfen ['aɪnvɛrfən] *irreg vt* taflu i mewn; *(Brief)* postio; *(Fenster)* torri, malu; *(äußern)* dweud ar draws.

einwickeln ['aɪnvɪkəln] *vt* amlapio; **jdn ~** *(fig: ugs)* bod yn gyfrwysach na rhn.

einwilligen ['aɪnvɪlɪgən] *vi:* **~ in** +*akk* cydsynio i.

Einwilligung *f* caniatâd *g*, cytuno *g.*

einwirken ['aɪnvɪrkən] *vi:* **auf jdn ~** dylanwadu ar rn.

Einwirkung *f* dylanwad *g*, effaith *b.*

Einwohner [ˈaɪnvoːnər] (-**s**, -) *m* (**~in** *f*) preswylydd *g*;
(*Ur~*) trigolion *ll*.

Einwohnermeldeamt[D] *nt* swyddfa *b* gofrestru; **sich
beim ~ melden** cofrestru gyda'r awdurdodau.

Einwohnerschaft *f* poblogaeth *b*.

Einwurf [ˈaɪnvʊrf] (-(e)**s**, ¨-e) *m* rhicyn *g*, slot *g*;
(*Einwand*) gwrthwynebiad *g*; (*SPORT*) tafliad *g*.

Einzahl [ˈaɪntsaːl] (-, *kein pl*) *f* (*GRAM*) unigol *g*.

einzahlen *vt* talu i mewn.

Einzahlung *f* taliad *g*.

einzäunen [ˈaɪntsɔʏnən] *vt* ffensio.

einzeichnen [ˈaɪntsaɪçnən] *vt* mapio, arlunio.

Einzel [ˈaɪntsəl] *nt* (*Tennis*) gêm sengl.

Einzel- *kompos:* **~aufstellung** *f* (*COMM*) rhestr *b*
eitemedig; **~bett** *nt* gwely *g* sengl; **~blattzufuhr** *f*
porthydd *g* dalennau; **~fall** *m* achos *g* unigol;
~gänger *m* rhn y mae'n well ganddo fod ar ei
ben ei hun; **~haft** *f* carchariad *g* unigol.

Einzelhandel *m* (*COMM*) masnach *b* adwerthu; **im ~
erhältlich** ar gael yn y siopau.

Einzelhandels- *kompos:* **~geschäft** *nt* lle *g* gwerthu
nwyddau'n adwerthol; **~kaufmann** *m* mân-
werthwr *g*; **~preis** *m* pris *g* adwerthu.

Einzelhändler *m* adwerthwr *g*.

Einzelheit *f* manylyn *g*; **~en** *pl* manylion *ll*.

Einzelkind *nt* unig blentyn *g*.

Einzeller [ˈaɪntsɛlər] *m* (*BIOL*) organedd *g* un gell.

einzellig *adj* ungellog.

einzeln [ˈaɪntsəln] *adj* sengl, unig; **~e** rhai; **jedes ~e
Bild** pob un llun; **ins E~e gehen** manylu ar; **etw im
E~en besprechen** trafod rhth yn fanwl.
  ♦ *adv* fesul un; **bitte ~ eintreten** mynediad fesul
un; **~ angeben** nodi pob un; **~ aufführen** rhestru yn
unigol, eitemeiddio.

Einzelne *m/f* unigolyn *g*; **jeder ~** pawb.

Einzelteil (-(e)**s**, -e) *nt* cyfansoddyn *g*; **etw in seine ~e
zerlegen** datgymalu, tynnu rhth yn ddarnau; (*fig*)
dadansoddi.

Einzelzimmer (-**s**, -) *nt* ystafell sengl.

einziehen [ˈaɪntsiːən] *irreg vt* (+*haben*) tynnu i mewn;
(*Kopf*) gwyro, plygu; (*Fahrgestell*) codi; (*Steuern,
Erkundigungen*) casglu, hel; (*MIL*) drafftio,
consgriptio; (*aus dem Verkehr ziehen*) galw yn ôl;
(*beschlagnahmen*) cymryd oddi wrth.
  ♦ *vi* (+*sein*) symud i mewn; (*Friede, Ruhe*) dod;
(*Flüssigkeit*) **~ in** +*akk* treiddio i.

einzig [ˈaɪntsɪç, -ɪk] *adj* unig; (*ohnegleichen*) unigryw;
kein ~es Mal dim unwaith.
  ♦ *adv:* **~ und allein** unswydd.

einzigartig [ˈaɪntsɪçˀaːrtɪç, ˈaɪntsɪkˀaːrtɪk] *adj* unigryw.

Einzige *m/f* yr unig un; **ein ~r** dim ond un; **kein ~r**
neb o gwbl.

Einzug [ˈaɪntsuːk] (-(e)**s**, ¨-e) *m* mynediad *g*, symud i
mewn *g*.

Einzugs- *kompos:* **~auftrag** *m* debyd *g* uniongyrchol;
~bereich *m* dalgylch *g*; **~gebiet** *nt* dalgylch *g*;
~verfahren *nt* (*FIN*) debyd *g* uniongyrchol.

einzwicken *vt* pinsio.

Eis [aɪs] (-**es**, *kein pl*) *nt* rhew *g*, iâ *g*; (*Speise~*) hufen
g iâ; **~ am Stiel** lolipop *g* rhew; **~ laufen** sglefrio;
das ~ brechen (*fig*) torri'r garw.

Eis- *kompos:* **~bahn** *f* llawr sglefrio; **~bär** *m* arth *b*
wen; **~becher** *m* hufen *g* iâ, sundae *g*; **~bein**[D] *nt*
(*KOCH*) coes *b* mochyn; **~berg** *m* mynydd *g* iâ;
~beutel *m* pac *g* rhew; **~café** *nt* siop *b* hufen iâ.

Eischnee [ˈaɪʃneː] *m* (*KOCH*) gwynwy *g* wedi ei guro.

Eis- *kompos:* **~creme** *f* hufen *g* iâ; **~decke** *f* caenen *b*
iâ; **~diele** *f* siop *b* hufen iâ.

Eisen [ˈaɪzən] *nt* haearn *g*; **zum alten ~ gehören** (*fig*)
perthyn ar y domen sgrap; **zu viele ~ im Feuer** (*fig*)
gormod o heyrn yn y tân; **das ~ schmieden
solange es heiß ist** (*fig*) taro'r haearn tra bo'n
boeth.

Eisenbahn [ˈaɪzənbaːn] *f* rheilffordd *b*; **es ist höchste
~** (*ugs*) mae'n hen bryd.

Eisenbahn- *kompos:* **~abteil** *nt* cerbydran *b*, adran *b*
drên; **~brücke** *f* pont *b* reilffordd.

Eisenbahner *m* dyn *g* rheilffordd.

Eisenbahn- *kompos:* **~netz** *nt* rhwydwaith *g*
rheilffyrdd; **~schaffner** *m* tocynnwr *g*, archwiliwr
g tocynnau; **~überführung** *f* pont *b* droed;
~übergang *m* croesfan *b* wastad; **~waggon** *m*
cerbyd *g* trên.

Eisenerz *nt* (*BERGB*) mwyn *g* haearn, carreg *b* haearn.

eisenhaltig *adj* â haearn ynddo, yn cynnwys
haearn.

Eisen- *kompos:* **~händler** *m* haearnwerthwr *g*;
~handlung *f* siop *b* nwyddau haearn; **~mangel** *m*
(*MED*) diffyg *g* haearn.

Eisenwarenhandlung *f* haearnwerthwr *g*.

Eisenzeit *f* (*HIST*) yr Oes *b* Haearn.

eisern [ˈaɪzərn] *adj* haearn, haearnaidd; (*Wille,
Gesundheit*) cryf, cadarn; (*Härte*) diarbed, di-ildio;
~e Ration *f* dognau wrth gefn; **~e Reserve**
adnoddau argyfwng; **der E~e Vorhang** (*HIST, POL*) y
Llen *b* Haearn; **in etw** *dat* **~ sein** bod yn
benderfynol ynghylch rhth; **er ist ~ bei seinem
Entschluss geblieben** glynodd wrth ei
benderfyniad.

Eisfach *nt* blwch *g* rhewi.

eisfrei *adj* rhydd o iâ.

Eisgeschäft *nt* siop *b* hufen iâ.

Eishockey *nt* (*SPORT*) hoci *g* iâ.

eisig [ˈaɪzɪç, -ɪk] *adj* rhewllyd.

Eiskaffee *m* coffi *g* â hufen iâ ynddo.

eiskalt *adj* rhewllyd; *(Blick)* iasoer.

Eis- *kompos:* **~kasten**[A] *m* oergell *b*; **~kunstlauf** *m* *(SPORT)* sglefrio ffigurau; **~laufen** *nt* sglefrio iâ; **~läufer** *m* sglefriwr *g* iâ; **~lutscher** *m* lolipop *g* rhew.

Eismeer *nt* *(GEOG)* **Nördliches/Südliches ~** Cefnfor *g* yr Arctig/Antarctig.

Eispickel *m* bwyall *b* rew, caib *b* rew.

Eisprung ['aɪʃpruŋ] *m* *(ANAT)* ofyliad *g*, bwrw *g* wy.

Eis- *kompos:* **~schießen** *nt* cwrlo *g*; **~scholle** *f* ffloch *g*; **~schrank** *m* oergell *b*; **~stadion** *nt* canolfan *gb* sglefrio iâ; **~tüte** *f* côn *g* hufen iâ; **~vogel** *m* glas *g* y dorlan; **~würfel** *m* clap *g* rhew, cnap *g* rhew; **~zapfen** *m* cloch *b* iâ; **~zeit** *f* Oes *b* yr Iâ.

eitel ['aɪtəl] *adj* balch.

Eitelkeit *f* balchder *g*.

Eiter ['aɪtər] (**-s**, *kein pl*) *m* *(MED)* crawn *g*.

eiterig *adj* = **eitrig**.

eitern *vi* crawni.

eitrig *adj* crawnol.

Eiweiß ['aɪvaɪs] *nt* gwyn *g* wy, gwynwy *g*; *(CHEM)* protein *g*.

Eiweißgehalt *m* cynnwys *g* protein.

Eizelle ['aɪtsɛlə] (**-**, **-n**) *f* wy *g*, ofwm *g*.

Ekel[1] ['e:kəl] (**-s**, *kein pl*) *m* cyfog *g*, ffieidd-dod *g*; **~ erregend** cyfoglyd, ffiaidd; **vor etw einen ~ haben** ffieiddio rhth.

Ekel[2] (**-s**, **-**) *nt* *(ugs: Widerling)* dyn *g* ffiaidd.

Ekel erregend *adj vgl.* **Ekel**[1].

ekelhaft *adj* cyfoglyd, ffiaidd.

ekelig *adj* = **ekelhaft**.

ekeln *vt* codi cyfog ar, troi stumog rhn; **es ekelt ihn** mae'n troi arno.

♦ *vr:* **sich ~ vor** +*dat* ffieiddio rhth.

EKG (**-s**, **-s**) *nt abk* *(MED, = Elektrokardiogramm)* ECG *g*.

Eklat [e:'kla:] (**-s**, **-s**) *m* *(geh: Skandal)* cynnwrf *g*, sbloet *g*.

eklig *adj* = **ekelhaft**.

Eklipse *f* eclips *g*, cil *g* haul.

Ekstase [ɛk'sta:zə] *f* perlewyg *g*, ecstasi *g*.

Ekzem [ɛk'tse:m] *nt* *(MED)* ecsema *g*, llid *g* ar y croen.

Elan [e'la:n] (**-s**, *kein pl*) *m* asbri *gb*, egni *g* bywiol, hoen *b*.

elastisch [e'lastɪʃ] *adj* ystwyth, elastig.

Elastizität [elastitsi'tɛ:t] (**-**, *kein pl*) *f* ystwythder *g*, elastigrwydd *g*; *(TECH)* elastigedd *g*.

Elch [ɛlç] (**-(e)s**, **-e**) *m* *(ZOOL)* elc *g*, cawrgarw *g*.

Elefant [ele'fant] (**-en**, **-en**) *m* *(ZOOL)* eliffant *g*; **wie ein ~ im Porzellanladen** *(fig)* fel tarw mewn siop lestri; **aus einer Mücke einen ~en machen** gwneud môr a mynydd o rth.

Elefanten- *kompos:* **~bulle** *m* tarw *g* eliffant; **~dame** *f*,

~kuh *f* buwch *b* eliffant.

elegant [ele'gant] *adj* cain, trwsiadus.

Eleganz [ele'gants] (**-**, *kein pl*) *f* ceinder *g*.

Elegie *f* galargan *b*, galarnad *b*.

Elektrifizierung [elɛktrifi'tsi:ruŋ] *f* trydaniad *g*, trydaneiddio *g*.

Elektriker [e'lɛktrikər] (**-s**, **-**) *m* trydanwr *g*.

elektrisch [e'lɛktrɪʃ] *adj* trydan, trydanol; **~er Stuhl** cadair *b* drydan; **~er Strom** cerrynt *g* trydan.

elektrisieren [elɛktri'zi:rən] *vt* trydaneiddio; *(fig)* gwefreiddio; **sich ~** cael sioc drydan.

Elektrizität [elɛktritsi'tɛ:t] (**-**, *kein pl*) *f* trydan *g*, pŵer *g*.

Elektrizitätswerk (**-(e)s**, **-e**) *nt* gorsaf *b* drydan; *(Gesellschaft)* cwmni *g* cynhyrchu trydan.

Elektroartikel [e'lɛktro⁷a:rtɪkəl] (**-s**, **-**) *m* teclyn *g* trydan, nwydd *g* trydan.

Elektrode [elɛk'tro:də] (**-**, **-n**) *f* electrod *g*.

Elektro- *kompos:* **~gerät** *nt* teclyn *g* trydan; **~gitarre** *f* gitâr *b* drydan; **~herd** *m* ffwrn *b* drydan, popty *g* trydan.

Elektrokardiogramm *nt* *(MED)* electrocardiogram *g*.

Elektrolyse [elɛktro'ly:zə] (**-**, **-n**) *f* *(PHYS)* electrolysis *g*.

Elektro- *kompos:* **~magnet** *m* magnet *g* trydan; **~motor** *m* modur *g* trydan.

Elektron [e'lɛktrɔn] (**-s**, **-en**) *nt* electron *g*.

Elektronen- *kompos:* **~gehirn** *nt*, **~hirn** *nt* ymennydd *g* electronig; **~mikroskop** *nt* microsgop *g* electronig; **~rechner** *m* *(COMP)* cyfrifiadur *g*.

Elektronik [elɛk'tro:nɪk] (**-**, *kein pl*) *f* electroneg *b*.

elektronisch [elɛk'tro:nɪʃ] *adj* electronig; **~e Post** e-bost *g*; **~e Datenverarbeitung** prosesu *g* data electronig.

Elektro- *kompos:* **~orgel** *f* organ *b* drydan; **~rasierer** *m* eilliwr *g* trydan; **~schock** *m* sioc *b* drydan; **~technik** *f* peirianneg *b* drydan; **~techniker** *m* *(Ingenieur)* peiriannwr *g* trydan.

Element [ele'mɛnt] (**-(e)s**, **-e**) *nt* elfen *b*; *(ELEKT)* cell *b* mewn batri.

elementar [elemɛn'ta:r] *adj* elfennol; *(naturhaft)* elfennaidd.

Elementar- *kompos:* **~schule** *f* ysgol *b* gynradd; **~teilchen** *nt* *(PHYS)* gronyn *g* elfennol.

elend *adj* truenus; *(verdammt)* ofnadwy; **mir ist ganz ~** rwy'n teimlo'n ofnadwy.

Elend ['e:lɛnt] (**-s**, *kein pl*) *nt* trallod *g*, adfyd *g*, dioddefaint *g*.

elendig *adj* gwael, ofnadwy.

elendiglich *adv* yn wael iawn, yn druenus; **~ zugrunde gehen** dod i ddiwedd truenus, dod i ben yn druenus.

Elendsviertel *nt* hofel *b*, slym *b*.

elf [ɛlf] *num* un ar ddeg, un deg un.

Elf[1] (-, -en) *f (SPORT)* tîm *g* pêl-droed; *(Zahl)*[D] rhif *g* un ar ddeg.

Elf[2] (-en, -en) *m* tylwythyn *g* teg, ellyll *g* bach.

Elfe ['ɛlfə] (-, -n) *f* tylwythen *b* deg, ellylles *b* fach.

Elfenbein ['ɛlfənbaɪn] *nt* ifori *g*.

Elfenbeinküste *f (GEOG)* y Traeth *g* Ifori.

Elfer[A] *m* rhif *g* un ar ddeg; *(SPORT)* = **Elfmeter**.

Elfmeter [ɛlfˈmeːtər] *m (SPORT)* cic *b* gosb.

Elfmeter- *kompos:* **~punkt** *m* smotyn *g* cosb; **~schießen** *nt (SPORT)* ciciau *ll* cosb i benderfynu'r enillydd.

elfte *adj* unfed ar ddeg.

eliminieren [elimiˈniːrən] *vt* dileu, cael gwared â.

elitär [eliˈtɛːr] *adj* elitaidd.

Elite [eˈliːtə] *f* y goreuon *ll*, y blaenwyr *ll*.

Elixier [eliˈksiːr] (-s, -e) *nt* elicsir *gb*.

Ellbogen *m* = **Ellenbogen**.

Elle ['ɛlə] (-, -n) *f (ANAT)* asgwrn elin, wlna *g*; *(Maß)* hirlath *b*, cufydd *g*.

Ellenbogen (-s, -) *m* penelin *gb*; **die ~ gebrauchen** *(ugs)* bod yn ymwthgar.

Ellenbogen- *kompos:* **~freiheit** *f (fig)* lle *g* i symud; **~gesellschaft** *f* cymdeithas *b* ymwthgar.

Ellipse [ɛˈlɪpsə] (-, -n) *f* hirgylch *g*, elips *g*.

E-Lok ['eːlɔk] *f abk (= elektrische Lokomotive)* locomotif *gb* trydan.

eloquent *adj* huawdl.

Elsass ['ɛlzas] (- *oder* -es, *kein pl*) *nt (GEOG)* **das ~** Alsás *b*; **~-Lothringen** Alsás-Lorain.

Elsässer ['ɛlzɛsər] *adj* Alsasaidd, o Alsás.

Elsässer (-s, -) *m* (**~in** *f*) Alsasiad *g(b)*.

elsässisch *adj* Alsasaidd, o Alsás.

Elster ['ɛlstər] (-, -n) *f (ZOOL)* pioden *b*.

elterlich ['ɛltərlɪç] *adj* y rhieni, rhieiniol.

Eltern ['ɛltərn] *pl* rhieni *ll*; **nicht von schlechten ~ sein** *(ugs)* bod yn dipyn o beth, bod yn werth chweil.

Eltern- *kompos:* **~abend** *m (SCH)* noson *b* rieni; **~beirat**[D] *m (SCH)* ≈ cymdeithas *b* rhieni ac athrawon; **~haus** *nt* cartref *g*.

elternlos *adj* heb rieni, amddifad.

Eltern- *kompos:* **~sprechtag** *m* diwrnod *g* agored i rieni; **~teil** *m* rhiant *g*; **~verein**[A] *m (SCH)* ≈ cymdeithas *b* rhieni ac athrawon.

E-Mail ['iːmeɪl] (-, -s) *f* e-bost *g*, post *g* electronig.

Email [eˈmaɪl] (-s, -s) *nt* enamel *g*.

emaillieren [emaˈjiːrən] *vt* enamlo.

Emanze [eˈmantsə] (-, -n) *(pej)* *f* libwraig *b*.

Emanzipation [emantsipatsiˈoːn] *f (Befreiung)* rhyddfreiniad *g*; *(Gleichstellung)* cydraddoldeb *g*.

emanzipieren [emantsiˈpiːrən] *vr* rhyddfreinio, cydraddoli.

Embargo [ɛmˈbargo] (-s, -s) *nt (POL, COMM)* embargo *g*, gwaharddiad *g*.

Emblem *nt* arwyddlun *g*.

Embryo ['ɛmbryo] (-s, -s *oder* -nen) *m* rhith *g*, embryo *g*.

emeritiert *adj* ymddeoledig.

Emigrant [emiˈgrant] (-en, -en) *m* allfudwr *g*, ymfudwr *g*; **~in** *f* allfudwraig *b*, ymfudwraig *b*.

Emigration [emigratsiˈoːn] *f* allfudiad *g*, ymfudiad *g*.

emigrieren [emiˈgriːrən] *vi (+sein)* allfudo, ymfudo.

Emission [emɪsiˈoːn] (-, -en) *f* gollyngiad *g*, tarthiad *g*, rhyddhad *g*.

Emissionskurs [emɪsiˈoːnskʊrs] (-es, -e) *m (Aktien)* pris *g* cyhoeddedig.

Emotion [emotsiˈoːn] (-, -en) *f* emosiwn *g*.

emotional [emotsioˈnaːl] *adj* emosiynol, teimladwy; *(Gehaben)* cynyrfiadol, cyffroadol, emosiynol.

emotionsgeladen [emotsiˈoːnsgəladən] *adj* yn llawn emosiwn.

Empf. *abk* = **Empfänger**.

empfahl *vb vgl.* **empfehlen**.

empfand *vb vgl.* **empfinden**.

Empfang [ɛmˈpfaŋ] (-(e)s, ¨-e) *m* derbyniad *g*, croeso *g*, croesawiad *g*; *(Feier)* derbyniad; *(Rezeption)* derbynfa *b*; *(Übernahme)* derbyniad; *(Radio)* signal *g*; **in ~ nehmen** derbyn, cael; **zahlbar nach ~** taladwy wrth dderbyn.

empfangen [ɛmˈpfaŋən] *irreg vt (Person)* croesawu, cyfarch; *(Sendung)* cael, derbyn.
    ♦ *vi (schwanger werden)* beichiogi, cenhedlu plentyn.

Empfänger [ɛmˈpfɛŋər] (-s, -) *m* derbynnydd *g*, derbyniwr *g*; **~in** *f* derbynwraig *b*; **~ unbekannt** *(auf Briefen)* nid yw'n hysbys yn y cyfeiriad hwn.

empfänglich *adj* derbyngar, parod i dderbyn, agored.

Empfängnis (-, -se) *f* beichiogiad *g*, ffrwythloniad *g*.

empfängnisverhütend *adj:* **~es Mittel** gwrthgenhedlwr *g*.

Empfängnisverhütung *f* atal *g* cenhedlu.

Empfangs- *kompos:* **~bestätigung** *f* derbynneb *b*; **~büro** *nt* swyddfa *b* dderbyn; **~chef** *m (von Hotel)* prif-borthor *g*; **~dame** *f* derbynyddes *b*, croesawferch *b*; **~schalter** *m* desg *b* dderbyn; **~schein** *f* derbynneb *b*, taleb *b*; **~störung** *f (RADIO, TV)* ymyrraeth *b*; **~zimmer** *nt* ystafell *b* dderbyn/groeso.

empfehlen [ɛmˈpfeːlən] *irreg vt* cymeradwyo, argymell; **sich ~** ymadael, ffarwelio.

empfehlenswert *adj* cymeradwy.

Empfehlung (-, -en) *f* cymeradwyaeth *b*; *(Gruß)*

cyfarchion *ll*; **auf ~ von** yn ôl cyngor gan.

Empfehlungsschreiben (**-s**, **-**) *nt* llythyr *g* geirda.

empfinden [ɛmˈpfɪndən] *irreg vt* teimlo; **etw als blöd ~** gweld rhth yn wirion, teimlo bod rhth yn hurt.

Empfinden (**-s**, *kein pl*) *nt:* **meinem ~ nach** yn fy marn i.

empfindlich *adj* teimladwy, sensitif; *(Stelle)* poenus, dolurus; *(reizbar)* pigog, piwis, croendenau; **deine Kritik hat ihn ~ getroffen** gwnaeth dy feirniadaeth ei frifo i'r byw.

Empfindlichkeit *f* sensitifrwydd *g*; *(Reizbarkeit)* piwisrwydd *g*.

empfindsam *adj* gordeimladwy, sentimentalaidd.

Empfindsamkeit *f* gordeimladrwydd *g*.

Empfindung (**-**, **-en**) *f* teimlad *g*.

empfindungslos *adj* dideimlad, oeraidd, caled.

empfohlen [ɛmˈpfoːlən] *pp von* **empfehlen**.

♦ *adj:* **~er Richtpreis** *(COMM)* pris *g* adwerthu argymelledig.

empfunden [ɛmˈpfʊndən] *pp von* **empfinden**.

empor [ɛmˈpoːr] *adv* i fyny, lan.

emporarbeiten *vr* ymddyrchafu.

Empore [ɛmˈpoːrə] (**-**, **-n**) *f (ARCHIT)* galeri *b*, balconi *g*.

empören [ɛmˈpøːrən] *vt* gwylltio, cythruddo; **sich ~** gwylltio, mynd yn grac.

empörend *adj* beiddgar, rhyfygus.

emporkommen *irreg vi (+sein) (vorankommen)* llwyddo, ymddyrchafu.

Emporkömmling (**-s**, **-e**) *m (pej)* sbrigyn *g*, crachfonheddwr *g*.

empört [ɛmˈpøːrt] *adj:* **~ sein über** +*akk* bod yn grac am.

Empörung (**-**, *kein pl*) *f* digofaint *g*, dicllonedd *g*.

emsig [ˈɛmzɪç, -ɪk] *adj* gweithgar, dygn, brwd, dyfal.

Emsigkeit *f* diwydrwydd *g*.

Emulsion *f* emwlsiwn *g*.

End- *kompos:* **~auswertung** *f* dadansoddiad *g* terfynol; **~bahnhof** *m* gorsaf *b* derfynol; **~betrag** *m* swm *g* terfynol.

Ende [ˈɛndə] (**-s**, **-n**) *nt* diwedd *g*, terfyn *g*, pen *g*; *(Straße)* gwaelod *g*; **am ~** *(schließlich)* yn y pen draw, yn y diwedd; **am ~ sein** bod ar ben eich tennyn; **~ Dezember** diwedd Rhagfyr; **zu ~ sein** bod wedi gorffen; **zu ~ gehen** dod i ben; **zu ~ führen** dirwyn i ben; **letzten ~s** yn y pen draw, yn y diwedd; **ein böses ~ nehmen** dod i ddiwedd drwg; **ich bin mit meiner Weisheit am ~** wn i ddim beth i'w wneud nesaf; **am ~ der Welt** ym mhen draw'r byd.

Endeffekt [ˈɛntˀɛfɛkt] *m:* **im ~** *(ugs)* wedi'r cwbl, yn y

pen draw.

enden [ˈɛndən] *vi* gorffen, darfod, dod i ben.

Endergebnis [ˈɛntˀɛrgeːpnɪs] *nt* canlyniad *g* terfynol.

endgültig [ˈɛntgʏltɪç, -ɪk] *adj* olaf, pendant.

♦ *adv* yn derfynol.

Endivie [ɛnˈdiːviə] (**-**, **-n**) *f (BOT)* endif *gb*.

End- *kompos:* **~lager** *nt* man *gb* cael gwared â sbwriel; **~lagerung** *f* gwaredu *g* parhaol.

endlich [ˈɛntlɪç] *adj (MATH)* meidraidd.

♦ *adv* o'r diwedd, yn y diwedd; **na ~!** o'r diwedd! **hör ~ damit auf!** rho'r gorau iddi er mwyn popeth! **komm ~!** tyrd ymlaen! dere ymlaen!

endlos [ˈɛntloːs] *adj* diddiwedd, diderfyn, diddarfod.

Endlospapier *nt (TECH)* papur *g* di-dor.

Endmoräne *f* marian *g* terfynol.

endogen *adj* cysefin, mewndarddol.

End- *kompos:* **~produkt** *nt* cynnyrch *g* terfynol; **~spiel** *nt* gêm *b* derfynol; **~spurt** *m (SPORT)* hwb *g* olaf, hwrdd *b* olaf; **~stand** *m* sgôr *gb* derfynol; **~station** *f* gorsaf *b* derfynol; **~summe** *f* swm *g* terfynol.

Endung [ˈɛndʊŋ] (**-**, **-en**) *f (GRAM)* terfyniad *g*.

Endverbraucher [ˈɛntfɛrbrauxər] (**-s**, **-**) *m* defnyddiwr *g* olaf.

Energie [enɛrˈgiː] (**-**, **-n**) *f* egni *g*, ynni *g*; *(ELEKT)* ynni, pŵer *g*.

Energie- *kompos:* **~aufwand** *m* gwariant *g* egni; **~bedarf** *m (Kalorien)* anghenion *ll* egni bwyd; *(Elektrizität)* gofynion *ll* trydanol; **~einsparung** *f* arbediad *g* ynni; **~gewinnung** *f* cynhyrchu *g* ynni.

energielos *adj* â diffyg egni, diynni, egwan.

Energie- *kompos:* **~quelle** *f* ffynhonnell *b* ynni; **~versorgung** *f* cyflenwad *g* ynni; **~wirtschaft** *f* diwydiant *g* ynni.

energisch [eˈnɛrgɪʃ] *adj* egnïol, llawn egni/ynni; **~ vorgehen** gweithredu yn rymus.

eng [ɛŋ] *adj* cul; *(Kleidung)* tyn; *(fig: Horizont)* cyfyng, cyfyngedig; *(nahestehend)* agos, mynwesol; **~ an etw** *dat* yn agos at/i rth, wrth rth, ar bwys rhth; **die ~ere Wahl kommen** ymddangos ar restr fer.

Engagement [ãgaʒəˈmãː] (**-s**, **-s**) *nt (Einsatz)* ymroddiad *g*, ymrwymiad *g*; *(THEAT)* cytundeb *g*.

engagieren [ãgaˈʒiːrən] *vt* cyflogi; **sich ~ für** +*akk* ymroddi at, ymrwymo at.

engagiert *adj* ymroddedig, ymrwymedig; **ein ~er Schriftsteller** awdur ymroddgar.

Enge [ˈɛŋə] (**-**, **-n**) *f* culni *g*, meinder *g*, cyfyngder *g*; *(Engpass)* culffordd *b*; **jdn in die ~ treiben** cornelu rhn, gwthio rhn i gornel.

Engel [ˈɛŋəl] (**-s**, **-**) *m* angel *g*, angyles *b*.

engelhaft *adj* angylaidd.

Engelmacher (-s, -) *m* (~in *f*) *(ugs)* erthylwr(aig) *g(b)* anghyfreithlon.

Engelsgeduld *f:* sie hat eine ~ mae amynedd sant ganddi.

Engelszungen *pl:* mit ~ reden siarad yn neis neis.

engherzig *adj* bychan, culfrydig.

engl. *abk* = **englisch**.

England ['ɛŋlant] *nt (GEOG)* Lloegr *b*; *(Großbritannien)* Prydain *b*.

Engländer ['ɛŋlɛndər] (-s, -) *m* Sais *g*; *(TECH)*ᴰ tyndro *g*; ~in *f* Saesnes *b*.

englisch ['ɛŋlɪʃ] *adj* Seisnig, o Loegr.

Englisch *nt (Sprache)* Saesneg *b*.

engmaschig ['ɛŋmaʃɪç, -ɪk] *adj* mân-rwyllog.

Engpass (-es, ¨-e) *m* culffordd, cyfyngffordd; *(fig: Knappheit)* prinder *g*, diffyg *g*; *(fig: Verkehr)* tagfa *b*.

en gros [ã'gro] *adv* ar gyfanwerth.

engstirnig ['ɛŋʃtɪrnɪç, -ɪk] *adj* cul eich meddwl, culfrydig, culfarn.

Engstirnigkeit *f* culfarn *b*, culni *g*.

Enkel ['ɛŋkəl] (-s, -) *m* ŵyr *g*.

Enkelin *f* wyres *b*.

Enkel- *kompos:* ~kind *nt* ŵyr *g*, wyres *b*; ~sohn *m* ŵyr *g*; ~tochter *f* wyres *b*.

en masse [ã'mas] *adv* yn llu, yn un fflyd.

enorm [e'nɔrm] *adj* anferth, enfawr, helaeth; *(ugs: kolossal)* aruthrol.

en passant [ãpa'sã] *adv* wrth fynd heibio.

Ensemble [ã'sãbəl] (-s, -s) *nt* cyfluniad *g*, set *b*; *(MUS)* ensemble *g*.

entarten [ɛnt'ʔartən] *vi (+sein) untrenn* dirywio.

Entartung *f* dirywiad *g*.

entbehren [ɛnt'be:rən] *vt untrenn* byw/gwneud heb, hepgor.
    ♦ *vi untrenn +gen* hepgor; **das entbehrt jeglicher Vernunft** does dim synnwyr yn hynny.

entbehrlich *adj* diangen, afraid, hepgoradwy.

Entbehrung *f* amddifadedd *g*, amddifadrwydd *g*; ~en auf sich *akk* nehmen gwneud aberth.

entbinden [ɛnt'bɪndən] *irreg vt untrenn (+gen) (MED)* esgor ar; *(von Pflicht)* rhyddhau oddi wrth.
    ♦ *vi untrenn* esgor ar blentyn.

Entbindung *f* rhyddhad *g*; *(MED)* genedigaeth *b*.

Entbindungs- *kompos:* ~heim *nt* ysbyty *g* mamolaeth; ~pfleger *m* bydwr *g*, colwynwr *g*; ~station *f* ward *b* famau.

entblößen [ɛnt'blø:sən] *vt untrenn* dinoethi.

entbrennen [ɛnt'brɛnən] *irreg vi (+sein) untrenn (geh: Kampf, Streit)* tanio, fflamychu; *(Liebe)* cynhyrfu, cyffroi.

entbunden [ɛnt'bʊndən] *pp von* **entbinden**.

entdecken [ɛnt'dɛkən] *vt untrenn* darganfod, dod o

hyd i; **jdm etw ~** datgelu rhth i rn.

Entdecker (-s, -) *m* darganfyddwr *g*; ~in *f* darganfyddwraig *b*.

Entdeckung (-, -en) *f* darganfyddiad *g*.

Ente ['ɛntə] (-, -n) *f (ZOOL)* hwyaden *b*; *(fig: Zeitungs~)* chwedl *b* ddisail, adroddiad *g* anghywir; *(AUTO: ugs)* Citroën® 2CV.

entehren [ɛnt'ʔe:rən] *vt untrenn* gwaradwyddo, amharchu, cywilyddio.

enteignen [ɛnt'ʔaɪgnən] *vt untrenn* dadfeddiannu, digartrefu; *(Besitz)* difeddiannu.

enteisen [ɛnt'ʔaɪzən] *vt untrenn* difarugo, dadrewi; *(Kühlschrank)* dadrewi.

Entente *f (POL)* entente *b*.

enterben [ɛnt'ʔɛrbən] *vt untrenn* diarddel, dietifeddu.

Enterhaken ['ɛntərhɑ:kən] (-s, -) *m* gafaelfach *g*, bach *g* cam.

Enterich *m* barlad *g*, meilart *g*.

entfachen [ɛnt'faxən] *vt untrenn* cynnau.

entfallen [ɛnt'falən] *irreg vi (+sein) untrenn (wegfallen)* cael ei ddiddymu; **jdm ~** *(vergessen)* mynd o gof rhn; **auf jdn ~** dod i ran rhn, cael ei ddidoli i rn.

entfalten [ɛnt'faltən] *vt untrenn* agor, taenu; *(Talente)* datblygu; **sich ~** ymagor, agor; *(Mensch)* datblygu potensial.

Entfaltung *f* ymagoriad *g*; *(von Talenten)* datblygiad *g*.

entfernen [ɛnt'fɛrnən] *vt untrenn* symud (ymaith), cael gwared â, dileu; *(MED)* tynnu; *(hinauswerfen)* taflu allan; **sich ~** mynd, ymgilio, ymadael.

entfernt *adj* pell, nepell.
    ♦ *adv:* **weit davon ~ sein, etw zu tun** bod ymhell o wneud rhth; **~ verwandt** yn frith berthyn; **nicht im E~esten!** dim o bell ffordd!

Entfernung *f* pellter *g*; *(Beseitigung)* dilead *g*, gwarediad *g*; **unerlaubte ~ von der Truppe** absenoldeb *g* heb ganiatâd.

Entfernungsmesser (-s, -) *m (FOTO)* lleolwr *g* pellter.

entfesseln [ɛnt'fɛsəln] *vt untrenn (fig)* cynhyrfu, cyffroi.

entfetten [ɛnt'fɛtən] *vt untrenn* gwaredu braster o.

entflammen [ɛnt'flamən] *vi (+sein) untrenn (fig: Streit)* fflamychu, tanio; *(Leidenschaft)* cynhyrfu, cyffroi.

entfliehen [ɛnt'fli:ən] *irreg vi (+sein) +dat* ffoi.

entfremden [ɛnt'frɛmdən] *vt untrenn* dieithrio; **sich ~** dieithrio, ymbellhau.

Entfremdung *f* estroneiddiad *g*, dieithriad *g*.

entfrosten [ɛnt'frɔstən] *vt untrenn* dadrewi.

Entfroster (-s, -) *m (AUTO)* dadrewydd *g*.

entführen [ɛnt'fy:rən] *vt untrenn* herwgipio, cipio.

Entführer (-s, -) *m* herwgipiwr *g*; ~in *f* herwgipwraig *b*.

Entführung *f* herwgipiad *g*.

entgegen [ɛnt'geːgən] *präp +dat* yn groes i, yn erbyn.

♦ *adv* tuag ato.

entgegenbringen [ɛnt'geːgənbrɪŋən] *irreg vt:* **jdm etw ~** *(Verständnis)* dangos rhth i rn.

entgegengehen [ɛnt'geːgəngeːən] *irreg vi (+sein) +dat* mynd tuag at.

entgegengesetzt [ɛnt'geːgəngəzɛtst] *adj* gwrthwynebol, croes; *(widersprechend)* gwrthgyferbyniol.

entgegenhalten [ɛnt'geːgənhaltən] *irreg vt* estyn; *(fig)* gwrthwynebu.

entgegenkommen [ɛnt'geːgənkɔmən] *irreg vi (+sein) +dat* dod tuag at; *(fig)* **jdm ~** bod yn gymwynasgar tuag at rn; **das kommt unseren Plänen sehr entgegen** mae hynny'n cyd-fynd i'r dim â'n cynlluniau.

Entgegenkommen *nt* cymwynasgarwch *g*.

entgegenkommend *adj* cymwynasgar, parod.

entgegenlaufen [ɛnt'geːgənlaufən] *irreg vi (+sein) +dat* rhedeg tuag at, rhedeg i gyfarfod â; *(fig)* gwrthwynebu.

Entgegennahme [ɛnt'geːgənnaːmə] *f (geh: Empfang)* derbyniad *g*.

entgegennehmen [ɛnt'geːgənneːmən] *irreg vt* derbyn, cymryd.

entgegensehen [ɛnt'geːgənzeːən] *vi irreg +dat* *(erwarten)* disgwyl, aros am; *(sich freuen)* edrych ymlaen.

entgegensetzen [ɛnt'geːgənzɛtsən] *vt* gwrthwynebu; **dem habe ich entgegenzusetzen, dass ...** rwyf am wrthwynebu hynny trwy ddweud bod...; **jdm Widerstand ~** gwrthwynebu rhn.

entgegenstehen [ɛnt'geːgənʃteːən] *irreg vi +dat:* **dem steht nichts entgegen** nid oes gwrthwynebiad i hyn.

entgegentreten [ɛnt'geːgəntreːtən] *irreg vi (+sein) +dat* mynd at; *(fig)* gwrthsefyll, gwrthwynebu.

entgegenwirken [ɛnt'geːgənvɪrkən] *vi +dat* gwrthweithio yn erbyn.

entgegnen [ɛnt'geːgnən] *vt untrenn (geh)* ateb, medd; *(widersprechen)* gwrthddadlau, taeru.

Entgegnung (-, **-en**) *f* gwrthateb *g*.

entgehen [ɛnt'geːən] *irreg vi (+sein) untrenn +dat* *(entkommen)* dianc rhag; **das ist mir entgangen** methais â sylwi ar hynny; **sich** *dat* **etw ~ lassen** colli rhth.

entgeistert [ɛnt'gaɪstərt] *adj* syn, syfrdan, wedi'ch syfrdanu.

Entgelt [ɛnt'gɛlt] (**-(e)s**, **-e**) *nt* tâl *g*, ffi *b*.

entgelten *irreg vt untrenn:* **jdm etw ~** talu rhth yn ôl i rn.

entgiften *vt, vi untrenn* dad-ddifwyno, dadwenwyno.

entgleisen [ɛnt'glaɪzən] *vi (+sein) untrenn (BAHN)* mynd oddi ar y cledrau; *(fig: Person)* camymddwyn, cambihafio.

Entgleisung (-, **-en**) *f* direiliad *g*; *(fig)* cam *g* gwag.

entgleiten [ɛnt'glaɪtən] *irreg vi (+sein) untrenn:* **jdm ~** llithro o ddwylo rhn.

entgräten [ɛnt'grɛːtən] *vt untrenn* ffiledu, tynnu esgyrn, diesgyrnu.

Enthaarungsmittel [ɛnt'haːruŋsmɪtəl] *nt* hufen *g* tynnu blew.

enthalten [ɛnt'haltən] *irreg vt untrenn* cynnwys.

♦ *vr:* **sich einer Sache** *gen* **~** ymatal/ymgadw rhag rhth; **sich der Stimme ~** atal eich pleidlais, peidio â phleidleisio.

enthaltsam [ɛnt'haltzaːm] *adj* cymedrol, ymatalgar.

Enthaltsamkeit *f* ymwrthodiad *g*, ymataliad *g*.

enthärten [ɛnt'hɛrtən] *vt untrenn (Wasser)* meddalu.

enthaupten [ɛnt'hauptən] *vt untrenn* dienyddio.

Enthauptung *f* dienyddiad *g*.

enthäuten [ɛnt'hɔytən] *vt untrenn* blingo, tynnu croen.

entheben [ɛnt'heːbən] *irreg vt untrenn +gen:* **jdn eines Amtes ~** amddifadu rhn o'i swydd.

enthemmen [ɛnt'hɛmən] *vt untrenn:* **jdn ~** cael rhn i fwrw swildod, gwaredu rhn o'i swildod.

enthielt *vb vgl.* **enthalten**.

enthüllen [ɛnt'hʏlən] *vt untrenn* dadorchuddio; *(Geheimnis)* datguddio, datgelu.

Enthüllung *f* datgeliad *g*, datguddiad *g*.

Enthusiasmus [ɛntuzi'asmus] *m* brwdfrydedd *g*, sêl *b*.

Enthusiast (**-en**, **-en**) *m* un brwd.

entjungfern [ɛnt'juŋfərn] *vt untrenn* diforwyno.

entkalken [ɛnt'kalkən] *vt untrenn* digalchu.

entkernen [ɛnt'kɛrnən] *vt untrenn (Obst)* creiddio, digaregu.

entkleiden [ɛnt'klaɪdən] *vt untrenn* tynnu dillad; **sich ~** tynnu dillad oddi amdanoch, dadwisgo.

entkommen [ɛnt'kɔmən] *irreg vi (+sein) untrenn* dianc; **jdm ~** dianc rhag rhn.

entkorken [ɛnt'kɔrkən] *vt untrenn* tynnu corcyn.

entkräften [ɛnt'krɛftən] *vt untrenn (schwächen)* gwanhau, blino; *(widerlegen)* gwrthbrofi, datbrofi.

entkrampfen [ɛnt'krampfən] *vt untrenn (fig)* ymlacio, llacio, llaesu.

entladen [ɛnt'laːdən] *irreg vt untrenn (ELEKT)* dadwefru; *(Gewehr)* diarfogi; **sich ~** *(Gewitter)* torri; *(fig: Zorn)* arllwys, tywallt.

Entladung *f (ELEKT)* dadwefriad *g*.

entlang [ɛnt'laŋ] *präp +akk oder +dat oder +gen* ar hyd; **~ dem Fluss** *oder:* **~ des Flusses** *oder:* **den Fluss ~** ar hyd yr afon.

♦ *adv* ar hyd; **hier** ~ y ffordd yma.

entlanggehen [ɛnt'laŋge:ən] *irreg vt (+sein)* ymlwybro ar hyd rhth.

entlarven [ɛnt'la:rvən] *vt untrenn* dinoethi, datgelu, datguddio.

entlassen [ɛnt'lasən] *irreg vt untrenn* rhyddhau; *(Arbeiter)* diswyddo, gwneud yn segur.

Entlassung (-, -en) *f* rhyddhad *g*; *(Kündigung)* diswyddiad *g*; **es gab 20 ~en** cafodd 20 o bobl eu diswyddo.

Entlassungszeugnis (-ses, -se) *nt (SCH)* tystysgrif *b* gadael ysgol.

entlasten [ɛnt'lastən] *vt untrenn* ysgafnhau, lleddfu; *(Arbeit abnehmen)* helpu trwy rannu; *(Angeklagten)* dieuogi, rhyddhau o fai; *(Gewissen)* rhyddhau; *(Konto)* clirio'r ddyled.

Entlastung *f* ysgafnhad *g*; *(COMM)* credydu *g*; *(JUR)* difeiad *g*.

Entlastungszeuge (-n, -n) *m (JUR)* tyst *g* i'r amddiffyniad.

Entlastungszug (-(e)s, ¨-e) *m* trên *g* ychwanegol.

entlausen *vt* dileuo.

entledigen [ɛnt'le:dɪgən] *vr untrenn +gen:* **sich einer Sache** *gen* ~ cael gwared â rhth.

entleeren [ɛnt'le:rən] *vt untrenn* gwagio, gwacáu; *(Darm)* ysgarthu.

entlegen [ɛnt'le:gən] *adj* anghysbell, diarffordd.

Entlehnung *f* benthyciad *g*.

entließ *vb vgl.* **entlassen.**

entlocken [ɛnt'lɔkən] *vt untrenn:* **jdm etw** ~ tynnu rhth allan o rn.

entlohnen [ɛnt'lo:nən] *vt untrenn* talu; *(fig)* gwobrwyo.

Entlohnung *f* pwyth *g*.

entlüften [ɛnt'lʏftən] *vt untrenn* awyru, gwyntyllu.

entmachten [ɛnt'maxtən] *vt untrenn* amddifadu o bŵer.

entmenscht [ɛnt'mɛnʃt] *adj* annynol, bwystfilaidd.

entmilitarisiert [ɛntmilitari'zi:rt] *adj* difilwroledig.

entmündigen [ɛnt'mʏndɪgən] *vt untrenn* analluogi, anghymhwyso.

entmutigen [ɛnt'mu:tɪgən] *vt untrenn* digalonni, gwangalonni.

entmutigt *adj* digalon; ~ **werden** danto, digalonni.

Entnahme [ɛnt'na:mə] *f* cymryd *g* allan.

Entnazifizierung [ɛntnatsifi'tsi:ruŋ] *f (POL, HIST)* dadnatsieiddio *g*.

entnehmen [ɛnt'ne:mən] *irreg vt untrenn +dat* cymryd allan o, cymryd oddi wrth; *(folgern)* casglu o rth; **wie ich Ihren Worten entnehme, ...** rwy'n casglu o'r hyn yr ydych yn ei ddweud…

entnervt *adj* blin, cynhyrfus.

entpuppen [ɛnt'pupən] *vr untrenn* datgelu eich hun,

ymddangos; **sich als etw** ~ troi allan i fod yn rth.

entrahmen [ɛnt'ra:mən] *vt untrenn* tynnu'r hufen oddi ar, hufennu.

entreißen [ɛnt'raɪsən] *irreg vt untrenn:* **jdm etw** ~ cipio rhth gan rn.

entrichten [ɛnt'rɪçtən] *vt untrenn (bezahlen)* talu.

entrosten [ɛnt'rɔstən] *vt untrenn* cael gwared â rhwd oddi ar.

entrümpeln [ɛnt'rʏmpəln] *vt untrenn* gwaredu hen bethau.

entrüsten [ɛnt'rʏstən] *vr untrenn (geh)* cythruddo, cynddeiriogi.

entrüstet *adj (geh)* llidiog.

Entrüstung (-, *kein pl*) *f* dicter *g*, digofaint *g*.

Entsafter [ɛnt'zaftər] (-s, -) *m (KOCH)* peiriant *g* sudd.

entsagen [ɛnt'za:gən] *vi untrenn +dat* diarddel, troi cefn ar.

Entsagung *f* diofryd *g*.

entschädigen [ɛnt'ʃɛ:dɪgən] *vt untrenn* talu iawndal, digolledu.

Entschädigung *f* iawndal *g*, ad-daliad *g*, digollediad *g*.

entschärfen [ɛnt'ʃɛ:rfən] *vt untrenn (MIL)* diffiwsio, diarfogi; *(Kritik)* lliniaru, tymheru.

Entscheid [ɛnt'ʃaɪt] (-(e)s, -e) *m (geh)* penderfyniad *g*, dyfarniad *g*.

entscheiden *irreg vt untrenn* penderfynu; *(bestimmen)* terfynu, pennu; *(SPORT)* **ein Spiel für sich** ~ sicrhau buddugoliaeth; **darüber habe ich nicht zu** ~ nid fy mhenderfyniad i yw hwn.

♦ *vr:* **sich** ~ **für** *+akk* penderfynu o blaid.

entscheidend *adj* terfynol, tyngedfennol; **das E~e** y ffactor *gb* tyngedfennol.

Entscheidung (-, -en) *f* penderfyniad *g*, dyfarniad *g*; **eine** ~ **treffen** gwneud penderfyniad; **wie ist die** ~ **ausgefallen?** beth oedd y penderfyniad?

Entscheidungsbefugnis *f* grym *g* i wneud penderfyniadau.

entscheidungsfähig *adj* galluog i benderfynu.

Entscheidungs- *kompos:* ~**spiel** *nt* gêm *b* dros ben; ~**träger** *m* rhn *g* sy'n penderfynu.

entschied *vb vgl.* **entscheiden.**

entschieden *pp von* **entscheiden.**

♦ *adj* penderfynol, pendant; *(entschlossen)* di-droi'n-ôl, diwyro, penderfynol.

♦ *adv:* **das geht** ~ **zu weit** mae hynny'n ormod.

Entschiedenheit *f* pendantrwydd *g*.

entschlacken [ɛnt'ʃlakən] *vt untrenn (MED: Körper)* puro.

entschlafen *vi (geh)* huno, marw.

entschließen [ɛnt'ʃli:sən] *irreg vr untrenn* penderfynu; **sich zu nichts** ~ **können** methu â phenderfynu ar unrhyw beth; **kurz entschlossen** ar unwaith, yn ddiymdroi.

Entschließungsantrag (-(e)s, ¨-e) *m (POL)* cynnig *g*.

entschloss *vb vgl.* **entschließen.**

entschlossen *pp von* **entschließen.**

♦ *adj* penderfynol, dibetrus, di-droi'n-ôl; **kurz entschlossen** ar unwaith, yn ddiymdroi.

Entschlossenheit (-, *kein pl*) *f* pendantrwydd *g*, terfynolrwydd *g*.

entschlüpfen [ɛntˈʃlʏpfən] *vi (+sein) untrenn +dat* dianc, sleifio ymaith; *(fig: Wort)* llithro allan.

Entschluss [ɛntˈʃlʊs] (-es, ¨-e) *m* penderfyniad *g*; **aus eigenem ~ handeln** gweithredu ar eich liwt eich hun; **es ist mein fester ~ ...** fy mwriad cadarn yw...

entschlüsseln [ɛntˈʃlʏsəln] *vt untrenn* dehongli, datgodio.

entschlussfreudig [ɛntˈʃlʊsfrɔydɪç, -ɪk] *adj* penderfynol, dibetrus.

Entschlusskraft [ɛntˈʃlʊskraft] (-, *kein pl*) *f* pendantrwydd *g*, amhetruster *g*.

entschuldbar [ɛntˈʃʊltbɑːr] *adj* esgusadwy, maddeuadwy.

entschuldigen [ɛntˈʃʊldɪɡən] *vt untrenn* esgusodi; **~ Sie!** esgusodwch fi! *(Verzeihung)* mae'n ddrwg gennyf! **jdn bei jdm ~** ymddiheuro i rn dros rn arall.

♦ *vr* ymddiheuro, ymesgusodi.

entschuldigend *adj* ymesgusodol, ymddiheurol.

Entschuldigung (-, -en) *f* ymddiheuriad *g*; *(Grund)* esgus *g*; **jdn um ~ bitten** ymddiheuro i rn; **~!** esgusodwch fi! *(Verzeihung)* mae'n ddrwg gennyf.

entschwefeln [ɛntˈʃveːfəln] *vt untrenn* disylffyru.

Entschwefelungsanlage (-, -n) *f* gwaith *g* disylffyru.

entschwinden [ɛntˈʃvɪndən] *irreg vi (+sein) untrenn* diflannu.

entsetzen [ɛntˈzɛtsən] *vt untrenn* brawychu, arswydo; *(MIL)* ymgyfnewid â.

♦ *vr* bod wedi dychryn/arswydo.

Entsetzen *nt* dychryn *g*, arswyd *g*.

entsetzlich *adj* arswydus, brawychus, echrydus, ofnadwy.

entsetzt *adj* wedi dychryn/arswydo.

entsichern [ɛntˈzɪçərn] *vt untrenn* rhyddhau bach diogelu (gwn).

entsinnen [ɛntˈzɪnən] *irreg vr untrenn +gen* cofio.

entsorgen [ɛntˈzɔrɡən] *vt untrenn:* **Müll ~** gwaredu ysbwriel.

Entsorgung (-, *kein pl*) *f* gwarediad *g* (gwastraff niwclear *ayb*).

entspannen [ɛntˈʃpanən] *vt untrenn (Körper)* ymlacio,

dadflino, gorffwys; **sich ~** ymlacio; *(POL: Lage)* tawelu.

Entspannung *f* ymlacio *g*, gorffwys *g*; *(POL)* datynhad *g*, détente.

Entspannungspolitik *f* polisi *g* détente.

Entspannungsübungen *pl* ymarferion *ll* ymlacio.

entspr. *abk* = **entsprechend.**

entsprach *vb vgl.* **entsprechen.**

entsprechen [ɛntˈʃprɛçən] *irreg vi untrenn +dat* cyfateb i, cydweddu â, cyd-fynd â; *(Anforderungen)* cydymffurfio â, cydsynio â.

entsprechend *adj* priodol, addas.

♦ *adv* yn gyfatebol, o ganlyniad.

♦ *präp +dat:* **er wird seiner Leistung ~ bezahlt** mae'n cael ei dalu yn ôl yr hyn y mae'n ei gyflawni.

Entsprechung *f* cyfatebiaeth *b*.

entspringen [ɛntˈʃprɪŋən] *irreg vi (+sein) untrenn +dat* tarddu o, deillio o; **das entspringt seiner Fantasie** mae hynny'n tarddu o'i ddychymyg.

entsprochen *pp von* **entsprechen.**

entstaatlichen [ɛntˈʃtaːtlɪçən] *vt untrenn* dadwladoli.

entstammen [ɛntˈʃtamən] *vi (+sein) untrenn +dat* deillio/tarddu o.

entstand *vb vgl.* **entstehen.**

entstanden *pp von* **entstehen.**

entstehen [ɛntˈʃteːən] *irreg vi (+sein) untrenn* codi; *(sich entwickeln)* datblygu, ymffurfio; **~ aus** *+dat oder:* **~ durch** *+akk* tarddu o, deillio o; **wir wollen nicht den Eindruck ~ lassen ...** nid ydym am roi'r argraff fod...; **für den entstandenen Schaden aufkommen** talu am y difrod a gafwyd.

Entstehung *f* tarddiad, *g* dechreuad *g*, cychwyniad *g*; *(Entwicklung)* tyfiant *g*, datblygiad *g*; *(BIOL)* esblygiad *g*.

entstellen [ɛntˈʃtɛlən] *vt untrenn* anffurfio, andwyo, anharddu; *(Wahrheit)* gwyrdroi, camlunio.

entstellt *adj* afluniaidd, anffurfiedig.

Entstellung (-, -en) *f* afluniad *g*, gwyrdroad *g*, ystumiad *g*; *(Körper)* anffurfiad *g*.

entstören [ɛntˈʃtøːrən] *vt untrenn (RADIO)* atal rhag achosi ymyrraeth.

enttäuschen [ɛntˈtɔyʃən] *vt untrenn* siomi.

enttäuschend *adj* siomedig.

enttäuscht *adj* siomedig, wedi'ch siomi.

Enttäuschung (-, -en) *f* siom *gb*, siomedigaeth *b*.

entthronen *vt* diorseddu.

entvölkern *vt* diboblogi.

entwachsen [ɛntˈvaksən] *irreg vi (+sein) untrenn +dat (herauswachsen aus)* tyfu allan o.

entwaffnen [ɛntˈvafnən] *vt untrenn* diarfogi.

entwaffnend *adj* enillgar.

Entwarnung [ɛntˈvaːrnʊŋ] (-, -en) *f* caniad *g*

diogelwch.

entwässern [ɛnt'vɛsərn] *vt untrenn* draenio.

Entwässerung *f* draeniad *g*.

entweder [ɛnt'veːdər] *konj:* ~ ... oder ... naill ai... neu...

entweichen [ɛnt'vaɪçən] *irreg vi (+sein) untrenn* dianc.

entweihen [ɛnt'vaɪən] *vt untrenn* halogi.

Entweihung *f* halogiad *g*.

entwenden [ɛnt'vɛndən] *vt untrenn* lladrata, dwyn.

entwerfen [ɛnt'vɛrfən] *irreg vt untrenn (Zeichnung)* braslunio, amlinellu; *(planen)* cynllunio, dyfeisio, llunio; *(Gesetz)* drafftio, braslunio, amlinellu.

entwerten [ɛnt'vɛrtən] *vt untrenn* dibrisio, gostwng gwerth; *(abstempeln)* stampio (tocyn).

Entwerter (-s, -) *m* peiriant tyllu tocynnau.

Entwertung *f (COMM)* dibrisiad *g*.

entwickeln [ɛnt'vɪkəln] *vt untrenn* datblygu, ffurfio; *(FOTO)* datblygu; *(Mut, Energie)* dangos, amlygu; **sich** ~ datblygu, ymffurfio, tyfu.

Entwickler (-s, -) *m (FOTO)* toddiant *g* datblygu.

Entwicklung (-, -en) *f* datblygiad *g*; *(FOTO)* datblygu *g*; **in der** ~ yn y cyfnod datblygu; *(Jugendliche)* yn dal i dyfu.

Entwicklungs- *kompos:* ~**abschnitt** *m* cyfnod *g* datblygu; ~**helfer** *m* gweithiwr gwirfoddol mewn gwledydd datblygol; ~**hilfe** *f* cymorth *g* i wledydd datblygol; ~**jahre** *pl* llencyndod *g*, glasoed *g*; ~**land** *nt* gwlad *b* ddatblygol; ~**zeit** *f* cyfnod *g* o ddatblygu.

entwirren [ɛnt'vɪrən] *vt untrenn* datblethu, datod.

entwischen [ɛnt'vɪʃən] *vi (+sein) untrenn* dianc.

entwöhnen [ɛnt'vøːnən] *vt untrenn (abstillen)* diddyfnu, diddwyn; *(Süchtige)* diddyfnu, tynnu oddi ar gyffuriau; **sich** ~ *(sich entfremden)* dieithrio, estroni.

Entwöhnung *f* diddyfniad *g*, iachâd *g*, gwellhad *g*.

entwürdigen *vt* diraddio, gwaradwyddo.

entwürdigend [ɛnt'vyːrdɪɡənt] *adj* diraddiol, darostyngol.

Entwürdigung *f* gwaradwydd *g*.

Entwurf [ɛnt'vʊrf] (-(e)s, ¨-e) *m* cynllun *g*, model *g*; *(Konzept)* braslun *g*, amlinelliad *g*, drafft *gb*.

entwurzeln [ɛnt'vʊrtsəln] *vt untrenn* diwreiddio, dadwreiddio.

entziehen [ɛnt'tsiːən] *irreg vt untrenn* mynd â (rhth) oddi ar, cymryd oddi ar; *(Flüssigkeit)* tapio, tynnu; **sich** ~ *+dat* dianc rhag; *(einer Pflicht)* osgoi, esgeuluso; **sich jds Blicken** ~ ymguddio rhag rhn.

Entziehung *f* tynnu rhth yn ei ôl; *(von Suchtgift)* triniaeth ar gyfer alcoholiaeth neu gaethiwed i gyffuriau.

Entziehungs- *kompos:* ~**anstalt** *f* canolfan *gb* i gaethion cyffuriau, canolfan i alcoholigion; ~**erscheinungen** *pl* symptomau *ll* diddyfnu; ~**kur** *f* triniaeth ar gyfer alcoholiaeth neu gaethiwed i gyffuriau.

entziffern [ɛnt'tsɪfərn] *vt untrenn* datrys, dehongli, darllen; *(Funkspruch)* datgodio.

entzücken [ɛnt'tsʏkən] *vt untrenn* swyno, difyrru, plesio.

Entzücken *nt* llawenydd *g*, boddhad *g*, pleser *g*.

entzückend *adj* swynol, hyfryd, dymunol, pleserus.

Entzug [ɛnt'tsuːk] (-(e)s, *kein pl*) *m (von Lizenz usw)* cymryd *g* ymaith; *(MED)* diddyfnu *g*.

Entzugserscheinung (-, -en) *f* symptom *g* diddyfnu.

entzündbar [ɛnt'tsʏntbaːr] *adj:* **leicht** ~ fflamadwy; *(fig)* hawdd ei gythruddo.

entzunden[A] *pp von* **entzünden** *(MED)*.

entzünden [ɛnt'tsʏndən] *vt untrenn* cynnau, goleuo; *(Streit)* deffro, cychwyn, achosi; **sich** ~ *(auch fig)* mynd ar dân, cynnau; *(Streit)* dechrau, cychwyn; *(MED)* mynd yn llidiog.

Entzündung (-, -en) *f (MED)* llid *g*, enyniad *g*.

entzwei [ɛnt'tsvaɪ] *adv* (torri) yn ddau.

entzweibrechen *irreg vt (+haben), vi (+sein)* torri'n ddau.

entzweien [ɛnt'tsvaɪən] *vt untrenn* peri i rn anghytuno â rhn; **sich** ~ anghytuno, ffraeo, cweryla; *(trennen)* gwahanu.

entzweigehen *irreg vi (+sein)* torri'n ddau.

en vogue *adv* mewn bri.

Enzian ['ɛntsiaːn] *m (BOT)* crwynllys *g*, chwerwlys *g*.

Enzyklika [ɛn'tsyːklika] (-, **Enzykliken**) *f (REL)* cylchlythyr *g* gan y Pab.

Enzyklopädie [ɛntsyklopɛ'diː] (-, -n) *f* gwyddoniadur *g*.

Enzym [ɛn'tsyːm] (-s, -e) *nt (BIOL)* ensym *g*.

Epen *pl von* **Epos**.

Epidemie [epide'miː] (-, -n) *f (MED)* haint *gb*, epidemig *g*.

epidemisch *adj* epidemig.

Epidermis *f (ANAT)* glasgroen *g*.

Epilepsie [epile'psiː] *f (MED)* epilepsi *g*, ffitiau *ll*.

epileptisch *adj* epileptig.

Epilog *m* epilog *g*.

episch ['eːpɪʃ] *adj* arwrol, epig.

Episode [epi'zoːdə] (-, -n) *f* pennod *b*, rhan *b*, episod *gb*.

Epizentrum *nt* uwchganolbwynt *g*, ffocws *g*.

Epoche [e'pɔxə] (-, -n) *f* cyfnod *g*, oes *b*, epoc *gb*; ~ **machend** hanesyddol.

Epos ['eːpɔs] (-, **Epen**) *nt* arwrgerdd *b*, cerdd *b* epig.

Equipe [e'kɪp] *f (SPORT)* tîm *g*.

er [eːr] *pron* ef, fe, e, fo, o.

erachten [ɛrˈʔaxtən] *vt untrenn:* ~ **für** +*akk* ystyried yn; **sie erachtet es als notwendig** mae hi'n meddwl ei fod e'n angenrheidiol.

Erachten *nt:* **meines ~s** yn fy marn i, yn fy nhyb i.

erarbeiten [ɛrˈʔarbaɪtən] *vt untrenn* gweithio er mwyn cael; *(Plan)* gweithio ar.

Erbanlage [ˈɛrpˈʔanlaːɡə] *f* ffactor *g* etifeddol.

erbarmen [ɛrˈbarmən] *vr untrenn* +*gen* bod yn drugarog, trugarhau wrth, tosturio wrth; **Herr, erbarme dich unser!** Arglwydd, trugarha wrthym.

Erbarmen *nt* trugaredd *gb*, tosturi *g*; **er sieht zum ~ aus** dyna olwg druenus sydd arno.

erbärmlich [ɛrˈbɛrmlɪç] *adj (bedauernswert)* truenus, gresynus; *(mies)* gwael.

Erbärmlichkeit *f* anhapusrwydd *g*, digalondid *g*.

erbarmungs- *kompos:* **~los** *adj* didrugaredd, didostur; **~voll** *adj* tosturiol, trugarog; **~würdig** *adj* truenus, gresynus.

erbauen [ɛrˈbaʊən] *vt untrenn* adeiladu, codi; **sich ~ an etw** *dat (fig)* mwynhau rhth.

Erbauer (-s, -) *m* adeiladwr *g*.

erbaulich [ɛrˈbaʊlɪç] *adj* dyrchafol.

erbaut *pp von* **erbauen**.

♦ *adj* brwdfrydig; **er ist von meinem Plan nicht besonderes ~** *(ugs)* nid yw'n frwdfrydig iawn ynghylch fy nghynllun.

Erbauung *f* adeiladu *g*; *(seelisch)* dyrchafiad *g*.

erbberechtigt [ˈɛrpbərɛçtɪçt, -ɪkt] *adj* bod â hawl i etifeddu.

erbbiologisch [ˈɛrpbiolo:ɡɪʃ] *adj:* **~es Gutachten** *(JUR)* prawf *g* gwaed i ddarganfod tadogaeth.

Erbe[1] [ˈɛrbə] (-n, -n) *m* etifedd *g*, aer *g*; **jdn als ~n einsetzen** enwi rhn yn etifedd.

Erbe[2] (-s, *kein pl*) *nt (auch fig)* etifeddiaeth *b*; *(kulturell)* treftadaeth *b*.

erben [ˈɛrbən] *vt untrenn* etifeddu; *(ugs: geschenkt bekommen)* cael.

erbeuten [ɛrˈbɔʏtən] *vt untrenn* cipio, dwyn; *(MIL)* dal, cipio.

Erb- *kompos:* **~faktor** *m* genyn *g*; **~fehler** *m* nam *g* etifeddol; **~feind** *m* carn-elyn *g*, archelyn *g*; **~folge** *f* olyniaeth *b*; **~gut** *nt* genoteip *g*.

Erbin *f* etifeddes *b*, aeres *b*.

erbitten [ɛrˈbɪtən] *irreg vt untrenn* crefu, gofyn am.

erbittern [ɛrˈbɪtərn] *vt untrenn* chwerwi, suro; *(erzürnen)* gwylltio, cynddeiriogi.

erbittert *adj (Kampf)* ffyrnig, chwerw.

erblassen [ɛrˈblasən] *vi (+sein) untrenn* gwelwi, troi'n llwyd.

Erblasser [ˈɛrplasər] (-s, -) *m* (**~in** *f*) *(JUR)* rhn sy'n gadael etifeddiaeth.

erbleichen [ɛrˈblaɪçən] *(auch irreg) vi (+sein) untrenn* gwelwi, troi'n llwyd.

erblich [ˈɛrplɪç] *adj* etifeddol; **sie ist ~ vorbelastet** mae'n rhedeg yn ei theulu, mae yn y gwaed.

erblichen *pp von* **erbleichen**.

erblicken [ɛrˈblɪkən] *vt untrenn* gweld; *(kurz)* cael cipolwg/cip ar.

erblinden [ɛrˈblɪndən] *vi (+sein) untrenn* mynd yn ddall.

Erbmasse [ˈɛrpmasə] *f* meddiant *g*; *(BIOL)* genoteip *g*.

erbosen [ɛrˈboːzən] *vt untrenn (geh)* ffyrnigo, cythruddo.

♦ *vr* mynd yn ddig, gwylltio, cythruddo.

erbrechen [ɛrˈbrɛçən] *irreg vt untrenn* chwydu; **bis zum E~** hyd at syrffed.

Erbrecht [ˈɛrprɛçt] (-(e)s, -e) *nt* hawl *gb* etifeddol; *(Gesetze)* deddf *b* etifeddu.

erbringen *irreg vt untrenn* perfformio.

Erbschaft [ˈɛrpʃaft] *f* etifeddiaeth *b*.

Erbschaftssteuer *f (FIN)* treth *b* etifeddiant.

Erbschleicher (-s, -) *m* cymyn-geisiwr *g*; **~in** *f* cymyn-geiswraig *b*.

Erbse [ˈɛrpsə] (-, -n) *f* pysen *b*.

Erb- *kompos:* **~stück** *nt* eiddo *g* etifeddol, trysor *g* teuluol; **~sünde** *f (REL)* pechod *g* gwreiddiol; **~teil** *nt* nodwedd *b* etifeddol; *(JUR)* rhan *b* o etifeddiaeth.

Erdachse *f* echelin *b* y ddaear.

Erdapfel[^] (-s, ¨-) *m* taten *b*.

Erdäpfelpüree *nt (KOCH)* tatws *ll* stwnsh, tato *ll* potsh.

Erd- *kompos:* **~atmosphäre** *f* atmosffer *g* y ddaear; **~ball** *m* glôb *b*; **~beben** *nt* daeargryn *gb*; **~beere** *f* mefusen *b*.

Erdboden *m* daear *b*, llawr *g*; **etw dem ~ gleichmachen** dymchwel rhth yn llwyr.

Erde [ˈeːrdə] *f (Erdreich)* pridd *g*; *(Erdboden)* daear *b*, llawr *g*; *(Welt)* byd *g*; *(Planet)* y Ddaear; **zu ebener ~** gwastad *g* y llawr; **auf der ganzen ~** dros y byd i gyd; **der Himmel auf ~n** nefoedd ar y ddaear; **du wirst mich noch unter die ~ bringen** *(ugs)* byddi di'n ddigon i'm lladd i.

erden [ˈeːrdən] *vt untrenn (ELEKT)* daearu, cysylltu â'r ddaear.

erdenkbar [ɛrˈdɛŋkbaːr] *adj* dychmygadwy, dichonadwy; **sich** *dat* **alle ~e Mühe geben** mynd i'r drafferth mwyaf.

erdenklich [ɛrˈdɛŋklɪç] *adj* dychmygadwy, tebygol.

Erdg. *abk* = **Erdgeschoß**.

Erd- *kompos:* **~gas** *nt* nwy *g* naturiol; **~geschoß**[^] *nt*, **~geschoss**[^D] *nt* llawr *g* isaf, daearlawr *gb*; **~innere** *nt* eigion *g*, crombil *gb* y ddaear; **~kruste** *f* cramen *b* y ddaear; **~kunde** *f* daearyddiaeth *b*.

Erdling *m* daearolyn *g*.

Erd- *kompos:* **~nuss** *f* cneuen *b* ddaear, cneuen fwnci; **~oberfläche** *f* wyneb *g* y ddaear.

Erdöl *nt* petroliwm *g*, olew *g*.

Erdöl- *kompos:* **~feld** *nt* maes *g* olew; **~industrie** *f* diwydiant *g* olew; **~raffinerie** *f* purfa *b* olew.

Erdreich *nt* daear *b*, pridd *g*; **im ~** yn y ddaear.

erdreisten [ɛr'draɪstən] *vr untrenn* beiddio, bod mor hyf â.

erdrosseln [ɛr'drɔsəln] *vt untrenn* tagu, llindagu.

erdrücken [ɛr'drʏkən] *vt untrenn* gwasgu, mathru.

erdrückend *adj:* **~e Übermacht** rhagoriaeth *b* aruthrol; **~es Beweismaterial** tystiolaeth *b* ysgubol.

Erd- *kompos:* **~rutsch** *m* tirlithriad *g*, tirgwymp *g*; **~stoß** *m* ysgytwad *g* seismig; **~teil** *m* cyfandir *g*; **~trabant** *m* lloer *b*; **~wall** *m* clawdd *g*.

erdulden [ɛr'dʊldən] *vt untrenn* dioddef, goddef, profi.

Erdumlaufbahn *f* cylchdro *g* o amgylch y ddaear.

Erdung *f (ELEKT)* daearu *g*; *(Kabel)* cebl *g* daear.

ereifern [ɛr'ʔaɪfərn] *vr untrenn* cynhyrfu, cyffroi.

ereignen [ɛr'ʔaɪgnən] *vr untrenn* digwydd.

Ereignis [ɛr'ʔaɪgnɪs] (-ses, -se) *nt* digwyddiad *g*.

ereignislos *adj* digynnwrf, digyffro.

ereignisreich *adj* cyffrous, llawn digwyddiad.

Erektion [erɛktsi'oːn] (-, -en) *f (ANAT)* codiad *g*.

Eremit [ere'miːt] (-en, -en) *m* meudwy *g*.

ererbt [ɛr'ʔɛrpt] *adj (Haus)* wedi ei etifeddu; *(Krankheit)* etifeddol, cynhwynol.

erfahren[1] [ɛr'faːrən] *irreg vt untrenn* dod i wybod, clywed, cael hanes (rhth); *(erleben)* cael profiad o, profi; **etw am eigenen Leib ~** cael profiad personol o rth.

erfahren[2] *adj* profiadol.

Erfahrung (-, -en) *f* profiad *g*; **~ sammeln** cael profiad; **etw in ~ bringen** dod i wybod rhth.

Erfahrungsaustausch *m* cyfnewid *g* profiadau.

erfahrungsgemäß *adv* yn ôl profiad.

erfand *vb vgl.* **erfinden**.

erfassen [ɛr'fasən] *vt untrenn* cydio yn, gafael yn; *(Daten)* cynnwys, cofrestru; *(verstehen)* deall, amgyffred.

erfinden [ɛr'fɪndən] *irreg vt untrenn* dyfeisio; *(fig)* dychmygu, dyfeisio; **frei erfunden** hollol ffug.

Erfinder (-s, -) *m* dyfeisiwr *g*, dyfeisydd *g*; **~in** *f* dyfeiswraig *b*.

erfinderisch *adj* dyfeisgar.

Erfindung (-, -en) *f* dyfais *b*.

Erfindungsgabe *f* dyfeisgarwch *g*.

erflehen *vt* crefu.

Erfolg [ɛr'fɔlk] *m* llwyddiant *g*; *(Ergebnis)* canlyniad *g*;

~ versprechend addawol, gobeithiol; **viel ~!** pob lwc! **~ haben** llwyddo; **mit ~ krönen** coroni â llwyddiant.

erfolgen [ɛr'fɔlgən] *vi (+sein) untrenn* dilyn, canlyn, dod; *(stattfinden)* digwydd; **nach erfolgter Zahlung** ar ôl taliad.

erfolglos *adj* aflwyddiannus.

Erfolglosigkeit *f* diffyg *g* llwyddiant.

erfolgreich *adj* llwyddiannus.

Erfolgserlebnis (-ses, -se) *nt* teimlad *g* pleserus o lwyddiant.

Erfolg versprechend *adj vgl.* **Erfolg**.

erforderlich [ɛr'fɔrdərlɪç] *adj* gofynnol, gorfodol.

erfordern [ɛr'fɔrdərn] *vt untrenn* gofyn, mynnu.

Erfordernis (-ses, -se) *nt* angen *g*, gofyn *g*.

erforschen [ɛr'fɔrʃən] *vt untrenn (Land)* archwilio; *(Problem)* archwilio, ymchwilio i, astudio; *(Gewissen)* ymofyn, chwilio.

Erforscher (-s, -) *m* fforiwr *g*, archwiliwr *g*; **~in** *f* fforwraig *b*, archwilwraig *b*.

Erforschung (-, -en) *f* ymchwiliad *g*, archwiliad *g*, astudiaeth *b*.

erfragen [ɛr'fraːgən] *vt untrenn* cael gwybod trwy holi.

erfreuen [ɛr'frɔyən] *vt untrenn* plesio, swyno, boddio; **sich ~ an** *+dat* mwynhau; **sich einer Sache** *gen* **~** *(geh)* mwynhau rhth; **sehr erfreut!** *(bei Vorstellung)* mae'n dda gen i gwrdd â chi.

erfreulich [ɛr'frɔylɪç] *adj* dymunol, hyfryd, braf, pleserus.

erfreulicherweise *adv* yn ffodus, wrth lwc.

erfrieren [ɛr'friːrən] *irreg vi (+sein) untrenn* rhewi i farwolaeth; *(Pflanzen)* marw oherwydd barrug.

Erfrierung *f* ewinrhew *g*, llosg *g* eira.

erfrischen [ɛr'frɪʃən] *vt untrenn* adfywio, adfywhau; **sich ~** adfywhau eich hunan.

erfrischend *adj* adfywiol.

Erfrischung (-, -en) *f* adfywhad *g*, adnewyddiad *g*; *(Getränk)* diod *b* adfywiol.

Erfrischungsgetränk (-(e)s, -e) *nt* diod *b* adfywiol.

Erfrischungsraum[D] (-(e)s, -̈e) *m* bar *g* byrbryd.

erfüllen [ɛr'fʏlən] *vt untrenn (Raum)* llenwi; *(Wunsch)* cyflawni, gwireddu, bodloni; **sich ~** *(Traum)* dod yn wir.

erfüllt *adj* llawn; **ein erfülltes Leben** bywyd *g* llawn; **~ mit Leben** llawn bywyd, llawn asbri.

Erfüllung *f:* **in ~ gehen** cael ei wireddu.

erfunden *pp von* **erfinden**.

ergab *vb vgl.* **ergeben[1]**.

ergänzen [ɛr'gɛntsən] *vt untrenn* ychwanegu at, cyflawni, cwblhau; **sich ~** gwneud pâr.

Ergänzung (-, -en) *f* cyflawniad *g*; *(Zusatz)*

ychwanegiad *g*; atodiad *g*; *(MATH)* cyflenwad *g*.

ergattern [ɛrˈgatərn] *vt untrenn (ugs)* cael gafael yn.

ergaunern [ɛrˈgaʊnərn] *vt untrenn (ugs)* sich *dat* etw ~ cael rhth mewn modd llechwraidd.

ergeben[1] [ɛrˈgeːbən] *irreg vt untrenn* rhoi, cynhyrchu, dwyn.

♦ *vr untrenn (MIL, aufgeben)* ymostwng, ildio; **sich etw** *dat* ~ *(sich hingeben)* ymroi i rth, ymgolli mewn rhth; **es ergab sich, dass ...** digwyddodd fod...; **es ergibt sich aus dem Zusammenhang** *(folgen)* mae'n codi o'r cyd-destun.

ergeben[2] *adj* ymroddedig, brwd, selog; *(demütig)* darostyngedig, ufudd; **dem Suff** ~ caeth i'r botel.

Ergebenheit (-, *kein pl*) *f* teyrngarwch *g*, ymlyniad *g*.

Ergebnis [ɛrˈgeːpnɪs] (**-ses**, **-se**) *nt* canlyniad *g*; **zu einem** ~ **kommen** dod i gasgliad.

ergebnislos *adj* heb ganlyniad, diffrwyth, ofer; ~ **verlaufen** mynd yn ofer.

ergehen [ɛrˈgeːən] *irreg vi (+sein) untrenn (Meldung)* cael ei gyhoeddi, cael ei ryddhau; **etw über sich ~ lassen** goddef rhth.

♦ *vi unpers (+sein) untrenn:* **es ergeht ihm schlecht** mae'n cael hwyl ddrwg arni.

♦ *vr (+haben) untrenn:* mynd am dro; **sich in etw** *dat* ~ ymbleseru mewn rhth, ymroi i rth; **sich über ein Thema ~** *(fig)* ymhelaethu ar rth, brygowthan ar rth.

ergiebig [ɛrˈgiːbɪç, -ɪk] *adj* cynhyrchiol, toreithiog.

ergo [ˈɛrgo] *konj* felly.

Ergonomie [ɛrgonoˈmiː] *f* ergonomeg *b*.

Ergonomik [ɛrgoˈnoːmɪk] *f* = **Ergonomie**.

ergötzen [ɛrˈgœtsən] *vt untrenn* diddanu, difyrru.

♦ *vr:* **sich ~ an** ymhyfrydu yn.

ergrauen [ɛrˈgraʊən] *vi (+sein) untrenn* britho.

ergreifen [ɛrˈgraɪfən] *irreg vt untrenn* gafael yn, ymaflyd; *(Beruf)* dewis, cychwyn ar; *(jdn rühren)* cyffwrdd; **die Flucht ~** ffoi; **die Gelegenheit ~** achub y cyfle; **Maßnahmen ~** cymryd camau; **er ergriff das Wort** dechreuodd siarad.

ergreifend *adj* gwefreiddiol, teimladwy.

ergriff *vb vgl.* **ergreifen**.

ergriffen *pp von* **ergreifen**.

♦ *adj* wedi eich gwefreiddio.

Ergriffenheit (-, *kein pl*) *f* cyffro *g*.

ergründen [ɛrˈgrʏndən] *vt untrenn* mynd i waelod, dirnad.

Erguss [ɛrˈgʊs] (**-es**, **¨-e**) *m (auch fig)* gollyngiad *g*, arllwysiad *g*, tywalltiad *g*.

erhaben [ɛrˈhaːbən] *adj (erhöht)* esgynedig, dyrchafedig; *(fig)* dyrchafedig, urddasol, arddunol, aruchel; **er fühlt sich über alles ~** does dim byd yn ddigon da iddo.

Erhabenheit *f* mawredd *g*.

Erhalt [ɛrˈhalt] (**-(e)s**, *kein pl*) *m:* **bei ~** wrth dderbyn.

erhalten *irreg vt untrenn* derbyn, cael; *(bewahren)* cadw; **das Wort ~** cael caniatâd i siarad; **jdn am Leben ~** cadw rhn yn fyw.

♦ *adj:* **gut ~** mewn cyflwr da.

erhältlich [ɛrˈhɛltlɪç] *adj* ar gael, i'w gael.

Erhaltung (-, *kein pl*) *f* cadwraeth *b*.

erhängen [ɛrˈhɛŋən] *vr untrenn* crogi eich hunan.

erhärten [ɛrˈhɛrtən] *vi untrenn* caledu.

♦ *vt untrenn (Behauptung)* cadarnhau, cyfiawnhau; **sich ~** *(Verdacht)* caledu.

erhaschen [ɛrˈhaʃən] *vt untrenn* dal.

erheben [ɛrˈheːbən] *irreg vt untrenn* codi; *(Forderungen)* hawlio, mynnu; *(Daten)* casglu.

♦ *vr (Berg)* codi; *(fig)* **sich über etw** *akk* ~ codi/esgyn uwchlaw rhth.

erheblich [ɛrˈheːplɪç] *adj* sylweddol.

Erhebung *f (Hügel)* bryn *g*; *(Ermittlung)* ymholiad *g*.

erheitern [ɛrˈhaɪtərn] *vt untrenn* diddanu, codi calon.

Erheiterung (-, *kein pl*) *f* difyrrwch *g*, diddanwch *g*, hwyl *b*; **zur allgemeinen ~** er mawr ddifyrrwch i bawb.

erhellen [ɛrˈhɛlən] *vt untrenn* goleuo; *(fig)* taflu goleuni ar; **sich ~** *(Himmel)* goleuo; *(Gesicht)* sirioli.

erhielt *vb vgl.* **erhalten**.

erhitzen [ɛrˈhɪtsən] *vt untrenn* cynhesu, twymo; **sich ~** poethi; *(fig)* gwylltio, cynhyrfu; **die Gemüter ~ sich** mae cryn deimlad/gynnwrf (ynghylch rhth).

erhoffen [ɛrˈhɔfən] *vt untrenn* gobeithio am; **was erhoffst du dir davon?** pa elw rwyt yn ei ddisgwyl ohono?

erhöhen [ɛrˈhøːən] *vt untrenn* codi; *(verstärken)* cryfhau; **erhöhte Temperatur** gwres *g*, twymyn *b*.

Erhöhung *f (Hügel)* bryn *g*; *(Gehalt)* cynyddiad *g*.

erholen [ɛrˈhoːlən] *vr untrenn* gwella, cael adferiad iechyd; *(entspannen)* dadflino.

erholsam [ɛrˈhoːlzaːm] *adj* adferol.

Erholung (-, *kein pl*) *f* gwellhad *g*, ymlaciad *g*.

erholungsbedürftig *adj* blinedig, lluddedig, eisiau adferiad.

Erholungs- *kompos:* **~gebiet** *nt* ardal *b* hamdden, parc *g* hamdden; **~heim** *nt* cartref *g* ymadfer.

erhören [ɛrˈhøːrən] *vt untrenn (Gebet)* clywed, gwrando; *(Bitte)* ildio i.

Erika [ˈeːrika] (-, **Eriken**) *f (BOT)* grug *ll*.

erinnern [ɛrˈʔɪnərn] *vt untrenn:* ~ **an** +*akk* atgoffa o, dwyn i gof.

♦ *vr untrenn:* **sich ~ an** +*akk* cofio.

Erinnerung (-, **-en**) *f* atgof *g*, cof *g*; *(Reiseandenken)* swfenîr *g*, cofrodd *b*; **~en** *pl (Lebens~)* atgofion *ll*;

(LIT) hunangofiannau *ll*; **zur ~ an** *+akk* er cof am;
jdn in guter ~ haben bod â chof melys am rn; **in ~ rufen** galw i gof.

Erinnerungs- *kompos:* **~schreiben** *nt (COMM)* nodyn *g*, cofnod *g*; **~tafel** *f* llechfaen *g* coffa; **~vermögen** *nt* cynneddf *b* gofio.

erkalten [ɛr'kaltən] *vi (+sein) untrenn* oeri.

erkälten [ɛr'kɛltən] *vr untrenn* dal annwyd.

erkältet [ɛr'kɛltət] *adj:* **ich bin ~** mae annwyd arnaf.

Erkältung (-, -en) *f* annwyd *g*.

erkämpfen [ɛr'kɛmpfən] *vt untrenn* ennill (trwy frwydr).

erkannt *pp von* **erkennen.**

erkannte *vb vgl.* **erkennen.**

erkennbar [ɛr'kɛnbɑ:r] *adj* adnabyddadwy; *(sichtbar)* gweladwy; *(bemerkbar)* canfyddadwy, amlwg, sylweddol.

erkennen [ɛr'kɛnən] *irreg vt untrenn* adnabod; *(sehen)* gweld; *(bemerken)* sylwi; *(einsehen)* sylweddoli, deall; **jdm zu ~ geben, dass ...** rhoi ar ddeall i rn fod…

erkenntlich [ɛr'kɛntlɪç] *adj:* **sich ~ zeigen** diolch, dangos gwerthfawrogiad.

Erkenntlichkeit *f* diolchgarwch *g*; *(Geschenk)* arwydd *gb* o ddiolchgarwch.

Erkenntnis[1] [ɛr'kɛntnɪs] (-, -se) *f* gwybodaeth *b*; *(Einsicht)* dirnadaeth *b*; **zur ~ kommen** sylweddoli, deall.

Erkenntnis[2] (-ses, -se) *nt (JUR)* dyfarniad *g*.

Erkennung [ɛr'kɛnʊŋ] *f* adnabyddiaeth *b*.

Erkennungs- *kompos:* **~dienst** *m* adran *b* cofnodion yr heddlu; **~marke** *f* disg *g* adnabod; **~zeichen** *nt* nod *gb* adnabod.

Erker [ɛrkər] *m (ARCHIT)* cilfach *b*, bae *g*.

Erkerfenster *nt* ffenestr *b* fae.

erklärbar [ɛr'klɛ:rbɑ:r] *adj* esboniadwy, egluradwy.

erklären [ɛr'klɛ:rən] *vt untrenn* egluro, esbonio; *(Rücktritt, Krieg)* cyhoeddi; **ich kann mir nicht ~ warum** ni allaf ddeall pam.

erklärlich [ɛr'klɛ:rlɪç] *adj* esboniadwy; *(verständlich)* dealladwy.

erklärt *adj* cydnabyddedig; *(Gegner)* addefedig.

Erklärung (-, -en) *f* eglurhad *g*, esboniad *g*; *(Aussage)* cyhoeddiad *g*.

erklecklich [ɛr'klɛklɪç] *adj (beträchtlich)* sylweddol.

erklimmen [ɛr'klɪmən] *irreg vt untrenn* dringo (i'r copa).

erklingen [ɛr'klɪŋən] *irreg vi (+sein) untrenn* seinio.

erklomm *vb vgl.* **erklimmen.**

erklommen *pp von* **erklimmen.**

erkranken [ɛr'kraŋkən] *vi (+sein) untrenn* mynd yn sâl, clafychu.

Erkrankung (-, -en) *f* salwch *g*, gwaeledd *g*, tostedd *g*.

erkunden [ɛr'kʊndən] *vt untrenn (MIL)* rhagchwilio.

erkundigen [ɛr'kʊndɪgən] *vr untrenn:* **sich ~ nach** *+dat* holi/gofyn ynghylch.

Erkundigung (-, -en) *f* ymholiad *g*; **~en einholen** gwneud ymholiadau.

Erkundung (-, -en) *f* rhagchwiliad *g*; **auf ~ gehen** mynd ar sgawt.

Erlagschein[A] *m* ffurflen *b* talu i mewn i gyfrif post.

erlahmen [ɛr'lɑ:mən] *vi (+sein) untrenn* cloffi; *(ermüden)* blino; *(nachlassen)* llesgáu, edwino.

erlangen [ɛr'laŋən] *vt untrenn* ennill.

Erlass [ɛr'las] (-es, -e *oder* ¨-e) *m* dyfarniad *g*, ordinhad *b*; *(Gesetz)* deddf *b*; *(Aufhebung)* dilead *g*.

erlassen *irreg vt untrenn (Verfügung)* cyhoeddi; *(Gesetz)* datgan; *(Strafe)* dileu, maddau; **jdm etw ~** rhyddhau rhn o rth.

erlauben [ɛr'laʊbən] *vt untrenn* caniatáu i; *(gestatten)* **~ Sie mir ...** gadewch i mi…; **sich** *dat* **etw ~** *(sich gönnen)* caniatáu rhth i'ch hunan; *(sich herausnehmen)* cymryd yr hyfdra; **was ~ Sie sich eigentlich?** sut y beiddiwch chi? **ich kann mir nicht ~ zu gehen** ni allaf fforddio mynd.

Erlaubnis (-, -se) *f* caniatâd *g*, cennad *b*.

erlaubt *adj* caniataol.

erläutern [ɛr'lɔʏtərn] *vt untrenn* egluro.

Erläuterung (-, -en) *f* eglurhad *g*.

Erle ['ɛrlə] (-, -n) *f (BOT)* gwernen *b*.

erleben [ɛr'le:bən] *vt untrenn (erfahren)* cael profiad o; *(mit~)* bod yn dyst i; *(noch leben)* goroesi i weld; **so wütend habe ich ihn noch nie erlebt** nid wyf erioed wedi ei weld mor ddig.

Erlebnis [ɛr'le:pnɪs] (-ses, -se) *nt* profiad *g*.

erledigen [ɛr'le:dɪgən] *vt untrenn* delio â, trin; *(Auftrag)* prosesu, cyflawni; *(ugs: erschöpfen)* blino'n llwyr; *(ruinieren)* andwyo; *(umbringen)* lladd; **das hat sich erledigt** dyna setlo'r mater; **er ist erledigt** mae hi ar ben arno; **ich habe noch einiges in der Stadt zu ~** mae gen i bethau i'w gwneud yn y dref.

erledigt [ɛr'le:dɪçt, -ɪkt] *adj:* **ich bin ~** *(ugs: erschöpft)* rwyf i wedi ymlâdd; *(ruiniert)* mae hi ar ben arnaf.

Erledigung *f* cyflawniad *g*.

erlegen [ɛr'le:gən] *vt untrenn (Wild)* lladd, saethu.

erleichtern [ɛr'laɪçtərn] *vt untrenn* ysgafnhau; *(lindern)* lleddfu, lliniaru; *(vereinfachen)* hwyluso; **sich ~** *(von Kummer)* cael gwared â baich/gofid; *(ugs: Toilette benutzen)* gwneud eich rhaid.

erleichtert *adj* wedi cael rhyddhad; **~ aufatmen** gollwng ochenaid o ryddhad.

Erleichterung *f* ysgafnhad *g*; *(Befreiung)* rhyddhad *g*, esmwythâd *g.*

erleiden [ɛrˈlaɪdən] *irreg vt untrenn* dioddef, goddef.

erlernbar [ɛrˈlɛrnbaːr] *adj* dysgadwy.

erlernen [ɛrˈlɛrnən] *vt untrenn* dysgu.

erlesen [ɛrˈleːzən] *adj* dethol, dewisedig, coeth.

erleuchten [ɛrˈlɔʏçtən] *vt untrenn* goleuo; *(fig)* ysbrydoli.

Erleuchtung (-, *kein pl*) *f (Einfall)* ysbrydoliaeth *b.*

erliegen [ɛrˈliːgən] *irreg vi (+sein) +dat untrenn* ildio i; *(einem Irrtum)* cael eich twyllo gan; **zum E~ kommen** sefyll yn stond.

erlogen [ɛrˈloːgən] *adj* celwyddog.

Erlös [ɛrˈløːs] (**-es**, **-e**) *m* elw *g*, enillion *ll.*

erlosch *vb vgl.* **erlöschen.**

erlöschen [ɛrˈlœʃən] *irreg vi (+sein) untrenn (Feuer)* diffodd; *(Interesse)* darfod; *(Vertrag)* dod i ben; **ein erloschener Vulkan** llosgfynydd *g* diffoddedig.

erloschen [ɛrˈlɔʃən] *pp von* **erlöschen.**

erlösen [ɛrˈløːzən] *vt untrenn* gwaredu, achub.

Erlöser (**-s**, -) *m* gwaredwr *g.*

Erlösung (-, *kein pl*) *f* rhyddhad *g*; *(REL)* prynedigaeth *b*, gwaredigaeth *b.*

ermächtigen [ɛrˈmɛçtɪgən] *vt untrenn* awdurdodi, rhoi hawl i.

Ermächtigung (-, **-en**) *f* awdurdodiad *g*; *(Befugnis)* hawl *gb*, awdurdod *gb.*

ermahnen [ɛrˈmaːnən] *vt untrenn* annog, argymell.

Ermahnung (-, **-en**) *f* rhybudd *g*, anogaeth *b.*

Ermangelung [ɛrˈmaŋəluŋ] *f:* **in ~** *+gen* oherwydd prinder, yn achos prinder.

ermäßigen [ɛrˈmɛːsɪgən] *vt untrenn (Preis nachlassen)* gostwng, lleihau.

ermäßigt *adj* gostyngedig.

Ermäßigung (-, **-en**) *f (Preisnachlass)* gostyngiad *g*, lleihad *g*; *(Steuer~)* gostyngiad *g* ar dreth.

ermessen [ɛrˈmɛsən] *irreg vt untrenn* amcangyfrif.

Ermessen (**-s**, *kein pl*) *nt* barn *b*, tyb *gb*; **in jds ~ liegen** fel y barno rhn yn ddoeth, fel y gwelir yn dda gan rn; **nach meinem ~** yn fy nhyb i.

Ermessensfrage (-, **-n**) *f* mater *g* o farn.

ermitteln [ɛrˈmɪtəln] *vt untrenn* chwilio, cael gwybod; *(Täter)* ymchwilio.

♦ *vi untrenn:* **gegen jdn ~** gwneud ymchwiliad ynghylch rhn.

Ermittlung (-, **-en**) *f* ymchwiliad *g*; **~en anstellen über** *+akk* gwneud ymchwiliadau ynghylch.

Ermittlungsverfahren (**-s**, -) *nt (JUR)* ymchwiliad *g* rhagarweiniol.

ermöglichen [ɛrˈmøːklɪçən] *vt untrenn* gwneud yn bosibl, hwyluso.

ermorden [ɛrˈmɔrdən] *vt untrenn* llofruddio.

Ermordung *f* llofruddiaeth *b.*

ermüden [ɛrˈmyːdən] *vt (+haben) untrenn* blino.

♦ *vi (+sein) untrenn* blino, ymlâdd; *(TECH)* lluddedu, diffygio.

ermüdend *adj* blinedig; *(fig)* diflas, blinderus.

Ermüdung (-, *kein pl*) *f* blinder *g*, llesgedd *g.*

Ermüdungserscheinung (-, **-en**) *f* arwydd *gb* o flinder.

ermuntern [ɛrˈmuntərn] *vt untrenn (ermutigen)* hybu; *(beleben)* bywiogi; *(aufmuntern)* codi calon.

Ermunterung *f* calondid *g*, cymhelliad *g.*

ermutigen [ɛrˈmuːtɪgən] *vt untrenn* cefnogi, calonogi, gwroli.

ermutigend *adj* anogol, calonogol.

Ermutigung *f* anogaeth *b*, calondid *g*, swcr *g.*

ernähren [ɛrˈnɛːrən] *vt untrenn* bwydo, porthi, maethu; *(Familie)* cynnal; **sich ~** bwyta, ymgynnal; **sich ~ von** byw ar, bwyta.

Ernährer (**-s**, -) *m* enillwr *g* cyflog, penteulu *g.*

Ernährung (-, *kein pl*) *f* maeth *g*, lluniaeth *g*; *(MED)* maethiad *g*; *(Unterhalt)* cynhaliaeth *b.*

ernennen [ɛrˈnɛnən] *irreg vt untrenn* penodi, apwyntio; *(beauftragen)* comisiynu.

Ernennung (-, **-en**) *f* penodiad *g*, apwyntiad *g.*

erneuern [ɛrˈnɔʏərn] *vt untrenn* adnewyddu; *(restaurieren)* adfer, atgyweirio, ail-wneud.

Erneuerung (-, **-en**) *f* adnewyddiad *g*; *(Restaurierung)* atgyweiriad *g.*

erneut [ɛrˈnɔʏt] *adj* newydd, arall.

♦ *adv* unwaith eto, drachefn.

erniedrigen [ɛrˈniːdrɪgən] *vt untrenn* darostwng, sarhau.

Erniedrigung *f* darostyngiad *g*, gostyngiad *g.*

ernst *adj* difrifol, difrif; **es steht ~ um ihn** nid yw'n edrych yn dda arno; **etw ~ nehmen** cymryd rhth o ddifri; **~ gemeint** o ddifrif.

Ernst [ɛrnst] (**-es**, *kein pl*) *m* difrifoldeb *g*, difrifwch *g*; *(Ernsthaftigkeit)* dwyster *g*; **das ist mein ~** rwyf o ddifrif; **im ~** mewn difrif; **~ machen mit etw** gweithredu/cyflawni rhth.

Ernstfall *m* argyfwng *g.*

ernst gemeint *adj vgl.* **ernst.**

ernsthaft *adj (Person)* dwys, difrif, cydwybodol.

Ernsthaftigkeit (-, *kein pl*) *f* difrifwch *g.*

ernstlich *adj* difrifol, dilys, gwirioneddol.

Ernte [ˈɛrntə] *f* cynhaeaf *g.*

Erntedankfest *nt* Cwrdd *g* Diolchgarwch.

ernten *vt untrenn* cynaeafu, medi; *(Lob)* ennill.

Erntezeit *f* cynhaeaf *g.*

ernüchtern [ɛrˈnʏçtərn] *vt untrenn* sobri, sobreiddio; *(fig)* dadrithio.

Ernüchterung *f* sobreiddio *g*; *(fig)* dadrithiad *g.*

Eroberer [ɛrˈʔoːbərər] (**-s**, -) *m* gorchfygwr *g*,

concwerwr *g*.

erobern [ɛrˈʔoːbərn] *vt untrenn* gorchfygu, goresgyn, concro.

Eroberung (-, -en) *f* gorchfygiad *g*, concwest *b*.

erodieren *vt* erydu.

eröffnen [ɛrˈʔœfnən] *vt untrenn* agor; **sich ~** *(Gelegenheit)* ymagor, ymgyflwyno; **jdm etw ~** *(geh)* datgelu rhth i rn.

Eröffnung *f* agoriad *g*.

Eröffnungs- *kompos:* **~ansprache** *f* araith *b* agoriadol; **~feier** *f* seremoni *b* agoriadol.

erogen [eroˈgeːn] *adj* erogenaidd, nwydus.

erörtern [ɛrˈʔœrtərn] *vt untrenn* trafod, trin.

Erörterung (-, -en) *f* trafodaeth *b*.

Erosion *f* erydiad *g*.

Erotik [eˈroːtɪk] (-, *kein pl*) *f* erotiaeth *b*.

erotisch [eˈroːtɪʃ] *adj* erotig.

Erpel [ˈɛrpəl] (-s, -) *m* marlad *g*, meilart *g*, ceiliog *g* hwyaden.

erpicht [ɛrˈpɪçt] *adj:* **~ auf** *+akk* brwd dros.

erpressen [ɛrˈprɛsən] *vt untrenn (Mensch)* blacmelio; *(Geld)* gwasgu oddi ar rn, cribddeilio gan.

Erpresser (-s, -) *m* blacmeliwr *g*.

Erpressung (-, -en) *f* cribddail *g*, blacmel *g*.

erproben [ɛrˈproːbən] *vt untrenn* profi, treialu.

erprobt *adj* profedig, di-ffael.

erraten [ɛrˈraːtən] *irreg vt untrenn* dyfalu.

errechnen [ɛrˈrɛçnən] *vt untrenn* cyfrif.

erregbar [ɛrˈreːkbaːr] *adj* cynhyrfadwy; *(reizbar)* pigog.

Erregbarkeit (-, *kein pl*) *f* cynyrfusrwydd *g*, pigogrwydd *g*.

erregen [ɛrˈreːgən] *vt untrenn* cynhyrfu, gwefreiddio, cyffroi; *(sexuell)* cynhyrfu, codi blys ar; *(ärgern)* cynddeiriogi; *(hervorrufen)* deffro, achosi; **sich ~** ymgynhyrfu, dechrau corddi.

erregend *adj* cynhyrfus.

Erreger (-s, -) *m (MED)* firws *g*, bacteriwm *g*.

Erregtheit (-, *kein pl*) *f* cyffro *g*.

Erregung (-, -en) *f* cynnwrf *g*, cynhyrfiad *g*, cyffro *g*.

erreichbar [ɛrˈraɪçbaːr] *adj* o fewn cyrraedd, hygyrch.

erreichen [ɛrˈraɪçən] *vt untrenn* cyrraedd; *(Zug)* dal; **wann kann ich Sie ~?** pryd ca' i afael arnoch?

errichten [ɛrˈrɪçtən] *vt untrenn* codi, gosod yn ei le; *(gründen)* sefydlu.

erringen [ɛrˈrɪŋən] *irreg vt untrenn* ennill (trwy ymdrechu).

erröten [ɛrˈrøːtən] *vi (+sein) untrenn* gwrido, cochi.

Errungenschaft [ɛrˈrʊŋənʃaft] (-, -en) *f* gorchest *b*, ennill *g*; *(Gewinn, Bereicherung)* caffaeliad *g*.

Ersatz [ɛrˈzats] (-es, *kein pl*) *m* amnewidiad *g*, amnewid *g*; *(Schaden~)* iawndal *g*; *(MIL)* milwyr *ll* atgyfnerthol; **als ~ für jdn einspringen** cymryd lle rhn.

Ersatz- *kompos:* **~bank** *f (SPORT)* mainc *b*; **~befriedigung** *f* boddhad *g* dirprwyol; **~dienst** *m (MIL)* gwasanaeth *g* cymunedol (yn lle gwasanaeth milwrol); **~mann** *m (SPORT)* eilydd *g*; **~mutter** *f* dirprwy fam *b*, mam *b* fenthyg.

ersatzpflichtig *adj* agored i iawndal.

Ersatz- *kompos:* **~reifen** *m (AUTO)* olwyn *b* sbâr; **~schlüssel** *m* allwedd *b* sbâr; **~spieler** *m* eilydd *g*; **~teil** *nt oder m* sbaryn *g*, darn *g* sbâr.

ersatzweise *adv* fel amnewidiad.

ersaufen [ɛrˈzaufən] *irreg vi (+sein) untrenn (ugs: ertrinken)* boddi.

ersäufen [ɛrˈzɔyfən] *vt untrenn* boddi.

erschaffen [ɛrˈʃafən] *irreg vt untrenn* creu.

erschaudern *vi untrenn* crynu, gwefreiddio.

erscheinen [ɛrˈʃaɪnən] *irreg vi (+sein) untrenn* ymddangos, rhithio.

Erscheinung (-, -en) *f* ymddangosiad *g*, rhith *g*; *(Geist)* drychiolaeth *b*; *(Phänomen)* ffenomen *b*; *(Gestalt)* golwg *b*; **in ~ treten** ymddangos.

Erscheinungs- *kompos:* **~form** *f* amlygiad *g*, ymddangosiad *g*; **~jahr** *nt* blwyddyn *b* cyhoeddi.

erschien *vb vgl.* **erscheinen**.

erschienen *pp von* **erscheinen**.

erschießen [ɛrˈʃiːsən] *irreg vt untrenn* saethu yn farw.

erschlaffen [ɛrˈʃlafən] *vi (+sein) untrenn* mynd yn llipa; *(Mensch)* mynd yn lluddedig.

erschlagen [ɛrˈʃlaːgən] *irreg vt untrenn* taro yn farw.

erschleichen [ɛrˈʃlaɪçən] *irreg vt untrenn* cael yn ddistaw bach.

erschließen [ɛrˈʃliːsən] *irreg vt untrenn (Bodenschätze, Markt)* datblygu.

erschlossen *pp von* **erschließen**.

♦ *adj (Gebiet)* datblygedig.

erschöpfen [ɛrˈʃœpfən] *vt untrenn* dihysbyddu, ymladd.

erschöpfend *adj* blinderus, blinedig; *(umfassend)* trylwyr, trwyadl.

erschöpft *adj* wedi blino'n llwyr.

Erschöpfung (-, *kein pl*) *f* blinder *g*, lludded *g*.

erschossen *pp von* **erschießen**.

erschrak *vb vgl.* **erschrecken²**.

erschrecken¹ [ɛrˈʃrɛkən] *vt (+haben) untrenn* dychryn, brawychu, rhoi braw i, codi arswyd ar.

erschrecken² *irreg vi (+sein), vrᴰ (+haben) untrenn* dychryn, arswydo, cael braw.

erschreckend *adj, adv* dychrynllyd, brawychus, arswydus; **es waren ~ wenige dort** nifer dychrynllyd o fach roedd yno.

erschrocken *pp von* **erschrecken²**.

♦ *adj* dychrynedig, mewn braw.

erschüttern [ɛr'ʃʏtərn] *vt untrenn* ysgwyd, siglo; *(fig)* rhoi ysgytiad *g*, cynhyrfu, gwefreiddio; **ihn kann nichts ~** dyw e byth yn colli ei limpin.

erschütternd *adj* ysgytwol.

Erschütterung (-, -en) *f* cryndod *g*; *(des Bodens)* dirgryniad *g*; *(Betroffenheit)* ysgytiad *g*, ysgytwad *g*.

erschweren [ɛr'ʃveːrən] *vt untrenn* cymhlethu, drysu.

erschwerend *adj:* **~e Umstände** *(JUR)* amgylchiadau gwaethygol; **es kommt noch ~ hinzu, dass ...** mae'n ychwanegu at y problemau fod...

erschwindeln [ɛr'ʃvɪndəln] *vt untrenn* cael trwy dwyll.

erschwinglich [ɛr'ʃvɪŋlɪç] *adj* fforddiadwy.

ersehen [ɛr'zeːən] *irreg vt untrenn:* **aus etw ~, dass ...** casglu o rth fod...

ersehnt [ɛr'zeːnt] *adj* wedi'i hiraethu amdano.

ersetzbar [ɛr'zɛtsbaːr] *adj* amnewidiadwy.

ersetzen [ɛr'zɛtsən] *vt untrenn* rhoi yn lle (rhth), cymryd lle (rhth), llenwi lle (rhn); **jdm Unkosten ~** ad-dalu treuliau i rn.

ersichtlich [ɛr'zɪçtlɪç] *adj* amlwg, eglur.

ersparen [ɛr'ʃpaːrən] *vt untrenn* *(Ärger)* arbed; *(Geld)* arbed, cynilo; **ihr blieb auch nichts erspart** nid arbedwyd hi rhag dim.

Ersparnis [ɛr'ʃpaːrnɪs] (-, -se) *f* arbediad *g*; **~se** *pl* cynilion *ll*.

erst [eːrst] *adv* **1** *(zuerst)* gyntaf; **mach ~ (ein)mal die Arbeit fertig** gorffen dy waith gyntaf; **wenn du das ~ (ein)mal hinter dir hast** a hynny y tu ôl i ti; **2** *(nur)* dim ond; *(nicht bis)* dim tan; **~ gestern** dim ond ddoe; **~ morgen** dim tan yfory; **~ als ...** dim ond pan...; **wir fahren ~ später** nid ydym yn mynd tan yn ddiweddarach; **er ist gerade ~ angekommen** mae e newydd gyrraedd; **~ dadurch** dim ond trwy hynny; **wäre er doch ~ zurück!** o na bai ef yn ôl! **3:** **da fange ich gar nicht ~ an** wna i ddim hyd yn oed ddechrau; **jetzt ~ recht** yn awr yn fwy nag erioed; **da ging's ~ richtig los** yna dechreuodd o ddifri.

erstanden *pp von* **erstehen**.

erstarren [ɛr'ʃtarən] *vi (+sein) untrenn* anystwytho; *(vor Furcht)* arswydo'n fawr; *(Materie)* caledu, soledu.

erstatten [ɛr'ʃtatən] *vt untrenn* *(Kosten)* ad-dalu; **Anzeige gegen jdn ~** hysbysu'r heddlu ynghylch rhn; **Bericht ~** adrodd.

Erstattung (-, -en) *f* ad-daliad *g*.

Erstaufführung ['eːrst'ʔaʊffyːrʊŋ] (-, -en) *f* *(THEAT)* perfformiad *g* cyntaf.

erstaunen [ɛr'ʃtaʊnən] *vt untrenn* synnu, syfrdanu.

Erstaunen *nt* syndod *g*, syfrdandod *g*.

erstaunlich [ɛr'ʃtaʊnlɪç] *adj* rhyfeddol, syfrdanol.

erstaunt *adj* syfrdan.

Erstausgabe ['eːrst'ʔaʊsgaːbə] (-, -n) *f* argraffiad *g* cyntaf.

erstbeste *adj* yr un cyntaf a ddaw.

erste *adj* cyntaf; **~r April** y cyntaf o Ebrill; **in ~r Linie** yn bennaf oll; **~ Hilfe** cymorth *g* cyntaf; **das ~ Mal** y tro cyntaf; **der E~ Weltkrieg** Rhyfel *gb* Byd Cyntaf; **als E~s** yn gyntaf oll; **fürs E~** am y tro; **aus ~r Hand** syth o lygad y ffynnon.

erstechen [ɛr'ʃtɛçən] *irreg vt untrenn* trywanu i farwolaeth.

erstehen [ɛr'ʃteːən] *irreg vt (+haben) untrenn* prynu.

♦ *vi (+sein) untrenn* codi.

ersteigen [ɛr'ʃtaɪgən] *irreg vt untrenn* dringo.

ersteigern [ɛr'ʃtaɪgərn] *vt untrenn* prynu mewn arwerthiant.

erstellen [ɛr'ʃtɛlən] *vt untrenn* codi, adeiladu; *(Liste)* casglu, crynhoi; **eine Liste ~** gwneud rhestr.

erste Mal *adv vgl.* **erste**.

erstens *adv* yn gyntaf, yn y lle cyntaf.

erstere *pron* yr un blaenorol.

erstgeboren *adj* cyntafenedig.

Erstgeborene *m/f* cyntafenedig *gb*.

ersticken [ɛr'ʃtɪkən] *vt (+haben)* *(Flammen)* diffodd, mygu; **etw im Keim ~** lladd rhth yn yr egin.

♦ *vi (+sein) untrenn* mygu; *(fig)* **in Arbeit ~** bod at eich clustiau mewn gwaith; **mit erstickter Stimme** â llais yn tagu.

Erstickung *f* myctod *g*.

Erstickungsanfall *m* mygfa *b*, mygiad *g*.

erstklassig *adj* o'r dosbarth cyntaf, rhagorol.

Erstkommunion *f* *(REL)* cymun *g* cyntaf.

erstmalig *adj* cyntaf, y tro cyntaf.

erstmals *adv* am y tro cyntaf.

erstrangig *adj* yn y rheng flaenaf, rhagorol.

erstrebenswert [ɛr'ʃtreːbənsvɛrt] *adj* dymunol, gwerth chweil.

erstrecken [ɛr'ʃtrɛkən] *vr untrenn* ymestyn, ymledu.

Ersttagsbrief (-(e)s, -e) *m* amlen *b* diwrnod cyntaf.

Ersttagsstempel (-s, -) *m* stamp *g* dyddiad cyntaf.

erstunken [ɛr'ʃtʊŋkən] *adj:* **das ist ~ und erlogen** mae'n llwyth o gelwydd.

Erstwähler (-s, -) *m* pleidleisiwr *g* am y tro cyntaf.

ersuchen [ɛr'zuːxən] *vt untrenn* gofyn, ceisio, erchi.

ertappen [ɛr'tapən] *vt untrenn* dal.

erteilen [ɛr'taɪlən] *vt untrenn* *(Auftrag)* pennu, rhoi; **jdm eine Lektion ~** dysgu gwers i rn.

ertönen [ɛr'tøːnən] *vi (+sein) untrenn* seinio.

Ertrag [ɛr'traːk] (-(e)s, ¨-e) *m* cynnyrch *g*; *(Gewinn)* elw *g*, enillion *ll*.

ertragen [ɛrˈtraːgən] *irreg vt untrenn* dioddef, dal; *(Schmerz)* goddef.

erträglich [ɛrˈtrɛːklɪç] *adj* dioddefadwy, goddefadwy.

ertragreich [ɛrˈtraːkraɪç] *adj (Geschäft)* proffidiol, buddiol.

ertrank *vb vgl.* **ertrinken.**

ertränken [ɛrˈtrɛŋkən] *vt untrenn* boddi.

erträumen [ɛrˈtrɔʏmən] *vt untrenn:* **sich** *dat* **etw ~** breuddwydio am rth, dychmygu rhth.

ertrinken [ɛrˈtrɪŋkən] *irreg vi (+sein) untrenn* boddi.

Ertrinken *nt* boddi *g*, boddiad *g*.

ertrunken *pp von* **ertrinken.**

erübrigen [ɛrˈʔyːbrɪgən] *vt untrenn* sbario.

♦ *vr untrenn* bod yn ddiangen.

Eruption *f* echdoriad *g*.

erwachen [ɛrˈvaxən] *vi (+sein) untrenn* deffro, dihuno; **ein böses E~** *(fig)* deffroad *g* garw.

erwachsen[1] [ɛrˈvaksən] *adj* mewn oed, cyfandwf.

erwachsen[2] *irreg vi (+sein) untrenn:* **daraus erwuchsen ihm Unannehmlichkeiten** achosodd hynny drafferth iddo.

Erwachsene [ɛrˈvaksənə] *m/f* oedolyn *g*.

Erwachsenenbildung (-, *kein pl*) *f* addysg *b* i oedolion.

erwägen [ɛrˈvɛːgən] *irreg vt untrenn* ystyried, pwyso a mesur.

Erwägung *f* ystyriaeth *b*; **etw in ~ ziehen** cymryd rhth i ystyriaeth.

erwählt *adj* dethol, dewisedig.

erwähnen [ɛrˈvɛːnən] *vt untrenn* sôn am, cyfeirio at.

erwähnenswert *adj* gwerth sôn amdano.

erwähnt *adj* uchod, rhagddywededig.

Erwähnung (-, -en) *f* crybwyll *g*, cyfeiriad *g*, sôn *gb*.

erwarb *vb vgl.* **erwerben.**

erwärmen [ɛrˈvɛːrmən] *vt untrenn* cynhesu, twymo; **sich ~** ymdwymo, ymgynhesu; **sich für etw ~** *(fig)* dod i hoffi rhth.

erwarten [ɛrˈvaːrtən] *vt untrenn* disgwyl, aros (am); **ein Kind ~** disgwyl plentyn; **etw von jdm ~** disgwyl rhth o rn, disgwyl i rn wneud rhth; **das war zu ~** roedd hynny i'w ddisgwyl; **ich kann es kaum ~ ihn zu sehen** rwy'n ysu am gael ei weld.

Erwarten *nt:* **wider ~** yn groes i bob disgwyl.

Erwartung (-, -en) *f* disgwyliad *g*, disgwyl *g*.

erwartungsgemäß *adj* yn ôl y disgwyl.

erwartungsvoll *adj* disgwylgar, gobeithiol.

erwecken [ɛrˈvɛkən] *vt untrenn (Hoffnung)* codi, deffro; **zu neuem Leben ~** atgyfodi; **den Anschein ~** rhoi'r argraff.

erwehren [ɛrˈveːrən] *vr untrenn +gen* cadw (rhth) draw; *(des Lachens)* ymatal rhag.

erweichen [ɛrˈvaɪçən] *vt untrenn* meddalu; **sich nicht ~ lassen** dal yn ddidaro.

Erweis[D] [ɛrˈvaɪs] (-es, -e) *m (veraltet)* **den ~ bringen, dass ...** profi bod…

erweisen [ɛrˈvaɪzən] *irreg vt untrenn:* **jdm einen Gefallen ~** gwneud cymwynas â rhn.

♦ *vr untrenn:* **die Nachricht erwies sich als falsch** cafwyd mai anghywir oedd y newyddion; **sich jdm gegenüber dankbar ~** dangos diolchgarwch i rn.

erweitern [ɛrˈvaɪtərn] *vt untrenn* ehangu, estyn; **sich ~** ymestyn, ymledu.

Erweiterung (-, -en) *f* ehangiad *g*, ymlediad *g*.

Erwerb [ɛrˈvɛrp] (-(e)s, -e) *m* pwrcas *g*, pryniant *g*; *(Beruf)* crefft *b*.

erwerben [ɛrˈvɛrbən] *irreg vt untrenn (Fähigkeit)* ennill; *(Kenntnisse)* dysgu; *(käuflich)* prynu, pwrcasu; **er hat sich** *dat* **große Verdienste um die Firma erworben** mae e wedi gwneud cymwynas fawr i'r cwmni.

erwerbsfähig *adj* yn gallu gweithio am gyflog.

erwerbslos *adj* di-waith.

Erwerbsquelle *f* ffynhonnell *b* incwm.

erwerbstätig *adj* cyflogedig, â gwaith at eich cynnal.

erwerbsunfähig *adj* analluog i weithio.

Erwerbszweig *m* busnes *gb*.

erwidern [ɛrˈviːdərn] *vt untrenn* ateb; *(widersprechen)* gwrthddadlau, taeru; *(MIL: Feuer)* ad-dalu, saethu'n ôl; **einen Besuch ~** ymweld â rhn yn eich tro, ad-dalu ymweliad.

Erwiderung *f:* **in ~ Ihres Schreibens vom ...** mewn ateb i'ch llythyr dyddiedig…

erwiesen [ɛrˈviːzən] *pp von* **erweisen.**

♦ *adj* wedi ei brofi.

erwirtschaften [ɛrˈvɪrtʃaftən] *vt untrenn (COMM)* elwa.

erwischen [ɛrˈvɪʃən] *vt untrenn* dal; **ihn hat's erwischt** *(ugs: verliebt)* mae e wedi dotio'n llwyr; *(krank)* mae e wedi'i daro; **kalt ~** *(ugs: fig)* bwrw oddi ar echel.

erworben [ɛrˈvɔrbən] *pp von* **erwerben.**

erwünscht [ɛrˈvʏnʃt] *adj* dymunol, manteisiol.

erwürgen [ɛrˈvʏrgən] *vt untrenn* tagu.

Erz [ɛrts] (-es, -e) *nt (GEOL)* mwyn *g*.

erzählen [ɛrˈtsɛːlən] *vt untrenn* adrodd, dweud, traethu; **Märchen ~** chwedleua; *(fig)* dweud anwiredd; **dem werde ich was ~!** mae gen i rywbeth i'w ddweud wrtho! **das kannst du anderen ~!** choelia' i fawr! chreda' i byth!

erzählend *adj:* **~e Dichtung** ffuglen *b* naratif.

Erzähler (-s, -) *m* adroddwr *g*; **~in** *f* adroddwraig *b*.

erzählerisch *adj* naratif, traethiadol.

Erzählung (-, -en) *f* stori *b*, hanes *g*, chwedl *b*.

Erzbischof [ˈɛrtsbɪʃoːf, -ɔf] (-s, ˝-e) *m* archesgob *g*.

Erzengel [ˈɛrtsˀɛŋəl] *m (REL)* archangel *g*.

erzeugen [ɛrˈtsɔʏɡən] *vt untrenn (herstellen)* cynhyrchu, gwneud; *(Stimmung)* creu.

Erzeuger (-s, -) *m* cynhyrchydd *g*.

Erzeugerpreis *m* pris *g* cynnyrch.

Erzeugnis [ɛrˈtsɔʏknɪs] (-ses, -se) *nt* cynnyrch *g*.

Erzeugung *f* cynhyrchiad *g*, gwneuthuriad *g*.

Erzfeind [ˈɛrtsfaɪnt] (-(e)s, -e) *m* carn-elyn *g*.

erziehbar [ɛrˈtsiːbaːr] *adj:* ein Heim für schwer ~e Kinder cartref *g* i blant anodd eu trin.

erziehen [ɛrˈtsiːən] *irreg vt untrenn* hyfforddi, addysgu; *(großziehen)* magu.

Erzieher (-s, -) *m* addysgwr *g*; ~in *f* addysgwraig *b*; *(in Kindergarten)* athro *g* meithrin, athrawes *b* feithrin.

Erziehung *f* magwraeth *b*; *(Bildung)* addysg *b*.

Erziehungs- *kompos:* ~beihilfe *f* cymhorthdal *g* i ddisgybl neu brentis; ~berechtigte *m/f* rhiant *g*, gwarcheidwad *g*; ~geld° *nt* budd-dâl *g* plentyn; ~heim *nt* cartref *g* cymunedol; ~urlaub *m* gwyliau ar gyfer rhiant newydd.

erzielen [ɛrˈtsiːlən] *vt untrenn* cyrraedd (nod); *(Erfolg)* cael; *(Tor)* sgorio.

erzkonservativ [ˈɛrtskɔzɛrvaˈtiːf] *adj* tra-cheidwadol.

erzog *vb vgl.* **erziehen**.

erzogen *pp von* **erziehen**.

Erzrivale *m* gelyn *g* pennaf.

erzürnen [ɛrˈtsʏrnən] *vt untrenn (geh)* cynddeiriogi.

erzwingen [ɛrˈtsvɪŋən] *irreg vt untrenn* cael/ennill trwy rym.

es [ɛs] *pron* ef, hi; *(als Objekt)* ei; ich sehe ~ rwy'n ei weld; ~ gibt ... mae…; gibt ~ ...? oes…? wie geht's? sut mae? ~ regnet mae hi'n bwrw glaw; ~ tut mir leid mae'n ddrwg gennyf; ~ war einmal un tro; wag' ~ nicht! paid â beiddio!

Es (-, -) *nt (MUS)* E *b* feddalnod.

Esche [ˈɛʃə] (-, -n) *f (BOT)* onnen *b*.

Esel [ˈeːzəl] (-s, -) *m (ZOOL)* asyn *g*; ich ~! *(ugs)* dyna dwp ydw i! ein ~ schimpft den anderen Langohr mae'r 'tinddu' medd y frân wrth yr wylan.

Eselin *f* asen *b*.

Eselsbrücke [ˈeːzəlsbrʏkə] (-, -n) *f (Gedächtnishilfe)* cymorth *g* cof, cofair *g*.

Eselsohr [ˈeːzəlsˀoːr] (-(e)s, -en) *nt (ugs, fig)* cornel *gb* grych.

Eskalation [ɛskalatsiˈoːn] *f* dwysâd *g*, helaethiad *g*.

eskalieren [ɛskaˈliːrən] *vi (+sein)* dwysáu.

Eskimo [ˈɛskimo] (-s, -s) *m* Esgimo *g*, Inuit *g*.

Eskorte [ɛsˈkɔrtə] (-, -n) *f (MIL)* gosgordd *b*.

eskortieren [ɛskɔrˈtiːrən] *vt* hebrwng.

Espe [ˈɛspə] (-, -n) *f (BOT)* aethnen *b*.

Espenlaub [ˈɛspənlaʊp] *nt:* zittern wie ~ crynu fel deilen.

Espressomaschine *f* percoladur *g*.

essbar [ˈɛsbaːr] *adj* bwytadwy.

Essbesteck [ˈɛsbəʃtɛk] *nt* cyllyll a ffyrc *ll*.

Esse [ˈɛsə] (-, -n) *f (IND)* simnai *b*.

Essecke [ˈɛsˀɛkə] *f* cornel *gb* fwyta.

essen [ˈɛsən] *irreg vt* bwyta; ~ gehen *(auswärts)* bwyta allan; ~ Sie gern italienisch? ydych chi'n hoff o fwyd Eidalaidd?

Essen *nt* bwyd *g*; *(Mahl)* pryd *g* o fwyd, cinio *gb*; ~ auf Rädern pryd ar glud.

Essens- *kompos:* ~ausgabe *f* dosbarthu *g* prydau; *(Stelle)* bwrdd *g* gweini; ~marke *f* tocyn *g* bwyd; ~zeit *f* amser *g* bwyd.

essentiell *adj* = **essenziell**.

Essenz *f* rhinflas *g*, sylwedd *g*.

essenziell *adj* anhepgor, anhepgorol.

Essgeschirr [ˈɛsɡəʃɪr] *nt* llestri *ll* cinio.

Essig [ˈɛsɪç, -ɪk] *m* finegr *g*; damit ist es ~ *(ugs)* mae popeth wedi'i ganslo.

Essiggurke *f* cucumer *g* pîl, gercin *g*.

Esskastanie° [ˈɛskastaːniə] *f* castan *b*, cneuen *b* gastan.

Essl., Eßl. *abk* = **Esslöffel**.

Ess- *kompos:* ~löffel *m* llwy *b* fwrdd; *(KOCH)* llwyaid *b*; ~tisch *m* bwrdd *g* cinio, bord *b* ginio; ~waren *pl* bwydydd *ll*; ~zimmer *nt* ystafell *b* fwyta, ystafell ginio.

Establishment [iˈstæblɪʃmɛnt] (-, *kein pl*) *nt* sefydliad *g*.

Este [ˈɛstə] (-n, -n) *m* Estoniad *g*.

Estin *f* Estoniad *g*.

Estland [ˈɛstlant] *nt (GEOG)* Estonia *b*.

estnisch [ˈɛstnɪʃ] *adj* Estonaidd.

Estnisch *nt (Sprache)* Estoneg *b*.

Estragon [ˈɛstragɔn] (-s, -) *m* taragon *g*, amgwyn *g*.

Estrich [ˈɛstrɪç] (-s, -e) *m* llawr *g* o goncrit neu glai.

etablieren [etaˈbliːrən] *vt* sefydlu.

♦ *vr* ymsefydlu (mewn busnes).

Etablissment [etablisˈmãː] (-s, -s) *nt (pej)* puteindy *g*.

Etage [eˈtaːʒə] *f* llawr *g*.

Etagen- *kompos:* ~bett° *nt* gwely *g* bync; ~wohnung *f* fflat *b* â mwy nag un llawr.

Etappe [eˈtapə] *f* cam *g*, gris *b*; *(SPORT)* rhan *b*, hegl *b*.

etappenweise *adv* gam a cham.

Etat [eˈtaː] (-s, -s) *m (FIN: Haushaltsplan)* cynllun *g* ariannol; *(Budget)* cyllideb *b*.

Etat- *kompos:* ~jahr *nt* blwyddyn *b* gyllidol; ~posten *m* eitem *b* o'r gyllideb.

etc. *abk (= et cetera)* ayb (ac yn y blaen).

etepetete [eːtəpeˈteːtə] *adj (ugs)* ffyslyd; *(ugs: pedantisch)* gorfanwl, pedantaidd.

Ether *m* = **Äther**.

Ethik [ˈeːtik] (-, *kein pl*) *f* moeseg *b*, etheg *b*.

ethisch [ˈeːtɪʃ] *adj* moesegol.

ethnisch [ˈɛtnɪʃ] *adj* cenhedlig, ethnig; **~e Säuberung** glanhad *g* ethnig.

Ethnologie *f* ethnoleg *b*.

Etikett [ɛtiˈkɛt] (-(e)s, -e) *nt* label *gb*, tag *g*.

Etikette [ɛtiˈkɛtə] (-, *kein pl*) *f* moesddefodau *ll*.

Etikettenschwindel [ɛtiˈkɛtənʃvɪndəl] *m (POL)* **es ist reinster ~, wenn** ... dim ond twyllo drwy alw rhth yn rth arall yw hi os…

etikettieren [ɛtikɛˈtiːrən] *vt* labelu, rhoi label ar.

etliche *pron* **1** *(manch, viel)* rhywfaint o, peth; **~s Wasser** rhywfaint o ddŵr; *(ziemlich viel)* cryn; **~s Papier** cryn bapur; **2** *substantivisch (manches)* cryn dipyn; **~s ging verloren** collwyd cryn dipyn; **3** *pl* rhai, ambell; **~ Male** nifer o weithiau; **~ Wörter** ambell air.

Etüde [eˈtyːdə] *f (MUS)* étude *b*.

Etui [ɛtˈviː] *nt* blwch *g*, cas *g*.

etwa [ˈɛtva] *adv* **1** *(ungefähr)* tua, oddeutu; *(vielleicht)* efallai; *(beispielsweise)* er enghraifft; **~ 50 Pfund** tua 50 punt, rhyw 50 punt; **2** *(entrüstet, erstaunt)* **hast du ~ schon wieder kein Geld dabei?** paid â dweud nad oes gen ti arian eto! *(zur Bestätigung)* **Sie kommen doch, oder ~ nicht?** rydych chi yn dod, ond ydych? **wollt ihr ~ schon gehen?** dydych chi ddim am fynd yn barod, does bosib!

etwaig [ˈɛtvaɪç, -ɪk] *adj* posibl.

etwas [ˈɛtvas] *pron (fragend, verneinend)* rhywbeth, unrhyw beth; *(ein wenig)* ychydig; **noch ~ Kuchen?** rhagor o gacen?
♦ *adv* ychydig; **er kann ~** mae e'n un da.

Etwas *nt*: **er hat das gewisse ~** mae rhywbeth arbennig yn ei gylch.

Etymologie [etymoloˈgiː] *f* etymoleg *b*, geirdarddeg *b*; *(von einem Wort)* geirdarddiad *g*, tarddiad *g*.

etymologisch *adj* geirdarddiadol.

EU *f abk (= Europäische Union)* yr Undeb *g* Ewropeaidd.

euch [ɔʏç] *dat oder akk von* **ihr¹**.
♦ *refl pron* eich hun, eich hunain.

euer [ˈɔʏər] *gen von* **ihr¹**.
♦ *poss pron* eich; **mit eurer Hilfe** gyda'ch cymorth.

EU-Kommissar *m* (-in *f*) comisiynydd *g* Ewropeaidd.

Eule [ˈɔʏlə] (-, -n) *f* tylluan *b*, gwdihw *b*; **~n nach Athen tragen** cyrchu dŵr dros afon, iro hwch â bloneg.

Euphemismus [ɔʏfeˈmɪsmʊs] *m* mwythair *g*, gair *g* teg.

Eurasien [ɔʏˈraːziən] *nt (GEOG)* Ewrasia *b*.

Euratom [ɔʏraˈtoːm] *f abk (= Europäische Atomgemeinschaft)* Ewratom *g*.

eure *f poss pron vgl.* **euer**.

eure(r,s) *pron* yr eiddoch, eich un chi.

eurerseits *adv* o'ch rhan chi.

euresgleichen *pron* eich tebyg.

euretwegen [ˈɔʏrətˈveːgən] *adv (für euch)* er eich mwyn; *(wegen euch)* o'ch achos chi.

euretwillen [ˈɔʏrətˈvɪlən] *adv*: **um ~ = euretwegen**.

eurige *pron (geh)* **der ~** yr eiddoch, eich un chi.

Euro *m (FIN)* Ewro *g*.

Eurokrat [ɔʏroˈkraːt] (-en, -en) *m* Ewrocrat *g*.

Europa [ɔʏˈroːpa] (-s, *kein pl*) *nt (GEOG)* Ewrop *b*.

Europäer [ɔʏroˈpɛːər] (-s, -) *m* Ewropead *g*; **~in** *f* Ewropead.

europäisch [ɔʏroˈpɛːɪʃ] *adj* Ewropeaidd; **die E~e Gemeinschaft** *f* Cymuned *b* Ewropeaidd; **der ~e Markt** y Farchnad *b* Ewropeaidd; **das E~e Parlament** *nt* Senedd *b* Ewrop; **die E~e Union** *f* yr Undeb *g* Ewropeaidd.

Europa- *kompos*: **~meister** *m (SPORT)* pencampwr *g* Ewrop; **~rat** *m (POL)* Cyngor *g* Ewrop; **~straße** *f* Ewrofffordd *b*.

Euroscheck [ɔʏroˈʃek] (-s, -s) *m (FIN)* Ewrosiec *b*.

Euter [ˈɔʏtər] *nt* cadair *b*, pwrs *g*.

Euthanasie [ɔʏtanaˈziː] (-, *kein pl*) *f* ewthanasia *g*.

e.V. *abk (= eingetragener Verein)* cymdeithas *b* gofrestredig.

ev. *abk* = **evangelisch**; **ev.A.B.** (= Augsburger Bekenntnis) Lwtheraidd; **ev.H.B.** (= Helvetisches Bekenntnis) Zwinglïaidd.

evakuieren [evakuˈiːrən] *vt* gwacáu, mudo.

evaluieren *vt* bwrw amcan.

evangelisch [evaŋˈgeːlɪʃ] *adj* Protestannaidd; *(Augsburger Bekenntnis)* Lwtheraidd; *(Helvetisches Bekenntnis)* Zwinglïaidd.

Evangelist *m* efengylwr *g*.

Evangelium [evaŋˈgeːlium] (-s, **Evangelien**) *nt* efengyl *b*.

Evaskostüm [ˈeːfaskɔstyːm] *nt*: **im ~** yn noethlymun, fel y'i ganed hi.

eventuell [evɛntuˈɛl] *adj* posibl.
♦ *adv* o bosib, efallai.

Evolution [evolutsˈoːn] *f* esblygiad *g*.

evtl. *abk* = **eventuell**.

EWG *f abk (= Europäische Wirtschaftsgemeinschaft)* y Gymuned *b* Economaidd Ewropeaidd.

ewig [ˈeːvɪç, -ɪk] *adj* tragwyddol, oesol.
♦ *adv*: **auf ~** am byth; **ich habe Sie ~ lange nicht gesehen** nid wyf wedi eich gweld ers hydoedd.

Ewigkeit *f* tragwyddoldeb *g*; **bis in alle ~ byth** bythoedd.

ewiglich *adj (geh)* tragwyddol.

EWS *nt abk (= Europäisches Währungssystem)* Cyfundrefn *b* Ariannol Ewrop.

EWU *f abk (= Europäische Währungsunion)* Undeb *g* Ariannol Ewrop.

ex [ɛks] *adv (ugs)* **etw ~ trinken** yfed rhth ar ei dalcen; **~ aequo** yn gydradd.

Ex¹ *m/f (ugs)* **mein ~** fy nghyn-ŵr/nghyn-gariad *ayb*; **meine ~** fy nghyn-wraig *ayb*.

Ex-² *in kompos* cyn-.

ex aequo *adv* yn gydradd.

exakt [ɛ'ksakt] *adj* manwl gywir, trachywir, union.

exaltiert [ɛksal'tiːrt] *adj* gormodol.

Examen [ɛ'ksaːmən] (**-s**, **-** *oder* **Examina**) *nt* arholiad *g*.

Examens- *kompos:* **~angst** *f* nerfau *ll* arholiad, ofn *g* arholiadau; **~arbeit** *f* traethawd *g*.

Exehemann *m* cyn-ŵr *g*.

exekutieren [ɛkseku'tiːrən] *vt* gweithredu; *(hinrichten)* dienyddio.

Exekutionskommando [ɛksekutsi'oːnskɔmando] *nt* carfan *b* saethu.

Exekutive [ɛkseku'tiːvə] *f* adran *b* weithredol, gweithrediadaeth *b*; *(Polizei)* yr heddlu *g*.

Exempel [ɛ'ksɛmpəl] *nt* enghraifft *b*, esiampl *b*; **die Probe aufs ~ machen** rhoi prawf arni; **an jdm ein ~ statuieren** cosbi rhn fel esiampl.

Exemplar [ɛksɛm'plaːr] (**-s**, **-e**) *nt* esiampl *b*; *(Buch)* copi *g*.

exemplarisch *adj* fel esiampl.

exerzieren [ɛksɛr'tsiːrən] *vt, vi* ymarfer, drilio.

Exerzierplatz *m (MIL)* iard *b* drefnu.

Exhibitionist [ɛkshibitsio'nɪst] (**-en**, **-en**) *m* (**-in** *f*) ymarddangosydd *g*.

exhumieren *vt* datgladdu (corff).

Exil [ɛ'ksiːl] (**-s**, **-e**) *nt* alltudiaeth *b*.

Existenz [ɛksɪs'tɛnts] (**-**, **-en**) *f* bodolaeth *b*; *(Unterhalt)* bywoliaeth *b*; *(pej: Mensch)* truan *g*, bod *g*.

Existenz- *kompos:* **~berechtigung** *f* hawl *b* i fyw; **~grundlage** *f* sail *b* eich bywoliaeth; **~kampf** *m* brwydr *b* i fyw; **~minimum** *nt* lefel *b* gynhaliaeth.

existieren [ɛksɪs'tiːrən] *vi* bod, bodoli.

exkl. *abk* **= exklusive.**

exklusiv [ɛksklu'ziːf] *adj* dethol, cyfyngedig; *(erlesen)* dethol, unigryw, coeth.

Exklusivbericht *m* adroddiad *g* cyfyngedig/dethol.

exklusive [ɛksklu'ziːvə] *präp +gen* heblaw, heb gynnwys, ac eithrio, oni bai am.

Exkommunikation *f (REL)* esgymuniad *g*.

exkommunizieren *vt* esgymuno.

Exkremente *pl* carthion *ll*, ysgarthion *ll*.

Exkretion *f (MED)* ysgarthiad *g*.

Exkursion *f* trip *g*, gwaith *g* maes.

exotisch [ɛ'ksoːtɪʃ] *adj* ecsotig.

expandieren [ɛkspan'diːrən] *vi (POL, COMM)* ehangu.

Expansion [ɛkspanzi'oːn] (**-**, **-en**) *f* ehangiad *g*, amlediad *g*.

expansiv [ɛkspan'ziːf] *adj* ehangol, ymledol.

Expedition [ɛkspeditsi'oːn] (**-**, **-en**) *f* cyrch *g*, ymgyrch *g*.

Experiment [ɛksperi'mɛnt] (**-(e)s**, **-e**) *nt* arbrawf *g*.

experimentell [ɛksperimɛn'tɛl] *adj* arbrofol.

experimentieren [ɛksperimɛn'tiːrən] *vi* arbrofi.

Experte [ɛks'pɛːrtə] (**-n**, **-n**) *m* arbenigwr *g*.

Expertin *f* arbenigwraig *b*.

explodieren [ɛksplo'diːrən] *vi (+sein)* ffrwydro.

Explosion [ɛksplozi'oːn] (**-**, **-en**) *f* ffrwydrad *g*.

explosiv [ɛksplo'ziːf] *adj* ffrwydrol; *(fig)* tanbaid.

Exponent [ɛkspo'nɛnt] (**-en**, **-en**) *m (MATH)* mynegrif *g*, esbonydd *g*.

Export [ɛks'pɔrt] (**-(e)s**, **-e**) *m* allforio *g*; *(~güter)* allforion *ll*.

Exportartikel *m* allforyn *g*.

Exporteur [ɛkspɔr'tøːr] (**-s**, **-e**) *m* allforiwr *g*.

Export- *kompos:* **~handel** *m* masnach *b* allforio, masnach dramor; **~haus** *nt (COMM)* cwmni *g* allforio.

exportieren [ɛkspɔr'tiːrən] *vt* allforio.

Export- *kompos:* **~kaufmann** *m* allforiwr *g*; **~land** *nt* gwlad *b* sy'n allforio.

Exposition [ɛkspozitsi'oːn] (**-**, **-en**) *f (MUS)* dangosiad *g*.

Express [ɛks'prɛs] (**-es**, **-e**) *m (BAHN)* trên *g* brys/cyflym.

Expressgut [ɛks'prɛsguːt] *nt* nwyddau *ll* brys, cludiant *g* brys.

Expressionismus [ɛksprɛsio'nɪsmus] (**-**, *kein pl*) *m (KUNST, LIT)* mynegiadaeth *b*.

Expresszug (**-(e)s**, **¨-e**) *m* **= Express**.

exquisit [ɛkskvi'ziːt] *adj (erlesen)* cain, coeth; **~er Geschmack** chwaeth *b* goeth.

extern *adj* allanol.

extra ['ɛkstra] *adj indekl (ugs: zusätzlich)* ychwanegol; *(separat)* arbennig, ar wahân.

♦ *adv (speziell)* yn enwedig; *(gesondert)* ar wahân; **~ süßer Honig** mêl arbennig o felys.

Extra- *kompos:* **~ausgabe** *f* argraffiad *g* arbennig; **~blatt** *nt* rhifyn *g* arbennig.

extrahieren *vt* echdynnu.

Extrakt [ɛks'trakt] *m oder nt (aus Buch)* darn *g*, detholiad *g*; *(Zusammenfassung)* crynodeb *gb*, crynhoad *g*; *(KOCH)* rhin *b*, rhinflas *g*, trwyth *g*; *(CHEM)* echdynnyn *g*.

Extratour [ˈɛkstratuːr] *f (fig: ugs)* **sich** *dat* **~en erlauben**
dilyn eich trywydd eich hunan.

extravagant [ɛkstravaˈgant] *adj* afrad, eithafol.

extravertiert [ɛkstravɛrˈtiərt] *adj* allblyg, allblygol.

Extrawurst [ˈɛkstravʊrst] *f* selsigen *b* ferwedig; *(ugs: Sonderwunsch)* **er will immer eine ~** mae'n rhaid
iddo fe gael rhywbeth ots i'r cyffredin!

extrem *adj* eithaf.

    ♦ *adv (ugs: sehr)* dros ben; **~ beschäftigt** prysur
dros ben.

Extrem [ɛksˈtreːm] (-(e)s, -e) *nt* eithaf *g*, pegwn *g*.

Extremfall *m* yr achos *g* eithaf.

Extremismus *m* eithafiaeth *b*.

Extremist [ɛkstreˈmɪst] (-en, -en) *m* (~in *f*)
eithafwr(aig) *g(b)*, penboethyn *g*, penboethen *b*.

Extremistenerlass [ɛkstreˈmɪstənˀɛrlas] *m (JUR, POL)*
deddf *b* yn ymwneud ag eithafiaeth, deddf atal
terfysgaeth.

extremistisch [ɛkstreˈmɪstɪʃ] *adj (POL)* eithafol.

Extremitäten [ɛkstremiˈtɛːtən] *pl (ANAT)* coesau a
breichiau.

extrovertiert *adj* = **extravertiert**.

Exzellenz [ɛkstsɛˈlɛnts] *f* ardderchowgrwydd *g*.

exzentrisch [ɛksˈtsɛntrɪʃ] *adj* ecsentrig; *(fig)* rhyfedd,
hynod.

exzerpieren *vt* dyfynnu.

Exzess [ɛksˈtsɛs] (-es, -e) *m* anghymedroldeb *g*,
rhemp *b*.

exzessiv [ɛkstsɛˈsiːf] *adj* eithafol.

F

F¹, f [ɛf] (-, -) *nt* F, f *b*; **~ wie Friedrich** F am
Friedrich.
F² *abk* **= Fahrenheit.**
f *abk* (= *feminin*) benywaidd.
Fa. *abk* (= *Firma*) cwmni *g*; (*in Briefen*) Meistri, Mri.
Fabel ['fɑːbəl] (-, -n) *f* chwedl *b*.
fabelhaft ['fɑːbəlhaft] *adj* ardderchog, gwych.
Fabrik [faˈbriːk] (-, -en) *f* ffatri *b*.
Fabrikanlage *f* gwaith *g*; (*Gelände*) adeiladau *ll*
ffatri.
Fabrikant [fabriˈkant] (-en, -en) *m* (*Hersteller*)
gwneuthurwr *g*, cynhyrchwr *g*; (*Besitzer*)
diwydiannwr *g*.
Fabrikarbeiter [faˈbriːkʔarbaɪtər] (-s, -) *m* gweithiwr *g*
ffatri; **~in** *f* gweithwraig *b* ffatri.
Fabrikat [fabriˈkaːt] (-(e)s, -e) *nt* cynnyrch *g*; (*Marke*)
gwneuthuriad *g*.
Fabrikation [fabrikatsiˈoːn] *f* cynhyrchiad *g*,
cynhyrchu *g*.
Fabrikbesitzer (-s, -) *m* perchennog *g* ffatri.
Fabrikgelände *nt* safle *g* ffatri.
fabrizieren *vt* gwneud, cynhyrchu, creu.
Fach [fax] (-(e)s, ˙-er) *nt* (*Sachgebiet*) pwnc *g*; (*Post~*)
twll *g* colomen; (*Schließ~*) cloer *gb*; (*im Schrank*)
silff *b*; **ein Mann vom ~** arbenigwr *g*.
Fach- *kompos:* **~arbeiter** *m* crefftwr *g*; **~arzt** *m* (*MED*)
arbenigwr *g*, meddyg *g* arbenigol; **~ausdruck** *m*
term *g* technegol; **~bereich** *m* maes *g* arbenigol;
(*UNIV*) cyfadran *b*, ysgol *b*; **~buch** *nt* cyfeirlyfr *g*.
Fächer ['fɛçər] (-s, -) *m* gwyntyll *b*.
Fach- *kompos:* **~frau** *f* arbenigwraig *b*; **~gebiet** *nt* maes
g arbenigol; **~geschäft** *nt* siop *b* arbenigol;
~händler *m* stociwr *g*; **~hochschule** *f* ≈ coleg
addysg drydyddol; **~idiot** *m* (*ugs*) arbenigydd *g*
cibddall/cul; **~kraft** *f* crefftwr *g*.
Fachkreis *m:* **in ~en** ymhlith arbenigwyr.
fachkundig *adj* arbenigol.
Fachlehrer *m* athro *g* pwnc arbenigol; **~in** *f*
athrawes *b* pwnc arbenigol.
Fachleute *pl von* **Fachmann.**
fachlich *adj* technegol; (*beruflich*) proffesiynol.
Fachmann (-(e)s, **Fachleute**) *m* arbenigwr *g*.
fachmännisch *adj* proffesiynol.
Fachrichtung *f* (*SCH, UNIV*) maes *g* llafur.
Fachschule *f* coleg *g* technegol.
fachsimpeln *vi untrenn* siarad siop.
fachspezifisch *adj* technegol.

Fach- *kompos:* **~terminus** *m* term *g* technegol; **~trottel**
m (*ugs*) arbenigydd *g* cibddall/cul; **~verband** *m*
cymdeithas *b* grefft; **~welt** *f* proffesiwn *g*.
Fachwerk *nt* (*ARCHIT*) ffrâm *b* goed.
Fachwerkbau *nt* (*ARCHIT*) tŷ *g* ffrâm bren.
Fachzeitschrift *f* cyfres *b*.
Fackel ['fakəl] (-, -n) *f* ffagl *b*.
fackeln *vi* (*ugs*) petruso, cloffi, tin-droi; **er fackelt
nicht lange** dyw e ddim yn gwastraffu amser.
Fackelzug *m* gorymdaith *b* â ffaglau.
fad ['fɑːt] *adj* diflas, merfaidd; (*langweilig*) diflas,
anniddorol.
fade ['fɑːdə] *adj* = **fad.**
Faden ['fɑːdən] (-s, ˙-) *m* edau *b*, llinyn *g*; **der rote ~**
(*fig*) thema *b* ganolog; **den ~ verlieren** (*beim
Sprechen*) colli pen llinyn; **alle Fäden laufen hier
zusammen** dyma ganolbwynt y cyfan.
Fadennudeln *pl* (*KOCH*) vermicelli *ll*.
fadenscheinig ['fɑːdənʃaɪnɪç, -ɪk] *adj* tila, gwan,
gwantan; (*abgedroschen*) hendraul, treuliedig,
ystrydebol; **ein ~es Argument** hen dôn/gainc.
Fagott [faˈɡɔt] (-(e)s, -e) *nt* (*MUS*) baswn *g*.
Fähe *f* llwynoges *b*.
fähig ['fɛːɪç, -ɪk] *adj* medrus, galluog, â'r gallu; **zu
etw ~ sein** bod yn abl i wneud rhth, medru rhth;
er ist zu allem ~! (*pej*) gallai hwn wneud unrhyw
beth! **einer Sache** *gen* **~ sein** bod yn abl i, medru; **er
ist eines Mordes ~** gallai hwn ladd.
Fähigkeit *f* gallu *g*, medr *g*, abledd *g*.
Fähnchen ['fɛːnçən] (-s, -) *nt* penwn *g*, stribyn *g*,
rhuban *g*.
fahnden ['fɑːndən] *vi:* **~ nach** chwilio am.
Fahndung (-, -en) *f* ymchwil *gb*, ymchwiliad *g*.
Fahndungsliste (-, -n) *f* rhestr *b* o
ddrwgweithredwyr a erlidir gan yr heddlu.
Fahne ['fɑːnə] (-, -n) *f* baner *b*, lluman *g*; (*Druck*)
proflen *b*; **eine ~ haben** (*ugs*) drewi o alcohol; **mit
fliegenden ~n überlaufen** newid ochr dros nos,
mynd drosodd yn ddisymwyth.
Fahnen- *kompos:* **~flucht** *f* gwrthgiliad *g*, enciliad *g*;
~stange *f* polyn *g* fflag.
Fahr- *kompos:* **~ausweis** *m* tocyn *g* teithio, ticed *gb*;
~bahn *f* lôn *b*, ffordd *b*.
fahrbar ['fɑːrbaːr] *adj:* **~er Untersatz** (*ugs: Auto*) car *g*.
Fähre ['fɛːrə] (-, -n) *f* (*NAUT*) fferi *b*, llong *b* fferi.
fahren ['fɑːrən] *irreg vt* (+*haben*) gyrru, dreifio;
(*befördern*) gyrru, cludo, mynd â; (*Rennen* +*sein*)

gyrru mewn râs, rasio.

♦ *vi (+sein) (sich bewegen)* mynd; *(Schiff)* hwylio;
(ab~) ymadael; **Rad** ~ mynd ar gefn beic, reidio
beic; **Auto** ~ gyrru; **mit dem Auto/Zug** *usw* ~ teithio
mewn car/trên *ayb*; **mit dem Aufzug** ~ mynd yn y
lifft; **links/rechts** ~ gyrru ar y chwith/dde; **gegen
einen Baum** ~ taro coeden, gyrru i goeden; **die
Straßenbahn fährt alle fünf Minuten** mae'r tram yn
mynd bob pum munud; **mit der Hand über etw** *akk*
~ rhedeg eich llaw dros rth, teimlo rhth; **er fährt
gut** ~ **damit** *(fig)* mae'n gwneud yn dda â hynny;
was ist denn in dich gefahren? beth ddaeth drosot?
einen ~ **lassen** *(ugs)* rhechu, taro rhech.

fahrend *adj:* **~es Volk** pobl *b* grwydrol, sipsiwn *ll.*

Fahrenheit *nt (PHYS)* Fahrenheit *g.*

Fahrer (-s, -) *m* gyrrwr *g.*

Fahrerflucht *f* taro a ffoi.

Fahrerin *f* gyrwraig *b.*

Fahr- *kompos:* **~gast** *m* teithiwr *g*, cyd-deithiwr *g*;
~geld *nt* tâl *g* am docyn; **~gelegenheit** *f* cludiant *g*;
~gestell *nt* ffrâm *b*, siasi *gb*; *(AERO)* offer *ll* glanio,
isffram *b.*

fahrig ['faːrɪç, -ɪk] *adj* nerfus, pryderus;
(unkonzentriert) pell eich meddwl.

Fahrkarte (-, -n) *f* tocyn *g*, ticed *g.*

Fahrkarten- *kompos:* **~ausgabe** *f* swyddfa *b*
docynnau; **~automat** *m* peiriant *g* tocynnau;
~kontrolleur *m* casglwr *g* tocynnau; **~schalter** *m*
swyddfa *b* docynnau.

fahrlässig ['faːrlɛsɪç, -ɪk] *adj* esgeulus, diofal; **~e
Tötung** *(JUR)* dyn-laddiad *g.*

Fahrlässigkeit *f* esgeulustod *g*, diofalwch *g.*

Fahr- *kompos:* **~lehrer** *m* hyfforddwr *g* gyrru; **~plan** *m*
amserlen *b*, taflen *b* amser.

fahrplanmäßig *adj* yn ôl yr amserlen; *(geregelt)*
trefnedig, yn ôl y drefn.

Fahr- *kompos:* **~praxis** *f* profiad *g* gyrru; **~preis** *m* pris
g tocyn, tâl *g* am daith; **~prüfung** *f* prawf *g* gyrru.

Fahrrad *nt* beic *g*; ~ **fahren** mynd ar gefn beic,
reidio beic.

Fahrrad- *kompos:* **~ständer** *m* rac *b* feiciau; **~weg** *m*
lôn *b* feiciau.

Fahr- *kompos:* **~rinne** *f (NAUT)* sianel *b* fordwyo, sianel
b glir; **~schein** *m* tocyn *g* teithio.

Fährschiff ['fɛːrʃɪf] (-(e)s, -e) *nt* llong *b* fferi.

Fahr- *kompos:* **~schule** *f* ysgol *b* yrru; **~schüler** *m*
dysgwr *g* gyrru; **~spur** *f* lôn *b*; **~stuhl** *m* lifft *b*;
~stunde *f* gwers *b* yrru.

Fahrt [faːrt] (-, -en) *f* taith *b*, siwrnai *b*; *(kurz)* tro *g*;
(Geschwindigkeit) cyflymder *g*; **gute ~!** siwrnai dda!
volle ~ voraus! *(NAUT)* ymlaen â ni! tân arni!

fahrtauglich ['faːrtaʊklɪç] *adj* addas i'w yrru.

Fährte ['fɛːrtə] *f* trywydd *g*, ôl *g*; **jdn auf eine falsche ~
locken** arwain rhn oddi ar y trywydd cywir.

Fahrtenschreiber (-s, -) *m* tacograff *g.*

Fahrt- *kompos:* **~kosten** *pl* costau *ll* teithio; **~richtung** *f*
cwrs *g*, cyfeiriad *g* mynd.

fahrtüchtig *adj* mewn cyflwr i allu gyrru'n iawn.

Fahrverhalten *nt* ymddygiad *g* tu ôl i'r olwyn; *(von
Wagen)* perfformiad *g* ar y ffordd.

Fahrzeug ['faːrtsɔʏk] (-(e)s, -e) *nt* cerbyd *g.*

Fahrzeug- *kompos:* **~halter** *m* perchennog *g* cerbyd;
~lenker *m* gyrrwr *g*; **~papiere** *pl* dogfennau *ll*
cerbyd.

Faible [fɛːbl] (-s, -s) *nt (Vorliebe)* tueddiad *g*, hoffter
g; *(Schwäche)* gwendid *g.*

fair [fɛːr] *adj* teg.

Fairness *f* tegwch *g*; *(SPORT)* sbortsmonaeth *b.*

Fäkalien [fɛˈkaːliən] *pl* ysgarthion *ll.*

Faksimile [fakˈziːmile] (-s, -s) *nt* ffacsimili *g*, adlun *g.*

faktisch ['faktɪʃ] *adj* ffeithiol.

♦ *adv (tatsächlich)* mewn gwirionedd.

Faktor ['faktɔr] (-s, -en) *m* ffactor *g*, elfen *b.*

Faktum ['faktʊm] (-s, **Fakten**) *nt* ffaith *b.*

Faktura [fakˈtuːra] (-, **Fakturen**) *f (COMM)* anfoneb *b.*

fakturieren [faktuˈriːrən] *vt (COMM)* anfonebu, anfon
anfoneb at.

Fakultät [fakʊlˈtɛːt] (-, -en) *f* cyfadran *b*; *(MATH)*
ffactorol *g.*

fakultativ *adj* opsiynol.

Falke ['falkə] (-, -n) *m (ZOOL)* gwalch *g*, hebog *g.*

Falklandinseln ['falklant'ɪnzəln] *pl (GEOG)* y Malfinas
ll, Ynysoedd *ll* y Falkland.

Falkner *m* hebogydd *g.*

Fall [fal] (-(e)s, -̈e) *m (Sturz)* cwymp *g*, disgyniad *g*;
(Sachverhalt, JUR) achos *g*; *(GRAM)* cyflwr *g*; **auf jeden
~** *oder:* **auf alle Fälle** pa beth bynnag; *(bestimmt)* yn
sicr, yn bendant; **auf keinen ~!** dim ar unrhyw
gyfrif, byth bythoedd; **gesetzt den ~** ... a derbyn
bod..., a bwrw bod...; **jds ~ sein** *(fig)* bod wrth
ddant rhn; **klarer ~!** hollol glir!

Fallbeil *nt* gilotîn *g.*

Falle ['falə] (-, -n) *f* magl *b*; **jdm eine ~ stellen** gosod
magl ar gyfer rhn; **in die ~ gehen** *(fig, ugs: Bett)*
mynd i'r gwely.

fallen *irreg vi (+sein)* disgyn, syrthio, cwympo; *(im
Krieg)* syrthio, cael eich lladd; **etw ~ lassen** gadael
i rth gwympo, gollwng; *(Person)* troi cefn ar;
(aufgeben) canslo; *(Bemerkung)* mynegi; **vom Fleisch
~** *(fig)* mynd i ddim.

fällen ['fɛlən] *vt (Baum)* torri coeden, cymynu
coeden; **Urteil ~** traddodi dedfryd; **Entscheidung ~**
gwneud penderfyniad.

fallen lassen *irreg vt vgl.* **fallen.**

fällig [ˈfɛlɪç, -ɪk] *adj* yn ddyledus, i'w ddisgwyl; **das Geld ist am 1. April** ~ mae'r arian yn ddyledus ar y cyntaf o Ebrill; **der Zug ist in 4 Minuten** ~ fe ddisgwylir y trên ymhen 4 munud; **längst** ~ yn hen ddyledus.

Fälligkeit *f (COMM)* aeddfedrwydd *g.*

Fallobst [ˈfalʔoːpst] (**-es**, *kein pl*) *nt* ffrwyth *g* cwymp.

falls [fals] *konj* os, rhag ofn; *(negativer Satz)* oni; ~ **nötig** o bo angen.

Fallschirm [ˈfalʃɪrm] (**-(e)s**, **-e**) *m* parasiwt *g.*

Fallschirm- *kompos:* ~**jäger** *m* awyrfilwr *g;* ~**springer** *m* parasiwtydd *g;* ~**truppe** *f* awyrfilwyr *ll.*

Fall- *kompos:* ~**strick** *m (fig)* magl *b;* ~**studie** *f* astudiaeth *b* achos; ~**tür** *f (THEAT)* drws *g* llawr.

fallweise *adj* o achos i achos, yn ôl yr achos; *(manchmal)* weithiau.

Falott *m* cnaf *g,* dihiryn *g.*

falsch [falʃ] *adj (unecht)* ffug, anwir, camarweiniol; *(unrichtig)* anghywir; *(Freund, Lachen)* gau, ffals; ~ **spielen** chwarae budr; ~**er Alarm** camrybudd *g;* ~**er Eindruck** camargraff *gb;* ~**e Zähne** dannedd *ll* gosod; ~**er Hund** *(pej)* cachgi *g;* **etw** ~ **verstehen** camddeall, camddehongli; **ein** ~**es Spiel mit jdm treiben** chwarae'r ffon ddwybig â rhn; **du liegst** ~ **mit deiner Annahme** rwyt ti'n tybio'n anghywir.

fälschen [ˈfɛlʃən] *vt* ffugio.

Fälscher (**-s**, **-**) *m* (~**in** *f*) ffugiwr *g,* ffugwraig *b.*

Falschgeld *nt* arian *g/ll* ffug.

Falschheit *f* anghywirdeb *g;* *(Doppelzüngigkeit)* dauwynebedd *g.*

fälschlich [ˈfɛlʃlɪç] *adj* gwallus, cyfeiliornus.

fälschlicherweise *adv* trwy gamgymeriad, ar gam.

Falschmeldung (**-**, **-en**) *f* adroddiad *g* anghywir.

Fälschung [ˈfɛlʃʊŋ] (**-**, **-en**) *f* ffugiad *g,* dynwarediad *g.*

fälschungssicher *adj* diogel rhag ffugio.

Faltblatt [ˈfaltblat] (**-(e)s**, ¨**-er**) *nt* taflen *b;* *(in Zeitschrift)* mewnosodiad *g,* ad-ddalen *b.*

Fältchen [ˈfɛltçən] (**-s**, **-**) *nt* rhych *gb.*

Falte [ˈfaltə] *f (Knick)* plyg *g,* plygiad *g;* *(Haut~)* crych *g;* *(Rock)* plet *b;* *(GEOL: Erd~)* plygiant *g;* **die Stirn in** ~**n legen** cuchio, gwgu, plethu'ch aeliau.

falten *vt* plygu; *(TEX)* pletio.

faltenfrei *adj* di-blyg, di-grych.

Faltenrock *m* sgert *b* bletiog.

Falter [ˈfaltər] *m (Nacht~)* gwyfyn *g,* pryf *g* y gannwyll; *(Schmetterling)* iâr *b* fach yr haf, pili-pala *g.*

faltig [ˈfaltɪç, -ɪk] *adj* crychiog, rhychog.

Falz *m* plyg *g.*

falzen [ˈfaltsən] *vt (Papierbogen)* plygu.

Fam. *abk* = **Familie.**

familiär [familiˈɛːr] *adj (die Familie betreffend)* teuluol, preifat; *(vertraut)* cyfarwydd.

Familie [faˈmiːliə] (**-**, **-n**) *f* teulu *g;* *(BIOL)* teulu, cangen *b;* ~ **Otto Francke** *(als Anschrift)* Mr. a Mrs. Otto Francke a'r teulu; **zur** ~ **gehören** bod yn un o'r teulu.

Familien- *kompos:* ~**ähnlichkeit** *f* tebygrwydd *g* teuluol; ~**angelegenheit** *f* busnes *gb* teuluol.

Familienanschluss *m:* **Unterkunft mit** ~ llety *g* lle y cewch eich trin fel un o'r teulu.

Familien- *kompos:* ~**betrieb** *m* busnes *g* teuluol; ~**kreis** *m* cylch *g* teuluol, aelwyd *b;* ~**leben** *nt* bywyd *g* teuluol; ~**mitglied** *nt* aelod o'r teulu; ~**name** *m* cyfenw *g;* ~**oberhaupt** *nt* penteulu *g,* pencenedl *g;* ~**packung** *f* pecyn *g* (maint) teulu; ~**planung** *f* cynllunio *g* teulu; ~**schmuck** *m* gemau etifeddol; ~**stand** *m* statws *g* priodasol; ~**verhältnisse** *pl* amgylchiadau *ll* teuluol.

Fan [fɛn] (**-s**, **-s**) *m* ffan *g,* cefnogwr(aig) *g(b).*

Fanatiker [faˈnɑːtikər] (**-s**, **-**) *m* (~**in** *f*) ffanatig *gb,* eithafwr(aig) *g(b).*

fanatisch [faˈnɑːtɪʃ] *adj* ffanaticaidd, eithafol, penboeth.

Fanatismus [fanaˈtɪsmʊs] *m* ffanaticiaeth *b,* penboethni *g.*

fand *vb vgl.* **finden.**

Fanfare *f* utgorn *g.*

Fang [faŋ] (**-(e)s**, ¨**-e**) *m* daliad *g;* *(Fisch)* dalfa *b,* haldiad *g;* *(Beute)* ysglyfaeth *b;* *(Krallen)* crafanc *b.*

Fangarm *m (ZOOL)* tentacl *g.*

fangen *irreg vt* dal; **Feuer** ~ mynd ar dân.
  ♦ *vr* cael eich dal; *(seelisch)* pwyllo, ymdawelu, dod â'ch hunan i drefn; *(COMM)* sadio, sefydlogi; **eine Fliege hat sich im Spinnennetz gefangen** cafodd pryf ei ddal yn y we.

Fangfrage (**-**, **-n**) *f* cwestiwn *g* ensyniadol.

Fanggründe *pl* meysydd *ll* pysgota, dyfroedd *ll* pysgota.

Fantasie [fantaˈziː] *f* dychymyg *g;* **in seiner** ~ yn ei feddwl.

Fantasiegebilde *nt (Einbildung)* ffrwyth *g* eich dychymyg.

fantasielos *adj* diddychymyg.

fantasieren *vi* dychmygu, breuddwydio; *(MED)* drysu, ffwndro.

fantasievoll *adj* llawn dychymyg, creadigol.

Fantast [fanˈtast] (**-en**, **-en**) *m* breuddwydiwr *g.*

fantastisch *adj* ffantastig, anhygoel, gwych, bendigedig.

Farb- [farp] *kompos:* ~**abzug** *m* argraffiad *g* lliw, copi *g* lliw; ~**aufnahme** *f* llun *g* lliw; ~**band** *nt* rhuban *g* teipiadur; ~**bild** *nt (FOTO)* llun lliw; ~**dia** *nt* sleid *g* lliw.

Farbe [ˈfaːrbə] *f* lliw *g*; *(zum Malen)* paent *g*; *(Stoff~)* llifyn *g*; *(Karten)* siwt *b*; ~ **bekennen** dangos eich ochr.

farbecht [ˈfarpˀɛçt] *adj (TEX)* o liw parhaol, lliwbarhaol.

färben [ˈfɛrbən] *vt* lliwio; *(Stoff, Haare)* llifo, lliwio.

farben- *kompos:* ~**blind** *adj* dall i liwiau, lliwddall; ~**freudig** *adj* lliwgar; ~**froh** *adj* lliwgar, sionc; ~**prächtig** *adj* lliwgar.

Farb- *kompos:* ~**fernseher** *m* teledu *g* lliw; ~**film** *m (FOTO, FILM)* ffilm *b* liw; ~**foto** *nt* llun *g* lliw.

farbig, färbig^A *adj* lliw; *(bunt)* lliwgar.

Farbige *m/f* rhn tywyll ei groen/chroen.

Farb- *kompos:* ~**kasten** *m* blwch *g* o liwiau *g*, bocs *g* paent; ~**kopie** *f* copi *g* lliw.

farblich *adj* lliw, o ran lliw.

farblos *adj* di-liw.

Farb- *kompos:* ~**palette** *f* amrediad *g* lliwau, palet *g*; ~**stift** *m* pensil *g* lliw; ~**stoff** *m* llifyn *g*, lliwur *g*; *(in Lebensmittel)* lliwiad *g* gwneud, ychwanegyn *g*; ~**ton** *m* arlliw *g*, eiliw *g*.

Färbung [ˈfɛrbʊŋ] *f* lliwiad *g*; *(Tendenz)* tueddiad *g*, gogwydd *g*.

Farce *f* ffars *b*.

Farm *f* fferm *b*.

Farn [farn] (-(e)s, -e) *m (BOT)* rhedynen *b*.

Farnkraut *nt* rhedynen *b*.

Färöer [fɛˈrøːər] *pl (GEOG)* Ynysoedd *ll* Ffaröe.

Färse *f* heffer *b*, anner *b*.

Fasan [faˈzaːn] (-(e)s, -e *oder* -en) *m (ZOOL)* ffesant *g*.

faschieren^A *vt (Fleisch)* briwio; **faschiertes Laibchen** risol *b*.

Faschiertes^A *nt* briwgig *g*.

Fasching [ˈfaʃɪŋ] (-s, -e *oder* -s) *m* carnifal *g*.

Faschingsdienstag *m* dydd Mawrth Ynyd.

Faschismus [faˈʃɪsmʊs] (-, *kein pl*) *m (POL)* Ffasgaeth *b*.

Faschist [faˈʃɪst] (-en, -en) *m* (~**in** *f*) *(POL)* Ffasgydd *g*, Ffasgiad *g*.

faschistisch *adj* Ffasgaidd.

Fase [ˈfaːzə] (-, -n) *f (TECH)* siamffr *g*.

faseln [ˈfaːzəln] *vi* siarad dwli, rwdlan.

Faser [ˈfaːzər] (-, -n) *f (TEX)* ffibr *g*, edefyn *g*; **synthetische** ~ ffibr synthetig.

faserig [ˈfaːzərɪç, -ɪk] *adj* ffibrog.

fasern *vi (TEX)* raflio, rhaflo, gwisgo.

Fasnacht^S *f* = **Fastnacht**.

Fass [fas] (-es, ¨-er) *nt* casgen *b*, cerwyn *b*; *(Öl~)* drwm *g*, baril *gb*; **Bier vom** ~ cwrw *g* casgen; **ein** ~ **ohne Boden** pwll *g* di-waelod.

Fassade [faˈsaːdə] *f* talwyneb *g*, ffasâd *g*; *(fig: Schein)* ymddangosiad *g*, rhith *g*; **bei ihm ist alles nur** ~ **nid** yw e byth yn ddiffuant.

fassbar *adj* dealladwy, dirnadwy, eglur.

Fassbier *nt* cwrw *g* casgen.

fassen [ˈfasən] *vt (ergreifen)* cydio yn, gafael yn; *(enthalten)* dal; *(Entschluss)* cymryd, gwneud; *(Edelstein)* gosod; *(formulieren)* **in Worte** ~ mynegi, geirio, datgan; **nicht zu** ~ anodd ei gredu.

♦ *vr* ymbwyllo; **sich kurz** ~ bod yn fyr/gryno.

fasslich [ˈfaslɪç] *adj* dealladwy, dirnadwy, eglur.

Fasson [faˈsõː] (-, -s *oder* -en) *f* dull *g*, arddull *gb*; *(Art und Weise)* modd *g*; **aus der** ~ **geraten** colli ei siâp.

Fassung [ˈfasʊŋ] (-, -en) *f (Umrahmung)* gosodiad *g*, ffrâm *b*; *(Lampe)* soced *gb*; *(Wortlaut)* fersiwn *gb*; *(Beherrschung)* hunanfeddiant *g*; **die** ~ **verlieren** colli'ch limpin; **jdn aus der** ~ **bringen** cynhyrfu rhn; **völlig außer** ~ **geraten** colli pob hunanreolaeth, colli'ch limpin.

fassungslos *adj* mud, syn.

Fassungsvermögen *nt* maint *g*, cynhwysedd *g*; *(Verständnis)* crebwyll *g*, dirnadaeth *b*.

fast [fast] *adv* bron, yn agos at; ~ **nie** bron byth.

fasten [ˈfastən] *vi* ymprydio.

Fastenzeit *f* y Grawys *g*.

Fastnacht^D *f* dydd *g* Mawrth Ynyd.

faszinieren [fastsiˈniːrən] *vt* swyno, cyfareddu.

faszinierend *adj* syfrdanol.

fatal [faˈtaːl] *adj* tyngedfennol, anochel; *(peinlich)* annifyr.

Fata Morgana *f* lleurith *g*, rhithlun *g*.

fauchen [ˈfauxən] *vt, vi* hisian, sisian.

faul [faul] *adj (träge)* diog; *(faulig)* pwdr, pydredig; *(Ausrede)* gwan; **daran ist etwas** ~ mae rhth amheus ynghylch hyn.

faulen [ˈfaulən] *vi (+sein)* pydru.

faulenzen [ˈfaulɛntsən] *vi* diogi, segura.

Faulenzer (-s, -) *m* (~**in** *f*) diogyn *g*, pwdryn *g*, pwdren *b*.

Faulheit *f* diogi *g*, pydrwch *g*.

faulig *adj* pydredig, pwdr.

Fäulnis [ˈfɔylnɪs] (-, *kein pl*) *f* pydredd *g*, madredd *g*.

Faulpelz *m* diogyn *g*, pwdryn *g*.

Fauna *f* ffawna *ll*.

Faust [faust] (-, ¨-e) *f* dwrn *g*; **die** ~ **ballen** clensio bysedd; **auf eigene** ~ ar ei liwt ei hunan, o'ch pen a'ch pastwn eich hunan; **das passt wie die** ~ **aufs Auge** *(ugs: passt nicht)* nid yw hynny'n gweddu o gwbl.

Fäustchen [ˈfɔystçən] *nt:* **sich** *dat* **ins** ~ **lachen** *(fig)* chwerthin yn eich llawes.

faustdick *adj: (ugs)* **er hat es** ~ **hinter den Ohren** hen gadno yw e.

Fausthandschuh *m* = Fäustling.

Fäustling *m* dyrnfol *b*, maneg *b* (heb fysedd).

Faustregel *f* synnwyr *g* y fawd.

Fauteuil[AS] [fo'tœːj] *nt* cadair *b* esmwyth.

Favorit [favoˈriːt] (-en, -en) *m* ffefryn *g*.

Fax [faks] (-, -e) *nt* ffacs *gb*.

faxen *vt* ffacsio; **jdm etw ~** ffacsio rhth at rn.

Faxen *pl:* *(ugs)* **~ machen** chwarae'r ffŵl.

Faxnummer *f* rhif *g* ffacs.

Fazit [ˈfaːtsɪt] *nt* *(Ergebnis)* canlyniad *g*; *(Folgerung)* casgliad *g*; **das ~ ziehen** ystyried.

FCKW *abk* (= *Fluorchlorkohlenwasserstoff*) CFC.

FDP[D] (-, *kein pl*) *f abk* (= *Freie Demokratische Partei*) Plaid Ddemocrataidd Rydd yr Almaen.

Feb. *abk* = Februar.

Feber[A] *m* *(ugs)* = Februar.

Februar [ˈfeːbruaːr] *m* Chwefror *g*; **im ~** ym mis Chwefror; **heute ist der zweite ~** yr ail o Chwefror yw hi heddiw; **in diesem ~** mis Chwefror hwn; **Ende ~** ddiwedd mis Chwefror.

fechten [ˈfɛçtən] *irreg vi* cleddyfa, ffensio.

Feder [ˈfeːdər] (-, -n) *f* pluen *b*; *(Schreib~)* ysgrifbin *g*; *(Füllfeder)* pin *g* llenwi, llifbin *g*; *(TECH)* sbring *gb*; **in den ~n** *(ugs)* yn y gwely.

Feder- *kompos:* **~ball** *m* gwennol *b*; **~ballspiel** *nt* badminton *g*; **~bett** *nt* carthen *b* blu, cwilt *g* trwchus.

federführend *adj:* **~ sein** bod â gofal llawn.

Feder- *kompos:* **~gewicht** *nt* pwysau *ll* plu; **~halter** *m* ysgrifbin *g*; **~kiel** *m* cwil *g*.

federleicht *adj* mor ysgafn â phluen.

Federlesen *nt:* **nicht viel ~s machen** peidio â gwastraffu amser.

federn *vi* *(nachgeben)* bod yn ystwyth; *(zurückspringen)* neidio'n ôl i'w le, adlamu, sboncio.
  ♦ *vt* rhoi sbringiau i mewn i; **teeren und ~** rhoi tar a phlu ar.

Federung *f* *(AUTO)* crogiant *g*.

Federvieh *nt* *(geh)* da *ll* pluog, dofednod *ll*.

Federwaage *f* clorian *b* sbring, tafol *b* sbring.

Federweiße[D] *m* gwin *g* newydd.

Federzeichnung (-, -en) *f* darlun *g* pen ac inc.

Fee [feː] (-, -n) *f* tylwythen *b* deg.

feenhaft [ˈfeːənhaft] *adj* fel tylwythen deg.

Fegefeuer [ˈfeːgəfɔyər] *nt* purdan *g*.

fegen[D] [ˈfeːgən] *vt* ysgubo.

Fehde *f* ymrafael *g*.

fehl [feːl] *adv:* **~ am Platz** anaddas, di-alw-amdano, anghymwys; **er geht ~** *vgl.* fehlgehen.

Fehlanzeige *f* *(ugs)* methiant *g* llwyr.

fehlen [ˈfeːlən] *vi* bod yn eisiau, bod yn brin, bod yn ddiffygiol, bod ar goll; *(abwesend sein)* bod yn

absennol; *(vermissen)* **du fehlst mir** rwy'n gweld dy eisiau di, rwy'n hiraethu amdanat ti; **jdm fehlt etw** mae rhn yn brin o rth; *(krank sein)* **was fehlt ihm?** beth sy'n bod arno fe? **es fehlte nicht viel, und ich hätte ihn verprügelt** bron i mi ei fwrw; **weit gefehlt!** *(fig)* ry'ch chi 'mhell ohoni! *(ganz im Gegenteil)* dim o'r fath beth! **mir ~ die Worte** wn i ddim beth i'w ddweud, geiriau a ball; **wo fehlt es?** beth sy'n bod? beth sydd o'i le?

Fehlentscheidung (-, -en) *f* penderfyniad *g* anghywir, camddyfarniad *g*.

Fehler [ˈfeːlər] (-s, -) *m* *(Mangel, Schwäche)* bai *g*, diffyg *g*; *(Irrtum)* camgymeriad *g*, gwall *g*; *(von Maschine)* nam *g*, pall *g*; **seinen ~ einsehen** syrthio ar eich bai.

fehleranfällig *adj* ffaeledig.

fehlerfrei *adj* di-fai; *(Arbeit)* heb unrhyw wallau.

fehlerhaft *adj* diffygiol, gwallus, â rhth o'i le arno.

fehlerlos *adj* perffaith, heb fai, dilychwin, difrycheulyd.

Fehlermeldung *f* *(COMP)* gwall-neges *b*.

Fehlgeburt *f* camesgoriad *g*.

fehlgehen *irreg vi* (+*sein*) colli'r ffordd; *(falsch handeln)* mynd ar gyfeiliorn, cyfeiliorni; *(sich irren)* **~ in der Annahme** camgymryd (bod).

Fehl- *kompos:* **~griff** *m* camgymeriad *g*, cam *g* gwag, caff *g* gwag; **~interpretation** *f* camddehongliad *g*; **~konstruktion** *f* dyluniad *g* gwael.

Fehlleistung *f:* **freudsche ~** cam *g* gwag, llithriad *g* Freudaidd.

Fehlschlag *m* methiant *g*.

fehlschlagen *irreg vi* (+*sein*) methu.

Fehl- *kompos:* **~start** *m* *(SPORT)* camgychwyn *g*, camgychwyniad *g*; **~tritt** *m* cam *g* anghywir, cam *g* gwag; *(Affäre)* cyfeiliornad *g*; **~urteil** *nt* camwedd *g*, camweinyddiad *g* cyfiawnder; **~zündung** *f* *(AUTO)* ôl-daniad *g*.

Feier [ˈfaɪər] *f* dathliad *g*; *(Zeremonie)* defod *b*, seremoni *b*.

Feierabend *m* amser *g* gorffen gwaith; **~ machen** gorffen gweithio; **jetzt ist ~!** dyna ddigon! **was machst du nach ~?** beth rwyt ti'n ei wneud ar ôl y gwaith, heno?

feierlich *adj* dwys, difrifddwys, difrifol; **das ist ja nicht mehr ~** *(ugs, pej)* nid yw hynny'n ddigri, mae hynny'n mynd yn rhy bell.

Feierlichkeit *f* difrifoldeb *g*, difrifwch *g*; **~en** *pl* *(Veranstaltungen)* dathliadau *ll*.

feiern *vt, vi* dathlu.

Feiertag *m* gŵyl *b*, dygwyl *gb*; *(staatlich)* gŵyl y banc.

feig *adj* = feige.

feige ['faɪgə] *adj* llwfr, gwangalon, anwrol.

Feige ['faɪgə] (-, -n) *f* ffigysen *b*.

Feigen- *kompos:* **~baum** *m* ffigysbren *g*; **~blatt** *nt* deilen *b* ffigys.

Feigheit (-, *kein pl*) *f* llwfrdra *g*.

Feigling (-s, -e) *m* llwfrgi *g*, llechgi *g*, cachgi *g*.

Feile ['faɪlə] (-, -n) *f* rhathell *b*, ffeil *b*.

feilen *vt, vi* llyfnhau, rhathellu.

feilschen ['faɪlʃən] *vi:* **~ um** +*akk* bargeinio ynghylch.

fein [faɪn] *adj (dünn)* main; *(Kamm, Pulver)* mân; *(Stoff)* cain; *(erlesen)* o'r ansawdd gorau; *(vornehm)* coeth; *(Mensch)* llednais, diwylliedig; **~!** gwych! **sich ~ machen** gwisgo'ch dillad gorau, gwisgo'n drwsiadus; **er ist ~ raus** *(ugs)*[D] mae'n iawn arno fe.

Feind [faɪnt] (-(e)s, -e) *m* gelyn *g*; **sich** *dat* **~e machen** gwneud gelynion.

feindlich *adj* gelyniaethol.

Feindschaft *f* gelyniaeth *b*, casineb *g*.

feindselig *adj* gelyniaethus.

Feindseligkeit *f* gelyniaeth *b*.

feinfühlig *adj* teimladwy, sensitif.

Feingefühl *nt* tact *g*, tringarwch *g*.

Feinheit *f* coethni *g*, meinder *g*.

Feinkostladen *m* delicatessen *g*.

Fein- *kompos:* **~mechaniker** *m* trwsiwr *g* clociau; **~schmecker** *m* gourmet *g*; **~waschmittel** *nt* glanedydd *g* ysgafn.

feist [faɪst] *adj* tew.

feixen[D] ['faɪksən] *vi (ugs: grinsen)* glaswenu, gwenu'n goeglyd.

Feld [fɛlt] (-(e)s, -er) *nt* cae *g*; *(Brettspiel)* sgwâr *g*; *(SPORT)* cae *g*; **Argumente ins ~ führen** ymresymu; **das ~ räumen** rhoi'r gorau iddi, rhoi'r ffidil yn y to.

Feld- *kompos:* **~arbeit** *f (AGR)* gwaith *g* yn y cae; **~blume** *f* blodyn *g* gwyllt; **~forschung** *f* gwaith *g* maes, gwaith ymarferol; **~frucht** *f* cnwd *g*, cynnyrch *g*; **~herr** *m (MIL)* cadlywydd *g*; **~jäger**[D] *pl (MIL)* heddlu *g* milwrol; **~lazarett** *nt (MIL)* ysbyty *g* maes; **~maus** *f* llygoden *b* y maes; **~salat** *m* gwylaeth *g* yr oen; **~stecher** *m* ysbiendrych *g*, binocwlars *ll*.

Feldwebel[D] *m (MIL)* rhingyll *g*, sarsiant *g*.

Feld- *kompos:* **~weg** *m* llwybr *g*; **~zug** *m (MIL)* rhyfelgyrch *g*; *(Werbung)* ymgyrch *gb*.

Felge ['fɛlgə] *f (AUTO)* ymyl *gb* (olwyn).

Felgenbremse *f* brêc *g* calipr.

Fell [fɛl] (-(e)s, -e) *nt* ffwr *g*, blew *ll*; *(von Hund)* cot *b*; *(von Schaf)* cnu *g*; **ein dickes ~ haben** *(fig)* bod yn groengaled; **jdm das ~ über die Ohren ziehen** *(betrügen)* twyllo rhn; *(rügen)* rhoi rhn yn ei le; **ihm sind die ~e weggeschwommen** *(fig)*[D] fe ddrylliwyd ei

holl obeithion.

Fels [fɛls] (-en, -en) *m* = **Felsen**.

Felsbrocken *m* carreg *b*, clogfaen *g*.

Felsen (-, -) *m* craig *b*; *(Klippe)* clogwyn *g*.

felsenfest *adj* cadarn, solet; **~ überzeugt sein von etw** credu'n gryf iawn mewn rhth.

felsig *adj* creigiog.

Felsspalte *f* agen *b*, hollt *b*.

Fels- *kompos:* **~vorsprung** *m* silff *b*, ysgafell *b*; **~wand** *f* clogwyn *g*, clegyr *g*, allt *b*.

feminin [femi'ni:n] *adj* benywaidd; *(pej)* merchetaidd.

Feministin [femi'nɪstɪn] (-, -nen) *f* ffeminydd *g*.

Fenchel ['fɛnçəl] (-s, -) *m (BOT)* ffenigl *g*, ffunell *b*.

Fenn *nt* ffen *g*, morfa *g*.

Fenster ['fɛnstər] *nt* ffenestr *b*; **weg vom ~** *(ugs)* allan ohoni, ar ben; **Geld aus dem ~ werfen** *(fig)* taflu arian i lawr y draen.

Fenster- *kompos:* **~bank** *f* sil *gb* ffenestr; **~brett** *nt* sil *gb* ffenestr, lintel *b*; **~glas** *nt* gwydr *g* ffenestr; **~kitt** *m* pwti *g*; **~laden** *m* caead *g* ffenestr; **~leder** *nt* lledr *g* bwff, lledr meddal, siami *g*; **~platz** *m* sedd *b* ffenestr; **~putzer** *m* glanhawr *g* ffenestri; **~rahmen** *m* ffrâm *b* ffenestr; **~scheibe** *f* cwarel *g*, paen *g*; **~sims** *m* lintel *b*, sil *gb*.

Ferien ['fe:riən] *pl* gwyliau *ll*; **die großen ~** *(SCH)* gwyliau'r haf; **~ haben** bod ar wyliau.

Ferien- *kompos:* **~haus** *nt* tŷ *g* haf; **~kurs** *m* cwrs *g* gwyliau; **~lager** *nt* gwersyll *g* gwyliau; **~reise** *f* taith *b* wyliau; **~wohnung** *f* fflat *b* wyliau; **~zeit** *f* cyfnod *g* gwyliau.

Ferkel ['fɛrkəl] (-s, -) *nt* porchell *g*.

fermentieren *vt* eplesu.

fern [fɛrn] *adj* pell; *(entlegen)* pellennig; **~ von hier** yn bell oddi yma; **in ~er Zukunft** yn y dyfodol pell; **der F~e Osten** *(GEOG)* y Dwyrain *g* Pell; **~ halten** cadw draw; **sich ~ halten von** +*dat* cadw draw o; **jdm ~ liegen** bod yn bell o feddwl rhn.

Fernamt *nt (TEL)* cyfnewidfa *b* ffôn.

Fernbedienung *f* rheolaeth *b* o bell; *(Gerät)* rheolydd *g* o bell.

fernbleiben *irreg vi (+sein)* cadw draw; **einem Treffen ~** cadw draw o gyfarfod.

Ferne (-, -n) *f* pellter *g*.

ferner *komp von* **fern**.
   ♦ *adv (weiterhin)* yn y dyfodol; *(zusätzlich)* ar ben hynny, yn ychwanegol; *(fig)* **unter "~ liefen" rangieren** bod ymhell o lwyddo.

Fern- *kompos:* **~fahrer** *m* gyrrwr *g* hirdaith; **~flug** *m* hirdaith *b* mewn awyren; **~gespräch** *nt* galwad *b* o bell.

ferngesteuert *adj* wedi'i reoli o bell.

Fernglas *nt* ysbiendrych *g*, binocwlars *ll*.

fern halten *irreg vt, vr vgl.* **fern.**

Fern- *kompos:* **~kurs** *m* cwrs *g* gohebol; **~lenkung** *f* rheolydd *g* o bell; **~licht** *nt (AUTO)* golau llawn, goleuni llawn.

fern liegen *irreg vi vgl.* **fern.**

Fernmeldeamt *nt (TEL)* cyfnewidfa *b* ryngwladol.

Fernost *nt (GEOG)* **aus ~** o'r Dwyrain Pell; **in ~** i'r Dwyrain Pell.

fernöstlich *adj* o'r Dwyrain Pell.

Fern- *kompos:* **~rohr** *nt* telesgop *g*; **~ruf** *m (TEL)* rhif *g* ffôn; **~schreiben** *nt* telecs *g*; **~schreiber** *m* peiriant *g* telecs.

fernschriftlich *adj* drwy delecs.

Fernsehapparat *m* set *b* deledu.

fernsehen *irreg vi* gwylio'r teledu.

Fernsehen ['fɛrnzeːən] (**-s**, *kein pl*) *nt* teledu *g*; **im ~** ar y teledu.

Fernseher (**-s**, -) *m (Gerät)* teledu *g*, set *b* deledu.

Fernseh- *kompos:* **~film** *m* drama *b* deledu; **~gebühr** *f* trwydded *b* deledu; **~gerät** *nt* set *b* deledu; **~programm** *nt* sianel *b*, rhaglen *b*, **~sendung** *f* rhaglen *b* deledu; **~serie** *f* cyfres *b* deledu; **~sprecher** *m* darlledwr *g*; **~übertragung** *f* telediad *g*; **~zuschauer** *m* gwyliwr *g* teledu.

Fern- *kompos:* **~sicht** *f* golwg *g* pell; **~sprecher** *m* teleffon *g*; **~sprechzelle** *f (veraltet)* blwch *g* ffôn; **~steuerung** *f* rheolaeth *b* o bell, pell-reolaeth *b*; **~straße** *f* priffordd *b*, ffordd A; **~studium** *nt* ≈ cwrs *g* y Brifysgol Agored; **~verkehr** *m* trafnidiaeth *b* hirdaith; **~weh** *nt* blys *g* crwydro, hiraeth *b* am deithio.

Ferse ['fɛrzə] (-, -n) *f* sawdl *gb.*

Fersengeld *nt:* **~ geben** *(geh)* ei heglu hi.

fertig ['fɛrtɪç, -ɪk] *adj (bereit)* parod; *(beendet)* gorffenedig, wedi gorffen; **~ ausgebildet** wedi'ch hyfforddi; **~ werden mit** *+dat (fig)* ymdopi â; **mit den Nerven ~ sein** bod ar ben eich tennyn; **~ essen** gorffen bwyta; **~ bringen** *(fähig sein)* bod â'r gallu; **sie bringt es nicht ~, ihm die Wahrheit zu sagen** nid yw hi'n gallu dweud y gwir wrtho; **die Arbeit macht ihn noch ganz ~** mae'r holl waith yn ddigon i'w lethu, mae'r gwaith yn ei ladd; **jdn ~ machen** lambastio ar rn; *(psychisch)* llethu rhn; **sich ~ machen** ymbaratoi; **~ stellen** gorffen, cwblhau.

Fertigbau *m* tŷ *g* parod.

fertig bringen *vt vgl.* **fertig.**

fertigen *vt* cynhyrchu, saernïo, gwneud.

Fertig- *kompos:* **~gericht** *nt* bwyd *g* parod; **~haus** *nt* tŷ *g* parod.

Fertigkeit (-, -en) *f* medrusrwydd *g*, medr *g*.

fertig machen *vt vgl.* **fertig.**

fertig stellen *vt vgl.* **fertig.**

Fertigung *f* cynhyrchiad *g.*

Fertigungsstraße *f* llinell *b* gynhyrchu.

Fertigware (-, -n) *f* cynnyrch *g* terfynol.

fesch [fɛʃ] *adj (ugs: modisch)* ffasiynol, smart; *(hübsch)* pert, deniadol.

Fessel ['fɛsəl] (-, -n) *f* llyffethair *g*; *(Pferd)* meilwng *g.*

fesseln *vt* rhwymo, clymu, llyffetheirio; *(mit Handschellen)* gefynnu; *(fig: Buch, Film)* cydio yn, gwefreiddio; **ans Bett gefesselt** *(fig)* yn gaeth i'r gwely.

fesselnd *adj* gafaelgar, gwefreiddiol.

fest *adj* cadarn, sad; *(stramm)* tyn, annatod; *(Gehalt)* rheolaidd, cyson; *(Preis)* sefydlog; *(Nahrung)* solet; **~er Schuh** esgid *b* gref; **~e Kosten** *(COMM)* costau *ll* penodedig.

♦ *adv (schlafen)* yn drwm, yn sownd; **~ angestellt** cyflogedig yn barhaol; **~ entschlossen** yn hollol benderfynol; **~ halten** dal yn dyn.

Fest [fɛst] (-(e)s, -e) *nt* parti *g*; *(Feiertag)* gŵyl *b*; **frohes ~!** Nadolig Llawen! **man soll die ~e feiern, wie sie fallen** yf dy gawl cyn oero.

fest angestellt *adj vgl.* **fest.**

Festbeleuchtung *f* golau *g* dathliad.

festbinden *irreg vt (anbinden)* clymu, sicrhau, tynhau.

festbleiben *irreg vi (+sein) (nicht nachgeben)* sefyll yn gadarn, sefyll yn ddi-ildio.

Festessen (-s, -) *nt* gwledd *b*, gloddest *b.*

festfahren *irreg vr* mynd yn sownd.

festhalten *irreg vt (niederschreiben)* cofnodi; *(beharren)* **an etw** *dat* **~** glynu wrth rth; *vgl. auch* **fest.**

♦ *vr:* **sich ~ an** *+dat (anhalten)* dal yn dyn yn.

festigen *vt* cryfhau, atgyfnerthu.

Festigkeit *f* cryfder *g.*

Festival *nt* gŵyl *b.*

festklammern *vr:* **sich ~ an** *+dat* glynu wrth, dal gafael yn.

festklemmen *vt* gwasgu (rhwng dau beth).

Festland (-(e)s, *kein pl*) *nt* tir mawr *g*, cyfandir *g.*

Festlandsockel *m* sgafell *b* gyfandirol.

festlegen *vt* pennu, gosod.

♦ *vr* ymrwymo, clymu eich hunan; **sich auf etw** *akk* **~** ymrwymo i rth.

festlich *adj* llawn awyrgylch hwyliog.

Festlichkeit *f* ysbleddach *gb.*

festliegen *irreg vi (feststehen: Termin)* bod wedi ei gadarnhau, bod wedi ei bennu.

festmachen *vt (anbinden)* sicrhau, clymu'n dyn, tynhau; *(ugs: Termin)* pennu, gosod.

Festmahl (-s, ⁻er *oder* -e) *nt* gwledd *b*, gloddest *b.*

Festnahme *f* arestiad *g.*

festnehmen *irreg vt* arestio.

Fest- *kompos:* **~platte** *f (COMP)* disg *g* caled; **~preis** *m* *(COMM)* pris *g* penodedig, pris gosod; **~rede** *f* anerchiad *g*, araith *b*; **~saal** *m* neuadd *b*; **~schmaus** *m* gloddest *b*.

festschnallen *vt* strapio yn dyn, clymu yn dyn â strap.

♦ *vr* rhoi eich gwregys diogelu amdanoch.

festsetzen *vt (bestimmen)* pennu, gosod, penderfynu ar; *(inhaftieren)*[D] cadw yn y ddalfa.

♦ *vr* ymgasglu; *(Idee)* gwreiddio, bwrw gwraidd.

Festspiele *pl (Veranstaltung)* gŵyl *b* ddrama.

feststehen *irreg vi* bod yn sicr.

feststellbar *adj (herausfindbar)* canfyddadwy.

feststellen *vt (ermitteln)* darganfod, cadarnhau; *(bemerken)* sylwi ar; *(sagen)* nodi, ategu, crybwyll.

Feststellung *f:* **die ~ machen, dass …** canfod bod…, sylweddoli bod…

Festtag (-(e)s, -e) *m* dydd *g* gŵyl, dygwyl *gb*.

Festung (-, -en) *f* caer *b*, amddiffynfa *b*.

festverzinslich *adj (FIN)* â llog penodol.

Festwertspeicher *m (COMP)* cof *g* darllen yn unig, cof ROM.

Fest- *kompos:* **~wochen** *pl* gŵyl *b*; **~zelt** *nt* pabell *b* fawr.

Fete[D] [ˈfɛːtə] *f (ugs)* parti *g*, dathliad *g*.

fett *adj (dick)* tew; *(Essen)* seimllyd; *(Schrift)* du, bras; **~ gedruckt** mewn print du.

Fett [fɛt] (-(e)s, -e) *nt* saim *g*, bloneg *g*.

fettarm *adj* â chynnwys braster isel.

Fettfleck *m* staen *g*, smotyn *g* saim.

fettfrei *adj* heb fraster.

fett gedruckt *adj vgl.* **fett**.

Fettgehalt *m (KOCH)* cynnwys *g* braster.

fettig [ˈfɛtɪç, -ɪk] *adj* seimllyd, blonegog; *(Haar)* seimllyd.

Fettleibigkeit *f* tewdra *g*.

Fettnäpfchen [ˈfɛtnɛpfçən] *nt:* **ins ~ treten** *(fig)* rhoi eich troed ynddi.

Fettpolster *nt (ugs)* **~ haben** bod â thipyn o afael.

Fettsäure *f* asid *g* braster.

Fetzen [ˈfɛtsən] *m* clwt *g*, cerpyn *g*, llarp *g*; **dass die ~ fliegen** *(ugs)* fel rhth gwyllt, nes tasgu.

feucht [fɔyçt] *adj* llaith, gwlyb.

feuchtfröhlich *adj (ugs)* meddw.

Feuchtigkeit *f* lleithder *g*, gwlybaniaeth *g*, tamprwydd *g*.

Feuchtigkeitscreme *f* hufen *g* lleithio.

feudal *adj* ffiwdal; *(großartig)* mawreddog.

Feudalismus *m* ffiwdaliaeth *b*.

feudalistisch *adj* ffiwdalaidd.

Feudalsystem *nt* trefn *b* ffiwdal.

Feuer [ˈfɔyər] *nt* tân *g*; *(Feuerzeug)* golau *g*; *(fig: Temperament)* asbri *gb*, nwyf *g*; **für jdn die Hand ins ~ legen** gwarantu rhn; **für jdn durchs ~ gehen** mynd trwy ddŵr a thân i rn; **~ und Flamme sein** *(ugs)* bod yn frwd; **~ fangen** ennyn, tanio; *(fig)* magu diddordeb.

Feuer- *kompos:* **~alarm** *m* larwm *b* dân; **~eifer** *m (fig)* brwdfrydedd *g*, eiddgarwch *g*.

feuerfest *adj* diogel rhag tân, gwrthdan, anllosgadwy.

Feuergefahr *f* perygl *g* o dân; **bei ~** os bydd tân.

feuergefährlich *adj* fflamadwy.

Feuer- *kompos:* **~leiter** *f* ysgol *b* dân; **~löscher** *m* diffoddwr *g* tân; **~melder** *m* larwm *g* tân.

feuern *vt, vi* tanio; *(Geschütz)* saethu, tanio; *(ugs: entlassen)* diswyddo.

feuerpolizeilich *adj (Bestimmungen)* yn ymwneud â'r awdurdodau tân.

Feuerprobe *f* diheurbrawf *g*.

feuerrot *adj* fflamgoch.

Feuer- *kompos:* **~schlucker** *m* llyncwr *g* tân; **~schutz** *m (Vorbeugung)* rhagofalon *ll* tân, gofal *g* rhag tân; *(MIL: Deckung)* tanio *g* gwarchod.

feuersicher *adj* diogel rhag tân.

Feuer- *kompos:* **~stein** *m* callestr *b*, fflint *gb*, carreg *b* dân; **~stelle** *f* lle *g* tân; **~treppe** *f* grisiau *ll* tân, dihangfa *b* dân; **~versicherung** *f* yswiriant *g* tân; **~waffe** *f* arf *gb* tanio.

Feuerwehr (-, -en) *f* brigâd *b* dân.

Feuerwehr- *kompos:* **~auto** *nt* injan *b* dân; **~mann** *m* dyn *g* tân.

Feuer- *kompos:* **~werk** *nt* tân *g* gwyllt; **~werkskörper** *m* clecar *gb*; **~zeug** *nt* tân *g*, taniwr *g* sigaréts.

Feuilleton [fœjəˈtõ:] (-s, -s) *nt (Presse)* adran *b* ysgrifau nodwedd.

feurig [ˈfɔyrɪç, -ɪk] *adj* tanbaid.

Fiaker[A] *m* cerbyd *g* hacnai, cab *g*.

Fiasko *nt* menter *b* drychinebus.

Fiche [fiːʃ] *m oder nt* microffish *g*.

Fichte [ˈfɪçtə] *f (BOT)* pefrwydden *b*, sbriwsen *b*.

ficken [ˈfɪkən] *vt, vi (vulg)* cnuchio.

fickerig *adj (ugs)* aflonydd.

fidel [fiˈdeːl] *adj (ugs)* llon, llawen, hwyliog.

Fidschi [ˈfiːdʒi] *nt (GEOG)* Ffiji.

Fieber [ˈfiːbər] (-s, -) *nt (MED)* gwres *g*, twymyn *b*; *(Erregung)* cyffro *g*; **~ haben** bod â gwres arnoch.

fieberhaft *adj* prysur iawn, ymdrechgar, cynhyrflyd.

Fieber- *kompos:* **~messer** *m* thermomedr *g*; **~thermometer** *nt (MED)* thermomedr.

Fiedel *f* ffidil *b*.

fiel *vb vgl.* **fallen**.

fies[D] [fiːs] *adj (ugs)* cas, ffiaidd.

Figur [fiˈguːr] (-, -en) f ffigur g; (Körpergestalt) ffigur, siâp g corff; (geometrisch) ffigur; (Spiel~) pisyn g, darn g; (Roman~) cymeriad g; **eine schlechte ~ machen** (fig) creu argraff wael.

Fiktion [fɪktsiˈoːn] f ffugiant g.

fiktiv [fɪkˈtiːf] adj ffug, dychmygol.

Filet [fiˈleː] (-s, -s) nt (KOCH) ffiled b; (Rinder~) stecen b ffiled; (zum Braten) syrlwyn g.

filetieren vt ffiledu.

Filiale [filiˈɑːlə] f (COMM) cangen b.

Film [fɪlm] m ffilm b; **da ist bei mir der ~ gerissen** (ugs)[D] ces i sbel o anghofrwydd.

Film- kompos: **~aufnahme** f ffilmiad g golygfa; **~ausschnitt** m clip g.

Filmemacher (-s, -) m (~in f) gwneuthurwr(aig) g(b) ffilmiau.

filmen vt, vi ffilmio.

Film- kompos: **~festspiele** pl gŵyl b ffilmiau; **~kamera** f camera g sine; **~musik** f sgôr b ffilm; **~projektor** m taflunydd g ffilmiau; **~riss** m toriad g ffilm; (ugs)[D] pwl g o anghofrwydd; **~schauspieler** m actor g ffilmiau; **~star** m seren b ffilm; **~studio** nt stiwdio b; **~verleih** m dosbarthwyr ll ffilmiau; **~vorführgerät** nt sinedaflunydd g.

Filter [ˈfɪltər] m oder nt hidlen b; (von Zigarette) blaen g hidlo.

Filterkaffee m coffi g o hidlydd.

filtern vt hidlo.

Filter- kompos: **~papier** nt papur g hidlo; **~zigarette** f sigarét b â blaen.

Filz [fɪlts] m ffelt g, brethyn g.

filzen vt (ugs: durchsuchen) ffrisgio.
  ♦ vi (Wolle) mynd yn glymau.

Filz- kompos: **~hut** m het b ffelt; **~stift** m pin g blaen ffelt.

Fimmel [ˈfɪməl] (-s, -) m (ugs) obsesiwn g; **du hast wohl einen ~!** mae chwilen yn dy ben.

Finale [fiˈnɑːlə] (-s, -) nt diweddglo g; (SPORT) gornest b derfynol, gêm b derfynol.

Finanz [fiˈnants] (-, kein pl) f cyllid g; **das übersteigt meine ~en** mae hynny'n fwy na'm hincwm.

Finanz- kompos: **~abteilung** f adran b gyllid; **~amt** nt Swyddfa'r Cyllid Gwladol; **~beamte** m swyddog g cyllid.

finanziell [finantsiˈɛl] adj cyllidol, ariannol.

finanzieren [finanˈtsiːrən] vt cyllido, ariannu.

Finanzierung f ariannu g, nawdd g.

finanzkräftig adj mewn sefyllfa ariannol gref.

Finanzminister m (POL) Gweinidog g Cyllid; (in Großbritannien) Canghellor g y Trysorlys.

Finanzministerium nt y Trysorlys g.

finanzschwach adj mewn sefyllfa ariannol wan.

Finanz- kompos: **~wesen** nt byd g cyllid, cyfundrefn b gyllid; **~wirtschaft** f cyllid g y wlad.

finden [ˈfɪndən] irreg vt dod o hyd i, darganfod; (meinen) meddwl; **ich finde nichts dabei, wenn du in die Kneipe gehst** nid wyf yn gweld dim o'i le arnat ti'n mynd i'r dafarn.
  ♦ vr (auftauchen) ymddangos; **das wird sich ~** bydd popeth yn iawn yn y pen draw.

Finder (-s, -) m darganfyddwr g.

Finderlohn m gwobr b (i rn sy'n dod o hyd i rth).

findig adj dyfeisgar.

fing vb vgl. **fangen.**

Finger [ˈfɪŋər] (-s, -) m bys g; **kleiner ~** bys bach; **mit dem ~ auf jdn zeigen** (fig) pwyntio bys at rn; **seine ~ im Spiel haben** (fig) bod â'ch bys yn y brywes; **etw im kleinen ~ haben** (fig: gut kennen) bod â rhth ar flaenau eich bysedd; **sich** dat **die ~ verbrennen** (fig) llosgi bysedd; **keinen ~ rühren** peidio â chodi bys bach; **jdn um den kleinen ~ wickeln** (fig) troi rhn o gwmpas eich bys bach; **sich** dat **etw aus den ~n saugen** consurio rhth; **das kannst du dir an deinen fünf ~n abzählen** (ugs) mae mor blaen â hoel ar bost; **lange ~ machen** (ugs: stehlen) bod â dwylo blewog.

Finger- kompos: **~abdruck** m ôl g bys; **~handschuh** m maneg b; **~hut** m gwniadur gb; (BOT) bysedd ll y cŵn; **~kuppe** f blaen g bys; **~nagel** m ewin gb; **~ring** m modrwy b; **~satz** m (MUS) byseddu g; **~spitze** f blaen g bys.

Fingerspitzengefühl nt (fig) tact g, tringarwch g.

Fingerzeig m arwydd gb.

fingieren [fɪŋˈgiːrən] vt ffugio.

fingiert adj ffug, ffugiol.

finit adj (GRAM) **~es Verb** berf b gryno.

Fink [fɪŋk] m (ZOOL) pila g, llinos b.

Finne [ˈfɪnə] (-n, -n) m (Finnin f) Ffiniad g.

finnisch [ˈfɪnɪʃ] adj Ffinnaidd.

Finnisch nt (Sprache) Ffinneg b.

Finnland [ˈfɪnlant] (-s, kein pl) nt (GEOG) y Ffindir g.

finster [ˈfɪnstər] adj tywyll; (Blick, Gedanke) llym; **~er Blick** cilwg g; **jdn ~ ansehen** edrych yn gas ar rn; **~ wie die Nacht** tywyll fel bol buwch.

Finsternis f tywyllwch g.

Finte [ˈfɪntə] (-, -n) f cast g, tric g.

Firlefanz [ˈfɪrləfants] (-es, kein pl) m (ugs) ffril g; **mach keinen ~** paid â gwneud dylni.

firm [fɪrm] adj sicr, hyddysg.

Firma [ˈfɪrma] (-, Firmen) f cwmni g, busnes g, ffyrm b; **die ~ dankt** (humorvoll) diolch yn fawr.

Firmament nt ffurfafen b, wybren b.

Firmen- kompos: **~inhaber** m perchennog g cwmni; **~logo** nt logo g; **~politik** f polisi g; **~register** nt rhestr *b* cwmnïoedd; **~schild** *nt* arwydd *gb* siop; **~übernahme** *f* meddiannu *g* cwmni; **~wagen** *m* car *g* y cwmni; **~zeichen** *nt* nod *g* masnach, nod gwneuthurwr, logo *g*.

Firmung *f (REL)* bedydd *g* esgob.

Firnis ['fɪrnɪs] (-ses, -se) *m* farnais *g*.

Fisch [fɪʃ] (-es, -e) *m* pysgodyn *g*; **~e** *pl (ASTROL)* y Pysgod; **das sind kleine ~e** pethau dibwys yw'r rheiny; **munter wie ein ~ im Wasser** bod yn iach a heini; **weder ~ noch Fleisch** *(fig)* nid yw'r naill beth na'r llall; **stumm wie ein ~** heb ddweud bw na ba.

Fischbestand *m* cyflenwad *g* pysgod.

fischen *vt, vi* pysgota.

Fischer (-s, -) *m* pysgotwr *g*.

Fischerboot *nt* treillong *b*.

Fischerei [fɪʃəˈraɪ] (-, -en) *f* pysgota *g*, pysgodfa *b*.

Fisch- *kompos:* **~fang** *m* pysgota *g*; **~filet** *nt (KOCH)* ffiled *b* pysgodyn; **~geschäft** *nt* siop *b* bysgod; **~gräte** *f* blewyn *g*; **~gründe** *pl* pysgodfeydd *ll*; **~handlung** *f* siop *b* bysgod; **~laibchen** *nt* cacen *b* bysgod; **~mehl** *nt* blawd *g* pysgod; **~reuse** *f* cored *b*; **~stäbchen** *nt* pysglodyn *g*; **~teich** *m* pwll *g* pysgod; **~zucht** *f* ffermio *g* pysgod; **~zug** *m* daliad *g* pysgod, haldiad *g*.

Fisimatenten [fizimaˈtɛntən] *pl (ugs: Ausflüchte)* esgusodion *ll*; *(Umstände)* ffwdan *b*, trafferth *gb*.

Fiskus ['fɪskʊs] *m (Staatskasse)* trysorlys *g* y wlad.

Fisoleᴬ *f (KOCH)* ffeuen *b* Ffrengig.

fit [fɪt] *adj* heini.

Fitness ['fɪtnəs] (-, *kein pl*) *f* iechyd *g* corfforol, ffitrwydd *g*.

Fittich ['fɪtɪç] (-s, -e) *m (Flügel)* adain *b*; **jdn unter seine ~e nehmen** cymryd rhn dan eich adain.

fix [fɪks] *adj* sefydlog, penodedig; *(ugs, Person)*ᴰ effro, craff; **~ und fertig** *(abgeschlossen)* wedi ei orffen yn llwyr; *(erschöpft)* wedi llwyr ymlâdd; **jdn ~ und fertig machen** gyrru rhn yn wallgof; **eine ~e Idee** obsesiwn *g*, chwilen yn eich pen.

fixieren [fɪˈksiːrən] *vt* pennu; *(anstarren)* syllu ar; **er ist zu stark auf seine Mutter fixiert** mae ganddo obsesiwn â'i fam.

Fixkosten *pl (COMM)* costau *ll* penodedig, costau sefydlog.

Fjord *m* ffiord *g*.

FKK *abk* = Freikörperkultur.

FKKler *m* noethlymunwr *g*.

flach [flax] *adj* gwastad, fflat; *(Schüssel)* isel, bas.

Flachdach (-(e)s, ¨-er) *nt* to *g* gwastad.

Fläche ['flɛçə] *f (MATH)* arwynebedd *g*; *(Ober~)* wyneb *g*, arwyneb *g*; *(Stelle)* man *gb*, ardal *b*.

Flächeninhalt *m (MATH)* arwynebedd *g*.

flachfallen *irreg vi (+sein) (ugs)* cael ei ganslo.

Flachheit *f (ugs)* ystrydeb *b*.

flächig *adj* ochrog.

Flachland *nt* gwastadedd *g*, tir *g* isel.

flachlegen *vt* rhoi i orwedd; *(umwerfen)* llorio.

♦ *vr* gorwedd i lawr; *(pej: Frau)* cael ei thamaid.

flachliegen *irreg vi (ugs)* bod yn eich gwely, bod yn orweddiog.

Flachmann (-(e)s, ¨-er) *m (ugs)* fflasg *b* boced.

flachsenᴰ ['flaksən] *vi (ugs: necken)* tynnu coes.

flachsigᴬ *adj (Fleisch)* gewynnog.

flackern ['flakərn] *vi* ffaglu, fflachio, neidio.

Fladen ['flaːdən] (-s, -) *m (KOCH)* teisen *b* ddim; *(ugs: Kuh~)* bisweilyn *g*, cacen *b* dom.

Flagge ['flagə] (-, -n) *f* baner *b*, fflag *b*; **die ~ streichen** ymostwng, ildio; **~ zeigen** *(fig)*ᴰ dweud eich barn, dangos eich ochr.

flaggen *vi* baneru, llumanu.

Flaggschiff *nt* llong *b* y llyngesydd.

flagrant [flaˈgrant] *adj* amlwg, eglur; **in ~i** wrthi, yn y weithred.

Flak [flak] (-s, -) *f (= Flugzeugabwehrkanone)* gwn *g* gwrthawyrennau; *(Einheit)* uned *b* wrthawyrennau.

flambieren [flamˈbiːrən] *vt (KOCH)* fflamboethi.

Flame ['flaːmə] (-n, -n) *m* Fflamiad *g*.

Flamin, Flämin ['flɛːmɪn] (-, -nen) *f* Fflamiad *g*.

Flamingo [flaˈmɪŋgo] (-s, -s) *m (ZOOL)* fflamingo *g*.

flämisch ['flɛːmɪʃ] *adj* Ffleminaidd, Fflandrysaidd.

Flämisch *nt (Sprache)* Fflemineg *b*, Fflemeg *b*.

Flamme ['flamə] *f* fflam *b*; **in ~n aufgehen** mynd yn wenfflam; **in ~n stehen** bod ar dân.

Flammenwerfer *m* taflwr *g* fflamau.

Flandern ['flandərn] *nt (GEOG)* Fflandrys *b*.

Flanell [flaˈnɛl] (-(e)s, -e) *m (TEX)* gwlanen *b*.

flanieren *vi* rhodio; *(trödeln)* loetran, gwagswmera.

Flanke ['flaŋkə] *f (Tier)* ystlys *gb*, ochr *b*; *(Berg)* llethr *gb*, ystlys; *(MIL, SPORT)* asgell *b*, ystlys; *(Abspiel im Fußball)* cic *b* groes.

Fläschchen *nt (für Baby)* potel *b*.

Flasche ['flaʃə] (-, -n) *f* potel *b*, costrel *b*; **zur ~ greifen** mynd yn hoff o'r botel.

Flaschen- *kompos:* **~bier** *nt* cwrw *g* potel; **~hals** *m* gwddf *g* potel; **~öffner** *m* agorwr *g* poteli, teclyn *g* agor poteli; **~regal** *nt* rhesel *b* boteli; **~wein** *m* gwin *g* potel; **~zug** *m* bloc *g* pwli, chwerfan *b*.

flatterhaft ['flatərhaft] *adj* gwamal, anwadal, penchwiban.

flattern ['flatərn] *vi (+sein) (Vogel)* ymysgwyd, curo adenydd; *(Flagge)* cyhwfan; *(Blätter)* crynu.

flau [flau] *adj* gwan, llesg, di-ynni; *(COMM)* llac; **jdm ist ~** bod ar fin cyfogi, bod â phwys arnoch.

Flaum [flaum] (-(e)s, *kein pl*) *m (Feder)* manblu *ll*;

(Haare) manflew *ll*, blewiach *ll*.

flauschig ['flauʃɪç, -ɪk] *adj* gwlanog; *(Haar)* ffluwchog, yn ffluwch.

Flausen ['flauzən] *pl (ugs)* syniadau *ll* gwirion; *(Ausflüchte)* esgusodion *ll* gwan.

Flaute ['flautə] *f (Wind)* tawelwch *g*, llonyddwch *g*, gosteg *gb*; *(COMM)* trai *g*, cyfnod *g* di-fynd.

Flechse *f (Sehne)* gŵyth *b*.

flechsig[D] *adj (Fleisch)* gewynnog.

Flechte ['flɛçtə] (-, -n) *f (MED)* crachen *b*, cen *g* croen; *(BOT)* cen *g* y cerrig, cen y coed; *(ugs: Zopf)* pleth *b*, plethen *b*.

flechten *irreg vt* plethu.

Flechtwerk *nt* plethwaith *g*.

Fleck [flɛk] (-(e)s, -e) *m (Farb~)* smotyn *g*, brycheuyn *g*; *(Schmutz)* staen *g*; *(Stelle)* man *gb*, llecyn *g*; **nicht vom ~ kommen** *(auch fig)* bod heb wneud cynnydd; **sich nicht vom ~ rühren** peidio â symud o'r fan; **vom ~ weg** ar unwaith, yn syth.

Fleckchen *nt:* **ein schönes ~ Erde** llecyn *g* hyfryd.

Flecken ['flɛkən] *m* = **Fleck**.

fleckenlos *adj* di-staen, dilychwin, glân.

Fleckenmittel *nt* = **Fleckmittel**.

Fleckenwasser *nt* = **Fleckwasser**.

fleckig *adj (schmutzig)* staenedig; *(gefleckt)* brych, brith.

Fleck- *kompos:* **~löser** *m*, **~mittel** *nt* codwr *g* staen; **~wasser** *nt* codwr staen.

Fledermaus ['fle:dərmaus] (-, ¨-e) *f (ZOOL)* ystlum *g*.

Flegel ['fle:gəl] *m (Dresch~)* ffust *b*; *(Mensch)* llabwst *g*, hwlcyn *g*.

flegelhaft *adj* llabystaidd, di-foes.

Flegeljahre *pl* llencyndod *g*, glasoed *g*.

flegeln ['fle:gəln] *vr* gorweddian.

flehen ['fle:ən] *vi* crefu, ymbil, erfyn.

flehentlich ['fle:əntlɪç] *adj* ymbilgar, erfyniol, taer.

Fleisch [flaɪʃ] *nt (ANAT)* cnawd *g*; *(Essen)* cig *g*; **sich ins eigene ~ schneiden** torri'ch trwyn i ddial ar eich wyneb; **in ~ und Blut** *(in Person)* yn y cnawd; **es ist mir in ~ und Blut übergegangen** mae wedi dod yn reddf ynof, mae wedi dod yn ail natur i mi; **vom ~ fallen** *(ugs)* mynd i ddim; **~ fressend** *(Pflanze, Tier)* cigysydd *g*.

Fleisch- *kompos:* **~bällchen** *nt (KOCH)* pelen *b* gig; *(aus Leber)* ffagotsen *b*; **~brühe**[D] *f* isgell *g* eidion.

Fleischer (-s, -) *m* cigydd *g*.

Fleischerei (-, -en) *f* siop *b* y cigydd.

Fleisch- *kompos:* **~fliege** *f (ZOOL)* pryf *g* mawr, pryf cig; **~fresser** *m (ZOOL)* cigysydd *g*, ysglyfaethwr *g*; **~hauer**[A] *m* cigydd *g*.

fleischig ['flaɪʃɪç, -ɪk] *adj* cnawdog, llond eich croen.

Fleisch- *kompos:* **~käse**[D] *m* torth *b* gig; **~laibchen** *nt*

---

risol *b*, pelen *b* gig.

fleischlich *adj* cnawdol, blysig.

fleischlos *adj (vegetarisch)* heb gig, llysfwytäol.

Fleisch- *kompos:* **~pastete** *f* pastai *b* gig; **~salat** *m* salad *g* cig; **~vergiftung** *f* gwenwyn *g* bwyd; **~wolf** *m* melin *b* gig, briwydd *g*; **~wunde** *f* anaf *g* i'r cnawd; **~wurst** *f* sosej *b* borc.

Fleiß [flaɪs] (-es, *kein pl*) *m* diwydrwydd *g*, dycnwch *g*, dyfalbarhad *g*; **ohne ~ kein Preis** *(Sprichwort)* deuparth llwyddiant diwydrwydd.

fleißig ['flaɪsɪç, -ɪk] *adj* diwyd, gweithgar; **~ studieren** astudio'n galed.

flektieren [flɛk'ti:rən] *vt (GRAM)* ffurfdroi.

flennen[D] ['flɛnən] *vi (ugs)* wylo, llefain.

fletschen ['flɛtʃən] *vt (Zähne)* dangos, dinoethi.

flexibel [flɛ'ksi:bəl] *adj* hyblyg, ystwyth.

Flexibilität [flɛksibili'tɛ:t] *f* hyblygrwydd *g*, ystwythder *g*.

Flexion *f (GRAM)* ffurfdro *g*.

flicken *vt* clytio, cyweirio, trwsio.

Flicken ['flɪkən] *m* rhecsyn *g*, clwtyn *g*, llarp *g*.

Flickschuster[D] ['flɪkʃu:stər] *f (veraltet: Pfuscher)* bwnglerwr *g*.

Flieder ['fli:dər] *m (BOT)* coeden *b* lelog, ysgawen *b* Sbaen.

Fliege ['fli:gə] *f* pryf *g*, cleren *b*; *(Kleidung)* tei *gb* bô; **zwei ~n mit einer Klappe schlagen** lladd dau aderyn â'r un ergyd; **in der Not frisst der Teufel ~n** mewn cyfyngder fe wnaiff unrywbeth y tro, angen a ddysg i hen redeg; **er tut keiner ~ was zuleide** *(fig)* mae e'n gwbl ddiniwed; **die ~ machen** *(ugs)*[D] ei baglu hi; **ihn stört die ~ an der Wand** *(ugs)* mae'r peth lleiaf yn ei wylltio; **~ wie die Fliegen** marw fel clêr.

fliegen *irreg vi (+sein)* hedfan, ehedeg; **aus der Kurve ~** sglefrio/sgidio ar y tro; **aus der Firma ~** cael y droed, cael eich cardiau; **auf etw** *akk* **~** gwirioni ar rth, dwlu ar rth.

fliegend *adj* yn hedfan; **~er Teppich** carped *g* hud; **~e Untertasse** soser *b* hedegog; **~e Hitze**[D] pylau o wres.

Fliegen- *kompos:* **~gewicht** *nt (SPORT)* pwysau *g* pryf; **~klappe**[D] *f*, **~klatsche**[D] *f* swadiwr *g* clêr; **~pilz** *m* amanita'r pryfed; **~pracker**[A] *m* swadiwr clêr.

Flieger (-s, -) *m (AERO)* peilot *g*, awyrennwr *g*; *(ugs: Flugzeug)* awyren *b*.

Fliegeralarm *m (MIL)* rhybudd *g* o gyrch awyr.

fliehen ['fli:ən] *irreg vi (+sein)* ffoi.

♦ *vt (+haben) (geh: meiden)* osgoi.

Fliehkraft ['fli:kraft] (-, ¨-e) *f* grym *g* allgyrchol.

Fliese ['fli:zə] (-, -n) *f* teilsen *b*.

fliesen *vt* teilio.

Fliesenleger *m* teilsiwr *g*.

Fließband ['fliːsbant] (-(e)s, ̈-er) *nt* belt *gb* cludo, rhes *b* gydosod; **am ~ arbeiten** gweithio mewn rhes gydosod, gweithio wrth felt cludo.

Fließband- *kompos:* **~arbeit** *f* gwaith *g* mewn rhes gydosod; **~produktion** *f* cynnyrch *g* rhes gydosod.

fließen ['fliːsən] *irreg vi (+sein)* llifo, llifeirio.

fließend *adj* llifeiriol, yn llifo; *(Rede, Sprache)* rhugl; *(Übergänge)* llyfn.

Fließ- *kompos:* **~heck** *nt* car *g* cefnslip; **~komma** *nt (COMP)* pwynt *g* symudol; **~papier** *nt* papur *g* blotio, papur sugno; **~wasser** *nt* dŵr *g* rhedegog.

Flimmerkiste ['flɪmərkɪstə] *f (ugs: Fernsehen)* teledu *g*, bocs *g*.

flimmern ['flɪmərn] *vi* disgleirio, llewyrchu, pefrio; **es flimmert mir vor den Augen** mae fy mhen i'n troi, mae'r bendro arna' i.

flimmernd *adj:* **~e Hitze** pylau o wres.

flink [flɪŋk] *adj* chwim, ysgut, gwib, sionc; **mit etw ~ bei der Hand sein** bod yn un sydyn gyda rhth, bod yn chwimwth gyda rhth.

Flinkheit *f* chwimder *g*, sioncrwydd *g*.

Flinserl[A] *nt* styden *b*.

Flinte ['flɪntə] *f* dryll *g* hela, gwn *g* hela; **die ~ ins Korn werfen** rhoi'r ffidl yn y to.

Flirt [flœrt] (-s, -s) *m* cogio *g* caru, fflyrtio *g*; **einen ~ mit jdm haben** cogio caru gyda rhn, fflyrtio gyda rhn.

flirten ['flɪrtən] *vi* cogio caru, fflyrtio.

Flittchen ['flɪtçən] *nt (ugs: pej)* hoeden *b*, ffolcen *b*.

Flitter ['flɪtər] (-s, -) *m (Schmuck)* secwins *ll*.

Flitterwochen ['flɪtərvɔxən] *pl* mis *g* mêl.

flitzen ['flɪtsən] *vi (+sein)* gwibio.

Flitzer (-s, -) *m (ugs: Auto)* sbortscar *g*, car *g* cyflym; *(ugs: Exhibitionist)* ymorchestwr *g*.

floaten ['floːtən] *vt (FIN)* lansio.

flocht *vb vgl.* **flechten**.

Flocke ['flɔkə] (-, -n) *f (Schnee~)* pluen *b* eira, plufyn *g* eira; *(Seife)* fflochen *b*, ewin *gb*; *(Holz, Metall)* fflochen, fflaw *g*.

flockig ['flɔkɪç, -ɪk] *adj* pluog, fflawiog.

flog *vb vgl.* **fliegen**.

floh *vb vgl.* **fliehen**.

Floh [floː] (-(e)s, ̈-e) *m (ZOOL)* chwannen *b*; **jdm einen ~ ins Ohr setzen** *(ugs)* plannu syniad ym mhen rhn; **die Flöhe husten hören** *(ugs)* dychmygu pethau.

Flohmarkt (-(e)s, ̈-e) *m* marchnad *b* pethau ail-law; *(in Großbritannien auch)* sêl *b* cist car.

Flora ['floːra] (-, **Floren**) *f* planhigion *ll*.

Florett [floˈrɛt] *nt (SPORT)* ffoel *g*.

florieren [floˈriːrən] *vi (fig: Geschäft)* ffynnu,

llewyrchu.

Florist [floˈrɪst] (-en, -en) *m* (**~in** *f*) gwerthwr *g* blodau, gwerthwraig *b* flodau.

Floskel ['flɔskəl] *f* ymadrodd *g* gosod, priod-ddull *g*.

floskelhaft *adj* ystrydebol.

floss *vb vgl.* **fließen**.

Floß [floːs] (-es, ̈-e) *nt* rafft *b*.

Flosse ['flɔsə] (-, -n) *f (Fisch)* asgell *b*; *(Schwimm~)* asgell, aden *b*; **~n** *pl (ugs: Hände)* bachau *ll*.

Flöte ['fløːtə] (-, -n) *f (MUS)* ffliwt *b*; *(Block~)* ricordyr *g*.

flöten ['fløːtən] *vi* canu'r ffliwt; **~ gehen** *(ugs)* diflannu; **die Chance ist flöten gegangen** mae'r cyfle wedi mynd.

Flötist [fløˈtɪst] (-en, -en) *m* ffliwtydd *g*, canwr *g* ffliwt.

flott [flɔt] *adj* sionc, nwyfus; *(elegant)* cain, syber; *(NAUT)* ar y dŵr, yn nofio.

Flotte ['flɔtə] (-, -n) *f* llynges *g*.

Flotten- *kompos:* **~kommandant** *m* llyngesydd *g*; **~stützpunkt** *m (MIL)* canolfan *gb* lynges, safle *g* llynges.

flottmachen ['flɔtmaxən] *vt (Schiff)* rhyddhau, rhoi i nofio ar ddwr; *(Auto, Fahrrad)* trwsio/cymhwyso i'r ffordd.

Flöz [fløːts] (-es, -e) *nt (BERGB)* gwythïen *b*, haen *b*.

Fluch [fluːx] (-(e)s, ̈-e) *m* melltith *b*; **mit einem ~ belastet** melltigedig.

fluchen *vi (schimpfen)* rhegi, tyngu, cega.

Flucht [fluxt] (-, -en) *f* ffôedigaeth *b*; *(Fenster~)* rhes *b*; *(Zimmer~)* cyfres *b*; **auf der ~** ar ffo; **jdn in die ~ schlagen** gyrru rhn ar ffo.

fluchtartig *adj* sydyn, disyfyd.

flüchten ['flʏçtən] *vi, vr* ffoi.

Fluchthilfe *f:* **~ leisten** rhoi cymorth i ffoi.

flüchtig ['flʏçtɪç, -ɪk] *adj* ar ffo; *(kurz)* gwib, gwibiol; *(CHEM)* anweddol; *(oberflächlich)* arwynebol, ar yr wyneb; **~er Blick** cipolwg; **jdn ~ kennen** adnabod rhn yn arwynebol.

Flüchtige *m/f* ffoadur *g*, ffoadures *b*.

Flüchtigkeit *f* byrder *g*; *(Oberflächlichkeit)* brysiogrwydd *g*; *(CHEM)* anweddolrwydd *g*, ehedolrwydd *g*.

Flüchtigkeitsfehler *m* camgymeriad *g* trwy ddiffyg gofal, llithriad *g* esgeulus.

Flüchtling (-(e)s, -e) *m* ffoadur *g*, ffoadures *b*.

Flüchtlingslager *nt* gwersyll *g* ffoaduriaid, gwersyll noddfa.

Flucht- *kompos:* **~versuch** *m* ymgais *gb* i ffoi, ymgais i ddianc; **~weg** *m* dihangfa *b*, ffordd *b* ddianc.

Flug [fluːk] (-(e)s, ̈-e) *m* ehediad *g*, hedfaniad *g*; **im ~** yn hedfan; **die Zeit vergeht wie im ~** *(fig)* mae'r amser yn hedfan.

Flug- *kompos:* **~abwehr** *f* saethu *g* gwrthawyrennol;
~bahn *f* llwybr *g* hedfan; **~begleiter(in)** *m(f) (AERO)*
stiward *g*, stiwardes *b*; **~blatt** *nt* taflen *b*, pamffled
g.

Flügel ['fly:gəl] (**-s**, **-**) *m* adain *b*; *(SPORT, MIL)* asgell *b*;
(MUS) piano *g* traws.

Flügel- *kompos:* **~mutter** *f* nyten *b* adeiniog; **~stürmer**
m (SPORT) asgellwr *g*; **~tür** *f* drysau *ll* dwbl.

Fluggast ['flu:kgast] *m* teithiwr *g* ar awyren.

flügge ['flʏgə] *adj* pluog, wedi magu plu, parod i
hedfan; *(fig: Jugendlicher)* annibynnol.

Flug- *kompos:* **~geschwindigkeit** *f* cyflymdra *g* hedfan;
~gesellschaft *f* cwmni *g* awyrennau, cwmni
hedfan; **~hafen** *m* maes *g* awyr *b*; **~höhe** *f* uchder *g*
hedfan; **~lärm** *m* sŵn *g* awyrennau, twrw *g*
awyrennau; **~lotse** *m* rheolwr *g* trafnidiaeth awyr;
~linie *f* cwmni *g* awyrennau, cwmni hedfan; **~plan**
m cynllun *g* hedfan, amserlen *b* hedfan; **~platz** *m*
maes *g* awyr; *(regional)* maes glanio; **~reise** *f* taith
b mewn awyren, hedfaniad *g*, ehediad *g*.

flugs [flʊks] *adv* yn gyflym, yn chwim.

Flug- *kompos:* **~sand** *m* tywod *g* chwyth; **~schein** *m*
trwydded *b* hedfan; **~schreiber** *m* recordydd *g*
ehediad; **~schrift** *f* pamffled *g*, taflen *b*; **~steig** *m*
clwyd *b*; **~strecke** *f* llwybr *g* awyr; **~ticket** *nt* ticed
g; **~verkehr** *m* trafnidiaeth *b* awyr, traffig *g* awyr;
~wesen *nt* diwydiant *g* awyr; **~zettel** *m* pamffled *g*.

Flugzeug ['flu:ktsɔʏk] (**-(e)s**, **-e**) *nt* awyren *b*.

Flugzeug- *kompos:* **~entführung** *f* herwgipiad *g*
awyren; **~halle** *f*, **~hangar** *m* sied *b* awyrennau,
ysgubor *b* awyrennau; **~träger** *m* llong *b*
awyrennau, cludydd *g* awyrennau.

Fluktuation *f* toniad *g*.

fluktuieren [flʊktu'i:rən] *vi* amrywio, codi a disgyn,
ymdonni.

Flunder ['flʊndər] (**-**, **-n**) *f (ZOOL)* lleden *b*.

flunkern ['flʊŋkərn] *vi* palu/rhaffu celwyddau.

Fluor ['flu:ɔr] (**-s**, *kein pl*) *nt* fflworin *g*.

Flur¹ [flu:r] (**-(e)s**, **-e**) *m* cyntedd *g*; *(Treppen~)* grisiau
ll.

Flur² (**-**, **-en**) *f (geh)* caeau *ll* maith; **allein auf weiter ~**
(fig) ar eich pen eich hun.

Fluss [flʊs] (**-es**, **¨-e**) *m* afon *b*; *(Fließen)* llif *g*; *(fig)*
alles ist im ~ mae popeth yn y pair; **etw in ~ bringen**
ysgogi rhth, cychwyn rhth, symud rhth.

flussab *adv* = **flussabwärts**.

flussabwärts *adv* gyda'r afon.

flussauf *adv* = **flussaufwärts**.

flussaufwärts i fyny'r afon, yn groes i'r llif.

Fluss- *kompos:* **~bett** *nt* gwely *g*; **~delta** *nt* delta *g*;
~diagramm *nt* siart *g* rhediad.

flüssig ['flʏsɪç, -ɪk] *adj* gwlyb, hylifol; *(Stil)* llyfn; **~es**
Vermögen *nt* asedau *ll* rhydd; **~ machen** *(Geld)*
rhyddhau.

Flüssigkeit *f* hylif *g*; *(Zustand)* cyflwr *g* hylifol.

Flüssigkristalle *pl* grisialau *ll* hylif.

Fluss- *kompos:* **~lauf** *m* hynt *b* afon; **~mündung** *f* aber
gb.

Flusspferd *nt* vgl. **Nilpferd**.

flüstern ['flʏstərn] *vt*, *vi* sibrwd, sisial.

Flüsterpropaganda *f* ymgyrch *b* sibrydion.

Flut [flu:t] (**-**, **-en**) *f* llif *g*; *(fig)* llifeiriant *g*, boddfa *b*;
(Gezeiten) llanw *g*.

fluten *vt* gorlifo.

Flutlicht *nt* llifolau *g*.

flutschen ['flʊtʃən] *vi (+sein) (ugs: rutschen)* llithro.

Flutwelle ['flu:tvɛlə] (**-**, **-n**) *f* ton *b* llanw.

focht *vb* vgl. **fechten**.

Föderalismus *m* ffederaliaeth *b*.

Föderation *f* ffederasiwn *g*.

föderativ [fødera'ti:f] *adj* ffederal.

Fohlen ['fo:lən] (**-s**, **-**) *nt* ebol *g*.

Föhn [fø:n] (**-(e)s**, **¨-e**) *m* **1** *(MET)* föhn *g* (gwynt twym
a sych yn yr Alpau); **2** *(auch: Fön)* sychwr *g*
gwallt.

föhnen *vt* sychu â pheiriant.

Föhre ['fø:rə] *f (BOT)* pinwydden *b* yr Alban.

Fokus *m* ffocws *g*.

fokussieren *vt* ffocysu.

Folge ['fɔlgə] (**-**, **-n**) *f* cyfres *b*, dilyniant *g*;
(Fortsetzung) rhifyn *g*; *(Auswirkung)* canlyniad *g*; **in**
rascher ~ yn syth ar ôl ei gilydd; **etw zur ~ haben**
arwain i rth; **~ leisten** *+dat (gehorchen)* ufuddhau i.

folgen *vi (+sein) +dat* dilyn, canlyn; *(gehorchen)*
ufuddhau i; *(fig)* **jdm ~ können** gallu deall rhn;
daraus folgt, dass ... cesglir o hynny fod...

folgend *adj* dilynol, canlynol; **im F~en** fel a ganlyn;
(schriftlich auch) isod; **am ~en Tag** drannoeth.

folgendermaßen ['fɔlgəndər'ma:sən] *adv* fel a ganlyn.

folgenreich *adj* = **folgenschwer**.

folgenschwer *adj* pwysfawr, tyngedfennol.

folgerichtig *adj* rhesymegol.

folgern *vt* casglu; **daraus können wir ~, dass ...** gellir
casglu o hyn fod...

Folgerung (**-**, **-en**) *f* casgliad *g*.

folgewidrig *adj* afresymegol.

folglich ['fɔlklɪç] *adv* felly, o ganlyniad.

folgsam ['fɔlkza:m] *adj* ufudd.

Folgsamkeit *f* ufudd-dod *b*.

Folie ['fo:liə] (**-**, **-n**) *f* ffoil *g*; *(Alu~)* papur *g* arian;
(Overhead~) tryloywlun *g* uwchdaflunydd.

Folienschweißgerät *nt* peiriant *g* tynlapio.

Folklore [fɔlk'lo:rə] *f* llên *b* gwerin.

Folter ['fɔltər] *f* artaith *b*, poenydiad *g*; *(Gerät)* arteithglwyd *b*; **jdn auf die ~ spannen** *(fig)* cadw rhn ar bigau'r drain.

Folter- *kompos:* **~bank** *f* arteithglwyd *b*; **~knecht** *m* arteithiwr *g*, poenydiwr *g*.

foltern *vt* arteithio, poenydio.

Fön® [føːn] *m* sychwr *g* gwallt.

Fond [fõː] (-s, -s) *m* *(AUTO)* sêt *b* gefn; *(Bild)* cefndir *g*.

Fonds [fõː] (-, -) *m* cronfa *b*; *(FIN: Schuldverschreibung)* bond *g* llywodraeth.

Fondue [fõˈdyː] (-s, -s) *nt oder f (KOCH)* fondue *b*.

fönen *vt* = **föhnen**.

Fonotypistin *f* clywdeipyddes *b*.

Fontäne [fɔnˈtɛːnə] *f* pistyll *g*.

foppen ['fɔpən] *vt (ugs)* poeni, tynnu coes.

forcieren [fɔrˈsiːrən] *vt* gwthio, gwasgu; *(Tempo)* codi.

Förderband ['fœrdərbant] (-(e)s, ¨-er) *nt* belt *gb* cludo, cludfelt *g*.

Förderer (-s, -) *m* noddwr *g*.

Fördergebiet (-(e)s, -e) *nt (BERGB)* ardal fwyngloddio.

Förderin (-, -nen) *f* noddwraig *b*.

Förder- *kompos:* **~korb** *m* caets *g* pwll glo; **~leistung** *f* *(BERGB)* cynnyrch *g*, allgynnyrch *g*.

förderlich *adj* buddiol, llesol.

fordern ['fɔrdərn] *vt* hawlio, mynnu; *(heraus~)* herio.

fördern ['fœrdərn] *vt* hyrwyddo, hybu; *(Kohle)* cloddio, turio; *(finanziell)* noddi.

Förder- *kompos:* **~plattform** *f* llwyfan *gb* olew; **~stufe** *f* *(SCH)* dosbarth ar gyfer pob gallu; **~turm** *m (BERGB)* twr *g* dirwyn, twr weindio.

Forderung ['fɔrdəruŋ] (-, -en) *f* gorchymyn *g*.

Förderung ['fœrdəruŋ] *f* hyrwyddiad *g*; *(BERGB)* turio *g*, tyrchu *g*.

Förderungspreis *m* ysgoloriaeth *b*.

Forelle [foˈrɛlə] (-, -n) *f (ZOOL)* brithyll *g*.

Forkeᴰ *f* fforch *b*, gafl *b*.

Form [fɔrm] (-en) *f* ffurf *b*, llun *g*, siâp *g*; *(Guss~)* mowld *g*; *(Back~)* tun *g* pobi/crasu; **in ~ von** ar ffurf; **in ~ sein** bod mewn hwyliau da, bod yn heini; **die ~ wahren** ymddwyn yn weddus; **in aller ~** yn ffurfiol.

formal [fɔrˈmaːl] *adj* ffurfiol; *(Besitzer, Grund)* technegol.

formalisieren [fɔrmaliˈziːrən] *vt* ffurfioli.

Formalismus *m* ffurfiolaeth *b*.

Formalität [fɔrmaliˈtɛːt] (-, -en) *f* ffurfioldeb *g*; **die ~en erledigen** gwneud y pethau ffurfiol.

Format [fɔrˈmaːt] (-(e)s, -e) *nt* diwyg *g*, gwedd *b*, fformat *g*; *(Papier)* glud *g*, seis *g*; *(fig)* **ein Mann von ~** gŵr nodedig.

formatieren [fɔrmaˈtiːrən] *vt (Text, Diskette)* fformatio, patrymu.

Formation [fɔrmatsiˈoːn] *f* ffurfiant *g*, trefniant *g*.

formbar ['fɔrmbaːr] *adj* hawdd ei fowldio.

Formblatt ['fɔrmblat] (-(e)s, ¨-er) *nt* ffurflen *b*.

Formel ['fɔrməl] *f (MATH)* fformiwla *b*; *(SPORT)* **~ 1** fformiwla 1; *(von Eid)* geiriad *g*, mynegiant *g*; *(Floskel)* priod-ddull *g*, ymadrodd *g* gosod.

formelhaft *adj (Sprache, Stil)* ystrydebol.

formell [fɔrˈmɛl] *adj* ffurfiol.

formen ['fɔrmən] *vt* llunio, ffurfio; *(KUNST)* mowldio; *(gründen)* creu, sefydlu.

Formfehler (-s, -) *m (Benehmen)* llithriad *g*, caff *g* gwag; *(GRAM)* camgymeriad *g* gramadegol; *(JUR)* afreoleidd-dra *g*.

formieren [fɔrˈmiːrən] *vt* ffurfio.
   ◆ *vr* ymffurfio.

förmlich ['fœrmlɪç] *adj* ffurfiol.
   ◆ *adv (ugs)* yn wir.

Förmlichkeit *f* ffurfiolrwydd *g*.

formlos *adj* di-lun, di-siâp; *(Benehmen)* anffurfiol; *(Antrag)* heb ffurflen, diffurflen.

Formsache *f* mater *g* o ffurf; **reine ~** ffurfioldeb syml, dim ond mater o ffurf.

Formular [fɔrmuˈlaːr] (-(e)s, -e) *nt* ffurflen *b*.

formulieren [fɔrmuˈliːrən] *vt* datganu, gosod allan, fformiwleiddio; *(Ziele)* mynegi.

Formulierung (-, -en) *f* geiriad *g*, mynegiant *g*.

Formung *f* ffurfiant *g*.

formvollendet *adj* cyflawn, perffaith; *(Kunstgegenstand)* cain, coeth.

forsch [fɔrʃ] *adj* egnïol, grymus.

forschen *vi:* **~ nach** chwilio am; *(wissenschaftlich)* **~ über** *+akk* gwneud ymchwil ar, ymchwilio.

forschend *adj* trylwyr; *(Blick)* treiddiol.

Forscher (-s, -) *m* ymchwilydd *g*; *(Natur~)* fforiwr *g*.

Forschung (-, -en) *f* ymchwil *gb*; **Lehre und ~** ymchwil ac addysgu; **~ und Entwicklung** ymchwil a datblygu.

Forschungs- *kompos:* **~arbeit** *f* ymchwil *gb*; **~reise** *f* taith *b* ymchwil wyddonol.

forschungsfrei *adj (UNIV)* sabothol.

Forschungsstipendium *nt* sgoloriaeth *b*, grant *g*, cymrodoriaeth *b*.

Forst [fɔrst] (-(e)s, -e) *m (geh)* coedwig *b*, fforest *b*.

Forstarbeiter *m* coedwigwr *g*, fforestwr *g*.

Förster ['fœrstər] (-s, -) *m* coedwigwr *g*, fforestwr *g*; *(für Wild)* ciper *g*.

Forst- *kompos:* **~verwaltung** *f* coedwigaeth *b*; **~weg** *m* cilffordd *b*.

Forstwesen *nt* = **Forstwirtschaft**.

Forstwirtschaft *f* coedwigaeth *b*.

fort [fɔrt] *adv* i ffwrdd, bant; *(verschwunden)* wedi mynd, diflanedig; *(vorwärts)* ymlaen; **und so ~** ac yn y blaen, ac ati; **in einem ~** yn ddi-baid.

Fort [foːr] *nt* caer *b*, gwersyll *g*.

fortan *adv* rhag llaw.

fortbestehen *irreg vi* goroesi, parhau.

fortbewegen *vt, vr* symud.

Fortbewegung *f* ymsymudiad *g*.

fortbilden *vr* addysgu eich hun ymhellach.

Fortbildung *f* addysg *b* bellach.

fortbleiben *irreg vi (+sein)* cadw draw.

fortbringen *irreg vt* cludo ymaith.

Fortdauer *f* parhad *g*.

fortdauernd *adj* parhaol, parhaus.

fortfahren *irreg vi (+sein)* cychwyn; *(fortsetzen) (+haben)* mynd ymlaen, parhau.

fortführen *vt* dal ymlaen â, parhau, estyn.

Fortgang *m (Verlauf)* parhad *g*.

fortgehen *irreg vi (+sein)* mynd i ffwrdd.

fortgeschritten *adj* datblygedig, ymhell ar y blaen; **zu ~er Stunde** yn hwyrach; *(spät)* ym mherfeddion y nos.

fortjagen *vt* hel ymaith.

fortkommen *irreg vi (+sein)* symud ymlaen; *(wegkommen)* symud o'r fan, mynd ymaith.

fortkönnen *irreg vi* gallu mynd i ffwrdd.

fortlassen *vt (auslassen)* gadael allan, hepgor; *(weggehen lassen)* gadael (i rn) fynd.

fortlaufend *adj* parhaol; **~ numeriert** wedi eu rhifo'n olynol.

fortmüssen *irreg vi* gorfod mynd.

fortpflanzen *vr* atgenhedlu, epilio.

Fortpflanzung *f* epiliad *g*, atgenhedliad *g*.

Forts. *abk* = **Fortsetzung.**

fortschaffen *vt* symud ymaith.

fortschreiten *irreg vi (+sein)* symud ymlaen.

Fortschritt [ˈfɔrtʃrɪt] *(-(e)s, -e) m (fig)* datblygiad *g*, symudiad *g* ymlaen; **~e machen** gwneud cynnydd; *(gesundheitlich)* gwella; **dem ~ dienen** hybu/hyrwyddo datblygiad.

fortschrittlich *adj* blaengar, cynyddgar.

Fortschrittlichkeit *f* blaengarwch *g*.

fortschrittsgläubig *adj* o blaid datblygiad, yn credu mewn datblygiad.

fortsetzen *vt* mynd ymlaen â; *(wiederaufnehmen)* ailgychwyn.

Fortsetzung *f* parhad *g*; *(TV, Folge)* pennod *b*, rhan *b*; **~ folgt** i'w barhau.

Fortsetzungsroman *m* nofel *b* gyfres.

fortwährend *adj* di-baid, parhaus.

fortwirken *vi* parhau i gael effaith/dylanwad.

fortziehen *irreg vt (+haben)* tynnu i ffwrdd.

♦ *vi (+sein)* symud ymlaen; *(umziehen)* symud i ffwrdd.

Forum *nt* fforwm *g*.

Fossil *nt* ffosil *g*.

fossilisieren *vt* ffosileiddio.

Foto [ˈfoːto] *(-s, -s) nt* ffotograff *g*, llun *g*; **ein ~ machen** tynnu llun.

Foto- *kompos:* **~album** *nt* albwm *g* ffotograffau; **~apparat** *m* camera *g*; **~-CD** *f* disg *gb* ffoto.

Fotograf [fotoˈɡraːf] *(-en, -en) m* ffotograffydd *g*.

Fotografie [fotograˈfiː] *f* ffotograffiaeth *b*, ffotograffeg *b*; *(Bild)* ffotograff, llun.

fotografieren [fotograˈfiːrən] *vt untrenn* tynnu llun (o).

♦ *vi* tynnu lluniau.

fotografisch *adj* ffotograffaidd.

Fotokopie *(-, -n) f* llungopi *g*.

fotokopieren [fotokoˈpiːrən] *vt untrenn* llungopïo.

Foto- *kompos:* **~kopierer** *m* llungopïwr *g*; **~kopiergerät** *nt* peiriant *g* llungopïo; **~synthese** *f* ffotosynthesis *g*.

Fötus *m* ffoetws *g*.

Fotze [ˈfɔtsə] *f (vulg)* cont *b*.

Foul [faʊl] *(-s, -s) nt (SPORT)* camchwarae *g*, ffowl *b*.

Foyer [foaˈjeː] *(-s, -s) nt* cyntedd *g*.

FPÖ[A] *(-, kein pl) f abk (= Freiheitliche Partei Österreichs)* Plaid Ryddfrydol Awstria.

Fr. *abk* = **Frau.**

Fracht [fraxt] *(-, -en) f* llwyth *g*; *(NAUT)* cargo *g*; *(Preis)* pris *g* cludiant; *(COMM)* **~ zahlt Empfänger** cludiad dyledus.

Frachtbrief *m (COMM)* teithrestr *b*, anfoneb *b*.

Frachter [ˈfraxtər] *(-s, -) m* llong *b* gludo.

Fracht- *kompos:* **~gut** *nt* cargo *g*; **~kosten** *pl* costau *ll* cludiant; **~raum** *m* howld *g*; **~schiff** *nt* llong *b* gludo.

Frack [frak] *(-(e)s, ¨-e) m* cot *b* gynffon.

Frage [ˈfraːɡə] *(-, -n) f* cwestiwn *g*; **jdm eine ~ stellen** gofyn cwestiwn i rn; **in ~ stellen** amau; **das steht außer ~** nid oes unrhyw amheuaeth am hynny; **in ~ kommen** bod yn bosibl; **das kommt nicht in ~!** dim ar unrhyw gyfrif! byth bythoedd!

Fragebogen *m* holiadur *g*.

fragen [ˈfraːɡən] *vt, vi* gofyn; **~ nach** *+dat* holi ynghylch; **ohne lange zu ~** heb holi llawer; **da fragst du mich zuviel** *(ugs)* does gen i ddim syniad.

♦ *vr* tybed.

Fragerei [fraːɡəˈraɪ] *f* holi *g*, cwestiynau *ll*.

Frage- *kompos:* **~steller** *m* holwr *g*; **~stunde** *f (im Parlament)* yr awr *b* holi; **~zeichen** *nt* gofynnod *g*.

fragil *adj* bregus, llegach.

fraglich [ˈfraːklɪç] *adj* dadleuol, amheus.

fraglos [ˈfraːklos] *adv* yn ddiamau.

Fragment [frag'mɛnt] (-(e)s, -e) *nt* tameidyn *g*, talch *g*.

fragmentarisch [fragmɛn'taːrɪʃ] *adj* darniog, tameidiog, bratiog.

fragwürdig ['fraːkvʏrdɪç, -ɪk] *adj* amheus, brith, broc.

Fraktion [fraktsi'oːn] (-, -en) *f (POL)* plaid *b* seneddol.

Fraktions- *kompos:* **~führer** *m*, **~vorsitzende** *m/f (POL)* prif-chwip *gb* plaid wleidyddol; **~zwang** *m* gorfodaeth i ufuddhau chwip y blaid.

Fraktur *f (MED)* toriad *g*.

frank [fraŋk] *adj* agored, onest.

Franke *m* Ffranciad *g*.

Franken[1] ['fraŋkən] *nt (GEOG)* Ffranconia.

Franken[2] (-, -) *m:* **(Schweizer)** ~ ffranc *gb* y Swistir.

Frankfurter[1] ['fraŋkfurtər] *adj* o Frankfurt; ~ **Würstchen** *pl vgl.* **Frankfurter**[2].

Frankfurter[2] *pl (Würstchen)* frankfurter *ll*, selsig *ll* Frankfurt.

Frankfurter[3] (-s, -) *m* (**~in** *f*) brodor(es) *g(b)* o Frankfurt.

frankieren [fraŋ'kiːrən] *vt* rhoi stamp ar.

Frankiermaschine *f* peiriant *g* stampio.

Fränkin *f* Ffranciad *g*.

fränkisch ['frɛŋkɪʃ] *adj* Ffranconaidd.

franko ['fraŋko] *adv (COMM)* a'r cludiad wedi ei dalu.

frankophon *adj* Ffrangeg ei iaith.

Frankreich ['fraŋkraɪç] *nt (GEOG)* Ffrainc *b*.

Franse ['franzə] (-, -n) *f (TEX)* eddi *ll*, rhidens *ll*, rhwymyn *g*.

fransen *vi* rhaflio.

franz. *abk* = **französisch**.

Franzbranntwein *m* eli *g* alcoholaidd.

Franziskaner *m* Ffransisiad *g*, mynach *g* gwyn.

Franzose [fran'tsoːzə] (-n, -n) *m* Ffrancwr *g*; **(Schraubenschlüssel)**[A] tyndro *g*.

Französin [fran'tsøːzɪn] (-, -nen) *f* Ffrances *b*.

französisch [fran'tsøːzɪʃ] *adj* Ffrengig; **~es Bett** gwely *g* dwbl; **die F~e Revolution** y Chwyldro *g* Ffrengig.

Französisch *nt (Sprache)* Ffrangeg *b*.

Fräse ['frɛːzə] (-, -n) *f (TECH)* melinwr *g*.

fräsen *vt* llifanu.

Fräsmaschine (-, -n) *f* peiriant *g* melino.

fraß *vb vgl.* **fressen**.

Fraß [fraːs] (-(e)s, -e) *m* llwch *g* lindys; *(ugs: Essen)* mochyndra *g*.

Fratz[A] *m (ugs)* mwnci *g* bach.

Fratze ['fratsə] (-, -n) *f* ystum *gb*, gwep *b*; **eine ~ schneiden** tynnu wyneb/gwep.

Frau [frau] (-, -en) *f* benyw *b*, menyw *b*, merch *b*, dynes *b*; *(Ehe~)* gwraig *b*; *(Anrede)* madam, boneddiges *b*; ~ **Gruber** Mrs (meistres) Gruber, y Fns (Foneddiges) Gruber; ~ **Doktor** doctor.

Frauen- *kompos:* **~arzt** *m*, **~ärztin** *f* gynecolegydd *g*; **~bewegung** *f* symudiad *g* ffeministaidd.

frauenfeindlich *adj* gwreig-gasaol.

Frauen- *kompos:* **~gefängnis** *nt* carchar *g* merched; **~haus** *nt* lloches *b* i fenywod; **~held** *m* rhn sy'n hel merched; **~quote** *f* cyfartaledd *g* argymelledig o fenywod mewn gwaith; **~rechtlerin** *f* ffeminyddes *b*; **~zimmer** *nt (pej)* creadures *b*.

Fräulein ['frɔʏlaɪn] *nt* merch ddi-briod; *(Anrede)* Miss; *(ugs: Kellnerin)* gweinyddes *b*; *(Verkäuferin)* gwerthwraig *b*.

fraulich *adj* benywol.

frech [frɛç] *adj* haerllug, huf; ~ **wie Oskar** *(ugs)*[D] yn ellyll haerllug.

Frechdachs *m (ugs)* ellyll *g* haerllug.

Frechheit (-, -en) *f* haerllugrwydd *g*; **sich** *dat* **~en erlauben** bod yn hyf.

Fregatte [fre'gatə] (-, -n) *f (NAUT)* ffrigad *b*.

frei [fraɪ] *adj* **1** rhydd; *(Mitarbeiter)* annibynnol; **von etw ~ sein** bod yn rhydd o rth; **aus ~en Stücken** o'ch gwirfodd; ~ **nach ...** wedi ei seilio ar...; **~e Fahrt** heb rwystr o'ch blaen; **der Film ist ~ ab 16** caniateir i bobl 16 oed a hŷn weld y ffilm; **Bahn ~!** allan o'r ffordd! **~e Marktwirtschaft** economi'r farchnad rydd; **~er Wettbewerb** cystadleuaeth *b* rydd; **2** *(gratis)* am ddim; ~ **Haus** *(COMM)* cludiad wedi ei dalu; ~ **Schiff** *(COMM)* di-dâl at y llong; **3:** ~ **sprechen** siarad heb nodiadau; **morgen ist ~** diwrnod rhydd sydd yfory; **sich** *dat* **einen Tag ~ nehmen** cymryd diwrnod (i ffwrdd) o'r gwaith; **4** *(Stelle, Sitzplatz)* rhydd, gwag; *(verfügbar: Geld)* ar gael; **Zimmer ~** lle ar gael; **5:** **unter ~em Himmel** dan yr awyr las; **im F~en** yn yr awyr agored; **auf ~er Strecke** *(BAHN)* rhwng gorsafoedd; **in ~er Wildbahn** *(Tier)* yn wyllt; **6** *(unbedeckt)* noeth; *(beim Arzt)* **sich ~ machen** tynnu dillad.

Freibad (-(e)s, ¨-er) *nt* pwll *g* nofio awyr agored.

freikommen *irreg vi* cael diwrnod i ffwrdd o'r gwaith.
　♦ *vt:* **jdn ~** peri i rn gael ei ryddhau.

freiberuflich *adj* hunangyflogedig.

Freibetrag *m (FIN)* lwfans *g* trethi.

Freibeuter *m* môr-leidr *g*.

Freier *m* cariadfab *g*.

Freiexemplar ['fraɪʔɛksɛm'plaːr] *nt* copi *g* rhad.

freigeben ['fraɪgeːbən] *irreg vt:* **etw zum Verkauf ~** caniatáu i rth gael ei werthu yn agored.

freigebig ['fraɪgeːbɪç, -ɪk] *adj* hael, haelionus.

Freigebigkeit *f* haelioni *g*.

Freihafen (-s, ¨-) *m* porthladd *g* di-doll.

freihalten *irreg vt* cadw'n rhydd; *(bezahlen)* talu dros.

Freihandel *m* masnach *b* rydd.

Freihandelszone *f* ardal *b* masnach rydd.

freihändig ['fraɪhɛndɪç, -ɪk] *adj* heb ddefnyddio'r dwylo.

Freiheit *f* rhyddid *g*; **sich** *dat* **die ~ nehmen, etw zu tun** bod mor hyf â gwneud rhth.

freiheitlich *adj* rhyddfrydig.

Freiheits- *kompos:* **~beraubung** *f (JUR)* carchariad *g* ar gam; **~drang** *m* ysfa *b* am ryddid; **~kampf** *m* brwydr *b* dros ryddid; **~kämpfer** *m* ymladdwr *g* dros ryddid; **~strafe** *f* dedfryd *gb* carchar.

freiheraus *adv* yn blwmp ac yn blaen.

Freiherr *m* barwn *g*.

Freikarte (-, -n) *f* tocyn *g* rhydd.

freikaufen *vt* pridwerthu.

freikommen *irreg vi (+sein)* cael rhyddid.

Freikörperkultur *f* noethlymuniaeth *b*.

freilassen *irreg vt* rhyddhau.

Freilauf *m (TECH)* rhyddrediad *g*.

freilaufend *adj (Hühner)* crwydrol.

freilegen *vt* datguddio, amlygu.

freilich ['fraɪlɪç] *adj* wrth gwrs, debyg iawn.

Freilicht- *kompos:* **~bühne** *f* theatr *b* awyr agored; **~museum** *nt* amgueddfa *b* awyr agored.

freimachen *vt (entblößen)* dinoethu; *(Post)*° rhoi stamp ar.

♦ *vr* trefnu eich bod yn rhydd, trefnu bod amser gyda chi; *(auskleiden)* tynnu'ch dillad.

Freimaurer (-s, -) *m* Saer *g* Rhydd.

freimütig *adj* gonest, diffuant.

Freiraum (-(e)s, *kein pl*) *m (fig)* rhyddid *g* (i wneud rhth).

freischaffend *adj* yn gweithio ar eich liwt eich hun.

Freischärler ['fraɪʃɛrlər] (-s, -) *m* herfilwr *g*, rebel *g*.

freisetzen *vt* rhyddhau; *(Energien)* gollwng.

freisinnig *adj* rhyddfrydig.

freisprechen *irreg vt* rhyddfarnu.

Freispruch *m* rhyddfarniad *g*.

freistehen *irreg vi* sefyll ar wahân; *(fig)* **es steht dir ~, das zu tun** mae rhyddid i ti wneud hynny.

freistellen *vt:* **ich stelle es dir ~** fe'i gadawaf i ti.

Frei- *kompos:* **~stil** *m (SPORT)* dull *g* rhydd; **~stoß** *m (SPORT)* cic *b* rydd; **~stunde** *f (SCH)* gwers *b* rydd.

Freitag *m* dydd *g* Gwener.

freitags *adv* bob dydd Gwener.

Frei- *kompos:* **~tod** *m (geh)* hunanladdiad *g*; **~übungen** *pl* ymarfer *gb* corff; **~wild** *nt (fig)* cocyn *g* hitio.

freiwillig *adj* gwirfoddol, digymell, o'ch gwirfodd.

Freiwillige *m/f* gwirfoddolwr *g*.

Freizeichen ['fraɪtsaɪçən] (-s, -) *nt (TEL)* sŵn *g* galw.

Freizeit ['fraɪtsaɪt] (-, *kein pl*) *f* amser *g* hamdden.

Freizeit- *kompos:* **~beschäftigung** *f* hobi *g*, diddordeb

g; **~gestaltung** *f* trefniant *g* amser hamdden; **~kleidung** *f* dillad *ll* hamdden; **~möglichkeiten** *pl* amwynderau *ll* hamdden; **~zentrum** *nt* canolfan *gb* hamdden.

freizügig ['fraɪtsyːɡɪç, -ɪk] *adj* eangfrydig; *(mit Geld)* hael.

fremd [frɛmt] *adj (unvertraut)* dieithr, anghynefin; *(ausländisch)* estron; *(nicht eigen)* yn perthyn i rn arall; **etw ist jdm ~** mae rhth yn ddieithr i rn; **ich bin hier ~** rwy'n ddieithr yma.

fremdartig ['frɛmtˀaːrtɪç, -ɪk] *adj* anghyffredin.

Fremde[1] ['frɛmdə] *f* gwlad *b* ddieithr.

Fremde[2] *m/f (Ausländer)* estronwr *g*, estrones *b*, dieithryn *g*.

Fremden- *kompos:* **~führer** *m* tywysydd *g* twristiaid; *(Buch)* teithlyfr *g*; **~legion** *f (MIL)* y Lleng *b* Dramor; **~verkehr** *m* twristiaeth *b*; **~zimmer** *nt* ystafell *b* westeion.

fremdgehen *irreg vi (+sein) (ugs)* bod yn anffyddlon.

Fremd- *kompos:* **~kapital** *nt* cyfalaf *g* benthyg; **~körper** *m* peth *g* dieithr.

fremdländisch *adj* estron.

Fremdling (-(e)s, -e) *m* dieithryn *g*.

Fremdsprache (-, -n) *f* iaith *b* dramor.

Fremdsprachenkorrespondentin *f* ysgrifenyddes *b* ddwyieithog.

fremdsprachig *adj* yn ymwneud ag ieithoedd tramor.

Fremdwort (-(e)s, ¨-er) *nt* gair *g* benthyg.

frenetisch [freˈneːtɪʃ] *adj* gorffwyll.

frequentieren *vt* cyniwair.

Frequenz [freˈkvɛnts] (-, -en) *f (RADIO)* amledd *g*.

Fresko *nt* ffresgo *g*, murlun *g*.

Fresse ['frɛsə] *f (ugs: Mund)* ceg *b*; *(Gesicht)* gwep *b*; **halt die ~!** cau dy geg!

fressen *irreg vt (Tier)* bwyta; *(pej: Mensch)* llowcio, lleibio.

♦ *vr:* **sich voll ~** bwyta'ch gwala; **einen Narren an jdm gefressen haben** dotio ar rn.

Frettchen ['frɛtçən] (-s, -) *nt (ZOOL)* ffured *g*.

Freude ['frɔʏdə] (-, -n) *f* llawenydd *g*, pleser *g*; **~ an etw** *dat* **haben** cael mwynhad o rth, ymhyfrydu mewn gwneud rhth; **jdm eine ~ machen** *oder:* **jdm ~ bereiten** peri mwynhad i rn; **außer sich vor ~** wrth eich bodd; **jdm die ~ an etw** *dat* **verderben** difetha hwyl rhn am rth.

Freuden- *kompos:* **~fest** *nt* ysbleddach *gb*; **~feuer** *nt* coelcerth *b*; **~haus** *nt* puteindy *g*.

Freudentanz (-es, ¨-e) *m:* **einen ~ aufführen** llamu gan lawenydd.

Freudentränen *pl* dagrau *o* lawenydd.

freudestrahlend *adj* yn wên o glust i glust.

freudig *adj* llawen, hapus.

freudlos *adj* di-hoen.

freuen *vt unpers:* **es freut mich** rwy'n falch.

    ♦ *vr* bod wrth eich bodd; **sich über etw** *akk* ~ bod yn falch o rth; **sich auf etw** *akk* ~ edrych ymlaen at rth.

Freund [frɔʏnt] (-(e)s, -e) *m* cyfaill *g*, ffrind *g*; *(Kamerad)* cymar *g*; *(Partner)* cariad *g*; **ich bin kein ~ von so etwas** nid yw'r math yna o beth yn apelio ata' i.

Freundin *f* cyfeilles *b*; *(Partnerin)* cariad *b*; *(Gefährtin)* cymhares *b*.

freundlich *adj* cyfeillgar; **bitte recht ~!** gwenwch! **würden Sie bitte so ~ sein** a fyddech mor garedig; **mit ~en Grüßen** yn ddiffuant.

freundlicherweise *adv* yn garedig.

Freundlichkeit *f* cyfeillgarwch *g*, caredigrwydd *g*.

Freundschaft (-, -en) *f* cyfeillgarwch *g*; **~ schließen mit jdm** gwneud ffrindiau â rhn.

freundschaftlich *adj* cyfeillgar.

Freundschaftsspiel *nt (SPORT)* prawf *g*.

Frevel ['fre:vəl] *m* pechod *g*; **~ an** +*dat* trosedd *gb* yn erbyn.

frevelhaft *adj* ysgeler.

Frevler (-s, -) *m* (~in *f*) pechadur *g*, troseddwr *g*.

Frhr. *abk* (= Freiherr) barwn *g*.

Friede *m* vgl. **Frieden**.

Frieden ['fri:dən] *m* (-s, *kein pl*) heddwch *g*, hedd *g*; **mit jdm ~ schließen** ymgymodi â rhn; **in ~ lassen** gadael mewn hedd; **um des lieben ~s willen** *(ugs)* er mwyn heddwch; **ich traue dem ~ nicht** *(ugs)* mae rhth amheus ymlaen.

Friedens- *kompos:* **~bewegung** *f* mudiad *g* heddwch; **~richter** *m* Ynad *g* Heddwch; **~schluss** *m* cytundeb *g* heddwch; **~truppe** *f* llu *g* cadw heddwch; **~verhandlungen** *pl* trafodaethau *ll* i sicrhau heddwch; **~vertrag** *m* cytundeb *g* heddwch; **~zeit** *f* adeg *b* heddwch.

friedfertig ['fri:tfɛrtɪç, -ɪk] *adj* heddychlon.

Friedhof ['fri:tho:f] (-(e)s, ¨-e) *m* mynwent *b*.

friedlich ['fri:tlɪç] *adj* heddychlon; **etw auf ~em Wege lösen** datrys rhth mewn ffordd heddychlon.

frieren ['fri:rən] *irreg vt, vi* (+*haben*) rhewi; **ich friere** *oder:* **es friert mich** rwy'n rhewi/sythu, rwy'n oer; **wie ein Schneider ~** *(ugs)* rhewi at fêr eich esgyrn.

    ♦ *vi* (+*sein*) *(gefrieren)* rhewi.

Fries [fri:s] (-es, -e) *m oder nt (ARCHIT)* cyfreslun *g*, ffris *g*.

Friese ['fri:zə] (-n, -n) *m* Ffrisiad *g*.

Friesin ['fri:zɪn] *f* Ffrisiad *g*.

Friesland *nt (GEOG)* Ffrisia *b*.

frigid [fri'gi:t] *adj* oerllyd, rhewog.

Frikadelle° [frika'dɛlə] (-, -n) *f* risol *gb*, pelen *b* friwgig.

frisch [frɪʃ] *adj* ffres, newydd, ir, glas; *(lebhaft)* sionc; **~e Luft** awyr iach; **~ gestrichen** paent ffres, paent gwlyb; **sich ~ machen** ymolchi, ymbincio; **jdn auf ~er Tat ertappen** dal rhn wrth y weithred.

Frische *f* ffresni *g*, glesni *g*; *(Mensch)* bywiogrwydd *g*; **in alter ~** yn fywiog unwaith eto.

Frischhalte- *kompos:* **~beutel** *m* bag seliedig i gadw bwyd yn ffres; **~folie** *f* haenen *b* lynu.

Frischluft *f* awyr *b* iach, awel *b* iach.

frischweg *adv* yn ddi-flewyn-ar-dafod.

Friseur [fri'zø:r] (-es, -e) *m* dyn *g* trin gwallt; **~in** *f* menyw *b* trin gwallt.

Friseuse [fri'zø:zə] *f* menyw *b* trin gwallt.

frisieren [fri'zi:rən] *vt (Haar)* trin; *(AUTO)* grymuso injan; *(Abrechnung)* ffidlan.

    ♦ *vr* cribo'ch gwallt, trin eich gwallt.

Frisier- *kompos:* **~salon** *m* salon *gb* trin gwallt; **~tisch** *m* bwrdd *g* ymbincio.

Frisör *m* = **Friseur**.

Frist [frɪst] (-, -en) *f* cyfnod *g*; *(Termin)* dyddiad *g* cau, adeg *b* cau; **eine ~ von vier Tagen** pedwar diwrnod o ras; **eine ~ einhalten** cwblhau mewn pryd; *(bei Rechnung)* talu mewn pryd.

fristen *vt:* **sein Dasein ~** crafu bywoliaeth.

Fristenlösung *f (JUR)* deddf *b* erthyliad.

fristgerecht *adj* ymhen yr amser penodol.

fristlos *adj (Entlassung)* yn y fan a'r lle.

Frisur [fri'zu:r] (-, -en) *f* dull *g* gwisgo gwallt, steil *b* gwallt.

Fritteuse [fri'tø:zə] (-, -n) *f* ffriwr *g* saim dwfn.

frittieren [fri'ti:rən] *vt* ffrio'n ddwfn.

frivol [fri'vo:l] *adj* gwamal, llithrig.

Frl. *abk* = **Fräulein**.

froh [fro:] *adj (fröhlich)* siriol, llon, dedwydd; *(glücklich)* hapus, balch; *(Zeiten)* hapus, bendigaid; **ich bin ~, dass ...** rwy'n falch bod...

fröhlich ['frø:lɪç] *adj* dedwydd, siriol, llawen, hwyliog; **~e Weihnachten!** Nadolig Llawen!

Fröhlichkeit *f* dedwyddwch *g*, sirioldeb *g*, miri *g*.

frohlocken [fro'lɔkən] *vi untrenn (geh)* llawenhau; *(pej)* gorfoleddu.

Frohsinn ['fro:zɪn] (-(e)s, *kein pl*) *m* sirioldeb *g*.

fromm [frɔm] *adj* duwiol; *(Wunsch)* ofer.

Frömmelei [frœmə'laɪ] (-, *kein pl*) *f* duwioldeb *g* ffug.

Frömmigkeit *f* duwioldeb *g*.

frönen ['frø:nən] *vi* +*dat (geh)* ymbleseru mewn.

Fronleichnam [fro:n'laɪçnaːm] *m* Gŵyl Corff Crist.

Front [frɔnt] (-, -en) *f* wyneb *g* blaen; *(MIL, MET)* ffrynt *gb*; **klare ~en schaffen** eglurhau'r sefyllfa.

frontal [frɔn'taːl] *adj* blaen; *(aufeinander zu)* penben.

Frontal- *kompos:* **~angriff** *m* ymosodiad *g* o'r tu blaen; **~zusammenstoß** *m* gwrthdrawiad *g* penben.

fror *vb vgl.* **frieren.**

Frosch [frɔʃ] (-(e)s, ¨-e) *m* (ZOOL) broga *g*, llyffant *g*; **sei kein ~** *(ugs)*ᴰ paid â bod yn surbwch; **einen ~ in der Kehle haben** bod â chrygni ar eich llais.

Froschgoscherlᴬ *nt* (BOT) safn *b* y llew.

Frosch- *kompos:* **~laich** *m* grifft *g*; **~mann** *m* nofiwr *g* tanddwr; **~schenkel** *m* coes *b* broga.

Frost [frɔst] (-(e)s, ¨-e) *m* rhew *g*.

frostbeständig *adj* gwydn, diogel rhag barrug.

Frostbeule *f* (MED) llosg *g* eira.

frösteln [ˈfrœstəln] *vi* rhynnu, crynu.

frostig *adj* rhewllyd, rhynllyd.

Frostschutzmittel *nt* gwrthrewydd *g*.

Frottee [frɔˈteː] *nt oder m* (TEX) defnydd *g* llieiniau/tywelon.

Frotteehandtuch (-(e)s, ¨-er) *nt* lliain *g* sychu, tywel *g*.

frottieren [frɔˈtiːrən] *vt* rhwbio (â lliain).

Frottiertuch *nt* = **Frotteehandtuch.**

frotzeln [ˈfrɔtsəln] *vt, vi* (ugs) pryfocio.

Frucht [fruxt] (-, ¨-e) *f* (auch fig) ffrwyth *g*; (Getreide) cnwd *g*; **Früchte tragen** (auch fig) dwyn ffrwyth.

fruchtbar *adj* ffrwythlon; (fig) buddiol.

Fruchtbarkeit *f* ffrwythlondeb *g*.

Früchtchen *nt* (ugs: Tunichtgut) rhn diffaith.

Früchte- *kompos:* **~becher** *m* hufen *g* iâ a ffrwythau; **~brot** *nt* bara *g* brith.

fruchten *vi* bod o ddefnydd; **das fruchtet alles nichts** nid yw'n dangos unrhyw effaith.

Frucht- *kompos:* **~fleisch** *nt* mwydion *ll*; **~folge** *f* cylchdro *g* cnydau.

fruchtig *adj* (Geschmack) ffrwythaidd.

Frucht- *kompos:* **~jogurt** *nt oder m* iogwrt *g* ffrwythau; **~knoten** (BOT) hadlestr *g*.

fruchtlos *adj* diffrwyth; (fig) ofer, di-fudd.

Fruchtsaft (-(e)s, ¨-e) *m* sudd *g* ffrwyth.

früh [fryː] *adj* cynnar, yn gynnar; **von ~ auf** o fore eich oes; **der ~e Vogel fängt den Wurm** y ci a gerddo a gaiff.

Früh *f:* **heute ~** bore heddiw; **morgen ~** bore fory.

Früh- *kompos:* **~aufsteher** *m* boregodwr *g*; **~dienst** *m* daliad *g* cynnar.

Frühe [ˈfryːə] *f:* **in aller ~** ben bore, yn y bore bach.

früher *adj* cynharach, cyntaf; (ehemalig) blaenorol; **der ~e Direktor** y cyn-brifathro; **ihr ~er Mann** ei chyn-ŵr.

◆ *adv* (vorher) gynt, ynghynt; (in der Vergangenheit) yn y gorffennol, amser maith yn ôl; **~ war das anders** byddai hynny'n wahanol gynt; **~ oder später** yn hwyr neu'n hwyrach.

frühestens *adv:* **~ um neun Uhr** am naw o'r gloch a dim cynt.

Frühgeburt (-, -en) *f* genedigaeth *b* cyn pryd.

Frühjahr *nt* gwanwyn *g*.

Frühjahrsmüdigkeit *f* cysgadrwydd *g* y gwanwyn.

Frühjahrsputz *m:* **~ machen** glanhau'r tŷ yn llwyr.

Frühling (-s, -e) *m* gwanwyn *g*.

Frühlingsbeginn *m* Alban *g* Eilir.

frühmorgens *adv* yn gynnar yn y bore, yn blygeiniol.

Frühpension *f* ymddeoliad *g* cynnar.

frühreif *adj* cyn pryd, rhagaeddfed.

Früh- *kompos:* **~rente** *f* ymddeoliad *g* cynnar; **~rentner** *m* rhn sydd wedi ymddeol yn gynnar; **~schicht** *f* daliad *g* cynnar; **~schoppen** *m* cwrw *g* yn y bore mewn cwmni; **~sport** *m* ymarfer *gb* corff yn y bore.

Frühstück (-(e)s, -e) *nt* brecwast *g*.

frühstücken *vi untrenn* brecwasta, cael brecwast.

Frühstücks- *kompos:* **~büfett** *nt* bwffe *g* brecwast; **~pension** *f* gwesty *g* gwely a brecwast.

Frühwarnsystem (-(e)s, -e) *nt* system *b* rybuddio cynnar.

frühzeitig [ˈfryːtsaɪtɪç, -ɪk] *adj* cynnar, cyn pryd.

Frust [frust] *m* (ugs) rhwystredigaeth *b*.

Frustration *f* siomedigaeth *b*, rhwystredigaeth *b*.

frustrieren [frusˈtriːrən] *vt* (enttäuschen) siomi, digalonni.

frz. *abk* = **französisch.**

Fuchs [fuks] (-es, ¨-e) *m* (ZOOL) llwynog *g*, cadno *g*; (Pferdetyp) ceffyl *g* gwinau; **ein alter ~** (fig) hen ddiawl bach cyfrwys; **schlau wie ein ~** cyfrwys fel llwynog, **wo die Füchse sich gute Nacht sagen** ym mhen draw'r byd.

fuchsen *vt* (ugs) **es fuchst mich** mae'n dân ar fy nghroen.

Fuchsie *f* (BOT) ffiwsia *b*.

Füchsin [ˈfʏksɪn] *f* llwynoges *b*, cadnöes *b*.

Fuchs- *kompos:* **~jagd** *f* helfa *b* lwynogod; **~schwanz** *m* cynffon *b* llwynog; (TECH) llawlif *b*.

fuchsteufelswild *adj* (ugs) cynddeiriog.

fuchteln [ˈfuxtəln] *vi* chwifio'n wyllt.

Fuge [ˈfuːgə] *f* uniad *g*; (MUS) ffiwg *b*, ehedgan *b*.

fügen [ˈfyːgən] *vt* (verbinden) uno, asio.

◆ *vr:* **sich ~ in** +*akk* ufuddhau i; (anpassen) dygymod â, ymaddasu i; **es fügte sich, dass ...** digwyddodd fod...

fügsam [ˈfyːkzaːm] *adj* ufudd.

fühlbar [ˈfyːlbaːr] *adj* teimladwy, cyffyrddadwy.

fühlen [ˈfyːlən] *vt, vi, vr* teimlo, clywed, synhwyro; **ich fühle mich besser** rwy'n well.

Fühler [ˈfyːlər] (-s, -) *m* teimlydd *g*; **die ~ ausstrecken**

(fig) gweld sut mae'r gwynt yn chwythu.

fuhr *vb vgl.* **fahren.**

Fuhre ['fuːrə] (-, **-n**) *f (Ladung)* llwyth *g.*

führen ['fyːrən] *vt* arwain; *(Geschäft)* rhedeg, rheoli; *(Name)* dwyn; *(FIN: Buch)* cadw; *(im Angebot haben)* cadw, storio; **was führt Sie zu mir?** beth sy'n dod â chi ataf fi?

♦ *vi* arwain; *(an der Spitze liegen)* bod ar y blaen; **das führt zu nichts** bydd hyn yn fethiant.

♦ *vr (benehmen)* ymddwyn.

führend *adj (COMM: bestes)* arweiniol, blaenllaw.

Führer *m* arweinydd *g*; *(Reisebuch)* teithlyfr *g.*

Führerhaus *nt (Kran)* caban *g.*

Führerschein (-(e)s, **-e**) *m* trwydded *b* yrru; **den ~ machen** dysgu gyrru; *(die Prüfung ablegen)* sefyll y prawf gyrru.

Führerscheinentzug *m* gwaharddiad *g* rhag gyrru.

Fuhrmann (-(e)s, **Fuhrleute**) *m* certmon *g*, certiwr *g.*

Führung ['fyːruŋ] *f* arweiniad *g*, arweinyddiaeth *b*; *(eines Unternehmens)* rheolaeth *b*; *(MIL)* rheolaeth *b*; *(Benehmen)* ymddygiad *g*; *(Museums~)* ymweliad *g* dan arweiniad.

Führungs- *kompos:* **~kraft** *f* gweithredwr *g*; **~stab** *m* *(MIL, COMM)* rheolaeth *b*; **~stil** *m* dull *g* o reolaeth; **~zeugnis** *nt* tystysgrif *b* ymddygiad da.

Fuhrunternehmen *nt* cwmni *g* cludo.

Fuhrwerk (-(e)s, **-e**) *nt* cert *g.*

Fülle ['fʏlə] (-, *kein pl*) *f* digonedd *g*, toreth *b*; *(KOCH)* stwffin *g*; **in Hülle und ~** yn helaeth.

füllen ['fʏlən] *vt* llenwi, llanw; *(KOCH)* stwffio.

♦ *vr* llenwi, mynd yn llawn.

Füllen (-s, -) *nt (geh)* ebol *g.*

Füller[D] (-s, -) *m (ugs: Füllfeder)* llifbin *g*, cronbin *g.*

Füllfeder (-, **-n**) *f* llifbin *g*, cronbin *g.*

Füllgewicht *nt (COMM)* pwysau pan baciwyd; *(auf Dosen)* pwysau *ll* clir.

füllig ['fʏlɪç, -ɪk] *adj* tew; *(Figur)* llond eich croen.

Füllung *f* llenwad *g*; *(Holz~)* estyll *ll*, paneli *ll.*

Füllwort *nt* gair *g* llanw.

fummeln ['fuməln] *vi* ffidlan, ymbalfalu.

Fund [funt] (-(e)s, **-e**) *m* darganfyddiad *g.*

Fundament [fundaˈmɛnt] (-(e)s, **-e**) *nt* sylfaen *gb*, sail *b.*

fundamental [fundamɛnˈtaːl] *adj* sylfaenol.

Fundamentalismus [fundamɛntaˈlɪsmus] *m (REL, POL)* ffwndamentaliaeth *b.*

Fundamentalist *m (~in f)* ffwndamentaliad *g.*

fundamentalistisch *adj* ffwndamentalaidd.

Fund- *kompos:* **~büro** *nt* swyddfa *b* eiddo coll; **~grube** *f (fig)* trysorfa *b.*

fundieren [funˈdiːrən] *vt* cadarnhau (â thystiolaeth).

fundiert *adj* cadarn, solet, sicr.

fündig ['fʏndɪç, -ɪk] *adj (BERGB)* cyfoethog; **~ werden** darganfod llorweddiad *g*; *(fig)* bod yn lwcus.

Fundsachen *pl* eiddo *g* coll.

fünf [fʏnf] *num* pump; **seine ~ Sinne beisammen haben** bod â llygaid yn eich pen; **~(e) gerade sein lassen** cau llygad ar rth; **~ vor zwölf** *(fig)* yr unfed awr ar ddeg.

fünfhundert *num* pum cant, pumcan.

fünfjährig *adj (Frist)* pum mlynedd; *(Alter)* pum mlwydd oed.

Fünfkampf *m (SPORT)* pentathlon *g.*

fünfmal *adv* pumwaith.

Fünfprozentklausel *f (POL)* cymal yn gwahardd pleidiau â llai na 5% o'r pleidleisiau.

Fünftagewoche *f* wythnos waith o bum niwrnod.

fünfte *adj* pumed.

Fünftel *nt (MATH)* pumed *gb*, un rhan o bump.

fünfzehn *num* pymtheg, un deg pump.

fünfzehnte *adj* pymthegfed.

fünfzig *num* hanner cant, pum deg.

fungieren [funˈgiːrən] *vi* gweithio; *(Person)* gweithredu.

Funk [fuŋk] (-s, *kein pl*) *m* radio *gb.*

Funkausstellung *f* arddangosfa *b* radio a theledu.

Fünkchen *nt* gwreichionen *b*; *(fig)* **kein ~ Wahrheit** dim owns o wirionedd.

Funke ['fuŋkə] (-ns, **-n**) *m* gwreichionen *b*; *(fig)* fflach *b*; **~n sprühen** gwreichioni.

funkeln ['fuŋkəln] *vi* pefrio, llewyrchu, gwreichioni.

funkelnagelneu *adj* newydd sbon danlli.

funkelnd *adj* pefriol.

Funken *m* = **Funke.**

funken *vt* darlledu, anfon (neges).

♦ *vi* gwreichioni, taflu gwreichion; *(ugs)* **endlich hat es bei ihm gefunkt** mae'r geiniog wedi syrthio o'r diwedd.

Funker (-s, -) *m* dyn *g* radio.

Funk- *kompos:* **~gerät** *nt* set *b* radio, y di-wifr *g*; **~haus** *nt* gorsaf *b* ddarlledu; **~kolleg**[D] *nt (RADIO)* darllediadau *ll* addysgol; **~mast** *m* polyn *g* radio.

Funkrufempfänger *m (TEL)* bipiwr *g.*

Funksprechgerät *nt* radio-teleffon *g.*

Funk- *kompos:* **~spruch** *m* neges *b* dros y radio; **~station** *f* gorsaf *b* radio; **~stille** *f (fig)* distawrwydd *g* arwyddocaol; **~streife** *f* patrôl *g* radio'r heddlu; **~taxi** *nt* tacsi *g* radio; **~telefon** *nt* ffôn *g* gell.

Funktion [fuŋktsiˈoːn] (-, **-en**) *f* gweithrediad *g*; *(Amt)* swyddogaeth *b*; *(MATH)* ffwythiant *g*; **in ~ treten** dod i weithredu.

Funktionär [fuŋktsioˈnɛːr] (-s, **-e**) *m (~in f)* swyddog *g.*

funktionieren [fuŋktsioˈniːrən] *vi* gweithio, gweithredu.

funktionsfähig *adj* yn gweithio.

funktionstüchtig *adj* mewn cyflwr gweithiol.

Funzel ['funtsəl] (-, -n) *f (ugs)* lamp *b* wan.

für [fy:r] *präp +akk* ar gyfer, er mwyn; *(statt)* ~ **jdn** dros rn; *(zeitlich)* ~ **eine halbe Stunde** am hanner awr; **was** ~ **ein** pa fath o; **das hat etwas** ~ **sich** mae rhth yn y peth; **Tag** ~ **Tag** ddydd ar ôl dydd; **Schritt** ~ **Schritt** gam a cham; **das F**~ **und Wider** y dadleuon o blaid ac yn erbyn.

Fürbitte ['fy:rbɪtə] (-, -n) *f* eiriolaeth *b*; ~ **einlegen für jdn** eiriol dros rn.

fürbitten *vi* eiriol.

Furche ['furçə] (-, -n) *f (AGR)* cwys *g*, rhych *gb*.

furchen *vt* rhychu.

Furcht [furçt] (-, *kein pl*) *f* ofn *g*, braw *g*.

furchtbar *adj* ofnadwy, brawychus, echrydus.

fürchten ['fvrçtən] *vt* ofni.

♦ *vi:* ~ **um** *+akk* pryderu am.

♦ *vr:* **sich** ~ **vor** *+dat* arswydo rhag.

fürchterlich *adj* ofnadwy, dychrynllyd, trybeilig.

furchtlos *adj* diofn, difraw, eofn.

Furchtlosigkeit *f* ehofnder *g*.

furchtsam *adj* ofnus, gwangalon.

fürderhin *adv* ymhellach.

füreinander [fy:r²aɪ'nandər] *adv* dros ei gilydd.

Furie ['fu:riə] (-, -n) *f (in der Mythologie)* dera *b*; *(fig)* cythreules *b*.

Furnier [fur'ni:r] *nt* argaen *b*.

Furore [fu'ro:rə] *f oder nt:* ~ **machen** *(ugs)* creu cyffro.

fürs = **für das**.

Fürsorge ['fy:rzɔrgə] *f* gofal *g*; *(Sozial~)* nawdd *g* cymdeithasol; *(Geld)* budd-dâl *g*; **von der** ~ **leben** byw ar nawdd cymdeithasol.

Fürsorgeamt *nt* swyddfa *b* nawdd cymdeithasol.

Fürsorger (-s, -) *m* gweithiwr *g* cymdeithasol; ~**in** *f* gweithwraig *b* gymdeithasol.

Fürsorgeunterstützung *f* budd-dâl *g*.

fürsorglich *adj* gofalgar.

Fürsprache ['fy:rʃpra:xə] *f* cymeradwyaeth *b*, geirda *g*; *(um Gnade)* eiriolaeth *b*.

Fürsprecher ['fy:rʃprɛçər] *m* eiriolwr *g*, dadleuwr *g*.

Fürst [fvrst] (-en, -en) *m* tywysog *g*, pendefig *g*.

Fürstentum (-s, "-er) *nt* tywysogaeth *b*.

Fürstin (-, -nen) *f* tywysoges *b*, pendefiges *b*.

fürstlich *adj* tywysogaidd.

Furt [furt] *f* rhyd *b*.

Furunkel [fu'ruŋkəl] *nt (MED)* casgliad *g*, cornwyd *g*, penddüyn *g*.

Fürwort ['fy:rvɔrt] *nt (GRAM)* rhagenw *g*.

Furz [furts] *m* cnec *g*, rhech *g*.

furzen ['furtsən] *vi* rhechain, rhechu.

Fusion [fuzi'o:n] *f* cyfuniad *g*; *(von Unternehmen)* cyfuniad; *(von Atomkernen, Zellen)* ymasiad *g*.

fusionieren [fuzio'ni:rən] *vt* cyfuno.

Fuß¹ [fu:s] (-es, "-e) *m* troed *gb*; *(Sockel)* gwaelod *g*, sail *b*, pen *g* isaf; **am** ~ **des Berges** ar odre'r mynydd, wrth droed y mynydd; **zu** ~ ar draed; *(zu Hund:)* **bei** ~**!** yma! **jdm etw vor die Füße werfen** taflu rhth gerbron rhn; ~ **fassen** ymsefydlu; **mit jdm auf gutem** ~ **stehen** bod ar delerau da â rhn; **auf großem** ~ **leben** byw yn dda.

Fuß² *nt oder m (30,5 cm)* troedfedd *b*.

Fußbad *nt* baddon *g* traed.

Fußball¹ (-s, "-e) *m (Ball)* pêl *b* droed.

Fußball² (-s, *kein pl*) *nt (Spiel)* pêl-droed *b*.

Fußballen *m (ANAT)* pelen *b* y droed.

Fußballer *m* chwaraewr *g* pel-droed, pêl-droediwr *g*.

Fußball- *kompos:* ~**fan** *m* ffan *g* pêl-droed; ~**klub** *m* clwb *g* pêl-droed; ~**platz** *m* cae *g* pêl-droed; ~**spiel** *nt* gêm *b* bêl-droed; ~**spieler** *m* chwaraewr *g* pêl-droed; ~**stadion** *nt* stadiwm *g* pêl-droed; ~**toto** *nt* pyllau *ll* pêl-droed; ~**verein** *m* clwb *g* pêl-droed; ~**-WM** *f* pencampwriaeth *b* y byd mewn pêl-droed.

Fußboden (-s, "-) *m* llawr *g*.

Fußbodenheizung *f* gwres *g* canolog tanlawr.

Fußbremse *f (AUTO)* brêc *g* troed.

fusselig[D] ['fusəlɪç, -ɪk] *adj:* **sich** *dat* **den Mund** ~ **reden** siarad tan ddydd Sul y Pys.

fusseln ['fusəln] *vi (Stoff, Kleid)* colli gwlân.

fußen ['fu:sən] *vi:* ~ **auf** *+dat* bod yn seiliedig ar.

Fußende (-s, -n) *nt (des Bettes)* troed *gb*.

Fußgänger (-s, -) *m* cerddwr *g*; ~**in** *f* cerddwraig *b*.

Fußgänger- *kompos:* ~**übergang** *m* croesfan *b*; ~**unterführung** *f* tanlwybr *g*; ~**zone** *f* ardal *b* gerddded, parth *g* cerddwyr.

Fuß- *kompos:* ~**gelenk** *nt* pigwrn *g*; ~**leiste** *f* borden *b* wal, sgertin *gb*; ~**matte** *f* mat *g* drws; ~**note** *f* troednodyn *g*, nodyn *g* godre; ~**pilz** *m (MED)* tarwden *b* y traed; ~**raste**[D] *f (Motorrad)* troedle *g*; ~**schemel** *m* stôl *b* droed, troedfainc *b*; ~**sohle** *f* gwadn *g*; ~**spur** *f* ôl *g* troed, camre *g*.

Fußstapfen (-s, -) *m* ôl *g* troed; **in jds** ~ **treten** *(fig)* dilyn camre rhn.

Fuß- *kompos:* ~**tritt** *m* cic *b*; *(Spur)* ôl troed; ~**volk** *nt* gwerin *b*, bobl *b* gyffredin; ~**weg** *m* llwybr *g* cerdded.

futsch [futʃ] *adj (ugs: weg)* wedi mynd, wedi diflannu.

Futter ['futər] *nt* porthiant *g*, bwyd *g*; *(Stoff)* leinin *g*, llen *b* fewnol.

Futteral [futə'ra:l] (-(e)s, -e) *nt* casyn *g* â leinin.

Futterkrippe *f* preseb *g*, rhastl *b*.

futtern ['futərn] *vi (ugs)* bolera.

♦ *vt* llowcio.

füttern ['fʏtərn] *vt* bwydo; *(Kleidung)* leinio.

Futur [fuˈtuːr] (-s, -e) *nt (GRAM)* dyfodol *g*.

G

G, g [ge:] *nt* G, g *b*; **~ wie Gustav** G am Gustav.

g *abk* = **Gramm**; *(Österreich)* = **Groschen**.

G. *abk* = **Gasse**.

gab *vb vgl.* **geben**.

Gabe ['ga:bə] (-, -n) *f (geh: Geschenk)* rhodd *b*; *(Talent)* athrylith *gb*; **sie hat eine ~ fürs Zeichnen** mae hi'n athrylith mewn darlunio.

Gabel ['ga:bəl] (-, -n) *f* fforc *b*; *(AGR, beic)* fforch *b*; *(TEL)* crud *g*.

Gabelfrühstück^A *nt* tocyn *g*, te *g* deg.

gabeln *vr* fforchio, ymrannu; **die Straße gabelt sich** mae'r ffordd yn rhannu.

Gabel- *kompos:* **~schlüssel** *m* sbaner *g* cegagored; **~stapler** *m* wagen *b* fforch godi.

Gabelung (-, -en) *f* fforch *b*, fforchiad *g*.

Gabentisch ['ga:bəntɪʃ] (-(e)s, -e) *m* bord ar gyfer anrhegion y Nadolig.

gackern ['gakərn] *vi* clochdar, clegar.

Gackern *nt* clochdar *g*.

gaffen ['gafən] *vi* cegrythu, rhythu, llygadu.

gaffend *adj* cegrwth, rhythol.

Gag [gɛk] (-s, -s) *m* jôc *b*, syniad *g* ffraeth; *(Werbe~)* gimic *gb*.

Gagat [ga'ga:t] *m (Gestein)* muchudd *g*.

Gage ['ga:ʒə] (-, -n) *f* ffi *b*.

gähnen ['gɛ:nən] *vi* dylyfu gên, agor ceg, gapo; *(Lücke)* ymagor; **gähnende Leere** gwacter *g* anferth.

GAL *f abk (POL, = Grün-Alternative Liste)* cytundeb etholiadol rhwng y Blaid Werdd a phleidiau amgen.

Gala ['gala] *f* gala *g*; *(Kleidung)* dillad *ll* ffurfiol; **sich in ~ werfen** gwisgo'n drwsiadus.

galaktisch [ga'laktɪʃ] *ans* galactig.

galant [ga'lant] *adj* cwrtais, moesgar.

Galanterie [galantə'ri:] *f* moesgarwch *g*, sifalri *g*.

Gala- *kompos:* **~veranstaltung** *f* gala *g*; **~vorstellung** *f (THEAT)* perfformiad *g* mawreddog.

Galaxie [gala'ksi:] (-, -n) *f (ASTRON)* galaeth *b*.

Galaxis [ga'laksɪs] *f* = **Galaxie**.

Galeere [ga'le:rə] (-, -n) *f (NAUT)* gali *gb*.

Galeone [gale'o:nə] (-, -n) *f (NAUT)* galiwn *g*.

Galerie [galə'ri:] (-, -n) *f* oriel *b*; *(Balkon)* galeri *b*, oriel; *(in Steinbruch)* ponc *b*.

Galgen ['galgən] (-s, -) *m* crocbren *g*, crog *b*.

Galgenbaum *m* pren *g* dioddef.

Galgenfrist *f (fig)* gras *g*; **eine ~ von einem Tag** diwrnod o ras.

Galgen- *kompos:* **~humor** *m* cellwair *g* macâbr; **~strick** *m (ugs)* oferwr *g*, pwdryn *g*; **~vogel** *m* dihiryn *g*.

Galicien [ga'li:tsiən] *nt (GEOG)* Galisia *b* (yn Sbaen).

Galicier [ga'li:tsiər] (-s, -) *m (~in f)* Galicaniad *g*.

Galionsfigur [gali'o:nsfigu:r] (-, -en) *f (NAUT)* blaenddelw *b*.

gälisch ['gɛ:lɪʃ] *adj* Gaelaidd.

Gälisch *nt (Sprache)* Gaeleg *b* (yr Alban); *(selten: Irisch)* Gwyddeleg *b*.

Galizien [ga'li:tsiən] *nt (GEOG)* Galisia *b* (yng Ngwlad Pwyl).

Galle ['galə] *f (ANAT)* bustl *g*, geri *g*; *(Gallenblase)* coden *b* y bustl; **jdm kommt die ~ hoch** cwyd gwrychyn rhn.

Gallen- *kompos:* **~blase** *f* coden *b* y bustl; **~stein** *m* carreg *b* y bustl.

Gallien ['galiən] *nt (HIST)* Gâl *b*.

Gallier ['galiər] (-s, -) *m (~in f)* Galiad *g*.

Gallisch ['galɪʃ] *nt (Sprache)* Galeg *b*.

Gallone [ga'lo:nə] (-, -n) *f (Hohlmaß)* galwyn *g* (4.58 litr).

Galopp [ga'lɔp] (-s, -s *oder* -e) *m* carlam *g*; *(fig)* dawns *b* garlam; **im ~** ar garlam.

galoppieren [galɔ'pi:rən] *vi (+sein oder +haben)* carlamu, mynd ar garlam.

Galopprennen *nt (SPORT)* ras *b* ffos a pherth.

galt *vb vgl.* **gelten**.

galvanisieren [galvani'zi:rən] *vt (TECH)* galfanu, galfaneiddio.

Galvanometer [galvano'me:tər] (-s, -) *nt* galfanomedr *g*.

Gamasche [ga'maʃə] *f* socas *b*; *(kurz)* curan *g*, sbatsen *b*.

Gambe ['gambə] (-, -n) *f (MUS)* feiol *b*.

Gamma- ['gama] *kompos:* **~strahlen** *pl (PHYS)* pelydrau *ll* gama; **~strahlung** *f* pelydriad *g* gama.

gammelig^D ['gaməlɪç, -ɪk] *adj (ugs: Kleidung)* blêr.

gammeln^D ['gaməln] *vi (ugs)* sefyllian, gwagswmera.

Gammler ['gamlər] *m (pej)* crwydryn *g*, pwdryn *g*.

Gams^A [gams] *f* = **Gämse**.

Gämse ['gɛmzə] *f (ZOOL)* gafrewig *b*.

Gang^1 [gaŋ] (-(e)s, ¨-e) *m (~art)* cerddediad *g*, osgo *g*; *(Korridor)* coridor *g*, landin *b*; *(in Kirche, Flugzeug)* eil *b*; *(Tunnel)* twnnel *g*; *(AUTO)* gêr *gb*; *(Essen)* cwrs *g*; *(Ablauf)* hynt *b*; **den ersten ~ einlegen** cydio'r gêr cyntaf; **im zweiten ~** yn yr ail gêr; **den ~ nach**

Canossa antreten syrthio ar eich bai; **seinen gewohnten ~ gehen** rhedeg ei gwrs arferol; **in ~ bringen** cychwyn, gosod ar waith; **im ~e sein** *(fig)* bod ar droed, bod ar y gweill; **das Meeting ist noch im ~e** mae'r cyfarfod yn dal i fynd; **er erkannte sie an ihrem ~** adnabu hi o'i cherddediad.

Gang² [gɛŋ] (-, -s) *f* gang *b*.

gang *adv:* **~ und gäbe** yn hollol arferol/gyffredin.

Gangart ['ɡaŋˀaːrt] *f* cerddediad *g*, osgo *g*; *(von Pferd)* symudiad *g*; **eine härtere ~ einschlagen** *(fig)* gweithredu tactegau caletach.

gangbar *adj* tramwyadwy; *(Methode)* gwneuthuradwy.

Gängelband[D] *nt:* **jdn am ~ halten** *(fig)* cadw rhn ynghlwm wrth linyn ffedog.

gängeln[D] ['ɡɛŋəln] *vt (bevormunden)* trin fel plentyn.

gängig ['ɡɛnɪç, -ɪk] *adj* arferol; *(Ware)* yn gwerthu'n dda.

Gangschaltung *f (Fahrrad)* gêr *gb*.

Gangster (-s, -) *m (ugs)* dihiryn *g*.

Gangway ['ɡɛŋveɪ] (-, -s) *f (NAUT, AERO)* grisiau *ll* at y fynedfa.

Ganove [ɡa'noːvə] (-n, -n) *m (ugs)* dihiryn *g*.

Gans [ɡans] (-, ¨-e) *f* gŵydd *b*.

Gänse- ['ɡɛnzə] *kompos:* **~blümchen** *nt (BOT)* llygad *gb* y dydd; **~braten** *m (KOCH)* gŵydd *b* wedi'i rhostio; **~füßchen** *pl (ugs)* dyfynodau *ll*; **~haut** *f (fig)* croen *g* gŵydd; **~herde** *f* diadell *b* o wyddau.

Gänsemarsch *m:* **im ~** *(cerdded)* un ar ôl y llall.

Gänserich ['ɡɛnzərɪç] (-s, -e) *m* clacwydd *g*.

Ganter[D] ['ɡantər] *m* = **Gänserich**.

ganz [ɡants] *adj* i gyd; *(vollständig)* cyfan, holl; **~ Europa** Ewrop i gyd; **seine ~en Freunde** *(ugs)* ei holl ffrindiau; **mein ~es Leben** fy holl fywyd; **von ~em Herzen** â'm holl galon; **im ~en Land** ledled y wlad; **~e Note** *(MUS)* hanner brif *g*; **das ~e Publikum** y gynulleidfa gyfan; **den ~en Tag** trwy'r dydd, gydol y dydd; **die ~e Welt** pedwar ban byd; **~e Zahl** rhif *g* cyfan; **~e zwei Stunden** am ddwy awr solet.

♦ *adv (völlig)* yn gyfan gwbl, hollol, llwyr; *(ziemlich)* go, pur; *(heil)* mewn un pisyn; **~ besonders** yn anad dim; **~ und gar** cwbl; *(durch und durch)* drwyddi draw; **~ und gar nicht** dim o gwbl; **~ genau** yn union; **~ gut** go dda, pur dda; **etw wieder ~ machen** trwsio rhth; **~ gewiss!** yn bendant! **~ sicher sein** bod yn hollol siŵr; **ein ~ klein wenig** dim ond mymryn bach; **sie ist ~ die Mutter** mae hi'r un ffunud â'i mam; **~ Ohr sein** bod yn glustiau i gyd; **~ recht!** eithaf gwir!

Ganze *nt* y cyfan *g*, y cwbl *g*; **das ~ ist mir ein Rätsel** mae'r cwbl yn ddirgel i mi; **aufs ~ gehen** gwneud

eich gorau glas; **es geht ums ~** mae popeth yn y fantol; **im Großen und ~n** ar y cyfan.

Gänze ['ɡɛntsə] *f:* **zur ~** yn ei gyfanrwydd; *(gänzlich)* yn gyfan gwbl.

Ganzheitsmethode *f (SCH)* dull o ddysgu darllen.

gänzlich ['ɡɛntslɪç] *adv* hollol, yn gyfan gwbl.

ganztägig ['ɡantstɛːɡɪç, -ɪk] *adj* trwy'r dydd.

ganztags *adv (arbeiten)* llawn amser.

Ganztagsschule *f* ysgol *b* drwy'r dydd.

Ganztonleiter (-, -n) *f (MUS)* graddfa *b* tonau cyfan.

gar [ɡaːr] *adj (KOCH)* digon; **ist das Fleisch ~** ydy'r cig yn ddigon eto?

♦ *adv* o gwbl; **~ nicht** dim o gwbl; **~ nicht schlecht** ddim yn ddrwg o gwbl; **~ nichts** dim byd, dim oll; **~ niemand** neb oll; **er wäre ~ zu gern ...** byddai wir yn hoffi…; **~ kein Vergleich!** does dim cymhariaeth!

Garage [ɡa'raːʒə] (-, -n) *f* garej *gb*.

Garant [ɡa'rant] (-en, -en) *m (Bürge)* gwarantwr *g*; *(Garantie)* gwarant *gb*.

Garantie [ɡaran'tiː] (-, -n) *f* gwarant *gb*; **unter ~** *(COMM)* dan warant; *(sicher)* yn bendant.

garantieren [ɡaran'tiːrən] *vt* gwarantu; **er kommt garantiert** mae'n siŵr o ddod.

Garantieschein (-(e)s, -e) *m* gwarant *gb*.

Garaus ['ɡaːraus] *m (ugs)* **jdm den ~ machen** diweddu rhn.

Garbe ['ɡarbə] (-, -n) *f* ysgub *b*; *(Schuss~)* hwrdd *g* o danio.

Garde ['ɡardə] (-, -n) *f* gwarchodlu *g*; **die alte ~** *(fig)* yr hen griw.

Garderobe (-, -n) *f (Kleiderablage)* wardrob *b*; *(am Empfang)* ystafell *b* gotiau; *(Kleidung)* gwisgoedd *ll*; *(THEAT)* ystafell *b* newid.

Garderoben- *kompos:* **~frau** *f* gofalwraig *b* (cotiau); **~ständer** *m* stand *gb* ddillad.

Gardine [ɡar'diːnə] (-, -n) *f* llen *b*.

Gardinenpredigt *f (ugs)* **jdm eine ~ halten** rhoi pryd o dafod i rn.

Gardinenstange *f* ffon/dellten *b* lenni; *(zum Ziehen)* agorwr *g* llenni.

garen[D] ['ɡaːrən] *vt, vi* coginio (yn drwyadl), digoni.

gären ['ɡɛːrən] *irreg vi (+haben)* eplesu, gweithio.

Gärfutter *nt (AGR)* silwair *g*.

Garn [ɡarn] *nt* edau *b*; *(fig: Seemanns~)* **ein ~ spinnen**[D] gweu chwedl.

Garnele [ɡar'neːlə] (-, -n) *f (ZOOL)* perdysen *b*, berdasen *b*.

garnieren [ɡar'niːrən] *vt* addurno; *(KOCH)* garneisio.

Garnierung *f (KOCH)* garnais *g*.

Garnison [ɡarni'zoːn] (-, -en) *f (MIL)* garsiwn *gb*.

Garnitur [ɡarni'tuːr] (-, -en) *f (Satz)* set *b*; *(Unterwäsche)* dillad isaf cydwedd; *(Möbel~)* swît *b*; **erste ~** *(fig)* y dosbarth uchaf; **zweite ~** eilradd.

garstig ['garstɪç, -ɪk] *adj* ffiaidd, cas.

Garten ['gartən] (-s, ¨-) *m* gardd *b*; **im ~ arbeiten** garddio.

Garten- *kompos:* **~arbeit** *f* garddio *g*; **~bau** *m* garddwriaeth *b*; **~fest** *nt* garddwest *b*; **~gerät** *nt* teclyn *g* garddio; **~handlung** *f* canolfan *gb* arddio; **~haus** *nt* hafdy *g*; **~kresse** *f (BOT)* berwr *g* y gerddi; **~laube** *f (Häuschen)* hafdy *g*; **~lokal** *nt* gardd *b* gwrw; **~schere** *f* siswrn *g* tocio; **~schlauch** *m* peipen *b* ddŵr rwber; **~tor** *nt* clwyd *b*, iet *b*; **~werkzeug** *nt* offer *ll* garddio; **~zaun** *m* ffens *b*; **~zwerg** *m* dyn *g* bach yr ardd; *(pej)* sinach *g* bach.

Gärtner ['gɛrtnər] (-s, -) *m* garddwr *g*.

Gärtnerei *f* meithrinfa *b*; *(Geschäft)* canolfan *gb* arddio; *(Gemüse~)* gardd *b* farchnad, gardd fasnach.

Gärtnerin (-, -nen) *f* garddwraig *b*.

gärtnern *vi* garddio.

Gärung ['gɛːrʊŋ] *f* eplesiad *g*.

Gas [gaːs] (-es, -e) *nt* nwy *g*; *(AUTO: Pedal)* sbardun *g*; **~ geben** sbarduno; **gib ~!** tân arni! gwasga arni!

Gasflasche *f* potel *b* nwy.

gasförmig *adj* nwyol; **~hahn** *m* tap *g* nwy.

Gas- *kompos:* **~herd** *m* ffwrn *b* nwy, stof *b* nwy; **~kammer** *f* siambr *b* nwy; **~kocher** *m* stof wersylla; **~leitung** *f* prif bibell *b* nwy; **~maske** *f* mwgwd *g* nwy; **~pedal** *nt (AUTO)* sbardun *g*, pedal *g* sbardun; **~pistole** *f* pistol *g* nwy.

Gasse ['gasə] (-, -n) *f* stryd *b* gul, lôn *b* gul.

Gast [gast] (-es, ¨-e) *m* gwestai *g*; *(Lokal)* cwsmer *g*; *(Hotel)* lletywr(aig) *g(b)*; **geladene Gäste** gwahoddedigion *ll*; **bei jdm zu ~ sein** bod wedi eich gwahodd.

Gastarbeiter (-s, -) *m* (**~in** *f*) gweithiwr *g* mudol, gweithwraig *b* fudol.

Gäste- *kompos:* **~bett** *nt* gwely *g* sbâr; **~buch** *nt* llyfr *g* ymwelwyr; **~zimmer** *nt* ystafell *b* westeion.

gastfreundlich *adj* croesawgar, lletygar.

Gast- *kompos:* **~freundlichkeit** *f* lletygarwch *g*; **~freundschaft** *f* croeso *g*, lletygarwch; **~geber** *m* gwesteiwr *g*, gwahoddwr *g*; **~gewerbe** *nt (COMM)* masnach arlwyo a gwestya; **~haus** *nt* tafarn *b*, tafarndy *g*; *(zum Speisen)* bwyty *g*; **~hof** *m* gwesty *g*, tŷ *g* bwyta; **~hörer** *m (UNIV)* ymwelydd *g* mewn darlith.

gastieren [gas'tiːrən] *vi (THEAT)* perfformio.

gastlich *adj* croesawgar, lletygar.

Gastlichkeit *f* lletygarwch *g*.

Gastprofessor *m (UNIV)* darlithydd *g* gwadd.

gastrisch ['gastrɪʃ] *adj (MED)* gastrig.

Gastritis [gas'triːtɪs] *f (MED)* llid *g* y cylla.

Gastrolle *f (THEAT)* actor *g* gwadd.

Gastronomie [gastrono'miː] *f* gastronomeg *b*; *(geh: Gastgewerbe)* masnach *b* arlwyo a gwestya.

gastronomisch [gastro'noːmɪʃ] *adj* gastronomegol.

Gast- *kompos:* **~spiel** *nt (THEAT)* perfformiad *g* gwadd; **~spielreise** *f (THEAT)* taith *b*; **~stätte** *f* bwyty *g*, tafarn *b*; **~stube** *f* ystafell *b* fwyta; **~vortragende** *m* siaradwr *g* gwadd; **~wirt** *m* tafarnwr *g*; **~wirtschaft** *f* tafarn *b*; **~zimmer** *nt (Gasthof)* = **Gaststube**.

Gas- *kompos:* **~vergiftung** *f* gwenwyno *g* nwy; **~versorgung** *f* cyflenwad *g* nwy; **~werk** *nt* gwaith *g* nwy; **~zähler** *m* mesurydd *g* nwy.

Gate [gɛːt] *nt (Flughafen)* gât *b*.

Gatte ['gatə] (-n, -n) *m (geh)* gŵr *g*, priod *g*; **die ~n** gŵr a gwraig.

Gatter ['gatər] (-s, -) *nt (Gitter)* dellt *ll*, barrau *ll*; *(Vieh~)* grid *g* gwartheg; *(Einfahrt)* gât *b*, llidiart *gb*, clwyd *b*; *(Lattenzaun)* ffens *b*.

Gattin *f* gwraig *b*, priod *b*.

Gattung ['gatʊŋ] (-, -en) *f (Sorte)* math *g*; *(BIOL)* genws *g*.

GAU *m abk (= größter anzunehmender Unfall)* argyfwng *g* mwyaf posibl; *(atomar)* damwain *b* niwclear.

Gaudi^ ['gaudi] *f (ugs)* hwyl *b*, sbri *g*, sbort *gb*.

Gaukler ['gauklər] (-s, -) *m (geh: Spaßmacher)* digrifwas *g*, croesan *g*; *(Zauberkünstler)* consuriwr *g*.

Gaul [gaul] (-(e)s, ¨-e) *m* ceffyl *g*, merlyn *g*, cobyn *g*.

Gaumen ['gaumən] (-s, -) *m (ANAT)* taflod *b* y genau.

Gauner ['gaunər] (-s, -) *m* twyllwr *g*, rôg *g*, dihiryn *g*; **der alte ~!** hen gythraul bach!

Gaunerei [gaunə'raɪ] *f* twyll *g*.

Gaunersprache *f* jargon *g* yr isfyd.

Gaze ['gaːzə] (-, -n) *f (TEX)* meinwe *b*, rhwyllen *b*.

Gazelle [ga'tsɛlə] (-, -n) *f (ZOOL)* gafrewig *b*.

Gazestreifen *m* lliain *g* rhwyllog/meinwe.

geartet *pp von* **arten**.

♦ *adv* o'r fath; **anders ~** gwahanol.

Geäst [gə'ʔɛst] *nt* canghennau *ll*.

geb. *abk* = **geboren**.

Gebäck [gə'bɛk] (-(e)s, -e) *nt* rhôl *b* fara; *(süß)* teisen *b*, cacen *b*.

gebacken *pp von* **backen**; pob; *(gebraten)* wedi ei ffrio.

Gebälk [gə'bɛlk] (-(e)s, *kein pl*) *nt (ARCHIT)* fframwaith *g* coed, coedwaith *g*; *(Dachstuhl)* cronglwyd *b*.

gebannt [gə'bant] *adj* swynedig; **das Publikum saß wie ~** roedd y gynulleidfa wedi'i mesmereiddio.

gebar *vb vgl.* **gebären**.

Gebärde [gə'bɛːrdə] (-, -n) *f* amnaid *b*, ystum *gb*; *(Handbewegung)* arwydd *gb*.

gebärden *vr untrenn* ymddwyn, bihafio; **sich ~ wie** ymddwyn fel.

Gebaren [gə'bɑ:rən] (-, *kein pl*) *nt* ymddygiad *g*.

gebären [gə'bɛ:rən] *irreg vt untrenn* esgor ar, rhoi genedigaeth i, geni.

Gebärmutter *f (ANAT)* croth *b*, wterws *g*.

Gebäude [gə'bɔydə] (-s, -) *nt* adeilad *g*, tŷ *g*.

Gebäude- *kompos:* **~komplex** *m* cyfadeilad *g*, cymhlyg *g*; **~reinigung** *f (Firma)* contractwyr *ll* glanhau.

Gebein [gə'baɪn] *nt* esgyrn *ll*; **~e** *pl* esgyrn meirwon.

Gebell [gə'bɛl] (-s, *kein pl*) *nt* cyfarth *g*.

geben ['ge:bən] *irreg untrenn vt* rhoi; **jdm etw ~** rhoi rhth i rn; **etw von sich ~** *(äußern)* dweud/mynegi rhth; **ein Auto in Reparatur ~** cael car wedi ei drwsio; **ein gutes Beispiel ~** gosod esiampl dda; **die Brust ~** rhoi fron i; **ein Konzert ~** cynnal cyngerdd; **jdm einen Korb ~** *(fig)* rhoi cawell i rn; **sich** *dat* **Mühe ~** gwneud ymdrech; **in die Post ~** postio; **ein Wort gab das andere** ac o dipyn i beth aeth hi'n ffrae; **~ Sie mir bitte Herrn Braun** *(TEL)* ga' i siarad â Mr Braun os gwelwch yn dda? **jdm zu vestehen ~** rhoi ar ddeall i rn; **etw** *dat* **den Vorzug ~** rhoi blaenoriaeth i rth; **es jdm tüchtig ~** lambastio ar rn.

♦ *vi* geben; *(Karten)* delio, rhannu; **viel auf etw** *akk* **~** gweld gwerth mawr yn rhth.

♦ *vr (sich verhalten)* ymddwyn, bihafio; *(aufhören)* lleihau, gwanhau, arafu; **sich geschlagen ~** derbyn eich trechu; **das wird sich schon ~** bydd popeth yn iawn ymhen ychydig.

♦ *unpers:* **es gibt** mae, bydd; **gibt es ...?** oes...? **was gibt's?** beth sy'n bod? beth sy'n digwydd? beth sy'n mynd ymlaen? **was gibt's zum Mittagessen?** beth sydd i ginio? **das gibt's doch nicht!** choelia' i fyth!

Gebet [gə'be:t] (-(e)s, -e) *nt* gweddi *b*, pader *g*; **jdn ins ~ nehmen** *(fig)* galw rhn i gyfrif, ceryddu rhn; **ein ~ sprechen** dweud gweddi, gweddïo.

Gebetbuch (-(e)s, -̈er) *nt* llyfr *g* gweddi.

gebeten *pp von* **bitten**; **Sie werden ~, den Rasen nicht zu betreten** erfynnir arnoch i beidio â cherdded ar y lawnt.

gebeugt [gə'bɔykt] *adj (Haltung)* gwargrwm, yn plygu; *(Kopf)* plygedig, gwyredig; *(Schultern)* gwargrwm.

Gebiet [gə'bi:t] (-(e)s, -e) *nt* ardal *b*, cylchfa *b*; *(Hoheits~)* tiriogaeth *b*; *(fig: Fach)* maes *g*; **auf seinem ~** yn ei faes.

gebieten [gə'bi:tən] *irreg vi, vt untrenn* gorchymyn, erchi; *(erfordern)* **Eile ist geboten** mae hi'n fater o frys.

Gebieter (-s, -) *m* meistr *g*; *(Herrscher)* rheolwr *g*, llywodraethwr *g*; **~in** *f* meistres *b*.

gebieterisch *adj* awdurdodol, gormesol, meistrolgar.

Gebietshoheit *f* sofraniaeth *b* diriogaethol.

Gebilde [gə'bɪldə] (-s, -) *nt* adeiledd *g*; *(Ding)* peth *g*.

gebildet [gə'bɪldət] *adj* addysgedig, diwylliedig, dysgedig.

Gebimmel [gə'bɪməl] (-s, *kein pl*) *nt (von Glocke)* caniad *g* parhaol, canu *g* parhaol.

Gebirge [gə'bɪrgə] (-s, -) *nt* mynyddoedd *ll*.

gebirgig [gə'bɪrgɪç, -ɪk] *adj* mynyddig.

Gebirgs- *kompos:* **~bahn** *f* car *g* cebl; **~kette** *f*, **~zug** *m* cadwyn *b* o fynyddoedd.

Gebiss [gə'bɪs] *nt* dannedd *ll*; **künstliches ~** dannedd *ll* gosod.

gebissen *pp von* **beißen**.

Gebläse [gə'blɛ:zə] (-s, -) *nt* chwythwr *g*, ffan *b*; *(AUTO)* tra-chywasgwr *g*; *(Verdichter)* cywasgwr *g*.

geblasen *pp von* **blasen**.

geblichen *pp von* **bleichen**; *(Wolle)* pan.

geblieben *pp von* **bleiben**.

geblümt [gə'bly:mt] *adj* blodeuog.

Geblüt [gə'bly:t] (-(e)s, *kein pl*) *nt* gwaed *g*, hil *b*.

gebogen *pp von* **biegen**.

♦ *adj* bwaog, crwm.

geboren *pp von* **gebären**; **die Stadt, in der ich ~ wurde** y dref lle y'm ganed; **wo sind Sie ~?** ble cawsoch chi eich geni?

♦ *adj* genedigol, ganedig; *(Mädchenname)* **~e** gynt; *(fig)* **er ist ein ~er Künstler** artist dawnus ydy e.

geborgen *pp von* **bergen**.

♦ *adj* sicr, diogel, saff; **sich ~ fühlen** teimlo'n ddiogel.

Gebot [gə'bo:t] (-(e)s, -e) *nt* gorchymyn *g*; *(bei Auktion)* cynnig *g*; **das ~ der Stunde** anghenion *ll* y funud; **die Zehn ~e** *(REL)* y Deg Gorchymyn.

geboten *pp von* **bieten** *oder* **gebieten**.

♦ *adj (notwendig)* angenrheidiol; **Vorsicht ist ~** mae angen gofal.

Gebr. *abk* = **Gebrüder**.

gebracht *pp von* **bringen**.

gebrannt [gə'brant] *pp von* **brennen**; **ein ~es Kind scheut das Feuer** *(Sprichwort)* a losgodd ei fysedd a ochel y tân.

gebraten [gə'brɑ:tən] *pp von* **braten**; rhost, wedi ei ffrio.

Gebräu [gə'brɔy] (-(e)s, -e) *nt* trwyth *g*.

Gebrauch [gə'braux] (-(e)s, -̈e) *m* defnydd *g*; *(Sitte)* arfer *gb*, arferiad *g*, defod *b*.

gebrauchen *vt untrenn* defnyddio, gwneud defnydd o; **das ist zu nichts zu ~** nid yw'n werth taten.

gebräuchlich [gə'brɔʏçlıç] *adj* arferol, cynefin, defodol.

Gebrauchs- *kompos:* **~anweisung** *f* cyfarwyddiadau *ll;* **~artikel** *m* nwydd *g* a ddefnyddir bob dydd.

gebrauchsfertig *adj* parod.

Gebrauchs- *kompos:* **~gegenstand** *m* nwydd *g* traul; **~güter** *pl* nwyddau *ll* traul, defnyddiau *ll* traul.

gebraucht *pp von* **brauchen.**

♦ *adj* ail-law.

Gebrauchtwagen (-s, -) *m* car *g* ail-law.

Gebrechen [gə'brɛçən] (-s, -) *nt (MED)* cystudd *g;* **technisches ~** pall *g.*

gebrechlich [gə'brɛçlıç] *adj* eiddil, musgrell, bregus.

Gebrechlichkeit *f* eiddilwch *g,* gwendid *g.*

gebrochen [gə'brɔxən] *pp von* **brechen.**

♦ *adj* briwedig; *(PHYS)* gwyrdroëdig; **in ~em Deutsch** mewn Almaeneg clapiog/bratiog; **~es Herz** calon ysig.

Gebrüder [gə'bry:dər] *pl* brodyr *ll.*

Gebrüll [gə'brʏl] (-(e)s, *kein pl*) *nt* rhuo *g,* bloedd *b.*

gebückt [gə'bʏkt] *adj* gwargrwm; **~e Haltung** gwargrymedd *m,* cefn *g* crwm; **~ gehen** gwargrymu.

Gebühr [gə'by:r] *f* ffi *b,* tâl *g,* pris *g;* **zu ermäßigter ~ am bris is; ~ zahlt Empfänger** cludiad i'w dalu gan y derbynnydd; **nach ~** *(fig)* yn briodol, yn gymwys; **über ~** yn ormod, yn ddiangen, yn ddiraid.

gebühren *vi untrenn +dat:* **ihm gebührt Achtung** mae e'n haeddu parch; **bekommen, was einem gebührt** cael eich haeddiant.

♦ *vr* bod yn addas, bod yn briodol.

gebührend *adj (verdient)* cyfiawn, teg, haeddiannol; *(angemessen)* cymwys, priodol.

Gebühren- *kompos:* **~einheit** *f (TEL)* uned *b* dalu; **~erlass** *m* rhyddhad *g* o ffïoedd; **~ermäßigung** *f* lleihad *g,* gostyngiad *g* mewn ffïoedd.

gebührenfrei *adj* yn rhad ac am ddim.

gebührenpflichtig *adj* amodol ar ffïoedd; **~e Verwarnung** *(JUR)* dirwy *b.*

gebunden [gə'bundən] *pp von* **binden; ihm sind die Hände ~** *(fig)* mae ei ddwylo ynghlwm.

♦ *adj* rhwym, rhwymedig; **~es Buch** llyfr *g* clawr caled.

Geburt [gə'bu:rt] (-, -en) *f* genedigaeth *b;* *(Entbindung)* esgoriad *g;* *(Abstammung)* **von ~** o waed; **~ einleiten** prysuro geni; **von ~ an blind** dall o enedigaeth; **das war eine schwere ~** *(fig)* roedd hynny'n dipyn o gamp.

Geburten- *kompos:* **~kontrolle** *f* atal *g* cenhedlu; **~rate** *f* cyfradd *gb* geni; **~regelung** *f* atal *g* cenhedlu; **~rückgang** *m* cwymp *g* yng nghyfradd y genedigaethau.

geburtenschwach *adj (Jahrgang)* heb lawer o enedigaethau, â chyfradd geni isel.

gebürtig [gə'by:rtıç, -ık] *adj* genedigol, brodorol; **~e Französin** merch enedigol o Ffrainc.

Geburts- *kompos:* **~anzeige** *f* hysbyseb *b* geni; **~datum** *nt* dyddiad *g* geni; **~fehler** *m* nam *g* geni; **~gewicht** *nt* pwysau *ll* geni; **~helfer** *m* colwynwr *g,* bydwr *g;* *(Arzt)* obstetregydd *g;* **~helferin** *f (Hebamme)* bydwraig *b;* **~hilfe** *f* bydwreigiaeth *b;* *(als Fach)* obstetreg *b;* **~jahr** *nt* blwyddyn *b* geni; **~ort** *m* man *g* geni.

Geburtstag *m* pen *g* blwydd; **herzlichen Glückwunsch zum ~!** pen blwydd hapus!

Geburtstags- *kompos:* **~feier** *f* parti *g* pen blwydd; **~geschenk** *nt* anrheg *b* pen blwydd; **~karte** *f* cerdyn *g* pen blwydd; **~torte** *f* cacen *b* pen blwydd.

Geburts- *kompos:* **~termin** *m* tymp *g;* **~urkunde** *f* tystysgrif *b* geni.

Gebüsch [gə'bʏʃ] (-es, -e) *nt* llwyni *ll,* perth *b.*

gedacht *pp von* **denken** *oder* **gedenken; ich hätte nie ~, dass ...** fyddwn i erioed wedi dychmygu bod...

gedachte *vb vgl.* **gedenken.**

Gedächtnis [gə'dɛçtnıs] (-ses, -se) *nt* cof *g;* **schlechtes ~** cof gwael; **wenn mich mein ~ nicht trügt** os cofia' i'n iawn; **sich** *dat* **ins ~ rufen** dwyn ar gof.

Gedächtnis- *kompos:* **~feier** *f* seremoni *b* goffa, coffadwriaeth *b;* **~hilfe** *f* cymorth *g* cofio; **~schwund** *m* anghofrwydd *g,* amnesia *g;* **~stütze** *f* cymorth *g* cofio; **~verlust** *m* amnesia *g,* anghofrwydd *g.*

gedämpft [gə'dɛmpft] *adj (Geräusch)* gwan, gwanychol; *(Farben, Stimmung)* tawel; *(Licht)* gwan, pŵl; *(MUS)* â mudydd; *(KOCH)* wedi'i stemio.

Gedanke [gə'daŋkə] (-ns, -n) *m* meddwl *g,* syniad *g;* **~n lesen** darllen meddyliau; **sich** *dat* **~n machen über** *+akk* meddwl dros, ystyried; **jdn auf andere ~n bringen** peri i rn feddwl am bethau eraill, troi sylw rhn at bethau eraill; **etw ganz in ~n tun** gwneud rhth heb feddwl; **auf einen ~n kommen** cael syniad.

Gedanken- *kompos:* **~austausch** *m* cyfnewid *g* syniadau; **~freiheit** *f* rhyddid *g* barn; **~gut** *nt* syniadaeth *b.*

gedankenlos *adj* difeddwl, anfeddylgar, anystyriol.

Gedankenlosigkeit *f* diystyrwch *g,* anystyriaeth *b.*

Gedanken- *kompos:* **~sprung** *m* naid *b* meddwl; **~strich** *m* hac *g,* llinell *b* doriad; **~übertragung** *f* telepathi *g.*

gedankenverloren *adj* synfyfyriol, pell.

gedankenvoll *adj* meddylgar.

Gedärme [gə'dɛrmə] *pl* perfeddion *ll*, coluddion *ll*, crombil *gb*.

Gedeck [gə'dɛk] (-(e)s, -e) *nt* gorchudd *g*; *(Tisch~)* lle *g* gosod; **ein ~ auflegen** gosod lle (ar fwrdd).

gedeckt *pp von* **decken**; *(Tisch)* wedi'i hulio.
♦ *adj (Farbe)* tawel.

Gedeih [gə'daɪ] *m:* **auf ~ und Verderb** er gwell er gwaeth.

gedeihen *irreg vi untrenn (+sein)* ffynnu, prifio; **die Sache ist so weit gediehen, dass es kein Zurück gibt** mae'r peth wedi mynd yn rhy bell i droi yn ôl.

gedenken [gə'dɛŋkən] *irreg vi untrenn (beabsichtigen)* bwriadu, ystyried, amcanu; **~ +gen (geh: sich erinnern)** coffáu.

Gedenken *nt* coffâd *g*; **zum ~ an +akk** er cof am, mewn coffâd am.

Gedenk- *kompos:* **~feier** *f* seremoni *b* goffa, coffadwriaeth *b*; **~gottesdienst** *m* gwasanaeth *g* coffa; **~minute** *f* munud *gb* o dawelwch; **~stätte** *f* cofeb *b*; **~stein** *m* carreg *b* goffa; **~tafel** *f* tabled *b*; **~tag** *m* dydd *g* y coffa.

Gedicht [gə'dɪçt] *nt* cerdd *b*, canu *g*.

Gedicht- *kompos:* **~band** *m* detholiad *g* o farddoniaeth; **~sammlung** *f* casgliad *g* o farddoniaeth.

gediegen [gə'diːgən] *adj* graenus, o ansawdd da; *(Mensch)* dibynadwy, gonest; *(ugs: wunderlich)* hynod.

Gediegenheit *f* graen *g*.

gedieh *vb vgl.* **gedeihen**.

gediehen *pp von* **gedeihen**.

gedr. *abk =* **gedruckt**.

Gedränge [gə'drɛŋə] (-s, *kein pl*) *nt* gwasgfa *b*, tyrfa *b*; **ins ~ kommen** *(ugs, fig)* mynd i drafferthion, mynd i helynt.

gedrängt *adj* cywasgedig; **~es Programm** rhaglen *b* dyn.

Gedröhn [gə'drøːn] *nt (Lärm)* terfysg *g*, twrf *g*.

gedroschen *pp von* **dreschen**.

gedruckt [gə'drʊkt] *adj* printiedig, argraffiedig; *(schwarz auf weiß)* mewn print; **lügen wie ~** *(ugs)* rhaffu celwyddau.

gedrückt [gə'drʏkt] *adj (deprimiert)* digalon, prudd, isel eich ysbryd.

gedrungen *pp von* **dringen**.
♦ *adj (untersetzt)* byrdew, pwt.

Geduld [gə'dʊlt] (-, *kein pl*) *f* amynedd *g*; **ich verliere die ~ oder: mir reißt die ~** rwy'n colli amynedd; **sie ist die ~ selbst** mae hi'n llawn amynedd.

gedulden [gə'dʊldən] *vr untrenn* bod yn amyneddgar; *(warten)* aros (yn amyneddgar).

geduldig *adj* amyneddgar, dioddefgar.

Geduldsprobe *f* prawf *g* ar amynedd, profi *g* amynedd.

gedungen *pp von* **dingen**; **~er Mörder** lleiddiad *g*.

gedunsen *adj =* **aufgedunsen**.

gedurft *pp von* **dürfen**.

geehrt [gə'eːrt] *adj:* **~er Herr** annwyl Syr; **sehr ~e Frau Kohl!** annwyl Mrs Kohl.

geeignet [gə'aɪgnət] *adj* addas, priodol, dyladwy; *(tauglich)* cymwys, ffit; **im ~en Augenblick** ar yr adeg iawn.

geerbt [gə'ɛrpt] *ans* etifeddol.

Gefahr [gə'faːr] (-, -en) *f* perygl *g*, enbydrwydd *g*; **~ laufen, etw zu tun** bod mewn perygl o wneud rhth; **auf eigene ~** ar eich menter eich hun, ar eich cyfrifoldeb eich hun; **außer ~** allan o berygl.

gefährden [gə'fɛːrdən] *vt untrenn* peryglu.

gefahren *pp von* **fahren**.

Gefahren- *kompos:* **~quelle** *f* tarddle *g* perygl, ffynhonnell *b* perygl; **~schwelle** *f* trothwy *g* perygl; **~stelle** *f* man *gb* peryglus; **~zulage** *f* tâl *g* perygl.

gefährlich [gə'fɛːrlɪç] *adj* peryglus, enbyd; *(unsicher)* anniogel; *(gemein~)* milain.

gefahrlos *adj* diberygl.

Gefährte [gə'fɛːrtə] (-n, -n) *m* cymar *g*; *(Lebens~)* cywely *g*, partner.

Gefährtin (-, -nen) *f* cymhares *b*; *(Lebens~)* cywelyes *b*, partneres *b*.

Gefälle [gə'fɛlə] (-s, -) *nt* rhiw *b*, llethr *gb*, gogwydd *g*; **starkes ~!** rhiw serth!

gefallen¹ *vi untrenn +dat* plesio rhn; **das gefällt mir** rwy'n ei hoffi; **das gefällt mir an ihm** dyna rwy'n ei hoffi amdano; **sich** *dat* **etw ~ lassen** goddef rhth.

gefallen² *pp von* **fallen** *oder* **gefallen¹**; *(im Krieg)* **~er Soldat** milwr *g* marw.

Gefallen¹ [gə'falən] (-s, -) *m* cymwynas *b*, ffafr *b*; **jdm einen ~ tun** gwneud cymwynas â rhn, gwneud ffafr i rn.

Gefallen² (-s, *kein pl*) *nt* pleser *g*, mwynhad *g*; **~ finden an +dat** mwynhau; **an jdm ~ finden** cymryd at rn, bod yn hoff o rn.

Gefallene *m* un a laddwyd ar faes y gad.

gefällig [gə'fɛlɪç, -ɪk] *adj (hilfsbereit)* cymwynasgar, caredig, hawddgar; *(ansprechend)* hyfryd, swynol.

Gefälligkeit (-, -en) *f (Gefallen)* cymwynas *b*, ffafr *b*; *(Liebenswürdigkeit)* cymwynasgarwch *g*; **etw aus ~ tun** gwneud rhth o garedigrwydd.

gefälligst *adv* (bod) mor garedig; **sei ~ still!** bydd dawel, wnei di!

gefälscht [gə'fɛlʃt] *adj* ffug.

gefaltet *pp von* **falten**.

♦ *adj* pletiog, plyg.

gefangen [gəˈfaŋən] *pp von* **fangen**.

♦ *adj* caeth; *(fig: bezaubert)* dan gyfaredd; ~ **halten** caethiwo; ~ **nehmen** dal yn gaeth; ~ **sein in** +*dat* cael eich trapio mewn.

Gefangene (-n, -n) *m/f* carcharor *g*, carcharores *b*.

Gefangenenlager (-s, -) *nt* gwersyll *g* carcharorion rhyfel.

gefangen halten *vt vgl.* **gefangen**.

Gefangennahme *f* dal *g*, caethiwo *g*.

gefangen nehmen *vt vgl.* **gefangen**.

Gefangenschaft *f* caethiwed *g*.

Gefängnis [gəˈfɛŋnɪs] (-ses, -se) *nt* carchar *g*, dalfa *b*; **jdn ins** ~ **stecken** gosod rhn yn y carchar; **zwei Jahre** ~ dwy flynedd o garchar.

Gefängnis- *kompos:* ~**kapelle** *f* capel *g* carchar; ~**strafe** *f* penyd *g*, carchariad *g*; ~**wärter** *m* gwarcheidwad *g*, gwarchodwr *g*; ~**zelle** *f* cell *b*.

gefärbt *pp von* **färben**; *(fig: Bericht)* unochrog.

Gefasel [gəˈfɑːzəl] (-s, *kein pl*) *nt* lol *b*, rwtsh *g*.

Gefäß [gəˈfɛːs] *nt* llestr *g*, cynhwysydd *g*; *(BOT)* llestr, pibell *b*.

gefasst [gəˈfast] *pp von* **fassen**.

♦ *adj (beherrscht)* digynnwrf, tawel; **auf etw** *akk* ~ **sein** bod yn barod am rth; **er kann sich auf etw** ~ **machen** *(ugs)* caiff e wybod beth yw beth.

Gefecht [gəˈfɛçt] *nt* ysgarmes *b*, ymladdfa *b*; **außer** ~ **setzen** atal rhag gweithio.

gefedert [gəˈfeːdərt] *adj (Matratze)* â sbringiau.

gefehlt [gəˈfeːlt] *pp von* **fehlen**.

♦ *adv* anghywir; **weit** ~ yn bell o'r gwir.

gefeiert [gəˈfaɪərt] *adj* enwog.

gefeit [gəˈfaɪt] *adj:* **gegen etw** ~ **sein** bod yn ddiogel rhag rhth.

gefestigt [gəˈfɛstɪçt, -ɪkt] *adj (Charakter)* cadarn, selog.

Gefieder [gəˈfiːdər] *nt* plu *ll*.

gefiedert *adj* pluog.

gefiel *vb vgl.* **gefallen**[1].

Gefilde [gəˈfɪldə] *pl:* **heimatliche** ~ milltir *b* sgwâr.

Geflecht [gəˈflɛçt] (-(e)s, -e) *nt* rhwydwaith *g*.

gefleckt [gəˈflɛkt] *adj* brith, brych, broc.

geflickt *pp von* **flicken**; clytiog, rhacsog.

Geflimmer [gəˈflɪmər] *nt* godwyniad *g*, pelydriad *g*; *(Film, TV)* cryndod *g*.

geflissentlich [gəˈflɪsəntlɪç] *adj* bwriadol.

geflochten [gəˈfloxtən] *pp von* **flechten**.

♦ *adj* cyfrodedd.

geflogen *pp von* **fliegen**.

geflohen *pp von* **fliehen**.

geflossen *pp von* **fließen**.

Geflügel [gəˈflyːgəl] (-s, *kein pl*) *nt* dofednod *ll*, da *ll* pluog, ffowls *ll*.

geflügelt *adj:* ~**es Wort** dyfyniad *g* cyfarwydd.

Geflüster [gəˈflʏstər] *nt* sibrwd *g*, sisial *g*.

gefochten *pp von* **fechten**.

Gefolge [gəˈfɔlgə] (-s, -) *nt* gosgordd *b*, dilynwyr *ll*; **im** ~ **von etw** *dat* yn sgil rhth.

Gefolgschaft [gəˈfɔlkʃaft] *f (Leute)* canlynwyr *ll*, dilynwyr *ll*; *(Eid)* llw *g* teyrngarwch; ~ **leisten** talu gwrogaeth.

Gefolgsmann (-(e)s, -leute) *m* canlynwr *g*, dilynwr *g*.

gefragt [gəˈfraːkt] *adj* bod mewn galw, bod â mynd mawr; **Ingenieure sind sehr** ~ mae gofyn mawr am beirianwyr.

gefräßig [gəˈfrɛːsɪç, -ɪk] *adj* gwancus, barus, glwth.

Gefreite [gəˈfraɪtə] (-n, -n) *m (MIL)* is-gorporal *g*.

gefressen [gəˈfrɛsən] *pp von* **fressen**; **den hab' ich** ~ *(ugs)* dwy wedi cael llond bol ohono, ni allaf ei ddioddef.

Gefrierbeutel [gəˈfriːrbɔytəl] (-s, -) *m (KOCH)* bag *g* rhew.

gefrieren [gəˈfriːrən] *irreg vi untrenn* (+*sein*) rhewi.

Gefrier- *kompos:* ~**fach** *nt* blwch *g* rhewi; ~**fleisch** *nt* rhewgig *g*.

gefriergetrocknet *adj* wedi ei sychrewi, wedi ei rewsychu.

Gefrier- *kompos:* ~**mittel** *nt* rhewydd *g*; ~**punkt** *m* rhewbwynt *g*; ~**schutzmittel** *nt* gwrthrewydd *g*.

gefriertrocknen *vt untrenn* sychrewi.

Gefriertruhe (-, -n) *f* rhewgist *b*, cist *b* rew.

gefror *vb vgl.* **gefrieren**.

gefroren *pp von* **frieren** *oder* **gefrieren**.

Gefüge [gəˈfyːgə] (-s, -) *nt* adeiladwaith *g*.

gefügig *adj* ymostyngar; *(gehorsam)* ufudd.

Gefühl [gəˈfyːl] (-(e)s, -e) *nt* teimlad *g*; *(Gespür)* synnwyr *g*; *(Leidenschaft)* nwyd *g*; **etw im** ~ **haben** synhwyro rhth; ~**e wecken** deffro teimladau.

gefühllos *adj* oeraidd, dideimlad; *(Glieder)* fferllyd, dideimlad.

Gefühllosigkeit *f* dideimladrwydd *g*, caledwch *g*.

Gefühlsausbruch (-(e)s, ̈-e) *m* enyniad *g*.

gefühlsbetont *adj* teimladol, emosiynol, dwys.

Gefühls- *kompos:* ~**duselei** *f (pej)* sentiment *g*; ~**leben** *nt* bywyd *g* emosiynol.

gefühlsmäßig *adj* greddfol, wrth reddf.

Gefühlsmensch *m* person *g* emosiynol/teimladol.

gefühlvoll *adj (empfindsam)* sensitif; *(ausdrucksvoll)* nwydus, emosiynol; *(liebevoll)* cariadus.

gefüllt [gəˈfʏlt] *adj (KOCH)* stwffiedig; *(Pralinen)* â chanol meddal.

gefunden [gəˈfʊndən] *pp von* **finden**.

♦ *adj:* **das war ein** ~**es Fressen für ihn** fe'i cafodd ar

blât.

gegabelt [gə'gɑ:bəlt] *adj* fforchog.

gegangen *pp von* **gehen.**

gegeben [gə'ge:bən] *pp von* **geben.**

♦ *adj:* **unter den ~en Umständen** dan yr amgylchiadau hyn; **zu ~er Zeit** ar amser cyfleus.

gegebenenfalls *adv* os oes rhaid/angen.

gegen [ge:gən] *präp +akk* **1** yn erbyn; *(vor)* rhag; **nichts ~ jdn haben** bod â dim byd yn erbyn rhn; **X ~ Y** *(SPORT, JUR)* X yn erbyn Y; **ein Mittel ~ Schnupfen** rhth at annwyd; **jdm ~ den Strich gehen** *(fig)* mynd yn groes i ewyllys rhn; **~ den Uhrzeigersinn** yn groes i'r cloc, gwrthglocwedd; **sich ~ den Regen schützen** gwisgo rhag y glaw; **~ einen Baum fahren** gyrru yn erbyn coeden; **2** *(in Richtung auf)* tuag at, am, i gyfeiriad; **~ Osten** i'r dwyrain, tua'r dwyrain; **~ Abend** gyda'r nos, fin nos, gyda'r hwyr; **~ Ende zu** tuag at y diwedd; **das ist unfair ~ ihn** nid yw hynny'n deg ag ef; **gerecht ~ alle** yn deg ar bawb; **3** *(ungefähr)* tua, oddeutu, o gwmpas; **~ 200 Besucher** tua 200 o ymwelwyr; **~ fünf Uhr** tua phump o'r gloch; **4** *(im Austausch für)* **~ bar** am arian parod; **~ Quittung** wrth ddangos taleb; **~ Kaution** ar fechnïaeth; **etw ~ etw** *akk* **tauschen** ffeirio rhth am rth; **5** *(verglichen mit)* o'i gymharu â.

Gegen- *kompos:* **~angriff** *m* gwrthymosodiad *g*; *(SPORT)* gwrthiad *g*; **~besuch** *m* ymweliad *g* yn ôl; **~bewegung** *f* gwrthsymudiad *g*; **~beweis** *m* gwrthdystiolaeth *b*.

Gegend (-, **-en**) *f* ardal *b*, mangre *b*, bro *b*; *(Umgebung)* cymdogaeth *b*.

Gegen- *kompos:* **~darstellung** *f (Presse)* cyfateb *g*, atebiad *g*; **~demonstration** *f (POL)* gwrth-wrthdystiad *g*, gwrthbrotest *b*.

gegeneinander *adv* yn erbyn ei gilydd.

Gegen- *kompos:* **~fahrbahn** *f* lôn *b* sy'n mynd i'r cyfeiriad arall; **~frage** *f* gwrthgwestiwn *g*; **~gewicht** *nt* gwrthbwysyn *g*; **~gift** *nt* gwrthwenwyn *g*, gwrthgyffur *g*; **~kandidat** *m* cydymgeisydd *g*.

gegenläufig *adj* gwrthwynebol, gwrthsymudol.

Gegen- *kompos:* **~leistung** *f* cymwynas yn eich tro; **~licht** *nt* ôl-olau *g*; **~liebe** *f* cariad *g* dychweledig; **~maßnahme** *f* gwrthfesur *g*; **~mittel** *nt* gwrthgyffur *g*, meddyginiaeth *b*; **~probe** *f (MATH)* croesbrawf *g*; **~revolution** *f (POL)* gwrthchwyldro *g*.

Gegensatz (-**es**, ̈**-e**) *m* cyferbyniad *g*, gwrthgyferbyniad *g*; **Gegensätze überbrücken** pontio'r bwlch.

gegensätzlich *adj* cyferbyniol, gwrthgyferbyniol; *(widersprüchlich)* anghyson, croes i'w gilydd, gwrthwynebol.

Gegen- *kompos:* **~schlag** *m* gwrthdrawiad *g*, trawiad *g* yn ôl; **~seite** *f* ochr *b* gyferbyn/arall.

gegenseitig *adj* cilyddol, dwyochrog; **~e Abneigung** anhoffter o'r ddeutu; **in ~em Einverständnis** trwy gytundeb o'r ddeutu.

♦ *adv (beiderseits)* o ddeutu, i'ch gilydd; **sich** *dat* **~ helfen** helpu'ch gilydd.

Gegenseitigkeit *f* cilyddoldeb *g*, dwyochredd *g*; **das beruht auf ~** mae yr un fath o'r ddeutu.

Gegen- *kompos:* **~spieler** *m (POL, SPORT)* gwrthwynebwr *g*; **~sprechanlage** *f* intercom *g*.

Gegenstand (-(**e**)**s**, ̈**-e**) *m* gwrthrych *g*, peth *g*, eitem *b*; *(Thema)* thema *b*.

gegenständlich *adj* gwrthrychol, diriaethol; *(KUNST)* cynrychioliadol.

gegenstandslos *adj (grundlos)* di-sail, ofer.

Gegen- *kompos:* **~stimme** *f* pleidlais *b* yn erbyn; **~stoß** *m* gwrthiad *g*, gwrthdrawiad *g*; **~stück** *nt* cyfatebydd *g*.

Gegenteil *nt* gwrthwyneb *g*; **im ~** i'r gwrthwyneb; **das ~ bewirken** gweithredu i'r gwrthwyneb.

gegenteilig *adj* gwrthwynebol, croes; **ich habe nichts G~es gehört** rwy' heb glywed i'r gwrthwyneb, rwy' heb glywed fel arall.

gegenüber [ge:gən'y:bər] *präp +dat* gyferbyn â, ar gyfer; *(zu)* tuag at; *(angesichts)* yn wyneb; **ich wohne ~ der Kirche** rwy'n byw ar gyfer yr eglwys; **mir ~ hat er das nicht geäußert** ni ddywedodd hynny wrthyf fi.

♦ *adv* gyferbyn, ar eich cyfer; **~ befindet sich die Bank** gyferbyn mae'r banc.

Gegenüber (-**s**, -) *nt* y person cyferbyn; *(bei Kampf)* gwrthwynebwr *g*.

gegenüberliegen *irreg vi +dat* wynebu.

♦ *vr* wynebu ei gilydd.

gegenüberliegend *adj* cyferbyn; **zwei ~e Häuser** dau dŷ gyferbyn â'i gilydd.

gegenüberstehen *irreg vi +dat* sefyll gyferbyn â; **einander ~** wynebu ei gilydd.

♦ *vr* wynebu ei gilydd.

gegenüberstellen *vt* rhoi i wynebu; *(fig: vergleichen)* cyferbynnu, cymharu.

Gegenüberstellung (-, **-en**) *f* cyfwynebiad *g*; *(fig: Vergleich)* cyferbyniad *g*, gwrthgyferbyniad *g*.

gegenübertreten *irreg vi +dat (+sein)* wynebu.

Gegen- *kompos:* **~veranstaltung** *f* gwrthgyfarfod *g*; **~verkehr** *m* trafnidiaeth sy'n dod i'ch cyfarfod *g*; **~vorschlag** *m* gwrthawgrym *g*, gwrthgynnig *g*.

Gegenwart ['ge:gənvɑ:rt] *f (Anwesenheit)* presenoldeb *g*, gŵydd *g*; *(HIST, GRAM)* y presennol *g*; **in jds ~** yng ngŵydd rhn, gerbron rhn.

gegenwärtig ['ge:gənvɛrtɪç, -ɪk] *adj* presennol.

♦ *adv* ar hyn o bryd; **das ist mir nicht mehr ~** fedra' i ddim cofio mwyach.

gegenwartsbezogen *adj (Roman)* yn ymwneud â'r presennol.

Gegen- *kompos:* **~wert** *m* cyfwerth *g*; **~wind** *m* gwynt *g* blaen, blaenwynt *g*.

gegenzeichnen *vt, vi* cydarwyddo, cydlofnodi.

Gegenzug *m* gwrthsymudiad *g*; *(BAHN)* trên *g* cyfatebol yn mynd i'r cyfeiriad arall.

gegessen *pp von* **essen**.

geglichen *pp von* **gleichen**.

gegliedert [gə'gliːdərt] *adj* cymalog; *(strukturiert)* wedi ei strwythuro.

geglitten *pp von* **gleiten**.

geglommen *pp von* **glimmen**.

geglückt *pp von* **glücken**.

♦ *adj* llwyddiannus.

Gegner ['geːgnər] (-s, -) *m* (~in *f*) gwrthwynebydd *g*; *(Feind)* gelyn *g*.

gegnerisch *adj* gwrthwynebol.

Gegnerschaft *f* gwrthwynebiad *g*; *(Leute)* gwrthwynebwyr *ll*.

gegolten *pp von* **gelten**.

gegoren *pp von* **gären**.

gegossen *pp von* **gießen**.

gegr. *abk* = **gegründet**.

gegraben *pp von* **graben**.

gegriffen *pp von* **greifen**.

gegrillt *adj* griliedig.

gegründet *pp von* **gründen**.

geh *vb vgl.* **gehen**; **~!** dos! cer! **~ nicht in seine Nähe!** paid â mynd ar ei gyfyl!

Gehabe [gə'haːbə] (-s, *kein pl*) *nt (ugs)* rhodres *g*, clemau *ll*.

gehabt *pp von* **haben**.

Gehackteᴰ [gə'haktə] *nt* briwig *g*, cig *g* manfriw.

Gehalt¹ [gə'halt] (-(e)s, -e) *m* cynnwys *g*, cynhwysiad *g*.

Gehalt² (-(e)s, ¨-er) *nt* cyflog *g*.

gehalten [gə'haltən] *pp von* **halten**.

♦ *adj:* **~ sein, etw zu tun** *(geh)* bod yn ofynnol ar rn i wneud rhth.

Gehalts- *kompos:* **~abrechnung** *f* datganiad *g* cyflog; **~empfänger** *m* enillwr *g* cyflog; **~erhöhung** *f* codiad *g* cyflog; **~klasse** *f* categori *g* incwm; **~konto** *nt* cyfrif *g* cyfredol; **~nachzahlung** *f* ôl-dâl *g*; **~schema** *nt* strwythur *g* cyflogau; **~stufe** *f* graddfa *b*; **~zettel** *m* slip *g* cyflog; **~zulage** *f* codiad *g* cyflog.

gehaltvoll *adj (Essen)* maethlon.

gehandikapt [gə'hɛndɪkɛpt] *adj* methedig, dan anfantais.

gehangen *pp von* **hängen**¹ *oder* **hangen**.

geharnischt [gə'harnɪʃt] *adj* arfog; *(fig: scharf)* hallt, llym.

gehässig [gə'hɛsɪç, -ɪk] *adj* milain, gwenwynllyd, sbeitlyd.

Gehässigkeit *f* mileindra *g*, sbeit *b*.

gehäuft [gə'hɔʏft] *adj (Löffel)* gorlawn.

Gehäuse [gə'hɔʏzə] (-s, -) *nt* cas *g*; *(Radio~, Uhr~)* casin *g*, casyn *g*; *(Kern~)* cnewyllyn *g*.

Gehege [gə'heːgə] (-s, -) *nt* gwarchodfa *b*, gwarchodle *g*; *(im Zoo)* lloc *g*, caeadle *g*, bywydfa *b*; **jdm ins ~ kommen** *(fig)* tresbasu ar dir rhn.

geheim [gə'haɪm] *adj* cyfrinachol, cyfrin; *(heimlich)* cêl, cudd, dirgel; **streng ~** tra chyfrinachol; **~e Abstimmung** pleidlais *b* gudd; **~ halten** cadw'n gyfrinachol; **im G~en** yn y dirgel.

Geheim- *kompos:* **~agent** *m* ysbïwr *g*; **~dienst** *m* gwasanaeth *g* cudd; **~fach** *nt* blwch *g* cudd.

geheim halten *irreg vt vgl.* **geheim**.

Geheimnis (-ses, -se) *nt* cyfrinach *b*, dirgel *g*, dirgelwch *g*, rhin *b*.

Geheimniskrämer (-s, -) *m* heliwr *g* cyfrinachau.

geheimnisvoll *adj* celgar, rhiniol, dirgel; *(unerklärlich)* anesboniadwy, rhyfeddol, diamgyffred.

Geheim- *kompos:* **~nummer** *f (TEL)* rhif *g* cudd; **~polizei** *f* heddlu *g* cudd; **~rat** *m* cyfrin gynghorwr *g*.

Geheimratsecken *pl:* **er hat ~** mae e'n mynd yn foel rhwng y talcen a'r glust.

Geheim- *kompos:* **~schrift** *f* côd *g*, ysgrifennu *g* cyfrin; **~tip** *m* tip *g* (personol).

gehemmt [gə'hɛmt] *adj* swil, atalgar, hunanymwybodol.

gehen ['geːən] *irreg* **1** *vt (+sein)* mynd; **seinen Weg ~** mynd eich ffordd eich hunan; **2** *vi (+sein)* cerdded, mynd; *(abfahren)* gadael; *(funktionieren)* gweithio, rhedeg; *(weisen)* **nach Süden ~** wynebu'r de; **mit jdm ~** *(fig: Liebespaar)* mynd gyda rhn; **in sich** *akk* **~** synfyfyrio; **nach etw** *dat* **~** *(urteilen)* barnu ar sail rhth; **wieviele Leute ~ in deinen Wagen?** lle faint sy yn dy gar? **schlafen ~** mynd i gysgu; **in die Tausende ~** mynd i filoedd, bod yn filoedd; **jdm zur Hand ~** rhoi help llaw i rn; **~ wir!** awn ni! **das geht mir auf die Nerven** mae'n mynd dan fy nghroen; **sie geht mir über alles** mae hi'n werth y byd i mi; **sich ~ lassen** *(verwahrlosen)* esgeuluso, peidio â gofalu amdanoch eich hun; *(unbeherrscht sein)* ymollwng, colli rheolaeth o'ch hunan; **lass ihn ~!** *(ugs)* gad lonydd iddo! gad iddo fod! **3** *vi unpers:* **wie geht's (dir)?** sut wyt ti? sut mae (pethau)? **es geht dim** yn rhy ddrwg, mae'n iawn; **mir geht es gut** rwy'n iawn; **geht das?** ydy hynny'n bosib? **das geht nicht** amhosib! nid yw'r peth yn bosib! **nichts geht über** +akk ... does dim yn well na...; **geht's noch?** ydy popeth yn iawn? **es geht um** +akk mae'n ymwneud â; **lass es dir gut ~** cymer ofal; **das geht so** felly mae'n gweithio; **darum geht es nicht** nid hwnnw yw'r pwynt; **morgen geht es nicht** nid yw'n bosibl yfory; **wenn es nach mir ginge** pe bawn i'n cael penderfynu.

gehetzt [gə'hɛtst] adj yn cael ei ymlid/erlid; (fig) brysiog, hectig.

geheuer [gə'hɔyər] adj: **nicht ~** annaearol, iasol, arswydus; (fragwürdig) amheus, ansicr, amwys.

Geheul [gə'hɔyl] (-(e)s, kein pl) nt udfa b, dolef b, oernadu g.

Gehilfe [gə'hɪlfə] (-n, -n) m cynorthwywr g, cynorthwyydd g.

Gehilfin (-, -nen) f cynorthwywraig b.

Gehirn [gə'hɪrn] (-(e)s, -e) nt ymennydd g.

Gehirn- kompos: **~erschütterung** f (MED) ysgytwad g, cyfergyd gb; **~hälfte** f hemisffer g cerebrol; **~schlag** m strôc b, trawiad g; **~tod** m marwolaeth b yr ymennydd; **~wäsche** f pwylldrais g, pwylldreisio g.

gehoben [gə'ho:bən] pp von **heben**.
♦ adj dyrchafedig; (Position) pwysig, uchel.

Gehöft [gə'hœft] (-(e)s, -e) nt fferm b.

geholfen pp von **helfen**.

Gehör [gə'hø:r] (-(e)s, kein pl) nt clyw g; (fig) clust b; **musikalisches ~** clust gerddorol; **~ finden** cael gwrandawiad, cael sylw; **jdm ~ schenken** gwrando ar rn, rhoi sylw i rn; **sein ~ verlieren** byddaru.

gehorchen [gə'hɔrçən] vi untrenn bod yn ufudd; **~** +dat ufuddhau i.

gehören [gə'hø:rən] vi untrenn +dat perthyn i; **das gehört nicht zur Sache** mae hynny'n amherthnasol; **dazu gehört schon einiges** mae hynny'n dipyn o gamp; **er gehört ins Bett** dylai fod yn ei wely.
♦ vr unpers untrenn bod yn iawn/deg.

gehörig adj iawn, addas, priodol, cymwys; (beträchtlich) eithaf, gweddol; **zu etw ~** yn perthyn i, o eiddo.

gehörlos adj byddar.

gehörnt [gə'hœrnt] adj (Tier) corniog; (fig: Ehemann) twylledig.

gehorsam [gə'hɔrzɑ:m] adj ufudd.

Gehorsam (-s, kein pl) m ufudd-dod g.

Gehörsinn [gə'hø:rzɪn] m clyw g.

Gehre ['ge:rə] f = Gehrung.

gehren ['ge:rən] vt meitro.

Gehrfuge f = Gehrung.

Gehrung f (TECH) meitr g, uniad g meitrog.

Gehschule ['ge:ʃu:lə] (-, -n) f (für Kleinkind) corlan b chwarae.

Gehsteig ['ge:ʃtaɪk] (-(e)s, -e) m palmant g, pafin g.

gehupft [gə'hʊpft] adj: **das ist ~ wie gesprungen** brawd mogi yw tagu.

Gehweg ['ge:ve:k] (-(e)s, -e) m palmant g, pafin g.

Geier ['gaɪər] (-s, -) m (ZOOL) fwltur gb; **weiß der ~!** (ugs)ᴰ dyn a ŵyr!

Geifer ['gaɪfər] (-s, kein pl) m poer g (gwenwynllyd).

geifern vi glafoerio; (fig) bwrw'ch llid, tywallt eich dicter.

Geige ['gaɪgə] (-, -n) f ffidl b, feiolin b; **~ spielen** canu'r ffidl; **die erste ~ spielen** (fig) bod yn geffyl blaen; **die zweite ~ spielen** (fig) bod yn ail (i rn).

geigen vi canu'r ffidl.

Geigen- kompos: **~kasten** m cas g ffidl; **~spieler** m ffidler g.

Geiger m ffidler g, feiolinydd g; **~in** f ffidleres b, feiolinyddes b.

Geigerzähler m (TECH) rhifydd g Geiger, mesurydd g ymbelydredd.

geil [gaɪl] adj (fettig) cyfoethog, seimllyd; (sexy) poeth, rhywiol; (pej: lüstern) masweddol, blysig; (ugs: super) aruthrol, ffantastig, anhygoel.

geimpft [gə'¹⁷ɪmpft] pp von **impfen**; brechedig.

Geisel ['gaɪzəl] (-, -n) f gwystl g.

Geisel- kompos: **~drama** nt drama b herwgipiad; **~nahme** f cymryd g gwystlon.

Geiß [gaɪs] (-, -en) f gafr b.

Geißblatt nt (BOT) gwyddfid g, llaeth g y gaseg.

Geißel ['gaɪsəl] (-, -n) f fflangell b; (fig) pla g.

geißeln vt fflangellu.

Geist [gaɪst] (-(e)s, -er) m ysbryd g, enaid g; (Gespenst) ysbryd g, bwgan g, bwbach g; (Verstand) meddwl g; (Witz) ffraethineb g; **er geht mir auf den ~** mae'n bigyn yn fy nghlust i; **von allen guten ~ern verlassen sein** (ugs) bod â cholled arnoch; **hier scheiden sich die ~er** (fig) dyma lle mae anghytundeb; **den ~ aufgeben** (Gerät) huno, marw.

Geisterfahrer m (ugs) rhith-yrrwr g, un sy'n gyrru ar ochr anghywir y drafordd.

geisterhaft adj bwganllyd, drychiolaethol, annaearol.

Geisterhand f: **wie von ~** megis trwy hudoliaeth.

Geisterstadt f pentref g anghyfannedd.

geistesabwesend adj anghofus, pell; **~ sein** bod â'ch pen yn y cymylau.

Geistes- kompos: **~akrobat** m acrobat g meddwl; **~blitz** m fflach b o ysbrydoliaeth, gweledigaeth b;

~**gegenwart** *f* pwyll *g*, hunanfeddiant *g*.

geistesgegenwärtig *adj* synhwyrgraff.

geistesgestört *adj* o'i bwyll.

Geisteshaltung *f* agwedd *b*, meddylfryd *g*.

geisteskrank *adj* sâl eich meddwl, ag anhwylder meddyliol.

Geistes- *kompos:* ~**kranke** *m/f* rhn â salwch meddwl; ~**krankheit** *f* afiechyd *g* meddwl, salwch *g* meddyliol; ~**störung** *f* cynnwrf *g* meddwl; ~**verfassung** *f* hwyliau *ll*, agwedd *b* meddwl.

Geisteswissenschaften *pl (UNIV)* y celfyddydau *ll*, dynoliaethau *ll*.

geisteswissenschaftlich *adj:* ~**e Fakultät** *(UNIV)* Cyfadran *b* y Celfyddydau.

Geisteszustand *m* cyflwr *g* meddwl, stad *b* meddwl; **jdn auf seinen ~ untersuchen** gwneud archwiliad seiciatryddol ar rn.

geistig *adj* meddyliol, ysgrydol, deallol; *(Getränk)* alcoholaidd; ~ **behindert** dan anfantais feddyliol; ~**e Verwirrung** dryswch *g* meddwl.

geistlich *adj* crefyddol, clerigol.

Geistliche (-**n**, -**n**) *m* clerigwr *g*, gweinidog *g*, person *g*.

Geistlichkeit *f* y glerigaeth *b*, yr offeiriadaeth *b*.

geistlos *adj* anysbrydoledig, diysbryd; *(langweilig)* glastwraidd, dwl.

geistreich *adj* ffraeth, ysbrydoledig.

geisttötend[D] *adj* = **nervtötend**.

geistvoll *adj* deallusol, deallol; *(weise)* doeth, call.

Geiz [gaɪts] (-**es**, *kein pl*) *m* cybydd-dod *g*, cybydd-dra *g*.

geizen ['gaɪtsən] *vi* bod yn ddiwastraff; **mit Lob ~** bod yn ddiwastraff â moliant.

Geizhals *m* = **Geizkragen**.

geizig *adj* cybyddlyd, crintach; ~ **sein** edrych yn llygad y geiniog.

Geizkragen *m* cybydd(es) *g(b)*, cribiniwr *g*.

gekannt *pp von* **kennen**.

gekehrt [gə'ke:rt] *adj:* **in sich ~** mewnblyg.

Gekicher [gə'kɪçər] (-**s**, *kein pl*) *nt* gwichian *g* chwerthin.

Geklapper [gə'klapər] (-**s**, *kein pl*) *nt* clecian *g*, ratlo *g*.

Geklimper [gə'klɪmpər] (-**s**, *kein pl*) *nt* *(ugs: Klavier~)* tincial *g*; *(stümperhaft)* toncian *g*; *(Geld)* tinc *g*.

geklungen *pp von* **klingen**.

geknickt [gə'knɪkt] *adj (fig)* digalon, penisel, ysig.

gekniffen *pp von* **kneifen**.

gekommen *pp von* **kommen**.

gekonnt [gə'kɔnt] *pp von* **können**.

♦ *adj* meistrolgar, cywrain, deheuig.

gekräuselt [gə'krɔyzəlt] *adj (Haar)* cyrliog.

Gekreisch [gə'kraɪʃ] (-**es**, *kein pl*) *nt* sgrechian *g*.

Gekritzel [gə'krɪtsəl] (-**s**, *kein pl*) *nt* sgriblad *g*, sgriffiad *g*, ysgrifen *b* traed brain.

gekrochen *pp von* **kriechen**.

gekrönt [gə'krø:nt] *pp von* **krönen**.

♦ *adj* coronog.

gekrümmt [gə'krʏmt] *adj* crwca, gwargrwm.

gekündigt [gə'kʏndɪçt, -ɪkt] *pp von* **kündigen**; ~ **werden** colli gwaith.

gekünstelt [gə'kʏnstəlt] *adj* artiffisial, annaturiol, mursennaidd.

Gel [ge:l] (-**s**, -**e**) *nt* gel *g*.

Gelaber [gə'la:bər] (-**s**, *kein pl*) *nt* *(ugs: Geschwätz)* baldordd *g*, bregliach *g*, mân siarad *g*.

Gelächter [gə'lɛçtər] (-**s**, *kein pl*) *nt* chwarddiad *g*, chwerthin *g*; **in ~ ausbrechen** dechrau rhuo/rowlio chwerthin.

gelackmeiert [gə'lakmaɪərt] *adj (ugs)* wedi cael eich twyllo.

geladen [gə'la:dən] *pp von* **laden**.

♦ *adj (Gäste)* gwadd, gwahoddedig; *(Gewehr)* llwythog, llawn; *(ELEKT)* byw; *(wütend)* cynddeiriog, ffyrnig, candryll; ~**er Gast** gŵr gwadd, gwraig wadd.

Gelage [gə'la:gə] *nt* gloddest *b*.

gelagert [gə'la:gərt] *adj:* **in ähnlich ~en Fällen** mewn achosion tebyg.

gelähmt [gə'lɛ:mt] *adj* parlysedig, diffaith.

Gelähmte (-**n**, -**n**) *m/f* cloff *g*, efrydd *g*.

Gelände [gə'lɛndə] (-**s**, -) *nt* rhediad *g* y tir, tir *g*, tirlun *g*; *(Sport~)* maes *g*; *(Bau~)* safle *g*.

Geländefahrzeug *nt* cerbyd *g* traws gwlad.

geländegängig *adj* traws gwlad.

Geländelauf *m* ras *b* draws gwlad.

Geländer [gə'lɛndər] (-**s**, -) *nt* rhael *b*, barrau *ll*, rheilin *g*; *(Treppen~)* canllaw *gb*.

Geländewagen *m* cerbyd *g* traws gwlad.

gelang *vb vgl.* **gelingen**.

gelangen *vi untrenn (+sein):* ~ **(nach** +*dat)* cyrraedd; **in jds Besitz** *akk* ~ dod i feddiant rhn; **in die falschen Hände ~** syrthio i'r dwylo anghywir.

gelangweilt [gə'laŋvaɪlt] *adj* wedi diflasu, wedi syrffedu.

gelassen [gə'lasən] *adj* digynnwrf, digyffro, didaro.

Gelassenheit *f* tawelwch *g*, llonyddwch *g*.

Gelatine [ʒela'ti:nə] *f* gludai *g*.

gelaufen *pp von* **laufen**.

geläufig [gə'lɔyfɪç, -ɪk] *adj (üblich)* cyffredin; **das ist mir nicht ~** nid wyf yn gyfarwydd â hynny.

Geläufigkeit *f* cynefindra *g*, arferoldeb *g*.

gelaunt [gə'launt] *adj:* **schlecht/gut ~** mewn hwyliau drwg/da; **wie ist er ~?** sut dymer sydd arno?

Geläut [gə'lɔyt] (-(**e**)**s**, *kein pl*) *nt* caniad *g*, seinio *g*.

gelb [gɛlp] *adj* melyn; **G~e Seiten** *pl* tudalennau *ll* melyn.

Gelb *nt (Ampel)* golau *g* ambr.

gelblich *adj* melynaidd.

Gelbsucht *f (MED)* clefyd *g* melyn, clwyf *g* melyn.

Geld [gɛlt] (-(e)s, -er) *nt* arian *g*, pres *g*; **~ ausgeben** gwario arian; **~ fälschen** bathu arian ffug; **~ investieren in etw** +*akk* buddsoddi arian mewn rhth; **~ verdienen** ennill arian; **~ wechseln** newid arian; **~ macht die Musik** diwedd y gân yw'r geiniog; **etw zu ~ machen** gwerthu rhth; **er hat ~ wie Heu** *(ugs)* mae e'n graig o arian; **am ~ hängen** bod yn dyn, bod yn gybyddlyd; **~er** *ll (Geldmittel)* modd *g*; **öffentliche ~er** coffrau *ll* cyhoeddus, coffrau'r wlad.

Geld- *kompos:* **~adel** *m* y cyfoethogion *ll*; **~anlage** *f (FIN)* buddsoddiad *g*; **~automat** *m* peiriant *g* arian, twll *g* yn y wal; **~automatenkarte**[D] *f* cerdyn *g* arian parod; **~beutel** *m* cod *b*; **~börse** *f* cod, pwrs *g*; **~forderung** *f* galwad *gb* ariannol; **~geber** *m* ariannwr *g*; **~gier** *f* ariangarwch *g*, chwant *g*.

geldgierig *adj* ariangar, chwannog, caffaelgar.

Geld- *kompos:* **~institut** *nt* sefydliad *g* ariannol; **~mangel** *m* diffyg *g* arian, prinder *g* arian; **~mittel** *pl* adnoddau *ll* ariannol, modd *g*; **~quelle** *f* ffynhonnell *b* arian; **~schein** *m* arian *g* papur; **~schrank** *m* coffor *g*; **~strafe** *f* dirwy *b*; **~stück** *nt* darn *g* arian.

Geldtransaktion *f* = **Transaktion**.

Geldverlegenheit *f:* **in ~ kommen** dod i drafferthion ariannol.

Geld- *kompos:* **~verschwendung** *f* gwastraff *g* arian; **~wechsel** *m* cyfnewid *b* arian, cyfnewid *b* tramor; *(Büro) bureau de change;* **~wert** *m* gwerth *g* mewn arian parod; *(FIN: Kaufkraft)* gwerth *g* arian.

Gelee [ʒeˈleː] *nt* jeli *g*.

gelegen [gəˈleːgən] *pp von* **liegen**.

♦ *adj* lleoledig, wedi ei leoli; *(passend)* cyfleus; *(günstig)* hwylus, ffafriol; **etw kommt jdm ~** bod yn gyfleus i rn.

Gelegenheit *f* cyfle *g*; *(Anlass)* achlysur *g*, amgylchiad *g*, adeg *b*; **die ~ ergreifen** achub y cyfle; **bei ~** pan fo cyfle, rywbryd neu'i gilydd; **jede ~** pob gafael, pob cyfle.

Gelegenheits- *kompos:* **~arbeit** *f* llafur *g* ysbeidiol, llafur dros dro; **~arbeiter** *m* gweithiwr *g* dros dro, gweithiwr ysbeidiol; **~dieb** *m* lleidr *g* cyfle; **~kauf** *m* bargen *b*.

gelegentlich [gəˈleːgəntlɪç] *adj* achlysurol.

♦ *adv (manchmal)* ambell waith, ar adegau, weithiau; *(bei Gelegenheit)* ryw ben, rywbryd neu'i gilydd.

gelehrig [gəˈleːrɪç, -ɪk] *adj* craff, deallus, hydrin.

gelehrt [gəˈleːrt] *adj* dysgedig, hyddysg, gwybodus.

Gelehrte (-n, -n) *m/f* ysgolhaig *g*, sgolor *g*.

Gelehrtheit *f* ysgolheictod *g*, sgoloriaeth *b*, dysg *gb*.

Geleise [gəˈlaɪzə] *nt* = **Gleis**.

Geleit [gəˈlaɪt] (-(e)s, -e) *nt* cydymaith *g*, cymdeithas *b*; **freies ~** hebryngiad *g* diogel.

geleiten *vt untrenn* hebrwng, danfon, tywys.

Geleitschutz *m* gosgordd *g*.

Gelenk [gəˈlɛŋk] (-(e)s, -e) *nt* cymal *g*.

gelenkig *adj* ystwyth, symudol.

Gelenkigkeit *f* symudoldeb *g*.

gelernt [gəˈlɛrnt] *adj (Arbeiter)* hyfforddedig, crefftus.

geliebt [gəˈliːpt] *adj* cu, annwyl.

Geliebte (-n, -n) *m/f* cariad *b*, anwylyd *g*; *(Liebhaber)* câr *g*, carwr *g*; *(Liebhaberin)* carwraig *b*.

geliefert [gəˈliːfərt] *adj:* **er ist ~** mae hi wedi canu arno.

geliehen *pp von* **leihen**.

gelinde [gəˈlɪndə] *adj (geh)* ysgafn, addfwyn, mwyn; **~ gesagt** a dweud y lleiaf.

gelingen [gəˈlɪŋən] *irreg vi untrenn (+sein)* llwyddo; **die Arbeit gelingt mir nicht** nid wyf yn cael hwyl ar y gwaith hwn; **es ist mir gelungen, etw zu tun** llwyddais i wneud rhth, des i i ben â gwneud rhth.

Gelingen *nt* llwyddiant *g*; *(erfolgreiches Ergebnis)* canlyniad *g* llwyddiannus.

gell [gɛl] *excl (ugs)* on'd yw hi?

gellen *vi* atseinio'n dreiddgar.

gellend *adj* treiddgar, main.

geloben [gəˈloːbən] *vt, vi untrenn* addunedu, addo; **das Gelobte Land** *(REL)* Gwlad *b* yr Addewid.

gelocht [gəˈlɔxt] *adj* tyllog.

gelogen [gəˈloːgən] *pp von* **lügen**; celwyddog.

Gelse[A] [ˈgɛlzə] (-, -n) *f (ZOOL)* gwybedyn *g*, mosgito *g*.

gelten [ˈgɛltən] *irreg vi (gültig sein)* bod yn ddilys; *(wert sein)* bod yn werth; **was gilt die Wette?** beth rwyt ti eisiau ei fetio? *(zutreffen)* **~ für** bod a wnelo â, ymwneud â; *(gerichtet an)* **jdm ~** wedi ei gyfeirio/anelu at rn; **jdm wenig ~** golygu ychydig i rn; **ihm gilt ein Menschenleben nichts** mae'n dibrisio bywyd ei gyd-ddyn; **als etw ~** cael ei ystyried yn; **die Wette gilt!** yn iawn! rwy'n derbyn y fet!

♦ *vi unpers:* **das gilt nicht!** nid yw hynny'n cyfrif; **das gilt auch für dich** mae hynny'n dy gynnwys di hefyd; **es gilt, etw zu tun** *(geh)* rhaid gwneud rhth, mae angen gwneud rhth; **etw ~ lassen** derbyn rhth; **für diesmal lasse ich's ~** fe wnaf ei dderbyn am y tro.

geltend *adj (Preise)* presennol, cyfredol; *(Gesetz)*

mewn grym; *(Meinung)* cyffredin, cyffredinol; **etw
~ machen** mynnu rhth; **sich ~ machen** amlygu eich
hunan; **einen Einwand ~ machen** codi
gwrthwynebiad.

Geltung *f* dilysrwydd *g*; **sich** *dat* **~ verschaffen**
cadarnhau eich safbwynt; **etw zur ~ bringen**
amlygu rhth; **zur ~ kommen** dangos ei ochr orau;
in diesem Saal kommt die Musik voll zur ~ mae'r
gerddoriaeth i'w chlywed ar ei gorau yn y
neuadd hon; **~ haben** bod yn ddilys.

Geltungsbedürfnis *nt* dyhead *g* am edmygedd.

geltungssüchtig *adj* yn ysu am edmygedd.

Gelübde [gə'lʏbdə] *nt* llw *g*, adduned *b*, diofryd *g*.

gelungen [gə'lʊŋən] *pp von* **gelingen**.

♦ *adj* llwyddiannus; *(originell)* hwylus.

Gem. *abk* = **Gemeinde**.

gemächlich [gə'mɛçlɪç] *adj* hamddenol, ling-di-
long, wrth eich pwysau.

Gemächlichkeit *f* hamddenoldeb *g*.

gemacht [gə'maxt] *adj (gewollt, gekünstelt)* ffug,
ffuantus; **ein ~er Mann sein** bod yn ddyn
llwyddiannus.

Gemahl [gə'ma:l] *m (geh)* gŵr *g*, priod *g*; **~in** *f* gwraig
b, priod *b*.

gemahlen *pp von* **mahlen**.

Gemälde [gə'mɛ:ldə] *nt* llun *g*, peintiad *g*.

gemasert [gə'ma:zərt] *adj (Holz)* llinog.

gemäß [gə'mɛ:s] *präp +dat* yn unol â, yn
gyson/gytûn â.

♦ *adj* priodol i, addas i, gweddus i; **eine ihrer
Ausbildung ~e Arbeit** gwaith addas i'w haddysg.

gemäßigt *adj* cymedrol, rhesymol; *(Klima)* mwyn,
tymherus.

gemästet [gə'mɛstət] *adj* pasgedig.

Gemäuer [gə'mɔʏər] (**-s**, *kein pl*) *nt* gwaith *g* maen.

Gemauschel [gə'maʊʃəl] (**-s**, *kein pl*) *nt (ugs)*
cynllwynio *g*.

Gemecker [gə'mɛkər] (**-s**, *kein pl*) *nt (von Ziegen)* brefu
g; *(ugs: Nörgelei)* cwynfan *g*, crintachu *g*.

gemein [gə'maɪn] *adj (niederträchtig)* cas, milain,
anfad; *(einfach)* gwerinol; *(gemeinsam)* cyffredin,
ar y cyd; **etw ~ haben mit** bod â rhth yn gyffredin
â.

Gemeinde [gə'maɪndə] *f* cymuned *b*; *(Kirchen~)*
cynulleidfa *b*; *(Pfarr~)* plwyf *g*, llan *b*; *(Bezirk)* bro
b, cymdogaeth *b*.

Gemeinde- *kompos:* **~abgaben** *pl* trethi *ll* lleol; **~bau** *m*
fflatiau *ll* cyngor; **~grund** *m* tir *g* comin; **~mitglied**
nt plwyfolyn *g*; **~ordnung** *f* deddf *b* leol; **~rat** *m*
cyngor *g* lleol; **~ratswahl** *f (POL)* etholiad *g* lleol;
~schwester[D] *f* nyrs *b* ardal; **~siedlung** *f* stad *b* dai
cyngor; **~steuer** *f* treth *b* gymunedol; **~verwaltung** *f*

(POL) cyngor *g* lleol/bro; **~vorstand** *m* cyngor *g*
lleol; **~wahl** *f* etholiad *g* lleol; **~wiese** *f* comin *g*,
cytir *g*; **~wohnung** *f* fflat *g* cyngor.

Gemeineigentum[D] *nt* eiddo *g* cyffredin.

gemeingefährlich *adj* peryglus dros ben.

Gemeingut *nt* = **Allgemeingut**.

Gemeinheit *f* mileindra *g*, afledneisrwydd *g*; **das
war eine ~** roedd hynny'n hen dro sâl.

gemeinhin *adv* yn gyffredinol.

Gemein- *kompos:* **~kosten** *pl* costau *ll* cyffredinol;
~nutz *m* budd *g* cyhoeddus.

gemeinnützig *adj* o fudd i'r cyhoedd.

Gemeinplatz *m (fig)* cyffredineb *b*.

gemeinsam [gə'maɪnza:m] *adj* ar y cyd, cyfun, yn
gyffredin; **~e Sache mit jdm machen** bod yn
llawiach â rhn, bod yng nghyfrinach rhn; **~es
Konto** cyfrif *g* ar y cyd; **der G~e Markt** y Farchnad
Gyffredin; **größter ~er Teiler** *(MATH)* ffactor *gb*
cyffredin mwyaf.

♦ *adv* gyda'ch gilydd, ynghyd; **etw ~ haben** bod â
rhth yn gyffredin.

Gemeinsamkeit *f* tir *g* cyffredin, cymundod *g*.

Gemeinschaft *f* cymuned *b*; *(Bund)* urdd *b*; **in ~ mit**
+*dat* ar y cyd â, ynghyd â; **~ Unabhängiger Staaten**
(GEOG) Cymanwlad *b* y Gwladwriaethau
Annibynnol; **eheliche ~** priodas *b*.

gemeinschaftlich *adj* cymunedol, comon;
(gemeinsam) ar y cyd.

Gemeinschafts- *kompos:* **~antenne** *f* erial *gb* ar y cyd;
~arbeit *f* gwaith *g* tîm, cydymdrech *gb*; **~besitz** *m*
cydberchnogaeth *b*; **~erziehung** *f* cydaddysg *b*;
~kunde[D] *f* astudiaethau *ll* cymdeithasol; **~raum** *m*
ystafell *b* gyffredin; **~sinn** *m* cymunedgarwch *g*.

Gemeinsinn *m* cymunedgarwch *g*, dinasyddiaeth *b*
dda.

gemeinverständlich[D] *adj* = **allgemein verständlich**.

Gemein- *kompos:* **~wesen** *nt* cymuned *b*; **~wohl** *nt* lles
g pawb.

Gemenge [gə'mɛŋə] (**-s**, **-**) *nt* cymysgfa *b*,
cymysgwch *g*, cymysgedd *gb*; *(Hand~)* ysgarmes
b, ymgiprys *g*.

gemessen [gə'mɛsən] *pp von* **messen**.

♦ *adj* mesuredig, penodol; *(fig)* pwyllog.

Gemetzel [gə'mɛtsəl] (**-s**, **-**) *nt* lladdfa *b*, cyflafan *b*,
galanas *gb*.

gemieden *pp von* **meiden**.

gemietet [gə'mi:tət] *adj* ar log, wedi'i llogi.

Gemisch [gə'mɪʃ] (**-es**, **-e**) *nt* cymysgwch *g*,
cymysgedd *gb*.

gemischt *adj* cymysg; **~e Gefühle** teimladau *ll*
cymysg; **~es Doppel** *(Tennis)* parau *ll* cymysg.

gemischt- *kompos:* **~geschlechtig** *adj* cymysg;

~sprachig *adj* amlieithog.

gemocht *pp von* **mögen**.

gemolken *pp von* **melken**.

Gemse *f* = **Gämse**.

Gemunkel [gə'muŋkəl] (**-s**, *kein pl*) *nt* sibrwd *g*.

Gemurmel [gə'murməl] (**-s**, *kein pl*) *nt* murmur *g*.

Gemüse [gə'my:zə] (**-s**, *kein pl*) *nt* llysiau *ll*.

Gemüse- *kompos:* **~garten** *m* gardd *b* lysiau; **~geschäft** *nt*, **~händler** *m* siop *b* lysiau; **~platte** *f (KOCH)* llysiau *ll* amrywiol; **~suppe** *f* cawl *g* llysiau.

gemusst *pp von* **müssen**.

gemustert [gə'mustərt] *adj* patrymog.

Gemüt [gə'my:t] (**-(e)s**, **-er**) *nt* anian *gb*, natur *b*, cymeriad *g*; *(fig: Mensch)* rhywun *g*; **sich** *dat* **etw zu ~e führen** *(ugs)* ymroi i rth, ymbleseru mewn rhth; **die ~er erregen** corddi teimlad cryf, codi angerdd; **wir müssen warten bis sich die ~er beruhigt haben** bydd yn rhaid i ni aros nes i'r dyfroedd dawelu.

gemütlich *adj* cysurus, cyffyrddus; *(bequem)* esmwyth; *(heimelig)* cartrefol, clyd; *(Person)* rhadlon, tirion; *(gemächlich)* hamddenol, araf deg; **wir verbrachten einen ~en Abend** fe dreulion ni noson fach braf dros ben.

Gemütlichkeit *f* cyffyrddusrwydd *g*, esmwythdra *g*, cysur *g*; *(Behaglichkeit)* clydwch *g*.

Gemütsbewegung *f* emosiwn *g*, ysmudiad *g*, teimlad *g*.

gemütskrank *adj* cythryblus.

Gemüts- *kompos:* **~mensch** *m* rhn rhadlon; **~ruhe** *f* llonyddwch *g*, tawelwch *g*; **~zustand** *m* cyflwr *g* meddwl, stad *b* feddyliol.

gemütvoll *adj* cynnes, tyner.

Gen [ge:n] (**-s**, **-e**) *nt (BIOL)* genyn *g*.

Gen. *abk* = **Genossenschaft**; = **Genitiv**.

gen. *abk (= genannt)* a enwir, a elwir.

genannt [gə'nant] *pp von* **nennen**.

♦ *adj* rhagddywededig, enwedig.

genau [gə'nau] *adj* manwl, cysáct; **~e Uhrzeit** yr amser iawn; **G~eres** manylion *ll* pellach; **etw G~eres wissen** gwybod manylion; **nichts G~es** dim byd pendant.

♦ *adv (präzise)* yn fanwl, yn fanwl gywir; *(richtig)* yn gywir; *(exakt)* i'r dim; **~ fünf Pfund** pum punt ar ei ben; *(stimmt)* **~!** hollol! yn union! **~ vor Ihnen** reit o'ch blaen; **etw ~ wissen** gwybod rhth yn iawn; **auf die Minute ~** yn dra phrydlon; **etw ~ nehmen** cymryd rhth o ddifrif; **~ genommen** a bod yn fanwl gywir.

Genauigkeit *f* cywirdeb *g*, manyldeb *g*, manylder *g*.

genauso [gə'nauzo:] *adv:* **~ ... (wie)** yr un mor… (â), lawn mor… (â); **~ gut** cystal; *(ebenso gut)* lawn

cystal; **~ lang** cyhyd; **~ müde** yr un mor flinedig; **~ alt wie ich** o'r un oedran â mi, cyn hyned â mi; **~ wenig** cyn lleied; **~ ein** yr un yr un peth yn hollol, yr un peth yn union.

Gendarm^ [ʒan'darm] *m* plismon *g*.

Gendarmerie [ʒandarmə'ri:, ʒãdarmə'ri:] *f* heddlu *g*.

Gen.-Dir. *abk* = **Generaldirektor**.

Genealogie [genealo'gi:] *f* achyddiaeth *b*, olrhead *g* achau.

genehm [gə'ne:m] *adj (geh)* cyfleus, derbyniol.

genehmigen *vt untrenn* caniatáu; *(behördlich)* awdurdodi; **sich** *dat* **etw ~** caniatáu rhth i'ch hunan; **sich einen ~** *(ugs)* cael diod fach.

Genehmigung *f* caniatâd *g*, cennad *b*; *(Schriftstück)* trwydded *b*, hawlen *b*; **eine ~ erteilen** trwyddedu.

geneigt [gə'naikt] *pp von* **neigen**.

♦ *adj (schräg)* goleddf; *(tendierend)* tueddol; *(Publikum)* ewyllysgar; **~ sein, etw zu tun** *(tendieren)* tueddu i wneud rhth; *(willig sein)* bod yn barod i wneud rhth.

Genera *pl von* **Genus**.

General [gene'ra:l] (**-s**, **-e** *oder* **¨-e**) *m (MIL)* cadfridog *g*.

Generaldirektor *m* prif weithredwr *g*.

generalisieren [generali'zi:rən] *vt* cyffredinoli.

General- *kompos:* **~konsul** *m* prif gonswl *g*; **~konsulat** *nt* prif gonswliaeth *b*; **~major**^D *m (MIL)* is-gadfridog *g*; **~pause** *f (MUS)* daliant *g* cyffredinol; **~sekretär** *m* prif ysgrifennydd *g*, ysgrifennydd *g* cyffredinol; **~streik** *m* streic *b* gyffredinol.

generalüberholen *vt untrenn* archwilio yn drwyadl, atgyweirio yn drwyadl.

General- *kompos:* **~versammlung** *f* cyfarfod *g* cyffredinol; **~vertretung** *f* unig asiantaeth *b*.

Generation [generatsi'o:n] (**-**, **-en**) *f* cenhedlaeth *b*, to *g*; **die ältere ~** yr hen do; **die jüngere ~** y to ifanc.

Generationskonflikt (**-(e)s**, **-e**) *m* bwlch *g* rhwng y cenedlaethau.

Generator [gene'ra:tor] (**-en**, **-en**) *m (ELEKT)* generadur *g*, cynhyrchydd *g*.

generell [gene'rɛl] *adj* cyffredinol, cyffredin; *(grob)* bras.

generieren [gene'ri:rən] *vt* generadu.

genesen [gə'ne:zən] *irreg vi (+sein)* gwella, ymadfer.

Genesende (**-n**, **-n**) *m/f* claf *g* ar wella, claf *g* ymadferol.

Genesung *f* adferiad *g*, gwellhad *g*, iachâd *g*.

Genetik [ge'ne:tik] *f* geneteg *b*.

genetisch [ge'ne:tiʃ] *adj (BIOL)* genetig, genetaidd.

Genf [gɛnf] *nt (GEOG)* Genefa *b*; **der ~er See** *(GEOG)* Llyn Genefa; **die ~ Konvention** y Confensiynau *ll* Genefa.

genial [geni'a:l] *adj* athrylithgar, dyfeisgar; *(super)* gwych.

Genialität [geniali'tɛ:t] *f* athrylith *gb*.

Genick [gə'nɪk] (-(e)s, -e) *nt* gwar *g*, gwegil *gb*; **sich das ~ brechen** torri'ch gwddf; **jdm das ~ brechen** *(fig)* diweddu rhn; **jdm im ~ sitzen** *(fig)* cadw trwyn rhn ar y maen.

Genickstarre *f* cric *g* yn y gwar.

Genie [ʒe'ni:] *nt (Geisteskraft)* athrylith *gb*, awen *b*; *(Mensch)* athrylith.

genieren [ʒe:'ni:rən] *vr* teimlo'n annifyr, teimlo'n lletchwith, bod yn hunanymwybodol.

♦ *vt (geh)* poeni, trafferthu, tarfu ar; **geniert es Sie, wenn ...?** a fyddai gwahaniaeth gennych pe...?

genießbar [gə'ni:sba:r] *adj* bwytadwy, yfadwy.

genießen [gə'ni:sən] *irreg vt* mwynhau, ymhyfrydu mewn; **etw mit Vorsicht ~** cymryd rhth gyda phinsiad o halen; **er ist heute nicht zu ~** *(fig: ugs)* mae e'n annioddefol heddiw, mae e mewn hwyliau drwg heddiw.

Genießer (-s, -) *m* (~**in** *f*) un sy'n mwynhau bywyd, hedonydd *g*.

genießerisch *adj* gwerthfawrogol.

♦ *adv* yn awchus, gydag awch, â blas.

Genitalien [geni'ta:liən] *pl* dirgelion *ll*; *(ANAT)* organau *ll* cenhedlu.

Genitiv ['ge:niti:f] *m (GRAM)* cyflwr *g* genidol.

genommen *pp von* **nehmen**.

genormt [gə'nɔrmt] *adj* normedig, safonedig.

Genosse [gə'nɔsə] (-n, -n) *m* cymrawd *g*, cydymaith *g*.

Genossenschaft *f (COMM)* cydweithfa *b*, cwmni *g* cydweithredol.

Genossin (-, -nen) *f (POL)* cymrawd *g*, cydymdeithes *b*.

Genozid [geno'tsi:t] *m* hil-laddiad *g*.

Gentechnik ['ge:ntɛçnɪk] *f* peirianneg *b* genetig, geneteg *b*.

genug [gə'nu:k] *adv* digon; **mehr als ~** hen ddigon, gwala a gweddill; **gut ~** digon da; **~ haben von** +*dat (fig)* cael digon ar.

Genüge [gə'ny:gə] *f* gwala *b*; **zur ~** gwala a gweddill; **~ tun** +*dat* bodloni rhn/rhth.

genügen [gə'ny:gən] *vi* bod yn ddigonol; *(vorläufig)* gwneud y tro; **jdm ~** bod yn ddigon i rn.

genügend *adj* digonol; **~ Milch** digon o laeth.

♦ **G~**^A *nt (SCH)* digonol *g*, D *b*.

genügsam [gə'ny:kza:m] *adj* cymedrol, hawdd i'w fodloni.

Genügsamkeit *f* cymedroldeb *g*.

Genugtuung *f* boddhad *g*, bodlonrwydd *g*, bodlondeb *g*.

Genus ['ge:nʊs] *nt* genws *g*.

Genuss [gə'nʊs] (-es, ¨-e) *m* awch *g*, mwynhad *g*, mwyniant *g*; *(Konsum)* treuliant *g*, traul *b*; **in den ~ von etw kommen** cael mwynhad o rth.

genüsslich *adv* gydag awch, â blas.

Genussmittel (-s, -) *nt* moethau *ll*, danteithion *ll*.

geöffnet [gə'ʔœfnət] *adj* agored.

♦ *adv (Geschäft)* ar agor.

Geograf [geo'gra:f] (-en, -en) *m* daearyddwr *g*.

Geografie [geogra'fi:] *f* daearyddiaeth *b*.

Geografin [geo'gra:fɪn] (-, -nen) *f* daearyddwraig *b*.

geografisch [geo'gra:fɪʃ] *adj* daearyddol; **~e Breite** *f* lledred *g*.

Geograph *m* = **Geograf**.

Geologe [geo'lo:gə] (-n, -n) *m* daearegwr *g*, daearegydd *g*.

Geologie [geolo'gi:] *f* daeareg *b*.

Geologin [geo'lo:gɪn] (-, -nen) *f* daearegwraig *b*.

geologisch [geo'lo:gɪʃ] *adj* daearegol.

Geometrie [geome'tri:] *f (MATH)* geometreg *b*.

geometrisch [geo'me:trɪʃ] *adj* geometrig.

geordnet [gə'ʔɔrdnət] *adj* trefnus, mewn trefn; **in ~en Verhältnissen leben** byw bywyd trefnus.

gepachtet [gə'paxtət] *pp von* **pachten**; **etw ~ haben** *(fig)* bod â monopoli ar rth.

♦ *adj* ar brydles.

Gepäck [gə'pɛk] (-(e)s, *kein pl*) *nt* bagiau *ll*, paciau *ll*; **mit leichtem ~ reisen** teithio heb lawer o fagiau.

Gepäck- *kompos:* **~abfertigung** *f* swyddfa *b* fagiau; **~annahme** *f* swyddfa *b* fagiau; **~aufbewahrung** *f* man *gb* gadael bagiau, storfa *b* fagiau; **~aufgabe** *f* swyddfa *b* fagiau; **~ausgabe** *f* swyddfa *b* fagiau; **~netz** *nt* rhesel *b* fagiau; **~schein** *m* tocyn *g* bagiau; **~stück** *nt* bag *g*, pac *g*; **~träger** *m* porter *g*, porthor *g*; *(Fahrrad)* cludwr *g*; *(Auto)* rac *b*; **~wagen** *m* cerbyd *g* bagiau.

Gepard ['ge:part] *m (ZOOL)* llewpart *g* hela, tsita *g*.

gepfeffert [gə'pfɛfərt] *adj (ugs)* **~er Preis** crocbris *g*; *(Fragen, Prüfung)* anodd; *(Kritik)* llym, brathog.

gepfiffen *pp von* **pfeifen**.

gepflegt [gə'pfle:kt] *adj* trwsiadus; *(Garten)* cymen; *(Atmosphäre)* soffistigedig; *(Ausdrucksweise, Sprache)* gwaraidd, coeth.

Gepflogenheit [gə'pflo:gənhaɪt] (-, -en) *f* arfer *gb*.

Geplänkel [gə'plɛŋkəl] (-s, -) *nt* sgarmes *b*.

geplant [gə'pla:nt] *pp von* **planen**.

♦ *adj (vorsätzlich)* rhagfwriadol.

Geplapper [gə'plapər] (-s, *kein pl*) *nt (ugs)* brygowthan *g*, cogor *g*.

Geplauder [gə'plaʊdər] (-s, *kein pl*) *nt* clecs *ll*, baldordd *g*.

gepökelt [gə'pø:kəlt] *adj (KOCH)* hallt.

Gepolter [gə'pɔltər] (**-s**, *kein pl*) *nt* twrw *g*, stŵr *g*.

gepr. *abk* (**= geprüft**) â chymhwyster.

geprägt [gə'prɛːkt] *pp von* **prägen**.

  ◆ *adj* bath.

gepresst [gə'prɛst] *pp von* **pressen**.

  ◆ *adj* cywasgedig.

gepriesen *pp von* **preisen**.

geprüft [gə'pryːft] *pp von* **prüfen**.

  ◆ *adj* profedig.

gequält [gə'kvɛːlt] *adj* (*Lächeln*) ffug, benthyg; *(Miene, Ausdruck)* poenus (yr olwg), pryderus; *(Stimme)* annaturiol.

Gequatscheᴰ [gə'kvatʃə] *nt* (*pej: ugs*) baldordd *g*; *(Blödsinn)* dwli *g*, nonsens *g*.

gequollen *pp von* **quellen**.

Ger [geːr] *m* (*Wurfspieß*) gwaywffon *b*, rhaidd *b*.

Gerade [gə'raːdə] (**-**, **-n**) *f* llinell *b* syth.

gerade *adj* syth, diwyro, union; *(aufrecht)* unionsyth; **~ Zahl** (*MATH*) eilrif *g*, rhif *g* gwastad; **~ biegen** plygu'n ôl i'w ffurf.

  ◆ *adv* **1** *(genau)* yn union; *(speziell)* yn enwedig, yn arbennig; *(ausgerechnet)* **~ du** ti'n enwedig, ti o bawb; **warum ~ ich?** pam fi o bawb? **nicht ~ jetzt!** ddim nawr! **~ deshalb** dyna'n union pam; **das ist es ja ~!** yn union! yn hollol! **nicht ~ schön** nid un o'r rhai pertaf; **2** *(eben, soeben)* ar fin; *(eben noch)* gynnau, jest; **er wollte ~ aufstehen** roedd ar fin codi; **~ (erst)** newydd; **~ noch** cael a chael, dim ond mewn pryd, o drwch blewyn; **sie ist ~ gegangen** mae hi newydd ymadael; **da wir ~ von Geld sprechen** a thra ein bod ni'n siarad am arian.

geradeaus *adv* syth ymlaen.

gerade biegen *irreg vt vgl.* **gerade**.

geradeheraus *adv* yn blwmp ac yn blaen, heb flewyn ar dafod.

gerädert [gə'rɛːdərt] *adj:* **wie ~ sein** *oder:* **sich wie ~ fühlen** teimlo'n hollol flinedig, bod wedi llwyr ymlâdd.

geradeso *adv* felly'n union/hollol; **~ dumm** yr un mor ddwl; **~ wie** yn union fel.

geradestehen *irreg vi* (*+sein oder haben*): **für etw ~** bod yn atebol am rth; **für jdn ~** bod yn atebol am weithredoedd rhn.

geradewegs *adv* yn syth, yn union.

geradezu *adv* (*beinahe*) bron, braidd; **das ist ~ absurd** mae hynny braidd yn hurt.

gerafft [gə'raft] *pp von* **raffen**.

  ◆ *adj* crych, crychog; **~es Kleid** sgert *b* grychog.

gerammelt [gə'raməlt] *adv:* **~ voll** dan sang, gorlawn.

gerannt *pp von* **rennen**.

Gerät [gə'rɛːt] (**-(e)s**, **-e**) *nt* dyfais *b*, teclyn *g*, offeryn *g*; *(elektrisches ~)* dyfais drydanol; *(Werkzeug)* erfyn *g*, teclyn; *(Ausrüstung)* cyfarpar *g*, offer *ll*, celfi *ll*.

geraten[1] *irreg vi* (*+sein*) *untrenn* (*sich entwickeln*) datblygu, dod allan, diweddu; *(gedeihen)* ffynnu; **gut/schlecht ~** diweddu'n dda/ddrwg; **an jdn ~** taro ar draws rhn; **aneinander ~** anghytuno, dadlau; **sich in die Haare ~** ffraeo, cecru; **in etw** *akk* **~** cael eich tynnu i mewn i rth; **in Panik ~** panico, cael braw; **in Wut ~** llidio; **außer sich** *dat* **~** colli'ch limpin; **nach jdm ~** tynnu ar ôl rhn, ymdebygu i rn.

geraten[2] *pp von* **raten** *oder* **geraten**[1].

Geratewohl [gəraːtə'voːl] *nt:* **aufs ~** ar dro siawns, ar hap.

geräuchert [gə'rɔyçərt] *adj* (*Fisch usw*) mwg, wedi ei sychu trwy fwg.

geraum [gə'raum] *adj* (*geh*) **seit ~er Zeit** ers talwm; **~e Zeit** cryn amser.

geräumig [gə'rɔymɪç, -ɪk] *adj* helaeth, eang, â digon o le.

Geräusch [gə'rɔyʃ] (**-es**, **-e**) *nt* sŵn *g*; *(Laut)* sain *b*; *(unangenhem)* twrw *g*.

geräuscharm [gə'rɔyʃʔarm] *adj* tawel.

Geräuschkulisse *f* sŵn *g* cefndir; (*FILM, RADIO*) effeithiau *ll* sain.

geräuschlos *adj* distaw, di-sŵn.

Geräuschpegel *m* lefel *b* sain.

geräuschvoll *adj* swnllyd.

gerben ['gɛrbən] *vt* barcio, trin (*crwyn*); **jdm das Fell ~** *(fig)* rhoi chwip din i rn.

Gerber (**-s**, **-**) *m* barcer *g*, cyweiriwr *g* crwyn.

Gerberei [gɛrbə'raɪ] (**-**, **-en**) *f* barcty *g*, tanerdy *g*.

Gerbsäure ['gɛrpzɔyrə] *f* tannin *g*.

gerecht [gə'rɛçt] *adj* teg, cyfiawn, iawn; **jdm/etw ~ werden** gwneud cyfiawnder â.

gerechtfertigt *adj* cyfiawnadwy.

Gerechtigkeit *f* cyfiawnder *g*, tegwch *g*.

Gerechtigkeits- *kompos:* **~fanatiker** *m* un brwd dros gyfiawnder; **~gefühl** *nt*, **~sinn** *m* synnwyr *g* o gyfiawnder.

Gerede [gə'reːdə] (**-s**, *kein pl*) *nt* sôn *g*; *(Tratsch)* clecs *ll*, clonc *b*; **leeres ~** siarad *g* gwag, sibrwd *g*.

geregelt [gə'reːgəlt] *adj* rheoledig; *(regelmäßig)* cyson, rheolaidd; *(Leben)* trefnus.

gereizt [gə'raɪtst] *adj* pigog, croendenau; *(ärgerlich)* llidiog, gwenwynllyd.

Gereiztheit *f* pigogrwydd *g*.

geribbt [gə'rɪbt] *adj* rhesog.

Gericht [gə'rɪçt] (**-(e)s**, **-e**) *nt* (*JUR*) llys *g*, cwrt *g*; *(Essen)* saig *b*; **vor ~** gerbron y llys; **vor ~ gehen** mynd i gyfraith; **mit jdm ins ~ gehen** *(fig)* beirniadu rhn yn ddidrugaredd; **über jdn zu ~ sitzen** eistedd

mewn barn ar rn; **das Jüngste ~** *(REL)* Dydd *g* y
Farn, y Farn *b* Fawr.

gerichtlich *adj* barnwrol, cyfreithiol; **ein ~es
Nachspiel haben** mynd i'r llys barn; **~ gegen jdn
vorgehen** dwyn achos cyfreithiol yn erbyn rhn.

gerichtlich *adj* barnwrol, cyfreithio; **~e Verfolgung**
erlyniad *g*.

Gerichtsakten [gə'rɪçtsˀaktən] *pl* cofnodion *ll* y llys.

Gerichtsbarkeit *f* awdurdodaeth *b*, awdurdod *gb*.

Gerichts- *kompos:* **~bezirk** *m* cylchdaith *b*; **~diener** *m*
beili *g*.

Gerichtshof *m* brawdlys *g*, llys *g*; **der Oberste ~** yr
Uchel Lys *g*.

Gerichts- *kompos:* **~kosten** *pl* costau *ll* cyfreithiol;
~mediziner *m* ≈ crwner *g*.

gerichtsmedizinisch *adj* fforensig.

Gerichts- *kompos:* **~saal** *m* llys *g*; **~schreiber** *m* clerc *g*;
~verfahren *nt* prawf *g*, gweithrediadau *ll*
cyfreithiol; **~verhandlung** *f* treial *g*, achos *g* llys,
prawf *g*; **~vollzieher** *m* beili *g*.

gerieben [gə'ri:bən] *pp von* **reiben**.

♦ *adj* gratiedig; *(ugs: gerissen)* cyfrwys,
ystrywgar, castiog.

geriet *vb vgl.* **geraten**[1].

gering [gə'rɪŋ] *adj* bychan, bach; *(niedrig)* isel; *(Zeit)*
byr; **~ achten** dilorni, dirmygu; **~ schätzen** dilorni,
difrïo, meddwl dim am; *vgl. auch* **geringste**.

gering achten *vt vgl.* **gering**.

geringelt [gə'rɪŋəlt] *adj (gelockt)* cyrliog.

geringfügig *adj* dibwys, dinod, pitw.

gering schätzen *vt vgl.* **gering**.

geringschätzig *adj* dilornus, difrïol, bychanol.

Geringschätzung *f* dirmyg *g*.

geringste [gə'rɪŋstə] *adj (wenigste)* lleiaf; *(unwichtigste)*
mwyaf dibwys, mwyaf dinod; **das ist die ~ meiner
Sorgen** dyna'r lleiaf o'm mhryderon; **er zeigt
nicht das ~ Interesse** does ganddo ddim rhithyn o
ddiddordeb; **nicht im G~n** dim o gwbl.

geringstenfalls *adv* o leiaf, man lleiaf.

gerinnen [gə'rɪnən] *irreg vi untrenn (+sein) (Milch)* ceulo,
cawsu, tewhau; *(Blut)* ceulo, tolchennu.

Gerinnsel [gə'rɪnzəl] (**-s**, **-**) *nt (Blut~)* tolch *b*, ceulad *g*.

Gerippe [gə'rɪpə] (**-s**, **-**) *nt* sgerbwd *g*, esgyrn *ll*.

gerissen [gə'rɪsən] *pp von* **reißen**.

♦ *adj (durchtrieben)* cyfrwys; *(schlau)* castiog, ffel.

geritten *pp von* **reiten**.

geritzt [gə'rɪtst] *adj* wedi'i ysgythru; *(ugs)* **die Sache
ist ~** mae'r cwbl wedi ei drefnu, mae popeth yn
iawn.

Germ[A] [gɛrm] *f oder m* burum *g*, lefain *g*.

Germanist [gɛrma'nɪst] (**-en**, **-en**) *m* (**~in** *f*)
arbenigwr(aig) *g(b)* mewn Almaeneg; *(Student)*
myfyriwr/myfyrwraig mewn Almaeneg.

gern [gɛrn] *(komp* **lieber**; *superl* **am liebsten**) *adv* yn
llawen, â phleser, yn barod; *(aber)* **~!** â phleser! **~
haben** *oder:* **~ mögen** hoffi; **etwas ~ tun** hoffi
gwneud rhth; **ich hätte ~ ...** hoffwn i gael...,
carwn i gael...; **~ geschehen** mae'n bleser,
croeso; **ein ~ gesehener Gast** ymwelydd y mae
rhn yn falch o'i weld; **du kannst mich ~ haben!** cer
i uffern!

gerne *adv* = **gern**.

Gernegroß[D] *m* brolgi *g*.

gerochen *pp von* **riechen**.

Geröll [gə'rœl] *nt* sgri *g*.

geronnen *pp von* **rinnen** *oder* **gerinnen**.

Gerste ['gɛrstə] (**-**, **-n**) *f* haidd *g*, barlys *g*.

Gerstenkorn (**-(e)s**, **¨-er**) *nt* heidden *b*; *(im Auge)*
llefelyn *g*, gwlithen *b*, llyfrithen *b*.

Gerte ['gɛrtə] (**-**, **-n**) *f* gwialen *b*, ffon *b*.

gertenschlank *adj* main.

Geruch [gə'rux] (**-(e)s**, **¨-e**) *m* aroglau *g*, sawr *g*,
gwynt *g*.

geruchlos *adj* diarogl.

Geruchssinn *m* synnwyr *g* arogli.

Gerücht [gə'rʏçt] (**-(e)s**, **-e**) *nt* si *g*, sibrwd *g*, achlust
g; **~e verbreiten** hel straeon, cario clecs.

geruchtilgend *adj* diarogleuol.

gerufen [gə'ru:fən] *pp von* **rufen**; **Sie kommen wie ~**
rydych chi wedi dod yr amser iawn.

geruhen [gə'ru:ən] *vi untrenn:* **~ etw zu tun** bod mor
raslon â gwneud rhth.

geruhsam *adj* hamddenol, gorffwysol.

Gerümpel [gə'rʏmpəl] (**-s**, *kein pl*) *nt* sothach *g*,
petheuach *ll*.

gerungen *pp von* **ringen**.

Gerüst [gə'rʏst] (**-(e)s**, **-e**) *nt* fframwaith *g*; *(Bau~)*
sgaffaldau *ll*.

Ges. *abk* (= *Gesellschaft*) cwmni *g*; **Ges.m.b.H.** *f (COMM, =
Gesellschaft mit beschränkter Haftung)* cwmni ag
atebolrwydd cyfyngedig.

gesalzen [gə'zaltsən] *pp von* **salzen**.

♦ *adj* hallt; *(ugs: Preis, Rechnung)* uchel, hallt; **der
Preis für die Karten war ~** costiodd y tocynnau
grocbris.

gesamt [gə'zamt] *adj* cyfan, cyflawn; *(Kosten)* i gyd;
(Werke) cyflawn; **im G~en** at ei gilydd, rhwng
popeth.

Gesamt- *kompos:* **~ansicht** *f* golwg *g* cyflawn;
~auflage *f* cylchrediad *g* crynswth; **~ausgabe** *f*
cyhoeddiad *g* cyflawn; **~betrag** *m* cyfanswm *g*.

gesamtdeutsch *adj* perthnasol i'r byd Almeinig
cyfan.

Gesamteindruck *m* yr argraff *b* gyffredinol.

Gesamtheit *f* cyfanrwydd *g*, cyfander *g*, crynswth *g*.

Gesamt- *kompos:* **~hochschule** *f* ≈ coleg *g* polytechnig; **~kosten** *pl* costau *ll* crynswth; **~masse** *f (COMM)* cyfanswm *g* yr asedau; **~schaden** *m* cyfanswm *g* yr iawndal; **~schule** *f* ysgol *b* gyfun; **~werk** *nt (LIT)* cyfanwaith *g*; **~wert** *m* gwerth *g* y cyfan; **~wertung** *f (SPORT)* safle *g* terfynol.

gesandt *pp von* **senden**[1].

Gesandte (-n, -n) *m/f (POL)* llysgennad *g*, cennad *b*.

Gesandtschaft *f* cenhadaeth *b*, cenhadon *ll*.

Gesang [gə'zaŋ] (-(e)s, ̈-e) *m* cân *b*; *(Singen)* canu *g*.

Gesang- *kompos:* **~buch** *nt (REL)* llyfr *g* emynau; **~verein** *m* cymdeithas *b* gorawl.

Gesäß [gə'zɛ:s] *nt* pen ôl *g*.

gesättigt [gə'zɛtɪçt, -ɪkt] *adj (CHEM)* dirlawn, trwythedig, sad.

gesch. *abk* (= geschieden) ysgaredig.

Geschädigte *m/f* dioddefwr(aig) *g(b)*.

geschaffen *pp von* **schaffen**[1].

Geschäft [gə'ʃɛft] (-(e)s, -e) *nt* busnes *gb*; *(Laden)* siop *b*; *(Handel)* bargen *b*, dêl *b*; **im ~** *(im Laden)* yn y siop; *(ugs: im Büro)* yn y gwaith; **das ~ geht schlecht** mae busnes yn araf; **mit jdm ins ~ kommen** gwneud busnes â rhn; **sein ~ verstehen** *(fig)* gwybod eich pethau; **sein ~ verrichten** *(ugs)* mynd i'r tŷ bach.

Geschäftemacher *m* sgemiwr a sgiliwr *g*, rhn â thrwyn am fusnes.

geschäftig *adj* prysur, gweithgar.

Geschäftigkeit *f* prysurdeb *g*.

geschäftlich *adj* masnachol, yn ymwneud â busnes; **~ unterwegs** i ffwrdd ar fusnes, i ffwrdd gyda'r gwaith; **~ oder zum Vergnügen?** gwaith neu bleser?

Geschäfts- *kompos:* **~abschluss** *m* gweithrediad *g* masnachol; **~auflösung** *f* cau *g* busnes; **~bedingungen** *pl* telerau *ll* gwaith.

Geschäftsbereich *m (POL)* cyfrifoldebau *ll*; **Minister ohne ~** gweinidog *g* heb weinyddiaeth.

Geschäfts- *kompos:* **~bericht** *m* adroddiad *g* ariannol; **~essen** *nt* cinio *gb* busnes; **~führer** *m* rheolwr *g*; *(Klub)* ysgrifennydd *g*; **~geheimnis** *nt* cyfrinach *b* fasnachol, cyfrinach *b* y fasnach; **~inhaber** *m* perchen *g*, perchennog *b*; **~jahr** *nt* blwyddyn *b* ariannol; **~lage** *f* amodau *ll* busnes; **~leitung** *f* rheolaeth *b*; **~mann** *m* dyn *g* busnes.

geschäftsmäßig *adj* yn dilyn trefn busnes.

Geschäftsordnung *f* rheolau *ll* sefydlog busnes; **eine Frage zur ~** cwestiwn ynglŷn â phwynt o drefn.

Geschäfts- *kompos:* **~partner** *m* partner *g* mewn busnes; **~reise** *f* taith *b* fusnes, taith dros y gwaith; **~schluss** *m* amser *g* cau; **~stelle** *f* swyddfa *b*, cangen *b*.

geschäftstüchtig *adj* â meddwl masnachol.

Geschäfts- *kompos:* **~viertel** *nt* ardal *b* fusnes; **~wagen** *m* car *g* cwmni; **~wesen** *nt* busnes *g*; **~zeiten** *pl* oriau *ll* gwaith; **~zweig** *m* cangen *b* (o fusnes).

geschah *vb vgl.* **geschehen.**

geschehen [gə'ʃe:ən] *irreg vi untrenn* (+sein) digwydd, darfod; **es war um ihn ~** dyna ddiwedd arno fe; **das geschieht ihm (ganz) recht** eithaf gwaith â fo; **was soll damit ~** beth a wnawn ni â fe?

gescheit [gə'ʃaɪt] *adj* deallus, galluog; *(vernünftig)* synhwyrol.

Geschenk [gə'ʃɛŋk] (-(e)s, -e) *nt* anrheg *b*, rhodd *b*; **ein ~ bekommen** cael anrheg.

Geschenk- *kompos:* **~artikel** *m* rhodd *g*; **~gutschein** *m* tocyn *g* anrheg; **~packung** *f* pecyn *g* anrheg; **~paket** *nt* parsel *g* anrheg; **~papier** *nt* papur *g* lapio; **~sendung** *f* parsel *g* anrheg.

Geschepper [gə'ʃɛpər] (-s, *kein pl*) *nt* clonc *b*.

Geschichte [gə'ʃɪçtə] (-, -n) *f* stori *b*, hanes *g*; *(Märchen)* chwedl *b*; *(HIST)* hanes *g*; *(ugs: Sache)* mater *g*, busnes *g*; **er hat ~ geschrieben** caiff ei gofio mewn hanes.

Geschichtenerzähler *m* storïwr *g*, chwedleuwr *g*.

geschichtlich *adj* hanesyddol.

Geschichts- *kompos:* **~fälschung** *f* anwiriad *g* hanes; **~schreiber** *m* hanesydd *g*, cofiadur *g*.

Geschick [gə'ʃɪk] *nt* medrusrwydd *g*, sgìl *g*; *(Schicksal)* ffawd *b*, tynged *b*, hynt *b*.

Geschicklichkeit *f* deheurwydd *g*, sgìl *g*.

Geschicklichkeitsspiel *nt* gêm *b* yn gofyn am fedrusrwydd.

geschickt *adj* deheuig, hylaw, dethau.

geschieden [gə'ʃi:dən] *pp von* **scheiden;**
  ♦ *adj* wedi ysgaru.

geschienen *pp von* **scheinen.**

Geschirr [gə'ʃɪr] (-(e)s, -e) *nt* llestri *ll*, potiau *ll*; *(für Pferde)* harnais *g*; **~ abwaschen** golchi llestri.

Geschirr- *kompos:* **~schrank** *m* dreser *b*; **~spüler** *m*, **~spülmaschine** *f* peiriant *g* golchi llestri; **~tuch** *nt* lliain *g* llestri, tywel *g* (llestri).

geschissen *pp von* **scheißen.**

geschlafen *pp von* **schlafen.**

geschlagen [gə'ʃla:gən] *pp von* **schlagen;**
  ♦ *adj (besiegt)* gorchfygedig.

geschlaucht [gə'ʃlaʊxt] *adv:* **~ sein** *(ugs)* bod wedi blino'n llwyr.

Geschlecht [gə'ʃlɛçt] (-(e)s, -er) *nt* rhyw *gb*; *(GRAM)* cenedl *b*, genws *g*; *(Familie)* tylwyth *g*, ach *b*, teulu *g*; **das schöne ~** *(fig)* y rhyw deg.

geschlechtlich *adj* rhywiol; ~ verkehren mit +*dat* cyfathrachu'n rhywiol â.

Geschlechts- *kompos:* ~krankheit *f* clwyf *g* gwenerol; ~merkmal *nt* nodwedd *b* rywiol.

geschlechtsreif *adj* aeddfed i genhedlu.

geschlechtsspezifisch *adj* rhyw-gysylltiol.

Geschlechts- *kompos:* ~teile *pl* organau *ll* cenhedlu, dirgelwch *g*; ~verkehr *m* cyfathrach *b* rywiol; ~wort *nt* (*GRAM*) bannod *b*.

geschlichen *pp von* schleichen.

geschlossen [gə'ʃlɔsən] *pp von* schließen.

♦ *adj* ar gau, wedi cau, caeëdig; ~e Gesellschaft (*Fest*) parti *g* gwâdd/preifat; ~ hinter jdm stehen cefnogi rhn i'r carn; ~e Ortschaft ardal *b* adeiledig.

Geschlossenheit *f* (*Zusammenhalt*) cydlyniad *g*.

geschlungen [gə'ʃluŋən] *pp von* schlingen.

Geschmack [gə'ʃmak] (-(e)s, ~-e *oder* ~-er) *m* (*Essen*) blas *g*, sawr *g*; (*Stil, Kleidung*) archwaeth *gb*, chwaeth *b*; nach jds ~ at ddant rhn; ~ an etw *dat* finden cael blas ar rth; je nach ~ pawb at y peth y bo; er hat einen guten ~ (*fig*) mae'n meddu ar chwaeth dda; über den ~ lässt sich (nicht) streiten pawb at y peth y bo.

geschmacklos *adj* merfaidd, di-flas, glastwraidd; (*fig*) anchwaethus, di-chwaeth.

Geschmacks- *kompos:* ~sache *f* mater *g* o chwaeth; ~sinn *m* synnwyr *g* blasu, blas *g*; ~stoff *m* ychwanegyn *g*.

Geschmacksverirrung *f:* unter ~ leiden (*ironisch*) bod â diffyg chwaeth.

geschmackvoll *adj* (*fig*) chwaethus.

geschmalzen^ [gə'ʃmaltsən] *adj* (*teuer*) hallt.

geschmeidig [gə'ʃmaɪdɪç, -ɪk] *adj* (*samtig*) meddal, sidanaidd; (*biegsam*) ystwyth; (*TECH: formbar*) hydrin.

Geschmeiß [gə'ʃmaɪs] (-es, -) *nt* pryfetach *ll*, fermin *ll*.

Geschmiere [gə'ʃmiːrə] (-s, *kein pl*) *nt* (*ugs*) ysgrifen *b* traed brain; (*Bild*) llyfiad *g*, dabad *g*.

geschmissen *pp von* schmeißen.

geschmolzen [gə'ʃmɔltsən] *pp von* schmelzen.

♦ *adj* tawdd.

Geschnetzelte [gə'ʃnɛtsəltə] *nt* (*KOCH*) ≈ stiw *g*, darnau o gig wedi eu mud-ferwi.

geschnitten *pp von* schneiden.

geschnitzt [gə'ʃnɪtst] *adj* cerfedig.

geschoben *pp von* schieben.

geschockt [gə'ʃɔkt] *adj:* ~ sein syfrdanu, cael sioc.

gescholten *pp von* schelten.

Geschöpf [gə'ʃœpf] (-(e)s, *kein pl*) *nt* creadur *g*, enaid *g*.

geschoppt^ [gə'ʃɔpt] *adj* pasgedig.

geschoren *pp von* scheren.

Geschoß^, Geschoss^D [gə'ʃoːs, gə'ʃɔs] (-es, -e) *nt* (*MIL*) taflegryn *g*, teflyn *g*, arf *gb* anelog; (*Stockwerk*) llawr *g*.

geschossen *pp von* schießen.

geschraubt [gə'ʃraupt] *adj* (*pej: Redeweise*) annaturiol, rhwysgfawr.

Geschrei [gə'ʃraɪ] (-s, *kein pl*) *nt* banllef *b*, bloedd *b*; (*fig: Aufheben*) stŵr *g*, twrw *g*, ffŷs *b*.

geschrieben [gə'ʃriːbən] *pp von* schreiben; (*schwarz auf weiß*) mewn du a gwyn.

Geschriebene *nt* ysgrifen *b*, testun *g*.

geschrien *pp von* schreien.

geschritten *pp von* schreiten.

geschunden *pp von* schinden.

Geschütz [gə'ʃʏts] (-es, -e) *nt* gwn *g*, canon *g*; ein schweres ~ auffahren (*fig*) defnyddio'r gynnau mawrion.

Geschützfeuer *nt* tanio'r canonau/gynnau.

geschützt [gə'ʃʏtst] *adj* cysgodol; (*bewacht*) gwarchodedig; (*sicher*) diogel.

Geschw. *abk* = Geschwister.

Geschwader [gə'ʃvaːdər] *nt* (*MIL*) sgwadron *b*.

Geschwaderführer *m* (*MIL*) uchgapten *g*.

Geschwafel [gə'ʃvaːfəl] (-s, *kein pl*) *nt* siarad *g* gwag.

Geschwätz [gə'ʃvɛts] (-es, *kein pl*) *nt* cogor *g*, cleber *gb*, clecs *ll*.

geschwätzig *adj* straegar, tafodrydd, siaradus.

Geschwätzigkeit *f* siaradusrwydd *g*.

geschweige [gə'ʃvaɪgə] *adv:* ~ (denn) chwaethach, heb sôn am.

geschwiegen *pp von* schweigen.

geschwind [gə'ʃvɪnt] *adj* cyflym, chwim.

Geschwindigkeit *f* buanedd *g*; (*ugs*) cyflymder *g*.

Geschwindigkeits- *kompos:* ~beschränkung *f* ffin *b* buanedd; ~überschreitung *f* goryrru *g*.

Geschwister [gə'ʃvɪstər] *pl* brodyr *ll* a chwiorydd.

geschwollen [gə'ʃvɔlən] *pp von* schwellen.

♦ *adj* chwyddedig; (*fig: Redeweise*) hirwyntog.

geschwommen *pp von* schwimmen.

Geschworene [gə'ʃvoːrənə] *m/f* rheithiwr *g*, rheithwraig *b*; die ~n *pl* rheithgor *g*.

Geschwulst [gə'ʃvʊlst] (-, ~-e) *f* (*MED*) chwydd *g*.

geschwunden *pp von* schwinden.

geschwungen [gə'ʃvuŋən] *pp von* schwingen.

♦ *adj* crwm, bwaog; ~e Klammern bachau *ll* cyrliog.

Geschwür [gə'ʃvyːr] *nt* (*MED*) wlser *g*, briw *g*, crawniad *g*; (*Magen~*) briw ar y stumog; (*Krebs~*) tiwmor *g*.

gesegnet [gə'zeːgnət] *adj* bendigaid, bendigedig,

gwyn; ~ **sein mit** +*dat* cael eich donio â.

gesehen *pp von* **sehen**.

Geselle [gə'zɛlə] (**-n, -n**) *m (Handwerks~)* prentis *g*.

gesellen *vr untrenn:* **sich zu jdm ~** ymuno â rhn, cadw cwmni i rn.

Gesellen- *kompos:* **~brief** *m* cytundeb *g* prentisiaeth, tystysgrif *b*; **~prüfung** *f* arholiad *g* i ddod yn grefftwr.

gesellig *adj* cymdeithasol, cymdeithasgar; **~es Beisammensein** cwmnïaeth *b*; **~er Mensch** cwmnïwr *g*.

Geselligkeit *f* cymdeithasgarwch *g*.

Gesellschaft *f* cymdeithas *b*; *(Begleitung, COMM)* cwmni *g*; *(Gruppe, Reise~)* parti *g*; **die ~** *(POL)* y Sefydliad *g*; **in schlechte ~ geraten** troi mewn cylchoedd amheus; **geschlossene ~** parti gwâdd/preifat; **jdm ~ leisten** cadw cwmni i rhn; **~ mit beschränkter Haftung** *(COMM)* cwmni ag atebolrwydd cyfyngedig.

Gesellschafter (**-s, -**) *m* (**~in** *f*) *(Teilhaber)* cyfranddeiliad *g*, partner(es) *g(b)*.

gesellschaftlich *adj* cymdeithasol, cymunedol.

Gesellschaftsanzug° *m* gwisg *b* fin nos.

gesellschaftsfähig *adj* derbyniol.

Gesellschafts- *kompos:* **~leben** *nt* bywyd *g* cymdeithasol; **~ordnung** *f* trefn *b* cymdeithas, adeiledd *g* cymdeithas; **~reise** *f* taith *b* grŵp; **~schicht** *f* haen *b* gymdeithasol; **~spiel** *nt* gêm *b* barti; **~system** *nt* fframwaith *g* cymdeithasol.

gesengt [gə'zɛŋt] *adj:* **wie die ~e Sau** *(ugs)* fel y coblyn.

gesessen *pp von* **sitzen**.

Gesetz [gə'zɛts] (**-es, -e**) *nt* cyfraith *b*; *(Parlament)* deddf *b*; *(Satzung, Regel)* act *b*, statud *b*; **das ~ verletzen/brechen** troseddu, torri'r gyfraith; **vor dem ~** yng ngolwg y gyfraith; **nach dem ~** yn ôl y gyfraith; **das oberste ~** *(Gebot)* rheol *b* euraid.

Gesetz- *kompos:* **~blatt** *nt* *(JUR)* newyddiadur *g* y gyfraith; **~buch** *nt* cyfreithlyfr *g*, deddflyfr *g*, côd *g*; **~entwurf** *m* bil *g*.

Gesetzes- *kompos:* **~antrag** *m* papur *g* gwyn; **~brecher** *m* tramgwyddwr *g*; **~hüter** *m* *(ironisch: Polizist)* ceidwad *g* y Gyfraith; **~übertretung** *f* torcyfraith *g*; **~vorlage** *f* bil *g*, mesur *g* seneddol.

gesetzgebend *adj* deddfwriaethol.

Gesetz- *kompos:* **~geber** *m* deddfroddwr *g*; **~gebung** *f* deddfwriaeth *b*.

gesetzlich *adj* cyfreithiol, deddfol, statudol; **~er Feiertag** gŵyl *b* statudol.

gesetzlos *adj* digyfraith.

gesetzmäßig *adj* cyfreithlon; *(PHYS)* rheolaidd.

gesetzt *adj* *(Mensch)* digyffro, sidêt; **fest ~er Termin**

dyddiad gosodedig.

   ♦ *konj:* **~ den Fall ...** a bwrw bod…

gesetzwidrig *adj* anghyfreithlon.

ges.gesch. *abk (= gesetzlich geschützt)* cofrestredig.

Gesicht [gə'zɪçt] (**-(e)s, -er**) *nt* wyneb *g*; *(Traumbild)* gweledigaeth *b*; **das zweite ~** clirwelediad *g*, greddf *b*; **das ist mir nie zu ~ gekommen** nid wyf erioed wedi gweld hynny o'r blaen; **jdn zu ~ bekommen** cael cipolwg ar rn; **jdm etw ins ~ sagen** dweud rhth yn wyneb rhn; **sein wahres ~ zeigen** dangos sut un ydych chi go iawn; **jdm wie aus dem ~ geschnitten sein** bod yr un ffunud â rhn; **ein langes ~ machen** tynnu wyneb hir.

Gesichts- *kompos:* **~ausdruck** *m* wynepryd *g*; **~creme** *f* eli *g* wyneb; **~farbe** *f* prydliw *g*; **~packung** *f* pac *g* wyneb; **~punkt** *m* safbwynt *g*; **~züge** *pl* wynepryd *g*, pryd *g* a gwedd.

Gesims [gə'zɪms] (**-es, -e**) *nt* cornis *g*.

Gesindel [gə'zɪndəl] (**-s**, *kein pl*) *nt* gwerinos *ll*, poblach *ll*, garsiwn *gb*.

gesinnt [gə'zɪnt] *adj* â thuedd, tueddol.

Gesinnung [gə'zɪnʊŋ] *f* agwedd *b*, perwyl *g*, meddwl *g*; *(Ansicht)* barn *b*.

Gesinnungsgenosse *m* enaid *g* (hoff) cytun.

Gesinnungslosigkeit *f* diffyg *g* argyhoeddiad.

Gesinnungswandel *m* newid *g* barn.

gesittet [gə'zɪtət] *adj* cwrtais, moesgar, boneddigaidd.

Ges.m.b.H. *f abk = GmbH*.

gesoffen *pp von* **saufen**.

gesonnen *pp von* **sinnen**.

gespalten [gə'ʃpaltən] *pp von* **spalten**.

   ♦ *adj* darniog, rhanedig, rhwygedig; **~e Persönlichkeit** personoliaeth *b* hollt; **~e Zunge** tafod fforchog.

Gespann [gə'ʃpan] (**-(e)s, -e**) *nt* gwedd *b*; *(ugs)* cwpwl *g*, pâr *g*.

gespannt [gə'ʃpant] *adj* tyn, dan straen; *(begierig)* awyddus; **ich bin ~, ob ...** tybed a…, rwyf ar bigau'r drain a…; **auf etw ~ sein** edrych ymlaen at rth; **auf jdn ~ sein** edrych ymlaen at gwrdd â rhn.

Gespenst [gə'ʃpɛnst] (**-(e)s, -er**) *nt* drychiolaeth *b*, ysbryd *g*, ellyll *g*, bwgan *g*.

gespenstisch *adj* arswydus, drychiolaethol, lledrithiol.

gespien *pp von* **speien**.

gespielt [gə'ʃpiːlt] *adj* ffug.

gesponnen *pp von* **spinnen**.

gesperrt [gə'ʃpɛrt] *adj* ar gau, wedi ei gau.

gespitzt [gə'ʃpɪtst] *adj* *(Bleistift)* miniog.

Gespött [gə'ʃpœt] (**-(e)s**, *kein pl*) *nt* gwatwar *g*, gwawd g, dirmyg g; **zum ~ werden** troi'n destun sbort, troi'n gyff gwawd.

Gespräch [gə'ʃprɛːç] (-(e)s, -e) nt sgwrs b, ymddiddan g, ymgom gb; (Anruf) galwad gb; **ein ~ führen** ymddiddan, ymgomio; **ein ~ unter vier Augen** sgwrs breifat, sgwrs rhwng dau; **ein ~ mithören** clustfeinio ar sgwrs rhn; **mit jdm ins ~ kommen** dechrau sgwrs â rhn; **zum ~ werden** dod yn destyn trafod.

gesprächig adj siaradus.

Gesprächigkeit f siaradusrwydd g.

Gesprächs- kompos: **~einheit** f (TEL) uned b; **~gegenstand** m pwnc g, thema b; **~partner** m cyddrafodwr g; **~stoff** m deunydd g trafod; **~thema** nt testun g sgwrs.

gespreizt [gə'ʃpraɪtst] adj ar led.

gesprochen [gə'ʃprɔxən] pp von **sprechen**.
♦ adj lafar; **in der ~en Sprache** ar lafar.

gesprossen pp von **sprießen**.

gesprungen pp von **springen**.

Gespür [gə'ʃpyːr] (-s, kein pl) nt teimlad g, dawn gb synhwyro.

gest. abk = **gestorben**.

Gestade [gə'ʃtaːdə] (-s, -) nt traethell b.

Gestalt [gə'ʃtalt] (-, -en) f ffurf b, ffigur g, siâp g; (Person) siâp, ffigur; **in ~ von** ar ffurf; **~ annehmen** ymffurfio, sylweddu, crisialu.

gestalten vt untrenn (formen) llunio, ffurfio; (organisieren) trefnu, gosod; **etw interessanter ~** gwneud rhth yn fwy diddorol.
♦ vr untrenn: **sich ~** (herausstellen) mynd yn, dod yn.

Gestalter (-s, -) m (**~in** f) dyluniwr g, dylunwraig b.

Gestaltung f ffurfwedd b, trefniant g.

gestanden [gə'ʃtandən] pp von **stehen** oder **gestehen**; **er hat ~** mae e wedi cyfaddef; **er ist ~** mae e wedi sefyll.
♦ adj: **ein ~er Mann** gŵr g profiadol/sad; **offen ~** a dweud y gwir, a bod yn onest.

geständig [gə'ʃtɛndɪç, -ɪk] adj: **~ sein** bod wedi cyfaddef.

Geständnis [gə'ʃtɛntnɪs] (-ses, -se) nt cyfaddefiad g, addefiad g, cyffes b.

Gestank [gə'ʃtaŋk] (-(e)s, kein pl) m drewdod g, gwynt g drwg.

Gestapo [gə'ʃtaːpo] f abk (HAN: = geheime Staatspolizei) heddlu g cudd.

gestatten [gə'ʃtatən] vt untrenn caniatáu; **~ Sie a** gaf i? esgusodwch fi; **sich** dat **~, etw zu tun** bod yn ddigon hyf i wneud rhth, bod mor hyf â gwneud rhth.

Geste ['geːstə] (-, -n) f ystum gb, amnaid b, munud

g; **eine ~ machen** amneidio.

Gesteck [gə'ʃtɛk] (-(e)s, -e) nt (Blumen) trefniad g blodau.

gestehen [gə'ʃteːən] irreg vt untrenn cyfaddef, addef, cyffesu; **offen gestanden** a dweud y gwir, a bod yn onest.

Gestein [gə'ʃtaɪn] (-(e)s, -e) nt (GEOL) craig b, mwyn g.

Gesteinskunde f mwynoleg b.

Gestell [gə'ʃtɛl] (-(e)s, -e) nt ffrâm b, fframwaith g; (Ständer) rhesel b, rac b, stand gb.

gestellt [gə'ʃtɛlt] adj annaturiol.

gestern ['gɛstərn] adv ddoe; **~ Abend** neithiwr; **~ Morgen** oder: **~ Früh** bore ddoe; **er ist nicht von ~** (fig, ugs) nid ddoe y ganwyd ef.

gestiefelt [gə'ʃtiːfəlt] adj: **der G~e Kater** Pws Esgidiau Uchel.

gestiegen pp von **steigen**.

Gestik ['gɛstɪk] (-, kein pl) f ystumiau ll, iaith b y corff.

gestikulieren [gɛstikuˈliːrən] vi ystumio, chwifio eich breichiau.

gestimmt [gə'ʃtɪmt] adj (MUS) mewn tiwn; **gut ~** (fig) mewn hwyliau da.

Gestirn [gə'ʃtɪrn] (-(e)s, -e) nt seren b, clwstwr g o sêr.

gestoben pp von **stieben**.

Gestöber [gə'ʃtøːbər] (-s, -) nt (Schnee~) cawod b eira, lluwchwynt g; (länger) storm b eira.

gestochen [gə'ʃtɔxən] pp von **stechen**.
♦ adj (Handschrift) clir, taclus; **~ scharf** (Foto) mewn ffocws, eglur iawn.

gestohlen [gə'ʃtoːlən] pp von **stehlen**; **das kann mir ~ bleiben** (ugs) i'r diawl ag e!

gestopft [gə'ʃtɔpft] adj (gemästet) pasgedig; (ugs: reich) cyfoethog.

gestorben pp von **sterben**.

gestört [gə'ʃtøːrt] adj (Verhältnis) trwblus, anesmwyth; (RADIO, TV) aneglur.

gestoßen pp von **stoßen**.

Gestotter [gə'ʃtɔtər] (-s, kein pl) nt cecian g.

Gesträuch [gə'ʃtrɔyç] (-(e)s, -e) nt llwyni ll, prysglwyni ll.

gestreift [gə'ʃtraɪft] adj rhesog, streipiog.

gestrichelt [gə'ʃtrɪçəlt] adj: **~e Linie** llinell b fylchog.

gestrichen [gə'ʃtrɪçən] pp von **streichen**; **frisch ~!** paent ffres!
♦ adj wedi ei ganslo; **~ voll** llawn i'r ymyl; **ein ~er Teelöffel voll** llwyaid de wastad.

gestrig ['gɛstrɪç, -ɪk] adj perthyn i ddoe.

gestritten pp von **streiten**.

Gestrüpp [gə'ʃtrʏp] (-(e)s, -e) nt prysglwyn g, llwyni ll; (Unterholz) tandwf g, istyfiant g.

gestunken *pp von* stinken.

Gestüt [gə'ʃtyːt] (-(e)s, -e) *nt* gre *b*; *(Zuchtbetrieb)* gre *b*, grefa *b*.

Gesuch [gə'zuːx] (-(e)s, -e) *nt* canlyn *g*, deisyfiad *g*; *(POL)* deiseb *b*, petisiwn *g*; *(Antrag)* cais *g*.

gesucht [gə'zuːxt] *adj (in Anzeige)* yn eisiau; *(COMM)* â galw amdano, â mynd mawr arno.

gesund [gə'zʊnt] *adj (Person)* iach; *(Essen usw)* iach, iachus, llesol; **wieder ~ werden** gwella; **~ und munter** yn fyw ac iach; **jdn ~ schreiben** rhoi tystysgrif iechyd i rn; **~ pflegen** nyrsio.

gesunden [gə'zʊndən] *vi (+sein)* adennill iechyd.

Gesundheit *f* iechyd *g*; **~!** bendith y Tad! **bei guter ~** yn iach, mewn iechyd da; **sich bester ~ erfreuen** mwynhau iechyd da; **seine ~ schädigen** niweidio eich iechyd; **auf jds ~ trinken** yfed iechyd da i rn.

gesundheitlich *adj* yn ymwneud ag iechyd, corfforol.

♦ *adv:* **wie geht es Ihnen ~ ?** sut mae eich iechyd chi?

Gesundheits- *kompos:* **~amt** *nt* swyddfa *b* iechyd; **~apostel** *m (ugs)* rhn sy'n gwneud popeth posib i sicrhau iechyd da; **~fürsorge** *f* gofal *g* iechyd; **~reform** *f* diwygio'r gwasanaeth iechyd; **~risiko** *nt* perygl *g* iechyd.

gesundheitsschädlich *adj* afiach, niweidiol.

Gesundheits- *kompos:* **~wesen** *nt* gwasanaeth *g* iechyd; **~zeugnis** *nt* tystysgrif *b* iechyd; **~zustand** *m* cyflwr *g* iechyd.

gesungen *pp von* singen.

gesunken *pp von* sinken.

getan [gə'taːn] *pp von* tun.

♦ *adj:* **nach ~er Arbeit** ar ôl gorffen gweithio.

geteilt [gə'taɪlt] *adj* rhanedig; **~ durch drei** wedi'i rannu â thri.

Getier [gə'tiːr] (-(e)s, -e) *nt* creaduriaid *ll*.

Getöse [gə'tøːzə] (-s, *kein pl*) *nt* terfysg *g*, trwst *g*.

getragen [gə'traːgən] *pp von* tragen.

♦ *adj (schwermütig)* difrifddwys.

Getränk [gə'trɛŋk] (-(e)s, -e) *nt* diod *b*, gwlybwr *g*.

Getränke- *kompos:* **~automat** *m* peiriant *g* diodydd; **~dose** *f* tun *g*; **~karte** *f* diodlen *b*; **~stand** *m* ciosg *g* diodydd.

getrauen [gə'traʊən] *vr untrenn* meiddio, beiddio, mentro.

Getreide [gə'traɪdə] (-s, *kein pl*) *nt* grawn *g*, ŷd *g*, llafur *g*; *(Nahrung)* grawnfwyd *g*.

Getreidespeicher *m* ysgubor *b*, yty *g*, seilo *g*.

getrennt [gə'trɛnt] *adj* gwahanedig, neilltuedig.

♦ *adv* ar wahân; **~ leben** byw ar wahân.

getreten *pp von* treten.

getreu [gə'trɔʏ] *adj* ffyddlon.

Getreue [gə'trɔʏə] (-n, -n) *m/f* teyrngarwr(aig) *g(b)*.

Getriebe [gə'triːbə] (-s, -) *nt (TECH)* gerbocs *g*, cocos *ll* trawsyrru; *(reges Treiben)* bwrlwm *g*.

getrieben *pp von* treiben.

Getriebeöl [gə'triːbəˀøːl] (-(e)s, -e) *nt* olew *g* treuliau.

getroffen [gə'trɔfən] *pp von* treffen; **von etw** *dat* **tief ~ sein** teimlo rhth i'r byw.

getrogen *pp von* trügen.

getrost [gə'troːst] *adv* yn hyderus; **~ sterben** marw'n dawel; **du kannst dich ~ auf ihn verlassen** gelli di ddibynnu arno heb unrhyw amheuaeth.

getrunken *pp von* trinken.

Getto ['gɛto] *nt* geto *g*.

Gettoblaster (-s, -s) *m* ghettoblaster *gb*.

Getue [gə'tuːə] (-s) *nt* ffwdan *g*, ffŷs *g*; **ohne ~** yn ddi-stŵr.

Getümmel [gə'tʏməl] (-s, *kein pl*) *nt* cythrwfl *g*, bwrlwm *g*; **sich ins ~ stürzen** hyrddio'ch hun i mewn i'r dorf.

getüpfelt [gə'tʏpfəlt] *adj* = getupft.

getupft [gə'tʊpft] *adj* brych, smotiog.

geübt [gə'ˀyːpt] *adj* profiadol.

Geviert [gə'fiːrt] (-(e)s, -e) *nt (Quadrat)* pedrongl *b*.

GEW *abk (= Gewerkschaft Erziehung und Wissenschaft)* undeb gweithwyr mewn addysg a gwyddoniaeth.

Gewächs [gə'vɛks] (-es, -e) *nt (BOT)* tyfiant *g*, planhigyn *g*; *(MED)* tyfiant.

gewachsen [gə'vaksən] *pp von* wachsen[1].

♦ *adj:* **jdm ~ sein** bod cyfuwch â rhn; **der Aufgabe ~ sein** bod â gallu i wneud y dasg.

Gewächshaus *nt* tŷ *g* gwydr.

gewagt [gə'vaːkt] *adj* mentrus.

gewählt [gə'vɛːlt] *adj* etholedig; *(Sprache)* coeth, croyw.

gewahr [gə'vaːr] *adj:* **einer Sache** *gen* **~ werden** dod yn ymwybodol o rth.

Gewähr [gə'vɛːr] (-, *kein pl*) *f* gwarant *b*; **keine ~ übernehmen für etw** peidio â derbyn unrhyw gyfrifoldeb am rth; **die Angabe erfolgt ohne ~** ni ellir gwarantu'r wybodaeth a ganlyn.

gewähren *vt untrenn* caniatáu; *(geben)* rhoi; **jdn ~ lassen** peidio â rhwysto rhn.

gewährleisten *vt untrenn* gwarantu.

Gewahrsam [gə'vaːrzaːm] *m (Obhut)* gofal *g*; *(Polizei~)* dalfa *b*.

Gewährsmann *m* hysbysydd *g*, ffynhonnell *b* ddibynadwy.

Gewährung *f* caniatâd *g*.

gewalkt [gə'valkt] *adj (TEX)* pan.

Gewalt [gə'valt] (-, -en) *f* trais *g*, grym *g*; *(Macht)* pŵer *g*, grym; *(große Kraft)* nerth *g*; **mit aller ~** â'ch nerth i gyd; **in jds ~** dan draed rhn, dan orthrwm rhn; **~ anwenden** troi at rym; **gesetzgebende ~** y Ddeddfwrfa *b*; **richterliche ~** y Farnwriaeth *b*; **elterliche ~** awdurdod *gb* rhieni; **höhere ~** gweithred gan Dduw.

Gewaltanwendung *f* defnydd *g* o drais.

Gewaltenteilung *f* gwahaniad *g* galluoedd.

Gewaltherrschaft *f* gormes *gb*, gorthrwm *g*.

gewaltig *adj* aruthrol, anferth, anferthol; *(Irrtum)* enfawr, aruthrol.

gewaltlos *adj* di-drais.

gewaltsam *adj* treisgar, trwy rym, trwy nerth bôn braich; **eines ~en Todes sterben** marw'n annaturiol.

Gewalt- *kompos:* **~tat** *f* trais *g*; **~täter** *m* treisiwr *g*.

gewalttätig *adj* treisiol, treisgar.

Gewalt- *kompos:* **~verbrechen** *nt* trosedd *gb* treisiol; **~verzicht** *m* anymosodedd *g*.

Gewand [gə'vant] (-(e)s, ˝-er) *nt* gwisg *b*, dillad *ll*; **Gewänder** *pl* gwisg.

gewandt [gə'vant] *pp von* **wenden**.

♦ *adj* dethau, deheuig, slic; *(erfahren)* profiadol; *(wort~)* huawdl.

Gewandtheit *f* deheurwydd *g*.

gewann *vb vgl.* **gewinnen**.

gewaschen *pp von* **waschen**.

Gewässer [gə'vɛsər] (-s, -) *nt* llyn *g*; **stehendes ~** pwll *g*; **~ pl** dyfroedd *ll*.

gewässert *adj (gepanscht)* gwanedig.

Gewebe [gə'veːbə] (-s, -) *nt (TEX)* gwe *b*, defnydd *g*; *(ANAT)* meinwe *b*, cnodwe *b*.

Gewebsprobe *f (MED)* sampl *b* meinwe.

Gewehr [gə'veːr] (-(e)s, -e) *nt* gwn *g*, reiffl *b*; *(Flinte)* dryll *gb*.

Gewehr- *kompos:* **~kolben** *m* carn *g* (dryll); **~lauf** *m* baril *gb* reiffl; **~salve** *f* rownd *b* o danio; **~schaft** *m* cyff *g* gwn.

Geweih [gə'vaɪ] (-(e)s, -e) *nt* cyrn *ll* carw, rheiddiau *ll*.

geweiht [gə'vaɪt] *adj* cysegredig.

gewellt [gə'vɛlt] *adj* tonnog, rhychiog; **~es Haar** tonnau yn y gwallt.

Gewerbe [gə'vɛrbə] (-s, -) *nt* masnach *b*, crefft *b*; **Handel und ~** masnach a diwydiant; **fahrendes ~**[D] cwmni *g* teithiol (syrcas).

Gewerbe- *kompos:* **~aufsichtsamt**[D] *nt* arolygiaeth *b* ffatri; **~schein** *m* trwydded *b* fasnachu; **~schule** *f* ysgol *g* dechnegol.

gewerbetreibend *adj* mewn busnes, busnes.

gewerblich *adj* masnachol.

gewerbsmäßig *adj* proffesiynol.

Gewerkschaft [gə'vɛrkʃaft] (-, -en) *f* undeb *g* llafur.

Gewerkschafter *m* undebwr *g*; **~in** *f* undebwraig *b*.

Gewerkschaftler *m* = **Gewerkschafter**.

gewerkschaftlich *adj* undebol.

Gewerkschafts- *kompos:* **~bund** *m* Cyngres *b* yr Undebau Llafur; **~vertreter** *m* cymrodeddwr *g*.

gewesen [gə'veːzən] *pp von* **sein**[1].

gewichen *pp von* **weichen**.

Gewicht [gə'vɪçt] *nt* pwysau *ll*; *(für Waage)* pwysyn *g*; *(fig)* pwysigrwydd *g*; **nicht ins ~ fallen** ddim yn cyfrif llawer; **~ haben** *(fig)* bod o bwys.

gewichten *vt untrenn* gwerthuso.

gewichtet *adj* pwysol.

Gewicht- *kompos:* **~heben** *nt (SPORT)* codi *g* pwysau; **~heber** *m* codwr *g* pwysau.

gewichtig *adj* trwm; *(wichtig)* praff, pwysig.

Gewichts- *kompos:* **~einheit** *f* uned *b* bwyso; **~klasse** *f* *(SPORT)* categori *g* pwysau; **~vorgabe** *f* handicap *g*.

gewieft [gə'viːft] *adj* craff.

gewiesen *pp von* **weisen**.

gewillt [gə'vɪlt] *adj* bodlon, parod.

Gewimmel [gə'vɪməl] (-s, *kein pl*) *nt* haid *b*.

Gewinde [gə'vɪndə] (-s, -) *nt (von Schraube)* edau *b*; *(Kranz)*[D] torch *b*.

Gewinn [gə'vɪn] (-(e)s, -e) *m (Nutzen)* budd *g*; *(finanziell)* elw *g*, buddioldeb *g*; *(bei Glücksspiel)* enillion *ll*; **~ bringen** dwyn elw; **~ bringend** buddiol; *(COMM)* proffidiol; **~ machen** elwa, gwneud elw; **er ist ein ~ für das Team** mae e'n gaffaeliad i'r tîm; **etw mit ~ verkaufen** gwerthu gan wneud elw; **aus etw ~ schlagen** gwneud elw o rth; **~- und Verlustrechnung** cyfrif *g* elw a cholled.

Gewinn- *kompos:* **~anteil** *m* buddran *b*; **~ausschüttung** *f* difidend *g*; **~beteiligung** *f (COMM)* rhannu *g* elw.

Gewinn bringend *adj vgl.* **Gewinn**.

Gewinnchancen *pl (beim Wetten)* ods *ll*.

gewinnen [gə'vɪnən] *irreg vt untrenn* ennill; *(BERGB)* cloddio, turio; **den ersten Preis ~** ennill y wobr gyntaf; **jdn (für etw) ~** ennill cefnogaeth rhn (o rth), dwyn perswâd ar rn (o blaid rhth); **Selbstvertrauen ~** magu hyder; **die Oberhand ~** cael meistrolaeth.

♦ *vi* ennill; *(profitieren)* elwa; **sie gewinnt an Schönheit** mae hi'n mynd yn bertach; **an Boden ~** *(fig)* ennill tir.

gewinnend *adj (Lächeln, Aussehen)* dengar, hudolus.

Gewinner (-s, -) *m* enillwr *g*, enillydd *g*; **~in** *f* enillwraig *b*.

Gewinn- *kompos:* **~nummer** *f* rhif *g* buddugol; **~spanne** *f (COMM)* maint *g* elw; **~sucht** *f* trachwant *g*.

Gewinnung (-, *kein pl*) *f (BERGB)* cloddio *g*.

Gewirr [gə'vɪr] (-(e)s, -e) *nt* clymau *ll*, drysni *g*.

Gewisper [gə'vɪspər] (-s, *kein pl*) *nt* sisial g.

gewiss [gə'vɪs] *adj (sicher)* sicr, siŵr; *(besonderer)* arbennig, penodol; **in ~em Maße** i ryw raddau; **ein ~er Herr** rhyw ddyn (arbennig).

♦ *adv (bestimmt)* yn sicr, yn bendant.

Gewissen [gə'vɪsən] (-s, -) *nt* cydwybod b; **ruhiges ~** tawelwch g meddwl; **jdm ins ~ reden** siarad yn blaen â rhn.

gewissenhaft *adj* cydwybodol, trylwyr.

Gewissenhaftigkeit f cydwybodolrwydd g, trylwyredd g.

gewissenlos *adj* diegwyddor, digydwybod.

Gewissens- *kompos:* **~bisse** *pl* cnoad g cydwybod, gwewyr *ll* cydwybod; **~frage** f mater g o gydwybod; **~freiheit** f rhyddid g cydwybod; **~konflikt** m gwrthdrawiad g moesol.

gewissermaßen [gəvɪsər'ma:sən] *adv* mewn ffordd, i ryw raddau.

Gewissheit f sicrwydd g; **sich** *dat* **~ verschaffen** cadarnhau.

gewisslich *adv* yn sicr, yn bendant.

Gewitter [gə'vɪtər] (-s, -) *nt* drycin b, lluched *ll*, storm b, tywydd g mawr.

gewitterig *adj* = **gewittrig**.

Gewitterwolke f cwmwl g du, cwmwl tymhestlog.

gewittern *vi unpers untrenn:* **es gewittert** mae'n taranu.

gewittrig *adj* stormus, taranllyd.

gewitzt [gə'vɪtst] *adj* hirben, craff.

gewoben [gə'vo:bən] *pp von* **weben**.

♦ *adj* gweog.

gewogen [gəvo:gən] *pp von* **wiegen**[2].

♦ *adj (zugetan)* caredig tuag at.

gewöhnen [gə'vø:nən] *vt untrenn:* **jdn ~ an** +*akk* cynefino/cyfarwyddo rhn â; *(erziehen zu)* dysgu rhth i rn; **ich bin daran gewöhnt** rwy'n gyfarwydd â hynny.

♦ *vr:* **sich ~ an** +*akk* ymgynefino â, dygymod â.

Gewohnheit [gə'vo:nhaɪt] (-, -en) f arfer gb; *(Brauch)* defod b, arferiad g; **aus ~** o ran arfer; **zur ~ werden** mynd yn arferiad; **sich** *dat* **etw zur ~ machen** arfer gwneud rhth.

Gewohnheits- *kompos:* **~mensch** m dyn g deddfol iawn; **~recht** *nt* cyfraith b gyffredin; **~tier** *nt (fig: Person)* un caeth i'w arferion.

gewöhnlich [gə'vø:nlɪç] *adj* arferol; *(durchschnittlich)* cyffredin, naturiol; *(pej)* comon, aflednais; **~e Menschen** pobl *b/ll* cyffredin.

♦ *adv:* **wie ~** fel arfer; *(für)* **~** fel arfer; **~ arbeite ich bis sechs** rwy'n arfer gweithio tan chwech.

gewohnt [gə'vo:nt] *adj* arferol, cynefin, cyfarwydd; **~ sein, etw zu tun** arfer gwneud rhth; **etw ~ sein** *(ugs) vgl.* **gewöhnt**.

gewöhnt [gə'vø:nt] *pp von* **gewöhnen**; **etw ~ sein** bod yn gyfarwydd â rhth.

Gewöhnung f: **~ an** +*akk* ymgynefino g â; *(das Angewöhnen)* hyfforddiant g.

Gewölbe [gə'vœlbə] (-s, -) *nt (ARCHIT)* cromen b, cromgell g, bwa g maen.

gewollt [gə'vɔlt] *adj (beabsichtigt)* bwriadol.

gewonnen *pp von* **gewinnen**.

geworben *pp von* **werben**.

geworden *pp von* **werden**[1].

geworfen *pp von* **werfen**.

gewrungen [gə'vrʊŋən] *pp von* **wringen**.

Gewühl [gə'vy:l] (-(e)s, *kein pl*) *nt (Menschenmenge)* tyrfa b.

gewunden [gə'vʊndən] *pp von* **winden**[1].

♦ *adj* troellog.

gewunken *pp von* **winken**.

Gewürz [gə'vʏrts] *nt* sbeis g, perlysieuyn g; **~e** *pl* perlysiau *ll*, confennau *ll*.

Gewürz- *kompos:* **~gurke** f gercin g; **~nelke** f *(KOCH)* clof g.

gewürzt *adj* wedi'i flasuso; **scharf ~** sbeislyd.

gewusst *pp von* **wissen**.

Geysir ['gaɪzɪr] m *(GEOG)* geiser g.

gez. *abk (= gezeichnet)* wedi ei arwyddo/lofnodi.

gezackt [gə'tsakt] *adj* danheddog; *(Fels)* garw.

gezahnt [gə'tsa:nt] *adj* bylchog.

gezähnt [gə'tsɛ:nt] *adj* danheddog; **~es Blatt** *(BOT)* deilen b ddanheddog.

gezeichnet [gə'tsaɪçnət] *adj* â marc amlwg; *(unterschrieben)* wedi ei arwyddo.

Gezeiten [gə'tsaɪtən] *pl* llanw g a thrai.

Gezerre [gə'tsɛrə] *nt* ymgiprys g.

Gezeter [gə'tse:tər] (-s, *kein pl*) *nt* swnian g, dwrdio g.

gezielt [gə'tsi:lt] *adj* bwriadol, pwrpasol.

geziemen [gə'tsi:mən] *vr unpers untrenn (ziemen)* **es geziemt sich** mae'n addas, mae'n briodol.

geziemend *adj* addas, priodol; **~e Antwort** ateb g gweddaidd.

geziert [gə'tsi:rt] *adj* mursennaidd.

Geziertheit f mursendod g.

gezogen *pp von* **ziehen**.

Gezwitscher [gə'tsvɪtʃər] (-s, *kein pl*) *nt* trydar g, switian g.

gezwungen [gə'tsvʊŋən] *pp von* **zwingen**.

♦ *adj* dan orfodaeth; *(Atmosphäre)* tyn.

gezwungenermaßen *adv* o reidrwydd, o raid.

GG *abk* = **Grundgesetz**.

ggf. *abk* = **gegebenenfalls**.

ggT m *abk (MATH:* = *größter gemeinsamer Teiler)* rhannydd g cyffredin mwyaf.

Ghetto *nt* = **Getto**.

Gicht [gɪçt] (-, *kein pl*) *f (MED)* cymalwst *b*; *(bei Pflanzen)* gowt *g*.

gichtkrank *adj* gowtiog.

Giebel ['giːbəl] (-s, -) *m* tâl *g* maen.

Giebel- *kompos:* **~dach** *nt* to *g* talcen; **~fenster** *nt* ffenestr *b* dalcen.

Gier [giːr] (-, *kein pl*) *f* trachwant *g*, gwanc *g*, rhaib *b*.

gieren *vi:* **~ nach** *+dat* chwantu am, trachwantu am.

gierig *adj* barus, awchus, gwancus, trachwantus.

Gierschlund *m (Vielfraß)* glwth *g*.

Gießbach[D] ['giːsbax] *m* ffrwd *b*.

gießen ['giːsən] *irreg vt* arllwys, tywallt, diwel; *(Blumen)* dyfrhau; *(Metall)* bwrw, castio; *(Wachs)* mowldio.

♦ *vi unpers:* **es gießt in Strömen** mae'n arllwys y glaw, mae'n bwrw hen wragedd a ffyn.

Gießerei (-, -en) *f* ffowndri *b*.

Gießkanne (-, -n) *f* can *g* dŵr.

Gift [gɪft] (-(e)s, -e) *nt* gwenwyn *g*; **das ist ~ für ihn** *(ugs)* mae hynny fel gwenwyn iddo; **darauf kannst du ~ nehmen** *(ugs)* gellwch chi fentro'ch pen ar hynny.

Giftgas *nt* nwy *g* gwenwynig.

giftgrün *adj* gwyrdd bustl.

giftig *adj* gwenwynig; *(fig: boshaft)* gwenwynllyd.

Gift- *kompos:* **~müll** *m* gwastraff *g* gwenwynig; **~pilz** *m* caws *g* llyffant; **~stoff** *m* sylwedd *g* gwenwynig; **~wolke** *f* cwmwl *g* gwenwynig; **~zahn** *m* dant *g* gwenwynig; **~zwerg** *m (ugs)* diawl bach sbeitlyd.

Gigabyte ['gɪgabaɪt] *nt (COMP)* gigabyte *g*.

gigantisch [gi'gantɪʃ] *adj* cawraidd.

Gigolo ['ʒiːgolo] (-s, -s) *m* putain *b* wrywaidd.

Gilde ['gɪldə] (-, -n) *f* urdd *b*, gild *g*.

Gilet[AS] [ʒi'leː] (-s, -s) *nt (Anzugweste)* gwasgod *b*.

ging *vb vgl.* **gehen**.

Ginseng (-s, -s) *m (BOT)* jinseng *g*.

Ginster ['gɪnstər] (-, -) *m (BOT)* banhadlen *b*; *(Stech~)* eithin *ll*.

Ginsterbusch *m* eithinen *b*.

Gipfel ['gɪpfəl] (-s, -) *m* copa *gb*, ban *gb*, pen *g* mynydd; *(POL)* uwchgyfarfod *g*; *(fig: Höhepunkt)* pinacl *g*, uchafbwynt *g*; **das ist der ~!** wel, dyna'i diwedd hi!

Gipfelkonferenz *f* = **Gipfeltreffen**.

gipfeln *vi:* **~ in** *+dat* diweddu yn, arwain at.

Gipfeltreffen *nt (POL)* uwchgyfarfod *g*.

Gips [gɪps] (-es, -e) *m* gypswm *g*; *(MED)* plastr *g* (Paris).

Gips- *kompos:* **~abdruck** *m*, **~abguss** *m* cast *g* plastr; **~bein** *nt* coes *b* mewn plastr.

gipsen[D] ['gɪpsən] *vt* plastro.

Gipsverband *m (MED)* plastr *g* (Paris).

Giraffe [gi'rafə] (-, -n) *f (ZOOL)* jiráff *g*.

Girlande [gɪr'landə] (-, -n) *f* garlant *gb*.

Giro ['ʒiːro] (-s, -s) *nt (FIN)* giro *g*.

Girokonto *nt (FIN)* cyfrif *g* cyfredol.

girren ['gɪrən] *vi (Taube)* cŵan.

Gis [gɪs] (-, -) *nt (MUS)* G *b* lonnod.

Gischt [gɪʃt] (-(e)s, -e) *f* ewyn *g*, brig *g* y don.

Gitarre [gi'tarə] (-, -n) *f* gitâr *b*.

Gitarrist [gita'rɪst] (-en, -en) *m* (**~in** *f*) gitarydd *g*.

Gitter ['gɪtər] *nt* rhwyll *b*, dellt *ll*, grid *g*; *(Fenster~)* grât *gb*, barrau *ll*; *(für Pflanzen)* dellt; *(Zaun)* rheiliau *ll*.

gitterartig *adj* rhwyllog.

Gitter- *kompos:* **~bett** *nt* cot *g*; **~fenster** *nt* ffenestr *b* farrog; **~stab** *m* dellten *b*; **~werk** *nt* rhwyllwaith *g*; **~zaun** *m* rheilin *g*.

Glacéhandschuh [gla'seː:hantʃuː] (-(e)s, -e) *m:* **jdn mit ~en anfassen** *(fig)* trin rhn yn ofalus iawn.

Gladiole [gladi'oːlə] (-, -n) *f (BOT)* gellesgen *b*, blodyn *g* y cleddyf.

Glanz [glants] (-es, *kein pl*) *m* sglein *g*, llewyrch *g*, disgleirdeb *g*; *(fig)* ysblander *g*.

Glanzabzug[D] *m (FOTO)* llun *g* â sglein arno.

glänzen ['glɛntsən] *vi* sgleinio, disgleirio; *(spiegeln)* llewyrchu; *(fig)* disgleirio; **es ist nicht alles Gold, was glänzt** nid aur yw popeth melyn; **zum G~ bringen** gloywi.

glänzend *adj* sgleiniog, llathraid; *(fig)* disglair, caboledig, ysblennydd; **wir haben uns ~ amüsiert** cawsom hwyl a hanner.

Glanz- *kompos:* **~farbe** *f* paent *g* sglein; **~lack** *m* paent *g* sglein/farnais; **~leistung** *f* gorchest *b*, sbloet *g*.

glanzlos *adj* dilewyrch, di-raen.

Glanz- *kompos:* **~papier** *nt* papur *g* sglein; **~stück** *nt* campwaith *g*; **~zeit** *f* anterth *g*.

Glas [glaːs] (-es, ̈-er) *nt* gwydr *g*; *(Trink~)* gwydryn *g*; *(Brille)* lens *b*; *(Scheibe)* cwarel *g*, paen *g*; *(Maß)* gwydraid *g*, glasaid *g*; **zwei ~ Wein** dau lasaid o win; **aus ~** gwydr; **sein ~ erheben** cynnig llwncdestun.

Glasauge *nt* llygad *gb* wydr.

Gläschen *nt* llymaid *g*.

Glaser *m* gwydrwr *g*, ffenestrwr *g*.

Glas- *kompos:* **~faser** *f* ffibr *g* gwydrog; **~faserkabel** *nt* ffibr *g* optig; **~fiber** *nt* gwydr *g* ffibr; **~haus** *nt* tŷ *g* gwydr.

glasieren [gla'ziːrən] *vt* gwydro, sgleinio; *(Tonwaren)* farneisio; *(Kuchen)* eisio, rhoi eisin ar.

glasig ['glaːzɪç, -ɪk] *adj* pŵl; **~er Blick** llygaid pŵl.

Glaskasten *m* cas *g* o wydr.

glasklar *adj* clir fel grisial.

Glas- *kompos:* **~papier** *nt* papur *g* gwydrog; **~perle** *f* glain *g* gwydr; **~scheibe** *f* cwarel *g*.

Glasur [glaˈzuːr] *f (Tonwaren)* farnais *g*; *(KOCH)* sglein *g*; *(Kuchen)* eisin *g*.

Glaswolle *f* gwlân *g* gwydr.

glatt [glat] *adj* llyfn; *(rutschig)* llithrig, hylithr; *(Papier)* plaen; *(Lüge)* noeth; *(Haar)* syth; *(MED: Bruch)* glân; **~e Absage** gwrthodiad *g* plaen; **~ ablehnen** gwrthod yn fflat; **~ gehen** mynd yn iawn, llwyddo; **~ streichen** esmwytho, llyfnhau.

Glätte [ˈglɛtə] (-, *kein pl*) *f* llyfnder *g*; *(auf Straße)* iâ *g* du, llithrigrwydd *g*.

Glatteis [ˈglatˀaɪs] *nt* iâ *g* du, rhew *g* du; **Vorsicht ~!** perygl, iâ du! **jdn aufs ~ führen** *(fig)* camarwain rhn.

glätten [ˈglɛtən] *vt* llyfnhau, smwddio, esmwytho; **die Wogen des Zorns ~** tawelu, lleddfu llid.

♦ *vr (sich beruhigen)* ymdawelu.

glatt gehen *irreg vi (+sein) vgl.* **glatt.**

glattrasiert *adj (Mann, Kinn)* di-farf.

glatt streichen *irreg vt vgl.* **glatt.**

Glatze [ˈglatsə] (-, -n) *f* pen *g* moel; **eine ~ bekommen** mynd yn foel, moeli.

glatzköpfig *adj* penfoel, moel.

Glaube [ˈglaʊbə] (-ns, -n) *m* cred *b*, coel *b*; *(Vertrauen)* ffydd *b*; *(REL)* crefydd *b*; **~ an** *+akk* cred mewn; **den ~n an etw verlieren** colli ffydd mewn rhth; **~n schenken** coelio, credu; **einen starken ~n haben** bod â daliadau cryf.

glauben [ˈglaʊbən] *vt, vi* credu, coelio; **~ an** *+akk* credu mewn; **~ Sie mir!** credwch chi fi! **~, dass ...** credu bod...; **jdm (etw) aufs Wort ~** credu rhth y mae rhn yn ei ddweud; **jdn ~ machen** arwain rhn i gredu; **wer's glaubt, wird selig** *(ironisch)* choelia'i fawr, dyna un dda; **du musst dran ~** *(ugs)* fe gei di hi.

Glaubens- *kompos:* **~bekenntnis** *nt (REL)* credo *g*, cyffes *b*, proffes *b* ffydd; **~freiheit** *f* rhyddid *g* crefyddol; **~gemeinschaft** *f* cymuned *b*, plwyf *g*; *(christliche)* enwad *g*.

glaubhaft [ˈglaʊphaft] *adj* credadwy, hygoel; **jdm etw ~ machen** peri i rn gredu, argyhoeddi rhn.

Glaubhaftigkeit *f* hygrededd *g*, credadwyedd *g*.

gläubig [ˈglɔʏbɪç, -ɪk] *adj (REL)* duwiol, crefyddol; *(vertrauensvoll)* ffyddiog; **~ sein** credu yn Niw.

Gläubige *m/f (REL)* credadun *g*; **die ~n** *pl* y ffyddloniaid.

Gläubiger *m (FIN)* credydwr *g*.

glaubwürdig *adj* credadwy; *(Mensch)* dibynadwy.

Glaubwürdigkeit *f* credadwyedd *g*, hygrededd *g*; *(Verlässlichkeit)* dibynadwyedd *g*.

glazial [glatsiˈɑːl] *adj* rhewlifol.

gleich [glaɪç] *adj* hafal; *(gleichwertig)* cyfartal;

(identisch) unfath, unwedd; **das ~e, aber nicht dasselbe Auto** car tebyg, ond nid yr un car; **er tat das G~e** gwnaeth e felly hefyd; **du begingst den ~en Fehler** gwnest ti'r un camgymeriad; **zu ~en Teilen** yn rhannau o'r un faint.

♦ *adv* **1** *(Qualität)* yn gyfartal, llawn, cymaint; **~ gut** lawn cystal; **~ teuer wie** lawn mor drud â; **~ weit entfernt** cytbell; **sie sind ~ groß** maen nhw o'r un maint; **es ist mir ~** does dim gwahaniaeth gen i, man a man; **ganz ~ wer** pwy bynnag; **G~ und G~ gesellt sich gern** *(fig)* adar o'r unlliw a hedant i'r unlle; *(MATH)* **2 mal 2 ist ~ 4** dau lluosi dau yw pedwar; **~ bleibend** digyfnewid, cyson; **bei ~ bleibendem Gehalt** tra'n derbyn yr un cyflog; **~ gesinnt** o'r un anian; **~ gestellt** cydradd, cyfartal; **rechtlich ~ gestellt** bod yn gydradd yn llygaid y gyfraith; **~ lautend** *(homonym)* cyfunffurf; *(Text)* unwedd, unfath; **2** *(sofort)* ar unwaith, yn y man; *(in Kürze)* ar fyr o dro, mewn munud; **~ am Anfang** ar y cychwyn cyntaf; **es ist ~ drei Uhr** mae hi bron yn dri o'r gloch; **wie war doch ~ Ihr Name?** a ga'i eich enw unwaith eto? **~ nach** *+dat* yn syth ar ôl; **bis ~!** tan toc! **3** *(räumlich)* **~ hinter dem Haus** yn union y tu ôl i'r tŷ; **~ neben der Bibliothek** drws nesaf i'r llyfrgell.

gleichaltrig [ˈglaɪçˀaltrɪç, -ɪk] *adj* cyfoed.

Gleichaltrige *m/f* cyfoed *g*.

gleichartig [ˈglaɪçˀartɪç, -ɪk] *adj* tebyg i'w gilydd, unwedd, cydryw.

gleichbedeutend *adj* cyfystyr, cydystyrol.

gleichberechtigt [ˈglaɪçbərɛçtɪçt, -ɪkt] *adj* â hawliau cyfartal.

Gleichberechtigung *f* hawliau *ll* cyfartal.

gleich bleibend *adj vgl.* **gleich.**

Gleiche *nt vgl.* **gleich.**

gleichen [ˈglaɪçən] *irreg vi +dat* bod yn debyg i rn/rth.

♦ *vr* ymdebygu i'w gilydd.

gleichermaßen *adv* felly.

gleichfalls *adv* yn yr un modd; **danke ~!** a diolch i chwithau!

gleichförmig [ˈglaɪçfœrmɪç, -ɪk] *adj* unffurf.

Gleichförmigkeit *f* unffurfiaeth *b*, undonedd *g*.

gleich- *kompos:* **~geschlechtig** *adj* cydryw; **~geschlechtlich** *adj (homosexuell)* gwrywgydiol.

gleich gesinnt *adj vgl.* **gleich.**

gleich gestellt *adj vgl.* **gleich.**

Gleichgewicht [ˈglaɪçɡəvɪçt] (-(e)s, *kein pl*) *nt* cydbwysedd *g*, balans *g*; **das ~ verlieren** colli cydbwysedd; **etw im ~ halten** cydbwyso rhth; **jdm aus dem ~ bringen** bwrw rhn oddi ar ei echel; *(fig)* drysu rhn.

gleichgültig [ˈglaɪçɡʏltɪç, -ɪk] *adj* difater, di-hid.

♦ *adv (unbedeutend)* dibwys; *(egal)* **das ist mir ~** does dim ots gen i.

Gleichgültigkeit *f* difaterwch *g*, dihidrwydd *g*.

Gleichheit ['glaɪçhaɪt] *f* cydraddoldeb *g*, cyfartalwch *g*.

Gleichheitszeichen *nt (MATH)* hafalnod *m*.

Gleichklang ['glaɪçklaŋ] *m (MUS)* undonedd *g*.

gleichkommen *irreg vi +dat (+sein)* bod yn gyfystyr â, bod yn hafal i.

gleich lautend *adj vgl.* **gleich**.

Gleichmacherei *f* cydraddoli *g*, gostwng *g* i'r un gwastad.

gleichmäßig ['glaɪçmɛːsɪç, -ɪk] *adj* cytbwys, cyson, gwastad; **~er Druck** gwasgedd *g* llyfn.

Gleichmäßigkeit (-, *kein pl*) *f* cysondeb *g*.

Gleichmut ['glaɪçmuːt] *m oder f* tawelwch *g* meddwl; *(Gleichgültigkeit)* difaterwch *g*.

gleichmütig ['glaɪçmyːtɪç, -ɪk] *adj* stoicaidd.

Gleichnis ['glaɪçnɪs] (-ses, -se) *nt (LIT)* dameg *b*, cyffelybiaeth *b*.

gleichrangig *adj (Beamte)* cydradd; *(Wichtigkeit)* yr un mor bwysig.

gleichschalten *vt* cysoni, gwneud i (rn/rth) gydymffurfio.

gleichsam ['glaɪçzaːm] *adv* fel petai.

gleichschauen[A] *vi* = **gleichsehen**.

gleichschenkelig *adj* isosgeles; **~es Dreieck** triongl *g* hafalochrog.

Gleichschritt ['glaɪçʃrɪt] *m:* **im ~ marschieren** cydgamu.

gleichsehen[D] *irreg vi (ähneln)* **jdm ~** ymdebygu i rn, bod yr un ffunud â rhn.

gleichstellen *vt (rechtlich)* trin yn gydradd.

Gleichstrom *m (ELEKT)* cerrynt *g* union.

gleichtun *irreg vi:* **es jdm ~** bod cystal â rhn, bod yn hafal i rn.

Gleichung (-, -en) *f (MATH)* hafaliad *g*.

gleichviel[D] *adv:* **~ ob ...** does dim ots os...

gleichwertig *adj* cydradd; *(Gegner)* cyfartal.

Gleichwertigkeit *f* cydraddoldeb *g*.

gleichwohl *adv (geh)* serch hynny, eto.

gleichzeitig *adj* cydamserol, cyfredol.

♦ *adv* ar yr un pryd.

Gleis [glaɪs] (-es, -e) *nt (BAHN)* trac *g*, cledrau *ll*; *(Bahnsteig)* platffform *g*.

gleißen ['glaɪsən] *vi (geh)* serennu.

gleißend *adj* disglair, gloyw.

gleiten ['glaɪtən] *irreg vi (+sein)* llithro; *(segeln)* gleidio; *(Tänzer)* hwylio; *(rutschen)* sglefrio.

gleitend *adj:* **~e Arbeitszeit** oriau *ll* hyblyg.

Gleit- *kompos:* **~flug** *m* gleidiad *g*, ehediad *g*; **~komma** *nt* pwynt *g* symudol; **~zeit** *f* oriau *ll* hyblyg.

Gletscher ['glɛtʃər] (-s, -) *m* rhewlif *g*.

Gletscher- *kompos:* **~see** *m* rhewlyn *g*; **~spalte** *f* crefas *g*, hafn *b*.

glich *vb vgl.* **gleichen**.

Glied [gliːt] (-(e)s, -er) *nt (von Kette)* dolen *b*; *(Penis)* pidyn *g*, cal *b*; *(MIL)* rheng *b*; **~er** *pl (ANAT)* aelodau *ll* corff; **der Schreck steckt ihr noch in den ~ern** mae hi'n dal heb ddod dros y braw.

gliedern ['gliːdərn] *vt* dosrannu, strwythuro.

Glieder- *kompos:* **~reißen** *nt* gwynegon *ll*, cryd *g* cymalau; **~schmerz** *m* gwynegon *ll*, cryd *g* cymalau.

Gliederung *f* strwythur *g*, dosraniad *g*.

Gliedmaßen ['gliːtmaːsən] *pl* aelodau *ll* corff.

glimmen ['glɪmən] *irreg vi (Feuer)* mudlosgi; *(fig: strahlen)* gloywi, tywynnu.

Glimmer ['glɪmər] (-s, -) *m (GEOL)* mica *g*.

Glimmstängel ['glɪmʃtɛŋəl] (-s, -) *m (ugs)* sigarét *b*.

Glimmstengel *m* = **Glimmstängel**.

glimpflich ['glɪmpflɪç] *adj* mwyn; *(Strafe)* ysgafn; **~ davonkommen** dianc â chosb ysgafn.

glitschig ['glɪtʃɪç, -ɪk] *adj* llithrig, slic.

glitt *vb vgl.* **gleiten**.

glitzern ['glɪtsərn] *vi* serennu, pefrio.

glitzernd *adj* pefriol.

global [gloˈbaːl] *adj* byd-eang; *(ungefähr, pauschal)* cyffredinol.

Globus ['gloːbus] (- *oder* -ses, Globen *oder* -se) *m* glôb *b*.

Glöckchen ['glœkçən] (-s, -) *nt* cloch *b* fach.

Glocke ['glɔkə] *f* cloch *b*; **etw an die große ~ hängen** cyhoeddi rhth yn groch.

Glockenblume (-, -n) *f (BOT)* clychlys *g*, clychau'r gog *ll*, croeso *g* haf.

Glocken- *kompos:* **~geläut** *nt* caniad *g* clychau; **~schlag** *m* curiad *g*, trawiad *g*; **~spiel** *nt* carilon *gb*; *(im Orchester)* glockenspiel, clychau *ll* taro; **~strang** *m* rhaff *b* cloch; **~turm** *m* clochdwr *g*, clochdy *g*.

glomm *vb vgl.* **glimmen**.

Glorie [ˈgloːriə] *f* gogoniant *g*.

glorifizieren [glorifiˈtsiːrən] *vt* gogoneddu, mawrygu, moliannu.

glorreich [ˈgloːraɪç] *adj* gogoneddus.

Glossar [glɔˈsaːr] (-s, -e) *nt* rhestr *b* termau, geirfa *b*.

Glosse [ˈglɔsə] (-, -n) *f (HIST, in Manuskript)* ymylnod *g*; *(Vokabel)* gair *g*; *(spöttische Bemerkung)*[D] sylw *g* gwatwarus.

Glotze [ˈglɔtsə] *f (ugs: Fernseher)* y bocs *g*.

glotzen *vi (ugs)* rhythu, syllu, tremio.

Glück [glʏk] (-(e)s, *kein pl*) *nt* lwc *b*, siawns *b*; *(Freude)* hapusrwydd *g*; **~ haben** bod yn lwcus/ffodus; **viel**

~! pob hwyl! rhwydd hynt! **mit ~** gyda lwc; **zum ~** diolch byth, yn ffodus; **ein ~!** dyna dipyn o lwc! **auf gut ~** *(aufs Geratewohl)* ar antur; *(unvorbereitet)* mewn gobaith; *(wahllos)* ar hap; **sie weiß noch nichts von ihrem ~** ni ŵyr hi 'mo'i geni; **er kann von ~ sagen, dass ...** gall ystyried ei hun yn ffodus bod…; **~ auf!** *(Bergleute)* pob hwyl!

Glucke[D] [ˈɡlʊkə] *f* = **Gluckhenne**.

glücken [ˈɡlʏkən] *vi (+sein)* llwyddo, diweddu'n dda.

gluckern [ˈɡlʊkərn] *vi* byrlymu.

Gluckhenne (-, -n) *f (Bruthenne)* iâr *b* glwc; *(mit Jungen)* hen iâr *b*.

glücklich [ˈɡlʏklɪç] *adj* lwcus, ffodus; *(froh)* hapus.

glücklicherweise *adv* wrth lwc, yn ffodus; ~! diolch i'r drefn!

glücklos *adj* anlwcus.

Glücksbringer *m* swyn *g*, swynogl *g*.

glückselig *adj* dedwydd.

Glückseligkeit *f* dedwyddwch *g*.

glucksen [ˈɡlʊksən] *vi* clochdar.

Glücks- *kompos:* **~fall** *m* lwc *b*, tro *g* lwcus; **~kind** *nt* person *g* ffortunus.

Glückspilz *m (ugs)* cenau *g* lwcus; **ein ~ sein** bod yn berson ffodus.

Glücksrad *nt* olwyn *b* ffortiwn.

Glückssache *f* hap a damwain.

Glücks- *kompos:* **~spiel** *nt* hapchwarae *g*; **~stern** *m* gwên *b* ffawd; **~strähne** *f* cyfnod *g* o lwc, strôc *b* o lwc.

glückstrahlend *adj* yn disgleirio, yn gwenu (gan lawenydd).

Glückszahl (-, -en) *f* rhif *g* lwcus.

Glückwunsch [ˈɡlʏkvʊnʃ] (-es, ˙-e) *m* llongyfarchiad *g*; **herzlichen ~ zum Geburtstag!** pen blwydd hapus!

Glückwunschkarte (-, -n) *f* cerdyn *g* pen blwydd, cerdyn cyfarchion.

Glühbirne [ˈɡlyːbɪrnə] (-, -n) *f* bwlb *g*.

glühen [ˈɡlyːən] *vi* gloywi.

glühend *adj (Metall)* eirias; *(Gefühl)* brwd, tanbaid; *(Wangen)* gwridog; **~ heiß** chwilboeth; **~er Bewunderer** edmygydd *g* brwd.

Glüh- *kompos:* **~faden** *m (ELEKT)* ffilament *g*, gwifren *b*; **~wein** *m* gwin wedi'i gynhesu a'i sbeiso; **~würmchen** *nt (ZOOL)* magïen *b* y golau, cannwyll *b* gorff.

Glukose *f* glwcos *g*.

Glut [ɡluːt] (-, -en) *f (Röte)* gwrid *g*; *(Hitze)* gwres *g*; *(fig)* tanbeidrwydd *g*.

Glyzerin [ɡlytseˈriːn] *nt* glyserin *g*.

GmbH (-, -s) *f abk (= Gesellschaft mit beschränkter Haftung)* ccc., cyf.

Gnade [ˈɡnaːdə] (-, -n) *f (Gunst)* ffafr *b*; *(Erbarmen)*

tosturi *g*; *(Milde)* trugaredd *gb*; **~ vor Recht ergehen lassen** lleddfu llymder â thrugaredd.

gnaden *vi:* **dann gnade dir Gott!** Duw a'th helpo!

Gnadenbrot *nt:* **jdm das ~ geben** gofalu am rn yn ei henaint.

Gnaden- *kompos:* **~frist** *f* gohiriad *g*; **~gesuch** *nt* deiseb *b* am drugaredd.

gnadenlos *adj* didrugaredd.

Gnadenstoß *m* ergyd *gb* farwol.

gnädig [ˈɡnɛːdɪç, -ɪk] *adj* graslon; *(voll Erbarmen)* trugarog; **~e Frau** *(geh)* fadam *b*.

Gnom (-s, -e) *m* dynan *g*.

Gobelin [ɡobəˈlɛ̃ː] *m* tapestri *g*.

Gockel [ˈɡɔkəl] (-s, -) *m (ugs)* ceiliog *g*.

Göd[A] *m (Pate)* tad *g* bedydd.

Godl[A] *f (Patin)* mam *b* fedydd.

Gold [ɡɔlt] (-es, *kein pl*) *nt* aur *g*; **nicht mit ~ aufzuwiegen** amhrisiadwy.

Goldammer *f (ZOOL)* peneuryn *g*.

golden *adj* euraidd, euraid, aur; **~e Worte** geiriau o gyngor; **~e Hochzeit** priodas *b* aur; **der Tanz ums ~e Kalb** *(fig)* cariad *b* at arian.

Gold- *kompos:* **~fisch** *m (ZOOL)* pysgodyn *g* aur; **~grube** *f (fig)* mwynglawdd *g*; **~hamster** *m* bochdew *g* euraidd.

goldig *adj (ugs)* annwyl, ciwt.

Gold- *kompos:* **~medaille** *f* medal *gb* aur; **~preis** *m (FIN)* pris *g* aur; **~regen** *m (BOT)* tresi *ll* aur; **~schmied** *m* gof *g* aur, eurof *g*; **~schnitt** *m* eurymyl *b*; **~standard** *m* safon *b* aur; **~stück** *nt* darn *g* aur; *(fig)* trysor *g*.

Goldwaage *f:* **jedes Wort auf die ~ legen** *(fig)* pwyso a mesur pob gair.

Golf[1] [ɡɔlf] (-(e)s, -e) *m (GEOG)* gwlff *g*.

Golf[2] (-s, *kein pl*) *nt (SPORT)* golff *g*.

Golf- *kompos:* **~klub** *m* clwb *g* golff; **~krieg** *m (HIST)* rhyfel *g* y Gwlff; **~platz** *m* maes *g* golff; **~schläger** *m* ffon *b* golff; **~spieler** *m* golffiwr *g*.

Golfstaaten *pl (GEOG)* **die ~** Taleithiau *ll* y Gwlff.

Golfstrom *m (GEOG)* Llif *g* y Gwlff.

Gondel [ˈɡɔndəl] (-, -n) *f* gondola *gb*; *(Seilbahn)* car *g* cebl.

gondeln *vi (+sein) (ugs)* **durch die Welt ~** crwydro'r byd.

Gong [ɡɔŋ] (-s, -s) *m* gong *b*; *(bei Boxkampf)* cloch *b*.

gönnen [ˈɡœnən] *vt:* **jdm etw ~** caniatáu rhth i rn; **sich** *dat* **etw ~** caniatáu rhth i'ch hunan.

Gönner (-s, -) *m* noddwr *g*, cynheiliad *g*.

gönnerhaft *adj* nawddogol.

Gönnerin *f* noddwraig *b*.

Gönnermiene *f* golwg *b* nawddoglyd.

Gonorrhö(e) *f (MED)* hadlif *g*.

gor *vb vgl.* **gären**.

Gorilla [goˈrɪla] *m (ZOOL)* gorila *g*; *(ugs: Leibwächter)* cwlff *g* o warchodwr.

goss *vb vgl.* **gießen.**

Gosse [ˈgɔsə] (-, -n) *f* cwter *b*.

Gote [ˈgoːtə] (-n, -n) *m (HIST)* Goth *g*.

Gotik [ˈgoːtɪk] (-, *kein pl*) *f (KUNST)* Gothig *g*; *(Epoche)* y cyfnod *g* Gothig.

gotisch *adj* Gothig.

Gott [gɔt] (-es, ¨-er) *m* duw *g*; **mein ~!** er mwyn Duw! **um ~es willen!** 'neno'r Tad! **~ sei Dank** diolch byth, diolch i'r drefn; **~ bewahre!** Duw a'n gwaredo! **grüß ~!** helo! s'mai! shw mae! **ein Bild für Götter** *(ugs)* balm i'r llygaid; **das wissen die Götter** Duw a ŵyr; **über ~ und die Welt reden** siarad am y byd a'r betws; **wie ~ in Frankreich leben** bod ar ben eich digon.

Götterspeise [ˈgœtərʃpaɪzə] *f (KOCH)* jeli *g*.

Gottesdienst *m (REL)* gwasanaeth *g*, cwrdd *g*, oedfa *b*.

gottesfürchtig *adj* duwiol.

Gottes- *kompos:* **~haus** *nt* tŷ *g* gweddi; **~lästerung** *f* cabledd *g*.

Gottheit *f* duwdod *g*.

Göttin [ˈgœtɪn] (-, -nen) *f* duwies *b*.

göttlich [ˈgœtlɪç] *adj* dwyfol; *(ugs: fantastisch)* gwych.

gottlob *interj* diolch byth.

gottlos *adj* annuwiol, digrefydd.

gottverdammt *adj* diawledig.

gottverlassen *adj* anial, unig, anghysbell.

Gottvertrauen *nt* ffydd *b* yn Nuw.

Götze [ˈgœtsə] (-n, -n) *m* eilun *g*.

Götzen- *kompos:* **~bild** *nt* delw *b*, idol *g*; **~dienst** *m* idoliaeth *b*.

Gourmet [gurˈmeː] *m* archwaethwr *g*.

Gouvernante *f* nyrs *b* plant.

Gouverneur *m* rhaglaw *g*, llywodraethwr *g*.

Grab [graːp] (-(e)s, ¨-er) *nt* bedd *g*, claddfa *b*; **ein ~ schaufeln** torri bedd.

grabbeln [ˈgrabəln] *vt (ugs: wühlen)* chwilota, tyrchu.

graben [ˈgraːbən] *irreg vt* cloddio, palu.

Graben [ˈgraːbən] (-s, ¨-) *m* ffos *b*.

Grabesstille *f* distawrwydd *b* llethol.

Grab- *kompos:* **~hügel** *m* mwnt *g*, tomen *b*; **~inschrift** *f* beddargraff *g*; **~kammer** *f* siambr *b* gladdu; **~mal** *nt* carreg *b* goffa, maen *g* coffa; **(~stein)** carreg *b* fedd, beddfaen *g*; **~rede** *f* araith *b* angladd; **~stein** *m* carreg *b* fedd, beddfaen *g*; **~tuch** *nt* lliain *g* amdo.

Gracht [graxt] (-, -en) *f* camlas *b* (mewn tref).

Grad [graːt] *m* gradd; **im höchsten ~** dros ben, ofnadwy; **Verbrennungen ersten ~es** *(MED)* llosgiadau *ll* gradd gyntaf; **zwei ~ unter Null** dwy

radd o dan y rhewbwynt.

Gradeinteilung *f* graddnodiant *g*.

graduell *adv* yn raddol.

Graf [graːf] (-en, -en) *m* iarll *g*, cownt *g*.

Graffito *nt oder m* graffiti *g*.

Grafik [ˈgraːfɪk] (-, -en) *f (COMP, TECH)* graffeg *b*; *(KUNST)* celfyddydau *ll* graffigol; *(Bild)* graffigwaith *g*.

Grafiker (-s, -) *m* (**~in** *f*) arlunydd *g*; *(Illustrator)* darlunydd *g*.

Gräfin [ˈgrɛːfɪn] (-, -nen) *f* iarlles *b*, cowntes *b*.

grafisch [ˈgraːfɪʃ] *adj* graffig; **~e Darstellung** diagram *g* amlinellol.

Grafit *m* graffit *g*.

Grafschaft *f* sir *b*, swydd *b*.

Grahambrot [ˈgraːhambroːt] *nt* math ar fara cyflawn.

Gral *m:* **der Heilige ~** y Greal *g* Sanctaidd.

Gralsritter *m* marchog *g* y Greal.

Gram [graːm] (-(e)s, *kein pl*) *m* gofid *g*, trallod *g*, galar *g*.

grämen [ˈgrɛːmən] *vr* galaru, gofidio; **sich zu Tode ~** galaru hyd angau.

Gramm [gram] *nt* gram *g*.

Grammatik [graˈmatɪk] *f* gramadeg *g*.

grammatikalisch *adj* = **grammatisch.**

grammatisch *adj* gramadegol.

Grammofon [gramoˈfoːn] (-s, -e) *nt* gramoffon *gb*.

Gran *nt* ewinfedd *b*.

Granat [graˈnaːt] (-(e)s, -e) *m (GEOL)* garned *g*.

Granatapfel *m* pomegranad *g*, grawnafal *g*.

Granate [graˈnaːtə] (-, -n) *f (MIL)* pelen *b*, ffrwydryn *g*; *(Hand~)* llawfom *gb*.

Granatwerfer *m* mortar *g*.

grandios [grandiˈoːs] *adj* mawreddog, crand.

Grand-Prix *m* camp *g*.

Granit [graˈniːt] *m (GEOL)* gwenithfaen *g*, ithfaen *g*; **bei jdm auf ~ beißen** canu crwth i fyddar gyda rhn.

Grant[A] *m* tymer *g* drwg.

grantig[A] [ˈgrantɪk] *adj (ugs)* drwg eich tymer, blin.

Grapefruit *f* grawnffrwyth *g*.

Graphik [ˈgraːfɪk] *f* = **Grafik.**

Graphiker(in) *m(f)* = **Grafiker(in).**

graphisch *adj* = **grafisch.**

Graphit *m* = **Grafit.**

grapschen [ˈgrapʃən] *vt, vi (ugs)* bachu; *(unsittlich anfassen)* byseddu, bodio.

Gras [graːs] (-es, ¨-er) *nt* glaswellt *g*, gwair *g*, porfa *b*; *(ugs: Marihuana)* mariwana *g*; **über etw** *akk* **~ wachsen lassen** gadael i bethau lonyddu; **ins ~ beißen** *(ugs)* cicio'r bwced.

grasen *vi* pori.

Grashalm (-(e)s, -e) *m* glaswelltyn *g*.

Grashüpfer *m* ceiliog *g* rhedyn.

grasig *adj* gwelltog.

Grasland *nt* paith *g*; *(Weide)* porfa *b*.

Grasnarbe *f* glaswellt *ll*.

grassieren [gra'si:rən] *vi* ymledu, bod yn rhemp; **die Grippe grassiert** mae'r ffliw'n mynd o gwmpas.

grässlich ['grɛslɪç] *adj* dychrynllyd, arswydus.

Grat [gra:t] (-(e)s, -e) *m* *(Berg)* crib *b*, esgair *b*; *(fig)* llinell *b* derfyn.

Gräte ['grɛ:tə] (-, -n) *f* asgwrn *g*, blewyn *g* (pysgodyn).

Gratifikation [gratifikatsi'o:n] (-, -en) *f* bonws *g*.

gratis ['gra:tɪs] *adj, adv* am ddim, yn rhad ac am ddim.

Gratisprobe *f* sampl *b* rad ac am ddim.

Grätsche ['grɛ:tʃə] (-, -n) *f* *(SPORT)* naid *b* fforchog.

Gratulant [gratu'lant] (-en, -en) *m* (~in *f*) un sy'n llongyfarch.

Gratulation [gratulatsi'o:n] *f* llongyfarchiad *g*.

gratulieren [gratu'li:rən] *vi:* **jdm zu etw ~** llongyfarch rhn ar rth; **ich gratuliere!** llongyfarchiadau!

Gratwanderung ['gra:tvandərʊŋ] *f* *(fig)* cerddded *g* ar raff.

grau [grau] *adj* llwyd; **~ meliert** *(Haar)* brithlwyd; **~ in ~** diflas, di-liw; **der ~e Alltag** bywyd undonog pob dydd.

Gräuel ['grɔyəl] *nt* ffieidd-dod *g*; *(Tat)* erchylltra *g*; **es ist mir ein ~** rwy'n casáu hynny.

Gräueltat *f* erchyllwaith *g*.

Grauen¹ ['grauən] (-s, *kein pl*) *nt* arswyd *g*.

Grauen² (-s, *kein pl*) *nt* *(Tagesanbruch)* gwawr *b*.

grauen¹ *vi unpers:* **mir graut vor der Sache** mae'n gas gen i feddwl am y peth.

♦ *vr:* **sich ~ vor** arswydo rhag.

grauen² *vi* *(Tag)* gwawrio, goleuo.

grauenhaft *adj* arswydus.

grauenvoll *adj* = **grauenhaft**.

grauhaarig ['grauha:rɪç, -ɪk] *adj* penllwyd.

gräulich ['grɔylɪç] *adj* *(grau)* llwydaidd; *(grässlich)* atgas, ffiaidd, cyfoglyd.

grau meliert *adj vgl.* **grau**.

Graupe *f* heidden *b*.

Graupelschauer ['graupəlʃauər] *m* cawod *b* o genllysg/gesair.

Graupen ['graupən] *pl* *(KOCH)* haidd *g* perlog.

Graureiher *m* *(ZOOL)* crëyr *g* glas.

grausam ['grauza:m] *adj* creulon.

Grausamkeit *f* creulondeb *g*, cieidd-dra *g*.

Grausen ['grauzən] (-s, *kein pl*) *nt* arswyd *g*; **da kann man das kalte ~ kriegen** *(ugs)* mae'n codi croen gŵydd arnoch.

grausen *vi unpers:* **es graust ihm davor** mae'n codi

cyfog arno.

grausig *adj* erch.

Grauzone ['grautso:nə] *f* *(fig)* mater *g* amwys.

gravieren [gra'vi:rən] *vt* ysgythru, llingerfio.

gravierend *adj* difrifol.

Gravitation *f* disgyrchiant *g*.

Gravitationsgesetz *nt* deddf *b* disgyrchiant.

Grazie ['gra:tsiə] (-, *kein pl*) *f* gosgeiddrwydd *g*; **die ~n** *pl* *(in der Mythologie)* y Grasusau *ll*.

grazil *adj* glwys.

graziös [gratsi'ø:s] *adj* mirain, hyfryd; *(Bewegung)* gosgeiddig.

greifbar ['graɪfba:r] *adj* cyffyrddadwy, caffaeladwy; **in ~er Nähe** o fewn cyrraedd.

greifen ['graɪfən] *irreg vi* *(einrasten)* gafael, cydio; **nach etw ~** ymestyn i gyrraedd rhth; **um sich ~** *(fig)* ymledu, mynd ar led; **zu etw ~** troi at rth; **diese Zahl ist zu niedrig gegriffen** *(fig)* mae'r ffigur hwn yn rhy isel; **aus dem Leben gegriffen** yn seiliedig ar fywyd.

♦ *vt* gafael yn, cydio yn.

Greifer (-s, -) *m* *(TECH)* crafanc *b*.

Greifvogel (-s, ¨-) *m* aderyn *g* ysglyfaethus.

Greis [graɪs] (-es, -e) *m* hen ŵr *g*, hynafgwr *g*.

Greisenalter *nt* henaint *g*.

greisenhaft *adj* henaidd, hen iawn.

Greisin *f* hen wraig *b*.

Greißler ˄ *m* (~in *f*) groser *g*; *(Geschäft)* siop *b* gornel.

grell [grɛl] *adj* aflafar, llachar, tanbaid.

Gremium [gre:mium] (-s, **Gremien**) *nt* *(Ausschuss)* pwyllgor *g*.

Grenadier [grena'di:r] (-s, -e) *m* *(MIL: Infanterist)* troedfilwr *g*.

Grenzbeamte ['grɛntsbə'ʔamtə] (-n, -n) *m* swyddog *g* y ffin.

grenzdebil *adj* hanner pan.

Grenze ['grɛntsə] (-, -n) *f* *(POL)* ffin *b*, goror *gb*; *(fig)* terfyn *g*; *(TECH, PHYS)* terfan *b*, goddefiant *g*; **bei etw** *dat* **die ~ ziehen** tynnu llinell derfyn yn rhywle; **über die ~ gehen** croesi'r ffin; **an der ~ des Möglichen sein** *(fig)* ymylu ar beth sy'n bosibl.

grenzen *vi:* **~ an** +*akk* ffinio ar, cyffinio â; *(fig)* ymylu ar.

grenzenlos *adj* diderfyn, di-ben-draw.

Grenz- *kompos:* **~fall** *m* achos *g* ymylol; **~gänger** *m* *(Arbeiter)* cymudwr *g* dros y ffin; **~gebiet** *nt* tir *g* goror, ardal *b* ffin; **~linie** *f* llinell *b* derfyn; **~region** *f* ffindir *g*; **~stein** *m* carreg *b* derfyn; **~übergang** *m* croesfan *b* ffin; **~wall** *m* clawdd *g* terfyn; **~wert** *m* terfan *b*; **~zwischenfall** *m* helynt *b* wrth y ffin.

Gretchenfrage ['gre:tçənfra:gə] *f* *(fig)* cwestiwn *g* tyngedfennol.

Greuel *nt* = Gräuel.

Greueltat *f* = Gräueltat.

greulich *adj* = gräulich.

Grieche ['griːçə] (-n, -n) *m* Groegwr *g*.

Griechenland *nt (GEOG)* Gwlad *b* Groeg.

Griechin (-, -nen) *f* Groeges *b*.

griechisch *adj* Groegaidd; **~-orthodox** Uniongred Roegaidd.

Griechisch *nt (Sprache)* Groeg *b*.

griesgrämig ['griːsgrɛːmɪç, -ɪk] *adj* piwis, sarrug, sorllyd.

Griesgram *m* cwynwr *g*.

griesgrämig *adj* piwis, sarrug.

Grieß [griːs] *m (KOCH)* semolina *g*.

Grießbrei *m* pwdin *g* semolina.

Grießkoch^ *nt* = Grießbrei.

Griff [grɪf] *m* gafael *b*; *(Vorrichtung)* carn *g*, dwrn *g*, dolen *b*; *(das Greifen)* der **~ nach etw** ymestyn *g* am rth; **etw in den ~ bekommen** *(fig)* cael rhth dan reolaeth; *(geistig)* cael crap ar rth.

griff *vb vgl.* greifen.

griffbereit *adj* cyfleus, wrth law.

Griffbrett *nt (MUS)* bysfwrdd *g*.

Griffel *m* ysgrifell *b*, pensil *g* carreg; *(BOT)* colofnig *b*.

griffig *adj* dim yn llithrig; *(Mehl)* garw, cwrs.

Grill [grɪl] (-s, -s) *m* gridyll *g*, gril *g*; *(AUTO)* rhwyll *b* flaen.

Grille ['grɪlə] (-, -n) *f (ZOOL)* criciedyn *g*, cricsyn *g*; *(wunderlicher Einfall)*^D chwilen *b*; **~n im Kopf haben**^D bod yn llawn syniadau mawr.

grillen *vt (KOCH)* grilio, brwylio.

Grimasse [grɪ'masə] *f* ystum *gb*, gwep *b*, cuwch *g*; **~n schneiden** tynnu wynebau.

grimmig ['grɪmɪç, -ɪk] *adj* cynddeiriog; *(Wetter)* garw.

grinsen ['grɪnzən] *vi (boshaft)* glaswenu.

Grinsen *nt* cilwen *b*, glaswen *b*.

Grippe ['grɪpə] *f* y ffliw *b*.

Grips [grɪps] *m (ugs)* amgyffred *g*.

grob [groːp] *(komp* **gröber**; *superl* **am gröbsten)** *adj* bras, garw; *(Fehler, Verstoß)* affwysol, enbyd; *(unhöflich)* aflednais, anweddus; **~ geschätzt** wedi'i frasamcanu.

Grobheit (-, -en) *f (Rauheit)* garwder *g*, ansawdd *gb* amrwd; *(ungehobeltes Benehmen)* afledneisrwydd *g*.

Grobian ['groːbiaːn] (-s, -e) *m* llabwst *g*.

grobknochig *adj* ag esgyrn mawrion.

grobschlachtig *adj* trwsgl.

groggy ['grɔgi] *adj (ugs)* wedi ymlâdd.

grölen ['grøːlən] *vi (pej)* crochweiddi, crygleisio.

Groll [grɔl] (-(e)s, *kein pl)* *m* dicllonedd *g*, dicllondeb

g; **gegen jdn ~ hegen** dal dig yn erbyn rhn.

grollen *vi (Donner)* dwndwr; *(murren)* grwgnach, tuchan.

Grönland ['grøːnlant] *nt (GEOG)* yr Ynys *b* Las, y Lasynys *b*.

Grönländer (-s, -) *m* (**~in** *f)* Glasynyswr(aig) *g(b)*.

Groschen ['grɔʃən] *m* uned fach o arian yn Awstria; *(fig)* ceiniog *b*; **der ~ ist gefallen** *(fig: verstehen)* syrthiodd y geiniog.

Groschenroman *m (pej)* sothach *g* o nofel.

groß [groːs] *(komp* **größer**; *superl* **am größten)** *adj* mawr; *(~ gewachsen)* tal; **wie ~ bist du?** faint yw dy daldra di? **~en Hunger haben** bod yn newynog iawn; **~ in Mode sein** bod mewn ffasiwn; **~ und breit** *(ugs)* yn hirfaith; **ein Wort ~ schreiben** ysgrifennu gair â llythyren gyntaf fras; **im G~en und Ganzen** ar y cyfan; **die G~en Seen** *(GEOG)* y Llynnoedd Mawr; **~ angelegt** ar raddfa eang; **etw ~ schreiben** *(fig: wichtig nehmen)* cyfrif rhth yn bwysig.

Groß- *kompos:* **~abnehmer** *m (COMM)* brasbrynwr *g*; **~alarm** *m* rhybudd *g* cyffredinol.

groß angelegt *adj vgl.* groß.

großartig *adj* ardderchog.

Großaufnahme *f (FILM)* llun *g* agos.

Großbritannien *nt (GEOG)* Prydain *b* Fawr.

Großbuchstabe *m* llythyren *b* fras.

Größe ['grøːsə] (-, -n) *f* maint *g*; *(Wuchs)* taldra *g*; *(fig)* mawredd *g*; *(MATH)* **eine unbekannte ~** maint *g* anhysbys; *(fig)* tipyn o ddirgelwch.

Groß- *kompos:* **~einkauf** *m* prynu *g* crynswth, swmp-brynu *g*; **~einsatz** *m* ymgyrch ar raddfa fawr.

Großeltern *pl* taid a nain, tad-cu a mam-gu.

Größenordnung *f* graddfa *b*; *(Größe)* maintioli *g*; *(MATH)* trefn *b* maint.

großenteils *adv* = großteils.

Größen- *kompos:* **~unterschied** *m* gwahaniaeth *g* o ran maint; **~wahn** *m*, **~wahnsinn** *m* megalomania *g*, rhithdybiau *ll* mawredd.

Groß- *kompos:* **~familie** *f* teulu *g* estynedig; **~format** *nt* fformat *g* mawr, gwedd *b* fawr; **~fürst** *m* dug *g*; **~fürstentum** *nt* dugiaeth *b*; **~fürstin** *f* duges *b*; **~handel** *m (COMM)* masnach *b* gyfanwerth.

Großhandels- *kompos:* **~gesellschaft** *f* cwmni *g* cyfanwerth; **~preis** *m (COMM)* prisiau *ll* cyfanwerthol; **~preisindex** *m* mynegai *gb* prisiau cyfanwerthol.

Großhändler *m* cyfanwerthwr *g*.

großherzig *adj* rhadlon, hael.

Groß- *kompos:* **~hirn** *nt (ANAT)* serebrwm *g*, yr ymennydd *g* uchaf; **~industrielle** *m/f* rheolwr(aig) *g(b)* diwydiant mawr.

Grossist *m* cyfanwerthwr *g*.

großkotzig[D] *adj (ugs)* broliog.

Groß- *kompos:* **~kunde** *m (COMM)* brasbrynwr *g*; **~kundgebung** *f* rali *b* fawr; **~macht** *f* pŵer *g* mawr; **~maul** *m* broliwr *g*; **~meister** *m* uchel feistr *g*; **~mut** *f* mawrfrydedd *g*.

großmütig *adj* mawrfrydig.

Großmutter *f* nain, mam-gu.

Großraum *m:* **der ~ Manchester** Manceinion Fawr.

Großraumbüro *nt* swyddfa *b* cynllun agored.

Groß- *kompos:* **~rechner** *m (COMP)* prif gyfrifiadur *g*; **~reinemachen**[D] *nt* glanhad *g* llwyr o'r tŷ.

großschreiben *irreg vt (Wort)* dechrau â llythyren fras; *vgl. auch* **groß**.

Großschreibung *f* priflythreniad *g*.

großspurig *adj* rhwysgfawr, rhodresgar.

Großstadt *f* dinas *b*.

Großtante *f* hen fodryb *b*.

größte ['grøːstə] *superl von* **groß**.

großteils *adv* yn bennaf, i raddau helaeth.

größtenteils *adv (hauptsächlich)* at ei gilydd; *(meistens)* gan mwyaf.

Großtuer *m* broliwr *g*.

großtun *irreg vi* ymffrostio, brolio.

Großvater *m* taid *g*, tad-cu *g*.

Groß- *kompos:* **~verbraucher** *m (COMM)* defnyddiwr *g* mawr; **~verdiener** *m* rhn sy'n ennill llawer o arian; **~wild** *nt* helfilod *ll* mawr.

großziehen *irreg vt* magu.

großzügig *adj* mawrfrydig, haelfrydig; *(Planung)* ar raddfa eang.

Großzügigkeit *f* haelioni *g*.

grotesk [groˈtɛsk] *adj* grotésg, gwrthun.

Grotte ['grɔtə] (-, -n) *f* groto *g*, ogofdy *g*.

grub *vb vgl.* **graben**.

Grübchen ['gryːpçən] (-s, -) *nt* bochdwll *g*.

Grube ['gruːbə] (-, -n) *f* pwll *g*, twll *g*; *(Bergwerk)* glofa *b*, cloddfa *b*.

grübeln ['gryːbəln] *vi* pensynnu, pendroni.

Gruben- *kompos:* **~arbeiter** *m* cloddiwr *g*, glöwr *g*; **~gas** *nt (BERGB)* llosgnwy *g*, nwy *g* pwll glo.

Grübler (-s, -) *m* heliwr *g* meddyliau.

grüblerisch *adj* synfyfyriol.

Gruft [gruft] (-, ˙-e) *f* cromgell *b*, daeargell *b*.

grün [gryːn] *adj* gwyrdd; *(Pflanzen)* glas, irlas; *(POL, fig)* gwyrdd; **~ Welle** cyfres o oleuadau traffig gwyrdd; **~ Versicherungskarte** *(AUTO)* cerdyn *g* gwyrdd; **auf keinen ~en Zweig kommen** *(fig)* mynd i'r gwellt; **jdm ~es Licht geben** rhoi rhwydd hynt i rn; **~e Lunge** *(fig: Wald)* llain *b* las; **~e Bohnen**[D] ffa *ll* Ffrengig; **~er Salat** letysen *b*; **sich ~ und blau ärgern** *(ugs)* bod yn gandryll ulw; **die G~en** *(POL)* y

Gwyrddion; **die ~e Minna** *(ugs)*[D] fan *b* yr heddlu.

Grünanlage *f* llecyn *g* gwyrdd mewn tref.

Grund [grunt] (-(e)s, ˙-e) *m* llawr *g*; *(Land)* tir *g*; *(von See, Gefäß)* gwaelod *g*; *(Ursache)* rheswm *g*; **von ~ auf** yn hollol, yn gyfan gwbl; **im ~e genommen** yn y bôn; **ich habe ~ zur Annahme, dass ...** mae gennyf reswm dros gredu bod...; **einer Sache** *dat* **auf den ~ gehen** *(fig)* mynd at waelod rhth; **in ~ und Boden** *(fig)* yn drylwyr; **~ und Boden** tir a daear.

Grund- *kompos:* **~ausbildung** *f* hyfforddiant *g* sylfaenol; **~bedeutung** *f* ystyr *gb* elfennol; **~bedingung** *f* amod *gb* sylfaenol; **~begriff** *m* cysyniad *g* sylfaenol; **~besitz** *m* eiddo *g* tiriog; **~besitzer** *m* tirfeddiannwr *g*; **~buch** *nt* cofrestr *b* dir.

grundehrlich *adj* hollol onest.

gründen ['gryndən] *vt* sefydlu; **~ auf** +*akk* seilio ar.

♦ *vr*[D]: **sich ~ auf** +*dat* bod yn seiliedig ar.

Gründer (-s, -) *m* sylfaenydd *g*, sefydlwr *g*.

grundfalsch *adj* hollol anghywir.

Grund- *kompos:* **~gebühr** *f* tâl *g* sylfaenol; **~gedanke** *m* syniad *g* sylfaenol; **~gehalt** *nt* cyflog sylfaenol; **~gerüst** *nt* sgerbwd *g*; **~gesetz**[D] *nt (POL)* cyfansoddiad *g*.

Grundierung [grunˈdiːrʊŋ] *f* paent *g* preimio.

Grund- *kompos:* **~kapital** *nt* cyfalaf *g* cychwynnol; **~kurs** *m* cwrs *g* craidd.

Grundlage *f* sylfaen *gb*; **jeder ~ entbehren** bod heb unrhyw sail.

grundlegend *adj* sylfaenol.

gründlich ['gryntlıç] *adj* manwl, trwyadl, trylwyr; **jdm ~ die Meinung sagen** rhoi pryd o dafod i rn.

Grundlinie *f* llinell *b* gefn.

grundlos *adj (fig)* di-sail, heb reswm.

Grund- *kompos:* **~mauer** *f* grwndwal *g*; **~model** *nt* fersiwn *g* gwreiddiol; **~nahrungsmittel** *nt* bwyd *g* sylfaenol.

Gründonnerstag *m (REL)* Dydd Iau Cablyd.

Grundordnung *f:* **die freiheitlich-demokratische ~** *(HIST)*[D] cyfansoddiad Dwyrain yr Almaen.

Grund- *kompos:* **~rechenart** *f* gweithrediad *g* rhifyddol sylfaenol; **~recht** *nt* hawl *gb* sylfaenol; **~regel** *f* rheol *b* sylfaenol; **~riss** *m* uwcholwg *g*, cynllun *g*; *(fig)* amlinelliad *g*; **~satz** *m* egwyddor *b*.

grundsätzlich *adj* sylfaenol.

♦ *adv* yn sylfaenol; *(prinzipiell)* o ran egwyddor; **das ist ~ verboten** gwaherddir hyn yn gyfan gwbl.

Grundsatzurteil *nt* dyfarniad sy'n gosod cynsail.

Grund- *kompos:* **~schule** *f* ysgol *b* gynradd; **~stein** *m* carreg *b* sylfaen; **~steuer** *f* treth *b* gymuned.

Grundstück *nt* llain *b*, tir *g*, plot *g*.

Grundstücksmakler *m* gwerthwr *g* tir a thai.

Grundstufe *f (SCH)* ≈ cyfnod allweddol 1 a 2.

Grundtenor *m* byrdwn *g*, sylwedd *g*.

Gründung (-, -en) *f* sefydlu *g*, sefydliad *g*.

Gründungs- *kompos:* **~urkunde** *f (COMM)* siarter *b* gorffori; **~versammlung** *f (Aktiengesellschaft)* cyfarfod *g* statudol.

grundverschieden *adj* cwbl wahanol.

Grund- *kompos:* **~voraussetzung** *f* amod *gb* sylfaenol; **~wasser** *nt* dŵr *g* daear; **~wasserspiegel** *m (GEOL)* lefel *b* trwythiad; **~wehrdienst** *m* gwasanaeth *g* cenedlaethol; **~wortschatz** *m* geirfa *b* sylfaenol.

Grundzug *m* nodwedd *b*; *etw in seinen Grundzügen darstellen* amlinellu rhth.

Grüne (-n, *kein pl*) *nt:* **im ~n** yn yr awyr agored; **ins ~ fahren** mynd am dro i'r wlad.

grünen *vi* glasu.

Grünen *pl (POL)* **die ~** y Blaid Werdd.

Grün- *kompos:* **~kohl**[D] *m* bresych *ll* deiliog; **~schnabel** *m* plentyn sy'n meddwl ei fod yn gwybod y cwbl; **~span** *m* rhwd *g* gwyrdd, ferdigris *g*; **~specht** *m (ZOOL)* cnocell *b* werdd; **~streifen** *m* llain *b* ganol.

grunzen ['grʊntsən] *vi* rhochian.

Grünzeug *nt* llysiau *ll* gwyrdd.

Gruppe ['grʊpə] (-, -n) *f* grŵp *g*.

Gruppen- *kompos:* **~arbeit** *f* gwaith *g* tîm; **~dynamik** *f* deinameg *b* grŵp; **~therapie** *f* therapi *g* grŵp.

gruppenweise *adv* fesul grŵp.

gruppieren [grʊ'piːrən] *vt* grwpio.

♦ *vr* ymgynnull.

gruselig ['gruːzəlɪç, -ɪk] *adj* iasol, annaearol, arswydus.

gruseln ['gruːzəln] *vt, vi unpers:* **es gruselt jdm vor etw** mae rhth yn codi arswyd ar rn.

Gruseln *nt* cryd *g*.

Gruß [gruːs] (-es, ¨-e) *m* cyfarchiad *g*; *(MIL)* salíwt *b*; **viele Grüße** cyfarchion, cofion gorau; **mit freundlichen Grüßen** yn gywir; **Grüße an** +*akk* cofia fi at.

grüßen ['gryːsən] *vt* cyfarch; *(MIL)* saliwtio; **jdn von jdm ~** cofio rhn at rn; **jdn ~ lassen** danfon cofion at rn.

Grütze[D] ['grʏtsə] *f (Brei)* llymru *g*; **rote ~** jeli *g*.

Gschnas[A] *nt* dawns *b* gwisg ffansi.

gucken[D] ['gʊkən] *vi* edrych.

Guckloch ['gʊklɔx] (-(e)s, ¨-er) *nt* ysbïendwll *g*.

Guerilla [ge'rɪlja] *m (Krieger)* = Guerillero.

Guerillakrieg *m* rhyfel *g* gerila.

Guerillero *m* herwfilwr *g*.

Guillotine [gijo'tiːnə] *f* gilotîn *g*.

Gulasch ['guːlaʃ] *nt (KOCH)* gwlash *g*.

Gulaschkanone *f (MIL: ugs)* cegin *b* symudol.

Gülle[DS] *f* tail *g*, tom *b*, gwrtaith *g*.

gültig ['gʏltɪç, -ɪk] *adj* dilys.

Gültigkeit *f* dilysrwydd *g*.

Gültigkeitsdauer *f* cyfnod *g* dilysrwydd.

Gummi ['gʊmi] (-s, -s) *m oder nt* rwber *g*, ryber *g*; *(~harz)* gwm *g*, gỳm *g*; *(Kondom)* condom *g*.

Gummi- *kompos:* **~band** *nt* band *g* lastig; *(Hosen~)* elastig *g*; **~bärchen** *nt* jeli bebi; **~baum** *m* planhigyn *g* rwber; **~geschoß** *nt* bwled *b* rwber; **~knüppel** *m* pastwn *g* rwber; **~paragraph** *m (fig)* deddf *b* amwys; **~stiefel** *m* botasen *b*, esgid *b* law; **~zelle** *f* cell *b* gwiltiog.

Gunst [gʊnst] (-, *kein pl*) *f* ffafr *b*.

günstig ['gʏnstɪç, -ɪk] *adj* cyfleus; *(billig)* rhesymol, rhad; *(Gelegenheit)* ffafriol; **bei ~em Wetter** os bydd hi'n braf; **das habe ich ~ bekommen** cefais hwnnw yn fargen.

Gurgel ['gʊrgəl] (-, -n) *f* gwddf *g*.

gurgeln *vi* byrlymu; *(im Mund)* garglio, golchi ceg.

Gurke ['gʊrkə] (-, -n) *f* cucumer *g*, ciwcymbr *g*; **saure ~** gercin *g* picl.

gurren *vi* cwyfan.

Gurt [gʊrt] (-(e)s, -e) *m* gwregys *g*, belt *gb*.

Gürtel ['gʏrtəl] (-s, -) *m* gwregys *g*; *(GEOG)* cylchfa *b*.

Gürtel- *kompos:* **~reifen** *m* teiar *g* rheiddiol; **~rose** *f (MED)* yr eryr *g*; **~schnalle** *f* bwcl *g*, clasbyn *g*; **~tier** *nt (ZOOL)* armadilo *g*.

GUS *f abk (= Gemeinschaft Unabhängiger Staaten)* Cymanwlad *b* y Gwladwriaethau Annibynnol, CIS *b*.

Guss [gʊs] (-es, ¨-e) *m* castiad *g*; *(Regen)* curlaw *g*, cenllif *gb*.

Guss- *kompos:* **~eisen** *nt* haearn *g* bwrw.

gut [guːt] *(komp besser; superl am besten) adj* da; **also ~ iawn** 'te, o'r gorau; **~, aber ... iawn, ond…;** **du bist ~!** *(ironisch)* dwyt ti ddim o ddifrif! **~ drei Stunden** tair awr dda, cryn dair awr; **das kann ~ sein** mae'n ddigon posib; **lass es ~ sein** gad iddo fod; **alles G~e** pob dymuniad da; **~ aussehend** glandeg, golygus; **~ gehen** gweithio allan, diweddu'n dda; **es geht mir ~** rwy'n iawn, rwy'n teimlo'n dda; **~ gehend** yn ffynnu; **~ gelaunt** siriol, mewn hwyliau da; **~ gemeint** da eich bwriad; **~ schmecken** blasu yn dda; **~ situiert** da eich byd; **~ tun** gwneud lles i.

Gut (-(e)s, ¨-er) *nt (Ding)* peth; *(Bauernhof)* fferm; *(Land~)* stad *b*, maenor *b*; *(SCH: Note)* B *b*, ail ddosbarth uchaf; **Güter** *pl (Waren)* nwyddau *ll*; *(Land)* tir *g*; **ein kostbares ~** peth gwerthfawr.

Gutachten *nt* barn *b* arbenigol, barn arbenigwr.

Gutachter *m* archwiliwr *g*.

Gutachterkommission *f* cwango *g*.

gutartig *adj* hynaws, addfwyn, hawddgar; *(MED)*
  diniwed.
gut aussehend *adj vgl.* **gut.**
gutbürgerlich *adj* o'r dosbarth canol; *(pej)*
  bwrgeisaidd; **~e Küche** coginio *g* cartref.
Gutdünken *nt:* **nach ~** fel y barno rhn yn ddoeth, fel
  y gwelir yn dda.
Güte ['gy:tə] *f* daioni *g*, caredigrwydd *g*; *(Qualität)*
  ansawdd *gb*; **ach du liebe ~!** *(ugs)* bobl bach!
Güteklasse *f (COMM)* safon *b.*
Güter *pl von* **Gut.**
Güter- *kompos:* **~abfertigung** *f* swyddfa *b* cludiant
  nwyddau; **~bahnhof** *m* iard *g* nwyddau; **~trennung**
  f (JUR) rhaniad *g* eiddo; **~verkehr** *m* trafnidiaeth *b*
  gludo; **~wagen** *m* wagen *b* lwytho; **~zug** *m* trên *g*
  nwyddau.
Gütesiegel *nt (COMM)* stamp *g* ansawdd.
Gütezeichen *nt (COMM)* nod *gb* safon, ≈ nod barcud.
gut gehen *irreg vi (+sein) unpers vgl.* **gut.**
gut gehend *adj vgl.* **gut.**
gut gelaunt *adj vgl.* **gut.**
gut gemeint *adj vgl.* **gut.**
gutgläubig *adj* ymddiriedus.
Guthaben (-s, *kein pl*) *nt (FIN)* credyd *g.*
gutheißen *irreg vt* cymeradwyo, rhoi sêl bendith ar.
gutherzig *adj* twymgalon, caredig.
gütig ['gy:tɪç, -ɪk] *adj* caredig, tirion.
gütlich ['gy:tlɪç] *adj* cyfeillgar.
gutmachen *vt (in Ordnung bringen: Fehler)* cywiro;
  (Schaden) ad-dalu, talu iawn am.
gutmütig *adj* hynaws.
Gutmütigkeit *f* hynawsedd *g.*
Gutsbesitzer (-s, -) *m* (**~in** *f*) perchennog *g* tir.
Gutschein *m* tocyn *g* (hawlio arian neu nwyddau).
gutschreiben *irreg vt* credydu.
Gutschrift *f* credyd *g.*
Guts- *kompos:* **~herr** *m* yswain *g*, sgwïer *g*; **~hof** *m*
  tiriogaeth *b*, ystad *b.*
gut situiert *adj vgl.* **gut.**
Gutsverwalter *m* hwsmon *g.*
gut tun *irreg vi +dat vgl.* **gut.**
guttural *adj* gyddfol.
gutwillig *adj* bodlon.
Gymnasiallehrer [ɡʏmnazi'a:lle:rər] (-s, -) *m* (**~in** *f*)
  athro *g*/athrawes *b* mewn Gymnasium.
Gymnasium [ɡʏm'na:zium] (-s, Gymnasien) *nt* ≈ ysgol
  ramadeg.
Gymnastik [ɡʏm'nastɪk] *f* ymarfer *gb* corff.
Gynäkologe [ɡʏnɛko'lo:ɡə] (-n, -n) *m* gynecolegydd
  g.
Gynäkologin (-, -nen) *f* gynecolegydd *g.*

H

H, h [haː] *nt* H, h *b*; ~ **wie Heinrich** H am Heinrich.
ha *abk* = Hektar.
Haag [haːk] *m (GEOG)* Den ~ yr Hâg *b*, den Haag.
Haar [haːr] (-(e)s, -e) *nt* gwallt *g*; *(ein einzelnes)*
blewyn *g*; *(Körper~)* blew *ll*; *(Scham~)* cedor *gb*; **um**
ein ~ *(fig)* o drwch blewyn; **aufs ~ (genau)** yn
union; **jdm aufs ~ gleichen** bod yr un ffunud â
rhn; **niemandem ein ~ krümmen** *(fig)* peidio â
gwneud niwed i neb; **~e spalten** *(fig)* hollti blew;
~e auf den Zähnen haben *(fig)* bod yn un anodd
eich trin; **da stehen einem ja die ~e zu Berge** maen
ddigon i godi gwallt ar eich pen; **sich die ~e**
raufen tynnu gwallt eich pen; **sich** *dat* **in die ~e**
geraten *(ugs)* ffraeo, cweryla; **an den ~en**
herbeigezogen *(ugs)* annhebygol, anghredadwy.
Haar- *kompos:* **~ansatz** *m* llinell *b* y gwallt; **~band** *nt*
rhuban *g*; **~bürste** *f* brws *g* gwallt; **~büschel** *nt*
tusw *g*, cudyn *g*.
haaren *vi* colli/bwrw blew.
Haaresbreite *f:* **um ~** o drwch blewyn.
Haar- *kompos:* **~farbe** *f* lliw *g* gwallt; **~festiger** *m*
golchdrwyth *g* setio.
haargenau *adv* ar ei ben, yn union.
haarig *adj* blewog; *(fig)* peryglus, gwael.
Haarklammer *f* craff *g* gwallt.
haarklein *adv* yn fanwl iawn.
Haar- *kompos:* **~klemme** *f* craff *g* gwallt; **~locke** *f*
modrwy *b*, cudyn *g*.
haarlos *adj* di-wallt, di-flew.
Haarnadel *f* pin *g* gwallt.
Haarnadelkurfe *f* tro *g* pedol.
haarscharf *adv (beobachten)* yn graff; *(daneben)* o
drwch blewyn.
Haar- *kompos:* **~schnitt** *m* toriad *g* gwallt; *(Frisur)* steil
g gwallt; **~schopf** *m* llond pen o wallt; **~shampoo**
nt siampŵ *g*; **~sieb** *nt* gogr *g* rhawn.
Haarspalterei *f:* **~ betreiben** hidlo gwybed.
Haarspange *f* sleid *gb* gwallt.
haarsträubend *adj* digon i godi gwallt eich pen.
Haar- *kompos:* **~teil** *nt* gwallt *g* gosod; **~trockner** *m*
sychwr *g* gwallt; **~waschmittel** *nt* siampŵ *g*;
~wasser *nt* golchdrwyth *g* gwallt.
Hab [haːp] *nt:* **~ und Gut** golud *g* bydol.
Habe ['haːbə] (-, *kein pl*) *f* eiddo *g*.
haben ['haːbən] *irreg vt, vb aux* bod gennych, bod â;
Angst ~ bod ag ofn arnoch; **Hunger ~** bod eisiau
bwyd arnoch, llwgu; **Ferien ~** bod ar wyliau; **ich**

hätte gern... hoffwn gael…, a gaf i…; **die ~'s ja**
(ugs) mae'r arian ganddynt i'w fforddio; **es am**
Herzen ~ cael trafferth gyda'r galon; **für etw zu ~**
sein bod â diddordeb mewn rhth; **wie gehabt** fel
o'r blaen; **woher hast du das?** o ble cest ti hynny?
was hast du denn? beth sy'n bod (arnat)? **ich habe**
zu tun rwy'n brysur; **ich habe einen Brief zu**
schreiben rhaid i mi ysgrifennu llythyr; **du hast zu**
schweigen dy le di yw bod yn dawel; **damit hat es**
sich! *(ugs)* dyna ddiwedd arni! **haste was, biste was**
(ugs)[D] mae arian yn symbol statws.
Haben *nt (COMM)* credyd *g*.
Habenseite *f (COMM)* colofn *b* gredyd.
Habgier ['haːpgiːr] *f* trachwant *g*, ariangarwch *g*.
habgierig *adj* trachwantus, ariangar, barus.
habhaft *adj:* **einer Sache** *gen* **~ werden** cael gafael yn
rhth.
Habicht ['haːbɪçt] (-(e)s, -e) *m (ZOOL)* gwalch *g*.
Habilitation [habilitatsiˈoːn] *f (UNIV)* cymhwyster i
ddysgu mewn prifysgol.
Habseligkeiten ['haːpzeːlɪçkaɪtən] *pl* eiddo *g*,
trugareddau *ll*, pethau *ll*.
Habsucht ['haːpzuxt] *f* trachwant *g*.
habsüchtig *adj* trachwantus.
Hachse[D] ['haksə] (-, -n) *f (KOCH)* coesgyn *g*.
Hackbraten[D] ['hakbraːtən] *m* torth *b* gig.
Hackbrett (-(e)s, -er) *nt* briwfwrdd *g*; *(MUS)* dwsmel
g.
Hacke ['hakə] (-, -n) *f (Haue)*[D] hof *b*, caib *b*, fforch *b*
chwynnu; *(Beil)*[A] bwyall *b*; *(Ferse)*[D] sawdl *gb*.
hacken ['hakən] *vt* torri, hacio, rhicio; *(harken)* hofio,
chwynnu.
Hacker ['hɛkər] (-s, -) *m (COMP)* haciwr *g*.
Hack- *kompos:* **~fleisch**[D] *nt* briwgig *g*, cig *g* manfriw;
~klotz *m* plocyn *g* torri; **~ordnung** *f (fig)* trefn *b*
flaenoriaeth.
Häcksel ['hɛksəl] (-s, *kein pl*) *m oder nt* torion *ll*,
peiswyn *g*, tsiaff *g*.
hadern ['haːdərn] *vi:* **~ mit** *(geh)* ffraeo â; *(unzufrieden*
sein) anghytuno â; **mit dem Schicksal ~** peidio â
derbyn eich ffawd.
Hafen ['haːfən] (-s, ~-) *m* porthladd *g*, harbwr *g*.
Hafen- *kompos:* **~anlage** *f* doc *g*; **~arbeiter** *m* dociwr *g*;
~damm *m* morglawdd *g*; **~gebühr** *f* toll *b*
borthladd; **~stadt** *f* tref *b* borthladd, harbwr *g*.
Hafer ['haːfər] (-s, *kein pl*) *m* ceirch *ll*; **ihn sticht der ~**
mae'n dalog.

Hafer- *kompos:* **~brei** *m* uwd *g;* **~flocken** *pl* ceirch wedi'u rhostio.

Häferl^A *nt* mẁg *g,* cwpan *gb.*

Haferschleim *m* sucan *g,* griwal *g,* uwd *g* tenau.

Haff [haf] (**-s**, **-s** *oder* **-e**) *nt (GEOG)* morlyn *g.*

Haft [haft] (**-**, *kein pl*) *f* dalfa *b,* carchariad *g,* caethiwed *g;* **in ~** yn y ddalfa.

Haftanstalt *f* canolfan *gb* gadw.

haftbar *adj* cyfrifol, atebol (dros rth).

Haftbefehl *m* gwarant i arestio; **einen ~ gegen jdn erlassen** cyhoeddi gwarant i arestio rhn.

haften ['haftən] *vi* glynu, sticio; **~ für** bod yn gyfrifol am, bod yn atebol am; **~ bleiben an** +*dat* glynu wrth.

Häftling ['hɛftlɪŋ] *m* carcharor(es) *g(b).*

Haftpflicht *f* atebolrwydd *g.*

Haftpflichtversicherung *f* yswiriant *g* gorfodol, ≈ yswiriant trydydd person.

Haft- *kompos:* **~richter**^D *m* ynad *g;* **~schale** *f* lens *b* gyffwrdd; **~strafe** *f* carchariad *g.*

Haftung *f (JUR)* atebolrwydd *g,* cyfrifoldeb *g; (TECH)* adlyniad *g.*

Hagebutte ['haːgəbutə] (**-**, **-n**) *f* egroesen *b,* ogfaenen *b.*

Hagedorn ['haːgədɔrn] *m (BOT)* draenen *b* wen.

Hagel ['haːgəl] (**-s**, *kein pl*) *m (MET)* cenllysg *ll,* cesair *ll.*

Hagelkorn *nt* carreg *b* genllysg, cenllysgen *b; (MED)* coden *b* y llygaid.

hageln ['haːgəln] *vi unpers* bwrw cenllysg/cesair.

hager ['haːgər] *adj* esgyrnog, llwm.

Häher ['hɛːər] (**-s**, **-**) *m (ZOOL)* sgrech *b* y coed.

Hahn [haːn] (**-(e)s**, **¨-e**) *m* ceiliog *g; (Wasser~, Gas~)* tap *g; (Abzug)* clicied *b;* **der ~ im Korb sein** bod yn geiliog pen y domen; **danach kräht kein ~ mehr** *(ugs)* does neb yn malio'r un botwm corn am hynny bellach.

Hähnchen^D ['hɛːnçən] *nt (KOCH)* cyw *g* iâr.

Hahnen- *kompos:* **~kampf** *m* ymladd *g* ceiliogod; **~schrei** *m* cân *b* y ceiliog; *(fig)* y bore cynnar.

Hai ['haɪ] *m (ZOOL)* morgi *g,* siarc *g.*

Haifisch *m* = **Hai.**

Hain *m* celli *b.*

Häkchen ['hɛːkçən] *nt* bachyn *g* bach.

Häkelarbeit ['hɛːkəlˀarbaɪt] *f* gwaith *g* crosio.

häkeln ['hɛːkəln] *vt* crosio.

Häkelnadel *f* bachyn *g* crosio.

Haken ['haːkən] *m* bach *g,* bachyn *g; (fig)* anhawster *g,* anfantais *b; (Sprung zur Seite)* osgam *g;* **die Sache hat einen ~** mae magl ynddi; **einen ~ schlagen** osgamu.

Haken- *kompos:* **~kreuz** *nt* swastica *b,* croes *b* gam;

~nase *f* trwyn *g* crwbi.

halb [halp] *adj* hanner; **ein ~es Dutzend** hanner dwsin; **~ eins** hanner awr wedi deuddeg; **das ist nichts H~es und nichts Ganzes** nid yw'r naill beth na'r llall.

♦ *adv (beinahe)* bron; **es ist ~ so schlimm** nid yw cynddrwg â hynny; **ich bin ~ tot** rwyf wedi ymlâdd yn llwyr; **~ offen** cilagored, lledagored, hanner agored.

Halb- *kompos:* **~blut** *nt (Tier)* croesfrid *g; (Indianer)* lledwaed *gb;* **~bruder** *m* hanner brawd *g;* **~dunkel** *nt* gwyll *g.*

Halbe^D *f* ≈ peint *g* o gwrw.

halbe-halbe *adv:* **mit jdm ~ machen** *(ugs)* rhannu hanner yn hanner â rhn.

halber ['halbər] *präp* +*gen (wegen)* o achos, oherwydd, ar gyfrif; *(für)* er mwyn.

halbfett *adj* â braster cymedrol.

Halbfinale *nt (SPORT)* gêm *b* gynderfynol.

halbgebildet *adj* hanner call.

Halbheit *f (pej)* hanner mesur *g.*

halbherzig *adj* llugoer.

halbieren *vt* haneru.

Halb- *kompos:* **~insel** *f* penrhyn *g,* gorynys *b;* **~jahr** *nt* chwe mis *g,* hanner *g* blwyddyn.

halbjährlich *adj* chwemisol, hanner blynyddol.

Halb- *kompos:* **~kreis** *m* hanner cylch *g;* **~kugel** *f* hemisffer *g.*

halblaut *adv* mewn islais.

Halb- *kompos:* **~leiter** *m (ELEKT)* lled-ddargludydd *g;* **~links** *m (SPORT)* mewnwr *g* chwith.

halbmast *adv* ar ei hanner.

Halbmond *m* hanner *g* lleuad; *(Symbol)* cilgant *g.*

halb offen *adj vgl.* **halb.**

Halb- *kompos:* **~pension** *f* gwely, brecwast a chinio; **~rechts** *m (SPORT)* mewnwr *g* de.

halbrund *adj* hanner crwn.

Halb- *kompos:* **~schatten** *m* gogysgod *g,* penwmbra *g;* **~schlaf** *m* cwsg *g* ci bwtsiwr; **~schuh** *m* esgid *b;* **~schwester** *f* hanner chwaer *b.*

halbseiden *adj* 50% sidan; *(fig: Dame)* poeth; *(homosexuell)* hoyw.

Halbstarke (**-n**, **-n**) *m* hwligan *g.*

halbtags *adv:* **~ arbeiten** gweithio rhan amser.

Halbtags- *kompos:* **~arbeit** *f* gwaith *g* rhan amser; **~kraft** *f* rhn sy'n gweithio rhan amser.

Halbton *m (MUS)* hanner tôn *b.*

halbtrocken *adj (Wein)* lled-sych.

Halbwaise *f* plentyn sydd wedi colli un rhiant.

halbwegs *adv (fig)* gweddol.

Halbwertszeit *f (PHYS)* hanner-oes *b.*

Halbwüchsige *m/f* glaslanc(es) *g(b).*

Halbzeit *f (SPORT)* hanner *g; (Pause)* hanner amser *g.*

Halde ['haldə] *f (Müll~)* tomen *b* sbwriel, tip *g; (BERGB)* tomen sorod.

half *vb vgl.* **helfen.**

Hälfte ['hɛlftə] *f* hanner *g.*

Halfter[1] ['halftər] (**-s**, **-**) *nt oder m (für Tiere)* rheffyn *g,* penffrwyn *g.*

Halfter[2] (**-s**, **-**) *nt (für Pistole)* gwain *b* gwn.

Hall [hal] *m* datsain *g,* sŵn *g.*

Halle ['halə] (**-**, **-n**) *f* neuadd *b; (Flugzeughangar)* sied *b* awyrennau, ysgubor *b* awyrennau.

hallen ['halən] *vi* atseinio, adleisio.

Hallenbad (**-(e)s**, **¨-er**) *nt* pwll *g* nofio dan do.

Hallo [ha'lo:] *nt* helô; **~!** sut mae! shw mae! *(TEL)* helô *b.*

Halluzination [halutsinatsi'on] (**-**, **-en**) *f* rhithweledigaeth *b,* lledrith *g.*

Halm [halm] (**-(e)s**, **-e**) *m (Gras~)* glaswelltyn *g,* gwelltyn *g,* cawnen *b; (Stroh~)* gwelltyn (yfed).

Hals [hals] (**-es**, **¨-e**) *m* gwddf *g; (Kehle)* gwddf, llwnc *g; (Flasche)* gwddf; *(Note)* coes *gb;* **jdm um den ~ fallen** cofleidio rhn; **aus vollem ~e** nerth eich pen; **~ über Kopf** ar frys; **jdn am ~ haben** cael rhn yn faich; **das hängt mir zum ~ raus** *(ugs)* rwyf wedi cael llond bol; **~- und Beinbruch!** pob lwc! **sich** *dat* **den ~ nach etw verrenken** *(ugs)* estyn eich gwddf er mwyn gweld rhth.

Hals- *kompos:* **~abschneider** *m* rheibiwr *m;* **~band** *nt (von Hund)* coler *b.*

halsbrecherisch *adj* pendramwnwgl; *(gefährlich)* peryglus.

Hals- *kompos:* **~kette** *f* cadwyn *b* (am y gwddf), mwclis *ll;* **~krause** *f* crychdorch *b.*

Hals-Nasen-Ohren-Arzt *m* arbenigwr *g* clust, trwyn a genau.

Hals- *kompos:* **~schlagader** *f (ANAT)* y rhydweli *b* garotid; **~schmerzen** *pl* dolur *g* gwddw, gwddw *g* tost.

halsstarrig *adj* ystyfnig, pengaled.

Hals- *kompos:* **~tuch** *nt* sgarff *g;* **~weh** *nt* gwddf *g* tost; *(ANAT)* **~wirbel** *m* fertebra *gb* gyddfol.

halt *excl* stop! arhoswch!

Halt [halt] *m* stop *g; (Festigkeit)* gafael *b; (seelisch)* sefydlogrwydd *g,* sadrwydd *g;* **~ machen** aros, stopio.

haltbar *adj* gwydn, cryf, solet; *(Nahrungsmittel)* oes hir, daliadwy, cynaliadwy; **~ bis ...** defnyddier erbyn...

Haltbarkeit *f* gwydnwch *g,* cadernid *g; (von Lebensmittel)* y gallu i beidio â phydru.

Haltbarkeitsdatum *nt* cyfnod *g* cadw.

halten ['haltən] *irreg vt* cadw; *(fest halten)* dal, gafael

yn, cydio yn; **den Mund ~** *(ugs)* cau eich ceg; **~ für** *+akk* ystyried yn, cyfrif yn; **ich hielt ihn für seinen Bruder** roeddwn i'n meddwl mai ei frawd oedd e; **~ von** *+dat* meddwl o; **davon halte ich nichts** nid oes gennyf fawr o feddwl am hynny; **was ~ Sie von ihm?** beth rydych chi'n ei feddwl ohono? **etwas auf sich** *akk* **~** *(auf Äußeres achten)* ymhyfrydu yn eich golwg.

♦ *vi* dal; *(bestehen bleiben)* parhau; *(frisch bleiben)* cadw; *(anhalten)* stopio, sefyll; **der Film hält nicht, was er verspricht** nid yw'r ffilm yn cwrdd â'r disgwyliadau; **zu jdm ~** glynu wrth rn; **H~ verboten** *(AUTO)* dim aros.

♦ *vr (frisch bleiben)* cadw; *(sich behaupten)* dal eich tir; **er hat sich gut gehalten** *(ugs: sieht jung aus)* mae'n treulio'n dda; *(hat sich wacker geschlagen)* mae e wedi sefyll ei dir; **sich an etw** *akk* **~** dilyn rhth; **sich an ein Versprechen ~** cywiro addewid; **sich rechts/links ~** cadw i'r dde/chwith.

Halterung *f* gafaelydd *g; (Klammer)* braced *b.*

Haltestelle ['haltəʃtɛlə] (**-**, **-n**) *f* arhosfan *gb.*

Halteverbot ['haltəfɛrbo:t] *nt:* **hier ist ~** gwaherddir aros yma.

haltlos *adj* simsan, ansad, sigledig.

Haltlosigkeit *f* ansadrwydd *g.*

Halt machen *vi vgl.* **Halt.**

Haltung *f (Körper~)* ystum *gb; (fig)* agwedd *gb,* meddwl *g; (Selbstbeherrschung)* tawelwch *g,* hunanfeddiant *g;* **~ bewahren** cadw'ch pen.

Halunke [ha'luŋkə] (**-n**, **-n**) *m* cnaf *g,* dihiryn *g,* gwalch *g.*

Hamburger ['hamburgər] (**-s**, **-**) *m* brodor o Hamburg; *(KOCH)* eidionyn *g.*

hämisch ['hɛ:mɪʃ] *adj* maleisus, maleisgar, cas.

Hammel ['haməl] (**-s**, **¨-** *oder* **-**) *m* maharen *g,* gwedder *g.*

Hammel- *kompos:* **~fleisch** *nt* cig *g* dafad; **~keule** *f* coes *b* gwedder; **~sprung**[D] *m (POL)* ymraniad *g.*

Hammer ['hamər] (**-s**, **¨-**) *m* morthwyl *g;* **das ist ein ~** *(ugs)* mae'n wirion bost; **unter den ~ kommen** *(versteigert werden)* dod dan yr ordd.

hämmern ['hɛmərn] *vt, vi* morthwylio, curo.

Hammerwerfen *nt (SPORT)* taflu'r ordd.

Hammondorgel ['hɛmənd'ɔrgəl] *f* organ *b* Hammond®.

Hämorrhoiden [hɛmɔro'i:dən] *pl (MED)* clwy *g*'r marchogion, y lledewigwst *g.*

Hämorriden *pl* = **Hämorrhoiden.**

Hampelmann ['hampəlman] *m (auch fig)* pyped *g.*

Hamster ['hamstər] (**-s**, **-**) *m* bochdew *g.*

Hamsterei [hamstə'raɪ] *f* casglu *g,* cronni *g,* celcio *g.*

hamstern ['hamstərn] *vi* casglu, cronni, celcio.

Hand [hant] (-, ̈-e) *f* llaw *b*; **~ anlegen** rhoi help llaw; **etw zur ~ haben** cadw rhth wrth law; **zu Händen von jdm** at sylw rhn; **die ~ für jdn ins Feuer legen** mynd ar eich llw dros rn; **~ in ~** law yn llaw; **hinter vorgehaltener ~** yn dawel bach, ar y slei; **~ aufs Herz** ar eich llw; **auf der ~ liegen** bod yn amlwg; **Information aus erster ~** gwybodaeth o lygad y ffynnon; **aus zweiter ~** ail-law; **die ~ im Spiel haben** bod â'ch bysedd yn rhth; **eine ~ wäscht die andere** (*Sprichwort*) cân di bennill mwyn i'th nain, fe gân dy nain i tithau; **von der ~ in den Mund leben** dal llygoden a'i bwyta, byw o'r sach i'r genau; **das hat weder ~ noch Fuß** nid oes pen na chynffon iddo; **in jds ~ sein** bod yn nwylo rhn, dibynnu ar rn; **um die ~ eines Mädchens anhalten** gofyn am law merch mewn priodas; **jdn auf Händen tragen** anwylo rhn; **jdm in die Hände fallen** syrthio i ddwylo rhn; **jdm in die Hände spielen** chwarae i ddwylo rhn; **die öffentliche ~** (*POL*) meddiant *g* cyhoeddus, meddiant y wladwriaeth.

Hand- *kompos:* **~arbeit** *f* gwaith *g* llaw, crefftwaith *g*; (*Stickerei*) gwaith pwytho, gwaith croesbwytho, crefftwaith; **~ball¹** *m* (*Ball*) pêl *b* lawbel; **~ball²** *nt* (*Spiel*) llawbel *b*, pêl *b* law; **~ballen** *m* (*ANAT*) bron *b* y llaw.

Handbetrieb *m:* **mit ~** a weithir â llaw.

Hand- *kompos:* **~besen** *m* brws *g* llaw; **~bewegung** *f* arwydd *gb*, amnaid *b*; **~breit** *f* dyrnfedd *gb*; **~bremse** *f* brêc *g* llaw; **~buch** *nt* llawlyfr *g*; **~bibliothek** *f* (*in Bibliothek*) adran *b* gyfeiriadol; (*auf Schreibtisch*) cyfeirlyfrau *ll*; **~creme** *f* hufen *g* dwylo.

Händedruck ['hɛndədrʊk] *m* ysgydwad *g* llaw, siglad *g* llaw.

Händeklatschen *nt* cymeradwyaeth *b*.

Handel¹ ['handəl] (-s, *kein pl*) *m* masnach *b*, busnes *g*; (*Geschäft*) gweithrediad *g* masnachol, deliad *g* busnes; **im ~ sein** bod ar y farchnad; **mit jdm ~ treiben** delio â rhn, masnachu â rhn; **etw in den ~ bringen** rhoi rhth ar y farchnad; **etw aus dem ~ ziehen** tynnu rhth oddi ar y farchnad.

Handel² (-s, ̈-) *m* (*Streit~*) cynnen *b*, cweryl *g*, ffrae *b*.

handeln ['handəln] *vi* (*agieren*) gweithredu, gwneud; (*COMM*) masnachu, marchnata; (*Preis verhandeln*) bargeinio; **ich lasse mit mir ~** gellir fy mherswadio; (*bezüglich Preis*) rwy'n agored i gynigion; (*Roman, Film*) **~ von** +*dat oder:* **~ über** +*akk* ymwneud â, sôn am.

♦ *vr unpers:* **es handelt sich um** +*akk* mae'n ymwneud â.

Handeln (-s, *kein pl*) *nt* (*Tun*) gweithrediad *g*; (*COMM:*

Preis verhandeln) bargeinio *g*.

handelnd *adj:* **die ~en Personen in einem Drama** y cymeriadau mewn drama.

Handels- *kompos:* **~akademie** *f* coleg *g* masnach; **~bank** *f* banc *g* masnachol.

Handelsbilanz *f* mantolen *b* fasnach; **aktive/passive ~** gorwerth/diffygion masnachol.

Handelsdelegation *f* dirprwyaeth *b* fasnachol, cennad *b* fasnachol.

handelseinig *adj:* **mit jdm ~ werden** dod i gytundeb â rhn, cyrraedd cytundeb â rhn.

Handels- *kompos:* **~gesellschaft** *f* cwmni *g* masnachol; **~kammer** *f* siambr *b* fasnach; **~klasse** *f* gradd *b* safonol; **~marine** *f* llynges *b* fasnachol; **~marke** *f* enw *g* masnachol, nod *gb* masnachol; **~recht** *nt* cyfraith *b* fasnachol; **~register** *nt* cofrestr *b* cwmnïau; **~reisende** *m/f* trafeiliwr *g*; **~sanktionen** *pl* gwaharddiau *ll* masnach; **~schifffahrt** *f* llongau *ll* masnach; **~schule** *f* coleg *g* masnach; **~spanne** *f* elw *g* crynswth; **~sperre** *f* gwaharddiad *g* masnachol, embargo *g* masnachol.

handelsüblich *adj* arferol, cyffredin.

Handels- *kompos:* **~vertreter** *m* gwerthwr *g*; **~ware** *f* marsiandïaeth *b*.

händeringend ['hɛndərɪŋənt] *adv* gan wasgu'ch dwylo; (*fig*) yn ymbilgar, yn daer, yn erfyniol.

Hand- *kompos:* **~feger**ᴰ *m* brws *g* llaw; **~fertigkeit** *f* deheurwydd *g*, medrusrwydd *g*.

handfest *adj* cadarn, cryf.

Handfeuerwaffe *f* llawddryll *g*.

Handfläche (-, -n) *f* cledr *b* y llaw.

handgearbeitet *adj* o waith/wneuthuriad llaw.

Handgelenk *nt* arddwrn *g*; **aus dem ~** (*ugs: ohne Mühe*) yn ddidrafferth, yn ddiymdrech; (*improvisiert*) o'r frest, byrfyfyr, difyfyr.

Hand- *kompos:* **~gemenge** *nt* ysgarmes *b*, ymgiprys *g*; **~gepäck** *nt* bagiau *ll*, paciau *ll* (llaw).

handgeschrieben *adj* ysgrifenedig, mewn llawysgrifen.

Handgranate (-, -n) *f* (*MIL*) grenâd *b* law.

handgreiflich *adj* cyffyrddadwy; (*fig*) amlwg; **~ werden** ffyrnigo, mynd yn ymosodol.

Handgriff (-(e)s, -e) *m* tro *g* arddwrn; (*an Gegenstand*) carn *g*, dwrn *g*, dolen *b*; **keinen ~ tun** gwneud dim tap (o waith).

Handhabe *f:* **ich habe gegen ihn keine ~** nid oes gennyf afael arno.

handhaben *vt untrenn* trafod, trin.

Hand- *kompos:* **~karren** *m* berfa *b* drol; **~käse** *m* caws crwn cryf Almeinig; **~kuss** *m* cusan *gb* ar y llaw.

Handlanger *m* dyn *g* a fedr droi ei law at rth; (*fig: Untergeordneter*) gwas *g* bach.

Händler ['hɛndlər] (**-s**, **-**) *m* masnachwr *g*, gwerthwr *g*, deliwr *g*.

handlich ['hantlɪç] *adj* hwylus, cyfleus, hawdd ei drin (o ran maint e.e.).

Handlung (**-**, **-en**) *f* gweithrediad *g*; *(Tat)* gweithred *b*; *(Buch, Film)* plot *g*, cynllun *g*; *(Geschäft)* siop *b*.

Handlungs- *kompos:* **~ablauf** *m* cynllun *g*, plot *g*; **~bevollmächtigte** *m/f (JUR)* cynrychiolydd *g* awdurdodedig, asiant *g* awdurdodedig.

handlungsfähig *adj (Regierung)* abl i weithredu, â'r gallu i weithredu; *(JUR)* ag awdurdod i weithredu.

Handlungs- *kompos:* **~freiheit** *f* rhyddid *g* i weithredu; **~reisende** *m/f* trafeiliwr *g*; **~vollmacht** *f* dirprwy *g*, procsi *g*; **~weise** *f* dull *g* o weithredu.

Handout *nt* taflen *b*.

Hand- *kompos:* **~pflege** *f* triniaeth *b* dwylo; **~puppe** *f* pyped *g*; **~rücken** *m* cefn *g* y llaw.

Handschellen *pl* gefynnau *ll*.

Hand- *kompos:* **~schlag** *m* ysgydwad *g* llaw, siglad *g* llaw; **~schrift** *f* llawysgrifen *b*; *(Text)* llawysgrif *b*.

handschriftlich *adj* mewn llawysgrifen, ysgrifenedig â llaw.

♦ *adv (korrigieren, einfügen)* â llaw.

Handschuh *m* maneg *b*.

Handschuhfach *nt (AUTO)* silff *b* fenig, blwch *g* menig.

Hand- *kompos:* **~spanne** *f* rhychwant *g*; **~spiel** *nt* llawio'r bêl; **~stand** *m (SPORT)* llawsafiad *g*; **~tasche** *f* bag *g* llaw; **~teller** *m* cledr *b* y llaw.

Handtuch *nt* lliain *g* sychu; **das ~ werfen** *(fig)* rhoi'r ffidl yn y to, tynnu allan.

Handtuchhalter *m* rheilen *b* dywelion.

Handumdrehen *nt:* **im ~** *(fig)* ar amrantiad (llygad), mewn chwinciad, mewn eiliad.

Handvoll *f* dyrnaid *g*.

Handwerk *nt* galwedigaeth *b*, crefft *b*; **jdm das ~ legen** *(fig)* rhoi taw ar chwarae rhn.

Handwerker (**-s**, **-**) *m* gweithiwr *g*, crefftwr *g*; **wir haben seit Wochen die ~ im Haus** mae gweithwyr wedi bod yn y tŷ ers wythnosau.

Handwerks- *kompos:* **~kammer** *f (COMM)* siambr *b* grefft; **~kunst** *f* crefftwaith *g*; **~zeug** *nt* offer *ll*, taclau *ll*;

Hand- *kompos:* **~wörterbuch** *nt* geiriadur *g* cryno, geiriadur *g* bach; **~zeichen** *nt* arwydd *gb*, signal *g*; *(bei Abstimmung)* codi *g* dwylo, pleidlais *b* gyhoeddus; **~zettel** *m* taflen *b*.

Hanf [hanf] (**-(e)s**, *kein pl*) *m* cywarch *g*.

Hang [haŋ] (**-(e)s**, **¨-e**) *m (Tendenz)* tuedd *b*, tueddfryd *g*; *(Abhang)* llechwedd *b*, llethr *b*.

Hangar *m (AERO)* awyrendy *g*, sied *b* awyrennau.

Hänge- ['hɛŋə] *kompos:* **~brücke** *f* pont *b* grog; **~matte** *f* crogwely *g*, gwely *g* crog, hamog *g*.

hängen¹, hangen *irreg vi* hongian, bod ynghrog; **an jdm ~** *(fig: mögen)* bod yn hoff o rn, bod ynghlwm wrth rn; **die ganze Sache hängt an ihm** *(ugs: abhängen von)* mae popeth yn dibynnu arno ef; **~ bleiben an** *+dat* dal/cydio yn; **mein Kleid ist an einem Nagel ~ geblieben** cydiodd hoelen yn fy ngwisg; **es bleibt ja doch alles an mir ~** *(fig)* yn y pen draw mae'r cyfan yn dibynnu arnaf fi; **den Kopf ~ lassen** bod yn ddigalon; **~ lassen** *(fig: im Stich lassen)* gadael ar y clwt, siomi.

hängen² ['hɛŋən] *vt* hongian, rhoi ar, rhoi i grogi; *(töten)* crogi; **sich ~ an** *+akk* cydio yn, gafael yn.

Hängen *nt:* **mit ~ und Würgen** *(ugs)* o drwch blewyn, â chroen eich danedd.

hängend *adj:* **mit ~er Zunge** *(fig)* a'i wynt yn ei ddwrn.

Hängeschloss *nt* = **Vorhängeschloss**.

Hannoveraner [hanovəˈraːnər] (**-s**, **-**) *m* (**~in** *f*) Hanoferiad *g*; *(Hund)* ci *g* Hanoferaidd; *(Pferd)* ceffyl *g* Hanoferaidd.

hänseln ['hɛnzəln] *vt* pryfocio, herian, tynnu coes.

Hansestadt ['hanzəʃtat] *f* cystlyndref *b*, tref *b* Hansa.

Hanswurst ['hansˈvʊrst] (**-s**, **-e** *oder* **¨-e**) *m* clown *g*.

Hantel ['hantəl] (**-**, **-n**) *f (SPORT)* pwysau *ll* codi, dymbel *g*.

hantieren [hanˈtiːrən] *vi* gweithio; **~ mit** *+dat* trin, trafod, llawdrin.

hapern ['haːpərn] *vi unpers:* **es hapert an etw** *dat* mae diffyg/prinder rhth.

Happen ['hapən] (**-s**, **-**) *m* cegaid *b*, llond *g* ceg.

Hardware ['haːdvɛːr] *f (COMP)* caledwedd *ll*.

Harem *m* harîm *g*.

Häresie *f (geh)* cyfeiliornad *g*, heresi *b*.

Harfe ['harfə] (**-**, **-n**) *f* telyn *b*.

Harfenspieler *m* (**~in** *f*) telynor(es) *g(b)*.

Harke ['harkə] *f (Rechen)* cribin *b*, rhaca *gb*.

harken ['harkən] *vt, vi (rechen)* cribinio.

harmlos ['harmloːs] *adj* diniwed.

Harmlosigkeit (**-**, *kein pl*) *f* diniweidrwydd *g*.

Harmonie [harmoˈniː] (**-**, **-n**) *f (MUS)* cynghanedd *b*, harmoni *g*; *(auch fig)* cytgord *g*.

harmonieren [harmoˈniːrən] *vi* cysoni, cydgordio.

Harmonika [harˈmoːnika] (**-**, **-s**) *f (MUS: Zieh~)* acordion *g*; *(Mund~)* organ *b* geg.

harmonisch [harˈmoːnɪʃ] *adj* cytûn, cydgordiol, cydseiniol, melodaidd.

Harn [harn] (**-(e)s**, **-e**) *m (MED)* troeth *g*, dŵr *g*.

Harnblase *f* pledren *b*.

Harnisch ['harnɪʃ] *m* arfwisg *b*, arfogaeth *b*; **jdn in ~ bringen** cynddeiriogi/ffyrnigo rhn.

Harnprobe *f* prawf *g* troeth.

Harpune [har'pu:nə] (-, -n) *f* tryfer *gb*.

harpunieren *vt* tryferu.

harren ['harən] *vi (+gen) (geh)* aros am, disgwyl; **~ auf** +*akk* aros am.

Harsch [harʃ] *m* eira *g* rhewedig.

harschig *adj (Schnee)* rhewedig, wedi rhewi.

hart [hart] *(komp* **härter***; superl* **am härtesten)** *adj* caled; *(fig: streng)* llym, caled, didrugaredd, didostur; **~e Währung** arian *g* cryf.

   ♦ *adv:* **das ist ~ an der Grenze** mae hynny bron yn rhy bell; **~ gekocht** *(Ei)* wedi ei ferwi'n galed; **~ bleiben** sefyll yn gadarn, sefyll eich tir.

Härte ['hɛrtə] *f* caledrwydd *g*, caledwch *g*; *(fig: Strenge)* llymder *g*, gerwinder *g*.

Härte- *kompos:* **~fall** *m* achos *g* o galedi; **~klausel** *f* cymal *g* caledi.

härten ['hɛrtən] *vt* caledu, tymheru, tempro.

Härteskala *f* graddfa *b* galedwch.

Hartfaserplatte *f* hardbord *g*.

hart- *kompos:* **~gesotten** *adj (fig)* gwydn, caled; **~herzig** *adj* calongaled, caled, didrugaredd; **~näckig** *adj* ystyfnig, pengaled, cyndyn.

Hartnäckigkeit *f* ystyfnigrwydd *g*, cyndynrwydd *g*.

Harz[1] [harts] *nt* resin *g*.

Harz[2] *m (GEOG)* Mynyddoedd *ll* Harz.

Hasardeur *m* gamblwr *g*.

hasardieren *vi* hapchwarae, gamblo.

Hasardspiel *nt* hapchwarae *g*.

Haschee [ha'ʃe:] *nt (KOCH)* briwgig *g*.

haschen ['haʃən] *vt (geh: fangen)* dal, cydio yn, cipio; **hasch mich!** dala fi!

   ♦ *vi (ugs)* smygu hashish.

Häschen *nt* lefren *b*.

Häschenhüpfen *nt* naid *b* cwningen.

Häscher *m* erlidiwr *g*.

Haschisch ['haʃɪʃ] (-, *kein pl*) *nt oder m* hashish *g*.

Hase ['ha:zə] *m (ZOOL)* ysgyfarnog *b*; **falscher ~** *(KOCH)* torth *b* gig; **wissen, wie der ~ läuft** *(fig: ugs)* gwybod sut mae'r gwynt yn chwythu; **mein Name ist ~** *(ich weiß von nichts)* wn i ddim am ddim; **da liegt der ~ im Pfeffer** *(ugs)*[D] dyna lle mae'r glo mân.

Hasel *f (BOT)* collen *b*.

Hasel- ['ha:zəl] *kompos:* **~maus** *f (ZOOL)* pathew *g*; **~nuss** *f* cneuen *b* gyll, cneuen farfog, cneuen fechan *b*.

Hasen- *kompos:* **~fuß** *m (fig)*[D] llwfrgi *g*; **~scharte** *f (MED)* gwefus *b* fylchog, bwlch *g* yn y wefus.

Haspel ['haspəl] *f* rîl *b*, cenglwr *g*; *(Winde)* wins *b*, dirwynlath *gb*.

Hass [has] (-**es**, *kein pl*) *m* casineb *g*, atgasedd *g*; **einen ~ auf jdn haben** *(ugs: Wut)* bod o'ch cof â rhn.

hassen ['hasən] *vt* casáu, ffieiddio; **etw ~ wie die Pest** *(ugs)* casáu rhth â chas perffaith.

hassenswert *adj* cas, atgas, milain.

hässlich ['hɛslɪç] *adj* hyll, hagr; *(gemein)* ffiaidd, cas, sbeitlyd.

Hässlichkeit *f* hylltra *g*, hagrwch *g*.

Hassliebe *f* perthynas *b* o gariad a chasineb.

Hast [hast] (-, *kein pl*) *f* brys *g*, ffrwst *g*, prysurdeb *g*.

hasten ['hastən] *vi (+sein)* rhuthro, prysuro, brysio.

hastig *adj* brysiog, llawn brys.

hätscheln ['hɛtʃəln] *vt* maldodi; *(zärtlich)* cofleidio, anwylo, anwesu.

hatte *vb vgl.* **haben**.

Haube ['haʊbə] (-, -n) *f (Wollmütze)* het *b* wlân; *(Kapuze)* cwfl *g*, cwcwll *g*; *(AUTO)* boned *gb*; **jdn unter die ~ bringen** *(Mädchen)* priodi rhn â rhn arall, cael gŵr i'ch merch.

Haubentaucher *m (ZOOL)* gwyach *b* fawr gopog.

Haubitze ['haʊbɪtsə] (-, -n) *f (MIL)* howitser *g*.

Hauch [haux] (-(**e)s**, -**e**) *m (Atem)* anadl *gb*, anadliad *g*; *(Luft~)* awel *b*, chwa *b* o wynt; *(fig)* ôl *g*, arlliw *g*, argoel *b*.

hauchdünn *adj* tenau iawn; *(fig: Mehrheit)* bychan iawn.

hauchen ['hauxən] *vi* anadlu.

hauchfein *adj* mân, main iawn; **~er Unterschied** gwahaniaeth mân iawn.

Haue[1] ['haʊə] (-, -n) *f* hof *b*, fforch *b* chwynnu.

Haue[2][D] *pl (ugs: Prügel)* curfa *b*, crasfa *b*, cweir *gb*.

hauen ['haʊən] *irreg vt (schlagen)* curo, dyrnu; *(hacken)* naddu, torri.

Hauer (-**s**, -) *m (ZOOL)* ysgithr *g*; *(BERGB)* gweithiwr *g* wrth y talcen/ffas.

Häufchen ['hɔyfçən] (-**s**, -) *nt* tomen *b* fach; **wie ein ~ Elend** â golwg druenus.

Haufen ['haʊfən] *m* pentwr *g*, tomen *b*, swp *g*; *(Leute)* torf *b*; *(ugs)* **ein ~ Dinge** llawer o bethau; **auf einem ~** mewn pentwr; **etw über den ~ werfen** *(ugs: verwerfen)* taflu rhth i'r domen; **jdn über den ~ fahren** *(ugs)* taro/bwrw rhn i lawr.

häufen ['hɔyfən] *vt* pentyrru, llwytho, tyrru.

   ♦ *vr* ymgasglu, cronni.

haufenweise *adv* llond gwlad o, yn llu, yn heidiau; **etw ~ haben** cael digonedd o rth, cael llond gwlad o rth.

häufig ['hɔyfɪç, -ɪk] *adj* cyffredin, arferol.

   ♦ *adv* yn aml, yn fynych, gan amlaf.

Häufigkeit *f* amledd *g*, amlder *g*.

Haupt[1] [haʊpt] (-(**e)s**, ̈-**er**) *nt* pen *g*; *(Ober~)* pennaeth *g*; **ein gekröntes ~** pen coronog.

Haupt-[2] *in kompos* prif; **~akteur** *m* prifweithredwr *g*; *(pej)* prif ffigwr *g*; **~aktionär** *m* prif gyfranddeiliad *g*; **~bahnhof** *m* prif orsaf *b*.

hauptberuflich *adv* fel prif swydd.

Haupt- *kompos*: **~buch** *nt (COMM)* llyfr *g* cyfrifon; **~darsteller** *m (FILM)* prif actor *g*; **~eingang** *m* prif fynediad *g*; **~eintrag** *m* prifair *g*.

Hauptfach *nt (SCH, UNIV)* prif bwnc *g*; **etw im ~ studieren** astudio rhth yn brif bwnc.

Haupt- *kompos*: **~film** *m* prif ffilm *b*; **~gericht** *nt (KOCH)* prif saig *b*; **~geschäftsstelle** *f* prif swyddfa *b*; **~geschäftszeit** *f* cyfnod *g* prysuraf (siopa); **~gewinn** *m* prif wobr *b*; **~insel** *f* tir *g* mawr; **~kriterium** *nt* prif faen prawf; **~leitung** *f* prif gyflenwad *g*; *(ELEKT)* prif wifren *b*; *(Wasser)* prif bibell *b* ddŵr.

Häuptling [ˈhɔʏptlɪŋ] (-(e)s, -e) *m* pennaeth *g*, penadur *g*.

Haupt- *kompos*: **~mahlzeit** *f* prif bryd *g* o fwyd y dydd; **~mann** *m (MIL)* capten *g*; **~mieter** *m* prif denant *g*; **~nahrungsmittel** *nt* prif fwyd *g*; **~person** *f (LIT)* prif ffigur *gb*; **~postamt** *nt* prif swyddfa *b* bost; **~problem** *nt* y broblem *b* bennaf; **~quartier** *nt* pencadlys *gb*; **~rolle** *f* prif ran *b*.

Hauptsache *f* prif beth *g*; **in der ~** yn bennaf, gan mwyaf.

hauptsächlich [ˈhaʊptzɛçlɪç] *adj* pennaf.

♦ *adv* yn bennaf, gan amlaf.

Haupt- *kompos*: **~saison** *f* prif dymor *g*; **~satz** *m (GRAM)* prif gymal *g*; **~schlagader** *f* aorta *g*; **~schlüssel** *m* prifallwedd *b*, prifagoriad *g*; **~schule** *f* ≈ ysgol *b* uwchradd; **~sendezeit** *f (TV)* oriau *ll* brig; **~speise** *f* prif saig *b*; **~stadt** *f* prifddinas *b*; **~straße** *f* priffordd *b*, stryd fawr *b*; **~treffer** *m* prif wobr *b*; **~verkehrszeit** *f* yr adeg *b* brysur, yr oriau *ll* brys; **~versammlung** *f* cyfarfod *g* cyffredinol; **~wohnsitz** *m* prif annedd *gb*; **~wort** *nt (GRAM)* enw *g*.

hau ruck[D] [hau rʊk] *interj* haliwch! tynnwch!

Haus [haʊs] (-es, ¨-er) *nt* tŷ *g*; **außer ~** allan; **ein Freund des ~es** cyfaill *g* teuluol; **nach ~e** mynd adref, mynd tua thre; **zu ~e** gartref, yn y tŷ; **fühl dich wie zu ~e!** gwna dy hunan yn gartrefol; **wir liefern frei ~** *(COMM)* cynigwn gludiad yn rhad ac am ddim; **~ halten** cadw tŷ; *(sparen)* cynilo.

Haus- *kompos*: **~angestellte** *m/f* gwas *g* tŷ, morwyn *b* tŷ; **~antenne** *f* erial *gb* ar y cyd; **~apotheke** *f* cwpwrdd *g* ffisig/moddion; **~arbeit** *f* gwaith *g* tŷ; **~arrest** *m* arestiad *g* tŷ; **~arzt** *m* meddyg *g*/doctor *g* teulu; **~aufgabe** *f (SCH)* gwaith *g* cartref; **~besetzer** *m* sgwatiwr *g*; **~besetzung** *f* sgwat *g*, meddiannu *g*; **~besitzer** *m* perchennog *g* tŷ; **~besorger**[A] *m* gofalwr *g*; **~besuch** *m (von Arzt)* galwad *gb* cartref.

Häuschen [ˈhɔʏsçən] *nt*: **ganz aus dem ~ sein** *(fig: ugs)* wedi colli'ch pwyll.

Haus- *kompos*: **~durchsuchung** *f* archwiliad tŷ gan yr heddlu; **~durchsuchungsbefehl** *m* gwarant *b* chwilio; **~eigentümer** *m* perchennog *g* tŷ.

hausen [ˈhaʊzən] *vi* byw (mewn tlodi); *(wüten)* gwneud llanast; **wie die Wandalen ~** creu difrod.

Häuser- *kompos*: **~block** *m* bloc *g* o dai; **~makler** *m* gwerthwr *g* tai; **~reihe** *f*, **~zeile** *f* rhes *b* o dai, teras *g*.

Haus- *kompos*: **~flur** *m* cyntedd *g*; **~frau** *f* gwraig *b* tŷ; **~freund** *m* cyfaill *g* y teulu; *(ugs)* cariad *g*.

Hausfriedensbruch *m (JUR)* tresmasiad *g*.

Hausgebrauch *m*: **für den ~** *(Gerät)* i ddefnydd cartref.

hausgemacht *adj* cartref.

Hausgemeinschaft *f* cymuned *b* o drigolion y tŷ.

Haushalt *m* tŷ *g*, cartref *g*; *(Bewohner)* teulu *g*, preswylwyr *ll*; *(POL: Staats~)* cyllideb *b*; **den ~ führen** cadw tŷ; **einen ~ gründen** sefydlu cartref; **der ~ kostet viel Geld** mae cadw tŷ yn ddrud.

haushalten *irreg vi untrenn* cadw tŷ; *(sparen)* cynilo.

Haushälterin *f* gwraig *b* cadw tŷ, meistres *b* tŷ.

Haushalts- *kompos*: **~buch** *nt* llyfr *g* cadw tŷ; **~debatte** *f (POL)* dadl *b* ar y gyllideb; **~geld** *nt* arian *g* cadw tŷ; **~gerät** *nt* teclyn *g* cartref, peiriant *g* cartref; **~hilfe** *f* cymorth *g* cartref; **~jahr** *nt (POL, COMM)* blwyddyn *b* ariannol; **~plan** *m* cyllideb *b*.

Haus- *kompos*: **~haltung** *f* cadw *g* tŷ, gofal *g* tŷ; **~herr** *m (Gastgeber)* gwestywr *g*, gwesteiwr *g*; *(Vermieter)* perchennog *g*, landlord *g*.

haushoch *adv*: **jdm ~ überlegen sein** bod yn ben ac ysgwyddau'n well na rhn; **~ verlieren** colli'n rhacs.

hausieren [haʊˈziːrən] *vi* gwerthu o ddrws i ddrws, pedlera.

Hausierer (-s, -) *m* pedler *g*, pacmon *g*.

hausintern [haʊsˈɪntɛrn] *adj (COMM)* mewnol.

häuslich [ˈhɔʏslɪç] *adj* teuluol, cartrefol, cartref; **sich irgendwo ~ niederlassen** ymgartrefu'n rhywle.

Häuslichkeit *f* cartrefgarwch *g*, bywyd *g* teuluol.

Haus- *kompos*: **~mann** *m* gŵr *g* y tŷ; **~marke** *f (eigene Marke)* gwneuthuriad *g* cartref; *(bevorzugte Marke)* hoff wneuthuriad/fath; **~meister** *m* gofalwr *g*; **~mittel** *nt* moddion *g* mamgu; **~nummer** *f* rhif *b* tŷ; **~ordnung** *f* rheolau *ll* i denantiaid, rheolau'r tŷ; **~putz** *m* glanhau *g* tŷ.

Hausratversicherung *f* yswiriant *g* cynnwys y tŷ.

Haus- *kompos*: **~schlüssel** *m* allwedd *b* tŷ; **~schuh** *m* sliper *b*; **~schwamm** *m* pydredd *g* sych, braen *g* sych.

Hausse [ˈ(h)oːs] *f (COMM)* ffyniant *g*, ymchwydd *g*, bŵm *g*; *(Börse)* marchnad *b* ar godi.

Haussegen *m*: **bei ihnen hängt der ~ schief** *(ugs)* does fawr o dangnefedd ar eu haelwyd.

Hausstand *m:* einen ~ gründen dechrau cartref, sefydlu cartref.

Haussuchung *f* archwiliad tŷ gan yr heddlu.

Haussuchungsbefehl *m* gwarant *b* chwilio.

Haus- *kompos:* ~tier *nt* anifail *g* anwes; ~tür *f* drws *g* y tŷ; ~übung *f* gwaith *g* cartref.

Hausverbot *nt:* jdm ~ erteilen gwahardd rhn o'r tŷ.

Haus- *kompos:* ~verwalter *m* rheolwr *g* eiddo; ~verwaltung *f* rheolaeth *b* eiddo; ~wart *m* porthor *g*; ~wein *m* gwin *g* wrth y gwydraid; ~wirt *m* perchennog *g*, landlord *g*; ~wirtschaft *f* gwyddor *b* tŷ.

Haut [haut] (-, ¨-e) *f* croen *g*; *(Leder)* lledr *g*, croen; mit ~ und Haaren *(ugs)* yn llwyr, yn gyfan gwbl; ~ und Knochen *(mager)* croen ac asgwrn; aus der ~ fahren *(ugs)* colli'ch limpyn, mynd o'ch cof, colli'ch tymer; bis auf die ~ nass yn wlyb at y croen; ich möchte nicht in seiner ~ stecken fyddwn i ddim eisiau bod yn ei sgidiau e.

Haut- *kompos:* ~arzt *m* dermatolegydd *g*, arbenigydd *g* y croen; ~ausschlag *m* brech *b*, ecsema *g*; ~creme *f* hufen *g* croen.

häuten ['hɔytən] *vt* blingo, tynnu croen.
♦ *vr* bwrw'ch croen, diosg eich croen.

hauteng *adj* croendyn.

Hautevolee *f* yr hoelion *ll* wyth.

Haut- *kompos:* ~farbe *f* pryd *g*, gwedd *b*, lliw *g* croen; ~krebs *m* cancr *g* y croen; ~unreinheit *f* tosyn *g*.

Haxe^D *f* = Haxen.

Haxen^A ['haksən] (-s, -) *m* coes *b*; *(KOCH)* coesgyn *g*.

H-Bombe *f abk (Wasserstoffbombe)* bom *gb* H.

Hebamme ['he:pˀamə] (-, -n) *f* bydwraig *b*.

Hbf. *abk* = Hauptbahnhof.

Hebel ['he:bəl] (-s, -) *m* lifer *gb*, trosol *g*; alle ~ in Bewegung setzen *(fig)* symud môr a mynydd; am längeren ~ sitzen *(fig)* bod yn feistr corn.

Hebelwirkung *f* trosoledd *g*.

heben ['he:bən] *irreg vt* codi; *(steigern)* cynyddu, ychwanegu at; einen ~ gehen *(ugs)* mynd am ddiferyn.

Hebräer [he'brɛ:ər] (-s, -) *m (HIST)* Hebread *g*.

Hebräerin (-, -nen) *f* Hebraes *b*.

hebräisch [he'brɛ:ɪʃ] *adj* Hebreig, Hebreaidd.

Hebräisch *nt (Sprache)* Hebraeg *b*.

Hebriden [he'bri:dən] *pl (GEOG)* Ynysoedd *ll* Heledd, Hebrides *ll*.

hecheln ['hɛçəln] *vi (Hund)* dyhefod am wynt.

Hecht [hɛçt] (-(e)s, -e) *m (ZOOL)* penhwyad *g*.

Hechtsprung *m (beim Schwimmen)* plymiad *g* rasio; *(beim Turnen)* plymiad *g* ymlaen.

Heck [hɛk] (-(e)s, -e) *nt (NAUT)* starn *b*; *(AUTO)* cefn *g* car.

Hecke ['hɛkə] (-, -n) *f* gwrych *g*, perth *b*.

Hecken- *kompos:* ~rose *f* rhosyn *g* y cŵn, rhosyn *g* gwyllt; ~schere *f* tociwr *g* gwrych; ~schütze *m* saethwr *g* cudd, cêl-saethwr *g*.

hedonistisch *adj* hedonistaidd.

Heer [he:r] (-(e)s, -e) *nt* byddin *b*, lluoedd *ll* arfog.

Heerschar *f* llu *g*.

Hefe ['he:fə] (-, -n) *f* burum *g*.

Heft [hɛft] (-(e)s, -e) *nt* llyfryn *g*; *(SCH)* llyfr *g* ysgrifennu; *(Zeitschrift)* rhifyn *g*; *(von Schwert, Messer)* carn *g*; jdm das ~ aus der Hand nehmen *(fig)* cipio'r awenau oddi wrth rn.

Heftchen ['hɛftçən] (-s, -) *nt (Fahrkarten~)* llyfr *g* tocynnau; *(Briefmarken~)* llyfr *g* stampiau.

heften ['hɛftən] *vt (mit Heftmaschine)* staplo; *(annähen)* atodi/ychwanegu at; etw an etw *akk* ~ rhoi rhth ar rth; sich an jds Fersen ~ *(fig)* bod wrth sodlau rhn.

Hefter (-s, -) *m* ffolder *gb*; *(Heftmaschine)* peiriant *g* staplo.

heftig *adj* ffyrnig, cryf, garw.

Heftigkeit *f* ffyrnigrwydd *g*.

Heft- *kompos:* ~klammer *f* clip *g* papurau; ~maschine *f* peiriant *g* staplo; ~pflaster *nt* plastr *g* glynu; ~zwecke^D *f* pin *g* bawd, pin gwasgu.

Hegemonie *f (POL)* hegemoni *g*.

hegen [he:gən] *vt (Wild)* cadw; *(Bäume)* trin, gofalu am; *(geh: Wunsch)* coleddu; *(Misstrauen)* teimlo, synhwyro.

Hehl [he:l] *nt oder m:* kein ~ aus etw machen peidio â cheisio cuddio rhth, dweud rhth yn agored.

Hehler (-s, -) *m* derbynnydd *g* nwyddau lladrad.

Heide¹ ['haɪdə] (-, -n) *f* rhos *b*, gwaun *b*; *(Heidekraut)* grug *g*.

Heide² (-n, -n) *m* pagan *g*, anwar *g*.

Heidekraut *nt (BOT)* grug *g*.

Heidelbeere ['haɪdəlbe:rə] (-, -n) *f* llusen *b*.

Heidenangst *f (ugs)* eine ~ vor etw haben ofni rhth yn ddirfawr, bod â llond twll o ofn rhth.

Heidenarbeit *f (ugs)* lladdfa *b*, slafdod *g*, gwaith *g* caled iawn.

Heidengeld *nt:* das kostet ein ~ mae hynny'n ddrud ofnadwy.

Heidentum (-s, *kein pl*) *nt* paganiaeth *b*.

Heidin (-, -nen) *f* pagan *g*, anwar *g*.

heidnisch *adj* paganaidd.

heikel ['haɪkəl] *adj (prekär)* anodd, chwithig, dyrys; *(wählerisch)* ffyslyd, gorgymhleth, gorfanwl.

heil [haɪl] *adj* mewn un darn, cyfan, dianaf; mit ~er Haut davonkommen dianc yn ddiogel; die ~e Welt byd delfrydol.

Heil (-(e)s, *kein pl*) *nt* lles *g*, daioni *g*, ffyniant *g*;

(Seelen~) achubiaeth *b*, ymwared *g*.

♦ *interj* henffych; **Ski ~!** hei lwc wrth sgïo! **Petri ~!** hei lwc wrth bysgota!

Heiland ['haɪlant] (-(e)s, -e) *m* y Gwaredwr *g*, yr Iachawdwr *g*.

Heil- *kompos:* **~anstalt** *f* cartref *g* nyrsio; **~bad** *nt (Bad)* baddon *g* meddyginiaethol; *(Ort)* tref *b* ffynhonnau.

heilbar *adj* gwelladwy, iachadwy.

Heilbutt ['haɪlbʊt] (-s, -e) *m (ZOOL)* lleden *b* y môr, halibwt *g*.

heilen ['haɪlən] *vt (+haben)* iacháu.

♦ *vi (+sein)* gwella.

heilfroh *adv* wedi cael rhyddhad mawr, llawer ysgafnach eich calon.

Heilgymnastin (-, -nen) *f* ffisiotherapydd *g*.

heilig ['haɪlɪç, -ɪk] *adj* sanctaidd, cysegredig; **die H~e Schrift** yr Ysgrythur *b* Lân; **der H~e Abend** Noswyl *b* Nadolig; **der H~e Geist** yr Ysbryd *g* Glân; **der H~ Stuhl** y Babaeth *b*; **der H~e Vater** y Pab *g*; **jdm ~ sein** bod yn gysegredig i rn; **~er Strohsack!** uffern gols! **es ist mein ~er Ernst** rwy'n hollol o ddifrif; **~ sprechen** canoneiddio.

Heiligabend *indekl m* Noswyl *b* Nadolig, y Noson *b* cyn y Nadolig.

Heilige *m/f* sant *g*, santes *b*.

heiligen *vt* sancteiddio, cysegru; **der Zweck heiligt die Mittel** mae'r diben yn cyfiawnhau'r modd.

Heiligen- *kompos:* **~bild** *nt* eicon *g*; **~schein** *m* eurgylch *g*, corongylch *g*.

Heiligkeit (-, *kein pl*) *f* sancteiddrwydd *g*.

Heiligtum (-s, ¨-er) *nt* cysegr *g*, cysegrfa *b*, seintwar *b*; *(ugs)* rhth sacrosanct i rn.

Heilkunde ['haɪlkʊndə] *f* meddyginiaeth *b*.

heillos ['haɪlloːs] *adj (fig)* diobaith, anobeithiol; *(Schreck)* anobeithiol, ofnadwy; **~es Durcheinander** llanast uffernol.

Heil- *kompos:* **~mittel** *nt* meddyginiaeth *b*; **~praktiker** *m* natur-iachawr *g*; **~salbe** *f* eli *g* iachaol.

heilsam *adj (fig)* llesol.

Heilsarmee *f* Byddin *b* yr Iachawdwriaeth.

Heilung (-, -en) *f* iachâd *g*.

heim [haɪm] *adv (nach Hause)* adref.

Heim (-(e)s, -e) *nt* cartref *g*; *(Wohn~)* neuadd *b* breswyl, hostel *b*.

Heim- *kompos:* **~abend** *m* noson *b* lawen; **~arbeit** *f* gwaith *g* (o'r) cartref.

Heimat ['haɪmaːt] (-, -en) *f* gwlad *b* enedigol.

Heimat- *kompos:* **~film** *m* ffilm *b* fro; **~kunde** *f (SCH)* hanes *g* lleol; **~land** *nt* mamwlad *b*.

heimatlich *adj* genedigol, cartref; *(Gefühle)* hiraethus.

heimatlos *adj* digartref.

Heimat- *kompos:* **~museum** *nt* amgueddfa *b* leol, amgueddfa hanes lleol; **~ort** *m* tref *b* enedigol, pentref *g* genedigol; **~vertriebene** *m/f* rhn wedi ei ddadleoli, rhn digartref.

heimbegleiten *vt* hebrwng tua thref.

Heimchen *nt:* **~ (am Herd)** *(pej: Frau)* y wraig 'co/acw.

Heimcomputer (-s, -) *m* cyfrifiadur *g* personol.

heimelig ['haɪməlɪç, -ɪk] *adj* cartrefol, cysurus, clyd.

heimfahren *irreg vi (+sein)* gyrru adref.

Heim- *kompos:* **~fahrt** *f* y siwrnai *b* adref; **~gang** *m (Tod)* marwolaeth *b*, ymadawiad *g*, tranc *g*.

heimgehen *irreg vi (+sein)* mynd adref; *(geh: sterben)* ymadael â'r fuchedd hon.

heimisch *adj (Pflanze, Person usw)* cynhenid, brodorol; **sich ~ fühlen** teimlo'n gartrefol.

Heimkehr (-, -en) *f* dychweliad *g*.

heimkehren *vi (+sein)* dychwelyd/dod adref.

Heimkind (-(e)s, -er) *nt* plentyn a fagwyd mewn cartref i blant amddifad.

heimkommen *irreg vi (+sein)* dychwelyd/dod adref.

Heimleiter (-s, -) *m* warden *g*.

heimlich *adj* cudd.

♦ *adv* yn y dirgel, yn dawel bach; **~, still und leise** *(ugs)* yn dawel bach.

Heimlichkeit *f* dirgel *g*, tawgarwch *g*.

Heimlichtuerei *f* dirgel *g*, cyfrinachedd *g*, dirgelwch *g*.

Heim- *kompos:* **~reise** *f* siwrnai *b* adref; **~spiel** *nt (SPORT)* gêm *b* gartref; **~statt** *f* trigfan *b*.

heimsuchen *vt* plagio; *(Geist)* aflonyddu.

Heimtrainer (-s, -) *m* beic *g* ymarfer.

heimtückisch *adj* maleisus, milain.

heimwärts *adv* tuag adref, tua thre.

Heimweg *m* y ffordd *b* adref; **sich auf den ~ machen** ei throi hi, cychwyn tua thref.

Heimweh *nt* hiraeth *g*; **~ haben** hiraethu, bod yn hiraethus.

Heimwerker (-s, -) *m* crefftwr *g* cartref.

heimzahlen *vt:* **jdm etw ~** talu'r pwyth (yn ôl) i rn.

Heini ['haɪni] *m:* **blöder ~** *(ugs)* ffŵl *g* dwl, lembo *g*.

Heirat ['haɪraːt] (-, -en) *f* priodas *b*.

heiraten *vt, vi* priodi.

Heirats- *kompos:* **~antrag** *m* cynnig *g* priodi/priodas; **~anzeige** *f (Annonce)* hysbyseb *b* am gymar; **~schwindler** *m* un sy'n cynnig priodas yn dwyllodrus; **~urkunde** *f* tystysgrif *b* briodas; **~vermittlung** *f* biwro *gb* priodasau.

heiser ['haɪzər] *adj* cryg, bloesg, cras.

Heiserkeit *f* crygni *g*.

heiß [haɪs] *adj* poeth; *(heftig)* ffyrnig; *(Begierde, Liebe)* ysol, brwd; **~er Draht** y lein *b* argyfwng; **ein ~es**

Eisen *(ugs)* pwnc *g* llosg; **~e Schokolade** siocled *g* poeth; **~e Ware** peth wedi ei ddwyn; **es wird nicht so ~ gegessen, wie gekocht wird** *(Sprichwort)* nid yw pethau cynddrwg ag y maent yn ymddangos; **jdn ~ lieben** bod dros eich pen a'ch clustiau mewn cariad â rhn; **~ ersehnt** y dyheir amdano, chwenychedig.

heißblütig *adj* â gwaed poeth.

heißen ['haɪsən] *irreg vt (befehlen)* gorchymyn; *(nennen)* enwi; **jdn willkommen ~** croesawu rhn, estyn croeso i rn.

♦ *vi* cael eich galw; *(bedeuten)* golygu, meddwl; **wie ~ Sie?** beth yw eich enw chi? **... und wie sie alle ~** …a'r gweddill ohonynt.

♦ *vi unpers:* **es heißt** maen nhw'n dweud, meddan nhw; **das heißt** hynny yw; *(mit anderen Worten)* mewn geiriau eraill; **das will schon was ~** mae hynny'n dipyn o beth.

Heißhunger *m* awch *g* bwyd, newyn *g*, llwgfa *b*.

heißlaufen *irreg vi (+sein)* gordwymo, gorgynhesu, gorboethi.

Heißluft *f* awyr *b* boeth, aer *g* twym.

Heißluftballon *m* balŵn *gb*.

Heißwasserbereiter *m* gwresogydd *g* dŵr, twymydd *g* dŵr.

heiter ['haɪtər] *adj* siriol, hwyliog, llawen; *(Wetter)* braf, clir, heulog; **aus ~em Himmel** *(fig)* yn ddirybudd, yn sydyn.

Heiterkeit (-, *kein pl*) *f* sirioldeb *g*, llawenydd *g*, hwyliau *ll* da; *(Belustigung)* difyrrwch *g*, diddanwch *g*.

heizbar ['haɪtsbɑːr] *adj* â gwres.

Heizdecke ['haɪtsdɛkə] *f* blanced *b* drydan.

heizen ['haɪtsən] *vt* cynhesu, twymo, poethi; **mit Öl ~** llosgi olew, gwresogi ag olew.

Heizer (-s, -) *m* taniwr *g*.

Heiz- *kompos:* **~gerät** *nt* gwresogydd *g*, twymydd *g*, twymwr *g*; **~körper** *m* gwresogydd *g*, rheiddiadur *g*; **~öl** *nt* olew *g* tanwydd; **~stäbe** *pl* tafod *g* gwresogi; **~strahler** *m* tân *g* trydan.

Heizung *f* gwres *g* canolog; *(Heizkörper)* rheiddiadur *g*.

Heizungsanlage *f* gwres *g* canolog.

Hektar [hɛk'tɑːr] *nt oder m* hectar *g*.

Hektik ['hɛktɪk] (-, *kein pl*) *f* ras *b* wyllt, rhuthr *g*.

hektisch ['hɛktɪʃ] *adj* prysur, gwyllt, fel ffair.

Hektoliter [hɛkto'liːtər] *nt oder m* hectolitr *g*.

Held [hɛlt] (-en, -en) *m* arwr *g*.

heldenhaft *adj* arwrol, dewr, gwrol.

Helden- *kompos:* **~mut** *m* gwrhydri *g*; **~tat** *f* sbloet *g*.

Heldentum *nt* arwriaeth *b*.

Heldin (-, -nen) *f* arwres *b*.

helfen ['hɛlfən] *irreg vi +dat* cynorthwyo, helpu; *(moralisch unterstützen)* cefnogi; *(nützen)* bod o gymorth i, bod o ddefnydd i; **jdm (bei etw) ~** rhoi cymorth i rn (wrth rth); **sich** *dat* **zu ~ wissen** bod yn ddyfeisgar; **er weiß sich** *dat* **nicht mehr zu ~** nid yw e'n gwybod at beth i droi nesaf.

♦ *vi unpers:* **es hilft nichts** does dim i'w wneud.

Helfer ['hɛlfər] (-s, -) *m* (**~in** *f*) cynorthwywr(aig) *g(b)*, helpiwr *g*, helpwraig *b*.

Helfershelfer *m* cyd-droseddwr *g*, affeithiwr *g*.

Helgoland ['hɛlgolant] *nt (GEOG)* Heligoland *b*.

Helikopter *m* hofrenydd *g*.

Helium *nt (CHEM)* heliwm *g*.

Helix *f* helics *g*.

hell [hɛl] *adj* clir, disglair, gloyw; *(Farbe)* golau, ysgafn; *(Bier)* golau; **~er Wahnsinn** gwallgofrwydd pur; **er ist ein ~es Köpfchen** mae ganddo feddwl effro; **es wird ~** mae'n gwawrio.

hellauf *adv* yn hollol, yn llwyr; **von etw ~ begeistert sein** bod wedi eich ysbrydoli gan rth, bod yn frwdfrydig iawn dros rth.

hell- *kompos:* **~blau** *adj* glas golau; **~blond** *adj (Haar)* melynwyn.

Helle ['hɛlə] (-, *kein pl*) *f* clirdeb *g*, disgleirdeb *g*, gloywder *g*.

Hellebarde *f* gwayw *g* fwyell.

Heller ['hɛlər] (-s, -) *m (HIST)* ffyrling *b*; **auf ~ und Pfennig** i'r ddimai olaf.

hellhörig *adj* yn clywed yn dda, â chlust fain; *(Wand)* tenau fel papur; **~ werden** *(fig)* clustfeinio, gwneud clust hwch mewn haidd.

hellicht *adj* = **helllicht**.

Helligkeit *f* gloywder *g*, clirdeb *g*, disgleirdeb *g*.

helllicht *adj:* **am ~en Tage** gefn (canol) dydd golau, yng ngolau dydd.

hellsehen *irreg untrenn vi:* **~ können** bod yn glirweledydd *g*.

Hellseher(in) *m(f)* clirweledydd *g*.

hellwach *adj* yn gwbl effro, yn effro fel y gog.

Helm *m* helm *b*, helmed *b*.

Helvetien *nt (HIST)* y Swistir *g*.

helvetisch *adj* Swistirol.

Hemd [hɛmt] (-(e)s, -en) *nt* crys *g*; *(Unterhemd)* fest *b*, crys *g* isaf.

Hemd- *kompos:* **~bluse** *f* blows *gb*; **~knopf** *m* botwm *g* crys.

Hemdsärmel *m:* **in ~n** *(fig)* yn llewys eich crys, anffurfiol.

hemdsärmelig ['hɛmtsˀɛrməlɪç, -ɪk] *adj (fig: salopp)* anffurfiol.

Hemisphäre [hɛmi'sfɛːrə] (-, -n) *f* hemisffer *g*.

hemmen ['hɛmən] *vt* atal, rhwystro, arafu, ffrwyno;

gehemmt sein bod yn swil.

Hemmschuh *m (fig)* llyffethair *b*, rhwystr *g*.

Hemmung (-, -en) *f* rheolaeth *b*, ffrwyn *b*; *(psychisch)* atalnwyd *b*, ataliaeth *b*, swildod *g*; *(Bedenken)* cydwybod *b*, amheuon *ll*.

hemmungslos *adj* diatal, dilywodraeth, aflywodraethus.

Hendl *nt* iâr *b*; *(KOCH)* cyw *g* iâr, ffowlyn *g*.

Hengst [hɛŋst] (-(e)s, -e) *m* march *g*, stalwyn *g*.

Henkel ['hɛŋkəl] (-s, -) *m (Tasse)* dolen *b*, clust *b*; *(Eimer)* trontol *b*.

Henkelkrug *m* jwg *gb*.

henken ['hɛŋkən] *vt* crogi, hongian.

Henker (-s, -) *m* crogwr *g*.

Henne ['hɛnə] (-, -n) *f* iâr *b*.

Hepatitis [hepa'ti:tɪs] (-, Hepatitiden) *f (MED)* llid *g* yr afu/iau, hepatitis *g*.

her [he:r] *adv* **1** *(Richtung)* **komm ~!** tyrd yma! **von Frankreich ~** o Ffrainc; **von weit ~** o bell; **~ damit!** rho fe i mi! **wo hat er das ~?** o ble cafodd e hwnna? **2** *(Blickpunkt)* **von der Form ~** o ran siâp; **3** *(zeitlich)* **das ist fünf Jahre ~** roedd hynny bum mlynedd yn ôl, mae pum mlynedd oddi ar hynny; **hinter jdm ~ sein** bod ar ôl rhn, bod am gael gafael ar rn; **ich kenne ihn von früher ~** rwy'n ei adnabod eisioes.

herab [hɛ'rap] *adv* i lawr (o rywle), i waered.

herabhängen *irreg vi* hongian.

herablassen *irreg vt* gollwng, gostwng.

♦ *vr* ymostwng.

herablassend *adj* nawddoglyd.

Herablassung *f* ymostyngiad *g*.

herabsehen *irreg vi:* **~ (auf** *+akk)* edrych i lawr (ar); *(fig: verachten)* dirmygu, dibrisio.

herabsetzen *vt* gostwng, lleihau; *(fig)* bychanu, dibrisio, amharchu; **zu stark herabgesetzen Preisen** am brisiau isel iawn.

Herabsetzung *f* gostyngiad *g*; *(fig)* difrïaeth *b*, gwawd *g*.

herabstürzen *vi (+sein):* **von etw ~** cwympo/syrthio oddi ar rth.

herabwürdigen *vt* bychanu, sarhau, difrïo, dirmygu.

Heraldik *f* herodraeth *b*.

heran [hɛ'ran] *adv:* **näher ~!** tyrd yn agosach! **~ zu mir!** tyrd ata i! tyrd yma!

heranbilden *vt* hyfforddi, dysgu.

heranbringen *irreg vt:* **etw ~ (an** *+akk)* dod â rhth yn agosach (at).

heranfahren *irreg vi (+sein):* **~ an** *+akk* gyrru'n nes at, gyrru hyd at.

herangehen *irreg vi (+sein):* **an etw** *akk* **~** *(fig: an Problem,*

Aufgabe) mynd i'r afael â rhth.

herankommen *irreg vi (+sein):* **~ an** *+akk* nesáu at, agosáu at; *(erreichen)* cyrraedd; **an das Buch ist nicht heranzukommen** mae'n amhosibl cael y llyfr; **er lässt alle Probleme an sich ~** 'amser-a-ddengys' yw hi gyda fe bob tro.

heranmachen *vr:* **sich an jdn ~** agosáu at rn (er mwyn cael rhth).

Herannahen *nt* dynesiad *g*.

Heranrücken *nt* dynesiad *g*.

herantreten *irreg vi (+sein):* **mit etw an jdn ~** mynd at rn gyda rhth.

heranwachsen *irreg vi (+sein)* dod i oed, tyfu i fyny.

Heranwachsende *m/f* llencyn *g*, llances *b*, glaslanc(es) *g(b)*.

heranwinken *vt* galw draw, amneidio (ar rn) i ddod draw; *(Taxi)* galw.

heranziehen *irreg vt* tynnu'n agosach; *(aufziehen)* magu, codi; *(ausbilden)* hyfforddi; *(zu Hilfe holen)* galw ar; *(Literatur)* ymgynghori â; **etw zum Vergleich ~** defnyddio rhth er cymharu; **jdn zu etw ~** galw ar rn i wneud rhth, gofyn rhth gan rn.

♦ *vi (+sein) (Sturm)* agosáu, crynhoi.

herauf [he'rauf] *adv* ar i fyny, tuag at i fyny.

heraufbeschwören *irreg vt (Erinnerungen)* deffro; *(Unglück)* achosi; *(Geist)* galw.

heraufbringen *irreg vt* mynd/dod (â rhth) i fyny.

heraufsetzen *vt (Preise, Miete)* codi, gwneud yn ddrutach.

heraufziehen *irreg vt (+haben)* codi, tynnu i fyny.

♦ *vi (Gewitter)* nesáu.

heraus [he'raus] *adv* allan; **~ mit der Sprache!** mas â fe! dwed dy gwyn!

herausarbeiten *vt* gweithio allan.

herausbekommen *irreg vt* llwyddo cael allan; *(fig)* darganfod, cael gwybod am.

herausbilden *vr* esblygu.

herausbringen *irreg vt* mynd/dod (â rhth) allan; *(Buch)* cyhoeddi; **jdn/etw ganz groß ~** *(ugs)* codi disgwyl mawr am rn/rth; **aus ihm war kein Wort herauszubringen** nid oedd modd tynnu'r un gair o'i enau.

herausfinden *irreg vt* darganfod, cael gwybod am.

Herausforderer *m* heriwr *g*.

herausfordern *vt* herio, profocio; *(Aufgabe)* temtio, rhoi sialens (i).

herausfordernd *adj* profoclyd.

Herausforderung *f* her *b*, sialens *b*, pryfociad *g*.

herausgeben *irreg vt* rhoi, trosglwyddo; *(zurückgeben)* dychwelyd; *(veröffentlichen)* cyhoeddi; **können Sie mir ~?** allwch chi roi newid i mi?

Herausgeber (-s, -) *m* golygydd *g*; *(Verleger)* cyhoeddwr *g*.

herausgehen *irreg vi (+sein):* **aus sich ~** dod o'ch cragen.

heraushalten *irreg vr:* **sich aus etw ~** peidio ag ymyrryd yn rhth.

heraushängen[1] *vt* hongian, rhoi allan.

heraushängen[2] *irreg vi* hongian allan; **das hängt mir schon zum Hals heraus** *(ugs)* rwy wedi cael llond bol ohoni.

herausholen *vt:* **~ (aus** +*dat*) nôl (allan o); **das Beste aus jdm ~** gwneud i rn gwneud ei orau glas.

heraushören *vt (wahrnehmen)* clywed; *(fühlen)* synhwyro.

herauskehren *vt (fig):* **den Vorgesetzten ~** ymddwyn fel y pennaeth.

herauskommen *irreg vi (+sein)* dod allan; *(Geheimnis)* dod i'r golwg, dod yn hysbys; **dabei kommt nichts ~** ni ddaw unrhyw beth ohoni; **er kam aus dem Staunen nicht heraus** ni fedrai ddod dros ei syndod; **es kommt auf dasselbe heraus** yr un ydyw yn y pen draw.

herauskristallisieren *vr* dod yn eglur, crisialu.

herausnehmen *irreg vt* cymryd (allan o); **sich** *dat* **etw ~** *(fig: erlauben)* mynd/bod yn hyf.

herausputzen *vr* gwisgo eich dillad gorau.

herausreden *vr* siarad eich ffordd (o dwll), ymesgusodi.

herausreißen *irreg vt* rhwygo allan, tynnu allan.

herausrücken *vt* rhoi, trosglwyddo i; **mit etw ~** *(fig)* cyfaddef rhth.

herausstellen *vr:* **sich ~ (als etw)** troi allan (i fod yn rth).

herausstrecken *vt* estyn allan.

heraussuchen *vt* chwilio am.

heraustreten *irreg vi (+sein)* dod allan.

herauswachsen *irreg vi (+sein):* **~ aus** +*dat* tyfu allan o.

herauswinden *irreg vr (fig):* **sich aus etw ~** ceisio sleifio allan o rth.

herauswollen *vi:* **nicht mit etw ~** *(ugs: sagen wollen)* bod yn anfodlon dweud rhth.

herausziehen *irreg vt* tynnu allan.

herb [hɛrp] *adj* ychydig yn chwerw; *(Wein)* sych; *(fig: schmerzlich)* chwerw, llym; *(Worte, Kritik)* llym, caled.

Herbe *f* chwerwedd *g*.

herbei [hɛr'baɪ] *adv* draw fan hyn.

herbeibringen *vt* nôl, dod â.

herbeiführen *vt* achosi, peri.

herbeischaffen *vt* dod â (rhth) yma, cael gafael ar.

herbemühen ['he:rbəmy:ən] *vr* trafferthu dod; **darf**

ich Ihnen danken, dass Sie sich herbemüht haben a gaf i ddiolch i chi am drafferthu dod.

Herberge ['hɛrbɛrgə] *f* hostel *b*, llety *g*, lloches *g*; *(Jugend~)* hostel *b* ieuenctid.

Herbergs- *kompos:* **~leiter** *m* warden *g* hostel ieuenctid; **~mutter** *f* warden *b*; **~vater** *m* warden *g*.

herbitten *irreg vt* gofyn i rn ddod yma.

herborgen *vt* rhoi benthyg.

herbringen *irreg vt* dod â (rhth) yma.

Herbst [hɛrpst] *m* hydref *g*; **im ~** yn yr hydref.

Herbst- *kompos:* **~beginn** *m* cyhydnos yr hydref, Alban *g* Elfed; **~ferien** *pl* gwyliau *ll* hanner tymor.

herbstlich *adj* hydrefol.

Herd [he:rt] (-(e)s, -e) *m* popty *g*, ffwrn *b*; *(MED: Krankheits~)* gwreiddyn *g* haint; *(Erdbeben)* llygad *gb*, canolbwynt *g*.

Herde ['he:rdə] (-, -n) *f (allgemein)* gyr *g*; *(Schaf~)* praidd *g*, diadell *b*; *(Schweine~)* cenfaint *b*; *(Pferde~)* gre *b*; *(Gänse~)* haid *b*; *(Wale)* haig *b*.

Herden- *kompos:* **~tier** *nt* anifail sy'n byw mewn gyr; *(pej: Mensch)* rhn sy'n dilyn y dorf; **~trieb** *m* y reddf *b* heidiol, greddf yr haid.

Herdplatte *f* pentan *g*.

herein [hɛ'raɪn] *adv* i mewn (fan hyn); **~!** dewch i mewn!

hereinbitten *irreg vt* gwahodd i mewn, gofyn i rn ddod i mewn.

hereinbrechen *irreg vi (+sein) (Wasser)* llifo i mewn; *(Winter)* gaeafu; *(Nacht)* nosi; *(fig)* **ein Unglück brach über die Familie ~** daeth trychineb i ran y teulu.

hereinbringen *irreg vt* dod â (rhth) i mewn.

hereindürfen *irreg vi* cael dod i mewn, bod â chaniatâd i ddod i mewn.

hereinfallen *irreg vi (+sein) (Licht)* treiddio; *(betrogen werden)* cael eich twyllo; **~ auf** +*akk (fig)* llyncu, coelio.

hereinkommen *irreg vi (+sein)* dod i mewn.

hereinlassen *irreg vt* gadael i (rn) ddod i mewn.

hereinlegen *vt* perswadio trwy dwyll.

hereinplatzen *(ugs) vi (+sein)* ymwthio i mewn, rhuthro i mewn.

hereinschneien *vi (+sein) (ugs)* galw heibio, ymweld â rhn yn annisgwyl.

hereinspazieren *vi (+sein):* **hereinspaziert!** dewch i mewn!

hereinströmen *vi* ffrydio/llifo i mewn.

Herfahrt *f* taith *b* tuag yma.

herfallen *irreg vi (+sein):* **~ über** +*akk* ymosod ar, dod ar draws.

Hergang *m* dilyniant *g* o ddigwyddiadau.

hergeben *irreg vt* rhoi, trosglwyddo; **sich zu etw ~**

ymgysylltu â rhth.

hergebracht *adj:* in **~er Weise** yn y ffordd draddodiadol.

hergehen *irreg vi (+sein):* **hinter jdm ~** dilyn rhn; **es geht hoch her** mae yma ddigonedd o hwyl.

her̩haben *irreg vt (ugs)* **wo hat er das her?** ble cafodd afael ar hynny?

her̩halten *irreg vt (entgegenhalten)* estyn, dal, cynnig; **~ müssen** gorfod dioddef.

her̩hören *vi* gwrando; **hör mal her!** gwranda di arna i!

Hering ['he:rɪŋ] (-(e)s, -e) *m (ZOOL)* pennog *g*, ysgadenyn *g; (Zeltpflock)* peg *g* pabell; **gedrängt wie die ~e** fel penwaig yn yr halen.

her̩kommen *irreg vi (+sein)* dod yma; **komm mal her!** dere yma! tyrd yma!

herkömmlich *adj* traddodiadol.

Herkunft (-, ¨-e) *f* tarddiad *g*, gwreiddyn *g; (Mensch)* haniad *g*, tras *b*.

Herkunftsland *nt (COMM)* gwlad *b* wneuthuriad.

her̩laufen *irreg vi (+sein):* **hinter jdm ~** *(einholen wollen)* rhedeg ar ôl rhn; *(folgen)* rhedeg y tu ôl i rn.

her̩leiten *vt, vr* tarddu, deillio.

her̩machen *vr:* **sich ~ über** *+akk* ymosod ar.

♦ *vt^D (ugs)* **das macht was her** mae hynny'n creu argraff.

Hermelin [hɛrmə'li:n] *nt (ZOOL)* carlwm *g*.

♦ *m* ffwr *g* carlwm, ermin *g*.

hermetisch [hɛr'me:tɪʃ] *adv:* **~ abgeriegelt** aerglos, seliedig, hermetig.

hernach *adv* wedyn.

her̩nehmen *irreg vt:* **wo soll ich das ~?** ble y caf afael ar hynny?

hernieder *adv* i lawr.

Heroin [hero'i:n] (-s, *kein pl*) *nt* heroin *g*.

heroisch [he'ro:ɪʃ] *adj* arwrol.

Herold ['he:rɔlt] (-(e)s, -e) *m (HIST)* negesydd *g*, cyhoeddwr *g*, archydd *g*.

Herpes ['hɛrpɛs] (-, *kein pl*) *m (MED)* herpes *g*.

Herr [hɛr] (-(e)n, -en) *m* bonheddwr *g*, gŵr *g* bonheddig; *(Meister)* meistr *g*, arglwydd *g; (REL)* **der ~** yr Arglwydd; *(vor Namen)* Mr (Mister), y Br. (y Bonwr), y Bn. (y Bonheddwr); *(Toilette)* dynion; **mein ~!** syr! **meine Damen und ~en** foneddigion a boneddigesau; **Sehr geehrter ~ Kovacs** *(in Brief)* Annwyl Mr Kovacs; **die ~en der Schöpfung** *(humoristisch)* y dynion; **~ der Lage sein** meistroli'r sefyllfa.

Herrchen *nt (von Hund)* meistr *g*, perchennog *g*.

Herren- *kompos:* **~bekanntschaft** *f* cyfeillgarwch *g* (gyda dyn); **~bekleidung** *f* dillad *ll* dynion; **~besuch** *m* ymweliad *g* (gan ddyn); **~doppel** *nt*

(Tennis) parau *ll* dynion; **~einzel** *nt (Tennis)* senglau *ll* dynion; **~friseur** *m* barbwr *g*; **~haus** *nt* plas *g*, plasty *g*; **~konfektion** *f* dillad *ll* dynion.

herrenlos *adj* heb berchennog, diberchennog.

Herren- *kompos:* **~magazin** *nt* cylchgrawn *g* i ddynion; **~pilz** *m* madarchen *b* fwytaol.

Herrgott *m* yr Arglwydd *g*.

her̩richten ['he:rrɪçtən] *vt* paratoi.

Herrin *f* meistres *b*.

herrisch *adj* gormesol, awdurdodus.

herrje [hɛr'je:] *interj* mawredd mawr!

herrjemine [hɛr'je:minə] *interj* mawredd mawr!

herrlich *adj* ardderchog, rhagorol.

Herrlichkeit *f* gogoniant *g*, gwychder *g*, ardderchowgrwydd *g*.

Herrschaft *f* pŵer *g*, teyrnasiad *g; (Herr und Herrin)* meistr a meistres; **meine ~en!** foneddigion a boneddigesau!

herrschen ['hɛrʃən] *vi* rheoli, teyrnasu; *(bestehen)* bod, bodoli; **hier ~ ja Zustände!** dyma lanast! dyma olwg ar bethau!

Herrscher (-s, -) *m* (~**in** *f*) rheolwr(aig) *g(b)*, llywodraethwr(aig) *g(b)*.

her̩rühren *vi:* **~ von** deillio o, tarddu o.

her̩sagen^D *vt* adrodd.

her̩sehen *irreg vi:* **hinter jdm ~** dilyn rhn â'ch llygaid.

her̩stammen *vi:* **~ von** *+dat* tarddu o, dod o.

her̩stellen *vt* gwneud, cynhyrchu.

Hersteller (-s, -) *m (COMM)* gwneuthurwr *g*, cynhyrchydd *g*.

Herstellung *f* gwneuthuriad *g*.

Herstellungskosten *pl* costau *ll* cynhyrchu.

her̩tragen *irreg vt* cario yma; **etw hinter jdm ~** cario rhth ar ôl i rn.

Hertz *nt (PHYS)* herts *g*.

herüber [hɛ'ry:bər] *adv* draw (fan hyn), ar draws.

herum [hɛ'rʊm] *adv* o gwmpas, o amgylch; **um etw ~** o amgylch rhth.

herumärgern *vr:* **sich ~ mit** *+dat* ymdrafferthu â.

herumbasteln *vi:* **~ an** *+dat (ugs)* tincera.

herumblättern *vi:* **~ in** *+dat* bodio trwy.

herumdoktern *vi (ugs)* potsio, tincera.

herumdrehen *vt (Schlüssel)* troi; *vgl. auch* **umdrehen**.

herumdrücken *vr:* **sich um etw ~** osgoi rhth.

herumfahren *irreg vi (+sein)* teithio o gwmpas; *(mit Auto)* gyrru o gwmpas; *(sich rasch umdrehen)* troi'n sydyn.

herumfuchteln *vi (mit den Händen)* chwifio; *(mit Pistole)* chwifio.

herumführen *vt* dangos/tywys o gwmpas; **jdn an der Nase ~** *(fig)* twyllo rhn.

herumfummeln *vi* ffidlan, ymbalfalu.

herumgammeln[D] *vi (ugs)* diogi, ofera.

herumgehen *irreg vi (+sein)* cerdded o gwmpas, crwydro o gwmpas; **um etw ~** cerdded/mynd o gylch rhth; **etw ~ lassen** taenu rhth, rhoi rhth ar led.

herumhacken *vi:* **auf jdm ~** *(ugs)* pigo ar rn, lladd ar rn.

herumirren *vi (+sein)* crwydro o gwmpas.

herumkommandieren *vt* lordio ar rn.

herumkommen *irreg vi (+sein) (um Ecke)* dod heibio i, dod rownd; *(ugs)* **um etw ~** osgoi rhth; **er ist viel herumgekommen** mae e wedi gweld tipyn o'r byd.

herumkriegen *vt* perswadio, argyhoeddi, darbwyllo.

herumlungern *(ugs) vi* sefyllian, ofera, loetran.

herumquälen *vr:* **sich mit Rheuma ~** dioddef gan wynegon; **sich mit der Hausaufgabe ~** cael anhawster gyda'r gwaith cartref.

herumreisen *vi* trafaelio, teithio o gwmpas.

herumreißen *irreg vt* troi yn sydyn a grymus; **das Ruder ~** *(fig)* newid cyfeiriad.

herumrennen *vi (+sein)* rhedeg o gwmpas.

herumscharwenzeln *vi:* **~ um** *+akk (ugs)* dawnsio tendans ar rn.

herumschlagen *irreg vr:* **sich mit etw ~** *(ugs)* mynd i'r afael â rhth, ymgodymu â rhth.

herumschleichen *vi* sgwlcan.

herumschleppen *vt:* **etw mit sich ~** cario o gwmpas; *(Sorge, Problem)* ymboeni/gofidio ynghylch rhth; *(Krankheit)* dioddef gan rth.

herumschreien *vi* gweiddi'n orffwyll.

herumsprechen *irreg vr* ymledu, mynd ar led.

herumstöbern *vi* chwilota, chwilmentan.

herumstochern *vi (ugs)* **im Essen ~** pigo'ch bwyd, pigo bwyta.

herumstottern *vi (ugs)* tagu ar eich geiriau.

herumtollen *vi* prancio.

herumtrampeln *vi:* **~ auf** *+dat* sathru ar, sangu.

herumtreiben *vr* mynd lincyn-loncyn, mynd ling-di-long.

Herumtreiber *m* trempyn *g.*

herumziehen *vi (+sein)* symud/crwydro o gwmpas.

herunter [hɛ'rʊntər] *adv* i lawr, tuag i lawr, lawr fan hyn.

heruntergekommen *adj (Mensch)* aflêr, blêr; *(verkommen)* dirywiedig.

herunterhandeln *vt (Preis)* tynnu i lawr, bargeinio i lawr.

herunterhängen *vi* hongian.

herunterholen *vt* tynnu i lawr.

herunterkommen *irreg vi (+sein)* dod i lawr; *(fig)* dihoeni, dirywio.

herunterleiern *vt (ugs)* adrodd yn rhibidi-res.

heruntermachen *vt (zurechtweisen)* dweud y drefn wrth, rhoi yn ei le; *(schlecht machen)* bychanu, lladd ar.

herunterputzen *vt:* **jdn ~** *(ugs)* rhoi pryd o dafod i rn.

herunterspielen *vt* bychanu, gwneud yn fach o.

herunterwirtschaften *vt (ugs)* achosi i (rth) fynd i'r wal.

hervor [hɛr'fo:r] *adv* ymlaen, o, allan o.

hervorbrechen *irreg vi (+sein)* ffrwydro allan, torri allan.

hervorbringen *irreg vt* cynhyrchu; *(Wort)* dweud, yngan, torri.

hervorgehen *irreg vi (+sein)* deillio, dilyn; **aus dem Brief geht hervor, dass ...** gellir casglu o'r llythyr fod...; **aus dieser Ehe gingen fünf Kinder hervor** ffrwyth y briodas hon oedd pum plentyn; **die Grünen sind als Sieger aus dem Wahlkampf hervorgegangen** ar ddiwedd yr etholiad roedd y Blaid Werdd yn fuddugol.

hervorheben *irreg vt* pwysleisio, tanlinellu.

    ♦ *vr* gwrthgyferbynu.

hervorragend *adj (fig)* ardderchog, campus.

hervorrufen *irreg vt* peri, achosi.

hervorstechen *vi (+sein) (fig)* sefyll allan.

hervorstoßen *irreg vt (Worte)* ebychu.

hervortreten *irreg vi (+sein)* ymddangos; *(Adern)* amlygu eu hunain.

hervortun *irreg vr:* **sich ~** tynnu sylw atoch, amlygu eich hun, ennill bri; *(angeben)* ymffrostio.

Herz [hɛrts] **(-ens, -en)** *nt* calon *b;* *(beim Kartenspielen)* calonnau *ll;* *(Salat, fig)* craidd *g;* **von ~en** *oder:* **mit ganzem ~en** o waelod calon; **etw auf dem ~en haben** bod â rhth ar eich meddwl; **schweren ~ens** â chalon drom; **sich** *dat* **etw zu ~en nehmen** teimlo rhth i'r byw; **du sprichst mir aus dem ~en** dyna'n union fy nheimladau i; **im Grunde seines ~ens** yn y bôn; **es liegt mir am ~en** mae'n bwysig iawn i mi, mae'n annwyl iawn i mi; **ein ~ für etw haben** hoffi rhth; **das ~ am rechten Fleck haben** bod â'r galon yn y lle iawn; **seinem ~en Luft machen** *oder:* **sein ~ ausschütten** dweud beth sydd ar eich meddwl; **sein ~ an etw hängen** caru rhth â'ch holl galon; **jdm das ~ brechen** torri calon rhn; **ein ~ und eine Seele sein** bod yn gyfeillion mynwesol; **jdn auf ~ und Nieren prüfen** archwilio rhn yn drwyadl; **mir fällt ein Stein vom ~en** rwyf wedi cael gwared â baich; **ihm rutschte das ~ in die Hose** roedd ei galon yn ei esgidiau; **ein ~ aus Stein** calon garreg.

Herz- *kompos:* **~anfall** *m* trawiad *g* ar y galon; **~beschwerden** *pl* straen *gb* ar y galon.

herzen *vt* cofleidio, anwesu.

Herzenslust *f:* **nach ~ hyd** eich gwala a'ch digon.

herzergreifend *adj* ysgytwol.

herzerweichend *adj* yn cyffwrdd y galon.

Herzfehler *m* nam *g* ar y galon.

herzhaft *adj* gorfoleddus, hoenus.

herziehen ['hɛrtsi:ən] *irreg vi (+sein):* **über jdn ~** *(fig)* tynnu rhn yn ddarnau, lladd ar rn.

Herz- *kompos:* **~infarkt** *m* trawiad *g* ar y galon; **~klappe** *f (ANAT)* falf *b;* **~klopfen** *nt* dychlamiad *g,* cyrchguriad *g* y galon.

herzkrank *adj* yn dioddef gan anhwylder ar y galon.

herzlich *adj* calonnog, cynnes; **~en Glückwunsch** llongyfarchiadau calonnog; **~en Dank** diolch o galon; **~e Grüße** dymuniadau gorau, cofion cynnes; **~ willkommen!** croeso!

Herzlichkeit *f* gwresogrwydd *g,* serchogrwydd *g.*

herzlos *adj* calongaled, didostur.

Herzlosigkeit *f* calongaledwch *g,* dideimladrwydd *g.*

Herzmuschel (-, -n) *f (ZOOL)* cocosen *b.*

Herzog ['hɛrtso:k] (-(e)s, ̈-e) *m* dug *g.*

Herzogin *f* duges *b.*

herzoglich *adj* dugol.

Herzogtum (-s, ̈-er) *nt* dugiaeth *b.*

Herz- *kompos:* **~schlag** *m* curiad *g* calon; *(MED)* trawiad *g* ar y galon; **~schrittmacher** *m* rheolydd *g* calon; **~versagen** *nt* methiant *g* y galon.

herzzerreißend *adj* torcalonnus, ingol, dirdynnol.

Hesse ['hɛsə] (-n, -n) *m* Hessiad *g.*

Hessen (-s) *nt (GEOG)* Hesse *b.*

Hessin (-, -nen) *f* Hessiad *g.*

hessisch *adj* Hessaidd, o Hesse.

heterogen [hetero'ge:n] *adj* heterogenaidd.

heterosexuell [heterozɛksu'ɛl] *adj* gwahanrywiol.

Hetz[A] *f (Spaß)* hwyl *g,* sbri *g.*

Hetze ['hɛtsə] *f (Eile)* brys *g,* prysurdeb *g,* rhuthr *g.*

hetzen ['hɛtsən] *vt (+haben) (verfolgen)* ymlid, erlid, hela; *(zur Eile drängen)* gwthio; **die Hunde auf jdn ~** hel y cŵn ar rn.

♦ *vi (+sein) (eilen)* rhuthro, brysio; **~ gegen** ymgyrchu yn erbyn, corddi teimladau'n erbyn, ennyn casineb yn erbyn.

Hetzerei [hɛtsə'raɪ] *f* cynhyrfiad *g; (Eile)* rhuthr *g,* brys *g.*

Hetzkampagne ['hɛtskampanjə] *f* ymgyrch *gb* ddifenwi, ymgyrch taflu baw.

Heu [hɔʏ] (-s, *kein pl*) *nt* gwair *g;* **Geld wie ~** arian fel dŵr.

Heuboden *m* taflod *b.*

Heuchelei [hɔʏçə'laɪ] *f* rhagrith *g.*

heucheln ['hɔʏçəln] *vt* ffugio.

♦ *vi* bod yn rhagrithiol.

Heuchler (-s, -) *m* (**~in** *f*) rhagrithiwr *g,* rhagrithwraig *b.*

heuchlerisch *adj* rhagrithiol.

heuer[A] *adv* eleni, y flwyddyn hon.

Heuer ['hɔʏər] (-, -n) *f (NAUT)* tâl *g.*

heuern ['hɔʏərn] *vt* cyflogi, hurio.

Heugabel ['hɔʏga:bəl] (-, -n) *f* picwarch *b,* picfforch *b.*

Heuhaufen ['hɔʏhaʊfən] (-s, -) *m* tas *b* wair.

heulen ['hɔʏlən] *vi* udo, dolefain; *(weinen)* wylo; **das heulende Elend bekommen** bod yn y felan, cael pwl o iselder.

heurig[A] ['hɔʏrɪç, -ɪk] *adj* o eleni, o'r flwyddyn hon.

Heurige[A] ['hɔʏrɪgə] *m* gwin *g* newydd/ifanc; *(Weinlokal)* gwindy *g,* tafarn *b* win.

Heuschnupfen *m* clefyd *g* y gwair, twymyn *b* y gwair.

Heuschrecke (-, -n) *f (ZOOL)* ceiliog *g* rhedyn, sioncyn *g* y gwair, locust *g.*

heute ['hɔʏtə] *adv* heddiw; **~ Abend** heno; **~ Früh** heddiw'r bore, y bore 'ma; **~ Morgen** heddiw'r bore, y bore 'ma; **~ in einer Woche** wythnos i heddiw; **von ~ auf morgen** *(fig: plötzlich)* dros nos; **das H~** heddiw *g.*

heutig ['hɔʏtɪç, -ɪk] *adj* (yn perthyn i) heddiw; **die ~e Jugend** pobl ifanc heddiw, pobl ifanc y dyddiau hyn; **die ~e Zeitung** papur *g* heddiw; **unser ~es Schreiben** *(COMM)* ein llythyr â dyddiad heddiw.

heutzutage ['hɔʏttsuta:gə] *adv* y dyddiau hyn.

hexagonal *adj* chweongl.

Hexe ['hɛksə] (-, -n) *f* gwrach *b,* dewines *b.*

hexen ['hɛksən] *vi* swyngyfareddu, ymarfer dewiniaeth; **ich kann doch nicht ~** alla' i ddim cyflawni gwyrthiau.

Hexen- *kompos:* **~häuschen** *nt* tŷ *g* bara sinsir; **~kessel** *m* crochan *g,* pair *g;* **~meister** *m* dewin *g,* swynwr *g;* **~schuss** *m (MED)* cryd *g* y llwynau, llwynwst *g;* **~stich** *m (TEXT)* pwyth *g* pennog.

Hexer (-s, -) *m* dewin *g,* swynwr *g.*

Hexerei *f* swyngyfaredd *g,* dewiniaeth *b.*

HG *f abk =* **Handelsgesellschaft.**

hg. *abk (= herausgegeben)* cyhoeddwyd.

hie [hi:] *adv vgl.* **hier; ~ und da** *(ab und zu)* weithiau, nawr ac yn y man; **~bei, ~mit, ~durch** *usw =* **hierbei, hiermit, hierdurch** *usw.*

Hieb [hi:p] *m* ergyd *gb; (Wunde)* toriad *g,* trychiad *g,* archoll *b; (Stichelei)* sylw *g* miniog/brathog; **~e bekommen** cael crasfa, cael chwip din.

hieb *vb vgl.* **hauen.**

hieb- und stichfest *adj (fig)* diwrthbrawf, sicr.

hiebei = hierbei.

hiedurch = hierdurch.

hiefür = hierfür.

hieher = hierher.

hielt *vb vgl.* halten.

hiemit = hiermit.

hier [hi:r] *adv* yma, fan hyn; **~ spricht Mayrhofer** *(TEL)* Mayrhofer sy'n siarad; **er ist von ~** mae e'n dod o'r ardal hon; **~ behalten** cadw (yma); **~ bleiben** aros (yma); **~ lassen** gadael yma.

Hierarchie [hierar'çi:] (-, -n) *f* hierarchiaeth *b*.

hierarchisch *adj* hierarchaidd.

hierauf *adv* ar hyn/hynny; *(danach)* wedyn, wedi hynny.

hieraus *adv:* **~ folgt, dass** ... gellir casglu o hyn fod...

hier behalten *irreg vt vgl.* hier.

hierbei *adv* wrth (wneud) hynny.

hier bleiben *irreg vi (+sein) vgl.* hier.

hierdurch *adv* trwy fan hyn; *(deswegen)* trwy (wneud) hyn.

hierfür *adv* am hynny.

hierher *adv* yma, ffordd yma; **~ gehören** perthyn yma; *(fig: relevant sein)* bod yn briodol.

hierhin *adv* yma, i fan hyn.

hier lassen *irreg vt vgl.* hier.

hiermit *adv* trwy hyn, gan hynny; **~ erkläre ich** ... trwy hyn yr wyf yn datgan...

hiernach *adv* wedi hyn, wedyn.

Hieroglyphe *f* hieroglyff *b*.

hieroglyphisch *adj* hieroglyffig.

hiervon *adv (durch)* trwy hyn, o'r herwydd; **~ abgesehen** ar wahân i hyn, heblaw am hyn.

hierzu *adv* at hyn, i hyn, ar ben hyn.

hierzulande *adv* yn y wlad hon.

hiesig ['hi:zɪç, -ɪk] *adj* o'r lle hwn, lleol.

hieß *vb vgl.* heißen.

hieven *vt* halio.

hievon = hiervon.

Hi-Fi-Anlage [haɪ'fi:anla:gə] *f* system *b* hi-fi.

Hightechindustrie ['haɪtɛkɪdus'tri:] *f* diwydiant *g* uwch-dechnoleg.

Hilfe ['hɪlfə] (-, -n) *f* help *g*, cymorth *g*; **erste ~** cymorth cyntaf; **jdm ~ leisten** helpu rhn; **~!** help! **zu ~ kommen** sefyll yn y bwlch; **mit ~ von jdm** â chymorth rhn.

Hilfeleistung *f:* **unterlassene ~** *(JUR)* methiant *g* i gynnig cymorth.

Hilfe- *kompos:* **~ruf** *m* galwad *gb* am gymorth; **~stellung** *f* canllaw *gb*, cefnogaeth *b*.

hilflos *adj (ohne Hilfe)* digymorth; *(verlegen, unbeholfen)* gwan, diymadferth.

Hilflosigkeit *f* diymadferthwch *g*, diymadferthedd *g*.

hilfreich *adj* cymwynasgar, gwasanaethgar; *(nützlich)* defnyddiol.

Hilfs- *kompos:* **~aktion** *f* ymgyrch *gb* er budd; **~arbeiter** *m* labrwr *g*.

hilfsbedürftig *adj* anghenus.

hilfsbereit *adj* parod i helpu.

Hilfs- *kompos:* **~bereitschaft** *f* parodrwydd *g* i helpu; **~kraft** *f* cynorthwywr(aig) *g(b)*; **~mittel** *nt* cymorth *g*, cynhorthwy *g*; **~schule** *f* ysgol *b* i blant ag anghenion arbennig; **~zeitwort** *nt (GRAM)* berf *b* gynorthwyol.

Himbeere ['hɪmbe:rə] (-, -n) *f* mafonen *b*, afanen *b*.

Himmel ['hɪməl] (-s, -) *m* wybren *b*, awyr *b*; *(REL, LIT)* nefoedd *ll b*; **um ~s willen** neno'r nefoedd, er mwyn y nefoedd; **zwischen ~ und Erde** yn yr awyr; **im siebten ~ schweben** bod yn y seithfed nef.

himmelangst[D] *adv:* **mir ist ~** mae arna i ofn dychrynllyd.

Himmelbett *nt* gwely *g* pedwar postyn.

himmelblau *adj* glas golau, goleulas.

Himmelfahrt *f (REL)* Esgyniad *g*, Dyrchafael *g*.

Himmelfahrtskommando *nt (MIL, ugs)* carfan *b* gicio; *(Unternehmen)* cyrch *g* hunanleiddiol.

Himmelreich *nt (REL)* Teyrnas *b* Nefoedd.

himmelschreiend *adj* gwarthus, cywilyddus.

Himmelskörper *m* corff *g* nefol.

Himmelsrichtung *f* pwynt y cwmpawd; **aus allen ~en** o bedwar ban byd, o bob cyfeiriad.

Himmelszelt *nt (geh)* wybren *b*.

himmelweit[D] *adj:* **ein ~er Unterschied** byd o wahaniaeth.

himmlisch ['hɪmlɪʃ] *adj* nefolaidd.

hin [hɪn] *adv* **1** *(Richtung)* **bis zur Mauer ~** hyd at y wal; **wo ist er ~?** i ble'r aeth e? **nichts wie ~!** i ffwrdd â ni! **~ und zurück** yno ac yn ôl; **einmal London ~ und zurück** tocyn dwyffordd i Lundain; **~ und her** yn ôl ac ymlaen; **~ und her überlegen** myfyrio; **nach außen ~** yn allanol, i bob golwg; **Geld ~, Geld her** arian neu beidio; **2** *(folgend)* **auf meine Bitte ~** ar fy nghais i; **auf seinen Rat ~** ar sail ei gyngor e; **~ und wieder** o bryd i'w gilydd, bob hyn a hyn; **3** *(ugs: kaputt)* wedi torri; **sein Auto ist ~** nid yw ei gar yn gweithio, mae ei gar wedi cael difrod mawr; **mein Glück ist ~** diflannodd fy hapusrwydd.

hinab [hɪ'nap] *adv* i lawr, tuag i lawr.

hinabgehen *irreg vi (+sein)* mynd i lawr.

hinabsehen *irreg vi* edrych i lawr.

hinabsteigen *irreg vi (+sein)* dringo i lawr.

hinarbeiten *vi:* **auf etw** *akk* **~** *(auf Ziel)* gweithio tuag at rth.

hinauf [hɪˈnaʊf] *adv* i fyny, lan.

hinaufarbeiten *vr* codi yn y byd, ymddyrchafu.

hinaufsteigen *irreg vi (+sein)* dringo.

hinaus [hɪˈnaʊs] *adv* allan, mas; **hinten ~** yn y cefn; **darüber ~** ar ben hynny, yn fwy na hynny; **auf Jahre ~** am flynyddoedd i ddod.

hinausbefördern *vt* taflu/cicio allan.

hinausfliegen *irreg vi (+sein) (ugs)* cael eich cicio allan.

hinausführen *vi:* **über etw** *akk* **~** arwain ymhellach na rhth, mynd y tu hwnt i rth.

hinausgehen *irreg vi (+sein)* mynd allan; **über etw** *+akk* **~** mynd ymhellach na rhth, mynd dros ben rhth.

hinauslaufen *irreg vi (+sein)* rhedeg allan; *(fig)* **~ auf** *+akk* dod yn.

hinausschieben *irreg vt* gohirio.

hinausschießen *irreg vi:* **über das Ziel ~** *(fig)* mynd y tu hwnt i'r nod.

hinauswachsen *irreg vi (+sein):* **er wuchs über sich selbst hinaus** rhagorodd arno'i hun.

hinauswerfen *irreg vt* taflu allan.

hinauswollen *vi* eisiau mynd allan; **~ auf** *+akk* anelu at.

hinausziehen *irreg vt (+haben)* tynnu allan.
- ♦ *vr (+haben)* ymestyn.
- ♦ *vi (+sein) (aufs Land)* symud.

hinauszögern *vt* gohirio.
- ♦ *vr* cael ei ohirio.

hinbekommen *irreg vt:* **das hast du gut ~** cest ti hwyl arni.

hinblättern *vt (ugs: Geld)* talu.

Hinblick [ˈhɪnblɪk] *m:* **in ~ auf** *+akk* o ystyried, o gofio, yn wyneb.

hinderlich [ˈhɪndərlɪç] *adj* yn rhwystr, yn niwsans; **jds Karriere** *dat* **~ sein** rhwystro gyrfa rhn.

hindern [ˈhɪndərn] *vt* rhwystro, atal, llesteirio; **jdn an etw** *dat* **~** atal rhn rhag gwneud rhth.

Hindernis [ˈhɪndərnɪs] (**-ses, -se**) *nt* rhwystr *g*, llestair *g*.

Hindernis- *kompos:* **~lauf** *m* ras *b* ffos a chlwyd, ras rwystrau; **~rennen** *nt* ras *b* ffos a pherth, ras geffylau ar draws gwlad.

Hinderungsgrund *m* rhwystr *g*, carreg *b* rwystr.

hindeuten [ˈhɪndɔʏtən] *vi:* **~ auf** *+akk* cyfeirio at; *(fig)* awgrymu.

Hindin *f (geh)* ewig *b*.

Hindu *m* Hindŵ *g*.

Hinduismus [hɪnduˈɪsmʊs] *m (REL)* Hindŵaeth *b*.

hindurch [hɪnˈdʊrç] *adv* trwy, ar draws; *(zeitlich)* gydol.

hindürfen [ˈhɪndʏrfən] *irreg vi* bod â chaniatâd i fynd.

hinein [hɪˈnaɪn] *adv* i mewn; **bis tief in die Nacht ~** i berfeddion nos.

hineinbringen *irreg vt* dod â (rhth) i mewn.

hineinfallen *irreg vi (+sein)* cwympo i mewn, syrthio i mewn.

hineinfinden *irreg vr (fig: sich vertraut machen)* cael eich traed danoch; *(sich abfinden)* dod i delerau.

hineingehen *irreg vi (+sein)* mynd i mewn.

hineingeraten *irreg vi (+sein):* **~ in** *+akk* cael eich tynnu i mewn i.

hineininterpretieren *vt:* **etw in etw** *akk* **~** gweld rhth mewn rhth nad yw yno, camdehongli.

hineinknien *vr: (ugs)* **sich in etw** *akk* **~** magu diddordeb mewn rhth, ymhel â rhth.

hineinpassen *vi* ffitio i mewn; *(fig)* cyd-fynd â rhth, cyd-daro â rhth.

hineinpferchen *vt* gwasgu i mewn.

hineinprügeln *vt:* **etw in jdn ~** *(ugs)* bwrw rhth i ben rhn.

hineinstecken *vt:* **Arbeit in etw** *akk* **~** buddsoddi ymdrech mewn rhth.

hineinsteigern *vr* cynhyrfu, ymgynhyrfu.

hineinversetzen *vr:* **sich ~ in jdn** rhoi eich hunan yn lle rhn (arall).

hineinziehen *irreg vt (+haben)* tynnu i mewn; **jdn in etw ~** *(in Konflikt)* tynnu rhn i mewn i rth.
- ♦ *vi (+sein)* mynd i mewn.

hinfahren *irreg vi (+sein)* mynd, gyrru.
- ♦ *vt (+haben) (transportieren)* mynd â, gyrru.

Hinfahrt *f* taith *b* tuag yno.

hinfallen *irreg vi (+sein)* cwympo, syrthio.

hinfällig *adj* brau; *(fig: ungültig)* di-rym, annilys.

hinfliegen *irreg vi (+sein)* hedfan yno; *(ugs:* ^ *hinfallen)* cwympo, syrthio.

Hinflug *m* taith *g* allan (mewn awyren).

hing *vb vgl.* **hängen**[1].

Hingabe *f* ymroddiad *g*; **mit ~ tanzen** dawnsio gydag ymroddiad.

hingeben *irreg vr +dat* ymroi i.

hingebungsvoll *adv (begeistert)* yn frwdfrydig; *(lauschen)* yn astud.

hingegen [hɪnˈgeːgən] *konj* fodd bynnag.

hingehen *irreg vi (+sein)* mynd yno, cerdded yno; *(Zeit)* mynd, pasio; **gehst du auch hin?** wyt ti'n mynd hefyd?

hingerissen *adj:* **~ sein** bod wedi eich swyno.

hinhalten *irreg vt* estyn; *(warten lassen)* cadw i aros.

Hinhaltetaktik *f* tacteg *b* arafu.

hinhauen *irreg vi (ugs: zuschlagen)* taro; *(klappen)* gweithio; *(ausreichen)* gwneud y tro.

hinhören *vi* gwrando.

hinken ['hɪŋkən] *vi (+haben oder sein)* hercian, cerdded yn gloff.

hinkommen *irreg vi (+sein) (an Ort)* cyrraedd; **wo ist das Buch hingekommen?** ble mae'r llyfr? **das kann ~ gall** fod yn iawn; **wo kämen wir denn da hin?** at beth fyddai hynny'n ein harwain ni?

hinknien *vr* penlinio.

Hinkunft *f:* **in ~** pellach, ymhellach.

hinlänglich *adj* digonol.

hinlegen *vt* rhoi i lawr; **er musste dafür ganz schön ~** *(ugs: zahlen)* roedd rhaid iddo dalu llawer amdano.

♦ *vr* gorwedd i lawr; **sich der Länge nach ~** *(ugs)* syrthio/cwympo ar eich hyd.

hinnehmen *irreg vt (fig)* derbyn, goddef, dygymod â.

hinnen *adv (geh)* **von ~ nach dannen** o fan i fan.

hinreichen *vi* bod yn ddigon, bod yn ddigonol.

♦ *vt:* **jdm etw ~** estyn rhth i rn.

hinreichend *adj* digonol.

Hinreise *f* taith *b* allan.

hinreißen *irreg vt* swyno, cyfareddu; **sich zu etw ~ lassen** colli arnoch eich hun a gwneud rhth.

hinreißend *adj* swynol, cyfareddol.

hinrichten *vt* dienyddio.

Hinrichtung (-, -en) *f* dienyddiad *g.*

hinsehen *irreg vi* edrych; **bei genauerem H~** wrth edrych yn fwy manwl.

hin sein *irreg vi (+sein) vgl.* **hin.**

hinsetzen *vt* rhoi i lawr.

♦ *vr* eistedd (i lawr).

Hinsicht *f:* **in mancher ~** ar sawl cyfrif, mewn sawl modd.

hinsichtlich *präp +gen* ynghylch, ynglŷn â.

Hinspiel *nt (SPORT)* gêm *b* gyntaf.

hinstellen *vt* rhoi, gosod.

hinanstellen *vt (fig)* anwybyddu.

hinten ['hɪntən] *adv* tu ôl; **es stimmt ~ und vorn nicht** nid oes yr un elfen o wirionedd ynddo; **das reicht ~ und vorn nicht** mae hynny ymhell o fod yn ddigon; **nach ~ losgehen** *(fig)* tanio'n ôl.

hintendran *adv (ugs)* yn y cefn.

hintenherum *adv* yn y cefn; *(fig)* yn gyfrinachol.

hinter ['hɪntər] *präp +dat oder +akk* tu ôl i; *(nach)* ar ôl; **~ jdm her sein** bod ar ôl rhn; **~ die Wahrheit kommen** dod o hyd i'r gwir; **~ Gittern** y tu ôl i'r barrau; **sich ~ jdn stellen** *(fig)* cefnogi rhn; **etw ~ sich** *dat* **haben** *(zurückgelegt haben)* gweld diwedd ar rth; **sie hat viel ~ sich** mae wedi bod trwy lawer; **~s Licht führen** twyllo.

Hinter- *kompos:* **~achse** *f (AUTO)* echel *b* gefn, echel ôl; **~backe** *f* ffolen *b*; **~bänkler** *m (POL)* meinciwr *g* ôl,

aelod *g* cyffredin.

Hinterbein *nt* coes *b* ôl; **sich auf die ~e stellen** *(fig)* ymdrechu, ymroi; *(trotzen)* gwrthwynebu.

Hinterbliebene *m/f* perthynas *g(b)* sydd ar ôl/sydd yn fyw.

hinterdrein[D] *adv* = **hinterher.**

hintere *adj* ôl, cefn.

hintereinander *adv* y naill ar ôl y llall; **zwei Tage ~** dau ddiwrnod yn olynol.

hinterfotzig[A] *adj (ugs)* dichellgar, llechwraidd.

hinterfragen *vt untrenn* holi.

Hintergedanke *m* cymhelliad *g* cudd.

hintergehen [hɪntər'ge:ən] *irreg vt untrenn (+haben)* twyllo.

Hintergrund (-(e)s, ¨-e) *m* cefndir *g.*

hintergründig *adj* enigmatig, dyrys.

Hinterhalt *m* rhagod *g*, cudd-ymosodiad *g*; **etw im ~ haben** cael rhth wrth gefn.

hinterhältig *adj* dichellgar, llechwraidd.

Hinterhand *f (von Pferd)* pedrain *b.*

hinterher *adv (danach)* wedyn, wedi hynny; *(dahinter)* ar ei ôl, tu ôl iddo; **~ sein, dass ...** gofalu bod…

Hinter- *kompos:* **~hof** *m* iard *b* gefn; **~kopf** *m* cefn *g* y pen; **~land** *nt (POL, HIST)* cefnwlad *b*, cefnfro *b.*

hinterlassen *irreg vt untrenn (Spur)* gadael; *(Erbe)* gadael i, ewyllysio.

Hinterlassenschaft *f* ystad *b* (ewyllyswr), eiddo *g.*

hinterlegen *vt untrenn* rhoi i gadw.

Hinterlegungsstelle *f* storfa *b.*

Hinterlist *f* cyfrwystra *g*, dichell *b*; *(Handlung)* twyll *g*, ystryw *gb.*

hinterlistig *adj* cyfrwys, dichellgar.

Hintermann (-(e)s, -männer) *m* person *g* tu ôl/tu cefn; **die Hintermänner des Skandals** y bobl y tu ôl i'r sgandal.

Hintern ['hɪntərn] *m (ugs)* pen *g* ôl; **jdm den ~ versohlen** rhoi chwip din i rn.

Hinterrad (-(e)s, ¨-er) *nt* olwyn *b* gefn.

Hinterradantrieb *m (AUTO)* gyriant *g* ôl, ôl-yriant *g.*

hinterrücks *adv* o'r tu ôl, o'r tu cefn; *(pej)* yng nghefn rhn, llechwraidd, dichellgar.

Hinterteil *nt* pen *g* ôl, pedrain *b.*

Hintertreffen *nt:* **ins ~ kommen** bod ar ei hôl hi.

hintertreiben *irreg vt untrenn* rhwystro, atal.

Hinter- *kompos:* **~treppe** *f* grisiau *ll* cefn, staer *b* gefn; **~tür** *f* drws *g* cefn; *(fig: Ausweg)* bwlch *g*, man *g* gwan, dihangfa *b.*

Hinterwäldler *m (ugs)* gwladwr *g.*

hinterziehen *irreg vt untrenn (Steuern)* osgoi (talu).

hintun *irreg vt (ugs)* **wo soll ich die Gläser ~?** ble dylwn i roi'r gwydrau?

hinüber [hɪ'ny:bər] *adv* drosodd.

hinübergehen *irreg vt (+sein)* croesi, mynd dros rth, mynd ar draws rhth.

hinunter [hɪˈnʊntər] *adv* i lawr, i waered.

hinunterbringen *irreg vt* mynd â rhth i lawr.

hinunterschlucken *vt (auch fig)* llyncu.

hinunterspülen *vt* fflwsio i ffwrdd; *(Essen, Tablette)* golchi i lawr.

hinuntersteigen *irreg vi (+sein) untrenn* dringo i lawr, disgyn.

Hinweg [ˈhɪnveːk] *m* taith *b* tuag yno, siwrnai *b* allan.

hinweggehen [hɪnˈvɛkgeːən] *irreg vi (+sein):* **über etw** *akk ~ (fig)* anwybyddu rhth.

hinweghelfen *irreg vi:* **jdm über etw** *akk ~* cynorthwyo rhn i oresgyn rhth.

hinwegkommen *irreg vi (+sein) (fig)* **über etw** *akk ~* dod dros rhth.

hinwegsehen *irreg vi:* **darüber ~, dass ...** anwybyddu'r ffaith fod..., diystyru'r ffaith fod...

hinwegsetzen *vr:* **sich ~ über** *+ akk* diystyru, anwybyddu, peidio â sylwi ar.

Hinweis [ˈhɪnvaɪs] **(-es, -e)** *m (Andeutung)* awgrym *g*, ensyniad *g*, hanner gair *g*; *(Anweisung)* gorchymyn *g*, cyfarwyddyd *gb*; *(Verweis auf etw)* cyfeiriad *g*, cyfeirnod *g*; **sachdienliche ~e** gwybodaeth berthnasol.

hinweisen [ˈhɪnvaɪzən] *irreg vi:* **~ auf** *+akk (zeigen)* pwyntio at, dangos; *(informieren)* tynnu sylw at; *(verweisen)* cyfeirio at; **darauf ~, dass ...** tynnu sylw at y ffaith fod...; *(anzeigen)* dangos bod...

Hinweis- *kompos:* **~schild** *nt* arwydd *gb*; **~tafel** *f* arwydd *gb*.

hinwerfen *irreg vt* taflu/lluchio i lawr; **eine hingeworfene Bemerkung** sylw *g* dibwys.

hinwirken *vi:* **auf etw** *akk ~* gweithio tuag at rth.

Hinz [hɪnts] *m:* **~ und Kunz** *(ugs)* unrhyw un.

hinziehen *irreg vr (fig)* llusgo ymlaen, rhygnu ymlaen.

hinzielen *vi:* **~ auf** *+akk* anelu at.

hinzu [hɪnˈtsuː] *adv* yn ychwanegol; **~ kommt, dass ...** ar ben hynny mae....

hinzufügen *vt* ychwanegu.

Hinzufügung *f:* **unter ~ von** *+dat (geh)* gan ychwanegu.

hinzukommen *irreg vi (+sein) (herankommen)* cyrraedd, ymddangos; *vgl. auch* **hinzu**.

hinzuziehen *irreg vt* ymgynghori â; **wir haben einen Experten hinzugezogen** 'rydym wedi ymgynghori ag arbenigwr.

Hiobsbotschaft **(-, -en)** *f* newyddion *ll* drwg.

Hippe[D] [ˈhɪpə] **(-, -n)** *f (geh)* bilwg *g*.

Hirn [hɪrn] **(-(e)s, -e)** *nt* ymennydd *g*.

Hirngespinst *nt* ffantasi *gb*, ffrwyth *g* dychymyg.

Hirnhautentzündung *f (MED)* llid *g* yr ymennydd.

hirntot *adj* â'r ymennydd wedi marw.

hirnverbrannt *adj (ugs)* penwan, hurt.

Hirsch [hɪrʃ] **(-es, -e)** *m* carw *g*, hydd *g*; *(ugs: Dummkopf)* twpsyn *g*.

Hirschkuh *f* hyddes *b*, ewig *b*.

Hirse [ˈhɪrzə] *f (BOT, KOCH)* miled *g*, grawn *ll* bach.

Hirt [hɪrt] **(-en, -en)** *m (Schaf~, REL)* bugail *g*; *(Rinder~)* bugail gwartheg; *(Schweine~)* meichiad *g*.

Hirte [ˈhɪrtə] *m* = **Hirt**.

Hirtenstab *m* ffon *b* fugail.

Hirtin **(-, -nen)** *f (Schaf~)* bugeiles *b*; *(Rinder~)* bugeiles gwartheg.

hissen [ˈhɪsən] *vt (Fahne, Segel)* halio, codi.

Historiker [hɪsˈtoːrikər] **(-s, -)** *m* hanesydd *g*.

historisch [hɪsˈtoːrɪʃ] *adj* hanesyddol.

Hit [hɪt] **(-s, -s)** *m (MUS)* cân *b* lwyddiannus.

Hitlerjugend *f (HIST)* mudiad *g* ieuenctid Hitler.

Hitparade *f* y siartiau *ll*.

Hitze [ˈhɪtsə] **(-, *kein pl*)** *f* gwres *g*, tes *g*; **in der ~ des Gefechts** *(fig)* yng ngwres y funud.

hitzebeständig *adj* yn gwrthsefyll gwres.

Hitzefrei *nt:* **~ haben** *(SCH)* bod wedi cael eich rhyddhau oherwydd tywydd poeth.

Hitzewelle *f* cyfnod *g* o dywydd poeth.

hitzig *adj* byr ei dymer; *(Debatte)* chwyrn, ffyrnig.

Hitzkopf *m* penboeth *g*.

hitzköpfig *adj* penboeth, eithafol.

Hitzschlag *m* trawiad *g* gwres.

HIV-negativ *adj* HIV-negatif.

HIV-positiv *adj* HIV-positif.

hl. *abk* = **heilig**.

H-Milch *f* llaeth/llefrith *g* gwres uchel.

HNO-Arzt *m (Hals-Nasen-Ohrenarzt)* arbenigwr *g* clust, trwyn a genau.

hob *vb vgl.* **heben**.

Hobby [ˈhɔbi] **(-s, -s)** *nt* hobi *g*, diddordeb *g*.

Hobel [ˈhoːbəl] **(-s, -)** *m* plaen *g*.

Hobelbank *f* mainc *b* weithio'r saer.

hobeln *vt* llyfnhau, plaenio.

hoch *(komp* **höher**; *superl* **am höchsten)** *adj* uchel; **ein hoher Baum** coeden uchel; **ein hohes Tier** *(ugs)* un o'r hoelion wyth.

♦ *adv (ugs:*[D] *hinauf)* i fyny, lan; **wenn es ~ kommt** *(ugs)* ar y mwyaf; **das ist mir zu ~** *(ugs)* mae hynny y tu hwnt i mi; **es ging ~ her** cawsom hwyl a hanner; **~ und heilig versprechen** addo ar eich llw; **~ achten** parchu; **~ begabt** tu hwnt o dalentog; **~ betagt** hen iawn, oedrannus; **~ dotiert** yn ennill arian mawr, yn cael cyflog da; **~ empfindlich**

sensitif iawn; *(Film)* cyflym; ~ **entwickelt**
soffistigedig; ~ **gestellt** *(fig: Persönlichkeit)*
uchelradd.

Hoch [hoːx] (-**s**, -**s**) *nt (Ruf)* bloedd *g* hwrê; *(MET)*
pwysedd *g* uchel.

hochachten *vt vgl.* **hoch**.

Hochachtung *f* parch *g*, edmygedd *g*; **mit**
vorzüglicher ~ *(veraltet in Briefen)* yr eiddoch yn
gywir.

hochachtungsvoll[A] *adv (in Brief)* yr eiddoch yn
gywir.

hochaktuell *adj* amserol iawn.

Hochamt *nt (REL)* uchel offeren *b*.

hocharbeiten *vr* codi yn y byd, ymddyrchafu.

hochbegabt *adj vgl.* **hoch**.

hochbetagt *adj* mewn gwth o oedran.

Hochbetrieb *m* gweithgaredd *g* mawr; *(COMM)* oriau
ll brig; ~ **haben** bod yn y cyfnod prysuraf.

hochbringen *irreg vt* codi, gwella; *(ugs)*[D] dod â rhth i
fyny.

Hoch- *kompos:* ~**burg** *f* cadarnle *g*; ~**deutsch** *nt* Uchel
Almaeneg *b*, Almaeneg safonol; ~**druck** *m (MET,*
MED) pwysedd *g* uchel; ~**ebene** *f (GEOG)* llwyfandir
g.

hoch empfindlich *adj vgl.* **hoch**.

hoch entwickelt *adj vgl.* **hoch**.

hocherfreut *adj* balch dros ben.

hochfahren *irreg vi (+sein) (erschreckt)* neidio.

hochfliegend *adj (fig)* uchelgeisiol, chwyddedig.

Hoch- *kompos:* ~**form** *f* brig *g*; ~**gebirge** *nt (GEOG)*
mynyddoedd *ll* uchel; ~**gefühl** *nt* gorfoledd *g*,
balchder *g*, llawenydd *g*.

hochgehen *irreg vi (+sein) (ugs: explodieren)* ffrwydro.

Hochgenuss *m (großes Vergnügen)* pleser *g* arbennig.

hochgeschlossen *adj (Kleid)* â gwddf uchel.

hoch gestellt *adj vgl.* **hoch**.

Hochglanz *m* sglein *g*; **etw auf ~ bringen** peri i rth
ddisgleirio fel swllt.

hochgradig *adj* cryf, o'r radd uchaf, aruthrol.

hochhalten *irreg vt* dal i fyny, codi; *(fig)* parchu,
cynnal, coleddu.

Hochhaus (-**es**, ¨-**er**) *nt* adeilad *g* aml-loriog.

hochheben *irreg vt* codi.

hochkant *adv:* **jdn ~ hinauswerfen** *(ugs)* taflu rhn allan
ar ei din.

hochkommen *irreg vi (+sein) (beruflich, gesellschaftlich)*
ymddyrchafu, dod ymlaen yn y byd; *(ugs:*[D] *nach*
oben) dod i fyny.

Hochkonjunktur *f (COMM)* cynnydd *g* economaidd,
ffyniant *g* economaidd.

hochkrempeln *vt* torchi.

Hochland *nt (GEOG)* ucheldir *g*, ucheldiroedd *ll*.

hochleben *vi:* **jdn ~ lassen** rhoi hwrê fawr i rn.

Hochleistungssport *m* chwaraeon *ll* cystadleuol.

hochmodern *adj* tra modern.

Hochmoor *nt* rhos *b*, rhostir *g*.

Hochmut *m* balchder *g*.

hochmütig *adj* balch, trahaus.

hochnäsig *adj* ffroenuchel.

Hochnäsigkeit *f* rhodres *g*.

hochnehmen[D] *irreg vt* codi; **jdn ~** *(ugs: verspotten)*
tynnu coes rhn.

Hochofen *m* ffwrnais *b*, ffwrnais chwyth.

hochprozentig *adj (Alkohol)* cryf, trachadarn.

hochrangig *adj* uchelradd.

Hoch- *kompos:* ~**rechnung** *f* blaenamcan *g*; ~**saison** *f*
cyfnod *g* prysur; ~**schätzung** *f* edmygedd *g*,
meddwl *g* mawr.

Hochschaubahn[A] *f* ffigur *g* wyth.

Hochschul- *kompos:* ~**abschluss** *m* gradd *b*; ~**bildung** *f*
addysg *b* uwch.

Hochschule (-, -**n**) *f* coleg *g*, prifysgol *b*.

Hochschüler *m* myfyriwr *g*.

Hochschülerschaft *f* undeb *g* myfyrwyr.

Hochschulreife *f:* **er hat die ~** ≈ mae e wedi pasio
lefel A.

hochschwanger *adj* trom, yn disgwyl cyn bo'n hir.

Hochsee *f* cefnfor *g*.

Hochseefischerei *f* pysgota *g* cefnfor.

Hochsommer *m* canol *g* yr haf.

Hochspannung *f (ELEKT)* tyndra *g* dwys.

Hochspannungsmast *m* peilon *g*.

Hochsprache *f* iaith *b* safonol.

hochspringen *irreg vi (+sein)* neidio i fyny.

Hochsprung *m (SPORT)* naid *b* uchel.

höchst [høːkst] *adv* tra, hynod o, arbennig o.

Hochstapler *m* twyllwr *g*.

höchst *adv* hynod o…; ~ **unfair** yn arbennig o
annheg.

Hochstapler *m* ymhonnwr *g*.

höchste *(superl von* **hoch**) *adj* uchaf, pennaf, mwyaf;
(äußerste) eithaf; **die ~ Instanz** *(JUR)* y Goruchaf Lys
Apêl; ~ **Zeit** hen bryd.

hochstehend *adj* dyrchafedig.

höchstens *adv* ar y mwyaf.

Höchst- *kompos:* ~**geschwindigkeit** *f* y cyflymdra *g*
uchaf; ~**grenze** *f* terfyn *g* eithaf.

Hochstimmung *f* asbri *g*, hwyl *b*, afiaith *b*.

Höchstleistung *f* perfformiad *g* gorau, *(IND: bei*
Produktion) allgynnyrch *g* mwyaf posibl.

höchstpersönlich *adv* yn y cnawd.

Höchst- *kompos:* ~**preis** *m* y pris *g* uchaf, uchafbris *g*;
~**stand** *m* uchafbwynt *g*, brig *g*; ~**strafe** *f* cosb *b*
eithaf; ~**temperatur** *f* uchafbwynt *g* tymheredd.

höchstwahrscheinlich *adv* mwy na thebyg.

Hoch- *kompos:* **~technologie** *f* uwch-dechnoleg *b*; **~temperaturreaktor** *m* adweithydd *g* tymheredd uchel.

Hochtouren *pl:* **auf ~ laufen** *(Maschine)* gweithio â chyflymdra eithaf.

hochtrabend *adj* mawreddog, chwyddedig.

Hoch- und Tiefbau *m* peirianneg *g* adeiladu a sifil.

Hoch- *kompos:* **~verrat** *m* teyrnfradwriaeth *b*; **~wasser** *nt* penllanw *g*; *(Überschwemmung)* llifogydd *ll*.

hochwertig *adj* o'r radd flaenaf, uchelradd.

Hochwürden *m* offeiriad *g*; *(Titel)* y Parchedig.

Hochzahl *f (MATH)* mynegrif *g*, esbonydd *g*.

Hochzeit ['hɔxtsaɪt] (-, -en) *f* priodas *b*; **man kann nicht auf zwei ~en tanzen** *(Sprichwort)* ni ellwch chi ei chael hi bob ffordd.

Hochzeits- *kompos:* **~mahl** *nt* neithior *b*; **~reise** *f* mis *g* mêl; **~tag** *m* diwrnod *g* priodas; *(Jahrestag)* pen *g* blwydd priodas.

hochziehen *irreg vt (Rollladen, Hose)* tynnu i fyny; *(Brauen)* codi.

Hocke ['hɔkə] *f* cwrcwd *g*; *(beim Turnen)* naid *b* dros offer; *(beim Skilaufen)* swatiad *g*.

hocken ['hɔkən] *vi (+sein), vr (+haben)* cyrcydu, eistedd yn eich cwrcwd.

Hocker ['hɔkər] (-s, -) *m* stôl *b*.

Höcker ['hœkər] (-s, -) *m (ZOOL)* crwbi *g*, crwb *g*.

Hockey ['hɔki] *nt (SPORT)* hoci *g*.

Hoden ['ho:dən] (-s, -) *m* caill *b*.

Hodensack *m* ceillgwd *g*, sgrotwm *g*.

Hof [ho:f] (-(e)s, ¨-e) *m* iard *b*; *(Hinter~)* clos *g*, buarth *g*; *(Bauern~)* fferm *b*; *(Königs~)* llys *g*; **einem Mädchen den ~ machen** canlyn merch.

hoffen ['hɔfən] *vt:* **~ auf** *+akk* gobeithio am.

hoffentlich *adv* gobeithio.

Hoffnung ['hɔfnʊŋ] (-, -en) *f* gobaith *g*, hyder *g*; **jdm ~en machen** codi gobeithion rhn; **sich** *dat* **~en machen** gobeithio; **sich** *dat* **keine ~en machen** peidio â gobeithio; **die ~ aufgeben** anobeithio; **guter ~ sein** *(geh)* disgwyl.

hoffnungslos *adj* anobeithiol, diobaith.

Hoffnungslosigkeit *f* anobaith *g*.

Hoffnungsschimmer *m* llygedyn *g* o obaith.

hoffnungsvoll *adj* gobeithiol, llawn gobaith, hyderus.

höflich ['hø:flɪç] *adj* boneddigaidd, moesgar, cwrtais, syber.

Höflichkeit *f* moesgarwch *g*, boneddigeiddrwydd *g*, cwrteisi *g*.

Hofnarr *m* ffŵl *g*.

hohe *adj vgl.* **hoch.**

Höhe ['hø:ə] *f* uchder *g*; *(An~)* ucheldir *g*, bryn *g*; **ein**

Scheck in ~ von ... siec am...; das ist doch die ~! *(ugs)* dyna goroni'r cwbl! **nicht auf der ~ sein** *(fig, ugs)* teimlo'n anhwylus; **auf der ~ der Zeit sein** gwybod y diweddaraf.

Hoheit ['ho:haɪt] *f (POL)* sofraniaeth *b*, penarglwyddiaeth *b*; *(Titel)* uchelder *g*.

Hoheits- *kompos:* **~gebiet** *nt* tiriogaeth *b* sofran, tir *g* sofran; **~gewalt** *f* awdurdodaeth *b* sofran; **~gewässer** *nt* dyfroedd *ll* sofran, môr *g* sofran; **~zeichen** *nt* emblem *b* genedlaethol, arwyddlun *g* cenedlaethol.

Höhen- *kompos:* **~angabe** *f* dangosiad *g* uchder; *(auf Karte)* dynodiad *g* uchder; **~krankheit** *f* salwch *g* mynydd; **~lage** *f* uchder *g*; **~linie** *f (GEOG)* cyfuchlin *g*; **~luft** *f* awyr *b* y mynydd, aer *g* y mynydd; **~messer** *m* mesurydd *g* uchder, altimedr *g*; **~sonne** *f* lamp *b* haul; **~unterschied** *m* gwahaniaeth *g* (mewn) uchder; **~zug** *m* cadwyn *b* o fynyddoedd, rhes *b* o fynyddoedd.

Hohepriester *m* archoffeiriad *g*.

Höhepunkt (-(e)s, -e) *m* uchafbwynt *g*, anterth *g*.

höher ['hø:ər] *(komp von hoch) adj* uwch.

hohl [ho:l] *adj* gwag, cau, coeg.

Höhle ['hø:lə] (-, -n) *f* ogof *b*; *(von Tier)* ffau *b*; *(Hohlraum)* ceudod *g*, gwagle *g*, ceudwll *g*; **die ~ des Löwen** *(fig)* ffau'r llewod.

Höhlen- *kompos:* **~eingang** *m* ceg *b*; **~forscher** *m* ogofwr *g*; **~malerei** *f* paentiad *g* ogof.

Hohlheit *f* ceuedd *g*.

Hohl- *kompos:* **~kreuz** *nt (MED)* cefn *g* ceugrwn; **~maß** *nt* mesur *g* o gyfaint; **~raum** *m* gwacter *g*; *(gebaut)* ceudod *g*; **~saum** *m* godre *g* hembwyth; **~spiegel** *m* drych *g* ceugrwm.

Höhlung *f* ceudod *g*, cesail *b*.

Hohn [ho:n] (-(e)s, *kein pl*) *m* dirmyg *g*.

höhnen ['hø:nən] *vt* dirmygu.

höhnisch *adj* dirmygus, gwawdlyd.

Hokuspokus [ho:kʊs'po:kʊs] (-, *kein pl*) *m (Zauberformel)* abracadabra *g*; *(fig: Täuschung)* hocws-pocws *g*.

hold [hɔlt] *adj* swynol, dymunol.

holen ['ho:lən] *vt* nôl, mynd i gael, mynd i mofyn; *(Atem)* tynnu; *(Krankheit)* dal.

Holland ['hɔlant] *nt* Holand *g*; *(Niederlande)* yr Iseldiroedd *ll*.

Holländer (-s, -) *m* (**~in** *f*) Iseldirwr(aig) *g(b)*.

holländisch *adj* Iseldiraidd, Holandaidd.

Holländisch *nt (Sprache)* Iseldireg *b*.

Hölle ['hœlə] *f* uffern *b*, y Fall *b*; **jdm die ~ heiß machen** chwarae'r diawl â rhn; **zur ~ mit** *+dat* naw wfft i.

Höllenangst *f:* **ich hatte eine ~** roeddwn wedi

dychryn ar fy hyd.

Holler[A] *m* = Holunder.

höllisch ['hœlɪʃ] *adj* uffernol, diawledig.

Hologramm [holo'gram] (-(e)s, -e) *nt* hologram *g*.

holperig *adj* = holprig.

holpern ['hɔlpərn] *vi* ysgytian mynd.

holprig ['hɔlprɪç, -ɪk] *adj* anwastad, tolciog, ponciog; *(Sprache)* clapiog, drylliog.

Holunder [hɔ'lundər] (-s, -) *m* (BOT) ysgawen *b*.

Holunderbeere *f* eirinen *b* ysgaw.

Holz [hɔlts] (-es, ¨-er) *nt* pren *g*; ~ fällen cymynu; **aus** ~ o bren; **aus demselben** ~ **geschnitzt** *(fig)* gwahanwyd yn y groth yr un ffunud â'i gilydd; **gut** ~! *(Kegeln)* pob lwc!

Holz- *kompos:* ~**apfel** *m* (BOT) afal *g* sur; ~**bein** *nt* coes *b* bren.

Holzbläser *m* (MUS) chwaraewr *g* chwythbren.

Holzblasinstrument *nt* (MUS) chwythbren *g*.

Holzbohrer *m* carn-tro *g*.

holzen ['hɔltsən] *vi* torri coed; *(beim Fußballspiel)* hacio, cicio coesau.

hölzern ['hœltsərn] *adj* pren, o bren; *(fig)* prennaidd.

Holz- *kompos:* ~**fäller** *m* torrwr *g* coed, cymynwr *g* coed, coedwr *g*; ~**faserplatte** *f* bwrdd *g* ffibr.

holzfrei *adj* (Papier) heb gynnwys pren.

Holz- *kompos:* ~**gerüst** *nt* fframwaith *g* coed; ~**hacker**[A] *m* cymynwr *g*; ~**hammer** *m* gordd *b* bren.

holzig *adj* ffibrog.

Holz- *kompos:* ~**klotz** *m* plocyn *g* torri; ~**kohle** *f* golosg *g*, siarcol *g*; ~**kopf** *m* *(fig)* penbwl *g*; ~**ofen** *m* llosgydd *g* coed; ~**scheit** *nt* plocyn *g*, cwlffyn *g* o bren; ~**schraube** *f* sgriw *b* bren; ~**schuh** *m* clocsen *b*; ~**stoß** *m* tas *b* coed; ~**weg** *m* *(fig)* trywydd *g* anghywir; ~**wolle** *f* naddion mân o bren ar gyfer pacio; ~**wurm** *m* (ZOOL) pryf *g* pren.

homogen [homo'ge:n] *adj* cydryw.

Homöopath [homøo'pa:t] (-en, -en) *m* (MED) homeopath *g*.

Homöopathie [homøopa'ti:] *f* homeopathi *g*, homeopatheg *b*.

Homosexualität *f* cyfunrhywiaeth *b*.

homosexuell [homozɛksu'ɛl] *adj* cyfunrhywiol; *(Mann)* gwrywgydiol, hoyw; *(Frau)* lesbiaidd, hoyw.

Homosexuelle *m/f* cyfunrhywiad *g*.

Honig ['ho:nɪç, -ɪk] *m* mêl *g*.

Honiglecken *nt:* **das ist kein** ~ nid chwarae plant yw hynny.

Honig- *kompos:* ~**melone** *f* (BOT, KOCH) melon *g* mêl; ~**wabe** *f* dil *g* mêl, crwybr *g*; ~**wein** *m* medd *g*.

Honorar [hono'ra:r] *nt* tâl *g*, ffi *b*.

Honoratioren [honoratsi'o:rən] *pl* gwŷr *ll* pwysig.

honorieren [hono'ri:rən] *vt* rhoi cydnabyddiaeth i; *(FIN: Wechsel)* troi'n arian parod.

Hooligan *m* hwligan *g*.

Hopfen ['hɔpfən] (-s, -) *m* (BOT) hopysen *b*, llewyg *g* y blaidd; **bei ihm ist** ~ **und Malz verloren** *(ugs)* mae e'n fethiant llwyr.

hoppla ['hɔpla] *interj* wps.

hopsen ['hɔpsən] *vi (+sein) (ugs)* hopian, hercian, sboncian.

Hörapparat ['hø:r²apa'ra:t] (-(e)s, -e) *m* cymorth *g* clywed, teclyn *g* clywed.

hörbar ['hø:rba:r] *adj* clywadwy, hyglyw.

horch! [hɔrç] *interj* ust!

horchen ['hɔrçən] *vi* gwrando (ar rth); *(pej)* clustfeinio.

Horcher (-s, -) *m* gwrandawr *g*, clustfeiniwr *g*.

Horde ['hɔrdə] (-, -n) *f* haid *b*, torf *b*, lliaws *g*, llu *g*.

hören ['hø:rən] *vt, vi* clywed, gwrando (ar); **Musik** ~ gwrando ar gerddoriaeth; **Radio** ~ gwrando ar y radio; **ich lasse von mir** ~ mi ddof i gysylltiad â chi.

Hören *nt:* **es verging ihm** ~ **und Sehen** *(ugs)* wyddai e ddim ble i droi.

Hörensagen *nt* achlust *g*; **ich kenne ihn nur vom** ~ dim ond rhyw achlust ohono a gefais i.

Hörer¹ (-s, -) *m* (~in *f*) (RADIO) gwrandawr *g*, gwrandawraig *b*; *(UNIV)* myfyriwr *g*, myfyrwraig *b*.

Hörer² *m* (Telefon~) derbynnydd *g* ffôn.

Hörfunk *m* radio *gb*.

Hörgerät *nt* = Hörapparat.

hörig *adj:* **jdm** ~ **sein** bod yn gaeth i rn.

Horizont [hori'tsɔnt] *m* gorwel *g*; **das geht über meinen** ~ *(fig)* mae e'r tu hwnt i'm deall.

horizontal [horitsɔn'ta:l] *adj* llorweddol, llorwedd, gwastad.

Horizontale *f* plân *g* llorweddol.

Hormon [hɔr'mo:n] (-(e)s, -e) *nt* hormon *g*.

Hörmuschel (-, -n) *f* (TEL) clustffon *g*.

Horn [hɔrn] (-(e)s, ¨-er) *nt* corn *g*; **in jds** ~ **blasen** rhoi'ch pig i mewn; **sich** *dat* **die Hörner abstoßen** byw'n wyllt.

Hornbrille *f* sbectol *b* gorn.

Hörnchen ['hœrnçən] (-s, -) *nt* (KOCH) croissant *g*.

Hornhaut *f* caleden *b*; *(des Auges)* cornbilen *b*.

Hornisse (-, -n) *f* cacynen *b* feirch, cacynes *b*, chwyrnores *b*.

Hornissennest *nt* nyth *gb* cacwn.

Hornochse *m* *(ugs)* pen *g* dafad.

Horoskop [horo'sko:p] (-s, -e) *nt* hórosgop *g*.

Hör- *kompos:* ~**rohr** *nt* corn *g* clust; ~**saal** *m* (UNIV) darlithfa *b*; ~**spiel** *nt* drama *b* radio.

Horst [hɔrst] (-(e)s, -e) *m (Nest)* nyth *gb*.
Hort [hɔrt] (-(e)s, -e) *m (SCH)* meithrinfa *b*; *(Schatz)* celc *gb*.
horten [hɔrtən] *vt* casglu, cronni, celcio.
Hörweite *f:* außer ~ allan o glyw.
Hose [ˈhoːzə] (-, -n) *f* trowsus *g*, llodrau *ll*; **in die ~ gehen** *(ugs)* mynd i'r wal; **die ~n anhaben** *(fig)* bod yn feistr(es) y tŷ; **tote ~** *(ugs)* diflas.
Hosen- *kompos:* **~anzug** *m* siwt *b* drowsus; **~bein** *nt* coes *b* trywsus; **~boden** *m (ugs)* tin *b*; **~rock** *m* cwlots *ll*; **~sack**ᴬ *m* poced *b* drowsus; **~scheißer** *m* wanciwr *g*; **~schlitz** *m* balog *gb*; **~tasche** *f* poced *b* drowsus; **~träger** *m* galosis *ll*, bresys *ll*.
Hospiz *nt* gwesty *g*.
Hostess *f* stiwardes *b*.
Hostie [ˈhɔstiə] (-, -n) *f (REL)* afrlladen *b*.
Hotel [hoˈtɛl] (-s, -s) *nt* gwesty *g*.
Hotelfach *nt* diwydiant *g* ymwelwyr.
Hotelier [hotɛˈliːeː] *m* gwestywr *g*, gwestywraig *b*.
Hotelportier *m* porthor *g* mewn gwesty.
Hovercraft *nt* hofranfad *g*.
Hr. *abk* = **Herr.**
Hrsg. *abk (= Herausgeber)* golygydd *g*.
hrsg. *abk (= herausgegeben)* wedi'i gyhoeddi.
HTLᴬˢ *abk f (= Höhere Technische Lehranstalt)* coleg *g* peirianneg.
Hub [huːp] (-(e)s, ¨-e) *m* codiant *g*; *(TECH)* strôc *b*.
hüben [ˈhyːbən] *adv* yr ochr hon; **~ und drüben** o boptu.
Hubraum [ˈhuːpraʊm] *m (AUTO)* cyfaint *g*.
hübsch [hʏpʃ] *adj* tlws, pert, prydferth, dymunol.
Hubschrauber [ˈhuːpʃraʊbər] (-s, -) *m* hofrennydd *g*.
Hucke [ˈhʊkə] *f (ugs)* **jdm die ~ vollhauen** rhoi curfa i rn; **sich** *dat* **die ~ vollsaufen** cael llond eich bol o ddiod.
huckepack [ˈhʊkəpak] *adv:* **jdn ~ nehmen** cario rhn yn gocyn ceiliog, cario rhn ar eich cefn.
Hudelei *f* ffrwst *g*.
hudelnᴬ [ˈhuːdəln] *vi (ugs: schlampig sein)* gweithio'n aflêr; *(hetzen)* rhuthro.
Huf [huːf] (-(e)s, -e) *m* carn *g*.
Huf- *kompos:* **~eisen** *nt* pedol *b*; **~nagel** *m* hoelen *b* bedol; **~schmied** *m* gof *g*, ffarier *g*.
Hüfte [ˈhʏftə] (-, -n) *f (ANAT)* clun *b*, pen *g* y glun; **die ~n schwingen** siglo'ch pen ôl.
Hüft- *kompos:* **~gürtel** *m* gwregys *g*; **~halter** *m* gwregys *g* dal gardysau.
Huftier [ˈhuːftiːr] (-(e)s, -e) *nt (ZOOL)* carnolyn *g*.
Hügel [ˈhyːgəl] (-s, -) *m* bryn *g*, garth *gb*, mwnt *g*.
hügelig *adj* bryniog.
Huhn [huːn] (-(e)s, ¨-er) *nt* iâr *b*; *(KOCH)* cyw *g* iâr; **da lachen ja die Hühner** *(ugs)*ᴰ mae'n ddigon i godi

gwên ar flaenor.
Hühnchen [ˈhyːnçən] *nt* ffowlyn *g* ifanc; **ich habe ein ~ mit dir zu rupfen** *(ugs)* mae gen i asgwrn i'w grafu gyda thi.
Hühner- *kompos:* **~auge** *nt (MED)* corn *g*; **~brühe**ᴰ *f* cawl *g* cyw iâr; **~brust** *f (KOCH)* brest *b* cyw iâr; **~hof** *m* libart *g*; **~klein**ᴰ *nt (KOCH)* trimins *ll* cyw iâr; **~stall** *m* cwt *g* ieir; **~suppe** *f* cawl *g* cyw iâr.
Huld [hʊlt] (-, *kein pl*) *f* ffafr *b*.
huldigen [ˈhʊldɪgən] *vi:* **jdm ~** talu teyrnged i rn.
Huldigung *f* teyrnged *b*, gwrogaeth *b*.
Hülle [ˈhʏlə] (-, -n) *f* gorchudd *g*; *(Packmaterial)* deunydd *g* lapio; **in ~ und Fülle** digonedd o, peth wmbredd o; **die sterbliche ~** y marwol rwymau; **die ~n fallen lassen** *(fig)* ymddinoethi.
hüllen [ˈhʏlən] *vt:* **~ in** +*akk* gorchuddio â, lapio mewn.
Hülse [ˈhʏlzə] *f* plisgyn *g*, cibyn *g*, coden *b*; *(Patronen~)* cetrisen *b* wag.
Hülsenfrucht *f* codlysiau *ll*.
human [huˈmaːn] *adj* dyngarol, trugarog.
Humanismus *m* dyneiddiaeth *b*.
Humanist *m* dyneiddiwr *g*.
humanistisch [humaˈnɪstɪʃ] *adj* dyneiddiol; **~es Gymnasium** ysgol uwchradd lle dysgir Lladin a Groeg.
humanitär [humaniˈtɛːr] *adj* dyngarol.
Humanität [humaniˈtɛːt] *f* dyngarwch *g*, trugaredd *g*.
Humanmedizin [huˈmaːnmeditsiːn] *f* meddygaeth *b* ddynol.
Hummel [ˈhʊməl] (-, -n) *f (ZOOL)* gwenynen *b* bwm.
Hummer [ˈhʊmər] (-s, -) *m (ZOOL)* cimwch *g*.
Humor [huˈmoːr] *m* digrifwch *g*, ffraethineb *g*, hiwmor *g*; **~ haben** bod â synnwyr digrifwch.
Humorist [humoˈrɪst] (-en, -en) *m* digrifwr *g*.
humoristisch *adj* digrif, doniol, ffraeth.
humorvoll [huˈmoːrfɔl] *adj* doniol, ysmala, llawn hiwmor.
humpeln [ˈhʊmpəln] *vi (+sein)* hercian, cloffi.
Humpen [ˈhʊmpən] (-s, -) *m* tancard *g*.
Hund [hʊnt] (-(e)s, -e) *m* ci *g*; **ein armer ~** *(fig: Mensch)* truan *g* bach; **wie ~ und Katze sein** bod yn llawn casineb i'w gilydd; **auf den ~ kommen** mynd i'r cŵn; **~e, die bellen, beißen nicht** *(Sprichwort)* mwya'u trwst llestri gweigion; **er ist bekannt wie ein bunter ~** mae e'n gymeriad adnabyddus i bawb; **vor die ~e gehen** *(fig: ugs)* mynd i'r cŵn, mynd rhwng y cŵn a'r brain; **da liegt der ~ begraben** dyna sydd y tu ôl i'r cyfan, dyna asgwrn y gynnen; **damit kann man keinen ~ hinter dem Ofen hervorlocken** dydy hynny'n fawr o demtasiwn i neb.

Hündchen ['hʏntçən] (-s, -) *nt* ci *g* bach, cenau *g*.
Hundearbeit *f* gwaith *g* caled.
hundeelend *adj (ugs)* **mir ist ~** rwy'n teimlo fel clwtyn llestri.
Hunde- *kompos:* **~futter** *nt (pej)* sothach *g*; **~hütte** *f* cwt *g* ci, gwâl *b* ci; **~kot** *m* baw *g* cŵn; **~kuchen** *m* bisgïen *b* ci; **~leine** *f* tennyn *g*; **~marke** *f* disg *g* ci; *(ugs: Erkennungsmarke)* disg *g* enw.
hundemüde *adj (ugs)* wedi blino'n llwyr.
hundert ['hʊndərt] *num* cant; **~ Prozent** cant y cant.
♦ *adj* can; **~e Menschen** cannoedd o bobl.
Hundert *nt* cant *g*; **einige ~** cannoedd.
Hunderter (-s, -) *m (ugs: Geldschein)* papur *g* can marc.
hundertfach *adj* ar ei ganfed.
Hundertfüßer *m (ZOOL)* neidr *b* gantroed.
Hundertjahrfeier *f* canmlwyddiant *g*.
Hundertmeterlauf *m (SPORT)* ras *b* can medr.
hundertprozentig *adv* gant y cant.
hundertste *adj* canfed; **vom H~n ins Tausendste kommen** *(fig)* colli arnoch eich hun.
Hundertstel *nt* canfed *g*, canran *b*.
Hunde- *kompos:* **~sohn** *m (pej)* gwalch *g*, cenau *g*; **~steuer** *f* tâl *g* trwydded ci; **~wetter** *nt (ugs)* tywydd *g* cas.
Hündin ['hʏndɪn] (-, -nen) *f* gast *b*.
Hundsfott *nt (vulg)* cont *b*.
Hunds- *kompos:* **~hai** *m (ZOOL)* morgi *g*; **~tage** *pl (heißes Wetter)* dyddiau'r cwn.
Hüne ['hy:nə] (-n, -n) *m (geh)* **ein ~ von Mann** cawr *g* o ddyn.
Hünengrab (-(e)s, ¨-er) *nt* cromlech *b*, dolmen *b*.
Hunger ['hʊŋər] (-s, *kein pl*) *m* chwant *g* bwyd; *(Not)* newyn *g*; **~ haben** bod yn newynog, llwgu; **ich sterbe vor ~** *(ugs)* rwyf bron â marw o eisiau bwyd.
Hunger- *kompos:* **~kur** *f* deiet *g* newynu; **~lohn** *m* cyflog *g* llwgu.
hungern ['hʊŋərn] *vi* newynu.
Hungersnot *f* newyn *g*, llwgfa *b*.
Hungerstreik *m* streic *b* newyn.
Hungertuch *nt:* **am ~ nagen** *(fig)* newynu.
hungrig ['hʊŋrɪç, -ɪk] *adj* newynog, â chwant bwyd arnoch.
Hupe ['hu:pə] (-, -n) *f (AUTO)* corn *g*, clacson *g*.
hupen *vi* canu corn.
hupfen ['hupfən] *vi (+sein)* = **hüpfen**; **das ist gehupft wie gesprungen** *(ugs)* brawd mogi yw tagu.
hüpfen ['hʏpfən] *vi (+sein)* hercian, hopian; *(Ball)* sboncio, rhybedio.
Hürde ['hʏrdə] (-, -n) *f* clwyd *b*; *(fig)* maen *g* tramgwydd.

Hürdenlauf *m* ras *b* glwydi.
Hure ['hu:rə] (-, -n) *f* putain *b*.
Hurensohn *m (vulg)* cythraul *g*.
Hurerei *f* puteindra *g*.
hurra [hu'ra:] *interj* hwrê.
hurtig ['hʊrtɪç, -ɪk] *adj* sionc, chwim.
huschen ['huʃən] *vi (+sein)* gwibio.
husten ['hu:stən] *vi* pesychu; **auf etw** *akk* **~** *(ugs)* hidio dim blewyn.
Husten (-s, *kein pl*) *m* peswch *g*.
Husten- *kompos:* **~anfall** *m* pwl *g* o besychu; **~bonbon** *nt oder m* losin *g* peswch; **~saft** *m* moddion *ll* peswch.
Hut¹ [hu:t] (-(e)s, ¨-e) *m* het *b*; **unter einen ~ bringen** *(ugs)* cymodi; *(Termine)* ffitio i mewn; **vor jdm den ~ ziehen** *(fig: respektieren)* tynnu'ch het i rn.
Hut² (-, *kein pl*) *f* gofal *g*; **auf der ~ sein** bod ar eich gwyliadwriaeth.
hüten ['hy:tən] *vt* gwarchod; **das Bett ~** cadw i'r gwely.
♦ *vr* bod yn wyliadwrus; **sich ~, zu** gofalu peidio â; **sich ~ vor** +*dat* gochel/gwylio rhag; **du wirst dich ~!** paid â meiddio!
Hüter *m* ceidwad *g*; **~ des Gesetzes** *(Polizist)* heddwas *g*, gwarcheidwad *g* cyfraith a threfn.
Hutsche^ *f* sigl *g*, si-so *g*.
Hutschnur *f:* **das geht mir über die ~** *(ugs)* mae hynny'n mynd yn rhy bell.
Hutständer *m* rac *b* hetiau.
Hütte ['hʏtə] (-, -n) *f* caban *g*, bwthyn *g*; *(TECH)* gwaith *g* haearn; *(ugs: Wohnung)* llety *g*.
Hütten- *kompos:* **~käse** *m* ceulfraen *g*; **~werk** *nt (TECH)* gwaith *g* haearn a dur.
hutzelig ['hutsəlɪç, -ɪk] *adj* crebachlyd, rhychiog.
Hyäne [hy'ɛ:nə] (-, -n) *f (ZOOL)* udfil *g*.
Hyazinthe [hya'tsɪntə] (-, -n) *f (BOT)* hiasinth *g*.
Hydrant [hy'drant] (-en, -en) *m* hydrant *g*.
Hydraulik *f (TECH)* hydroleg *b*.
hydraulisch [hy'draʊlɪʃ] *adj* hydrolig.
Hydrierung [hy'dri:rʊŋ] *f (CHEM)* hydrogeniad *g*.
Hygiene [hygi'e:nə] (-, *kein pl*) *f* glanweithdra *g*.
hygienisch [hygi'e:nɪʃ] *adj* glanwaith.
Hymne ['hʏmnə] *f (National~)* anthem *b* genedlaethol; *(REL)* cân o fawl, emyn *g*.
Hyperbel *f (LIT)* gormodiaith *b*.
Hypnose [hʏp'no:zə] *f* hypnosis *g*, swyngwsg *g*.
hypnotisch [hʏp'no:tɪʃ] *adj* hypnotig, llesmeiriol, swyngysgol.
Hypnotiseur [hʏpnoti'zø:r] (-s, -e) *m* hypnotydd *g*.
hypnotisieren [hʏpnoti'zi:rən] *vt* hypnoteiddio.
Hypotenuse [hypote'nu:zə] (-, -n) *f (MATH)* hypotenws *g*.

Hypothek [hʏpo'te:k] (-, -en) *f (FIN)* morgais *g*; **eine ~ aufnehmen** codi morgais; **mit einer ~ belasten** morgeisio.

Hypothese [hʏpo'te:zə] (-, -n) *f* damcaniaeth *b*.

hypothetisch *adj* damcaniaethol.

Hysterie [hyste'ri:] *f* hysteria *g*, sterics *ll*.

hysterisch [hʏ'ste:rɪʃ] *adj* hysteraidd, hysterig; *(Gelächter)* gorffwyll, afreolus; **einen ~en Anfall bekommen** cael sterics.

I

I, i [iː] *nt* I, i *b*; **~ wie Ida** I am Ida; **das Tüpfelchen auf dem ~** *(fig)* y cyffyrddiad olaf.

i. *abk* = **in** *oder* **im.**

i.A. *abk* (= *im Auftrag)* ar ran.

iberisch [iˈbeːrɪʃ] *adj* Iberaidd; **die I~e Halbinsel** *(GEOG)* Penrhyn *g* Iberia.

Ibis *m* *(ZOOL)* ibis *g.*

IC *m abk* = **Intercity.**

ICE *m abk* (= *Intercity-Express)* trên *g* rhwng dinasoedd.

ich [ɪç] *pron* fi, myfi; **~ auch** a finnau.

Ich (-(s), -(s)) *nt* yr ego *g,* yr hunan *g.*

Ichroman *m* nofel yn y person cyntaf.

Icon *nt* *(COMP)* eicon *g.*

ideal *adj* delfrydol; **~!** *(ugs)* i'r dim.

Ideal [ideˈaːl] (-s, -e) *nt* delfryd *gb.*

Idealismus [ideaˈlɪsmʊs] *m* idealaeth *b.*

Idealist (-en, -en) [ideaˈlɪst] *m* (**~in** *f)* idealydd *g.*

idealistisch [ideaˈlɪstɪʃ] *adj* delfrydyddol, idealistig.

Idealvorstellung [ideˈaːlfoːrʃtɛlʊŋ] (-, -en) *f* delfryd *gb.*

Idee [iˈdeː] (-, -n) *f* syniad *g;* *(ein wenig)* mymryn *g.*

ideell [ideˈɛl] *adj:* **~er Wert** gwerth anfaterol.

Identifikation *f* adnabyddiaeth *b.*

identifizieren [idɛntifiˈtsiːrən] *vt* adnabod.

♦ *vr:* **sich ~ mit** uniaethu eich hun â.

identisch [iˈdɛntɪʃ] *adj* o'r un fath, yr un ffunud.

Identität [idɛntiˈtɛːt] (-, -en) *f (Person)* hunaniaeth *b;* *(Gleichheit)* union debygrwydd *g.*

Ideologe [ideoˈloːgə] (-n, -n) *m* ideolegwr *g,* ideolegydd *g.*

Ideologie [ideoloˈgiː] (-, -n) *f* ideoleg *b,* syniadaeth *b.*

ideologisch [ideoˈloːgɪʃ] *adj* ideolegol.

Idiom *nt* priod-ddull *g,* ieithwedd *g.*

idiomatisch [idioˈmaːtɪʃ] *adj* idiomatig.

Idiot [idiˈoːt] (-en, -en) *m* ynfytyn *g,* hurtyn *g.*

idiotisch [idiˈoːtɪʃ] *adj* ynfyd, hurt.

Idol [iˈdoːl] (-s, -e) *nt* eilun *g.*

Idylle [iˈdʏlə] (-, -n) *f* bugeilgan *b.*

idyllisch [iˈdʏlɪʃ] *adj* gwynfydedig, delfrydol.

IG[D] *abk* (= *Industriegewerkschaft)* undeb llafur.

IGB *m abk (Internationaler Gewerkschaftsbund)* Cyngres Ryngwladol yr Undebau Llafur.

Igel [ˈiːgəl] (-s, -) *m* draenog *gb.*

igitt[D] [iˈgɪt] *interj* ych a fi.

Iglu [ˈiːglu] (-s, -s) *m oder nt* iglw *g.*

Ignorant [ɪgnoˈrant] (-en, -en) *m* anwybodusyn *g.*

Ignoranz *f* anwybyddiad *g.*

ignorieren [ɪgnoˈriːrən] *vt* anwybyddu, diystyru.

ihm [iːm] *dat von* **er, es.**

ihn [iːn] *akk von* **er.**

ihnen [ˈiːnən] *dat von* **sie** *pl;* **I~** *dat von* **Sie.**

ihr[1] [iːr] *pron* **1** *nom pl* chi; **2** *dat von* **sie.**

ihr[2] *poss pron* **1** *f sg* ei, ei… hi; **2** *pl* eu, eu… nhw.

Ihr *poss pron* eich, eich… chi.

ihre *pron sg* o'r eiddi; **~** *pl* o'r eiddynt; **I~** *pron* o'r eiddoch, eich un chi.

ihrer [ˈiːrər] *gen von* **sie;** **I~** *gen von* **Sie.**

ihrerseits *adv* o'i rhan hi, o'u rhan nhw.

ihresgleichen *pron* pethau fel hi, pobl fel nhw; **eine Frechheit, die ~ sucht!** dyna ddigywilydd-dra heb ei ail!

ihretwegen *adv* er ei/eu mwyn.

ihretwillen *adv:* **um ~** er ei/eu mwyn.

ihrige *pron* = **ihre.**

i.J. *abk* (= *im Jahre)* yn y flwyddyn.

Ikone [iˈkoːnə] (-, -n) *f* eicon *g.*

IKRK *abk* (= *Internationales Komitee vom Roten Kreuz)* Pwyllgor Rhyngwladol y Groes Goch.

illegal [ɪleˈgaːl] *adj* anghyfreithlon, yn groes i'r gyfraith.

illegitim [ɪlegiˈtiːm] *adj* anghyfreithlon.

Illusion [ɪluziˈoːn] (-, -en) *f* twyll *g,* lledrith *g;* **sich** *dat* **~en machen** twyllo eich hunan.

illusorisch [ɪluˈzoːrɪʃ] *adj* lledrithiol.

Illustration [ɪlustratsiˈoːn] *f* llun *g,* darlun *g.*

illustrieren [ɪluˈstriːrən] *vt* darlunio; *(erläutern)* egluro, enghreifftio.

Illustrierte [ɪluˈstriːrtə] (-, -n) *f* cylchgrawn *g* lluniau.

Iltis [ˈɪltɪs] (-ses, -se) *m* *(ZOOL)* ffwlbart *g.*

im [ɪm] (= **in dem)**; **etw ~ Sitzen tun** gwneud rhth ar eich eistedd; **~ Allgemeinen** fel arfer; **~ Angebot** *(billig)* ar gynnig; **~ August** ym mis Awst; **~ Einsatz** ar waith; **~ Galopp** ar garlam; **~ Gegenteil** i'r gwrthwyneb; **~ Nu** mewn chwinciad; **~ Sterben** ar farw.

Image [ˈɪmɪtʃ] (-(s), -s) *nt* *(COMM)* delwedd *b.*

Imagepflege *f (ugs)* meithrin *g* delwedd.

imaginär [imagiˈnɛːr] *adj* dychmygol.

Imbiss [ˈɪmbɪs] (-es, -e) *m* byrbryd *g.*

Imbiss- *kompos:* **~halle**[D] *f* bar *g* byrbryd; **~stand** *m* stondin byrbryd; **~stube** *f* snacbar *g.*

Imitation [imitatsiˈoːn] (-, -en) *f* efelychiad *g;* *(MUS)* efelychiant *g.*

imitieren [imiˈtiːrən] *vt* dynwared, efelychu.

Imker ['ɪmkər] (-s, -) *m* gwenynwr *g*.
immanent [ɪma'nɛnt] *adj* cynhwynol, cynhenid.
Immatrikulation [ɪmatrikulatsi'o:n] *f (UNIV)* cofrestriad *g*, cofrestru *g*.
immatrikulieren [ɪmatriku'li:rən] *vi, vr (UNIV)* cofrestru.
immens *adj* anferth, enfawr, helaeth.
immer ['ɪmər] *adv* bob amser, yn wastad; **~ wieder** drachefn a thrachefn; **~ noch** o hyd; **~ noch nicht** yn dal heb; **für ~** am byth; **~ wenn ich …** bob tro yr wyf…; **~ schneller** yn gynt ac yn gynt, yn gyflymach fyth; **~ während** lluosflwydd; **was auch ~** beth bynnag; **wie auch ~** sut bynnag.
immerhin *adv* sut bynnag; *(wenigstens)* o leiaf.
Immersion *f* trochiad *g*.
immer während *adj vgl.* immer.
immerzu *adv* trwy'r amser, o hyd.
Immigrant (-en, -en) [ɪmi'grant] *m* (**~in** *f*) mewnfudwr(aig) *g(b)*.
Immigration *f* mewnfudiad *g*.
immigrieren *vi* mewnfudo.
Immobilien [ɪmo'bi:liən] *pl* eiddo *g* tiriog.
Immobilienhändler *m* gwerthwr *g* tir a thai.
Immobilienmakler *m* = Immobilienhändler.
immun [ɪ'mu:n] *adj* heintrydd; *(fig)* diogel (rhag).
immunisieren [ɪmuni'zi:rən] *vt* imiwneiddio.
Immunisierung *f* imiwneiddiad *g*.
Immunität [ɪmuni'tɛ:t] *f (MED)* imiwnedd *g*, heintryddid *g*; *(fig)* diogelwch *g*; *(JUR)* breinryddid *g*.
Immun- *kompos:* **~schwäche** *f* imiwnoddiffygiant *g*; **~system** *nt* system *b* imiwnedd.
imperativ ['ɪmperati:f] *adj* gorfodol, cyfrwymol.
Imperativ *m (GRAM)* y (modd) gorchmynnol.
Imperator *m* ymherodr *g*.
Imperfekt ['ɪmpɛrfɛkt] *nt (GRAM)* yr (amser) amherffaith.
imperial *adj* ymerodrol.
Imperialismus [ɪmperia'lɪsmʊs] *m* imperialaeth *b*.
Imperialist [ɪmperia'lɪst] (-en, -en) *m* imperialydd *g*.
imperialistisch *adj* imperialaidd.
impertinent *adj* wynebgaled.
impfen ['ɪmpfən] *vt* brechu.
Impf- *kompos:* **~pass** *m* tystysgrif *b* brechiad; **~schutz** *m* amddiffyniad *g* trwy frechiad; **~stoff** *m* brechlyn *g*.
Impfung *f* brechiad *g*.
Impfzwang *m* brechiad *g* gorfodol.
implantieren *vt* mewnplannu.
implizieren [ɪmpli'tsi:rən] *vt* golygu.
implizit *adj* dealledig, ymhlyg.
Implosion *f* mewnffrwydrad *g*.
imponieren [ɪmpo'ni:rən] *vi +dat* gwneud argraff ar,

ennyn edmygedd yn.
Import [ɪm'pɔrt] *m* mewnforyn *g*.
Importartikel *m (COMM)* mewnforyn *g*.
Importeur [ɪmpɔr'tø:r] (-s, -e) *m* mewnforiwr *g*.
importieren [ɪmpɔr'ti:rən] *vt* mewnforio.
imposant [ɪmpo'zant] *adj* mawreddog.
impotent ['ɪmpotɛnt] *adj (MED)* analluog.
Impotenz ['ɪmpotɛnts] *f (MED)* anallu *g*.
imprägnieren [ɪmprɛg'ni:rən] *vt* diddosi, dyfrglosio.
Impressionismus [ɪmprɛsio'nɪsmʊs] *m (KUNST, LIT, MUS)* argraffiadaeth *b*.
Impressionist *m* argraffiadwr *b*.
Impressum [ɪm'prɛsʊm] (-s, Impressen) *nt* argraffnod *g*; *(von Zeitung)* banernod *g*.
Improvisation [ɪmprovizatsi'o:n] (-, -en) *f* gweithred *b* fyrfyfyr; *(MUS)* datganiad *g* ar y pryd.
improvisieren [ɪmprovi'zi:rən] *vt, vi* dyfeisio (yn fyrfyfyr); *(MUS)* cyfansoddi ar y pryd.
Impuls [ɪm'pʊls] (-es, -e) *m* ysgogiad *g*; *(PHYS)* momentwm *g*, ysgogrym *g*; *(fig)* awydd *g* sydyn, mympwy *g*.
impulsiv [ɪmpʊl'zi:f] *adj* byrbwyll, mympwyol.
imstande [ɪm'ʃtandə] *adj:* **~ sein** bod mewn sefyllfa; *(fähig)* medru; **er ist zu allem ~** mae'n barod i wneud unrhyw beth; **bist du ~, mir zu helfen?** oes modd i ti fy helpu?
in [ɪn] *präp +akk* **1** *(räumlich: wohin)* i; **~ die Schule gehen** mynd i'r ysgol; *(hinein)* i mewn i; **2** *(zeitlich)* bis **~s 20. Jahrhundert** hyd at yr 20fed ganrif.
♦ *präp +dat* **1** *(räumlich: wo)* yn; **~ der Schule sein** bod yn yr ysgol; **~ der Luft** yn hedfan, yn yr awyr; **2** *(zeitlich: wann)* **~ diesem Jahr** *(heuer)* eleni; *(in besagtem Jahr)* y flwyddyn honno; **heute ~ zwei Wochen** bythefnos i heddiw; **~ Kürze** mewn byr amser; **~ Zukunft** yn y dyfodol; **3** *(fig)* **~ Eile** ar frys; **~ Flammen** yn fflamau; **~ Gefahr** mewn perygl; **im Stande** *vgl.* imstande; **im Allgemeinen** fel arfer; **im Nu** mewn chwinciad.
inaktiv [ɪn⁷akti:f] *adj* segur, llonydd; *(Beamter)* wedi ymddeol; *(Mitglied)* anweithredol.
Inangriffnahme [ɪn⁷angrɪfna:mə] *f (geh)* cychwyniad *g*.
Inanspruchnahme [ɪn⁷anʃprʊxna:mə] *f* hawlio *g*, galwadau *ll*, gofynion *ll*.
inaugurieren *vt* sefydlu rhn mewn swydd.
Inbegriff ['ɪnbəgrɪf] *m* ymgorfforiad *g*.
inbegriffen *adv* wedi'i gynnwys.
Inbetriebnahme [ɪnbə'tri:pna:mə] *f* comisiynu *g*; *(von Gebäude, U-Bahn)* agoriad *g*.
Inbrunst *f* tanbeidrwydd *g*.
inbrünstig ['ɪnbrʊnstɪç, -ɪk] *adj* tanbaid, selog.
indeklinabel [ɪndekli'na:bəl] *adj (GRAM)* dirediad.

indem [ɪnˈdeːm] *konj (während)* tra; *(dadurch)* trwy, wrth (wneud rhth).

Inder [ˈɪndər] (**-s**, **-**) *m* (**~in** *f*) Indiad *g*.

indes *adv, konj* = **indessen.**

indessen¹ [ɪnˈdɛsən] *adv* yn y cyfamser.

indessen² *konj (geh)* tra; *(jedoch)* serch hynny.

Index [ˈɪndɛks] (**-(es)**, **-e** *oder* **Indizes**) *m (Buch)* mynegai *g*; *(COMM)* mynegrif *g*; *(REL)* yr Indecs; **auf dem ~ stehen** *(fig)* bod wedi'i wahardd.

Indexziffer *f* mynegrif *g*.

Indianer [ɪndiˈɑːnər] (**-s**, **-**) *m* (**~in** *f*) Indiad *g* Coch, Americanwr *g* brodorol, Americanes *b* frodorol.

Indianerreservat *nt* gwarchodfa *b* Indiaid Gogledd America.

indianisch [ɪndiˈɑːnɪʃ] *adj* Americanaidd brodorol.

Indien [ˈɪndiən] *nt (GEOG)* India *b*.

indigniert [ɪndɪˈɡniːrt] *adj (geh)* dig.

Indikation [ɪndikatsiˈoːn] (**-**, **-en**) *f (MED)* arwydd *gb*.

Indikativ [ˈɪndikatiːf] *m (GRAM)* modd *g* mynegol.

indirekt [ˈɪndirɛkt] *adj* anuniongyrchol.

indisch [ˈɪndɪʃ] *adj* Indiaidd; **der l~e Ozean** *(GEOG)* Cefnfor *g* yr India.

indiskret [ˈɪndɪskreːt] *adj (taktlos)* anghynnil; *(neugierig)* busneslyd.

Indiskretion [ɪndɪskretsiˈoːn] (**-**, **-en**) *f* tafodryddid *g*; *(Neugierde)* chwilfrydedd *g*.

indiskutabel [ˈɪndɪskutɑːbəl] *adj* nad oes dadl yn ei gylch, amhosibl.

indisponiert [ˈɪndɪsponiːrt] *adj (geh)* gwael.

Individualist [ɪndividuaˈlɪst] (**-en**, **-en**) *m* unigolydd *g*.

Individualität [ɪndividualiˈtɛːt] *f* unigoliaeth *b*.

individuell [ɪndividuˈɛl] *adj (persönlich)* personol; *(einzeln)* unigol; **etw ~ gestalten** rhoi tinc personol i rth.

Individuum [ɪndiˈviːduʊm] (**-s**, **Individuen**) *nt* unigolyn *g*; *(pej)* creadur *g*.

Indiz [ɪnˈdiːts] (**-es**, **-ien**) *nt (Anzeichen)* arwydd *gb*, dangosydd *g*; *(JUR)* sail *b* i amau; *(JUR: Beweis)* tystiolaeth *b* amgylchiadol; **~ für** arwydd o.

Indizes [ˈɪndɪtseːs] *pl von* **Index.**

Indizienbeweis *m (JUR)* tystiolaeth *b* amgylchiadol.

indizieren [ɪndiˈtsiːrən] *vt* cyfeirio at; *(REL)* rhoi ar yr Indecs; *(MED)* awgrymu triniaeth; *(COMP)* mynegeio.

Indochina *nt (HIST)* Indo-Tsieina *b*.

indogermanisch [ɪndoɡɛrˈmɑːnɪʃ] *adj* Indo-Ewropeaidd.

Indogermanisch *nt (Sprache)* Indo-Ewropeg *b*.

indoktrinieren [ɪndoktriˈniːrən] *vt* gwthio syniadau ar.

Indonesien [ɪndoˈneːziən] *nt (GEOG)* Indonesia *b*.

Indonesier [ɪndoˈneːziər] (**-s**, **-**) *m* (**~in** *f*) Indonesiad *g*.

indonesisch [ɪndoˈneːzɪʃ] *adj* Indonesaidd.

Indossament [ɪndɔsaˈmɛnt] *nt (COMM)* arnodiad *g*.

Indossant [ɪndɔˈsant] (**-en**, **-en**) *m (COMM)* arnodwr *g*.

Indossat [ɪndɔˈsɑːt] (**-en**, **-en**) *m (COMM)* ardystiedig *g/b*.

indossieren [ɪndɔˈsiːrən] *vt (COMM)* arnodi, ardystio.

Industrialisieren [ɪndustrialiˈziːrən] *vt* diwydiannu.

Industrialisierung *f* diwydiannaeth *b*.

Industrie [ɪndusˈtriː] *f* diwydiant *g*.

Industrie- *kompos:* **~abfall** *m* gwastraff *g* diwydiannol; **~gebiet** *nt* ardal *b* ddiwydiannol; **~gelände** *nt* stad *b* ddiwydiannol; **~kaufmann** *m* rheolwr *g* diwydiant.

industriell [ɪndustriˈɛl] *adj* diwydiannol; **die ~e Revolution** *(HIST)* y Chwyldro *g* Diwydiannol.

Industrielle *m/f* diwydiannwr *g*, diwydianwraig *b*.

Industrie- *kompos:* **~staat** *m* gwladwriaeth *b* ddiwydiannol; **~zweig** *m* cangen *b* ddiwydiant.

ineinander [ɪnʔaɪˈnandər] *adv* yn ei gilydd; **~ übergehen** cyfundoddi; **~ greifen** cydgysylltu; *(Zahnräder)* cydio; *(fig)* gorgyffwrdd.

Infanterie [ɪnfantəˈriː] *f (MIL)* milwyr *ll* traed.

Infanterist *m (MIL)* troedfilwr *g*.

infantil *adj* plentynaidd.

Infarkt [ɪnˈfarkt] (**-(e)s**, **-e**) *m (MED)* thrombosis *g*, ceulad *g*; *(Herz~)* trawiad *g* ar y galon.

Infektion [ɪnfɛktsiˈoːn] (**-**, **-en**) *f* haint *gb*.

Infektions- *kompos:* **~herd** *m* ffocws *g* haint; **~krankheit** *f* clefyd *g* heintus.

infernalisch *adj* uffernol.

Infinitiv [ˈɪnfinitiːf] *m (GRAM)* berfenw *g*.

infizieren [ɪnfiˈtsiːrən] *vt* heintio.

    ♦ *vr:* **sich bei jdm ~** dal haint gan rn.

in flagranti [ɪn flaˈɡranti] *adv* (cael eich dal) ar eich gweithred, wrthi.

Inflation [ɪnflatsiˈoːn] *f* chwyddiant *g*.

inflationär [ɪnflatsioˈnɛːr] *adj* chwyddiannol.

Inflationsrate *f* graddfa *b* chwyddiant.

inflatorisch [ɪnflaˈtoːrɪʃ] *adj* chwyddiannol.

Info¹ *f abk* = **Information.**

Info² [ˈɪnfo] (**-s**, **-s**) *nt (ugs)* taflen *b* wybodaeth.

infolge [ɪnˈfɔlɡə] *präp +gen* o ganlyniad i.

infolgedessen *adv* o ganlyniad.

Informant *m* (**~in** *f*) hysbyswr(aig) *g(b)*.

Informatik [ɪnfɔrˈmɑːtɪk] *f* cyfrifiadureg *b*.

Informatiker (**-s**, **-**) *m* (**~in** *f*) cyfrifiadurwr(aig) *g(b)*.

Information [ɪnfɔrmatsiˈoːn] (**-**, **-en**) *f* gwybodaeth *b*, hysbysrwydd *g*; **zu Ihrer ~** er gwybodaeth; **~en** *pl (COMP)* data *g*.

Informations- *kompos:* **~abruf** *m (COMP)* adfer *g* gwybodaeth; **~stand** *m* stondin *g* hysbysrwydd; **~technik** *f* technoleg *b* gwybodaeth.

informativ [ɪnfɔrmaˈtiːf] *adj* addysgiadol, llawn

gwybodaeth.

informieren [ɪnfɔrˈmiːrən] *vt* hysbysu, rhoi gwybod.
  ♦ *vr:* **sich ~ über** *+akk* cael gwybodaeth am, chwilota am.

infrarot *adj* isgoch.

Infrastruktur [ˈɪnfrastruktuːr] *f* isadeiledd *g*.

Infusion [ɪnfuziˈoːn] (-, -en) *f (MED)* trwythiad *g*.

Ing. *abk* = **Ingenieur**.

Ingenieur [ɪnʒeniˈøːr] (-es, -e) *m* peiriannydd *g*.

Ingenieurschule *f* coleg *g* peirianneg.

Ingredienzen *pl (KOCH)* cynhwysion *ll.*

Ingwer [ˈɪŋvər] (-s, *kein pl*) *m* sinsir *g*.

Inh. *abk* = **Inhaber**; = **Inhalt**.

Inhaber [ˈɪnhaːbər] (-s, -) *m* (**~in** *f*) deiliad *g*, tenant *g*; *(Haus~)* preswylydd *g*; *(Lizenz~)* daliwr *g* trwydded; *(FIN)* daliedydd *g*.

inhaftieren [ɪnhafˈtiːrən] *vt untrenn* arestio, mynd â (rhn) i'r ddalfa.

inhalieren [ɪnhaˈliːrən] *vt, vi untrenn* anadlu i mewn.

Inhalt [ˈɪnhalt] *m* cynnwys *g*; *(MATH: Flächen~)* arwynebedd *g*; *(Raum~)* cyfaint *g*.

inhaltlich *adj* o ran cynnwys.

Inhalts- *kompos:* **~angabe** *f* crynodeb *gb*; **~verzeichnis** *nt* cynnwys *g*; *(COMP)* cyfarwyddiadur *g*.

inhärent *adj* cynhenid.

inhuman [ˈɪnhumaːn] *adj* annynol, creulon.

Initiale *f* llythyren *b* gyntaf.

initialisieren [initsialiˈziːrən] *vt (COMP)* ymgychwyn.

Initialisierung *f (COMP)* ymgychwyniad *g*.

Initiative [initsiaˈtiːvə] (-, -n) *f (Unternehmungsgeist)* mentrusrwydd *g*; *(erster Schritt)* cam *g* cyntaf; *(Bürger~)* menter *b*, ymgyrch *gb*; **die ~ ergreifen** achub y blaen.

Initiator [initsiˈaːtor] *m* cychwynnydd *g*; **~in** *f* cychwynnydd *g*.

Injektion [ɪnjɛktsiˈoːn] *f (MED)* pigiad *g*.

Injektionsnadel (-, -n) *f* chwistrell *b*.

injizieren [ɪnjiˈtsiːrən] *vt* chwistrellu; **jdm etw ~** rhoi pigiad o rth i rn.

Inkaufnahme [ɪnˈkaufnaːmə] *f (geh)* **unter ~ etwaiger finanzieller Verluste** gan dderbyn colledion ariannol posibl.

inkl. *abk* = **inklusive**.

inkludieren *vt* cynnwys.

inklusive [ɪnkluˈziːvə] *präp +gen* yn cynnwys, gan gynnwys.
  ♦ *adv* wedi'i gynnwys.

Inklusivpreis [ɪnkluˈziːfpraɪs] *m* pris *g* sy'n cynnwys popeth.

inkognito [ɪnˈkɔɡnito] *adv* yn anhysbys, dan ffugenw.

inkompatibel *adj* anghymharus.

inkompetent *adj* anghymwys.

Inkompetenz *f* anghymwyster *g*.

inkonsequent [ˈɪnkɔnzekvɛnt] *adj* anwadal.

Inkonsequenz *f* anwadaliad *g*.

inkorrekt [ˈɪnkɔrɛkt] *adj* anghywir.

Inkrafttreten [ɪnˈkrafttreːtən] (-s, *kein pl*) *nt* dyfodiad *g* i rym.

Inkubationszeit [ɪnkubatsiˈoːnstsaɪt] *f (MED)* cyfnod *g* magu.

Inland [ˈɪnlant] (-(e)s, *kein pl*) *nt (GEOG)* canoldir *g*; *(POL, COMM)* cartref *g* (gwladol); **im In- und Ausland** gartref a thramor.

Inlandflug *m* ehediad *g* mewnol.

Inlandsporto *nt* tâl *g* post mewnol.

inmitten [ɪnˈmɪtən] *präp +gen* yng nghanol; **~ von** ymhlith.

innehaben [ˈɪnəhaːbən] *irreg vt (Amt)* dal, llenwi.

innehalten [ˈɪnəhaltən] *irreg vi* oedi, aros, sefyll.

innen [ˈɪnən] *adv* y tu mewn; **nach ~** i mewn; **von ~** o'r tu mewn.

Innen- *kompos:* **~architekt** *m* cynllunydd *g* tai; **~aufnahme** *f* llun *g* y tu mewn; **~bahn** *f (SPORT)* lôn *b* fewnol.

Innendienst *m:* **im ~ sein** gweithio yn y swyddfa.

Innen- *kompos:* **~einrichtung** *f* dodrefn *ll*; **~hof** *m* libart *g*; **~leben** *nt (seelisch)* bywyd *g* emosiynol; **~minister** *m* Gweinidog *g* Cartref; *(Großbritannien)* Ysgrifennydd Cartref; **~ministerium** *nt* Swyddfa *b* Gartref; **~politik** *f* gwleidyddiaeth *b* fewnol, polisïau *ll* gwladol.

innenpolitisch *adj* yn ymwneud â materion cartref.

Innen- *kompos:* **~seite** *f* wyneb *g* mewnol; **~stadt** *f* canol y dref/ddinas.

innerbetrieblich *adj* o fewn y cwmni.

innerdeutsch *adj:* **~er Handel** masnach *b* fewnol yn yr Almaen.

innere *adj* mewnol.

Innere *nt* y tu mewn; *(fig)* canol *g*.

Innereien [ɪnəˈraɪən] *pl* perfedd *g*.

innerhalb *präp +gen* o fewn; **~ seiner Grenzen** o fewn y ffiniau; **~ von zwei Jahren** ymhen dwy flynedd.

innerlich *adj* mewnol.

Innerlichkeit *f* anian *gb*.

innerparteilich *adj* o fewn y blaid.

innerste *adj* agosaf i'r canol; *(fig)* dyfnaf, mwyaf cyfrin.

Innerste *nt (fig)* dwfn *g* (yr enaid).

innewohnen [ˈɪnəvoːnən] *vi +dat* ymbreswylio yn, bod yn gynhenid yn.

innig [ˈɪnɪç, -ɪk] *adj (Freundschaft)* mynwesol.

Innovation *f* newyddbeth *g*.

innovativ *adj* dyfeisgar.

Innung *f (COMM)* gild *g*.

inoffiziell ['ɪn⁷ɔfitsiɛl] *adj* answyddogol.

ins = **in das**.

Insasse ['ɪnzasə] (-n, -n) *m (Anstalt)* rhn mewn carchar, ysbyty meddwl, *ayb; (AUTO)* teithiwr *g*.

insbesondere [ɪnsbə'zɔndərə] *adv* yn arbennig, yn enwedig.

Inschrift ['ɪnʃrɪft] (-, -en) *f* arysgrif *b*, arysgrifen *b*.

Insekt [ɪn'zɛkt] (-(e)s, -en) *nt* pryf *g*, pryfyn *g*, trychfilyn *g*.

Insekten- *kompos:* **~biss** *m* pigiad *g* pryfyn; **~fresser** *m (ZOOL)* pryfysor *g*; **~stich** *m* pigiad pryfyn; **~vertilgungsmittel** *nt* pryfleiddiad *g*.

Insektizid *nt* pryfleiddiad *g*.

Insel ['ɪnzəl] (-, -n) *f* ynys *b*.

Inselgruppe *f* ynysfor *g*.

Inserat [ɪnze'rɑ:t] (-(e)s, -e) *nt* hysbyseb *b* (mewn papur).

Inserent [ɪnze'rɛnt] (-en, -en) *m* hysbysebwr *g*.

inserieren [ɪnze'ri:rən] *vt, vi* hysbysebu yn y papur.

insgeheim [ɪnsgə'haɪm] *adv* yn gudd, yn ddirgel.

insgesamt [ɪnsgə'zamt] *adv* i gyd, yn ei grynswth.

Insignien *pl* regalia *ll*.

inskribieren *vt, vi (UNIV)* cofrestru, ymgofrestru.

Inskription *f* cofrestriad *g*.

Inskriptionsgebühr *f* taliadau *ll* dysgu.

insofern [ɪnzo'fɛrn] *adv* yn hynny o beth.

♦ *konj (falls)* cyhyd â, os; **~ als** cyhyd â.

insolvent ['ɪnzɔlvɛnt] *adj (FIN)* methdaliadol.

Insolvenz ['ɪnzɔlvɛnts] *f (COMM)* methdaliad *g*.

insoweit *adv, konj* = **insofern**.

in spe [ɪn 'ʃpe:] *adj (ugs)* **unser Schwiegersohn ~** ein darpar fab-yng-nghyfraith.

Inspektion [ɪnspɛktsi'o:n] *f* archwiliad *g*, arolygiad *g*.

Inspektor [ɪn'spɛktɔr] (-s, -en) *m* archwiliwr *g*, arolygwr *g*; **~in** *f* archwilwraig *b*, arolygwraig *b*.

Inspektorat *nt* arolygiaeth *b*.

Inspiration [ɪnspiratsi'o:n] *f* ysbrydoliaeth *b*.

inspirieren [ɪnspi'ri:rən] *vt* ysbrydoli; **sich von etw ~ lassen** cael eich ysbrydoli gan rth.

inspizieren [ɪnspi'ri:rən] *vt* archwilio.

instabil *adj* dadfeiliedig.

Installateur [ɪnstala'tø:r] *m* plymwr *g*, gweithiwr *g* sy'n gosod dŵr, gwres, nwy, *ayb; (Elektro~)* trydanwr *g*.

Installation *f* gosodiad *g*.

installationsprogramm *nt (COMP)* rhaglen *b* osod.

installieren *vt* gosod.

Instandhaltung [ɪn'ʃtanthaltʊŋ] *f* cynnal a chadw.

inständig ['ɪnʃtɛndɪç, -ɪk] *adj* taer, erfyniol; **~ bitten** gofyn yn daer, erfyn.

Instandsetzung *f* atgyweiriad *g*.

Instanz [ɪn'stants] *f* awdurdod *gb; (JUR)* llys *g*; **in zweiter ~** ar ôl apelio trwy'r Llys Apêl; **in letzter ~** yn derfynol.

Instanzenweg *m* sianelau *ll* swyddogol.

Instinkt [ɪn'stɪŋkt] *m* greddf *b*.

instinktiv [ɪnstɪŋk'ti:f] *adj* greddfol, wrth reddf.

Institut [ɪnsti'tu:t] (-(e)s, -e) *nt* sefydliad *g; (Gebäude)* institiwt *gb; (UNIV)* adran *b*.

Institution [ɪnstitutsi'o:n] *f* sefydliad *g*.

institutionell *adj* sefydliadol.

Institutsvorstand *m* pennaeth *g* adran.

Instrument [ɪnstru'mɛnt] (-(e)s, -e) *nt* offeryn *g*, teclyn *g; (Musik~)* offeryn *g*.

instrumental *adj* offerynnol.

Insulaner *m* ynyswr *g*.

Insulin [ɪnzu'li:n] (-s, *kein pl) nt (MED)* inswlin *g*.

inszenieren [ɪnstse'ni:rən] *vt* cyfarwyddo; *(fig)* rhagdrefnu.

Inszenierung *f* cynhyrchiad *g*.

intakt [ɪn'takt] *adj* cyfan.

integer *adj* unplyg, gonest.

integral *adj* integrol.

Integralrechnung [ɪnte'grɑ:lrɛçnʊŋ] *f (MATH)* calcwlws *g* integrol.

Integration [ɪntegratsi'o:n] *f* cyfuniad *g*, integreiddiad *g; (MATH)* integriad *g*.

integrativ *adj* integreiddiol.

integrieren [ɪnte'gri:rən] *vt* cyfannu, cyfuno.

integriert *adj* integredig; **~e Gesamtschule** ysgol *b* gyfun.

Integrität [ɪntegri'tɛ:t] *f* cyfanrwydd *g; (Ehrlichkeit)* gonestrwydd *g*, uniondeb *g*.

Intellekt [ɪnte'lɛkt] (-(e)s, *kein pl) m* deall *g*, dealltwriaeth *b*.

intellektuell [ɪntelɛktu'ɛl] *adj* deallusol.

Intellektuelle *m/f* deallusyn *g*.

intelligent [ɪnteli'gɛnt] *adj* deallus.

Intelligenz [ɪnteli'gɛnts] *f* deallusrwydd *g*, deall *g; (Leute)* deallusion *ll*.

Intelligenz- *kompos:* **~quotient** *m* cyniferydd *g* deallusrwydd; **~test** *m* prawf *g* deallusrwydd.

Intendant [ɪntɛn'dant] (-en, -en) *m (TV)* cyfarwyddwr *g*.

Intensität [ɪntɛnzi'tɛ:t] *f* angerdd *g*, dwyster *g; (Hitze, Kälte)* arddwysedd *g; (Licht)* tanbeidrwydd *g*.

intensiv [ɪntɛn'zi:f] *adj* dyfal, trylwyr; *(stark)* cryf.

intensivieren [ɪntɛnzi'vi:rən] *vt* dwysáu.

Intensiv- *kompos:* **~kurs** *m* cwrs *g* dwys/carlam; **~station** *f (MED)* uned *b* gofal arbennig.

interagieren *vi* rhyngweithio.

interaktiv [ɪntɛr⁷ak'ti:f] *adj (COMP)* rhyngweithiol,

cydadweithiol.

Intercity [ɪntər'sɪti] *m* trên *gb* rhwng dinasoedd.

interdisziplinär *adj* rhyngddisgyblaethol.

interessant [ɪntɛrɛ'sant] *adj* diddorol; **sich ~ machen** denu sylw atoch.

interessanterweise *adv* mae'n ddiddorol bod…

Interesse [ɪntɛ'rɛsə] (-s, -n) *nt* diddordeb *g*; **~ haben an** +*dat* ymddiddori mewn, dangos diddordeb mewn; **das ~ verlieren** colli diddordeb.

Interessengebiet (-(e)s, -e) *nt* maes *g*, byd *g*.

Interessent [ɪntɛrɛ'sɛnt] (-en, -en) *m* (~**in** *f*) cynigydd *g*, cyfranogydd *g*; **es haben sich mehrere ~en gemeldet** mae llawer o bobl wedi mynegi diddordeb.

Interessenvertretung *f (Personen)* cynrychiolwyr *ll* buddiannau.

interessieren [ɪntɛrɛ'siːrən] *vt* diddori; **jdn für etw ~** ennyn diddordeb rhn yn rhth.
   ♦ *vr:* **sich ~ für** ymddiddori yn.

interessiert *adj:* **politisch ~** â diddordeb mewn gwleidyddiaeth; **~ sein an etw** bod â diddordeb yn rhth.

intergalaktisch *adj* rhyngalaethog.

Interjektion *f (GRAM)* ebychiad *g*.

Interkontinentalrakete [ɪntərkɔntinɛn'taːlrakeːtə] *f (MIL)* taflegryn *g* rhyng-gyfandirol.

interkulturell *adj* rhyngddiwylliannol.

intern [ɪn'tɛrn] *adj* mewnol, preifat; **~e Familienangelegenheit** mater preifat i'r teulu.

Internat [ɪntər'naːt] (-(e)s, -e) *nt* ysgol *b* breswyl.

international [ɪntɛrnatsio'naːl] *adj* rhyngwladol; **I~er Gerichtshof** Llys *g* Barn Rhyngwladol.

Internatsschüler (-s, -) *m* (~**in** *f*) disgybl *g* preswyl.

Internet *nt (COMP)* rhyngrwyd *b*, gwe *b*; **im ~ surfen** beistonna'r we.

internieren [ɪntɛr'niːrən] *vt* caethiwo.

Internierungslager *nt* gwersyll *g* caethiwedigaeth/caethiwo.

Internist [ɪntɛr'nɪst] (-en, -en) *m* (~**in** *f*) *(MED)* mewnolydd *g*.

Interpol ['ɪntɛrpoːl] (-, *kein pl*) *f abk* (= *Internationale Polizei*) Interpol *g*.

Interpret [ɪntər'preːt] (-en, -en) *m* (~**in** *f*) **Aufführungen verschiedener ~en** perfformiadau gan artistiaid amrywiol.

Interpretation *f* dehongliad *g*, darlleniad *g*.

interpretieren [ɪntɛrpre'tiːrən] *vt* dehongli, esbonio.

interrogativ *adj (GRAM)* gofynnol.

Intervall [ɪntɛr'val] (-(e)s, -e) *nt* ysbaid *gb*; *(MUS)* cyfwng *g*.

intervenieren [ɪntɛrve'niːrən] *vi* ymyrryd.

Interview [ɪntər'vjuː] (-s, -s) *nt (RADIO)* cyfweliad *g*.

interviewen *vt* cyf-weld, holi.

intim [ɪn'tiːm] *adj* clòs, personol, clyd; *(Freund)* mynwesol, clòs.

Intimbereich *m (ANAT)* ardal yr organau cenhedlu.

Intimität [ɪntimi'tɛːt] *f* agosatrwydd *g*, clydwch *g*, cyfeillach *b*.

Intimsphäre *f:* **jds ~ verletzen** tarfu ar breifatrwydd rhn.

intolerant ['ɪntoleˈrant] *adj* anoddefgar.

Intoleranz *f* anoddefgarwch *g*.

Intonation *f* goslef *b*.

intransitiv ['ɪntranziti:f] *adj (GRAM)* cyflawn.

intravenös *adj (MED)* mewnwythiennol.

Intrige [ɪn'triːgə] (-, -n) *f* cynllwyn *g*.

intrigieren *vi* cynllwynio.

introvertiert [ɪntrovɛr'tiːrt] *adj* mewnblyg.

intuitiv [ɪntui'tiːf] *adj* sythweledol, greddfol.

intus ['ɪntʊs] *adj:* **etw ~ haben** *(ugs: Wissen)* bod wedi cael crap ar rth; *(Alkohol)* bod wedi meddwi.

Invalide [ɪnvaˈliːdə] (-n, -n) *m* rhn anabl.

Invalidenrente *f* pensiwn *g* anabl.

Invasion [ɪnvaziˈoːn] (-, -en) *f (MIL, fig)* goresgyniad *g*.

Inventar [ɪnvɛnˈtaːr] (-es, -e) *nt* rhestr *b*, llechres *b*; *(COMM)* stocrestr *b*.

Inventur [ɪnvɛnˈtuːr] (-, -en) *f* rhestru *g* stoc; **~ machen** rhestru stoc, cymryd stoc.

Inversion [ɪnvɛrziˈoːn] (-, -en) *f (GRAM, MUS)* gwrthdro *g*.

investieren [ɪnvɛsˈtiːrən] *vt (FIN)* buddsoddi.

Investition [ɪnvɛstitsiˈoːn] (-, -en) *f* buddsoddiad *g*.

Investitionszulage *f* cymhorthdal *g* buddsoddiad, grant *g* buddsoddiad.

Investitur *f* arwisgiad *g*.

Investmentgesellschaft [ɪn'vɛstməntgəzɛlʃaft] (-, -en) *f (FIN)* cwmni *g* buddsoddi.

inwiefern [ɪnviˈfɛrn] *adv* i ba raddau.

inwieweit [ɪnviˈvaɪt] *adv* = **inwiefern**.

Inzest ['ɪntsɛst] (-(e)s, -e) *m* = **Inzucht**.

Inzucht ['ɪntsʊxt] (-, -en) *f* llosgach *g*.

inzwischen [ɪn'tsvɪʃən] *adv* yn y cyfamser.

IOK *nt abk* (= *Internationales Olympisches Komitee*) Pwyllgor *g* Olympaidd Cydwladol.

Ion [i'oːn] (-s, -en) *nt* ïon *g*.

ionisch [i'oːnɪʃ] *adj* Ïonaidd; **I~es Meer** *(GEOG)* y Môr Ïonaidd.

ionisieren *vt* ïoneiddio.

IPA *abk* (= *internationales phonetisches Alphabet*) yr Wyddor Ffonetig Gydwladol.

IQ *m abk* = **Intelligenzquotient**.

i.R. *abk* (= *im Ruhestand*) wedi ymddeol.

IRA *f abk* (= *Irisch-Republikanische Armee*) Byddin Weriniaethol Iwerddon.

Irak [iˈraːk] *m:* **der ~** Irac *b.*

irakisch *adj* Iracaidd.

Iran [iˈraːn] *m:* **der ~** Iran *b.*

Iraner(in) *m(f)* Iraniad *g.*

iranisch *adj* Iranaidd.

irden *adj* priddin.

irdisch [ˈɪrdɪʃ] *adj* daearol; **den Weg alles l~en gehen** mynd i ffordd yr holl ddaear.

Ire [ˈiːrə] (-n, -n) *m* Gwyddel *g.*

irgend [ˈɪrgənt] *adv* bynnag; **was ich ~ kann** beth bynnag a fedraf; **wer ~ kann** pwy bynnag a all; **wo es ~ geht** ble bynnag y bo'n bosibl.

irgendein *adj* unrhyw; **haben Sie sonst noch ~en Wunsch?** a garech chi rywbeth arall?

irgend- *kompos:* **~einmal** *adv* rywbryd neu'i gilydd; **~etwas** *pron* unrhyw beth; **~jemand** *pron* unrhyw un, rhn neu'i gilydd; **~wann** *adv* rywbryd; **~was** *pron* = **irgendetwas**; **~welche** *adj pl* unrhyw; **~wer** *adv* unrhyw un; **~wie** *adv* rywsut.

irgendwo *adv* rywle, yn unrhyw le; **~ anders** rywle arall.

irgendwohin *adv* i rywle.

Irin [ˈiːrɪn] (-, -nen) *f* Gwyddeles *b.*

Iris [ˈiːrɪs] (-, -) *f (BOT)* gellesgen *b.*

irisch [ˈiːrɪʃ] *adj* Gwyddelig; **die l~e See** *(GEOG)* Môr *g* Iwerddon.

Irisch *nt (Sprache)* Gwyddeleg *b.*

IRK *nt abk* (= *Internationales Rotes Kreuz*) y Groes Goch Ryngwladol.

Irland [ˈɪrlant] *nt* Iwerddon *b;* *(Republik ~)* Gweriniaeth *b* Iwerddon.

Irländer(in) [ˈɪrlɛndər] *m* = **Ire;** = **Irin.**

Ironie [iroˈniː] *f* eironi *g.*

ironisch [iˈroːnɪʃ] *adj* eironig.

irr *adj* = **irre.**

irre [ˈɪrə] *adj* gwallgof; **~ gut** *(ugs)*^D gwych, hollol wallgof.

Irre¹ (-n, -n) *m/f* rhn gwallgof.

Irre² (-, *kein pl*) *f:* **jdn in die ~ führen** camarwain.

irreal *adj* afreal.

irreführen *vt* camarwain.

irreführend *adj* camarweiniol, twyllodrus.

Irreführung *f* twyll *g.*

irrelevant [ˈɪrelevant] *adj* amherthnasol.

irremachen *vt* drysu.

irren¹ [ˈɪrən] *vi* (+sein) *(umherirren)* crwydro, cyfeiliorni.

irren² *vi, vr* (+haben) camgymryd, gwneud camgymeriad; **jeder kann sich mal ~** mae pawb yn gwneud camgymeriad o dro i dro.

Irrenanstalt *f* gwallgofdy *g.*

Irrenhaus *nt* gwallgofdy *g;* **hier geht es zu wie im ~**

(fig) mae hi fel ffair yma.

Irr- *kompos:* **~fahrt** *f* crwydro *g;* **~garten** *m* drysfa *b;* **~glaube** *m* rhithdyb *b.*

irrig [ˈɪrɪç, -ɪk] *adj* anghywir.

irritieren [ɪriˈtiːrən] *vt (ärgern)* cythruddo; *(stören)* aflonyddu ar; *(verwirren)* drysu.

Irrlicht [ˈɪrlɪçt] (-(e)s, -er) *nt* Jac *g* y lantarn, cannwyll *b* y gors.

Irrsinn [ˈɪrzɪn] (-s, *kein pl*) *m* hurtrwydd *g;* **so ein ~!** dyna beth gwirion!

irrsinnig *adj* hurt; **~ komisch** doniol dros ben.

Irrtum [ˈɪrtuːm] (-s, ̈-er) *m* camsyniad *g,* camgymeriad *g;* **im ~ sein** bod yn anghywir.

irrtümlich [ˈɪrtyːmlɪç] *adj* anghywir.

    ♦ *adv* trwy gamsyniad.

ISBN *abk* (= *Internationale Standardbuchnummer*) Rhif Rhyngwladol Safon Llyfrau.

Ischias [ˈɪʃias] (-, *kein pl*) *m oder nt* clunwst *g.*

Ischiasnerv *m* y nerf siatig *gb.*

Islam [ˈɪslam] (-s, *kein pl*) *m (REL)* Islam *gb.*

islamisch [ɪsˈlaːmɪʃ] *adj* Islamaidd.

Island [ˈiːslant] *nt (GEOG)* Gwlad *b* yr Iâ.

isländisch *adj* Islandaidd.

Isolation [izolatsiˈoːn] *f* arwahaniad *g,* ynysiad *g;* *(von Häftlingen)* carchariad *g* unigol.

Isolationshaft *f* carchariad *g* unigol.

Isolator [izoˈlaːtor] (-s, -en) *m* ynysydd *g.*

Isolierband *nt* tâp *g* ynysu.

isolieren [izoˈliːrən] *vt* ynysu; *(abdichten)* inswleiddio.

Isolierstation *f (MED)* ward *b* arwahanu.

isoliert *adj* ynysedig.

Isolierung *f* defnydd *g* ynysu/inswleiddio.

isotonisch *adj* isotonig.

Isotop *nt* isotop *g.*

Israel [ˈɪsraeːl] *nt (GEOG)* Israel *b.*

Israeli *m* Israeliad *g.*

israelisch *adj* Israelaidd.

ist *vb vgl.* **sein**¹.

Istbestand *m (COMM: Geld)* arian *g* parod; *(Waren)* nwyddau *ll* sydd ar gael.

Istgleich^A *nt* = **Istgleichzeichen.**

Istgleichzeichen^A *nt (MATH)* hafalnod *m.*

Italien [iˈtaːliən] *nt* yr Eidal *b.*

Italiener [italiˈeːnər] (-s, -) *m* Eidalwr *g;* **~in** *f* Eidales *b.*

italienisch *adj* Eidalaidd; **die ~e Schweiz** y rhan o'r Swistir lle y siaredir Eidaleg.

Italienisch *nt (Sprache)* Eidaleg.

italisch *adj* Italig.

i.V. *abk* (= *in Vertretung*) yn dirprwyo.

IWF *m abk* (= *Internationaler Währungsfonds*) Cronfa *b* Ariannol Gydwladol.

J

J, j [jɔt] *nt* J, j; **~ wie Julius** J am Julius.

ja [jɑː] *adv* **1** *(Zustimmung)* ie, ydy, oes, do, *ayb*; **ist es hier, wo es geschah? – ~** ai yma y digwyddodd? - ie; **kam er gestern? – ~** ddaeth e ddoe? - do; **darf ich …? – ~** ga' i…? - cei/cewch; **2** *(fragend)* **du kommst, ~?** rwyt ti'n dod, on'd wyt? **3** *(Betonung)* **komm ~ nicht zu spät** gofala nad wyt ti'n hwyr; **Sie wissen ~, dass …** fel y gwyddoch, mae…; **sie ist ~ erst fünf** dim ond pum mlwydd oed yw hi; **~, also …** wel, felly…

Jacht [jaxt] (-, -en) *f* cwch *g* hwylio, bad *g* hwylio.

Jachthafen *m* marina *g*.

Jacke ['jakə] (-, -n) *f* siaced *b*; *(Jeans~)* siaced *b* ddenim.

Jackett [ʒa'kɛt] (-s, -s *oder* -e) *nt* siaced *b*.

Jagd [jɑːkt] (-, -en) *f* helfa *b*; *(Jagen)* hela *g*; **auf ~ gehen** hela.

Jagd- *kompos:* **~beute** *f* dalfa *b*; **~flinte** *f* gwn *g* hela; **~flugzeug** *nt* awyren *b* ymladd; **~gewehr** *nt* dryll *g* hela; **~hund** *m* ci *g* hela; **~revier** *nt* heldir *g*; **~schein** *m* trwydded *b* hela.

jagen ['jɑːgən] *vi* hela, hel; *(eilen)* rhuthro.

♦ *vt* hela; *(weg~)* gyrru i ffwrdd; *(verfolgen)* erlid; **mit diesem Essen kannst du mich ~** *(ugs)* chyffyrddwn i mo'r bwyd hwnnw â pholyn lein.

Jäger ['jɛːgər] (-s, -) *m* heliwr *g*; **~in** *f* helwraig *b*.

Jäger- *kompos:* **~latein** *nt* chwedlau *ll* hela; **~schnitzel** *nt* *(KOCH)* golwyth *g* mewn saws madarch.

Jaguar *m* *(ZOOL)* jagwar *g*.

jäh [jɛː] *adj* sydyn, disymwth; *(steil)* serth.

jählings *adv* yn ddisymwyth.

Jahr [jɑːr] (-es, -e) *nt* blwyddyn *b*; *(mit Zahlen)* blynedd *ll*; *(Alter)* blwydd *b*; **im ~e 1964** ym 1964; **dieses ~** eleni; **letztes ~** y llynedd; **die sechziger ~e** y chwedegau *ll*; **innerhalb von vier ~en** ymhen pedair blynedd; **vier ~e alt** pedair blwydd oed; **mit dreißig ~en** yn ddeng mlwydd ar hugain oed; **in den besten ~en sein** bod ym mlodau'ch dyddiau; **nach ~ und Tag** y flwyddyn ddilynol; **vor ~en** flynyddoedd yn ôl.

jahraus [jɑːrʔaʊs] *adv:* **~, jahrein** flwyddyn ar ôl bwlyddyn.

jahrein *adv vgl.* jahraus.

jahrelang *adv* am flynyddoedd.

Jahres- *kompos:* **~abonnement** *nt* tanysgrifiad *g* blynyddol; **~abschluss** *m* *(FIN)* addroddiad *g* blynyddol; **~beitrag** *m* cyfraniad *g* blynyddol;

~bericht *m* adroddiad *g* blynyddol; **~einkommen** *nt* incwm *g* blynyddol; **~ende** *nt* diwedd *g* y flwyddyn; **~hauptversammlung** *f* cyfarfod cyffredinol blynyddol; **~karte** *f* tocyn *g* blwyddyn; **~prämie** *f* *(FIN)* premiwm *g* blynyddol; **~ring** *m* cylch *g* blynyddol.

Jahrestag *m* pen *g* blwydd; **hundertster ~** canmlwyddiant *g*.

Jahres- *kompos:* **~umsatz** *m* trosiant *g* blynyddol; **~wechsel** *m*, **~wende** *f* pen y flwyddyn, troad y flwyddyn; **~zahl** *f* dyddiad *g* blynyddol; **~zeit** *f* tymor *g*.

Jahrgang (-(e)s, ˝-e) *m* *(SCH)* grŵp *g* oedran; *(Wein)* blwyddyn *b*; **er ist ~ 1950** ganwyd ef ym 1950.

Jahrhundert *nt* canrif *b*.

Jahrhundert- *kompos:* **~feier** *f* canmlywddiant *g*; **~wende** *f* troad *g* y ganrif.

jährlich ['jɛːrlɪç] *adj* blynyddol.

♦ *adv:* **zweimal ~** ddwywaith y flwyddyn.

Jahrmarkt (-(e)s, ˝-e) *m* ffair *b*, ffair bleser.

Jahrtausend *nt* mileniwm *g*.

Jahrtausendwende *f* troad *g* y mileniwm.

Jahrzehnt *nt* degawd *g*.

Jähzorn ['jɛːtsɔrn] (-s, *kein pl*) *m* tymer *b* wyllt.

jähzornig *adj* gwyllt eich tymer.

Jalousie [ʒalu'ziː] *f* llen *b* Fenis, llen *b* ddelltog.

Jamaika [ja'maɪka] (-s) *nt* *(GEOG)* Jamaica *b*.

Jammer ['jamər] (-s, *kein pl*) *m* trueni; **es ist ein ~, dass …** mae'n biti mawr bod…

jämmerlich ['jɛmərlɪç] *adj* truenus.

Jämmerlichkeit *f* truenusrwydd *g*.

jammern ['jamərn] *vi* cwyno, galaru.

♦ *vt:* **er jammert mich** *(veraltet)* mae'n drueni gennyf drosto.

jammerschade *adj:* **es ist ~** mae'n drueni o'r mwyaf, mae'n hen dro, mae'n biti garw.

Jänner ['jɛnər] *m* = Januar.

Januar ['januɑːr] *m* (mis) Ionawr *g*; **im ~** ym mis Ionawr; **heute ist der zweite ~** yr ail o Ionawr yw hi heddiw; **in diesem ~** mis Ionawr hwn; **Mitte ~** ganol mis Ionawr.

Japan ['jaːpan] *nt* *(GEOG)* Siapan *b*, Japan *b*.

Japaner [ja'pɑːner] (-s, -) *m* (**~in** *f*) Siapanead *g*, Japanead *g*.

japanisch [ja'pɑːnɪʃ] *adj* Siapaneaidd, Japaneaidd.

Japanisch *nt* *(Sprache)* Siapaneg, Japaneg.

Jargon [ʒar'gõː] (-s, -s) *m* jargon *g*, iaith *b*

dechnegol.

Jasager ['jɑ:zɑ:gər] *m* ameniwr *g*, cynffonnwr *g*.

Jastimme ['jɑ:ʃtɪmə] *f* pleidlais *b* o blaid.

jäten ['jɛ:tən] *vt:* Unkraut ~ chwynnu.

Jauche ['jauxə] *f* tail *g* hylifol.

Jauchengrube *f* carthbwll *g*.

jauchzen ['jauxtsən] *vi* llawenhau, gorfoleddu.

Jauchzer (-s, -) *m* bloedd *g* o lawenydd.

jaulen ['jaulən] *vi* udo.

Jause^A ['jauzə] (-, -n) *f (Österreich)* byrbryd yng nghanol y bore neu'r pnawn; *(Wien)* cacen a choffi.

jawohl [jɑ'vo:l] *adv (ja)* ie wrth gwrs, bid siŵr; *(MIL, NAUT)* ie, syr!

Jawort ['jɑ:vɔrt] *nt (Hochzeit)* jdm das ~ geben cytuno i briodi rhn, dweud 'gwnaf'.

Jazz [dʒaz, jats] (-, *kein pl*) *m* jazz, jas *g*.

Jazzkeller *m* clwb *g* jazz.

je[1] [je:] *adv* **1** *(jemals)* erioed; hast du ~ so etwas gesehen? welaist ti erioed y fath beth? **2** *(jeweils)* yr un; sie zahlten ~ drei Pfund talasant dair punt yr un.

je[2] *konj* **1** ~ nach Bedarf yn ôl y gofyn; ~ nachdem mae'n dibynnu; **2** po; ~ eher, desto besser gorau po gyntaf; ~ länger, ~ lieber gorau po hiraf.

Jeans [dʒi:nz] *pl* jîns *ll*, denims *ll*.

Jeansjacke *f* siaced *b* ddenim.

jede(r,s) ['je:də] *adj* pob; ~s Mal bob tro; ~r Einzelne pob un; ~ Menge Freunde digonedd o ffrindiau; ~n Moment unrhyw foment; ohne ~ Anstrengung heb ymdrech o gwbl.
  ♦ *pron* pawb; ~r zweite pob yn ail.

jedenfalls *adv* beth bynnag, sut bynnag.

jedermann *pron* pawb; das ist nicht ~s Sache nid yw hynny at ddant pawb.

jederzeit *adv* bob amser, unrhyw bryd.

jedes Mal *adv vgl.* jede(r,s).

jedoch [je'dɔx] *adv* er hynny, sut bynnag, fodd bynnag.

jeher [je'he:r] *adv:* von ~ erioed, wastad.

jemals ['je:mals] *adv* erioed.

jemand ['je:mant] *pron* rhywun; *(irgend~)* unrhyw un; ~ anders rhywun arall.

Jemen ['je:mən] *m (GEOG)* der ~ Iemen *b*.

Jemenit [jeme'ni:t] (-en, -en) *m* (~in *f*) Iemeni *g*.

jene(r,s) ['je:ne] *adj* hwnnw *g*, honno *b*.
  ♦ *pron* hwnnw *g*, honno *b*, y rheiny *ll*; *(der Vorherige)* y cyntaf.

jenseits[1] ['je:nzaɪts] *adv* yr ochr draw, y tu hwnt, y tu draw.

jenseits[2] *präp +gen* yr ochr draw i, y tu hwnt i, y tu draw i.

Jenseits *nt:* das ~ y byd a ddaw, y byd nesaf, y tu hwnt i'r llen; jdn ins ~ befördern *(ugs)* lladd rhn.

Jesuit (-en, -en) *m (REL)* Jeswit *g*.

Jesukind *nt* y baban *g* Iesu.

Jesus ['je:zus] *m* Iesu; ~ Christus Iesu Grist.

Jet *m (AERO)* jet *b*.

Jeton [ʒə'tō:] *nt* arian *g* tocyn.

jetzig ['jɛtsɪç, -ɪk] *adj* presennol.

jetzt [jɛtst] *adv* nawr, rŵan; ~ gleich nawr y funud hon.

jeweilig ['je:vaɪlɪç, -ɪk] *adj* priodol, priod; die ~e Regierung llywodraeth y dydd.

jeweils ['je:vaɪls] *adv:* ~ drei zusammen tri ar y tro; zu ~ 6 DM chwe marc yr un; ~ der zweite yr ail bob tro; ~ am Monatsletzten ar ddiwrnod olaf pob mis.

Jg. *abk* = Jahrgang.

Jh. *abk* = Jahrhundert.

Jhdt. *abk* = Jahrhundert.

Jiddisch ['jɪdɪʃ] (-en, *kein pl*) *nt (Sprache)* Iddew-Almaeneg *b*, Iddeweg *b*.

Job [dʒɔp] (-s, -s) *m (ugs)* swydd *b*, gwaith *g*.

jobben ['dʒɔbən] *vi (ugs)* gweithio mewn swyddi gwahanol, bod â swyddi gwahanol.

Joch [jɔx] (-(e)s, -e) *nt* iau *b*.

Jochbein *nt (ANAT)* asgwrn *g* boch.

Jockey ['dʒɔki] *m* joci *g*.

Jod [jo:t] (-(e)s, *kein pl*) *nt* ïodin *g*.

jodeln ['jo:dəln] *vi* iodlo, iodlan.

Jodler *m (Gesang)* iodl *b*; *(Sänger)* iodlwr *g*.

joggen ['dʒɔgən] *vi* loncian.

Jogginganzug *m* tracwisg *b*.

Joghurt *m oder nt* = Jogurt.

Jogurt ['jo:gurt] *nt oder m* iogwrt *g*.

Johannisbeere [jo'hanɪsbe:rə] (-, -n) *f (BOT)* cyrensen *b* goch; weiße ~ cyrensen *b* wen; schwarze ~ cyrensen *b* ddu.

johlen ['jo:lən] *vi* gweiddi, bloeddio.

Joint [dʒɔint] (-s, -s) *m (ugs)* smôc *gb*.

Joint Venture ['dʒɔɪnt 'vɛntʃə] *nt (COMM)* menter *b* ar y cyd.

Jo-Jo *nt* ioio *g*.

Jolle ['jɔlə] (-, -n) *f* dingi *g*, bad *g* bach.

Jongleur [ʒɔŋ'glø:r] (-s, -e) *m* jyglwr *g*.

jonglieren [ʒɔŋ'gli:rən] *vi* jyglo.

Joppe ['jɔpə] (-, -n) *f* siaced *b* o Loden.

Jordan *m (GEOG)* yr Iorddonen *b*.

Jordanien [jɔr'dɑ:niən] *nt (GEOG)* Gwlad *b* Iorddonen.

Jordanier [jɔr'dɑ:niər] (-s, -) *m* (~in *f*) Iorddoniad *g*.

jordanisch [jɔr'dɑ:nɪʃ] *adj* Iorddonaidd.

Jota *nt* iota *b*, rhithyn *g*.

Joule [dʒu:l] *nt (PHYS)* joule *g*.

Journal [ʒur'nɑ:l] *nt* cyfnodolyn *g*, misolyn *g*.

Journalismus [ʒʊrnaˈlɪsmʊs] *m* newyddiaduraeth *b*.
Journalist [ʒʊrnaˈlɪst] (-en, -en) *m* (~in *f*) newyddiadurwr(aig) *g(b)*.
journalistisch *adj* newyddiadurol.
Jr., jr. *abk* = Junior.
Jtsd. *abk* = Jahrtausend.
Jubel [ˈjuːbəl] (-s, *kein pl*) *m* gorfoledd *g*, llawenydd *g*.
jubeln [ˈjuːbəln] *vi* llawenhau, ymlawenhau, gorfoleddu.
Jubiläum [jubiˈlɛːʊm] (-s, Jubiläen) *nt* (*Jahrestag*) pen *g* blwydd, jiwbilî *b*.
jubilieren *vi* moliannu.
jucken [ˈjʊkən] *vi* cosi.

♦ *vt:* **es juckt mich am Bein** mae fy nghoes yn cosi; *(ugs)* **das juckt mich nicht** dyw hynny ddim yn fy mhoeni i, dw i ddim yn becso am hynny.
Juck- *kompos:* **~pulver** *nt* powdwr *g* cosi; **~reiz** *m* cosfa *b*.
Judas [ˈjuːdas] *m* (*fig*) Jwdas *g*.
Judas- *kompos:* **~kuss** *m* cusan *gb* bradwrus; **~lohn** *m* gwaedbris *g*, arian *g* gwaed.
Jude [ˈjuːdə] (-n, -n) *m* Iddew *g*.
Judenstern *m* seren *b* Dafydd.
Judentum (-s, *kein pl*) *nt* Iddewiaeth *b*.
Judenverfolgung *f* erledigaeth *b* yr Iddewon.
Jüdin [jyːdɪn] (-, -nen) *f* Iddewes *b*.
jüdisch [ˈjyːdɪʃ] *adj* Iddewig; (*Sprache: vgl.* **Jiddisch**).
Judo [ˈjuːdo] (-(s), *kein pl*) *nt* (*SPORT*) jwdo *g*.
Jugend [ˈjuːgənt] (-, *kein pl*) *f* pobl *b* ifanc, yr ifanc *ll*; (*~zeit*) ieuenctid *g*.
Jugend- *kompos:* **~amt** *nt* adran *b* les ieuenctid; **~bewegung** *f* mudiad *g* ieuenctid.
jugendfrei *adj* (*FILM*) U, addas i blant.
Jugend- *kompos:* **~gericht** *nt* llys *g* plant; **~herberge** *f* hostel *b* ieuenctid; **~hilfe** *f* cynllun *g* lles ieuenctid; **~jahre** *pl* llencyndod *g*; **~kriminalität** *f* troseddau'r ifanc.
jugendlich *adj* ifanc, ieuanc.
Jugendliche *m* glaslanc *g*, bachgen yn ei arddegau.
Jugend- *kompos:* **~liebe** *f* cariad *g* yn nyddiau ieuenctid; **~richter** *m* barnwr *g* yn y llys plant; **~schutz** *m* amddiffyn *g* plant a ieuenctid; **~stil** *m* (*KUNST*) Art Nouveau; **~strafanstalt** *f* carchar *g* plant, ysgol *b* Borstal, canolfan *gb* gadw ieuenctid; **~sünde** *f* pechod *g* glaslencyndod; **~zentrum** *nt* canolfan *gb* ieuenctid.
Jugoslawe [jugoˈslaːvə] (-n, -n) *m* Iwgoslafiad *g*.
Jugoslawien [jugoˈslaːviən] (-s, *kein pl*) *nt* (*GEOG, HIST*) Iwgoslafia *b*.
Jugoslawin [jugoˈslaːvɪn] (-, -nen) *f* Iwgoslafiad *g*.
jugoslawisch [jugoˈslaːvɪʃ] *adj* Iwgoslafaidd.

Juli [ˈjuːli] *m* (*mis*) Gorffennaf *g*; **im ~** ym mis Gorffennaf; **heute ist der zweite ~** yr ail o Orffennaf yw hi heddiw; **in diesem ~** mis Gorffennaf hwn; **Ende ~** ddiwedd mis Gorffennaf.
jun. *abk* = Junior.
jung [jʊŋ] (*komp* jünger; *superl* am jüngsten) *adj* ifanc.
Junge¹ [ˈjʊŋə] (-n, -n) *nt* (*von Tier*) epil *g*, cyw *g*, cenau *g*, llwdn *g*.
Junge²ᴰ (-n, -n) *m* bachgen *g*; (*Sohn*) mab *g*.
jünger [ˈjyŋər] (*komp von* jung) *adj* iau, ieuengach.
Jünger (-s, -) *m* (*REL, fig*) disgybl *g*.
Jungfer *f* (*veraltet*) hen ferch *b*.
Jung- *kompos:* **~frau** *f* gwyryf *b*, morwyn *b*; (*ASTROL*) y Forwyn *b*, y Wyryf *b*; **~geselle** *m* dyn *g* sengl, dyn di-briod; **~gesellin** *f* gwraig *b* ddi-briod, gwraig heb brioti.
Jüngling *m* (*geh*) llanc *g*, llencyn *g*, gŵr ifanc, dyn ifanc.
Jungsozialist (-en, -en) *m* (*POL*) Sosialydd *g* Ifanc.
jüngst [jyŋst] *adv* yn ddiweddar.
jüngste (*superl von* jung) *adj* ieuaf, ieuengaf; (*neuste*) diweddaraf; **das J~ Gericht** y Farn Fawr; **der J~ Tag** (*REL*) Dydd y Farn; **bis zum J~n Tag** (*fig*) am byth.
Juni [ˈjuːni] *m* mis *g* Mehefin; **im ~** ym mis Mehefin; **heute ist der zweite ~** yr ail o Fehefin yw hi heddiw; **in diesem ~** mis Mehefin hwn; **Anfang ~** ddechrau mis Mehefin.
Junior [ˈjuːnior] (-s, -en) *m* y mab *g*; (*mit Namen*) ap.
Junta [ˈxʊnta] (-, Junten) *f* (*POL*) jwnta *b*.
Jupiter *m* (*Gott, Planet*) Iau *g*.
jur. *abk* = juristisch.
Jura¹ᴰ [ˈjuːra] *pl* (*UNIV*) y Gyfraith *b*.
Jura² *m* (*GEOG*) ardal a mynyddoedd yn y Swistir.
juridischᴬ *adj* = juristisch.
Jurisdiktion *f* barnwriaeth *b*.
Jurist [juˈrɪst] (-en, -en) *m* (~in *f*) cyfreithiwr *g*, cyfreithwraig *b*, twrnai *g*.
juristisch *adj* cyfreithiol.
Juror [ˈjuːror] *m* beirniad *g*.
Jury [ʒyˈriː] *f* panel *g*.
Jusᴬˢ [jus] *nt* = Jura¹.
Justiz [jusˈtiːts] (-, *kein pl*) *f* ynadaeth *b*, ustusiaeth *b*.
Justiz- *kompos:* **~beamte** *m* swyddog *g* cyfreithiol; **~irrtum** *m* camwedd *g*, camweinyddiad *g*; **~minister** *m* Gweinidog Ustus, Gweinidog Cyfraith; (*Großbritannien*) Ysgrifennydd Cartref; **~mord** *m* llofruddiaeth *b* gyfreithyddol.
Jute *f* (*TEX*) raffia *g*, jiwt *g*.
Jüte *m* Jiwtiad *g*.
Jütin *f* Jiwtiad *g*.

Jütländer _m_ = Jüte.

Juwel [ju'veːl] (-s, -en) _nt oder m_ gem _gb_.

Juwelier [juve'liər] (-s, -e) _m_ gemydd _g_.

Juweliergeschäft _nt_ siop emau.

Jux [jʊks] _m_ jôc _b_, sbort _gb_, hwyl _b_.

K

K, k [kɑ:] *nt* K, k *b*; **~ wie Konrad** K am Konrad.

Kabarett [kabaˈrɛt^D, kabaˈreː^A] (**-s**, **-e** *oder* **-s**) *nt* cabare *g* dychan.

Kabarettist(in) *m(f)* perfformiwr *g* cabare, perfformwraig *b* cabare.

Kabel [ˈkɑːbəl] (**-s**, **-**) *nt (ELEKT)* gwifren *b*, weiar *b*; *(stark)* cebl *g*.

Kabel- *kompos:* **~anschluss** *m* teledu *g* cebl; **~fernsehen** *nt* teledu *g* cebl.

Kabeljau [ˈkɑːbəljaʊ] (**-s**, **-e** *oder* **-s**) *m (ZOOL)* penfras *g*, codyn *g*.

kabeln [ˈkɑːbəln] *vt, vi* anfon cebl, ceblo (neges).

Kabine [kaˈbiːnə] (**-**, **-n**) *f* caban *g*; *(Umkleide~)* ciwbicl *g*.

Kabinett [kabiˈnɛt] (**-s**, **-e**) *nt* ystafell *b* wely fach; *(POL)* cabinet *g*.

Kabinettwein *m* gwin *g* o ansawdd da.

Kabrio *nt* = **Kabriolett**.

Kabriolett *nt (AUTO)* car *g* codi to.

Kachel [ˈkaxəl] (**-**, **-n**) *f* teilsen *b*.

kacheln *vt* llorio â theils, teilio.

Kachelofen *m* stôf *b* deils, popty *g* teils.

Kacke [ˈkakə] *f (vulg)* **~!** cachu *g*!

Kadaver [kaˈdɑːvər] (**-s**, **-**) *m (von Tieren)* carcas *g*, celain *b (von Menschen)* corff *g*.

Kadenz [kaˈdɛnts] (**-**, **-en**) *f (MUS)* cadenza *g*; *(Akkordfolge)* diweddeb *gb*.

Kader [ˈkɑːdər] (**-s**, **-**) *m (MIL, POL)* cnewyllyn *g*, cadre *g*; *(SPORT)* carfan *b*; *(Fachleute)* arbenigwyr *ll*.

Kaderschmiede^D *f (ugs, POL)* sefydliad *g* i hyfforddi staff y cadre.

Käfer [ˈkɛːfər] (**-s**, **-**) *m (ZOOL)* chwilen *b*; *(AUTO)* Volkswagen® beetle; *(Mädchen)*^D pisyn *g* smart.

Kaff [kaf] (**-s**, **-s**) *nt (ugs)* twll *g* o le.

Kaffee [kaˈfeː, ˈkafe^D] (**-s**, **-s**) *m* coffi *g*; **das ist kalter ~** *(ugs)*^D mae hynny'n hen stori.

Kaffee- *kompos:* **~bohne** *f* ffeuen *b* goffi; **~haus** *nt* caffi *g*; **~kanne** *f* pot *g* coffi; **~klatsch** *m*, **~kränzchen** *nt* cylch *g* coffi; **~löffel** *m* llwy *b* goffi; **~maschine** *f* peiriant *g* coffi; **~mühle** *f* malwr *g* coffi; **~pause** *f* te *g* deg; **~satz** *m* gwaddod *g* y coffi; **~tante** *f (ugs)* rhn sy'n hoff o'i phaned o goffi; **~wärmer** *m* gorchudd *g* potyn coffi.

Käfig [ˈkɛːfɪç, -ɪk] (**-s**, **-e**) *m* cawell *g*, caets *g*.

kahl [kɑːl] *adj* moel; **~ fressen** bwyta'r dail i gyd; **~ geschoren** penfoel, moel eich pen; *(Schaf)* wedi ei chneifio.

Kahlheit *f* moelni *g*.

kahlköpfig *adj* penfoel, pen moel, moel.

Kahlschlag *m (von Wald)* llannerch *b*.

Kahn [kɑːn] (**-(e)s**, **˙-e**) *m* cwch *g*, bad *g*; *(Schlepper)* cwch *g* camlas.

Kai [kaɪ] (**-s**, **-e** *oder* **-s**) *m* cei *g*.

Kaiser [ˈkaɪzər] (**-s**, **-**) *m* ymerawdwr *g*; **~in** *f* ymerodres *b*.

kaiserlich *adj* ymerodrol.

Kaiserling *m (BOT)* caws *g* Cesar.

Kaiser- *kompos:* **~reich** *nt* ymerodraeth *b*; **~schmarren**^A *m (KOCH)* crempog wedi'i sgramblo; **~schnitt** *m* *(MED)* genedigaeth *b* Gesaraidd; **~wetter** *nt (ugs)* tywydd hynod o braf.

Kajak [ˈkɑːjak] (**-s**, **-s**) *m oder nt* caiac *g*.

Kajüte [kaˈjyːtə] (**-**, **-n**) *f (NAUT)* caban *g*.

Kakadu *m (ZOOL)* cocatŵ *g*.

Kakao [kaˈkɑːo] (**-s**, **-s**) *m* coco *g*; *(Getränk)* siocled *g* poeth; **jdn durch den ~ ziehen** *(ugs: veralbern)* gwneud hwyl am ben rhn; *(boshaft reden)* siarad yn sarhaus am rn.

Kakerlak [ˈkɑːkərlak] (**-en**, **-en**) *m (ZOOL)* chwilen *b* ddu.

Kaktee^D [kakˈteːə] (**-**, **-n**) *f* = **Kaktus**.

Kaktus [ˈkaktʊs] (**-** *oder* **-ses**, **Kakteen** *oder* **-se**) *m* cactws *g*.

Kalauer^D [ˈkɑːlaʊər] (**-s**, **-**) *m* jôc *b* sal; *(Wortspiel)* chwarae *g* ar eiriau'n ddi-fflach.

Kalb [kalp] (**-(e)s**, **˙-er**) *nt* llo *g*.

kalben [ˈkalbən] *vi* bwrw llo, lloea.

Kalbfleisch *nt* cig *g* llo.

Kalbsleder *nt* lledr *g* llo.

Kalender [kaˈlɛndər] (**-s**, **-**) *m* calendr *g*; *(Taschen~)* dyddiadur *g*.

Kali [ˈkɑːli] (**-s**, **-s**) *nt (CHEM)* golchludw *g*.

Kaliber [kaˈliːbər] (**-s**, **-**) *nt (Gewehr~)* calibr *g*, tryfesur *g*; *(fig)* safon *b*, ansawdd *gb*, calibr *g*.

kalibrieren *vt* calibradu.

Kalium *nt* potasiwm *g*.

Kalk [kalk] (**-(e)s**, **-e**) *m* calch *g*.

kalken *vt* calchu.

Kalkstein *m* carreg *b* galch.

Kalkulation [kalkulatsiˈoːn] (**-**, **-en**) *f* cyfrif *g*, cyfrifiad *g*.

kalkulieren [kalkuˈliːrən] *vt* cyfrif, cyfrifo, bwrw cyfrif.

kalkuliert *adj:* **~es Risiko** menter ofalus.

Kalorie [kalo'riː] (-, -n) *f* calori *g*.

kalorienarm [kalo'riːənˀarm] *adj* yn isel o ran caloriäu.

kalt [kalt] (*komp* **kälter**; *superl* **am kältesten**) *adj* oer; **~e Platte** *(KOCH)* cig *g* oer; **der K~e Krieg** *(POL)* y Rhyfel Oer.
♦ *adv:* **mir ist ~** rwy'n oer; **die Wohnung kostet ~ 980 DM** mae'r fflat yn costio 980 DM heb gynnwys gwres; **etw ~ stellen** rhoi rhth i oeri; **~ bleiben** bod yn ddidaro/ddigyffro.

Kaltblüter *m* *(ZOOL)* anifail *g* gwaedoer.

kaltblütig *adj (fig)* oeraidd, dideimlad, â gwaed oer.

Kaltblütigkeit *f* oerni *g* gwaed; *(fig)* natur *b* ddideimlad.

Kälte ['kɛltə] (-, *kein pl*) *f* oerfel *g*, oerni *g*.

Kälte- *kompos:* **~einbruch** *m* cyfnod *g* o dywydd oer; **~grad** *m* gradd *b* o dymheredd o dan y rhewbwynt; **~welle** *f* cyfnod (o dywydd) oer.

kaltherzig *adj* anghynnes, oeraidd.

kaltmachen *vt (ugs: töten)* lladd.

Kalt- *kompos:* **~miete** *f* rhent *g* heb gynnwys gwres; **~schale** *f (KOCH)* cawl *g* oer melys.

kaltschnäuzig *adj* oer, oeraidd, caled.

kaltstellen *vt (fig)* jdn **~** dirymu, niwtraleiddio; *(KOCH)* vgl. **kalt**.

Kalzium ['kaltsium] (-s, *kein pl*) *nt (CHEM)* calsiwm *g*.

kam *vb vgl.* **kommen**.

Kambodscha [kam'bɔdʒa] *nt (GEOG)* Cambodia *b*.

Kamel [ka'meːl] (-(e)s, -e) *nt (ZOOL)* camel *g*; *(fig)ᴰ* hurtyn *g*, twpsyn *g*; **eher geht ein ~ durchs Nadelöhr** *(ugs)* haws i gamel fynd trwy grau'r nodwydd.

Kamelie *f (BOT)* camelia *g*.

Kamera ['kamera] (-, -s) *f* camera *g*.

Kamerad [kame'raːt] (-en, -en) *m* cydymaith *g*, cymrawd *g*, cyfaill *g*.

Kameradschaft *f* brawdoliaeth *b*, cyfeillgarwch *g*.

kameradschaftlich *adj* brawdol, cyfeillgar.

Kamera- *kompos:* **~führung** *f* gwaith *g* camera; **~mann** *m* dyn *g* camera.

Kamille [ka'mɪlə] (-, -n) *f (BOT)* camri *g*, milwydd *g*, camomeil *g*.

Kamillentee *m* te *g* camri/camomeil.

Kamin [ka'miːn] (-s, -e) *m (innen)* aelwyd *b*; *(Feuerstelle)* lle *g* tân, grât *g*; *(Schornstein)ᴰ* simnai *b*, simdde *b*; **am ~** wrth y tân, ger y tân.

Kamin- *kompos:* **~feger**ᴰ *m*, **~kehrer** *m* glanhawr *g* simneiau, dyn *g* glanhau simnai; **~sims** *m* mantell *b* simnai.

Kamm [kam] (-(e)s, ̈-e) *m* crib *gb*; *(Berg)* crib *gb*, cefn *g*, esgair *b*; *(Hahn)* crib *gb*; *(Wellen~)* brig *m*; **alles über einen ~ scheren** *(fig)* mesur popeth â'r un ffon.

kämmen ['kɛmən] *vt* cribo.
♦ *vr* cribo'ch gwallt.

Kammer ['kamər] (-, -n) *f* ystafell *b*, siambr *b*; *(Kabinett)* ystafell *b* wely fach.

Kammer- *kompos:* **~diener** *m* gwas *g* ystafell; **~jäger** *m (Schädlingsbekämpfer)* difäwr *g* pla; **~jungfrau** *f* morwyn *b*; **~musik** *f* cerddoriaeth *b* siambr; **~ton** *m (MUS)* traw *g* cyngerdd.

Kammmuschel ['kammuʃəl] (-, -n) *f* cragen *b* fylchog.

Kampagne [kam'panjə] (-, -n) *f* ymgyrch *gb*.

Kampf [kampf] (-(e)s, ̈-e) *m* brwydr *b*, ymladdfa *b*; *(Wett~)* cystadleuaeth *b*, gornest *b*; *(fig: Anstrengung)* ymdrech *gb*, brwydr; **etw den ~ ansagen** *(fig)* mynd i'r afael â rhth; **~ auf Leben und Tod** brwydr bywyd a marwolaeth.

kampfbereit *adj* parod i ymladd, parod i'r gad.

kämpfen ['kɛmpfən] *vi* ymladd, brwydro; **~ um** +akk brwydro dros; **~ gegen** +akk brwydro yn erbyn.

Kampfer ['kampfər] (-s, *kein pl*) *m (CHEM, MED)* camffor *g*.

Kämpfer ['kɛmpfər] (-s, -) *m* ymladdwr *g*, brwydrwr *g*.

Kampf- *kompos:* **~flugzeug** *nt* awyren *b* ymladd; **~geist** *m* ysbryd *g* cystadleuol; **~handlung** *f* ymladd *g*, brwydro *g*.

kampflos *adj* heb ymladd, heb wrthwynebiad.

kampflustig *adj* ymladdgar, ymosodol.

Kampf- *kompos:* **~richter** *m (SPORT)* dyfarnwr *g*; **~sport** *m* crefft *b* ymladd.

Kampfstoff *m (MIL)* **chemischer/biologischer ~** arfau *ll* cemegol/biolegol.

kampieren *vi* gwersyllu.

Kanada ['kanada] (-s, *kein pl*) *nt* Canada *b*.

Kanadier [ka'naːdiər] *m* (**~in** *f*) Canadiad *g*.

kanadisch [ka'naːdɪʃ] *adj* Canadaidd.

Kanal [ka'naːl] (-s, ̈-e) *m (GEOG, Bewässerung)* camlas *b*; *(Rinne, TV)* sianel *b*; *(Abwasser~)* carthffos *b*, cwter *b*, draen *g*.

Kanal- *kompos:* **~deckel** *m* gorchudd draen; **~inseln** *pl (GEOG)* Ynysoedd *ll* y Sianel.

Kanalisation [kanalizatsi'oːn] *f* system *b* garthion.

Kanapee *nt (veraltet)* soffa *f*.

Kanarienvogel [ka'naːriənfoːgəl] (-s, ̈-) *m (ZOOL)* caneri *g*.

kanarisch [ka'naːrɪʃ] *adj:* **K~e Inseln** *pl (GEOG)* yr Ynysoedd *ll* Dedwydd, Ynysoedd y Cŵn.

Kandidat [kandi'daːt] (-en, -en) *m* (**~in** *f*) ymgeisydd *g*; **jdn als ~en aufstellen** enwebu rhn.

Kandidatur [kandida'tuːr] *f* ymgeisyddiaeth *b*, ymgeisiaeth *b*.

kandidieren [kandi'diːrən] *vi (POL)* ymgeisio, cynnig

(am).

kandiert [kan'di:rt] *adj (Frucht)* candi, siwgrog.

Kandiszucker ['kandɪstsʊkər] (-, *kein pl*) *m* candi *g*, siwgwr *g* grisial.

Känguru ['kɛŋguru] (-s, -s) *nt (ZOOL)* cangarŵ *g*.

Känguruh *nt* = Känguru.

Kaninchen [ka'ni:nçən] (-s, -) *nt (ZOOL)* cwningen *b*; **sich wie die ~ vermehren** amlhau fel cwningod.

Kanister [ka'nɪstər] (-s, -) *m* can *g*, tun *g*, blwch *g*.

kann *vb vgl.* **können.**

Kännchen ['kɛnçən] *nt* jŵg *gb* bach; *(Kaffee)*[D] pot *g* bach, potyn *g*.

Kanne ['kanə] *f (Gieß~)* can *g*; *(Krug)* jŵg *gb*; *(Kaffee~, Tee~)* pot *g*, potyn *g*; *(Milch~ von Kaffeeservice)* jŵg llaeth; *(Molkerei~)* can/tun *g* llaeth.

Kannibale [kani'ba:lə] (-n, -n) *m* canibal *g*.

Kannibalin *f* canibal *g*.

Kannibalismus *m* canibaliaeth *b*.

kannte *vb vgl.* **kennen.**

Kanon ['ka:nɔn] (-s, -s) *m (MUS)* tôn *b* gron.

Kanone [ka'no:nə] (-, -n) *f* gwn *g* mawr, canon *g*, magnel *b*; *(fig: Mensch)* dewin *g*; **im Klavierspielen ist sie eine ~** mae hi'n ddiguro ar y piano; **unter allen ~n** *(ugs)*[D] cwbl warthus; **mit ~n auf Spatzen schießen** dŵr ar gefn hwyaden.

Kanonen- *kompos:* **~futter** *nt (ugs)* ysglyfaeth *b* gynnau, bwyd *g* i'r gynnau; **~kugel** *f* pêl *b* fagnel.

Kanonier *m (MIL)* gynnwr *g*.

kanonisch *adj:* **~es Recht** canon *gb*.

Kantate [kan'ta:tə] *f (MUS)* cantawd *b*, cantata *b*.

Kante ['kantə] *f* ymyl *gb*, congl *b*; **Geld auf die hohe ~ legen** cynilo arian.

Kanten[D] *m* crwstyn *g*.

Kantenstecher (-s, -) *m* torrwr *g* ymylon lawnt.

kantig ['kantɪç, -ɪk] *adj* onglog; *(Gesicht)* esgyrnog.

Kantine [kan'ti:nə] (-, -n) *f* ffreutur *g*, cantîn *g*, lle *g* bwyta.

Kanton[S] [kan'to:n] (-s, -e) *m (POL)* canton *g*.

Kantor ['kantɔr] (-s, -en) *m (REL)* arweinydd *g* côr.

Kanu ['ka:nu] (-s, -s) *nt* canŵ *g*.

Kanzel ['kantsəl] (-, -n) *f (REL)* pulpud *g*; *(Piloten~)* caban *g* peilot.

Kanzlei [kants'laɪ] (-, -en) *f (Büro)* swyddfa *b*; *(eines Notars)* siambr *b*.

Kanzler ['kantslər] (-s, -) *m (POL)* canghellor *g*, prif weinidog *g*.

Kap [ka:p] (-s, -s) *nt (GEOG)* penrhyn *g*; **~ der Guten Hoffnung** Penrhyn Gobaith Da.

Kapazität [kapatsi'tɛ:t] (-, -en) *f (Volumen)* cynnwys *g*; *(Produktionsfähigkeit)* cynneddf *b*, gallu *b*; *(Fachmann)* awdurdod *gb*, arbenigwr *g*.

Kapelle [ka'pɛlə] *f (Gebäude)* capel *g* bach; *(MUS)*

seindorf *b*, cerddorfa *b* fechan.

Kapellmeister(in) *m(f)* blaenwr *g* y band.

Kaper ['ka:pər] *f (KOCH)* caprysen *b*.

kapern ['ka:pərn] *vt* cipio, meddiannu.

kapieren [ka'pi:rən] *vt, vi (ugs)* deall, amgyffred.

Kapillare *f* tiwb *g* capilari.

Kapital [kapi'ta:l] (-s, -e *oder* -ien) *nt (FIN, fig)* cyfalaf *g*; **aus etw ~ schlagen** elwa ar rth; *(fig)* troi dŵr i'ch melin eich hun.

Kapital- *kompos:* **~anlage** *f* buddsoddiad *g*; **~aufwand** *m* gwariant *g* cyfalaf; **~ertrag** *m* enillion *ll* cyfalaf; **~ertragssteuer** *f* treth *b* ar enillion cyfalaf; **~flucht** *f* ymfudiad *g* cyfalaf; **~gesellschaft** *f (COMM)* cwmni *g* cyd-gyfalaf.

kapitalintensiv *adj* dwysgyfalafol, cyfalafddwys.

Kapitalismus [kapita'lɪsmʊs] *m* cyfalafiaeth *b*.

Kapitalist [kapita'lɪst] (-en, -en) *m* cyfalafwr *g*.

kapitalistisch *adj* cyfalafol.

kapitalkräftig *adj* ariannog, cyfoethog, cefnog.

Kapital- *kompos:* **~markt** *m* marchnad *b* arian; **~verbrechen** *nt* trosedd *b* ddifrifol; *(mit Todesstrafe)* trosedd *b* ddihenydd; **~zulage** *f (FIN)* lwfans *g* cyfalaf, **~zuwachs** *m* twf *g* cyfalaf.

Kapitän [kapi'tɛ:n] (-s, -e) *m (NAUT)* capten *g*.

Kapitel [ka'pɪtəl] (-s, -) *nt* pennod *b*; **ein trauriges ~** pennod drist, hanes trist.

Kapitulation [kapitulatsi'o:n] (-, -n) *f* ildiad *g*, ymostyngiad *g*.

kapitulieren [kapitu'li:rən] *vi* ildio, ymostwng.

Kaplan [ka'pla:n] (-s, "-e) *m (REL)* caplan *g*.

Kapodaster [kapo'dastər] *m (Gitarre)* branell *b*.

Kappe ['kapə] *f* cap *g*; **das nehme ich auf meine ~** derbyniaf i gyfrifoldeb am hynny.

kappen ['kapən] *vt (Mittel kürzen)* cwtogi, cyfyngu (ar wario); *(NAUT)* **die Taue ~** torri'r rhaffau.

Kapriole *f* llamsach *g*.

Kapsel ['kapsəl] (-, -n) *f (MED)* pilsen *b*; *(Rakete)* capsiwl *g*; *(Verschluss)* caead *g*.

kaputt [ka'pʊt] *adj* wedi torri; *(erschöpft)* wedi blino'n lân, wedi ymlâdd; **am Auto ist etw ~** mae rhywbeth o'i le ar y car; **ein ~er Typ** *(ugs)*[D] cymeriad gwallgof.

kaputtgehen *irreg vi (+sein)* torri, syrthio'n ddarnau, breuo.

kaputtmachen *vt* torri, malu.

kaputtschlagen *irreg vt* bwrw'n yfflon, malu.

Kapuze [ka'pu:tsə] (-, -n) *f* cwfl *g*.

Kar [ka:r] *nt* peiran *g*.

Karabiner [kara'bi:nər] *m (Gewehr)* carbin *g*.

Karacho [ka'raxo] (-s) *nt (ugs)* **mit ~** fel cath i gythraul.

Karaffe [ka'rafə] (-, -n) *f* caráff *g*; *(geschliffen)* costrel *b*, decanter *g*.

Karambolage [karambo'la:ʒə] (-, -n) *f (Zusammenstoß)* gwrthdrawiad *g*.

Karamell [kara'mɛl] (-s, *kein pl*) *m oder nt* siwgr *g* llosg, siwgr toddi, caramel *g*.

Karamellbonbon *m oder nt* cyflaith *g*, taffi *g*.

Karat [ka'ra:t] (-(e)s, -e) *nt* carat *g*.

Karate [ka'ra:tə] (-s, *kein pl*) *nt* carate *g*, karate *g*.

Karawane [kara'va:nə] (-, -n) *f* mintai *b*, teithfintai *b*.

Karbon *nt* carbon *g*.

Karbonat *nt* carbonad *g*.

Kardinal [kardi'na:l] (-s, ˙-e) *m (REL)* cardinal *g*.

Kardinal- *kompos:* **~fehler** *m* camgymeriad *g* sylfaenol; **~schnitte** *f* math o deisen gyda gwynwy wedi ei guro; **~zahl** *f* prifol *g*, prif rif *g*, rhif *g* prifol.

Karenz [ka'rɛnts] *f* cyfnod *g* cadw swydd; *(Mutterschaftsurlaub)*ᴬ seibiant *g* mamolaeth.

Karenz- *kompos:* **~geld**ᴬ *nt* budd-dâl *g* mamolaeth; **~jahr** *nt* blwyddyn i ffwrdd o'r gwaith; **~urlaub** *m*, **~zeit** *f* cyfnod cadw swydd; *(Mutterschaftsurlaub)*ᴬ seibiant *g* mamolaeth.

Karfiolᴬ [karfi'o:l] *m* bresychen *b* wen, blodfresychen *b*.

Karfreitag [ka:r'fraɪta:k] *m* Dydd Gwener y Groglith.

karg [kark] *adj (Landschaft, Boden)* anffrwythlon, diffaith, anial; *(Lohn)* pitw, isel; *etw ~ bemessen* bod yn gynnil gyda rhth.

Kargheit *f* tlodi *g*, prinder *g*.

kärglich ['kɛrklɪç] *adj* gwael, truenus, diwerth.

Kargo ['kargo] (-s, -s) *m (COMM)* llwyth *g*, cargo *g*.

Karibik [ka'ri:bɪk] (-, *kein pl*) *f*: *die ~* y Caribî *g*, Môr *g* y Caribî.

karibisch *adj:* *K~e Inseln* *pl* Ynysoedd *ll* y Caribî; *das K~e Meer* Môr *g* y Caribî.

kariert [ka'ri:rt] *adj (Stoff)* sgwarog, siec, siecrog; *(Papier)* â sgwariau; *~ reden (ugs)* siarad lol.

Karies ['ka:ries] (-, *kein pl*) *f (MED)* pydredd *g*.

Karikatur [karika'tu:r] *f* gwawdlun *g*, cartŵn *g*.

Karikaturist(in) *m(f)* cartwnydd *g*.

karikieren [kari'ki:rən] *vt* digriflunio, gwawdlunio.

karitativ [karita'ti:f] *adj* elusennol.

Karl *m:* *~ der Große (HIST)* Siarl *g* Fawr; *~ der Kühne* Siarl Ddewr.

Karneval ['karnəval] (-s, -e *oder* -s) *m* carnifal *g*.

Karnickel [kar'nɪkəl] (-s, -) *nt (ugs)* cwningen *b*.

Kärnten ['kɛrntən] *nt (GEOG)* Carinthia *b*.

Karo ['ka:ro] (-s, -s) *nt* sgwâr *gb*; *(Karten)* diemwnt *g*.

Karosse [ka'rɔsə] (-, -n) *f* coets *b*, cerbyd *g*.

Karosserie [karosə'ri:] *f (AUTO)* corff *g*.

Karotte [ka'rɔtə] (-, -n) *f* moronen *b*.

Karpaten [kar'pa:tən] *pl (GEOG)* Mynyddoedd *ll*

Carpathia, y Mynyddoedd Carpathaidd.

Karpfen ['karpfən] (-s, -) *m (ZOOL)* cerpyn *g*, carp *g*.

Karre ['karə] (-, -n) *f* cart *g*, trol *b*.

Karree[1] [ka're:] *nt:* *einmal ums ~ gehen (ugs)* mynd am dro bach, mynd am dro rownd y bloc.

Karree[2]ᴬ *nt (KOCH)* asen *b* fras, sbarib *g*.

karren ['karən] *vt* cartio, cludo.

Karren (-s, -) *m* cart *g*, trol *b*; *den ~ aus dem Dreck ziehen (ugs)* cael trefn ar sefyllfa/bicil; *den ~ vors Pferd spannen (fig)* rhoi'r cart o flaen y ceffyl.

Karriere [kari'ɛ:rə] *f* gyrfa *b*; *~ machen* codi yn y byd, ymddyrchafu.

Karrieremacher(in) *m(f)* rhn uchelgeisiol, gyrfäwr *g*, gyrfawraig *b*.

Karsamstag [ka:r'zamsta:k] *m* Sadwrn y Pasg.

Karst [karst] (-s, -e) *m (GEOG, GEOL)* carst *g*.

Kartätsche [kar'tɛtʃə] *f (MIL, HIST)* haels *ll*.

Karte ['kartə] (-, -n) *f* cerdyn *g*; *(Spiel~)* cerdyn chwarae; *(Land~)* map *g*; *(Speise~)* bwydlen *b*; *(Eintritts~, Fahr~)* tocyn *g*, ticed *g*; *(Kredit~)* cerdyn credyd; *(Post~, Ansichts~)* cerdyn post; *mit offenen ~n spielen (fig)* bod yn onest; *die ~n auf den Tisch legen (fig)* rhoi'ch cardiau ar y bwrdd, datgelu'r cyfan; *alles auf eine ~ setzen* rhoi'ch wyau i gyd yn yr un fasged.

Kartei [kar'taɪ] (-, -en) *f* mynegai *g* ar gardiau.

Kartei- *kompos:* **~karte** *f* cerdyn *g* mynegai; **~kasten** *m* cwpwrdd *g* ffeilio.

Kartell [kar'tɛl] (-s, -e) *nt (COMM)* cartél *g*.

Kartell- *kompos:* **~amt** *nt* comisiwn *g* monopolïau; **~gesetz** *nt* deddf *b* atal monopolïau.

Karten- *kompos:* **~haus** *nt* tŷ *g* o gardiau; **~legen** *nt* darllen *g* cardiau; **~spiel** *nt* gêm *b* o gardiau; *(Set)* pac *g* cardiau; **~telefon** *nt* ffôn *g* cerdyn; **~vorverkauf** *m* gwerthu *g* tocynnau ymlaen llaw.

Kartoffel [kar'tɔfəl] (-, -n) *f* taten *b*; **~brei**ᴰ *m*, **~mus**ᴰ *nt* tatws *ll* stwnsh, tato *ll* potsh; **~puffer** *m* ≈ waffl *gb* tato; **~püree** *nt* tatws *ll* stwnsh, tato *ll* potsh; **~chips** *pl* creision *ll*; **~salat** *m* salad *g* tatws.

Karton [kar'to:n] (-s, -s) *m* cardbord *g*; *(Schachtel)* blwch *g* cardbord.

kartoniert [karto'ni:rt] *adj* clawr caled.

Karussell [karu'sɛl] (-s, -s) *nt* ceffylau *ll* bach.

Karwoche ['ka:rvɔxə] *f* Wythnos *b* Fawr.

Karzinom [kartsi'no:m] *nt (MED)* carsinoma *g*.

Kaschemme [ka'ʃɛmə] *f (ugs: übles Lokal)* twll *g*.

kaschieren [ka'ʃi:rən] *vt* celu, cuddio.

Käse ['kɛ:zə] (-s, -) *m* caws *g*.

Käse- *kompos:* **~blatt** *nt (ugs: Zeitung)* rhecsyn *g*; **~glocke** *f* caead *g* caws, clawr *g* caws; **~kuchen**ᴰ *m* cacen *b* gaws; **~sahne**ᴰ *f (KOCH)* caws *g* hufen.

Kaserne [ka'zɛrnə] *f* gwersyllty *g*, baracs *ll*, lluest *g*.

Kasernenhof *m* maes *g* ymarfer, maes parêd.

käsig ['kɛːzɪç, -ɪk] *adj (Gesicht, Haut)* gwelw, llwyd; *(vor Schreck)* gwyn.

Kasino [ka'ziːno] (-s, -s) *nt* clwb *g*; *(MIL)* ystafell *b* fwyta i swyddogion; *(Spiel~)* casino *g*.

Kaskoversicherung ['kaskofɛrzɪçəruŋ] *f (FIN)* yswiriant *g* cludo nwyddau; *(AUTO)* yswiriant cynhwysfawr.

Kasper[D] ['kaspər] *m (Puppe)* Pwnsh *g*; *(fig)* ffŵl *g*, hurtyn *g*, gwirionyn *g*.

Kasperl[A] *m* = **Kasper**.

Kasperle[D] *m* = **Kasper**.

Kasperletheater[D] *nt* sioe *b* Pwnsh a Siwan.

Kasperltheater[A] *nt* = **Kasperletheater**.

Kassa[A] *f* = **Kasse**.

Kassazettel[A] *m* = **Kassenzettel**.

Kasse *f (Geldkasten)* blwch *g* arian, drôr *gb* arian; *(im Geschäft)* til *g*, desg *b* dalu; *(Kartenverkauf)* swyddfa *b* docynnau, bwth *g* tocynnau; *(Kranken~)* cwmni *g* yswiriant iechyd; *(Spar~)* banc *g* cynilo; **die ~ führen** bod yng ngofal yr arian; **jdn zur ~ bitten** gofyn i rn dalu; **die ~ machen** cyfri'r arian; **getrennte ~ führen** talu ar wahân; **an der ~** *(im Geschäft)* wrth y ddesg dalu; **gut bei ~ sein** bod â digon o arian gennych.

Kasseler[D] ['kasələr] *nt* lwyn *b* borc wedi'i mygu.

Kassen- *kompos:* **~arzt** *m* meddyg *g* panel; **~bestand** *m* gweddill *g* arian; **~füller** *m* llwyddiant *g*; **~patient** *m* claf *g* dan ofal y Gwasanaeth Iechyd Genedlaethol; **~prüfung** *f* archwiliad *g*; **~schlager** *m (COMM)* llwyddiant *g* ysgubol.

Kassensturz *m:* **~ machen** cyfrif eich arian.

Kassenzettel *m* derbynneb *b*, taleb *b*.

Kasserolle [kasə'rɔlə] (-, -n) *f (KOCH)* sosban *b*, caserol *g*.

Kassette [ka'sɛtə] (-, -n) *f* blwch *g* bach, bocs *g* bach; *(Tonband, Video)* casét *g*, tâp *g*; *(Bücher~)* bocs llyfrau.

Kassettenrecorder (-s, -) *m* chwaraewr *g* casetiau.

Kassiber [ka'siːbər] (-s, -) *m (in Gefängnis)* neges *b* gudd.

kassieren [ka'siːrən] *vt* casglu/hel arian.

   ◆ *vi:* **darf ich ~?** ydych chi'n barod i dalu?

Kassier[AS] *m* derbynnydd *g* arian, ariannydd *g*; *(von Klub)* trysorydd *g*.

Kassierer[D] *m* = **Kassier**; **~in** *f vgl.* **Kassier**.

Kassierin[AS] *f vgl.* **Kassier**.

Kastanie [kas'taːniə] (-, -n) *f* castan *b*, cneuen *b* gastan; *(Baum)* castanwydden *b*, coeden *b* gastan.

Kastanienbaum (-(e)s, ¨-e) *m* castanwydden *b*, coeden *b* gastan.

Kästchen ['kɛstçən] (-s, -) *nt* blwch *g* bach, bocs *g*

bach, casged *b*.

Kaste ['kastə] (-, -n) *f* dosbarth *g*, cast *g*.

Kasten ['kastən] (-s, ¨-) *m (Schrank)*[AS] cwpwrdd *g*; *(SPORT)* bocs *g*; *(Truhe)*[D] blwch *g*, cist *b*; *(Bier~)*[D] crât *g* cwrw; **er hat was auf dem ~** mae ganddo ddigon yn ei ben.

Kastenwagen *m* fan *b*.

kastrieren [kas'triːrən] *vt* disbaddu, ysbaddu.

Kat [kat] *m (ugs: Katalysator)* trawsnewidydd *g* catalytig.

katalanisch [kata'laːnɪʃ] *adj* Catalanaidd.

Katalanisch *nt (Sprache)* Cataleg *b*.

Katalog [kata'loːk] (-(e)s, -e) *m* catalog *g*.

katalogisieren [katalogi'ziːrən] *vt* catalogio, rhestru.

Katalysator [kataly'zaːtɔr] (-s, -en) *m (CHEM)* catalydd *g*; *(AUTO)* trawsnewidydd *g* catalytig.

Katapult [kata'pult] (-(e)s, -e) *nt oder m* catapwlt *g*, sling *g*, offer *ll* lansio.

katapultieren [katapul'tiːrən] *vt* taflu, saethu, lansio.

Katarr [ka'tar] (-s, -e) *m* catâr *g*.

Katarrh *m* = **Katarr**.

Katasteramt [ka'tastər'amt] *nt* y Gofrestrfa *b* Dir.

katastrophal [katastro'faːl] *adj* trychinebus, trallodus, catastroffig.

Katastrophe [kata'stroːfə] (-, -n) *f* trychineb *gb*.

Katastrophen- *kompos:* **~alarm** *m* rhybudd *g* o argyfwng; **~gebiet** *nt* ardal *b* drychineb; **~hilfe** *f* cymorth *g* mewn argyfwng; **~schutz** *m* rheolaeth *b* o argyfwng.

Katechismus [kate'çɪsmus] (-, -Katechismen) *m (REL)* catecism *g*.

Kategorie [katego'riː] (-, -n) *f* dosbarth *g*, categori *g*.

kategorisch [kate'goːrɪʃ] *adj* pendant, diamod, diamodol, categorig.

kategorisieren [kategori'ziːrən] *vt* categoreiddio, dosbarthu.

Kater [kaːtər] (-s, -) *m* cwrcath *g*, cath *b* wryw; *(ugs)* **einen ~ haben** bod â phen mawr, teimlo'n sal ar ôl yfed gormod.

Katerfrühstück *nt* brecwast i wella pen mawr.

kath. *abk* = **katholisch**.

Katheder [ka'teːdər] (-s, -) *nt (SCH)* desg *b* yr athro; *(UNIV)* darlithell *b*.

Kathedrale [kate'draːlə] (-, -n) *f* eglwys *b* gadeiriol.

Kathode [ka'toːdə] *(ELEKT)* *f* catod *g*.

Katholik [kato'liːk] (-en, -en) *m* Pabydd *g*, Catholig *g*; **~in** *f* Pabyddes *b*.

katholisch [ka'toːlɪʃ] *adj* Catholig, Pabyddol.

Katholizismus [katoli'tsɪsmus] *m (REL)* catholigiaeth *b*, pabyddiaeth *b*.

Katz *f vgl.* **Katze**.

katzbuckeln ['katsbukəln] *vi (ugs)* crafu, cynffonna.

Kätzchen ['kɛtsçən] (-s, -) *nt* cath *b* fach.

Katze ['katsə] (-, -n) *f* cath *b*; **die ~ im Sack kaufen** prynu cath mewn cwd; **für die Katz** *(ugs)* yn ofer; **Katz und Maus mit jdm spielen** *(fig)* chwarae cath a llygoden â rhn; **wie die ~ um den heißen Brei herumgehen** hel dail, gogr-droi; **die ~ aus dem Sack lassen** *(fig, ugs)* gadael y gath o'r cwd; **die ~ lässt das Mausen nicht** ni newidia'r llewpard ei frychni; **bei Nacht sind alle ~n grau** mae pob cath yn llwyd liw nos; **wenn die ~ aus dem Haus ist, haben die Mäuse Kirtag** llon llygod lle ni bo cath.

Katzen- *kompos:* **~auge** *nt (AUTO)* llygad *gb* cath; *(Fahrrad)* golau *g* ôl, gwydr *g* coch; **~gold** *nt* aur *g* ffug; **~jammer** *m (ugs)* pen mawr (ar ôl yfed); **~musik** *f (fig)* sgrechian *g*, oernadu *g*; **~sprung** *m (fig)* tafliad *g* carreg, siwrnai *b* fer; **~tür** *f* drws *g* bach i'r gath; **~wäsche** *f* llyfiad *g* cath, swil *g* bach.

Kauderwelsch ['kaʊdərvɛlʃ] (-(es), *kein pl*) *nt* jargon *gb*; *(technisches)* fflatiaith *b*; *(ugs)* bregliach *g*, rwdl *gb*.

kauen ['kaʊən] *vt, vi* cnoi.

kauern ['kaʊərn] *vi (+haben)* cyrcydu, swatio.

Kauf [kaʊf] (-(e)s, ̈-e) *m* pryniant *g*; *(Kaufen)* prynu *g*; **ein guter ~** bargen *b*; **etw in ~ nehmen** dygymod â rhth.

kaufen ['kaʊfən] *vt* prynu; **dafür kann ich mir nichts ~** pa werth yw hynny i mi?

Käufer ['kɔʏfər] *m* (**~in** *f*) prynwr(aig) *g(b)*.

Kauf- *kompos:* **~frau** *f* merch *b* fusnes, gwraig *b* fusnes; **~haus** *nt* siop *b* adrannol; **~kraft** *f (FIN)* gallu *g* prynu; **~laden**[D] *m* siop.

käuflich ['kɔʏflɪç] *adj* prynadwy, ar werth; *(pej)* llygradwy, hawdd eich prynu/llygru, prynadwy. ♦ *adv:* **~ erwerben** prynu.

Kauflust *f* chwant *g* siopa, awydd *g* siopa.

kauflustig *adj* mewn hwyl prynu, ag awydd prynu.

Kaufmann[1] ['kaʊfman] (-(e)s, **Kaufleute**) *m* dyn *g* busnes, masnachwr *g*.

Kaufmann[2] (-(e)s, *kein pl*) *m (Lebensmittelhändler)* groser *g*.

kaufmännisch ['kaʊfmɛnɪʃ] *adj* masnachol; **~er Angestellter** *(COMM)* gweithiwr *g* swyddfa, clerc *g*.

Kauf- *kompos:* **~preis** *m* pris *g* prynu; **~vertrag** *m* bil *g* gwerthiant; **~willige** *m/f* un sy'n awyddus i brynu.

Kaufzwang *m:* **kein ~** dim gorfodaeth i brynu.

Kaugummi ['kaʊgʊmi] *m* gwm *g* cnoi.

Kaukasus ['kaʊkazʊs] *m:* **der ~** *(GEOG)* Cawcasws *g*.

Kaulquappe ['kaʊlkvapə] (-, -n) *f (ZOOL)* penbwl *g*.

kaum [kaʊm] *adv* prin, o'r braidd; **~ jemals** bron byth; **~ jemand** braidd neb, nemor neb; **wohl ~** go brin; **ich glaube ~** choelia i ddim.

Kausalzusammenhang (-(e)s, ̈-e) *m* cysylltiad *g* rhwng achos ac effaith.

Kaution [kaʊtsi'o:n] (-, -en) *f* blaendal *g*, ernes *b*; *(JUR)* mechnïaeth *b*.

Kautschuk [kaʊ'tʃʊk] (-s, -e) *m* rwber *g*.

Kauz [kaʊts] (-es, ̈-e) *m (ZOOL)* tylluan *b*, gwdihŵ *b*; *(fig)* **ein komischer ~** 'deryn *g*, creadur *g* rhyfedd, bachan od.

Kavalier [kava'li:r] (-s, -e) *m* bonheddwr *g*, gŵr *g* bonheddig.

Kavaliersdelikt *nt* pechod *g* bychan, trosedd *b* fechan.

Kavallerie [kavalə'ri:] *f (MIL)* gwŷr *ll* meirch, marchoglu *g*.

Kavallerist [kavalə'rɪst] (-en, -en) *m* marchfilwr *g*.

Kaviar ['ka:viar] *m (KOCH)* cafiâr *g*.

KB *abk* (= *Kilobyte*) cilobeit *g*.

kcal *abk* (= *Kilokalorie*) cilocalori *g*.

keck [kɛk] *adj* beiddgar, eofn, hyderus.

Keckheit *f* beiddgarwch *g*, ehofndra *g*, mentrusrwydd *g*, hyder *g*, herfeiddiwch *g*.

Kegel ['ke:gəl] (-s, -) *m* ceilysyn *g*, sgitlen *b*; *(MATH)* côn *g*; **mit Kind und ~** gyda'r teulu oll i gyd.

Kegelbahn *f* ale *b* sgitls.

kegelförmig *adj* conig, conigol.

kegeln ['ke:gəln] *vi* chwarae sgitls.

Kehle *f* gwddf *g*, gwddw *g*; **er hat das in die falsche ~ bekommen** llyncodd ddŵr ei anadl, tagodd ar rth; *(fig)* camddeallodd y peth; **aus voller ~** nerth eich pen.

kehlig *adj* gyddfol.

Kehl- *kompos:* **~kopf** *m* corn *g* gwddf, larynes *g*, ceg *b* wynt; **~kopfkrebs** *m* cancr *g* y corn gwddf; **~laut** *m (GRAM)* sain *b* yddfol.

Kehre ['ke:rə] (-, -n) *f (scharfe Kurve)* tro *g*, troad *g*.

kehren ['ke:rən] *vt, vi (wenden)* troi; *(mit Besen)* ysgubo, brwsio.

Kehricht ['ke:rɪçt] (-s, *kein pl*) *m (geh)* ysgubion *ll*.

Kehrmaschine *f* ysgubwr *g*, ysgubydd *g*, peiriant *g* ysgubo.

Kehrreim ['ke:rraɪm] *m* cytgan *gb*, byrdwn *g*.

Kehrseite ['ke:rzaɪtə] (-, -n) *f (Rückseite)* tu *g* ôl, tu chwith, ochr *b* arall; *(Nachteil)* anfantais *b*, ochr dywyll; **die ~ der Medaille** yr ochr arall i'r geiniog.

kehrtmachen ['ke:rtmaxən] *vi* troi'n ôl, troi yn eich unfan, troi ar eich sawdl.

Kehrtwendung *f* tro *g* ar y sawdl.

keifen ['kaɪfən] *vi (kläffen)* iepian; *(schimpfen)* cecru, swnian, grwgnach.

Keil [kaɪl] *m* lletem *b*, cŷn *g*; *(MIL)* pen *g* saeth, blaen *g* saeth.

keilen ['kaɪlən] *vr* ymladd.

Keiler ['kaɪlər] (-s, -) *m* twrch *g* coed, baedd *g* coed; *(ugs: Handelsvertreter)* gwerthwr *g*.

Keilerei [kaɪlə'raɪ] (-, -en) *f (ugs)* codi *g* dyrnu, ymladd *g*.

Keil- *kompos:* **~riemen** *m (AUTO)* ffanbelt *gb*; *(TECH)* belt *gb* V; **~schrift** *f* gwyddor *b* endoredig.

Keim [kaɪm] (-(e)s, -e) *m (BIOL, fig)* blaguryn *g*, eginyn *g*; *(MED)* germ *g*, meicrob *g*, bacteriwm *g*; **etw im ~ ersticken** lladd rhth yn yr egin.

Keimblatt *nt (BOT)* had-ddeilen *b*, cotyledon *b*.

keimen ['kaɪmən] *vi* egino, blaguro, glasu.

keim- *kompos:* **~frei** *adj* diheintiedig, di-haint, sterilaidd; **~tötend** *adj* antiseptig, germladdol, gwrth-heintiol.

Keimzelle *f (auch fig)* niwclews *g*.

kein ['kaɪn] *adj* dim; **~e schlechte Idee** syniad go dda; **~e Minute länger** *(nicht einmal)* llai na munud; **~e Sorge!** paid â becso!

keine(r,s) *pron (niemand)* neb; *(nichts)* dim un.

keinerlei ['kaɪnər'laɪ] *adj* dim... o gwbl.

keinesfalls *adv* nid ar unrhyw gyfrif.

keineswegs *adv* dim o gwbl.

keinmal *adv:* **einmal ist ~** nid yw unwaith yn cyfrif.

Keks [ke:ks] (-es, -e) *m oder nt* bisgïen *b*.

Kelch [kɛlç] (-(e)s, -e) *m* gobled *gb*, cwpan *gb*; *(Gral)* caregl *g*; *(BOT: Blüten~)* blodamlen *b*, calycs *g*.

Kelchblatt *nt* sepal *g*.

Kelle ['kɛlə] (-, -n) *f (Maurer~)* trywel *g*; *(Suppen~)*ᴰ lletwad *b*.

Keller ['kɛlər] (-s, -) *m* seler *b*.

Kellerassel *f (ZOOL)* gwrach *b* y lludw, pryf *g* y lludw.

Kellerei [kɛlə'raɪ] (-, -en) *f* seleri *ll* gwin; *(Firma)* cynhyrchydd *g* gwin.

Keller- *kompos:* **~geschoß** *nt* islawr *g*; **~wohnung** *f* fflat *b* ar yr islawr.

Kellner (-s, -) *m* gweinydd *g*; **~in** *f* gweinyddes *b*.

kellnern ['kɛlnərn] *vi* gweini.

Kelte ['kɛltə] (-n, -n) *m* Celt *g*.

Kelter ['kɛltər] (-s, -) *f* gwinwasg *b*.

keltern ['kɛltərn] *vt (Wein)* gwasgu.

Keltin ['kɛltɪn] (-, -nen) *f* Celtes *b*.

keltisch ['kɛltɪʃ] *adj* Celtaidd.

kennen ['kɛnən] *irreg vt (jemanden)* adnabod; *(etwas)* gwybod am; **~ Sie sich schon?** ydych chi'n nabod eich gilydd yn barod? **kennst du mich noch?** wyt ti'n fy nghofio i? **~ lernen** dod i adnabod rhn; **sich ~ lernen** dod i adnabod eich gilydd; *(zum erstenmal)* cyfarfod â rhn, cwrdd â rhn; **der soll mich ~ lernen** *(fig)* fe'm cofia am byth.

kennen lernen *vt vgl.* kennen.

Kenner (-s, -) *m* arbenigwr *g*, archwaethwr *g*; **~in** *f* arbenigwraig *b*, archwaethwraig *b*.

Kennkarte (-, -n) *f* cerdyn *b* adnabod.

kenntlich ['kɛntlɪç] *adj* gwahaniaethadwy, gweladwy, canfyddadwy, amlwg; **etw ~ machen** rhoi marc ar rth, marcio rhth.

Kenntnis ['kɛntnɪs] (-, -se) *f* gwybodaeth *b*, profiad *g* o rth; **etw zur ~ nehmen** nodi rhth; **von etw ~ nehmen** sylwi rhth, dal sylw ar rth, cymryd sylw o rth; **jdn in ~ setzen** dweud/sôn wrth rn am rth, hysbysebu rhn o rth, rhoi gwybod am rth i rn; **über ~se verfügen** bod â gwybodaeth drwyadl, bod â chrap da.

Kennwort *nt* côd *g*.

Kennzeichen *nt* arwyddnod *g*, arwydd *gb*, nodwedd *b*, cynneddf *b*; **polizeiliches ~** *(AUTO) nt* plât *g* rhif.

kennzeichnen *vt untrenn* nodweddu, hynodi.

Kennziffer *f* cyfeirnod *g*.

kentern ['kɛntərn] *vi (+sein) (NAUT)* troi drosodd, suddo.

Keramik [ke'ra:mɪk] (-, -en) *f* crochenwaith *g*, llestri *ll* pridd, crameg *b*.

Kerbe ['kɛrbə] (-, -en) *f* rhigol *b*, rhicyn *g*.

Kerbel ['kɛrbəl] (-s, -) *m (KOCH)* gorthyfail *g*.

kerben ['kɛrbən] *vt* rhicio, hicio.

Kerbholz *nt:* **etw auf dem ~ haben** *(fig)* bod wedi troseddu.

Kerker ['kɛrkər] (-s, -) *m* carchar *g*, daeargell *b*.

Kerl [kɛrl] *m* boi *g*, bachgen *g*, bachan *g*; **sie ist ein feiner ~** mae hi'n (hen) ferch iawn, mae hi'n ferch glên; **du gemeiner ~!** *(ugs)* diawl!

Kern [kɛrn] (-(e)s, -e) *m (Obst~)* carreg *b*, hedyn *g*; *(Atom~)* niwclews *g*; *(fig)* calon *b*, craidd *g*, cnewyllyn *g*.

Kern- *kompos:* **~energie** *f* ynni *g* niwclear; **~fach** *nt (SCH)* pwnc *g* craidd; **~forschung** *f* ymchwil *gb* niwclear; **~frage** *f* pwnc y ddadl, y mater *g* pwysicaf; **~fusion** *f* ymasiad *g* niwclear; **~gehäuse** *nt* calon *b*, craidd *g*, cnewyllyn *g*.

kerngesund *adj* cyn iached â'r gneuen, yn iach dros ben.

Kernholz *nt* rhuddin *g*.

kernig *adj (kraftvoll)* cryf, cadarn, grymus; *(Ausspruch)* swta, cwta, di-lol.

Kernkraft *f* ynni *g* niwclear.

Kernkraftwerk (-(e)s, -e) *nt* gorsaf *b* ynni niwclear.

kernlos *adj* di-had, heb hadau.

Kern- *kompos:* **~physik** *f* ffiseg *b* niwclear; **~reaktion** *f* adwaith *g* niwclear; **~reaktor** *m* adweithydd *g* niwclear; **~schmelze** *f* toddiad *g* niwclear; **~seife** *f* sebon *g* ymolchi naturiol; **~spaltung** *f* ymholltiad *g* niwclear; **~stück** *nt* y prif beth *g*, y peth

pwysicaf oll; *(von Theorie)* craidd *g*, calon *b*;
~**waffen** *pl* arfau *ll* niwclear.

kernwaffenfrei *adj* heb arfau niwclear.

Kernzeit *f* cyfnod *g* allweddol.

Kerze ['kɛrtsə] (-, -n) *f* cannwyll *b*; *(AUTO: Zünd~)* plwg *g* tanio.

kerzengerade *adj* mor union â saeth.

Kerzenhalter *m* = **Kerzenständer**.

Kerzen- *kompos:* ~**licht** *nt*; ~**schein** *m* goleuni *g* cannwyll; ~**ständer** *m* canhwyllbren *gb*; ~**wachs** *nt* gwêr *g* cannwyll.

kess [kɛs] *adj* sosi.

Kessel ['kɛsəl] (-s, -) *m* cawg *g*; *(Dampf~)* bwyler *g*; *(GEOG: Tal~)* pant *g*, pannwl *g*; *(MIL)* amgylchyniad *g*, cylchyniad *g*.

Kessel- *kompos:* ~**stein** *m* ffwr *g* (mewn tegell); ~**treiben** *nt (fig)* erledigaeth *b*.

Ketchup ['kɛtʃœp] *nt* sôs *g* coch.

Kette ['kɛtə] (-, -n) *f* cadwyn *b*; **jdn an die ~ legen** clymu rhn; *(fig)* cwtogi ar ryddid rhn.

ketten ['kɛtən] *vt* cadwyno, clymu.

Ketten- *kompos:* ~**fahrzeug** *nt* cerbyd *g* traciog; ~**glied** *nt* dolen *b* gadwyn; ~**hemd** *nt* pais *b* ddur; ~**raucher** *m* ysmygwr *g* di-baid; ~**reaktion** *f* adwaith *g* cadwynol; ~**säge** *f* cylchlif *b*.

Ketzer ['kɛtsər] (-s, -) *m (REL)* heretic *g*, camgredwr *g*.

Ketzerei *f* heresi *b*, cam-gred *b*.

ketzerisch *adj* hereticaidd, cyfeiliornus.

keuchen ['kɔʏçən] *vi* bod yn brin o anadl, ebychu.

Keuchhusten *m* y pâs *g*.

Keule ['kɔʏlə] (-, -n) *f* pastwn *g*; *(KOCH)* coes *b*.

keusch [kɔʏʃ] *adj* diwair, morwynol, gwyryfol.

Keuschheit *f* diweirdeb *g*, gwyryfdod *g*, morwyndod *g*.

Kfm. *abk* = **Kaufmann**[1].

kfm. *abk* = **kaufmännisch**.

Kfz *nt abk* = **Kraftfahrzeug**.

KG *f abk (= Kommanditgesellschaft)* partneriaeth *b* gyfyngedig.

kg *abk (= Kilogramm)* cilogram *g*.

Khan *m (HIST)* khan *g*.

kHz *abk (= Kilohertz)* cilohertz *g*.

Kibbuz [kɪˈbuːts] (-, **Kibbuzim** *oder* -e) *m* cibwts *g*.

kichern ['kɪçərn] *vi* cilchwerthin, piffian chwerthin, pwffian chwerthin.

kicken ['kɪkən] *vt (Fußball)* cicio.

kidnappen ['kɪtnɛpən] *vt untrenn* herwgipio, cipio.

Kidnapper (-s, -) *m* herwgipiwr *g*.

Kiebitz ['kiːbɪts] (-es, -e) *m (ZOOL)* cornicyll *g*.

Kiefer[1] ['kiːfər] (-s, -) *m (ANAT)* gên *b*, clicied *b* gên; *(Ober~)* gorfant *g*.

Kiefer[2] (-, -n) *f (BOT)* pinwydden *b*.

Kieferhöhle *f (ANAT)* ceudod *g* y genau.

Kiefern- *kompos:* ~**holz** *nt* pren *g* pinwydd; ~**zapfen** *m* mochyn *g* coed.

Kieferorthopäde *m* orthodontydd *g*, orthodeintydd *g*.

Kieker[D] ['kiːkər] (-s, -) *m:* **jdn auf dem ~ haben** *(ugs)* bod â'ch cyllell yn rhn.

Kiel [kiːl] *m (Feder~)* cwilsyn *g*; *(NAUT)* cêl *g*.

Kielwasser *nt* ôl *g* llong.

Kieme ['kiːmə] (-, -n) *f* tagell *b*.

Kies [kiːs] (-es, -e) *m* gro *gb*, graenen *g*, cerrig *ll* mân; *(ugs)* arian *g*.

Kiesel ['kiːzəl] (-s, -) *m* carreg *b* gron, carreg fach.

Kieselstein *m* = **Kiesel**.

Kies- *kompos:* ~**grube** *f* grobwll *g*, pwll *g* graean; ~**weg** *m* llwybr *g* graean.

kiffen ['kɪfən] *vi (ugs)* smygu pot/mariwana.

kikeriki *interj* coc-a-dwdl-dŵ.

Killer ['kɪlər] *m (ugs)* lleiddiad *g*, llofrudd *g*; *(gedungen)* lleiddiad *g* cyflogedig.

Kilo ['kiːlo] *nt* cilo *g*.

Kilo- *kompos:* ~**byte** *nt (COMP)* cilobeit *g*; ~**gramm** *nt* cilogram *g*; ~**hertz** *nt* cilohertz *g*.

Kilometer [kiloˈmeːtər] (-s, -) *m* cilometr *g*.

Kilometer- *kompos:* ~**fresser** *m* gyrrwr *g* hirdaith; ~**geld** *nt* treuliau *ll* teithio; ~**stand** *m (AUTO)* cilometrau *ll* ar y cloc; ~**stein** *m* carreg *b* filltir; ~**zähler** *m (AUTO)* ≈ milomedr *g*, cloc *g* milltiroedd.

Kilowatt [kiloˈvat] *nt* cilowat *g*.

Kimme ['kɪmə] (-, -n) *f* rhicyn *g*; *(von Gewehr)* annel *g* ôl.

Kind [kɪnt] (-(e)s, -er) *nt* plentyn *g*; **sich freuen wie ein ~** bod wrth eich bodd; **mit ~ und Kegel** *(fig)* gyda'r tylwyth oll; **von ~ auf** ers eich plentyndod.

Kinder- *kompos:* ~**arzt** *m* pediatregydd *g*, pediatrydd *g*; ~**beihilfe** *f* budd-dâl *g* plant; ~**bett** *nt* cot *g*, gwely *g* bach.

Kinderei [kɪndəˈraɪ] (-, -en) *f* plentyneiddiwch *g*.

Kindererziehung *f* magu *g* plant; *(durch Schule)* addysg *b*.

kinderfeindlich *adj* dim yn hoff o blant; *(ungeeignet)* dim yn addas i blant.

Kinderfreibetrag *m* lwfans *g* plant.

Kindergarten (-s, ⁻) *m* ysgol *b* feithrin.

Kinder- *kompos:* ~**gärtner** *m* athro *g* ysgol feithrin; ~**gärtnerin** *f* athrawes *b* ysgol feithrin; ~**geld** *nt* budd-dâl *g* plant, lwfans *g* plant; ~**heim** *nt* cartref *g* plant; ~**krankheit** *f* salwch *g* plant; ~**krippe** *f* meithrinfa *b*; ~**laden**[D] *m* cylch *g* meithrin (annibynnol); ~**lähmung** *f (MED)* poliomyelitis *g*.

kinderleicht *adj (fig)* hawdd dros ben, chwarae plant.

kinderlieb *adj* hoff o blant.

Kinderlied (-(e)s, -er) *nt* hwiangerdd *b*.

kinderlos *adj* heb blant, di-blant.

Kindermädchen (-s, -) *nt* morwyn *b* plant, morwyn *b* fagu.

Kinderpfleger *m* (~in *f*) gwarchodwr(aig) *g(b)*, gofalwr(aig) *g(b)* plant.

kinderreich *adj* gyda llawer o blant.

Kinderschuh *m* *(fig)* es steckt noch in den ~en newydd ddechrau y mae.

Kinder- *kompos:* ~**sendung** *f (RADIO, TV)* rhaglen *b* blant, rhaglen i blant; ~**spiel** *nt (fig)* chwarae *g* plant.

Kinderstube *f:* eine gute ~ haben bod yn foesgar.

Kinder- *kompos:* ~**tagesstätte** *f* cylch *g* meithrin, ysgol *g* feithrin; ~**teller** *m* saig *b* i blant; ~**wagen** *m* pram *g*, coets *b* babi; ~**zimmer** *nt* ystafell *b* plentyn, llofft *b* plentyn.

Kindesalter *nt* plentyndod *g*.

Kindesbeine *pl:* von ~ an ers yn blentyn bychan.

Kindesmisshandlung *f* cam-drin *g* plant.

kindgemäß *adj* yn addas ar gyfer plant.

Kindheit *f* plentyndod *g*.

kindisch *adj* plentynnaidd.

kindlich *adj* fel plentyn.

Kindskopf *m* symlyn *g*, symlen *b*.

Kindstod *m:* plötzlicher ~ *(MED)* marwolaeth *b* grud.

kinetisch *adj* cinetig.

Kinkerlitzchen ['kɪŋkərlɪtsçən] *pl (ugs)* mân bethau *ll*, petheuach *ll*; *(dumme Streiche)* dwli *g*, lol *b*.

Kinn [kɪn] (-(e)s, -e) *nt* gên *b*.

Kinn- *kompos:* ~**haken** *m (beim Boxen)* ergyd *gb* i'r ên, lempan *b* uchel; ~**lade** *f* gên *b*, asgwrn *g* yr ên.

Kino ['kiːno] (-s, -s) *nt* sinema *b*.

Kino- *kompos:* ~**besucher** *m*, ~**gänger** *m* mynychwr *g* sinema; ~**programm** *nt* rhestr *b* ffilmiau.

Kiosk [kiˈɔsk] (-(e)s, -e) *m* ciosg *g*.

Kippe[1] ['kɪpə] *f (Müll~)* tomen *b* sbwriel, tip *g*; an der ~ stehen *(fig)* cael a chael.

Kippe[2] *f (Zigaretten~)* bonyn *g* sigarét.

kippen ['kɪpən] *vi (+sein)*, *vt (+haben)* troi drosodd; *(ugs)*[D] einen ~ yfed gwydraid o ddiod gadarn.

Kipper ['kɪpər] (-s, -) *m (AUTO)* dadlwythwr *g*, llympiwr *g*.

Kippschalter (-s, -) *m* swits *g* siglo, siglwr *g*.

Kirche ['kɪrçə] (-, -n) *f* eglwys *b*, capel *g*; mit der ~ ums Kreuz gehen gwneud rhth yn gymhleth iawn.

Kirchen- *kompos:* ~**chor** *m* côr *g* eglwys; ~**diener** *m* warden *g* eglwys; ~**fest** *nt* gŵyl *b* eglwys; ~**gemeinde** *f* llan *b*; ~**lied** *nt* emyn *g*.

Kirchenmaus *f:* arm wie eine ~ mor llwm â llygod eglwys.

Kirchen- *kompos:* ~**schiff** *nt (ARCHIT)* corff *g*; *(Querschiff)* adenydd *ll* eglwys, transept *g*; ~**steuer** *f* treth *b* eglwysig; ~**tag** *m* cynhadledd *b* eglwysig.

Kirch- *kompos:* ~**gänger** *m* mynychwr eglwys neu gapel; ~**hof** *m* mynwent *b*.

kirchlich *adj* eglwysig.

Kirch- *kompos:* ~**tag**[A] *m* ffair *b* flynyddol; ~**turm** *m* twr *g* eglwys; ~**weih**[D] *f* ffair *b* flynyddol.

Kirmes ['kɪrmɛs] (-, -sen) *f* ffair *b*.

Kirschbaum ['kɪrʃbaʊm] (-(e)s, ¨-e) *m* coeden *b* geirios.

Kirsche ['kɪrʃə] (-, -n) *f* ceiriosen *b*; mit ihm ist nicht gut ~n essen *(fig)* mae'n well peidio tynnu'n groes iddo.

Kirschtorte *f:* Schwarzwälder ~ teisen *b* geirios y Goedwig Ddu.

Kirschwasser *nt* gwirod *gb* ceirios.

Kirtag[A] *m* ffair *b*.

Kissen ['kɪsən] (-s, -) *nt* clustog *b*; *(Kopf~)* clustog; gobennydd *g*.

Kissenbezug *m* gorchudd *g* gobennydd, cas *g* clustog.

Kiste ['kɪstə] *f* blwch *g*, cist *b*; *(Bier~)*[A] crât *g*; *(ugs: Bett)* y cae nos; *(ugs Fernsehen)* y bocs *g*.

Kita[D] ['kɪta] *f abk* = **Kindertagesstätte**.

Kitsch [kɪtʃ] (-(e)s, *kein pl*) *m* fflwcs *ll*, sothach *g*.

kitschig *adj* sothachlyd, anchwaethus.

Kitt [kɪt] (-(e)s, -e) *m* pwti *g*.

Kittchen *nt (ugs)* carchar *g*.

Kittel ['kɪtəl] (-s, -) *m* troswisg *b*, smoc *b*.

kitten *vt* pwtïo; *(fig)* atgyweirio.

Kitz [kɪts] (-es, -e) *nt (ZOOL)* myn *g* gafr; *(Reh~)* llwdn *g*.

kitzelig ['kɪtsəlɪç, -ɪk] *adj* gogleisiog; *(fig)* tringar.

kitzeln ['kɪtsəln] *vt* gogleisio.

Kiwi[1] ['kiːvi] (-, -s) *m (ZOOL)* ciwi *g*.

Kiwi[2] (-, -s) *f (BOT)* ffrwyth *g* ciwi.

KKW *nt abk* = **Kernkraftwerk**.

Kl. *abk* = **Klasse**.

Klacks[D] [klaks] (-es, -e) *m (Sahne)* talp *g*; *(Tröpfchen)* diferyn *g*; das ist ein ~ chwarae plant yw hynny.

klaffen ['klafən] *vi* ymagor, agor lled y pen.

kläffen ['klɛfən] *vi* iepian.

Klage ['klaːɡə] (-, -n) *f* cwyn *gb*, achwyniad *g*; *(JUR)* achos *g* cyfreithiol, cyngaws *g*; ~ gegen jdn erheben dwyn achos yn erbyn rhn.

Klagelied *nt* galarnad *b*, galargan *b*; ein ~ anstimmen cwyno.

Klagemauer *f* Mur *g* yr Wylofain.

klagen ['klaːɡən] *vi (weh~)* nadu, llefain; *(sich beschweren)* cwyno, achwyn.

    ♦ *vt (JUR)* dwyn achwyniad, dwyn achos yn

erbyn; *(jammern)* **jdm sein Leid ~** arllwys eich cwd wrth rn.

Kläger [ˈklɛːgər] *m* (**~in** *f*) *(JUR: im Zivilrecht)* achwynydd *g*; *(im Strafrecht)* erlynydd *g*; *(in Scheidung)* deisebydd *g*.

Klageschrift *f (JUR)* cyhuddiad *g* (ar bapur); *(bei Scheidung)* cais *g*.

kläglich [ˈklɛːglɪç] *adj* truenus, gwael.

Klamauk [klaˈmaʊk] (**-s**, *kein pl*) *m (ugs: Spaß)* ffwlbri *g*, helynt *gb*; *(im Theater)* comedi *g* golbio, slapstic *gb*.

klamm [klam] *adj (durchfroren)* fferllyd, wedi rhewi'n gorn.

Klamm *f (GEOG)* ceunant *g*, hafn *gb*.

Klammer [ˈklamər] (**-**, **-n**) *f* clamp *g*; *(Büro~)* clip *g* papurau; *(Wäsche~)* peg *g* dillad; *(Zahn~)* weiren *b* ddanedd, sythwr *g* danedd; *(runde)* cromfach *b*; **eckige ~** braced *b*, bach *g* sgwâr; **geschwungene ~** bach cyrliog; **~ auf/zu** agor/cau cromfachau.

klammern [ˈklamərn] *vr:* **sich ~ an** *+akk* cydio yn.

klammheimlich [klamˈhaɪmlɪç] *adj (ugs)* cyfrinachol, cudd.

Klamotte[D] [klaˈmɔtə] (**-**, **-n**) *f* hen ffilm *b* wael; **~n** *pl (ugs)* dillad *ll*.

Klampfe [ˈklampfə] (**-**, **-n**) *f (ugs)* gitâr *b*.

klang *vb vgl.* **klingen.**

Klang (**-(e)s**, **¨-e**) *m* sain *b*.

klangvoll *adj* soniarus.

Klappbett [ˈklapbɛt] *nt* gwely *g* plygu, gwely cau.

Klappe [ˈklapə] *f* falf *b*; *(Ofen~)* caead *g*; *(FILM)* clepiwr *g*; *(Holzblasinstrument)* allwedd *b*; *(ugs)* **halt die ~** cau dy geg.

klappen [ˈklapən] *vi unpers* gweithio; **hoffentlich klappt's** gobeithio y bydd popeth yn gweithio'n iawn.

Klappentext *m* broliant *g*.

Klapper [ˈklapər] (**-s**, **-**) *f* ratl *g*, cleciwr *g*.

klapperig *adj* wedi gweld dyddiau gwell.

klappern *vi (+haben)* clecian, ratlo.

Klapperschlange (**-**, **-n**) *f (ZOOL)* neidr *b* ruglo.

Klapperstorch (**-(e)s**, **¨-e**) *m* storc *g* (sy'n dod â babanod).

Klapp- *kompos:* **~messer** *nt* cyllell *b* boced; **~rad** *nt* beic *g* plygu; **~stuhl** *m* cadair *b* blygu; **~tisch** *m* bord *b* adain.

Klaps [klaps] *m* slapen *b*, clatsien *b*; **er hat einen ~** nid yw e'n llawn llathen.

klapsen *vt* rhoi clusten i, cletsio.

klar [klaːr] *adj* clir, eglur; *(MIL, NAUT)* **alles ~** parod; **bei ~em Verstand sein** meddu ar eich holl gyneddfau; **sich** *dat* **im K~en sein über** *+akk* bod yn sicr o; *(Bescheid wissen)* gwybod am; **mit etw ins K~e**

kommen dod i amgyffred rhth; **(na) ~!** wrth gwrs! **klipp und ~** yn blwmp ac yn blaen; **~ sehen** gweld yn eglur; **sich** *dat* **über etw** *akk* **~ werden** cael rhth yn glir yn eich meddwl.

Kläranlage [ˈklɛːrˀanlaːgə] *f* gwaith *g* trin carthion.

Klare *m (ugs)* schnaps *g*.

klären [ˈklɛːrən] *vt (Flüssigkeit)* puro; *(Problem)* eglurhau.

♦ *vr* dod yn eglur.

Klarheit *f* eglurder *g*; **sich** *dat* **~ über etw** *akk* **verschaffen** deall rhth yn iawn.

Klarinette [klariˈnɛtə] (**-**, **-n**) *f (MUS)* clarinét *g*.

klarkommen *irreg vi (+sein) (ugs)* **~ mit** *+dat* dod i ddeall, dygymod â.

klarlegen *vt* egluro.

klarmachen *vt (Schiff)* paratoi i gychwyn; **jdm etw ~** esbonio rhth i rn.

Klarsichtfolie *f* haenen *b* lynu.

klarstellen *vt* egluro.

Klartext *nt:* **im ~** mewn Cymraeg croyw.

Klärung [ˈklɛːrʊŋ] *f (von Flüssigkeit)* puriad *g*; *(von Problem)* eglurhad *g*.

klar werden *irreg vr (+sein) vgl.* **klar.**

Klasse [ˈklasə] (**-**, **-n**) *f* dosbarth *g*; *(Steuer~)* categori *g*; *(Güter~)* gradd *b*, safon *b*.

klasse *adj (ugs)* bendigedig, penigamp.

Klassen- *kompos:* **~arbeit** *f (SCH)* prawf *g* mewn dosbarth; **~bewusstsein** *nt* ymwybyddiaeth *b* o ddosbarth; **~gesellschaft** *f* cymdeithas *b* ar sail dosbarth; **~buch** *nt (SCH)* ≈ cofrestr *b*; **~kamerad** *m* cyd-ddisgybl *g*; **~kampf** *m* brwydr *b* y dosbarthiadau cymdeithasol; **~lehrer** *m* athro *g* dosbarth, tiwtor *g* dosbarth.

klassenlos *adj* diddosbarth.

Klassensprecher(in) *m(f) (SCH)* llefarydd *g* dosbarth.

Klassenziel *nt:* **das ~ nicht erreichen** *(SCH)* methu â chyrraedd y safon a ddisgwylwyd y flwyddyn honno; *(fig)* methu.

Klassenzimmer *nt* ystafell *b* ddosbarth.

klassifizieren [klasifiˈtsiːrən] *vt* dosbarthu.

Klassifizierung *f* dosbarthiad *g*.

Klassik [ˈklasɪk] *f* Oes *b* Glasurol; *(Stil)* clasuraeth *b*.

Klassiker *m* awdur/gwaith clasurol.

klassisch [ˈklasɪʃ] *adj* clasurol.

Klassizismus [klasiˈtsɪsmʊs] *m* clasuraeth *b*.

Klatsch [klatʃ] (**-es**, **-e**) *m* clec *gb*; *(Gerede)* clecs *ll*.

Klatschbase[D] *f* clepwraig *b*.

klatschen [ˈklatʃən] *vi (Geräusch)* tasgu, clatsio; *(applaudieren)* curo dwylo, clapio; *(reden)*[D] clebran. ♦ *vt:* **jdm Beifall ~** cymeradwyo rhn.

Klatschmohn *m (BOT)* pabi *gb*.

klatschnass *adj* gwlyb diferu.

Klatsch- *kompos:* **~spalte** *f (Zeitung)* colofn *b* glecs; **~tante** *f* clepwraig *b*.

klauben ['klaʊbən] *vt* casglu.

Klaue ['klaʊə] (-, -n) *f (Tier)* ewin *gb; (Vogel)* crafanc *b; (ugs: Schrift)* sgriffiad *g*, traed *ll* brain.

klauen ['klaʊən] *vt (ugs)* bachu.

Klause ['klaʊzə] (-, -n) *f* cell *b; (von Mönch)* meudwydy *g; (GEOG)* ceunant *g*.

Klausel ['klaʊzəl] (-, -n) *f (JUR)* cymal *g; (Bedingung)* amod *gb*.

Klausur [klaʊ'zuːr] (-, -en) *f* neilltuaeth *b; (Ort)* lle *g* o'r neilltu; *(SCH)* = **Klausurarbeit.**

Klausurarbeit *f* papur *g* arholiad.

Klaviatur [klavia'tuːr] *f* allweddell *b*.

Klavier [kla'viːr] (-s, -e) *nt* piano *g*.

Klavierauszug *m (MUS)* sgôr *b* biano.

Klebeband ['kleːbəbant] (-(e)s, ̈-er) *nt* tâp *g* glynu.

Klebemittel (-s, -) *nt* glud *g*.

kleben ['kleːbən] *vt, vi* glynu; **~ an** +*akk* glynu wrth; **jdm eine ~** *(ugs)* rhoi clewten i rn.

Klebezettel (-s, -) *m* glynen *b*.

klebrig *adj* gludiog.

Kleb- *kompos:* **~stoff** *m* glud *g;* **~streifen** *m* tâp *g* glynu.

kleckern[D] ['klɛkərn] *vt* gollwng, staenio.

Klecks[D] [klɛks] *m* blot *g*, staen *g*.

klecksen[D] *vi* blotio.

Klee [kleː] (-s, *kein pl*) *m (BOT)* meillion *ll;* **jdn über den grünen ~ loben** *(fig)* canmol rhn i'r cymylau.

Kleeblatt *nt* deilen meillionen; *(fig)* triawd o bobl.

Kleid [klaɪt] (-(e)s, -er) *nt* ffrog *b;* **~er** *pl (Kleidung)* dillad *ll*.

kleiden ['klaɪdən] *vt* gwisgo, dilladu; *(stehen)* gweddu.

♦ *vr* ymwisgo.

Kleider- *kompos:* **~bügel** *m* cambren *g;* **~bürste** *f* brws *g* dillad; **~haken** *m* cambren; **~kasten**[A] *m*, **~schrank** *m* cwpwrdd *g* dillad.

kleidsam ['klaɪtzaːm] *adj* sy'n gweddu'n dda.

Kleidung (-, *kein pl*) *f* dillad *ll*.

Kleidungsstück *nt* dilledyn *g*.

Kleie ['klaɪə] *f* eisin *ll* sil, bran *g*.

klein [klaɪn] *adj* bach, bychan *g*, bechan *b;* **haben Sie es ~?** oes arian mân gennych? **ein ~es Bier** ≈ hanner peint o gwrw; **von ~ auf** o'ch plentyndod; *(von Anfang an)* o'r cychwyn cyntaf; **das ~ere Übel** y lleiaf o ddau ddrwg; **ein ~ wenig** tipyn bach; **~ anfangen** dechrau ar raddfa fach; **etw ~ schreiben** *(fig, ugs)* peidio â rhoi sylw ar rth; **~ hacken** torri yn fân, briwo; **~ schneiden** torri yn fân.

Kleinanzeige *f* hysbyseb *b* fach; **~n** *pl* mân hysbysebion *ll*.

Kleinarbeit *f:* **in mühseliger ~** wrth weithio â manwl

---

gywirdeb.

Kleinasien *nt (GEOG)* Asia *b* Leiaf.

kleinbürgerlich *adj* mân-fwrdeisaidd.

Kleinbürgertum *nt* bwrdeisiaeth *f*.

Kleinbus (-ses, -se) *m* bws *g* mini.

Kleine *m/f* un bach.

Klein- *kompos:* **~familie** *f* teulu *g* cnewyllol; **~format** *nt* fformat *g* bach; **~gedruckte** *nt* print *g* mân.

Kleingeld *nt* newid *g*, arian *g* mân; **das nötige ~ haben** *(ugs)* bod â'r adnoddau ariannol.

kleingläubig *adj* â ffydd wan.

Kleinhirn *nt (ANAT)* serebelwm *g*.

Kleinholz *nt* coed *ll* tân, tanwydd *ll;* **aus etw** *dat* **~ machen** dryllio/malu rhth.

Kleinigkeit *f* peth *g* dibwys; **eine ~ essen** cael pryd ysgafn; **das kostet eine ~** *(ironisch)* mae'n costio ceiniog a dimai; **er regt sich bei jeder ~ auf** mae'n gwylltio am y peth lleiaf.

kleinkariert *adj (fig: engstirnig)* â gorwelion cyfyng.

Klein- *kompos:* **~kind** *nt* plentyn *g* bach; **~kram** *m* manylion *ll* dibwys; **~kredit** *m (FIN)* benthyciad *g* personol.

kleinkriegen *vt (ugs)* trechu; **jdn ~** peri i rn gydymffurfio.

kleinlaut *adj* â'i ben yn ei blu.

kleinlich *adj* pitw eich meddwl, pedantaidd.

Kleinlichkeit *f* bychander *g*, pedantiaeth *b*.

kleinmütig *adj* gwangalon.

Kleinod ['klaɪnoːt] (-s, -e) *nt* peth bach gwerthfawr.

Kleinrechner *m* minigyfrifiadur *g*.

klein schneiden *irreg vt vgl.* **klein.**

kleinschreiben *irreg vt* **ein Wort ~** ysgrifennu gair â llythyren gyntaf fechan.

Kleinschreibung *f* defnydd o lythrennau cyntaf bach.

Kleinstadt *f* tref *b* (weddol fach).

kleinstädtisch *adj* plwyfol.

kleinstmöglich *adj* y lleiaf posibl.

Kleinvieh *nt:* **~ macht auch Mist** o geiniog i geiniog fe â'r arian yn bunt.

Kleinwagen (-s, -) *m* car *g* bach.

Kleister ['klaɪstər] (-s, -) *m* past *g*, glud *g*.

kleistern ['klaɪstərn] *vt* pastio, glynu.

Klemme ['klɛmə] (-, -n) *f* clip *g; (MED)* clamp *g; (fig)* helbul *g*, trafferth *gb*, picil *g;* **in der ~ sitzen** *(fig)* bod mewn helynt.

klemmen ['klɛmən] *vt (stopfen)* gwthio, stwffio; *(quetschen)* gwasgu, pinsio; **sich hinter etw** *akk* **~** *(fig)* mynd i'r afael â rhth.

♦ *vi (Tür)* mynd yn sownd.

Klempner[D] ['klɛmpnər] (-s, -) *m* plymwr *g*.

Kleptomanie [klɛptoma'niː] *f* cleptomania *g*.

Kleriker ['kleːrikər] (-s, -) *m* clerigwr *g*.

Klerus ['kleːrʊs] (-, *kein pl*) *m* clerigwyr *ll*, offeiriadaeth *b*.

Klette ['klɛtə] (-, -n) *f (BOT)* cacimwnci *g*; **wie eine ~ an jdm hängen** glynu'n dyn wrth rn.

Kletterer ['klɛtərər] (-s, -) *m* dringwr *g* (creigiau).

Klettergerüst *nt* ffrâm *b* ddringo.

klettern ['klɛtərn] *vi (+sein)* dringo.

Kletter- *kompos:* **~pflanze** *f* planhigyn *g* dringol, dringhedydd *g*; **~seil** *nt* rhaff *b* ddringo.

Klettverschluss *m* caewr *g* felcro.

klicken ['klɪkən] *vi* clecian.

Klicker ['klɪkər] (-s, -) *m* marblen *b*.

Klient [kli'ɛnt] (-en, -en) *m* cwsmer *g*, cleient *g*.

Klima ['kliːma] (-s, -s *oder* -te) *nt* hinsawdd *b*.

Klimaanlage *f* system *b* dymheru.

Klimakterium [klimak'teːrium] (-s, **Klimakterien**) *nt (MED)* cyfnod *g* newid oes.

klimatisieren [klimati'ziːrən] *vt* tymheru.

klimatisiert *adj* tymeredig.

Klimawechsel *m* newid *g* hinsawdd; *(fig)* newid bach.

Klimbim [klɪm'bɪm] (-s, *kein pl*) *m (ugs)* petheuach *ll*.

klimpern ['klɪmpərn] *vi* tincian; *(auf Klavier)* strymian.

Klinge ['klɪŋə] (-, -n) *f (Schneide)* llafn *gb*; *(Rasier~)* llafn rasel; *(Schwert, Degen)* cleddyf *g*, épée *b*; *(Rede)* **eine feine ~ führen** siarad yn finiog, bod yn llym eich tafod; **über die ~ springen** *(fig)* cael eich lladd.

Klingel ['klɪŋəl] *f* cloch *b*.

Klingel- *kompos:* **~beutel** *m (REL)* cwdyn *g* ar gyfer y casgliad; **~knopf** *m* botwm *g* cloch.

klingeln ['klɪŋəln] *vi* seinio, toncian; *(Telefon, Türglocke)* canu.

klingen ['klɪŋən] *irreg vi* seinio; *(sich anhören)* swnio; **~ wie** swnio'n debyg i; **~ nach** *+dat* swnio fel.

Klinik ['kliːnɪk] (-, -en) *f* clinig *g*, ysbyty *g*.

klinisch ['kliːnɪʃ] *adj* clinigol.

Klinke ['klɪŋkə] *f (Tür~)* dolen *b*, clicied *b*.

Klinker ['klɪŋkər] *m* bricsen *b* galed.

klipp [klɪp] *adv:* **~ und klar** yn glir ac yn gryno.

Klippe ['klɪpə] (-, -n) *f* clogwyn *g*; *(im Meer)* craig *b*; *(fig)* rhwystr *g*.

klippenreich *adj* creigiog.

Klips [klɪps] (-es, -e) *m* craff *g*, clip *g*; *(Ohr~)* clustdlws *g*.

klirren ['klɪrən] *vi* cloncian, rhincian; *(Gläser)* tincian; **klirrende Kälte** oerfel deifiol.

Klischee [kli'ʃeː] (-s, -s) *nt* ystrydeb *b*; *(Druckplatte)* plât *g* printio.

Klischeevorstellung *f* syniad *g* ystrydebol.

Klitoris ['kliːtorɪs] *f (ANAT)* clitoris *g*.

Klo [kloː] *nt (ugs)* tŷ *g* bach, lle *g* chwech.

Kloake [klo'aːkə] *f* carthffos *b*.

klobig ['kloːbɪç, -ɪk] *adj* trwsgl, afrosgo.

Klomuschel *f* powlen *b*.

Klon [kloːn] (-s, -e) *m* clôn *g*.

klonen ['kloːnən] *vt* clonio.

klönen ['kløːnən] *vi (ugs)* cloncian, hel straeon.

Klopapier *nt (ugs)* papur *g* tŷ bach, papur lle chwech.

klopfen ['klɔpfən] *vi* curo, cnocio; *(Herz)* curo; *(AUTO)* cnocio; **(an der Tür) es klopft** mae rhn yn curo wrth y drws; **jdm auf die Finger ~** taro rhn ar ei fysedd; *(fig)* ceryddu rhn; **jdm auf die Schulter ~** *(fig)* curo cefn rhn.

Klopfer ['klɔpfər] (-s, -) *m (Teppich~)* curwr *g* carpedi; *(Tür~)* curwr *g* drws, cnocar *g*.

Klöppel ['klœpəl] (-s, -) *m (von Glocke)* tafod *g*; *(zum Klöppeln)* bobin *g*; *(MUS)* ffon *b* dabwrdd.

klöppeln ['klœpəln] *vi (TEX)* gwneud les.

Klops [klɔps] (-es, -e) *m* pelen *b* gig.

Klosett [klo'zɛt] (-s, -e *oder* -s) *nt* toiled *g*.

Klosett- *kompos:* **~brille** *f* sêt *b* toiled; **~muschel** *f* powlen *b*; **~papier** *nt* papur *g* tŷ bach.

Kloß [kloːs] (-es, ¨-e) *m (KOCH)* twmplen *b*; *(fig: im Hals)* lwmp *g*.

Kloster ['kloːstər] (-s, ¨-) *nt* mynachlog *b*; *(Nonnen~)* lleiandy *g*, cwfaint *g*.

klösterlich ['kløːstərlɪç] *adj* mynachaidd.

Klotz [klɔts] (-es, ¨-) *m* boncyff *g*; *(Hack~)* plocyn *g* torri; *(fig)* **ein ~ am Bein** maen melin am y gwddf.

Klub [klʊp] (-s, -s) *m* clwb *g*.

Klub- *kompos:* **~jacke** *f* blaser *gb*; **~sessel** *m* cadair *b* esmwyth.

Kluft¹ [klʊft] (-, ¨-e) *f* hollt *b*, bwlch *g*; *(GEOG)* gagendor *gb*.

Kluft² (-, -en) *f (ugs)* gwisg *b*, dillad *ll*.

klug [kluːk] *(komp* **klüger;** *superl* **am klügsten)** *adj* deallus, clyfar; **ich werde daraus nicht ~** ni allaf wneud na phen na chynffon o hyn.

Klugheit *f* deallusrwydd *g*, clyfrwch *g*.

Klugscheißer *m (ugs)* hollwybodusyn *g*.

Klümpchen ['klʏmpçən] (-s, -) *nt* tolchen *b*, ceulad *g*.

klumpen ['klʊmpən] *vi* clapio, ceulo, tolchennu.

Klumpen (-s, -) *m (Erd~)* tywarchen *b*; *(Gold~)* cnepyn *g*; *(KOCH)* clap *g*, lwmp *g*; *(Blut~)* tolchen *b*, ceulad *g*.

Klumpfuß ['klʊmpfuːs] (-(e)s, ¨-e) *m (MED)* troed *g* clwb.

Klüngel ['klʏŋəl] *m (ugs)* clic *g*, criw *g*.

Klunker ['klʊŋkər] *m (ugs)* gem *gb*.

Kluppe ['klʊpə] *f* peg *g*, bach *g*.

km *abk* = **Kilometer.**

km/h *abk (= Kilometer pro Stunde, Stundenkilometer)* cilometr yr awr.

knabbern ['knabərn] *vt, vi* deintio; **an etw** *dat* ~ *(fig)* pendroni dros rth.

Knabe ['kna:bə] (-n, -n) *m (geh)* bachgen g.

knabenhaft *adj (geh)* bachgennaidd.

Knäckebrot ['knɛkəbro:t] *nt* bara g crimp.

knacken ['knakən] *vt (Nuss)* torri; *(ugs: Geldschrank)* hollti yn agored; *(Auto)* torri i mewn; *(Problem)* datrys.

♦ *vi* clecian.

knackfrisch *adj (ugs)* crimp.

knackig *adj* crimp, cras.

Knacks ['knaksə] (-es, -e) *m (Sprung)* crac g; *(Geräusch)* cleciad g; *(fig)* nam g; **er hat einen** ~ mae'n hanner-pan.

Knackwurst *f* math ar selsig berwedig.

Knall [knal] *m* clep b, clec gb; ~ **und Fall** yn sydyn; *(fig)* **einen** ~ **haben** bod yn wallgof.

Knall- *kompos:* ~**bonbon** *m oder nt* clecar gb; ~**effekt** *m* effaith b syfrdanol.

knallen ['knalən] *vi* clecian, tanio'n glec.

♦ *vt:* **jdm eine** ~ *(ugs)* rhoi clewten i rn.

Knallfrosch (-es, ¨-e) *m* Jac g sbonc, sgwib gb, clecar gb.

knallhart *adj (ugs)* caled iawn; *(Worte)* didrugaredd.

Knallkopf (-(e)s, ¨-e) *m* pen g dafad.

knallrot *adj* fflamgoch, rhuddgoch.

knapp [knap] *adj (kaum vorhanden)* prin; *(eng)* tyn; *(Bemerkung)* cryno; **eine ~e Stunde** fymryn o dan awr; ~ **unter** o fewn ychydig i; ~ **neben** yn agos at; **jdn mit etw** ~ **halten** cadw rhn yn brin o rth.

Knappe ['knapə] (-n, -n) *m (HIST)* yswain g, bonheddig ifanc yng ngwasanaeth marchog; *(Berg~)* mwynwr g.

knapp halten *irreg vt vgl.* **knapp.**

Knappheit *f* prinder g; *(Schuhe)* tyndra g; *(Rede)* crynoder g.

Knarre ['knarə] (-, -n) *f* cleciwr g; *(ugs:ᴰ Gewehr)* dryll g.

knarren ['knarən] *vi* gwichian, crecian.

Knast [knast] (-(e)s, *kein pl*) *m (ugs)* carchar g.

knattern ['knatərn] *vi* clecian.

Knäuel ['knɔyəl] *m oder nt (Woll~)* pelen b; *(Menschen~)* twr g.

Knauf [knauf] (-(e)s, ¨-e) *m* bwlyn g.

Knauser ['knauzər] *m* cybydd g.

knauserig *adj* cybyddlyd, crintachlyd.

knausern *vi* ymddwyn yn gybyddlyd.

knautschen ['knautʃən] *vt, vi* crychu.

Knebel ['kne:bəl] (-s, -) *m* safnrhwym g, safnglo g.

knebeln ['kne:bəln] *vt* gagio, safnrhwymo.

Knecht [knɛçt] *m* gwas g.

knechten *vt* caethiwo.

Knechtschaft *f* caethiwed g.

kneifenᴰ ['knaɪfən] *irreg vt* pinsio, gwasgu.

♦ *vi (sich drücken)* tynnu'n ôl; **vor etw** ~ osgoi rhth.

Kneifzangeᴰ (-, -n) *f (TECH)* gefel b, pinsiwrn g.

Kneipeᴰ ['knaɪpə] (-, -n) *f (ugs)* tafarn gb.

Kneippkur ['knaɪpku:r] *f (MED)* triniaeth â dŵr yn ôl egwyddorion y Dr Sebastian Kneipp.

kneten ['kne:tən] *vt* tylino; *(Wachs)* mowldio.

Knick [knɪk] *m* plyg g; *(in Draht)* crych g, plyg; *(Kurve)* tro g sydyn.

knicken ['knɪkən] *vt (+haben), vi (+sein)* plygu; *(brechen)* torri; **nicht ~!** na phlyger! **geknickt sein** *(fig)* bod yn benisel.

Knicks [knɪks] (-es, -e) *m* cyrtsi g.

knicksen *vi* cyrtsio.

Knie [kni:] (-s, -) *nt* pen-glin g; **in die** ~ **gehen** plygu eich gliniau; *(Boxen)* cael eich llorio; *(fig)* **vor jdm in die** ~ **gehen** ildio i rn.

Knie- *kompos:* ~**beuge** *f* plygiad g y gliniau; ~**bundhose** *f* clos g pen-glin; ~**fall** *m* penliniad g, glinblygiad g; ~**gelenk** *nt* cymal g glin; ~**kehle** *f* camedd g y gar.

knien ['kni:ən] *vi* penlinio; **sich in die Arbeit** ~ *(ugs)* cadw'ch trwyn ar y maen.

Knie- *kompos:* ~**scheibe** *f* padell b pen-glin; ~**strumpf** *m* hosan b pen-glin.

kniff *vb vgl.* **kneifen.**

Kniff (-(e)s, -e) *m (fig: Trick)* cast g, tric g, dawn gb.

kniffelig *adj* tringar, anodd.

knipsen ['knɪpsən] *vt (FOTO)* tynnu llun o.

Knirps [knɪrps] (-es, -e) *m* pwtyn bach; *(Schirm)* ymbarél gb telesgopig.

knirschen ['knɪrʃən] *vi* crensian; **mit den Zähnen** ~ rhincian dannedd.

knistern ['knɪstərn] *vi* clindarddach; *(Papier)* siffrwd.

Knitterᴰ *m* = **Knitterfalte.**

Knitterfalte *f* plyg g, crych g.

knitterfrei *adj* gwrthblyg, gwrthgrych.

knittern *vi* mynd yn grychau/blygion.

knobeln ['kno:bəln] *vi (würfeln)* chwarae dis; *(losen)* chwarae 'carreg, siswrn ynteu papur'.

Knoblauch ['kno:plaux] (-(e)s, *kein pl*) *m* garlleg g.

Knoblauchzehe *f* ewin gb garlleg.

Knöchel ['knœçəl] (-s, -) *m* cymal g bys; *(Fuß~)* ffêr b, migwrn g.

Knochen ['knɔxən] (-s, -*m* asgwrn g.

Knochen- *kompos:* ~**arbeit**ᴰ *f (ugs)* gwaith g caled; ~**bau** *m (ANAT)* cyfluniad g esgyrn; ~**bruch** *m* torasgwrn g; ~**gerüst** *nt* sgerbwd g; ~**mark** *nt* mêr g esgyrn.

knöchern [ˈknœçərn] *adj* esgyrnaidd.

knochig [ˈknɔxɪç, -ɪk] *adj* esgyrnog.

Knödelᴬ [ˈknøːdəl] (-s, -) *m oder nt* twmplen *b*.

Knolle [ˈknɔlə] (-, -n) *f (BOT)* cloronen *b*, bwlb *g*.

Knopf [knɔpf] (-(e)s, ˙-e) *m* botwm *g*; *(Kragen~)* styden *b*.

Knopfdruck *m* pwyso *g* ar fotwm.

knöpfen [ˈknœpfən] *vt* botymu.

Knopfloch (-(e)s, ˙-er) *nt* twll *g* botwm.

Knopflochstich *m (TEX)* pwyth *g* twll botwm.

Knorpel [ˈknɔrpəl] (-s, -) *m* gwythi *ll*, gïau *ll*; *(MED)* cartilag *g*.

knorpelig *adj* madruddog.

knorrig [ˈknɔrɪç, -ɪk] *adj* cnotiog.

Knospe [ˈknɔspə] (-, -n) *f* blaguryn *g*, eginyn *g*.

knospen *vi* blaguro, egino.

knoten [ˈknoːtən] *vt* clymu.

Knoten *m* cwlwm *g*; *(BOT)* nod *g*; *(MED)* chwydd *g*, cnotyn *g*.

Knotenpunkt *m* cyffordd *b*.

knuffenᴰ [ˈknʊfən] *vt* pwnio, penlino.

Knüllerᴰ [ˈknʏlər] (-s, -) *m (ugs: Sensation)* cynnwrf *g*, cyffro *g*; *(Erfolg)* llwyddiant *g*.

knüpfen [ˈknʏpfən] *vt* clymu; *(Freundschaft)* dechrau.

Knüppel [ˈknʏpəl] (-s, -) *m* pastwn *g*; *(Steuer~)* ffon *b* lywio; **jdm einen ~ zwischen die Beine werfen** rhwystro cynlluniau rhn.

knüppeldickᴰ *adj (ugs)* trwchus iawn.

♦ *adv (fig)* yn aml ac yn fynych.

Knüppelschaltung *f (AUTO)* ffon *b* newid gêr.

knurren [ˈknʊrən] *vi* chwyrnu, ysgyrnygu; *(Magen)* grymial.

knusprig [ˈknʊsprɪç, -ɪk] *adj* crimp, brau, crisbin.

knutschen [ˈknuːtʃən] *vt, vi (ugs)* swsio, lapswchan.

k.o. *adj* wedi'i lorio; *(fig)* wedi ymlâdd.

Koalition [koalitsiˈoːn] (-, -n) *f (POL)* coalisiwn *g*, clymblaid *b*.

Kobalt [ˈkoːbalt] (-s, *kein pl*) *nt (CHEM)* cobalt *g*.

Kobold [ˈkoːbɔlt] (-(e)s, -e) *m* ellyll *g*, coblyn *g*.

Kobra [ˈkoːbra] (-, -s) *f (ZOOL)* cobra *gb*.

Koch [kɔx] (-(e)s, ˙-e) *m* cogydd *g*.

Kochbuch *nt* llyfr *g* coginio.

kochecht *adj (Farbe)* anniflan.

kochen [ˈkɔxən] *vt, vi* coginio; *(Wasser)* berwi; **~ vor Wut** corddi gan ddicter.

Kocher [ˈkɔxər] (-s, -) *m* stôf *b*.

Köcher [ˈkœçər] (-s, -) *m* cawell *b*.

Köcherfliege *f (ZOOL)* pryf *g* pric, prif y gwellt.

Kochgelegenheit *f* cyfleusterau *ll* coginio.

Köchin [ˈkœçɪn] (-, -nen) *f* cogyddes *b*.

Koch- *kompos:* **~kunst** *f* dull *g* coginio, coginio *g*; **~löffel** *m* llwy *b* bren; **~nische** *f* cegin *b* fach;

~platte *f* plât *g* poeth, alch *b* drydan; **~salz** *nt* halen *g* coginio; **~topf** *m* sosban *b*; **~wäsche** *f* dillad y gellir eu berwi.

Kode [ˈkoːt] (-s, -s) *m* côd *g*.

Köder [ˈkøːdər] *m* abwyd *g*, llith *g*.

ködern *vt (Tier)* llithio; *(fig)* atynnu, hud-ddenu.

Koexistenz [koˀɛksɪsˈtɛnts] *f* cydfodolaeth *b*.

Koffein [kɔfeˈiːn] (-s, *kein pl*) *nt* caffein *g*.

koffeinfrei *adj* digaffein.

Koffer [ˈkɔfər] (-s, -) *m* siwtces *g*, cês *g* dillad; *(Schrank~)* cist *b* ddillad.

Koffer- *kompos:* **~kuli** *m* troli *g* bagiau; **~radio** *nt* radio *gb* cludadwy; **~raum** *m (AUTO)* cist *b* car.

Kognak [ˈkɔnjak] (-s, -s) *m* = **Cognac**; brandi *g*, coniac *g*.

Kohl [koːl] *m* bresychen *b*, cabatsien *b*.

Kohldampfᴰ *m (ugs)* **~ schieben** bod yn newynog.

Kohle [ˈkoːlə] (-, -n) *f* glo *g*; *(Holz~)* siarcol *g*; *(KUNST)* golosgyn *g*; *(CHEM)* carbon *g*; *(ugs:*ᴰ *Geld)* arian *g*; **auf glühenden ~n sitzen** bod ar bigau'r drain.

Kohlebergwerk (-(e)s, -e) *nt* pwll *g* glo, glofa *b*.

Kohlehydrat (-(e)s, -e) *(CHEM)* *nt* carbohydrad *g*.

Kohlekraftwerk (-(e)s, -e) *nt* gorsaf *b* ynni sy'n llosgi glo.

Kohlendioxid (-(e)s, *kein pl*) *nt* carbon *g* deuocsid.

Kohlen- *kompos:* **~grube** *f* pwll *g* glo; **~händler** *m* dyn *g* glo, gwerthwr *g* glo; **~säure** *f (CHEM)* asid *g* carbonig; *(ugs)* carbon *g* monocsid; **~stift** *m (ELEKT)* electrod *g* carbon.

Kohlenstoff *m (CHEM)* carbon *g*.

Kohlenwasserstoff (-(e)s, -e) *m* hydrocarbon *g*.

Kohlepapier *nt* papur *g* carbon.

Köhler [ˈkøːlər] *m* llosgwr *g* golosg.

Kohle- *kompos:* **~stift** *m* golosgyn *g*; **~zeichnung** *f* llun *g* siarcol.

kohlrabenschwarz *adj* pygddu.

Kohlrabi [koːlˈraːbi] (-s, -s) *m (BOT)* colrabi *g*.

Kohlrübe [ˈkoːlryːbə] (-, -n) *f* meipen *b*, erfinen *b*.

kohlschwarz *adj* du fel glo.

Kohlsprosseᴬ *f (KOCH)* adfresychen *b*, bresych *ll* Brwsel.

Koitus [ˈkoːitʊs] (-, - *oder* -se) *m* cyplad *g*.

Koje [ˈkoːjə] (-, -n) *f (NAUT)* cabin *g*; *(Bett)* gwely *g* bocs.

Kokain [kokaˈiːn] (-s, *kein pl*) *nt* cocên *g*.

kokett [koˈkɛt] *adj* hoedennaidd, fflyrtlyd.

kokettieren [kokeˈtiːrən] *vi* hoedenna.

Kokon [koˈkõ] (-s, -s) *m (ZOOL)* cocŵn *g*, sidangod *b*.

Kokos- [ˈkoːkɔs] *kompos:* **~faser** *f (TEX)* rhisgl *g* coconyt; **~fett** *nt (KOCH)* saim *g* coco; **~milch** *f* sudd *g* coco; **~nuss** *f* cneuen *b* goco; **~öl** *nt* olew *g* copra; **~palme** *f* palmwydden *b* goco.

Koks [koːks] (-es, -e) *m* côc *g*, cocsyn *g*.

Kolben ['kɔlbən] *m* (TECH) piston *g*; (Gewehr~) carn *g*; (Mais~) cobyn *g*; (Destillier~) fflasg *b*.

Kolchose [kɔl'çoːzə] (-, -n) *f* fferm *b* gyfunol.

Kolik ['koːlɪk] *f* colig *g*, cnofa *b*.

Kollaborateur [kɔlaboraˈtøːr] (-s, -e) *m* (POL) cydweithredwr *g* (â'r gelyn).

Kollaps [kɔˈlaps] *m* llewyg *g*.

Kolleg [kɔˈleːk] (-s, -s *oder* -ien) *nt* (UNIV) darlith *b*; (Anstalt) coleg *g*.

Kollege [kɔˈleːgə] (-n, -n) *m* cydweithiwr *g*; (SCH) cydathro *g*; (Schulkamerad) cyfaill *g* ysgol.

kollegial [kɔlegiˈaːl] *adj* fel cydweithiwr.

Kollegin [kɔˈleːgɪn] (-, -nen) *f* cydweithwraig *b*; (SCH) cydathrawes *b*; (Schulkameradin) cyfeilles *b* ysgol.

Kollegium [kɔˈleːgiʊm] (-s, Kollegien) *nt* (Ausschuss) bwrdd *g*; (Berufs~) pobl o'r un alwedigaeth; (SCH) staff *g*.

Kollekte [kɔˈlɛktə] (-, -n) *f* (REL) casgliad *g*.

Kollektion [kɔlɛktsiˈoːn] (-, -en) *f* casgliad *g*; (Mode) ffasiwn *gb* tymor.

kollektiv [kɔlɛkˈtiːf] *adj* cynulliadol, ar y cyd.

Koller ['kɔlər] (-s, -) *m* pwl *g* o lid; (MED) cyflwr o ddryswch.

kollidieren [kɔliˈdiːrən] *vi* (+sein) gwrthdaro.

Kollier [kɔliˈeː] (-s, -s) *nt* gyddfdlws *g*.

Kollision [kɔliziˈoːn] (-, -en) *f* gwrthdrawiad *g*, gwrthdaro *g*.

Kollisionskurs *m*: auf ~ gehen (fig) mynd ar eich pen i drybini.

Köln [kœln] *nt* (GEOG) Cwlen *b*.

Kölnischwasser *nt* dŵr *g* persawrus, Eau-de-Cologne.

kolonial [koloniˈaːl] *adj* gwladychol, trefedigaethol.

Kolonial- *kompos:* ~macht *f* grym *g* gwladychol; ~warenhändler *m* (veraltet) groser *g*; ~zeit *f* (HIST) cyfnod *g* gwladychol.

Kolonie [koloˈniː] *f* gwladfa *b*, trefedigaeth *b*, gwladychfa *b*; (Vögel) nythfa *b*; (Seehunde) llwyth *g*, tylwyth *g*.

kolonisieren [koloniˈziːrən] *vt* gwladychu.

Kolonist [koloˈnɪst] (-en, -en) *m* gwladychwr *g*.

Kolonne [koˈlɔnə] (-, -n) *f* colofn *b*, rhes *b*; (Auto~) rhes, rhesaid *b*; (MIL, Konvoi) mintai *b*, confoi *g*.

Koloss [koˈlɔs] *m* cerflun *g* anferth; (fig) cawr *g*.

kolossal [koloˈsaːl] *adj* (gigantisch) anferth, enfawr; (großartig) rhagorol, godidog.

Kolumnist [kolumˈnɪst] (-en, -en) *m* colofnydd *g*.

Koma ['koːma] (-s, -s *oder* -ta) *nt* (MED) coma *g*, marwgwsg *g*.

Kombi ['kɔmbi] *m* (AUTO) car *g* ystâd.

Kombination [kɔmbinatsiˈoːn] (-, -en) *f* cyfuniad *g*;

(Gewand~) crys-drôns *g*, crys-drafers *ll*; (Gedankenschluss) dyfaliad *g*.

Kombinationsschloss (-es, ¨-er) *nt* clo *g* cyfunrhif.

kombinieren [kɔmbiˈniːrən] *vt* cyfuno.

♦ *vi* casglu; (vermuten) dyfalu.

Kombi- *kompos:* ~wagen *m* (AUTO) car *g* ystâd; ~zange *f* gefel *b* gyfunol.

Kombüse [kɔmˈbyːzə] (-, -e) *f* (NAUT) cegin *b* llong.

Komet [koˈmeːt] (-en, -en) *m* seren *b* gynffon.

kometenhaft *adj* (fig: Aufstieg) cyflym iawn.

Komfort [kɔmˈfoːr] (-s, kein pl) *m* cyffyrddusrwydd *g*; (Luxus) moethusrwydd *g*; (von Wohnung) mwynderau *ll*; mit allem ~ â phob cyfleustra.

komfortabel [kɔmfɔrˈtaːbəl] *adj* cyffyrddus, cysurus, â phob cyfleustra.

Komik ['koːmɪk] (-, kein pl) *f* digrifwch *g*, doniolwch *g*.

Komiker *m* digrifwr *g*.

komisch ['koːmɪʃ] *adj* digrif, doniol, ysmala; (sonderbar) rhyfedd.

komischerweise *adv* yn rhyfedd ddigon.

Komitee [komiˈteː] (-s, -s) *nt* pwyllgor *g*.

Komma ['kɔma] (-s, -s *oder* -ta) *nt* atalnod *g*; (MATH) 4 ~ 5 Prozent 4 pwynt 5 y cant.

Kommandant [komanˈdant] (-en, -en) *m* (MIL) cadlywydd *g*; (eines Lagers) prif swyddog *g*, rheolwr *g*.

Kommandeur [komanˈdøːr] (-s, -e) *m* (MIL) pennaeth *g* ar uned filwrol, cadlywydd *g*.

kommandieren [komanˈdiːrən] *vt* gorchymyn.

♦ *vi* rheoli.

Kommanditgesellschaft [komanˈdiːtgəzɛlʃaft] (-, -en) *f* (COMM) partneriaeth *b* gyfyngedig.

Kommando [koˈmando] (-s, -s) *nt* gorchymyn *g*; (Truppe) didoliad *g*, carfan *b*; auf ~ ar orchymyn.

Kommandobrücke *f* (NAUT) pont *b* lywio.

kommen ['kɔmən] *irreg vi* (+sein) dod; (heran~) agosáu; (passieren) digwydd; (in die Schule, ins Gefängnis) mynd; zum Vorschein ~ ymddangos; was kommt diese Woche im Kino? beth sydd yn y sinema yr wythnos hon? in Bewegung ~ dechrau symud; jdn besuchen ~ dod i ymweld â rhn; mir ~ die Tränen rwyf bron â chrio; jdn ~ lassen anfon rhn i nôl rhn; das kommt davon! dyna a ddaw! zu sich ~ dod atoch eich hun; auf etw *akk* ~ meddwl am rth; hinter etw *akk* ~ cael gwybod y gwir am rth; um etw ~ colli rhth; zu etw ~ cael gafael ar rth; nichts über jdn ~ lassen gadael i neb ddweud dim yn erbyn rhn; jdm frech ~ ymddwyn yn haerllug tuag at rn; daher kommt es, dass ... dyna pam...; auf jeden vierten kommt ein Platz mae lle i un o bob pedwar; wer kommt zuerst? pwy yw'r cyntaf? wer

zuerst kommt, mahlt zuerst y cyntaf i'r felin gaiff falu; **wenn's hoch kommt** fan bellaf; **komm gut nach Hause!** siwrnai saff!

Kommen *nt* dyfodiad *g*.

kommend *adj* sy'n dod, a ddaw; **(am) ~en Montag** ddydd Llun nesaf.

Kommentar [kɔmɛnˈtaːr] (-s, -e) *m* esboniad *g*; **kein ~!** dim i'w ddweud!

kommentarlos *adj* heb sylw.

Kommentator [kɔmɛnˈtaːtɔr] (-s, -en) *m (TV)* sylwebydd *g*.

kommentieren [kɔmɛnˈtiːrən] *vt* esbonio, traethu ar; *(RADIO)* rhoi/gwneud sylwebaeth, sylwebu; **kommentierte Ausgabe** argraffiad *g* nodiadol.

kommerziell [kɔmɛrtsiˈɛl] *adj* masnachol.

Kommilitone[D] [kɔmiliˈtoːnə] (-en, -en) *m* cydfyfyriwr *g*.

Kommilitonin[D] (-, -nen) *f* cydfyfyrwraig *b*.

Kommiss[D] [kɔˈmɪs] *m (ugs)* gwasanaeth *g* milwrol.

Kommissar [kɔmɪˈsaːr] (-s, -e) *m (Polizei~)* Arolygydd *g* Heddlu; *(Europäische Union)* comisiynydd *g*, comisiynwr *g*.

Kommissbrot[D] *nt* bara *g*'r fyddin.

Kommission [kɔmɪsiˈoːn] *f (COMM)* comisiwn *g*; *(Ausschuss)* comisiwn *g*; **in ~ geben** rhoi ar gomisiwn.

Kommode [kɔˈmoːdə] (-, -n) *f* cist *b* ddroriau.

kommunal [kɔmuˈnaːl] *adj* lleol, bwrdeistrefol; *(von Stadt)* trefol, dinesig.

Kommunal- *kompos:* **~abgaben** *pl* trethi *ll* lleol; **~politik** *f* gwleidyddiaeth *b* leol; **~verwaltung** *f* llywodraeth *b* leol; **~wahlen** *pl* etholiadau *ll* lleol.

Kommune [kɔˈmuːnə] (-, -n) *f* comiwn *g*.

Kommunikation [kɔmunikatsiˈoːn] (-, -en) *f* cyfathrebiad *g*, cysylltiad *g*.

Kommunikee [kɔmuniˈkeː] *nt* = **Kommuniqué**.

Kommunion [kɔmuniˈoːn] *f (REL)* cymun *g*.

Kommuniqué [kɔmyniˈkeː] (-s, -s) *nt* cyhoeddiad *g*, hysbysiad *g*, communiqué *g*.

Kommunismus [kɔmuˈnɪsmʊs] *m* comiwnyddiaeth *b*.

Kommunist [kɔmuˈnɪst] (-en, -en) *m* comiwnydd *g*; **~in** *f* comiwnyddes *b*.

kommunistisch [kɔmuˈnɪstɪʃ] *adj* comiwnyddol.

kommunizieren [kɔmuniˈtsiːrən] *vi* cyfathrebu; *(REL)* derbyn y cymun.

Komödiant [komødiˈant] (-en, -en) *m* digrifwr *g*; **~in** *f* digrifwraig *b*.

Komödie [koˈmøːdiə] (-, -n) *f (THEAT, FILM)* comedi *g*; **~ spielen** *(fig)* gwneud ati, smalio.

Kompagnon [ˈkɔmpanjõ] (-s, -s) *m (COMM)* partner *g*.

kompakt [kɔmˈpakt] *adj* cryno, cywasgedig.

Kompaktanlage *f* system *b* radio, tâp a chryno-

ddisg.

Kompanie [kɔmpaˈniː] (-, -n) *f (MIL)* cwmni *g*.

Komparativ [ˈkɔmparatiːf] *m (GRAM)* y radd *b* gymharol.

Kompass [ˈkɔmpas] (-es, -e) *m* cwmpawd *g*.

kompatibel [kɔmpaˈtiːbəl] *adj* cyson, cydwedd; **~ sein** cydweddu, cyd-fynd.

Kompatibilität [kɔmpatibiliˈtɛːt] *f* cydweddoldeb *g*, cydnawsedd *g*.

kompensieren [kɔmpɛnˈziːrən] *vt* cyfadfer, gwneud iawn am.

kompetent [kɔmpeˈtɛnt] *adj* medrus, cymwysedig.

Kompetenz [kɔmpeˈtɛnts] (-, -en) *f* cymhwysedd *g*.

Kompetenzstreitigkeiten *pl* anghydfod ynglŷn â phwy sydd â chyfrifoldeb.

komplett [kɔmˈplɛt] *adj* cyflawn.

komplex [kɔmˈplɛks] *adj* cymhleth.

Komplex (-es, -e) *m (Gebäude~)* cyfadeilad *g*.

Komplikation [kɔmplikatsiˈoːn] (-, -en) *f* anhawster *g*, cymhlethdod *g*.

Kompliment [kɔmpliˈmɛnt] (-(e)s, -e) *nt* teyrnged *b*.

Komplize [kɔmˈpliːtsə] (-n, -n) *m* cyd-droseddwr *g*.

komplizieren [kɔmpliˈtsiːrən] *vt* cymhlethu.

kompliziert *adj* cymhleth, anodd.

komponieren [kɔmpoˈniːrən] *vt* cyfansoddi.

Komponist [kɔmpoˈnɪst] (-en, -en) *m* cyfansoddwr *g*; **~in** *f* cyfansoddwraig *b*.

Komposition [kɔmpozitsiˈoːn] (-, -en) *f (MUS, KUNST)* cyfansoddiad *g*; *(Zusammenstellung)* cyfansawdd *g*, cyfuniad *g*.

Kompost [kɔmˈpɔst] (-(e)s, -e) *m* compost *g*.

Komposthaufen *m* tomen *b* gompost.

Kompott [kɔmˈpɔt] (-(e)s, -e) *nt* trwyth *g* ffrwythau, compot *g*.

Kompresse [kɔmˈprɛsə] (-, -n) *f* clwtyn *g* gwasgu.

Kompressor [kɔmˈprɛsɔr] (-s, -en) *m (TECH)* cywasgwr *g*.

Kompromiss [kɔmproˈmɪs] (-es, -e) *m* cyfaddawd *g*; **einen ~ schließen** cyfaddawdu.

kompromissbereit *adj* parod i gyfaddawdu.

Kompromisslösung *f* datrysiad *g* trwy gyfaddawd.

kompromittieren [kɔmprɔmiˈtiːrən] *vt* peryglu enw da rhn.

Kondensation [kɔndɛnzatsiˈoːn] *f (Beschlagen)* anwedd *g*; *(PHYS: Verdichtung)* cyddwysiad *g*.

Kondensator [kɔndɛnˈzaːtɔr] (-s, -en) *m (TECH)* cyddwysydd *g*; *(ELEKT)* cynhwysor *g*.

kondensieren [kɔndɛnˈziːrən] *vt* cyddwyso.

♦ *vi* troi'n ddŵr.

Kondens- *kompos:* **~milch** *f* llaeth *g* cyddwys; **~streifen** *m* llwybr *g* anwedd.

Kondition [kɔnditsiˈoːn] (-, -en) *f* amod *gb*; *(Zustand)* cyflwr g, ansawdd gb; (Fitness) stad b o ffitrwydd.

Konditionalsatz [kɔndɪtsioˈnɑːlzats] (-es, ˈ-e) m cymal g amodol.

Konditionstraining nt (SPORT) hyfforddi g ffitrwydd.

Konditor [kɔnˈdiːtɔr] (-s, -en) m teisennwr g, pasteiwr g.

Konditorei [kɔndɪtoˈraɪ] (-, -en) f siop deisennau â bar coffi.

kondolieren [kɔndoˈliːrən] vi: jdm ~ cydymdeimlo â rhn.

Kondom [kɔndoːm] (-(e)s, -e) nt condom g.

Konfektion [kɔnfɛktsiˈoːn] f dillad ll parod i'w gwisgo.

Konfektions- kompos: ~größe f maint g dillad; ~ware f dillad ll parod.

Konferenz [kɔnfeˈrɛnts] (-, -en) f cynhadledd b; (Geschäftsbesprechung) cyfarfod g.

Konferenzschaltung f (TEL) cylched g cyfarfod; (RADIO) rhyng-gysylltiad g.

konferieren [kɔnfeˈriːrən] vi cynnal cynhadledd, ymgynghori.

Konfession [kɔnfɛsiˈoːn] (-, -en) f (REL) enwad g.

konfessionell adj enwadol.

konfessionslos adj anenwadol.

Konfessionsschule f ysgol b enwadol.

Konfetti [kɔnˈfɛti] (-(s), kein pl) nt conffeti ll.

Konfiguration [kɔnfiguratsiˈoːn] (-, -en) f cyfluniad g.

Konfirmand [kɔnfɪrˈmant] (-en, -en) m (~in f) (REL) rhywun sydd am gael ei dderbyn yn aelod o eglwys.

Konfirmation [kɔnfɪrmatsiˈoːn] f (REL) gwasanaeth g derbyn, confffirmasiwn g.

konfirmieren [kɔnfɪrˈmiːrən] vt conffirmio, derbyn (i eglwys).

konfiszieren [kɔnfɪsˈtsiːrən] vt atafael; (JUR) atafael.

Konfitüre [kɔnfiˈtyːrə] (-, -n) f jam g, cyffaith g.

Konflikt [kɔnˈflikt] (-(e)s, -e) m gwrthdaro g, gwrthdrawiad g.

Konflikt- kompos: ~herd m canolbwynt g y frwydr; ~stoff m achos g gwrthdaro.

konform [kɔnˈfɔrm] adj cytunol; ~ gehen bod yn gytûn.

Konfrontation [kɔnfrɔntatsiˈoːn] (-, -en) f cyfwynebiad g.

konfrontieren [kɔnfrɔnˈtiːrən] vt wynebu, cyfwynebu.

konfus [kɔnˈfuːs] adj wedi drysu, cymysglyd, dryslyd, mewn dryswch.

Kongress [kɔnˈgrɛs] (-es, -e) m cynulliad g, cymanfa b.

Kongruenz [kɔngruˈɛnts] f cytundeb g, cysoneb g, cytgord g.

König [ˈkøːnɪç, -ɪk] (-(e)s, -e) m brenin g; ~in f brenhines b.

königlich adj brenhinol; sich ~ amüsieren (ugs) cael hwyl anfarwol.

Königreich nt teyrnas b.

Königtum nt (-(e)s, kein pl) brenhiniaeth b.

konisch [ˈkoːnɪʃ] adj conig.

Konj. abk = Konjunktiv.

Konjugation [kɔnjugatsiˈoːn] f (GRAM) rhediad g, ffurfdroad g.

konjugieren [kɔnjuˈgiːrən] vt (GRAM) rhedeg, ffurfdroi.

Konjunktion [kɔnjuŋktsiˈoːn] (-, -en) f (GRAM) cysylltair g, cysylltiad g.

Konjunktiv [ˈkɔnjuŋktiːf] m (GRAM) y modd dibynnol.

Konjunktur [kɔnjuŋkˈtuːr] f (COMM) sefyllfa b economaidd; (Hoch~) ffyniant/cynnydd g economaidd; steigende ~ tueddiad economaidd tuag i fyny.

Konjunktur- kompos: ~barometer nt arwyddion ll economaidd; ~loch nt gostyngiad g economaidd dros dro; ~politik f polisïau sy'n anelu at osgoi anwadaliad economaidd.

konkav [kɔnˈkaː] adj ceugrwm.

Konkordanz [kɔnkɔrˈdants] (-, -en) f mynegair g.

konkret [kɔnˈkreːt] adj pendant, cadarn.

Konkurrent [kɔnkuˈrɛnt] (-en, -en) m cystadleuydd g; ~in f cystadleuydd g, cystadleuwraig b.

Konkurrenz [kɔnkuˈrɛnts] f (COMM: ~kampf) cystadleuaeth b; (COMM, SPORT: Gegner) cystadleuwyr ll; jdm ~ machen cystadlu â rhn.

konkurrenzfähig adj cystadleuol, yn dal ei dir yn y farchnad.

Konkurrenzkampf m cystadleuaeth b, ymryson g.

konkurrieren [kɔnkuˈriːrən] vi cystadlu.

Konkurs [kɔnˈkurs] (-es, -e) m (COMM) methdaliad g, methdalwriaeth b; in ~ gehen mynd yn fethdalwr.

Konkurs- kompos: ~masse f eiddo'r methdalwr; ~verfahren nt achos g methdaliad; ~verwalter m derbynnydd g; (Bevollmächtigter) ymddiriedolwr g.

können [ˈkœnən] irreg vt, vi **1** gallu; ich kann nicht mehr (satt) nid wyf yn gallu bwyta mwy; (erschöpft) rwyf wedi ymlâdd; ich kann nichts dafür does dim y gallaf ei wneud yn ei gylch; du kannst mich mal! (ugs) cer i grafu! **2** (beherrschen) gwybod, medru; ~ Sie Deutsch? ydych chi'n medru'r Almaeneg? sie kann gut Walisisch mae hi'n medru'r Gymraeg yn dda; er kann kein Französisch nid yw e'n medru siarad Ffrangeg; **3** (dürfen) cael gwneud rhth, â chaniatâd/hawl i wneud rhth; könnte ich ...? fyddai hi'n bosib i mi...? tybed a gaf i...? kann ich mitkommen? ga'i ddod gyda chi? **4** (Möglichkeit) Sie könnten recht haben efallai eich bod chi'n iawn; das kann sein mae'n bosib, efallai.

Können *nt* gallu *g*.

Könner ['kœnər] (**-s**, **-**) *m* arbenigwr *g*, awdurdod *gb*.

Konnossement [kɔnɔsə'mɛnt] (**-(e)s**, **-e**) *nt (COMM)* bil *g* llwytho, derbynneb *b* lwytho.

konnte *vb vgl.* **können.**

konsequent [kɔnze'kvɛnt] *adj* cyson; **ein Ziel ~ verfolgen** dilyn eich nod yn benderfynol.

Konsequenz [kɔnze'kvɛnts] (**-**, **-en**) *f (Beständigkeit)* cysondeb *g*, cysonder *g*; *(Folge)* canlyniad *g*; **die ~en tragen** derbyn y canlyniadau; **(aus etw) die ~en ziehen** derbyn y canlyniadau (o rth) a chymryd y camau perthnasol; *(POL)* ymddiswyddo.

konservativ [kɔnzɛrva'tiːf] *adj* ceidwadol.

Konservative *m/f (POL)* ceidwadwr(aig) *g(b)*.

Konservatorium (**-s**, **Konservatorien**) *nt* coleg *g* cerdd.

Konserve [kɔn'zɛrvə] (**-**, **-n**) *f* bwyd *g* tun.

Konserven- *kompos:* **~büchse** *f*, **~dose** *f* tun *g*.

konservieren [kɔnzɛr'viːrən] *vt (KOCH)* piclo, jamio, cyffeithio; *(Gemälde)* cadw, diogelu.

Konservierung *f* cadw *g*, cadwraeth *b*.

Konservierungs- *kompos:* **~mittel** *nt*, **~stoff** *m* cadwolyn *g*, cyffeithydd *g*.

Konsole [kɔn'zoːlə] (**-**, **-n**) *f* consol *g*, panel *g*; *(COMP)* sgrin *b*.

konsolidiert [kɔnzoli'diːrt] *adj* cyfunol, cyfun.

Konsolidierung *f (COMM)* cadarnhad *g*, cyfnerthiad *g*.

Konsonant [kɔnzo'nant] (**-en**, **-en**) *m (GRAM)* cytsain *b*.

Konsonanz [kɔnzo'nants] (**-**, **-en**) *f (MUS)* cyseinedd *g*.

Konsortium [kɔ'zɔrtsium] (**-s**, **Konsortien**) *nt* consortiwm *g*, cydgwmni *g*.

konspirativ [kɔnspira'tiːf] *adj* cynllwyngar; **~e Wohnung** cuddfan *b* cynllwynwyr.

konstant [kɔn'stant] *adj* cyson.

Konstellation [kɔnstɛlatsi'oːn] (**-**, **-en**) *f* rhesaid *b*; *(Sternbild)* cytser *g*, twr *g* o sêr.

Konstitution [kɔnstitutsi'oːn] (**-**, **-en**) *f* cyfansoddiad *g*.

konstitutionell [kɔnstitutsio'nɛl] *adj* cyfansoddiadol.

konstruieren [kɔnstru'iːrən] *vt* adeiladu, codi, gosod; *(erfinden)* ffugio, llunio.

Konstrukteur [kɔnstrʊk'tøːr] (**-s**, **-e**) *m* cynllunydd *g*; **~in** *f* cynllunydd *g*, cynllunwraig *b*.

Konstruktion [kɔnstrʊktsi'oːn] (**-**, **-en**) *f* adeiledd *g*, saernïaeth *b*, adeiladwaith *g*; *(GRAM)* cystrawen *b*.

Konstruktionsfehler *m (im Entwurf)* bai *g* cynllunio; *(im Aufbau)* nam *g* adeiladu.

konstruktiv [kɔnstrʊk'tiːf] *adj* adeiladol.

Konsul ['kɔnzʊl] (**-s**, **-n**) *m* conswl *g*, is-gennad *g*.

Konsulat [kɔnzu'laːt] (**-(e)s**, **-e**) *nt* swyddfa *b* conswl/is-gennad, conswliaeth *b*.

konsultieren [kɔnzʊl'tiːrən] *vt* ymgynghori â.

Konsum[1] [kɔn'zuːm] (**-s**, *kein pl*) *m* defnydd *g*, traul *g*.

Konsum[2]® (**-s**, **-s**) *m (Supermarkt)* archfarchnad *b*.

Konsumartikel *m* nwydd *g* traul.

Konsument [kɔnzu'mɛnt] (**-en**, **-en**) *m* defnyddiwr *g*.

Konsumgesellschaft *f* cymdeithas *b* brynwriaethol.

konsumieren [kɔnzu'miːrən] *vt* defnyddio, treulio.

Konsum- *kompos:* **~terror** *m* pwysau *ll* cymdeithas faterol; **~zwang** *m* gorfodaeth *b* i brynu.

Kontakt [kɔn'takt] (**-(e)s**, **-e**) *m* cysylltiad *g*, cyffyrddiad *g*; **mit jdm ~ aufnehmen** cysylltu â rhn.

Kontaktanzeige *f* hysbyseb *b* ceisio cwmni.

kontakt- *kompos:* **~arm** *adj* anghymdeithasol; **~freudig** *adj* cymdeithasol.

kontaktieren [kɔntak'tiːrən] *vt* cysylltu â.

Kontakt- *kompos:* **~linse** *f* lens *b* gyffwrdd; **~mann** *m* cysylltwr *g*; **~sperre** *f* gwaharddiad *g* ar ymweliadau a llythyron (at garcharor).

kontern ['kɔntərn] *vt, vi* gwrthddadlau, gwrthdaro, taro'n ôl.

Konterrevolution ['kɔntərrevolutsi'oːn] (**-**, **-en**) *f* gwrthchwyldro *g*.

Kontinent [kɔnti'nɛnt] (**-(e)s**, **-e**) *m* cyfandir *g*.

Kontingent [kɔntɪŋ'gɛnt] (**-(e)s**, **-e**) *nt (COMM)* cwota *g*, dogn *g*; *(Zuteilung)* rhaniad *g*, dogn *g*; *(MIL)* mintai *b*, llu *g*.

kontinuierlich [kɔntinu'iːrlɪç] *adj* parhaol, di-dor.

Kontinuität [kɔntinui'tɛt] *f* parhad *g*, dilyniant *g*.

Konto ['kɔnto] (**-s**, **Konten**) *nt (FIN)* cyfrif *g*.

Konto- *kompos:* **~auszug** *m* cyfriflen *b*, adroddiad *g* banc; **~inhaber** *m* deiliad *g* y cyfrif; **~stand** *m* gweddill *g* (yn y cyfrif banc).

kontra *präp +akk* yn erbyn.

Kontra ['kɔntra] *nt (beim Kartenspielen)* dwbl *g*; **jdm ~ geben** gwrth-ddweud rhn.

Kontrabass *m* bas *g* dwbl, basgrwth *g*.

Kontrahent [kɔntra'hɛnt] (**-en**, **-en**) *m (COMM)* cytundebwr *g*; *(Gegner)* gwrthwynebwr *g*, gwrthwynebydd *g*.

Kontrapunkt [kɔntra'pʊŋkt] *m (MUS)* gwrthbwynt *g*.

Kontrast [kɔn'trast] (**-(e)s**, **-e**) *m* gwrthgyferbyniad *g*.

Kontrollabschnitt [kɔn'trɔl?apʃnɪt] (**-(e)s**, **-e**) *m (COMM)* bonyn *g*.

Kontrolle [kɔn'trɔlə] (**-**, **-n**) *f (Überprüfung)* arolygiad *g*, arolygiaeth *b*; *(Aufsicht)* goruchwyliaeth *b*; *(Herrschaft)* rheolaeth *b*; *(Pass~)* archwiliad *g* pasportiau.

Kontrolleur [kɔntro'løːr] (**-s**, **-e**) *m* arolygwr *g*, archwiliwr *g*, goruchwyliwr *g*.

kontrollieren [kɔntro'liːrən] *vt (prüfen)* arolygu, archwilio, gwirio.

Kontroll- *kompos:* **~lampe** *f* lamp *b* beilot; *(AUTO)* golau *b* rhybuddio; **~turm** *m* tŵr *g* rheoli.

Kontroverse [kɔntro'vɛrzə] (-, -n) *f* dadl *b*, pwnc *g* dadleuol.

Konvention [kɔnvɛntsi'oːn] (-, -en) *f* (*Brauch*) arfer *gb*, defod *b*; (*im Völkerrecht*) confensiwn *g*, cytundeb *g*.

Konventionalstrafe [kɔnvɛntsio'naːlʃtraːfə] (-, -n) *f* (*JUR*) dirwy *b* (am dorri cytundeb).

konventionell [kɔnvɛntsio'nɛl] *adj* (*üblich*) arferol; (*JUR*) confensiynol.

Konversation [kɔnvɛrzatsi'oːn] (-, -n) *f* sgwrs *b*, ymddiddan *g*.

Konversationslexikon *nt* gwyddoniadur *g*.

konvex [kɔn'vɛks] *adj* amgrwm.

Konvoi ['kɔnvɔy] (-s, -s) *m* confoi *g*; (*MIL*) mintai *b*, confoi *g*.

Konzentrat [kɔntsɛn'traːt] (-(e)s, -e) *nt* crynodiad *g*; (*Saft*) tewsudd *g*.

Konzentration [kɔntsɛntratsi'oːn] *f* canolbwyntio *g*, astudrwydd *g*; (*Ansammlung*) casgliad *g*, crynhoad *g*.

Konzentrations- *kompos:* **~fähigkeit** *f* gallu *g* i ganolbwyntio; **~lager** *nt* (*HIST*) gwersyll *g* crynhoi, canolfan *gb* grynhoi.

konzentrieren [kɔntsɛn'triːrən] *vt* canolbwyntio; (*verdichten*) tewychu, cyddwyso; (*sammeln*) casglu, crynhoi.

♦ *vr* canolbwyntio; (*sich sammeln*) ymgasglu; **sich ~ auf** +*akk* canolbwyntio ar (rth).

konzentriert *adj* (*CHEM usw*) cryf, crynodedig, wedi ei dewychu, dwys; (*aufmerksam*) astud.

Konzept [kɔn'tsɛpt] (-(e)s, -e) *nt* (*Plan, Programm*) cynllun *g* bras, brasgynllun *g*; (*Begriff, Vorstellung*) cysyniad *g*; **jdn aus dem ~ bringen** drysu rhn.

Konzeptpapier *nt* papur *g* sgrap.

Konzern [kɔn'tsɛrn] (-s, -e) *m* (*COMM*) cwmni *g*, busnes *g*.

Konzert [kɔn'tsɛrt] (-(e)s, -e) *nt* cyngerdd *gb*; (*Musikstück*) consierto *g*.

Konzertsaal *m* neuadd *b* gyngerdd.

Konzession [kɔntsɛsi'oːn] (-, -en) *f* (*Lizenz*) trwydded *b*, rhyddfraint *b*; (*Zugeständnis*) consesiwn *g*, goddefiad *g*; **jdm die ~ entziehen** (*COMM*) difreinio rhn, dadryddfreinio rhn.

Konzessionär [kɔntsɛsio'nɛːr] (-s, -e) *m* concessionaire *b*.

konzessionieren [kɔntsɛsio'niːrən] *vi* trwyddedu.

Konzil [kɔn'tsiːl] (-s, -e *oder* -ien) *nt* (*REL, HIST*) cyngor *g*.

konzipieren [kɔntsi'piːrən] *vt* dychmygu, llunio; (*entwerfen*) cynllunio.

Kooperation [ko'operatsi'oːn] *f* cydweithgaredd *g*.

kooperativ [ko'opera'tiːf] *adj* cydweithredol.

kooperieren [ko'ope'riːrən] *vi* cydweithio.

koordinieren [ko'ɔrdi'niːrən] *vt* cyd-drefnu, cydgysylltu, cytgordio.

Kopf [kɔpf] (-(e)s, ̈-e) *m* pen *g*; **von ~ bis Fuß** o'r corun i'r sawdl; **~ hoch!** paid â digaloni! **~ an ~** ochr yn ochr; (*SPORT*) ysgwydd yn ysgwydd; **pro ~ y pen**; **~ oder Zahl?** tu blaen ynteu tu chwith? **den ~ verlieren** (*fig*) colli'ch pen, drysu'n lân; **jdm den ~ waschen** (*fig: ugs*) rhoi pryd o dafod i rn; **jdm über den ~ wachsen** tyfu'n fwy na rhn; (*fig: Sorgen*) mynd yn drech na rhn; **jdn vor den ~ stoßen** cythruddo rhn; **sich** *dat* **an den ~ fassen** (*fig*) bod yn fud; **sich** *dat* **über etw** *akk* **den ~ zerbrechen** meddwl yn galed iawn dros rth; **sich** *dat* **etw durch den ~ gehen lassen** pendroni/meddwl dros rth; **sich** *dat* **etw aus dem ~ schlagen** peidio â meddwl mwy am rth; **... und wenn du dich auf den ~ stellst** (*ugs*) …waeth beth wnei di; **er ist nicht auf den ~ gefallen** (*fig*) chaiff neb mo'i dwyllo; **etw über jds ~ hinweg tun** gwneud rhth dros ben rhn; **den ~ in den Sand stecken** (*fig*) claddu'ch pen yn y tywod; **sich Hals über ~ verlieben** syrthio dros eich pen a'ch clustiau mewn cariad; **mit dem ~ durch die Wand wollen** canu'r crwth i fyddar.

Kopf- *kompos:* **~bahnhof** *m* terfynfa *b*; **~bedeckung** *f* het *b*, penwisg *b*.

Köpfchen ['kœpfçən] *nt:* **~ haben** bod yn beniog.

köpfeln[AS] *vt* (*Ball*) penio.

köpfen ['kœpfən] *vt* (*enthaupten*) torri pen; (*ugs: Flasche*) agor; (*Ball*)[D] penio.

Kopf- *kompos:* **~ende** *nt* pen *g*; **~haut** *f* croen *g* pen; **~hörer** *m* clustffon *g*; **~kissen** *nt* clustog *b*.

kopflastig *adj* (*fig*) hollol rhesymegol.

Köpfler[A] ['kœpflər] *m* (*Kopfstoß*) peniad *g*, ergyd *gb* â'r pen; (*Kopfsprung*) plymiad *g*.

kopflos *adj* mewn dychryn, wedi drysu.

Kopflosigkeit *f* dychryn *g*, panic *g*.

kopfrechnen *vi untrenn* gwneud mathemateg pen.

Kopf- *kompos:* **~salat** *m* letysen *b*; **~schmerzen** *pl* cur *gb* pen, pen tost; **~sprung** *m* (*Schwimmen*) plymiad *g*.

Kopfstand *m* pensafiad *g*, **einen ~ machen** sefyll ar eich pen.

Kopfsteinpflaster *nt* cerrig *ll* cobl.

Kopf- *kompos:* **~stimme** *f* llais *g* pen; **~stoß** *m* (*SPORT, Fußball*) peniad *g*, ergyd *gb* â'r pen; **~stütze** *f* (*AUTO*) ateg *b* pen; **~tuch** *nt* sgarff *gb*, pensgarff *gb*.

kopfüber *adv* wysg eich pen.

Kopfweh *nt* cur *gb* pen, pen tost.

Kopfzerbrechen *nt:* **jdm ~ machen** (*fig*) achosi pen tost i rn, achosi cur pen i rn.

Kopie [ko'piː] *f* copi.

kopieren [ko'pi:rən] *vt* copïo.

Kopiergerät *nt* llun-gopïwr *g*.

Kopilot ['ko:pilo:t] (**-en**, **-en**) *m* (**~in** *f*) cyd-beilot *g*.

Koppel[1] ['kɔpəl] (**-**, **-n**) *f* (*Weide für Pferde*) padog *g*, coetgae *g*, marchgae *g*.

Koppel[2] (**-s**, **-**) *nt oder f* (*MIL: Gürtel*) gwregys *g*.

koppeln ['kɔpəln] *vt* cyplysu, cysylltu.

Koppelung *f* cyplysiad *g*, cysylltiad *g*.

Koppelungsmanöver (**-s**, **-**) *nt* symudiad *g* docio.

Koralle [ko'ralə] (**-**, **-n**) *f* cwrel *g*.

Korallen- *kompos:* **~kette** *f* cadwyn *b* gwrel; **~riff** *nt* rîff *gb* cwrel.

Koran [ko'rɑ:n] *m* (*REL*) Corân, Cwrân.

Korb [kɔrp] (**-(e)s**, **¨-e**) *m* basged *b*; **jdm einen ~ geben** (*fig*) gwrthod rhn.

Korb- *kompos:* **~ball** *m* pêl *b* fasged; **~stuhl** *m* cadair *b* wiail.

Kord [kɔrt] (**-(e)s**, **-e**) *m* (*TEX*) melfaréd *g*, cordyrói *g*.

Kordel ['kɔrdəl] (**-**, **-n**) *f* cordyn *g*, cortyn *g*, tennyn *g*.

Korea [ko're:a] *nt* (*GEOG*) Corea *b*.

Koreaner [kore'a:nər] *m* (**~in** *f*) Coread *g*.

koreanisch *adj* Coreaidd.

Koreanisch *nt* (*Sprache*) Corëeg *b*.

Koriander [kori'andər] *m* (*KOCH*) coriander *g*.

Korinthe [ko'rɪntə] (**-**, **-n**) *f* cwrensen *b*, cyren *b*.

Kork [kɔrk] (**-(e)s**, **-e**) *m* corc *g*.

Korken (**-s**, **-**) *m* corcyn *g*.

Korkenzieher *m* tynnwr *g* corcyn.

Korn[1] [kɔrn] (**-(e)s**, **¨-er**) *nt* grawn *ll* ŷd, grawn *ll*; (*Gewehr*) golygdwll *g*, annel *g* blaen; **etw aufs ~ nehmen** anelu at rth; **jdn aufs ~ nehmen** (*fig: ugs*) pigo ar rn.

Korn[2] (**-**, **-s**) *m* (*Kornschnaps*) gwirod *gb* o rawn.

Kornblume *f* (*BOT*) penlas *b* yr ŷd, cramennog *b* yr ŷd.

Körnchen ['kœrnçən] *nt* gronyn *g*; (*Korn*) gwenithen *b*; (*Sand*) tywodyn *g*.

körnig ['kœrnɪç, -ɪk] *adj* gronynnog.

Kornkammer (**-**, **-n**) *f* granar *g*.

Körnung ['kœrnʊŋ] *f* (*TECH*) maint *g* gronyn; (*FOTO*) gronynogrwydd *g*, gronynnedd *g*.

Körper ['kœrpər] (**-s**, **-**) *m* corff *g*.

Körperbau *m* corffolaeth *b*.

körperbehindert *adj* anabl.

Körper- *kompos:* **~geruch** *m* arogl *g* chwys, gwynt *g* chwys; **~gewicht** *nt* pwysau *ll*; **~größe** *f* taldra *g*; **~haltung** *f* osgo *g*, arweddiad *g*.

körperlich *adj* corfforol; **~e Arbeit** gwaith *g* corfforol.

Körperpflege *f* glanweithdra'r corff.

Körperschaft *f* (*JUR*) corfforaeth *b*.

Körperschaftssteuer *f* (*COMM, FIN*) treth *b* gorfforaeth.

Körper- *kompos:* **~sprache** *f* iaith *b* y corff; **~teil** *m* rhan *b* o'r corff.

Körperverletzung *f* (*JUR*): **schwere ~** anaf *g* corfforol difrifol.

korpulent [kɔrpu'lɛnt] *adj* tew, corfforol, corffog.

korrekt [kɔ'rɛkt] *adj* cywir.

Korrektor [kɔ'rɛktɔr] (**-s**, **-en**) *m* darllenydd *g* proflenni, cywirwr *g*; **~in** *f* darllenwraig *b* proflenni, cywirwraig *b*.

Korrektur [kɔrɛk'tu:r] (**-**, **-en**) *f* (*Korrigieren*) darllen proflenni; (*Anmerkung*) cywiriad *g*; (*Text*) proflen *b*; (*SCH*) cywiro *g*, marcio *g*; **~ lesen** darllen proflenni.

Korrektur- *kompos:* **~fahne** *f* proflen *b*; **~flüssigkeit** *f* gwlybwr *g* cywiro.

Korrespondent [kɔrɛspɔn'dɛnt] (**-en**, **-en**) *m* gohebydd *g*; **~in** *f* gohebwraig *b*.

Korrespondenz [kɔrɛspɔn'dɛnts] *f* gohebiaeth *b*.

korrespondieren [kɔrɛspɔn'di:rən] *vi:* **mit jdm ~** gohebu â rhn, llythyru â rhn.

Korridor ['kɔrido:r] (**-s**, **-e**) *m* coridor *g*, tramwyfa *b*.

korrigieren [kɔri'gi:rən] *vt* cywiro; (*Meinung, Einstellung*) newid.

Korruption [kɔrʊptsi'o:n] *f* llygredd *g*.

Korsett [kɔr'zɛt] (**-(e)s**, **-e**) *nt* staes *g*, corsed *g*, gwast *b*.

Koseform ['ko:zəfɔrm] *f* ffurf *g* anwes (ar enw).

kosen ['ko:zən] *vt* (*geh*) anwylo, anwesu.

Kose- *kompos:* **~name** *m* enw *g* anwes; **~wort** *nt* gair *g* anwes.

Kosmetik [kɔs'me:tɪk] *f* cosmetig *g*.

Kosmetikerin *f* harddwraig *b*.

Kosmetikkoffer *m* cês *g* coluro.

kosmetisch [kɔs'me:tɪʃ] *adj* cosmetig.

kosmisch ['kɔsmɪʃ] *adj* cosmig.

Kosmonaut [kɔsmo'naut] (**-en**, **-en**) *m* gofodwr *g*; **~in** *f* gofodwraig *b*.

Kosmopolit [kɔsmopo'li:t] (**-en**, **-en**) *m* cosmopolitan *g*, byd-ddinesydd *g*.

kosmopolitisch *adj* cosmopolitaidd.

Kosmos ['kɔsmɔs] (**-**, *kein pl*) *m* bydysawd *g*.

Kost [kɔst] (**-**, *kein pl*) *f* bwyd *g*, lluniaeth *g*; **~ und Logis** lluniaeth/bwyd a lletŷ; **keine leichte ~** rhth anodd i'w amgyffred.

kostbar *adj* gwerthfawr.

Kostbarkeit (**-**, **-en**) *f* (*Wertstück*) peth *g* gwerthfawr.

Kosten *pl* costau *ll*; (*Ausgaben*) treuliau *ll*, costau *ll*, gwariant *g*; **auf ~ von** ar draul.

kosten *vt* costio; **was kostet ...?** beth yw pris…? beth yw cost…? (*Speise probieren*) blasu, profi.

Kostenanschlag[D] *m* = **Kostenvoranschlag**.

kostendeckend *adj* cost-effeithiol.

Kosten- *kompos:* **~erstattung** *f* ad-daliad *g* costau; **~kontrolle** *f* rheolaeth *b* ar gostau.

kostenlos *adj* am ddim, rhad ac am ddim.

Kosten-Nutzen-Analyse *f* dadansoddiad *g* cost a budd.

kostenpflichtig *adj* yn costio; **ein Auto ~ abschleppen** halio car ar draul y perchennog.

Kosten- *kompos:* **~stelle** *f (COMM)* canolfan *gb* gostio; **~voranschlag** *m* amcangyfrif *g*.

köstlich ['kœstlıç] *adj (Essen)* blasus; *(Idee)* hyfryd, difyr, braf; **sich ~ amüsieren** mwynhau'n fawr, cael hwyl arbennig.

Kostprobe (-, -n) *f* tamaid *g* i flasu; *(fig)* enghraifft *b*, sampl *b*.

kostspielig *adj* costus.

Kostüm [kɔs'ty:m] (-s, -e) *nt* gwisg *b* ffansi; *(Damen~)* costiwm *gb*, siwt *b*.

Kostümfest *nt* parti *g* gwisg ffansi.

kostümieren [kɔsty'mi:rən] *vt, vr* gwisgo (amdanoch), gwisgo'n arbennig.

Kostüm- *kompos:* **~probe** *f (THEAT)* ymarfer *gb* wisgoedd; **~verleih** *m* siop *b* llogi dillad ffansi.

Kot [ko:t] (-(e)s, *kein pl*) *m (Schlamm)* llaid *g*, mwd *g*; *(Ausscheidung)* carthion *ll*, ysgarthion *ll*; *(Hunde~)* baw *g* ci.

Kotelett [kɔtə'lɛt] (-(e)s, -e *oder* -s) *nt* golwyth *g*.

Koteletten *pl (Bart)* locsyn *g* clust, cernflew *ll*.

Köter ['kø:tər] (-s, -) *m (pej: Hund)* mwngrel *g*.

Kotflügel *m (AUTO)* aden *b*.

kotzen ['kɔtsən] *vi (ugs)* chwydu, cyfogi; **das ist zum K~** mae'n ddigon i godi cyfog arnoch.

KP *f abk (= Kommunistische Partei)* y Blaid *b* Gomiwnyddol.

KPÖ[A] *f abk (= Kommunistische Partei Österreichs)* Plaid *b* Gomiwnyddol Awstria.

Krabbe ['krabə] (-, -n) *f (ZOOL)* corgimwch *g*.

krabbeln ['krabəln] *vi (+sein) (kriechen)* cropian.

Krabbelstube[A] *f* meithrinfa *b*.

Krach [krax] (-(e)s, -s *oder* -e) *m* trwst *g*; *(andauernd)* stŵr *g*; *(ugs: Streit)* cweryl *g*, cynnen *b*, dadl *b*; **~ schlagen** achosi helynt.

krachen ['kraxən] *vi (Geräusch beim Brechen)* crecian; *(knallen)* clecian, tanio.

Kracherl[A] *nt* diod *b* befriog, pop *g*.

krächzen ['krɛçtsən] *vi* crawcian.

Kräcker[D] ['krɛkər] (-s, -) *m (KOCH)* cracer *g*.

Kraft [kraft] (-, ¨-e) *f* cryfder *g*, nerth *g*; *(fig)* grym *g*; *(Arbeits~)* gweithiwr *g*; **in ~ treten** dod i rym; **außer ~ sein** *(JUR: Geltung)* peidio â bod mewn grym, peidio â bod yn ddilys; **mit vereinten Kräften** ar y cyd; **nach besten Kräften** drwy geisio'ch gorau glas.

kraft *präp +gen* yn rhinwedd (rhth).

Kraft- *kompos:* **~aufwand** *m* ymdrech *gb*; **~ausdruck** *m* rheg *b*; **~brühe** *f* trwyth *g* eidion.

Kräfteverhältnis *nt (POL)* cydbwysedd *g* grym; *(SPORT)* cryfder *g* cymharol.

Kraftfahrer (-s, -) *m* gyrrwr *g* (modur).

Kraftfahrzeug (-(e)s, -e) *nt* cerbyd *g* modur.

Kraftfahrzeug- *kompos:* **~brief**[D] *m (AUTO)* llyfr *g* cofrestru, cofnodlyfr *g*; **~schein** *m (AUTO)* trwydded *b* car; **~steuer** *f (AUTO)* treth *b* foduro; **~versicherung** *f* yswiriant *g* car.

kräftig ['krɛftıç, -ık] *adj* cryf.

kraftlos ['kraftlo:s] *adj* gwan, annlluog.

Kraft- *kompos:* **~probe** *f* prawf *g* ar gryfder; *(fig)* prawf grym; **~rad** *nt* beic *g* modur; **~stoff** *m* tanwydd *g*; **~training** *nt* ymarfer *gb* codi pwysau.

kraftvoll *adj* cryf, cadarn, egnïol.

Kraft- *kompos:* **~wagen** *m* (car) modur *g*; **~werk** *nt (ELEKT)* gorsaf *b* bŵer.

Kragen ['kra:gən] (-s, -) *m* coler *gb*; **da ist mir der ~ geplatzt** *(ugs)* collais fy nhymer yn llwyr; **es geht ihm an den ~** *(ugs)* fe'i caiff e hi.

Kragenweite *f* maint *g* y goler; **das ist nicht meine ~** *(ugs, fig)* nid yw hynny at fy nant.

Krähe ['krɛ:ə] (-, -n) *f (ZOOL)* brân *b*; **eine ~ hackt der anderen kein Auge aus** mae anrhydedd ymysg lladron.

krähen ['krɛ:ən] *vi (Hahn)* clochdar.

krakeelen[D] [kra'ke:lən] *vi (ugs)* cadw twrw.

krakelig[D] ['kra:kəlıç, -ık] *adj (ugs, Schrift)* fel traed brain.

Kralle ['kralə] *f* crafanc *b*, ewin *gb*.

krallen ['kralən] *vr:* **sich ~ an** *akk* crafangu, ewino, cydio'n dyn.

   ♦ *vt*[D] crafangu.

Kram [kra:m] (-(e)s, *kein pl*) *m* sothach *g*, pethau *ll*; **das passt mir nicht in den ~** dyw hynny ddim yn gyfleus i mi.

kramen ['kra:mən] *vi* chwilota, twrio.

Krämer[D] *m* siop *b* gornel.

Kramladen (-s, ¨-) *m (pej)* siop *b* fach, siop *b* pethau bach.

Krampf [krampf] (-(e)s, ¨-e) *m (MED)* cwlwm *g* gwythi, cramp *g*; *(zuckend)* gwingiad *g*, gwayw *g*.

Krampfader *f (MED)* gwythiennau *ll* chwyddedig.

krampfhaft *adj* ysgytlyd; *(fig: Versuch)* taer, garw.

Kramuri[A] *m* manion *ll*, petheuach *ll*, trugareddau *ll*.

Kran [kra:n] (-(e)s, ¨-e) *m* craen *g*; *(IND: Wasser~)* tap *g*.

Kranich ['kra:nıç] *m (ZOOL)* garan *gb*, crychydd *g*, crëyr *g* llwyd.

krank [kraŋk] *(komp* **kränker;** *superl* **am kränksten)** *adj* sâl, gwael, claf; **das macht mich ~!** *(ugs)* mae hynny'n troi arna'i; **sich ~ stellen** esgus eich bod yn sâl.

Kranke *m/f* claf *g*.

kränkeln ['krɛŋkəln] *vi* bod yn sâl, bod yn afiach.

kranken ['kraŋkən] *vi: an etw* *dat* **~** *(fig)* dioddef gan rth.

kränken ['krɛŋkən] *vt* tramgwyddo, brifo, clwyfo; **diese Äußerung hat sie sehr gekränkt** cafodd ei chlwyfo'n fawr gan y sylw hwn.

Kranken- *kompos:* **~bericht** *m* adroddiad *g* meddygol; **~besuch** *m* ymweliad *g* â chlaf; **~geld** *nt* tâl *g* salwch; **~geschichte** *f* hanes *g* meddygol; **~gymnastik** *f* ffisiotherapi *g*; **~haus** *nt* ysbyty *g*; **~kassa**[A] *f*, **~kasse** *f* yswiriant *g* iechyd; **~pfleger** *m* nyrs *g*; **~schein** *m* cerdyn *g* yswiriant iechyd; **~schwester** *f* nyrs *b*; **~versicherung** *f* yswiriant *g* iechyd; **~wagen** *m* ambiwlans *g*.

krankfeiern *vi (ugs)* aros gartref gan esgus bod yn sâl.

krankhaft *adj* afiach; *(Angst usw)* afiach, morbid; **sein Geiz ist schon ~** mae ei gybydd-dod bron yn salwch.

Krankheit (-, -en) *f* salwch *g*, clefyd *g*, afiechyd *g*; **nach langer schwerer ~** wedi salwch hir a difrifol.

Krankheits- *kompos:* **~bild** *nt* arwydd *gb* salwch; **~erreger** *m* cyfrwng *g* sy'n achosi afiechyd.

kränklich ['krɛŋklɪç] *adj* gwael, gwanllyd, eiddil.

krankmelden *vr* rhoi gwybod (i'r gwaith) eich bod yn sâl.

krankschreiben *vt* rhoi tystysgrif feddygol i.

Kränkung ['krɛŋkʊŋ] (-, -en) *f* sarhad *g*, enllib *g*, sen *b*.

Kranz [krants] (-es, ¨-e) *m* torch *b*, coronbleth *b*.

Kränzchen ['krɛntsçən] *nt* coronbleth *b* fechan; *(fig: Kaffee~)* cylch *g* coffi.

krass [kras] *adj* affwysol, dybryd, eithafol.

Krater ['krɑːtər] (-s, -) *m* ceudwll *g*, crater *g*.

Kratzbürste ['kratsbyːrstə] *f (fig)* dyn *g* piwis, merch *b* biwis.

Krätze [ˈkrɛtsə] *f (MED)* cosi *g* gwyllt, sgabies *g*.

kratzen ['kratsən] *vt, vi* crafu.

Kratzer ['kratsər] (-s, -) *m* crafiad *g*; *(Werkzeug)* sgrafell *b*.

kraulen ['kraʊlən] *vi (+sein oder haben) (schwimmen)* ymlusgo (nofio).
♦ *vt (+haben) (streicheln)* anwylo, anwesu, mwytho.

Kraulschwimmen ['kraʊlʃvɪmən] (-s, *kein pl) nt* ymlusgo (nofio) *g*.

kraus [kraʊs] *adj* crych, crebachlyd; *(Haar)* crimpiog.

Krause ['kraʊzə] (-, -n) *f (TEX)* crych *g*, ffril *g*, ryffl *g*.

Kraut [kraʊt] (-(e)s, ¨-er) *nt* planhigyn *g*; *(Gewürz)*

perlysieuyn *g*; *(Gemüse)* bresychen *b*, cabatsien *b*; **gegen Dummheit ist kein ~ gewachsen** *(fig)* does mo'r help am dwpdra; **ins ~ schießen** tyfu'n wyllt; *(fig)* colli rheolaeth; **wie ~ und Rüben** *(ugs)* yn anniben tost.

Kräutertee ['krɔʏtərteː] *m* tê *g* llysieuol.

Krawall [kra'val] (-s, -e) *m* stŵr *g*, twrw *g*.

Krawatte [kra'vatə] (-, -n) *f* tei *gb*.

kreativ [krea'tiːf] *adj* creadigol.

Krebs [kreːps] (-es, -e) *m (ZOOL)* cranc *g*; *(ASTROL)* y Cranc *g*; *(MED)* canser *g*, cancr *g*; **~ erregend** carsinogenig.

krebskrank *adj* yn dioddef o gancr.

Krebskranke *m/f* un sy'n dioddef o gancr.

krebsrot *adj* cyn goched â gwaed.

Kredit [kre'diːt] (-(e)s, -e) *m* credyd *g*, coel *b*; *(Darlehen)* benthyciad *g*.

Kreditdrosselung *f (FIN)* gwasgfa *b* ar gredyd.

kreditfähig *adj* teilwng o gredyd.

Kredit- *kompos:* **~grenze** *f* uchafswm *g* credyd; **~hai** *m (ugs)* usuriwr *g*; **~institut** *nt* banc *g*; **~karte** *f* carden *b* gredyd, cerdyn *g* coel; **~konto** *nt* cyfrif *g* credyd; **~politik** *f* polisi *g* benthyca.

kreditwürdig *adj* teilwng o gredyd.

Kreditwürdigkeit *f* statws *g* credyd.

Kreide ['kraɪdə] *f* sialc *g*; **bei jdm in der ~ stehen** bod mewn dyled i rn.

kreidebleich *adj* gwyn fel y galchen.

Kreis [kraɪs] *m* cylch *g*; *(Land~)* ardal *b*, cyffiniau *ll*, bro *b*; **im ~ gehen** *(auch fig)* rhedeg mewn cylchoedd; **weite ~e ziehen** *(fig)* bod ag effaith bellgyrhaeddol; **weite ~e der Bevölkerung** rhannau helaeth o'r boblogaeth; **eine Feier im kleinen ~** dathliad gyda chylch dethol (o gydnabod); **im engsten ~ der Familie** gyda'r teulu'n unig.

kreischen ['kraɪʃən] *vi* gwichian.

Kreisel ['kraɪzəl] *m* top *g*, chwyrligwgan *g*.

kreisen ['kraɪzən] *vi (+sein oder haben)* troi, troelli, chwyrlïo.

kreisförmig *adj* crwn, ar gylch.

Kreiskolbenmotor (-s, -en) *m* motor *g* tro.

Kreislauf ['kraɪslaʊf] *m (MED)* cylchrediad *g*; *(Zyklus)* cylch *g*, cylchdro *g*, cylched *g*.

Kreislauf- *kompos:* **~kollaps** *m (MED)* llewyg *g* drwy ddiffyg yng nghylchrediad *g* gwaed; **~störungen** *pl* diffyg *g* yng nghylchrediad y gwaed.

Kreissäge (-, -n) *f* llif *b* gron.

Kreißsaal ['kraɪszaːl] *m* ystafell *b* eni/esgor.

Kreis- *kompos:* **~stadt** *f* tref *b* sirol; **~verkehr** *m (AUTO)* cylchfan *gb*, trogylch *g*.

Krematorium [krema'toːrium] (-s, Krematorien) *nt* amlosgfa *b*.

Kreml ['kre:ml] (-s, *kein pl*) *m* (POL) der ~ y Cremlin *g*.

Kren[A] *m* marchruddygl *g*.

krepieren [kre'pi:rən] *vi* (+sein) (ugs: sterben) marw; (Geschoß) pallu ffrwydro.

Krepp [krɛp] (-s, -e *oder* -s) *m* (TEX) crêp *g*, sidan *g* crych.

Krepp- *kompos:* ~papier *nt* papur *g* crêp/crych; ~sohle *f* gwadn *g* crych.

Kresse ['krɛsə] *f* (BOT) berwr *g*.

Kreta ['kre:ta] (-s, *kein pl*) *nt* (GEOG) Creta *b*.

kreuz [krɔyts] *adj:* ~ und quer ym mhobman.

Kreuz (-es, -e) *nt* croes *b*; (Spielkarte) clybiau *ll*, meillion *ll* duon; (ugs: Rücken) meingefn *g*, main *g* y cefn; (MUS) llonnod *g*; (Autobahn~) croesffordd *b*; **zu ~e kriechen** (fig) llyncu'ch geiriau; **jdn aufs ~ legen** (fig: betrügen) twyllo.

kreuzen ['krɔytsən] *vt, vr* (+haben) croesi; **die Arme ~** plethu breichiau.

♦ *vi* (+sein) (NAUT) mordeithio.

Kreuzer[1] ['krɔytsər] (-s, -) *m* (NAUT) criwser *gb*, llong *b* fordaith.

Kreuzer[2] *m* (HIST, Münze) kreutzer *g*.

Kreuzfahrt *f* mordaith *b*.

Kreuzfeuer *nt* (fig) ins ~ geraten dod dan lach o bob cyfeiriad.

Kreuzgang *m* clawstr *g*, cloestr *g*.

kreuzigen *vt* croeshoelio.

Kreuzigung *f* croeshoeliad *g*.

Kreuz- *kompos:* ~knoten *m* cwlwm *g* llinglwm; ~otter *f* gwiber *b*; ~schmerzen *pl* cefn *g* tost.

Kreuzung *f* (AUTO) croesfan *b*, cyffordd *b*; (BIOL: Züchtung) croesiad *g*.

kreuzunglücklich *adj* truenus o ddiflas.

Kreuzverhör *nt* croesholi *g*; ins ~ nehmen croesholi.

Kreuz- *kompos:* ~weg *m* croesffordd *b*; (REL) ffordd *b* y Groes; ~worträtsel *nt* pos *g* croeseiriau; ~zeichen *nt* arwydd *gb* y groes; ~zug *m* (HIST) croesgad *b*, crwsâd *g*.

kribbelig ['krɪbəlɪç, -ɪk] *adj* (ugs) aflonydd; (kribbelnd) coslyd.

kribbeln ['krɪbəln] *vi* cosi.

kriechen ['kri:çən] *irreg vi* (+sein) cropian, ymlusgo; (pej) cynffonna, gwenieithio.

Kriecher ['kri:çər] (-s, -) *m* cynffonnwr *g*, gwenieithiwr *g*, crafwr *g*.

kriecherisch *adj* cynffonllyd, gwenieithus.

Kriech- *kompos:* ~spur *f* (von Schlange) ôl *g* ymlusgo; (AUTO) lôn *b* ymlusgo; ~tier *nt* (ZOOL) ymlusgiad *g*.

Krieg [kri:k] (-(e)s, -e) *m* rhyfel *g*; ~ führen (mit +dat *oder* gegen +akk) rhyfela (yn erbyn).

kriegen ['kri:gən] *vt* (ugs: bekommen) cael; (erwischen) dal, dala.

Krieger ['kri:gər] (-s, -) *m* rhyfelwr *g*.

Kriegerdenkmal *nt* cofgolofn *b* ryfel.

kriegerisch *adj* rhyfelgar.

Kriegsbeil *nt:* das ~ begraben (fig) cymodi, claddu asgwrn y gynnen.

Kriegsbemalung *f* paent *g* rhyfel.

Kriegsdienstverweigerer *m* gwrthwynebwr *g* cydwybodol.

Kriegs- *kompos:* ~erklärung *f* cyhoeddiad *g* rhyfel, cyhoeddi *g* rhyfel; ~führung *f* rhyfel *gb*, rhyfela *g*.

Kriegsfuß *m:* auf ~ stehen mit +dat bod benben â.

Kriegs- *kompos:* ~gefangene *m/f* carcharor *g* rhyfel; ~gefangenschaft *f* caethiwed *g*; ~gericht *nt* llys *gb* milwrol, cwrt *g* marsial; ~invalide *m* rhn ag anabledd trwy ryfel; ~schiff *nt* llong *b* ryfel; ~verbrecher *m* troseddwr *g* rhyfel; ~versehrte *m/f* rhn ag anabledd trwy ryfel; ~zustand *m* cyfnod *g* o ryfela.

Krim [kri:m] (-, *kein pl*) *f* (GEOG) y Crimea *g*.

Krimi ['kri:mi] *m* (ugs) nofel *b*/ffilm *b* ddetectif.

Kriminalbeamte [krimi'na:lbə'amtə] *m* ditectif *g*.

Kriminalität [kriminali'tɛ:t] *f* troseddoldeb *g*.

Kriminal- *kompos:* ~polizei *f* ≈ yr Adran Ymholiadau i Droseddau; (in London) yr Iard *b*; ~roman *m* nofel *b* dditectif.

kriminell [krimi'nɛl] *adj* troseddol.

Kriminelle (-n, -n) *m/f* troseddwr(aig) *g(b)*.

Krimskrams ['krɪmskrams] (-, *kein pl*) *m* (ugs) manion *ll* bethau, trugareddau *ll*.

Kringel[D] ['krɪŋəl] (-s, -) *m* cylch *g* bach; (KOCH) bisgïen *b* gylch.

Kripo[D] ['kri:po] *f abk* = Kriminalpolizei.

Krippe ['krɪpə] (-, -n) *f* (Futter~) rhesel *b* wair, rhastl *b* wair; (Weihnachts~) preseb *g*; (Kindertagesstätte) meithrinfa *b*.

Krippenspiel *nt* (REL) drama *b*'r geni.

Krise ['kri:zə] (-, -n) *f* argyfwng *g*.

kriseln ['kri:zəln] *vi unpers:* es kriselt mae rhth ar droed, mae rhyw ddrwg yn y gwynt.

krisenfest *adj* sefydlog, di-sigl.

Krisen- *kompos:* ~herd *m* man *g* cythryblus; ~stab *m* pwyllgor *g* argyfwng.

Kristall[1] [krɪs'tal] (-s, -e) *m* (GEOL) crisial *g*, grisial *g*.

Kristall[2] (-s, *kein pl*) *nt* (Blei~, Glas) crisial *g*, grisial *g*.

Kriterium [kri'te:riʊm] (-s, Kriterien) *nt* maen *g* prawf, llinyn *g* mesur.

Kritik [kri'ti:k] *f* beirniadaeth *b*; (Zeitungs~) adolygiad *g*; ~ üben an +dat beirniadu; **unter jeder ~ sein** (ugs) bod islaw dirmyg.

Kritiker ['kri:tikər] (-s, -) *m* beirniad *g*, adolygwr *g*; ~in *f* beirniad, adolygwraig *b*.

kritiklos *adj* anfeirniadol.

kritisch [ˈkriːtɪʃ] *adj* beirniadol; *(ausschlaggebend)* tyngedfennol, difrifol, hollbwysig.

kritisieren [kritiˈziːrən] *vt, vi* beirniadu.

kritteln [ˈkrɪtəln] *vi* gweld/pigo bai.

kritzeln [ˈkrɪtsəln] *vt, vi* sgriblan, ysgrifennu fel traed brain.

Kroate [kroˈaːtə] (**-n, -n**) *m* Croatiad *g*.

Kroatien [kroˈaːtsiən] *nt (GEOG)* Croatia *b*.

Kroatin [kroˈaːtɪn] (**-, -nen**) *f* Croatiad *g*.

kroch *vb vgl.* **kriechen.**

Krokodil [krokoˈdiːl] (**-es, -e**) *nt (ZOOL)* crocodeil *g*.

Krokodilstränen *pl* dagrau *ll* crocodeil, ffugddagrau *ll*.

Krokus [ˈkroːkʊs] (**-, -se**) *m (BOT)* saffrwn *g*, crocws *g*.

Krone [ˈkroːnə] (**-, -n**) *f (von König)* coron *b*; *(Währung)* coron *b*; *(Baum~)* corun *g*, brig *g*; *(Zahn~)* coron *b*; **einen in der ~ haben** bod wedi cael diferyn yn ormod.

krönen [ˈkrøːnən] *vt* coroni.

Kronenkorken *m* caead *g* potel (o fetel).

Kron- *kompos:* **~korken** *m* = **Kronenkorken; ~leuchter** *m* canhwyllyr *g*, seren *b* ganhwyllau *b*, siandelïer *gb*; **~prinz** *m* tywysog *g* coronog, etifedd *g* y goron.

Krönung [ˈkrøːnʊŋ] *f* coroni *g*.

Kronzeuge (**-n, -n**) *m (JUR: Hauptzeuge)* prif dyst *g*.

Kropf [krɔpf] (**-(e)s, ¨-e**) *m (MED)* breuan *gb* chwydd, y wen *b*, goitr *gb*; *(von Vogel)* crombil *gb*, cropa *b*.

Kröte [ˈkrøːtə] (**-, -n**) *f (ZOOL)* llyffant *g*; **~n** *pl (ugs: Geld)*[D] ceiniogau *ll*.

Krücke [ˈkrʏkə] (**-, -n**) *f* bagl *b*, ffon *b* fagl.

Krug [kruːk] (**-(e)s, ¨-e**) *m* jŵg *gb*; *(Bier~)* tancard *g*, mwg *g* cwrw.

Krümel [ˈkryːməl] *m* briwsionyn *g*.

krümeln [ˈkryːməln] *vt* briwsioni, malu'n fân.
  ♦ *vi* briwsioni.

krumm [krʊm] *adj* cam; *(kurvig)* crwm, ar dro; *(fig)* amheus, anonest; **keinen Finger ~ machen** peidio â chodi bys; *(ugs)* **etw ~ nehmen** cymryd rhth o chwith, digio wrth rth.

krummbeinig *adj* â choesau cam, coesgam.

krummḷachen *vr (ugs)* chwerthin yn eich dyblau.

krumm nehmen *irreg vt vgl.* **krumm.**

Krümmung [ˈkrʏmʊŋ] *f (MATH)* crymedd *g*, camedd *g*; *(Biegung)* plyg *g*.

Krüppel [ˈkrʏpəl] *m (pej)* dyn *g* cloff, dyn *g* methedig.

Kruste [ˈkrustə] *f* crystyn *g*, crofen *b*, crawen *b*; *(Blut~)* crachen *b*, cramen *b*.

Kruzifix [krutsiˈfiːks] (**-es, -e**) *nt* ffigur *g* Crist ar y groes.

Kruzitürken *excl* ~! Iesu! myn diâwl!

Kt *abk* = **Karat**; = **Kanton.**

Kto. *abk* = **Konto.**

Kuba [ˈkuːba] (**-s**) *nt (GEOG)* Ciwba *b*.

Kübel [ˈkyːbəl] (**-s, -**) *m (Eimer)* bwced *gb*.

Kubik- [kuˈbiːk] *in kompos* ciwbig; **~meter** *m* metr *g* ciwbig.

Küche [ˈkʏçə] *f* cegin *b*; *(Essen)* dull *g* coginio, coginio *g*.

Kuchen [ˈkuːxən] (**-s, -**) *m* teisen *b*, cacen *b*.

Kuchen- *kompos:* **~form** *f* tun *g* pobi/crasu; **~gabel** *f* fforc *b* grwst.

Küchen- *kompos:* **~gerät** *nt* teclyn *g* cegin; **~herd** *m* ffwrn *b*, popty *g*, cwcer *gb*; **~maschine** *f* prosesydd *g* bwyd; **~messer** *nt* cyllell *b* fawr; **~schabe** *f (ZOOL)* chwilen *b* ddu; **~schrank** *m* cabinet *g* cegin.

Kuchenteig *m* toes *g* cacen.

Küchenuhr *f* amserydd *g*.

Kuckuck [ˈkʊkʊk] (**-es, -e**) *m (ZOOL)* cog *b*, cwcw *b*; **weiß der ~** dyn yn unig a ŵyr.

Kuckucksuhr *f* cloc *g* cwcw.

Kuddelmuddel [ˈkʊdəlmʊdəl] (**-s**) *m oder nt (ugs)* annibendod *g*, llanast *g*.

kudern[A] *vi (kichern)* piffian.

Kufe [ˈkuːfə] (**-, -n**) *f (Schlitten)* llafn *gb*; *(Fass)* cafn *g*, twba *g*.

Kugel [ˈkuːgəl] (**-, -n**) *f* pêl *b*, pelen *b*; *(MATH)* sffêr *b*; *(Gewehr~)* bwled *b*; *(Kugelstoßen)* maen *g*; **eine ruhige ~ schieben** *(ugs)* byw bywyd hamddenol braf.

kugelförmig *adj* sfferaidd, amgrwn.

Kugellager *nt (TECH)* pêl-feryn *g*.

kugeln [ˈkuːgəln] *vi (+sein)* rholio.
  ♦ *vr (+haben) (vor Lachen)* dyblu.

kugelrund *adj (Gegenstand)* crwn; *(ugs: Person)* boliog, llond eich croen.

Kugelschreiber *m* beiro *gb*, ysgrifbin *g* pêl.

kugelsicher *adj* gwrth-fwledi.

Kugelstoßen (**-s**, *kein pl*) *nt (SPORT)* taflu *g* maen, tafliad *g* maen.

Kuh [kuː] (**-, ¨-e**) *f* buwch *b*; **wie die ~ vorm neuen Tor stehen** *(ugs)* edrych fel iâr ar y glaw.

kühl [kyːl] *adj (auch fig)* oeraidd.

Kühlanlage *f* rhewfa *b*.

Kühle [ˈkyːlə] (**-, *kein pl*)** *f* claearder *g*, claearedd *g*, oerfel *g*.

kühlen [ˈkyːlən] *vt* oeri, claearu.

Kühler [ˈkyːlər] (**-s, -**) *m (AUTO)* rheiddiadur *g*, rhwyll *b* oeri.

Kühlerhaube *f (AUTO)* boned *gb*.

Kühl- *kompos:* **~flüssigkeit** *f* oerydd *g*; **~haus** *nt* siambr *b* oer; **~raum** *m* storfa *b* oer; **~schrank** *m* oergell *b*; **~truhe** *f* rhewgell *b*.

Kühlung *f* oeriad *g*, oeri *g*.
Kühlwasser *nt* oerydd *g* (dŵr).
kühn [kyːn] *adj* beiddgar, eofn.
Kühnheit *f* beiddgarwch *g*, ehofndra *g*.
Kuhhaut *f:* **das geht auf keine ~** mae hynny'n hollol anhygoel.
Kuhstall *m* beudy *g*.
k.u.k. *abk (= kaiserlich und königlich)* ymerodrol a brenhinol.
Küken ['kyːkən] (-s, -) *nt* cyw *g*; *(ugs: Nesthäkchen)* cyw *g* bach melyn olaf.
kulant [kuˈlant] *adj* cymwynasgar, gwasanaethgar.
Kuli ['kuːli] *m (Koffer~)* cwli *g*; *(ugs: Kugelschreiber)* beiro® *gb.*
kulinarisch [kuliˈnɑːrɪʃ] *adj* coginiol.
Kulisse [kuˈlɪsə] (-, -n) *f (THEAT)* set *b*, esgyll *ll*.
Kulissenschieber *m* dyn *g* llwyfan; **~in** *f* merch *b* llwyfan.
Kulleraugen ['kulərˀaugən] *pl (ugs)* llygaid *ll* llo.
kullern ['kulərn] *vi (+sein)* treiglo, rholio.
Kult [kult] (-(e)s, -e) *m* cwlt *g*, addoliad *g*; **mit etw** *dat* **einen ~ treiben** addoli rhth, troi rhth yn destun cwlt.
Kultfilm *m* ffilm *b* gwlt.
kultivieren [kultiˈviːrən] *vt (AGR)* trin, amaethu; *(anbeten)* addoli, troi yn destun cwlt.
kultiviert *adj* diwylliedig, gwaraidd.
Kultstätte (-, -n) *f* lle *g* addoliad.
Kultur [kulˈtuːr] *f* diwylliant *g*, gwareiddiad *g*; *(AGR)* planhigfa *b*; *(BIOL)* meithriniad *g*.
Kultur- *kompos:* **~banause** *m (ugs)* philistiad *g*, rhywun anwaraidd; **~beutel** *m (ugs: Toiletttasche)* bag *g* ymolchi.
kulturell *adj* diwylliannol, diwylliadol.
Kultur- *kompos:* **~film** *m* rhaglen *b* ddogfen; **~teil** *m (von Zeitung)* tudalennau *ll*'r celfyddydau.
Kultusministerium (-s, Kultusministerien) *nt* gweinyddiaeth addysg a diwylliant.
Kümmel ['kyməl] *m (KOCH)* hadau *ll* carawe; *(Schnaps)* gwirod *gb* carawe.
Kummer ['kumər] (-s, *kein pl*) *m* galar *g*, gofid *g*.
kümmerlich ['kymərlɪç] *adj* truan, truenus; *(mickrig)* eiddil, egwan, gwantan.
kümmern ['kymərn] *vt* poeni, becso; **das kümmert ihn nicht** nid yw hynny'n ei boeni.
   ♦ *vr:* **sich um jdn ~** gofalu am rn; **sich um etw ~** ymgymryd â rhth.
Kumpan [kumˈpaːn] *m (~in f)* partner *g*, mêt *g*; *(pej)* acwmplydd *g*, cyd-droseddwr *g*.
Kumpel ['kumpəl] (-s, -) *m* mêt *g*, partner *g*; *(BERGB)* cloddiwr *g*, mwynwr *g*.
kündbar ['kyntbaːr] *adj* adbrynadwy; *(Vertrag)*

terfynadwy.
Kunde¹ ['kundə] (-n, -n) *m* cwsmer *g*.
Kunde² (-, -n) *f (geh: Nachricht)* newyddion *ll*, neges *b.*
Kunden- *kompos:* **~beratung** *f* gwasanaeth *g* ymgynghorol i gwsmeriaid; **~dienst** *m* gwasanaeth *g* i gwsmeriaid.
Kundenfang *m:* **auf ~ gehen** hel cwsmeriaid.
Kunden- *kompos:* **~konto** *nt* cyfrif *g* credyd; **~kreis** *m* cwsmeriaid *ll*; **~werbung** *f* cyhoeddusrwydd *g* (i ddenu cwsmeriaid).
Kundgabe *f* cyhoeddiad *g*.
kundgeben *irreg vt* cyhoeddi.
Kundgebung *f* cyhoeddiad *g*; *(Versammlung)* rali *b*.
kundig ['kundɪç, -ɪk] *adj* profiadol, gwybodus.
kündigen ['kʏndɪgən] *vi* rhoi rhybudd (i gyflogwr), ymddiswyddo.
   ♦ *vt (Abonnement)* canslo; *(Stellung, Wohnung)* rhoi rhybudd; **jdn ~** rhoi rhybudd i rn (gweithiwr neu denant), diswyddo; **jdm die Stellung ~** diswyddo rhn; **sie hat ihm die Freundschaft gekündigt** mae hi wedi torri eu perthynas.
Kündigung *f* rhybudd *g*.
Kündigungs- *kompos:* **~frist** *f* cyfnod *g* rhybudd; **~schutz** *m* diogelu *g* rhag diswyddiad anghyfiawn.
Kundin (-, -nen) *f* cwsmer *g*.
Kundschaft *f* cwsmeriaid *ll*; *(ugs: einzelner Kunde)* cwsmer *g*; *(Nachricht)* newyddion *ll*.
Kundschafter (-s, -) *m* rhagchwiliwr *g*, ysbïwr *g*; *(MIL)* sgowt *g*.
künftig ['kʏnftɪç, -ɪk] *adj* dyfodol, a ddaw, i ddod; *(Ehegatte)* darpar.
   ♦ *adv* yn y dyfodol.
Kunst [kunst] (-, ¨-e) *f* celfyddyd *b*; *(Fähigkeit)* medr *g*, medrusrwydd *g*; **das ist keine ~** gall unrhyw un wneud hynny; **mit seiner ~ am Ende sein** bod wedi cyrraedd pen eich tennyn; **das ist eine brotlose ~** nid yw hynny'n talu o gwbl.
Kunst- *kompos:* **~akademie** *f* academi *b* gelf; **~druck** *m* print *g* darlun; **~dünger** *m* gwrtaith *g* cemegol; **~erziehung** *f (SCH)* celf *b*; **~faser** *f* ffeibr *g* gwneud/synthetig; **~fehler** *m* camgymeriad *g* yn y gwaith; *(Ausrutscher)* camgymeriad *g*, llithrad *g*; **~fertigkeit** *f* medr *g*, medrusrwydd *g*, deheurwydd *g*; **~flieger** *m* stynt-hedfanwr *g*, camp-hedfanwr *g*; **~gegenstand** *m* peth *g* cain.
kunstgerecht *adj* medrus, celfydd, cywrain.
Kunst- *kompos:* **~geschichte** *f* hanes *g* celfyddyd; **~gewerbe** *nt* celfyddyd a chrefft; **~griff** *m* cast *g*, tric *g*, dawn *gb*; **~händler** *m* deliwr *g* mewn darnau o gelf; **~harz** *nt* resin *g* synthetig; **~leder** *nt* lledr *g*

artiffisial.

Künstler ['kʏnstlər] *m* (~**in** *f*) artist *g*; *(Maler)* arlunydd *g*; *(Bildhauer)* cerflunydd *g*.

künstlerisch *adj* celfydd, crefftus, celfyddgar, artistig.

Künstler- *kompos:* ~**name** *m* ffugenw *g*; *(Schauspieler)* enw *g* llwyfan, enw *g* actio; ~**pech** *nt* *(ugs)* anlwc *g*.

künstlich ['kʏnstlɪç] *adj* gwneud, gwneuthuredig, artiffisial; ~**e Intelligenz** *(COMP)* deallusrwydd *g* artiffisial; ~**e Beatmung** *(MED)* cymorth-anadlu, anadlu adferol; **sich** ~ **aufregen** *(ugs)* cynhyrfu yn ddiangen.

Kunst- *kompos:* ~**sammler** *m* casglwr *g* celfyddyd; ~**seide** *f (TEX)* sidan *g* gwneud/synthetig; ~**stoff** *m* defnydd *g* synthetig, plastig *g*; ~**stopfen** *nt* cyweirio/trwsio *g* anwel.

Kunststück *nt:* **das ist kein** ~ does dim byd haws.

Kunstturnen *nt (SPORT)* gymnasteg *b*.

kunstvoll *adj* celfydd, crefftus.

Kunstwerk *nt* celfyddwaith *g*, gwaith *g* celfyddyd.

kunterbunt ['kʊntərbʊnt] *adj* blith draphlith, bob sut.

Kupfer ['kʊpfər] (-**s**, *kein pl*) *nt (CHEM)* copr *g*.

Kupfermünze *f* ceiniog *b*.

kupfern¹ ['kʊpfərn] *adj* copr.

kupfern²ᴰ *vt (ugs)* dyfeisio, dynwared.

Kupferstich (-(**e**)**s**, -**e**) *m* ysgythriad *g* copr.

Kuppe ['kʊpə] (-, -**n**) *f (Berg~)* copa *gb*, pen *g* mynydd; *(Finger~)* blaen *g*.

Kuppel ['kʊpəl] (-, -**n**) *f (ARCHIT)* cromen *b*, cryndo *g*, crymdo *g*.

Kuppelei [kʊpə'laɪ] *f (JUR)* caffaeliad *g*, caffael *g* puteiniaid.

kuppeln ['kʊpəln] *vi (AUTO)* gwasgu'r cydiwr; *(JUR)* caffael merched i buteinio.

     ♦ *vt (TECH)* cysylltu, uno, cyplysu.

Kuppler ['kʊplər] *m* caffaelwr *g*, puteinfeistr *g*; ~**in** *f* caffaelwraig *b*, puteinfeistres *b*.

Kupplung *f (AUTO)* cydiwr *g*; *(TECH)* cysylltiad *g*, cyplysiad *g*, cyfuniad *g*; **die** ~ **durchtreten** gwasgu'r cydiwr.

Kur [kuːr] (-, -**en**) *f* triniaeth *b*, gwellhad *g*; **eine** ~ **machen** treulio cyfnod mewn cyrchfan iechyd.

Kür [kyːr] (-, -**en**) *f (SPORT)* perfformiad *g*.

Kuratorium [kura'toːrium] (-**s**, **Kuratorien**) *nt* *(Vereinigung)* pwyllgor *g* ymddiriedolwyr.

Kurbel ['kʊrbəl] (-, -**n**) *f* cranc *g*, camdro *g*, elin *b*, handlen *b*.

Kurbelwelle *f (AUTO)* crancsiafft *b*, crancwerthyd *b*.

Kürbis ['kʏrbɪs] (-**ses**, -**se**) *m* pwmpen *b*, pompiwn *g*.

Kurde ['kʊrdə] (-**n**, -**n**) *m*, **Kurdin** *f* Cwrd *g*.

Kurfürst ['kuːrfʏrst] (-**en**, -**en**) *m* Etholydd *g*

Tywysogol.

Kurgast (-(**e**)**s**, ̈-**e**) *m* ymwelydd *g* â chyrchfan iechyd.

Kurier [ku'riːər] (-**s**, -**e**) *m* negesydd *g*.

kurieren [ku'riːrən] *vt* gwella, iacháu.

kurios [kuri'oːs] *adj* hynod, rhyfedd, rhyfeddol, od.

Kuriosität [kuriozi'tɛːt] (-, -**en**) *f* peth *g* hynod, cywreinbeth *g*, hynodbeth *g*.

Kur- *kompos:* ~**konzert** *nt* cyngerdd *gb* mewn cyrchfan iechyd; ~**ort** *m* cyrchfan *gb* iechyd, sba *b*; ~**pfuscher** *m* cwac *g*.

Kurs [kʊrs] (-**es**, -**e**) *m* cwrs *g*; *(FIN)* cyfradd *b*; **hoch im** ~ **stehen** *(fig)* bod yn uchel eich parch; **einen** ~ **besuchen** mynychu cwrs.

Kurs- *kompos:* ~**änderung** *f* newid *g* cyfeiriad; ~**buch** *nt (BAHN)* amserlen *b*, taflen *b* amser; *(Lehrbuch)* gwerslyfr *g*.

Kürschner ['kʏrʃnər] *m* crwynwr *g*, ffyriwr *g*; ~**in** *f* crwynwraig *b*, ffyrwraig *b*.

kursieren [kʊr'ziːrən] *vi (+sein oder haben)* cylch-droi, cylchredeg, mynd o gwmpas, bod ar led.

kursiv [kʊr'ziːf] *adv (Schriftart)* italaidd, italig.

Kursnotierung (-, -**en**) *f* pris *g* cyfredol, dyfynbris *g*.

Kursus ['kʊrzus] (-, **Kurse**) *m* cwrs *g*.

Kurs- *kompos:* ~**wagen** *m (BAHN)* cerbyd sydd yn mynd yn syth trwodd i ben y daith; ~**wert** *m (FIN)* gwerth *g* ar y farchnad, marchnadwerth *g*.

Kurtaxe (-, -**n**) *f* treth *b* cyrchfan iechyd.

Kurve ['kʊrvə] (-, -**n**) *f* cromlin *b*, llinell *b* grom; *(Straßen~)* tro *g*, trofa *b*, troad *g*; **die** ~ **nicht kriegen** *(fig)* methu dod i ben â gwneud rhth; **die** ~ **kratzen** llwyddo o drwch blewyn.

kurvenreich *adj:* ~**e Strecke** ffordd droellog.

kurvig *adj (Straße)* troellog, *(Frau)* siapus, lluniaidd.

kurz [kʊrts] (*komp* **kürzer**; *superl* **am kürzesten**) *adj* byr, cwta.

     ♦ *adv:* ~ **und bündig** yn gryno; ~ **gesagt** mewn gair, yn fyr, mewn byr eiriau; ~ **gefasst** cryno, cywasgedig; **zu** ~ **kommen** *(fig)* cael y gwaethaf ohoni, dod allan ohoni'n wael; **den Kürzeren ziehen** *(fig)* tynnu'r blewyn cwta; ~ **und gut** mewn gair, yn fyr; **über** ~ **oder lang** yn hwyr neu'n hwyrach; **sich** ~ **fassen** bod yn gryno, crynhoi rhth mewn ychydig eiriau; **er hält seine Gattin** ~ *(ugs)* mae'n cadw ei wraig yn brin; **eine Sache** ~ **abtun** wfftio rhth; **darf ich** ~ **stören?** ga'i dorri ar draws am eiliad? ~ **treten** *(ugs, fig)* bod yn ofalus.

Kurzarbeit *f* gweithio *g* llai o oriau.

kurzärmelig *adj (TEX)* â llewys cwta/byr.

kurzatmig *adj (fig)* gwan; *(MED)* byr eich gwynt/anadl.

Kürze ['kʏrtsə] *f* byrder *g*, byrdra *g*.

kürzen ['kʏrtsən] *vt* torri'n fyr, cwtogi, tocio; *(in der Länge)* torri yn fyr, byrhau; *(Gehalt)* cwtogi, lleihau.

kurzerhand ['kurtsər'hant] *adv* yn y fan (a'r lle), ar unwaith, yn ddiymdroi.

Kurzfassung *f* crynodeb *gb*.

kurzfristig *adj* o fewn ychydig o amser, digymell.

kurz gefasst *adj* vgl. **kurz**.

Kurzgeschichte *f* stori *b* fer.

kurz halten *irreg vt* vgl. **kurz**.

kurzlebig *adj* byrhoedlog, darfodedig.

kürzlich ['kʏrtslɪç] *adv* yn ddiweddar, ers tro.

Kurz- *kompos:* **~meldung** *f* fflach *b* newyddion; **~parker** *m* lle *g* parcio dros dro; **~parkzone** *f* ardal *b* parcio dros dro; **~schluss** *m* *(ELEKT)* cylched *b* bwt, cylched fer; **~schlusshandlung** *f (fig)* gweithred *b* fyrbwyll; **~schrift** *f* llaw-fer *b*.

kurzsichtig *adj* byr eich golwg, myopig; *(fig)* cibddall.

Kurzstreckenläufer *m* sbrintiwr *g*, sbrintwraig *b*.

kurz treten *irreg vi* vgl. **kurz**.

kurzum [kurts⁷um] *adv* mewn gair.

Kurzwaren *pl* manion *ll* gwnïo.

Kürzung ['kʏrtsuŋ] (-, -en) *f (Textfassung)* crynhoad *g*; *(Kürzen)* byrhau *g*, torri *g* yn fyr; *(Gelder)* cwtogiad *g*.

Kurzwelle *f (RADIO)* tonfedd *b* fer.

kuschelig ['kuʃəlɪç, -ɪk] *adj* anwesol, mwythus.

kuscheln ['kuʃəln] *vr* ymwasgu (at rn), swatio (yn erbyn rhn).

kuschen ['kuʃən] *vi (fig)* ildio, ufuddhau, ymdawelu.

Kusine [ku'zi:nə] (-, -en) *f* cyfnither *b*.

Kuss [kus] (-es, ¨-e) *m* cusan *gb*.

küssen ['kʏsən] *vt, vr* cusanu.

Küste ['kʏstə] (-, -n) *f* arfordir *g*, glan *b* y môr.

Küsten- *kompos:* **~gewässer** *pl* dyfroedd *ll* arfordirol; **~wache** *f* gwylwyr *ll* y glannau.

Küster ['kʏstər] (-s, -) *m* gofalwr *g* eglwys.

Kutsche ['kutʃə] (-, -n) *f* coets *b*, cerbyd *g*.

Kutscher ['kutʃər] (-s, -) *m* coetsmon *g*, cerbydwr *g*.

kutschieren [ku'tʃi:rən] *vi (+sein):* **durch die Gegend ~** *(ugs)* gyrru o gwmpas.

Kutte ['kutə] (-, -n) *f (Mönchs~)* gwisg *b*.

Kuvert [ku've:r, ku'vɛrt] (-s, -s) *nt* amlen *b*; *(Gedeck)* lle *g* gosod.

KV *abk (MUS: = Köchelverzeichnis)* **~ 280** rhif 280.

KW *abk (= Kurzwelle)* tonfedd *b* fer.

kW *abk (= Kilowatt)* cilowat *g*.

Kybernetik [kybɛr'ne:tɪk] *f* seiberneteg *b*.

kybernetisch *adj* seibernetaidd.

KZ *nt abk* = **Konzentrationslager**.

L

L, l [ɛl] *nt* L, l *b*; **~ wie Ludwig** L am Ludwig.

l *abk (= Liter)* l (litr).

Lab [lɑːp] *nt (BIOL)* rennin *g*; *(KOCH)* ceuled *g*.

laben [ˈlaːbən] *vt, vr* adfywio, adfywhau; *(fig)* **sich an etw** *dat* **~** cael blas ar rth.

labern [ˈlaːbərn] *vi (ugs)* rwdlan, baldorddi.
♦ *vt* dweud.

labil [laˈbiːl] *adj (körperlich)* eiddil, gwan; *(seelisch)* anwadal, ansad.

Labilität [labiliˈtɛːt] *f* ansadrwydd *g*.

Labor [laˈboːr] (-s, -e *oder* -s) *nt* labordy *g*.

Laborant (-en, -en) *m* (**~in** *f*) cynorthwyydd *g* labordy.

Laboratorium [laboraˈtoːrium] (-s, **Laboratorien**) *nt* labordy *g*.

Labyrinth [labyˈrɪnt] (-s, -e) *nt* labyrinth *g*, drysfa *b*.

Lache [ˈlaxə] (-, -n) *f (geh: Lacke)* pwll *g*.

lächeln [ˈlɛçəln] *vi* gwenu.

Lächeln (-s, *kein pl*) *nt* gwên *b*, cilwen *b*; **jdm ein ~ schenken** rhoi gwên i rn.

lachen [ˈlaxən] *vi* chwerthin; *(Sonne)* tywynnu; **dass ich nicht lache!** *(ugs)* byth! **das wäre doch gelacht** nid oes unrhyw amheuaeth am hynny.

Lachen (-s, *kein pl*) *nt* chwerthin *g*, chwarddiad *g*; **jdn zum ~ bringen** peri i rn chwerthin; **brüllen vor ~** rhuo chwerthin; **sich vor ~ biegen** siglo chwerthin; **mir ist nicht zum ~ (zumute)** nid wyf mewn hwyl chwerthin; **dir wird das ~ schon noch vergehen** *(ugs)* fe gei chwerthin yn wahanol.

Lacher (-s, -) *m:* **die ~ auf seiner Seite haben** llwyddo i argyhoeddi gwrandawyr trwy ffraethineb.

lächerlich [ˈlɛçərlɪç] *adj* chwerthinllyd, gwrthun, hurt.

Lächerlichkeit *f* gwiriondeb *g*, hurtrwydd *g*.

Lachgas *nt* nwy *g* chwerthin.

lachhaft *adj* chwerthinllyd.

Lachkrampf (-(e)s, ¨-e) *m* pwl *g* o chwerthin, hwrdd *g* o chwerthin; **einen ~ bekommen** cael pwl o chwerthin.

Lachmöwe (-, -n) *f (ZOOL)* gwylan *b* benddu.

Lachs [laks] (-es, -e) *m (ZOOL)* eog *g*, gleisiad *g*; **~ fischen** samona.

Lachsalve [ˈlaxzalvə] (-, -n) *f* rhuad/bloeddiad *g* o chwerthin.

Lachsschinken *m* ham amrwd wedi'i fygu.

Lack [lak] (-(e)s, -e) *m* lacr *g*, farnais *g* caled; *(von Auto)* paent *g*.

Lacke^A [ˈlakə] (-, -n) *f* pwll *g*.

lackieren [laˈkiːrən] *vt* farneisio, lacro, peintio; *(AUTO)* chwistrellu.

Lackierer (-s, -) *m* farneisiwr *g*.

Lackmus [ˈlakmus] (-, *kein pl*) *m oder nt (CHEM)* litmws *g*.

Lackmuspapier *nt* papur *g* litmws.

Lackschicht *f* haen *b* o baent.

Lade [ˈlaːdə] (-, -n) *f* cist *b*, coffr *g*; *(Schub~)* drôr *g*.

Ladebaum *m (IND, NAUT)* deric *g*.

Lade- *kompos:* **~fähigkeit** *f* llwyth *g* eithaf; **~fläche** *f* lle *g* llwytho; **~gewicht** *nt* pwysau â llwyth llawn.

Ladehemmung *f:* **das Gewehr hat ~** mae'r dryll wedi jamio.

laden [ˈlaːdən] *irreg vt (Last)* llwytho; *(Batterie)* gwefru; *(JUR)* galw; *(ein~)* gwahodd; **eine Schuld auf sich** *akk* **~** ysgwyddo baich euogrwydd.

Laden [ˈlaːdən] (-s, ¨-) *m (Fenster~)* caead *g*, clawr *g*; *(Geschäft)*^D siop *b*; *(ugs: Betrieb)* busnes *g*; **der ~ läuft** *(ugs)* mae pethau'n mynd yn dda.

Laden- *kompos:* **~aufsicht** *f* gwarchodwr *g* mewn siop; **~besitzer**^D *m* perchennog *g* siop; **~dieb** *m* siopleidr *g*; **~diebstahl** *m* siopladrad *g*; **~hüter** *m* eitem *b* anwerthadwy; **~inhaber**^D *m* siopwr *g*; **~preis** *m* pris *g* adwerthol; **~schluss** *m*, **~schlusszeit** *f* amser *g* cau; **~tisch** *m* desg *b*, cownter *g*.

Lade- *kompos:* **~rampe** *f* llwyfan *g* llwytho; **~raum** *m* lle *g* cargo; *(AERO, NAUT)* howld *g*; **~schein** *(comm)* derbynneb *b* lwytho.

lädieren [lɛˈdiːrən] *vt* difrodi, niweidio.

ladinisch [laˈdiːnɪʃ] *adj* Ladinaidd.

Ladinisch *nt (Sprache)* Ladin *b*.

Ladung [ˈlaːduŋ] (-, -en) *f (Last)* llwyth *g*, cargo *g*; *(ELEKT)* gwefr *gb*; *(JUR)* gwŷs *b*; *(Spreng~)* llenwad *g* (o ffrwydron).

Laffe^D [ˈlafə] (-n, -n) *m* llanc *g* mawr, snob *g*.

lag *vb vgl.* **liegen.**

Lage [ˈlaːgə] (-, -n) *f* safle *g*, lleoliad *g*; *(Situation)* sefyllfa *b*; *(Schicht)* caenen *b*, trwch *g*; **in der ~ sein** gallu, bod yn y sefyllfa (i wneud rhth); **eine gute/ruhige ~ haben** bod mewn safle da/tawel; **Herr der ~ sein** bod yn feistr ar y sefyllfa.

Lage- *kompos:* **~bericht** *m* adroddiad *g* ar sefyllfa; **~beurteilung** *f* asesiad *g* o sefyllfa.

lagenweise *adv* mewn caenau.

Lageplan (-(e)s, ¨-e) *m* cynllun *g* llawr.

Lager [ˈlaːgər] (-s, -) *nt* gwersyll *g*; *(COMM)* warws *gb*, storfa *b*; *(Bett)* gwely *g*; *(von Tier)* gwâl *b*, ffau *b*; *(Räuber~)* cyrchfa *b*; *(TECH)* beryn *g*; *(Bier)* lager *g*; *(fig: POL)* cae *g*; **etw auf ~ haben** stocio, bod â rhth mewn stoc; *(fig)* bod â rhth wrth gefn; **ein ~ errichten** gwersylla.

Lager- *kompos:* **~arbeiter** *m* storgeidwad *g*; **~bestand** *m* stoc *b*, stôr *g*; **~feuer** *nt* tân *g* gwersyll; **~gebühr** *f* ffi *b* cadw/storio; **~halle** *f* warws *gb*, stordy *g*; **~haus** *nt* stordy *g*, warws *gb*.

Lagerist [la:gə'rɪst] (-en, -en) *m* storgeidwad *g*.

Lagerkosten *pl* cost *b* cadw/storio.

lagern ['la:gərn] *vi* *(aufbewahrt sein)* cael ei gadw; *(campieren)* gwersylla.

♦ *vt* storio, rhoi i gadw; *(betten)* rhoi i orwedd; *(Maschine)* gosod, sadio.

♦ *vr*^D gorwedd.

Lager- *kompos:* **~raum** *m* storfa *b*; **~schuppen** *m* sièd *b*; **~stätte** *f* lle *g* storio, safle *g* gorffwys; *(von Rohstoffen)* gwaddod *g*, haen *b*.

Lagune [la'gu:nə] (-, -n) *f* lagŵn *g*, morlyn *g*.

lahm [la:m] *adj* cloff; *(ugs: langsam, langweilig)* dof, diflas, marwaidd; **~ legen** *(MED)* marweiddio, parlysu; *(Verkehr)* jamio; **eine ~e Ente sein** *(ugs)* bod yn ddi-hoen.

lahmarschig ['la:m?arʃɪç, -ɪk] *adj* *(vulg)* yn uffernol o araf.

Lahme ['la:mə] *m* dyn *g* cloff.

lahmen ['la:mən] *vi* cloffi, bod yn gloff.

lähmen ['lɛ:mən] *vt* parlysu, cloffi; *(ugs: langweilen)* blino, diflasu.

lahm legen *vt* *(MED)* parlysu, marweiddio; *(Verkehr)* gwneud i sefyll yn stond, jamio.

Lähmung *f* parlys *g*, cloffni *g*.

Laib [laɪp] (-(e)s, -e) *m* *(Brot)* torth *b*; *(Käse)* cosyn *g*.

Laibchen *nt* *(Fleisch~)* risol *b*, pelen *b* gig.

Laich [laɪç] *m* *(BIOL)* sil *g*, grawn *ll*.

laichen *vi* silio.

Laie ['laɪə] (-n, -n) *m* lleygwr *g*; *(fig, THEAT)* amatur *g*.

laienhaft *adj* amaturaidd, lleyg.

Laienrichter(in) *m(f)* *(JUR)* meinciwr *g*, ustus *g* lleyg, ynad *g* lleyg.

Lakai [la'kaɪ] (-en, -en) *m* gwas *g* bach.

Lake ['la:kə] *f* *(KOCH)* picil *g*.

Laken^D ['la:kən] (-s, -) *nt* cynfas *gb*.

Lakritz^D [la'krɪts] *m oder nt* = **Lakritze**.

Lakritze *f* licris *g*.

Laktation [laktatsi'o:n] *f* *(MED)* llaethiad *g*.

Laktose [lak'to:zə] *f* *(BIOL)* lactos *g*.

lallen ['lalən] *vi* siarad yn aneglur, bregliach; *(Baby)* bablan, breblan, siarad babi.

♦ *vt* ynganu'n aneglur.

Lama ['la:ma] (-s, -s) *nt* *(ZOOL)* lama *g*.

Lamelle [la'mɛlə] (-, -n) *f* haenen *b*, lamela *g*; *(TECH)* dalen *b*.

lamentieren [lamɛn'ti:rən] *vi* gwenwyno, wylofain.

Lametta [la'mɛta] (-s, *kein pl*) *nt* tinsel *g*.

laminieren [lami'ni:rən] *vt* lamineiddio.

Lamm [lam] (-(e)s, ¨-er) *nt* oen *g*; **das ~ Gottes** oen Duw.

lammen ['lamən] *vi* wyna.

Lamm- *kompos:* **~fell** *nt* croen *g* oen; **~fleisch** *nt* cig *g* oen.

lammfromm *adj* diniwed, fel oen bach.

Lammwolle *f* gwlân *g* oen.

Lampe ['lampə] (-, -n) *f* lamp *b*, golau *g*.

Lampen- *kompos:* **~fieber** *nt* ofn *g* y llwyfan; **~schein** *m* golau *g* lamp; **~schirm** *m* cysgodlen *b*, mantell *b* lamp.

Lampion [lampi'õ:] (-s, -s) *m* llusern *b* bapur.

Land [lant] (-(e)s, ¨-er) *nt* gwlad *b*; *(Grund)* tir *g*; *(Bundes~)* talaith *b*; *(nicht die Stadt)* cefn *g* gwlad, cefnwlad *b*; **das ganze ~** yr holl wlad; **auf dem ~** yn y wlad; **an ~ gehen** mynd i'r lan, tirio; **einen Auftrag an ~ ziehen** *(ugs)* bachu archeb; **aus aller Herren Länder** o bedwar ban byd; **die Länder der Krone** tiroedd y Goron.

Land- *kompos:* **~arbeiter** *m* llafurwr *g*, gwas *g* fferm; **~besitz** *m* eiddo *g* tir, ystadau *ll*; **~besitzer** *m* tirfeddiannwr *g*; **~bewohner** *m* gwladwr *g*.

Landebahn *f* *(AERO)* glanfa *b*, llwybr *g* glanio, rhedfa *b*.

Landeerlaubnis *f* caniatâd *g* i lanio.

landeinwärts [lant^ɪ'aɪnvɛrts] *adv* i'r tir, i ganol y tir.

Landeklappe *f* *(AERO)* fflap *g* glanio.

landen ['landən] *vi* *(+sein)* glanio, tirio; *(fig)* **mit Komplimenten kannst du bei mir nicht ~** ni thâl gweniaith i ti ddim.

♦ *vt* *(+haben)* glanio.

Landenge ['lant^ɛŋə] *f* culdir *g*.

Lande- *kompos:* **~piste** *f* glanfa *b*; **~platz** *m* maes *g* glanio.

Ländereien [lɛndə'raɪən] *pl* tir *g*, ystadau *ll*.

Länderspiel *nt* gêm *b* ryngwladol.

Landes- *kompos:* **~farben** *pl* lliwiau *ll* cenedlaethol; **~grenze** *f* ffin *b* (gwlad); *(von Bundesland)* ffin talaith; **~hauptfrau**^A *f*, **~hauptmann**^A *m* pennaeth *g* llywodraeth daleithiol.

Landesinnere ['landəs^ɪ'nərə] *nt* perfedd *g* gwlad; **im ~n** mewndirol.

Landes- *kompos:* **~kunde** *f* astudiaethau *ll* diwylliant; **~sprache** *f* iaith *b* genedlaethol; **~teil** *m* parth *g*; **~tracht** *f* gwisg *b* genedlaethol.

landesüblich ['landəs^y:plɪç] *adj* arferol, cynefin, cyffredin.

Landes- *kompos:* **~verrat** *m* teyrnfradwriaeth *b*;
~verweisung *f* alltudiaeth *b*; **~währung** *f* arian *g*
cenedlaethol.

landesweit *adj* ledled y wlad.

Landeverbot *nt* gwrthodiad *g* caniatâd i lanio.

Land- *kompos:* **~flucht** *f* ymfudiad *g* i'r dinasoedd;
~gut *nt* stad *b*, tir *g*; **~haus** *nt* maenor *b*, maenordy
g; **~hockey** *nt* (SPORT) hoci *g*; **~karte** *f* map *g*; **~kreis**[D]
m bro *b*, sir *b*.

landläufig ['lantlɔʏfɪç, -ɪk] *adj* arferol, cynefin.

ländlich ['lɛntlɪç] *adj* gwledig.

Land- *kompos:* **~pomeranze** *f* (ugs) symlen *b*; **~rat**[D] *m*
prif weithredwr *Landkreis*.

Landschaft ['lantʃaft] *f* tirffurf *g*, tirlun *g*; (Aussicht)
golygfa *b*; (Gemälde) tirlun *g*; **die politische ~** y
sefyllfa wleidyddol.

landschaftlich *adj* golygfaol; (Besonderheiten)
rhanbarthol.

Landsitz ['lantzɪts] (-es, -e) *m* maenor *b*, maenordy *g*.

Landsmann ['lantsman] *m* (-(e)s, **Landsleute**) cyd-
wladwr *g*.

Landsmännin ['lantsmɛnɪn] *f* cyd-wladwraig *b*.

Land- *kompos:* **~spitze** *f* penrhyn *m*, pentir *g*, talar *b*;
~straße *f* ffordd *b* wledig/eilaidd, wtra *b*;
~streicher *m* trempyn *g*, tincer *g*; **~strich** *m* ardal *b*,
rhanbarth *g*; **~tag** *m* (POL) senedd *b* ranbarthol.

Landung *f* glaniad *g*.

Landungs- *kompos:* **~boot** *nt* bad/cwch *g* glanio;
~brücke *f*, **~steg** *m* pont *b* lanio; **~stelle** *f* man *g*
glanio, glanfa *b*.

Land- *kompos:* **~urlaub** *m* (NAUT) caniatâd *g* i fynd i'r
lan; **~vermesser** *m* tirfesurydd *g*; **~verweser** *m*
sirydd *g*; **~volk** *nt* gwerin *b*.

Landweg *m:* **auf dem ~** dros dir.

Landwirt ['lantvɪrt] (-(e)s, -e) *m* amaethwr *g*, ffermwr
g; **~in** *f* amaethwraig *b*, ffermwraig *b*.

Landwirtschaft *f* amaethyddiaeth *b*; (Viehzucht)
hwsmonaeth *b*; **~ betreiben** ffermio, amaethu.

landwirtschaftlich *adj* amaethyddol; **~e Produkte**
cynnyrch *g* amaethyddol.

Landwirtschafts- *kompos:* **~messe** *f* (COMM) sioe *b*
amaethyddol; **~ressort** *nt* (POL) gweinyddiaeth *b*
amaeth.

Landzunge *f* (GEOG) pentir *g*, blaendir *g*, tafod *g*.

lang [laŋ] (komp **länger**; superl **am längsten**) *adj* hir,
llaes; (Mensch) tal; **sieben Meter ~** saith metr o
hyd; **~e Zeit** amser maith; **er machte ein ~es Gesicht**
syrthiodd ei wyneb; **vor ~er Zeit** amser maith yn
ôl; **auf ~e Sicht** yn y pen draw; **des L~en und
Breiten** (fig) am hydoedd.

 ♦ *adv* yn hir, am amser maith; (dauern, brauchen)
amser maith, peth amser; **~ anhaltender Beifall**

cymeradwyaeth *b* hir; **hier wird mir die Zeit nicht ~**
ni welaf yr amser yn hir fan hyn; **~ und breit** yn
hirwyntog; **~e nicht so schnell** dim agos mor
gyflym, ymhell o fod mor gyflym; **seit ~em** ers
amser, hen; **~e her** bell yn ôl.

lang- *kompos:* **~ärmelig** *adj* llawes hir; **~atmig** *adj*
hirwyntog, amleiriog; **~beinig** *adj* coesog,
heglog.

lange *adj, adv* = **lang**.

Länge ['lɛŋə] *f* hyd *g*; (GEOG) hydred *g*, meridian *g*;
etw der ~ nach falten plygu rhth yn ei hyd; **etw in
die ~ ziehen** (ugs) gohirio rhth, llusgo traed dros
rth; **der ~ nach hinfallen** syrthio ar eich hyd.

langen[D] ['laŋən] *vi unpers:* **es langt mir** rwyf wedi cael
digon, rwyf wedi cael llond bol.

 ♦ *vi* (ausreichen) bod yn ddigon, gwneud y tro,
cwrdd â'r gofyn/angen; (ugs: greifen) **~ (nach)**
estyn (am).

 ♦ *vt:* **jdm eine ~** rhoi bonclust i rn.

Längen- *kompos:* **~grad** *m* (GEOG) hydred *g*, meridian
g; **~maß** *nt* mesur *g* hydol.

länger ['lɛŋər] komp von **lang**; **~ werden** hwyhau; **auf ~e
Sicht** yn y tymor hir.

langersehnt ['laŋ'ʔɛrzeːnt] *adj* hirddisgwyliedig.

Langeweile ['laŋəvaɪlə] *f* diflastod *g*, syrffed *g*.

langfristig *adj* tymor hir; **~e Verpflichtungen**
ymrwymiadau *ll* tymor hir.

 ♦ *adv* yn y tymor hir, yn y pen draw.

langjährig *adj* hen, hirsefydlog; (Erfahrung,
Verhandlungen) maith; (Mitarbeiter) hen.

Langlauf *m* (SPORT) sgïo *g* traws gwlad.

langlaufen *vi* (SPORT) sgïo traws gwlad.

Langläufer *m* sgïwr *g* traws gwlad; **~in** *f* sgïwraig *b*
draws gwlad.

langlebig *adj* hirhoedlog; **~e Gebrauchsgüter**
nwyddau traul para.

länglich *adj* hirgul; (oval) hirgrwn.

Langmut *f* (geh) amynedd *g*, dioddefgarwch *g*.

langmütig *adj* (geh) hirymarhous, amyneddgar,
dioddefgar.

Langohr *nt* (scherzhaft) = **Hase**; = **Esel**.

längs [lɛŋs] *präp* +gen oder +dat ar hyd.

 ♦ *adv* yn ei hyd, ar ei hyd.

langsam ['laŋzaːm] *adj* araf; **immer schön ~!** (ugs)
pwyll piau hi! gan bwyll! **ich muss jetzt ~ gehen**
rhaid i mi ei throi hi; **~ aber sicher reicht es mir**
rwy'n dechrau cael llond bol.

Langsamkeit *f* arafwch *g*.

Langschläfer(in) *m(f)* rhn sy'n hoffi cysgu'n hwyr,
diogyn *g*.

Langspielplatte *f* record *b* hir.

längsseits *adv* ochr yn ochr.

♦ *präp +gen* wrth ochr, ar bwys.

längst *adv* hen, ers tro, ers hydoedd; **schon ~** hen; **das ist ~ fertig** mae hynny wedi hen orffen.

längste *adj* hiraf.

längstens *adv (spätestens)* fan bellaf.

Langstrecken- *in kompos* hirdaith, hirbell; **~flugzeug** *nt* awyren *b* hirdaith.

Languste [laŋ'gustə] (-, -n) *f (ZOOL, KOCH)* cimwch *g* coch.

langweilen ['laŋvaɪlən] *vt untrenn* diflasu, blino.
♦ *vr* diflasu, bod wedi syrffedu; **sich zu Tode ~** diflasu i farwolaeth.

Langweiler (-s, -) *m* rhn diflas/anniddorol.

langweilig ['laŋvaɪlɪç, -ɪk] *adj* diflas, anniddorol.

Langwelle *f (RADIO)* tonfedd *b* hir.

langwierig *adj* hir, maith; *(mühselig)* trafferthus, llafurus; *(Krankheit)* cronig.

Lanolin [lano'li:n] *nt* gwlanolew *g*.

Lanze ['lantsə] (-, -n) *f* gwaywffon *b*, paladr *g*, picell *b*, rhaidd *b*.

Lanzettbogen [lan'tsɛtbo:gən] (-s, ¨-) *m* bwa *g* pigfain.

Lanzette [lan'tsɛtə] (-, -n) *f (MED)* fflaim *b*, cyllell *b*.

lanzettförmig *adj (BOT)* gwaywffurf.

lapidar [lapi'dɑːr] *adj* syml, elfennol.

Lappalie [la'pɑːliə] *f* peth *g* dibwys.

Lappe ['lapə] (-n, -n) *m (pej)* Lapiad *g*.

Lappen ['lapən] *m* cadach *g*, clwt *g*; *(ANAT)* llabed *gb*; **jdm geht etw durch die ~** mae rhn yn colli cyfle i gael rhth; **der Dieb ging ihnen durch die ~** dihangodd y lleidr rhwng eu dwylo.

läppern ['lɛpərn] *vr unpers (ugs)* **es läppert sich zusammen** mae pob peth bach yn cyfrif.

Lappin *f (pej)* Lapiad *g*.

läppisch ['lɛpɪʃ] *adj* twp, gwirion, hurt; *(gering)* bach.

Lappland (-s) *nt* y Lapdir *g*, Gwlad *b* y Sami.

Lapsus ['lapsus] (-, -) *m* llithriad *g*, cam *g* gwag.

Laptop ['lɛptɔp] (-s, -s) *m (COMP)* cyfrifiadur *g* cludadwy.

Lärche ['lɛrçə] (-, -n) *f (BOT)* llarwydden *b*.

Lärm [lɛrm] (-(e)s, *kein pl*) *m* sŵn *g*, twrf *g*, stŵr *g*, dadwrdd *g*.

Lärmbelästigung *f* dadwrdd *g*, niwsans *g* sŵn.

lärmen ['lɛrmən] *vi* cadw sŵn, bod yn swnllyd.

lärmend *adj* swnllyd, stwrllyd, trystiog.

Lärmschutz *m* ynysiad *g* rhag sŵn.

Larve ['larfə] (-, -n) *f (ZOOL)* cynrhonyn *g*, larfa *g*, chwiler *g*.

las *vb vgl.* **lesen.**

Lasagne [la'zanjə] *pl oder f* lasagne *g*.

lasch [laʃ] *adj* llipa, difywyd, diynni.

Lasche ['laʃə] (-, -n) *f* llabed *gb*, fflap *g*.

Laser ['le:zər] (-s, -) *m (TECH)* laser *g*.

Laser- *kompos:* **~drucker** *m* argraffydd *g* laser; **~strahl** *m* pelydr *g* laser.

lassen¹ ['lasən] *irreg vt* **1** *(zurücklassen)* gadael; **etw übrig ~** gadael ar ôl; **etw ~, wie es ist** gadael i rth fod fel y mae; **2** *(nehmen)* **sich Zeit ~** cymryd eich amser; **~ Sie sich Zeit!** peidiwch â brysio! **3: lass das (sein)!** gad iddo fod! **in Ruhe ~** gadael llonydd i; **lass mich in Ruhe!** gad i mi fod! gad lonydd i mi! **er kann das Rauchen nicht ~** ni all roi'r gorau i smygu; **4** *(nicht verändern)* gadael; **das lässt mich kalt** nid yw hynny yn mennu arna i; **5** *(erlauben)* **er ließ uns nicht hinein** ni adawodd i ni ddod i mewn.

lassen² *irreg aux vb* **1** *(veranlassen)* **etw machen ~** cael rhth wedi ei wneud; *(anordnen)* cael rhn i wneud rhth; **sich** *dat* **etw schicken ~** cael rhn i yrru rhth atoch; **sich** *dat* **die Haare schneiden ~** cael eich gwallt wedi ei dorri; *(bewirken)* **jdn warten ~** cadw rhn; **jdn etw wissen ~** gadael i rn wybod rhth; **2** *(nicht verändern)* **das Licht brennen ~** gadael y golau ymlaen; **etw bleiben ~** gadael i rth fod; **3** *(zulassen)* **etw geschehen ~** gadael i rth ddigwydd; **einen Bart wachsen ~** tyfu barf; **jdn schlafen ~** gadael i rn gysgu; **einen fahren ~** rhechain; **4** *(möglich sein)* **das lässt sich machen** mae hynny'n bosibl, mae'n bosibl gwneud hyn; **es lässt sich bewegen** mae'n bosibl ei symud e; **es lässt sich schwer sagen** mae'n anodd dweud; **das lässt sich nicht vergleichen** ni ellir eu cymharu; **5** *(auffordern)* **lass uns gehen!** awn ni! **lass es dir gut gehen!** cymer ofal! **lass von dir hören** anfon air atom! **lass mal**ᴰ gad iddo fod.

lässig ['lɛsɪç, -ɪk] *adj* hamddenol, didaro, digyffro.

Lässigkeit *f* hamddenoldeb *g*, difaterwch *g*.

Lasso ['laso] (-s, -s) *m oder nt* lasŵ *g*.

Last [last] (-, -en) *f (Bürde)* llwyth *g*, baich *g*, pwn *g*; *(Ladung)* llwyth, cargo *g*; *(Gebühr)* tâl *g*, ffi *b*; **die ~ der Verantwortung** baich y cyfrifoldeb; **zu ~en von jdm** ar gostau rhn; **jdm zur ~ fallen** bod yn faich ar rn.

Lastauto *nt* = **Lastwagen.**

lasten ['lastən] *vi:* **~ auf** +*dat* bod yn faich ar, pwyso ar.

Lastenaufzug *m* lifft *b* nwyddau.

Laster¹ ['lastər] (-s, -) *nt* gwŷd *g*, gwendid *g*, anfoesoldeb *g*, drwg *g*.

Laster² *m* = **Lastwagen.**

Lästerer ['lɛstərər] (-s, -) *m* gwawdiwr *g*, gwatwarwr *g*; *(Gottes~)* cablwr *g*.

lasterhaft *adj* anfoesol, drwg.

lästerlich *adj* gwarthus, cywilyddus.

lästern [ˈlɛstərn] *vi (gegen Gott)* cablu; *(schlecht sprechen)* gwawdio, gwatwar.

   ♦ *vt:* Gott ~ cablu.

Lästerung (-, -en) *f* gwawd *g*, enllib *g*; *(Gottes~)* cabledd *g*.

lästig [ˈlɛstɪç, -ɪk] *adj* trafferthus, blinderus, helbulus; *(aufdringlich)* ymwthgar; ~e Wanze *(fig)* poen *gb*; ~ sein bod yn niwsans.

Last- *kompos:* ~kahn *m* cwch *g* camlas, bad *g* camlas; ~kraftwagen *m* lorri *b* nwyddau trymion; ~schrift *f* *(FIN)* debyd *g*; ~tier *nt* anifail *g* pwn; ~träger *m* cludwr *g*.

Lastwagen *m* lorri *b*, fan *b*.

Lastzug *m* lorri *b* ag ôl-gerbyd.

lasziv [lasˈtsiːf] *adj* anllad, chwantus.

Latein [laˈtaɪn] (-s, *kein pl*) *nt* Lladin *gb*; mit seinem ~ am Ende sein *(ugs)* bod wedi drysu.

Lateinamerika *nt (GEOG)* America *b* Ladin.

lateinamerikanisch *adj* Lladin-Americanaidd.

lateinisch *adj* Lladinaidd; ~e Schrift llythrennau *ll* Lladin; ~es Alphabet gwyddor *b* Rufeinig.

latent [laˈtɛnt] *adj* anamlwg, cuddiedig, dirgel.

Laterne [laˈtɛrnə] (-, -n) *f* llusern *b*; *(Straßen~)* lamp *b* (stryd), golau *g* (stryd).

Laternenpfahl *m* postyn *g* lamp.

Latex [ˈlɑːtɛks] (-, Latizes) *m* latecs *g*.

Latino [laˈtiːno] *m* Sbaen-Americaniad *g*.

Latinum [laˈtiːnʊm] (-s) *nt (UNIV)* kleines/großes ~ arholiad sylfaenol/uwch mewn Lladin.

Latrine [laˈtriːnə] (-, -n) *f* geudy *g*, tŷ *g* bach.

latschen [ˈlɑːtʃən] *vi (+sein) (ugs)* troedio, ymlwybro; *(schlurfen)* ymlusgo.

Latschen (-s, -) *m (ugs: Hausschuh)* sliper *b*, esgid *b* wedi ei threulio.

Latte [ˈlatə] (-, -n) *f* dellten *b*, latsen *b*; *(Zaun~)* estyllen *b*; *(SPORT)* croesfar *g*.

Lattenzaun (-(e)s, ¨-e) *m* ffens *b* rwyllwaith.

Latz [lats] (-es, ¨-e) *m* bronlliain *g*.

Lätzchen [ˈlɛtsçən] (-s, -) *nt (für Baby)* bib *gb*.

Latzhose (-, -n) *f* dyngarîs *ll*.

lau [laʊ] *adj (mild)* tyner, addfwyn, tirion; *(warm)* claear, llugoer.

Laub [laʊp] (-(e)s, *kein pl*) *nt* dail *ll*.

Laubbaum (-(e)s, ¨-e) *m* coeden *b* ddeiliog, coeden gollddail.

Laube [ˈlaʊbə] (-, -n) *f* deildy *g*.

Laub- *kompos:* ~frosch *m (ZOOL)* broga *g* dringol; ~rechen *m* rhastell *b*; ~säge *f* llif *b* ffret; ~sänger *m* *(ZOOL)* telor *g* y coed; ~wald *m* coedwig *b* ddeiliog.

Lauch [laʊx] (-(e)s, -e) *m* cenhinen *b*.

Lauer [ˈlaʊər] *f:* auf der ~ liegen ymguddio'n barod (am rn).

lauern [ˈlaʊərn] *vi* rhagod; *(Gefahr)* llercian, stelcian.

Lauf [laʊf] (-(e)s, ¨-e) *m* rhediad *g*; *(Wett~)* ras *b*; *(Beine von Tieren)* coes *b*; *(ASTRON)* cylch *g*; *(Gewehr~)* baril *gb*; *(Ablauf)* hynt *b*, rhawd *b*; *(Verlauf)* treigl *g*; im ~e der Zeit gyda threigl amser; im ~e des Gesprächs yn ystod y sgwrs; im ~e des Tages yng nghorff y dydd; sie ließ ihren Gefühlen freien ~ ildiodd i'w theimladau; seinen ~ nehmen dilyn ei rawd; einer Sache *dat* ihren ~ lassen gadael i bethau ddilyn eu hynt.

Laufbahn *f* gyrfa *b*; eine ~ einschlagen cychwyn ar yrfa.

Laufbursche (-n, -n) *m* negesydd *g*.

laufen [ˈlaʊfən] *irreg vi (+sein)* rhedeg, sbrintio; *(Motor)* gweithio, rhedeg; *(Nase)* rhedeg; *(ugs:*^D *gehen)* cerdded; *(gezeigt werden: Film, Stück)* bod ymlaen; *(Bewerbung, Antrag)* bod dan ystyriaeth; es lief mir eiskalt über den Rücken rhedodd ias oer i lawr fy nghefn; ihm läuft die Nase mae ei drwyn yn rhedeg; die Sache ist gelaufen mae terfyn ar y peth; die Dinge ~ lassen gadael i bethau redeg eu cwrs; das Auto läuft auf meinen Namen mae'r car yn fy enw i.

   ♦ *vt (+sein):* du läufst Gefahr, ... mae perygl i ti…; Ski ~^D sgïo; Schlittschuh ~ *oder:* Eis ~ sglefrio iâ; Rollschuh ~ sglefrolio.

laufend *adj* parhaol, rhedegol; *(Kosten)* cyfredol; auf dem L~en sein gwybod y diweddaraf; am ~en Band *(fig)* byth a hefyd; ~e Kosten costau *ll* cyfredol; ~e Nummer rhif *g* cyfresol; *(von Konto)* rhif.

laufen lassen *irreg vt (freilassen)* gadael i (rn) fynd yn rhydd; die Dinge ~ gadael i bethau redeg eu cwrs.

Läufer [ˈlɔʏfər] (-s, -) *m (SPORT)* rhedwr *g*; *(Teppich)* carped *g* hir, rŷg *b*; *(Schach)* esgob *g*; ~in *f (SPORT)* rhedwraig *b*.

Lauffeuer (-s, -) *nt* tân *g* gwyllt; sich wie ein ~ herumsprechen ymledu fel tân gwyllt.

läufig [ˈlɔʏfɪç, -ɪk] *adj* poeth; die Hündin ist ~ mae'r ast yn gofyn ci.

Läufigkeit *f* gwres *g* rhywiol, awydd *g* cyplysu.

Lauf- *kompos:* ~kundschaft *f* cwsmeriaid *ll* dros dro; ~masche *f (TEX)* rhediad *g*, cwlwm *g* rhedeg.

Laufpass *m:* jdm den ~ geben *(ugs)* cael gwared â rhn, peri i rn hel ei bac.

Laufschritt *m:* im ~ gan redeg.

Lauf- *kompos:* ~stall^D *m* corlan *b* chwarae; ~steg *m* pompren *b*; ~werk *nt (Uhr)* clocwaith *g*; *(COMP)* gyriant *g*; ~zeit *f (von Vertrag)* cyfnod *g* dilysrwydd; ~zettel *m* label *gb*, tabl *g*.

Lauge [ˈlaʊɡə] *f* dŵr *g* sebon; *(CHEM)* hydoddiad *g* alcalïaidd.

Lauheit *f* claearder *g*.

Laune [ˈlaʊnə] *f* hwyl *b*, tymer *b*; *(Marotte)* mympwy *g*, chwim *g*; **schlechte ~** tymer ddrwg, hwyliau *ll* drwg; **nach Lust und ~** yn ôl eich ffansi.

launenhaft *adj* oriog, gwantan, mympwyol,

launisch *adj* oriog, fel heddiw ac yfory.

Laus [laʊs] (-, ¨-e) *f* lleuen *b*; **ihm ist eine ~ über die Leber gelaufen** *(ugs)* mae rhth wedi codi ei wrychyn, mae rhth yn ei bigo.

Lausbub [ˈlaʊsbuːp] *m* cenau *g*, mwnci *g*, gwalch *g*.

lauschen [ˈlaʊʃən] *vi* clustfeinio, gwrando.

Lauscher (-s, -) *m* clustfeiniwr *g*; *(Ohr von Tier)* clust *b*; **~in** *f* clustfeinwraig *b*.

lauschig [ˈlaʊʃɪç, -ɪk] *adj* clyd, tirion.

Lausejunge[D] *m* *(ugs)* = **Lausbub**.

lausen [ˈlaʊzən] *vt* dileuo, cael gwared â'r llau o; **mich laust der Affe!**[D] *(ugs)* 'rargian fawr!

Lauser[A] *m* *(ugs)* = **Lausbub**.

lausig [ˈlaʊzɪç, -ɪk] *adj* *(ugs)* diwerth, tila, pitw; *(Wetter)* uffernol, melltigedig.

laut[1] [laʊt] *adj* uchel, swnllyd, trystiog; **~ auflachen** crechwenu; **~ nachdenken** meddwl yn uchel.

laut[2] *präp* +*gen oder* +*dat* yn ôl.

Laut *m* sŵn *g*; *(GRAM, MUS)* sain *b*.

Laute [ˈlaʊtə] (-, -n) *f* *(MUS)* liwt *b*.

lauten [ˈlaʊtən] *vi* *(JUR)* dweud; **der Vertrag lautet auf seinen Namen** mae'r cytundeb yn ei enw ef; **die Anklage lautet auf Mord** llofruddiaeth yw'r cyhuddiad.

läuten [ˈlɔʏtən] *vt, vi* canu, seinio; **das Telefon läutet** mae'r ffôn yn canu; **etw ~ hören** *(ugs)* clywed si ym mrig y morwydd.

Läuten *nt* caniad *g*.

lauter[1] [ˈlaʊtər] *adj* *(Wasser)* glân, pur; *(ehrlich)* gonest.
♦ *adj indekl* llwyr, pur; **vor ~ Freude** o lawenydd llwyr.

lauter[2] *adv* *(nur)* yn unig, dim ond; **~ Mädchen** dim ond merched.

Lauterkeit *f* gonestrwydd *g*.

läutern [ˈlɔʏtərn] *vt* puro.

Läuterung *f* pureiddiad *g*, puro *g*.

lauthals *adv* nerth eich pen; **~ lachen** crechwenu, sgrechian chwerthin.

Lautlehre *f* *(GRAM)* seineg *b*.

lautlich *adj* seinegol.

lautlos *adj* distaw, di-sŵn.

lautmalend *adj* onomatopëig.

lautmalerisch *adj* = **lautmalend**.

Laut- *kompos:* **~schrift** *f* *(GRAM)* gwyddor *b* seineg; **~sprecher** *m* uchelseinydd *g*, seinydd *g*, darseinydd *g*; *(Megafon)* corn *g* siarad.

Lautsprecheranlage *f* system *b* sain.

Lautsprecherwagen *m* cerbyd *g* â system sain.

lautstark *adj* croch, swnllyd.

Lautstärke *f* cryfder *g*; *(TV, RADIO)* foliwm *g*.

lauwarm [ˈlaʊvarm] *adj* *(auch fig)* claer, llugoer.

Lava [ˈlɑːva] (-, **Laven**) *f* *(GEOL)* lafa *g*.

Lavastrom (-s, ¨-e) *m* llif *g* lafa.

Lavendel [laˈvɛndəl] (-s, -) *m* *(BOT)* lafant *g*.

Lawine [laˈviːnə] (-, -n) *f* eirlithriad *g*, cwymp *g* eira, afalans *g*.

Lawinengefahr *f* perygl *g* o eirlithriad.

lax [laks] *adj* *(lose)* llac, diafael; *(nachlässig)* esgeulus.

Laxheit *f* llacrwydd *g*.

Layout [ˈleːˀaʊt] (-s, -s) *nt* dyluniad *g*, trefn *b*.

Lazarett [latsaˈrɛt] (-(e)s, -e) *nt* *(MIL)* ysbyty *g*.

Ldkrs.[D] *abk* = **Landkreis**[D].

leasen [ˈliːzən] *vt* hurio, prynu ar brydles.

Leasing [ˈliːzɪŋ] (-s, -s) *nt* *(COMM)* prynu *g* ar brydles.

Lebehoch *nt* teirbloedd *b*, tair hwrê.

Leben [ˈleːbən] *nt* bywyd *g*, hoedl *b*; *(Trubel)* bwrlwm *g*, miri *g*; **am ~ sein** bod yn fyw; **ums ~ kommen** marw; **sein ~ lassen** colli'ch bywyd; **aus dem ~ scheiden** ymadael â'r fuchedd hon; **etw ins ~ rufen** rhoi bod i; **seines ~s nicht mehr sicher sein** bod mewn perygl bywyd; **etw für sein ~ gern tun** dwlu gwneud rhth; **ich esse Schokolade für mein ~ gern** rwy'n hoffi siocled am fy mywyd; **jdm das ~ retten** arbed bywyd rhn; **nie im ~!** byth yn fy mywyd! **Kampf auf ~ und Tod** brwydr bywyd a marwolaeth.

leben *vi* byw; **leb wohl!** yn iach! **lang lebe Cäsar!** hir oes i Cesar! **~ von** byw ar, bodoli ar; **sparsam ~** byw'n gynnil, **bei den Eltern ~** *(wohnen)* byw gyda'ch rhieni; **in wilder Ehe ~** byw tali; **auf großem Fuß ~** byw yn fras.
♦ *vt* byw.

lebend *adj* byw, bywiol; **~es Inventar** da *ll* byw; **unter den L~en weilen** bod ar dir y byw.

lebendig [leˈbɛndɪç, -ɪk] *adj* *(lebhaft)* bywiog, llawn bywyd, talog; *(lebend)* byw; *(aus Fleisch und Blut)* cig a gwaed.

Lebendigkeit *f* bywiogrwydd *g*, sioncrwydd *g*.

Lebendvieh *nt* da *ll* byw, stoc *b* fyw.

Lebens- *kompos:* **~abend** *m* oedran *g* teg, henaint *g* teg; **~anschauung** *f* agwedd *b* at fywyd; **~art** *f* bywyd *g*, ffordd *b* o fyw.

lebensbejahend *adj* positif, cadarnhaol

Lebens- *kompos:* **~dauer** *f* *(von Maschine)* bywyd *g*; **~einstellung** *f* athroniaeth *b*; **~erfahrung** *f* profiadau *ll* bywyd; **~erwartung** *f* disgwyliad *g* oes; **~faden** *m* *(fig)* edau *b* bywyd, y llinyn *g* arian.

lebensfähig *adj* yn medru byw, hyfyw.

Lebensfähigkeit *f* hyfywdra *g*.

Lebensfreude *f* afiaith *g*, ewyllys *gb* i fyw.

lebensfroh *adj* llawn bywyd.

Lebensgefahr *f* perygl *g* bywyd; **in ~** mewn perygl eithafol.

lebensgefährlich *adj* peryglus; *(Verletzung)* difrifol, enbydus.

Lebensgefährte (**-n, -n**) *m* cymar *g*, gŵr *g*.

Lebensgefährtin (**-, -nen**) *f* cymar *g*, gwraig *b*.

Lebensgeschichte *f* hanes *g* bywyd.

Lebensgröße *f:* **in voller ~** o faint naturiol.

Lebenshaltungskosten *pl* costau *ll* byw.

Lebens- *kompos:* **~inhalt** *m* pwrpas *g* bywyd; **~jahr** *nt* blwyddyn *b* (o fywyd); **~kosten** *pl* costau *ll* byw; **~künstler** *m* rhn sy'n byw bywyd llawn, bohemiad *g*; **~lage** *f* amgylchiadau *ll* bywyd.

lebenslang *adj* am oes; **~e Garantie** gwarant *gb* am oes.

lebenslänglich *adj (Haftstrafe)* am oes, oesol; **~ bekommen** cael carchar am oes.

Lebenslauf *m* braslun *g* gyrfa, cwricwlwm *g* fitae.

lebenslustig *adj* hwyliog, llawn bywyd.

Lebensmittel (**-s, -**) *nt* bwyd *g*.

Lebensmittel- *kompos:* **~geschäft** *nt* siop *b* fwyd; **~händler** *m* groser *g*; **~vergiftung** *f (MED)* gwenwyniad *g* bwyd.

lebensmüde *f* wedi blino byw, hunanladdol.

Lebens- *kompos:* **~qualität** *f* ansawdd *gb* bywyd; **~raum** *m* cyfannedd *g*, cynefin *g*; *(Platz)* lle *g* byw; *(BIOL)* bïosffer *g*; **~retter** *m* achubwr *g* bywyd; **~spanne** *f* einioes *b*, rhychwant *g* oes; **~standard** *m* safon *b* byw; **~stellung** *f (Anstellung)* swydd *b* am oes; **~stil** *m* dull *g* o fyw.

Lebensunterhalt *m* bywoliaeth *b*, cynhaliaeth *b*; **seinen ~ verdienen** ennill eich bywoliaeth/tamaid.

Lebens- *kompos:* **~verhältnisse** *pl* amodau *ll* byw; **~versicherung** *f* aswiriant *g* bywyd; **~wandel** *m* buchedd *b*; **~weise** *f* ffordd *b* o fyw, treftadaeth *b*; **~weisheit** *f* profiad *g* bywyd.

lebenswichtig *adj* bywydol

Lebens- *kompos:* **~wille** *m* ewyllys *gb* i fyw; **~zeichen** *nt* arwydd *gb* o fywyd.

Lebenszeit *f* einioes *b*, hoedl *b*; **auf ~** am oes.

Lebens- *kompos:* **~ziel** *nt* nod *gb* mewn bywyd; **~zyklus** *m* cylchred *gb* bywyd.

Leber ['le:bər] (**-, -n**) *f* iau *g*, afu *gb*; **frei von der ~ weg** *(ugs)* yn blwmp ac yn blaen.

Leber- *kompos:* **~fleck** *m* man *g* geni; **~käse**^ *m (KOCH)* torth *b* gig; **~knödel**^ *nt oder m (KOCH)* ≈ ffagotsen *b*; **~tran** *m* olew *g* iau pysgod.

Leberwurst *f (KOCH)* selsigen *b* iau/afu; *(fig)* **die beleidigte ~ spielen** llyncu mul.

Lebewesen *nt* creadur *g*, bod *g*.

Lebewohl *nt* ffarwél *gb*; **(jdm) ~ sagen** dweud ffarwél

(i rn), canu'n iach (i rn).

lebhaft *adj* bywiog, gwisgi, nwyfus; **~e Fantasie** dychymyg *g* byw.

Lebhaftigkeit *f* bywiogrwydd *g*, asbri *gb*, nwyf *g*.

Lebkuchen *m* bisgïen *b* sinsir.

leblos *adj* difywyd, marwaidd, dienaid.

Leblosigkeit *f* marweidd-dra *g*.

Lebtag *m:* **das werde ich mein ~ nicht vergessen** anghofia' i mo hynny ar hyd fy oes.

Lebzeiten *pl* oes *b*, rhychwant *g* bywyd; **zu ~ meiner Mutter** pan oedd fy mam yn fyw; **zu ~ Michelangelos** yn ystod bywyd Michelangelo.

lechzen ['lɛçtsən] *vi:* **nach etw ~** chwantu/trachwantu am rth.

leck [lɛk] *adj* â thwll, yn gollwng, yn diferu.

Leck (**-(e)s, -e**) *nt (NAUT)* twll *g*, diferiad *g*, gollyngfa *b*.

lecken[1] ['lɛkən] *vi (Loch haben)* colli (dŵr), gollwng, diferu.

lecken[2] *vt, vi (schlecken)* lleibio, llyfu; **jdn am Arsch ~** *(vulg)* llyfu tin rhn.

lecker^D ['lɛkər] *adj* danteithiol, blasus, sawrus.

Leckerbissen *m* dantaith *g*, mwythau *ll*.

Leckermaul^D *nt* rhn hoff o ddanteithion.

led. *abk* = **ledig**.

Leder ['le:dər] (**-s, -**) *nt* lledr *g*; *(ugs: Fußball)* pêl *b*; **zäh wie ~** mor wydn â lledr.

Leder- *kompos:* **~haut** *f (ANAT)* gwirgroen *g*; **~hose** *f* trowsus *g* lledr; **~lappen** *m* lliain *g* lledr.

ledern *adj* lledr.

Lederwaren *pl* nwyddau *ll* lledr.

ledig ['le:dɪç, -ɪk] *adj* sengl, dibriod; **einer Sache** *gen* **~ sein** bod yn rhydd o rth.

lediglich *adv* yn unig, dim ond.

leer [le:r] *adj* gwag; *(kahl)* noeth; **~e Worte** geiriau gwag; **~e Versprechungen** addewidion gwag; **~ ausgehen** cael dim byd; **~ pumpen** pwmpio; **~ laufen** *(TECH)* troi'n weili; **~ machen**^D gwagio, gwacáu; **wie ~ gefegt** *(fig)* gwag, marw; **~ stehend** gwag, anghyfannedd.

Leere ['le:rə] (**-,** *kein pl*) *f* gwacter *g*, gwagle *g*.

leeren ['le:rən] *vt, vr* gwacáu, gwagio.

leer gefegt *adj vgl.* **leer**.

Leer- *kompos:* **~gewicht** *nt* pwysau *ll* gweili; **~gut** *nt* poteli *ll* gweigion; **~lauf** *m (AUTO)* gêr *gb* niwtral.

leer laufen *vi (TECH) vgl.* **leer**.

leer stehend *adj vgl.* **leer**.

Leer- *kompos:* **~stelle** *f* gofod *g*, lle *g* gwag; **~taste** *f (COMP)* bar *g* gofod.

Leerung *f* gwagio *g*; *(Post, Müll)* casgliad *g*.

Leer- *kompos:* **~zeichen** *nt* gofod *g*, bwlch *g*; **~zeile** *f* rhynglinell *b*.

Lefzen [ˈlɛftsən] *pl (von Tier)* gweflau *ll.*

legal [leˈgaːl] *adj* cyfreithlon, deddfol, cyfreithiol.

legalisieren [legaliˈziːrən] *vt* cyfreithloni.

Legalität [legaliˈtɛːt] *f* cyfreithlondeb *g*; **am Rande der** ~ heb fod yn union yn ôl y gyfraith.

Legasthenie [legasteˈniː] *f* dyslecsia *g*.

Legastheniker [legasˈteːnikər] (-s, -) *m* (~in *f*) dyslecsig *g*.

legasthenisch [legasˈteːnɪʃ] *adj* dyslecsig.

Legebatterie [ˈleːgəbatəˈriː] *f* cewyll *ll* dodwy.

legen [ˈleːgən] *vt* rhoi, dodi, gosod; *(Ei)* dodwy; **in Ketten** ~ gefynnu; **jdn übers Knie** ~ *(fig)* rhoi rhn dros eich glin; **zur Seite** ~ rhoi o'r neilltu; **eine Bombe** ~ gosod bom.
♦ *vr* gorwedd; *(nachlassen)* gostegu, ymdawelu; **sich ins Bett** ~ mynd i'r gwely.

legendär [legɛnˈdɛːr] *adj* chwedlonol.

Legende [leˈgɛndə] (-, -n) *f* chwedl *b*.

leger [leˈʒɛːr] *adj* anffurfiol, hamddenol.

legieren [leˈgiːrən] *vt (TECH)* cymysgu.

Legierung (-, -en) *f (TECH)* aloi *g*.

Legion [legiˈoːn] (-, -en) *f* lleng *b*.

Legionär [legioˈnɛːr] (-s, -e) *m (MIL)* llengfilwr *g*; *(SPORT)* chwaraewr sy'n chwarae tramor.

Legislative [legɪslaˈtiːvə] *f* deddfroddwr *g*, deddfwrfa *b*.

Legislatur [legɪslaˈtuːr] *f* deddfwriaeth *b*.

Legislaturperiode *f* tymor *g* deddfwriaethol.

legitim [legiˈtiːm] *adj* cyfiawn, teg; *(gesetzmäßig)* cyfreithiol.

Legitimation [legitiːmatsiˈoːn] *f* cyfreithloniad *g*.

legitimieren [legitiˈmiːrən] *vt* cyfreithloni.
♦ *vr* dangos cerdyn adnabod.

Legitimität [legitimiˈtɛːt] *f* cyfreithlondeb *g*.

Lehm [leːm] (-(e)s, -e) *m* clai *g*, cleibridd *g*, priddglai *g*; **aus** ~ priddin.

lehmig *adj* cleiog.

Lehmziegel *m* priddfaen *g*.

Lehne [ˈleːnə] (-, -n) *f* cefn *g* (cadair); *(Arm~)* braich *b* (gadair).

lehnen [ˈleːnən] *vt* pwyso, gogwyddo; **die Leiter an die Wand** ~ pwyso ysgol yn erbyn y wal.
♦ *vi* pwyso.
♦ *vr* pwyso; **sich aus dem Fenster** ~ pwyso allan o'r ffenestr.

Lehnsmann [ˈleːnsman] *m (HIST)* taeog *g*.

Lehnstuhl [ˈleːnʃtuːl] (-(e)s, ˝-e) *m* cadair *b* freichiau.

Lehnwort [ˈleːnvɔrt] (-(e)s, ˝-er) *nt* gair *g* benthyg.

Lehramt [ˈleːrʔamt] *nt* galwedigaeth *b* ddysgu; *(Prüfung)* **das** ~ **machen** gwneud ymarfer dysgu.

Lehramtsprüfung *f* TAR (Tystysgrif mewn Addysg i Raddedigion), ymarfer *gb* dysgu.

Lehr- *kompos:* ~**anstalt** *f* ysgol *b*; ~**befähigung** *f* cymhwyster *g* dysgu; ~**brief** *m* indentur *g*; ~**buch** *nt* gwerslyfr *g*.

Lehre [ˈleːrə] (-, -n) *f* prentisiaeth *b*; *(Lektion)* gwers *b*; *(Dogma)* athrawiaeth *b*, dysgeidiaeth *b*; **in die** ~ **gehen** bwrw prentisiaeth; **jdm eine** ~ **erteilen** dysgu gwers i rn.

lehren [ˈleːrən] *vt* dysgu, addysgu.

Lehrer [ˈleːrər] (-s, -) *m* athro *g*, ysgolfeistr *g*; *(Ausbildner)* hyfforddwr *g*; **er möchte** ~ **werden** mae e am fod yn athro.

Lehrerausbildung *f* hyfforddi *g* athrawon.

Lehrerbildungsanstalt *f* coleg *g* normal.

Lehrerin (-, -nen) *f* athrawes *b*, ysgolfeistres *b*; *(Ausbildnerin)* hyfforddwraig *b*;

Lehrer- *kompos:* ~**kollegium**[D] *nt* staff *g*; ~**konferenz** *f* cyfarfod *g* athrawon; ~**praktikum** *nt* ymarfer *gb* dysgu; ~**zimmer** *nt* ystafell *b* athrawon, ystafell gyffredin.

Lehrgang (-(e)s, ˝-e) *m* cwrs *g*.

Lehrgeld (-(e)s, -er) *nt* taliadau *ll* dysgu; ~ **zahlen** *(fig)* dysgu drwy brofiad annymunol.

Lehr- *kompos:* ~**jahre** *pl* prentisiaeth *b*; ~**körper** *m* staff *g*; ~**kraft** *f* athro *g*, athrawes *b*.

Lehrling *m* prentis *g*, hyfforddai *g*, gwas *g* bach.

Lehrlingsbeihilfe *f* cymhorthdal *g* i brentis.

Lehr- *kompos:* ~**material** *nt* deunyddiau *ll* dysgu; ~**mittel** *nt* adnoddau *ll* addysgu; ~**plan** *m* cwricwlwm *g*.

lehrreich *adj* addysgiadol.

Lehr- *kompos:* ~**satz** *m* damcaneb *g*; ~**stelle** *f* prentisiaeth *b*; ~**stuhl** *m (fig: UNIV)* cadair *b* athro; ~**zeit** *f* prentisiaeth *b*.

Leib [laɪp] (-(e)s, -er) *m* corff *g*; **halt ihn mir vom** ~! cadw fe i ffwrdd oddi wrthyf! **etw am eigenen** ~ **verspüren** cael profiad personol o rth.

Leibchen [ˈlaɪpçən] *nt (SPORT)* crys *g*; *(T-Shirt)* crys T, jersi *b*; *(Unterhemd)* fest *g*.

Leibeigene [ˈlaɪpʔaɪgənə] *m/f* slaf *g*, taeog *g*.

leiben [ˈlaɪbən] *vi:* **wie er leibt und lebt** *(ugs)* yn ei holl ogoniant.

Leiberl[A] [ˈlaɪbərl] *nt* = **Leibchen**.

Leibeserziehung *f (SCH)* addysg *b* gorfforol.

Leibeskräfte *pl:* **aus** ~**n schreien** gweiddi nerth eich pen.

Leibes- *kompos:* ~**übung** *f* ymarfer *gb* corff; ~**visitation** *f* chwiliad *g* corff.

Leibgericht *nt (geh)* = **Leibspeise**.

leibhaftig *adj* mewn cnawd, yn y cnawd, corfforol; **der L**~**e** *m* Satan *g*.

leiblich *adj* corfforol; **ihr** ~**er Vater** ei thad naturiol.

Leib- *kompos:* ~**rente** *f* blwydd-dâl *g* am oes;

~schmerzen *pl* poen *gb* yn y stumog; **~speise** *f* hoff bryd o fwyd; **~wache** *f* gwarchodwyr *ll*, amddiffynwyr *ll*; **~wächter** *m* gwarchodwr *g* personol.

Leiche ['laɪçə] (-, -n) *f* corff *g* marw, celain *b*; *(Tier~)* carcas *g*; **er geht über ~n** nid arbeda ddim i gael ei ffordd; **nur über meine ~!** dros fy nghrogi!

Leichen- *kompos:* **~beschauer** *m* meddyg sy'n cynnal awtopsi; **~halle** *f* marwdy *g*; **~schauhaus** *nt* corffdy *g*; **~träger** *m* elorgludwr *g*; **~tuch** *nt* amdo *gb*; **~wagen** *m* hers *b*; **~zug** *m* gorymdaith *b* angladdol.

Leichnam ['laɪçnaːm] (-(e)s, -e) *m* corff *g*, celain *b*; **sein ~ wurde dem Meer übergeben** claddwyd ef yn y môr.

leicht [laɪçt] *adj* ysgafn; *(einfach)* hawdd, rhwydd; *(schwach)* gwan, meddal; **~ entflammbar** hyfflam; **~ erregbar** cynhyrfadwy; **~ fallen** bod yn hawdd; **~ verdaulich** hawdd ei dreulio; **~ zerbrechlich** bregus iawn; **nichts ~er als das!** does dim byd haws! **~er gesagt als getan** haws dweud na gwneud; **etw ~ nehmen** *oder:* **etw auf die ~e Schulter nehmen** cymryd rhth yn ysgafn; **es sich** *dat* **~ machen** *(fig: nicht gewissenhaft sein)* dilyn y llwybr rhwyddaf.

Leichtathlet (-en, -en) *m* mabolgampwr *g*.

Leichtathletik *f* athletau *ll*, mabolgampau *ll*.

Leichtathletin (-, -nen) *f* mabolgampwraig *b*.

leicht fallen *irreg vi +dat (+sein) vgl.* **leicht**.

leichtfertig *adj* anystyriol, di-hid.

leichtfüßig *adj* ysgafndroed; **sie hatte einen ~en Gang** roedd ganddi gerddediad bach ysgafn.

leichtgläubig *adj* hygoelus.

Leichtgläubigkeit *f* hygoeledd *g*.

leichthin *adv:* **etw ~ sagen** dweud rhth (yn sydyn) cyn meddwl.

Leichtigkeit *f* hawster *g*, rhwyddineb *g*; **mit ~** heb anhawster, yn rhwydd.

leichtlebig *adj* dibryder.

leicht machen *vt vgl.* **leicht**.

Leichtmetall *nt* metel *g* ysgafn *(e.e.* alwminiwm).

Leichtsinn *m* anystyriaeth *b*, diofalwch *g*, esgeulustod *g*; **sträflicher ~** esgeulustod *g* drwgweithredol.

leichtsinnig *adj* anystyriol, dibris.

Leid [laɪt] (-(e)s, *kein pl*) *nt (Kummer)* trallod *g*, tristwch *g*, gofid *g*; *(Schmerz)* poen *gb*; **jdm sein ~ klagen** arllwys eich cwd wrth rn; **es tut mir ~** mae'n ddrwg gennyf, mae'n flin 'da fi; **sie tun mir ~** mae trueni gennyf drostynt.

leid *adv:* **etw ~ sein** wedi diflasu/syrffedu ar rth, wedi blino gwneud rhth; **es tut mir ~** *vgl.* **Leid**.

leiden ['laɪdən] *irreg vt, vi* goddef, haru; *(Schmerzen haben)* bod mewn poen; **~ an** *+dat* dioddef o,

cario; **etw nicht ~ können** casáu rhth; **ich kann ihn nicht ~** fedra i mo'i haru.

Leiden (-s, -) *nt* dioddefaint *g*; *(Krankheit)* loes *b*, afiechyd *g*.

leidend *adj* claf.

Leidenschaft *f* angerdd *gb*; *(Begeisterung)* brwdfrydedd *g*; *(Liebe)* traserch *g*, tanbeidrwydd *g*, nwyd *g*.

leidenschaftlich *adj* angerddol, brwdfrydig; *(Liebe)* nwydus, tanbaid.

Leidenschaftlichkeit *f* angerdd *gb*.

Leidensgenosse *m* cyd-ddioddefwr *g*.

Leidensgeschichte *f (REL)* **die ~ Christi** y Dioddefaint *g*.

leider *adv* yn anffodus, gwaetha'r modd, ysywaeth; **~ nein** na yn anffodus, na mae arnaf ofn.

leidig *adj* trafferthus, annymunol.

leidlich *adj (ausreichend)* digonol; *(erträglich)* dioddefadwy, goddefadwy.

Leidtragende *m/f* galarwr(aig) *g(b)*; *(Benachteiligter)* rhn sy'n dioddef.

Leidwesen *nt:* **zu jds ~** er siom i rn.

Leier ['laɪər] (-, -n) *f (MUS)* lyra *b*; *(fig)* **alte ~** hen chwedl.

Leierkasten (-s, ¨-) *m* hyrdi-gyrdi *gb*.

leiern ['laɪərn] *vt, vi (ugs: Gedicht)* adrodd yn rhibidirês.

Leih- *kompos:* **~arbeit** *f* gwaith *g* wedi'i isgontractio; **~ausweis** *m (Bücherei)* tocyn *g* benthyg. **~bibliothek** *f*, **~bücherei** *f* llyfrgell *b* fenthyca.

leihen ['laɪən] *irreg vt* benthyca, rhoi benthyg; *(mieten)* llogi; **sich** *dat* **etw ~** benthyca rhth.

Leih- *kompos:* **~gabe** *f* benthyg *g*; **~gebühr** *f* llog *g*; **~haus**^D *nt* siop *b* wystlo; **~mutter** *f* mam *b* fenthyg; **~opa** *m* taid *g*/tad-cu *g* benthyg; **~schein**^D *m* tocyn *g* gwystlo/ponio; *(Bücherei)* tocyn *g* benthyg; **~wagen** *m* car *g* llog.

leihweise *adv* ar fenthyg.

Leim [laɪm] (-(e)s, -e) *m* glud *g*, gwm *g*; **jdm auf den ~ gehen** cael eich twyllo gan rn.

leimen ['laɪmən] *vt* gludio, glynu; **jdn ~** *(ugs)* twyllo rhn.

Leine ['laɪnə] (-, -n) *f* llinyn *g*, rhaff *b*; *(Wäsche~)* lein *b*; *(Hunde~)* tennyn *g*.

Leinen ['laɪnən] (-s, -) *nt (TEX)* lliain *g*; *(grob, segeltuchartig)* cynfas *gb*; **aus ~** lliain.

leinen *adj* lliain.

Lein- *kompos:* **~öl** *nt* olew *g* had llin; **~samen** *m* had *g* llin; **~tuch** *nt (Betttuch)* cynfas *gb*; **~wand** *f (KUNST)* cynfas *gb*; *(FILM)* sgrîn *b*.

leise ['laɪzə] *adj* distaw, tawel; *(Lautstärke)* isel; *(sanft)* ysgafn; **leiser is**; **leiser drehen** troi i lawr; **leiser**

werden distewi; **er hat nicht die leiseste Ahnung** nid oes ganddo unrhyw glem.

Leiste ['laɪstə] (-, -n) *f* darn *g* hirgul, sgafell *b*; *(ANAT)* cesail *b* morddwyd, gafl *b*, ffwrch *g*.

leisten ['laɪstən] *vt (Arbeit)* gwneud, cyflawni; *(Zahlung)* talu; **Beitrag ~** *(beitragen)* cyfrannu; **Gefolgschaft ~** talu gwrogaeth; **jdm Gesellschaft ~** cadw cwmni i rn, difyrru rhn; **einen Schwur ~** tyngu llw; **Widerstand ~** gwneud safiad.
♦ *vr (kaufen)* fforddio, prynu; *(erlauben)* bod yn hyf; **sich** *dat* **etw ~ können** gallu fforddio rhth.

Leistenbruch (-(e)s, ¨-e) *m (MED)* torgest *b*, hernia *g*.

Leistung (-, -en) *f* perfformiad *g*; *(tolle ~)* camp *b*, gorchest *b*; *(FIN)* taliad *g*; **eine gute ~ bringen** cael hwyl arni.

Leistungsabfall *m (Qualität)* gostyngiad *g* mewn safon; *(Produktion)* gostyngiad mewn cynhyrchiant; *(Konzentration)* gostyngiad mewn gallu canolbwyntio.

Leistungs- *kompos:* **~beurteilung** *f* gwerthusiad *g*; **~druck** *m* pwysau *g* (gwaith).

leistungsfähig *adj* effeithiol, effeithlon.

Leistungsfähigkeit *f* effeithiolrwydd *g*.

Leistungs- *kompos:* **~gesellschaft** *f* meritocratiaeth *b*; **~gruppe** *f (SCH)* ffrwd *b*, grŵp *g* gallu; **~kriterien** *pl* meini *ll* prawf perfformiad; **~kurs** *m (SCH)* cwrs mewn pwnc a ddewiswyd ar gyfer arholiad.

leistungsorientiert *adj* â phwylais ar berfformiad.

Leistungs- *kompos:* **~prinzip** *nt* egwyddor o gydnabod cyflawniad yn unig; **~sport** *m* chwaraeon *ll* cystadleuol; **~zulage** *f* bonws *g*.

Leitartikel (-s, -) *m* prif erthygl *gb*, golygyddol *g*.

Leitbild (-(e)s, -er) *nt* model *g*, patrwm *g*.

leiten ['laɪtən] *vt* arwain, tywys; *(Firma)* rheoli, rhedeg, llywodraethu; *(dirigieren)* cyfeirio; *(in Rohren)* peipio; *(ELEKT)* dargludo; *(Wärme)* trawsyrru.

leitend *adj* arweiniol; *(Gedanke)* pennaf; *(Stellung)* rheolwrol; *(PHYS)* dargludol; **~er Angestellter** rheolwr *g*, gweithredydd *g*.

Leiter[1] ['laɪtər] (-s, -) *m* arweinydd *g*; *(Vorstand)* cyfarwyddwr *g*, pennaeth *g*; *(PHYS)* dargludydd *g*.

Leiter[2] (-, -n) *f* ysgol *b*; **auf der ~ stehen** bod i fyny ysgol.

Leiterin (-, -nen) *f* arweinydd *g*; *(Vorstand)* cyfarwyddwraig *b*, pennaeth *g*.

Leiter- *kompos:* **~platte** *f (COMP)* bwrdd *g* cylched; **~sprosse** *f* ffon *b* ysgol.

Leitfaden *m* llawlyfr *g*, cydymaith *g*.

leitfähig *adj* dargludol.

Leitfähigkeit *f (PHYS)* dargludedd *g*.

Leit- *kompos:* **~gedanke** *m* prif syniad *g*; **~motiv** *nt* prif syniad *g*, thema *b* arweiniol; **~planke** *f (AUTO)* trawst *g* diogelwch; **~spruch** *m* arwyddair *g*; **~ton** *m (MUS)* nodyn *g* arweiniol.

Leitung *f (Führung)* arweiniad *g*; *(einer Firma)* rheolaeth *b*; *(Führungspersonen)* rheolwyr *ll*; *(FILM, THEAT)* cynhyrchiad *g*; *(Wasser~)* pibell *b*, peipen *b*, dwythell *b*; *(ELEKT)* dwythell *b*, cebl *g*; **die ~ ist besetzt** *(TEL)* mae'r lein yn brysur; **jdn in der ~ haben** *(TEL)* mae'r gwifrau'n croesi; **eine lange ~ haben** *(fig)* bod yn araf yn ei deall hi; **auf der ~ stehen** *(fig, ugs)* peidio â deall rhth.

Leitungs- *kompos:* **~draht** *m* gwifren *b*; **~mast** *m* polyn *g* telegraff; **~rohr** *nt* dwythell *b*; **~wasser** *nt* dŵr *g* tap.

Leitwerk *nt (AERO)* esgyll *ll*.

Leitzins *m (FIN)* cyfradd *b* sylfaenol.

Lektion [lɛktsi'oːn] (-, -en) *f* gwers *b*; **jdm eine ~ erteilen** *(fig)* dysgu gwers i rn.

Lektor ['lɛktɔr] (-s, -en) *m* golygydd *g*, darllenwr *g*; *(UNIV)* darlithydd *g*; **~in** *f* golygyddes *b*, darllenwraig *b*; *(UNIV)* darlithydd *g*.

Lektüre [lɛk'tyːrə] *f (Lesestoff)* deunydd *g* darllen; *(Lesen)* darllen *g*.

Lemming ['lɛmɪŋ] (-(e)s, -e) *m (ZOOL)* leming *g*.

Lende ['lɛndə] (-, -n) *f (ANAT)* lwyn *gb*.

Lenden- *kompos:* **~braten** *m (KOCH)* syrlwyn *g* rhost; **~schurz** *m* lliain *g* lwynau; **~stück** *nt* ffiled *b*.

lenieren [le'niːrən] *vt, vi (GRAM)* treiglo'n feddal.

Lenition [lenitsi'oːn] *f (GRAM)* treiglad *g* meddal.

lenkbar ['lɛŋkbaːr] *adj* llywiadwy.

lenken ['lɛŋkən] *vt* llywio; *(leiten)* rheoli, trin; *(Gespräch)* troi; **~ auf** +*akk (Blick, Aufmerksamkeit)* tynnu at; *(Verdacht)* bwrw ar.

Lenker (-s, -) *m* gyrrwr *g*; **~in** *f* gyrrwraig *b*.

Lenk- *kompos:* **~rad** (-s, ¨-er) *nt (AUTO)* olwyn *b* lywio, llyw *g*; **~stange** *f (Fahrrad)* corn *g* llywio; **~waffe** *f* roced *b* bellreoledig.

Lenkung *f (AUTO)* llyw *g*.

Lenz [lɛnts] *m (LIT)* gwanwyn *g*; **sich** *dat* **einen ~ machen** *(ugs)* segura.

Leopard [leo'part] (-en, -en) *m (ZOOL)* llewpard *g*.

Lepra ['leːpra] (-, *kein pl*) *f (MED)* gwahanglwyf *g*, clafr *g*.

Leprakranke *m/f* gwahanglaf, gwahanglwyfus *g*.

lepros *adj* = **leprös**.

leprös [le'prøːs] *adj* clafrllyd, gwahanglwyfus.

Lerche ['lɛrçə] (-, -n) *f (ZOOL)* ehedydd *g*, uchedydd *g*.

lernbegierig *adj* awyddus i ddysgu.

lernbehindert *adj (SCH)* ag anghenion arbennig.

lernen ['lɛrnən] *vt* dysgu; *(für Prüfung)* adolygu; **sie ~ das Abc** maen nhw'n dysgu'r abiec; **er lernt Walisisch** mae e'n ddysgwr (yn y Gymraeg); **jdn**

kennen ~ dod i adnabod rhn; **sich kennen** ~ dod i adnabod eich gilydd; *(zum erstenmal)* cwrdd â rhn; **der soll mich kennen** ~ *(fig)* fe'm cofia am byth.
♦ *vi* dysgu, cael eich hyfforddi; *(für Prüfung)* paratoi, adolygu.

Lernende *m/f* dysgwr(aig) *g(b)*.

Lernhilfe *f* deunyddiau *ll* dysgu, cymorth *g* astudio.

Lesart ['le:s⁷aːrt] *f (Interpretation)* darlleniad *g*.

lesbar ['le:sbaːr] *adj* darllenadwy.

Lesbe ['lɛsbə] *f* = **Lesbierin**.

Lesbierin ['lɛsbiərɪn] (-, -**nen**) *f* lesbiad *b*.

lesbisch *adj* lesbiaidd.

Lese ['le:zə] (-, -**n**) *f (Wein~)* cynhaeaf *g* (grawnwin).

Lese- *kompos:* ~**brille** *f* sbectol *b* ddarllen; ~**buch** *nt* llyfr *g* darllen.

lesefreudig *adj* llengar.

Lese- *kompos:* ~**kopf** *m (TECH)* pen *g* darllen; ~**lampe** *f* lamp *b* ddarllen; ~**liste** *f (SCH)* llyfrau *ll* gosod.

lesen ['le:zən] *irreg vt* darllen; *(sammeln)* casglu, hel; **zu Ende** ~ gorffen (llyfr); **Wein** ~ cynaeafu grawnwin; **jdm die Leviten** ~ rhoi pryd o dafod i rn; ~ **und schreiben können** bod yn llythrennog.

Lesepult *nt* darlithell *b*.

Leser ['le:zər] (-**s**, -) *m* darllenwr *g*.

Leseratte *f (ugs)* llyfrbryf *g*, rhn llengar.

Leserbrief (-(e)**s**, -**e**) *m* llythyr *g* at y golygydd.

Leserin (-, -**nen**) *f* darllenwraig *b*.

Leserkreis *m* darllenwyr *ll*, cynulleidfa *b*.

leserlich *adj* darllenadwy, clir.

Lese- *kompos:* ~**saal** *m* darllenfa *b*; ~**stoff** *m* deunydd *g* darllen; ~**zeichen** *nt* nod *gb* tudalen; ~**zirkel** *m* clwb sy'n dosbarthu cylchgronau ar fenthyg.

Lesung (-, -**n**) *f* darlleniad *g*.

Lethargie [letar'giː] *f* syrthni *g*, difaterwch *g*.

lethargisch [le'targɪʃ] *adj* swrth, diynni, marwaidd.

letschert^ ['le:tʃərt] *adj (ugs)* llac, llaes.

Lette ['lɛtə] (-**n**, -**n**) *m* Latfiad *g*.

Lettin (-, -**nen**) *f* Latfiad *g*.

lettisch ['lɛtɪʃ] *adj* Latfiaidd.

Lettisch *nt (Sprache)* Latfieg *b*.

Lettland *nt (GEOG)* Latfia *b*.

Letzeburgisch ['lɛtsəburgɪʃ] *nt (Sprache)* Letzeburgesh *b*, iaith *b* Almaenig Lwcsemburg.

Letzt [lɛtst] *f:* **zu guter** ~ yn y diwedd, ymhen hir a hwyr.

letzte *adj (vorig)* diwethaf; *(neueste)* diweddaraf, cyfredol; *(allerletzte)* olaf; ~ **Woche** wythnos diwethaf; ~**s Jahr** y llynedd; **in** ~**r Zeit** yn ddiweddar; **die** ~ **Ausgabe** *(Zeitschrift)* rhifyn cyfredol; **die** ~ **Ehre** y gymwynas olaf; **die L**~ **Ölung** *(REL)* eneiniad *g* olaf; **der** ~ **Schrei** *(fig)* y chwiw *b* ddiweddaraf; **der** ~ **Wille** ewyllys *b* olaf;

zum ~**n Mal** am y tro olaf; **bis zum L**~**n** i'r eithaf; **das ist ja das L**~! *(ugs)* ych a fi! **einer Sache den** ~**n Schliff geben** caboli rhth; **in** ~**r Minute** *(fig)* funud olaf, yr unfed awr ar ddeg.

letztens *adv* yn ddiweddar.

letztere *adj* yr olaf; **L**~**s** yr achos *g* olaf.

letztlich *adv* yn y diwedd, wedi'r cwbl.

Leuchte ['lɔyçtə] (-, -**n**) *f* golau *g*, lamp *b*, llusern *b*; *(ugs: Mensch)* athrylith *gb*.

leuchten ['lɔyçtən] *vi* goleuo, disgleirio; *(Augen)* serennu.

Leuchten *nt* golau *g*; *(fig)* llewyrch *g*.

leuchtend *adj* disglair, claer, cannaid.

Leucht- *kompos:* ~**farbe** *f* paent *g* fflworoleuol; ~**feuer** *nt* coelcerth *b*; ~**käfer** *m* magïen *b*; ~**kraft** *f* goleuedd *g*; ~**kugel** *f* fflêr *g*; ~**pistole** *f* gwn *g* fflêr; ~**rakete** *f* roced *b* oleuo; ~**reklame** *f* arwyddion *ll* neon; ~**röhre** *f* tiwb *g* neon; ~**signal** *nt* ffagl *b*; ~**stärke** *f* goleuedd *g*; ~**stift** *m* marciwr *g*, pin *g* golau; ~**turm** *m* goleudy *g*; ~**zifferblatt** *nt* deial *g* goleuol.

leugnen ['lɔygnən] *vt* gwadu, nacáu.

Leugnen *nt* gwadiad *g*, nacâd *g*.

Leukämie [lɔykɛ'miː] *f (MED)* lewcemia *g*.

Leukoplast® [lɔyko'plast] *nt* plaster *g* glynu.

Leukozyt [lɔyko'tsyːt] (-(e)**s**, -**en**) *m (ANAT)* lewcocyt *g*.

Leumund ['lɔymʊnt] *m (geh)* enw *g*, geirda *g*.

Leumundszeugnis *nt* geirda *g*, cymeradwyaeth *b*; *(Bescheinigung)* tystlythyr *g*.

Leute ['lɔytə] *pl* pobl *b/ll*; **kleine** ~ *(fig)* pobl gyffredin; **die alten** ~ yr hen bobl; **viele** ~ llawer o bobl; **unter die** ~ **bringen** *(ugs)* lledaenu ar goedd.

Leutnant ['lɔytnant] (-**s**, -**s** *oder* -**e**) *m (MIL)* is-gapten *g*.

leutselig ['lɔytze:lɪç, -ɪk] *adj* cymdeithasgar, hawddgar.

Leutseligkeit *f* cymdeithasgarwch *g*.

Levante [le'vantə] *f (GEOG)* gwledydd yn nwyrain Môr y Canoldir.

Leviten [le'viːtən] *pl:* **jdm die** ~ **lesen** *(ugs)* dweud y drefn wrth rn, rhoi pryd o dafod i rn.

lexikalisch [lɛksi'kaːlɪʃ] *adj* geiriadurol.

Lexikografie [lɛksikogra'fiː] *f* geiriadureg *b*.

Lexikon ['lɛksikɔn] (-**s**, **Lexiken** *oder* **Lexika**) *nt* gwyddoniadur *g*.

lfd. *abk* = **laufend**.

Libanese [liba'neːzə] (-**n**, -**n**) *m*, **Libanesin** *f* Libaniad *g*.

libanesisch *adj* Libanaidd.

Libanon ['liːbanɔn] *m:* **der** ~ *(GEOG)* Libanus *b*.

Libelle [li'bɛlə] (-, -**n**) *f (ZOOL)* gwas *g* y neidr; *(TECH: von Wasserwaage)* tiwb gwydr â swigen.

liberal [libe'raːl] *adj* eangfrydig, rhyddfrydig; *(POL)* rhyddfrydol.

liberal-demokratisch *adj (POL)* **Liberal-Demokratische Partei** y Blaid *b* Ryddfrydol.

Liberale *m/f (POL)* Rhyddfrydwr(aig) *g(b)*; **die ~n** y Blaid *b* Ryddfrydol.

liberalisieren [liberali'zi:rən] *vt* dadreoli.

Liberalisierung *f* dadreoli *g*.

Liberalismus [libera'lɪsmʊs] *m (POL)* Rhyddfrydiaeth *b*.

Libero ['li:bero] (**-s, -s**) *m (Fußball)* ysgubwr *g*.

Libyen ['li:byən] *nt (GEOG)* Libia *b*.

Libyer(in) *m(f)* Libiad *g*.

libysch *adj* Libiaidd; **L~e Wüste** *(GEOG)* anialwch *g* Libia.

Licht [lɪçt] (**-(e)s; -er**) *nt* golau *g*, goleuni *g*; *(natürliches)* gwawl *g*; *(Beleuchtung)* lleufer *g*; **~er** *pl (Augen)* llygaid *ll*; **elektrisches ~** golau trydan; **weiches ~** goleuni meddal; **~ und Schatten** tywyll a golau; **das ~ abdrehen** diffodd y golau; **~ machen** *(anschalten)* troi'r golau ymlaen; **mir ging ein ~ auf** *(fig)* gwawriodd arnaf; **jdn hinters ~ führen** *(fig)* twyllo rhn; **etw ans ~ bringen** dod â rhth i'r golwg; **ans ~ kommen** *(fig)* dod i'r fei, dod i'r amlwg; **~ in eine Sache bringen** *(fig)* taflu goleuni ar rth; **das ~ der Öffentlichkeit** scheuen caru'r encilion.

licht *adj* golau; *(mit Zwischenräumen)* tenau.

Lichtbild (**-(e)s, -er**) *nt* ffoto *g*; *(Dia)* sleid *b*.

lichtblau *adj* goleulas.

Lichtblick (**-(e)s, -e**) *m* rhagolwg *g* calonogol.

lichtempfindlich *adj* goleusensitif, gorsensitif i olau.

lichten ['lɪçtən] *vt (Wald)* teneuo; **den Anker ~** codi angor.

♦ *vr* teneuo; *(Nebel)* clirio.

lichterloh *adv:* **~ brennen** llosgi'n wenfflam.

Licht- *kompos:* **~filter** *m (FOTO)* hidlen *b*; **~geschwindigkeit** *f* buanedd *g* goleuni; **~hupe** *f (AUTO)* fflachio *g* goleuadau; **~jahr** *nt (ASTRON)* blwyddyn *b* oleuni; **~maschine** *f (AUTO)* eiliadur *g*, deinamo *g*; **~mess** *f (REL)* Gŵyl *b* Fair y Canhwyllau; **~pause** *f* trasiad *g*; **~quelle** *f* tarddiad *g* goleuni; **~schalter** *m* swits *g* goleuadau; **~schein** *m* llewyrch *g* o olau.

lichtscheu *adj (anifail)* gorsensitif i olau; *(fig)* amheus.

Lichtspieltheater (**-s, -**) *nt* sinema *b*.

Lichtstrahl (**-(e)s, -e**) *m* llewyrch *g* o olau.

Lichtung (**-, -en**) *f* llannerch *b*, coedlan *b*.

Lid [li:t] (**-(e)s, -er**) *nt (ANAT)* amrant *g*, clawr *g* y llygad.

Lidschatten *m* colur *g* llygaid.

lieb [li:p] *adj* annwyl, cu, ffel; *(nett)* caredig, cyfeillgar, hyfryd; *(liebenswert)* hoffus; *(in Anrede)* annwyl; **~ haben** caru, hoffi; **~ gewinnen** dod yn hoff o; **das ist ~ von dir** rwyt ti'n garedig; **~e Freunde!** annwyl gyfeillion! **~e Grüße** cofion cynnes; **den ~en langen Tag** *(ugs)* drwy'r dydd gwyn; **du ~e Zeit!** esgob mawr! **du ~er Himmel!** nefoedd fawr! **sich bei jdm ~ Kind machen** *(ugs)* cynffonna i rn; **am ~sten trinke ich Wein** gwin sydd orau gennyf; *vgl. auch* **lieber**.

liebäugeln ['li:pʰɔʏgəln] *vi untrenn:* **mit etw ~** llygadu rhth; **mit dem Gedanken ~, etw zu tun** ystyried gwneud rhth.

Liebe ['li:bə] *f* cariad *g*, serch *g*; **aus ~** o gariad; **erste ~** cariad cyntaf; **wahre ~** cariad cywir; **~ auf den ersten Blick** cariad ar yr olwg gyntaf; **~n** *pl* ceraint *ll*, anwyliaid *ll*.

liebebedürftig *adj* = **liebesbedürftig**.

Liebelei (**-, -en**) *f* cyboli *g*, fflyrt *gb*.

lieben ['li:bən] *vt* caru; *(gern mögen)* hoffi; *(verrückt sein nach)* dwlu ar; **ich liebe Schokoladekuchen** rwy'n dwlu ar deisen siocled.

Lieben *pl (Angehörige)* ceraint *ll*, anwyliaid *ll*.

liebend *adv:* **etw ~ gern tun** bod yn hoff iawn o wneud rhth.

Liebende (**-n, -n**) *m/f* carwr(aig) *g(b)*.

liebenswert *adj* cariadus, hoffus, hawddgar.

liebenswürdig *adj* caredig, ffeind, hygar, rhadlon; **das war sehr ~ von ihm** roedd yn garedig iawn.

liebenswürdigerweise *adv* mor garedig, yn garedig.

Liebenswürdigkeit *f* caredigrwydd *g*, agosatrwydd *g*, rhadlonrwydd *g*.

lieber ['li:bər] *(komp von* **lieb** *oder* **gern)** *adv:* **~ nicht** well peidio; **bleib ~ im Bett** gwell i ti aros yn y gwely; **ich hätte ~ Wein** byddai'n well gen i win; **ich gehe jetzt ~** gwell i mi fynd.

Liebesabenteuer (**-s, -**) *nt* antur *gb* ramantus.

liebesbedürftig *adj* eisiau serch, eisiau anwylo.

Liebes- *kompos:* **~beziehung** *f* carwriaeth *b*; **~bote** *m (geh)* llatai *g*; **~brief** *m* llythyr *g* caru; **~dienst** *m* cymwynas *b*, llafur *g* cariad; **~geschichte** *f* rhamant *b*.

Liebeskummer *m* dolur *g* serch; **~ haben** bod yn glaf o gariad.

Liebes- *kompos:* **~lied** *nt* cân *b* serch; **~paar** *nt* cariadon *ll*, deuddyn *g*; **~roman** *m* nofel *b* serch, rhamant *b*; **~trank** *m* diod *b* serch; **~verhältnis** *nt* carwriaeth *b*; **~zauber** *m* swyn *g* serch.

liebevoll *adj* cariadlon, cariadus, serchog.

lieb gewinnen *irreg vt vgl.* **lieb**.

lieb haben *irreg vt vgl.* **lieb**.

Liebhaber (**-s, -**) *m* carwr *g* (ar y slei); **~ der Kunst** un sy'n hoffi'r celfyddydau.

Liebhaberei *f* hobi *b*, difyrrwch *g*.

Liebhaberin (-, -nen) *f* carwraig *b* (ar y slei); ~ **der Kunst** un sy'n hoffi'r celfyddydau.

liebkosen [li:p'ko:zən, 'li:pko:zən] *vt untrenn* anwesu, mwytho, tolach.

Liebkosung (-, -en) *f* mwythau *ll*.

lieblich *adj* hardd, glwys, cun; *(Duft, Wein)* melys; **ein ~er Morgen** bore cun.

Liebling *m* anwylyd *g*, cariad *gb*, ffefryn *g*; ~! cariad! 'nghariad!

Lieblings- *in kompos* hoff; ~**film** *m* hoff ffilm; ~**speise** *f* hoff bryd o fwyd; ~**stück** *nt* ffefryn *g*.

lieblos *adj* anserchog.

Liebschaft (-, -en) *f* rhamant *b*.

Liebste *m/f* 'nghariad *gb*; **meine ~** fy merch wen i.

Liebstöckel *m oder nt (BOT, KOCH)* marchbersli *g*, llwfach *g*.

Liechtenstein ['lɪçtənʃtaɪn] *nt (GEOG)* Liechtenstein *b*.

Lied [li:t] (-(e)s, -er) *nt* cân *b*; *(Weihnachts~)* carol *b*; *(Kirchen~)* emyn *g*; **ein ~ anstimmen** taro cân; **davon kann ich ein ~ singen** *(fig)* gallaf siarad o brofiad ynghylch hynny.

Liederbuch (-(e)s, ¨-er) *nt* llyfr *g* caneuon; *(REL)* llyfr emynau.

Liederkreis (-es, -e) *m* cylch *g* o ganeuon.

liederlich ['li:dərlɪç] *adj* anfoesol, slebogaidd, afradlon.

Liederlichkeit *f* anfoesoldeb *g*.

Liedermacher (-s, -) *m* baledwr *g*.

lief *vb vgl.* **laufen.**

Lieferant [li:fə'rant] (-en, -en) *m* cyflenwr *g*.

Lieferanteneingang *m (Haus)* drws *g* cefn; *(Geschäft)* mynedfa *b* nwyddau.

lieferbar ['li:fərbɑ:r] *adj (vorrätig)* ar gael.

Liefer- *kompos:* ~**bedingungen** *pl* telerau *ll* cludiant; ~**frist** *f* cyfnod *g* dosbarthu.

liefern ['li:fərn] *vt* dosbarthu; *(versorgen mit)* cyflenwi â, darparu; *(Beweis)* dangos, profi.

Liefer- *kompos:* ~**schein** *m* danfoneb *b*; ~**termin** *m* dyddiad *g* danfon.

Lieferung (-, -en) *f* cludiad *g*, dosbarthiad *g*, danfoniad *g*.

Liefer- *kompos:* ~**wagen** *m* fan *b*; ~**zeit** *f* cyfnod *g* dosbarthu.

Liege ['li:gə] (-, -n) *f (Camping~)* gwely *g* cynfas, gwely plygu; *(Sonnen~)* gwely haul.

liegen ['li:gən] *irreg vi (+sein oder haben)* gorwedd; *(sich befinden)* bod wedi'i leoli, sefyll; ~ **bleiben** *(im Bett)* aros yn y gwely; *(Ding)* cael ei adael ar ôl; ~ **lassen** *(vergessen)* gadael ar ôl, anghofio; **es liegt ihm im Blut** mae yn ei waed; **mir liegt viel daran**

mae o bwys mawr i mi; **es liegt ganz an ihm** mae rhyngddo ac ef ei hun; **das liegt mir nicht** nid wyf yn rhy hoff o hynny; **woran liegt es?** beth yw'r achos? **so, wie die Dinge ~** fel y mae pethau; **an mir soll es nicht ~** ni fyddaf yn rhwystr; **es liegt was in der Luft** *(fig)* mae rhywbeth yn y gwynt.

liegen bleiben *irreg vi (+sein) vgl.* **liegen.**

liegen lassen *irreg vt vgl.* **liegen.**

Liegenschaft *f (JUR: Grundbesitz)* eiddo *g* tiriog, tir *g*.

Liege- *kompos:* ~**platz** *m (im Zug)* gwely *g*; ~**sitz** *m (AUTO)* sêt *b* orwedd, sêt ogwydd; ~**stuhl** *m* cadair *b* gynfas.

Liegestütz *m (SPORT)* ymwthiad *g*.

Liege- *kompos:* ~**wagen** *m (BAHN)* couchette *gb*, cerbyd *g* gwely; ~**wiese** *f* lawnt *b* (ar gyfer torheulo).

lieh *vb vgl.* **leihen.**

ließ *vb vgl.* **lassen.**

Lift [lɪft] (-(e)s, -e *oder* -s) *m* lifft *g*.

Liga ['li:ga] (-, Ligen) *f (SPORT)* cynghrair *gb*.

Ligament [liga'mɛnt] (-(e)s, -e) *nt (ANAT)* gewyn *g*.

Ligatur [liga'tu:r] *f (MUS)* dolen *b*; *(MED)* clymiad *g*; *(aus Buchstaben)* clymlythyren *b*.

Lignit [li'gni:t] *m (BERGB)* coedlo *g*.

Liguster [li'gustər] *m (BOT)* coeden *b* brifet.

liieren [li'i:rən] *vt:* **liiert sein (mit jdm)** mynd allan (â rhn); *(Firma)* gweithio ar y cyd (â rhn).

Likör [li'kø:r] (-s, -e) *m* gwirod *g*, licer *g*.

lila ['li:la] *adj indekl* lelog.

Lilie ['li:liə] (-, -n) *f (BOT)* lili *b*; *(auf Wappen)* fflŵr-dy-lis *gb*.

Liliputaner [lilipu'ta:nər] (-s, -) *m* (~**in** *f*) corrach *g*.

Limerick ['limərɪk] (-(s), -s) *m (LIT)* limrig *g*.

Limes ['li:mes] *m (MATH)* terfan *b*.

Limit ['lɪmɪt] (-s, -s *oder* -e) *nt* terfyn *g*, cyfyngiad *g*; *(FIN)* uchafswm *g*; *(fig)* trothwy *g*.

Limo[D] *f* = **Limonade.**

Limonade [limo'na:də] *f* lemonêd *g*.

Limone [li'mo:nə] (-, -n) *f* leim *gb*.

lind [lɪnt] *adj* addfwyn, tirion.

Linde ['lɪndə] (-, -n) *f (BOT)* pisgwydden *b*, palalwyfen *b*.

Lindenbaum *m* = **Linde.**

lindern ['lɪndərn] *vt* lliniaru, lleddfu, llarieiddio.

lindernd *adj* lleddfol.

Linderung (-, *kein pl*) *f* lliniaru *g*, lleddfu *g*.

Lineal [line'a:l] (-s, -e) *nt* pren *g* mesur, riwl *b*.

linear [line'a:r] *adj* llinellol, llinol.

Linguist [lɪngu'ɪst] (-en, -en) *m* (~**in** *f*) ieithydd *g*.

Linguistik *f* ieithyddiaeth *b*.

linguistisch *adj* ieithyddol.

Linie ['li:niə] (-, -n) *f* llinell *b*; *(POL)* polisi *g*; **in erster ~** yn bennaf, yn y lle cyntaf; **auf die ~ achten** gofalu

am eich ffigur; **fahren Sie mit der ~ 2** cymerwch y
bws rhif 2.

Linien- *kompos:* **~bus** *m* bws *g;* **~flug** *m* hediad *g*
rheolaidd; **~richter** *m (SPORT)* llimanwr *g,* ystlyswr
g; **~schiff** *nt (NAUT)* leiner *b;* **~spektrum** *nt (PHYS)*
sbectrwm *g* llinellau; **~system** *nt (MUS)* erwydd *g.*

linientreu *adj (POL)* yn dilyn polisi plaid.

linieren [liˈniːrən] *vt* llinellu.

liniert *adj* llinellog.

Liniment [ˈlɪnɪmɛnt] *nt (MED)* eli *g.*

link [lɪŋk] *adj* chwith; *(unehrlich)* gwyrgam; **mit dem
~en Fuß aufstehen** *(fig)* bod ar gefn eich cythraul,
bod mewn hwyliau drwg; **~er Hand** ar yr ocht
chwith.

Linke *f* llaw *b* chwith; *(Seite)* aswy *b,* ochr *b* chwith;
(POL) adain *b* chwith; *(ugs: Betrug)* twyll *g,* dichell
b; **zur ~n** ar yr ochr chwith, ar yr aswy; **das mache
ich mit der ~n** *(ugs)* mae'n chwarae plant i mi; **~n**
pl (POL) y Chwith *g.*

linkisch *adj* lletchwith, anfedrus, chwithig.

links *adv* ar y chwith; **nach ~** i'r chwith; **~ von Ihnen**
ar y llaw chwith i chi; **~ fahren** gyrru ar y
chwith; **jdn ~ liegen lassen** *(fig)* anwybyddu rhn;
etw mit ~ machen gwneud rhth yn rhwydd.

Links- *kompos:* **~abbieger** *m* gyrrwr/cerbyd sy'n troi
i'r chwith; **~außen** *m (SPORT)* asgellwr *g* chwith.

Linksdrall *m:* **einen ~ haben** tynnu i'r chwith.

Linkshänder(in) *m(f)* rhn llawchwith.

linkshändig *adj* llawchwith.

Linkskurve (-, -n) *f* tro *g* i'r chwith.

linkslastig *adj* sy'n tynnu i'r chwith.

linksradikal *adj (POL)* radicalaidd o'r asgell chwith.

Links- *kompos:* **~rutsch** *m,* **~trend** *m (POL)* gogwydd *g*
tua'r chwith; **~verkehr** *m* trafnidiaeth sy'n mynd
ar y chwith.

Linoleum [liˈnoːleʊm] (-s, *kein pl) nt* leino *g.*

Linon [liˈnõː, ˈlinɔn] *m (TEX)* lôn *g.*

Linse [ˈlɪnzə] (-, -n) *f* corbysen *b,* ffacbysen *b;*
(optisch) lens *b.*

linsen [ˈlɪnzən] *vi (ugs)* cipdremio, sbïo.

Lippe [ˈlɪpə] (-, -n) *f* gwefus *b;* *(bei Tier)* gwefl *b.*

Lippen- *kompos:* **~bekenntnis** *nt* llafur *g* genau; **~stift** *m*
minlliw *g,* lipstic *g.*

liquid [liˈkviːt] *adj (flüssig)* hylifol; *(fig: zahlungsfähig)*
hydal.

Liquidation [likvidatsiˈoːn] *f (COMM)* diddymiad *g.*

Liquidationswert *m (COMM)* gwerth y cwmni i'w
ddiddymu.

Liquidator [likviˈdaːtɔr] (-s, -en) *m* diddymwr *g.*

liquide *adj* = **liquid**.

liquidieren [likviˈdiːrən] *vt (COMM)* diddymu; *(ugs: töten)*
lladd.

Liquidierung *f* cliriad *g;* *(Mord)* llofruddiaeth *b.*

Liquidität [likvidiˈtɛːt] *f* hylifedd *g;* *(Zahlungsfähigkeit)*
hydaledd *g.*

lispeln [ˈlɪspəln] *vi* bloesgi, lisbian.

Lispeln *nt* lisb *gb.*

Lissabon [ˈlɪsabɔn] *nt (GEOG)* Lisbon *b.*

List [lɪst] (-, -en) *f* cyfrwyster *g,* tric *g,* ystryw *gb;* **mit
~ und Tücke** trwy ddefnyddio pob cyfrwyster.

Liste [ˈlɪstə] (-, -n) *f* rhestr *b;* *(Register)* cofrestr *b.*

Listen- *kompos:* **~platz** *m (POL)* lle ar restr plaid; **~preis**
m pris *g* sylfaenol; **~wahl** *f (POL)* etholiad lle
etholir plaid yn hytrach nag unigolyn.

listig *adj* cyfrwys, cadnoaidd, ystrywgar.

Litanei [litaˈnaɪ] (-, -en) *f* litani *b.*

Litauen [ˈliːtaʊən] *nt (GEOG)* Lithwania *b.*

Litauer(in) *m(f)* Lithwaniad *g.*

litauisch *adj* Lithwanaidd.

Litauisch *nt (Sprache)* Lithwaneg *b.*

Liter [ˈliːtər] (-s, -s) *m oder nt* litr *g;* **ein ~ Milch** litr o
laeth.

literarisch [liteˈraːrɪʃ] *adj* llenyddol.

Literat [liteˈraːt] (-en, -en) *m* gŵr *g* llên; **~in** *f* gwraig
b lên.

Literatur [literaˈtuːr] *f* llenyddiaeth *b,* llên *b.*

Literatur- *kompos:* **~geschichte** *f* hanes *g*
llenyddiaeth; **~kritiker** *m* beirniad *g* llenyddol;
~werkstatt *f* tŷ *g* llên; **~wissenschaft** *f* astudiaethau
ll llenyddol.

literweise [ˈliːtərvaɪzə] *adv* wrth y litr.

Litfaßsäule [ˈlɪtfaszɔʏlə] (-, -n) *f* colofn *b* bosteri.

Lithografie [litograˈfiː] *f* lithograffeg *b.*

litt *vb vgl.* **leiden**.

Liturgie [lɪturˈgiː] (-, -n) *f* litwrgi *gb,* ffurfwasanaeth
g.

liturgisch [liˈturgɪʃ] *adj* litwrgaidd.

Litze [ˈlɪtsə] (-, -n) *f* plethwaith *g,* brêd *g;* *(ELEKT)*
fflecs *g.*

live [laɪf] *adv (RADIO, TV)* byw; **~ senden** darlledu yn
fyw.

Liveübertragung (-, -en) *f* darllediad *g* byw.

Liverpool *nt (GEOG)* Lerpwl *b,* Llynlleifiad *g.*

Livree [liˈvreː] (-, -n) *f* lifrai *g.*

Lizenz [liˈtsɛnts] (-, -en) *f* trwydded *b;* **etw in ~
herstellen** cynhyrchu rhth gyda chaniatâd y
cwmni.

Lizenz- *kompos:* **~ausgabe** *f (Buch)* argraffiad *g*
trwyddedig; **~gebühr** *f* ffi *b* drwyddedc; *(für Buch)*
breindal *g.*

lizenziert *adj* trwyddedig.

Lkw, LKW (-(s), -(s)) *m abk* = **Lastkraftwagen.**

Lkw-Fahrer *m* gyrrwr *g* lorri.

Lob [loːp] (-(e)s, *kein pl) nt* canmoliaeth *b,* clod *gb;*

(Gottes) mawl *g*, moliant *g*.

Lobby ['lɔbi] (-, -s *oder* **Lobbies)** *f (Interessengruppe)* lobi *gb*, carfan *b* wasgu.

Lobbyist *m* lobïwr *g*.

loben ['loːbən] *vt* canmol, canu clod; *(REL)* moliannu; jdn ~ canu clod rhn; **das lob' ich mir** dyna esiampl dda, dyna beth rwy'n hoffi ei weld.

lobend *adj:* etw ~ erwähnen bod â gair da am rth.

lobenswert *adj* canmoladwy, clodwiw.

Lobgesang (-(e)s, ¨-e) *m* mawl *g*.

löblich ['løːplɪç] *adj* canmoladwy, hyglod.

Loblied ['loːpliːt] (-(e)s, -er) *nt* molawd *gb*.

lobpreisen ['loːppraɪzən] *vt* moli, bendithio.

Lobpreisung *f (REL)* mawl *g*.

Lobrede (-, -n) *f* molawd *gb*.

Loch [lɔx] (-(e)s, ¨-er) *nt* twll *g*; *(Leck)* diferiad *g*; *(Billard)* poced *b*; *(Zahn)* ceudod *g*; ein ~ machen in +*akk* tyllu.

lochen ['lɔxən] *vt* tyllu, rhydyllu, rhwyllo; *(Papier)* pwnsio.

Locher (-s, -) *m* pwnsh *g*, tyllwr *g*.

löcherig ['lœçərɪç, -ɪk] *adj* = **löchrig**.

löchern ['lœçərn] *vt (mit Fragen)* holi a stilio.

Lochkarte (-, -n) *f (COMP)* cerdyn *g* tyllnod.

löchrig *adj* tyllog.

Loch- *kompos:* ~streifen *m* tâp *g* tyllnod; ~zange *f* pwnsh *g*.

Locke ['lɔkə] (-, -n) *f* cudyn *g*, llyweth *b*, modrwy *b*, locsyn *g*.

locken ['lɔkən] *vt* denu, swyno; *(ködern)* denu; *(Haar)* cyrlio.

Lockenwickler (-s, -) *m* crychwr *g*, cyrliwr *g*.

locker ['lɔkər] *adj* llac, llaes, rhydd; *(leicht)* ysgafn; *(lässig)* diffwdan, hamddenol; *(ugs: toll)* gwych; ~ lassen llacio.

lockerlassen *irreg vi (ugs: nachgeben)* nicht ~ peidio â rhoi'r gorau iddi, dal ati.

lockern ['lɔkərn] *vt* llacio, llaesu; *(Muskeln)* ymlacio, ystwytho.
♦ *vr (Schraube)* mynd yn llac, dod yn rhydd.

Lockerung *f (SPORT)* ymlaciad *g*.

Lockerungsübung (-, -en) *f (SPORT)* ymarfer *gb* ymestyn; *(zum Warmwerden)* ymarfer cynhesu.

lockig ['lɔkɪç, -ɪk] *adj* cyrliog, cudynnog, modrwyog.

Lock- *kompos:* ~mittel *nt* abwydyn *g*, llithabwyd *g*; ~ruf *m* galwad *gb* ddenu; ~vogel *m* aderyn *g* denu.

Loden ['loːdən] *m (TEX)* loden *g*, deunydd cryf o wlân.

Lodenmantel *m* cot *b* o wlân.

lodern ['loːdərn] *vi* fflamio, ffaglu.

Löffel ['lœfəl] *m* llwy *b*; *(Ohr von Hase)* clust *b*; ein ~ Suppe llwyaid o gawl; ein gestrichener ~ voll llwyaid wastad.

löffeln ['lœfəln] *vt* llwyo.

löffelweise *adv* wrth y llwyaid.

log *vb vgl.* **lügen**.

Logarithmentafel [logaˈrɪtməntɑːfəl] *f (MATH)* tabl *g* logarithmau.

logarithmisch [logaˈrɪtmɪʃ] *adj* logarithmig.

Logarithmus [logaˈrɪtmʊs] (-, **Logarithmen**) *m (MATH)* logarithm *g*.

Logbuch ['lɔgbuːx] (-(e)s, ¨-er) *nt (NAUT)* llyfr *g* lòg.

Loge ['loːʒə] (-, -n) *f (THEAT)* bocs *g*; *(Freimaurer)* cyfrinfa *b*; *(Portiers~)* porthordy *g*.

logieren [loˈʒiːrən] *vi* lletya.

Logik ['loːgɪk] (-, *kein pl*) *f* rhesymeg *b*.

Logis [loˈʒiː] (-, -) *nt* llety *g*; Kost und ~ bwyd a llety.

logisch ['loːgɪʃ] *adj* rhesymegol.

Logo ['loːgo] (-s, -s) *m oder nt (COMM)* logo *g*.

Logopäde [logoˈpɛːdə] (-n, -n) *m* therapydd *g* lleferydd.

Logopädin (-, -nen) *f* therapydd *g* lleferydd.

Lohn [loːn] (-(e)s, ¨-e) *m* gwobr *b*; *(Bezahlung)* cyflog *g*, tâl *g*.

Lohn- *kompos:* ~abrechnung *f* papur *g* cyflog; ~ausfall *m* coll *g* enillion; ~büro *nt* swyddfa *b* gyflog; ~empfänger *m* gweithiwr *g* cyflogedig.

lohnen ['loːnən] *vr* talu, bod yn werth chweil.
♦ *vt (geh)* jdm etw ~ gwobrwyo rhn am rth.

lohnend *adj* gwerth chweil.

Lohn- *kompos:* ~erhöhung *f* codiad *g* cyflog; ~forderung *f* cais *g* am godiad cyflog; ~fortzahlung *f* parhad *g* talu cyflogau *(yn ystod salwch)*; ~gefälle *nt* differyn *g* mewn cyflogau; ~kosten *pl* costau *ll* cyflogi; ~politik *f* polisi *g* incwm; ~runde *f (POL)* trafodaethau *ll* cyflog.

Lohnsteuer (-, -n) *f* treth *b* incwm.

Lohnsteuer- *kompos:* ~ausgleich *m* ffurflen *b* dreth; ~karte *f* ≈ P60.

Lohn- *kompos:* ~stopp *m* ataliad *g* ar gyflogau; ~streifen *m* papur *g* cyflog; ~tüte *f* paced *g* cyflog; ~unterschied *m* differyn *g* mewn cyflogau; ~verhandlungen *pl* trafodaethau *ll* cyflog.

Lok [lɔk] (-, -s) *f abk* = **Lokomotive**.

Lokal [loˈkɑːl] (-(e)s, -e) *nt* tafarn *b*.

lokal *adj* lleol; jdn ~ betäuben *(MED)* rhoi anestetig lleol i rn.

Lokalaugenschein *m (JUR)* ymweliad â safle trosedd.

Lokal- *kompos:* ~bahn *f* trên *g* lleol; ~blatt *nt (ugs)* papur *g* lleol.

lokalisieren [lokaliˈziːrən] *vt* lleoli.

Lokalisierung *f* lleoliad *g*.

Lokalität [lokali'tɛ:t] (-, -en) *f* man *gb*; *(Raum)* anheddau *ll*; *(Gegend)* ardal *b*, bro *b*.

Lokal- *kompos:* **~matador** *m (ugs: SPORT)* arwr *g* lleol; **~patriot** *m* brogarwr *g*; **~patriotismus** *m* brogarwch *g*; **~presse** *f* y wasg *b* leol; **~teil** *m (Zeitung)* adran *b* newyddion lleol; **~termin** *m (JUR)* ymweliad â safle trosedd; **~verwaltung** *f* awdurdod *gb* lleol; **~zeit** *f* amser *g* lleol; **~zeitung** *f* papur *g* bro.

Lokomotive [lokomo'ti:və] (-, -n) *f* locomotif *gb*, injan *b* drên.

Lokomotivführer (-s, -) *m* gyrrwr *g* trên.

Lombardei [lɔmbar'daɪ] *f (GEOG)* Lombardi *b*.

London ['lɔndən] *nt (GEOG)* Llundain *b*.

longitudinal [lɔŋgitudi'na:l] *adj* hydredol.

Lorbeer ['lo:rbe:r] (-s, -en) *m (BOT)* llawryf *g*.

Lorbeer- *kompos:* **~blatt** *nt (KOCH)* deilen *b* llawryf; **~kranz** *m* (coronbleth) llawryf *g*.

Lord [lɔrt] *m* arglwydd *g*.

Lore ['lo:rə] (-, -n) *f (BERGB, BAHN)* wagen *b*, dram *g*.

Los [lo:s] (-es, -e) *nt (Schicksal)* ffawd *b*, tynged *b*; *(bei Streit)* coelbren *b*; *(Lotterie~)* tocyn *g* (y lotri); **das ~ entscheiden lassen** bwrw coelbren; **das große ~ ziehen** bod yn ffodus iawn.

los *adv:* **~ geht's!** ffwrdd â ni! bant â ni! **auf die Plätze, fertig, ~!** ar eich marciau, parod, ewch! **etw ~ werden** cael gwared â rhth; **was ist ~?** beth sy'n bod? **etw ~ haben** *(ugs)* bod â dawn.

losbinden *irreg vt* datod.

losbrechen *irreg vi (+sein) (Sturm)* dechrau.

Lösch- [lœʃ] *kompos:* **~apparat** *nt* diffoddwr *g* tân; **~blatt** *nt* papur *g* sugno.

löschen ['lœʃən] *vt (Feuer, Licht)* diffodd; *(SCH: Tafel)* glanhau, sychu; *(COMM, COMP, Tonband)* dileu; *(Bildschirm, Speicher)* clirio; *(Ladung)* dadlwytho; *(Kalk)* toddi, gwlychu; **den Durst ~** torri syched, diwallu.

♦ *vi (Papier)* sugno.

Lösch- *kompos:* **~fahrzeug** *nt* injan *b* dân; **~gerät** *nt* diffoddwr *g* tân; **~papier** *nt* papur *g* sugno; **~taste** *f* dilëwr *g*.

Löschung *f* diffodd *g*; *(COMM)* diddymiad *g*; *(Fracht)* dadlwytho *g*.

lose ['lo:zə] *adj* rhydd, llac, llaes.

Lösegeld ['lø:zəgɛlt] (-es, -er) *nt* ernes *b*, pridwerth *g*, bygythbris *g*.

Lösemittel ['lø:zəmɪtəl] (-s, -) *nt (CHEM)* toddydd *g*.

losen ['lo:zən] *vi* bwrw coelbren, tynnu byrra tocyn.

lösen ['lø:zən] *vt (trennen)* datod, datgysylltu; *(Schraube lockern)* llaesu, dadsgriwio; *(CHEM)* hydoddi; *(Rätsel)* datrys, gweithio allan; *(Problem)* ateb; *(Vertrag)* diddymu; *(Verlobung)* torri; *(kaufen)*[D]

prynu.

♦ *vr* dod yn rhydd; *(Zucker usw)* ymdoddi; *(Problem)* datrys ei hun.

losfahren *irreg vi (+sein)* cychwyn, ymadael.

losgehen *irreg vi (+sein)* cychwyn; *(anfangen)* dechrau; *(Bombe)* ffrwydro; **auf jdn ~** ymosod ar rn.

loskaufen *vt (Geiseln)* pridwerthu.

loskommen *irreg vi (+sein):* **von etw ~** dianc rhag rhth.

loslassen *irreg vt* gollwng gafael ar; *(Hund)* gollwng, rhyddhau; **der Gedanke lässt mich nicht mehr ~** mae'r syniad yn fy mhlagio o hyd.

loslaufen *irreg vi (+sein)* rhedeg i ffwrdd.

loslegen *vi (ugs)* dechrau yn frwd, mynd ati'n frwd.

löslich *adj* hydawdd.

Löslichkeit *f (CHEM)* hydoddedd *g*.

loslösen *vt* rhyddhau.

♦ *vr:* **sich ~ (von** +*dat)* rhyddhau eich hun (oddi wrth).

losmachen[D] *vt* datod; *(Boot)* datod, gollwng rhaffau.

♦ *vr* dianc, rhyddhau (eich hun).

Losnummer (-, -n) *f* rhif *g* y tocyn.

lossagen *vr:* **sich von jdm/etw ~** troi cefn ar rn/rth.

losschießen *irreg vi (ugs, fig)* siarad yn frwd; **schieß los!** allan â hi! ymlaen â chi!

losschrauben *vt* dadsgriwio.

lossprechen *irreg vt (von Sünden)* maddau pechod i, difeio.

losstürzen *vi (+sein):* **~ auf** +*akk* rhuthro tuag at.

Losung[1] ['lo:zʊŋ] *f (Motto)* arwyddair *g*, slogan *gb*; *(Kennwort)* cyfrinair *g*.

Losung[2] *f (Tier~)* carthion *ll*.

Lösung ['lø:zʊŋ] (-, -en) *f* ateb *g*; *(von Rätsel)* datrysiad *g*; *(CHEM)* toddiant *g*; **~ finden** darganfod ateb; **eine ~ finden für** +*akk* dodi bys ar.

Lösungsmittel *nt (CHEM)* toddydd *g*.

Lösungswort *nt* cyfrinair *g*, gair *g* amnaid.

loswerden *irreg vt (+sein)* cael gwared â, gwaredu eich hun o; **jdn ~** cael cefn rhn.

losziehen *irreg vi (+sein) (ugs: aufbrechen)* cychwyn, ymadael; **gegen jdn ~** difenwi rhn, enllibio rhn.

Lot [lo:t] (-(e)s, -e) *nt* plwm *g*; *(MATH)* perpendicwlar *g*; *(zum Löten)* sodr *g*; **im ~** plwm, yn fertigol; *(fig)* yn wastad; **die Sache ist wieder im ~** mae trefn ar bethau unwaith eto; *(fig)* **etw ins ~ bringen** gwneud y ddysgl yn wastad.

loten ['lo:tən] *vt* plymio.

löten ['lø:tən] *vt* sodro.

Lothringen ['lo:trɪŋən] *nt (GEOG)* Lorraine *b*.

Lotion [lotsi'o:n] (-, -en) *f* golchdrwyth *g*.

Löt- [lø:t] *kompos:* **~kolben** *m (TECH)* haearn *g* sodro; **~lampe** *f* lamp *b* losgi.

Lotse ['loːtsə] (-n, -n) *m (NAUT)* peilot *g*, tywysydd *g*; *(AERO)* tywysydd.

lotsen ['loːtsən] *vt* arwain, tywys.

Lotterie [lɔtə'riː] (-, -n) *f* lotri *b*.

Lotterleben ['lɔtərleːbən] *nt (ugs)* bywyd *g* afradlon.

Lotto ['lɔto] *nt* lotri *b* genedlaethol.

Lottozahlen *pl* rhifau *ll* buddugol y lotri.

Lötzinn *nt* sodr *g*.

Löwe ['løːvə] (-n, -n) *m (ZOOL)* llew *g*; *(ASTROL)* y Llew; **Höhle des ~n** *(fig)* ffau *b* y llewod; **sich in die Höhle des ~n begeben** cipio cneuen o wâl y blaidd.

Löwenanteil *m* y gyfran *b* fwyaf.

Löwenmaul[D] *nt (BOT)* trwyn *g* y llo, safn *b* y llew.

Löwenmäulchen[D] *nt* = **Löwenmaul**.

Löwenzahn *m (BOT)* dant *g* y llew.

Löwin ['løːvɪn] (-, -nen) *f* llewes *b*.

loyal [loa'jaːl] *adj* teyrngar, ffyddlon.

Loyalist [loaja'lɪst] (-en, -en) *m (POL: Nordirland)* teyrngarwr *m*.

Loyalität [loajali'tɛːt] (-, *kein pl*) *f* teyrngarwch *g*, gwrogaeth *b*.

LP *f abk (= Langspielplatte)* record *b* hir.

LSD *nt abk (= Lysergsäurediäthylamid)* asid *g* lysergig deuethylamid, LSD *g*.

lt. *abk* = **laut²**.

Lt. *abk* = **Leutnant**.

Luchs [lʊks] (-es, -e) *m (ZOOL)* lyncs *g*.

Lücke ['lʏkə] (-, -n) *f* bwlch *g*, adwy *b*; *(Zahn~)* bwlch; *(im Zahn)* twll *g*; *(Gesetzes~)* bwlch, dihangfa *b*; *(im Zeitplan)* slot *g*; *(in Versorgung)* toriad *g*; **eine ~ schlagen in** *+akk* bylchu; **~n füllen** *(SCH)* llenwi bylchau.

Lückenbüßer (-s, -) *m* rhth/rhn dros dro.

lückenhaft *adj* bylchog.

lückenlos *adj* cyflawn, di-fwlch.

lud *vb vgl.* **laden**.

Luder ['luːdər] (-s, -) *nt (pej: Frau)* hwren *b*, ffriten *b*; *(Köder, Aas)* abwyd *g*.

Luffaschwamm ['lʊfaʃvam] *m (BOT)* lwffa *gb*.

Luft [lʊft] (-, ‑e) *f* awyr *b*, aer *g*; *(Atem)* anadl *gb*, gwynt *g*; **aus der ~** *(von oben)* oddi fry; **in der ~** yn yr awyr; **in die ~ werfen** taflu i fyny; **die ~ anhalten** dal eich gwynt; **~ holen** anadlu, cymryd anadl; **in der ~ hängen** *(fig)* bod yn ansicr; **in die ~ fliegen** *(ugs)* ffrwydro, dryllio; **in die ~ gehen** *(explodieren)* ffrwydro; *(fig)* colli'ch limpyn/tymer; **in der ~ stehen** *(Libelle usw)* hofran; **frische ~** awyr iach; **dicke ~** *(ugs)*[D] awyrgylch drwg; *(Gefahr)* perygl; **seinem Herzen ~ machen** arllwys eich cwd; **diese Behauptung ist aus der ~ gegriffen** mae'r honiad hwn yn gwbl ddi-sail; **die ~ ist rein** *(fig)* mae hi'n glir, does neb o gwmpas; **jdn an die (frische) ~**

setzen dangos y drws i rn; **die ~ verpesten** llygru'r aer; **jdn wie ~ behandeln** anwybyddu rhn; **er ist ~ für mich** does dim Cymraeg rhyngom.

Luft- *kompos:* **~angriff** *m (MIL)* cyrch *g* bomio; **~ansicht** *f* golwg *g* oddi uchod; **~aufnahme** *f* awyrlun *g*, ffotograff *g* o'r awyr; **~ballon** *m* balŵn *gb*; **~blase** *f* bwrlwm *g*, chwysigen *b*; **~brücke** *f (MIL)* cludiad *g* awyr.

Lüftchen ['lʏftçən] (-s, -) *nt* chwa *b*.

luftdicht *adj* aer-dynn.

Luftdruck *m* gwasgedd *g* aer.

Luftdruck- *kompos:* **~gewehr** *nt* gwn *g* aer; **~pistole** *f* gwn *g* aer.

luftdurchlässig *adj* treiddiadwy gan aer.

lüften ['lʏftən] *vt* awyru, eirio, gwyntyllu; *(Geheimnis)* addef; *(Hut)* tynnu.

♦ *vi* newid aer, agor y ffenestr.

Luft- *kompos:* **~fahrt** *f* aeronoteg *b*, hedfan *g*; **~feuchtigkeit** *f* gwlybaniaeth *b*; **~filter** *nt* hidlen *b*; **~fracht** *f* cludiant *g* awyr.

luftgekühlt *adj (AUTO)* awyr-oeredig.

Luftgewehr (-(e)s, -e) *nt* = **Luftdruckgewehr**.

Lufthauch (-(e)s, -e) *m* chwa *b* o wynt.

luftig *adj (Ort)* awelog; *(Kleider)* ysgafn.

Luftkissen- *kompos:* **~boot** *nt* hofranfad *g*; **~fahrzeug** *nt* llong *b* hofran.

Luftkrieg (-(e)s, -e) *m* rhyfel *gb* yn yr awyr.

Luftkurort (-(e)s, -e) *m* cyrchfa *b* iechyd.

luftleer *adj* heb aer; **~er Raum** gwactod *g*.

Luftlinie *f:* **in der ~** fel yr hed y frân.

Luft- *kompos:* **~loch** *nt (AERO)* poced *b* awyr, twll *g* awyr; **~matratze** *f* matres *gb* aer; **~pirat** *m* herwgipiwr *g*; **~post** *f* cludiad *g* awyr; **~pumpe** *f (für Fahrrad)* pwmp *g*; **~raum** *m* awyrle *g*; **~röhre** *f (ANAT)* pibell *b* wynt, corn *g* gwddf; **~schacht** *m* ffliw *b*; **~schlange** *f* rhuban *g* papur; **~schloss** *nt* breuddwyd *gb* gwrach.

Luftschutz *m* amddiffyniad *g* gwrthawyrennol.

Luftschutzbunker *m* = **Luftschutzkeller**.

Luftschutzkeller (-s, -) *m (MIL)* lloches *b* cyrch awyr

Luftsprung (-(e)s, ‑e) *m* llamsach *g*; **einen ~ machen** llamsachu.

Luftstrom (-(e)s, ‑e) *m* cerrynt *g* o aer.

lufttrocknen *vt* eirio.

Lüftung ['lʏftʊŋ] *f* gwyntylliad *g*.

Luft- *kompos:* **~veränderung** *f* newid *g* amgylchedd; **~verkehr** *m* trafnidiaeth *b* awyr; **~verschmutzung** *f* llygredd *g* awyr; **~waffe** *f* awyrlu *g*.

Luftweg *m:* **etw auf dem ~ befördern** cludo rhth mewn awyren.

Luft- *kompos:* **~widerstand** *m* gwrthiant *g* aer; **~zufuhr** *f* cyflenwad *g* aer; **~zug** *m* drafft *g*, awel *b*.

Lug [luːk] *m:* **mit ~ und Trug** trwy gelwydd a thwyll.

Lüge ['lyːgə] *f* celwydd *g*, anwiredd *g*; **glatte/blanke ~** celwydd noeth; **jdn ~n strafen** profi bod rhn wedi dweud celwydd.

lügen ['lyːgən] *irreg vi* dweud celwydd; **~ wie gedruckt** *(ugs)* rhaffu celwyddau, palu celwyddau.

Lügen- *kompos:* **~detektor** *m* canfodydd *g* celwyddau; **~märchen** *nt* stori *b* anghywir.

Lügner (-s, -) *m* celwyddwr *g*, celwyddgi *g*; **~in** *f* celwyddwraig *b*, celwyddast *b*.

Luke ['luːkə] (-, -n) *f* agorfa *b*, hatsh *b*; *(Dach~)* ffenestr *b* do; *(NAUT)* hatsh.

lukrativ [lukraˈtiːf] *adj* buddiol, proffidiol.

Luluᴬ *nt (Kindersprache)* pi-pi *g*; **~ machen** gwneud pi-pi.

Lumme ['lumə] (-, -n) *f (ZOOL)* gwylog *b*.

Lümmel ['lʏməl] (-s, -) *m* llabwst *g*, dihiryn *g*.

lümmeln ['lʏməln] *vi, vr* pwyso ar eich elin, gorweddian.

Lump [lump] (-en, -en) *m* gwalch *g*, cenau *g*.

lumpen ['lumpən] *vi:* **sich nicht ~ lassen** peidio â bod yn grintachlyd.

Lumpen *m* cerpyn *g*, rhecsyn *g*, brat *g*.

Lumpen- *kompos:* **~pack** *nt (fig: Gesindel)* taclau *ll*; **~sammler** *m* carpiwr *g*.

lumpig ['lumpɪç, -ɪk] *adj* di-raen, treuliedig; *(ugs)* **~e 10 Mark** 10 marc pitw.

Lunchpaket ['lœntʃpakeːt] *nt* tocyn *g*.

Lüneburger Heide ['lyːnəburgər 'haɪdə] *f (GEOG)* Gwaun *b* Lüneburg.

Lunge ['luŋə] (-, -n) *f* ysgyfaint *g*; **grüne ~** tir *g* glas.

Lungen- *kompos:* **~entzündung** *f (MED)* llid *g* yr ysgyfaint, niwmonia *g*; **~fisch** *m (ZOOL)* pysgodyn *g* ysglyfeiniog; **~flügel** *m (ANAT)* ysgyfant *g*.

lungenkrank *adj* dioddef o afiechyd *g* yr ysgyfaint.

Lungen- *kompos:* **~krankheit** *f* afiechyd *g* yr ysgyfaint; **~krebs** *m (MED)* canser *g* yr ysgyfaint.

lungern ['luŋərn] *vi* loetran, tin-droi.

Lünseᴰ ['lʏnzə] (-, -n) *f (Achsnagel)* limpin *g*.

Lunte ['luntə] (-, -n) *f* ffiwsen *b*; *(von Fuchs)* cynffon *b*; **~ riechen** amau, drwgdybio.

Lupe ['luːpə] (-, -n) *f* chwyddwydr *g*; **unter die ~ nehmen** *(fig)* archwilio.

lupenrein *adj* di-fefl, heb fai, perffaith.

Lupine [luˈpiːnə] (-, -n) *f (BOT)* bysedd *ll* y blaidd.

Lurch [lurç] (-(e)s, -e) *m (ZOOL)* amffibiad *g*, madfall *b* y dŵr; *(Staub)*ᴬ llwch *g*.

Lust [lust] (-, ˝-e) *f (Genuss)* pleser *g*, awch *g*, mwyniant *g*; *(Verlangen)* awydd *g*, chwant *g*; *(sexuell)* chwant *g*, blys *g*; **~ haben auf** +*akk* ffansïo, bod ag awydd am; **~ haben, etw zu tun** teimlo fel; **ich habe ~ zu lesen** rwy'n awyddus i ddarllen;

hast du ~? beth amdani? **er hat die ~ daran verloren** collodd bob diddordeb ynddo; **je nach ~ und Laune** yn ôl eich mympwy; **etw mit ~ und Liebe machen** mwynhau gwneud rhth.

Lustbarkeit *f* rhialtwch *g*.

lustbetont *adj* hedonistaidd.

lüstern ['lʏstərn] *adj* trachwantus, blysig, masweddol.

Lüsternheit *f* maswedd *g*, blysigrwydd *g*.

Lust- *kompos:* **~gefühl** *nt* teimlad *g* dymunol; **~gewinn** *m* pleser *g*, mwyniant *g*.

lustig *adj (witzig)* doniol, ysmala; *(fröhlich)* siriol, digrif; **sich ~ machen über jdn** chwerthin am ben rhn, sennu rhn; **sich ~ machen über etw** *akk* dychanu rhth.

Lüstling *m (pej)* merchetwr *g*.

lustlos *adj* anfrwdfrydig, blinderog, di-ffrwt, llesg.

Lustlosigkeit *f* syrthni *g*.

Lust- *kompos:* **~mord** *m* llofruddiaeth *b* rywiol; **~prinzip** *nt (Psychologie)* egwyddor *b* pleser; **~spiel** *nt (THEAT, FILM)* comedi *b*.

lustwandeln ['lustvandəln] *vi untrenn (+sein) (geh)* rhodianna, cerdded yn hamddenol.

luth. *abk* = **lutherisch.**

Lutheraner [luteˈraːnər] *m (~in f) (REL)* Lwtheriad *g*.

lutherisch ['lutərɪʃ, luˈteːrɪʃ] *adj (REL)* Lwtheraidd.

lutschen ['lutʃən] *vt* sugno; **Daumen ~** sugno'r bawd.
♦ *vi* sugno.

Lutscher ['lutʃər] (-s, -) *m* lolipop *g*.

Luxemburg ['luksəmburk] *nt (GEOG)* Lwcsembwrg *b*.

Luxemburger ['luksəmburgər] *m (~in f)* Lwcsembwrgiad *g*.

luxemburgisch *adj* Lwcsembwrgaidd.

Luxemburgisch *nt (Sprache)* = **Letzeburgisch.**

luxuriös [luksuriˈøːs] *adj* moethus.

Luxus ['luksus] (-, *kein pl*) *m* moethusrwydd *g*.

Luxus- *kompos:* **~artikel** *m* eitem *b* foethus; **~ausführung** *f* model *g* moethus, model *g* de luxe; **~dampfer** *m* llong *b* fordwyo foethus; **~güter** *pl* nwyddau *ll* moeth; **~hotel** *nt* gwesty *g* moethus; **~steuer** *f* treth *b* ar foethau.

Luzifer ['luːtsifər] *m* diafol *g*, diawl *g*.

LVAᴰ *abk (= Landesversicherungsanstalt)* cwmni *g* yswiriant sirol.

LW *abk (= Langwelle)* tonfedd *b* hir.

Lymphdrüse ['lʏmfdryːzə] (-, -n) *f (ANAT)* = **Lymphknoten.**

Lymphe ['lʏmfə] *f (ANAT)* lymff *g*.

Lymphknoten *m* chwarren *b* lymff.

lynchen ['lʏnçən] *vt* lynsio.

Lynchjustiz *f* cyfraith *b* y cortyn.

Lyrik ['lyːrɪk] *f (Dichtung)* prydyddiaeth *b*,

barddoniaeth *b* delynegol; *(Gedichte)* cerddi *ll*;
   erotische ~ cerddi maswedd.

Lyriker(in) *m(f)* bardd *g* telynegol, caniedydd *g*.

lyrisch ['ly:rɪʃ] *adj* barddonol, telynegol; **~es Gedicht**
   telyneg *b*.

M

M, m [ɛm] *nt* M, m; **~ wie Martha** M am Martha.

m *abk* = **Meter**[1]; = **männlich**; = **maskulin**.

MA. *abk* (= *Mittelalter*) Oesoedd *ll* Canol.

M.A. *abk* (= *Magister Artium*) M.A. (Athro yn y Celfyddydau).

mäandern [mɛ'andərn] *vi* dolennu.

Maat [mɑːt] (**-s, -e** *oder* **-en**) *m* (*NAUT*) is-gapten *g*, mêt *g*.

Machart ['maxˀart] *f* gwneuthuriad *g*; (*Kleidung*) toriad *g*.

machbar ['maxbɑːr] *adj* posibl, ymarferol.

Mache[D] ['maxə] *f* (*ugs*) rhith *g*, sioe *b*; **jdn in der ~ haben** dweud y drefn wrth rn.

machen ['maxən] *vt* **1** (*tun*) gwneud; **was ~ Sie beruflich?** beth yw'ch gwaith? **eine Prüfung ~** sefyll arholiad; **einen Spaziergang ~** mynd am dro; **ein Theater ~** (*fig*) ffwdanu; **das Bett ~** gwneud y gwely; **nichts zu ~!** amhosibl! **was soll ich bloß ~?** beth wna i? **mit mir kann man's ja ~!** (*ugs*) mae'n rhaid i mi ddioddef cymaint! **2** (*herstellen*) cynhyrchu; (*umwandeln*) troi; **das Essen ~** paratoi'r bwyd, coginio; **Gewinn ~** gwneud elw; **Heu ~** lladd gwair; **eine Ausnahme ~** gwneud eithriad; **ein Vermögen ~** gwneud ffortiwn; **etw zu etw** *dat* **~** troi rhth yn rhth; **jdn zum Narren ~** gwneud ffŵl o rn; **3** (*bewirken*) **jdm Angst ~** codi ofn ar rn, tarfu ar rn; **Licht ~** troi'r golau ymlaen; **das macht die Kälte** yr oerni sy'n achosi hyn; **das Radio leiser ~** (*ugs*) troi'r radio i lawr; **verständlich ~** gwneud yn ddealladwy; **4** (*stören*) **es macht mir nichts** does dim ots gen i; **der Regen macht mir nichts** does dim ots gen i am y glaw; **machen Sie sich nichts daraus** peidiwch â phoeni; **5** (*ergeben*) **drei plus fünf macht acht** tri a phump yw wyth; (*kosten*) **was/wieviel macht das?** (*kosten*) faint mae hynny'n ei wneud? faint yw hynny i gyd? **macht fünf Pfund für jeden** mae'n gweithio allan yn bum punt yr un; **6: macht nichts!** dim ots! hidiwch befo! **mach's gut!** cymer ofal! (*viel Glück*) pob lwc! **das Beste aus etw** *dat* **~** gwneud y gorau o rth; **es sich** *dat* **bequem ~** gwneud eich hun yn gyffyrddus; **etw ~ lassen** cael rhth wedi ei wneud; **lass mich mal ~** (*ugs*)[D] gad i mi ei wneud; **das lässt sich ~** mae hynny'n bosibl; **das lasse ich nicht mit mir ~** wna i ddim dioddef hynny.

♦ *vi* **1** (*verursachen*) **die Arbeit macht müde** mae'r gwaith yn eich blino; **mach, dass du wegkommst!** bacha hi o 'ma! dos/cer o 'ma! **2** (*urinieren*) gwneud dŵr; **ins Bett ~** gwlychu'r gwely; **in die Hose ~** gwlychu'ch trowsus; **3** (*vorgeben*) **sie macht auf große Dame** (*ugs*) mae'n chwarae'r ladi, mae'n smalio bod yn ladi.

♦ *vi unpers:* **was macht die Arbeit?** sut mae'r gwaith yn dod ymlaen?

♦ *vr* (*Erfolg haben*) **er macht sich** mae e'n gwneud yn dda; **das Bild macht sich gut in der Ecke** mae'r llun yn edrych yn hardd yn y gornel; **sich auf den Weg ~** ei throi hi; **sich an etw** *akk* **~** dechrau ar rth; **sich nützlich ~** rhoi help llaw, gwneud eich hun yn ddefnyddiol; **sich** *dat* **in die Hose ~** (*fig*) bod ag ofn mawr; **sich** *dat* **viel aus jdm/etw ~** hoffi rhn/rhth; **sich über jdn lustig ~** gwneud hwyl am ben rhn, sennu rhn.

Machenschaften *pl* triciau *ll*.

Macher[D] (**-s, -**) *m* (*ugs*) gweithredwr *g*, dyn *g* egnïol.

macho ['matʃo] *adj* (*ugs*) macho, gwrol.

Macho (**-s, -s**) *m* (*ugs*) macho *g*, gwron *g*.

Macht [maxt] (**-, ¨-e**) *f* (*Kraft*) grym *g*, gallu *g*, nerth *g*; (*POL*) pŵer *g*, awdurdod *gb*; **an die ~ kommen** esgyn i rym; **an der ~ sein** bod mewn grym, rheoli; **mit aller ~** hyd eitha'ch gallu, hyd yr eithaf; **das steht nicht in meiner ~** nid yw o fewn fy ngallu; **alles in unserer ~ Stehende** popeth o fewn ein gallu; **die Mächte der Finsternis** galluoedd *ll* y tywyllwch.

Machtergreifung *f* esgyniad *g* i rym.

Machtgier *f* chwant *g* (am bŵer).

Machthaber (**-s, -**) *m* llywodraethwr *g*; **die ~** *pl* pwerau *ll*.

mächtig ['mɛçtɪç, -ɪk] *adj* grymus, pwerus; (*ugs*: *ungeheuer*) enfawr.

♦ *adv:* **er gibt ~ an** mae'n brolio'n ofnadwy.

machtlos *adj* di-rym, analluog.

Macht- *kompos:* **~probe** *f* prawf *g* ar gryfder; **~stellung** *f* safle *g* o awdurdod.

Machtwort *nt:* **ein ~ sprechen** (*Einhalt gebieten*) rhoi eich troed i lawr.

Machwerk *nt* (*pej*) gwaith *g* carbwl.

Macke[D] (**-, -n**) *f* (*ugs*: *Tick*) odrwydd *g*, hynodrwydd *g*; (*Fehler*) nam *g*, gwendid *g*.

Macker[D] (**-s, -**) *m* (*ugs*) bachgen *g*, boi *g*.

MAD *m abk* (= *Militärischer Abschirmdienst*) ≈ MI5.

Mädchen ['mɛːtçən] *nt* merch *b*, geneth *b*; **~ für alles** (*fig*) Siân bob swydd.

mädchenhaft *adj* genethaidd.

Mädchenname (-ns, -n) *m* enw *g* morwynol, enw
  cyn priodi.
Made ['mɑːdə] (-, -n) *f (ZOOL)* cynrhonyn *g*, macai *g*;
  wie die ~ im Speck leben *(fig)* byw'n fras ac yn
  foethus.
Madeira[1] [ma'deːra] *nt (GEOG)* Madeira *b*.
Madeira[2] *m (Wein)* gwin *g* Madeira.
Mädel ['mɛːdl] (-s, - *oder* -s) *nt* hogan *b*, croten *b*.
Mädesüß ['mɛːdəzyːs] *nt (BOT)* chwys *g* Arthur.
madig ['mɑːdɪç, -ɪk] *adj* cynrhonog; **jdm etw ~ machen**
  (fig) troi rhn oddi ar rth.
Madrilene [madri'leːnə] (-n, -n) *m* dyn o Madrid.
Madrilenin (-, -nen) *f* gwraig o Madrid.
mag *vb vgl.* **mögen.**
Mag. *abk =* **Magister.**
Magazin [maga'tsiːn] *nt* stordy *g*; *(Journal)*
  cylchgrawn *g*, cyfnodolyn *g*; *(von Pistole)* storgell
  b.
Magd [mɑːkt] (-, ̈-e) *f* morwyn *b* ar fferm,
  llawforwyn *b*.
Magen ['mɑːgən] (-s, ̈- *oder* -) *m* stumog *b*, cylla *g*;
  sich jdm auf den ~ schlagen troi ar stumog rhn; **den**
  ~ auspumpen pwmpio stumog; **sich** *dat* **den ~**
  verderben troi eich stumog, peri anhwylder ar
  eich stumog; **der Gestank dreht mir den ~ um** mae'r
  drewdod yn troi arna i; **Liebe geht durch den ~** *(fig)*
  trwy'r stumog mae mynd at galon dyn.
Magenbitter *m* chwerwon *ll.*
Magen- *kompos:* **~geschwür** *nt (MED)* briw *g* ar y
  stumog; **~säure** *f* sudd *g* gastrig; **~schmerzen** *pl*
  poen *gb* bol, bola *g* tost; **~verstimmung** *f*
  anhwylder *g* ar y stumog.
mager ['mɑːgər] *adj* tenau, main; *(Fleisch)* coch; *(ugs:*
  mickrig) tila.
Magerkäse *m* caws *g* braster isel.
Magerkeit *f* teneuwch *g*.
Mager- *kompos:* **~milch** *f* llaeth *g* glas, llaeth sgim;
  ~sucht *f (MED)* anorecsia *g*.
magersüchtig *adj* anorectig, diarchwaeth.
Magie [ma'giː] *f* dewiniaeth *b*, hud *g*, swyngyfaredd
  g; **schwarze ~** y gelfyddyd *b* ddu.
Magier ['mɑːgiər] (-s, -) *m* swynwr *g*; *(Zauberkünstler)*
  consuriwr *g*.
Maginotlinie ['maʒinoliːniə] *f (HIST)* Llinell *b* Maginot.
magisch ['mɑːgɪʃ] *adj* hudol, hud, dewinol; **~es**
  Quadrat *(MATH)* sgwâr *gb* hud.
Magister [ma'gɪstər] (-s, -) *m* Athro *g* yn y
  Celfyddydau.
Magisterium [magɪ'steːriʊm] *nt (UNIV)* cwrs *g* M.A.
Magistrat [magɪ'strɑːt] (-(e)s, -e) *m* awdurdodau *ll*
  dinesig/trefol.
Magma ['magma] *nt* magma *g*.

Magnat [ma'gnɑːt] (-en, -en) *m* teicŵn *g*, pennaeth *g*.
Magnesium [ma'gneːziʊm] *nt* magnesiwm *g*.
Magnet [ma'gneːt] *m (PHYS, fig)* magnet *g*.
Magnet- *kompos:* **~band** *nt* tâp *g*; **~feld** *nt (PHYS)* maes *g*
  magnetig.
magnetisch *adj* magnetig.
magnetisieren [magneti'ziːrən] *vt* magneteiddio.
Magnetismus [magne'tɪsmʊs] *m* magnetedd *g*.
Magnetit [magne'tiːt] *m (GEOL)* tynfaen *g*.
Magnet- *kompos:* **~nadel** *f* nodwydd *b* cwmpawd; **~pol**
  m pôl *g* magnetig; **~tafel** *f* bwrdd *g* magnetig.
Mahagoni [maha'goːni] (-s, *kein pl*) *nt* mahogani *g*.
Mahd [mɑːt] *f (AGR)* cynhaeaf *g*.
Mähdrescher ['mɛːdrɛʃər] (-s, -) *m (AGR)* dyrnwr *g*
  medi, combein *g*.
mähen ['mɛːən] *vt* lladd (gwair), medelu, medi;
  Rasen ~ torri'r lawnt.
Mahl [mɑːl] (-(e)s, -e) *nt* pryd *g* o fwyd; **ein einfaches**
  ~ bwyd *g* plaen.
mahlen ['mɑːlən] *irreg vt* malu, briwo; **wer zuerst**
  kommt, mahlt zuerst y cyntaf i'r felin gaiff falu.
Mahlzahn (-(e)s, ̈-e) *m (ANAT)* dant *g* malu, cilddant
  g.
Mahlzeit (-, -en) *f* pryd *g* o fwyd; **~!** mwynhewch
  eich bwyd!
Mahnbrief (-(e)s, -e) *m* nodyn *g* atgoffa.
Mähne ['mɛːnə] (-, -n) *f* mwng *g*; *(von Mensch)* mop *g*
  o wallt.
mahnen ['mɑːnən] *vt* atgoffa; *(warnen)* rhybuddio;
  (JUR: wegen Zahlung) hawlio taliad gan; *(auffordern)*
  jdn zur Eile ~ annog/cymell rhn i frysio.
Mahn- *kompos:* **~gebühr** *f* ffi *b* atgoffa; **~mal** *nt* carreg
  b goffa; **~schreiben** *nt =* **Mahnbrief.**
Mahnung (-, -en) *f* rhybudd *g*; *(Mahnbrief)* nodyn *g*
  atgoffa.
Mähre ['mɛːrə] (-, -n) *f (pej)* caseg *b*.
Mähren ['mɛːrən] *nt (GEOG)* Morafia *b*.
Mai [maɪ] *m (mis)* Mai *g*; **im (Monat) ~** ym mis Mai;
  heute ist der zweite ~ yr ail o Fai yw hi heddiw; **in**
  diesem ~ y mis Mai hwn; **Anfang ~** ddechrau mis
  Mai.
Maibaum *m ≈* polyn *g* Mai.
Maid [maɪt] (-, -en) *f (geh)* meinir *b*, rhiain *b*.
Mai- *kompos:* **~feiertag** *m* Calan *g* Mai; **~glöckchen** *nt*
  (BOT) lili *b*'r dyffrynnoedd, lili'r maes; **~käfer** *m*
  chwilen *b* Mai.
Mailand ['maɪlant] *nt (GEOG)* Milan *b*.
Mais [maɪs] (-es, -e) *m (KOCH)* india-corn *g*.
Mais- *kompos:* **~kolben** *m* cobyn *g* corn, tywysen *b*
  corn; **~mehl** *nt* blawd *g* india-corn.
Majestät [maje'stɛːt] *f (Größe)* mawredd *g*;
  (Ehrwürdigkeit) urddas *g*; *(Titel)* mawrhydi *g*; **Seine ~**

Ei Fawrhydi, **Eure** ~ Eich Mawrhydi.

majestätisch *adj (auch fig)* aruchel, mawreddog, arddunol.

Majestätsbeleidigung *f* teyrnfradwriaeth *b.*

Majonäse [majoˈnɛːzə] *f (KOCH)* = **Mayonnaise.**

Major [maˈjoːr] (-s, -e) *m (Armee)* uchgapten *g; (in Österreich)* is-gyrnol *g; (Luftwaffe)* sgwadron-bennaeth *g.*

Majoran [majoˈraːn] *m (BOT)* mintys *ll* y creigiau.

makaber [maˈkɑːbər] *adj* erchyll, macâbr.

Makedonien [makeˈdoːniən] *nt* = **Mazedonien.**

makedonisch *adj* = **mazedonisch.**

Makel [ˈmɑːkəl] (-s, -) *m* nam *g,* diffyg *g; (moralisch)* mefl *g;* **ohne** ~ heb fai, di-nam, di-fefl.

makellos *adj* di-fefl, di-halog, difrycheulyd, glân.

mäkeln[D] [ˈmɛːkəln] *vi:* ~ **an** gweld bai ar, hel beiau yn.

Make-up [mɛːkˈʔap] *nt* colur *g.*

Makkaroni [makaˈroːni] *pl (KOCH)* macaroni *g.*

Makler [ˈmɑːklər] (-s, -) *m* brocer *g; (Grundstücks~)* gwerthwr *g* eiddo.

Makler- *kompos:* ~**büro** *nt* broceriaeth *b;* ~**gebühr** *f* comisiwn *g* brocer.

Makrele [maˈkreːlə] (-, -n) *f (ZOOL)* macrell *gb.*

Makro- *in kompos* macro-.

Makrone[D] [maˈkroːnə] (-, -n) *f (KOCH)* bisgïen *b* almon, macarŵn *g.*

Makroökonomie *f* macro-economeg *b.*

Mal[1] [mɑːl] (-(e)s, -e) *nt (Zeichen)* arwydd *gb; (Mutter~)* man *g* geni; *(Schand~)* stigma *g.*

Mal[2] *nt (Zeitpunkt)* tro *g,* adeg *b,* gwaith *b;* **ein für alle** ~ unwaith ac am byth; **mit einem** ~ yn ddisymwth; **zum letzten** ~ am y tro olaf; **manches** ~ ar dro.

mal[1] *adv (MATH)* lluosi; *(beim Messen)* **fünf** ~ **drei Meter** pum metr wrth dri metr.

♦ *als Suffix* gwaith; **ein~, zwei~, drei~** *usw* unwaith, dwywaith, tair gwaith *ayb.*

mal[2D] *adv (einmal)* **hast du** ~ **Zeit?** a oes amser gen ti (rywbryd)?

Malaie [maˈlaiə] (-n, -n) *m* Maleiad *g.*

malaiisch *adj* Maleiaidd.

Malaiisch *nt (Sprache)* Maleieg *b.*

Malaria [maˈlɑːria] *f (MED)* malaria *g.*

Malaysia [maˈlaizia] *nt (GEOG)* Maleisia *b.*

Malaysier(in) *m(f)* Maleisiad *g.*

malaysisch *adj* Maleisiaidd.

Malbuch *nt* llyfr *g* lliwio.

malen [ˈmɑːlən] *vt* arlunio, peintio; *(fig: beschreiben)* darlunio, portreadu.

Maler (-s, -) *m (Kunst~)* arlunydd *g; (Anstreicher)* peintiwr *g.*

Malerei [mɑːləˈrai] *f (KUNST)* peintio *g; (Werk)* paentiad

g.

Malerin *f (Kunst~)* arlunydd *g.*

malerisch *adj* golygfaol, hardd.

Malheur [maˈløːr] (-s, -e *oder* -s) *nt* trychineb *gb.*

Malkasten (-s, ¨-) *m* blwch *g* paent.

Mallorca [maˈlɔrka] *nt (GEOG)* Maiorca *b.*

malochen[D] [maˈlɔxən] *vi* slafio, llafurio, ymlafnio.

Malta [ˈmalta] *nt (GEOG)* Malta *b.*

Malteser [malˈteːzər] *m* (~**in** *f*) rhn o Falta.

Malteser-Hilfsdienst *m* ≈ Brigâd *b* Ambiwlans Sant Ioan.

Malteserkreuz *nt* croes *b* Malta.

maltesisch *adj* Maltaidd.

Maltesisch *nt (Sprache)* Malteg *b.*

malträtieren [maltrɛˈtiːrən] *vt* cam-drin, poenydio.

Malz [malts] (-es, *kein pl*) *nt* brag *g.*

Malz- *kompos:* ~**bier** *nt* cwrw *g* brag; ~**bonbon** *nt* losin *g* peswch; ~**kaffee** *m* coffi *g* brag; ~**likör** *m* brag *g;* ~**whisky** *m* chwisgi *g* brag; ~**zuckerl**[A] *nt* losin *g* peswch.

Mama [ˈmamaː] (-, -s) *f* mam *b.*

Mammographie [mamɔgraˈfiː] *f (MED)* mamograffeg *b.*

Mammut [ˈmamʊt] (-s, -e *oder* -s) *nt (ZOOL)* mamoth *g.*

♦ *in kompos* anferth, enfawr; ~**anlagen** *pl (IND)* ffatri *b* anferth, peiriannau *ll* enfawr; ~**aufgabe** *f* talcen *g* caled; ~**projekt** *nt* gwaith *g* am flynyddoedd.

mampfen [ˈmampfən] *vt, vi (ugs)* crensian, cnoi.

man [man] *unpers pron:* ~ **sagt, dass ...** dywedir bod...; **man nehme ...** cymerer...; **das tut** ~ **nicht** ni wneir hynny; **wie schreibt** ~ **das?** sut mae ysgrifennu hynny? ~ **hat mir gesagt** dywedodd rhywun wrthyf.

Management [ˈmɛnɪdʒmənt] *nt (COMM)* rheolwyr *ll,* rheolaeth *b.*

managen [ˈmɛnɪdʒən] *vt (ugs: leiten)* rheoli, llywio; *(ugs: schaffen)* **ich manage das schon!** dof i ben â hynny!

Manager (-s, -) *m* rheolwr *g,* gweithredwr *g;* ~**in** (-, -nen) *f* rheolwraig *b,* gweithredwraig *b.*

manch [manç] *indekl pron* ambell un; ~ **einer** llawer un, sawl un.

manche *adj, pron* rhai, rhywrai; ~**s Mal** ar dro.

mancherlei [mançərˈlai] *indekl adj* amryw.

♦ *pron* amryw bethau.

Manchester [ˈmɛntʃɛstər] *nt (GEOG)* Manceinion *b.*

manchmal *adv* weithiau.

Mandant [manˈdant] (-en, -en) *m* (~**in** *f*) *(JUR)* cleient *g.*

Mandarin[1] [mandaˈriːn] *m* mandarin *g.*

Mandarin[2] *nt (Sprache)* yr iaith Fandarin.

Mandarine [mandaˈriːnə] *f (BOT)* mandarin *g,* tanjerîn *g.*

Mandat [manˈdɑːt] (-(e)s, -e) *nt* mandad *g;* **sein** ~

verlieren *(Parlament)* colli'ch sedd.

Mandatar [manda'tɑːr] (**-s**, **-e**) *m (POL)* cynrychiolwr *g*; **~in** *f* cynrychiolwraig *b*.

Mandel ['mandəl] (**-**, **-n**) *f (KOCH)* almon *b*, cneuen *b* almon; *(ANAT)* tonsil *g*, cilchwarren *b*.

Mandel- *kompos:* **~baum** *m (BOT)* pren *g* almon; **~entzündung** *f (MED)* tonsilitis *g*, cwins *g*; **~extrakt** *nt (KOCH)* rhinflas *g* almon.

Mandrill ['mandrɪl] *m (ZOOL)* babwn *g* wyneblas, mandril *g*.

Mandschurei [mandʒu'raɪ] *f (GEOG)* die ~ Manshwria *b*.

Manege [ma'nɛːʒə] *f* cylch *g* syrcas.

Mangel[1] ['maŋəl] (**-**, **-n**) *f* mangl *g*, gwasgwr *g* dillad; **durch die ~ drehen** *(Wäsche)* manglo; *(fig: Person)* rhoi rhn trwy'r felin, rhoi amser caled i rn.

Mangel[2] ['maŋəl] (**-s**, **¨-**) *m* diffyg *g*; *(Knappheit)* prinder *g*; *(Fehler)* diffyg *g*, nam *g*, gwendid *g*; **~ an** *+dat* diffyg, prinder; **aus ~ an** *+dat* o ddiffyg; **~ an Selbstvertrauen** diffyg hyder.

Mangelerscheinung *f (MED)* symptom *g* o ddiffygiant, arwydd *gb* diffygiant.

mangelhaft *adj* diffygiol; *(Schulnote)*[D] anfoddhaol.

mangeln ['maŋəln] *vi unpers:* **es mangelt jdm an etw** *dat* mae rhn yn brin o rth.

mangels *präp +gen* oherwydd prinder.

Mangelware *f* nwyddau *ll* prin.

Mango ['maŋgo] (**-**, **-s**) *f (BOT)* mango *g*.

Mangold ['maŋgɔlt] *m (BOT)* gorfetysen *b*.

Manie [ma'niː] *f* obsesiwn *g*.

Manier [ma'niːr] (**-**, *kein pl*) *f* dull *g*, ffordd *b*, modd *g*; *(pej)* ystum *gb*.

Manieren *pl* moesau *ll*.

manieriert [mani'riːrt] *adj (gekünstelt)* annaturiol, gormodol.

manierlich [ma'niːrlɪç] *adj* moesgar, syber, cwrtais.

Manifest [mani'fɛst] (**-(e)s**, **-e**) *nt (POL)* maniffesto *g*, datganiad *g*.

Maniküre [mani'kyːrə] *f* triniaeth *b* dwylo.

Manipulation [manipulatsi'oːn] (**-**, **-en**) *f* defnyddiad *g*, dylanwad *g*.

manipulieren [manipu'liːrən] *vt* trin yn ddeheuig; *(Person)* dylanwadu ar, defnyddio.

Manko ['maŋko] *nt* diffyg *g*.

Mann [man] (**-(e)s** **¨-er**) *m* dyn *g*, gŵr *g*, gwryw *g*; *(Ehe~)* gŵr (priod); *(NAUT)* criw, dynion *ll*; **ein ~ von Charakter** dyn o gymeriad; **ein ~ von Welt** dyn soffistigedig; **junger ~** gŵr ifanc; **zehn ~** deg o ddynion; **seinen ~ stehen** *(fig)* dal eich tir; **etw an den ~ bringen** *(ugs)* cael gwared â rhth, llwyddo gwerthu rhth; **mit ~ und Maus untergehen** suddo gyda'r holl griw; **einen ~ im Ohr haben** *(ugs)*[D] bod

yn wallgof.

Manna ['mana] *nt (REL)* manna *g*.

Männchen ['mɛnçən] (**-s**, **-**) *nt* dynan *g*, dyn *g* bach; *(Tier)* gwryw *g*; **~ machen** *(Hund)* codi ar ei goesau ôl.

Mannequin [manə'kɛː] (**-s**, **-s**) *nt* model *b* (ffasiwn).

Männerchor ['mɛnərkoːr] *m* côr *g* meibion.

Männersache ['mɛnərzaxə] *f (Angelegenheit)* mater *g* i'r dynion; *(Arbeit)* swydd *b* dyn.

mannigfaltig ['manɪçfaltɪç, 'manɪkfaltɪk] *adj* amrywiol.

Mannigfaltigkeit *f* amrywiaeth *gb*.

männlich ['mɛnlɪç] *adj* dynol; *(BIOL)* gwryw; *(fig: GRAM)* gwrywaidd; **~es Model** *(Mode)* model *g*; **~er Wal** tarw *g* morfil.

Männlichkeit *f* dyndod *g*, dynoldeb *g*, dynoliaeth *b*.

Mannsbild *nt (pej)* bachan *g*, hogyn *g*, boi *g*.

Mannschaft (**-**, **-en**) *f (SPORT, fig)* tîm *g*; *(AERO, NAUT)* criw *g*, dwylo *ll*; *(MIL)* milwyr *ll* cyffredin.

Mannschaftsgeist *m* ysbryd *g* cyd-dynnu.

Mannweib *nt (pej)* cloben *b*, menyw *b* wrywaidd.

Manometer [mano'meːtər] *nt (TECH)* mesurydd *g* pwysedd/gwasgedd.

Manöver [ma'nøːvər] *nt* symudiad *g*; *(MIL)* cad-drefniad *g*; **~ abhalten** cad-drefnu.

manövrieren [manø'vriːrən] *vt (Fahrzeug)* manwfro.

Mansarde [man'zaːrdə] (**-**, **-n**) *f* croglofft *b*, atig *b*, taflod *b*.

Manschette [man'ʃɛtə] (**-**, **-n**) *f* cyffsen *b*, torch *gb* llawes; *(TECH)* llawes *b*.

Manschettenknopf (**-(e)s**, **¨-e**) *m* dolen *b* lawes.

Manta ['manta] *m (ZOOL)* morcath *b*.

Mantel ['mantəl] (**-s**, **¨-**) *m* cot *b*, côt *b*; *(Umhang)* mantell *b*; *(TECH)* cas *g*.

Mantelsack[A] *m* llogell *b*.

Manteltarifvertrag[D] *m (POL)* cytundeb *g* cyffredinol ar amodau gwaith/cyflogaeth.

Manteltasche (**-**, **-n**) *f* llogell *b*.

Manuskript [manu'skrɪpt] (**-(e)s**, **-e**) *nt* llawysgrif *b*; *(für Buch)* teipysgrif *b*; *(MUS)* papur *g* erwydd.

Mappe ['mapə] (**-**, **-n**) *f (Ordner)* ffolder *gb*, plygell *b*; *(Tasche)* bag *g* dogfennau.

Marathon ['maratɔn] *m (SPORT)* marathon *b*.

Märchen ['mɛːrçən] (**-s**, **-**) *nt* stori *b* tylwyth teg, stori hud a lledrith, chwedl *b*.

märchenhaft *adj* chwedlonol; *(fig)* ardderchog.

Märchen- *kompos:* **~onkel** *m* storïwr *g*; **~prinz** *m* tywysog *g* hawddgar.

Marder ['mardər] (**-s**, **-**) *m (ZOOL)* bele *g*.

Mare ['maːrə] *nt (veraltet: Meer)* môr *g*; *(ASTRON)* mare *g*; **~ nostrum** Môr y Canoldir.

Margarine [marga'riːnə] *f (KOCH)* margarîn *g*.

Marge ['maːrʒə] (**-**, **-n**) *f (COMM)* maintioli *b*.

marginal [margi'nɑ:l] *adj* ymylol.

Maria [ma'ri:a] *f (REL)* Mair *b*.

Marien- *kompos:* **~bild** *nt* darlun *g* o'r Forwyn Fair; **~käfer** *m (ZOOL)* buwch *b* fach gota, buwch goch gota.

Marihuana [marihu'ɑ:na] (**-s**) *nt (BOT)* mariwana *g*; *(Droge)* pot *g*.

Marille[A] [ma'rɪlə] *f* bricyllen *b*, apricot *b*.

Marinade [mari'nɑ:də] *f (KOCH)* marinâd *g*.

Marine [ma'ri:nə] *f (MIL)* llynges *b*.

marineblau *adj* glas tywyll.

Marine- *kompos:* **~leutnant** *m (MIL)* lifftenant *g*; **~offizier** *m* swyddog *g* y llynges; **~soldat** *m* môr-filwr *g*.

marinieren [mari'ni:rən] *vt (KOCH)* marinadu.

Marionette [mario'nɛtə] *f* pyped *g*.

Marionetten- *kompos:* **~regierung** *f (POL)* llywodraeth *b* byped; **~theater** *nt* theatr *b* bypedau.

maritim [mari'ti:m] *adj* morol.

Mark[1] [mark] (**-**, **-**) *f (Geld)* marc *g*.

Mark[2] (**-(e)s**, *kein pl) nt (Knochen~)* mêr *g*, bywyn *g*; *(Frucht~)* mwydion *ll*; **jdm durch ~ und Bein gehen** codi arswyd ar rywun; **jdn bis ins ~ treffen** brifo rhn i'r byw.

Mark[3] (**-**, **-en**) *f (Grenzland)* gororau *ll*.

markant [mar'kant] *adj* trawiadol, blaenllaw.

Marke ['markə] (**-**, **-n**) *f (Brief~)* stamp *g*; *(COMM: Name)* enw *g* masnachol, nod *gb*; *(Fabrikat)* gwneuthuriad *g*; *(Essens~)* tocyn *g*; *(aus Metall usw)* bathodyn *g*, tocyn *g*.

Marken- *kompos:* **~artikel** *m* nwydd *g* patent; **~butter** *f* menyn *g* o'r ansawdd gorau; **~name** *m* enw *g* masnachol; **~ware** *f* nwyddau *ll* brand; **~zeichen** *nt* nod *g* masnach.

Marker ['markər] (**-s**, **-**) *m (Stift)* marciwr *g*.

Marketing ['markətɪŋ] *nt (COMM)* marchnata *g*.

Marketing-Manager(in) *m(f) (COMM)* swyddog *g* marchnata.

markieren [mar'ki:rən] *vt* marcio; *(ugs: vorgeben)* actio; **den starken Mann ~** rhodresa.

Markierung (**-**, **-en**) *f* marc *g*, man *g*.

markig[D] ['markɪç, -ɪk] *adj (fig)* cryf.

Markise [mar'ki:zə] (**-**, **-n**) *f* adlen *b*, canopi *g*.

Markstück *nt* darn *g* un marc.

Markt [markt] (**-(e)s**, **¨-e**) *m* marchnad *b*; *(Basar)* basâr *g*; **auf den ~ bringen** lansio; **auf dem ~** *(erhältlich)* ar y farchnad; **freier ~** marchnad rydd; **der Gemeinsame ~** y Farchnad Gyffredin.

Markt- *kompos:* **~analyse** *f* dadansoddiad *g* o anghenion y farchnad; **~anteil** *m* cyfran *b* o'r farchnad; **~forschung** *f* ymchwil *gb* marchnata.

marktgängig *adj* marchnatadwy, hawdd ei werthu.

marktgerecht *adj* yn addas ar gyfer anghenion y farchnad.

Markt- *kompos:* **~halle** *f* marchnad *b*, neuadd *b* y farchnad; **~lücke** *f*, **~nische** *f (COMM)* bwlch *g*; **~ort** *m* tref *b* farchnad; **~platz** *m* sgwâr *gb* y farchnad; **~preis** *m* pris *g* y farchnad; **~studie** *f* ymchwil *gb* marchnata; **~tag** *m* diwrnod *g* marchnad; **~wert** *m* gwerth *g* ar y farchnad, marchnadwerth *b*.

Marktwirtschaft *f* economi *gb* marchnad, economi rhyddfentrus.

marktwirtschaftlich *adj* rhyddfentrus.

Marmelade [marmə'lɑ:də] (**-**, **-n**) *f* jam *g*, cyffaith *g*.

Marmeladenglas *nt* pot *g* jam.

Marmor ['marmɔr] (**-s**, **-e**) *m* marmor *g*; **aus ~** o farmor.

marmorieren [marmo'ri:rən] *vt* britho.

Marmorkuchen *m (KOCH)* teisen *b* Fadeira.

marmorn *adj* o farmor.

Marmorstatue *f* cerflun *g* o farmor.

Marokko [ma'rɔko] (**-s**) *nt (GEOG)* Moroco *b*.

Marone[D] [ma'ro:nə] (**-**, **-n** *oder* **Maroni**) *f* castan *b*, cneuen *b* gastan.

Maroni[A] *f* = **Marone**.

Marotte [ma'rɔtə] (**-**, **-n**) *f* chwiw *b*, mympwy *g*.

Mars [mars] *m (ASTRON)* Mawrth *g*.

marsch [marʃ] *excl:* **~! ~!** brysia! brysiwch! **~ ins Bett!** i'r gwely â chi! *(MIL)* **~!** brasgamwch!

Marsch[1] (**-**, **-en**) *f* cors *b*, ffen *g*.

Marsch[2] (**-(e)s**, **¨-e**) *m* ymdaith *b*; *(MUS)* ymdeithgan *b*; **jdm den ~ blasen** *(ugs)* rhoi pryd o dafod i rn.

Marschbefehl *m (MIL)* gorchymyn *g* i gychwyn.

marschbereit *adj* parod i symud.

Marschflugkörper *m (MIL)* taflegryn *g*, roced *b*.

marschieren [mar'ʃi:rən] *vi (+sein)* ymdeithio, troedio.

Marsch- *kompos:* **~land** *nt* tir *g* corsiog, mignen *b*, ffendiroedd *ll*; **~lied** *nt* ymdeithgan *b*; **~verpflegung** *f* dognau *ll*; *(MIL)* dognau *ll* milwr.

Marsmensch *m* Mawrthiad *g*.

martern ['martərn] *vt* merthyru, poenydio.

Märtyrer ['mɛrtyrər] (**-s**, **-**) *m* (**~in** *f*) merthyr *g*.

Märtyrertod *m* merthyrdod *g*.

Martyrium [mar'ty:rium] *nt* merthyrdod *g*, poenydiad *g*; *(fig)* profedigaeth *b*.

Marxismus [mar'ksɪsmus] *m (POL)* Marcsaeth *b*.

Marxist [mar'ksɪst] (**-en**, **-en**) *m* (**~in** *f*) *(POL)* Marcsydd *g*.

marxistisch *adj* Marcsaidd.

März [mɛrts] *m* (mis) Mawrth *g*; **im ~** ym mis Mawrth; **heute ist der zweite ~** yr ail o Fawrth yw hi heddiw; **diesen ~** y mis Mawrth hwn; **Anfang/Ende ~** ddechrau/ddiwedd mis Mawrth.

Märzenbecher[A] *m (BOT)* cenhinen *b* Bedr, daffodil *g*.

Marzipan [martsi'pɑːn] *nt (KOCH)* marsipán *g*.

Masche ['maʃə] (-, -n) *f (in Netz)* magl *b*; *(Strick~)* pwyth *g*; *(fig: Trick)* cast *g*, tric *g*; **das ist die neueste ~** dyma'r ffasiwn diweddaraf; **durch die ~n schlüpfen** dianc drwy'r rhwyd.

Maschendraht *m* rhwyll *b* wifrog.

Maschine [ma'ʃiːnə] (-, -n) *f* peiriant *g*; *(Motor)* injan *b*, modur *g*; *(ugs: Motorrad)* beic *g* modur; **~ schreiben** teipio.

maschinegeschrieben *adj* = **maschingeschrieben**.

maschinell [maʃi'nɛl] *adj* mecanyddol, peirianol.

Maschinen- *kompos:* **~ausfallzeit** *f* amser *g* segur peiriant; **~bau** *m (Fach)* peirianneg *b*; **~bauer** *m* peiriannydd *g*; **~führer** *m* dyn *g* gweithio peiriant.

maschinengeschrieben[D] *adj* = **maschingeschrieben**.

Maschinen- *kompos:* **~gewehr** *nt* dryll *g* peiriannol; **~haus** *nt* peiriandy *g*.

maschinenlesbar *adj (COMP)* darllenadwy gan beiriant.

Maschinen- *kompos:* **~pistole** *f* peirianddryll *g* bychan; **~raum** *m (NAUT)* gweithdy *g* peiriannau; **~schaden** *m* nam *g* peiriannol; **~schlosser** *m* gosodwr *g*, ffitiwr *g*; **~schrift** *f* teipysgrif *b*; **~sprache** *f (COMP)* iaith *b* côd peiriant; **~straße** *f* robot *g*.

Maschinerie [maʃinə'riː] *f* peirianwaith *g*.

maschingeschrieben[A] *adj* wedi ei deipio, teipiedig; **~er Text** teipysgrif *b*.

Maschinist [maʃi'nɪst] (-en, -en) *m* dyn *g* gweithio peiriant; *(NAUT)* taniwr *g*.

maschinschreiben[A] *irreg vi* teipio; *vgl.* **Maschine**.

Maser ['mɑːzər] *f (von Holz)* graen *g*.

Masern ['mɑːzərn] *pl (MED)* brech *b* goch.

masern *vt* graenio.

Maserung *f* graen *g*.

Maske ['maskə] (-, -n) *f* mwgwd *g*, masg *g*.

Maskenball *m* dawns *b* gwisg ffansi.

Maskenbildner(in) *m(f)* colurwr(aig) *g(b)*.

Maskerade [maskə'rɑːdə] *f* mygydu *g*.

maskieren [mas'kiːrən] *vt* mygydu; *(verkleiden)* celu.
♦ *vr* cuddwisgo, gwisgo dillad ffansi.

Maskottchen [mas'kɔtçən] (-s, -) *nt* masgot *g*.

maskulin [masku'liːn] *adj (GRAM)* gwrywaidd.

Masochismus [mazo'xɪsmus] *m* masocïaeth *g*.

Masochist(in) *m(f)* masocist *g*.

masochistisch *adj* masocistig.

Maß[1] [mɑːs] *nt* mesur *g*; *(Mäßigung)* cymedroldeb *g*; *(Grad)* gradd *b*; **über alle ~en** tu hwnt i fesur; **in ~en** gyda chymedroldeb; **~ halten** arfer cymedroldeb; **mit zweierlei ~ messen** *(fig)* mesur â dwy lathen; **sich** *dat* **etw nach ~ anfertigen lassen** cael rhth wedi ei wneud i fesur; **in besonderem ~e** yn arbennig;

das ~ ist voll *(fig)* dyna ddigon (o hynny).

Maß[2] *f* litr *g* o gwrw.

maß *vb vgl.* **messen**.

Massage [ma'sɑːʒə] (-, -n) *f* tyliniad *g*.

Massaker [ma'sɑːkər] *nt* cyflafan *b*, galanas *gb*.

Maß- *kompos:* **~anzug** *m* siwt *b* (a wnaed) wrth fesur; **~arbeit** *f (fig)* campwaith *g*; **~band** *nt* tâp *g* mesur, incil *g* mesur.

Masse ['masə] (-, -n) *f (PHYS)* màs *g*; *(Teig~)* cymysgedd *g*, toes *g*; *(Haufen)* swmp *g*; *(Volk)* torf *b*; **die breite ~** mwyafrif mawr y bobl; **eine ganze ~** *(ugs)* llawer iawn.

Maß- *kompos:* **~einheit** *f* uned *b* fesur; **~einteilung** *f* graddfa *b*.

Massen- *kompos:* **~artikel** *m* masgynnyrch *g*; **~blatt** *nt* tabloid *g*; **~grab** *nt* bedd *g* torfol.

massenhaft *adj* digonedd *o*, peth wmbredd *o*.

Massen- *kompos:* **~medien** *pl* cyfryngau *ll* torfol; **~produktion** *f* masgynhyrchiad *g*; **~veranstaltung** *f* cyfarfod *g* mawr, rali *b*; **~ware** *f* masgynnyrch *g*.

massenweise *adv* ar raddfa fawr.

Masseur [ma'søːr] (-s, -e) *m* tylinwr *g*.

Masseuse [ma'søːzə] (-, -n) *f* tylinwraig *b*; *(pej)* putain. *b*.

maßgebend *adj* awdurdodol; *(entscheidend)* blaenllaw, tyngedfennol.

maßgeblich *adj* blaenllaw, tyngedfennol.

maßgeschneidert *adj (Anzug)* teilwredig, wedi ei wneud i fesur.

Maß halten *irreg vi vgl.* **Maß**[1].

massieren [ma'siːrən] *vt* tylino.

massig ['masɪç, -ɪk] *adj* anferth, enfawr; *(ugs)* llwythi *o*.

mäßig ['mɛːsɪç, -ɪk] *adj* cymedrol, diddrwg-dida.

mäßigen ['mɛːsɪɡən] *vt* cymedroli; **sein Tempo ~** arafu.

Mäßigkeit *f* cymedroldeb *g*.

massiv [ma'siːf] *adj* solet, trwm; *(fig)* enfawr.

Massiv *nt (GEOG)* masiff *g*.

Maßkrug *m* tancard *g*.

maßlos *adj* gormodol, eithafol.

Maßnahme (-, -n) *f* mesur *g*, cam *g*; **~n ergreifen** cymryd mesurau.

maßregeln *vt untrenn* dweud y drefn wrth.

Maßstab (-(e)s, -̈e) *m (Latte)* pren *g* mesur, llathen *b*; *(Proportion)* graddfa *b*; *(fig)* safon *b*; **als ~ dienen** bod yn faen prawf.

maßstabgetreu *adj* = **maßstabsgetreu**.

maßstabsgetreu *adj* ar raddfa gywir.

Mast [mast] (-(e)s, -en) *m (NAUT)* hwylbren *g*; *(Telegrafen~)* polyn *g* telegraff.

Mast- *kompos:* **~baum** *m (NAUT)* hwylbren *g*; **~darm** *m*

(ANAT) rectwm *g.*

mästen ['mɛstən] *vt* pesgi, tewhau.

Mastrind *nt* llo *g* pasgedig.

Masturbation [masturbatsi'o:n] *f* mastyrbiad *g.*

masturbieren [mastur'bi:rən] *vi* mastyrbio.

Material [materi'ɑ:l] (-s, -ien) *nt* defnydd *g*, deunydd *g*; *(Versorgungs~)* ordnans *g.*

Material- *kompos:* **~ermüdung** *f* lludded *g*; **~fehler** *m* nam *g.*

materialisieren [materiali'zi:rən] *vr* sylweddu.

Materialismus [materia'lɪsmus] *m* materoliaeth *b.*

Materialist [materia'lɪst] (-en, -en) *m* materolwr *g*; **~in** *f* materolwraig *b.*

materialistisch [materia'lɪstɪʃ] *adj* materol.

Material- *kompos:* **~kosten** *pl* cost *b* defnyddiau; **~prüfung** *f* rheolaeth *b* ar ddefnyddiau.

Materie [ma'te:riə] *f* sylwedd *g*, mater *g*; *(Thema)* mater *g*, thema *b.*

materiell [materi'ɛl] *adj* materol.

Mathe *f abk* = **Mathematik.**

Mathematik [matema'ti:k] *f* mathemateg *b.*

Mathematiker [mate'mɑ:tɪkər] (-s, -) *m* (**~in** *f*) mathemategydd *g.*

mathematisch [mate'mɑ:tɪʃ] *adj* mathemategol.

Matjeshering ['matjəshe:rɪŋ] (-s, -e) *m (KOCH)* pennog/penogyn *g* ifanc hallt.

Matratze [ma'tratsə] (-, -n) *f* matres *gb.*

Mätresse [mɛ'trɛsə] (-, -n) *f (pej)* gordderch *b.*

Matrix ['matrɪks] (-, **Matrizen** *oder* **Matrizes**) *f (MATH)* matrics *g.*

Matrixdrucker *m (COMP)* argraffydd *g* matrics.

Matrize [ma'trɪtsə] (-, -n) *f* matrics *g*; *(zum Abziehen)* stensil *g.*

Matrone [ma'tro:nə] *f* gwraig *b* mewn oed.

Matrose [ma'tro:zə] (-n, -n) *m (NAUT)* morwr *g*, llongwr *g.*

Matrosen- *kompos:* **~lied** *nt* sianti *b*; **~mütze** *f* het *b* longwr.

Matsch [matʃ] (-(e)s, *kein pl*) *m* mwd *g*; *(Schnee~)* eira *g* gwlyb, slwsh *g.*

matschig *adj* mwdlyd, soeglyd.

matt [mat] *adj (müde)* egwan, diegni; *(glanzlos)* pŵl, dilewyrch; *(Schach)* mat; **jdn ~ setzen** rhwystro rhn; **~ werden** *(Glanz verlieren)* pylu.

Matt *nt (Schach)* siachmat *g.*

Matte ['matə] (-, -n) *f* mat *g*, rŷg *b*; **auf der ~ stehen**[D] bod wrth y drws.

Mattheit *f* anegni *g.*

Mattscheibe[D] *f (TV)* sgrîn *b*; **~ haben** *(ugs)* mynd yn nos arnoch.

Matura[AS] [ma'tu:ra] *f (SCH)* ≈ lefel *b* A, Safon *b* Uwch.

Maturant[AS] [matu'rant] (-en, -en) *m* (**~in** *f*) *(SCH)*

ymgeisydd *g* lefel A.

Mätzchen ['mɛtsçən] *nt (ugs)* campau *ll*, dwli *g*; **~ machen** ffwdanu.

mau [mau] *adj (ugs)* gwael, sal.

Mauer ['mauər] (-, -n) *f* wal *b*, mur *g.*

Mauerblümchen (-s, -) *nt (fig)* un na chaiff gynnig i ddawnsio.

mauern ['mauərn] *vi* gosod briciau; *(SPORT)* blocio.
♦ *vt* adeiladu, codi.

Mauer- *kompos:* **~schwalbe** *f (ZOOL)* gwennol *b*; **~segler** *m* gwennol *b* ddu; **~werk** *nt* bricwaith *g*, gwaith *g* maen.

Maul [maul] (-(e)s, ¨-er) *nt* safn *b*, genau *g*; *(pej)* lap *g*; **halt's ~!** *(vulg)* cau dy lap! **darüber werden sich die Leute das ~ zerreißen** *(ugs)* fe fydd hyn yn gwneud i bobl hel clecs; **dem Volk aufs ~ schauen** gwrando ar gwyn y werin.

Maulbeerbaum (-(e)s, ¨-e) *m (BOT)* morwydden *b.*

Maulbeere (-, -n) *f (BOT)* morwydden *b*, mwyaren *b* Mair.

maulen ['maulən] *vi (ugs)* grwgnach, cega.

Maulesel (-s, -) *m* mul *g*, mules *b.*

maulfaul *adj (ugs)* di-sgwrs, di-ddweud, tawedog.

Maul- *kompos:* **~korb** *m* penffrwyn *g*; **~sperre** *f* genglo *g*; **~tasche** *f (KOCH)* rafioli *g*; **~tier** *nt* mul *g.*

Maul- und Klauenseuche *f* clwyf *g* y traed a'r genau.

Maulwurf (-(e)s, ¨-e) *m (ZOOL)* gwahadden *b*, twrch *g* daear.

Maulwurfshügel *m* pridd *g* gwadd.

Maure ['maurə] (-, -n) *m (HIST)* Mŵr *g.*

Maurer ['maurər] (-s, -) *m* briciwr *g*, masiwr *g*; **pünktlich wie die ~** yn brydlon iawn.

Maurerkelle (-, -n) *f* trywel *g.*

Mauretanien [maurə'tɑ:niən] (-s) *nt* Mawritania *b.*

maurisch ['maurɪʃ] *adj* Mwraidd.

Maus [maus] (-, ¨-e) *f (ZOOL, COMP)* llygoden *b*; **Mäuse** *pl (ugs)*[D] arian *g*; **weiße ~** *(ugs)* plisman ar feic modur; **weiße Mäuse sehen** gweld y bliws, cael yr orors; **da beißt die ~ keinen Faden ab** does dim all neb ei wneud ynghylch hynny.

mauscheln ['mauʃəln] *vi, vi (ugs: munkeln)* trafod yn llechwraidd.

mäuschenstill ['mɔysçən'ʃtɪl] *adj* mor dawel â llygoden.

Mausefalle (-, -n) *f* trap *g* llygod.

Mäusefänger (-s, -) *m* llygotwr *g.*

mausen ['mauzən] *vi* dal llygod.
♦ *vt (ugs:*[D] *stehlen)* pinsio, dwyn.

mausern ['mauzərn] *vr* bwrw plu.

mausetot *adj* yn farw gelain, cyn farwed â hoelen.

Maut [maut] (-, -en) *f (Straßen~)* toll *b.*

Maut- *kompos:* **~brücke** *f* tollbont *b*; **~schranke** *f*
tyrpeg *g*; **~stelle** *f* tollfa *b*; **~straße** *f* tollffordd *b*.

max. *abk* = **maximal**.

maximal [maksiˈmɑːl] *adj* uchaf, mwyaf.
♦ *adv* ar y mwyaf.

Maxime [maˈksiːmə] (-, -n) *f* egwyddor *b*, rheol *b*
sylfaenol.

maximieren [maksiˈmiːrən] *vt* uchafu, mwyhau,
eithafu.

Maximierung *f* (COMM) mwyafiad *g*.

Maximum [ˈmaksimʊm] (-s, **Maxima**) *nt* uchafbwynt *g*.

Mayonnaise [majɔˈnɛːzə] (-, -n) *f* (KOCH) mayonnaise
g, hufen *g* salad.

Mazedonien [matseˈdoːniən] (-s) *nt* (GEOG) Macedonia
b.

mazedonisch *adj* Macedonaidd.

Mäzen [mɛˈtseːn] (-s, -e) *m* noddwr *g*, cynheiliad *g*,
cefnogwr *g*.

MdB[D] *abk* (= *Mitglied des Bundestages*) aelod o'r
Bundestag, ≈ A.S.

MdL[D] *abk* (= *Mitglied des Landtages*) aelod o'r Landtag.

m.E. *abk* (= *meines Erachtens*) yn fy marn i.

Mechanik [meˈçaːnɪk] *f* mecaneg *b*; (Getriebe)
mecanwaith *g*, peirianwaith *g*; (Uhrwerk)
clocwaith *g*.

Mechaniker [meˈçaːnɪkər] (-s, -) *m* (**~in** *f*) mecanydd
g, peiriannydd *g*, trwsiwr *g*.

mechanisch [meˈçaːnɪʃ] *adj* mecanyddol, peiriannol.

mechanisieren [meçaniˈziːrən] *vt* mecaneiddio.

Mechanisierung *f* mecaneiddiad *g*.

Mechanismus [meçaˈnɪsmʊs] (-, **Mechanismen**) *m*
peirianwaith *g*, mecanwaith *g*.

meckern [ˈmɛkərn] *vi* brefu; (ugs: jammern) cega,
grwgnach.

Medaille [meˈdaljə] (-, -n) *f* medal *gb*.

Medaillon [medalˈjõː] (-s, -s) *nt* (Schmuck) loced *b*;
(Fleischstück) golwyth crwn o gig coch.

Medien [ˈmeːdiən] *pl* cyfryngau *ll*.

Medienforschung *f* astudiaethau *ll*'r cyfryngau.

Medikament [medikaˈmɛnt] (-(e)s, -e) *nt*
meddyginiaeth *b*, moddion *g*, ffisig *g*.

Meditation [meditatsiˈoːn] (-, -en) *f* myfyrdod *g*,
synfyfyrdod *g*.

mediterran [mediteˈraːn] *adj* Mediteranaidd.

meditieren [mediˈtiːrən] *vi* synfyfyrio, myfyrio.

Medium [ˈmeːdiʊm] (-s, **Medien**) *nt* cyfrwng *g*.

Medizin [mediˈtsiːn] *f* meddygaeth *b*; (Arznei)
moddion *g*.

Medizinball *m* pwysau *g/ll*.

Mediziner [mediˈtsiːnər] (-s, -) *m* meddyg *g*; (UNIV)
myfyriwr *g* meddygaeth.

medizinisch [mediˈtsiːnɪʃ] *adj* meddygol; **~-technische**

Assistentin cynorthwy-ydd meddygol technegol.

Medizinstudent(in) *m(f)* myfyriwr *g* meddygol,
myfyrwraig *b* feddygol.

Meer [meːr] (-(e)s, -e) *nt* môr *g*; **am ~** ar lan y môr;
ans ~ fahren mynd i lan y môr; **ein ~ von Menschen**
nifer fawr o bobl.

Meer- *kompos:* **~busen** *m* (GEOG) gwlff *g*, geneufor *g*;
~enge *f* culfor *g*, isthmus *g*.

Meeres- *kompos:* **~boden** *m* llawr *g* y môr; **~forelle** *f*
(ZOOL) sewin *g*; **~früchte** *pl* bwyd *g* môr; **~klima** *nt*
hinsawdd *b* arforol; **~kunde** *f* eigioneg *b*;
~schildkröte *f* (ZOOL) crwban *g* y môr.

Meeresspiegel *m* lefel *b* y môr; **über/unter dem ~**
uwchben/islaw lefel y môr.

Meeresufer *nt* min *g* y môr, tywyn *g*.

Meer- *kompos:* **~jungfrau** *f* môr-forwyn *b*; **~rettich**[D] *m*
(BOT) marchruddygl *g*, rhuddygl *g* poeth; **~salz** *nt*
halen *g* y môr; **~schweinchen** *nt* (ZOOL) mochyn *g*
cwta; **~wasser** *nt* dŵr *g* môr, heli *g*.

Meeting [ˈmiːtɪŋ] (-s, -s) *nt* (COMM) cyfarfod *g*.

Megabyte [megaˈbaɪt] *nt* (COMP) megabeit *g*.

Megafon [megaˈfoːn] (-s, -e) *nt* megaffon *g*, corn *g*
siarad.

Megalith [megaˈliːt, megaˈlɪt] (-s *oder* -en, -e *oder* -en)
m megalith *g*.

Megaphon *nt* = **Megafon**.

Megawatt [megaˈvat] *nt* megawat *b*.

Mehl [meːl] (-(e)s, -e) *nt* blawd *g*, can *g*.

mehlig *adj* blawdiog; (Frucht) ffibrog.

Mehl- *kompos:* **~schwalbe** *f* (ZOOL) gwennol *b* y bondo;
~schwitze[D] *f* (KOCH) gwlych *g*, roux *g*; **~speise** *f*
(KOCH) brwchan *g*; **~tau** *m* (BIOL) llwydni *g*.

mehr [meːr] *adj* (comp von **viel** *oder* **viele**) mwy/rhagor
(o rth).
♦ *adv* mwy; **nie ~** byth eto; **es war niemand ~ da**
nid oedd yno neb ar ôl; **nicht ~ lange** cyn hir, **~
als einmal** mwy nag unwaith; **~ als genug** hen
ddigon, **~ oder weniger** mwy neu lai, mwy na
heb.

Mehr- *kompos:* **~aufwand** *m* gwariant *g* ychwanegol;
~belastung *f* (fig) baich *g* ychwanegol.

mehrdeutig *adj* amwys.

mehrere *adj* nifer o, sawl; (unterschiedlich) gwahanol.
♦ *pron* amryw o bethau, sawl peth; **~s** sawl peth.

mehrfach *adj* amryfal, lluosog; (wiederholt) mynych,
niferus.
♦ *adv* (oft) vgl. **mehrmals**.

mehrfarbig *adj* amryliw.

Mehrheit *f* mwyafrif *g*; **mit einer ~ von 800 Stimmen** o
800 pleidlais.

Mehrheits- *kompos:* **~prinzip** *nt* cyfundrefn *b*
llywodraeth fwyafrifol; **~wahlrecht** *nt*

cynrychiolaeth *b* uniongyrchol.

mehrjährig *adj* lluosflwydd.

Mehrkosten *pl* costau *ll* ychwanegol.

mehrmalig *adj* mynych, niferus.

mehrmals *adv* yn fynych, droeon, sawl tro.

Mehrparteiensystem *nt* cyfundrefn *b* amlbleidiol.

mehr- *kompos:* **~silbig** *adj* lluosill; **~sprachig** *adj* amlieithog.

mehrstimmig *adj (MUS)* â sawl llais; **~ singen** canu mewn cynghanedd.

Mehrwegflasche *f* potel *b* ddychweladwy.

Mehrwertsteuer *f* treth *b* ar werth, TAW.

Mehrzahl *f* mwyafrif *g*; *(GRAM)* lluosog *g*.

Mehrzweck- *in kompos* amlbwrpas.

meiden ['maɪdən] *irreg vt* osgoi, gochel rhag; **jdn wie die Pest ~** osgoi rhn fel y pla.

Meile ['maɪlə] *f* milltir *b*; **um ~n besser** *(fig)* pen ac ysgwydd yn uwch.

Meilenstein (-(e)s, -e) *m* carreg *b* filltir.

meilenweit *adv* am filltiroedd.

mein [maɪn] *poss pron* fy; **~ eigener Bruder** fy mrawd fy hun; **~ Sohn!** 'machgen i! **~e Güte!** yr annwyl! **das ist ~e Sache** fy musnes i yw hynny; **~es Wissens** hyd y gwn.

meiner *pron* fy un i, yr eiddof.

Meineid ['maɪn?aɪt] *m (JUR)* anudon *g*, anudonedd *g*.

meinen ['maɪnən] *vi* meddwl, credu, tebygu; **wie Sie ~!** fel y mynnoch!

♦ *vt* meddwl; *(sagen)* dweud; *(sagen wollen)* eisiau dweud, golygu; **damit bin ich gemeint** mae hynny'n cyfeirio ata' i; **das will ich ~** felly mae yn union.

meiner *gen von* **ich**.

♦ *pron:* **gedenkt meiner!** cofiwch amdanaf.

meinerseits *adv* o'm rhan i.

meinesgleichen ['maɪnəs'glaɪçən] *pron* pobl *ll* fel fi.

meinetwegen ['maɪnət've:gən] *adv (für mich)* er fy mwyn, ar fy nghyfrif i; *(wegen mir)* o'm hachos i, o'm plegid i; *(von mir aus)* o'm rhan i; *(ich habe nichts dagegen)* does dim ots gen i.

meinetwillen ['maɪnət'vɪlən] *adv:* **um ~** er fy mwyn i.

meinige *pron* fy un i, yr eiddof; **die ~n** fy rhai i.

meins [maɪns] *pron (= meines) vgl.* **meiner**.

Meinung (-, -en) *f* barn *b*, tyb *gb*; *(öffentliche)* piniwn *g*; **meiner ~ nach** yn fy marn i; **einer ~ sein** cydsynio, cytuno; **einer ~ sein mit** +*dat* cyd-weld â; **ganz meine ~** rwy'n hollol gytûn; **unterschiedlicher ~ sein** anghydweld; **seine ~ ändern** newid eich meddwl; **jdm die ~ sagen** rhoi llond ceg i rn; **eine hohe ~ haben von** +*dat* meddwl yn uchel o.

Meinungs- *kompos:* **~austausch** *m* cyfnewid *g*

syniadau; **~forscher** *m* ymchwilydd *g* barn, poliwr *g*; **~forschungsinstitut** *nt* sefydliad *g* arolwg barn; **~freiheit** *f* rhyddid *g* barn; **~umfrage** *f* arolwg *g* barn, pôl *g* piniwin.

Meinungsverschiedenheit *f* anghytundeb *g*, dadl *b*; **eine ~ haben** cynhena.

Meise ['maɪzə] (-, -n) *f (ZOOL)* titw *g*, lleian *b*.

Meißel ['maɪsəl] (-s, -) *m* cŷn *g*, gaing *b*.

meißeln ['maɪsəln] *vt* naddu â chŷn, geingio.

meist [maɪst] *adv* yn fwyaf; *(zeitlich)* gan amlaf, gan mwyaf.

meistbietend *adj:* **~ versteigern** gwerthu am y cynnig uchaf.

meiste *(superl von* **viel** *oder* **viele)** *adj* mwyaf; **die ~n Einwohner** mwyafrif y bobl leol; **am ~n** fwyaf.

meistens *adv* fel arfer, gan amlaf, gan mwyaf.

Meister ['maɪstər] (-s, -) *m* meistr *g*; *(SPORT)* pencampwr *g*; **seinen ~ machen** cael cymhwyster meistr crefftwr; **es ist noch kein ~ vom Himmel gefallen** *(Sprichwort)* yn araf deg mae dal yr iâr.

Meisterbrief *m* diploma *gb*/tystysgrif *b* meistr crefftwr.

meisterhaft *adj* meistrolgar, gorchestol, campus.

Meisterin (-, -nen) *f (SPORT)* pencampwraig *b*.

meistern ['maɪstərn] *vt (Schwierigkeiten usw)* meistroli, gorchfygu, goresgyn; **sein Leben ~** cael rheolaeth ar eich bywyd.

Meisterschaft *f (SPORT)* cwpan *gb*, pencampwriaeth *b*.

Meister- *kompos:* **~stück** *nt* campwaith *g*; **~werk** *nt* campwaith *g*, gorchestwaith *g*.

meistgekauft *adj* sy'n gwerthu orau.

Melancholie [melaŋko'li:] *f* pruddglwyf *g*, melan *b*, trymder *g*.

melancholisch [melaŋ'ko:lɪʃ] *adj* pruddglwyfus, alaethus, lleddf; **sie war ~** roedd hi yn y felan.

Melange^ [me'lã:ʒə] *f (Kaffee)* coffi *g* â llaeth poeth, cappucino *g*.

Melanin [mela'ni:n] *nt (BIOL)* melanin *g*.

Melanzani^ [melan'tsa:ni] *f (BOT)* planhigyn *g* wy.

Melasse [me'lasə] *f* triagl *g*.

Meldebehörde ['mɛldəbəhø:rdə] *f* awdurdodau *ll* cofrestru.

Meldefrist ['mɛldəfrɪst] *f* cyfnod *g* cofrestru.

melden ['mɛldən] *vt (berichten)* adrodd, mynegi; *(anzeigen)* hysbysu; *(registrieren)* cofrestru; **nichts zu ~ haben** *(ugs)* bod â dim llais yn y peth; **wen darf ich ~?** pwy ga' i ddweud sydd yma?

♦ *vr* ymgofrestru; *(SCH)* codi'ch llaw; *(freiwillig)* gwirfoddoli; *(am Telefon)* ateb; **sich zu Wort ~** gofyn am gael siarad; **sich bei jdm ~** ymddangos gerbron rhn; **sich auf eine Anzeige ~** ateb hysbyseb; **es meldet sich niemand** nid oes neb yn ateb.

Melde- *kompos:* **~pflicht** *f* gorfodaeth i gofrestru gyda'r heddlu; **~stelle** *f* swyddfa *b* gofrestru.

Meldung (-, **-en**) *f* hysbysiad *g*, datganiad *g*; *(in den Nachrichten)* eitem *b*; *(Bericht)* adroddiad *g*.

meliert [meˈliːrt] *adj (Haar)* brith; *(Wolle)* brith, brych; **grau ~** brith.

melken [ˈmɛlkən] *irreg vt* godro.

Melkmaschine *f* peiriant *g* godro.

Melodie [meloˈdiː] (-, **-n**) *f* alaw *b*, tiwn *g*, cainc *b*, melodi *b*.

melodiös [meloˈdiˈøːs] *adj* persain, perseiniol, soniarus.

melodisch [meˈloːdɪʃ] *adj* melodaidd.

Melodram [meloˈdrɑːm] (**-s**, **Melodramen**) *nt (FILM, THEAT)* melodrama *b*.

melodramatisch [melodraˈmɑːtɪʃ] *adj* melodramatig.

Melone [meˈloːnə] (-, **-n**) *f (BOT)* melon *g*; *(Hut)* het *b* galed, het fowler.

Membran [mɛmˈbrɑːn] (-, **-en**) *f (TECH)* diaffram *g*, pilen *b*; *(MED)* pilen.

Memme[D] [ˈmɛmə] (-, **-n**) *f (ugs)* llwfrgi *g*.

Memo [ˈmeːmo] *abk (= Memorandum) nt* memo *g*, neges *g* mewnol.

Memoiren [memoˈaːrən] *pl* atgofion *ll*, hunangofiant *g*.

Memorandum [memoˈrandʊm] (**-s**, **Memoranda**) *nt* memorandwm *g*.

Menge [ˈmɛŋə] (-, **-n**) *f* swmp *g*, lliaws *g*, wmbredd *g*; *(Menschen~)* torf *b*, tyrfa *b*; *(große Anzahl)* llawer/nifer (o); **eine ~ Arbeit** peth wmbredd o waith.

mengen [ˈmɛŋən] *vt* cymysgu.

♦ *vr:* **sich ~ in** +*akk (einmischen)* ymyrryd/ymhel â, busnesa yn; **sich unters Volk ~** cymysgu â phobl.

Mengen- *kompos:* **~lehre** *f (MATH)* damcaniaeth *b* setiau; **~rabatt** *m* gostyngiad *g* pris ar grynswth.

Menhir [ˈmɛnhir] (**-s**, **-e**) *m* maen *g* hir.

Meningitis [menɪŋˈgiːtɪs] *f (MED)* llid *g* yr ymennydd.

Mensa [ˈmɛnza] (-, **-s** *oder* **Mensen**) *f* ffreutur *gb*, cantîn *g*.

Mensch [mɛnʃ] (**-en**, **-en**) *m* dyn *g*, bod *g* dynol; **kein ~** neb, dim enaid byw; **~!** caton pawb! **ich bin auch nur ein ~** dim ond dyn meidrol ydwyf.

Mensch-ärgere-dich-nicht *nt (Spiel)* liwdo *gb*.

Menschen- *kompos:* **~affe** *m (ZOOL)* epa *g*; **~alter** *nt* cenhedlaeth *b*; **~feind** *m* dyngaswr *g*; **~feindlichkeit** *f* dyngasedd *g*; **~fresser** *m* canibal *g*.

Menschenfreund *m* dyngarwr *g*.

menschenfreundlich *adj* dyngarol.

Menschengedenken *nt:* **der kälteste Winter seit ~** y

gaeaf oeraf o fewn cof.

Menschen- *kompos:* **~geschlecht** *nt* dynolryw *b*; **~handel** *m* caethfasnach *b*.

Menschenkenner *m* rhn sy'n deall ei gyd-ddyn.

menschenleer *adj* gwag, anghyfannedd, heb enaid byw.

Menschen- *kompos:* **~liebe** *f* dyngarwch *g*; **~masse** *f*, **~menge** *f* torf *b*, tyrfa *b*.

menschenmöglich *adj* o fewn gallu dynol.

Menschen- *kompos:* **~opfer** *nt* aberth *gb* dynol; **~rechte** *pl* hawliau *ll* dynol, iawnderau *ll* dynol.

menschenscheu *adj* swil.

Menschenschlag *m* math *g* ar berson.

Menschenseele *f:* **keine ~** *(fig)* dim enaid byw.

Menschenskind *excl* y nefoedd wen!

menschenunwürdig *adj* islaw urddas ddynol.

Menschenverachtung *f* dyngasedd *g*.

Menschenverstand *m:* **gesunder ~** synnwyr *g* cyffredin.

Menschenwürde *f* urddas *gb* ddynol.

menschenwürdig *adj (Behandlung)* dyngarol, tirion; *(Unterkunft)* addas i bobl fyw ynddo.

Menschheit *f* dynoliaeth *b*, dynolryw *b*.

menschlich *adj* dynol; *(human)* dyngar, dyngarol; **~e Natur** natur *b* ddynol.

Menschlichkeit *f* dynoliaeth *b*, dynoldeb *g*.

Menschwerdung *f (REL)* ymgnawdoliad *g*.

Menstruation [mɛnstruatsiˈoːn] *f (MED)* misglwyf *g*, mislif *g*.

Menstruationszyklus *m* cylchred *gb* y misglwyf.

mental [mɛnˈtɑːl] *adj* seicolegol.

Mentalität [mɛntaliˈtɛːt] *f* meddylfryd *b*.

Menü [meˈnyː] (**-s**, **-s**) *nt (KOCH)* pryd *g* gosod; *(Karte)* bwydlen *b*; *(COMP)* dewislen *b*.

menügesteuert *adj (COMP)* cynnwys-yredig.

Meridian [meridiˈaːn] (**-s**, **-e**) *m (GEOG)* meridian *g*, nawnlin *b*.

Merkblatt [ˈmɛrkblat] (**-(e)s**, **¨-er**) *nt* taflen *b* wybodaeth.

merken [ˈmɛrkən] *vt (bemerken)* sylwi; *(einprägen)* **sich** *dat* **etw ~** cofio rhth.

merklich *adj* amlwg, teimladwy, canfyddadwy.

Merkmal (**-s**, **-e**) *nt* nodwedd *b*, hynodrwydd *g*; **~e** *pl* neilltuolion *ll*, teithi *ll*.

Merkur [mɛrˈkuːr] *m (ASTRON)* Mercher *g*.

merkwürdig [ˈmɛrkvvrdɪç, -ɪk] *adj* rhyfedd, hynod, od.

meschugge [meˈʃʊgə] *adj (ugs)* dim chwarter call, hurt.

Mesner [ˈmɛsnər] *m (REL)* = **Messdiener**.

Messband [ˈmɛsbant] (**-(e)s**, **¨-er**) *nt* tâp *g* mesur.

messbar [ˈmɛsbaːr] *adj* mesuradwy.

Mess- *kompos:* **~becher** *m (KOCH)* jẁg *gb* mesur; **~buch** *nt (REL)* llyfr *g* offeren; **~diener** *m (REL)* gwas *g* offeiriad.

Messe ['mɛsə] (-, -n) *f (COMM)* ffair *b*, arddangosfa *b*; *(AGR)* sioe *b*; *(REL)* offeren *b*; *(MIL)* lle *g* bwyta; **auf der ~** yn y ffair; **die ~ lesen** gwasanaethu, gweinyddu.

Messe- *kompos:* **~gelände** *nt* canolfan *gb* arddangosfeydd; *(AGR)* maes *g* sioe; **~halle** *f* pafiliwn *g* (mewn ffair).

messen ['mɛsən] *irreg vt* mesur, cymharu.

♦ *vr* cystadlu, ymryson.

Messer ['mɛsər] (-s, -) *nt* cyllell *b*; **auf ~s Schneide stehen** *(fig)* bod yn y fantol; **jdm ins offene ~ laufen** *(fig)* nofio i rwyd rhn.

messerscharf *adj* miniog.

Messer- *kompos:* **~spitze** *f* blaen *g* cyllell; *(KOCH: in Rezepten)* pinsiad *g*; **~stecherei** *f* ymladd *g* â chyllyll; **~stich** *m* trywaniad *g*, strôc *b* gyllell.

Messe- *kompos:* **~stadt** *f* tref *b* â chanolfan arddangosfeydd; **~stand** *m* stondin *g* fasnach.

Messgerät *nt* medrydd *g*; **~e** *pl* offer *ll* mesur.

Messgewand *nt (REL)* casul *g*.

Messias [me'si:as] *m (REL)* meseia *g*.

Messing ['mɛsɪŋ] (-s, *kein pl*) *nt* pres *g*.

Mess- *kompos:* **~latte** *f* pren *g* metr; **~leiste** *f* mesurydd *g*, riwl *b*.

Messner *m (REL)* = **Messdiener**.

Messstab *m (AUTO: Öl~)* ffon *b* fesur.

Messung (-, -en) *f (das Messen)* mesur *g*; *(Messergebnis)* mesuriad *g*.

Met [me:t] *m (Honigwein)* medd *g*.

Metall [me'tal] *nt* metel *g*; **aus ~** metel, metelig; **~verarbeitende Industrie** y diwydiant trin metel.

metallartig [me'tal$^?$artɪç, -ɪk] *adj* = **metallisch**.

Metalldetektor (-s, -en) *m* canfodydd *g* metel.

metallen *adj* metel, metelig.

metallisch *adj* metelaidd, metelegol, metelig.

Metallsäge (-, -n) *f* haclif *b*, llif *b* fetel.

Metallurgie [metalur'gi:] *f* meteleg *b*.

Metall verarbeitend *adj vgl.* **Metall**.

metamorph [meta'mɔrf] *adj* metamorffig.

Metamorphose [metamɔr'fo:zə] *f* metamorffosis *g*, trawsffurfiad *g*.

Metapher [me'tafər] (-, -n) *f (LIT)* trosiad *g*, delwedd *b*, dyfaliad *g*.

metaphorisch [meta'fo:rɪʃ] *adj* trosiadol.

Metaphysik [metafy'zi:k] *f* metaffiseg *b*.

Metastase [meta'sta:zə] *f (MED)* metastasis *g*.

Metathese [meta'te:zə] *f (GRAM)* metathesis *g*.

Meteor [mete'o:r] *nt* meteor *g*.

Meteorit [meteo'ri:t] *m* meteoryn *g*, awyrfaen *g*.

Meteorologe [meteoro'lo:gə] (-n, -n) *m* meteorolegydd *g*.

Meteorologie [meteorolo'gi:] *f* meteoroleg *b*.

Meteorologin [meteoro'lo:gɪn] (-, -nen) *f* meteorolegydd *g*.

Meter[1] ['me:tər] *m oder nt* metr; **in 500 ~ Höhe** 500 metr i fyny.

Meter[2] *nt (Messgerät)* medrydd *g*, cloc *g*.

Meter- *kompos:* **~maß** *nt* tâp *g* mesur; **~ware** *f (TEX)* nwyddau *ll* wrth y llathen.

Methode [me'to:də] (-, -n) *f* dull *g*, method *g*, modd *g*.

Methodik [me'to:dɪk] *f* methodoleg *b*.

methodisch [me'to:dɪʃ] *adj* trefnus, manwl.

Methodismus [meto'dɪsmʊs] *m (REL)* Methodistiaeth *b*.

Methodist [meto'dɪst] (-en, -en) *m* (**~in** *f*) *(REL)* Methodist *g*.

Methodologie [metodolo'gi:] *f* methodoleg *b*.

Metier [meti'e:] (-s, -s) *nt* proffesiwn *g*, gwaith *g*, crefft *b*.

metrisch ['me:trɪʃ] *adj* metrig, mydryddol; **~e Lyrik** cynghanedd *b*; **~es System** system *b* fetrig.

Metronom [metro'no:m] (-s, -e) *nt (MUS)* metronom *g*.

Metropole [metro'po:lə] (-, -n) *f* prif ddinas *b*, metropolis *b*.

Metrum ['me:trʊm] (-s, **Metren**) *nt (LIT)* mesur *g*, mydr *g*.

Mettwurst ['mɛtvʊrst] (-, ¨-e) *f* sosej *b* borc/eidion trwy fwg.

Metzger^D ['mɛtsgər] (-s, -) *m* cigydd *g*.

Metzgerei^D [mɛtsgə'raɪ] (-, -en) *f* siop *b* gig.

Metzgerin^D ['mɛtsgərɪn] (-, -nen) *f* cigyddes *b*.

Meuchelmord ['mɔʏçəlmɔrt] *m* llofruddiaeth *b*, bradlofruddiad *g*.

Meuchelmörder (-s, -) *m* lleiddiad *g*.

Meute ['mɔʏtə] (-, -n) *f* cnud *g*, haid *b*; *(Hunde~)* cnud o fytheiaid.

Meuterei [mɔʏtə'raɪ] *f* gwrthryfel *g*, miwtini *g*.

meutern ['mɔʏtərn] *vi* gwrthryfela, anufuddhau, terfysgu.

Mexikaner [meksi'ka:nər] (-s, -) *m* Mecsicanwr *g*; **~in** *f* Mecsicanes *b*.

mexikanisch [meksi'ka:nɪʃ] *adj* Mecsicanaidd.

Mexiko ['mɛksiko] (-s) *nt (GEOG)* Mecsico *b*; **Golf von ~** Gwlff *g* Mecsico.

MEZ *abk (= mitteleuropäische Zeit)* amser *g* canolbarth Ewrop.

MFG^D *abk* = **Mitfahrgelegenheit**.

MG (-(s), -(s)) *nt abk* = **Maschinengewehr**.

mg *abk (= Milligramm)* mg.

mhd. *abk (= Mittelhochdeutsch)* Uchel Almaeneg

Canol.

MHz *abk* (= *Megahertz*) MHz.

miauen [mi'auən] *vi* mewian.

mich [mɪç] *akk von* **ich**.

♦ *refl pron* fi fy hun.

mickerig *adj* = **mickrig**.

mickrig ['mɪkrɪç, -ɪk] *adj (ugs)* pitw, tila; *(altes Männchen)* gwanllyd.

mied *vb vgl.* **meiden**.

Mieder ['miːdər] *nt* staes *g*, bodis *g*.

Miederwaren *pl (veraltet)* staesiau *ll*, staesys *ll*.

Mief [miːf] (-(e)s, *kein pl*) *m (Gestank)* drewdod *g*; *(ugs)* closrwydd *g*; *(muffig)* awyr *b* ddrwg.

miefen ['miːfən] *vi* drewi.

miefig *adj* drewllyd.

Miene ['miːnə] (-, -n) *f* edrychiad *g*, wyneb *g*; **gute ~ zum bösen Spiel machen** dioddef yn ddistaw, dal blawd wyneb.

Mienenspiel *nt* mynegiant *g* yr wyneb.

mies [miːs] *adj* diflas, gwael; *(Vorstellung)* coch.

Miesmacher(in) *m(f)* difethwr(aig) *g(b)* hwyl, cwynwr(aig) *g(b)*.

Miesmuschel *f (ZOOL)* cragen *b* las, misglen *b*.

miesmutig *adj* di-hwyl.

Mietauto *nt* car *g* llog.

Miete ['miːtə] (-, -n) *f* rhent *g*.

mieten ['miːtən] *vt* llogi, hurio; *(Wohnung)* rhentu.

Mieter ['miːtər] (-s, -) *m* (~in *f*) tenant *g*, deiliad *g*.

Mieterschutz *m* rheolaeth *b* denantiaeth.

Mieterschutzgesetz *nt (JUR)* deddf *b* denantiaeth.

Mietshaus *nt* bloc *g* o fflatiau.

Miet- *kompos:* **~verhältnis** *nt* tenantiaeth *b*; **~vertrag** *m* les *b*; **~wagen** *m* car *g* llog.

Mieze ['miːtsə] (-, -n) *f (ugs)* cath *b*; *(Mädchen)*[D] cywen *b*.

Miezekatze *f* = **Mieze**.

Migräne [mi'grɛːnə] (-, -n) *f (MED)* migryn *g*.

Migration [migratsi'oːn] *f* ymfudiad *g*.

Mikado [mi'kaːdo] (-s, -s) *nt (Spiel)* gêm *b* codi ffon (heb gyffwrdd â'r lleill).

Mikrobe [mi'kroːbə] (-, -n) *f (BIOL)* microb *g*.

Mikro- *in kompos* micro-; **~biologie** *f* microbioleg *b*; **~chip** *m (COMP)* microsglodyn *g*; **~computer** *m* microgyfrifiadur *g*; **~elektronik** *f* microelectroneg *b*; **~fiche** *m oder nt* microffish *g*; **~film** *m* microffilm *gb*.

Mikrofon [mikro'foːn] *nt* meicroffon *g*, micrffon *g*.

Mikroklima ['miːkroklɪːma] *nt* microhinsawdd *b*.

Mikrokosmos [mikro'kɔsmɔs] *m* microcosm *g*.

Mikrolith [mikro'liːt] *m* microlith *g*.

Mikrometer [mikro'meːtər] *nt (Messgerät)* micromedr *g*; *(Maß)* micrometr *g*.

Mikrometerschraube *f (TECH)* micromedr *g*.

Mikron *nt (veraltet)* micron *g*, micrometr *g*.

Mikro- *kompos:* **~ökonomie** *f* micro-economeg *b*; **~organismus** *m (BIOL)* micro-organeb *b*.

Mikrophon *nt* = **Mikrofon**.

Mikroprozessor [mikropro'tsɛsɔr] (-s, -en) *m* microbrosesydd *g*.

Mikroskop [mikro'skoːp] *nt* microsgop *g*.

mikroskopisch *adj* microsgopig.

Mikrowelle ['miːkrovɛlə] (-, -n) *f (PHYS)* microdon *b*; *(Gerät)* meicrodon *b*.

Mikrowellenherd *m* meicrodon *b*, ffwrn *b* feicrodon.

Milan ['miːlaːn, mi'laːn] *m (ZOOL)* barcud *g*; **roter ~** barcud coch.

Milbe ['mɪlbə] (-, -n) *f (ZOOL)* gwiddonyn *g*.

Milch [mɪlç] (-, *kein pl*) *f* llaeth *g*, llefrith *g*; **entrahmte ~** llaeth sgim.

Milch- *kompos:* **~absonderung** *f* llaethiad *g*; **~bart** *m (fig)* llencyn *g* difarf; **~drüse** *f (ANAT)* chwarren *b* laeth; **~gesicht** *nt (pej)* wyneb *g* baban; **~glas** *nt* gwydr *g* barugog.

milchig *adj* llaethog.

Milchkaffee *m* coffi *g* gwyn.

Milchkuh *f* buwch *b* flith/odro; **Milchkühe** *pl* da *g* blith, gwartheg *g* godro.

Milchmann *m* dyn *g* llaeth.

Milchmixgetränk *nt (KOCH)* ysgytlaeth *g*.

Milch- *kompos:* **~pulver** *nt* llaeth *g* powdr; **~reis** *m (KOCH)* pwdin *g* reis; **~säure** *f* sur *g* llaethig; **~straße** *f (ASTRON)* y Llwybr *g* Llaethog, Caer *g* Arianrhod; **~tanker** *m* tancer *gb* llaeth; **~zahn** *m* dant *g* sugno.

mild [mɪlt] *adj* addfwyn, mwyn, ir; *(Urteil)* ysgafn; *(Richter)* trugarog; **~e Gabe** rhodd *b* (elusennol).

Milde ['mɪldə] (-, *kein pl*) *f* addfwynder *g*, mwynder *g*; *(Gnade)* trugaredd *gb*.

mildern ['mɪldərn] *vt* lleddfu, ysgafnhau, esmwytho; *(lindern)* lliniaru, lleddfu.

mildernd *adj (lindernd)* lliniarol; **~e Umstände** amgylchiadau sy'n lleihau dedfryd.

Milieu [mili'øː] *nt* cynefin *g*, amgylchfyd *g*, cylch *g*.

milieugeschädigt *adj* heb ymaddasu.

militant [mili'tant] *adj* milwriaethus, ymosodol.

Militär[1] [mili'tɛːr] (-s, *kein pl*) *nt* y fyddin *b*, milwyr *ll*.

Militär[2] (-s, -s) *m* swyddog *g* yn y fyddin.

Militär- *kompos:* **~akademie** *f* coleg *g* milwrol; **~dienst** *m* gwasanaeth *g* milwrol; **~gericht** *nt* llys *g* milwrol.

militärisch *adj* milwrol.

Militarismus [milita'rɪsmʊs] *m* militariaeth *g*.

Militarist [milita'rɪst] (-en, -en) *m* militarydd *g*.

militaristisch *adj* militaraidd.

Militär- *kompos:* **~pflicht** *f* gwasanaeth *g* milwrol gorfodol; **~polizei** *f* heddlu *g* milwrol.

Miliz [mi'li:ts] *f* milisia *g.*

Mill. *abk* = **Million.**

Millennium [mi'lɛniʊm] (-s, **Millennia**) *nt* mileniwm *g.*

Milli- *in kompos:* mili-.

Milliardär [miliar'dɛ:r] (-s, -e) *m* (**~in** *f*) lluosfiliwnydd *g.*

Milliarde [mili'a:rdə] *f* mil *b* o filiynau, biliwn *g.*

Milli- *kompos:* **~bar** *nt* milibar *g;* **~gram** *nt* miligram *g;* **~liter** *m oder nt* mililitr *g.*

Millimeter [mili'me:tər] *m oder nt* milimetr *g.*

Millimeterpapier *nt* papur *g* graff.

Million [mili'o:n] (-, -en) *f* miliwn *b.*

Millionär [milio'nɛ:r] (-s, -e) *m* miliwnydd *g;* **~in** *f* miliynyddes *b.*

millionenschwer *adj* gwerth miliynau.

Milz [mɪlts] (-, -en) *f (ANAT)* dueg *b,* cleddyf *g* y biswail.

mimen ['mi:mən] *vt* meimio.

Mimik ['mi:mɪk] *f* ystumiau *ll,* mudchwarae *g.*

Mimose [mi'mo:zə] (-, -n) *f (BOT)* mimosa *g; (fig)* rhn sensitif iawn.

minder ['mɪndər] *adj* is, israddol, gwaeth.
   ♦ *adv* llai.

minderbegabt *adj* is ei allu, llai galluog.

minderbemittelt *adj:* **geistig ~** ychydig yn dwp.

Minderheit (-, -en) *f* lleiafrif *g;* **ethnische ~** grŵp ethnig.

Minderheitensprache *f* = **Minderheitssprache.**

Minderheits- *kompos:* **~beteiligung** *f (Aktien)* buddsoddiad *g* lleiafrifol; **~regierung** *f (POL)* llywodraeth *b* leiafrifol.

Minderheitssprache *f* iaith *b* leiafrifol.

minderjährig *adj* dan oed.

Minderjährige *m/f* minor *g.*

Minderjährigkeit *f* minoriaeth *b.*

mindern ['mɪndərn] *vt* lleihau, cyfyngu.

Minderung *f* lleihad *g.*

minderwertig *adj* israddol, iselradd, eilradd.

Minderwertigkeit *f* israddoldeb *g.*

Minderwertigkeits- *kompos:* **~gefühl** *nt* ymdeimlad *g* o israddoldeb, cymhleth *b* y taeog; **~komplex** *m* cymhleth *b* y taeog.

mindest- *in kompos:* lleiaf.

Mindest- *kompos:* **~alter** *nt* oed *g* ieuengaf; **~betrag** *m* lleiafswm *g,* isafswm *g.*

mindeste *adj* lleiaf; **das M~** y lleiaf; **nicht im M~n** dim o gwbl.

mindestens *adv* o leiaf.

Mindest- *kompos:* **~gehalt** *nt* lleiafswm *g* cyflog; **~lohn** *m* lleiafswm *g* cyflog; **~maß** *nt* y lleiaf, lleiafswm

g.

Mine ['mi:nə] (-, -n) *f (BERGB)* cloddfa *b,* mwynglawdd *g; (Bleistift)* led *b; (Kugelschreiber)* llenwad *g,* adlenwad *g; (MIL)* ffrwydryn *g.*

Minenfeld *nt (MIL)* maes *g* ffrwydron.

Minensuchboot *nt* llong *b* hela ffrwydron.

Mineral [mine'ra:l] (-s, -e *oder* -ien) *nt* mwyn *g.*

mineralisch *adj* mwynol, mwnol.

Mineralogie [mineralo'gi:] *f* mwynoleg *b.*

Mineralölsteuer *nt* treth *b* ar betrol.

Mineralwasser *nt* dŵr *g* mwynol.

Mini- *in kompos:* mini-.

Miniatur [minia'tu:r] (-, -en) *f* miniatur *g.*

Minigolf ['mɪnigɔlf] *nt* minigolff *g.*

minimal [mini'ma:l] *adj* ar raddfa isel iawn, lleiaf, isaf.

Minimalismus [minima'lɪsmʊs] *m* minimaliaeth *b.*

Minimalist [minima'lɪst] (-en, -en) *m* (**~in** *f*) minimalydd *g.*

minimalistisch *adj* minimalaidd.

minimieren [mini'mi:rən] *vt* lleiafsymio.

Minimum ['mi:nimʊm] (-s, **Minima**) *nt* minimwm *g,* isafbwynt *g,* nifer *gb* lleiaf posibl.

Minirock ['mɪnirɔk] *m* sgert *b* fini.

Minister [mi'nɪstər] (-s, -) *m* (**~in** *f*) *(POL)* gweinidog *g.*

ministeriell [ministeri'ɛl] *adj* gweinidogol.

Ministerium [mini'ste:riʊm] (-s, **Ministerien**) *nt* gweinyddiaeth *b.*

Ministerpräsident [mi'nɪstərprɛ:zidɛnt] (-en, -en) *m* (**~in** *f*) prif weinidog *g.*

Minna[D] ['mɪna] *f:* jdn zur **~ machen** *(ugs)* ceryddu rhn.

Minnesänger ['mɪnəzɛŋər] (-s, -) *m (HIST)* trwbadŵr *g,* caniedydd *g.*

minoisch [mi'no:ɪʃ] *adj* Minoaidd.

minus ['mi:nʊs] *adv* namyn, llai.

Minus (-, *kein pl*) *nt* minws *g.*

Minus- *kompos:* **~pol** *m (ELEKT)* pegwn *g* negyddol; **~zeichen** *nt (MATH)* arwydd *gb* minws.

Minute [mi'nu:tə] (-, -n) *f* munud *gb;* **in letzter ~** ar y funud olaf; **auf die ~ (genau)** i'r funud, yn brydlon.

Minutenzeiger *m* bys *g* mawr (y cloc).

Minze ['mɪntsə] *f (BOT)* mintys *ll.*

Mio. *abk* = **Million.**

mir [mi:r] *dat von* **ich; ~ ist warm** rwy'n gynnes; **~ ist schwindlig** rwy'n teimlo'n chwil; **~ ist es egal** does dim ots gen i; **~ reicht's!** rwyf wedi cael digon! **von ~ aus!** does dim ots gen i; **wie du ~, so ich dir** *(Sprichwort)* dant am ddant; *(als Drohung)* fe dala' i'r pwyth; **~ nichts, dir nichts** yn ddiymdroi, heb oedi mwy.

Mirabelle [mira'bɛlə] (-, -n) *f* eirinen *b* felen.

Misanthrop [misan'tro:p] (-en, -en) *m* dyngaswr *g*.

Misanthropie [misantro'pi:] *f* dyngasedd *g*.

Mischbatterie ['mɪʃbatəri:] (-, -n) *f* tap *g* dŵr cymysg.

Mischehe ['mɪʃ⁷e:ə] (-, -n) *f* priodas *b* gymysg.

mischen ['mɪʃən] *vt* cymysgu; *(Karten)* cymysgu, shifflo; *(Tee, Tabak)* cyfuno; **sich unters Volk ~** cymysgu â phobl.

Mischling *m* lledwaed *g*.

Mischmasch *m (ugs)* cymysgwch *g*, cybolfa *b*, lobsgows *g*.

Mischung *f* cymysgedd *gb*; *(Tee, Tabak)* cyfuniad *g*.

Mischwald *m* coedwig *b* gymysg, coetir *g* cymysg.

miserabel [mizə'ra:bəl] *adj* gwael, ofnadwy; *(Gesundheit)* truenus.

Misere [mi'ze:rə] (-, -n) *f* trallod *g*; *(Leid)* dioddefaint *g*, poen *gb*.

Miss [mɪs] *f (Schönheitskönigin)* **~ Wales 1994** Miss *b* Cymru 1994.

miss- *in kompos:* cam-.

missachten [mɪs⁷axtən] *vt untrenn* anwybyddu; *(Gesetz)* torri.

Miss- *kompos:* **~achtung** *f* anwybyddiad *g*; **~behagen** *nt* anesmwythder *g*; **~bildung** *f* anffurf *g*, nam *g* corfforol.

missbilligen [mɪs'bɪligən] *vt untrenn* anghymeradwyo.

Miss- *kompos:* **~billigung** *f* anghymeradwyaeth *b*; **~brauch** *m* camdriniaeth *b*, camddefnydd *g*.

missbrauchen [mɪs'brauxən] *vt untrenn* cam-drin, camddefnyddio; **jdn sexuell ~** treisio rhn; **jdn zu etw ~** camddefnyddio rhn ar gyfer rhth.

missdeuten [mɪs'dɔytən] *vt untrenn* camddehongli.

missen ['mɪsən] *vt* hepgor, byw heb.

Misserfolg ['mɪs⁷ɛrfɔlk] (-(e)s, -e) *m* methiant *g*, aflwyddiant *g*.

Missernte ['mɪs⁷ɛrntə] (-, -n) *f (AGR)* methiant *g* y cynhaeaf.

Missetat (-, -en) *f* camwedd *g*, drwgweithred *b*.

Missetäter (-s, -) *m* drwgweithredwr *g*.

missfallen [mɪs'falən] *irreg vi +dat untrenn* anfodloni.

Missfallen (-s, *kein pl*) *nt* anfodlonrwydd *g*, dicter *g*.

Miss- *kompos:* **~geburt** *f (pej)* rhn â nam corfforol; **~geschick** *nt* anap *g*, anffawd *b*.

missglücken [mɪs'glʏkən] *vi (+sein) untrenn* methu, mynd o'i le; **jdm missglückt etw** mae rhn yn methu gwneud rhth.

missgönnen [mis'gœnən] *vt untrenn :* **jdm etw ~** gwarafun rhth i rn.

Missgriff ['mɪsgrɪf] (-(e)s, -e) *m* = **Fehlgriff**.

Missgunst ['mɪsgunst] *f* cenfigen *b*.

missgünstig *adj* cenfigennus.

misshandeln [mis'handəln] *vt untrenn* cam-drin, cystuddio.

Misshandlung *f* camdriniaeth *b*.

Misshelligkeit[D] ['mɪshɛlɪçkait, 'mɪshɛlɪkkait] (-, -en) *f (veraltet)* **~en haben** anghytuno, anghydweld.

missinterpretieren [mɪsɪntɛrpre'ti:rən] *vt untrenn* camddehongli.

Mission [misi'o:n] (-, -en) *f (Auftrag)* neges *b*, cennad *b*; *(REL)* cenhadaeth *b*; *(REL: Station)* cenhadfa *b*.

Missionar [misio'na:r] (-s, -e) *m* cenhadwr *g*; **~in** *f* cenhades *b*.

missionarisch [misio'na:rɪʃ] *adj* cenhadol.

missionieren [misio'ni:rən] *vt, vi (REL)* cenhadu.

Missionierung *f (REL)* cenhadaeth *b*.

Missklang ['mɪsklaŋ] (-(e)s, ¨-e) *m* anghyseinedd *g*, anghytgord *g*.

Misskredit ['mɪskredi:t] *m:* **jdn in ~ bringen** dwyn anfri ar rn; **in ~ geraten** colli eich enw da.

misslang *vb vgl.* **misslingen**.

missliebig ['mɪsli:bɪç, -ɪk] *adj (geh)* amhoblogaidd.

misslingen [mɪs'lɪŋən] *irreg vi (+sein) untrenn* dim llwyddo, methu, mynd o'i le.

Misslingen *nt* methiant *g*.

misslungen *pp von* **misslingen**.

Missmanagement ['mɪsmɛnɛdʒmənt] *nt (COMM)* camreolaeth *b*.

Missmut ['mɪsmu:t] *m* anniddigrwydd *g*, piwisrwydd *g*.

missmutig *adj* ceintachlyd, anniddig, sarrug, swrth.

missraten[1] [mɪs'ra:tən] *irreg vi (+sein) untrenn* methu.

missraten[2] *adj* di-foes, anghwrtais.

Missstand ['mɪsʃtant] *m* sefyllfa *b* wael.

Missstimmung ['mɪsʃtɪmuŋ] *f* anghytgord *g*; *(Missmut)*[D] hwyliau *ll* drwg, tymer *b* ddrwg.

misstrauen [mɪs'trauən] *vi +dat untrenn* drwgdybio, amau.

Misstrauen ['mɪstrauən] (-s, *kein pl*) *nt* drwgdybiaeth *b*, amheuaeth *b*.

Misstrauens- *kompos:* **~antrag** *m (POL)* cynigiad *g* o ddiffyg ymddiriedaeth; **~votum** *nt (POL)* pleidlais *b* diffyg ymddiriedaeth.

misstrauisch ['mɪstrauɪʃ] *adj* amheugar, drwgdybus, sgeptig.

Missverhältnis ['mɪsfɛrhɛltnɪs] *nt* anghyfartaledd *g*, anghymesuredd *g*.

missverständlich ['mɪsfɛrʃtɛntlɪç] *adj* aneglur, amwys.

Missverständnis ['mɪsfɛrʃtɛntnɪs] *nt* camddealltwriaeth *b*.

missverstehen ['mɪsfɛrʃte:ən] *irreg vt untrenn* camddeall, camgymryd.

Misswahl ['mɪsva:l] (-, -en) *f* cystadleuaeth *b* harddwch.

Misswirtschaft ['mɪsvɪrtʃaft] *f* camreolaeth *b*, camweinyddiad *g*.

Mist [mɪst] (-(e)s, *kein pl*) *m* tail *g*, tom *b*; *(Müll)*ᴬ sbwriel *g*, ysgubion *ll*; ~! diawl! **das ist nicht auf seinem ~ gewachsen** *(ugs)* nid ei syniad ef yw hynny.

Mistel ['mɪstəl] *f (BOT)* uchelwydd *g*.

Mistel- *kompos:* **~drossel** *f (ZOOL)* tresglen *b*; **~zweig** *m (Weihnachtsschmuck)* uchelwydd *g*.

Mist- *kompos:* **~gabel** *f* teilfforch *b*; **~haufen** *m* tomen *b* dail; **~kübel**ᴬ *m* bin *g* sbwriel; **~stück** *nt*, **~vieh** *nt (pej: Mann)* cythraul *g*; *(Frau)* gast *b*, cenawes *b*.

mit [mɪt] *präp +dat* â, gyda, efo; *(mittels)* drwy; **~ der Bahn** ar y trên; **~ dem Flugzeug** mewn awyren; **~ der Strömung** gyda'r afon; **~ besten Grüßen** gyda chyfarchion; **~ Glück** gyda lwc; **~ Vergnügen** â phleser; **~ Verlust** ar golled; **~ Hilfe von jdm** â chymorth rhn; **wie wäre es ~ einem Bier?** beth am beint? **~ 10 Jahren** yn ddeng mlwydd oed; **~ Ach und Krach** cael a chael; **was ist los ~ dir?** beth sy'n bod 'da ti?

♦ *adv (ugs)* **wollen Sie ~?** ydych chi eisiau dod hefyd? **er ist ~ der Beste in der Klasse** mae e ymhlith y goreuon yn y dosbarth.

Mitarbeit ['mɪt⁷arbaɪt] *f* cydweithrediad *g*; *(SCH)* asesiad *g* parhaol.

mitarbeiten ['mɪt⁷arbaɪtən] *vi:* **~ (an** +*dat***)** cydweithredu (ar).

Mitarbeiter (-s, -) *m* cydweithiwr *g*, cydweithredwr *g*; **~ pl** *(Personal)* staff *g*; **~in** *f* cydweithwraig *b*, cydweithredwraig *b*.

Mitarbeiterschaft *f* staff *g*.

Mitarbeiterstab *m* staff *g*.

mitbekommen ['mɪtbəkɔmən] *irreg vt* derbyn, cael; *(ugs: verstehen)* deall, amgyffred.

Mitbesitzer(in) *m(f)* cydberchennog *g*.

mitbestimmen *vi:* **(bei etw) ~** cymryd rhan mewn penderfyniadau (ar rth).

♦ *vt* cael dylanwad ar.

Mitbestimmung *f* cymryd *g* rhan mewn gwneud penderfyniadau; *(POL)* penderfyniad *g*.

Mitbewerber(in) *m(f)* cydymgeisydd *g*.

mitbringen ['mɪtbrɪŋən] *irreg vt* dod â.

Mitbringsel ['mɪtbrɪŋzəl] (-s, -) *nt (Geschenk)* anrheg *b* fach; *(Andenken)* swfenîr *g*.

Mitbürger(in) *m(f)* cyd-ddinesydd *g*.

mitdenken ['mɪtdɛŋkən] *irreg vi* dilyn.

mitdürfen ['mɪtdʏrfən] *irreg vi:* **wir durften nicht mit** nid oedden ni'n cael mynd.

Miteigentümer(in) *m(f)* cydberchennog *g*.

miteinander [mɪt⁷aɪ'nandər] *adv* ynghyd, gyda'i gilydd; **nicht ~ übereinstimmen** anghytuno.

Miterbe ['mɪt⁷ɛrbə] (-n, -n) *m* cyd-etifedd *gb*.

Miterbin *f* cyd-etifedd *gb*.

miterleben ['mɪtɛrle:bən] *vt* gweld, gwylio, bod yn dyst i.

Mitesser ['mɪt⁷ɛsər] (-s, -) *m* pendduyn *g*, pen *g* ploryn.

mitfahren ['mɪtfa:rən] *irreg vi (+sein):* **(mit jdm) ~** cyd-deithio (gyda rhn).

Mitfahrer(in) *m(f)* cyd-deithiwr *g*, cyd-deithwraig *b*.

Mitfahr- *kompos:* **~gelegenheit** *f* lifft *g*, pàs *b*, cludiant *g*; **~zentrale** *f* swyddfa *b* drefnu cludiant.

mitfühlen ['mɪtfy:lən] *vi:* **mit jdm ~** cydymdeimlo â rhn, uniaethu â rhn.

mitfühlend *adj* llawn cydymdeimlad, tirion, tosturiol.

mitführen ['mɪtfy:rən] *vt* cario.

mitgeben ['mɪtge:bən] *irreg vt* rhoi.

Mitgefühl ['mɪtgəfy:l] *nt* cydymdeimlad *g*, tiriondeb *g*; *(Mitleid)* piti *g*, tosturi *g*.

mitgehen ['mɪtge:ən] *irreg vi (+sein):* **mit jdm ~** dod/mynd gyda rhn; **etw ~ lassen** *(ugs: entwenden)* dwyn rhth, twgu rhth.

mitgenommen ['mɪtgənɔmən] *adj* â golwg flinedig arnoch.

Mitgift ['mɪtgɪft] *f* gwaddol *g*.

Mitglied ['mɪtgli:t] (-(e)s, -er) *nt* aelod *gb*; **ordentliches ~** aelod llawn; **~er** *pl* aelodaeth *b*.

Mitglieds- *kompos:* **~ausweis** *m* cerdyn *g* aelodaeth; **~beitrag** *m* tâl *g* aelodaeth.

Mitgliedschaft *f* aelodaeth *b*.

mithaben ['mɪtha:bən] *irreg vt:* **etw ~** bod â rhth gyda chi.

mithalten ['mɪthaltən] *irreg vi:* **mit jdm ~** dal i fyny gyda rhn.

mithelfen ['mɪthɛlfən] *irreg vi* cynorthwyo, helpu; **bei etw ~** helpu gyda rhth.

Mitherausgeber(in) *m(f)* cydolygydd *g*.

mithilfe [mɪt'hɪlfə] *adv (= mit Hilfe) vgl.* **Hilfe**.

Mithilfe ['mɪthɪlfə] *f* cymorth *g*, help *g*.

mithören ['mɪthø:rən] *vt* clywed; *(lauschen)* clustfeinio ar.

mitkommen ['mɪtkɔmən] *irreg vi (+sein)* dod gyda rhn; *(ugs: verstehen)* deall, dilyn.

Mitläufer ['mɪtlɔʏfər] (-s, -) *m* dilynwr *g*, cynffonnwr *g*.

Mitleid ['mɪtlaɪt] *nt* tosturi *g*, piti *g*, trueni *g*; *(Mitgefühl)* cydymdeimlad *g*; **~ haben mit jdm** tosturio wrth rn, bod yn flin gyda chi dros rn.

Mitleidenschaft *f:* **in ~ ziehen** effeithio ar, amharu ar.

mitleidig *adj* cydymdeimladol, tosturiol, trugarog.

mitleidlos *adj* didostur, didrugaredd.

mitleidslos *adj* = **mitleidlos**.

mitmachen ['mɪtmaxən] *vt:* ~ **(bei** +*dat*) cymryd rhan (yn), ymuno (yn); *(ugs: einverstanden sein)* **da macht mein Chef nicht mit** ni fydd fy mhennaeth yn cytuno i hynny.

Mitmensch ['mɪtmɛnʃ] (**-en, -en**) *m* cyd-ddyn *g*.

mitmischen ['mɪtmɪʃən] *vi* ~ **(bei** *oder* **in** +*dat*) *(sich beteiligen)* cymryd rhan (yn); *(sich einmischen)* ymyrryd (yn), busnesa (yn).

mitnehmen ['mɪtneːmən] *irreg vt* dod/mynd â (rhth) gyda chi; *(im Auto)* rhoi lifft i; *(ugs: anstrengen)* blino; **zum M~** parod.

mitreden ['mɪtreːdən] *vi (Meinung äußern)* dweud eich barn; *(~bestimmen)* **(bei etw)** ~ cael llais (yn rhth).
   ♦ *vt:* **Sie haben hier nichts mitzureden** nid yw'n fusnes i chi.

Mitreisende ['mɪtraɪzəndə] (**-n, -n**) *m/f* cydymdeithiwr *g*, cydymdeithes *b*.

mitreißen ['mɪtraɪsən] *irreg vt* ysgubo ymaith; *(fig: begeistern)* swyno, hudo.

mitreißend *adj* pwerus; *(Rhythmus)* bachog; *(Film, Fußballspiel)* cyffrous, gwefreiddiol.

mitsamt [mɪt'zamt] *präp* +*dat* ynghyd â, yn ogystal â.

mitschleppen ['mɪtʃlɛpən] *vt* llusgo.

mitschneiden ['mɪtʃnaɪdən] *irreg vt (TECH)* recordio.

Mitschnitt ['mɪtʃnɪt] (**-(e)s, -e**) *m* recordiad *g*.

mitschreiben ['mɪtʃraɪbən] *irreg vt* cymryd nodiadau o.
   ♦ *vi* cymryd nodiadau; *(bei Spiel)* cadw'r sgôr.

Mitschrift ['mɪtʃrɪft] *f* protocol *g*.

Mitschuld ['mɪtʃʊlt] *f* cyfranogaeth *b*, rhan *b* o'r bai.

mitschuldig *adj:* ~ **(an** +*dat*) cyfrannog (o); *(an Unfall)* cyfrifol i ryw raddau (am).

Mitschuldige (**-n, -n**) *m/f* acwmplydd *g*, cyd-droseddwr *g*.

Mitschüler ['mɪtʃyːlər] (**-s, -**) *m* cyfaill *g* ysgol; **~in** *f* cyfeilles *b* ysgol.

mitschwingen ['mɪtʃvɪŋən] *vi (Saite)* cydseinio.

mitspielen ['mɪtʃpiːlən] *vi* cymryd rhan, ymuno; **jdm übel** ~ gwneud tro gwael â rhn.

Mitspieler(in) *m(f)* partner *g*.

Mitsprache ['mɪtʃpraːxə] *f* llais *g*.

Mitspracherecht *nt* llais *g* mewn penderfyniadau.

Mittag ['mɪtaːk] *m* canol *g* dydd, hanner *g* dydd; **zu** ~ amser cinio; **(zu)** ~ **essen** cael cinio, ciniawa.

Mittagessen (**-s, -**) *nt* cinio *gb*.

mittags *adv* amser cinio, ganol dydd, hanner dydd.

Mittags- *kompos:* **~hitze** *f* gwres *g* ganol dydd; **~pause** *f* awr *b* ginio; **~ruhe** *f* hoe *b* ar ôl cinio; **~schlaf** *m* cyntun *g*, cwsg *g* canol prynhawn.

Mittagszeit *f* amser *g* cinio; **während der** ~ amser cinio.

Mittäter(in) ['mɪttɛːtər] *m(f)* acwmplydd *g*, cyd-

droseddwr(aig) *g(b)*.

Mitte ['mɪtə] *f* canol *g*; *(Tiefe)* perfedd *g*; *(POL)* canol; *(Zielscheibe)* llygad *gb*; **~ Mai** canol mis Mai; **aus unserer** ~ o'n plith ni, o'n mysg ni; **das Reich der** ~ *(LIT)* Tsieina *b*.

mitteilen ['mɪttaɪlən] *vt* hysbysu; **jdm etw** ~ rhoi gwybod i rn am rth, hysbysu rhn o rth.
   ♦ *vr:* **sich (jdm)** ~ cyfathrebu (â rhn), siarad (â rhn).

Mitteilung (**-, -en**) *f* neges *b*, adroddiad *g*; **jdm (eine)** ~ **von etw machen** *(geh)* hysbysu rhn o rth; *(bekanntgeben)* cyhoeddi rhth i rn.

Mittel ['mɪtəl] *nt* modd *g*, cyfrwng *g*; *(MATH)* cyfartaledd *g*; *(MED)* meddyginiaeth *b*, moddion *ll*; ~ *pl* adnoddau *ll*; *(finanzielle)* ~ *pl* modd *g*, adnoddau *ll* ariannol; **kein** ~ **auslassen** troi pob carreg, trio popeth posibl; **als letztes** ~ pan fetho popeth arall; **ein** ~ **zum Zweck** modd i gyrraedd y nod.

Mittelalter *nt (HIST)* y Canol Oesoedd *ll*, yr Oesoedd Canol.

mittelalterlich *adj* canoloesol, o'r Canol Oesoedd.

Mittelamerika *nt (GEOG)* Canolbarth *g* America.

mittelamerikanisch *adj* Canolbarth America.

mittelbar *adj* anuniongyrchol.

Mittelding *nt* cymysgedd *gb*.

Mitteleuropa *nt (GEOG)* Canolbarth *g* Ewrop.

Mitteleuropäer(in) *m(f)* rhn o Ganolbarth Ewrop.

mitteleuropäisch *adj* Canolbarth Ewrop.

Mittelfeld *nt (SPORT)* canol *g* y maes; *(von Team)* canolwyr *ll*.

Mittelfeldspieler *m (SPORT)* canolwr *g*.

Mittelfinger *m* bys *g* canol, bys y cogwrn.

mittelfristig *adj (Finanzplanung, Kredite)* tymor canolig.

Mittelgang *m* eil *b*.

Mittelgebirge *nt* mynyddoedd hyd at tua 2000m o uchder.

Mittelgewicht *nt (SPORT)* pwysau *ll/g* canol.

mittelgroß *adj* o faint canolig.

Mittelhochdeutsch *nt* Uchel Almaeneg Canol.

mittellos *adj* amddifad, tlawd, heb fodd.

Mittellosigkeit *f* amddifadedd *g*.

Mittelmaß *nt:* **das (gesunde)** ~ y canol teg, y ffordd ganol.

mittelmäßig *adj* cymedrol, canolig; *(durchschnittlich)* cyffredin.

Mittelmäßigkeit *f* cyffredinedd *g*, cymedroldeb *g*.

Mittelmeer *nt (GEOG)* y Môr *g* Canoldir, Môr y Canoldir.

mittelprächtig *adj (ugs)* gweddol, symol.

Mittelpunkt *m* canolbwynt *g*; *(fig)* canol *g*, ffocws *g*; **im** ~ **stehen** bod yn ganolbwynt.

mittels ['mɪtəls] *präp +gen* trwy, trwy gyfrwng.

Mittel- *kompos:* **~schicht** *f* y dosbarth *g* canol; **~schule** *f* ysgol *b* eilradd.

Mittelsmann (-(e)s, ¨-er) *m* cyfryngwr *g*, canolwr *g*.

Mittelstand *m* y dosbarth *g* canol.

Mittelstreckenrakete *f (MIL)* taflegryn *g* pellter cymedrol.

Mittel- *kompos:* **~streifen** *m (AUTO)* llain *b* ganol; **~stufe** *f (SCH)* ysgol *b* eilradd; **~stürmer** *m (SPORT)* mewnwr *g* blaen, canolwr *g*; **~weg** *m* cyfaddawd *g*, ffordd *b* ganol; **~welle** *f (RADIO)* y donfedd *b* ganol; **~wert** *m* cymedr *g*.

mitten ['mɪtən] *adv* yn y canol; **~ auf der Straße** yng nghanol y stryd; **~ in der Nacht** yng nghanol y nos, ym mherfeddion y nos; **~ im Winter** yn nyfnder y gaeaf.

mittendrin [mɪtən'drɪn] *adv* (reit) yn y canol.

mittendurch [mɪtən'dʊrç] *adv* (reit) drwy'r canol.

Mitternacht ['mɪtərnaxt] *f* canol *g* nos, hanner *g* nos.

mittlere *adj* canol; (durchschnittlich) canolig, cyffredin; **~n Alters** canol oed; **der M~ Osten** *(GEOG)* y Dwyrain *g* Canol; **~s Management** haen *b* reoli canol; **~ Reife**[D] *(SCH)* ≈ TGAU.

mittlerweile ['mɪtlər'vaɪlə] *adv* erbyn hyn, yn y cyfamser.

Mittwoch ['mɪtvɔx] *m* dydd *g* Mercher.

mittwochs *adv* ar ddydd Mercher, bob dydd Mercher.

mitunter [mɪt[?]'ʊntər] *adv* ambell waith, weithiau, ar adegau.

mitverantwortlich *adj* cydgyfrifol.

mitverdienen ['mɪtfɛrdi:nən] *vi* ennill cyflog i'ch teulu.

Mitverfasser ['mɪtfɛrfasər] (-s, -) *m* cydawdur *g*.

mitwirken ['mɪtvɪrkən] *vi:* (bei etw) **~** cyfrannu (at/i rth); *(THEAT)* cymryd rhan (yn rhth).

Mitwirkende *pl (THEAT)* y cast *g*, actorion *ll*.

Mitwirkung *f* cyfraniad; **unter ~ von** gyda chymorth (rhth).

Mitwisser ['mɪtvɪsər] (-s, -) *m:* **~ (einer Sache** *gen*) **sein** gwybod (am rhth); **jdn zum ~ machen** (einweihen) datgelu cyfrinach i rn; (Augenzeuge) troi rhn yn dyst.

mitzählen ['mɪtʦɛːlən] *vi* (bei Spiel) cadw'r sgôr.

Mixer ['mɪksər] (-s, -) *m (KOCH)* cymysgwr *g*.

ml *abk* (= Milliliter) ml.

mm *abk* (= Millimeter) mm.

Mnemotechnik [mnemo'tɛçnɪk] *f* cofyddiaeth *b*.

Möbel ['møːbəl] (-s, -) *nt* dodrefnyn *g*; **~** *pl* celfi *g/ll*, dodrefn *ll*.

Möbel- *kompos:* **~garnitur** *f* swît *b*; **~handlung** *f* siop *b* ddodrefn; **~packer** *m* mudwr *g*, symudwr *g*

dodrefn; **~politur** *f* llathrydd *g* dodrefn; **~stück** *nt* celficyn *g*, darn *g* o ddodrefn; **~wagen** *m* fan *b* ddodrefn, fan gelfi.

mobil [mo'biːl] *adj* symudol, symudadwy; *(MIL)* **~ machen** byddino.

Mobile ['moːbilə] (-s, -s) *nt* symudyn *g*.

Mobilfunk *m* gwasanaeth *g* teleffon cellog.

Mobiliar [mobili'aːr] (-s, -e) *nt* asedau *ll* symudol; (Hausrat) celfi *g/ll*, dodrefn *ll*.

mobilisieren [mobili'ziːrən] *vt* byddino.

Mobil- *kompos:* **~machung** *f* byddiniad *g*, byddino *g*; **~telefon** *nt* ffôn *g* symudol/cludadwy.

möbl. *abk* (= möbliert) wedi ei dodrefnu.

möblieren [mø'bliːrən] *vt* dodrefnu.

möchte *vb vgl.* **mögen;** eisiau, moyn; **möchten Sie ...?** hoffech chi…?

Möchtegern- *in kompos* (ironisch) un a hoffai fod yn…

modal [mo'daːl] *adj (GRAM)* moddol.

Modalität [modali'tɛːt] (-, -en) *f (von Plan, Vertrag usw)* trefniant *g*.

Mode[1] ['moːdə] (-, -n) *f* ffasiwn *b*.

Mode[2] *m (COMP)* modd *g*.

Mode- *kompos:* **~farbe** *f* lliw *g* ffasiynol; **~heft** *nt*, **~journal** *nt* cylchgrawn *g* ffasiwn.

Model ['moːdəl] (-s, -s) *nt* model *b* (ffasiwn).

Modell [mo'dɛl] (-s, -e) *nt* model *g*; (Mannequin) model *b*; (COMM, COMP) fersiwn *g*; **~ stehen** modelu.

Modelleisenbahn *f* (Spielzeug) trên *g* tegan.

Modellfall *m* achos *g* clasurol.

modellieren [modɛ'liːrən] *vt (KUNST)* modelu.

Modellversuch *m* cynllun *g* arbrofol/peilot.

Modem ['moːdɛm] *nt (COMP)* modem *g*.

Modenschau[D] *f* = **Modeschau.**

Modepapst *m* uchel offeiriad *g* o byd ffasiwn.

Moder ['moːdər] (-s, *kein pl*) *m* (Schimmel) braen *g*.

moderat [mode'raːt] *adj* cymedrol.

Moderator [mode'raːtor] (-s, -en) *m(f) (PHYS)* arafwr *g*; *(RADIO)* cyflwynydd *g*; **~in** *f (RADIO)* cyflwynwraig *b*.

moderieren [mode'riːrən] *vt, vi (RADIO, TV)* cyflwyno.

moderig *adj* hendrwm; (Geruch) ag aroglau llwydni arno.

modern [mo'dɛrn] *adj* modern, cyfoes, newydd; (modisch) ffasiynol; **~e Literatur** llenyddiaeth *b* fodern.

Moderne *f (HIST)* yr oes *b* fodern.

modernisieren [modɛrni'ziːrən] *vt* moderneiddio, diweddaru.

Modernismus [modɛr'nɪsmʊs] *m* moderniaeth *b*.

Modernist [modɛr'nɪst] (-en, -en) *m* (~in *f*) modernydd *g*.

modernistisch *adj* modernaidd.

Modernität [mɔdɛrni'tɛːt] *f* modernedd *g*.

Mode- *kompos:* **~schau** *f* sioe *b* ffasiwn; **~schmuck** *m* gemau *ll* ffasiynol; **~schöpfer** *m* dyluniwr *g* ffasiwn, cynllunydd *g* ffasiwn; **~trend** *m* gogwydd *g* ffasiwn; **~welt** *f* y byd *g* ffasiwn; **~wort** *nt* gair *g* ffasiynol.

modifizieren [modifi'tsiːrən] *vt* cyfaddasu.

modisch ['moːdɪʃ] *adj* ffasiynol.

modrig *adj* = moderig.

Modul ['moːdʊl] (-s, -n) *nt (COMP)* uned *b*, modiwl *g*.

Modulation [modulatsi'oːn] *f (MUS)* trawsgyweiriad *g*.

modulieren [modu'liːrən] *vi (MUS)* trawsgyweirio.

Modus ['moːdʊs] (-, **Modi**) *m* modd *g*.

Mofa ['moːfa] (-s, -s) *nt (= Motorfahrrad)* moped *g* (â phedalau).

mogeln ['moːgəln] *vi (ugs)* twyllo, cafflo.

mögen ['møːgən] *irreg vt, vi* hoffi, bod yn hoff o; **~ Sie ihn?** ydych chi'n ei hoffi? **sie mag keine Katzen** nid yw hi'n hoffi cathod; **ich möchte …** hoffwn cael…

♦ *vi* hoffi; **ich mag nicht mehr** rwyf wedi cael digon; **er möchte in die Stadt** mae e eisiau mynd i'r dref, fe hoffai fynd i'r dref; **ich möchte nicht, dass du …** dwy' ddim am i ti…

♦ *aux vb* bod am (wneud rhth); *(wollen)* eisiau; **was mag das heißen?** beth yw ystyr hynny (tybed)? **möchtest du etwas essen?** wyt ti eisiau bwyta rhywbeth? **sie mag nicht bleiben** dyw hi ddim eisiau aros; **das mag wohl sein** digon bosibl, posibl iawn; **Sie möchten bitte zu Hause anrufen** a fyddech mor garedig â ffonio adref?

möglich ['møːklɪç] *adj* posibl, dichonol; **wenn ~** o bosib; **sein M~stes tun** gwneud eich gorau glas.

möglicherweise *adv* efallai.

Möglichkeit (-, -en) *f* posibilrwydd *g*; *(Gelegenheit)* siawns *b*, agoriad *g*; *(Wahl)* dewis *g*; **nach ~** os yn bosibl, os oes modd; **sich** *dat* **alle ~en offen halten** gadael eich opsiynau'n agored.

möglichst *adv* cyn… â phosibl, cyn… ag y bo modd; **sein M~es tun** gwneud eich gorau glas.

Mohammedaner [mohame'daːnər] *m* (**~in** *f*) Moslem *g*, Mwslim *g*.

mohammedanisch *adj* Moslemaidd, Mwslimaidd, Islamaidd.

Mohikaner [mohi'kaːnər] (-s, -e) *m:* **der letzte ~** *(fig, ugs)* yr un dyn bach sydd ar ôl.

Mohn [moːn] (-(e)s, -e) *m (BOT)* pabi *gb*; *(Samen)* hadau *ll* pabi.

Mohnblume (-, -n) *f (BOT)* pabi *gb*.

Mohr [moːr] *m (veraltet)* dyn *g* du; **~ im Hemd** *(KOCH)* teisen â saws siocled a hufen; **den ~en weiß waschen** *(fig)*ᴰ golchi draed yr alarch.

Möhreᴰ ['møːrə] *f* moronen *b*.

Mohrenkopf ['moːrənkɔpf] (-(e)s, ¨-e) *m (KOCH)* math ar felysion *ll* siocled.

Mohrrübeᴰ ['moːrryːbə] (-, -n) *f* moronen *b*.

mokieren [moˈkiːrən] *vr:* **sich ~ über** +*akk* gwneud hwyl am ben, chwerthin am ben.

Mokka ['mɔka] (-s, -s) *m (Kaffee)* coffi *g* du.

Moldau ['mɔldau] *f (GEOG)* **die ~** afon Vltava *b*.

Moldawien [mɔlˈdaːviən] (-s) *nt (GEOG)* Moldafia *b*.

Mole ['moːlə] (-, -n) *f (NAUT)* morglawdd *g*, docfa *b*.

Molekül [moleˈkyːl] (-s, -e) *nt (CEM)* moleciwl *g*.

molekular [moleku'laːr] *adj* moleciwlaidd.

molk *vb vgl.* melken.

Molke ['mɔlkə] *f* maidd *g*, gleision *ll*.

Molkerei [mɔlkə'raɪ] *f* llaethdy *g*, hufenfa *b*.

Molkereibutter *f (KOCH)* menyn *g* cymysg.

Moll [mɔl] (-, *kein pl*) *nt (MUS)* cywair *g* lleiaf, cywair lleddf; **in ~** lleddf.

mollig ['mɔlɪç, -ɪk] *adj (wohlig)* clyd, diddos, cysurus; *(dicklich)* llond eich croen, tew.

Molltonart *f* cywair *g* lleddf.

Molltonleiter *f* graddfa *b* leiaf.

Mollusk ['mɔlusk] *m (ZOOL)* molwsg *g*.

Molluskeᴰ [mɔ'luskə] (-, -n) *f* = Mollusk.

Molotowcocktail ['moːlotɔfkɔktɛːl] *m (fig)* coctel *g* Molotof.

Moment[1] [mo'mɛnt] (-(e)s, -e) *m* moment *b*, eiliad *gb*, munud *gb*; **im ~** ar hyn o bryd; **einen ~ bitte!** un foment! **~ (mal)!** aros di funud! dal dy wynt! **jeden ~** unrhyw foment; **im ersten ~** am un eiliad.

Moment[2] (-(e)s, -e) *nt (PHYS)* ffactor *gb*, momentwm *g*.

momentan [momɛn'taːn] *adj* dros dro.

♦ *adv* ar hyn o bryd, ar y funud.

Monarch [mo'narç] (-en, -en) *m* brenin *g*, teyrn *g*.

Monarchie [monar'çiː] *f* brenhiniaeth *b*.

Monat ['moːnat] (-(e)s, -e) *m* mis *g*; **sie ist im sechsten ~ (schwanger)** mae hi'n feichiog ers chwe mis; **was verdient er im ~?** faint mae e'n ennill y mis?

monatelang ['moːnatəlaŋ] *adv* am fisoedd.

monatlich ['moːnatlɪç] *adj* misol, bob mis.

♦ *adv* fesul mis.

Monats- *kompos:* **~binde** *f* tywel *g* misglwyf; **~blutung** *f* gwaedlif *g* misol; **~ende** *nt* diwedd *g* y mis.

Monatsgehalt *nt* cyflog *g* misol; **das dreizehnte ~** bonws *g* Nadolig; **das vierzehnte ~** bonws gwyliau.

Monats- *kompos:* **~karte** *f* tocyn *g* mis; **~rate** *f* rhandal *g* misol; **~zeitschrift** *f* misolyn *g*, cylchgrawn *g* misol; **~zyklus** *m (MED)* cylchred *gb* y misglwyf.

Mönch [mœnç] (-(e)s, -e) *m* mynach *g*, brawd *g*.

Mönchs- *in kompos* mynachaidd.

Mönchsgrasmücke *f (ZOOL)* telor *g* penddu.

Mönchstum *nt* mynachaeth *b.*

Mond [moːnt] (-(e)s, -e) *m* lleuad *b*, lloer *b*; *(auf Fahne)* cresawnt *g*; **abnehmender ~** lleuad ar ei chil; **zunehmender ~** lleuad ar ei chynnydd; **Mann im ~** dyn *g* y lleuad; **hinter dem ~ leben** bod ar ei hôl hi, dal i fod yn yr oesoedd canol.

Mondbeben *nt* lloergryn *g.*

Mondenschein *m (LIT)* lloergan *g.*

Mond- *kompos:* **~fähre** *f*, **~fahrzeug** *nt* modiwl *g* lloerol; **~finsternis** *f* eclips *g* lleuad, diffyg *g* ar y lleuad.

mondhell *adj* golau-leuad.

Mond- *kompos:* **~landung** *f* glaniad *g* ar y lleuad; **~licht** *nt* golau *g* lleuad; **~monat** *nt (ASTRON)* mis *g* lleuad; **~nacht** *f* noson *b* olau leuad; **~phasen** *pl* cylch *g* y lleuad; **~schein** *m* golau *g* lleuad, goleuni *g*'r lleuad; **~sichel** *f* cilgant *g*, lleuad *b* gilgant; **~sonde** *f* chwiliedydd *g* gofod; **~wechsel** *m* cylch *g* y lleuad.

Monetarismus [monetaˈrɪsmʊs] *m (COMM)* arianyddiaeth *b*, monetariaeth *b.*

Monetarist [monetaˈrɪst] (-en, -en) *m* (**~in** *f*) arianyddwr *g*, monetariad *g.*

Moneten[D] [moˈneːtən] *pl (ugs: Geld)* arian *g*, pres *g.*

Mongole [mɔŋˈgoːlə] (-n, -n) *m* Mongoliad *g.*

Mongolei [mɔŋgoˈlaɪ] *f (GEOG)* Mongolia *b*; **die äußere ~** Gwerinlywodraeth *b* Mongolia; **die innere ~** Mongolia Fewnol (yn Tsieina).

mongolid [mɔŋgoˈliːt] *adj* Mongolaidd.

Mongolin [mɔŋˈgoːlɪn] *f* Mongoliad *g.*

mongolisch [mɔŋˈgoːlɪʃ] *adj* Mongolaidd; **die M~e Volksrepublik** *(GEOG)* Gwerinlywodraeth *b* Mongolia.

Mongolisch *nt (Sprache)* Mongoleg *b.*

monieren [moˈniːrən] *vt (geh)* cwyno am/ynghylch.
♦ *vi (geh)* cwyno.

Monitor [ˈmoːnitɔr] *m (Bildschirm)* monitor *g*, sgrin *b.*

Mono- *in kompos* mono.

monochrom [monoˈkroːm] *adj* monocrom.

monochromatisch [monokroˈmaːtɪʃ] *adj* monocromatig.

monogam [monoˈgaːm] *adj* unweddog, ag un gŵr/wraig.

Monogamie [monogaˈmiː] *f* monogami *b.*

monoglott [monoˈglɔt] *adj* uniaith.

Monografie [monograˈfiː] (-, -n) *f* monograff *g.*

Monogramm [monoˈgram] (-(e)s, -e) *nt* monogram *g.*

Monographie *f* = **Monografie.**

Monolith [monoˈliːt] (-en, -e *oder* -en) *m* monolith *g.*

monolithisch [monoˈliːtɪʃ] *adj* monolithig.

Monolog [monoˈloːk] (-(e)s, -e) *m* ymson *g*; **einen ~ halten** ymson.

Monophonie [monofoˈniː] *f (MUS)* monoffoni *g.*

Monopol [monoˈpoːl] (-s, -e) *nt (COMM)* monopoli *g.*

monopolisieren [monopoliˈziːrən] *vt* monopoleiddio, cornelu'r farchnad.

Monopolstellung *f* monopoli *g.*

Monotheismus [monoteˈɪsmʊs] *m* undduwiaeth *b.*

monoton [monoˈtoːn] *adj* undonog, dwl.

Monotonie [monotoˈniː] *f* undonedd *g.*

monströs [mɔnˈstrøːs] *adj* bwystfilaidd.

Monstrum [ˈmɔnstrʊm] (-s, **Monstren**) *nt (Monster)* anghenfil *g*; *(großes Stück)* cloben *b*; **ein ~ von einem Hund** clamp o gi.

Monsun [mɔnˈzuːn] (-s, -e) *m (MET)* monsŵn *g*, tymhorwynt *g.*

Monsunregen *m* glaw *g* monsŵn.

Montag [ˈmoːntaːk] (-(e)s, -e) *m* dydd *g* Llun; *vgl. auch* **Dienstag.**

Montage [mɔnˈtaːʒə] (-, -n) *f (FOTO usw)* cyfosodiad *g*; *(TECH)* gosodiad *g*; *(Einbau)* gosodiad, ffitio *g.*

montags *adv* ar ddydd Llun, bob dydd Llun.

Montan- *kompos:* **~industrie** *f* diwydiant *g* glo a dur; **~universität** *f (UNIV)* prifysgol *b* fwyngloddio.

Monteur [mɔnˈtøːr] (-s, -e) *m* ffitiwr *g.*

montieren [mɔnˈtiːrən] *vt* gosod, ffitio; *(zusammenstellen)* cydosod.

Montur [mɔnˈtuːr] *f (ugs)* taclau *ll.*

Monument [monuˈmɛnt] (-(e)s, -e) *nt* cofadail *gb*, cofgolofn *b.*

monumental [monumɛnˈtaːl] *adj* aruthrol, anferthol.

Moor [moːr] (-(e)s, -e) *nt* gwaun *b*, rhos *b*, mignen *b*; **~bad** *nt* baddon *g* llaid.

Moorland *nt* morfa *g.*

Moos [moːs] (-es, -e) *nt (BOT)* mwsogl *g.*

Mop [mɔp] *m* = **Mopp.**

Moped [ˈmoːpɛt] (-s, -s) *nt* moped *g.*

Mopp [mɔp] *m (zum Aufwischen)* mop *g.*

Mops [mɔps] (-es, ¨-e) *m* ci *g* smwt, corgi *g* tarw.

Moral [moˈraːl] (-, -en) *f* moesoldeb *g*, moeseg *b*; *(einer Geschichte)* moeswers *b.*

Moralapostel *m (pej)* un sy'n pregethu moesoldeb.

moralisch [moˈraːlɪʃ] *adj* moesol.

Moräne [moˈrɛːnə] (-, -n) *f (GEOL)* marian *g.*

Morast [moˈrast] (-(e)s, -e) *m* cors *b*, llaid *g*, siglen *b*, sugnedd *g.*

morastig *adj* corslyd, lleidiog.

morbid [mɔrˈbiːt] *adj* morbid.

Morchel [ˈmɔrçəl] *m (BOT)* morel *g* cyffredin.

Mord [mɔrt] (-(e)s, -e) *m* llofruddiaeth *b*; **dann gibt es ~ und Totschlag** *(fig, ugs)* fe fydd yna uffern o dwrw!

Mordanschlag *m* ymgais *gb* i lofruddio.

Mörder ['mœrdər] (-s, -) *m* llofrudd *g*, lleiddiad *g*; **~in** *f* llofruddes *b*, lleiddiad *g*.

mörderisch *adj (fig: schrecklich)* uffernol, arswydus, brawychus.

♦ *adv (ugs)* dros ben, tu hwnt; **ein ~ schnelles Auto** uffern o gar cyflym.

Mordfall *m* achos *g* llofruddiaeth.

Mordkommission *f* heddlu *g* llofruddiaeth.

Mordsangst *f:* **~ haben** dychryn yn lân.

Mords- *kompos:* **~ding** *nt (ugs)* uffern *b*/coblyn *g* o beth *g*; **~glück** *nt (ugs)* lwc *b* anhygoel; **~kerl** *m (ugs)* uffern *b* o foi.

mordsmäßig *adj (ugs)* aruthrol, enfawr.

Mordsschrecken *m (ugs)* ofn *g* uffernol.

Mord- *kompos:* **~verdacht** *m* drwgdybiaeth *b* o lofruddio; **~versuch** *m* ymgais *gb* i lofruddddio; **~waffe** *f* arf a ddefnyddiwyd i lofruddio.

morgen ['mɔrgən] *adv* yfory; **~ Abend** nos yfory; **~ Früh** bore yfory; **bis ~!** tan yfory! wela i di fory! **~ in acht Tagen** wythnos i yfory; **~ um diese Zeit** yr amser hyn yfory.

Morgen[1] ['mɔrgən] (-s, -) *m* bore *g*; **guten ~!** bore da!

Morgen[2] *m (Landmaß)* ≈ erw *b*, cyfer *g*.

Morgen- *kompos:* **~andacht** *f (REL)* plygain *gb*; **~dämmerung** *f* gwawr *b*, cyfddydd *g*.

morgendlich *adj* boreol, boreuol, plygeiniol.

Morgen- *kompos:* **~grau** *nt* glas *g*; **~grauen** *nt* brig *g* y wawr *b*, cyfddydd *g*; **~mantel** *m*, **~rock** *m* gŵn *g* nos; **~rot** *nt*, **~röte** *f* gwrid *g* y wawr, gwawr *b*.

morgens *adv* yn y boreau, bob bore; **drei Uhr ~** tri o'r gloch y bore; **von ~ bis abends** o fore hyd nos, hwyr a bore, rhwng gwawl a gwyll.

Morgenstunde *f* pen *g* bore; **Morgenstund' hat Gold im Mund** *(Sprichwort)* y ci a gerddo a gaiff.

Morgentau *m* gwlith *g*.

morgig ['mɔrgɪç, -ɪk] *adj* yfory; **der ~e Tag** yfory.

Moritat [mori'taːt] (-, -en) *f (LIT)* baled *b*.

Morphin [mɔr'fiːn] *nt (MED, CHEM)* morffin *g*.

Morphium ['mɔrfium] (-s, *kein pl*) *nt* morffin *g*.

Morphologie [mɔrfolo'giː] *f (GRAM)* morffoleg *b*.

morsch [mɔrʃ] *adj (Holz)* pwdr, pydredig, braenllyd.

Morsealphabet ['mɔrzeˀalfabeːt] *nt* côd *g* Morse.

morsen ['mɔrzən] *vi* anfon neges mewn côd Morse.

Mörser ['mœrzər] (-s, -) *m* mortar *g*; *(MIL)* mortar, magnel *b*; **~ und Stößel** pestl *g* a mortar.

Mörtel ['mœrtəl] (-s, -) *m* morter *g*.

Mosaik [moza'iːk] (-s, -en *oder* -e) *nt* mosäig *g*, brithwaith *g*.

Mosaikfenster *nt* ffenestr *b* liw.

Moschee [mo'ʃeː] (-, -n) *f (REL)* mosg *b*.

Moschus ['moːʃus] (-, *kein pl*) *m* mwsg *g*.

Moschus- *kompos:* **~ente** *f (ZOOL)* hwyaden *b* fwsg; **~ochse** *m* ych *g* mwsg.

Mosel[1] ['moːzəl] *f (GEOG)* Mosel, afon *b* Mosel.

Mosel[2] *m (Wein)* gwin *g* Mosel.

mosern[D] ['moːzərn] *vi (ugs)* cwyno, achwyn.

Moskau ['mɔskau] *nt (GEOG)* Mosco *b*, Moskva *b*.

Moskauer(in) *m(f)* Moscofiad *g*.

Moskito [mɔs'kiːto] (-s, -s) *m (ZOOL)* mosgito *g*.

Moskowiter [mɔsko'viːtər] (-s, -) *m (veraltet)* = **Moskauer(in)**.

Moslem ['mɔslɛm] *m (REL)* Moslem *g*, Mwslim *g*.

moslemisch [mɔs'leːmɪʃ] *adj* Moslemaidd.

Most [mɔst] (-s, -s) *m* sudd *g* ffrwythau heb ei eplesu.

Motel ['moːtɛl, mo'tɛl] (-s, -s) *nt* motél *g*.

Motiv [mo'tiːf] (-s, -e) *nt (Anlass)* cymhelliad *g*, ysgogiad *g*; *(MUS, KUNST, LIT)* thema *b*.

Motivation [motivatsi'oːn] (-, -en) *f* ysgogiad *g*, cymhelliad *g*, symbyliad *g*.

motivieren [moti'viːrən] *vt* ysgogi, cymell, annog.

Motor ['moːtɔr] (-s, -en) *m* modur *g*, injan *b*; *(ELEKT)* peiriant *g*.

Motor- *kompos:* **~boot** *nt* cwch *g* modur; **~haube** *f (AUTO)* bonet *gb*.

motorisch [mo'toːrɪʃ] *adj (TECH)* o ran modur; *(ANAT)* ysgogol.

motorisieren [motori'ziːrən] *vt* modureiddio.

Motor- *kompos:* **~journal** *nt* cylchgrawn *g* moduro; **~öl** *nt* olew *g* peiriant.

Motorrad [-(e)s, ˝-er] *nt* beic *g* modur, moto-beic *g*.

Motorradfahrer (-s, -) *m* gyrrwr *g* beic modur.

Motor- *kompos:* **~roller** *m* sgwter *g* modur; **~schaden** *m* nam *g* ar y peiriant; **~sport** *m* rasio *g* ceir.

Motte ['mɔtə] (-, -n) *f (ZOOL)* gwyfyn *g*, pryf *g* y gannwyll.

mottenfest *adj (TEX)* gwrthwyfynod.

Mottenkiste *f:* **etw aus der ~ hervorholen** *(fig, ugs)* adrodd hen stori

Mottenkugel *f* pêl *b* gamffor.

Motto ['mɔto] (-s, -s) *nt* arwyddair *g*.

motzen[D] ['mɔtsən] *vi (ugs)* cwyno, grwgnach; *(schmollen)* pwdu.

Mountainbike (-s, -s) *nt* beic *g* mynydd.

Möwe ['møːvə] (-, -n) *f (ZOOL)* gwylan *b*.

MP *f abk* = **Maschinenpistole**.

Mrd. *abk* = **Milliarde**.

Ms. *abk (= Manuskript)* llsgr.

MS *abk (= Motorschiff)* llong *b* fodur; *(MED, = multiple Sklerose)* sglerosis *g* ymledol.

Mskr. *abk (= Manuskript)* llsgr.

MTA[D] (-, -s) *f abk (= medizinisch-technische Assistentin)* cynorthwywraig *b* feddygol.

mtl. *abk* = **monatlich**.

Mucke ['mʊkə] *f* mympwy *g*; *(von Ding)* trafferth *gb*; **seine ~n haben** bod yn fympwyol.

Mücke (-, -n) *f (ZOOL)* gwybedyn *g* mân, cylionyn *g*; **aus einer ~ einen Elefanten machen** gwneud môr a mynydd o rth.

Muckefuck[D] ['mʊkəfʊk] (-s) *m (ugs)* amnewidyn *g* coffi.

mucken ['mʊkən] *vi*: **ohne zu ~** heb siw na miw.

Mückenstich *m* brathiad *g* gwybedyn.

Mucks [mʊks] (-es, e) *m* gwichiad *g*, miw *g*; **keinen ~ machen** peidio â gwneud yr un gwichiad; *(nicht widersprechen)* dweud dim siw na miw.

mucksen ['mʊksən] *vr (ugs)* syflyd, symud; *(Laut geben)* agor eich ceg.

Muckser *m (ugs)* = **Mucks**.

mucksmäuschenstill *adj (ugs)* mor dawel â llygoden.

müde ['myːdə] *adj* blinedig, wedi blino; **~ lächeln** gwenu'n drist; **~ werden** blino; **nicht ~ werden, etw zu tun** *(fig)* heb flino byth ar wneud rhth.

Müdigkeit *f* blinder *g*; **nur keine ~ vorschützen!** paid â honni dy fod wedi blino!

Müesli[S] ['myːəsli] (-s, -) *nt (KOCH)* miwsli *g*.

Muff[1] [mʊf] (-(e)s, -e) *m (Handwärmer)* mwff *g*, mỳff *g*.

Muff[2D] (-(e)s, *kein pl*) *m (Moder)* llwydni.

Muffel ['mʊfəl] (-s, -) *m (ugs)* rhn surbwch, rhn trwynsur.

muffig ['mʊfɪç, -ɪk] *adj (Luft)* hendrwm, mwll, trymaidd.

Mugel[A] ['muːɡəl] *m* bryncyn *g*, cnwc *g*, twmpath *g*, ponc *b*.

mugelig[A] *adj* ponciog.

Muh [muː] *nt* miw *g*.

Mühe ['myːə] (-, -n) *f* trafferth *gb*, ymdrech *b*, helynt *gb*; *(Schwerarbeit)* llafur *g*, chwysfa *b*; **mit Müh' und Not** crafu drwodd, crafu i mewn, gyda chryn drafferth; **sich** *dat* **~ geben** trafferthu, gwneud ymdrech fawr; **der ~ wert sein** bod yn werth chweil; **nicht der ~ wert** dim yn werth chweil.

mühelos *adj* rhwydd, didrafferth, hwylus.

muhen ['muːən] *vi* brefu.

mühevoll *adj* llafurus, trafferthus, blinderus.

Mühle ['myːlə] (-, -n) *f* melin *b*; *(Kaffee~)* melin (goffi).

Mühl- *kompos*: **~rad** *nt* rhod *b* felin, rhod ddŵr; **~stein** *m* maen *g* melin.

Mühsal ['myːzaːl] (-, -e) *f* trallod *g*, caledi *g*.

mühsam *adj* llafurus, blinderus.

♦ *adv* gydag anhawster.

mühselig *adj* = **mühsam**.

Mulde ['mʊldə] *f* pant *g*, pannwl *g*.

Muli[A] ['muːli] *m oder nt (Maulesel)* mul *g*.

Mull [mʊl] (-(e)s, -e) *m (TEX)* rhwyllen *b*; *(Erde)*[D] tywarchen *b*.

Müll [mʏl] (-(e)s, *kein pl*) *m* sbwriel *g*, gwehilion *ll*; **~abfuhr** *f* lorri *b* ludw; *(Leute)* dynion *ll* y lludw, dynion y biniau; **~abladeplatz** *m* tip *g*, tomen *b* sbwriel.

Mullbinde *f (TEX)* lint *g*, rhwymyn *g* meinwe.

Müll- *kompos*: **~deponie** *f* safle *g* sbwriel, tip *g*; **~eimer** *m* bin *g* lludw, bin *g* sbwriel.

Müller ['mʏlər] *m* (**~in** *f*) melinydd(es) *g(b)*.

Müll- *kompos*: **~halde** *f* tomen *b* sbwriel, tip *g*; **~haufen** *m* tomen *b* sbwriel; **~kippe**[D] *f* tip *g*; **~mann** *m* dyn *g* y lludw; **~sack** *m* sach *b* ludw/sbwriel; **~schlucker** *m* melin *b* sbwriel; **~tonne** *f* bin *g* lludw, bin sbwriel.

Müllverbrennung *f* llosgi *g* sbwriel.

Müllverbrennungsanlage *f* llosgydd *g* sbwriel.

Müllwagen[D] *m* lorri *b* ludw.

mulmig ['mʊlmɪç, -ɪk] *adj*: **jdm ist ~** teimlo'n ofnus; *(unwohl)* teimlo'n wael; **eine ~e Situation** sefyllfa chwithig/beryglus.

multilateral [mʊltilateˈraːl] *adj (POL)* cydwladol, rhyngwladol.

Multiple-Choice-Test *m* prawf *g* aml-ddewis.

Multiplikand [mʊltipliˈkant] (-en, -en) *m (MATH)* lluosyn *g*.

Multiplikation [mʊltiplikatsiˈoːn] (-, -en) *f (MATH)* lluosiad *g*.

Multiplikator [mʊltipliˈkaːtər] (-s, -en) *m (MATH)* lluosydd *g*.

multiplizieren [mʊltipliˈtsiːrən] *vt* lluosi.

Mumie ['muːmiə] (-, -n) *f* mymi *g*, mwmi *gb*.

Mumm [mʊm] (-s, *kein pl*) *m (ugs: Mut)* calon *b*, plwc *g*, gwroldeb *g*.

Mumpitz ['mʊmpɪts] *m (ugs)* mympwy *g*.

Mumps [mʊmps] (-, *kein pl*) *m oder f (MED)* clwyf *g* y pennau, y dwymyn *b* doben.

München ['mʏnçən] (-s, *kein pl*) *nt (GEOG)* Miwnic *b*, München *b*.

Mund [mʊnt] (-(e)s, ¨-er) *m* ceg *b*, genau *g*; **~ voll** cegaid *b*; **den ~ halten** dal eich tafod; **halt den ~!** cau dy ben! **den ~ aufmachen** *(seine Meinung sagen)* dweud eich dweud; **sie ist nicht auf den ~ gefallen** *(fig)* mae hi'n siarad yn hylithr; **jdm den ~ wässerig machen** *(fig)* tynnu dŵr o ddannedd rhn; **den ~ zu voll nehmen** *(fig)* bod â cheg fawr; **sich den ~ zerreißen über** *+akk* cario clecs am.

Mundart *f* tafodiaith *b*.

mundartlich *adj* tafodieithol.

Mündel ['mʏndəl] (-s, -) *nt (veraltet)* ward *gb*.

münden ['mʏndən] *vi (+sein)*: **~ in** *+akk* aberu yn;

(Fluss) llifo i.

mundfaul *adj* = maulfaul.

mundgerecht *adj* o faint brathiad.

Mund- *kompos:* **~geruch** *m* anadl *gb* drwg; **~harmonika** *f* organ *b* geg.

mündig ['mʏndɪç, -ɪk] *adj* mewn oedran cydsynio.

Mündigkeit *f* oedran *b* cydsynio.

mündlich ['mʏntlɪç] *adj* llafar, geiriol; **~e Prüfung** prawf *g* llafar; **~e Überlieferung** traddodiad *g* llafar; **~e Verhandlung** *(JUR)* gwrandawiad *g*; **alles weitere ~!** cawn drafod ymhellach pan welwn ni'n gilydd.

Mund- *kompos:* **~raub** *m (JUR)* lladrad *g* bwyd; **~schenk** *m (HIST)* stiward *g*; **~stück** *nt (von Instrument, Pfeife usw)* ceg *b*, cetyn *g*; *(Zigarette)* blaen *g*.

mundtot *adj:* **jdn ~ machen** *(fig)* rhoi taw ar rn.

Mündung ['mʏndʊŋ] (-, -en) *f (von Fluss)* aber *gb*; *(Gewehr)* ffroen *b*, blaen *g*.

Mund voll *adj vgl.* **Mund.**

Mundwasser *nt* cegolch *g*.

Mundwerk *nt:* **ein großes ~ haben** *(fig)* bod â cheg fawr; **ein loses ~ haben** *(ugs: frech sein)* bod yn haerllug.

Mundwinkel (-s, -) *m* cornel *gb* y geg.

Munition [munitsi'o:n] (-, -en) *f* ffrwydron *ll*.

Munitions- *kompos:* **~depot** *nt* storfa *b* arfau; **~fabrik** *f* ffatri *b* ordnans *g*; **~lager** *nt* storfa *b* arfau.

munkeln ['mʊŋkəln] *vi* sibrwd; **es wird gemunkelt, dass ...** mae si ar led fod…

Münster ['mʏnstər] (-s, -) *nt* mynachlog *g* ag eglwys fawr.

munter ['mʊntər] *adj* byw, llawn mynd/asbri; *(wach)* effro, dihun.

Munterkeit *f* bywiogrwydd *g*.

Münzanstalt *f* bathdy *g*.

Münzautomat (-en, -en) *m* peiriant *g* ceiniogau.

Münze ['mʏntsə] (-, -n) *f* darn *g* arian; *(Prägeanstalt)* bathdy *g*; **~n** *pl* arian *g/ll* sychion.

münzen ['mʏntsən] *vt* bathu arian; **auf jdn gemünzt sein** wedi ei anelu at rn.

Münz- *kompos:* **~fernsprecher** *m,* **~telefon** *nt* ffôn *g* talu; **~wechsler** *m* peiriant *g* newid (arian).

mürb [mʏrp] *adj* = mürbe.

mürbe ['mʏrbə] *adj* brau, bregus; *(morsch)* braenllyd, pydredig; *(Gebäck)* crimp, crisbin, cras; **jdn ~ machen** blino rhn.

Mürbteig *m* crwst *g* brau.

Mure ['mu:rə] (-, -n) *f* llithriad *g* tir, tirlithriad *g*.

Murmel ['mʊrməl] (-, -n) *f* marblen *b*.

murmeln ['mʊrməln] *vt, vi* murmur, mwmial; **etw in seinen Bart ~** *(fig)* dweud rhth dan eich dannedd.

Murmeln *nt* murmur *g*, bwrlwm *g*.

Murmeltier *nt (ZOOL)* twrlla *g*, marmot *g*, llygoden *b* fynydd.

murren ['mʊrən] *vi* conach, tuchan, grwgnach.

murrend *adj* grwgnachlyd.

mürrisch ['mʏrɪʃ] *adj* sarrug, gwenwynllyd, blin.

Mus [mu:s] (-es, -e) *nt (KOCH)* mwtrin *g*.

Muschel ['mʊʃəl] (-, -n) *f (ZOOL)* cragen *b* las, cocosen *b*; *(~schale)* cragen; *(Telefon~)* derbynnydd *g*; *(Klo~)* powlen *b*; *(Wasch~)* basn *g*.

Muse ['mu:zə] *f (KUNST, LIT)* awen *b*.

Muselman ['mu:zəlma:n] *m (veraltet)* Mwslim *g*.

Museum [mu'ze:ʊm] (-s, Museen) *nt* amgueddfa *b*.

museumsreif *adj* yn ddigon hen i fod mewn amgueddfa.

Musical ['mju:zikəl] *nt (THEAT)* sioe *b* gerdd.

Musik [mu'zi:k] *f* cerddoriaeth *b*, miwsig *g*; **das war ~ in meinen Ohren** *(fig)* roedd hynny'n fêl ar fy mysedd.

musikalisch [muzi'ka:lɪʃ] *adj* cerddorol.

Musikant [muzi'kant] (-en, -en) *m* offerynnwr *g*; **~in** *f* offerynwraig *b*.

Musikautomat *m* jiwcbocs *g*.

Musikbox *f* = Musikautomat.

Musiker ['mu:zikər] (-s, -) *m* cerddor *g*, offerynnwr *g*, canwr *g*; **~in** *f* cerddores *b*, offerynwraig *b*, cantores *b*.

Musik- *kompos:* **~hochschule** *f* coleg *g* cerdd; **~instrument** *nt* offeryn *g* cerdd; **~kapelle** *f* band *g*; **~kassette** *f* casét *g* sain; **~saal** *m* ystafell *b* gerdd; **~stück** *nt* darn *g* o gerddoriaeth; **~stunde** *f* gwers *b* gerddoriaeth.

musisch ['mu:zɪʃ] *adj (Mensch)* creadigol.

musizieren [muzi'tsi:rən] *vi* chwarae cerddoriaeth.

Muskat [mʊs'ka:t] *m* = Muskatnuss.

Muskatnuss (-, ̈-e) *f (KOCH)* cneuen *b* yr India.

Muskel ['mʊskəl] (-s, -n) *m* cyhyr *g*.

Muskeldystrophie *f (MED)* nychod *g* cyhyrol.

Muskelkater *m* sgrwb *g*; **einen ~ haben** bod yn boenus trosoch, gwynegu trosoch.

Muskel- *kompos:* **~magen** *m (von Vögeln)* afu *gb* glas; **~schmalz** *nt (ugs, fig)* eli *g* penelin; **~schwäche** *f (MED)* nychod *g* cyhyrol.

Muskulatur [mʊskula'tu:r] *f (ANAT)* system *b* gyhyrol.

muskulös [mʊsku'lø:s] *adj* cyhyrog.

Müsli[D] ['my:sli] (-s, -) *nt* = Müesli.

Muss [mʊs] (-, *kein pl*) *nt* anghenraid *g*, anhepgor *g*, rhaid *g*.

Muße ['mu:sə] (- *kein pl*) *f* hamdden *gb*, diogi *g*.

müssen ['mʏsən] *irreg vi* **1** *(Zwang)* bod yn rhaid, gorfod; **er muss es tun** mae'n rhaid iddo ei wneud; **er muss es nicht tun** nid oes rhaid iddo ei wneud; **muss ich?** oes rhaid i mi? **wann müsst ihr**

zur Schule? pryd mae'n rhaid i chi fynd i'r ysgol? **er hat gehen ~** bu'n rhaid iddo fynd, mae wedi gorfod mynd; **muss das sein?** ydy hynny'n angenrheidiol; **wenn es (unbedingt) sein muss** os yw hi'n gwbl angenrheidiol; **ich muss mal** *(ugs)* mae rhaid i mi fynd i'r tŷ bach; **2** *(sollen)* **Sie hätten sie fragen ~** dylech chi fod wedi gofyn iddi; **das müsstest du eigentlich wissen** dylet ti wybod hynny; **das ~ wir feiern!** rhaid i ni ddathlu! **3: es muss geschneit haben** mae'n rhaid ei bod hi wedi bwrw eira; **es muss ja nicht wahr sein** dyw hynny ddim yn wir o anghenraid.

Mußestunden *pl* oriau *ll* hamdden.

müßig ['myːsɪç, -ɪk] *adj* segur, dioglyd.

Müßiggang (-(e)s, *kein pl*) *m* diogi *g*.

Müßiggänger(in) *m(f)* loetrwr *g*.

musste *vb vgl.* **müssen.**

Muster ['mʊstər] *nt* model *g*; *(Dessin)* patrwm *g*; *(Probe)* sampl *b*, sbesimen *g*; **~ ohne Wert** sampl yn rhad ac am ddim.

Musterbeispiel *nt* esiampl *b* glasurol.

mustergültig *adj* rhagorol, canmoladwy, penigamp.

musterhaft *adj* canmoladwy, ardderchog.

mustern ['mʊstərn] *vt (betrachten)* llygadu; *(MIL)* archwilio.

Muster- *kompos:* **~prozess** *m* achos *g* prawf; **~schüler** *m* disgybl *g* delfrydol.

Musterung ['mʊstərʊŋ] *f (von Stoff)* patrwm *g*; *(MIL)* archwilio *g*.

Mut [muːt] *m* calon *b*, dewrder *g*, gwroldeb *g*; **nur ~!** cod dy galon! **mir ist traurig zu ~e** rwy'n teimlo'n drist; **jdm ~ machen** calonogi rhn, codi calon rhn; **~ fassen** gwroli, ymwroli.

Mutation [mutatsiˈoːn] (-, **-en**) *f* mwtan *g*; *(GRAM)* treiglad *g*.

mutieren [muˈtiːrən] *vt, vi* mwtadu; *(GRAM)* treiglo.

mutig *adj* dewr, gwrol, glew.

mutlos *adj* diobaith, gwangalon.

Mutlosigkeit *f* digalondid *g*.

mutmaßen *vt, vi untrenn* tybio, dyfalu, damcaniaethu.

mutmaßlich *adj* tybiedig, rhagdybiedig ♦ *adv* yn ôl pob tebyg.

Mutmaßung (-, **-en**) *f* tybiaeth *b*.

Mutprobe (-, **-n**) *f* prawf *g* dewrder.

Mutter[1] ['mʊtər] (-, **-n**) *f (Schrauben~)* nyten *b*.

Mutter[2] (-, **¨-**) *f* mam *b*.

Mütterchen ['mʏtərçən] *nt* gwreigan *b*, hen fenyw *b*.

Mutterfreuden *pl* pleserau *ll* bod yn fam.

Muttergesellschaft *f (COMM)* pencadlys *g* cwmni, cwmni *g* cychwynnol.

Muttergottes *f (REL)* Mam *b* Duw.

Mutter- *kompos:* **~kuchen** *m (ANAT)* brych *g*; **~land** *nt* mamwlad *b*; **~leib** *m* croth *b*.

mütterlich ['mʏtərlɪç] *adj* mamol.

mütterlicherseits *adv* o linach y fam, mamol.

Mutter- *kompos:* **~liebe** *f* cariad *g* mamol; **~mal** *nt* man *g* geni; **~milch** *f* llaeth *g* y fron; **~schaf** *nt* mamog *b*.

Mutterschaft *f* mamolaeth *b*.

Mutterschafts- *kompos:* **~beihilfe** *f* budd-dâl *g* mamolaeth; **~urlaub** *m* gwyliau *ll* mamolaeth, seibiant *g* mamolaeth.

Mutterschutz *m (JUR)* cyfnod *g* geni.

mutterseelenallein *adj* ar eich pen eich hun, yn gwbl unig.

Muttersprache *f* mamiaith *b*.

Muttersprachler(in) *m(f)* mamieithwr(aig) *g(b)*, siaradwr(aig) *g(b)*.

Muttertag *m* Sul *g* y Mamau.

Mutti (-, **-s**) *f (ugs)* mam *b*, mami *b*.

mutwillig *adj* maleisgar, bwriadol; **~ zerstören** fandaleiddio.

Mütze[D] ['mʏtsə] (-, **-n**) *f* het *b*, cap *g*.

MW *abk* (= *Mittelwelle*) y donfedd *b* ganol.

MWSt *abk* (= *Mehrwertsteuer*) TAW (treth ar werth).

Myanmar [myˈanmaːr] *nt (GEOG)* Myanmar *b*, Burma *b*.

Mykologe [mykoˈloːgə] (-**n**, **-n**) *m (BIOL)* mycolegydd *g*.

Mykologie [mykoloˈgiː] *f (Pilzkunde)* mycoleg *b*.

Myopie [myoˈpiː] *f (MED: Kurzsichtigkeit)* myopia *g*, meiopia *g*.

Myriade [myriˈaːdə] (-, **-n**) *f (fig, geh)* myrdd *g*.

Myrrhe ['myrə] *f* = **Myrre.**

Myrre (-, **-n**) *f* myrr *g*.

Myrte ['myrtə] (-, **-n**) *f (BOT)* myrtwydden *b*.

mysteriös [mysteriˈøːs] *adj* rhiniol, dirgel, cyfrin; *(unerklärlich)* anesboniadwy, rhyfeddol.

Mystik ['myːstɪk] *f* cyfriniaeth *b*.

Mystiker (-**s**, -) *m* cyfrinydd *g*.

mystisch ['myːstɪʃ] *adj* cyfriniol.

Mythologie [mytoloˈgiː] *f* chwedloniaeth *b*, mytholeg *b*.

mythologisch [mytoˈloːgɪʃ] *adj* chwedlonol, mytholegol.

Mythos ['myːtɔs] (-, **Mythen**) *m* myth *g*, chwedl *b*.

N

N¹, n [ɛn] *nt* N, n *b*; **~ wie Nordpol** N am Nordpol.

N² *abk* (= Newton) N.

N³ *abk* (= Norden) G (Gogledd).

na [na] *excl* wel; **~ gut** iawn, o'r gorau; **~ also!** wel dyna ni 'te! **~ so was!** jiw! jiw! beth nesaf! **~ und?** beth yw'r ots? pa wahaniaeth?

Nabe ['nɑ:bə] (-, -n) *f* (von Rad) bogail *gb*.

Nabel ['nɑ:bəl] (-s, -) *m* bogail *gb*, botwm *g* bol; **der ~ der Welt** (fig) canolbwynt *g* y bydysawd.

Nabelschnur *f* (ANAT) llinyn *g* bogail.

nach [nɑ:x] *präp +dat* **1** (örtlich) i; (in Richtung) tuag at; **~ Hamburg** i Hambwrg; **~ links** i'r chwith; **~ rechts** i'r dde; **~ oben** i fyny; **~ unten** i lawr; **~ Hause** adref, tua thre; **jdn ~ Hause bringen** hebrwng rhn adre; **~ Osten** i'r dwyrain; **~ Süden gehen** (Fenster) wynebu'r de; **er ist schon ~ London gefahren** mae e eisoes wedi ymadael am Lundain; **2** (zeitlich) ar ôl; **einer ~ dem anderen** un ar ôl y llall; **~ dir!** ar dy ôl di! **~ einer Weile** ar ôl ennyd; **zwanzig (Minuten) ~ zwei** ugain munud wedi dau; **3** (gemäß) yn ôl; **~ Freud** yn ôl Freud; **die Uhr ~ dem Radio stellen** gosod y cloc yn ôl y radio; **dem Alter ~** a barnu yn ôl ei oedran; **~ der Gebrauchsanweisung** yn ôl y cyfarwyddiadau; **~ allem, was ich weiß** hyd y gwn i.

♦ *adv:* **ihr ~!** ar ei hôl hi! **~ und ~** yn raddol, bob yn dipyn, o dipyn i beth; **~ wie vor** yn dal, o hyd, eto.

nachäffen ['nɑ:xˀɛfən] *vt* dynwared, efelychu.

nachahmen ['nɑ:xˀɑ:mən] *vt* efelychu, canlyn, meimio.

nachahmenswert *adj* rhagorol, delfrydol.

Nachahmer (-s, -) *m* dynwaredwr *g*.

Nachahmung *f* dynwarediad *g*, efelychiad *g*; (KUNST) replica *g*; **etw zur ~ empfehlen** argymell rhth fel rhth i'w efelychu.

Nachbar ['naxbɑ:r] (-s, -n) *m* cymydog *g*.

Nachbarhaus (-es, ¨-er) *nt* tŷ *g* drws nesaf.

Nachbarin (-, -nen) *f* cymdoges *b*.

Nachbarland (-(e)s, ¨-er) *nt* cyffinwlad *b*.

nachbarlich *adj* cymdogol.

Nachbarschaft *f* cymdogaeth *b*, bro *b*, ardal *b*.

Nachbarstaat (-(e)s, -en) *m* cyffinwlad *b*.

Nachbeben *nt* ôl-gryniad *g*.

Nachbehandlung *f* (MED) triniaeth *b* ddilynol.

nachbekommen ['nɑ:xbəkɔmən] *vt* (ugs) cael rhagor.

nachbestellen ['nɑ:xbəʃtɛlən] *vt:* **10 Bücher ~** archebu

10 llyfr arall.

Nachbestellung (-, -en) *f* (COMM) ail archeb *b*.

nachbeten ['nɑ:xbe:tən] *vt* (ugs) ailadrodd fel poli-parot.

nachbezahlen ['nɑ:xbətsɑ:lən] *vt* talu'n hwyrach.

nachbilden ['nɑ:xbɪldən] *vt* efelychu, modelu, copïo.

Nachbildung (-, -en) *f* copi *g*, efelychiad *g*.

nachblicken ['nɑ:xblɪkən] *vi:* **jdm ~** syllu ar ôl rhn.

nachdatieren ['nɑ:xdati:rən] *vt* ôl-ddyddio.

nachdem [nɑ:x'de:m] *konj* ar ôl; (weil) oherwydd; **~ ich fertig war** wedi i mi orffen; **~ er das Rauchen aufgegeben hat** ar ôl iddo roi'r gorau i smygu; **je ~ (ob)** mae'n dibynnu (a).

nachdenken ['nɑ:xdɛŋkən] *irreg vi:* **~ über** *+akk* myfyrio dros, ystyried; **darüber darf ich gar nicht ~** ni allaf oddef meddwl am y peth.

Nachdenken (-s, *kein pl*) *nt* myfyrdod *g*, cynhemlad *g*.

nachdenklich *adj* meddylgar, synfyfyriol, myfyriol; **~ gestimmt sein** bod mewn hwyliau synfyfyriol.

Nachdruck ['nɑ:xdruk] *m* pwyslais *g*; (Buch) adargraffiad *g*, ailargraffiad *g*; **etw mit ~ sagen** dweud rhth gyda phwyslais.

nachdrucken ['nɑ:xdrukən] *vt* adargraffu.

nachdrücklich ['nɑ:xdrʏklɪç] *adj* pendant, grymus; **~ auf etw** *dat* **bestehen** mynnu rhth yn bendant.

nacheifern ['nɑ:xˀaɪfərn] *vi:* **jdm ~** efelychu rhn (yn frwd).

nacheinander [nɑ:xˀaɪˈnandər] *adv* un ar ôl y llall; **kurz ~** yn dilyn ei gilydd yn gyflym; **vier Tage ~** pedwar diwrnod yn olynol.

nacheiszeitlich ['nɑ:xˀaɪstsaɪtlɪç] *adj* olrewlifol.

nachempfinden ['nɑ:xˀɛmpfɪndən] *irreg vt* rhannu teimladau (rhn).

Nachen ['naxən] (-, -) *m* (geh) ysgraff *b*.

nacherzählen ['nɑ:xˀɛrtsɛ:lən] *vt* ailadrodd, adrodd.

Nacherzählung (-, -en) *f* ailadroddiad *g*.

Nachfahr ['nɑ:xfɑ:r] (-en, -en) *m* disgynnydd *g*.

Nachfolge ['nɑ:xfɔlgə] (-, *kein pl*) *f* olyniaeth *g*; **jds ~ antreten** dilyn rhn.

nachfolgen ['nɑ:xfɔlgən] *vi* (+sein) +dat dilyn, olynu, canlyn; **jdm ~** dilyn rhn.

nachfolgend *adj* dilynol.

Nachfolger(in) *m(f)* olynydd *g*.

nachforschen ['nɑ:xfɔrʃən] *vt, vi* ymchwilio, archwilio.

Nachforschung (-, -en) *f* ymchwiliad *g*, ymholiad *g*, olrhead *g*; **~en anstellen** gwneud ymholiadau.

Nachfrage ['naːxfraːgə] *f (COMM)* galw *gb*, gofyn *g*; *(Erkundigung)* ymholiad *g*; **es besteht eine rege ~ danach** *(COMM)* mae galw mawr amdano; **danke der ~ diolch** am holi; **die ~ decken** cyfarfod ag angen.

nachfragen ['naːxfraːgən] *vi* holi, gofyn.

nachfühlen ['naːxfyːlən] *vt* uniaethu â.

nachfüllen ['naːxfʏlən] *vt* adlenwi, ail-lenwi.

Nachfüllung *f* adlenwad *g*.

nachgeben ['naːxgeːbən] *irreg vt (unter Gewicht)* sigo; *(fig)* ildio.

Nachgebühr *f (für Post)* tâl *g* ychwanegol.

Nachgeburt *f* brych *g*.

nachgehen ['naːxgeːən] *irreg vi (+sein) +dat* dilyn; *(Uhr)* mynd yn araf; **einer Sache ~** *(nachforschen)* gwneud ymholiadau ynghylch rhth; **einer geregelten Arbeit ~** bod â swydd sefydlog.

nachgeraten ['naːxgəraːtən] *vi +dat:* **jdm ~** tynnu ar ôl rhn.

Nachgeschmack ['naːxgəʃmak] (-(e)s, *kein pl*) *m* adflas *g*, cwt *gb*, cynffon *b*.

nachgiebig ['naːxgiːbɪç, -ɪk] *adj (Stoff)* meddal; *(Mensch)* hawdd dylanwadu arnoch.

Nachgiebigkeit *f* meddalwch *g*.

nachgießen ['naːxgiːsən] *vt* = **nachschenken**.

nachgrübeln ['naːxgryːbəln] *vi:* **~ über** *+akk* pendroni dros.

nachgucken^D ['naːxgʊkən] *vi* = **nachsehen**, = **nachschauen**.

nachhaken ['naːxhaːkən] *vi (ugs)* holi eilwaith.

Nachhall ['naːxhal] *m* atsain *b*.

nachhallen ['naːxhalən] *vi* atseinio, diasbedain.

nachhaltig ['naːxhaltɪç, -ɪk] *adj* parhaol, parhaus, di-baid.

nachhängen ['naːxhɛŋən] *irreg vi:* **seinen Erinnerungen ~** ymgolli yn eich atgofion.

nachhause^{AS} *adv vgl.* **nach**.

Nachhauseweg [naːxˈhauzəveːk] *m* ffordd *b* adref.

nachhelfen ['naːxhɛlfən] *irreg vi +dat* cynorthwyo, helpu; **jdm ~** cynorthwyo rhn; **er hat seinem Glück nachgeholfen** trodd y dŵr i'w felin ei hun.

nachher [naːˈheːr] *adv* wedyn, yn ddiweddarach; **bis ~!** tan toc!

Nachhilfe ['naːxhɪlfə] *f (SCH)* gwersi *ll* adfer.

Nachhilfe- *kompos:* **~stunde** *f* gwers *b* adfer; **~unterricht** *m* gwersi *ll* adfer.

Nachholbedarf *m:* **einen ~ an etw** *dat* **haben** angen dal i fyny ar rth.

nachholen ['naːxhoːlən] *vt* gwneud iawn am, adennill (rhth a gollwyd).

Nachkomme ['naːxkɔmə] (-n, -n) *m* disgynnydd *g*.

nachkommen ['naːxkɔmən] *irreg vi (+sein)* dilyn; *(einer*

Verpflichtung) cyflawni, bodloni; **Sie können Ihr Gepäck ~ lassen** gellwch drefnu i rn ddanfon eich bagiau ymlaen.

Nachkommenschaft *f* disgynyddion *ll*, hiliogaeth *b*.

Nachkriegs- ['naːxkriːks] *in kompos* wedi'r rhyfel, ar ôl y rhyfel; **~geschichte** *f* hanes ar ôl yr Ail Ryfel Byd; **~zeit** *f* cyfnod *g* ar ôl y rhyfel.

Nachlass ['naːxlas] (-es, ¨-e) *m (Erbe)* cymynrodd *b*, ystad *b*; *(COMM)* gostyngiad *g*, ad-daliad *g*, disgownt *g*;

nachlassen ['naːxlasən] *irreg vt (Preis)* gostwng, tynnu (oddi ar); *(Schulden)* diddymu.

◆ *vi* gostwng, lleihau; *(Sturm)* gostegu, tawelu; *(Schmerz)* lleddfu; *(schlechter werden)* gwaethygu, pallu, mynd yn waeth; **er hat nachgelassen** mae wedi gwaethygu; **der Regen lässt nach** mae'r glaw yn llacio.

nachlässig ['naːxlɛsɪç, -ɪk] *adj* esgeulus, diofal, llac.

Nachlässigkeit *f* esgeulustod *g*.

Nachlass- *kompos:* **~steuer** *f* toll *b* farwolaeth; **~verwalter** *m* ysgutor *g*.

nachlaufen ['naːxlaufən] *irreg vi (+sein) +dat* rhedeg ar ôl; *(fig)* **den Frauen ~** cwrsio menywod.

Nachlese ['naːxleːzə] *f* lloffion *ll*.

nachlesen ['naːxleːzən] *vt* lloffa.

nachlösen^D ['naːxløːzən] *vt (BAHN)* prynu'n hwyrach, talu'n hwyrach; *(zur Weiterfahrt)* ad-dalu.

nachmachen ['naːxmaxən] *vt (imitieren)* dynwared; *(fälschen)* ffugio; *(Foto)* dyblygu; **jdm etw ~** efelychu rhth gan rn; **das soll ihm erst mal einer ~** hoffwn i weld rhn arall yn llwyddo i wneud hynny!

Nachmieter ['naːxmiːtər] *m* (**~in** *f*) tenant *g* ar eich ôl chi; **wir müssen einen ~ finden** mae'n rhaid i ni ddod o hyd i rn i fyw yn y fflat ar ein hôl.

Nachmittag ['naːxmɪtaːk] *m* prynhawn *g*, pnawn *g*, nawnddydd *g*; **am ~** yn y prynhawn; **gestern ~** brynhawn ddoe.

nachmittäglich *adj* prynhawnol.

nachmittags *adv* bob prynhawn.

Nachmittagsvorstellung *f (THEAT)* perfformiad *g* prynhawn.

Nachn. *abk* = **Nachnahme**.

Nachnahme ['naːxnaːmə] *f (Post)* tâl *g* wrth dderbyn.

Nachname ['naːxnaːmə] (-ns, -n) *m* cyfenw *g*, steil *gb*.

Nachporto ['naːxpɔrto] *nt* post *g* dyledus.

nachprüfbar ['naːxpryːfbaːr] *adj* profadwy.

nachprüfen ['naːxpryːfən] *vt* gwirio, archwilio.

nachrechnen ['naːxrɛçnən] *vt* mynd dros ffigurau.

Nachrede ['naːxreːdə] *f:* **üble ~** *(JUR)* difenwi *g* cymeriad.

nachreichen ['nɑːxraɪçən] *vt (Unterlagen)* rhoi i mewn yn hwyr.

Nachricht ['nɑːxrɪçt] (-, -en) *f* newydd *g*; *(Mitteilung)* neges *b*, cenadwri *b*, gair *g*; **~en** *pl* sôn *g*; *(TV, RADIO)* newyddion *ll*; **~ hinterlassen** gadael neges.

Nachrichten- *kompos:* **~agentur** *f* asiantaeth *b* newyddion; **~blatt** *nt* newyddiadur *g*; **~dienst** *m* *(MIL)* gwasanaeth *g* cyfrin; **~satellit** *m* lloeren *b* delathrebu; **~sendung** *f (TV)* rhaglen *b* newyddion; **~sperre** *f* gwaharddiad *g* rhag rhoi adroddiad am rth; **~sprecher** *m* darlledwr *g* newyddion; **~technik** *f* telathrebiaeth *b*.

nachrücken ['nɑːxrʏkən] *vi (+sein)* symud ymlaen.

Nachruf ['nɑːxruːf] *m* ysgrif *b* goffa.

nachsagen ['nɑːxzaːgən] *vt (nachsprechen)* ailadrodd (ar ôl rhn); **jdm etw ~** dweud rhth am rn.

Nachsaison ['nɑːxzɛzõ:] *f* adeg *b* dawel (o'r flwyddyn).

Nachsatz ['nɑːxzats] *m* ôl-nodyn *g*, ychwanegiad *g*.

nachschauen ['nɑːxʃauən] *vi (überprüfen)* archwilio, edrych; **jdm ~** syllu ar ôl rhn.
 ♦ *vt (nachschlagen)* gwirio, archwilio.

nachschenken ['nɑːxʃɛŋkən] *vt* adlenwi gwydr â; **darf ich Ihnen ~?** ga' i ail-lenwi eich gwydr?

nachschicken ['nɑːxʃɪkən] *vt* anfon ymlaen.

nachschlagen ['nɑːxʃlaːgən] *irreg vt, vi (+haben)* chwilio mewn llyfr (am rth); **(ein Wort) im Wörterbuch ~** chwilio (am air) yn y geiriadur.
 ♦ *vi (+sein):* **jdm ~** tynnu ar ôl rhn.

Nachschlagewerk (-(e)s, -e) *nt* cyfeirlyfr *g*.

Nachschlagwerk[D] *nt* = **Nachschlagewerk**.

Nachschlüssel ['nɑːxʃlʏsəl] (-s, -) *m* copi *g* o allwedd, dyblygiad *g* o allwedd.

nachschmeißen ['nɑːxʃmaɪsən] *irreg vt (ugs)* **die schmeißen einem das förmlich nach!** dyna fargen!

Nachschrift[D] ['nɑːxʃrɪft] *f* ôl-nodyn *g*.

Nachschub ['nɑːxʃuːp] *m* cyflenwadau *ll*; *(MIL)* atgyfnerthiadau *ll*.

nachsehen ['nɑːxzeːən] *irreg vi (überprüfen)* archwilio, edrych; **jdm ~** syllu ar ôl rhn; **~ gehen** mynd i edrych.
 ♦ *vt (nachschlagen)* gwirio, archwilio; *(verzeihen)* **jdm etw ~** maddau rhth i rn.

Nachsehen *nt:* **das ~ haben** cael y gwaethaf ohoni.

nachsenden ['nɑːxzɛndən] *irreg vt* anfon ymlaen.

Nachsicht ['nɑːxzɪçt] *f* goddefgarwch *g*, maddeugarwch *g*; **Vorsicht ist besser als ~** gwell diogel nag edifar.

nachsichtig *adj* goddefgar, maddeugar.

Nachsilbe ['nɑːxzɪlbə] (-, -n) *f* ôl-ddodiad *g*.

nachsinnen ['nɑːxzɪnən] *irreg vi (geh)* pensynnu, synfyfyrio.

nachsitzen ['nɑːxzɪtsən] *irreg vi (SCH)* gorfod aros ar ôl ysgol.

Nachsorge ['nɑːxzɔrgə] *f (MED)* ôl-ofal *g*.

Nachspann ['nɑːxʃpan] *m (FILM, TV)* rhestr *b* gydnabod.

Nachspeise ['nɑːxʃpaɪzə] *f (KOCH)* melysfwyd *g*, pwdin *g*.

Nachspiel ['nɑːxʃpiːl] *nt (THEAT)* epilog *g*; *(SPORT)* estyniad *g*; *(fig)* canlyniadau *ll*.

nachspionieren ['nɑːxʃpioˈniːrən] *vi (ugs)* **jdm ~** cael sbec ar rn.

nachsprechen ['nɑːxʃprɛçən] *irreg vt +dat* ailadrodd (ar ôl rhn).

nächst [nɛːçst] *präp +dat (geh)* **~ der Kirche** nesaf at yr eglwys; **~ dem Pfarrer verehre ich meinen Lehrer am meisten** ar ôl y gweinidog parchaf fy athro fwyaf.

nächstbeste *adj* unrhyw; *(zweitbeste)* ail orau.

nächste *adj* nesaf; *(nächstgelegen)* agosaf; **aus ~r Nähe** o gyfagos; **am ~n Tag** drannoeth; **bei ~r Gelegenheit** cyn gynted ag y bo modd; **in ~r Zeit** cyn bo hir; **der ~ Angehörige** y perthynas agosaf; **die ~ Generation** y to *gb* sy'n codi.
 ♦ *nt:* **das N~** y peth nesaf.

Nächste (-n, -n) *m/f (REL)* cyd-ddyn *g*, cymydog *g*, cymdoges *b*.

nachstehen ['nɑːxʃteːən] *irreg vi:* **jdm in nichts ~** bod yn gydradd â rhn ym mhob ffordd.

nachstellen ['nɑːxʃtɛlən] *vt (Unfall usw)* ail-lunio; *(TECH, Uhr)* cywiro.
 ♦ *vi +dat* plagio.

Nächstenliebe *f* cariad *g* at gyd-ddyn, tosturi *g*.

nächstens *adv* cyn hir.

nächstliegend *adj* nesaf; *(fig)* amlwg.

nächstmöglich *adj* nesaf posibl.

nachsuchen ['nɑːxzuːxən] *vi:* **um etw ~** gofyn/ceisio rhth (gan rn).

Nacht [naxt] (-, ¨-e) *f* nos *b*; *(Dunkelheit)* tywyllwch *g*; **bei ~** liw nos; **gute ~!** nos da! **die ~ hindurch** (drwy) gydol y nos; **heute ~** *(kommende ~)* heno; *(letzte ~)* neithiwr; **in der ~ auf Dienstag** yn ystod nos Lun; **über ~** *(auch fig)* dros nos; **bei ~ und Nebel** *(fig)* gefn trymedd nos; **sich** *dat* **die ~ um die Ohren schlagen** *(ugs)* aros ar ddihun trwy'r nos; *(mit Feiern)* gwneud noson ohoni.

Nachtblindheit *f* dallineb *g* nos.

Nachtdienst *m* dyletswydd *b* nos.

Nachteil ['nɑːxtaɪl] *m* anfantais *b*, handicap *g*; **im ~ sein** bod dan anfantais.

nachteilig *adj* anfanteisiol, aflesol.

Nacht- *kompos:* **~falter** *m (ZOOL)* gwyfyn *g*; **~gewand** *nt* dillad *ll* nos; **~hemd** *nt (Herren~)* crys *g* nos;

(Damen~) gŵn g nos, coban b.

Nachtigall ['naxtigal] (-, -en) f (ZOOL) eos b.

Nachtisch ['na:xtɪʃ] m (KOCH) melysfwyd g, pwdin g.

Nacht- kompos: **~kästchen**^ nt cwpwrdd g erchwyn gwely; **~leben** nt bywyd g nos.

nächtlich ['nɛçtlɪç] adj nosol.

Nacht- [naxt] kompos: **~lokal** nt clwb g nos; **~mahl**^ nt swper gb.

nachtmahlen^ ['naxtma:lən] vi bwyta swper, swpera.

Nacht- kompos: **~mütze** f cap g nos; **~portier** m porthor g nos.

Nachtrag ['na:xtra:k] (-(e)s, ¨-e) m atodiad g.

nachtragen ['na:xtra:gən] irreg vt (fig: hinzufügen) ychwanegu; jdm etw ~ (fig) dal dig am rth yn erbyn rhn.

nachtragend adj dicllon.

nachträglich ['na:xtrɛ:klɪç] adj hwyr, ychwanegol, dilynol.

♦ adv yn hwyrach, wedyn.

nachtrauern ['na:xtrauərn] vi +dat: jdm ~ galaru am rn, bod yn chwith gennych ar ôl rhn.

nächtens ['nɛçtəns] adv gyda'r nos.

Nachtruhe ['naxtru:ə] f amser g cysgu.

nachts [naxts] adv gyda'r nos, liw nos; (jede Nacht) beunos.

Nacht- kompos: **~schicht** f sifft g nos, stem b nos; **~schwester** f nyrs b nos.

Nachtspeicher m = Nachtspeicherheizung.

Nachtspeicherheizung f stôr-wresogydd g, gwresogydd g stôr.

Nachtstuhl m (für Kranke) comôd g.

nachtsüber adv = nachts.

Nachttarif m tariff g nos.

Nachttisch m cwpwrdd g erchwyn gwely.

Nachttischlampe f lamp b erchwyn gwely.

Nacht- kompos: **~topf** m pot g, comôd g; **~wache** f gwylnos b; (im Krankenhaus) dyletswydd b nos; **~wächter** m gwarchodwr g nos.

nachtwandeln ['naxtvandəln] vi untrenn (+sein) cerdded yn eich cwsg.

Nachuntersuchung f (MED) archwiliad g dilynol.

nachvollziehen ['na:xfɔltsi:ən] irreg vt amgyffred trwy empatheiddio.

nachwachsen ['na:xvaksən] irreg vi (+sein) tyfu eilwaith.

Nachwahl ['na:xva:l] (-, -en) f (POL) isetholiad g.

Nachwehen pl (MED) ôl-wewyr g; (fig) ôl-effeithiau ll poenus.

nachweinen ['na:xvainən] vi +dat: jdm ~ galaru am rn, bod yn chwith gennych ar ôl rhn.

♦ vt: dem weine ich keine Träne nach ni bydd hynny yn achosi i mi dorri fy nghalon.

Nachweis ['na:xvais] m prawf g; den ~ für etw erbringen dangos prawf am rth.

nachweisbar adj profadwy.

nachweisen ['na:xvaizən] irreg vt profi, sefydlu.

nachweislich adj wedi ei brofi.

Nachwelt ['na:xvɛlt] f yr oesoedd ll i ddod.

nachwinken ['na:xvɪŋkən] vi: jdm ~ codi'ch llaw ar rn i ffarwelio.

nachwirken ['na:xvɪrkən] vi sgileffeithio.

Nachwirkung (-, -en) f ôl-effaith b.

Nachwort nt (von Buch) atodiad g.

Nachwuchs m y to g sy'n codi, epil g, plant ll; (beruflich) recriwtiaid ll newydd.

nachzahlen ['na:xtsa:lən] vt, vi talu yn ychwanegol.

nachzählen ['na:xtsɛ:lən] vt ailgyfrif.

Nachzahlung f ôl-dâl g, ôl-daliad g.

nachziehen ['na:xtsi:ən] irreg vt (hinter sich herziehen) llusgo; (Schraube) tynhau (ymhellach).

Nachzügler ['na:xtsy:glər] (-s, -) m ymlusgwr g, hwyrddyfodiad g.

Nackedei ['nakədai] (-s, -e oder -s) m oder nt (ugs) plentyn bach porcyn.

Nacken ['nakən] m gwar gb, gwegil gb, mwnwgl g; jdm im ~ sitzen (fig) sefyll dros ben rhn.

nackt [nakt] adj noeth, porcyn; (kahl) moel; (Tatsachen) plaen; die ~e Wahrheit y gwir cas; ~e Wand wal plaen.

Nacktheit f noethni g.

Nacktkultur f (veraltet) noethlymuniaeth b.

Nacktschnecke f (ZOOL) gwlithen b.

Nadel ['na:dəl] (-, -n) f nodwydd b; (Steck~) pin g; ~n pl (Tannen~) dail ll nodwydd; auf ~n sitzen (fig) bod ar bigau'r drain.

Nadel- kompos: **~baum** m (BOT) conwydden b, coniffer g; **~drucker** m (COMP) matrics-argraffydd g; **~hölzer** pl coinfferiaid ll; **~kissen** nt pincas g; **~öhr** nt crau g nodwydd; **~wald** m coedwig b gonwydd.

Nadir [na'di:r] m (ASTRON) nadir g.

Nagel ['na:gəl] (-s, ¨-) m hoelen b; (ANAT) ewin gb; sich die Nägel lackieren peintio'ch ewinedd; Nägel beißen cnoi'ch ewinedd; etw an den ~ hängen (fig) rhoi'r gorau i rth; den ~ auf den Kopf treffen (fig) taro'r hoelen ar ei phen, bod yn llygad eich lle.

Nagelbettentzündung f (MED) ewinor b.

Nagel- kompos: **~bürste** f brws g ewinedd; **~feile** f ffeil b ewinedd; **~haut** f pilen b; **~lack** m lliw g ewinedd, farnais g ewinedd.

Nagellackentferner m toddwr g farnais ewinedd.

nageln ['na:gəln] vt hoelio.

nagelneu adj newydd sbon, newydd fflam.

Nagelschere f torrwr g ewinedd.

nagen ['na:gən] vt, vi cnoi.

Nager *m (ugs)* = Nagetier.

Nagetier ['nɑːɡətiːr] *nt (ZOOL)* cnofil *g*.

nah *adj* = nahe; von ~ und fern o bell ac agos.

Nahaufnahme *f (FOTO)* llun *g* agos.

nahe ['nɑːə] *(komp* **näher**; *superl* **am nächsten)** *adj* agos, cyfagos, clòs; **der N~ Osten** *(GEOG)* y Dwyrain *g* Canol; **in ~r Zukunft** yn y dyfodol agos.

♦ *adv* yn agos, gerllaw; **~ bei** *+dat* agos at; **~ an der Wahrheit** agos at y gwir; **mit jdm ~ verwandt sein** bod yn berthynas agos i rn; **jdm etw ~ bringen** *(fig)* gwneud rhn yn ymwybodol o rth; **~ gehen** *(fig)* cynhyrfu, poeni, cystuddio; **~ kommen** *(grenzen an)* ymylu ar; **näher kommen** agosáu, dynesu; **sich** *dat* **~/näher kommen** *(fig)* dod i adnabod eich gilydd; **~ legen** *(empfehlen)* cymeradwyo, awgrymu; **~ liegen** bod yn amlwg; **~ liegend** amlwg; **~ stehen** bod ar delerau agos â; **er steht seiner Schwester ~** mae e'n agos at ei chwaer; **~ stehend** agos, clòs; **jdm zu ~ treten** tramgwyddo rhn.

♦ *präp +dat* ger, ar bwys, yn agos at; **~ der Kirche** ar bwys yr eglwys.

Nähe ['nɛːə] *f* agosrwydd *g*, cyfyl *g*; *(Umgebung)* cyffiniau *ll*; **in der ~** gerllaw, nid nepell, ar gyfyl; **aus der ~** o gyfagos; **in der ~ von** *+dat* wrth ymyl, ger.

nahebei *adv* gerllaw.

nahe bringen *irreg vt +dat (fig)* vgl. **nahe**.

nahe gehen *irreg vi +dat (+sein)* vgl. **nahe**.

nahe kommen *irreg vi +dat (+sein)* vgl. **nahe**.

nahe legen *vt* vgl. **nahe**.

nahe liegen *irreg vi* vgl. **nahe**.

nahe liegend *adj* vgl. **nahe**.

nahen ['nɑːən] *vi (+sein)* agosáu, dynesu, nesáu.

nähen ['nɛːən] *vt* gwnïo, pwytho.

näher ['nɛːər] *(komp von* **nahe**) *adj* nes; *(Erklärung)* mwy manwl; **ich kenne ihn nicht ~** nid wyf yn ei adnabod yn dda; **treten Sie ~!** dewch i mewn! **~ kommen** agosáu, dynesu; *(fig)* dod i adnabod yn well; **sich** *dat* **~ kommen** *(fig)* dod i adnabod eich gilydd.

Näheres *nt (Detail)* manylion *ll*.

Näherei *f* gwniadwaith *g*.

Näherin *f* gwniadwraig *b*.

näher kommen *irreg vi (+sein)* vgl. **näher**.

nähern ['nɛːərn] *vr* dynesu, nesáu.

nahe stehen *irreg vi +dat* vgl. **nahe**.

nahe stehend *adj* vgl. **nahe**.

nahezu *adv* bron.

Nähgarn [D] *nt* edau *b*.

Nahkampf (-s, ¨-e) *m* ymladd *g* wyneb yn wyneb.

Näh- *kompos:* **~korb** *m*, **~körbchen** *nt* basged *b* wnïo;

~maschine *f* peiriant *g* gwnïo; **~nadel** *f* nodwydd *b* wnïo.

Nahost *m (GEOG)* aus ~ o'r Dwyrain Canol.

nähren ['nɛːrən] *vt* maethu, bwydo; *(fig)* meithrin; **in jdm Hoffnung ~** meithrin gobaith yn rhn.

♦ *vr* [D] = **ernähren**.

Nährgehalt *m* gwerth *g* maeth.

nahrhaft ['nɑːrhaft] *adj* maethlon.

Nährstoff *m* maetholyn *g*.

Nahrung ['nɑːrʊŋ] *f* maeth *g*, ymborth *g*, bwyd *g*; *(fig)* cynhaliaeth *b*.

Nahrungsaufnahme *f:* **die ~ verweigern** gwrthod bwyta (ar streic newyn).

Nahrungskette *f* cadwyn *b* fwyd.

Nahrungsmittel *nt* bwyd *g*.

Nahrungsmittelindustrie *f* diwydiant *g* bwyd.

Nahrungssuche *f* chwilio *g* am fwyd.

Nährwert *m* maeth *g*.

Naht [nɑːt] (-, ¨-e) *f* gwrym *g*, sêm *b*, gwnïad *g*; *(MED)* gwnïad, pwythau *ll*; *(TECH)* asiad *g*; **aus allen Nähten platzen** bod o dan sang.

nahtlos *adj* diwnïad; **~ ineinander übergehen** mynd yn llyfn o'r naill i'r llall.

Nahverkehr *m* trafnidiaeth *b* leol.

Nahverkehrszug *m* trên *g* lleol.

nah verwandt *adj* vgl. **nahe**.

Nähzeug *nt* offer *ll* gwnïo.

Nahziel *nt* bwriad *g* nesaf.

naiv [naˈiːf] *adj* diniwed, naïf, hygoelus; *(dumm)* syml, gwirion.

Naivität [naiviˈtɛːt] *f* diniweidrwydd *g*, naïfrwydd *g*.

Name ['nɑːmə] (-ns, -n) *m* enw *g*; **im ~n von** ar ran; **im ~n Gottes** yn enw Duw; **in Gottes ~n!** neno'r Tad! **dem ~n nach** yn ôl yr enw; **sich** *dat* **einen ~n machen als** sefydlu eich hun fel; **die Dinge beim ~n nennen** *oder:* **das Kind beim ~n nennen** *(fig)* siarad yn blwmp ac yn blaen; **sein ~ kommt mir bekannt vor** mae ei enw'n canu cloch.

namenlos *adj* dienw.

namens *adv* o'r enw.

Namens- *kompos:* **~änderung** *f* newid *g* enw; **~schild** *nt* plât *g* enw; **~tag** *m* dydd *g* gŵyl nawddsant.

namentlich ['nɑːməntlɪç] *adj* personol.

♦ *adv* yn bersonol, yn ôl yr enw; *(besonders)* yn enwedig.

namhaft ['nɑːmhaft] *adj (berühmt)* enwog; **jdn ~ machen** cael hyd i enw rhn.

nämlich ['nɛːmlɪç] *adv* sef, megis, nid amgen; *(denn)* oherwydd.

nannte *vb* vgl. **nennen**.

Nanometer [nanoˈmeːtər] *nt (TECH)* nanometr *g*.

nanu [naˈnuː] *excl (Verwunderung)* beth yn y byd?!

Napalm ['nɑːpalm] *nt* napalm *g*.

Napalmbombe *f (MIL)* bom *gb* napalm.

Napf [napf] (-(e)s, ̈-e) *m* dysgl *b*.

Napf- *kompos:* **~kuchen**ᴰ *m (KOCH)* teisen ar ffurf cylch; **~schnecke** *f (ZOOL)* llygad *gb* maharen.

Naphtha ['nafta] *nt oder f (Rohöl)* nafftha *g*.

Naphthalin [nafta'liːn] *nt (CHEM)* naffthalen *g*.

Narbe ['narbə] (-, -n) *f* craith *b; (BOT)* stigma *g*.

narbig ['narbɪç, -ɪk] *adj* creithiog.

Narkose [nar'koːzə] (-, -n) *f (MED)* anesthetig *g*.

Narkosegewehr *nt* gwn *g* narcotig.

Narkotikum [nar'koːtikʊm] *nt* narcotig *g*.

narkotisch [nar'koːtɪʃ] *adj* narcotig.

narkotisieren [narkoti'ziːrən] *vt* anestheteiddio.

Narr [nar] (-en, -en) *m* ffŵl *g*, ynfytyn *g*; **jdn zum ~en halten** gwneud ffŵl o rn.

narrativ [nara'tiːf] *adj* naratif, traethiadol.

narren ['narən] *vt* twyllo.

Narrenfreiheit *f* rhyddid *g* i chwarae'r ffŵl.

narrensicher *adj* di-feth.

Narretei [narə'taɪ] *f* ffolineb *g*.

Narrheit *f* ffolineb *g*, twpdra *g*.

Närrin ['nɛrɪn] *f* twpsen *b*, symlen *b*, ffolcen *b*.

närrisch *adj* ffôl, gwirion; **die ~en Tage**ᴰ cyfnod y carnifal.

Narwal ['nɑːrvaːl] (-(e)s, -e) *m (ZOOL)* morfil *g* danheddog.

Narziss [nar'tsɪs] (- *oder* -es, -e) *m* coegyn *g*, ceiliog *g* dandi.

Narzisse [nar'tsɪsə] (-, -n) *f (BOT)* narsisws *g*, croeso *g*'r gwanwyn.

Narzissmus [nar'tsɪsmʊs] *m* hunanaddoliad *g*, narsisiaeth *b*.

narzisstisch [nar'tsɪstɪʃ] *adj* narsisaidd.

nasal [na'zɑːl] *adj* trwynol.

Nasal *m (GRAM)* sain *b* drwynol.

Nasalierung [naza'liːrʊŋ] *f (GRAM)* treiglad *g* trwynol.

Nasallaut *m* = Nasal.

naschen ['naʃən] *vt, vi* deintio, pigo bwyta; *(knabbern)* cnoi.

naschhaft *adj* â dant melys.

Naschkatze *f (fig)* **eine ~ sein** bod â dant melys.

Nase ['nɑːzə] (-, -n) *f* trwyn *g*; **(in der) ~ bohren** pigo'ch trwyn; **die ~ putzen** chwythu'ch trwyn; **seine ~ rinnt/läuft** mae ei drwyn yn rhedeg; **seine ~ in etw stecken** *(fig)* gwthio'ch pig i mewn i rth, busnesa; **jdm auf der ~ herumtanzen** *(fig)* achosi trafferth i rn; **die ~ voll haben** *(ugs, fig)* bod wedi cael llond bol; **die ~ rümpfen über** +*akk* troi trwyn ar; **jdn an der ~ herumführen** twyllo rhn; **jdm etw vor der ~ wegschnappen** *(ugs)* cipio rhth o dan drwyn rhn.

Nasenbluten *nt* gwaedlif *g* o'r trwyn.

Nasenlänge *f:* **um ~** o drwch blewyn.

Nasen- *kompos:* **~loch** *nt* ffroen *b*; **~schleim** *m* llysnafedd *g* trwyn; **~tropfen** *pl (MED)* diferion *ll* trwynol.

naseweis *adj* haerllug; *(neugierig)* busneslyd.

Nashorn ['nɑːshɔrn] (-s, ̈-er) *nt (ZOOL)* rhinoseros *g*.

nass [nas] (*komp* **nässer**; *superl* **am nässesten**) *adj* gwlyb; **~ machen** gwlychu; **~ werden** gwlychu; **bis auf die Haut ~** gwlyb at y croen.

Nässe ['nɛsə] *f* gwlybaniaeth *g*, stecs *g*.

nasskalt *adj* gwlyb ac oer.

Nassrasur (-, *kein pl*) *f* eilliad *g* â rasel.

Nation [natsi'oːn] (-, -en) *f* cenedl *b*.

national [natsio'nɑːl] *adj* cenedlaethol; **~e Identität** hunaniaeth *b* genedlaethol.

National- *in kompos* cenedlaethol; **~bewusstsein** *nt* ymwybyddiaeth *b* genedlaethol; **~bibliothek** *f* llyfrgell *b* genedlaethol; **~elf** *f (Fußball)* tîm *g* cenedlaethol; **~feiertag** *m* gŵyl *b* genedlaethol; **~hymne** *f* anthem *b* genedlaethol.

nationalisieren [natsionali'ziːrən] *vt* gwladoli.

Nationalisierung *f* gwladoli *g*.

Nationalismus [natsiona'lɪsmʊs] *m* cenedlaetholdeb *g*.

Nationalist [natsiona'lɪst] (-en, -en) *m* cenedlaetholwr *g*; **~in** *f* cenedlaetholwraig *b*.

nationalistisch [natsiona'lɪstɪʃ] *adj* cenedlgarol, cenedlaethol.

Nationalität [natsionali'tɛːt] *f* cenedligrwydd *g*; *(Staatsangehörigkeit)* dinasyddiaeth *b*.

National- *kompos:* **~mannschaft** *f* tîm *g* cenedlaethol; **~park** *m* parc *g* cenedlaethol.

Nationalratᴬ *m (POL)* senedd *b* Awstria, Tŷ'r Cyffredin Awstria.

Nationalratswahlᴬ *f* etholiad *g* cyffredinol (yn Awstria).

Nationalsozialismus *m (HIST)* Natsïaeth *b*.

Nationalsozialist (-en, -en) *m (~in f) (HIST)* Natsi *g*.

nationalsozialistisch *adj* Natsïaidd; **die N~e Partei** *(HIST)* y Blaid *b* Natsïaidd.

Natrium ['nɑːtriʊm] *nt (CHEM)* sodiwm *g*.

Natron ['nɑːtrɔn] (-s, *kein pl*) *nt* soda *g*; *(CHEM)* sodiwm *g* bicarbonad.

Natter ['natər] (-, -n) *f (ZOOL)* gwiber *b*, neidr *b* ddu; **eine ~ am Busen nähren** *(geh, fig)* coleddu neidr yn eich mynwes.

Natur [na'tuːr] *f* natur *b*; *(offenes Land)* cefn *g* gwlad; *(körperlich)* cyfansoddiad *g*; *(Wesen)* natur, cymeriad *g*; *(Art)* math *g*.

Naturalien [natu'raːliən] *pl* cynnyrch *g* naturiol, nwyddau *ll* crai; **in ~** mewn nwyddau (yn hytrach nag arian).

Naturalismus [natura'lɪsmʊs] *m (KUNST)* naturiolaeth *b*.

naturalistisch [natura'lɪstɪʃ] *adj* naturiolaidd, realaidd.

nature [na'ty:r] *adj (KOCH)* plaen; **Schnitzel ~** golwyth *g* heb friwsion.

Naturell [natu'rɛl] (-s, -e) *nt* cymeriad *g*, anian *gb*.

Naturerscheinung *f* ffenomen *b* naturiol.

naturfarben *adj* o liw naturiol.

Naturforscher *m* gwyddonydd *g*.

naturgemäß *adj* naturiol.

Natur- *kompos:* **~geschichte** *f (SCH)* bioleg *b*, bywydeg *b*; **~gesetz** *nt* deddf *b* natur.

naturgetreu *adj* realaidd, realistig.

Naturgewalt *f* grym *g* natur.

Naturheilkundige *m/f* = **Naturheilkundler.**

Naturheilkundler(in) *m(f)* llysieuydd *g*, natur-iachawr *g*.

Naturheilverfahren *nt* iachâd *g* naturiol.

Natur- *kompos:* **~katastrophe** *f* trychineb *gb* natur; **~kost** *f* bwydydd *ll* iach.

Naturkostladen[D] *m* siop *b* bwydydd iach.

Naturkunde *f (SCH)* naturiaetheg *b*.

Naturkundler(in) *m(f)* naturiaethwr(aig) *g(b)*.

Naturlehrpfad *m* llwybr *g* natur.

natürlich [na'ty:rlɪç] *adj* naturiol, anianol; *(angeboren)* cynhenid, cynhwynol; **eine ~e Begabung haben** bod â dawn gynhenid; **~er Logarithmus** *(MATH)* logarithm *g* naturiol; **eines ~en Todes sterben** marw o achos naturiol.

♦ *adv:* ~! wrth gwrs! wrth reswm!

natürlicherweise *adv* yn naturiol.

Natürlichkeit *f* naturioldeb *g*.

Naturprodukt *nt* cynnyrch *g* naturiol.

naturrein *adj* naturiol, pur.

Naturschutz *m* gwarchodaeth *b* natur, cadwraeth *b* natur; **unter ~ stehen** bod dan nodded y gyfraith.

Naturschutzgebiet *nt* gwarchodfa *b* natur, seintwar *b* natur.

Naturtalent *nt* dawn *gb* gynhenid arbennig.

Naturwissenschaft *f* gwyddoniaeth *b*, gwyddorau *ll*.

Naturwissenschaftler *m* gwyddonydd *g*.

naturwissenschaftlich *adj* gwyddonol.

Naturzustand *m* stad *b* naturiol, stad wreiddiol.

Nautik ['naʊtɪk] *f* morwriaeth *b*.

nautisch ['naʊtɪʃ] *adj* morwrol.

Navigation [navigatsi'o:n] *f* mordwyaeth *b*.

Navigations- *kompos:* **~fehler** *m* gwall *g* mordwyo; **~instrument** *nt* offeryn *g* mordwyo.

navigieren [navi'gi:rən] *vt* mordwyo.

Nazi ['na:tsi] (-s, -s) *m* Natsi *g*.

NB *abk (= notabene)* D.S. (dalier sylw).

n.Br. *abk (GEOG, = nördliche Breite)* lledred *g* gogleddol.

N.C.[D] *abk* = **Numerus clausus**[D].

n.Chr. *abk (= nach Christus)* O.C. (Oed Crist).

NDR[D] *m abk (= Norddeutscher Rundfunk)* cwmni *g* darlledu Gogledd yr Almaen.

Neapel [ne'a:pəl] *nt (GEOG)* Napoli *b*.

Neapolitaner [neapoli'ta:nər] *m (~in f)* Napliad *g*.

neapolitanisch [neapoli'ta:nɪʃ] *adj* Naplaidd.

Nebel ['ne:bəl] *m* niwl *g*, tarth *g*, caddug *g*.

Nebeldecke *f* gorchudd *g* o niwl.

nebelig *adj* niwlog.

Nebelkrähe *f (ZOOL)* brân *b* lwyd.

Nebelleuchte *f* = **Nebelschlussleuchte.**

Nebel- *kompos:* **~scheinwerfer** *m* lamp *b* niwl; **~schleier** *m* nudd *b*, nudden *b*; **~schlussleuchte** *f (AUTO)* lamp *b* niwl ôl; **~schwade** *f* niwlen *b*, cwmwl *g*; **~streifen** *m* niwlen *b*.

neben ['ne:bən] *präp +akk oder +dat* ar bwys, drws nesaf i, yn nesaf at, wrth ochr; **~ mich/mir** ar fy mhwys.

♦ *+dat (außer)* yn ogystal â; *(zusätzlich zu)* yn sgil.

nebenan [ne:bən^[ʔ]an] *adv* drws nesaf.

Neben- *kompos:* **~anschluss** *m (TEL)* estyniad *g*; **~ausgaben** *pl* mân dreuliau *ll*; **~ausgang** *m* drws *g* ochr, allanfa *b* ochr.

nebenbei [ne:bən'baɪ] *adv* ar yr un pryd; *(zusätzlich)* yn ei sgil, yn ychwanegol; *(beiläufig)* wrth fynd heibio; **~ bemerkt** gyda llaw.

Neben- *kompos:* **~beruf** *m* ail broffesiwn *g*; **~beschäftigung** *f* swydd *b* ychwanegol.

Nebenbuhler(in) *m(f)* cydymgeisydd *g* (am gariad rhn).

nebeneinander [ne:bənaɪ'nandər] *adv* ochr wrth ochr.

Neben- *kompos:* **~eingang** *m* drws *g* ochr, mynedfa *b* ochr; **~einkünfte** *pl* incwm *g* atodol; **~erscheinung** *f* sgil *gb* effaith; **~fach** *nt (SCH, UNIV)* pwnc *g* atodol; **~fluss** *m (GEOG)* isafon *b*, llednant *b*; **~geräusch** *nt (RADIO)* clecian *g*; **~handlung** *f (THEAT usw)* isblot *g*.

nebenher [ne:bən'he:r] *adv (daneben)* ochr wrth ochr; *(gleichzeitig)* ar yr un pryd.

Neben- *kompos:* **~kläger** *m (JUR)* cyd-achwynydd *g*; **~kosten** *pl* costau *ll* ychwanegol; **~mann** *m* y person wrth eich ochr; **~produkt** *nt* sgil *gb* gynnyrch, isgynnyrch *g*; **~rolle** *f (FILM, THEAT)* rhan *b* fechan; **~sache** *f* eilbeth *g*.

nebensächlich *adj* dibwys, amherthnasol.

Nebensaison *f* tymor *g* tawel.

Nebensatz (-es, ¨-e) *m (GRAM)* isgymal *g*.

nebenstehend *adj* (ar y tudalen) cyferbyn.

Neben- *kompos:* **~straße** *f* ffordd *b* gefn; **~strecke** *f*
(*BAHN*) llinell *b* leol; **~verdienst** *m* ail incwm *g*;
~wirkung *f* sgil *gb* effaith; **~zimmer** *nt* ystafell *b*
gyfagos, ystafell drws nesaf.

neblig *adj* = nebelig.

nebst [neːpst] *präp* +*dat* ynghyd â.

nebulos [nebuˈloːs] *adj (vage)* niwlog, amhendant.

Necessaire [neseˈsɛːr] (**-s**, **-s**) *nt (Toilettsachen)*
bag/cês *g* coluro; (*Nähzeug*) cas *g* gwnïo;
(*Nagelpflegeset*) cas trin dwylo.

necken [ˈnɛkən] *vt* pryfocio, tynnu coes rhn.

Neckerei [nɛkəˈraɪ] *f* pryfocio *g*.

neckisch [ˈnɛkɪʃ] *adj* digrif, siriol, pryfoclyd;
(*gewagt*) hyf, sosi.

Neffe [ˈnɛfə] (**-n**, **-n**) *m* nai *g*.

Negation [negatsiˈoːn] *f* nacâd *g*; (*GRAM*) negydd *g*.

negativ [ˈnegatiːf] *adj* negyddol, nacaol; (*FOTO*)
negatif.

Negativ *nt* (*FOTO*) negatif *g*.

Neger [ˈneːgər] (**-s**, **-**) *m (pej)* negro *g*, dyn *g* du; **~in** *f*
(*pej*) menyw *b* ddu, dynes *b* ddu.

Neger- *kompos:* **~brot**^A *nt* siocled â chnau daear;
~kuss^D *m* (*KOCH*) math ar felysion *ll* siocled.

negieren [neˈgiːrən] *vt (ignorieren)* wfftian; (*bestreiten*)
gwadu; (*verneinen*) negyddu.

nehmen [ˈneːmən] *irreg vt* cymryd; **etw zu sich ~**
(*essen*) bwyta rhth; **jdm etw ~ (weg~)** cymryd rhth
oddi ar rn; **in Besitz ~** meddiannu; **den Bus ~**
cymryd y bws; **Urlaub ~** cymryd gwyliau; **Mühe**
auf sich ~ mynd i drafferth; **jdn beim Wort ~**
cymryd gair rhn; **ernst ~** cymryd o ddifri; **etw**
leicht ~ cymryd rhth yn ysgafn; **~ Sie sich bitte**
helpwch eich hunan; **man nehme ...** (*KOCH*)
cymerer...; **wie man's nimmt** mae'n dibynnu ar
eich safbwynt; **es hat mir den Spaß genommen** mae
wedi difetha fy hwyl; **er ließ es sich** *dat* **nicht ~, zu**
kommen mynnodd ddod; **etw in die Hand ~** (*fig:*
sorgen für) gofalu am, cymryd rhth mewn llaw;
die Beine in die Hand ~ (*fig*) cymryd y goes.

Nehrung [ˈneːrʊŋ] *f* (*GEOG*) tafod *g*, pentir *g*.

Neid [naɪt] (**-(e)s**, *kein pl*) *m* cenfigen *b*, eiddigedd *g*.

Neider [ˈnaɪdər] *m* rhn cenfigennus.

Neidhammel *m* (*ugs*) cybydd(es) *g(b)*.

neidig [ˈnaɪdɪç, -ɪk] *adj vgl.* **neidisch**; (*geizig*)
crintachlyd, cybyddlyd.

neidisch [ˈnaɪdɪʃ] *adj* cenfigennus.

Neige [ˈnaɪgə] *f* (*geh: Ende*) **der Tag geht zur ~** derfydd
y dydd.

neigen [ˈnaɪgən] *vt* (*Kopf*) plygu.

♦ *vr* (*abfallen*) gogwyddo, gwyro, goleddfu.

♦ *vi:* **zu etw ~** tueddu at rth.

Neigung [ˈnaɪgʊŋ] *f* (*Schräge*) gogwydd *g*, goleddf *g*,

osgo *g*; (*Tendenz*) tuedd *b*, tueddfryd *g*; (*Vorliebe,*
Zuneigung) meddylfryd *g*, hoffter *g*.

Neigungswinkel *m* ongl *b* ogwydd.

nein [naɪn] *adv* nage, nac ydy, naddo, *ayb*; **darf ich**
...? – ~! ga' i...? – na chei/chewch; **gibt es ...? – ~!**
oes...? – nac oes.

Nektar [ˈnɛktaːr] *m* neithdar *g*.

Nektarine [nɛktaˈriːnə] (**-**, **-n**) *f* nectarîn *b*, eirinen *b*
fetus.

Nelke [ˈnɛlkə] (**-**, **-n**) *f* (*BOT*) ceian *b*, carnasiwn *g*;
(*Gewürz~*) clof *g*.

nennen [ˈnɛnən] *irreg vt* (*taufen*) enwi; (*beim Namen*)
galw; (*nominieren*) enwebu; **das nenne ich Mut!**
dyna beth yw dewrder!

nennenswert *adj* gwerth sôn amdano.

Nenner [ˈnɛnər] (**-s**, **-**) *m* (*MATH*) enwadur *g*;
gemeinsamer ~ cyfenwadur *g*; **etw auf einen ~**
bringen (*fig*) gostwng rhywbeth i'w elfennau
cyffredin.

Nennung *f* (*Erwähnung*) crybwyll *g*; (*Nominierung*)
enwebiad *g*.

Nennwert *m* (*COMM*) wynebwerth *g*, gwerth *g* enwol.

neoklassizistisch [neoklasiˈtsɪstɪʃ] *adj* neoglasurol.

neolithisch [neoˈliːtɪʃ] *adj* neolithig.

Neologismus [neoloˈgɪsmʊs] (**-**, **Neologismen**) *m*
(*GRAM*) bathiad *g*.

Neon [ˈneːɔn] (**-s**, *kein pl*) *nt* neon *g*.

Neon- *kompos:* **~lampe** *f*, **~licht** *nt* golau *g* neon;
~reklame *f* arwydd *gb* neon; **~röhre** *f* tiwb *g* neon.

Nepotismus [nepoˈtɪsmʊs] *m* nepotistiaeth *b*.

Nepp [nɛp] *m* (*ugs: Wucher*) crocbris *g*, gorelw *g*, ocr
g; **der reinste ~** lladrad *g* noeth.

Neptun [nɛpˈtuːn] *m* (*ASTRON*) Neifion *g*.

Nerv [nɛrf] (**-s**, **-en**) *m* (*ANAT*) nerf *gb*; **jdm auf die ~en**
gehen bod yn dân ar groen rhn, merwino
clustiau rhn; **die ~en sind mit ihm durchgegangen**
mae e wedi colli rheolaeth arno'i hun.

Nerven- *in kompos* nerfol.

nervenaufreibend *adj* ingol, arteithiol.

Nerven- *kompos:* **~bündel** *nt* (*fig*) rhn sydd yn nerfau i
gyd; **~ende** *nt* (*ANAT*) terfyn *g* nerf; **~gas** *nt* (*MIL*) nwy
g nerfau; **~heilanstalt** *f* ysbyty *g* meddwl; **~kitzel** *m*
ias *b*; **~klinik** *f* clinig *g* seiciatryddol.

nervenkrank *adj* yn dioddef o glefyd niwrolegol.

Nerven- *kompos:* **~säge** *f* (*ugs*) poendod *g*, poen *gb*,
pla *g*; **~schwäche** *f* (*MED*) nerfwst *g*, gwendid *g*
nerfol.

Nervensystem *nt* (*ANAT*) cyfundrefn *b* nerfol;
zentrales ~ prif system nerfol.

Nervenzusammenbruch *m* (*MED*) chwalfa *b* nerfol.

nervig [ˈnɛrvɪç, -ɪk] *adj* (*ugs*) arteithiol, beichus,
trafferthus.

nervlich *adj* nerfol.

nervös [nɛr'vøːs] *adj* nerfus, cynhyrfus.

Nervosität [nɛrvozi'tɛːt] *f* nerfusrwydd *g*, gorhydeimledd *g*.

nervtötend *adj* arteithiol; *(Arbeit)* hurtiol, undonog.

Nerz [nɛrts] (-es, -e) *m* (ZOOL) minc *g*; *(Mantel)* côt *b* finc.

Nerzmantel *m* côt *b* finc.

Nessel ['nɛsəl] (-, -n) *f* (BOT) danhadlen *b*; **sich in die ~n setzen** *(ugs: fig)* tynnu nyth cacwn am eich pen.

Nest [nɛst] (-(e)s, -er) *nt* nyth *gb*, deorfa *b*; *(ugs: kleines Dorf)* pentref *g* bach; *(fig)* cartref *g*, gwely *g*.

Nestbeschmutzung *f (fig)* tomi *g* yn eich nyth eich hun.

nesteln *vi:* **an etw** *dat* **~** ymbalfalu â rhth.

Nesthäkchen *nt (fig)* cyw *g* bach melyn olaf, tin *b* y nyth, babi *g*'r teulu.

nett [nɛt] *adj* dymunol, hyfryd, neis; *(freundlich)* caredig, ffel, clên; *(ordentlich)* twt, teidi; **~ Sie kennen zu lernen!** mae'n dda gen i gwrdd â chi!

netterweise *adv (ugs)* yn garedig.

netto ['nɛto] *adv* (COMM) clir, net, gwir.

Netto- *kompos:* **~einkommen** *nt* gwir incwm *g*; **~gehalt** *nt* gwir gyflog *g*; **~gewicht** *nt* clir bwysau *ll*; **~gewinn** *nt* elw *g* clir; **~gewinnspanne** *f* maintioli *g* elw clir; **~lohn** *m* gwir gyflog *g*; **~verdienst** *m* elw *g* clir.

Netz [nɛts] (-es, -e) *nt* rhwyd *b*; *(Gepäck~)* rhesel *b* fagiau; *(Einkaufs~)* bag *g* rhwyllog; *(Spinnen~)* gwe *b* pryf cop; *(System, auch COMP)* rhwydwaith *g*; *(Strom~)* prif gyflenwad *g*; **jdm ins ~ gehen** *(fig)* cael eich dal gan rn; **ein ~ von Lügen spinnen** rhaffu celwyddau.

Netz- *kompos:* **~anschluss** *m* cysylltiad *g* â'r brif wifren; **~haut** *f* (ANAT) retina *gb*, rhwyden *b*; **~karte** *f* (BAHN) tocyn *g* crwydro; **~spannung** *f* foltedd *g* y brif wifren; **~werk** *nt* (COMP) rhwydwaith *g*.

neu [nɔy] *adj* newydd, ffres; *(Sprache)* modern; **N~es Testament** *(REL)* Testament *g* Newydd; **~este** *(aktuellste)* diwethaf; **~este Ausgabe** rhifyn cyfredol; **seit ~estem** ers yn ddiweddar; **von ~em** unwaith eto o'r dechrau; **sie ist ~ auf dem Gebiet** mae hi'n ddibrofiad; **~ anfangen** ailgychwyn; **~ auflegen** *(Buch)* adargraffu; **~ bilden** adffurfio; **sich ~ einkleiden** prynu gwisg gyflawn newydd; **~ eröffnet** newydd agor; **~ schreiben** ailysgrifennu; **aufs N~** *(wiederum)* drachefn; **auf ein N~es!** *(Aufmunterung)* rhown ail gynnig arni! unwaith eto! **was gibt's N~es?** oes unrhyw newyddion?

Neu- *kompos:* **~ankömmling** *m* newydd-ddyfodiad *g*, dyn *g* dŵad; **~anschaffung** *f* pryniad *g* newydd.

neuartig *adj* o fath newydd.

Neu- *kompos:* **~auflage** *f (Buch)* adargraffiad *g*, ailargraffiad *g*; **~ausgabe** *f (Buch)* argraffiad *g* newydd.

Neubau (-(e)s, -ten) *m* adeilad *g* newydd.

Neubauwohnung *f* fflat *gb* mewn adeilad newydd.

Neu- *kompos:* **~bearbeitung** *f* fersiwn *g* ddiwygiedig; *(das Neubearbeiten)* diwygio *g*, adolygu *g*; **~beginn** *m* dechreuad *g* ffres; **~bildung** *f* bathiad *g* newydd; **~druck** *m* ailargraffiad *g*.

Neue *m/f* rhn newydd, newydd-ddyfodiad *g*.

Neuemission *f* (FIN: Aktien) dyroddiad *g* newydd.

neuerdings *adv* yn ddiweddar.

neu eröffnet *adj vgl.* neu.

Neuerscheinung (-, -en) *f (Buch)* cyhoeddiad *g* newydd; *(Schallplatte)* record *b* newydd.

Neuerung (-, -en) *f (Änderung)* newidiad *g*, diwygiad *g*; *(Gerät)* dyfais *b* newydd.

Neues *nt vgl.* neu.

neueste *adj (superl von* neu*) (aktuellste)* diwethaf; **~ Ausgabe** rhifyn cyfredol; **seit ~m** ers yn ddiweddar.

Neufassung (-, -en) *f* fersiwn *g* ddiwygiedig.

Neufundland [nɔy'funtlant] *nt* (GEOG) y Tir *g* Newydd.

neugeboren *adj* newydd-anedig.

Neugier *f* chwilfrydedd *g*.

Neugierde *f* = Neugier.

neugierig *adj* chwilfrydig, busneslyd.

Neuguinea [nɔygi'neːa] *nt* (GEOG) Gini *b* Newydd.

Neuheit (-, -en) *f* newydd-deb *g*; *(Ding)* newyddbeth *g*.

neuhochdeutsch *adj* Uchel Almaeneg Gyfoes.

Neuigkeit (-, -en) *f* newydd *g*; **jdm eine ~ überbringen** torri newydd wrth rn.

Neujahr *nt* Calan *g*.

Neujahrstag *m* dydd *g* Calan.

Neuland *nt (fig)* tir *g* newydd; **~ betreten** torri tir newydd.

neulich *adv* yn ddiweddar.

Neuling (-(e)s, -e) *m* newyddian *g*.

neumodisch *adj* modern, cyfoes; *(pej)* trendi.

Neumond *m* lleuad *b* newydd.

neun [nɔyn] *num* naw; **~ von zehn** naw allan o ddeg.

Neun[D] *f* rhif *g* naw; *(ugs)* **ach du grüne ~e!**[D] yr argian fawr! bobol bach!

Neuner[A] *m* rhif *g* naw.

neunfach *adj* nawplyg.

neunmalklug *adj (ironisch)* clyfar, hollwybodol.

neunschwänzig *adj:* **~e Katze** fflangell *b*.

neunte *adj* nawfed.

Neuntel *nt* (MATH) nawfed *g*.

neunundneunzig *adj* cant namyn un, naw deg naw.

neunzehn *num* pedwar/pedair ar bymtheg, un deg

naw.

neunzehnte *adj* pedwerydd/pedwaredd ar bymtheg; **das ~ Jahrhundert** y bedwaredd ganrif ar bymtheg.

neunzig *num* deg a phedwar ugain, naw deg; **die ~er Jahre** y nawdegau *ll.*

Neunzigerjahre *pl* y nawdegau *ll.*

neural [nɔɤˈraːl] *adj (ANAT, MED)* nerfol.

Neuralgie [nɔɤralˈgiː] *f (MED)* niwralgia *g.*

Neurasthenie [nɔɤrasteˈniː] *f (MED)* nerfwst *g*, niwrasthenia *g.*

neureich *adj* snobyddlyd.

Neureiche *m/f* snob *g*; **die ~n** *pl* crach *ll.*

Neurologie [nɔɤroloˈgiː] *f (MED)* niwroleg *b.*

neurologisch [nɔɤroˈlogɪʃ] *adj* niwrolegol.

Neurose [nɔɤˈroːzə] *f* niwrosis *g.*

Neurotiker [nɔɤˈroːtɪkər] *m* (**~in** *f*) niwrotig *g.*

neurotisch [nɔɤˈroːtɪʃ] *adj* niwrotig.

Neuschnee *m* eira *g* ffres.

Neuseeland [nɔɤˈzeːlant] *nt (GEOG)* Seland Newydd *b.*

Neuseeländer [nɔɤˈzeːlɛndər] *m* (**~in** *f*) Selandiad *g* Newydd.

neusprachlich [ˈnɔɤʃpraːxlɪç] *adj:* **~es Gymnasium** ysgol *b* ramadeg lle dysgir ieithoedd modern.

neutral [nɔɤˈtraːl] *adj* niwtral; *(unparteiisch)* di-duedd, amhleidiol.

neutralisieren [nɔɤtraliˈziːrən] *vt* niwtraleiddio.

Neutralität [nɔɤtraliˈtɛːt] *f (POL)* amhleidioldeb *g*, niwtraledd *g.*

Neutrino [nɔɤˈtriːno] (**-s, -s**) *nt (PHYS)* niwtrino *g.*

Neutron [ˈnɔɤtrɔn] (**-s, -en**) *nt (PHYS)* niwtron *g.*

Neutrum [ˈnɔɤtrʊm^D, ˈneutrʊm^A] (**-s, Neutra** *oder* **Neutren**) *nt (GRAM)* enw *g* diryw; *(Kategorie)* y diryw *g*, y canolryw *g.*

Neuwert *m* pris *g* prynu.

neuwertig *adj* fel newydd.

Neuzeit *f (HIST)* hanes *g* modern, yr oes fodern (o 1492 ymlaen).

neuzeitlich *adj* modern, o'r oes fodern.

Newton *nt (PHYS)* newton *g.*

New York *nt (GEOG)* Efrog *b* Newydd.

N.H.^D *abk (= Normalhöhenpunkt)*^D briglefel *b* arferol.

nhd. *abk* = **neuhochdeutsch.**

nicht [nɪçt] *adv* ni(d), na(c), ddim, mo; **er kam ~ ni** ddaeth; **er ist ~ hier** dyw e ddim yma; **~ mehr** dim mwyach; **gar ~** dim o gwbl; **~ wahr?** onid yw hi, on'd oes; **~ schlecht** eithaf da; **~ weit vom Meer** o fewn cyrraedd i'r môr; **ich verstehe das ~ ganz** nid wyf yn deall yn hollol; **sie kam ~ an** chyrhaeddodd hi ddim; **ich kann – – ich auch ~** alla'i ddim - na minnau; **er ist es ~** nid fe yw e; **~! paid! ~ möglich!** does bosib! **~ berühren!** na

chyffyrdder! peidier â chyffwrdd!

Nichtanerkennung *f* diarddeliad *g.*

Nichtangriffspakt *m (MIL)* cytundeb i beidio ag ymosod.

Nichtbeachtung *f* anwybyddu *g.*

Nichte [ˈnɪçtə] (**-, -n**) *f* nith *b.*

Nicht- *kompos:* **~einhaltung** *f (+gen)* anufudd-dod *g*; **~einmischung** *f (POL)* anymyrraeth *b.*

Nichtgefallen *nt (COMM)* **bei ~ zurück** os na fydd yn plesio, dychwelwch ef.

Nichtgenügend^A *nt (SCH)* anfoddhaol *g.*

nichtig [ˈnɪçtɪç, -ɪk] *adj* di-werth; *(JUR)* di-rym.

Nichtigkeit *f* diddymdra *g*; *(JUR)* dirymedd *g.*

Nichtjude *m (HAN)* cenedl-ddyn *g.*

Nichtraucher(in) *m(f)* rhn nad yw'n smygu; **ich bin ~** nid wyf yn smygu.

nichtrostend *adj* (dur) gloyw.

nichts [nɪçts] *pron* dim (byd); **~ als** dim ond; **~ besonderes** dim byd arbennig; **gar ~** dim o gwbl; **~ wie weg** ffwrdd â ni; **~ wie raus** allan â ni; **mir ~ dir ~** yn sydyn, mewn winciad; **für ~ und wieder ~** yn ofer; **~ nütze** diwerth; **zu ~ führen** dod i ddim; **~ ahnend** diarwybod; **~ sagend** yn mynegi dim, anniddorol.

Nichts *nt* diddymdra *g*, anfodolaeth *b*; *(pej: Person)* rhn dibwys.

nichts ahnend *adj vgl.* **nichts.**

Nichtschwimmer (**-s, -**) *m* rhn na fedr nofio.

nichtsdestotrotz *adv* = **nichtsdestoweniger.**

nichtsdestoweniger *adv* fodd bynnag, serch hynny, ac eto.

Nichtsnutz *m* oferwr *g*, pwdryn *g.*

nichtsnutzig *adj* di-werth, da i ddim.

nichts sagend *adj vgl.* **nichts.**

Nichtstun *nt* diogi *g*, segurdod *g.*

Nichtzutreffende *nt:* **~s bitte streichen** diléer lle bo angen.

Nickel [ˈnɪkəl] (**-s**, *kein pl*) *nt* nicel *g.*

nicken [ˈnɪkən] *vi* amneidio; *(schlafen)* hepian.

Nickerchen [ˈnɪkərçən] *nt* cyntun *g*; **ein ~ machen** *(ugs)* cael cyntun, hepian.

Nickhaut *f (ANAT bei Tieren)* pilen *b* amrannol.

Nickipullover *m (TEX)* pwlofer *g* felôr.

nie [niː] *adv* ni… byth; *(noch ~)* ni… erioed; **es gelang ihm (noch) ~** ni lwyddodd erioed; **es gelingt ihm ~** ni lwydda byth; **~ wieder** byth eto; **~ und nimmer!** byth bythoedd! **~ im Leben!** *(glauben)* choelia i byth!

nieder [ˈniːdər] *adj* isel.

♦ *adv* i lawr.

niederbrennen [ˈniːdərbrɛnən] *vt* llosgi i lawr.

niederdeutsch [ˈniːdərdɔɤtʃ] *adj* Isel Almaeneg.

Niederdeutsch *nt (Sprache)* Isalmaeneg *b.*

Niederdeutsche *m/f* Isalmaenwr(aig) *g(b).*

Niedergang *m* dirywiad *g*; *(Sonne)* machlud *g.*

niedergedrückt *adj (ugs)* = **niedergeschlagen.**

niedergehen ['ni:dərge:ən] *irreg vi (+sein)* disgyn, mynd i lawr; *(Boxer)* syrthio, cwympo.

niedergeschlagen *adj* digalon, penisel, prudd.

Niedergeschlagenheit *f* digalondid *g*, prudd-der *g.*

niederknien ['ni:dərkni:ən] *vi* penlinio.

niederknüppeln ['ni:dərknʏpəln] *vt* pastynu.

Niederkunft *f (geh)* esgoriad *g.*

Niederlage (-, -n) *f* gorchfygiad *g*; **eine schwere ~ hinnehmen** cael curfa.

Niederlande *pl (GEOG)* **die ~** yr Iseldiroedd *ll.*

Niederländer(in) *m(f)* Iseldirwr(aig) *g(b),* Isalmaenwr(aig) *g(b).*

niederländisch *adj* Iseldiraidd.

Niederländisch *nt (Sprache)* Iseldireg *b*, Isalmaeneg *b.*

niederlassen ['ni:dərlasən] *irreg vr (sich setzen)* eistedd; *(sich ansiedeln)* ymsefydlu, ymgartrefu.

Niederlassung *f (COMM)* cangen *b*, siop *b* gangen; *(Kolonie)* gwladfa *b.*

niederlegen ['ni:dərle:gən] *vt* rhoi i lawr; *(Arbeit)* rhoi'r gorau i; *(Amt)* ymddiswyddo o; *(Waffen)* ildio.

♦ *vr* gorwedd, noswylio.

niedermachen ['ni:dərmaxən] *vt (fig, ugs)* pladurio, medelu.

niedermähen ['ni:dərmɛ:ən] *vt* medelu.

Niederösterreich *nt (GEOG)* Awstria *b* Isaf.

Niederrhein *m (GEOG)* Rhein *b* Isaf.

niederrheinisch *adj* o ardal y Rhein Isaf.

Niedersachsen *nt (GEOG)* Sacsoni *b* Isaf.

Niederschlag *m (MET)* dyodiad *g*, gwlybaniaeth *g*; *(Boxkampf)* trawiad *g* i'r llawr; *(CHEM)* gwaddodiad *g*, gwaddod *g*; **radioaktiver ~** llwch *g* ymbelydrol.

niederschlagen ['ni:dərʃla:gən] *irreg vt* bwrw i lawr, llorio; *(Augen)* gostwng; *(JUR: Prozess)* gwrthod; *(Aufstand)* gostegu.

♦ *vr (CHEM)* gwaddodi.

niederschlagsfrei *adj (Wetter)* sych.

Niederschlagsmenge *f (MET)* glawiad *g.*

niederschmetternd *adj* ysgytwol.

niederschreiben ['ni:dərʃraɪbən] *irreg vt* ysgrifennu i lawr.

Nieder- *kompos:* **~schrift** *f* trawsgrifiad *g*; **~spannung** *f (ELEKT)* foltedd *g* isel.

niederstechen ['ni:dərʃtɛçən] *vt* trywanu.

Niedertracht *f* malais *g.*

niederträchtig *adj* maleisus, gwael, dan din.

Niederträchtigkeit *f* malais *g.*

niedertreten ['ni:dərtre:tən] *vt* sathru.

Niederung (-, -en) *f (GEOG)* pannwl *g*, pant *g.*

niederwalzen ['ni:dərvaltsən] *vt (fig)* pladurio, mathru dan draed.

niederwerfen ['ni:dərvɛrfən] *irreg vt* taflu (i lawr); *(Aufstand)* gostegu, goresgyn.

niedlich ['ni:tlɪç] *adj* annwyl, hoffus.

niedrig ['ni:drɪç, -ɪk] *adj* isel; *(Gesinnung)* crintachlyd; **in ~em Gang** *(AUTO)* mewn gêr isel; **~er** *komp* is, llai.

Niedrigwasser *nt* = **Niedrigwasserstand.**

Niedrigwasserstand *m* distyll *g* trai.

niemals ['ni:ma:ls] *adv* byth, erioed.

niemand ['ni:mant] *pron* neb; **erzähl es ~em** paid â dweud wrth neb.

Niemandsland *nt* tir *g* neb.

Niere ['ni:rə] (-, -n) *f (ANAT)* aren *b*, elwlen *b*; **künstliche ~** peiriant *g* arennau.

Nieren- *kompos:* **~baum** *m (BOT)* (coeden) cashiw; **~fett** *nt* gweren *b*; **~stein** *m (MED)* carreg *b* yn yr aren; **~versagen** *nt (MED)* methiant *g* yr arennau.

nieseln ['ni:zəln] *vi* bwrw glaw mân.

Nieselregen *m* glaw *g* mân.

niesen ['ni:zən] *vi* tisian, twsian.

Niete ['ni:tə] (-, -n) *f (TECH)* rhybed *g*, styden *b*; *(Mensch)* methiant *g*; *(Los)* tocyn *g* gwag; *(Reinfall)*[D] fflop *g.*

nieten ['ni:tən] *vt* rhybedu.

Nietenjacke *f* siaced â rhybedi.

niet- und nagelfest *adj:* **was nicht ~ ist** popeth posibl, popeth nad yw'n sownd.

nigelnagelneu[s] *adj (ugs)* newydd sbon danlli.

Nigeria [ni'ge:ria] *nt (GEOG)* Nigeria *b.*

Nigerianer [nigeri'a:nər] *m* (**~in** *f*) Nigerwr *g*, Nigeres *b.*

nigerianisch [nigeri'a:nɪʃ] *adj* Nigeraidd.

Nihilismus [nihi'lɪsmʊs] *m* nihiliaeth *b.*

Nihilist [nihi'lɪst] (-en, -en) *m* nihilydd *g.*

nihilistisch [nihi'lɪstɪʃ] *adj* nihilaidd.

Nikolaus ['ni:kolaʊs] (-, -e *oder* ̈-e) *m* ≈ Siôn Corn *g.*

Nikotin [niko'ti:n] (-s, *kein pl*) *nt* nicotîn *g.*

nikotinarm *adj* isel mewn nicotîn.

Nilpferd ['ni:lpfɛrt] *nt (ZOOL)* hipopotamws *g*, dyfrfarch *g.*

Nimmersatt ['nɪmɐzat] *m* bolgi *g*, rhn barus.

Nimmerwiedersehen *nt:* **auf ~** *(ugs)* i ebargofiant.

nippen ['nɪpən] *vi* llymeitian, sipian.

Nippes ['nɪpəs] *pl* trugareddau *ll*, bric-a-brac *g.*

Nippsachen *pl* trugareddau *ll.*

nirgends ['nɪrgənts] *adv* yn unman, yn unlle; **überall und ~** ymhob twll a chornel.

nirgendwo ['nɪrgəntvo] *adv* = **nirgends.**

nirgendwohin *adv* i unman, i unlle.

Nische ['nɪʃə] (-, -n) *f* cilfach *b*, alcof *g*.

Nisse ['nɪsə] (-, -n) *f (ZOOL)* nedden *b*.

nisten ['nɪstən] *vi* nythu.

Nist- *kompos:* **~platz** *m* nythfa *b*; **~zeit** *f* tymor *g* bridio.

Nitrat [ni'trɑːt] (-(e)s, -e) *nt (CHEM)* nitrad *g*.

Niveau [ni'voː] (-s, -s) *nt* safon *b*; **diese Schule hat ein hohes ~** mae gan yr ysgol hon safonau uchel; **das ist unter meinem ~** *(fig)* mae hynny islaw fy urddas i.

niveauvoll *adj* soffistigedig.

Nivellierung [nivɛ'liːrʊŋ] *f (Ausgleichung)* gwastatáu *g*.

nix [nɪks] *pron (ugs)* = **nichts.**

Nixe ['nɪksə] (-, -n) *f* môr-forwyn *b*, nymff *b*.

Nizza ['nɪtsa] (-s) *nt (GEOG)* Nice *b*.

n.J. *abk* (= nächsten Jahres) y flwyddyn nesaf.

nm *abk* = **Nanometer.**

n.M. *abk* (= nächsten Monats) y mis nesaf.

NN.ᴰ *abk* (= Normalnull) lefel *b* y môr.

NO *abk* (= Nordosten) G Ddn.

NÖ *abk* = **Niederösterreich.**

nobel ['noːbəl] *adj (elegant)* urddol, uchelwrol; *(ugs: großzügig)* hael.

noblesse oblige *adv* bonedd a ddwg gyfrifoldeb.

noch [nɔx] *adv* **1** *(weiterhin)* o hyd; **~ nicht** dim eto; **~ nie** erioed o'r blaen; **~ immer** *oder:* **immer ~** o hyd; **bleiben Sie doch ~** arhoswch am ychydig bach mwy; **ich gehe kaum ~ aus** prin yr wyf yn mynd allan erbyn hyn; **2** *(in Zukunft)* eto; **das kann ~ passieren** fe all ddigwydd eto; **er wird ~ kommen** mae'n siŵr o ddod; **das wirst du ~ bereuen** fe fyddi di'n difaru ryw ddydd am hyn; **3** *(nicht später als)* **~ vor einer Woche** dim ond wythnos yn ôl; **~ am selben Tag** ar yr union ddiwrnod; **~ im 19. Jahrhundert** mor ddiweddar â'r 19eg ganrif; **ich mache das ~ heute** gwnaf hynny erbyn diwedd y dydd; **4** *(zusätzlich)* **wer war ~ da?** pwy arall oedd yno? **~ einmal** unwaith eto, drachefn; **und es regnete auch ~** ac i goroni'r cyfan roedd hi'n bwrw glaw; **5** *(bei Vergleichen)* **~ größer** yn fwy fyth, hyd yn oed yn fwy; **das ist ~ besser** mae hynny'n well fyth; **und wenn es ~ so schwer ist** pa mor anodd bynnag y bo; **6: sie hat ~ und ~ versucht ...** ceisiodd hi droeon a thro...; **Geld ~ und nöcher**ᴬ *(ugs)* pentwr ar bentwr o arian.

♦ *konj:* **weder dies ~ jenes** na'r naill beth na'r llall.

noch mal *adv* (= noch einmal) *vgl.* **noch.**

nochmalig *adj* arall, o'r newydd.

nochmals *adv* drachefn, unwaith eto.

Nockenwelle ['nɔkənvɛlə] (-, -n) *f (TECH)* camsiafft *b*.

NOK *nt abk* (= Nationales Olympisches Komitee) Pwyllgor Cenedlaethol y Gêmau Olympaidd.

Nom. *abk* = **Nominativ.**

Nomade [no'mɑːdə] (-, -n) *m* nomad *g*; **~n** *pl* pobl *b/ll* grwydrol.

Nomadin *f* nomad *g*.

nomadisch *adj* nomadig, crwydrol.

nomadisierend *adj* nomadig.

Nominalwert [nomi'naːlvɛrt] (-(e)s, -e) *m (FIN)* wynebwerth *g*, parwerth *g*.

Nominativ ['noːminatiːf] (-s, -e) *m (GRAM)* y cyflwr *g* enwol.

nominell [nomi'nɛl] *adj* enwol, swyddogol.

nominieren [nomi'niːrən] *vt* enwebu.

Nominierung *f* enwebiad *g*.

None ['noːnə] (-, -n) *f (MUS)* nawfed *g*; *(REL: neunte Stunde)* nawn *g*.

Nonkonformismus [nɔnkɔnfɔr'mɪsmʊs] *m (REL)* Anghydffurfiaeth *b*.

nonkonformistisch [nɔnkɔnfɔr'mɪstɪʃ] *(REL) adj* annibynnol, anghydffurfiol.

Nonne ['nɔnə] (-, -n) *f* lleian *b*.

Nonnenkloster (-s, ¨-) *nt* lleiandy *g*, cwfaint *g*.

Nonplusultra [nɔnplʊsᵘultra] (-s, *kein pl*) *nt* yr eithaf *g* posib.

Nord¹ [nɔrt] *indekl (Kompass)* gogledd.

Nord-² *in kompos* gogleddol, gogledd.

Nord- *kompos:* **~afrika** *nt (GEOG)* Gogledd *g* Affrica; **~amerika** *nt (GEOG)* Gogledd *g* America.

nordamerikanisch *adj* o Ogledd America.

Nordatlantikstrom *m (GEOG)* Drifft *g* Gogledd Iwerydd.

norddeutsch *adj* o Ogledd yr Almaen.

Norddeutschland *nt* Gogledd *g* yr Almaen.

Norden (-s, *kein pl*) *m* gogledd *g*.

Nord- *kompos:* **~england** *nt* Gogledd *g* Lloegr; **~irland** *nt (GEOG, POL)* Gogledd *g* Iwerddon.

nordisch *adj* gogleddol; *(GEOG)* Nordig, Llychlynnaidd; **~e Kombination** *(Skilauf)* camp sgïo yn cynnwys neidio a sgïo trawsgwlad.

Nordkap ['nɔrtkɑːp] *nt (GEOG)* Penrhyn *g* y Gogledd.

nördlich ['nœrtlɪç] *adj* gogleddol; **der ~e Polarkreis** y Cylch *g* Arctig; **N~es Eismeer** Cefnfor *g* yr Arctig.

♦ *adv* i'r gogledd; **~ von** i'r gogledd o.

Nordlicht *nt* gwawl *g* y Gogledd.

Nordost *indekl* gogledd-ddwyrain.

Nordosten *m* gogledd-ddwyrain *g*.

Nordpol *m* Pegwn *g* y Gogledd.

Nordrhein-Westfalen *nt (GEOG)* Gogledd Rhein a Westffalia.

Nordsee *f (GEOG)* Môr *g* y Gogledd.

Nordseite *f* ochr *b* ogleddol.

Nordwales *nt (GEOG)* Gogledd Cymru.

nordwärts *adv* i'r gogledd, tua'r gogledd.

Nordwest *indekl* gogledd-orllewin.

Nordwesten *m* gogledd-orllewin *g*.

Nordwind *m* gogleddwynt *g*.

Nörgelei [nœrgəˈlaɪ] *f* cwyno *g*.

nörgeln [ˈnœrgəln] *vi* grwgnach, cega, gwenwyno.

Nörgler (-s, -) *m* conyn *g*, cwynwr *g*; **~in** *f* conen *b*, cwynwraig *b*.

Norm [nɔrm] (-, -en) *f* safon *b*, norm *g*; *(Leistungssoll)* cwota *g*; *(Größenvorschrift)* maint *g*.

normal [nɔrˈmaːl] *adj* cyffredin, arferol, normal; **bist du noch ~** wyt ti'n gall?

Normal- *kompos:* **~benzin** *nt* petrol *g* dwy seren; **~bürger** *m* y dyn *g* cyffredin.

normalerweise *adv* fel arfer, yn arferol, fel rheol.

Normalfall *m:* **im ~** fel arfer.

Normalhöhenpunkt[D] *nt* briglefel *b* arferol.

normalisieren [nɔrmaliˈziːrən] *vt* normaleiddio.

♦ *vr* dychwelyd i normal.

Normalzeit *f* amser *g* safonol.

Normanne [nɔrˈmanə] (-n, -n) *m* *(HIST)* Norman *g*, Llychlynwr *g*.

normannisch *adj* Normanaidd.

normen [ˈnɔrmən] *vt* safoni.

normiert [nɔrˈmiːrt] *adj* safonedig.

Norwegen [ˈnɔrveːgən] *nt* *(GEOG)* Norwy *b*.

Norweger (-s, -) *m* Norwyad *g*; **~in** *f* Norwyes *b*.

norwegisch *adj* Norwyaidd, (o) Norwy.

Norwegisch *nt* *(Sprache)* Norwyeg *b*.

Nostalgie [nɔstalˈgiː] *f* hiraeth *g*.

Not [noːt] *f* angen *g*, eisiau *g*; *(Mangel)* diffyg *g*, prinder *g*; **~ leiden** byw mewn angen dygn; **~ leidend** anghenus; **zur ~** os bydd rhaid; *(gerade noch)* o'r braidd; **wenn ~ am Mann ist** pan fo prinder; *(im Notfall)* mewn argyfwng; **er hat seine liebe ~ mit ihr** *(fig)* mae'n cael tipyn o drafferth gyda hi.

Notar [noˈtaːr] *m* *(~in* *f)* *(JUR)* notari *g* cyhoeddus.

notariell [notariˈɛl] *adj* notarïol; **~ beglaubigt** ardystiedig gan notari cyhoeddus.

Notarzt [ˈnoːtˀaˌrtst] (-es, ̈-e) *m* meddyg *g* ar alwad.

Notation [notatsiˈoːn] *f* nodiant *g*.

Not- *kompos:* **~ausgang** *m* allanfa *b* dân; **~behelf** *m* peth *g* dros dro; **~bett** *nt* gwely *g* cystudd; **~bremse** *f* brêc *g* argyfwng; **~dienst** *m* *(Bereitschaft)* gwasanaeth *g* brys, gwasanaeth *g* argyfwng.

notdürftig *adj* prin, annigonol; *(behelfsmäßig)* dros dro; **sich ~ verständigen können** bod yn medru cyfathrebu i ryw raddau.

Note [ˈnoːtə] (-, -n) *f* *(MUS)* nodyn *g*; *(SCH)* marc *g*, gradd *b*; *(Flair)* nodwedd *b*; *(Gepräge)* cyffyrddiad *g*; **persönliche ~** cyffyrddiad personol, naws *b* bersonol.

Nöte [ˈnøːtə] *pl* vgl. **Not**; cyni *g*.

Noten- *kompos:* **~bank** *f* *(FIN)* banc *g* dyroddi; **~blatt** *nt* dalen *b* o gerddoriaeth; **~linien** *pl* erwydd *g*; **~pult** *nt* stand *gb* miwsig; **~schlüssel** *m* allwedd *b*, cleff *g*; **~schrift** *f* nodiant *g* cerddorol; **~ständer** *m* stand *gb* miwsig.

Notfall (-(e)s, ̈-e) *m* achos *g* brys, argyfwng *g*.

notfalls *adv* os bydd rhaid.

notgedrungen *adj* o anghenraid; **etw ~ machen** gwneud rhth dan orfodaeth.

Notgroschen *m* cynilion *ll*, ceiniog *b* wrth gefn.

notieren [noˈtiːrən] *vt* cofnodi, nodi; *(COMM)* datgan, cynnig.

Notierung *f* *(COMM)* pris *g*.

nötig [ˈnøːtɪç, -ɪk] *adj* angenrheidiol; **etw ~ brauchen** bod â dirfawr angen rhth; **etw ~ haben** bod ag angen rhth; **die ~en Schritte unternehmen** cymryd camau; **das habe ich nicht ~** gallaf wneud heb hynny.

nötigen *vt* gorfodi, gorthrechu.

nötigenfalls *adj* os oes rhaid.

Nötigung *f* gorthrech *g*.

Notiz [noˈtiːts] (-, -en) *f* cofnod *g*; *(Zeitungs~)* eitem *b*; **sich ~en machen über** +*akk* cadw nodyn *o*; **~ nehmen** sylwi, rhoi sylw.

Notiz- *kompos:* **~block** *m* nodiadur *g*, pad *g* ysgrifennu; **~buch** *nt* llyfr *g* nodiadau, llyfr lloffion.

Notlage *f* argyfwng *g*.

notlanden *vi* *(+sein)* glanio ar frys.

Notlandung *f* glaniad *g* brys.

Not leidend *adj* vgl. **Not**.

Not- *kompos:* **~lösung** *f* ateb *g* dros dro; **~lüge** *f* celwydd *g* golau.

notorisch [noˈtoːrɪʃ] *adj* ag enw drwg, bondigrybwyll.

Notprogramm *nt* cynllun *g* wrth gefn.

Notruf *m* galwad *gb* brys.

Notrufsäule *f* ffôn *g* argyfwng.

notschlachten [ˈnoːtʃlaxtən] *vt* *(Tiere)* dinistrio.

Notstand *m* stad *b* o argyfwng.

Notstands- *kompos:* **~gebiet** *nt* *(bei Katastrophen)* ardal *b* drychineb; **~gesetz** *nt* cyfraith *b* argyfwng.

Not- *kompos:* **~unterkunft** *f* llety *g* mewn argyfwng; **~verband** *m* *(MED)* rhwymiad *g* brys.

Notwehr *f* hunanamddiffyn *g*.

notwendig *adj* angenrheidiol; **es ist ~** mae'n rhaid.

notwendigerweise *adv* o raid.

Notwendigkeit *f* anghenraid *g*, rheidrwydd *g*, anhepgor *g*.

Notzucht *f* trais *g*.

Nougat *m oder nt* vgl. **Nugat**.

Nov. *abk* = **November**.

Novelle [noˈvɛlə] (-, -n) *f (LIT)* nofel *b* fer; *(JUR: Gesetzes~)* gwelliant *g*.

November [noˈvɛmbər] *m* (mis) Tachwedd *g*; **im ~ ym** mis Tachwedd; **heute ist der zweite ~** yr ail o Dachwedd yw hi heddiw; **in diesem ~** y mis Tachwedd hwn; **Anfang/Ende ~** ddechrau/ddiwedd mis Tachwedd.

Novize [noˈviːtsə] (-n, -n) *m (REL)* newyddian *g*.

Novizin [noˈviːtsɪn] (-, -nen) *f (REL)* newyddian *g*.

Novum [ˈnoːvʊm] (-s, **Nova**) *nt* peth *g* newydd, newyddbeth *g*.

NPD^D *abk (POL:* = *Nationaldemokratische Partei Deutschlands)* y Blaid *b* Ddemocrataidd Genedlaethol.

Nr. *abk* (= *Nummer*) rhif.

NS *abk* = **Nachschrift**; = **nationalsozialistisch**.

NSDAP *f abk (HIST,* = *Nationalsozialistische Deutsche Arbeiterpartei)* y Blaid *b* Natsïaidd.

NS-Zeit *f (HIST)* cyfnod *g* Natsïaidd.

N.T. *abk* (= *Neues Testament) vgl.* **neu**.

Nu [nuː] *m:* **im ~** mewn winciad, fawr o dro.

Nuance [nyˈãːsə] (-, -n) *f* arlliw *g*, eiliw *g*.

nüchtern [ˈnʏçtərn] *adj* cymedrol, difrifol; *(nicht betrunken)* sobr; *(Magen)* gwag; *(Urteil)* call, gochelgar; **~ werden** sobreiddio.

Nüchternheit *f* cymedroldeb *g*, sobrwydd *g*.

Nudel [ˈnuːdəl] (-, -n) *f (Teigwaren)* pasta *g*; *(Suppen~)* nwdl *g*; *(pej: Ulk~)* gwirionen *b*.

Nudel- *kompos:* **~holz** *nt* rholbren *g*; **~suppe** *f* cawl *g* nwdls; **~walker**^A *m* rholbren.

Nugat [ˈnuːgat] (-s, -s) *m oder nt (KOCH)* nyget *g*.

nuklear [nukleˈaːr] *adj* niwclear.

null [nʊl] *num* sero, dim; **~ Uhr** canol nos; **~ und nichtig** di-rym; **in ~ Komma nichts** *(ugs)* ymhen dim, mewn winciad; **deine Chancen sind gleich ~** does gen ti ddim gobaith caneri; **die Stunde ~** y man cychwyn o'r newydd.

Null (-, -en) *f (MATH)* sero *g*, nwl *g*, gwagnod *g*; *(von Telefonnummer)* dim *g*; *(pej: Mensch)* un sy'n dda i ddim, un cwbl ddi-glem.

nullachtfünfzehn *adj indekl (ugs)* cyffredin iawn, talcen slip.

Null- *kompos:* **~diät** *f* deiet *g* newynu; **~lösung** *f (POL)* dewis *g* sero.

Nullpunkt *m* sero *g*; *(PHYS)* nwlbwynt *g*; **auf dem ~** *(fig)* ar bwynt sero.

Nulltarif *m (für Verkehrsmittel)* **zum ~** yn rhad ac am ddim.

numerieren *vt* = **nummerieren**.

numerisch *adj* = **nummerisch**.

Numerus [ˈnuːmerʊs] (-, **Numeri**) *m (GRAM)* rhif; **~**

clausus^D *(UNIV)* mynediad *g* cyfyng.

Nummer [ˈnʊmər] *f* rhif *g*; *(Zeitschrift)* rhifyn *g*; *(Größe)* maint *g*; **auf ~ sicher gehen** *(ugs)* chwarae'n saff.

nummerieren *vt* rhifo.

nummerisch *adj* rhifiadol, rhifol; **~es Tastenfeld** *(COMP)* allweddell *b* rifau.

Nummernkonto *nt (FIN)* cyfrif *g* banc dan rif yn unig.

Nummernscheibe^D *f* = **Wählscheibe**.

Nummernschild *nt* = **Nummerntafel**.

Nummerntafel *f (AUTO)* plât *g* rhif.

nun [nuːn] *adv* nawr.

♦ *excl* wel; **das ist ~ mal so** felly mae.

nunmehr *adv (geh)* bellach.

nur [nuːr] *adv* ond, dim ond; *(einzig)* yn unig; **nicht ~ ..., sondern auch ...** nid yn unig... ond hefyd...; **alle, ~ ich nicht** pawb ar wahân i mi; **wo bleibt er ~?** ble yn y byd y mae e? **~ Mut!** paid ag anobeithio!

nuscheln [ˈnʊʃəln] *vt, vi (ugs)* mwmian, bloesgi, myngial.

Nuss [nʊs] (-, ̈-e) *f* cneuen *b*; **eine harte ~** *(fig: Problem)* problem *b* ddyrys; *(Person)* dyn *g* caled; **taube ~** cneuen wag; *(fig)* rhn diffaith, rhn da-i-ddim; **doofe ~**^D *(ugs)* twpsyn *g* twp; **Nüsse sammeln** cneua, hel cnau.

Nuss- *kompos:* **~baum** *m* collen *b* Ffrengig; **~knacker** *m* gefel *b* gnau; **~schale** *f* plisgyn *g* cnau; *(fig: kleines Boot)* cwrwgl *g*, cwch *g* bach.

Nüster [ˈnʏstər] (-, -n) *f* ffroen *b*.

Nut [nuːt] *f* rhigol *b*; **~ und Feder** uniad *g* tafod a rhych.

Nutte [ˈnʊtə] (-, -n) *f* putain *b*, hwren *b*.

nutz^A [nʊts] *adj:* **zu nichts ~ sein** bod yn dda i ddim.

Nutz *m:* **sich etw zu ~e machen** troi'r ~ at eich melin eich hun.

nutzbar *adj:* **~ machen** defnyddio.

Nutzbarmachung *f* defnydd *g*, defnyddiad *g*.

nutzbringend *adj* proffidiol, buddiol, manteisiol.

nütze [ˈnʏtsə] *adj* = **nutz**.

nutzen [ˈnʊtsən] *vi (+dat)* tycio, bod o gymorth; **was nutzt es?** pa ddiben sydd i hyn? pa werth sydd i hyn? *vgl. auch* **nützen**.

♦ *vt* ecsbloetio; **etw zu etw ~** defnyddio rhth ar gyfer rhth.

Nutzen (-s) *m* defnyddioldeb *g*; *(Nutzung)* defnydd *g*; *(Gewinn)* budd *g*, buddioldeb *g*; **von ~** defnyddiol.

nützen *vt* = **nutzen**.

♦ *vi (+dat)* tycio; **es nützt dir nichts** ni thycia i ti.

Nutz- *kompos:* **~fahrzeug** *nt* cerbyd *g* ar gyfer cynnal a chadw; **~fläche** *f (COMM)* llawr defnyddiadwy; *(AGR)* tir *g* ffrwythlon/cynhyrchiol; **~last** *f* prif lwyth *g*.

nützlich [ˈnʏtslɪç] *adj* defnyddiol, buddiol.

Nützlichkeit *f* defnyddioldeb *g*.

nutzlos *adj* anfuddiol, seithug, da i ddim; *(unnötig)* dibwrpas, dianghenraid.

Nutzlosigkeit *f* annefnyddioldeb *g*, anfuddioldeb *g*.

Nutznießer *m* buddiolwr *g*.

Nutzung *f (Gebrauch)* defnydd *g*; *(das Ausnutzen)* ecsbloetiaeth *b*.

NW *abk (= Nordwest)* G On.

Nylon® [ˈnaɪlɔn] (-(s), *kein pl*) *nt (TEX)* neilon *g*.

Nylonstrumpf *m* hosan *b* neilon.

Nymphe [ˈnʏmfə] *f* nymff *b*.

O

O, o [o:] *nt* O, o *b*; ~ **wie Otto** O am Otto.

o *excl:* ~ **je!** o diar! *vgl. auch* **oh.**

O *abk* (= *Osten*) D.

Ö, ö *nt* O umlaut; ~ **wie Österreich** Ö am Österreich.

o.a. *abk* (= *oben angeführt*) uchod.

o.Ä. *abk* (= *oder Ähnliches*) neu gyffelyb.

ÖAMTC[A] *m* (= *Österreichischer Automobil-, Motorrad- und Touring-Club*) ≈ AA *g*.

Oase [o'ɑ:zə] (-, -n) *f* gwerddon *b*.

OB[D] (-s, -s) *m abk* = **Oberbürgermeister**[D].

ob [ɔp] *konj* a, tybed a; ~ **das wohl wahr ist?** all hynny fod yn wir? ~ **ich (nicht) lieber gehe?** efallai ei bod hi'n well i mi fynd; **so tun als** ~ (*ugs*) ymddwyn fel pe bai, ffugio; **und** ~! gallwch chi fentro!

Obacht[D] ['o:baxt] *f:* ~ **geben** talu sylw.

Obdach ['ɔpdax] (-(e)s, *kein pl*) *nt* lloches *b*, hofel *b*, llety *g*.

obdachlos *adj* digartref.

Obdachlose *m/f* rhn digartref, trampyn *g*.

Obdachlosenasyl *nt* = **Obdachlosenheim.**

Obdachlosenheim *nt* lloches *b* ar gyfer y digartref.

Obduktion [ɔpdʊktsi'o:n] *f* (*MED*) post-mortem *g*, cwest *g*.

obduzieren [ɔpdu'tsi:rən] *vt* gwneud post-mortem ar.

O-Beine ['o:baɪnə] *pl* coesau *ll* cam.

o-beinig *adj* gargam.

Obelisk *m* obelisg *g*.

oben ['o:bən] *adv* uwchben, uchlaw; (*im Text*) uchod; (*im Haus*) fyny'r grisiau, lan llofft; **nach** ~ i fyny, lan; **von** ~ i lawr, oddi fry; **bis** ~ **hin voll** yn llawn dop; **siehe** ~ gweler uchod; **ganz** ~ **auf der Liste** ar ben y rhestr; ~ **ohne** bronnoeth; **von** ~ **bis unten** o'r bôn i'r brig; **Befehl von** ~ gorchymym oddi fry; ~ **angeführt** *oder:* ~ **genannt** a enwyd uchod.

obenan [o:bən'ʔan] *adv* ar y brig.

obenauf [o:bən'ʔaʊf]*adv* ar ben, uwchben; (*fig*) ar y brig.

obendrein [o:bən'draɪn] *adv* yn ychwanegol, ar ben hynny.

Ober ['o:bər] *m* (*Oberkellner*) gweinydd *g*, gwas *g*.

Ober- *kompos:* ~**arm** *m* bôn *g* braich; ~**arzt** *m* uwch feddyg *g*; ~**aufsicht** *f* goruchwyliaeth *b*; ~**bayern** *nt* (*GEOG*) Bafaria *b* Uchaf; ~**befehl** *m* uwchreolaeth *b*; ~**befehlshaber** *m* pencadfridog *g*; ~**begriff** *m* disgrifiad *g* generig; ~**bekleidung** *f* dillad *ll* uchaf;

~**bürgermeister**[D] *m* arglwydd *g* faer; ~**deck** *nt* (*NAUT*) dec *g* uchaf; ~**deutsch** *nt* Almaeneg *b* Deheuol.

obere *adj* uchaf; **die O~n** yr hoelion *ll* wyth, y gwell *g*; (*REL*) yr uchafiaid *ll*.

Oberfeldwebel[D] *m* (*MIL*) uwch-ringyll *g*.

Oberfläche (-, -n) *f* arwyneb *g*, arwynebedd *g*, wyneb *g*.

Oberflächenspannung *f* (*TECH*) tensiwn *g* arwyneb.

oberflächlich *adj* arwynebol; (*Person*) gwamal; ~**e Konversation** siaradach *g*; **bei** ~**er Betrachtung** ar gipolwg, heb edrych yn fanwl; **jdn (nur)** ~ **kennen** prin adnabod rhn.

Oberflächlichkeit *f* arwynebolrwydd *g*.

obergescheit[A] *adj* (*pej*) clyfar, hollwybodus.

Obergeschoß[A], **Obergeschoss**[D] (-es, -e) *nt* y llawr *b* uchaf; **im zweiten** ~ *nt* ar yr ail lawr.

oberhalb ['o:bərhalp] *adv* uwchben, uwchlaw.

♦ *präp* +*gen* uwchben, uwchlaw.

Oberhand ['o:bərhant] (-, *kein pl*) *f* meistrolaeth *b*; **die** ~ **gewinnen** (**über** +*akk*) cael y gorau (ar); **die** ~ **haben** (**über** +*akk*) bod yn drech na rhn.

Ober- *kompos:* ~**haupt** *nt* pennaeth *g*; ~**haus** *nt* (*POL*) y Tŷ *g* Uchaf; (*in Großbritannien*) Tŷ'r Arglwyddi; ~**haut** *f* (*ANAT*) glasgroen *g*; ~**hemd** *nt* crys *g*; ~**herrschaft** *f* goruchafiaeth *b*, sofraniaeth *b*.

Oberin *f* (*REL*) uchel fam *b*.

oberirdisch *adj* uwchddaearol.

Ober- *kompos:* ~**italien** *nt* (*GEOG*) Gogledd *g* yr Eidal; ~**kellner** *m* prif weinydd *g*; ~**kiefer** *m* (*ANAT*) yr ên *b* uchaf; ~**kommando** *nt* pencadfridog *g*; ~**körper** *m* (*ANAT*) rhan *b* ucha'r corff.

Oberlandesgericht *m* (*JUR*) uchel lys *g* taleithiol.

Oberlauf *m* (*von Fluss*) **am** ~ **des Inn** ym mlaenau afon Inn.

Ober- *kompos:* ~**leitung** *f* (*ELEKT*) cebl *g* uwchben; ~**licht** *nt*, ~**lichte**[A] *f* ffenestr *b* uwchben, ffenestr linter; ~**lippe** *f* y wefus *b* uchaf.

Oberösterreich *nt* (*GEOG*) Awstria *b* Uchaf.

Oberprima[D] *f* (*veraltet*) blwyddyn *b* olaf mewn ysgol uwchradd yn yr Almaen.

Obers[A] (-, *kein pl*) *nt* hufen *g*.

Ober- *kompos:* ~**schenkel** *m* (*ANAT*) clun *b*, morddwyd *b*; ~**schicht** *f* y dosbarth *g* uchaf, y mawrion *ll*; ~**schlesien** *nt* (*GEOG*) Silesia *b* Uchaf; ~**schule**[D] *f* ysgol *b* ramadeg; ~**schwester** *f* (*MED*) metron *b*; ~**seite** *f* wyneb *g*; ~**sekunda**[D] *f* (*veraltet*) seithfed flwyddyn mewn ysgol uwchradd yn yr Almaen.

Oberst ['o:bərst] (-en *oder* -s, -en *oder* -e) *m (MIL)* cyrnol *g; (yn Awstria)* is-gadfridog *g.*

oberste *adj* uchaf, goruchaf; *(wichtigste)* blaenaf; **O~r Gerichtshof** Uchel Lys *g.*

Oberstimme *f (MUS)* trebl *g.*

Oberstleutnant *m (MIL)* is-gyrnol *g.*

Oberstock *m* llofft *b.*

Oberstufe *f (SCH)* ≈ y chweched dosbarth.

Oberstufengymnasium *nt* coleg *g* chweched dosbarth.

Oberstufenrealgymnasium *nt* coleg *g* chweched dosbarth sy'n arbenigo ar wyddoniaeth.

Ober- *kompos:* **~teil** *nt oder m* rhan *b* uchaf; *(Kleidung)* top *g;* **~ton** *m (MUS)* cysain *b;* **~weite** *f* mesur *g* y frest.

obgleich [ɔp'glaɪç] *konj* er.

Obhut ['ɔphu:t] (-, *kein pl*) *f* gofal *g;* **in jds ~ sein** bod dan ofal rhn.

obig ['o:bɪç, ɪk] *adj* uchod.

Objective *nt (COMM)* diben *g.*

Objekt [ɔp'jɛkt] (-(e)s, -e) *nt (Ding)* peth *g*, gwrthrych *g; (GRAM)* gwrthrych.

objektiv [ɔpjɛk'ti:f] *adj* gwrthrychol, di-duedd.

Objektiv (-s, -e) *nt (FOTO)* lens *b*, gwrthrychiadur *g.*

Objektivität [ɔpjɛktivi'tɛ:t] *f* gwrthrychedd *g*, gwrthrycholdeb *g.*

Oblate [o'bla:tə] *f (Gebäck)* waffer *b.*

obligatorisch [obliga'to:rɪʃ] *adj* gorfodol.

Oboe [o'bo:ə] *f (MUS)* obo *g.*

Obrigkeit ['o:brɪçkaɪt, 'o:brɪkkaɪt] *f (Behörde)* awdurdodau *ll*, gweinyddiaeth *b; (Regierung)* llywodraeth *b.*

obschon [ɔp'ʃo:n] *konj* = **obgleich.**

Observatorium [ɔpzɛrva'to:rium] *nt* arsyllfa *b*, gwylfa *b.*

Obsidian [ɔp'zɪdian] *m (GEOL)* gwydrfaen *g.*

obskur [ɔp'sku:r] *adj* tywyll, aneglur; *(verdächtig)* amheus.

Obst [o:pst] (-(e)s, *kein pl*) *nt* ffrwythau *ll;* **Obst- und Gemüsegeschäft** siop *b* lysiau.

Obst- *kompos:* **~bau** *m* tyfu *g* ffrwythau; **~baum** *m* coeden *b* ffrwythau; **~garten** *m* perllan *b;* **~händler** *m* ffrwythwr *g*, gwerthwr *g* ffrwythau.

Obstlerᴬ *m* schnaps *g.*

Obstsaft *m* = **Fruchtsaft.**

Obst- *kompos:* **~salat** *m (KOCH)* salad *g* ffrwythau; **~torte** *f* teisen *b* ffrwythau.

obszön [ɔps'tsø:n] *adj* anllad, anweddus, aflednais.

Obszönität [ɔpstsø:ni'tɛ:t] *f* anlladrwydd *g*, anwedduster *g*, bryntni *g.*

Obus ['o:bus] *m* trolibws *g.*

obwohl [ɔp'vo:l] *konj* er; **~ es schwierig war** er mor galed oedd y dasg; **~ ich niemanden sah** er na welais i neb.

Ochse ['ɔksə] (-n, -n) *m* bustach *g*, ych *g; (ugs: Dummkopf)* twpsyn *g;* **er stand da wie der ~ vorm Berg** *(ugs)* safodd (yno) mewn penbleth llwyr.

ochsenᴰ ['ɔksən] *vt, vi (SCH, ugs)* swotio, adolygu'n galed.

Ochsenkarren *m* men *b.*

Ochsenschwanzsuppe *f (KOCH)* cawl *g* bôn y gwt.

Ochsenzunge *f (KOCH)* tafod *g* ych.

Ocker ['ɔkər] *m oder nt* ocr *g.*

öd [ø:t] *adj* = **öde.**

öde ['ø:də] *adj (Land)* anial, diffrwyth, diffaith; *(trostlos)* llwm; *(fig: langweilig)* diflas, diafael; *(Person)* dof; **~ und leer** diflas a diffaith.

Öde *f* anialwch *g*, diffeithwch *g; (fig)* diflastod *g.*

oder ['o:dər] *konj* neu, ynteu; **entweder ... ~** naill ai... neu/ynteu; **das stimmt doch, ~?** mae hynny'n wir on'd yw e? **kommst du ~ nicht?** wyt ti'n dod neu beidio?

Ödipuskomplex ['ø:dipuskɔmplɛks] *m* cymhleth *b* Oedipws.

Ofen ['o:fən] (-s, ¨-) *m (Heizung)* tân *g*, gwresogydd *g; (Kohlen~)* stôf *b; (Herd)* ffwrn *b*, popty *g; (Hoch~)* ffwrnais *b;* **jetzt ist der ~ aus** *(ugs)* dyna hi nawr!

Ofen- *kompos:* **~reiniger** *m* defnydd *g* glanhau ffwrn; **~rohr** *nt* peipen *b* stôf.

offen ['ɔfən] *adj* agored; *(aufgeschlossen)* â meddwl agored; *(aufrichtig)* plaen, didwyll; *(Platz)* gwag; *(Wunde)* cignoeth, briwiog; *(Haare)* rhydd; **auf ~er Straße** ar y ffordd agored; **~er Wein** gwin *g* wrth y gwydraid; **~e Handelsgesellschaft** *(COMM)* partneriaeth *b* gyffredin; **Tag der ~en Tür** diwrnod *g* agored; **ein ~es Wort mit jdm reden** siarad yn blaen â rhn.

♦ *adv (Geschäft)* ar agor; **~ gesagt** a bod yn onest; **halb ~** hanner agored; **sperrangelweit ~** ar agor led y pen, rhwth; **seine Meinung ~ sagen** siarad yn blaen, dweud eich dweud; **~ sein** *(aufgeschlossen)* bod â meddwl agored; **etw ~ lassen** gadael yn agored; **~ bleiben** aros yn agored; **die Frage bleibt ~** mae'n gwestiwn penagored; **~ halten** cadw'n agored; **~ stehen** bod yn agored, bod ar agor; *(Rechnung)* bod heb ei dalu; **es steht Ihnen ~, etw zu tun** rydych yn rhydd i wneud rhth; **die (ganze) Welt steht ihm ~** mae'r byd (i gyd) o'i flaen.

offenbar *adj* amlwg, eglur.

♦ *adv* mae'n debyg.

offenbaren [ɔfən'ba:rən] *vt untrenn* datgelu, daguddio, arddangos.

Offenbarung *f* datguddiad *g.*

Offenbarungseid *m (JUR)* llw *g* datgeliad.

offen bleiben *irreg vi (+sein) vgl.* **offen.**

offen halten *irreg vt vgl.* **offen.**

Offenheit *f* gonestrwydd *g*, didwylledd *g*, diffuantrwydd *g*.

offenherzig *adj* gonest, diffuant; *(vertrauensselig)* hygoelus; *(ugs: Kleid)* â gwddf isel.

Offenherzigkeit *f* didwylledd *g*, diffuantrwydd *g*, gonestrwydd *g*.

offenkundig *adj* = **offensichtlich.**

offen lassen *irreg vt vgl.* **offen.**

offensichtlich *adj (klar)* amlwg, eglur; *(unverhüllt)* diorchudd, hysbys.

♦ *adv* mae'n debyg.

offensiv [ɔfɛnˈziːf] *adj* ymosodol.

Offensive (-, -n) *f* ymosodiad *b*; *(MIL)* cyrch *g*.

offen stehen *irreg vi (+sein oder haben) vgl.* **offen.**

öffentlich [ˈœfəntlɪç] *adj* cyhoeddus, coedd; **~er Ankläger** *(JUR)* erlynydd *g* cyhoeddus; **~e Bedürfnisanstalt** cyfleusterau *ll* cyhoeddus; **~er Dienst** gwasanaeth *g* sifil; **~e Einrichtung** amwynder *g* cyhoeddus; **~e Gelder** coffrau *ll* cyhoeddus; **~er Grund** cytir *g*, tir *g* cyffredin; **die ~e Hand** llywodraeth *b* ganolog/leol; **Ausgaben der ~en Hand** gwariant *g* cyhoeddus.

♦ *adv* ar goedd.

Öffentlichkeit *f (Leute)* cyhoedd *g*; *(von Versammlung)* natur *b* gyhoeddus; **unter Ausschluss der ~** heb fod ar agor i'r cyhoedd; *(JUR)* yn y dirgel; **in aller ~** ar goedd; **an die ~ dringen** dod i sylw'r cyhoedd.

Öffentlichkeitsarbeit *f* gwaith *g* cysylltiadau cyhoeddus.

öffentlich-rechtlich *adj* gwladol.

offerieren [ɔfeˈriːrən] *vt* cynnig.

Offertᴬ (-(e)s, -e) *nt* = **Offerte.**

Offerte [ɔˈfɛrtə] (-, -n) *f* cynnig *g*, tendr *g*; **eine ~ erstellen für** +*akk* tendro am.

Öffisᴬ *pl (ugs: öffentliche Verkehrsmittel)* cludiant *g* cyhoeddus.

offiziell [ɔfitsiˈɛl] *adj* swyddogol, ffurfiol.

Offizier [ɔfiˈtsiːr] (-s, -e) *m (MIL)* swyddog *g*.

Offizierskasino *nt (MIL)* ystafell *b* fwyta'r swyddogion.

Offiziersmesse *f (MIL)* = **Offizierskasino.**

öffnen [ˈœfnən] *vt* agor; *(Knoten)* datod; **jdm die Tür ~** agor y drws i rn; **jdm die Augen ~** *(fig)* agor llygaid rhn.

♦ *vr* ymagor.

Öffner (-s, -) *m* agorwr *g*.

Öffnung (-, -en) *f* agorfa *b*, adwy *b*, bwlch *g*.

Öffnungszeiten *pl* oriau *ll* agor.

Offsetdruck [ˈɔfsɛtdrʊk] *m* printiad *g* offset.

oft [ɔft] *(komp* **öfter;** *superl* **am öftesten)** *adv* yn aml, llawer gwaith.

öfter [ˈœftər] *adv* yn amlach, yn fwy mynych; **des Ö~en** sawl gwaith; **~ mal was Neues** *(ugs)* amrywiaeth sy'n rhoi blas ar fywyd.

öfters *adv* yn aml, yn fynych.

oftmalig *adj* aml.

oftmals *adv* yn aml, yn fynych.

Ogam *nt (Alphabet)* llythrennau *ll* ogam.

ÖGBᴬ *m abk (= Österreichischer Gewerkschaftsbund)* Cyngres yr Undebau Llafur yn Awstria.

OGH *m abk (= Oberster Gerichtshof)* Uchel Lys *g*.

oh [oː] *excl* o! *vgl. auch* **o; ~ Gott!** 'r argoel! **~ Schreck!** arswyd y byd!

Oheim [ˈoːhaɪm] (-(e)s, -e) *m (veraltet)* = **Onkel.**

OHG *abk (= offene Handelsgesellschaft) f* partneriaeth *b* gyffredinol.

Ohm [oːm] *nt (ELEKT)* ohm *g*.

ohne [ˈoːnə] *präp* +*akk* heb; **~ Ausnahme** heb eithriad; **~ Frage** yn ddigwestiwn; **~ jeden Zweifel** heb os nac onibai; **~ weiteres** heb feddwl ddwywaith; **das kann man nicht ~ weiteres voraussetzen** ni ellwch gymryd hynny'n ganiataol; *(sofort)* ar unwaith.

♦ *konj* heb; **~ zu fragen** heb ofyn; **~ dass er davon wusste** heb yn wybod iddo.

♦ *adv:* **oben ~** bronnoeth, di-top; **das ist nicht ~** *(ugs)*ᴰ dyw hynny ddim yn ffôl.

ohnedies *adv* beth bynnag, sut bynnag.

ohneeinander [oːnəˈʔaɪˈnandər] *adv* heb ei gilydd.

ohnegleichen *adj* heb ei debyg.

ohnehin *adv* sut bynnag; **es ist ~ schon spät** mae'n ddigon hwyr yn barod.

Ohnmacht [ˈoːnmaxt] (-, *kein pl) f* llewyg *g*, llesmair *g*; *(fig)* anallu *g*, diymadferthedd *g*; **in ~ fallen** llewygu, llesmeirio.

ohnmächtig [ˈoːnmɛçtɪç, ɪk] *adj* mewn llewyg, anymwybodol; *(fig: machtlos)* di-rym, annalluog; **~ werden** llesmeirio; **sie ist ~** mae hi wedi llewygu; **~e Wut** ffyrnigrwydd aruthrol; **einer Sache** *dat* **~ gegenüberstehen** bod yn ddiymadferth yn wyneb rhth.

Ohr [oːr] (-(e)s, -en) *nt* clust *b*; *(Gehör)* clyw *g*; **ein feines ~** clust fain; **sich aufs ~ legen** *(ugs)* cael cyntun; **jdm die ~en lang ziehen** *(fig, ugs)* rhoi stŵr hallt i rn; **jdm in den ~en liegen** plagio rhn; **jdn übers ~ hauen** *(ugs)* twyllo rhn; **auf dem ~ bin ich taub** *(fig)* dwy' ddim am glywed mwy am y peth; **schreib dir das hinter die ~en** *(ugs)* a wnei di wthio hynny i'th ben; **bis über beide ~en verliebt** dros eich pen a'ch clustiau mewn cariad; **viel um die ~en haben** *(ugs)* bod (lan) hyd at eich clustiau;

halt die ~en steif! ymwrola! **die ~en spitzen** clustfeinio, moeli clustiau; **jdm zu ~en kommen** dod i glustiau rhn.

Öhr [ø:r] *nt (Nadel~)* crau *g.*

Ohrenarzt *m* arbenigwr *g* clyw, clustegydd *g.*

ohrenbetäubend *adj* byddarol.

Ohren- *kompos:* **~sausen** *nt (MED)* cloch *b* fach, tinitus *g;* **~schmalz** *nt* cwyr *g* clust; **~schmaus** *m (fig)* gwledd *b* i'r glust; **~schmerzen** *pl* clust *b* dost; **~schützer** *pl* clustgap *g,* mwff *g* clust; **~stechen** *nt* pigyn *g* clust; **~zeuge** *m* tyst *g* (a glywodd rhth).

Ohrfeige (-, -n) *f* bonclust *g,* clusten *b.*

ohrfeigen *vt untrenn* rhoi bonclust i, cernodio; **ich könnte mich ~ diesbezüglich** *(fig)* gallwn gicio fy hun am hynny.

Ohr- *kompos:* **~gehänge** *nt* clustlws *g;* **~läppchen** *nt* llabed *gb* clust; **~marke** *f (bei Tieren)* nod *gb* clust; **~muschel** *f* godre *g*'r glust; **~ring** *m* clustlws *g;* **~wurm** *m (ZOOL)* pryf *g* clustiau, chwilen *b* glust; *(fig: MUS)* cân *b* gofiadwy, alaw *b* fachog.

oja[A] *adv* ond ie.

o.k. *adv* yn iawn; *(einverstanden)* o'r gorau.

okkult [ɔ'kʊlt] *adj* ocwlt.

Okkultismus [ɔkʊl'tɪsmʊs] *m* ocwltiaeth *b.*

okkupieren [ɔku'pi:rən] *vt (besetzen)* meddiannu; *(Raum einnehmen)* llenwi; *(bewohnen)* byw, trigo (mewn).

Öko- ['ø:ko] *in kompos:* eco-, ecolegol; **~laden**[D] *m* siop *b* bwydydd cyflawn.

Ökologe [ø:ko'lo:gə] (-n, -n) *m* ecolegwr *g.*

Ökologie [ø:kolo'gi:] *f* ecoleg *b.*

Ökologin (-, -nen) *f* ecolegwr *g.*

ökologisch [ø:ko'lo:gɪʃ] *adj* ecolegol.

Ökonometrie [ø:konome'tri:] *f* econometreg *b.*

Ökonomie [ø:kono'mi:] *f* economi *gb;* *(als Wissenschaft)* economeg *b.*

ökonomisch [ø:ko'no:mɪʃ] *adj* economaidd, economegol; *(sparsam)* cynnil, diwastraff.

Ökosystem ['ø:kozyste:m] *nt* ecosystem *b.*

Okt. *abk* = **Oktober.**

Oktan [ɔk'ta:n] (-s, -e) *nt (bei Benzin)* octan *g.*

Oktanzahl *f* rhif *g* octan.

Oktave [ɔk'ta:və] (-, -n) *f (MUS)* wythfed *g;* *(REL)* wythnoswyl *b.*

Oktett [ɔk'tɛt] (-(e)s, -e) *nt (MUS)* wythawd *g.*

Oktober [ɔk'to:bər] *m* (mis) Hydref *g;* **im ~** ym mis Hydref; **heute ist der zwanzigste ~** yr ugeinfed o Hydref yw hi heddiw; **diesen ~** y mis Hydref hwn; **Anfang/Mitte ~** ddechrau/ganol mis Hydref.

Oktoberfest[D] *nt* gŵyl gwrw flynyddol ym Munich.

Oktopus ['ɔktopus] *m (ZOOL)* octopws *g.*

ökumenisch [ø:ku'me:nɪʃ] *adj (REL)* eciwmenaidd.

Okzident ['ɔktsidɛnt] *m (HIST)* y Gorllewin *g.*

Öl [ø:l] *nt* olew *g;* *(Schmiermittel)* iraid *g;* **nach ~ bohren** turio am olew; **auf ~ stoßen** taro ar olew, darganfod olew.

Ölbaum *m (BOT)* olewydden *b.*

ölen ['ø:lən] *vt* iro, oelio; *(TECH)* iro, ireidio; **wie ein geölter Blitz** *(ugs)* fel bollt, fel cath i gythraul.

Öl- *kompos:* **~farbe** *f* lliw *g* olew, paent *g* olew; **~feld** *nt* maes *g* olew; **~film** *m* haenen *b* olew; **~fleck** *m* staen *g* olew; **~gemälde** *nt (KUNST)* paentiad *g* olew; **~heizung** *f* gwres *g* canolog (llosgi) olew.

ölig *adj* oeliog, olewaidd.

Oligarchie [oliga:r'çi:] *f (POL)* oligarchiaeth *b.*

Oligopol [oligo'po:l] *nt (COMM)* oligopoli *g.*

Ölindustrie *f* diwydiant *g* olew.

oliv [o'li:f] *adj* = **olivgrün.**

Olive [o'li:və] *f* olif *b.*

Olivenöl *nt* olew *g* olewydd.

olivgrün *adj* gwyrdd olewydd.

Öl- *kompos:* **~kanne** *f* tebot *g* olew; **~lampe** *f* lamp *b* olew.

Olm [ɔlm] (-(e)s, -e) *m (ZOOL)* madfall *b* y dŵr.

Öl- *kompos:* **~messstab** *m (AUTO)* ffon *b* mesur olew; **~pest** *f* llygredd *g* olew; **~plattform** *f* llwyfan *gb* olew; **~quelle** *f* ffynnon *b* olew; **~raffinerie** *f* purfa *b* olew; **~sardine** *f (KOCH)* sardîn *g;* **~scheich** *m* shech *g* olew; **~spur** *f* stribyn *g* olew; **~stand** *m (AUTO)* lefel *b* yr olew, uchder *g* yr olew; **~tanker** *m* tancer *gb* olew; **~teppich** *m* slic *gb* olew.

Ölung *f (TECH)* ireidad *g;* *(REL)* **die Letzte ~** yr eneiniad *g* olaf.

Öl- *kompos:* **~wanne** *f (AUTO)* sỳmp *g;* **~wechsel** *m* newid *g* olew.

Olympiade [olympi'a:də] *f (SPORT)* Gêmau *ll* Olympaidd.

Olympiasieger *m* pencampwr *g* Olympaidd; **~in** *f* pencampwraig *b* Olympaidd.

Olympiateilnehmer(in) *m(f)* cystadleuydd *g* Olympaidd.

olympisch [o'lympɪʃ] *adj* Olympaidd; **die O~en Spiele** Gêmau *ll* Olympaidd.

Ölzeug *nt* dillad *ll* oel, tarpolin *g.*

Oma ['o:ma] *f* (-, -s) *f (ugs)* mam-gu *b,* nain *b.*

Omelett [ɔmə'lɛt] (-(e)s, -s) *nt (KOCH)* omled *gb.*

Omen ['o:mɛn] (-s, - *oder* **Omina**) *nt* argoel *b,* rhagarwydd *gb.*

Omi ['o:mi] *f (Kindersprache)* = **Oma.**

ominös [omi'nø:s] *adj (unheilvoll)* drwgargoelus.

Omnibus ['ɔmnibʊs] *m* bws *g.*

Onanie [ona'ni:] *f* mastyrbiad *g.*

onanieren [ona'ni:rən] *vi* cnuchio llaw.

ÖNB *abk f (= Österreichische Nationalbibliothek)* Llyfrgell *b* Genedlaethol Awstria.

ondulieren [ɔndu'liːrən] *vt* crychu.

Onkel ['ɔŋkəl] (-s, -) *m* ewythr *g*, wncwl *g*.

Onkologie [ɔŋkolo'giː] *f* oncoleg *b*.

Ontologie [ɔntolo'giː] *f* ontoleg *b*.

OÖ *abk* = **Oberösterreich**.

op. *abk* (= *opus*) opws *g*.

OP *m abk* = **Operationssaal**.

Opa ['oːpa] (-s, -s) *m* (*ugs*) tad-cu *g*, taid *g*.

opak [o'paːk] *adj* didraidd; (*fig*) tywyll.

Opal [o'paːl] (-s, -e) *m* (*GEOL*) opal *g*.

Open-Air-Konzert *nt* cyngerdd *gb* awyr agored.

Oper ['oːpər] (-, -n) *f* opera *b*; (*Opernhaus*) tŷ *g* opera.

Operation [operatsi'oːn] (-, -en) *f* (*MED*) llawdriniaeth *b*; (*MIL*, *Aktion*) gweithrediad *g*, ymgyrch *gb*.

Operations- *kompos:* **~besteck** *nt* offer *ll* llawfeddygol; **~saal** *m* theatr *b* lawdriniaeth.

operativ [opera'tiːf] *adv* (*MED*) eine Geschwulst ~ **entfernen** tynnu tyfiant drwy lawdriniaeth.

Operator [ope'raːtor] (-s, -en) *m* (*COMP*) cyfrifiadwr *g*, gweithredwr *g*.

Operette [ope'rɛtə] (-, -n) *f* (*MUS*) opereta *b*.

operieren [ope'riːrən] *vt* (*MED*) llaw-drin; (*MIL*) gweithredu; (*MED*) **sich ~ lassen** cael llawdriniaeth.

Opern- *kompos:* **~arie** *f* cân *b* operatig; **~glas** *nt* gwydrau *ll* theatr; **~haus** *nt* tŷ *g* opera; **~sänger** *m* canwr *g* operatig.

Opfer ['ɔpfər] *nt* (*Unfall~*) dioddefwr *g*, ysglyfaeth *b*; (*Todes~, Mord~*) lladdedig *gb*; (*Ziel von Angriff*) targed *g*; (*REL*) aberth *gb*, offrwm *g*; **ein ~ bringen** (*fig*) gwneud aberth.

Opferbereitschaft *f* parodrwydd *g*.

opfern ['ɔpfərn] *vt* aberthu; (*REL*) offrymu.

Opferstock *m* (*REL*) cyff *g* casglu.

Opferung *f* aberth *gb*; (*Spende*) offrwm *g*, casgliad *g*.

Ophthalmologe [ɔftalmo'loːgə] (-n, -n) *m* offthalmolegydd *g*.

Opium ['oːpium] (-s, *kein pl*) *nt* opiwm *g*.

Opponent [ɔpo'nɛnt] (-en, -en) *m* (*Rivale*) gelyn *g*.

opponieren [ɔpo'niːrən] *vi:* **gegen jdn/etw ~** gwrthwynebu rhn/rhth.

opportun [ɔpɔr'tuːn] *adj* cyfleus, amserol, manteisiol.

Opportunismus [ɔpɔrtu'nɪsmus] *m* manteisiaeth *b*, oportiwnistiaeth *b*.

Opportunist [ɔpɔrtu'nɪst] (-en, -en) *m* manteisiwr *g*, oportiwnydd *g*; **~in** *f* manteiswraig *b*.

Opposition [ɔpozɪtsi'oːn] *f* gwrthwynebiad *g*; (*POL*) gwrthblaid *b*, gwrthwynebwyr *ll*.

oppositionell [ɔpozɪtsio'nɛl] *adj* gwrthwynebol.

Oppositions- *kompos:* **~führer** *m* (*POL*) arweinydd *g* yr

optieren [ɔp'tiːrən] *vi* (*POL*) **~ für etw** dewis rhth.

Optik ['ɔptɪk] *f* opteg *b*.

Optiker(in) *m(f)* optegydd *g*.

optimal [ɔpti'maːl] *adj* gorau oll, gorau posib.

optimieren [ɔpti'miːrən] *vt* optimeiddio.

Optimismus [ɔpti'mɪsmus] *m* optimistiaeth *b*, gobaith *g*.

Optimist [ɔpti'mɪst] (-en, -en) *m* (**~in** *f*) optimist *g*.

optimistisch [ɔpti'mɪstɪʃ] *adj* optimistaidd, gobeithiol.

Option [ɔptsi'oːn] (-, -en) *f* opsiwn *g*.

optisch ['ɔptɪʃ] *adj* optegol, gweledol; **~e Täuschung** twyll *g* llygaid, rhith *g* golygol.

Opus ['oːpus] (-, **Opera**) *nt* opws *g*.

Orakel [o'raːkəl] *nt* oracl *g*.

oral [o'raːl] *adj* (*MED*) geneuol.

orange [o'rã:ʒə] *adj* (*Farbe*) oren.

Orange (-, -n) *f* oren *gb*.

Orangeade [orã'ʒaːdə] *f* diod *b* oren.

Orangeat [orã'ʒaːt] (-s, -e) *nt* croen *g* candi, pil *g* candi.

Orangen- *kompos:* **~marmelade** *f* marmalêd *g*; **~saft** *m* sudd *g* oren; **~schale** *f* pil *g* oren.

Orang-Utan ['oːraŋ'uːtan] (-s, -s) *m* (*ZOOL*) orang-wtan *g*.

Oranierorden [o'raːnieʳ'ɔrdən] *m* Urdd *b* Oren.

Oratorium [ora'toːrium] *nt* (*MUS*) oratorio *b*; (*REL*) betws *g*.

Orbit ['ɔrbɪt] *m* (*ASTRON*) trogylch *g*, cylchdaith *b*.

Orchester [ɔr'kɛstər] *nt* cerddorfa *b*.

Orchester- *in kompos* cerddorfaol; **~fassung** *f* trefniant *g* cerddorfaol.

orchestral [ɔrkɛs'traːl] *adj* cerddorfaol.

Orchidee [ɔrçi'deː] (-, -n) *f* (*BOT*) tegeirian *g*.

Orden ['ɔrdən] (-s, -) *m* (*Gemeinschaft*) urdd *b*; (*MIL*) medal *gb*.

Ordens- *kompos:* **~gemeinschaft** *f* (*REL*) urdd *b* grefyddol; **~schwester** *f* lleian *b*.

ordentlich ['ɔrdəntlɪç] *adj* (*geordnet*) taclus, trefnus; (*anständig*) parchus, gweddus; (*ugs: annehmbar*) ddim yn ffôl; (*tüchtig*) go iawn, rêl; (*Leistung*) boddhaol; **~es Mitglied** aelod *gb* llawn; **~er Professor** (*UNIV*) Athro (sefydlog); **eine ~e Tracht Prügel** curfa *b* go iawn; **~ arbeiten** gweithio'n drylwyr.

Ordentlichkeit *f* trefn *b*, cymhendod *g*.

Order ['ɔrdər] (-, -s *oder* -n) *f* (*COMM: Auftrag*) archeb *b*.

ordern ['ɔrdərn] *vt* (*COMM*) archebu.

Ordinalia [ɔrdi'naːlia] *pl* (*GRAM*) trefnolion *ll*.

Ordinalzahl [ɔrdi'naːltsaːl] *f* (*GRAM*) trefnolyn *g*, rhif *g* trefnol.

ordinär [ɔrdi'nɛ:r] *adj (gewöhnlich)* comon, dichwaeth; *(vulgär)* anweddus, anllad, budr.

Ordinarius [ɔrdi'nɑ:rius] *m (UNIV)* Athro *g* sefydlog.

Ordination [ɔrdinatsi'o:n] *f (REL)* ordeiniad *g*; *(MED)*[A] meddygfa *b*.

ordinieren [ɔrdi'ni:rən] *vt* ordeinio.

ordnen ['ɔrdnən] *vt* trefnu, sortio, cymhennu.

Ordner ['ɔrdnər] (**-s**, **-**) *m* stiward *g*; *(Büro~)* ffeil *b*, ffolder *gb*.

Ordnung *f* trefn *b*, cymhendod *g*; *(Ordnen)* trefnu *g*; *(Reinlichkeit)* taclusrwydd *g*; **~ machen** tacluso; **in ~!** popeth yn iawn! o'r gorau! **in ~ bringen** cymhennu, rhoi trefn ar; **~ schaffen** *oder:* **für ~ sorgen** rhoi pethau mewn trefn; **jdn zur ~ rufen** galw rhn i drefn; **bei ihm muss alles seine ~ haben** *(räumlich)* mae'n rhaid iddo gael popeth yn ei briod le, mae'n rhaid iddo gael trefn ar bopeth; *(zeitlich)* mae'n rhaid iddo wneud popeth mewn trefn; **das Kind braucht seine ~** mae angen trefn ar y plentyn.

Ordnungsamt[D] *nt* ≈ swyddfa *b* clerc y dref.

ordnungsgemäß *adj* yn ôl y rheolau, cyfiawn.

ordnungshalber *adv* fel mater o drefn.

ordnungsliebend *adj* trefnus, manwl.

Ordnungs- *kompos:* **~sinn** *m* taclusrwydd *g*; **~strafe** *f* dirwy *b*.

ordnungswidrig *adj* yn groes i'r rheolau, afreolaidd.

Ordnungswidrigkeit *f (JUR)* trosedd *g*.

Ordnungszahl *f (GRAM)* rhif *g* trefnol, trefnolyn *g*.

Ordonanz [ɔrdo'nants] *f* ordnans *g*, stiward *g*.

Ordonnanz *f* = **Ordonanz**.

Oregano [ore'gɑ:no] (**-**, *kein pl*) *m (KOCH)* oregano *g*.

ORF[A] *m abk* (= Österreichischer Rundfunk) corfforaeth *b* ddarlledu yn Awstria.

Organ [ɔr'gɑ:n] (**-(e)s**, **-e**) *nt (ANAT)* organ *g*; *(ugs: Stimme)* **ein lautes ~ haben** bod yn uchel eich cloch.

Organisation [ɔrganizatsi'o:n] *f* trefniant *g*; *(POL)* cymdeithas *b*; *(COMM)* corff *g*; *(System)* cyfundrefn *b*.

Organisationstalent *nt* dawn *gb* drefnyddol; *(Person)* trefnydd *g* da.

Organisator [ɔrgani'zɑ:tɔr] (**-s**, **-en**) *m* trefnydd *g*, cynullydd *g*; **~in** *f* trefnydd *g*, cynullydd *g*.

organisch [ɔr'gɑ:nɪʃ] *adj (BIOL)* organig.

organisieren [ɔrgani'zi:rən] *vt* trefnu; *(ugs: beschaffen)* cael gafael yn.

Organismus [ɔrga'nɪsmus] (**-**, **Organismen**) *m* organeb *b*, system *b*.

Organist [ɔrga'nɪst] (**-en**, **-en**) *m (MUS)* organydd *g*; **~in** *f* organyddes *b*.

Organspender *m (MED)* rhoddwr *g* organau.

Organspenderkarte *f* cerdyn *g* rhoddwr organau.

Organverpflanzung *f (MED)* trawsblaniad *g* organau.

Orgasmus [ɔr'gasmus] *m* cynhyrfiad *g*, orgasm *g*.

Orgel ['ɔrgəl] (**-**, **-n**) *f (MUS)* organ *b*.

Orgelpfeife *f* pibell *b* organ; **wie die ~n dastehen** *(ugs)* sefyll mewn trefn taldra.

Orgelspieler *m* canwr *g* organ.

Orgie ['ɔrgiə] (**-**, **-n**) *f* gloddest *b*, cyfeddach *gb*.

Orient ['o:rient] (**-s**) *m (HIST)* y Dwyrain *g*; **der Vordere ~** y Dwyrain Canol.

Orientale [o:riɛn'tɑ:lə] (**-n**, **-n**) *m* dyn *g* o'r Dwyrain.

Orientalin [o:riɛn'tɑ:lɪn] (**-**, **-nen**) *f* merch *b* o'r Dwyrain.

orientalisch [o:riɛn'tɑ:lɪʃ] *adj* dwyreiniol, o'r Dwyrain.

orientieren [o:rien'ti:rən] *vr* ymgyfeirio; *(fig)* holi am rth, cael gwybod am rth.
 ♦ *vt (ausrichten)* lleoli, cyfeirio tuag at.

Orientierung *f* cyfeiriad *g*; **die ~ verlieren** colli'r ffordd.

orientierungslos *adj* ffwndrus.

Orientierungssinn *m* synnwyr *g* cyfeiriad.

Origano [o:ri'gɑ:no] *m* = **Oregano**.

original [origi'nɑ:l] *adj* gwreiddiol, cysefin.

Original (**-s**, **-e**) *nt* gwreiddiol *g*; *(fig: Person)* cymeriad *g*, deryn *g*.

Original- *kompos:* **~ausgabe** *f* argraffiad *g* gwreiddiol; **~diskette** *f (COMP)* prif ddisg *gb*; **~fassung** *f* fersiwn *gb* wreiddiol.

Originalität [originali'tɛ:t] *f* gwreiddioldeb *g*.

originär [origi'nɛ:r] *adj (neuartig)* gwreiddiol, dechreuol.

originell [origi'nɛl] *adj (witzig)* doniol, digrif; *(einzigartig)* gwreiddiol.

Orkaden [ɔr'kɑ:dən] *pl (GEOG)* = **Orkneyinseln**.

Orkan [ɔr'kɑ:n] *m* corwynt *g*, gyrwynt *g*.

orkanartig *adj (Wind)* fel corwynt; *(Beifall)* byddarol.

Orkneyinseln ['ɔ:knɪ'ɪnzəln] *pl (GEOG)* Ynysoedd *ll* Erch.

Ornament [ɔrna'mɛnt] *nt* addurn *g*, addurnwaith *g*.

ornamental [ɔrnamen'tɑ:l] *adj* addurniadol.

Ornithologe [ɔrnito'lo:gə] (**-n**, **-n**) *m* adaregydd *g*.

Ornithologie [ɔrnitolo'gi:] *f* adareg *b*.

Ornithologin [ɔrnito'lo:gɪn] *f* adaregydd *g*.

Ort[1] [ɔrt] (**-(e)s**, **-e**) *m* lle *g*, llecyn *g*, cyfer *g*; *(Dorf)* pentref *g*; **an ~ und Stelle** yn y fan a'r lle; **von ~ zu ~** o le i le; **~ der Handlung** *(THEAT)* mangre'r symud; **stiller ~** tŷ *g* bach; **das ist höheren ~(e)s entschieden worden** *(ugs)* daeth y penderfyniad oddi uchod.

Ort[2] (**-(e)s**, **¨-er**) *nt (BERGB)* **vor ~** wrth y talcen (glo);

(fig) yn y fan a'r lle.

Örtchen ['œrtçən] *nt:* **stilles ~** *(ugs)* tŷ *g* bach, lle *g* chwech.

orten ['ɔrtən] *vt* lleoli.

orthodox [ɔrto'dɔks] *adj (REL, POL)* uniongred.

Orthografie [ɔrtogra'fi:] *f* orgraff *b*.

orthografisch [ɔrto'grɑ:fɪʃ] *adj* orgraffyddol, orthograffig.

Orthographie *f* = **Orthografie**.

orthographisch *adj* = **orthografisch**.

Orthopäde [ɔrto'pɛ:də] (-n, -n) *m (MED)* arbenigwr *g* orthopedig, orthopedydd *g*.

Orthopädie [ɔrtopɛ'di:] *f* orthopedeg *b*.

orthopädisch [ɔrto'pɛ:dɪʃ] *adj* orthopedig.

örtlich ['œrtlɪç] *adj* lleol; **jdn ~ betäuben** *(MED)* rhoi anesthetig lleol i rn.

Örtlichkeit *f* ardal *b*, cymdogaeth *b*; **sich mit den ~en vertraut machen** dod i adnabod lle.

ortsansässig *adj* (yn byw yn) lleol, brodorol.

Ortschaft *f* pentref *g*; **geschlossene ~** ardal *b* adeiledig.

ortsfremd *adj* dieithr.

Orts- *kompos:* **~fremde** *m/f* dieithryn *g*; **~gespräch** *nt* *(Tratsch)* straeon *ll*; *(TEL)* galwad *gb* ffôn leol; **~gruppe** *f (POL)* cangen *b* leol.

Ortskenntnis *f:* **gute ~se haben** adnabod lle'n dda.

Ortskrankenkasse[D] *f:* **Allgemeine ~** cynllun yswiriant meddygol gorfodol.

ortskundig *adj* yn gyfarwydd â lle.

Ortsname *m* enw *g* lle.

Orts- *kompos:* **~netz** *nt (TEL)* rhwydwaith *g* lleol; **~tarif** *m (TEL)* pris *g* galwad leol.

ortsüblich *adj* arferol.

Orts- *kompos:* **~zeit** *f* amser *g* lleol; **~zulage**[A], **~zuschlag**[D] *m* lwfans *g* lleol.

Ortung *f* lleoliad *g*.

öS *abk* (= *österreichischer Schilling*) schilling *g*, arian *g* Awstria.

Öse [ø:zə] (-, -n) *f* dolen *b*, llygaden *b*; *(an Kleidung)* dolen grog; **Haken und ~** bach a dolen.

Osmane [ɔs'mɑ:nə] (-n, -n) *m (HIST)* Otoman *g*.

osmanisch [ɔs'mɑ:nɪʃ] *adj* Otomanaidd.

Osmose [ɔs'mo:zə] *f (CHEM, BIOL)* osmosis *g*.

osmotisch [ɔs'mo:tɪʃ] *adj* osmotig.

Ossi ['ɔsi] (-s, -s) *m (ugs)* rhn o Ddwyrain yr Almaen.

Ost [ɔst] *indekl* dwyrain.

öst. *abk* = **österreichisch**.

Ost- *in kompos* o'r dwyrain; **~afrika** *nt (GEOG)* Affrica *b*'r Dwyrain; **~asien** *nt* Asia *b*'r Dwyrain; **~berlin** *nt* dwyrain *g* Berlin.

ostdeutsch *adj* o Ddwyrain yr Almaen.

Ostdeutsche *m/f* rhn o Ddwyrain yr Almaen.

Ostdeutschland *nt (GEOG)* yr Almaen *b* ddwyreiniol; *(POL, HIST)* Dwyrain *g* yr Almaen, Gweriniaeth Ddemocrataidd yr Almaen.

Osten (-s, *kein pl*) *m* dwyrain *g*; **der Ferne ~** *(GEOG)* y Dwyrain Pell; **der Mittlere ~** *(GEOG)* y Dwyrain Canol; **der Nahe ~** *(GEOG)* y Dwyrain Canol.

ostentativ [ɔstɛnta'ti:f] *adj* rhodresgar.

Oster- ['o:stər] *kompos:* **~ei** *nt* wy *g* Pasg; **~ferien** *pl (SCH)* gwyliau *ll*'r Pasg; **~fest** *nt* y Pasg *g*; **~glocke**[D] *f (BOT)* cenhinen *b* Bedr, daffodil *g*; **~hase** *m* cwningen neu sgwarnog sy'n dod ag wyau Pasg i'r plant; **~insel** *f (GEOG)* Ynys *b* y Pasg; **~lamm** *nt* oen *g* Pasg; **~montag** *m* (dydd) Llun *g* y Pasg.

Ostern ['o:stərn] (-s, -) *nt* y Pasg *g*; **frohe ~!** Pasg dedwydd! **zu ~** adeg y Pasg.

österr. *abk* = **österreichisch**.

Österreich ['ø:stəraɪç] (-s) *nt (GEOG)* Awstria *b*.

Österreicher(in) *m(f)* Awstriad *g*.

österreichisch *adj* Awstriaidd.

Oster- *kompos:* **~sonntag** *m* Sul *g* y Pasg; **~woche** *f* Wythnos *b* y Pasg.

Osteuropa *nt* Dwyrain *g* Ewrop.

osteuropäisch *adj* o Ddwyrain Ewrop.

Ostküste *f* yr arfordir *g* dwyreiniol; *(GEOG: Amerika)* arfordir y Dwyrain.

östlich ['œstlɪç] *adj* dwyreiniol.

Östrogen [œstro'ge:n] *nt (BIOL)* estrogen *g*.

Ostsee *f (GEOG)* Môr *g* Llychlyn, y Môr Baltig.

ostwärts *adv* tua'r Dwyrain.

Ostwind *m* gwynt *g* o'r dwyrain, dwyreinwynt *g*.

Oszillation [ɔstsilatsi'o:n] (-, -en) *f (PHYS)* osgiliad *g*, sigl *g*.

oszillieren [ɔstsi'li:rən] *vi (PHYS)* osgiladu, pendilio, siglo.

Otter[1] ['ɔtər] (-s, -) *m (ZOOL)* dyfrgi *g*.

Otter[2] (-, -n) *f (ZOOL)* neidr *b*, gwiber *b*.

Otto ['ɔto] *m:* **~ Normalverbraucher** *(ugs)* y dyn *g* cyffredin.

Output *m (COMP)* allbwn *g*.

Ouvertüre [u:vɛr'ty:rə] (-, -n) *f (MUS)* agorawd *b*, rhagarweiniad *g*.

oval [o'vɑ:l] *adj* hirgrwn.

Ovation [ovatsi'o:n] (-, -en) *f* cymeradwyaeth *b*.

Overall ['ouvərɔ:l] (-s, -s) *m* troswisg *b*, oferôl *gb*.

Overhead- *kompos:* **~folie** *f* tryloywder *g*, tryloywlun *g*; **~projektor** *m* taflunydd *g*.

Ovulation [ovulatsi'o:n] *f* ofyliad *g*, bwrw *g* wy.

Oxid [ɔ'ksi:t] (-(e)s, -e) *nt (CHEM)* ocsid *g*.

oxidieren [ɔksi'di:rən] *vi (+sein) (CHEM)* ocsidio.

Oxidierung *f* ocsidiad *g*.

Oxyd [ɔ'ksy:t] *nt* = **Oxid**.

oxydieren [ɔksyˈdiːrən] *vt, vi* = **oxidieren**.

Oxydierung *f* = **Oxidierung**.

Ozean [ˈoːtseaːn] (-(e)**s**, -**e**) *m (GEOG)* môr *g*, cefnfor *g*.

Ozeandampfer *m* llong *b* fawr gefnforol.

Ozeanien [otseˈaːniən] *nt (GEOG)* Ynysoedd *ll* y De.

ozeanisch [otseˈaːnɪʃ] *adj* cefnforol.

Ozeanographie [otseanograˈfiː] *f* eigioneg *b*.

Ozelot [ˈoːtsəlot] (-**s**, -**e**) *nt (ZOOL)* oselot *g*.

Ozon [oˈtsoːn] (-**s**, *kein pl*) *nt* osôn *g*.

Ozon- *kompos:* ~**loch** *nt* twll *g* osôn; ~**schicht** *f* haen *b* osôn.

P

P, p [pe:] *nt* P, p *b*; ~ **wie Paula** P am Paula.

P. *abk* = Pastor; = Pater.

paar [pɑːr] *adj indekl:* **ein ~** rhai, ambell, nifer o; **ein ~ Worte** rhyw air neu ddau.

Paar (-(e)s, -e) *nt* pâr *g*; *(Ehe~)* pâr priod, cwpwl *g*, deuddyn *g*.

paaren ['pɑːrən] *vr (Tiere)* paru, cyplu.

Paar- *kompos:* **~hufer** *m (ZOOL)* anifail *g* fforchdroed; **~lauf** *m (SPORT)* sglefrio *g* mewn parau.

paarmal *adv:* **ein ~** ambell waith.

Paarung *f* paru *g*, cyplu *g*; *(SPORT)* trefn *b*.

paarweise *adv* mewn parau.

Pacht [paxt] (-, -en) *f* prydles *b*, tenantiaeth *b*.

pachten ['paxtən] *vt* prydlesu, rhentu; **hast du das Sofa für dich gepachtet?** *(ugs)* wyt ti wedi bachu'r soffa i ti dy hun?

Pächter ['pɛçtər] *m* (~**in** *f*) deiliad *g*, prydleswr *g*, tenant *g*.

Pachtvertrag *m* prydles *b*, les *b*.

Pack¹ [pak] (-(e)s, -e *oder* ⸚e) *m (Packen)* pecyn *g*, bwndel *g*, swp *g*; *(Spielkarten)* set *b*.

Pack² (-s, *kein pl*) *nt (Wolfs~)* cnud *g*, haid *b*; *(pej: Pöbel)* torf *b*, haid.

Päckchen ['pɛkçən] (-s, -) *nt* pecyn *g*; *(Zigaretten~)* pecyn, paced *g*; *(Post~)* parsel *g* bach.

Packeis *nt (GEOG)* pacfa *b* iâ.

packen ['pakən] *vt (Koffer)* pacio; *(fassen)* ymafael yn, cydio yn; *(ugs: schaffen)* ymdopi â, cyflawni; **seine Siebensachen ~** hel eich pac; **den Stier bei den Hörnern ~** *(fig)* gafael yng nghyrn yr aradr; **~ wir's!** *(ugs)* awn ati!

Packen (-s, -) *m* sypyn *g*, pac *g*, wad *b*; *(fig: Menge)* tomen *b* o, pentwr *g* o.

Packer (-s, -) *m* paciwr *g*.

Packerl[A] *nt* = Päckchen.

Pack- *kompos:* **~esel** *m (auch fig)* ceffyl *g* pwn; **~papier** *nt* papur *g* llwyd, papur lapio; **~pferd** *nt* ceffyl *g* pwn.

Packung (-, -en) *f* pecyn *g*; *(Pralinenpackung)* blwch *g*; *(MED)* clwt *g* gwasgu.

Packzettel *m (COMM)* nodyn *g* pacio.

Pädagoge [pɛda'goːgə] (-n, -n) *m* addysgwr *g*.

Pädagogik [pɛda'goːgɪk] *f* theori *g* addysg.

Pädagogin [pɛda'goːgɪn] (-, -nen) *f* addysgwraig *b*.

pädagogisch [pɛda'goːgɪʃ] *adj* addysgol, pedagogaidd; **~e Hochschule** athrofa *b*.

Pädak[A] *abk f (= pädagogische Akademie)* athrofa *b*.

Paddel ['padəl] *nt* padl *gb*, rhodl *gb*.

Paddelboot *nt* canŵ *g*, cwch *g* padlo.

paddeln ['padəln] *vi (+sein oder haben)* rhwyfo, padlo.

pädophil [pɛdo'fiːl] *adj* pedoffil.

Pädophilie [pɛdofiˈliː] *f* pedoffilia *g*.

paffen ['pafən] *vt, vi (ugs)* pwffian, smygu.

Page ['paːʒə] (-n, -n) *m* gwas *g*, macwy *g*.

Pagen- *kompos:* **~käppi** *nt* het *b* gron; **~kopf** *m*, **~schnitt** *m (Frisur)* gwallt *g* macwy.

paginieren [pagiˈniːrən] *vt* tudalennu.

Paginierung *f* tudaleniad *g*.

Pagode [pa'goːdə] (-, -n) *f (REL)* pagoda *gb*.

pah [pɑ:] *interj* wfft! twt!

Paillette [par'jɛtə] (-, -n) *f (TEX)* secwin *g*.

Paket [pa'keːt] (-(e)s, -e) *nt* pecyn *g*, sypyn *g*; *(Post~)* parsel *g*.

Paket- *kompos:* **~annahme** *f* swyddfa *b* barseli; **~ausgabe** *f* swyddfa barseli; **~karte**[D] *f* nodyn *g* anfon; **~post** *f* post *g* parseli; **~schalter** *m* desg *b* barseli, swyddfa *b* parseli.

Pakt [pakt] (-(e)s, -e) *m* cytundeb *g*.

Palais [pa'lɛ:] (-, -) *nt* plas *g*.

Paläographie [palɛograˈfi:] *f* palaeograffeg *b*.

Paläolithikum [palɛoˈliːtɪkʊm] *nt* palaeolithig *g*.

paläolithisch [palɛoˈliːtɪʃ] *adj* palaeolithig.

Paläontologie [palɛɔntoloˈgiː] *f* palaeontoleg *b*.

Palast [pa'last] (-(e)s, ⸚e) *m* plas *g*, palas *g*.

Palästina [palɛˈstiːna] (-s) *nt (GEOG)* Palestina *b*.

Palästinenser [palɛstiˈnɛnzər] *m* (~**in** *f*) Palestiniad *g*.

palästinensisch [palɛstiˈnɛnzɪʃ] *adj* Palestinaidd.

Palatschinke[A] *f (KOCH)* crempog *b*, ffroesen *b*, pancosen *b*.

Palaver [pa'lɑːvər] *nt* truth *g*, lol *b*.

palavern [pa'lɑːvərn] *vi* parablu, paldaruo.

Palette [pa'lɛtə] (-, -n) *f (KUNST)* palet *g*; *(fig: Auswahl)* amrediad *g*; *(Lade~)* paled *g*.

Palme ['palmə] (-, -n) *f (BOT)* palmwydden *b*; **jdn auf die ~ bringen** *(ugs)* gwylltio rhn.

Palmkätzchen *nt (BOT)* gŵydd *b* fach, cyw *g* gŵydd.

Palmsonntag *m* dydd Sul *g* y Blodau.

Pampas ['pampas] *f (GEOG)* paith *g*.

Pampelmuse[D] ['pampəlmuːzə] (-, -n) *f* grawnffrwyth *g*.

pampig[D] ['pampɪç, -ɪk] *adj (ugs: frech)* hyf, eofn.

Panamakanal ['panamakanɑːl] *m (GEOG)* camlas *b* Panama.

Panflöte ['pɑːnfløːtə] *f (MUS)* pibau *ll* Pan.

panieren [pa'ni:rən] *vt (KOCH)* taenu briwsion ar.

Paniermehl^D [pa'ni:rme:l] *nt* briwsion *ll* bara.

Panik ['pa:nɪk] *f* panig *g*, dychryn *g*, braw *g*; **nur keine ~!** peidiwch â chynhyrfu; **die ~ kriegen** *(ugs)* panico; **in ~ ausbrechen** panico, mynd i banic.

Panik- *kompos:* **~käufe** *pl* prynu *g* (nwyddau) mewn panic; **~mache**^D *f (ugs)* codi *g* arswyd.

panisch ['pa:nɪʃ] *adj* llawn braw, ofnus.

Pankreas ['paŋkreas] *nt (ANAT)* pancreas *g*.

Panne ['panə] (-, -n) *f (AUTO usw)* pall *g*; *(Missgeschick)* camgymeriad *g*, llithriad *g*; **eine ~ haben** pallu, torri lawr; **uns ist eine ~ passiert** *(fig)* rydym wedi cymryd cam gwag.

Pannen- *kompos:* **~dienst** *m*, **~hilfe** *f* gwasanaeth i geir sydd wedi torri i lawr (AA, RAC *ayb*); **~streifen** *m (auf Autobahn)* llain *b* galed.

Panorama [pano'ra:ma] (-s, **Panoramen**) *nt* golygfa *b*, panorama *gb*.

panschen ['panʃən] *vt* teneuo, glastwreiddio.

♦ *vi (ugs:*^D *planschen)* sblasio, tasgu/lluchio dŵr.

Panter ['pantər] *m (ZOOL)* panther *g*.

Panther *m* = **Panter**.

Pantoffel^D [pan'tɔfəl] (-s, -n) *m* sliper *b*; **unter dem ~ stehen** *(fig)* bod dan y fawd.

Pantoffelheld *m* gŵr sydd dan y fawd.

Pantomime [panto'mi:mə] *f (THEAT)* meim *gb*, pantomeim *g*.

Panzer ['pantsər] (-s, -) *m (HIST)* arfogaeth *b*; *(ZOOL)* cragen *b*; *(Platte)* plât *g* dur, durblat *g*; *(MIL)* tanc *g*.

Panzer- *kompos:* **~faust** *f (MIL)* baswca *g*; **~glas** *nt* gwydr *g* atal bwledi.

panzern ['pantsərn] *vt (Fahrzeug usw)* durblatio, gorchuddio â durblat.

♦ *vr* arfwisgo; *(fig)* ymarfogi.

Panzerschrank (-(e)s, ¨-e) *m* coffor *g* cryf.

Panzerung *f* durblat *g*.

Panzerwagen *m* cerbyd *g* arfog, car *g* durblat.

Papa ['papa, pa'pa:] *m (ugs)* tad *g*, dad *g*, dadi *g*.

Papagei [papa'gaɪ] (-s, -en) *m (ZOOL)* parot *g*.

Papageientaucher *m (ZOOL)* pâl *g*.

Paperback *nt (Taschenbuch)* llyfr *g* clawr meddal.

Papi^D ['papi] *m (Kindersprache)* tada *g*, dadi *g*.

Papier [pa'pi:r] (-s, -e) *nt* papur *g*; *(FIN: Wert~)* cyfranddaliad *g*; **~e** *pl* papurau *ll* adnabod; *(Urkunden)* dogfennau *ll*; **seine ~ bekommen** *(entlassen werden)* cael eich cardiau.

Papier- *kompos:* **~bild** *nt (FOTO)* print *g*; **~fabrik** *f* melin *b* bapur; **~geld** *nt* arian *g* papur; **~handtuch** *nt* tywel *g* papur; **~korb** *m* basged *b* sbwriel; **~kram** *m (ugs)* papurach *ll*; **~krieg** *m* biwrocratiaeth *b*, incil *g* coch; **~maché** *nt* mwydion *ll* papur; **~schnipsel** *m* pwt *g* o bapur; **~taschentuch** *nt* hances *b* bapur;

~teller *m* plât *g* papur; **~tüte**^D *f* bag *g* papur; **~vorschub** *m (Drucker)* symudydd *g* papur.

Pappbecher^D *m* cwpan *gb* papur.

Pappdeckel^D (-, -n) *m* = **Pappendeckel**.

Pappe ['papə] *f* cardbord *g*; **das ist nicht von ~** *(ugs)*^D mae hynny'n dipyn o beth.

Pappel ['papəl] (-, -n) *f (BOT)* poplysen *b*.

pappen ['papən] *vt, vi (ugs)* sticio.

Pappendeckel *m* cardbord *g*.

Pappendeckelschachtel *f* bocs *g* cardbord.

Pappenheimer ['papənhaɪmər] *pl:* **ich kenne meine ~** *(ugs)* rwy'n nabod y bobl 'na ond yn rhy dda.

Pappenstiel ['papənʃti:l] *m (ugs)* **keinen ~ wert sein** bod yn ddiwerth; **für einen ~ bekommen** prynu am geiniog a dimai.

pappig ['papɪç, -ɪk] *adj* gludiog.

Pappkarton^D *m* bocs *g* cardbord.

Pappmaché *nt* = **Pappmaschee**.

Pappmaschee [papma'ʃe:] (-s, -s) *nt* mwydion *ll* papur.

Pappteller^D *m* plât *g* papur.

Paprika ['paprika] *m (Gewürz)* paprica *g*; *(Gemüse)* pupur *g*; **grüner ~** pupur gwyrdd.

Paprikaschote *f* pupryn *g*.

Papst [pa:pst] (-(e)s, ¨-e) *m (REL)* pab *g*.

päpstlich ['pɛpstlɪç] *adj* pabaidd; **~er als der Papst sein** *(fig)* bod yn fwy o Babydd na'r Pab, bod yn eithafol.

Papsttum *nt* pabaeth *b*.

Papyrus [pa'py:rus] *m* papurfrwyn *ll*.

Parabel [pa'ra:bəl] (-, -n) *f (LIT)* dameg *b*; *(MATH)* parabola *g*.

Parabolantenne [para'bo:l'antɛnə] *f (TV)* dysgl *b* loeren.

Parade [pa'ra:də] *f (MIL)* gorymdaith *b*, parêd *g*; *(von Torwart)* ataliad *g*, pario *g*.

Parade- *kompos:* **~beispiel** *nt* esiampl *b* glasurol.

Paradeiser^A *m* tomato *g*.

Paradeis- *kompos:* **~salat**^A *m* salad *g* tomato; **~sauce**^A *f*, **~soße**^A *f* saws *g* tomato; **~suppe**^A *f* cawl *g* tomato.

Parade- *kompos:* **~marsch** *m* gorymdaith *b*; **~schritt** *m* cam *g* gŵydd.

Paradies [para'di:s] *nt* paradwys *b*; *(fig)* nefoedd *b*.

paradiesisch [para'di:zɪʃ] *adj* paradwysaidd, nefolaidd, gwynfydedig.

Paradiesvogel *m (ZOOL)* aderyn *g* paradwys.

paradox [para'dɔks] *adj* paradocsaidd.

Paradox^D *nt vgl.* **Paradoxon**.

Paradoxon [pa'radɔksɔn] (-s, **Paradoxa**) *nt* paradocs *g*, gwrthfynegiad *g*.

Paraffinöl [para'fi:n'ø:l] *nt* olew *g* paraffin.

Paragraf [para'gra:f] (-en, -en) *m* paragraff *g*; *(JUR)* adran *b*.

Paragrafenreiter *m (ugs)* pedant *g*.

Paragraph *m* = Paragraf.

Paragraphenreiter *m* = Paragrafenreiter.

parallel [para'le:l] *adj* cyfochrog, cyflinellol; *(ähnlich)* tebyg, cyffelyb; *(ELEKT)* paralel; **~er Anschluss** *(COMP)* porth *g* paralel.

Parallele [para'le:lə] (-, -n) *f (MATH)* cyflin *b*, paralel *g*; *(fig)* rhth tebyg, rhth cyffelyb.

Parallelogramm [paralelo'gram] (-s, -e) *nt (MATH)* paralelogram *g*.

Paralyse [para'ly:zə] *f* parlys *g*.

paralysieren [paraly'zi:rən] *vt* parlysu.

paralysiert *adj* parlysedig.

Parameter [pa'ra:metər] (-s, -) *m* paramedr *g*.

paramilitärisch [paramili'tɛ:rɪʃ] *adj* lledfilwrol.

Paranuss ['pa:ranʊs] (-es, ¨-e) *f* cneuen *b* Brasil.

Paraphe [pa'rafə] *f (geh)* llofnod *g*.

paraphieren [para'fi:rən] *vt (geh: Vertrag)* llofnodi.

Parasit [para'zi:t] (-en, -en) *m (auch fig)* arfilyn *g*, fermin *ll*, parasit *g*.

parat [pa'ra:t] *adj* parod.

Paravent [para'vã:] *m* canolfur *g*, sgrin *b*.

Pärchen ['pɛ:rçən] (-s, -) *nt* pâr *g*.

Parcours [par'ku:r] (-, -) *m (SPORT)* neidio *g* ceffylau; *(Arena)* maes *g* neidio ceffylau.

Pardelkatze ['pa:rdəlkatsə] (-, -n) *f (veraltet)* llewpard *g*.

Pardon [par'dō:] (-s, *kein pl*) *m* pardwn *g*, maddeuant *g*; **keinen ~ kennen** *(fig)* bod yn ddidrugaredd.

Parfum [par'fœ̃] *nt* = **Parfüm**.

Parfüm [par'fy:m] (-s, -s *oder* -e) *nt* persawr *g*, perarogl *g*.

Parfümerie [parfymə'ri:] *f* siop *b* bersawr.

parfümieren [parfy'mi:rən] *vt* persawru, perarogli, pereiddio.

Pari [pa:ri] (- *oder* -s, *kein pl*) *m (FIN)* llawnwerth *g*, gwerth *g* par.

pari *adv*: **al ~** am y llawnwerth; *(ugs)* **wir sind ~** rydym yn sgwâr.

parieren [pa'ri:rən] *vt (SPORT)* atal; *(Fechten)* pario; *(Frage)* ateb yn ôl i.

♦ *vi (ug: gehorchen)* ufuddhau.

Parikurs *m (FIN)* paredd *g*.

Pariser [pa'ri:zər] (-s, -) *m* Parisiad *g*; *(Kondom)* condom *g*.

♦ *adj* Parisaidd, o Baris.

Pariserin [pa'ri:zərɪn] (-, -nen) *f* Parisiad *g*.

Parität [pari'tɛ:t] *f* cydraddoldeb *g*; *(MATH, COMP)* paredd *g*.

paritätisch [pari'tɛ:tɪʃ] *adj* cydraddol; **~e Mitbestimmung** cynrychiolaeth *b* gydraddol; **die**

P~e Kommission[A] *(POL)* cynulliad gwirfoddol o gynrychiolwyr y llywodraeth, y cyflogwyr a'r gweithwyr sy'n trafod prisiau a chyflogau.

Pariwert *m (FIN)* paredd *g*.

Park [park] (-s, -s) *m* parc *g*.

Parka ['parka] (-(s), -s) *m (TEX)* parca *g*.

Park- *kompos*: **~anlage** *f* parc *g*; *(Schlosspark)* gerddi *ll*; **~bucht** *f* cilfach *b* barcio.

parken ['parkən] *vt, vi (AUTO)* parcio; **P~ verboten!** dim parcio!

Parkett [par'kɛt] (-(e)s, -e) *nt (Fußboden)* llawr *g* pren; *(Tanz~)* llawr; *(THEAT)* seddau *ll* blaen.

Park- *kompos*: **~haus** *nt* adeilad *g* parcio aml-loriog; **~landschaft** *f* parcdir *g*; **~lücke** *f* lle *g* i barcio, gofod *g* parcio; **~platz** *m* maes *g* parcio; *(einzelner)* lle *g* parcio; **~scheibe** *f* disg *g* parcio; **~schein** *m* tocyn *g* parcio; **~uhr** *f* cloc *g* parcio; **~verbot** *g* llinell *b* felen, dim parcio.

Parlament [parla'mɛnt] *nt* senedd *b*; **das Europäische ~** Senedd Ewrop.

Parlamentarier [parlamɛn'ta:riər] *m (~in f)* Aelod *g* Seneddol.

parlamentarisch [parlamɛn'ta:rɪʃ] *adj* seneddol.

Parlaments- *kompos*: **~ausschuss** *m* pwyllgor *g* seneddol; **~beschluss** *m* penderfyniad *g* gan y senedd; **~debatte** *f* dadl *b* yn y senedd; **~ferien** *pl* gwyliau *ll* seneddol; **~mitglied** *nt* Aelod *g* Seneddol; **~sitzung** *f* eisteddiad *g* seneddol; **~wahlen** *pl* etholiad *g* cyffredinol.

parochial [paroxi'a:l] *adj* plwyfol.

Parodie [paro'di:] *f* parodi *g*.

parodieren [paro'di:rən] *vt* parodïo.

Parodontose [parodɔn'to:zə] *f (MED)* clefyd *g* y deintgig.

Parole [pa'ro:lə] (-, -n) *f (Kennwort)* cyfrinair *g*; *(Leitspruch)* arwyddair *g*.

Parte[A] *f* hysbysiad *g* marwolaeth.

Partei [par'taɪ] (-, -en) *f* plaid *b*; *(JUR: Klient)* parti *g*; *(in Mietshaus)* tenant *g*; **~ für jdn ergreifen** ochri â rhn, achub cam rhn.

Partei- *kompos*: **~abgeordnete** *m/f* meinciwr *g*; **~buch** *nt* llyfr *g* aelodaeth plaid; **~führung** *f* arweinwyr *ll* plaid; **~genosse** *m* cymrawd *g*.

parteiisch *adj* partïol, unochrog, rhagfarnllyd.

parteilich *adj* pleidiol.

Parteilinie *f* polisi *g* plaid.

parteilos *adj* amhartïol, amhleidgar.

Partei- *kompos*: **~mitglied** *nt* aelod *g* o blaid; **~nahme** *f* pleidgarwch *g*.

parteipolitisch *adj* pleidwleidyddol.

Partei- *kompos*: **~programm** *nt* maniffesto *g*, datganiad *g*; **~tag** *m* cynhadledd *b* plaid;

~vorsitzende *m/f* cadeirydd *g* plaid.

Parterre [par'tɛr] (**-s, -s**) *nt* llawr *g* isaf; *(THEAT)* seddau *ll* blaen.

Partie [par'ti:] (**-, -n**) *f* rhan *b*, darn *g*; *(Spiel)* gêm *b*; *(COMM)* nwyddau *ll* sydd ar ôl; **mit von der ~ sein** cymryd rhan, bod yn bresennol; *(ugs: Ehepartner)* **sie ist eine gute ~** mae hi'n werth ei bachu.

partiell [partsi'ɛl] *adj* rhannol; **~e Immersion** *(SCH)* trochiad *g* rhannol.

Partikel[1] [par'ti:kəl] (**-, -n**) *f* *(GRAM)* geiryn *g*.

Partikel[2] (**-s, -**) *nt* mymryn *g*; *(PHYS)* gronyn *g*.

Partisan [parti'za:n] (**-s** *oder* **-en, -en**) *m* (**~in** *f*) herwfilwr(aig) *g(b)*, partisan *g*.

Partitur [parti'tu:r] *f* *(MUS)* sgôr *b*.

Partizip [parti'tsi:p] (**-s, -ien**) *nt* *(GRAM)* rhangymeriad *g*.

partizipieren [partitsi'pi:rən] *vi* cyfranogi.

Partner ['partnər] (**-s, -**) *m* partner *g*; *(Gefährte)* cymar *g*; **~in** *f* partneres *b*; *(Gefährtin)* cymhares *b*.

Partnerschaft *f* partneriaeth *b*; *(Beziehung)* perthynas *b*.

partnerschaftlich *adj* fel partneriaid.

Partnerstadt *f* gefeilldref *b*.

partout [par'tu:] *adv:* **er will ~ ins Kino** mae'n mynnu mynd i'r sinema.

Party ['pɑ:rti] (**-, -s** *oder* **Parties**) *f* parti *g*; **eine ~ geben/schmeißen** rhoi parti.

Partytiger *m* *(ugs)* cwmnïwr *g*.

Parzelle [par'tsɛlə] (**-, -n**) *f* rhandir *g*, llain *b* o tir.

Pascha ['paʃa] (**-s, -s**) *m* gwron *g*; **wie ein ~ leben** byw fel gŵr bonheddig.

Pass [pas] (**-es, ̈-e**) *m* *(Reise~)* pasbort *g*, trwydded *b* deithio; *(Gebirgs~)* bwlch *g*; *(SPORT)* pàs *b*.

passabel [pa'sɑ:bəl] *adj* gweddol, derbyniol, go lew, symol.

Passage [pa'sɑ:ʒə] (**-, -n**) *f* tramwyfa *b*, rhodfa *b*, ale *b*; *(Einkaufs~)* arcêd *b*; *(NAUT)* tramwyfa; *(Text)* darn *g*; *(MUS)* cyfres *b* o nodau cyflym.

Passagier [pasa'ʒi:r] (**-s, -e**) *m* teithiwr *g*, teithwraig *b*.

Passagier- *kompos:* **~flugzeug** *nt* awyren *b* deithwyr; **~schiff** *nt* llong *b* deithio, leiner *b*.

Passah(fest) ['pasa(fɛst)] *nt* *(REL)* Gŵyl *b* y Bara Croyw.

Passamt ['pas'amt] *nt* swyddfa *b* basport.

Passant [pa'sant] (**-en, en**) *m* (**~in** *f*) rhn sy'n mynd heibio, cerddwr *g*.

Passat [pa'sɑ:t] *m* *(MET)* gwynt *g* masnachol.

Passbild *nt* llun *g* pasbort.

passé [pa'se:] *adj* allan o ffasiwn.

passee *adj* = **passé**.

passen ['pasən] *vi* ffitio, siwtio; *(Farbe)* mynd, bod yn addas; *(auf Frage, Karten usw)* pasio, jibo; **Sonntag passt uns nicht** nid yw dydd Sul yn gyfleus i ni; **das passt dir nicht** *(stehen)* nid yw hynny'n gweddu i ti; **sie passt nicht zu dir** nid hi yw'r un iawn i ti; **~ zu** *(Farbe, Kleider)* cyd-fynd â; **das könnte dir so ~!** *(ironisch)* byddai hynny wrth dy fodd! **~ wie angegossen** ffitio fel maneg.

passend *adj* addas, priodol; *(geeignet)* cymwys, ffit; *(zusammen~)* cyfatebol, cydweddog, cyfliw; *(gut stehen, schicklich)* gweddaidd, gweddus; *(Zeit)* cyfleus, amserol; **haben Sie es ~?** ydy'r arian iawn gennych? **~e Worte** geiriau cymwys; **~er Zeitpunkt** amser hwylus.

Passfoto *nt* llun *g* pasbort.

passierbar [pa'si:rbɑ:r] *adj* croesadwy, tramwyadwy, agored; *(Fluss, Kanal)* mordwyadwy, mordwyol.

passieren [pa'si:rən] *vt* (*+haben*) mynd trwy, pasio; *(durch Sieb)* stwnsio, hidlo.
  ♦ *vi* (*+sein*) digwydd.

Passierschein *m* hawlen *b*, trwydded *b* basio.

Passiersieb *nt* *(KOCH)* hidl *b*.

Passion [pasi'o:n] *f* *(Liebe)* nwyd *g*, traserch *g*; *(Leidenschaft)* angerdd *gb*, brwdfrydedd *g*; *(REL)* dioddefaint *g*.

passioniert [pasio'ni:rt] *adj* angerddol, eiddgar.

Passions- *kompos:* **~frucht** *f* *(BOT)* granadila *g*; **~spiel** *nt* *(REL)* drama *b*'r Dioddefaint; **~zeit** *f* wythnosau'r Dioddefaint.

passiv ['pasi:f] *adj* goddefol; **~es Rauchen** smygu *g* goddefol; **~er Widerstand** gwrthwynebiad *g* di-drais; **~er Wortschatz** geirfa *b* oddefol.

Passiv *nt* *(GRAM)* y goddefol *g*.

Passiva [pa'si:va] *pl* *(COMM)* ymrwymiadau *ll*, rhwymedigaethau *ll*.

Passivität [pasivi'tɛ:t] *f* goddefoldeb *g*, goddefedd *g*.

Passivrauchen *nt* smygu *g* goddefol.

Pass- *kompos:* **~kontrolle** *f* archwiliad *g* pasport; **~stelle**[D] *f* swyddfa *b* basbort; **~straße** *f* ffordd *b* trwy fwlch yn y mynyddoedd; **~wort** *nt* *(COMP)* cyfrinair *g*; **~zwang** *f* gorfodaeth *b* i gario trwydded deithio.

Pasta[1] ['pasta] (**-, Paste**) *f* *(KOCH)* pasta *g*, nwdls *ll*.

Pasta[2A] (**-, Pasten**) *f* = **Paste**.

Paste ['pastə] (**-, -n**) *f* past *g*.

Pastell [pas'tɛl] *nt* *(KUNST)* pastel *g*.

Pastellfarbe *f* lliw *g* pastel, lliw golau.

pastellfarben *adj* lliw pastel.

Pastete [pas'te:tə] (**-, -n**) *f* *(KOCH)* pastai *b*, tarten *b*; *(Leber~)* pate *g*.

pasteurisieren [pastøri'zi:rən] *vt* pasteureiddio.

Pastinake [pasti'nɑ:kə] *f* *(BOT)* panasen *b*.

Pastor ['pastɔr] (-s, -en) *m* ficer *g*, gweinidog *g*, bugail *g*.

Patchwork ['pɛtʃwœːrk] *nt (TEX)* clytwaith *g*.

Pate ['paːtə] (-n, -n) *m* tad *g* bedydd; *(Mafia)* bos *g*; **er hat bei der Sache ~ gestanden** *(fig)* fe oedd y grym ysgogol y tu ôl i'r peth.

Paten- *kompos:* **~kind** *nt* plentyn *g* bedydd; **~sohn** *m* mab *g* bedydd; **~stadt** *f* gefeilldref *b*.

patent [pa'tɛnt] *adj (Mensch)* medrus, deheuig; *(Sache)* defnyddiol, o werth.

Patent (-(e)s, -e) *nt* breintlythyr *g*, patent *g*; *(MIL)* comisiwn *g*; **etw zum ~ anmelden** cynnig am batentu rhth.

Patentamt *nt* swyddfa *b* breintlythyrau.

Patentante *f* mam *b* fedydd.

patentieren [patɛn'tiːrən] *vt* rhoi patent ar, patentu.

Patent- *kompos:* **~inhaber** *m* derbyniwr *g* patent; **~lösung** *f* datrysiad *g* delfrydol.

Patentochter *f* merch *b* fedydd.

Patent- *kompos:* **~schutz** *m* breinhawliau *ll*; **~urkunde** *f* breintlythyr *g*.

Pater ['paːtər] (-s, - *oder* **Patres**) *m (REL)* tad *g*.

Paternoster¹ [patər'nɔstər] *m* math ar lifft heb ddrysau sy'n mynd yn ddi-stop.

Paternoster² *nt (REL)* gweddi *b*'r Arglwydd.

pathetisch [pa'teːtɪʃ] *adj* emosiynol, teimladol, dwys; *(übertrieben)* chwyddedig.

Pathologe [pato'loːgə] (-n, -n) *m* pathologydd *g*.

Pathologie [patolo'giː] *f* patholeg *b*.

Pathologin [pato'loːgɪn] (-, -nen) *f* pathologydd *g*.

pathologisch [pato'loːgɪʃ] *adj* pathologol.

Pathos ['paːtɔs] (-, *kein pl*) *nt* cynyrfusrwydd *g*, gordeimladrwydd *g*.

Patience [pasi'ãːs] *f* gêm *b* gardiau 'amynedd'; **eine ~ legen** chwarae 'amynedd'.

Patient [patsi'ɛnt] (-en, -en) *m* (**~in** *f*) claf *g*.

Patin ['paːtɪn] (-, -nen) *f* mam *b* fedydd.

Patina ['paːtina] (-, *kein pl*) *f* patina *g*, rhwd *g* gwyrdd.

Patriarch [patri'arç] (-en, -en) *m* patriarch *g*.

patriarchalisch [patriar'çaːlɪʃ] *adj* patriarchaidd.

Patriot [patri'oːt] (-en, -en) *m* gwladgarwr *g*; **~in** *f* gwladgarwraig *b*.

patriotisch [patri'oːtɪʃ] *adj* gwladgarol, gwlatgar.

Patriotismus [patrio'tɪsmʊs] *m* gwladgarwch *g*.

Patrizier [patri'tsiːr] *m* (**~in** *f*) uchelwr *g*.

Patron [pa'troːn] (-s, -e) *m* noddwr *g*; *(REL)* nawddsant *g*.

Patronat [patro'naːt] *nt* nawddogaeth *b*.

Patrone [pa'troːnə] (-, -n) *f (Tinte, MIL)* cartrisen *b*.

Patronen- *kompos:* **~gurt** *m* gwregys *g* i gertrys; **~hülse** *f* ces *g* cartrisen.

Patronym [patro'nyːm] *nt* tadenw *g*.

Patrouille [pa'trʊljə] *f (MIL)* patrôl *g*, cylchrawd *g*.

patrouillieren [patrʊl'jiːrən] *vi* patrolio, cylchrodio.

patsch [patʃ] *excl* sblash, fflatsh.

Patsche ['patʃə] *f (ugs)* **in der ~** mewn trafferth; **jdm aus der ~ helfen** helpu rhn.

patschen ['patʃən] *vi (im Wasser)* sblasio, tasgu; *(ugs: klatschen)* curo dwylo.

Patschenᴬ *m (Hausschuh)* sliper *b*; *(Reifendefekt)* teiar *g* fflat.

patschnass *adj* gwlyb diferol, gwlyb domen.

Patt [pat] (-s, -s) *nt (Schach, Damenspiel)* gêm *b* gyfartal; *(fig)* anghytundeb *g* llwyr.

patzen ['patsən] *vi (ugs)* gwneud stomp o rth.

patzigᴰ ['patsɪç, -ɪk] *adj (ugs: frech)* digywilydd, hyf.

Pauke ['paʊkə] (-, -n) *f (MUS)* tympan *g*; **auf die ~ hauen** *(ugs)* cael amser gwyllt, dathlu'n wyllt; **mit ~n und Trompeten durchfallen** *(ugs)* methu'n llwyr.

paukenᴰ ['paʊkən] *vt, vi (ugs: lernen)* adolygu, swotio.

Pauker (-s, -) *m (MUS)* tympanwr *g*; *(ugs)*ᴰ athro *g*.

pausbackig, pausbäckig ['paʊsbakɪç, -ɪk, 'paʊsbɛkɪç, -ɪk] *adj* bochdew, bochog.

pauschal [paʊ'ʃaːl] *adj (Kosten)* cynhwysol, hollgynhwysol; *(einheitlich)* un gyfradd; *(Urteil)* ysgubol.

Pauschalbetrag *m* lwmp-swm *g*.

Pauschale [paʊ'ʃaːlə] *f* cyfradd *b* unffurf/wastad; *(vorläufig geschätzter Betrag)* swm *g* amcan.

Pauschal- *kompos:* **~gebühr** *f* cyfradd *b* unffurf, cyfradd wastad; **~preis** *m* pris *g* cynwysedig; **~reise** *f* gwyliau *ll* parod; **~summe** *f* lwmp-swm *g*; **~versicherung** *f* yswiriant *g* cynhwysfawr.

Pause ['paʊzə] (-, -n) *f* seibiant *g*, egwyl *b*, hoe *b*; *(THEAT)* egwyl; *(MUS)* saib *g*; *(Innehalten)* saib, seibiant; *(Kopie)* trasiad *g*, dargopi *g*, olrhead *g*; **eine ~ einlegen** torri, cymryd hoe/seibiant.

pausen ['paʊzən] *vt* dargopïo; *(TECH)* olinio.

Pausen- *kompos:* **~brot** *nt* brechdan *b* ar gyfer yr egwyl; **~hof** *m* iard *b* yr ysgol.

pausenlos *adj* di-dor, di-baid.

Pausezeichen *nt (MUS)* tawnod *g*, daliant *g*; *(RADIO)* arwydd *gb* galw, arwyddair *g*.

pausieren [paʊ'ziːrən] *vi* cael hoe, seibio, torri.

Pauspapier ['paʊspapiːr] *nt* papur *g* dargopïo.

Pavian ['paːviaːn] (-s, -e) *m (ZOOL)* babŵn *g*.

Pavillon ['pavɪljõː] (-s, -s) *m* pafiliwn *g*.

Pazifik [pa'tsiːfɪk] (-s) *m (GEOG)* y Cefnfor *g* Tawel.

pazifisch [pa'tsiːfɪʃ] *adj:* **der P~e Ozean** y Cefnfor *g* Tawel.

Pazifist [patsi'fɪst] (-en, -en) *m* heddychwr *g*; **~in** *f* heddychwraig *b*.

pazifistisch [patsi'fɪstɪʃ] *adj* pasiffistaidd,

heddychol.

PC *m* = **Personalcomputer**.

PDS[D] *f abk* (= *Partei des Demokratischen Sozialismus*) Plaid Sosialaidd yr Almaen.

Pech [pεç] (**-s, -e**) *nt* pyg *g*; *(fig)* anffawd *b*, lwc *b* ddrwg, trybini *g*; **~ haben** bod yn anlwcus; **die beiden halten zusammen wie ~ und Schwefel** *(fig)* mae'r ddau yn wastad gyda'i gilydd.

pechschwarz *adj* pygddu, dudew.

Pech- *kompos*: **~strähne** *f* cyfnod *g* anlwcus; **~vogel** *m* anffodusyn *g*.

pecken[A] ['pεkən] *vt* = **picken**[1].

Pedal [pe'dɑːl] (**-s, -e**) *nt* pedal *g*, troedlath *b*; **in die ~e treten** pedlo yn galed.

pedant[A] [pe'dant] *adj* = **pedantisch**.

Pedant *m* pedant *g*.

Pedanterie [pedantə'riː] *f* pedantiaeth *b*, ffwdan *b*.

pedantisch [pe'dantɪʃ] *adj* pedantaidd, ffwdanus, gorfanwl.

Peddigrohr ['pεdɪçroːr, 'pεdɪkroːr] *nt* corsen *b*.

Pediküre [pedi'kyːrə] *f* triniaeth *b* y traed.

Pegel ['peːgəl] *m* (*Lärm~, Wasser~*) lefel *b*; (*Wasserstandsmesser*) mesurydd *g* lefel dŵr.

Pegelstand *m* lefel *b* dŵr.

peilen ['paɪlən] *vt* lleoli (â radar *e.e.*); *(fig)* **die Lage ~** gweld sut mae pethau.

Pein [paɪn] (**-, *kein pl***) *f (geh)* gloes *b*, ing *g*, gwewyr *g*, poen *gb*.

peinigen ['paɪnɪgən] *vt* arteithio, poenydio; *(plagen)* poeni, cystuddio.

Peiniger (**-s, -**) *m* poenydiwr *g*.

peinlich ['paɪnlɪç] *adj* (*unangenehm*) annifyr, chwithig, lletchwith; **~ genau** trylwyr.

Peinlichkeit *f* chwithigrwydd *g*, embaras *g*; (*Genauigkeit*) manylder *g*, manwl gywirdeb *g*.

Peitsche ['paɪtʃə] (**-, -n**) *f* chwip *b*, ffrewyll *b*.

peitschen ['paɪtʃən] *vt* chwipio; *(Regen)* chwipio.

Peitschenhieb *m* llach *b*.

pejorativ [pejora'tiːf] *adj* (*GRAM*) bychanol, difrïol.

Pekinese [peki'neːzə] (**-n, -n**) *m* (*ZOOL*) ci *g* o Becin.

Pelikan ['peːlikaːn] (**-s, -e**) *m* (*ZOOL*) pelican *g*.

Pelle[D] ['pεlə] *f (ugs)* croen *g*, pilen *b*; (*Haut*) **rück mir nicht auf die ~** paid â dod yn rhy agos ata' i; **er liegt mir auf der ~** mae'n fy mhlagio i.

pellen[D] ['pεlən] *vt (ugs: schälen)* tynnu croen, pilio.

Pellkartoffeln[D] *pl* tatws *ll* trwy eu crwyn.

Pelz [pεlts] *m* ffwr *g*, blew *ll*, cnu *g*.

Pelz- *kompos*: **~kragen** *m* coler *gb* ffwr; **~mantel** *m* côt *b* ffwr; **~waren** *pl* dillad *ll* ffwr.

Pendel ['pεndəl] (**-s, -**) *nt* pendil *g*.

pendeln ['pεndəln] *vi (schwingen)* siglo, pendilio; (*Zug, Fähre usw*) mynd a dod, mynd yn ôl ac

ymlaen; (*Arbeiter*) cymudo.

Pendelverkehr *m* gwasanaeth *g* gwenoli; (*Berufsverkehr*) trafnidiaeth *b* gymudol.

Pendler(in) *m(f)* cymudwr(aig) *g(b)*.

penetrant [pene'trant] *adj* egr, siarp; *(Person)* ymwthgar, digywilydd.

penibel [pe'niːbəl] *adj* cysetlyd, ffwdanus, gorfanwl.

Penicillin *nt* = **Penizillin**.

Penis ['peːnɪs] (**-, -se**) *m* penis *g*, pidyn *g*, cala *b*.

Penizillin [penitsɪ'liːn] *nt* penisilin *g*.

Pennbruder[D] ['pεnbruːdər] *m (ugs)* caridým *g*, crwydryn *g*, trampyn *g*.

Penne[D] ['pεnə] *f (ugs)* ysgol *b*.

pennen[D] ['pεnən] *vi (ugs)* cysgu, cael cyntun.

Penner[D] (**-s, -**) *m (pej: Landstreicher)* crwydryn *g*, trampyn *g*.

Penny *m* ceiniog *b*.

Pension [pãˈzioːn, paŋˈzioːn, pεnziˈoːn] *f (Geld)* pensiwn *g*; (*Ruhestand*) ymddeoliad *g*; (*Privatzimmer*) gwesty *g* preifat; **in ~ gehen** ymddeol.

Pensionär(in)[D] *m(f)* pensiynwr(aig) *g(b)*.

Pensionat (**-(e)s, -e**) *nt* (*SCH*) ysgol *b* breswyl (yn arbennig i ferched).

pensionieren [paŋzioˈniːrən, penzioˈniːrən] *vt* pensiynu, rhoi ar bensiwn; **sich ~ lassen** ymddeol.

pensioniert *adj* wedi ymddeol.

Pensionierung *f* ymddeoliad *g*.

Pensionist(in) *m(f)* pensiynwr(aig) *g(b)*.

pensionsberechtigt *adj* â'r hawl i gael pensiwn.

Pensions- *kompos*: **~gast** *m* lletywr(aig) *g(b)*; **~kasse** *f* cronfa *b* bensiwn.

pensionsreif *adj (ugs)* yn barod i ymddeol.

Pensionsversicherung *f (FIN)* cynllun *g* pensiwn.

Pensum ['pεnzum] (**-s, Pensa** *oder* **Pensen**) *nt* cwota *g*; (*SCH*) cwricwlwm *g*.

Penultima *f (GRAM)* goben *g*.

Pep [pεp] *m* cic *gb*.

per [pεr] *präp +akk (mittels)* gyda, trwy, trwy gyfrwng; (*bis*) erbyn; **~ Adresse** drwy law; **~ Anhalter fahren** bodio, ffawdheglu; **~ Bahn** gyda'r rheilffordd; **~ Nachnahme** cludiad i'w dalu gan y derbynnydd; **~ Post** trwy'r post; **~ ersten Mai** erbyn y cyntaf o Fai; **~ definitionem** trwy ddiffiniad; **~ pedes** *(ugs)* ar dramp.

♦ *präp +dat (zeitlich)* **~ erstem Mai** erbyn y cyntaf o Fai; **~ nächster Woche** erbyn wythnos nesaf.

♦ *präp +nom*: **mit jdm ~ du sein** *(ugs)* bod ar delerau ti a thithau â rhn.

perfekt [pεrˈfεkt] *adj* perffaith, di-nam; *(ideal)* i'r dim; **der Vertrag ist ~** mae'r cytundeb wedi'i selio.

Perfekt ['pɛrfɛkt] *nt (GRAM)* gorffennol *g*, yr amser *g* perffaith.

Perfektion [pɛrfɛktsi'oːn] *f* perffeithrwydd *g*, sglein *g*.

perfektionieren [pɛrfɛktsio'niːrən] *vt* perffeithio.

Perfektionismus [pɛrfɛktsio'nɪsmʊs] *m* perffeithiaeth *b*.

perforieren [pɛrfo'riːrən] *vt* tyllu, rhydyllu.

perforiert *adj* rhwyllog, tyllog.

Pergament [pɛrga'mɛnt] *nt* memrwn *g*, felwm *g*.

Pergamentpapier *nt* papur *g* menyn.

Pergola ['pɛrgola] (-, **Pergolen**) *f* deildy *g*, pergola *g*.

Periode [peri'oːdə] (-, **-n**) *f* cyfnod *g*, talm *g*; *(BIOL)* mislif *g*, misglwyf *g*.

periodisch [peri'oːdɪʃ] *adj* cyfnodol, rheolaidd; *(MATH)* cylchol.

Peripherie [perife'riː] *f* amgant *g*, perifferi *g*; *(um Stadt)* cyrion *ll*; *(MATH)* cylchedd *g*.

Peripheriegerät *nt (COMP)* perifferolyn *g*.

Periskop [peri'skoːp] *nt* perisgop *g*.

Perle ['pɛrlə] (-, **-n**) *f (auch fig)* perl *g*; *(Glas~, Holz~)* glain *g*, mwclen *b*; *(Tropfen)* diferyn *g*; **~n vor die Säue werfen** taflu gemau o flaen moch.

perlen ['pɛrlən] *vi (sprudeln)* byrlymu, pefrio; *(Tropfen)* diferu, llifo'n araf.

Perlenkette *f* cadwyn *b* o berlau.

Perlhuhn *nt* iâr *b* Gini.

Perlmutt ['pɛrlmʊt] (-**s**, *kein pl*) *nt* nacr *g*, mam *b* y perl.

Perlon® ['pɛrlɔn] *nt (TEX)* math ar ddeunydd synthetig tebyg i neilon, ≈ neilon *g*.

Perlwein *m* gwin *g* pefriol.

permanent [pɛrma'nɛnt] *adj* parhaus, sefydlog.

permeabel [pɛrme'aːbəl] *adj* hydraidd.

Permeabilität [pɛrmeabili'tɛːt] *f* hydreiddedd *g*.

Permutation [pɛrmutatsi'oːn] (-, **-en**) *f* trynewid *g*.

permutieren [pɛrmu'tiːrən] *vt* trynewid.

perplex [pɛr'plɛks] *adj* syn, syfrdan; **~ sein** bod mewn penbleth.

Perser ['pɛrzər] (-**s**, -) *m (HIST)* Persiad *g*; *(ugs: Teppich)* carped *g* o Bersia; **~in** *f* Persiad *g*.

Perserteppich *m* carped *g* o Bersia.

Persianer [pɛrzi'aːnər] (-**s**, -) *m (ugs)* cot *b* o wlân Persia.

Persien ['pɛrziən] *nt (HIST)* Persia *b*.

Persiflage [pɛrzi'flaːʒə] *f*: **~** (*+gen oder* **auf** *+akk*) dychan *gb* (ar rth).

persisch ['pɛrzɪʃ] *adj* Persaidd; **P~er Golf** *(GEOG)* Gwlff *g* Persia.

Persisch *nt (Sprache)* Perseg *b*.

Person [pɛr'zoːn] (-, **-en**) *f* dyn, benyw *b*, person *g*;

(pej: Frau) creadures *b*; **er ist Hausmeister und Gärtner in einer ~** mae'n ofalwr ac yn arddwr mewn un; **ich für meine ~** fi'n bersonol.

Personal [pɛrzo'naːl] (-**s**, *kein pl*) *nt* staff *g*, gweithwyr *ll*, personél *g*; *(Arbeiter)* gweithlu *g*; *(Bedienung)* gweision a morynion *ll*.

Personal- *kompos:* **~abbau** *m* toriadau *ll* staff; **~abteilung** *f* swyddfa *b* bersonél; **~akte** *f* ffeil *b* bersonol; **~angaben** *pl* manylion *ll* personol; **~ausweis** *m* cerdyn *g* hunaniaeth; **~bogen** *m* record *b* bersonol, coflen *b* bersonol; **~büro** *nt* adran *b* bersonél/staffio; **~chef** *m* swyddog *g* personél.

Personalcomputer *m* cyfrifiadur *g* (PC).

Personalien [pɛrzo'naːliən] *pl* manylion *ll* personol.

Personalität [pɛrzonali'tɛːt] *f* personoliaeth *b*.

Personal- *kompos:* **~kosten** *pl* costau *ll* staffio; **~mangel** *m* prinder *g* o weithwyr; **~pronomen** *nt (GRAM)* rhagenw *g* personol; **~verwalter** *m* gweinyddwr *g* personél.

personell [pɛrzo'nɛl] *adj* o ran staff; **~e Veränderungen** newidiadau staff.

Personen- *kompos:* **~aufzug** *m* lifft *b*; **~beschreibung** *f* disgrifiad *g* o berson; **~gedächtnis** *nt* cof *g* da am wynebau; **~kraftwagen** *m* car *g*; **~kreis** *m* cylch/grŵp *g* (o bobl); **~kult** *m* yr addoli *g* ar berson; **~schaden** *m* anafiadau *ll* i bobl; **~verkehr** *m* gwasanaethau *ll* teithio; **~waage** *f* clorian *b* (i bwyso person); **~zug** *m* trên *g* teithwyr.

personifizieren [pɛrzonifi'tsiːrən] *vt* personoli; *(verkörpern)* ymgnawdoli.

persönlich [pɛr'zøːnlɪç] *adj* personol.

♦ *adv (auf Briefen)* preifat (a chyfrinachol); *(COMM)* **~ haften** bod yn bersonol gyfrifol.

Persönlichkeit (-, **-en**) *f* personoliaeth *b*, cymeriad *g*; **~en des öffentlichen Lebens** pobl *ll* enwog.

Perspektive [pɛrspɛk'tiːvə] (-, **-n**) *f* golygfa *b*, safbwynt *g*, persbectif *g*; **das eröffnet ganz neue ~n für uns** mae drysau newydd yn agor i ni yn sgil hynny.

Pers. Ref. *abk (= persönlicher Referent)* cynrychiolydd *g* personol.

Peru [pe'ruː] *nt (GEOG)* Periw *b*.

Peruaner [peru'aːnər] *m (~in f)* Periwiad *g*.

peruanisch [peru'aːnɪʃ] *adj* Periwaidd.

Perücke [pe'rʏkə] (-, **-n**) *f* gwallt *g* gosod.

pervers [pɛr'vɛrs] *adj* anynad, afrywiog.

Perversität [pɛrvɛrzi'tɛːt] *f* gwrthnysigrwydd *g*, cyndynrwydd *g*.

Pessar [pɛ'saːr] (-**s**, **-e**) *nt (MED)* pesari *g*; *(zur Empfängnisverhütung)* diaffram *g*, cap *g*.

Pessimismus [pɛsi'mɪsmʊs] *m* pesimistiaeth *b*.

Pessimist [pɛsi'mɪst] (-**en**, **-en**) *m (~in f)* pesimist *g*.

pessimistisch [pɛsi'mɪstɪʃ] *adj* pesimistaidd, diobaith.

Pest [pɛst] (-, *kein pl*) *f (MED)* pla *g*, y frech *b* ddu; **jdn/etw wie die ~ hassen** *(ugs)* casáu rhn/rhth â chas perffaith.

Pestizid [pɛsti'tsiːt] (-(e)s, -e) *nt* plaleiddiad *g*.

Petersilie [petər'ziːliə] *f* persli *g*.

Petition [petitsi'oːn] *f (POL)* petisiwn *g*, deiseb *b*.

Petrochemie [petroçe'miː, petroke'miː] *f* petrocemeg *b*.

Petroleum [pe'troːleʊm] (-s, *kein pl*) *nt* olew *g*; *(CHEM)* paraffin *g*.

Petunie [pe'tuːniə] (-, -n) *f (BOT)* petwnia *g*.

petzen[D] ['pɛtsən] *vi (ugs)* cario clecs, dweud i'r athro.

Pf *abk* = Pfennig.

Pfad [pfɑːt] (-(e)s, -e) *m* llwybr *g*, meidr *g*; **~ der Tugend** *(fig)* y llwybr cul.

Pfadfinder *m* sgowt *g*; **er ist bei den ~n** mae e'n sgowt; **~in** *f* Girl Guide *b*.

Pfaffe ['pfafə] (-n, -n) *m (pej)* clerigwr *g*, offeiriad *g*.

Pfahl [pfɑːl] (-(e)s, ¨-e) *m* postyn *g*, polyn *g*.

Pfahlbau (-s, -ten) *m* crannog *g*, annedd *gb* ar byst.

Pfalzgraf ['pfaltsɡrɑːf] *m (HIST)* Iarll *g* Palatin.

Pfand [pfant] (-(e)s, ¨-e) *nt* ernes *b*; *(Flaschen~)* ernes, blaendal *g*; *(im Spiel)* fforffed *gb*; *(fig: der Liebe)* addewid *gb*.

Pfandbrief *m (FIN)* ysgrifrwym *g*, bond *g*.

pfänden ['pfɛndən] *vt (JUR)* atafael.

Pfänderspiel *nt* gêm *b* fforffed.

Pfand- *kompos:* **~haus** *nt*, **~leihe** *f* siop *b* wystlo; **~leiher** *m* gwystlwr *g*; **~recht** *nt (JUR)* hawlrwym *g*; **~schein** *m* tocyn *g* gwystlo, ticed *g* ponio.

Pfändung ['pfɛndʊŋ] *f* atafaeliad *g*.

Pfanne ['pfanə] (-, -n) *f (KOCH)* padell *b* ffrïo, sosban *b*; **jdn in die ~ hauen** *(ugs)*[D] dweud y drefn wrth rn.

Pfannkuchen[D] *m* crempog *b*; *(Krapfen)* toesen *b*.

Pfannkuchenteig *m (KOCH)* cytew *g*.

Pfarr- [pfar] *in kompos* plwyfol; **~amt** *nt* ficerdy *g*; **~bezirk** *m* gofalaeth *b*.

Pfarrei [pfar'raɪ] *f* plwyf *g*.

Pfarrer ['pfarər] (-s, -) *m* offeiriad *g*; *(von Freikirchen)* gweinidog *g*; *(katholisch)* rheithor *g*; *(evangelisch)* ficer *g*.

Pfarr- *kompos:* **~gemeinde** *f* plwyf *g*; **~haus** *nt* ficerdy *g*, persondy *g*, mans *g*; **~kirche** *f* eglwys *b* blwyf.

Pfau [pfaʊ] (-(e)s, -en) *m (ZOOL)* paun *g*.

pfauchen[A] ['pfaʊxən] *vi (fauchen)* chwythu.

Pfauen- *kompos:* **~auge** *nt (ZOOL)* iâr *b* fach lygadog, plunog *g*; **~henne** *f* peunes *b*.

Pfd. *abk (= Pfund)* lb, pwys *g*.

Pfeffer[D] ['pfɛfər] (-s, -) *m* pupur *g*; **er soll bleiben, wo der ~ wächst** *(ugs)* gall fynd i grafu.

Pfeffer- *kompos:* **~korn** *nt* hedyn *g* pupur, grawn *ll* pupur; **~kuchen**[D] *m* torth *b* sinsir, cacen *b* goch.

Pfefferminz *nt* fferen *b* fint, losinen *b* fint.

Pfefferminze *f (BOT)* mintys *ll* poeth.

Pfeffermühle *f (KOCH)* melin *b* bupur.

pfeffern ['pfɛfərn] *vt* pupro, rhoi pupur ar; *(ugs:*[D] *werfen)* taflu, lluchio; **gepfefferte Preise**[D] crocbrisiau; **gepfefferte Witze**[D] jôcs amheus.

Pfeife ['pfaɪfə] (-, -n) *f* chwiban *gb*, chwisl *g*, pib *b*; *(Tabak~)* pib, pibell *b*, cetyn *g*; *(Orgel~)* pibell; **nach jds ~ tanzen** *(ugs)* bod yn was bach i rn.

pfeifen ['pfaɪfən] *irreg vt, vi* chwibanu; **aus dem letzten Loch ~** *(ugs: erschöpft sein)* bod ar ddifygio; *(finanziell)* bod wedi dod i'r pen arnoch; **auf etw/jdn** *akk* **~** *(fig)* hidio dim blewyn am rth/rn, rhoi clec ar eich bawd i rth/rn; **ich pfeif' drauf!** *(ugs)* dwi'n hidio 'mo'r dam!

Pfeifen- *kompos:* **~kopf** *m* powlen *b* pib; **~stopfer** *m* tampiwr *g*.

Pfeifer (-s, -) *m* pibydd *g*.

Pfeifkonzert *nt* chwibanu *g* ar draws.

Pfeil [pfaɪl] (-(e)s, -e) *m* saeth *b*; *(Wurf~)* dart *g*.

Pfeiler ['pfaɪlər] (-s, -) *m* piler *g*, postyn *g*, prop *g*; *(Brücken~)* colofn *b*, piler.

Pfeilspitze *f* pen *g* saeth.

Pfennig[D] ['pfɛnɪç, -ɪk] *m* pfennig *gb*, ceiniog *b*.

Pfennig- *kompos:* **~absatz** *m* sawdl *gb* pigfain; **~fuchser**[D] *m (ugs)* cybydd *g*.

Pferch [pfɛrç] *f* lloc *g*.

pferchen ['pfɛrçən] *vt (Tiere)* ffaldio; *(fig)* gwthio (i mewn), gwasgu (i mewn).

Pferd [pfɛrt] (-(e)s, -e) *nt* ceffyl *g*, march *g*; *(Schach)* marchog *g*; *(Turnen)* ceffyl; **mit ihm kann man ~e stehlen** *(ugs)* gallwch ddibynnu arno; **auf das falsche/richtige ~ setzen** *(fig)* cefnogi'r ceffyl anghywir/cywir; **keine zehn ~e brächten mich dahin** awn i ddim yno dros fy nghrogi, **wie ein ~ arbeiten** *(ugs)*[D] gweithio fel slaf; **das ~ beim Schwanz aufzäumen** rhoi'r drol o flaen y ceffyl.

Pferde- ['pfɛrdə] *kompos:* **~äpfel** *pl* tail *g* ceffyl, tom *b* geffyl; **~bremse** *f (ZOOL)* pryf *g* llwyd.

Pferdefuß *m:* **die Sache hat einen ~** mae 'na anfantais i'r peth.

Pferde- *kompos:* **~herde** *f* gre *b* o feirch; **~rennen** *nt* ras *b* geffylau; **~rennsport** *m* rasio *g* ceffylau; **~schlitten** *m* car *g* llusg; **~schwanz** *m (Frisur)* cynffon *b* merlen; **~stall** *m* stabl *b*; **~stärke** *f (PHYS)* marchnerth *g*, celrym *g*; **~wagen** *m* cerbyd *g*, wagen *b*.

Pfiff [pfɪf] (-(e)s, -e) *m* chwiban *gb*, chwisl *g*, chwibaniad *g*; *(Reiz)* dull *g*, tinc *g*.

Pfifferling[D] ['pfɪfərlɪŋ] *m (KOCH)* siantrel *gb*; **keinen ~ wert** dim gwerth taten.

pfiffig ['pfɪfɪç, -ɪk] *adj* craff, effro, siarp.

Pfingsten ['pfɪŋstən] (-, -) *nt* y Sulgwyn *g*.

Pfingst- *kompos:* **~ferien** *pl* gwyliau *ll* hanner tymor (mis Mai); **~montag** *m* Llungwyn *g*; **~rose** *f (BOT)* rhosyn *g* y mynydd; **~sonntag** *m* Sulgwyn *g*.

Pfirsich ['pfɪrzɪç] (-s, -e) *m* eirinen *b* wlanog.

Pflanze ['pflantsə] (-, -n) *f* planhigyn *g*.

pflanzen ['pflantsən] *vt* plannu, dodi; *(ugs: ärgern)* digio.

Pflanzen- *kompos:* **~fett** *nt* saim *g* llysiau; **~fresser** *m (ZOOL)* llysysydd *g*; **~öl** *nt* olew *g* llysiau; **~reich** *nt* byd *g* y planhigion.

Pflanzenschutzmittel *nt* plal+addwr *g*.

Pflanzenwelt *f (BOT)* fflora *ll*.

pflanzlich *adj* llysieuol.

Pflanzstock *m* planbren *g*.

Pflanzung *f* planhigfa *b*.

Pflaster ['pflastər] *nt (MED)* plastr *g*; *(Straßen~)* coblau *ll*; **ein teures ~** *(ugs)* lle drud; **ein heißes ~** *(ugs)* lle peryglus.

Pflasterer (-s, -) *m* palmantwr *g*.

pflastern ['pflastərn] *vt* palmantu, coblo.

Pflasterstein *m* carreg *b* balmant, cobl *b*.

Pflaume ['pflaumə] (-, -n) *f* eirinen *b*; *(ugs:*[D] *Mensch)* twpsyn *g*.

Pflaumenmus[D] *nt* jam *g* eirin.

Pflege ['pfle:gə] *f* gofal *g*, gofalaeth *b*; *(von Beziehung, Kultur)* meithrin *g*, hybu *g*, cynnal *g*; *(Kranken~)* gofal, gofalu *g*; **in ~ geben** *(Kind)* rhoi ar faeth; **jdn/etw in ~ nehmen** gofalu am rn/rth.

pflegebedürftig *adj* ag angen gofal.

Pflege- *kompos:* **~eltern** *pl* rhieni *ll* maeth; **~fall** *m* claf *g* dan ofal; **~geld** *nt (für ~kinder)* lwfans *g* maethu; *(für Kranke)* lwfans *g* gweini; **~heim** *nt* cartref *g* nyrsio, cartref ymgeledd; **~kind** *nt* plentyn *g* maeth.

pflegeleicht *adj* hawdd gofalu amdano, hydrin.

Pflegemutter *f* mam *b* faeth, mamfaeth *b*.

pflegen ['pfle:gən] *vt* gofalu am; *(Kranke)* gofalu am, nyrsio, tendio; *(Beziehung, Kultur)* meithrin, hybu, cynnal.

♦ *vi (gewöhnlich tun)* arfer; **sie pflegte zu sagen** roedd hi'n arfer dweud, byddai hi'n dweud.

Pfleger (-s, -) *m (im Krankenhaus)* nyrs *g*; **~in** *f* nyrs *b*.

Pflegesatz *m (FIN)* costau *ll* gofal mewn ysbyty.

Pflegevater *m* tad *g* maeth, tadmaeth *g*.

Pflegeversicherung *f* yswiriant *g* gofal yn eich hen oed.

Pflicht [pflɪçt] (-, -en) *f* dyletswydd *b*, anghenraid *g*; *(SPORT)* rhan orfodol o gystadleuaeth; **das ist ~**

mae'n orfodol; **Rechte und ~en** hawliau a dyletswyddau.

pflichtbewusst *adj* cydwybodol, ymwybodol, ufuddgar.

Pflichtbewusstsein *nt* teimlad *g* o ddyletswydd.

Pflicht- *kompos:* **~fach** *nt (SCH)* pwnc *g* craidd; **~gefühl** *nt* teimlad o ddyletswydd.

pflichtgemäß *adj* ufudd.

♦ *adv* fel y mae'n rhwym arnoch.

Pflichtschulabschluss[A] *m* TGAU.

Pflichtstunde *f (SCH)* gwers *b* orfodol.

pflichtvergessen *adj* anghyfrifol, diofal.

Pflichtversicherung[D] *f (AUTO)* = **Haftpflichtversicherung**.

Pflock [pflɔk] (-(e)s, ¨-e) *m* peg *g*; *(für Tiere)* postyn *g*.

pflog *vb (veraltet) vgl.* **pflegen**.

pflücken ['pflʏkən] *vt* plycio, pigo, hel, tynnu.

Pflug [pfluːk] (-(e)s, ¨-e) *m* aradr *gb*, gwŷdd *g*.

pflügen ['pflyːgən] *vt* aredig, troi.

Pflugschar *f* swch *g* aradr.

Pflugsterz *m* corn *g* aradr.

Pforte ['pfɔrtə] (-, -n) *f* porth *g*, dôr *b*, llidiart *gb*.

Pförtner ['pfœrtnər] (-s, -) *m* (**~in** *f*) porthor *g*.

Pförtnerhaus *nt* porthordy *g*.

Pfosten ['pfɔstən] (-s, -) *m* postyn *g*, paladr *g*, ystanc *g*.

Pfote ['pfoːtə] (-, -n) *f* pawen *b*, palf *b*; *(ugs: Schrift)* sgriblad *g*, traed *ll* brain.

Pfriem[D] [pfriːm] *m (Ahle)* mynawyd *g*.

Pfropf [pfrɔpf] *m* = **Propfen**.

pfropfen ['pfrɔpfən] *vt (Baum)* impio; *(stopfen)*[D] gwthio, gwasgu (i mewn); **gepfropft voll**[D] llawn dop, orlawn.

Pfropfen *m (Blut~)* ceulad *g*; *(Flaschen~)*[D] caead *g*, topyn *g*.

Pfröpfling ['pfrœpflɪŋ] *m* impyn *g*.

Pfropfreis[D] *nt* = **Pfröpfling**.

Pfuhl [pfuːl] (-s, -e) *m* pwll *g*.

pfui [pfʊɪ] *excl* ych a fi; *(Buhruf)* bŵ! **~ Teufel!** ych a fi!

Pfund[1] [pfʊnt] *nt* pwys *g*.

Pfund[2] *nt (Geld)* punt *b*; **das ~ sinkt** *(FIN)* mae'r bunt yn gostwng.

pfundig *adj (ugs)* gwych.

Pfundskerl *m* boi *g* iawn.

pfundweise *adv* wrth y pwys.

pfuschen ['pfʊʃən] *vi (ugs)* bwnglera, potsio; **jdm ins Handwerk ~** ymyrryd ym musnes rhn.

Pfuscher (-s, -) *m (ugs)* bwnglerwr *g*, amatur *g*; *(Kur~)* cwac *g*.

Pfuscherei [pfʊʃəˈraɪ] *f (ugs)* gwaith *g* carbwl; *(MED)* cwacyddiaeth *b*.

Pfütze ['pfʏtsə] (-, -n) *f* pwll *g* bach o law.

pH *abk vgl.* **pH-Wert.**

PH (-, -s) *f abk* (= *Pädagogische Hochschule*) *vgl.* **pädagogisch.**

Phänomen [fɛnoˈmɛːn] (-s, -e) *nt* ffenomen *b*, digwyddiad *g.*

phänomenal [fɛnomeˈnaːl] *adj* ffenomenaidd, aruthrol.

Phantasie *f* = **Fantasie.**

Phantasiegebilde *nt* = **Fantasiegebilde.**

phantasielos *adj* = **fantasielos.**

phantasieren *vi* = **fantasieren.**

phantasievoll *adj* = **fantasievoll.**

Phantast (-en, -en) *m* = **Fantast.**

phantastisch *adj* = **fantastisch.**

Phantom [fanˈtoːm] (-s, -e) *nt* (*Trugbild*) rhith *g*; **einem ~ nachjagen** (*fig*) ymladd â rhith.

Phantombild *nt* disgriflun *g.*

Pharmazeut [farmaˈtsɔʏt] (-en, -en) *m* (~**in** *f*) fferyllydd *g.*

Pharmazeutik *f* fferylliaeth *b.*

pharmazeutisch *adj* fferyllol.

Pharmazie [farmaˈtsiː] *f* (*Studium*) fferylleg *g*, fferylliaeth *b.*

Phase [ˈfaːzə] (-, -n) *f* stad *b*, cyfnod *g*, pwynt *g.*

Philanthrop [filanˈtroːp] (-en, -en) *m* dyngarwr *g.*

philanthropisch *adj* dyngarol.

Philatelist [filateˈlɪst] (-en, -en) *m* (~**in** *f*) casglwr *g* stampiau, ffilatelydd *g.*

Philharmoniker [filharˈmoːnikər] *m:* **die ~** y gerddorfa *b* ffilharmonig.

Philippinen [filɪˈpiːnən] *pl* (*GEOG*) Ynysoedd *ll* y Philipinos.

Philologe [filoˈloːgə] (-n, -n) *m* ieithegydd *g.*

Philologie [filoloˈgiː] *f* ieitheg *b*; **~ studieren** astudio ieithoedd.

Philologin *f* ieithegydd *g.*

philologisch *adj* ieithegol.

Philosoph [filoˈzoːf] (-en, -en) *m* (~**in** *f*) athronydd *g.*

Philosophie [filozoˈfiː] *f* athroniaeth *g.*

philosophieren [filozoˈfiːrən] *vi:* ~ (**über** +*akk*) athronyddu (am).

philosophisch *adj* athronyddol.

Phiole [fiˈoːlə] (-, -n) *f* ffiol *b.*

Phlegma [ˈflɛgma] (-s) *nt* cysgadrwydd *g*, syrthni *g.*

phlegmatisch [flɛgˈmaːtɪʃ] *adj* fflemllyd, cysglyd, digychwyn.

Phobie [foˈbiː] *f:* ~ (**vor** +*dat*) ffobia *g* (rhag).

Phonem [foˈneːm] (-s, -e) *nt* (*GRAM*) ffonem *b.*

Phonetik [foˈneːtɪk] *f* seineg *b.*

phonetisch [foˈneːtɪʃ] *adj* seinegol, ffonetig.

Phönix [ˈføːnɪks] *m* ffenics *gb.*

Phonotypistin *f* = **Fonotypistin.**

Phosphat [fɔsˈfaːt] (-(e)s, -e) *nt* ffosffad *g.*

Phosphor [ˈfɔsfɔr] (-s, *kein pl*) *m* ffosffor *g.*

phosphoreszieren [fɔsfɔrɛsˈtsiːrən] *vi* ffosfforeddu.

Photo *nt* = **Foto.**

Photon [ˈfoːtɔn] (-s, -en) *nt* (*PHYS*) ffoton *g.*

Phrase [ˈfraːzə] (-, -n) *f* ymadrodd *g*, dywediad *g*; **leere ~** (*pej*) brawddeg *b* wag; ~**n dreschen** (*ugs*) defnyddio ystrydebau di-ben-draw.

pH-Wert *m* gwerth *g* pH.

Physik [fyˈziːk] *f* ffiseg *b.*

physikalisch [fyziˈkaːlɪʃ] *adj* ffisegol; ~**e Eigenschaft** priodwedd *b* ffisegol.

Physiker(in) [ˈfyːzikər] *m(f)* ffisegydd *g.*

Physiologe [fyzioˈloːgə] (-n, -n) *m* ffisiolegydd *g.*

Physiologie [fyzioloˈgiː] *f* ffisioleg *b.*

Physiologin *f* ffisiolegydd *g.*

physiologisch *adj* ffisiolegol.

Physiotherapeut [fyzioteraˈpɔʏt] *m* ffisiotherapydd *g.*

Physiotherapie [fyzioteraˈpiː] *f* ffisiotherapi *g.*

physisch [ˈfyːzɪʃ] *adj* corfforol.

Pianist [piaˈnɪst] (-en, -en) *m* pianydd *g*; ~**in** *f* pianyddes *b.*

Piano [piˈano] (-s, -s) *nt* (*MUS*) piano *g.*

Piazza [piˈatsa] *f* sgwâr *gb.*

Piccolo [ˈpɪkolo] *m* gwas *g* bach (mewn bwyty).

picheln[D] [ˈpɪçəln] *vi* (*ugs*) llymeitian, diota.

Pickel [ˈpɪkəl] *m* sbotyn *g*, ploryn *g*; (*Werkzeug*) caib *b*, picas *b*, bwyellgaib *b*; (*Eis~*) caib rew/iâ.

pickelig *adj* sbotiog, plorog.

picken[1] [ˈpɪkən] *vt* pecian.

♦ *vi:* ~ (**nach**) pigo (wrth).

picken[2A] *vi, vt* sticio.

Pickerl[A] [ˈpɪkərl] *nt* sticer *g.*

Picknick [ˈpɪknɪk] (-s, -e *oder* -s) *nt* picnic *g*; **ein ~ machen** cael picnic.

Picknick- *kompos:* ~**koffer** *m* basged *b* bicnic; ~**korb** *m* hamper *b* bicnic.

piekfein [ˈpiːkˈfaɪn] *adj* (*ugs*) coeth, chwaethus.

piepen[D] [ˈpiːpən] *vi* trydar, gwichian; **bei dir piept's wohl!** (*ugs*) dwyt ti ddim yn gall! **es war zum P~!** (*ugs*) roedd yn hwyl aruthrol.

Pieps [piːps] *m* gwichiad *g.*

piepsen [ˈpiːpsən] *vi* trydar, gwichian.

Piepsen *nt* gwich *b.*

Piepser (-s, -) *m* (*ugs*) blîp *g*, bipiwr *g.*

Piepstimme *f* llais *g* gwichlyd.

Piepton *m* bîp *g.*

Pier [ˈpiːər] (-s, -s *oder* -e) *m oder f* pier *g.*

piesacken [ˈpiːzakən] *vt* (*ugs*) plagio.

Pietät [pieˈtɛːt] *f* parch *g*, duwioldeb *g.*

pietätlos *adj* annuwiol, dibarch, amharchus.

pietistisch [pieˈtɪstɪʃ] *adj* defosiynol.

Pigment [pɪgˈmɛnt] *nt* pigment *g*.

Pigmentierung [pɪgmɛnˈtiːrʊŋ] *f* pigmentiad *g*.

Pik¹ [piːk] (-s, -s) *nt oder f (Karten)* rhawiau *ll*, palau *ll*.

Pik² *m (Groll)* einen ~ auf jdn haben *(ugs)* bod â'ch cyllell yn rhn.

pikant [piˈkant] *adj* sawrus, sbeislyd, siarp; *(anzüglich)* awgrymog, mentrus.

Pikeᴰ [ˈpiːkə] *f:* etw von der ~ auf lernen *(ugs)* dysgu rhth o'r dechrau oll.

pikiert [piˈkiːrt] *adj* wedi digio, dig; sie machte ein ~es Gesicht roedd golwg dig arni.

Pikkolo [ˈpɪkolo] (-s, -s) *m* cyw-gweinydd *g*, gweinydd dan hyfforddiant.

Pikkoloflöte *f (MUS)* picolo *g*.

Piktogramm *nt* arwyddlun *g*, pictogram *g*.

Pilger [ˈpɪlgər] (-s, -) *m* pererin *g*.

Pilgerfahrt (-, -en) *f* pererindod *gb*.

pilgern [ˈpɪlgərn] *vi (+sein)* pererindota, mynd ar bererindod; *(ugs: gehen)* ymlwybro.

Pilgerväter *pl (HIST)* y Tadau *ll* Pererin.

Pille [ˈpɪlə] (-, -n) *f* pilsen *b*; sie nimmt die ~ mae hi ar y bilsen.

Pilot [piˈloːt] (-en, -en) *m* peilot *g*, awyrennwr *g*.

Piloten- *kompos:* ~kanzel *f* caban *g*; ~schein *m* trwydded *b* beilot.

Pilotprojekt *nt* cynllun *g* peilot.

Pils [pɪls] (-, -) *nt (Bier)* lager *g* Pilsner.

Pilsener [ˈpɪlznər] *nt* = Pils.

Pilz [pɪlts] (-es, -e) *m* ffwng *g*; *(essbar)* madarchen *b*; *(giftig)* caws *g* llyffant; ~e *pl* grawn *ll* unnos; wie ~e aus dem Boden schießen *(fig)* tyfu/ymddangos dros nos.

Pilz- *kompos:* ~krankheit *f* afiechyd *g* ffyngaidd; ~kunde *f* mycoleg *b*.

Pimmel [ˈpɪməl] (-s, -) *m (vulg: Glied)* pidyn *g*, cala *b*.

Pinguin [ˈpɪŋguiːn] (-es, -e) *m (ZOOL)* pengwyn *g*.

pingelig [ˈpɪŋəlɪç, -ɪk] *adj (ugs)* cysetlyd, gorgydwybodol.

Pingpong [ˈpɪŋpɔŋ] *nt* tennis *g* bwrdd.

Pinie [ˈpiːniə] *f (BOT)* pinwydden *b*.

Pinkel [ˈpɪŋkəl] *m:* ein feiner ~ dyn crand, tipyn o swanc.

pinkeln [ˈpɪŋkəln] *vi (ugs)* gwneud dŵr, piso.

Pinnwand [ˈpɪnvant] *f* hysbysfwrdd *g*.

Pinsel [ˈpɪnzəl] *m* brws *g* paent.

Pinseläffchen *nt (ZOOL)* mwnci *g* bach â chwt hir, marmoset *g*.

pinseln [ˈpɪnzəln] *vt, vi* peintio.

Pinselstrich *m* strôc *b*.

Pint [paɪnt] (-s, -s) *nt (0,568 l)* peint *g*.

Pinteᴰ [ˈpɪntə] *f (ugs)* tafarn *b*.

Pinzette [pɪnˈtsɛtə] (-, -n) *f* pliciwr *g*, gefel *b* fach.

Pionier [pioˈniːr] *m* arloeswr *g*, rhagflaenydd *g*; *(MIL)* cloddiwr *g*, peiriannydd *g* yn y fyddin.

Pionier- *kompos:* ~arbeit *f* gwaith *g* arloesol; ~unternehmen *nt* cwmni *g* arloesol.

Pipeline [ˈpaɪplaɪn] *f* piblin *g*.

Pipiᴰ [piˈpiː] *nt (Kindersprache)* pi-pi *g*; ~ machen gwneud pi-pi.

Pirat [piˈraːt] (-en, -en) *m* môr-leidr *g*.

Piratensender *m* gorsaf *b* radio answyddogol, radio *gb* herwrol.

Pirsch [pɪrʃ] (-) *f* llech-hela *g*.

Pischeᴬ [ˈpɪʃə] *f (vulg)* pis *g*.

pischenᴬ [ˈpɪʃən] *vi (vulg)* piso.

Pisseᴰ [ˈpɪsə] *f (ugs)* pis *g*.

pissenᴰ [ˈpɪsən] *vi (ugs)* piso; *(regnen)* piso i lawr.

Pissoir [pɪˈsoaːr] *nt* troethfa *b*.

Pistazie [pɪsˈtaːtsiə] *f* cneuen *b* bistasio.

Piste [ˈpɪstə] (-, -n) *f* trac *g*; *(Ski)* llwybr *g* sgïo; *(AERO)* rhedfa *b*, llwybr glanio.

Pistole [pɪsˈtoːlə] (-, -n) *f* pistol *g*, llawddryll *g*; wie aus der ~ geschossen *(fig)* ar unwaith, yn syth bin; jdm die ~ an die Brust setzen *(fig)* gorfodi rhn i wneud rhth trwy fygythiad.

pitschnassᴰ [ˈpɪtʃnas] *adj (ugs)* gwlyb diferu.

Pizza [ˈpɪtsa] (-, -s *oder* Pizzen) *f* pitsa *g*, pizza *g*.

Pkw (-(s), -(s)) *m abk* = Personenkraftwagen.

pl. *abk* = Plural.

Pl. *abk* (= *Platz)* sgwâr *gb*.

Plackerei [plakəˈraɪ] *f* slafdod *g*, lladdfa *b*.

plädieren [plɛˈdiːrən] *vi* pledio.

Plädoyer [plɛdoaˈjeː] (-s, -s) *nt* amddiffyniad *g*, ple *g*; *(fig)* apêl *gb*, erfyniad *g*.

Plage [ˈplaːgə] (-, -n) *f* pla *g*, haint *gb*; *(fig: Mühe)* pla, niwsans *g*, poendod *g*.

Plagegeist *m* pla, poendod, bwrn *g*.

plagen [ˈplaːgən] *vt* plagio, nychu, poeni.

♦ *vr* bustachu, gweithio'n galed.

Plagiat [plagiˈaːt] (-(e)s, -e) *nt* llên-ladrad *g*.

plagiieren [plagiˈiːrən] *vt* llên-ladrata.

Plakat [plaˈkaːt] (-(e)s, -e) *nt* poster *g*; *(aus Pappe)* hysbyslen *b*, placard *g*.

plakativ [plakaˈtiːf] *adj* trawiadol.

Plakat- *kompos:* ~stift *m* pin *g* llydan; ~wand *f* hysbysfwrdd *g*, palis *g*.

Plakette [plaˈkɛtə] (-, -n) *f (Abzeichen)* bathodyn *g*; *(Münze)* darn *g* arian coffa; *(an Wänden)* plac *g*.

Plan [plaːn] (-(e)s, ¨-e) *m* cynllun *g*, prosiect *g*; *(Karte)* map *g*; **Pläne schmieden** cynllunio; **nach ~ laufen** mynd yn ôl y bwriad; **jdn auf den ~ rufen** *(fig)* herio rhn.

Plane [ˈplaːnə] (-, -n) *f* tarpolin *g*, llywionen *b*.

planen [ˈplaːnən] *vt* cynllunio, llunio; *(Mord usw)*

Planer (-s, -) *m* (~in *f*) cynllunydd *g*.

Planet [pla'ne:t] (-en, -en) *m* planed *b*; **der blaue ~** y Ddaear *b*; **der rote ~** Mawrth *g*.

planetarisch [plane'ta:rɪʃ] *adj* planedol.

Planetenbahn *f* cylchdro *g*, orbit *gb*.

planieren [pla'ni:rən] *vt* lefelu, fflatio, llyfnhau.

Planierraupe (-, -n) *f* tarw *g* dur.

Planke ['plaŋkə] (-, -n) *f* astell *b*, estyllen *b*.

Plänkelei [plɛŋkə'laɪ] *f* sgarmes *b*.

Plankton ['plaŋktɔn] (-s, *kein pl*) *nt* (BIOL) plancton *g*.

planlos ['pla:nlo:s] *adj* (Vorgehen) di-drefn, ansystematig; (Umherlaufen) diamcan, dibwrpas.

planmäßig *adj* yn ôl y cynllun; (methodisch) trefnus; (BAHN) yn ôl yr amserlen.

Planschbecken ['planʃbɛkən] (-s, -) *nt* pwll *g* padlo.

planschen ['planʃən] *vi* padlo, sblasio, tasgu.

Plansoll ['pla:nzɔl] (-s, *kein pl*) *nt* (COMM) targed *g* cynhyrchu.

Plantage [plan'ta:ʒə] (-, -n) *f* planhigfa *b*.

Plantschbecken *nt* = **Planschbecken**.

plantschen *vi* = **planschen**.

Planung ['pla:nʊŋ] *f* cynllunio *g*.

Planwagen *m* wagen *b* â tho.

Planwirtschaft *f* economi *gb* rheoledig.

Plappermaul ['plapərmaʊl] *nt* (ugs) clebryn *g*, preblyn *g*.

plappern ['plapərn] *vi* cogor, brygowthan, preblan.

plärren ['plɛrən] *vi* (weinen) llefain, beichio crio; (Radio) rhuo, gwneud twrw.

Plasma ['plasma] (-s, **Plasmen**) *nt* plasma *g*.

Plastik¹ ['plastɪk] *f* (KUNST) cerfluniaeth *b*, cerflunwaith *g*.

Plastik² (-s, *kein pl*) *nt* (Kunststoff) plastig *g*, polythen *g*.

Plastik- *kompos:* **~beutel**[D] *m* bag *g* plastig; **~folie** *f* ffoil *g* plastig; **~geschoß** *nt* bwled *b* plastig; **~sackerl**[A] *nt* bag *g* plastig; **~sprengstoff** *m* ffrwydron *ll* plastik; **~tasche** *f*, **~tüte**[D] *f* bag *g* plastig.

Plastilin [plasti'li:n] (-s) *nt* clai *g* (chwarae).

plastisch ['plastɪʃ] *adj* plastig; **~e Chirurgie** llawfeddygaeth *b* blastig; **eine ~e Schilderung von etw geben** rhoi disgrifiad byw o rth; **stell dir das ~ vor!** dychmyga!

Platane [pla'ta:nə] (-, -n) *f* (BOT) planwydden *b*.

Plateau [pla'to:] (-s, -s) *nt* (GEOG) llwyfandir *g*.

Platin ['pla:ti:n] (-s, *kein pl*) *nt* platinwm *g*.

Platitude *f* = **Plattitüde**.

Platitüde *f* = **Plattitüde**.

platonisch [pla'to:nɪʃ] *adj* platonaidd.

platsch [platʃ] *excl* sblash!

platschen ['platʃən] *vi* sblasio, tasgu.

plätschern ['plɛtʃərn] *vi* byrlymu, lleibio, tincial.

platschnass[D] *adj* = **patschnass**.

platt [plat] *adj* gwastad, fflat; (ugs:[D] überrascht) syn, syfrdan; (fig:[D] geistlos) fflat, diflas, marwaidd, anniddorol; **einen P~en haben**[D] bod â theiar fflat.

Plattdeutsch *nt* (Sprache) Isel Almaeneg *b*.

Platte¹ ['platə] (-, -n) *f* (Speisen~, FOTO, TECH) plât *g*; (Steinplatte) panel *g*, slab *g*; (Kachel) teilsen *b*; (Schallplatte) record *b*; (COMP, CD) disg *gb*; **kalte ~ saig** *b* oer; **die ~ kenne ich** (ugs) dyna'r hen dôn gron.

Platte²[D] *m* (Reifen) teiar *g* fflat.

plätten ['plɛtən] *vt, vi* fflatio, llafnu, smwddio.

Platten- *kompos:* **~cover** *nt* llawes *b*; **~firma** *f* label *gb*, cwmni *g* recordiau; **~leger** *m* palmantwr *g*; **~nadel** *f* nodwydd *b* chwaraewr recordiau; **~spieler** *m* chwaraewr *g* recordiau; **~teller** *m* trofwrdd *g*.

Plattform ['platfɔrm] *f* platfform *g*, llwyfan *gb*; (Grundlage) sylfaen *gb*.

Plattfuß *m* troed *g* fflat; (Reifen)[D] teiar *g* fflat.

Plattitüde *f* ystrydeb *b*.

Platz [plats] (-es, ¨-e) *m* lle *g*, man *gb*; (Standort) safle *g*; (Sitz~) sedd *b*; (Raum) lle, gofod *g*; (öffentlicher) sgwâr *gb*; (Sport~) maes/cae *g* chwarae; (Tennis~) cwrt *g*; **~ machen** symud o'r ffordd; (zum Sitzen) gwneud lle i rn; **~ nehmen** eistedd, cymryd sedd; **~ sparend** sy'n arbed lle, cryno; **~ tauschen mit jdm** newid lle â rhn; **auf ~ zwei** yn yr ail safle, yn ail; **fehl am ~ sein** bod yn anaddas/amhriodol; **seinen ~ behaupten** sefyll eich tir; **das erste Hotel am ~**[D] y gwesty gorau yn yr ardal; **auf die Plätze, fertig, los!** ar eich marciau, parod, ewch! **einen Spieler vom ~ verweisen** (SPORT) anfon chwaraewr o'r maes/cae.

Platzangst *f* (MED) agoraffobia *g*, ofn *g* yr agored; (ugs) clawstroffobia *g*; **~ haben** teimlo'n glawstroffobig.

Platzanweiser(in) *m(f)* tywyswr(aig) *g(b)*.

Plätzchen ['plɛtsçən] (-s, -) *nt* smotyn *g*; (Gebäck)[D] bisgeden *b*, bisgïen *b*.

platzen ['platsən] *vi* (+sein) byrstio, chwalu, popian; (ugs: Geschäft) methu; (Freundschaft) chwalu; (Theorie, Verschwörung) dymchwel; **vor Wut ~** (ugs) bod yn wyllt gacwn, byrlymu o ddicter; **die Bombe ist geplatzt** (fig) mae'r sgandal wedi dod i sylw'r cyhoedd.

Platzhirsch *m* (fig, ugs) ceiliog *g* ar ei domen ei hun.

platzieren [pla'tsi:rən] *vt* gosod.

♦ *vr* seddu; (SPORT) ennill eich lle ymhlith y goreuon.

Platz- *kompos:* **~karte** *f* tocyn *g* sedd gadw; **~konzert** *nt* cyngerdd *gb* awyr agored; **~mangel** *m* prinder *g* lle, diffyg *g* gofod; **~patrone** *f* cap *g*; **~regen** *m* curlaw g, cawod b drom.

Platz sparend adj vgl. **Platz**.

Platz- kompos: **~verweis** m (SPORT) anfon g o'r cae; **~wart** m (SPORT) gofalwr g maes; **~wunde** f (MED) llarpiad g.

Plauderei [plaudə'raɪ] f sgwrs b, clonc b.

plaudern ['plaudərn] vi sgwrsio, cloncan, chwedleua, sgrytian.

Plaudertasche f hen geg b, preblyn g.

Plauschᴬ [plauʃ] m (ugs) sgwrs b.

plauschenᴬ ['plauʃən] vi (ugs) prepian.

plausibel [plau'ziːbəl] adj tebygol, credadwy.

plazieren vt, vr = **platzieren**.

Plebejer [ple'beːjər] m (**~in** f) un o'r werin bobl.

plebejisch [ple'beːjɪʃ] adj gwerinol.

Plebs [plɛps] m oder f (pej) gwerinos ll.

pleite ['plaɪtə] adj (ugs) heb ddimai goch.

Pleite f methdaliad g, methdalwriaeth b; (ugs:ᴰ Reinfall) methiant g; **~ machen** mynd yn fethdalwr.

Pleitegeier m (ugs) methdalwr g; (drohende Pleite) cwmwl g methdalwriaeth, y bygythiad g o fynd i'r wal.

Plejaden [ple'jaːdən] pl (ASTRON) Twr g Tewdws.

plemplem [plɛm'plɛm] adj (ugs) gwirion, hurt bost.

Plenarsitzung [ple'naːrzɪtsuŋ] f sesiwn b lawn.

Plenum ['pleːnum] (-s, **Plena**) nt plenwm g, cynulliad g llawn.

Pleuelstange ['plɔvəlʃtaŋə] (-, -n) f (TECH) rhoden b piston.

Plinseᴰ ['plɪnsə] f (KOCH) = **Pfannkuchen**.

Plissee [plɪ'seː] (-s, -s) nt (TEX) pleten b, plêt b.

Plisseerock m sgert b bletiog.

plissieren [plɪ'siːrən] vt pletio.

Plombe ['plɔmbə] f sêl b blwm; (Zahn~) llenwad g.

plombieren [plɔm'biːrən] vt selio; (Zahn) llenwi.

Plotter ['plɔtər] (-s, -s) m (COMP) plotiwr g.

plötzlich ['plœtslɪç] adj sydyn; **~er Kindstod** marwolaeth b grud.

♦ adv yn sydyn.

Pluderhose ['pluːdərhoːzə] (-, -n) f trowsus g harîm.

plump [plump] adj trwsgl, afrosgo, lletchwith; (dicklich) di-siap, di-lun; **~e Annäherungsversuche** fflyrtian amlwg.

plumpsen ['plumpsən] vi (+sein) cwympo/syrthio yn drwsgl.

Plumpsklo nt (ugs) closed g pridd.

Plunder ['plundər] (-s, kein pl) m sothach g, sbwriel g.

Plünderer ['plʏndərər] (-s, -) m chwiwleidr g, ysbeiliwr g.

Plundergebäck nt (KOCH) bisgedi ll o grwst haenog.

plündern ['plʏndərn] vt ysbeilio, chwiwladrata, anrheithio.

Plünderung f anrhaith b, ysbeiliad g, chwiwladrad g.

plural ['pluːraːl] adj = **pluralistisch**.

Plural m (GRAM) lluosog g; **im ~ stehen** bod yn ffurf luosog.

pluralistisch [plura'lɪstɪʃ] adj lluoseddol, amryfath.

plus [plus] adv (MATH) a, plws; **3 ~ 8** tri adio wyth, **zwischen minus 10 und ~ 10 Grad** rhwng 10 islaw a 10 uwchlaw sero; **mit ~-minus null abschliessen** (COMM) bod heb ennill na cholli.

Plus (-, -) nt plws g; (FIN) elw g; (Vorteil) mantais b.

Plüsch [plyːʃ] (-(e)s, -e) m (TEX) plwsh g.

Plüschtier nt tegan g meddal.

Plus- kompos: **~pol** m (ELEKT) pegwn g positif; **~punkt** m pwynt g; (fig) mantais b.

Plusquamperfekt nt (GRAM) y gorberffaith g.

Pluto ['pluːto] m (ASTRON) Plwton g.

Plutonium [plu'toːnium] (-s, kein pl) nt plwtoniwm g.

PLZ abk = **Postleitzahl**.

Pneuˢ [pnɔy] (-s, -s) m teiar g.

Po [poː] (-s, -s) m (ugs) pen g ôl.

Pöbel ['pøːbəl] (-s, kein pl) m poblach ll, gwerinos ll, gwrêng g.

Pöbelei [pøːbə'laɪ] (-, kein pl) f fwlgareiddiwch g, afledneisrwydd g.

pöbelhaft adj anfoesgar, comon.

pochen ['pɔxən] vi curo; (Herz) curo, dychlamu; **auf etw** akk **~** (fig) mynnu ar rth.

Pochen nt cur gb.

Pocken ['pɔkən] pl (MED) y frech b wen.

Pocken(schutz)impfung f brechiad g rhag y frech wen.

Podest [po'dɛst] (-(e)s, -e) nt oder m (Sockel) pedestal g.

Podium ['poːdium] (-s, **Podien**) nt llwyfan gb, panel g, platfform g.

Podiumsdiskussion f trafodaeth b banel.

Poesie [poe'ziː] (-, -n) f barddoniaeth b, prydyddiaeth b.

Poet [po'eːt] (-en, -en) m bardd g, prydydd g.

Poetin (-, -nen) f prydyddes b.

poetisch [po'eːtɪʃ] adj barddonol, cynganeddol.

Pointe [poˈɛ̃ːtə] (-, -n) f pwynt g; (bei Witz) ergyd gb.

pointiert [poɛ̃'tiːrt] adj miniog.

Pokal [po'kaːl] (-s, -e) m caregl g, cwpan gb; (SPORT) cwpan.

Pokalspiel nt gornest b gwpan.

Pökelfleisch ['pøːkəlflaɪʃ] nt cig g hallt.

pökeln ['pøːkəln] vt piclo, halltu.

Poker[1] ['poːkər] (-s, kein pl) nt (Spiel) pocer g.

Poker[2] (-s, kein pl) m (vier gleichrangige Karten) pocer g.

pokern ['poːkərn] vi chwarae pocer.

Pol [po:l] (-s, -e) *m (GEOG, ELEKT)* pegwn *g*, pôl *g*.

pol. *abk* = **politisch**; = **polizeilich**.

polar [po'la:r] *adj* pegynol.

polarisieren [polari'zi:rən] *vt, vr* polareiddio, pegynu.

Polarkreis *m* cylch *g* pegynol; **nördlicher/südlicher ~** cylch pegynol y gogledd/de.

Polarstern *m (ASTRON)* seren *b* y gogledd.

Pole ['po:lə] (-n, -n) *m* Pwyliad *g*.

Polemik [po'le:mɪk] *f* dadleuaeth *b*, polemeg *b*.

polemisch *adj* dadleuol, polemig.

polemisieren [polemi'zi:rən] *vi* ymddadlau, dadlau.

Polen ['po:lən] (-s) *nt (GEOG)* Gwlad *b* Pwyl.

Polente[D] [po'lɛntə] *f (ugs: Polizei)* y glas *g*.

Police [po'li:sə] *f (FIN)* polisi *g* yswiriant.

Polier [po'li:r] (-s, -e) *m* fforman *g*.

polieren [po'li:rən] *vt* caboli, gloywi, rhoi sglein ar.

Poliermaschine *f* llathrydd *g*.

Poliklinik [poli'kli:nɪk] (-, -en) *f (MED)* adran *b* y cleifion allanol.

Polin *f* Pwyliad *b*.

Polio ['po:lio] *f (MED)* polio(myelitis) *g*.

Politik [poli'ti:k] *f* gwleidyddiaeth *b*; *(eine bestimmte)* polisi *g*; **in die ~ gehen** ymhel â gwleidyddiaeth, dechrau gwleidydda; **eine ~ verfolgen** dilyn polisi.

Politiker [po'li:tikər] *m (~in f)* gwleidydd *g*.

Politikwissenschaften *pl (UNIV)* gwleidyddiaeth *b* ryngwladol.

politisch [po'li:tɪʃ] *adj* gwleidyddol; **die ~e Rechte** y Dde *b*; **~es Gedankengut** syniadaeth *b* wleidyddol.

politisieren [politi'zi:rən] *vi* gwleidydda, trafod gwleidyddiaeth.

   ♦ *vt* gwleidyddoli; **jdn ~** codi ymwybyddiaeth wleidyddol rhn.

Politur [poli'tu:r] *f* sglein *g*, cwyr *g*.

Polizei [poli'tsaɪ] *f* heddlu *g*; *(Wache)* swyddfa *b*'r heddlu.

Polizeiaufsicht *f:* **unter ~ stehen** bod dan orfodaeth i ymbresenoli o flaen yr heddlu yn rheolaidd.

Polizei- *kompos:* **~beamte** *m* swyddog *g* yr heddlu; **~chef** *m* pennaeth *g* yr heddlu; **~direktion** *f* pencadlys *g* yr heddlu.

polizeilich *adj* yr heddlu; **sich ~ melden** ymgofrestru gyda'r heddlu; **~es Führungszeugnis** *nt* tystlythyr *g* gan yr heddlu.

Polizei- *kompos:* **~präfekt** *m* Comisiynydd *g* Heddlu; **~präsident** *m* prif gwnstabl *g*; **~präsidium** *nt* pencadlys *g* yr heddlu; **~revier** *nt* gorsaf *b* yr heddlu; **~spitzel** *m* hysbyswr *g* i'r heddlu; **~staat** *m* gwladwriaeth *b* heddlu; **~streife** *f* patrôl *g* yr heddlu; **~stunde** *f* amser *g* cau.

polizeiwidrig *adj* anghyfreithlon.

Polizist [poli'tsɪst] (-en, -en) *m* heddwas *g*, plismon *g*; **~in** *f* plismones *b*.

Polizze[A] *f* = **Police**.

Pollen ['polən] *m* paill *g*.

polnisch ['polnɪʃ] *adj* Pwylaidd.

Polnisch *nt (Sprache)* Pwyleg *b*.

Polohemd ['po:lohɛmt] *nt* crys *g* polo.

Polster ['polstər] (-s, -) *nt oder m* clustog *b*; *(Polsterung)* clustogwaith *g*; *(in Kleidung)* pad *g*; *(fig: Geld)* arian wrth gefn.

Polsterbezug *m* cas *g* gobennydd.

Polsterer (-s, -) *m* clustogwr *g*, gorchuddiwr *g* dodrefn.

Polster- *kompos:* **~garnitur** *f* swît *b* dridarn; **~möbel** *nt* dodrefnyn *g* wedi'i glustogi.

polstern ['polstərn] *vt* clustogi, padio; **sie ist gut gepolstert** *(ugs)* mae digon o afael iddi; *(finanziell)* mae ganddi swllt neu ddau, nid yw hi'n brin o arian.

Polsterung *f* clustogwaith *g*.

Polterabend ['poltəra:bənt] *m* parti ar noswyl priodas.

poltern ['poltərn] *vi (Krach machen)* diasbedain, atseinio; *(schimpfen)* trystio, taranu.

polternd *adj* trystiog.

Poly- *in kompos* aml.

Polyäthylen [poliɛty'le:n] (-s, -e) *nt* polyethylen *g*.

Polyeder [poli'e:dər] (-s, -) *nt (MATH)* polyhedron *g*.

Polyester [poli'ɛstər] (-s, -e) *m* polyester *g*.

polyfon [poli'fo:n] *adj (MUS)* polyffonig.

Polyfonie [polifo'ni:] *f (MUS)* polyffoni *g*.

polygam [poli'ga:m] *adj* amlwreiciol, amlwriog; *(BOT)* amlweddog.

Polygamie [poliga'mi:] *f* amlwreiciaeth *b*, amlwriaeth *b*; *(BOT)* amlweddogrwydd *g*.

Polygon [poli'go:n] (-s, -e) *nt* polygon *g*.

Polyhistor [poli'hɪstor] *m* polymath *g*.

Polymer [poli'me:r] (-s, -e) *nt (CHEM)* polymer *g*.

Polynesien [poli'ne:ziən] (-s) *nt (GEOG)* Polynesia *b*.

Polynom [poli'no:m] (-s, -e) *nt (MATH)* polynomial *g*.

Polyp [po'ly:p] (-en, -en) *m (MED)* polyp *g*; *(ZOOL)* môr-gudyn *g*; **~en** *pl (MED)* adenoidau *ll*; *(ugs: Polizisten)* y glas *g*.

polyphon [poli'fo:n] *adj* = **polyfon**.

Polyphonie [polifo'ni:] *f* = **Polyfonie**.

polyploid [poliplo'i:t] *adj (BOT)* polyploidol.

Polysaccharid ['polisaxa'ri:t] (-(e)s, -e) *nt (CHEM)* polysacarid *g*.

Polytechnikum [poli'tɛçnikum] (-s, **Polytechnika**) *nt* coleg *g* polytechnig.

Polytheismus [polite'ɪsmus] *m* amldduwiaeth *b*.

Polytonalität [politonali'tɛ:t] *f (MUS)* amlgyweiredd *g*.

Polyvinylchlorid [poliviˈnyːlkloriːt] *nt (CHEM)* polyfinyl *g*.

Pomade [poˈmaːdə] *f* pomâd *g*.

Pommes frites [pomˈfrɪt] *pl* sglodion *ll* (tatws).

Pomp [pɔmp] (-(e)s) *m* rhodres *g*, rhwysg *g*.

pompös [pɔmˈpøːs] *adj* mawreddog, rhodresgar, rhwysgfawr.

Poncho [ˈpɔntʃo] (-s, -s) *m* ponsio *gb*.

Pontius [ˈpɔntsius] *m:* **von ~ zu Pilatus** *(fig)* o bant i bentan.

Ponton [pɔnˈtɔŋ, pɔ̃ˈtõː, pɔnˈtoːn^] *m (MIL)* pont *b*.

Pony[1] [ˈpɔni] (-s, -s) *nt (ZOOL)* merlyn *g*, merlen *b*.

Pony[2] *m (Frisur)* rhimyn (o wallt).

Ponyfransen *pl* rhimyn *g* (o wallt).

Poolbillard [ˈpuːlbɪljart] *nt* pŵl *g*.

Pop [pɔp] (-s) *m (MUS)* pop *g*; *(KUNST)* celf *b* bop.

Pop-Art *f* celf *b* bop.

Popelin [pɔpəˈliːn] *m (TEX)* poplin *g*.

Popeline *f* = **Popelin.**

Pop- *kompos:* **~gruppe** *f* grwp *g* pop; **~konzert** *nt* cyngerdd *gb* pop; **~musik** *f* cerddoriaeth *b* bop.

Popo [poˈpoː] (-s, -s) *m (ugs)* pen *g* ôl.

poppig [ˈpɔpɪç, -ɪk] *adj (Farbe usw)* gorliwgar.

Popsängerin *f* cantores *b* bop.

populär [popuˈlɛːr] *adj* poblogaidd; **~ machen** poblogeiddio.

Popularität [populariˈtɛːt] *f* poblogrwydd *g*.

populärwissenschaftlich *adj* lleyg-wyddonol.

Pore [ˈpoːrə] (-, -n) *f* mandwll *g*, croendwll *g*.

Porno [ˈpɔrno] *m* deunydd *g* pornograffig.

Pornografie [pɔrnograˈfiː] *f* pornograffi *g*.

pornografisch [pɔrnoˈgraːfɪʃ] *adj* pornograffig.

Pornographie *f* = **Pornografie.**

pornographisch *adj* = **pornografisch.**

porös [poˈrøːs] *adj (löchrig)* mandyllog; *(brüchig)* treuliedig.

Porree *m* cenhinen *b*.

Porridge *m oder nt (KOCH)* uwd *g*.

Portal [pɔrˈtaːl] (-s, -e) *nt* porth *g*, cyntedd *g*.

Portativ [pɔrtaˈtiːf] (-s, -e) *nt (MUS)* organ *b* bib gludadwy.

Portefeuille [pɔrtəˈføːj] (-s, -s) *nt (POL, FIN)* portffolio *g*.

Portemonnaie [pɔrtmɔˈnɛː] (-s, -s) *nt* pwrs *g*.

Portier [pɔrˈtieː, pɔrˈtiːr^] (-s, -s) *m* porthor *g*; **~in** *f* porthores *b*.

Portiersloge *f* porthordy *g*.

Portion [pɔrtsiˈoːn] (-, -en) *f* rhan *b*; *(Essen)* dogn *g*, tafell *b*; *(ugs: Anteil)* tipyn *g*; **dazu gehört eine tüchtige ~ Humor** mae angen dogn go hael o hiwmor fan hyn; **eine halbe ~** *(ugs: Person)* titw *g* bach, pwtsyn *g* bach; **eine ~ Kaffee**[D] pot *g* o goffi.

Portmonee *nt* = **Portemonnaie.**

Porto [ˈpɔrto] (-s, -s) *nt* cludiad *g*; **~ zahlt Empfänger** cludiant i'w dalu gan y derbynnydd.

portofrei *adj* post-daledig.

Porträt [pɔrˈtrɛː] (-s, -s) *nt* portread *g*, llun *g*, darlun *g*.

porträtieren [pɔrtrɛˈtiːrən] *vt* portreadu, darlunio; *(fig)* portreadu.

Portugal [ˈpɔrtugal] (-s) *nt (GEOG)* Portiwgal *b*.

Portugiese [pɔrtuˈgiːzə] (-n, -n) *m* Portiwgead *g*, Portiwgaliad *g*.

Portugiesin *f* Portiwgead *g*, Portiwgales *b*.

portugiesisch [pɔrtuˈgiːzɪʃ] *adj* Portiwgeaidd, Portiwgalaidd.

Portugiesisch *nt (Sprache)* Portiwgaleg *b*, Portiwgëeg *b*.

Portwein [ˈpɔrtvain] *m* port *g*.

Porzellan [pɔrtsɛˈlaːn] (-s, -e) *nt* porslen *g*; *(Geschirr)* llestri *ll*, tsieini *g*.

Porzellangeschirr *nt* tsieini *g*.

Porzellanladen *m:* **wie ein Elefant im ~** fel hwch yn mynd trwy siop.

Posaune [poˈzaunə] (-, -n) *f (MUS)* trombôn *g*; **die ~n von Jericho** utgyrn Jericho; **die letzte ~** yr utgorn olaf.

Pose [ˈpoːzə] *f* ystum *gb*; **eine ~ einnehmen** sefyll mewn ystum.

posieren [poˈziːrən] *vi* ystumio, sefyll mewn ystum, eich gosod eich hun.

Position [pozitsiˈoːn] (-, -en) *f* safle *g*; *(Stellung)* swydd *b*; *(Standort)* lleoliad *g*; *(Situation)* sefyllfa *g*; *(COMM: auf Liste)* eitem *b*.

Positionslicht *nt* goleuadau *ll* llywio.

positiv [ˈpoːzitiːf] *adj* cadarnhaol, dirwgnach, positif; *(ELEKT)* positif; **etw ~ gegenüberstehen** bod o blaid rhth.

Positiv *nt (FOTO)* positif *g*; *(MUS)* ogan *b* osodedig.

Positur [poziˈtuːr] *f* ystum *gb*, agwedd *gb*; **sich in ~ setzen** eich gosod eich hun mewn ystum.

Posse [ˈpɔsə] (-, -n) *f (THEAT)* ffars *b*.

possessiv [pɔsɛˈsiːf] *adj* meddiannol, meddiangar.

Possessivpronomen *nt (GRAM)* rhagenw *g* meddiannol.

possierlich [pɔˈsiːrlɪç] *adj* ciwt, doniol.

Post[1] [pɔst] (-, *kein pl*) *f (Briefe)* llythyrau *ll*, post *g*; **ist ~ für mich da?** oes 'na lythyrau i mi? **mit getrennter ~** mewn amlen ar wahan.

Post[2] (-, -ämter) *f (Postamt)* swyddfa *b* bost, llythyrdy *g*; **auf die ~ gehen** mynd i'r swyddfa bost.

Post- *kompos:* **~amt** *nt* swyddfa *b* bost; **~anweisung** *f* archeb *b* bost; **~bote**[D] *m* postmon *g*, dyn *g* y post.

Posten [ˈpɔstən] (-s, -) *m* safle *g*, lle *g*; *(COMM)* cofnod *g*, eitem; *(MIL)* gwarchodwr *g*; *(Streik~)* piced *g*; **~ beziehen** mynd i'ch lle, mynd ar wyliad; **nicht ganz auf dem ~ sein** *(nicht gesund sein)* bod yn ddihwyl.

Poster [ˈpoːstər] (-s, -s) *nt oder m* poster *g*.

Postf. *abk* (= *Postfach*) blwch *g* swyddfa bost.

Postfach (-(e)s, ¨-er) *nt* cloer *gb* (post).

postglazial *adj* olrewlifol.

Postkarte (-, -n) *f* cerdyn *g* post.

postlagernd *adv* post i'w gasglu.

Postleitzahl (-, -en) *f* côd *g* post.

postmodern [pɔstmoˈdɛrn] *adj* ôl-fodernaidd.

Post- *kompos:* **~scheckkonto** *nt* cyfrif *g* giro; **~skriptum** *nt* ôl-nodyn *g*; **~sparbuch** *nt* llyfr *g* cynilion y Swyddfa Bost; **~sparkasse** *f* banc *g* cynilo'r Swyddfa Bost; **~stempel** *m* marc *g* post.

postulieren [pɔstuˈliːrən] *vt* cynosod.

Postweg *m:* **auf dem ~** trwy'r post.

postwendend *adv* gyda throad y post.

Postwertzeichen (-s, -) *nt* stamp *g*.

Postwurfsendung (-, -en) *f* post-dafliad *g*, llythyrau *ll* sothach.

potent [poˈtɛnt] *adj* cryf, nerthol.

Potential [pɔtɛntsiˈaːl] *nt* = **Potenzial**.

potentiell [pɔtɛntsiˈɛl] *adj* = **potenziell**.

Potenz [poˈtɛnts] *f* cryfder *g*, nerth *g*.

Potenzial [pɔtɛntsiaˈl] *nt* potensial *g*, posibiliadau *ll*.

potenziell [pɔtɛntsiˈɛl] *adj* posibl, dichonol.

potenzieren [pɔtɛnˈtsiːrən] *vt* *(MATH)* codi i radd; *(MED)* potensio trwy deneuo.

Potpourri [ˈpɔtpuri, pɔtpuˈriː[A]] (-s, -s) *nt* cymysgfa *b*; *(MUS)* cadwyn *b*.

Pott[D] [pɔt] (-(e)s, ¨-e) *m* *(ugs)* potyn *g*.

potthässlich[D] *adj* *(ugs)* hyll fel pechod.

Powidl[A] [ˈpoːviːdl] *m* jam *g* eirin.

PR *nt abk* (= *public relations*) cysylltiadau *ll* cyhoeddus.

PR-Chef *m* swyddog *g* cysylltiadau cyhoeddus.

Präambel [prɛˈ[?]ambəl] (-, -n) *f* rhaglith *b*, rhagarweiniad *g*.

Pracht [praxt] (-, *kein pl*) *f* gogoniant *g*, ardderchowgrwydd *g*, crandrwydd *g*, ysblander *g*; **es ist eine wahre ~** mae'n hollol wych.

Prachtexemplar *nt* gwychder *g*; *(fig: Mensch)* esiampl *b* nobl.

prächtig [ˈprɛçtɪç, -ɪk] *adj* ysblennydd, gogoneddus.

Prachtstück *nt* addurn *g* pennaf, prif addurn.

prachtvoll *adj* crand, rhagorol.

Prädestination [prɛdɛstinatsiˈoːn] *f* rhagarfaeth *b*.

prädestinieren [prɛdɛstiˈniːrən] *vt* rhagarfaethu, rhagdynghedu.

Prädikat [prɛdiˈkaːt] (-(e)s, -e) *nt* *(GRAM)* traethiad *g*;

(Zensur, Wein) arwydd yn dynodi ansawdd arbennig.

Präfekt [preˈfɛkt] (-en, -en) *m* rhaglaw *g*.

präfigieren [prefiˈgiːrən] *vt* *(GRAM)* rhagddodi.

Präfix [prɛˈfɪks] (-es, -e) *nt* *(GRAM)* rhagddodiad *g*.

Prag [praːk] *nt* *(GEOG)* Praha *b*, Prâg *b*.

Prägeanstalt [ˈprɛːgəˀanʃtalt] *f* bathdy *g*.

prägen [ˈprɛːgən] *vt* stampio; *(Münze, Ausdruck)* bathu; *(Charakter)* dylanwadu, ffurfio; *(Stadtbild)* nodweddu, hynodi; **dieses Erlebnis prägte ihn** cafodd y profiad ddylanwad mawr arno.

prägend *adj* â dylanwad.

Prägestempel *m* bath *gb*, dei *g*.

Pragmatiker [pragˈmaːtikər] *m* (**~in** *f*) pragmatydd *g*.

pragmatisch [pragˈmaːtɪʃ] *adj* pragmatig, ymarferol.

prägnant [prɛgˈnant] *adj* cryno a manwl.

Prägnanz [prɛgˈnants] *f* crynoder *g*.

Prägung [ˈprɛːgʊŋ] *f* bathiad *g*; *(Eigenart)* cymeriad *g*, math *g*, hynodwedd *b*.

prähistorisch [prɛˈhɪstoːrɪʃ] *adj* cynhanesyddol.

prahlen [ˈpraːlən] *vi* ymffrostio, brolio.

Prahlerei [praːləˈraɪ] *f* ymffrost *g*, broliant *g*.

prahlerisch [ˈpraːlərɪʃ] *adj* ymffrostgar, broliog.

Prahlhans[D] [ˈpraːlhans] *m* ymffrostiwr *g*.

Praktik [ˈpraktɪk] *f* ymarfer *gb*; **~en** *pl* *(pej)* dulliau *ll* twyllodrus.

praktikabel [praktiˈkaːbəl] *adj* ymarferol.

Praktikant [praktiˈkant] *m* (**~in** *f*) prentis *g*, rhn dan hyfforddiant.

Praktikum [ˈpraktikum] (-s, **Praktika** *oder* **Praktiken**) *nt* hyfforddiant *g* ymarferol.

praktisch [ˈpraktɪʃ] *adj* ymarferol, hwylus, tringar; **~er Arzt** meddyg *g* teulu; **~es Beispiel** enghraifft *b* ymarferol.

praktizieren [praktiˈtsiːrən] *vt* gweithredu, ymarfer. ♦ *vi (Arzt)* gweithio.

Praline[D] [praˈliːnə] (-, -n) *f* pralin *g*, siocled *g*.

prall [pral] *adj* crwn a chadarn; *(Segel)* tyn; *(fleischig)* cnodiog, graenus, tew; *(Sonne)* tanbaid.

prallen [ˈpralən] *vi (+sein)* rhybedio, sboncio; *(Sonne)* tywynnu'n gryf, taro; **~ gegen** *+akk* taro yn erbyn.

prallvoll *adj* gorlawn.

Präludium [prɛˈluːdiʊm] (-s, **Präludien**) *nt* *(MUS)* preliwd *g*.

Prämie [ˈprɛːmiə] (-, -n) *f* premiwm *g*; *(Belohnung)* gwobr *b*.

prämienbegünstigt *adj* *(FIN)* gyda mantais premiymau.

Prämiensparen *nt* cynilo *g* mewn cynllun bonws.

prämieren [prɛˈmiːrən] *vt* gwobrwyo.

Prämisse [prɛˈmɪsə] (-, -n) *f* cynsail *b*, rhagamod *gb*.

Pranger ['praŋər] *m (HIST)* rhigod *g*, cyff *g*; **jdn an den ~ stellen** *(fig)* gwneud rhn yn gyff gwawd.

Pranke ['praŋkə] (-, -n) *f (Tier~, ugs: Hand)* pawen *b*.

Präparat [prɛpaˈraːt] (-(e)s, -e) *nt* cymysgedd *g*; *(MED)* meddyginiaeth *b*, moddion *g*.

präparieren [prɛpaˈriːrən] *vt (vorbereiten)* paratoi; *(konservieren)* cadw; *(sezieren)* dyrannu.

Präposition [prɛpozitsiˈoːn] (-, -en) *f (GRAM)* arddodiad *g*.

Prärie [prɛːˈriː] *f* paith *g*, peithdir *g*.

Präs. *abk* = **Präsens**; = **Präsident**.

Präsens ['prɛːzɛns] (-, **Präsentia** *oder* **Präsenzien**) *nt (GRAM)* yr amser *g* presennol.

präsent [prɛˈzɛnt] *adj:* **etw ~ haben** bod â rhth o fewn cyrraedd.

Präsentation [prɛzɛntatsiˈoːn] *f* cyflwyniad *g*.

Präsentator(in) [prɛzɛnˈtaːtər] *m(f)* cyflwynydd *g*.

präsentieren [prɛzɛnˈtiːrən] *vt* cyflwyno.

Präsenz- *kompos:* **~bibliothek** *f* llyfrau *ll* cyfeirio; **~dienst**[A] *m (MIL)* gwasanaeth *g* cenedlaethol.

Präservativ [prɛzɛrvaˈtiːf] (-s, -e) *nt* condom *g*.

Präservierung *f* cadwraeth *b*.

Präsident [prɛziˈdɛnt] (-en, -en) *m* llywydd *g*, arlywydd *g*; *(Klub~)* cadeirydd *g*; **~in** *f* llywyddes *b*, arlywyddes *b*.

Präsidentschaft *f (eines Verbands usw)* llywyddiaeth *b*; *(eines Staates)* arlywyddiaeth *b*.

Präsidentschaftskandidat *m* ymgeisydd *g* am yr arlywyddiaeth.

Präsidium [prɛˈziːdiʊm] (-s, **Präsidien**) *nt* llywyddiaeth *b*, cadeiryddiaeth *b*; *(Polizei~)* pencadlys *g* yr heddlu.

prasseln ['prasəln] *vi (+haben) (Feuer)* clindarddach, clecian.
♦ *vi (+sein) (Hagel)* curo.

prassen ['prasən] *vi* byw fel gŵr bonheddig, gwastraffu arian.

Präteritum [prɛˈteːritʊm] (-s, **Präterita**) *nt (GRAM)* gorffennol *g*, amherffaith *g*.

Pratze ['pratsə] (-, -n) *f* pawen *b*.

präventiv [prɛvɛnˈtiːf] *adj* rhwystrol.

Präverb *nt (GRAM)* rhagddodiad *g* (i ferf).

Praxis ['praksɪs] (-, **Praxen**) *f* arfer *gb*; *(Rechtsanwalt)* swyddfa *b*; *(Arzt)* meddygfa *b*; **in der ~** yn ymarferol.

Präzedenzfall [prɛtseˈdɛntsfal] (-(e)s, ¨-e) *m* cynsail *b*, rhagesiampl *b*.

präzise [prɛˈtsiːzə] *adj* union, trachywir, manwl gywir.

Präzision [prɛtsiziˈoːn] *f* manylrwydd *g*, cywirdeb *g*.

PR-Chef *m* swyddog *g* cysylltiadau cyhoeddus.

predigen ['preːdɪɡən] *vt, vi* pregethu.

Prediger ['preːdɪɡər] (-s, -) *m (REL)* pregethwr *g*.

Predigt ['preːdɪçt, -ɪkt] (-, -en) *f (REL)* pregeth *b*; *(fig)* pregeth, pryd *g* o dafod.

Preis [praɪs] (-es, *kein pl*) *m* pris *g*; *(Sieges~)* gwobr *b*; **um keinen ~** nid ar unrhyw gyfrif; **um jeden ~** doed a ddêl.

Preis- *kompos:* **~angebot** *nt* pris *g*; **~ausschreiben** *nt* raffl *b*, cystadleuaeth *b*.

preisbewusst *adj* ymwybodol o brisiau.

Preis- *kompos:* **~bindung** *f* cytuno *g* ar brisiau, gosod *g* prisiau; **~brecher** *m (COMM)* un sy'n gwerthu'n rhatach.

Preiselbeere ['praɪzəlbeːrə] *f (BOT)* llugaeronen *b*, cryglusen *b*.

Preiselbeersauce *f (KOCH)* saws *g* llugaeronen.

preisen ['praɪzən] *irreg vi* canmol, clodfori, moliannu.

Preis- *kompos:* **~entwicklung** *f* cyfeiriad *g* prisiau; **~erhöhung** *f* codiad *g* pris.

Preisfrage *f (Wettbewerb)* cwestiwn *g* am wobr; *(Kosten)* mater *g* y pris; **das ist eine ~** mae'n dibynnu ar y pris.

preisgeben ['praɪsɡeːbən] *irreg vt* gadael, cefnu ar; *(opfern)* aberthu; *(Geheimnis usw)* datgelu, dadlennu; **die Bevölkerung dem Elend ~** troi cefn ar y boblogaeth a'i gadael mewn trallod.

Preisgefälle *nt* bwlch *g* rhwng prisoedd.

preisgekrönt *adj* buddugol, arobryn.

Preis- *kompos:* **~geld** *nt* pwrs *g*; **~gericht** *nt* panel *g* o feirniaid.

preisgünstig *adj* rhesymol, rhad.

Preis- *kompos:* **~index** *m (FIN)* mynegrif *g* pris; **~krieg** *m* rhyfel *gb* prisiau; **~lage** *f* rhychwant *g* prisiau.

preislich *adj* o ran pris, mewn pris.

Preis- *kompos:* **~liste** *f* rhestr *b* brisiau; **~nachlass** *m* disgownt *g*; **~richter** *m* beirniad *g*; **~schild** *nt* tocyn *g* pris; **~senkung** *f* dibrisiad *g*; **~spanne** *f* amrywiaeth *gb* prisiau; **~sturz** *m* cwymp *g*; **~träger** *m* enillydd *g* gwobr; **~verfall** *m* gostyngiad *g*.

preiswert *adj* rhesymol, rhad.

Preiszettel *m* tocyn *g* pris.

prekär [preˈkɛːr] *adj* anodd, chwithig, dyrys.

Prellbock ['prɛlbɔk] (-s, ¨-e) *m* byffer *g*.

prellen ['prɛlən] *vt (fig: betrügen)* twyllo, hocedu; *(anschlagen)* **sich** *dat* **etw** *akk* **~** taro rhth, bwrw rhth; **die Zeche ~** peidio â thalu am ddiodydd.

Prellung ['prɛlʊŋ] (-, -en) *f (MED)* clais *g*.

Premiere [prəmiˈɛːrə] (-, -n) *f (THEAT, FILM)* perfformiad *g* cyntaf.

Premierminister [prəmiˈeːmɪnɪstər] *m (~in f)* prif weinidog *g*.

presbyterianisch [prɛsbyteriˈaːnɪʃ] *adj* Presbyteraidd.

Presse ['prɛsə] (-, -n) *f (Wein~ usw)* gwasg *b*; *(KOCH)* gwasgell *b*; **die ~** *(Zeitungen)* y wasg *b*.

Presse- *kompos:* **~agentur** *f* asiantaeth *b* newyddion; **~ausweis** *m* tocyn *g* y wasg; **~erklärung** *f* datganiad *g* i'r wasg; **~freiheit** *f* rhyddid *g* y wasg; **~konferenz** *f* cynhadledd *b* i'r wasg; **~meldung** *f* adroddiad *g* i'r wasg.

pressen ['prɛsən] *vt* gwasgu; *(in etw)* stwffio.

Presse- *kompos:* **~sprecher** *m* swyddog *g* y wasg; **~stelle** *f* cangen *b* y wasg; **~verlautbarung** *f* datganiad *g* i'r wasg.

pressieren [prɛ'si:rən] *vi:* **es pressiert** mae'n fater o frys.

Pressluft ['prɛslʊft] *f* awyr *b* gywasgedig, aer *g* cywasgedig.

Pressluft- *kompos:* **~bohrer** *m* dril *g* niwmatig; **~hammer** *m* morthwyl *g* niwmatig.

Pressspanplatte *f* caledfwrdd *g*.

Prestige [prɛs'ti:ʒə] (-s, *kein pl*) *nt* statws *g*, bri *g*.

Prestigeverlust *m* colli *g* bri.

Preuße ['prɔʏsə] (-n, -n) *m* Prwsiad *g*; *(pej)* Almaenwr *g* o'r Gogledd, Berliniad *g*.

Preußen ['prɔʏsən] *nt (HIST)* Prwsia *b*.

Preußin *f* Prwsiad *b*.

preußisch ['prɔʏsɪʃ] *adj* Prwsiaidd.

prickeln ['prɪkəln] *vt, vi* cosi, goglais, gogleisio.

Prickeln *nt* ias *b*.

prickelnd *adj* gogleisiog.

pries *vb vgl.* **preisen.**

Priester ['pri:stər] (-s, -) *m* offeiriad *g*.

Priesteramt *nt* gweinidogaeth *b*.

Priesterin *f* offeiriades *b*.

priesterlich *adj* gweinidogol.

Priesterschaft *f* offeiriadaeth *b*.

Priester- *kompos:* **~seminar** *nt* coleg *g* diwinyddol; **~weihe** *f* ordeiniad *g*.

prima[D] ['pri:ma] *adj indekl* campus, rhagorol.

Prima[D] (-, Primen) *f (veraltet)* yr wythfed a'r nawfed flwyddyn mewn ysgol uwchradd yn yr Almaen.

primär [pri'mɛ:r] *adj* prif, cynradd; *(grundlegend)* sylfaenol, elfennol.

Primar[A] [pri'ma:r] *m (MED)* = **Chefarzt.**

Primär- *kompos:* **~daten** *pl* data *ll* elfennol, prif ddata; **~literatur** *f* ffynhonnell *b* wreiddiol.

Primel ['pri:məl] (-, -n) *f (BOT)* briallen *b*.

primitiv [primi'ti:f] *adj* cyntefig, cynoesol.

Primzahl ['pri:mtsa:l] (-, -en) *f (MATH)* rhif *g* cysefin.

Prinz [prɪnts] (-en, -en) *m* tywysog *g*.

Prinzessin [prɪn'tsɛsɪn] (-, -nen) *f* tywysoges *b*.

Prinzip [prɪn'tsi:p] (-s, -ien) *nt* egwyddor *b*; **aus ~** ar egwyddor; **im ~** mewn egwyddor.

prinzipiell [prɪntsipi'ɛl] *adj* ar dir egwyddor, o ran egwyddor.

prinzipienlos [prɪn'tsi:piənlo:s] *adj* diegwyddor, diasgwrn-cefn.

Prior ['pri:ɔr] (-s, -en) *m (REL)* prior *g*.

Priorität [priori'tɛ:t] (-, -en) *f* blaenoriaeth *gb*; **~en** *pl (COMM)* blaengyfran *b*; **~en setzen** dewis eich blaenoriaethau.

Prise ['pri:zə] (-, -n) *f (Salz usw)* pinsiad *g*.

Prisma ['prɪsma] (-s, Prismen) *nt (MATH, PHYS)* prism *g*.

pritscheln[A] ['prɪtʃəln] *vi* sblasio, tasgu.

privat [pri'va:t] *adj* preifat, personol; **jdn ~ sprechen** siarad â rhn yn breifat.

Privat- *kompos:* **~besitz** *m* eiddo *g* preifat; **~detektiv** *m* ditectif *g* preifat; **~dozent** *m (UNIV)* darlithydd *g* hunangyflogedig; **~fernsehen** *nt* teledu *g* masnachol; **~gespräch** *nt* sgwrs *b* breifat; *(am Telefon)* galwad *gb* breifat; **~grund** *m* tir *g* preifat.

privatisieren [privati'zi:rən] *vt* preifateiddio, dadwladoli, dadreoli.

Privat- *kompos:* **~leben** *nt* bywyd *g* personol; **~lehrer** *m* tiwtor *g*; **~schule** *f* ysgol *b* breifat; **~unternehmen** *nt* menter *b* breifat; **~wirtschaft** *f* sector *gb* preifat.

Privileg [privi'le:k] (-(e)s, -ien) *nt* braint *gb*, rhagorfraint *b*.

privilegieren [privile'gi:rən] *vt* breinio.

privilegiert *adj* breiniol.

pro [pro:] *präp +akk* y, yr; **~ Woche** yr wythnos; **~ Kopf** yr un.

Pro (-, *kein pl*) *nt* dadl o blaid, mantais *b*.

Probe ['pro:bə] (-, -n) *f* prawf *g*; *(Teststück)* sampl *b*, sbesimen *g*; *(THEAT)* ymarfer *gb*, practis *g*; **jdn auf die ~ stellen** rhoi rhn ar brawf; **er ist auf ~ angestellt** fe'i cyflogir ar gyfnod prawf; **zur ~** i roi ar brawf; **eine ~ entnehmen** samplu.

Probe- *kompos:* **~bohrung** *f (Öl)* ffynnon *b* brawf; **~druck** *m* proflen *b*, print *g* arbrofol; **~exemplar** *nt* sampl *b*, copi *g* prawf; **~fahrt** *f* tro *g* prawf; **~jahr** *nt* blwyddyn *b* brawf; **~lauf** *m* rhediad *g* prawf.

proben ['pro:bən] *vt* profi; *(THEAT)* ymarfer.

Probestück *nt* sampl *b*, sbesimen *g*.

probeweise *adv* ar brawf.

Probezeit *f* cyfnod *g* prawf.

probieren [pro'bi:rən] *vt* ceisio, trio; *(Wein, Speise)* profi, blasu.

Problem [pro'ble:m] (-s, -e) *nt* problem *b*, anhawster *g*, trafferth *gb*; **vor einem ~ stehen** wynebu anhawster; **~e bereiten** gosod problemau; **~e wälzen** chwalu meddyliau.

Problematik [proble'ma:tɪk] *f* cymhlethdod *g*.

problematisch [proble'ma:tɪʃ] *adj* problematig, cas.

problemlos *adj* dibroblem, heb anhawster.

Produkt [pro'dʊkt] (-(e)s, -e) *nt* cynnyrch *g*; *(AGR)* ffrwyth *g*; *(MATH)* lluoswm *g*.

Produktion [produktsi'o:n] *f* cynhyrchiad *g*, allbwn *g*.

Produktions- *kompos:* **~leiter** *m* rheolwr *g* cynhyrchu; **~stätte** *f (Halle)* llawr *g* ffatri/gwaith.

produktiv [produk'ti:f] *adj* cynhyrchiol, ffrwythlon, toreithiog.

Produktivität [produktivi'tɛ:t] *f* cynhyrchiant *g*.

Produzent [produ'tsɛnt] (**-en, -en**) *m* gwneuthurwr *g*; *(Film)* cynhyrchydd *g*.

produzieren [produ'tsi:rən] *vt* cynhyrchu, gwneud.

Prof. *abk (= Professor)* yr Athro.

profan [pro'fa:n] *adj (weltlich)* seciwlar, bydol, lleyg; *(gewöhnlich)* cyffredin, pob dydd.

professionell [profɛsio'nɛl] *adj* proffesiynol.

Professor [pro'fɛsor] (**-s, -en**) *m (Universität)* athro *g* (cadeiriol); *(ugs:^A Gymnasiumlehrer)* athro *g*; **~in**^A *f (ugs: SCH)* athrawes *b*.

Professur [profɛ'su:r] *f* cadair *b*.

Profi ['pro:fi:] *m (ugs)* rhn proffesiynol; *(SPORT)* chwaraewr *g* proffesiynol.

Profil [pro'fi:l] *nt* amlinell *b*, proffil *g*; *(fig)* delwedd *b*; *(Querschnitt)* croestoriad *g*; *(von Reifen, Schuhsohle)* gwadn *g*.

profilieren [profi'li:rən] *vr* creu delwedd o chi'ch hunan.

Profit [pro'fi:t] (**-(e)s, -e**) *m* elw *g*, budd *g*, buddioldeb *g*.

profitieren [profi'ti:rən] *vi:* **~ (von)** elwa ar, cael elw o.

Profitmacherei *f (ugs)* budrelwa *g*.

Prognose [pro'gno:zə] (**-, -n**) *f* rhagolwg *g*.

Programm [pro'gram] (**-s, -e**) *nt* rhaglen *b*, cynllun *g*; *(TV)* sianel *b*; *(Kollektion)* rhychwant *g*; **nach ~** yn ôl y cynllun.

programmgemäß *adj* yn ôl y cynllun.

Programm- *kompos:* **~fehler** *m (COMP)* nam *g*, diffyg *g*; **~hinweis** *m (RADIO, TV)* hysbyseb *b* am raglen.

programmieren [progra'mi:rən] *vt* rhaglennu; *(Videorekorder)* gosod; **auf etw** *akk* **programmiert sein** *(fig)* bod yn barod ar gyfer rhth.

Programmierer (**-s, -**) *m* rhaglennwr *g*; **~in** *f* rhaglenwraig *b*.

Programmiersprache *f (COMP)* iaith *b* raglennu.

Programmierung *f* rhaglennu *g*.

Programm- *kompos:* **~punkt** *m* eitem *b*; **~vorschau** *f* rhagflas *g* (o raglen).

progressiv [progrɛ'si:f] *adj* graddol, esgynnol; *(POL)* blaengar, cynyddgar.

Projekt [pro'jɛkt] (**-(e)s, -e**) *nt* prosiect *g*, cynllun *g*, bwriad *g*.

Projektion [projɛktsi'o:n] *f (GEOG)* tafluniad *g*.

Projektleiter(in) *m(f)* rheolwr(aig) *g(b)* cynhyrchu.

Projektor [pro'jɛktor] (**-s, -en**) *m* taflunydd *g*.

projizieren [proji'tsi:rən] *vt* taflunio.

proklamieren [prokla'mi:rən] *vt* cyhoeddi, dweud ar goedd.

Pro-Kopf-Einkommen *nt* incwm *g* y pen.

Prokura [pro'ku:ra] (**-, Prokuren**) *f (COMM)* pŵer *g* atwrnai.

Prokurist [proku'rɪst] *m* (**~in** *f*) *(COMM)* ≈ ysgrifennydd *g* cwmni.

Prolet [pro'le:t] (**-en, -en**) *m* (**~in** *f*) prôl *g*, un o'r werin gaws.

Proletariat [proletari'a:t] *nt* proletariat *g*, gwerin *b*.

Proletarier [prole'ta:riər] (**-s, -**) *m* proletariad *g*.

Prolog [pro'lo:k] (**-(e)s, -e**) *m* prolog *g*, rhagymadrodd *g*.

Promenade [promə'na:də] *f* rhodfa *b*, promenâd *g*.

Promenadenmischung *f (ugs)* mwngrel *g*, ci *g* brith.

Promille [pro'mɪlə] (**-(s), -**) *nt* lefel *b* alcohol; *(MATH)* milfed *g*.

Promillegrenze *f* ffin alcohol gyfreithiol.

prominent [promi'nɛnt] *adj* enwog.

Prominenz [promi'nɛnts] *f* y pwysigion *ll*, yr enwogion *ll*.

Promotion [promotsi'o:n] *f (UNIV)* doethuriaeth *b*.

promovieren [promovi:rən] *vi* ysgrifennu doethuriaeth.

prompt [prɔmpt] *adj* di-oed, diymdroi, prydlon.

Pronomen [pro'no:mɛn] (**-s, -** *oder* **Pronomina**) *nt (GRAM)* rhagenw *g*.

Propaganda [propa'ganda] (**-, kein pl**) *f* propaganda *g*.

propagieren [propa'gi:rən] *vt* lluosogi, amlhau; *(Ideen)* lledu.

Propangas [pro'pa:nga:s] *nt* nwy *g* propan.

Propeller [pro'pɛlər] (**-s, -**) *m* propelor *g*, sgriw *b* yrru.

proper ['prɔpər] *adj (ugs)* twt, propr.

Prophet [pro'fe:t] (**-en, -en**) *m* proffwyd *g*.

prophezeien [profe'tsaiən] *vt* proffwydo.

Prophezeiung *f* proffwydoliaeth *b*.

prophylaktisch [profy'laktɪʃ] *adj* proffylactig.

Proportion [proportsi'o:n] *f* (**-, -en**) *f* rhan *b*, cyfran *b*.

proportional [proportsio'na:l] *adj* cymesurol, cyfrannol.

Proportionalschrift *f (COMP)* argraffu *g* cyfrannol.

proportioniert [proportsio'ni:rt] *adj:* **gut ~** cymesur; **schlecht ~** anghymesur.

Proporz [pro'pɔrts] *m (POL)* cynrychiolaeth *b* gyfrannol.

Prosa (**-, kein pl**) *f (LIT)* rhyddiaith *b*.

prosaisch *adj* diflas, rhyddieithol, anfarddonol.

Prosit ['pro:zɪt] *nt* = **Prost**; **~ Neujahr!** Blwyddyn

Newydd dda!

Prospekt [proˈspɛkt] *m* taflen *b* (froliant), pamffledyn *g*.

Prost [proːst] *nt:* ~! iechyd da!

Prostata [ˈprɔstata] *f (ANAT)* prostad *b*, chwarren *b* brostad.

Prostituierte [prostituˈiːrtə] (-n, -n) *f* putain *b*.

Prostitution [prostitutsiˈoːn] *f* puteindra *g*, puteindod *g*.

prot. *adj* = protestantisch.

Protektorat [protɛktoˈraːt] (-(e)s, -e) *nt (Schirmherrschaft)* nawdd *g*, nawddogaeth *b*; *(Schutzgebiet)* diffynwriaeth *b*, protectoriaeth *b*.

Protein [proteˈiːn] *nt* protein *g*.

Protest [proˈtɛst] (-(e)s, -e) *m* gwrthdystiad *g*, protest *b*.

Protestant [protɛsˈtant] (-en, -en) *m* (~in *f*) *(REL)* Protestant *g*.

protestantisch [protɛsˈtantɪʃ] *adj* Protestannaidd.

Protestbewegung *f* mudiad *g* protest.

protestieren [protɛsˈtiːrən] *vi* gwrthdystio.

Protestkundgebung *f* rali *b* brotest, gwrthdystiad *g*.

Prothese [proˈteːzə] (-, -n) *f (MED)* aelod *g* gosod/dodi; *(Zahn~)* dannedd *ll* gosod/dodi.

Protokoll [protoˈkɔl] *nt* cofrestr *b*; *(von Sitzung)* cofnodion *ll*; *(diplomatisch)* protocol *g*; *(Polizei~)* datganiad *g*; **~ führen** *(bei Sitzung)* cadw'r cofnodion; *(bei Gericht)* gwneud trawsgript o'r achos; **etw zu ~ geben** cofnodi rhth (yn ffurfiol).

Protokollführer *m* ysgrifennydd *g* cofnodion; *(JUR)* clerc *g* y llys.

protokollieren [protokoˈliːrən] *vt* cadw yn y cofnodion.

Proton [ˈproːtɔn] (-s, -en) *nt* proton *g*.

Prototyp [ˈproːtoytyːp] (-s, -en) *m* prototeip *g*, cynddelw *g*.

Protz [prɔts] (-es, -e) *m* rhodres *g*.

protzen [ˈprɔtsən] *vi* ymffrostio.

protzig [ˈprɔtsɪç, -ɪk] *adj* rhodresgar, rhwysgfawr.

Proviant [proviˈant] (-s, -e) *m* cyflenwad *g* bwyd.

Provinz [proˈvɪnts] (-, -en) *f* talaith *b*; **das ist finsterste ~** *(pej)* mae'r lle yn ddiffeithwch diwylliannol.

Provision [proviziˈoːn] (-, -en) *f (COMM)* comisiwn *g*.

provisorisch [proviˈzoːrɪʃ] *adj* dros dro.

provokant [provoˈkant] *adj* herfeiddiol, pryfoclyd.

Provokation [provokatsiˈoːn] (-, -en) *f* cythruddiad *g*, pryfociad *g*.

provokativ [provokaˈtiːf] *adj* herfeiddiol, pryfoclyd.

provokatorisch [provokaˈtoːrɪʃ] *adj* = provokativ.

provozieren [provoˈtsiːrən] *vt* pryfocio, cythruddo.

Prozedur [protseˈduːr] *f* dull o wneud rhth; *(pej)* hen helynt trafferthus; **die ~ des Autokaufs** yr helynt

wrth brynu car.

Prozent [proˈtsɛnt] *nt* canran *gb*; *(mit Zahl)* y cant; **sieben ~** saith y cant.

Prozent- *kompos:* **~rechnung** *f* cyfrif *g* canrannol; **~satz** *m* canran *gb*.

prozentual [protsɛntuˈaːl] *adj* = prozentuell.

prozentuell [protsɛntuˈɛl] *adj* canrannol, fel canran.

Prozess [proˈtsɛs] (-es, -e) *m* proses *gb*, gwaith *g*; *(JUR)* achos *g* llys.

prozessieren [protsɛˈsiːrən] *vi:* **~ gegen** +*akk* dwyn achos yn erbyn, mynd i gyfraith yn erbyn.

Prozession [protsɛsiˈoːn] (-, -en) *f* gorymdaith *b*.

Prozesskosten *pl* costau *ll* cyfreithiol.

prüde [ˈpryːdə] *adj* mursennaidd.

Prüderie [prydəˈriː] *f* mursendod *g*, rhodres *g*.

prüfen [ˈpryːfən] *vt (untersuchen)* archwilio; *(jds Wissen feststellen)* arholi; *(nach~)* gwirio, archwilio; *(erwägen)* ystyried.

Prüfer (-s, -) *m* (~in *f*) arholwr *g*.

Prüfling (-(e)s, -e) *m* ymgeisydd *g*.

Prüfstein (-(e)s, -e) *m* maen *g* prawf.

Prüfung (-, -en) *f (SCH)* arholiad *g*; *(Untersuchung)* archwiliad *g*; **eine ~ machen** sefyll arholiad; **durch eine ~ fallen** methu arholiad.

Prüfungs- *kompos:* **~ausschuss** *m* bwrdd *g* arholi; **~kommission** *f* bwrdd *g* arholi; **~ordnung** *f* rheolau *ll*'r arholiad.

Prügel [ˈpryːgəl] *m* pastwn *g*; **~** *pl (Schläge)* curfa *b*, cweir *gb*.

Prügelei [prygəˈlaɪ] *f* ymladdfa *b*, sgarmes *b*.

Prügelknabe *m* bwch *g* dihangol.

prügeln [ˈpryːgəln] *vt* curo, ymladd.

    ♦ *vr* ymladd.

Prügelstrafe *f* cosb *b* gorfforol.

Prunk [prʊŋk] (-(e)s, *kein pl*) *m* rhodres *g*.

prunkvoll *adj* moethus, ardderchog, rhagorol.

prusten [ˈpruːstən] *vi (ugs)* snwffian, ffroeni.

PS *pl abk (AUTO, = Pferdestärken)* nerth *g* ceffyl, H.P.

Psalm [psalm] (-s, -en) *m (REL)* salm *b*.

pseudo- [ˈpsɔʏdo] *in kompos* ffug.

Pseudointelektuelle *m/f* deallusyn *g* ffug.

Psychiater [psyçiˈaːtər] (-s, -) *m* seiciatrydd *g*.

Psychiatrie [psyçiaˈtriː] *f* seiciatreg *b*.

psychiatrisch [psyçiˈaːtrɪʃ] *adj (MED)* seiciatrig; **~e Klinik** ysbyty *g* meddwl.

psychisch [ˈpsyːçɪʃ] *adj* seicolegol; **~ gestört** emosiynol/seicolegol aflonydd.

Psychoanalyse [psyçoanaˈlyːzə] *f* seicdreiddiad *g*, dadansoddi *g* seicolegol.

Psychologe [psyçoˈloːgə] (-n, -n) *m* seicolegydd *g*.

Psychologie [psyçoloˈgiː] *f* seicoleg *b*.

Psychologin [psyçoˈloːgɪn] (-, -nen) *f* seicolegydd *g*.

psychologisch [psyço'lo:gɪʃ] *adj* seicolegol.

Psychotherapeut [psyçotera'pɔʏt] (-en, -en) *m* (~in *f*) seicotherapydd *g.*

Psychotherapie [psyçotera'pi:] *f* seicotherapi *g.*

Pubertät [pubɛr'tɛ:t] *f* oed *g* aeddfedrwydd, glasoed *g.*

Publikum ['publikʊm] (-s, *kein pl*) *nt* cynulleidfa *b*; *(SPORT)* torf *b*, tyrfa *b.*

Publikumserfolg *m* llwyddiant *g* poblogaidd.

Publikumsverkehr *m:* heute kein ~ ar gau i'r cyhoedd heddiw.

publizieren [publi'tsi:rən] *vt* cyhoeddi, hysbysebu.

Pudding ['pʊdɪŋ] (-s, -e *oder* -s) *m* (KOCH) blomonj *g.*

Pudel ['pu:dəl] *m* (Hund) pwdl *g*; **wie ein begossener ~ dastehen** bod â'ch cynffon yn eich gafl.

pudel- *kompos:* **~nackt** *adj* (ugs) yn hollol noeth; **~nass** *adj* (ugs) yn wlyb diferu; **~wohl** *adj* (ugs) ar ben eich digon.

Puder ['pu:dər] (-s, -) *m* powdr *g.*

Puderdose *f* blwch *g* powdr.

pudern ['pu:dərn] *vt* powdro.

Puderzucker *m* siwgr *g* bwrw.

Puff¹ (-s, -s) *nt oder m* (ugs: Bordell) puteindy *g.*

Puff² [pʊf] (-(e)s, ̈-e) *m* (ugs: Stoß) gwth *g*, gwthiad *g.*

Puff³ (-(e)s, -e) *m* (veraltet: TEX) pwff *g.*

Puffer ['pʊfər] *m* byffer *g.*

Puffer- *kompos:* **~speicher** *m* (COMP) byffer *g*; **~staat** *m* gwladwriaeth *b* glustog; **~zone** *f* cylchfa *b* ragod.

Puffreis *m* reis *g* pwff.

Pulle ['pʊlə] (-, -n) *f* (ugs:ᴰ Flasche) potel *b*; **volle ~ fahren** (ugs) gyrru holl nerth.

Pulli ['pʊli] (-s, -s) *m* (ugs) pwlofer *gb*, siwmper *b.*

Pullover [pʊ'lo:vər] (-s, -) *m* pwlofer *gb*, siwmper *b.*

Pullunder [pʊ'lʊndər] (-s, -) *m* tancdop *g*, siwmper *b* heb lewys.

Puls [pʊls] *m* pwls *g*, curiad *g* y galon.

Pulsader *f* rhydweli *b*, gwythïen *b* fawr; **sich** *dat* **die ~ aufschneiden** slaesio/torri'ch garddwn.

pulsieren [pʊl'zi:rən] *vi* curo, dychlamu.

Pult [pʊlt] (-(e)s, -e) *nt* desg *b.*

Pulver ['pʊlfər] *nt* powdr *g*; (ugs:ᴬ Tablette) tabled *b.*

Pulverfass *nt* casgen *b* bowdwr; *(fig)* llosgfynydd *g*; **auf einem ~ sitzen** *(fig)* eistedd ar fom.

pulverig ['pʊlfərɪç, -ɪk] *adj* powdrog.

pulverisieren [pʊlvəri'zi:rən] *vt* malurio, manfriwio.

Pulver- *kompos:* **~kaffee** *m* coffi *g* parod; **~schnee** *m* llwch *g* eira.

pummelig ['pʊmlɪç, -ɪk] *adj* llond eich croen.

Pump [pʊmp] *m* (ugs) **auf ~ kaufen** prynu ar goel/gredyd.

Pumpe ['pʊmpə] (-, -n) *f* pwmp *g*; (ugs: Herz) calon *b.*

pumpen ['pʊmpən] *vt* pwmpio; (ugs: leihen) benthyg, rhoi benthyg.

Pumphose *f* clos *g* pen-glin.

Punkt [pʊŋkt] *m* pwynt *g*; (bei Muster) dot *g*; (Satzzeichen) atalnod *g* llawn; **nun mach aber mal einen ~!** (ugs) gad hi fod nawr! **~ 12 Uhr** am ddeuddeg o'r gloch er ei ben.

punktegleich *adj* (SPORT) cyfartal.

Punkte- *kompos:* **~richter** *m* (SPORT) dyfarnwr *g*; **~sieg** *m* buddugoliaeth *b* ar bwyntiau; **~wertung** *f* system *b* bwyntiau; **~zahl** *f* sgôr *gb*, pwyntiau *ll.*

punktgleich *adj* = **punktegleich**.

punktieren [pʊŋk'ti:rən] *vt* dotio; (MED) allsugno; **punktierte Note** (MUS) nodyn *g* dot.

pünktlich ['pʏŋktlɪç] *adj* prydlon.

Pünktlichkeit *f* prydlondeb *g.*

Punktmatrix *f* matrics-argraffydd *g.*

punkto ['pʊŋkto] *präp +nom oder +gen:* **in ~** ynglŷn â, ynghylch; **in ~ Freiheit** parthed rhyddid; **in ~ Geld** parthed arian.

Punkt- *kompos:* **~richter** *m* (SPORT) dyfarnwr *g*; **~sieg** *m* buddugoliaeth *b* ar bwyntiau; **~wertung** *f* system *b* bwyntiau; **~zahl** *f* sgôr *gb*, pwyntiau.

Punsch [pʊnʃ] *m* pwnsh *g.*

Pupille [pu'pɪlə] (-, -n) *f* (ANAT) cannwyll *b* y llygad.

Puppe ['pʊpə] (-, -n) *f* dol *b*, doli *b*; (Marionette) pyped *g*; (ZOOL) chwiler *g*, crysalis *g*; (Schaufenster) dymi *g*; (ugs: Mädchen) pisyn *fach* bert.

Puppen- *kompos:* **~haus** *nt* tŷ *g* dol; **~spieler** *m* pypedwr *g*; **~stube** *f* tŷ *g* dol; **~theater** *nt* theatr *b* bypedau; **~wagen** *m* pram *g* dol.

Pups *m* (ugs) rhech *b*; **einen ~ lassen** rhechain, rhechu.

pur [pu:r] *adj* pur; (völlig) llwyr, hollol; (Whisky) heb ddŵr.

Püree [py're:] *nt* (Kartoffel~) tatws stwnsh, tatws wedi'u potsio.

Purpur ['pʊrpʊr] *m* rhuddgoch *g.*

Purzelbaum ['pʊrtsəlbaʊm] *m* tin-dros-ben *g*, trosben *g.*

purzeln ['pʊrtsəln] *vi* (+sein) rholio, cwympo, syrthio.

Pusteᴰ ['pu:stə] (-, *kein pl*) *f* (ugs: Atem) gwynt *g*, anadl *gb.*

Pusteblumeᴰ (-, -n) *f* (Kindersprache) dant *g* y llew.

pustenᴰ ['pu:stən] *vi* chwythu, pwffian.

Pute ['pu:tə] (-, -n) *f* twrcen *b*, iâr *b* dwrci.

Puterᴰ ['pu:tər] (-s, -) *m* ceiliog *g* twrci.

puterrotᴰ *adj* ysgarlad, fflamgoch.

Putsch [pʊtʃ] *m* (POL) gwrthryfel *g*, putsch *g.*

putschen ['pʊtʃən] *vi* gwrthryfela.

Putschist [pu'tʃɪst] (-en, -en) *m* gwrthryfelwr *g.*

Putschversuch *m* ymgais *gb* ar coup d'état, ymgais
   gb i gipio'r awdurdod.

Putte ['pʊtə] (-, -n) *f (KUNST)* ceriwb *g.*

Putz [pʊts] (-es, *kein pl*) *m (Mörtel)* plaster *g*, plastr *g*
   garw; **eine Mauer mit ~ verkleiden** chwipio wal yn
   wlyb, rhoi plastr garw ar wal.

putzen ['pʊtsən] *vt* glanhau; *(Nase)* sychu.
   ♦ *vr* glanhau eich hunan.

Putzfrau *f* glanhawraig *b.*

putzig *adj* ciwt, hyfryd.

Putzlappen *m* clwtyn *g*, cadach *g.*

Puzzle ['pasəl] *nt* jig-so *g*, pos *g* rhwyll-lif.

PVC *nt abk* PVC, polyfinyl *g* clorid.

Pygmäe [pʏg'mɛ:ə] (-n, -n) *m* pigmi *g.*

Pyjama [pʏ'dʒɑ:ma] (-s, -s) *m oder nt* pyjamas *ll.*

Pyramide [pyra'mi:də] (-, -n) *f* pyramid *g.*

Pyrenäen [pyre'nɛ:ən] *pl (GEOG)* y Pyreneau *ll.*

Python ['py:tɔn] *m (ZOOL)* peithon *g.*

Q

Q, q [ku:] *nt* Q, q *b*; **~ wie Quelle** Q am Quelle.

qcm *abk (= Quadratzentimeter)* cm².

qkm *abk (= Quadratkilometer)* km².

qm *abk (= Quadratmeter)* m².

quabbelig⁰ ['kvabəlɪç, ɪk] *adj (schwabbelig)* sigledig, woblog.

Quacksalber ['kvakzalbər] (**-s**, **-**) *m* doctor *g* cwac.

Quader ['kvɑːdər] (**-s**, **-**) *m* maen *g* sgwâr.

Quadrat [kva'drɑːt] (**-(e)s**, **-e**) *nt* sgwâr *gb*.

quadratisch *adj* sgwâr.

Quadrat- *kompos:* **~kilometer** *m* cilometr *g* sgwâr; **~latschen** *pl (ugs: Schuhe)* clocsen *b*; **~meter** *m* metr *g* sgwâr; **~wurzel** *f (MATH)* ail isradd *g*.

quadrieren [kva'driːrən] *vt* sgwario.

quaken ['kvɑːkən] *vi (Frosch)* crawcian, crawcio; *(Ente)* cwacian, cwacio.

quäken ['kvɛːkən] *vi* sgrechian.

quäkend *adj* sgrechlyd.

Quäker ['kvɛːkər] (**-s**, **-**) *m (REL)* Crynwr *g*; **~in** *f* Crynwraig *b*.

Qual [kvɑːl] (**-**, **-en**) *f* poen *gb*, dolur *g*, gwewyr *g*; *(seelisch)* gofid *g*, ing *g*; **er machte ihr das Leben zur ~** gwnaeth e ei bywyd yn ddiflastod llwyr.

quälen [kvɛːlən] *vt* poenydio, arteithio; *(belästigen)* plagio.

♦ *vr: sich mit etwas ~* ymgodymu â rhth.

quälend *adj:* **~e Ungewissheit** ansicrwydd *g* arteithiol.

Quälerei [kvɛːlə'raɪ] *f* artaith *b*.

Quälgeist *m* un sy'n boendod, pla, bwrn *g*.

Qualifikation [kvalifikatsi'oːn] (**-**, **-en**) *f* cymhwyster *g*.

qualifizieren [kvalifi'tsiːrən] *vt* cymhwyso.

♦ *vr* ymgymhwyso.

Qualität [kvali'tɛːt] *f* ansawdd *gb*, safon *b*; **von ausgezeichneter ~** o ansawdd ardderchog.

qualitativ [kvalita'tiːf] *adj* ansoddol.

Qualitäts- *kompos:* **~kontrolle** *f* rheolaeth *b* ansawdd; **~ware** *f* cynnyrch *g* o safon uchel.

Qualle ['kvalə] (**-**, **-n**) *f (ZOOL)* slefren *b* fôr.

Qualm [kvalm] (**-(e)s**, *kein pl*) *m* mwg *g* trwchus.

qualmen ['kvalmən] *vi* mygu.

♦ *vt (ugs: rauchen)* smocio, smygu.

qualvoll ['kvɑːlfɔl] *adj* arteithiol, poenydiol.

Quanten- ['kvantən] *kompos:* **~sprung** *m (PHYS)* naid *b* cwantwm; **~theorie** *f (PHYS)* damcaniaeth *b* y cwantwm.

Quantität [kvanti'tɛːt] (**-**, **-en**) *f* nifer *gb*, maint *g*.

quantitativ [kvantita'tiːf] *adj* mesurol, meintiol, yn ôl maint.

Quantum ['kvantʊm] (**-s**, **Quanten**) *nt* maint *g*, mesur *g*; *(Portion)* cyfran *b*, rhan *b*.

Quarantäne [karan'tɛːnə] *f* cwarantîn *g*.

Quark¹⁰ [kvark] *m* caws *g* hufen; *(ugs: Quatsch)* sothach *g*.

Quark² (**-s**, **-s**) *nt (PHYS)* cwarc *g*.

Quartal [kvar'tɑːl] *nt* chwarter *g*, tri mis *g*; **Kündigung zum ~** cytundeb am rybudd ymadael o dri mis.

Quarte ['kvartə] (**-**, **-n**) *f (MUS)* pedwerydd *g*.

Quartett [kvar'tɛt] (**-(e)s**, **-e**) *nt (MUS)* pedawarawd *g*; *(Kartenspiel)* ≈ gêm gardiau 'happy families'.

Quartier [kvar'tiːr] (**-s**, **-e**) *nt* trigfan *b*; *(MIL)* lluesty *g*, gwersyllfa *b*; *(Stadt)* rhan *b*, ardal *b*.

Quarz [kvɑːrts] (**-es**, **-e**) *m (GEOL)* cwarts *g*.

Quasar [kva'sɑːr] (**-s**, **-e**) *m (ASTRON)* cwaseren *b*, cwasar *gb*.

quasi ['kvɑːzi] *adv* bron, i bob pwrpas.

♦ *Präfix* lled-.

quasseln ['kvasəln] *vi (ugs)* clebran.

Quaste ['kvastə] (**-**, **-n**) *f* tasel *g*; *(von Pinsel)* blew *ll*.

Quästor *m (UNIV)* swyddog *g* cyllid, pyrser *g*.

Quästur [kvɛs'tuːr] *f (UNIV)* swyddfa *b* gyllid.

Quatsch [kvatʃ] (**-es**, *kein pl*) *m (ugs)* lol *b*, sothach *g*.

quatschen ['kvatʃən] *vi* siarad lol, siarad dwli, cloncian.

Quatschkopf *m (ugs: Schwätzer)* un sy'n malu awyr; *(Dummkopf)* twpsyn *g*.

Quecksilber ['kvɛkzɪlbər] *nt* arian *g* byw, mercwri *g*.

Quelle ['kvɛlə] (**-**, **-n**) *f* ffynnon *b*, ffynhonnell *b*, ffrwd *b*; *(eines Flusses)* ffynhonnell *b*, tarddle *g*.

quellen ['kvɛlən] *irreg vi (+sein) (hervor~)* ffrydio, byrlymu; *(sich vollsaugen)* chwyddo, ymdreiddio.

Quellenangabe (**-**, **-n**) *f* cyfeiriad *g*.

Quellwasser *nt* dŵr pur y ffynnon.

Quengelei [kvɛŋə'laɪ] *f (ugs)* swnian *g*.

quengelig ['kvɛŋəlɪç, -ɪk] *adj (ugs)* cwynfanllyd.

quengeln ['kvɛŋəln] *vi (ugs)* cwyno, swnian.

quer [kveːr] *adv* ar draws, ar letraws; **~ über den Fluss** ar draws yr afon; **kreuz und ~** yma ac acw; *(unordentlich)* yn aflêr; **sich ~ legen** *(fig: ugs)* tynnu'n groes; **~ gestreift** â streips gorweddol.

Quer- *kompos:* **~balken** *m* trawst *g*, croeslath *g*; **~denker** *m* rebel *g*.

Quere ['kveːrə] *f:* **jdm in die ~ kommen** torri ar draws rhn, tarfu ar rn, dod ar draws rn.

Querele [kve're:lə] (-, -n) *f* anghydfod *g*, ffrae *b*.
querfeldein *adv* ar draws gwlad.
Querfeldeinrennen *nt* ras *b* draws-gwlad; *(mit Motorrädern)* ras *b* draws-gwlad ar feiciau modur; *(Radrennen)* ras *b* feiciau.
Quer- *kompos:* **~flöte** *f* ffliwt *b*; **~format** *nt* fformat *g* hirsgwar.
quer gestreift *adj vgl.* **quer.**
Quer- *kompos:* **~holz** *nt (Kricket)* caten *b*; **~kopf** *m* rhn anodd ei drin.
quer legen *vr vgl.* **quer.**
Quer- *kompos:* **~pass** *m (SPORT)* croesiad *g*, pàs *b* letraws; **~schiff** *nt* transept *g*, ale *b* groes; **~schnitt** *m* croestoriad *g*, trawstoriad *g*.
querschnittgelähmt *adj* paraplegig.
querschnittsgelähmt *adj* = **querschnittgelähmt.**
Quer- *kompos:* **~straße** *f* cyffordd *b*; **~strich** *m* llinell *b* groes; **~summe** *f (MATH)* swm o'r digidau unigol mewn rhif.
Querulant [kveru'lant] (-en, -en) *m* grwgnachwr *g*; **~in** *f* grwgnachwraig *b*.
Quer- *kompos:* **~verbindung** *f* cyswllt *g*, cysylltiad *g*; **~verweis** *m* croesgyfeiriad *g*.
quetschen ['kvɛtʃən] *vt* gwasgu, mathru; *(MED)* cleisio.
Quetschung *f (MED)* clais.
Queue [kø:] (-s, -s) *nt oder m (Billiardstock)* ciw *g*.
quicklebendig ['kvɪkle'bɛndɪç, -ɪk] *adj* bywiog, sionc.
quieken ['kvi:kən] *vi* gwichian, gwichio.
Quietismus [kviə'tɪsmʊs] *m (REL)* tawellyddiaeth *b*.
quietschen ['kvi:tʃən] *vi* gwichian, gwichio.
quietschvergnügt *adj (ugs)* mor hapus â'r dydd.
Quinta[D] ['kvɪnta] (-, **Quinten**) *f (veraltet)* ail flwyddyn mewn ysgol uwchradd yn yr Almaen.
Quinte ['kvɪntə] (-, -n) *f (MUS)* pumed *g*; **verkleinerte ~** pumed cywasg.
Quintessenz ['kvɪntɛsɛnts] *f* hanfod *gb*, anian *gb*, naws *b*.
Quintett [kvɪn'tɛt] (-(e)s, -e) *nt* pumawd *g*.
Quirl [kvɪrl] (-(e)s, -e) *m* chwisg *gb*.
quirlig ['kvɪrlɪç, -ɪk] *adj* bywiog, sionc.
quitt [kvɪt] *adj* cyfartal, gwastad; **~ sein** bod yn gyfartal.
Quitte ['kvɪtə] (-, -n) *f* afal *g* cwins, cwinsen *b*.
quittieren [kvɪ'ti:rən] *vt (Empfang)* rhoi derbynneb am; *(Dienst)* ymddiswyddo o.
Quittung (-, -en) *f* derbynneb *b*; **er hat seine ~ bekommen** mae e wedi talu'r pris.
Quiz [kvɪs] (-, -) *nt* cwis *g*.
quoll *vb vgl.* **quellen.**
Quote ['kvo:tə] (-, -n) *f* cwota *g*, rhandaliad *g*.
Quotenregelung *f* system *b* gwota (i sicrhau cynrychioliaeth deg o fenwyod).
Quotient *m (MATH)* cyniferydd *g*.
Quotierung [kvo'ti:rʊŋ] *f (COMM)* pris *g*.

R

R¹, r [εr] *nt* R, r *b*; **~ wie Richard** R am Richard.

R², r *abk* (= *Radius*) radiws *g*.

r. *abk* = **rechts**.

Rabatt [ra'bat] (-(e)s, -e) *m* (*COMM*) gostyngiad *g*, disgownt *g*.

Rabatte[D] [ra'batə] (-, -n) *f* gwely *g* blodau cul.

Rabattmarke (-, -n) *f* stamp *g* masnachu.

Rabatz [ra'bats] (-es, *kein pl*) *m* (*ugs*) twrw *g*, stŵr *g*.

Rabe ['ra:bə] (-n, -n) *m* (*ZOOL*) cigfran *b*.

Rabenmutter *f* mam *b* galongaled.

rabenschwarz *adj* purddu.

rabiat [rabi'a:t] *adj* cynddeiriog.

Rache ['raxə] (-, *kein pl*) *f* dial *g*, dialedd *g*.

Rachen ['raxən] (-s, -) *m* (*ANAT*) argeg *b*, ffaryncs *g*.

rächen ['rεçən] *vt* dial ar.

♦ *vr* dwyn dial, talu'r pwyth yn ôl; **das wird sich ~** dial a ddaw.

Rachitis [ra'çi:tɪs] *f* (*MED*) y llech *gb*.

Rachsucht *f* dialgaredd *g*.

rachsüchtig *adj* dialgar.

Racke ['rakə] (-, -n) *f* (*ZOOL*) ydfran *b*.

Racker[D] ['rakər] (-s, -) *m* (*ugs*) cnaf *g*.

Racket ['rεkət] (-s, -s) *nt* (*SPORT*) raced *b*.

Rad [ra:t] (-(e)s, ̈-er) *nt* olwyn *b*; (*Fahr~*) beic *g*; **~ fahren** seiclo, beicio, mynd ar gefn beic; **ein ~ schlagen** (*SPORT*) gwneud olwyndro; **unter die Räder kommen** (*fig*) dod dan y lach; **das fünfte ~ am Wagen sein** (*ugs*) teimlo nad ydych yn perthyn i'r grŵp.

Radar ['ra:da:r, ra'da:r[D]] (-s, *kein pl*) *m oder nt* radar *g*.

Radar- *kompos:* **~falle** *f* trap *g* gyrwyr; **~kontrolle** *f* archwiliad *g* cyflymdra, archwiliad radar.

Radau [ra'dau] (-(e)s, *kein pl*) *m* twrw *g*, stŵr *g*, dwndwr *g*; **~ machen** creu stŵr.

Raddampfer *m* stemar *b* olwyn.

radebrechen ['ra:dəbrεçən] *irreg vt, vi untrenn:* **Walisisch ~** siarad mewn Cymraeg bratiog.

radeln ['ra:dəln] *vi* (*+sein*) (*ugs*) seiclo.

Rädelsführer ['rε:dəlsfy:rər] *m* prif derfysgwr *g*.

Rad fahren *irreg vi* (*+sein*) *vgl.* **Rad**.

Radfahrer(in) *m(f)* beiciwr *g*, beicwraig *b*.

Radfahrweg *m* = **Radweg**.

Radi[A] *m* (*KOCH*) = **Rettich**.

radial [radi'a:l] *adj* rheiddiol.

Radial- *kompos:* **~reifen** *m* teiar *g* rheiddiol; **~symmetrie** *f* cymesuredd *g* rheiddiol.

radieren [ra'di:rən] *vt* rhwbio allan; (*KUNST*) ysgythru.

Radiergummi *m* dilëwr *g*, rwber *g*.

Radierung *f* (*KUNST*) ysgythriad *g*.

Radieschen [ra'di:sçən] (-s, -) *nt* rhuddygl *g*.

radikal [radi'ka:l] *adj* (*grundlegend*) sylfaenol; (*POL, REL*) radicalaidd.

Radikale (-n, -n) *m/f* (*POL usw*) radical *g*.

Radikalisierung *f* radicaleiddio *g*.

Radikalkur *f* triniaeth *b* ddrastig.

Radio ['ra:dio] (-s, -s) *nt* radio *gb*; **im ~** ar y radio; **~ hören** gwrando ar y radio.

radioaktiv *adj* ymbelydrol; **~er Niederschlag** llwch *g* ymbelydrol.

Radioaktivität *f* ymbelydredd *g*.

Radio- *kompos:* **~apparat** *m* set *b* radio; **~recorder** *m* recordydd *g* tâp a radio; **~teleskop** *nt* telesgop *g* radio.

Radium ['ra:dium] (-s, *kein pl*) *nt* (*CHEM*) radiwm *g*.

Radius ['ra:dius] (-, **Radien**) *m* radiws *g*.

Radkappe *f* (*AUTO*) cap *g* both.

Radler *m* (*ugs*) beiciwr *g*; (*Getränk*)[A] siandi *g*, cwrw a lemonêd; **~in** *f* beicwraig *b*.

Radon ['ra:don] (-s, *kein pl*) *nt* (*CHEM*) radon *g*.

Rad- *kompos:* **~rennbahn** *f* trac *g* rasio beiciau; **~rennen** *nt* rasio *g* beiciau; **~sport** *m* seiclo *g*; **~weg** *m* llwybr *g* beiciau, lôn *b* las.

RAF[D] *f abk* (= *Rote Armee Fraktion*) Carfan *b* y Fyddin Goch.

raffen ['rafən] *vt* cipio, crafangu, plycio; (*Kleidung*) torchi; (*Stoff*) crychu; (*ugs:*[D] *verstehen*) dirnad; **Geld ~** gwneud arian fel y mwg.

Raffgier *f* trachwant *g*.

Raffinade [rafi'na:də] *f* siwgr *g* coeth.

Raffinerie [rafinə'ri:] (-, -n) *f* perfa *b*.

Raffinesse [rafi'nεsə] (-, -n) *f* (*Feinheit*) coethder *g*; (*Schlauheit*) cyfrwyster *g*.

raffiniert [rafi'ni:rt] *adj* (*Öl, Zucker*) pur; (*ugs: schlau*) cyfrwys, cadnoaidd, ystrywgar.

Rage ['ra:ʒə] (-, *kein pl*) *f* cynddaredd *b*; **jdn in ~ bringen** cynddeiriogi rhn.

ragen ['ra:gən] *vi* ymgodi, ymddyrchafu.

Ragout [ra'gu:] (-s, -s) *nt* (*KOCH*) stiw *g*.

Rahm [ra:m] (-s, *kein pl*) *m* hufen *g*.

rahmen ['ra:mən] *vt* fframio.

Rahmen (-s, -) *m* ffrâm *b*, fframwaith *g*; **im ~ des Möglichen** o fewn terfynau posibilrwydd; **aus dem ~ fallen** (*fig*) bod yn wahanol i'r arfer, tynnu sylw.

Rahmen- *kompos:* **~handlung** *f (LIT)* digwyddiadau *ll* cefndirol; **~plan** *m* bras gynllun *g*; **~richtlinien** *pl* bras ganllawiau *ll*.

rahmig *adj* hufennog.

Rain [raɪn] (-(e)s, -e) *m (AGR)* talar *b*.

Rain- *kompos:* **~farn** *m (BOT)* tanclys *g*, tansi *g*; **~weide** *f (BOT)* yswydden *b* gyffredin.

Rakete [ra'keːtə] (-, -n) *f* roced *b*; *(MIL)* taflegryn *g*; **ferngelenkte ~** taflegryn *g* annel.

Raketenstützpunkt *m (MIL)* gorsaf *b* daflegrau.

Rakett[D] [ra'kɛt] (-(e)s, -e *oder* -s) *nt (SPORT)* raced *b*.

Ralle ['ralə] (-, -n) *f (ZOOL)* rhegen *b* y dŵr.

Rallye ['rali] (-, -s) *f* rali *b*.

RAM [ram] (-(s), -(s)) *nt (COMP)* RAM *g*, cof *g* hapgyrch.

rammdösig[D] *adj (ugs)* pensyfrdan.

rammen ['ramən] *vt* hyrddio.

Rampe ['rampə] (-, -n) *f* esgynfa *b*, ramp *g*.

Rampenlicht (-s, -er) *nt (THEAT)* golau *g* godre; *(fig)* im **~** yng ngolwg y cyhoedd.

ramponieren [rampo'niːrən] *vt (ugs)* niweidio.

Ramsch [ramʃ] (-(e)s, *kein pl*) *m* hen bethau rhad.

ran [ran] *adv (ugs)* = **heran**.

Rand [rant] (-es, ̈-er) *m* ymyl *gb*, rhimyn *g*; *(Hut~)* cantel *g*; **am ~e der Stadt** ar gyrion y dref; **am ~e der Verzweiflung** ar fin anobeithio; **am ~e bemerkt** wedi'i ddweud wrth fynd heibio; **Ränder unter den Augen** pantiau o dan y llygaid; **außer ~ und Band** cynddeiriog.

randalieren [randa'liːrən] *vi* terfysgu, codi stŵr.

Randbemerkung (-, -en) *f* ymylnod *g*; *(fig)* sylw *g* ymylol.

rändeln[D] ['rɛndəln] *vt (TECH)* nwrlio.

Rand- *kompos:* **~erscheinung** *f* ffenomen *b* ymylol; **~figur** *f* cymeriad *g* dibwys; **~gebiet** *nt (GEOG)* cyrion *ll*, ardal *b* ymylol; *(POL)* tiriogaeth *b* dlawd; *(fig)* maes *g* ymylol; **~stein**[A] *m* ymylfaen *g*, ochr *b* palmant; **~streifen** *m (Straßenrand)* llinell *b*; *(der Autobahn)* llain *b* galed.

randvoll *adj* llawn hyd at yr ymyl.

rang *vb vgl.* **ringen**.

Rang (-(e)s, ̈-e) *m (MIL)* rheng *b*; *(Stand)* safle *g*, statws *g*; *(Wert)* safon *b*; *(THEAT)* seddau *ll*'r cylch; **ein Mann ohne ~ und Namen** dyn heb barch iddo.

Rang- *kompos:* **~abzeichen** *nt (MIL)* arwydd *gb* o reng; **~älteste** *m/f* uwch-swyddog *g*.

rangeln ['raŋəln] *vi (ugs)* ymladd heb fod o ddifrif.

Rangfolge *f* hierarchiaeth *b*, trefn *b*; **in ~** yn ôl y rheng.

Rangierbahnhof [raŋ'ʒiːrbɑːnhoːf, ran'ʒiːrbɑːnhoːf] *m* iard *b* siyntio.

rangieren [raŋ'ʒiːrən, ran'ʒiːrən] *vt (BAHN)* siyntio.

♦ *vi* cael eich cyfrif.

Rangiergleis *nt* seidin *g*.

Rang- *kompos:* **~liste** *f (SPORT)* rhestr *b* safleoedd; **~ordnung** *f* hierarchaeth *b*; **~unterschied** *m* gwahaniaeth *g* mewn safle cymdeithasol; *(MIL)* gwahaniaeth mewn rheng.

rank [raŋk] *adj:* **~ und schlank** main ac ystwyth.

Ranke ['raŋkə] (-, -n) *f* tendril *g*.

Ränke ['rɛŋkə] *pl* cynllwynion *ll*; **~ schmieden** cynllwyno.

ranken ['raŋkən] *vr (Pflanze)* ymgripio; **die Pflanze rankt sich um den Pfahl** mae'r planhigyn yn ymgordeddu am y polyn; *(Legende)* **um den Berg ~ sich viele Geschichten** mae llawer chwedl am y mynydd hwn.

ränkevoll *adj* cynllwyngar.

ran̠lassen ['ranlasən] *irreg vt (ugs)* **jdn ~ an** +*akk* gadael i rn gael cynnig ar.

rann *vb vgl.* **rinnen**.

rannte *vb vgl.* **rennen**.

Ranzen ['rantsən] (-s, -) *m* bag *g* ysgol; *(ugs)* bol *g*.

ranzig ['rantsɪç, -ɪk] *adj* sur.

rapide [ra'piːdə] *adj* cyflym iawn.

Rappe ['rapə] (-n, -n) *m* ceffyl *g* du; **auf Schusters ~n** yn ei cherdded hi.

Rappel ['rapəl] (-s, -) *m (ugs)* pwl *g* o wylltineb; *(Fimmel)* chwilen *b*.

Rappen ['rapən] (-s, -) *m (FIN)* canfed o ffranc y Swistir.

Raps [raps] (-es, -e) *m (BOT)* rêp *b*, bresych yr ŷd.

Rapsöl *nt* olew *g* rêp.

rar [raːr] *adj* prin; **sich ~ machen** cadw draw.

Rarität [rari'tɛːt] (-, -en) *f* prinder *g*; *(Sammelobjekt)* cywreinbeth *g*.

rasant [ra'zant] *adj* cyflym, chwim.

rasch [raʃ] *adj* cyflym.

rascheln ['raʃəln] *vi* siffrwd.

rasen ['raːzən] *vi (+sein) (hetzen)* rasio, rhuthro; *(toben)* *(+haben)* cynddeirogi.

Rasen (-s, -) *m* lawnt *b*.

rasend *adj* cynddeiriog; **~er Beifall** cymeradwyaeth *b* frwdfrydig; **mit ~er Geschwindigkeit** yn gyflym iawn.

Rasen- *kompos:* **~mäher** *m* torrydd *g* lawnt; **~mähmaschine** *f* peiriant *g* torri lawnt; **~sprenger** *m* ysgeintiwr *g* lawnt.

Raserei [ra:zə'raɪ] *f* rhefru *g*; *(Schnelle)* goryrru *g* diofal.

Rasier- *kompos:* **~apparat** *m* rasel *b* drydan; **~creme** *f* ewyn *g* eillio.

rasieren [ra'ziːrən] *vt, vr* eillio, siafio.

Rasier- *kompos:* **~klinge** *f* llafn *gb* rasel; **~messer** *nt* rasel *b* hir; **~pinsel** *m* brwsh *g* eillio; **~schaum** *m* ewyn *g* eillio; **~seife** *f* sebon *g* eillio; **~wasser** *nt* persawr *g* eillio.

raspeln ['raspəln] *vt (KOCH)* gratio; *(Holz)* rhathellu.

Rasse ['rasə] (-, -n) *f* hil *b*; *(Tier~)* brid *g*.

Rassehund *m* ci *g* pedigri.

rasseln ['rasəln] *vi* clecian, clindarddach.

Rassen- *kompos:* **~hass** *m* casineb *g* hiliol; **~trennung** *f* arwahanu *g* hiliol.

rassig ['rasıç, -ık] *adj* graenus; *(Frau)* hoenus; *(Wein)* nwyfus.

Rassismus [ra'sısmʊs] *m* hiliaeth *b*.

rassistisch [ra'sıstıʃ] *adj* hiliol.

Rast [rast] (-, -en) *f* seibiant *g*.

rasten ['rastən] *vi* cael seibiant.

Raster ['rastər] (-s, -) *m* rhwyll *b*; *(TV)* rhastr *g*.

Rast- *kompos:* **~haus** *nt* caban *g* lloches i gerddwyr; **~hof** *m (AUTO)* gwasanaethau *ll* gyda motél ar y draffordd.

rastlos *adj* diflino, dyfal.

Rast- *kompos:* **~platz** *m* cilfan *b*; **~stätte** *f* = **Rasthof.**

Rasur [ra'zu:r] *f* eilliad *g*; *(das Rasieren)* eillio *g*.

Rat¹ [ra:t] (-(e)s, ¨-e) *m (POL)* cyngor *g*; *(Person)* cynghorydd *g*.

Rat² (-(e)s, **Ratschläge**) *m* cyngor *g*; *(Vorschlag)* awgrym *g*; **jdn zu ~e ziehen** ymgynghori â rhn; **jdm mit ~ und Tat zur Seite stehen** cefnogi rhn ar air a gweithred; **da ist guter ~ teuer** mae'n anodd gwybod beth i'w wneud.

Rate ['ra:tə] (-, -n) *f (FIN)* rhandal *g*, cyfradd *gb*; **auf ~n kaufen** prynu ar goel, hurbrynu; **in ~n zahlen** talu fesul rhandal.

raten ['ra:tən] *irreg vt, vi* dyfalu; *(empfehlen)* awgrymu; **jdm ~** cynghori rhn; **dreimal darfst du ~** rhof dri chynnig i ti.

ratenweise *adv* fesul rhandal.

Ratenzahlung (-, -en) *f* hurbryniant *g*.

Ratespiel (-s, -e) *nt* chwarae *g* dyfalu; *(TV)* cwis *g*, gêm *b* banel.

Rat- *kompos:* **~geber** *m* cynghorwr *g*; *(Buch)* llyfr *g* cyngor; **~haus** *nt* neuadd *b* y dref/ddinas.

ratifizieren [ratifi'tsi:rən] *vt* cadarnhau; *(durch Unterschrift)* llofnodi.

Ration [ratsi'o:n] (-, -en) *f* dogn *gb*.

rational [ratsio'na:l] *adj* rhesymegol.

rationalisieren [ratsionali'zi:rən] *vt* ad-drefnu.

rationell [ratsio'nɛl] *adj* effeithlon.

rationieren [ratsio'ni:rən] *vt* dogni.

ratlos *adj* heb wybod beth i'w wneud.

Ratlosigkeit (-, *kein pl*) *f* dryswch *g*.

rätoromanisch [rɛtoro'ma:nıʃ] *adj* Rheto-Romanig.

Rätoromanisch *nt (Sprache)* Rheto-Romaneg *b*.

ratsam ['ra:tza:m] *adj* doeth, call.

Ratschlag ['ra:tʃla:k] (-(e)s, ¨-e) *m* cyngor *g*.

Rätsel ['rɛ:tsəl] (-s, -) *nt* penbleth *gb*, dryswch *g*; *(Wort~)* pos *g*; **vor einem ~ stehen** bod mewn penbleth.

rätselhaft *adj* dyrys; **es ist mir ~** mae'n ddirgelwch i mi.

rätseln ['rɛ:tsəln] *vi* pendroni.

Rätselraten *nt* chwarae *g* dyfalu.

Ratsherr (-n, -en) *m* cynghorydd *g*.

Ratte ['ratə] (-, -n) *f (ZOOL)* llygoden *b* fawr, llygoden Ffrengig.

Rattenfänger (-s, -) *m* llygotwr *g*, swyddog *g* difa pla.

rattern ['ratərn] *vi* clecian, ratlo.

rau [rau] *adj* garw; *(fig)* anwar; **in ~en Mengen** faint a fynnir.

Raub [raup] (-(e)s, *kein pl*) *m* lladrad *g*, ysbeiliad *g*; *(Beute)* ysbail *b*.

Raubbau *m* ecsbloetiaeth *b*.

raubeinig *adj* di-foes.

Raubdruck *m* lleidr-argraffiad *g*.

rauben ['raubən] *vt* lladrata, ysbeilio; *(entführen)* herwgipio.

Räuber ['rɔybər] (-s, -) *m* lleidr *g*, ysbeiliwr *g*.

räuberisch *adj* lladronllyd.

Raubfisch *m* pysgodyn *g* rheibus.

raubgierig[D] *adj* barus.

Raub- *kompos:* **~kassette** *f* lleidr-recordiad *g*; **~kopie** *f (COMP)* copi *g* anghyfreithlon; **~mord** *m* dwyn a llofruddio; **~tier** *nt* rheibiwr *g*, ysglyfaethwr *g*; **~überfall** *m* ymosod *g* a dwyn; **~vogel** *m* aderyn *g* rheibus/ysglyfaethus.

Rauch [raux] (-(e)s, *kein pl*) *m* mwg *g*.

Rauchabzug *m* corn *g* simnai.

rauchen ['rauxən] *vi* mygu; *(Raucher sein)* smygu; **mir raucht der Kopf** *(fig)* rwy' wedi drysu'n llwyr; **R~ verboten** dim ysmygu.

♦ *vt* smygu, smocio.

Raucher (-s, -) *m* smygwr *g*, smociwr *g*; **~in** *f* smygwraig *b*, smocwraig *b*.

Raucherabteil *nt (BAHN)* adran *b* smygu.

räuchern ['rɔyçərn] *vt* cochi, sychu mewn mwg.

Räucherstäbchen *nt* ffon *b* thus.

Rauch- *kompos:* **~fahne** *f* cynffon *b* mwg; **~fang**[A] *m* corn *g* mwg; **~fangkehrer**[A] *m* glanhawr *g* simnai; **~fleisch** *nt* cig wedi'i gochi mewn mwg.

rauchig ['rauxıç, -ık] *adj* myglyd.

Rauchschwaden *pl* lluwchion *ll* mwg.

Rauchwaren¹ *pl (ugs)* nwyddau *ll* smygu.

Rauchwaren² *pl* dillad *ll* ffwr.

räudig ['rɔydıç, -ık] *adj* clafrllyd.

rauf [rauf] *adv (ugs)* = **herauf**; = **hinauf**; = **hoch**.

Raufasertapete *f* papur *g* wal sy'n cynnwys asglodion pren.

Raufbold ['raufbɔlt] (-(e)s, -e) *m* llabwst *g*, hwligan *g*.

raufen ['raufən] *vt (Haare)* tynnu.

♦ *vi, vr*[D] ymladd, dyrnu.

Rauferei [raufə'raɪ] *f* ffrwgwd *g*, ysgarmes *b*.

rauflustig *adj* ymladdgar.

rauh *adj* = **rau**.

rauhaarig *adj* gwrychog.

rauhbeinig *adj* = **raubeinig**.

Rauhfasertapete *f* = **Raufasertapete**.

Rauhreif *m* = **Raureif**.

Raum [raum] (-(e)s, ̈-e) *m* gofod *g*; *(Zimmer)* ystafell *b*; *(Gebiet)* ardal *b*; *(Welt~)* gofod *g*; **~ sparend** yn arbed lle.

Raumausstatter *m* addurnwr *g* tai.

räumen ['rɔymən] *vt* clirio; *(in Schrank)* rhoi i gadw; *(leeren)* gwagio; *(verlassen)* gadael; *(wegbringen)* symud, mudo.

Raum- *kompos:* **~fähre** *f* gwennol *b* ofod; **~fahrer** *m* gofod-deithiwr *g*; **~fahrt** *f* gofod-deithio *g*.

Räumfahrzeug (-(e)s, -e) *nt* tarw *g* dur; *(für Schnee)* swch *b* eira.

Raum- *kompos:* **~inhalt** *m* cynhwysedd *g*; **~kapsel** *f* capsiwl *g* gofod.

räumlich ['rɔymlɪç] *adj* gofodol; **~ beschränkt** *(eingeengt)* prin o le.

Räumlichkeiten *pl* ystafelloedd *ll*.

Raum- *kompos:* **~mangel** *m* prinder *g* lle; **~maß** *nt* uned *b* gyfaint; **~meter** *m* metr *g* ciwbig; **~pflegerin** *f* glanhawraig *b*; **~schiff** *nt* llong *b* ofod; **~sonde** *f* chwiliedydd *g* gofod.

Raum sparend *adj vgl.* **Raum**.

Raum- *kompos:* **~station** *f* gorsaf *b* ofod; **~transporter** *m* gwennol *b* ofod.

Räumung ['rɔymʊŋ] *f* cliriad *g*; *(von Haus)* clirio *g*; *(wegen Gefahr)* gwacâd *g*; *(unter Zwang)* troad *g* allan.

Räumungs- *kompos:* **~befehl** *m* gorchymyn *g* troi allan; **~klage** *f (JUR)* achos *g* dadfeddiant; **~verkauf** *m* arwerthiant *g* clirio.

raunen ['raunən] *vt, vi* sibrwd, sisial.

Raupe ['raupə] (-, -n) *f (ZOOL)* lindys *g*, siani *b* flewog; *(TECH)* trac *g* treigl.

Raupenschlepper *m* tractor *g* treigl.

Raureif *m* barrug *g*, glasrew *g*.

raus [raus] *adv (ugs)* = **heraus**; = **hinaus**.

Rausch [rauʃ] (-es, ̈-e) *m* meddwdod *g*; **einen ~ haben** bod yn feddw.

rauschen ['rauʃən] *vi (+haben) (Wasser)* byrlymu; *(Laub)* siffrwd; *(Radio)* hisian; *(fig)* **sie rauschte aus dem Zimmer** *(+sein)* hwyliodd allan o'r ystafell.

rauschend *adj (Beifall)* byddarol; *(Fest)* llawn bwrlwm.

Rauschgift *nt* cyffur *g*.

Rauschgift- *kompos:* **~handel** *m* masnach *b* gyffuriau; **~süchtige** *m/f* rhn caeth i gyffuriau.

rausfliegen ['rausfliːgən] *irreg vi (+sein) (ugs)* cael eich bwrw allan.

räuspern ['rɔyspərn] *vr* carthu'ch gwddf.

Rausschmeißer ['rausʃmaɪsər] (-s, -) *m (ugs)* dryswr *g*, taflwr *g* allan.

Raute ['rautə] (-, -n) *f (MATH)* rhombws *g*.

Razzia ['ratsia] (-, **Razzien**) *f* cyrch *g* yr heddlu.

Reagenzglas [rea'gɛntsglaːs] *nt (CHEM)* tiwb *g* prawf.

reagieren [rea'giːrən] *vi:* **~ auf** *+akk* adweithio i, ymateb i.

Reaktion [reaktsi'oːn] (-, -en) *f* adwaith *g*, ymateb *g*.

reaktionär [reaktsio'nɛːr] *adj (POL, pej)* adweithiol.

Reaktions- *kompos:* **~fähigkeit** *f* gallu *g* i adweithio; **~geschwindigkeit** *f* buanedd *g* adweithio; **~zeit** *f* amser *g* cyn adweithio.

Reaktor [re'aktɔr] *m* adweithydd *g*.

Reaktor- *kompos:* **~kern** *m* craidd *g* adweithydd; **~unglück** *nt* damwain *b* niwclear.

real [re'aːl] *adj* gwirioneddol, real, materol.

Realeinkommen *nt* gwir incwm *g*.

realisierbar [reali'ziːrbaːr] *adj* dichonadwy, posibl, ymarferol.

realisieren [reali'ziːrən] *vt* gwireddu.

Realismus [rea'lɪsmʊs] (-, *kein pl*) *m* realaeth *b*, dirweddaeth *b*; *(KUNST)* realaeth.

Realist [rea'lɪst] (-en, -en) *m* realydd *g*.

realistisch *adj* realistig, realaidd.

Realität [reali'tɛːt] *f* gwirionedd *g*, realiti *gb*, dirwedd *g*.

Realitäten *pl (Gegebenheiten)* gwirioneddau'r sefyllfa, ffeithiau *ll*; *(Immobilien)* eiddo *g* tiriog.

realitätsfremd *adj* wedi colli gafael ar y dirwedd.

Real- *kompos:* **~politik** *f* realaeth *b* boliticaidd; **~schule**[D] *f* ≈ ysgol *b* uwchradd; **~zeit** *f* amser *g* real.

Rebbach ['rɛpbax] *m (ugs)* elw *g* anghyfreithlon.

Rebe ['reːbə] (-, -n) *f (BOT)* gwinwydden *b*.

Rebell [re'bɛl] (-en, -en) *m* gwrthryfelwr *g*, rebel *g*.

rebellieren [rebɛ'liːrən] *vi* gwrthryfela.

Rebellin *f* gwrthryfelwraig *b*, rebeles *b*.

Rebellion [rebɛli'oːn] (-, -en) *f* gwrthryfel *g*.

rebellisch [re'bɛlɪʃ] *adj* gwrthryfelgar.

Rebensaft *m (LIT)* gwin *g*.

Reb- *kompos:* **~huhn** *nt (ZOOL)* petrisen *b*; **~laus** *f* lleuen *b* y gwinwydd; **~stock** *m* gwinwydden *b*.

rechen ['rɛçən, 'reːçən] *vt* cribinio, rhacanu.

Rechen ['rɛçən, 're:çən] (-s, -) *m* cribin *b*, rhaca *gb*.

Rechen- *kompos:* **~aufgabe** *f* swm *g*; **~fehler** *m* camgyfrifiad *g*; **~maschine** *f* peiriant *g* adio.

Rechenschaft *f* cyfrif *g*; **über etw** *akk* **~ ablegen** rhoi cyfrif dros rth; **jdn zur ~ ziehen** dwyn rhn i gyfrif; **jdm ~ schulden** bod yn atebol i rn.

Rechenschaftsbericht *m* adroddiad *g*.

Rechen- *kompos:* **~schieber** *m* llithriwl *b*, riwl *b* gyfrif; **~zentrum** *nt* canolfan *gb* cyfrifiaduron.

recherchieren [reʃɛr'ʃi:rən] *vt, vi* ymchwilio (i).

rechnen ['rɛçnən] *vt, vi* cyfrif, cyfrifo; *(veranschlagen)* amcangyfrif; **jdn zu etw ~** cyfrif rhn yn un o rth; **~ mit** +*dat* disgwyl; *(Person)* dibynnu ar.

♦ *vr*[D] *unpers (ugs)* dwyn elw, bod yn werth chweil.

Rechnen *nt* rhifyddeg *b*.

Rechner (-s, -) *m* cyfrifiannell *b*; *(COMP)* cyfrifiadur *g*.

rechnerisch *adj* rhifyddol.

Rechnung ['rɛçnʊŋ] (-, -en) *f* cyfrif *g*, cyfrifiad *g*; *(COMM)* bil *g*; **das geht auf meine ~** fi sy'n talu amdano; **auf seine ~ kommen** *(fig)* cael boddhad; **jdm einen Strich durch die ~ machen** *(fig)* rhwystro cynlluniau rhn; **etw** *dat* **~ tragen** cymryd rhth i ystyriaeth.

Rechnungs- *kompos:* **~buch** *nt* cyfriflyfr *g*; **~hof** *m* *(POL)* Swyddfa *b* Archwiliadau; **~jahr** *nt* blwyddyn *b* gyllidol; **~prüfer** *m* archwiliwr *g*, archwilydd *g*; **~prüfung** *f* archwiliad *g*.

recht [rɛçt] *adj* iawn, addas.

♦ *adv (vor Adjektiv)* go, eithaf; **das ist mir ~** mae hynny'n iawn gen i; **jetzt erst ~** yn awr yn fwy nag erioed; **du kommst gerade ~, um ...** rwyt ti'n dod mewn da bryd i...; **gehe ich ~ in der Annahme, dass ...?** a dybiaf yn iawn fod...? **~ herzlichen Dank** diolch o galon.

Recht (-(e)s, -e) *nt* iawn *g*; *(JUR)* hawl *gb*; *(Gesetz)* cyfraith *b*; **~ sprechen** gweinyddu cyfiawnder; **~ haben** bod yn iawn; **jdm ~ geben** cytuno â rhn, cydnabod bod rhn yn iawn; **zu ~ oder: mit ~** yn gyfiawn, yn deg; **von ~s wegen** gydag iawn; **zu seinem ~ kommen** dod i'ch hawl; *(fig)* cael eich dyledus barch; **gleiches ~ für alle!** breintiau cyfartal i bawb! **alles, was ~ ist** chwarae teg.

Rechte[1] ['rɛçtə] *f* llaw *b* dde; *(POL)* asgell *b* dde; **zur ~n** ar y llaw dde.

Rechte[2] *m/f (POL)* un o'r asgell dde, cenedlaetholwr(aig) *g(b)*.

Rechte[3] *nt* peth iawn; **etw ~s** rhth priodol; **nach dem ~n sehen** gofalu bod popeth yn iawn.

rechte *adj* de; *(richtig)* iawn; *(POL)* asgell dde.

Rechteck *nt (MATH)* petryal *g*.

rechteckig *adj* petryalog.

rechtfertigen *vt untrenn* cyfiawnhau.

Rechtfertigung *f* cyfiawnhad *g*.

rechthaberisch *adj* hunandybus, hengall.

rechtlich *adj* cyfreithiol; **~ nicht zulässig** anghyfreithlon, anneddfol.

rechtmäßig *adj* yn ôl y gyfraith, cyfreithiol.

rechts *adv* ar y dde, i'r dde; **~ abbiegen** troi i'r dde; **~ stehen** *(POL)* bod ar yr asgell dde; **~ stricken** gwau o dde.

Rechtsabbieger *m (AUTO)* Spur für **~** lôn troi i'r dde.

Rechts- *kompos:* **~anspruch** *m (JUR)* teitl *g*, hawl *gb* gyfreithiol; **~anwalt** *m* cyfreithiwr *g*, bargyfreithiwr *g*; **~anwältin** *f* cyfreithwraig *b*, bargyfreithwraig *b*.

Rechtsaußen *m (SPORT)* asgellwr *g* de.

Rechtsbeistand *m* cynghorwr *g* cyfreithiol.

rechtschaffen *adj* cyfiawn, gonest.

Rechtschreibung *f* orgraff *b*.

Rechts- *kompos:* **~drehung** *f* cylchdro *g* clocwedd; **~extremismus** *m* eithafiaeth *b* asgell dde; **~extremist** *m* eithafwr *g* asgell dde.

Rechts- *kompos:* **~fall** *m* achos *g*; **~frage** *f* cwestiwn *g* cyfreithiol.

rechtsgültig *adj* cyfreithiol ddilys.

Rechtshänder(in) *m(f)* rhn llawdde-.

rechtskräftig *adj* dilys.

Rechts- *kompos:* **~kurve** *f* troad *g* i'r dde; **~lage** *f* sefyllfa *b* gyfreithiol.

rechtslastig *adj* ar ogwydd i'r dde; *(fig)* ar ogwydd tuag at yr asgell dde.

Rechtspflege *f* gweinyddu *g* cyfiawnder.

Rechtsprechung *f (Gerichtsbarkeit)* awdurdodaeth *b*; *(von Richter)* gweinyddu *g* cyfiawnder.

rechtsradikal *adj (POL)* asgell dde eithafol.

Rechts- *kompos:* **~schutz** *m* nodded *b* y gyfraith; **~spruch** *m* rheithfarn *b*, dedfryd *gb*; **~staat** *m* gwladwriaeth dan reolaeth y gyfraith; **~streit** *m* achos *g* cyfreithiol; **~titel** *m* teitl *g*, hawl *gb*.

rechtsverbindlich *adj* cyfreithiol orfodol.

Rechtsverkehr *m* gyrru *g* ar y dde.

Rechtsweg *m:* **der ~ ist ausgeschlossen** mae dyfarniad y barnwr yn derfynol.

rechtswidrig *adj* anghyfreithlon.

Rechtswissenschaft *f* cyfreitheg *b*.

rechtwinklig *adj* sgwâr-onglog.

rechtzeitig *adj* amserol.

♦ *adv* mewn pryd.

Reck [rɛk] *nt (SPORT)* barrau *ll* llorwedd.

recken ['rɛkən] *vt* estyn.

♦ *vr* ymestyn.

recyceln [ri'saɪkəln] *vt (ugs: wiederverwerten)* ailgylchu.

Recycling [riˈsaɪklɪŋ] *nt* ailgylchu *g*.

Red. *abk* = **Redakteur**; = **Redaktion**.

Redakteur [redakˈtøːr] *m* golygydd *g*; **~in** *f* golygyddes *b*.

Redaktion [redaktsiˈoːn] *f* golygu *g*; *(Leute)* staff *g* golygyddol; *(Büro)* swyddfa *b* olygu.

Redaktionsschluss *m* amser mynd i'r wasg; *(Einsendeschluss)* dedlein *b*.

Rede [ˈreːdə] (-, -n) *f* araith *b*, anerchiad *g*; *(Gespräch)* sôn *g*; **jdn zur ~ stellen** galw rhn i gyfrif; **eine ~ halten** traddodi araith; **das ist nicht der ~ wert** nid yw'n werth sôn amdano; **davon kann keine ~ sein** dim ar unrhyw gyfrif.

Redefreiheit *f* rhyddid *g* barn.

redegewandt *adj* huawdl.

reden [ˈreːdən] *vi* siarad; **(viel) von sich ~ machen** dod yn destun siarad; **du hast gut ~!** digon rhwydd i ti siarad! **sie redet wie ein Wasserfall** mae hi'n siarad fel pwll y môr; **über diesen Vorschlag lässt sich ~** mae'r awgrym hwn yn eithaf da; **er lässt mit sich ~** mae'n barod i drafod y mater.
♦ *vt* dweud, siarad.

Redensart (-, -en) *f* ymadrodd *g*, dywediad *g*.

Rede- *kompos:* **~schwall** *m* ffrwd *b* o eiriau; **~wendung** *f* priod-ddull *g*, ymadrodd *g*.

redlich [ˈreːtlɪç] *adj* gonest, unplyg.

Redner *m* siaradwr *g*, areithydd *g*; **~in** *f* areithwraig *b*.

redselig [ˈreːtseːlɪç, -ɪk] *adj* siaradus, parablus.

Redseligkeit *f* siaradusrwydd *g*.

Reduktion *f* lleihad *g*.

redundant *adj* diangen.

Redundanz [redunˈdants] *f* tra-dyblygiad *g*, afreidrwydd *g*.

reduzieren [reduˈtsiːrən] *vt* lleihau.

Reduzierung *f* lleihad *g*.

Reede [ˈreːdə] (-, -n) *f* (NAUT) angorfa *b* gysgodol.

Reeder (-s, -) *m* (**~in** *f*) perchennog *g* llong.

Reederei [reːdəˈraɪ] *f* cwmni *g* llongau.

reell [reˈɛl] *adj* (wirklich) gwirioneddol, dilys; *(ehrlich)* teg, gonest.

Reetdach[D] [ˈreːtdax] (-(e)s, ⁻-er) *nt* to *g* gwellt.

Ref. *abk* = **Referendar**; = **Referent**.

Referat [refeˈraːt] (-(e)s, -e) *nt* (Vortrag) adroddiad *g*, ysgrif *b* ar gyfer seminar; *(Ressort)* adran *b*; **ein ~ halten** cyflwyno ysgrif mewn seminar.

Referendar(in) *m(f)* gwas *g* sifil dan hyfforddiant; *(Gerichts~)* clerc *g* erthygledig; **~jahr** *nt* (UNIV) blwyddyn ymarfer dysgu.

Referendum [refeˈrɛndʊm] (-s, **Referenden**) *nt* (POL) refferendwm *g*.

Referent [refeˈrɛnt] (-en, -en) *m* siaradwr *g*;

(Berichterstatter) cyflwynydd *g* adroddiad; *(Sachbearbeiter)* arbenigwr *g*.

Referentin (-, -nen) *f* siaradwraig *b*; *(Berichterstatterin)* cyflwynydd *g* adroddiad; *(Sachbearbeiterin)* arbenigwraig *b*.

Referenz [refeˈrɛnts] *f* tystlythyr *g*, geirda *g*.

referieren [refeˈriːrən] *vi:* **~ über** +*akk* siarad am, adrodd ynghylch.

reflektieren [reflɛkˈtiːrən] *vt* adlewyrchu.
♦ *vi* myfyrio; **~ auf** +*akk* bod â diddordeb mewn.

Reflex [reˈflɛks] *m* (Licht) adlewyrch *g*; *(Reaktion)* atblyg *g*, atgyrch *g*.

Reflexbewegung *f* gweithred *g* atgyrch.

reflexiv [reflɛkˈsiːf] *adj* (GRAM) atblygol.

Reflexivpronomen *nt* (GRAM) rhagenw *g* atblygol.

Reform [reˈfɔrm] (-, -en) *f* diwygiad *g*.

Reformation [reformatsiˈoːn] *f* (REL) Diwygiad *g* Protestannaidd.

Reformator [reforˈmaːtor] *m* diwygiwr *g*.

reformatorisch *adj* diwygiadol.

reform- *kompos:* **~bedürftig** *adj* ag angen diwygiad; **~freudig** *adj* â sêl dros ddiwygiad.

Reformhaus *nt* siop *b* bwydydd iach.

reformieren [reforˈmiːrən] *vt* diwygio.

Refrain [rəˈfrɛ̃ː] (-s, -s) *m* cytgan *gb*.

Reg. *abk* = **Register**.

Regal¹ [reˈgaːl] (-s, -e) *nt* uned *b* arddangos, silffoedd *ll*, rhesel *b*.

Regal² *nt* (MUS) regal *b*.

Regatta [reˈgata] (-, **Regatten**) *f* (SPORT) regata *b*.

Reg.-Bez. *abk* = **Regierungsbezirk**.

rege [ˈreːgə] *adv* bywiog.

Regel [ˈreːgəl] (-, -n) *f* rheol *b*; (MED) misglwyf *g*; **in der ~** fel rheol; **nach allen ~n der Kunst** yn drylwyr; **sich** *dat* **etw zur ~ machen** dod i arfer gwneud rhth.

regellos *adj* anhrefnus.

regelmäßig *adj* rheolaidd.

Regelmäßigkeit *f* rheoleidd-dra *g*.

regeln [ˈreːgəln] *vt* rheoli; *(Angelegenheit)* terfynu, setlo; **gesetzlich geregelt** wedi'i ddeddfu.

regelrecht *adj* yn ôl y rheol; *(ugs)* go iawn, gwir.

Regelung *f* rheol *b*; *(Kontrolle)* rheolaeth *b*; *(eines Problems)* datrysiad *g*.

regelwidrig *adj* yn groes i'r rheol.

regen [ˈreːgən] *vt*, *vr* symud.

Regen (-s, *kein pl*) *m* glaw *g*; **vom ~ in die Traufe kommen** mynd dan y pistyll i ochel y glaw.

Regenbogen (-s, - *oder* ⁻-) *m* enfys *b*.

Regenbogen- *kompos:* **~haut** *f* (ANAT) iris *g*; **~presse** *f* cylchgronau lliw sothachlyd.

regenerationsfähig *adj* adfywhaol.

regenerieren [regeneˈriːrən] *vt*, *vr* ailfywiogi,

adfywio; *(BIOL)* aildyfu, adnewyddu.

Regen- *kompos:* **~guss** *m* curlaw *g*, cawod *b* drom; **~mantel** *m* cot *b* law; **~menge** *f (MET)* glawiad *g*; **~messer** *m* glawfesurydd *g*; **~schauer** *m* cawod *b*; **~schirm** *m* ymbarél *gb.*

Regent [re'gɛnt] (**-en, -en**) *m* rhaglyw *g.*

Regen- *kompos:* **~tag** *m* diwrnod *g* glawiog; **~tropfen** *m* diferyn *g* glaw.

Regentschaft *f* rhaglywiaeth *b.*

Regenwald *m (GEOG)* fforest *b* law.

Regenwetter *nt* tywydd *g* gwlyb; **ein Gesicht wie sieben Tage ~** *(fig)* croen ei din ar ei dalcen.

Regen- *kompos:* **~wurm** *m (ZOOL)* pryf *g* genwair, mwydyn *g*; **~zeit** *f* tymor *g* glawogydd.

Regie [re'ʒiː] *f* cyfarwyddo *g.*

Regieanweisung *f* cyfarwyddiad *g* llwyfan.

regieren [re'giːrən] *vt, vi (König)* teyrnasu; *(POL)* llywodraethu.

Regierung *f (POL)* llywodraeth *b*; *(Monarchie)* teyrnasiad *g.*

Regierungs- *kompos:* **~bezirk** *m* ≈ sir *b*; **~erklärung** *f* datganiad *g* y llywodraeth; *(in Großbritannien)* araith *b* y frenhines; **~sprecher** *m* llefarydd ar ran y llywodraeth; **~vorlage** *f* mesur wedi'i gyflwyno gan y llywodraeth; **~wechsel** *m* newid *g* llywodraeth; **~zeit** *f (von König)* teyrnasiad *g*; *(POL)* cyfnod *g* o lywodraethu.

Regiment [regi'mɛnt] (**-s, -er**) *nt* catrawd *b.*

Region [regi'oːn] (**-, -en**) *f* rhanbarth *g.*

regional [regio'naːl] *adj* rhanbarthol.

Regionalplanung *f* cynllunio *g* rhanbarthol.

Regisseur [reʒɪ'søːr] (**-s, -e**) *m* cyfarwyddwr *g*; **~in** *f* cyfarwyddwraig *b.*

Register [re'gɪstər] (**-s, -**) *nt* cofrestr *b*; *(in Buch)* mynegai *g*; *(Orgel~)* stop *g*; **alle ~ ziehen** *(fig)* gwneud eich gorau glas.

Registrar *m* cofrestrydd *g.*

Registratur [regɪstra'tuːr] *f* cofrestrfa *b.*

registrieren [regɪs'triːrən] *vt* cofrestru; *(ugs: zur Kenntnis nehmen)* nodi, sylweddoli.

Registrierkasse *f* cofnodydd *g* arian.

Regler ['reːglər] (**-s, -**) *m* rheolydd *g*, falff *b* reoli.

reglos ['reːkloːs] *adj* disymud.

regnen ['reːgnən] *vi unpers* bwrw glaw; **es regnet in Strömen** mae'n arllwys y glaw.

♦ *vt unpers:* **es regnet Glückwünsche** mae llongyfarchion yn llifo.

regnerisch *adj* glawiog.

Regress [re'grɛs] *m (JUR)* iawndal *g* cyfreithiol.

Regressanspruch *m (JUR)* hawl *gb* ar iawndal.

regsam ['reːkzaːm] *adj* bywiog.

regulär [regu'lɛːr] *adj* arferol; *(MIL)* parhaol.

regulieren [regu'liːrən] *vt* rheoleiddio, rheoli; *(Fluss)* sythu, unioni.

Regung ['reːgʊŋ] (**-, -en**) *f* symudiad *g*; *(Gefühl)* teimlad *g.*

regungslos *adj* disymud.

Reh [reː] (**-(e)s, -e**) *nt (ZOOL)* iwrch *g.*

rehabilitieren [rəhabili'tiːrən] *vt* adfer, adsefydlu.

♦ *vr* cyfiawnhau eich hun ac adfer eich enw da.

Rehabilitierung *f* adferiad *g.*

Reh- *kompos:* **~bock** *m* bwchadanas *g*, iwrch *g*; **~braten** *m* fenswn *g* rhost; **~geiß** *f* hyddes *b*, iyrches *b*; **~kitz** *nt* elain *g.*

Reibach ['raɪbax] *m* = **Rebbach.**

Reibe[D] *f* = **Reibeisen.**

Reibebrett[D] ['raɪbəbrɛt] (**-(e)s, -er**) *nt* hawg *g.*

Reibeisen ['raɪp[ʔ]aɪzən] *nt (KOCH)* gratiwr *g.*

Reibekuchen[D] *m (KOCH)* ≈ waffl *gb* tato.

reiben ['raɪbən] *irreg vt* rhwbio; *(KOCH)* gratio.

Reiberei [raɪbə'raɪ] (**-, -en**) *f* drwgdeimlad *g*, cynnen *b.*

Reibfläche ['raɪpflɛçə] (**-, -n**) *f* arwyneb garw i danio matsien arno.

Reibung ['raɪbʊŋ] *f* ffrithiant *g*; *(fig)* drwgdeimlad *g.*

reibungslos *adj* esmwyth, didrafferth.

Reich [raɪç] (**-(e)s, -e**) *nt* ymerodraeth *b*, teyrnas *b*; *(fig)* bro *b*, byd *g*; **das Dritte ~** y Drydedd Reich.

reich *adj* cyfoethog, ariannog.

reichen ['raɪçən] *vt* estyn, rhoi.

♦ *vi* ymestyn; *(genügen)* bod yn ddigon; **mir reicht's!** dyna ddigon! **so weit das Auge reicht** hyd y gwelwch chi.

reichhaltig *adj* helaeth, cyfoethog.

reichlich *adj* digonol.

Reichtum (**-s, ¨-er**) *m* cyfoeth *g*, golud *g.*

Reichweite *f* pellter *g* i'w gyrraedd; **in ~** o fewn cyrraedd.

reif [raɪf] *adj* aeddfed.

Reif[1] (**-(e)s,** *kein pl*) *m (MET)* barrug *g*, glasrew *g.*

Reif[2] (**-(e)s, -e**) *m (geh: Ring)* modrwy *b*, cylch *g.*

Reife ['raɪfə] (**-,** *kein pl*) *f* aeddfedrwydd *g*; **mittlere ~** *(SCH)*[D] ≈ TGAU.

reifen ['raɪfən] *vi (+sein)* aeddfedu.

Reifen (**-s, -**) *m* cylchyn *g*; *(AUTO)* teiar *g.*

Reifen- *kompos:* **~druck** *m* pwysedd *g* gwynt; **~panne** *f* torri lawr oherwydd twll mewn teiar; **~profil** *nt* wyneb *g*, gwadn *g*; **~schaden** *m* twll *g* mewn teiar.

Reifeprüfung *f (SCH)* lefel *b* A.

Reifeprüfungszeugnis *nt (SCH)* tystysgrif *b* lefel A.

reiflich *adj* trwyadl, trylwyr.

Reihe ['raɪə] (**-, -n**) *f* rhes *b*; *(Schriften~)* cyfres *b*; *(Folge)* dilyniant *g*; **eine ganze ~ von** *+dat* pentwr *o*;

der ~ nach yn ôl y drefn; **du bist an der ~** dy dro di yw hi; **aus der ~ tanzen** *(fig)* bod yn wahanol; **ich kriege heute nichts auf die ~** *(ugs)*[D] does dim siâp ar bethe 'da fi heddiw.

reihen ['raɪən] *vt* gosod mewn rhes/cyfres; *(Perlen)* llinynnu, cadwyno.

Reihenfolge *f* olyniaeth *b*, cyfres *b*; **alphabetische ~** trefn yr wyddor.

Reihen- *kompos:* **~haus** *nt* tŷ *g* teras; **~untersuchung** *f* *(MED)* sgrinio *g* torfol.

reihenweise *adv (in Reihen)* fesul rhes; *(fig: in großer Anzahl)* wrth y dwsin.

Reiher ['raɪər] (-s, -) *m (ZOOL)* crëyr *g*, crychydd *g*.

reihum [raɪ'ʔum] *adv:* **etw ~ gehen lassen** anfon rhth o gwmpas.

Reim [raɪm] (-(e)s, -e) *m* odl *b*.

reimen ['raɪmən] *vt, vi, vr* odli.

rein[1] [raɪn] *adv (ugs)* = **herein**; = **hinein**.

rein[2] *adj* pur; *(sauber)* glân; **~en Tisch machen** *(fig)* rhoi trefn bendant ar bethau; **etw ins R~e schreiben** ysgrifennu copi teg o rth; **etw ins R~e bringen** clirio mater.

♦ *adv (ugs)* dim ond; **~ unmöglich** *(ugs: völlig)* yn llwyr amhosibl; **sich ~ waschen** *(fig)* profi eich bod yn ddieuog.

Rein[A] *f* sosban *b*, caserol *g*.

Reindl[A] *nt* = **Rein**.

Reinemachefrau[D] *f* glanhawraig *b*.

reineweg[D] *adv (ugs: ganz und gar)* yn hollol, yn llwyr.

Reinfall *m (Misserfolg)* methiant *g*; *(Enttäuschung)* siom *gb*.

reinfallen *vi (+sein):* **auf jdn/etw ~** cael eich twyllo gan rn/rth.

Reingewinn (-(e)s, -e) *m* elw *g*.

Reinheit *f* purdeb *g*, glendid *g*.

reinigen ['raɪnɪgən] *vt* glanhau, puro.

Reiniger (-s, -) *m* glanhawr *g*.

Reinigung *f* glanhau *g*; **chemische ~** sychlanhad *g*; *(Geschäft)* siop *b* lanhau dillad, sychlanhawyr *ll*.

Reinigungsmittel (-s, -) *nt* cyfrwng *g* glanhau.

reinlich *adj* glân.

Reinlichkeit *f* glanweithdra *g*.

reinpferchen ['raɪnpfɛrçən] *vt (ugs)* gwasgu i mewn.

reinrassig *adj* o dras, o frîd, pedigri.

reinreiten *vt (ugs)* **jdn ~** cael rhn i bicil.

Reinschrift *f* copi *g* glân.

Reinvermögen *nt (COMM)* asedau *ll* gwirioneddol.

rein waschen *irreg vr vgl.* **rein**[2].

Reis[1] [raɪs] *m (KOCH)* reis *g*.

Reis[2] (-es, -er) *nt* brigyn *g*, blaguryn *g*.

Reise ['raɪzə] (-, -n) *f* taith *b*, siwrnai *b*; **gute ~!** siwrnai dda! **er ist viel auf ~n** mae e'n teithio

llawer.

Reise- *kompos:* **~andenken** *nt* cofrodd *b*, swfenîr *g*; **~apotheke** *f* pecyn *g* cymorth cyntaf; **~bericht** *m* adroddiad *g* am daith; **~büro** *nt* asiantaeth *b* deithio; **~diplomatie** *f* gwibddiplomyddiaeth *b*; **~erleichterungen** *pl* llacio *g* rhwystrau teithio.

reisefertig *adj* parod i gychwyn.

Reise- *kompos:* **~fieber** *nt* nerfusrwydd *g* ynghylch teithio, nerfau *ll* teithio; **~führer** *m* tywyswr *g*; *(Buch)* teithlyfr *g*; **~gepäck** *nt* bagiau *ll*; **~gesellschaft** *f* grŵp *g* o deithwyr; **~kosten** *pl* costau *ll* teithio; **~leiter** *m* arweinydd *g*, tywyswr *g*; **~lektüre** *f* deunydd *g* darllen ar gyfer taith; **~lust** *f* blys *g* crwydro.

reisen ['raɪzən] *vi (+sein):* **~ nach** *+dat* teithio i.

Reisende (-n, -n) *m/f* teithiwr *g*, teithwraig *b*.

Reise- *kompos:* **~pass** *m* trwydded *b* deithio; **~pläne** *pl* cynlluniau *ll* teithio; **~proviant** *m* lluniaeth *g* ar gyfer taith; **~route** *f* hynt *b*, taith *b*; **~scheck** *m (FIN)* siec *b* deithio; **~schreibmaschine** *f* teipiadur *g* cludadwy; **~tasche** *f* bag *g* teithio; **~veranstalter** *m* trefnydd *g* teithiau; **~verkehr** *m* traffig *g* gwyliau; **~wetter** *nt* tywydd *g* gwyliau; **~ziel** *nt* pen *g* taith.

Reisig ['raɪzɪç, -ɪk] (-s, *kein pl*) *nt* prysglwyni *ll*.

Reißaus ['raɪs'ʔaus] *m:* **~ nehmen** ffoi, rhedeg ymaith.

Reißbrett ['raɪsbrɛt] (-(e)s, -er) *nt* darlunfwrdd *g*, bwrdd *g* arlunio.

reißen ['raɪsən] *irreg vt (+haben)* rhwygo; *(zerren)* tynnu; **etw an sich ~** cipio rhth; *(fig)* meddiannu rhth; **Witze ~** cellwair.

♦ *vi (+sein)* rhwygo; **hin und her gerissen sein** *(fig)* cael eich tynnu rhwng dau feddwl; **wenn alle Stricke ~** *(fig)* os daw hi i'r pen.

♦ *vr (+haben):* **sich um etw ~** sgrialu i gael rhth.

Reißen *nt (Gewichtheben)* cipiad *g*; *(ugs: Glieder~)* gwynegu *g*, poen *g*.

reißend *adj (Fluss)* brochus; *(COMM: Absatz)* chwim; **~en Absatz finden** bod â mynd mawr arno.

Reißer (-s, -) *m (Buch)* ias a chyffro *g*.

reißerisch *adj* cyffrous, bachog, gafaelgar.

Reiß- *kompos:* **~leine** *f (AERO)* cortyn *g* tynnu; **~nagel** *m* pin *g* bawd; **~schiene** *f* sgwaryn *g* T; **~verschluss** *m* zip *g*; **~wolf** *m* peiriant *g* rhwygo; **~zwecke**[D] *f* pin *g* bawd.

reiten ['raɪtən] *irreg vt (+haben), vi (+sein)* marchogaeth, mynd ar gefn (ceffyl).

Reiter[1] ['raɪtər] (-s, -) *m* marchog *g*; *(MIL)* marchfilwr *g*.

Reiter[2] (-, -n) *f (Sieb)* rhidyll *g*.

Reiterei [raɪtə'raɪ] *f (MIL)* marchogaeth *b*.

Reiterin *f* marchoges *b*.

Reit- *kompos:* **~hose** *f* clos *g* marchogaeth; **~pferd** *nt* ceffyl *g* cyfrwy; **~schule** *f* ysgol *b* farchogaeth; **~stiefel** *m* botasen *b* farchogaeth; **~turnier** *nt* sioe *b* geffylau; **~weg** *m* llwybr *g* ceffylau; **~zeug** *nt* offer *ll* marchogaeth.

Reiz [raɪts] (**-es, -e**) *m* *(Ansporn)* symbyliad *g*, ysgogiad *g*; *(angenehm)* swyn *g*; *(Verlockung)* atyniad *g*.

reizbar ['raɪtsbaːr] *adj* nerfus, croendenau.

Reizbarkeit *f* piwisrwydd *g*, pigogrwydd *g*.

reizen ['raɪtsən] *vt* rhoi ysgogiad i; *(unangenehm)* pryfocio, gwylltio; *(verlocken)* cyfareddu; *(beim Kartenspiel)* cynnig; **das reizt mich zum Widerspruch** rhaid i mi anghytuno.

reizend *adj* swynol, cyfareddol.

Reiz- *kompos:* **~gas** *nt* nwy *g* dagrau; **~husten** *m* peswch *g* ar y frest.

reizlos *adj* annengar.

reizvoll *adj* atyniadol, dengar.

Reiz- *kompos:* **~wäsche** *f* dillad *ll* isaf dengar; **~wort** *nt* gair *g* cynyrfiadol.

rekapitulieren [rekapituˈliːrən] *vt* atgrynhoi, adsymio.

rekeln ['reːkəln] *vr* ymestyn, ymystwyro; *(lümmeln)* hamddena, gorweddian.

Reklamation [reklamatsiˈoːn] (**-, -en**) *f (COMM)* cwyn *gb*, achwyniad *g*.

Reklame [reˈklaːmə] (**-, -n**) *f* hysbysebu *g*, cyhoeddusrwydd *g*; *(Anzeige)* hysbyseb *b*; **für etw ~ machen** hysbysebu rhth.

rekonstruieren [rekɔnstruˈiːrən] *vt (ARCHIT)* ailadeiladu, ailgodi; *(Vergangenheit)* ail-lunio, adlunio.

Rekord [reˈkɔrt] (**-(e)s, -e**) *m* record *b*.

Rekordleistung *f* perfformiad gorau erioed.

Rekrut [reˈkruːt] (**-en, -en**) *m* recriwt *g*.

rekrutieren [rekruˈtiːrən] *vt* recriwtio, listio.
   ♦ *vr* cael eich recriwtio/listio.

Rektor ['rɛktɔr] (**-s, -en**) *m (UNIV)* prifathro *g*, is-ganghellor *g*; *(SCH)*[D] prifathro *g*.

Rektorat [rɛktɔˈraːt] *nt (UNIV)* is-ganghelloriaeth *b*, rheithoriaeth *b*; *(Zimmer)* swyddfa *b*'r prifathro.

Rel. *abk* = **Religion**.

Relais [rəˈlɛː] (**-, -**) *nt (ELEKT)* relái *g*.

Relation [relatsiˈoːn] (**-, -en**) *f* perthynas *b*; **in ~ zu** mewn perthynas â, yn gymharol i.

relativ [relaˈtiːf] *adj* cymharol.

Relativität [relativiˈtɛːt] *f* perthynoledd *g*.

Relativpronomen *nt (GRAM)* rhagenw *g* perthynol.

relevant [releˈvant] *adj* perthnasol.

Relevanz [releˈvants] *f* perthnasedd *g*.

Relief [reliˈɛf] (**-s, -s**) *nt* tirwedd *b*.

Religion [religiˈoːn] (**-, -en**) *f* crefydd *b*.

Religions- *kompos:* **~freiheit** *f* rhyddid *g* i addoli;

~unterricht *m* gwersi *ll* addysg grefyddol.

religiös [religiˈøːs] *adj* crefyddol.

Relikt [reˈlikt] (**-(e)s, -e**) *nt* goroesiad *g*, gweddill *g*.

Reling ['reːlɪŋ] (**-, -s**) *f (NAUT)* canllaw *gb*.

Reliquie [reˈliːkviə] (**-, -n**) *f (REL)* gweddillion *ll*, olion *ll*.

Reminiszenz [reminisˈtsɛnts] *f* atgof *g*.

Remis [rəˈmiː] (**-, -**) *nt (SPORT)* pariad *g*.

Remittende [remiˈtɛndə] *f (im Buchhandel)* llyfrau *ll* gweddill, llyfrau dros ben.

Remittent [remiˈtɛnt] (**-en, -en**) *m (COMM)* taledig *gb*.

remittieren [remiˈtiːrən] *vt (COMM: Waren)* dychwelyd; *(Geld)* anfon.

Remmidemmi ['remiˈdɛmi] (**-s, *kein pl*)** *nt (ugs: Krach)* twrw *g*, cynnwrf *g*, mwstwr *g*; *(Trubel)* miri *g*, rhialtwch *g*.

Remoulade [remuˈlaːdə] (**-, -n**) *f (KOCH)* remwlâd *gb*.

rempeln ['rɛmpəln] *vt (ugs)* gwthio, penelinio; *(SPORT)* hyrddio.

Ren [rɛn] (**-s, -s** *oder* **-e**) *nt* carw *g* Llychlyn.

Renaissance [rənɛˈsãːs] (**-, -en**) *f (HIST)* y Dadeni *g*; *(fig)* adfywiad *g*.

Rendezvous [rãdeˈvuː] (**-, -**) *nt* cyfarfod *g*, oed *g*, dêt *g*.

Rendite [rɛnˈdiːtə] (**-, -n**) *f (FIN)* elw *g*, enillion *ll* ar fuddsoddiad.

Rennbahn ['rɛnbaːn] (**-, -en**) *f* cae *g* rasio ceffylau; *(AUTO)* trac *g* rasio, rhedfa *b* rasio.

rennen ['rɛnən] *irreg vt, vi (+sein)* rhedeg, rasio; **um die Wette ~** rasio, cymryd rhan mewn ras.

Rennen *nt* rhedeg *g*; *(Wett~)* ras *b*; **das ~ machen** arwain, ennill y blaen.

Renner ['rɛnər] (**-s, -**) *m (COMM)* llwyddiant *g* ysgubol, rhth diguro.

Renn- *kompos:* **~fahrer** *m* rasiwr *g*, gyrrwr *g* ceir rasio; **~pferd** *nt* ceffyl *g* rasio; **~platz** *m* cae *g* ras; **~sport** *m* rasio *g*; **~wagen** *m* car *g* rasio.

renommiert [renɔˈmiːrt] *adj* enwog, adnabyddus.

renovieren [renoˈviːrən] *vt* adnewyddu.

Renovierung (**-, -en**) *f* adnewyddiad *g*.

rentabel [rɛnˈtaːbəl] *adj* proffidiol, sy'n dwyn elw.

Rentabilität [rɛntabiliˈtɛːt] *f* proffidioldeb *g*.

Rente ['rɛntə] (**-, -n**) *f* pensiwn *g*.

Renten- *kompos:* **~basis** *f* sail *b* blwydd-dâl; **~empfänger** *m* pensiynwr *g*; **~schein** *m*, **~verschreibung** *f (FIN)* buddsoddiad *g* sy'n arwain at bensiwn; **~versicherung** *f* cynllun *g* pensiwn.

Rentier ['rɛntiːr] (**-(e)s, -e**) *nt (ZOOL)* carw *g* Llychlyn.

rentieren [rɛnˈtiːrən] *vr* talu, dwyn elw, bod yn broffidiol; **das rentiert sich nicht** nid yw hynny'n talu'r ffordd.

Rentner(in) *m(f)* pensiynwr(aig) *g(b)*.

Reparation [reparatsi'o:n] (-, -en) *f* iawndal *g*.

Reparatur [repara'tu:r] (-, -en) *f* atgyweiriad *g*, trwsiad *g*; **etw in ~ geben** cael rhth wedi ei atgyweirio/drwsio.

reparaturbedürftig *adj* ag eisiau ei atgyweirio, mewn angen ei atgyweirio.

Reparaturwerkstatt *f* modurdy *g*, garej *gb*.

reparieren [repa'ri:rən] *vt* atgyweirio, trwsio.

Repertoire [repɛrto'a:r] (-s, -s) *nt* repertoire *gb*, stoc *g*.

Reportage [repɔr'ta:ʒə] (-, -n) *f* adroddiad *g*, sylwebaeth *b*.

Reporter [re'pɔrtər] (-s, -) *m* sylwebydd *g*, gohebydd *g*.

Repräsentant [reprɛzɛn'tant] (-en, -en) *m* (~in *f*) cynrychiolydd *g*.

repräsentativ [reprɛzɛnta'ti:f] *adj* cynrychiolaidd, cynrychioliadol; *(beeindruckend)* trawiadol, gwefreiddiol; **die ~en Pflichten eines Botschafters** dyletswyddau swyddogol llysgennad.

repräsentieren [reprɛzɛn'ti:rən] *vt* cynrychioli; *(darstellen: Wert)* golygu, bod yn gyfwerth â.
♦ *vi (gesellschaftlich)* cyflawni dyletswyddau swyddogol.

Repressalie [reprɛ'sa:liə] (-, -n) *f* dial *g*, dialedd *g*.

reprivatisieren [reprivati'zi:rən] *vt* dadwladoli.

Reprivatisierung *f (COMM, POL)* dadwladoli *g*.

Reproduktion [reprodʊktsi'o:n] (-, -en) *f* atgynhyrchiad *g*, copi *g*.

reproduzieren [reprodu'tsi:rən] *vt* atgynhyrchu, copïo, lluosogi.

Reptil [rɛp'ti:l] (-s, -ien) *nt (ZOOL)* ymlusgiad *g*.

Republik [repu'bli:k] (-, -en) *f* gweriniaeth *b*.

Republikaner [republi'ka:ner] *m* gweriniaethwr *g*; **~in** *f* gweriniaethwraig *b*.

republikanisch [republi'ka:nɪʃ] *adj* gweriniaethol.

Requisiten [rekvi'zi:tən] *pl (THEAT)* dodrefn *ll*, atodion *ll*.

Reservat [rezɛr'va:t] (-(e)s, -e) *nt* gwarchodfa *b*, gwarchodle *g*; *(Eingeborene)* tiriogaeth *b*.

Reserve [re'zɛrvə] (-, -n) *f* cronfa *b* wrth gefn, adnoddau *ll* wrth gefn; **jdn aus der ~ locken** tynnu rhn o'i gragen.

Reserve- *kompos:* **~rad** *nt*, **~reifen** *m (AUTO)* olwyn *b* sbâr; **~spieler** *m* eilydd *g*; **~tank** *m (AUTO)* tanc *g* sbâr.

reservieren [rezɛr'vi:rən] *vt* cadw, neilltuo, rhoi wrth gefn.

reserviert [rezɛr'vi:rt] *adj (Platz)* cadw.

Reservist [rezɛr'vɪst] (-en, -en) *m (MIL)* milwr *g* wrth gefn.

Reservoir [rezɛrvo'a:r] (-s, -e) *nt* cronfa *b* ddŵr.

Residenz [rezi'dɛnts] (-, -en) *f (königlich)* palas *g*; *(Botschafter)* preswylfa *b*, tŷ *g*.

residieren [rezi'di:rən] *vi (geh)* byw, cartrefu, trigo.

Resignation [rezɪgnatsi'o:n] *f* ymostyngiad *g*.

resignieren [rezɪg'ni:rən] *vi* ymostwng.

resolut [rezo'lu:t] *adj* penderfynol, di-droi'n-ôl, cadarn.

Resolution [rezolutsi'o:n] (-, -en) *f* penderfyniad *g*.

Resonanz [rezo'nants] *f* cyseiniant *g*; *(fig)* ymateb *g*.

Resonanz- *kompos:* **~boden** *m* seinfwrdd *g*; **~kasten** *m*, **~körper** *m* seinflwch *g*.

Resopal® [rezo'pa:l] (-(e)s, *kein pl*) *nt* Formica®.

resozialisieren [rezotsiali'zi:rən] *vt* ailgynefino, ailhyfforddi.

Resozialisierung *f* ailgynefino *g*, ailhyfforddiant *g*.

Respekt [rɛs'pɛkt] (-(e)s, *kein pl*) *m* parch *g*; *(Ehrfurcht)* parchedig *g* ofn; **vor jdm/etw ~ haben** bod ag ofn rhn/rhth.

respektabel [rɛspɛk'ta:bəl] *adj* parchus.

respektieren [rɛspɛk'ti:rən] *vt* parchu.

respektlos *adj* amharchus, di-barch.

Respektsperson (-, -en) *f* un sy'n ennyn parch.

respektvoll *adj* llawn parch, parchus (tuag at rn).

Ressentiment [rɛsãti'mã:] (-s, -s) *nt* dig *g*.

Ressort [rɛ'so:r] (-s, -s) *nt* maes *g*; *(Abteilung)* adran *b*; *(COMM: Tourismusgegend)* ardal *b* wyliau, man *g* gwyliau; **in das ~ von jdm fallen** bod yn rhan o faes rhn.

Ressourcen [rɛ'sursən] *pl* adnoddau *ll*.

Rest [rɛst] (-(e)s, -e) *m* gweddill *g*; *(Über~)* gweddillion *ll*; *(Ruinen)* olion *ll*.

Restaurant [rɛsto'rã:] (-s, -s) *nt* bwyty *g*.

restaurieren [rɛstau'ri:rən] *vt* adnewyddu, adfer, atgyweirio.

Restaurierung (-, -en) *f* adnewyddu *g*, atgyweirio *g*.

Restbetrag *m* swm *g* dyledus o arian, swm o arian heb ei dalu.

restlich *adj* ar ôl, dros ben.

restlos *adj* hollol, llawn, cyfan; **etw ~ satt haben** *(ugs)* wedi cael llond bol o rth.

Restposten *m (COMM)* nwyddau *ll* dros ben.

Resultat [rezul'ta:t] (-(e)s, -e) *nt* canlyniad *g*.

Retorte [re'tɔrtə] (-, -n) *f (CHEM)* retórt *g*; **aus der ~** gwneud, gwneuthuredig, artiffisial.

Retortenbaby (-s, -s) *nt* baban *g* profdiwb.

retour [re'tu:r] *adv* yn ôl.

Retouren *pl (COMM)* dychwelion *ll*.

retten ['rɛtən] *vt* achub, arbed; **bist du noch zu ~?** oes colled arnat ti?
♦ *vr* dianc.

Retter ['rɛtər] *m* achubwr *g*; **~in** *f* achubwraig *b*.

Rettich ['rɛtɪç] *m (BOT)* rhuddyglen *b*, radysen *b*.

Rettung ['rɛtʊŋ] f achubiad g, gwarediad g; (Hilfe) cymorth g, help g; **ihre letzte ~** ei gobaith olaf.

Rettungs- kompos: **~aktion** f ymgyrch gb achub; **~boot** nt bad g achub; **~dienst** m gwasanaeth g achub; **~gürtel** m gwregys g achub.

rettungslos adj anobeithiol, diobaith.

Rettungs- kompos: **~ring** m (NAUT) gwregys g achub; **~schwimmer** m achubwr g bywyd; **~wagen** m ambiwlans g.

retuschieren [retu'ʃiːrən] vt (FOTO) ailbeintio.

Reue ['rɔʏə] (-, kein pl) f edifeirwch g; (Bedauern) edifeirwch, gofid g.

reuen ['rɔʏən] vt: **es reut mich** mae'n edifar gennyf.

reuig ['rɔʏɪç, -ɪk] adj edifar, edifeiriol, edifarhaus.

reumütig adj edifar, edifeiriol.

Reuse ['rɔʏzə] (-, -n) f magl b bysgod, trap g pysgod.

Revanche [re'vãːʃ] f dial g, dialedd g; (SPORT) ail gêm b, gêm yn ôl.

revanchieren revã'ʃiːrən] vr (sich rächen) talu'r pwyth yn ôl; (erwidern) gwneud tro da yn ôl.

Revers [re'vɛːr] (-, -) nt oder m (TEX) llabed gb.

reversieren^ vi (mit Fahrzeug) bacio.

revidieren [revi'diːrən] vt adolygu, ailystyried; (COMM) archwilio.

Revier [re'viːr] (-s, -e) nt ardal b, bro b; (Kohlen~) pwll g glo, glofa b; (Jagd~) heldir g, tir g hela; (Polizei~) gorsaf b heddlu; (MIL: Kranken~) clafdy g; (Dienstbereich) maes g.

Revision [revizi'oːn] (-, -en) f adolygu g; (COMM) archwiliad g; (JUR) apêl gb.

Revisionsverhandlung f gwrandawiad g apêl.

Revisor [re'viːzɔr] (-s, -en) m (COMM) archwilydd g.

Revolte [re'vɔltə] (-, -n) f gwrthryfel g.

revoltieren [revɔl'tiːrən] vi gwrthryfela, codi yn erbyn rhth, terfysgu.

Revolution [revolutsi'oːn] (-, -en) f chwyldro g, chwyldroad g.

revolutionär [revolutsio'nɛːr] adj chwyldroadol.

Revolutionär (-s, -e) m chwyldroadwr g; **~in** f chwyldroadwraig b.

revolutionieren [revolutsio'niːrən] vt (TECH) chwyldroi.

Revoluzzer [revo'lutsər] (-s, -) m (pej) chwyldröwr g mewn bwriad.

Revolver [re'vɔlvər] (-s, -) m rifolfer g, llawddryll g.

Revue [rə'vyː] (-, -n) f (THEAT) sioe b; **etw ~ passieren lassen** (fig) bwrw golwg dros rth.

Rezensent [retsɛn'zɛnt] (-en, -en) m adolygydd g.

rezensieren [retsɛn'ziːrən] vt adolygu.

Rezension [retsɛnzi'oːn] (-, -en) f adolygiad g.

Rezept [re'tsɛpt] (-(e)s, -e) nt rysáit b, resipi gb; (MED) rhagnodyn g, presgripsiwn g.

rezeptfrei adj ar gael heb ragnodyn.

Rezeption [retsɛptsi'oːn] f derbynfa b, desg b dderbyn.

rezeptpflichtig adj gyda rhagnodyn yn unig.

Rezession [retsɛsi'oːn] (-, -en) f (FIN) dirwasgiad g.

rezitieren [retsi'tiːrən] vt adrodd, darllen, datgan.

R-Gespräch ['ɛrgəʃprɛːç] (-(e)s, ¨-e) nt (TEL) galwad gb ffôn talu'r pen arall.

Rhabarber [ra'barbər] (-s, kein pl) m (BOT) riwbob g.

Rhein [raɪn] (-s, kein pl) m (GEOG) afon b Rhein.

Rhein- kompos: **~gau** m (GEOG) ardal winllannol ar lannau'r Rhein; **~hessen** nt (GEOG) ardal winllannol ar lannau'r Rhein.

rheinisch adj o'r Rhein, Rheinaidd.

Rheinland nt (GEOG) Glannau ll Rhein.

Rheinland-Pfalz nt (GEOG) Palatin b Rhein.

Rhesusfaktor ['reːzusfaktɔr] (-s, -en) m (MED) ffactor g rhesws.

Rhetorik [re'toːrɪk] f rhethreg b.

rhetorisch [re'toːrɪʃ] adj rhethregol.

Rheuma ['rɔʏma] (-s, kein pl) nt (MED) cryd g cymalau.

rheumatisch [rɔʏ'maːtɪʃ] adj crydcymalog.

Rheumatismus [rɔʏma'tɪsmus] m (MED) cryd g cymalau.

Rhinozeros [ri'noːtserɔs] (- oder -ses, -se) nt (ZOOL) rhinoseros g; (ugs: Dummkopf) twpsyn g, hurtyn g.

Rhodos ['roːdɔs] nt (GEOG) Ynys b Rhodos.

rhythmisch ['rytmɪʃ] adj rhythmig.

Rhythmus ['rytmus] (-, **Rhythmen**) m rhythm g.

Ribisel^ (-, -n) f (BOT) cyrensen b, rhyfonen b.

Richtantenne ['rɪçt⁷antɛnə] (-, -n) f erial gb cyfeiriol.

richten ['rɪçtən] vt (lenken) cyfeirio; (Waffe) anelu; (bereiten) paratoi; (ordnen) trefnu; (einstellen) cywiro; (ugs: reparieren) atgyweirio, trwsio; (bestrafen) dedfrydu; **~ an** +akk cyfeirio at; **~ auf** +akk anelu at.
   ♦ vr: **sich ~ nach** cydsynio â; **wir ~ uns ganz nach unseren Kunden** rydyn ni'n mynd yn ôl dymuniadau ein cwsmeriaid.

Richter m barnwr g; **sich zum ~ machen** (fig) eistedd mewn barn, barnu; **~in** f barnwres b.

richterlich adj barnwrol, cyfreithiol.

Richtgeschwindigkeit f cyflymdra g argymelledig.

richtig ['rɪçtɪç, -ɪk] adj cywir; (passend) addas, iawn, priodol; (echt) go iawn; **der/die R~e** yr un iawn; **das R~e** y peth iawn/cywir.
   ♦ adv yn gywir, yn iawn; (ugs: sehr) yn wir; **die Uhr geht ~** mae'r cloc yn gywir; **bin ich hier ~?** ydw i yn y lle iawn? **~ stellen** cywiro.

Richtigkeit f cywirdeb g; **das hat schon seine ~** mae hynny'n ddigon gwir.

Richtigstellung f cywiro g, cywiriad g.

Richt- kompos: **~linie** f canllaw gb; **~preis** m pris g argymelledig; **~schnur** *f (fig: Grundsatz)* egwyddor *b.*

Richtung (-, -en) *f* cyfeiriad *g*; *(Tendenz)* tueddiad *g*; *(Lehrmeinung)* carfan *b* o feddylwyr; **in jeder ~** pob ffordd.

richtungsweisend *adj* yn dangos y ffordd.

rieb *vb vgl.* **reiben.**

riechen ['riːçən] *irreg vt, vi* arogli, ogleuo, gwynto; **an etw** *dat* **~** ogleuo/gwynto rhth; **nach etw ~** mae arogl rhth arno, mae gwynt rhth arno; **ich kann ihn nicht ~** *(fig)* ni allaf ei ddioddef; **das konnte ich doch nicht ~!** *(ugs)* sut y gallwn wybod hynny?

Riecher (-s, -) *m:* **einen guten ~ für etw haben** *(ugs)* gallu synhwyro rhth; **den richtigen ~ haben** *(fig)* gwneud y peth iawn.

Ried [riːt] (-(e)s, -e) *nt (BOT)* corsen *b*, cawnen *b*; *(Moor)* cors *b*, corstir *g.*

rief *vb vgl.* **rufen.**

Riege ['riːgə] (-, -n) *f (von Turnern)* tîm *g*, carfan *b.*

Riegel ['riːgəl] (-s, -) *m* bollt *b*; *(Schokolade)* bar *g*; **einer Sache** *dat* **einen ~ vorschieben** *(fig)* atal rhth, rhoi pen ar rth.

Riemen ['riːmən] (-s, -) *m* strap *gb*; *(Gürtel, TECH)* belt *gb*, strap; *(NAUT)* rhwyf *b*; **sich am ~ reißen** *(ugs: fig)* callio, ymdrechu'n galed.

Riemenantrieb *m* gyriant *g* strap.

Riese ['riːzə] (-n, -n) *m* cawr *g.*

rieseln ['riːzəln] *vi (+sein)* llifo/disgyn yn ysgafn (halen, tywod *ayb*); *(Schnee)* bwrw'n ysgafn.

Riesen- *kompos:* **~erfolg** *m* llwyddiant *g* ysgubol; **~gebirge** *nt (GEOG)* y Mynyddoedd *ll* Swdetaidd.

riesengroß *adj* anferth, enfawr, aruthrol.

riesenhaft *adj* = **riesengroß.**

Riesenrad *nt (ARCHIT)* olwyn *b* fawr.

Riesenschritt *m:* **sich mit ~en nähern** nesáu/agosáu yn gyflym.

Riesenslalom *m* = **Riesentorlauf.**

Riesentorlauf *m (Ski)* slalom *gb* mawr.

riesig ['riːzɪç, -ɪk] *adj* anferth, enfawr, helaeth.

Riesin *f* cawres *b.*

riet *vb vgl.* **raten.**

Riet *nt (TEX)* brwyd *g*, peithyn *g.*

Riff [rɪf] (-(e)s, -e) *nt* rîff *g.*

Riffelfeile ['rɪfəlfaɪlə] (-, -n) *f (TECH)* rifflwr *g.*

rigoros [rigoˈroːs] *adj* llym, caled.

Rille [rɪlə] (-, -n) *f* rhigol *b.*

Rind [rɪnt] (-(e)s, -er) *nt (männliches)* ych *g*, bustach *g*; *(Kuh)* buwch *b*; *(KOCH)* cig *g* eidion; **~er** *pl* gwartheg *ll*, da *ll*; **vom ~** cig eidion.

Rinde ['rɪndə] *f (Baum~)* rhisgl *g*, plisgyn *g*; *(Brot~)* crystyn *g*; *(Käse)* crawen *b*, crofen *b.*

Rinder- *kompos:* **~braten** *m* eidion *g* rhost, bîff *g*

rhost; **~wahn** *m* clefyd *g* y gwartheg gwallgof.

Rindfleisch *nt* cig *g* eidion.

Rindsbraten[A] *m* = **Rinderbraten.**

Rind- *kompos:* **~suppe**[A] *f* isgell *g* eidion, gwlych *g* eidion; **~vieh** *nt* gwartheg *ll*; *(ugs)* hurtyn *g.*

Ring [rɪŋ] (-(e)s, -e) *m* modrwy *b.*

Ringbuch *nt* clawr *g* cylch, rhwymydd *g* modrwyog.

ringeln ['rɪŋəln] *vt (Pflanze)* plethu, cordeddu; *(Haare, Schwanz)* cyrlio.

♦ *vr* cyrlio; *(Rauch)* dolennu, troelli.

Ringel- *kompos:* **~natter** *f (ZOOL)* neidr *b* y glaswellt; **~taube** *f (ZOOL)* ysguthan *b*, colomen *b* wyllt.

ringen ['rɪŋən] *irreg vi* ymgodymu, ymladd; **um etw ~** *(streben)* brwydro am rth, ymdrechu i gael rhth; **nach Luft ~** bod yn fyglyd, bod â'r fest yn gaeth.

Ringen (-s, *kein pl*) *nt (SPORT)* ymgodymu *g.*

Ringer (-s, -) *m (SPORT)* ymgodymwr *g.*

Ringfinger *m* bys *g* modrwy.

ringförmig *adj* ar ffurf cylch.

Ring- *kompos:* **~kampf** *m (SPORT)* gornest *b* ymgodymu; **~richter** *m* dyfarnwr *g.*

rings *adv:* **~ um** +*akk* o gwmpas, oddi amgylch; **~ herum** o amgylch, o gylch.

Ringschlüssel *m (TECH)* sbaner *g* cylch.

ringsherum *adv* = **ringsum.**

Ringstraße *f* cylchffordd *b.*

ringsum *adv (rundherum)* o amgylch, o gylch.

Rinne ['rɪnə] (-, -n) *f* cafn *g*, gwter *b.*

rinnen ['rɪnən] *irreg vi (+sein)* llifo, diferu.

Rinnstein[D] (-(e)s, -e) *m* gwter *b.*

Rippchen[D] ['rɪpçən] (-s, -) *nt (KOCH)* asen *b* fras, sbarib *g.*

Rippe ['rɪpə] (-, -n) *f* asen *b.*

Rippenfellentzündung *f (MED)* pliwrisi *g.*

Rippenspeer *m oder nt (KOCH)* **Kasseler ~** asen *b* mochyn wedi ei halltu.

Rippenstoß *m* pwn *g*, prociad *g.*

Risiko ['riːziko] (-s, -s *oder* **Risiken**) *nt* perygl *g*, menter *g.*

risikobehaftet *adj* llawn peryglon, peryglus.

Risikoinvestition *f (COMM)* cost *g* suddedig.

riskant [rɪsˈkant] *adj* peryglus, mentrus.

riskieren [rɪsˈkiːrən] *vt* mentro, peryglu.

riss *vb vgl.* **reißen.**

Riss (-es, -e) *m* rhwyg *b*, hollt *b*, crac *g*; *(in Haut)* crafiad *g*; *(TECH)* dyluniad *g*, cynllun *g.*

rissig ['rɪsɪç, -ɪk] *adj* rhwygedig, wedi rhwygo; *(Mauer)* craciedig, wedi cracio; *(Leder, Hände)* wedi cracio, crafedig, wedi crafu.

Ritt [rɪt] (-(e)s, -e) *m* reid *b*, tro *g.*

ritt *vb vgl.* **reiten.**

Ritter (-s, -) *m* marchog *g*; **jdm zum ~ schlagen** urddo rhn yn farchog; **arme ~** *(KOCH)*[D] tost melys Ffrengig, a'r bara wedi ei fwydo mewn llaeth.

ritterlich *adj* marchogaidd, boneddigaidd, cwrtais.

Ritterschlag *m* urddo *g* yn farchog.

Rittertum (-s, *kein pl*) *nt* (*HIST*) sifalri *g*, marchogwriaeth *b*.

Ritterzeit *f* oes *b* marchogion.

rittlings ['rɪtlɪŋs] *adv* ag un goes bob ochr, ar gefn.

Ritual [ritu'aːl] (-s, -e *oder* -ien) *nt* defod *b*, arfer *gb*.

rituell [ritu'ɛl] *adj* defodol.

Ritus ['riːtʊs] (-, **Riten**) *m* defod *b*.

Ritze ['rɪtsə] (-, -n) *f* hollt *b*, agen *b*.

ritzen ['rɪtsən] *vt* crafu, ysgythru; **die Sache ist geritzt** *(ugs)* mae'r peth wedi ei drefnu.

Rivale [ri'vaːlə] (-n, -n) *m* cystadleuwr *g*, cystadleuydd *g*.

Rivalin *f* cystadleuydd *g*.

rivalisieren [rivali'ziːrən] *vi*: **mit jdm ~** cystadlu â rhn.

Rivalität [rivali'tɛːt] *f* cystadleuaeth *b*.

Riviera [rivi'ɛːra] *f*: **die ~** *(GEOG)* y Rifiera *b*.

Rizinusöl ['riːtsinus'ʔøːl] *nt* olew *g* castor.

r.-k. *abk* = **römisch-katholisch.**

Robbe ['rɔbə] (-, -n) *f* (*ZOOL*) morlo *g*.

robben ['rɔbən] *vi* (*+sein*) ymlusgo, cropian ar eich penelinoedd.

Robbenfang *m* hela *g* morloi.

Robe ['roːbə] (-, -n) *f* mantell *b*.

Roboter ['rɔbɔtər] (-s, -) *m* robot *g*.

Robotik ['rɔbɔtɪk] *f* roboteg *b*.

robust [ro'bʊst] *adj* cryf, cadarn, grymus.

roch *vb vgl.* **riechen.**

röcheln ['rœçəln] *vi* anadlu'n gras, rhygnu; *(Sterbender)* rhoi rhugn/rhoch angau.

Rock[1] [rɔk] (-(e)s, ¨-e) *m* sgert *b*; *(Jackett)* siaced *b*; *(Uniform~)* tiwnig *b*.

Rock[2] (-(s), -(s)) *m* (*MUS*) roc *g*.

Rockmusik *f* cerddoriaeth *b* roc.

Rockzipfel *m*: **an Mutters ~ hängen** *(ugs)* bod ynghlwm wrth linyn ffedog eich mam.

Rodel ['roːdəl] (-s, -) *m* sled *b*.

Rodelbahn *f* llwybr *g* slediau, llwybr toboganau.

rodeln ['roːdəln] *vi* (*+sein*) mynd ar sled.

roden ['roːdən] *vt* clirio, braenaru.

Rogen ['roːgən] (-s, -) *m* (*ZOOL*) sil *g*, gronell *g*.

Roggen ['rɔgən] (-s, -) *m* (*AGR*) rhyg *g*.

Roggenbrot *nt* bara *g* rhyg.

roh [roː] *adj* amrwd; *(Mensch)* di-chwaeth, bras, garw; **~e Gewalt** nerth *g* bôn braich, grym *g* corfforol.

Roh- *kompos*: **~bau** *m* cragen *b* adeilad; **~eisen** *nt* haearn *g* crai; **~fassung** *f* drafft *g* cyntaf; **~kost** *f* ffrwythau a llysiau (heb eu coginio).

Rohling *m* llabwst *g*, dyn *g* garw.

Roh- *kompos*: **~material** *nt* defnyddiau *ll* crai; **~öl** *nt* olew *g* crai.

Rohr [roːr] (-(e)s, -e) *nt* pibell *b*, tiwb *g*; *(BOT)* gwialen *b*, cansen *b*; *(Schilf~)* cawnwellt *g*, corswellt *g*; *(von Gewehr)* baril *gb*; *(Back~)* popty *g*, ffwrn *b*.

Rohrbruch *m* toriad *g* pibell.

Röhre ['røːrə] (-, -n) *f* pibell *b*; *(RADIO, TV)* falf *b*; *(Back~)* popty *g*, ffwrn *b*; *(ugs: Fernseher)* y bocs *g*; **in die ~ gucken**[D] gwylio'r teledu.

Rohr- *kompos*: **~geflecht** *nt* plethwaith *g* gwiail; **~leger** *m* plymer *g*; **~leitung** *f* piblinell *b*; **~post** *f* system *b* bost niwmatig.

Rohrspatz *m*: *(ugs)* **schimpfen wie ein ~** rhegi a rhwygo.

Rohr- *kompos*: **~stock** *m* cansen *b*, gwialen *b*; **~stuhl** *m* cadair *b* wiail/wellt; **~zucker** *m* siwgwr *g* câns.

Roh- *kompos*: **~seide** *f* sidan *g* crai; **~stoff** *m* defnyddiau *ll* crai.

Rokoko ['rɔkoko] (-s, *kein pl*) *nt* (*HIST*) rococo *g*.

Rollbahn ['rɔlbaːn] (-, -en) *f* (*AERO*) rhedfa *b*, atredfa *b*; *(HIST)* traffordd *b*.

Rolle[1] ['rɔlə] (-, -n) *f* rholyn *g*; *(Garnspule)* rîl *b*, sbŵl *g*; *(Walze)* rholer *gb*, rholiwr *g*; *(Turnen)* rholiad *g*.

Rolle[2] (-, -n) *f* (*THEAT, soziologisch*) rhan *b*, rôl *b*; **keine ~ spielen** bod yn ddibwys; **bei etw** *dat* **eine wichtige ~ spielen** chwarae rhan bwysig yn rhth; **aus der ~ fallen** *(fig)* colli arnoch eich hun.

rollen ['rɔlən] *vi* (*+sein*) rholio; *(AERO)* powlio, trolio.
♦ *vt* (*+haben*) rholio; **den Stein ins R~ bringen** *(fig)* gyrru'r cwch i'r dŵr.

Rollen- *kompos*: **~besetzung** *f* (*THEAT*) cast *g*; **~konflikt** *m* gwrthdrawiad *g* roliau; **~spiel** *nt* chwarae *g* rôl; **~tausch** *m* cyfnewid *g* rôl.

Roller ['rɔlər] (-s, -) *m* sgwter *g*.

Roll- *kompos*: **~feld** *nt* (*AERO*) rhedfa *b*; **~kragen** *m* gwddf *g* polo; **~laden** *m* *(von Geschäft)* caead *g* ffenestr; **~mops** *m* (*KOCH*) penogyn *g* picl.

Rollo ['rɔlo] (-, -s) *nt* llen *b* dywyll roler.

Roll- *kompos*: **~schrank**[D] *m* cwpwrdd *g* â drws dirwyn; **~schuh** *m* esgid *b* sglefrolio; **~schuhlaufen** *nt* sglefrolio; **~stuhl** *m* cadair *b* olwyn; **~treppe** *f* grisiau *ll* symudol, esgaladur *g*.

Rom[1] [roːm] (-s, *kein pl*) *nt* (*GEOG*) Rhufain *b*; **das sind Zustände wie im alten ~** *(ugs: unmoralisch)* mae'n warthus; *(primitiv)* mae'n gyntefig.

Rom[2] (-s, -a) *m* sipsi *g*, sipsen *b*, romani *gb*.

Roma *pl von* **Rom**[2]; **~ und Sinti** y bobl *b* Romani.

Roman [ro'maːn] (-s, -e) *m* nofel *b*; **einen ganzen ~ erzählen** *(fig)* adrodd pob manylyn.

Romanes [roma'nɛs] *nt (Sprache)* Romani *b*.
Romanheft *nt* nofel *b* rad.
Romani *nt* = **Romanes**.
romanisch [ro'ma:nɪʃ] *adj (Sprache)* Romáwns; *(KUNST)* yn y dull Romanésg.
Romanistik [roma'nɪstɪk] *f (UNIV)* yr ieithoedd Romáwns a'u llenyddiaeth.
Roman- *kompos:* **~schreiber** *m* nofelydd *g*; **~schriftsteller** *m* nofelydd *g*, awdur *g* nofelau.
Romantik [ro'mantɪk] *f* rhamantiaeth *b*.
Romantiker(in) *m(f)* rhamantydd *g*.
romantisch *adj* rhamantus, rhamantaidd.
Romanze [ro'mantsə] (-, -n) *f* carwriaeth *b*.
Römer ['rø:mər] (-s, -) *m* Rhufeiniwr; *(Weinglas)* gwydr *g* gwin.
Römertopf® *m (KOCH)* ≈ llestr *g* caserol.
römisch ['rø:mɪʃ] *adj* Rhufeinig.
römisch-katholisch *adj (REL)* Pabyddol, Catholig.
röm.-kath. *abk* = **römisch-katholisch**.
Rommé [rɔ'me:] (-s, -s) *nt (Kartenspiel)* rymi *b*.
röntgen ['rœntgən] *vt* archwilio â phelydrau X.
Röntgen- *kompos:* **~aufnahme** *f* llun *g* pelydr X; **~bild** *nt* llun pelydr X; **~strahlen** *pl* pelydrau *ll* X.
rosa ['ro:za] *adj inv* pinc, lliw *g* rhosyn.
Rose ['ro:zə] (-, -n) *f (BOT)* rhosyn *g*.
Rosé [ro'ze:] *m* gwin *g* rhosliw/gwridog.
Rosen- *kompos:* **~kohl** *m (BOT)* ysgewyllen *b*; **~kranz** *m (REL)* llaswyr *gb*, paderau *ll*, rosari *b*; **~montag** *m* Llun cyn dydd Mawrth Ynyd.
Rosette [ro'zɛtə] (-, -n) *f* rhosglwm *g* rhoséd *gb*; *(Fenster)* rhosffenestr *b*.
rosig ['ro:zɪç, -ɪk] *adj* gwritgoch.
Rosine [ro'zi:nə] (-, -n) *f* rhesinen *b*, cyrensyn *g*; **~n im Kopf haben** *(ugs)*[D] bod â syniadau mawr, bod â chynlluniau uchelgeisiol.
Rosmarin ['ro:smari:n] (-s, *kein pl*) *m (BOT, KOCH)* rhos *g* Mair, rhosmari *g*.
Ross [rɔs] (-es, -e *oder* ¨-er) *nt (geh)* ceffyl *g*, march *g*; **auf dem hohen ~ sitzen** *(fig)* bod yn ffroenuchel, brolio, ymffrostio.
Ross- *kompos:* **~kastanie** *f (BOT)* marchgastan *b*, castan *b* y meirch; **~kur** *f (ugs)* meddyginiaeth *b* ladd neu wella.
Rost [rɔst] (-(e)s, -e) *m* rhwd *g*; *(Gitter)* bariau *ll* haearn; *(KOCH)* gril *g*; *(Bett~)* sbring *gb*.
Rost- *kompos:* **~braten** *m* cig *g* rhost, cig wedi ei rostio; **~bratwurst** *f* sosej *b* wedi ei grilio.
rosten ['rɔstən] *vi (+sein)* rhydu.
rösten ['rø:stən] *vt* rhostio; *(Brot)* tostio; *(Fleisch)* grilio.
rostfrei *adj* heb rwd; *(Stahl)* gloyw, gwrthstaen.
Rösti[S] *nt (KOCH)* tatws *ll* rhost.

rostig *adj* rhydlyd, wedi rhydu.
Röstkartoffeln *pl* tatws *ll* rhost, tatws wedi eu ffrio.
Rostschutz *m* diogelwch *g* rhag rhwd.
rot [ro:t] *adj* coch; **~ werden** *oder:* **einen ~en Kopf bekommen** gwrido, cochi; **~ sehen** *(ugs)* gwylltio'n gacwn; **die R~e Armee** y Fyddin Goch; **das R~e Kreuz** y Groes Goch; **in den ~en Zahlen** yn y coch, mewn dyled; **das R~e Meer** *(GEOG)* y Môr *g* Coch; **R~e Rübe**[A] *oder:* **R~e Bete**[D] betysen *b* goch.
Rotation [rotatsi'o:n] (-, -en) *f* cylchdro *g*, cylchdroi *g*.
rotbäckig *adj* bochgoch.
Rotbarsch *m (ZOOL)* rhosbysgodyn *g*.
rotblond *adj* pincfelyn, melynbinc.
Röte ['rø:tə] (-, *kein pl*) *f* cochni *g*, gwrid *g*.
Röteln ['rø:təln] *pl (MED)* brech *b* goch yr Almaen, rwbela *g*.
röten ['rø:tən] *vt, vr* cochi.
rothaarig *adj* pengoch.
rotieren [ro'ti:rən] *vi* cylchdroi.
Rot- *kompos:* **~käppchen** *nt* Hudan Fach Goch; **~kehlchen** *nt (ZOOL)* robin *g* goch; **~kohl**[D] *m*, **~kraut**[A] *nt* bresychen *b* goch; **~stift** *m* pensil *g* coch; **~wein** *m* gwin *g* coch.
Rotz [rɔts] *m (ugs)* llysnafedd *g* trwyn.
rotzfrech *adj (ugs)* hyf.
Rotzlöffel *m* = **Rotznase**.
Rotzlümmel *m* = **Rotznase**.
Rotznase *f (ugs)* crwtyn *g* surbwch.
rotznäsig *adj (ugs)* surbwch, piwis.
Rouge [ru:ʒ] (-s, -s) *nt* powdr *g* coch.
Roulade [ru'la:də] (-, -en) *f (KOCH)* rhol *b* gig; *(Bäckerei)* Swis-rôl *g*, rholyn *g* jam.
Roulett [ru'lɛt] (-s, -s) *nt* rwlét *gb*.
Roulette *nt* = **Roulett**.
Route ['ru:tə] (-, -n) *f* ffordd *b*.
Routine [ru'ti:nə] *f* profiad *g*; *(Gewohnheit, Trott)* trefn *b* arferol, rheolwaith *g*.
routiniert [ruti'ni:rt] *adj* profiadol.
Rowdy ['raʊdi] (-s, -s *oder* **Rowdies**) *m* hwligan *g*; *(zerstörerisch)* fandal *g*; *(lärmend)* codwr *g* twrw.
rubbeln ['rʊbəln] *vt, vi (ugs)* rhwbio.
Rübe ['ry:bə] (-, -n) *f* meipen *b*, erfinen *b*; **Rote ~**[A] betysen *b* goch; **Gelbe ~**[D] moronen *b*.
Rübenzucker *m* siwgwr *g* betys.
rüber ['ry:bər] *adv (ugs)* = **herüber**; = **hinüber**.
Rubin [ru'bi:n] (-s, -e) *m* rhuddem *gb*, rhwbi *b*.
Rubrik [ru'bri:k] *f* teitl *g*; *(Spalte)* colofn *b*.
ruck *adv:* **das geht ~, zuck!** chymer hi fawr o amser!
Ruck [rʊk] (-(e)s, -e) *m* ysgytwad *g*, herc *b*, hwrdd *g*; **sich** *dat* **einen ~ geben** ymdrechu.
Rückantwort *f* ateb *g*; **um ~ wird gebeten** ateber, os

gwelir yn dda.

ruckartig *adj* sydyn; **er stand ~ auf** neidiodd i'w draed.

Rückbesinnung *f* galw *g* i gof.

rückbezüglich *adj* atblygol.

Rückblende *f* ôl-fflach *b*.

rückblenden *vi untrenn* fflachio'n ôl.

Rückblick *m* trem *b* yn ôl; **im ~ auf etw** *akk* wrth edrych yn ôl ar rth.

rückblickend *adj* ôl-dremiol, adolygol.

♦ *adv* wrth edrych yn ôl, mewn adolwg.

rückdatieren *vt* ôl-ddyddio.

Rücken ['rʏkən] (-s, -) *m* cefn *g*; *(Berg~)* crib *gb*, esgair *b*.

rücken *vi* symud, gwneud lle.

♦ *vt* symud.

Rücken- *kompos:* **~deckung** *f* cefnogaeth *g*, cymorth *g* wrth gefn; **~flosse** *f* asgell *b* y cefn; **~lage** *f* gorwedd *g* ar eich cefn; **~lehne** *f* cefn *g* cadair; **~mark** *nt (ANAT)* llinyn *g* y cefn, madruddyn *g* y cefn; **~schwimmen** *nt* nofio *g* ar y cefn; **~stärkung** *f (fig)* cefnogaeth *g*; **~wind** *m* gwynt *g* wrth gefn.

Rück- *kompos:* **~erstattung** *f* ad-daliad *g*; **~fahrkarte** *f* tocyn *g* dwyffordd, tocyn dychwelyd; **~fahrt** *f* taith *b* yn ôl; **~fall** *m (MED)* ailwaeledd *g*, atglafychiad *g*; *(kriminell)* atgwympiad *g*.

rückfällig *adj* atglafychol; *(JUR)* atgwympol; **~ werden** atglafychu; *(JUR)* atgwympo.

Rückflug *m* ehediad *g* yn ôl.

Rückfrage (-, -n) *f* cwestiwn *g*; **nach ~ bei der zuständigen Behörde** ar ôl gwneud ymholiadau yn y swyddfa briodol.

rückfragen ['rʏkfraːgən] *vi* holi; *(nachprüfen)* cadarnhau trwy holi.

Rück- *kompos:* **~führung** *f (von Menschen)* dychwelyd *g* i'r famwlad; **~gabe** *f* dychweliad *g*; **~gang** *m (COMM)* gostyngiad *g*, cwymp *g*.

rückgängig *adj:* **etw ~ machen** dileu rhth, diddymu rhth, canslo rhth.

Rückgewinnung *f* adfeddiant *g*, adfeddiannu *g*; *(von Land, Gebiet)* adennill *g*, adfer *g*; *(aus verbrauchten Stoffen)* ailgylchu *g*.

Rückgrat (-(e)s, -e) *nt (ANAT, fig)* asgwrn *g* cefn.

Rück- *kompos:* **~griff** *m (JUR)* hawl *gb*, iawn *g*; **~halt** *m (Unterstützung)* cefnogaeth *g*, ategiad *g*.

rückhaltlos *adj* diamod, llwyr.

Rückhand *f (SPORT)* trawiad *g* gwrthlaw.

rückkaufbar *adj* adbrynadwy.

Rückkehr (-, *kein pl*) *f* dychweliad *g*.

Rück- *kompos:* **~koppelung** *f* atsain *b*, gwich *b*; **~lage** *f* cynilion *ll* wrth gefn; **~lauf** *m* rhediad *g* yn ôl; *(beim Tonband)* weindio *g* yn ôl.

rückläufig *adj* dirywiol, **eine ~e Entwicklung** dirywiad *g*.

Rücklicht *nt (AUTO)* golau *g* ôl.

rücklings *adv (mit dem Rücken zuerst)* ar yn ôl, o chwith.

Rück- *kompos:* **~meldung** *f (UNIV)* ailgofrestru *g*; **~nahme** *f (Beleidigung)* gwrthdyniad *g*, gwrthdynnu *g*; *(Ware)* cymryd *g* yn ôl; **~porto** *nt* costau *ll* dychwelyd (rhth drwy'r post); **~reise** *f* taith *b* yn ôl, siwrnai *b* adref; **~ruf** *m* galwad *gb* yn ôl, adalwad *b*.

Rucksack ['rʊkzak] (-s, ¨-e) *m* sach *b* deithio.

Rück- *kompos:* **~schau** *f* trem *b* yn ôl; **~schlag** *m* atalfa *b*, anffawd *b*, anhap *gb*; **~schluss** *m* casgliad *g*, penderfyniad *g*; **~schritt** *m* dirywiad *g*, gwaethygiad *g*.

rückschrittlich *adj* gwrthredol, gwrthsymudol; *(Politik)* adweithiol.

Rückseite *f* cefn *g*, ochr *b* arall, tu *g* ôl.

rücksetzen *vt untrenn (COMP)* ailosod, ailddodi.

Rücksicht *f* ystyriaeth *b*; **~ nehmen auf** +*akk* cymryd i ystyriaeth, ystyried.

Rücksichtnahme *f* ystyriaeth *b*, cydnabyddiaeth *b*.

rücksichtslos *adj* anystyriol, difeddwl, byrbwyll; *(Fahren)* esgeulus, diofal; *(unbarmherzig)* didrugaredd, creulon, didostur.

Rücksichtslosigkeit *f* diffyg *g* ystyriaeth, diofalwch *g*; *(beim Fahren)* byrbwylltra *g*, diofalwch *g*; *(Unbarmherzigkeit)* annhosturi *g*, creulondeb *g*.

rücksichtsvoll *adj* caredig, meddylgar.

Rück- *kompos:* **~sitz** *m* sedd *b* gefn; **~spiegel** *m (AUTO)* drych *g* ôl; **~spiel** *nt* yr ail gêm *b*, gêm yn ôl.

Rücksprache *f* trafodaeth *b* bellach; **~ halten mit** +*dat* ymgynghori â.

Rückstand *m (Rest)* gweddill *g*, gwarged *b*, gwaddod *g*; *(COMM)* ôl-groniad *g*; *(FIN: Zahlungs~)* ôl-ddyled *b*, ôl-ddyledion *ll*; *(SPORT)* bwlch *g*.

rückständig *adj* annatblygedig, cyntefig; *(Zahlungen)* dyledus.

Rück- *kompos:* **~stau** *m (AUTO)* tagfa *b*; **~stoß** *m* adlam *g*, gwrthnaid *b*, gwingiad *b*; **~strahler** *m* gwydr *g* coch ôl; **~strom** *m (an Menschen)* dychweliad *g*; **~taste** *f (von Schreibmaschine)* ôl-fysell *b*; **~tritt** *m* ymddiswyddiad *g*, ymddiswyddo *g*; *(~trittbremse)* brêc *g* pedal ôl.

Rücktrittsklausel *f (JUR: Vertrag)* cymal *g* dihangol.

Rückvergütung *f* ad-daliad *g*.

rückversichern *vt, vi* ailyswirio.

♦ *vr* gwirio rhth, holi ynghylch rhth.

Rückversicherung *f* adyswiriant *g*, ailyswiriant *g*.

rückwärtig *adj* ôl; **das ~e Fenster** y ffenestr *b* ôl.

rückwärts *adv* tuag yn ôl, ar yn ôl, yn ôl.

Rückwärtsgang *m (AUTO)* gêr *gb* ôl; **im ~ fahren** gyrru tuag yn ôl, bacio.

Rückweg *m* taith *b* yn ôl, ffordd *b* yn ôl.

rückwirkend *adj (JUR)* ôl-weithredol *b*.

Rückwirkung *f* ôl-effaith *b*; **eine Zahlung mit ~ vom ...** taliad *g* wedi ei ôl-ddyddio i…; **eine Gesetzesänderung mit ~ vom ...** diwygiad i'r ddeddf sydd yn ôl-weithredol i…

Rückzahlung *f* ad-daliad *g*, ad-dalu *g*.

Rückzieher *m:* **einen ~ machen** tynnu'n ôl, tynnu allan.

Rückzug *m (MIL, fig)* ciliad *g*.

Rückzugsgefecht *nt (MIL, fig)* gweithredu *g* enciliol.

rüde ['ry:də] *adj* swrth, swta.

Rüde (-n, -n) *m* ci *g* (nid gast).

Rudel ['ru:dəl] (-s, -) *nt* haid *b*.

Ruder ['ru:dər] (-s, -) *nt* rhwyf *b*; *(Steuer)* llyw *g*; **das ~ fest in der Hand haben** *(fig)* bod â gafael tyn ar yr awenau.

Ruderboot *nt* cwch *g* rhwyfo.

Ruderer (-s, -) *m* rhwyfwr *g*.

rudern ['ru:dərn] *vt (+haben), vi (+sein oder haben)* rhwyfo; **mit den Armen ~** *(fig)* chwyrlïo'ch breichiau.

Ruf [ru:f] (-(e)s, -e) *m* galwad *gb*, cri *gb*, llef *b*; *(Ansehen)* enw *g*.

rufen ['ru:fən] *irreg vt, vi* galw; *(aus~)* gweiddi; **um Hilfe ~** galw am gymorth; **das kommt mir wie gerufen** dyna'n union beth roedd ei angen arnaf.

Rüffel ['rʏfəl] (-s, -) *m (ugs)* pryd *g* o dafod.

Ruf- *kompos:* **~mord** *m* difenwad *g*, enllib *g*; **~name** *m* enw *g* cyntaf; **~nummer** *f* rhif *g* ffôn; **~säule** *f (für Taxi)* ffôn *g*; *(Notrufsäule)* ffôn *g* argyfwng; **~zeichen** *nt (Ausrufzeichen)* ebychnod *g*.

Rüge ['ry:gə] (-, -n) *f* cerydd *g*.

rügen ['ry:gən] *vt* ceryddu, dwrdio, dweud y drefn wrth.

Ruhe ['ru:ə] (-, *kein pl*) *f* tawelwch *g*, llonyddwch *g*; *(Schweigen)* distawrwydd *g*; *(Ungestörtheit)* llonydd *g*, heddwch *g*; *(Gelassenheit)* tawelwch *g*; *(Erholung)* gorffwys *g*, seibiant *g*; **angenehme ~!** cysgwch yn dawel! **die ~ bewahren** aros yn dawel, peidio â chynhyrfu; **jdn in ~ lassen** rhoi llonydd i rn, peidio â tharfu ar rn; **sich zur ~ setzen** ymddeol; **~!** distawrwydd! byddwch yn ddistaw! **immer mit der ~** *(ugs)* gan bwyll; **die letze ~ finden** mynd i fyd o dragwyddol hedd; **die ~ weghaben** *(ugs)* heb fod yn bosib.

Ruhelage *f (Mensch)* safle *g* o led-orwedd; *(MED: bei Bruch)* safle *g* ansymudol.

ruhelos *adj* aflonydd.

ruhen ['ru:ən] *vi* gorffwys; *(Verkehr)* distewi, peidio;

(Arbeit) peidio, gorffen, stopio; *(Waffen)* wedi eu gollwng, wedi eu hildio; *(begraben sein)* bod ynghladd, gorwedd.

Ruhe- *kompos:* **~pause** *f* saib *g*, seibiant *g*, hoe *b* fach; **~stand** *m* ymddeoliad *g*.

Ruhestätte *f:* **letzte ~** gorffwysfa *gb* derfynol, bedd *g*.

Ruhe- *kompos:* **~störung** *f* tarfu ar eraill drwy gadw sŵn; **~tag** *m (von Geschäft)* diwrnod *g* cau.

ruhig ['ru:ɪç, -ɪk] *adj* distaw; *(bewegungslos)* llonydd; *(Hand)* sad, cadarn; *(gelassen, friedlich)* digynnwrf, tawel, llonydd; *(Gewissen)* glân, clir; **kommen Sie ~ herein** dewch i mewn wir; **tu das ~** mae croeso i ti wneud hynny; **etw ~ mitansehen** *(gleichgültig)* edrych yn ddidaro ar rth; **du könntest ~ mal etwas für mich tun!** mae'n hen bryd i ti i wneud rhywbeth drosof!

Ruhm [ru:m] (-(e)s, *kein pl*) *m* enwogrwydd *g*, bri *g*, clod *gb*.

rühmen ['ry:mən] *vt* canmol.

♦ *vr* brolio, ymffrostio.

rühmlich *adj* clodwiw; *(Ausnahme)* hynod.

ruhmlos *adj* distadl, dinod.

Ruhr [ru:r] (-, *kein pl*) *f (MED)* dysentri *g*.

Rührei⁰ ['ry:rʔaɪ] *nt* wy *g* wedi ei sgramblo.

rühren ['ry:rən] *vt (auch fig)* symud; *(KOCH)* troi.

♦ *vr (auch fig)* symud.

♦ *vi:* **~ an** +*akk* cyffwrdd; *(fig)* cyffwrdd â, cyfeirio at; **~ von** +*dat (ugs)⁰* deillio/tarddu o.

rührend *adj* teimladwy; **das ist ~ von Ihnen** rydych yn garedig iawn.

Ruhrgebiet *nt (GEOG)* ardal *b* Ruhr.

rührig *adj* gweithgar, prysur.

Ruhrpott *m (ugs)* ardal *b* ddiwydiannol y Ruhr.

Rührschüssel (-, -n) *f* powlen *b* gymysgu.

rührselig *adj* teimladwy, sentimentalaidd, emosiynol.

Rührung *f* teimlad *g*, emosiwn *g*.

Ruin [ruˈiːn] (-s, *kein pl*) *m* dymchweliad *g*, cwymp *g*; **vor dem ~ stehen** *(COMM)* bod ar drothwy dinistr.

Ruine [ruˈiːnə] (-, -n) *f* adfail *g*.

ruinieren [ruiˈniːrən] *vt* difetha, dinistrio, distrywio.

rülpsen ['rʏlpsən] *vi* torri gwynt, bytheirio.

rum *adv (ugs)* = herum.

Rum [rum] (-s, -s) *m* rỳm *g*.

Rumäne [ruˈmɛːnə] (-n, -n) *m* Rwmaniad *g*.

Rumänien (-s, *kein pl*) *nt (GEOG)* Rwmania *b*.

Rumänin *f* Rwmaniad *g*.

rumänisch [ruˈmɛːnɪʃ] *adj* Rwmanaidd.

Rumänisch *nt (Sprache)* Rwmaneg *b*.

rumfuhrwerken ['rʊmfuːrvɛrkən] *vt (ugs)* ymbrysuro, mwstro.

Rummel ['rʊməl] (-s, *kein pl*) *m* (*ugs*) stŵr *g*, twrw *g*; (*Jahrmarkt*)[D] ffair *b*.

Rummelplatz *m* cae *g* ffair, ffair *b*.

rumoren [rʊˈmoːrən] *vi* bod yn stwrllyd, cadw twrw.

Rumpelkammer ['rʊmpəlkamər] (-, -n) *f* ystafell *b* drugareddau.

rumpeln ['rʊmpəln] *vi* trystio, grymial; (*holpern*) ysgytian, ysgyrian.

Rumpf [rʊmpf] (-(e)s, ¨-e) *m* trwnc *g*, torso *g*, corff *g*; (*AERO*) corff *g* awyren; (*NAUT*) corff *g* llong.

rümpfen ['rʏmpfən] *vt* (*Nase*) troi, crychu.

Rumtopf *m* (*KOCH*) ffrwythau *ll* suddlon mewn rỳm.

rund [rʊnt] *adj* crwn.

♦ *adv* (*etwa*) tua, o gwmpas, o amgylch; ~ **um etw** o amgylch rhth, o gwmpas rhth; **jetzt geht's ~** (*ugs*) mae'r sbort yn dechrau nawr; **wenn sie das erfährt, geht's ~** (*ugs*) fe fydd yna le pan sylweddolith hi hynny.

Rund- *kompos:* ~**bogen** *m* (*ARCHIT*) bwa *g* Normanaidd neu Romanésg; ~**brief** *m* cylchlythyr *g*.

Runde ['rʊndə] (-, -n) *f* cylchdaith *g*; (*in Rennen*) lap *b*, cylchdro *g*; (*Gesellschaft*) cylch *g*; **die ~ machen** mynd o gwmpas; **über die ~n kommen** (*SPORT, fig*) tynnu drwyddi; **eine ~ schmeißen** (*ugs: Getränke*) talu am ddiod i bawb, codi rownd o ddiodydd.

runden ['rʊndən] *vt* gwneud yn grwn; (*MATH*) talgrynnu.

♦ *vr* (*fig*) ymffurfio.

runderneuert *adj* (*Reifen*) ail-fowld.

Rundfahrt (-, -en) *f* taith *b* gron.

Rundfunk ['rʊntfʊŋk] (-(e)s, *kein pl*) *m* darlledu *g*; (*Hörfunk*) radio *gb*; (~*anstalt*) corfforaeth *b* ddarlledu; **im ~** ar y radio.

Rundfunk- *kompos:* ~**empfang** *m* derbyniad *g*; ~**gebühr** *f* trwydded *b* (radio/teledu); ~**gerät** *nt* set *b* radio; ~**sendung** *f* darllediad *g*, rhaglen *b* radio.

Rundgang *m* (*Spaziergang*) tro *g*; (*von Wachmann*) rownd *b*, cylchdaith *b*; (*von Briefträger*) rownd *b*; (*ARCHIT*) rhodfa *b*; ~ **durch** cylchdaith *b* o amgylch.

rundheraus[D] *adv* yn blwmp ac yn blaen, yn ddiflewyn ar dafod.

rundherum *adv* o ddeutu, o gwmpas; (*überall*) ym mhobman.

rundlich *adj* tew, llond eich croen.

Rund- *kompos:* ~**reise** *f* taith *b* gron; ~**schreiben** *nt* (*COMM*) cylchlythyr *g*.

rundum *adv* at ei gilydd; (*fig*) yn llwyr.

Rundung *f* cromlin *b*, trofa *b*.

Rundwanderweg *m* llwybr *g* crwn.

rundweg *adv* yn blwmp ac yn blaen.

runter ['rʊntər] *adv* (*ugs*) = **herunter**; = **hinunter**.

runterwürgen *vt* (*ugs: Ärger*) llyncu.

Runzel ['rʊntsəl] (-, -n) *f* rhych *gb*, crych *g*.

runzelig *adj* crych, crychlyd, rhychog.

runzeln ['rʊntsəln] *vt* crychu, rhychu; **die Stirn ~** gwgu, cuchio, crychu talcen.

Rüpel ['ryːpəl] (-s, -) *m* llabwst *g*, hwlcyn *g*.

rüpelhaft *adj* llabystaidd, di-foes.

rupfen ['rʊpfən] *vt* pluo; **wie ein gerupftes Huhn aussehen** edrych fel dafad wedi ei chneifio; (*Unkraut*) chwynnu.

Rupfen[D] *m* (*TEX: Jute*) sachliain *g*.

ruppig ['rʊpɪç, -ɪk] *adj* gwydn, caled, garw.

Rüsche ['ryːʃə] (-, -n) *f* (*TEX*) ffril *g*, crych *g*.

Ruß [ruːs] (-es, *kein pl*) *m* huddygl *g*, parddu *g*.

Russe ['rʊsə] (-n, -n) *m* Rwsiad *g*.

Rüssel ['rʏsəl] (-s, -) *m* trwyn *g* (anifail); (*Elefanten~*) trwnc *g*.

rußen ['ruːsən] *vi* mygu; (*Ofen*) bod yn huddyglyd.

rußig *adj* huddyglyd, pardduog.

Russin (-, -nen) *f* Rwsiad *b*.

russisch ['rʊsɪʃ] *adj* Rwsiaidd; ~**e Eier** (*KOCH*) mayonnaise *g* wy.

Russisch *nt* (*Sprache*) Rwsieg *b*.

Russland (-s, *kein pl*) *nt* (*GEOG*) Rwsia *b*.

rüsten ['rʏstən] *vt, vi* paratoi; (*MIL*) arfogi.

♦ *vr* ymbaratoi; (*MIL*) ymarfogi.

rüstig ['rʏstɪç, -ɪk] *adj* sionc, bywiog, egnïol.

Rüstigkeit *f* bywiogrwydd *g*, hoen *b*.

rustikal [rʊstiˈkaːl] *adj* gwladaidd, o gefn gwlad; **sich ~ einrichten** dodrefnu'r tŷ mewn dull gwladaidd.

Rüstung ['rʏstʊŋ] *f* (*MIL*) arfogi *g*; (*Ritter~*) arfwisg *b*.

Rüstungs- *kompos:* ~**gegner** *m* gwrthwynebwr *g* i'r ras arfogi; ~**industrie** *f* diwydiant *g* arfau; ~**kontrolle** *f* (*MIL*) rheolaeth *b* arfau.

Rute ['ruːtə] (-, -n) *f* gwialen *b*.

Rutsch [rʊtʃ] (-es, -e) *m* llithriad *g*, llithro *g*; **guten ~!** Blwyddyn Newydd Dda!

Rutschbahn *f* sleid *b*, sglefren *b*.

rutschen ['rʊtʃən] *vi* (+*sein*) llithro; (*auf Eis*) sglefrio.

rutschig *adj* llithrig.

rütteln ['rʏtəln] *vt* ysgwyd.

♦ *vi:* ~ **an** +*dat* ysgwyd, siglo; **daran ist nicht zu** (*fig*) does dim dwywaith am hynny.

S

S[1], **s** [ɛs] *nt* S, s *b*; **~ wie Siegfried** S am Siegfried.
S[2] *abk (= Süden)* D; = **Seite**; = **Schilling**.
s *abk (= siehe)* gw.; = **Sekunde**.
SA *f (HIST, = Sturmabteilung)* SA.
s.a. *abk (= siehe auch)* gweler hefyd.
Saal [zɑːl] (-(**e**)**s**, **Säle**) *m* ystafell *b*; *(für Versammlung, Bankett usw)* neuadd *b*.
Saarland [ˈzɑːrlant] *nt (GEOG)* **das ~** y Saar *b*.
Saat [zɑːt] (-, -**en**) *f* had *g*; *(Säen)* hau *g*, heuad *g*; *(Pflanzen)* cnwd *g*, cynhaeaf *g*.
Saat- *kompos:* **~gut** *nt* hadau *ll*; **~kartoffeln** *pl* tatws *ll* hadyd; **~korn** *nt* hedyn *g*; **~krähe** *f (ZOOL)* ydfran *b*.
Sabbat [ˈzabat] (-**es**, -**e**) *m (REL)* Sabath *g*, Saboth *g*.
sabbern [ˈzabərn] *vi* glafoerio, dreflu.
Säbel [ˈzɛːbəl] (-**s**, -) *m* crymgledd *g*; *(SPORT)* sabr *g*.
Säbelrasseln *nt* clecian *g* cleddyfau.
Sabotage [zaboˈtɑːʒə] *f* difrodi *g*, tanseilio *g*.
sabotieren [zaboˈtiːrən] *vt* difrodi; *(Ideen)* tanseilio.
Saccharin [zaxaˈriːn] (-**s**, *kein pl*) *nt* sacarin *g*.
Sachanlagen [ˈzaxˀanlɑːgən] *pl (COMM)* asedau *ll* diriaethol.
Sachbearbeiter(in) *m(f)* swyddog *g* â chyfrifoldeb am ryw waith arbennig.
sachdienlich *adj* perthnasol, o gymorth.
Sache [ˈzaxə] (-, -**n**) *f* peth *g*; *(Angelegenheit)* mater *g*, busnes *g*; *(Aufgabe)* tasg *b*; *(Frage)* mater *g*; *(Pflicht)* cyfrifoldeb *g*; *(Thema)* pwnc *g*, mater; *(JUR)* achos *g*; **seine ~n packen** pacio'ch bagiau; *(fig)* codi pac; **bei der ~ bleiben** *(bei Diskussion)* glynu at y pwnc dan sylw; **zur ~ kommen** dod at graidd y mater; **ich habe mir die ~ anders vorgestellt** dychmygais y byddai pethau'n wahanol; **er versteht seine ~** mae'n deall ei waith, mae'n gwybod beth yw beth; **mach keine ~n!** *(ugs)* paid â bod yn wirion! **~n gibt's!** wel, beth nesaf! **das ist ~ der Polizei** mae hwn yn fater i'r heddlu; **das ist so eine ~** *(ugs)* mae hynny'n fater digon anodd; **das ist eine runde ~** *(ugs)* mae hynny'n fater didrafferth; *(ugs: km/h)* **mit 160 ~n**[D] ≈ ar gyflymdra o 100 milltir yr awr.
Sachertorte[A] [ˈzaxərtɔrtə] (-, -**n**) *f* teisen *b* siocled.
sachgemäß *adj* addas, gweddus.
Sachkenntnis *f* gwybodaeth *b* am bwnc, gwybodaeth o'r ffeithiau.
sachkundig *adj* arbenigol, gwybodus; **sich ~ machen**[D] trwytho'ch hunan yn y ffeithiau, dod o hyd i'r ffeithiau drosoch eich hunan.
Sachlage *f* sefyllfa *b*, amgylchiadau *ll*.
Sachleistung *f* taliad *g* mewn nwyddau.
sachlich [ˈzaxlɪç] *adj* ffeithiol; *(Kritik usw)* gwrthrychol; **bleiben Sie bitte ~** peidiwch â cholli arnoch eich hun, ceisiwch gadw'n wrthrychol.
sächlich [ˈzɛçlɪç] *adj (GRAM)* diryw, neodr.
Sachschaden *m* difrod *g* materol.
Sachse [ˈzaksə] (-**n**, -**n**) *m* Sacson *g*; *(HIST)* Sais *g*.
Sachsen (-**s**, *kein pl*) *nt (GEOG)* Sacsoni *b*.
Sächsin [ˈzɛksɪn] *f* Sacson *g*.
sächsisch [ˈzɛksɪʃ] *adj* Sacsonaidd.
sacht [zaxt] *adj* = **sachte**.
sachte [ˈzaxtə] *adv (sanft, leicht)* yn ysgafn; *(langsam)* yn araf, yn raddol; **~!** gan bwyll!
Sachverhalt (-(**e**)**s**, -**e**) *m* amgylchiad *g*.
Sachverständige (-**n**, -**n**) *m/f* arbenigwr(aig) *g(b)*.
Sack [zak] (-(**e**)**s**, **¨-e**) *m* sach *b*; *(aus Papier, Plastik)* bag *g*; *(von Mantel)*[A] poced *b*, llogell *b*; *(ANAT, ZOOL)* ceillgwd *g*; *(ugs: Kerl, Bursche)* diawl *g*; *(vulg: Hoden)* ceilliau *ll*, cwd *g*; **ein ~ Kohlen** sachaid o lo; **mit ~ und Pack** *(ugs)* gyda'r holl drugareddau, gyda chwd a chasgl.
Säckchen [ˈzɛkçən] (-**s**, -) *nt* sachell *b*.
sacken [ˈzakən] *vi (+sein)* pantio, ysigo, suddo.
Sack- *kompos:* **~gasse** *f* ffordd *b* bengaead; *(fig)* sefyllfa *b* ddiddatrys; **~hüpfen** *nt* ras *b* mewn sach; **~leinen** *nt* sachlïain *g*; **~tuch**[A] *(ugs)* = **Taschentuch**.
Sadismus [zaˈdɪsmʊs] *m* sadistiaeth *b*.
Sadist(in) *m(f)* sadist *g(b)*.
Sadomasochismus [zadomasɔˈxɪsmʊs] *m* sadomasochiaeth *b*.
säen [ˈzɛːən] *vt, vi* hau; **dünn gesät** *(fig)* prin ac anaml.
Säer [ˈzɛːər] *m* (**~in** *f*) heuwr(aig) *g(b)*.
Safari [zaˈfɑːri] (-, -**s**) *f* saffari *gb*.
Safaripark *m* parc *g* saffari.
Safe [zeːf] (-**s**, -**s**) *m oder nt* coffr *g*.
Safran [ˈzafran] *m* saffrwm *g*.
Saft [zaft] (-(**e**)**s**, **¨-e**) *m* sudd *g*; *(BOT)* sug *g*, nodd *g*, sudd *g*; **ohne ~ und Kraft** *(fig)* glastwraidd, gwantan, llipa.
saftig *adj* llawn sudd; *(grün)* toreithiog, ir, iraidd, gwyrddlas; *(fig: Ohrfeige)* caled; **eine ~e Rechnung** *(fig)* clamp o fil.
Saftigkeit *f* irder *g*.
saftlos *adj* sych; *(schwach)* gwan, llipa.
Saga [ˈzɑːga] (-, -**s**) *f* saga *b*.

Sage ['zɑːgə] (-, -n) *f* chwedl *b*, stori *b*.

Säge ['zɛːgə] (-, -n) *f* llif *b*.

Säge- *kompos:* **~blatt** *nt* llafn *gb* llif; **~mehl** *nt* blawd *g* llif; **~mühle** *f* melin *b* lifio.

sagen ['zɑːgən] *vt, vi* dweud; *(mitteilen)* **jdm etw ~** dweud rhth wrth rn; **unter uns gesagt** rhyngom ni ein dau, rhyngot ti a mi a'r pared; **lass dir das gesagt sein** cred di fi; **das hat nichts zu ~** nid yw hynny'n golygu dim; **sagt dir der Name etwas?** wyt ti'n gyfarwydd â'r enw? **das ist nicht gesagt** nid yw hynny'n sicr o bell ffordd; **sage und schreibe** credwch neu beidio; **wenn ich so ~ darf** os ca' i ddweud.

sägen ['zɛːgən] *vt, vi* llifio; *(ugs: schnarchen)* chwyrnu, rhochian.

sagenhaft *adj* chwedlonol; *(ugs)* anhygoel, gwych, campus.

sagenumwoben *adj* chwedlonol.

Säge- *kompos:* **~späne** *pl* naddion *ll*, siafins *ll*; **~werk** *nt* melin *b* lifo; **~zahn** *m* dant *g* llif.

sah *vb vgl.* **sehen.**

Sahara [zaˈhɑːra] *f (GEOG)* y Sahara *g*.

SahneD ['zɑːnə] (-, *kein pl*) *f* hufen *g*.

Saibling ['zaiblɪn] (-(e)s, -e) *m (ZOOL)* torgoch *g*.

Saison [zɛˈzõː] (-, -s) *f* tymor *g*, adeg *b*.

saisonal [zɛzoˈnɑːl] *adj* tymhorol.

Saison- *kompos:* **~arbeit** *f* gwaith *g* tymhorol; **~arbeiter** *m* gweithiwr *g* tymhorol.

saisonbedingt *adj* tymhorol.

Saite ['zaitə] (-, -n) *f* tant *g*; **eine ~ anschlagen** taro tant; *(ugs)* **andere ~n aufziehen** troi'n galed, caledu.

Saiteninstrument *nt* offeryn *g* llinynnol.

Sakko ['zako] (-s, -s) *m oder nt* siaced *b*.

sakra ['zakra] *excl (ugs)* uffern!

Sakrament [zakraˈmɛnt] (-(e)s, -e) *nt (REL)* sacrament *gb*, ordinhad *g*.

Sakristei [zakrɪsˈtai] *f* festri *b*.

sakrosankt [zakroˈzankt] *adj* dihalog.

säkular [zɛkuˈlɑːr] *adj* seciwlar, dynol.

säkularisieren [zɛkulariˈziːrən] *vt* seciwlareiddio.

Salamander ['zalamandər] (-s, -) *m (ZOOL)* salamandr *g*.

Salami [zaˈlɑːmi] (-, -s) *f (KOCH)* salami *g*.

Salat [zaˈlɑːt] (-(e)s, -e) *m* salad *g*; *(Kopf~)* llaethygen *b*, letysen *b*; **da haben wir den ~!** *(ugs)* ry'n ni mewn picil nawr.

Salat- *kompos:* **~besteck** *nt* llywiau *ll* salad; **~mayonnaise** *f* hufen *g* salad; **~sauce** *f* dresin *g* salad, marinâd *g*.

Salbe ['zalbə] (-, -n) *f* eli *g*, ennaint *g*.

Salbei ['zalbai] (-s *oder* -, *kein pl*) *m (BOT, KOCH)* saets *g*.

salben ['zalbən] *vt* eneinio, iro.

Salbung ['zalbun] *f* eneiniad *g*.

salbungsvoll *adj (fig)* seimlyd, sebonllyd.

Saldo ['zaldo] (-s, **Saldi** *oder* **Salden**) *m (FIN)* mantolen *b*.

Saldo- *kompos:* **~übertrag** *m* arian *g* a ddygir ymlaen; **~vortrag** *m* arian *g* a ddygir ymlaen.

Salmiak ['zalmiak] (-s, *kein pl*) *m (CHEM)* amonia *g*.

Salmiakgeist *m (CHEM)* amonia *g* hylifol.

Salmonellen [zalmoˈnɛlən] *pl* salmonelâu *ll*.

Salon [zaˈlõː] *m* parlwr *g*.

Salonlöwe *m* hamddenwr *g*.

salopp [zaˈlɔp] *adj* diffwdan, hamddenol; *(Manieren)* blêr, slebogaidd; *(Sprache)* sathredig.

Salpeter [zalˈpeːtər] (-s, *kein pl*) *m (CHEM)* solpitar *g*.

Salpetersäure *f* asid *g* nitrig.

Salto ['zalto] (-s, -s *oder* **Salti**) *m* tin-dros-ben *g*.

Salut [zaˈluːt] (-(e)s, -e) *m* cyfarchiad *g*, saliwt *b*.

salutieren [zaluˈtiːrən] *vi* cyfarch, saliwtio.

Salve ['zalvə] *f (MIL)* taniad *g*, rownd *b* o danio.

Salz [zalts] (-es, -e) *nt* halen *g*; *(CHEM)* halwyn *g*; **~ und Pfeffer** confennau *ll*; *(fig)* **~ in die Wunde streuen** rhwbio halen yn y briw.

salzarm *adj (KOCH)* isel o ran halen.

Salzbergwerk *nt* cloddfa *b* halen, pwll *g* halen.

salzen ['zaltsən] *irreg vt* rhoi halen ar/yn.

salzig *adj* hallt.

Salz- *kompos:* **~kartoffeln** *pl* tatws *ll* wedi'u berwi; **~lake** *f* heli *g*, toddiant *g* halwynog.

Salzsäule *f:* **zur ~ erstarren** *(fig)* sefyll yn gwbl stond.

Salz- *kompos:* **~säure** *f* asid *g* hydroclorig; **~see** *m* llyn *g* halen; **~stange** *f (COG)* ffon *b* pretzel; **~streuer** *m* pot *g* halen; **~wasser** *nt (Meerwasser)* dŵr *g* hallt, heli *g*.

Sämann ['zɛːman] *m* heuwr *g*.

Same ['zɑːmə] (-n, -n) *m (Volk)* Sami *g*.

Samen ['zɑːmən] (-s, -) *m* hedyn *g*; *(ANAT)* sberm *g*, had *ll*.

Samen- *kompos:* **~bank** *f* banc *g* sberm; **~flüssigkeit** *f* had *ll*, sberm *g*; **~handlung** *f* siop *b* hadau; **~kapsel** *f* hatgell *b*; **~zelle** *f* rhith *g*.

sämig ['zɛːmɪç, -ɪk] *adj (KOCH)* tew, hufennog.

Sammel- *kompos:* **~album** *nt* llyfr *g* lloffion; **~anschluss** *m (TEL)* llinell *b* ar y cyd; **~band** *m (LIT)* detholiad *g*; *(Gedichte)* blodeugerdd *b*; **~becken** *nt* cronfa *b*; **~begriff** *m* enw *g* torfol; **~bestellung** *f (COMM)* archeb *b* ar y cyd; **~büchse** *f* blwch *g* casglu; **~mappe** *f* ffolder *gb*.

sammeln ['zaməln] *vt* casglu, cronni, hel. ♦ *vr* ymgynnull, ymgasglu.

Sammel- *kompos:* **~name** *m* enw *g* torfol; **~nummer** *f (TEL)* rhif *g* switsfwrdd; **~punkt** *m* man *gb* cyfarfod; **~stelle** _f (NAUT)_ gorsaf _b_ grynhoi.

Sammler(in) _m(f)_ casglwr _g_, heliwr _g_.

Sammlung ['zamluŋ] (-, -en) _f_ casgliad _g_.

Sample ['zampəl] (-(s), -s) _nt (COMM)_ sampl _b_.

Samstag ['zamstɑːk] (-(e)s, -e) _m_ dydd Sadwrn _g_; **am ~** ddydd Sadwrn; **~ in acht Tagen** _oder:_ **~ in einer Woche** wythnos i ddydd Sadwrn; **~ vor einer Woche** _oder:_ **~ vor acht Tagen** ddydd Sadwrn cyn diwethaf.

samstags _adj_ ar ddydd Sadwrn, bob dydd Sadwrn.

samt¹ [zamt] _präp +dat_ ynghyd â, yn ogystal â.

samt² _adv:_ **~ und sonders** pawb a phopeth, y cyfan.

Samt _m (TEX)_ melfed _g_; **in ~ und Seide** mewn dillad crand.

Samthandschuh _m:_ **jdn mit ~en anfassen** trin rhn yn ofalus iawn.

samtig _adj_ melfedaidd.

Samtkleid _nt_ ffrog _b_ felfed.

sämtlich ['zɛmtlɪç] _adj_ i gyd, pob un, cyfan; _(vollständig)_ cyflawn, cyfan; **~e Werke** holl weithiau.

Sanatorium [zanaˈtoːrium] _nt_ sanatoriwm _g_.

Sand [zant] (-(e)s, -e) _m_ tywod _g_; **das gibt's wie ~ am Meer** _(ugs)_ mae'r rheiny ar gael rif y gwlith; **im ~e verlaufen** dod i ben, mynd i'r gwynt; **jdm ~ in die Augen streuen** _(fig)_ taflu llwch i lygaid rhn.

Sandale [zanˈdɑːlə] (-, -n) _f_ sandal _g_.

Sand- _kompos:_ **~bank** _f_ traethell _b_, banc _g_ tywod; **~burg** _f_ castell _g_ tywod; **~düne** _f_ twyn _g_.

Sandelholz (-es, _kein pl_) _nt_ sandalwydd _g_.

sandfarben _adj_ melynfrown.

Sand- _kompos:_ **~floh** _m (ZOOL)_ morchwannen _b_; **~grube** _f_ pwll _g_ tywod; **~haufen** _m_ tywodfryn _g_.

sandig ['zandɪç, -ɪk] _adj_ tywodlyd; **~es Ufer** traethell _b_.

Sand- _kompos:_ **~kasten**ᴰ _m_, **~kiste**ᴬ _f_ pwll _g_ tywod; **~korn** _nt_ tywodyn _g_; **~kuchen** _m (KOCH)_ teisen _b_ Fadeira.

Sandlerᴬ _m_ crwydryn _g_, trampyn _g_.

Sand- _kompos:_ **~mann** _m_, **~männchen** _nt (in Geschichten)_ Siôn Cwsg; **~papier** _nt_ papur _g_ swnd, papur _g_ llyfnu; **~stein** _m (GEOL)_ tywodfaen _g_, carreg _b_ dywod; **~strand** _m_ traeth _g_ tywod.

sandte _vb vgl._ **senden¹**.

Sanduhr _f_ awrwydr _g_; _(Eieruhr)_ cloc _g_ berwi wy, cloc _g_ wyau.

Sandwich ['zɛntvɪtʃ] (-(e)s, -e(s) _oder_ -s) _m_ brechdan _b_.

sanft [zanft] _adj_ ysgafn, llyfn, tyner.

Sanftheit _f_ addfwynder _g_, llyfnder _g_.

Sanftmut _f_ tynerwch _g_.

sanftmütig _adj_ tyner, addfwyn, hynaws.

Sanftmütigkeit _f_ addfwynder _g_.

sang _vb vgl._ **singen**.

Sänger ['zɛŋər] (-s, -) _m_ canwr _g_, cantor _g_; **~in** _f_ cantores _b_.

sanglos _adj:_ **sang- und klanglos** _(ugs)_ heb siw na miw, heb ffwdan o gwbl.

Sani ['zani] (-s, -s) _m (ugs)_ = **Sanitäter**.

sanieren [zaˈniːrən] _vt_ ailddatblygu; _(Betrieb)_ cael gwared â'r dyledion; _(Haus)_ adnewyddu.
♦ _vr_ pluo'ch nyth, llenwi'ch poced; _(Unternehmen)_ dod i sefyllfa ariannol gref.

Sanierung [zaˈniːruŋ] _f_ ailddatblygiad _g_.

sanitär [zaniˈtɛːr] _adj_ glanweithiol, iechydol; **~e Anlagen** toiledau _ll_; _(Abwassersystem)_ iechydaeth _b_, carthffosiaeth _b_.

Sanitäter [zaniˈtɛːtər] (-s, -) _m_ cynorthwywr _g_ cymorth cyntaf; _(im Krankenwagen)_ dyn _g_ ambiwlans; _(MIL)_ ysbytÿwr _g_.

Sanitätsauto _nt_ ambiwlans _g_.

sank _vb vgl._ **sinken**.

Sankt [zaŋkt] _adj indekl (Heiliger)_ sant _g_, sain _g_; _(in Ortsnamen)_ llan _b_; **~-Nimmerleins-Tag** dydd _g_ Sul y pys.

Sanktion [zaŋktsiˈoːn] (-, -en) _f_ sancsiwn _b_.

sanktionieren [zaŋktsioˈniːrən] _vt (strafen)_ cosbi, sancsiynu.

sann _vb vgl._ **sinnen**.

Saphir ['zaːfiːr] (-s, -e) _m_ saffir _g_.

Sarde ['zaːrdə] (-n, -n) _m_ Sardiniad _g_.

Sardelle [zarˈdɛlə] _f (KOCH)_ ansiofi _g_.

Sardine [zarˈdiːnə] _f (ZOOL)_ sardîn _g_.

Sardinien [zarˈdiːniən] (-s, _kein pl_) _nt (GEOG)_ Sardinia _b_.

Sardinier(in) _m(f)_ Sardiniad _g_.

sardinisch [zarˈdiːnɪʃ] _adj_ Sardinaidd.

sardisch ['zardɪʃ] _adj_ Sardinaidd.

Sardisch _nt (Sprache)_ Sardeg _b_.

Sarg [zark] (-(e)s, ˑ-e) _m_ arch _b_.

Sargnagel _m (auch fig)_ hoelen _b_ arch; _(ugs: Zigarette)_ sigarét _b_.

Sarkasmus [zarˈkasmus] _m_ coegni _g_, gwatwareg _b_.

sarkastisch [zarˈkastɪʃ] _adj_ coeglyd, gwawdlyd.

saß _vb vgl._ **sitzen**.

Satan ['zaːtan] (-s, -e) _m_ Satan _g_; _(fig)_ cythraul _g_, diawl _g_, diafol _g_.

satanisch [zaˈtaːnɪʃ] _adj_ satanaidd.

Satansbraten _m (ugs)_ diawl _g_ bach.

Satellit [zatɛˈliːt] (-en, -en) _m_ lloeren _b_.

Satelliten- _kompos:_ **~antenne** _f_ dysgl _b_ loeren; **~fernsehen** _nt_ teledu _g_ lloeren; **~foto** _nt_ llun _g_ lloeren; **~schüssel** _f (ugs: Antenne)_ dysgl _b_ loeren; **~station** _f_ gorsaf _b_ ofod.

Satin [zaˈtɛː] _m (TEX)_ satin _g_, sidan _g_ caerog/gloyw.

Satire [zaˈtiːrə] (-, -n) f dychan gb, gogan gb.
Satiriker [zaˈtiːrikər] (-s, -) m (LIT) dychanwr g, gwatwarwr g; **~in** f dychanwraig b.
satirisch [zaˈtiːrɪʃ] adj dychanol, goganus; **~ darstellen** goganu, dychanu.
satt [zat] adj llawn (bwyd); (Farbe) tywyll, dwys; (übersättigt) porthiannus; (selbstgefällig) hunanfoddhaus, hunangyfiawn; **jdn/etw ~ haben** bod wedi cael llond bol o rn/rth, danto ar rn/rth; **sich ~ hören/sehen an** +dat cael clywed/gweld digon o; **sich ~ essen** cael llond bol i'w fwyta, bwyta'ch gwala.
Sattel [ˈzatəl] (-s, ˈˈ-) m cyfrwy g; (Berg~) crib gb, esgair b.
Satteldach nt to g trumiog.
sattelfest adj (fig) medrus, hyddysg.
Sattelgurt m cengl b, tengl b.
satteln [ˈzatəln] vt cyfrwyo.
Sattel- kompos: **~schlepper** m lori b gymalog; **~tasche** f bag g cyfrwy; (am Fahrrad usw) bag-bob-ochr g.
sättigen [ˈzɛtɪgən] vt diwallu; (CHEM) trwytho, hydrwytho.
Sättigung f trwythiad g.
Sattler [ˈzatlər] (-s, -) m cyfrwywr g; (Polsterer) clustogwr g, gorchuddiwr g dodrefn.
Saturn [zaˈtʊrn] (-s, kein pl) m Sadwrn g.
Satz [zats] (-es, ˈˈ-e) m (GRAM) brawddeg b; (Neben~, Adverbial~) cymal g; (Theorem) theorem b, damcaneb b; (Drucken) teip g, print g; (MUS) symudiad g; (Tennis, Briefmarken, Set) set b; (Boden~, Kaffee~) gwaddod g, gwaelodion ll; (Spesen~) lwfans g; (FIN, JUR: Rate) cyfradd b, graddfa b; (Sprung) naid b.
Satz- kompos: **~aussage** f (GRAM) traethiad g; **~bau** m cystrawen b; **~gegenstand** m (GRAM) goddrych g; **~glied** nt cymal g; **~lehre** f cystrawen b; **~melodie** f tonyddiaeth b; **~stellung** f sangiad g; **~teil** m darn g o frawddeg.
Satzung [ˈzatsʊn] (-, -en) f (JUR) deddf b, rheol b; (Firma) erthyglau cwmni.
satzungsgemäß adj statudol, cyfreithiol.
Satzzeichen nt atalnod g.
Sau [zaʊ] (-, ˈˈ-e) f hwch b; (ugs) mochyn g budr, hen hwch; **die ~ rauslassen** (fig: ugs) ymollwng, ymlacio; **wie eine gesengte ~** fel dyn gwyllt.
sauber [ˈzaʊbər] adj glân; (anständig) gonest, cyfiawn; (ugs: großartig) gwych, ardderchog; **~ sein** (Kind) bod allan o gewynnau; (Hund usw) glân yn y tŷ, glanwaith; **~ halten** cadw'n lân; **~ machen** glanhau.
Sauberkeit f glendid g, glanweithdra g.
säuberlich [ˈzɔybərlɪç] adv yn daclus, yn drefnus.

sauber machen vt vgl. **sauber.**
säubern [ˈzɔybərn] vt glanhau; (POL usw) carthu.
Säuberung f glanhau g, glanhad g; (POL) carthiad g.
Säuberungsaktion f cliriad g, ymgyrch gb glirio; (POL) carthiad g.
saublöd adj (vulg) dwl y diawl.
Saubohne f ffeuen b lydan, ffeuen b felen.
Sauce [ˈzoːsə] f = **Soße;** **~ Tatar** saws g tartar.
Sauciere [zosiˈɛːrə] (-, -n) f dysgl b saws, llestr g saws.
Saudi-Araber [zaʊdiˈarabər] m (~in f) Sawdïad g.
Saudi-Arabien nt (GEOG) Sawdi-Arabia b.
saudi-arabisch [zaʊdiˈaˈrɑːbɪʃ] adj Sawdïaidd.
sauer [ˈzaʊər] adj sur; (CHEM) asidig, asidaidd; (ugs: böse) blin, croes, wedi gwylltio; **saurer Regen** glaw g asidaidd; **~ werden** (Milch, Sahne) suro, troi; **jdm Saures geben** gwneud bywyd yn fwrn i rn; **in den sauren Apfel beißen** (fig) gwasgu'r danadl.
Sauerampfer m (BOT) tafolen b.
Sauerbraten m (KOCH) cig g eidion brwysiedig.
Sauerei [zaʊəˈraɪ] (-, -en) f (ugs) sgandal b, peth g gwarthus; (Schmutz usw) budreddi g, llanast g; (Unanständigkeit) anweddustra g, afledneisrwydd g.
Sauer- kompos: **~kirsche** f ceiriosen b sur; **~kraut** nt sauerkraut g, bresych ll picl.
säuerlich [ˈzɔyərlɪç] adj (Geschmack) sur; (missvergnügt: Gesicht) oeraidd.
Sauermilch nt llaeth g enwyn.
säuern [ˈzɔyərn] vt suro.
Sauerrahm m (KOCH) hufen g sur.
Sauerstoff m (CHEM) ocsigen g.
Sauerstoff- kompos: **~flasche** f potel b ocsigen; **~gerät** nt offer ll anadlu; **~maske** f mwgwd g ocsigen.
Sauerteig m surdoes g, eples g.
saufen [ˈzaʊfən] irreg vt yfed.
♦ vi (ugs) diota, meddwi; **wie ein Loch ~** (ugs) yfed fel ych.
Säufer [ˈzɔyfər] (-s, -) m (ugs) meddwyn g, yfwr g.
Sauferei [zaʊfəˈraɪ] f llymeitian g, yfed g, slotian g; (Saufgelage) sesiwn b yfed.
Säuferin f (ugs) meddwen b.
Saufgelage nt (ugs) sesiwn b yfed.
saugen [ˈzaʊgən] irreg vt, vi sugno.
säugen [ˈzɔygən] vt (Kind) sugno, rhoi'r fron i; (Tier) sugno.
Sauger (-s, -) m teth b lwgu, dymi b; (auf Flasche) teth b; (Staub~) sugnwr g llwch, hwfer g.
Säugetier nt (ZOOL) mamolyn g.
saugfähig adj sy'n sugno/amsugno.
Säugling (-(e)s, -e) m babi g, baban g, maban g.
Säuglingsschwester f nyrs b blant, nyrs b fabanod.

Sauhaufen *m (ugs)* traed *ll* moch, llanastr *g*.

saukalt *adj (ugs)* oer uffernol, yn ddigon oer i rewi brain.

Säule ['zɔʏlə] (-, -n) *f* colofn *b*, piler *g*.

Säulengang *m* arcêd *b*.

Saum [zaʊm] (-(e)s, Säume) *m (TEX)* godre *g*, hem *gb*; *(Naht)* gwnïad *g*, sêm *b*.

saumäßig *adj (vulg)* gwael, truenus.

säumen ['zɔʏmən] *vt (nähen)* rhoi hem/gwnïad ar; *(begrenzen)* leinio.

♦ *vi* oedi, petruso.

säumig ['zɔʏmɪç, -ɪk] *adj (geh: Schuldner)* diffygiol; *(Zahlung)* gorddyledus, dyledus ers tro.

Säumigkeit *f* hwyrder *g*.

Sauna ['zaʊna] (-, -s) *f* sawna *g*.

saure *adj* vgl. **sauer**.

Säure ['zɔʏrə] *f* asid *g*; *(Geschmack)* asidrwydd *g*, sur *g*.

säurebeständig *adj* gwrthasidaidd.

Saure-Gurken-Zeit *f (ugs)* amser *g* gwael, cyfnod *g* gwael; *(in den Medien)* dyddiau *ll*'r cŵn.

säurehaltig *adj* asidig, asidaidd.

Saurier ['zaʊriər] (-s, -) *m* deinosor *g*.

Saus [zaʊs] *m:* **in ~ und Braus leben** byw'n fras.

säuseln ['zɔʏzəln] *vi* murmur, sibrwd, suo; *(Wind)* siffrwd, sisial.

Säuseln *nt* sisial *g*.

sausen ['zaʊzən] *vi (+haben)* chwythu; *(Ohren)* suo, swnian; *(ugs: eilen) (+sein)* rhuthro, brysio; **ich muss das Konzert ~ lassen** *(ugs)* mae'n rhaid i mi fethu'r cyngerdd.

Sau [zaʊ] *kompos:* **~stall** *m (ugs)* twlc *g*/cwt *g* mochyn; **~wetter** *nt (ugs)* tywydd *g* y diawl.

sauwohl *adj (ugs)* **ich fühle mich ~** rwyf ar ben fy nigon.

Savanne [za'vanə] *f (GEOG)* safana *g*.

Saxofon [zakso'foːn] (-s, -e) *nt (MUS)* sacsoffon *g*.

Saxophon *nt* = **Saxofon**.

SB *abk* = **Selbstbedienung**.

S-Bahn *f abk (= Schnellbahn)* rheilffordd *b* gyflym; *(= Stadtbahn)* rheilffordd *b* faestrefol.

SBB *abk (= Schweizerische Bundesbahnen)* Rheilffyrdd *ll* y Swistir.

Scampi ['skampi] *pl* sgampi *ll*.

Scanner ['skɛnər] (-s, -) *m (COMP)* sganiwr *g*.

Schabe ['ʃaːbə] (-, -n) *f* chwilen *b* ddu (fawr).

schaben ['ʃaːbən] *vt* crafu, rhathu.

Schaber (-s, -) *m* crafwr *g*, sgrafell *b*.

Schabernack (-(e)s, -e) *m* cast *g*, stranc *g*.

schäbig ['ʃɛːbɪç, -ɪk] *adj* di-raen, treuliedig; *(Mensch)* crintachlyd; *(Lohn)* pitw.

Schäbigkeit *f* golwg *b* dlawd, golwg ddi-raen.

Schablone [ʃa'bloːnə] *f* stensil *g*; *(Muster)* patrwm *g*; *(fig)* arferiad *g*, safon *b*.

schablonenhaft *adj* confensiynol, ystrydebol.

Schach [ʃax] (-s, -s) *nt (Spiel)* gwyddbwyll *gb*; *(Stellung)* gwarchae *g*; **~! siec!** **im ~ stehen** bod dan warchae; **jdn in ~ halten** atal/rhwystro rhn.

Schachbrett *nt* bwrdd *g* gwyddbwyll.

schachern *vi* bargeinio.

Schachfigur *f* darn *g* gwyddbwyll; **~en** *pl* set *b* wyddbwyll, gwerin *b*.

schachmatt *adv:* **jdn ~ setzen** gwarchae (ar y brenin); *(fig)* atal/rhwystro rhn.

Schach- *kompos:* **~matt** *nt* siachmat *g*; **~partie** *f* gêm *b* o wyddbwyll; **~spiel** *nt* gêm *b* o wyddbwyll.

Schacht [ʃaxt] (-(e)s, ⸚-e) *m* siafft *b*.

Schachtel ['ʃaxtəl] (-, -n) *f* bocs *g*; *(pej: Frau)* hen fuwch, hen ast.

Schachtelsatz *m* brawddeg *b* aml-gymalog.

Schachzug *m (auch fig)* symudiad *g* (gwyddbwyll).

schade ['ʃaːdə] *adv* trueni, piti; **(wie) ~! dyna drueni!** biti garw! hen dro! **sich** *dat* **für etw zu ~ sein** ystyried eich hun yn rhy dda i wneud rhth; **um sie ist es nicht ~** nid oes fawr o golled ar ei hôl.

Schädel ['ʃɛːdəl] (-s, -) *m (ANAT)* penglog *b*; *(ugs: Kopf)* pen *g*; **einen dicken ~ haben** *(fig: ugs)* bod yn ystyfnig.

Schädelbasisbruch *m* penglog *b* doredig, amdoriad *g* penglog.

Schädelbruch *m* = **Schädelbasisbruch**.

Schädelknochen *m* penglog *b*.

schaden ['ʃaːdən] *vi +dat* brifo, anafu, niweidio; **einer Sache ~** gwneud difrod i rth, malu/torri rhth.

Schaden (-s, ⸚-) *m* difrod *g*; *(Verletzung)* anafiad *g*; *(Nachteil)* anfantais *b*; **~ anrichten** gwneud niwed; **zu ~ kommen** cael eich anafu/brifo; **~ nehmen** cael anaf; **jdm ~ zufügen** niweidio rhn.

Schadenersatz *m* iawndal *g*; **~ leisten** talu iawndal.

Schadenersatz- *kompos:* **~anspruch** *m* cais *g* am iawndal; **~forderung** *f* cais am iawndal.

schadenersatzpflichtig *adj* agored i iawndal.

Schadenfreude *f* schadenfreude *g*, gwawd *g*, gorfoledd *g* (oherwydd trallod rhn arall).

schadenfroh *adj (Mensch, Lachen)* gorfoleddus, gwawdlyd.

schadhaft ['ʃaːhaft] *adj* wedi torri, gwallus, diffygiol.

schädigen ['ʃɛːdɪgən] *vt* difrodi, niweidio.

Schädigung *f* niwed *g*, drwg *g*.

schädlich *adj* niweidiol, andwyol, enbyd.

Schädlichkeit *f* niwed *g*, drwg *g*.

Schädling *m (ZOOL)* fermin *ll*, pla *g*.

Schädlingsbekämpfungsmittel *nt* plaladdwr *g*.

schadlos *adj:* **sich ~ halten an** +*dat* cymryd mantais ar (yn ddiegwyddor).

Schadstoff (-(e)s, -e) *m* llygrwr *g*, difwynydd *g*.

schadstoffarm *adj* isel o ran difwynyddion.

schadstoffhaltig *adj* yn cynnwys difwynyddion.

Schaf [ʃɑːf] (-(e)s, -e) *nt* dafad *b*; *(ugs: Dummkopf)* twpsyn *g*, pen *g* dafad; **das schwarze ~ der Familie** *(fig)* dafad ddu y teulu.

Schafbock *m* maharen *g*, hwrdd *g*.

Schäfchen ['ʃɛːfçən] (-s, -) *nt* dafad *b* fach; **seine ~ ins Trockene bringen** *(Sprichwort)* gwylio'ch buddiannau'ch hun.

Schäfchenwolken *pl* cymylau *ll* gwallt y forwyn, traeth *g* awyr.

Schäfer ['ʃɛːfər] (-s, -) *m* bugail *g*; *(ugs: ~hund)* ci *g* Alsás.

Schäferhund (-(e)s, -e) *m* ci *g* Alsás.

Schäferin (-, -nen) *f* bugeiles *b*.

schaffen[1] ['ʃafən] *irreg vt* creu; *(Platz)* gwneud; **sich** *dat* **etw ~** llwyddo i greu rhth; **dafür ist er wie geschaffen** mae'n gwbl addas ar gyfer hynny.

schaffen[2] *vt (erreichen)* llwyddo i wneud; *(erledigen)* gorffen, dod i ben â; *(Prüfung)* pasio; *(transportieren)* cymryd, mynd â; **das hat mich geschafft** llethodd hynny fi; *(nervlich)* aeth yn drech na mi; **etw aus der Welt ~** cael gwared â rth.
♦ *vi (ugs: arbeiten)* gweithio; **das ist nicht zu ~** nid yw hynny'n bosibl; **ich habe damit nichts zu ~** does a wnelo hynny ddim â mi; **jdm (schwer) zu ~ machen** *(zusetzen)* achosi (cryn) drafferth i rn; *(bekümmern)* achosi gofid i rn; **sich an etw** *dat* **zu ~ machen** mynd ati i wneud rhth.

Schaffen (-s, *kein pl*) *nt* gweithgarwch *g* (creadigol).

Schaffensdrang *m* egni *g*, ynni *g*; *(von Künstler)* ysfa *b* greadigol.

Schaffenskraft *f* gallu *g* creadigol, creadigedd *g*.

Schaffner ['ʃafnər] (-s, -) *m (Bus~, BAHN)* archwiliwr *g* tocynnau; **~in** *f* archwilwraig *b* tocynnau.

Schaffung *f (Gründung)* sefydlu *g*.

Schaf- *kompos:* **~hund** *m* ci *g* bugail, ci defaid; **~käse** *m* caws *g* dafad; **~pferch** *f* corlan *b*, ffald *b*; **~schere** *f* gwellaif *g*; **~scherer** *m* cneifiwr *g*.

Schafskäse *m* caws *g* dafad.

Schaft [ʃaft] (-(e)s, ¨-e) *m* coes *b*; *(Speer)* paladr *g*; *(von Gewehr)* carn *g*; *(von Stiefel)* coes *b*; *(BOT)* coesyn *g*, coes *b*.

Schaftstiefel *m* botasen *b* glun.

Schäftung ['ʃɛftuŋ] *f (Gewehr)* carn *g*.

Schakal [ʃaˈkɑːl] *m (ZOOL)* jacal *g*.

Schäker(in) ['ʃɛːkərɪn] *m(f)* fflyrt *g(b)*; *(Witzbold)* dyn *g* digrif, merch *b* ddigrif.

schäkern ['ʃɛːkərn] *vi* fflyrtio, tynnu coes.

schal [ʃɑːl] *adj* fflat; *(fig)* diflas, merfaidd.

Schal (-s, -e *oder* -s) *m* sgarff *b*.

Schälchen ['ʃɛːlçən] *nt* dysgl *b*.

Schale ['ʃɑːlə] (-, -n) *f* croen *g*, pil *g*; *(Nuss~, Eier~)* plisgyn *g*; *(Muschel~)* cragen *b*; *(Geschirr)* powlen *b*; **~n** *pl (Abfall)* crafion *ll*; **sich in ~ werfen** *(ugs)* rhoi eich dillad gorau amdanoch.

schälen ['ʃɛːlən] *vt* tynnu croen, pilio.
♦ *vr* pilio.

Schalentiere *pl (ZOOL)* cramenogion *ll*.

Schäler (-s, -) *m (KOCH)* piliwr *g*.

Schalk [ʃalk] (-s, -e *oder* ¨-e) *m* un digrif a drygionus, poenyn *g*.

Schall [ʃal] (-(e)s, -e) *m* sŵn *g*; **Namen sind ~ und Rauch** beth sydd mewn enw?

schalldämmend *adj* yn lladd sŵn.

Schalldämpfer *m* distewydd *g*, tawelydd *g*.

schalldicht *adj* seinglos, gwrthsain.

schallen ['ʃalən] *vi* seinio, atseinio, adleisio.

schallend *adj* atseiniol, uchel; **~es Gelächter** crechwen *b*.

Schall- *kompos:* **~geschwindigkeit** *f* cyflymder *g* sain; **~grenze** *f*, **~mauer** *f* mur *g* sain; **~platte** *f* record *b*.

schalt *vb vgl.* **schelten**.

Schalt- *kompos:* **~bild** *nt (ELEKT)* diagram *g* cylched; **~brett** *nt (ELEKT)* switsfwrdd *g*.

schalten ['ʃaltən] *vt* rhoi, troi.
♦ *vi (AUTO)* newid gêr; *(ugs: begreifen)* deall, dilyn; *(reagieren)* ymateb; **parallel ~** *(ELEKT)* cysylltu'n gyfochrog; **in Reihe ~** cysylltu'n olynol; **~ und walten** gwneud fel y mynnoch.

Schalter (-s, -) *m* cownter *g*; *(Bank, Postamt usw)* desg *b*; *(an Gerät)* swits *g*.

Schalter- *kompos:* **~beamte** *m* clerc *g* cownter; **~stunden** *pl* oriau *ll* agor.

Schalt- *kompos:* **~hebel** *m* swits *g*; *(AUTO)* lifer *g* gêr; **~jahr** *nt* blwyddyn *b* naid; **~knüppel** *m* lifer *g* gêr; *(AERO)* ffon *b* lywio; **~kreis** *m (ELEKT)* cylched *g* switsio; **~plan** *m (ELEKT)* cynllun *g* cylched; **~pult** *nt* desg *b* lywio; **~tafel** *f* consol *g*, panel *g*; **~uhr** *f* swits *g* amser.

Schaltung [ʃaltuŋ] *f (ELEKT)* cylched *g*; *(AUTO)* gerbocs *g*.

Scham [ʃɑːm] (-, *kein pl*) *f* cywilydd *g*; *(~gefühl)* gwyleidd-dra *g*, diymhongarwch *g*; *(ANAT)* y rhannau *ll* dirgel.

schämen ['ʃɛːmən] *vr* cywilyddio, teimlo cywilydd.

Scham- *kompos:* **~gefühl** *nt* ymdeimlad *g* o gywilydd; **~haar** *nt* cedor *gb*; **~haare** *pl* blew'r arffed.

schamhaft *adj* swil.

Schamlippe *f (ANAT)* gwefl *b*; **~n** *pl* fylfa *b*.

schamlos *adj* digywilydd, hyf, haerllug;
(unanständig) anweddus; *(Lüge)* wynebgaled,
digywilydd.

Schamlosigkeit *f* anlladrwydd *g*, maswedd *g*.

Schampus ['ʃampʊs] (-, *kein pl*) *m (ugs)* siampên *g*.

Schamröte *f* cochni *g*, gwrid *g*.

Schande ['ʃandə] (-, *kein pl*) *f* cywilydd *g*, anfri *g*,
gwarth *g*; **zu meiner ~ muss ich gestehen, dass** ... er
mawr gywilydd i mi, rhaid i mi gyfaddef...; **mit
Scham und ~** yn llawn cywilydd.

schänden ['ʃendən] *vt* dwyn gwarth ar, halogi,
treisio.

Schandfleck *m:* **er war der ~ der Familie** fe oedd
aderyn brith y teulu.

schändlich *adj* gwarthus.

Schändlichkeit *f* cywilyddusrwydd *g*,
gwarthusrwydd *g*.

Schand- *kompos:* **~mal** *nt* stigma *g*; **~pfahl** *m* ystanc *g*;
~tat *f (ugs)* stranc *b*, antur *gb*.

Schändung *f* halogiad *g*, difwyniant *g*;
(Vergewaltigung) trais *g* rhywiol.

schanghaien [ʃaŋ'haɪən] *vt (NAUT)* herwgipio.

Schänke ['ʃɛŋkə] (-, -n) *f* tafarn *gb*.

Schank- *kompos:* **~erlaubnis** *f*, **~konzession** *f* trwydded
b far; **~stube** *f* tafarn *b* win; **~tisch** *m* bar *g*.

Schanze ['ʃantsə] *f (MIL)* gwrthglawdd *g*; *(Sprung~)*
naid *b* sgïo.

Schar¹ [ʃaːr] (-, -en) *f* criw *g*, mintai *b*, cwmni *g*;
(Vögel) haid *b*; *(Menge)* torf *b*, llu *g*, twr *g*; **in ~en** yn
llu, yn heidiau, yn fintai.

Schar² *f (AGR)* swch *b*.

Scharade [ʃa'raːdə] (-, -n) *f* mud-chwarae *g*.

scharen ['ʃaːrən] *vr* ymgynnull, ymgasglu,
ymdyrru.

scharf [ʃarf] *(komp* **schärfer**; *superl* **am schärfsten**) *adj*
miniog; *(Wind)* main, egr, deifiol; *(Verstand)* craff,
treiddgar; *(Augen)* craff; *(FOTO)* eglur, mewn
ffocws; *(Bewachung)* diogel, clòs; *(Essen)* poeth,
sbeislyd; *(Geruch, Geschmack)* egr, miniog, siarp;
(Hund) awchus, craff; *(Protest)* tanbaid; *(Ton)* main,
treiddgar; *(Munition)* byw; *(ugs: geil)* chwantus,
nwydwyllt; *(Film)* nwydus, rhywiol; *(ugs)* gwych;
~ aufpassen gwrando'n ofalus; **~ nachdenken**
meddwl yn galed; **~ schießen** saethu bwledi
byw; **~ zuhören** gwrando'n astud; **etw ~ stellen**
ffocysu rhth, dod â rhth i ffocws; **mit einem ~en
Blick** *(fig)* gan ddangos craffter; **auf etw** *akk* **~ sein**
(ugs) bod wedi dotio ar rth, bod yn awchus am
rth.

Scharfblick *m (fig)* craffter *g*, mewnwelediad *g*.

Schärfe ['ʃɛrfə] *f* miniogrwydd *g*; *(Strenge)* llymder
g, gerwindeb *g*; *(FOTO)* ffocws *g*.

schärfen ['ʃɛrfən] *vt* hogi, rhoi min ar.

Schärfentiefe[D] *f* dyfnder *g* ffocws.

scharfmachen *vt (ugs)* cynhyrfu, cyffroi, corddi.

Scharf- *kompos:* **~richter** *m* dienyddiwr *g*, crogwr *g*;
~schießen *nt* saethu *g* bwledi byw; **~schütze** *m*
chwimsaethwr *g*; **~sinn** *m* craffter *g*, sylwgarwch
g.

scharfsinnig *adj* craff, llygadog.

Scharlach ['ʃarlax] (-s, -e) *m (Farbe)* sgarlad *g*, coch
g; *(MED)* y dwymyn *b* goch, y clefyd *g* coch.

Scharlachfieber *nt* y dwymyn *b* goch.

scharlachrot *adj* rhuddgoch, sgarlad.

Scharlatan ['ʃarlatan] *m* twyllwr *g*.

Scharmützel [ʃar'mʏtsəl] (-s, -) *nt* ysgarmes *b*,
ymladdfa *b*.

Scharnier [ʃar'niːr] (-s, -e) *nt* colyn *g*, colfach *g*.

Schärpe ['ʃɛrpə] (-, -n) *f* sash *g*.

Scharpie [ʃar'piː] *f (TEX)* lint *g*.

scharren ['ʃarən] *vt, vi* crafu, rhygnu.

Scharte ['ʃartə] (-, -n) *f* rhicyn *g*, hic *g*, crafiad *g*;
(Berg) bwlch *g* gwynt, adwy *b* wynt.

schartig ['ʃartɪç, -ɪk] *adj* danheddog.

Schaschlik ['ʃaʃlɪk] (-s, -s) *m oder nt (KOCH)* shish-
cebáb *g*.

Schatten ['ʃatən] *m* cysgod *g*; **jdn/etw in den ~ stellen**
(fig) rhagori ar rn/rth; **in jds ~ stehen** *(fig)* bod yng
nghysgod rhn.

Schattenbild *nt* amlinell *b*, cysgodlun *g*, silwét *g*.

schattenhaft *adj* aneglur.

Schattenmorelle *f (BOT)* ceiriosen *b* ddu.

Schatten- *kompos:* **~riss** *m (Silhouette)* amlinell *b*;
~seite *f* ochr *b* gysgodol; *(von Planeten)* ochr
dywyll; *(fig: Nachteil)* anfantais *b*; **~wirtschaft** *f*
economi *gb* du.

schattieren [ʃa'tiːrən] *vt (KUNST)* cysgodi, tywyllu.

Schattierung [ʃa'tiːrʊŋ] *f* tywyllu *g*, arlliwio *g*.

schattig ['ʃatɪç, -ɪk] *adj* cysgodol.

Schatulle [ʃa'tʊlə] (-, -n) *f* casged *b*; *(Geld~)* coffor *g*.

Schatz [ʃats] (-es, ¨-e) *m* trysor *g*, celc *gb*; *(Person)*
cariad *gb*.

Schatzamt *nt* trysorlys *g*.

schätzbar ['ʃɛtsbaːr] *adj* mesuradwy, asesadwy.

Schätzchen ['ʃɛtsçən] (-s, -) *nt* cariad *gb*, anwylyd
gb.

schätzen ['ʃɛtsən] *vt* amcangyfrif; *(Wert)* prisio,
pennu gwerth (rhth); *(würdigen)* gwerthfawrogi,
trysori; *(vermuten)* cyfrif, ystyried; **etw zu ~ wissen**
gwerthfawrogi rhth, trysori rhth; **sich glücklich ~**
ystyried eich hun yn ffodus; **~ lernen** dod i
werthfawrogi.

Schatz- *kompos:* **~kammer** *f* trysorfa *b*; **~meister** *m*
trysorydd *g*; **~suche** *f* helfa *b* drysor.

Schätzung [ˈʃɛtsʊŋ] *f* amcangyfrif *g*; *(Wert)* prisiant *g*.

schätzungsweise *adv* oddeutu; *(so vermutet man)* yn ôl pob tebyg.

Schätzwert *m* prisiant *g*, gwerth *g* amcangyfrifedig.

Schau [ʃaʊ] (-, *kein pl*) *f* sioe *b*; *(Ausstellung)* arddangosfa *b*; **etw zur ~ stellen** rhoi rhth ar ddangos; **zur ~ tragen** *(Gefühle)* mynegi, dangos; **eine ~ abziehen** *(ugs)* ceisio creu argraff.

Schaubild *nt* siart *g*, diagram *g*.

Schauder [ˈʃaʊdər] (-s, -) *m* cryndod *g*; *(Kälte)* rhyndod *g*, ias *b*.

schauderhaft *adj* dychrynllyd, arswydus.

schaudern [ˈʃaʊdərn] *vi* crynu; *(vor Kälte)* crynu, rhynnu.

schauen [ˈʃaʊən] *vi* edrych, sbio; **schau!** hwde! hwre! sbia! **da schau her!** wel yn wir.

Schauer [ˈʃaʊər] (-s, -) *m* *(Regen~)* cawod *b*; *(Schauder)* ias *b*.

Schauergeschichte *f* stori *b* arswyd.

schauerlich *adj* arswydus, dychrynllyd, iasol.

Schauermärchen *nt* *(ugs)* stori *b* arswydus/erchyll.

Schaufel [ˈʃaʊfəl] *f* rhaw *b*; *(Kehricht~)* rhaw lwch, padell *b* lwch; *(von Turbine)* llafn *gb*; *(NAUT)* padl *gb*; *(TECH)* pwced *b*, sgŵp *gb*.

Schaufelbagger *m* turiwr *g*.

schaufeln [ˈʃaʊfəln] *vt* rhawio; *(Grube)* palu, cloddio.
♦ *vi* rhawio.

Schaufenster *nt* ffenestr *b* siop.

Schaufenster- *kompos*: **~bummel** *m* edrych *g* i ffenestri siopau, crwydro *g* siopau; **~dekorateur** *m* addurnwr *g* ffenestri; **~puppe** *f* dymi *g* arddangos dillad.

Schaukasten *m* cwpwrdd *g* gwydr.

Schaukel [ˈʃaʊkəl] (-, -n) *f* siglen *b*.

schaukeln [ˈʃaʊkəln] *vt, vi* siglo; **wir werden das Kind schon ~** *(fig)* deuwn i ben â hynny.

Schaukel- *kompos*: **~pferd** *nt* ceffyl *g* siglo; **~stuhl** *m* cadair *b* siglo.

Schaulustige [ˈʃaʊlʊstɪgə] *m/f* syllwr *g* ochr stryd.

Schaum [ʃaʊm] (-(e)s, ¨-e) *m* ewyn *g*; *(Seifen~)* trochion *ll*, ewyn; *(von Bier)* ewyn.

schäumen [ˈʃɔʏmən] *vi* ewynnu.

schäumend *adj* ewynnog.

Schaumgummi *m* rwber *g* mandyllog.

schaumig *adj* ewynnog.

Schaum- *kompos*: **~krone** *f* brig *g* y don; **~schläger** *m* *(fig)* malwr *g* awyr; **~schlägerei** *f* *(fig)* malu *g* awyr; **~stoff** *m* defnydd *g* sbwng; **~wein** *m* gwin *g* pefriol.

Schauplatz *m* llwyfan *gb*.

Schauprozess (-es, -e) *m* treial *g* arddangos, sioebrawf *g*.

schaurig [ˈʃaʊrɪç, -ɪk] *adj* arswydus, dychrynllyd, iasol.

Schauspiel *nt* *(THEAT)* drama *b*; *(fig)* digwyddiad *g*.

Schauspieler(in) *m(f)* actor(es) *g(b)*.

schauspielerisch *adj* *(Begabung, Leistung)* actio.

schauspielern *vi untrenn* actio.

Schauspiel- *kompos*: **~haus** *nt* theatr *b*; **~schule** *f* coleg *g* drama; **~truppe** *f* cwmni *g* theatr.

Schausteller (-s, -) *m* rhn sydd â stondin mewn ffair.

Scheck [ʃɛk] (-s, -s) *m* siec *b*.

Scheckbuch *nt* llyfr *g* sieciau.

Schecke [ˈʃɛkə] *f oder m* ceffyl *g* brith.

Scheckheft *nt* llyfr *g* sieciau.

scheckig *adj* brith, broc.

Scheckkarte *f* cerdyn *g* siec.

scheel [ʃeːl] *adj* cas, sbeitlyd; **jdn ~ ansehen** gwgu ar rn, ciledrych ar rn.

scheffeln [ˈʃɛfəln] *vt* casglu, pentyrru.

Scheibe [ˈʃaɪbə] *f* disg *g*; *(Brot usw)* tafell *b*, sleisen *b*; *(Glas~)* cwarel *g*; *(Ziel~)* saethnod *gb*; *(Eishockey)* cnap *g*; *(Töpfer~)* olwyn *b*; *(ugs: Schallplatte)* record *b*; **eine ~ einschlagen** torri ffenestr; **sich** *dat* **von jdm eine ~ abschneiden** *(fig)* cymryd dalen o lyfr rhn, dilyn esiampl rhn.

Scheiben- *kompos*: **~bremse** *f* *(AUTO)* brêc *g* disg; **~kleister** *m interj* *(ugs)* diawl! **~waschanlage** *f* *(AUTO)* golchwyr *ll* ffenest flaen; **~wischer** *m* *(AUTO)* sychwr *g* ffenestr, sychwr glaw.

Scheibtruhe^ *f* berfa *b*, whilber *gb*.

Scheich [ʃaɪç] (-s, -e *oder* -s) *m* shech *g*, siech *g*.

Scheide [ˈʃaɪdə] (-, -n) *f* gwain *b*; *(Grenze)* ffin *b*; *(ANAT)* gwain, fagina *b*.

scheiden [ˈʃaɪdən] *irreg vt (+haben)* gwahanu; *(Ehe)* diddymu, terfynu; **sich ~ lassen** cael ysgariad, ysgaru.
♦ *vi (+sein)* *(geh)* ymadael, mynd; *(sich trennen)* ymwahanu, gwahanu; **aus dem Leben ~** ymadael â'r fuchedd hon.

Scheideweg *m* *(fig)* croesffordd *b*.

Scheidung *f* *(Ehe~)* ysgariad *g*; **die ~ einreichen** gwneud cais am ysgariad.

Scheidungs- *kompos*: **~grund** *m* rhesymau *ll* dros ysgariad; **~klage** *f* achos *g* ysgariad.

Schein[1] [ʃaɪn] (-(e)s, -e) *m* *(Zettel)* darn *g* o bapur; *(Geld~)* arian *g* papur; *(Bescheinigung, UNIV)* tystysgrif *b*.

Schein[2] *m* golau *g*.

Schein[3] *m* *(An~)* golwg *b*, rhith *g*; **den ~ wahren** cadw wyneb; **etw zum ~ tun** esgus gwneud rhth.

Scheinangriff *m* ymosodiad *g* ffug.

scheinbar *adj* ymddangosiadol, yn ôl pob golwg.

scheinen ['ʃaɪnən] *irreg vi (Lampe)* goleuo, disgleirio; *(Sonne)* tywynnu; *(Anschein haben)* ymddangos, rhithio.

scheinheilig *adj* rhagrithiol, ffuantus.

Scheinheiligkeit *f* ffuantrwydd *g*.

Schein- *kompos:* **~tod** *m* marwolaeth *b* yn ôl pob golwg; **~werfer** *m* llifolau *g*; *(THEAT)* sbot *g*, sbotolau *g*; *(Suchscheinwerfer)* chwilolau *g*; *(AUTO)* lamp *b* flaen.

Scheiß [ʃaɪs] (-, *kein pl*) *m (vulg)* cachu *g* rwtsh.

Scheißdreck *m* cachu *g*; **das geht dich einen ~ an** meindia dy fusnes.

Scheiße ['ʃaɪsə] (-, *kein pl*) *f (vulg)* cachu *g*; **~!** cachu! diawl!

scheißegal *adj (vulg)* **das ist mir ~!** dyw hynny ddiawl o bwys gen i, does dim diawl o ots 'da fi.

scheißen ['ʃaɪsən] *irreg vi (vulg)* cachu.

scheißfreundlich *adj (vulg: ironisch)* neis neis.

Scheißkerl *m (vulg)* cythraul *g*, diawl *g*.

Scheit [ʃaɪt] (-(e)s, -e *oder* -er) *nt* boncyff *g*, plocyn *g*.

Scheitel ['ʃaɪtəl] *m (Haar)* rhaniad *g*; *(ANAT)* corun *g*; **vom ~ bis zur Sohle** o'r corun i'r sawdl.

scheiteln ['ʃaɪtəln] *vt* cribo i'r ddwy ochr.

Scheitelpunkt *m* uchafbwynt *g*, anterth *g*.

Scheiterhaufen ['ʃaɪtərhaufən] *m* coelcerth *b* angladdol; *(HIST: zur Hinrichtung)* ystanc *g*.

scheitern ['ʃaɪtərn] *vi (+sein)* methu.

Schelf [ʃɛlf] *m oder nt* ysgafell *b* gyfandirol.

Schelfeis *nt* sgafell *b* rew.

Schelle ['ʃɛlə] (-, -n) *f* cloch *b* fach; *(Spielkarten)* diemwnt *g*.

schellen^D ['ʃɛlən] *vi* canu, seinio; **es hat geschellt** mae'r gloch wedi canu.

Schellfisch *m (ZOOL)* corbenfras *g*, hadog *g*.

Schelm [ʃɛlm] (-(e)s, -e) *m* cnaf *g*, dihiryn *g*, gwalch *g*.

Schelmenroman *m (LIT)* nofel *b* bicarésg.

schelmisch *adj* direidus, cellweirus, chwareus.

Schelte^D ['ʃɛltə] (-, *kein pl*) *f* cerydd *g*, dwrdiad *g*.

schelten ['ʃɛltən] *irreg vt* dwrdio, dweud y drefn wrth.

Schema ['ʃeːma] (-s, -s *oder* -ta) *nt* cynllun *g*; *(Darstellung)* amlinelliad *g*, diagram *g*; **nach ~** yn fecanyddol.

schematisch [ʃeˈmaːtɪʃ] *adj* sgematig, diagramaidd, amlinellol.

Schemel ['ʃeːməl] (-s, -) *m* troedfainc *b*.

schemenhaft *adj* rhithiol, dychmygol.

Schenke ['ʃɛŋkə] (-, -n) *f* tafarn *gb*.

Schenkel ['ʃɛŋkəl] (-s, -) *m* clun *b*; *(MATH: von Winkel)* ochr *b*.

schenken ['ʃɛŋkən] *vt (auch fig)* rhoi; **ich möchte nichts geschenkt haben** dim anrhegion, diolch yn fawr; *(fig: bevorzugt werden)* nid wyf am gael unrhyw ffafriaeth; **sich** *dat* **etw ~** *(ugs)* anghofio rhth, hepgor rhth; **jdm etw ~** *(erlassen)* rhyddhau/esgusodi rhn o rth; **ihm ist im Leben nie etw geschenkt worden** *(fig)* mae e wedi gorfod gweithio'n galed am bopeth; **das ist geradezu geschenkt!** *(billig)* dyna beth yw bargen!

Schenkung *f* anrheg *b*.

Schenkungsurkunde *f* gweithred *b* roddi.

scheppern ['ʃɛpərn] *vi* clecian, cloncian.

Scherbe ['ʃɛrbə] (-, -n) *f* darn *g* (o wydr *ayb*); *(archäologisch)* talch *g*; **~n** *pl* tipiau *ll*, teilchion *ll*; **in ~n schlagen** cynhinio.

Schere ['ʃeːrə] (-, -n) *f* siswrn *g*; *(SPORT)* siswrn *g*; *(Garten~)* gwellau *g*; *(von Hummer, Krebs usw)* crafanc *b*, bawd *gb*.

scheren ['ʃeːrən] *irreg vt* torri; *(Schaf)* cneifio; *(ugs: stören)* poeni.

♦ *vr (sich kümmern)* ymboeni (ynghylch rhth), ymdrafferthu (ynghylch rhth); **scher dich zum Teufel!** cer i grafu! cer o 'ngolwg i!

Scheren- *kompos:* **~schleifer** *m* hogwr *g* cyllyll; **~schnitt** *m* silwét *g* papur; **~sprung** *m (SPORT)* llofnaid *b*.

Schererei [ʃerəˈraɪ] *f (ugs)* trafferth *gb*, helynt *gb*.

Scherflein ['ʃɛrflaɪn] *nt* tamaid *g*, hatling *b*; **sein ~ beitragen** tynnu'ch pwysau.

Schermaus *f (ZOOL)* llygoden *b* y dŵr.

Scherpilzflechte *f (MED)* tarwden *b*.

Scherz [ʃɛrts] (-es, -e) *m* jôc *b*, hwyl *b*.

Scherzbold *m* poenyn *g*.

Scherzel^A ['ʃɛrtsəl] *nt* crwstyn *g*, tafell *b* gyntaf.

scherzen ['ʃɛrtsən] *vi* cellwair; *(albern)* tynnu coes.

Scherz- *kompos:* **~frage** *f* pos *g*; **~gedicht** *nt* limrig *g*.

scherzhaft *adj* cellweirus, chwareus.

Scheu [ʃɔy] (-, *kein pl*) *f* swildod *g*, gwyleidd-dra *g*; *(Tier)* ofn *g*; *(Ehrfurcht)* arswyd *g*, parchedig ofn; *(Angst)* **~ (vor** +*dat*) arswyd/ofn (rhag).

scheu *adj* swil, gwylaidd.

Scheuche ['ʃɔyçə] (-, -n) *f* bwgan *g* brain.

scheuchen ['ʃɔyçən] *vt* dychryn, codi.

scheuen ['ʃɔyən] *vr:* **sich ~ vor** +*dat* bod ag ofn (rhth), cilio rhag.

♦ *vt* osgoi, ymgadw rhag; **weder Mühe noch Kosten ~** heb arbed unrhyw drafferth na chost.

♦ *vi (Pferd)* rhusio.

Scheuer ['ʃɔyər] (-, -n) *f* ysgubor *b*.

Scheuer- *kompos:* **~bürste**^D *f* brwsh *g* sgwrio; **~lappen**^D *m* clwt *g* llawr; **~leiste**^D *f* borden *b* wal.

scheuern^D ['ʃɔyərn] *vt* sgwrio; **sich wund ~**

crafu/sgardio eich croen; **jdm eine ~** *(ugs)* rhoi bonclust i rn.

Scheuklappe (-, -n) *f* ffrwyn *b* ddall, ffrwyn *b* dywyll.

Scheune ['ʃɔʏnə] (-, -n) *f* ysgubor *b*.

Scheunendrescher *m:* **er frisst wie ein ~** *(ugs)* mae'n bwyta fel ceffyl.

Scheusal ['ʃɔʏzaːl] (-s, -e) *nt* anghenfil *g*.

scheußlich ['ʃɔʏslɪç] *adj* ofnadwy, dychrynllyd.

Scheußlichkeit *f* ofnadwyedd *g*.

Schi [ʃiː] *m* = **Ski**.

schiach[A] *adj* = **schiech**.

Schicht [ʃɪçt] (-, -en) *f* haen *b*; *(Klasse)* dosbarth *g*, haen; *(in Fabrik)* shifft *g*, stem *b*, criw *g*.

Schichtarbeit *f* gwaith *g* shifft.

schichten ['ʃɪçtən] *vt* pentyrru, haenu.

Schichtwechsel *m* newid *g* shifft.

schick [ʃɪk] *adj* ffasiynol, steilus.

schicken ['ʃɪkən] *vt* danfon, anfon, gyrru.

♦ *vr:* **sich ~ (in** +*akk*) derbyn, ymfodloni (ar).

♦ *vr unpers (anständig sein)* bod yn addas, bod yn weddus.

Schickeria [ʃɪkəˈriːa] *f* y criw ffasiynol.

Schickimicki ['ʃɪkɪˈmɪkɪ] (-s, -s) *m (ugs)* dandi *g*, coegyn *g*.

schicklich *adj* addas, priodol, gweddus.

Schicksal ['ʃɪkzaːl] (-s, -e) *nt* tynged *b*, dihenydd *g*.

schicksalhaft *adj* anochel, arfaethedig.

Schicksalsschlag *m (fig)* ergyd *gb* (drom).

Schickse[D] ['ʃɪksə] *f (ugs)* ysguthan *b* o fenyw.

Schiebedach ['ʃiːbədax] *nt (AUTO)* to *g* haul.

schieben ['ʃiːbən] *irreg vt* gwthio; *(Drogen)* gwerthu; *(Schuld)* rhoi; **die Schuld auf jdn ~** bwrw bai ar rn arall; **etw vor sich** *dat* **her ~** *(fig)* gohirio rhth.

Schieber ['ʃiːbər] (-s, -) *m* llithren *b*; *(Besteckteil)* gwthiwr *g*; *(ugs: Schwarzhändler)* budrelwr *g*, marchnatwr *g* du; *(Waffen~)* smyglwr *g* gynnau; *(Drogen~)* gwerthwr *g* cyffuriau.

Schiebetür (-, -en) *f* drws *g* llithro.

Schiebung ['ʃiːbʊŋ] *f* twyll *g*; **das war glatte ~** twyll llwyr oedd hynny.

schiech[A] ['ʃiːəx] *adj* hyll.

schied *vb vgl.* **scheiden**.

Schieds- *kompos:* **~gericht** *nt* tribiwnlys *g*; **~richter** *m* *(SPORT)* dyfarnwr *g*; *(Schlichter)* dyddiwr *g*, cymrodeddwr *g*, dyfarnwr.

schiedsrichtern *untrenn vi* dyfarnu, cymrodeddu.

Schieds- *kompos:* **~spruch** *m* dyfarniad *g*; **~verfahren** *nt* cyflafareddu *g*.

schief [ʃiːf] *adj* cam; *(Ebene)* llethrog, ar lethr; *(Turm)* gogwydd, goleddf; *(Winkel)* lletraws, arosgo; *(Blick)* cam, mingam; *(Vergleich)* camarweiniol; **auf**

die ~e Bahn geraten *(fig)* mynd oddi ar y llwybr cul.

♦ *adv* yn gam, ar ŵyr, ar osgo; **~ anschauen** *(fig)* edrych yn gam ar; **etw ~ stellen** gosod rhth ar osgo; **~ stehen** gogwyddo, goleddfu; **~ liegen** *(ugs)* bod yn anghywir, bod ymhell ohoni; **~ gehen** *(ugs)* mynd o'i le, mynd i'r gwellt; **es wird schon ~ gehen!** *(ironisch)* bydd yn mynd yn iawn, bydd yn llwyddo.

Schiefer ['ʃiːfər] (-s, -) *m (GEOL)* llechen *b*; *(Holz~)* ysgyren *b*.

Schiefer- *kompos:* **~dach** *nt* to *g* llechi; **~gestein** *nt* *(GEOL)* llechfaen *gb*; **~platte** *f*, **~tafel** *f* llechen *b*.

schief gehen *irreg vi (+sein) vgl.* **schief**.

schieflachen *vr* marw gan chwerthin.

schief liegen *vi vgl.* **schief**.

schielen ['ʃiːlən] *vi* ciledrych, edrych yn groes/gam; **nach etw ~** *(fig)* llygadu rhth.

schien *vb vgl.* **scheinen**.

Schienbein *nt (ANAT)* asgwrn *g* crimog.

Schienbeinschützer *m (SPORT)* pad *g*.

Schiene ['ʃiːnə] (-, -n) *f* cledren *b*, rheilen *b*; *(MED)* sblint *g*, dellten *b*.

schienen ['ʃiːnən] *vt* rhoi mewn sblintiau.

Schienen- *kompos:* **~bus**[D] *m* rheilgar *g*; **~strang** *m* hyd *g* o'r trac/cledrau.

schier [ʃiːr] *adj* pur; *(fig)* hollol, llwyr, pur.

♦ *adv* bron.

Schierling *m (BOT)* cegiden *b*.

Schierlingstanne *f (BOT)* hemlog *b*.

Schießbude ['ʃiːsbuːdə] (-, -n) *f* stondin *b* saethu.

Schießbudenfigur *f (ugs)* un sy'n edrych yn debyg i glown.

schießen ['ʃiːsən] *irreg vt* saethu; *(Geschoss)* tanio, saethu.

♦ *vi* saethu; *(Salat usw)* ehedeg; **~ auf** +*akk* saethu at; **aus dem Boden ~** saethu i fyny, tyfu'n sydyn; **jdm durch den Kopf ~** *(fig)* gwibio trwy feddwl rhn.

Schießerei [ʃiːsəˈraɪ] *f* brwydr *b* saethu; *(Delikt)* trosedd *b* yn ymwneud â dryll.

Schießgewehr *nt (ugs)* gwn *g*, dryll *g*.

Schießhund *m:* **wie ein ~ aufpassen** *(ugs)* cadw llygad barcud (ar rth/rn).

Schieß- *kompos:* **~platz** *m* maes *g* saethu; **~pulver** *nt* powdwr *g* gwn; **~scharte** *f* adwy *b*/twll *g* saethu; **~stand** *m* stondin *b* saethu.

Schifahrer(in) *m(f)* = **Skifahrer**.

Schiff [ʃɪf] *nt* llong *b*; *(ARCHIT: Kirchen~)* corff *g*.

schiffbar *adj* mordwyol.

Schiffbau *m* llongsaernïaeth *b*.

Schiffbauer (-s, -) *m* saer *g* llongau.

Schiffbruch *m* llongddrylliad *g*; **~ erleiden** dryllio;

(fig) methu.

schiffbrüchig *adj* llongddrylliedig, drylliedig.

Schiffchen *nt* llong *b* fach; *(Mütze)* cap *g* morio; *(TEX)* gwennol *b*.

schiffen ['ʃifən] *vi (vulg)* piso.

Schiffer ['ʃifər] *m* llongwr *g*, cychwr *g*, badwr *g*.

Schifffahrt *f* morio *g*; *(Reise)* mordaith *b*.

Schifffahrtslinie *f* llwybr *g* môr, môr-lwybr *g*.

Schiffsschaukel *f (am Jahrmarkt)* cwch *g* siglo.

Schiffs- *kompos:* **~junge** *m* gwas *g* caban; **~körper** *m* corff *g* llong; **~ladung** *f* llwyth *g* llong; **~planke** *f* pompren *b*; **~schraube** *f* llafn *g* gwthio, propelor *g*.

Schiit [ʃiˈiːt] (**-en, -en**) *m* (**~in** *f*) *(REL)* Shïad *g*.

schiitisch *adj* Shïaidd.

Schikane [ʃiˈkɑːnə] *f* aflonyddwch *g*; *(gemeine Tat)* tric *g* budr; **mit allen ~n** â phob cyfleustra modern; **das hat er aus reiner ~ gemacht** ni wnaeth hynny ond er mwyn bod yn gas.

schikanieren [ʃikaˈniːrən] *vt* blino, poeni; *(Mitschüler)* bwlio, erlid, bygwth.

schikanös [ʃikaˈnøːs] *adj* cas.

Schild[1] [ʃilt] (**-(e)s, -e**) *m* tarian *b*; *(von Mütze)* pig *gb*, blaen *g*; **etw im ~e führen** bod â rhyw ddrygioni mewn golwg, bod â rhth ar y gweill.

Schild[2] (**-(e)s, -er**) *nt* arwydd *gb*; *(Tafel)* plac *g*; *(Etikett)* label *gb*.

Schild- *kompos:* **~buckel** *m* bogail *gb*, both *b* tarian; **~bürger** *m* twpsyn *g*; **~drüse** *f (ANAT)* chwarren *b* thyroid.

Schildermaler *m* peintiwr *g* arwyddion.

schildern ['ʃildərn] *vt* disgrifio; *(skizzieren)* amlinellu, portreadu.

Schilderung ['ʃildəruŋ] *f* disgrifiad *g*, portread *g*.

Schildknappe *m (HIST)* macwy *g*.

Schildkröte (**-, -n**) *f (ZOOL)* crwban *g*; *(Wasser~)* crwban *g* y môr.

Schildkrötensuppe *f* cawl *g* crwban y môr.

Schilehrer ['ʃiːleːrər] *m* = Skilehrer.

Schilf [ʃilf] *nt (BOT)* corsen *b*, cawnen *b*; *(Material)* corswellt *g*.

Schilfgras *nt* corswellt *ll*.

Schilfrohr *nt* = Schilf.

Schillerlocke ['ʃilərlɔkə] (**-, -n**) *f (Gebäck)* corn *g* hufen; *(Räucherfisch)* darn hirgul o bysgodyn trwy fwg.

schillern ['ʃilərn] *vi* pelydru, golewyrchu.

schillernd *adj* enfysliw, symudliw; *(Persönlichkeit)* lliwgar, dyrys.

Schilling ['ʃilɪŋ] (**-s, -** *oder* **-e**) *m (Österreich)* schilling *b*, arian Awstria.

Schimmel ['ʃiməl] *m (BIOL)* llwydni *b*, braen *g*; *(Pferd)*

ceffyl *g* gwyn.

schimmelig *adj* = schimmlig.

Schimmelkäse *m (KOCH)* caws *g* glas.

schimmeln ['ʃiməln] *vi (+sein)* llwydo.

Schimmer ['ʃimər] (**-s, kein pl**) *m (Licht~)* goleuni *g* gwan, llewyrch *g* gwan; *(Glanz)* pelydriad *g*, tywyniad *g*; **keinen (blassen) ~ von etw haben** *(ugs)* bod yn ddi-glem am rth.

schimmern ['ʃimərn] *vi* pelydru, godywynnu, golewyrchu.

Schimmern *nt* tywyniad *g*.

schimmernd *adj* adlewyrchol, symudliw.

schimmlig *adj* wedi llwydo.

Schimpanse [ʃimˈpanzə] (**-n, -n**) *m (ZOOL)* tsimpansî *g*.

Schimpf [ʃimpf] *m* anfri *g*, gwarth *g*, sarhad *g*; **mit ~ und Schande** dan gwmwl.

schimpfen ['ʃimpfən] *vt* diawlio.

♦ *vi (sich beklagen)* grwgnach, cwyno, achwyn; *(fluchen)* rhegi, melltithio; *(schelten)* **~ (mit jdm)** dwrdio, dweud y drefn (wrth rn).

Schimpfer[A] (**-s, -**) *m* dwrdiad *g*.

Schimpftirade *f* cawod *b* o enllibion.

Schimpfwort *nt* rheg *b*.

Schimpfkanonade *f* cawod *b* o enllibion, cawod o eiriau cas.

Schindel ['ʃindəl] (**-, -n**) *f* teilsen *b* bren.

schinden ['ʃindən] *irreg vt* cam-drin, gwthio; **Eindruck ~** creu argraff.

♦ *vr:* **sich ~ (mit)** ymlafnio (gyda), chwysu gwaed (dros).

Schinder ['ʃindər] (**-s, -**) *m* prynwr *g* hen geffylau, nacer *g*; *(fig)* teyrn *g*, rhn sy'n gyrru eraill yn galed.

Schinderei [ʃində'raɪ] *f* slafdod *g*, llafurwaith *g*.

Schindluder *nt:* **mit etw ~ treiben** trin rhth yn wael.

Schinken ['ʃɪŋkən] (**-s, -**) *m* ham *gb*, cig *g* mochyn; *(gekocht und geräuchert)* gamon *g*, coes *b* mochyn; *(pej: Film, Buch)* ffilm/llyfr ystrydebol; **~speck** *m* bacwn *g*.

Schipiste *f* = Skipiste.

Schippe[D] ['ʃipə] (**-, -n**) *f (Schaufel)* rhaw *b*; **jdn auf die ~ nehmen** *(ugs: fig)* tynnu coes rhn.

schippen[D] ['ʃipən] *vt* rhawio.

Schirm [ʃirm] *m (Regen~)* ymbarél *g*; *(Sonnen~)* parasol *g*, ymbarél haul; *(Wand~, Bild~)* sgrîn *b*; *(Lampen~)* lamplen *b*, cysgodlen *b*; *(von Mütze)* pig *gb*, blaen *g*; *(Pilz~)* cap *g*.

Schirm- *kompos:* **~herr** *m* noddwr *g*; **~herrschaft** *f* nawddogaeth *b*; **~kappe** *f*, **~mütze** *f* cap *g* pig, cap â phig; **~ständer** *m* stand *gb* ymbarelau.

Schisma ['sçisma] *nt* sgism *g*, rhwyg *g*.

schismatisch *adj* sgismatig.

Schispringen *nt* = Skispringen.

Schiss [ʃɪs] *m:* ~ **haben** *(vulg)* dychryn trwy eich tin, cachu brics.

schiss *vb vgl.* **scheißen.**

schizophren [ʃɪtsoˈfreːn, skitsoˈfreːn] *adj* sgitsoffrenig.

Schizophrenie [ʃɪtsofreˈniː, skitsofreˈniː] *f* sgitsoffrenia *g*.

schlabbern [ˈʃlabərn] *vt, vi (ugs)* slobran, llempian.

Schlacht [ʃlaxt] (-, -en) *f* brwydr *b*, ymladdfa *b*.

schlachten [ˈʃlaxtən] *vt* lladd.

Schlachtenbummler *m* *(SPORT)* cefnogwr *g* tîm yr ymwelwyr.

Schlachter (-s, -) *m* cigydd *g*.

Schlacht- *kompos:* ~**feld** *nt (MIL)* maes *g* cad, maes brwydr; ~**fest** *nt* gŵyl *b* wledig lle bwytir cig ffres; ~**haus** *nt*, ~**hof** *m* lladd-dy *g*; ~**opfer** *nt* aberth *gb*, offrwm *g*; ~**ordnung** *f (MIL)* trefn *b* y gad; ~**ross** *nt* cadfarch *g*; ~**ruf** *m* rhyfelgri *b*; ~**schiff** *nt (MIL)* llong *b* ryfel, cadlong *b*; ~**vieh** *nt* da *g* tew.

Schlacke [ˈʃlakə] *f* sorod *ll*, slag *g*.

schlackern [ˈʃlakərn] *vi (ugs)* crynu; *(Kleidung)* hongian yn llac; **mit den Ohren** ~ *(fig)* bod yn syn, cael eich syfrdanu.

Schlaf [ʃlaːf] (-(e)s, *kein pl*) *m* cwsg *g*, hun *b*; **um seinen** ~ **kommen** colli cwsg.

Schlafanzug *m* pyjamas *ll*.

Schläfchen [ˈʃlɛːfçən] *nt* cyntun *g*.

Schläfe [ˈʃlɛːfə] (-, -n) *f (ANAT)* arlais *b*.

schlafen [ˈʃlaːfən] *irreg vi* cysgu; *(ugs: nicht aufpassen)* methu â chanolbwyntio, cysgu; **bei jdm** ~ aros dros nos yn nhŷ rhn; **mit jdm** ~ ymgydio â rhn.

schlafend *adj* ynghwsg; ~**er Polizist** atalfa *b* cyflymder.

Schlafengehen *nt:* **vor dem** ~ cyn mynd i'r gwely.

Schlafenszeit *f* amser *g* gwely.

Schläfer [ˈʃlɛːfər] *m* (~**in** *f*) cysgwr(aig) *g(b)*, cysgadur(es) *g(b)*.

schlaff [ʃlaf] *adj* llac; *(Muskeln)* llipa, meddal; *(energielos)* llipa, blinedig.

Schlaffheit *f* llacrwydd *g*, lludded *g*, blinder *g*.

Schlafgelegenheit *f* lle *g* i gysgu.

Schlafittchen [ʃlaˈfɪtçən] *nt (ugs)* **jdn am** ~ **nehmen** cydio yn rhn gerfydd ei war.

Schlaf- *kompos:* ~**krankheit** *f (MED)* clefyd *g* cysgu; ~**lied** *nt* hwiangerdd *b*, suo-gân *b*.

schlaflos *adj* di-gwsg, di-hun.

Schlaflosigkeit *f* diffyg *g* cwsg, anhunedd *g*.

Schlaf- *kompos:* ~**mittel** *nt* pilsen *b* gysgu; ~**mütze** *f (fig, ugs)* cysgadur *g*.

schläfrig [ˈʃlɛːfrɪç, -ɪk] *adj* cysglyd, swrth.

Schläfrigkeit *f* trymder *g*.

Schlafrock *m* gŵn *g* llofft/tŷ; **Apfel im** ~ *(KOCH)* afal pob mewn crwst pwff.

Schlaf- *kompos:* ~**saal** *m* ystafell *b* gysgu; ~**sack** *m* sach *b* gysgu; ~**tablette** *f* pilsen *b* gysgu; ~**wagen** *m* *(BAHN)* cerbyd *g* cysgu.

schlafwandeln [ˈʃlaːfvandəln] *vi (+sein oder haben) untrenn* cerdded yn eich cwsg.

Schlafwandler (-s, -) *m* cerddwr *g* yn ei gwsg; ~**in** *f* cerddwraig *b* yn ei chwsg.

Schlafzimmer (-s, -) *nt* ystafell *b* wely, llofft *b*.

Schlag [ʃlaːk] (-(e)s, ¨-e) *m (auch fig)* ergyd *gb*; *(MED)* trawiad *g*, strôc *b*; *(Puls, Herz~)* curiad *g*; *(ELEKT)* sioc *b* drydan; *(Glocken~)* trawiad *g*; *(ugs: Portion)* dogn *g*; *(Holz~)* rhan o goedwig lle torrir coed ; *(Art)* math *g*; *(~obers)* hufen *g* chwip; **Schläge** *pl (Tracht Prügel)* cweir *gb*, crasfa *b*; ~ **acht Uhr** am wyth o'r gloch ar ei ben; **mit einem** ~ ar unwaith; ~ **auf** ~ un ar ôl y llall, yn syth ar ôl ei gilydd; **ich dachte, mich trifft der** ~ *(ugs)* roeddwn i wedi synnu ar fy hyd; **vom gleichen** ~ **sein** bod o'r un deunydd; **ein** ~ **ins Wasser** methiant *g* llwyr.

Schlag- *kompos:* ~**abtausch** *m (Boxen)* cyfnewid *g* ergydion; *(fig)* croesi *g* cleddyfau; ~**ader** *f (ANAT)* rhydweli *b*; ~**anfall** *m (MED)* trawiad *g*, strôc *b*.

schlagartig *adj* sydyn, dirybudd, chwap.

Schlag- *kompos:* ~**baum** *m* tyrpeg *g*, tollborth *g*; ~**bohrer** *m* dril *g* taro.

schlagen [ˈʃlaːɡən] *irreg vt* taro; *(besiegen)* curo, bwrw; *(Glocke)* canu; *(Stunde)* taro; *(Purzelbaum)* gwneud; *(Sahne)* curo; *(Schlacht)* ymladd; *(einwickeln)* lapio; *(Kreis, Bogen)* tynnu; **ein Ei in die Pfanne** ~ torri wy i'r badell; **ehe ich mich** ~ **lasse!** *(ugs)* rwy'n barod i gael fy mherswadio.

♦ *vi* taro, curo, bwrw, canu; **nach jdm** ~ *(fig) (+sein)* tynnu ar ôl rhn; **eine geschlagene Stunde** awr gron.

♦ *vr* ymladd; **um sich** ~ taflu ergydion; **sich gut** ~ *(fig)* gwneud yn dda; **sich nach links** ~ mynd i'r chwith; **sich auf jds Seite** *akk* ~ ochri gyda rhn.

schlagend *adj* argyhoeddiadol; ~**e Wetter** *(BERGB)* llosgnwy *g*.

Schlager (-s, -) *m (MUS)* cân *b* boblogaidd; *(fig)* rhth poblogaidd, rhth sydd â mynd mawr arno.

Schläger [ˈʃlɛːɡər] (-s, -) *m* ymladdwr *g*, hwligan *g*; *(SPORT)* bat *g*; *(Tennis~ usw)* raced *b*; *(Golf~, Hockey~)* ffon *b*.

Schlägerei [ʃlɛːɡəˈraɪ] *f* ymladdfa *b*, ffrwgwd *g*.

Schlagersänger(in) *m(f)* canwr *g* pop, cantores *b* bop.

Schlägertyp *m (ugs)* llabwst *g*.

schlagfertig *adj* ffraeth, parod.

Schlag- *kompos:* ~**fertigkeit** *f* ffraethineb *g*; ~**holz** *nt (Kricket)* bat *gb*; ~**instrument** *nt* offeryn *g* taro; ~**kraft**

f nerth *g*, grym *g*; *(MIL)* grym ymosod; *(Boxen)* grym ergyd.

schlagkräftig *adj* grymus, nerthol; *(Beweise)* clir, pendant.

Schlag- *kompos:* **~loch** *nt (AUTO)* twll *g* yn y ffordd *g*; **~mann** *m (Kricket)* batiwr *g*; **~obers**[A] *nt*, **~sahne**[D] *f* hufen *g* chwip; **~seite** *f (NAUT)* gogwyddiad *g*; **~stock** *m* pastwn *g*, ffon *g*; **~wort** *nt* slogan *gb*, arwyddair *g*.

Schlagzeile *f* pennawd *g* bras; **~n machen** *(ugs)* cyrraedd y tudalennau blaen.

Schlagzeug *nt (MUS)* offerynnau *ll* taro, tabwrdd *g*, drymiau *ll*.

Schlagzeuger (-s, -) *m* drymiwr *g*, offerynnwr *g* taro.

schlaksig ['ʃlaksɪç, -ɪk] *adj (ugs)* trwsgl, afrosgo, main.

Schlamassel [ʃlaˈmasəl] (-s, -) *nt oder m (ugs)* llanast *g*, anhrefn *b*, annibendod *g*.

Schlamm [ʃlam] *m* llaid *g*, mwd *g*.

schlammig *adj* lleidiog, mwdlyd.

Schlammlawine *f* tirlithriad *g*.

Schlampe ['ʃlampə] (-, -n) *f (vulg)* slwten *b*, slebog *b*.

schlampen ['ʃlampən] *vi (ugs)* bod yn ddiofal/anniben.

Schlamperei [ʃlampəˈraɪ] *f (ugs)* gwaith *g* anniben/diofal, diofalwch *g*; *(Unordnung)* traed moch.

schlampig ['ʃlampɪç, -ɪk] *adj (ugs: Arbeit)* diofal; *(Aussehen)* aflêr, anniben.

Schlampigkeit *f* aflerwch *g*, blerwch *g*.

Schlampigkeitsfehler *m* gwall *g* esgeulus.

schlang *vb vgl.* **schlingen.**

Schlange ['ʃlaŋə] (-, -n) *f (ZOOL)* neidr *b*; *(Menschen~)* rhes *b*, cynffon *b*, cwt *b*; **~ stehen** sefyll mewn ciw, ciwio; **eine falsche ~** merch *b* gyfrwys.

schlängeln ['ʃlɛŋəln] *vr* dolennu, ymdroelli, nadreddu.

Schlangen- *kompos:* **~beschwörer** *m* consuriwr *g* nadredd; **~biss** *m* brathiad *g* gan neidr; **~bohrer** *m (TECH)* ebill *g* taradr; **~gift** *nt* gwenwyn *g* neidr; **~leder** *nt* croen *g* neidr; **~linie** *f* llinell *b* donnog.

schlank [ʃlaŋk] *adj* main, tenau.

Schlankheit *f* meinder *g*.

Schlankheitskur *f* deiet *g*.

Schlapfen[A] ['ʃlapfən] *m* sliper *b*.

schlapp [ʃlap] *adj* llipa, llac; *(nach Krankheit)* gwan.

Schlappe ['ʃlapə] *f (ugs)* anffawd *b*; **eine ~ erleiden** methu.

Schlappen ['ʃlapən] *m (ugs: Pantoffel)* sliper *b*.

Schlappheit *f* llacrwydd *g*, llipanrwydd *g*.

Schlapphut *m* het *b* gantel lipa.

schlappmachen *vi (ugs)* diffygio, llesgáu.

Schlappschwanz *m (ugs)* llipryn *g*, cadach *g* o ddyn/ferch.

Schlaraffenland [ʃlaˈrafənlant] *nt* gwlad *b* o laeth a mêl, Tir na n'Og.

schlau [ʃlaʊ] *adj* cyfrwys, ystrywgar; **~er Fuchs** *(fig)* cadno *g*; **daraus werde ich nicht ~** ni allaf wneud na phen na chynffon ohono.

Schlauberger *m (ugs)* callgi *g*, Sioni *g* gwybod popeth.

Schlauch [ʃlaʊx] (-(e)s, ̈-e) *m* pibell *b*; *(in Reifen)* tiwb *g* mewnol; **auf dem ~ stehen** *(ugs)*[D] peidio â deall rhth.

Schlauchboot *nt* bad *g* bach rwber.

schlauchen ['ʃlaʊxən] *vt (ugs: anstrengen)* blino'n gorfforol.

schlauchlos *adj (AUTO: Reifen)* di-diwb.

Schlauchtrommel *f* cenglwr *g*.

Schläue ['ʃlɔʏə] (-, *kein pl*) *f* cyfrwystra *g*, clyfrwch *g*.

Schlaufe ['ʃlaʊfə] (-, -n) *f* dolen *b*, sling *b*; *(Fluss)* ystum *gb*.

Schlauheit *f* cyfrwystra *g*.

Schlaukopf *m* Sioni gwybod popeth.

Schlawiner [ʃlaˈviːnər] (-s, -) *m (ugs)* 'deryn *g*, sbif *g*.

schlecht [ʃlɛçt] *adj* gwael, drwg; **~e Laune** tymer *b* ddrwg; **~er Verlierer** collwr *g* gwael; **~es Benehmen** anfoesgarwch *g*, afledneisrwydd *g*; **~es Gewissen** cydwybod *b* wael.

   ♦ *adv* **~ gelaunt** mewn hwyliau drwg, clwc; **~ erzogen** anghwrtais; **~ und recht** rywsut rywfodd, rywffordd neu'i gilydd; **jdm ist ~** mae rhn yn teimlo'n wael/sâl; **jdm geht es ~** mae'n wael ar rn; **auf jdn ~ zu sprechen sein** bod yn grac â rhn, peidio â bod â gair da am rn; **er hat nicht ~ gestaunt** cafodd syndod mawr; **~ machen** lladd ar, dibrisio.

schlechterdings *adv* yn wirioneddol, yn hollol.

schlecht gehen *irreg vi (+sein) vgl.* **schlecht.**

schlechthin ['ʃlɛçt'hɪn] *adv* heb ei ail, yn unig, yn hollol; **der Dramatiker ~** dramodydd heb ei ail.

Schlechtigkeit *f* drwg *g*; *(Tat)* tro *g* sâl.

schlecht machen *vt vgl.* **schlecht.**

schlecken ['ʃlɛkən] *vt, vi* llyfu, lleibio.

Schlegel ['ʃleːgəl] (-s, -) *m* ffon *b* dabwrdd, ffon guro drwm; *(Hammer)* morthwyl *g*; *(KOCH)* coes *b*.

Schlehdorn ['ʃleːdɔrn] *m (BOT)* draenen *b* ddu.

Schlehe ['ʃleːə] (-, -n) *f (BOT)* eirinen *b* dagu.

schleichen ['ʃlaɪçən] *irreg vi (+sein)* stelcian, llercian, ymlusgo, ymlithro.

schleichend *adj* graddol; *(Krankheit, Gift)* llechwraidd.

Schleichweg *m:* **auf ~en** *(fig)* yn llechwraidd, yn

dawel bach.

Schleichwerbung *f (COMM)* cyhoeddusrwydd *g* cynnil.

Schleie ['ʃlaɪə] (-, -n) *f (ZOOL)* ysgreten *b*.

Schleier ['ʃlaɪər] (-s, -) *m (TEX)* fêl *b*; *(fig)* llen *b*, niwl *g*.

Schleiereule *f (ZOOL)* tylluan *b* wen.

schleierhaft *adj* niwlog; *(ugs)* jdm ~ sein bod yn ddirgelwch i rn.

Schleierwolke *f* gwallt *g* y forwyn.

Schleife ['ʃlaɪfə] (-, -n) *f* cylch *g*; *(Band)* cwlwm *g* dolen; *(COMP)* dolen *b*, isreolwaith *g*; *(Kranz~)* rhuban *g*.

schleifen[1] ['ʃlaɪfən] *vt (+haben) (über den Boden ziehen)* llusgo; *(MIL: dem Erdboden gleichmachen)* chwalu, dymchwel.
   ♦ *vi (+sein)* llusgo; **die Kupplung ~ lassen** *(AUTO)* slipio'r cydiwr.

schleifen[2] *irreg vt* malu, melino, pwyo; *(Edelstein)* torri; *(MIL: Soldaten)* drilio.

Schleif- *kompos:* **~maschine** *f* llifanydd *g*, sandiwr *g*; **~stein** *m* carreg *b* hogi, maen *g* hogi.

Schleim [ʃlaɪm] *m* llysnafedd *g*; *(KOCH)* grual *g*, llymru *g*.

schleimen ['ʃlaɪmən] *vi (ugs)* crafu, gwenieithio.

Schleimhaut *f (ANAT)* pilen *b* ludiog.

schleimig ['ʃlaɪmɪç, -ɪk] *adj* llysnafeddog.

schlemmen ['ʃlɛmən] *vi* gwledda, gloddesta.

Schlemmer (-s, -) *m* bolgi *g*, glwth *g*.

Schlemmerei [ʃlɛmə'raɪ] *f* glythineb *g*, gloddesta *g*.

schlendern ['ʃlɛndərn] *vi (+sein)* cerdded yn eich pwysau, rhodianna.

Schlendrian ['ʃlɛndriaːn] (-(e)s, *kein pl*) *m* gweithio *g* araf a llesg, tow *g*; **im ~** o dow i dow.

schlenkern ['ʃlɛŋkərn] *vt, vi* siglo, pendilio, dolian.

Schleppe ['ʃlɛpə] (-, -n) *f (von Kleid)* godre *g*.

schleppen ['ʃlɛpən] *vt* llusgo; *(Auto, Schiff)* tynnu, halio, llusgo.

schleppend *adj* araf.

Schlepper (-s, -) *m (NAUT)* tynfad *g*; *(AUTO)* tractor *g*.

Schlepp- *kompos:* **~kahn** *m* cwch *g* camlas, tŷg *g*; **~netz** *nt (NAUT)* treillrwyd *b*.

Schlepptau *nt* rhaff *b* halio, llusgraff *b*; **jdn ins ~ nehmen** *(fig)* cymryd rhn dan eich aden.

Schlesien ['ʃleːziən] (-s, *kein pl*) *nt (GEOG)* Silesia *b*.

Schlesier ['ʃleːziər] *m (~in f)* Silesiad *g*.

schlesisch ['ʃleːzɪʃ] *adj* Silesaidd.

Schleuder ['ʃlɔʏdər] *f* sling *g*, ffon *b* dafl; *(Wäsche~)* troellwr *g* sychu.

schleudern ['ʃlɔʏdərn] *vt (+haben)* lluchio, taflu, hyrddio; *(Wäsche)* sychu yn y troellwr.
   ♦ *vi (+sein oder haben) (AUTO)* sglefrio; **ins S~**

Schleuder- *kompos:* **~preis** *m* pris *g* rhesymol iawn; **~sitz** *m (AERO)* sedd *b* alldaflu; *(fig)* cadair *b* boeth; **~ware** *f* bargeinion *ll*, nwyddau *ll* am bris gostyngol.

schleunig ['ʃlɔʏnɪç, -ɪk] *adj* buan; **zur ~en Erledigung** cyn gynted ag y bo modd.

schleunigst *adv* yn syth, ar unwaith.

Schleuse ['ʃlɔʏzə] *f* loc *g*; *(Schleusentor)* llifddor *b*, fflodiart *b*.

schleusen ['ʃlɔʏzən] *vt (Schiffe)* hebrwng trwy loc; *(Wasser)* sianelu; *(Menschen)* cyfeirio; *(fig: heimlich)* smyglo.

Schleusentor *nt* llifddor *b*, lliddiart *gb*.

schlich *vb vgl.* **schleichen**.

Schlich (-(e)s, -e) *m* tric *g*, ystryw *gb*; **jdm auf die ~e kommen** dod i wybod beth mae rhn yn ei gynllunio.

schlicht [ʃlɪçt] *adj* syml, plaen, diaddurn.

schlichten ['ʃlɪçtən] *vt (ordnen)* trefnu; *(Streit)* cymodi.

Schlichter (-s, -) *m* canolwr *g*, cymrodeddwr *g*, cyflafareddwr *g*.

Schlichtheit *f* symlrwydd *g*.

Schlichtung *f* cyflafareddiad *g*, cymrodedd *g*.

Schlick [ʃlɪk] (-(e)s, -e) *m* mwd *g*, llaid *g*; *(Öl~)* stribyn *g* olew.

schlief *vb vgl.* **schlafen**.

Schließe ['ʃliːsə] (-, -n) *f* caewr *g*, bachyn *g*.

schließen ['ʃliːsən] *irreg vt* cau, cloi; *(beenden)* dirwyn i ben, cau; *(Freundschaft)* dechrau, cychwyn; **die Ehe mit jdm ~** priodi rhn; **sie hat das Kind in ihr Herz geschlossen** mae hi wedi dod yn hoff o'r plentyn; **jdn in die Arme ~** cwtsio rhn.
   ♦ *vi* cau; *(folgern)* **~ aus etw** casglu o rth.
   ♦ *vr* cau; **an den Vortrag schloss sich eine lebhafte Diskussion** dilynwyd yr araith gan drafodaeth fywiog.

Schließfach *nt* cloer *gb*, locer *gb*.

schließlich *adv* i gloi, yn y diwedd; **~ doch** wedi'r cyfan.

schliff *vb vgl.* **schleifen**[2].

Schliff [ʃlɪf] *m* toriad *g*; *(fig)* sglein *gb*, graen *g*; **einer Sache den letzten ~ geben** *(fig)* caboli rhth.

schlimm [ʃlɪm] *adj* gwael, dygn; *(unartig)* drwg, drygionus; **das S~ste kommt noch** mae'r gwaethaf eto i ddod.

schlimmstenfalls *adv* ar y gwaethaf.

Schlinge ['ʃlɪŋə] (-, -n) *f* dolen *b*; *(Henkers~)* rhaff *b* crogwr; *(Falle)* magl *b*; *(MED)* gwregys *g*, strapen *b*.

Schlingel ['ʃlɪŋəl] (-s, -) *m (ugs)* cnaf *g*, gwalch *g*.

schlingen ['ʃlɪŋən] *irreg vt* plethu, troelli; *(essen)* llowcio, bochio.

schlingern [ˈʃlɪŋərn] *vi (NAUT)* rholio; *(ugs.[D] Mensch)* siglo cerdded.

Schlingpflanze *f (BOT)* dringhedydd *g*.

Schlips [ʃlɪps] (**-es, -e**) *m (Krawatte)* tei *gb*; **sich auf den ~ getreten fühlen** *(ugs)* teimlo'n ddicllon.

Schlitten [ˈʃlɪtən] (**-s, -**) *m* sled *b*; *(Pferde~)* car *g* llusg; **~ fahren** mynd ar dobogan; **mit jdm ~ fahren** *(ugs, fig)* ei rhoi hi'n arw i rn.

Schlittenbahn[D] *f =* **Rodelbahn**.

schlittern [ˈʃlɪtərn] *vi (+sein oder haben)* llithro, sglefrio.

Schlittschuh *m* esgid *b* sglefrio; **~ laufen** sglefrio.

Schlittschuh- *kompos:* **~bahn** *f* llawr *g* sglefrio; **~läufer** *m* sglefriwr *g*.

Schlitz [ʃlɪts] (**-es, -e**) *m* agen *b*; *(für Münze)* slot *g*; *(Hosen~)* balog *gb*, copish *g*.

schlitzäugig *adj (pej)* llygatgam.

schlitzen [ˈʃlɪtsən] *vt* hollti, torri agen yn rhth.

Schlitzohr *nt (fig)* hen gadno *g*.

schloss *vb vgl.* **schließen**.

Schloss[1] (**-es, ̈-er**) *nt* clo *g*; *(Verschluss)* clesbyn *g*, bwcl *g*; **hinter ~ und Riegel** yn y carchar; **die Tür fiel ins ~** caeodd y drws.

Schloss[2] (**-es, ̈-er**) *nt (Bau)* castell *g*, plas *g*.

Schloße[D] [ˈʃloːsə] (**-, -n**) *f (ugs)* cenllysgen *b* fawr.

Schlosser (**-s, -**) *m* saer *g* cloeon, gof *g* cloeon; *(Auto~)* ffitiwr *g*, taclwr *g*.

Schlosserei [ʃlɔsəˈraɪ] (**-, -en**) *f* gweithdy *g* metel.

Schlot [ʃloːt] (**-(e)s, -e**) *m* simnai *b*; *(NAUT)* corn *g* mwg, corn simnai.

schlottern [ˈʃlɔtərn] *vi* crynu, ysgwyd.

Schlucht [ʃlʊxt] (**-, -en**) *f* ceunant *g*, hafn *b*.

schluchzen [ˈʃlʊxtsən] *vi* beichio crïo, ochneidio.

Schluck [ʃlʊk] (**-(e)s, -e**) *m* llwnc *g*, dracht *gb*; *(Menge)* diferyn *g*.

Schluckauf (**-s, -s**) *m* ig *b*; **~ haben** igian.

Schlückchen *nt* llymaid *g*, sip *g*.

schlucken [ˈʃlʊkən] *vt* llyncu; *(ugs: verschlingen)* llowcio.
    ♦ *vi* llyncu.

Schlucker (**-s, -**) *m (ugs)* **armer ~!** yr hen druan!

Schluckimpfung *f* brechiad *g* trwy'r genau.

schluderig *adj =* **schludrig**.

schludern [ˈʃluːdərn] *vi (ugs)* gwneud gwaith aflêr.

schludrig [ˈʃluːdrɪç, -ɪk] *adj (ugs)* aflêr.

schlug *vb vgl.* **schlagen**.

Schlummer [ˈʃlʊmər] (**-s, kein pl**) *m* cwsg *g*.

Schlummerlied *nt* suo-gân *b*.

schlummern [ˈʃlʊmərn] *vi* cysgu'n dawel, huno.

Schlund [ʃlʊnt] (**-(e)s, ̈-e**) *m* corn *g* gwddf, llwnc *g*; *(fig)* gên *b*.

schlüpfen [ˈʃlʏpfən] *vi (+sein)* llithro, sleifio; *(Vogel usw)* deor.

Schlüpfer[D] (**-s, -**) *m (TEX)* nicyrs *ll*, pantis *ll*.

Schlupfloch *nt =* **Schlupfwinkel**.

schlüpfrig [ˈʃlʏpfrɪç, -ɪk] *adj* llithrig; *(fig)* anweddus.

Schlüpfrigkeit *f* llithrigrwydd *g*; *(fig)* anlladrwydd *g*, blys *g*.

Schlupfwinkel *m* cuddfa *b*, ffau *b*; *(fig)* twll i sleifio trwyddo.

schlurfen [ˈʃlʊrfən] *vi (+sein)* llusgo traed.

schlürfen [ˈʃlʏrfən] *vt, vi* slochian.

Schluss [ʃlʊs] (**-es, ̈-e**) *m* diwedd *g*; *(~folgerung)* casgliad *g*; **am ~** ar y diwedd; **~ für heute!** dyna ddigon am heddiw! **~ jetzt!** dyna ben arni! **~ machen** gorffen; **zum ~ kommen** *(folgern)* dod i'r casgliad.

Schlussbemerkung *f* ôl-nodyn *g*.

Schlüssel [ˈʃlʏsəl] (**-s, -**) *m (auch fig)* allwedd *b*; *(Schraub~)* sbaner *gb*, tyndro *g*; *(MUS)* cleff *g*, allwedd *b*.

Schlüssel- *kompos:* **~anhänger** *m* cylch *g* o allweddi; **~bein** *nt (ANAT)* pont *b* yr ysgwydd; **~blume** *f (BOT)* briallen *b*; **~bund** *m* cylch o allweddi; **~erlebnis** *nt* profiad *g* allweddol; **~figur** *f* person *g* allweddol; **~loch** *nt* twll *g* clo; **~position** *f* safle *g* allweddol; **~ring** *m* cylch o allweddi; **~wort** *nt* allweddair *g*.

schlussendlich [ˈʃlʊs[D]ɛntlɪç] *adv* wedi'r cwbl, ymhen hir a hwyr.

Schlussfolgerung (**-, -en**) *f* casgliad *g*, canlyniad *g*.

Schlussformel (**-, -n**) *f (in Brief)* ffurf *b* gloi; *(bei Vertrag)* cymal *g* terfynol.

schlüssig [ˈʃlʏsɪç, -ɪk] *adj* argyhoeddiadol; **sich** *dat* **(über etw** *+akk*) **~ sein** bod wedi penderfynu (ar rth).

Schluss- *kompos:* **~licht** *nt* golau *g* ôl; *(fig)* yr un sy'n mynd olaf; **~stein** *m* carreg *b* glo.

Schlussstrich *m (fig)* yr atalnod olaf un; **einen ~ unter etw** *akk* **ziehen** *(fig)* cau pen y mwdwl.

Schluss- *kompos:* **~verkauf** *m (COMM)* gwerthiant *g*, sêl *g*; **~wort** *nt* geiriau *ll* terfynol.

Schmach [ʃmaːx] (**-, kein pl**) *f* gwarth *g*.

schmachten [ˈʃmaxtən] *vi* nychu; **nach jdm ~** hiraethu am rn.

schmächtig [ˈʃmɛçtɪç, -ɪk] *adj* bychan, eiddil.

schmachvoll *adj* gwarthus.

schmackhaft [ˈʃmakhaft] *adj* blasus, danteithiol.

schmähen [ˈʃmɛːən] *vt* sennu, sarhau.

schmähend *adj* sarhaus.

schmählich *adj* gwarthus, diraddiol.

Schmähung (**-, -en**) *f* sarhad *g*, difrïaeth *b*.

schmal [ʃmaːl] *adj* cul; *(Person, Buch)* tenau, main; *(karg)* prin.

schmälern [ˈʃmɛːlərn] *vt* lleihau; *(fig)* bychanu.

Schmalfilm *m (FILM)* ffilm *b* sine 8mm.

Schmalspur- *kompos:* **~(eisen)bahn** *f (BAHN)* lein *b* gul; **~ganove** *m* dihiryn *g* bach.

Schmalz [ʃmalts] *nt* saim *g*, braster *g*, dripin *g*; *(fig: Gefühlsduselei)* sentiment *g*, gordeimladrwydd *g*.

schmalzig ['ʃmaltsɪç, -ɪk] *adj (ugs)* gordeimladwy, dagreuol, sentimental.

schmarotzen [ʃmaˈrɔtsən] *vi (BOT)* bod yn barasitig; *(fig)* byw ym mhoced rhn arall.

Schmarotzer (-s, -) *m* arfilyn *g*, parasit *g*; *(fig)* parasit, sbwnjwr *g*.

Schmarren^ ['ʃmarən] *m (KOCH)* tamaid bach o grempog; *(ugs: Unsinn)* dwli *g*, sothach *g*.

schmatzen ['ʃmatsən] *vi* clecian eich gwefusau, bwyta'n swnllyd.

Schmaus [ʃmaʊs] (-es, ̈-e) *m* cyfedd *g*, cyfeddach *gb*.

schmausen ['ʃmaʊzən] *vi* cyfedd, gloddesta.

schmecken ['ʃmɛkən] *vt, vi* blasu; **der Kuchen schmeckt ihm** mae'n hoffi'r deisen; **lassen Sie sich's gut schmecken!** bwytewch arni! **das schmeckt nach nichts** does dim blas arno; **das schmeckt nach mehr** *(ugs)*^D mae hynny'n codi chwant chwaneg.

Schmeichelei [ʃmaɪçəˈlaɪ] *f* gweniaith *b*.

schmeichelhaft ['ʃmaɪçəlhaft] *adj* sebonllyd, gwenieithus.

schmeicheln ['ʃmaɪçəln] *vi* gwenieithio, seboni, gorganmol.

Schmeichler(in) *m(f)* gwenieithwr(aig) *g(b)*, sebonwr(aig) *g(b)*.

schmeißen ['ʃmaɪsən] *irreg vt* taflu, lluchio; **eine Runde ~** *(ugs)* talu am rownd; **sie schmeißt den Laden** *(ugs)* mae hi'n rhedeg y busnes.

Schmeißfliege *f (ZOOL)* cleren *b* las.

Schmelz [ʃmɛlts] *m (Glasur)* sglein *gb*; *(Zahn~)* enamel *g*; *(von Stimme)* pereidd-dra *g*, perseinedd *g*.

schmelzbar *adj* toddadwy.

Schmelzdraht *m* gwifren *b* ffiws.

Schmelze ['ʃmɛltsə] *f* toddiad *g*.

schmelzen ['ʃmɛltsən] *irreg vt (+haben)* toddi; *(Erz)* toddi, mwyndoddi.

♦ *vi (+sein)* hylifo, meirioli, ymdoddi.

Schmelz- *kompos:* **~hütte** *f* mwyndoddfa *b*, gwaith *g* smeltio; **~käse** *m* caws *g* taenu; *(in Scheiben)* caws proses; **~ofen** *m* ffwrnais *b* doddi, mwyndoddfa *b*; **~punkt** *m* toddbwynt *g*; **~tiegel** *m* tawddlestr *g*; **~wasser** *nt* eira *g* tawdd.

Schmerbauch ['ʃmeːrbaʊx] *m* ceubal *g*, bol *g* uwd.

Schmerz [ʃmɛrts] (-es, -en) *m* poen *gb*; *(Trauer)* galar *g*, gofid *g*; **~en haben** bod mewn poen; **~en zufügen** dolurio; **den ~ stillen** gwneud i'r boen

wanychu.

schmerzempfindlich *adj* sensitif i boen.

schmerzen ['ʃmɛrtsən] *vt, vi* brifo, gwynegu, poeni.

Schmerzensgeld *nt* iawndal *g*.

schmerzfrei *adj* di-boen.

schmerzhaft *adj* poenus, ingol, dolurus.

schmerzlich *adj* poenus.

schmerzlindernd *adj* yn tawelu poen.

schmerzlos *adj* di-boen.

Schmerzmittel (-s, -) *nt* tawelydd *g* poen.

schmerzstillend *adj* lleddfol, lliniarol.

Schmetterling ['ʃmɛtərlɪŋ] (-(e)s, -e) *m (ZOOL)* iâr *b* fach yr haf, pilipala *g*, glöyn *g* byw.

Schmetterlingsschwimmen *nt (SPORT)* strôc *b* pilipala.

schmettern ['ʃmɛtərn] *vt (werfen)* lluchio, hyrddio; *(Tennis, Ball)* taro'n galed i'r llawr; *(singen)* bloeddio canu, morio.

Schmied [ʃmiːt] (-(e)s, -e) *m* gof *g*.

Schmiede ['ʃmiːdə] *f* gefail *b*.

Schmiedeeisen *nt* haearn *g* gyr.

schmieden ['ʃmiːdən] *vt* gweithio, ffurfio; *(Pläne)* dyfeisio, cynllunio.

schmiegen ['ʃmiːgən] *vt* gwasgu, nythu, swatio.

♦ *vr:* **sich ~ (an** *+akk)* closio/cwtsio at.

Schmiere ['ʃmiːrə] *f* saim *g*; *(THEAT)* paent *g* iro; **~ stehen** *(ugs)* bod ar wyliadwriaeth.

schmieren ['ʃmiːrən] *vt* iro, seimio; *(ölen)* ireidio; *(schreiben)* ysgrifennu fel traed brain; *(ugs: bestechen)* llwgrwobrwyo; **es läuft wie geschmiert** mae'n mynd fel cloc; **jdm eine ~** *(ugs)*^A rhoi bonclust i rn.

Schmierenkomödiant (-en, -en) *m* goractiwr *g*, hamiwr *g*.

Schmier- *kompos:* **~fett** *nt* saim *g*; **~fink** *m* plentyn *g* mochynllyd; **~geld** *nt* llwgrwobr *b*; **~heft** *nt* llyfr *g* sgrap.

schmierig ['ʃmiːrɪç, -ɪk] *adj* seimllyd, budr.

Schmier- *kompos:* **~mittel** *nt* iraid *g*; **~seife** *f* sebon *g* meddal.

Schmierung *f* ireidiad *g*.

Schminke ['ʃmɪŋkə] (-, -n) *f* colur *g*.

schminken ['ʃmɪŋkən] *vt, vr* coluro.

Schminksachen *pl* = **Schminkzeug**.

Schminkzeug *nt* blwch *g* colur.

schmirgeln ['ʃmɪrgəln] *vt* llathru, swndio.

Schmirgelpapier *nt* papur *g* llathru.

schmiss *vb vgl.* **schmeißen**.

Schmiss^D *m (Schwung)* asbri *gb*, bywyd *g*; *(UNIV: Narbe)* craith *b* cleddyf.

schmissig ['ʃmɪsɪç, -ɪk] *adj (ugs)* llawn asbri, bywiog.

Schmöker [ˈʃmøːkər] (-s, -) m (ugs) hen lyfr sothachlyd; (dickes Buch) llyfr g trwchus.

schmökern [ˈʃmøːkərn] vi darllen llenyddiaeth ysgafn, pori mewn llyfrau.

schmollen [ˈʃmɔlən] vi pwdu, monni, llyncu mul.

schmollend adj sorllyd, pwdlyd.

Schmollmund m: einen ~ machen estyn gwefusau.

schmolz vb vgl. **schmelzen**.

Schmonzes [ˈʃmɔntsəs] m (ugs) geriach g.

Schmorbraten m (KOCH) cig wedi ei stiwio.

schmoren [ˈʃmoːrən] vt brwysio.

Schmu [ʃmuː] m (ugs) cafflo g.

schmuck [ʃmʊk] adj pert.

Schmuck (-(e)s, -e) m gemwaith g, tlws g; (Verzierung) addurn g.

schmücken [ˈʃmʏkən] vt addurno.

Schmuckkästchen nt blwch g gemau.

schmucklos adj diaddurn, syml, moel.

Schmucklosigkeit f symlrwydd g.

Schmuckstück nt tlws g, darn o emwaith; (fig: Prachtstück) perl g.

schmuddelig [ˈʃmʊdəlɪç, -ɪk] adj pyglyd.

Schmuggel [ˈʃmʊgəl] (-s, kein pl) m smyglo.

schmuggeln [ˈʃmʊgəln] vt, vi smyglo.

Schmuggelware f contraband g.

Schmuggler (-s, -) m smyglwr g.

schmunzeln [ˈʃmʊntsəln] vi cilwenu.

Schmunzeln nt cilwen b.

schmusen [ˈʃmuːzən] vi lapswchan, anwesu; (küssen) cusanu, swsio.

Schmutz [ʃmʊts] (-es, kein pl) m baw g; (fig) budreddi g, aflendid g.

Schmutz- kompos: ~**fink** m (fig) mochyn g budr; ~**fleck** m staen g.

schmutzig [ˈʃmʊtsɪç, -ɪk] adj budr, brwnt, mwdlyd; (fig) sâl; ~**e Wäsche waschen** (fig) golchi'ch dillad budron.

Schmutzigkeit f bryntni g.

Schmutzwäsche f golch g.

Schnabel [ˈʃnaːbəl] (-s, ̈-) m pig b; (Ausguss) pig, ceg b; (ugs) ceg; **reden, wie einem der ~ gewachsen ist** (ohne Scheu) siarad yn blwmp ac yn blaen; (unaffektiert) siarad yn hollol naturiol.

Schnackerlᴬ [ˈʃnakərl] nt (Schluckauf) ig g.

Schnake [ˈʃnaːkə] (-, -n) f (ZOOL) pryf g teiliwr.

Schnalle [ˈʃnalə] (-, -n) f bwcl g; (an Handtasche, Buch) clasbyn g; (Tür~) dolen b drws.

schnallen [ˈʃnalən] vt bwclo, strapio; (ugs: begreifen) deall.

schnalzen [ˈʃnaltsən] vt (Finger, Zunge) clecian.

schnappen [ˈʃnapən] vt bachu, nabio, cydio yn; (ugs: ergreifen) cipio.

♦ vi: **nach Luft ~** dyhefod am wynt.

Schnapp- kompos: ~**schloss** nt clo g sbring; ~**schuss** m (FOTO) ciplun g, llun g sydyn.

Schnaps [ʃnaps] (-es, ̈-e) m schnaps g; (ugs) gwirod gb.

Schnaps- kompos: ~**idee** f syniad g twp; ~**leiche** f (ugs) meddwyn g.

schnarchen [ˈʃnarçən] vi chwyrnu, rhochian.

schnattern [ˈʃnatərn] vi (Gänse) clegar; (ugs: zittern) crynu.

schnauben [ˈʃnaʊbən] vi snwffian, ffroeni.

schnaufen [ˈʃnaʊfən] vi pwffian, peuo, dyhefod.

Schnaufer (-s, -) m (ugs) anadliad g.

Schnauzbart m mwstás g.

Schnauze [ˈʃnaʊtsə] (-, -n) f trwyn g; (Ausguss) pig gb; (pej: Mund) ceg b; **halt die ~!** (vulg) cau dy geg! **etw frei nach ~ machen** (ugs)ᴰ gwneud rhth heb baratoi ymlaen llaw.

Schnauzer (-s, -) m (Bart) = **Schnauzbart**.

Schnecke [ˈʃnɛkə] (-, -n) f (ZOOL) malwen b, malwoden b; (Nackt~) malwen ddu; (KOCH) teisen ar ffurf troell; (ANAT) cogwrn g clust, cochlea g; **jdn zur ~ machen** rhoi pryd o dafod i rn.

Schneckenhaus nt cragen b malwoden.

Schneckentempo nt: **im ~ fahren** llusgo mynd, mynd fel malwen.

Schnee [ʃneː] (-s, kein pl) m eira g; (Ei~) gwyn wy wedi'i guro; ~ **schlagen** (KOCH) corddi wyau; ~ **von gestern** hen hanes.

Schneeball m pelen b eira; (BOT) corswigen b, gwifwrnwydden b.

Schneeballeffekt m (fig) caseg b eira.

Schnee- kompos: ~**besen** m (KOCH) chwisg gb; ~**brille** f sbectol b eira; ~**decke** f caenen b eira, trwch g o eira; ~**fall** m cnwd g o eira; ~**flocke** f pluen b eira, fflochen b; ~**gestöber** nt lluwchwynt g, storm b o eira; ~**glöckchen** nt (BOT) eirlys g, lili b wen fach; ~**grenze** f llinell b eira; ~**huhn** nt (ZOOL) grugiar b; ~**kette** f (AUTO) cadwyn b eira.

Schneekönig m (ZOOL) dryw gb; **sich freuen wie ein ~** (fig, ugs) bod ar ben eich digon.

Schnee- kompos: ~**mann** m dyn g eira; ~**mobil** nt sgwter g eira; ~**pflug** m aradr g eira; ~**regen** m eirlaw g.

schneereich adj odlyd.

Schnee- kompos: ~**schauer** m cawod b o eira; ~**schmelze** f toddiad g eira; ~**sturm** m storm b o eira; ~**treiben** nt lluwchio g.

Schneeverwehung (-, -en) f lluwch g.

Schneewehe f lluchfa b, lluwch g.

schneeweiß adj cyn wynned ag eira, odliw.

Schneewittchen nt Eira Wen b.

Schneid [ʃnaɪt] (-(e)s, *kein pl*) *m (ugs)* plwc *g*.

Schneidbrenner *m (TECH)* torts *g* ocsi-asetylen.

Schneide [ˈʃnaɪdə] (-, -n) *f* min *g*, awch *g*; *(Klinge)* llafn *g*.

schneiden [ˈʃnaɪdən] *irreg vt* torri, clipio; *(kreuzen)* croesi, croestorri; **ein Gesicht ~** tynnu gwep; **seine Freunde ~ ihn** mae ei gyfeillion wedi torri ag ef.

♦ *vr* torri eich hunan; **die Luft ist zum S~** *(ugs)* mae'r awyr yn fyglyd.

schneidend *adj* miniog, llym; **ein ~er Ostwind** dwyreinwynt deifiol.

Schneider (-s, -) *m* teiliwr *g*; **frieren wie ein ~** *(ugs)*^ sythu; **aus dem ~ sein** *(ugs)*^ bod allan o drafferthion.

Schneiderei [ʃnaɪdəˈraɪ] *f (Geschäft)* siop *b* y teiliwr.

Schneiderin *f* teilwres *b*.

schneidern [ˈʃnaɪdərn] *vt* teilwra, gwneud.

♦ *vi* bod yn deiliwr.

Schneiderpuppe (-, -n) *f* model *g* gwniyddes.

Schneidersitz *m:* **im ~** coesgroes.

Schneidezahn (-(e)s, ˝-e) *m* dant *g* blaen.

schneidig *adj* anturlon.

Schneidwerkzeug (-(e)s, -e) *nt* offer *ll* torri.

schneien [ˈʃnaɪən] *vi unpers* bwrw eira.

♦ *vi:* **bei jdm ins Haus ~** *(ugs)* galw heibio'n annisgwyl; *(Rechnung, Brief)* dod trwy'r post.

Schneise [ˈʃnaɪzə] (-, -n) *f* ale *b*, llannerch *b*.

schnell [ʃnɛl] *adj* cyflym, buan, clau.

Schnellboot (-(e)s, -e) *nt* cwch *g* gwib.

Schnelle [ˈʃnɛlə] *f:* **etw auf die ~ machen** *(ugs)* gwneud rhth ar frys; *(Stromschnelle)* rhaeadr *b*, dyfroedd *ll* gwyllt.

schnellen [ˈʃnɛlən] *vi (+sein)* symud yn gyflym, saethu.

Schnell- *kompos:* **~gericht** *nt (JUR)* llys *g* diannod; *(KOCH)* bwyd *g* parod; **~hefter** *m* clawr *g* ar gyfer dalennau rhydd.

Schnelligkeit *f* buanedd *g*.

Schnell- *kompos:* **~imbiss** *m (Lokal)* caffi *g* byrbrydau; *(Essen)* byrbryd *g*; **~kochtopf** *m (Druckkochtopf)* sosban *b* frys; **~reinigung** *f* sych-lanhau *g*; *(Geschäft)* siop *b* sych-lanhau.

schnellstens *adv* cyn gynted ag y bo modd.

Schnell- *kompos:* **~straße** *f* ffordd *b* ddeuol; **~zug** *m* trên *g* cyflym.

Schnepfe [ˈʃnɛpfə] (-, -n) *f (ZOOL)* gïach *g*, gylfinir *g*.

schneuzen [ˈʃnɔytsən] *vr* sychu trwyn.

Schnickschnack [ˈʃnɪkʃnak] *m (ugs)* lol *b*, dwli *g*.

Schnippchen [ˈʃnɪpçən] *nt:* **jdm ein ~ schlagen** chwarae tric ar rn.

schnippeln [ˈʃnɪpəln] *vt (ugs)* torri (â siswrn).

♦ *vi:* **~ an** +*dat* torri darnau mân oddi ar.

schnippen [ˈʃnɪpən] *vi:* **mit den Fingern ~** clecian, rhoi clec ar eich bawd.

schnippisch [ˈʃnɪpɪʃ] *adj* brathog, llym eich tafod.

Schnipsel [ˈʃnɪpsəl] (-s, -s) *m oder nt (ugs)* pwt *g*, sglodyn *g*.

schnitt *vb vgl.* **schneiden.**

Schnitt (-(e)s, -e) *m* toriad *g*; *(Quer~)* trawstoriad *g*; *(Durch~)* cyfartaledd *g*; *(~muster)* patrwm *g*; *(an Buch)* ymyl *gb*; *(ugs: Gewinn)* elw *g*; **im ~** ar gyfartaledd.

Schnitt- *kompos:* **~blumen** *pl* blodau *ll* (i'w gosod); **~bohnen** *pl* ffa *ll* Ffrengig.

Schnitte [ˈʃnɪtə] (-, -n) *f (Brot usw)* tafell *b*, cywen *b*, toc *g*; *(belegt)* brechdan *b*.

Schnitter (-s, -) *m* medelwr *g*.

Schnittfläche (-, -n) *f* trychiad *g*.

schnittig [ˈʃnɪtɪç, -ɪk] *adj* trwsiadus; *(Auto)* llawn steil.

Schnitt- *kompos:* **~lauch** *m* cenhinen *b* syfi, sifys *ll*; **~muster** *nt* patrwm *g*; **~punkt** *m* croestorfan *gb*; **~stelle** *f (COMP)* rhyngwyneb *g*; **~wunde** *f* cwt *g*.

Schnitzarbeit *f* naddu *g* pren; *(Bildwerk)* rhth wedi'i naddu o bren.

Schnitzel [ˈʃnɪtsəl] (-s, -) *nt* naddyn *g*, sglodyn *g*, dernyn *g*; *(KOCH)* golwyth *g*, sgalop *g*.

schnitzen [ˈʃnɪtsən] *vt* cerfio, naddu.

Schnitzer (-s, -) *m* cerfiwr *g*, naddwr *g*; *(ugs)* cam *g* gwag, caff *g* gwag.

Schnitzerei [ʃnɪtsəˈraɪ] *f* cerfwaith *g*.

Schnitzmesser (-s, -) *nt* cyllell *b* gerfio.

schnodderig^D [ˈʃnɔdərɪç] *adj (ugs)* surbwch, pigog.

schnöde [ˈʃnøːdə] *adj* distadl, gwarthus.

Schnoferl^A [ˈʃnoːfərl] *nt:* **ein ~ ziehen** pwdu, gollwng gwefl.

Schnorchel [ˈʃnɔrçəl] (-s, -) *m* snorcel *g*, peipen *b* anadlu.

schnorcheln [ˈʃnɔrçəln] *vi (+haben)* snorcelu.

Schnörkel [ˈʃnœrkəl] *m* cwafer *g*; *(ARCHIT)* troell *b*, sgrôl *b*.

schnorren [ˈʃnɔrən] *vi* cardota, begera.

♦ *vt* cardota am, begera am.

Schnorrer (-s, -) *m* cardotyn *g*.

Schnösel^D [ˈʃnøːzəl] *m (ugs)* cocyn *g*.

schnuckelig [ˈʃnʊkəlɪç, -ɪk] *adj (ugs: gemütlich)* clyd; *(niedlich)* hoffus.

schnüffeln [ˈʃnʏfəln] *vi* sniffian, arogli; *(ugs: spionieren)* ysbïo, ffureta; *(berauschend)* arogli clud.

Schnüffler (-s, -) *m* ysbïwr *g*, ffuretwr *g*.

Schnuller [ˈʃnʊlər] (-s, -) *m* dymi *b*, teth *b* gysur.

Schnulze [ˈʃnʊltsə] (-, -n) *f (ugs)* cân *b*/ffilm *b*

sentimental.

schnupfen ['ʃnʊpfən] *vi* sniffian.

Schnupfen (-s, -) *m* annwyd *g*.

Schnupftabak *m* snisin *g*.

schnuppe[D] ['ʃnʊpə] *adj*: **das ist mir ~** (*ugs*) does dim ots gen i.

schnuppern ['ʃnʊpərn] *vi* ffroeni, sniffian.

Schnur [ʃnuːr] (-, ¨-e) *f* llinyn *g*, cordyn *g*; (ELEKT) fflecs *g*.

Schnürchen ['ʃnyːrçən] *nt*: **es läuft alles wie am ~** mae'n mynd fel y cloc.

schnüren ['ʃnyːrən] *vt* clymu, strapio.

schnurgerade *adj* cwbl syth, unionsyth.

Schnürlsamt[A] *m* (TEX) melfaréd *g*.

Schnürlsamthose[A] *f* trowsus *g* melfaréd.

Schnurrbart ['ʃnʊrbart] *m* mwstás *g*.

schnurren ['ʃnʊrən] *vi* canu grwndi, canu crwth; (*Kreisel*) hwmian.

Schnurrhaar (-(e)s, -e) *nt* wisgeren *b*.

Schnürschuh (-(e)s, -e) *m* esgid *b* â charrai.

Schnürsenkel[D] (-s, -) *m* carrai *b*, las *g*.

schnurstracks *adv* ar unwaith, yn syth bin.

Schnute[D] ['ʃnuːtə] *f* (*ugs*) **eine ~ ziehen** pwdu.

schob *vb vgl.* **schieben.**

Schober[A] ['ʃoːbər] (-s, -) *m* ysgubor *b*.

Schock[1] [ʃɔk] (-(e)s, -e) *m* ysgytwad *g*, sioc *b*.

Schock[2] (-s, -) *nt* (*Menge*) pum dwsin.

schocken ['ʃɔkən] *vt* rhoi sioc drydan i; (*ugs*: *schockieren*) syfrdanu.

Schocker (-s, -) *m* ffilm *b*/nofel *b* arswydus.

schockieren [ʃɔ'kiːrən] *vt* syfrdanu, gwylltio.

schockierend *adj* ysgytwol.

Schöffe ['ʃœfə] (-n, -n) *m* ynad *g* lleyg, ustus *g* lleyg, rheithiwr *g*; **~n** *pl* rheithgor *g*.

Schöffengericht *nt* llys *g* ynadon.

Schöffin (-, -nen) *f* ynad *g* lleyg, ustus *g* lleyg, rheithwraig *b*.

Schokofüllung ['ʃokofvlʊŋ] *f* llenwad *g* siocled.

Schokolade [ʃoko'laːdə] (-, -n) *f* siocled *g*.

scholl *vb vgl.* **schallen.**

Scholle[1] ['ʃɔlə] (-, -n) *f* tywarchen *b*; (*Eis~*) ffloch *g* iâ.

Scholle[2] (-, -n) *f* (*Fisch*) lleden *b*.

schon [ʃoːn] *adv* **1** (*bereits*) eisoes, yn barod; **hast du ~ gehört?** wyt ti eisoes wedi clywed? **warst du ~ mal da?** wyt ti wedi bod yno erioed? **das war ~ immer so** felly y bu erioed; **~ oft** yn aml; **2** (*bestimmt*) yn sicr, yn siŵr; **du wirst ~ sehen** cei di weld (yn sicr ddigon); **es wird ~ gut gehen** bydd popeth yn iawn; **3** (*bloß*) yn unig, dim ond; **~ der Gedanke** dim ond wrth feddwl am y peth; **wenn ich das ~ höre** mae clywed hynny'n ddigon i mi;

4 (*einschränkend*) **ja ~, aber ...** 'falle wir, ond...; **5**: **~ möglich** digon posib; **~ gut!** popeth yn iawn! **du weißt ~** ti'n deall; **komm ~!** dere 'mlaen! tyrd yn dy flaen!

schön [ʃøːn] *adj* hardd; (*Mann*) golygus; (*nett*) neis; (*angenehm*) braf; **~e Grüße** dymuniadau gorau; **~e Ferien** gwyliau hapus; **~en Dank** llawer o ddiolch, **die ~en Künste** y celfyddydau cain.

♦ *adv*: **sich ganz ~ ärgern** gwylltio'n arw; **~ langsam** yn araf deg.

schonen ['ʃoːnən] *vt* gwarchod, gofalu am; (*Gefühle, Person*) arbed.

♦ *vr* peidio â bod yn rhy galed arnoch eich hunan.

schonend *adj* gofalus, tyner; **jdm etw ~ beibringen** torri newydd yn ofalus i rn.

Schoner ['ʃoːnər] (-s, -) *m* (NAUT) sgwner *b*; (*Sessel~*) gorchudd *g*.

Schönfärberei *f* (*fig*) lliwio'r ffeithiau.

Schonfrist *f* dyddiau *ll* oedi.

schöngeistig *adj* esthetaidd, ceingar.

Schönheit *f* prydferthwch *g*, harddwch *g*.

Schönheits- *kompos*: **~fehler** *m* nam *g*, brycheuyn *g*; **~königin** *f* miss *b*, enillydd *g* cystadleuaeth harddwch; **~operation** *f* llawdriniaeth *b* gosmetig; **~wettbewerb** *m* cystadleuaeth *b* harddwch.

Schönling (-(e)s, -e) *m* ceiliog *g*, coegyn *g*.

Schonkost *f* deiet *g* ysgafn ar gyfer cleifion.

schönmachen *vr* twtio eich hunan, ymharddu.

Schönschrift *f*: **in ~** yn eich ysgrifen orau.

schöntun *irreg vi*: **jdm ~** seboni rhn.

Schonung *f* gofal *g*; (*Nachsicht*) ystyriaeth *b*; (*Forst*) planhigfa *b* o goed ifanc.

schonungslos *adj* didostur, didrugaredd.

Schönwetter *nt* hindda *b*.

Schonzeit *f* (*Jagd*) tymor *g* gwaharddedig, tymor caeëdig.

Schopf [ʃɔpf] (-(e)s, ¨-e) *m* twffyn *g*, ffluwch *b*; **die Gelegenheit beim ~ packen** achub y cyfle.

schöpfen ['ʃœpfən] *vt* llwyo; **Mut ~** magu hyder, ymwroli; **Luft ~** dwyn anadl.

Schöpfer (-s, -) *m* creawdwr *g*; (*ugs*: *Schöpflöffel*) lletwad *b*.

schöpferisch *adj* creadigol.

Schöpf- *kompos*: **~kelle** *f* sgimbren *b*; **~löffel** *m* lletwad *b*.

Schöpfung *f* creadigaeth *b*, cread *g*.

schoppen[A] ['ʃɔpən] *vt* pesgi.

Schoppenwein[D] (-(e)s, -e) *m* gwin *g* wrth y gwydraid.

schor *vb vgl.* **scheren.**

Schorf [ʃɔrf] (-(e)s, -e) *m* (MED) crachen *b*, cramen *b*.

schorfig [ˈʃɔrfɪç, -ɪk] *adj* cennog, cramennog.

Schorleᴰ [ˈʃɔrlə] *f* gwin a dŵr soda neu lemonêd.

Schornstein [ˈʃɔrnʃtaɪn] (-(e)s, -e) *m* corn *g* mwg, lwfer *gb*.

Schornsteinfegerᴰ (-s, -) *m* glanhawr *g* simnai.

Schoß [ʃoːs] (-es, ¨-e) *m* côl *b*, glin *g*, arffed *b*; *(Frack~)* cynffon *b* cot; **im ~e der Familie** ym mynwes y teulu.

schoss *vb vgl.* **schießen.**

Schoßhündchen (-s, -) *nt* ci *g* anwes.

Schössling [ˈʃœslɪŋ] (-(e)s, -e) *m (BOT)* blaguryn *g*.

Schote [ˈʃoːtə] (-, -n) *f* cod *b*, masgl *g*.

Schott[1] [ʃɔt] (-s, -s) *m (GEOG)* llyn *g* halen.

Schott[2] (-(e)s, -e) *nt (NAUT)* pared *g*.

Schotte [ˈʃɔtə] (-n, -n) *m* Albanwr *g*, Sgotyn *g*.

Schottenrock (-(e)s, ¨-e) *m* cilt *g*; *(für Frauen)* sgert *b* dartan.

Schotter [ˈʃɔtər] (-s, *kein pl*) *m* gro *ll*, graean *ll*, cerrig *ll* mân.

schottern [ˈʃɔtərn] *vt* graeanu.

Schotterstraße *f* ffordd *b* raeanog.

Schottin (-, -nen) *f* Albanes *b*, Sgotes *b*.

schottisch [ˈʃɔtɪʃ] *adj* Albanaidd; **das S~e Hochland** *(GEOG)* Ucheldiroedd yr Alban.

Schottisch-Gälisch *nt (Sprache)* Gaeleg *b* yr Alban.

Schottland *nt (GEOG)* yr Alban *b*, Sgotland *b*.

schraffieren [ʃraˈfiːrən] *vt* graddliwio.

schräg [ʃrɛːk] *adj* ar dro, ar ogwydd; *(schief)* lletraws.

 ♦ *adv:* **~ gedruckt** mewn llythrennau italig; **etw ~ stellen** gosod rhywbeth ar ongl/ogwydd; **~ gegenüber** lled-gyferbyn.

Schrägdach (-(e)s, ¨-er) *nt* to *g* ar oleddf.

Schräge [ˈʃrɛːgə] *f* goleddf *g*, gogwydd *g*.

Schräg- *kompos:* **~kante** *f* ymyl *gb* befel; **~schnitt** *m* meitr *g*; **~schrift** *f* llythrennau *ll* italig; **~streifen** *m* beindin *g* bias; **~strich** *m* trawiad *g* ar ogwydd; *(Schriftzeichen)* slaes *b*.

Schramme [ˈʃramə] (-, -n) *f* crafiad *g*, ysgraffiniad *g*.

schrammen [ˈʃramən] *vt* ysgraffinio.

Schrank [ʃraŋk] (-(e)s, ¨-e) *m* cwpwrdd *g*; *(Kleider~)* cwpwrdd dillad.

Schranke [ˈʃraŋkə] (-, -n) *f* atalfa *b*, gwahanfur *g*; **jdn in die ~n weisen** *(fig)* rhoi rhn yn ei le.

schrankenlos *adj* di-ffin; *(zügellos)* diatal.

Schrankenwärter *m (BAHN)* gofalwr *g* croesfan wastad.

Schrankkoffer (-s, -) *m* cist *b*, coffor *g*.

Schraube [ˈʃraʊbə] (-, -n) *f* sgriw *b*, bollt *b*; **bei ihm ist eine ~ locker** nid yw e'n llawn llathen.

schrauben [ˈʃraʊbən] *vt* sgriwio; **in die Höhe ~** gwthio

i fyny (prisiau *e.e.*).

Schrauben- *kompos:* **~mutter** *f* nyten *b*; **~schlüssel** *m* sbaner *gb*, tyndro *g*; **~zieher** *m* sgriwdreifar *g*, tyrnsgriw *g*.

Schraub- *kompos:* **~stock** *m (TECH)* feis *b*, gwasg *b*; **~verschluss** *m* caead *g* sgriw.

Schrebergarten [ˈʃreːbərgartən] (-s, ¨-) *m* gardd *b* ar osod, rhandir *g*.

Schreck [ʃrɛk] (-(e)s, -e) *m* arswyd *g*, ofn *g*; **einen ~ bekommen** cael braw; **jdm einen ~ einjagen** brawychu rhn, gyrru braw ar rn.

schrecken [ˈʃrɛkən] *vt (auch irreg)* dychryn, arswydo; codi ofn ar.

 ♦ *vr* cael braw.

Schrecken *m* = **Schreck.**

schreckensbleich *adj* cyn wynned â'r galchen.

Schreckensherrschaft *f* teyrnasiad *g* braw.

Schreckgespenst (-es, -er) *nt* drychiolaeth *b*, hunllef *b*.

schreckhaft *adj* ofnus, nerfus, ar bigau'r drain.

schrecklich *adj* ofnadwy, dybryd, arswydus.

 ♦ *adv* ofnadwy; **~ heiß** sobr o boeth; **~ müde** dychrynllyd o flinedig.

Schreck- *kompos:* **~schraube** *f (ugs)* hen sguthan; **~schuss** *m* taniad *g* i'r awyr; **~sekunde** *f* moment o sioc cyn adweithio.

Schrei [ʃraɪ] (-(e)s, -e) *m* cri *gb*, sgrech *b*, bonllef *b*; *(Ruf)* gwaedd *b*; **der letzte ~** *(ugs)* y ffasiwn ddiweddaraf.

Schreib- [ʃraɪp] *kompos:* **~bedarf** *m* deunydd *g* ysgrifennu; **~block** *m* pad *g* ysgrifennu.

schreiben [ˈʃraɪbən] *irreg vt, vi* ysgrifennu; *(mit Schreibmaschine)* teipio; *(buchstabieren)* sillafu; **jdm ~** ysgrifennu at rn.

 ♦ *vr:* **wie schreibt sich das?** sut mae sillafu hynny?

Schreiben *nt* llythyr *g*, gohebiaeth *b*.

Schreiber (-s, -) *m* ysgrifennwr *g*.

schreibfaul *adj* diog am ysgrifennu llythyron.

Schreib- *kompos:* **~fehler** *m* camsillafiad *g*; **~kopf** *m (TECH)* pen *g* ysgrifennu; **~kraft** *f* teipydd *g*, teipyddes *b*; **~maschine** *f* teipiadur *g*; **~papier** *nt* papur *g* ysgrifennu; **~schutz** *m (COMP)* diogelu *g* rhag ysgrifennu; **~schrift** *f* ysgrifen *b* redeg; **~stube** *f* sgriptoriwm *g*, ystafell *b* y clercod; **~tisch** *m* desg *b*.

Schreibung *f* sillafiad *g*.

Schreib- *kompos:* **~unterlage** *f* pad *g*; **~waren** *pl* nwyddau *ll* ysgrifennu; **~warengeschäft** *nt* siop *b* bapur ysgrifennu; **~weise** *f* sillafiad *g*; *(Stil)* arddull *gb*; **~zentrale** *f* carfan *b* deipyddion; **~zeug** *nt* offer *ll* ysgrifennu.

schreien [ˈʃraɪən] *irreg vt, vi* sgrechian, crïo, gwichian; *(rufen)* gweiddi; **~ nach** galw'n daer am; **es war zum S~** *(ugs)* roedd yn ddoniol iawn.

schreiend *adj* yn gweiddi; *(fig)* cwbl amlwg; *(Farbe)* llachar.

Schreihals (-es, ¨-e) *m (ugs)* bloeddiwr *g*; *(Unruhestifter)* codwr *g* twrw.

Schreikrampf (-(e)s, ¨-e) *m* pwl *g* o sgrechian.

Schrein [ʃraɪn] (-(e)s, -e) *m* creirgell *b*.

Schreiner[D] (-s, -) *m* saer *g* coed, gwneuthurwr *g* dodrefn.

Schreinerei[D] [ʃraɪnəˈraɪ] (-, -en) *f* gweithdy *g*'r saer.

schreiten [ˈʃraɪtən] *irreg vi (+sein)* camu, brasgamu.

schrie *vb vgl.* **schreien**.

schrieb *vb vgl.* **schreiben**.

Schrieb (-(e)s, -e) *m (ugs)* llythyr *g*.

Schrift [ʃrɪft] (-, -en) *f* ysgrifen *b*, llawysgrifen *b*; *(Alphabet)* gwyddor *b*; *(COMP: ~art)* ffont *b*; *(Gedrucktes)* llyfryn *g*, pamffledyn *g*; **nach der ~ sprechen** siarad â gwefus bur; **die Heilige ~** yr Ysgrythur *b* Lân; **eine ~ wie der Hahn am Mist** ysgrifen traed brain.

Schrift- *kompos:* **~deutsch** *nt* Almaeneg *b* ysgrifenedig; **~führer** *m* ysgrifennydd *g*, cofnodwr *g*; **~gelehrte** *m* sgolor *g* ysgrythurol.

schriftlich *adj* ysgrifenedig; **das kann ich Ihnen ~ geben** *(ugs)* coeliwch chi fi.

Schrift- *kompos:* **~probe** *f* sampl *b* o lawysgrifen; **~satz** *m* ffont *b*; **~setzer** *m* cysodwr *g*; **~sprache** *f* iaith *b* lenyddol, iaith safonol.

Schriftsteller(in) *m(f)* llenor *g*, awdures *b*.

Schrift- *kompos:* **~stück** *nt* dogfen *b*; **~tafel** *f* tabled *b*; **~verkehr** *m*, **~wechsel** *m* gohebiaeth *b*.

schrill [ʃrɪl] *adj* main, treiddgar, aflafar.

schrillen [ˈʃrɪlən] *vi* seinio'n dreiddgar.

Schrimp *m* = **Shrimp**.

schritt *vb vgl.* **schreiten**.

Schritt (-(e)s, -e) *m* cam *g*; *(Gangart)* cerddediad *g*; *(Tempo)* cyflymdra *g*; *(TEX: von Hose)* gafl *b*; **~ für ~** gam a cham; **im ~ fahren** gyrru ar gyflymdra cerdded; **auf ~ und Tritt** pob cam, ble bynnag yr eir; **den ersten ~ tun** cymryd y cam cyntaf.

Schrittmacher (-s, -) *m (SPORT)* tuthiwr *g*; *(MED)* rheolydd *g* calon.

Schritttempo *nt:* **im ~** ar gyflymdra cerdded.

schrittweise *adv* o dipyn i beth.

Schrittzähler (-s, -) *m* rhifydd *g* camau.

schroff [ʃrɔf] *adj* serth iawn; *(zackig)* ysgythrog, danheddog; *(barsch)* swta.

Schroffheit *f* byrder *g*.

schröpfen [ˈʃrœpfən] *vt (fig)* pluo, blingo.

Schrot [ʃroːt] (-(e)s, -e) *m oder nt (Blei)* peledi *ll*, haels

ll; *(Getreide)* rhynion *ll*, rhychion *ll*.

Schrot- *kompos:* **~flinte** *f* gwn *g* haels; **~gewehr** *nt* dryll *gb* pelets; **~kugel** *f* pelen *b*.

Schrott [ʃrɔt] (-(e)s, -e) *m* metel *g* sgrap; **ein Auto zu ~ fahren** malu car yn rhacs trwy ddamwain.

Schrott- *kompos:* **~händler** *m* prynwr *g* hen heyrn; **~haufen** *m* tomen *b* hen heyrn.

schrottreif *adj* da i ddim ond y domen.

Schrottwert *m* gwerth *g* sgrap.

schrubben [ˈʃrubən] *vt* sgwrio, rhwbio.

Schrubber (-s, -) *m* brws *g* sgwrio.

Schrulle [ˈʃrulə] (-, -n) *f* chwiw *b*.

schrullig [ˈʃrulɪç, -ɪk] *adj* rhyfedd, cranclyd.

schrumpeln [ˈʃrumpəln] *vi (+sein)* crino, gwywo, crebachu.

schrumpfen [ˈʃrumpfən] *vi (+sein)* crebachu, swbachu; *(COMM: sinken)* lleihau, gwanio; *(MED)* gwywo.

Schrumpfen *nt* gwywiad *g*.

Schub [ʃuːp] (-(e)s, ¨-e) *m (Stoß)* hwb *g*, gwthiad *g*; *(Gruppe)* swp *g*.

Schub- *kompos:* **~fach** *nt* drôr *g*; **~karren** *m* berfa *b*; **~kraft** *f* nerth *g*; **~lade** *f* drôr *g*.

Schubs [ʃuːps, ʃups] (-es, -e) *m (ugs)* hwb *g*, pwt *g*, hergwd *g*, gwthiad *g*.

schubsen [ˈʃuːpsən, ʃupsən] *vt (ugs)* gwthio, hwpio.

schüchtern [ˈʃʏçtərn] *adj* swil, gwylaidd.

Schüchternheit *f* swildod *g*.

schuf *vb vgl.* **schaffen**[1].

Schuft [ʃuft] (-(e)s, -e) *m* cnaf *g*, cenau *g*.

schuften [ˈʃuftən] *vi (ugs)* gweithio'n galed, llafurio, slafio.

Schuh [ʃuː] (-(e)s, -e) *m* esgid *b*; **jdm etw in die ~e schieben** *(ugs)* rhoi'r bai ar rn am rth; **wo drückt der ~?** *(fig)* ble mae'r esgid fach yn gwasgu?

Schuh- *kompos:* **~band** *nt* carrai *b*, las *g*; **~creme** *f* cwyr *g* esgidiau; **~einlage** *f* mewnwadn *g*; **~geschäft** *nt* siop *b* esgidiau; **~größe** *f* maint *g* esgidiau; **~löffel** *m* siasbi *g*; **~macher** *m* crydd *g*; **~putzer** *m* glanhawr *g* esgidiau; **~werk** *nt* esgidiau *ll*.

Schukosteckdose (-, -n) *f (ELEKT, = Schutzkontaktsteckdose)* soced *gb* diogelwch.

Schukostecker (-s, -) *m (ELEKT, = Schutzkontaktstecker)* plwg *g* diogelwch.

Schulaufgabe[D] [ˈʃuːlaufgaːbə] (-, -n) *f* gwaith *g* cartref.

Schulbank [ˈʃuːlbaŋk] *f:* **die ~ drücken** mynychu ysgol.

Schul- *kompos:* **~behörde** *f* corff *g* llywodraethu (ysgol); **~besuch** *m* presenoldeb yn yr ysgol.

Schulbuch [ˈʃuːlbuːx] (-(e)s, ¨-er) *nt* llyfr *g* ysgol.

Schulbuchverlag *m* gwasg *b* llyfrau addysg.

Schuld [ʃʊlt] (-, -en) *f* euogrwydd *g*; *(FIN)* dyled *b*; *(Verschulden)* bai *g*; jdm die ~ geben beio rhn, bwrw'r bai ar rn; ~ und Sühne trosedd a chosb; ich stehe tief in seiner ~ *(fig)* yr wyf yn dra dyledus iddo; **~en haben** bod â dyled; **~en machen** pentyrru dyledion.

schuld *adj (schuldig)* euog; ~ sein (an +*dat*) bod ar fai (am); sie ist ~ arni hi mae'r bai.

schuldbewusst *adj* euog; er blickte mich ~ an edrychodd arnaf fel ci lladd defaid.

schulden [ˈʃʊldən] *vt:* sie schuldet mir Geld mae arni arian i mi.

Schuldeneintreiber (-s, -) *m* casglwr *g* dyledion.

schuldenfrei *adj* diddyled.

Schuldgefühl (-s, -e) *nt* teimlad *g* o euogrwydd.

schuldhaft *adj (JUR)* beius.

Schuldienst *m:* im ~ tätig sein bod yn athro/athrawes.

schuldig [ˈʃʊldɪç, -ɪk] *adj* euog; *(gebührend)* dyledus; einer Tat *gen* ~ sein bod yn euog o rth; jdn ~ sprechen dyfarnu rhn yn euog, euogfarnu rhn.

Schuldigkeit *f* dyletswydd *b*.

Schuldirektor (-s, -en) *m* prifathro *g*, sgwlyn *g*.

schuldlos *adj* dieuog.

Schuldner(in) *m(f)* dyledwr(aig) *g(b)*.

Schuld- *kompos:* **~schein** *m (JUR)* addaweb *b*; **~spruch** *m* euogfarn *b*, dedfryd *b*.

Schule [ˈʃuːlə] (-, -n) *f* ysgol *b*; *(Buch)* llawlyfr *g*; *(Fische)* haig *b*; an der ~ *oder:* in der ~ yn yr ysgol; in die ~ gehen *oder:* zur ~ gehen mynd i'r ysgol; ~ schwänzen mitsio, chwarae triwant; ~ machen *(fig)* dod yn arfer gyffredin; aus der ~ plaudern dweud cyfrinachau.

schulen [ˈʃuːlən] *vt* hyfforddi.

Schüler [ˈʃyːlər] (-s, -) *m* disgybl *g*, dysgwr *g*.

Schülerausweis (-es, -e) *m* cerdyn *g* adnabod (ar gyfer disgyblion).

Schülerin (-, -nen) *f* disgybl *g*, merch *b* ysgol, dysgwraig *b*.

Schülerlotse (-n, -n) *m* disgybl sy'n gweithredu fel hebryngwr wrth fan croesi.

Schul- *kompos:* **~ferien** *pl* gwyliau *ll* ysgol; **~fernsehen** *nt* teledu *g* addysgol.

schulfrei *adj:* morgen haben wir ~ nid oes ysgol yfory.

Schul- *kompos:* **~freund** *m* cyfaill *g* ysgol; **~funk** *m* darllediadau *ll* ar gyfer ysgolion; **~geld** *nt* ffioedd *ll* ysgol; **~heft** *nt* llyfr *g* ysgrifennu; **~hof** *m* iard *b* ysgol; **~inspektor** *m* Arolygwr *g* Ei Mawrhydi.

schulisch *adj* yn ymwneud â'r ysgol.

Schul- *kompos:* **~jahr** *nt* blwyddyn *b* ysgol; **~junge**ᴰ *m*

disgybl *g*; **~kind** *nt* plentyn *g* ysgol; **~leiter** *m* prifathro *g*; **~leiterin** *f* prifathrawes *b*; **~mädchen** *nt* merch *b* ysgol; **~medizin** *f* meddygaeth *b* gyffredin; **~meister** *m* ysgolfeistr *g*; **~pflicht** *f* gorfodaeth i fynychu ysgol.

schulpflichtig *adj* mewn oedran ysgol.

Schul- *kompos:* **~programm** *nt* darllediad *g* addysgol; **~reife** *f* aeddfedrwydd corfforol a meddyliol i fynychu ysgol; **~schiff** *nt* llong *b* hyfforddi; **~schwänzer** *m* triwant *g*; **~sprecher** *m* prif fonitor *g*; **~stunde** *f* gwers *b*; **~system** *nt* cyfundrefn *b* addysg; **~tasche** *f* bag *g* ysgol.

Schulter [ˈʃʊltər] (-, -n) *f* ysgwydd *b*; etw *akk* auf die leichte ~ nehmen trin rhth yn ysgafn.

Schulterblatt (-(e)s, "-er) *nt (ANAT)* palfais *b*.

schultern [ˈʃʊltərn] *vt* ysgwyddo.

Schulter- *kompos:* **~polster** *m* pad *g* ysgwydd; **~riemen** *m* strap *b* ysgwydd; **~tuch** *nt* sgarff *b*, siôl *b*; **~wurf** *m* tafliad *g* dros ysgwydd.

Schultüte (-, -n) *f* cwdyn conig yn llawn losin a roir i blant ar eu diwrnod cyntaf yn yr ysgol.

Schulung *f* addysg *b*, hyfforddiant *g*; *(Weiterbildung)* cwrs *g*.

Schul- *kompos:* **~uniform** *f* gwisg *b* ysgol; **~weg** *m* ffordd *b* i'r ysgol; **~wesen** *nt* cyfundrefn *b* addysg; **~zeugnis** *nt* adroddiad *g* ysgol.

schummeln [ˈʃʊməln] *vi (ugs)* twyllo, cafflo.

schummerig [ˈʃʊmərɪç, -ɪk] *adj (Beleuchtung)* gwan, pŵl; *(Raum)* wedi'i goleuo'n wael.

schund *vb vgl.* schinden.

Schund (-(e)s, *kein pl*) *m (ugs)* sothach *g*, ffrwcs *ll*.

Schundroman (-(e)s, -e) *m* nofel *b* sothach.

Schupoᴰ [ˈʃuːpo] (-s, -s) *m abk (ugs,* = Schutzpolizist) glas *g*.

Schuppe [ˈʃʊpə] (-, -n) *f (Fisch, Reptil usw)* cen *g*, cennyn *g*; **~n** *pl (MED)* mardon *b*, cen.

Schüppelᴬ [ˈʃʏpəl] (-s, -) *m (Haarbüschel)* twffyn *g*.

schuppen [ˈʃʊpən] *vt* tynnu cen (oddi ar rth), digennu.

♦ *vi, vr* bwrw cen.

Schuppen (-s, -) *m* sied *b*, eil *b*, cwt *g*; *(ugs: übles Lokal)* twll *g*.

Schuppenflechte *f (MED)* derwreinyn *gb*, crachen *b*.

schuppig [ˈʃʊpɪç, -ɪk] *adj* cennog.

Schur [ʃuːr] (-, -en) *f* cneifiad *g*.

Schüreisen *nt* = Schürhaken.

schüren [ˈʃyːrən] *vt* cribinio, crafu; *(fig)* cynhyrfu.

schürfen [ˈʃʏrfən] *vt, vi* crafu; *(BERGB)* chwilio.

Schürfwunde (-, -n) *f* crafiad *g*.

Schürhaken (-s, -) *m* procer *g*, pocer *g*.

Schurke [ˈʃʊrkə] (-n, -n) *m* cenau *g*, rôg *g*.

Schurwolle *f:* reine ~ gwlân pur newydd.

Schurz [ʃʊrts] (-es, -e) *m* lliain *g* lwynau.

Schürze [ˈʃyrtsə] (-, -n) *f* ffedog *b*, barclod *g*, brat *g*.

Schürzenjäger *m* merchetwr *g*.

Schuss [ʃʊs] (-es, ̈-e) *m* ergyd *gb*; *(Fußball)* cynnig *g*, ergyd; *(Spritzer)* diferyn *g*; *(TEX)* anwe *b*; **gut in ~ mewn** cyflwr da; **in ~ halten** cadw trefn ar; **weitab vom ~ sein** bod yn ddiarffordd; **der goldene ~** *(ugs)* dos *gb* marwol o gyffur; **ein ~ in den Ofen** *(ugs)* gwastraff *g* amser.

Schussbereich *m* pellter *g* effeithiol.

Schüssel [ˈʃysəl] (-, -n) *f* powlen *b*, dysgl *b*, basn *g*; *(Satelliten~)* dysgl loeren.

schusselig [ˈʃʊsəlɪç, -ɪk] *adj (ugs)* penchwiban.

Schuss- *kompos:* **~linie** *f* llinell *b* anelu; **~verletzung** *f* clwyf *g* bwled; **~waffe** *f* gwn *g*, arf *gb* tanio; **~wechsel** *m* cyfnewid *g* ergydion; **~weite** *f* pellter *g* saethu.

Schuster [ˈʃuːstər] (-s, -) *m* crydd *g*, cobler *g*; **auf ~s Rappen** *(fig)* ar dramp.

Schusterbub[A] (-en, -en) *m:* **es regnet ~en** *(ugs)* mae'n tresio bwrw.

Schutt [ʃʊt] (-(e)s, *kein pl) m* malurion *ll*; *(Bau~)* rwbel *g*; **~ abladen verboten!** dim sbwriel!

Schuttabladeplatz *m* tomen *b*, tip *g*.

Schüttelfrost [ˈʃʏtəlfrɔst] *m (MED)* rhyndod *g*.

schütteln [ˈʃʏtəln] *vt* ysgwyd, siglo; **jdm die Hand ~** ysgwyd llaw rhn; **den Kopf ~** ysgwyd eich pen; **vor Gebrauch ~!** ysgydwer y botel!

schütten [ˈʃʏtən] *vt* arllwys, tywallt; *(ver~)* colli, gollwng.

  ♦ *vi unpers:* **es schüttet** mae hi'n arllwys y glaw.

schütter [ˈʃʏtər] *adj (Haare)* tenau.

Schutt- *kompos:* **~halde** *f* tomen *b* rwbel; **~haufen** *m* tomen *b* sbwriel.

Schutz [ʃʊts] (-es, *kein pl) m* amddiffyniad *g*; *(Unterschlupf)* cysgod *g*; **~ suchen** ymochel, llochesu; **jdn in ~ nehmen** sefyll yn gefn i rn; **im ~ der Dunkelheit** dan orchudd tywyllwch.

Schutzanzug *m* troswisg *b*.

schutzbedürftig *adj* ag angen amddiffyniad.

Schutz- *kompos:* **~befohlene** *m/f* rhn dan ofal; **~blech** *nt (AUTO)* gard *g* olwyn; **~brief** *m* dogfen yswiriant rhyngwladol ar gyfer ceir; **~brille** *f* sbectol *b* lwch, sbectol ddiogelu.

Schütze [ˈʃʏtsə] (-n, -n) *m* saethwr *g*; *(Gewehr~)* reifflwr *g*; *(Scharf~, Sport~)* anelwr *g*, chwimsaethwr *g*; *(ASTROL)* y Saethydd *g*.

schützen [ˈʃʏtsən] *vt* diogelu, gwarchod; **~ vor** +*dat* amddiffyn rhag; **urheberrechtlich geschützt** cedwir pob hawlfraint.

schützend *adj* gwarcheidiol.

Schützenfest (-(e)s, -e) *nt* ffair yr amddiffynwyr cartref.

Schutzengel (-s, -) *m* angel *g* gwarcheidiol.

Schützen- *kompos:* **~graben** *m (MIL)* ffos *b*; **~hilfe** *f (fig)* cefnogaeth *b*; **~verein** *m* clwb *g* saethu.

Schutz- *kompos:* **~gebiet** *nt* gwarchodfa *b*; **~gebühr** *f* ernes *b*; **~haft** *f* caethiwed *g* gwarchodol; **~heilige** *m/f* nawddsant(es) *g(b)*; **~helm** *m* helmed *b* ddiogelu; **~herrschaft** *f* nawdd *g*; **~hülle** *f* siaced *b* lwch; **~hütte** *f* cysgodfa *b*, noddfa *b*; **~impfung** *f* imiwneiddiad *g*, brechiad *g*; **~kappe** *f* gard *g*.

Schützling (-s, -e) *m* protégé; *(Kind)* plentyn dan ofal.

schutzlos *adj* diamddiffyn.

Schutz- *kompos:* **~mann**[D] *m* plismon *g*, heddwas *g*; **~marke** *f* nod *g* masnach; **~maßnahme** *f* rhagofal *g*, mesur *g* amddiffynnol; **~patron** *m* mabsant *g*, nawddsant *g*; **~schirm** *m (TECH)* sgrîn *b* amddiffynnol; **~truppe** *f* gwarchodlu *g*; **~umschlag** *m* clawr *g*, siaced *b* lwch; **~verband** *m (MED)* rhwymyn *g* amddiffynnol; **~vorrichtung** *f* dyfais *b* ddiogelu, teclyn *g* diogelu.

schwabbelig [ˈʃvabəlɪç, -ɪk] *adj* llaes; *(Gelee)* crynedig.

schwabbeln [ˈʃvabəln] *vi* siglo, woblo.

Schwabe [ˈʃvaːbə] (-n, -n) *m* Swabiad *g*.

Schwaben [ˈʃvaːbən] *nt (GEOG)* Swabia *b*.

Schwäbin [ˈʃvɛːbɪn] (-, -nen) *f* Swabiad *g*.

schwäbisch [ˈʃvɛːbɪʃ] *adj* Swabaidd.

schwach [ʃvax] *(komp* **schwächer**; *superl* **am schwächsten)** *adj* gwan; *(Gedächtnis, Gesundheit)* gwael; *(Hoffnung)* main, egwan; **~ werden** gwanhau; **das ist eine ~e Leistung** *(ugs)* dyna hen dro; **ein ~er Trost** cysur Job; **mach' mich nicht ~!** *(ugs)* paid â dweud! **auf ~en Beinen stehen** *(fig)* bod ar dir sigledig; **in einer ~en halben Stunde** ymhen llai na hanner awr.

Schwäche [ˈʃvɛçə] (-, -n) *f* gwendid *g*; *(gesundheitlich)* nychdod *g*.

schwächen [ˈʃvɛçən] *vt, vi* gwanhau, gwanychu.

Schwachheit *f* sothach *g*.

Schwachkopf *m* twpsyn *g*.

schwachköpfig *adj* twp.

schwächlich *adj* eiddil, gwan.

Schwächling (-s, -e) *m* llipryn *g*.

Schwachsinn *m (MED)* ynfydrwydd *g*; *(ugs: Unsinn)* sothach *g*.

schwachsinnig *adj* ynfyd, gwan eich meddwl.

Schwach- *kompos:* **~stelle** *f* man *gb* gwan; **~strom** *m* cerrynt *g* gwan.

Schwächung *f* gwanhad *g*.

Schwade [ˈʃvaːdə] (-, -n) *f* cwmwl *g* (o fwg neu niwl).

Schwaden [ˈʃvaːdən] *m* *(AGR)* ystod *g*; *(Dunst)* = **Schwade**.

Schwadron [ʃvaˈdroːn] (-, -en) *f* *(MIL)* sgwadron *b*.

schwafeln [ˈʃvaːfəln] *vi* *(ugs)* malu awyr.

Schwager [ˈʃvaːgər] (-s, ˙-) *m* brawd-yng-nghyfraith *g*.

Schwägerin [ˈʃvɛːgərɪn] (-, -nen) *f* chwaer-yng-nghyfraith *b*.

Schwalbe [ˈʃvalbə] (-, -n) *f* *(ZOOL)* gwennol *b*; **eine Schwalbe macht noch keinen Sommer** ni wna un wennol wanwyn.

Schwall [ʃval] (-(e)s, -e) *m* ffrwd *b*, ymchwydd *g*; *(Worte)* llif *g*.

Schwamm [ʃvam] (-(e)s, ˙-e) *m* sbwng *g*; *(Pilz)* ffwng *g*; **~ drüber!** *(ugs)* anghofia fe!

Schwammerlᴬ [ˈʃvamərl] *nt* madarchen *b*.

schwammig *adj* meddal; *(Gesicht)* chwyddedig; *(vage)* niwlog.

Schwan [ʃvaːn] (-(e)s, ˙-e) *m* *(ZOOL)* alarch *b*.

schwand *vb* vgl. **schwinden**.

schwanen [ˈʃvaːnən] *vi unpers:* **mir schwant nichts Gutes** mae gen i ryw deimlad drwgargoelus.

schwang *vb* vgl. **schwingen**.

schwanger [ˈʃvaŋər] *adj* beichiog.

schwängern [ˈʃvɛŋərn] *vt* beichiogi, gwneud yn feichiog.

Schwangerschaft *f* beichiogrwydd *g*.

Schwangerschafts- *kompos:* **~abbruch** *m* terfyniad *g* beichiogrwydd, erthyliad *g*; **~test** *m* prawf *g* beichiogaeth.

Schwank [ʃvaŋk] (-(e)s, ˙-e) *m* stori *b* ddigrif; *(THEAT)* ffars *b*.

schwanken [ˈʃvaŋkən] *vi* siglo; *(taumeln)* simsanu, gwegian; *(Preise)* codi a gostwng; *(zögern)* petruso; *(Überzeugung)* cloffi rhwng dau feddwl.

Schwanken *nt* sigl *g*; **ins ~ kommen** dechrau simsanu.

schwankend *adj* simsan.

Schwankung (-, -en) *f* anwadaliad *g*.

Schwanz [ʃvants] (-es, ˙-e) *m* cynffon *b*, cwt *gb*; *(ugs: Penis)* pidyn *g*, cala *b*; **mit dem ~ wedeln** siglo'r gynffon; **kein ~** *(vulg)* neb, yr un enaid byw.

schwänzen [ˈʃvɛntsən] *vt* *(Schulstunde, Vorlesung)* colli (yn fwriadol).
♦ *vi* chwarae triwant, mitsio.

Schwänzer (-s, -) *m* triwant *g*.

Schwanzflosse (-, -n) *f* asgell *b* y gynffon.

schwappen [ˈʃvapən] *vi* *(über~)* arllwys drosodd, tasgu drosodd.

Schwarm [ʃvarm] (-(e)s, ˙-e) *m* haid *b*; *(Insekten)* cwmwl *g*; *(ugs: Liebe)* pisyn *g*.

schwärmen [ˈʃvɛrmən] *vi* *(+sein)* heidio; **~ für** *(ugs)*

(+haben) dwlu ar, dotio ar.

Schwärmerei [ʃvɛrməˈraɪ] *f* brwdfrydedd *g*.

schwärmerisch *adj* brwd.

Schwarte [ˈʃvartə] (-, -n) *f* *(Speck~)* crawen *b*, crofen *b*; *(ugs)* hen lyfr trwchus.

schwartig *adj* crawennog.

schwarz [ʃvarts] *(komp* **schwärzer**; *superl* **am schwärzesten)** *adj* du; *(unrechtmäßig)* anghyfreithlon; *(POL)* Ceidwadol; **~es Brett** hysbysfwrdd *g*; **~er Humor** hiwmor *g* du; **~e Liste** cosbrestr *b*; **~es Loch** *(ASTRON)* twll *g* du; **~ Magie** celfyddyd *b* ddu; **das S~e Meer** *(GEOG)* y Môr *g* Du; **~er Peter** gêm gardiau i blant; **jdm den ~en Peter zuschieben** *(fig)* bwrw'r cyfrifoldeb ar rn; **~ auf weiß** mewn print; **in den ~en Zahlen** *(FIN)* yn y du; **sich ~ ärgern** gwyllto'n arw; **~ sehen/malen** darogan drwg; **ins S~e treffen** ei tharo hi yn y canol; *(fig)* taro'r hoelen ar ei phen.

Schwarz- *kompos:* **~arbeit** *f* gwaith *g* anghyfreithlon; **~arbeiter** *m* nosweithiwr *g*; **~brot** *nt* bara *g* rhyg; *(westfälisch)* bara du.

Schwarze[1] (-n, -n) *m/f* *(Farbiger)* dyn *g* du, menyw *b* ddu; *(POL: ugs)* Ceidwadwr *g*.

Schwarze[2] *nt* *(Zielscheibe)* llygad *gb*.

Schwärze [ˈʃvɛrtsə] *f* düwch *g*, fagddu *b*; *(Drucker~)* inc *g* argraffu.

schwärzen [ˈʃvɛrtsən] *vt* duo.

schwarzfahren *vi* *(+sein)* teithio (ar fws *ayb*) heb dalu.

Schwarz- *kompos:* **~fahrer** *m* rhn sy'n teithio heb dalu; **~handel** *m* marchnad *b* ddu; **~händler** *m* budrelwr *g*, marchnatwr *g* du.

schwarzhören *m* gwrando ar y radio heb berchen ar drwydded.

schwärzlich [ˈʃvɛrtslɪç] *adj* duaidd.

schwarz malen *vi, vt* vgl. **schwarz**.

Schwarzmalerei *f* darogan *gb* tranc.

Schwarzmarkt *m* marchnad *b* ddu.

schwarzsehen *vi* *(TV)* gwylio'r teledu heb drwydded; vgl. auch **schwarz**.

Schwarzseher (-s, -) *m* pesimist *g*.

Schwarzwald *m* *(GEOG)* y Fforest *b* Ddu.

Schwarzwälder *adj:* **~ Kirschtorte** teisen *b* geirios y Fforest Ddu.

schwarzweiß [ˈʃvartsˈvaɪs] *adj* du a gwyn.

Schwarzweiß- *kompos:* **~bild** *nt* llun *g* du a gwyn; **~film** *m* ffilm *b* ddu a gwyn.

Schwarzwurzel *f* *(BOT)* barf yr afr genhinddail; *(KOCH)* salsiffi *g*.

Schwätzchen (-s, -) *nt* sgwrs *b*.

schwatzen [ˈʃvatsən] *vi* parablu, clebran; *(Unsinn reden)* malu awyr.

schwätzen [ˈʃvɛtsən] *vi* prepian, paldaruo.

Schwätzer [ˈʃvɛtsər] (**-s**, **-**) *m* clebryn *g*, paldaruwr *g*; **~in** *f* clebren *b*.

schwatzhaft *adj* siaradus, parablus, cegog.

Schwebe [ˈʃveːbə] *f:* **in der ~** heb ei orffen; *(JUR, COMM)* heb fod mewn grym.

Schwebe- *kompos:* **~bahn** *f* rheilffordd *b* uwchddaearol; **~balken** *m* *(SPORT)* trawst *g*.

schweben [ˈʃveːbən] *vi* hofran; *(hoch)* sefyll ar y gwynt; *(unentschieden sein)* bod yn y fantol; **es schwebte mir vor Augen** daeth i lygad fy meddwl; **in höheren Regionen ~** *(fig)* bod â'ch pen yn y cymylau.

schwebend *adj* *(CHEM)* mewn daliant; *(TECH)* ar grog; *(fig)* yn y fantol; **~es Verfahren** achos yn aros.

Schwede [ˈʃveːdə] (**-n**, **-n**) *m* Swediad *g*.

Schweden [ˈʃveːdən] *nt* *(GEOG)* Sweden *b*.

Schwedin [ˈʃveːdɪn] (**-**, **-nen**) *f* Swediad *g*.

schwedisch [ˈʃveːdɪʃ] *adj* Swedaidd.

Schwedisch *nt* *(Sprache)* Swedeg *b*.

Schwefel [ˈʃveːfəl] (**-s**, *kein pl*) *m* *(CHEM)* sylffwr *g*.

Schwefeldioxid *nt* sylffwr *g* deuocsid.

schwefelig *adj* sylffwraidd, sylffwrig.

Schwefelsäure *f* asid *g* sylffwrig.

Schweif [ʃvaɪf] *m* cynffon *b*.

schweifen [ˈʃvaɪfən] *vi* *(+sein)* crwydro o gwmpas.

Schweige- *kompos:* **~geld** *nt* arian *g* taw; **~minute** *f* munud o ddistawrwydd.

schweigen [ˈʃvaɪɡən] *irreg vi* cadw'n ddistaw; **kannst du ~?** elli di gadw cyfrinach? **ganz zu ~ von** heb sôn am.

Schweigen *nt* taw *g*, distawrwydd *g*; **zum ~ bringen** distewi, tewi.

schweigend *adj* distaw, mud.

Schweigepflicht *f* *(von Anwalt, Arzt, usw)* amod *gb* cyfrinachedd.

schweigsam [ˈʃvaɪkzaːm] *adj* tawedog, dywedwst.

Schweigsamkeit *f* tawedogrwydd *g*.

Schwein [ʃvaɪn] (**-(e)s**, **-e**) *nt* mochyn *g*, hwch *b*; *(ugs: Glück)* lwc *b* dda; **~ haben** bod yn ffodus; **sich wie ein ~ benehmen** ymddwyn fel mochyn; **armes ~!** truan bach! **kein ~** *(ugs)* neb, yr un enaid byw; **bluten wie ein ~** *(vulg)* gwaedu fel mochyn.

Schweinebraten[D] *m* = **Schweinsbraten**.

Schweine- *kompos:* **~fleisch** *nt* cig *g* moch; **~futter** *nt* golchion *ll*; **~geld** *nt* *(ugs)* peth wmbredd o arian; **~hirt** *m* meichiad *g*; **~hund** *m* *(ugs)* cachgi *g*.

Schweinerei [ʃvaɪnəˈraɪ] *f* llanastr *g*, mochyndra *g*; *(Gemeinheit)* tro *g* gwael; **so eine ~!** *(ugs)* ych a fi!

Schweinerne[A] *nt* porc *g*, cig *g* moch.

Schweine- *kompos:* **~schmalz** *nt* lard *g*; **~stall** *m* cwt *g* mochyn, twlc *g* mochyn; *(ugs: Unordnung)* traed

moch.

schweinisch *adj* mochaidd; *(ordinär)* anweddus, budr.

Schweins- *kompos:* **~braten**[A] *m* porc *g* wedi'i rostio; **~haxe**[D] *f* *(KOCH)* troed *gb* mochyn; **~kotelett**[A] *nt* golwyth *g* cig moch; **~leder** *nt* croen *g* mochyn; **~ohr** *nt* clust *b* mochyn; *(KOCH)*[D] math ar fisgïen; **~schnitzel**[A] *nt* golwyth *g* cig moch.

Schweiß [ʃvaɪs] (**-es**, *kein pl*) *m* chwys *g*.

Schweißband (**-(e)s**, **¨-er**) *nt* rhwymyn *g* chwys.

schweißbedeckt *adj* chwyslyd.

Schweiß- *kompos:* **~brenner** *m* *(TECH)* tortsh *b* asio; **~drüse** *f* chwarren *b* chwys.

schweißen [ˈʃvaɪsən] *vt* *(TECH)* asio, weldio.

Schweißer (**-s**, **-**) *m* *(TECH)* asiwr *g*, weldiwr *g*.

Schweißfüße *pl* traed *ll* chwyslyd.

schweißig *adj* chwyslyd.

Schweißnaht *f* *(TECH)* asiad *g*, uniad *g*.

schweißnass *adj* chwyslyd.

Schweiz [ʃvaɪts] *f* *(GEOG)* **die ~** y Swistir *g*.

schweiz. *abk* = **schweizerisch**.

Schweizer (**-s**, **-**) *m* Swisiad *g*.

Schweizerdeutsch *nt* *(Sprache)* Almaeneg *b* y Swistir.

Schweizerin (**-**, **-nen**) *f* Swisiad *g*.

schweizerisch *adj* Swisaidd, Swistirol.

schwelen [ˈʃveːlən] *vi* mudlosgi.

schwelgen [ˈʃvɛlɡən] *vi* ymbleseru, ymdrybaeddu; **~ in** *+dat* ymbleseru yn, ymgolli yn.

Schwelle [ˈʃvɛlə] *f* trothwy *g*, rhiniog *g*; *(fig)* trothwy; *(BAHN)* sliper *gb*, trawst *g*.

schwellen [ˈʃvɛlən] *irreg vi* *(+sein)* chwyddo.

Schwellung [ˈʃvɛlʊŋ] (**-**, **-en**) *f* chwydd *g*, ymchwydd *g*.

Schwemme [ˈʃvɛmə] *f:* **eine ~ an** *+dat* gormodedd *g* o, syrffed *g* o.

schwemmen [ˈʃvɛmən] *vt* *(treiben)* golchi.
  ♦ *vi* *(Waschmaschine)* tynnu trwy'r dŵr.

Schwengel [ˈʃvɛŋəl] (**-s**, **-**) *m* braich *gb* pwmp; *(Glocken~)* tafod *g*.

Schwenk [ʃvɛŋk] (**-(e)s**, **-e**) *m* gwyriad *g*; *(FILM)* trem *b*.

schwenkbar *adj* ar fwylltid, ar swifl.

schwenken [ˈʃvɛŋkən] *vt* *(+haben)* troi (ar fwylltid); *(FILM)* tremio; *(Fahne)* chwifio; *(KOCH)* ysgwyd mewn menyn *ayb*.
  ♦ *vi* *(+sein)* troi.

Schwenkung [ˈʃvɛŋkʊŋ] (**-**, **-en**) *f* tro *g*; *(MIL)* gwyriad *g*.

schwer [ʃveːr] *adj* trwm; *(schwierig)* anodd; *(schlimm)* difrifol; **~ erkältet** ag annwyd trwm; **~ krank** gwirioneddol sâl; **~ erziehbar** *(Kind)* anhydrin; **er**

lernt ~ mae'n dysgu'n araf; **etw ~ nehmen** teimlo rhth i'r byw; **~ wiegen** *(fig)* cario llawer o bwysau; **jdm ~ fallen** bod yn anodd i rn; **sich** *dat oder akk* **~ tun** cael anhawster; **~ hören** bod yn drwm eich clyw; **~ verdaulich** anodd ei dreulio; *(fig)* trwm; **~ verdient** haeddiannol; **~ verletzt** *oder:* **~ verwundet** wedi ei anafu'n ddifrifol.

Schwer- *kompos:* **~arbeit** *f* llafur *g*; **~arbeiter** *m* gweithiwr *g*, labrwr *g*; **~behinderte** *m/f* rhn anabl.

Schwere ['ʃveːrə] *f* pwysau *ll*, trymder *g*; *(PHYS)* disgyrchiant *g*.

schwerelos *adj* dibwysau.

Schwerelosigkeit *f* diffyg *g* pwysau.

schwerfällig *adj (Gang)* trwsgl, afrosgo; *(Stil)* anystwyth; *(Verstand)* araf.

Schwerfälligkeit *f* anystwythder *g*.

Schwergewicht *nt (SPORT)* pwysau trwm.

schwerhörig *adj* trwm eich clyw.

Schwer- *kompos:* **~industrie** *f* diwydiant *g* trwm; **~kraft** *f* disgyrchiant *g*; **~kranke** *m* rhn difrifol wael.

schwerlich *adv* o'r braidd, go brin.

Schwer- *kompos:* **~metall** *nt* metel *g* trwm; **~mut** *f* melan *b*, trymder *g*.

schwermütig ['ʃveːrmyːtɪç, -ɪk] *adj* pruddglwyfus, trwm.

schwer nehmen *irreg vt vgl.* **schwer.**

Schwerpunkt (-(e)s, -e) *m (PHYS)* craidd *g* disgyrchiant; *(fig)* pwyslais *g*, craidd.

schwerreich *adj* yn drewi o arian.

Schwert [ʃveːrt] (-(e)s, -er) *nt* cleddyf *g*.

Schwertlilie *f (BOT)* gellesgen *b*.

Schwer- *kompos:* **~transporter** *m* trỳc *g*, cerbyd *g* llwytho; **~verbrecher** *m* troseddwr *g*.

schwer verdaulich *adj vgl.* **schwer.**

schwer verdient *adj vgl.* **schwer.**

schwer verletzt *adj vgl.* **schwer.**

schwer verwundet *adj vgl.* **schwer.**

schwerwiegend *adj* pwysig, pwysfawr.

Schwester ['ʃvɛstər] (-, -n) *f* chwaer *b*; *(Kranken~)* nyrs *b*.

schwesterlich *adj* chwaerol.

Schwieger- *kompos:* **~eltern** *pl* rhieni-yng-nghyfraith *ll*; **~mutter** *f* mam-yng-nghyfraith *b*; **~sohn** *m* mab-yng-nghyfraith *g*; **~tochter** *f* merch-yng-nghyfraith *b*; **~vater** *m* tad-yng-nghyfraith *g*.

Schwiele ['ʃviːlə] (-, -n) *f* caleden *b*.

schwierig ['ʃviːrɪç, -ɪk] *adj* anodd, caled, cymhleth.

Schwierigkeit (-, -en) *f* anhawster *g*; **in ~en stecken** bod mewn helbul.

Schwierigkeitsgrad *m* gradd *b* anhawster.

Schwimm- *kompos:* **~bad** *nt* pwll *g* nofio; **~becken** *nt* pwll *g* nofio; **~blase** *f (ZOOL)* nawf *g*.

schwimmen ['ʃvɪmən] *irreg vi* (+*sein oder haben*) nofio; *(treiben)* nofio, arnofio; *(fig: unsicher sein)* bod ar goll; **im Geld ~** *(ugs)* bod yn graig o arian; **mir schwimmt es vor den Augen** mae'r bendro arna' i.

Schwimmer (-s, -) *m* nofiwr *g*; *(TECH)* arnofyn *g*; *(Angeln)* corcyn *g*; **~in** *f* nofwraig *b*.

Schwimm- *kompos:* **~fähigkeit** *f* hynofedd *g*; **~flosse** *f* asgell *b*; **~fuß** *m* troed *gb* weog; **~halle** *f* pwll nofio dan do; **~haut** *f* gwe *b*; **~kran** *m* craen *g* nofio; **~lehrer** *m* hyfforddwr *g* nofio; **~sport** *m* nofio *g*; **~weste** *f* siaced *b* achub.

Schwindel ['ʃvɪndəl] (-s, -) *m* pendro *b*; *(Betrug)* twyll *g*; **~ erregend** pensyfrdanol.

schwindelfrei *adj* heb ddioddef o'r bendro.

Schwindelgefühl *nt* pendro *b*, penysgafnder *g*.

schwindeln ['ʃvɪndəln] *vi* hocedu; *(lügen)* dweud celwydd.

♦ *vi unpers:* **mir schwindelt** mae'r bendro arna' i.

schwinden ['ʃvɪndən] *irreg vi* (+*sein*) diflannu; *(Kräfte)* gwanhau; *(sich verringern)* lleihau.

Schwindler (-s, -) *m* twyllwr *g*; *(Lügner)* celwyddgi *g*.

schwindlig *adj* chwil, pensyfrdan; **mir ist ~** mae 'mhen i'n troi; **~ machen** chwyldroi, penfeddwi.

Schwindsucht *f (MED)* darfodedigaeth *g*, twbercwlosis *g*.

schwingen ['ʃvɪŋən] *irreg vt* siglo; *(Waffe)* chwifio, cyhwfan.

♦ *vi* pendilio; *(vibrieren)* dirgrynu; *(klingen)* seinio.

Schwingen *nt* sigl *g*.

Schwinger (-s, -) *m (beim Boxkampf)* swing *b*.

Schwingtür *f* drws *g* rhydd, drws siglo.

Schwingung (-, -en) *f* dirgryniad *g*; *(PHYS)* osgiliad *g*.

Schwips [ʃvɪps] *m:* **einen ~ haben** bod yn lled feddw.

schwirren ['ʃvɪrən] *vi* (+*sein*) siffrwd.

Schwitzbad *nt* chwysfa *b*.

Schwitze[D] ['ʃvɪtsə] *f (KOCH)* gwlych *g*, roux *g*.

schwitzen ['ʃvɪtsən] *vi* chwysu; **~ wie ein Schwein** chwysu chwartiau.

Schwitzen *nt* chwysfa *b*.

schwofen[D] [ʃvoːfən] *vi (ugs)* dawnsio.

schwoll *vb vgl.* **schwellen.**

schwor *vb vgl.* **schwören.**

schwören ['ʃvøːrən] *irreg vt* tyngu; **einen Eid ~** tyngu llw.

♦ *vi* tyngu; **~ auf etw** *akk (fig)* credu'n gryf yn rhth.

schwul [ʃvuːl] *adj (ugs)* hoyw, pinc.

schwül [ʃvyːl] *adj* mwll, clòs.

Schwule ['ʃvuːlə] (-n, -n) *m* hoyw *g*.

Schwüle ['ʃvyːlə] *f* myllni *g*, closrwydd *g*.

Schwulst [ʃvʊlst] (-(e)s, *kein pl*) *m (ugs)* iaith *b* chwyddedig, brygowthan *g*.

schwülstig ['ʃvʊlstɪç, -ɪk] *adj* chwyddedig,

rhwysgfawr.

Schwund [ʃvʊnt] (-(e)s, *kein pl*) *m* lleihad *g*; *(MED)* gwywiad *g*; *(Schrumpfen)* crebachiad *g*.

Schwung [ʃvʊŋ] (-(e)s, ¨-e) *m* momentwm *g*; *(fig: Energie)* asbri *g*, egni *g*; *(Schifahren)* troad *g*; *(ugs: Anzahl)* nifer *gb*; **in ~** ar ei anterth; **~ in die Sache bringen** bywiocáu/cynhesu pethau.

schwunghaft *adj* bywiog, sionc.

Schwungrad (-(e)s, ¨-er) *nt (TECH)* chwylrod *g*, olwyn *b* weili.

schwungvoll *adj* gwisgi, egnïol.

Schwur [ʃvuːr] (-s, ¨-e) *m* llw *g*.

Schwurgericht (-(e)s, -e) *nt* llys *g* â rheithgor.

Schwyzerdütsch *nt (Sprache)* Almaeneg *b* y Swistir.

SDR[D] *m abk* (= *Süddeutscher Rundfunk*) Radio De'r Almaen.

sechs [zɛks] *num* chwech; **~ Uhr** chwech o'r gloch.
  ♦ *adj* chwe.

Sechs[D] (-, -en) *f* rhif *g* chwech; *(SCH)*[D] F *b*.

Sechseck (-(e)s, -e) *nt (MATH)* hecsagon *g*.

Sechser[A] *m* = **Sechs**.

sechshundert *num* chwe chant.

sechste *adj* chweched.

sechsteilig *adj* â chwe rhan.

Sechstel ['zɛkstəl] (-s, -) *nt* chweched *gb*.

sechzehn *num* un ar bymtheg, un deg chwech.

sechzehnte *adj* unfed ar bymtheg.

sechzig *num* trigain, chwe deg.

Sediment [zedi'mɛnt] (-(e)s, -e) *nt* gwaddod *g*, rhwd *g*.

See[1] [zeː] (-, -n) *f* môr *g*, gweilgi *b*; **an der ~** ar lan y môr; **auf hoher ~** ar y cefnfor; **in ~ stechen** hwylio.

See[2] (-s, -n) *m* llyn *g*.

See- *kompos:* **~adler** *m* eryr *g* y môr; **~bad** *nt* tref *b* lan môr; **~bär** *m (ugs)* hen longwr; **~blockade** *f* gwarchae *g* o'r môr; **~fahrt** *f* morwriaeth *b*; *(Reise)* mordaith *b*.

seefest *adj (NAUT)* addas i'r môr; *(Mensch)* dim yn dueddol i waeledd y môr.

See- *kompos:* **~gang** *m* dygyfor *g*; **~gras** *nt* gwymon *g*, morwellt *g*; **~hecht** *m (ZOOL)* cegddu *g*; **~hund** *m (ZOOL)* morlo *g*; **~igel** *m (ZOOL)* môr-ddraenog *g*; **~karte** *f* siart *g*.

seekrank *adj* â salwch môr; **~ werden** bod yn sâl ar y môr.

See- *kompos:* **~krankheit** *f* salwch *g* môr; **~kuh** *f (ZOOL)* morfuwch *b*; **~lachs** *m (ZOOL)* morlas *g*.

Seele ['zeːlə] (-, -n) *f* enaid *g*; *(von Fußball)* pledren *b*; **jdm aus der ~ sprechen** mynegi yr union beth y mae rhn arall yn ei deimlo; **das liegt mir auf der ~** mae'n pwyso'n drwm ar fy meddwl; **er ist eine ~ von Mensch** mae e'n gariad.

Seelen- *kompos:* **~amt** *nt (REL)* offeren *b* dros y meirw; **~balsam** *m* eli *g* 'r galon; **~friede(n)** *m* tawelwch *g* meddwl, heddwch *g* cydwybod; **~heil** *nt* budd *g* ysbrydol; *(REL)* iachawdwriaeth *b* enaid; **~qual** *f* gofid *g*.

Seelenruhe *f:* **in aller ~** yn hamddenol; *(kaltblütig)* heb droi blewyn.

seelenruhig *adj* hamddenol, pwyllog.

Seeleute *pl von* **Seemann.**

seelisch ['zeːlɪʃ] *adj* meddyliol; *(REL)* ysbrydol; *(Belastung)* emosiynol.

Seelöwe (-n, -n) *m (ZOOL)* morlew *g*.

Seelsorge *f* bugeiliaeth *b*, gofalaeth *b*.

Seelsorger(in) *m(f)* bugail *g*, gweinidog *g*.

See- *kompos:* **~macht** *f* nerth *g* llynges; **~mann** *m* morwr *g*, llongwr *g*.

Seemanns- *kompos:* **~garn** *nt* straeon; **~lied** *nt* sianti *b*.

See- *kompos:* **~meile** *f* milltir *b* fôr; **~möwe** *f (ZOOL)* gwylan *b*.

Seengebiet *nt* ardal *b* y llynnoedd.

Seenot *f (NAUT)* argyfwng ar y môr.

Seenplatte *f* ardal *b* y llynnoedd.

See- *kompos:* **~pferd(chen)** *nt (ZOOL)* môr-farch *g*; **~räuber** *m* môr-leidr *g*; **~räuberei** *f* môr-ladrad *g*; **~recht** *nt* cyfraith *b* forwrol; **~reise** *f* mordaith *b*; **~rose** *f (BOT)* lili *b*'r dŵr; **~sack** *m* bag *g* dyffl; **~schlacht** *f* morgad *b*; **~schnecke** *f* môr-falwen *b*; **~schwalbe** *f (ZOOL)* gwennol *b* y môr; **~stern** *m (ZOOL)* seren *b* fôr; **~tang** *m (BOT)* gwymon *g*.

seetüchtig *adj* addas i'r môr.

Seeweg (-(e)s, -e) *m* morlwybr *g*; **auf dem ~** dros y môr.

Seezunge (-, -n) *f (ZOOL)* lleden *b* wadn.

Segel ['zeːgəl] (-s, -) *nt* hwyl *b*; **mit vollen ~n** ar lawn hwyl; *(fig)* yn eiddgar; **die ~ setzen** taclu; **die ~ streichen** gostwng hwyliau; *(fig)* rhoi'r gorau iddi; **jdm den Wind aus den ~n nehmen** *(fig)* mynd â'r gwynt o hwyliau rhn.

Segel- *kompos:* **~baum** *m* bŵm *g*; **~boot** *nt* bad *g* hwyliau, cwch *g* hwyliau; **~fliegen** *nt* gleidio; **~flieger** *m* gleidiwr *g*; **~flugzeug** *nt* gleider *g*.

segeln ['zeːgəln] *vt* (+*haben*), *vi* (+*sein*) hwylio; *(durch die Luft)* hedfan, gleidio; **durch eine Prüfung ~** *(ugs)* (+*sein*) methu arholiad.

Segel- *kompos:* **~schiff** *nt* llong *b* hwyliau; **~sport** *m* hwylio *g*; **~tuch** *nt* cynfas *gb*.

Segen ['zeːgən] (-s, -) *m* bendith *b*.

segensreich *adj* bendithiol.

Segge[D] ['zɛgə] (-, -n) *f (BOT)* moresg *ll*.

Segler (-s, -) *m* hwyliwr *g*; *(Boot)* bad *g* hwyliau; **~in** *f* hwylwraig *b*.

Segment [zɛg'mɛnt] (-(e)s, -e) *nt* segment *g*.

Segmentierung *f* segmentiad *g.*

segnen ['ze:gnən] *vt* bendithio, taenellu.

Segnung ['ze:gnʊŋ] (-, -en) *f* bendith *b.*

sehen ['ze:ən] *irreg vt, vi* gweld; *(schauen)* edrych; *(an~, zu~)* gwylio; **sieht man das?** ydy hi'n amlwg? **darauf ~, dass** ... gofalu bod...; **da sieht man's wieder!** dyma ni eto! **das kann sich ~ lassen** mae hynny'n wych; **du siehst das nicht richtig** rwyt ti wedi'i gamddeall; **nach Süden ~** wynebu'r de; **so gesehen** o'r safbwynt hwn; **siehe oben/unten** gweler uchod/isod; **mal ~!** cawn weld! **etw kommen ~** rhagweld rhth.

sehenswert *adj* gwerth ei weld.

Sehenswürdigkeit (-, -en) *f* rhth/rhywle gwerth ei weld.

Seher (-s, -) *m* proffwyd *g,* gweledydd *g.*

Seh- *kompos:* **~fehler** *m* nam *g* golwg; **~kraft** *f* golwg *g.*

Sehne ['ze:nə] (-, -n) *f* gewyn *g;* *(an Bogen)* llinyn *g* bwa.

sehnen ['ze:nən] *vr:* **sich** *akk* **~ nach** hiraethu am, dyheu am; *(verlangen)* crefu.

Sehnenscheidenentzündung *f* *(MED)* tendinitis *g.*

Sehnerv *m* nerf *gb* y llygad.

sehnig *adj* *(Fleisch)* llawn gïau; *(Mensch)* tenau ond cryf.

sehnlich *adj* eiddgar.

Sehnsucht *f* hiraeth *g,* galar *g,* dyhead *g;* **~ haben** hiraethu.

sehnsüchtig *adj* hiraethus; *(Erwartung)* eiddgar.

sehnsuchtsvoll *adj* llawn hiraeth.

sehr [ze:r] *adv* iawn, tra; *(mit Verben)* llawer; **~ gut** da iawn; *(SCH: Note)* A; **zu ~** yn ormod; **~ geehrter Herr!** annwyl Syr.

Sehr Gut *nt* *(SCH)* A *b.*

Sehvermögen *nt* golwg *g.*

sei *vb vgl.* **sein**[1]; **~ still!** bydd dawel! **~ nicht so frech!** paid â bod mor hyf!

seicht [zaɪçt] *adj* bas; *(fig)* arwynebol, ysgafn.

seid *vb vgl.* **sein**[1].

Seide ['zaɪdə] (-, -n) *f* *(TEX)* sidan *g.*

Seidel ['zaɪdəl] (-s, -) *nt* tancard *g,* pot *g* cwrw.

seiden ['zaɪdən] *adj* sidan, sidanaidd.

Seiden- *kompos:* **~papier** *nt* papur *g* sidan; **~raupe** *f* *(ZOOL)* pryf *g* sidan.

seidig ['zaɪdɪç, -ɪk] *adj* sidanaidd.

Seife ['zaɪfə] (-, -n) *f* sebon *g.*

Seifen- *kompos:* **~blase** *f* chwysigen *b* sebon, **~flocken** *pl* fflochion *ll* sebon; **~lauge** *f* trochion *ll;* **~schale** *f* dysgl *b* sebon; **~schaum** *m* ewyn *g* sebon, woblyn *g.*

seifig ['zaɪfɪç, -ɪk] *adj* sebonllyd.

seihen ['zaɪən] *vt* hidlo.

Seiher ['zaɪər] (-s, -) *m* colandr *g.*

Seil [zaɪl] (-(e)s, -e) *nt* rhaff *b,* rheffyn *g;* *(Kabel)* rhaff wifrau, cebl *g.*

Seilbahn (-, -en) *f* car *g* cebl.

Seiler (-s, -) *m* rhaffwr *g.*

Seil- *kompos:* **~hüpfen** *nt,* **~springen** *nt* neidio *g* trwy raff, sgipio *g;* **~tänzer** *m* rhaffgerddwr *g;* **~zug** *m* pwli a rhaff.

sein[1] [zaɪn] *irreg vi (+sein)* bod; **kann ~!** digon posib! **ich bin Waliser(in)** Cymro/Cymraes ydwyf fi; **so ist es!** dyna sut mae! **waren Sie mal in Rom?** fuoch chi erioed yn Rhufain? **sei ruhig!** bydd dawel! **wie dem auch sei** boed hynny fel y bo; **wie wäre es mit ...?** beth am...?

sein[2] *poss pron m* ei; **~ Hund** ei gi.

Sein *nt* bod *g,* bodolaeth *b.*

seine *pron* ei un ef; **S~ Exzellenz** Ei Ardderchowgrwydd; **das ~** yr eiddo; **er hat das ~ getan** mae e wedi gwneud ei orau; **die ~n** ei deulu.

seiner *gen von* **er, es.**

♦ *pron* ohono.

seinerseits *adv* o'i ran ef.

seinerzeit *adv* y dyddiau hynny.

seinesgleichen *pron* ei debyg.

seinetwegen *adv* *(für ihn)* er ei fwyn; *(wegen ihm)* o'i achos ef; *(von ihm aus)* o'i ran ef.

seinetwillen *adv:* **um ~** er ei fwyn.

seinige *pron:* **der/die/das ~** ei un ef, yr eiddo.

seismisch ['zaɪsmɪʃ] *adj* seismig.

Seismograf [zaɪsmo'gra:f] (-en, -en) *m* *(TECH)* seismograff *g.*

Seismologie [zaɪsmolo'gi:] *f* seismoleg *b.*

seit [zaɪt] *präp +dat* er, ers; **sie ist ~ einer Woche hier** mae hi yma ers wythnos; **~ langem** ers meitin; **~ eh und je** ers achau, ers cyn cof; **~ geraumer Zeit** ers talwm.

♦ *konj* ers i; **~ ihr in die Schule geht** ers i chi fynd i'r ysgol.

seitdem [zaɪt'de:m] *konj* er pan, ers i; **~ das Auto kaputt ist** er pan dorrodd y car.

♦ *adv* ers hynny.

Seite ['zaɪtə] (-, -n) *f* ochr *b,* tu *g;* *(Buch~)* tudalen *g;* *(MIL)* ystlys *gb;* **~ an ~** ochr yn ochr; **jdm zur ~ stehen** *(fig)* cynorthwyo rhn; **jdn zur ~ nehmen** mynd â rhn o'r neilltu; **auf der einen ~ ..., auf der anderen ~ ...** ar y naill law..., ar y llaw arall...; **einer Sache die beste ~ abgewinnen** gwneud y gorau o rth; **auf ~n der Arbeiter** o ran y gweithwyr; **von ~n des Ministeriums** o ran y weinyddiaeth; **zur ~ legen** cynilo, gosod i'r naill ochr.

seiten *präp +gen:* **von ~ der Schüler** o ran y disgyblion.

Seiten- *kompos:* **~ansicht** *f* ochrolwg *b*, ystlyswedd *b*; **~hieb** *m (fig)* pwyth *g*; **~kette** *f (CHEM)* ystlysgadwyn *b*.

seitenlang *adj* yn cynnwys llawer o dudalennau.

Seiten- *kompos:* **~linie** *f (SPORT)* ystlys *gb*; **~ruder** *nt (AERO)* llyw *g* ochr.

seitens *präp +gen* o ran.

Seiten- *kompos:* **~schiff** *nt (ARCHIT)* ystlys *gb* eglwys; **~schneider** *m* gefelen *b* ochr-dorri; **~sprung** *m* caru *g* ar y slei; **~stechen** *nt* pigyn *g* yn yr ystlys; **~straße** *f* stryd *b* ochr; **~streifen** *m (AUTO)* llain *b*; *(der Autobahn)* llain galed; **~umbruch** *m* toriad *g* tudalen.

seitenverkehrt *adj* o chwith.

Seiten- *kompos:* **~wagen** *m* ystlysgar *g*, car *g* clun; **~wind** *m* gwynt o'r ochr; **~zahl** *f* rhif *g* y tudalen; *(Gesamtzahl)* nifer *gb* y tudalennau.

seither [zaɪtˈheːr] *adv* ers hynny.

seitlich *adj* ar yr ochr.

seitwärts *adv* i'r ochr.

sek, Sek. *abk* = Sekunde.

Sekans [ˈzeːkans] (-, - *oder* **Sekanten**) *m (MATH)* secant *g*.

Sekante [zeˈkantə] (-, -n) *f (MATH)* cord *g*.

Sekretär [zekreˈtɛːr] (-(e)s, -e) *m* ysgrifennydd *g*; *(Möbel)* biwro *gb*; *(ZOOL)* aderyn *g* y cwils.

Sekretariat [zekretariˈɑːt] (-(e)s, -e) *nt* swyddfa *b* ysgrifenyddes, cofrestrfa *b*, adran *b* ysgrifenyddol.

Sekretärin [zekreˈtɛːrɪn] (-, -nen) *f* ysgrifenyddes *b*.

Sekretion [zekretsiˈoːn] (-, -en) *f (MED)* secretiad *g*.

Sekt [zɛkt] (-(e)s, -e) *m* siampên *g* Almaenig, gwin *g* pefriol.

Sekte [ˈzɛktə] (-, -n) *f (REL)* sect *b*.

Sektenanhänger(in) *m(f)* sectydd *g*.

Sektion [zɛktsiˈoːn] (-, -en) *f (Abteilung)* adran *b*; *(MED)* awtopsi *g*.

Sektor [ˈzɛktɔr] (-s, -en) *m* sector *gb*; *(Sachgebiet)* maes *g*.

Sekunda[D] [zeˈkʊnda] (-, **Sekunden**) *f (veraltet)* chweched/seithfed flwyddyn mewn Gymnasium.

sekundär [zekʊnˈdɛːr] *adj* eilaidd.

Sekundärliteratur *f* llenyddiaeth *b* eilaidd.

Sekundarstufe[D] *f (SCH)* ysgol *b* eilradd.

Sekunde [zeˈkʊndə] (-, -n) *f* eiliad *gb*; *(MUS)* eilfed *g*.

Sekundenkleber *m* glud *g* munud.

Sekundenschnelle *f:* **in ~** mewn chwinciad.

Sekundenzeiger *m* bys *g* eiliad.

sekundieren [zekʊnˈdiːrən] *vi +dat* eilio.

selber [ˈzɛlbər] *pron* = **selbst**[1].

selbst[1] [zɛlpst] *pron* hun, hunan; **ich ~** fi fy hun; **sie ist die Tugend ~** mae hi'n ymgorfforiad o rinwedd; **er braut sein Bier ~** mae'n bragu ei gwrw ei hun; **von ~** ar ei ben ei hun; **er kam von ~** daeth o'i wirfodd; **~ gemacht** cartref; **~ gebrautes Bier** cwrw *g* cartref; **~ gestrickt** o wead llaw; *(ugs: Methode)* syml; **~ verdientes Geld** hunanenillion *ll*.

selbst[2] *adv* hyd yn oed.

Selbst *nt* yr hunan *g*.

Selbstachtung *f* hunan-barch *g*.

selbständig [ˈzɛlpʃtɛndɪç, -ɪk] *adj* = **selbstständig**.

Selbständigkeit *f* = **Selbstständigkeit**.

Selbstanzeige *f:* **~ erstatten** cysylltu â'r heddlu i gyfaddef trosedd.

Selbst- *kompos:* **~aufopferung** *f* hunanaberth *gb*; **~auslöser** *m (FOTO)* caead *g* hwyrweithredol; **~bedienung** *f* hunanwasanaeth *g*; **~befriedigung** *f* mastyrbiad *g*; **~behalt** *m (FIN: bei Versicherung)* tâl *g* dros ben; **~beherrschung** *f* hunanreolaeth *b*; **~bestätigung** *f* hunangydnabyddiaeth *b*; **~bestimmung** *f (POL)* hunanbenderfyniad *g*; **~beteiligung** *f (FIN: bei Versicherung)* tâl *g* dros ben; **~betrug** *m* hunan-dwyll *g*.

selbstbewusst *adj* hunanhyderus, hyderus.

Selbstbewusstsein *nt* hunanhyder *g*.

Selbst- *kompos:* **~bildnis** *nt* hunanbortread *g*; **~disziplin** *f* hunanddisgyblaeth *b*; **~erhaltung** *f* hunangadwraeth *b*; **~erkenntnis** *f* hunanwybodaeth *b*.

Selbstfahrer (-s, -) *m:* *(AUTO)* **Autovermietung für ~** llogi car i'w yrru eich hunan.

selbst gebraut *adj* vgl. **selbst**[1].

selbstgefällig *adj* hunanfoddhaus.

selbst gemacht *adj* cartref.

selbstgerecht *adj* hunan-gyfiawn.

Selbstgespräch (-(e)s, -e) *nt* ymson *g*, monolog *g*, ymgom *b* gyda'ch hunan; **~e führen** ymson.

selbst gestrickt *adj* vgl. **selbst**[1].

selbstherrlich *adj* trahaus, awdurdodol; *(selbstgerecht)* hunangyfiawn.

Selbsthilfe *f* hunangymorth *g*; **zur ~ greifen** gweithredu'n annibynnol.

Selbsthilfegruppe (-, -n) *f* grwp *g* hunangymorth.

selbstklebend *adj* hunanadlynol.

Selbstkostenpreis *m (COMM)* pris *g* cost.

selbstkritisch *adj* hunanfeirniadol.

Selbstlaut (-(e)s, -e) *m (GRAM)* llafariad *g*.

selbstlos *adj* anhunanol.

Selbst- *kompos:* **~mitleid** *nt* hunandosturi *g*; **~mord** *m* hunanladdiad *g*; **~mörder** *m* hunanleiddiad *g*.

selbstmörderisch *adj* hunanladdol.
Selbstporträt *nt* hunanbortread *g*.
selbstsicher *adj* hunanhyderus.
Selbstsicherheit *f* hunanhyder *g*.
selbstständig *adj* annibynnol, hunanddigonol; *(beruflich)* hunangyflogedig; **sich ~ machen** *(beruflich)* dechrau busnes eich hun.
♦ *adv* ar eich liwt eich hun.
Selbstständigkeit *f* annibyniaeth *b*.
Selbststudium *nt* astudio *g* annibynnol.
selbstsüchtig *adj* hunanol.
selbsttätig *adj* awtomatig, hunanreolus.
Selbstüberwindung *f* grym *g* ewyllys.
selbst verdient *adj vgl.* **selbst¹**.
selbstvergessen *adj* anghofus, pell eich meddwl; *(Blick)* pell.
selbstverschuldet *adj*: **bei einem ~en Unfall** os oes cyfrifoldeb personol am y ddamwain.
Selbstversorger (-s, -) *m* rhn hunangynhaliol; **er ist ~** mae e'n ei gynnal ei hun; **Urlaub für ~** gwyliau hunanarlwyol.
selbstverständlich *adj* amlwg, naturiol.
♦ *adv* wrth gwrs; **ich halte das für ~** cymeraf hyn yn ganiataol.
Selbstverständlichkeit *f* *(Unbefangenheit)* naturioldeb *g*; *(natürliche Voraussetzung)* trefn *b* arferol.
Selbst- *kompos*: **~verständnis** *nt* hunanganfyddiad *g*; **~verteidigung** *f* hunanamddiffyniad *g*; **~vertrauen** *nt* hyder *g*, hunanhyder *g*; **~verwaltung** *f* *(POL)* awtonomiaeth *b*, hunanreolaeth *b*.
Selbstwertgefühl (-(e)s, -e) *nt* ymdeimlad *g* o hunan-barch.
selbstzufrieden *adj* hunanfodlon.
Selbstzufriedenheit *f* hunanfodlonrwydd *g*.
Selbstzweck *m* diben *g* ynddo'i hun.
Selch^A [zɛlç] *f* mygfa *b*.
selchen^A ['zɛlçən] *vt* mygu.
Selchen^A *nt* mygiad *g*.
selig ['zeːlɪç, -ɪk] *adj* dedwydd, gwynfydedig; *(tot)* diweddar; **~ sprechen** sancteiddio.
Seligkeit *f* dedwyddwch *g*, gwynfyd *g*.
Seligpreisung *f*: **die ~en** *(REL)* y Gwynfydau *ll*.
Sellerie ['zɛləriː] *m oder f* *(BOT, KOCH)* helogan *b*, seleri *g*.
selten ['zɛltən] *adj* prin, anaml, amheuthun, anghyffredin.
♦ *adv* yn anaml.
Seltenheit *f* prinder *g*.
Seltenheitswert *m* gwerth *g* ychwanegol oherwydd prinder.
Selterswasser ['zɛltərsvasər] *nt* dŵr *g* mwynol.
seltsam ['zɛltzaːm] *adj* dieithr, rhyfedd, od.

seltsamerweise *adv* yn rhyfedd.
Seltsamkeit *f* hynodrwydd *g*, rhyfeddod *g*.
Semantik [ze'mantɪk] *f* *(GRAM)* semanteg *b*.
Semester [ze'mɛstər] (-s, -) *nt* *(UNIV)* tymor *g*, sesiwn *gb*; **ein älteres ~** myfyriwr *g* hŷn; *(ugs)* hen ferch *b*, hen ddyn *g*.
Semesterferien *pl* gwyliau *ll* hanner tymor.
Semifinale ['zemifinaːlə] *nt* *(SPORT)* rownd *b* gynderfynol.
Semikolon [zemi'koːlɔn] (-s, -s) *nt* gwahannod *g*.
Seminar [zemi'naːr] (-s, -e) *nt* *(Kurs)* seminar *g*; *(UNIV: Institut)^D* adran *b*; *(REL)* coleg *g* diwinyddol, athrofa *b*.
semipermeabel [zemipɛrme'aːbəl] *adj* lledathraidd.
semitisch [ze'miːtɪʃ] *adj* Semitaidd.
Semmel^A ['zɛməl] *f* rhôl *b* fara.
Semmel- *kompos*: **~brösel** *pl* briwsion *ll* bara; **~knödel** *m* twmplen *b*.
sen. *abk* (= *senior*) hŷn; *(in Namen)* y tad.
Senat [ze'naːt] (-(e)s, -e) *nt* senedd *b*, pwyllgor *g*.
Senator [ze'naːtɔr] (-s, -en) *m* seneddwr *g*; **~in** *f* seneddwraig *b*.
Sende- *kompos*: **~bereich** *m* *(RADIO, TV)* ardal *b* ddarlledu; **~folge** *f* *(Serie)* cyfres *b*; **~mast** *m* mast *g* (radio).
senden¹ ['zɛndən] *irreg vt* danfon, gyrru.
senden² *vt, vi* *(RADIO, TV)* darlledu.
Sende- *kompos*: **~netz** *nt* rhwydwaith *g*; **~pause** *f* *(RADIO, TV)* egwyl *b*, toriad *g*.
Sender (-s, -) *m* *(RADIO)* gorsaf *b*; *(Anlage)* trosglwyddydd *g*; **einen ~ einstellen** tiwnio'r radio.
Sende- *kompos*: **~reihe** *f* *(RADIO, TV)* cyfres *b* o ddarllediadau; **~schluss** *m* diwedd *g* darlledu; **~station** *f* gorsaf *b* ddarlledu; **~zeit** *f* hyd *g* y darllediad.
Sendung (-, -en) *f* *(Paket, Post~)* pecyn *g*, parsel *g*; *(Senden)* anfon *g*; *(RADIO, TV)* darllediad *g*; *(Programm)* rhaglen *b*.
Senf [zɛnf] *m* *(KOCH)* mwstard *g*; **seinen ~ dazugeben** *(ugs)* gwthio'ch pig i mewn.
Senfkorn (-s, ¨-er) *nt* hedyn *g* mwstard.
sengen ['zɛŋən] *vt, vi* deifio, llosgi, rhuddo.
sengend *adj* crasboeth, deifiol.
senil [ze'niːl] *adj* *(pej)* henaidd, hen a ffwndrus.
Senior(in) *m(f)* *(Rentner)* pensiynwr(aig) *g(b)*, henuriad *g*; *(Geschäftspartner)* uwch-bartner *g*, uwch-bartneres *b*; **~en** *pl* henoed *ll*.
Senioren- *kompos*: **~heim** *nt* cartref *g* i'r henoed; **~pass** *m* tocyn *g* teithio i bensiynwyr.
Senkblei ['zɛŋkblaɪ] *nt* plwm *g*.
Senke ['zɛŋkə] (-, -n) *f* pant *g*, pannwl *g*.

senken ['zɛŋkən] *vt* gostwng; *(Stimme)* gostegu; *(Kopf)* plygu, crymu; *(TECH)* suddo.
 ♦ *vr* suddo, gostwng, gostegu.
Senk- *kompos:* **~fuß** *m (MED)* troed *gb* fflat; **~grube** *f* carthbwll *g.*
senkrecht ['zɛŋkrɛçt] *adj* fertigol, sythlin, perpendicwlar.
Senkrechte *f* sythlin *b*, perpendicwlar *g.*
Senkrechtstarter (-s, -) *m (AERO)* awyren *b* esgyniad fertigol/unionsyth; *(Person)* hedwr *g* uchel.
Senkung *f* gostyngiad *g*, toriad *g.*
Senkungszeichen *nt (MUS)* meddalnod *g.*
Senner(in) *m(f)* un â gofal gwartheg (yn yr Alpau), cowmon(es) *g(b).*
Sensation [zɛnzatsiˈoːn] (-, -en) *f* syfrdandod *g*, cynnwrf *g*, cyffro *g.*
sensationell [zɛnzatsioˈnɛl] *adj* syfrdanol, cynhyrfus, cyffrous.
Sense ['zɛnzə] (-, -n) *f (AGR)* pladur *b.*
Sensenmann *m* Angau *g.*
sensibel [zɛnˈziːbəl] *adj* teimladwy, sensitif.
sensibilisieren [zɛnzibiliˈziːrən] *vt* sensiteiddio.
Sensibilität [zɛnzibiliˈtɛːt] *f* sensitifrwydd *g.*
Sensitivität [zɛnzitiviˈtɛːt] *f* hydeimledd *g.*
Sensor ['zɛnzɔr] (-s, -en) *m (TECH)* synhwyrydd *g.*
sensorisch [zɛnˈzoːrɪʃ] *adj* synhwyraidd.
sentimental [zɛntimɛnˈtaːl] *adj* teimladwy, sentimentalaidd.
Sentimentalität [zɛntimɛntaliˈtɛːt] *f* teimladrwydd *g*, sentimentaliaeth *b.*
separat [zepaˈraːt] *adj* ar wahân, gwahanedig; *(Zimmer, Wohnung)* hunangynhwysfawr.
Separation [zeparatsiˈoːn] *f* ymwahaniad *g.*
Separatismus [zeparaˈtɪsmʊs] *m (POL)* ymwahaniaeth *b.*
September [zɛpˈtɛmbər] *m* (mis) Medi *g*; **im ~** ym Medi; **im Monat ~** ym mis Medi; **heute ist der zweite ~** yr ail o Fedi yw hi heddiw; **in diesem ~** y mis Medi hwn; **Anfang ~** ddechrau mis Medi.
septisch ['zɛptɪʃ] *adj* septig.
sequentiell [zekvɛntsiˈel] *adj* = **sequenziell.**
Sequenz [zeˈkvɛnts] (-, -en) *f* dilyniant *g.*
sequenziell [zekvɛntsiˈɛl] *adj (COMP)* dilyniannol.
Serbe ['zɛrbə] (-n, -n) *m* Serbiad *g.*
Serbien ['zɛrbiən] *nt (GEOG)* Serbia *b.*
Serbin ['zɛrbɪn] (-, -nen) *f* Serbiad *g.*
serbisch ['zɛrbɪʃ] *adj* Serbaidd.
Serbokroatisch [zɛrbokroˈaːtɪʃ] *nt (Sprache)* Serbocroateg *b.*
Serenade [zereˈnaːdə] (-, -n) *f* hwyrgân *b*, serenâd *b.*
Serie ['zeːriə] *f* cyfres *b*, set *b*; **in ~ herstellen** masgynhyrchu.

seriell [zeriˈɛl] *adj (COMP)* cyfresol; **~e Daten** data *g* cyfresol; **~e Schnittstelle** rhyngwyneb *g* cyfresol; **~er Anschluss** porth *g* cyfresol; **~er Drucker** peiriant *g* argraffu cyfresol.
Serienanfertigung *f* cynhyrchu *g* cyfresol.
serienmäßig *adj (Ausstattung)* safonol; *(Herstellung)* cyfresol.
 ♦ *adv (herstellen)* mewn cyfres.
Serien- *kompos:* **~nummer** *f* rhif *g* cyfresol; **~produktion** *f* cynhyrchu *g* cyfresol.
serienweise *adv* mewn cyfres, yn olynol.
seriös [zeriˈøːs] *adj* difrif, dwys; *(anständig)* parchus, sobr.
Serpentin [zɛrpɛnˈtiːn] (s, -e) *m* sarff-faen *g.*
Serpentine [zɛrpɛnˈtiːnə] *f* bachdro *g*, doleniad *g.*
Serum ['zeːrʊm] (-s, Seren) *nt* serwm *g.*
Service[1] [zɛrˈviːs] (-(s), -) *nt (Gläser~)* set *b*; *(Geschirr)* llestri *ll*, cyllyll a ffyrc *ll.*
Service[2] (-, -s) *m oder nt (COMM)* gwasanaeth *g*; *(SPORT)* serf *b.*
servieren [zɛrˈviːrən] *vt (Restaurant)* serfio, darparu; *(SPORT)* serfio.
 ♦ *vi (Restaurant)* gweini, gwasanaethu; *(SPORT)* serfio.
Serviererin [zɛrˈviːrərɪn] (-, -nen) *f* gweinyddes *b.*
Servier- *kompos:* **~löffel** *m* llwy *b* weini; **~wagen** *m* troli *b* fwyd.
Serviette [zɛrviˈɛtə] (-, -en) *f* napcyn *g.*
Serviettenring *m* modrwy *b* napcyn.
Servo- ['zɛrvo] *kompos:* **~bremse** *f (AUTO)* serfo-brêc *g*; **~lenkung** *f* llywio *g* pweredig.
Sessel ['zesəl] (-s, -) *m* cadair *b*; *(Lehnstuhl)*[D] cadair freichiau/esmwyth.
Sessel- *kompos:* **~leiste**[A] *f* borden *b* wal; **~lift** *m* cadair *b* godi.
sesshaft ['zeshaft] *adj* sefydlog; *(ansässig)* preswyl, trigiannol.
Session [zesiˈoːn] *f* sesiwn *g.*
Set [zɛt] (-s, -s) *nt oder m* set *b*; *(Deckchen)* mat *g* bwrdd.
setzen ['zɛtsən] *vt* dodi, gosod, rhoi; *(Baum usw)* plannu; *(Segel)* codi, lledu, taenu; *(drucken)* cysodi; **jdm ein Denkmal ~** codi cofeb i rn.
 ♦ *vr (Platz nehmen)* eistedd; *(sich ablagern)* gwaelodi; *(Wein, Tee)* clirio; **sich zu jdm ~** eistedd wrth ochr rhn.
 ♦ *vi:* **~ (auf)** *(wetten)* betio (ar).
Setzer (-s, -) *m (Drucker)* cysodwr *g.*
Setzerei [zɛtsəˈraɪ] *f* ystafell *b* gysodi; *(Firma)* cwmni *g* cysodi.
Setzkasten (-s, ¨-) *m (Druckerei)* wynebfath *g.*
Setzling (-(e)s, -e) *m* eginblanhigyn *g.*

Setzmaschine (-, -n) *f* peiriant *g* cysodi.

Seuche ['zɔʏçə] (-, -n) *f* haint *g*, epidemig *g*, pla *g*.

Seuchengebiet *nt* ardal *b* sydd wedi ei heintio.

seufzen ['zɔʏftsən] *vi* ochain, ochneidio.

Seufzer (-s, -) *m* ochenaid *b*.

Sex [zɛks] (-es, *kein pl*) *m* cyfathrach *b* rywiol, rhyw *gb*.

Sexappeal *m* apêl *gb* rywiol.

Sex- *kompos*: **~film** *m* ffilm *b* goch; **~objekt** *nt* gwrthrych *g* rhyw.

Sextaᴰ ['zɛksta] (-, **Sexten**) *f (veraltet)* y flwyddyn gyntaf mewn ysgol uwchradd yn yr Almaen.

Sextakkord *m (MUS)* gwrthdro *g* cyntaf.

Sextant [zɛks'tant] (-(e)s, -e) *m (NAUT)* secstant *g*.

Sexte ['zɛkstə] (-, -n) *f (MUS)* chweched *g*.

Sextett [zɛks'tɛt] (-(e)s, -e) *nt (MUS)* chwechawd *gb*.

Sexualerziehung [zɛksu'ɑːlɛrtsiːʊŋ] *f* addysg *b* ryw.

Sexualität [zɛksuali'tɛːt] *f* rhywioldeb *g*.

Sexual- *kompos*: **~kunde** *f (SCH)* addysg *b* ryw; **~leben** *nt* bywyd *g* rhywiol; **~mord** *m* llofruddiaeth *b* rywiol; **~objekt** *nt* gwrthrych *g* rhyw; **~verbrecher** *m* troseddwr *g* rhyw.

sexuell [zɛksu'ɛl] *adj* rhywiol.

sexy ['zɛksiː] *adj* rhywiol.

sezieren [ze'tsiːrən] *vt (ANAT)* dyrannu, difynio.

SFBᴰ *m abk* (= *Sender Freies Berlin*) Radio Berlin Rydd.

Sfr, sFr *abk* (= *Schweizer Franken*) ffranc *gb* y Swistir.

Sgraffito [zgra'fiːto] *nt* sgraffito *g*.

Shampoo ['ʃampu, ʃam'poː] *nt* siampŵ *g*.

Sherry ['ʃeri] *m* sieri *g*.

Shetland ['ʃetlant] *nt (GEOG)* Ynysoedd *ll* Shetland.

Shorts [ʃoːrts] *pl* trowsus *g* byr.

Show [ʃou] *f* sioe *b*; **eine ~ abziehen** *(ugs)* ceisio creu argraff.

Showmaster (-s, -) *m* cyflwynydd *g*.

Shrimp [ʃrɪmp] *m (ZOOL)* berdasen *b*, berdysyn *g*.

siamesisch [zia'meːsɪʃ] *adj*: **~e Zwillinge** gefeilliaid *ll* Siamaidd.

Siamkatze *f* cath *b* Siám.

Sibirien [zi'biːriən] (-s, *kein pl*) *nt (GEOG)* Siberia *b*.

sibirisch [zi'biːrɪʃ] *adj* Siberaidd.

sich [zɪç] *refl pron*: **1** *akk* ei hun, ei hunan, eu hunain; **Sie ... ~** chi eich hunan, chi eich hunain; **er wäscht ~** mae e'n ymolchi; **~ wiederholen** ailadrodd eich hunan; *(Ereignis)* ailddigwydd; **~ fürchten** bod ag ofn arnoch; **2** *dat* ei hun, ei hunan, eu hunain; **sie hat ~ einen Pullover gekauft** prynodd bwlofer iddi ei hun; **~ die Haare waschen** golchi eich gwallt; **3** *mit Präpositionen*: **haben Sie Ihren Pass bei ~?** ydy eich pasport gennych? **er hatte kein Geld bei ~** nid oedd arian ganddo; **sie**

bleiben gern unter ~ maen nhw'n hoffi cadw atynt eu hunain; **4** *(einander)* ei gilydd; **sie treffen ~** maen nhw'n cwrdd â'i gilydd; **sie bekämpfen ~** maen nhw'n ymladd â'i gilydd; **5: hier sitzt es ~ gut** gellir eistedd yn gyffyrddus yma; **dieses Auto fährt ~ gut** mae'r car yma'n mynd yn dda; **~ dem Ende nähern** dirwyn i ben; **~ an etw zu schaffen machen** bod wrthi'n gwneud rhth.

Sichel ['zɪçəl] (-, -n) *f* cryman *g*; *(Mond~)* chwarter *g* (y lleuad), blaen *g* (y lleuad).

sicheln ['zɪçəln] *vt* crymanu.

sicher ['zɪçər] *adj* diogel, saff; *(gewiss)* sicr, pendant; *(Hand)* cadarn, sad; *(Job)* diogel, saff; *(zuverlässig)* sicr, dibynadwy; *(selbst~)* llawn hunanhyder; *(sicherlich)* **du hast dich ~ verrechnet** mae'n rhaid dy fod wedi camgyfrif; **vor jdm/etw ~ sein** bod yn ddiogel rhag rhn/rhth; **sich** *dat* **einer Sache** *gen* **~ sein** bod yn siŵr/sicr o rth; **~ nicht** does bosib! **aber ~!** wrth gwrs! **ich bin nicht ~** nid wyf yn siŵr/sicr; **~ ist ~** gwell diogel nag edifar.

sichergehen *irreg vi (+sein)* gwneud yn siŵr.

Sicherheit *f* diogelwch *g*; *(Gewissheit)* sicrwydd *g*, pendantrwydd *g*; *(Selbst~)* hunanhyder *g*; *(FIN)* ernes *b*, gwarant *b*; **die öffentliche ~** diogelwch y cyhoedd; **~ im Straßenverkehr** diogelwch ar y ffordd fawr; **~ leisten** *(COMM)* cynnig gwarant.

Sicherheits- *kompos*: **~abstand** *m* pellter *g* diogel; **~bestimmungen** *pl* rheolau *ll* diogelwch; *(betrieblich, POL usw)* rheolaeth *b* ar ddiogelwch; **~einrichtungen** *pl* offer *ll* diogelu; **~glas** *nt* gwydr *g* diogel; **~gurt** *m* gwregys *g* diogelu.

sicherheitshalber *adv* er diogelwch.

Sicherheits- *kompos*: **~maßnahme** *f* mesur *g* diogelu; **~nadel** *m* pin *g* cau, pin dwbl; **~netz** *nt* rhwyd *b* diogelwch; **~rat** *m (POL)* y Cyngor *g* Diogelwch; **~schloss** *nt* clo *g* diogel; **~spanne** *f (COMM)* lwfans *g* diogelwch; **~trakt** *m (Gefängnis)* uned *b* gadarn; **~ventil** *nt* falf *b* diogelwch; **~verschluss** *m* caead *g* diogelu; **~vorkehrung** *f* rhagofalon *ll* diogelu.

sicherlich *adv* heb os nac oni bai, wrth gwrs, siŵr, bendant.

sichern ['zɪçərn] *vt* diogelu; *(schützen)* amddiffyn, gwarchod; *(Bergsteiger usw)* sicrhau, clymu; *(Waffe)* rhoi'r bachyn diogelu yn ei le (ar arf); *(COMP: Daten)* ategu; **sich** *dat* **etw ~** sicrhau rhth i chi'ch hunan.

sicherstellen *vt* atafael; *(garantieren)* gwarantu.

Sicherung (-, -en) *f (Sichern)* diogelu *g*, sicrhau *g*; *(Vorrichtung)* dyfais *b* ddiogelu; *(an Waffen)* bachyn *g* diogelu; *(ELEKT)* ffiws *b*; **da ist bei ihm die ~ durchgebrannt** *(fig)* gwylltiodd yn lân.

Sicherungs- *kompos*: **~kasten** *m (ELEKT)* blwch *g* ffiws;

~kopie *f (COMP)* copi *g* cadw, ffeil *b* wrth gefn.

Sicht [zɪçt] (-, *kein pl*) *f* golwg *gb*; *(Aus~)* golygfa *b*; *(Sehweite)* gwelededd *g*; **auf ~** *(COMM)* ar gyflwyniad; **auf lange ~** yn y tymor hir, yn y pen draw.

sichtbar *adj* gweladwy, gweledig; *(offensichtlich)* amlwg.

Sichtbarkeit *f* amlygrwydd *g*, cyflwr *g* gweledig.

sichten ['zɪçtən] *vt* gweld, canfod; *(ordnen)* gosod trefn ar, trefnu.

sichtlich *adj* amlwg, eglur.

Sicht- *kompos:* **~verhältnisse** *pl* gwelededd *g*; **~vermerk** *m* fisa *b*, teitheb *b*.

Sichtweite *f* golwg *g*, gwelededd *g*; **außer ~** dim o fewn golwg.

sickern ['zɪkərn] *vi (+sein)* treiddio, dod trwodd; *(in Tropfen)* diferu.

Sie [zi:] *pron* chi, chithau; **~ selbst** chwychwi.

sie *pron* **1** *f sg* hi, hyhi; **2** *pl* nhw, hwythau.

Sieb [zi:p] (-(e)s, -e) *nt* gogr *g*; *(in Gärten)* rhidyll *g*; *(Tee~)* hidl *b*, hidlen *b*; *(Nudel~)* hidlwr *g*, colandr *g*.

sieben¹ ['zi:bən] *vt* gogrwn, hidlo.

♦ *vi:* **bei der Prüfung wird stark gesiebt** *(ugs, fig)* bydd yr arholiad yn didoli'r ymgeiswyr gwan oddi wrth y rhai da.

sieben² *num* saith; **die ~ Meere befahren** hwylio'r moroedd; **er macht ein Gesicht wie ~ Tage Regenwetter** mae croen ei din ar ei dalcen.

Siebenᴰ (-, - *oder* -en) *f* rhif *g* saith.

Siebenerᴬ *m* = **Sieben**.

Siebengestirn *nt (ASTRON)* Twr *g* Tewdws.

siebenhundert *num* saith gant/cant *g*.

siebenmal *adv* saith waith.

Siebenmeter *m (SPORT)* cic *b* gosb.

Siebensachen *pl* eiddo *g*, meddiannau *ll*; **seine ~ packen** hel eich pac.

Siebenschläfer (-s, -) *m (ZOOL)* pathew *g*; *(Mensch)* rhn sy'n hoffi cysgu'n hwyr, diogyn *g*.

siebente *adj* seithfed; **im ~n Himmel sein** bod yn eich seithfed nef.

siebteᴰ *adj* = **siebente**.

Siebtel (-s, -) *nt* seithfed *g*.

siebzehn *num* dau *g*/dwy *b* ar bymtheg, un deg saith.

siebzig *num* deg a thrigain, saith deg.

siedeln ['zi:dəln] *vi* ymsefydlu, ymgartrefu; **~ in** *(bewohnen)* cyfanheddu yn.

sieden ['zi:dən] *vt, vi* berwi, mudferwi.

Siedepunkt *m* pwynt *g* berwi, berwbwynt *g*.

Siedler (-s, -) *m* gwladychwr *g*.

Siedlung (-, -en) *f* gwladfa *b*; *(Häuser~)* ystad *b* o dai.

Sieg [zi:k] (-(e)s, -e) *m* buddugoliaeth *b*; **den ~ davontragen** cario'r dydd.

Siegel ['zi:gəl] (-s, -) *nt* sêl *b*.

Siegel- *kompos:* **~lack** *m* cwyr *g* selio; **~ring** *m* modrwy *b* sêl.

siegen ['zi:gən] *vi* bod yn fuddugol, ennill; *(SPORT)* ennill; **~ über** *+akk (MIL)* gorchfygu, trechu; *(Wettkampf)* curo.

Sieger(in) *m(f)* buddugwr(aig) *g(b)*; *(SPORT)* enillydd *g*; *(MIL)* trechwr *g*.

siegessicher *adj* yn hyderus o ennill.

Sieges- *kompos:* **~tor** *nt* y gôl *b* fuddugol; **~trophäe** *f* tarian *b*; **~zug** *m* gorymdaith *b* orfoleddus.

siegreich *adj* buddugol.

siehe *vb (von* **sehen***)* gweler; **~ da!** wele! **~ oben** gweler uchod.

siezen ['zi:tsən] *vt* defnyddio 'Sie' wrth siarad â rhn; *vgl. auch* **duzen**.

Signal [zɪgˈnaːl] *nt* arwydd *gb*, signal *g*.

Signal- *kompos:* **~feuer** *nt* coelcerth *b*; **~gast** *m (NAUT)* llumanwr *g*.

signalisieren [zɪgnaliˈziːrən] *vt* rhoi arwydd o, dangos; *(NAUT)* llumanu.

Signallampe (-, -n) *f* fflêr *g*.

Signatarmacht [zɪgnaˈtaːrmaxt] *f (HIST, POL)* llofnodydd *g*.

Signatur [zɪgnaˈtuːr] *f* mynegrif *g*.

Silage [ziˈlaːʒə] *f (AGR)* silwair *g*.

Silbe ['zɪlbə] (-, -n) *f (GRAM)* sillaf *b*; **er hat es mit keiner ~ erwähnt** ni ddywedodd yr un gair amdano, ni soniodd am y peth.

Silber ['zɪlbər] (-s, *kein pl*) *nt* arian *g*.

Silberbergwerk *nt* cloddfa *b* arian.

Silberblick *m:* **einen ~ haben** bod â thro yn y llygad.

Silber- *kompos:* **~hochzeit** *f* priodas *b* arian; **~jubiläum** *nt* jiwbilî *b* arian; **~medaille** *f* medal *gb* arian; **~münzen** *pl* arian *ll* gleision.

silbern ['zɪlbərn] *adj* arian, ariannaidd; **~e Hochzeit** jiwbilî *b* arian.

Silber- *kompos:* **~papier** *nt* papur *g* arian; **~reiher** *m (ZOOL)* crëyr *g* gwyn; **~schmied** *m* gof *g* arian.

silbrig *adj* ariannaidd.

Silhouette [zɪluˈɛtə] (-, -n) *f* amlinell *b*, silwét *g*.

Silicium [ziˈliːtsɪum] *nt (CHEM)* silicon *g*.

Silicium- *kompos:* **~chip** *m* ysglodyn *g* silicon; **~plättchen** *nt* ysglodyn *g* silicon.

Silikon [ˈziːlikɔn] *nt* silicôn *g*.

Silikonbusen *m* bronnau *ll* silicôn.

Silizium *nt* = **Silicium**.

Silo ['ziːlo] (-s, -s) *m oder nt (AGR)* seilo *g*, helm *b*.

Silvester [zɪlˈvɛstər] *m* Nos *b* Galan.

Silvesterabend *m* = **Silvester**.

simmern ['zımərn] *vi* goferwi, lledferwi.

simpel ['zımpəl] *adj* syml.

Simpel (-s, -) *m (ugs)* lembo *g*, twpsyn *g*.

simplifizieren [zımplifi'tsi:rən] *vt* symleiddio.

Sims [zıms] (-es, -e) *nt oder m (Kamin~)* mantell *b* simnai; *(Fenster~)* sil *b* ffenestr.

Simulant [zimu'lant] (-en, -en) *m (~in f)* ffug-glaf *g*.

simulieren [zimu'li:rən] *vt* dynwared, efelychu; *(vortäuschen)* ffugio, cogio, smalio; **eine Krankheit ~** esgus bod yn sâl.

♦ *vi* actio.

simultan [zimul'ta:n] *adj* cyfamserol.

simultandolmetschen *vi* cyfieithu ar y pryd.

Simultandolmetscher(in) *m(f)* cyfieithydd *g* ar y pryd.

sind *vb vgl.* **sein¹**.

Sinfonie [zınfo'ni:] (-, -n) *f (MUS)* symffoni *b*.

Sinfonieorchester *nt* cerddorfa *b* symffoni.

Singapur ['zıŋapu:r] (-s) *nt (GEOG)* Singapôr *b*.

singen ['zıŋən] *irreg vt, vi* canu.

Single¹ [sıŋgl] (-s, -s) *m (Alleinlebender)* person *g* sengl.

Single² (-, -s) *f (Schallplatte)* sengl *b*.

Singsang *m (Gesang)* hyrdi-gyrdi *gb*, cân *b* undonog.

Singstimme *f* rhan *b* leisiol, cyfalaw *b*.

Singular ['zıŋgula:r] *m (GRAM)* unigol *g*.

Singulativ [zıŋgula'ti:f] *m (GRAM)* ffurf *b* unigol.

Singvogel (-s, ¨-) *m* aderyn *g* cân.

sinken ['zıŋkən] *irreg vi (+sein)* suddo; *(Boden, Gelände)* suddo, pantio; *(Fundament)* sadio; *(COMM: Preise usw)* gostwng, cwympo; **die Hoffnung ~ lassen** gwangalonni, anobeithio.

Sinn [zın] (-(e)s, -e) *m* meddwl *g*; *(Wahrnehmung)* synnwyr *g*; *(Bedeutung)* ystyr *gb*; **~ für Humor** hiwmor *g*; **~ und Zweck** pwrpas *g*; **das ist nicht der ~ der Sache** nid dyna'r pwynt; **im ~e des Gesetzes** yn ôl ysbryd y gyfraith; **von ~en** o'i bwyll; **es hat keinen ~** does dim diben; **im wahrsten ~e des Wortes** yn llythrennol.

Sinnbild (-(e)s, -er) *nt* symbol *g*.

sinnbildlich *adj* symbolaidd.

sinnen ['zınən] *irreg vi* myfyrio, synfyfyrio; **auf etw** *akk* **~** cynllwynio rhth.

Sinnen *nt* myfyrdod *g*, synfyfyrdod *g*.

Sinnenmensch *m* person *g* synhwyrus.

Sinnes- *kompos:* **~organ** *nt* organ *b* synhwyro; **~täuschung** *f* twyll *g*; **~wandel** *m* newid *g* meddwl.

sinngemäß *adj* cydweddol; *(Wiedergabe)* ffyddlon, yn y bôn.

sinnieren [zı'ni:rən] *vi* pensynnu, cnoi cil.

sinnig *adj* addas, priodol.

sinnlich *adj* cnawdol, chwantus; *(Wahrnehmung)* synhwyraidd.

Sinnlichkeit *f* cnawdolrwydd *g*, blysigrwydd *g*.

sinnlos *adj* hurt, ffôl, disynnwyr; *(zwecklos)* dibwrpas; **~ betrunken** meddw gaib.

Sinnlosigkeit *f* ffolineb *g*, twpdra *g*.

sinnverwandt *adj* cyfystyr.

sinnvoll *adj* arwyddocaol; *(vernünftig)* call, addas, priodol.

Sinologe [zino'lo:gə] (-n, -n) *m* sinolegydd *g*.

Sintflut ['zıntflu:t] *f (REL)* y Dilyw *g*; **nach uns die ~** *(ugs)* wfft i beth sy'n digwydd ar ôl i ni fynd.

sintflutartig *adj:* **~e Regenfälle** glawogydd trymion.

Sinti ['zınti] *pl von* **Sinto**; **~ und Roma** y bobl *b* Romani.

Sinto ['zınto] *m* sipsi *g*, sipsen *b*, Romani *gb*.

Sinus ['zi:nʊs] (-, - *oder* -se) *m (ANAT)* sinws *g*; *(MATH)* sin *g*.

Siphon [zi'fo:n] (-s, -s) *m* siffon *g*.

Sippe ['zıpə] (-, -n) *f* perthnasau *ll*, teulu *g*; *(ugs: Verwandschaft)* tylwyth *g*, clan *g*.

Sippschaft ['zıpʃaft] *f (pej)* llwyth *g*, teulu *g*; *(Bande)* criw *g*, giang *g*.

Sir [sœ:r] *m* syr *g*.

Sirene [zi're:nə] (-, -n) *f (Signalhorn)* seiren *gb*, hwter *b*.

Sirup ['zi:rʊp] (-s, -e) *m* sgwash *g*, surop *g* suddog.

Sit-in [sıt'ᵓın] (-(s), -s) *nt:* **ein ~ machen** meddiannu rhywle.

Sitte ['zıtə] (-, -n) *f* arferiad *g*, defod *b*; *(Sittenpolizei)* heddlu *g* puteiniaeth; **~n** *pl (Manieren)* moesau *ll*, moesoldeb *g*; **was sind denn das für ~n?** ble mae dy foesau di?

Sittenpolizei *f* heddlu *g* puteiniaeth.

sittenstreng *adj* piwritanaidd.

Sitten- *kompos:* **~strolch** *m (ugs)* treisiwr *g*; **~wächter** *m (fig)* gwarchodwr *g* moesoldeb y gymdeithas.

sittenwidrig *adj (geh)* anfoesol.

Sittich ['zıtıç] (-(e)s, -e) *m* parotyn *g*.

sittlich ['zıtlıç] *adj* moesol.

Sittlichkeit *f* moesoldeb *g*.

Sittlichkeitsverbrechen *nt* trosedd *b* ryw.

sittsam ['zıtza:m] *adj* gwylaidd, diymhongar.

Situation [zituatsi'o:n] (-, -en) *f* sefyllfa *b*.

situiert [zitu'i:rt] *adj:* **gut ~ sein** bod yn dda eich byd.

Sitz [zıts] (-es, -e) *m* sedd *b*; *(von Firma)* pencadlys *g*; **der Anzug hat einen guten ~** mae'r siwt yn ffitio i'r dim.

Sitzbank *f* ffwrwm *b*.

sitzen ['zıtsən] *irreg vi (+sein oder haben)* eistedd; *(Bemerkung, Schlag)* taro'r nod; *(Gelerntes)* treiddio i'r cof, aros yn y cof; **im Gefängnis ~** bod yn y

carchar; **locker ~ bod** yn llac; **er sitzt im
Ministerium** *(ugs: arbeiten)* mae e'n gweithio yn y
Weinyddiaeth; **~ Sie bequem?** oes gennych chi
sedd gyffyrddus? **einen ~ haben** *(ugs)* bod wedi
yfed gormod; **~ bleiben** aros ar eich eistedd; *(SCH)*
gorfod ail-wneud blwyddyn; **auf etw** *dat* **~ bleiben**
(COMM) methu â chael gwared â; **~ lassen**
(verlassen) troi heibio, siomi; *(versetzen)* rhoi
cawell i; **etw nicht auf sich** *dat* **~ lassen** bod yn
amharod i dderbyn rhth.

sitzen bleiben *irreg vi (+sein) vgl.* **sitzen**.

sitzend *adj (Tätigkeit)* ar eich eistedd.

sitzen lassen *irreg vt vgl.* **sitzen**.

Sitzfleisch *nt (ugs)* **ein gutes ~ haben** bod â'r gallu i
eistedd yn llonydd.

Sitz- *kompos:* **~garnitur** *f* swît *b* dridarn; **~gelegenheit** *f*
lle *g* i eistedd; **~ordnung** *f* trefn *b* eistedd; **~platz** *m*
sedd *b*, sêt *b*; **~reihe** *f* rhenc *b*; **~sack** *m* bag *g* ffa;
~streik *m* streic *b* eistedd i lawr, streic feddiannu.

Sitzung ['zɪtsʊŋ] (-, -en) *f* cyfarfod *g*, sesiwn *g*.

Sitzungsbericht *m* trafodion *ll*.

Sizilianer [zitsili'a:nər] *m* (**~in** *f*) Sisiliad *g*.

sizilianisch [zitsili'a:nɪʃ] *adj* Sisilaidd.

Sizilien [zi'tsi:liən] *nt (GEOG)* Sisili *b*.

Skala ['ska:la] (-, **Skalen**) *f* graddfa *b*.

Skalpell [skal'pɛl] (-**s**, -**e**) *nt (MED)* cyllell *b*.

skalpieren [skal'pi:rən] *vt* blingo pen (rhn).

Skandal [skan'da:l] (-**s**, -**e**) *m* sgandal *g*, peth *g*
gwarthus.

skandalös [skanda'lø:s] *adj* gwarthus, cywilyddus.

Skandinavien [skandi'na:viən] (-**s**, *kein pl*) *nt (GEOG)*
Sgandinafia *b*, Llychlyn *gb*.

Skandinavier [skandi'na:viər] *m* (**~in** *f*) Sgandinafiad
g, Llychlynnwr *g*.

skandinavisch [skandi'na:vɪʃ] *adj* Sgandinafaidd,
Llychlynnaidd.

Skat [ska:t] (-(**e**)**s**, -**e** *oder* -**s**) *nt (Kartenspiel)* sgat *g*.

Skelett [ske'lɛt] *nt (ANAT)* sgerbwd *g*.

Skepsis ['skɛpsɪs] (-, *kein pl*) *f* amheuaeth *b*.

Skeptiker ['skɛptikər] *m* (**~in** *f*) amheuwr(aig) *g(b)*.

skeptisch ['skɛptɪʃ] *adj* sgeptig, amheugar, amheus.

Sketch [skɛtʃ] (-(**es**), -(**e**)) *m* sgets *b*.

Ski [ʃi:] (-**s**, -**er**) *m* sgi *gb*; **~ fahren** *oder:* **~ laufen**[D] sgïo.

Ski- *kompos:* **~fahrer** *m*, **~läufer**[D] *m* sgïwr *g*; **~lehrer** *m*
hyfforddwr *g* sgïo; **~lift** *m* lifft *b* sgïo; **~piste** *f* trac
g sgïo; **~schuh** *m* esgid *b* sgïo; **~springen** *nt* naid *b*
sgïo; **~stock** *m* polyn *g* sgïo.

Skizze ['skɪtsə] *f* braslun *g*, sgets *b*.

skizzieren [skɪ'tsi:rən] *vt* braslunio, rhaglunio; *(fig:
Plan usw)* amlinellu.

♦ *vi* tynnu braslun.

Sklave [skla:və] (-**n**, -**n**) *m* caethwas *g*, slaf *g*; **~n** *pl*

caethweision *ll*, caethion *ll*.

Sklaven- *kompos:* **~handel** *m* masnach *b* gaethion;
~treiber *m* caethfeistr *g*.

Sklaverei [skla:və'raɪ] *f* caethiwed *g*, caethwasiaeth
g.

Sklavin ['skla:vɪn] (-, -**nen**) *f* caethferch *b*, slaf *g*.

sklavisch ['skla:vɪʃ] *adj* slafaidd, gwasaidd.

Skonto ['skɔnto] (-**s**, -**s**) *nt oder m (FIN)* gostyngiad *g*,
disgownt *g*.

Skorbut [skɔr'bu:t] (-(**e**)**s**, *kein pl*) *m (MED)* y clefri *g*
poeth, y llwg *g*.

Skorpion [skɔrpi'o:n] (-**s**, -**e**) *m (ZOOL)* sgorpion *g*;
(ASTROL) y Sarff *b*.

Skript [skrɪpt] (-(**e**)**s**, -**en** *oder* -**s**) *nt (FILM)* sgript *b*.

Skriptum ['skrɪptʊm] (-**s**, **Skripten** *oder* **Skripta**) *nt (UNIV)*
nodiadau *ll* darlith.

Skrupel ['skru:pəl] (-**s**, -) *m* poen *gb* cydwybod,
amheuon *ll* cydwybod.

skrupellos *adj* diegwyddor, anegwyddorol.

Skull[D] [ʃkʊl] *nt (NAUT)* rhodl *gb*.

Skulptur [skʊlp'tu:r] *f (KUNST)* cerflun *g*.

skurril [skʊ'ri:l] *adj* digrif, doniol.

Slalom ['sla:lɔm] (-**s**, -**s**) *m* slalom *gb*.

Slang [slaŋ] *m* iaith *b* y gwter.

Slawe ['sla:və] (-**n**, -**n**) *m*, **Slawin** ['sla:vɪn] (-, -**nen**) *f*
Slafiad *g*.

slawisch ['sla:vɪʃ] *adj* Slafonig, Slafig.

Slip [slɪp] (-**s**, -**s**) *m* nicyrs *g*; *(Mann)* trôns *g*.

Slogan ['slo:gən] (-**s**, -**s**) *m (COMM)* slogan *gb*.

Slowake [slo'va:kə] (-**n**, -**n**) *m* Slofaciad *g*.

Slowakei [slova'kaɪ] *f (GEOG)* Slofacia *b*.

Slowakin [slo'va:kɪn] (-, -**nen**) *f* Slofaciad *g*.

slowakisch [slo'va:kɪʃ] *adj* Slofacaidd.

Slowakisch *nt (Sprache)* Slofaceg *b*.

Slowene [slo've:nə] (-**n**, -**n**) *m* Slofeniad *g*.

Slowenien [slo've:niən] *nt (GEOG)* Slofenia *b*.

Slowenin [slo've:nɪn] (-, -**nen**) *f* Slofeniad *g*.

slowenisch [slo've:nɪʃ] *adj* Slofenaidd.

Slowenisch *nt (Sprache)* Slofeneg *b*.

Slum [slam] (-(**s**), -**s**) *m oder nt* slym *b*.

S.M. *abk (= seine Majestät)* Ei Fawrhydi.

Smalltalk [smɔ:l'tɔ:k] *m* siaradach *g*.

Smaragd [sma'rakt] *m* emrallt *g*, gwyrddfaen *b*.

smaragdgrün *adj* emrallt, gwyrddlas.

Smog [smɔk] (-**s**, -**s**) *m* mwrllwch *g*.

Smoking ['smo:kɪŋ] (-**s**, -**s**) *m* siaced *b*
ginio/giniawa.

Snackbar ['snɛkba:r] *f* bar *g* byrbryd.

Snob [snɔp] (-**s**, -**s**) *m* crechyn *g*, snob *g*; **~s** *pl* crach
ll.

Snobismus *m* snobyddiaeth *b*.

snobistisch *adj* snobyddlyd.

Snooker ['snuːkər] *nt* snwcer *g.*

Snowmobil ['snoʊmobiːl] *nt* = **Schneemobil.**

SO *abk* (= *Südosten*) de ddwyrain.

so [zoː] *adv* **1** mor; *(so sehr)* cymaint; ~ **groß** mor fawr; *(ebenso)* ~ **groß wie** ... mor dal â..., cyn daled â...; ~ **bald wie möglich** cyn gynted ag y bo modd; ~ **lange wie nötig** cyhyd ag y bo angen; ~ **gut wie neu** fel newydd; ~ **gut wie nichts** ail i ddim, fawr ddim; **das hat ihn ~ geärgert, dass** ... fe wnaeth hynny ei wylltio cymaint fel...; ~ **viel** cymaint; ~ **viel Sie wollen** faint a fynnoch; **halb ~ viel** hanner; ~ **weit sein** bod yn barod; ~ **weit wie möglich** hyd y gellir; **ich bin ~ weit zufrieden** rwy'n weddol fodlon ar y cyfan; **es ist bald ~ weit** mae hi bron yn amser; **2** *(auf diese Weise)* fel hyn; ~ **genannt** fel y'i gelwir; **mach es nicht ~** paid â'i wneud fel yna; ~ **oder ~** rywsut, rywfodd neu'i gilydd; **und ~ weiter** ac yn y blaen; **das ist gut ~** mae hynny'n iawn; ~ **sei es** felly y bo; *(solch)* ~ **eine wie sie** un fel hi; ~ **ein** ... y fath...; ~ **etwas** rhywbeth tebyg; **3** *(ugs: umsonst)* **ich habe es ~ bekommen** fe'i cefais am ddim; **4:** ~ **mancher** ambell un; ~? o ddifrif? **wir? ~, das wär's** dyna ni felly; **na ~ was!** wel wel!

♦ *konj:* ~ **dass** fel bod; *(damit)* er mwyn; ~ **wie es jetzt steht** fel y mae pethau ar hyn o bryd.

s.o. *abk* (= *siehe oben*) gweler uchod.

sobald [zoˈbalt] *konj* siwrnai, gyda bod; ~ **er sie sah** siwrnai y gwelodd e hi; ~ **alle da waren** gyda bod pawb wedi dod.

Söckchen ['zœkçən] (-s, -) *nt* hosan *b* fach.

Socke[D] ['zɔkə] (-, -n) *f* = **Socken.**

Sockel ['zɔkəl] (-s, -) *m* pedestal *g.*

Socken[A] ['zɔkən] *m* hosan *b*; **sich auf die ~ machen** *(ugs)* ei throi hi.

Sockenhalter (-s, -) *m* gardas *gb.*

Soda ['zoːda] *nt* soda *g*; *(Sodawasser)* dŵr *g* soda.

sodass *konj* fel bod; *(damit)* er mwyn.

Sodawasser *nt* dŵr *g* soda.

Sodbrennen ['zoːtbrɛnən] *nt* dŵr *g* poeth, llosg *g* cylla.

soeben [zoˈʔeːbən] *adv* gynnau, eiliad yn ôl, newydd.

Sofa ['zoːfa] (-s, -s) *nt* soffa *b*, glwth *g.*

sofern [zoˈfɛrn] *konj* os, a bod, cyn belled â.

soff *vb vgl.* **saufen.**

sofort [zoˈfɔrt] *adv* ar unwaith, yn syth, yn y fan; **(ich) komme ~!** (rwy) ar y ffordd.

Soforthilfe *f* cymorth *g* argyfwng.

sofortig *adj* di-oed, syth, diymdroi.

Sofortmaßnahme (-, -n) *f* mesur *g* di-oed.

Softeis ['zɔftʔaɪs] (-es) *nt* hufen *g* iâ meddal.

Softie ['zɔftiː] (-s, -s) *m (ugs)* dyn *g* sentimental, dyn calonfeddal.

Software ['zɔftwɛːər] (-, -s) *f (COMP)* meddalwedd *gb.*

softwarekompatibel *adj* cyfaddas i feddalwedd.

Software- *kompos:* ~**paket** *nt* pecyn *g* meddalwedd; ~**techniker** *m* peiriannydd *g* meddalwedd.

Sog [zoːk] *m* sugnedd *g*, sugndyniad *g*; *(von Strudel)* sugn *g*; *(fig)* trobwll *g.*

sog *vb vgl.* **saugen.**

sog. *abk* (= *so genannt*) fel y'i gelwir.

sogar [zoˈgaːr] *adv* hyd yn oed; ~ **noch teurer** drutach eto fyth.

so genannt *adj vgl.* **so.**

sogleich [zoˈglaɪç] *adv* ar unwaith, yn syth.

Sogwirkung *f* sugnedd *g*, tynfa *b*; *(fig)* effaith *b* gynyddol.

Sohle ['zoːlə] (-, -n) *f (Fuß~)* gwadn *gb*; *(Tal~)* llawr *g* y cwm; *(BERGB)* gwaelod *g*; **auf leisen ~n** *(fig)* yn ddistaw bach.

Sohn [zoːn] (-(e)s, ¨-e) *m* mab *g*, bachgen *g.*

Soja- ['zoːja] *kompos:* ~**bohne** *f* ffeuen *b* soia; ~**milch** *f* llaeth *g* soia; ~**soße** *f* saws *g* soi; ~**spross** *m* eginyn *g* ffeuen.

solang *konj* = **solange.**

solange [zoˈlaŋə] *konj* tra, cyhyd â; ~ **ich lebe** tra byddaf fyw, cyhyd ag y byddaf fyw; ~ **es regnet** cyhyd â'i bod yn bwrw glaw; *vgl. auch* **so.**

Solar- [zoˈlaːr] *kompos:* ~**auto** *nt* car *g* ynni'r haul; ~**energie** *f* ynni *g*'r haul.

Solarium [zoˈlaːrium] (-s, Solarien) *nt* heulfa *b*, solariwm *g.*

Solar- *kompos:* ~**mobil** *nt* car *g* ynni'r haul; ~**zelle** *f* batri *g* haul.

Solbad ['zoːlbaːt] (-(e)s, ¨-er) *nt* bath *g* dŵr hallt.

solch [zɔlç] *adj* o'r fath, y fath.

solche ['zɔlçə] *adj* y fath, cyfryw, felly; **ein ~r Mensch** person o'r fath; ~ **Leute** pobl felly, y ffasiwn bobl.

Sold [zɔlt] (-(e)s, -e) *m (MIL)* tâl *g*, cyflog *g.*

Soldat [zɔlˈdaːt] (-en, -en) *m* milwr *g.*

soldatisch [zɔlˈdaːtɪʃ] *adj* milwrol.

Söldner ['zœldnər] (-s, -) *m* milwr *g* hur, hurfilwr *g.*

Sole ['zoːlə] (-, -n) *f* dŵr *g* hallt, heli *g.*

Solei[D] *nt* wy *g* picl.

Soli ['zoːli] *pl von* **Solo.**

solidarisch [zoliˈdaːrɪʃ] *adj* cydgefnogol, yn un; **sich ~ erklären** datgan eich cydgefnogaeth/cydsafiad.

solidarisieren [zolidariˈziːrən] *vr:* **sich ~ mit** +*dat* dangos eich cydsafiad â.

Solidarität [zolidariˈtɛːt] *f* cydsafiad *g*, undod *g.*

Solidaritätsstreik *m* streic *b* gefnogol.

solide [zoˈliːdə] *adj* solet, cadarn; *(Arbeit, Wissen)* graenus, trwyadl; *(Leben, Person)* parchus, syber.

Solist [zo'lɪst] (-en, -en) *m* (~**in** *f*) unawdydd *g*.

Soll [zɔl] (-(s), -(s)) *nt (FIN)* dyled *b*; *(Arbeitsmenge)* nod *gb*, targed *g*; ~ **und Haben** dyled a chredyd, balans *g*.

sollen ['zɔlən] *irreg aux vb* **1** *(Pflicht, Befehl)* i fod i; **du hättest nicht gehen** ~ ddylet ti ddim fod wedi mynd; **soll ich dir helfen?** wyt ti eisiau cymorth? **sag ihm, er soll warten** dwed wrtho am aros; **was soll ich machen?** beth rwy i fod i'w wneud? **2** *(Vermutung)* **sie soll verheiratet sein** maen nhw'n dweud ei bod yn briod; **was soll das heißen?** beth yw ystyr hyn? **er sollte eigentlich morgen kommen** roedd e i fod i ddod yfory; **man sollte glauben, dass ...** byddai rhn yn disgwyl bod...; **sollte das passieren, ...** pe digwyddai hynny...; **3: mir soll es gleich sein** does dim gwahaniaeth gen i; **er sollte sie nie wiedersehen** ni fyddai e'n ei gweld hi byth eto.

♦ *vt, vi:* **was soll's?** 'ta waeth, pa ots; **was soll das?** beth yw ystyr hyn? **das sollst du nicht** dwyt ti ddim i wneud hynny.

Solo ['zo:lo] (-s, -s *oder* **Soli**) *nt (MUS)* unawd *g*; *(SPORT)* rhediad *g* solo.

solo *adv (MUS)* yn unigol; *(allein)* ar eich pen eich hun.

solvent [zɔl'vɛnt] *adj (FIN)* hydal, ag arian.

Solvenz [zɔl'vɛnts] *f (FIN)* diddyledrwydd *g*, hydaledd *g*.

somit [zo'mɪt] *konj* felly, o ganlyniad.

Sommelier [zɔməli'e:] *m* gweinydd *g* gwin.

Sommer ['zɔmər] (-s, -) *m* haf *g*; ~ **wie Winter** gydol y flwyddyn.

Sommer- *kompos:* ~**ferien** *pl (SCH)* gwyliau *ll*'r haf; ~**haus** *nt* bwthyn *g* haf; ~**kleid** *nt* ffrog *b* haf; ~**kurs** *m* cwrs *g* haf, ysgol *b* haf.

sommerlich *adj* haf; *(sommerartig)* hafaidd.

Sommer- *kompos:* ~**loch** *nt* dyddiau'r cŵn; ~**reifen** *m* teiar *g* cyffredin; ~**schlussverkauf** *m* arwerthiant *g* haf; ~**semester** *nt (UNIV)* tymor *g* yr haf; ~**sonnenwende** *f* heuldro *g*'r haf, Alban *g* Hefin; ~**sprossen** *pl* brychni *g* haul; ~**urlaub** *m* gwyliau *ll*'r haf; ~**zeit** *f* haf *g*.

Sonate [zo'nɑ:tə] (-, -n) *f (MUS)* sonata *b*.

Sonde ['zɔndə] (-, -n) *f* chwiliedydd *g*, profiedydd *g*; *(Raum~)* chwiliedydd gofod.

Sonder- ['zɔndər] *in kompos* arbennig; ~**anfertigung** *f* model *g* arbennig; ~**angebot** *nt (COMM)* bargen *b*, cynnig *g* arbennig; ~**ausgabe** *f* argraffiad *g* arbennig.

sonderbar *adj* hynod, od, chwithig.

Sonder- *kompos:* ~**beauftragte** *m/f (POL)* cennad *b*

arbennig; ~**beitrag** *m* cyfraniad *g* arbennig; ~**berichterstatter** *m* gohebydd *g* arbennig; ~**fahrt** *f* taith *b* arbennig; ~**fall** *m* achos *g* arbennig; ~**genehmigung** *f* caniatâd *g* ~.

sondergleichen ['zɔndər'glaiçən] *adv* digyffelyb, heb ei debyg; **eine Frechheit** ~ haerllugrwydd o'r mwyaf.

sonderlich *adj* arbennig, neilltuol; *(außergewöhnlich)* nodedig, hynod; *(eigenartig)* rhyfedd, od.

Sonderling (-s, -e) *m* un hynod, aderyn *g*.

Sonder- *kompos:* ~**marke** *f* stamp *g* arbennig; ~**müll** *m* gwastraff *g* arbennig.

sondern[1] ['zɔndərn] *konj* ond; **nicht nur ...** ~ **auch** nid yn unig… ond hefyd.

sondern[2] *vt* gwahanu.

Sonder- *kompos:* ~**preis** *m* pris *g* arbennig; ~**recht** *nt* rhagorfraint *b*; ~**regelung** *f* darpariaeth *b* arbennig; ~**schule** *f* ysgol *b* i blant ag anghenion arbennig; ~**vergünstigungen** *pl* mân fanteision *ll*; ~**wünsche** *pl* dymuniadau *ll* arbennig; ~**zug** *m* trên *g* arbennig.

sondieren [zɔn'di:rən] *vt* pwyso a mesur; *(Gelände)* archwilio.

Sonett [zo'nɛt] (-(e)s, -e) *nt (MUS)* soned *b*.

Sonnabend[D] ['zɔn'ʔɑ:bənt] *m* dydd *g* Sadwrn.

Sonne ['zɔnə] (-, -n) *f* haul *g*, huan *g*; **an die** ~ **gehen** mynd allan i'r haul.

sonnen ['zɔnən] *vr* torheulo; **sich in etw** *dat* ~ *(fig)* ymhyfrydu yn rhth.

Sonnenaufgang *m* codiad *g* haul, gwawr *b*.

Sonnenbad *nt:* **ein** ~ **nehmen** bolaheulo.

sonnenbaden *vi untrenn* torheulo, bolaheulo.

Sonnen- *kompos:* ~**blume** *f* blodyn *g* yr haul; ~**brand** *m* llosg *g* haul; ~**bräune** *f* lliw *g* haul; ~**brille** *f* sbectol *b* haul; ~**creme** *f* hufen *g* haul; ~**energie** *f* ynni *g*'r haul; ~**finsternis** *f* eclips *g* haul, diffyg *g* ar yr haul; ~**fleck** *m* smotyn *g* haul.

sonnengebräunt *adj* â lliw haul.

sonnenklar *adj* clir, eglur, amlwg.

Sonnen- *kompos:* ~**kollektor** *m* panel *g* haul; ~**kraftwerk** *nt* gorsaf *b* ynni'r haul; ~**milch** *f* hufen *g* haul; ~**öl** *nt* olew *g* haul; ~**schein** *m* heulwen *b*, golau *g*'r haul; ~**schirm** *m* ymbarél *g* haul, parasol *g*; ~**schutzmittel** *nt* hufen *g* haul; ~**seite** *f* llygad *gb* haul; ~**stich** *m (MED)* trawiad *g* haul, heuldrawiad *g*; ~**strahl** *m* pelydryn *g* o haul; ~**system** *nt* cyfundrefn *b* heulol, cysawd *g* yr haul; ~**uhr** *f* deial *g* haul; ~**untergang** *m* machlud *g* haul; ~**wende** *f* heulsaf *g*, heuldro *g*.

sonnig ['zɔnɪç, -ɪk] *adj* heulog, tesog.

Sonntag ['zɔntɑ:k] *m* dydd *g* Sul; ~ **Abend** nos *b* Sul; **am** ~ (ar) ddydd Sul; ~ **in acht Tagen** *oder:* ~ **in einer**

Woche wythnos i ddydd Sul; **~ vor acht Tagen** ddydd Sul cyn diwethaf.

sonntäglich *adj* dydd Sul; **sie war ~ gekleidet** roedd hi'n gwisgo ei dillad parch/gorau.

sonntags *adv* ar ddydd Sul, bob dydd Sul.

Sonntagsanzug *m* siwt *b* barch.

Sonntagsdienst *m:* **~ haben** *(Apotheke)* ar agor ar ddydd Sul.

Sonntags- *kompos:* **~fahrer** *m (pej)* gyrrwr *g* p'nawn Sul; **~gewand** *nt* dillad *ll* gorau; **~schule** *f* ysgol *b* Sul.

Sonographie [zonogra'fi:] *f (MED)* llun *g* uwchseinaidd.

sonor [zo'nor] *adj* seingar, soniarus.

sonst [zonst] *adv (außerdem)* arall; *(andernfalls)* neu; *(zu anderer Zeit)* dro arall; *(gewöhnlich)* fel arfer, fel rheol; **er denkt, er ist ~ wer** *(ugs)* mae'n meddwl ei fod e'n rhywun arbennig; **wenn ich Ihnen ~ noch behilflich sein kann** os medra'i eich helpu ryw fodd arall; **~ noch was?** rhywbeth arall? **~ nichts** dim byd arall; **~ jemand** unrhyw un arall; **~ wo** rywle arall; **~ woher** o unrhyw le; **~ wohin** i unrhyw le; **da kann ja ~ was passieren** *(ugs)* fe all unrhyw beth ddigwydd.

♦ *konj* fel arall, neu fel arall; **~ geht's dir gut?** *(ironisch: ugs)* ar wahân i hynny, wyt ti'n iawn?

sonstig *adj* arall.

Sonstiges *nt* amrywiol, unryw fater arall.

sooft [zo'?oft] *konj* bob tro.

Sopran [zo'pra:n] (-(e)s, -e) *m (MUS)* soprano *b*.

Sopranistin [zopra'nıstın] (-, -nen) *f* cantores *b* soprano.

Sorge ['zorgə] *f* pryder *g*, gofid *g*; **jdm ~n bereiten** peri gofid i rn; **sich ~n machen um** +*akk* ymboeni am; **dafür ~ tragen, dass ...** gofalu bod..., ymorol bod..., sicrhau bod...

sorgen ['zorgən] *vi:* **~ für** +*akk* gofalu/ymorol am; **dafür ~, dass ...** sicrhau bod...; **dafür ist gesorgt** mae hynny wedi ei drefnu.

♦ *vr:* **sich ~ (um** +*akk*) gofidio (am).

sorgenfrei *adj* dibryder, jocôs.

Sorgenkind *nt (fig)* peth *g* trafferthus.

sorgenvoll *adj* gofidus.

Sorgerecht *nt (JUR)* gwarchodaeth *b* plant.

Sorgfalt (-, *kein pl*) *f* amgeledd *g*, gofal *g*; **viel ~ auf etw** *akk* **verwenden** bod yn ofalus iawn wrth wneud rhth.

sorgfältig *adj* gofalus, destlus, trylwyr.

sorglos *adj* diofal, esgeulus; *(ohne Sorgen)* dibryder, ysgafala.

sorgsam *adj* gofalus, carcus.

Sorte ['zortə] (-, -n) *f* math *g*; *(Waren~)* gwneuthuriad

g, brand *g*; **~n** *pl (FIN)* arian *g* tramor.

sortieren [zor'ti:rən] *vt* trefnu, sortio.

Sortiermaschine *f* peiriant *g* diddoli.

Sortiment [zorti'mɛnt] *nt* casgliad *g*; *(COMM: Angebot)* amrediad *g*, cyflenwad *g*.

SOS *nt abk* SOS.

sosehr [zo'ze:r] *konj* cymaint.

soso [zo'zo:] *interj:* **~!** wela' i! *(erstaunt)* wel, wel! *(drohend)* wel wir!

Soße ['zo:sə] (-, -n) *f* saws *g*; *(Braten~)* grefi *g*.

Souffleur [zu'flø:r] *m*, **Souffleuse** [zu'flø:zə] *f (THEAT)* cofweinydd *g*.

souffrieren [zu'fli:rən] *vi* cofweini, sibrwd.

♦ *vt* cofweini ar.

soundso ['zo:?untzo:] *adv:* **~ viel(e)** hyn a hyn; **~ lange** am hyn a hyn o amser.

soundsovielte *adj:* **am S~n** *(Datum)* ar y dyddiad a'r dyddiad.

Souterrain [zutɛ'rɛ̃:] (-s, -s) *nt* islawr *g*, seler *b*.

Souvenir [zuvə'ni:r] (-s, -s) *nt* swfenîr *g*, cofrodd *b*.

souverän [zuvə'rɛ:n] *adj* goruchaf, pennaf; *(überlegen)* cwbl hyderus; *(fig)* gwych, da iawn.

Souveränität [zuvərɛni'tɛ:t] *f* awdurdodaeth *b*; *(POL)* sofraniaeth *b*.

soviel [zo'fi:l] *konj:* **~ ich weiß** hyd y gwn i; *vgl. auch* **so**.

soweit [zo'vaıt] *konj* cyn belled; **~ ich weiß** hyd y gwn i; *vgl. auch* **so**.

sowie [zo'vi:] *konj (sobald)* cyn gynted â; *(ebenso)* yn ogystal â.

sowieso [zovi'zo:] *adv* beth bynnag, p'un bynnag.

Sowjet [zo'vjɛt] *m (HIST)* sofiet *g*.

Sowjetbürger *m (HIST)* dinesydd *g* yn yr Undeb Sofietaidd.

sowjetisch [zo'vjɛtıʃ] *adj (HIST)* sofietaidd.

Sowjet- *kompos:* **~republik** *f* Gweriniaeth *b* Sofietaidd; **~russe** *m* Rwsiad *g* o'r Undeb Sofietaidd.

Sowjetunion *f (HIST, GEOG)* yr Undeb *g* Sofietaidd.

sowohl [zo'vo:l] *konj:* **~ X als auch Y** X yn ogystal â Y.

sozial [zotsi'a:l] *adj* cymdeithasol; **~ eingestellt** er lles y cyhoedd, cymunedgar; **~er Wohnbau** tai cyngor.

Sozial- *kompos:* **~abbau** *m* toriadau *ll* mewn gwariant cyhoeddus; **~abgaben** *pl* Yswiriant *g* Gwladol; **~amt** *nt* swyddfa *b* adran nawdd cymdeithasol; **~arbeiter** *m* gweithiwr *g* cymdeithasol; **~charta** *f (POL)* Siarter *b* Sosialaidd; **~demokrat** *m (POL)* democrat *g* cymdeithasol.

sozialdemokratisch *adj (POL)* democrataidd-gymdeithasol.

Sozial- *kompos:* **~dienst** *m* gwasanaeth *g*
cymdeithasol; **~fürsorge** *f* nawdd *g* cymdeithasol;
~hilfe *f* nawdd *g* cymdeithasol.

sozialisieren [zotsiali'zi:rən] *vt* cymdeithasu.

Sozialismus [zotsia'lɪsmʊs] *m* (POL) sosialaeth *b*.

Sozialist [zotsia'lɪst] (-en, -en) *m* (~in *f*) (POL) sosialydd
g.

sozialistisch [zotsia'lɪstɪʃ] *adj* (POL) sosialaidd.

Sozial- *kompos:* **~kunde** *f* astudiaethau *ll*
cymdeithasol; **~leistungen** *pl* gwasanaeth *g*
nawdd cymdeithasol; **~plan** *m* cynllun *g* tâl
diswyddo; **~politik** *f* polisi *g* lles cymdeithasol;
~produkt *nt* Cynnyrch *g* Gwladol Net; **~staat** *m*
Gwladwriaeth *b* Les; **~versicherung** *f* Yswiriant *g*
Gwladol; **~wohnung** *f* ≈ fflat *gb* cyngor; **~zuschuss**
m taliad *g* lles.

Soziologe [zotsio'lo:gə] (-n, -n) *m* cymdeithasegydd
g.

Soziologie [zotsiolo'gi:] *f* cymdeithaseg *b*.

Soziologin [zotsio'lo:gɪn] (-, -nen) *f*
cymdeithasegydd *g*.

soziologisch [zotsio'lo:gɪʃ] *adj* cymdeithasegol.

Sozius ['zo:tsiʊs] (-, -se) *m* (COMM) partner *g*; (Kumpel)
ffrind *g*, mêt *g*.

sozusagen [zotsu'za:gən] *adv* fel petai, megis.

Spachtel ['ʃpaxtəl] (-s, -) *m oder f* ysbodol *b*.

spachteln ['ʃpaxtəln] *vt* (Mauerfugen, Ritzen) llenwi.
♦ *vi* (ugs: essen) claddu bwyd, rhofio (bwyd).

Spagat[1] [ʃpa'ga:t] (-(e)s, -e) *m oder nt* (SPORT) einen/ein
~ machen hollti'r afl.

Spagat[2] (-(e)s, -e) *m* (Bindfaden) llinyn *g*, cortyn *g*.

Spagetti [ʃpa'gɛti] *pl* sbageti *g*.

Spaghetti *pl* = Spagetti.

spähen ['ʃpɛ:ən] *vi* ciledrych, sbecian.

Späher (-s, -) *m* sgowt *g*.

Spalier [ʃpa'li:r] (-s, -e) *nt* (Gerüst) delltwaith *g*; (Leute)
gosgordd *b* er anrhydedd; ~ stehen *oder:* ein ~
bilden ffurfio gosgordd er anrhydedd.

Spalt [ʃpalt] (-(e)s, -e) *m* crac *g*, hollt *b*; (Tür~) cil *g*;
(fig: Kluft) agen *b*, hollt.

Spalte ['ʃpaltə] (-, -n) *f* crac *g*, hollt *b*; (Gletscher~)
agendor *gb*, hafn *b*; (Orange) segment *g*; (Text)
colofn *b*.

spalten ['ʃpaltən] *irreg vt* hollti, darnio, rhannu.
♦ *vr* ymrannu, hollti.

Spaltenumbruch *m* (Text) toriad *g* colofn.

Spaltung *f* hollti *g*, rhaniad *g*, holltiad *g*.

Span (-(e)s, ¨-e) *m* asglodyn *g*; **Späne** *pl* naddion *ll*,
siafins *ll*.

Spanferkel ['ʃpa:nfɛrkəl] (-s, -) *nt* (KOCH) porchell *g*,
mochyn *g* sugno.

Spange ['ʃpaŋə] (-, -n) *f* clasbyn *g*, bwcl *g*; (Haar~)

sleid *gb* gwallt; (Schnalle) bwcl; (Zahn~) weiren *b*
ddannedd.

Spanien ['ʃpa:niən] *nt* (GEOG) Sbaen *b*.

Spanier ['ʃpa:niər] (-s, -) *m* Sbaenwr *g*; **~in** *f* Sbaenes
b.

spanisch ['ʃpa:nɪʃ] *adj* Sbaenaidd; **das kommt mir ~**
vor (ugs) mae hynny'n ymddangos yn rhyfedd i
mi; **~e Wand** sgrin *b* (blygu).

Spanisch *nt* (Sprache) Sbaeneg.

spann *vb vgl.* **spinnen**.

Spann (-(e)s, -e) *m* camedd *g*/pont *b* troed.

Spannbeton (-s, *kein pl*) *m* concrit *g* wedi ei
ragdynhau.

Spanne ['ʃpanə] (-, -n) *f* rhychwant *g*; (Zeit~) ysbaid
gb, ystod *b*; (COMM: Gewinn~) maint *g* elw.

spannen ['ʃpanən] *vt* (straffen) tynhau; (befestigen)
gosod yn sownd, clymu yn dyn.
♦ *vi* bod yn dyn.

spannend *adj* cyffrous, cynhyrfus; **mach's nicht so ~!**
(ugs) paid â'm cadw ar bigau'r drain.

Spanner ['ʃpanər] (-s, -) *m* (ugs: Voyeur) Twm Pip *g*,
sbeciwr *g*.

Spann- *kompos:* **~kraft** *f* hydwythedd *g*, elastigrwydd
g; (fig) egni *g*; **~leintuch** *nt* cynfas *gb* ffitiedig;
~teppich *m* carped *g* mur i fur.

Spannung (-, -en) *f* (fig: An~) tyndra *g*, tensiwn *g*;
(ELEKT) foltedd *g*.

Spannungs- *kompos:* **~gebiet** *nt* (POL) man *g*
cythryblus; **~messer** *m*, **~prüfer** *m* (ELEKT) foltamedr
g.

Spannweite *f* (von Flügeln) lled *g* esgyll.

Spanplatte ['ʃpa:nplatə] *f* asglodfwrdd *g*.

Sparbuch (-(e)s, ¨-er) *nt* (FIN) cyfrif *g* cynilion/cadw.

Sparbüchse (-, -n) *f* cadw-mi-gei *g*, blwch *g* cynilo.

sparen ['ʃpa:rən] *vt, vi* cynilo; (ein~) cwtogi; **sich** *dat*
etw ~ arbed rhth i chi'ch hun; (Bemerkung) peidio
â dweud rhth; **mit etw ~** bod yn gynnil â rhth; **an**
etw *dat* **~** cwtogi/arbed ar rth.

Sparer(in) *m(f)* (bei Bank usw) cynilwr(aig) *g(b)*.

Spargel ['ʃpargəl] *m* (BOT) asbaragws *g*, merllys *g*.

Spargelspitzen *pl* blaen *g* merllys.

Spar- *kompos:* **~groschen** *m* ceiniog *b* wrth gefn;
~kasse *f* banc *g* cynilo; **~konto** *nt* cyfrif *g* cynilion.

spärlich ['ʃpɛ:rlɪç] *adj* prin, annigonol, tenau;
(Bekleidung) cwta, byr; (Beleuchtung) gwan.

Spar- *kompos:* **~maßnahme** *f* mesurau *ll* cynilo;
~packung *f* (COMM) pac *g* cynilo.

Sparren ['ʃparən] (-s, -) *m* trawst *g*.

sparsam ['ʃparza:m] *adj* (Person) cynnil, darbodus;
(im Verbrauch) economaidd, diwastraff.

Sparsamkeit *f* cynildeb *g*, darbodaeth *b*.

Sparschwein (-(e)s, -e) *nt* cadw-mi-gei *g*.

Sparte ['ʃpartə] (-, -n) *f (Fachgebiet)* proffesiwn *g*, maes *g*; *(COMM)* maes *g*; *(Presse)* colofn *b*.

Sparverein (-(e)s, -e) *m* clwb *g* i gynilo arian.

Spasmus ['spasmus, 'ʃpasmus] (-, **Spasmen**) *m (MED)* pwl *g*.

Spaß [ʃpaːs] (-es, ̈-e) *m* hwyl *b*, miri *g*; *(Scherz)* jôc *b*; ~ **haben** cael amser da; **das Singen macht mir** ~ rwy'n cael hwyl wrth ganu; **viel** ~! mwynha dy hun! ~ **muss sein** does dim o'i le mewn jôc fach.

spaßen ['ʃpaːsən] *vi* cael hwyl, gwamalu; *(scherzen)* jocan, lolian; **mit ihm ist nicht zu** ~ thâl hi ddim i fod yn hyf arno ef.

spaßhalber *adv* er mwyn hwyl.

spaßhaft *adj* digrif.

spaßig *adj* digrif, hwyliog, rhyfedd.

Spaß- *kompos:* ~**verderber** *m* surbwch *g*, lladdwr *g* hwyl; ~**vogel** *m* 'deryn *g*, castiwr *g*.

spät [ʃpɛːt] *adj* hwyr, diweddar; **wie** ~ **ist es?** faint o'r gloch yw hi? **heute abend wird es** ~ fe fydd hi'n noson hwyr heno; **besser** ~ **als nie** gwell hwyr na hwyrach.

Spätankömmling *m* hwyrddyfodiad *g*.

Spaten ['ʃpaːtən] (-s, -) *m* rhaw *b*, pâl *b*.

Spätentwickler (-s, -) *m* hwyrddatblygwr *g*.

später ['ʃpɛːtər] *adj* hwyrach; **an** ~ **denken** meddwl am y dyfodol.

♦ *adv (bald)* nes ymlaen; *(danach)* yn ddiweddarach; **bis** ~! tan toc!

spätestens *adv* man pellaf.

Spätlese *f* cynhaeaf *g* hwyr.

Spätling *m* hwyrddyfodiad *g*.

Spatz [ʃpats] (-en, -en) *m (ZOOL)* aderyn *g* y to, golfan *b*.

spazieren [ʃpaˈtsiːrən] *vi (+sein)* mynd am dro, cerdded yn hamddenol, rhodio; ~ **gehen** mynd am dro; ~ **fahren** mynd am dro (yn y car).

Spazierfahrt (-, -en) *f* tro *g* (yn y car).

Spaziergang (-(e)s, ̈-e) *m* tro *g*, wâc *b*; **einen** ~ **machen** mynd am dro.

Spaziergänger (-s, -) *m* rhodiannwr *g*, cerddwr *g*; ~**in** *f* cerddwraig *b*, rhodianwraig *b*.

Spazier- *kompos:* ~**stock** *m* ffon *b* gerdded, cansen *b*; ~**weg** *m* llwybr *g*.

SPD[D] *f abk* (= *Sozialdemokratische Partei Deutschlands*) Plaid *b* Ddemocrataidd Sosialaidd yr Almaen.

Specht [ʃpɛçt] (-(e)s, -e) *m (ZOOL)* cnocell *b* y coed.

Spechtler[A] ['ʃpɛçtlər] *m (ugs)* Twm Pip *g*.

Speck [ʃpɛk] (-(e)s, -e) *m* cig *g* moch, bacwn *g*; **mit** ~ **fängt man Mäuse** *(Sprichwort)* mae'n rhaid wrth sbrat i ddal samwn; **ran an den** ~ *(ugs)*[D] beth am fwrw ati!

Spediteur [ʃpediˈtøːr] (-s, -e) *m* cludwr *g*, cariwr *g*;

(Möbel~) cludwr *g* celfi.

Spedition [ʃpeditsiˈoːn] *f (COMM)* cludwr *g*, cariwr *g*; *(Umzugsfirma)* cwmni *g* cludo dodrefn.

Speer [ʃpeːr] (-(e)s, -e) *m* gwaywffon *b*.

Speerwerfen *nt (SPORT)* taflu'r waywffon.

Speiche ['ʃpaɪçə] (-, -n) *f (AUTO)* adain *b*/braich *b* olwyn; *(ANAT)* radiws *g*.

Speichel ['ʃpaɪçəl] (-s, *kein pl*) *m* poer *g*.

Speichellecker (-s, -) *m (pej, ugs)* crafwr *g*.

Speicher ['ʃpaɪçər] (-s, -) *m* stordy *g*; *(Dachboden)* atig *b*, croglofft *b*, taflod *b*; *(Korn~)* granar *g*, ysgubor *b*; *(Wasser~)* tanc *g* dŵr; *(COMP)* cof *g*.

speichern ['ʃpaɪçərn] *vt* storio, rhoi yng nghadw; *(COMP)* storio, ategu.

speien ['ʃpaɪən] *irreg vt, vi (geh: spucken)* poeri; *(erbrechen)* chwydu, mynd yn sâl; *(Vulkan)* chwydu, poeri.

Speis [ʃpaɪs] *f* = **Speise**; ~ **und Trank** bwyd a llyn.

Speise ['ʃpaɪzə] (-, -n) *f* pryd *g* o fwyd, saig *b*; *(Essen)* ymborth *g*; **kalte und warme** ~**n** prydau poeth ac oer.

Speise- *kompos:* ~**eis** *nt* hufen *g* iâ; ~**kammer** *f* pantri *g*; ~**karte** *f* bwydlen *b*.

speisen ['ʃpaɪzən] *vt (geh)* bwydo; *(COMP)* bwydo.

♦ *vi* ciniawa.

Speise- *kompos:* ~**öl** *nt* olew *g* salad; *(zum Braten)* olew *g* coginio; ~**reste** *pl* olion *ll* bwyd; *(übrig geblieben)* bwyd *g* dros ben; ~**röhre** *f (ANAT)* llwnc *g*, pibell *b* fwyd; ~**saal** *m* ystafell *b* fwyta; ~**wagen** *m (BAHN)* cerbyd *g* bwyta; ~**zettel** *m* bwydlen *b*.

Spektakel[1] [ʃpɛkˈtaːkəl] (-s, -) *nt* sioe *b*, sbectacl *gb*.

Spektakel[2] *m (ugs: Lärm)* twrw *g*, helynt *g*.

spektakulär [ʃpɛktakuˈlɛːr] *adj* ysblennydd, aruthrol.

spektral [ʃpɛkˈtraːl] *adj* sbectrol.

Spektrum ['ʃpɛktrum] (-s, **Spektren**) *nt* sbectrwm *g*; *(fig)* rhychwant *g*.

Spekulant [ʃpekuˈlant] (-en, -en) *m (FIN)* hapfasnachwr *g*.

Spekulation [ʃpekulatsiˈoːn] (-, -en) *f (FIN)* hapfasnach *b*; *(Mutmaßung)* dyfaliad *g*, damcaniaeth *b*.

spekulieren [ʃpekuˈliːrən] *vi* dyfalu, damcaniaethu; *(FIN)* hapfasnachu; **auf etw** *akk* ~ disgwyl pethau mawr.

Spelunke [ʃpeˈluŋkə] (-, -n) *f (ugs, pej: Lokal)* twll *g* o le.

Spende ['ʃpɛndə] (-, -n) *f* cardod *b*, rhodd *b*, cyfraniad *g*.

spenden ['ʃpɛndən] *vt* rhoi (at elusen); **jdm Beifall** ~ rhoi clap i rn; **Trost** ~ gweini cysur.

Spenden- *kompos:* ~**büchse** *f* blwch *g* elusen; ~**konto** *nt* cyfrif *g* rhoddion.

Spender (-s, -) *m* rhoddwr *g*, cyfrannwr *g*.

spendieren [ʃpɛnˈdiːrən] *vt* talu am rth, prynu; **jdm etw ~** talu am rth dros rn.

Sperber [ˈʃpɛrbər] (**-s**, **-**) *m* *(ZOOL)* cudyll *g*.

Sperling [ˈʃpɛrlɪŋ] (**-s**, **-e**) *m* aderyn *g* y to, golfan *b*.

Sperma [ˈʃpɛrma] (**-s**, **Spermen**) *nt* *(ANAT)* sberm *g*, had *ll*.

Spermizid [ʃpɛrmiˈtsiːt] *nt* sbermleiddiad *g*.

sperrangelweit [ˈʃpɛrʔaŋəlˈvaɪt] *adj* ar agor led y pen, llydan agored.

Sperrbezirk *m* ardal *b* waharddedig.

Sperre [ˈʃpɛrə] (**-**, **-n**) *f* rhwystr *g*, atalfa *b*; *(Verbot)* gwaharddiad *g*.

sperren [ˈʃpɛrən] *vt* rhwystro, atal; *(COMM: Konto)* rhewi; *(COMP: Daten)* analluogi; *(SPORT)* atal, rhwystro; *(zuschließen)* cloi; *(verbieten)* gwahardd, bario.

♦ *vr:* **sich ~ (gegen etw)** gwrthod (rhth).

Sperr- *kompos:* **~feuer** *nt* *(MIL, fig)* tanio *g*, pledu *g*; **~frist** *f* *(auch JUR)* cyfnod *g* disgwyl; *(SPORT)* cyfnod *g* gwaharddiad; **~gebiet** *nt* *(MIL)* ardal *b* waharddedig; **~holz** *nt* pren *g* haenog.

sperrig *adj* swmpus, trwchus.

Sperr- *kompos:* **~konto** *nt* cyfrif *g* caeëdig; **~müll** *m* darnau *ll* mawr o sbwriel; **~rad** *nt* olwyn *b* glicied; **~sitz** *m* *(THEAT)* sedd *b* gefn; **~stunde** *f* *(von Lokal)* amser *g* cau; **~zone** *f* ardal *b* waharddedig.

Spesen [ˈʃpeːzən] *pl* *(FIN)* treuliau *ll*, costau *ll*.

Spesenabrechnung *f* cyfrif *g* treuliau.

Spessart [ˈʃpɛsart] *m* *(GEOG)* Mynyddoedd *ll* y Spessart.

Spezi [ˈʃpeːtsi] (**-s**, **-s**) *m* *(ugs)* ffrind *g*, mêt *g*.

Spezial- *in kompos* arbenigol, arbennig; **~ausbildung** *f* hyfforddiant *g* arbenigol; **~gebiet** *nt* maes *g* arbenigol.

spezialisieren [ʃpetsialiˈziːrən] *vr* arbenigo.

Spezialisierung *f* arbenigaeth *b*.

Spezialist [ʃpetsiaˈlɪst] (**-en**, **-en**) *m* arbenigwr *g*; **~in** *f* arbenigwraig *b*.

Spezialität [ʃpetsialiˈtɛːt] (**-**, **-en**) *f* arbenigedd *b*.

speziell [ʃpetsiˈɛl] *adj* arbennig.

Spezies [ˈʃpeːtsiɛs] *f* *(ZOOL, BIOL)* rhywogaeth *b*.

Spezifikation [ʃpetsifikatsiˈoːn] (**-**, **-en**) *f* manyleb *b*.

spezifisch [ʃpeˈtsiːfɪʃ] *adj* penodol, neilltuol.

spezifizieren [ʃpetsifiˈtsiːrən] *vt* pennu.

Sphäre [ˈsfɛːrə] (**-**, **-n**) *f* *(Kugel)* pelen *b*, sffêr *gb*; *(Bereich)* maes *g*, cylch *g*.

spicken [ˈʃpɪkən] *vt* *(KOCH)* blonegu, lardio; *(SCH)*^D copïo.

Spickzettel^D *m* *(SCH: ugs)* crib *g*.

spie *vb* vgl. **speien**.

Spiegel [ˈʃpiːgəl] (**-s**, **-**) *m* drych *g*; *(Wasser~, Alkohol~)* lefel *gb*; *(MIL)* bathodyn *g* swyddog (ar goler); *(von Reh)* pen-ôl *g*.

Spiegelbild *nt* adlewyrchiad *g*.

spiegelbildlich *adj* drychddelweddol.

Spiegelei [ˈʃpiːgəlʔaɪ] (**-s**, **-er**) *nt* wy *g* wedi'i ffrio.

spiegeln [ˈʃpiːgəln] *vt* adlewyrchu; *(fig: zeigen)* dangos.

♦ *vr* cael ei adlewyrchu.

♦ *vi* llewyrchu, disgleirio.

spiegelnd *adj* adlewyrchol.

Spiegelreflexkamera *f* *(FOTO)* camera *g* adlewyrchol.

Spiegelschrift *f* drychysgrifen *b*, ysgrifen *b* o chwith.

Spiegelung (**-**, **-en**) *f* adlewyrchiad *g*.

Spiel [ʃpiːl] *nt* gêm *b*; *(Schau~)* drama *b*; *(Spielen)* chwarae *g*; *(Karten)* pecyn *g*, pac *g*; *(TECH: ~raum)* llacrwydd *g*; **leichtes ~ (bei jdm) haben** ei chael hi'n hawdd gyda rhn; **die Hand** *oder* **Finger im ~ haben** bod â bys yn y briwes; **jdn aus dem ~ lassen** gadael rhn allan ohoni; **auf dem ~ stehen** bod yn y fantol; **aufs ~ setzen** mentro.

Spiel- *kompos:* **~anzug** *m* rompyrs *ll*, siwt *b* chwarae; **~automat** *m* peiriant *g* hapchwarae, lleidr *g* unfraich; **~bahn** *f* llain *b*; **~bank** *f* casino *g*; **~brett** *nt* clawr *g* chwarae; **~dose** *f* blwch *g* cerdd.

spielen [ˈʃpiːlən] *vt* chwarae; *(THEAT)* actio, perfformio; **ein Instrument ~** canu offeryn.

♦ *vi* *(um Geld)* chwarae siawns, gamblo; *(THEAT)* actio.

spielend *adv* yn hawdd.

Spieler(in) *m(f)* chwaraewr(aig) *g(b)*; *(um Geld)* gamblwr *g*.

Spielerei [ʃpiːləˈraɪ] *f* *(Kinderspiel)* difyrrwch *g* gwag.

spielerisch *adj* chwareus, chwaraegar; *(Leichtigkeit)* diymdrech.

Spiel- *kompos:* **~feld** *nt* maes *g*/cae *g* chwarae; **~film** *m* ffilm *b* adloniant; **~kamerad** *m* ffrind *g* chwarae; **~karte** *f* cerdyn *g* chwarae; **~kasino** *nt* casino *g*; **~mann** *m* *(HIST)* caniedydd *g*; **~männchen** *nt* darn *g* chwarae; **~plan** *m* *(THEAT)* rhaglen *b*; **~platz** *m* chwaraefa *b*, parc *g* chwarae; **~raum** *m* *(TECH)* goddefiant *g*; **~regel** *f* rheol *b* gêm; **~sachen** *pl* teganau *ll*; **~schulden** *pl* dyledion *ll* gamblo; **~show** *f* *(TV)* rhaglen *b* gwis; **~stand** *m* sgôr *gb*; **~stein** *m* pisyn *g*; **~sucht** *f* dibyniaeth *b* ar hapchwarae; **~tisch** *m* *(von Orgel)* consol *g*; **~uhr** *f* blwch *g* cerdd; **~verderber** *m* surbwch *g*; **~waren** *pl* teganau *ll*; **~zeit** *f* *(Saison)* tymor *g*; **~zeug** *nt* tegan *g*.

Spieß [ʃpiːs] (**-es**, **-e**) *m* gwaywffon *b*, picell *b*; *(Brat~)* cigwain *b*, sgiwer *g*, gwäell *b*; **den ~ umdrehen** *(fig)* troi'r fantol yn erbyn rhn; **schreien wie am ~** *(ugs)* gwichian fel mochyn.

Spieß- *kompos:* **~braten** *m* darn *g* o gig wedi ei rostio ar gigwain; **~bürger** *m (pej)* mân-fwrgais *g*.

Spießer (-s, -) *m (pej)* mân-fwrgais *g*.

spießig *adj (pej)* cul, â gwerthoedd cul y bourgeois.

Spike [spaɪk] *m* sbigyn *g*, styden *b*; **~s** *pl (Schuhe)* esgidiau *ll* pigog; *(AUTO: Reifen)* styds *ll*.

Spinat [ʃpiˈnaːt] *m (BOT)* pigoglys *g*.

Spind [ʃpɪnt] (-(e)s, -e) *m oder nt (MIL)* cloer *gb*, locer *gb*.

Spindel [ˈʃpɪndəl] (-, -n) *f* rhodell *b*, rod *b*.

spindeldürr *adj (pej)* esgyrnog, tenau fel polyn.

Spinne [ˈʃpɪnə] (-, -n) *f (ZOOL)* pryf *g* copyn, corryn *g*.

Spinnefeind *m (ugs)* jdm **~ sein** bod yn elyn pennaf i rn.

spinnen [ˈʃpɪnən] *irreg vt* nyddu, troelli; *(Spinnennetz)* gweu.

♦ *vi* nyddu; *(ugs)* siarad lol; *(verrückt sein)* bod yn wallgof; **ich denk' ich spinne!** *(ugs)* fedra'i ddim coelio'r peth!

Spinnen- *kompos:* **~gewebe** *nt*, **~netz** *nt* gwe *b*.

Spinner(in) *m(f)* ynfytyn *g*, cranc *g*, rhn lloerig.

Spinnerei [ʃpɪnəˈraɪ] *f* melin *b* nyddu.

Spinn- *kompos:* **~fäden** *pl* gwawn *g*; **~gewebe** *nt* gwe *b* pryf copyn; **~rad** *nt* olwyn *b* nyddu, troell *b*; **~webe** *f* gwawn *g*, edefyn *g*, gwe *b*.

Spion [ʃpiˈoːn] (-s, -e) *m* ysbïwr *g*; *(in Tür)* twll *g* ysbïo.

Spionage [ʃpioˈnaːʒə] *f* ysbïwriaeth *b*.

Spionage- *kompos:* **~abwehr** *f* gwrthysbïo *g*; **~satellit** *m* lloeren *b* ysbïo.

spionieren [ʃpioˈniːrən] *vi* ysbïo.

Spionin [ʃpiˈoːnɪn] (-, -nen) *f* ysbïwraig *b*.

Spirale [ʃpiˈraːlə] (-, -n) *f* troell *b*; *(MED)* coil *g*.

Spiralfeder (-, -n) *f* sbring *g* troellog.

spiralig *adj* troellog.

Spiralnebel *m (ASTRON)* galaeth *b* droellog.

spirituell [ʃpirituˈɛl] *adj* ysbrydol.

Spirituosen [ʃpirituˈoːzən] *pl* gwirodydd *ll*.

Spiritus [ˈʃpiːritʊs] (-, -se) *m* gwirod *gb* (methyl); **~kocher** *m* stôf *b* sbirit.

Spital [ʃpiˈtaːl] (-s, ¨-er) *nt* ysbyty *g*.

Spitz [ʃpɪts] (-es, -e) *m (Hund)* ci *g* sbits.

spitz *adj* miniog, pigfain; *(Winkel)* main, llym; *(fig: Zunge)* main, pigog; *(Bemerkung)* brathog, gwawdus.

spitzbekommen *irreg vt (ugs)* cael achlust o rth.

Spitz- *kompos:* **~bogen** *m* bwa *g* pigfain; **~bube** *m* rôg *g*, cnaf *g*, cenau *g*.

spitzbübisch *adj* craff; **~ lächeln** gwenu'n chwareus.

Spitze¹ [ˈʃpɪtsə] (-, -n) *f* pig *b*, min *g*; *(Berg~)* copa *gb*; *(erster Platz)* blaen *g*; *(höchster Punkt)* uchafbwynt *g*; *(fig: Bemerkung)* gwawd *g*; **etw auf die ~ treiben** mynd â rhth yn rhy bell.

Spitze² *f (TEX)* les *b*.

spitze *adj (ugs: prima)* campus, gwych.

Spitzel [ˈʃpɪtsəl] (-s, -) *m* ysbïwr *g*, hysbyswr *g*.

spitzen [ˈʃpɪtsən] *vt* hogi, miniogi, rhoi min ar; *(Lippen, Mund)* crychu, pletio; **die Ohren ~** moeli'r clustiau; *(fig)* clustfeinio.

Spitzen- *kompos:* **~leistung** *f* perfformiad *g* ardderchog; **~lohn** *m* cyflog *g* uchaf; **~marke** *f (COMM)* arweinydd *g* brand.

spitzenmäßig *adj (ugs)* hollol wych.

Spitzen- *kompos:* **~position** *f* safle *g* arweiniol, brig *g*; **~reiter** *m (SPORT)* pencampwr *g*; *(fig: Kandidat)* ceffyl *g* blaen; *(Ware)* rhth sy'n gwerthu orau; *(Schlager)* rhif un; **~sportler** *m* sbortsmon *g* o'r radd flaenaf.

Spitzer [ˈʃpɪtsər] (-s, -) *m* naddwr *g*, hogwr *g*.

spitzfindig *adv* cynnil iawn.

Spitz- *kompos:* **~hacke** *f* picas *g*; **~kehre** *f* troad *g*, bachdro *g*; **~maus** *f (ZOOL)* llygoden *b* goch; **~name** *m* llysenw *g*, glasenw *g*.

Spleen [ʃpliːn] (-s, -e *oder* -s) *m (Angewohnheit)* chwim *g*, arfer *gb* gwirion; *(Idee)* syniad *g* gwallgof; *(Fimmel)* obsesiwn *g*.

Splintholz [ˈʃplɪnthɔlts] *nt* gwynnin *g*.

Splitt [ʃplɪt] *m* grit *g*, cerrig *ll* mân; *(Streumittel)* graean *g*.

Splitter [ˈʃplɪtər] (-s, -) *m* ysgyren *b*, fflochen *b*.

Splittergruppe *f (POL)* grŵp *g* hollt, cangen *b*.

splitternackt *adj* noethlymun, porcyn.

SPÖ *f abk (= Sozialdemokratische Partei Österreichs)* Plaid *b* Sosialaidd Awstria.

sponsern [ˈʃpɔnzərn] *vt* noddi, nawddogi.

Sponsion [ʃpɔnziˈoːn] *f* seremoni *b* graddio.

Sponsor [ˈʃpɔnzɔr] (-s, -en) *m* noddwr *g*.

spontan [ʃpɔnˈtaːn] *adj* difyfyr, digymell.

Spontaneität [ʃpɔntaneiˈtɛːt] *f* buanedd *g* (meddwl).

sporadisch [ʃpoˈraːdɪʃ] *adj (zeitlich)* ysbeidiol; *(räumlich)* gwasgarog.

Spore [ˈʃpoːrə] (-, -n) *f (BOT)* sbôr *b*.

Sporen [ˈʃpoːrən] *pl vgl.* **Spore** *oder* **Sporn**.

Sporn [ʃpɔrn] (-s, **Sporen**) *m* swmbwl *g*; *(Reit~)* sbardun *g*; **Sporen** *pl* sbardunau.

Sport [ʃpɔrt] *m* chwaraeon *ll*; *(fig)* hobi *g*; **~ betreiben** cadw'n heini; **betreiben Sie ~?** ydych chi'n gwneud unrhyw chwaraeon?

Sport- *kompos:* **~abzeichen** *nt* tystysgrif *b* chwaraeon; **~artikel** *m* cyfarpar *g* chwaraeon.

sporteln [ˈʃpɔrtəln] *vi (ugs)* cadw'n heini, chwarae chwaraeon.

Sport- *kompos:* **~fest** *nt* gala *b* chwaraeon; *(SCH)* diwrnod *g* mabolgampau; **~geist** *m* sbortsmonaeth *b*, chwarae *g* teg; **~halle** *f* campfa *b*, neuadd *b* chwaraeon; **~klub** *m* clwb *g* chwaraeon; **~lehrer** *m* athro *g* ymarfer corff.

Sportler(in) *m(f)* mabolgampwr(aig) *g(b)*, sbortsmon(es) *g(b)*.

sportlich *adj* hoff o chwaraeon; *(fit)* heini.

Sport- *kompos:* **~medizin** *f* meddygaeth *b* chwaraeon; **~platz** *m* maes *g*/cae *g* chwarae; **~schuh** *m* esgid *b* chwaraeon.

Sports- *kompos:* **~freund** *m (fig, ugs)* ffrind *g*, llanc *g*; **~geist** *m* sbortsmonaeth *b*.

Sport- *kompos:* **~stadion** *nt* stadiwm *g* chwaraeon; **~verein** *m* clwb *g* chwaraeon; **~wagen** *m (AUTO)* sbortscar *g*; **~zeug** *nt* cit *g* chwaraeon.

Spot [ʃpɔt] (-**s**, -**s**) *m (Werbe~)* sbot *g* hysbysebu.

Spott [ʃpɔt] (-(e)**s**, *kein pl*) *m* gwatwar *g*, gwawd *g*, dirmyg *g*.

spottbillig *adj* rhad iawn.

spotten [ˈʃpɔtən] *vi* gwatwar, gwawdio; **~ über** *+akk* gwawdio, gwneud hwyl am ben; **das spottet jeder Beschreibung** mae y tu hwnt i ddisgrifiad.

Spötter [ˈʃpœtər] (-**s**, -) *m* gwatwarwr *g*, gwawdiwr *g*.

spöttisch [ˈʃpœtɪʃ] *adj* gwatwarus, dirmygus; **~es Lachen** crechwen *b*.

Spottpreis *m* pris *g* afresymol o isel.

sprach *vb vgl.* **sprechen**.

sprachbegabt *adj* â dawn ieithyddol.

Sprach- *kompos:* **~begabung** *f* sgiliau *ll* ieithyddol; **~beherrschung** *f* sgiliau *ll* iaith.

Sprache [ˈʃprɑːxə] (-, -**n**) *f* iaith *b*; *(Formulierung)* lleferydd *gb*; **raus mit der ~!** *(ugs)* tyrd ymlaen, allan â hi! tyrd o 'na, arllwys dy gwd! **in französischer ~** yn Ffrangeg; **zur ~ kommen** cael ei grybwyll.

Sprachenschule *f* ysgol *b* iaith.

Sprach- *kompos:* **~erlass** *m (JUR)* deddf *b* iaith; **~fehler** *m* nam *g* ar y lleferydd; **~führer** *m* llyfr *g* ymadroddion; **~gefühl** *nt* ymdeimlad *g* at iaith; **~insel** *f* ynysig *b* ieithyddol; **~kenntnisse** *pl* profiad *g* iaith; **~kurs** *m* cwrs *g* iaith; **~labor** *nt* labordy *g* iaith; **~lehre** *f* gramadeg *g*; **~lexikon** *nt* thesawrws *g*.

sprachlich *adj* ieithyddol.

sprachlos *adj* dieiriau, mud, wedi taro'n fud.

Sprach- *kompos:* **~politik** *f* polisi *g* iaith; **~rohr** *nt* corn *g* siarad, megaffon *g*; **~schule** *f* ysgol *b* iaith; **~störung** *f* atal *g* dweud, nam *g* ar y lleferydd; **~therapeut** *m* therapydd *g* lleferydd; **~wissenschaft** *f* ieithyddiaeth *b*, ieitheg *b*; **~wissenschaftler** *m* ieithydd *g*.

sprachwissenschaftlich *adj* ieithyddol.

sprang *vb vgl.* **springen**.

Spray [ʃpreː] (-**s**, -**s**) *m oder nt* aerosol *g*.

Spraydose *f* aerosol *g*, chwistrell *b*.

Sprech- *kompos:* **~anlage** *f* intercom *g*; **~blase** *f* swigen *b* siarad.

sprechen [ˈʃprɛçən] *irreg vi* siarad; *(sich unterhalten)* sgwrsio; **mit jdm ~** siarad â rhn; **das spricht für ihn** mae hynny o'i blaid; **nicht gut auf jdn zu ~ sein** bod ar delerau drwg â rhn.

♦ *vt* dweud; *(Sprache)* siarad; *(Person)* **jdn ~** siarad â rhn; **frei ~** siarad yn fyrfyfyr, traethu o'r frest; **es spricht vieles dafür, dass ...** mae digon o sail dros gredu bod...; **hier spricht man Walisisch** siaredir Cymraeg yma; **wir ~ uns noch!** fe gei di glywed mwy am hyn!

Sprecher(in) *m(f)* siaradwr(aig) *g(b)*; *(für Gruppe)* llefarydd *g*; *(RADIO)* cyflwynydd *g*.

Sprech- *kompos:* **~funkgerät** *nt* radio-teleffon *g*; **~rolle** *f (THEAT)* rhan *b* lafar; **~stunde** *f* awr *b* ymgynghori; *(von Arzt)* oriau *ll* meddygfa.

Sprechstundenhilfe *f (in Arztpraxis)* derbynnydd *g*, derbynwraig *b*.

Sprech- *kompos:* **~technik** *f* llafareg *b*; **~weise** *f* lleferydd *gb*; **~zimmer** *nt* ystafell *b* ymgynghori; *(von Arzt)* meddygfa *b*.

Spreizdübel [ˈʃpraɪtsdyːbəl] *m* bollten *b* ymestyn.

spreizen [ˈʃpraɪtsən] *vt* agor, lledu.

Spreng- *kompos:* **~anlage** *f* ysgeintiwr *g*; **~arbeiten** *pl* taniadau *ll*, gwaith *g* tanio.

sprengen [ˈʃprɛŋən] *vt (streuen)* gwasgaru; *(Rasen)* sgeintio; *(mit Sprengstoff)* ffrwydro; *(Versammlung)* chwalu, rhoi terfyn ar.

Spreng- *kompos:* **~kopf** *m* arfben *g*, pen *g* ffrwydrol; **~körper** *m* ffrwydryn *g*; **~ladung** *f* llwyth *g* ffrwydrol; **~satz** *m* dyfais *b* ffrwydrol; **~stoff** *m* ffrwydryn *g*.

Sprengstoffanschlag *m* cyrch *g* bomio.

Spreu [ʃprɔy] *f* us *ll*, mân us *ll*, eisin *ll*, bran *g*; **die ~ vom Weizen trennen** nithio; *(fig)* gwahanu'r rhai da o'r rhai drwg.

Sprichwort [ˈʃprɪçvɔrt] (-(e)**s**, ¨-**er**) *nt* dihareb *b*.

sprichwörtlich *adj* diarhebol.

sprießen [ˈʃpriːsən] *irreg vi (+sein) (aus der Erde)* tarddu, ffrydio; *(Knospen)* egino, blaguro.

Springbrunnen [ˈʃprɪŋbrunən] (-**s**, -) *m* ffynnon *b*, pistyll *g*.

springen [ˈʃprɪŋən] *irreg vi (+sein)* neidio, llamu; *(Glas)* cracio, hollti; *(mit Kopfsprung)* plymio; **etw ~ lassen** *(ugs)* gwneud cyfraniad ariannol.

springend *adj:* **der ~e Punkt** y pwynt tyngedfennol.

Springer (-**s**, -) *m* neidiwr *g*; *(Schach)* marchog *g*; *(Messer)* cyllell *b* glec.

springlebendig *adj* talog, bywiog.

Spring- *kompos:* **~messer** *nt* cyllell *b* glec; **~reiten** *nt* neidio *g* ceffylau; **~schnur** *f*, **~seil** *nt* rhaff *b* sgipio.

Sprinkler ['ʃprɪŋklər] (-s, -) *m* ysgeintiwr *g*.

Sprinkleranlage *f* ysgeintiwr *g*.

Sprint [ʃprɪnt] *m* (SPORT) sbrint *b*.

sprinten ['ʃprɪntən] *vi* sbrintio.

Sprit [ʃprɪt] (-(e)s, -e) *m* (ugs: Benzin) petrol *g*.

Spritzbeutel *m* (KOCH) bag *g* eisin.

Spritze ['ʃprɪtsə] (-, -n) *f* chwistrell *b*; (ugs: Impfung) brechiad *g*, pigiad *g*.

spritzen ['ʃprɪtsən] *vt* (+haben) ysgeintio, taenellu; (Wein) ychwanegu dŵr soda at; (MED) chwistrellu.

♦ *vi* (+sein oder haben) sblasio, tasgu; (heraus~) ffrytian; (aus einer Tube) chwistrellu; (MED) chwistrellu.

Spritzer (-s, -) *m* (Farb~, Wasser~) tasgiad *g*.

spritzig *adj* sionc; **der Wagen ist ganz schön ~** mae tipyn o gic yn y car 'ma.

Spritzpistole *f* (Spiel) gwn *g* dŵr; (Kunst) chwistrell *b* baent.

Spritztour *f* gwibdaith *b*, trip *g*.

spröde ['ʃprø:də] *adj* brau; (Person) oeraidd, sych.

spross *vb vgl.* **sprießen.**

Spross (-es, -e) *m* blaguryn *g*, eginyn *g*.

Sprosse ['ʃprɔsə] (-, -n) *f* (Leiter~) ffon *b*; (Fenster~) mwntin *g*.

Sprossenwand *f* (SPORT) wal *b* ddringo.

Sprössling ['ʃprœslɪŋ] (-s, -e) *m* (ugs: Kind) plentyn *g*, disgynnydd *g*.

Spruch [ʃprʊx] (-(e)s, ¨-e) *m* dywediad *g*, gwireb *b*; (JUR) dyfarniad *g*, dedfryd *gb*; **Sprüche klopfen** siarad yn flodeuog.

Spruchband *nt* baner *b*.

Sprüchemacher ['ʃprʏçəmaxər] *m* (ugs) paldaruwr *g*.

spruchreif *adj:* **die Sache ist noch nicht ~** nid yw pethau'n bendant eto.

Sprudel[D] ['ʃpru:dəl] *m* diod *b* befriog, pop *g*.

sprudeln ['ʃpru:dəln] *vi* byrlymu.

Sprühdose *f* aerosol *g*.

sprühen *vi* (+ haben oder sein) chwistrellu; (Funken) gwreichioni; (fig) pefrio, disgleirio.

♦ *vt* (+haben) chwistrellu.

Sprühregen *m* glaw *g* mân, gwlithlaw *g*.

Sprung [ʃprʊŋ] (-(e)s, ¨-e) *m* (auch fig) naid *b*, llam *g*; (Riss) crac *gb*, hollt *g*; **immer auf dem ~ sein** bod wrthi o hyd; **jdm auf die Sprünge helfen** (wohlwollend) rhoi help llaw i rn, bod yn gymorth i rn; **auf einen ~ bei jdm vorbeikommen** (ugs) galw heibio i rn; **damit kann man keine großen Sprünge machen** (ugs) ewch chi ddim yn bell iawn ar hynny.

Sprung- *kompos:* **~brett** *nt* sbringfwrdd *b*; **~feder** *f* sbring *g*; **~gelenk** *nt* (ANAT) gar *gb*.

sprunghaft *adj* anwadal, oriog; (Aufstieg) sydyn.

Sprung- *kompos:* **~kraft** *f* sbonc *b*; **~schanze** *f* naid *b* sgi; **~turm** *m* llwyfan *gb* plymio.

Spucke ['ʃpʊkə] (-, *kein pl*) *f* poer *g*.

spucken ['ʃpʊkən] *vt, vi* poeri; **in die Hände ~** (fig) torchi llewys.

Spucknapf *m* poerlestr *g*.

Spuk [ʃpu:k] (-(e)s, -e) *m* ymrithiad *g*, dera *b*; (fig) hunllef *b*.

spuken ['ʃpu:kən] *vi* (Geist) cerdded; **hier spukt es** (ugs) mae ysbrydion fan hyn.

Spülbecken ['ʃpy:lbɛkən] (-s, -) *nt* (in Küche) sinc *b*.

Spule ['ʃpu:lə] (-, -n) *f* sbŵl *g*, rîl *b*; (ELEKT) coil *g*.

Spüle[D] ['ʃpy:lə] *f* (ugs) sinc *b*.

spülen ['ʃpy:lən] *vt* streulio, tynnu trwy ddŵr; **etw an Land ~** golchi i'r lan; **Geschirr ~** golchi llestri.

♦ *vi* (Toilette) tynnu'r dŵr; (Geschirr)[D] golchi llestri.

Spül- *kompos:* **~maschine**[D] *f* peiriant *g* golchi llestri; **~mittel** *nt* hylif *g* golchi llestri; **~tisch**[D] *m* bwrdd *g* sinc.

Spülung *f* streuliad *g*; (Toilette) dŵr *g*, fflws *g*; (MED) dyfrhad *g*.

Spund [ʃpʊnt] *m:* **junger ~** (ugs) glaslanc *g*, dyn *g* anaeddfed.

Spur [ʃpu:r] (-, -en) *f* ôl *g*, arlliw *g*, argoel *b*; (Fuß~, Rad~) ôl *g*, trac *g*; (Tonband~) trac; (Fährte) trywydd *g*; (Fahr~) lôn *b*; **eine ~ Salz** pinsiad *g* o halen; **jdm auf die ~ kommen** dod ar drywydd rhn; **(seine) ~en hinterlassen** gadael (eich) ôl; **keine ~!** (ugs) dim o gwbl!

spürbar *adj* amgyffredadwy, dirnadwy.

spuren ['ʃpu:rən] *vi* ufuddhau.

spüren ['ʃpy:rən] *vt* teimlo, chwaethu, synhwyro; **etw zu ~ bekommen** (fig) teimlo effaith rhth yn llawn.

Spurenelement (-s, -e) *nt* elfen *b* hybrin.

Spurensicherung *f* sicrhau *g*'r dystiolaeth.

Spürhund (-(e)s, -e) *m* ci *g* trywydd, olrhead *g*; (fig) ditectif *g*.

spurlos *adv* heb ôl; **~ an jdm vorbeigehen** heb gael effaith o gwbl ar rn.

Spurt [ʃpʊrt] (-(e)s, -s *oder* -e) *m* hwb *g*.

spurten ['ʃpʊrtən] *vi* (+sein) sbrintio, cyflymu, gwibio.

sputen ['ʃpu:tən] *vr* prysuro.

Squash [skvɔʃ] *nt* (SPORT) sboncen *b*.

SS[1] *f abk* (HIST, = Schutzstaffel) SS.

SS[2] *nt abk* (UNIV) = **Sommersemester.**

s.S. *abk* (= siehe Seite) gw. tud. (gweler tudalen).

SSV *abk* = **Sommerschlussverkauf.**

st *abk* (= *Stunde*) awr *b.*

St.¹ *abk* = **Stück.**

St.² *abk* (= *Sankt*) Sain, Sant; *(GEOG)* Sain, Llan.

Staat [ʃtaːt] (-(e)s, -en) *m* gwladwriaeth *b*, gwlad *b*; *(ugs: Prunk)* sbloet *g*; **mit etw ~ machen** gwneud sbloet o rth.

staatenlos *adj (Person)* heb ddinasyddiaeth; *(Territorium)* heb wladwriaeth, di-sofraniaeth.

staatlich *adj* gwladol, gwladwriaethol; **~er Feiertag** gŵyl *b* statudol; **~er Sektor** sector *gb* cyhoeddus.

Staats- *kompos:* **~affäre** *f* mater *g* gwladol; *(fig)* ymgyrch *b* fawr; **~angehörige** *m/f* dinesydd *g*; **~angehörigkeit** *f* dinasyddiaeth *b*; **~anwalt** *m*, **~anwältin** *f (JUR)* Erlynydd *g* Cyhoeddus; **~betrieb** *m* diwydiant *g* gwladol; **~bürger** *m* dinesydd *g*; **~bürgerschaft** *f* dinasyddiaeth *b*; **~dienst** *m* gwasanaeth *b* sifil.

staatseigen *adj* yn perthyn i'r wlad, gwladol.

Staats- *kompos:* **~eigentum** *nt* perchenogaeth *b* gyhoeddus; **~examen**^D *nt (UNIV)* arholiad *g* gwladol.

staatsfeindlich *adj* chwyldroadol, tanseiliol.

Staats- *kompos:* **~gebiet** *nt* tiriogaeth *b*; **~geheimnis** *nt* cyfrinach *b* wladol; **~gelder** *pl*, **~haushalt** *m* cyllideb *b* wladol; **~kasse** *f* cyllid *g* y wlad; **~kosten** *pl* costau *ll* cyhoeddus.

Staatsmann (-(e)s, ˮ-er) *m* gwladweinydd *g*.

staatsmännisch *adj* fel gwladweinydd, pwyllog, call.

Staatsoberhaupt *nt* pennaeth *g* gwlad.

Staats- *kompos:* **~schulden** *pl (FIN)* dyled *b* wladol; **~sekretär** *m* Ysgrifennydd *g* Gwladol; **~sekretariat** *nt* Swyddfa *b* Ysgrifennydd Gwladol; **~sicherheitsdienst** *m* gwasanaeth *g* cudd; **~streich** *m* gwrthryfel *g*, coup d'état *g*; **~verschuldung** *f* dyled *b* wladol.

Stab [ʃtaːp] (-(e)s, ˮ-e) *m* ffon *b*; *(Gitter~)* bar *g*; *(Kricket)* stwmp *g*; *(MIL, Mitarbeiter~)* staff *g*; *(Bischofs~)* bagl *b* esgob, bugeilffon *b*; *(von Experten)* panel *g*.

Stäbchen [ˈʃtɛːpçən] (-s, -) *nt (zum Essen)* gweillen *b* fwyta.

Stabhochsprung *m (SPORT)* naid *b* bolyn.

stabil [ʃtaˈbiːl] *adj* sad, sefydlog; *(fest)* solet, cadarn, sownd.

Stabilisator [ʃtabiliˈzaːtɔr] (-s, -en) *m* sadiwr *g*.

stabilisieren [ʃtabiliˈziːrən] *vt* sefydlogi, sadio.

Stabilisierung [ʃtabiliˈziːrʊŋ] *f* sefydlogiad *g*.

Stabilität [ʃtabiliˈtɛːt] *f* sefydlogrwydd *g*, sadrwydd *g*.

Stabplatte *f* blocfwrdd *g*.

Stabreim *m (LIT)* cyflythreniad *g*, cyseinedd *g*.

Stabsarzt *m (MIL)* capten *g* yn y corfflu meddygol.

stach *vb vgl.* **stechen.**

Stachel [ˈʃtaxəl] (-s, -n) *m (BOT, ZOOL)* pigyn *g*, draenen *b*; *(von Insekten)* colyn *g*.

Stachel- *kompos:* **~beere** *f (BOT)* eirinen *b* Mair, gwsberen *b*; **~draht** *m* weiren *b* bigog.

stachelig *adj* pigog, dreiniog.

Stachelschwein (-(e)s, -e) *nt (ZOOL)* ballasg *g*.

Stadion [ˈʃtaːdiɔn] (-s, Stadien) *nt* stadiwm *g*.

Stadium [ˈʃtaːdiʊm] (-s, Stadien) *nt* stad *b*, cyfnod *g*, gradd *b*.

Stadt [ʃtat] (-, ˮ-e) *f* tref *b*, dinas *b*.

Stadtbad (-(e)s, ˮ-er) *nt* pwll *g* nofio trefol.

stadtbekannt *adj* yn hysbys drwy'r dref gyfan, yn wybyddus i bawb yn y dref.

Stadt- *kompos:* **~bezirk** *m* bwrdeistref *b*; **~bücherei** *f* llyfrgell *b* y dref; **~bummel** *m* tro *g* o amgylch y dref.

Städtchen [ˈʃtɛːtçən] (-s, -) *nt* tref *b* fechan, treflan *b*.

Städtebau (-(e)s, *kein pl*) *m* cynllunio *g* trefol.

Städter(in) *m(f)* dinesydd *g*, preswylydd *g* tref.

Stadt- *kompos:* **~gespräch** *nt* testun siarad i bawb; **~guerilla** *f (POL)* herwfilwr *g* trefol.

städtisch *adj* trefol.

Stadt- *kompos:* **~kasse** *f* trysorlys *g* y dref; **~kern** *m* canol *g* y dref; **~kreis** *m* bwrdeistref *b*; **~mauer** *f* muriau *ll*'r dref; **~mitte** *f* canol *g* y dref; **~park** *m* parc *g* y dref; **~plan** *m* map *g* o'r dref; **~planer** *m* cynllunydd *g* trefol; **~planung** *f* cynllunio *g* trefol; **~rand** *m* cwr *g* y dref; **~rat** *m (Behörde)* cyngor *g* y dref, cyngor *g* y ddinas; **~recht** *nt (HIST)* breinlen *b*; **~rundfahrt** *f* taith *b* o gylch y dref/ddinas; **~streicher** *m* trempyn *g*; **~teil** *m* istref *b*, ardal mewn tref; **~verwaltung** *f* awdurdod *gb* y dref; **~viertel** *nt* ardal *b*/rhan *b* o'r dref; **~zentrum** *nt* canol *g* y dref, canolfan *gb* ddinesig.

Staffel [ˈʃtafəl] (-, -n) *f (SPORT)* tîm *g* ras gyfnewid; *(MIL, AERO)* sgwadron *gb.*

Staffelei [ʃtafəˈlaɪ] *f (KUNST)* stand *gb*, îsl *g.*

Staffellauf *m (SPORT)* ras *b* gyfnewid.

staffeln [ˈʃtafəln] *vt* graddoli, styffylu; *(COMP)* swp-brosesu.

Staffelung *f* graddoliad *g.*

Stagnation [ʃtagnatsiˈoːn] *f (COMM)* marweidd-dra *g*, llonyddwch *g.*

stagnieren [ʃtagˈniːrən] *vi (Wasser)* sefyll, bod yn llonydd; *(Handel)* marweiddio.

Stahl [ʃtaːl] (-(e)s, ˮ-e) *m* dur *g*; *(geh, fig: Waffe)* cleddyf *g.*

stahl *vb vgl.* **stehlen.**

stählern [ˈʃtɛːlərn] *adj* dur.

Stahl- *kompos:* **~träger** *m* hytrawst *g;* **~werk** *nt (IND)* gwaith *g* dur; **~wolle** *f* gwlân *g* dur.

stak *vb vgl.* **stecken.**

Stalagmit [stalag'miːt] (**-s** *oder* **-en, -e** *oder* **-en**) *m* stalagmid *g,* bys *g* calch.

Stalaktit [stalakti:t] (**-s** *oder* **-en, -e** *oder* **-en**) *m* stalactid *g,* bys *g* calch.

Stall [ʃtal] (**-(e)s,** ̈**-e**) *m* stabl *b;* *(Kuh~)* beudy *g;* *(Schweine~)* cwt *g* moch, twlc *g;* *(Kaninchen~, Hühner~)* cwt *g.*

Stallknecht (**-(e)s, -e**) *m* gwastrawd *g,* gwas *g* ceffylau.

Stallung *f* stablau *ll.*

Stamm [ʃtam] (**-(e)s,** ̈**-e**) *m (Baum~)* boncyff *g;* *(Volks~)* llwyth *g;* *(GRAM)* bôn *g,* bonyn *g.*

Stamm- *kompos:* **~aktie** *f (FIN)* cyfran *b* gyffredin; **~baum** *m* llinach *b,* achau *ll'*r teulu, coeden *b* deulu; *(von Tier)* tras *b,* pedigri *g;* **~buch** *nt* llyfr cofnodi digwyddiadau yn y teulu.

stammeln ['ʃtaməln] *vi* siarad ag atal, hecian.
    ♦ *vt* dweud gan gecian.

stammen ['ʃtamən] *vi:* **~ aus** *+dat* hanu o, dod o; **~ von** *+dat* tarddu o, deillio o.

Stamm- *kompos:* **~form** *f (GRAM)* ffurf *b* gysefin, bôn *g;* **~gast** *m* cwsmer/mynychwr *g* cyson; **~halter** *m* etifedd *g.*

stämmig ['ʃtɛmɪç, -ɪk] *adj* cydnerth, praff, cryf.

Stämmigkeit *f* nerth *g,* cadernid *g,* praffter *g.*

Stamm- *kompos:* **~kapital** *nt (FIN)* cyfran *b* gyffredin; **~kunde** *m,* **~kundin** *f* cwsmer *g* cyson; **~lokal** *nt* cyniwierfa *b,* y dafarn *gb* leol; **~platz** *m* sedd *b* arferol; **~tisch** *m* bwrdd ar gyfer y cwsmeriaid cyson.

Stampede [ʃtam'peːdə] *f (von Herde)* rhuthr *g.*

Stamperl^ ['ʃtampərl] *nt* llymaid *g.*

stampfen ['ʃtampfən] *vi (+haben)* stampio, sangu; *(stapfen)* troedio'n drwm, trampio.
    ♦ *vt (+haben) (mit Stampfer)* pwyo, stwnsio.

Stampfer (**-s, -**) *m (Stampfgerät)* stwnsiwr *g.*

Stand [ʃtant] (**-(e)s,** ̈**-e**) *m* safle *g;* *(Wasser~)* lefel *b;* *(Zustand)* sefyllfa *b;* *(Spiel~)* sgôr *gb;* *(Bude)* bwth *g;* *(Messe~ usw)* stondin *b;* *(Klasse)* dosbarth *g;* *(Beruf)* galwedigaeth *b,* proffesiwn *g;* **bei jdm einen schweren ~ haben** *(fig)* cael llaw galed gan rn; **etw auf den neuesten ~ bringen** diweddaru rhth; **im ~e sein** medru.

stand *vb vgl.* **stehen.**

Standard ['ʃtandart] (**-s, -s**) *m* safon *b.*

Standardausführung *f* cynllun *g* safonol.

standardisieren [ʃtandardi'ziːrən] *vt* safoni.

Standardwerk (**-(e)s, -e**) *nt* llyfr *g* safonol.

Standarte [ʃtan'dartə] (**-, -n**) *f (MIL)* baner *b,* lluman *g.*

Stand- *kompos:* **~bein** *nt* troed *gb* segur; **~bild** *nt* cerflun *g,* delw *b.*

Ständchen ['ʃtɛntçən] (**-s, -**) *nt* hwyrgân *b,* serenâd *b.*

Ständer ['ʃtɛndər] (**-s, -**) *m* stand *gb,* rac *b,* rhesel *b.*

Standesamt *nt* swyddfa *b* gofrestru, cofrestrfa *b.*

standesamtlich *adj:* **~e Trauung** seremoni *b* briodas mewn swyddfa gofrestru.

Standes- *kompos:* **~beamte** *m* cofrestrydd *g;* **~bewusstsein** *nt* ymwybyddiaeth *b* o safle cymdeithasol; **~dünkel** *m* snobyddiaeth *b.*

standesgemäß *adj* cydnaws â'ch safle cymdeithasol.

Standesunterschied *m* gwahaniaeth *g* cymdeithasol.

standfest *adj (Tisch, Leiter)* di-syfl, solet; *(fig)* cadarn, diysgog.

Standfestigkeit *f* sadrwydd *g.*

standhaft *adj* cadarn, diysgog.

Standhaftigkeit *f* cadernid *g,* diysgogrwydd *g.*

standhalten *irreg vi* sefyll yn gadarn (yn wyneb rhn/rhth).

ständig ['ʃtɛndɪç, -ɪk] *adj* parhaol, gwastadol; *(ununterbrochen)* cyson, parhaus.

Stand- *kompos:* **~licht** *nt (AUTO)* golau *g* ystlys; **~ort** *m* lleoliad *g,* safle *g;* *(MIL)* garsiwn *gb.*

Standpauke^D *f* pryd o dafod; **jdm eine ~ halten** *(ugs)* rhoi pregeth i rn.

Standpunkt (**-(e)s, -e**) *m* safbwynt *g.*

standrechtlich *adj:* **~ erschießen** rhoi o flaen mintai saethu.

Stand- *kompos:* **~seilbahn** *f* rhaffordd *b,* rheilffordd *b* halio; **~spur** *f (AUTO)* llain *b* galed; **~uhr** *f* cloc *g* wyth niwrnod.

Stange ['ʃtaŋə] (**-, -n**) *f* ffon *b;* *(Pfosten)* polyn *g;* *(Quer~)* bar *g;* *(Zigaretten)* pecyn *g* o flychau sigaréts; **von der ~** *(Kleidung)* parod; **eine ~ Geld** *(ugs)* llond gwlad o arian; **jdm die ~ halten** *(ugs)* cefnogi rhn; **bei der ~ bleiben** *(ugs)* cadw at rth; **an die ~ schießen** *(SPORT)* taro'r postyn.

Stängel ['ʃtɛŋəl] (**-s, -**) *m (BOT)* gwlyddyn *g,* gwrysgen *b,* coesyn *g;* **vom ~ fallen** *(ugs:*^D *überrascht sein)* synnu, cael eich syfrdanu.

Stangen- *kompos:* **~bohne** *f* ffeuen *b* ddringo; **~brot** *nt* bara *g* Ffrengig; *(Laib)* torth *b* hir; **~sellerie** *m oder f* seleri *g;* **~ware** *f* dillad *ll* parod.

Stanitzel^ [ʃta'nɪtsəl] *nt* cwdyn *g* conig.

stank *vb vgl.* **stinken.**

Stänkerer ['ʃtɛŋkərər] (**-s, -**) *m* bwli *g,* corddwr *g.*

stänkern ['ʃtɛŋkərn] *vi (ugs)* corddi'r dyfroedd.

Stanniol [ʃtani'oːl] (**-s, -e**) *nt =* **Stanniolpapier.**

Stanniolpapier *nt* papur *g* arian; *(ugs)* ffoil *g* alwminiwm.

stante pede ['stantə 'pe:də] *adv* wrth droi ar eich sawdl, ar unwaith.

Stanze¹ ['ʃtantsə] (-, -n) *f* pennill *g*.

Stanze² (-, -n) *f* (TECH) pwnsh *g*.

Stanzel^ ['ʃtantsəl] *nt* rhigwm *g*.

stanzen ['ʃtantsən] *vt* pwnsio; (lochen) tyllu.

Stanzmaschine *f* pwnsh *g*.

Stapel ['ʃta:pəl] (-s, -) *m* pentwr *g*; (NAUT) stand *gb* adeiladu; **vom ~ lassen** lansio.

Stapellauf *m* (NAUT) lansiad *g*.

stapeln ['ʃta:pəln] *vt* pentyrru, tyrru; (COMP) swp-brosesu.
♦ *vr* pentyrru.

Stapelverarbeitung *f* (COMP) swp-brosesu *g*.

stapfen ['ʃtapfən] *vi* (+sein) troedio'n drwm, trampio.

Star¹ [ʃta:r] (-(e)s, -e) *m* (ZOOL) drudwen *b*.

Star² (-(e)s, -e) *m* (MED) **grauer ~** rhuchen *b*, cataract *g*; **grüner ~** glawcoma *g*.

Star³ (-s, -s) *m* (Film~ usw) seren *b*.

starb *vb vgl.* **sterben**.

stark [ʃtark] (komp **stärker**; superl **am stärksten**) *adj* cryf *g*, cref *b*; (heftig) trwm *g*, trom *b*; (untersetzt) byrdew; (ugs: hervorragend) gwych; **das ist ein ~es Stück!** mae hynny'n warthus; **stärker sein als ...** bod yn drech na...
♦ *adv* iawn; (beschädigt) yn wael iawn; **sich für etw ~ machen** (ugs) cefnogi rhth, bod yn bleidiol i rth; **er ist ~ erkältet** mae e'n llawn annwyd; **~ abschüssig** serth iawn.

Stärke ['ʃtɛrkə] (-, -n) *f* cryfder *g*, cadernid *g*, trymder *g*; (von Mannschaft) nifer *gb*; (KOCH, Wäsche~) starts *g*; **~n und Schwächen** camp a rhemp.

Stärkemehl *nt* (KOCH) starts *g*.

stärken ['ʃtɛrkən] *vt* cryfhau; (Wäsche) startsio; (Selbstbewusstsein) atgyfnerthu; (Gesundheit) gwella; (erfrischen) atgyfnerthu.
♦ *vi* bod yn atgyfnerthol.

Starkstrom *m* (ELEKT) cerrynt *g* cryf.

Stärkung ['ʃtɛrkʊŋ] *f* cryfhad *g*; (Essen) lluniaeth *gb*.

Stärkungsmittel *nt* moddion *ll* atgyfnerthol, tonig *g*.

starr [ʃtar] *adj* anystwyth, anhyblyg; (steif) stiff, sownd; (Blick) syllol, rhythol; **~ vor Kälte** wedi ei ferwino gan oerfel.

Starre ['ʃtarə] (-, kein pl) *f* stiffrwydd *g*.

starren ['ʃtarən] *vi* rhythu, syllu; **~ vor** +dat wedi ei orchuddio gan; **~ vor Waffen** bod ag arfau ym mhob poced; **vor sich** akk **hin ~** syllu yn syth o'ch blaen, syllu'n ddiwyro.

Starrheit *f* anystwythder *g*, anhyblygrwydd *g*.

starrköpfig *adj* ystyfnig, cyndyn, pengaled.

Starrsinn *m* ystyfnigrwydd *g*, cyndynrwydd *g*.

starrsinnig *adj* ystyfnig.

Start [ʃtart] *m* cychwyn *g*; (AERO) esgyniad *g*.

Start- kompos: **~automatik** *f* (AUTO) tagydd *g* awtomatig; **~bahn** *f* (SPORT) rhedfa *b*; (AERO) llwybr *g* glanio.

starten ['ʃtartən] *vt* (+haben) cychwyn, dechrau.
♦ *vi* (+sein) cychwyn, dechrau; (AERO) codi, esgyn.

Starter (-s, -) *m* (AUTO) taniwr *g*.

Starterlaubnis *f* (AERO) caniatâd *g* i godi.

Starterzug *m* (AUTO) tagydd *g*.

Startfahne *f* (SPORT) lluman *g* cychwyn.

Starthilfe *f* (AERO) cychwyniad *g* â chymorth roced; (fig) cymorth *g* cychwynnol; **jdm ~ geben** helpu rhn i gychwyn yn dda.

Starthilfekabel *nt* gwifrau *ll* cyswllt.

startklar *adj* (AERO) yn glir i godi hedfan; (SPORT) yn barod i ddechrau.

Start- kompos: **~kommando** *nt* (SPORT) gorchymyn *g* i gychwyn; **~position** *f* safle *g* cychwynnol; **~schuss** *m* (SPORT) ergyd *gb* cychwyn; **~signal** *nt*, **~zeichen** *nt* signal *g* dechrau.

Stasi ['ʃta:zi] (-, kein pl) *f abk* (HIST: Staatssicherheitsdienst der DDR) Stasi.

Statik ['ʃta:tɪk] *f* stateg *b*.

Statiker(in) *m(f)* stategydd *g*.

Station [ʃtatsi'o:n] (-, -en) *f* gorsaf *b*; (in einem Krankenhaus) ward *b*; (Haltestelle) arhosfan *gb*; **~ machen** stopio am ychydig.

stationär [ʃtatsio'nɛ:r] *adj* sefydlog, llonydd, disymud; (MED) mewn ysbyty.

stationieren [ʃtatsio'ni:rən] *vt* gorsafu, rhoi mewn man, lleoli; (in Position bringen) gosod, lleoli.

Stations- kompos: **~arzt** *m*, **~ärztin** *f* meddyg *g* ar ward; **~vorsteher** *m* (BAHN) rheolwr *g* gorsaf.

statisch ['ʃta:tɪʃ] *adj* statig, llonydd; **~e Elektrizität** trydan *g* statig.

Statist [ʃta'tɪst] (-en, -en) *m* (THEAT) rhodiwr *g*; (FILM) ecstra *g*.

Statistik [ʃta'tɪstɪk] *f* (MATH) ystadegaeth *b*; (Tabelle) ystadegyn *g*.

Statistiker(in) *m(f)* ystadegydd *g*.

statistisch [ʃta'tɪstɪʃ] *adj* ystadegol.

Stativ [ʃta'ti:f] (-s, -e) *nt* (FOTO) trybedd *b*, stand *gb*.

statt [ʃtat] konj yn lle, yn hytrach na.
♦ *präp* +gen oder +dat yn lle, yn hytrach na;.

Statt *f* lle *g*, man *gb*.

stattdessen konj yn hytrach.

Stätte ['ʃtɛtə] (-, -n) *f* lle *g*, man *gb*.

stattfinden irreg *vi* digwydd.

statthaft *adj* derbyniol, derbyniadwy.

Statthalter (-s, -) *m* (POL) rhaglaw *g*.

stattlich *adj* mawreddog, urddasol; *(Bursche)* golygus; *(Sammlung, Summe)* sylweddol; *(Familie)* mawr.

Statue ['ʃtɑ:tuə] (-, -n) *f* cerflun *g*, delw *b*.

Statur [ʃta'tu:r] *f* corffolaeth *b*, maintioli *g*.

Status ['ʃtɑ:tʊs] *m* statws *g*.

Statussymbol *nt* symbol *g* statws.

Statuten [ʃta'tu:tən] *pl* is-ddeddfau *ll*.

Stau [ʃtaʊ] (-(e)s, -e) *m* rhwystr *g*, atalfa *b*; *(Verkehrs~)* tagfa *b* draffig.

Staub [ʃtaʊp] (-(e)s, *kein pl) m* llwch *g*, dwst *g*; **~ wischen** tynnu llwch; **sich aus dem ~ machen** *(ugs)* diflannu.

staubbedeckt *adj* llychlyd.

Staubbeutel *m (BOT)* anther *g*, brigell *b*.

stauben ['ʃtaʊbən] *vi* tasgu llwch.

Staubfaden (-s, ̈-) *m (BOT)* brigeryn *g*, ffilament *g*.

staubig ['ʃtaʊbɪç, -ɪk] *adj* llychlyd.

Staub- *kompos:* **~körnchen** *nt* gronyn *g*; **~lappen**[D] *m* clwt *g* (tynnu llwch); **~lunge** *f (MED)* clefyd *g* y llwch, niwmoconiosis *g*; **~sack** *m* bag *g* llwch.

staubsaugen *vi untrenn* sugno llwch â pheiriant, hwfro.

Staubsauger (-s, -) *m* sugnwr *g* llwch, hwfer® *g*.

staubtrocken *adj* sych grimp.

Staub- *kompos:* **~tuch** *nt* clwt *g* (tynnu llwch), dwster *g*; **~wedel** *m* dwster; **~wolke** *f* cwmwl *g* (llwch); **~zucker** *m* siwgr *g* taenu/bwrw.

Staudamm (-(e)s, ̈-e) *m* argae *g*, arglawdd *g*.

Staude ['ʃtaʊdə] (-, -n) *f* llwyn *g*.

stauen ['ʃtaʊən] *vt (Wasser)* cronni; *(Blut)* atal y llif.
 ♦ *vr* cronni; *(MED, Verkehr)* mynd yn dagedig; *(Menschen)* ymgasglu; *(Gefühle)* cronni.

staunen ['ʃtaʊnən] *vi* synnu, rhyfeddu; **da kann man nur noch ~** mae'n anhygoel.

Staunen *nt* syndod *g*.

Stausee ['ʃtaʊze:] (-s, -n) *m* cronfa *b*, llyn *g* gwneud.

Stauung ['ʃtaʊʊŋ] *f (von Wasser)* cronni *g*; *(MED)* gorlenwad *g*; *(Verkehr)* tagfeydd *ll*.

Std. *abk = Stunde.*

stdl. *abk = stündlich.*

Steak [ʃte:k] (-s, -s) *nt (KOCH)* stêc *b*, golwyth *g*.

stechen ['ʃtɛçən] *irreg vt (mit Nadel usw)* pigo; *(mit Messer)* trywanu; *(mit Finger)* procio; *(Biene usw)* pigo; *(Mücke)* brathu; *(Sonne)* llosgi; *(Karten)* cymryd; *(KUNST)* ysgythru; *(Torf, Spargel)* torri; *(schmerzen)* gwynio.
 ♦ *vi (Sonne)* tywynnu; *(mit Stechkarte)* clocio i mewn; **es sticht** mae'n pigo; **in See ~** hwylio, mynd i'r dŵr.
 ♦ *vr:* **sich** *akk oder dat* **in den Finger ~** pigo twll yn eich bys.

Stechen *nt (SPORT)* cystadleuaeth *b* tranc sydyn; *(Schmerz)* gwayw *g*.

stechend *adj* treiddgar, treiddiol, llym; *(Geruch)* egr, miniog, siarp.

Stech- *kompos:* **~ginster** *m (BOT)* eithin *ll*; **~karte** *f* cerdyn *g* clocio i mewn; **~mücke** *f* mân-wybedyn *g*; **~palme** *f* celynnen *b*; **~uhr** *f* peiriant *g* clocio i mewn; **~zirkel** *m* cwmpas *g* mesur.

Steckbrief *m* poster *g* 'chwilio am ddihiryn'.

steckbrieflich *adv:* **~ gesucht** ymddangos ar bosteri'r heddlu.

Steck- *kompos:* **~brücke** *f (ELEKT)* jymper *b*; **~dose** *f* soced *gb* (wal).

stecken ['ʃtɛkən] *vt* gosod; *(einführen)* rhoi yn; *(Pflanzen)* plannu; *(beim Nähen)* pinio; **etw in Brand ~** rhoi rhth ar dân; **etw in etw** *akk* **~** *(ugs: Geld, Mühe, Zeit)* rhoi rhth i mewn i rth, buddsoddi rhth yn rhth; **den Schlüssel im Schloss ~ lassen** gadael yr allwedd yn nhwll y clo.
 ♦ *vi* bod; *(festsitzen)* bod yn sownd; **wo steckt er?** ble mae e'n cadw? **zeigen, was in einem steckt** dangos eich hyd a'ch lled; **~ bleiben** mynd yn sownd.

Stecken *m* pric *g*, ffon *b*.

Steckenpferd *nt* ceffyl *g* pren; *(fig: Hobby)* hobi *g*.

Stecker (-s, -) *m (ELEKT)* plwg *g*, jac *g*.

Steck- *kompos:* **~nadel** *f* pin *g*; **~rübe** *f* rwden *b*, meipen *b*; **~schlüssel** *m* sbaner *g* bocs; **~zwiebel** *f (BOT)* bwlb *g*.

Steg [ʃte:k] (-(e)s, -e) *m* pompren *b*, pont *b* fechan; *(Anlege~)* pont lanio, glanfa *b*.

Stegreif *m:* **aus dem ~** yn ddifyfyr.

stehen ['ʃte:ən] *irreg vi (+sein oder haben)* sefyll; *(sich befinden)* bod, bod wedi ei leoli; *(in Zeitung)* dweud; *(still~)* bod wedi stopio, dim yn symud/gweithio; *(passen)* **jdm ~** gweddu/siwtio i rn; **~ auf** +*akk* dotio ar; **~ zu** +*dat* sefyll yn gefn i; **hinter jdm ~** *(fig: beistehen)* bod y tu ôl i rn; **in Flammen ~** bod mewn fflamau; **in jds Schuld ~** bod mewn dyled i rn; **vor der Tür ~** *(fig: bevorstehen)* bod wrth y drws; **mit dem Dativ ~** *(GRAM)* cymryd y cyflwr derbyniol; **~ bleiben** aros (yn yr unfan); *(Auto, Zug)* sefyll; *(anhalten, Uhr)* stopio; *(Maschine)* methu; **~ lassen** *(jdn verlassen)* gadael; *(Bart)* tyfu; **alles liegen und ~ lassen** gollwng popeth; **teuer zu ~ kommen** *(fig)* talu'n hallt am rth; **wie ~ Sie dazu?** beth yw eich barn chi ar hynny? **ich tue, was in meiner Macht steht** gwnaf bopeth yn fy ngallu.
 ♦ *vi (+sein oder haben) unpers:* **es steht schlecht um jdn** mae pethau'n ddrwg ar rn; **auf Betrug steht Gefängnis** cosb twyll yw carchar; **wie steht's?** sut mae'n mynd? *(SPORT)* beth yw'r sgôr; **wie steht es**

damit? beth amdani?

♦ *vr (+haben):* **sich gut ~** bod yn gefnog; **sich schlecht ~** bod yn dyn arnoch.

stehend *adj* sy'n sefyll; *(unbeweglich)* llonydd; *(Gewässer)* marwaidd; *(ständig: Heer)* parhaol.

stehen lassen *irreg vt vgl.* **stehen.**

Stehlampe (-, -n) *f* lamp *b* hirgoes.

stehlen ['ʃteːlən] *irreg vt* dwyn, lladrata, celcio.

♦ *vr (heimlich)* stelcian.

Stehplatz (-es, ˝-e) *m* lle *g* i sefyll; **ein ~ kostet 10 Mark** mae tocyn sefyll yn costio 10 marc.

Stehvermögen *nt* dyfalbarhad *g.*

Steiermark ['ʃtaɪərmark] *f (GEOG)* **die ~** Styria *b.*

steif [ʃtaɪf] *adj* anystwyth, anhyblyg, stiff; *(fig)* stiff; **~es Genick** cric *g* yn y gwar; **~ gefroren** wedi rhewi'n gorn; **~ und fest auf etw** *dat* **beharren** bod yn hollol benderfynol ynghylch rhth.

Steifheit *f* anhyblygrwydd *g,* stiffrwydd *g.*

Steig- [ʃtaɪk] *kompos:* **~bügel** *m* gwarthol *b;* **~eisen** *nt* crampon *g.*

steigen ['ʃtaɪgən] *irreg vi (+sein)* codi; *(klettern)* dringo; *(ansteigen)* cynyddu; **das Blut stieg ihm in den Kopf** llifodd y gwaed i'w ben; **der Erfolg stieg ihm zu Kopf** roedd y llwyddiant yn ei wneud e'n ffroenuchel.

♦ *vt (+sein) (Treppen, Stufen)* dringo; **~ lassen** *(Drachen)* hedfan.

steigern ['ʃtaɪgərn] *vt* codi; *(GRAM)* cymharu.

♦ *vi (Auktion)* gwneud cynnig.

♦ *vr* cynyddu; *(verbessern)* gwella.

Steigerung *f* codi *g,* codiad *g;* *(GRAM)* cymhariaeth *b.*

Steigerungsstufe *f (GRAM)* gradd *b.*

Steigriemen *m* strap *b.*

Steigung *f* dringfa *b,* rhiw *b,* graddiant *g.*

steil [ʃtaɪl] *adj* serth, cribog.

Steil- *kompos:* **~hang** *m* llethr *gb* serth; **~pass** *m (SPORT)* pàs *b* hir.

Stein [ʃtaɪn] *m* carreg *b,* maen *g;* *(Edel~)* gem *b;* *(Spiel~)* pisyn *g;* **~ des Anstoßes** asgwrn *g* y gynnen; **mir fällt ein ~ vom Herzen** *(fig)* dyna ryddhad; **bei jdm einen ~ im Brett haben** *(ugs: fig)* bod yn dipyn o ffefryn gyda rhn; **jdm ~e in den Weg legen** rhwystro rhn, creu trafferthion i rn.

Steinadler (-s, -) *m (ZOOL)* eryr *g* aur.

steinalt *adj* hen iawn, mewn gwth o oedran.

Steinbock (-(e)s, ˝-e) *m (ZOOL)* gafr *b* yr Alpau; *(ASTROL)* yr Afr.

Steinbruch (-s, ˝-e) *m* chwarel *gb.*

Steinbrucharbeiter *m* chwarelwr *g.*

steinern ['ʃtaɪnərn] *adj* o garreg, carreg; *(fig)* caled, oeraidd.

Steinerweichen *nt:* **zum ~** yn dorcalonnus.

Stein- *kompos:* **~garten** *m* gardd *b* gerrig; **~gut** *nt* crochenwaith *g* caled.

steinhart *adj* creigiog, mor galed â charreg.

steinig *adj* caregog, graeanog.

steinigen ['ʃtaɪnɪgən] *vt* llabyddio.

Stein- *kompos:* **~kauz** *m (ZOOL)* tylluan *b* fach; **~kohle** *f* glo *g;* **~kreis** *m* gorsedd *b;* **~metz** *m* saer *g* maen; **~pilz** *m* madarchen *b* fwytaol; **~platte** *f* carreg *b* lorio; **~pyramide** *f* carn *b.*

steinreich *adj (ugs)* yn drewi o arian.

Steinschlag *m:* **Achtung ~!** perygl! cerrig yn llithro!

Steinwurf *m (fig)* tafliad *g* carreg; **einen ~ weit entfernt** o fewn ergyd carreg.

Steinzeit *f* Oes *b* Garreg, Oes y Cerrig.

Steiß [ʃtaɪs] (-es, -e) *m* crwper *g,* rhan *b* ôl.

Steißbein *nt (ANAT)* bôn *g* asgwrn y cefn.

stellar [ʃtɛˈlar, stɛˈlar] *adj* serol.

Stelldichein ['ʃtɛldɪçaɪn] (-(s), -(s)) *nt* oed *g.*

Stelle ['ʃtɛlə] (-, -n) *f* man *gb;* *(Ort)* lle *g,* safle *g;* *(Arbeit, Amt)* swydd *b;* *(Abschnitt)* darn *g;* *(Text~)* lle *g,* cyfeiriad *g;* **eine freie ~** swydd *b* wag; **an dieser ~** yn y fan hon; **an anderer ~** rywle arall; **an Ihrer ~** yn eich lle chi; **auf der ~** *(fig: sofort)* yn y fan a'r lle; **nicht von der ~ kommen** peidio â gwneud cynnydd, peidio â symud ymlaen; **drei ~n hinter dem Komma** *(MATH)* tri lle degol.

stellen ['ʃtɛlən] *vt* rhoi, gosod; *(Uhr usw)* gosod; *(fassen: Dieb)* dal, arestio; *(Antrag, Forderung)* gwneud; *(arrangieren: Szene)* trefnu; **das Radio lauter/leiser ~** codi/gostwng y sain ar y radio; **zur Verfügung ~** darparu.

♦ *vr (sich entgegen~)* sefyll; *(sich einfinden)* cynnig eich hun; *(bei Polizei)* ildio eich hun; *(vorgeben)* smalio bod, esgus bod; **sich einer Herausforderung ~** derbyn her, gosod nod; **sich schlafend ~** ffugio cysgu.

♦ *vi:* **auf sich** *akk* **selbst gestellt sein** *(fig)* gofalu amdanoch eich hun.

Stellen- *kompos:* **~angebot** *nt* cynnig *g* swydd; **~anzeige** *f* hysbyseb *b* ar gyfer swydd; **~beschreibung** *f* manyleb *b* swydd; **~gesuch** *nt* cais *g* am swydd; **~markt** *m* marchnad *b* waith; *(in Zeitung)* tudalennau *ll* swyddi; **~nachweis** *m* swyddfa *b* gyflogi; **~vermittlung** *f* swyddfa *b* gyflogi.

stellenweise *adv* mewn mannau, yma ac acw.

Stellenwert *m (fig)* statws *g,* arwyddocâd *g.*

Stellung (-, -en) *f* safle *g;* *(MIL)* llinell *b;* *(Job)* swydd *b;* **~ nehmen zu etw** lleisio barn ar rth.

Stellungnahme *f* safbwynt *g.*

stellungslos *adj* di-waith.

stellv. *abk* = **stellvertretend.**

stellvertretend ['ʃtɛlvərtreːtənt] *adj* dirprwy.

Stell- *kompos:* **~vertreter** *m* dirprwy *g*, rhaglaw *g*, procsi *g*; **~werk** *nt (BAHN)* caban *g* signalau.

Stelze ['ʃtɛltsə] (-, -n) *f* ystudfach *g*; *(KOCH)*ᴧ coes *b*.

stelzen ['ʃtɛltsən] *vi* troedio.

Stemm- [ʃtɛm] *kompos:* **~bogen** *m (Skifahren)* dull *g* aradr; **~eisen** *nt* trosol *g*.

stemmen ['ʃtɛmən] *vt* codi; *(drücken)* gwasgu; **sich ~ gegen** *(fig)* gwrthwynebu.

Stempel ['ʃtɛmpəl] (-s, -) *m* stamp *g*; *(Post~)* marc *g* post; *(Präge~)* bath *gb*, dei *g*; *(BOT)* pistil *g*.

Stempel- *kompos:* **~gebühr** *f* stampdoll *b*; **~kissen** *nt* pad *g* inc; **~marke** *f* stamp *g* treth.

stempeln ['ʃtɛmpəln] *vt* stampio, printio; *(Briefmarke)* diddymu.

♦ *vi* clocio i mewn; **~ gehen** *(ugs)* bod ar y clwt.

Stengel ['ʃtɛŋəl] *m* = **Stängel**.

Stenograf [ʃtenoˈɡraːf] (-en, -en) *m* ysgrifennydd *g* llaw-fer.

Stenografie [ʃtenograˈfiː] *f* llaw-fer *b*.

stenografieren [ʃtenograˈfiːrən] *vt, vi* ysgrifennu mewn llaw-fer.

Stenografin [ʃtenoˈɡraːfɪn] *f* ysgrifenyddes *b* llaw-fer.

Stenogramm [ʃtenoˈɡram] (-(e)s, -e) *nt* adroddiad *g* mewn llaw fer.

Stenograph *m* = **Stenograf**.

Stenographie *f* = **Stenografie**.

stenographieren *vt, vi* = **stenografieren**.

Stenographin *f* = **Stenografin**.

Stenotypist [ʃtenotyˈpɪst] (-en, -en) *m* teipydd *g* llaw-fer; **~in** *f* teipyddes *b* llaw-fer.

Stephanitag [ʃteˈfaːnitaːk] *m* Gŵyl *b* Sant Steffan.

Steppdecke ['ʃtɛpdɛkə] (-, -n) *f* cwilt *g*, cwrlid *g*.

Steppe ['ʃtɛpə] (-, -n) *f (GEOG)* tir *g* glas, gwastatir *g*.

steppen ['ʃtɛpən] *vt (TEX)* padio.

♦ *vi* tapddawnsio.

Stepptanz *m* tapddawns *b*.

Sterbe- ['ʃtɛrbə] *kompos:* **~bett** *nt* gwely *g* angau; **~fall** *m* marwolaeth *b*; **~hilfe** *f* ewthanasia *g*.

sterben ['ʃtɛrbən] *irreg vi (+sein)* marw, trengi; **an einer Krankheit ~** marw o salwch; **an einer Verletzung ~** marw o ganlyniad i anaf; **er ist für mich gestorben** *(ugs: fig)* nid oes gen i unrhyw ddiddordeb ynddo bellach.

♦ *vt:* **den Heldentod ~** marw yn arwr.

Sterben *nt* marwolaeth *b*; **im ~ liegen** bod ar fin marw.

sterbenslangweilig *adj* llethol o ddiflas.

Sterbenswörtchen *nt:* **er hat kein ~ gesagt** ni ddywedodd air o'i ben.

Sterbeurkunde *f* tystysgrif *b* marwolaeth.

sterblich ['ʃtɛrplɪç] *adj* meidrol, marwol; *(menschlich)* dynol.

Sterbliche *m/f* dyn *g*.

Sterblichkeit *f* meidroldeb *g*, marwoldeb *g*.

Sterblichkeits- *kompos:* **~rate** *f* cyfradd *b* marwoldeb; **~ziffer** *f* cyfradd marwoldeb.

stereo- ['ʃteːreo] *in kompos* stereo.

Stereoanlange *f* (peiriant) stereo *b*.

stereofon [ʃteːreoˈfoːn] *adj* stereoffonig.

stereotyp [ʃteːreoˈtyːp] *adj* ystrydebol.

Stereotyp *nt* ystrydeb *b*, stereoteip *g*.

steril [ʃteˈriːl] *adj (MED)* gwrth-heintiol, sterilaidd; *(unfruchtbar)* amhlantadwy, diffrwyth.

sterilisieren [ʃteriliˈziːrən] *vt* anffrwythloni, disbaddu; *(desinfizieren)* diheintio, sterileiddio.

Sterilisierung [ʃteriliˈziːrʊŋ] *f* sterileiddiad *g*; *(Desinfektion)* diheintiad *g*.

Stern [ʃtɛrn] (-(e)s, -e) *m* seren *b*; **das steht in den ~en** *(fig)* mae'r cyfan yn nwylo rhagluniaeth.

Sternbild (-(e)s, -er) *nt* cytser *g*.

Sternchen (-s, -) *nt* serennig *b*, seren *b*.

Sterndeuter (-s, -) *m* sêr-ddewin *g*.

Sterndeuterei [ʃtɛrndɔʏtəˈraɪ] *f* sêr-ddewiniaeth *b*.

Sternenbanner *nt* y Faner *b* Serennog.

sternenklar *adj* serennog.

Sternenzelt *nt (geh)* wybren *b* serennog.

sternhagelvoll *adj (ugs)* meddw gaib.

Stern- *kompos:* **~schnuppe** *f* seren *b* wib, meteor *g*; **~singer** *m* carolwr *g*; **~stunde** *f (fig)* eiliad *gb* hanesyddol; **~system** *nt* galaeth *gb*; **~warte** *f* arsyllfa *b*, gwylfa *b*; **~zeichen** *nt (ASTROL)* sygn *b*, arwydd *gb* y sidydd.

stet [ʃteːt] *adj* cyson, gwastadol; **~er Tropfen höhlt den Stein** dyfal donc a dyrr y garreg.

Stethoskop [ʃtetoˈskoːp] (-(e)s, -e) *nt* stethosgop *g*, chwyddseinydd *g*.

stetig *adj* cyson, parhaus; *(MATH: Funktion)* di-dor.

stets *adv* yn gyson, yn barhaus.

Steuer¹ ['ʃtɔʏər] (-s, -) *nt (NAUT)* llyw *g*; *(AUTO)* llyw, olwyn *b* lywio; **am ~ sitzen** *(AUTO, AERO)* bod wrth y llyw.

Steuer² (-, -n) *f (FIN)* treth *b*.

Steuerbefreiung *f* rhyddhad *g* o dreth.

steuerbegünstigt *adj (FIN)* anhrethadwy; *(Waren)* â threth is.

Steuer- *kompos:* **~berater** *m* ymgynghorydd *g* treth; **~bescheid** *m* hysbysebiad *g* o dreth.

steuerbord *adv* starbord.

Steuerbord *nt (NAUT)* starbord *g*, ochr *b* dde llong.

Steuer- *kompos:* **~eintreiber** *m* casglwr *g* trethi; **~erhöhung** *f* codiad *g* mewn treth; **~erklärung** *f (FIN)* datganiad *g* treth incwm; **~ermäßigung** *f* gostyngiad *g* ar dreth.

steuerfrei *adj* di-dreth.

Steuerfreibetrag *m (FIN)* lwfans *g* treth.

Steuer- *kompos:* **~hinterziehung** *f* efadu *g* trethi; **~jahr** *nt* blwyddyn *b* trethi; **~karte** *f* hysbysebiad *g* treth; **~klasse** *f (FIN)* categori *g* treth; **~knüppel** *m (AERO)* ffon *b* lywio.

steuerlich *adj* yn ymwneud â threthi.

Steuermann (-(e)s, "-er) *m (NAUT)* llywiwr *g*.

steuern ['ʃtɔʏərn] *vt (+haben), vi (+sein)* llywio; *(Entwicklung, Tonstärke)* rheoli, llywio.

Steuer- *kompos:* **~nummer** *f* ≈ rhif Yswiriant Gwladol; **~paradies** *nt* hafan *b* rhag trethi.

steuerpflichtig *adj* trethadwy; *(Person)* sy'n talu treth.

Steuer- *kompos:* **~progression** *f* treth *b* gynyddol; **~prüfung** *f* ymchwiliad *g* gan arolygydd trethi; **~pult** *nt* desg *b* lywio; **~rad** *nt (NAUT)* olwyn *b* lywio, llyw *g*.

Steuerrückvergütung *f* ad-daliad *g* ar dreth.

Steuer- *kompos:* **~ruder** *nt (NAUT)* llyw *g*; **~senkung** *f* toriad *g* mewn trethi.

Steuerung ['ʃtɔʏərʊŋ] *f (auch AUTO)* llyw *g*, llywio *g*; *(Vorrichtung)* offer *ll* llywio, llyw; **automatische ~** awtopeilot *g*; *(TECH)* llywio *g* awtomatig.

Steuer- *kompos:* **~vergünstigung** *f* gostyngiad *g* ar dreth; **~zahler** *m* trethdalwr *g*; **~zuschlag** *m* treth *b* ychwanegol.

Steward ['stjuːərt] (-s, -s) *m* stiward *g*.

Stewardess ['stjuːərdɛs] (-, -en) *f (AERO)* stiwardes *b*.

StGB (-s, *kein pl*) *nt abk* = **Strafgesetzbuch.**

stibitzen [ʃtiˈbɪtsən] *vt (ugs)* dwyn, bachu, twgu.

Stich [ʃtɪç] (-(e)s, -e) *m (Insekten~)* colyn *g*, pigiad *g*; *(Messer~)* trywaniad *g*; *(beim Nähen)* pwyth *g*; *(leichte Färbung)* arlliw *g*; *(Kartenspiel)* tric *g*; *(KUNST)* ysgythriad *g*; *(fig)* pigiad *g*, pwl *g*; **jdn im ~ lassen** gadael rhn mewn twll; **einen ~ machen** *(Kartenspiel)* cael tric; *(ugs, fig)* sgorio, llwyddo; **ein ~ ins Rote** bod ag arlliw/awgrym o goch; **einen ~ haben** *(Milch)* peidio â bod yn ffres; *(ugs: Mensch)* peidio â bod yn gall.

Stichel ['ʃtɪçəl] (-s, -) *m* ysgrifell *g*, pwyntil *g*.

Stichelei [ʃtɪçəˈlaɪ] *f* pryfocio *g*, herian *g*.

sticheln ['ʃtɪçəln] *vi* pryfocio.

stichfest *adj:* **hieb- und ~** hollol sicr.

Stichflamme (-, -n) *f* tafod *g* tân, fflach *b*.

stichhaltig *adj* daliadwy, credadwy.

Stich- *kompos:* **~probe** *f* hapwiriad *g*, sampl *b*; **~tag** *m* dyddiad *g* penodedig; **~wahl** *f* pleidlais *b* derfynol.

Stichwort (-(e)s, -e) *nt* allweddair *g*; *(THEAT)* ciw *g*; **in**

~en yn fyr, yn fras.

  ◆ *pl:* **Stichwörter** *(in Wörterbuch)* prifair *g*.

Stichwort- *kompos:* **~katalog** *m* catalog *g* dosbarthol; **~verzeichnis** *nt* mynegai *gb*.

Stichwunde (-, -n) *f* clwyf *g* gwân.

sticken ['ʃtɪkən] *vt, vi (TEX)* brodio.

Stickerei [ʃtɪkəˈraɪ] *f (TEX)* brodwaith *g*, gwniadwaith *g*.

Stickerin *f* gwniadwraig *b*.

stickig ['ʃtɪkɪç, -ɪk] *adj* mwll, clòs; **~e Luft** myllni *g*.

Stickrahmen *m* ffrâm *b* frodio.

Stickstoff *m (CHEM)* nitrogen *g*.

stieben ['ʃtiːbən] *irreg vi (+ haben oder sein) (geh: sprühen)* tasgu.

Stiefbruder ['ʃtiːfbruːdər] *m* llysfrawd *g*.

Stiefel ['ʃtiːfəl] (-s, -) *m* botasen *b*, esgid *b* fawr; *(Trinkgefäß)*[D] gwydr cwrw ar ffurf esgid fawr.

Stief- [ʃtiːf] *kompos:* **~kind** *nt* llysblentyn *g*; *(fig)* Sinderela; **~mutter** *f* llysfam *b*, mam *b* wen; **~mütterchen** *nt (BOT)* pansi *g*.

stiefmütterlich *adj (fig)* **~ behandeln** peidio â rhoi llawer o sylw i rn/rth.

Stief- *kompos:* **~schwester** *f* llyschwaer *b*; **~sohn** *m* llysfab *g*; **~tochter** *f* llysferch *b*; **~vater** *m* llystad *g*.

stieg *vb vgl.* **steigen.**

Stiege ['ʃtiːgə] (-, -n) *f* grisiau *ll*, staer *b*; **~n steigen** dringo grisiau.

Stieglitz ['ʃtiːglɪts] *m (ZOOL)* eurbinc *g*, asgell *b* aur.

Stiel [ʃtiːl] (-(e)s, -e) *m (Besen~)* coes *b*; *(Griff)* dolen *b*; *(von Eis usw)* pren *g* lolipop; *(BOT)* gwlyddyn *g*, gwrysgen *b*.

Stielaugen *pl:* **er machte ~** edrychai'n biwis.

Stielkasserolle[D] *f* sosban *b*.

stier [ʃtiːr] *adj (Blick)* syllol, rhythol, diwyro; *(ugs:*[A] *pleite)* heb arian.

Stier (-(e)s, -e) *m* tarw *g*; *(ASTROL)* y Tarw; **den ~ bei den Hörnern packen** *(fig)* cymryd gafael yng nghyrn yr aradr.

stieren ['ʃtiːrən] *vi* syllu.

Stier- *kompos:* **~kampf** *m* ymladdfa *b* deirw; **~kämpfer** *m* ymladdwr *g* teirw.

stieß *vb vgl.* **stoßen.**

Stift¹ [ʃtɪft] (-(e)s, -e) *m* peg *g*, pin *g*; *(Nagel)* tac *gb*; *(Farb~)* creon *g*; *(Blei~)* pensil *g*; *(ugs: Lehrling)* prentis *g*.

Stift² (-(e)s, -e) *nt* mynachlog *g* (elusennol).

stiften ['ʃtɪftən] *vt* sefydlu, gwaddoli; *(Unruhe)* achosi; *(spenden)* cyfrannu.

  ◆ *vi:* **~ gehen** *(ugs)* ei bachu hi.

Stifter(in) *m(f)* sefydlwr(aig) *g(b)*, sylfaenydd *g*.

Stiftung *f* cyfraniad *g*, rhodd *b*; *(Organisation)* sefydliad *g*.

Stiftzahn (-s, ˶-e) *m* dant *g* gosod ar beg.
Stigma [ſtɪgma, ʃtɪgma] *nt* stigma *g*.
Stil [ſtiːl] (-(e)s, -e) *m* arddull *gb*, steil *g*; *(LIT)* ieithwedd *g*; *(Eigenart)* ffordd *b*, dull *g*.
Stil- *kompos:* **~blüte** *f* camgymeriad *g*, llithriad *g*; **~bruch** *m* anghysondeb *g* arddull.
stilistisch *adj* o ran arddull.
still [ſtɪl] *adj* tawel; *(unbewegt)* llonydd; *(heimlich)* cyfrinachol, distaw; *(schüchtern)* swil; **er ist ein ~es Wasser** un dwfn yw e; **~er Teilhaber** partner *g* segur; **der S~e Ozean** *(GEOG)* y Môr *g* Tawel; **im S~en** yn dawel bach.
Stille ['ſtɪlə] *f* tawelwch *g*, llonyddwch *g*; *(Schweigen)* taw *g*, mudandod *g*; **in aller ~** yn dawel bach.
Stilleben *nt* = **Stillleben**.
stillegen *vt* = **stilllegen**.
Stillegung *f* = **Stilllegung**.
stillen ['ſtɪlən] *vt* stopio; *(Sehnsucht)* bodloni; *(Säugling)* bwydo o'r fron; **den Durst ~** torri syched.
 ♦ *vi* bwydo o'r fron.
stillgestanden *interj (MIL)* ymsythwch!
Stillhalteabkommen *nt* gohiriad *g*, moratoriwm *g*.
stillhalten *irreg vi* cadw'n llonydd.
Stillleben *nt (KUNST)* bywyd *g* llonydd.
stilllegen *vt* cau.
Stilllegung *f (Betrieb)* cau *g*.
stillliegen *irreg vi (+sein oder haben) (außer Betrieb sein)* bod wedi cau; *(lahm liegen)* bod yn segur, bod ar stop.
stillschweigen *irreg vi* bod yn ddistaw, distewi.
Stillschweigen *nt* tawelwch *g*, mudandod *g*.
stillschweigend *adj* tawel; *(Einverständnis)* digrybwyll, mud, ymhlyg.
 ♦ *adv* yn dawel, yn gudd.
Stillstand *m* stop *g* llwyr, safiad *g* stond.
stillstehen *irreg vi (+sein oder haben)* sefyll yn llonydd.
Stil- *kompos:* **~mittel** *nt (LIT)* dyfais *b* lenyddol; **~möbel** *nt* dodrefnyn *g* cyfnod.
stilvoll *adj* chwaethus, celfydd.
Stimm- [ſtɪm] *kompos:* **~abgabe** *f* pleidleisio *g*; **~bänder** *pl* tannau'r llais.
stimmberechtigt *adj* â'r hawl i bleidleisio.
Stimmbruch *m:* **er ist im ~** mae ei lais yn torri.
Stimme ['ſtɪmə] (-, -n) *f* llais *g*; *(Wahlstimme)* pleidlais *b*; *(MUS: Rolle)* rhan *b*; **mit leiser/lauter ~** â llais isel/uchel; **seine ~ abgeben** pleidleisio, bwrw pleidlais; **~n werben** canfasio.
stimmen ['ſtɪmən] *vt (MUS)* tiwnio, cyweirio; *(Gefühle wecken)* **das stimmte ihn traurig** fe wnâi hynny iddo deimlo'n drist.
 ♦ *vi* bod yn iawn/gywir; *(POL)* **für etw ~**

pleidleisio o blaid rhth; *(Trinkgeld)* **stimmt so!** mae hynny'n iawn!
Stimmen- *kompos:* **~anteil** *m* pleidlais *b*; **~gewirr** *nt* lleisiau *ll* blith draphlith; **~gleichheit** *f* pleidlais *b* gyfartal; **~mehrheit** *f* mwyafrif *g* (y pleidleisiau).
Stimm- *kompos:* **~enthaltung** *f* atal *g* pleidlais; **~gabel** *f (MUS)* seinfforch *b*.
stimmgewaltig *adj* llafar.
stimmhaft *adj* lleisiol.
stimmig *adj:* **drei~** *oder:* **3-~** mewn tri llais.
stimmlos *adj* di-lais.
Stimm- *kompos:* **~recht** *nt (POL)* hawl *gb* i bleidleisio; **~technik** *f* techneg *b* leisiol; **~umfang** *m (MUS)* traw *g*.
Stimmung *f* hwyl *b*, awyrgylch *g*; *(Laune)* tymer *b*; *(Moral)* ysbryd *g*; **in ~ kommen** mynd yn fywiog; **gegen jdn/etw ~ machen** troi'r farn gyhoeddus yn erbyn rhn/rhth.
Stimmungs- *kompos:* **~kanone** *f* enaid *g* y parti; **~mache** *f* propaganda *g* rhad.
stimmungsvoll *adj (Atmosphäre)* llawn awyrgylch da, llawn hwyl; *(Gedicht)* llawn awyrgylch.
Stimmzettel (-s, -) *m (POL)* papur *g* pleidleisio.
stimulieren [ſtimuˈliːrən] *vt* symbylu.
Stimulierung [ſtimuˈliːrʊŋ] *f* ysgogiad *g*.
Stingel ['ſtɪŋəl] *m* = **Stängel; etw mit Stumpf und ~ ausrotten** difodi rhth yn llwyr.
stinken ['ſtɪŋkən] *irreg vi* drewi, gwynto; **die Sache stinkt mir** *(ugs)⁰* rwy' wedi cael llond bol o'r peth.
stinkend *adj* drewllyd.
stinkfaul *adj (ugs)* diog fel ffwlbart.
stinklangweilig *adj (ugs)* diflas tu hwnt.
Stinktier (-(e)s, -e) *nt (ZOOL)* drewgi *g*.
Stinkwut *f (ugs)* **eine ~ (auf jdn) haben** bod yn gandryll (â rhn).
Stint [ſtɪnt] (-(e)s, -e) *m (ZOOL)* brwyniad *g*; **sich freuen wie ein ~** bod mor llawen â'r gog.
Stipendium [ſtiˈpɛndium] (-s, **Stipendien**) *nt (UNIV)* cymhorthdal *g*, grant *g*; *(für besondere Leistung)* sgoloriaeth *b*.
Stippvisite ['ſtɪpviˈziːtə] *f* ymweliad *g* brys; **eine ~ machen** taro heibio.
Stirn [ſtɪrn] (-, -en) *f* talcen *g*; *(Frechheit)* digywilydd-dra *g*, haerllugrwydd *g*; **die ~ runzeln** gwgu; **die ~ haben zu ...** bod â'r wyneb i...
Stirn- *kompos:* **~band** *nt* penrwymyn *g*; **~höhle** *f (ANAT)* sinws *g*; **~locke** *f* talgudyn *g*; **~runzeln** *nt* gwg *g*; **~seite** *f* tâl *g*.
stob *vb vgl.* **stieben**.
stöbern ['ſtøːbərn] *vi* chwilota.
stochern ['ſtɔxərn] *vi* procio.
Stock¹ [ſtɔk] (-(e)s, ˶-e) *m* ffon *b*; *(Rohr~)* gwialen *b*,

cansen *b*; *(Zeige~)* ffon *b* gyfeirio; *(BOT)* bôn *g*, boncyff *g*; **über ~ und Stein** dros bant a bryn.

Stock[2] (-(e)s, - *oder* -werke) *m (Stockwerk)* llawr *g*; **im ersten ~** ar y llawr cyntaf, lan lofft.

stockbesoffen *adj* meddw gaib, meddw'n ulw.

stockbetrunken *adj* chwil ulw.

Stockbett *nt* gwely *g* bync.

stockblind *adj* dall bost.

Stöckelschuh ['ʃtœkəlʃuː] (-(e)s, -e) *m* esgid *b* sawdl pigfain.

stocken ['ʃtɔkən] *vi* stopio, petruso; *(Arbeit, Entwicklung)* peidio â mynd yn ei flaen; *(im Satz)* stopio, petruso; *(Verkehr)* arafu; *(Blut)* tolchennu.

stockend *adj* petrus, herciog.

Stockerl[A] ['ʃtɔkərl] *nt* stôl *b*.

stock- *kompos:* **~finster** *adj* tywyll bitsh; **~sauer** *adj (ugs)* wedi cael llond bol; **~steif** *adj* stond; **~taub** *adj* byddar bost.

Stockung (-, -en) *f* atalfa *b*, tagfa *b*.

Stockwerk (-(e)s, -e) *nt* llawr *g*.

Stoff [ʃtɔf] (-(e)s, -e) *m (Gewebe, Material)* defnydd *g*, deunydd *g*; *(Materie)* sylwedd *g*; *(von Buch usw)* mater *g*, cynnwys *g*; *(ugs: Rauschgift)* cyffuriau *ll*.

Stoffel ['ʃtɔfəl] (-s, -) *m (ugs: Tölpel)* llabwst *g*, twpsyn *g*.

Stofffleckchen *nt* llarp *g*.

stofflich *adj* yn ymwneud â'r pwnc.

Stoff- *kompos:* **~muster** *nt* gwead *g*; **~rest** *m* darn *g* o ddefnydd dros ben; **~tier** *nt* tegan *g* meddal; **~wechsel** *m (MED)* metabolaeth *b*.

stöhnen ['ʃtøːnən] *vi* ochain; *(wimmern)* cwynfan, griddfan.

Stöhnen *nt* griddfan *g*.

stoisch ['ʃtoːɪʃ] *adj* stoicaidd, difater.

Stola ['ʃtoːla] (-, **Stolen**) *f (TEX)* stôl *b*.

Stollen ['ʃtɔlən] (-s, -) *m (BERGB)* lefel *b*; *(KOCH)* teisen *b* arbennig a fwyteir adeg y Nadolig; *(von Schuhen)*[D] styden *b*, hoelen *b* glopa.

stolpern ['ʃtɔlpərn] *vi (+sein)* baglu.

Stolperstein *m* maen *g* tramgwydd.

stolz [ʃtɔlts] *adj* balch, rhyfygus; **~ sein auf** *+akk* ymfalchïo yn.

Stolz (-es, *kein pl*) *m* balchder *g*, rhyfyg *g*.

stolzieren [ʃtɔlˈtsiːrən] *vi (+sein)* ystumio, torsythu, cerdded yn falch.

Stop [ʃtɔp] *m* = **Stopp**; *(auf Verkehrsschildern)* sefwch!

stop! *interj* arhoswch!

stopfen ['ʃtɔpfən] *vt (hinein~)* llenwi, stwffio; *(nähen)* trwsio, cyweirio.

   ♦ *vi (MED)* achosi rhwymedd; **jdm das Maul ~** *(ugs)* tawelu rhn.

Stopfgarn *nt (TEX)* edau *b* hosanau.

stopp! [ʃtɔp] *interj* stop! arhoswch!

Stopp (-s, -s) *m* stop *g*; *(Lohn~)* rhewi *g*.

Stoppel[1A] ['ʃtɔpəl] *m* plwg *g*; *(von Flasche)* caead *g*, topyn *g*; *(von Schuh)* styden *b*.

Stoppel[2] *f (Getreide, Bart)* bôn *g*; **~n** *pl* sofl *ll* gwellt/blew.

Stoppel- *kompos:* **~feld** *nt* cae *g* sofl; **~schuh** *m* esgid *b* sbeic.

stoppen ['ʃtɔpən] *vt* stopio, atal, rhwystro; *(mit Uhr)* amseru.

   ♦ *vi* stopio.

Stopp- *kompos:* **~schild** *nt* arwydd *gb* stop; **~uhr** *f* amserydd *g*, oriawr *b* amseru.

Stöpsel ['ʃtœpsəl] (-s, -) *m* plwg *g*; *(für Flaschen)* caead *g*, topyn *g*.

Stör [ʃtøːr] (-(e)s, -e) *m (ZOOL)* stwrsiwn *g*.

Störaktion (-, -en) *f* ymgyrch *gb* tarfu/amharu.

störanfällig *adj* sensitif i ymyriant, tueddol o dorri lawr.

Storch [ʃtɔrç] (-(e)s, ˝-e) *m (ZOOL)* storc *g*.

Storchschnabel *m (BOT)* mynawyd *g* y bugail.

stören ['ʃtøːrən] *vt* tarfu ar, aflonyddu; *(behindern, RADIO)* amharu ar; *(belästigen)* meindio; **was mich an ihm/daran stört** yr hyn nad wyf yn ei hoffi amdano; **stört es Sie, wenn ich rauche?** oes ots 'da chi os wyf yn smygu?

   ♦ *vr:* **sich an etw** *dat* **~** gadael i rth eich poeni.

   ♦ *vi* bod yn boen, torri ar draws; **ich möchte nicht ~** dwy' ddim eisiau torri ar draws, dwy ddim eisiau eich poeni chi.

störend *adj* annifyr, poenus.

Störenfried *m* aflonyddwr *g*, rhn stwrllyd.

Störfall (-(e)s, ˝-e) *m (in Kraftwerk usw)* diffyg *g*, damwain *b*.

stornieren [ʃtɔrˈniːrən, stɔrˈniːrən] *vt (COMM: Auftrag)* canslo, diddymu, dileu; *(Buchungsfehler)* cywiro, dileu.

Storno ['ʃtɔrno, 'stɔrno] (-s, **Storni**) *m oder nt (COMM: von Buchungsfehler)* cywiriad *g*, dileu *g*.

störrisch ['ʃtœrɪʃ] *adj* ystyfnig, gwrthnysig.

Störsender (-s, -) *m (RADIO)* dryswr *g*, dyfais *b* ymyrryd.

Störung (-, -en) *f* ymyrraeth *b*, ymyriad *g*; *(TECH)* nam *g*, diffyg *g*; *(MED)* salwch *g*, gwendid *g*.

Störungsstelle (-, -n) *f (TEL)* gwasanaeth *g* nam ar y llinell.

Stoß [ʃtoːs] (-es, ˝-e) *m (Schubs)* gwthiad *g*, prociad *g*; *(Schlag)* ergyd *gb*; *(mit Schwert)* trywaniad *g*, gwân *gb*; *(Fußtritt)* cic *b*; *(Erd~)* daeargryn *gb*; *(Stapel)* pentwr *g*; **seinem Herz(en) einen ~ geben** magu hyder.

Stoßdämpfer (-s, -) *m (AUTO)* siocladdwr *g*,

siocleddfwr g.

Stößel ['ʃtøːsəl] (-s, -) m pestl g, stwnsiwr g; (AUTO: Ventil~) taped g.

stoßen ['ʃtoːsən] irreg vt gwthio; (schlagen) curo, bwrw; (mit Fuß) cicio; (anstoßen, Kopf usw) taro; (zerkleinern) malu.

♦ vi: ~ **an** +akk taro/bwrw yn erbyn; (angrenzen) bod nesaf at; **auf etw** ~ (finden) dod ar draws; **zu jdm** ~ cyfarfod â rhn.

♦ vr derbyn ergyd; **sich** ~ **an** +dat (fig) gwrthwynebu rhth.

Stoß- kompos: ~**gebet** nt gweddi b sydyn; ~**seufzer** m ochenaid b o ryddhad; ~**stange** f (AUTO) bympar gb; ~**verkehr** m traffig g oriau brys; ~**zahn** m ysgithr g; ~**zeit** f oriau ll brys, yr adeg b brysuraf.

Stotterer ['ʃtɔtərər] (-s, -) m un ac atal dweud arno, ceciwr g.

Stotterin f un ac atal dweud arni, cecwraig b.

stottern ['ʃtɔtərn] vi bod ag atal dweud, hecian.

♦ vt dweud (rhth) ag atal dweud.

Stövchen[D] ['ʃtøːfçən] nt cynheswr g (i debot ayb).

StPO abk = **Strafprozessordnung**.

Str. abk = **Straße**.

Straf- [ʃtraːf] kompos: ~**anstalt** f carchar g, penydfa b; ~**arbeit** f (SCH) cosb b, llinellau ll; ~**bank** f (SPORT) mainc b gosb.

strafbar adj cosbadwy; **sich** ~ **machen** cyflawni trosedd.

Strafbarkeit f natur b gosbadwy.

Strafe ['ʃtraːfə] (-, -n) f cosb b; (JUR) cosb, penyd g; (Gefängnisstrafe) dedfryd gb; (Geldstrafe) dirwy b; **Müllabladen bei** ~ **verboten** cosbir arllwys sbwriel; **100 Franken** ~ **zahlen** talu dirwy o 100 ffrancs; **eine** ~ **absitzen** bwrw tymor yn y carchar.

strafen ['ʃtraːfən] vt cosbi; **mit etw gestraft sein** bod wedi eich melltithio â rhth.

strafend adj cosbol.

Strafexpedition f (MIL) ymgyrch gb gosbi.

straff [ʃtraf] adj tyn; (streng) llym g, llem b; (Haltung) unionsyth, talsyth.

straffällig ['ʃtraːffɛlɪç, -ɪk] adj: ~ **werden** tramgwyddo, cyflawni trosedd.

Straffälligkeit f tramgwyddaeth b.

straffen ['ʃtrafən] vt tynhau.

straffrei ['ʃtraːffraɪ] adj: ~ **ausgehen** mynd heb gosb.

Straf- kompos: ~**gebühr** f ffi b gosb; ~**gefangene** m/f carcharor(es) g(b); ~**gericht** nt cwrt g cosbi; ~**gesetz(buch)** nt (JUR) côd g cosbau; ~**kolonie** f gwladfa b gosb.

sträflich ['ʃtrɛːflɪç] adj troseddol.

Sträfling (-s, -e) m troseddwr g.

Straf- kompos: ~**mandat** nt ticed g cosb; ~**maß** nt

dedfryd gb.

strafmildernd adj lliniarol.

Straf- kompos: ~**porto** nt tâl g post ychwanegol; ~**predigt** f stŵr g, pryd o dafod; ~**prozessordnung** f côd g gweithredu'r gyfraith; ~**raum** m (SPORT) cwrt g cosbi, y bocs g; ~**recht** nt (JUR) cyfraith b troseddwyr.

strafrechtlich adj yn ymwneud â chyfraith trosedd.

Strafstoß (-es, ¨-e) m (SPORT) cic b gosb.

Straftat (-, -en) f trosedd gb; **eine** ~ **begehen** tramgwyddo.

Straftäter (-s, -) m troseddwr g.

strafversetzen vt untrenn (Beamte) symud/adleoli ar fater disgyblaeth.

Straf- kompos: ~**vollzug** m system b gosb; ~**zettel** m tocyn g dirwy.

Strahl [ʃtraːl] (-s, -en) m pelydryn g, paladr g; (Wasser~) jet b, ffrwd b.

strahlen ['ʃtraːlən] vi ymbelydru; (scheinen) tywynnu, disgleirio; (fig: lächeln) gwenu.

Strahlen- kompos: ~**behandlung** f (MED) radiotherapi g; ~**belastung** f (straen b) ymbelydredd g.

strahlend adj disglair, cannaid; (Wetter) heulog; (Lächeln, Schönheit) yn disgleirio; ~ **weiß** claerwyn.

Strahlendosis f dos gb o ymbelydredd.

strahlengeschädigt adj wedi'i niweidio gan ymbelydredd.

Strahlen- kompos: ~**opfer** nt dioddefydd g ymbelydredd; ~**schutz** m amddiffyniad g rhag ymbelydredd; ~**therapie** f radiotherapi g.

Strahlung f ymbelydredd g, pelydriad g.

Strähne ['ʃtrɛːnə] (-, -n) f llyweth b, tres b.

strähnig adj (Haar) gwasgarog.

stramm [ʃtram] adj tyn; (Haltung) unionsyth, talsyth; (Mensch) cryf, cydnerth; ~**er Max** (KOCH)[D] ham a wyau.

strammstehen irreg vi (MIL) sefyll yn syth, ymsythu.

Strampelhöschen nt rompyrs ll.

strampeln ['ʃtrampəln] vi cicio, strancio, gwingo.

Strand [ʃtrant] (-(e)s, ¨-e) m glan b; (Sand~) traeth g, tywyn g; **am** ~ ar y traeth.

Strand- kompos: ~**ablagerungen** f llifwaddod g; ~**bad** nt lle nofio â thraeth.

stranden ['ʃtrandən] vi (+sein) mynd ar lawr/graig; (fig: Mensch) methu.

Strand- kompos: ~**gut** nt broc g môr; ~**korb** m cadair b fasged â chanopi; ~**räuber** m chwiwleidr g; ~**schnecke** f gwichiad g.

Strang [ʃtraŋ] (-(e)s, ¨-e) m cordyn g, rhaff b; (Bündel) cengl b; (Schienen~) cledr b; **über die Stränge schlagen** cicio dros y tresi; **an einem** ~ **ziehen** cyddynnu; **Tod durch den** ~ marwolaeth trwy grogi.

strangulieren [ʃtraŋguˈliːrən] *vt* tagu, llindagu.

Strapaze [ʃtraˈpaːtsə] (-, -n) *f* straen *gb*, treth *b*.

strapazierbar *adj* gwydn.

strapazieren [ʃtrapaˈtsiːrən] *vt (Material)* cam-drin; *(Mensch, Kräfte)* trethu, dihysbyddu.

strapazierfähig *adj* gwydn, caled, â phara ynddo.

strapaziös [ʃtrapatsiˈøːs] *adj* blinderus, caled.

Straße [ˈʃtraːsə] (-, -n) *f* stryd *b*, ffordd *b*, heol *b*; *(Meerenge)* swnt *g*, culfor *g*; **auf der ~** ar yr heol; **auf der ~ liegen** *(fig: Geld usw)* bod yn hawdd i'w gael; **auf die ~ gesetzt werden** *(ugs)* cael eich gyrru allan o'r tŷ.

Straßen- *kompos:* **~arbeiter** *m* nafi *g*; **~bahn** *f* tram *g*; **~bahnlinie** *f* tramffordd *b*; **~bauarbeiten** *pl* gweithfeydd *ll* ffordd; **~belag** *m* tarmac *g*; **~beleuchtung** *f* goleuadau *ll* stryd; **~gebühr** *f* toll *b*; **~glätte** *f* arwyneb *g* ffordd llithrig; **~graben** *m* rhewyn *g*, ffos *b*; **~karte** *f* map *g* strydoedd; **~kehrer** *m* ysgubwr *g* strydoedd; **~kind** *nt* plentyn *g* y strydoedd; **~kreuzer** *m (ugs)* car *g* mawr; **~lampe** *f*, **~laterne** *f* lamp *b*; **~mädchen** *nt* putain *b*, merch *b* ddrwg; **~netz** *nt* rhwydwaith *g* heolydd; **~rand** *m* min *g* y ffordd, ymyl *gb*; **~räuber** *m* lleidr *g* pen-ffordd; **~seite** *f* ochr *b* y stryd; **~sperre** *f* rhwystr *g* ffordd; **~tunnel** *m* twnnel *g* ffordd; **~überführung** *f* pompren *b*, pont *b* droed; **~verengung** *f* culffordd *b*; **~verkehr** *m* traffig *g*, trafnidiaeth *b*; **~verkehrsordnung** *f (JUR)* rheolau *ll*'r ffordd fawr; **~walze** *f* rholer *gb* metlin; **~zustandsbericht** *m* adroddiad ynglŷn â thraffig.

Stratege [ʃtraˈteːgə] (-n, -n) *m* strategydd *g*.

Strategie [ʃtrateˈgiː] *f* strategaeth *b*.

Strategin [ʃtraˈteːgɪn] *f* strategydd *g*.

strategisch [ʃtraˈteːgɪʃ] *adj* strategol.

Stratosphäre [ʃtratoˈsfɛːrə] *f* stratosffer *g*.

sträuben [ˈʃtrɔybən] *vt* aflonyddu, cynhyrfu.

♦ *vr* gwrychu; **sich ~ gegen** +*akk* gwrthsefyll.

Strauch [ʃtraux] (-(e)s, ¨-er) *m* llwyn *g*, prysgwydden *b*; **Sträucher** *pl* prysglwyn *g*.

straucheln [ˈʃtrauxəln] *vi (+sein)* baglu.

Strauß[1] [ʃtraus] (-es, ¨-e) *m (Blumen~)* tusw *g*, pwysi *g*.

Strauß[2] (-es, -e) *m (ZOOL)* estrys *gb*.

Streb [ʃtreːp] (-(e)s, -e) *m (BERGB)* talcen *g*, ffas *b*.

Strebe [ˈʃtreːbə] (-, -n) *f* croeslath *b*, ateg *b*.

Strebebalken *m* tulath *b*.

streben [ˈʃtreːbən] *vi:* **~ (nach)** ymdrechu (am), ymlafnio (i).

Streben *nt* ymdrech *b*.

Strebepfeiler *m* bwtres *gb*.

Streber [ˈʃtreːbər] (-s, -) *m (pej)* ceffyl *g* blaen; *(SCH)* swot *g*.

strebern [ˈʃtreːbərn] *vi* swotio.

strebsam *adj* diwyd, gweithgar.

Strebsamkeit *f* gweithgarwch *g*.

Strecke [ˈʃtrɛkə] (-, -n) *f* ffordd *b*; *(Entfernung)* pellter *g*; *(BAHN, MATH)* llinell *b*; *(Abschnitt von Straße usw)* darn *g*, hyd *g*; **auf der ~ bleiben** *(fig)* syrthio ar fin y ffordd; **zur ~ bringen** *(Jagd)* dal, lladd, ysglyfaethu.

strecken [ˈʃtrɛkən] *vt* ymestyn; *(Waffen)* ildio, gollwng; *(KOCH)* ychwanegu dŵr at.

♦ *vr* ymestyn (eich hun).

streckenweise *adv* mewn mannau.

Streich [ʃtraɪç] (-(e)s, -e) *m* tric *g*, cast *g*, stranc *g*; *(Hieb)* strôc *b*, ergyd *gb*; **jdm einen ~ spielen** gwneud tro gwael â rhn; **mit einem ~** *(fig)* (lladd dau aderyn) â'r un garreg, ag un ergyd.

streicheln [ˈʃtraɪçəln] *vt* mwytho, anwesu, tolach.

streichen [ˈʃtraɪçən] *irreg vt (auf~)* taenu, lledu; *(anmalen)* peintio; *(durchstreichen)* dileu; *(nicht genehmigen)* diddymu; *(Zuschuss)* torri.

♦ *vi (schleichen)* prowlan, llercian; **~ über** +*akk (berühren)* cyffwrdd yn ysgafn, tynnu llaw dros; **etw glatt ~** llyfnu rhth.

Streicher *pl (MUS)* llinynnau *ll*.

Streichholz (-es, ¨-er) *nt* matsien *b*.

Streichholzschachtel (-, -n) *f* blwch *g* matsys.

Streich- *kompos:* **~instrument** *nt (MUS)* offeryn *g* llinynnol; **~käse** *m* caws *g* taenu; **~pastete** *f* past *g*.

Streifband [ˈʃtraɪfbant] *nt* papur *g* lapio (ar gyfer papur newydd i'w bostio).

Streife [ˈʃtraɪfə] *f (Polizei~)* patrôl *g*.

streifen [ˈʃtraɪfən] *vt (+sein) (leicht berühren)* lledgyffwrdd; *(Blick)* edrych yn frysiog ar; *(Thema, Problem)* crafu wyneb; *(ab~)* diosg.

♦ *vi (+sein) (umgehen)* crwydro.

Streifen (-s, -) *m (breite Linie)* rhesen *b*, streipen *b*; *(Stück)* darn *g*, stribyn *g*; *(Film)* ffilm *b*, stribed *g*; *(Land)* llain *b*.

Streifen- *kompos:* **~dienst** *m* dyletswydd *b* batrôl; **~wagen** *m* car *g* patrôl (yr heddlu).

Streifschuss (-es, ¨-e) *m* ergyd sy'n braidd gyffwrdd.

Streifzug (-(e)s, ¨-e) *m* trip *g* fforio/sgowtio; *(fig)* **~ durch** +*akk* arolwg *g* byr ar.

Streik [ʃtraɪk] (-(e)s, -s) *m (POL)* streic *b*; **in den ~ treten** mynd ar streic; **zum ~ aufrufen** galw am streic.

Streikbrecher (-s, -) *m* torrwr *g* streiciau.

streiken [ˈʃtraɪkən] *vi* mynd ar streic, streicio; **der Computer streikt** *(ugs)* mae'r cyfrifiadur wedi torri.

Streik- *kompos:* **~kasse** *f* cronfa *b* streic; **~maßnahmen** *pl* gweithredu *g* diwydiannol; **~posten** *m* picedwr *g*.

Streit [ʃtraɪt] (-(e)s, -e) *m* dadl *b*, ymryson *g*, **einen ~ beilegen** torri dadl.

Streitaxt *f (MIL)* bwyall *b*.

streitbar *adj* cynhennus.

streiten [ˈʃtraɪtən] *irreg vi, vr* dadlau, cweryla, ffraeo; **darüber lässt sich ~** gellir dadlau ynglŷn â hynny.

Streit- *kompos:* **~frage** *f* asgwrn *g* y gynnen; **~gespräch** *nt* dadl *b*; **~hammel** *m* aderyn *g* drycin.

streitig *adj:* **jdm etw ~ machen** amau hawl rhn ar rth.

Streitigkeiten *pl* cynnen *b*, dadl *b*.

Streitkräfte *pl (MIL)* lluoedd *ll* arfog.

streitlustig *adj* cwerylgar.

Streit- *kompos:* **~punkt** *m* pwnc *g* cynhennus; **~sucht** *f* cwerylgarwch *g*.

streitsüchtig *adj* cwerylgar, cynhengar.

streng [ʃtrɛŋ] *adj* llym *g*, llem *b*; *(Geruch usw)* cryf *g*, cref *b*; **~er Winter** gaeaf caled; **~ geheim** tra chyfrinachol; **~ genommen** a bod yn fanwl gywir; **~ verboten** gwaherddir yn gyfan gwbl.

Strenge [ˈʃtrɛŋə] (-, *kein pl*) *f* llymder *g*.

strenggläubig *adj* uniongred, caeth.

strengstens *adv* yn llwyr, yn llym iawn.

Stress [ʃtrɛs] (-es, -e) *m* pwysau *g ll*, straen *gb*.

stressen [ˈʃtrɛsən] *vt, vr (ugs)* rhoi o dan bwysau/straen.

stressfrei *adj* heb straen.

stressig *adj (ugs)* llawn straen.

Streu [ʃtrɔy] (-, -en) *f* gwelltach *g*.

streuen [ˈʃtrɔyən] *vt* taenu, gwasgaru.

♦ *vi (mit Sand, Streusalz)* grutio, graeanu, taenu.

Streuer (-s, -) *m (KOCH)* ysgydwr *g*; *(Salz~)* salter *b*; *(Pfeffer~)* pot *g* pupur.

Streufahrzeug *nt* peiriant *g* grutio.

streunen [ˈʃtrɔynən] *vi (+sein oder haben)* mynd ar grwydr, crwydro o gwmpas.

streunend *adj* ar ddisberod.

Streu- *kompos:* **~salz** *nt* halen i'w wasgaru dros y ffyrdd yn y gaeaf; **~sand** *m* graean ar gyfer ffyrdd yn y gaeaf; *(HIST)* tywod ar gyfer sychu inc.

Streuselkuchen (-s, -) *m* tarten *b* â briwsion arni.

Streuung *f* lledaeniad *g*, ymlediad *g*; *(MATH)* gwyriad *g* cymedrig; *(PHYS)* gwasgariad *g*.

strich *vb vgl.* **streichen.**

Strich (-(e)s, -e) *m (Linie)* llinell *b*; *(Feder~, Pinsel~)* strôc *b*, trawiad *g*; *(TEX)* ceden *b*; *(von Fell)* ceden, peil *g*; *(Quer~)* llinell *b* doriad; *(Schräg~)* slaes *b*, lletraws *g*; **jdm einen ~ durch die Rechnung machen** rhoi sbrag yn olwyn rhn; **einen ~ unter etw** *akk* **ziehen** gadael i rth fynd yn angof; **jdn nach ~ und Faden verprügeln** rhoi curfa galed i rn; **auf den ~ gehen** *(ugs)* gweithio fel putain; **jdm gegen den ~**

Strich gehen codi gwrychyn rhn.

Strichcode *m* = **Strichkode.**

Stricheinteilung *f* graddnodiad *g*.

stricheln [ˈʃtrɪçəln] *vt:* **eine gestrichelte Linie** llinell *b* fylchog.

Strich- *kompos:* **~junge** *m (ugs)* rhentlanc *g*, putain *b* wryw; **~kode** *m (auf Waren)* côd *g* bar.

strichliert *adj* â llinell fylchog.

Strich- *kompos:* **~mädchen** *nt* putain *b*; **~punkt** *m* hanner colon *g*.

strichweise *adv* fan hyn a fan draw.

Strick [ʃtrɪk] (-(e)s, -e) *m* rhaff *b*; **jdm einen ~ drehen aus etw** *dat* defnyddio rhth yn erbyn rhn.

stricken [ˈʃtrɪkən] *vt, vi* gwau.

Strickerei [ʃtrɪkəˈraɪ] *f* gwau *g*.

Strick- *kompos:* **~jacke** *f* cardigan *b*, cot *b* weu; **~leiter** *f* ysgol *b* raff; **~nadel** *f* gweillen *b*; **~waren** *pl* dillad *ll* gwau, gweuwaith *g*; **~wolle** *f* edafedd *ll*.

Striegel [ˈʃtriːɡəl] *m* ysgrafell *b*.

striegeln [ˈʃtriːɡəln] *vt (Tiere, Fell)* ysgrafellu, trin.

♦ *vr (ugs)* ymdwtio.

Strieme [ˈʃtriːmə] *f* = **Striemen.**

Striemen [ˈʃtriːmən] (-s, -) *m* gwrym *g*.

strikt [ʃtrɪkt] *adj* llym *g*, llem *b*, chwyrn.

Strippe [ˈʃtrɪpə] *f (fig)* **jdn fest an der ~ haben** trin rhn yn llym; *(ugs: TEL)* **sie hängt dauernd an der ~** mae hi ar y ffôn trwy'r amser.

Stripper(in) *m(f)* stripiwr *g*, stripwraig *b*.

stritt *vb vgl.* **streiten.**

strittig [ˈʃtrɪtɪç, -ɪk] *adj* amheus, cynhennus, dadleuol.

Stroh [ʃtroː] (-(e)s, *kein pl*) *nt* gwellt *g*.

Stroh- *kompos:* **~ballen** *m* belen *b* gwair; **~blume** *f* blodyn *g* anwyw; **~dach** *nt* to *g* gwellt.

strohdumm *adj (ugs)* twp, gwirion bost.

Strohfeuer *nt:* **seine Liebe war nur ein ~** roedd ei serch yn dân siafins.

strohgedeckt *adj* â tho gwellt.

Stroh- *kompos:* **~halm** *m* gwelltyn *g*; **~hut** *m* het *b* wellt; **~mann** *m (COMM)* dyn *g* gwellt; **~witwe** *f* gweddw *b* dros dro; **~witwer** *m* gŵr *g* gweddw dros dro.

Strolch [ʃtrɔlç] *m* crwydryn *g*, cnaf *g*.

Strom [ʃtroːm] (-(e)s, ⸚-e) *m* afon *b*; *(ELEKT)* trydan *g*, cerrynt *g*; *(fig)* llif *g*; **mit ~ versorgen** gwasanaethu â thrydan; **unter ~ stehen** *(ELEKT)* bod yn fyw; *(fig)* bod wedi eich cynhyrfu; **es gießt in Strömen** mae'n bwrw hen wragedd a ffyn.

stromabwärts *adv* gyda'r afon, gwaered afon.

Stromanschluss *m* cysylltiad â'r cyflenwad trydan.

stromaufwärts *adv* i fyny'r afon.

Stromausfall *m* toriad *g* trydan.

strömen ['ʃtrø:mən] *vi (+sein)* arllwys, llifeirio.

strömend *adj* llifeiriol; **~er Regen** glaw *g* trwm.

Strom- *kompos:* **~kabel** *nt* cebl *g* trydan; **~kreis** *m* *(ELEKT)* cylched *gb*.

stromlinienförmig *adj* llyfn, llifliniog.

Strom- *kompos:* **~mast** *m* peilon *g*; **~netz** *nt* prif gyflenwad *g*; **~rechnung** *f* bil *g* trydan; **~schnelle** *f* dyfroedd *ll* geirw; **~sperre** *f* toriad *g* trydan; **~stärke** *f* amperedd *g*; **~stoß** *m* sioc *b* drydan.

Strömung ['ʃtrø:muŋ] (-, -en) *f* ffrwd *b*, llif *g*, cerrynt *g*.

Stromzähler (-s, -) *m* mesurydd *g* trydan.

Strophe ['ʃtro:fə] *f* pennill *g*.

strotzen ['ʃtrɔtsən] *vi:* **~ vor** bod yn llawn o, bod yn gyforiog o, bod yn blastr o.

Strudel ['ʃtru:dəl] (-s, -) *m* trobwll *g*, fortecs *g*, chwyrlïad *g*; *(KOCH)* strwdl *g*.

strudeln ['ʃtru:dəln] *vi* chwyrlïo.

Struktur [ʃtrʊk'tu:r] (-, -en) *f* strwythur *g*, adeiledd *g*, fframwaith *g*.

strukturell [ʃtrʊktu'rɛl] *adj* strwythurol, adeileddol.

strukturieren [ʃtrʊktu'ri:rən] *vt* adeileddu, strwythuro.

Strumpf [ʃtrʊmpf] (-(e)s, ̈-e) *m* hosan *b*.

Strumpf- *kompos:* **~band** *nt* gardys *gb*; **~bandgürtel** *m* gwregys *g* dal gardysau; **~halter** *m* llinyn *g* gardas; **~hose** *f* pâr *g* o deits.

Strunk [ʃtrʊŋk] *m* bôn *g*, (*Kohl~*) gwrysgen *b*, coesyn *g*.

struppig ['ʃtrʊpɪç, -ɪk] *adj* aflêr.

Stube ['ʃtu:bə] (-, -n) *f* ystafell *b* (gyffredin); **die gute ~** *(ugs)* parlwr *g*.

Stuben- *kompos:* **~arrest** *m* cyfyngiad i'ch ystafell; *(MIL)* cyfyngiad i'r barics; **~fliege** *f* cleren *b*, pryf *g* tŷ; **~hocker** *m (ugs)* rhn cartrefol/diantur, un sy'n hoff o'i gartref; **~mädchen** *nt* morwyn *b*.

stubenrein *adj (Haustiere)* glanwaith, glân yn y tŷ.

Stubsnase *f* = Stupsnase.

Stuck [ʃtʊk] (-(e)s, *kein pl*) *m* stwco *g*.

Stück [ʃtʏk] *nt* darn *g*; *(ein wenig)* tamaid *g*, tipyn *g*; *(THEAT)* drama *b*; **im ~** mewn un darn; **sechs ~ Vieh** chwech o wartheg; **das ist ein starkes ~!** *(ugs)* mae hynny'n annioddefol; **große ~e auf jdn halten** meddwl y byd o rn; **~ für ~** ddarn wrth ddarn; **in ~e reißen** rhwygo'n ddarnau.

Stückarbeit *f* gwaith *g* ar dasg, gwaith tâl.

Stuckateur [ʃtʊka'tø:r] (-s, -e) *m* plastrwr *g*.

Stückchen ['ʃtʏkçən] (-s, -) *nt* dernyn *g*, mymryn *g*; *(ein wenig)* tipyn *g*.

stückchenweise *adv* fesul tipyn.

Stück- *kompos:* **~gut** *nt (BAHN)* parseli *ll*; **~kosten** *pl* cost *b* uned; **~lohn** *m* tâl *g* am waith ar dasg;

~preis *m (COMM)* pris *g* unigol.

stückweise *adv* bob yn dipyn; *(COMM)* yn unigol.

Stückwerk *nt* gwaith heb ei gyflawni.

Student [ʃtu'dɛnt] (-en, -en) *m* myfyriwr *g*.

Studenten- *kompos:* **~ausweis** *m* cerdyn *g* adnabod myfyriwr; **~ermäßigung** *f* disgownt *g* i fyfyrwyr; **~futter** *nt* cnau a resins; **~heim** *nt* neuadd *b*; **~verband** *m* undeb *g* myfyrwyr; **~verbindung** *f* clwb *g* myfyrwyr; **~vertretung** *f* undeb *g* myfyrwyr; **~werk** *nt* gweinyddiaeth *b* myfyrwyr; **~wohnheim** *m* neuadd *b* breswyl.

Studentin [ʃtu'dɛntɪn] (-, -nen) *f* myfyrwraig *b*.

studentisch [ʃtu'dɛntɪʃ] *adj* academaidd.

Studie ['ʃtu:diə] (-, -n) *f* astudiaeth *b*, cywaith *g*; *(Forschung)* ymchwil *gb*; **~n** *pl* efrydiau *ll*.

Studien- *kompos:* **~beihilfe** *f* grant *g*; **~beratung** *f* cyfarwyddyd *gb* addysgol; **~buch** *nt* cofrestr o gyrsiau a fynychwyd; **~fahrt** *f* taith *b* addysgol; **~platz** *m* lle i fyfyriwr mewn prifysgol; **~rat**[D] *m*, **~rätin**[D] *f (SCH)* athro *g*/athrawes *b* mewn ysgol uwchradd; **~reise** *f* taith *b* addysgol.

studieren [ʃtu'di:rən] *vt, vi* astudio; *(untersuchen)* arolygu.

Studio ['ʃtu:dio] *nt* stiwdio *b*.

Studium ['ʃtu:dium] (-s, Studien) *nt* astudiaethau *ll*.

Stufe ['ʃtu:fə] (-, -n) *f* gris *g*; *(Entwicklungs~)* cam *g*, gradd *b*; *(Niveau)* safon *b*, lefel *b*.

Stufenheck *nt (AUTO)* cist *b* sgwâr.

Stufenleiter *f:* **auf der ~ des Erfolges emporsteigen** dringo ysgol llwyddiant.

stufenlos *adj (TECH)* di-fwlch; **~ verstellbar** newidiol yn ddi-fwlch.

Stufen- *kompos:* **~plan** *m* cynllun *g* graddoledig; **~schnitt** *m (Haar)* dull *g* haenog.

stufenweise *adv* yn raddol.

Stuhl [ʃtu:l] (-(e)s, ̈-e) *m* cadair *b*, sêt *b*, stôl *b*; *(Stuhlgang)* ysgarthiad *g*; **elektrischer ~** cadair drydan; **zwischen zwei Stühlen sitzen** *(fig)* syrthio rhwng dwy stôl, bod yn gorfod dewis.

Stuhlgang *m* ysgarthiad *g*; **~ haben** agor y corff.

Stuka ['ʃtu:ka] *m abk* = Sturzkampfflugzeug.

Stukkateur *m* = Stuckateur.

Stulpe ['ʃtʊlpə] (-, -n) *f* cyffsen *b*, torch *gb*.

stülpen ['ʃtʏlpən] *vt (umdrehen)* troi tu fewn tu fas; *(bedecken)* **etw über etw** *+akk* **~** tynnu/rhoi rhth dros rth; **den Kragen nach oben ~** troi'r coler i fyny.

Stulpenhandschuh *m* gawntled *b*.

stumm [ʃtum] *adj* tawedog, tawel; *(MED)* mud; **~er Laut** *(GRAM)* mudsain *b*.

Stumme ['ʃtumə] *m/f* mudan(es) *g(b)*.

Stummel ['ʃtuməl] (-s, -) *m* bôn *g*, pwt *g*, bonyn *g*;

(Zigaretten~) stwmp g, stwmpyn g.

Stummelschwanz m pwt g.

Stummfilm (-(e)s, -e) m ffilm b fud.

Stummheit f mudandod g.

Stümper ['ʃtʏmpər] (-s, -) m potsiwr g, penbwl g.

stümperhaft adj di-glem, trwsgl.

stümpern [ᴰ]['ʃtʏmpərn] vi cawlio, potsio, bwnglera.

stumpf [ʃtʊmpf] adj di-awch, di-fin; *(glanzlos)* pŵl, dilewyrch; *(teilnahmslos)* marwaidd; *(MATH: Winkel)* aflem.

Stumpf (-(e)s, ̈-e) m cyff g, bôn g, bonyn g; **etw mit ~ und Stiel ausrotten** difodi rhth yn llwyr.

Stumpfheit f pylni g.

Stumpfsinn m diflastod g.

stumpfsinnig adj diflas.

Stunde ['ʃtʊndə] f awr b; *(SCH)* gwers b; **~ um ~** am oriau; **eine ~ halten** cynnal gwers.

stunden ['ʃtʊndən] vt: **jdm etw ~** rhoi amser i rn dalu rhth.

Stunden- kompos: **~geschwindigkeit** f cyflymdra g ar gyfartaledd mewn awr; **~glas** nt awrwydr g; **~kilometer** pl cilometrau'r awr.

stundenlang adj am oriau.

Stunden- kompos: **~lohn** m tâl g yr awr; **~plan** m amserlen b.

stundenweise adv yr awr, fesul awr, bob awr.

Stundenzeiger m bys g bach (cloc).

stündlich ['ʃtʏntlɪç] adj bob awr.

Stunk [ʃtʊŋk] (-s, kein pl) m: **~ machen** *(ugs)* gwneud stŵr.

stupide [ʃtu'pi:də] adj *(Person)* twp; *(Arbeit)* undonog, difeddwl.

Stups [ʃtʊps] (-es, -e) m *(ugs)* pwniad g, pwt g.

stupsen ['ʃtʊpsən] vt penelino, pwnio.

Stupsnase f trwyn g smwt.

stur [ʃtu:r] adj ystyfnig, cyndyn, pengaled; **sich ~ stellen** ystyfnigo, sefyll yn eich rhych; **~ wie ein Esel** ystyfnig fel mul; **ein ~er Bock** *(ugs)* rhn ystyfnig; **er fuhr ~ geradeaus** gyrrodd yn ei flaen yn ddiwyro.

Sturheit f ystyfnigrwydd g, cyndynrwydd g.

Sturm [ʃtʊrm] (-(e)s, ̈-e) m storm b, corwynt g; *(MIL usw)* ymosodiad g; *(SPORT)* pac g, blaenwyr ll; **gegen etw ~ laufen** *(fig)* gwrthwynebu rhth yn ffyrnig; **~ läuten** canu cloch yn ddi-baid.

stürmen ['ʃtʏrmən] vi *(Wind)* rhuo, chwythu'n gryf; *(rennen)* rhuthro.

♦ vt *(MIL, fig)* ymosod, dwyn cyrch.

♦ vi unpers: **es stürmt** mae'n chwythu corwynt.

Stürmer (-s, -) m *(SPORT)* blaenwr g.

sturmfrei adj *(MIL)* anoresgynnol; **~e Bude** *(ugs)* cartref lle mae'r rhieni i ffwrdd.

stürmisch ['ʃtʏrmɪʃ] adj stormus, tymhestlog; *(rau)* garw; *(fig)* egnïol, cythryblus; *(Liebhaber)* nwydwyllt; *(Beifall)* byddarol; **~e Zeiten** cyfnod helbulus; **nicht so ~** gan bwyll.

Sturmschritt m *(MIL)* camre g cyflym iawn; **im ~!** dyblwch hi!

Sturm- kompos: **~taucher** m *(ZOOL)* pâl g Manaw; **~trupp** m *(MIL)* llu g ymosod; **~warnung** f rhybudd o wyntoedd cryfion; **~wind** m corwynt g.

Sturz [ʃtʊrts] (-(e)s, ̈-e) m cwymp g; *(POL)* dymchweliad g; *(in Temperatur, Preis)* gostyngiad g; *(ARCHIT)* capan g drws.

Sturzbach m pistyll g, gofer g.

stürzen ['ʃtʏrtsən] vt *(+haben)* *(werfen)* lluchio; *(POL)* dymchwel; *(umdrehen)* troi ar ei ben; **jdn ins Unglück ~** dod â thrychineb i rn; **nicht ~!** *(Poststück)* na ollynger!

♦ vr *(+haben)* rhuthro, brysio; *(hinein~)* plymio; **sich auf jdn/etw ~** llamu ar rn/rth; **sich in Unkosten ~** mynd i gost fawr.

♦ vi *(+sein)* *(hinfallen)* syrthio; *(AERO)* plymio; *(rennen)* rhuthro.

Sturz- kompos: **~flug** m sythblymiad g, trwynblymiad g; **~helm** m helmed b ddamwain; **~kampfflugzeug** nt plymfomiwr g.

Stuss [ʃtʊs] m *(ugs)* sothach g, truth g, dwli g.

Stute ['ʃtu:tə] (-, -n) f caseg b.

Stützbalken (-s, -) m dist g, prop g.

Stütze ['ʃtʏtsə] (-, -n) f *(Pfosten)* cynhalbost g, ateg b; *(fig)* cefnogaeth b, cymorth g; **die ~n der Gesellschaft** hoelion wyth y gymdeithas.

stutzen ['ʃtʊtsən] vt *(Flügel usw)* tocio, cwtogi, torri.

♦ vi petruso; *(argwöhnisch werden)* drwgdybio.

stützen ['ʃtʏtsən] vt ategu, cynnal; *(fig)* cefnogi; *(Ellbogen usw)* pwyso ar.

♦ vr: **sich auf etw ~** pwyso ar rn/rth; *(Beweise, Theorie)* bod wedi'i seilio ar rth.

Stutzen [ᴧ] m *(Kniestrumpf)* hosan b.

Stützgewebe nt *(MED)* meinwe b gynhaliol.

stutzig ['ʃtʊtsɪç, -ɪk] adj mewn penbleth, dryslyd; *(misstrauisch)* drwgdybus.

Stützmauer (-, -n) f ategfur g.

Stützpunkt (-(e)s, -e) m pwysbwynt g, ffwlcrwm g; *(MIL, fig)* gorsaf b, canolfan gb.

Stützungskäufe pl *(FIN)* prynu g cynnal.

StVO f abk = **Straßenverkehrsordnung**.

stylen ['staɪlən] vt steilio; *(Wohnung)* dylunio.

Styling ['staɪlɪŋ] (-s, kein pl) nt steil g, arddull gb.

Styropor® [styro'po:r] (-s, kein pl) nt polystyren g.

s.u. abk (= siehe unten) gweler isod.

Suaheli [zua'he:li] m Swahili g.

♦ nt *(Sprache)* Swahili b.

Subdominante ['zubdominantə, zubdomi'nantə] *f (MUS)*
islywydd *g*.

Subjekt [zup'jɛkt] (-(e)s, -e) *nt (Person, GRAM)*
goddrych *g*; *(pej: Typ)* person *g*.

subjektiv [zupjɛk'tiːf] *adj* goddrychol.

Subjektivierung [zupjɛkti'viːruŋ] *f* goddrychiad *g*.

Subjektivität [zupjɛktivi'tɛːt] *f* goddrychedd *g*.

Subkontinent ['zupkɔntinɛnt] *m (GEOG)* isgyfandir *g*.

Subkultur ['zupkʊltuːr] *f* isddiwylliant *g*.

subkutan [zupku'taːn] *adj (MED)* hypodermig.

sublimieren [zubli'miːrən] *vt (CHEM)* sychdarthu;
(psychologisch) arddunoli.

Submissionsangebot (-(e)s, -e) *nt (COMM)* cynnig *g*
dan sêl.

Subroutine ['zupruːtiːnə] (-, -n) *f (COMP)* isrwtîn *b*.

Subsidiarität [zupzidiari'tɛːt] *f (POL)* datganoliaeth *b*.

substandard ['zupstandart] *adj* is-safonol.

Substantiv ['zupstantiːf] *nt (GRAM)* enw *g*.

Substanz [zup'stants] *f* sylwedd *g*; **von der ~ zehren**
byw ar eich cyfalaf.

subtil [zup'tiːl] *adj* cynnil.

subtrahieren [zuptra'hiːrən] *vt (MATH)* didynnu, tynnu.

Subtraktion [zuptraktsi'oːn] *f* tyniad *g*.

subtropisch ['zuptroːpiʃ] *adj* istrofannol.

Subunternehmer (-s, -) *m* isgontractiwr *g*.

Subvention [zupvɛntsi'oːn] (-, -en) *f (FIN, POL)*
cymhorthdal *g*, budd-dâl *g*.

subventionieren [zupvɛntsio'niːrən] *vt* noddi.

subversiv [zupvɛr'ziːf] *adj* dymchwelol,
chwyldroadol.

Such- *kompos:* **~aktion** *f* chwiliad *g*; **~dienst** *m*
gwasanaeth chwilio am bobl sydd wedi
diflannu.

Suche ['zuːxə] *f* chwiliad *g*.

suchen ['zuːxən] *vt* chwilio am; *(versuchen)* ceisio;
das Weite ~ dianc; **Streit ~** chwilio am ffrae; **Arbeit
~** chwilio am waith; **was suchst du hier?** beth yw
dy neges di?
  ♦ *vi:* **~ nach** chwilio am; **~ und ersetzen** *(COMP)*
chwilio ac amnewid.

Suchende *m/f* chwiliwr *g*.

Sucher (-s, -) *m* chwiliwr *g*, ceisiwr *g*; *(FOTO)*
ffenestr *b*.

Such- *kompos:* **~meldung** *f* hysbyseb am rn sydd
wedi diflannu; **~scheinwerfer** *m* chwilolau *g*.

Sucht [zuxt] (-, ̈ -e) *f (MED)* dibyniaeth *g*, caethineb *g*;
(fig) obsesiwn *g* chwant *g*.

Suchtgift *nt* cyffur *g* caethiwus.

süchtig ['zʏçtɪç, -ɪk] *adj* dibynnol, caeth.

Süchtige *m/f* un sy'n gaeth i rth.

Süd¹ [zyːt] *indekl* de; **Wind aus ~** gwynt o'r de.

Süd-² *in kompos* de; *e.e. Südafrika, Südwales.*

Sudan [zu'daːn] *m:* **der ~** y Swdan *b*.

Sudanese [zuda'neːzə] (-n, -n) *m*, **Sudanesin**
[zuda'neːzɪn] (-, -nen) *f* Swdaniad *g*.

Sudatorium [zuda'toːriʊm] *nt* chwysfa *b*.

südd. *abk* = **süddeutsch.**

süddeutsch *adj* o Dde'r Almaen.

Süddeutschland *nt* De *g*'r Almaen.

Süden ['zyːdən] (-s, *kein pl*) *m* de *g*; **nach ~ ziehen**
(Vögel) mudo.

Süd- *kompos:* **~früchte** *pl* ffrwythau *ll* o wledydd Môr
y Canoldir; **~länder** *m* deheuwr *g*.

südländisch *adj* deheuol; *(italienisch, spanisch usw)*
Lladinaidd.

südlich *adj* deheuol; **~ von** i'r de o.

Südost *indekl* de-ddwyrain.

Südosten *m* de-ddwyrain *g*.

Süd- *kompos:* **~pol** *m (GEOG)* Pegwn *g* y De; **~polarmeer**
nt Cefnfor *g* yr Antarctig; **~see** *f (GEOG)* Moroedd
ll y De; **~tirol** *nt (GEOG)* De *g*'r Tirol; **~wales**
(GEOG) deheubarth *g* Cymru.

südwärts *adv* tua'r de.

Südwest *indekl* de-orllewin.

Südwesten *m* de-orllewin *g*.

Südwind (-(e)s, -e) *m* deheuwynt *g*.

Sueskanal ['zuːɛskanaːl] *m (GEOG)* Camlas *b* Swês.

Suff [zuf] *m* diota *g*; **etw im ~ sagen** *(ugs)* dweud rhth
yn eich diod.

süffeln ['zʏfəln] *vt* llymeitian.

süffig ['zʏfɪç, -ɪk] *adj (Wein)* â blas dymunol.

süffisant [zʏfi'zant] *adj* hunanfoddhaus.

Suffix ['zufɪks, zu'fɪks] (-es, -e) *nt (GRAM)* terfyniad *g*.

suggerieren [zuge'riːrən] *vt* awgrymu.

Suggestivfrage [zugɛs'tiːffraːgə] (-, -n) *f* cwestiwn *g*
arweiniol.

suhlen ['zuːlən] *vr* ymdrybaeddu, ymdreiglo.

Sühne ['zyːnə] *f* iawn *g*, penyd *g*.

sühnen ['zyːnən] *vt* gwneud/talu iawn am.

Sühnetermin *m (JUR)* gwrandawiad *g* cymodol.

Suite ['sviːtə] (-, -n) *f* cyfres o ystafelloedd, swît *b*;
(Gefolgschaft) gosgordd *b*; *(MUS)* cyfres *b* (o
symudiadau).

sukkulent [zuku'lɛnt] *adj* suddlon.

sukzessive [zuktse'siːvə] *adv* yn raddol.

Sulfat [zul'faːt] (-(e)s, -e) *nt (CHEM)* sylffad *g*.

Sultan ['zultan] (-s, -e) *m* swltan *g*.

Sultanine [zulta'niːnə] (-, -n) *f (KOCH)* syltana *b*,
resinen *b* fawr.

Sulz^ [zults] *f* = **Sülze.**

Sülze^D ['zyltsə] *f (KOCH)* caws *g* pen mochyn; *(Aspik)*
asbig *g*.

summa summarum ['zuma zu'maːrum] *konj (alles in
allem)* ar y cyfan.

summarisch [zʊˈmaːrɪʃ] *adj* cryno, arwynebol.

Sümmchen [ˈzʏmçən] *nt:* **ein hübsches** ~ swm bach teidi, swm reit ddel.

Summe [ˈzʊmə] (-, -n) *f* cyfanswm *g*; *(Geldbetrag)* swm *g*.

summen [ˈzʊmən] *vt, vi* sïo, swnian, grwnan; *(Lied)* mwmian.

Summen *nt* si *g*.

Summer [ˈzʊmər] (-s, -) *m* seiniwr *g*.

summieren [zʊˈmiːrən] *vt* adio.

♦ *vr* cynyddu.

Sumpf [zʊmpf] (-(e)s, ¨-e) *m* cors *b*, sugnedd *g*, gwernen *b*.

Sumpf- *kompos:* **~dotterblume** *f (BOT)* gold *g* y gors; **~huhn** *nt (ZOOL)* iâr *b* fach y dŵr.

sumpfig *adj* corslyd, corsiog.

Sumpf- *kompos:* **~land** *nt* corstir *g*; **~meise** *f (ZOOL)* titw *g*'r wern; **~ohreule** *f (ZOOL)* tylluan *b* glustiog.

Sund [zʊnt] (-(e)s, -e) *m (GEOG)* culfor *g*, swnt *g*.

Sünde [ˈzʏndə] (-, -n) *f* pechod *g*.

Sünden- *kompos:* **~bock** *m* bwch *g* dihangol; **~fall** *m (REL)* y Cwymp; **~register** *nt (fig)* rhestr *b* o bechodau.

Sünder(in) *m(f)* pechadur(es) *g(b)*.

sündhaft *adj* pechadurus; *(ugs)* ~ **teuer** ofnadwy o ddrud.

sündigen [ˈzʏndɪɡən] *vi* pechu, troseddu.

super [ˈzuːpər] *adj (ugs)* gwych.

Super (-s, *kein pl*) *nt (Benzin)* petrol *g* pedair seren.

Superlativ [ˈzuːpərlatiːf] (-s, -e) *m (GRAM)* gradd *b* eithaf.

Super- *kompos:* **~macht** *f* goruwchbŵer *g*; **~markt** *m* archfarchnad *b*; **~nova** *f (ASTRON)* uwchnofa *b*; **~star** *m* archseren *b*.

Suppe [ˈzʊpə] (-, -n) *f* potes *g*; *(mit Einlage)* cawl *g*; *(ugs: Nebel)* mwrllwch *g*; **jdm die** ~ **versalzen** *(ugs)* rhoi ffon yn olwyn rhn, rhoi halen ym mhotes rhn.

Suppen- *kompos:* **~fleisch** *nt* cig ar gyfer cawl; **~grün** *nt (KOCH)* llysiau gwyrdd (ar gyfer potes); **~huhn** *nt* ffowlyn *g* berwi; **~kasper** *m (ugs)* plentyn sy'n anfodlon bwyta; **~löffel** *m* llwy *b* gawl; **~teller** *m* dysgl *b* gawl; **~würfel** *m (KOCH)* ciwb *g* isgell.

Supplierstunde [zuˈpliːrʃtʊndə] *f (SCH)* gwers *b* gyflenwi.

Surfbrett [ˈzøːrfbrɛt] (-(e)s, -er) *nt* astell *b* frigdonni.

surfen [ˈzøːrfən] *vi* beistonna, brigdonni, syrffio.

Surfer *m* beistonnwr *g*, syrffwr *g*; **~in** *f* beistonwraig *b*, syrffwraig *b*.

Surrealismus [zʊreaˈlɪsmʊs] *m (KUNST)* swrealaeth *b*.

Surrealist [zʊreaˈlɪst] (-en, -en) *m* swrealydd *g*.

surren [ˈzʊrən] *vi* chwyrnellu, swnian.

Surrogat [zʊroˈɡaːt] (-(e)s, -e) *nt* amnewidyn *g*.

suspekt [zʊsˈpɛkt] *adj* amheus.

suspendieren [zʊspɛnˈdiːrən] *vt:* ~ **(von)** diarddel (o), gwahardd (o).

Suspendierung *f* diarddeliad *g*.

süß [zyːs] *adj* melys, pêr; *(niedlich)* hyfryd; *(Mädchen)* pert.

Süße [ˈzyːsə] (-, *kein pl*) *f* melyster *g*, pereidd-dra *g*.

süßen [ˈzyːsən] *vt* melysu, siwgro.

Süßholz *nt:* ~ **raspeln** *(fig)* gwenieithu.

Süßigkeit *f* melyster *g*; **~en** *pl* melysion *ll*, losin *ll*, da-da *ll*.

süßlich *adj* melysaidd, siwgraidd; *(fig)* gordeimladwy.

Süßmost *m* sudd *g* grawnwin.

süßsauer *adj (Gurke)* wedi ei biclo; *(KOCH)* sur-a-melys; ~ **lächeln** glaswenu.

Süß- *kompos:* **~speise** *f* pwdin *g*, melysfwyd *g*; **~stoff** *m* melysydd *g*; **~waren** *pl* pethau *ll* melys; **~wasser** *nt* dŵr *g* ffres/croyw.

SV *m abk* = **Sportverein**.

SW *abk* (= *Südwesten*) de-orllewin.

Swastika [ˈsvastika] *f* swastica *b*.

Sweater [ˈsveːtər] (-s, -) *m* crys *g* chwys, siersi *gb*.

Sweatshirt *nt* = **Sweater**.

SWF *m abk* (= *Südwestfunk*) Gorsaf Radio De-Orllewin yr Almaen.

Swimmingpool [ˈswɪmɪŋpuːl] *m* pwll *g* nofio.

Sylvester [zʏlˈvɛstər] *nt* = **Silvester**.

Symbol [zʏmˈboːl] *nt* symbol *g*, arwyddlun *g*.

Symbolik [zʏmˈboːlɪk] *f* symbolaeth *b*.

symbolisch [zʏmˈboːlɪʃ] *adj* symbolaidd.

symbolisieren [zʏmboliˈziːrən] *vt* symboleiddio, delweddu.

Symmetrie [zʏmeˈtriː] *f* cymesuredd *g*.

Symmetrieachse *f* echelin *b* gymesuredd.

symmetrisch [zʏˈmeːtrɪʃ] *adj* cymesur, cymesurol.

Sympathie [zʏmpaˈtiː] *f* hoffter *g*; **er hat sich** *dat* **alle ~n verscherzt** mae e wedi troi pawb yn ei erbyn.

Sympathiekundgebung *f* ardystiad *g* i ddangos cefnogaeth.

Sympathisant [zʏmpatiˈzant] (-en, -en) *m (POL)* cydymdeimlwr *g*.

sympathisch [zʏmˈpaːtɪʃ] *adj* hoffus, hygar, clên, cydnaws; **er ist mir** ~ rwy'n ei hoffi.

sympathisieren [zʏmpatiˈziːrən] *vi* cydymdeimlo.

Symphonie [zʏmfoˈniː] *f (MUS)* symffoni *b*.

Symphonieorchester *nt* cerddorfa *b* symffoni.

Symposium [zʏmˈpoːzium] (-s, Symposien) *nt* symposiwm *g*.

Symptom [zʏmpˈtoːm] (-s, -e) *nt* symptom *g*, arwydd *gb* clefyd, rhagarwydd *gb*.

symptomatisch [zʏmptoˈmaːtɪʃ] *adj* nodweddiadol; *(MED)* symptomaidd.

Synagoge [zʏnaˈgoːgə] *f (REL)* synagog *g*.

synchron [zʏnˈkroːn] *adj* cydamserol, syncronaidd.

Synchrongetriebe *nt* syncro-mesh *g*.

synchronisieren [zʏnkroniˈziːrən] *vt* cydamseru, cysoni; *(Film)* trosleisio.

Synchronschwimmen *nt (SPORT)* nofio *g* cydamserol.

Syndikat [zʏndiˈkaːt] (-(e)**s**, -e) *nt (COMM)* cynghrair *g*, cyfuned *b*; *(Drogen~, Verbrecher~)* syndicet *gb*.

Syndrom [zʏnˈdroːm] (-**s**, -e) *nt* cyfrediad *g*, syndrom *g*.

synergetisch [zʏnɛrˈgeːtɪʃ] *adj* synergaidd.

Synkope [zʏnˈkoːpə] *f (GRAM)* colled o lafariad fewnol, cywasgiad *g*; *(MUS)* trawsaceniad *g*.

synkopieren [zʏnkoˈpiːrən] *vi* cywasgu; *(MUS)* trawsacennu.

Synode [zʏˈnoːdə] (-, -**n**) *f (REL)* synod *gb*.

synonym [zʏnoˈnyːm] *adj* cyfystyr, cydystyrol.

Synonym (-**s**, -e) *nt* cyfystyr *g*, cyfair *g*.

Synopse [zʏˈnɔpsə] (-, -**n**) *f* synopsis *g*, dadansoddiad *g*.

Synopsis *f* = **Synopse**.

Syntagma [zʏnˈtagma] *nt (GRAM)* ymadrodd *g*.

syntaktisch [zʏnˈtaktɪʃ] *adj* cystrawennol.

Syntax [ˈzʏntaks] *f (GRAM)* cystrawen *b*.

Synthese [zʏnˈteːzə] *f* synthesis *g*, cyfosodiad *g*.

synthetisch [zʏnˈteːtɪʃ] *adj* gwneud, synthetig; *(GRAM)* ~e **Verbalform** berf *b* gryno.

Syphilis [ˈzyːfɪlɪs] (-, *kein pl*) *f (MED)* siffilis *g*, y frech *b* fawr.

Syrer [ˈzyːrər] *m* (~**in** *f*) Syriad *g*.

Syrien [ˈzyːriən] *nt (GEOG)* Syria *b*.

syrisch [ˈzyːrɪʃ] *adj* Syriaidd.

System [zʏsˈteːm] (-**s**, -e) *nt* cyfundrefn *b*, cysawd *g*, trefn *b*, system *b*.

System- *kompos:* ~**analyse** *f* dadansoddi *g* systemau; ~**analytiker** *m* dadansoddwr *g* systemau.

Systematik [zʏsteˈmaːtɪk] *f* cyfundrefneg *b*.

systematisch [zʏsteˈmaːtɪʃ] *adj* systematig, cyfundrefnol.

systematisieren [zʏstematiˈziːrən] *vt* cyfundrefnu, systemu.

System- *kompos:* ~**kritiker** *m (POL)* beirniad *g* y system; ~**platte** *f (COMP)* systemddisg *g*; ~**programmierer** *m* *(COMP)* rhaglennwr *g* systemau; ~**zwang** *m* gorfodaeth i gydymffurfio â'r gyfundrefn.

Szenarium [stseˈnaːriʊm] (-**s**, **Szenarien**) *nt* senario *gb*.

Szene [ˈstseːnə] (-, -**n**) *f* golygfa *b*; *(Schickeria)* y criw ffasiynol; **sich in** ~ **setzen** boddhau'r dorf; **er ist in der** ~ **bekannt** mae'n adnabyddus ymhlith y bobl ffasiynol.

Szenenwechsel *m* newid *g* golygfa.

Szenerie [stsenəˈriː] *f* golygfa *b*; *(THEAT)* golygfeydd *ll*, set *b*.

T

T, t [te:] *nt* T, t *b*; ~ **wie Theodor** T am Tomos.

t *abk* = **Tonne.**

Tabak [ta'bak, 'tabak] (-s, -e) *m* baco *g*, tybaco *g*.

Tabakladen[D] *m* siop *b* dybaco.

Tabaktrafik[A] *f* = **Trafik.**

tabellarisch [tabɛ'laːrɪʃ] *adj* tablaidd.

Tabelle [ta'bɛlə] (-, -n) *f* tabl *g*.

Tabellenführer (-s, -) *m* (SPORT) tîm *g* ar ben y cynghrair.

Tabernakel [tabɛr'naːkəl] (-s, -) *nt* tabernacl *g*.

Tabl. *abk* = **Tablette.**

Tablett [ta'blɛt] (-(e)s, -s *oder* -e) *nt* hambwrdd *g*.

Tablette [ta'blɛtə] (-, -n) *f* tabled *b*, pilsen *b*.

tabu *adv* tabŵ, gwaharddedig.

Tabu [ta'buː] (-s, -s) *nt* tabŵ *g*.

tabuisieren [tabuiˈziːrən] *vt* gwahardd, cyhoeddi'n dabŵ.

Tabulator [tabuˈlaːtɔr] (-s, -en) *m* (COMP) tablwr *g*.

Tabulatur [tabulaˈtuːr] *f* (MUS) tablun *g*.

tabulieren [tabuˈliːrən] *vt* tablu.

Tacho ['taxo] (-s, -s) *m* (ugs) sbido *g*, cloc *g* buanedd.

Tachometer [taxoˈmeːtər] (-s, -) *m oder nt* (AUTO) cloc *g* buanedd.

Tadel ['taːdəl] (-s, -) *m* cerydd *g*; (Fehler) bai *g*, nam *g*.

tadellos *adj* di-fai, perffaith.

tadeln ['taːdəln] *vt* ceryddu, dweud y drefn wrth.

tadelnswert *adj* yn haeddu cerydd.

Tafel ['taːfəl] (-, -n) *f* (SCH) bwrdd *g* du; (Anschlagbrett) bwrdd; (MATH) tabl *g*; (Schiefer~) llechen *b*; (Gedenk~) plac *g*; (Illustration) llun *g* (mewn llyfr); (Schokolade) bar *g*; (geh: Fest~) bwrdd.

Tafelberg *m* (GEOG) mesa *g*.

tafelfertig *adj* yn barod i'w arlwyo.

tafeln ['taːfəln] *vi* (geh: speisen) ciniawa.

täfeln ['tɛːfəln] *vt* panelu.

Tafelöl *nt* olew *g* salad.

Täfelung *f* paneli *ll*.

Tafel- *kompos:* **~wasser** *nt* dŵr *g* mwnol; **~wein** *m* gwin *g* bwrdd, gwin ysgafn.

Taft [taft] (-(e)s, -e) *m* (TEX) taffeta *g*.

Tag [taːk] (-(e)s, -e) *m* dydd *g*, diwrnod *g*; (Tageslicht) golau *g* dydd; **guten ~!** bore da! prynhawn da! **am ~** *oder:* **bei ~** yn ystod y dydd; **auf ein paar ~e** am ychydig ddyddiau; **in den ~ hinein leben** byw heb bryderu am y dyfodol; **heute in acht ~en**

wythnos i heddiw; **unter ~** (BERGB) dan ddaear; **über ~** (BERGB) ar yr wyneb; **an den ~ kommen** dod i'r wyneb; **an den ~ legen** dangos; **den lieben langen ~** gydol y dydd; **wie ~ und Nacht** (fig) mor wahanol â mêl a menyn.

tagaus *adv:* ~, **tagein** ddydd ar ôl dydd.

Tag- *kompos:* **~bau**[AS] *m* (BERGB) mwyngloddio *g* brig; **~dienst** *m* dyletswydd *b* dydd.

Tage- *kompos:* **~bau**[D] *m* (BERGB) mwyngloddio *g* brig; **~buch** *nt* dyddiadur *g*; **~dieb** *m* diogyn *g*; **~geld**[D] *nt* lwfans ar gyfer treuliau'r dydd.

tagelang *adv* am ddyddiau.

tagen ['taːgən] *vi* cyfarfod.

♦ *vi unpers:* **es tagt** mae'n gwawrio.

Tages- *kompos:* **~ablauf** *m* trefn *b* y dydd; **~anbruch** *m* gwawr *b*; **~ausflug** *m* gwibdaith *b* undydd; **~decke** *f* cwrlid *g*; **~fahrt** *f* gwibdaith *b* undydd; **~karte** *f* (Speisekarte) bwydlen *b* y dydd; (Fahrkarte) tocyn *g* undydd; **~kasse** *f* (COMM) derbyniadau'r dydd; (THEAT) swyddfa *b* docynnau; **~kilometerzähler** *m* (AUTO) cloc *g* tripiau; **~licht** *nt* golau *g* dydd; **~mutter** *f* gwarchodwraig *b* plant; **~ordnung** *f* agenda *b*; **~satz** *m* tâl *g* yn ôl y dydd; **~schau** *f* (TV) rhaglen *b* newyddion y dydd; **~suppe** *f* cawl *g* y dydd; **~stätte** *f* canolfan *gb* ddydd; **~wert** *m* (FIN) gwerth *g* presennol; **~zeit** *f* adeg *b* o'r dydd, yr awr *b* o'r dydd; **~zeitung** *f* papur *g* dyddiol.

Taggeld[AS] (-es, -er) *nt* lwfans ar gyfer treuliau'r dydd.

tägl. *abk* = **täglich.**

täglich ['tɛːklɪç] *adj* dyddiol.

♦ *adv* yn ddyddiol, beunyddiol; **einmal ~** unwaith y dydd.

tags [taːks] *adv:* ~ **darauf** drannoeth.

tagsüber *adv* yn ystod y dydd.

tagtäglich *adj* dyddiol.

♦ *adv* bob dydd.

Tagung ['taːgʊŋ] (-, -en) *f* cynhadledd *b*.

Tagungsort *m* man *gb* cyfarfod.

Taifun [taɪˈfuːn] (-s, -e) *m* (MET) teiffŵn *g*.

Taille ['taljə, 'taɪljə] (-, -n) *f* canol *g*, gwasg *gb*.

Takt [takt] *m* tact *g*, doethineb *g*; (MUS) amseriad *g*.

Taktgefühl *nt* tact *g*, tringarwch *g*.

Taktik ['taktɪk] *f* tacteg *b*.

Taktiker(in) *m(f)* tactegydd *g*.

taktisch ['taktɪʃ] *adj* tactegol.

taktlos *adj* di-dact, difeddwl, annoeth.

Taktlosigkeit *f* diffyg *g* tact.

Takt- *kompos:* **~stock** *m (MUS)* baton *g;* **~strich** *m (MUS)* llinell *b* far.

taktvoll *adj* tringar, ystyriol.

Tal [taːl] (-(e)s, ¨-er) *nt* dyffryn *g,* cwm *g,* glyn *g,* pant *g.*

Talar [taˈlaːr] (-s, -e) *m* gŵn *g.*

Talbrücke (-, -n) *f* traphont *b.*

Talent [taˈlɛnt] (-(e)s, -e) *nt* dawn *gb.*

talentiert *adj* dawnus, talentog.

Talfahrt *f* taith i lawr mynydd neu afon.

Talg [talk] (-(e)s, -e) *m* gwêr *g.*

Talgdrüse *f (ANAT)* chwarren *b* sebwm.

Talisman [ˈtaːlɪsman] (-s, -e) *m* swynogl *b,* talismon *g.*

Tal- *kompos:* **~sohle** *f* gwaelod *g* y dyffryn; **~sperre** *f* argae *g,* arglawdd *g.*

talwärts *adv* i lawr i'r cwm.

Tamburin [tambuˈriːn] (-s, -e) *nt (MUS)* tambwrîn *g.*

Tampon [ˈtampɔn] (-s, -s) *m* tampon *g.*

Tamtam [tamˈtam] (-s, -s) *nt (ugs: Wirbel)* ffwdan *b,* helynt *b; (Lärm)* twrw *g,* stŵr *g,* mwstwr *g.*

Tandem [ˈtandɛm] (-s, -s) *nt* tandem *g.*

Tang [taŋ] (-(e)s, -e) *m* gwymon *g.*

Tangente [taŋˈgɛntə] (-, -n) *f* tangiad *g; (AUTO)* ffordd *b* osgoi.

tangieren [taŋˈgiːrən] *vt* cyffwrdd â; *(fig)* effeithio ar, cael effaith ar, cyffwrdd â; *(ugs)* **das tangiert mich nicht** *(kümmern)* nid yw hynny'n fy mhoeni i; *(betreffen)* nid oes a wnelo hynny â mi.

Tango [ˈtaŋgo] (-s, -s) *m* tango *gb.*

Tank [taŋk] (-s, -s) *m (AUTO, Wasser~)* tanc *g.*

tanken [ˈtaŋkən] *vt* llenwi (â phetrol); *(AERO)* llenwi (â thanwydd); **frische Luft ~** cael llond ysgyfaint o awyr iach.

♦ *vi* llenwi â phetrol.

Tanker (-s, -) *m (NAUT)* tancer *gb.*

Tank- *kompos:* **~fahrzeug** *nt* tancer *gb,* lorri *b* dancer; **~schiff** *nt* tancer *gb;* **~stelle** *f* gorsaf *b* betrol; **~uhr** *f* medrydd *g* tanwydd, deial *g* tanwydd; **~verschluss** *m* cap *g* tanwydd; **~wagen** *m* tancer *gb,* lorri *b* dancer; **~wart** *m* gweinydd *g* gorsaf betrol.

Tanne [ˈtanə] (-, -n) *f (BOT)* ffynidwydden *b.*

Tannen- *kompos:* **~baum** *m =* **Tanne;** *(Weihnachtsbaum)* coeden *b* Nadolig.

Tannenzapfen *m* mochyn *g* y coed, pigwn *g* ffynidwydden.

Tante [ˈtantə] (-, -n) *f* modryb *b; (Kindergarten~)* miss *b.*

Tante-Emma-Laden *m (ugs)* siop *b* gornel, siop fach yn gwerthu popeth.

Tantieme [tãtiˈeːmə] (-, -n) *f* tâl *g,* ffi *b; (für Künstler,* *Autor)* breindal *g.*

Tanz [tants] (-es, ¨-e) *m* dawns *b.*

tänzeln [ˈtɛntsəln] *vi (+sein oder haben)* cerdded yn ysgafn droed, cerdded dan ddawnsio.

tanzen [ˈtantsən] *vt (+haben), vi (+sein oder haben)* dawnsio.

Tänzer (-s, -) *m* dawnsiwr *g;* **~in** *f* dawnswraig *b.*

Tanz- *kompos:* **~fläche** *f* llawr *g* (dawnsio); **~lokal** *nt* tŷ *g* bwyta â lle i ddawnsio; **~parkett** *nt* llawr *g* (dawnsio); **~schule** *f* ysgol *b* ddawns.

Tapet [taˈpeːt] *nt (ugs)* **etw aufs ~ bringen** tynnu sylw at rth, codi rhth.

Tapete [taˈpeːtə] (-, -n) *f* papur *g* wal.

Tapetenwechsel *m (fig)* newid *g* cynefin, newid bach.

tapezieren [tapeˈtsiːrən] *vt* papuro (wal).

Tapezierer (-s, -) *m* addurnwr *g* tai.

tapfer [ˈtapfər] *adj* dewr, gwrol, eofn; **sich ~ schlagen** dangos wyneb dewr.

Tapferkeit *f* dewrder *g,* gwroldeb *g,* eofnder *g.*

tappen [ˈtapən] *vi (+sein)* cerdded yn lletchwith; **im Dunkeln ~** *(fig) (+haben)* dyfalu, bod heb syniad, bod yn y tywyllwch.

täppisch [ˈtɛpɪʃ] *adj =* **tapsig.**

tapsig [ˈtapsɪç, -ɪk] *adj (unbeholfen)* trwsgl, lletchwith.

Tara [ˈtaːra] (-, Taren) *f (COMM)* pwysau *ll* gweili.

Tarantel [taˈrantəl] (-, -n) *f (ZOOL)* tarantwla *g;* **wie von der ~ gestochen** fel cath o dân.

Tarif [taˈriːf] *m (COMM)* tariff *g,* pris *g,* graddfa *b* brisiau; **nach ~ bezahlen** talu yn ôl graddfa'r undeb; **unter ~ bezahlen** talu islaw graddfa'r undeb.

Tarif- *kompos:* **~autonomie** *f (COMM)* cydfargeinio *g* rhydd; **~gruppe** *f* graddfa *b.*

tariflich *adj* yn ôl y raddfa a gytunwyd arni.

Tarif- *kompos:* **~lohn** *m* cyfradd *b* cyflog safonol; **~ordnung** *f* graddfa *b* gyflog; **~vereinbarung** *f* cytundeb *g* llafur; **~verhandlungen** *pl (POL)* trafodaethau *ll* cyflog; **~vertrag** *m* cytundeb *g* cyflog/tâl.

tarnen [ˈtarnən] *vt* cuddliwio; *(Person)* cuddwisgo; *(Absicht)* celu.

Tarnfarbe *f* paent *g* cuddliwio.

Tarnung [ˈtarnʊŋ] *f* cuddliw *g,* cuddwisg *b.*

Tarock [taˈrɔk] (-s, -s) *nt oder m (Kartenspiel)* tarot *g.*

Tasche [ˈtaʃə] (-, -n) *f* bag *g; (Mantelsack)* poced *b,* coden *b; (Hand~)* bag *g* llaw; **in die eigene ~ arbeiten** pluo'ch nyth, llenwi'ch poced; **jdm auf der ~ liegen** byw ar gefn rhn.

Taschen- *in kompos* poced *b;* **~buch** *nt* llyfr *g* clawr papur; **~dieb** *m* lleidr *g* pocedi; **~geld** *nt* arian *g*

poced; ~**lampe** *f* fflachlamp *b*, tortsh *g*; ~**messer** *nt*
cyllell *b* boced; ~**rechner** *m* cyfrifiannell *b* boced;
~**spieler** *m* consuriwr *g*; ~**tuch** *nt* cadach *g* poced,
hances *b* boced.

Tasmanien [tas'maːniən] *nt (GEOG)* Tasmania *b*.

Tasse ['tasə] (-, -n) *f* cwpan *gb*, dysgl *b*; *(Maß)*
cwpanaid *g*; **eine ~ Tee** 'paned o de; **er hat nicht
alle ~n im Schrank** *(ugs)* dyw e ddim yn llawn
llathen.

Tastatur [tasta'tuːr] *f* allweddell *b*.

Taste ['tastə] (-, -n) *f* botwm *g*, swits *g*; *(von
Schreibmaschine)* bysell *b*; *(MUS)* allwedd *b*.

tasten ['tastən] *vt* teimlo, cyffwrdd â.

♦ *vi* teimlo, ymbalfalu; *(drücken)* gwasgu.

♦ *vr* teimlo 'ch ffordd.

Tastentelefon *nt* ffôn *g* botymau.

Tastsinn *m* synnwyr *g* cyffwrdd, synnwyr *g*
cyffyrddiad.

Tat [taːt] (-, -en) *f* gweithred *b*; **in der ~** mewn
gwirionedd, yn wir; **etw in die ~ umsetzen** rhoi
rhywbeth ar waith, sylweddoli rhth.

tat *vb vgl.* **tun.**

Tatbestand *m* ffeithiau *ll* 'r achos.

Tatendrang *m* gweithgarwch *g*, egni *g*, ynni *g*.

tatenlos *adj* segur, anweithredol.

Täter ['tɛːtər] *m* tramgwyddwr *g*, troseddwr *g*; ~**in** *f*
tramgwyddwraig *b*, troseddwraig *b*.

Täterschaft *f* euogrwydd *g*.

tätig ['tɛːtɪç, -ɪk] *adj* gweithredol, gweithgar; ~**er
Teilhaber** *(COMM)* partner *g* gweithredol; **in einer
Firma ~ sein** gweithio i gwmni.

tätigen ['tɛːtɪgən] *vt (Einkäufe)* gwneud; *(COMM)*
cwblhau, cyflawni.

Tätigkeit *f* gweithred *g*, gweithgaredd *g*; *(Beruf)*
gwaith *g*, galwedigaeth *b*.

Tätigkeitsbereich *m* maes *g* (gweithgaredd).

tatkräftig ['taːtkrɛftɪç, -ɪk] *adj* gweithgar,
gweithredol, egnïol; *(Hilfe)* ymarferol.

tätlich ['tɛːtlɪç] *adj* ffyrnig, chwyrn, treisgar.

Tätlichkeit *f* trais *g*; **es kam zu ~en** dechreuon nhw
ymladd.

Tatort (-(e)s, -e) *m* lleoliad *g* y drosedd.

tätowieren [tɛtoˈviːrən] *vt* tatwio.

Tätowierung [tɛtoˈviːrʊŋ] *f* tatŵ *g*, croenliwiad *g*.

Tatsache ['taːzaxə] (-, -n) *f* ffaith *b*; **jdn vor vollendete
~n stellen** cyflwyno fait accompli i rn, cyflwyno
rhth yn fait accompli i rn.

Tatsachenbericht *m* adroddiad *g* dogfennol,
rhaglen *b* ddogfen.

tatsächlich [taːtˈzɛçlɪç] *adj* gwirioneddol, gwir.

♦ *adv* mewn gwirionedd, yn wir.

tatverdächtig *adj* amheus, drwgdybiedig.

Tau¹ [taʊ] (-(e)s, -e) *nt (NAUT)* rhaff *b*.

Tau² (-(e)s, *kein pl)* *m* gwlith *g*.

taub [taʊp] *adj* byddar; *(Nuss)* gwag, cau; **sich ~
stellen** ffugio byddardod, troi clust byddar.

Taube¹ (-n, -n) *m/f* rhn byddar.

Taube² (-, -n) *f* colomen *b*.

Taubenschlag *m* colomendy *g*; **hier geht es zu wie in
einem ~** mae hi fel ffair yma.

Taubheit *f* byddardod *g*.

taubstumm *adj* mud a byddar.

tauchen ['taʊxən] *vi (+sein oder haben)* plymio; *(NAUT)*
suddo, plymio; *(U-Boot)* ymsuddo.

♦ *vt (+haben)* trochi, gostwng, dipio.

Taucher (-s, -) *m* plymiwr *g*.

Taucher- *kompos:* ~**anzug** *m* siwt *b* blymio; ~**brille** *f*
sbectol *b* ddŵr.

Tauchsieder (-s, -) *m (KOCH)* twymwr *g* tanddwr.

Tauchstation *f:* **auf ~ gehen** *(U-Boot)* ymsuddo,
plymio; *(fig)* cuddio.

tauen ['taʊən] *vi (+sein)* meirioli, dadmer; **es taut**
mae'n meirioli.

♦ *vt (+haben)* toddi, dadrewi.

Taufbecken ['taʊfbɛkən] (-s, -) *nt* bedyddfaen *g*,
maen *g* bedydd.

Taufe ['taʊfə] *f (REL)* bedydd *g*.

taufen ['taʊfən] *vt (REL)* bedyddio, taenellu; *(nennen)*
bedyddio, enwi.

Tauf- *kompos:* ~**name** *m* enw *g* bedydd; ~**pate** *m* tad *g*
bedydd; ~**patin** *f* mam *b* fedydd; ~**schein** *m*
tystysgrif *b* fedydd.

taugen ['taʊgən] *vi* bod o ddefnydd, bod o werth; ~
zu *+dat* bod o ddefnydd at; **nichts ~** bod yn
ddiwerth.

Taugenichts *m* un da i ddim, un diffaith.

tauglich ['taʊklɪç] *adj* addas, cymwys, defnyddiol;
(MIL) atebol (i wasanaeth milwrol).

Tauglichkeit *f* addasrwydd *g*, cyfaddasrwydd *g*,
priodoldeb *g*; *(MIL)* atebolrwydd *g*.

Taumel ['taʊməl] (-s, *kein pl)* *m* pendro *b*,
penysgafnder *g*; *(fig)* gorffwylledd *g*.

taumelig *adj* penysgafn, chwil.

taumeln ['taʊməln] *vi (+sein)* simsanu, gwegian.

Taupunkt *m (MET)* gwlithbwynt *g*.

Tausch [taʊʃ] *m* cyfnewid *g*, cyfnewidfa *b*; **einen
schlechten ~ machen** taro bargen wael.

tauschen ['taʊʃən] *vt* cyfnewid, ffeirio; **etw gegen
etw ~** cyfnewid rhth yn rth.

♦ *vi:* **ich möchte nicht mit ihm ~** hoffwn i ddim
bod yn ei sgidiau.

täuschen ['tɔyʃən] *vt* twyllo.

♦ *vi:* **das täuscht** mae'n dwyllodrus.

♦ *vr* bod yn anghywir, cyfeiliorni; **wenn mich**

nicht alles täuscht oni bai fy mod i wedi camddeall y cyfan.

täuschend *adj* twyllodrus, camarweiniol; **~ ähnlich** hynod debyg.

Tauschhandel *m* cyfnewid *gb*.

Täuschung ['tɔʏʃʊŋ] *f* twyll *g*, dichell *b*; *(optisch)* twyll *g* llygaid.

Täuschungsmanöver *m* (MIL, SPORT) esgus *g* ymosod, ymosodiad *g* ffug; *(fig)* dyfais *b*, cast *g*.

tausend ['tauzənt] *num* mil; **~ Dank!** diolch yn fawr iawn! can diolch!

Tausend *nt* mil *b*.

Tausender (-s, -) *m* *(Geldschein)* papur *g* mil (Schilling).

Tausendfüßer (-s, -) *m* (ZOOL) pryf *g* miltroed, neidr *b* filtroed.

Tau- *kompos:* **~tropfen** *m* diferyn *g* o wlith; **~wetter** *nt* meiriol *g*, dadlaith *g*, dadmer *g*; **~ziehen** *nt* tynnu *g* rhaff/torch, gornest *b* dynnu.

Taxe ['taksə] *f* *(Gebühr)* ffi *b* sefydlog, treth *b*; *(Schätzung)*[D] amcangyfrif *g* gwerth.

Taxi ['taksi] *nt* tacsi *g*.

taxieren [ta'ksi:rən] *vt* *(Preis, Wert)* amcangyfrif *g*; *(Haus, Gemälde)* prisio, rhoi gwerth ar; *(mustern)* pwyso a mesur.

Taxi- *kompos:* **~fahrer** *m* gyrrwr *g* tacsi; **~stand** *m* safle *g* tacsis.

Taxler[A] *m* = **Taxifahrer**.

Tb, Tbc *abk* (= *Tuberkulose*) darfodedigaeth *g*, twbercwlosis *g*.

Teamarbeit ['ti:m'arbait] *f* gwaith *g* tîm, cydweithrediad *g*.

Technik ['tɛçnɪk] *f* technoleg *b*; *(Methode)* techneg *b*.

Techniker(in) *m(f)* technegydd *g*.

technisch ['tɛçnɪʃ] *adj* technegol; **T~e Hochschule** ≈ coleg *g* polytechnig.

Technologie [tɛçnolo'gi:] *f* technoleg *b*.

technologisch [tɛçno'lo:gɪʃ] *adj* technolegol.

Techtelmechtel [tɛçtəl'mɛçtəl] *nt* *(ugs: Liebschaft)* carwriaeth *b* (ar y slei).

Tee [te:] (-s, -s) *m* te *g*.

TEE (-, -(s)) *m abk* (BAHN: *Trans-Europ-Express*) trên *g* cyflym traws Ewrop.

Tee- *kompos:* **~beutel** *m* bag *g* te; **~kanne** *f* tebot *g*; **~licht** *nt* golau *g* nos; **~löffel** *m* llwy *b* de; **~mischung** *f* cymysgedd *g* y te.

Teer [te:r] (-(e)s, -e) *m* tar *g*, coltar *g*.

teeren ['te:rən] *vt* coltario.

Tee- *compso:* **~sieb** *nt* hidlwr *g* te; **~wagen** *m* troli *b* de.

Teflon® ['tɛflo:n] *nt* Teflon® *g*.

Teich [taiç] (-(e)s, -e) *m* pwll *g*, llyn *g*.

Teig [taik] (-(e)s, -e) *m* toes *g*.

teigig ['taigɪç, -ɪk] *adj* toeslyd.

Teigwaren *pl* pasta *g*.

Teil [tail] (-(e)s, -e) *m oder nt* rhan *b*; *(An~)* cyfran *b*, rhan; *(Bestand~)* cydran *b*, cyfansoddyn *g*, elfen *b*; *(Ersatz~)* darn *g* sbâr; **zum ~** yn rhannol; **ein gut ~ davon** rhan fawr ohoni; **ich für mein ~** o'm rhan i; **er hat sein(en) ~ dazu beigetragen** gwnaeth ei ran yn hyn o beth; **sich** *dat* **seinen ~ denken** gwneud beth a fynnoch ohono, dod i'ch casgliad eich hunan.

teilbar *adj* rhanadwy.

Teilbetrag *m* (FIN) rhandal *g*, rhandaliad *g*.

Teilchen ['tailçən] (-s, -) *nt* mymryn *g*, gronyn *g*; (PHYS) gronyn *g*.

teilen ['tailən] *vt* rhannu; **mit jdm ~** rhannu â rhn.
     ♦ *vr* ymrannu, chwalu.

Teilgebiet *nt* *(Bereich)* cangen *b*; *(räumlich)* ardal *b*.

teilhaben *unreg vi:* **~ an** +*dat* cyfranogi o, bod â chyfran yn.

Teil- *kompos:* **~haber** *m* (COMM) partner *g*, cyfrannog *g*; **~kaskoversicherung** *f* (FIN) yswiriant *g* cludo nwyddau; (AUTO) yswiriant cynhwysfawr â thâl dros ben.

Teilnahme *f* cyfranogiad *g*, cyfranogaeth *b*; *(Mitleid)* cydymdeimlad *g*; **jdm seine herzliche ~ aussprechen** cynnig eich cydymdeimlad dwys i rn.

teilnahmslos *adj* didaro, di-hid, heb ddiddordeb.

teilnehmen *irreg vi:* **~ an** +*dat* cymryd rhan mewn.

Teilnehmer (-s, -) *m* cyfrannog *g*, cyfranogwr *g*.

teils *adv* yn rhannol.

Teil- *kompos:* **~schaden** *m* colled *gb* rannol; **~strecke** *f* darn *g*, rhan *b*; *(von Straße)* darn *g*, hyd *g*; *(von Buslinie)* rhan o'r daith.

Teilung *f* rhaniad *g*, ymraniad *g*.

teilweise *adv* yn rhannol.

Teil- *kompos:* **~zahlung** *f* (FIN) taliad *g* fesul rhandal; **~zeitarbeit** *f* gwaith *g* rhan amser.

Teint [tɛ̃:] (-s, -s) *m* pryd *g*, gwedd *b*, prydwedd *b*.

Telefax ['te:lefaks] (-, -(e)) *nt* ffacs *gb*.

Telefon [tele'fo:n] (-s, -e) *nt* teleffon *g*, ffôn *g*; **ans ~ gehen** ateb y ffôn.

Telefon- *kompos:* **~amt** *nt* cyfnewidfa *b* ffôn; **~anruf** *m* galwad *b* ffôn, caniad *g*.

Telefonat [telefo'na:t] (-(e)s, -e) *nt* galwad *gb* ffôn, caniad *g*.

Telefon- *kompos:* **~buch** *nt* llyfr *g* ffôn; **~gebühr** *f* pris *g* yr alwad; *(Grundgebühr)* rhent *g* y ffôn; **~gespräch** *nt* galwad *gb* ffôn, caniad *g*; **~häuschen** *nt* *(ugs)* = **Telefonzelle**; **~hörer** *m* derbynnydd *g* ffôn.

telefonieren [telefo'ni:rən] *vi* ffonio; **mit jdm ~** siarad â rhn ar y ffôn.

telefonisch [tele'fo:nɪʃ] *adj* teleffon; *(Benachrichtigung)* dros y ffôn; **ich bin ~ zu erreichen** gellir cael gafael arnaf ar y ffôn.

Telefonist [telefo'nɪst] (-en, -en) *m* teleffonydd *g*; **~in** *f* teleffonyddes *b*.

Telefon- *kompos:* **~karte** *f* cerdyn *g* ffôn; **~nummer** *f* rhif *g* ffôn; **~verbindung** *f* cysylltiad *g* teleffon; **~zelle** *f* blwch *g* ffôn; **~zentrale** *f* cyfnewidfa *b* ffôn.

Telegraf [tele'gra:f] (-en, -en) *m* telegraff *g*.

Telegrafen- *kompos:* **~leitung** *f* llinell *b* delegraff; **~mast** *m* polyn *g* telegraff.

Telegrafie [telegra'fi:] *f* telegraffiaeth *b*, telegraffi *g*.

telegrafieren [telegra'fi:rən] *vt, vi* telegraffio.

telegrafisch [tele'gra:fɪʃ] *adj* telegraffig; **jdm ~ Geld überweisen** anfon arian at rn dros wifrau'r telegraff.

Telegramm [tele'gram] (-s, -e) *nt* telegram *g*, brysneges *b*.

Telegraph *m* = **Telegraf**.

Tele- *kompos:* **~kolleg** *nt* ≈ y Brifysgol *b* Agored; **~objektiv** *nt* (FOTO) lens *b* deleffoto.

Telepathie [telepa'ti:] *f* telepathi *g*.

telepathisch [tele'pɑ:tɪʃ] *adj* telepathig.

Telephon *nt* = **Telefon**.

Teleskop [tele'sko:p] (-s, -e) *nt* telesgop *g*, ysbienddrych *g*.

Telex ['te:lɛks] (-es, -e) *nt* telecs *g*.

Teller ['tɛlər] (-s, -) *m* plât *g*.

Tellergericht[D] *nt* (KOCH) pryd *g* un saig, pryd un cwrs.

Tempel ['tɛmpəl] (-s, -) *m* (REL) teml *b*.

Temperafarbe ['tɛmperafarbə] *f* distemper *g*, lliw *g*.

Temperament [tɛmpera'mɛnt] *nt* anian *gb*, natur *b*; *(Schwung)* asbri *g*, nwyf *g*, bywiogrwydd *g*; **sein ~ ist mit ihm durchgegangen** fe aeth dros ben llestri.

temperamentlos *adj* difywyd, diegni.

temperamentvoll *adj* nwyfus, bywiog, hoenus.

Temperatur [tɛmpera'tu:r] *f* tymheredd *g*; (MUS) ardymer *b*; **erhöhte ~ haben** (MED) bod â thymheredd ychydig yn uchel.

temperieren [tɛmpe'ri:rən] *vt* addasu'r gwres; (MUS) ardymheru.

Tempo[1] ['tɛmpo] (-s, -s) *nt* cyflymder *g*; **~!** brysiwch! symudwch hi!

Tempo[2] (-s, Tempi) *nt* (MUS) tempo *g*, amseriad *g*; *(Schwimmen)* nofiad *g*, strôc *b*; **das ~ angeben** gosod y tempo, gosod y nod.

Tempolimit *nt* cyfyngiad *g* cyflymder.

temporär [tɛmpo'rɛ:r] *adj* dros dro, am y tro.

Tempotaschentuch[D] *nt* cadach *g* poced papur.

Tendenz [tɛn'dɛnts] *f* tueddiad *g*, tuedd *b*, gogwydd *g*; *(Absicht)* bwriad *g*, amcan *g*.

tendenziell [tɛndɛntsi'ɛl] *adj* tueddol; **ein ~er Unterschied** gwahaniaeth mewn pwyslais yn unig.

tendenziös [tɛndɛntsi'ø:s] *adj* rhagfarnllyd, unochrog.

tendieren [tɛn'di:rən] *vi:* **zu etw ~** tueddu at rth.

Tenne ['tɛnə] (-, -n) *f* llawr *g* dyrnu, talwrn *g*.

Tennis ['tɛnɪs] *nt* (SPORT) tennis *g*.

Tennis- *kompos:* **~ball** *m* pêl *b* dennis; **~platz** *m* cwrt *g* tennis; **~schläger** *m* raced *b* dennis; **~schuh** *m* esgid *b* dennis; **~spieler** *m* chwaraewr *g* tennis.

Tenor[1] ['te:nɔr] (-s, *kein pl*) *m* (einer Rede) pwyslais *g*.

Tenor[2] [te'no:r] (-s, ¨-e) *m* (MUS) tenor *g*.

Teppich ['tɛpɪç] *m* carped *g*.

Teppich- *kompos:* **~boden** *m* carped *g* gosod, carped *g* mur i fur; **~kehrmaschine** *f* peiriant *g* ysgubo carpedi; **~klopfer** *m* curwr *g* carpedi.

Termin [tɛr'mi:n] (-s, -e) *m* (Datum) dyddiad *g*; (Frist) terfyn *g* amser, dyddiad *g* cau; (Arzt~) apwyntiad *g*; (JUR: Verhandlung) gwrandawiad *g*; **sich** *dat* **einen ~ geben lassen** gwneud apwyntiad.

termingerecht *adj* mewn pryd, yn ôl yr amserlen, prydlon.

terminieren [tɛrmi'ni:rən] *vt* (befristen) cyfyngu; (festsetzen) pennu/trefnu dyddiad am.

Terminkalender [tɛr'mi:nkalɛndər] *m* dyddiadur *g*, llyfr *g* apwyntiadau.

Terminologie [tɛrminolo'gi:] *f* terminoleg *b*.

Terminplaner *m* trefnydd *g* personol.

Termite [tɛr'mi:tə] *f* (ZOOL) termit *g*, morgrugyn *g* gwyn.

Terpentin [tɛrpɛn'ti:n] *nt* tyrpant *g*.

Terrain [tɛ'rɛ̃:] (-s, -s) *nt* tir *g*; (fig) tiriogaeth *b*, rhanbarth *g*; **das ~ sondieren** (MIL) rhagchwilio, archwilio tir yn strategol; (fig) gweld sut mae pethau'n sefyll, teimlo'ch ffordd.

Terrasse [tɛ'rasə] (-, -n) *f* teras *gb*.

Terrine [tɛ'ri:nə] (-, -n) *f* (KOCH) dysgl *b* gaead.

territorial [tɛritori'a:l] *adj* tiriogaethol.

Territorium [tɛri'to:riʊm] (-s, Territorien) *nt* tiriogaeth *b*, rhanbarth *g*.

Terror ['tɛrɔr] (-s, *kein pl*) *m* arswyd *g*, braw *g*, dychryn *g*; *(Schreckensherrschaft)* teyrnasiad *g* braw.

Terroranschlag *m* ymosodiad *g* gan derfysgwyr.

terrorisieren [tɛrori'zi:rən] *vt* brawychu, dychryn, codi arswyd ar.

Terrorismus [tɛro'rɪsmʊs] *m* brawychiaeth *b*.

Terrorist [tɛro'rɪst] (-en, -en) *m* brawychwr *g*; **~in** *f* brawychwraig *b*.

terroristisch [tɛro'rɪstɪʃ] *adj* yn ymwneud â brawychwyr.

Terrororganisation *f* mudiad *g* brawychiaethol.

Terz [tɛrts] (-, -en) *f (MUS)* trydydd *g*.

Terzett [tɛr'tsɛt] (-(e)s, -e) *nt (MUS)* triawd *g*.

Tesafilm®ᴰ ['te:zafɪlm] *m* Sellotape®.

Test [tɛst] (-s, -s) *m* prawf *g*.

Testament [tɛsta'mɛnt] (-(e)s, -e) *nt (JUR)* ewyllys *gb*; *(REL)* testament *g*; **Altes ~** Hen Destament; **Neues ~** Testament Newydd.

testamentarisch [tɛstamɛn'ta:rɪʃ] *adj (JUR)* ewyllysiol, cymynnol.

Testamentsvollstrecker (-s, -) *m* ysgutor *g*.

Testat [tɛs'ta:t] (-(e)s, -e) *nt* tystysgrif *b*.

Testator [tɛs'ta:tɔr] (-s, -en) *m (JUR)* rhn sydd wedi gwneud ewyllys.

Testbild *nt (TV)* cerdyn *g* prawf.

testen ['tɛstən] *vt* rhoi ar brawf, profi.

Test- *kompos:* **~fall** *m* achos *g* prawf; **~person** *f* gwrthrych *g* arbrawf.

Tetanus ['te:tanʊs] (-, *kein pl*) *m (MED)* tetanws *g*, genglo *g*.

Tetanusimpfung *f* brechiad *g* tetanws.

teuer ['tɔʏər] *adj* drud, costus; *(geh: lieb)* annwyl; **das wird ihn ~ zu stehen kommen** *(fig)* fe gostia hynny'n ddrud iddo, bydd e'n talu'n ddrud am hynny; **teures Geld** arian da; **teurer Freund** *(geh)* ffrind annwyl; **der teure Verblichene** *(geh)* yr annwyl ymadawedig.

Teuerung *f* codiad *g* mewn pris.

Teuerungszulage *f* bonws *g* costau byw.

Teufel ['tɔʏfəl] (-s, -) *m* diafol *g*, cythraul *g*; **den ~ an die Wand malen** *(schwarz malen)* dychmygu'r gwaethaf; *(Unheil heraufbeschwören)* temtio ffawd, rhyfygu; **ein armer ~** *(fig)* truan *g*; **in ~s Küche kommen** mynd i drafferth; **jdn zum ~ jagen** danfon rhn i'r diafol; **geh zum ~!** *(ugs)* dos i ddiawl! **arbeiten wie der ~** *(ugs)* gweithio fel lladd nadredd.

Teufelei [tɔʏfə'laɪ] *f* diawlineb *g*, cythreuldeb *g*, drygioni *g*.

Teufels- *kompos:* **~austreibung** *f* bwrw *g* allan (cythreuliaid); **~kerl** *m (ugs)* uffern o foi; **~kreis** *m* cylch *g* cythreulig.

teuflisch ['tɔʏflɪʃ] *adj* dieflig, cythreulig.

Text [tɛkst] (-(e)s, -e) *m* testun *g*; *(Lieder~)* geiriau *ll*.

Textdichter *m (von Lied)* cyfansoddwr *g* geiriau caneuon.

texten ['tɛkstən] *vi* ysgrifennu'r geiriau.

Texter *m (MUS)* cyfansoddwr *g* geiriau.

textil [tɛks'ti:l] *adj* gwehyddol.

Textil- *kompos:* **~branche** *f* masnach *b* wehyddol;

~geschäft *nt* siop *b* ddillad.

Textilien [tɛks'ti:liən] *pl* tecstilau *ll*, defnyddiau *ll* gweol.

Textil- *kompos:* **~industrie** *f* diwydiant *g* gwehyddu, diwydiant gwehyddol; **~waren** *pl* tecstilau *ll*, defnyddiau *ll* gweol.

Text- *kompos:* **~stelle** *f* rhan *b* o destun, darn *g* mewn testun; **~verarbeitung** *f (COMP)* geirbrosesu *g*, prosesu *g* geiriau; **~verarbeitungsprogramm** *nt* prosesydd *g* geiriau, **~verarbeitungssystem** *nt (COMP)* prosesydd *g* geiriau, geirbrosesydd *g*.

TH *f abk* (= Technische Hochschule) *vgl.* **technisch**.

Thailand ['taɪlant] *nt (GEOG)* Gwlad *b* y Thai.

Thailänder(in) ['taɪlɛndər] *m(f)* Thai *g/b*.

Theater [te'a:tər] (-s, -) *nt* theatr *b*; *(ugs)* ffwdan *b*, helynt *b*; **~ spielen** actio; *(vorgeben)* smalio, cogio; **ein ~ machen** *(fig)* creu helynt, gwneud ffws a ffwdan.

Theater- *kompos:* **~besucher** *m* mynychwr *g* theatr *b*; **~kasse** *f* swyddfa *b* docynnau, bwth *g* tocynnau; **~stück** *nt* drama *b* (lwyfan).

theatralisch [tea'tra:lɪʃ] *adj* theatraidd, theatrig.

Theke ['te:kə] (-, -n) *f (Schanktisch)* bar *g*; *(Ladentisch)* cownter *g*.

Thema ['te:ma] (-s, **Themen**) *nt* thema *b*, testun *g*, pwnc *g*; **beim ~ bleiben** cadw at y testun; **vom ~ abkommen** crwydro oddi ar y testun.

thematisch [te'ma:tɪʃ] *adj* thematig.

Themen- *kompos:* **~kreis** *m* testun *g*, pwnc *g*; **~park** *m* parc *g* thema.

Themse ['tɛmzə] *f (GEOG)* Tafwys *b*.

Theologe [teo'lo:gə] (-n, -n) *m* diwinydd *g*.

Theologie [teolo'gi:] *f* diwinyddiaeth *b*.

Theologin [teo'lo:gɪn] (-, -nen) *f* diwinyddes *b*.

theologisch [teo'lo:gɪʃ] *adj* diwinyddol.

Theoretiker [teo're:tɪkər] *m* damcaniaethwr *g*, damcanwr *g*; **~in** *f* damcanwraig *b*.

theoretisch [teo're:tɪʃ] *adj* damcaniaethol, damcanol; **~ gesehen** mewn egwyddor, mewn theori, yn ddamcaniaethol.

Theorie [teo'ri:] (-, -n) *f* damcaniaeth *b*, theori *b*.

Therapeut [tera'pɔʏt] (-en, -en) *m (~in f)* therapydd *g*.

therapeutisch [tera'pɔʏtɪʃ] *adj* therapiwtig, triniaethol.

Therapie [tera'pi:] (-, -n) *f* therapi *g*, triniaeth *b*.

Thermal- [tɛr'ma:l] *kompos:* **~bad** *nt* baddon *g* thermol; *(Ort)* sba *b* thermol; **~quelle** *f* ffynnon *b* boeth/frwd.

Thermo- ['tɛrmo] *kompos:* **~drucker** *m* peiriant *g* argraffu thermol; **~meter** *nt* thermomedr *g*.

Thermophorᴬ [tɛrmo'fo:r] *m* potel *b* dŵr poeth.

Thermosflasche® ['tɛrmɔsflaʃə] (-, -n) *f* Thermos® *gb*.

Thermostat [tɛrmoˈstaːt] (-en, -en) *m* thermostat *g*.

These [ˈteːzə] (-, -n) *f (Behauptung, Lehrsatz)* gosodiad *g*, damcaniaeth *b*.

Thrombose [trɔmˈboːzə] (-, -n) *f (MED)* thrombosis *g*, ceulad *g*, tolcheniad *g*.

Thron [troːn] (-(e)s, -e) *m* gorsedd *b*.

Thronbesteigung *f* esgyniad *g* (i'r orsedd).

thronen [ˈtroːnən] *vi* eistedd ar yr orsedd; *(fig)* eistedd mewn ysblander.

Thron- *kompos:* ~**erbe** *m* etifedd *g* yr orsedd; ~**folge** *f* olyniaeth *b* i'r goron/orsedd.

Thunfisch *m* = Tunfisch.

Thüringen [ˈtyːrɪŋən] *nt (GEOG)* Thwringia *b*.

Thymian [ˈtyːmiaːn] *m (BOT)* teim *g*.

Tick [tɪk] (-(e)s, -s) *m* tic *g*; *(Eigenart)* hynodrwydd *g*, cast *g*; *(Fimmel)* mympwy *g*, chwilen *b*, ffasiwn *b*.

ticken [ˈtɪkən] *vi* tipian, tician; **nicht richtig** ~ heb fod yn llawn llathen.

Ticket [ˈtɪkət] (-s, -s) *nt* tocyn *g*.

tief [tiːf] *adj* dwfn; *(tiefsinnig)* dwfn; *(Ausschnitt, Preis, Ton)* isel; ~**er Teller** llestr *g* cawl; **bis ~ in die Nacht hinein** yn hwyr i berferddion nos, tan yn hwyr y nos; ~ **greifend** pellgyrhaeddol, trylwyr; ~ **schürfend** dwfn.

Tief (-s, -s) *nt (MET)* gwasgedd *g* isel.

Tief- *kompos:* ~**bau** *m* peirianneg *b* sifil (ar y ddaear neu o dani); ~**druck** *m (MET)* gwasgedd *g* isel; *(Druck)* grafur *g*.

Tiefe [ˈtiːfə] (-, -n) *f* dyfnder *g*.

Tiefebene *f (GEOG)* gwastadedd *g*, gwastatir *g*.

Tiefen- *kompos:* ~**psychologie** *f* seicoleg *b* ddofn; ~**schärfe** *f (FOTO)* dyfnder *g* ffocws.

tiefernst *adj* = todernst.

Tief- *kompos:* ~**flug** *m* hediad *g* isel; ~**gang** *m (NAUT)* dyfnder *g*; *(geistig)* dyfnder *g*; ~**garage** *f (AUTO)* garej *gb* danddaearol.

tiefgekühlt *adj (KOCH)* rhewllyd, wedi'i ddwysrewi.

tief greifend *adj vgl.* tief.

Tiefkühl- *kompos:* ~**fach** *nt* adran *b* ddwysrewi; ~**kost** *f* bwyd *g* wedi'i ddwysrewi; ~**schrank** *m* rhewgell *b*; ~**truhe** *f* rhewgist *b*.

Tief- *kompos:* ~**lader** *m* cerbyd *g* llwytho isel; ~**land** *nt* iseldiroedd *ll*; ~**parterre** *nt* islawr *g*, baslawr *g*; ~**punkt** *m* pwynt *g* isel/isaf; *(fig)* trai *g*; ~**schlag** *m (Boxen, fig)* ergyd *gb* isel; ~**see** *f (GEOG)* dyfnfor *g*, eigion *g*; ~**sinn** *m* dyfnder *g*, llwyrdeb *g*.

tiefsinnig *adj* dwfn, dwys.

Tiefstand *m* lefel *b* isel.

tiefstapeln *vi* bod yn orwylaidd/orostyngedig.

Tiefstart *m (SPORT)* cychwyn *g* cwrcwd, cychwyn o'r gwrcwd.

Tiefst- *kompos:* ~**preis** *m* pris *g* isaf; ~**stand** *m* lefel *b* isaf; ~**temperatur** *f* tymheredd *g* isaf.

Tiefstwert *m* y lleiaf *g*, minimwm *g*, isafrif *g*; ~**e** *pl (MET)* tymheredd *g* isaf.

Tiegel [ˈtiːgəl] (-s, -) *m* sosban *b*; *(CHEM)* tawddlestr *g*, llestr *g* toddi, crwsibl *g*.

Tier [tiːr] (-(e)s, -e) *nt* anifail *g*; *(Bestie)* bwystfil *g*; **das ~ im Menschen** y bwystfil mewn dyn.

Tier- *kompos:* ~**arzt** *m* milfeddyg *g*; ~**freund** *m* cyfaill *g* anifeiliaid; ~**garten** *m* sw *g*; ~**handlung** *f* siop *b* anifeiliaid; ~**heim** *nt* cartref *g* cŵn/cathod.

tierisch *adj* anifeilaidd; *(auch fig)* bwystfilaidd; *(ugs)* hollol, cwbl.

Tier- *kompos:* ~**kreis** *m (ASTROL)* sidydd *g*; ~**kunde** *f* swoleg *b*.

tierlieb *adj* hoff o anifeiliaid.

tierliebend *adj* = tierlieb.

Tier- *kompos:* ~**park** *m* sw *g*; ~**quälerei** *f* creulondeb *g* tuag at anifeiliaid; ~**reich** *nt* byd *g* yr anifeiliaid, teyrnas *b* yr anifeiliaid; ~**schutz** *m* gwarchod *g* anifeiliaid; ~**schutzverein** *m* cymdeithas *b* er atal creulondeb tuag at anifeiliaid; ~**versuch** *m* arbrawf *g* ar anifeiliaid; ~**welt** *m* teyrnas *b* yr anifeiliaid.

Tiger [ˈtiːgər] *m (ZOOL)* teigr *g*.

Tigerin *f* teigres *b*.

tilgen [ˈtɪlgən] *vt* dileu; *(geh: Schulden)* talu; *(Sünden)* unioni, gwneud iawn am.

Tilgung [ˈtɪlgʊŋ] *f* dileu *g*, dilead *g*; *(Sünden)* iawn *g*; *(Schulden)* ad-daliad *g*.

Tilgungskapital *nt (COMM)* cronfa *b* ad-dalu.

tingeln[D] [ˈtɪŋəln] *vi (ugs)* ymddangos mewn clybiau nos bychain.

Tinktur [tɪŋkˈtuːr] *f* tintur *g*.

Tinte [ˈtɪntə] (-, -n) *f* inc *g*; **in der ~ sitzen** bod mewn helynt.

Tinten- *kompos:* ~**fass** *nt* pot *g* inc; ~**fisch** *m (ZOOL)* ystifflog *g*; ~**fleck** *m* staen *g* inc; ~**stift** *m* pensil *g* copïo/annileadwy; ~**strahldrucker** *m* chwistrell-argraffydd *g*.

Tip [tɪp] (-s, -s) *m (Hinweis, Andeutung)* awgrym *g*, ensyniad *g*; *(an Polizei)* achlust *g*, rhybudd *g*.

Tippelbruder[D] *m (ugs)* crwydryn *g*, trempyn *g*.

tippen[1] [ˈtɪpən] *vt (mit Maschine schreiben)* teipio.
   ♦ *vi* taro'n ysgafn; **jdm auf die Schulter ~** taro ysgwydd rhn yn ysgafn (â'ch bys).

tippen[2] *vt, vi (im Lotto)* betio, mentro; **auf jdn ~** betio ar rn.

Tippfehler (-s, -) *m (ugs)* gwall *g* teipio.

Tippse[D] (-, -n) *f (ugs, pej)* teipyddes *b*.

tipptopp [ˈtɪpˈtɔp] *adj indekl (ugs)* taclus, heb fai.

Tippzettel *m* cwpon *g* (pyllau) pêl-droed.

Tirade [tiˈraːdə] (-, -n) *f* araith *b* lem, geiriau *g* llym.

Tirol [ti'ro:l] *nt (GEOG)* y Tyrol *g*.

Tiroler(in) *m(f)* Tyroliad *g*.

tirolerisch *adj* Tyrolaidd.

Tisch [tɪʃ] (-es, -e) *m* bwrdd *g*, bord *b*; **bitte zu ~** ! dewch at y bwrdd! mae cinio'n barod; **bei ~** wrth y bwrdd; **vor ~** cyn bwyta; **nach ~** ar ôl bwyta; **unter den ~ fallen** *(fig)* cael ei adael allan.

Tischdecke (-, -n) *f* lliain *g* bwrdd.

Tischler (-s, -) *m* saer *g* dodrefn/celfi.

Tischlerei [tɪʃlə'raɪ] *f* siop *b* y saer, gweithdy *g* 'r saer; *(Arbeit)* saernïaeth *b*.

Tischlerhandwerk *nt* gwneud *g* dodrefn/celfi.

tischlern ['tɪʃlərn] *vi* gwneud gwaith coed.

Tisch- *kompos:* **~nachbar** *m* cymydog *g* (wrth y bwrdd); **~rechner** *m* cyfrifiannell *b* ddesg; **~rede** *f* araith *b* ar ôl cinio; **~tennis** *nt* tennis *g* bwrdd; **~tuch** *nt* lliain *g* bwrdd.

Titel ['ti:təl] (-s, -) *m* teitl *g*; **~anwärter** *m (SPORT)* heriwr *g*, sialensiwr *g*; **~bild** *nt* llun *g* clawr; *(von Buch)* wynebddarlun *g*; **~geschichte** *f* stori *b* flaen; **~rolle** *f (FILM)* prif ran *b*; **~seite** *f (Zeitung)* tudalen *g* cyntaf; *(Magazin)* clawr *g*; **~verteidiger** *m (SPORT)* pencampwr *g*, deiliad *g* teitl.

Titte[D] ['tɪtə] (-, -n) *f (vulg: weibliche Brust)* bron *b*.

titulieren [titu'li:rən] *vt* teitlo, rhoi teitl i.

Tixoband[®A] *m* Sellotape®.

tja [tja] *interj* wel!

Toast [to:st] (-(e)s, -s *oder* -e) *m (Brot)* tost *g*, bara *g* crasu; *(Trinkspruch)* llwncdestun *g*; **einen ~ aussprechen auf jdn** cynnig llwncdestun i rn.

Toastbrot *nt* bara *g* i dostio/grasu.

toasten *vt (Brot)* crasu, tostio.

Toaster (-s, -) *m* craswr *g*, tostiwr *g*.

toben ['to:bən] *vi (wüten)* rhefru, cynddeiriogi, taranu; *(Kinder: tollen)* prancio, chwarae campau.

Tobsucht *f* gwallgofrwydd *g* llwyr.

tobsüchtig *adj* lloerig, gwallgof, gorffwyll.

Tobsuchtsanfall *m* pwl *g* lloerig.

Tochter ['tɔxtər] (-, -ˮ-) *f* merch *b*.

Tochterfirma *f (COMM)* is-gwmni *g*.

Tochtergesellschaft *f* = **Tochterfirma**.

Tod [to:t] (-(e)s, -e) *m* marwolaeth *b*, angau *g*; **zu ~e betrübt sein** bod yn y felan fawr; **eines natürlichen ~es sterben** marw'n naturiol; **eines gewaltsamen ~es sterben** marw mewn ffordd drychinebus.

todernst *adj* hollol o ddifrif.

 ♦ *adv* yn gwbl ddifrifol.

Todesangst *f* pryder *g* enbyd/dirfawr; **Todesängste aussthen** *(ugs)* cael llond bola o ofn, dychryn yn lân.

Todes- *kompos:* **~anzeige** *f* hysbysiad *g* marwolaeth; **~fall** *m* marwolaeth *b*, angau *g*; **~kampf** *m* gwewyr

ll angau; **~opfer** *nt* lladdedig *g*, marw *g*.

Todesqualen *pl:* **~ ausstehen** *(fig)* dioddef arteithiau.

Todes- *kompos:* **~stoß** *m* ergyd *gb* farwol; **~strafe** *f* cosb *b* eithaf; **~tag** *m* pen *g* blwydd marwolaeth; **~ursache** *f (MED)* achos *g* marwolaeth; **~urteil** *nt* dedfryd *b* marwolaeth; **~verachtung** *f* dewrder *g* yn wyneb marwolaeth; *(ugs)* ffieidd-dod *g*.

Todfeind (-es, -e) *m* gelyn *g* marwol, gelyn *g* glas.

todkrank *adj* peryglus o wael, angheuol wael.

tödlich ['tø:tlɪç] *adj* marwol, angheuol.

tod- *kompos:* **~müde** *adj* hollol flinedig, wedi blino'n lân; **~schick** *adj (ugs)* gwych, ffasiynol, graenus; **~sicher** *adj (ugs)* cwbl sicr.

Todsünde *f (REL)* pechod *g* marwol.

todtraurig *adj* trist iawn.

Toilette [toa'lɛtə] (-, -n) *f* tŷ *g* bach, toiled *g*; *(geh: Körperpflege)* glanweithdra'r corff; *(Frisiertisch)* bwrdd *g* ymbincio; *(Kleidung)* dillad *ll*, gwisg *b*; **auf die ~ gehen** mynd i'r tŷ bach; **auf der ~ sein** bod yn y tŷ bach.

Toiletten- *kompos:* **~artikel** *pl* taclau *ll* ymolchi; **~papier** *nt* papur *g* tŷ bach; **~tisch** *m* bwrdd *g* ymbincio.

toi, toi, toi ['tɔy'tɔy'tɔy] *excl (ugs)* gyda lwc! hei lwc!

tolerant [tole'rant] *adj* goddefgar, goddefol.

Toleranz [tole'rants] *f* goddefgarwch *g*, goddefiant *g*.

tolerieren [tole'ri:rən] *vt* goddef, caniatáu.

toll [tɔl] *adj (super)* ardderchog, gwych, bendigedig; *(Treiben)* gwyllt; *(geh: verrückt)* gwallgof, gorffwyll, ynfyd; **die ~en Tage** y dyddiau gwyllt, y carnifal.

tollen ['tɔlən] *vi* prancio, gwneud campau.

Tollheit *f* gwallgofrwydd *g*, ynfydrwydd *g*.

Tollkirsche *f (BOT)* codwarth *g*, ceirios *ll* y gŵr drwg.

tollkühn *adj* beiddgar, eofn, anturus.

Tollwut *f (MED)* y gynddaredd *b*.

Tölpel ['tœlpəl] (-s, -) *m* llabwst *g*, twpsyn *g*.

Tomate [to'mɑ:to] (-, -n) *f* tomato *g*.

Tomaten- *kompos:* **~cremesuppe** *f (KOCH)* cawl *g* tomato; **~ketchup** *nt* sôs *g* coch, cetshyp *g*; **~mark** *nt (KOCH)* mwtrin *g* tomato; **~saft** *m* sudd *g* tomato; **~salat** *m* salad *g* tomato; **~sauce** *f*, **~soße** *f* saws *g* tomato; **~suppe** *f* cawl *g* tomato.

Tombola ['tɔmbola] (-, -s) *f* tombola *g*.

Ton[1] [to:n] (-(e)s, -ˮe) *m (Laut)* sŵn *g*; *(MUS)* nodyn *g*; *(Redeweise)* tinc *g*, goslef *b*, tôn *b*; *(Farb~, Nuance)* arlliw *g*, cysgod *b*; *(Betonung)* pwyslais *g*; **keinen ~ herausbringen** methu â dweud gair; **den ~ angeben** *(MUS)* rhoi nodyn; *(fig: bestimmen)* gosod y safon.

Ton[2] (-(e)s, -e) *m (Erde)* clai *g*.

Tonabnehmer *m (von Plattenspieler)* braich *gb*.

tonangebend *adj* blaenllaw, blaen, prif.

Ton- *kompos:* **~arm** *m* braich *gb* chwaraewr recordiau; **~art** *f* cywair *g*.

Tonband (-(e)s, ¨-er) *nt* tâp *g*.

Tonband- *kompos:* **~aufnahme** *f* tâp-recordiad *g*; **~gerät** *nt* recordydd *g* tâp.

tönen ['tø:nən] *vi* seinio, atseinio.

♦ *vt* graddliwio, lliwio; *(Haare)* arliwio.

tönern ['tø:nərn] *adj* clai, o glai.

Ton- *kompos:* **~fall** *m* tonyddiaeth *b*, cyweiriaeth *b*, tôn *b*; **~film** *m* ffilm *b* lafar, ffilm *b* siarad; **~höhe** *f* traw *g*.

Tonika ['to:nika] *f (MUS)* tonydd *g*.

Tonikum ['to:nikʊm] (-s, Tonika) *nt (MED)* tonig *g*, ffisig *g* cryfhaol/atgyfnerthol.

Ton- *kompos:* **~ingenieur** *m* peiriannydd *g* sain; **~kopf** *m* pen *g* recordio; **~künstler** *m* cerddor *g*; **~leiter** *f (MUS)* graddfa *b*.

tonlos *adj* di-sŵn, di-sain, mud.

Tonne ['tɔnə] (-, -n) *f* casgen *b*, baril *gb*; *(Maß)* tunnell *b* (fetrig).

Ton- *kompos:* **~spur** *f* trac *g* sain; **~taube** *f (SPORT)* colomen *b* glai, ysguthan *b* glai; **~waren** *pl* crochenwaith *g*, llestri *ll* pridd.

Topf [tɔpf] (-(e)s, ¨-e) *m* pot *g*, potyn *g*; **alles in einen ~ werfen** *(fig)* taflu popeth i'r un fasged.

Topfblume *f* blodyn *g* pot.

Topfen[A] *m (KOCH)* ceulion *ll*, caws *g* hufen.

Topfentorte[A] *f* teisen *b* gaws.

Töpfer ['tœpfər] (-s, -) *m* crochenydd *g*.

Töpferei [tœpfə'raɪ] *f (Töpferware)* crochenwaith *g*; *(Werkstatt)* crochendy *g*.

töpfern ['tœpfərn] *vi* gwneud crochenwaith.

Töpferscheibe *f* troell *b* crochenydd.

topfit ['tɔp'fɪt] *adj* mewn cyflwr da, ar ei orau.

Topf- *kompos:* **~lappen** *m* maneg *b* ffwrn; **~pflanze** *f* blodyn *g* pot.

topografisch [topo'grɑːfɪʃ] *adj* topograffig, topograffaidd.

Tor[1] [to:r] (-(e)s, -e) *nt* porth *g*, clwyd *b*, gât *b*; *(SPORT)* gôl *b*.

Tor[2] (-en, -en) *m (geh)* ynfytyn *g*, ffŵl *g*.

Tor- *kompos:* **~bogen** *m* porth *g* bwaog; **~einfahrt** *f* mynedfa *b*, clwyd *b* fynediad.

Torf [tɔrf] (-(e)s, *kein pl*) *m* mawn *g*; **~ stechen** torri mawn.

Torheit *f (geh)* ffolineb *g*, ynfydrwydd *g*; *(törichte Handlung)* gweithred *b* ffôl.

Torhüter (-s, -) *m (SPORT)* gôl-geidwad *g*.

töricht ['tø:rɪçt] *adj (geh)* ffôl, twp, gwirion.

torkeln ['tɔrkəln] *vi (+sein)* gwegian, simsanu.

Torpedo [tɔr'pe:do] (-s, -s) *m (NAUT)* torpido *g*.

Torschlusspanik *f (fig)* panig *g* munud olaf; *(ugs: von Unverheirateten)* ofn rhag bod yn hen ferch/lanc.

Torte ['tɔrtə] (-, -n) *f* teisen *b*, cacen *b*; *(Obst~)* tarten *b* ffrwythau.

Torten- *kompos:* **~guss** *m* sglein *gb*; **~heber** *m* ysbodol *b* deisen.

Tortur [tɔr'tu:r] *f* diheurbrawf *g*; *(Folter)* artaith *b*, poenydio *b*.

Tor- *kompos:* **~verhältnis** *nt* cyfartaledd *g* goliau; **~wart** *m (SPORT)* gôl-geidwad *g*.

tosen ['to:zən] *vi* rhuo.

Toskana [tɔs'kɑːna] *f (GEOG)* Twsgani *b*.

tot [to:t] *adj* marw, wedi marw; *(fig: wie ausgestorben)* marwaidd, fel y bedd; **der ~e Winkel** dallbwynt *g*; **an einem ~en Punkt anlangen** *(fig)* cyrraedd y pen; **~e Jahreszeit** *(fig)* y tymor *g* marwaidd; **er war auf der Stelle ~** bu farw'n syth; **~ umfallen** syrthio'n farw; **das T~ Meer** *(GEOG)* y Môr *g* Marw; **~e Hose** *(ugs)* yn ddiflas; **~ geboren** marw-anedig; **sich ~ stellen** ffugio bod yn farw.

total [to'tɑːl] *adj* holl, cyfan, llwyr.

totalitär [totali'tɛ:r] *adj (POL)* totalitaraidd.

Totalschaden *m (AUTO)* car *g* nad yw'n werth ei atgyweirio.

Tote *m/f* dyn *g* marw, gwraig *b* farw; **die ~n** *ll* y meirw *ll*, y meirwon *ll*.

töten ['tø:tən] *vt, vi* lladd.

Totenbett *nt* gwely *g* angau.

totenblass *adj* fel y galchen, gwelw fel yr angau.

Toten- *kompos:* **~gräber** *m* torrwr *g* beddau; **~hemd** *nt* amdo *g*; **~kopf** *m* penglog *b*; **~messe** *f* offeren *b* dros y meirw; **~schein** *m* tystysgrif *b* marwolaeth; **~stille** *f* distawrwydd *g* llethol/llwyr; **~tanz** *m* Dawns *b* yr Angau; **~wache** *f* gwylnos *b*.

totfahren *irreg vt (ugs)* lladd (wrth yrru).

tot geboren *adj vgl. tot.*

totkriegen *vt (ugs)* **nicht totzukriegen sein** mynd ymlaen hyd dragwyddoldeb.

totlachen *vr* chwerthin yn eich dyblau.

Toto ['to:to] (-s, -s) *nt oder m* pyllau *ll* pêl-droed.

Totoschein *m* cwpon *g* (pyllau) pêl-droed.

totsagen *vt (fig)* dweud bod rhn wedi marw.

Totschlag *m* dynladdiad *g*.

totschlagen *irreg vt* lladd; *(fig)* **Zeit ~** bwrw/lladd amser.

totschweigen *irreg vt* mygu pob sôn am.

tot stellen *vr vgl. tot.*

tottrampeln *vt* sathru i farwolaeth.

tottreten *irreg vt* = **tottrampeln**.

Tötung ['tø:tʊŋ] *f* dyn-laddiad *g*, llofruddiaeth *b*.

Toupet [tu'pe:] (-s, -s) *nt* gwallt *g* gosod.

toupieren [tu'pi:rən] *vt* ôl-gribo, cribo tuag yn ôl.

Tour [tu:r] (-, -en) *f* taith *b* bleser, cylchdaith *b*, gwibdaith *b*; *(Rad~)* tro *g*; *(ugs: Verhaltensart)* ffordd *b*, modd *g*; **~en** *pl (Umdrehungen)* cylchdroeon *ll*; **auf ~en kommen** *(AUTO)* codi cyflymdra; *(fig)* dod i hwyl; **auf vollen ~en** ar y cyflymdra uchaf; *(fig)* â holl nerth, yn ei anterth; **auf die krumme ~** trwy ddulliau anonest; *(ugs)* **in einer ~** yn ddi-baid, byth a hefyd.

Touren- *kompos:* **~zahl** *f* nifer *gb* y cylchdroeon; **~zähler** *m* mesurydd *g* cylchdroeon, cylchdroadur *g*.

Tourismus [tu'rɪsmus] *m* twristiaeth *b*.

Tourist [tu'rɪst] (-en, -en) *m* ymwelydd *g*, twrist *g*.

Touristenklasse *f* y dosbarth *g* rhataf.

Touristik [tu'rɪstɪk] *f* twristiaeth *b*.

Touristin *f* ymwelwraig *b*, twrist *g*.

touristisch [tu'rɪstɪʃ] *adj* twristaidd.

Tournee [tur'ne:] (-, -s *oder* -n) *f (THEAT)* taith *b*; **auf ~ gehen** mynd ar daith *b*.

Trab [tra:p] (-(e)s, *kein pl*) *m* tuth *g*, trot *g*; **auf ~ sein** *(ugs)* cadw'n brysur; **jdn auf ~ bringen** *(ugs: antreiben)* cael rhn i frysio.

Trabant [tra'bant] (-en, -en) *m* lloeren *b*; *(AUTO)* car a gynhyrchwyd yn Nwyrain yr Almaen.

Trabantenstadt *f* tref *b* ddibynnol, cylchdref *b*.

traben ['tra:bən] *vi (+sein)* tuthio, trotian, mynd ar drot.

Trabi *m (AUTO)* = **Trabant**.

Tracht [traxt] (-, -en) *f (Kleidung)* gwisg *b* draddodiadol; **eine ~ Prügel** crasfa *b* dda, curfa *b*, cweir *gb* da.

trachten ['traxtən] *vi* ymdrechu, ymegnïo, ymlafnio; **jdm nach dem Leben ~** ceisio lladd rhn; **danach ~, etw zu tun** ymdrechu i wneud rhth.

trächtig ['trɛçtɪç, -ɪk] *adj (Tier)* torrog; *(Kuh)* cyflo; *(Stute)* cyfebol.

Tradition [traditsi'o:n] (-, -en) *f* traddodiad *g*.

traditionell [traditsio'nɛl] *adj* traddodiadol.

traf *vb vgl.* **treffen**.

Trafik[A] *f* siop *b* dybaco.

Trafo *m abk* = **Transformator**.

Tragbahre ['tra:kba:rə] (-, -n) *f* cludwely *g*.

tragbar *adj (transportierbar)* cludadwy; *(Kleidung)* gwisgadwy; *(erträglich)* goddefadwy, dioddefadwy.

träge ['trɛ:gə] *adj* araf, llesg; *(CHEM)* anweithredol, anweithiol.

tragen ['tra:gən] *irreg vt* cludo, cario; *(Kleidung, Brille)* gwisgo; *(Namen)* dwyn; *(Früchte)* dwyn; *(trächtig sein)* bod yn feichiog, disgwyl plentyn.

♦ *vi (Eis)* dal; **schwer an etw** *dat* **~** *(fig)* cael rhth yn

anodd i'w oddef; **zum T~ kommen** cael effaith; *(nützlich werden)* dod yn ddefnyddiol.

♦ *vr:* **sich mit einem Gedanken ~** cael syniad yn eich meddwl.

Träger ['trɛ:gər] (-s, -) *m* cludwr *g*, cariwr *g*; *(Ordens~)* daliwr *g*, deiliad *g*; *(an Kleidung)* strap *g* ysgwydd; *(Sponsor)* noddwr *g*; *(TECH)* trawst *g*; *(Brücken~)* piler *g*.

Träger- *kompos:* **~hemdchen** *nt* tancdop *g*; **~kleid** *nt* ffrog *b* binaffor; **~rakete** *f (TECH)* cerbyd *g* lansio; **~rock** *m* sgert *b* â bresys.

Tragetasche (-, -n) *f* bag *g* cario.

Trag- *kompos:* **~fähigkeit** *f* llwyth *g* eithaf a ganiateir; **~fläche** *f (AERO)* adain *b*, asgell *b*.

Tragflügelboot *nt (NAUT)* cwch *g* â hydroffoilau.

Trägheit ['trɛ:khaɪt] *f* syrthni *g*; *(PHYS)* inertia *g*.

Tragik ['tra:gɪk] *f* trychineb *gb*.

tragikomisch [tragi'ko:mɪʃ] *adj* trasicomig.

tragisch ['tra:gɪʃ] *adj* trychinebus, alaethus, enbyd; **etw ~ nehmen** teimlo rhth i'r byw; **nimm es nicht so ~!** paid â phoeni!

Traglast (-, -en) *f* llwyth *g*.

Tragödie [tra'gø:diə] (-, -n) *f (THEAT)* trasiedi *b*; *(fig)* trychineb *gb*.

Tragtasche[A] *f* = **Tragetasche**.

Tragweite *f* maint *g*, amrediad *g*, cwmpas *g*; **von großer ~** ag effaith bellgyrhaeddol.

Trainer ['trɛ:nər] *m* **(~in** *f)* *(SPORT)* hyfforddwr(aig) *g(b)*; *(Fußball)* rheolwr(aig) *g(b)*.

trainieren [trɛ'ni:rən] *vt* hyfforddi.

♦ *vi (üben)* ymarfer.

Training (-s, -s) *nt* hyfforddiant *g*.

Trainingsanzug (-(e)s, ¨-e) *m* tracwisg *b*.

Trakt [trakt] (-(e)s, -e) *m* rhan o adeilad.

Traktat [trak'ta:t] (-(e)s, -e) *m oder nt (Abhandlung)* traethawd *g*; *(Flugschrift)* pamffledyn *g*.

traktieren [trak'ti:rən] *vt (ugs: schlecht behandeln)* camdrin; *(quälen)* poenydio.

Traktor ['traktor] (-s, -en) *m* tractor *g*; *(von Drucker)* porthwr *g* tynnu.

trällern ['trɛlərn] *vt, vi* trydar.

Tram [tram] (-, -s) *f oder nt (BAHN)* = **Tramway**.

Trambahn[S] *f* = **Tramway**.

trampeln ['trampəln] *vi* sathru, damsang; *(Pferd)* pystylad.

♦ *vt:* **jdn zu Tode ~** stampio rhn i farwolaeth.

Trampel- *kompos:* **~pfad** *m* llwybr *g*; **~tier** *nt (ZOOL)* camel *g*.

trampen ['trɛmpən] *vi (+sein)* ffawdheglu, ei bodio hi.

Tramper(in) *m(f)* bodiwr *g*, bodwraig *b*, ffawdheglwr *g*.

Tramperrucksack *m* sach *b* deithio fawr.

Trampolin [trampo'li:n] *nt* trampolîn *g*.

Tramway^ *f (Straßenbahn)* tramffordd *b*.

Tran [tra:n] (-(e)s, -e) *m* olew *g* morfil, braster *g* morfil.

Tranchierbesteck [trã'ʃi:rbəʃtɛk] *nt* cyllell a fforc gerfio.

tranchieren [trã'ʃi:rən] *vt (KOCH)* cerfio, tafellu.

Tranchiermesser (-s, -) *nt* cyllell *b* gig.

Träne ['trɛ:nə] (-, -n) *f* deigryn *g*.

tränen ['trɛ:nən] *vi (+dat)* dyfrio.

Tränengas *nt* nwy *g* dagrau.

trank *vb vgl.* **trinken.**

Tränke ['trɛŋkə] (-, -n) *f* dyfrfan *gb*.

tränken ['trɛŋkən] *vt (Tiere)* dyfrio, rhoi dŵr i; *(nass machen)* trochi.

Transaktion [trans'aktsi'o:n] (-, -en) *f* gweithrediad *g* masnachol.

Transformator [transfɔr'ma:tɔr] (-s, -en) *m (ELEKT)* trawsnewidydd *g*, trawsffurfiwr *g*.

Transfusion [transfuzi'o:n] (-, -en) *f* trallwysiad *g*.

Transistor [tran'zɪstɔr] (-s, -en) *m (ELEKT)* transistor *g*.

transitiv ['tranziti:f] *adj (GRAM)* anghyflawn.

Transit- [tran'zi:t, 'tranzɪt] *kompos:* **~verkehr** *m* trafnidiaeth *b* dramwy, traffig *g* trawstaith; **~visum** *nt* fisa *b* dramwy.

transparent [transpa'rɛnt] *adj* tryloyw, clir.

Transparent (-(e)s, -e) *nt (Bild)* tryloywlun *g*; *(Spruchband)* baner *b*.

transpirieren [transpi'ri:rən] *vi* chwysu; *(Pflanze)* trydarthu.

Transplantation [transplantatsi'o:n] (-, -en) *f (MED)* trawsblaniad *g*; *(von Haut)* impiad *g*.

transponieren [transpo'ni:rən] *vt (MUS)* trawsddodi, trawsnodi.

Transport [trans'pɔrt] (-(e)s, -e) *m* cludiant *g*.

transportfähig *adj: der Kranke war* **~** roedd y claf mewn cyflwr digon da i'w symud.

transportieren [transpɔr'ti:rən] *vt* cludo, cario.

Transport- *kompos:* **~kosten** *pl* tâl *g* cludo; **~mittel** *nt* modd *g* o gludo, ffordd *b* o gludo; **~unternehmen** *nt* cludydd *g*, cludwr *g*.

transsexuell [transzɛksu'ɛl] *adj* trawsrywiol.

Trapez [tra'pe:ts] (-(e)s, -e) *nt* trapîs *g*; *(MATH)* trapesiwm *g*.

Trara [tra'ra:] (-s, *kein pl) nt (ugs)* stŵr *g*, halibalŵ *gb*.

trat *vb vgl.* **treten.**

Tratsch [tra:tʃ] (-(e)s, *kein pl) m (ugs)* clecs *ll*.

tratschen ['tra:tʃən] *vi (ugs)* clebran, hel clecs.

Tratte ['tratə] (-, -n) *f (FIN)* drafft *gb*.

Traube ['traubə] (-, -n) *f (BOT)* swp *m*, rasem *m*; *(Frucht)* grawnwinen *b*; *(Fruchtstand)* grawnswp *g*,

clwstwr *g* o rawnwin.

Trauben- *kompos:* **~lese** *f* cynhaeaf *g* grawnwin; **~zucker** *m* glwcos *g*, siwgr *g* grawn.

trauen ['trauən] *vi +dat (vertrauen)* ymddiried yn, bod â ffydd yn.

♦ *vr (wagen)* mentro.

♦ *vt (vermählen)* priodi.

Trauer ['trauər] (-, *kein pl) f* gofid *g*, tristwch *g*; *(um Verstorbenen)* galar *g*, alaeth *g*.

Trauer- *kompos:* **~fall** *m* marwolaeth *b*, profedigaeth *b*; **~feier** *f* gwasanaeth *g* angladdol; **~flor** *m* rhuban *g* du; **~gemeinde** *f* galarwyr *ll*; **~kleidung** *f* dillad *ll* galar; **~marsch** *m* ymdeithgan *b* angladd.

trauern ['trauərn] *vi* galaru, arwylo; *um jdn* **~** galaru am rn.

Trauer- *kompos:* **~rand** *m* rhwymyn *g* du; **~spiel** *nt (THEAT)* trasiedi *b*; *(fig)* trychineb *gb*; **~weide** *f (BOT)* helygen *b* wylofus.

Traufe ['traufə] (-, -n) *f* bargod *g*, bondo *g*; **vom Regen in die ~ kommen** *(fig)* mynd o'r dom i'r llaid.

träufeln ['trɔyfəln] *vt (+haben)* arllwys fesul diferyn.

traulich ['traulɪç] *adj* cysurus, clyd, diddos, cartrefol.

Traum [traum] (-(e)s, ¨-e) *m* breuddwyd *gb*; **aus der ~!** mae popeth drosodd!

Trauma ['trauma] (-s, -ta *oder* Traumen) *nt* archoll *b*, trawma *g*.

traumatisieren [traumati'zi:rən] *vt* trawmateiddio.

Traum- *kompos:* **~bild** *nt* gweledigaeth *b*; **~deutung** *f* dehongli *g* breuddwydion.

träumen ['trɔymən] *vt, vi* breuddwydio; **das hätte ich mir nicht ~ lassen** ni buaswn yn breuddwydio bod hynny'n bosibl; **mit offenen Augen ~** synfyfyrio, breuddwydio liw dydd.

Träumer (-s, -) *m* breuddwydiwr *g*.

Träumerei *f* breuddwydio *g*.

träumerisch *adj* breuddwydiol.

traumhaft *adj* breuddwydiol; *(fig)* gogoneddus, bendigedig.

traumwandeln *vi untrenn (+sein oder haben)* cerdded yn eich cwsg.

traurig ['traurɪç, -ɪk] *adj* trist, digalon.

Traurigkeit *f* tristwch *g*, digalondid *g*.

Trau- *kompos:* **~ring** *m* modrwy *b* briodas; **~schein** *m* tystysgrif *b* briodas.

Trauung (-, -en) *f* defod *b* briodas, seremoni *g* briodas.

Trauzeuge (-n, -n) *m* (**~in** *f) f* tyst *g* i briodas.

treffen ['trɛfən] *irreg vt (begegnen)* cwrdd â; *(Ziel)* taro; *(fig: verletzen)* clwyfo i'r byw; *(Vorbereitungen)* trefnu; *(Maßnahmen)* cymryd; **er hat es gut**

getroffen *(fig)* gwnaeth yn dda; **er fühlte sich getroffen** fe'i teimlodd i'r byw.

♦ *vi* taro.

♦ *vr (verabreden)* cyfarfod.

♦ *vr unpers:* **es traf sich, dass** ... digwyddodd fod...; **das trifft sich gut** mae hynny'n gyfleus.

Treffen (-s, -) *nt* cyfarfod *g.*

treffend *adj* perthnasol, priodol.

Treffer (-s, -) *m* trawiad *g; (fig)* llwyddiant *g; (SPORT: Tor)* gôl *b; (Los)* tocyn *g* buddugol.

trefflich *adj* ardderchog.

Treffpunkt *m* man *gb* cyfarfod.

Treibeis ['traɪpʔaɪs] *nt* iâ sy'n arnofio mewn afon/môr.

treiben ['traɪbən] *irreg vt (+haben)* gyrru; *(bei Treibjagd)* cadw twrw; *(Metall)* curo; *(ausüben)* ymroi i; *(COMM)* **Handel ~** masnachu; **was treibst du in deiner Freizeit?** *(ugs)* beth rwyt ti'n ei wneud yn dy amser hamdden? **es zu weit ~** mynd dros ben llestri; **sie ist die treibende Kraft im Unternehmen** hi yw'r grym pennaf yn y cwmni; **es ~** *(ugs: bumsen)* cnuchio.

♦ *vi (+sein) (schwimmen)* arnofio, mynd gyda'r llif; *(BOT)* egino; *(Teig)* codi; *(MED)* bod ag effaith droethlifol/diwretig.

Treiben *nt* gyrru *g; (Leben)* bwrlwm *nt;* **Tun und ~** hynt a helynt.

Treib- *kompos:* **~gas** *nt* nwy erosol; **~gut** *nt* broc *g* môr; **~haus** *nt* tŷ *g* gwydr; **~hauseffekt** *m* effaith *b* tŷ gwydr; **~hausgas** *nt* nwy sy'n achosi'r effaith tŷ gwydr; **~jagd** *f* gyrfa *b; (fig)* erledigaeth *b;* **~mittel** *nt (KOCH)* cyfrwng *g* codi; **~riemen** *m (TECH)* belt *gb* gyrru; **~sand** *m* traeth *g* gwyllt; **~schlag** *m (Golf)* dreif *g;* **~stoff** *m* tanwydd *g.*

Trema ['treːma] (-s, -s *oder* -ta) *nt (GRAM)* didolnod *g.*

Trend [trɛnt] (-s, -s) *m* tuedd *b.*

Trendwende *f* newid mewn ffasiwn.

trennbar *adj* gwahanadwy.

trennen ['trɛnən] *vt* gwahanu; *(loslösen)* datod; *(unterscheiden)* gwahaniaethu.

♦ *vr* ymwahanu, ymadael â'ch gilydd; **sich ~ von** cael gwared â.

Trennschärfe *f (RADIO)* detholusrwydd *g.*

Trennung (-, -en) *f* gwahanu *g,* ymwahaniad *g.*

Trennungsstrich (-(e)s, -e) *m* cyplysnod *g.*

Trennwand (-, ¨-e) *f* palis *g.*

trenzen^ *vi* slobran.

treppab [trɛpʔap] *adv* i lawr y grisiau.

treppauf [trɛpʔaʊf] *adv* i fyny'r grisiau.

Treppe ['trɛpə] (-, -n) *f* grisiau *ll; (Stiege)* rhes *b* o risiau; **sie wohnt zwei ~n höher** mae hi'n byw ddau lawr yn uwch.

Treppen- *kompos:* **~absatz** *m* landin *b;* **~geländer** *nt* canllaw *gb;* **~haus** *nt* rhan o'r tŷ lle mae'r grisiau, twll *g* grisiau.

Tresen[D] ['treːzən] (-s, -) *m (Theke)* bar *g; (Ladentisch)* cownter *g.*

Tresor [treˈzoːr] (-s, -e) *m* coffr *g.*

Tretboot ['treːtboːt] (-(e)s, -e) *nt* cwch *g* padlo.

treten ['treːtən] *irreg vt (+haben)* cicio; *(nieder~)* sathru; **Wasser ~** troedio'r dŵr.

♦ *vi (+sein)* camu, troedio; *(Tränen, Schweiß)* ymddangos; **in Verbindung ~** dod i gysylltiad; **in Erscheinung ~** ymddangos; **der Fluss trat über die Ufer** gorlifodd yr afon dros y glannau; **jdm auf den Fuß ~** sathru traed rhn; **in den Ruhestand ~** ymddeol.

Treter *pl (ugs)* esgidiau *ll* segura.

Tret- *kompos:* **~mine** *f (MIL)* ffrwydryn *g* tir; **~mühle** *f (fig)* undonedd *g* beunyddiol (yn y gwaith).

treu [trɔy] *adj* ffyddlon, teyrngar.

Treue ['trɔyə] (-, *kein pl*) *f* ffyddlondeb *g,* teyrngarwch *g.*

Treuhand *f (ugs)* = **Treuhandgesellschaft**; = **Treuhandanstalt.**

Treuhandanstalt[D] *f* corff sy'n gofalu am breifateiddio cwmnïau hen Ddwyrain yr Almaen.

Treuhänder (-s, -) *m* ymddiriedolwr *g.*

Treuhandgesellschaft *f* cwmni *g* ymddiriedolaeth.

treuherzig *adj* diniwed, difalais.

treulich *adv (veraltet)* yn ffyddlon.

treulos *adj* anffyddlon; **~ an jdm handeln** siomi rhn.

Triangel [triˈaŋəl] *m oder f* (-s, -) *(MUS)* triongl *g.*

Triathlon ['triːatlɔn] (-s, -s) *m oder nt (SPORT)* triathlon *g.*

Tribüne [triˈbyːnə] (-, -n) *f* prif eisteddle *g; (Redner~)* llwyfan *gb.*

Tribut [triˈbuːt] (-(e)s, -e) *m* treth *b; (fig)* teyrnged *b.*

Trichter ['trɪçtər] (-s, -) *m* twndis *g,* twmffat *g; (in Boden)* ceudwll *g.*

Trick [trɪk] (-s, -e *oder* -s) *m* cast *g,* tric *g.*

Trickfilm *m (Zeichentrickfilm) m* ffilm *b* gartŵn.

trieb *vb vgl.* **treiben.**

Trieb (-(e)s, -e) *m* ysfa *b; (BOT)* blaguryn *g,* eginyn *g.*

Triebfeder *f* prif sbring *gb; (fig)* symbyliad *g.*

triebhaft *adj* byrbwyll.

Trieb- *kompos:* **~kraft** *f* grym *g* gyriadol; *(fig)* egni *g;* **~täter** *m* troseddwr *g* rhyw; **~wagen** *m (BAHN)* rheilgar *g;* **~werk** *nt (AERO)* peiriant *g,* injan *b.*

triefen ['triːfən] *irreg vi* diferu.

triftig ['trɪftɪç, -ɪk] *adj* argyhoeddiadol, diamheuol.

Trigonometrie [trigonomeˈtriː] *f (MATH)* trigonometreg *b.*

Trikot¹ [triˈkoː] (-s, -s) *nt* *(SPORT)* siersi *gb*, jersi *b*; *(Unterhemd)* fest *b*.

Trikot² *m oder nt (TEX)* brethyn *g* gweu.

Triller [ˈtrɪlər] *m (MUS)* crychnod *g*.

trillern *vi* crychleisio; *(Vogel)* trydar.

Trillerpfeife (-, -n) *f* chwiban *gb*.

Trilogie [triloˈgiː] (-, -n) *f* triawd *g*, trioleg *b*.

Trimester [triˈmɛstər] (-s, -) *nt (UNIV)* tymor *g*.

TrimmaktionD *f* ymgyrch cadw'n heini.

Trimm-dich-PfadD *m* llwybr cyhoeddus (trwy goedwig) yn cynnwys offer ymarfer corff.

trimmen [ˈtrɪmən] *vt (Hund)* tocio blew; *(Schiff)* trimio, sadio; *(ugs: Mensch, Tier)* hyfforddi.
 ♦ *vr*D cadw'n heini.

trinkbar *adj* yfadwy.

trinken [ˈtrɪŋkən] *irreg vt, vi* yfed; *(pej)* diota.

Trinker (-s, -) *m* yfwr *g*.

trinkfest *adj:* **ich bin nicht sehr ~** dydw i ddim yn gallu dal fy niod.

Trink- *kompos:* **~geld** *nt* cildwrn *g*; **~halle**D *f (Kiosk)* ciosg *g* diodydd; **~halm** *m* gwelltyn *g* yfed; **~milch** *f* llaeth *g*; **~spruch** *m* llwncdestun *g*; **~wasser** *nt* dŵr *g* yfed.

Trio [ˈtriːo] (-s, -s) *nt* triawd *g*.

Triole [triˈoːlə] (-, -n) *f (MUS)* tripled *g*.

trippeln [ˈtrɪpəln] *vi (+sein oder haben)* cerdded â chamau byrion.

Tripper [ˈtrɪpər] (-s, -) *m (MED)* hadlif *g*.

trist [trɪst] *adj* diflas, prudd; *(Farbe)* pŵl.

Tritt [trɪt] (-(e)s, -e) *m* cam *g*; *(Fuß~)* cic *b*.

Tritt- *kompos:* **~brett** *nt (BAHN)* gris *g*, stepen *b*, troedlas *b*; **~leiter** *f* ysgol *b* risiau.

Triumph [triˈumpf] *m* gorfoledd *g*, buddugoliaeth *b*.

Triumphbogen *m (ARCHIT)* porth *g* gorfoledd.

triumphieren [triumˈfiːrən] *vi* gorfoleddu.

Triumphzug (-(e)s, "-e) *m (HIST)* gorymdaith *b* orfoleddus.

trivial [triviˈaːl] *adj* cyffredin, dibwys.

trocken [ˈtrɔkən] *adj* sych; **sich ~ rasieren** defnyddio rasel *b* drydan.

Trocken- *kompos:* **~automat** *nt* sychdaflwr *g*; **~dock** *nt (NAUT)* doc *g* sych; **~eis** *nt* iâ *g* sych; **~element** *nt* cell *b* sych; **~haube** *f* sychwr *g* gwallt.

Trockenheit *f* sychder *g*.

trockenlegen *vt (Sumpf)* sychu, draenio; *(Kind)* newid cewyn.

Trocken- *kompos:* **~milch** *f* llaeth *g* powdwr; **~zeit** *f (Jahreszeit)* tymor *g* o sychder.

trocknen [ˈtrɔknən] *vt (+haben), vi (+sein)* sychu.

Trockner (-s, -) *m* sychwr *g*.

TroddelD [ˈtrɔdəl] (-, -n) *f* tasel *g*.

Trödel [ˈtrøːdəl] (-s, *kein pl*) *m* hen drugareddau *ll*.

Trödelmarkt *m* marchnad *b* rad.

trödeln [ˈtrøːdəln] *vi (ugs)* llusgo'ch traed.

Trödler (-s, -) *m* gwerthwr *g* hen drugareddau.

trog *vb vgl.* **trügen.**

Trog (-(e)s, "-e) *m* cafn *g*.

trollen [ˈtrɔlən] *vr (ugs)* mynd i ffwrdd yn anfodlon.

Trommel [ˈtrɔməl] (-, -n) *f (MUS)* drwm *g*; *(Waschmaschine)* drwm troi.

Trommel- *kompos:* **~bremse** *f* brêc *g* drwm; **~fell** *nt (ANAT)* tympan *g* y glust; *(MUS)* croen *g* drwm; **~feuer** *nt (MIL)* cenllif *gb* o danio.

trommeln [ˈtrɔməln] *vt, vi* drymio.

Trommelrevolver *m* rifolfer *g*, llawddryll *g*.

Trommler (-s, -) *m* drymiwr *g*.

Trompete [trɔmˈpeːtə] (-, -n) *f (MUS)* trwmped *g*, utgorn *g*.

Trompeter (-s, -) *m* trympedwr *g*, utganwr *g*.

Tropen [ˈtroːpən] *pl (GEOG)* trofannau *ll*.

Tropen- *kompos:* **~helm** *m* helmed *b* haul; **~holz** *nt* pren *g* egsotig.

Tropf¹ [trɔpf] (-(e)s, "-e) *m* creadur *g*; **armer ~** truan *g*.

Tropf² (-(e)s, -e) *m (ugs: MED)* drip *g*; **am ~ hängen** bod ar ddrip.

tröpfeln [ˈtrœpfəln] *vi* diferu.

Tropfen [ˈtrɔpfən] (-s, -) *m* diferyn *g*, dafn *g*; **ein guter ~** *(fig)* gwin da; **es ist nur ein ~ auf den heißen Stein** *(fig)* dim ond piso dryw bach yn y môr ydyw; **steter ~ höhlt den Stein** dyfal donc a dyr y garreg.

tropfen *vt (+haben), vi (+sein)* diferu.

tropfenweise *adv* fesul diferyn.

tropfnass *adj* gwlyb diferu.

Tropfsteinhöhle (-, -n) *f* ogof *b* stalactitau.

Trophäe [troˈfɛːə] (-, -n) *f* troffi *g*, gwobr *b*.

tropisch [ˈtroːpɪʃ] *adj* trofannol.

Trost [troːst] (-es, *kein pl*) *m* cysur *g*.

trostbedürftig *adj* ag angen cysur.

trösten [ˈtrøːstən] *vt* cysuro.

Tröster(in) *m(f)* cysurwr(aig) *g(b)*.

tröstlich *adj* cysurlon.

trostlos *adj* llwm, gerwin; *(Verhältnisse)* digalon.

Trostpreis *m* gwobr *b* gysur.

trostreich *adj* = **tröstlich.**

Tröstung [ˈtrøːstuŋ] *f* cysuro *g*, cysur *b*.

Trott [trɔt] (-(e)s, -e) *m* tuth *g*, trot *g*; *(Routine)* trefn *b* arferol.

Trottel [ˈtrɔtəl] (-s, -) *m (ugs)* ynfytyn *g*, gwirionyn *g*.

trotten [ˈtrɔtən] *vi (+sein)* tuthio, trotian.

TrottoirAS [trɔtoˈaːr] (-s, -s *oder* -e) *nt* palmant *g*, pafin *g*.

Trotz [trɔts] (-es, *kein pl*) *m* herfeiddiad *g*; **aus ~** o ran ystyfnigrwydd; **jdm zum ~** er gwaethaf rhn.

trotz *präp +gen oder +dat* er gwaethaf.

Trotzalter *nt* oed *b* ystyfnigrwydd.

trotzdem[1] ['trɔtsdeːm] *adv* serch hynny.

trotzdem[2] [trɔts'deːm] *konj* er.

trotzen ['trɔtsən] *vi* +*dat* herio; *(Kälte)* gwrthsefyll; *(Gefahr)* wynebu.

♦ *vi (trotzig sein)* bod yn ystyfnig/anhydrin; *(beleidigt sein)* pwdu, sorri.

trotzig ['trɔtsɪç, -ɪk] *adj* herfeiddiol; *(Kind)* anhydrin, anufudd.

Trotzkopf (-(e)s, ¨-e) *m* plentyn *g* anhydrin.

Trotzreaktion (-, -en) *f* pwl *g* o soriant.

trüb [tryːp] *adj* pŵl, afloyw; *(Flüssigkeit)* cymylog; *(fig)* tywyll, trist; **~e Aussichten** *(fig)* rhagolygon llwm; **~e Tasse** *(ugs)*[D] hen ddoli glwt.

Trubel ['truːbəl] (-s, *kein pl*) *m* miri *g*, cynnwrf *g*.

trüben ['tryːbən] *vt, vr* cymylu, tywyllu.

Trübheit *f* pylni *g*.

Trübsal (-, -e) *f* gofid *g*, tristwch *g*, prudd-der *g*; **~ blasen** *(ugs)* magu gofidiau.

trübselig *adj* pruddglwyf.

Trübsinn *m* digalondid *g*, iselder *g* ysbryd.

trübsinnig *adj* digalon, prudd.

trudeln ['truːdəln] *vi (+sein) (AERO)* disgyn mewn cynffondroad.

Trüffel ['trʏfəl] (-, -n) *f* cloronen *b* y moch; *(Süssigkeit)* pelen *b* siocled.

trug *vb vgl.* **tragen.**

Trug *m* twyll *g*; **Lug und ~** celwydd a thwyll.

Trugdolde *f (BOT)* brigflodyn *g*.

trügen ['tryːgən] *irreg vt, vi* twyllo; **der Schein trügt** nid aur yw popeth melyn.

trügerisch ['tryːgərɪʃ] *adj* twyllodrus.

Trugschluss *m* casgliad *g* anghywir.

Truhe ['truːə] (-, -n) *f* cist *b*, coffr *g*.

Trumm [trʊm] (-(e)s, ¨-er) *nt* clamp *g*, clobyn *g*, peth *g* mawr; **Trümmer** *pl* malurion *ll*; *(Bau~)* adfeilion *ll*.

Trümmer- ['trʏmər] *kompos:* **~feld** *nt* ardal *b* adfeiliedig; **~haufen** *m* tomen *b* o rwbel.

Trumpf [trʊmpf] (-(e)s, ¨-e) *m (Kartenspiel, fig)* trwmp *g*.

trumpfen ['trʊmpfən] *vt, vi* trympio.

Trunk [trʊŋk] (-(e)s, ¨-e) *m* diod *b*; *(Trinken)* diota *g*.

trunken ['trʊŋkən] *adj (geh)* meddw.

Trunkenbold (-(e)s, -e) *m* meddwyn *g*.

Trunkenheit *f* meddwdod *g*; **~ am Steuer** yfed a gyrru.

Trunksucht *f* alcoholiaeth *b*.

Trupp [trʊp] (-s, -s) *m (MIL)* torf *b* fechan, uned *b* filwrol.

Truppe (-, -n) *f* milwyr *ll*; *(THEAT)* cwmni *g*; **~n** *pl* llu *g*; **nicht von der schnellen ~ sein** bod yn araf.

Truppen- *kompos:* **~abbau** *m* toriad ar nifer y milwyr; **~führer** *m* cadlywydd *g*; **~teil** *m* uned *b* filwrol; **~übungsplatz** *m (MIL)* maes *g* ymarfer.

Trust [trast] (-(e)s, -e *oder* -s) *m (COMM)* ymddiriedolaeth *b*.

Truthahn ['truːthaːn] (-(e)s, ¨-e) *m (ZOOL)* twrci *g*.

Tscheche ['tʃɛçə] (-n, -n) *m* Tsieciad *g*.

Tschechien ['tʃɛçiən] *nt (GEOG)* y Weriniaeth *b* Tsiec.

Tschechin ['tʃɛçɪn] (-, -nen) *f* Tsieciad *g*.

tschechisch ['tʃɛçɪʃ] *adj* Tsiecaidd; **die T~e Republik** *(GEOG)* y Weriniaeth *b* Tsiec.

Tschechisch *nt (Sprache)* Tsieceg *b*.

Tschechoslowakei [tʃɛçɔslovaˈkaɪ] *f (HIST, GEOG)* **die ~** Tsiecoslofacia *b*.

tschüss[D] [tʃʏs] *excl* hwyl!

T-Shirt ['tiːʃəːt] (-s, -s) *nt* crys-T *g*.

TU *f abk (= Technische Universität)* prifysgol ag adrannau gwyddonol a thechnegol yn unig.

Tuba ['tuːba] (-, **Tuben**) *f (MUS)* tiwba *g*.

Tube ['tuːbə] (-, -n) *f* tiwb *g*.

Tuberkulose [tubɛrkuˈloːzə] (-, -n) *f (MED)* y ddarfodedigaeth *gb*, twbercwlosis *g*.

Tuch [tuːx] (-(e)s, ¨-er) *nt* clwt *g*, cadach *g*; *(Hals~)* sgarff *gb*; *(Kopf~)* pensgarff *gb*.

Tuchfühlung *f* cyffyrddiad *g* corfforol.

tüchtig ['tʏçtɪç, -ɪk] *adj* effeithiol; *(fähig)* medrus; *(ugs: kräftig)* **jdn ~ verhauen** rhoi andros o gweir i rn.

Tüchtigkeit *f* effeithiolrwydd *g*, medrusrwydd *g*.

Tücke ['tʏkə] (-, -n) *f (Arglist)* twyll *g*; *(Schwierigkeit)* trafferth *gb*; **seine ~n haben** gallu achosi trafferthion; **die ~ des Objekts** ≈ Deddf Diawlineb.

tückisch ['tʏkɪʃ] *adj (trügerisch)* twyllodrus; *(schwierig)* anodd, astrus, dyrys; *(böswillig)* maleisus.

tüfteln ['tʏftəln] *vi (ugs)* pendroni; *(basteln)* ffidlan.

Tugend ['tuːgənt] (-, -en) *f* rhinwedd *gb*.

tugendhaft *adj* rhinweddol.

Tüll [tʏl] (-s, -e) *m (TEX)* tiwl *g*.

Tülle[D] ['tʏlə] (-, -n) *f (Ausguss von Kanne)* pig *gb*.

Tulpe ['tʊlpə] (-, -n) *f (BOT)* tiwlip *g*.

tummeln ['tʊməln] *vr (ugs)* neidio o gwmpas; *(sich beeilen)* brysio.

Tummelplatz *m* lle chwarae i blant.

Tumor ['tuːmɔr] (-s, -en) *m (MED)* tyfiant *g*, tiwmor *g*.

Tümpel ['tʏmpəl] (-s, -) *m* pwll *g*.

Tumult [tuˈmʊlt] (-(e)s, -e) *m* cynnwrf *g*, trybestod *g*.

tun [tuːn] *irreg vt (machen)* gwneud; *(ugs: legen)* rhoi, dodi; **etw tut es auch** gwnaiff rhth y tro; **das tut nichts zur Sache** nid yw nac yma nac acw.

♦ *vi:* **so ~, als ob** ymddwyn fel pe; **ich habe damit nichts zu ~** nid oes a wnelo hynny â mi; **Sie**

können ~ und lassen, was Sie wollen gwnewch fel y mynnoch.

♦ *vr unpers (ugs)* **es tut sich was** mae rhth ar droed.

tünchen ['tʏnçən] *vt* gwyngalchu.

Tunell[A] [tu'nɛl] (**-s, -e**) *nt* twnnel *g*.

Tunesien [tu'ne:ziən] *nt (GEOG)* Tiwnisia *b*.

Tunesier [tu'ne:ziər] *m* (**~in** *f*) Tiwnisiad *g*.

tunesisch [tu'ne:zɪʃ] *adj* Tiwnisaidd.

Tunfisch ['tu:nfɪʃ] (**-es, -e**) *m (ZOOL)* tiwna *g*.

Tunke[D] ['tʊŋkə] (**-, -n**) *f* saws *g*.

tunken ['tʊŋkən] *vt* trochi.

tunlichst ['tu:nlɪçst] *adv* os yn bosibl; **~ bald** cyn gynted â phosibl.

Tunnel ['tʊnəl] (**-s, -s** *oder* **-**) *m* twnnel *g*.

Tunte[D] ['tʊntə] (**-, -n**) *f (ugs)* cadi-ffan *g*.

Tüpfelchen ['tʏpfəlçən] (**-s, -**) *nt* smotyn *g* bach.

tüpfeln ['tʏpfəln] *vt* ffatio.

tupfen ['tʊpfən] *vt, vi* ffatio; *(mit Farbe)* britho.

Tupfen (**-s, -**) *m* smotyn *g*.

Tupfer (**-s, -**) *m* swab *g*.

Tür [ty:r] (**-, -en**) *f* drws *g*; **an die ~ gehen** ateb y drws; **zwischen ~ und Angel** wrth fynd heibio; **Weihnachten steht vor der ~** mae'r Nadolig gerllaw; **mit der ~ ins Haus fallen** *(ugs)* dweud rth yn ddirybudd.

Türangel *f* colyn *g* drws.

Turban ['tʊrban] (**-s, -e**) *m* twrban *g*.

Turbine [tʊr'bi:nə] (**-, -n**) *f (TECH)* tyrbin *g*.

turbulent [tʊrbu'lɛnt] *adj* cythryblus.

Türke ['tʏrkə] (**-n, -n**) *m* Twrc *g*.

Türkei [tʏr'kaɪ] *f (GEOG)* **die ~** Twrci *b*.

Türkin ['tʏrkɪn] (**-, -nen**) *f* Twrces *b*.

türkis *adj* gwyrddlas.

Türkis [tʏr'ki:s] (**-es, -e**) *m (GEOL)* glasfaen *g*.

türkisch ['tʏrkɪʃ] *adj* Twrcaidd.

Türkisch *nt (Sprache)* Twrceg *b*.

Türklinke (**-, -n**) *f* dolen *b* drws.

Turm [tʊrm] (**-(e)s, -̈e**) *m* twr *g*; *(Kirch~)* clochdy *g*, meindwr *g*; *(Sprung~)* llwyfan *gb* plymio; *(Schach)* castell *g*.

türmen ['tʏrmən] *vt (+haben)* pentyrru.

♦ *vi (+sein) (ugs: davonlaufen)* ffoi, ei bachu hi.

♦ *vr (+haben)* ymgodi.

Turnanzug (**-(e)s, -̈e**) *m* gwisg *b* gymnasteg.

turnen ['tʊrnən] *vi (+haben oder sein)* gwneud gymnasteg; *(herumklettern)* dringo o gwmpas; *(Kind)* neidio o gwmpas.

Turnen *nt* gymnasteg *b*; *(Schulfach)* ymarfer *gb* corff.

Turner(in) *m(f)* mabolgampwr(aig) *g(b)*.

Turn- *kompos:* **~halle** *f* campfa *b*; **~hose** *f* siorts *ll* gymnasteg.

Turnier [tʊr'ni:r] (**-s, -e**) *nt* twrnameint *g*.

Turn- *kompos:* **~lehrer** *m* athro *g* ymarfer corff; **~schuh** *m* esgid *b* ymarfer corff; **~stunde** *f* gwers *b* ymarfer corff.

Turnus ['tʊrnʊs] (**-, -se**) *m* rota *b*; **im ~** yn ôl y drefn.

Turn- *kompos:* **~verein** *m* clwb *g* gymnasteg; **~zeug** *nt* cit *g* ymarfer corff.

Türöffner (**-s, -**) *m* clo *g* trydan.

turteln ['tʊrtəln] *vi* pig-gusanu; *(fig)* cusanu a chwan.

Turteltaube ['tʊrtəltaubə] (**-, -n**) *f (ZOOL)* turtur *b*, colomen *b* Fair.

Tusch [tʊʃ] (**-(e)s, -e**) *m (MUS)* utganiad *g*.

Tusche ['tʊʃə] (**-, -n**) *f* inc *g* India.

tuscheln ['tʊʃəln] *vi* sibrwd yn gyfrinachol.

Tuschkasten (**-s, -̈**) *m* bocs *g* paent.

Tussi ['tʊsi] (**-, -s**) *f (pej: Frau)* llefren *b*, wejen *b*.

tut *vb vgl.* **tun**.

Tüte[D] ['ty:tə] (**-, -n**) *f* bag *g*; **in die ~ blasen** *(ugs)* cael prawf anadl; **das kommt nicht in die ~ !** *(ugs)* dim peryg!

tuten ['tu:tən] *vi (ugs: hupen)* canu corn; **er hat keine Ahnung von T~ und Blasen** *(ugs)* does dim clem ganddo.

TÜV[D] *m abk* (= *Technischer Überwachungsverein, AUTO*) ≈ DVLA, Awdurdod Trwyddedu Gyrwyr a Cherbydau; *(AUTO: Zulassung)* MOT.

TV[1] *nt abk* (= *Television*) teledu *g*.

TV[2] *m abk* = **Turnverein**.

Twen [tvɛn] (**-(s), -s**) *m* rhn yn ei (h)ugeiniau.

Typ [ty:p] (**-s, -en**) *m* math *g*, teip *g*; *(ugs: Mann)* cymeriad *g*.

Type ['ty:pə] (**-, -n**) *f (Druckzeichen)* teip *g*.

Typenrad (**-(e)s, -̈er**) *nt* olwyn *b* argraffu.

Typhus ['ty:fʊs] (**-, *kein pl*) *m (MED)* teiffoid *g*.

typisch ['ty:pɪʃ] *adj:* **~ (für** +*akk*) nodweddiadol (o).

Tyrann [ty'ran] (**-en, -en**) *m* teyrn *g*, gormeswr *g*.

Tyrannei [tyra'naɪ] *f* gormes *gb*.

Tyrannin [ty'ranɪn] (**-, -nen**) *f* gormeswraig *b*.

tyrannisch *adj* gormesol.

tyrannisieren [tyrani'zi:rən] *vt* gormesu.

U

U, u [u:] *nt* U, u; ~ **wie Ulrich** U am Ulrich.

Ü, ü *nt* Ü umlaut; ~ **wie Übel** Ü am Übel.

u. *abk* = **und.**

u.a. *abk* (= *unter anderem*) ymhlith eraill; (= *und andere(s)*) ac eraill.

u.ä. *abk* (= *und ähnliches*) a'i debyg.

u.A.w.g. *abk* (= *um Antwort wird gebeten*) ateber os gwelir yn dda.

U-Bahn ['u:baːn] (-, -en) *f abk* rheilffordd *b* danddaearol.

übel ['yːbəl] *adj* drwg; (*unwohl*) gwael; **ihr ist** ~ mae hi'n teimlo'n sâl; **etw** ~ **nehmen** cymryd rhth o chwith, digio wrth rth; ~ **gelaunt** mewn tymer ddrwg; ~ **riechend** aflan; ~ **wollend** drwgewyllysgar.

Übel (-s, -) *nt* drwg *g*, drygioni *g*; (*Krankheit*) salwch *g*; **die Wurzel allen** ~**s** gwreiddyn pob drwg; **das kleinere von zwei** ~**n** y lleiaf o ddau ddrwg; **zu allem** ~ ac yn waeth fyth.

Übelkeit *f* cyfog *g*, saldra *g*.

übel nehmen *irreg vt vgl.* **übel.**

übel riechend *adj vgl.* **übel.**

Übelstand[D] *m* sefyllfa *b* ddrwg.

Übeltäter (-s, -) *m* drwgweithredwr *g*, anfadwr *g*.

üben ['yːbən] *vt, vi* ymarfer; **Kritik an etw/jdm** ~ beirniadu rhth/rhn.

über[1] ['yːbər] *präp* +*akk* **1** (*obenhin*) uwchben; (*drüber hinweg*) dros; (*zur anderen Seite*) ar draws; **er lächelte** ~ **das ganze Gesicht** roedd yn wên o glust i glust; **bis** ~ **beide Ohren verliebt** dros ei ben a chlustiau mewn cariad; ~ **jeden Zweifel** y tu hwnt i bob amheuaeth; **2** (*zeitlich*) dros; ~ **Weihnachten** dros y Nadolig; ~ **kurz oder lang** yn hwyr neu'n hwyrach; **3** (*auf dem Wege*) trwy; **nach Essen** ~ **Aachen** i Essen trwy Aachen; **4** (*betreffend*) ynghylch, ynglŷn â; **ein Buch** ~ ... llyfr yn ymwneud â...; ~ **etw lachen** chwerthin am rth; **gut** ~ **jdn sprechen** siarad yn dda am rn; **ein Scheck** ~ **200 Mark** siec am 200 marc; **5:** ~ **alles** (*fig*) uwchlaw pob dim; **Fehler** ~ **Fehler** un camgymeriad ar ôl y llall.

♦ *präp* +*dat* **1** (*darüber*) dros, uwchben; **zwei Grad** ~ **Null** dwy radd uwchben y rhewbwynt; **2** (*zeitlich*) dros; ~ **der Arbeit einschlafen** mynd i gysgu dros y gwaith.

über[2] *adv* (*mehr als*) dros, mwy na; ~ **80 Jahre alt** dros ei bedwar ugain; ~ **und** ~ drosodd a throsodd, yn hollol; **den ganzen Tag** ~ gydol y dydd.

überall [yːbər'al] *adv* ym mhobman, ledled, penbaladr.

überallhin [yːbər'alʰhɪn] *adv* i bobman.

überaltert [yːbər'altərt] *adj* hynafol, darfodedig.

Überangebot ['yːbər'angəboːt] *nt:* ~ (**an** +*dat*) gormodedd *g* (o).

überanstrengen [yːbər'anʃtrɛŋən] *vt untrenn* gorweithio.

♦ *vr* gorymdrechu, ymlâdd.

überantworten [yːbər'antvɔrtən] *vt untrenn* trosglwyddo.

überarbeiten [yːbər'arbaɪtən] *vt untrenn* (*durchsehen*) diwygio, adolygu, ailwampio.

♦ *vr* gorweithio.

Überarbeitung *f* (*von Buch usw*) adolygiad *g*.

überaus ['yːbər'aus] *adv* dros ben.

überbacken [yːbər'bakən] *irreg vt untrenn* (*KOCH*) rhoi mewn ffwrn am amser byr.

Überbau ['yːbərbau] *m* (*Gebäude*) goruwchadeilad *g*; (*fig*) aradeiledd *g*.

überbeanspruchen ['yːbərbə'anʃpruxən] *vt untrenn* gorddefnyddio, llethu.

überbelichten ['yːbərbəlɪçtən] *vt untrenn* (*FOTO*) goroleuo.

Überbesetzung ['yːbərbəzɛtsuŋ] *f* gorstaffio *g*.

überbetonen ['yːbərbətoːnən] *vt untrenn* gorbwysleisio.

überbevölkert ['yːbərbəfœlkərt] *adj* gorboblog.

Überbevölkerung *f* gorboblogaeth *b*.

überbewerten ['yːbərbəvɛrtən] *vt untrenn* (*fig*) gorbrisio; (*Äußerungen*) meddwl gormod o.

überbezahlt ['yːbərbətsaːlt] *adj* anarferol o ddrud.

überbieten [yːbər'biːtən] *irreg vt untrenn* cynnig mwy na (rhn); (*übertreffen*) rhagori ar; (*Rekord*) torri, curo; **sich in Höflichkeiten** ~ bod am y mwyaf cwrtais â'ch gilydd.

überbleiben ['yːbərblaɪbən] *vi* aros ar ôl.

Überbleibsel ['yːbərblaɪpsəl] (-s, -) *nt* sbaryn *g*, gweddill *g*.

Überblick ['yːbərblɪk] *m* golygfa *b*, fista *b*; (*fig: Darstellung*) arolwg *g*; (*Fähigkeit*) ~ **über** +*akk* amgyffred *g* o; **den** ~ **verlieren** colli trywydd pethau; **sich einen** ~ **verschaffen** cael darlun bras o bethau.

überblicken [yːbər'blɪkən] *vt untrenn* bwrw golwg dros; (*Lage*) amgyffred.

überblicksartig *adj* synoptig.

überbringen [y:bər'brɪŋən] *irreg vt untrenn* trosglwyddo.

Überbringer (-s, -) *m* trosglwyddwr *g*.

Überbringung *f* trosglwyddiad *g*.

überbrücken [y:bər'brʏkən] *vt untrenn* pontio.

Überbrückung *f*: **100 Mark zur ~** can marc i'ch cynnal dros dro.

Überbrückungskredit *m* (FIN) benthyciad *g* pontio.

überbuchen [y:bər'bu:xən] *vt untrenn* gorarchebu, gorfwcio.

überdachen [y:bər'daxən] *vt untrenn* toi.

überdacht[1] [y:bər'daxt] *adj* dan do.

überdacht[2] *vgl.* **überdenken**.

Überdachung *f* canopi *g*.

überdauern [y:bər'dauərn] *vi untrenn* goroesi.

überdenken [y:bər'dɛŋkən] *irreg vt untrenn* meddwl dros, myfyrio ar.

überdies [y:bər'di:s, 'y:bərdi:s] *adv* ar ben hynny.

überdimensional [y:bərdimɛnzio'na:l] *adj* anarferol o fawr.

Überdosis ['y:bərdo:zɪs] *f* gorddos *g*.

überdrehen [y:bər'dre:ən] *vt untrenn* (Uhr) gorweindio.

überdreht *adj*: **~ sein** (fig) bod yn gynhyrfus.

Überdruck ['y:bərdrʊk] *m* (TECH) gorbwysedd *g*.

Überdruss ['y:bərdrʊs] *m* syrffed *g*; **bis zum ~** hyd at syrffed.

überdrüssig ['y:bərdrʏsɪç, -ɪk] *adj* syrffedus, wedi diflasu (gan).

überdurchschnittlich ['y:bərdʊrçʃnɪtlɪç] *adj* gwell na'r cyffredin.

übereifrig ['y:bər'aɪfrɪç, -ɪk] *adj* goreiddgar, gorawyddus.

übereignen [y:bər'aɪgnən] *vt untrenn*: **jdm etw ~** trosglwyddo rhth i rn.

übereilen [y:bər'aɪlən] *vt untrenn* gorfrysio.

übereilt *adj* gorfrysiog, cyn pryd.

übereinander [y:bər'aɪ'nandər] *adv* un ar ben y llall; (sprechen) am ei gilydd; **~ schlagen** (Arme) plethu; (Beine) croesi.

übereinkommen [y:bər'aɪnkɔmən] *irreg vi* (+sein) cytuno.

Übereinkunft [y:bər'aɪnkʊnft] (-, ̈-e) *f* cytundeb *g*, cydsyniad *g*.

übereinstimmen [y:bər'aɪnʃtɪmən] *vi* cytuno, cydsynio, cysoni; (Angaben, Messwerte) bod yn gyson (â'i gilydd); **~ mit etw** cyfateb i rth.

Übereinstimmung *f* cysondeb *g*, cytundeb *g*, cydsyniad *g*.

überempfindlich ['y:bər'ɛmpfɪntlɪç] *adj* gorsensitif, gordeimladwy.

überessen[1] ['y:bər'ɛsən] *vr* diflasu ar.

überessen[2] [y:bər'ɛsən] *vr untrenn* bwyta gormod.

überfahren[1] ['y:bərfa:rən] *irreg vt* (+haben) cludo drosodd; (mit Boot usw) croesi.

überfahren[2] [y:bər'fa:rən] *irreg vt* (+haben) untrenn (AUTO) mynd dros, bwrw i lawr; (Verkehrszeichen) gyrru heibio heb gymryd sylw; (fig) sathru dan draed, cymryd mantais o.

Überfahrt ['y:bərfa:rt] (-, -en) *f* taith *b* drosodd, mordaith *b*.

Überfall ['y:bərfal] (-s, ̈-e) *m* ymosodiad *g*; (Raub~) herw *g*.

überfallen [y:bər'falən] *irreg vt untrenn* ymosod ar, rhagod; (berauben) mygio; (besuchen) glanio ar.

überfällig ['y:bərfɛlɪç, -ɪk] *adj* gorddyledus.

Überfallkommando *nt* y Gwib-Heddlu *g*.

Überfallskommando[A] *nt* = **Überfallkommando**.

Überfangstich *m* (TEXT) pwyth *g* gorwedd.

überfliegen [y:bər'fli:gən] *irreg vt untrenn* hedfan dros; (Buch usw) brasddarllen.

überflügeln [y:bər'fly:gəln] *vt untrenn* gwneud yn well na (rhn), rhagori ar, trechu.

Überfluss ['y:bərflʊʃ] *m* amlder *g*, gorlawnder *g*; **~ an** +dat gormodedd o; **zu allem ~** (unnötigerweise) yn gwbl ddiangen, yn werth dim; (obendrein) ar ben popeth.

Überflussgesellschaft *f* cymdeithas *b* oludog/gefnog.

überflüssig ['y:bərflʏsɪç, -ɪk] *adj* diangen, afraid.

überfluten [y:bər'flu:tən] *vt* (+sein) untrenn gorlifo, llifo dros; (fig) boddi.

Überflutung (-, -en) *f* boddfa *b*, llifeiriant *g*.

überfordern [y:bər'fordərn] *vt untrenn* gofyn gormod gan; (Kräfte usw) llethu.

überfragt [y:bər'fra:kt] *adj*: **da bin ich ~** mae hynny y tu hwnt i mi.

überführen[1] ['y:bərfy:rən] *vt* (ugs: untrenn) trosglwyddo; (Leiche) cludo; **der Gefangene wurde in ein anderes Gefängnis übergeführt** (ugs auch **überführt**) trosglwyddwyd y carcharor i garchar arall.

überführen[2] [y:bər'fy:rən] *vt untrenn*: **jdn einer Tat** gen **~** profi i rn gyflawni trosedd.

Überführung *f* cludiant *g*; (JUR) dyfarniad *g* yn euog; (Brücke) pont *b*, trosffordd *b*.

überfüllen [y:bər'fʏlən] *vt untrenn* gorlenwi.

überfüllt [y:bər'fʏlt] *adj* gorlawn; (Kurs) gordanysgrifiedig.

überfüttern [y:bər'fʏtərn] *vt untrenn* syrffedu.

Übergabe ['y:bərga:bə] *f* trosglwyddiad *g*; (MIL) ildiad *g*.

Übergang ['y:bərgaŋ] (-s, ̈-e) *m* croesfan *b*; (Wandel, Überleitung) trawsnewidiad *g*.

Übergangs- *in kompos* interim, trawsnewidiol;
~erscheinung *f* ffenomen *b* fyrhoedlog;
~finanzierung *f (FIN)* benthyciad *g*; **~lager** *nt*
gwersyll *g* dros dro.

übergangslos *adj* syth.

Übergangs- *kompos:* **~lösung** *f* ateb *g* dros dro,
llenwydd *g* bwlch; **~stadium** *nt* cyflwr *g*
trosiannol; **~zeit** *f* cyfnod *g* o drawsnewid,
cyfnod o bontio.

übergeben [y:bər'ge:bən] *irreg vt untrenn*
trosglwyddo; *(MIL)* ildio; **dem Verkehr ~** agor i
drafnidiaeth.
◆ *vr* chwydu, cyfogi.

übergehen¹ ['y:bərge:ən] *irreg vi (+sein) (Besitz)* mynd;
(zum Feind) newid ochr, croesi; *(ugs: überkochen)*
gorlifo; *(überwechseln)* **zu etw ~** symud ymlaen at
rth; **~ in** *+akk* troi yn; **ihr gehen die Augen über** mae
hi'n syfrdanu.

übergehen² [y:bər'ge:ən] *irreg vt (+haben) untrenn*
mynd dros ben (rhn), anwybyddu.

übergenau ['y:bərgənau] *adj* ffwdanus, gorfanwl.

übergeordnet ['y:bərgə'ɔrdnət] *adj (Behörde, Kategorie
usw)* uwch.

Übergewicht ['y:bərgəvɪçt] *nt* gorbwysedd *g*.

übergewichtig *adj* rhy drwm.

überglücklich ['y:bərglʏklɪç] *adj* andros o hapus,
uwchben eich digon.

übergreifen ['y:bərgraɪfən] *irreg vi:* **~ (auf** *+akk) (Feuer)*
cydio (yn), ymledu (i); *(Streik, Krankheit usw)*
ymledu (i); **ineinander ~** gorgyffwrdd â'i gilydd.

übergroß ['y:bərgro:s] *adj* anferth, anarferol o fawr.

Übergröße ['y:bərgrø:sə] *f* gorfaint *g*.

überhaben ['y:bərha:bən] *irreg vt (ugs)* bod wedi
syrffedu/danto ar; *(ugs: anhaben)* **er hatte nur einen
Mantel über** dim ond cot roedd e wedi'i gwisgo.

überhand [y:bər'hant] *adv:* **~ nehmen** cynyddu'r tu
hwnt i bob rheswm, mynd yn afreolus.

überhängen ['y:bərhɛŋən] *irreg vi (+sein oder haben)*
crogi, hongian (dros).

überhäufen [y:bər'hɔyfən] *vt untrenn:* **jdn mit
Geschenken ~** pentyrru anrhegion ar rn; **jdn mit
Vorwürfen ~** ceryddu rhn yn llym.

überhaupt [y:bər'haupt] *adv* o gwbl; *(im allgemeinen)*
yn gyffredinol; *(besonders)* yn arbennig, yn
enwedig; **~ nicht** dim o gwbl; **~ nichts** affliw o
ddim; **wer sind Sie ~?** pwy yn y byd y'ch chi?

überheblich [y:bər'he:plɪç] *adj* trahaus, ffroenuchel.

Überheblichkeit *f* traha *g*.

überhitzen [y:bər'hɪtsən] *vt, vr untrenn* gorboethi.

überhöht [y:bər'hø:t] *adj (Forderungen, Preise)*
afresymol, eithafol.

überholen [y:bər'ho:lən] *vt untrenn* goddiweddyd,

pasio; *(TECH)* atgyweirio.

Überholspur [y:bər'ho:lʃpu:r] (-, **-en**) *f* lôn *b*
goddiweddyd.

überholt [y:bər'ho:lt] *adj* wedi dyddio, darfodedig.

Überholverbot *nt* gwaharddiad *g* rhag
goddiweddyd.

überhören [y:bər'hø:rən] *vt untrenn* methu â chlywed;
(absichtlich) anwybyddu; **das möchte ich überhört
haben** rwy'n mynd i esgus na chlywais i mo
hynny.

Überich ['y:bər'ɪç] *nt* uwch-ego *g*.

überirdisch ['y:bər'ɪrdɪʃ] *adj* goruwchnaturiol,
annaearol.

überkandidelt ['y:bərkandi'dɛlt] *adj (ugs: exzentrisch)*
ecsentrig, hynod, gweiddiol.

überkochen ['y:bərkɔxən] *vi (+sein)* berwi drosodd,
gorferu, gorferwi.

überkommen [y:bər'kɔmən] *vt untrenn* meddiannu;
Furcht überkam ihn meddianwyd gan ofn.

überkreuzen [y:bər'krɔytsən] *vr untrenn* croesi.

überkritisch ['y:bərkri:tɪʃ] *adj* rhy feirniadol,
llawdrwm.

überladen¹ [y:bər'la:dən] *irreg vt untrenn* gorlwytho.

überladen² *adj (fig)* bombastig, gorlawn.

überlagern [y:bər'la:gərn] *vt, vr untrenn* gorgyffwrdd.

Überlandstraße ['y:bərlantʃtra:sə] (-, **-n**) *f* priffordd *b*.

überlappen [y:bər'lapən] *vi, vr untrenn:* **~ (mit)**
gorgyffwrdd (â).

überlassen [y:bər'lasən] *irreg vt untrenn:* **jdm etw ~**
gadael rhth i rn; **das bleibt Ihnen ~** mater i chi yw
hynny, chi sydd i ddweud; **jdn sich** *dat* **selbst ~**
gadael i rn fynd ar ei liwt ei hun.

überlasten [y:bər'lastən] *vt untrenn* gorlwytho, llethu;
(SPORT) straenio.

Überlauf ['y:bərlauf] *m* gofer *g*.

überlaufen¹ ['y:bərlaufən] *irreg vi (+sein) (Flüssigkeit)*
gorlifo; *(zum Feind)* mynd drosodd.

überlaufen² [y:bər'laufən] *irreg vt (+haben) untrenn:* **es
überläuft mich kalt** mae ias yn mynd lawr fy
nghefn; **~ sein mit** cael llif o.

Überläufer ['y:bərlɔyfər] (-**s**, -) *m* enciliwr *g*.

überleben [y:bər'le:bən] *vt untrenn* goroesi.

Überleben *nt* goroesiad *g*.

Überlebende (-**n**, **-n**) *m/f* goroeswr *g*.

Überlebenskampf *m* ymdrech *b* i oroesi.

überlegen¹ [y:bər'le:gən] *vt untrenn* ystyried, pwyso a
mesur; **ich habe es mir anders überlegt** rwyf wedi
ailystyried.

überlegen² *adj* rhagorach, gorchfygol, trech.

Überlegenheit *f* rhagoriaeth *b*.

Überlegung (-, **-en**) *f* ystyriaeth *b*.

überleiten ['y:bərlaɪtən] *vt (Abschnitt usw):* **~ in** *+akk* arwain i.

Überleitung ['y:bərlaɪtʊŋ] (-, -en) *f* pont *b*.

überlesen [y:bər'le:zən] *irreg vt untrenn (übersehen)* peidio â sylwi ar.

überliefern [y:bər'li:fərn] *vt untrenn* trosglwyddo, traddodi.

Überlieferung [y:bər'li:fərʊŋ] (-, -en) *f* traddodiad *g*; **schriftliche ~** croniclau *ll*, cofysgrifau *ll*.

überlisten [y:bər'lɪstən] *vt untrenn* twyllo, bod yn gyfrwysach (na rhn).

überm = **über dem**.

Übermacht ['y:bərmaxt] *f* grym *g* uwch.

übermächtig ['y:bərmɛçtɪç, -ɪk] *adj* â grym uwch; *(Gefühl usw)* llethol.

übermannen [y:bər'manən] *vt untrenn (Feind)* gorchfygu, trechu; *(Gefühl, Müdigkeit)* llethu; **ich wurde vom Schlaf übermannt** aeth cwsg yn drech na mi.

Übermaß ['y:bərma:s] *nt:* **ein ~ (an** +*dat)* gormod *g* (o), gormodedd *g* (o).

übermäßig ['y:bərmɛ:sɪç, -ɪk] *adj* eithafol, anghymesur, gormod.

Übermensch ['y:bərmɛnʃ] (-en, -en) *m* goruwchddyn *g*.

übermenschlich *adj* goruwchddynol.

übermitteln [y:bər'mɪtəln] *vt untrenn* cyfleu, trosglwyddo; *(TEL)* telathrebu.

übermorgen ['y:bərmɔrgən] *adv* trennydd.

übermüdet [y:bər'my:dət] *adj:* **~ sein** gorflino, bod wedi ymlâdd.

Übermüdung [y:bər'my:dʊŋ] *f* blinder *g*, llesgedd *g*.

Übermut ['y:bərmu:t] (-s, *kein pl*) *m* hwyl *b*, gorfoledd *g*.

übermütig ['y:bərmy:tɪç, -ɪk] *adj* hwyliog, gorfentrus; **~ werden** mynd yn orhyderus.

übernächste ['y:bərnɛ:xstə] *adj* nesaf ond un.

übernachten [y:bər'naxtən] *vi untrenn* aros dros nos, bwrw noson; **bei jdm ~** aros dros nos yn nhŷ rhn.

Übernahme ['y:bərna:mə] *f* cymryd *g* drosodd; *(von Verantwortung)* derbyniad *g*; **~angebot** *nt* cynnig *g* prynu.

übernatürlich ['y:bərnaty:rlɪç] *adj* goruwchnaturiol.

übernehmen [y:bər'ne:mən] *irreg vt untrenn* cymryd, derbyn, ymgymryd â; *(Verantwortung)* ysgwyddo; *(Geschäft)* cymryd drosodd.

♦ *vr untrenn (sich überanstrengen)* cymryd gormod arnoch, ei gor-wneud hi.

überparteilich ['y:bərpartaɪlɪç] *adj (Zeitung)* annibynnol; *(Amt, Präsident)* uwchlaw gwleidyddiaeth bleidiol.

überprüfen [y:bər'pry:fən] *vt untrenn* archwilio.

Überprüfung *f* archwiliad *g*.

überqueren [y:bər'kve:rən] *vt untrenn* croesi, tramwyo.

überragen [y:bər'ra:gən] *vt untrenn* ymddyrchafu uwchben; *(fig)* rhagori ar.

überragend *adj* rhagorol, goruchel.

überraschen [y:bər'raʃən] *vt untrenn* syfrdanu, synnu; *(ertappen)* dal rhn wrthi; **überrascht sein** syfrdanu.

Überraschung (-, -en) *f* syndod *g*.

überreden [y:bər're:dən] *vt untrenn* perswadio, darbwyllo; **jdn zu etw ~** cael perswâd ar rn i wneud rhth.

Überredung *f* perswâd *g*.

Überredungskunst *f* gallu *g* i berswadio.

überregional *adj* rhyngdalieithol.

überreichen [y:bər'raɪçən] *vt untrenn* trosglwyddo, rhoddi, cyflwyno.

überreichlich ['y:bərraɪçlɪç] *adj* mwy na digon.

überreizt [y:bər'raɪtst] *adj* gorgynhyrfus.

Überrest ['y:bərrɛst] *m (übrig Gebliebenes)* rhth dros ben, gweddill *g*; *(Extra)* sbaryn *g*, ôl *g*; **~e** *pl (Reste)* sothach *g*, gweddillion *ll*; *(Ruinen)* olion *ll*.

überrumpeln [y:bər'rumpəln] *vt untrenn* dal yn annisgwyl; *(ugs: überwältigen)* trechu.

überrunden [y:bər'rundən] *vt untrenn (SPORT)* blaenu rhn o lap, lapio rhn.

übers = **über das**.

übersättigen [y:bər'zɛtigən] *vt untrenn* diwallu, digoni, syrffedu.

Überschall- ['y:bərʃal] *in kompos:* uwchsonig; **~flugzeug** *nt* awyren *b* uwchsonig; **~geschwindigkeit** *f* buanedd *g* uwchsonig.

überschatten [y:bər'ʃatən] *vt untrenn (fig)* cysgodi.

überschätzen [y:bər'ʃɛtsən] *vt untrenn* goramcanu; *(Wert)* gorbrisio; **seine Kräfte ~** meddwl eich bod yn gryfach nag yr ydych.

überschaubar [y:bər'ʃauba:r] *adj* clir, dealladwy, hawdd i'w ddeall.

überschäumen ['y:bərʃɔymən] *vi (+sein)* gorlifo, ewynnu drosodd; *(fig)* byrlymu â hwyl.

überschlafen [y:bər'ʃla:fən] *irreg vt untrenn (Problem)* meddwl dros rth dros nos.

Überschlag ['y:bərʃla:k] (-s, ¨-e) *m (FIN)* amcangyfrif *g*; *(SPORT)* trosben *g*.

überschlagen[1] [y:bər'ʃla:gən] *irreg vt (+haben) untrenn (berechnen)* amcangyfrif; *(auslassen: Seite)* gadael allan, hepgor.

♦ *vr (+haben) untrenn* trosbennu, gwneud tin-drosben; *(Stimme)* crygu; *(Ereignisse)* dod yn aml ac yn fynych.

überschlagen[2] ['y:bərʃla:gən] *irreg vi (+sein) (Wellen)* torri; *(Funken)* gwreichioni; **in etw** *akk* **~** *(Stimmung)* troi yn.

überschlagen[3] [yːbərˈʃlaːgən] *adj* llugoer.

überschnappen [ˈyːbərʃnapən] *vi (+sein) (Stimme)* crygu; *(ugs: Mensch)* colli'ch limpin.

überschneiden [yːbərˈʃnaɪdən] *irreg vr untrenn* croesi, gorgyffwrdd; *(Linien)* croestorri; *(UNIV: Stunden)* gwrthdaro.

überschreiben [yːbərˈʃraɪbən] *irreg vt untrenn* trosdeipio; *(COMP)* trosysgrifo; *(betiteln)*[D] rhoi pennawd uwchben; **jdm etw ~** trosglwyddo rhth i rn yn ysgrifenedig.

überschreiten [yːbərˈʃraɪtən] *irreg vt untrenn* croesi; *(fig)* mynd yn fwy na; *(Regel verletzen)* torri.

Überschrift [ˈyːbərʃrɪft] *f* pennawd *g*, teitl *g*.

überschuldet [yːbərˈʃuldət] *adj* yn drwm mewn dyled; *(Grundstück)* â morgais uchel.

Überschuss [ˈyːbərʃus] *m:* **~ (an** +*dat)* gormodedd *g* (o).

überschüssig [ˈyːbərʃʏsɪç, -ɪk] *adj* ar ôl, dros ben.

überschütten [yːbərˈʃʏtən] *vt untrenn* arllwys dros rth; **jdn mit etw ~** *(fig)* pentyrru rhth ar rn.

Überschwang [ˈyːbərʃvaŋ] *m* hwyl *b*, afiaith *g*, brwdfrydedd *g*.

überschwänglich [ˈyːbərʃvɛŋlɪç] *adj* byrlymus, llifeiriol.

Überschwänglichkeit *f* afiaith *g*, bwrlwm *g*.

überschwappen [ˈyːbərʃvapən] *vi (+sein)* tasgu drosodd.

überschwemmen [yːbərˈʃvɛmən] *vt untrenn* boddi.

Überschwemmung (-, **-en)** *f* llif *g*, cenllif *gb.*

überschwenglich *adj* = überschwänglich.

Überschwenglichkeit *f* = Überschwänglichkeit.

Übersee [ˈyːbərzeː] *f:* **nach/in ~** dramor.

überseeisch *adj* tramor.

übersehbar [yːbərˈzeːbaːr] *adj (fig: Folgen, Zusammenhänge usw)* clir, rhagweladwy; *(Kosten, Dauer usw)* mesuradwy, asesadwy.

übersehen [yːbərˈzeːən] *irreg vt untrenn* edrych dros, cael golwg dros/ar; *(fig: Folgen)* gweld, rhagweld; *(nicht beachten)* peidio â sylwi ar, anwybyddu, methu.

übersenden [yːbərˈzɛndən] *irreg vt untrenn* anfon, trosglwyddo.

übersetzen[1] [yːbərˈzɛtsən] *vt (+haben) untrenn* cyfieithu, trosi.

übersetzen[2] [ˈyːbərzɛtsən] *vt (+haben)* cludo dros ddŵr.

♦ *vi (+sein)* croesi.

Übersetzer(in) [yːbərˈzɛtsər(ɪn)] *m(f)* cyfieithydd *g*.

Übersetzung [yːbərˈzɛtsuŋ] (-, **-en)** *f* cyfieithiad *g*; *(TECH)* trawsyriant *g*.

Übersicht [ˈyːbərzɪçt] *f* arolwg *g* (ar rth), synopsis *g*.

übersichtlich *adj* clir, eglur; *(Gelände)* agored.

Übersichtlichkeit *f* eglurdeb *g*, eglurder *g*.

übersiedeln [yːbərˈziːdəln] *vi (+sein) untrenn (umziehen)* symud.

überspannen [yːbərˈʃpanən] *vt untrenn (zu sehr spannen)* gorymestyn, gordynnu; *(überdecken)* gorchuddio; *(von Brücke)* pontio, croesi.

überspannt [yːbərˈʃpant] *adj* gormodol, eithafol, ecsentrig; *(Ansichten)* afresymol.

Überspanntheit *f* hynodrwydd *g*, ecsentrigrwydd *g*.

überspitzt [yːbərˈʃpɪtst] *adj* wedi ei orliwio/or-ddweud.

überspringen [yːbərˈʃprɪŋən] *irreg vt untrenn* neidio dros; *(fig)* sgipio, gadael allan, hepgor.

übersprudeln [ˈyːbərʃpruːdəln] *vi (+sein)* goferu, byrlymu (drosodd).

überstehen[1] [yːbərˈʃteːən] *irreg vt (+haben) untrenn* dod trwy; *(den Winter usw)* goroesi.

überstehen[2] [ˈyːbərʃteːən] *irreg vi (+sein oder haben) (über den Rand hinausgehen)* sefyll allan, bargodi.

übersteigen [yːbərˈʃtaɪgən] *irreg vt untrenn* dringo dros; *(fig)* mynd y tu hwnt i.

übersteigert [yːbərˈʃtaɪgərt] *adj* gormodol.

überstellen [yːbərˈʃtɛlən] *vt* cludo, traddodi.

Überstellung *f* trosglwyddiad *g*.

Überstieg [ˈyːbərʃtiːk] *m* camfa *b*, steil *g*.

überstimmen [yːbərˈʃtɪmən] *vt untrenn* trechu trwy bleidlais.

überstrapazieren [ˈyːbərʃtrapatsiːrən] *vt untrenn* treulio.

♦ *vr* ymlâdd.

überstreifen [ˈyːbərʃtraɪfən] *vt:* **(sich** *dat)* **etw ~** taflu rhth amdanoch.

überströmen[1] [yːbərˈʃtrøːmən] *vt (+haben) untrenn:* **von Blut überströmt sein** â gwaed yn llifo ohono; **der Fluss hat die Felder überströmt** mae'r afon wedi llifo dros y caeau.

überströmen[2] [ˈyːbərʃtrøːmən] *vi (+sein) (fig):* **~ (vor** +*dat)* gorlifo â; **sie strömte über vor Glück** roedd hi'n gorlifo â hapusrwydd.

Überstunde [ˈyːbərʃtundə] (-, **-n)** *f* goramser *g*, oriau *ll* ychwanegol; **~n machen** gweithio goramser.

überstürzen [yːbərˈʃtʏrtsən] *vt untrenn* rhuthro.

♦ *vr untrenn (Ereignisse)* yn dilyn ei gilydd yn gyflym.

überstürzt *adj* gorfrysiog, hastus, byrbwyll.

übertariflich [ˈyːbərtariːflɪç] *adj* uwchlaw cyfradd yr undeb.

übertölpeln [yːbərˈtœlpəln] *vt untrenn* twyllo.

übertönen [yːbərˈtøːnən] *vt untrenn* boddi â sŵn.

Übertrag [ˈyːbərtraːk] (-(e)s, ˙-e) *m (COMM)* swm *g* a gariwyd ymlaen.

übertragbar [yːbərˈtraːkbaːr] *adj* trosglwyddadwy;

(MED) heintus, heintiol.

übertragen¹ [yːbɐˈtraːgən] *irreg vt untrenn* trosglwyddo; *(RADIO)* darlledu; *(übersetzen)* cyfieithu, trosi, Cymreigio; *(Krankheit)* trosglwyddo; **~ auf** *+akk* trosglwyddo i; **jdm etw ~** trosglwyddo rhth i rn.

♦ *vr untrenn* ymledu, effeithio ar; **sich ~ auf** *+akk* ymledu i.

übertragen² *adj (LIT: Bedeutung)* trosiadol, ffigurol; *(gebraucht)^* ail-law.

Übertragung *f* trosglwyddiad *g*; *(RADIO)* darllediad *g*; *(TECH)* trawsyriant *g*.

übertreffen [yːbɐˈtrɛfən] *irreg vt untrenn* rhagori ar, blaenori ar.

übertreiben [yːbɐˈtraɪbən] *irreg vt, vi untrenn* gor-ddweud, gorliwio, gor-wneud; **man kann es auch ~** gellir mynd â phethau'n rhy bell.

Übertreibung *f* gorliwiad *g*, gor-ddweud *g*.

übertreten¹ [yːbɐˈtreːtən] *irreg vt (+haben) untrenn (SPORT)* camu yn rhy bell; *(Gebot usw)* torri, tramgwyddo.

übertreten² [ˈyːbɐtreːtən] *irreg vi (+sein) (zu anderem Glauben)* troi; *(Fluss)* gorlifo; **~ in** *+akk (POL)* croesi i, mynd drosodd at.

Übertretung (-, -en) *f* trosedd *gb*, camwedd *g*.

übertrieben [yːbɐˈtriːbən] *adj* gormodol, wedi ei or-ddweud/or-wneud.

Übertritt [ˈyːbɐtrɪt] (-(e)s, -e) *m (zu anderem Glauben)* tröedigaeth *b*; *(zu anderer Partei)* croesi *g* i blaid arall.

übertrumpfen [yːbɐˈtrumpfən] *vt untrenn (Karten)* trwmpo; *(fig: übertreffen)* trechu, gwneud yn well na.

übertünchen [yːbɐˈtʏnçən] *vt untrenn* gwyngalchu, calchu; *(fig)* cuddio beiau.

überübermorgen [ˈyːbɐˌʔyːbɐmɔrgən] *adv* tradwy.

übervölkert [yːbɐˈfœlkɐt] *adj* gorboblog, gorboblogedig.

Übervölkerung *f* gorboblogaeth *b*.

übervoll [ˈyːbɐfɔl] *adj* gorlawn.

übervorsichtig [ˈyːbɐfɔrzɪçtɪç, -ɪk] *adj* gorbryderus, gorofalus.

übervorteilen [yːbɐˈfɔrtaɪlən] *vt untrenn* cymryd mantais o rn, manteisio yn annheg ar.

überwachen [yːbɐˈvaxən] *vt untrenn* goruchwylio, arolygu; *(beschatten)* cadw golwg ar, plismona, cadw dan wyliadwraeth.

Überwachung *f* goruchwyliaeth *b*.

überwältigen [yːbɐˈvɛltɪgən] *vt untrenn* trechu, llethu, gorlethu.

überwältigend *adj* aruthrol, llethol, ysgubol.

überwechseln [ˈyːbɐvɛksəln] *vi (+sein):* **~ (in** *+akk)*

symud (i); *(zu Partei usw)* **~ (zu)** croesi draw (i).

überweisen [yːbɐˈvaɪzən] *irreg vt untrenn (Geld)* trosglwyddo; *(Patienten)* anfon, cyfeirio.

Überweisung (-, -en) *f (FIN)* trosglwyddiad *g*; *(MED)* ymgynghoriad *g*.

überwerfen¹ [ˈyːbɐvɛrfən] *irreg vt (Kleidungsstück)* taflu amdanoch.

überwerfen² [yːbɐˈvɛrfən] *irreg vr untrenn:* **sich mit jdm ~** anghytuno â rhn, ffraeo â rhn.

überwiegen [yːbɐˈviːgən] *irreg vi untrenn* gorbwyso, bod yn bennaf, bod yn amlycaf.

überwiegend *adj* mwyaf, blaenaf, amlycaf.

überwinden [yːbɐˈvɪndən] *irreg vt untrenn* trechu, goresgyn, gorchfygu.

♦ *vr untrenn:* **sich ~, etw zu tun** gorfodi eich hun i wneud rhth, gwneud ymdrech i wneud rhth.

Überwindung *f* goresgyniad *g*, gorchfygiad *g*; *(Selbst~)* ymdrech *gb*.

überwintern [yːbɐˈvɪntɐn] *vi untrenn* treulio'r gaeaf, gaeafu; *(ugs: Winterschlaf halten)* gaeafgysgu, gaeafu.

Überwurf [ˈyːbɐvurf] *m (Umhang)* siôl *b*, gorchudd *g*, mantell *b*.

Überzahl [ˈyːbɐtsaːl] *f* mwyafrif *g*; **in der ~ sein** bod yn y mwyafrif.

überzählig [ˈyːbɐtsɛːlɪç, -ɪk] *adj* gormodol, dros ben.

überzeichnen [yːbɐˈtsaɪçnən] *vt untrenn (COMM)* gordanysgrifio.

überzeugen [yːbɐˈtsɔʏgən] *vt untrenn* argyhoeddi, darbwyllo; **jdn von etw ~** argyhoeddi rhn o rth.

überzeugend *adj* argyhoeddiadol, diamheuol.

überzeugt [yːbɐˈtsɔʏkt] *adj (Anhänger usw)* selog, ymroddedig, ymroddgar; *(Vegetarier)* llwyr, caeth; *(Christ, Moslem)* duwiol, selog, defosiynol.

Überzeugung [yːbɐˈtsɔʏguŋ] *f* argyhoeddiad *g*, cred *g*; **zur ~ gelangen, dass ...** dod yn argyhoeddedig bod..., dod i'r casgliad pendant bod...

Überzeugungskraft *f* grym *g* perswâd.

überziehen¹ [ˈyːbɐtsiːən] *irreg vt* gwisgo dros rth arall, gorchuddio.

überziehen² [yːbɐˈtsiːən] *irreg vt untrenn (Konto)* gordynnu o; *(Redezeit usw)* mynd dros; **ein Bett frisch ~** newid dillad y gwely.

♦ *vr^D untrenn (Himmel)* cymylu (drosodd).

Überziehung *f (FIN)* gorddrafft *g*.

Überzug [ˈyːbɐtsuːk] *m* gorchudd *g*; *(Belag)* haen *b*.

üble(r,s) *adj vgl.* **übel.**

üblich [ˈyːplɪç] *adj* arferol, defodol; **allgemein ~ sein** bod yn arfer cyffredin.

U-Boot [ˈuːboːt] (-(e)s, -e) *nt (= Unterseeboot)* llong *b* danfor.

übrig [ˈyːbrɪç, -ɪk] *adj* ar ôl, dros ben, sbâr; **für jdn etw ~ haben** *(ugs)* bod yn hoff o rn; **alle Ü~en** y lleill; **das Ü~e** y gweddill; **im Ü~en** gyda llaw, ar ben hynny; **~ bleiben** bod yn ormod, bod dros ben; **~ lassen** gadael dros ben; **einiges zu wünschen ~ lassen** bod yn bur anfoddhaol/ddiffygiol, heb fod yn gwneud y tro.

übrigens [ˈyːbrɪgəns] *adv* at hynny, yn ychwanegol; *(nebenbei bemerkt)* gyda llaw.

übrig lassen *irreg vt vgl.* **übrig**.

Übung [ˈyːbʊŋ] (-, **-en**) *f* ymarfer *gb*; *(Turn~, Aufgabe usw)* ymarfer; **~ macht den Meister** *(Sprichwort)* arfer yw mam pob meistrolaeth.

Übungs- *kompos:* **~arbeit** *f (SCH)* ffugbrawf *g*; **~platz** *m* maes *g* ymarfer; *(MIL)* maes *g* ymarfer.

u.d.M. *abk (= unter dem Meeresspiegel)* islaw lefel y môr.

ü.d.M. *abk (= über dem Meeresspiegel)* uwchben lefel y môr.

UdSSR *f abk (HIST, = Union der Sozialistischen Sowjetrepubliken)* yr Undeb *g* Sofietaidd.

u.E. *abk (= unseres Erachtens)* yn ein barn *b* ni.

Ufer [ˈuːfər] (-**s**, -) *nt* glan *b*, min *g*; *(Meeres~)* glan *b* y tir sych; **über die ~ treten** gorlifo, goferu.

Ufer- *kompos:* **~befestigung** *f* arglawdd *g*, gorglawdd *g*, cob *g*; **~damm** *m* morglawdd *g*.

uferlos *adj* diddiwedd, tragwyddol; *(grenzenlos)* diderfyn; **ins U~e gehen** mynd yn rhy bell; *(Kosten)* parhau i godi, mynd yn uwch ac yn uwch; *(Debatte usw)* mynd ymlaen am byth.

Uferschwalbe *f (ZOOL)* gwennol *b* y glennydd.

UFO, Ufo [ˈuːfo] *nt abk (= unbekanntes Flugobjekt)* peth *g* hedegog anhysbys, iwffo *g*.

ugrisch [ˈuːgrɪʃ] *adj* Wgreg; **die ~en Sprachen** yr ieithoedd Wgreg.

ugs. *abk (= umgangssprachlich)* llafar, sgyrsiol.

U-Haft [ˈuːhaft] *f abk* = **Untersuchungshaft**.

Uhr [uːr] (-, **-en**) *f* cloc *g*, amserydd *g*; *(Armband~)* oriawr *b*, wats *b*; *(ugs)* **wieviel ~ ist es?** faint o'r gloch yw hi? **ein ~** un o'r gloch; **um wieviel ~?** am faint o'r gloch? **um 20 ~** *oder:* **um acht ~ abends** am 8 o'r gloch (yr hwyr).

Uhrband (-(**e**)**s**, **ˮ-er**) *nt* strapen *b* wats.

Uhren- *kompos:* **~gehäuse** *nt* cas *g* cloc, blwch *g* cloc; **~kasten** *m* cas *g* cloc.

Uhr- *kompos:* **~glas** *nt* gwydryn *g* cloc; **~kette** *f* cadwyn *b* oriawr; **~macher** *m* oriadurwr *g*; **~werk** *nt* clocwaith *g*, peirianwaith *g* cloc; **~zeiger** *m* bys *g*.

Uhrzeigersinn *m:* **im ~** clocwedd; **gegen den ~** gwrthglocwedd.

Uhrzeit *f* yr awr o'r dydd.

Uhu [ˈuːhu] (-**s**, -**s**) *m (ZOOL)* tylluan *b* fawr.

Ukraine [ukraˈiːnə] *f (GEOG)* Wcráin *b*.

Ukrainer(in) [ukraˈiːnər(ɪn)] *m(f)* Wcrainiad *g*.

ukrainisch [ukraˈiːnɪʃ] *adj* Wcreinaidd.

Ukrainisch *nt (Sprache)* Wcreineg *b*.

UKW *abk (= Ultrakurzwelle, RADIO)* amledd uchel iawn, VHF.

Ulk^D [ʊlk] *m* hwyl *b*, sbri *g*.

ulkig^D [ˈʊlkɪç, -ɪk] *adj* doniol.

Ulknudel^D *f (ugs)* gwirionen *b*.

Ulme [ˈʊlmə] (-, -**n**) *f (BOT)* llwyfen *b*.

Ulster [ˈʊlstər] *nt (GEOG)* Ulster *b*.

Ultima [ˈʊltima] *f (GRAM)* sillaf *b* olaf.

Ultimatum [ʊltiˈmaːtʊm] (-**s**, **Ultimaten**) *nt* wltimatwm *g*, cynnig *g* terfynol, rhybudd *g* olaf; **jdm ein ~ stellen** rhoi rhybudd olaf i rn.

Ultrakurzwelle [ˈʊltraˈkʊrtsvɛlə] *f* amledd *g* uchel iawn.

Ultraleichtflugzeug [ˈʊltraˈlaɪçtfluːktsɔʏk] (-(**e**)**s**, -**e**) *nt* awyren *b* ysgafn iawn, micro-awyren *b*.

ultramarin(blau) [ʊltramaˈriːn(blaʊ)] *adj* dulas, du-las.

Ultraschall [ˈʊltraʃal] *m* uwchsain *b*.

Ultraschallbild *nt* llun *g* uwchseinaidd.

ultraviolett [ˈʊltraviolɛt] *adj* uwchfioled.

um¹ [ʊm] *präp +akk* **1** *(herum)* o gwmpas, o amgylch; **~ uns herum** o'n hamgylch; **~ den Hals** am y gwddf; **~ Weihnachten** o amgylch y Nadolig; **er schlug ~ sich** bwrodd o'i amgylch; **jdn ~ den Finger wickeln** troi rhn o gwmpas eich bys bach; **2** *(mit Zeitangabe)* am; **~ acht (Uhr)** am wyth (o'r gloch); **~ die Mittagszeit** amser cinio; **~ wie viel Uhr?** pa bryd? am faint o'r gloch? **3** *(mit Größen)* **etw ~ 4 cm kürzen** byrhau rhth o 4 cm; **~ 10% teurer** 10% yn ddrutach; **~ vieles besser** yn well o lawer, yn well o bell ffordd; **~ nichts besser** dim mymryn yn well; **4** *(für)* **der Kampf ~ den Titel** y frwydr am y teitl; **~ Geld spielen** chwarae am arian; **~ Hilfe rufen** bloeddio am help; **es geht ~ das Prinzip** mae'n fater o egwyddor; **Stunde ~ Stunde** awr ar ôl awr; **Aug ~ Auge** llygad am lygad; **~ Antwort wird gebeten** ateber os gwelir yn dda.

um² *präp +gen:* **~ ... willen** er mwyn...; **~ meinetwillen** er fy mwyn; **~ Gottes willen!** *oder:* **~ Himmels willen!** neno'r Tad! er mwyn dyn!

um³ *konj:* **~ zu** er mwyn (gwneud rhth); **zu klug, ~ zu ... yn** rhy glyfar i...; **~ ehrlich zu sein** a bod yn onest; **~ so** *vgl.* **umso**.

um⁴ *adv* **1** *(ungefähr)* tua, oddeutu; **~ die 30 Leute** tua/oddeutu 30 o bobl; **2** *(vorbei)* **die 2 Stunden sind ~** mae'r ddwy awr ar ben; **3** *(nach)* **links ~!** i'r chwith!

um-[5] *präverb vgl. auch* **herum-**; *z.B.* **umgehen, umlungern.**

umadressieren [ˈʊmʔadrɛsiːrən] *vt untrenn* ailgyfeirio.

umändern [ˈʊmʔɛndərn] *vt* newid, altro.

Umänderung [ˈʊmʔɛndəruŋ] (-, **-en**) *f* newid *g*, altrad *g*.

umarbeiten [ˈʊmʔarbaɪtən] *vt* ail-lunio, ailwampio; *(Buch)* adolygu, ailwampio.

umarmen [ʊmʔarmən] *vt untrenn* cofleidio, anwesu.

Umarmung [ʊmʔarmuŋ] *f* cwts *g*, cofleidiad *g*.

Umbau [ˈʊmbaʊ] (-(**es**), **-ten**) *m* addasu *g*, ailadeiladu *g*.

umbauen [ˈʊmbaʊən] *vt* addasu, ailadeiladu.

umbenennen [ˈʊmbənɛnən] *irreg vt* ailenwi.

umbesetzen [ˈʊmbəzɛtsən] *vt* (THEAT) ailgastio; *(Mannschaft)* newid; *(Posten, Stelle)* cael hyd i rn arall i wneud (swydd).

umbiegen [ˈʊmbiːgən] *irreg vt* plygu (drosodd).

umbilden [ˈʊmbɪldən] *vt* ailffurfio; *(POL: Regierung)* ad-drefnu.

umbinden [ˈʊmbɪndən] *irreg vt (Krawatte)* clymu; **sich eine Krawatte~** gwisgo tei.

umblättern [ˈʊmblɛtərn] *vt* troi'r tudalen, troi dalen.

umblicken [ˈʊmblɪkən] *vr* edrych o'ch cwmpas.

umbringen [ˈʊmbrɪŋən] *irreg vt* lladd, llofruddio.

Umbruch [ˈʊmbrʊx] *m* newid *g* sylfaenol; *(Seiten~, Zeilen~)* toriad *g*; **im ~ sein** mynd drwy newidiadau sylfaenol.

umbuchen [ˈʊmbuːxən] *vi* newid eich sedd cadw.
♦ *vt* newid, aildrefnu.

umdenken [ˈʊmdɛŋkən] *irreg vi* newid eich agwedd, cymhwyso'ch barn.

umdisponieren [ˈʊmdɪsponiːrən] *vi* newid eich cynlluniau.

umdrängen [ʊmˈdrɛŋən] *vt untrenn* ymgasglu/ymdyrru o gwmpas.

umdrehen [ˈʊmdreːən] *vt* troi i'r cyfeiriad arall, troi; *(Hals)* troi, gwasgu; **jdm den Arm ~** troi braich rhn.
♦ *vr* troi rownd.

Umdrehung (-, **-en**) *f* tro *g*; *(PHYS)* cylchdro *g*, treigl *g*.

umeinander [ʊmʔaɪˈnandər] *adv* o amgylch ei gilydd; *(füreinander)* am ei gilydd, dros ei gilydd.

umerziehen [ˈʊmʔɛrtsiːən] *irreg vt (POL)* **jdn (zu etw) ~** ail ddysgu rhn (i fod yn).

umfahren[1] [ˈʊmfaːrən] *irreg vt (niederfahren)* gyrru dros.

umfahren[2] [ʊmˈfaːrən] *irreg vt untrenn* gyrru o amgylch, gwyro heibio; *(die Welt)* hwylio o amgylch.

Umfahrung *f* ffordd *b* osgoi.

umfallen [ˈʊmfalən] *vi (+sein)* cwympo drosodd,

dymchwel; *(ugs: nachgeben)* ildio, ymostwng; **tot ~** cwympo'n farw.

Umfang [ˈʊmfaŋ] (-(**e**)**s**, **¨-e**) *m (Kreis~)* cylchedd *g*, perimedr *g*; *(von Baum, Bauch)* cwmpas *g*, cylchfesur *g*; *(Fläche)* arwynebedd *g*; *(von Buch)* hyd *g*; *(Ausmaß)* graddfa *b*; *(von Untersuchung)* cwmpas, terfynau *ll*; *(MUS)* amrediad *g*; **in großem ~ ar** raddfa eang; **in vollem ~** yn gyflawn, yn gynhwysfawr.

umfangreich *adj* eang, helaeth, cynhwysfawr; *(Buch)* swmpus.

umfassen [ʊmˈfasən] *vt untrenn (beinhalten)* cynnwys, cwmpasu.

umfassend *adj* cwmpasog, cynhwysfawr; *(umfangreich)* eang, helaeth.

Umfeld [ˈʊmfɛlt] *nt:* **zum ~ von etw gehören** bod yn gysylltiedig â rhth, bod yn perthyn i faes rhth; **im ~** *(einer Person)* o'i gwmpas; *(in Verbindung mit)* ar y cyd â; *(am Rande)* ar yr ymylon.

umformatieren [ˈʊmfɔrmatiːrən] *vt (COMP)* aildrefnu, ailfformadu.

umformen [ˈʊmfɔrmən] *vi* trawsnewid, trawsffurfio.

Umformer [ˈʊmfɔrmər] (-**s**, -) *m (ELEKT)* newidydd *g*, trawsnewidydd *g*.

umformulieren [ˈʊmfɔrmuliːrən] *vt* ailddrafftio, adolygu.

Umformung *f* trawsffurfiad *g*.

Umfrage [ˈʊmfrɑːgə] (-, **-n**) *f* arolwg *g* barn, pôl *g* piniwn; **eine ~ halten** holi.

umfüllen [ˈʊmfʏlən] *vt* ardywallt, trosglwyddo, arllwys.

umfunktionieren [ˈʊmfʊŋktsioniːrən] *vt* newid pwrpas (rhth).

Umgang [ˈʊmgaŋ] *m* cyfathrach *b* (gymdeithasol), cyfeillach *b*.

umgänglich [ˈʊmgɛŋlɪç] *adj* cymdeithasol, cymdeithasgar, tringar.

Umgangs- *kompos:* **~formen** *pl* arferion *ll*, moesau *ll*; **~sprache** *f* iaith *b* lafar.

umgangssprachlich *adj* sgyrsiol, ar lafar.

umgeben [ʊmˈgeːbən] *irreg untrenn* amgylchynu, cylchu.

Umgebung [ʊmˈgeːbuŋ] *f* amgylchedd *g*, cwmpasoedd *ll*; *(örtliche)* ardal *b*, cyffiniau *ll*; *(Milieu)* cynefin *g*; *(Personen)* cylch *g*, cymdogaeth *b*; **in der näheren ~ Salzburgs** ar gyrion Salzburg; **in der weiteren ~** yn yr ardal.

umgehen[1] [ˈʊmgeːən] *irreg vi (+sein)* mynd o gwmpas; *(behandeln)* trin; **mit jdm grob** *usw* **~** trin rhn yn arw *ayb*; **mit etw ~ können** gwybod sut i ymdrin â rhth; **im Schloss ~** *(geistern)* cerdded castell; **mit Geld sparsam ~** bod yn ofalus gydag arian.

umgehen² [ʊmˈgeːən] *irreg vt (+haben) untrenn (herumgehen)* mynd o gwmpas; *(MIL)* gorasgellu; *(vermeiden)* osgoi, gwyro heibio; *(Gesetz, Vorschrift usw)* osgoi, torri.

umgehend *adj* diymdroi.

Umgehung [ʊmˈgeːʊŋ] *f* osgoi *g*.

Umgehungsstraße *f* ffordd *b* osgoi.

umgeistern [ˈʊmgaɪstərn] *vi (ugs)* sgwlcan.

umgekehrt [ˈʊmgəkeːrt] *adj (verkehrt)* o chwith; *(gegenteilig)* gwrthwyneb, croes, gwrthgyferbyniol.

♦ *adv* i'r gwrthwyneb, yn groes; **und ~** a'r ffordd arall, ac i'r gwrthwyneb, ac fel arall.

umgestalten [ˈʊmgəʃtaltən] *vt* newid; *(reorganisieren)* aildrefnu; *(umordnen)* ad-drefnu, ailosod.

umgestülpt [ˈʊmgəʃtʏlpt] *adj* wyneb i waered.

umgewöhnen [ˈʊmgəvøːnən] *vr* ailgymhwyso, ailaddasu.

umgraben [ˈʊmgraːbən] *irreg vi* palu, tyrchu.

♦ *vt* chwalu/troi (pridd).

umgruppieren [ˈʊmgrupiːrən] *vt* ailgrynhoi, ailgrwpio.

Umhang [ˈʊmhaŋ] (-(e)s, ¨-e) *m* mantell *b*, clogyn *g*, siôl *b*, hugan *b*.

umhängen [ˈʊmhɛŋən] *vt (Bild)* ailhongian (yn rhywle arall); **sich** *dat* **etw ~** *(Mantel usw)* rhoi rhth amdanoch; *(Tasche)* ysgwyddo; *(um den Hals)* rhoi am eich gwddf.

Umhängetasche *f* bag *g* ysgwydd.

umhauen [ˈʊmhaʊən] *vt* llorio, torri; *(fig)* llorio.

umher [ʊmˈheːr] *adv* o gwmpas, o amgylch.

umhergehen [ʊmˈheːrgeːən] *irreg vi (+sein)* cerdded o gwmpas.

umherirren [ʊmˈheːrʔɪrən] *vi (+sein)* crwydro, crwydro o gwmpas; *(Blick, Augen)* crwydro.

umherreisen [ʊmˈheːrraɪzən] *vi (+sein)* teithio o gwmpas, crwydro.

umherschweifen [ʊmˈheːrʃvaɪfən] *vi (+sein)* crwydro o gwmpas.

umherziehen [ʊmˈheːrtsiːən] *irreg vi (+sein)* crwydro o le i le, jolihoetio, trampio.

umhinkönnen [ʊmˈhɪnkœnən] *irreg vi:* **ich kann nicht umhin das zu tun** alla' i ddim peidio â gwneud hyn; **ich kann nicht umhin ihn zu bewundern** ni allwn lai na'i edmygu.

umhören [ˈʊmhøːrən] *vr* gwneud ymholiadau.

umkämpfen [ʊmˈkɛmpfən] *vt untrenn* ymladd am; *(Entscheidung)* dadlau, trafod, herio; *(Wahlkreis, Sieg)* ymladd am, cystadlu am.

Umkehr [ˈʊmkeːr] *f* troi *g* yn ôl; *(Änderung)* newid *g*.

umkehren [ˈʊmkeːrən] *vi (+sein)* troi yn ôl; *(fig)* newid

eich ffyrdd.

♦ *vt*ᴰ *(+haben)* troi; *(auf den Kopf stellen)* troi â'i ben i lawr, troi â'i wyneb i waered; *(Tasche usw)* troi o chwith; *(Gefäß usw)* troi â'i ben i lawr.

umkippen [ˈʊmkɪpən] *vt (+haben)* taflu drosodd.

♦ *vi (+sein)* troi drosodd, cwympo drosodd; *(ugs: Mensch)* llewygu; *(fig: Meinung ändern)* newid eich meddwl, newid eich barn.

umklammern [ʊmˈklamərn] *vt untrenn (mit Händen)* cydio'n dyn yn, dal yn dyn yn; *(festhalten)* glynu wrth.

umklappen [ˈʊmklapən] *vt* plygu drosodd.

Umkleidekabine [ˈʊmklaɪdəkabiːnə] (-, -n) *f* ciwbicl *g* newid.

Umkleideraum [ˈʊmklaɪdəraum] (-(e)s, ¨-e) *m* ystafell *b* newid, ystafell *b* wisgo.

umknicken [ˈʊmknɪkən] *vt (+haben) (Ast)* torri, torri'n glec; *(Papier)* plygu.

♦ *vi (+sein):* **mit dem Fuß ~** troi (ar) eich migwrn.

umkommen [ˈʊmkɔmən] *irreg vi (+sein) (verunglücken)* marw; *(fig)* **ich komme um vor Durst** rwy' bron â marw o syched.

umkrallen [ʊmˈkralən] *vt untrenn* crafangu.

Umkreis [ˈʊmkraɪs] *m* cymdogaeth *b*, cylch *g*; **im ~ von drei Meilen** o fewn cylch o dair milltir.

umkreisen [ʊmˈkraɪzən] *vt untrenn* cylchynu, cylchu; *(Satellit, Mond)* cylchdroi, troi (o gwmpas).

umkrempeln [ˈʊmkrɛmpəln] *vt* troi i fyny; *(mehrmals)* torchi, rholio; *(fig, ugs: reorganisieren)* ad-drefnu, procio.

umladen [ˈʊmlaːdən] *irreg vt* trosglwyddo, aillwytho.

Umlage [ˈʊmlaːgə] *f (FIN)* cyfran *b* o'r gost.

Umlauf [ˈʊmlauf] *m:* **im ~** ar hyd ac ar led, ar daen; **in ~ bringen** taenu ar led, cylchredeg.

Umlaufbahn (-, -en) *f* trogylch *g*, orbit *gb*, rhod *b*.

umlaufen [ˈʊmlaufən] *irreg vi (+sein) (Gerücht usw)* mynd o gwmpas.

Umlauf- *kompos:* **~kapital** *nt (FIN)* cyfalaf *g* gweithredol; **~vermögen** *nt* asedau *ll* cyfredol.

Umlaut [ˈʊmlaut] *m (GRAM)* affeithiad *g*, umlaut *g*.

umlegen [ˈʊmleːgən] *vt (woanders hinlegen)* symud; *(Kosten)* rhannu, dosrannu; *(anziehen)* rhoi amdanoch; *(Kragen)* plygu drosodd; *(ugs: töten)* lladd, cael gwared â.

umleiten [ˈʊmlaɪtən] *vt* dargyfeirio, allwyro.

Umleitung (-, -en) *f (von Verkehr)* gwyriad *g*, dargyfeiriad *g*.

umlernen [ˈʊmlɛrnən] *vi* dysgu rhth newydd.

umliegend [ˈʊmliːgənt] *adj* amgylchol, cwmpasol.

ummelden [ˈʊmmɛldən] *vt* hysbysu'r heddlu o newid cyfeiriad.

Umnachtung [ʊmˈnaxtʊŋ] f dryswch g meddwl, gorffwylledd g, gorffwylltra g.

umorganisieren [ˈʊmʔɔrɡaniziːrən]vt ad-drefnu.

umpflanzen [ˈʊmpflantsən] vt trawsblannu.

umplanen [ˈʊmplaːnən] vt aildrefnu.

umplatzieren [ˈʊmplatsiːrən] vt ail-leoli.

umquartieren [ˈʊmkvartiːrən] vt symud; (Truppen) ail-luestu, ail-letya.

umrahmen [ʊmˈraːmən] vt untrenn amgylchynu, fframio.

Umrahmung f ffrâm b.

umranden [ʊmˈrandən] vt untrenn rhoi ymyl ar.

umräumen [ˈʊmrɔʏmən] vt (anders anordnen) ad-drefnu, aildrefnu.

♦ vi (kramen) twrio.

umrechnen [ˈʊmrɛçnən] vt troi, cyfnewid.

Umrechnung f cyfnewid g.

Umrechnungskurs m (FIN) cyfradd gb gyfnewid.

umreißen¹ [ˈʊmraɪsən] vt (umwerfen) taro i lawr.

umreißen² [ʊmˈraɪsən] irreg vt untrenn (skizzieren) amlinellu.

umrennen [ˈʊmrɛnən] irreg vt bwrw/taro i lawr.

umringen [ʊmˈrɪŋən] vt untrenn amgylchynu, amgylchu.

Umriss [ˈʊmrɪs] (-es, -e) m amlinelliad g, silwèt g.

umrühren [ˈʊmryːrən] vt, vi troi, cyffroi.

umrüsten [ˈʊmrʏstən] vt (TECH) cymhwyso, addasu; (MIL) ailgyfarparu; ~ auf +akk dygymod â, ymgynefino â, ymaddasu i.

ums = um das; ~ Leben kommen colli'r bywyd.

umsatteln [ˈʊmzatəln] vi (ugs) newid swydd neu bwnc.

Umsatz [ˈʊmzats] m (COMM) trosiant g gwerthu.

Umsatz- kompos: **~beteiligung** f comisiwn g; **~einbuße** f colli g elw; **~steuer** f (FIN) treth b ar werthiant.

umschalten [ˈʊmʃaltən] vt troi, newid.

♦ vi tynnu/gwthio trosol g; ~ (auf + akk) newid drosodd (i); wir schalten jetzt um nach Hamburg ac yn awr, trosodd â ni i Hamburg.

Umschalttaste f bysell b gyfnewid, priflythrennwr g, bysell b shift.

Umschau⁰ [ˈʊmʃaʊ] f golwg g amgylch; ~ halten nach edrych am, chwilio am.

umschauen vr = umsehen.

Umschlag [ˈʊmʃlaːk] (-(e)s, ̈-e) m gorchudd g; (von Buch) siaced b lwch; (MED) clwt g, clytyn g; (Brief~) amlen b; (COMM: Handel) gwerthiant g; (von Hose) godre g.

umschlagen [ˈʊmʃlaːɡən] irreg vi (+sein) newid, troi; (Wind) newid cyfeiriad; (NAUT) troi drosodd, troi â'i wyneb i lawr.

♦ vt (+haben) bwrw drosodd; (Ärmel) torchi; (Seite)

troi; (COMM: Waren) trosglwyddo, gwerthu.

Umschlag- kompos: **~hafen** m porthladd g trawslwytho; **~papier** nt papur g clawr; **~platz** m (COMM) canolfan gb ddosbarthu; **~seite** f tudalen g blaen; **~text** m broliant g.

umschließen [ʊmˈʃliːsən] irreg vt untrenn cwmpasu.

umschlingen [ʊmˈʃlɪŋən] irreg vt untrenn (Pflanze) plethu, cydblethu; (jdn) cofleidio.

umschneiden [ˈʊmʃnaɪdən] irreg vt (Baum) torri.

umschreiben¹ [ˈʊmʃraɪbən] irreg vt (ändern) ailysgrifennu, ailwampio; (JUR: übertragen) trosglwyddo; ~ auf +akk trosglwyddo i.

umschreiben² [ʊmˈʃraɪbən] irreg vt untrenn aralleirio; (abgrenzen) diffinio.

Umschuldung [ˈʊmʃʊldʊŋ] f (FIN) aildrefnu g/gohirio g dyledion.

umschulen [ˈʊmʃuːlən] vt ailhyfforddi; (Kind) gyrru/anfon i ysgol arall.

umschwärmen [ʊmˈʃvɛrmən] vt untrenn heidio o amgylch; (fig) heidio o amgylch, addoli.

Umschweife [ˈʊmʃvaɪfə] pl: ohne ~ yn ddi-flewyn-ar-dafod.

umschwenken [ˈʊmʃvɛŋkən] vi (+sein oder haben) (Kran) gwneud tro crwn; (fig, Wind) newid cyfeiriad.

Umschwung [ˈʊmʃvʊŋ] m (Gymnastik) tro g; (fig: ins Gegenteil) newid g.

umsegeln [ʊmˈzeːɡəln] vt untrenn hwylio o amgylch; (Erde) hwylio/mordwyo o amgylch, cylchhwylio.

umsehen [ˈʊmzeːən] irreg vr edrych o'ch cwmpas, edrych o'ch amgylch; (suchen) sich ~ nach +akk chwilio am; ich möchte mich nur mal ~ (in Geschäft) dim ond edrych ydw i.

umseitig [ˈʊmzaɪtɪç, -ɪk] adv drosodd.

umsetzen [ˈʊmzɛtsən] vt (Waren) gwerthu; (Platz wechseln) newid/cyfnewid lle; (Pflanze) trawsblannu; etw in die Tat ~ gweithredu rhth.

Umsicht [ˈʊmzɪçt] f pwyll g, gofal g, callineb g.

umsichtig adj gwyliadwrus, gochelgar, carcus.

umsiedeln [ˈʊmziːdəln] vt ail-leoli, ailgartrefu.

Umsiedler(in) m(f) un sy'n ail-leoli eraill.

umso [ˈʊmzo] adv: ~ besser gorau oll; ~ schlimmer gwaetha' oll; ~ mehr, als ... cymaint mwy, o ystyried...

umsonst [ʊmˈzɔnst] adv (vergeblich) yn ofer, i ddim diben; (gratis) yn rhad ac am ddim.

umspringen [ˈʊmʃprɪŋən] irreg vi (+sein) newid; (Wind) troi; mit jdm ~ trin rhn yn wael.

Umstand [ˈʊmʃtant] (-(e)s, ̈-e) m amgylchiad g; jdm Umstände machen creu trafferth i rn; sich Umstände machen trafferthu, mynd i drafferth; in anderen Umständen sein bod yn feichiog; den Umständen entsprechend o dan yr amgylchiadau;

die näheren **Umstände** manylion pellach; **unter
Umständen** o bosib; **mildernde Umstände** *(JUR)*
amgylchiadau *ll* lliniarol.
umständehalber *adv* oherwydd yr amgylchiadau.
umständlich ['ʊmʃtɛntlɪç] *adj (Methode)* cymhleth,
lletchwith; *(Ausdrucksweise)* hirwyntog; *(Mensch)*
troetrwm, afrosgo.
Umstands- *kompos:* **~kleid** *nt* ffrog *b* famolaeth; **~wort**
nt (GRAM) adferf *gb*.
umstechen ['ʊmʃtɛçən] *irreg vt, vi* palu, awyru pridd.
umstehend ['ʊmʃte:ənt] *adj* sy'n sefyll o gwmpas;
die Umstehenden gwylwyr *ll*, rhai sy'n sefyll o
gwmpas.
Umsteigekarte[D] *f* tocyn *g* trosglwyddo/newid.
umsteigen ['ʊmʃtaɪɡən] *irreg vi (+sein) (BAHN)* newid;
(fig) **~ auf** *+akk* newid i, troi at.
umstellen[1] ['ʊmʃtɛlən] *vt (an anderen Ort)* symud,
trawsdddodi; *(Uhr usw)* newid; *(TECH)* newid, troi,
addasu.
　　♦ *vr* ymaddasu; **sich auf etw** *akk* **~** ymaddasu i rth.
umstellen[2] [ʊm'ʃtɛlən] *vt untrenn (umzingeln)*
amgylchynu.
Umstellung *f* newid *g*; *(TECH)* newid, troi *g*.
umstimmen ['ʊmʃtɪmən] *vt (MUS)* newid cywair
(rhth); **jdn ~** peri i rn newid ei feddwl.
umstoßen ['ʊmʃto:sən] *irreg vt* troi drosodd, moelyd;
(Plan usw) tarfu ar, dymchwel.
umstritten [ʊm'ʃtrɪtən] *adj* dadleuol.
umstülpen ['ʊmʃtʏlpən] *vt* troi wyneb i waered.
Umsturz ['ʊmʃtʊrts] *m (POL)* dymchweliad *g*.
umstürzen ['ʊmʃtʏrtsən] *vt (+haben) (umwerfen)* bwrw
drosodd, moelyd.
　　♦ *vi (+sein)* cwympo, syrthio; *(Wagen)* troi
drosodd.
umstürzlerisch *adj* chwyldroadol, dymchwelol.
umtaufen ['ʊmtaʊfən] *vt* ailenwi.
Umtausch ['ʊmtaʊʃ] *m* cyfnewid *g*; **diese Waren sind
vom ~ ausgeschlossen** ni chaniateir cyfnewid y
nwyddau hyn.
umtauschen ['ʊmtaʊʃən] *vt* cyfnewid.
umtopfen ['ʊmtɔpfən]*vt (Pflanze)* trawsblannu.
Umtriebe ['ʊmtri:bə] *pl (pej)* cynllwynion *ll*.
umtun ['ʊmtu:n] *irreg vi (ugs)* ffidlo'n lletchwith.
　　♦ *vr*[D] *(ugs)* holi; *(ugs)* **sich nach einer neuen Stellung
~** chwilio am swydd newydd.
umverteilen ['ʊmfɛrtaɪlən] *vt* ailddosbarthu,
ailddosrannu.
umwälzend ['ʊmvɛltsənt] *adj (fig)* dramatig, ysgubol;
(Ereignisse) chwyldroadol.
Umwälzung *f (fig)* newid *g* ysgubol, chwalfa *b*.
umwandeln ['ʊmvandəln] *vt* gweddnewid, newid;
(ELEKT) trawsnewid.

Umwandler ['ʊmvandlər] (-s, -) *m (ELEKT)*
trawsnewidydd *g*.
Umwandlung *f* trawsnewidiad *g*.
Umwandlungstabelle *f* tabl *g* trawsnewid.
umwechseln ['ʊmvɛksəln] *vt* newid.
Umweg ['ʊmve:k] *m* gwyriad *g*; **einen ~ machen** mynd
allan o'ch ffordd.
Umwelt ['ʊmvɛlt] *f* amgylchedd *g*, amgylchfyd *g*.
Umwelt- *kompos:* **~belastung** *f* llygredd *g*
amgylcheddol; **~bewusstsein** *nt* ymwybyddiaeth *b*
o'r amgylchedd.
umweltfeindlich *adj* yn niweidiol i'r amgylchedd.
umweltfreundlich *adj* heb fod yn niweidiol i'r
amgylchedd.
Umwelt- *kompos:* **~kriminalität** *f* troseddau *ll* yn erbyn
yr amgylchedd; **~ministerium** *nt* Swyddfa *b*'r
Amgylchedd.
umweltschädlich *adj* niweidiol i'r amgylchedd.
Umwelt- *kompos:* **~schutz** *m* gwarchodaeth *b* yr
amgylchedd; **~schützer** *m* amgylcheddwr *g*,
amgylchfydwr *g*; **~verschmutzung** *f* llygredd *g*.
umwenden ['ʊmvɛndən] *irreg vt, vr* troi.
umwerfen ['ʊmvɛrfən] *irreg vt* bwrw drosodd,
moelyd; *(fig: erschüttern)* drysu, llorio.
umwerfend *adj (fig)* ysgubol, gwych, ffantastig.
umziehen ['ʊmtsi:ən] *vt, vr (+haben)* newid.
　　♦ *vi (+sein)* symud, mudo.
umzingeln [ʊm'tsɪŋəln] *vt untrenn* amgylchynu, cau
ar.
Umzug ['ʊmtsu:k] (-(e)s, ¨-e) *m* gorymdaith *b*, parêd
g; *(REL)* prosesiwn *g*; *(Übersiedlung)* symud *g*,
ymfudiad *g*.
Umzugsfirma *f* cludwr *g* celfi.
unabänderlich ['ʊn'ap'ɛndərlɪç] *adj* annewidiadwy,
di-droi'n-ôl, terfynol; **~ feststehen** bod yn hollol
sicr.
unabdingbar ['ʊn'apdɪŋbɑ:r] *adj* anhepgor,
angenrheidiol; *(Recht)* diymwad.
unabhängig ['ʊn'aphɛŋɪç, -ɪk] *adj* annibynnol,
hunangynhaliol.
Unabhängigkeit *f* annibyniaeth *b*.
unabkömmlich ['ʊn'apkœmlɪç] *adj* anhepgor; **Frau
Pröll ist zur Zeit ~** nid yw Mrs Pröll ar gael ar hyn
o bryd.
unablässig ['ʊn'aplɛsɪç, -ɪk] *adj* di-baid, parhaus.
un- *kompos:* **~ähnlich** *adj* anfesuradwy, enfawr;
(Folgen) anrhagweladwy; *(Kosten)* anghyfrifadwy,
aruthrol; **~absichtlich** *adj* anfwriadol; **~abwendbar**
adj anochel.
unachtsam ['ʊn'axtzɑ:m] *adj* diofal, esgeulus.
Unachtsamkeit *f* diofalwch *g*, diffyg *g* gofal.
un- *kompos:* **~ähnlich** *adj* annhebyg; **~akademisch** *adj*

anacademaidd; **~anfechtbar** *adj* di-ddadl; **~angebracht** *adj* anaddas, amhriodol; **~angefochten** *adj* diysgog; **~angemeldet** *adj* anghyhoeddedig, dirybudd; *(Besucher)* annisgwyl; **~angemessen** *adj* annigonol, anaddas; **~angenehm** *adj* annymunol, annifyr; **~angepasst** *adj* anghydffurfiol.

unannehmbar ['ʊnˀanneːmbɑːr] *adj* annerbyniol.

Unannehmlichkeit ['ʊnˀanneːmlɪçkaɪt] *f* trafferth *gb*, anghyfleuster *g*; **~en** *pl (Ärger)* trafferthion *ll*, strach *g*.

unansehnlich ['ʊnˀanzeːnlɪç] *adj* diolwg, salw.

unanständig ['ʊnˀanʃtɛndɪç, -ɪk] *adj* amharchus.

Unanständigkeit *f* anwedduster *g*, afledneisrwydd *g*.

unantastbar ['ʊnˀantastbɑːr] *adj* anhalogadwy.

unappetitlich ['ʊnˀapetiːtlɪç] *adj* annymunol, anneniadol.

Unart ['ʊnˀɑːrt] *f* anghwrteisi *g*; *(Angewohnheit)* drwgarferiad *g*.

unartig *adj* drwg, anufudd.

unartikuliert ['ʊnˀartikuliːrt] *adj* anghymalog; *(fig)* aneglur, heb ei fynegu.

un- *kompos:* **~ästhetisch** *adj* anesthetaidd; **~attraktiv** *adj* anneniadol, annengar; **~aufdringlich** *adj* anymwthgar; **~auffällig** *adj* anamlwg, di-nod; *(Kleidung)* anhrawiadol; **~auffindbar** *adj* dim i'w ffeindio, anlleoladwy.

unaufgefordert ['ʊnˀaʊfɡəfɔrdərt] *adj* digymell.

♦ *adv* yn ddigymell, ohono'i hun.

unaufgeklärt ['ʊnˀaʊfɡəklɛːrt] *adj* anoleuedig; *(Verbrechen, Rätsel)* annatrys; *(sexuell)* heb fod yn gwybod beth yw beth.

unaufhaltsam ['ʊnˀaʊfhaltzaːm] *adj* anorchfygol, anwrthsafadwy.

unaufhörlich ['ʊnˀaʊfhøːrlɪç]*adj* diorffwys, di-drai, parhaus.

unaufmerksam ['ʊnˀaʊfmɛrkzaːm] *adj* di-sylw.

Unaufmerksamkeit *f* diffyg *g* sylw, esgeulustod *g*.

unaufrichtig ['ʊnˀaʊfrɪçtɪç, -ɪk] *adj* annidwyll, ffuantus.

Unaufrichtigkeit *f* annidwylledd *g*, ffuantrwydd *g*.

unaufschiebbar ['ʊnˀaʊfʃiːpbɑːr] *adj:* **es war ~** nid oedd hi'n bosibl ei ohirio.

unausbleiblich ['ʊnˀaʊsblaɪplɪç] *adj* anochel.

unausgeglichen ['ʊnˀaʊsɡəɡlɪçən] *adj* oriog.

unausgegoren ['ʊnˀaʊsɡəɡoːrən] *adj* anaeddfed; *(Idee, Plan)* anghyflawn.

unausgesetzt ['ʊnˀaʊsɡəzɛtst] *adj* di-baid, parhaus.

unausgewogen ['ʊnˀaʊsɡəvoːɡən] *adj* anghytbwys.

unauslöschlich ['ʊnˀaʊslœʃlɪç] *adj* annileadwy.

unaussprechlich ['ʊnˀaʊsʃprɛçlɪç]*adj* y tu hwnt i eiriau, anhraethadwy.

unausstehlich ['ʊnˀaʊsʃteːlɪç] *adj* annioddefol.

unausweichlich ['ʊnˀaʊsvaɪçlɪç] *adj* anochel, diosgoi.

unbändig ['ʊnbɛndɪç, -ɪk] *adj* gwyllt, aflywodraethus, milain; *(Gier usw)* aruthrol, enfawr.

un- *kompos:* **~barmherzig** *adj* didrugaredd, anhrugarog; **~beabsichtigt** *adj* anfwriadol, difwriad; **~beachtet** *adj* disylw; **~beantwortet** *adj* heb ei ateb, diateb; **~bebaut** *adj* annatblygedig; **~bedacht** *adj* difeddwl, byrbwyll.

unbedarft ['ʊnbədarft]*adj (ugs: ahnungslos)* di-glem, dibrofiad.

unbedeckt ['ʊnbədɛkt] *adj* noeth, diorchudd.

unbedenklich ['ʊnbədɛnklɪç] *adj* dibetrus; *(Plan)* diwrthwynebiad.

♦ *adv* heb oedi.

unbedeutend ['ʊnbədɔʏtənt] *adj* anarwyddocaol, dibwys, bychan; *(Fehler)* dibwys.

unbedingt ['ʊnbədɪŋt] *adj* diamod.

♦ *adv* yn ddiamod; **musst du ~ gehen?** oes wir raid i ti fynd? **nicht ~** dim o angenrheidrwydd.

un- *kompos:* **~beeindruckt** *adj* didaro, digyffro; **~beeinflussbar** *adj* diddylanwad; **~befangen** *adj* amhleidiol, annibynnol; *(ohne Hemmungen)* dirwystr.

Unbefangenheit ['ʊnbəfaŋənhaɪt] *f* amhleidioldeb *g*.

un- *kompos:* **~befleckt** *adj (fig)* dihalog; **~befriedigend** *adj* anfoddhaol; **~befriedigt** *adj* heb ei fodloni, anniwall; **~befristet** *adj* parhaol.

unbefugt ['ʊnbəfuːkt] *adj* anawdurdodedig; **~ betreten tresmasu; U~en ist der Zutritt verboten** dim mynediad heb ganiatâd.

un- *kompos:* **~begabt** *adj* di-ddawn; **~begreiflich** *adj* annirnadwy, diamgyffred, anhygoel; **~begrenzt** *adj* annherfynol; *(Raum)* diderfyn; **~begründet** *adj* di-sail.

Unbehagen ['ʊnbəhaːɡən] *nt* anesmwythder *g*, anniddigrwydd *g*.

un- *kompos:* **~behaglich** *adj* anesmwyth; *(Gefühl)* annifyr; **~beherrscht** *adj* direolaeth; *(Mensch)* afreolus, annisgybledig; **~behindert** *adj* di-rwystr, dilestair.

unbeholfen ['ʊnbəhɔlfən] *adj* trwsgl, afrosgo, anhylaw.

Unbeholfenheit *f* trwsgleiddiwch *g*, lletchwithdod *g*.

unbeirrbar ['ʊnbəˀɪrbɑːr] *adj* cadarn, diwyro, ansigladwy.

unbeirrt ['ʊnbəˀɪrt] *adj* diddryswch, heb ei ddrysu.

unbekannt ['ʊnbəkant] *adj* anadnabyddus, anhysbys; **eine ~e Größe** *(MATH)* swm *g* anhysbys; *(fig)* dirgelwch *g*.

unbekannterweise *adv:* grüß' sie ~ von mir cofia fi ati er nad wyf yn ei hadnabod.

un- *kompos:* **~bekleidet** *adj* noeth, heb ddillad; **~bekümmert** *adj* di-hid, jocôs, ysgafala; **~belehrbar** *adj (stur)* rhonc, ystyfnig; *(überzeugt)* argyhoeddedig.

unbeliebt ['ʊnbəliːpt] *adj* amhoblogaidd.

Unbeliebtheit *f* amhologrwydd *g.*

un- *kompos:* **~bemannt** *adj (Raumflug)* heb griw; *(Flugzeug)* dibeilot; **~bemerkt** *adj* disylw.

unbenommen ['ʊnbənɔmən] *adj (geh)* es bleibt Ihnen ~ zu gehen mae gennych hawl i ymadael.

unbenutzbar ['ʊnbənʊtsbaːr] *adj* annefnyddiadwy.

unbequem ['ʊnbəkveːm] *adj (Stuhl)* anghysurus, anghyffyrddus; *(Mensch)* trafferthus; *(Lage, Situation)* annifyr, anghyfleus.

unberechenbar ['ʊnbərɛçənbaːr] *adj* anrhagweladwy, anfesuradwy; *(Mensch, Verhalten)* mympwyol.

unberechtigt ['ʊnbərɛçtɪçt, -ɪkt] *adj* anghyfiawn, annheg; *(nicht erlaubt)* anawdurdodedig, heb ganiatâd.

unberücksichtigt ['ʊnbərʏkzɪçtɪçt, -ɪkt] *adj:* etw ~ lassen peidio ag ystyried rhth.

unberufen ['ʊnbəruːfən] *adv* gyda lwc.

unberührt ['ʊnbəryːrt] *adj* heb ei gyffwrdd; *(jungfräulich)* gwyryfol; sie ist noch ~ mae'n dal i fod yn wyryf.

unbeschadet[1] ['ʊnbəʃaːdət] *präp +gen* ni waeth; ~ seiner Verdienste heb ostwng ei orchestion.

unbeschadet[2] *adj* diddifrod.

un- *kompos:* **~beschädigt** *adj* diddifrod; **~beschäftigt** *adj* segur; **~bescheiden** *adj* hyf.

unbescholten ['ʊnbəʃɔltən] *adj* parchus; *(Ruf)* dilychwin.

un- *kompos:* **~beschrankt** *adj (Bahnübergang)* diwarchod; **~beschränkt** *adj* anghyfyngedig.

unbeschreiblich ['ʊnbəʃraɪplɪç] *adj* annisgrifiadwy, anhraethol.

unbeschrieben ['ʊnbəʃriːbən] *adj (Blatt)* gwag, glân.

unbeschwert ['ʊnbəʃveːrt] *adj (sorgenfrei)* diofal, ysgafnfryd; *(Melodie)* ysgafn.

unbesehen ['ʊnbəzeːən] *adv* heb ystyried; *(ohne es anzusehen)* heb edrych arno.

un- *kompos:* **~besetzt** *adj* gwag; *(MIL)* rhydd; **~besiegbar** *adj* anorchfygol; **~besiegt** *adj* anorchfygedig; **~besonnen** *adj* byrbwyll, annoeth.

unbesorgt ['ʊnbəzɔrkt] *adj* difraw, tawel eich meddwl; Sie können ganz ~ sein nid oes angen i chi ofidio.

un- *kompos:* **~bespielt** *adj (Kassette)* gwag; **~beständig** *adj (Mensch)* ansad, di-ddal; *(Wetter)* ansefydlog; *(Lage)* ansicr, ansefydlog.

Unbeständigkeit *f* ansadrwydd *g.*

un- *kompos:* **~bestätigt** *adj* heb ei gadarnhau; **~bestechlich** *adj* anllygradwy, di-lwgr.

unbestimmt ['ʊnbəʃtɪmt] *adj* amhendant, amhenodol; *(Zukunft)* ansicr; *(HIST)* diddyddiad; **~es Integral** *(MATH)* integryn *g* amhendant; **~er Artikel** bannod *b* amhendant.

Unbestimmtheit *f* amhendantrwydd *g.*

unbestreitbar ['ʊnbəʃtraɪtbaːr] *adj* di-ddadl, diau, diymwad.

un- *kompos:* **~bestritten** *adj* di-ddadl, anamheus; **~beteiligt** *adj* di-hid; **~betont** *adj* dibwyslais; *(GRAM)* diacen; **~beträchtlich** *adj* di-nod.

unbeugsam ['ʊnbɔʏkzaːm] *adj* ystyfnig, anhyblyg; *(Wille)* diwyro.

Unbeugsamkeit *f* anhyblygrwydd *g.*

un- *kompos:* **~bewacht** *adj* diwarchod; **~bewaffnet** *adj* anarfog, di-arf; **~beweglich** *adj* ansymudol, disyfl, sefydlog; **~bewegt** *adj* llonydd, disymud; *(fig: ungerührt)* didaro, digyffro; **~bewilligt** *adj* anghymeradwy, heb sêl bendith; **~bewohnbar** *adj* anghyfaneddol; **~bewohnt** *adj (Gegend)* heb drigolion; *(Haus)* anghyfannedd, gwag; **~bewusst** *adj* anymwybodol; **~bezahlbar** *adj* afresymol o ddrud; *(fig)* amhrisiadwy; *(nützlich)* anhepgor; **~bezahlt** *adj (Rechnung)* heb ei dalu, dyledus.

unbezähmbar ['ʊnbətsɛːmbaːr] *adj* diatal.

unbezweifelbar ['ʊnbətsvaɪfəlbaːr] *adj* anwadadwy.

unbezwingbar ['ʊnbətsvɪŋbaːr] *adj* anorchfygol.

Unbilden ['ʊnbɪldən] *pl (geh)* llymder *g.*

Unbill ['ʊnbɪl] *f (geh)* gerwindeb *g.*

un- *kompos:* **~blutig** *adj* heb waed, di-waed; **~brauchbar** *adj (nutzlos)* diwerth, diffaith; *(Gerät)* da-i-ddim.

Unbrauchbarkeit ['ʊnbrauxbaːrkaɪt] *f* annefnyddioldeb *g.*

unbürokratisch ['ʊnbyːrokraːtɪʃ] *adj* heb fiwrocratiaeth, heb fân reolau.

unchristlich ['ʊnkrɪstlɪç] *adj* anghristnogol; zu einer **~christlichen Zeit** ar awr annaearol.

und [ʊnt] *konj* a, ac; ~ so weiter ac yn y blaen; ~ so fort ac felly ymlaen; ~ ähnliche(s) a'i debyg; ~ andere(s) ac eraill; ~ damit basta! dyna ddiwedd y gân! ~ dennoch ac eto; ~ dergleichen ac ati; ~ nun? wel? beth nesaf? ~ zwar sef.

Undank ['ʊndaŋk] *m* anniolchgarwch *g.*

undankbar *adj* anniolchgar.

Undankbarkeit *f* anniolchgarwch *g.*

un- *kompos:* **~datiert** *adj* diddyddiad; **~definierbar** *adj* anniffiniadwy; **~definiert** *adj* amhenodol; **~demokratisch** *adj* annemocrataidd; **~denkbar** *adj* annirnadwy; **~detailliert** *adj* anfanwl; **~deutlich** *adj* aneglur, annelwig, bloesg.

undicht ['ʊndɪçt] *adj* yn colli, yn gollwng.

undifferenziert ['ʊndɪfərɛntsiːrt] *adj* diwahaniaeth.

Unding ['ʊndɪŋ] *nt* hurtrwydd *g*, gwiriondeb *g*.

undiplomatisch ['ʊndiplomaːtɪʃ] *adj* anniplomataidd.

undiszipliniert ['ʊndɪstsipliniːrt] *adj* afreolus, diwardd, anystywallt.

Undulation [ʊndulatsiˈoːn] *f (PHYS)* ymdoniad *g*.

undulieren [ʊnduˈliːrən] *vi* ymdonni.

undurchdringlich ['ʊndʊrçdrɪŋlɪç] *adj (Urwald)* anhreiddiadwy, dyrys; *(Gesicht)* difynegiant.

undurchführbar ['ʊndʊrçfyːrbaːr] *adj* amhosibl, anymarferol.

un- *kompos:* **~durchlässig** *adj* anhydraidd; *(wasser~)* dyfrglos; **~durchschaubar** *adj* anchwiliadwy; **~durchsichtig** *adj* afloyw, didraidd; *(Motive)* dyrys; *(Mensch)* dichellgar, ystrywus; **~eben** *adj* anwastad, garw.

unecht ['ʊnˀɛçt] *adj (Schmuck)* ffug; *(pej: Lächeln)* ffals; **~er Bruch** *(MATH)* ffracsiwn *g* pendrwm.

unehelich ['ʊnˀeːəlɪç] *adj: ein* **~es Kind** plentyn *g* siawns, plentyn llwyn a pherth.

un- *kompos:* **~ehrenhaft** *adj* annheilwng; **~ehrenvoll** *adj* diurddas; **~ehrerbietig** *adj* di-barch; **~ehrgeizig** *adj* heb uchelgais; **~ehrlich** *adj* anonest, gwyrgam.

Unehrlichkeit ['ʊnˀeːrlɪçkaɪt] *f* anonestrwydd *g*.

uneigennützig ['ʊnˀaɪɡənnytsɪç, -ɪk] *adj* anhunanol.

uneinbringlich ['ʊnˀaɪnbrɪŋlɪç] *adj: ~e* **Forderungen** *(COMM)* drwgddyledion *ll*.

uneingeschränkt ['ʊnˀaɪngəʃrɛŋkt] *adj* anghyfyngedig, llwyr; *(Rechte, Handel)* diamod; *(Zustimmung)* diamod, pendant.

uneinig ['ʊnˀaɪnɪç, -ɪk] *adj* anghytûn; **~ sein** anghytuno.

Uneinigkeit *f* anghytgord *g*; *(POL)* anundeb *g*.

uneinnehmbar ['ʊnˀaɪnneːmbaːr] *adj* anhreiddiadwy, anorchfygol.

uneins ['ʊnˀaɪns] *adj: mit jdm* **~ sein** bod benben â rhn.

uneinsichtig ['ʊnˀaɪnzɪçtɪç, -ɪk] *adj* afresymol.

Uneinsichtigkeit *f* afresymoldeb *g*.

unempfänglich ['ʊnˀɛmpfɛŋlɪç] *adj: ~ (für)* heb fod yn agored (i).

unempfindlich ['ʊnˀɛmpfɪntlɪç] *adj* ansensitif.

Unempfindlichkeit *f* ansensitifrwydd *g*.

unendlich ['ʊnˀɛntlɪç] *adj* diderfyn, annherfynol, diben-draw.

♦ *adv* yn ddiddiwedd; *(fig: sehr)* yn ofnadwy; **das U~e** *(MATH)* anfeidredd *g*.

Unendlichkeit *f* anfeidroldeb *g*.

un- *kompos:* **~entbehrlich** *adj* anhepgor; **~entdeckt** *adj* heb ei ddatgelu/ddarganfod.

unentgeltlich ['ʊnˀɛntgɛltlɪç] *adj* rhad ac am ddim.

unentmutigt ['ʊnˀɛntmuːtɪçt, -ɪkt] *adj* heb ei ddigalonni.

unentrinnbar ['ʊnˀɛntrɪnbaːr] *adj* anorfod.

unentschieden ['ʊnˀɛntʃiːdən] *adj* dibenderfyniad; *(SPORT)* cyfartal.

Unentschieden *nt (SPORT)* gêm *b* gyfartal.

unentschlossen ['ʊnˀɛntʃlɔsən] *adj* amhendant, dibenderfyniad; *(Person)* amhenderfynol, petrus; **~ sein** bod rhwng dau feddwl.

Unentschlossenheit *f* amhendantrwydd *g*, petruster *g*.

unentschuldbar ['ʊnˀɛntʃʊltbaːr] *adj* anesgusodol.

unentschuldigt ['ʊnˀɛntʃʊldɪçt, -ɪkt] *adj* diesgus; **~es Fernbleiben** triwantiaeth *b*.

unentwegt ['ʊnˀɛntveːkt] *adj* diwyro; *(unaufhörlich)* dibaid.

unentwirrbar ['ʊnˀɛntvɪrbaːr] *adj* annatodadwy.

unerbittlich ['ʊnˀɛrbɪtlɪç] *adj* di-ildio, didrugaredd, dur.

unerfahren ['ʊnˀɛrfaːrən] *adj* dibrofiad, amhrofiadol.

Unerfahrenheit *f* diffyg *g* profiad.

un- *kompos:* **~erforscht** *adj* anchwiliedig; **~erfreulich** *adj* annymunol; **~erfüllbar** *adj* amhosibl, annichon; **~erfüllt** *adj* nas bodlonwyd; **~ergiebig** *adj (Quelle, Thema)* di-fudd; *(Ernte, Nachschlagewerk)* gwael.

unergründlich ['ʊnˀɛrɡryntlɪç] *adj* affwysol, anesboniadwy.

unerheblich ['ʊnˀɛrheːplɪç] *adj* dibwys.

unerhört ['ʊnˀɛrhøːrt] *adj* di-sôn-amdano; *(unverschämt)* rhyfygus, profoclyd; *(Bitte)* nas atebwyd.

unerklärlich ['ʊnˀɛrklɛːrlɪç] *adj* anesboniadwy.

unerlässlich ['ʊnˀɛrlɛslɪç] *adj* anhepgor, anhepgorol.

un- *kompos:* **~erlaubt** *adj* gwaharddedig; **~erledigt** *adj* anorffenedig; *(Post)* heb ei ateb; *(Rechnung)* heb ei dalu.

unermesslich ['ʊnˀɛrmɛslɪç] *adj* anfesuradwy, enfawr.

unermüdlich ['ʊnˀɛrmyːtlɪç] *adj* diflino.

un- *kompos:* **~ernst** *adj* gwamal, ysgafn; **~erotisch** *adj* anerotig; **~erreichbar** *adj* anghyraeddadwy.

unersättlich ['ʊnˀɛrzɛtlɪç] *adj* anniwall, gwancus.

unerschlossen ['ʊnˀɛrʃlɔsən] *adj (Land)* nas chwiliwyd gan neb; *(Boden)* heb ei drin; *(Vorkommen)* digyffwrdd.

unerschöpflich ['ʊnˀɛrʃœpflɪç] *adj* dihysbydd.

unerschrocken ['ʊnˀɛrʃrɔkən] *adj* eofn.

unerschütterlich ['ʊnˀɛrʃytərlɪç] *adj* di-syfl, ansigladwy, diysgog, solet.

unerschwinglich ['ʊnˀɛrʃvɪŋlɪç] *adj* amhosibl ei

fforddio; **ein ~er Preis** crocbris *g*.

unersetzlich [ˈʊnˀɛrzɛtslɪç] *adj* anamnewidiadwy.

un- *kompos:* **~erträglich** *adj* annioddefol; **~erwartet** *adj* annisgwyl; **~erwünscht** *adj* annymunedig; **~erzogen** *adj* anfoesgar.

unfähig [ˈʊnfɛːɪç, -ɪk] *adj* analluog, anabl, anghymwys; **~ sein zu etw** bod yn annalluog i wneud rhth, methu gwneud rhth.

Unfähigkeit *f* anallu *g*, anabledd *g*.

unfair [ˈʊnfɛːr] *adj* annheg.

Unfall [ˈʊnfal] (**-s**, **¨-e**) *m* damwain *b*.

Unfallflucht[D] *f* taro a ffoi.

unfallfrei *adj* di-ddamwain.

Unfall- *kompos:* **~klinik** *f* uned *b* ddamweiniau; **~opfer** *nt* lladdedig *g*, un a gafodd ei anafu mewn damwain; **~station** *f (MED)* adran *b* achosion brys; **~stelle** *f* lle *g* damwain; **~versicherung** *f (FIN)* yswiriant *g* rhag damwain; **~wagen** *m* car *g* mewn damwain; *(ugs: Rettungswagen)* ambiwlans *g*.

unfassbar [ˈʊnfasbaːr] *adj* annirnadwy.

unfehlbar [ˈʊnfeːlbaːr] *adj* anffaeledig, di-feth.

♦ *adv* yn ddi-ffael.

Unfehlbarkeit *f* anffaeledigrwydd *g*.

unfein [ˈʊnfaɪn] *adj* di-foes.

unfertig [ˈʊnfɛrtɪç, -ɪk] *adj* anorffenedig, amherffaith.

unflätig [ˈʊnflɛːtɪç, -ik] *adj* anweddus, tramgwyddol.

unflexibel [ˈʊnflɛksiːbəl] *adj* anhyblyg.

unförmig [ˈʊnfœrmɪç, -ɪk] *adj* di-lun, di-siâp; *(missgestaltet)* anffurfiedig.

un- *kompos:* **~frei** *adj* caeth, rhwymedig; *(Post)* heb stamp; **~freiwillig** *adj* anwirfoddol; *(unabsichtlich)* anfwriadol; **~freundlich** *adj* anghyfeillgar, angharedig, digroeso.

Unfreundlichkeit [ˈʊnfrɔʏntlɪçkaɪt] *f* anghyfeillgarwch *g*.

Unfriede [ˈʊnfriːdə] *m* anghytgord *g*, cynnen *b*; **~n stiften** codi twrw.

Unfrieden *m* = **Unfriede**.

unfruchtbar [ˈʊnfrʊxtbaːr] *adj (Land)* anffrwythlon; *(Tier)* hesb; *(Frau)* amhlantadwy; *(Gespräch)* ofer, anfuddiol.

Unfruchtbarkeit *f* anffrwythlondeb *g*.

Unfug [ˈʊnfuːk] (**-s**, *kein pl*) *m (Unsinn)* lol *b*, sothach *g*; *(Benehmen)* drygioni *g*, ffwlbri *g*; **grober ~** *(JUR)* camymddwyn *g* dybryd; **~ verzapfen** malu cachu.

Ungar [ˈʊŋgar] *m* (**~in** *f*) Hwngariad *g*.

ungarisch [ˈʊŋgarɪʃ] *adj* Hwngaraidd.

Ungarisch *nt (Sprache)* Hwngareg *b*.

Ungarn [ˈʊŋgarn] *nt (GEOG)* Hwngari *b*.

ungastlich [ˈʊŋgastlɪç] *adj* anghroesawgar.

Ungastlichkeit *f* anghroesawgarwch *g*.

ungeachtet [ˈʊŋgəˀaxtət] *präp +gen* er, er gwaethaf.

ungeahndet [ˈʊŋgəˀaːndət] *adj (JUR)* heb ei gosbi.

ungeahnt [ˈʊŋgəˀaːnt] *adj* annychmygadwy.

ungeändert [ˈʊŋgəˀɛndərt] *adj* dinewid.

ungebärdig [ˈʊŋgəbɛrdɪç, -ɪk] *adj* afreolus, aflywodraethus.

ungebeten [ˈʊŋgəbeːtən] *adj* diwahoddiad.

un- *kompos:* **~gebeugt** *adj* penuchel; **~gebildet** *adj* annysgedig, anniwylliedig; **~gebleicht** *adj* crai, heb ei gannu; **~geboren** *adj* heb ei eni; **~gebräuchlich** *adj* anarferol, anghyffredin; **~gebrochen** *adj (fig, Wille)* diwyro.

ungebührlich [ˈʊŋgəbyːrlɪç] *adj:* **sich ~ aufregen** cynhyrfu yn ormodol.

ungebunden [ˈʊŋgəbʊndən] *adj* annibynnol; *(Buch)* heb ei rwymo; *(Leben)* rhydd; *(ohne festen Partner)* sengl.

Ungebundenheit *f* annibyniaeth *b*.

ungedeckt [ˈʊŋgədɛkt] *adj (schutzlos)* diamddiffyn; *(FIN: Scheck)* anniogel, di-werth.

Ungeduld [ˈʊŋgədʊlt] *f* diffyg *g* amynedd.

un- *kompos:* **~geduldig** *adj* diamynedd, byrbwyll, annioddefgar; **~geeignet** *adj* anaddas.

ungefähr [ˈʊŋgəfɛːr] *adj* bras, lled agos.

♦ *adv* yn fras; *(vor Ziffern)* rhyw, tua, oddeutu; **so ~!** fwy neu lai! **das kommt nicht von ~** nid yw'n syndod o beth.

un- *kompos:* **~gefährlich** *adj* diniwed, ddim yn beryglus; **~gefällig** *adj* digymwynas; **~gefaltet** *adj* di-blyg; **~gefragt** *adj* diofyn; *(freiwillig)* gwirfoddol.

ungehalten [ˈʊŋgəhaltən] *adj* wedi gwylltio, diymatal.

ungehemmt [ˈʊŋgəhɛmt] *adj* dibetrus.

ungeheuer [ˈʊŋgəhɔʏər] *adj* anferth, dirfawr.

♦ *adv (ugs)* yn aruthrol.

Ungeheuer (**-s**, **-**) *nt* anghenfil *g*, bwystfil *g*.

ungeheuerlich *adj* gwarthus.

ungehindert [ˈʊŋgəhɪndərt] *adj* di-rwystr, dilestair.

ungehobelt [ˈʊŋgəhoːbəlt] *adj (fig)* anwaraidd, aflednais, garw.

ungehörig [ˈʊŋgəhøːrɪç, -ɪk] *adj* anweddus.

Ungehörigkeit *f* anwedduster *g*.

ungehorsam [ˈʊŋgəhɔrzaːm] *adj* anufudd.

Ungehorsam *m* anufudd-dod *g*.

un- *kompos:* **~gekämmt** *adj* heb ei gribo; **~geklärt** *adj* heb ei ddatrys; *(Abwasser)* didriniaeth; **~gekocht** *adj* heb ei ferwi, amrwd; **~gekünstelt** *adj* dirodres, naturiol; **~gekürzt** *adj* heb ei fyrhau; *(Film, Buch)* llawn; **~geladen** *adj (Gast)* diwahoddiad; *(Gewehr)* heb ei lenwi, heb fwledi; *(ELEKT)* di-wefr.

ungelegen [ˈʊŋgəleːgən] *adj* anghyfleus; **komme ich ~?** ydy hon yn adeg anghyfleus?

un- *kompos:* **~gelernt** *adj* di-grefft, dihyfforddiant;
~geliebt *adj* digariad, amhoblogaidd; **~gelogen** *adv*
yn wir; **~gelöst** *adj* annatrys, penagored.

Ungemach ['ʊngəmax] *nt (geh)* adfyd *g.*

ungemein ['ʊngəmaɪn] *adj* aruthrol.

ungemütlich ['ʊngəmy:tlɪç] *adj* anghyffyrddus;
(Person) annymunol; **sie kann ~ werden** gall hi
droi'n gas.

ungenau ['ʊngənaʊ] *adj* anfanwl, annelwig.

Ungenauigkeit *f* anfanylder *g,* goddefiant *g.*

ungeniert ['ʊnʒeni:rt] *adj* diymatal, penrhydd;
(taktlos) difeddwl.

   ♦ *adv* yn ddiymatal, yn rhydd.

ungenießbar ['ʊngəni:sbɑ:r] *adj* anfwytadwy;
(Getränk) anyfadwy; *(giftig)* gwenwynig; *(ugs)*
morgens ist sie immer ~ mae hi'n annioddefol yn
y bore.

ungenügend ['ʊngəny:gənt] *adj* annigonol.

Ungenügend[D] *nt (SCH)* anfoddhaol *g.*

ungenutzt *adj:* **eine Chance ~ lassen** colli cyfle.

un- *kompos:* **~gepflegt** *adj (Garten)* anniben; *(Person)*
aflêr; **~gerade** *adj (schief, krumm)* cam; *(uneben)*
anwastad; *(Zahl)* od; **~gerecht** *adj* anghyfiawn,
annheg; **~gerechtfertigt** *adj* digyfiawnhad.

Ungerechtigkeit *f* anghyfiawnder *g,* annhegwch *g.*

un- *kompos:* **~geregelt** *adj* afreolaidd; **~gereimt** *adj*
(Verse) di-odl; *(fig)* anghyson; **~gern** *adv* yn
anfodlon; **~gerufen** *adj* heb eich galw; **~gerührt** *adj*
didaro.

ungeschehen ['ʊngəʃe:ən] *adj:* **~ machen** dad-wneud.

Ungeschicklichkeit ['ʊngəʃɪklɪçkaɪt] *f* lletchwithdod
g.

un- *kompos:* **~geschickt** *adj* trwsgl, lletchwith;
~geschlagen *adj (SPORT)* diguro; **~geschliffen** *adj*
(Edelstein) heb ei dorri; *(Messer)* heb awch, heb
fin; *(fig: Benehmen)* garw, anwaraidd.

ungeschmälert ['ʊngəʃmɛ:lərt] *adj* heb leihau.

un- *kompos:* **~geschminkt** *adj* heb golur; *(fig)*
diaddurn; **~geschmückt** *adj* diaddurn, moel.

ungeschoren ['ʊngəʃo:rən] *adj:* **jdn ~ lassen** *(ugs)*
gadael llonydd i rn; *(ungestraft)* gadael i rn fynd
heb gosb.

un- *kompos:* **~gesetzlich** *adj* anghyfreithlon;
~gestempelt *adj* heb ei stampio, newydd;
~gestimmt *adj (Instrument)* digywair; **~gestört** *adj*
llonydd; **~gestraft** *adj* heb gosb, di-gosb.

ungestüm ['ʊngəʃty:m] *adj* byrbwyll, gwyllt.

Ungestüm (-s, *kein pl*) *nt* byrbwylltra *g,* gwylltineb
g.

ungesund *adj* afiach.

ungeteilt *adj* anrhanedig, cyfan; **~e Aufmerksamkeit**
yr holl sylw.

ungetrübt *adj* clir, eglur; *(fig)* dibryder; *(Freude)* pur,
digymysg.

Ungetüm ['ʊngəty:m] (-(e)s, -e) *nt* anghenfil *g.*

un- *kompos:* **~geübt** *adj* dibrofiad, nas arferwyd;
(Mensch) wedi colli'r arfer; **~gewählt** *adj* annethol;
~gewiss *adj* ansicr, amhendant.

Ungewissheit ['ʊngəvɪshaɪt] *f* ansicrwydd *g,*
amhendantrwydd *g.*

un- *kompos:* **~gewöhnlich** *adj* anghyffredin, anarferol;
~gewohnt *adj* anghyfarwydd, anarferol; **~gewollt**
adj anfwriadol, difwriad; **~gezählt** *adj* heb eu
cyfrif.

Ungeziefer ['ʊngətsi:fər] (-s, *kein pl*) *nt* fermin *ll,* pla
g.

ungezogen ['ʊngətso:gən] *adj* anghwrtais, haerllug.

Ungezogenheit *f* anghwrteisi *g,* haerllugrwydd *g.*

ungezwungen ['ʊngətsvʊŋən] *adj* naturiol, digymell.

Unglaube ['ʊnglaʊbə] *m* anghrediniaeth *b.*

ungläubig ['ʊnglɔʏbɪç, -ɪk] *adj* anghrediniol; *(REL)* di-
gred; **ein ~er Thomas** amheuwr *g.*

Ungläubige (-n, -n) *m/f* anghredadun *g.*

unglaublich ['ʊnglaʊplɪç] *adj* anhygoel,
anghredadwy.

unglaubwürdig ['ʊnglaʊpvʏrdɪç, -ɪk] *adj* annhebygol,
anargyhoeddiadol.

ungleich ['ʊnglaɪç] *adj* annhebyg, gwahanol; *(Mittel,
Waffen)* anghyfartal.

   ♦ *adv* yn anghymharol.

ungleichartig *adj* gwahanol.

ungleichförmig *adj* anghyffelyb, annhebyg.

Ungleichheit *f* annhebygrwydd *g,* anghyfartaledd *g.*

ungleichmäßig *adj* anwastad, anghyfartal; *(Puls)*
afreolaidd.

Unglück ['ʊnglʏk] *nt* anlwc *g,* anffawd *b; (~sfall)*
trychineb *gb; (Verkehrs~)* damwain *b;* **zu allem ~** ac
yn waeth fyth; **ein ~ kommt selten allein** anhap ni
ddaw ei hunan.

unglücklich *adj* anhapus; *(erfolglos)* anlwcus;
(unerfreulich) anffodus.

unglücklicherweise *adv* yn anffodus.

unglückselig *adj* anffodus; *(unglückbringend)*
trychinebus.

Unglücks- *kompos:* **~fall** *m* trychineb *gb;* **~rabe** *m (ugs)*
un sy'n cael anlwc.

Ungnade ['ʊngnɑ:də] *f:* **bei jdm in ~ fallen** pechu rhn.

ungültig ['ʊngʏltɪç, -ɪk] *adj* annilys, di-rym; **etw für ~
erklären** dirymu rhth.

Ungültigkeit *f* annilysrwydd *g.*

ungünstig ['ʊngʏnstɪç, -ɪk] *adj* anffafriol; *(Termin)*
anghyfleus; *(Augenblick, Wetter)* gwael.

ungut ['ʊngu:t] *adj (Gefühl)* anesmwyth; **nichts für ~!**
peidiwch â digio!

un- *kompos:* **~haltbar** *adj* annaliadwy; **~handlich** *adj* anhylaw.

Unheil ['ʊnhaɪl] *nt* drwg *g*; *(Unglück)* anffawd *b*; **~ anrichten** creu helynt; **~ bringend** andwyol, niweidiol, dinistriol.

unheilbar *adj* anwelladwy, nad oes modd ei wella.

Unheil bringend *adj vgl.* **Unheil**.

unheilvoll *adj* trychinebus.

unheimlich ['ʊnhaɪmlɪç] *adj* rhyfedd, annaearol.

♦ *adv (ugs)* yn aruthrol; **sie ist mir ~** mae hi'n codi arswyd arna' i.

unhöflich ['ʊnhøːflɪç] *adj* anghwrtais.

Unhöflichkeit *f* anghwrteisi *g*.

Unhold ['ʊnhɔlt] *(-(e)s, -e) m (ugs)* cythraul *g*, anghenfil *g*.

unhygienisch ['ʊnhygieːnɪʃ] *adj* anhylan.

Uni *f abk (ugs)* = **Universität**.

Uniform [uniˈfɔrm] *(-, -en) f* gwisg *b* unffurf, lifrai *g*.

uniformiert [unifɔrˈmiːrt] *adj* mewn gwisg unffurf, mewn lifrai.

Unikum ['uːnɪkʊm] *(-s, Unika) nt (ugs: Sonderling)* cymeriad *g* unigryw.

un- *kompos:* **~interessant** *adj* anniddorol; **~interessiert** *adj* heb fod â diddordeb.

Union [uniˈoːn] *f* undeb *g*.

Unionsparteien[D] *pl (POL)* pleidiau *ll*'r CDU a'r CSU.

universal [univɛrˈzaːl] *adj (allgemein)* cyffredinol; *(gesamt)* cyflawn; *(umfassend)* i bob pwrpas.

Universal- *kompos:* **~genie** *nt* athrylith *gb* mewn sawl maes; **~lexikon** *nt* gwyddoniadur *g* cyflawn, gwyddoniadur aml-bwrpas.

universell [univɛrˈzɛl] *adj* = **universal**.

Universität [univɛrziˈtɛːt] *(-, -en) f* prifysgol *b*; **auf die ~ gehen** mynd i'r brifysgol; **die ~ besuchen** mynychu'r brifysgol.

Universum [uniˈvɛrzʊm] *(-s, kein pl) nt* bydysawd *g*, cyfanfyd *g*.

unkenntlich ['ʊnkɛntlɪç] *adj* anadnabyddadwy.

Unkenntlichkeit *f:* **bis zur ~** y tu hwnt i adnabyddiaeth.

Unkenntnis ['ʊnkɛntnɪs] *(-, kein pl) f* anwybodaeth *b*.

unklar ['ʊnklaːr] *adj* aneglur; **sich** *dat* **im U~en sein über** +*akk* bod yn y tywyllwch ynghylch.

Unklarheit *f* tywyllwch *g*; *(Unentschiedenheit)* amhendantrwydd *g*; **damit keine ~en aufkommen** am fod popeth yn hollol glir.

un- *kompos:* **~klug** *adj* annoeth; **~kompliziert** *adj* anghymhleth, syml; **~kontrolliert** *adj* heb ei archwilio; *(ungehindert)* dirwystr, diatal; **~konzentriert** *adj* yn dangos diffyg canolbwyntio; **~koordiniert** *adj (Bewegungen)* lletchwith, afrosgo.

Unkosten ['ʊnkɔstən] *pl (FIN)* treuliau *ll*; **sich in ~ stürzen** mynd i gost fawr.

Unkostenbeitrag *(-s, ¨-e) m* cyfraniad *g* at y costau.

Unkraut ['ʊnkraʊt] *nt* chwyn *ll*.

Unkrautvertilgungsmittel *nt* chwynladdwr *g*.

un- *kompos:* **~kritisch** *adj* anfeirniadol; **~kultiviert** *adj* anniwylliedig; **~kündbar** *adj (Stelle)* parhaol; *(Vertrag)* cyfrwymol.

unlängst ['ʊnlɛŋst] *adv* yn ddiweddar, ychydig yn ôl.

unlauter ['ʊnlaʊtər] *adj (geh)* annheg.

unleserlich ['ʊnleːzərlɪç] *adj* annarllenadwy.

unleugbar ['ʊnlɔʏkbaːr] *adj* diymwad, di-ddadl.

un- *kompos:* **~locker** *adj (ugs: verkrampft)* cynhyrflyd; **~logisch** *adj* afresymegol; **~lösbar** *adj* annatrys; **~löslich** *adj* anhydawdd.

Unlust ['ʊnlʊst] *f* diffyg *g* brwdfrydedd.

un- *kompos:* **~lustig** *adj (gelangweilt)* wedi syrffedu; *(widerwillig)* difrwdfrydedd, anfodlon; **~männlich** *adj* anwrywaidd, merchetaidd.

Unmasse ['ʊnmasə] *f (ugs)* llwyth *g*, tomen *b*; **eine ~ Leute** aneirif o bobl.

unmäßig ['ʊnmɛːsɪç, -ɪk] *adj* anghymedrol.

Unmenge ['ʊnmɛŋə] *f* aneirif, llawer iawn; **~n von Fleisch** torf aneirif o gig.

Unmensch ['ʊnmɛnʃ] *(-en, -en) m* bwystfil *g*.

un- *kompos:* **~menschlich** *adj* annynol, creulon; *(ungeheuer)* ofnadwy, aruthrol; **~merklich** *adj* anweladwy, ansylweddol; **~missverständlich** *adj* digamsyniol.

unmittelbar ['ʊnmɪtəlbaːr] *adj* uniongyrchol; **~ danach** yn syth ar ôl hynny; **~er Kostenaufwand** costau *ll* uniongyrchol.

un- *kompos:* **~möbliert** *adj* heb ddodrefn; **~modern** *adj* hen ffasiwn.

unmöglich ['ʊnmøːklɪç] *adj* amhosibl; **ich kann das ~ tun** does dim modd i mi ei wneud; *(ugs)* **du siehst ~ aus** mae golwg chwerthinllyd arnat.

Unmöglichkeit *f* amhosibilrwydd *g*.

un- *kompos:* **~moralisch** *adj* anfoesol; **~motiviert** *adj* digymhelliad, heb gymhelliad; **~mündig** *adj (minderjährig)* dan oed.

Unmut ['ʊnmuːt] *(-s, kein pl) m* tymer *b* ddrwg.

unnachahmlich ['ʊnnaːxˀaːmlɪç] *adj* digyffelyb, anefelychadwy.

unnachgiebig ['ʊnnaːxgiːbɪç, -ɪk] *adj* di-ildio.

unnahbar [ʊnˈnaːbaːr, 'ʊnnaːbaːr] *adj* anodd mynd ato.

un- *kompos:* **~natürlich** *adj* annaturiol; **~normal** *adj* annormal, abnormal; **~nötig** *adj* diangen, dianghenraid.

unnötigerweise ['ʊnnøːtigərvaɪzə] *adv* yn ddiangen, heb raid.

unnotwendig ['ʊnnoːtvɛndɪç, -ɪk] *adj* anhanfodol, diangen.

unnütz ['ʊnnʏts] *adj* da i ddim, diwerth.

UNO ['uːno] *f abk (= United Nations Organization)* **die ~** y Cenhedloedd *ll* Unedig.

un- *kompos:* **~ökonomisch** *adj* aneconomaidd; **~ordentlich** *adj* anniben, di-drefn.

Unordnung ['ʊnˀɔrdnʊŋ] (-, *kein pl*) *f* anhrefn *b*, annibendod *g; (Durcheinander)* llanast *g*.

un- *kompos:* **~organisiert** *adj* di-drefn; **~pädagogisch** *adj* anhyfforddol, anathrawiaethol; **~parteiisch** *adj* amhleidiol.

Unparteiische (-n, -n) *m/f (SPORT)* dyfarnwr(aig) *g(b)*.

unpassend ['ʊnpasənt] *adj* anaddas, amhriodol; *(Zeit)* anghyfleus.

unpässlich ['ʊnpɛslɪç] *adj* anhwylus.

un- *kompos:* **~persönlich** *adj* amhersonol; **~politisch** *adj* anwleidyddol, amholiticaidd; **~praktisch** *adj* anymarferol; **~produktiv** *adj* anghynhyrchiol; **~proportioniert** *adj* afluniaidd, di-siâp; **~pünktlich** *adj* amhrydlon; **~qualifiziert** *adj* anghymwys, heb gymhwyster; *(Äußerung)* diamcan; **~rasiert** *adj* heb ei eillio.

Unrat ['ʊnraːt] (-(e)s, *kein pl*) *m (geh)* sbwriel *g*.

un- *kompos:* **~rationell** *adj* aneffeithlon; **~realistisch** *adj* afrealistig.

unrecht ['ʊnrɛçt] *adj* anghywir; *(ungelegen)* anghyfleus; **das ist mir gar nicht so ~** nid oes gwir ots gen i.

Unrecht *nt* cam *g;* **zu ~** ar gam; **nicht zu ~** dim heb reswm; **~ haben** *oder:* **im ~ sein** bod yn anghywir.

un- *kompos:* **~rechtmäßig** *adj* anghyfreithlon; **~redlich** *adj* anonest.

Unredlichkeit ['ʊnreːtlɪçkaɪt] *f* anonestrwydd *g*, twyll *g*.

unregelmäßig *adj* afreolaidd.

Unregelmäßigkeit ['ʊnreːgəlmɛːsɪçkaɪt, -ɪkkaɪt] *f* afreoleidd-dra *g*.

unreif ['ʊnraɪf] *adj* anaeddfed.

Unreife ['ʊnraɪfə] *f* anaeddfedrwydd *g*.

un- *kompos:* **~rein** *adj* budr, brwnt; *(Gedanken, Taten)* aflan, amhur; *(Ton)* amhur; *(Haut)* drwg, gwael; **~rentabel** *adj* dielw; **~richtig** *adj* anghywir.

Unruh ['ʊnruː] (-, -en) *f (von Uhr)* olwyn *b* reoli.

Unruhe ['ʊnruːə] (-, -n) *f* aflonyddwch *g*, stŵr *g; (ugs: Unruh)* olwyn *b* reoli.

Unruhe- *kompos:* **~herd** *m (POL)* man *g* cythryblus; **~stifter** *m* codwr *g* twrw; *(POL)* terfysgwr *g*.

un- *kompos:* **~ruhig** *adj* aflonydd; *(Kind)* gwinglyd; *(Schlaf)* ysbeidiol; *(Meer)* cynhyrfus; *(Zeit)* cythryblus; **~rühmlich** *adj* di-nod, diogoniant.

uns [ʊns] *dat oder akk von* **wir**.

♦ *pron (einander)* ein hunain.

un- *kompos:* **~sachgemäß** *adj* anghywir, amhriodol, anaddas; **~sachlich** *adj* amherthnasol; *(persönlich)* personol.

unsagbar ['ʊnzaːkbaːr] *adj* annisgrifiadwy, anhraethadwy.

unsäglich ['ʊnzɛːklɪç] *adj (geh)* annisgrifiadwy, anhraethadwy.

un- *kompos:* **~sanft** *adj* garw, caled; **~sauber** *adj (schmutzig)* budr, brwnt; *(fig)* anonest; *(Klang)* amhur.

unschädlich *adj* diniwed; **~ machen** diniweidio, peri i rn fod yn ddiniwed.

unscharf *adj* aneglur; *(Bild)* niwlog, allan ohoni.

unschätzbar ['ʊnʃɛtsbaːr] *adj* anfesuradwy; *(Hilfe)* amhrisiadwy.

unscheinbar ['ʊnʃaɪnbaːr] *adj* anarwyddocaol; *(Aussehen)* annengar.

unschlagbar ['ʊnʃlaːkbaːr] *adj* anorchfygol.

un- *kompos:* **~schlüssig** *adj* ansicr, rhwng dau feddwl; **~schön** *adj* diolwg, hyll; *(Vorfall)* annymunol.

Unschuld ['ʊnʃʊlt] (-, *kein pl*) *f* diniweidrwydd *g; (JUR)* dieuogrwydd *g; (geh: Jungfräulichkeit)* gwyryfdod *g*, diweirdeb *g*.

unschuldig ['ʊnʃʊldɪç, -ɪk] *adj* diniwed, dieuog.

Unschuldsmiene *f* golwg *b* ddiniwed, edrychiad *g* diniwed.

un- *kompos:* **~schwer** *adv* yn rhwydd, heb anhawster; **~selbstständig** *adj* dibynnol.

unselig ['ʊnzeːlɪç, -ɪk] *adj* anffodus; *(verhängnisvoll)* anffortunus.

unser ['ʊnzər] *poss pron* ein.

♦ *gen von* **wir;** **Vater ~** ein tad ni.

unsere *pron* o'r eiddom; **wir tun das U~** *(geh)* rydym yn gwneud ein rhan.

unser- *kompos:* **~einer** *pron* ein tebyg; **~eins** *pron* ein tebyg.

unsererseits *adv* o'n rhan ni.

unseresgleichen *pron* ein tebyg.

unseriös ['ʊnzeriøːs] *adj* amheus; *(unehrlich)* annibynadwy.

unserseits *adv* = **unsererseits**.

unsertwegen ['ʊnzərətveːgən] *adv (für uns)* er ein mwyn; *(wegen uns)* o'n herwydd.

unsertwillen ['ʊnzərətvɪlən] *adv:* **um ~** = **unsertwegen**.

unsicher ['ʊnzɪçər] *adj* ansicr; **die Gegend ~ machen** *(fig, ugs)* creu trafferth yn yr ardal, codi dychryn yn yr ardal.

Unsicherheit *f* ansicrwydd *g*.

unsichtbar ['ʊnzɪçtbaːr] *adj* anweladwy, anweledig.

Unsichtbarkeit *f* anweledigrwydd *g*.

Unsinn ['ʊnzɪn] (-s, *kein pl*) *m* dwli *g*, sothach *g*, rwtsh *g*.

unsinnig *adj* disynnwyr, gwirion.

Unsitte ['ʊnzɪtə] (-, -n) *f* drwgarfer *gb*, arfer *gb* affwysol.

unsittlich ['ʊnzɪtlɪç] *adj* anweddus.

Unsittlichkeit *f* anwedduster *g*.

un- *kompos:* **~sozial** *adj* gwrthgymdeithasol; *(Arbeitsstunden)* anghymdeithasol; **~sportlich** *adj* segur; *(Verhalten)* di-chwarae-teg.

unsre *poss pron* o'r eiddom, ein hun ni.

unsrige *poss pron* = **unsre**.

unsterblich ['ʊnʃtɛrplɪç] *adj* anfarwol.

Unsterblichkeit *f* anfarwoldeb *g*.

unstet ['ʊnʃteːt] *adj* aflonydd; *(wankelmütig)* mympwyol; *(Leben)* ansefydlog.

Unstimmigkeit ['ʊnʃtɪmɪçkaɪt] (-, -en) *f* anghysondeb *g*; *(Streit)* anghydfod *g*.

Unsumme ['ʊnzʊmə] (-, -n) *f* swm *g* enfawr.

unsympathisch ['ʊnzʏmpaːtɪʃ] *adj* annymunol; **sie ist mir ~** dydw i ddim yn ei hoffi hi.

untadelig ['ʊntaːdəlɪç, -ɪk] *adj* dilychwin, di-fai.

Untat ['ʊntaːt] (-, -en) *f* anfadwaith *g*, erchyllter *g*.

un- *kompos:* **~tätig** *adj* segur; **~tauglich** *adj* anghymwys; *(MIL)* heb fod yn ddigon iach.

Untauglichkeit *f* anghymhwyster *g*; *(MIL)* diffyg *g* ffitrwydd.

unteilbar ['ʊntaɪlbaːr] *adj* diwahân, anwahanadwy.

unten ['ʊntən] *adv* islaw, isod; *(im Haus)* lawr llawr; *(an der Treppe)* ar y gwaelod; **siehe ~** gweler isod; **nach ~** i lawr; **sie ist bei mir ~ durch** rwyf wedi gorffen â hi, rwyf wedi darfod â hi; **~ genannt** a enwir isod.

untenan *adv* ar y gwaelod; *(am unteren Ende)* yn y pen isaf.

unter ['ʊntər] *präp +dat oder +akk* **1** dan, o dan, oddi tan; **~ 18 Jahren** dan 18 oed; **~ 10 Personen** llai na 10 o bobl; **~ dem Mikroskop** trwy'r microsgop; **~ diesen Umständen** yn yr amgylchiadau hyn; **~ Umständen** efallai; **~ der Bedingung, dass ...** ar yr amod bod...; **sieh' nach ~ 'Hut'** edrych dan y gair 'Hut'; **er hat zwanzig Leute ~ sich** *(arbeiten)* mae'n bennaeth ar ugain o bobl; **2** *(zwischen)* ymhlith; **einer ~ ihnen** un o'u plith; **~ anderem** ymhlith pethau eraill; **sie waren ~ sich** roedden nhw ar eu pennau eu hunain.

Unter- *kompos:* **~abteilung** *f* isadran *b*; **~arm** *m (ANAT)* blaen y fraich, elin *b*.

unterbelegt *adj (Kurs)* heb ddigon o fyfyrwyr; *(Hotel)* ddim yn llawn.

unterbelichten ['ʊntərbəlɪçtən] *vt untrenn (FOTO)* tanoleuo.

unter- *kompos:* **~belichtet** *adj (FOTO)* wedi'i danoleuo; *(ugs: beschränkt)* culfrydig; **~beschäftigt** *adj* heb ddigon o waith.

Unterbeschäftigung *f* tangyflogaeth *b*.

unter- *kompos:* **~besetzt** *adj* prin o weithwyr; **~bevölkert** *adj* tenau ei boblogaeth; **~bewertet** *adj* wedi'i danbrisio; **~bewusst** *adj* isymwybodol.

Unterbewusstsein *nt* isymwybod *g*.

unterbezahlt *adj* heb gyflog digonol.

unterbieten [ʊntər'biːtən] *irreg vt untrenn (COMM)* gwerthu'n rhatach na (rhn); *(SPORT, Bestzeit)* rhagori ar.

unterbinden [ʊntər'bɪndən] *irreg vt untrenn* stopio, rhoi terfyn ar.

unterbleiben [ʊntər'blaɪbən] *irreg vi (+sein) untrenn (aufhören)* stopio; *(versäumen)* cael ei hepgor.

Unterbodenschutz ['ʊntərboːdənʃuts] *m (AUTO)* tan-sêl *b*.

unterbrechen [ʊntər'brɛçən] *irreg vt untrenn* torri ar; *(Gespräch)* torri ar draws.

Unterbrechung (-, -en) *f* toriad *g*.

unterbreiten¹ ['ʊntərbraɪtən] *vt* rhoi o dan.

unterbreiten² [ʊntər'braɪtən] *vt untrenn (Plan)* cynnig, rhoi gerbron.

unterbringen ['ʊntərbrɪŋən] *irreg vt* rhoi i gadw; *(beherbergen)* rhoi llety i; *(beruflich)* cael swydd i.

unterdessen [ʊntər'dɛsən] *adv* yn y cyfamser.

Unter- *kompos:* **~dosis** *f (MED)* dogn rhy wan; **~druck** *m (TECH)* pwysedd *g* isel.

unterdrücken [ʊntər'drʏkən] *vt untrenn* atal, cuddio; *(Leute)* gormesu.

untere ['ʊntərə] *adj* is.

unter- *kompos:* **~einander** *adv* rhwng/ymhlith ei gilydd; **~entwickelt** *adj* annatblygedig; **~ernährt** *adj* tanfaethedig.

Unter- *kompos:* **~ernährung** *f* diffyg *g* maeth; **~führung** *f (AUTO)* tanffordd *b*, isdramwyfa *b*; **~gang** *m* cwymp *g*, dymchweliad *g*, dirywiad *g*; *(NAUT)* suddo *g*; *(von Gestirn)* machlud *g*.

untergeben [ʊntər'geːbən] *adj* darostyngedig, atebol.

untergehen ['ʊntərgeːən] *irreg vi (+sein) (Sonne)* machlud; *(Schiff)* suddo; *(Volk, Kultur)* darfod; *(Welt)* diweddu; *(im Lärm)* cael ei foddi.

untergeordnet ['ʊntərgəʔɔrdnət] *adj (Dienststelle)* isradd, islaw; *(Bedeutung)* eilaidd.

Untergeschoß ['ʊntərgəʃoːs, 'ʊntərgəʃɔs] *nt* islawr *g*, llawr *g* isaf.

Untergewicht ['ʊntərgəvɪçt] (-s, *kein pl*) *nt:* **10 Kilo ~** 10 kilo yn brin.

untergewichtig *adj (Person)* dan y pwysau iawn.

untergliedern [ʊntər'gliːdərn] *vt untrenn* isrannu.

untergraben [ʊntərˈgraːbən] *irreg vt untrenn* tanseilio.
Untergrund [ˈʊntərgrʊnt] (-(e)s, ¨-e) *m* sylfaen *gb*, sail *b*; *(POL)* gwrthsafiad *g*.
Untergrund- *kompos:* **~bahn** *f* rheilffordd *b* danddaearol; **~bewegung** *f* gwrthsafiad *g* cudd.
unterhaken [ˈʊntərhaːkən] *vr:* **sich bei jdm ~** cysylltu breichiau, rhoi braich ym mraich rhn.
unterhalb [ˈʊntərhalp] *präp +gen* tan, o dan.
♦ *adv* islaw; **~ von** *+dat* islaw.
Unterhalt [ˈʊntərhalt] (-s, *kein pl*) *m* cynhaliaeth *b*, cynnal a chadw; **seinen ~ verdienen** ennill eich bywoliaeth.
unterhalten [ʊntərˈhaltən] *irreg vt untrenn (belustigen)* difyrru, diddanu; *(erhalten)* cynnal; *(Geschäft)* rhedeg; *(Konto)* dal.
♦ *vr untrenn* sgwrsio; *(sich belustigen)* mwynhau eich hun.
unterhaltsam [ʊntərˈhaltzaːm] *adj* difyr.
Unterhalts- *kompos:* **~kosten** *pl* costau *ll* cynnal a chadw; **~zahlung** *f* taliad *g* cynnal.
Unterhaltung *f (Belustigung)* difyrrwch *g*, diddanwch *g*, adloniant *g*; *(Gespräch)* sgwrs *b*; *(Instandhaltung)* cadw *g*.
Unterhändler [ˈʊntərhɛntlər] (-s, -) *m (POL)* trafodwr *g*, cyflafareddwr *g*.
Unterhaus [ˈʊntərhaʊs] *nt (in Großbritannien)* Tŷ *g*'r Cyffredin; *(in den Vereinigten Staaten)* Tŷ'r Cynrychiolwyr.
Unterhemd [ˈʊntərhɛmt] (-(e)s, -en) *nt* fest *b*.
unterhöhlen [ʊntərˈhøːlən] *vt untrenn* tanseilio.
Unterholz [ˈʊntərhɔlts] *nt* prysgwydd *ll*, istyfiant *g*.
Unterhose [ˈʊntərhoːzə] (-, -n) *f* trôns *g*, drafers *g*.
unterirdisch [ˈʊntərˀɪrdɪʃ] *adj* tanddaearol.
unterjochen [ʊntərˈjɔxən] *vt untrenn* darostwng, gorchfygu.
unterjubeln [ˈʊntərjuːbəln] *vt (ugs)* **jdm etw ~** rhoi rhth i rn yn ddirgel ac yn groes i'w ewyllys.
unterkellern [ʊntərˈkɛlərn] *vt untrenn* adeiladu gyda seler.
Unterkiefer [ˈʊntərkiːfər] (-s, -) *m (ANAT)* gên *b* isaf, genogl *b*.
unterkommen [ˈʊntərkɔmən] *irreg vi (+sein)* cael lloches; *(Stelle finden)* cael swydd; **das ist mir noch nie untergekommen** chwrddais i erioed â hynny; **bei jdm ~** aros gyda rhn.
unterkriegen [ˈʊntərkriːgən] *vt (ugs)* **sich nicht ~ lassen** peidio â gadael i bethau eich llethu.
unterkühlt [ʊntərˈkyːlt] *adj* tra-oeredig; *(Körper)* wedi ei oroeri; *(fig)* oeraidd.
Unterkunft [ˈʊntərkʊnft] (-, ¨-e) *f* llety *g*; **~ und Verpflegung** llety a phryd.
Unterlage [ˈʊntərlaːgə] (-, -n) *f* sylfaen *gb*; *(Schreib~)* pad *g*; **~n** *pl (Belege)* dogfennau *ll*.
unterlassen [ʊntərˈlasən] *irreg vt untrenn (versäumen)* methu â gwneud; *(sich enthalten)* peidio â gwneud.
unterlaufen¹ [ʊntərˈlaʊfən] *irreg vi (+sein) +dat untrenn* digwydd; **mir ist ein Fehler ~** rwyf wedi gwneud camsyniad.
unterlaufen² *adj:* **mit Blut ~** gwaetgoch.
unterlegen¹ [ˈʊntərleːgən] *vt* gosod islaw.
unterlegen² [ʊntərˈleːgən] *adj* israddol; *(besiegt)* gorchfygedig.
Unterleib [ˈʊntərlaɪp] *m (ANAT)* abdomen *g*.
Unterleibchen *nt* fest *b*.
unterliegen [ʊntərˈliːgən] *irreg vi (+sein) untrenn +dat* cael eich trechu gan; *(unterworfen sein)* bod yn rhwym wrth.
Unterlippe [ˈʊntərlɪpə] (-, -n) *f* gwefus *b* isaf.
unterm = unter dem.
untermalen [ʊntərˈmaːlən] *vt untrenn* darparu cefndir ar gyfer; *(mit Musik)* darparu cerddoriaeth gefndir ar gyfer.
Untermalung *f:* **musikalische ~** cerddoriaeth *b* gefndir.
untermauern [ʊntərˈmaʊərn] *vt untrenn (fig)* tanategu.
Untermiete [ˈʊntərmiːtə] (-, -n) *f* is-denantiaeth *b*; **bei jdm in ~ wohnen** rhentu stafell neu fflat yn nhŷ rhn fel is-denant.
Untermieter(in) *m(f)* lletywr(aig) *g(b)*.
unterminieren [ʊntərmiˈniːrən] *vt untrenn* tanseilio.
unternehmen [ʊntərˈneːmən] *irreg vt untrenn* ymgymryd â; *(Reise)* mynd ar.
Unternehmen *nt* menter *b*; *(COMM: Firma)* cwmni *g*.
Unternehmer(in) *m(f) (COMM: Arbeitgeber)* cyflogwr *g*; *(alten Stils)* entrepreneur *g*, mentrwr(aig) *g(b)*.
Unternehmerverband *m (COMM)* cymdeithas *b* y cyflogwyr.
Unternehmungsgeist *m* ysbryd *g* mentrus.
unternehmungslustig *adj* mentrus, parod i fentro.
Unteroffizier [ˈʊntərˀɔfitsiːər] (-s, -e) *m* swyddog *g* digomisiwn.
unterordnen [ˈʊntərˀɔrdnən] *vt:* **~** *(+dat)* gosod yn ail i rth.
♦ *vr* ymostwng, ildio.
Unterordnung *f* darostyngiad *g*.
Unterprima[D] [ˈʊntərpriːma] *f (SCH, veraltet)* yr wythfed flwyddyn mewn ysgol uwchradd yn yr Almaen.
unterprivilegiert [ˈʊntərprivilegiːrt] *adj* llai breintiedig, difreintiedig.
Unterprogramm [ˈʊntərprogram] (-(e)s, -e) *nt (COMP)* isreolwaith *g*, isrwtîn *b*.
unterqualifiziert [ˈʊntərkvalifitsiːrt] *adj* heb gymwysterau digonol.

Unterredung [ʊntərˈreːduŋ] (-, -en) f sgwrs b galon-agored, trafodaeth b.

unterrepräsentiert [ˈʊntərreprɛzɛntiːrt] adj heb gynrychiolaeth ddigonol.

Unterricht [ˈʊntərrɪçt] (-(e)s, kein pl) m hyfforddiant g; (Stunden) gwersi ll; **jdm in etw** dat ~ **geben** dysgu rhth i rn.

unterrichten [ʊntərˈrɪçtən] vt untrenn hyfforddi; (SCH) dysgu; (benachrichtigen) rhoi gwybod i; **sich über etw** akk ~ cael gwybodaeth am rth.

Unterrichts- kompos: **~gegenstand** m pwnc g/testun g gwers; **~methode** f dull g dysgu; **~stoff** m deunydd g dysgu; **~stunde** f gwers b.

Unterrock [ˈʊntərrɔk] m pais b.

unters = unter das.

untersagen [ʊntərˈzaːgən] vt untrenn: **jdm etw** ~ gwahardd rhn rhag gwneud rhth.

Untersatz [ˈʊntərzats] (-es, ¨-e) m mat g bwrdd; (für Blumentöpfe) dysgl b.

unterschätzen [ʊntərˈʃɛtsən] vt untrenn synied yn rhy isel, tanbrisio; **jdn** ~ tanbrisio rhn; **die Gefahr** ~ bychanu'r perygl.

unterscheiden [ʊntərˈʃaɪdən] irreg vt untrenn gwahaniaethu.

♦ vr untrenn bod yn wahanol.

Unterscheidung f (Unterschied) gwahaniaeth g; (Unterscheiden) gwahaniaethu g.

Unterschenkel [ˈʊntərʃɛŋkəl] (-s, -) m bola g coes.

Unterschicht [ˈʊntərʃɪçt] f dosbarth g gweithiol.

unterschieben [ˈʊntərʃiːbən] irreg vt (fig) **jdm etw** ~ gwthio rhth ar rn.

Unterschied [ˈʊntərʃiːt] m gwahaniaeth g; **im** ~ **zu** yn wahanol i.

unterschiedlich adj (viele verschiedene) amrywiol; (andere) gwahaniaethol.

unterschiedslos adv yn ddiwahân, fel ei gilydd.

unterschlagen [ʊntərˈʃlaːgən] irreg vt untrenn darnguddio, embeslo; (verheimlichen) cuddio.

Unterschlagung f darnguddiad g, embeslad g; (von Briefen) ataliad g.

Unterschlupf [ˈʊntərʃlupf] (-(e)s, ¨-e) m noddfa b, lloches g.

unterschreiben [ʊntərˈʃraɪbən] irreg vt untrenn arwyddo, llofnodi.

Unterschrift [ˈʊntərʃrɪft] (-, -en) f llofnod g; (Bild) disgrifiad g, geiriad g.

unterschwellig [ˈʊntərʃvɛlɪç, -ɪk] adj isganfyddol, isdrothwyol.

Unterseeboot [ˈʊntərzeːboːt] (-(e)s, -e) nt llong b danfor.

Unterseite [ˈʊntərzaɪtə] (-, -n) f tu g isaf, ochr b isaf.

Untersetzer [ˈʊntərzɛtsər] (-s, -) m mat g bwrdd; (für Gläser) mat g diod.

untersetzt [ʊntərˈzɛtst] adj byrdew.

unterst [ˈʊntərst] adv: **zu** ~ ar y gwaelod, yn isaf oll.

unterste adj isaf, gwaelod.

unterstehen [ʊntərˈʃteːən] irreg vi untrenn +dat bod yn atebol i.

♦ vr untrenn mentro, meiddio; **untersteh dich!** paid!

unterstellen¹ [ˈʊntərʃtɛlən] vt (AUTO) parcio dan do.

♦ vr cysgodi.

unterstellen² [ʊntərˈʃtɛlən] vt untrenn israddio, darostwng; (fig) taro bai am (rhth) ar; **jdm etw** ~ (pej) ensynio rhth am rn; **jdm unterstellt sein** bod o dan rn, bod yn atebol i rn.

Unterstellung (-, -en) f (Behauptung) camgyflead g, camliwiad g; (Andeutung) ensyniad g.

unterstreichen [ʊntərˈʃtraɪçən] irreg vt untrenn tanlinellu; (betonen) pwysleisio.

Unterstufe [ˈʊntərʃtuːfə] f (SCH) ≈ blwyddyn 7, 8, a 9 (Cyfnod Allweddol 3).

unterstützen [ʊntərˈʃtʏtsən] vt untrenn cynorthwyo, helpu, cefnogi.

Unterstützung f cymorth g, cefnogaeth b; (FIN) cymhorthdal g.

untersuchen [ʊntərˈzuːxən] vt untrenn (erforschen) ymchwilio i, astudio; (MED) archwilio; (Polizei) gwneud ymholiad i; **sich ärztlich** ~ **lassen** cael archwiliad meddygol.

Untersuchung (-, -en) f (Studie) astudiaeth b; (MED) archwiliad g; (Delikt) ymchwiliad g, ymholiad g.

Untersuchungs- kompos: **~ausschuss** m pwyllgor g ymchwiliad; **~ergebnis** nt (JUR) dyfarniad g; (MED) canlyniadau ll; **~haft** f cadw rhn yn y ddalfa hyd ddiwedd yr achos; **~richter** m ynad g archwilio.

Untertan [ˈʊntərtaːn] (-s, -en) m deiliad g.

Untertasse [ˈʊntərtasə] (-, -n) f soser b.

untertauchen [ˈʊntərtauxən] vi (+sein) plymio; (NAUT: U-Boot) ymsuddo; (fig) mynd o'r golwg, diflannu o olwg yr heddlu.

♦ vt (+haben) trochi, tansuddo.

Unterteil [ˈʊntərtaɪl] (-(e)s, -e) nt oder m gwaelod g, darn g isaf.

unterteilen [ʊntərˈtaɪlən] vt untrenn isddosbarthu, isrannu.

Untertitel [ˈʊntərtiːtəl] (-s, -) m is-deitl g; (für Bild) geiriad g, capsiwn g.

Unterton [ˈʊntərtoːn] (-(e)s, ¨-e) m (fig) islais g, awgrym g.

untertreiben [ʊntərˈtraɪbən] vt untrenn dweud yn gynnil am, tanddatgan.

unterwandern [ʊntərˈvandərn] vt untrenn ymhidlo i, ymdreiddio i.

Unterwäsche ['ʊntərvɛʃə] *f* dillad *ll* isaf.

Unterwasser- *kompos:* **~aufnahme** *f* llun *g* tanddwr; **~ausrüstung** *f* cyfarpar *g* tanddwr; **~kamera** *f* camera *g* tanddwr.

unterwegs [ʊntər've:ks] *adv* ar y ffordd; *(nicht da)* i ffwrdd.

unterweisen [ʊntər'vaɪzən] *irreg vt untrenn* hyfforddi, cyfarwyddo.

Unterwelt ['ʊntərvɛlt] *f* isfyd *g*, Annwn *g*; *(kriminelle)* byd *g* lladron.

unterwerfen [ʊntər'vɛrfən] *irreg vt untrenn* darostwng, trechu.

 ♦ *vr untrenn* ymostwng, ildio.

unterwürfig [ʊntər'vʏrfɪç, -ɪk] *adj* gwasaidd, slafaidd.

unterzeichnen [ʊntər'tsaɪçnən] *vt untrenn* arwyddo.

Unterzeichnende (-n, -n) *m/f* llofnodwr *g*, arwyddwr *g*.

unterziehen¹ ['ʊntərtsi:ən] *vt (anziehen)* gwisgo oddi tanodd.

unterziehen² [ʊntər'tsi:ən] *irreg vt untrenn +dat* rhoi triniaeth arbennig i rth.

 ♦ *vr untrenn +dat (einer Prüfung)* sefyll; **sich einer Operation ~** cael triniaeth lawfeddygol.

Untiefe ['ʊnti:fə] (-, -n) *f* beisle *g*, bas *g*.

Untier ['ʊnti:r] (-s, -e) *nt* anghenfil *g*.

untragbar [ʊn'tra:kba:r] *adj* annioddefol.

untreu ['ʊntrɔy] *adj* anffyddlon; **sich** *dat* **selbst ~ werden** bod yn anonest gyda chi'ch hunan, twyllo'ch hunan.

Untreue *f* anffyddlondeb *g*.

untröstlich [ʊn'trø:stlɪç] *adj* anghysuradwy, digysur.

untypisch *adj* annodweddiadol.

unüberbrückbar *adj (Gegensätze)* anghymodadwy; *(Klüfte)* amhontiadwy.

unüberlegt *adj* byrbwyll.

 ♦ *adv* heb feddwl.

un- *kompos:* **~übersehbar** *adj* amlwg; *(unermesslich)* anfesuradwy; **~übersichtlich** *adj (System, Plan)* aneglur; *(Kurve)* cas, peryglus.

unübertroffen *adj* diguro, dihafal.

unumgänglich [ʊn'ʊm'gɛŋlɪç, 'ʊn'ʊmgɛŋlɪç] *adj* anhepgor, angenrheidiol.

unumstößlich ['ʊn'ʊmʃtø:slɪç] *adj (Tatsache)* diamheuol; *(Entschluss)* diwrthdro, terfynol.

unumstritten ['ʊn'ʊmʃtrɪtən] *adj* di-ddadl, dimaheuol.

unumwunden ['ʊn'ʊmvʊndən] *adj* gonest, di-flewyn-ar-dafod.

 ♦ *adv* di-lol, heb falu awyr.

ununterbrochen [ʊn'ʊntərbrɔxən] *adj* di-dor, parhaus, di-baid.

un- *kompos:* **~veränderlich** *adj* digyfnewid; **~verändert** *adj* digyfnewid, dinewid; **~verantwortlich** *adj* anghyfrifol, difeddwl; *(unentschuldbar)* anesgusodol, anfaddeuol; **~verarbeitet** *adj* heb ei drin.

unveräußerlich [ʊnfɛr'ɔysərlɪç] *adj* diymwad *g*; *(Besitz)* anwerthadwy, anfarchnatadwy.

unverbesserlich ['ʊnfɛrbɛsərlɪç] *adj* anwelladwy, anniwygiadwy.

unverbindlich *adj* dim yn gyfrwymol, dim yn orfodol; *(Antwort)* amwys, amhenodol.

 ♦ *adv (COMM)* heb ymrwymiad.

unverbleit *adj (Benzin)* di-blwm.

unverblümt ['ʊnfɛrbly:mt] *adj* swta, sych; **die ~e Wahrheit** y gwir plaen.

 ♦ *adv* yn swta, yn sychlyd.

un- *kompos:* **~verbrieft** *adj (Rechte)* di-siartr; **~verdaulich** *adj* anhreuliadwy, anodd ei dreulio; **~verdaut** *adj* heb ei dreulio; **~verdient** *adj* anhaeddiannol; **~verdorben** *adj* heb ei ddifetha; **~verdrossen** *adj* diatal, penderfynol; *(unermüdlich)* diflino; **~verdünnt** *adj* pur, digymysg; **~vereinbar** *adj* anghymharus, gwrthnaws; **~verfänglich** *adj* diniwed.

unverfroren ['ʊnfɛrfro:rən] *adj* digywilydd, haerllug.

un- *kompos:* **~vergänglich** *adj* anfeidrol; *(Erinnerung)* anfarwol; **~vergesslich** *adj* bythgofiadwy.

unvergleichlich ['ʊnfɛrglaɪçlɪç] *adj* unigryw, digymar.

un- *kompos:* **~verhältnismäßig** *adv* anghyfartal, anghymesur; *(übermäßig)* yn eithafol, i ormodaeth; **~verheiratet** *adj* dibriod.

unverhofft ['ʊnfɛrhɔft] *adj* annisgwyl.

unverhohlen ['ʊnfɛrho:lən] *adj* agored, di-gêl.

unverhüllt ['ʊnfɛrhʏlt] *adj* anghudd, heb ei gelu.

unverkäuflich ['ʊnfɛrkɔyflɪç] *adj* nid yw ar werth.

unverkennbar [ʊnfɛr'kɛnba:r] *adj* digamsyniol.

un- *kompos:* **~verletzlich** *adj (fig)* annhoradwy; **~verletzt** *adj* dianaf.

unvermeidlich ['ʊnfɛrmaɪtlɪç] *adj* anochel.

unvermittelt ['ʊnfɛrmɪtəlt] *adj (plötzlich)* sydyn, annisgwyl.

Unvermögen ['ʊnfɛrmø:gən] (-s, *kein pl*) *nt* anallu *g*, analluedd *g*.

un- *kompos:* **~vermutet** *adj* annisgwyl; **~vernünftig** *adj* ffôl, gwirion, twp.

unverrichtet *adj:* **~er Dinge** gwaglaw.

un- *kompos:* **~verriegelt** *adj* agored; **~verschämt** *adj* digywilydd, haerllug.

Unverschämtheit ['ʊnfɛrʃɛ:mthaɪt] *f* digywilydd-dra *g*, haerllugrwydd *g*.

unverschuldet ['ʊnfɛrʃʊldət] *adj* heb fod bai ar rn.

unversehens *adv* mewn chwinciad, yn sydyn.

unversehrt *adj* dianaf.

unversöhnlich *adj* anghymodlon, anghymodadwy.

Unverstand ['ʊnfɛrʃtant] *m* diffyg synnwyr cyffredin; *(Torheit)* ffolineb *g*.

unverständlich *adj* annealladwy, aneglur.

unversucht *adj:* **nichts ~ lassen** ceisio popeth.

un- *kompos:* **~verträglich** *adj* cwerylgar, cecrus; *(Meinungen, MED)* gwrthnaws, anghymharus; **~vertraut** *adj* anghyfarwydd.

unverwandt *adj* diberthyn; **jdn ~ ansehen** syllu ar rn.

unverwechselbar *adj* digamsyniol.

unverwüstlich [ʊnfɛr'vy:stlɪç] *adj* anninistriadwy; *(Mensch)* diatal, aflywodraethus.

unverzeihlich [ʊnfɛr'tsaɪlɪç] *adj* anfaddeuol.

unverzinslich ['ʊnfɛrtsɪnslɪç] *adj* di-log.

unverzüglich [ʊnfɛr'tsy:klɪç] *adj* uniongyrchol, yn syth.

un- *kompos:* **~vollendet** *adj* anorffenedig, anghyflawn; **~vollkommen** *adj* amherffaith; **~vollständig** *adj* anghyflawn, **~vorbereitet** *adj* heb fod yn barod, annisgwyl; **~voreingenommen** *adj* diduedd, amhleidiol; **~vorhergesehen** *adj* annisgwyl, anrhagweledig; **~vorsichtig** *adj* diofal, esgeulus; **~vorstellbar** *adj* anhygoel, annirnadwy; **~vorteilhaft** *adj* anfanteisiol; **~wahr** *adj* anghywir, anwir, celwyddog.

Unwahrheit ['ʊnva:rhaɪt] (-, -en) *f* anwiredd *g*, celwydd *g*; **die ~ sagen** dweud celwydd.

unwahrscheinlich ['ʊnva:rʃaɪnlɪç] *adj* annhebygol.
   ♦ *adv (ugs)* yn anhygoel.

Unwahrscheinlichkeit *f* annhebygolrwydd *g*.

unwegsam ['ʊnve:kza:m] *adj (Gelände)* garw.

unweigerlich [ʊn'vaɪgərlɪç] *adj* digwestiwn, dibetrus.
   ♦ *adv* yn ddi-ffael, yn ddi-feth.

Unwesen ['ʊnve:zən] *nt* poendod *g*, niwsans *g*; *(Unfug)* drygioni *g*; **sein ~ treiben** gwneud llanast; *(Mörder)* bod â'i draed yn rhydd.

unwesentlich *adj* dibwys; **~ besser** mymryn yn well.

Unwetter ['ʊnvɛtər] *nt* storm *b* o fellt a tharanau.

unwichtig *adj* dibwys.

unwiderlegbar *adj* diwrthbrawf, anwadadwy.

unwiderruflich [ʊnvidər'ru:flɪc] *adj* di-alw'n-ôl, diwrthdro.

unwiderstehlich [ʊnvi:dər'ʃte:lɪç] *adj* anorchfygol, anwrthsafadwy.

unwiederbringlich [ʊnvi:dər'brɪŋlɪç] *adj* anadferadwy.

Unwillen ['ʊnvɪlən] *m* amharodrwydd *g*; *(Missmut)* sarugrwydd *g*.

unwillig *adj* amharod, anfodlon.

unwillkürlich *adj* digymell.
   ♦ *adv* yn reddfol, wrth reddf; *(lachen)* yn anfwriadol, yn ddifwriad.

un- *kompos:* **~wirklich** *adj* afreal, dychmygol; **~wirksam** *adj* aneffeithiol, dieffaith; **~wirsch** *adj* sarrug, swta, cas.

unwirtlich *adj* digroeso.

un- *kompos:* **~wirtschaftlich** *adj* gwastraffus; **~wissend** *adj* anwybodus, diarwybod.

Unwissenheit ['ʊnvɪsənhaɪt] *f* anwybodaeth *b*.

un- *kompos:* **~wissenschaftlich** *adj* anwyddonol; **~wissentlich** *adv* yn ddiarwybod, heb sylweddoli; **~wohl** *adj* gwael, sâl.

Unwohlsein ['ʊnvo:lzaɪn] (-s, *kein pl*) *nt* anhwylder *g*.

unwürdig ['ʊnvy:rdɪç, -ɪk] *adj* annheilwng.

Unzahl ['ʊntsa:l] *f:* **eine ~ von ...** llu o…

unzählig ['ʊntsɛ:lɪç, -ɪk] *adj* aneirif, di-rif.

un- *kompos:* **~zerbrechlich** *adj* annhoradwy; **~zerreißbar** *adj* anrhwygadwy; **~zerstörbar** *adj* anninistriadwy.

unzertrennlich [ʊntsɛr'trɛnlɪç] *adj* anwahanadwy.

Unzucht ['ʊntsʊxt] *f* trosedd *b* ryw.

un- *kompos:* **~züchtig** *adj* anfoesol; *(obszön)* anweddus; **~zufrieden** *adj* anhapus, anfodlon.

Unzufriedenheit ['ʊntsufri:dənhaɪt] *f* anfodlonrwydd *g*.

un- *kompos:* **~zugänglich** *adj (Gegend)* anhygyrch, anodd cyrraedd ato; *(Mensch)* pell; **~zulänglich** *adj* annigonol, anaddas; **~zulässig** *adj* annerbyniol; **~zumutbar** *adj* afresymol.

unzurechnungsfähig *adj* anghyfrifol; **jdn für ~ erklären lassen** *(JUR)* dyfarnu/ardystio rhn yn wallgof.

un- *kompos:* **~zusammenhängend** *adj* digyswllt; **~zutreffend** *adj* anghywir, gwallus; **~zuverlässig** *adj* annibynadwy; **~zweideutig** *adj* diamwys, eglur, clir; **~zweifelhaft** *adj* diamheuol.

üppig ['ʏpɪç, -ɪk] *adj (Essen)* digonol; *(Vegetation)* toreithiog, iraidd; *(Haar)* trwchus; *(Frau)* nwydus, cnawdol; *(Busen)* mawr.

Ur- [u:r] *in kompos* gwreiddiol, cyntaf.

Urabstimmung ['u:r'apʃtɪmʊŋ] *f (POL)* pleidlais *b* gyffredinol.

Ural [u'ra:l] (-s) *m (GEOG)* **der ~** yr Wral.

uralt ['u:r'alt] *adj* hen.

Urahn ['u:r'a:n] *m* cyndad *g*, hynafiad *g*.

Uran [u'ra:n] (-s, *kein pl*) *nt (CHEM)* wraniwm *g*.

Uraufführung *f (THEAT)* perfformiad *g* cyntaf.

urbar ['u:rba:r] *adj:* **die Wüste ~ machen** adennill yr anialwch; **Land ~ machen** trin tir.

Urdu ['ʊrdu] *nt* Wrdw *b*.

Ur- *kompos:* **~einwohner** *m* brodor *g*, preswyliwr *g* gwreiddiol; **~enkel** *m* gor-ŵyr *g*; **~enkelin** *f* gorwyres *b*; **~fassung** *f* fersiwn *gb* gwreiddiol; **~faust** *m (LIT)* fersiwn gwreiddiol 'Faust'; **~großeltern** *pl* hen daid a hen nain, hen fam-gu a

hen dad-cu; **~großmutter** *f* hen nain *b*, hen fam-gu
b; **~großvater** *m* hen daid *g*, hen dad-cu *g*.

Urheber (-s, -) *m* cychwynnydd *g*, dechreuwr *g*;
(Autor) awdur *g*.

Urheberrecht *nt* hawlfraint *b*.

urheberrechtlich *adv:* **~ geschützt** hawlfreiniol.

Urin [uˈriːn] (-s, -e) *m (MED)* troeth *g*, dŵr *g*.

urkomisch *adj* doniol iawn.

Urkunde (-, -n) *f* dogfen *b*, tystysgrif *b*.

urkundlich [ˈuːrkʊntlɪç] *adj* dogfennol.

Urlaub [ˈuːrlaʊp] (-(e)s, -e) *m* gwyliau *ll*; *(MIL)*
rhyddhad *g*, caniatâd i fod yn absennol.

Urlauber(in) *m(f)* twrist *g*, rhn ar wyliau.

Urlaubs- *kompos:* **~geld** *nt* arian *g* gwyliau; **~ort** *m* lle
g gwyliau.

urlaubsreif *adj* yn barod am wyliau, ag arnoch
angen gwyliau.

Urmensch [ˈuːrmɛnʃ] (-en, -en) *m* dyn *g* cyntefig.

Urne [ˈʊrnə] (-, -n) *f* wrn *g*; **zur ~ schreiten** *(geh)* mynd
i fwrw pleidlais.

Urologe [uroˈloːgə] (-n, -n) *m (MED)* wrolegwr *g*.

urplötzlich [ˈuːrˈplœtslɪç] *adv (ugs)* yn ddisymwyth
hollol.

Ursache [ˈuːrzaxə] (-, -n) *f* achos *g*; **keine ~!** *(auf Dank)*
croeso! â phleser! *(auf Entschuldigung)* mae'n
iawn.

ursächlich [ˈuːrzɛçlɪç] *adj* achosol.

Urschrei [ˈuːrʃraɪ] (-(e)s, -e) *m* cri *gb* cynoesol.

Ursprung [ˈuːrʃprʊŋ] (-(e)s, ¨-e) *m* dechreuad *g*,
tarddiad *g*, gwreiddyn *g*; *(von Fluss)* tarddiad *g*.

ursprünglich [ˈuːrʃprʏŋlɪç] *adj* gwreiddiol.
♦ *adv* yn wreiddiol.

Ursprungs- *kompos:* **~land** *nt (COMM)* tarddwlad *b*;
~zeugnis *nt* tystysgrif *b* tarddiad/haniad.

Urteil [ˈʊrtaɪl] (-s, -e) *nt* barn *b*; *(JUR)* dedfryd *gb*; **sich**
dat **ein ~ bilden über** +*akk* ffurfio eich barn ar; **das ~**
über jdn sprechen dedfrydu rhn, traddodi barn ar
rn.

urteilen [ˈʊrtaɪlən] *vi* barnu.

Urteilsspruch (-s, ¨-e) *m* dedfryd *b*, rheithfarn *b*.

Ur- *kompos:* **~trieb** *m* egni *g* cynhenid; **~wald** *m*
dryswig *b*, jyngl *b*; **~zeit** *f* amser *g*
cynhanesyddol.

USA [uːˈʔɛsˈʔɑː] *pl abk (GEOG, = Vereinigte Staaten von*
Amerika) Unol Daleithiau *ll* America.

usw. *abk (= und so weiter)* ac yn y blaen, ayb.

Utensilien [utɛnˈziːliən] *pl* offer *ll*.

Utopie [utoˈpiː] *f* breuddwyd *gb* gwrach.

utopisch [uˈtoːpɪʃ] *adj* delfrydol, wtopaidd.

u.U. *abk (= unter Umständen)* o bosib.

UV *abk (= ultraviolett)* uwchfioled.

u.v.a. *abk (= und viele(s) andere)* a llawer mwy.

u.v.a.m. *abk (= und viele(s) andere mehr)* a llawer iawn
mwy.

u.W. *abk (= unseres Wissens)* hyd y gwyddom ni.

V

V¹, v [faʊ] *nt* V, v *b*; **~ wie Viktor** V am Victor.

V² *abk* = **Volt**.

VAE *abk* (= *Vereinigte Arabische Emirate*) EAU.

Vagabund [vagaˈbʊnt] (-en, -en) *m* tincer *g*, trampyn *g*, crwydryn *g*.

vagabundieren [vagabʊnˈdiːrən] *vi* jolihoetio.

vage [ˈvaːgə] *adj* amhendant, niwlog, ansicr.

vagieren [vaˈgiːrən] *vi* mynd ar grwydr.

vagierend *adj* cylchynol.

Vagina [ˈvaːgina] (-, **Vaginen**) *f (ANAT)* gwain *b*, fagina *b*.

Vakuum [ˈvaːkuʊm] (-s, **Vakua** *oder* **Vakuen**) *nt* gwactod *g*.

vakuumverpackt *adj* a baciwyd dan wactod.

Valentinstag [ˈvalɛntiːnstaːk] *m* dydd *g* San Ffolant.

Vampir [vamˈpiːr] *m* fampir *gb*.

Vandale [vanˈdaːlə] (-n, -n) *m (HIST)* fandal *g*; *(fig)* fandal, rheibiwr *g*.

Vandalismus [vandaˈlɪsmʊs] *m* fandaliaeth *b*.

Vanille [vaˈnɪljə] (-, *kein pl*) *f* fanila *g*.

Vanille- *kompos:* **~eis** *nt* hufen *g* iâ fanila; **~geschmack** *m* blas *g* fanila; **~pudding** *m* cwstard *g*; **~soße** *f* cwstard; **~zucker** *m* siwgr *g* fanila.

variabel [variˈaːbəl] *adj* amrywiol, newidiol; **variable Kosten** cost *gb* newidiol.

Variable [variˈaːblə] (-, -n) *f* newidyn *g*.

Variante [variˈantə] (-, -n) *f* amrywiolyn *g*.

Variation [variatsiˈoːn] (-, -en) *f* amrywiad *g*.

variieren [variˈiːrən] *vt, vi* amrywio.

Vasall [vaˈsal] (-en, -en) *m (HIST)* deiliad *g*.

Vase [ˈvaːzə] (-, -n) *f* fâs *b*.

Vater [ˈfaːtər] (-s, ¨-) *m* tad *g*; **der Heilige ~** *(Papst)* y Tad Sanctaidd; **~ Staat** *(ugs)* y Fam Wladwriaeth *b*.

Vaterland *nt* mamwlad *b*, pau *b*.

Vaterlandsliebe *f* gwladgarwch *g*.

väterlich [ˈfɛːtərlɪç] *adj* tadol, tadaidd.

väterlicherseits *adv* o du eich tad.

Vaterschaft *f* tadaeth *b*, tadogaeth *b*.

Vaterschaftsklage *f* achos *g* tadogaeth.

Vaterstelle *f:* **~ bei jdm vertreten** cymryd lle tad rhn.

Vaterunser [faːtərˈʔʊnzər] *nt (REL)* Gweddi *b*'r Arglwydd, pader *g*.

Vati [ˈfaːti] (-s, -s) *m (ugs)* dad *g*, tada *g*.

Vatikan [vatiˈkaːn] *m (GEOG)* y Fatican *b*; *(fig)* yr Eglwys *b* Gatholig.

V-Ausschnitt [ˈfaʊʔaʊsʃnɪt] *m (TEX)* gwddf *g* V.

v.Chr. *abk* (= *vor Christus*) C.C., Cyn Crist.

Vegetarier [vegeˈtaːriər] *m* llysieuwr *g*; **~in** *f* llysieuwraig *b*.

vegetarisch [vegeˈtaːrɪʃ] *adj* llysieuol, llysfwytaol.

Vegetation [vegetatsiˈoːn] *f* planhigion *ll*, llystyfiant *g*.

vegetativ [vegetaˈtiːf] *adj (BIOL)* tyfiannol; *(MED)* awtonomig; **~es Nervensystem** cyfundrefn *b* nerfol awtonomig.

vegetieren [vegeˈtiːrən] *vi* tyfu; *(kärglich leben)* lledfyw, llusgo byw.

Vehikel [veˈhiːkəl] *nt (pej, ugs)* hen siandir *g*, hen groc *g*.

Veilchen [ˈfaɪlçən] (-s, -) *nt (BOT)* fioled *b*, crinllys *ll*.

Veloˢ [ˈveːlo] (-s, -s) *nt* beic *g*.

Velours¹ [vəˈluːr] (-s, -s) *m (TEX)* melfed *g*.

Velours² (-, -) *nt (TEX: Leder)* swêd *g*.

Vene [ˈveːnə] (-, -n) *f (ANAT)* gwythïen *b*.

Venedig [veˈneːdɪç, -ɪk] *nt (GEOG)* Fenis *b*.

venerisch [veˈneːrɪʃ] *adj* gwenerol.

Venezianer [venetsiˈaːnər] *m (~in f)* Fenisiad *g*.

venezianisch [venetsiˈaːnɪʃ] *adj* Fenisaidd.

Venezolaner [venetsoˈlaːnər] *m (~in f)* Feneswliad *g*.

venezolanisch [venetsoˈlaːnɪʃ] *adj* Feneswlaidd.

Venezuela [venetsuˈeːla] *nt (GEOG)* Feneswla *b*.

Ventil [vɛnˈtiːl] (-s, -e) *nt (TECH)* falf *b*.

Ventilation [vɛntilatsiˈoːn] *f* awyriad *g*.

Ventilator [vɛntiˈlaːtor] (-s, -en) *m* awyrydd *g*, ffan *b*, gwyntyll *b*.

verabreden [fɛrˈʔapreːdən] *vt untrenn* trefnu; *(Termin)* cytuno ar.

♦ *vr:* **sich mit jdm ~** trefnu cyfarfod â rhn; **mit jdm verabredet sein** bod wedi trefnu cyfarfod â rhn.

Verabredung (-, -en) *f* cytundeb *g*; *(Treffen)* trefniad *g*, apwyntiad *g*; **ich habe eine ~** rwyf wedi trefnu cyfarfod (â rhn).

verabreichen [fɛrˈʔapraɪçən] *vt untrenn* rhoi.

verabscheuen [fɛrˈʔapʃɔʏən] *vt untrenn* ffieiddio, casáu.

verabschieden [fɛrˈʔapʃiːdən] *vt untrenn (Gäste)* ffarwelio â, dweud ffarwél wrth; *(entlassen)* diswyddo; *(JUR: Gesetz)* derbyn, pasio.

♦ *vr untrenn:* **sich ~ (von** +*dat)* ffarwelio (â).

Verabschiedung *f (von Beamten usw)* diswyddiad *g*, diswyddo *g*; *(von Gesetz)* derbyn *g*, pasio *g*.

verachten [fɛrˈʔaxtən] *vt untrenn* dirmygu, ffieiddio; **nicht zu ~** *(ugs)* ni ddylid dirmygu.

verächtlich [fɛr'ɛçtlɪç] *adj* sarhaus, dirmygus; *(verachtenswert)* gwarthus, dirmygadwy.

Verachtung *f* dirmyg *g*; **jdn mit ~ strafen** trin rhn yn ddirmygus.

veralbern[D] [fɛr'albərn] *vt untrenn (ugs)* gwneud hwyl am ben rhn.

verallgemeinern [fɛr'algəmaɪnərn] *vt untrenn* cyffredinoli.

Verallgemeinerung *f* cyffredinoliad *g*.

veralten [fɛr'altən] *vi (+sein) untrenn* dyddio, mynd o arfer.

veraltet *adj* wedi dyddio.

Veranda [ve'randa] (-, **Veranden**) *f* feranda *gb*.

veränderlich [fɛr'ɛndərlɪç] *adj* amrywiol; *(Wetter)* cyfnewidiol.

Veränderlichkeit *f* cyfnewidioldeb *g*.

verändern [fɛr'ɛndərn] *vt, vi untrenn* newid, addasu.

Veränderung (-, -en) *f* newid *g*; **eine berufliche ~** newid *g* gyrfa/swydd.

verängstigen [fɛr'ɛŋstɪgən] *vt untrenn (erschrecken)* dychryn, codi ofn ar; *(einschüchtern)* brawychu.

verankern [fɛr'aŋkərn] *vt untrenn (NAUT, TECH)* angori; *(fig: einbetten)* **~ in** *+dat* plannu yn, angori yn, gwreiddio yn.

veranlagen [fɛr'anlɑːgən] *vt untrenn (FIN)* **jdn ~ (mit)** asesu treth rhn (yn).

veranlagt *adj (begabt)* **sie ist musikalisch ~** mae hi'n gerddorol; **zu etw ~ sein** wedi eich geni i rth.

Veranlagung *f* natur *b*, tuedd *b*, cymeriad *g*.

veranlassen [fɛr'anlasən] *vt untrenn* achosi, peri; *(Maßnahmen)* cymryd camau; **sich veranlasst sehen** teimlo dan orfodaeth, teimlo rheidrwydd.

Veranlassung *f* achos *g*, symbyliad *g*; **auf jds ~** *akk* ar anogaeth rhn.

veranschaulichen [fɛr'anʃaulɪçən] *vt untrenn* egluro, esbonio, dangos.

veranschlagen [fɛr'anʃlɑːgən] *vt untrenn* amcangyfrif.

veranstalten [fɛr'anʃtaltən] *vt untrenn* trefnu, cynnal.

Veranstalter(in) *m(f)* trefnydd *g*; *(Konzerte, THEAT)* hyrwyddwr(aig) *g(b)*.

Veranstaltung (-, -en) *f (Veranstalten)* trefnu *g*; *(Ereignis)* achlysur *g*, digwyddiad *g*; *(feierlich, öffentlich)* dathliad *g*; *(Konzert)* cyngerdd *gb*.

verantworten [fɛr'antvɔrtən] *vt untrenn* derbyn cyfrifoldeb am; *(Folgen)* ateb dros; **etw vor jdm ~** cyfiawnhau rhth i rn.

♦ *vr untrenn* cyfiawnhau eich hun.

verantwortlich *adj* cyfrifol.

Verantwortung *f* cyfrifoldeb *g*; **jdn zur ~ ziehen** galw rhn i gyfrif.

verantwortungsbewusst *adj* cyfrifol, aeddfed.

Verantwortungsgefühl *nt* teimlad o gyfrifoldeb.

verantwortungslos *adj* anghyfrifol, difeddwl.

verantwortungsvoll *adj* cyfrifol.

verarbeiten [fɛr'arbaɪtən] *vt untrenn* trin, prosesu; *(geistig)* mewnoli; *(Erlebnis)* myfyrio dros; **etw zu etw ~** troi rhth yn rhth; **verarbeitende Industrie** diwydiant *g* trin.

verarbeitet *adj:* **gut ~** *(Kleid)* â gwedd orffenedig.

Verarbeitung *f* trin *g*, prosesu *g*; *(Information)* amgyffrediad *g*.

verärgern [fɛr'ɛrgərn] *vt untrenn* cythruddo, gwylltio, cynddeiriogi.

verarmen [fɛr'armən] *vi (+sein) untrenn* mynd yn dlotach, dirywio.

verarschen [fɛr'arʃən] *vt untrenn (vulg)* gwneud hwyl am ben (rhn).

verarzten [fɛr'ɑːrtstən] *vt untrenn* trin yn feddygol.

verausgaben [fɛr'ausgɑːbən] *vr untrenn* gwario llawer o arian; *(fig)* ymlâdd.

veräußern [fɛr'ɔysərn] *vt untrenn (geh: verkaufen)* gwerthu.

Verb [vɛrp] (-s, -en) *nt (GRAM)* berf *b*.

Verb. *abk = Verband.*

verballhornen [fɛr'balhɔrnən] *vt untrenn (parodieren)* parodïo; *(unabsichtlich)* difetha.

Verband [fɛr'bant] (-(e)s, ¨-e) *m (MED)* rhwymyn *g*; *(Bund)* cymdeithas *b*; *(MIL)* carfan *b*.

verband *vb vgl.* **verbinden.**

Verband(s)- *kompos:* **~kasten** *m* blwch *g* cymorth cyntaf; **~päckchen** *nt* rhwymyn *g*, gorchudd *g*; **~stoff** *m* rhwymyn *g*; **~zeug** *nt* pethau *ll* cymorth cyntaf.

verbannen [fɛr'banən] *vt untrenn* alltudio, diarddel.

Verbannung *f* alltudiaeth *b*.

verbarrikadieren [fɛrbarikɑ'diːrən] *vt untrenn* baricadu.

♦ *vr untrenn* codi baricêd o'ch blaen; *(fig: in Zimmer)* cloi eich hunan i mewn.

verbauen [fɛr'bauən] *vt untrenn:* **sich** *dat* **alle Chancen ~** difetha'ch siawns.

verbergen [fɛr'bɛrgən] *irreg vt, vr untrenn* cuddio; *(verhehlen)* celu; **sich ~ vor** *+dat* cuddio rhag; **sich hinter etw** *dat* **~** *(auch fig)* ymguddio'r tu ôl i rth.

verbessern [fɛr'bɛsərn] *vt untrenn* gwella; *(berichtigen)* cywiro.

♦ *vr untrenn* gwella; *(sich korrigieren)* cywiro'ch hun.

verbessert *adj* diwygiedig, gwell; **eine neue ~e Auflage** argraffiad *g* diwygiedig newydd.

Verbesserung (-, -en) *f* gwelliant *g*, gwellhad *g*; *(Korrektur)* cywiriad *g*.

verbeugen [fɛr'bɔygən] *vr untrenn* ymgrymu.

Verbeugung (-, -en) *f* ymgrymiad *g*, bow *g*.

verbiegen [fɛr'biːgən] *irreg vi untrenn* plygu.

verbiestert[D] [fɛrˈbiːstərt] *adj (ugs)* piwis, blin.

verbieten [fɛrˈbiːtən] *irreg vt untrenn* gwahardd; **jdm etw ~** gwahardd rhn rhag gwneud rhth.

verbilligen [fɛrˈbɪlɪgən] *vt untrenn* gostwng pris (rhth).

♦ *vr untrenn* mynd yn rhatach, dod i lawr, disgyn.

verbinden [fɛrˈbɪndən] *irreg vt untrenn* cysylltu; *(kombinieren)* cyfuno, uno; *(MED)* rhwymo; **jdm die Augen ~** rhoi mwgwd dros lygaid rhn.

♦ *vr untrenn* ymuno; *(CHEM)* bondio.

verbindlich [fɛrˈbɪntlɪç] *adj* rhwymol, cyfrwymol; *(höflich, zuvorkommend)* caredig, cymwynasgar; **~ zusagen** cytuno gydag ymrwymiad; **~en Dank** diolch o galon.

Verbindlichkeit (-, **-en**) *f* rhwymedigaeth *b*; *(Höflichkeit)* cwrteisi *g*, moesgarwch *g*; **~en** *pl (JUR)* rhwymedigaethau *ll*; *(COMM)* ymrwymiadau *ll*.

Verbindung (-, **-en**) *f* cysylltiad *g*; *(Zusammensetzung)* cyfuniad *g*; *(CHEM)* cyfansoddyn *g*; *(Vereinigung)* clwb *g*, cymdeithas *b*; *(TEL: Anschluss)* llinell *b*, lein *b*; **mit jdm in ~ stehen** bod mewn cysylltiad â rhn; **~ mit jdm aufnehmen** cysylltu â rhn.

Verbindungsmann *m* (-(e)s, ¨-er *oder* **-leute**) canolwr *g*, cysylltwr *g*.

verbissen [fɛrˈbɪsən] *adj* ystyfnig, dygn; *(in Arbeit)* penderfynol, cyndyn.

Verbissenheit *f* cyndynrwydd *g*, dygnwch *g*.

verbitten [fɛrˈbɪtən] *irreg vt untrenn:* **sich** *dat* **etw ~** peidio â derbyn rhth.

verbittern [fɛrˈbɪtərn] *vt (+haben), vi (+sein) untrenn* chwerwi, suro.

verbittert *adj* chwerwedig, chwerwdost.

Verbitterung *f* chwerwder *g*, bustledd *g*.

verblassen [fɛrˈblasən] *vi (+sein) untrenn* colli lliw; *(schwinden)* diflannu.

Verbleib [fɛrˈblaɪp] (-(e)s, *kein pl*) *m* lleoliad *g*.

verbleiben [fɛrˈblaɪbən] *irreg vi (+sein) untrenn* bod ar ôl, bod yn weddill; *(bleiben)* aros; **es ~ uns drei Wochen** tair wythnos sydd ar ôl i ni; **wir sind so verblieben, dass ...** rydyn ni wedi cytuno i...

verbleit [fɛrˈblaɪt] *adj (Benzin)* yn cynnwys plwm.

Verblendung [fɛrˈblɛndʊŋ] *f* hunan-dwyll *g*, camargraff *gb*; **in seiner ~** trwy ei gamsyniad.

verblöden [fɛrˈbløːdən] *vi (+sein) untrenn* mynd yn wirion.

verblödet *adj* gwirion.

Verblödung *f* mynd *g* yn wirion.

verblüffen [fɛrˈblʏfən] *vt untrenn* rhyfeddu, synnu, syfrdanu; *(verwirren)* drysu.

Verblüffung *f* syndod *g*, syfrdandod *g*.

verblühen [fɛrˈblyːən] *vi (+sein) untrenn* gwywo, colli lliw.

verbluten [fɛrˈbluːtən] *vi (+sein) untrenn* gwaedu i farwolaeth.

verbohren [fɛrˈboːrən] *vr untrenn* **sich in etw** *akk* **~** glynu wrth rth yn ystyfnig.

verbohrt *adj (Haltung)* ystyfnig, penstiff.

verborgen [fɛrˈbɔrgən] *adj* cudd, cuddiedig; **~e Mängel** diffygion/gwendidau *ll* cudd.

Verbot [fɛrˈboːt] (-(e)s, **-e**) *nt* gwaharddiad *g*.

verboten [fɛrˈboːtən] *adj* gwaharddedig; **Rauchen ~!** dim ysmygu! **Parken ~!** dim parcio!

verbotenerweise *adv* er gwaethaf y gwaharddiad.

Verbotsschild (-es, -er) *nt* arwydd *gb* sy'n gwahardd rhth.

verbrämen [fɛrˈbrɛːmən] *vt untrenn (geh: beschönigen)* aralleirio, rhoi lliw ar; *(Kritik)* **~ (mit)** gorchuddio (â).

Verbrauch [fɛrˈbraux] (-(e)s, *kein pl*) *m* traul *b*, defnydd *g*; **niedrig im ~** *(Strom, Benzin)* rhesymol ei dreuliant.

verbrauchen [fɛrˈbrauxən] *vt untrenn* defnyddio, treulio; **der Wagen verbraucht 10 Liter Benzin auf 100 km** mae'r car yn gwneud 30 milltir i'r galwyn.

Verbraucher *m* defnyddiwr *g*; **~in** *f* defnyddwraig *b*.

Verbrauchermarkt *m* goruwchfarchnad *b*.

verbrauchernah *adj* ffafriol i'r defnyddiwr.

Verbraucher- *kompos:* **~schutz** *m* amddiffyn *g* prynwyr, gwarchod *g* defnyddwyr; **~verband** *m* cyngor *g* defnyddwyr.

Verbrauchsgüter *pl* nwyddau *ll* traul/prŷn.

verbraucht *adj* wedi'i lwyr ddefnyddio; *(Luft)* drwg; *(Mensch)* wedi diffygio, wedi ymlâdd.

Verbrechen [fɛrˈbrɛçən] (-s, -) *nt* trosedd *b*.

Verbrecher (-s, -) *m* troseddwr *g*; **~in** *f* troseddwraig *b*.

verbrecherisch *adj* troseddol.

Verbrecherkartei *f* llyfr *g* lladron, oriel *b* dihirod.

Verbrechertum *nt* troseddoldeb *g*.

verbreiten [fɛrˈbraɪtən] *vt untrenn* taenu; *(Licht)* taflu; *(Wärme)* tywynnu, llewyrchu.

♦ *vr untrenn* ymledu; **sich über etw** *akk* **~** *(fig)* ymhelaethu ar.

verbreitern [fɛrˈbraɪtərn] *vt untrenn* lledu.

verbreitet *adj* cyffredin; **eine weit ~e Ansicht** daliad *g* cyffredin.

Verbreitung *f* ymlediad *g*, taeniad *g*.

verbrennbar [fɛrˈbrɛnbaːr] *adj* llosgadwy, hylosg.

verbrennen [fɛrˈbrɛnən] *irreg vt untrenn* llosgi; *(Leiche)* llosgi, amlosgi; *(versengen)* deifio, rhuddo; *(verbrühen)* sgaldio, llosgi.

Verbrennung *f* llosg *g*, llosgiad *g*; *(in Motor)* ymlosgiad *g*, hylosgiad *g*; *(von Leiche)* amlosgiad *g*, darlosgiad *g*.

Verbrennungs- *kompos:* **~anlage** *f* llosgydd *g*; **~motor** *m (TECH)* modur *g* tanio mewnol.

verbriefen [fɛrˈbriːfən] *vt untrenn* dogfennu.

verbringen [fɛrˈbrɪŋən] *irreg vt untrenn* bwrw, treulio; **das Wochenende ~** treulio'r penwythnos, bwrw'r Sul.

Verbrüderung [fɛrˈbryːdəruŋ] *f* cyfeillach *g*, cyfeillachu *g*.

verbrühen [fɛrˈbryːən] *vt untrenn* sgaldio, sgaldanu, llosgi.

verbuchen [fɛrˈbuːxən] *vt untrenn (FIN)* cofrestru, dangos; *(Erfolg)* mwynhau; *(Misserfolg)* dioddef; **etw als Erfolg ~** cofnodi bod rhth yn llwyddiant.

Verbum [ˈvɛrbum] **(-s, Verba)** *nt* berf *b*.

verbummeln [fɛrˈbuməln] *vt untrenn (ugs: versäumen)* colli; *(Zeit)* gwastraffu, afradu.

verbunden [fɛrˈbundən] *adj* cysylltiedig; **jdm ~ sein** bod yn ddiolchgar/ddyledus i rn; **falsch ~** *(TEL)* rhif *g* anghywir.

verbünden [fɛrˈbyndən] *vr untrenn* ymgynghreirio.

Verbundenheit *f* perthynas *b*, rhwymyn *g*.

Verbündete (-n, -n) *m/f* cynghreiriad *g*.

Verbundglas [fɛrˈbuntglaːs] *nt* gwydr *g* laminedig.

verbürgen [fɛrˈbyːrgən] *vr untrenn:* **sich ~ für** gwarantu, tystio o blaid; **ein verbürgtes Recht** hawl *gb* brofedig.

verbüßen [fɛrˈbyːsən] *vt untrenn:* **eine Strafe ~** bwrw tymor mewn carchar.

verchromt [fɛrˈkroːmt] *adj* cromiwm-plât.

Verdacht [fɛrˈdaxt] **(-(e)s, *kein pl*)** *m* amheuaeth *b*; **~ schöpfen (gegen jdn)** bod ag amheuaeth (ynghylch rhn), drwgdybio (rhn); **jdn in ~ haben** amau/drwgdybio rhn; **es besteht ~ auf Krebs** *akk* maen nhw'n amau cancr.

verdächtig [fɛrˈdɛçtɪç, -ɪk] *adj* amheus.

verdächtigen *vt untrenn* amau, drwgdybio.

Verdächtigung *f* amheuaeth *b*; **~en** *pl* *(Beschuldigungen)* cyhuddiadau *ll*, haeriadau *ll*.

verdammen [fɛrˈdamən] *vt untrenn* damnio, condemnio; **verdammt! daria! diawch!**

Verdammnis (-, *kein pl*) *f* damnedigaeth *b*.

verdammt *adj* damnedig, dan gondemniad; **~ noch mal!** myn uffern i! myn diawl!

verdampfen [fɛrˈdampfən] *vt (+haben), vi (+sein) untrenn* anweddu, tarthu; *(KOCH)* berwi'n ddim.

verdanken [fɛrˈdaŋkən] *vt untrenn:* **jdm etw ~** bod yn ddyledus i rn am rth.

verdarb *vb vgl.* **verderben.**

verdattert^ [fɛrˈdatərt] *adj (ugs)* syn, syfrdan.

verdauen [fɛrˈdauən] *vt untrenn* treulio; *(fig)* treulio, cymathu.

♦ *vi untrenn* treulio bwyd.

verdaulich *adj* treuliadwy; **schwer ~** trwm, anodd i'w dreulio.

Verdauung *f* treuliad *g*.

Verdauungs- *kompos:* **~spaziergang** *m* tro *g*/wâc *b* ar ôl pryd o fwyd; **~störung** *f* diffyg *g* traul.

Verdeck [fɛrˈdɛk] **(-(e)s, -e)** *nt (AUTO)* to *g* clwt; *(NAUT)* dec *g* uchaf.

verdecken [fɛrˈdɛkən] *vt untrenn* gorchuddio; *(verbergen)* cuddio.

verdenken [fɛrˈdɛŋkən] *irreg vt untrenn:* **jdm etw ~** beio rhn am rth; **das kann man ihr nicht ~** does neb yn gallu ei beio hi am hynny.

Verderb [fɛrˈdɛrp] *m:* **auf Gedeih und ~** er gwell, er gwaeth.

verderben [fɛrˈdɛrbən] *irreg vt (+haben) untrenn* difetha; *(schädigen)* niweidio; *(moralisch)* llygru; **es mit jdm ~** pechu yn erbyn rhn.

♦ *vi (+sein) untrenn (Essen)* pydru; *(Mensch)* gadael i'ch hun ddirywio.

Verderben *nt* dymchweliad *g*, distryw *g*, dinistr *g*.

verderblich *adj (Einfluss)* niweidiol, dinistriol; *(Lebensmittel)* darfodus, byrhoedlog.

verderbt *adj* llygredig, pwdr.

Verderbtheit *f* llygredd *g*, llygredigaeth *b*.

verdeutlichen [fɛrˈdɔʏtlɪçən] *vt untrenn* egluro.

verdichten [fɛrˈdɪçtən] *vt untrenn* gwasgu; *(PHYS)* cywasgu.

♦ *vr untrenn* tewhau.

verdienen [fɛrˈdiːnən] *vt untrenn* ennill; *(moralisch)* haeddu.

♦ *vi untrenn (Gewinn machen)* **~ an** *+dat* gwneud elw ar.

Verdienst¹ [fɛrˈdiːnst] **(-(e)s, -e)** *m* cyflog *gb*, elw *g*, enillion *ll*.

Verdienst² *nt* haeddiant *g*, teilyngdod *g*; *(Dank)* clod *gb*, canmoliaeth *b*; *(Leistung)* **~ um** *+akk* cyfraniad *g* i, gwasanaeth *g* i.

verdienstvoll *adj* clodwiw, canmoladwy.

verdient *adj* haeddiannol; *(Person)* clodwiw, o gryn werth; *(Lohn, Strafe)* cyfiawn, teg; **sich um etw ~ machen** cyfrannu'n fawr at rth.

verdonnern [fɛrˈdɔnərn] *vt untrenn (ugs)* **~ zu** *+dat (verurteilen)* dedfrydu i; *(abkommandieren)* gorfodi rhth ar rn, gorfodi rhn i wneud rhth.

verdoppeln [fɛrˈdɔpəln] *vt untrenn* dyblu.

Verdoppelung *f* dyblu *g*.

verdorben [fɛrˈdɔrbən] *pp von* **verderben.**

♦ *adj* wedi difetha; *(moralisch)* llygredig.

verdorren [fɛrˈdɔrən] *vi (+sein) untrenn* gwywo.

verdrängen [fɛrˈdrɛŋən] *vt untrenn* disodli, dadleoli; *(PHYS)* dadleoli; *(psychisch)* ffrwyno, mygu.

Verdrängung *f* disodliad *g*, dadleoliad *g*; *(in*

Psychologie) ataliad *g*, mygu *g* teimladau.

verdrehen [fɛr'dre:ən] *vt untrenn (auch fig)* cordeddu, troi; *(Augen)* troi; **jdm den Kopf ~** *(fig)* gwneud i rn wirioni.

verdreht *adj (ugs)* hurt, wedi drysu; *(Bericht)* dryslyd.

verdreifachen [fɛr'draɪfaxən] *vt untrenn* treblu.

verdreschen [fɛr'drɛʃən] *irreg vt untrenn* rhoi cweir i.

verdrießen [fɛr'dri:sən] *irreg vt untrenn* poeni, blino, mynd dan groen (rhn).

verdrießlich *adj* blinderus, blin.

verdross *vb vgl.* **verdrießen**.

verdrossen *pp von* **verdrießen**.

♦ *adj* anniddig, piwis, blin.

verdrücken [fɛr'drʏkən] *vt untrenn (Kleid)* crychu; *(ugs: verschlingen)* claddu, llowcio.

♦ *vr untrenn (ugs: abhauen)* diflannu.

Verdruss [fɛr'drʊs] *m* dicter *g*, anfodlonrwydd *g*; **zu jds ~** er mawr boendod i rn.

verduften [fɛr'dʊftən] *vi (+sein) untrenn (ugs: sich aus dem Staub machen)* ei heglu hi, diflannu.

verdummen [fɛr'dʊmən] *vi (+sein) untrenn* troi'n dwp.

♦ *vt*ᴰ *(+haben) untrenn* gwneud yn dwp.

verdunkeln [fɛr'dʊŋkəln] *vt untrenn* tywyllu.

♦ *vr untrenn* tywyllu.

Verdunkelung *f* llwyrddüwch *g*, tywyllu *g*; *(fig)* cuddio *g*, tywyllu *g*.

verdünnen [fɛr'dʏnən] *vt untrenn* gwanhau, teneuo.

Verdünner (-**s**, **s**) *m (Mittel)* teneuwr *g*.

verdünnisieren [fɛrdʏni'zi:rən] *vr untrenn (ugs)* diflannu, ei heglu hi.

verdunsten [fɛr'dʊnstən] *vi (+sein) untrenn* anweddu, tarthu.

verdursten [fɛr'dʊrstən] *vi (+sein) untrenn* marw o syched.

verdutzt [fɛr'dʊtst] *adj* syfrdan, dryslyd, mewn penbleth.

verebben [fɛr'ɛbən] *vi (+sein) untrenn* gostegu, tewi.

veredeln [fɛr'e:dəln] *vt untrenn (Metalle, Erdöl)* coethi, puro; *(Fasern)* gorffennu; *(BOT)* impio; **veredelte Erdäpfel** *(humoristisch)* golwyth *g* cig moch.

verehren [fɛr'e:dəln] *vt untrenn* addoli *(auch REL)*; **jdm etw ~** cyflwyno rhth i rn.

Verehrer(in) *m(f)* edmygwr(aig) *g(b)*, addolwr(aig) *g(b) (auch REL)*.

verehrt *adj* parchus, uchel eich clod; **~e Anwesende, ~es Publikum** Foneddigion a Boneddigesau!

Verehrung *f* parch *g*; *(REL)* addoliad *g*.

vereidigen [fɛr'aɪdɪɡən] *vt untrenn* rhoi ar lw; **jdn auf etw** *akk* **~** peri i rn dyngu llw ar rth.

Vereidigung *f* tyngu *g* llw.

Verein [fɛr'aɪn] (-(e)**s**, -**e**) *m* clwb *g*, cymdeithas *b*; **ein wohltätiger ~** elusen *b*.

vereinbar *adj* cydnaws, cytûn, cydwedd.

vereinbaren [fɛr'aɪnbɑ:rən] *vt untrenn* cytuno ar.

Vereinbarkeit *f* cydnawsedd *g*, cydweddoldeb *g*.

Vereinbarung (-, -**en**) *f* cytundeb *g*.

vereinen [fɛr'aɪnən] *vt untrenn (Menschen, Länder)* uno; *(Prinzipien)* cymodi, cymodloni; **etw in sich ~** uno.

vereint *adj* unedig; **mit ~en Kräften** wedi cyfuno'r adnoddau, drwy gydweithio; **die V~en Nationen** *pl* y Cenhedloedd *ll* Unedig.

vereinfachen [fɛr'aɪnfaxən] *vt untrenn* symleiddio.

Vereinfachung *f* symleiddio *g*, symleiddiad *g*.

vereinheitlichen [fɛr'aɪnhaɪtlɪçən] *vt untrenn* safoni.

vereinigen [fɛr'aɪnɪɡən] *vt, vr untrenn* uno.

vereinigt *adj* unedig, unol; **das V~e Königreich** *(POL)* y Deyrnas *b* Unedig; **die V~en Staaten (von Amerika)** *pl* Unol Daleithiau *ll* (America).

Vereinigung (-, -**en**) *f* uniad *g*, uno *g*; *(Verein)* cymdeithas *b*.

vereinnahmen [fɛr'aɪnnɑ:mən] *vt untrenn (geh)* cymryd; **jdn ~** *(fig)* gofyn/disgwyl llawer gan rn.

vereinzelt [fɛr'aɪntsəlt] *adj* ambell.

vereisen [fɛr'aɪzən] *vi (+sein) untrenn* rhewi drosto.

♦ *vt (+haben) untrenn (MED)* rhewi.

vereiteln [fɛr'aɪtəln] *vt untrenn* rhwystro, atal.

vereitern [fɛr'aɪtərn] *vi (+sein) untrenn (MED)* casglu, crawni, gori.

Verelendung [fɛr'e:lɛndʊŋ] *f* tlodi *g*.

verengen [fɛr'ɛŋən] *vr untrenn* culhau, cyfyngu.

vererben [fɛr'ɛrbən] *vt untrenn* gadael (mewn ewyllys); *(BIOL)* trosglwyddo.

♦ *vr untrenn* bod yn etifeddol, bod yn gynhwynol.

vererblich *adj* etifeddol, cynhwynol.

Vererbung *f (BIOL)* trosglwyddiad *g*; *(Lehre)* etifeddeg *b*; **das ist ~** *(ugs)* mae yn y teulu.

verewigen [fɛr'e:vɪgən] *vt untrenn* anfarwoli.

♦ *vr untrenn (ugs)* gadael eich enw er mwyn anfarwoli eich hun.

Verf. *abk* = **Verfasser**.

verfahren[1] [fɛr'fɑ:rən] *irreg vi (+sein) untrenn* gweithredu, ymddwyn; **~ mit** *+dat* delio â, trin.

♦ *vr (+haben) untrenn* mynd ar goll (mewn car).

♦ *vt (Benzin)* defnyddio; *(Zeit)* gwastraffu.

verfahren[2] *adj (aussichtslos)* amhosibl (sefyllfa *e.e.*).

Verfahren (-**s**, -) *nt* dull *g*; *(TECH)* gweithrediad *g*, proses *gb*; *(JUR)* prawf *g*, achos *g*.

Verfahrens- *kompos:* **~technik** *f (Methode)* proses *gb*; **~weise** *f* dull *g* gweithredu.

Verfall [fɛr'fal] (-(e)**s**, *kein pl*) *m* dirywiad *g*; *(von Haus)* adfeiliad *g*, dadfail *gb*; *(FIN)* diwedd cyfnod dilysrwydd.

verfallen[1] [fɛr'falən] *irreg vi (+sein) untrenn* dirywio, gwanhau; (Haus) troi'n adfail; (FIN) mynd yn ddi-rym, pallu; ~ in +akk mynd i/yn, llithro i; ~ auf +akk taro ar; auf eine Idee ~ taro ar syniad.

verfallen² adj (Gebäude) adfeiliedig, yn adfail; (Karten, Briefmarken) annilys, di-rym; (Strafe) wedi cyrraedd diwedd cyfnod dilysrwydd; (Pass) wedi dod i ben; dem Alkohol ~ sein bod yn gaeth i'r botel; jdm (völlig) ~ sein bod yn gaeth i rn.

Verfallsdatum nt dyddiad g cau; (der Haltbarkeit) dyddiad g olaf bwyta.

verfälschen [fɛrˈfɛlʃən] vt untrenn ffugio, anwireddu; (Tatsachen) ystumio.

verfänglich [fɛrˈfɛŋlɪç] adj lletchwith, annymunol; (belastend) cyhuddol, damniol; (gefährlich) peryglus.

verfärben [fɛrˈfɛrbən] vr untrenn newid lliw.

verfassen [fɛrˈfasən] vt untrenn ysgrifennu; (Gesetz, Urkunde) paratoi, llunio, cyfansoddi.

Verfasser m awdur g; ~in f awdures b.

Verfassung f cyfansoddiad g (auch POL); (körperlich) cyflwr g iechyd; (seelisch) cyflwr meddwl, stad b feddyliol.

verfassungsfeindlich adj gwrthgyfansoddiadol.

Verfassungsgericht nt = Verfassungsgerichtshof.

Verfassungsgerichtshof m (JUR) llys g cyfansoddiadol.

verfassungsmäßig adj cyfansoddiadol.

Verfassungs- kompos: ~schutz m (Aufgabe) gwarchod g y cyfansoddiad; (Amt) y swyddfa er gwarchod y cyfansoddiad; ~schützer m (ugs) amddiffynnydd g y cyfansoddiad.

verfassungswidrig adj anghyfansoddiadol.

verfaulen [fɛrˈfaʊlən] vi (+sein) untrenn pydru.

verfechten [fɛrˈfɛçtən] irreg vt untrenn amddiffyn; (Lehre) dadlau dros, cefnogi.

Verfechter(in) m(f) amddiffynnydd g, cefnogwr(aig) g(b).

verfehlen [fɛrˈfeːlən] vt untrenn methu; das Ziel ~ methu'r nod; das Thema ~ bod yn gwbl amherthnasol i'r thema.

verfehlt adj aflwyddiannus; (unangebracht) anaddas, amhriodol; etw für ~ halten ystyried rhth yn anaddas.

Verfehlung f (Vergehen) camymddygiad g, trosedd gb; (Sünde) camwedd g, pechod g.

verfeinern [fɛrˈfaɪnərn] vt untrenn coethi, puro.

Verfettung [fɛrˈfɛtʊŋ] f (von Organ, Muskeln) magu g bloneg.

verfeuern [fɛrˈfɔʏərn] vt untrenn llosgi; (Munition) tanio; (ugs.ᴰ aufbrauchen) defnyddio'r cwbl o.

verfilmen [fɛrˈfɪlmən] vt untrenn ffilmio, gwneud ffilm o.

Verfilmung f ffilmio g, rhoi ar y sgrin.

verfilzen [fɛrˈfɪltsən] vi (+sein) untrenn (Wolle) mynd yn ffeltiog, ffeltio; (Haare) mynd yn glymog; (fig: POL) mynd yn llygredig.

verflachen [fɛrˈflaxən] vi (+sein) untrenn mynd yn wastad; (fig: Diskussion) mynd yn arwynebol.

verfliegen [fɛrˈfliːgən] irreg vi (+sein) untrenn anweddu, diflannu; (Zeit) diflannu, hedfan.

  ♦ vr (+haben) untrenn mynd ar goll (mewn awyren).

verflixt [fɛrˈflɪkst] adj (ugs) uffern, diawl.

verflossen [fɛrˈflɔsən] adj cynt, a aeth heibio; (ugs) mein V~er oder: meine V~e fy nghyn-gariad i.

verfluchen [fɛrˈfluːxən] vt untrenn melltithio.

verflüchtigen [fɛrˈflʏçtɪgən] vr untrenn anweddu, tarthu; (Geruch) diflannu.

verflüssigen [fɛrˈflʏsɪgən] vr untrenn troi'n hylif.

verfolgen [fɛrˈfɔlgən] vt untrenn canlyn, dilyn; (gerichtlich) erlyn; (grausam, POL) erlid.

Verfolger m erlidiwr g; ~in f erlidwraig b.

Verfolgte (-n, -n) m/f un a erlidir, un dan erledigaeth.

Verfolgung (-, -en) f ymlid g; (JUR) erlyniad g; (politisch) erledigaeth b; strafrechtliche ~ erlyniad g.

Verfolgungswahn m cymhleth g erledigaeth.

verfrachten [fɛrˈfraxtən] vt untrenn llwytho, trosglwyddo; (ugs, fig) wir haben ihn ins Bett verfrachtet aethon ni ag e i'r gwely.

verfremden [fɛrˈfrɛmdən] vt untrenn dieithrio, pellhau.

verfressen [fɛrˈfrɛsən] adj barus, gwancus, trachwantus.

verfrüht [fɛrˈfryːt] adj rhy gynnar, cynamserol.

verfügbar [fɛrˈfyːkbaːr] adj ar gael.

verfügen [fɛrˈfyːgən] vt untrenn trefnu, gorchymyn; das Gericht verfügte die Schließung der Halle gorchmynnodd y llys i'r neuadd gael ei chau.

  ♦ vi untrenn: ~ über +akk meddu ar; über etw akk frei ~ können cael gwneud fel y mynnoch â rhth.

Verfügung (-, -en) f gorchymyn g; (JUR) gwrit b; jdm zur ~ stehen bod at wasanaeth rn, bod ar gael i rn.

Verfügungsrecht nt (JUR) hawl gb i ddefnyddio rhth, hawl gb i fanteisio ar wasanaeth.

verführen [fɛrˈfyːrən] vt untrenn temtio, hudo; (sexuell) llithio, hudo, denu; (die Jugend, das Volk) arwain ar gyfeiliorn.

Verführer (-s, -) m temtiwr g; (sexuell) llithiwr g, hudwr g; ~in f temtwraig b; (sexuell) llithwraig b, hudwraig b.

verführerisch adj hudolus, deniadol.

Verführung f llithiad g, llithio g; (Versuchung) temtasiwn gb.

Vergabe [fɛrˈɡaːbə] *f (von Arbeit)* dosraniad *g*, dosbarthiad *g*; *(von Stipendium, Auftrag)* rhoi *g*, dyfarniad *g*.

vergällen [fɛrˈɡɛlən] *vt untrenn (geh)* **jdm die Freude an etw** *dat* **~** difetha hwyl rhn am rth.

vergaloppieren [fɛrɡaloˈpiːrən] *vr untrenn (ugs: sich irren)* bod ar y trywydd anghywir.

vergammeln [fɛrˈɡaməln] *vi (+sein) untrenn (ugs)* dirywio; *(faulen)* pydru.

♦ *vt* [^D] *(+haben) untrenn (Zeit)* gwastraffu.

vergangen [fɛrˈɡaŋən] *adj* cynt, diwethaf.

Vergangenheit *f* gorffennol *g (auch GRAM)*.

Vergangenheitsbewältigung *f* dod i delerau â'r gorffennol.

vergänglich [fɛrˈɡɛŋlɪç] *adj* byrhoedlog, dros dro.

Vergänglichkeit *f* byrhoedledd *g*, byr barhad *g*, ansefydlogrwydd *g*.

vergasen [fɛrˈɡaːzən] *vt untrenn* nwyeiddio, nwyo; *(töten)* nwyo.

Vergaser (**-s, -**) *m (AUTO)* carbwradur *g*.

vergaß *vb vgl.* **vergessen**.

vergeben [fɛrˈɡeːbən] *irreg vt untrenn (weggeben)* rhoi; *(fig: Chance)* gwastraffu, taflu i'r gwynt, colli; *(Auftrag, Preis)* dyfarnu; *(Studienplätze, Stellen)* rhannu, dosbarthu; *(verzeihen)* maddau; **jdm etw ~** maddau rhth i rn, maddau i rn am rth; **~ an** *+akk* rhoi i, dyfarnu i; **~ sein** bod yn brysur, bod yn llawn; *(Mädchen, Bub)* bod â chariad yn barod.

vergebens [fɛrˈɡeːbəns] *adv* yn ofer.

vergeblich [fɛrˈɡeːplɪç] *adj* ofer, gwag.

♦ *adv* yn ofer.

Vergebung *f* maddeuant *g*, pardwn *g*.

vergegenwärtigen [fɛrˈɡeːɡənvɛrtɪɡən] *vr untrenn:* **sich** *dat* **etw ~** dychmygu rhth; *(erinnern)* dwyn rhth i gof.

vergehen [fɛrˈɡeːən] *irreg vi (+sein) untrenn* diflannu; **vor Angst ~** bod wedi dychryn ar eich hyd; **jdm vergeht etw** mae rhn yn colli rhth.

♦ *vr (+haben) untrenn* mynd ar goll; *(Tat begehen)* **sich an jdm ~** ymosod yn anweddus ar rn.

Vergehen (**-s, -**) *nt (JUR)* trosedd *gb*.

vergeistigt [fɛrˈɡaɪstɪçt, -ɪkt] *adj* ysbrydol.

vergelten [fɛrˈɡɛltən] *irreg vt untrenn:* **jdm etw ~** talu'r pwyth yn ôl i rn.

Vergeltung *f* dial *g*, dialedd *g*.

Vergeltungs- *kompos:* **~maßnahme** *f* gweithred *b* dalu'r-pwyth-yn-ôl, mesur *g* dialgar; **~schlag** *m (MIL)* dial *g*, dialedd *g*, taro *g* yn ôl.

vergesellschaften [fɛrɡəˈzɛlʃaftən] *vt untrenn (POL)* gwladoli.

vergessen [fɛrˈɡɛsən] *irreg vt untrenn* anghofio.

Vergessenheit *f* angof *g*, ebargofiant *g*.

vergesslich *adj* anghofus.

Vergesslichkeit *f* anghofusrwydd *g*.

vergeuden [fɛrˈɡɔʏdən] *vt untrenn* gwastraffu.

vergewaltigen [fɛrɡəˈvaltɪɡən] *vt untrenn* treisio; *(fig)* gorthrymu.

Vergewaltigung *f* trais *g*.

vergewissern [fɛrɡəˈvɪsərn] *vr untrenn* gwneud yn siŵr; **sich einer Sache** *gen* **~** sicrhau rhth.

vergießen [fɛrˈɡiːsən] *irreg vt untrenn* colli; **Tränen ~** colli dagrau.

vergiften [fɛrˈɡɪftən] *vt untrenn* gwenwyno.

Vergiftung *f* gwenwyno *g*.

vergilbt [fɛrˈɡɪlpt] *adj* wedi melynu.

Vergissmeinnicht [fɛrˈɡɪsmaɪnnɪçt] (**-(e)s, -**) *nt (BOT)* glas *g* y gors, nâd-fi'n-angof *g*.

vergittert [fɛrˈɡɪtərt] *adj:* **~e Fenster** ffenestri barrog.

verglasen [fɛrˈɡlaːzən] *vt untrenn* gwydro.

Vergleich [fɛrˈɡlaɪç] (**-(e)s, -e**) *m* cymhariaeth *b*; *(JUR)* cytundeb *g*; **einen ~ schließen** *(JUR)* dod i gytundeb; **in keinem ~ zu etw stehen** peidio â bod yn gymesur â rhth; **im ~ zu** *+dat* o gymharu â.

vergleichbar *adj* cymaradwy, tebyg.

vergleichen [fɛrˈɡlaɪçən] *irreg vt untrenn* cymharu.

♦ *vr untrenn (JUR)* dod i gytundeb.

vergleichsweise *adv* yn gymharol.

verglühen [fɛrˈɡlyːən] *vi (+sein) untrenn (Feuer)* diffodd; *(Raumkapsel, Meteor)* llosgi'n llwyr.

vergnügen [fɛrˈɡnyːɡən] *vr untrenn* mwynhau/difyrru eich hun.

Vergnügen *nt* difyrrwch *g*, mwynhad *g*, hwyl *b*; **das war ein teures ~** dyna beth oedd hwyl gostus; **viel ~!** mwynhewch! **es ist mir ein ~** mae'n bleser i mi.

vergnüglich *adj* dymunol, difyr.

vergnügt *adj* llon.

Vergnügung (**-, -en**) *f* difyrrwch *g*, diddanwch *g*.

Vergnügungspark *m* parc *g* hamdden, parc *g* pleser.

vergnügungssüchtig *adj* plesergar.

Vergnügungsviertel *nt* ardal *b* adloniant.

vergolden [fɛrˈɡɔldən] *vt untrenn* euro.

vergönnen [fɛrˈɡœnən] *vt untrenn:* **jdm etw ~** *(zugestehen)* caniatáu rhth i rn; *(sich freuen)* bod yn hapus dros rn am rth.

♦ *vr untrenn:* **sich** *dat* **etw ~** caniatáu rhth i'ch hunan.

vergöttern [fɛrˈɡœtərn] *vt untrenn* eilunaddoli.

vergraben [fɛrˈɡraːbən] *vt untrenn* claddu.

vergrämt [fɛrˈɡrɛːmt] *adj (Gesicht)* gofidus.

vergreifen [fɛrˈɡraɪfən] *irreg vr untrenn:* **sich an jdm ~** ymosod ar rn; **sich an etw** *dat* **~** camddefnyddio rhth; **sich im Ton ~** ymateb yn swta.

vergriffen [fɛrˈɡrɪfən] *adj (Buch)* allan o brint; *(Ware)* allan o stoc.

vergrößern [fɛrˈgrøːsərn] *vt untrenn* gwneud yn fwy; *(mengenmäßig)* cynyddu; *(Lupe)* chwyddo.

Vergrößerung *f* mwyhad *g*, estyniad *g*.

Vergrößerungsglas (-es, ¨-er) *nt* chwyddwydr *g*.

vergünstigt [fɛrˈgʏnstɪçt, -ɪkt] *adj (Lage)* amgen, ffafriedig; *(Preis)* is, gostyngol.

Vergünstigung [fɛrˈgʏnstɪguŋ] (-, -en) *f* gostyngiad *g*; *(Vorteil)* mantais *b*, ffafriaeth *b*.

vergüten [fɛrˈgyːtən] *vt untrenn:* **jdm etw ~** gwneud iawn i rn am rth; *(Arbeit, Leistung)* talu i rn am rth, digolledu rhn am rth.

Vergütung *f* iawndal *g*.

verh. *abk* = **verheiratet**.

verhaften [fɛrˈhaftən] *vt untrenn* arestio.

Verhaftete (-n, -n) *m/f* carcharor(es) *g(b)*.

Verhaftung *f* arestio *g*.

verhallen [fɛrˈhalən] *vi (+sein) untrenn* distewi.

verhalten¹ [fɛrˈhaltən] *irreg vr untrenn (sich benehmen)* ymddwyn; *(MATH)* bod mewn cyfrannedd â; **sich ruhig ~** cadw'n dawel; *(sich nicht bewegen)* aros yn llonydd.

♦ *vr untrenn unpers:* **wie verhält es sich damit?** sut mae pethau'n sefyll? **wenn sich das so verhält ...** os dyna'r sefyllfa…

verhalten² *adj* dan reolaeth, ag ymatal.

Verhalten *nt* ymddygiad *g*.

Verhaltensforschung *f* gwyddor *b* ymddygiad *g*.

verhaltensgestört *adj* aflonydd, trwblus.

Verhaltensmaßregel *f* rheol *b* ymddygiad.

Verhältnis [fɛrˈhɛltnɪs] (-ses, -se) *nt* perthynas *b*; *(MATH)* cyfrannedd *g*, cymhareb *b*; *(Liebes~)* carwriaeth *b*; *(Einstellung)* **~ zu** +*dat* agwedd *gb* at; **sie hat ein ~** mae hi'n caru ar y slei; **aus was für ~sen kommt er?** sut gefndir sydd ganddo? **für klare ~se sorgen** *oder:* **klare ~se schaffen** cael trefn ar bethau; **über seine ~se leben** gwario mwy na'ch incwm.

verhältnismäßig *adj* cymharol.

♦ *adv* yn gymharol.

Verhältnis- *kompos:* **~wahl** *f* cynrychiolaeth *b* gyfrannol; **~wahlrecht** *nt* cyfundrefn *b* gynrychiolaeth gyfrannol.

verhandeln [fɛrˈhandəln] *vi untrenn* trafod; *(JUR)* gwrando achos; **über etw** *akk* **~** trafod rhth.

♦ *vt untrenn* trafod; *(JUR)* gwrando.

Verhandlung (-, -en) *f* trafodaeth *b*; *(JUR)* achos *g*; **~en führen** cynnal trafodaethau.

Verhandlungs- *kompos:* **~basis** *f* (FIN) sylfaen *gb* drafodaethau; **~paket** *nt* (COMM) cynnig *g* cynhwysfawr; **~tisch** *m* bwrdd *g* trafodaethau, bwrdd *g* bargeinio.

verhangen [fɛrˈhaŋən] *adj (Himmel)* cymylog, gorchuddiedig.

verhängen [fɛrˈhɛŋən] *vt untrenn* gorchuddio; *(Strafe)* pennu.

Verhängnis [fɛrˈhɛŋnɪs] (-ses, -se) *nt* tynged *b*; **jdm zum ~ werden** bod yn achos cwymp rhn.

verhängnisvoll *adj* tyngedfennol.

verharmlosen [fɛrˈharmloːzən] *vt untrenn* bychanu, gwneud yn ddiniwed.

verharren [fɛrˈharən] *vi (+ haben oder sein) untrenn* sefyll; *(hartnäckig)* dal ati, cyndynnu.

verhärten [fɛrˈhɛrtən] *vt, vr untrenn* caledu.

verhaspeln [fɛrˈhaspəln] *vr untrenn (ugs)* cymysgu'ch geiriau.

verhasst [fɛrˈhast] *adj* atgas.

verhätscheln [fɛrˈhɛtʃəln] *vt untrenn* maldodi.

Verhau [fɛrˈhau] (-(e)s, -e) *m (zur Absperrung)* ffens *b*, atalfa *b*; *(Käfig)* cawell *g*.

verhauen [fɛrˈhauən] *irreg vt untrenn (ugs: verprügeln)* rhoi cweir i, rhoi curfa i; *(Prüfung)* cawlio.

verheben[D] [fɛrˈheːbən] *irreg vr untrenn* anafu eich hun wrth godi rhth.

verheerend [fɛrˈheːrənt] *adj* ofnadwy, trychinebus.

verhehlen [fɛrˈheːlən] *vt untrenn* cuddio, gorchuddio.

verheilen [fɛrˈhailən] *vi (+sein) untrenn* gwella, mendio.

verheimlichen [fɛrˈhaimlɪçən] *vt untrenn:* **jdm etw ~** cadw rhth rhag rhn.

verheiratet [fɛrˈhaiʀɑːtət] *adj* priod.

verheißen [fɛrˈhaisən] *irreg vt untrenn:* **jdm etw ~** addo rhth i rn, rhagweld rhth i rn.

verheißungsvoll *adj* addawol.

verheizen [fɛrˈhaitsən] *vt untrenn* llosgi, rhoi ar y tân.

verhelfen [fɛrˈhɛlfən] *irreg vi untrenn:* **jdm zu etw ~** helpu rhn i gael rhth.

verherrlichen [fɛrˈhɛrlɪçən] *vt untrenn* gogoneddu, dyrchafu.

verheult [fɛrˈhɔʏlt] *adj (Augen, Gesicht)* chwyddedig, pwfflyd (ar ôl wylo).

verhexen [fɛrˈhɛksən] *vt untrenn* bwrw hud ar; **es ist wie verhext** mae popeth yn mynd o chwith.

verhindern [fɛrˈhɪndərn] *vt untrenn* atal, rhwystro; **das lässt sich nicht ~** mae hynny'n anochel; **verhindert sein** methu dod; **ein verhinderter Politiker** un a hoffai fod yn wleidydd.

Verhinderung (-, -en) *f* rhwystrad *g*, ataliad *g*.

verhöhnen [fɛrˈhøːnən] *vt untrenn* gwatwar, gwawdio, cael hwyl am ben (rhn).

verhökern [fɛrˈhøːkərn] *vt untrenn (ugs)* gwerthu, cael arian parod am.

Verhör [fɛrˈhøːr] (-s, -e) *nt* holiad *g*, cwestiynu *g*; *(gerichtlich)* croesholiad *g*.

verhören [fɛrˈhøːrən] *vt untrenn* holi, croesholi.

♦ *vr untrenn* camddeall, camglywed.

verhüllen [fɛr'hʏlən] *vt untrenn* gorchuddio, celu; *(Haupt, Körperteil)* gorchuddio, cuddio.

verhungern [fɛr'hʊŋərn] *vi (+sein) untrenn* newynu, marw o newyn.

verhunzen [fɛr'hʊntsən] *vt untrenn (ugs)* difetha.

verhüten [fɛr'hy:tən] *vt untrenn* atal, diogelu rhag.

Verhütung *f* atal *g*, diogelu *g*.

Verhütungsmittel *nt* dull *g* atal cenhedlu.

verifizieren [verifi'tsi:rən] *vt untrenn* gwirio, cadarnhau.

verinnerlichen [fɛr'ⁱɪnərlɪçən] *vt untrenn* mewnoli.

verirren [fɛr'ⁱɪrən] *vr untrenn* myrⁱd ar goll *(auch fig)*; *(Tier, Kugel)* crwydro.

verjagen [fɛr'ja:gən] *vt untrenn* erlid.

verjähren [fɛr'jɛ:rən] *vi (+sein) untrenn* dod dan statud y cyfyngiadau; *(Anspruch)* peidio â bod yn ddilys.

Verjährungsfrist *f* diwedd *g* cyfnod dilysrwydd.

verjubeln [fɛr'ju:bəln] *vt untrenn (ugs: Geld)* gwario pob ceiniog o.

verjüngen [fɛr'jʏŋən] *vt untrenn* gwneud yn ifanc eto, adfer ieuenctid (rhn).

♦ *vr untrenn* meinhau, culhau; **die Säule verjüngt sich gegen oben** mae'r golofn yn meinhau tuag at i fyny.

verkabeln [fɛr'ka:bəln] *vt untrenn (TV)* cysylltu â'r rhwydwaith cebl; **seid ihr verkabelt?** ydych chi'n gallu derbyn teledu cebl?

Verkabelung *f (TV)* cysylltu *g* â'r rhwydwaith cebl.

verkalken [fɛr'kalkən] *vt (+sein) untrenn* calcheiddio; *(ugs)* mynd yn hen a ffwndrus.

verkalkulieren [fɛrkalku'li:rən] *vr untrenn* camgyfrif.

verkannt [fɛr'kant] *adj* nas gwerthfawrogir.

verkatert [fɛr'ka:tərt] *adj (ugs)* â phen mawr (ar ôl yfed).

Verkauf [fɛr'kauf] (-(e)s, ¨-e) *m* gwerthu *g*, gwerthiant *g*; **zum ~ stehen** bod ar werth.

verkaufen [fɛr'kaufən] *vt untrenn* gwerthu; **zu ~ ar** werth.

Verkäufer [fɛr'kɔʏfər] *m (~in f)* gwerthwr(aig) *g(b)*; *(in Geschäft)* dyn *g* siop, merch *b* siop.

verkäuflich [fɛr'kɔʏflɪç] *adj* gwerthadwy.

Verkaufs- [fɛr'kaufs] *kompos:* **~abteilung** *f* adran *b* werthu; **~automat** *m* peiriant *g* ceiniogau; **~bedingungen** *pl (COMM)* amodau a thelerau gwerthu; **~kampagne** *f* ymgyrch *gb* werthu; **~leiter** *m* rheolwr *g* yr adran werthu.

verkaufsoffenᴰ *adj:* **~er Samstag** dydd Sadwrn pan fydd y siopau ar agor drwy'r dydd.

Verkaufs- *kompos:* **~schlager** *m* rhth â mynd mawr arno; **~stelle** *f* man *gb* gwerthu; **~tüchtigkeit** *f* dawn *gb* gwerthu.

Verkehr [fɛr'ke:r] (-s, -e) *m* trafnidiaeth *b*; *(Umgang)* cyfathrach *b*; *(Geschlechts~)* cyfathrach *b* rywiol; *(Umlauf)* cylchrediad *g*; **aus dem ~ ziehen** tynnu o gylchrediad; **für den ~ freigeben** agor i draffig.

verkehren [fɛr'ke:rən] *vi (+sein) untrenn* teithio, mynd, rhedeg; **~ mit** +*dat* ymwneud â, cymysgu yn yr un cylchoedd â; **mit jdm brieflich ~** gohebu â rhn; **bei jdm ~** *(besuchen)* ymweld â rhn yn aml.

♦ *vt, vr (+haben) untrenn* troi, trawsnewid.

Verkehrs- *kompos:* **~ampel** *f (AUTO)* goleuadau *ll* traffig; **~amt** *nt* canolfan *gb* groeso; **~aufkommen** *nt* llif *g* o draffig.

verkehrsberuhigt *adj* wedi ei ryddhau o draffig trwm.

Verkehrs- *kompos:* **~beruhigung** *f* rhyddhau *g* o draffig trwm; **~betriebe** *pl* gwasanaeth *g* trafnidiaeth gyhoeddus; **~delikt** *nt* tramgwydd *g* traffig, trosedd *gb* draffig; **~erziehung** *f* dysgu *g* rheolau diogelwch ar y ffordd.

verkehrsgünstig *adj* cyfleus.

Verkehrsknotenpunkt *m* cyffordd *gb* draffig.

Verkehrsmittel *nt* dull *g* o deithio; **öffentliche/private ~** *pl* trafnidiaeth *b* gyhoeddus/breifat.

Verkehrsschild *nt* arwydd *gb* ffordd.

verkehrssicher *adj* diogel ar y ffordd.

Verkehrs- *kompos:* **~sicherheit** *f* diogelwch *g* ar y ffordd; **~stockung** *f* tagfa *b* draffig; **~sünder** *m (ugs)* troseddwr *g* traffig; **~teilnehmer** *m* fforddolyn *g*.

verkehrstüchtig *adj (Fahrzeug)* addas i'r ffordd fawr.

Verkehrs- *kompos:* **~unfall** *m* damwain *b* ffordd; **~verbund** *m* cyfundrefn *b* gwasanaeth trafnidiaeth gyhoeddus; **~verein**ᴰ *m* canolfan *gb* groeso.

verkehrswidrig *adj* yn groes i reolau'r ffordd.

Verkehrszeichen *nt* arwydd *gb* traffig.

verkehrt [fɛr'ke:rt] *adj* anghywir; *(umgekehrt)* o chwith; **~ herum** *adv* o chwith.

verkennen [fɛr'kɛnən] *irreg vt untrenn* camfarnu; *(unterschätzen)* tanbrisio.

Verkettung [fɛr'kɛtʊŋ] *f:* **eine ~ unglücklicher Umstände** cyfres o ddigwyddiadau anffodus.

verklagen [fɛr'kla:gən] *vt untrenn (JUR)* mynd â rhn i'r llys.

verklappen [fɛr'klapən] *vt untrenn* gwaredu/dympio i'r môr.

verklären [fɛr'klɛ:rən] *vt untrenn* gweddnewid; **verklärt lächeln** gwenu'n freuddwydiol.

verklausulieren [fɛrklauzu'li:rən] *vt untrenn (pej, Vertrag)* cyfyngu gan amodau.

verkleben [fɛr'kle:bən] *vt (+haben) untrenn* gludio.

♦ *vr (+sein) untrenn* glynu wrth ei gilydd.

verkleiden [fɛr'klaɪdən] *vt untrenn* cuddwisgo; *(kostümieren)* gwisgo; *(Wand)* gorchuddio.

♦ *vr untrenn* cuddwisgo; *(sich kostümieren)* gwisgo mewn gwisg ffansi.

Verkleidung *f* cuddwisg *b*; *(Wand~)* panelu *g*, cladin *gb*.

verkleinern [fɛrˈklaɪnərn] *vt untrenn* lleihau.

Verkleinerung *f* lleihad *g*.

verklemmt [fɛrˈklɛmt] *adj (fig)* swil.

verklickern[D] [fɛrˈklikərn] *vt untrenn (ugs)* jdm etw ~ gwneud rhth yn glir i rn.

verklingen [fɛrˈklɪŋən] *irreg vi (+sein) untrenn* distewi.

verknacksen [fɛrˈknaksən] *vt untrenn (ugs)* sich *dat* den Fuß ~ troi'ch ffêr.

verknallen [fɛrˈknalən] *vr untrenn (ugs)* sich in jdn ~ syrthio dros ben a chlustiau mewn cariad â rhn; **verknallt sein** bod mewn cariad.

verkneifen [fɛrˈknaɪfən] *vr irreg untrenn (ugs)* sich *dat* etw ~ dal yn ôl rhag gwneud rhth; **ich konnte mir das Lachen nicht ~** allwn i ddim lai na chwerthin.

verknöchert [fɛrˈknœçərt] *adj (fig)* wedi ymgaregu.

verknüpfen [fɛrˈknʏpfən] *vt untrenn* clymu, rhoi cwlwm ar; *(fig)* cysylltu.

Verknüpfung (-, -en) *f* cysylltiad *g*.

verkochen [fɛrˈkɔxən] *vt (+haben), vi (+sein) untrenn* berwi'n sych.

verkohlen [fɛrˈkoːlən] *vi (+sein) untrenn* troi'n garbon.

♦ *vt (+haben) untrenn* carboneiddio, golosgi; *(ugs:*[D] *auf den Arm nehmen)* jdn ~ tynnu coes rhn.

verkommen[1] [fɛrˈkɔmən] *irreg vi (+sein) untrenn* dirywio; *(Mensch)* mynd rhwng y cŵn a'r brain; *(ugs: verloren gehen)* mynd ar goll.

verkommen[2] *adj (moralisch)* afradlon.

Verkommenheit *f* llygredigaeth *b*.

verkorksen [fɛrˈkɔrksən] *vt untrenn (ugs)* gwneud llanast o.

verkörpern [fɛrˈkœrpərn] *vt untrenn* ymgorffori, ymgnawdoli.

verköstigen [fɛrˈkœstɪgən] *vt untrenn* bwydo.

verkrachen [fɛrˈkraxən] *vr untrenn (ugs)* sich (mit jdm) ~ cweryla (â rhn).

verkracht *adj (ugs: Existenz)* wedi mynd â'i ben iddo.

verkraften [fɛrˈkraftən] *vt untrenn* ymdopi â, dioddef.

verkrampfen [fɛrˈkrampfən] *vr untrenn (Muskeln)* tynhau, mynd yn dyn.

verkrampft *adj (fig)* dirdynnol, anesmwyth.

verkriechen [fɛrˈkriːçən] *irreg vr untrenn* sleifio ymaith, ymgilio.

verkrümeln[D] [fɛrˈkryːməln] *vr untrenn (ugs)* diflannu.

verkrümmt [fɛrˈkrʏmt] *adj* cam.

Verkrümmung *f* camdra *g*; *(ANAT)* gwargemi *g*, gwargrymedd *g*.

verkrüppelt [fɛrˈkrʏpəlt] *adj* cripl, cripledig, cloff.

verkrustet [fɛrˈkrʊstət] *adj* crawennog.

verkühlen [fɛrˈkyːlən] *vr untrenn* cael annwyd.

verkümmern [fɛrˈkʏmərn] *vi (+sein) untrenn* nychu, dihoeni.

verkünden [fɛrˈkʏndən] *vt untrenn* cyhoeddi.

verkündigen [fɛrˈkʏndɪgən] *vt untrenn* cyhoeddi, datgan.

verkuppeln [fɛrˈkʊpəln] *vt untrenn* jdn mit jdm ~ *(ugs)* cael rhn i rn.

verkürzen [fɛrˈkʏrtsən] *vt untrenn* byrhau; *(Wort)* talfyrru; **sich** *dat* **die Zeit ~** lladd amser; **verkürzte Arbeitszeit** oriau gwaith wedi'u cwtogi.

Verkürzung *f* byrhad *g*, talfyriad *g*.

verladen [fɛrˈlaːdən] *irreg vt untrenn (Waren, Vieh)* llwytho; *(Truppen)* rhoi ar long/drên/awyren.

Verlag [fɛrˈlaːk] (-(e)s, -e) *m* cyhoeddwr *g*, gwasg *b*.

verlagern [fɛrˈlaːgərn] *vt, vr untrenn* symud.

Verlags- *kompos:* **~anstalt** *f* cwmni *g* cyhoeddi; **~wesen** *nt* byd *g* cyhoeddi.

verlangen [fɛrˈlaŋən] *vt untrenn* mynnu, gofyn; *(wollen)* eisiau; **~ Sie Herrn Brunner** gofynnwch am Mr Brunner.

♦ *vi untrenn:* **~ nach** *+dat* gofyn am, dyheu am; **Sie werden am Telefon verlangt** mae rhn ar y ffôn i chi.

Verlangen *nt* dyhead *g*; **auf jds ~** ar gais rhn.

verlängern [fɛrˈlɛŋərn] *vt untrenn* ymestyn; *(länger machen)* gwneud yn hwy; *(Pass)* adnewyddu; **ein verlängertes Wochenende** penwythnos *g* estynedig.

Verlängerung (-, -en) *f* estyniad *g*; *(SPORT)* amser *g* ychwanegol.

Verlängerungs- *kompos:* **~kabel** *nt*, **~schnur**[D] *f* cebl *g* estyn.

verlangsamen [fɛrˈlaŋzaːmən] *vt, vr untrenn* arafu.

Verlass [fɛrˈlas] *m:* **auf ihn ist kein ~** does dim dal arno.

verlassen[1] [fɛrˈlasən] *irreg vt untrenn* gadael, ymadael â.

♦ *vr untrenn:* **sich ~ auf** *+akk* dibynnu ar.

verlassen[2] *adj* unig, anghysbell; *(Mensch)* wedi ei adael.

Verlassenheit *f* unigedd *g*.

verlässlich [fɛrˈlɛslɪç] *adj* dibynadwy.

Verlaub [fɛrˈlaʊp] *m:* **mit ~** gyda'ch caniatâd.

Verlauf [fɛrˈlaʊf] *m* cwrs *g*, treigl *g*; **einen guten ~ nehmen** mynd yn dda.

verlaufen [fɛrˈlaʊfən] *irreg vi (+sein) untrenn (Farben)* rhedeg; *(zeitlich)* mynd heibio.

♦ *vr untrenn* mynd ar goll; *(sich zerstreuen)* ymwasgaru.

Verlautbarung [fɛrˈlaʊtbaːrʊŋ] *f* cyhoeddiad *g*.

verlauten [fɛrˈlaʊtən] *vi untrenn:* etw ~ lassen datgelu rhth; **wie verlautet** yn ôl yr adroddiad.

verleben [fɛrˈleːbən] *vt untrenn (Zeit)* treulio.

verlegen[1] [fɛrˈleːgən] *vt untrenn* symud; *(verlieren)* colli; *(Kabel, Fliesen)* gosod; *(Buch)* cyhoeddi; *(Termin)* gohirio.

  ♦ *vr untrenn:* **sich auf etw** *akk* **~** troi at rth.

verlegen[2] *adj* chwithig, mewn embaras; **nicht um Worte ~** byth ar goll am eiriau.

Verlegenheit *f* embaras *g*, chwithigrwydd *g*, lletchwithdra *g*.

Verleger (-s, -) *m* cyhoeddwr *g*.

verleiden [fɛrˈlaɪdən] *vt untrenn:* **jdm etw ~** troi rhn oddi ar rth.

Verleih (-(e)s, -e) [fɛrˈlaɪ] *m* gwasanaeth *g* llogi; *(Film~)* dosbarthiad *g* ffilmiau.

verleihen [fɛrˈlaɪən] *irreg vt untrenn:* **etw (an jdn) ~** benthyca rhth (i rn); *(gegen Gebühr)* rhoi ar log, rhoi ar osod; *(Kraft, Anschein)* rhoddi, rhoi; *(Preis, Medaille)* cyflwyno.

Verleihung *f* rhoddi *g*, cyflwyno *g*.

verleiten [fɛrˈlaɪtən] *vt untrenn* arwain ar gyfeiliorn; **~ zu** +*dat* temtio i, perswadio i.

verlernen [fɛrˈlɛrnən] *vt untrenn* anghofio (yr hyn a ddysgwyd).

verlesen [fɛrˈleːzən] *irreg vt untrenn* darllen i'r cyhoedd; *(Rosinen)* didoli.

  ♦ *vr untrenn* gwneud camgymeriad wrth ddarllen.

verletzbar [fɛrˈlɛtsbaːr] *adj* clwyfadwy.

verletzen [fɛrˈlɛtsən] *vt untrenn* niweidio, brifo *(auch fig)*; *(Gesetz)* troseddu yn erbyn; **jdn zutiefst ~** brifo rhn i'r byw.

verletzend *adj (fig: Worte)* creulon.

verletzlich *adj* hawdd eich brifo, sensitif.

Verletzte (-n, -n) *m/f* rhn clwyfedig.

Verletzung (-, -en) *f* anaf *g*, niwed *g*; *(Verstoß)* tramgwydd *g*.

verleugnen [fɛrˈlɔʏgnən] *vt untrenn* gwadu; *(Menschen)* diarddel.

  ♦ *vr untrenn* smalio absenoldeb.

Verleugnung *f* gwadiad *g*.

verleumden [fɛrˈlɔʏmdən] *vt untrenn (JUR)* athrodi; *(schriftlich)* enllibio.

Verleumdung *f (JUR)* athrod *g*, enllib *g*.

verlieben [fɛrˈliːbən] *vr untrenn:* **sich ~ in** +*akk* cwympo mewn cariad â, ymserchu yn.

verliebt *adj* mewn cariad.

Verliebtheit *f* sefyllfa o fod mewn cariad â rhn.

verlieren [fɛrˈliːrən] *irreg vt, vi untrenn* colli; **er hat hier nichts verloren** ni ddylai fod yma.

  ♦ *vr untrenn* mynd ar goll; *(verschwinden)* diflannu.

Verlierer(in) *m(f)* yr un sy'n colli; *(Versager)* methiant *g*.

Verlies [fɛrˈliːs] (-(e)s, -e) *nt* daeargell *b*.

verloben [fɛrˈloːbən] *vr untrenn:* **sich ~ mit** +*dat* dyweddïo â; **verlobt sein** bod wedi dyweddïo.

Verlobte *m/f* dyweddi *g/b*.

Verlobung *f* dyweddïad *g*.

verlocken [fɛrˈlɔkən] *vt untrenn* denu, atynnu.

verlockend *adj* dengar, deniadol; **ein ~es Angebot** cynnig deniadol.

Verlockung (-, -en) *f* atyniad *g*, temtasiwn *gb*.

verlogen [fɛrˈloːgən] *adj* celwyddog, anwireddus; *(Moral)* rhagrithiol.

Verlogenheit *f* celwyddgarwch *g*.

verlor *vb vgl.* **verlieren**.

verloren [fɛrˈloːrən] *pp von* **verlieren**.

  ♦ *adj* ar goll; **~e Eier** wyau wedi eu potsio; **der ~e Sohn** *(REL)* y Mab *g* Afradlon; **auf ~em Posten stehen** brwydro'n aflwyddiannus; **etw ~ geben** anobeitho ynghylch rhth; **~ gehen** mynd ar goll; **an ihm ist ein Sänger ~ gegangen** gallai fod wedi bod yn ganwr da.

verlöschen [fɛrˈlœʃən] *irreg vi (+sein) untrenn (Kerze, Feuer)* diffodd; *(Inschrift, Farbe)* colli lliw; *(Erinnerung)* diflannu.

verlosen [fɛrˈloːzən] *vt untrenn* rafflo.

Verlosung *f* raffl *b*, lotri *b*.

verlottern [fɛrˈlɔtərn] *vi (+sein) untrenn (ugs: verwahrlosen)* mynd rhwng y cŵn a'r brain, dirywio.

verludern [fɛrˈluːdərn] *vi (+sein) untrenn (ugs: verwahrlosen)* mynd rhwng y cŵn a'r brain.

  ♦ *vt* [^] *(+haben) untrenn (ugs: verlieren)* colli.

Verlust [fɛrˈlʊst] *m* colled *gb*; **~e** *pl (MIL)* colledion *ll*; **mit ~ verkaufen** gwerthu ar golled.

Verlustanzeige *f* hysbyseb 'ar goll'.

Verlustgeschäft *nt:* **das war ein ~** roeddwn ar fy ngholled.

vermachen [fɛrˈmaxən] *vt untrenn:* **jdm etw ~** gadael rhth i rn (mewn ewyllys).

Vermächtnis [fɛrˈmɛçtnɪs] (-ses, -se) *nt* etifeddiaeth *b*.

vermählen [fɛrˈmɛːlən] *vr, vt untrenn* priodi.

Vermählung *f* priodas *b*.

vermarkten [fɛrˈmarktən] *vt untrenn (COMM)* marchnata.

Vermarktung *f* marchnata *g*.

vermasseln [fɛrˈmasəln] *vt untrenn (ugs)* gwneud cawl o.

vermehren [fɛrˈmeːrən] *vt, vr untrenn* lluosogi, cynyddu, amlhau.

Vermehrung *f* cynnydd *g*, twf *g*.

vermeiden [fɛrˈmaɪdən] *irreg vt untrenn* osgoi.

vermeidlich *adj* osgoadwy.

vermeintlich [fɛrˈmaɪntlɪç] *adj* honedig.

vermengen [fɛrˈmɛŋən] *vt untrenn* cymysgu; *(fig)* cymysgu, drysu.

Vermenschlichung [fɛrˈmɛnʃlɪçʊŋ] *f* dyneiddiad *g*, dynweddiant *g*.

Vermerk [fɛrˈmɛrk] (-(e)s, -e) *m* nodyn *g*, sylw *g*.

vermerken *vt untrenn* nodi.

vermessen¹ [fɛrˈmɛsən] *irreg vt untrenn* gwneud arolwg o, mesur.

♦ *vr untrenn (falsch messen)* camfesur.

vermessen² *adj* gorhyderus.

Vermessenheit *f* gorhyder *g*.

Vermessung (-, -en) *f* arolwg *g*.

Vermessungs- *kompos:* ~**amt** *nt* swyddfa *b* arolwg tir; ~**ingenieur** *m*, ~**techniker** *m* tirfesurydd *g*.

vermiesen [fɛrˈmiːzən] *vt untrenn:* **jdm etw ~** difetha rhth i rn.

vermieten [fɛrˈmiːtən] *vt untrenn (Wohnung)* gosod; *(Auto)* rhoi ar log/hur.

Vermieter(in) *m(f)* perchennog *g*, perchenoges *b*, landlord(es) *g(b)*.

Vermietung *f* gosod *g* (ar rent), rhoi *g* ar log.

vermindern [fɛrˈmɪndərn] *vt, vr untrenn* lleihau; *(Preise)* gostwng; **verminderte Quinte** pumed *g* cywasg.

Verminderung *f* lleihad *g*, gostyngiad *g*.

verminen [fɛrˈmiːnən] *vt untrenn* gosod ffrwydron mewn.

vermischen [fɛrˈmɪʃən] *vt untrenn* cymysgu.

♦ *vr untrenn* ymgymysgu.

vermissen [fɛrˈmɪsən] *vt untrenn* gweld eisiau, colli; *(sich sehnen)* colli, hiraethu am; **sie wurde als vermisst gemeldet** hysbyswyd ei bod ar goll.

Vermisste (-n, -n) *m/f* rhn ar goll.

Vermisstenanzeige *f* hysbysu *g*'r heddlu fod rhn ar goll.

vermitteln [fɛrˈmɪtəln] *vi untrenn* bod yn gyfryngwr; ~**de Worte** geiriau cymodol.

♦ *vt untrenn (Gespräch)* cysylltu; *(Stelle)* dod o hyd i; *(Idee)* cyfleu; *(Wissen)* trosglwyddo; **jdm etw ~** helpu/galluogi rhn i gael rhth.

Vermittler(in) (-s, -) *m (COMM)* asiant *g*; *(Schlichter)* cyfryngwr *g*, cysylltydd *g*.

Vermittlung (-, -en) *f* cymorth *g*; *(TEL)* cyfnewidfa *b*, switsfwrdd *g*; *(Schlichtung)* cyfryngu *g*.

Vermittlungsgebühr *f* comisiwn *g*.

vermögen [fɛrˈmøːgən] *irreg vt untrenn* gallu, bod â'r gallu i.

Vermögen (-s, -) *nt* cyfoeth *g*; *(Fähigkeit)* gallu *g*; **ein ~ kosten** costio ffortiwn.

vermögend *adj* cyfoethog, cefnog.

Vermögens- *kompos:* ~**steuer** *f* treth *b* ar eiddo; ~**wert** *m* ased *g*.

vermögenswirksam *adj (FIN)* **sein Geld ~ anlegen**

buddsoddi eich arian yn broffidiol; ~**e Leistungen** cyfraniad cyflogwr i gynllun cynilo di-dreth.

vermummen [fɛrˈmumən] *vr untrenn* lapio amdanoch yn gynnes; *(sich verkleiden)* cuddwisgo eich hunan.

vermurksen [fɛrˈmurksən] *vt untrenn (ugs)* gwneud cawl o.

vermuten [fɛrˈmuːtən] *vt untrenn* tybio; *(argwöhnen)* amau, drwgdybio.

vermutlich *adj* tybiedig.

♦ *adv* yn ôl pob tebyg.

Vermutung (-, -en) *f* syniad *g*, amheuaeth *b*; **es liegt die ~ nahe, dass ...** mae lle i dybio bod...

vernachlässigen [fɛrˈnaːxlɛsɪgən] *vt untrenn* esgeuluso.

♦ *vr untrenn* gadael i'ch hunan ddirywio.

Vernachlässigung *f* diofalwch *g*, esgeulustod *g*.

vernarben [fɛrˈnaːrbən] *vi (+sein) untrenn* creithio.

vernarren [fɛrˈnarən] *vr untrenn (ugs)* **in jdn vernarrt sein** dwlu/dotio ar rn.

vernaschen [fɛrˈnaʃən] *vt untrenn (Geld)* gwario ar losin; *(ugs: Mädchen, Mann)* bachu.

vernehmen [fɛrˈneːmən] *vt untrenn* synhwyro, clywed; *(erfahren)* clywed, cael ar ddeall; *(JUR)* (croes)holi; **dem V~ nach** yn ôl yr hyn a glywais, yn ôl y sôn.

vernehmlich *adj* clywadwy.

Vernehmung (-, -en) *f (JUR)* (croes)holiad *g*.

vernehmungsfähig *adj* mewn cyflwr i gael eich croesholi.

verneigen [fɛrˈnaɪgən] *vr untrenn* ymgrymu.

verneinen [fɛrˈnaɪnən] *vt untrenn (Frage)* ateb yn nacaol; *(ablehnen)* gwrthod; *(GRAM)* negyddu.

verneinend *adj* nacaol, negyddol.

Verneinung *f* nacâd *g*.

vernichten [fɛrˈnɪçtən] *vt untrenn* dinistrio, difa, difetha.

vernichtend *adj (fig)* llethol; *(Blick)* deifiol, llym; *(Kritik)* deifiol, brathog; ~**e Niederlage** *(SPORT)* crasfa *b*, cweir *gb*; *(MIL)* trechu *g* llwyr.

Vernichtung *f* difodiad *g*, dilead *g*.

Vernichtungsschlag *m* ergyd *gb* ddinistriol.

verniedlichen [fɛrˈniːtlɪçən] *vt untrenn* bychanu.

Vernunft [fɛrˈnunft] (-, *kein pl*) *f* rheswm *g*, synnwyr *g*, deall *g*; **~ annehmen** cymryd pwyll.

Vernunftehe *f* priodas *b* fantais.

Vernunftheirat *f* = **Vernunftehe**.

vernünftig [fɛrˈnʏnftɪç, -ɪk] *adj* synhwyrol, call.

Vernunftmensch *m* rhn call.

veröden [fɛrˈʔøːdən] *vi (+sein) untrenn* mynd yn ddiffaith.

♦ *vt (+haben) untrenn (MED)* serio.

veröffentlichen [fɛrˈʔœfəntlɪçən] *vt untrenn* cyhoeddi.

Veröffentlichung (-, -en) *f* cyhoeddi *g*, cyhoeddiad *g*.

verordnen [fɛrˈʔɔrdnən] *vt untrenn (MED)* rhagnodi.

Verordnung (-, -en) *f (JUR)* gorchymyn *g*; *(MED)* rhagnodyn *g*.

verpachten [fɛrˈpaxtən] *vt untrenn* prydlesu, gosod ar brydles.

verpacken [fɛrˈpakən] *vt untrenn* lapio.

Verpackung *f* lapio *g*.

Verpackungsmaterial *nt* defnydd *g* lapio.

verpassen [fɛrˈpasən] *vt untrenn (verfehlen)* methu, colli; *(verabreichen)* rhoi; **jdm eine Ohrfeige ~** rhoi bonclust i rn.

verpatzen [fɛrˈpatsən] *vt untrenn (ugs)* gwneud cawl o.

verpennen[D] [fɛrˈpɛnən] *vi, vr untrenn (ugs: verschlafen)* cysgu'n hwyr.

verpesten [fɛrˈpɛstən] *vt untrenn* llygru.

verpfänden [fɛrˈpfɛndən] *vt untrenn* gwystlo; *(JUR)* morgeisio.

verpfeifen [fɛrˈpfaɪfən] *irreg vt untrenn (ugs)* canu cloch ar.

verpflanzen [fɛrˈpflantsən] *vt untrenn (MED)* trawsblannu.

Verpflanzung *f* trawsblannu *g*; *(MED)* trawsblaniad *g*.

verpflegen [fɛrˈpfleːgən] *vt untrenn* arlwyo.

Verpflegung *f* arlwyaeth *b*, lluniaeth *g*.

verpflichten [fɛrˈpflɪçtən] *vt untrenn* gorfodi; *(anstellen)* cyflogi; **jdm zu Dank ~ sein** bod yn ddiolchgar i rn; **ich bin ihm ~** rwy'n ddyledus iddo.

♦ *vr untrenn* ymrwymo; *(MIL)* ymuno, ymgofrestru.

♦ *vi untrenn:* **Adel verpflichtet** noblesse oblige, bonedd a ddwg gyfrifoldeb.

verpflichtend *adj (Zusage)* cyfrwymol.

Verpflichtung *f* gorfodaeth *b*; *(Aufgabe)* dyletswydd *gb*.

verpfuschen [fɛrˈpfuʃən] *vt untrenn (ugs)* ponsio, bwnglera.

verplanen [fɛrˈplaːnən] *vt untrenn* cynllunio ar gam; *(Zeit)* trefnu.

verplappern [fɛrˈplapərn] *vr untrenn (ugs)* gadael y gath allan o'r cwd.

verplempern[A] [fɛrˈplɛmpərn] *vt untrenn (ugs)* gwastraffu.

verpönt [fɛrˈpøːnt] *adj* annerbyniol, tabŵ.

verprassen [fɛrˈprasən] *vt untrenn* gwastraffu.

verprügeln [fɛrˈpryːgəln] *vt untrenn* rhoi cweir i.

verpuffen [fɛrˈpufən] *vi (+sein) untrenn* popian; *(fig)* bod yn aneffeithiol.

Verputz [fɛrˈputs] *m* plaster *g*, haen *b* arw.

verputzen *vt untrenn* plastro; *(ugs: Essen)* llowcio.

verqualmen [fɛrˈkvalmən] *vt untrenn (Zimmer)* llenwi â mwg.

verquollen [fɛrˈkvɔlən] *adj* wedi chwyddo; *(Holz)* cam.

verrammeln [fɛrˈraməln] *vt untrenn* baricadu.

Verrat [fɛrˈraːt] *m* brad *g*, bradwriaeth *b*; *(POL)* teyrnfradwriaeth *b*.

verraten *irreg vt untrenn* bradychu; *(Geheimnis)* datgelu.

♦ *vr untrenn* bradychu eich hun.

Verräter [fɛrˈrɛːtər] (-s, -) *m* bradwr *g*; **~in** *f* bradwraig *b*.

verräterisch *adj* bradwrus, twyllodrus.

verrauchen [fɛrˈrauxən] *vt (+haben) untrenn (Geld)* gwario ar sigaretau; *(Zimmer)* llenwi â mwg.

♦ *vi (+sein) untrenn (fig: Wut)* tawelu.

verrechnen [fɛrˈrɛçnən] *vt untrenn (FIN)* gosod yn erbyn, cydbwyso gyda.

♦ *vr untrenn* camgyfrif.

Verrechnung *f:* **zur ~** *(Scheck)* cyfrif y talai; *(Geld)* er cydbwyso wedyn.

Verrechnungsscheck *m (FIN)* siec *b* wedi ei chroesi.

verregnet [fɛrˈreːgnət] *adj* wedi ei ddifetha oherwydd glaw, glawiog.

verreisen [fɛrˈraɪzən] *vi (+sein) untrenn* mynd ar daith; **er ist geschäftlich verreist** mae e i ffwrdd ar fusnes.

verreißen [fɛrˈraɪsən] *vt untrenn (fig)* beirniadu'n hallt.

verrenken [fɛrˈrɛŋkən] *vt untrenn (MED)* dirdynnu, tynnu/rhoi o'i le; **sich** *dat* **den Knöchel ~** troi eich migwrn.

Verrenkung (-, -en) *f (MED)* dirdyniad *g*, datgymaliad *g*.

verrennen [fɛrˈrɛnən] *irreg vr untrenn:* **sich in eine Idee ~** glynu wrth syniad.

verrichten [fɛrˈrɪçtən] *vt untrenn (Arbeit)* gwneud, cyflawni.

verriegeln [fɛrˈriːgəln] *vt untrenn* cloi, bolltio.

verringern [fɛrˈrɪŋərn] *vt, vr untrenn* lleihau.

Verringerung *f* lleihad *g*.

verrinnen [fɛrˈrɪnən] *irreg vi (+sein) untrenn* ymdreiddio; *(Zeit)* mynd heibio.

Verriss [fɛrˈrɪs] *m (Kritik)* beirniadaeth *b* lem.

verrohen [fɛrˈroːən] *vi (+sein) untrenn* mynd yn fwystfilaidd.

verrosten [fɛrˈrɔstən] *vi (+sein) untrenn* rhydu.

verrotten [fɛrˈrɔtən] *vi (+sein) untrenn* pydru.

verrucht [fɛrˈruːxt] *adj* ffiaidd; *(verrufen)* drwgenwog.

verrücken [fɛrˈrʏkən] *vt untrenn* symud.

verrückt *adj* gwallgof.

Verrückte (-n, -n) *m/f* rhn gwallgof.

Verrücktheit *f* gwallgofrwydd *g*, gorffwylltra *g*.

Verruf [fɛrˈruːf] *m*: **in ~ geraten** colli enw da; **in ~ bringen** rhoi enw drwg i.

verrufen [fɛrˈruːfən] *adj* ag enw drwg.

verrutschen [fɛrˈrutʃən] *vi (+sein) untrenn* llithro.

Vers [fɛrs, vɛrs] (**-es, -e**) *m (LIT)* pennill *g*.

versacken [fɛrˈzakən] *vi (+sein) untrenn* suddo; *(ugs: lange zechen)* mynd ar eich diod.

versagen [fɛrˈzaːgən] *vt untrenn*: **jdm etw ~** gwrthod rhth i rn; **sich etw ~** ymwadu â rhth.
  ♦ *vi untrenn* methu.

Versagen (**-s**, *kein pl*) *nt* methiant *g*; **menschliches ~** ffaeledd *g* dynol.

Versager (**-s**, **-**) *m* methiant *g*.

versalzen [fɛrˈzaltsən] *irreg vt untrenn* rhoi gormod o halen yn/ar; *(ugs: zunichte machen)* distrywio.

versammeln [fɛrˈzaməln] *vt untrenn* casglu, crynhoi.
  ♦ *vr untrenn* ymgynnull, ymgasglu.

Versammlung (**-**, **-en**) *f* cyfarfod *g*, cynulliad *g*.

Versammlungsfreiheit *f* rhyddid i ymgynnull yn gyhoeddus.

Versand [fɛrˈzant] (**-(e)s**, *kein pl*) *m* anfon *g*; *(~abteilung)* adran *b* anfon, swyddfa *b* anfon.

Versand- *kompos*: **~haus** *nt* cwmni *g* archebu drwy'r post; **~hauskatalog** *m* catalog *g* siopa; **~kosten** *pl* costau *ll* cludiant.

versäumen [fɛrˈzɔʏmən] *vt untrenn* methu, colli; *(unterlassen)* esgeuluso, peidio â gwneud.

Versäumnis [fɛrˈzɔʏmnɪs] *nt* esgeulustod *g*.

verschachern [fɛrˈʃaxərn] *vt untrenn (ugs)* gwerthu.

verschachtelt [fɛrˈʃaxtəlt] *adj* cymhleth; *(Satz)* amlgymalog.

verschaffen [fɛrˈʃafən] *vt untrenn*: **jdm etw ~** cael gafael ar rth i rn.

verschämt [fɛrˈʃɛːmt] *adj* swil, gwylaidd.

verschandeln [fɛrˈʃandəln] *vt untrenn (ugs)* andwyo, sbwylio.

verschanzen [fɛrˈʃantsən] *vr untrenn*: **sich hinter etw** *dat* **~** *(MIL)* torri ffosydd y tu ôl i rth; *(fig)* ymochel y tu ôl i rth.

verschärfen [fɛrˈʃɛrfən] *vt untrenn* cryfhau; *(Lage)* gwneud yn waeth.
  ♦ *vr untrenn* dwysáu, gwaethygu.

Verschärfung *f* cryfhad *g*, gwaethygiad *g*.

verscharren [fɛrˈʃarən] *vt untrenn* claddu.

verschätzen [fɛrˈʃɛtsən] *vr untrenn* camgyfrif, camfarnu.

verschenken [fɛrˈʃɛŋkən] *vt untrenn* rhoi i ffwrdd.

verscherzen [fɛrˈʃɛrtsən] *vt untrenn*: **er verscherzte es sich mit ihr** roedd e'n colli ei ffafriaeth.

verscheuchen [fɛrˈʃɔʏçən] *vt untrenn (Tiere)* hel ymaith.

verschicken [fɛrˈʃɪkən] *vt untrenn* anfon; *(Sträfling)* allgludo.

verschieben [fɛrˈʃiːbən] *irreg vt untrenn* symud/gwthio o'r ffordd; *(BAHN)* siyntio; *(Termin)* gohirio; *(ugs: Waren, Devisen)* delio mewn.

Verschiebung *f* symudiad *g*; *(Termin)* gohiriad *g*.

verschieden[1] [fɛrˈʃiːdən] *adj* gwhanol; **~e** *pl (mehrere)* amrywiol, gwahanol; **das ist ganz ~** mae'n dibynnu; **sie sind ~ groß** maen nhw o wahanol faint; **V~es** amrywiol bethau.

verschieden[2] *adj* wedi marw.

verschiedenartig *adj* amrywiol, amryfal.

Verschiedenes *nt* amrywiol bethau.

Verschiedenheit *f* gwahaniaeth *g*.

verschiedentlich *adv* ar wahanol adegau.

verschiffen [fɛrˈʃɪfən] *vt (+sein) untrenn* cludo ar long.

verschimmeln [fɛrˈʃɪməln] *vi (+sein) untrenn* llwydo.

verschlafen[1] [fɛrˈʃlaːfən] *irreg vt untrenn* cysgu trwy; *(fig: versäumen)* methu, colli.
  ♦ *vi untrenn* cysgu'n hwyr.

verschlafen[2] *adj* cysglyd.

Verschlag [fɛrˈʃlaːk] (**-(e)s**, **-e**) *m* sied *b*.

verschlagen[1] [fɛrˈʃlaːgən] *irreg vt untrenn (mit Holz)* cau trwy roi bordiau arno; *(bei Tennis)* camdaro; *(Buchseite)* colli (trwy droi 2 dudalen yr un pryd); **jdm den Atem ~** mynd â gwynt rhn, mynd ag anadl rhn; **an einen Ort ~ werden** glanio rywle.

verschlagen[2] *adj* cyfrwys, dichellgar.

verschlampen [fɛrˈʃlampən] *vt (+haben) untrenn* colli.
  ♦ *vi (+sein) untrenn (Mensch)* mynd rhwng y cŵn a'r brain.

verschlechtern [fɛrˈʃlɛçtərn] *vt untrenn* gwaethygu, gwneud yn waeth.
  ♦ *vr untrenn* gwaethygu, mynd yn waeth; *(gehaltlich)* cymryd swydd â chyflog llai.

Verschlechterung *f* dirywiad *g*, gwaethygiad *g*.

verschleiern *vt* celu, cymylu, gorchuddio.

Verschleierung [fɛrˈʃlaɪərʊŋ] *f* gorchuddio *g*, celu *g*.

Verschleierungstaktik *f* tacteg *b* len fwg.

Verschleiß [fɛrˈʃlaɪs] (**-(e)s**, **-e**) *m* traul *b*.

verschleißen [fɛrˈʃlaɪsən] *irreg vt, vr (+haben), vi (+sein) untrenn* treulio.

verschleppen [fɛrˈʃlɛpən] *vt untrenn* dwyn ymaith, cipio; *(verbreiten: Seuche)* ymledu; *(zeitlich)* hwyhau, estyn.

verschleudern [fɛrˈʃlɔʏdərn] *vt untrenn* gwastraffu; *(COMM)* gwerthu am y nesaf peth i ddim.

verschließbar *adj* cloadwy.

verschließen [fɛrˈʃliːsən] *irreg vt untrenn* cau, cloi.
  ♦ *vr untrenn*: **sich einer Sache** *dat* **~** gwrthod meddwl am rth.

verschlimmern [fɛrˈʃlɪmərn] *vt untrenn* gwneud yn

waeth, gwaethygu.

♦ *vr untrenn* gwaethygu, mynd yn waeth.

Verschlimmerung *f* gwaethygiad *g*.

verschlingen [fɛrˈʃlɪŋən] *irreg vt untrenn* llowcio, llyncu; *(verknoten)* cordeddu.

♦ *vr untrenn* ymblethu, ymgordeddu.

verschliss *vb vgl.* **verschleißen**.

verschlissen [fɛrˈʃlɪsən] *pp von* **verschleißen**.

♦ *adj* wedi treulio.

verschlossen [fɛrˈʃlɔsən] *adj* dan glo; *(fig)* distaw, tawedog.

Verschlossenheit *f* tawedogrwydd *g*.

verschlucken [fɛrˈʃlʊkən] *vt untrenn* llyncu.

♦ *vr untrenn* tagu.

Verschluss [fɛrˈʃlʊs] *m* clo *g*, caead *g*; *(von Kleid)* caewr *g*; *(FOTO)* caead; *(Stöpsel)* plwg *g*; **unter ~ halten** cadw dan glo.

verschlüsseln [fɛrˈʃlʏsəln] *vt untrenn* ysgrifennu mewn côd, codio.

verschmachten [fɛrˈʃmaxtən] *vi (+sein) untrenn* dihoeni; **~ vor Durst** bod bron â marw o syched.

verschmähen [fɛrˈʃmɛːən] *vt untrenn* dirmygu, dibrisio.

verschmerzen [fɛrˈʃmɛrtsən] *vt untrenn* dod dros, dygymod â.

verschmieren [fɛrˈʃmiːrən] *vt untrenn (verstreichen)* taenu; *(schmutzig machen)* baeddu, trochi.

verschmitzt [fɛrˈʃmɪtst] *adj* direidus.

verschmutzen [fɛrˈʃmʊtsən] *vt untrenn* baeddu, trochi; *(Umwelt)* llygru, difwyno.

verschnaufen [fɛrˈʃnaʊfən] *vi, vr*[D] *untrenn (ugs)* cael hoe fach.

verschneiden [fɛrˈʃnaɪdən] *irreg vt untrenn (Whisky usw)* cyfuno.

verschneit [fɛrˈʃnaɪt] *adj* o dan eira.

Verschnitt [fɛrˈʃnɪt] *m (Whisky usw)* cyfuniad *g*.

verschnörkelt [fɛrˈʃnœrkəlt] *adj* addurnedig.

verschnupft [fɛrˈʃnʊpft] *adj (ugs)* **~ sein** bod ag annwyd arnoch.

verschnüren [fɛrˈʃnyːrən] *vt untrenn* clymu.

verschollen [fɛrˈʃɔlən] *adj* ar goll, yn eisiau.

verschonen [fɛrˈʃoːnən] *vt untrenn:* **jdn mit etw ~** arbed rhn rhag rhth; **verschon' mich damit!** paid â'm poeni gyda hynny; **von etw verschont bleiben** osgoi rhth.

verschönern [fɛrˈʃøːnərn] *vt untrenn* harddu; *(verbessern)* gwella.

verschossen [fɛrˈʃɔsən] *adj:* **~ sein** *(ugs)* bod mewn cariad.

verschränken [fɛrˈʃrɛŋkən] *vt untrenn* croesi; *(Arme)* plethu.

verschreckt [fɛrˈʃrɛkt] *adj* wedi dychryn.

verschreiben [fɛrˈʃraɪbən] *irreg vt untrenn (Papier)* llenwi ag ysgrifen; *(MED)* rhagnodi.

♦ *vr untrenn* gwneud camgymeriad (wrth ysgrifennu); **sich einer Sache** *dat* **~** ymroi i rth.

verschrien [fɛrˈʃriːən] *adj* drwgenwog.

verschroben [fɛrˈʃroːbən] *adj* hynod, rhyfedd, ecsentrig.

verschrotten [fɛrˈʃrɔtən] *vt untrenn* gwaredu, sgrapio.

verschüchtert [fɛrˈʃʏçtərt] *adj* ofnus, swil.

verschulden [fɛrˈʃʊldən] *vt untrenn* bod yn euog o.

♦ *vr untrenn (in Schulden geraten)* mynd i ddyled.

Verschulden (-s, *kein pl*) *nt* bai *g*.

verschuldet *adj* dyledus, mewn dyled.

Verschuldung *f* dyledion *ll*.

verschütten [fɛrˈʃʏtən] *vt untrenn* gollwng; *(zuschütten)* mewnlenwi; *(unter Trümmer)* claddu.

verschwand *vb vgl.* **verschwinden**.

verschweigen [fɛrˈʃvaɪgən] *irreg vt untrenn* cadw yn gyfrinach; **jdm etw ~** celu rhth rhag rhn.

verschwenden [fɛrˈʃvɛndən] *vt untrenn* gwastraffu, afradu.

Verschwender(in) *m(f)* gwastraffwr(aig) *g(b)*, afradwr(aig) *g(b)*.

verschwenderisch *adj* afrad, gwastrafflyd.

Verschwendung *f* afradlondeb *g*, gwastraff *g*.

verschwiegen [fɛrˈʃviːgən] *adj* cynnil, tawgar; *(Ort)* tawel.

Verschwiegenheit *f* cynildeb *g*, tawgarwch *g*; **zur ~ verpflichtet** dan rwymedigaeth i gadw cyfrinach.

verschwimmen [fɛrˈʃvɪmən] *irreg vi (+sein) untrenn* pylu, mynd yn aneglur.

verschwinden [fɛrˈʃvɪndən] *irreg vi (+sein) untrenn* diflannu; **verschwinde!** bacha hi o 'ma!

Verschwinden *nt* diflannu, diflaniad *g*.

verschwindend *adj (Zahl, Menge)* di-nod.

verschwitzen [fɛrˈʃvɪtsən] *vt untrenn* gadael ôl chwys ar; *(ugs)* anghofio.

verschwitzt *adj (Kleidung)* ag ôl chwys arnynt; *(Mensch)* chwyslyd.

verschwommen [fɛrˈʃvɔmən] *adj* niwlog, annelwig.

verschwören [fɛrˈʃvøːrən] *irreg vr untrenn* cynllwynio.

Verschwörer(in) *m(f)* cynllwynwr(aig) *g(b)*.

Verschwörung (-, -en) *f* cynllwyn *g*.

verschwunden [fɛrˈʃvʊndən] *pp von* **verschwinden**.

♦ *adj* ar goll.

versehen [fɛrˈzeːən] *irreg vt untrenn* cyflenwi, darparu; *(Dienst)* cyflawni; *(Amt)* dal; *(Haushalt)* cadw; **ehe er sichs ~ hatte** cyn iddo sylweddoli.

♦ *vr untrenn (fig: irren)* gwneud camsyniad.

Versehen (-s, -) *nt* diofalwch *g*; **aus ~** trwy gamsyniad.

versehentlich *adv* trwy gamsyniad.

Versehrte (-n, -n) *m/f* rhn anabl.

verselbstständigen [fɛrˈzɛlpʃtɛndɪgən] *vr untrenn*
mynd yn annibynnol.

versenden [fɛrˈzɛndən] *irreg vt untrenn* anfon; *(COMM)*
blaenyrru.

versengen [fɛrˈzɛŋən] *vt untrenn* deifio, llosgi.

versenken [fɛrˈzɛŋkən] *vt untrenn* suddo, gyrru i'r
gwaelod; *(TECH)* gwrthsoddi.

♦ *vr untrenn:* **sich ~ in** +*akk* llwyr ymgolli yn.

Versenker (-s, -) *m* *(TECH)* ebill *g* gwrthsoddi.

Versenkung *f* *(THEAT)* trap *m*.

versessen [fɛrˈzɛsən] *adj:* **~ auf** +*akk* *(entschlossen)*
penderfynol o wneud rhth.

versetzen [fɛrˈzɛtsən] *vt untrenn* *(örtlich, beruflich)*
trosglwyddo, adleoli; *(verpfänden)* gwystlo;
(vergeblich warten lassen) gadael i (rn) aros yn ofer;
(nicht geradlinig anordnen) darwahanu; *(SCH:*[D] *in höhere*
Klasse) dyrchafu; **etw mit etw ~** *(mischen)* cymysgu
rhth â rhth; **jdm einen Tritt ~** cicio rhn; **jdm einen**
Stich ~ *(fig)* pigo rhn i'r byw; **jdn in gute Laune ~**
rhoi rhn mewn hwyliau da.

♦ *vr untrenn:* **sich in jds Lage ~** rhoi eich hun yn lle
rhn.

Versetzung (-, -en) *f* *(beruflich)* trosglwyddiad *g*,
adleoliad *g*; *(SCH)*[D] dyrchafiad i'r dosbarth uwch;
seine ~ ist gefährdet *(SCH)*[D] mae perygl y bydd
rhaid iddo ailwneud y flwyddyn.

verseuchen [fɛrˈzɔyçən] *vt untrenn* llygru; *(mit*
Krankheitserreger) heintio.

Versicherer (-s, -) *m* yswiriwr *g*.

versichern [fɛrˈzɪçərn] *vt untrenn* sicrhau; *(FIN)*
yswirio.

♦ *vr untrenn:* **sich ~** +*gen* gwneud yn siŵr o.

Versicherung *f* yswiriant *g*; *(Lebens~)* aswiriant *g*.

Versicherungs- *kompos:* **~beitrag** *m* premiwm *g*
yswiriant; **~gesellschaft** *f* cwmni *g* yswiriant;
~nehmer *m* deiliad *g* polisi; **~police** *f*, **~polizze**[A] *f*
(FIN) polisi *g* yswiriant; **~schutz** *m* diogelwch trwy
yswiriant; **~summe** *f* swm *g* yswiriedig; **~träger** *m*
yswiriwr *g*.

versickern [fɛrˈzɪkərn] *vi* *(+sein) untrenn* hidlo i
ffwrdd.

versiegeln [fɛrˈziːgəln] *vt untrenn* selio.

versiegen [fɛrˈziːgən] *vi* *(+sein) untrenn* mynd yn sych,
sychu; *(fig: Interesse)* darfod.

versiert [vɛrˈziːrt] *adj:* **in etw** *dat* **~ sein** bod yn
brofiadol yn rhth.

versilbert [fɛrˈzɪlbərt] *adj* arianblatiog.

versinken [fɛrˈzɪŋkən] *irreg vi (+sein) untrenn* suddo; **ich**
hätte im Boden ~ können buaswn yn rhoi
unrhywbeth am i'r ddaear fy llyncu.

versinnbildlichen [fɛrˈzɪnbɪltlɪçən] *vt untrenn*

symboleiddio.

Version [vɛrziˈoːn] *f* fersiwn *gb*.

Versmaß [ˈfɛrsmɑːs] *m* mydr *g*, mesur *g*.

versohlen [fɛrˈzoːlən] *vt untrenn* *(ugs: das Hinterteil)*
pwnio.

versöhnen [fɛrˈzøːnən] *vt untrenn* cymodi.

♦ *vr untrenn* ymgymodi.

versöhnlich *adj* cymodol.

Versöhnung *f* cymod *g*.

versonnen [fɛrˈzɔnən] *adj* *(Gesichtsausdruck)*
meddylgar; *(träumerisch)* breuddwydiol.

versorgen [fɛrˈzɔrgən] *vt untrenn* darparu (rhth) ar
gyfer, cyflenwi (rhth) â; *(Familie)* cynnal.

♦ *vr untrenn* gofalu amdanoch eich hun.

Versorger *m* *(Ernährer)* cynhaliwr *g* teulu; *(Belieferer)*
cyflenwydd *g*.

Versorgung *f* darpariaeth *b*; *(Unterhalt)* cynhaliaeth
b; *(Alters~)* budd-dâl *g*.

Versorgungs- *kompos:* **~amt**[D] *nt* swyddfa *b* adran
nawdd cymdeithasol; **~betrieb** *m* gwasanaeth *g*
cyhoeddus; **~netz** *nt* grid *g* cyflenwad; *(von Waren)*
rhwydwaith *g* cyflenwad.

verspannen [fɛrˈʃpanən] *vr untrenn* *(Muskeln)* tynhau.

verspäten [fɛrˈʃpɛːtən] *vr untrenn* bod yn hwyr.

verspätet *adj* hwyr.

Verspätung *f* oedi *g*; **~ haben** bod yn hwyr; **mit zehn**
Minuten ~ ddeng munud yn hwyr.

versperren [fɛrˈʃpɛrən] *vt untrenn* cloi; **jdm den Weg ~**
sefyll yn ffordd rhn.

verspielen [fɛrˈʃpiːlən] *vt untrenn* *(Geld)* colli (trwy
hapchwarae); **er hat verspielt** *(fig)* mae e wedi
colli'r cyfle.

verspielt *adj* chwareus, chwaraegar.

versponnen [fɛrˈʃpɔnən] *adj* hurt, penwan.

verspotten [fɛrˈʃpɔtən] *vt untrenn* gwawdio, gwatwar,
dirmygu.

versprach *vb vgl.* **versprechen.**

versprechen [fɛrˈʃprɛçən] *irreg vt untrenn* addo; **sich** *dat*
etw von etw ~ disgwyl rhth o rth.

♦ *vr untrenn* llithro wrth siarad.

Versprechen (-s, -) *nt* addewid *gb*.

Versprecher (-s, -) *m* *(ugs)* llithriad *g* tafod.

verspüren [fɛrˈʃpyːrən] *vt untrenn* synhwyro.

verstaatlichen [fɛrˈʃtaːtlɪçən] *vt untrenn* *(POL)* gwladoli.

verstaatlicht *adj:* **~e Industrie** diwydiant *g* gwladol.

Verstaatlichung [fɛrˈʃtaːtlɪçʊŋ] *f* gwladoli *g*.

Verstand [fɛrˈʃtant] *m* deallusrwydd *g*; *(Intellekt)* deall
g; *(Fähigkeit zu denken)* rheswm *g*; **den ~ verlieren**
mynd yn wallgof; **das geht über meinen ~** y mae
hyn y tu hwnt i'm dirnadaeth, alla' i ddim deall
hyn.

verstand *vb vgl.* **verstehen.**

verstanden *pp von* **verstehen**.

verständig [fɛrˈʃtɛndɪç, -ɪk] *adj (vernünftig)* synhwyrol; *(einsichtig)* deallgar.

verständigen *vt untrenn* rhoi gwybod i rn, hysbysu.
- ♦ *vr untrenn* cyfathrebu; *(sich einigen)* dod i gyd-ddealltwriaeth.

Verständigkeit *f* synnwyr *g* cyffredin.

Verständigung *f* cyfathrebiad *g*; *(Einigung)* cyd-ddealltwriaeth *b*; *(Benachrichtigung)* hysbysu *g*.

verständlich [fɛrˈʃtɛntlɪç] *adj* dealladwy; *(mit gutem Grund)* rhesymol; *(hörbar)* clywadwy; **sich ~ machen** mynegi eich hun yn eglur.

verständlicherweise *adv* yn ddealladwy.

Verständlichkeit *f* eglurdeb *g*.

Verständnis [fɛrˈʃtɛntnɪs] *nt* dirnadaeth *b*, amgyffred *g*, crebwyll *g*; **für etw ~ haben** deall rhth; **für etw kein ~ haben** methu gwerthfawrogi rhth.

verständnislos *adj* anneallus.

verständnisvoll *adj* ystyrlon, â chydymdeimlad.

verstärken [fɛrˈʃtɛrkən] *vt untrenn* cryfhau; *(Ton)* chwyddleisio; *(erhöhen)* dwysáu.
- ♦ *vr untrenn* dwysáu.

Verstärker (-s, -) *m (TECH)* mwyhadur *g*.

Verstärkung *f* cryfhad *g*; *(Hilfe)* atgyfnerthiadau *ll*; *(MIL)* milwyr *ll* wrth gefn; *(von Ton)* mwyhad *g*.

verstaubt [fɛrˈʃtaupt] *adj* llychlyd, yn llwch i gyd; *(fig: Ansichten)* sych, hen ffasiwn, ar ei hôl hi.

verstauchen [fɛrˈʃtauxən] *vt untrenn* ysigo.

verstauen [fɛrˈʃtauən] *vt untrenn* rhoi o'r neilltu, rhoi i gadw.

Versteck [fɛrˈʃtɛk] (-(e)s, -e) *nt* cuddfan *b*.

verstecken [fɛrˈʃtɛkən] *vt untrenn* cuddio.
- ♦ *vr untrenn* ymguddio.

versteckt *adj* cudd, cuddiedig; *(Tür)* dirgel, cudd; *(fig: Lächeln, Blick)* llechwraidd, cyfrwys; *(Andeutung)* cudd, awgrymog.

verstehen [fɛrˈʃteːən] *irreg vt, vi untrenn* deall; *(können, beherrschen)* medru; **er versteht sein Handwerk** mae e'n arbenigwr yn ei faes; **das ist nicht wörtlich zu ~** peidiwch â chymryd hynny'n llythrennol.
- ♦ *vr untrenn (auskommen)* gyrru ymlaen (â rhn); **das versteht sich von selbst** mae hynny'n ganiataol; **die Preise ~ sich einschließlich Mehrwertsteuer** mae'r prisiau yn cynnwys treth ar werth; **sich auf etw** *akk* **~** bod yn arbenigwr yn rhth.

versteifen [fɛrˈʃtaifən] *vr untrenn (fig)* **sich ~ auf** +*akk* mynnu.

versteigen [fɛrˈʃtaigən] *irreg vr untrenn:* **sie hat sich zu der Behauptung verstiegen, dass ...** mentrodd honni bod...

versteigern [fɛrˈʃtaigərn] *vt untrenn* arwerthu.

Versteigerung (-, -en) *f (COMM)* arwerthiant *g*.

verstellbar [fɛrˈʃtɛlbaːr] *adj* newidiadwy, cymwysadwy.

verstellen [fɛrˈʃtɛlən] *vt untrenn* symud; *(TECH)* cywiro, cymhwyso; *(Weg)* cau; *(fig)* gweddnewid.
- ♦ *vr untrenn* cymryd arnoch, ffugio, ymhonni.

Verstellung *f* esgus *g*, ymhoniad *g*.

versterben [fɛrˈʃtɛrbən] *irreg vi (+sein)* marw.

versteuern [fɛrˈʃtɔyərn] *vt untrenn* talu treth ar; **zu ~** trethadwy.

verstiegen [fɛrˈʃtiːgən] *adj (überspannt)* gormodol, wedi ei orwneud.

verstimmt [fɛrˈʃtɪmt] *adj (MUS)* allan o gywair/diwn; *(fig)* drwg eich tymer; *(Magen)* ag anhwylder.

Verstimmung *f (fig)* piwisrwydd *g*, anfoddogrwydd *g*, tymer *b* flin.

verstockt [fɛrˈʃtɔkt] *adj* ystyfnig, anhydrin.

Verstocktheit *f* ystyfnigrwydd *g*.

verstohlen [fɛrˈʃtoːlən] *adj* llechwraidd.

verstopfen [fɛrˈʃtɔpfən] *vt untrenn* cau, tagu, blocio; *(MED)* rhwymo.

Verstopfung (-, -en) *f* tagfa *b*, rhwystr *g*; *(MED)* rhwymedd *g*.

verstorben [fɛrˈʃtɔrbən] *adj* ymadawedig, diweddar.

Verstorbene (-n, -n) *m/f* ymadawedig *gb*.

verstört [fɛrˈʃtøːrt] *adj (Mensch)* gorffwyll, trallodus.

Verstoß [fɛrˈʃtoːs] (-(e)s, -e) *m:* **~ gegen** +*akk* trosedd yn erbyn.

verstoßen [fɛrˈʃtoːsən] *irreg vt untrenn* diarddel, gwrthod.
- ♦ *vi untrenn:* **~ gegen** +*akk* troseddu yn erbyn.

Verstrebung [fɛrˈʃtreːbuŋ] *f (Balken)* cynhalbren *g*, trawst *g* cynnal.

verstreichen [fɛrˈʃtraiçən] *irreg vt (+haben) untrenn* taenu.
- ♦ *vi (+sein) untrenn (Zeit)* treiglo, mynd heibio; *(Frist)* diweddu.

verstreuen [fɛrˈʃtrɔyən] *vt untrenn* gwasgaru.

verstricken [fɛrˈʃtrɪkən] *vt untrenn (fig)* maglu, rhwydo.
- ♦ *vr untrenn:* **sich ~ in** +*akk (auch fig)* mynd ynghlwm mewn.

verströmen [fɛrˈʃtrøːmən] *vt untrenn* diferu, dihidlo, llewyrchu.

verstümmeln [fɛrˈʃtʏməln] *vt untrenn* anffurfio; *(fig)* llurgunio.

verstummen [fɛrˈʃtumən] *vi (+sein) untrenn* tewi, distewi; *(Lärm)* distewi, gwanhau.

Versuch [fɛrˈtsuːx] (-(e)s, -e) *m* ymdrech *gb*, ymgais *gb*; *(Test)* arbrawf *g*; **das käme auf einen ~ an** fe fydd yn rhaid i ni roi cynnig arni.

versuchen [fɛrˈtsuːxən] *vt untrenn* ceisio, trio;

(verlocken) temtio.

♦ *vr untrenn:* **sich an etw** *dat* ~ rhoi cynnig ar rth.

Versuchs- *kompos:* **~anstalt** *f* canolfan *gb* ymchwil; **~bohrung** *f (TECH)* turio *g* prawf; **~kaninchen** *nt (fig)* testun *g* arbrawf; **~objekt** *nt* gwrthrych *g* arbrawf; **~reihe** *f* cyfres *b* o arbrofion.

versuchsweise *adv* yn betrus.

Versuchung (-, -en) *f* temtasiwn *gb*, temtiad *g*.

versumpfen [fɛrˈzʊmpfən] *vi (+sein) untrenn (Gebiet)* troi'n gorslyd; *(lange zechen)* llymeitian, slochian.

versündigen [fɛrˈzʏndɪɡən] *vr untrenn (geh)* **sich ~ an** *+dat* pechu yn erbyn.

versunken [fɛrˈzʊŋkən] *adj* suddedig, tanddwr; **in etw** *akk* **~ sein** bod wedi ymgolli yn rhth.

Versunkenheit *f* ymgolli *g*.

versüßen [fɛrˈzyːsən] *vt untrenn:* **jdm etw ~** *(fig)* gwneud rhth yn brafiach i rn.

vertagen [fɛrˈtaːɡən] *vt, vi untrenn* gohirio, torri.

Vertagung *f* gohiriad *g*, oediad *g*.

vertauschen [fɛrˈtaʊʃən] *vt untrenn* cyfnewid; *(versehentlich)* cymysgu; **vertauschte Rollen** rolau wedi eu gwrth-droi.

verteidigen [fɛrˈtaɪdɪɡən] *vt untrenn* amddiffyn *(auch JUR)*; **sich ~** amddiffyn eich hunan; *(vor Gericht)* pledio eich achos eich hun.

Verteidiger (-s, -) *m* amddiffynnwr *g*; *(JUR: Anwalt)* cyfreithiwr *g* amddiffyn.

Verteidigung *f (auch JUR)* amddiffyniad *g*.

Verteidigungs- *kompos:* **~fähigkeit** *f* gallu *g*/medr *g* i amddiffyn; **~minister** *m (POL)* gweinidog *g* (dros) amddiffyn.

verteilen [fɛrˈtaɪlən] *vt untrenn* dosrannu, dosbarthu; *(Rollen)* pennu, dosbarthu; *(Salbe)* taenu.

Verteiler (-s, -) *m (COMM)* dosbarthwr *g*; *(AUTO)* dosbarthydd *g*.

Verteilung *f* dosraniad *g*, dosbarthiad *g*, rhaniad *g*.

verteuern [fɛrˈtɔʏərn] *vt untrenn* gwneud yn ddrutach.

Verteuerung *f* codiad *g* mewn pris.

verteufeln [fɛrˈtɔʏfəln] *vt untrenn* lladd ar rn, collfarnu.

verteufelt *adj (ugs)* ofnadwy, diawledig.

vertiefen [fɛrˈtiːfən] *vt untrenn* dyfnhau; *(SCH: Wissen)* sefydlogi.

♦ *vr untrenn:* **sich in etw** *akk* **~** ymgolli yn rhth, rhoi'ch holl sylw i rth.

Vertiefung *f* pannwl *g*, pant *g*.

vertikal [vɛrtiˈkaːl] *adj* unionsyth, fertigol.

vertilgen [fɛrˈtɪlɡən] *vt untrenn* dinistrio; *(ugs: verschlingen)* bwyta.

Vertilgungsmittel *nt* chwynladdwr *g*; *(Insekten~)* plaladdwr *g*.

vertippen [fɛrˈtɪpən] *vr untrenn* gwneud gwall teipio.

vertonen [fɛrˈtoːnən] *vt untrenn* gosod ar gerddoriaeth; *(Film)* ychwanegu trac sain at.

vertrackt [fɛrˈtrakt] *adj (ugs)* dyrys, astrus, cymhleth.

Vertrag [fɛrˈtraːk] (-(e)s, ˝-e) *m* cytundeb *g*.

vertragen [fɛrˈtraːɡən] *irreg vt untrenn (aushalten)* goddef; **viel ~** *(ugs: Alkohol)* gallu dal eich diod.

♦ *vr untrenn* cyd-dynnu â'ch gilydd; *(sich aussöhnen)* ymgymodi; **sich mit etw ~** gweddu i rth, cyd-fynd â rhth.

vertraglich *adj* cytundebol.

verträglich [fɛrˈtrɛːklɪç] *adj* rhadlon; *(Speise)* hawdd ei dreulio; *(MED)* heb effaith ddrwg.

Verträglichkeit *f* rhadlondeb *g*; *(Essen)* hydreuledd *g* (hawdd).

Vertragsbruch *m* tor-cytundeb *g*.

vertrags- *kompos:* **~brüchig** *adj* yn torri cytundeb; **~fähig** *adj (JUR)* cymwys i gytundebu; **~mäßig** *adj* yn y cytundeb.

Vertrags- *kompos:* **~partner** *m* un sydd wedi arwyddo cytundeb, parti mewn cytundeb; **~spieler** *m (SPORT)* chwaraewr *g* dan gytundeb.

vertragswidrig *adj* yn groes i'r cytundeb.

vertrauen [fɛrˈtraʊən] *vi untrenn +dat* ymddiried yn; **~ auf** *+akk* dibynnu ar.

Vertrauen *nt* ymddiriedaeth *b*, hyder *g*; **jdn ins ~ ziehen** dweud rhth wrth rn yn gyfrinachol, rhannu cyfrinach â rhn; **~ zu jdm fassen** magu ffydd yn rhn; **~ erweckend** yn ennyn hyder.

Vertrauens- *kompos:* **~mann** *m* cymrodeddwr *g*, canolwr *g*; **~sache** *f (vertrauliche Angelegeneit)* mater *g* cyfrinachol; *(Frage des Vertrauens)* mater *g* o ymddiried/ffydd.

vertrauensselig *adj* ymddiriedus.

vertrauensvoll *adj* ymddiriedus.

Vertrauensvotum *nt (POL)* pleidlais *b* o ymddiriedaeth.

vertrauenswürdig *adj* teilwng o ymddiriedaeth, dibynadwy.

vertraulich [fɛrˈtraʊlɪç] *adj* cydnabyddus, adnabyddus; *(geheim)* cyfrinachol; **~ werden** *(pej:* zudringlich*)* mynd y tu hwnt i'ch croeso.

Vertraulichkeit *f (pej: Zudringlichkeit)* hyfdra *g*, cynefindra *g*; *(Geheimhaltung)* cyfrinachedd *g*.

verträumt [fɛrˈtrɔʏmt] *adj* breuddwydiol; *(Städtchen)* cysglyd.

vertraut [fɛrˈtraʊt] *adj* cyfarwydd; **sich mit etw ~ machen** ymgyfarwyddo â rhth.

Vertraute (-n, -n) *m/f* dyn *g*/merch *b* sydd yng nghyfrinach rhn, cyfaill *g* mynwesol, cyfeilles *b* fynewsol.

Vertrautheit *f* cynefindra *g*, adnabyddiaeth *b* fanwl.

vertreiben [fɛrˈtraɪbən] *irreg vt untrenn* gyrru i ffwrdd; *(aus Land)* alltudio; *(COMM: Waren)* gwerthu; *(Zeit)* bwrw.

Vertreibung *f* allyriad *g*, diarddeliad *g*.

vertretbar [fɛrˈtreːtbaːr] *adj* cyfiawnadwy; *(Theorie, Argument)* daliadwy, cynaliadwy.

vertreten [fɛrˈtreːtən] *irreg vt untrenn* cynrychioli; *(Ansicht)* coleddu; *(ersetzen)* cymryd lle *(rhn)*; *(Kollegen)* cyflenwi dros; *(COMM)* bod yn asiant dros; **sich** *dat* **die Beine ~** mynd am dro i ymestyn eich coesau.

Vertreter(in) *m(f)* cynrychiolydd *g*; *(Verfechter)* dadleuwr *g*; *(COMM)* asiant *g*.

Vertretung (-, -en) *f* cynrychiolaeth *b*, cynrychioliad *g*; **die ~ übernehmen für** dirprwyo dros.

Vertretungsstunde *f (SCH)* gwers *b* gyflenwi.

Vertrieb [fɛrˈtriːp] (-(e)s, -e) *m (COMM)* marchnata *g*; **den ~ für eine Firma haben** bod ag asiantaeth werthu dros gwmni.

Vertriebene (-n, -n) *m/f* alltud *g(b)*.

Vertriebskosten *pl* costau *ll* marchnata.

vertrocknen [fɛrˈtrɔknən] *vi (+sein) untrenn* sychu, mynd yn sych.

vertrödeln [fɛrˈtrøːdəln] *vt untrenn (ugs)* gwastraffu, afradu.

vertrösten [fɛrˈtrøːstən] *vt untrenn* lliniaru siom *(rhn)*.

vertun [fɛrˈtuːn] *irreg vt untrenn* gwastraffu.

♦ *vr untrenn (ugs)* gwneud camgymeriad.

vertuschen [fɛrˈtuʃən] *vt untrenn (ugs)* mygu sôn am, cadw'n dawel am.

verübeln [fɛrˈʔyːbəln] *vt untrenn:* **jdm etw ~** digio wrth rn o achos rhth.

verüben [fɛrˈʔyːbən] *vt untrenn* gweithredu, cyflawni.

verulken[D] [fɛrˈʔulkən] *vt untrenn (ugs)* gwawdio.

verunglimpfen [fɛrˈʔunglɪmpfən] *vt untrenn* bychanu.

verunglücken [fɛrˈʔunglʏkən] *vi (+sein) untrenn* cael damwain; *(ugs: misslingen)* mynd o chwith; **tödlich ~** cael eich lladd mewn damwain.

Verunglückte (-n, -n) *m/f* un a anafwyd/laddwyd mewn damwain.

verunreinigen [fɛrˈʔunraɪnɪgən] *vt untrenn* baeddu; *(Umwelt)* llygru.

verunsichern [fɛrˈʔunzɪçərn] *vt untrenn* tanseilio hyder *(rhn)*.

verunstalten [fɛrˈʔunʃtaltən] *vt untrenn* anharddu, hagru.

veruntreuen [fɛrˈʔuntrɔʏən] *vt untrenn* embeslo.

verursachen [fɛrˈʔuːrzaxən] *vt untrenn* achosi, peri.

verurteilen [fɛrˈʔuːrtaɪlən] *vt untrenn* condemnio; *(zu Strafe)* dedfrydu; *(für schuldig befinden)* euogfarnu; **jdn ~ wegen** *+gen* dyfarnu rhn yn euog o.

Verurteilung *f* condemniad *g*; *(JUR)* dedfryd *gb*, euogfarn *b*.

vervielfachen [fɛrˈfiːlfaxən] *vt untrenn* lluosogi, lluosi.

vervielfältigen [fɛrˈfiːlfɛltɪgən] *vt untrenn* lluosogi, copïo, dyblygu.

Vervielfältigung (-, -en) *f* lluosogi *g*, copïo *g*, dyblygiad *g*.

vervollkommnen [fɛrˈfɔlkɔmnən] *vt untrenn* perffeithio.

vervollständigen [fɛrˈfɔlʃtɛndɪgən] *vt untrenn* gorffen, cwblhau.

verw. *abk* = **verwitwet**.

verwachsen [fɛrˈvaksən] *adj (verkrüppelt)* â nam *g* corfforol; *(verkümmert)* gwywedig; *(überwuchert)* wedi tyfu'n wyllt.

verwackeln [fɛrˈvakəln] *vt untrenn (FOTO)* achosi aneglurder yn.

verwählen [fɛrˈvɛːlən] *vr untrenn (TEL)* deialu rhif anghywir.

verwahren [fɛrˈvaːrən] *vt untrenn* cadw'n ddiogel.

♦ *vr untrenn (geh)* protestio.

verwahrlosen [fɛrˈvaːrloːzən] *vi (+sein) untrenn* cael ei esgeuluso, mynd yn angof; *(Mensch)* mynd i'r cŵn.

verwahrlost *adj* wedi ei esgeuluso, aflêr; *(Gebäude)* wedi dirywio.

Verwahrung [fɛrˈvaːruŋ] *f* cadwraeth *b* ddiogel, gofal *g* diogel; **jdn in ~ nehmen** arestio rhn, mynd â rhn i'r ddalfa.

verwaist [fɛrˈvaɪst] *adj* amddifad.

verwalten [fɛrˈvaltən] *vt untrenn* rheoli; *(Behörde)* gweinyddu.

Verwalter *m* (**~in** *f*) gweinyddwr(aig) *g(b)*; *(Vermögens~)* ymddiriedolwr(aig) *g(b)*.

Verwaltung *f* rheolaeth *b*; *(öffentliche)* gweinyddiaeth *b*.

Verwaltungs- *kompos:* **~apparat** *m* peirianwaith *g* gweinyddol; **~bezirk** *m* rhanbarth *g*/dosbarth *g* gweinyddol; **~gericht** *nt*, **~gerichtshof** *m* Uchaflys *g* Gweinyddol.

verwandeln [fɛrˈvandəln] *vt untrenn* newid, trawsnewid, trawsffurfio.

♦ *vr untrenn* newid.

Verwandlung *f* newid *g*, trawsnewidiad *g*.

verwandt [fɛrˈvant] *adj:* **~ mit** *+dat* yn perthyn i, cysylltiedig â; **geistig ~ sein** bod yn eneidiau hoff cytûn.

Verwandte (-n, -n) *m/f* perthynas *b*.

Verwandtschaft *f* perthynas *b*; *(Familie)* perthnasau *ll*; *(fig)* cysylltiad *g*.

verwarnen [fɛrˈvaːrnən] *vt untrenn* rhybuddio.

Verwarnung *f* rhybudd *g*.

verwaschen [fɛrˈvaʃən] *adj* pŵl, wedi pylu; *(Farbe)* annelwig, amhendant.

verwässern [fɛrˈvɛsərn] *vt untrenn* glastwreiddio, gwanhau, teneuo.

verwechseln [fɛrˈvɛksəln] *vt untrenn:* **etw mit etw ~** drysu rhwng rhth a rhth; **zum V~ ähnlich** yr un ffunud â'i gilydd.

Verwechslung *f* cymysgwch *g*; **das muss eine ~ sein** mae'n rhaid bod rhyw gamsyniad.

verwegen [fɛrˈveːgən] *adj* beiddgar.

Verwegenheit *f* beiddgarwch *g*.

verwehen [fɛrˈveːən] *vt untrenn* chwythu i ffwrdd.

verwehren [fɛrˈveːrən] *vt untrenn (geh)* **jdm etw ~** gwrthod/gwarafun rhth i rn; **sich gegen etw ~** gwrthod rhth, nacáu rhth.

Verwehung [fɛrˈveːʊŋ] *f (Schnee)* lluwch *g*; *(Sand~)* lluwch *g* tywod.

verweichlichen [fɛrˈvaɪçlɪçən] *vt (+haben) untrenn* maldodi, mwytho.

♦ *vi (+sein) untrenn* colli'ch plwc.

verweichlicht *adj* meddal, merchetaidd.

verweigern [fɛrˈvaɪgərn] *vt untrenn:* **jdm etw ~** gwrthod rhth i rn; *(JUR)* **die Aussage ~** gwrthod tystio.

Verweigerung *f* gwrthodiad *g*, nacâd *g*.

verweilen [fɛrˈvaɪlən] *vi untrenn (geh)* aros, sefyll; *(fig)* **~ bei** aros gyda, oedi dros.

verweint [fɛrˈvaɪnt] *adj (Augen)* chwyddedig gan ddagrau; *(Gesicht)* ag ôl dagrau, dagreuol.

Verweis [fɛrˈvaɪs] (-(e)s, -e) *m* cerydd *g*; *(Hinweis)* cyfeiriad *g*.

verweisen [fɛrˈvaɪzən] *irreg vt untrenn:* **auf etw** *akk* **~** cyfeirio at rth; **an jdn ~** cyfeirio at rn; **jdn des Spielfeldes ~** *(SPORT)* gyrru rhn o'r maes; **jdn von der Schule ~** diarddel rhn o'r ysgol; **jdn des Landes ~** gyrru rhn o'r wlad.

verwelken [fɛrˈvɛlkən] *vi (+sein) untrenn (Blumen)* gwywo; *(fig)* pylu.

verweltlichen [fɛrˈvɛltlɪçən] *vt untrenn* seciwlareiddio.

verwendbar [fɛrˈvɛntbaːr] *adj* defnyddiadwy.

verwenden [fɛrˈvɛndən] *vt untrenn* defnyddio; **Zeit für etw ~** treulio amser ar rth.

♦ *vr untrenn:* **sich für jdn ~** eiriol dros rn.

Verwendung *f* defnydd *g*.

Verwendungsmöglichkeit *f* defnydd *g* (posibl).

verwerfen [fɛrˈvɛrfən] *irreg vt untrenn* gwrthod; *(Urteil)* dileu; *(kritisieren)* condemnio, collfarnu.

verwerflich *adj* ceryddadwy.

Verwerfung *f* gwrthodiad *g*; *(Geologie)* ffawt *g*, toriad *g*.

verwertbar [fɛrˈvɛrtbaːr] *adj* defnyddiadwy.

verwerten [fɛrˈvɛrtən] *vt untrenn* gwneud defnydd da o.

Verwertung *f* defnydd *g* da.

verwesen [fɛrˈveːzən] *vi (+sein) untrenn* darfod, nychu.

Verwesung *f* dadelfeniad *g*; *(Fäulnis)* pydredd *g*.

verwickeln [fɛrˈvɪkəln] *vt untrenn* gwneud yn glymau; *(fig)* tynnu i mewn; **jdn ~ in** *+akk* tynnu rhn i mewn i.

♦ *vr untrenn* mynd yn glymog; *(fig)* mynd ynghlwm; **sich ~ in** *+akk* mynd ynghlwm yn, ymhel â.

verwickelt *adj* clymog, cyfrodedd, dirdro; *(fig)* cymhleth.

Verwicklung *f* dryswch *g*, cymhlethdod *g*.

verwildern [fɛrˈvɪldərn] *vi (+sein) untrenn* tyfu'n wyllt, rhedeg yn wyllt.

verwildert *adj* gwyllt; *(Garten)* llawn tyfiant a chwyn; *(jds Aussehen)* anniben, aflêr.

verwinden [fɛrˈvɪndən] *irreg vt untrenn* dod dros.

verwirken [fɛrˈvɪrkən] *vt untrenn (geh)* fforffedu.

verwirklichen [fɛrˈvɪrklɪçən] *vt untrenn* gwireddu.

Verwirklichung *f* gwireddiad *g*.

verwirren [fɛrˈvɪrən] *vt untrenn* gwneud yn glymau; *(fig)* drysu.

Verwirrspiel *nt* tactegau *ll* i ddrysu.

verwirrt *adj* gwyrgam.

Verwirrung *f* dryswch *g*, tryblith *g*.

verwischen [fɛrˈvɪʃən] *vt untrenn (verschmieren)* staenio, baeddu; *(Spuren)* gorchuddio.

verwittern [fɛrˈvɪtərn] *vi (+sein) untrenn* hindreulio.

verwitwet [fɛrˈvɪtvət] *adj* gweddw.

verwöhnen [fɛrˈvøːnən] *vt untrenn* maldodi.

Verwöhnung *f* difetha *g*, maldodi *g*.

verworfen [fɛrˈvɔrfən] *adj (lasterhaft)* llygredig.

Verworfenheit *f* llygredigaeth *g*.

verworren [fɛrˈvɔrən] *adj* dryslyd.

verwundbar [fɛrˈvʊntbaːr] *adj* hawdd eich brifo.

verwunden [fɛrˈvʊndən] *vt untrenn* clwyfo, briwio.

verwunderlich *adj* syfrdanol, rhyfedd.

verwundern [fɛrˈvʊndərn] *vt untrenn* synnu.

♦ *vr untrenn (geh)* **sich ~ über** *+akk* rhyfeddu at, synnu at.

Verwunderung *f* syfrdandod *g*, rhyfeddod *g*.

verwundet *adj* wedi'i anafu.

Verwundete (-n, -n) *m/f* clwyfedig *gb*; **die ~n** y clwyfedigion *ll*.

Verwundung *f (MED)* clwyf *g*, briw *g*, anaf *g*.

verwünschen [fɛrˈvʏnʃən] *vt untrenn* melltithio.

verwurzelt [fɛrˈvʊrtsəlt] *adj:* **fest in etw** *dat* **~** *(fig)* wedi ei wreiddio'n ddwfn yn rhth, â'i wreiddiau'n ddwfn yn rhth.

verwüsten [fɛrˈvyːstən] *vt untrenn* diffeithio, anrheithio.

Verwüstung *f* difrod *g*, distryw *g*.

Verz. *abk* = Verzeichnis.

verzagen [fɛr'tsɑ:gən] *vi untrenn* anobeithio, gwangalonni.

verzählen [fɛr'tsɛ:lən] *vr untrenn* camgyfrif, camrifo.

verzahnen [fɛr'tsɑ:nən] *vt untrenn* tryfalu, uniadu cynffonnog; *(Zahnräder)* danheddu.

verzapfen [fɛr'tsapfən] *vt untrenn:* **Unsinn ~** *(ugs)* siarad dwli.

verzaubern [fɛr'tsaubərn] *vt untrenn* rheibio; *(fig: bezaubern)* swyno, hudoli, cyfareddu.

verzehren [fɛr'tse:rən] *vt untrenn* bwyta, treulio.

♦ *vr untrenn (geh: sich sehnen)* **sich ~ nach** *+dat* hiraethu am.

verzeichnen [fɛr'tsaiçnən] *vt untrenn* rhestru; *(Niederlage, Verluste)* cofnodi.

Verzeichnis *nt* rhestr *b*, catalog *g*; *(in Buch)* mynegai *gb*; *(COMP)* cyfarwyddiadur *g*.

verzeihen [fɛr'tsaiən] *irreg vt, vi untrenn* maddau; **jdm etw ~** maddau rhth i rn; **~ Sie!** esgusodwch fi!

verzeihlich *adj* maddeuadwy.

Verzeihung *f* maddeuant *g*; **~!** mae'n ddrwg gennyf! **um ~ bitten** ymddiheuro, ymesgusodi.

verzerren [fɛr'tsɛrən] *vt untrenn* ystumio, anffurfio.

verzetteln [fɛr'tsɛtəln] *vr untrenn (ugs)* gwastraffu amser trwy wneud tipyn o bopeth.

Verzicht [fɛr'tsɪçt] *m:* **~ auf** *+akk* ymwrthod *g* â, ymwadiad *g* â.

verzichten [fɛr'tsɪçtən] *vi untrenn:* **~ auf** *+akk* ymatal rhag.

verziehen [fɛr'tsi:ən] *irreg vi (+sein) untrenn* symud (tŷ).

♦ *vt (+haben) untrenn (Gesicht)* ystumio; *(Kind)* maldodi; **keine Miene ~** heb gynhyrfu dim; **das Gesicht ~** tynnu/gwneud gwep.

♦ *vr (+haben) untrenn (Holz)* colli siâp, anffurfio; *(verschwinden)* diflannu.

verzieren [fɛr'tsi:rən] *vt untrenn* addurno.

Verzierung *f* addurniad *g*.

verzinsen [fɛr'tsɪnzən] *vt untrenn* talu llog ar.

verzinslich *adj:* **fest ~ sein** dwyn/cynhyrchu llog.

verzogen [fɛr'tso:gən] *adj (umgezogen)* wedi symud; *(Kind)* wedi ei ddifetha/sbwylio.

verzögern [fɛr'tsø:gərn] *vt untrenn* gohirio.

Verzögerung *f* oediad *g*.

Verzögerungstaktik *f* tacteg *b* arafu, ystrywiau *ll* oedi.

verzollen [fɛr'tsɔlən] *vt untrenn* talu toll ar; **haben Sie etw zu ~?** oes gennych chi rywbeth i'w ddatgelu?

verzücken [fɛr'tsʏkən] *vt untrenn* swyngyfareddu, anfon i berlesmair.

verzückt *adj* gorawenus.

Verzug [fɛr'tsu:k] **(-s,** *kein pl)* *m* oedi *g*; **mit etw in ~ geraten** mynd i ddyled gyda rhth.

verzweifeln [fɛr'tsvaifəln] *vi (+sein) untrenn* anobeithio.

verzweifelt *adj* anobeithiol.

Verzweiflung *f* anobaith *g*.

verzweigen [fɛr'tsvaigən] *vr untrenn* ymganghennu, ymledu.

verzwickt [fɛr'tsvɪkt] *adj (ugs)* chwithig.

Vesper ['vespər] **(-, -n)** *f (veraltet)* y gosber *g*, gosberau *ll*.

Veto ['ve:to] *nt* pleidlais *b* atal, feto *g*.

Vetterᴰ ['fɛtər] **(-s, -n)** *m* cefnder *g*.

VfGHᴬ *abk* = Verfassungsgerichtshof.

vgl. *abk* (= *vergleiche*) cymharer.

v.H. *abk* (= *vom Hundert*) **10 v.H.** 10 y cant.

VHS¹ *f abk* = Volkshochschule.

VHS² *abk (Videosystem)* VHS; **~-Kassette** *f* casét *g* fideo VHS.

Viadukt [via'dʊkt] **(-(e)s, -e)** *m oder nt* traphont *b*.

vibrieren [vi'bri:rən] *vi* dirgrynu.

Video ['vi:deo] *nt* fideo *g*.

Video- *kompos:* **~aufnahme** *f* fideorecordiad *g*; **~kamera** *f* fideocamera *g*; **~kassette** *f* casét *g*/tâp *g* fideo; **~recorder** *m* fideorecordydd *g*; **~spiel** *nt* gêm *b* fideo; **~text** *m* teletestun *g*.

Vieh [fi:] **(-s,** *kein pl)* *nt* gwartheg *ll*; *(Nutztiere)* da *ll* byw; *(ugs: Tier)* anifail *g*; *(fig, ugs: Mensch)* anifail *g*.

viehisch *adj* anifeilaidd.

Viehzucht *f* bridio *g* da byw.

viel [fi:l] *(komp* **mehr**; *superl* **am meisten)** *adj* llawer.

♦ *adv* lawer; **in ~em** ar lawer cyfrif; **noch mal so ~** cymaint eto; **zu ~** gormod; **einer zu ~** un yn ormod; **~ zu wenig** rhy ychydig o lawer; **~ zu schnell** rhy gyflym o lawer; **wie ~?** faint? **~ beschäftigt** tra phrysur; **~ sagend** arwyddocaol; **~ versprechend** addawol; *vgl. auch* **viele**.

viel beschäftigt *adj vgl.* **viel**.

viele *pl* llawer, sawl un, cryn nifer o; **gleich ~ (Teile)** yr un nifer o; **wie ~?** sawl un? **wie ~ von ihnen?** faint ohonynt?

vielerlei *adj* amrywiaeth mawr o.

vielerorts *adv* mewn llawer man.

vielfach *adv* lawer gwaith; **auf ~en Wunsch** ar gais llaweroedd.

Vielfache *nt (MATH)* lluosrif; **um ein ~s** llawer gwaith trosodd.

Vielfalt ['fi:lfalt] **(-,** *kein pl)* *f* amrywiaeth *gb*.

vielfältig ['fi:lfɛltɪç, -ɪk] *adj* amrywiol.

Vielfraß ['fi:lfrɑ:s] *m* bolgi *g*; *(ZOOL)* hollysydd *g*.

vielleicht [fi'laiçt] *adv* efallai, dichon, hwyrach; *(in Bitten)* o bosib; **du bist ~ ein Idiot!** *(ugs)* dyna dwpsyn wyt ti!

vielmals ['fiːlmaːls] *adv* sawl gwaith; **danke ~** diolch yn fawr iawn; **ich bitte ~ um Entschuldigung!** rwy'n ymddiheuro'n llaes.

vielmehr *adv* yn hytrach.

viel sagend *adj vgl.* viel.

viel- *kompos:* **~schichtig** *adj (fig)* cymhleth; **~seitig** *adj* amlochrog; *(Ausbildung)* cynhwysfawr; *(Interessen)* amrywiol; *(Mensch)* amryddawn.

viel versprechend *adj vgl.* viel.

Vielvölkerstaat *m* gwladwriaeth *b* amlgenhedlig.

vier [fiːr] *num* pedwar *g*, pedair *b*; **alle ~e von sich strecken** *(ugs)* ymestyn eich corff yn llawn.

Vierᴰ (-, -en) *f* rhif *g* pedwar; *(SCH)* D *b*.

Vierbeiner *m* un â phedair coes (ci neu gath fel arfer).

Vierbettzimmer *nt* ystafell â phedwar gwely.

Viereck *nt* petryal *g*.

viereckig *adj* petryal, pedrochrog.

Viererᴬ *m* = Vier.

vierhundert *num* pedwar cant.

vierkant¹ *adj (NAUT)* lefel.

vierkant-² *in kompos* sgwâr.

vierköpfig *adj:* **eine ~e Familie** teulu o bedwar.

Viermächtepakt *m (HIST)* cytundeb y Pedwar Grym Mawr.

viert *adj:* **wir gingen zu ~** aethom ni'n pedwar.

Viertaktmotor (-s, -en) *m (AUTO)* modur *g* pedair strôc.

vierte *adj* pedwerydd, pedwaredd.

vierteilen ['fiːrtailən] *vt untrenn* chwarteru, rhannu yn chwarteri.

Viertel ['fɪrtəl] (-s, -) *nt* chwarter *g*, pedwaredd ran *b*; **ein ~ Käse** chwarter pwys o gaws.

Viertel- *kompos:* **~finale** *nt* rownd *b* ogynderfynol; **~jahr** *nt* tri mis *g*, chwarter *g*; **~jahresschrift** *f* cylchgrawn *g* chwarterol.

vierteljährlich *adj* chwarterol, trimisol.

Viertel- *kompos:* **~note** *f (MUS)* crosied *g*; **~stunde** *f* chwarter awr *b*.

viertürig *adj* â phedwar drws.

Vierwaldstättersee *m (GEOG)* Llyn Luzern.

vierzehn *num* pedwar *g* ar ddeg, pedair *b* ar ddeg, un deg pedwar *g*, un deg pedair *b*; **in ~ Tagen** ymhen pythefnos.

vierzehntägig *adj* yn para am bythefnos.

♦ *adv* bob pythefnos.

vierzehnte *adj* pedwerydd *g* ar ddeg, pedwaredd *b* ar ddeg.

vierzig ['fɪrtsɪç, -ɪk] *num* deugain, pedwar deg.

Vierzigstundenwoche *f* wythnos (gwaith) ddeugain awr.

Vierzimmerwohnung *f* fflat *gb* bedair ystafell.

Vietnam [viɛt'nam] *nt (GEOG)* Fietnam *b*.

Vietnamese [viɛtnaˈmeːzə] (-n, -n) *m*, **Vietnamesin** *f* Fietnamiad *g*.

vietnamesisch [viɛtnaˈmeːzɪʃ] *adj* Fietnamaidd.

Vietnamesisch *nt (Sprache)* Fietnameg *b*.

Vietnamkrieg *m (HIST)* rhyfel *gb* Fietnam.

Vikar [viˈkaːr] (-s, -e) *m (REL)* curad *g*, ciwrad *g*.

Villa ['vɪla] (-, **Villen**) *f* fila *b*.

Villenviertel *nt* ardal *b* breswyl (â thai drud).

violett [vioˈlɛt] *adj* fioled.

Violinbogen (-s, "-) *m* bwa *g* ffidil.

Violine [vioˈliːnə] (-, -n) *f (MUS)* ffidil *b*.

Violin- *kompos:* **~konzert** *nt* consierto *g* i'r ffidil; **~schlüssel** *m (MUS)* cleff *g* y trebl.

virtuell [vɪrtuˈɛl] *adj (COMP)* drychol; **~e Realität** dirwedd *g* rhithwir.

virtuos [vɪrtuˈoːs] *adj* meistrolgar, penigamp.

Virtuose [vɪrtuˈoːzə] (-n, -n) *m* meistr ar grefft; *(MUS)* pencerddor *g*.

Virtuosin [vɪrtuˈoːzɪn] (-, -nen) *f* meistres ar grefft; *(MUS)* pencerddes *b*.

Virtuosität [vɪrtuoziˈtɛːt] *f* rhagoriaeth *b*, dawn *gb* arbennig, campwriaeth *b*.

Virus ['viːrus] (-, **Viren**) *nt oder m* feirws *g (auch COMP)*.

Virusinfektion *f* haint *gb* feirol.

Visage [viˈzaːʒə] (-, -n) *f (pej)* wyneb *g*, gwep *b*.

Visagist [vizaˈʒɪst] (-en, -en) *m* artist *g* coluro, colurwr *g*; **~in** *f* colurwraig *b*.

vis-à-vis [vizaˈviː] *adv (veraltet)* **~ von** +*dat* gyferbyn â.

♦ *präp* +*dat* gyferbyn â.

Visier [viˈziːr] (-s, -e) *nt* annel *g*; *(am Helm)* miswrn *g*.

Vision [viˈzioːn] (-, -en) *f* golwg *g*, gwelediad *g*.

Visite [viˈziːtə] (-, -n) *f (MED)* ymweliad *g*, galwad *gb*.

Visitenkarte *f* cerdyn *g* ymweld.

visuell [vizuˈɛl] *adj* gweledol.

Visum ['viːzum] (-s, **Visa** *oder* **Visen**) *nt* fisa *b*, teitheb *b*.

vital [viˈtaːl] *adj* bywiog.

Vitamin [vitaˈmiːn] (-s, -e) *nt* fitamin *g*.

Vitaminmangel *m* diffyg *g* fitamin.

Vitrine [viˈtriːnə] (-, -n) *f (Schrank)* cwpwrdd *g* gwydr; *(Schaukasten)* cwpwrdd (arddangos) gwydr.

Vivisektion [vivizɛktsiˈoːn] *f* bywddyraniad *g*.

Vize ['viːtsə] *m (ugs)* rhif dau, yr ail orau.

Vize- *kompos:* **~kanzler** *m* is-ganghellor *g*; **~präsident** *m* is-lywydd *g*; *(von Klub)* is-gadeirydd *g*.

v.J. *abk (= vorigen Jahres)* y llynedd.

v.l. *abk (= von links)* o'r chwith.

Vlies [fliːs] (-es, -e) *nt (LIT)* cnu *g*.

v.M. *abk (= vorigen Monats)* y mis diwethaf.

v.o. *abk (= von oben)* o'r top.

Vogel ['foːgəl] (-s, "-) *m* aderyn *g*; **sie hat einen ~** *(ugs)* nid yw hi'n llawn llathen; **den ~ abschießen** *(ugs)*[D] rhagori ar bawb.

Vogel- *kompos:* **~bauer** *nt* cawell *g*/caets *g* adar; **~beerbaum** *m (BOT)* criafolen *b*; **~dreck** *m* baw *g* adar; **~perspektive** *f* golwg *g* oddi uchod, trem *b* o'r awyr; **~scheuche** *f* bwgan *g* brain; **~schutzgebiet** *nt* gwarchodfa *b* adar.

Vogel-Strauß-Politik *f* polisi *g* pen-yn-y-tywod.

Vokabel [vo'ka:bəl] (-, -n) *f oder nt* gair *g*.

Vokabular [vokabu'la:r] (-s, -e) *nt* geirfa *b*.

Vokal [vo'ka:l] (-s, -e) *m (GRAM)* llafariad *b*.

Volk [fɔlk] (-(e)s, ¨-er) *nt* pobl *b*; *(Nation)* cenedl *b*; **etw unters ~ bringen** rhoi rhth ar goedd.

Völker- ['fœlkər] *kompos:* **~bund** *m (HIST)* Cynghrair *g* y Cenhedloedd; **~kunde** *f* ethnoleg *b*, ethneg *b*; **~mord** *m* hil-laddiad *g*; **~recht** *nt (JUR)* cyfraith *b* ryngwladol.

völkerrechtlich *adj* yn ôl y gyfraith ryngwladol.

Völker- *kompos:* **~verständigung** *f* cyd-ddealltwriaeth *b* y gwledydd; **~wanderung** *f* ymfudiad *g*.

Volks- *kompos:* **~abstimmung** *f* refferendwm *b*; **~armee** *f (in der DDR)* Byddin *b* y Bobl; **~begehren** *nt* deiseb *b* yn gofyn am refferendwm; **~deutsche** *m/f* Almaenwr *g* ethnig, Almaenes *b* ethnig.

volkseigen *adj (DDR)* yn eiddo i'r wladwraieth.

Volks- *kompos:* **~entscheid** *m (POL)* refferendwm *b*; **~feind** *m* gelyn *g* y bobl; **~fest** *nt* gŵyl *b* werin; *(Jahrmarkt)* ffair *b*; **~hochschule** *f* canolfan *gb* addysg i oedolion; **~lied** *nt* cân *b* werin; **~mund** *m* iaith *b* lafar; **~polizei** *f (DDR)* Heddlu'r Bobl; **~republik** *f (POL)* Gweriniaeth *b* y Bobl; **~schule**[A] *f* ysgol *b* gynradd; **~stamm** *m* llwyth *g*; **~stück** *nt (THEAT)* drama *b* werin mewn tafodiaith; **~tanz** *m* dawns *b* werin.

Volkstum *nt* gwerin *b*; *(Kultur)* diwylliant *g*.

volkstümlich *adj* poblogaidd.

Volks- *kompos:* **~weise** *f* alaw *b* werin; **~wirtschaft** *f* economi *gb* wladol; *(Fach)* economeg *b*; **~wirtschaftler** *m* economegydd *g*; **~zählung** *f* cyfrifiad *g*.

voll [fɔl] *adj* llawn; **in ~er Größe** *(Bild)* o faintioli llawn; *(fig)* yn y cnawd; **~ und ganz** yn gyfan gwbl; **aus dem V~en schöpfen** tynnu ar adnoddau di-ben-draw; **jdn für ~ nehmen** *(ugs)*[D] cymryd rhn o ddifri; **~ sein** *(satt)* bod yn llawn; *(ugs: betrunken)* bod yn feddw; **sich ~ laufen lassen** meddwi; **~ machen** *(ugs: füllen)* llenwi'n llawn; **~ tanken** *(AUTO)* llenwi â phetrol.

vollauf ['fɔl'auf] *adv* yn helaeth; **~ zu tun haben** bod â hen ddigon i'w wneud.

Voll- *kompos:* **~bad** *nt* bath *g*; **~bart** *m* barf *b* lawn; **~beschäftigung** *f* cyflogaeth *b* lawn.

Vollbesitz *m:* **im ~ seiner geistigen Kräfte** yn ei iawn bwyll.

Vollblut *nt* brid *g* pur, gwaed *g* pur.

vollblütig *adj* o frid pur, o waed pur.

Vollbremsung *f* stop *g* argyfwng/brys.

vollbringen *irreg vt untrenn* cyflawni.

Volldampf *m:* **mit ~ voraus** ar lawn ager.

vollenden *vt untrenn* cwblhau.

vollendet *adj (vollkommen)* perffaith; *(Tänzer)* medrus, meistrolgar; *(fertig)* wedi'i gwblhau.

vollends *adj* cwbl, hollol.

Vollendung *f* cwblhad *g*.

voller ['fɔlər] *adv* llawn o; **~ Ideen** yn llawn syniadau.

  ♦ *komp von* **voll**.

Völlerei [fœlə'rai] *f* glythineb *g*, bolgarwch *g*.

Volleyball ['vɔlebal] *m (SPORT)* pêl *b* foli.

Vollgas ['fɔlga:s] *nt:* **mit ~ â** holl nerth; **~ geben** gwasgu'r sbardun i'r llawr.

völlig ['fœlıç, -ık] *adv* llwyr, hollol.

volljährig *adj* wedi dod i oedran.

Vollkaskoversicherung *f (FIN)* yswiriant *g* cynhwysfawr.

vollkommen *adj* perffaith; *(völlig)* llwyr, hollol.

Vollkommenheit *f* perffeithrwydd *g*.

Vollkorn- ['fɔlkɔrn] *in kompos:* **~brot** *nt (KOCH)* bara *g* gwenith cyflawn; **~nudeln** *pl* nwdls *ll* gwenith cyflawn.

voll laufen *irreg vr (+haben) vgl.* **voll**.

voll machen *vt (ugs: füllen)* llenwi'n llawn.

Voll- *kompos:* **~macht** *f* awdurdod *gb*; *(JUR)* pŵer *g* atwrnai; **~matrose** *m (NAUT)* llongwr *g* abl, llongwr ail-ddosbarth; **~milch** *f* llaeth *g* cyflawn; **~mond** *m* lleuad *b* lawn; **~narkose** *f (MED)* anesthetig *g* cyffredinol; **~pension** *f* llety *g* a phob pryd bwyd.

vollschlank *adj* corffog, tew.

vollständig *adj* cyflawn.

  ♦ *adv* yn llwyr.

vollstrecken *vt untrenn* cyflawni.

voll tanken *vt, vi vgl.* **voll**.

Voll- *kompos:* **~treffer** *m (Zielscheibe)* llygad *gb*; *(fig)* canol *g* y nod; **~versammlung** *f* cyfarfod *g* cyffredinol; **~waise** *f* plentyn *g* amddifad.

vollwertig *adj* llawn; *(Stellung)* cyfartal.

Vollwertkost *f (KOCH)* bwydydd *ll* cyflawn.

vollzählig *adj* cyflawn (o ran nifer).

vollziehen *irreg vt untrenn* cyflawni, gweithredu.

  ♦ *vr* digwydd.

Vollziehung *f* gweithrediad *g*, cyflawniad *g*.

Vollzug *m* = **Vollziehung**.

Volontär [fɔlɔn'tɛ:r] (-s, -e) *m* prentis *g* gwirfoddol.

Volontariat *nt* prentisiaeth *b* wirfoddol.

Volontärin *f vgl.* **Volontär**.

Volt [vɔlt] (- *oder* -(e)s, -) *nt (ELEKT)* folt *gb*.

Volumen [voˈluːmən] (-s, - *oder* **Volumina**) *nt* cyfaint *g*.

vom = **von dem**.

von [fɔn] *präp +dat* **1** *(Ausgangspunkt)* o; ~ ... bis o... hyd at; ~ **morgens bis abends** o fore hyd brynhawn; ~ **Cardiff nach Swansea** o Gaerdydd i Abertawe; ~ **nun an** o hyn ymlaen; ~ **hier aus** o fan hyn; **etw** ~ **sich aus tun** gwneud rhth ar eich liwt eich hun; ~ **mir aus** *(ugs)* o'm rhan i; ~ **wo** o ble; ~ **wann** o ba ddyddiad; **2** *(Urheber, Ursache)* gan; **ein Gedicht** ~ **Schiller** cerdd gan Schiller; ~ **etw müde** wedi blino o rth; **3** *(als Genitiv)* o; **ein Freund** ~ **mir** un o'm ffrindiau; **nett** ~ **dir** chwarae teg i ti; **jeweils zwei** ~ **zehn** dau o bob deg; **4** *(über)* am; **er erzählte vom Urlaub** soniodd am ei wyliau; **5:** ~ **wegen!** dim peryg!

voneinander [fɔnʔaɪˈnandər] *adv* oddi wrth ei gilydd.

vonstatten [fɔnˈʃtatən] *adv:* ~ **gehen** mynd ymlaen.

vor[1] [foːr] *präp +dat* **1** *(räumlich)* o flaen; **2** *(zeitlich)* cyn; ~ **drei Tagen** dridiau'n ôl; **ich war** ~ **ihm da** roeddwn i yno o'i flaen; **X kommt** ~ **Y** daw X o flaen Y; **fünf Minuten** ~ **vier** pum munud i bedwar; ~ **kurzem** yn ddiweddar; **3** *(Ursache)* o; ~ **Wut** mewn cynddaredd; ~ **Hunger sterben** marw o newyn; ~ **lauter Arbeit** oherwydd y llwyth gwaith; **4:** ~ **allem** yn arbennig.

♦ *präp +akk (räumlich)* o flaen; ~ **sich hin summen** mwmian i chi eich hunan.

vor[2] *adv:* ~ **und zurück** yn ôl ac ymlaen.

Vor- *kompos:* ~**abdruck** *m* rhagargraffiad *g*; ~**abend** *m* noswyl *b*; ~**ahnung** *f* rhagargoel *b*.

voran [foˈran] *adv* ymlaen.

vorangehen *irreg vi (+sein)* mynd yn eich blaen; **einer Sache** *dat* ~ rhagflaenu rhth.

vorangehend *adj* blaenorol.

vorankommen *irreg vi (+sein)* dod ymlaen, gwneud cynnydd.

Voranschlag [ˈfoːrʔanʃlaːk] (-(e)s, ˙-e) *m (COMM)* amcangyfrif *g*.

voranstellen [foˈranʃtɛlən] *vt* rhoi o flaen; *(fig)* rhoi blaenoriaeth i (rn/rth) dros.

Vorarbeiter [ˈfoːrʔarbaɪtər] (-s, -) *m* pen-gweithiwr *g*.

voraus [foˈraus] *adv* ymlaen, ar y blaen; *(zeitlich)* ymlaen llaw; **jdm** ~ **sein** bod o flaen rhn; **im V**~ [ˈfoːraus] ymlaen llaw.

vorausbezahlen *vt* talu ymlaen llaw.

vorausgehen *irreg vi (+sein)* mynd yn y blaen; *(fig)* blaenori, mynd o flaen.

voraushaben *irreg vt:* **jdm etw** ~ rhagori ar rn yn rhth.

Voraussage *f* darogan *gb*, rhagfynegiad *g*.

voraussagen *vt* rhagddweud, darogan, rhagfynegi.

voraussehen *irreg vt* rhagweld.

voraussetzen [foˈrauszɛtsən] *vt (als sicher annehmen)* cymryd yn ganiataol; *(erfordern)* gofyn am; **vorausgesetzt, dass** ... ar yr amod bod...

Voraussetzung [foˈrauszɛtsuŋ] (-, -en) *f* rhaganghenraid *g*, cynraid *g*.

Voraussicht [foˈrauszɪçt] (-, -en) *f* rhagweledigaeth *b*; **aller** ~ **nach** yn ôl pob tebyg; **in der** ~, **dass** ... a bwrw bod...

voraussichtlich *adv* yn ôl pob tebyg.

Vorauszahlung [foˈraustsaːluŋ] (-, -en) *f (FIN)* tâl *g* cyn pryd.

Vorbau [ˈfoːrbau] (-(e)s, -ten) *m* porth *g*, cyntedd *g*; *(Balkon)* feranda *gb*; *(ugs: großer Busen)* mynwes *b* fawr.

vorbauen [ˈfoːrbauən] *vt* adeiladu ar y blaen.

♦ *vi (+dat)* gofalu ymlaen llaw rhag, achub y blaen rhag.

Vorbedacht [ˈfoːrbədaxt] *m:* **mit** ~ *(Überlegung)* ar ôl ystyried; *(Absicht)* yn fwriadol.

Vorbedingung [ˈfoːrbədɪŋuŋ] (-, -en) *f* rhagamod *gb*.

Vorbehalt [ˈfoːrbəhalt] (-(e)s, ˙-e) *m* amheuaeth *b*, amheuon *ll*; **unter dem** ~, **dass** ... ar yr amod bod...

vorbehalten [ˈfoːrbəhaltən] *irreg vt:* **sich** *dat* **etw** ~ neilltuo rhth i chi'ch hun; **alle Rechte** ~ cedwir pob hawl/hawlfraint; **sich** *dat* **rechtliche Schritte** ~ ystyried cysylltu â chyfreithiwr.

vorbehaltlich *präp +gen (geh)* yn amodol ar.

vorbehaltslos *adj* diamod.

♦ *adv* yn ddiamod, heb amodau.

vorbei [fɔrˈbaɪ] *adv* heibio; **aus und** ~ ar ben, drosodd, wedi gorffen; **das ist** ~ mae drosodd; **damit ist es nun** ~ mae hynny'n perthyn i'r gorffennol.

vorbeibringen *irreg vt* galw heibio gyda.

vorbeigehen *irreg vi (+sein)* mynd heibio.

vorbeikommen *irreg vi (+sein):* **bei jdm** ~ galw heibio i rn, galw i weld rn.

vorbeireden *vi:* **am Thema** ~ colli'r pwynt.

vorbelastet [ˈfoːrbəlastət] *adj* dan anfantais.

Vorbemerkung [ˈfoːrbəmɛrkuŋ] (-, -en) *f* rhagair *g*, sylw *g* agoriadol.

vorbereiten [ˈfoːrbəraɪtən] *vt* paratoi, darparu.

Vorbereitung [ˈfoːrbəraɪtuŋ] (-, -en) *f* paratoad *g*.

vorbestellen [ˈfoːrbəʃtɛlən] *vt* archebu (ymlaen llaw), rhagarchebu, cadw.

Vorbestellung [ˈfoːrbəʃtɛluŋ] (-, -en) *f* rhagarchebu *g*.

vorbestraft [ˈfoːrbəʃtraːft] *adj* gyda dedfrydau blaenorol.

Vorbeugehaft [ˈfoːrbɔʏɡəhaft] *f* carchariad *g* ataliol/rhwystrol.

vorbeugen ['fo:rbɔʏɡən] vt, vr pwyso ymlaen.
♦ vi +dat atal, rhwystro.
vorbeugend adj ataliol, rhwystrol.
Vorbeugung ['fo:rbɔʏɡʊŋ] f ataliad g, rhwystrad g; **zur ~ gegen** +akk er mwyn atal.
Vorbild ['fo:rbɪlt] (-(e)s, -er) nt model g, patrwm g; **sich** dat **jdn zum ~ nehmen** efelychu/dynwared rhn.
vorbildlich adj delfrydol.
Vorbildung ['fo:rbɪldʊŋ] f cefndir g addysgol.
vorbringen ['fo:rbrɪŋən] irreg vt dweud; (Meinung) datgan, mynegi; (ugs: nach vorne) dwyn ymlaen, dwyn yn nes.
Vorbühne ['fo:rby:nə] (-, -n) f proseniwm g.
vordatieren ['fo:rdati:rən] vt (Schreiben) dyddio ymlaen.
Vorder- ['fɔrdər] kompos: **~achse** f (AUTO) echel b flaen; **~ansicht** f blaenolwg gb; **~asien** nt (GEOG) y Dwyrain Agos g.
vordere adj blaen.
Vordergrund m blaendir g, tu g blaen; **im ~ stehen** (fig) bod yn yr amlwg, bod yn y tu blaen.
Vordergrundprogramm nt (COMP) rhaglen b flaendir.
vorderhand adv am y tro.
Vordermann (-(e)s, -männer) m y person o'ch blaen; **jdn auf ~ bringen** (ugs) dysgu disgyblaeth i rn.
Vorderradantrieb m (AUTO) gyriant g blaen.
Vorder- kompos: **~seite** f ochr b flaen; **~sitz** m sedd b flaen.
vorderste adj blaenaf.
vordrängen ['fo:rdrɛŋən] vr gwthio i'r tu blaen.
vordringen ['fo:rdrɪŋən] irreg vi (+sein): **bis zu jdm/etw ~** cyrraedd rhn/rhth.
vordringlich adj brys, o frys, pwysicach.
Vordruck ['fo:rdrʊk] (-(e)s, -e) m ffurflen b.
vorehelich ['fo:rʔe:əlɪç] adj cyn priodi.
voreilig ['fo:rʔaɪlɪç, -ɪk] adj brysiog, byrbwyll; **~e Schlüsse ziehen** neidio i gasgliad.
voreinander [fo:rʔaɪˈnandər] adv (räumlich) o flaen ei gilydd; (gegenüber) wyneb yn wyneb; (Angst haben) rhag ei gilydd.
voreingenommen ['fo:rʔaɪŋənɔmən] adj rhagfarnllyd, pleidiol, partïol.
Voreingenommenheit f tuedd b, gogwydd g.
vorenthalten ['fo:rʔɛnthaltən] irreg vt: **jdm etw ~** celu/cuddio rhth rhag rhn.
Vorentscheidung ['fo:rʔɛntʃaɪdʊŋ] (-, -en) f blaenbenderfyniad g; (SPORT) canlyniad g rhagarweiniol.
vorerst ['fo:rʔe:rst] adv am y tro.
Vorfahr ['fo:rfa:r] (-en, -en) m hynafiad g, cyndad g, cyndaid g.
vorfahren ['fo:rfa:rən] irreg vi (+sein) gyrru ymlaen,

gyrru yn y blaen; (vors Haus) gyrru hyd at.
Vorfahrt ['fo:rfa:rt] f (AUTO) blaenoriaeth gb; **~ beachten** ildiwch.
Vorfahrts- kompos: **~regel** f rheol b flaenoriaeth; **~schild** nt arwydd gb 'ildiwch'; **~straße** f priffordd b.
Vorfall ['fo:rfal] (-(e)s, "-e) m digwyddiad g.
vorfallen ['fo:rfalən] irreg vi (+sein) digwydd.
Vorfeld ['fo:rfɛlt] nt (fig) **im ~** +gen wrth ddynesu at.
Vorfilm ['fo:rfɪlm] (-(e)s, -e) m ffilm b fer.
vorfinden ['fo:rfɪndən] irreg vt dod ar draws, canfod.
Vorfreude ['fo:rfrɔʏdə] f disgwyliad g, disgwyl g.
vorfühlen ['fo:rfy:lən] vi (fig) gweld sut mae'r gwynt yn chwythu.
vorführen ['fo:rfy:rən] vt arddangos, dangos; (THEAT, Kunststück) **jdm etw ~** perfformio rhth o flaen rhn; **dem Gericht ~** dod â rhth i'r llys.
Vorgabe ['fo:rga:bə] f (SPORT) handicap g.
Vorgang ['fo:rgaŋ] (-(e)s, "-e) m (Ereignis) digwyddiad g; (Ablauf) dilyniant g digwyddiadau; (CHEM usw) proses gb, dull g.
Vorgänger ['fo:rgɛŋər] m (~in f) rhagflaenydd g.
vorgaukeln ['fo:rgaʊkəln] vt: **jdm etw ~** peri i rn gredu rhth.
vorgeben ['fo:rge:bən] irreg vt esgus, ffugio; (SPORT) rhoi (mantais) i rn.
Vorgebirge ['fo:rgəbɪrgə] nt troedfynyddoedd ll.
vorgefasst ['fo:rgəfast] adj rhagdybiedig.
vorgefertigt ['fo:rgəfɛrtɪçt, -ɪkt] adj parod, rhagsaernïol.
Vorgefühl ['fo:rgəfy:l] (-s, -e) nt rhagwelediad g; (Vorahnung) rhagargoel b.
vorgehen ['fo:rge:ən] irreg vi (+sein) (voraus) mynd ymlaen; (nach vorne) symud ymlaen; (handeln) gweithredu, gwneud rhth; (Uhr) bod yn gyflym; (Vorrang haben) cael blaenoriaeth; (passieren) digwydd.
Vorgehen (-s, kein pl) nt gweithrediad g.
Vorgehensweise f gweithrediadau ll.
vorgerückt ['fo:rgərʏkt] adj (Stunde) hwyr; **mit ~em Alter** mewn oed mawr, mewn gwth o oedran.
Vorgeschichte ['fo:rgəʃɪçtə] f cynhanes g, y cynfyd g; (von Fall, Krankheit) hanes g.
Vorgeschmack ['fo:rgəʃmak] m rhagflas g.
Vorgesetzte ['fo:rgəzɛtstə] (-n, -n) m/f pennaeth g.
vorgestern ['fo:rgɛstərn] adv echdoe g; **von ~** (fig) hen ffasiwn.
vorgreifen ['fo:rgraɪfən] irreg vi +dat rhagflaenu; **jdm ~** achub y blaen ar rn.
vorhaben ['fo:rha:bən] irreg vt bwriadu; **hast du schon was vor?** oes cynlluniau gennyt?
Vorhaben (-s, -) nt cynllun g.

Vorhalle ['fo:rhalə] (-, -n) *f* cyntedd *g*.

vorhalten ['fo:rhaltən] *irreg vt* dal i fyny; **jdm etw ~** *(fig)* dannod/edliw rhth i rn.

♦ *vi*^D *(ugs: andauern)* parhau.

Vorhaltung ['fo:rhaltʊŋ] *f:* **~en** *pl* ceryddon *ll*, danodiadau *ll*.

Vorhand ['fo:rhant] *f (Tennis)* ergyd *gb* cledr llaw; *(Reitpferd)* pen *g* blaen.

vorhanden [fo:r'handən] *adj* mewn bod, sy'n bod/bodoli; *(erhältlich)* ar gael.

Vorhandensein *nt* bodolaeth *b*, presenoldeb *g*.

Vorhang ['fo:rhaŋ] (-(e)s, ˝-e) *m* llen *b*, cyrten *g*.

Vorhängeschloss ['fo:rhɛŋəʃlɔs] (-(e)s, ˝-er) *nt* clo *g* clap, clo clec.

Vorhaut ['fo:rhaʊt] *f (ANAT)* blaengroen *g*.

vorher ['fo:rhe:r, fo:r'he:r] *adv* ymlaen llaw, o flaen llaw; *(früher)* gynt, ynghynt.

vorherbestimmen *vt (Schicksal)* rhagordeinio, rhagarfaethu, pennu ymlaen llaw.

vorhergehen *irreg vi (+sein)* rhagflaenu.

vorhergehend *adj* blaenorol.

vorherig *adj* cynt, o'r blaen.

Vorherrschaft ['fo:rhɛrʃaft] *f (POL)* goruchafiaeth *b*, rhagoriaeth *b*.

vorherrschen ['fo:rhɛrʃən] *vi* goruchafu, rhagori.

Vorhersage *f* rhagolwg *g*, proffwydoliaeth *b*.

vorhersagen *vt* rhagweld, proffwydo.

vorhersehbar *adj* rhagweladwy, disgwyliadwy.

vorhersehen *irreg vt* rhagweld, rhagwybod.

vorhin ['fo:rhɪn] *adv* ychydig (amser) yn ôl, yn ddiweddar.

Vorhinein ['fo:rhɪnaɪn] *adv:* **im ~** ymlaen llaw, o flaen llaw.

Vorhof ['fo:rho:f] *m* blaengwrt *g*, cwrt *g* blaen.

vorig ['fo:rɪç, -ɪk] *adj* cynt, cynharach, blaenorol.

Vorjahr ['fo:rja:r] *nt* y flwyddyn *b* gynt; **im ~** llynedd.

vorjährig [fo:rjɛ:rɪç, -ɪk] *adj* y flwyddyn flaenorol.

vorjammern ['fo:rjamərn] *vt, vi:* **jdm (etw) ~** cwyno wrth rn (am rth).

Vorkämpfer ['fo:rkɛmpfər] *m (~in f)* arloeswr(aig) *g(b)*.

Vorkaufsrecht ['fo:rkaʊfsrɛçt] *nt (COMM)* opsiwn *g* i brynu yn gyntaf.

Vorkehrung ['fo:rke:rʊŋ] (-, -en) *f* rhagofal *g*, paratoad *g*.

Vorkenntnis ['fo:rkɛntnɪs] (-ses, -se) *f* gwybodaeth *b* flaenorol.

vorknöpfen ['fo:rknœpfən] *vt (ugs, fig)* **sich** *dat* **jdn ~** dweud y drefn wrth rn.

vorkommen ['fo:rkɔmən] *irreg vi (+sein)* dod ymlaen; *(geschehen)* digwydd; *(scheinen)* ymddangos; **so was soll ~!** felly mae! **sich** *dat* **dumm ~** teimlo'n dwp.

Vorkommen *nt* digwyddiad *g*; *(BERGB)* dyddodion *ll*.

Vorkommnis ['fo:rkɔmnɪs] (-ses, -se) *nt* digwyddiad *g*.

Vorkriegs- *in kompos* cyn (y) rhyfel.

vorladen ['fo:rla:dən] *irreg vt (vor Gericht)* galw, gwysio.

Vorladung ['fo:rla:dʊŋ] (-, -en) *f* galwad *gb*, gwŷs *b*.

Vorlage ['fo:rla:gə] (-, -n) *f* model *g*, patrwm *g*; *(das Vorlegen)* cyflwyniad *g*; *(Gesetzes~)* mesur *g* seneddol; *(SPORT)* pàs *g*.

vorlassen ['fo:rlasən] *irreg vt (überholen lassen)* gadael i rn fynd heibio, gadael i rn basio.

Vorlauf ['fo:rlaʊf] *m (SPORT)* rhagras *b*; *(Tonbandgerät)* weindio *g* ymlaen.

Vorläufer ['fo:rlɔʏfər] (-s, -) *m* rhagflaenydd *g*.

vorläufig ['fo:rlɔʏfɪç, -ɪk] *adj* dros dro; *(provisorisch)* cyfnod byr, am y tro.

vorlaut ['fo:rlaʊt] *adj* digywilydd, hyf.

Vorleben ['fo:rle:bən] *nt* bywyd/hanes *g* hyd yn hyn, buchedd *b*.

vorlegen ['fo:rle:gən] *vt* rhoi gerbron; *(Beweismaterial)* cyflwyno; **jdm etw ~** rhoi rhth ger bron rhn, cyflwyno rhth i rn.

Vorleger ['fo:rle:gər] (-s, -) *m* mat *g*.

Vorleistung ['fo:rlaɪstʊŋ] (-, -en) *f (FIN: Anzahlung)* blaenswm *g*; *(Vorarbeit)* rhagbaratoadau *ll*.

vorlesen ['fo:rle:zən] *irreg vt* darllen yn uchel.

Vorlesung ['fo:rle:zʊŋ] (-, -en) *f (UNIV)* darlith *b*.

Vorlesungsverzeichnis (-ses, -se) *nt (UNIV)* amserlen *b* ddarlithoedd.

vorletzte ['fo:rlɛtstə] *adj* olaf ond un, cynderfynol.

Vorliebe ['fo:rli:bə] *f* hoffter *g*, tuedd *b*; **etw mit ~ machen** bod wrth eich bodd yn gwneud rhth.

vorlieb [fo:r'li:p] *adv:* **~ nehmen mit** +*dat* bodloni ar, gwneud y tro â.

vorliegen ['fo:rli:gən] *irreg vi* bod ar gael; **die Unterlagen liegen vor** mae'r dogfennau ar gael; **etw liegt gegen jdn vor** cyhuddir rhn o rth.

vorliegend *adj* presennol, cyfredol.

vormachen ['fo:rmaxən] *vt:* **jdm etw ~** dangos i rn sut i wneud rhth; *(fig)* twyllo rhn; **mach' dir doch nichts vor** gad dy dwyllo.

Vormachtstellung ['fo:rmaxtʃtɛlʊŋ] *f (POL)* goruchafiaeth *b*, blaenoriaeth *gb*.

vormals ['fo:rmals] *adv* gynt, o'r blaen.

Vormarsch ['fo:rmarʃ] *m (MIL)* symudiad *g* ymlaen.

vormerken ['fo:rmɛrkən] *vt* clustnodi; *(notieren)* cofnodi, cofrestru, nodi; *(bei Bestellung)* derbyn archeb am.

Vormittag ['fo:rmɪta:k] (-(e)s, -e) *m* bore *g*.

vormittags *adv* yn y bore.

Vormund ['fo:rmʊnt] (-(e)s, -e *oder* ˝-er) *m (JUR)*

gwarcheidwad *g*.

vorn [fɔrn] *adv (ugs)* = **vorne**.

Vorname ['fo:rnɑ:mə] (-ns, -n) *m* enw *g* bedydd, enw cyntaf.

vornan [fɔrn'an] *adv* ar y blaen.

vorne ['fɔrnə] *adv* o flaen; **von ~ anfangen** dechrau o'r dechrau; **nach ~** i'r tu blaen; **er betrügt sie von ~ bis hinten** mae'n eu twyllo ar bob cyfle.

vornehm ['fo:rne:m] *adj* crand; *(Manieren)* llednais, diwylliedig; *(Kleid)* trwsiadus; **in ~en Kreisen** ymhlith pobl wâr, ymhlith y bonedd.

vornehmen ['fo:rne:mən] *irreg vt:* **sich** *dat* **etw ~** *(in Angriff nehmen)* cychwyn ar rth; *(planen)* penderfynu gwneud rhth; **sich** *dat* **zu viel ~** cymryd mwy o gegaid nag y gallwch ei lyncu; **sich** *dat* **jdn ~** dweud y drefn wrth rn.

vornehmlich *adv* yn bennaf, yn arbennig.

vorneweg ['fɔrnəvɛk, fɔrnə'vɛk] *adv* ar y blaen; *(als erstes)* yn gyntaf.

vornherein ['fɔrnhɛraɪn] *adv:* **von ~** o'r dechrau.

Vorort ['fo:r'ɔrt] (-(e)s, -e) *m* maestref *b*.

vorprogrammiert ['fo:rprogrami:rt] *adj (Erfolg)* disgwyliadwy, rhagweladwy; *(Antwort)* parod *(Videorekorder)* wedi'i raglennu.

Vorrang ['fo:rraŋ] *m* blaenoriaeth *gb*.

vorrangig *adj* hollbwysig, pennaf, blaenaf.

Vorrat ['fo:rra:t] (-(e)s, ¨-e) *m* cyflenwad *g*, stoc *b*, stôr *g*; **solange der ~ reicht** *(COMM)* tra bod rhai ar gael.

vorrätig ['fo:rrɛ:tɪç, -ɪk] *adj* mewn stoc, ar gael.

Vorratskammer *f* pantri *g*.

Vorraum ['fo:rraʊm] (-(e)s, ¨-e) *m* rhagystafell *b*; *(Büro)* swyddfa *b* dderbyn.

Vorrecht ['fo:rrɛçt] (-(e)s, -e) *nt* braint *gb*, rhagorfraint *b*.

Vorrede ['fo:rre:də] (-, -n) *f* araith *b* ragarweiniol, rhagaraith *b*; *(THEAT)* prolog *g*, rhagymadrodd *g*.

Vorrichtung ['fo:rrɪçtʊŋ] (-, -en) *f* dyfais *b*, teclyn *g*.

vorrücken ['fo:rrʏkən] *vt (+haben)*, *vi (+sein)* symud ymlaen.

Vorruhestand[D] ['fo:rru:əʃtant] *m* ymddeoliad *g* cynnar.

Vorrunde ['fo:rrʊndə] (-, -n) *f (SPORT)* rownd *b* gynnar.

vorsagen ['fo:rza:gən] *vt* adrodd; *(SCH: zuflüstern)* sibrwd.

Vorsaison ['fo:rzɛzõ:] *f* tymor *g* tawel.

Vorsatz ['fo:rzats] (-(e)s, ¨-e) *m* bwriad *g (auch JUR)*; **einen ~ fassen** gwneud penderfyniad.

Vorsatzblatt *nt (Buch)* tudalen *g* gweili.

vorsätzlich ['fo:rzɛtslɪç] *adj* bwriadol; *(JUR)* rhagfwriadol, bwriadol.

♦ *adv* yn fwriadol.

Vorschau ['fo:rʃaʊ] *f (RADIO, TV)* rhagolwg *g* (rhaglenni); *(Film)* rhaglun *g*, hysbyslun *g*.

Vorschein ['fo:rʃaɪn] *m:* **zum ~ kommen** ymddangos; *(fig)* dod i'r amlwg.

vorschieben ['fo:rʃi:bən] *irreg vt* gwthio ymlaen; *(vor etw)* gwthio o flaen; *(fig)* cynnig yn esgus; **jdn ~** defnyddio rhn fel esgus.

vorschießen ['fo:rʃi:sən] *irreg vt (ugs)* **jdm Geld ~** talu blaenswm i rn.

Vorschlag ['fo:rʃla:k] (-(e)s, ¨-e) *m* awgrym *g*.

vorschlagen ['fo:rʃla:gən] *irreg vt* awgrymu, cynnig.

Vorschlaghammer *m* gordd *b*.

vorschnell ['fo:rʃnɛl] *adj* byrbwyll, difeddwl.

vorschreiben ['fo:rʃraɪbən] *irreg vt (befehlen)* nodi, rhagnodi; **jdm etw ~** rhagnodi rhth i rn; **ich lasse mir nichts ~** ni chaiff neb ddweud wrthyf beth i'w wneud.

Vorschrift ['fo:rʃrɪft] (-, -en) *f* rheol *b*; *(Anweisungen)* cyfarwyddiadau *ll*; **jdm ~en machen** gorchymyn rhn; **Dienst nach ~** gweithio yn ôl rheol.

vorschriftsmäßig *adv* yn ôl y cyfarwyddiadau.

Vorschub ['fo:rʃu:p] (-(e)s, ¨-e) *m:* **einer Sache ~ leisten** rhoi hwb i rth.

Vorschule ['fo:rʃu:lə] (-, -n) *f* ysgol *b* feithrin.

vorschulisch ['fo:rʃu:lɪʃ] *adj* cyn ysgol, dan oed ysgol.

Vorschuss ['fo:rʃus] *m (FIN)* blaenswm *g*, blaendal *g*.

vorschützen ['fo:rʃʏtsən] *vt* cynnig yn esgus dros rth; *(Unwissenheit)* pledio.

vorschweben ['fo:rʃve:bən] *vi:* **jdm schwebt etw vor** mae gan rn rth yn ei ben.

vorsehen ['fo:rze:ən] *irreg vt* darparu ar gyfer; *(planen)* cynllunio.

♦ *vr*[D] *(aufpassen)* cymryd gofal, bod yn ofalus.

Vorsehung ['fo:rze:ʊŋ] *f* rhagwelediad *g*.

vorsetzen ['fo:rzɛtsən] *vt* symud ymlaen; **~ vor** +*akk* gosod/rhoi o flaen; **jdm etw ~** *(pej: anbieten)* rhoi rhth o flaen rhn.

Vorsicht ['fo:rzɪçt] *f* pwyll *g*, gofal *g*; **~!** cymer ofal! *(auf Schildern)* perygl! **~, Stufe!** gwyliwch rhag y grisiau! **etw mit ~ genießen** *(ugs)* bod yn ofalus gyda rhth.

vorsichtig ['fo:rzɪçtɪç, -ɪk] *adj* gofalus, gwyliadwrus.

vorsichtshalber *adv* rhag ofn.

Vorsichtsmaßnahme (-, -n) *f* rhagofal *g*.

Vorsilbe ['fo:rzɪlbə] (-, -n) *f (GRAM)* rhagddodiad *g*.

vorsintflutlich ['fo:rzɪntflu:tlɪç] *adj (ugs)* hynafol, hen ffasiwn.

vorsingen ['fo:rzɪŋən] *vt* canu.

♦ *vi (zur Prüfung)* canu, cael clyweliad.

Vorsitz ['fo:rzɪts] *m* cadair *b*, cadeiryddiaeth *b*; **den ~**

führen cadeirio'r cyfarfod.
Vorsitzende [ˈfoːrʦɪtsəndə] (-n, -n) *m/f* cadeirydd *g*.
Vorsorge [ˈfoːrzɔrgə] *f* gofal *g*, rhagofal *g*; *(Fürsorge)* darpariaeth *b*, paratoad *g*.
vorsorgen [ˈfoːrzɔrgən] *vi* darparu (ar gyfer rhth).
Vorsorgeuntersuchung (-, -en) *f (MED)* archwiliad *g* rheolaidd.
vorsorglich [ˈfoːrzɔrklɪç] *adv* rhag ofn, ymlaen llaw.
Vorspann [ˈføːrʃpan] *m (FILM, TV)* rhestr *b* gydnabod agoriadol.
vorspannen [ˈfoːrʃpanən] *vt (Pferde)* harneisio, taclu.
Vorspeise [ˈfoːrʃpaɪzə] (-, -n) *f (KOCH)* bwyd *g* archwaeth, cwrs *g* cyntaf.
Vorspiegelung [ˈfoːrʃpiːgəluŋ] *f:* **das ist eine ~ falscher Tatsachen** twyll yw hynny.
Vorspiel [ˈfoːrʃpiːlə] (-(e)s, -e) *nt* rhagchwarae *g*, rhagarweiniad *g*; *(sexuell)* rhagchwarae; *(MUS)* agorawd *b*.
vorspielen [ˈfoːrʃpiːlən] *vt:* **jdm etw ~** *(MUS)* chwarae rhth i rn; *(THEAT)* actio rhth i rn; *(fig)* ffugio rhth o flaen rhn.
vorsprechen [ˈfoːrʃpreçən] *irreg vt* dweud yn uchel; *(vortragen)* adrodd, datgan.
♦ *vi (THEAT)* cael clyweliad; **bei jdm in einer Angelegenheit ~** galw i weld rhn ynglŷn â rhth.
vorspringend [ˈfoːrʃprɪŋənt] *adj* sy'n ymwthio allan; *(Nase, Kinn)* mawr, amlwg.
Vorsprung [ˈfoːrʃpruŋ] *m* ysgwyddiad *g*, allaniad *g*; *(Fels~)* sil *gb*, silff *b*; *(fig)* mantais *b*.
Vorstadt [ˈfoːrʃtat] (-, ˙-e) *f* maestref *b*.
Vorstand [ˈfoːrʃtant] *m* pwyllgor *g* gwaith; *(COMM)* bwrdd *g* cyfarwyddwyr; *(Leiter)* pennaeth *g*, cyfarwyddwr *g*.
Vorstands- *kompos:* **~sitzung** *f (von Firma)* cyfarfod *g* cyfarwyddwyr, cyfarfod bwrdd; **~vorsitzende** *m/f* cadeirydd *g*.
vorstehen [ˈfoːrʃteːən] *irreg vi (+sein oder haben)* ymwthio allan; **einer Sache** *dat* **~** *(fig)* bod yn bennaeth ar rth.
Vorsteher(in) *m(f) (von Abteilung)* pennaeth *g*; *(von Gefängnis)* rheolwr(aig) *g(b)*; *(Bahnhofs~)* gorsaffeistr(es) *g(b)*.
vorstellbar [ˈfoːrʃtɛlbaːr] *adj* dychmygadwy, tebygol.
vorstellen [ˈfoːrʃtɛlən] *vt (vor etw)* rhoi/gosod o flaen; *(bekannt machen)* cyflwyno; *(darstellen)*[0] portreadu, darlunio.
♦ *vr* cyflwyno eich hun; *(bei Bewerbung)* mynd am gyfweliad; **sich** *dat* **etw ~** dychmygu rhth; **stell dir das nicht so einfach vor** paid â chredu ei fod mor rhwydd.
Vorstellung [ˈfoːrʃtɛluŋ] (-, -en) *f (Bekanntmachen)* cyflwyniad *g*, cyflwyno *g*; *(THEAT)* perfformiad *g*;

(Gedanke) syniad *g*.
Vorstellungs- *kompos:* **~gespräch** *nt* cyfweliad *g* am swydd; **~vermögen** *nt* dychymyg *g*.
Vorstoß [ˈfoːrʃtoːs] *m* gwth *g* ymlaen, ymosodiad *g*; *(fig: Versuch)* ymgais *gb*, cynnig *g*.
vorstoßen [ˈfoːrʃtoːsən] *irreg vt (+haben)*, gwthio/gyrru ymlaen.
♦ *vi (+sein) (fig)* torri tir newydd; **~ bis zu** *+dat* cyrraedd.
Vorstrafe [ˈfoːrʃtraːfə] *f (JUR)* dedfryd *gb* flaenorol.
vorstrecken [ˈfoːrʃtrɛkən] *vt* ymestyn; *(Geld)* rhoi benthyg.
Vorstufe [ˈfoːrʃtuːfə] (-, -n) *f* camau *ll* cyntaf.
Vortag [ˈfoːrtaːk] *m:* **am ~** y diwrnod cynt.
vortasten [ˈfoːrtastən] *vr:* **sich langsam zu etw ~** mynd i'r afael â rhth yn ofalus.
vortäuschen [ˈfoːrtɔyʃən] *vt* ffugio, cogio.
Vortäuschung [ˈfoːrtɔyʃuŋ] *f:* **unter ~ falscher Tatsachen** trwy dwyll.
Vorteil [ˈfoːrtaɪl] (-s, -e) *m* mantais *b*; **im ~ sein** bod â mantais; **die Vor- und Nachteile** y manteision a'r anfanteision.
vorteilhaft *adj* manteisiol; *(Kleider)* ffafriol; *(COMM)* proffidiol, sy'n dwyn elw.
Vortrag [ˈfoːrtraːk] (-(e)s, ˙-e) *m* darlith *b*, anerchiad *g*; *(Darbietung)* perfformiad *g*; **einen ~ halten** darlithio.
vortragen [ˈfoːrtraːgən] *irreg vt* mynd/dod â (rhth) ymlaen; *(Vortrag halten)* darlithio; *(förmlich mitteilen)* adrodd; *(Beschwerde)* cofnodi; *(Meinung, Wunsch)* datgan; *(Gedicht)* traddodi; *(Lied)* canu, perfformio.
Vortrags- *kompos:* **~abend** *m* darlith *b* gyda'r hwyr; *(mit Musik, Gedichten)* datganiad *g* gyda'r hwyr; **~reihe** *f* cyfres *b* o ddarlithoedd, dilyniant *g* o ddarlithoedd.
vortrefflich [foːrˈtrɛflɪç] *adj* rhagorol, ardderchog.
vortreten [ˈfoːrtreːtən] *irreg vi (+sein)* camu ymlaen; *(Augen)* ymwthio allan.
Vortritt [ˈfoːrtrɪt] *m:* **jdm den ~ lassen** gadael i rn fynd yn y blaen, gadael i rn fynd yn gyntaf.
vorüber [foˈryːbər] *adv* ar ben, drosodd, wedi darfod.
vorübergehen *irreg vi (+sein) (Gewitter)* mynd heibio; **~ an** *+dat* mynd heibio, pasio.
vorübergehend *adj* dros dro, byrhoedlog.
Voruntersuchung [ˈfoːrʔuntərzuːxuŋ] *f (MED)* rhagarchwiliad *g*, rhagbrawf *g*; *(JUR)* ymchwiliad *g* rhagarweiniol.
Vorurteil [ˈfoːrʔurtaɪl] (-s, -e) *nt* rhagfarn *b*.
vorurteilsfrei *adj* diragfarn, heb ragfarn.
Vorverkauf [ˈfoːrfɛrkauf] *m (COMM)* gwerthiant *g*

(tocynnau) ymlaen llaw.

Vorverkaufsstelle *f* swyddfa *b* archebu tocynnau ymlaen llaw.

vorverlegen ['foːrfɛrleːgən] *vt (Termin)* symud ymlaen.

vorwagen ['foːrvaːgən] *vr* mentro ymlaen.

Vorwahl ['foːrvaːl] (-, -en) *f* etholiad *g* rhagarweiniol; *(TEL)* côd *g* ardal.

Vorwand ['foːrvant] (-(e)s, ¨-e) *m* esgus *g*.

vorwarnen ['foːrvaːrnən] *vt* rhybuddio.

Vorwarnung ['foːrvaːrnʊŋ] (-, -en) *f* rhagrybudd *g*, blaenrybudd *g*.

vorwärts ['foːrvɛːrts] *adv* ymlaen; ~! *(ugs)* awn ni! *(MIL)* brasgamwch! ~ **gehen** *(fig: Fortschritte machen)* gwneud cynnydd, llwyddo; ~ **kommen** *(fig: Erfolg haben)* dod ymlaen, llwyddo.

Vorwärtsgang *m (AUTO)* gêr *gb* ymlaen.

Vorwäsche ['foːrvɛʃə] *f* cynolchiad *g*.

Vorwaschgang ['foːrvaʃgaŋ] *m* cynolchiad *g*.

vorweg [foːrˈvɛk] *adv* o flaen llaw, ymlaen llaw.

Vorwegnahme *f* rhagweld *g*, rhagflaenu *g*.

vorwegnehmen *irreg vt* rhagweld, dweud/gwneud rhth cyn pryd.

vorweisen ['foːrvaɪzən] *irreg vt* dangos, cyflwyno.

vorwerfen ['foːrvɛrfən] *irreg vt* taflu o flaen; **jdn den Löwen** *usw* **zum Fraß ~** taflu rhn o flaen y llewod; *(fig)* **jdm etw ~** edliw/dannod rhth i rn, cyhuddo rhn o rth; **sich** *dat* **nichts vorzuwerfen haben** bod heb achos i feio eich hun; **das wirft er mir heute noch vor** mae e'n dal i'm beio i am hynny.

vorwiegend ['foːrviːgənt] *adj* mwyaf, amlycaf, pennaf.

♦ *adv* gan mwyaf, gan amlaf, yn bennaf.

vorwitzig ['foːrvɪtsɪç, -ɪk] *adj* digywilydd, hyf, haerllug.

Vorwort ['foːrvɔrt] (-(e)s, -e) *nt* rhagair *g*.

Vorwurf ['foːrvʊrf] *m* (-(e)s, ¨-e) **jdm Vorwürfe machen** beio rhn am rth.

vorwurfsvoll *adj* ceryddgar, edliwgar.

Vorzeichen ['foːrtsaɪçən] *nt (Omen)* argoel *b*, rhagarwydd *g*; *(MED)* symptom *g* cynnar; *(MATH)* symbol *g*, arwydd *gb*.

vorzeigen ['foːrtsaɪgən] *vt* dangos, cyflwyno.

Vorzeit ['foːrtsaɪt] *f* cynhanes *g*.

vorzeitig *adj* cyn pryd, cynamserol.

vorziehen ['foːrtsiːən] *irreg vt* tynnu ymlaen; *(Gardinen)* tynnu; *(zuerst behandeln)* rhoi blaenoriaeth i; *(lieber haben)* bod yn well gennych.

Vorzimmer ['foːrtsɪmər] (-s, -) *nt* rhagystafell *b*; *(von Arzt)* swyddfa *b* dderbyn.

Vorzug ['foːrtsuːk] (-(e)s, ¨-e) *m* blaenoriaeth *gb*; *(gute*

Eigenschaft) rhinwedd *gb*; *(Vorteil)* mantais *b*; **einer Sache** *dat* **den ~ geben** ffafrio rhth; *(Vorrang geben)* rhoi blaenoriaeth i rth.

vorzüglich [foːrˈtsyːklɪç] *adj* gwych, rhagorol, ardderchog.

Vorzugsaktien ['foːrtsuːksˈaktsiən] *pl (FIN)* blaengyfrannau *ll*.

vorzugsweise ['foːrtsuːksvaɪzə] *adv* yn bennaf, yn arbennig.

Votum ['voːtʊm] (-s, **Voten**) *nt* pleidlais *b*.

Voyeur [voaˈjøːr] (-s, -e) *m* llygadwr *g*, sbeciwr *g*, voyeur *g*.

Voyeurismus [voajøˈrɪsmʊs] *m* llygadu *g*, sbecian *g*, voyeuriaeth *b*.

v.T. *abk (= vom Tausend)* y fil.

vulgär [vʊlˈgɛːr] *adj* sathredig, aflednais, comon.

Vulkan [vʊlˈkaːn] (-s, -e) *m* llosgfynydd *g*.

Vulkanausbruch *m* ffrwydrad *g* llosgfynyddol.

vulkanisieren [vʊlkaniˈziːrən] *vt (TECH)* fylcaneiddio.

v.u.Z. *abk (= vor unserer Zeitrechnung)* C.C., Cyn Crist.

VwGH *abk* = **Verwaltungsgerichtshof**.

W

W¹, w [ve:] *nt* W, w; **~ wie Wilhelm** W am Wilhelm.

W² *abk (Westen)* Gn.

Waage ['vaːgə] (-, -n) *f* clorian *b*; *(ASTROL)* y Fantol *b*; **sich** *dat* **die ~ halten** bod yn gytbwys, gwrthbwyso.

waagerecht *adj* gwastad.

Waagschale ['vaːkʃaːlə] *f* padell *b* clorian; **seine ganze Autorität in die ~ werfen** taflu'ch holl awdurdod i mewn i'r ddadl.

wabbelig ['vabəlɪç, -ɪk] *adj* sigledig, woblog.

Wabe ['vaːbə] (-, -n) *f* dil *g* mêl, crwybr *g*.

wach [vax] *adj* effro, di-hun; *(fig)* gwyliadwrus, effro; **~ werden** dihuno, deffro.

Wachablöse *f* newid *g* yr wyliadwriaeth; *(Mensch)* gwyliwr *g* newydd.

Wachablösung *f* = **Wachablöse.**

Wache ['vaxə] (-, -n) *f* gwyliadwriaeth *b*; **~ halten** bod ar wyliadwriaeth; **~ schieben** gwarchod, gwylio.

wachen ['vaxən] *vi* bod yn effro, bod ar ddi-hun; **~ über** *+akk (bewachen)* gwarchod, gwylio.

wachhabendᴰ *adj* ar ddyletswydd.

Wachhund *m* ci *g* gwarchod.

Wacholder [vaˈxɔldər] (-s, -) *m (BOT)* merywen *b*, eithinen *b* bêr.

Wachposten *m* gwarchodwr *g*, gwyliwr *g*, gard *g*.

wachrütteln ['vaxrʏtəln] *vt (fig)* deffro, cyffroi, cynhyrfu.

Wachs [vaks] *nt* cwyr *g*.

wachsam ['vaxzaːm] *adj* gwyliadwrus, effro.

Wachsamkeit *f* gwyliadwriaeth *b*.

wachselnᴬ *vt (Skier)* cwyro, rhoi cwyr ar.

wachsen¹ ['vaksən] *irreg vi (+sein)* tyfu.

wachsen² *vt (+haben) (Boden, Skier)* cwyro, rhoi cwyr ar.

Wachsfigurenkabinett *nt* arddangosfa *b* delwau cwyr.

Wachsmalstift *m* creon *g* cwyr.

Wachstuch *nt* oelcloth *g*, cwyrliain *g*.

Wachstum ['vakstuːm] (-s, *kein pl*) *nt* cynnydd *g*, twf *g*, tyfiant *g*.

Wachstums- *kompos:* **~branche** *f* diwydiant *g* twf; **~grenze** *f* terfynau *ll* twf/tyfiant.

wachstumshemmend *adj* sy'n rhwystro/atal twf.

Wachstums- *kompos:* **~rate** *f* cyfradd *b* twf/tyfiant; **~schmerzen** *pl* poenau *ll* tyfu; **~störung** *f* toriad *g* ar draws tyfiant.

Wachtel ['vaxtəl] *f (ZOOL)* sofliar *b*.

Wächter ['vɛçtər] (-s, -) *m* gwarchodwr *g*, gwyliwr *g*,

gard *g*; *(Park~)* ceidwad *g*, warden *g*; *(Museum, Parkplatz)* gofalwr *g*, warden.

Wacht- *kompos:* **~meister** *m* cwnstabl *g*; **~posten** *m* gwarchodwr *g*, gwyliwr *g*, gard *g*.

Wachtturm *m* = **Wachturm.**

Wachturm *m* twr *g* gwylio.

Wach- und Schließgesellschaft *f* cwmni *g* gwarchod, gwarchodlu *g* preifat.

wackelig ['vakəlɪç, -ɪk] *adj* sigledig, simsan; **auf ~en Beinen stehen** bod yn sigledig ar eich traed; *(fig)* bod yn ansicr.

Wackelkontakt *m (ELEKT)* cysylltiad *g* rhydd.

wackeln ['vakəln] *vi* ysgwyd; *(fig: Projekt)* bod yn ansicr; **mit den Hüften ~** siglo'ch cluniau; **mit dem Schwanz ~** siglo/ysgwyd ei gynffon.

wacker ['vakər] *adj* dewr, gwrol; **sich ~ schlagen** ymladd yn ddewr.

Wade ['vaːdə] (-, -n) *f (ANAT)* croth *b* coes.

Waffe ['vafə] (-, -n) *f* arf *gb*, erfyn *g*; **jdn mit seinem eigenen ~n schlagen** *(fig)* curo rhn ar ei dir ei hun.

Waffel ['vafəl] (-, -n) *f (KOCH)* waffl *gb*.

Waffengewalt *f:* **mit ~** â grym arfau.

Waffen- *kompos:* **~händler** *m* deliwr *g* mewn arfau; **~lager** *nt (von Armee)* storfa *b* arfau; *(von Terroristen)* celc *gb* arfau; **~schein** *m* trwydded *b* ddryll; **~schmuggel** *m* smyglo *g* arfau; **~stillstand** *m (MIL)* cadoediad *g*.

Wagemut ['vaːgəmuːt] *m* beiddgarwch *g*, ehofnder *g*.

wagen ['vaːgən] *vt* mentro, meiddio.

Wagen (-s, - *oder* ¨-) *m* cerbyd *g*; *(Auto)* car *g*; *(BAHN)* cerbyd *g* trên; *(Pferde~)* wagen *b*.

Wagen- *kompos:* **~heber** *m (AUTO)* jac *g*; **~park** *m* fflyd *b* o geir; **~rad** *nt (AUTO)* olwyn *b* car; **~rücklauf** *m (Schreibmaschine)* dychwelwr *g*.

Waggon [vaˈɡõː] (-s, -s) *m (BAHN)* cerbyd *g* nwyddau.

waghalsig ['vaːkhalzɪç, -ɪk] *adj* eofn, gorfentrus, rhyfygus.

Wagnis ['vaːknɪs] (-ses, -se) *nt* menter *b*.

Wagon *m* = **Waggon.**

Wahl [vaːl] (-, -en) *f* dewis *g*, dewisiad *g*; *(POL)* etholiad *g*; **erster ~** *(Qualität)* o'r ansawdd gorau, o'r radd flaenaf; *(Gemüse, Eier)* dosbarth A; **zweite ~** *(COMM)* nwyddau *ll* eilradd; **aus freier ~** o'ch gwirfodd; **wer die ~ hat, hat die Qual** *(Sprichwort)* mae 'na wewyr ym mhob dewis; **die ~ fiel auf ihn** dewiswyd ef; **sich zur ~ stellen** *(POL)* sefyll mewn etholiad, bod yn ymgeisydd; **geheime ~** pleidlais *b* ddirgel.

wählbar ['vɛːlbaːr] *adj* cymwys.

wahlberechtigt *adj* â'r hawl i bleidleisio;

Wahl- *kompos:* **~beteiligung** *f* y nifer *gb* a bleidleisiodd; **~bezirk** *m* (*POL*) ward *b* etholiad.

wählen ['vɛːlən] *vt, vi* dewis; (*POL*) ethol, pleidleisio; (*TEL*) deialu, galw.

Wähler(in) *m(f)* (*POL*) pleidleisiwr *g*, pleidleiswraig *b*.

wählerisch ['vɛːlərɪʃ] *adj* anodd eich plesio, mursennaidd.

Wählerschaft *f* pleidleiswyr *ll*, etholwyr *ll*.

Wahl- *kompos:* **~fach** *nt* (*SCH*) pwnc *g* dewisol; **~gang** *m* (*POL*) pleidlais *b*; **~geschenk** *nt* gimig *gb* er denu pleidleiswyr; **~heimat** *f* eich dewis fro *b*; **~helfer** *m* (*im Wahlkampf*) cynorthwyydd *g*; (*bei Wahl*) swyddog *g* pleidleisio; **~kabine** *f* bwth *g* pleidleisio; **~kampf** *m* (*POL*) ymgyrch *gb* etholiad; **~kreis** *m* etholaeth *b*; **~lokal** *nt* gorsaf *b* bleidleisio.

wahllos *adv* ar antur, ar hap; (*nicht wählerisch*) diwahân, diwahaniaeth.

Wahlrecht (-(e)s, -e) *nt* (*JUR*) etholfraint *b*; **allgemeines ~** pleidlais *b* i bawb; **aktives ~** hawl *gb* i bleidleisio; **passives ~** hawl *gb* i gael eich ethol.

Wählscheibe ['vɛːlʃaɪbə] (-, -n) *f* (*TEL*) deial *g* teleffon.

Wahl- *kompos:* **~spruch** *m* arwyddair *g*; **~urne** *f* blwch *g* pleidleisio.

wahlweise *adv* naill ai… neu…, fel dewis arall.

Wählzeichen *nt* (*TEL*) sain *b* ddeialu.

Wahn [vaːn] (-(e)s, *kein pl*) *m* lledrith *g*, ffolineb *g*.

Wahnsinn *m* gwallgofrwydd *g*.

wahnsinnig *adj* gwallgof, lloerig; (*Vorhaben*) hurt.
  ♦ *adv* (*ugs*) yn anhygoel.

wahnwitzig *adv* ynfyd, gwirion.
  ♦ *adv* yn anhygoel.

wahr [vaːr] *adj* gwir; **da ist was W~es dran** mae yna ryw wirionedd yn hynny.

wahren ['vaːrən] *vt* cadw, cynnal.

währen ['vɛːrən] *vt* parhau.

während ['vɛːrənt] *präp* +*gen oder* +*dat* yn ystod.
  ♦ *konj* tra.

währenddessen *adv* yn y cyfamser.

wahrhaben *irreg vt:* **etw nicht ~ wollen** gwrthod derbyn rhth.

wahrhaft *adv* (*tatsächlich*) yn wir.

wahrhaftig *adj* gwir, go iawn.
  ♦ *adv* yn wirioneddol.

Wahrheit (-, -en) *f* gwirionedd *g*; **die ~ sagen** dweud y gwir.

wahrheitsgetreu *adj* (*Bericht*) geirwir, cywir; (*Darstellung*) cywir, ffyddlon.

wahrnehmen ['vaːrneːmən] *irreg vt* (*fühlen*) synhwyro, clywed; (*Veränderungen*) bod yn ymwybodol o;

(*Frist*) cadw; (*Gelegenheit*) cipio; (*Interessen, Rechte*) gofalu am, gwarchod.

Wahrnehmung *f* synhwyrau *ll*, canfyddiad *g*; (*Frist*) cadw *g*; (*Interessen, Rechte*) gofalu am *g*, gwarchod *g*.

wahrsagen ['vaːrzaːgən] *vi* (*auch untrenn*) proffwydo, rhag-ddweud, rhag-weld.

Wahrsager (-s, -) *m* dyn *g* dweud ffortiwn; **~in** *f* gwraig *b* dweud ffortiwn.

wahrscheinlich [vaːrˈʃaɪnlɪç] *adj* tebygol, tebyg.
  ♦ *adv* fwy na thebyg.

Wahrscheinlichkeit *f* tebyg *g*; **aller ~ nach** yn ôl pob tebyg.

Währung ['vɛːruŋ] (-, -en) *f* (*FIN*) arian *g* cyfredol.

Währungs- *kompos:* **~einheit** *f* uned *b* arian; **~politik** *f* polisi *g* ariannol; **~reserven** *pl* arian *g* wrth gefn; **~union** *f* undod *g* ariannol.

Wahrzeichen (-s, -) *nt* nodwedd *b*, symbol *g*; (*von Stadt*) arwyddlun *g*, symbol.

Waise ['vaɪzə] (-, -n) *f* plentyn *g* amddifad.

Waisen- *kompos:* **~haus** *nt* cartref *g* plant amddifad; **~kind** *nt* plentyn *g* amddifad.

Waisenknabe *m:* **gegen dich ist er ein ~** (*ugs*) nid yw e gystal â thi.

Waisenrente *f* lwfans *g* plentyn amddifad.

Wal [vaːl] (-(e)s, -e) *m* morfil *g*.

Wald [valt] (-(e)s, ˙-er) *m* coedwig *b*.

Waldbrand *m* tân *g* coedwig.

Wäldchen ['vɛltçən] *nt* coedwig *b* fechan.

Waldhorn *nt* (*MUS*) corn *g* Ffrengig.

waldig ['valdɪç, -ɪk] *adj* coediog.

Wald- *kompos:* **~lehrpfad** *m* llwybr *g* natur; **~meister** *m* (*BOT*) mandon *b*; **~sterben** *nt* marwolaeth *b* coed oherwydd llygredd; **~weg** *m* llwybr *g* mewn coedwig.

Wales [weːlz, veːlz] *nt* (*GEOG*) Cymru *b*.

Wal- *kompos:* **~fang** *m* morfila *g*; **~fänger** *m* (*NAUT*) llong *b* forfila; **~fisch** *m* (*ugs: Wal*) morfil *g*.

Waliser [vaˈliːzər] *m* Cymro *g*; **~in** *f* Cymraes *b*.

walisisch [vaˈliːzɪʃ] *adj* Cymreig.

Walisisch *nt* (*Sprache*) Cymraeg *b*.

walken ['valkən] *vt* (*TEX*) pannu; (*Teig*) tylino, rholio.

Walkman® ['wɔːkman] (-s, **Walkmen**) *m* Walkman® *g*.

Wall [val] (-(e)s, ˙-e) *m* arglawdd *g*; (*Bollwerk*) rhagfur *g*, gwrthglawdd *g*.

wallfahren ['valfaːrən] *vi* (+*sein*) *untrenn* pererindota.

Wallfahrer(in) *m(f)* (*REL*) pererin *g*.

Wallfahrt ['valfaːrt] (-, -en) *f* (*REL*) pererindod *b*.

wallfahrten *vi* = **wallfahren**.

Wallone [vaˈloːnə] (-n, -n) *m*, **Wallonin** *f* Walwniad *g*.

Walmdach ['valmdax] *nt* talcendo *g*.

Walnuss ['vaːlnʊs] (-es, ˙-e) *f* cneuen *b* Ffrengig.

Walross ['vaːlrɔs] (-(e)s, -e) nt (ZOOL) walrws g, morfarch g.

walten ['valtən] vi (geh) Vernunft ~ lassen gadael i reswm drechu; schalten und ~ rheoli, gweithredu fel y mynnwch.

Walzblech ['valtsblɛç] nt metel g dalennog.

Walze ['valtsə] (-, -n) f (Gerät) rholer gb; (Dampf~) stêm-roler gb, injan b ffordd.

walzen ['valtsən] vt rholio'n wastad.

wälzen ['vɛltsən] vt troi/rholio drosodd; (fig: Bücher) bodio trwy, edrych trwy; (Probleme) ystyried, trafod, trin.

♦ vr ymdrochi, ymdreiglo; (vor Schmerzen) gwingo; (im Bett) troi a throsi.

Walzer ['valtsər] (-s, -) m (MUS) walts b.

Wälzer ['vɛltsər] (-s, -) m (ugs: dickes Buch) cyfrol b swmpus.

Wampe ['vampɛ] f (ugs) bol g cwrw.

Wams (-es, ¨-er) [vams] nt dwbled g, siyrcyn g.

Wand [vant] (-, ¨-e) f wal b, mur g; (Trenn~) pared g, canolfur g; (Fels~) dibyn g, clogwyn g; (fig) rhwystr g; in seinen vier Wänden gartref; spanische ~ sgrin b blygu; weiß wie die ~ mor welw â'r galchen; jdn an die ~ spielen rhagori ar rn.

wand vb vgl. winden[1].

Wandel ['vandəl] (-s, kein pl) m newid g.

wandelbar adj newidiol, amrywiol.

wandeln ['vandəln] vt, vr (+haben) newid.

♦ vi (+sein) (geh: gehen) cerdded.

Wander- kompos: ~ausstellung f arddangosfa b deithiol; ~bühne f cwmni theatr teithiol.

Wanderer ['vandərər] (-s, -) m cerddwr g, heiciwr g.

Wanderin (-, -nen) f cerddwraig b, heicwraig b.

Wander- kompos: ~karte f map g cerdded; ~lied nt alaw werin i'w chanu dan gerdded; ~lust f ysfa i gerdded.

wandern ['vandərn] vi (+sein) crwydro, cerdded; (Blick) crwydro; (Gedanken) mynd ar wasgar, crwydro; (ugs: in den Papierkorb) glanio.

Wanderpreis (-es, -e) m tlws g sialens.

Wanderschaft f taith b; (Tiere) mudo g; (HIST) taith brentis.

Wanderschuh (-(e)s, -e) m esgid b gerdded/heicio.

Wanderung (-, -en) f crwydr g, heic b; (Völker) ymfudiad g; (Tiere) mudo g.

Wanderweg (-(e)s, -e) m llwybr g taith gerdded.

Wandgemälde ['vantgəmɛldə] nt murlun g.

Wandlung ['vandlʊŋ] f newid g; (Verwandlung) trawsnewid g; (REL) traws-sylweddiad g.

Wand- [vant] kompos: ~malerei f peintio g ar furiau; ~schirm m sgrîn b blygu; ~schrank m cwpwrdd g.

wandte vb vgl. wenden.

Wand- kompos: ~teppich m tapestri g; ~verkleidung f paneli ll.

Wange ['vaŋə] (-, -n) f (ANAT) boch b.

Wankelmotor ['vaŋkəlmoːtər] (-s, -en) m (TECH) math ar injan, modur g tro.

wankelmütig ['vaŋkəlmyːtɪç, -ɪk] adj petrus, anwadal.

wanken ['vaŋkən] vi mynd yn igam-ogam, gwegian; (fig) petruso.

wann [van] adv pryd; seit ~ ers pryd.

Wanne ['vanə] (-, -n) f twb g, twbyn g.

Wanze ['vantsə] (-, -n) f (ZOOL) lleuen b; (Abhörgerät) byg g.

Wappen ['vapən] nt arfbais b.

Wappenkunde f herodraeth b.

wappnen ['vapnən] vr (fig) ymbaratoi; gewappnet sein bod wedi eich rhagarfogi.

war vb vgl. sein[1].

warb vb vgl. werben.

ward vb (= wurde) vgl. werden[1].

Ware ['vaːrə] (-, -n) f (COMM) nwydd g.

Waren- ['vaːrən] kompos: ~bestand m stoc b; ~haus nt siop b adrannol; ~lager nt storfa b, stordy g; ~muster nt sampl b; ~probe f sampl b, enghraifft b; ~rückstände pl ôl-groniad g; ~sendung f sampl trwy'r post; ~zeichen nt nod g masnachu, nod gwneuthuriad.

warf vb vgl. werfen.

warm [varm] (komp wärmer; superl am wärmsten) adj cynnes, twym; (Essen) poeth; (ugs: homosexuell) hoyw, gwrywgydiol; mir ist ~ rwy'n dwym; mit jdm ~ werden (ugs) dod yn agos at rn; ~ halten cadw'n gynnes; (fig) sich dat jdn ~ halten dal ar delerau da â rhn; ~ laufen (Motor) twymo.

Wärme ['vɛrmə] f gwres g, cynhesrwydd g; (ugs) 10 Grad ~ 10 gradd uwchlaw'r rhewbwynt.

Wärme- kompos: ~austausch m (TECH) cyfnewid g gwres; ~dämmung f ynysiad g gwresol.

wärmen ['vɛrmən] vt, vr cynhesu, twymo.

Wärmespeicher m storfa b wres.

Wärmflasche (-, -n) f potel b dŵr poeth.

Warmfront f (MET) ffrynt g cynnes;

warm halten irreg vt vgl. warm.

warmherzig adj twymgalon.

warm laufen irreg vi (+sein) vgl. warm.

Warm- kompos: ~luft f awyr b gynnes; ~wasser nt dŵr g poeth.

Warmwasser- kompos: ~hahn m tap g dŵr poeth; ~tank m tanc g dŵr poeth.

Warn- kompos: ~blinkanlage f (AUTO) goleuadau ll rhybudd; ~dreieck nt (AUTO) triongl g rhybudd.

warnen ['varnən] vt rhybuddio.

Warnstreik m streic b symbolaidd.

Warnung (-, -en) *f* rhybudd *g*.
Warschau ['varʃau] *nt (GEOG)* Warsaw *b*.
Warschauer *adj:* ~ **Pakt** *(HIST)* Cytundeb *g* Warsaw; ~-**Pakt-Staaten** *pl (HIST)* gwledydd *ll* Cytundeb Warsaw.
Warte ['vartə] *f* gwylfa *b*; *(fig)* safbwynt *g*; **von dieser ~ aus betrachtet** ... o'r safbwynt hwn...
warten ['vartən] *vi:* ~ **auf** +*akk* aros am, disgwyl; **auf sich ~ lassen** cymryd amser hir; **warte mal!** aros eiliad!
  ♦ *vt (Auto, Maschine)* cynnal a chadw.
Wärter ['vɛrtər] *m* (~**in** *f*) gofalwr(aig) *g(b)*, ceidwad *g*.
Warteraum *m* = **Wartezimmer**.
Wartesaal *m (Bahnhof, Spital)* ystafell *b* aros.
Wartezimmer *nt (Arzt)* ystafell *b* aros.
Wartung ['vartʊŋ] *f* gwasanaeth *g*, cynnal a chadw; ~ **und Instandhaltung** cynnal a chadw.
warum [va'rʊm] *adv* paham, pam.
Warze ['vartsə] (-, -n) *f* dafaden *b*; *(Brust~)* teth *b*, diden *b*.
was [vas] *pron* beth, pa beth; *(ugs: etwas)* rhywbeth; ~ **für ein** pa fath ar.
Waschanlage *f (für Autos)* golchfa *b*.
waschbar *adj* golchadwy.
Waschbecken *nt* basn *g* ymolchi.
Wäsche ['vɛʃə] *f (Schmutz~)* dillad *ll* i'w golchi; *(Bett~)* llieiniau *ll*; *(Unter~)* dillad *ll* isaf; **dumm aus der ~ gucken** *(ugs)* edrych yn dwp.
waschecht ['vaʃˀɛçt] *adj (Farbe)* anniflan, parhaol, cadarn; *(fig)* dilys, go iawn.
Wäsche- *kompos:* ~**klammer** *f* peg *g* dillad; ~**korb** *m* basged *b* ddillad; ~**leine** *f* lein *b* ddillad.
waschelnass^A *adj* gwlyb stecs.
waschen ['vaʃən] *irreg vt, vi* golchi.
  ♦ *vr* ymolchi; **sich** *dat* **die Hände ~** golchi'ch dwylo.
Wäscherei [vɛʃə'rai] *f* golchdy *g*, londri *b*.
Wäscheschleuder (-s, -) *f* troell-sychwr *g*.
Waschgelegenheit *f* cyfleusterau *ll* ymolchi.
Wasch- *kompos:* ~**gang** *m* cam mewn rhaglen olchi; ~**küche** *f* golchdy *g*, londri *b*; ~**lappen** *m* clwt *g* 'molchi; *(ugs: Weichling)* gwlanen *b* (o ddyn), diniweityn *g*; ~**maschine** *f* peiriant *g* golchi.
waschmaschinenfest *adj* golchadwy â pheiriant.
Wasch- *kompos:* ~**mittel** *nt* glanhawr *g*; ~**pulver** *nt* powdwr *g* golchi; ~**raum** *m* ystafell *b* ymolchi; ~**salon** *m* londrét *b*, golchfa *b*; ~**tisch** *m* bwrdd *g* ymolchi.
Wasser ['vasər] (-s, - *oder* ¨-er) *nt* dŵr *g*; *(Mineral~)* dŵr mwnol; *(MED: Urin)* wrin *g*, dŵr *g*; *(Parfüm)* dŵr *g* persawrus; **er kocht auch nur mit ~** *(fig)* nid yw e'n wahanol i neb arall; **ins ~ fallen** *(fig)* mynd i'r

gwellt; **ein Schlag ins ~** methiant *g*; **mit allen ~n gewaschen sein** *(ugs)* bod yn hengraff; **~ ins Meer tragen** bwrw heli yn y môr; **~ lassen** gwneud dŵr; **jdm das ~ abgraben** *(fig)* mynd â'r bara o enau rhn; **zu ~ und zu Lande** ar dir a môr; **~ abstoßend** diddos, anhydraidd.
Wasser- *kompos:* ~**ball** *nt (SPORT)* polo *g* dŵr; ~**bett** *nt* gwely *g* dŵr; ~**blase** *f* swigen *b* ddŵr; ~**büffel** *m (ZOOL)* ych *g* yr afon.
Wässerchen ['vɛsərçən] *nt:* **er sieht aus, als ob er kein ~ trüben könnte** yn ôl ei olwg ni allai menyn doddi yn ei geg.
wasserdicht *adj* sy'n dal dŵr, dyfrglos.
Wasser- *kompos:* ~**fall** *m* rhaeadr *b*; ~**farbe** *f (KUNST)* dyfrlliw *g*; ~**floh** *m (ZOOL)* chwannen *b* y dŵr.
wassergekühlt *adj (AUTO)* dŵr-oeredig.
Wasser- *kompos:* ~**glas** *nt* gwydr yfed; *(CHEM)* dŵr *g* silicad; ~**graben** *m (um Burg)* ffos *b*; *(SPORT)* naid *b* dros ddŵr; ~**hahn** *m* tap *g*; ~**heilverfahren** *nt (MED)* hydrotherapi *g*; ~**huhn** *nt (ZOOL)* cwtiar *b*.
wässerig ['vɛsərɪç, -ɪk] *adj* dyfrllyd.
Wasser- ['vasər] *kompos:* ~**kessel** *m* tegell *g*; *(TECH)* bwyler *g*; ~**kopf** *m (MED)* hydroseffalws *g*; ~**kraft** *f* grym *g* dŵr; ~**kraftwerk** *nt* pwerdy *g* hydro-electrig; ~**kur** *f* triniaeth â dŵr; ~**leitung** *f* pibell *b* ddŵr; *(Anlagen)* plymwaith *g*; ~**lilie** *f (BOT)* lili *b*'r dŵr; ~**linse** *f (BOT)* llinad *g* y dŵr; ~**loch** *nt* pydew *g*; *(in Wüste)* ffynnon *b*.
wasserlöslich *adj* hydawdd mewn dŵr.
Wasser- *kompos:* ~**mann** *m (ASTROL)* y Dyfrwr *g*, y Cariwr *g* Dŵr; ~**melone** *f* melon *g* dŵr; ~**mühle** *f* melin *b* ddŵr.
wassern ['vasərn] *vi (Flugzeug)* glanio ar ddŵr.
wässern ['vɛsərn] *vt* socian, gwlychu; *(bewässern)* dyfrhau; *(Getränk)* gwanhau; *(MED)* golchi, glanhau.
Wasser- ['vasər] *kompos:* ~**pest** *f (BOT)* alaw *g* Canada; ~**pfeife** *f* cetyn *g* dŵr, hwca *g*; ~**rad** *nt* olwyn *b* ddŵr; ~**ratte** *f (ZOOL)* llygoden *b* y dŵr; *(fig)* rhn hoff o nofio; ~**scheide** *f (GEOG)* cefn *g* deuddwr.
wasserscheu *adj* ag ofn dŵr.
Wasserschi *nt* = **Wasserski**.
Wasserschutzgebiet *nt* gwarchodfa *b* ddŵr (yfed).
Wasserski *nt (SPORT)* sgïo *g* dŵr.
Wasser- *kompos:* ~**spiegel** *m* lefel *b* dŵr; *(Oberfläche)* wyneb *g* y dŵr; ~**stand** *m* lefel dŵr; ~**stiefel** *m* esgid *b* bysgota; ~**stoff** *m (CHEM)* hydrogen *g*; ~**stoffbombe** *f* bom *gb* hydrogen; ~**verbrauch** *m* defnydd *g* o ddŵr; ~**vogel** *m* aderyn *g* dŵr; ~**waage** *f* lefel *b* saer, lefel wirod; ~**werfer** *m* canon *g* dŵr; ~**werk** *nt* gwaith *g* dŵr, cwmni *g* dŵr; ~**zeichen** *nt (auf Papier)* dyfrnod *g*.

wässrig ['vɛsrɪç, -ɪk] *adj* dyfrllyd.

waten ['vɑːtən] *vi (+sein)* cerdded trwy ddŵr.

Watsche[A] *f* clowten *b*, bonclust *g*.

watscheln ['vatʃəln] *vi (+sein)* siglo cerdded, cerdded fel hwyaden.

Watt[1] (-(e)s, -en) [vat] *nt (GEOG)* traethell *b* leidiog, fflat *b* laid.

Watt[2] (-s, -) *nt (ELEKT)* watt *gb*.

Watte ['vatə] *f* gwlân *g* cotwm.

Wattenmeer ['vatənmeːr] *nt (GEOG)* = **Watt**[1].

Wattestäbchen (-s, -) *nt* ffon *b* gotwm.

wattieren [va'tiːrən] *vt* padio.

Watvogel ['vaːtfoːgəl] *m (ZOOL)* aderyn *g* hirgoes.

WC [veˈtseː] (-s, -s) *nt abk (Wasserklosett)* tŷ bach.

WDR[D] *m abk* (= *Westdeutscher Rundfunk*) Cwmni Darlledu Gorllewin yr Almaen.

weben ['veːbən] *irreg vt* gwehyddu.

Weber (-s, -) *m* gwëydd *g*.

Weberei [veːbəˈrai] *f (Betrieb)* melin *b* wlân.

Webstuhl ['veːpʃtuːl] *m (TEX)* gwŷdd *g*, ffrâm *b* wau.

Wechsel ['vɛksəl] (-s, -) *m* newid *g*; *(COMM)* bil *g* cyfnewid; *(Frauen: ~jahre)* newid *g* bywyd, darfyddiad *g* mislif; *(Wild)* croesfan *b* anifeiliaid.

Wechsel- *kompos:* **~bäder** *pl* ymolchiadau poeth ac oer bob yn ail; **~beziehung** *f* cydberthyniad *g*; **~geld** *nt* newid *g*.

wechselhaft *adj (Wetter)* cyfnewidiol.

Wechselinhaber *m* dygiedydd *g*.

Wechseljahre *pl* newid *g* bywyd, darfyddiad *g* mislif; **in die ~ kommen** dechrau'r climacterig.

Wechselkurs *m (FIN)* cyfradd *b* gyfnewid, graddfa *b* gyfnewid.

wechseln ['vɛksəln] *vt* newid; *(austauschen)* cyfnewid; **Blicke ~** ciledrych y naill ar y llall.

♦ *vi* newid; *(einander ablösen)* cymryd lle ei gilydd; *(Wild)* dilyn yr un trywydd yn rheolaidd.

wechselnd *adj* cyfnewidiol.

wechselseitig *adj* o'r ddeutu;

Wechsel- *kompos:* **~strom** *m (ELEKT)* cerrynt *g* eiledd; **~stube** *f (FIN)* cyfnewidfa *b* arian.

wechselweise *adv* bob yn ail.

Wechselwirkung *f* ymadwaith *g*, cydadwaith *g*.

wecken ['vɛkən] *vt* deffro; *(Bedarf)* creu; *(Erinnerungen)* codi.

Wecker ['vɛkər] (-s, -) *m* cloc *g* larwm; **jdm auf den ~ fallen** *(ugs)* mynd dan groen rhn.

Weckglas[®D] *nt* jar *b* breserfio.

Weckruf (-(e)s, -e) *m (TEL)* galwad *gb* ddeffro.

wedeln ['veːdəln] *vi:* **mit dem Schwanz ~** ysgwyd ei gynffon, siglo ei gynffon.

weder ['veːdər] *konj:* **~ ... noch ...** na... na...; **~ Geld noch Glück** nac arian na hapusrwydd.

weg [vɛk] *adv* i ffwrdd; **er war schon ~** roedd eisoes wedi ei throi hi; **über etw** *akk* **~ sein** *(ugs: verwundert)* synnu at rth; **nichts wie ~ von hier!** mas o 'ma! **Finger ~!** cadw dy fachau!

Weg [veːk] (-(e)s, -e) *m* ffordd *b*; *(Pfad)* llwybr *g*; *(Route)* ffordd, taith *b*; **sich auf den ~ machen** ei throi hi; **jdm aus dem ~ gehen** *(fig)* cadw draw rhag rhn, osgoi rhn; **jdm nicht über den ~ trauen** *(fig)* bod â dim ffydd o gwbl yn rhn; **den ~ des geringsten Widerstandes gehen** dilyn y llwybr rhwyddaf; **etw in die ~e leiten** trefnu rhth.

Wegbereiter (-s, -) *m* arloeswr *g*.

wegblasen ['vɛkblaːzən] *irreg vt* chwythu i ffwrdd; **wie weggeblasen sein** *(fig)* bod wedi diflannu.

wegbleiben ['vɛkblaibən] *irreg vi (+sein)* cadw draw; **mir blieb die Spucke weg!** *(ugs)*[D] roeddwn i'n synnu ar fy hyd.

wegen ['veːgən] *präp +gen oder +dat* oherwydd, o achos.

♦ *adv:* **von ~!** ddim o gwbl!

Wegesrand *m (veraltet)* = **Wegrand**.

wegfahren *irreg vi (+sein)* gyrru i ffwrdd; *(abfahren)* ymadael.

wegfallen *irreg vi (+sein) (entfallen)* bod wedi'i ganslo; *(aufhören)* peidio, gorffen.

weggehen *irreg vi (+sein)* mynd i ffwrdd, mynd ymaith, ymadael; *(ugs: Ware)* gwerthu.

weghören *vi* troi clust fyddar (i rth).

wegjagen *vt* hel ymaith.

wegkommen *irreg vi (+sein):* **er kam dabei schlecht weg** ni chafodd lawer o hwyl arni.

weglassen *irreg vt* gadael allan.

weglaufen *irreg vi (+sein)* rhedeg i ffwrdd, rhedeg ymaith; **das läuft uns nicht weg** *(ugs)* does dim brys.

weglegen *vt* rhoi i un ochr; **sich etw ~** *(sparen)* cynilo.

wegmachen[D] *vt (ugs)* gwaredu, cael gwared â.

wegmüssen *irreg vi* gorfod mynd.

wegnehmen *irreg vt* cymryd i ffwrdd, cymryd ymaith.

Wegrand ['veːkrant] (-(e)s, -e) *m* ymyl *gb* ffordd.

wegräumen *vt* clirio.

wegschaffen *vt* symud i ffwrdd.

wegschließen *irreg vt* rhoi dan glo.

wegschnappen *vt:* **(jdm) etw ~** cipio rhth (oddi wrth rn).

wegstecken *vt* rhoi i ffwrdd; *(ugs: verkraften)* ymdopi â.

wegtreten *irreg vi (+sein) (MIL)* **~!** ffwrdd â chi! **er ist geistig weggetreten** *(ugs)* mae e mewn byd bach arall.

wegtun *irreg vt* rhoi i gadw.

wegweisend ['veːgvaizənt] *adj* arloesol.

Wegweiser (-s, -) *m* arwyddbost *g*, mynegbost *g*; *(Buch)* arweinlyfr *g*.

wegwerfen *irreg vt* taflu (i ffwrdd).

wegwerfend *adj* dilornus, bychanol.

Wegwerf- *kompos:* **~gesellschaft** *f* cymdeithas *b* luchllon; **~linsen** *pl (Kontaktlinsen)* lensys *ll* cyffwrdd tafladwy; **~windel** *f* cewyn *g* papur.

wegwollen ['vɛkvɔlən] *irreg vi (verreisen)* bod ag awydd i deithio; *(aus Firma)* chwilio am swydd newydd.

wegziehen ['vɛktsiːən] *irreg vi (+sein)* symud (tŷ).

weh [veː] *adj* poenus, dolurus.

wehtun *vi* brifo, gwneud dolur; **jdm ~** brifo rhn, niweidio rhn.

weh *excl:* **o ~!** o diar! **~e, wenn du ...** gwae ti os gwnei di...; **~e!** paid â meiddio!
   ♦ *präp +dat:* **~ mir!** o diar! **~e ihm!** gwae fe! *(bemitleidend)* truan ag e.

wehen ['veːən] *vt, vi* chwythu; *(Fahnen)* cyhwfan.

Wehen ['veːən] *pl (MED)* gwewyr *ll*, cyfangiadau *ll*; **in den ~ liegen** bod ar esgor.

wehklagen *vi untrenn* dolefain.

wehleidig *adj* cwynfanllyd, ceintachlyd.

Wehmut *f* pruddglwyf *g*.

wehmütig *adj* pruddglwyfus, melancolaidd.

Wehr[1] [veːr] *nt* cored *b*.

Wehr[2] (-, -en) *f* amddiffyniad *g*; **sich zur ~ setzen** amddiffyn eich hunan.

Wehrdienst *m (MIL)* gwasanaeth *g* milwrol.

Wehrdienstverweigerer *m (MIL)* ≈ gwrthwynebwr *g* cydwybodol.

wehren ['veːrən] *vr* amddiffyn eich hunan.
   ♦ *vi +dat:* **wehret den Anfängen** gwrthsefwch o'r dechrau.

wehrlos *adj* diamddiffyn; **jdm ~ ausgeliefert sein** bod ar drugaredd rhn.

Wehr- *kompos:* **~macht** *f (HIST)* lluoedd *ll* arfog; **~mann** *m* milwr *g* cyffredin; **~pflicht** *f (MIL)* gwasanaeth *g* milwrol gorfodol.

wehrpflichtig *adj* dan orfodaeth i wneud gwasanaeth milwrol.

Wehrübung *f* ymarfer *gb* i filwyr wrth gefn.

Wehwehchen [veˈveːçən] (-s, -) *nt (ugs)* anhwylder *g* dibwys.

Weib ['vaip] (-(e)s, -er) *nt (pej)* gwraig *b*, menyw *b*; *(veraltet: Ehefrau)* priod.

Weibchen ['vaipçən] (-s, -) *nt (von Tieren)* benyw *b*.

weibisch ['vaibɪʃ] *adj* merchetaidd.

weiblich ['vaiplɪç] *adj* benywaidd.

weich [vaiç] *adj* meddal; *(Ei)* lledferwedig; **~e Währung** arian *g* gwan.

Weiche ['vaiçə] *f (BAHN)* pwyntiau *ll*; **die ~n stellen** newid y pwyntiau; *(fig)* gosod cwrs.

weichen ['vaiçən] *irreg vi (+sein)* ildio, ymostwng; **nicht von jds Seite ~** aros wrth ochr rhn.

Weichensteller (-s, -) *m (BAHN)* pwyntiwr *g*.

Weichheit *f* meddalwch *g*; *(von Klang)* ysgafnder *g*, tynerwch *g*.

Weich- *kompos:* **~holz** *nt* pren *g* meddal; **~käse** *m* caws *g* meddal.

weichlich *adj* meddal, mursennaidd.

Weichling *m* llipryn *g*.

Weichsel[AS] *f* ceiriosen *b* sur.

Weich- *kompos:* **~spüler** *m* cyflyrwr *g* defnydd; **~teile** *pl* rhannau *ll* meddal; **~tier** *nt (ZOOL)* meddalog *g*, molwsg *g*.

Weide ['vaidə] (-, -n) *f (BOT)* helygen *b*; *(Gras~)* porfa *b*, dôl *b*.

weiden ['vaidən] *vi* pori.
   ♦ *vr:* **sich an etw** *dat* **~** *(fig)* ymhyfrydu yn rhth.

Weidenkätzchen (-s, -) *nt (BOT)* gŵydd *b* fach.

weidlich ['vaitlɪç] *adv* yn drwyadl.

weigern ['vaigərn] *vr* gwrthod.

Weigerung (-, -en) *f* gwrthodiad *g*, nacâd *g*.

Weihe ['vaiə] (-, -n) *f (REL)* cysegriad *g*; *(Priester~)* urddiad *g*, ordeiniad *g*.

weihen ['vaiən] *vt* cysegru; *(Priester)* urddo, ordeinio; **dem Untergang geweiht** trancedig.

Weiher ['vaiər] (-s, -) *m (geh)* pwll *g*.

Weihnachten ['vainaxtən] (-, *kein pl) nt* y Nadolig *g*; **fröhliche ~!** Nadolig llawen!

weihnachten *vi unpers:* **es weihnachtet** mae'r Nadolig yn nesáu, mae awyrgylch Nadoligaidd o gwmpas.

weihnachtlich *adj* Nadoligaidd.

Weihnachts- *kompos:* **~abend** *m* Noswyl *b* y Nadolig; **~baum** *m* coeden *b* Nadolig; **~ferien** *pl* gwyliau *ll* Nadolig; **~geld** *nt* bonws *g* Nadolig; **~geschenk** *nt* anrheg *b* Nadolig; **~insel** *f (GEOG)* Ynys *b* y Nadolig; **~kaktus** *m (BOT)* cactws *g* y Nadolig; **~karte** *f* cerdyn *g* Nadolig; **~lied** *nt* carol *b* y Nadolig; **~mann** *m* Siôn *g* Corn, Santa *g*; **~markt** *m* ffair *b* Nadolig; **~tag** *m* Dydd *g* Nadolig; **~urlaub** *m* gwyliau dros y Nadolig; **~zeit** *f* adeg *b* y Nadolig.

Weih- *kompos:* **~rauch** *m* arogldarth *g*; **~wasser** ['vaivasər] *nt (REL)* dŵr *g* sanctaidd.

weil [vail] *konj* oherwydd, oblegid, o achos.

Weile ['vailə] (-, *kein pl) f* ysbaid *gb*, amser *g*.

Weiler ['vailər] (-s, -) *m (geh)* pentrefan *g*, pentref *g* bach.

Wein [vain] *m* gwin *g*; *(Pflanze)* gwinwydden *b*; **jdm reinen ~ einschenken** *(fig)* dweud y gwir wrth rn.

Wein- *kompos:* **~bau** *m* amaethu *g* gwinwydd; **~bauer** *m* gwinwyddwr *g*; **~beere** *f* grawnwinen *b*; **~berg** *m* gwinllan *b*; **~bergschnecke** *f (ZOOL)* malwen *b*, malwoden *b*; **~brand** *m* brandi *g*.

weinen ['vaɪnən] *vi* wylo, crïo, llefain; **es ist zum W~** mae'n ddigon i dorri calon rhn.

weinerlich ['vaɪnərlɪç] *adj* dagreuol.

Wein- *kompos:* **~fass** *nt* baril *gb* gwin; **~flasche** *f* potel *b* win; **~gegend** *f* ardal *b* winllannol; **~glas** *nt* gwydr *g* gwin; **~händler** *m* masnachwr *g* gwin; **~heber** *m* gwydr profi gwin; **~karte** *f* rhestr *b* win; **~keller** *m* seler *b* win; **~kellerei** *f* cynhyrchydd *g* gwin; **~kost** *f* blasu *g* gwin; **~lese** *f* cynhaeaf *g* gwin; **~liste** *f* = **~karte**; **~lokal** *nt* tafarn *b* win; **~probe** *f* blasu *g* gwin; **~rebe** *f* gwinwydden *b*.

weinrot *adj* lliw gwin.

Wein- *kompos:* **~stein** *m* gwaddotgen *g*, tartar *g*; **~stock** *m* gwinwydden *b*; **~stube** *f* tafarn *b* win, gwindy *g*; **~traube** *f* grawnswp *g*.

weise ['vaɪzə] *adj* doeth.

Weise (-, -n) *f* modd *g*, dull *g*; *(veraltet: Melodie)* tôn *b*, tiwn *b*, alaw *b*; **auf diese ~** yn y modd hwn, fel hyn.

Weise (-n, -n) *m/f* doethyn *g*, doethwraig *b*.

weisen ['vaɪzən] *irreg vt* dangos; **etw von sich ~** gwrthod rhth.

Weisheit ['vaɪshaɪt] (-, -en) *f* doethineb *g*.

Weisheitszahn *m* (ANAT) cilddant *g* olaf, cefnddant *g*.

weismachen ['vaɪsmaxən] *vt:* **er will uns ~, dass ...** mae e am i ni gredu bod...

weiß¹ *vb vgl.* **wissen**.

weiß² *adj* gwyn, cannaid.

Weiß- *kompos:* **~blech** *nt* tunplat *g*; **~brot** *nt* bara *g* gwyn.

weißen *vt* gwyngalchu.

Weißglut *f* (TECH) gwyniasedd *g*; **jdn zur ~ bringen** *(fig)* peri i rn wylltio'n gacwn.

Weißkohl[D] *m* (BOT) bresychen *b* wen.

Weißkraut[A] *nt* = **Weißkohl**.

Weißrussland *nt* (GEOG) Belorwsia *b*.

Weiß- *kompos:* **~waren** *pl* llieiniau *ll*; **~wein** *m* gwin *g* gwyn; **~wurst**[D] *f* selsig *ll* cig llo.

Weisung ['vaɪzʊŋ] (-, -en) *f* cyfarwyddyd *gb*, gorchymyn *g*.

weit [vaɪt] *adj* pell; *(Begriff)* bras; *(Reise, Wurf)* hir; **wie ~ ist es nach ...?** pa mor bell yw hi i...? **in ~er Ferne** yn y pellter; **das geht zu ~** mae hynny'n mynd yn rhy bell; **~ und breit** hyd y gwelwch chi; **~ hergeholt** annhebygol; **~ gefehlt!** dim o'r fath beth! **~ reichend** pellgyrhaeddol, eang; **~ verbreitet** cyffredin, ar led; **~ verzweigt** *(Straßensystem)* eang; **von ~em** o hirbell.

weitaus *adv* o bell ffordd.

Weitblick *m* *(fig)* pellwelediad *g*.

weitblickend *adj* pellweledol.

Weite ['vaɪtə] *f* lled *g*; *(Raum)* lle *g*, gofod *g*; *(von Wurf)* pellter *g*; *(SPORT: von Sprung)* hyd *g*.

weiten ['vaɪtən] *vt, vr* lledu.

weiter ['vaɪtər] *adj* lletach; *(Entfernung)* pellach; *(zusätzlich)* ychwanegol, pellach; **bis auf ~es** am y tro; **ohne ~es** yn ddiymdroi, heb oedi mwy; **alles W~e** manylion *ll* pellach.

  ♦ *adv* ymhellach; *(fortsetzen)* ymlaen; **wenn es ~ nichts ist** wel, os dyna'r cwbl; **~ nichts/niemand** dim byd, neb.

weiterarbeiten *vi* gweithio ymlaen.

weiterbilden *vr* parhau â'ch addysg.

Weiterbildung *f* addysg *b* bellach.

weiterempfehlen *irreg vt* argymell, cymeradwyo.

weitererzählen *vt* *(Geheimnis)* rhannu ag eraill.

Weiterfahrt *f* parhad *g* y siwrnai.

weiterführen *vi* *(Straße)* parhau.

  ♦ *vt* *(fortsetzen)* parhau.

weiterführend *adj* (SCH) uwchradd.

weitergehen *irreg vi* (+sein) mynd ymlaen.

weiterhin *adv:* **etw ~ tun** parhau i wneud rhth, dal ymlaen â rhth.

weiterkommen *irreg vi* (+sein) *(fig: mit Arbeit)* gwneud cynnydd; **nicht ~** *(fig)* mynd i gors.

weiterleiten *vt* anfon/pasio rhth ymlaen.

weitermachen *vt, vi* parhau.

weiterreisen *vi* (+sein) teithio ymlaen.

weiters[A] *adv* = **weiterhin**.

weitersagen *vt:* **sag' es nicht weiter** paid â dweud wrth neb.

weitersehen *irreg vi:* **dann sehen wir weiter** cawn weld.

weiterverarbeiten *vt* prosesu.

weiterwissen *irreg vi:* **ich weiß nicht mehr weiter** wn i ddim beth i'w wneud nesaf.

weitgehend *adj* sylweddol, helaeth, eang.

  ♦ *adv* i raddau helaeth.

weithin *adv* ymhell; *(~gehend)* i raddau helaeth.

weitläufig *adj* *(Gebäude)* helaeth, eang; *(Erklärung)* maith; *(Verwandter)* pell.

weit reichend *adj vgl.* **weit**.

weitschweifig *adj* hirwyntog.

weitsichtig *adj* (MED) hirolwg; *(fig)* pellweledol.

Weitsprung *m* (SPORT) naid *b* hir.

weit verbreitet *adj vgl.* **weit**.

weit verzweigt *adj vgl.* **weit**.

Weitwinkelobjektiv *nt* (FOTO) lens *b* ongl-lydan.

Weizen ['vaɪtsən] (-s, -) *m* (AGR) gwenith *g*.

Weizen- *kompos:* **~bier** *nt* cwrw *g* golau pefriog; **~keime** *pl* (KOCH) bywyn *g* gwenith.

welch [vɛlç] *pron* (SO) **~ ein Glück** y fath lwc, dyna ffodus; **~ eine Blamage!** dyna chwithdod!

welche ['vɛlçə] *interrog pron* pa un; **~r von beiden?** pa un o'r ddau; **~n hast du gewählt?** pa un ddewisaist ti?

♦ *indef pron* rhai; **ich habe ~** mae gen i rai.

♦ *rel pron* a; **~r auch immer** p'un bynnag; **~ Freude!** y fath lawenydd!

welk [vɛlk] *adj* gwywedig.

welken ['vɛlkən] *vi (+sein)* gwywo.

Wellblech ['vɛlblɛç] *nt* haearn *g* rhychog/gwrymiog.

Welle ['vɛlə] (-, -n) *f* ton *b (auch PHYS)*; *(TECH: Kurbel~)* gwerthyd *b*; **hohe ~n schlagen** *(fig)* creu stŵr.

Wellen- *kompos:* **~bereich** *m (PHYS, RADIO)* tonystod *b*; **~brecher** *m* morglawdd *g*; **~gang** *m* ymchwydd *g*, dygyfor *g*; **~länge** *f (auch fig)* tonfedd *b*; **~linie** *f* llinell *b* donnog; **~sittich** *m (ZOOL)* bwji *g*.

Wellpappe ['vɛlpapə] *f* cardbord *g* gwrymiog.

Welpe ['vɛlpə] (-n, -n) *m* cenau *g*.

Welt [vɛlt] (-, -en) *f* byd *g*; **aus der ~ schaffen** dileu, cael gwared â; **aus aller ~** o bedwar ban byd; **in aller ~** dros y byd i gyd; **vor aller ~** o flaen pawb; **auf die ~ kommen** cael eich geni; **ein Mann von ~** dyn soffistigedig.

Welt- *kompos:* **~all** *nt* bydysawd *g*; **~anschauung** *f* athroniaeth *b*.

weltberühmt *adj* byd-enwog.

weltbewegend *adj* ysgytwol.

Weltbild *nt* cysyniad *g* o'r byd, byd-olwg *gb*.

Weltenbummler *m* byd-grwydryn *g*; **~in** *f* byd-grwydren *b*.

Weltergewicht ['vɛltərgəvɪçt] *nt (SPORT)* pwysau welter.

weltfremd ['vɛltfrɛmt] *adj* diniwed.

Weltgesundheitsorganisation *f* Corff *g* Iechyd y Byd.

weltgewandt *adj* bydol-ddoeth.

Welt- *kompos:* **~kirchenrat** *m* Cyngor *g* Eglwysi'r Byd; **~krieg** *m* rhyfel *gb* byd.

weltlich *adj* bydol; *(nicht kirchlich)* seciwlar.

Welt- *kompos:* **~literatur** *f* llenyddiaeth *b* y byd; **~macht** *f (POL)* grym *g* rhyngwladol.

weltmännisch *adj* soffistigedig.

Welt- *kompos:* **~meister** *m (SPORT)* pencampwr *g* byd; **~meisterschaft** *f* pencampwriaeth *b* y byd.

Weltrang *m:* **von ~** byd-enwog.

Weltraum *m* gofod *g*.

Weltraum- *kompos:* **~forschung** *f* ymchwil *gb* ofod-deithio; **~station** *f* gorsaf *b* ofod.

Welt- *kompos:* **~reise** *f* taith *b* o gwmpas y byd; **~ruf** *m* enwogrwydd *g* byd-eang; **~sicherheitsrat** *m* Cyngor *g* Diogelwch y Cenhedloedd Unedig; **~stadt** *f* metropolis *b*; **~untergang** *m* diwedd *g* y byd.

weltweit *adj* byd-eang.

Welt- *kompos:* **~wirtschaft** *f* economi *gb*'r byd; **~wirtschaftskrise** *f* argyfwng *g* yn economi'r byd; **~wunder** *nt* rhyfeddod *g* y byd.

wem *dat von* **wer**.

wen *akk von* **wer**.

Wende ['vɛndə] (-, -n) *f* troad *g*, tro *g*; *(Veränderung)* newid *g*; *(HIST)* diwedd y cyfnod comiwnyddol; **die ~** *(HIST)* ailuniad *g* yr Almaen.

Wendekreis *m (GEOG)* trofan *g*; *(AUTO)* trogylch *g*.

Wendeltreppe ['vɛndəltrɛpə] (-, -n) *f* grisiau *ll* tro/troellog.

wenden ['vɛndən] *irreg vt, vi, vr* troi; **bitte ~** trosodd; **sich an jdn ~** troi at rn.

Wendepunkt ['vɛndəpuŋkt] *m* trobwynt *g*.

wendig ['vɛndɪç, -ɪk] *adj (Auto)* mudadwy, hawdd ei drin; *(fig)* sionc, heini.

Wendung ['vɛnduŋ] (-, -en) *f* tro *g*, troad *g*; *(Rede~)* idiom *gb*, priod-ddull *g*.

wenig ['veːnɪç, -ɪk] *adj, adv* ychydig; **ein ~** tipyn, peth; **ein Exemplar zu ~** un copi'n brin; **in ~en Tagen** ymhen ychydig ddyddiau; **das ~e, was er verdiente** yr ychydig a enillodd.

weniger *(komp von* **wenig)** *adj* llai, llai o.

♦ *adv* llai.

Wenigkeit *f* peth *g* dibwys; **meine ~** *(ugs)* fi y truan bach.

wenigste *adj* lleiaf.

♦ *adv:* **am ~n** leiaf.

wenigstens *adv* o leiaf.

wenn [vɛn] *konj* **1** *(falls)* os; **~ auch** oder: **selbst ~** hyd yn oed pe bai; **~ ich doch ...** pe bawn i..., o na bawn i...; **2** *(zeitlich)* pan; **immer ~** pa bryd bynnag.

Wenn *nt:* **ohne ~ und Aber** heb os nac onibai.

wennschon *adv:* **na ~** beth yw'r ots, pa wahaniaeth; **~, dennschon!** cystal gwario punt â gwario ceiniog.

wer [veːr] *pron* pwy.

Werbe- *kompos:* **~agentur** *f* asiantaeth *b* hysbysebu; **~aktion** *f* ymgyrch *gb* hysbysebu; **~fernsehen** *nt* teledu *g* masnachol; **~film** *m* ffilm *b* hysbysebol; **~geschenk** *nt* rhodd *b* hysbysebol; **~grafiker** *m* dyluniwr *g* hysbysebion; **~kampagne** *f* ymgyrch *gb* hysbysebu; **~kosten** *f* costau *ll* hysbysebu.

werben ['vɛrbən] *irreg vt (Mitglied)* recriwtio; *(Kunden, Stimmen)* ennill.

♦ *vi* hysbysebu; **um jdn ~** ceisio ennill ffafr gan rn; *(Braut)* canlyn rhn; **für etw ~** hysbysebu rhth.

Werbe- *kompos:* **~spot** *m* hysbyseb *b*; **~texter** *m* ysgrifennwr *g* copi.

Werbetrommel *f:* **die ~ (für etw) rühren** *(fig)* curo'r drwm mawr (dros rth).

werbewirksam *adj* yn tynnu sylw.

Werbung [ˈvɛrbʊŋ] *f* hysbyseb *b*; *(im TV)* toriad *g* hysbysebion; *(von Mitgliedern)* recriwtio *g*; *(von Braut)* canlyn *g*.

Werbungskosten *pl* costau *ll* hysbysebu.

Werdegang [ˈvɛrdəgaŋ] *m (Laufbahn)* datblygiad *g*; *(beruflich)* gyrfa *b*.

werden¹ [ˈvɛrdən] *irreg vi (+sein)* dod/mynd yn; **was ist aus ihr geworden** beth ddaeth ohoni? **es wird Nacht** mae'n nosi; **mir wird kalt** rwy'n oeri; **mir wird schlecht** rwy'n teimlo'n sâl; **Erster ~** *(SPORT)* dod yn gyntaf; **das muss anders ~** bydd yn rhaid i hynny newid; **rot ~** cochi; **was willst du ~** beth hoffet ti fod pan dyfi di'n fawr? **die Fotos sind gut geworden** mae'r lluniau wedi dod yn dda.

werden² *aux vb (+sein)* **1** *(bei Futur)* **wir ~ kommen** byddwn ni'n dod, down; **es wird gleich regnen** mae'n mynd i fwrw cyn hir; **2** *(bei Konjunktiv)* **ich würde ...** byddwn i...; **er würde gern ...** byddai'n hoffi...; **ich würde lieber ...** byddai'n well gen i...; **3** *(bei Vermutung)* **sie wird in der Küche sein** mae hi yn y gegin siŵr o fod; **4** *(bei Passiv)* **gesehen ~** cael eich gweld; **er ist erschossen worden** cafodd ei saethu; **mir wurde gesagt** dywedwyd wrthyf.

werdend *adj* darpar; **~e Mutter** mam *b* feichiog.

werfen [ˈvɛrfən] *irreg vt* taflu.

♦ *vi (Tier)* bwrw llydnod.

Werfer (-s, -) *m (Kricket)* bowliwr *g*.

Werft [vɛrft] **(-, -en)** *f (NAUT)* iard *b* longau.

Werk [vɛrk] **(-(e)s, -e)** *nt* gwaith *g*; *(Tätigkeit)* gweithred *g*; *(Fabrik, Mechanismus)* gwaith; **ans ~ gehen** mynd at y gwaith; **das ist sein ~** fe sydd y tu ôl i hyn; **ab ~** *(COMM)* o'r gwaith.

werkeln [ˈvɛrkəln] *vi (ugs)* piltran.

Werken [ˈvɛrkən] *nt (SCH)* gwaith *g* metel a choed.

Werkschutz[D] [ˈvɛrkʃʊts] *m* gwarchodlu *g* sy'n rhan o'r cwmni.

Werksgelände [ˈvɛrksgəlɛndə] *nt* anheddau *ll*'r ffatri, safle'r ffatri.

Werkspionage *f* ysbïwriaeth *b* ddiwydiannol.

Werkstatt (-, ¨-en) *f* gweithdy *g*; *(AUTO)* garej *gb*, modurdy *g*.

Werkstätte *f* = **Werkstatt**.

Werk- *kompos:* **~stoff** *m* deunydd *g*; **~student** *m* myfyriwr sy'n gweithio er mwyn ennill ei fywoliaeth; **~tag** *m* diwrnod gwaith.

werktags *adv* ar ddiwrnodau gwaith.

werktätig *adj* yn gweithio.

Werkzeug [ˈvɛrktsɔʏk] **(-(e)s, -e)** *nt* teclyn *g*.

Werkzeug- *kompos:* **~halter** *m* daliwr *g* erfyn; **~kiste** *f*, **~koffer** *m* cist *b* offer; **~maschine** *f* offeryn *g* peiriannol; **~schlosser** *m* offerwr *g*; **~schrank** *m* cwpwrdd *g* offer.

Wermut [ˈveːrmuːt] **(-(e)s, -s)** *m (BOT)* wermod *b* lwyd, chwerwlys *g*; *(Wein)* fermwth *gb*.

Wermutstropfen *m (fig)* diferyn *g* o chwerwder.

Wert [veːrt] **(-(e)s, -e)** *m* gwerth *g*; **~ legen auf** *+akk* cyfrif yn bwysig; **im ~ von ...** gwerth...; **es hat doch keinen ~** mae'n ddiwerth, nid yw'n werth dim.

wert *adj* gwerth; *(lieb, teuer)* gwerthfawr, annwyl; **das ist viel ~** mae'n werth llawer; **das ist sie mir ~** mae hi'n werth hynny i mi; **ein Auto ist viel ~** mae car yn ddefnyddiol iawn; **~e Freunde** cyfeillion annwyl.

Wertangabe *f (COMM)* datganiad *g* gwerth.

wertbeständig *adj* sefydlog mewn gwerth.

werten [ˈveːrtən] *vt* prisio; *(einschätzen)* ystyried, gweld gwerth yn; *(SPORT: als gültig ~)* cydnabod; **~ als** ystyried yn.

Wertgegenstand *m* peth gwerthfawr.

wertlos *adj* diwerth.

Wertlosigkeit *f* diffyg *g* gwerth.

Wert- *kompos:* **~maßstab** *m* safon *b* gwerth; **~papier** *nt (FIN)* gwarant *b*; **~steigerung** *f* cynnydd *g* mewn gwerth.

Wertung *f (SPORT)* sgôr *gb*.

wertvoll *adj* gwerthfawr.

Wert- *kompos:* **~vorstellung** *f* cysyniad *g* moesol; **~zuwachs** *m* cynnydd *g* mewn gwerth.

Wesen [ˈveːzən] **(-s, -)** *nt (Geschöpf)* bod *g*, enaid *g*; *(Natur, Character)* natur *b*.

wesentlich [ˈveːzəntlıç] *adj* arwyddocaol, pwysig; *(beträchtlich)* sylweddol; **im W~en** yn y bôn; *(im Großen und Ganzen)* ar y cyfan.

weshalb [vɛsˈhalp] *adv* pam.

Wespe [ˈvɛspə] **(-, -n)** *f (ZOOL)* gwenynen *b* feirch, cacynen *b* feirch.

wessen *gen von* **wer**.

Wessi[D] [ˈvɛsɪ] **(-s, -s)** *m (ugs)* rhn o Orllewin yr Almaen.

West *m (GEOG)* gorllewin *g*.

westdeutsch *adj* o Orllewin yr Almaen.

West- *kompos:* **~deutsche** *m/f* rhn o Orllewin yr Almaen; **~deutschland** *nt (HIST, GEOG)* Gorllewin *g* yr Almaen.

Weste [ˈvɛstə] **(-, -n)** *f (Woll~)* cardigan *b*, cot *b* weu; *(Anzug)*[D] gwasgod *b*; **eine reine ~ haben** *(fig)* bod â chydwybod dawel.

Westen [ˈvɛstən] **(-s, kein pl)** *m* gorllewin *g*.

Westentasche *f:* **etw wie seine ~ kennen** adnabod rhth fel cefn eich llaw.

Westeuropa [vɛstʔɔʏˈroːpa] *nt (GEOG)* Gorllewin *g* Ewrop.

westeuropäisch [vɛstʔɔʏroˈpɛːɪʃ] *adj* Gorllewin

Ewrop.

Westfale [vɛst'fa:lə] (-n, -n) *m* Westffaliad *g*.

Westfalen [vɛst'fa:lən] *nt (GEOG)* Westffalia *b*.

Westfälin [vɛst'fɛ:lɪn] (-, -nen) *f* Westffaliad *g*.

westfälisch [vɛst'fɛ:lɪʃ] *adj* Westffalaidd.

westindisch [vɛst'ʔɪndɪʃ] *adj:* die W~en Inseln India *b*'r Gorllewin, Ynysoedd *ll* y Caribî.

westlich ['vɛstlɪç] *adj* gorllewinol.

♦ *adv* i'r Gorllewin.

Westmächte ['vɛstmɛçtə] *pl (POL)* die ~ y pwerau *ll* gorllewinol.

westwärts ['vɛstvɛ:rts] *adv* tua'r gorllewin.

weswegen ['vɛsve:gən] *adv* pam.

wett[D] [vɛt] *adv (quitt)* cyfartal, cytbwys; ~ sein[D] bod yn gyfartal.

Wettbewerb *m* cystadleuaeth *b*.

Wettbewerbsbeschränkung *f* llyffethair *b* ar fasnach.

wettbewerbsfähig *adj* cystadleuol.

Wette ['vɛtə] (-, -n) *f* bet *b*; um die ~ laufen rhedeg ras am y cyntaf.

Wetteifer ['vɛt'ʔaɪfər] *m* cystadleuaeth *b*.

wetteifern ['vɛt'ʔaɪfərn] *vi untrenn* mit jdm ~ um +akk cystadlu â rhn am.

wetten ['vɛtən] *vt* betio; so haben wir nicht gewettet! nid oedd hynny'n rhan o'r fargen!

Vetter ['vɛtər] (-s, -e) *nt* tywydd *g*; *(BERGB: pl)* nwyon *ll*.

Vetter- *kompos:* ~amt *nt* swyddfa *b* feteorolegol, swyddfa *b*'r tywydd; ~aussichten *pl* rhagolygon *ll* y tywydd; ~bericht *m* adroddiad *g* tywydd; ~dienst *m* gwasanaeth *g* tywydd meteorolegol.

vetterfest *adj* diddos, gwrthdywydd, diogel rhag y tywydd garw.

vetterfühlig *adj* yn sensitif i newidiadau yn y tywydd.

Vetter- *kompos:* ~karte *f* map *g* tywydd; ~lage *f* y tywydd fel y mae.

vettern ['vɛtərn] *vi* melltithio, rhegi.

Vetter- *kompos:* ~satellit *m* lloeren *b* dywydd; ~umschwung *m* newid *g* sydyn yn y tywydd; ~vorhersage *f* rhagolygon *ll* y tywydd; ~warte *f* gorsaf *b* dywydd.

vetterwendisch *adj (launisch)* cyfnewidiol.

Vettkampf *m* ymryson *g*, gornest *b*, cystadleuaeth *b*.

Vettlauf *m* ras *b*; ein ~ mit der Zeit ras yn erbyn amser.

vettmachen *vt* gwneud iawn am.

Vett- *kompos:* ~rüsten *nt* y ras arfogi; ~spiel *nt* gornest *b*, gêm *b*.

vetzen ['vɛtsən] *vt (+haben)* hogi.

♦ *vi (+sein) (ugs: laufen)* sgrialu.

Vetzstahl[D] *m* duryn *g* hogi.

WEU *f abk (= Westeuropäische Union)* Undeb *g* Gorllewin Ewrop.

WEZ *abk (= westeuropäische Zeit)* GMT.

WG *f abk* = Wohngemeinschaft.

Whiskey ['vɪski] *m* wisgi *g*, chwisgi *g*.

Whisky *m* = Whiskey.

WHO *f abk* Corff *g* Iechyd y Byd.

wich *vb vgl.* weichen.

wichsen ['vɪksən] *vt (Schuhe)* glanhau.

♦ *vi (vulg: onanieren)* halio.

Wichser (-s, -) *m (vulg)* coc *g* oen, wanciwr *g*.

Wicht [vɪçt] *m* corrach *g*, pwca *g*, ellyll *g*.

wichtig ['vɪçtɪç, -ɪk] *adj* pwysig; etw zu ~ nehmen cymryd rhth ormod o ddifrif.

Wichtigkeit *f* pwysigrwydd *g*.

Wichtigtuer *m (~in f)* hen ddyn hunan-bwysig.

Wicke ['vɪkə] (-, -n) *f (BOT)* ffacbysen *b*; *(Garten~)* pysen *b* bêr.

Wickelkleid ['vɪkəlklaɪt] *nt* ffrog *b* amlapio.

wickeln ['vɪkəln] *vt* lapio, troi; *(Haare)* gosod; *(Baby)* newid cewyn; ~ in etw *akk* lapio yn rhth; da bist du schief gewickelt! *(ugs)*[D] dyna lle'r wyt ti'n gwbl anghywir!

Wickeltisch *m* bwrdd i newid cewyn baban.

Widder ['vɪdər] (-s, -) *m (ZOOL)* maharen *g*, hwrdd *g*; *(ASTROL)* yr Hwrdd.

wider ['vi:dər] *präp +akk* yn erbyn.

widerfahren [vi:dər'fa:rən] *irreg untrenn vi (+sein) +dat* digwydd i; jdm ~ digwydd i rn.

Widerhaken ['vi:dərha:kən] *m* bach *g*, gafaelfach *g*.

Widerhall ['vi:dərhal] *m* atsain *b*, eco *g*; keinen ~ finden *(Interesse)* heb gael ymateb.

widerlegen [vi:dər'le:gən] *vt untrenn* gwrthbrofi.

widerlich ['vi:dərlɪç] *adj* ffiaidd, gwrthun.

Widerlichkeit *f* ffieidd-dra *g*, atgasedd *g*.

widerrechtlich ['vi:dərrɛçtlɪç] *adj* anghyfreithlon.

Widerrede ['vi:dərre:də] *f* gwrthddywediad *g*, gwadiad *g*; keine ~! dim dadlau!

Widerruf ['vi:dərru:f] *m* dad-ddweud *g*, diddymiad *g*; bis auf ~ hyd nes y diddymir ef.

widerrufen [vi:dər'ru:fən] *irreg vt untrenn* gwrthdynnu; *(Anordnung)* diddymu, dirymu; *(Befehl)* gwrthorchymyn.

Widersacher ['vi:dərzaxər] *m (~in f)* gwrthwynebydd *g*.

widersetzen [vi:dər'zɛtsən] *vr +dat untrenn* sich jdm/etw ~ gwrthwynebu rhn/rhth; *(Befehl)* gwrthod cydymffurfio â rhth.

widerspenstig ['vi:dərʃpɛnstɪç, -ɪk] *adj* anufudd, anystywallt.

Widerspenstigkeit *f* penderfynoldeb *g*, pengaledwch *g*.

widerspiegeln ['vi:dərʃpi:gəln] *vt* adlewyrchu.

♦ *vr* cael ei adlewyrchu.

widersprechen [viːdərˈʃprɛçən] *vi +dat untrenn*
(*entgegnen*) gwrth-ddweud; (*Argument*) croes-
ddweud.

widersprechend *adj* anghyson, croesddywedol.

Widerspruch [ˈviːdərʃprux] (-(e)s, ˙-e) *m*
gwrthddywediad *g*.

widersprüchlich [ˈviːdərʃprʏçlɪç] *adj* anghyson,
croesddywedol.

widerspruchslos *adv* heb ddadl, heb os.

Widerstand [ˈviːdərʃtant] (-(e)s, ˙-e) *m* gwrthwynebiad
g, gwrthsafiad *g*.

Widerstandsbewegung *f* mudiad *g* gwrthsafiad.

widerstandsfähig *adj* gwydn.

widerstandslos *adj* heb wrthsefyll.

widerstehen [viːdərˈʃteːən] *irreg vi untrenn:* **jdm/etw ~**
gwrthsefyll rhn/rhth.

widerstreben [viːdərˈʃtreːbən] *vi untrenn:* **es widerstrebt
mir, so etwas zu tun** mae'r fath beth yn mynd yn
groes-graen i mi.

widerstrebend *adj* anfoddog, anfodlon; (*gegensätzlich*)
gwrthwynebol.

widerwärtig *adj* cas, ofnadwy, ffiaidd.

Widerwille *m* atgasedd *g* (tuag at rth).

widerwillig *adj* anfodlon, amharod.

Widerworte *pl* (*geh*) ateb *g* yn ôl.

widmen [ˈvɪtmən] *vt* (*Buch*) cyflwyno.

♦ *vr* ymroi, ymgysegru.

Widmung [ˈvɪtmʊŋ] (-, -en) *f* cyflwyniad *g*.

widrig [ˈviːdrɪç, -ɪk] *adj* (*Umstände*) gwrthun, atgas.

wie¹ [viː] *adv* sut; **~ groß?** pa mor fawr? **~ viel?** faint?
~ viele? sawl un? faint o? **~ viele Menschen** sawl
person; **~ wär's?** beth amdani? **~ wär's mit einem
Whiskey?** (*ugs*) beth am chwisgi bach? **~ nennt man
das?** beth rwyt ti'n ei alw; **~ gut du das kannst!**
dyna dda wyt ti'n medru gwneud hynny! **~ bitte?**
pardwn? **und ~!** siŵr iawn! **~ noch nie** fel erioed
o'r blaen; **~ du** fel ti.

wie² *konj* **1** (*bei Vergleichen*) **so schön ~** ... mor
brydferth â...; **singen ~ ein** ... canu fel...; **2** (*zeitlich*)
er hörte ~ der Regen fiel clywodd sŵn y glaw yn
disgyn; **~ ich schon sagte** fel y dywedais; (*ugs: als*)
~ sie das hörte, ging sie wrth glywed hynny fe aeth
hi.

wieder [ˈviːdər] *adv* eto, drachefn; **~ da sein** bod yn ôl;
gehst du schon ~? wyt ti'n mynd yn barod? **~ ein
Fehler** camgymeriad arall eto; **das ist auch ~ wahr**
mae hynny'n ddigon gwir; **da sieht man mal ~** ...
dyna ddangos unwaith eto...; **~ aufbereiten**
ailgylchu; **~ aufnehmen** ailgychwyn, ailddechrau;
~ beleben adfywio; **~ erkennen** adnabod; **~ finden**
cael yn ôl; (*fig*) adennill; **~ gutmachen** gwneud

iawn am; **~ sehen** gweld eto; **~ vereinigen** aduno; **~
verwertbar** ailgylchadwy; **~ verwerten** ailgylchu.

Wiederaufbau *m* ailadeiladu *g*.

wieder aufbereiten *vt vgl.* **wieder.**

Wieder- *kompos:* **~aufbreitungsanlage** *f* gwaith *g*
ailgylchu; **~aufnahme** *f* ailgychwyniad *g*,
ailddechreuad *g*.

wieder aufnehmen *irreg vt vgl.* **wieder.**

wiederbekommen *irreg vt* adfer (meddiant).

wieder beleben *vt vgl.* **wieder.**

wiederbringen *irreg vt* dychwelyd.

wieder erkennen *irreg vt vgl.* **wieder.**

Wiedererstattung *f* ad-daliad *g*.

wieder finden *irreg vt vgl.* **wieder.**

Wiedergabe *f* (*Bericht*) adroddiad *g*; (*Darbietung*)
perfformiad *g*; (*Reproduktion*) atgynhyrchiad *g*;
(*TECH: an Geräten*) 'play', rhedeg; (*Videoqualität*)
ansawdd *gb*.

wiedergeben *irreg vt* (*zurückgeben*) dychwelyd, rhoi yn
ei ôl; (*darbieten*) ailadrodd; (*Gefühle*) trosglwyddo.

Wiedergeburt *f* adeni *g*.

wiedergewinnen *vt* adennill.

wieder gutmachen *vt vgl.* **wieder.**

Wiedergutmachung *f* atgyweiriad *g*.

wiederherstellen *vt* (*renovieren*) adfer, adnewyddu.

wiederholen *vt untrenn* dweud/gwneud drachefn, ail-
ddweud, ailgyflawni; (*um zu lernen*) adolygu;
(*RADIO, TV*) ailddarlledu; (*SCH: Jahr*) ail-wneud.

♦ *vr* ailddigwydd, ailgychwyn.

wiederholt *adj:* **zum ~en Male** unwaith eto, am y
ganfed waith; **trotz ~er Warnung** er gwaethaf sawl
rhybudd.

Wiederholung (-, -en) *f* ailadroddiad *g*, ail-wneud *g*;
(*SCH*) crynodeb *gb*; (*RADIO, TV*) ailddarllediad *g*; (*von
Ereignis*) dychweliad *g*.

Wiederholungstäter (-s, -) *m* (~**in** *f*) (*JUR*) atgwympwr
g; (*mehrmalig*) tramgwyddwr *g* parhaus.

Wiederhören [ˈviːdərhøːrən] *nt:* **auf ~!** (*TEL*) hwyl fawr!

wiederkäuen [ˈviːdərkɔyən] *vi* cnoi cil.

♦ *vt* (*fig*) cnoi cil dros.

Wiederkehr [ˈviːdərkeːr] *f* dychweliad *g*; (*von Vorfall*)
dychweliad *g*, ailddigwydd *g*.

wiederkehrend *adj* sy'n dod dro ar ôl tro, mynych.

wieder sehen *irreg vt vgl.* **wieder.**

Wiedersehen *nt* cyfarfod *g* nesaf; **auf ~!** hwyl fawr!

wiederum [ˈviːdərum] *adv* eto, drachefn; (*andererseits*)
ar y llaw arall.

wieder vereinigen *vt vgl.* **wieder.**

Wieder- *kompos:* **~vereinigung** *f* ailuniad *g*; **~verkauf** *m*
ailwerthiant *g*; **~verkäufer** *m* (*COMM*) dosbarthwr *g*.

wieder verwertbar *adj vgl.* **wieder.**

wieder verwerten *vt vgl.* **wieder.**

Wiederwahl *f (POL)* ailethol *g*, ailetholiad *g*.

Wiege ['vi:gə] (-, -n) *f* crud *g*.

wiegen[1] ['vi:gən] *vt (schaukeln)* siglo.

wiegen[2] *irreg vt, vi (Gewicht)* pwyso; **schwer ~** *(fig)* cario llawer o bwysau; *(Irrtum)* bod yn ddybryd.

wiehern ['vi:ərn] *vi* gweryru.

Wien [vi:n] *nt (GEOG)* Fienna *b*.

Wiener[1] ['vi:nər] *m (~in f)* rhn o Fiena, Fieniad *g*.

Wiener[2] *adj* Fiennaidd; **~ Schnitzel** *(KOCH)* golwyth *g*; **~ Würstchen**[D] = **Frankfurter**[2].

wienerisch ['vi:nərɪʃ] *adj* Fiennaidd.

Wienerisch *nt (Sprache)* tafodiaith o Fienna.

Wiese ['vi:zə] *f* dôl *b*.

Wiesel ['vi:zəl] (-s, -) *nt (ZOOL)* gwenci *b*, bronwen *b*; **flink wie ein ~** fel milgi.

wieso [vi:'zo:] *adv* pam.

wie viel *adv vgl.* **wie**[1].

wievielmal *adv* pa mor aml, sawl gwaith.

wievielte *adj:* **den W~n haben wir?** *oder:* **der W~ ist heute?** beth yw'r dyddiad heddiw? **zum ~n Mal?** sawl gwaith? **an ~r Stelle?** ym mha safle? **der ~ Besucher war er?** sawl ymwelydd a ddaeth o'i flaen?

wieweit [vi:'vait] *konj (inwieweit)* i ba raddau.

Wikinger ['vi:kɪŋər] *m* Llychlynnwr *g*.

wild [vɪlt] *adj* gwyllt; **der W~e Westen** y Gorllewin *g* Gwyllt; **in ~er Ehe leben** *(veraltet)* byw tali; **~er Streik** streic *b* answyddogol; **~ entschlossen** *(ugs)* cwbl benderfynol.

Wild (-(e)s, *kein pl*) *nt* helwriaeth *b*, anifeiliaid *ll* hela.

Wildbahn *f:* **in freier ~** yn y gwyllt, yn ei gynefin.

Wild- *kompos:* **~bret** *nt (KOCH)* helwriaeth *b*; *(von Rotwild)* cig *g* carw, fenswn *g*; **~dieb** *m* potsiwr *g*.

Wilde (-n, -n) *m/f* anwariad *g*.

Wilderer (-s, -) *m* potsiwr *g*.

wildern ['vɪldərn] *vi* potsio, dwyn.

Wildfang *m (ausgelassenes Kind)* gwalch *g* bach.

wildfremd *adj* cwbl ddieithr.

Wildheit *f* gwylltineb *g*.

Wildleder *nt* swêd *g*.

Wildnis ['vɪltnɪs] (-, -se) *f* diffeithwch *g*, anialwch *g*.

Wild- *kompos:* **~schwein** *nt (ZOOL)* baedd *g* gwyllt; **~wechsel** *m* croesfan *b* anifeiliaid gwyllt.

Wildwest- *kompos:* **~film** *m* ffilm *b* gowboi; **~roman** *m* nofel *b* gowboi.

will *vb vgl.* **wollen**[2].

Wille ['vɪlə] (-ns, -n) *m* ewyllys *gb (auch JUR)*; **jdm seinen ~n lassen** gadael i rn wneud fel y myn; **seinen eigenen ~n haben** bod yn ystyfnig/bengaled; **der letzte ~** *(JUR)* ewyllys *gb*.

willen ['vɪlən] *präp +gen:* **um ... ~** er mwyn…; **um Himmels ~!** neno'r tad! er mwyn dyn!

willenlos *adj* ag ewyllys wan, dibenderfyniad.

willens *adj:* **~ sein** bod yn barod/fodlon.

willensstark *adj* penderfynol, diysgog.

willentlich ['vɪləntlɪç] *adj* penderfynol, bwriadol.

willig ['vɪlɪç, -ɪk] *adj* parod.

willkommen [vɪl'kɔmən] *adj* derbyniol iawn, i'w groesawu.

   ♦ *adv* croeso; **jdn ~ heißen** croesawu rhn; **herzlich ~!** croeso!

Willkommen *nt* croeso *g*.

willkürlich ['vɪlky:rlɪç] *adj* mympwyol; *(tyrannisch)* gormesol; *(gewollt)* bwriadol.

wimmeln ['vɪməln] *vi:* **~ von** *+dat (ugs)* heidio gan; **~ von Fliegen** bod yn fyw o bryfed.

Wimmerl[A] *nt* tosyn *g*.

wimmern ['vɪmərn] *vi* nadu, griddfan.

Wimpel ['vɪmpəl] (-s, -) *m* penwn *g*.

Wimper ['vɪmpər] (-, -n) *f* blewyn *g* yr amrant; **ohne mit der ~ zu zucken** *(fig)* heb gyffroi dim, heb droi blewyn.

Wimperntusche *f* masgara *g*.

Wind [vɪnt] (-(e)s, -e) *m* gwynt *g (auch MED)*; **den Mantel nach dem ~ hängen** *(fig)* newid gyda'r gwynt, rhedeg gyda'r cŵn a'r cadno; **etw in den ~ schlagen** troi clust fyddar i rth.

Wind- *kompos:* **~bäckerei** *f* bisgedi *ll* pwff hufen; **~beutel**[D] *m (KOCH)* coden *b* hufen, pwff *g* hufen; *(fig)* rhywun chwit-chwat.

Winde ['vɪndə] (-, -n) *f (TECH)* wins *b*; *(BOT)* cwlwm *g* y cythraul, ladi *b* wen.

Windel ['vɪndəl] (-, -n) *f* cewyn *g*, clwt *g*.

windelweich *adj:* **jdn ~ schlagen** *(ugs)* bwrw rhn yn ddu ac yn las.

winden[1] *vt irreg* cordeddu; *(Kranz)* gwau, plethu; *(entwinden)* cyfrodeddu, cordeddu.

   ♦ *vr irreg* ymgordeddu; *(Person)* gwingo, ymwingo.

winden[2] ['vɪndən] *vi unpers (windig sein)* bod yn wyntog.

Windenergie *f (ELEKT)* ynni *g* gwynt.

Windeseile ['vɪndəs'aɪlə] *f:* **in ~** fel tân gwyllt.

Wind- *kompos:* **~fahne** *f* saeth *b* wynt; **~hose** *f* troellwynt *g*, corwynt *g*; **~hund** *m (ZOOL)* milgi *g*; *(fig: Mensch)* aderyn *g* y nos.

windig ['vɪndɪç, -ɪk] *adj* gwyntog; *(fig)* amheus.

Wind- *kompos:* **~jacke** *f* cot *b* wynt; **~kanal** *m (TECH)* twnnel *g* gwynt; **~kraft** *f* ynni *g* gwynt; **~kraftwerk** *nt* gorsaf *b* ynni gwynt.

Windmühle (-, -n) *f* melin *b* wynt; **gegen ~n ankämpfen** *(fig)* ymosod ar felinau gwynt, ymladd bwganod.

Wind- *kompos:* **~park** *m* fferm *b* wynt; **~pocken** *pl (MED)* brech *b* yr ieir; **~richtung** *f* cyfeiriad *g* y gwynt; **~rose** *f (NAUT)* cerdyn *g* cwmpawd; *(MET)* seren *b* wynt; **~schatten** *m* y tu *g* clytaf, bôn *g* y gwynt; *(von Fahrzeugen)* sgilwynt *g*; **~schutzscheibe** *f (AUTO)* ffenestr *b* flaen; **~stärke** *f* cryfder *g*/nerth *g* y gwynt.

windstill *adj (Tag)* llonydd, tawel; *(Platz)* cysgodol.

Wind- *kompos:* **~stille** *f* gosteg *g*, tawelwch *g*; **~stoß** *m* chwa o wynt; **~surfen** *nt* bordhwylio *g*.

Windung ['vɪndʊŋ] (-, **-en**) *f (von Weg, Fluss)* doleniad *g*, ymddoleniad *g*, ystum *gb*; *(von Spule)* torch *g*, troad *g*; *(von Schraube)* edau *b*.

Wink [vɪŋk] *m (mit Hand)* chwifio *g*; *(Hinweis)* awgrym *g*; **ein ~ mit dem Zaunpfahl** *(fig)* awgrym amlwg, gair i gall.

Winkel ['vɪŋkəl] (-s, -) *m (MATH)* ongl *b*; *(Gerät)* sgwaryn *g*; *(ugs: Ecke)* cornel *gb*; **toter ~** dallbwynt *g*; **spitzer ~** ongl fain; **rechter ~** ongl gywir; **in einem ~ von 60°** ar ongl trigain gradd.

Winkel- *kompos:* **~advokat** *m (pej)* cyfreithiwr *g* amwys; **~messer** *m* protractor *g*, onglydd *g*; **~zug** *m (Trick)* cast *g*, tric *g*.

winken ['vɪŋkən] *(auch irreg) vt, vi* chwifio; **dem Sieger winkt eine Reise nach Italien** bydd yr enillydd ffodus yn cael taith i'r Eidal.

winseln ['vɪnzəln] *vi* griddfan.

Winter ['vɪntər] (-s, -) *m* gaeaf *g*.

winterfest *adj (Pflanze)* caled, gwydn.

Wintergarten *m* tŷ *g* gwydr, ystafell *b* wydr.

winterlich *adj* gaeafol.

Winter- *kompos:* **~reifen** *m (AUTO)* teiar *g* gaeaf; **~schlaf** *m (ZOOL)* gaeafgwsg *g*; **~schlussverkauf** *m* arwerthiant *g* y gaeaf; **~semester** *nt* Tymor y Gaeaf.

Winterspiele *pl:* **Olympische ~spiele** Chwaraeon Olympaidd y Gaeaf.

Wintersport *m* chwaraeon *ll* y gaeaf.

Winzer ['vɪntsər] *m (~in f)* amaethwr(aig) *g(b)* gwin.

winzig ['vɪntsɪç, -ɪk] *adj* pitw.

Wipfel ['vɪpfəl] (-s, -) *m* copa *gb* coeden.

Wippe ['vɪpə] (-, **-n**) *f* sigl *g*, si-so *g*.

wir [viːr] *pron* ni; **~ alle** ni i gyd, pob un ohonom.

Wirbel ['vɪrbəl] (-s, -) *m* chwyrlïad *g*; *(Trubel)* bwrlwm *g*; *(Aufsehen)* ffwdan *b*; *(ANAT)* fertebra *gb*, glain *g*; *(MUS)* ebill *g*; **einen ~ machen um** +*akk* gwneud ffwdan fawr ynghylch.

wirbellos *adj (ZOOL)* di-asgwrn-cefn, infertebrat.

wirbeln ['vɪrbəln] *vi (+sein)* chwyrlïo, troelli; *(ugs: lärmen)* (+*haben*) codi stŵr.

Wirbel- *kompos:* **~säule** *f (ANAT)* asgwrn *g* cefn; **~tier** *nt (ZOOL)* fertebrat *g*; **~wind** *m* troellwynt *g*, corwynt *g*.

wirken ['vɪrkən] *vi* bod yn effeithiol; *(erfolgreich sein)* gweithio; *(scheinen)* ymddangos; **etw auf sich** *akk* **~**

lassen gadael i rth ddylanwadu arnoch.

♦ *vt (Wunder)* gwneud.

wirklich ['vɪrklɪç] *adj* gwirioneddol, go iawn.

♦ *adv* mewn gwirionedd, yn wir.

Wirklichkeit *f* gwirionedd *g*.

wirklichkeitsgetreu *adj* realistig, realaidd.

wirksam ['vɪrkzaːm] *adj* effeithiol.

Wirksamkeit *f* effeithioldeb *g*.

Wirkstoff ['vɪrkʃtɔf] (-(e)s, -e) *m* sylwedd *g* gweithredol.

Wirkung ['vɪrkʊŋ] (-, **-en**) *f* effaith *b*.

Wirkungsbereich *m* maes *g*, cwmpas *g*.

wirkungslos *adj* aneffeithiol; **~ bleiben** heb gael effaith o gwbl.

wirkungsvoll *adj* effeithiol.

wirr [vɪr] *adj* wedi drysu, gwyllt.

Wirren ['vɪrən] *pl* terfysgoedd *ll*.

Wirrwarr ['vɪrvar] (-s, *kein pl*) *m* anhrefn *b*, tryblith *g*; *(Stimmen)* dwndwr *g*, stŵr *g*; *(von Fäden, Haaren)* clymau *ll*.

Wirsing^D ['vɪrzɪŋ] (-s, *kein pl*) *m* bresychen *b* grech.

Wirt [vɪrt] (-(e)s, -e) *m* tafarnwr *g*, gwestywr *g*; **~in** *f* tafarnwraig *b*, gwestywraig *b*.

Wirtschaft ['vɪrtʃaft] (-, **-en**) *f (Gaststätte)* tafarn *gb*; *(Haushalt)* cadw *g* tŷ; *(eines Landes)* economi *gb*; *(ugs: Durcheinander)* llanast *g*, anhrefn *b*.

wirtschaften *vi untrenn (sparsam sein)* **gut ~ können** bod yn gynnil/ddarbodus.

Wirtschafter (-s, -) *m (Verwalter)* rheolwr *g*; **~in** *f (im Haushalt, Heim)* gwraig *b* cadw tŷ.

wirtschaftlich *adj* cynnil, darbodus; *(POL)* economaidd.

Wirtschaftlichkeit *f* economi *gb*; *(von Betrieb)* hyfywedd *g*.

Wirtschafts- *kompos:* **~geld** *nt* arian *g* cadw tŷ; **~geografie** *f* daearyddiaeth *b* economaidd; **~hilfe** *f* cymorth *g* economaidd; **~krise** *f (COMM)* argyfwng *g* economaidd; **~minister** *m* gweinidog *g* materion economaidd; **~ordnung** *f* trefn *b* economaidd; **~politik** *f* polisi *g* economaidd; **~prüfer** *m (FIN)* cyfrifydd *g* breiniol/siartredig; **~spionage** *f* ysbïwriaeth *b* ddiwydiannol; **~wachstum** *nt* twf *g* economaidd; **~wissenschaft** *f* economeg *b*; **~wunder** *nt* gwyrth *b* economaidd; **~zweig** *m* cangen *b* o ddiwydiant.

Wirtshaus ['vɪrtshaus] (-es, "-er) *nt* tafarn *gb*.

Wisch [vɪʃ] (-(e)s, -e) *m (ugs)* darn *g* o bapur.

wischen ['vɪʃən] *vt* sychu, glanhau.

Wischer (-s, -) *m (AUTO)* sychwr *g* ffenest/glaw.

Wischiwaschi [vɪʃi'vaʃi] *nt (ugs)* lol botes.

Wisent *m oder nt (ZOOL)* beison *g* Ewropeaidd.

wispern ['vɪspərn] *vt, vi* sibrwd.

Wiss. *abk* = Wissenschaft.

wiss. *abk* = wissenschaftlich.

Wissbegierde ['vɪsbəgiːrdə] *f* chwilfrydedd *g*, awydd *g* am wybodaeth.

wissbegierig ['vɪsbəgiːrɪç, -ɪk] *adj* chwilfrydig, awyddus am wybodaeth.

wissen ['vɪsən] *irreg vi, vt* gwybod; **ich weiß seine Adresse nicht mehr** ni fedraf i gofio ei gyfeiriad mwyach; **was weiß ich!** beth wn i! **von jdm/etw nichts ~ wollen** heb fod â'r diddordeb lleiaf yn rhth/rhn; **sie hält sich für wer weiß wie klug** *(ugs)* mae'n credu ei bod yn rhn drachlyfar; **gewusst wie!** dyna lew!

Wissen *nt* gwybodaeth *b*; **nach bestem ~ und Gewissen** hyd eithaf eich gwybodaeth; **etw gegen sein besseres ~ tun** gwneud rhth yn groes i'ch graen.

Wissenschaft *f* gwyddoniaeth *b*.

Wissenschafter[AS] *m* = Wissenschaftler.

Wissenschaftler *m* gwyddonydd *g*; *(Geistes~)* academydd *g*.

wissenschaftlich *adj* gwyddonol.

wissenswert *adj* gwerth ei wybod.

wissentlich *adj* ymwybodol.

wittern ['vɪtərn] *vt* ogleuo, synhwyro; *(fig)* amau, drwgdybio.

Witterung ['vɪtəruŋ] *f* tywydd *b*; *(Geruch)* sawr *b*, oglau *g*.

Witwe ['vɪtvə] (-, -n) *f* gweddw *b*, gwraig *b* weddw.

Witwer (-s, -) *m* gŵr *g* gweddw, gwidman *g*.

Witz [vɪts] (-es, -e) *m* jôc *b*, cellwair *g*; **der ~ an der Sache ist, dass …** rhinwedd y peth yw bod…

Witzbold *m* 'deryn *g*, cymeriad *g*.

witzeln ['vɪtsəln] *vi* cellwair, smalio, tynnu coes.

witzig ['vɪtsɪç, -ɪk] *adj* doniol, digrif.

witzlos *adj* *(ugs: unsinnig)* dibwynt, ofer.

WM *f abk* = Weltmeisterschaft.

wo[1] [voː] *adv* **1** *interrog* ble; **~ ist er hin?** i ble aeth e? **2** *rel* lle; **3** *(~ immer)* ble bynnag; **4** *(ugs)* ach **~!** ddim o gwbl!

wo[2] *konj* *(zeitlich)* pan; **im Augenblick ~ …** y funud y…; **die Zeit, ~ …** yr adeg pan…

woanders [voʔanders] *adv* rywle arall.

wob *vb vgl.* weben.

wobei [voˈbaɪ] *adv* **1** *interrog* sut, wrth wneud beth; **~ ist das passiert?** sut digwyddodd hynny? **2** *rel* tra; **~ er mich ansah** tra oedd e'n edrych arna'i; **~ mir gerade einfällt …** sy'n f'atgoffa i…

Woche ['vɔxə] (-, -n) *f* wythnos *b*.

Wochenbett *nt:* **im ~ sterben** marw wrth roi genedigaeth.

Wochen- *kompos:* **~ende** *nt* penwythnos *g*; **~endhaus** *nt* tŷ *g* haf/penwythnos; **~karte** *f* tocyn *g* wythnos.

wochenlang *adj, adv* am wythnosau.

Wochen- *kompos:* **~schau** *f (FILM)* newyddion *ll* yr wythnos; **~tag** *m* diwrnod *g* gwaith.

wöchentlich ['vœçəntlɪç] *adj* wythnosol.

Wochenzeitung *f* wythnosolyn *g*.

Wöchnerin ['vœçnərɪn] *f* mam sydd newydd roi genedigaeth.

wodurch [voˈdurç] *adv* **1** *interrog* sut, pam, trwy wneud beth; **2** *rel* yn sgil, felly; **~ es zum Unfall kam** yn sail hyn digwyddodd y ddamwain.

wofür [voˈfyːr] *adv* **1** *interrog* i beth, ar gyfer beth; *(ugs: warum)* pam; **~ willst du das haben?** i beth rwyt ti eisiau hyn? **2** *rel* ar beth, i beth **~ er sein Geld ausgibt** ar beth y mae'n gwario ei arian.

Wodka ['vɔtka] *m* fodca *g*.

wog *vb vgl.* wiegen[2].

Woge ['voːgə] (-, -n) *f* ton *b*.

wogegen [voˈgeːgən] *adv* **1** *interrog* yn erbyn beth; **~ ist dieses Mittel?** at beth y mae'r feddyginiaeth yma? **2** *rel:* **~ wir kämpfen** y brwydrwn yn ei erbyn.

wogen ['voːgən] *vi* ymchwyddo, dygyfor.

woher [voˈheːr] *adv* o ble.

wohin [voˈhɪn] *adv* i ble.

wohingegen [voːhɪnˈgeːgən] *konj* tra.

Wohl [voːl] *nt* lles *g*; **zum ~!** iechyd da!

wohl *adv* **1** hwylus; *(behaglich)* cartrefol, cysurus; **sich ~ fühlen** *(zufrieden)* teimlo'n fodlon; *(gesundheitlich)* teimlo'n iach; **~ gemeint** llawn bwriadau da; **jdm ~ tun** gwneud lles i rn; **bei dem Gedanken ist mir nicht ~** dydw'i ddim yn hapus iawn wrth feddwl am hynny; **~ oder übel** beth bynnag, boed yn dda neu'n ddrwg; **er weiß das sehr ~** fe ŵyr ef hynny'n dda; **2** *(wahrscheinlich)* fwy na thebyg; *(gewiss)* yn sicr; *(vielleicht)* efallai; **sie ist ~ zu Hause** mae hi gartref, fwy na thebyg; **sie wird das Haus ~ verkaufen** mae'n debyg y gwnaiff hi werthu'r tŷ; **ist doch ~ nicht dein Ernst!** does bosib dy fod ti o ddifrif! **das mag ~ sein** fe all hynny fod, digon posib; **ob das ~ stimmt?** tybed a yw hynny'n wir?

wohlauf *adj* hwylus, mewn iechyd da.

Wohl- *kompos:* **~befinden** *nt* iechyd *g*, lles *g*; **~behagen** *nt* cysur *g*, cyffyrddusrwydd *g*.

wohlbehalten *adj* iach ddianaf, byw ac iach.

Wohlergehen *nt* lles *g*.

Wohlfahrt *f* lles *g*.

Wohlfahrtsstaat *m (POL)* Gwladwriaeth *b* Les.

Wohlgefallen *nt:* **sich in ~ auflösen** *(Probleme)* diflannu i ddim, diflannu'n llwyr; *(zerfallen)* dadfeilio'n llwyr.

wohl gemeint *adj vgl.* wohl.

wohlgemerkt *adv* cofia di, coelia di fi.

wohlhabend *adj* cyfoethog, cefnog.

wohlig ['vo:lɪç, -ɪk] *adj* bodlon; *(gemütlich)* cyffyrddus.

Wohlklang *m* sŵn *g* persain, sain *b* felodaidd.

wohl- *kompos:* **~meinend** *adj* llawn bwriadau da; **~schmeckend** *adj* blasus.

Wohlstand *m* cyfoeth *g*, golud *g*.

Wohlstandsgesellschaft *f (POL)* cymdeithas gefnog.

Wohl- *kompos:* **~tat** *f* cymorth *g*, cymwynas *b*; **~täter** *m* cymwynaswr *g*.

wohltätig *adj* cymwynasgar, elusengar.

Wohltätigkeit *f* elusengarwch *g*, cymwynasgarwch *g*.

wohltuend *adj* hyfryd, pleserus.

wohl tun *irreg vi vgl.* **wohl.**

wohlverdient *adj* haeddiannol, teilwng.

wohlweislich *adv* am reswm da.

Wohlwollen *nt* ewyllys *gb* da.

wohlwollend *adj* caredig, cyfeillgar.

Wohnbau *m* adeiladu *g* tai.

Wohnbau- *kompos:* **~gesellschaft** *f* cwmni *g* adeiladu tai; **~genossenschaft** *f* cwmni *g* cydweithredol adeiladu tai.

Wohnblock *m* bloc *g* o fflatiau.

wohnen ['vo:nən] *vi* byw, preswylio.

Wohn- *kompos:* **~fläche** *f* lle *g* byw, ardal *b* fyw; **~geld** *nt* budd-dâl *g* tai; **~gemeinschaft** *f* pobl yn rhannu fflat.

wohnhaft *adj* yn byw, trigiannol.

Wohnheim *nt (für Studenten)* neuadd *b* breswyl; *(für Senioren)* cartref *g*; *(für Arbeiter)* hostel *b*.

Wohnkomfort *m:* **mit sämtlichem ~** gyda phob cyfleustra modern.

wohnlich *adj* cysurus, cyfforddus.

Wohn- *kompos:* **~mobil** *nt* carafanèt *b*; **~ort** *m* cartref *g*, trigfan *b*; **~silo** *nt (pej)* bloc *g* concrid o fflatiau.

Wohnsitz *m* trigfan, cartref; **ohne festen ~** heb gartref sefydlog.

Wohnung ['vo:nʊŋ] (-, -en) *f* fflat *gb*.

Wohnungs- *kompos:* **~amt** *nt* swyddfa *b* dai; **~bau** *m* adeiladu *g* tai; **~markt** *m* marchnad *b* dai; **~not** *f* prinder *g* tai.

Wohn- *kompos:* **~viertel** *nt* ardal *b* breswyl; **~wagen** *m* carafán *b*; **~zimmer** *nt* lolfa *b*, ystafell *b* fyw.

wölben ['vœlbən] *vt, vr* crymu, plygu.

Wölbung ['vœlbʊŋ] (-, -en) *f* crymedd *g*.

Wolf [vɔlf] (-(e)s, ¨-e) *m (ZOOL)* blaidd *g*; *(Fleisch~)* melin *b* gig, briwydd *g*; *(TECH)* peiriant *g* rhwygol; **mit den Wölfen heulen** rhedeg gyda'r cŵn.

Wölfin ['vœlfɪn] (-, -nen) *f* bleiddast *b*.

Wolke ['vɔlkə] (-, -n) *f* cwmwl *g*; **aus allen ~n fallen** *(fig)* bod wedi synnu'n hollol.

Wolkenbruch *m* torgwmwl *g*.

wolkenbruchartig *adj* ffrydwyllt.

Wolkenkratzer *m* nendwr *g*, nengrafwr *g*.

wolkenlos *adj* digwmwl, clir.

wolkig ['vɔlkɪç, -ɪk] *adj* cymylog.

Wolle ['vɔlə] *f* gwlân *g*; **sich mit jdm in die ~ kriegen** *(fig, ugs)* dechrau dadlau â rhn.

wollen¹ ['vɔlən] *adj (aus Wolle)* gwlân.

wollen² *irreg vt, vi* eisiau, bod am; **ich will nach Hause** rwyf am fynd adref; **er will nicht** dydy e ddim am/eisiau; **sie wollte das nicht** doedd hi ddim eisiau hynny; **wenn du willst** os mynni di; **ich will, dass du mir zuhörst** rwyf am i ti wrando arnaf; **das hab' ich nicht gewollt** doeddwn i ddim wedi bwriadu hynny; **ich weiß nicht, was er will** *(verstehe ihn nicht)* dydw i ddim yn deall beth sydd ar ei feddwl.

♦ *aux:* **er will ein Haus kaufen** mae e am brynu tŷ; **ich wollte, ich wäre ...** o na bawn i'n...; **etw gerade tun ~** bod ar fin gwneud rhth; **und so etwas will Lehrer sein!** *(ugs)* ac mae'n honni ei fod e'n athro! **das will alles gut überlegt sein** bydd rhaid pendroni'n ddyfal ynghylch hynny.

wollüstig ['vɔlʏstɪç, -ɪk] *adj* blysig, chwantus.

womit [vo'mɪt] *adv* **1** *interrog* sut, gyda beth; **~ kann ich dienen?** beth fedra' i ei wneud drosoch chi? **~ habe ich das verdient?** *(fig)* pam rwy'n cael fy nhrin fel hyn? **2** *rel:* **~ ich nicht einverstanden bin** yr wyf yn anghytuno yn ei gylch.

womöglich [vo'mø:klɪç] *adv* o bosib.

wonach [vo'na:x] *adv* **1** *interrog:* **~ suchst du?** am beth rwyt ti'n chwilio? **2** *rel:* **~ ich mich erkundigen wollte** yr oeddwn i am holi yn ei gylch.

Wonne ['vɔnə] *f* llawenydd *g*, dedwyddwch *g*; **es ist eine ~** mae'n bleser mawr.

woran [vo'ran] *adv* **1** *interrog* ar beth; **~ liegt das?** beth yw'r rheswm am hynny? **2** *rel:* **~ ich mich erinnere** y cofiaf amdano; **~ ich glaube** y credaf ynddo.

worauf [vo'rauf] *adv* **1** *interrog* ar beth; **~ wartest du?** am beth rwyt ti'n aros? **2** *rel:* **~ man sich verlassen kann** y gellir dibynnu arno.

woraus [vo'raus] *adv* **1** *interrog* o beth, allan o beth; **2** *rel:* **~ wir schließen können** y gellir casglu ohono.

worin [vo'rɪn] *adv* **1** *interrog* mewn beth; **2** *rel:* **~ wir übereinstimmen** yr ydym yn cytuno yn ei gylch.

Wort [vɔrt] (-(e)s, ¨-er *oder* -e) *nt* gair *g*; **jdn beim ~ nehmen** credu rhn, cymryd gair rhn; **mit anderen ~en** mewn geiriau eraill; **ein ernstes ~ mit jdm reden** cael sgwrs ddwys â rhn; **man kann sein eigenes ~ nicht verstehen** fedrwch chi ddim clywed eich hunan yn siarad; **jdm aufs ~ gehorchen** ufuddhau i rn yn llwyr; **zu ~ kommen** cael cyfle i siarad; **jdm das ~ erteilen** caniatáu i rn siarad.

Wortart *f (GRAM)* rhan *b* ymadrodd.

wortbrüchig *adj* annibynadwy, na cheidw at ei air.

Wörtchen ['vœrtçən] *nt:* **da habe ich wohl ein ~ mitzureden** *(ugs)* rwy'n credu bod gen i rth i'w ddweud yn hyn o beth.

Wörterbuch ['vœrtərbu:x] (-(e)s, ¨-er) *nt* geiriadur *g.*

Wort- *kompos:* **~fetzen** *pl* tameidiau *ll* o sgwrs; **~führer** *m* llefarydd *g.*

wort- *kompos:* **~getreu** *adj* air am air; *(Übersetzung)* llythrennol; **~gewaltig** *adj* huawdl; **~karg** *adj* tawedog, distaw, di-ddweud.

Wortlaut *m* geirio *g;* **im ~** air am air.

wörtlich ['vœrtlɪç] *adj* llythrennol.

wortlos *adj* mud.

Wortmeldung *f:* **wenn es keine weiteren ~ gibt** os na fyn neb arall siarad.

wortreich *adj* geiriog, amleiriog.

Wort- *kompos:* **~schatz** *m* geirfa *b;* **~spiel** *nt* chwarae ar eiriau, mwysair *g;* **~wechsel** *m* dadl *b.*

wortwörtlich *adj* llythrennol, air am air.

worüber [vo'ry:bər] *adv* **1** *interrog* ynghylch beth; *(örtlich)* dros beth; **2** *rel:* **~ man spricht** y siaredir amdano; *(örtlich)* **~ ein Bild hängt** y mae llun yn hongian uwch ei ben.

worum [vo'rum] *adv* **1** *interrog* am beth, ynghylch beth; **~ geht's?** yn ymwneud â beth y mae? **2** *rel:* **~ es sich handelt** y mae'n ymwneud ag ef.

worunter [vo'runtər] *adv* **1** *interrog* o dan beth; **~ leidet er?** o beth y mae e'n dioddef? **2** *rel:* **~ sie leidet** y mae hi'n dioddef ohono.

wovon [vo'fɔn] *adv* **1** *interrog* o beth; **2** *rel:* **~ wir nichts wissen** na wyddom ddim amdano.

wovor [vo'fo:r] *adv* **1** *interrog* *(örtlich)* o flaen beth, cyn beth; *(zum Verb gehörend)* **~ hast du Angst?** ofn beth sydd arnat ti? **2** *rel:* **~ er uns warnte** y'n rhybuddiodd ni rhagddo.

wozu [vo'tsu:] *adv* **1** *interrog* i beth, at beth; *(warum)* at ba bwrpas; **~ brauchst du das?** i beth mae angen hynny arnat ti? **2** *rel:* **~ wir neigen** yr ydym yn tueddu tuag ato.

Wrack [vrak] (-(e)s, -e) *nt* *(NAUT)* dryll *g* llong; *(Mensch)* llanastr *g.*

wrang [vraŋ] *vb vgl.* **wringen**.

wringen ['vrɪŋən] *irreg vt* trowasgu.

WS *abk* = Wintersemester.

Wucher ['vu:xər] (-s, *kein pl*) *m* budrelwa *g,* gorelwa *g.*

Wucherer (-s, -) *m* ocrwr *g,* gorelwr *g,* usuriwr *g.*

wuchern ['vu:xərn] *vi* (+*sein oder haben*) *(Pflanzen)* tyfu'n wyllt.

Wucherpreis (-es, -e) *m* crocbris *g.*

Wucherung ['vu:xəruŋ] *f* *(MED)* tyfiant *g,* tiwmor *g.*

Wuchs [vu:ks] (-es, *kein pl*) *m* *(Wachstum)* twf *g,* tyfiant *g;* *(Statur)* corffolaeth *b.*

wuchs *vb vgl.* **wachsen**[1].

Wucht [vuxt] (-, *kein pl*) *f* grym *g.*

wuchtig ['vuxtɪç, -ɪk] *adj* enfawr, anferth; *(Schlag)* cryf.

wühlen ['vy:lən] *vi* ymbalfalu; *(Tiere)* tyrchu; *(Maulwurf)* turio, tyrchu.

Wühl- *kompos:* **~kiste** *f (im Kaufhaus)* cist *b* bargeinion; **~maus** *f (ZOOL)* llygoden *b* gota; **~tisch** *m* cownter *g* bargeinion.

Wulst [vulst] (-es, ¨-e) *m* ymchwydd *g;* *(MED)* chwydd *g.*

wulstig ['vulstɪç, -ɪk] *adj* boliog, chwyddedig; *(Rand, Lippen)* trwchus.

wund [vunt] *adj* anafus, dolurus, cignoeth; **sich** *dat* **die Füße ~ laufen** bod â thraed tost ar ôl cerdded ymhell; *(fig)* cerdded nes eich bod wedi ymlâdd; **ein ~er Punkt** testun gofid, man poenus.

Wundbrand *m* *(MED)* madredd *g,* pydredd *g.*

Wunde ['vundə] (-, -n) *f* clwyf *g,* briw *g;* **alte ~n wieder aufreißen** *(fig)* codi hen grachen.

Wunder ['vundər] (-s, -) *nt* gwyrth *b;* **es ist kein ~** does dim rhyfedd.

wunderbar *adj* rhagorol, ardderchog.

Wunder- *kompos:* **~kerze** *f* ffon *b* wreichion; **~kind** *nt* plentyn *g* rhyfeddol.

wunderlich *adj* rhyfedd, hynod.

wundern ['vundərn] *vt* synnu.

♦ *vr:* **sich ~ über** +*akk* synnu at.

wunderschön *adj* hardd iawn.

Wundertüte *f* cwdyn *g* lwcus.

wundervoll *adj* rhagorol, ardderchog.

Wund- *kompos:* **~fieber** *nt* twymyn *g* trawmatig; **~starrkrampf** *m* *(MED)* tetanws *g,* genglo *g.*

Wunsch [vunʃ] (-(e)s, ¨-e) *m* dymuniad *g;* **haben Sie sonst noch einen ~?** *(beim Einkauf)* a hoffech chi unrhywbeth arall? **auf jds ausdrücklichen ~ hin** ar ddymuniad/gais arbennig rhn.

Wunschdenken *nt* breuddwyd *gb* gwrach, gobaith *g* ofer.

wünschen ['vynʃən] *vt* dymuno; **sich** *dat* **etw ~** eisiau rhth, dymuno cael rhth; **was ~ Sie?** *(in Geschäft)* sut medraf eich helpu; *(in Restaurant)* beth hoffech ei archebu? **viel zu ~ übrig lassen** bod yn bell o fod yn foddhaol.

wünschenswert *adj* dymunol, dymunadwy.

Wunsch- *kompos:* **~kind** *nt* plentyn *g* bwriadol, plentyn *g* a gynlluniwyd; **~konzert** *nt* *(RADIO)* rhaglen o gerddoriaeth ar gais.

wunschlos *adj:* **~ glücklich** hollol fodlon, hapus braf.

Wunsch- *kompos:* **~traum** *m* breuddwyd *gb;* *(unrealistisch)* breuddwyd *gb* gwrach; **~zettel** *m* rhestr o ddymuniadau.

wurde *vb vgl.* **werden**.

Würde _f_ urddas _b_; _(Stellung)_ anrhydedd _gb_, parchusrwydd _g_; **unter aller ~ sein** bod islaw dirmyg, bod yn warthus.

Würdenträger (-s, -) _m_ gŵr _g_ pwysig, urddasolyn _g_.

würdevoll _adj_ urddasol.

würdig ['vʏrdɪç, -ɪk] _adj_ teilwng; _(würdevoll)_ anrhydeddus.

würdigen ['vʏrdɪgən] _vt_ parchu; **etw zu ~ wissen** gwerthfawrogi rhth; **jdn keines Blickes ~** heb hyd yn oed bwrw golwg ar rn.

Wurf [vʊrf] (-(e)s, ¨-e) _m_ tafliad _g_; _(Junge)_ torllwyth _gb_.

Würfel ['vʏrfəl] (-s, -) _m_ deis _g_, dis _g_; _(MATH)_ ciwb _g_; **die ~ sind gefallen** does dim troi'n ôl.

Würfelbecher _m_ cwpan _gb_ deis.

würfeln ['vʏrfəln] _vi_ deisio.

♦ _vt_ mentro.

Würfel- _kompos:_ **~spiel** _nt_ gêm â dis; **~zucker** _m_ siwgr _g_ lwmp.

Wurfgeschoß _nt_ teflyn _g_.

Würgegriff _m_ gafael _b_ haearnaidd.

würgen ['vʏrgən] _vt, vi_ tagu; **mit Hängen und W~** â chroen eich dannedd, o drwch blewyn.

Wurm [vʊrm] (-(e)s, ¨-er) _m_ _(ZOOL)_ pryf _g_ genwair, mwydyn _g_; **da steckt der ~ drin** _(fig, ugs)_ mae rhywbeth amheus ynghylch hynny, mae rhyw ddrwg yn y caws; **jdm die Würmer aus der Nase ziehen** tynnu ateb allan o rn.

wurmen ['vʊrmən] _vt (ugs)_ pryfocio, ffyrnigo.

Wurmfortsatz _m_ _(MED)_ coluddyn _g_ crog.

wurmig _adj_ â thyllau pryfed.

wurmstichig _adj_ llawn pryfed.

Wurscht _f (ugs)_ = **Wurst**; **das ist mir ~** does waeth gen i.

Wurst [vʊrst] (-, ¨-e) _f_ selsig _ll_; _(ugs)_ **jetzt geht es um die ~** _(fig, ugs)_ dyma'r awr dyngedfennol; **das ist mir ~** _(ugs: ist mir egal)_ does dim ots gen i, does waeth gen i; _(lässt mich kalt)_ 'dwi'n malio/hidio dim.

Würstchen ['vʏrstçən] (-s, -) _nt_ sosej _b_/selsigen _b_ frankfurter; _(ugs)_ **armes ~** truan bach.

Würstchen- _kompos:_ **~bude**[D] _f_, **~stand**[D] _m_ stondin _g_ selsig, stondin cŵn poeth.

Würstel[A] ['vʏrstəl] _nt_ = **Würstchen**.

Würstel- _kompos:_ **~bude**[A] _f_, **~stand**[A] _m_ stondin _g_ selsig, stondin cŵn poeth.

Würze ['vʏrtsə] (-, -n) _f_ blas _g_, naws _f_; **in der Kürze liegt die ~** gorau po fyrraf.

Wurzel ['vʊrtsəl] (-, -n) _f_ gwraidd _g_; _(MATH)_ isradd _g_; **~n schlagen** gwreiddio; _(fig)_ ymgartrefu; **die ~ aus 4 ist 2** _(MATH)_ ail isradd 4 yw 2.

würzen ['vʏrtsən] _vt_ blasuso, rhoi blas ar.

würzig ['vʏrtsɪç, -ɪk] _adj_ sbeislyd, cryf.

wusch _vb vgl._ **waschen**.

wusste _vb vgl._ **wissen**.

Wust [vuːst] (-(e)s, _kein pl_) _m_ _(ugs: Durcheinander)_ annibendod _g_; _(Menge)_ tomen _b_.

wüst [vyːst] _adj_ aflêr, anniben; _(ausschweifend)_ gwyllt; _(öde)_ anial; _(ugs: heftig)_ ofnadwy; **jdn ~ beschimpfen** rhegi ar rn yn ddieflig.

Wüste ['vyːstə] (-, -n) _f_ _(GEOG)_ diffeithwch _g_, anialwch _g_; **die ~ Gobi** _(GEOG)_ diffeithwch _g_ y Gobi; **jdn in die ~ schicken** _(fig)_ gwneud i rn hel ei bac.

Wut [vuːt] (-, _kein pl_) _f_ cynddaredd _b_, gwylltineb _g_; ffyrnigrwydd _g_; **eine ~ auf jdn haben** gwylltio wrth rn, bod yn grac â rhn.

Wutanfall _m_ pwl _g_ o dymer.

wüten ['vyːtən] _vi_ gwylltio, cynddeiriogi.

wütend _adj_ cynddeiriog, gwyllt.

wutentbrannt ['vuːt'ɛntbrant] _adj_ cynddeiriog, gwyllt.

X

X, x [ɪks] *nt* X, x *b*; **~ wie Xaver** X am Xaver; **jdm ein ~ für ein U vormachen** twyllo rhn.

X-Beine [ˈɪksbaɪnə] *pl* gliniau *ll* cam.

x-beliebig [ɪksbəˈliːbɪç, -ɪk] *adj* unrhyw... o gwbl.

Xenophobie *f* estrongasineb *g*.

Xerographie [kseroɡraˈfiː] *f* serograffeg *b*.

xerokopieren [kserokoˈpiːrən] *vt untrenn* serocsio, llungopïo.

x-fach [ˈɪksfax] *adj:* **die ~e Menge** *(MATH)* n lluosiʼr swm.

♦ *adv* = **x-mal**.

x-mal [ˈɪksmɑːl] *adv* troeon di-rif.

x-te [ˈɪkstə] *adj (ugs)* nᶠᵉᵈ; **zum ~n Mal** *(ugs)* am y cant a milfed tro.

XY *m* hwn a hwn *g*, hon a hon *b*; **Herr ~** unrhyw ddyn; **Aktenzeichen ~** *(TV)* ≈ Crime Watch UK.

Xylophon [ksyloˈfoːn] (**-s, -e**) *nt (MUS)* seiloffon *g*.

Y

Y, y [ˈʏpsilɔn] *nt* Y, y *b*; **~ wie Ypsilon** Y am Ypsilon.

Yen [jɛn] (**-(s), -(s)**) *m* ien *b*.

Yoga [ˈjoːɡa] (**-(s)**, *kein pl*) *m oder nt* ioga *gb*.

Ypsilon [ˈʏpsilɔn] *nt* y llythyren ʻyʼ.

Ysop [ˈiːzɔp] (**-s, -e**) *m (BOT)* isop *g*.

Z

Z, z [ˈtsɛt] *nt* Z, z *b*; **~ wie Zeppelin** Z am Zeppelin.

Zack [tsak] *m:* **auf ~ sein** *(ugs)* bod yn effro.

Zacke [ˈtsakə] (**-, -n**) *f* pig *b*; *(Berg~)* crib *gb*; *(Gabel, Kamm)* dant *g*.

zackig [ˈtsakɪç, -ɪk] *adj* danheddog, cribog; *(schneidig)* chwim, brysiog.

zaghaft [ˈtsɑːkhaft] *adj* swil, ofnus.

Zaghaftigkeit *f* swildod *g*.

zäh [tsɛː] *adj* gwydn; *(Mensch)* dygn; *(Flüssigkeit)* trwchus, gludiog; *(schleppend)* araf.

zähflüssig *adj* gludiog; *(Verkehr)* araf.

Zähigkeit *f* gwydnwch *g*, dycnwch *g*.

Zahl [tsɑːl] (**-, -en**) *f* rhif *g*.

zahlbar *adj* taladwy.

zahlen [ˈtsɑːlən] *vt, vi* talu; **~ bitte!** ʼgawn niʼr bil, os gwelwch yn dda!

zählen [ˈtsɛːlən] *vt* cyfrif; **seine Tage sind gezählt** mae ei ddyddiau wedi eu rhifo.

♦ *vi (sich verlassen)* **~ auf** *+akk* dibynnu ar; **~ zu** *+dat* bod ymhlith.

Zahlen- *kompos:* **~angabe** *f* rhif *g*; **~kombination** *f* cyfuniad *g* o rifau.

zahlenmäßig *adj* rhifol.

Zahlenschloss *m* clo *g* cyfunrhif.

Zahler [ˈtsɑːlər] (**-s, -**) *m* talwr *g*.

Zähler [ˈtsɛːlər] (**-s, -**) *m (TECH)* mesurydd *g*; *(MATH)* rhifwr *g*.

Zählerstand *m* darlleniad *g* (ar fesurydd).

Zahlkarteᴰ *f* ffurflen *b* talu i mewn i gyfrif post.

zahllos *adj* di-rif, dirifedi.

Zahlmeister *m (NAUT)* prif stiward *g*, pyrser *g*.

zahlreich *adj* niferus.

Zahlschein *m (FIN)* ffurflen *b* talu.

Zahltag *m* diwrnod *g* cyflog/tâl.

Zahlung [ˈtsɑːlʊŋ] *f* tâl *g*; **in ~ nehmen** rhan-gyfnewid.

Zahlungs- *kompos:* **~anweisung** *f* archeb *b* drosglwyddo; **~aufforderung** *f* archeb *b* am dâl.

zahlungsfähig *adj (FIN)* hydal, ag arian.

Zahlungs- *kompos:* **~mittel** *nt* dull *g* o dalu; *(Münzen, Banknoten)* arian *g* treigl, arian cyfredol; **~rückstand** *m* ôl-ddyled *b*.

zahlungsunfähig *adj* na all dalu, heb arian.

Zahlungsverzug *m* diffyg *g* mewn gwneud taliadau.

Zahlwort [ˈtsɑːlvɔrt] (**-(e)s, ¨-er**) *nt (GRAM)* rhif *g*, rhifolyn *g*.

zahm [tsɑːm] *adj* dof.

zähmen ['tsɛ:mən] *vt* dofi; *(fig)* ffrwyno, rheoli.

Zahn [tsɑ:n] (-(e)s, ¨-e) *m* dant *g*; **die dritten Zähne** dannedd *ll* gosod; **jdn auf den ~ fühlen** *(fig)* cael gwybodaeth fanwl gan rn; **mit den Zähnen klappern** *(vor Kälte)* clecian, rhincian; **die Zähne zeigen** *(fig)* bygwth, dangos eich dannedd; **einen ~ draufhaben** *(ugs: Geschwindigkeit)* mynd fel cath i gythraul; **einen ~ zulegen** *(fig)* ei symud/siapio hi.

Zahn- *kompos:* **~arzt** *m* deintydd *g*; **~ärztin** *f* deintyddes *b*; **~bein** *nt* dentin *g*; **~belag** *m* plac *g*; **~bürste** *f* brws *g* dannedd; **~creme** *f* past *g* dannedd.

zahnen ['tsɑ:nən] *vi* torri dannedd.

Zähne- *kompos:* **~klappern** *nt* clecian *g* dannedd; **~knirschen** *nt* rhincian *g* dannedd, ysgyrnygu *g* dannedd.

Zahn- *vb kompos:* **~ersatz** *m* dant *g* gosod; **~fäule** *f* dannedd *ll* pwdr, pydredd *g* dannedd.

Zahnfleisch *nt* cig *g* dannedd; **auf dem ~ gehen** *(ugs)* bod wedi ymlâdd.

zahnlos *adj* diddannedd.

Zahn- *kompos:* **~medizin** *f* deintyddiaeth *b*; **~pasta** *f* past *g* dannedd; **~rad** *nt* olwyn *b* gocos; **~radbahn** *f* rheilffordd *b* rac a phiniwn; **~schmelz** *m* enamel *g* y dannedd; **~schmerzen** *pl* dannoedd *b*; **~seide** *f* edau *b* ddannedd; **~spange** *f* weiren *b* ddannedd; **~stein** *m* cen *g*, deintgen *g*; **~stocher** *m* deintbig *g*; **~techniker** *m* technegydd *g* dannedd; **~weh** *nt* dannoedd *b*.

Zange ['tsaŋə] (-, -n) *f* gefel *b*, gefail *b*; *(Zucker~)* gefel; *(ZOOL)* pinsiwrn *g*; *(MED)* gefel eni; **jdn in die ~ nehmen** *(fig)* dwyn pwysau ar rn, gwasgu ar wynt rhn.

Zangengeburt *f* geni *g*/genedigaeth *b* â chymorth gefel.

Zankapfel ['tsaŋkʔapfəl] *m* asgwrn *g* y gynnen.

zanken ['tsaŋkən] *vi, vr*[D] ffraeo, cweryla.

zänkisch ['tsɛŋkɪʃ] *adj* ffraegar, cwerylgar.

Zäpfchen ['tsɛpfçən] (-s, -) *nt (ANAT)* wfwla *g*; *(MED)* tawddgyffur *g*.

zapfen *vt* tapio, gwagio.

Zapfen ['tsapfən] (-s, -) *m* plwg *g*; *(BOT)* mochyn *g* coed; *(Eis~)* cloch *b* iâ.

Zapfenstreich *m (MIL)* tatŵ *g*.

Zapfsäule *f* pwmp *g* petrol.

zappelig ['tsapəlɪç, -ɪk] *adj* cynrhonllyd; *(unruhig)* aflonydd.

zappeln ['tsapəln] *vi* cynrhoni; **jdn ~ lassen** cadw rhn ar bigau'r drain.

Zar [tsɑ:r] (-en, -en) *m (HIST)* tsar *g*.

zart [tsart] *adj* mwyn, tyner; *(Braten)* tyner; *(fein, schwächlich)* eiddil, bregus; **~ besaitet** sensitif dros ben.

zartbitter *adj (Schokolade)* plaen, tywyll.

Zartgefühl *nt* tact *g*, tringarwch *g*.

Zartheit *f* mwynder *g*, tynerwch *g*.

zärtlich ['tsɛrtlɪç] *adj* addfwyn, tyner.

Zärtlichkeit *f* mwynder *g*, tynerwch *g*; **~en** *pl* mwythau *ll*, anwesu *g*.

Zäsur [tsɛ'zu:r] (-, -en) *f (Dichtung)* gorffwysfa *gb*; *(MUS)* saib *g*; *(fig)* saib *g*.

Zauber ['tsaubər] (-s, -e) *m* hud *g*; *(Bann)* swyn *g*; **fauler ~** *(ugs)* twyll *g*, rhagrith *g*.

Zauberei [tsaubə'raɪ] *f* hudoliaeth *b*, hud *g* a lledrith.

Zauberer (-s, -) *m* dewin *g*; *(Künstler)* consuriwr *g*.

zauberhaft *adj* hudolus, swynol.

Zauber- *kompos:* **~künstler** *m* consuriwr *g*; **~kunststück** *nt* tric *g* consurio, cast *g* hud; **~mittel** *nt* meddyginiaeth *b* wyrthiol; *(Trank)* diod *b* hud, hud-ddiod.

zaubern ['tsaubərn] *vi* consurio.

Zauber- *kompos:* **~spruch** *m* hud *g*; **~stab** *m* hudlath *b*.

zaudern ['tsaudərn] *vi (geh)* petruso.

Zaum [tsaum] (-(e)s, ¨-e) *m* ffrwyn *b*; **etw im ~ halten** ffrwyno rhth.

Zaun [tsaun] (-(e)s, ¨-e) *m* ffens *b*; **einen Streit vom ~ brechen** *(fig)* cychwyn dadl.

Zaun- *kompos:* **~gast** *m (Person)* gwyliwr *g* ochr ffordd; **~könig** *m (ZOOL)* dryw *gb*.

z.B. *abk (= zum Beispiel)* e.e. (er enghraifft).

ZDF[D] *abk (= Zweites Deutsches Fernsehen)* yr ail sianel deledu yn yr Almaen.

Zebra ['tse:bra] (-s, -s) *nt (ZOOL)* sebra *g*.

Zebrastreifen *m (AUTO)* croesfan *gb* sebra.

Zeche ['tsɛçə] (-, -n) *f (Rechnung)* bil *g* (am ddiodydd); *(Bergbau)* pwll *g*.

zechen ['tsɛçən] *vi* diota.

zechprellen *vi untrenn* ymadael â bwyty heb dalu.

Zechprellerei [tsɛçprɛlə'raɪ] *f* ymadael *g* â bwyty heb dalu.

Zeck[A] [tsɛk] *m* = **Zecke**.

Zecke ['tsɛkə] *f (ZOOL)* trogen *b*.

Zeder ['tse:dər] (-, -n) *f (BOT)* cedrwydden *b*.

Zeh[D] [tse:] (-s, -en) *m* = **Zehe**.

Zehe ['tse:ə] (-, -n) *f* bys *g* troed; *(Knoblauch)* ewin *gb*; **auf ~n** ar flaenau'r traed; **große ~** bawd *gb* y troed.

Zehennagel *m* ewin (bys troed).

Zehenspitze *f* blaen *g* bys troed; **auf ~n** ar flaenau'r traed.

zehn [tse:n] *num* deg.

Zehn[D] (-, -en) *f* rhif *g* deg.

Zehner[A] *m* = **Zehn**.

Zehnerpackung *f* pecyn *g* deg.

Zehnfingersystem *nt* cyffyrdd-deipio *g*.

Zehnkampf *m* (SPORT) decathlon *g*.

zehntausend *num* deng mil; **die oberen ~** yr hoelion wyth.

zehnte *adj* degfed.

Zehntel (**-s**, **-**) *nt* (MATH) un rhan o ddeg.

zehren ['tseːrən] *vi:* **an jdm/etw ~** *(an Mensch, Kraft)* dweud ar rn/rth, gadael ei ôl ar rn/rth.

Zeichen ['tsaɪçən] (**-s**, **-**) *nt* arwydd *gb;* (COMP) nod *gb;* *(Buchstabe)* llythyren *b,* arwyddnod *g;* **jdm ein ~ geben** rhoi arwydd i rn; **unser ~** (COMM) ein cyfeirnod.

Zeichen- *kompos:* **~block** *m* pad *g* braslunio; **~code** *m* (COMP) côd *g* nodau; **~erklärung** *f* allwedd *b;* *(auf Karten)* eglurhad *g;* **~folge** *f* (COMP) llinyn *g;* **~kette** *f* (COMP) llinyn *g* nodau; **~kode** *m* (COMP) côd *g* nodau; **~satz** *m* (COMP) set *b* nodau; **~setzung** *f* atalnodi *g;* **~trickfilm** *m* cartŵn *g* byw/symud.

zeichnen ['tsaɪçnən] *vt* tynnu llun (rhth); *(unterzeichnen)* arwyddo; *(kennzeichnen)* marcio.

♦ *vi* darlunio, arwyddo.

Zeichner *m* tynnwr *g* lluniau, tynwraig *b* lluniau, arlunydd *g;* **technischer ~** dyluniwr *g*.

Zeichnung ['tsaɪçnʊŋ] (**-**, **-en**) *f* llun *g,* darlun *g;* *(Markierung)* patrwm *g*.

zeichnungsberechtigt *adj* ag awdurdod i arwyddo.

Zeigefinger ['tsaɪɡəfɪŋər] (**-s**, **-**) *m* mynegfys *g*.

zeigen ['tsaɪɡən] *vt* dangos.

♦ *vi* pwyntio; **~ auf** +*akk* cyfeirio at, pwyntio at.

♦ *vr* ymddangos; **es wird sich ~** amser a ddengys; **es zeigte sich, dass ...** ymddangosodd fod…

Zeiger (**-s**, **-**) *m* pwyntydd *g;* *(Uhr)* bys *g*.

Zeile ['tsaɪlə] (**-**, **-n**) *f* llinell *b;* *(Häuser)* rhes *b*.

Zeilen- *kompos:* **~abstand** *m* gofod *g;* **~ausrichtung** *f* unioni *g;* **~drucker** *m* llin-argraffydd *g;* **~umbruch** *m* (COMP) amlapio *g;* **~vorschub** *m* (COMP) llin-borthiad *g*.

zeit [tsaɪt] *präp* +*gen:* **~ meines Lebens** gydol fy mywyd/oes.

Zeit (**-**, **-en**) *f* amser *g;* (HIST: *Ära)* cyfnod *g,* oes *b;* (GRAM) amser; **zur ~** ar hyn o bryd; **sich** *dat* **~ lassen** cymryd eich amser; **eine Stunde ~ haben** bod ag awr rydd; **sich** *dat* **~ nehmen für** +*akk* rhoi/neilltuo amser i; **von ~ zu ~** o bryd i'w gilydd, bob hyn a hyn; **in letzter ~** yn ddiweddar; **nach ~ bezahlt werden** cael eich talu wrth yr awr; **zu der ~, als ...** pan…; **eine ~ lang** am gyfnod, am beth amser.

Zeit- *kompos:* **~alter** *nt* cyfnod *g,* oes *b;* **~ansage** *f* (RADIO) amser *g;* (TEL) cloc *g* llafar; **~arbeit** *f* (COMM) swydd *b* dros dro, gwaith *g* dros dro; **~aufwand** *m* amser *g* (i gwblhau tasg); **~bombe** *f* bom *gb*.

amser.

Zeitdruck *m:* **unter ~ stehen** bod dan bwysau amser.

Zeitgeist *m* ysbryd *g* oes.

zeitgemäß *adj* cyfamserol, cyfoes.

Zeitgenosse *m* cyfoeswr *g*.

Zeitgenossin *f* cyfoeswraig *b*.

zeitgenössisch *adj* cyfoes.

zeitig ['tsaɪtɪç, -ɪk] *adj* yn gynnar, mewn da bryd.

Zeitkarte *f* tocyn *g* tymor.

zeitkritisch *adj* (Aufsatz) yn beirniadu materion cyfoes.

Zeit lang *f* vgl. **Zeit.**

zeitlebens *adv* gydol eich oes.

zeitlich ['tsaɪtlɪç] *adj* amserol; *(früh)ᴬ* cynnar; **das Z~e segnen** ymadael â'r fuchedd hon.

♦ *adv* **das kann sie ~ nicht einrichten** nid oes ganddi mo'r amser i'w wneud.

zeitlos *adj* diamser, digyfnewid.

Zeitlupe *f* (FILM) ystumdro *g* amser.

Zeitlupentempo *nt:* **im ~** yn ara' deg.

Zeitnot *f:* **in ~ geraten** bod yn brin o amser.

Zeit- *kompos:* **~plan** *m* amserlen *b,* rhaglen *b;* **~punkt** *m* adeg *b;* **~raffer** *m* (FILM) ffotograffiaeth *b* oediog.

zeitraubend *adj* llafurus, sy'n cymryd amser.

Zeitraum *m* cyfnod *g,* adeg *b*.

Zeitrechnung *f* cyfnod *g,* oes *b;* **nach unserer ~** Oed Crist; **vor unserer ~** Cyn Crist.

Zeit- *kompos:* **~schrift** *f* cylchgrawn *g;* **~tafel** *f* tabl *g* amser.

Zeitung ['tsaɪtʊŋ] (**-**, **-en**) *f* papur *g* newydd.

Zeitungs- *kompos:* **~anzeige** *f* hysbyseb *b* mewn papur newydd; **~ausschnitt** *m* toriad *g* o bapur newydd; **~händler** *m* gwerthwr *g* papurau newydd; **~papier** *nt* papur *g* papur newydd; **~stand** *m* stondin *g* papur.

Zeit- *kompos:* **~verschwendung** *f* gwastraff *g* amser; **~vertreib** *m* difyrrwch *g*.

zeitweilig *adj* dros dro.

zeitweise *adv* am gyfnod, yn awr ac yn y man.

Zeit- *kompos:* **~wort** *nt* (GRAM) berf *b;* **~zeichen** *nt* (RADIO) amsernod *g;* **~zone** *f* rhanbarth *g* amser; **~zünder** *m* ffiws *gb* amser.

Zelle ['tsɛlə] (**-**, **-n**) *f* (BIOL, Gefängnis) cell *b;* *(Telefon~)* blwch *g* ffôn.

Zellerᴬ ['tsɛlər] (**-s**, **-**) *m* (BOT, KOCH) seleri *g,* helogan *b*.

Zellkern *m* cnewyllyn *g,* bywyn *g*.

Zellophan [tsɛloˈfaːn] (**-s**) *nt* seloffen *g*.

Zell- *kompos:* **~stoff** *m* (BIOL) seliwlos *g;* **~teilung** *f* cellraniad *g*.

Zelt [tsɛlt] (**-(e)s**, **-e**) *nt* pabell *b;* **seine ~e aufschlagen** ymsefydlu yn rhywle; **seine ~e abbrechen** symud o'ch cartref.

Zeltbahn *f (TEX)* cynfas *gb* lawr.

zelten ['tsɛltən] *vi* gwersylla.

Zelt- *kompos:* **~lager** *nt* gwersyll *g;* **~platz** *m* gwersyllfa *b.*

Zement [tse'mɛnt] (-(e)s, -e) *m* sment *g.*

zementieren [tsemɛn'tiːrən] *vt* smentio.

Zementmaschine *f* corddwr *g* sment.

Zenit [tse'niːt] *m (auch fig)* anterth *g,* uchafbwynt *g.*

zensieren [tsɛn'ziːrən] *vt* sensora; *(SCH)* rhoi marc i.

Zensur [tsɛn'zuːr] *f* sensoriaeth *b; (SCH)* marc *g.*

zensurieren *vt* = **zensieren.**

Zensus ['tsɛnzʊs] (-, -) *m* cyfrifiad *g.*

Zentimeter [tsɛnti'meːtər] *m oder nt* centimetr *g.*

Zentner ['tsɛntnər] (-s, -) *m* canpwys *g.*

zentral [tsɛn'traːl] *adj* canolog.

Zentrale [tsɛn'traːlə] (-, -n) *f* pencadlys *g; (TEL)* cyfnewidfa *b* ffôn.

Zentralheizung *f* gwres *g* canolog.

zentralisieren [tsɛntrali'ziːrən] *vt* canoli.

Zentralverriegelung *f (AUTO)* cloi *g* canolog.

Zentrifugalkraft [tsɛntrifu'gaːlkraft] *f (PHYS)* grym *g* allgyrchol.

Zentrifuge [tsɛntri'fuːgə] (-, -n) *f* allgyrchydd *g.*

Zentrum ['tsɛntrʊm] (-s, Zentren) *nt* canolfan *gb.*

Zepter ['tsɛptər] (-s, -) *nt* teyrnwialen *b.*

zerbersten [tsɛr'bɛrstən] *irreg vi (+sein)* byrstio, rhwygo, torri.

zerbrechen [tsɛr'brɛçən] *irreg vt (+haben), vi (+sein) untrenn* torri'n deilchion, torri'n yfflon.

zerbrechlich [tsɛr'brɛçlɪç] *adj* bregus.

zerbröckeln [tsɛr'brœkəln] *vt, vi untrenn* briwsioni, malu.

zerdeppern[D] [tsɛr'dɛpərn] *vt untrenn* malu, chwalu.

zerdrücken [tsɛr'drʏkən] *vt untrenn* gwasgu, mathru; *(Kartoffeln)* potsio, stwnsio.

Zeremonie [tseremo'niː] (-, -n) *f* seremoni *b,* defod *b.*

Zeremoniell [tseremoni'ɛl] (-s, -e) *nt* defodau *ll.*

zerfahren [tsɛr'faːrən] *adj* penchwiban, chwit-chwat.

Zerfall [tsɛr'fal] *m* dirywiad *g.*

zerfallen [tsɛr'falən] *irreg vi (+sein) untrenn* dirywio, chwalu; **~ in** *+akk (sich gliedern)* rhannu yn.

zerfetzen [tsɛr'fɛtsən] *vt untrenn* rhwygo'n ddarnau, tynnu'n ddarnau.

zerfleischen [tsɛr'flaɪʃən] *vt untrenn* rhwygo'n ddarnau, tynnu'n ddarnau.

zerfließen [tsɛr'fliːsən] *irreg vi (+sein) untrenn (Butter, Schokolade)* toddi.

zergehen [tsɛr'geːən] *irreg vi (+sein) untrenn* toddi.

zerkleinern [tsɛr'klaɪnərn] *vt untrenn* rhannu'n ddarnau.

zerklüftet [tsɛr'klʏftət] *adj* wedi hollti, wedi cracio.

zerknirscht [tsɛr'knɪrʃt] *adj* edifar, edifeiriol.

zerknüllen [tsɛr'knʏlən] *vt untrenn* crychu.

zerlaufen [tsɛr'laʊfən] *irreg vi (+sein) untrenn* toddi.

zerlegbar [tsɛr'leːkbaːr] *adj* datgymaladwy, datgysylltadwy.

zerlegen [tsɛr'leːgən] *vt untrenn* datgymalu, datgysylltu; *(Fleisch)* cerfio, torri; *(Satz)* datgymalu.

zerlumpt [tsɛr'lʊmpt] *adj* carpiog.

zermalmen [tsɛr'malmən] *vt untrenn* mathru, malu, gwasgu.

zermürben [tsɛr'mʏrbən] *vt untrenn* blino, llethu.

zerpflücken [tsɛr'pflʏkən] *vt untrenn (fig)* tynnu'n ddarnau.

zerplatzen [tsɛr'platsən] *vi (+sein) untrenn* byrstio, ffrwydro.

zerquetschen [tsɛr'kvɛtʃən] *vt untrenn* mathru, gwasgu.

Zerrbild ['tsɛrbɪlt] *nt* camddarlun *g.*

zerreden [tsɛr'reːdən] *vt untrenn (Problem)* treulio'n ddim.

zerreiben [tsɛr'raɪbən] *irreg vt untrenn* malu'n fân.

zerreißen [tsɛr'raɪsən] *irreg vt (+haben) untrenn* rhwygo'n ddarnau.

♦ *vi (+sein) untrenn* rhwygo.

Zerreißprobe *f* prawf *g* tynnu; *(fig)* pur brawf.

zerren ['tsɛrən] *vt untrenn* tynnu, llusgo; *(MED)* tynnu.

♦ *vi untrenn:* **~ an** *+dat* tynnu wrth/yn.

zerrinnen [tsɛr'rɪnən] *irreg vi (+sein) untrenn* toddi, gwasgaru.

zerrissen [tsɛr'rɪsən] *pp von* **zerreißen.**

♦ *adj (fig)* cythryblus, rhwygedig.

Zerrissenheit *f* cyflwr *g* carpiog; *(POL)* anundeb *g; (innere)* croestyniad *g* mewnol.

Zerrspiegel ['tsɛrʃpiːgəl] *m* drych *g* afluniol; *(fig)* ystumiad *g.*

Zerrung ['tsɛrʊŋ] (-, -en) *f (MED)* cyhyr *g* wedi ei dynnu.

zerrütten [tsɛr'rʏtən] *vt untrenn* difetha, chwalu.

zerrüttet *adj* drylliedig, wedi ei ddifetha.

Zerrüttungsprinzip *nt (bei Ehescheidung)* egwyddor *b* priodas anadferadwy.

zerschellen [tsɛr'ʃɛlən] *vi (+sein) untrenn (Schiff, Flugzeug)* chwalu, cael ei ddryllio.

zerschießen [tsɛr'ʃiːsən] *irreg vt untrenn* saethu'n ddarnau.

zerschlagen [tsɛr'ʃlaːgən] *irreg vt untrenn* malu, chwalu.

♦ *vr untrenn* methu, aflwyddo.

zerschleißen [tsɛr'ʃlaɪsən] *irreg vt, vi untrenn* treulio.

zerschmelzen [tsɛr'ʃmɛltsən] *irreg vi (+sein) untrenn* toddi.

zerschmettern [tsɛr'ʃmɛtərn] *vt (+haben) untrenn*

chwalu, difetha; *(Feind)* sathru ar.

♦ *vi (+sein) untrenn* torri, mynd yn yfflon.

zerschneiden [tsɛrˈʃnaɪdən] *irreg vt untrenn* torri.

zersetzen [tsɛrˈzɛtsən] *vt, vr untrenn* dadelfennu; *(fig)* tanseilio, dymchwel.

zersetzend *adj* tanseiliol, dymchwelol.

zersplittern [tsɛrˈʃplɪtərn] *vt (+haben) untrenn* hollti.

♦ *vi (+sein) untrenn (Glas)* mynd yn yfflon.

zerspringen [tsɛrˈʃprɪŋən] *irreg vi (+sein) untrenn* chwalu, torri, byrstio.

zerstäuben [tsɛrˈʃtɔybən] *vt untrenn* atomeiddio, chwistrellu.

Zerstäuber (-s, -) *m* atomeiddiwr *g*, chwistrell *b*.

zerstören [tsɛrˈʃtøːrən] *vt untrenn* dinistrio, difetha.

Zerstörer (-s, -) *m (NAUT)* llong *b* ddistryw.

Zerstörung [tsɛrˈʃtøːruŋ] *f* dinistr *g*, distryw *g*.

Zerstörungswut *f* cynddaredd *b* ddinistriol.

zerstoßen [tsɛrˈʃtoːsən] *irreg vt untrenn* malu.

zerstreiten [tsɛrˈʃtraɪtən] *irreg vr untrenn* cweryla, gwahanu.

zerstreuen [tsɛrˈʃtrɔyən] *vt untrenn* gwasgaru; *(Zweifel)* dileu, cael gwared â.

♦ *vr untrenn (sich verteilen)* gwasgaru; *(sich ablenken)* difyrru eich hun.

zerstreut *adj* gwasgaredig, ar wasgar; *(Mensch)* penchwiban, chwit-chwat.

Zerstreutheit *f* anghofrwydd *g*, penchwibandod *g*.

Zerstreuung *f* gwasgariad *g*; *(Ablenkung)* difyrrwch *g*; *(Zerstreutheit)* penchwibandod *g*.

zerstritten [tsɛrˈʃtrɪtən] *adj:* **mit jdm ~ sein** bod ar delerau drwg â rhn.

zerstückeln [tsɛrˈʃtykəln] *vt untrenn* torri'n ddarnau.

zerteilen [tsɛrˈtaɪlən] *vt untrenn* rhannu'n rhannau.

Zertifikat [tsɛrtifiˈkaːt] *nt* tystysgrif *b*.

zertreten [tsɛrˈtreːtən] *irreg vt untrenn* sathru, gwasgu dan draed.

zertrümmern [tsɛrˈtrymərn] *vt untrenn* chwalu; *(Gebäude)* dymchwel.

zerwühlen [tsɛrˈvyːlən] *vt untrenn* twrian, annibennu; *(Bett)* annibennu, crychu.

Zerwürfnis [tsɛrˈvyrfnɪs] (-ses, -se) *nt* anghytundeb *g*, cweryl *g*.

zerzausen [tsɛrˈtsauzən] *vt untrenn (Haare)* ffluwchio, annibennu.

zetern [ˈtseːtərn] *vi* gweiddi, sgrechian.

Zettel [ˈtsɛtəl] (-s, -) *m* darn *g* bach o bapur, pisyn *g* bach o bapur; *(Notiz~)* nodyn *g*; *(Formular)* ffurflen *b*.

Zettelkasten *m* blwch *g* mynegai ar gardiau.

Zettelwirtschaft *f (ugs)* **eine ~ haben** bod â darnau o bapur ymhob man.

Zeug [tsɔʏk] (-(e)s, -e) *nt (ugs)* stwff *g*; *(Ausrüstung)*

offer *ll*; **dummes ~** lol *g*, sothach *g*; **das ~ zu etw haben** bod â'r deunydd ynoch i rth, bod â'r potensial i wneud rhth; **sich ins ~ legen** bwrw ati; **was das ~ hält** â'ch holl egni; **jdm am ~ flicken** *(ugs)[D]* gweld bai ar rn, beirniadu rhn.

Zeuge [ˈtsɔʏɡə] (-n, -n) *m* tyst *g*.

zeugen [ˈtsɔʏɡən] *vi* tystio, tystiolaethu; **es zeugt von** +*dat* mae'n dystiolaeth o.

♦ *vt (Kind)* cenhedlu.

Zeugen- *kompos:* **~aussage** *f* tystiolaeth *b*; **~stand** *m* safle *g* tystio.

Zeugin [ˈtsɔʏɡɪn] (-, -nen) *f* tyst *g*.

Zeugnis [ˈtsɔʏknɪs] (-ses, -se) *nt* tystysgrif *b*; *(SCH)* adroddiad *g*; *(Referenz)* geirda *g*, tystlythyr *g*; *(Aussage)* tystiolaeth *b*; **~ geben von** +*dat* tystio i, bod yn dystiolaeth o.

Zeugniskonferenz *f (SCH)* cyfarfod athrawon i benderfynu ar farciau.

Zeugung [ˈtsɔʏɡuŋ] *f* cenhedliad *g*, epiliad *g*.

zeugungsunfähig *adj* amhlantadwy, hesb.

z.H., z.Hd. *abk (= zu Händen, zuhanden)* at sylw.

Zibebe[A] *f* rhesinen *b*.

Zicken [ˈtsɪkən] *pl:* **~ machen** *(ugs)* ymddwyn yn ffôl.

zickig [ˈtsɪkɪç, -ɪk] *adj (albern)* gwirion, dwl; *(prüde)* mursennaidd, gorlednais.

Zickzack [ˈtsɪktsak] *m* igam-ogam *g*.

Ziege [ˈtsiːɡə] (-, -n) *f (ZOOL)* gafr *b*; *(pej:[D] Frau)* twpsen *b*.

Ziegel [ˈtsiːɡəl] (-s, -) *m* bricsen *b*; *(Dach~)* teilsen *b*.

Ziegelei [tsiːɡəˈlaɪ] *f* gwaith *g* brics.

Ziegelstein (-(e)s, -e) *m* bricsen *b*.

Ziegen- *kompos:* **~bock** *m* bwch *g* gafr; **~käse** *m* caws *g* gafr; **~leder** *nt* croen *g* myn gafr; **~milch** *f* llaeth *g* gafr; **~peter**[D] *m (MED)* clwyf *g* y pennau.

Ziehbrunnen [ˈtsiːbrunən] (-s, -) *m* ffynnon *b*.

ziehen [ˈtsiːən] *irreg vt* tynnu; *(züchten)* magu; *(Schach)* symud; **etw nach sich ~** arwain at, golygu; **etw ins Lächerliche ~** gwawdio rhth, gwneud rhth yn destun sbort.

♦ *vi* tynnu; *(Tee)* sefyll; *(Wolken, Schachspieler)* symud; **so was zieht bei mir nicht** ni wnaiff hynny'r tro i mi; **zu jdm ~** symud at rn i fyw.

♦ *vb unpers:* **es zieht** mae yna ddrafft.

♦ *vr (Grenze)* mynd, rhedeg; *(sich in die Länge ~)* ymestyn, parhau; *(Gummi)* ymestyn.

Ziehen *nt (Schmerz)* poen *gb*, dolur *g*.

Ziehharmonika [ˈtsiːharmoˌnika] *f (MUS)* acordion *g*.

Ziehung [ˈtsiːuŋ] *f (Lotterie)* tynnu *g*.

Ziel [tsiːl] *nt (Zweck)* nod, amcan *g*, uchelgais *gb*; *(einer Reise)* pen *g*; *(SPORT)* llinell *b* derfyn; *(MIL)* nod *gb*, targed *g*; **sich ein ~ stecken** gosod nod i chi'ch hun; **am ~ sein** bod wedi cyrraedd pen y daith; *(fig)* bod wedi cyrraedd y nod; **über das ~ hinausschießen** *(fig)* mynd y tu hwnt i'r nod.

zielbewusst *adj* penderfynol.

zielen ['tsi:lən] *vi:* **~ (auf** +*akk*) anelu (at).

Ziel- *kompos:* **~fernrohr** *nt* annel *g* telesgopig; **~foto** *nt (SPORT)* llun *g* ar y llinell derfyn; **~gruppe** *f* grŵp *g* targed; **~linie** *f (SPORT)* llinell *b* derfyn.

ziellos *adj* diamcan, amhendant.

Ziel- *kompos:* **~ort** *m* pen *g* y daith; **~scheibe** *f* targed *g*, saethnod *gb*.

zielstrebig *adj* uchelgeisiol, penderfynol.

ziemen ['tsi:mən] *vr unpers (geh)* **das ziemt sich nicht (für dich)** nid yw hynny'n gweddu (i ti), nid yw hynny'n gymwys (â thi).

ziemlich ['tsi:mlɪç] *adj (Anzahl)* cryn; **eine ~e Anstrengung** tipyn o ymdrech.

♦ *adv* eithaf; **~ lange** eithaf hir; **~ ungesund** braidd yn afiach.

Zierde ['tsi:rdə] *f* addurn *g*.

zieren ['tsi:rən] *vt* addurno.

♦ *vr* ymddwyn yn swil/wylaidd.

Zierleiste *f* ymyl *gb*; *(an Wand, Möbel)* addurn *g*; *(an Auto)* trim *g*.

zierlich ['tsi:rlɪç] *adj* tlws; *(klein)* main, meindlws.

Zierlichkeit *f* meindlysineb *g*, ysgafnder *g*.

Zierstrauch (-(e)s, ¨-er) *m* llwyn *g* blodeuol.

Ziffer ['tsɪfər] (-, -n) *f* digid *g*; **römische/arabische ~n** rhifolion *ll* Rhufeinig/Arabaidd.

Zifferblatt *nt (Uhr)* wyneb *g*.

zig [tsɪç, tsɪk] *adj (ugs)* cant a mil, di-rif.

Zigarette [tsigaˈrɛtə] (-, -n) *f* sigarét *b*.

Zigaretten- *kompos:* **~automat** *m* peiriant *g* sigaretau; **~pause** *f* sbel *b* fwgyn; **~schachtel** *f* blwch *g* sigaretau; **~spitze** *f* daliwr *g* sigarét.

Zigarillo [tsigaˈrɪlo] (-s, -s) *m oder nt* sigarilo *g*.

Zigarre [tsiˈgarə] (-, -n) *f* sigâr *b*.

Zigeuner [tsiˈɡɔynər] *m* (**~in** *f*) *(pej: Roma)* sipsi *gb*, sipsiwn *ll*.

Zigeuner- *kompos:* **~schnitzel** *nt (KOCH)* golwyth *g* mewn saws sbeislyd gyda phuprau gwyrdd a choch; **~sprache** *f* Romani *b*.

Zimmer ['tsɪmər] *nt* ystafell *b*.

Zimmer- *kompos:* **~antenne** *f* erial *gb* yn y tŷ; **~decke** *f* nenfwd *g*; **~lautstärke** *f* uchder *g* sain derbyniol; **~mädchen** *nt* morwyn *b* ystafell.

Zimmermann (-(e)s, -leute) *m* saer *g* (coed).

zimmern ['tsɪmərn] *vt* gwneud o bren.

Zimmer- *kompos:* **~pflanze** *f* planhigyn *g* tŷ; **~vermittlung** *f* gwasanaeth *g* llety.

zimperlich ['tsɪmpərlɪç] *adj* gorsensitif.

Zimt [tsɪmt] *m (KOCH)* sinamon *g*.

Zimtstange *f* ffon *b* sinamon.

Zink [tsɪŋk] *nt* sinc *g*, zinc *g*.

Zinke ['tsɪŋkə] (-, -n) *f (Gabel~)* dant *g*, pigyn *g*; *(Kamm~)* dant.

zinken ['tsɪŋkən] *vt (Karten)* marcio.

Zinken ['tsɪŋkən] *m (ugs)* trwyn *g*.

Zinksalbe *f (MED)* eli *g* sinc/zinc.

Zinn [tsɪn] *nt (CHEM)* tun *g*; (**~waren**) piwter *g*.

Zinnbecher *m* tancard *g* piwter.

Zinne ['tsɪnə] (-, -n) *f* merlon *g*.

Zinnober [tsɪˈnoːbər] *m* sinabar *g*, carreg *b* goch.

zinnoberrot *adj* gloywgoch.

Zinn- *kompos:* **~soldat** *m* milwr *g* tun; **~waren** *pl* piwter *g*.

Zins [tsɪns] (-es, -en) *m (FIN)* llog *g*; *(Miete)* rhent *g*.

Zinseszins *m (FIN)* adlog *g*.

Zinsfuß *m (FIN)* cyfradd *b* llog.

zinslos *adj* di-log.

Zinssatz *m (FIN)* cyfradd *b* llog.

Zionismus [tsioˈnɪsmus] *m* Seioniaeth *b*.

Zipfel ['tsɪpfəl] (-s, -) *m* cornel *gb*, blaen *g*; *(spitz)* pigyn *g*; *(Hemd)* cwt *gb*; *(Wurst)* pen *g*.

Zipfelmütze *f* cap *g* hosan.

Zipp®ᴬ *m* = Zippverschluss.

Zippverschlussᴬ *m* sip *g*, zip *g*.

zirka ['tsɪrka] *adv* tua, oddeutu.

Zirkel ['tsɪrkəl] (-s, -) *m* cylch *g*; *(MATH)* cwmpas *g*.

zirkulieren [tsɪrkuˈliːrən] *vi* cylchredeg.

Zirkus ['tsɪrkus] (-, -se) *m* syrcas *b*; *(ugs: Getue)* helynt *b*.

zirpen ['tsɪrpən] *vi* trydar, yswitian.

Zirrhose [tsɪˈroːzə] (-, -n) *f (MED)* sirosis *g*.

zischeln ['tsɪʃəln] *vt, vi* sibrwd, sisial.

zischen ['tsɪʃən] *vi* hisian, sisian.

Zitat [tsiˈtaːt] (-(e)s, -e) *nt* dyfyniad *g*.

zitieren [tsiˈtiːrən] *vt* dyfynnu; *(vorladen, rufen)* **~ (vor** +*akk*) galw (gerbron).

Zitronat [tsitroˈnaːt] *nt* candi *g* croen lemwn.

Zitrone [tsiˈtroːnə] (-, -n) *f* lemwn *g*.

Zitronen- *kompos:* **~limonade** *f* lemonêd *g*, diod *b* lemwn; **~presse** *f* gwasg *b* lemwn; **~saft** *m* sudd *g* lemwn; **~säure** *f* asid *g* sitrig; **~scheibe** *f* sleisen *b* o lemwn.

zitterig *adj* = zittrig.

zittern ['tsɪtərn] *vi* crynu.

zittrig ['tsɪtrɪç, -ɪk] *adj* crynedig.

Zitze ['tsɪtsə] (-, -n) *f* teth *b*.

Zivi ['tsivi] (-s, -s) *m abk* = Zivildienstleistender.

zivil [tsiˈviːl] *adj* sifil; *(ugs: Preis)* cymedrol, rhesymol; **~er Ungehorsam** anufudd-dod *g* sifil.

Zivil *nt* dillad *ll* pob dydd; **in ~** *(Polizist)* mewn dillad plaen.

Zivil- *kompos:* **~bevölkerung** *f* poblogaeth *b* sifil;

~courage _f_ parodrwydd i sefyll dros eich egwyddorion; **~dienst** _m_ (MIL) gwasanaeth yn y gymuned (i wrthwynebwyr cydwybodol).

Zivildienstleistende _m_ gwrthwynebwr cydwybodol yn gneud gwasanaeth yn y gymuned.

Zivilisation [tsivilizatsiˈoːn] (-, -en) _f_ gwareiddiad _g_.

Zivilisations- _kompos:_ **~erscheinung** _f_ amlygiad _g_ o wareiddiad; **~krankheit** _f_ clefyd _g_ cymdeithas waraidd.

zivilisieren [tsiviliˈziːrən] _vt_ gwareiddio, diwyllio.

zivilisiert _adj_ gwaraidd.

Zivilist [tsiviˈlɪst] (-en, -en) _m_ (MIL) dinesydd _g_ preifat, sifiliad _g_.

Zivil- _kompos:_ **~prozessordnung** _f_ (JUR) deddf _b_ ymarferiad a threfnyddiaeth y gyfraith sifil; **~recht** _nt_ cyfraith _b_ sifil.

ZK (-s, -s) _nt abk_ (POL, = _Zentralkomitee_) pwyllgor _g_ rheoli.

Zobel [ˈtsoːbəl] (-s, -) _m_ (_auch: Pelz_) sabl _g_.

Zofe [ˈtsoːfə] (-, -n) _f_ morwyn _b_; (_von Königin_) boneddiges _b_ breswyl.

zog _vb vgl._ **ziehen**.

zögern [ˈtsøːɡərn] _vi_ petruso.

Zölibat [tsøːliˈbaːt] (-(e)s) _nt oder m_ dibriodrwydd _g_, gwyryfdod _g_.

Zoll[1] [tsɔl] (-(e)s, -) _nt_ (_Maß_) modfedd _b_.

Zoll[2] (-(e)s, ̈-e) _m_ (FIN) tollau _ll_; (_Abgabe_) tolldal _g_.

Zoll- _kompos:_ **~abfertigung** _f_ cliriad _g_; **~amt** _nt_ tollfa _b_; **~beamte** _m_ tollwr _g_; **~erklärung** _f_ datgeliad _o_ bethau i'w trethu.

zollfrei _adj_ di-doll.

Zollgutlager _nt_ storfa _b_'r tollau.

Zollkontrolle _f_ archwiliad _g_ y tollwyr.

zollpflichtig _adj_ tolladwy.

Zollstock [ˈtsɔlʃtɔk] (-(e)s, ̈-e) _m_ pren _g_ mesur mewn modfeddi.

Zone [ˈtsoːnə] (-, -n) _f_ rhanbarth _g_; (_von Fahrkarte_) adran _b_.

Zoo [tsoː] _m_ sw _g_.

Zoohandlung _f_ siop _b_ anifeiliaid.

Zoologe [tsoʔoˈloːɡə] (-n, -n) _m_ swolegydd _g_.

Zoologie [tsoʔoloˈgiː] _f_ swoleg _g_.

zoologisch [tsoʔoˈloɡɪʃ] _adj_ swolegol; **~er Garten** sw _g_.

Zoom [zuːm] (-s, -s) _nt_ (_Objektiv_) lens _b_ glosio.

Zopf [tsɔpf] (-(e)s, ̈-e) _m_ plethyn _g_; **alter ~** (_ugs_)[D] arferiad hen ffasiwn.

Zorn [tsɔrn] (-(e)s, _kein pl_) _m_ dicter _g_, dig _g_, digofaint _g_.

zornig [ˈtsɔrnɪç, -ɪk] _adj_ dig.

Zote[D] [ˈtsoːtə] (-, -n) _f_ sylw _g_ anweddus, jôc _b_ anweddus.

zottig [ˈtsɔtɪç, -ɪk] _adj_ hirflew.

ZPO _abk_ = **Zivilprozessordnung**.

z.T. _abk_ (= _zum Teil_) yn rhannol.

zu[1] [tsuː] _präp_ +_dat_ **1** (_örtlich_) i; **~m Bahnhof gehen** mynd i'r orsaf; **~m Arzt gehen** mynd at y meddyg; **sollen wir ~ Euch gehen?** awn ni i'ch tŷ chi? **sie sah ~ ihm hin** edrychodd i'w gyfeiriad ef; **~m Fenster hinaus** allan o'r ffenest; **~ meiner Rechten** ar fy neheulaw; **2** (_zeitlich_) **~ Ostern** adeg y Pasg; **bis ~m ersten Mai** tan y cyntaf o Fai; (_nicht später als_) erbyn y cyntaf o Fai; **~ meiner Zeit** yn fy nghyfnod i; **3** (_Zusatz_) gyda; **Wein ~m Essen trinken** yfed gwin gyda phryd; **setz dich doch ~ uns** tyrd i eistedd gyda ni; **Anmerkungen ~ etw** nodiadau ar rth; **4** (_Zweck_) ar gyfer; **Wasser ~m Waschen** dŵr ar gyfer golchi; **Papier ~m Schreiben** papur ysgrifennu; **etw ~m Geburtstag bekommen** cael rhth yn anrheg pen blwydd; **es ist ~ seinem Besten** mae er ei les; **5** (_Veränderung_) yn; **~ etw werden** mynd yn rhth; **jdn ~ etw machen** troi rhn yn rhth; **~ Asche verbrennen** llosgi yn lludw; **6** (_mit Zahlen_) **3 ~ 2** (_Spielstand_) 3 i 2; **das Stück ~ 2 Mark** am 2 farc yr un; **~m ersten Mal** am y tro cyntaf; **7:** **~ meiner Überraschung** er syndod i mi; **~m Glück** wrth lwc; **~ Fuß** ar gerdded; **es ist ~m Verzweifeln** mae'n ddigon i'ch gwangalonni; **8** (_in Präpositionen und Adverbien_) **~ Grunde** = **zugrunde**; **~ Gunsten** = **zugunsten**; **~ Händen** = **zuhanden**; **~ Hause** = **zuhause**; **bei uns ~ Lande** yn ein gwlad ni; **~ Leide** = **zuleide**; **~ guter Letzt** yn y pen draw, yn y diwedd; **~ Mute** = **zumute**; **~ Nutze** = **zunutze**; **~ Schulden** = **zuschulden**; **~ Stande** = **zustande**; **zu Tage** = **zutage**; **~ Wege** = **zuwege**.

zu[2] _konj:_ um ~ er mwyn; **um besser sehen ~ können** er mwyn gweld yn well; **etw ~ essen** rhth i'w fwyta; **ohne es ~ wissen** heb yn wybod iddo; **noch ~ bezahlende Rechnungen** biliau _ll_ heb eu talu.

zu[3] _adv_ **1** (_allzu_) rhy; **~ sehr** yn ormod; **~ viel** gormod; **das ist ~ viel des Guten** mae hynny yn mynd yn rhy bell; **~ wenig** rhy ychydig; **2** (_örtlich_) tua; **auf mich ~** tuag ataf; **3** (_geschlossen_) ar gau, wedi cau; **~ sein** bod yn gaeëdig; **die Geschäfte haben ~** mae'r siopau ar gau; **4** (_ugs: weitermachen_) nur ~ daliwch ati! **mach ~!** (_beeil dich_)[D] brysia!

zuallererst [tsuʔalərʔeːrst] _adv_ yn gyntaf oll.

zuallerletzt [tsuʔalərˈlɛtst] _adv_ yn olaf oll.

zubauen [ˈtsuːbauən] _vt_ (_Lücke_) llenwi; (_verbauen_) cau/llenwi gan adeiladu; (_anbauen_)[A] ychwanegu.

Zubehör [ˈtsuːbəhøːr] (-(e)s, -e) _nt_ ategolion _ll_, cyfarpar _g_.

Zuber [ˈtsuːbər] (-s, -) _m_ (_veraltet_) twbyn _g_.

zubereiten [ˈtsuːbəraɪtən] _vt_ darparu, coginio.

zubilligen ['tsu:bɪlɪgən] *vt* caniatáu.

zubinden ['tsu:bɪndən] *irreg vt* clymu, rhwymo; **jdm die Augen ~** rhoi mwgwd dros lygaid rhn.

zubleiben ['tsu:blaɪbən] *irreg vi (+sein)* aros yn gaeëdig.

zubringen ['tsu:brɪŋən] *irreg vt (Zeit)* treulio; *(ugs: Tür)* llwyddo i gau.

Zubringer ['tsu:brɪŋər] (**-s**, **-**) *m (Verkehrsmittel)* gwasanaeth *g* gwennol; *(TECH)* porthwr *g*, llwythwr *g*.

Zubringer- *kompos:* **~bus** *m* bws *g* gwennol; **~straße** *f* ffordd *b* gyswllt.

Zucchini [tsuˈkiːniː] *pl (KOCH)* courgettes *ll*.

Zucht [tsuxt] (**-**, **-en**) *f (von Tieren)* bridio *g*; *(Pflanzen)* tyfu *g*; *(Rasse)* brid *g*; *(Auf~)* magwraeth *b*; *(Disziplin)* disgyblaeth *b*; **hier herrscht ~ und Ordnung** disgyblaeth a threfn sydd bwysicaf yn y fan hon.

Zuchtbulle *m* tarw *g* bridio.

züchten ['tsʏçtən] *vt (Tiere)* magu, bridio; *(Pflanzen)* tyfu.

Züchter(in) *m(f)* magwr(aig) *g(b)*, bridiwr *g*, bridwraig *b*.

Zucht- *kompos:* **~haus** *nt* carchar *g*, penydfa *b*; **~hengst** *m* march *g* gre.

züchtig ['tsʏçtɪç, -ɪk] *adj* gwylaidd.

züchtigen ['tsʏçtɪgən] *vt* cosbi.

Züchtigung ['tsʏçtɪgʊŋ] (**-**, **-en**) *f* cosb *b*, cosbedigaeth *gb*; **körperliche ~** cosb gorfforol.

Zuchtperle *f* perl *g* gwneud.

Züchtung ['tsʏçtʊŋ] *f (von Tieren)* bridio *g*; *(von Pflanzen)* tyfu *g*; *(Zuchtart von Tier)* brid *g*; *(Zuchtart von Pflanze)* rhywogaeth *b*.

zucken ['tsʊkən] *vi* gwingo, crebachu, ystumio; *(Strahl)* neidio, fflachio.

♦ *vt* plycio; **die Achseln ~** codi gwar.

zücken ['tsʏkən] *vt (Schwert)* dadweinio; *(Geldbeutel)* tynnu.

Zucker ['tsʊkər] *m* siwgr *g*; *(MED)* clefyd *g* siwgr; **~ haben** dioddef o glefyd siwgr.

Zucker- *kompos:* **~dose** *f* powlen *b* siwgr; **~erbse** *f (KOCH)* pysen *b* felys; **~guss** *m (KOCH)* eisin *g*; **~hut** *m* torth *b* siwgr.

zuckerkrank *adj (MED)* diabetig, â'r clefyd siwgr.

Zuckerkrankheit *f* clefyd *g* siwgr.

Zuckerl^ (**-s**, **-n**) *nt* losin *g*, fferen *b*.

zuckern ['tsʊkərn] *vt* siwgro.

Zucker- *kompos:* **~rohr** *nt (AGR)* cansen *b* siwgr; **~rübe** *f (AGR)* betysen *b* siwgr; **~spiegel** *m (MED)* lefel siwgr yn y gwaed.

zuckersüß *adj* siwgraidd.

Zuckerwatte *f* cwmwl *g* siwgr, candi-fflos *g*.

Zuckung ['tsʊkʊŋ] (**-**, **-en**) *f* dirdyniant *g*, gwingiad *g*; *(leicht)* plwc *g*.

Zudecke^D *f (Bettdecke)* blanced *b*.

zudecken ['tsu:dɛkən] *vt* gorchuddio; **sich ~** *(im Bett)* swatio dan y dillad.

zudem [tsu'de:m] *adv* yn ogystal, ar ben hynny.

zudrehen ['tsu:dre:ən] *vt (Wasserhahn)* troi i ffwrdd; **jdm den Rücken ~** troi cefn ar rn.

zudringlich ['tsu:drɪŋlɪç] *adj* taer, ymwthgar; **~ werden** poeni/hambygio rhn.

Zudringlichkeit *f* digywilydd-dra *g*.

zudrücken ['tsu:drʏkən] *vt* cau; **jdm die Kehle ~** tagu rhn; **ein Auge ~** *(fig)* cau llygad (ar rth).

zueinander [tsuʔaɪ'nandər] *adv* i'w gilydd, at ei gilydd.

zuerkennen ['tsu:ʔɛrkɛnən] *irreg vt:* **jdm etw ~** dyfarnu rhth i rn.

zuerst [tsuˈʔeːrst] *adv* yn y lle cyntaf; *(zu Anfang)* i ddechrau, yn gyntaf; **~ einmal** yn gyntaf oll.

Zufahrt ['tsu:faːrt] (**-**, **-en**) *f* ffordd *b* ddynesu, mynediad *g*.

Zufahrtsstraße *f* ffordd *b* ddynesu; *(von Autobahn)* slipffordd *b*.

Zufall ['tsu:fal] (**-(e)s**, **¨-e**) *m* hap *b*; *(Ereignis)* cyd-ddigwyddiad *g*; **durch ~** ar ddamwain, ar hap; **so ein ~!** dyna gyd-ddigwyddiad!

zufallen ['tsu:falən] *irreg vi (+sein)* cau; *(Anteil, Aufgabe)* dod i ran (rhn).

zufällig ['tsu:fɛlɪç, -ɪk] *adj* damweiniol.

♦ *adv* yn ddamweiniol; *(in Frage)* os oes modd.

Zufallstreffer (**-s**, **-**) *m* ffliwc *b*, lwc *b* mul.

zufassen ['tsu:fasən] *vi* cydio; *(mit anpacken)*^D helpu.

zufliegen ['tsu:fli:gən] *irreg vi (+sein):* **in der Schule ist ihm alles zugeflogen** *(fig)* fe hwyliodd trwy'r ysgol heb anhawster; **alle Herzen fliegen ihr zu** *(fig)* mae pawb yn cymryd ati hi.

Zuflucht ['tsu:flʊxt] *f (Ort)* lloches *b*; **zu etw ~ nehmen** *(fig)* troi at rth.

Zufluchtsort *m* noddfa *b*, lloches *b*.

Zufluchtsstätte *f* = **Zufluchtsort**.

Zufluss ['tsu:flʊs] *m (Zufließen)* mewnlif *g*, dylifiad *g*; *(GEOG)* isafon *b*, llednant *b*; *(COMM)* cyflenwad *g*.

zufolge [tsuˈfɔlgə] *präp +dat oder +gen* a barnu wrth; *(laut)* yn ôl; *(aufgrund)* o ganlyniad.

zufrieden [tsuˈfriːdən] *adj* bodlon; **er ist mit nichts ~** does dim plesio arno; **sich ~ geben mit** +*dat* bodloni ar; **~ stellen** bodloni; **~ stellend** boddhaol.

zufrieden geben *irreg vr vgl.* **zufrieden**.

Zufriedenheit *f* bodlonrwydd *g*, bodlondeb *g*; *(Befriedigtsein)* boddhad *g*.

zufrieden stellen *vt vgl.* **zufrieden**.

zufrieden stellend *adj vgl.* **zufrieden**.

zufrieren [ˈtsufriːrən] *irreg vi (+sein)* rhewi drosto, rhewi'n gorn.

zufügen [ˈtsufyːgən] *vt* ychwanegu; **jdm Leid ~** peri loes i rn.

Zufuhr [ˈtsuːfuːr] (-, **-en**) (-, *kein pl*) *f (Versorgung)* cyflenwad *g*.

zuführen [ˈtsuːfyːrən] *vt (transportieren)* cludo; *(versorgen)* cyflenwi.

♦ *vi:* **auf etw** *akk* **~** arwain at rth.

Zug [tsuːk] (-(e)s, ̈-e) *m* (BAHN) trên *g*; *(Ziehen)* tynnu *g*; *(Schach~)* symudiad *g*; *(Klingel~)* llinyn *g* cloch; *(Luft~)* drafft *g*, croesawel *b*; *(Atem~)* anadliad *g*; *(an Zigarette)* mygyn *g*; *(Charakter~)* nodwedd *b*; *(Miene)* wynepryd *g*; *(Umzug)* gorymdaith *b*; *(MIL)* platŵn *g*; *(von Vögeln)* ymfudiad *g*; *(Schluck)* **in einem ~** ar ei dalcen; **in vollen Zügen** i'r eithaf; **in den letzten Zügen liegen** *(ugs)* bod ar drengi; **~ um ~** *(fig)* gam a cham; **im ~e** +*gen (im Verlauf)* yn ystod; **zum ~ kommen** *(ugs)* cael eich cyfle; **etw in groben Zügen umreißen** braslunio rhth; **das war kein schöner ~ von dir** dyna dro sâl wnest ti.

Zugabe [ˈtsugaːbə] (-, **-n**) *f* ychwanegiad *g*; *(in Konzert)* encôr *gb*.

Zugabteil [ˈtsuːgʔabtaɪl] *nt* adran *b* drên.

Zugang [ˈtsuːgaŋ] (-(e)s, ̈-e) *m* mynediad *g*; *(fig)* hygyrchedd *g*; **~ zu etw haben** cael defnyddio rhth.

zugänglich [ˈtsuːgɛŋlɪç] *adj (Ort)* hawdd ei gyrraedd; *(öffentliche Einrichtungen)* hygyrch; *(Mensch)* hawdd troi ato.

Zug- *kompos:* **~begleiter** *m* (BAHN) gard *g*; **~brücke** *f* pont *b* godi.

zugeben [ˈtsuːgeːbən] *irreg vt (gestehen)* cyfaddef; *(beifügen)* ychwanegu; *(erlauben)* caniatáu; **zugegeben ... o gynabod...**

zugegebenermaßen *adv* yn ddiau.

zugegen [tsuˈgeːgən] *adv:* **~ sein** bod yn bresennol.

zugehen [ˈtsuːgeːən] *irreg vi (+sein) (sich schließen)* cau; **auf jdn/etw ~** mynd tuag at rn/rth; **dem Ende ~** tynnu at y terfyn; **er geht schon auf die Siebzig zu** mae'n tynnu at ei ddeg a thrigain.

♦ *vi (+sein) unpers* digwydd, bod ymlaen; **es geht dort seltsam zu** mae pethau rhyfedd yn mynd ymlaen fan yna.

Zugehörigkeit [ˈtsuːgəhøːrɪçkaɪt] *f:* **~ zu** +*dat* aelodaeth *g* o, perthynas *gb* â.

Zugehörigkeitsgefühl *nt* ymdeimlad o berthyn.

zugeknöpft [ˈtsuːgəknœpft] *adj (ugs)* anghynnes, tawedog.

Zügel [ˈtsyːgəl] (-s, -) *m* carrai *b* ffrwyn; *(fig)* ffrwyn *b*; **die ~ locker lassen bei** *(fig)* rhoi tragwyddol heol i.

zugelassen [ˈtsuːgəlasən] *adj* awdurdodedig; *(Heilpraktiker, Auto)* cofrestredig.

zügellos [ˈtsyːgəlloːs] *adj* diymatal; *(sexuell)* blysig.

Zügellosigkeit *f* diffyg *g* ymatal, blysigrwydd *g*.

zügeln [ˈtsyːgəln] *vt* ffrwyno.

zugesellen [ˈtsuːgəzɛlən] *vr:* **sich jdm ~** ymuno â rhn.

Zugeständnis [ˈtsuːgəʃtɛntnɪs] (-ses, -se) *nt* goddefiad *g*, consesiwn *g*; **~se machen** ildio.

zugestehen [ˈtsuːgəʃteːən] *irreg vt* cyfaddef; *(JUR)* ildio.

zugetan [ˈtsuːgətaːn] *adj:* **jdm/etw ~ sein** bod yn hoff o rn/rth.

Zugewinn [ˈtsuːgəvɪn] *m* (JUR) eiddo a geir trwy briodas.

Zugezogene [ˈtsuːgətsoːgənə] (-n, -n) *m/f* newydd-ddyfodiad *g*.

Zugführer [ˈtsuːkfyːrər] (-s, -) *m* (BAHN) gard *g*; (MIL) arweinydd *g* platŵn.

zugig [ˈtsuːgɪç, -ɪk] *adj* drafftiog, gwyntog.

zügig [ˈtsyːgɪç, -ɪk] *adj* buan, cyflym, chwim.

zugkräftig [ˈtsuːkkrɛftɪç, -ɪk] *adj (fig: Werbetext, Titel)* trawiadol, llygad-dynnol.

zugleich [tsuˈglaɪç] *adv* yr un pryd; *(miteinander)* ar y cyd.

Zug- *kompos:* **~luft** *f* drafft *g*, croesawel *b*; **~maschine** *f* peiriant *g* tynnu.

zugreifen [ˈtsuːgraɪfən] *irreg vi* gafael/cydio yn rhth; *(helfen)* rhoi help llaw; *(beim Essen)* helpu eich hunan.

Zugriff [ˈtsuːgrɪf] (-(e)s, -e) *m* (COMP) mynediad *g*, cyrchiad *g*; **sich dem ~ der Polizei entziehen** osgoi cael eich dal gan yr heddlu.

zugrunde [tsuˈgrundə] *adv:* **~ gehen** dirywio; *(Mensch)* marw; **er wird daran nicht ~ gehen** ni bydd hynny'n ei drechu; *(finanziell)* ni bydd yn ben arno o'r herwydd; **einer Sache** *dat* **etw ~ legen** seilio rhth ar rth; **einer Sache** *dat* **~ liegen** bod yn seiliedig ar rth; **~ richten** *vt* difetha, distrywio.

zugunsten [tsuˈgunstən] *präp* +*gen* er budd, er lles.

zugute [tsuˈguːtə] *adv:* **jdm etw ~ halten** cymryd rhth i ystyriaeth o blaid rhn; **jdm ~ kommen** bod o gymorth i rn.

Zug- *kompos:* **~verbindung** *f* cysylltiad *g* trên; **~vogel** *m* aderyn *g* ymfudol.

Zugzwang *m* gorfodaeth *b* i wneud symudiad penodol; *(fig)* cyfyng-gyngor *g*; **unter ~ stehen** bod o dan bwysau i symud.

zuhalten [ˈtsuːhaltən] *irreg vt* cadw yn gaeëdig; **die Nase ~** dal eich trwyn.

♦ *vi:* **auf etw ~** anelu am rth.

Zuhälter [ˈtsuːhɛltər] (-s, -) *m* pimp *g*.

zuhanden *präp* +*gen:* **~ Herrn Hinteregger** at sylw Mr

Hinteregger.

zuhause[AS] [tsuˈhaʊzə] *adv* gartref.

Zuhause *nt* cartref *g*.

Zuhilfenahme [tsuˈhɪlfənaːmə] *f:* **unter ~ von** trwy ddefnyddio.

zuhören [ˈtsuːhøːrən] *vi* gwrando.

Zuhörer (**-s, -**) *m* gwrandawr *g*.

Zuhörerschaft *f* cynulleidfa *b*.

zujubeln [ˈtsuːjuːbəln] *vi:* **jdm ~** rhoi hwrê i rn.

zukehren [ˈtsuːkeːrən] *vt* troi; **jdm den Rücken ~** troi cefn ar rn.

zuklappen [ˈtsuːklapən] *vt* (*+haben*) (*Buch*) cau.
♦ *vi* (*+sein*) cau â sŵn clec.

zukleben [ˈtsuːkleːbən] *vt* pastio, gludio, selio.

zukneifen [ˈtsuːknaɪfən] *irreg vt* (*Augen*) crychu; (*Mund*) cau yn dyn.

zuknöpfen [ˈtsuːknœpfən] *vt* botymu.

zukommen [ˈtsuːkɔmən] *irreg vi* (*+sein*): **auf jdn ~** dod tuag at rn; **die Dinge auf sich** *akk* **~ lassen** derbyn yr hyn a ddaw; **jdm ~** (*gehörig sein*) bod yn briodol i rn, gweddu i rn; **diesem Treffen kommt große Bedeutung zu** mae'r cyfarfod hwn yn hollbwysig; **jdm etw ~ lassen** peri i rn gael rhth.

Zukunft [ˈtsuːkʊnft] (-, *kein pl*) *f* dyfodol *g* (*auch* GRAM).

zukünftig [ˈtsuːkʏnftɪç, -ɪk] *adj* dyfodol; **mein ~er Mann** fy narpar ŵr.
♦ *adv* yn y dyfodol.

Zukunfts- *kompos:* **~aussichten** *pl* gobeithion *ll*, rhagolygon *ll*; **~musik** *f* (*ugs*) breuddwyd *gb* gwrach; **~roman** *m* ffuglen *b* wyddonol.

zukunftsträchtig *adj* addawol.

zukunftsweisend *adj* yn dangos posibiliadau'r dyfodol.

Zulage [ˈtsuːlaːgə] *f* (COMM) bonws *g*, tâl *g* dros ben.

zu Lande *adv vgl*. **zu¹**.

zulangen[D] [ˈtsuːlaŋən] *vi* (*ugs: beim Essen*) helpu'ch hunan.

zulassen [ˈtsuːlasən] *irreg vt* (*erlauben*) caniatáu; (*aufnehmen*) gadael i mewn; (*zu Prüfung*) derbyn; (*Auto*) cofrestru; (*ugs: nicht öffnen*) cadw yn gaeëdig.

zulässig [ˈtsuːlɛsɪç, -ɪk] *adj* caniataol; **~e Höchstgeschwindigkeit** cyflymdra mwyaf sy'n ganiataol.

Zulassung [ˈtsuːlasʊŋ] *f* (*amtlich*) awdurdodi *g*; (*AUTO*) cofrestru *g*; (*als praktizierender Arzt*) cofrestru *g*.

Zulassungsschein *m* (AUTO) trwydded *b*.

Zulauf [ˈtsuːlaʊf] *m:* **großen ~ haben** (*Geschäft*) bod yn boblogaidd iawn.

zulaufen [ˈtsuːlaʊfən] *irreg vi* (*+sein*): **~ auf** +*akk* rhedeg tuag at; **spitz ~** mynd yn bigfain.

zulegen [ˈtsuːleːgən] *vt* ychwanegu; **Tempo ~**

cyflymu; **er hat sich einen Hund zugelegt** mae e wedi cael/prynu ci.

zuleide [tsuˈlaɪdə] *adv:* **jdm etw ~ tun** peri loes i rn.

zuleiten [ˈtsuːlaɪtən] *vt* (*Wasser*) cyflenwi.

Zuleitung [ˈtsuːlaɪtʊŋ] *f* (TECH) cyflenwad *g*.

zuletzt [tsuˈlɛtst] *adv* (*unlängst*) yn ddiweddar; (*schließlich*) yn y diwedd; **wir blieben bis ~** arhoson ni hyd y diwedd; **nicht ~ wegen** nid lleiaf oherwydd.

zuliebe [tsuˈliːbə] *adv:* **jdm ~** er mwyn plesio rhn; **ihr ~** er ei mwyn.

Zulieferbetrieb [ˈtsuːliːfərbətriːp] *m* (COMM) cwmni *g* cyflenwi.

zum = **zu dem**; **~ zweiten Mal** am yr eildro; **~ Spaß** am hwyl; **bis ~ 15. April** hyd at y 15fed o Ebrill; (*nicht später als*) erbyn y 15fed o Ebrill; **es ist ~ Weinen** mae'n ddigon i dorri'ch calon; **~ Glück** wrth lwc; *vgl. auch* **zu**.

zumachen [ˈtsuːmaxən] *vt* cau; (*Kleidung*) botymu.
♦ *vi* cau; (*ugs:*[D] *beeilen*) brysio.

zumal [tsuˈmaːl] *konj* yn enwedig gan.

zumeist [tsuˈmaɪst] *adv* gan mwyaf.

zumessen [ˈtsuːmɛsən] *irreg vt* (*Zeit*) pennu, neilltuo; (*Bedeutung*) priodoli.

zumindest [tsuˈmɪndəst] *adv* o leiaf.

zumutbar [ˈtsuːmuːtbaːr] *adj* rhesymol.

zumute [tsuˈmuːtə] *adv:* **wie ist ihr ~?** sut mae hi'n teimlo?

zumuten [ˈtsuːmuːtən] *vt:* **jdm etw ~** disgwyl rhth gan rn; **sich** *dat* **zuviel ~** cymryd gormod arnoch.

Zumutung [ˈtsuːmuːtʊŋ] *f* cais *g* afresymol; (*Unverschämtheit*) digywilydd-dra *g*; **das ist eine ~!** am haerllugrwydd!

zunächst [tsuˈnɛːçst] *adv* yn gyntaf; **~ einmal** i ddechrau.

zunageln [ˈtsuːnaːgəln] *vt* hoelio'n dyn.

zunähen [ˈtsuːnɛːən] *vt* gwnïo, cau.

Zunahme [ˈtsuːnaːmə] *f* cynnydd *g*, twf *g*.

Zuname [ˈtsuːnaːmə] (**-ns, -n**) *m* cyfenw *g*.

zünden [ˈtsʏndən] *vi* cynnau; (*Motor*) tanio.
♦ *vt* cynnau, tanio; (*Rakete*) saethu.

zündend *adj* tanbaid, tanllyd.

Zünder [ˈtsʏndər] (**-s, -**) *m* ffiws *g*; (MIL) taniwr *g*; **~ pl** (*ugs:*[A] *Streichhölzer*) matsys *ll*.

Zünd- *kompos:* **~holz** *nt* matsien *b*; **~kabel** *nt* (AUTO) lîd tanio; **~kerze** *f* (AUTO) plwg *g* tanio; **~plättchen** *nt* capsen *b*; **~schlüssel** *m* (AUTO) allwedd *b* danio; **~schnur** *f* ffliwen *b*; **~stoff** *m* tanwydd *g*; (*fig*) gwybodaeth *b* ymfflamychol.

Zündung [ˈtsʏndʊŋ] *f* tanio *g*.

Zündverteiler (**-s, -**) *m* dosbarthydd *g*.

zunehmen [ˈtsuːneːmən] *irreg vi* cynyddu, tyfu;

(Mensch) ennill pwysau.

zunehmend *adj:* **mit ~em Alter** wrth heneiddio.

zuneigen ['tsuːnaɪɡən] *vi* gogwyddo, tueddu; **sich dem Ende ~** tynnu at y terfyn; **einer Auffassung ~** tueddu at agwedd; **jdm zugeneigt sein** hoffi rhn.

Zuneigung ['tsuːnaɪɡʊŋ] *f* hoffter *g*.

Zunft [tsʊnft] (-, ¨-e) *f (COMM)* gild *g*, urdd *b* crefft.

zünftig ['tsʏnftɪç, -ɪk] *adj (Arbeit)* proffesiynol; *(ugs: ordentlich)* go iawn.

Zunge [tsʊŋə] (-, -n) *f* tafod *g*; *(Fisch)* lleden *b*.

züngeln ['tsʏŋəln] *vi (Schlange)* gwibio tafod; *(Flammen)* neidio.

Zungenbrecher (-s, -) *m* cwlwm *g* tafod.

zungenfertig *adj* tafotrydd.

Zünglein ['tsʏŋlaɪn] *nt:* **das ~ an der Waage** *(fig)* yr hyn sy'n troi'r fantol.

zunichte [tsuˈnɪçtə] *adv:* **~ machen** difetha, distrywio; **~ werden** mynd i'r gwellt.

zunutze [tsuˈnʊtsə] *adv:* **sich** *dat* **etw ~ machen** gwneud defnydd o rth.

zuoberst [tsuˈʔoːbərst] *adv* ar y brig.

zuordnen ['tsuːʔɔrdnən] *vt* dosrannu.

zupacken ['tsuːpakən] *vi* crafangu; *(bei der Arbeit)* mynd ati; **mit ~** rhoi help llaw.

zupfen ['tsʊpfən] *vt* tynnu, plycio; *(Saiten)* plycio.

zur = **zu der**.

zurechnungsfähig ['tsuːrɛçnʊŋsfɛːɪç, -ɪk] *adj* yn eich llawn bwyll.

Zurechnungsfähigkeit *f* atebolrwydd *g*.

zurechtbiegen *irreg vt* plygu yn ôl i'w ffurf; *(fig)* rhoi trefn.

zurechtfinden *irreg vr* dod o hyd i'ch ffordd.

zurechtkommen *irreg vi (+sein) (rechtzeitig kommen)* dod ar yr adeg iawn; *(schaffen)* ymdopi; *(finanziell)* dod i ben yn dda.

zurechtlegen *vt* paratoi; *(Ausrede)* cadw yn barod.

zurechtmachen *vt* paratoi, rhoi trefn ar.
   ♦ *vr* ymbaratoi; *(sich schminken)* ymbincio.

zurechtweisen *vt* ceryddu.

Zurechtweisung *f* cerydd *g*.

zureden ['tsuːreːdən] *vi:* **jdm ~** annog/perswadio rhn.

zureiten ['tsuːraɪtən] *irreg vt (Pferd)* dofi.

zurichten ['tsuːrɪçtən] *vt (Essen)*[D] darparu; *(Leder, Holz)*[D] trin; *(ugs: verletzen)* niweidio.

zurück [tsuˈrʏk] *adv* yn ôl; *(mit Zahlungen)* ar ei hôl hi; *(fig: ~geblieben)* ar ei hôl hi, araf (eich meddwl); **~!** ewch yn ôl!

zurückbehalten *irreg vt* cadw yn ôl.

zurückbekommen *irreg vt* cael yn ôl.

zurückbezahlen *vt* ad-dalu.

zurückbleiben *irreg vi (+sein) (dableiben)* aros ar ôl; *(nicht nachkommen)* llusgo ar ôl; *(Schaden)* aros ar

ôl.

zurückbringen *irreg vt* dod â (rhth) yn ei ôl.

zurückdatieren *vt* ôl-ddyddio.

zurückdrängen *vt (Feind)* gwthio yn ôl; *(fig)* ffrwyno.

zurückdrehen *vt* troi'n ôl.

zurückerobern *vt* ailoresgyn.

zurückerstatten *vt* ad-dalu.

zurückfahren *irreg vi (+sein)* teithio yn ôl; *(vor Schreck)* ymgilio.
   ♦ *vt (+haben)* gyrru yn ôl.

zurückfallen [tsuˈrʏkfalən] *irreg vi (+sein)* syrthio yn ôl; *(ins Laster)* atgwympo; *(an Besitzer)* **~ an** *+akk* dychwelyd i.

zurückfinden *irreg vi* cael hyd i'r ffordd yn ôl.

zurückfordern *vt* mynnu cael yn ôl.

zurückführen [tsuˈrʏkfyːrən] *vt* arwain yn ôl; **etw auf etw** *akk* **~** olrhain rhth i rth.

zurückgeben *irreg vt* rhoi yn ôl, dychwelyd.

zurückgeblieben *adj (SCH)* araf.

zurückgehen [tsuˈrʏkɡeːən] *irreg vi (+sein)* mynd yn ôl; *(COMM: sinken)* lleihau; *(zeitlich)* **~ auf** *+akk* *(Ursprung haben)* tarddu o; *(datiert sein)* dyddio o.

zurückgezogen [tsuˈrʏkɡətsoːɡən] *adj* tawedog, encilgar.

zurückgreifen [tsuˈrʏkɡraɪfən] *irreg vi:* **~ auf** *+akk* troi at.

zurückhalten [tsuˈrʏkhaltən] *irreg vt* cadw yn ôl; *(Mensch)* atal, rhwystro.
   ♦ *vr* bod yn wylaidd.

zurückhaltend *adj* gwylaidd, tawedog.

Zurückhaltung *f* gwyleidd-dra *g*, tawedogrwydd *g*.

zurückholen *vt* dod â (rhth) yn ôl; *(COMP: Daten)* adfer.

zurückkehren *vi (+sein)* dychwelyd, dod yn ôl.

zurückkommen *irreg vi (+sein)* dod yn ôl.

zurücklassen *irreg vt* gadael ar ôl.

zurücklegen [tsuˈrʏkleːɡən] *vt (Geld)* rhoi wrth gefn; *(reservieren)* cadw yn ôl; *(Strecke)* teithio.
   ♦ *vr* gorwedd.

zurückliegen [tsuˈrʏkliːɡən] *irreg vi:* **der Unfall liegt etwa eine Woche zurück** digwyddodd y ddamwain ryw wythnos yn ôl.

zurücknehmen *irreg vt* cymryd yn ôl.

zurückreichen [tsuˈrʏkraɪçən] *vi:* **~ in** *+akk* mynd yn ôl i.

zurückrufen *irreg vt* galw yn ôl.

zurückschrauben *vt:* **seine Erwartungen ~** disgwyl llai.

zurückschrecken [tsuˈrʏkʃrɛkən] *(auch irreg) vi (+sein):* **~ vor** *+dat* ymgadw/ymgilio rhag; **er schrickt vor nichts zurück** fe wnaiff unrhyw beth.

zurücksetzen [tsuˈrʏkzɛtsən] *vt* rhoi'n ôl;

(benachteiligen) rhoi dan anfantais.

♦ *vi*ᴰ *(mit Fahrzeug)* bacio.

zurückstecken [tsuˈrʏkʃtɛkən] *vt* rhoi'n ôl.

♦ *vi (fig)* cymedroli eich gofynion.

zurückstellen [tsuˈrʏkʃtɛlən] *vt* rhoi yn ôl; *(MIL)* gwrthod; **persönliche Interessen hinter etw ~** rhoi'ch hunan-les yn ail i rth.

zurückstoßen *irreg vt* hyrddio yn ôl.

♦ *vi (mit Auto)* bacio.

zurückstufen *vt* israddio.

zurücktreten *irreg vi (+sein)* camu yn ôl; *(vom Amt)* ymddiswyddo; *(von Vertrag)* tynnu'n ôl; **gegenüber etw** *dat* ~ mynd yn llai pwysig o'i gymharu â rhth.

zurückverfolgen *vt (fig)* olrhain.

zurückversetzen [tsuˈrʏkfɛrzɛtsən] *vt (in alten Zustand)* ~ **in** *+akk* adfer i.

♦ *vr:* **sich ~ in** *+akk* meddwl yn ôl (i).

zurückweichen [tsuˈrʏkvaɪçən] *irreg vi (+sein):* ~ **(vor** *+dat)* cilio (rhag).

zurückweisen *irreg vt* gwrthod, nacáu.

zurückzahlen *vt* ad-dalu.

Zurückzahlung *f* ad-daliad *g*.

zurückziehen *irreg vt* tynnu yn ôl.

♦ *vr* encilio, gadael ystafell; *(fig)* mynd i'ch cragen.

Zuruf [ˈtsuːruːf] *(-(e)s, -e)* *m* bloedd *b*, gwaedd *b*.

zus. *abk* = **zusammen**.

Zusage [ˈtsuːzaːgə] *(-, -n)* *f* addewid *gb*; *(Annahme)* caniatâd *g*.

zusagen [ˈtsuːzaːgən] *vt* addo.

♦ *vi* derbyn; **jdm ~** *(gefallen)* apelio at rn, bod at ddant rhn.

zusammen [tsuˈzamən] *adv* ynghyd.

Zusammenarbeit [tsuˈzamənˀarbaɪt] *f* cydweithrediad *g*.

zusammenarbeiten [tsuˈzamənˀarbaɪtən] *vi* cydweithredu.

zusammenballen *vt* crynhoi, cywasgu.

♦ *vr* cronni.

Zusammenballung *f* crynhoad *g*.

zusammenbauen *vt* cydosod, adeiladu.

zusammenbeißen *irreg vt, vi (Zähne)* gwasgu.

zusammenbleiben *irreg vi (+sein)* aros ynghyd.

zusammenbrauen *vt (ugs)* dyfeisio.

♦ *vr (Gewitter)* codi; *(Unheil)* bod ar droed.

zusammenbrechen *irreg vi (+sein)* cwympo, dymchwel; *(Mensch, Auto)* torri i lawr; *(Verkehr)* sefyll (yn stond).

zusammenbringen *irreg vt* dod â (rhth) at ei gilydd, cyfuno; *(Geld)* cael gafael ar; *(ugs: zuwege bringen)* cyflawni.

Zusammenbruch [tsuˈzamənbrʊx] *m* cwymp *g*, dymchweliad *g*.

zusammenfahren *irreg vi (+sein)* gwrthdaro; *(erschrecken)* gwingo.

zusammenfallen *irreg vi (+sein) (einstürzen)* dymchwel; *(Ereignisse)* cyd-ddigwydd.

zusammenfassen *vt* crynhoi, talfyrru; *(vereinigen)* uno.

zusammenfassend *adj* cryno.

♦ *adv* mewn gair.

Zusammenfassung [tsuˈzamənfasʊŋ] *(-, -en)* *f* crynhoad *g*, crynodeb *gb*.

zusammenfinden *irreg vi, vr* cwrdd (â'i gilydd).

zusammenfließen *irreg vi (+sein)* cydlifo.

Zusammenfluss *m* cydlifiad *g*.

zusammenfügen *vt* uno, cysylltu.

zusammenführen *vt* dod â (phethau) at ei gilydd; *(Familie)* aduno.

zusammengehören *vi* perthyn i'w gilydd; *(Paar)* cydweddu.

Zusammengehörigkeitsgefühl *nt* ymdeimlad *g* o berthyn.

zusammen- *kompos:* **~gesetzt** *adj* cyfansawdd; **~gewürfelt** *adj* amrywiol.

zusammenhalten *irreg vt* sicrhau, dal at/wrth ei gilydd.

♦ *vi* dal at/wrth ei gilydd; *(Freunde, fig)* glynu at ei gilydd.

Zusammenhang [tsuˈzamənhaŋ] *(-(e)s, ̈-e)* *m* cysylltiad *g*; **im ~ mit** *+dat* yn gysylltiedig â; **aus dem ~** allan o gyd-destun.

zusammenhängen *irreg vi* bod yn gysylltiedig.

zusammenhängend *adj (Erzählung)* cydlynol.

zusammenhanglos *adj* digyswllt.

zusammenklappbar *adj* plygadwy.

zusammenklappen [tsuˈzamənklapən] *vt (+haben) (Messer)* plygu.

♦ *vi (+sein) (ugs: Mensch)* llewygu.

zusammenknüllen *vt* crychu.

zusammenkommen *irreg vi (+sein)* ymgasglu, cyfarfod; *(sich ereignen)* cyd-ddigwydd, cyd-daro.

zusammenkramen *vt* casglu at ei gilydd.

Zusammenkunft [tsuˈzamənkʊnft] *(-, ̈-e)* *f* cyfarfod *g*.

zusammenlaufen *irreg vi (+sein)* rhedeg at ei gilydd; *(Straßen)* cydgyfeirio; *(Farben)* rhedeg i'w gilydd.

zusammenlegen *vt* rhoi at ei gilydd; *(stapeln)* pentyrru; *(falten)* plygu; *(verbinden)* cyfuno, uno; *(Geld)* casglu.

zusammennehmen *irreg vt* cynnull, casglu; **alles zusammengenommen** rhwng popeth.

♦ *vr* dod atoch eich hun.

zusammenpassen *vi* cydweddu, cyd-fynd.

Zusammenprall [tsuˈzamənpral] *m* gwrthdrawiad *g*.
zusammenprallen [tsuˈzamənpralən] *vi (+sein)* gwrthdaro.
zusammenreimen [tsuˈzamənraɪmən] *vt (ugs)* **sich etw ~** dyfeisio rhth, dychmygu rhth.
zusammenreißen *irreg vr* ei siapo hi.
zusammenrotten *vr (ugs)* heidio ynghyd.
zusammenschlagen *irreg vt (Mensch)* rhoi curfa i; *(kaputtmachen)* difetha; *(falten)* plygu; *(Hände)* curo; *(Hacken)*[D] clecian.
zusammenschließen *irreg vt, vr* uno, cysylltu.
Zusammenschluss [tsuˈzamənʃlus] (**-es**, ¨**-e**) *m* uniad *g*, cyfuniad *g*.
zusammenschmelzen *vi (+sein) (zerschmelzen)* llwyrdoddi; *(Menge, Geld)* diflannu.
zusammenschrecken *irreg vi (+sein)* gwingo.
zusammenschreiben *irreg vt* ysgrifennu mewn un gair; *(Bericht)* llunio, cyfansoddi.
zusammenschrumpfen *vi (+sein)* crebachu.
Zusammensein [tsuˈzamənzaɪn] (**-s**, *kein pl*) *nt* ymgynulliad *g*.
zusammensetzen [tsuˈzamənzɛtsən] *vt* rhoi at ei gilydd, cyfansoddi.
♦ *vr (Menschen)* ymgasglu, cyfarfod; **sich ~ aus** cynnwys.
Zusammensetzung [tsuˈzamənzɛtsuŋ] *f* cyfansoddiad *g*; *(GRAM)* gair *g* cyfansawdd.
Zusammenspiel [tsuˈzamənʃpiːl] *nt* cydchwarae *g*; *(von Kräften)* cydadwaith *g*.
zusammenstellen *vt* rhoi at ei gilydd; *(Liste)* gwneud, cyfansoddi.
Zusammen- *kompos:* ~**stellung** *f* rhestr *b*; *(das Zusammenstellen)* crynhoi *g*; ~**stoß** *m* gwrthdrawiad *g*.
zusammenstoßen *irreg vi (+sein)* gwrthdaro.
zusammenströmen *vi (+sein)* ymdyrru.
zusammentragen *irreg vt* casglu.
zusammentreffen *irreg vi (+sein) (Menschen)* cyfarfod; *(Ereignis)* cyd-daro, cyd-ddigwydd.
Zusammentreffen *nt* cyfarfod *g*; *(Zufall)* cyd-ddigwyddiad *g*.
zusammentreten *irreg vi (+sein) (sich treffen)* cyfarfod.
zusammenwachsen *irreg vi (+sein)* tyfu'n un.
zusammenwirken *vi* cydweithio.
zusammenzählen *vt* adio.
zusammenziehen [tsuˈzaməntsiːən] *irreg vt (+haben)* *(verengen)* culhau, cyfyngu; *(vereinigen)* uno, cyfuno; *(addieren)* adio.
♦ *vi (+sein) (in Wohnung)* mynd i fyw gyda'i gilydd.
♦ *vr (+haben)* culhau, lleihau; *(Gewitter)* ffurfio, codi.

zusammenzucken [tsuˈzaməntsukən] *vi (+sein)* gwingo.
Zusatz [ˈtsuːzats] (**-es**, ¨**-e**) *m* ychwanegiad *g*.
Zusatz- *kompos:* ~**antrag** *m (POL)* gwelliant *g*; ~**gerät** *nt (TECH)* atodiad *g*, atodyn *g*.
zusätzlich [ˈtsuːzɛtslɪç] *adj* ychwanegol, atodol.
♦ *adv* yn ychwanegol, yn ogystal â.
Zusatzmittel [ˈtsuzatsmɪtəl] (**-s**, **-**) *nt* ychwanegyn *g*.
zuschauen [ˈtsuʃauən] *vi* edrych, gwylio.
Zuschauer *m* gwyliwr *g*; ~ *pl (THEAT)* cynulleidfa *b*; ~**in** *f* gwylwraig *b*.
Zuschauerraum *m* awditoriwm *g*.
zuschicken [ˈtsuːʃɪkən] *vt:* **jdm etw ~** anfon rhth at rn.
zuschießen [ˈtsuːʃiːsən] *irreg vt (+haben) (Geld)* cyfrannu.
♦ *vi (+sein)* ~ **auf** *+akk* rhuthro tuag at.
Zuschlag [ˈtsuːʃlaːk] *m* tâl *g* ychwanegol *(auch BAHN)*.
zuschlagen [ˈtsuːʃlaːgən] *irreg vt (+haben) (Tür)* rhoi clep i; *(bei Auktion)* dyfarnu (i rn), taro i lawr (i rn); *(TECH)* tolcio mewn siâp.
♦ *vi (+sein) (Tür)* cau yn glep; *(Mensch) (+haben)* taro.
zuschlagfrei *adj* heb fod angen tâl ychwanegol.
Zuschlagkarte *f (BAHN)* tocyn *g* tâl ychwanegol.
zuschlagpflichtig *adj* yn agored i daliadau ychwanegol.
zuschließen [ˈtsuːʃliːsən] *irreg vt* cloi.
zuschmeißen [ˈtsuːʃmaɪsən] *irreg vt (ugs)* rhoi clep i.
zuschmieren [ˈtsuːʃmiːrən] *vt (Löcher)* llenwi.
zuschneiden [ˈtsuːʃnaɪdən] *irreg vt* torri i'r maint iawn; **auf etw** *akk* **zugeschnitten sein** *(fig)* gweddu i rth i'r dim.
zuschnüren [ˈtsuːʃnyːrən] *vt* clymu; **die Angst schnürte ihm die Kehle zu** roedd yn tagu gan ddychryn.
zuschrauben [ˈtsuːʃraubən] *vt* sgriwio yn sownd/dyn.
zuschreiben [ˈtsuːʃraɪbən] *irreg vt (fig)* priodoli i, tadogi ar; *(COMM)* credydu, nodi; **das hast du dir selbst zuzuschreiben** arnat ti'n unig y mae'r bai am hynny.
Zuschrift [ˈtsuːʃrɪft] (**-**, **-en**) *f* llythyr *g*.
zuschulden [tsuˈʃuldən] *adv:* **sich** *dat* **etw ~ kommen lassen** bod yn euog o rth.
Zuschuss [ˈtsuːʃus] *m (FIN)* cymhorthdal *g*.
Zuschussbetrieb *m* cwmni *g* sy'n gwneud colled.
zuschütten [ˈtsuːʃʏtən] *vt (Grube)* llenwi.
zusehen [ˈtsuːzeːən] *irreg vi* gwylio, edrych; *(dafür sorgen)*[D] gofalu; **jdm ~** gwylio rhn.
zusehends *adv* yn amlwg.
zu sein *irreg vi (+sein) vgl.* **zu**[3].
zusenden [ˈtsuːzɛndən] *irreg vt* anfon (at).

zusetzen ['tsuzɛtsən] *vt (beifügen)* ychwanegu.

♦ *vi:* **jdm ~** poeni rhn; *(Krankheit)* llethu rhn; *(unter Druck setzen)* pwyso ar rn; *(ugs: schwer treffen)* clwyfo rhn i'r byw.

zusichern ['tsu:zɪçərn] *vt:* **jdm etw ~** sicrhau rhn o rth.

Zusicherung ['tsu:zɪçərʊŋ] *f* sicrhad *g.*

zusperren ['tsu:ʃpɛrən]*vt* bario, bolltio.

zuspielen ['tsu:ʃpi:lən] *vt, vi* pasio ymlaen; **etw der Presse ~** datgelu rhth i'r wasg.

zuspitzen ['tsu:ʃpɪtsən] *vt* hogi, rhoi min ar.

♦ *vr (Lage)* gwaethygu, dirywio.

zusprechen ['tsu:ʃprɛçən] *irreg vt (zuerkennen)* **jdm etw ~** dyfarnu rhth i rn.

♦ *vi:* **jdm ~** siarad â rhn; **jdm Trost ~** cysuro rhn; **dem Alkohol ~** yfed llawer.

Zuspruch ['tsu:ʃprʊx] *m* anogaeth *b*; *(Anklang)* poblogaeth *b.*

Zustand ['tsu:ʃtant] (-(e)s, ¨-e) *m* cyflwr *g*, stad *b*; **Zustände bekommen** *(ugs)* cael ffit.

zustande [tsu'ʃtandə] *adv:* **~ bringen** *vt (bewerkstelligen)* cyflawni; *(bewirken)* achosi, peri; **~ kommen** *vi (+sein)* digwydd.

zuständig ['tsu:ʃtɛndɪç, -ɪk] *adj* cyfrifol, cymwys.

Zuständigkeit *f* cyfrifoldeb *g.*

Zuständigkeitsbereich *m* maes *g* cyfrifoldeb.

zustatten [tsu'ʃtatən] *adv:* **jdm ~ kommen** bod yn ddefnyddiol.

zustehen ['tsu:ʃte:ən] *irreg vi:* **jdm ~** bod â hawl ar/i.

zusteigen ['tsu:ʃtaɪgən] *irreg vi (+sein):* **ist noch jemand zugestiegen?** oes gan bawb docyn?

zustellen ['tsu:ʃtɛlən] *vt (liefern)* dosbarthu.

Zustellung ['tsu:ʃtɛlʊŋ] (-, -en) *f* dosbarthiad *g*, danfoniad *g.*

zusteuern ['tsu:ʃtɔʏrn] *vi (+sein):* **auf etw** *akk* **~** anelu am rth.

♦ *vt (+haben) (beitragen)* cyfrannu.

zustimmen ['tsu:ʃtɪmən] *vi* cytuno.

Zustimmung ['tsu:ʃtɪmʊŋ] *f* cytuno *g*; *(Einwilligung)* caniatâd *g*; **allgemeine ~ finden** cael croeso gan bawb.

zustoßen ['tsu:ʃto:sən] *irreg vi (+haben) (mit Messer)* gwthio; *(fig: passieren)* **jdm ~ (+sein)** digwydd i rn.

Zustrom ['tsu:ʃtro:m] *m* dylifiad *g*; *(an Menschen)* ffrwd *b*; *(MET)* mewnlif *g.*

zustürzen ['tsu:ʃtʏrtsən] *vi (+sein):* **~ auf** *+akk* rhuthro tuag at.

zutage [tsu'ta:gə] *adv:* **~ bringen** *(fig)* datgelu; **~ treten** dod i'r golwg; **~ fördern** *(BERGB)* datgloddio; *(fig)* dod i'r golwg â.

Zutaten ['tsu:ta:tən] *pl (KOCH)* cynhwysion *ll*; *(fig)* ychwanegiad *g*, atodyn *g.*

zuteil [tsu'taɪl] *adv:* **jdm wird etw ~** *(geh)* dyfernir rhth i

rn.

zuteilen ['tsu:taɪlən] *vt (Arbeit, Rolle)* pennu, gosod; *(Aktien, Wohnung)* rhannu, dosbarthu.

zutiefst [tsu'ti:fst] *adv* yn fawr.

zutragen ['tsu:tra:gən] *irreg vt* dod â; *(Klatsch)* dweud.

♦ *vr* digwydd.

zuträglich ['tsu:trɛ:klɪç] *adj* buddiol.

zutrauen ['tsu:trauən] *vt:* **jdm etw ~** priodoli rhth i rn; **sich** *dat* **nichts ~** bod heb hunanhyder.

Zutrauen (-s, *kein pl*) *nt* ymddiriedaeth *b*; **jdm sein ~ schenken** ymddiried yn rhn.

zutraulich ['tsu:traulɪç] *adj* ymddiriedus; *(Tier)* cyfeillgar, clên.

zutreffen ['tsu:trɛfən] *irreg vi* bod yn gywir; *(gelten)* bod yn berthnasol i, bod a wnelo â.

zutreffend *adj (richtig)* cywir; **Z~es bitte unterstreichen** tanlinellwch lle bo'n addas.

zutrinken ['tsu:trɪŋkən] *irreg vi:* **jdm ~** yfed iechyd da i rn.

Zutritt ['tsu:trɪt] *m* mynediad *g (auch Einlass).*

zutun ['tsu:tu:n] *irreg vt* ychwanegu; *(schließen)* cau.

Zutun (-s, *kein pl*) *nt* cymorth *g.*

zuunterst [tsu'ʔʊntərst] *adv* reit ar y gwaelod.

zuverlässig ['tsu:fɛrlɛsɪç, -ɪk] *adj* dibynadwy.

Zuverlässigkeit *f* dibynadwyaeth *b*, sicrwydd *g.*

Zuversicht ['tsu:fɛrzɪçt] *f* hyder *g*, ffydd *b.*

zuversichtlich *adj* hyderus, ffyddiog.

zu viel *adv vgl.* **zu³.**

zuvor [tsu'fo:r] *adv* o'r blaen, gynt, ynghynt.

zuvorderst [tsu'fɔrdərst] *adv* reit yn y blaen.

zuvorkommen [tsu'fo:rkɔmən] *irreg vi (+sein) +dat* rhagweld; **jdm ~** achub y blaen ar rn.

zuvorkommend *adj* cwrtais, moesgar; *(gefällig)* cymwynasgar, caredig.

Zuwachs ['tsu:vaks] (-es, *kein pl*) *m (COMM)* twf *g*, cynnydd *g*; *(ugs: Familien~)* babi *g* newydd.

zuwachsen ['tsu:vaksən] *irreg vi (+sein) (mit Pflanzen)* tyfu'n wyllt; *(Wunde)* gwella.

Zuwachsrate *f* cyfradd *b* cynnydd.

zuwandern ['tsu:vandərn] *vi (+sein)* mewnfudo.

zuwege [tsu've:gə] *adv:* **etw ~ bringen** cyflawni rhth; **mit etw ~ kommen** ymdopi â rhth; **gut ~ sein** gwneud yn dda.

zuweilen [tsu'vaɪlən] *adv* o bryd i'w gilydd, weithiau.

zuweisen ['tsuvaɪzən] *irreg vt* pennu, rhannu, dosbarthu.

zuwenden ['tsu:vɛndən] *irreg vt* troi tuag at; **jdm seine Aufmerksamkeit ~** rhoi sylw i rn.

♦ *vr +dat* troi at rth, bwrw at rth; *(sich widmen)* ymroi i, ymroddi i.

Zuwendung ['tsuvɛndʊŋ] (-, -en) *f (Geld)* cyfraniad *g*;

(Liebe) gofal *g*, caredigrwydd *g*.

zu wenig *adv vgl.* **zu³**.

zuwerfen [ˈtsuːvɛrfən] *irreg vt:* **jdm etw ~** taflu rhth i rn.

zuwider [tsuˈviːdər] *adv:* **etw ist jdm ~** mae rhn yn casáu/ffieiddio rhth.

zuwiderhandeln *vi:* **einer Sache** *dat* **~** mynd yn groes i rth; **einem Gesetz ~** torri/tramgwyddo deddf.

Zuwiderhandlung *f* gweithrediad yn erbyn (rhth).

zuwiderlaufen *irreg vi (+sein):* **einer Sache ~** mynd yn groes i rth.

zuzahlen [ˈtsutsaːlən] *vt:* **10 Mark ~** talu 10 marc yn ychwanegol.

zuziehen [ˈtsuːtsiːən] *irreg vt (+haben) (schließen: Vorhang)* tynnu; *(herbeirufen: Experten)* galw i mewn; **sich** *dat* **etw ~** *(Krankheit)* dal rhth; **sich** *dat* **jds Zorn ~** tynnu rhn am eich pen; **sich** *dat* **eine Verletzung ~** cael anaf.

♦ *vi (+sein)* symud i mewn.

Zuzug [ˈtsuːtsuːk] *m (Zustrom)* dylifiad *g*; *(von Familie)* symud *g*, mudo *g*.

zuzüglich [ˈtsuːtsyːklɪç] *präp +gen* yn ogystal â.

zuzwinkern [ˈtsuːtsvɪŋkərn] *vi:* **jdm ~** wincio ar rn.

Zwang [tsvaŋ] (-(e)s, ¨-e) *m* gorfodaeth *b*; *(Gewalt)* pwysau *g*; **gesellschaftliche Zwänge** cyfyngiadau cymdeithasol; **tu dir keinen ~ an** paid â dal yn ôl.

zwang *vb vgl.* **zwingen**.

zwängen [ˈtsvɛŋən] *vt, vr* gwasgu, gwthio.

zwanghaft *adj* gorfodol.

zwanglos *adj* anffurfiol.

Zwanglosigkeit *f* anffurfioldeb *g*.

Zwangs- *kompos:* **~abgabe** *f (COMM)* ardoll *b* orfodol; **~arbeit** *f* llafur *g* gorfodol; **~ernährung** *f* bwydo *g* drwy orfodaeth; **~jacke** *f* caethwasgod *b*; **~lage** *f* trafferth *gb*, helynt *b*.

zwangsläufig *adj* anochel, angenrheidiol.

Zwangs- *kompos:* **~maßnahme** *f* mesur *g* gorfodol; *(POL)* ataliad *g*, sancsiwn *g*; **~vollstreckung** *f (JUR)* gweithredu *g* sancsiwn cosbedigol; **~vorstellung** *f (MED)* obsesiwn *g*.

zwangsweise *adv* yn orfodol.

zwanzig [ˈtsvantsɪç, -ɪk] *num* ugain, dau ddeg.

zwanzigste *adj* ugeinfed.

zwar [tsvaːr] *adv* yn sicr, wrth gwrs, siŵr iawn; **das ist ~ ..., aber ...** fe all hynny fod…, ond…; **und ~** sef; **und ~ am Sonntag** ddydd Sul a bod yn fanwl gywir; **und ~ so schnell, dass ...** ac yn wir mor gyflym bod…

Zweck [tsvɛk] (-(e)s, -e) *m* pwrpas *g*, bwriad *g*; **es hat keinen ~** does dim diben.

zweckdienlich *adj* ymarferol; *(nützlich)* defnyddiol, o werth; **~e Hinweise** manylion perthnasol.

Zwecke[D] [ˈtsvɛkə] (-, -n) *f* hoelen *b* esgid; *(Reiß~)* pin *g* bawd.

zweckentfremden *vt untrenn* camddefnyddio.

Zweckentfremdung *f* camddefnydd *g*.

zweckfrei *adj (Forschung)* pur.

zwecklos *adj* dibwynt, diddiben, ofer.

zweckmäßig *adj* addas, priodol, cymwys.

Zweckmäßigkeit *f* priodolrwydd *g*.

zwecks [tsvɛks] *präp +gen* ar gyfer.

zweckwidrig *adj* anaddas.

zwei [tsvaɪ] *num* dau, dwy.

Zwei[D] (-, -en) *f* rhif *g* dau; *(SCH)* B *b*.

Zweibettzimmer *nt* ystafell *b* â dau wely.

zweideutig *adj* amwys, astrus; *(unanständig)* awgrymog.

Zweidrittelmehrheit *f (im Parlament)* mwyafrif o ddau draean.

zweieiig *adj (Zwillinge)* deuwy.

Zweier[A] *m* = **Zwei**.

zweierlei [ˈtsvaɪərlaɪ] *adj* dau fath ar; **~ Stoff** dau fath ar ddefnydd; **~ zu tun haben** bod â dau beth i'w gwneud.

zweifach [ˈtsvaɪfax] *adj* dwbl.

Zweifel [ˈtsvaɪfəl] (-s, -) *m* amheuaeth *b*; **ich bin mir darüber im ~** rwy'n cloffi rhwng dau feddwl ynglŷn â hynny.

zweifelhaft *adj* amheus, ansicr.

zweifellos *adj* yn ddiamau, yn sicr.

zweifeln [ˈtsvaɪfəln] *vi:* **(an etw** *dat)* **~** amau (rhth).

Zweifelsfall *m:* **im ~** os bydd amheuaeth.

Zweifrontenkrieg *m* rhyfel ar ddau ffrynt.

Zweig [tsvaɪk] (-(e)s, -e) *m* cangen *b*.

zweigleisig [ˈtsvaɪɡlaɪzɪç, -ɪk] *adj* â dwy gledr; **~ argumentieren** dilyn dau drywydd mewn dadl.

Zweigstelle [ˈtsvaɪkʃtɛlə] (-, -n) *f (COMM)* cangen (o gwmni).

zweihändig *adj* â dwy law; *(MUS)* ar gyfer dwy law.

Zweiheit *f* deuoliaeth *b*.

zweihundert *num* deugant.

Zweikampf *m* gornest *b* rhwng dau.

zweimal *adv* ddwywaith.

zweimotorig *adj (AERO)* deufotor.

zweireihig *adj (Anzug)* dwbl-brest.

Zweisamkeit *f* cwmni o ddau ar eu pennau eu hunain.

zweischneidig *adj* daufiniog.

Zweisitzer *m* i ddau.

zwei- *kompos:* **~sprachig** *adj* dwyieithog; **~spurig** *adj (AUTO)* dwy lôn; **~stellig** *adj (MATH)* â dau ddigid; **~stimmig** *adj* deulais, i ddau lais.

zweit [tsvaɪt] *adv:* **zu ~** gyda'ch gilydd, ynghyd; *(in Paaren)* mewn parau, fesul dau.

Zweitaktmotor *m (AUTO)* injan *b* ddwystroc, modur *g* deudrawiad.

zweitbeste *adj* ail orau.

zweite *adj* ail; **Fahrschein ~r Klasse** tocyn *g* ail ddosbarth; **Bürger ~r Klasse** dinesydd *g* eilradd.

zweiteilig ['tsvaɪtaɪlɪç, -ɪk] *adj (Buch, Film usw)* mewn dwy ran; *(Kleidung)* deuddarn; *(MUS)* dwyran.

zweitens ['tsvaɪtəns] *adv* yn ail.

zweit- *kompos:* **~größte** *adj* mwyaf ond un; **~klassig** *adj* eilradd, ail ddosbarth; **~letzte** *adj* olaf ond un, cynderfynol; **~rangig** *adj* eilradd, canolig, gwael.

Zweit- *kompos:* **~schlüssel** *m* allwedd *b* sbar; **~stimme** *f (POL)* ail bleidlais *b*.

zweitürig ['tsvaɪtyːrɪç, -ɪk] *adj* deuddrws.

Zweit- *kompos:* **~wagen** *m* ail gar *g*; **~wohnung** *f* ail gartref *g*.

Zweizeiler ['tsvaɪtsaɪlər] (-s, -) *m* cwpled *g*.

zweizeilig ['tsvaɪtsaɪlɪç, -ɪk] *adj* dwy linell; *(Abstand)* â gofod dwbl.

Zweizimmerwohnung (-, -en) *f* fflat *gb* â dwy ystafell.

Zwerchfell ['tsvɛrçfɛl] *nt (ANAT)* llengig *gb*, diaffram *g*.

Zwerg *m* corrach *g*.

Zwetschge[S] ['tsvɛtʃɡə] *f* = **Zwetschke**.

Zwetschke[A] ['tsvɛtʃkə] *f* eirinen *b*.

Zwickel ['tsvɪkəl] *m (TEX)* cwysed *b*.

zwicken ['tsvɪkən] *vt* pinsio; *(entwerten)*[A] tyllu.

Zwickmühle ['tsvɪkmyːlə] *f:* **in der ~ sitzen** *(fig)* bod mewn penbleth.

zwider[A] *adj* sarrug, sur.

Zwieback ['tsviːbak] (-(e)s, -e *oder* -bäcke) *m* bisgïen *b* galed.

Zwiebel ['tsviːbəl] *f (KOCH)* nionyn *g*, winwnsyn *g*; *(Blumen~)* bŷlb *g*.

zwiebelartig *adj* oddfog.

Zwiebelturm *m* tŵr siâp nionyn.

Zwiegespräch *nt* ymddiddan *g* rhwng dau.

Zwielicht *nt* llwydolau *g*; **ins ~ geraten** rhoi argraff anffafriol.

zwielichtig *adj* amheus.

Zwiespalt *m* gwrthdaro *g*; *(zwischen Freunden)* rhwyg *b*.

zwiespältig *adj (Gefühle)* cymysglyd; *(Charakter)* croesddywedol.

Zwietracht *f* anghytgord *g*, anghydfod *g*.

Zwilling ['tsvɪlɪŋ] (-s, -e) *m* gefell *g*; **~e** *pl (ASTROL)* yr Efeilliaid *ll*.

Zwinge ['tsvɪŋə] (-, -n) *f (TECH)* cramp *g*.

zwingen ['tsvɪŋən] *irreg vt* gorfodi.

zwingend *adj (Grund)* cymhellol, diwrthdaro; *(logisch notwendig)* angenrheidiol; *(Schluss, Beweis)* terfynol, pendant.

zwinkern ['tsvɪŋkərn] *vi* amrantu, smicio llygad; *(absichtlich)* wincio.

Zwirn ['tsvɪrn] *m (TEX)* edau *b*.

zwischen ['tsvɪʃən] *präp +akk oder +dat* rhwng; *(bei mehreren)* ymhlith, ymysg.

Zwischen- *kompos:* **~aufenthalt** *m* seibiant *g* i dorri siwrnai; **~bemerkung** *f* sylw *g* achlysurol; **~bilanz** *f (FIN)* mantolen *b* gyfamser.

zwischenblenden *vt (FILM, TV)* mewnosod.

Zwischen- *kompos:* **~ding** *nt* cymysgedd *b*; **~dividende** *f (FIN)* rhandal *g* cyfamser.

zwischendurch [tsvɪʃən'durç] *adv* o bryd i'w gilydd, nawr ac yn y man; *(räumlich)* yma ac acw, yma a thraw.

Zwischen- *kompos:* **~ergebnis** *nt* canlyniad *g* dros dro; **~fall** *m* digwyddiad *g*; **~frage** *f* cwestiwn *g*; **~größe** *f* hanner maint; **~handel** *m (COMM)* rhyngfasnachu *g*; **~lagerung** *f* storio *g* dros dro; **~landung** *f (AERO)* glaniad *g* dros dro; **~mahlzeit** *f* byrbryd *g*, tamaid i aros pryd.

zwischenmenschlich *adj* cilyddol, rhyngbersonol.

Zwischen- *kompos:* **~prüfung** *f (UNIV)* arholiad *g* canolraddol; **~raum** *m* lle *g*, bwlch *g*.

Zwischenruf ['tsvɪʃənruːf] (-(e)s, -e) *m* ymyriad *g*, sylw *g*; **~e** *pl* heclo *g*.

Zwischen- *kompos:* **~saison** *f* tymor *g* tawel; **~spiel** *nt (THEAT)* egwyl *b*; *(MUS)* interliwd *b*.

zwischenstaatlich *adj* rhyngdaleithiol; *(international)* rhyngwladol.

Zwischen- *kompos:* **~station** *f* arhosfan *gb* hanner y ffordd; **~stecker** *m (ELEKT)* addasydd *g*; **~stück** *nt* darn *g* cyswllt; **~summe** *f* is-gyfanswm *g*; **~wand** *f* pared *g*.

Zwischenzeit *f* cyfamser *g*; **in der ~** yn y cyfamser.

Zwischenzeugnis *nt (SCH)* adroddiad *g* cyfamser.

Zwist ['tsvɪst] (-(e)s, -e) *m* anghydfod *g*, cynnen *b*.

zwitschern ['tsvɪtʃərn] *vt, vi* trydar, yswitian; **einen ~** *(ugs)* yfed schnaps.

Zwitter ['tsvɪtər] (-s, -) *m* deurywiad *g*.

zwo [tsvoː] *num* dau.

zwölf [tsvœlf] *num* deuddeg, un deg dau; **fünf Minuten vor ~** *(fig)* ar y funud olaf un.

Zwölf[D] (-, -en) *f* rhif *g* deuddeg.

Zwölfer[A] *m* = **Zwölf**.

Zwölffingerdarm *m* dwodenwm *g*.

Zwölftonmusik *f (MUS)* dodecaffoni *g*.

Zyankali [tsyaːnˈkaːli] *nt (CHEM)* potasiwm *g* syanid.

Zyklon [tsyˈkloːn] (-s, -e) *m (MET)* cylchwynt *g*, seiclon *g*.

Zyklus ['tsyːklʊs] (-, Zyklen) *m* cylchred *gb*.

Zylinder [tsiˈlɪndər] (-s, -) *m* silindr *g*; *(Hut)* het *b* silc.

zylinderförmig *adj* silindrog.

Zylinderschloss *nt* clo *g* mortais.

Zyniker(in) *m(f)* sinig *g*.

zynisch ['tsy:nɪʃ] *adj* sinicaidd.

Zynismus [tsy'nɪsmʊs] *m* siniciaeth *b*.

Zypern ['tsy:pərn] *nt (GEOG)* Cyprus *b*.

Zypresse [tsy'prɛsə] (-, -n) *f (BOT)* cypreswydden *b*.

Zypriot [tsypri'o:t] (-en, -en) *m* (~in *f*) Cypriad *g*.

zypriotisch [tsypri'o:tɪʃ] *adj* Cypraidd.

zyprisch ['tsy:prɪʃ] *adj* Cypraidd.

Zyste ['tsʏstə] (-, -n) *f (MED)* syst *gb*, coden *b*.

z.Z. *abk*, **z.Zt.** *abk (= zur Zeit)* ar hyn o bryd.

TABL BERFAU

BERFENW	PRESENNOL	GORFFENNOL	PERFFAITH	Berfau cyfansawdd
backen	bäckt	backte, †buk	gebacken	überbacken
befehlen	befiehlt	befahl	befohlen	
beginnen	beginnt	begann	begonnen	
beißen	beißt	biss	gebissen	abbeißen, anbeißen, ausbeißen, durchbeißen, zusammenbeißen
bekommen	bekommt	bekam	bekommen	*gw.* kommen
bergen	birgt	barg	geborgen	verbergen
bersten	birst	barst	geborsten	zerbersten
bewegen	bewegt	bewog	bewogen	
biegen	biegt	bog	gebogen	abbiegen, einbiegen, umbiegen, verbiegen, zurechtbiegen
bieten	bietet	bot	geboten	anbieten, aufbieten, gebieten, überbieten, unterbieten, verbieten
binden	bindet	band	gebunden	abbinden, anbinden, aufbinden, einbinden, entbinden, festbinden, losbinden, umbinden, unterbinden, verbinden, zubinden
bitten	bittet	bat	gebeten	ausbitten, erbitten, herbitten, hereinbitten, verbitten
blasen	bläst	blies	geblasen	abblasen, aufblasen, ausblasen, wegblasen
bleiben	bleibt	blieb	geblieben	aufbleiben, ausbleiben, dranbleiben, fernbleiben, festbleiben, fortbleiben, unterbleiben, verbleiben, wegbleiben, zubleiben, zurückbleiben, zusammenbleiben
*bleichen	bleicht	†blich	†geblichen	erbleichen
braten	brät	briet	gebraten	anbraten
brechen	bricht	brach	gebrochen	abbrechen, anbrechen, aufbrechen, ausbrechen, durchbrechen, einbrechen, entzweibrechen, erbrechen, hereinbrechen, hervorbrechen, losbrechen, radebrechen, unterbrechen, zerbrechen, zusammenbrechen
brennen	brennt	brannte	gebrannt	abbrennen, anbrennen, ausbrennen, durchbrennen, entbrennen, verbrennen
bringen	bringt	brachte	gebracht	abbringen, anbringen, aufbringen, ausbringen, beibringen, durchbringen, einbringen, entgegenbringen, fortbringen, heranbringen, heraufbringen, herausbringen, herbringen, hereinbringen, hervorbringen, hineinbringen, hinunterbringen, hochbringen, mitbringen, überbringen, umbringen, unterbringen, verbringen, vollbringen, vorbeibringen, vorbringen, wiederbringen, zubringen, zurückbringen, zusammenbringen
denken	denkt	dachte	gedacht	ausdenken, bedenken, durchdenken, gedenken, mitdenken, nachdenken,

---

* Mae'r ferf seml bellach yn rheolaidd.

				überdenken, umdenken, verdenken
dingen	dingt	dingte, †dang	gedungen	
dreschen	drischt	drosch	gedroschen	verdreschen
dringen	dringt	drang	gedrungen	durchdringen, eindringen, vordringen
dürfen	darf	durfte	gedurft, dürfen	bedürfen, hereindürfen, hindürfen, mitdürfen
empfangen	empfängt	empfing	empfangen	
empfehlen	empfiehlt	empfahl	empfohlen	weiterempfehlen
empfinden	empfindet	empfand	empfunden	nachempfinden
essen	isst	aß	gegessen	aufessen
fahren	fährt	fuhr	gefahren	abfahren, anfahren, auffahren, ausfahren, befahren, dazwischenfahren, durchfahren, einfahren, erfahren, festfahren, fortfahren, heimfahren, heranfahren, herumfahren, hinfahren, hochfahren, losfahren, mitfahren, totfahren, überfahren, umfahren, verfahren, vorfahren, wegfahren, widerfahren, zurückfahren, zusammenfahren
fallen	fällt	fiel	gefallen	abfallen, anfallen, auffallen, ausfallen, befallen, durchfallen, einfallen, entfallen, flachfallen, hereinfallen, herfallen, hineinfallen, hinfallen, missfallen, überfallen, verfallen, vorfallen, wegfallen, zerfallen, zufallen, zurückfallen, zusammenfallen
fangen	fängt	fing	gefangen	abfangen, anfangen, auffangen, einfangen
fechten	ficht	focht	gefochten	anfechten, verfechten
finden	findet	fand	gefunden	abfinden, befinden, durchfinden, einfinden, erfinden, herausfinden, hineinfinden, stattfinden, vorfinden, zurechtfinden, zurückfinden, zusammenfinden
flechten	flicht	flocht	geflochten	
fliegen	fliegt	flog	geflogen	abfliegen, anfliegen, auffliegen, ausfliegen, durchfliegen, hinausfliegen, hinfliegen, rausfliegen, überfliegen, verfliegen, zufliegen
fliehen	flieht	floh	geflohen	entfliehen
fließen	fließt	floss	geflossen	abfließen, ausfließen, einfließen, zerfließen, zusammenfließen
fressen	frisst	fraß	gefressen	ausfressen, durchfressen
frieren	friert	fror	gefroren	abfrieren, einfrieren, erfrieren, gefrieren, zufrieren
gären	gärt	gor, gärte	gegoren, gegärt	
gebären	gebiert, gebärt	gebar	geboren	
geben	gibt	gab	gegeben	abgeben, angeben, aufgeben, ausgeben, begeben, beigeben, durchgeben, eingeben, ergeben, freigeben, herausgeben, hergeben, hingeben, kundgeben, mitgeben, nachgeben, preisgeben, übergeben, umgeben, vergeben, vorgeben, wiedergeben, zugeben, zurückgeben
gedeihen	gedeiht	gedieh	gediehen	
gehen	geht	ging	gegangen	abgehen, angehen, aufgehen, ausgehen, begehen, dahingehen, danebengehen,

				darangehen, davongehen, draufgehen, durchgehen, eingehen, entgegengehen, entgehen, entlanggehen, entzweigehen, ergehen, fehlgehen, fortgehen, fremdgehen, heimgehen, herangehen, herausgehen, hergehen, herumgehen, hervorgehen, hinabgehen, hinausgehen, hineingehen, hingehen, hintergehen, hinübergehen, hinweggehen, hochgehen, kaputtgehen, losgehen, mitgehen, nachgehen, niedergehen, sichergehen, übergehen, umgehen, umhergehen, untergehen, vergehen, vorangehen, vorausgehen, vorbeigehen, vorgehen, vorhergehen, vorübergehen, weggehen, weitergehen, zergehen, zugehen, zurückgehen
gelingen	gelingt	gelang	gelungen	
gelten	gilt	galt	gegolten	abgelten, entgelten, vergelten
genesen	genest	genas	genesen	
genießen	genießt	genoss	genossen	
geschehen	geschieht	geschah	geschehen	
gewinnen	gewinnt	gewann	gewonnen	abgewinnen
gießen	gießt	goss	gegossen	abgießen, aufgießen, ausgießen, begießen, eingießen, vergießen
gleichen	gleicht	glich	geglichen	angleichen, ausgleichen, begleichen, vergleichen
gleiten	gleitet	glitt	geglitten	abgleiten, entgleiten
glimmen	glimmt	glomm	geglommen	
graben	gräbt	grub	gegraben	ausgraben, begraben, eingraben, umgraben, untergraben
greifen	greift	griff	gegriffen	angreifen, aufgreifen, begreifen, danebengreifen, durchgreifen, eingreifen, ergreifen, übergreifen, vergreifen, vorgreifen, zugreifen, zurückgreifen
haben	hat	hatte	gehabt	anhaben, aufhaben, aushaben, beisammenhaben, herhaben, innehaben, mithaben, überhaben, voraushaben, vorhaben, wahrhaben
halten	hält	hielt	gehalten	abhalten, anbehalten, anhalten, aufbehalten, aufhalten, aufrechterhalten, aushalten, behalten, beibehalten, bereithalten, dabehalten, dagegenhalten, dichthalten, dranhalten, durchhalten, einbehalten, einhalten, entgegenhalten, enthalten, erhalten, festhalten, freihalten, haushalten, heraushalten, herhalten, hinhalten, hochhalten, innehalten, mithalten, standhalten, stillhalten, unterhalten, verhalten, vorbehalten, vorenthalten, vorhalten, zuhalten, zurückbehalten, zurückhalten, zusammenhalten
hängen	hängt	hing	gehangen	abhängen, anhängen, aufhängen, aushängen,

				durchhängen, herabhängen, heraushängen, nachhängen, überhängen, zusammenhängen
hauen	haut	haute, hieb	gehauen	abhauen, hinhauen, verhauen
heben	hebt	hob	gehoben	abheben, anheben, aufheben, ausheben, beheben, entheben, erheben, hervorheben, hochheben, verheben
heißen	heißt	hieß	geheißen	gutheißen, verheißen
helfen	hilft	half	geholfen	abhelfen, aufhelfen, aushelfen, behelfen, hinweghelfen, mithelfen, nachhelfen, verhelfen
kennen	kennt	kannte	gekannt	aberkennen, anerkennen, auskennen, bekennen, erkennen, verkennen, zuerkennen
klingen	klingt	klang	geklungen	abklingen, anklingen, ausklingen, erklingen, verklingen
kneifen	kneift	kniff	gekniffen	verkneifen, zukneifen
kommen	kommt	kam	gekommen	abbekommen, abkommen, ankommen, aufbekommen, aufkommen, auskommen, beikommen, davonkommen, dazukommen, drankommen, durchkommen, emporkommen, entgegenkommen, entkommen, fortkommen, freibekommen, freikommen, gleichkommen, heimkommen, herankommen, herausbekommen, herauskommen, hereinkommen, herkommen, herumkommen, herunterkommen, hinbekommen, hinkommen, hinwegkommen, hinzukommen, hochkommen, klarkommen, loskommen, mitbekommen, mitkommen, nachkommen, spitzbekommen, übereinkommen, umkommen, unterkommen, verkommen, vorankommen, vorbeikommen, vorkommen, wegkommen, weiterkommen, wiederbekommen, zukommen, zurechtkommen, zurückbekommen, zurückkommen, zusammenkommen, zuvorkommen
können	kann	konnte	gekonnt, können	fortkönnen, umhinkönnen
kriechen	kriecht	kroch	gekrochen	verkriechen
laden	lädt	lud	geladen	abladen, aufladen, ausladen, beladen, einladen, entladen, überladen, umladen, verladen, vorladen
lassen	lässt	ließ	gelassen, lassen	ablassen, anlassen, auflassen, auslassen, belassen, dalassen, durchlassen, einlassen, entlassen, erlassen, freilassen, herablassen, hereinlassen, hinterlassen, lockerlassen, loslassen, nachlassen, niederlassen, ranlassen, überlassen, unterlassen, verlassen, vorlassen, weglassen, zulassen, zurücklassen
laufen	läuft	lief	gelaufen	ablaufen, anlaufen, auslaufen, belaufen, davonlaufen, durchlaufen, einlaufen, entgegenlaufen, heißlaufen, herlaufen, hinauslaufen, loslaufen, nachlaufen,

				überlaufen, umlaufen, unterlaufen, verlaufen, weglaufen, zerlaufen, zulaufen, zusammenlaufen, zuwiderlaufen
leiden	leidet	litt	gelitten	erleiden
leihen	leiht	lieh	geliehen	ausleihen, beleihen, verleihen
lesen	liest	las	gelesen	ablesen, anlesen, auflesen, auslesen, durchlesen, einlesen, überlesen, verlesen, vorlesen
liegen	liegt	lag	gelegen	abliegen, anliegen, aufliegen, ausliegen, brachliegen, erliegen, festliegen, flachliegen, gegenüberliegen, stillliegen, unterliegen, vorliegen, zurückliegen
'löschen	löscht	†losch	†geloschen	erlöschen, verlöschen
lügen	lügt	log	gelogen	anlügen, belügen
mahlen	mahlt	mahlte	gemahlen	
meiden	meidet	mied	gemieden	vermeiden
melken	melkt	molk, melkte	gemolken	
messen	misst	maß	gemessen	abmessen, ausmessen, beimessen, ermessen, vermessen, zumessen
misslingen	misslingt	misslang	misslungen	
mögen	mag	mochte	gemocht, mögen	vermögen
müssen	muss	musste	gemusst, müssen	fortmüssen, wegmüssen
nehmen	nimmt	nahm	genommen	abnehmen, annehmen, aufnehmen, ausnehmen, benehmen, danebenbenehmen, drannehmen, durchnehmen, einnehmen, entgegennehmen, entnehmen, festnehmen, herausnehmen, hernehmen, hinnehmen, hochnehmen, mitnehmen, teilnehmen, übernehmen, unternehmen, vornehmen, vorwegnehmen, wahrnehmen, wegnehmen, zunehmen, zurücknehmen, zusammennehmen
nennen	nennt	nannte	genannt	benennen, ernennen, umbenennen
pfeifen	pfeift	pfiff	gepfiffen	abpfeifen, auspfeifen, verpfeifen
preisen	preist	pries	gepriesen	anpreisen
quellen	quillt	quoll	gequollen	
raten	rät	riet	geraten	abraten, anraten, beraten, erraten, geraten, hineingeraten, missraten, verraten
reiben	reibt	rieb	gerieben	abreiben, aufreiben, einreiben, zerreiben
reißen	reißt	riss	gerissen	abreißen, anreißen, aufreißen, ausreißen, einreißen, entreißen, herausreißen, herumreißen, hinreißen, mitreißen, umreißen, zerreißen, zusammenreißen
reiten	reitet	ritt	geritten	zureiten
rennen	rennt	rannte	gerannt	anrennen, umrennen, verrennen
riechen	riecht	roch	gerochen	
ringen	ringt	rang	gerungen	abringen, durchringen, erringen
rinnen	rinnt	rann	geronnen	gerinnen, verrinnen, zerrinnen

---

* Mae'r ferf seml bellach yn rheolaidd.

rufen	ruft	rief	gerufen	abberufen, abrufen, anrufen, aufrufen, ausrufen, berufen, einberufen, hervorrufen, widerrufen, zurückrufen
salzen	salzt	salzte	gesalzen	versalzen
saufen	säuft	soff	gesoffen	absaufen, besaufen, ersaufen
saugen	saugt	saugte, sog	gesaugt, gesogen	aufsaugen
schaffen	schafft	schuf	geschaffen	erschaffen
scheiden	scheidet	schied	geschieden	ausscheiden, bescheiden, entscheiden, unterscheiden
scheinen	scheint	schien	geschienen	bescheinen, durchscheinen, erscheinen
scheißen	scheißt	schiss	geschissen	bescheißen
schelten	schilt	schalt	gescholten	
scheren	schert	schor	geschoren	
schieben	schiebt	schob	geschoben	abschieben, anschieben, aufschieben, einschieben, hinausschieben, unterschieben, verschieben, vorschieben
schießen	schießt	schoss	geschossen	abschießen, beschießen, erschießen, hinausschießen, losschießen, vorschießen, zerschießen, zuschießen
schinden	schindet	schindete, schund	geschunden	
schlafen	schläft	schlief	geschlafen	ausschlafen, durchschlafen, einschlafen, überschlafen, verschlafen
schlagen	schlägt	schlug	geschlagen	abschlagen, anschlagen, aufschlagen, ausschlagen, beschlagen, breitschlagen, durchschlagen, einschlagen, erschlagen, fehlschlagen, herumschlagen, kaputtschlagen, nachschlagen, niederschlagen, überschlagen, umschlagen, unterschlagen, verschlagen, vorschlagen, zerschlagen, zusammenschlagen, zuschlagen
schleichen	schleicht	schlich	geschlichen	einschleichen, erschleichen
schleifen	schleift	schliff	geschliffen	abschleifen
schleißen	schleißt	schliss	geschlissen	verschleißen, zerschleißen
schließen	schließt	schloss	geschlossen	abschließen, anschließen, aufschließen, ausschließen, beschließen, einschließen, entschließen, erschließen, umschließen, verschließen, wegschließen, zusammenschließen, zuschließen
schlingen	schlingt	schlang	geschlungen	umschlingen, verschlingen
schmeißen	schmeißt	schmiss	geschmissen	nachschmeißen, zuschmeißen
schmelzen	schmilzt	schmolz	geschmolzen	dahinschmelzen, zerschmelzen
schneiden	schneidet	schnitt	geschnitten	abschneiden, anschneiden, aufschneiden, ausschneiden, beschneiden, durchschneiden, mitschneiden, überschneiden, umschneiden, verschneiden, zerschneiden, zuschneiden
schrecken	schrickt, schreckt	schrak, schreckte	geschrocken, geschreckt	erschrecken, zurückschrecken, zusammenschrecken
schreiben	schreibt	schrieb	geschrieben	abschreiben, anschreiben, aufschreiben, ausschreiben, beschreiben, einschreiben,

				großschreiben, gutschreiben, kleinschreiben, maschinschreiben, mitschreiben, niederschreiben, überschreiben, umschreiben, unterschreiben, verschreiben, vorschreiben, zusammenschreiben, zuschreiben
schreien	schreit	schrie	geschrien	anschreien, aufschreien
schreiten	schreitet	schritt	geschritten	einschreiten, fortschreiten, überschreiten
schweigen	schweigt	schwieg	geschwiegen	ausschweigen, stillschweigen, totschweigen, verschweigen
schwellen	schwillt	schwoll	geschwollen	abschwellen, anschwellen
schwimmen	schwimmt	schwamm	geschwommen	durchschwimmen, verschwimmen
schwinden	schwindet	schwand	geschwunden	dahinschwinden, entschwinden, verschwinden
schwingen	schwingt	schwang	geschwungen	
schwören	schwört	schwor	geschworen	abschwören, beschwören, heraufbeschwören, verschwören
sehen	sieht	sah	gesehen	absehen, ansehen, aufsehen, ausersehen, aussehen, besehen, dreinsehen, durchsehen, entgegensehen, ersehen, fernsehen, gleichsehen, hellsehen, herabsehen, hersehen, hinabsehen, hinsehen, hinwegsehen, nachsehen, übersehen, umsehen, versehen, voraussehen, vorhersehen, vorsehen, weitersehen, zusehen
sein	ist	war	gewesen	danebensein
senden	sendet	sandte	gesandt	absenden, aussenden, einsenden, nachsenden, übersenden, versenden, zusenden
singen	singt	sang	gesungen	
sinken	sinkt	sank	gesunken	absinken, einsinken, versinken
sinnen	sinnt	sann	gesonnen	besinnen, entsinnen, nachsinnen
sitzen	sitzt	saß	gesessen	absitzen, aufsitzen, besitzen, durchsitzen, nachsitzen
sollen	soll	sollte	gesollt, sollen	
spalten	spaltet	spaltete	gespalten	abspalten, aufspalten
speien	speit	spie	gespien	
spinnen	spinnt	spann	gesponnen	
sprechen	spricht	sprach	gesprochen	absprechen, ansprechen, aussprechen, besprechen, durchsprechen, entsprechen, freisprechen, herumsprechen, lossprechen, nachsprechen, versprechen, vorsprechen, zusprechen
sprießen	sprießt	spross	gesprossen	
springen	springt	sprang	gesprungen	abspringen, anspringen, aufspringen, bespringen, einspringen, entspringen, hochspringen, überspringen, umspringen, zerspringen
stechen	sticht	stach	gestochen	aufstechen, ausstechen, bestechen, einstechen, erstechen, umstechen
stehen	steht	stand	gestanden	abstehen, anstehen, auferstehen, aufstehen, ausstehen, beistehen, bereitstehen, bestehen, bevorstehen, dabeistehen, dastehen,

				durchstehen, eingestehen, einstehen, entgegenstehen, entstehen, erstehen, feststehen, fortbestehen, freistehen, gegenüberstehen, geradestehen, gestehen, missverstehen, nachstehen, stillstehen, strammstehen, überstehen, unterstehen, verstehen, vorstehen, widerstehen, zugestehen, zustehen
stehlen	stiehlt	stahl	gestohlen	bestehlen
steigen	steigt	stieg	gestiegen	absteigen, ansteigen, aufsteigen, aussteigen, besteigen, einsteigen, ersteigen, hinabsteigen, hinaufsteigen, hinuntersteigen, übersteigen, umsteigen, versteigen, zusteigen
sterben	stirbt	starb	gestorben	absterben, aussterben, versterben
stieben	stiebt	stob, stiebte	gestoben, gestiebt	
stinken	stinkt	stank	gestunken	
stoßen	stößt	stieß	gestoßen	abstoßen, anstoßen, aufstoßen, ausstoßen, durchstoßen, hervorstoßen, umstoßen, verstoßen, vorstoßen, zerstoßen, zurückstoßen, zusammenstoßen, zustoßen
streichen	streicht	strich	gestrichen	anstreichen, ausstreichen, bestreichen, durchstreichen, unterstreichen, verstreichen
streiten	streitet	stritt	gestritten	abstreiten, bestreiten, zerstreiten
tragen	trägt	trug	getragen	abtragen, auftragen, austragen, beitragen, betragen, davontragen, eintragen, ertragen, hertragen, nachtragen, übertragen, vertragen, vortragen, zusammentragen, zutragen
treffen	trifft	traf	getroffen	antreffen, betreffen, eintreffen, übertreffen, zusammentreffen, zutreffen
treiben	treibt	trieb	getrieben	abtreiben, antreiben, auftreiben, austreiben, betreiben, eintreiben, hintertreiben, übertreiben, vertreiben
treten	tritt	trat	getreten	abtreten, antreten, auftreten, austreten, beitreten, betreten, breittreten, dazwischentreten, durchtreten, eintreten, entgegentreten, gegenübertreten, herantreten, heraustreten, hervortreten, tottreten, übertreten, vertreten, vortreten, wegtreten, zertreten, zurücktreten, zusammentreten
triefen	trieft	triefte, troff	getrieft	
trinken	trinkt	trank	getrunken	antrinken, austrinken, betrinken, ertrinken, zutrinken
trügen	trügt	trog	getrogen	betrügen
tun	tut	tat	getan	abtun, antun, auftun, dazutun, gleichtun, großtun, hervortun, hintun, schöntun, umtun, vertun, wegtun, zutun
verderben	verdirbt	verdarb	verdorben	
verdrießen	verdrießt	verdross	verdrossen	
vergessen	vergisst	vergaß	vergessen	
verlieren	verliert	verlor	verloren	

verzeihen	verzeiht	verzieh	verziehen	
wachsen	wächst	wuchs	gewachsen	anwachsen, aufwachsen, auswachsen, entwachsen, erwachsen, heranwachsen, herauswachsen, hinauswachsen, nachwachsen, zusammenwachsen, zuwachsen
*wägen	wägt	wägte, wog	gewägt, gewogen	abwägen, erwägen
waschen	wäscht	wusch	gewaschen	abwaschen, auswaschen
weben	webt	webte, wob	gewebt, gewoben	
weichen	weicht	wich	gewichen	abweichen, ausweichen, entweichen, zurückweichen
weisen	weist	wies	gewiesen	abweisen, anweisen, aufweisen, ausweisen, beweisen, einweisen, erweisen, hinweisen, nachweisen, überweisen, unterweisen, verweisen, vorweisen, zurückweisen, zuweisen
wenden	wendet	wandte, wendete	gewandt, gewendet	abwenden, anwenden, aufwenden, einwenden, umwenden, zuwenden
werben	wirbt	warb	geworben	abwerben, bewerben, erwerben
werden	wird	wurde	geworden	loswerden
werfen	wirft	warf	geworfen	abwerfen, anwerfen, aufwerfen, auswerfen, einwerfen, entwerfen, hinauswerfen, hinwerfen, niederwerfen, überwerfen, umwerfen, unterwerfen, verwerfen, vorwerfen, wegwerfen, zuwerfen
wiegen	wiegt	wog	gewogen	abwiegen, aufwiegen, überwiegen
winden	windet	wand	gewunden	herauswinden, überwinden, verwinden
winken	winkt	winkte	gewinkt, gewunken	abwinken
wissen	weiß	wusste	gewusst	weiterwissen
wollen	will	wollte	gewollt, wollen	wegwollen
wringen	wringt	wrang	gewrungen	
ziehen	zieht	zog	gezogen	abziehen, anziehen, aufziehen, ausziehen, beziehen, durchziehen, einbeziehen, einziehen, entziehen, erziehen, fortziehen, großziehen, heranziehen, heraufziehen, herausziehen, herziehen, hinausziehen, hineinziehen, hinterziehen, hinziehen, hinzuziehen, hochziehen, losziehen, nachvollziehen, nachziehen, überziehen, umerziehen, umherziehen, unterziehen, verziehen, vollziehen, vorziehen, wegziehen, zurückziehen, zusammenziehen, zuziehen
zwingen	zwingt	zwang	gezwungen	aufzwingen, bezwingen, erzwingen

---

* Mae'r ferf seml bellach yn rheolaidd.

ENWAU LLEOL

Môr Adria Adria *f.*
Môr Aegea Ägäis *f*, Ägäisches Meer *nt.*
Affganistan *b* Afghanistan *nt.*
Affrica *b* Afrika *nt*; **Dwyrain ~** Ostafrika *nt.*
yr Aifft *b* Ägypten *nt.*
Alasga *b* Alaska *nt.*
yr Alban *b* Schottland *nt.*
Albania *b* Albanien *nt.*
Algeria *b* Algerien *nt.*
yr Almaen *b* Deutschland *nt*, die
   Bundesrepublik *f*; **Dwyrain yr ~**
   Ostdeutschland *nt*; *(HAN)* die DDR *f.*
yr Alpau *ll* die Alpen *pl.*
Alsás *b* das Elsass *nt*; **~-Lorain**
   Elsass-Lothringen *nt.*
America *b* Amerika *nt*, die Vereinigten
   Staaten *pl*; **~ Ganol** Mittelamerika *nt*; **~**
   Ladin Lateinamerika *nt.*
yr Andes *ll* die Anden *pl.*
Angola *b* Angola *nt.*
yr Antarctig *b* die Antarktis *f.*
Arabia *b* Arabien *nt*; **Geneufor ~** der
   Arabische Golf; **Penrhyn ~** die
   Arabische Halbinsel.
yr Arctig *b* die Arktis *f.*
yr Ariannin *b* Argentinien *nt.*
Armenia *b* Armenien *nt.*
Asia *b* Asien *nt*; **~ Leiaf** Kleinasien *nt.*
yr Asores *ll* die Azoren *pl.*
yr Atlantig *g (yr Iwerydd)* der Atlantik *m.*
Awstralia *b* Australien *nt.*
Awstria *b* Österreich *nt*; **~ Isaf**
   Niederösterreich *nt*; **~ Uchaf**
   Oberösterreich *nt.*
Bafaria *b* Bayern *nt.*
y Bahamas *ll* die Bahamas *pl.*
y Balcanau *ll* der Balkan *m.*
y Baleares *ll* die Balearen *pl.*
y Baltig *g* das Baltikum *nt*; **y Môr ~** die
   Ostsee *f.*
Gwlad y Basg *b* das Baskenland *nt.*
Gwlad Belg Belgien *nt.*
Belorwsia *b* Weißrussland *nt.*
Benelwcs *b* die Beneluxländer *pl.*
Beograd *b* Belgrad *nt.*
Môr Bering die Beringsee *f.*
Bermiwda *b* die Bermudas *pl.*
Bohemia *b* Böhmen *nt.*

Bolifia *b* Bolivien *nt.*
Borneo *b* Borneo *nt.*
Bosnia *b* Bosnien *nt*; **~ a Hercegovina**
   Bosnien-Herzegowina *nt.*
Brasil *b* Brasilien *nt.*
Brwsel *b* Brüssel *nt*;
Bryste *b* Bristol *nt.*
Burma *b* Burma *nt*, Birma *nt*; *(heddiw)*
   Myanmar *nt.*
Bwlgaria *b* Bulgarien *nt.*
Bwrgwyn *b* Burgund *nt*;
Caer *b* Chester *nt.*
Caint *b* Kent *nt.*
Cambodia *b* Kambodscha *nt.*
Canada *b* Kanada *nt.*
y Môr Canoldir das Mittelmeer *nt.*
y Caribî *g* die Karibik *f*; **Môr y ~** das
   Karibische Meer, die Karibik *f*;
   Ynysoedd y ~ Antillen *pl*, Karibische
   Inseln *pl.*
Carinthia *b* Kärnten *nt.*
Catalwnia *b* Katalonien *nt.*
Cawcasws *g* der Kaukasus *m.*
Cernyw *b* Cornwall *nt.*
Ciwba *b* Kuba *nt.*
y Môr Coch das Rote Meer.
Corea *b* Korea *nt.*
Creta *b* Kreta *nt.*
y Crimea *g* die Krim *f.*
Croatia *b* Kroatien *nt.*
Cwlen *b* Köln *nt.*
Cymanwlad *b*: **y G~** der/das
   Commonwealth; **~ y Gwladwriaethau**
   Annibynnol die Gemeinschaft
   Unabhängiger Staaten, GUS *f.*
Cymru *b* Wales *nt.*
Cyprus *b* Zypern *nt.*
Chile *b (DAEAR)* Chile *nt.*
Denmarc *b* Dänemark *nt.*
y Deyrnas Unedig *gw.* Teyrnas.
Donaw die Donau *f.*
y Môr Du das Schwarze Meer.
Dulyn *b* Dublin *nt.*
Dwfr *b* Dover *nt*; **Culfor ~** die Straße von
   Calais.
y Dwyrain Canol der Nahe Osten.
Dyfnaint *b* Devon *nt.*
Ecwador *b* Ecuador *nt.*

Efrog *b* York *nt*; **Swydd ~** Yorkshire *nt*; **~ Newydd** New York *nt*.

yr Eidal *b* Italien *nt*.

Eryri *b* Snowdonia *nt*.

Estonia *b* Estland *nt*.

Ethiopia *b* Äthiopien *nt*; *(HAN)* Abessinien *nt*.

Ewrasia *b* Eurasien *nt*.

Ewrop *b* Europa *nt*.

y Fatican *b* der Vatikan *m*.

Feneswela *b* Venezuela *nt*.

Fenis *b* Venedig *nt*.

Fienna *b* Wien *nt*.

Fietnam *b* Vietnam *nt*.

Ffiji *b* Fidschi *nt*.

y Ffindir *b* Finnland *nt*.

Fflandrys *b* Flandern *nt*.

y Fforest Ddu der Schwarzwald *m*.

Ffrainc *b* Frankreich *nt*.

Ffranconia *b* Franken *nt*.

Ffrisia *b* Friesland *nt*.

Galisia *b* *(yn Sbaen)* Galicien *nt*; *(yng Ngwlad Pwyl)* Galizien *nt*.

Genefa *b* Genf *nt*; **Llyn ~** der Genfer See.

Gini Newydd Neuguinea *nt*.

Môr y Gogledd die Nordsee *f*.

Gogledd Iwerddon Nordirland *nt*.

Gwlad Groeg Griechenland *nt*.

Gwlad yr Haf Somerset *nt*.

Hafren *b* der Severn.

yr Hâg *b* Den Haag.

Hanofer *b* Hannover *nt*.

yr Hebrides *ll* *(Ynysoedd Heledd)* die Hebriden *pl*.

Hesse *b* Hessen *nt*.

Hwngari *b* Ungarn *nt*.

Gwlad yr Iâ Island *nt*.

Iberia *b* Iberien *nt*; **Penrhyn ~** die Iberische Halbinsel *f*.

Iemen *b* der Jemen *m*.

y Traeth Ifori die Elfenbeinküste *f*.

India *b* Indien *nt*; **Cefnfor yr ~** der Indische Ozean *m*; **~'r Gorllewin** die Antillen *pl*, die Westindischen Inseln *pl*.

Indonesia *b* Indonesien *nt*.

Indo-Tsieina *b* Indochina *nt*.

Gwlad Iorddonen Jordanien *nt*.

Isalmaen *b* = **Iseldiroedd**.

yr Iseldiroedd die Niederlande *pl*.

Israel *b* Israel *nt*.

Iwerddon *b* Irland *nt*; **Gogledd ~** Nordirland *nt*; **Gweriniaeth ~** die Republik Irland;

Môr ~ die Irische See *f*.

yr Iwerydd *g* der Atlantik *m*.

Iwgoslafia *b* Jugoslawien *nt*.

Jamaica *b* Jamaika *nt*.

Japan *b* = **Siapan**.

y Lasynys *b* Grönland *nt*.

Latfia *b* Lettland *nt*.

Lerpwl *b* Liverpool *nt*.

Libanus *b* der Libanon *m*.

Libia *b* Libyen *nt*; **Anialwch ~** die Libysche Wüste.

Liechtenstein *b* Liechtenstein *nt*.

Lisbon *b* Lissabon *nt*.

Lithwania *b* Litauen *nt*.

Lombardi *b* die Lombardei.

Lorraine *b* Lothringen *nt*.

Lwcsembwrg *b* Luxemburg *nt*.

Lloegr *b* England *nt*.

Llundain *b* London *nt*.

Llychlyn *gb* Skandinavien *nt*; **Môr ~** die Ostsee *f*.

Llydaw *b* die Bretagne *f*.

Macedonia *b* Mazedonien *nt*.

Maiorca *b* Mallorca *nt*.

Maleisia *b* Malaysia *nt*.

y Malfinas *ll* die Falklandinseln *pl*.

Malta *b* Malta *nt*.

Manceinion *b* Manchester *nt*.

Manshwria *b* die Mandschurei *f*.

y Môr Marw das Tote Meer;

Mawritania *b* Mauretanien *nt*.

Mecsico *b* Mexiko *nt*.

Milan *b* Mailand *nt*.

Miwnic *b* München *nt*.

Moldafia *b* Moldawien *nt*.

Mongolia *b* die Mongolei *f*; **~ Fewnol** *(yn Tsieina)* die innere Mongolei.

Morafia *b* Mähren *nt*.

Moroco *b* Marokko *nt*.

Mosco *b* Moskau *nt*.

Napoli *b* Neapel *nt*.

Nice *b* Nizza *nt*.

Nigeria *b* Nigeria *nt*.

Norwy *b* Norwegen *nt*.

Palestina *b* Palästina *nt*.

Camlas Panama Panamakanal *m*.

Penrhyn Gobaith Da das Kap der Guten Hoffnung.

Penrhyn y Gogledd das Nordkap *nt*.

Periw *b* Peru *nt*.

Gwlff Persia der Persische Golf.

Polynesia *b* Polynesien *nt*.

Portiwgal *b* Portugal *nt.*
Prâg *b* Prag *nt.*
Prydain *b* Großbritannien *nt*; **Ynysoedd ~**
die Britischen Inseln *pl.*
Gwlad **Pwyl** *b* Polen *nt.*
y **Pyreneau** *ll* die Pyrenäen *pl.*
y **Philipinos** *ll* die Philippinen *pl.*
y **Rifiera** *b* die Riviera *f.*
Rwmania *b* Rumänien *nt.*
Rwsia *b* Russland *nt.*
y **Rhein** der Rhein *m.*
Rhufain *b* Rom *nt.*
Rhydychen *b* Oxford *nt.*
Sacsoni *b* Sachsen *nt.*
y **Sahara** *g* die Sahara *f.*
Sardinia *b* Sardinien *nt.*
Sawdi-Arabia *b* Saudi-Arabien *nt.*
Sbaen *b* Spanien *nt.*
Seland Newydd *b* Neuseeland *nt.*
Serbia *b* Serbien *nt.*
Sgandinafia *b* Skandinavien *nt.*
Sgotland *b* Schottland *nt.*
y **Sianel** *b* der Ärmelkanal *m.*
Siapan *b* Japan *nt.*
Siberia *b* Sibirien *nt.*
Singapôr *b* Singapur *nt.*
Silesia *b* Schlesien *nt*; **~ Uchaf**
Oberschlesien *nt.*
Sisili *b* Sizilien *nt.*
Slofacia *b* die Slowakei *f.*
Slofenia *b* Slowenien *nt.*
Styria *b* die Steiermark *f.*
Swabia *b* Schwaben *nt.*
y **Swdan** *b* der Sudan *m.*
Sweden *b* Schweden *nt.*
Camlas **Sŵes** Sueskanal *m.*
y **Swistir** *g* die Schweiz *f*; *(HAN)*
Eidgenossenschaft *f*, Helvetien *nt.*
Syria *b* Syrien *nt.*
Tafwys *b* die Themse *f.*
Tasmania *b* Tasmanien *nt.*
y Môr **Tawel** der Stille Ozean, der Pazifik *m.*
Teyrnas *b:* y **Deyrnas Unedig** *neu:* y **Deyrnas**
Gyfunol das Vereinte Königreich *nt.*
y **Tir Newydd** Neufundland *nt.*
Tiwnisia *b* Tunesien *nt.*
Trofan Cancr Wendekreis des Krebses.
Trofan Capricorn Wendekreis des
Steinbocks.
y Weriniaeth **Tsiec** Tschechien *f*, die Tschechische
Republik *f*, *(HAN)* Tschechei *f.*
Tsieina *b* China *nt*,

Twrci *b* die Türkei *f.*
Twsgani *b* Toskana *f.*
y **Tyrol** *g* Tirol *nt.*
Gwlad y **Thai** Thailand *nt.*
Thwringia *b* Thüringen *nt.*
Môr **Udd** der Ärmelkanal *m.*
Ulster *b* Ulster *nt.*
Unol Daleithiau (America) die Vereinigten
Staaten (von Amerika) *pl*; die USA *pl.*
Warsaw *b* Warschau *nt.*
Wcráin *b* die Ukraine *f.*
Westffalia *b* Westfalen *nt.*
yr **Wral** *g* der Ural *m.*
yr **Wyddfa** *b* Snowdon *m.*
yr **Ynys Las** Grönland *nt.*
Ynys y Pasg die Osterinsel *f.*
yr **Ynysoedd Dedwydd** die Kanarischen
Inseln *pl.*
Ynysoedd Erch die Orkneys *pl*, die
Orkaden *pl.*
Ynysoedd Ffaröe die Färöer *pl.*
Ynysoedd Heledd die Hebriden *pl.*
Ynysoedd Shetland Shetland *nt.*
Ynysoedd y Cŵn die Kanarischen Inseln
pl.
Ynysoedd y De Ozeanien *nt.*
Ynysoedd y Falkland die Falklandinseln
pl.
Ynysoedd y Sianel die Kanalinseln *pl.*

CYMORTH YSGRIFENNU

I)   **Cwricwlwm Fitae**

LEBENSLAUF

Name: Joachim Wunderer

Adresse: Heimito von Doderergasse 15/2
                   A-1160 Wien
                   Österreich
                   Tel: (+43)(1) 726-21-35

Geburtstag und -ort: 13.5.1980 in Großenzersdorf

Familienstand: ledig

Ausbildung:
1986-1990:   Volksschule in Großenzersdorf.
1990-1998:   Gymnasium in Wien 22.
Herbst 96:   Abendkurs in Textverarbeitung (Word).
28.6.1998:   Matura in Englisch, Französisch und Latein bestanden.
seit Okt 98:   Militärdienst.

Beruflicher Werdegang:
Sommer 97:   Ferialpraktikant bei Fa. Unilever.
Sommer 98:   Ferialpraktikant bei Fa. Auer Süßwaren.

Sonstige Kenntnisse:
Umgang mit Computern, Internet. Bedienung einer Videokamera.

Hobbys:
Sport, Klavierspielen, Gesangsunterricht, Chor

Wien am 17.12.1998

LEBENSLAUF VON INGRID PAULANSKI

Persönliche Daten
Geboren: 17.4.1974 in Ulm
Wohnhaft in: Stockumer Kirchstr. 17a
                  D-40474 Düsseldorf
                  Bundesrepublik Deutschland

Schulbildung
1980-1984   Grundschule in Ulm.
1984-1993   Gymnasium mit Abitur in Nürnberg. Abitur
             in Englisch, Geografie und Mathematik.
1993-1998   Studium der Architektur an der Universität
             Düsseldorf.

Berufliche Praxis
seit 1998   Angestellte im Architekturbüro Egger,
             Düsseldorf.
diverse Ferialjobs während des Studiums.

Besondere Kenntnisse
Computer Grafikprogramme, Maschine schreiben.

Private Interessen
seit 1996   Mitglied des Schachklubs der Universität
             Düsseldorf.
1995-1997   Mitglied in der Frauenvertretung der
             Fakultät.
März 1997   Deutschunterricht für internationale
             Studenten im Rahmen von
             Integrationsbemühungen.

Düsseldorf, 12.April 1999

II) **Llythyr cais**

Personalberatung Hiller
Rennweg 16
A-1030 Wien

Joachim Wunderer
Heimito von Doderergasse 15/2
A-1160 Wien

25.4.99

Betr: Stellenanzeige vom 17.6.1998

Sehr geehrte Damen und Herren!

Anbei sende ich Ihnen meinen Lebenslauf, um mich auf die von Ihnen im "Standard" vom 17.6.1998 ausgeschriebene Stellung als Webdesigner zu bewerben. Ich bringe dafür nicht nur die auf Schulkenntnissen beruhenden EDV-Fähigkeiten mit, sondern habe mich auch persönlich in Abendkursen weitergebildet.

Ich bin seit Jahren ein interessierter Internet-Benutzer und verfüge auch über einen Heimcomputer. Diese langjährige Erfahrung würde ich Ihnen gerne zur Verfügung stellen. Ich bin an selbstständiges Arbeiten gewöhnt und liebe kreative Arbeit.

Ich hoffe, Sie geben mir Gelegenheit zu einem persönlichen Gespräch und freue mich bald von Ihnen zu hören.

Hochachtungsvoll

J. Wunderer

Anlage: Lebenslauf, Zeugniskopien

Dechrau llythyr cais

Bitte senden Sie mir die Bewerbungsformulare zu	Anfonwch y ffurflen gais ataf, os gwelwch yn dda
Ich möchte mich um die von Ihnen ausgeschriebene Stelle als … bewerben	Hoffwn wneud cais am y swydd fel … a hysbysebwyd gennych
Unter Bezug auf Ihre Stellenanzeige in der Zeitung …	Yn dilyn eich hysbyseb yn y papur…
Anbei sende ich Ihnen meine Bewerbungsunterlagen	Rwy'n amgau fy llythyr cais
Als Antwort auf Ihre Ausschreibung in der "… Zeitung" sende ich Ihnen meine Bewerbung	Fel ymateb i'ch hysbyseb yn y papur rwy'n gyrru fy nghais atoch chi

Rhoi manylion am eich profiad

Meine Muttersprache ist Walisisch doch verfüge ich auch über sehr gute Deutschkenntnisse	Cymraeg yw fy mamiaith ond medraf yr Almaeneg yn dda iawn hefyd
Mit … Jahren nahm ich an einem Schulaustausch teil	Yn … oed cymerais ran mewn ymweliad cyfnewid rhwng ysgolion
Ich verfüge über mehrjährige Computererfahrung	Mae gennyf brofiad cyfrifiadurol helaeth
Ich bin seit 2 Jahren bei … in Homburg tätig	Rwy'n gweithio ers dwy flynedd i … yn Homburg
Meine Kenntnisse im Umgang mit … sind umfangreich	Mae gennyf dipyn o brofiad gyda …
Ich bin gut im Umgang mit Menschen	Rwy'n hoffi delio â phobl
Ich bin an Teamarbeit gewöhnt	Rwy'n gyfarwydd â gweithio mewn tîm
Ich möchte mich gerne verändern	Hoffwn gael cyfle i wneud rhywbeth gwahanol

Diweddu llythyr cais

Ich ersuche Sie meine Bewerbung zu berücksichtigen	Rwy'n gobeithio yr ystyriwch fy nghais
Ich könnte im Oktober 1999 anfangen	Byddaf ar gael o Hydref 1999 ymlaen
Über ein persönliches Gespräch würde ich mich sehr freuen	Byddwn yn falch o ddod am gyfweliad
Die Stellung als … würde mich sehr interessieren	Mae gennyf ddiddordeb mawr yn y swydd …
In der Anlage sende ich Ihnen meinen Lebenslauf	Y mae fy mraslun gyrfa yn amgaeëdig
In Erwartung Ihrer baldigen Antwort	Gan ddisgwyl ateb buan gennych

III) **Llythyron busnes**

Glaserei Dohany
Otilienstraße 37a
45879 Gelsenkirchen
Tel.: 25-87-39

Fa. Baumax
Riddershof 3
45888 Gelsenkirchen

28.9.1998
Unser Zeichen
WG 13/99

Sehr geehrte Frau Köhler!

Bezugnehmend auf Ihr Fax vom 26. d.M. teilen wir Ihnen mit, dass wir
das gewünschte Drahtfadenmilchglas in der Dimension 80 × 180cm
leider derzeit nicht lagernd haben. Wir könnten es allerdings in drei oder
vier Tagen aus unserer Fabrik in Essen geliefert bekommen. Dies würde
bedeuten, dass unsere Arbeiter kommenden Montag, 3.Oktober 1998
Ihren Auftrag verrichten könnten. Wir bitten um Ihr Verständnis und
verbleiben

Mit freundlichen Grüßen

Walter Grest

Walter Grest
Manager

Brauerei Malzenböck
Ghediner Str. 20
39471 Bozen
Italien

Hotel Mildner   Bozen, 14. Juli 1997
z. H. Hrn. Klein
Innrain 105
Innsbruck
Österreich

Betr.: Preisnachlass für Stammkunden

Sehr geehrter Herr Klein!

Vielen Dank für Ihre Bestellung vom 12.6.97 und Ihr Angebot, regelmäßig aus unserem Brauhaus einkaufen zu wollen. Wir sind über Ihr Interesse an unserem Bockbier geehrt und möchten Ihnen versichern, dass wir als kleiner Familienbetrieb nur beste Qualität produzieren.

Bezüglich eines Preisnachlasses bei Dauerkundschaften, können wir Ihnen einen Rabatt von 5% zusichern, für Absatzlieferungen über 500 Liter. Bei über 1000 Litern würden wir den Nachlass sogar auf 7% erhöhen. Natürlich erhalten Sie von uns auch ermäßigte Seidel und Krügelgläser mit dem Brauereinamen, sowie gratis Bierdeckel.

Ich hoffe Ihnen mit diesen Angaben gedient zu haben und freue mich Sie im Kreise unserer Kunden begrüßen zu dürfen.

Mit freundlichen Grüßen

H. Malzenböck

Hubert Malzenböck
Inhaber

IV) Llythyr cydymdeimlo

Liebe Frau Schwab!

Mit großem Bedauern haben wir vom Ableben Ihres Gatten erfahren. Wir fühlen mit Ihnen in diesen Tagen des Schmerzes und hoffen der familäre Beistand Ihrer Kinder ist Ihnen Trost. Wir möchten Ihnen unser aufrichtiges Beileid und Mitgefühl ausdrücken.

Ihre Familie Lederer

V) Llythyr llongyfarch

Lieber Günther, Liebe Gerda!

Wir freuen uns mit euch über die Geburt eures Sohnes Thomas. Nach euren Angaben handelt es sich ja um einen strammen Burschen. Wir sind froh zu hören, dass Baby und Mutter wohlauf sind und hoffen, dass sie bald beide aus dem Spital nach Hause kommen, wo ihr dann eine junge Familie sein werdet.

Ganz herzliche Grüße senden euch
Onkel Gerhard und Tante Wilhelmine

Llongyfarchiadau

Alles Gute zum Geburtstag!	Cyfarchion pen-blwydd
Herzlichen Glückwunsch zum Geburtstag sendet ...	Pen-blwydd hapus iawn oddi wrth…
Die besten Wünsche zum Namenstag	Dymuniadau gorau ar ŵyl eich mabsant
Herzlichen Glückwunsch zur bestandenen Prüfung	Llongyfarchiadau ar lwyddo yn yr arholiad

Cyfarchion y tymor

Frohe Weihnachten und ein glückliches neues Jahr	Nadolig Llawen a Blwyddyn Newydd Dda
Fröhliche Weihnachten und einen guten Rutsch!	Nadolig Llawen a Blwyddyn Newydd Dda
Frohe Ostern	Pasg hapus
Schöne Ferien	Mwynhewch eich gwyliau

Dymuno lwc dda

Viel Erfolg beim Examen	Pob llwyddiant iti gyda'r arholiadau
Wir drücken Dir die Daumen	Byddwn yn croesi'n bysedd
Viel Glück für die Fahrprüfung	Pob lwc ar gyfer y prawf gyrru

A

a¹ *ebych* ah!

a² *geir gofyn:* **~ welaist ti'r gath?** hast du die Katze gesehen? **gofynnodd ~ oeddwn wedi gweld y gath** er fragte, ob ich die Katze gesehen habe.

a³ *rhag perth* der, die, das, welche(r,s); **y dyn ~ ddaeth** der Mann, der kam; **y dyn ~ welais** der Mann, den ich sah.

a⁴, ac *cys* und; *(MATH)* plus; **ci ~ chath** Hund und Katze; **ac ati** und dergleichen; **ac felly** *(o ganlyniad)* folglich; **gwraig ~ chanddi wallt golau** eine Frau mit blondem Haar; **y dyn ~'r dyn** ein gewisser Herr; **yn fwy ac yn fwy** immer mehr; **~ bod yn onest** um ehrlich zu sein; **~ bwrw bod hynny'n wir** nehmen wir an, dass das wahr ist; **~ dyna hi!** und damit basta; **ac eithrio** außer +*dat*, ausgenommen; **~ minnau** ich auch; **~ llawer mwy** und viele(s) mehr; **~ thithau/chithau!** *(cyfarchion)* ebenfalls! **ac yn y blaen** und so weiter.

A⁵ *b (marc ysgol)* Sehr Gut *nt*; **lefel ~** *(YSG)* ≈ Abitur[D] *nt*, Matura[AS] *f*.

â¹, ag *ardd* mit +*dat*; *(gan ddefnyddio)* anhand +*gen*; **torrodd y cig ~ chyllell** er schnitt das Fleisch mit einem Messer; **~ phleser** mit Vergnügen.

â², ag *cys* wie; **mor fuan ~ phosibl** so schnell/bald wie möglich; **cyn wynned ~'r eira** schneeweiß; **A yn ogystal ~ B** sowohl A als auch B.

â³ *be gw.* **mynd**.

AA *g* ≈ ADAC[D] *m*, ÖAMTC[A] *m*.

abacws *g* Abakus *m*.

abad (-au) *g* Abt *m*.

abades (-au) *b* Äbtissin *f*.

abaty (abatai) *g* Abtei *f*.

abdomen (-au) *g* Unterleib *m*, Bauch *m*.

aber (-oedd) *gb* Flussmündung *f*; *(nant)* Bach *m*.

aberth (-au *neu* ebyrth) *gb* Opfer *nt*; **mae hi wedi gwneud ~ er ei fwyn ef** sie hat sich für ihn aufgeopfert.

aberthu *be.a* opfern.

aberu *be.g:* **~ yn** münden in +*akk*, einmünden in +*akk*.

abl *ans (cryf)* stark; *(galluog)* fähig; *(cyfoethog)* reich.

abledd *g* Fähigkeit *f*.

abnormal *ans* abnormal.

abseilio *be.g* (sich) abseilen.

absennol *ans* abwesend; **roedd hi'n ~ o'r dosbarth heddiw** sie hat heute in der Stunde gefehlt.

absenoldeb (-au) *g* Abwesenheit *f*.

absenoliaeth *b* unentschuldigte Abwesenheit *f*.

absoliwt *ans* absolut.

absoliwtiaeth *b* Absolutismus *m*.

abswrd *ans (THEAT, athroniaeth)* absurd.

abwyd(yn) (abwydod) *g* Köder *m*, Lockmittel *nt*; *(pryf genwair)* Regenwurm *m*.

ac *cys gw.* **a⁴**.

AC *byrf* (= Aelod y Cynulliad) Mitglied *nt* der Nationalversammlung.

academaidd *ans* akademisch.

academi (academïau) *b* Akademie *f*.

academig *ans* akademisch.

academydd (-ion) *g* Akademiker(in) *m(f)*; *(ysgolhaig)* Wissenschaftler(in) *m(f)*.

acasia (-s *neu* acasiâu) *b (BOT)* Akazie *f*.

acen (-ion *neu* -nau) *b* Akzent *m*; *(pwyslais)* Betonung *f*, Akzent *m*; *(llediaith)* Akzent *m*, Aussprache *f*; **~ grom** Zirkumflex *m*; **mae hi'n siarad Cymraeg ag ~ gref** sie spricht Walisisch mit starkem Akzent; **mae ~ Seisnig ar ei Chymraeg** sie hat einen englischen Akzent im Walisischen.

aceniad (-au) *g* Betonung *f*, Akzentuierung *f*.

acennog *ans* betont.

acennu *be.a* betonen, akzentuieren.

acwbigiad (-au) *g* Akupunktur *f*.

acne *g (MEDD)* Akne *f*.

acordion (-au *neu* -s) *g (CERDD)* Akkordeon *nt*, Ziehharmonika *f*.

acrobat (-iaid) *g* Akrobat(in) *m(f)*.

acrobateg *b* Akrobatik *f*.

acrobatig *ans* akrobatisch.

act (-au) *b* Tat *f*; *(THEAT)* Aufzug *m*, Akt *m*; *(CYFR: deddf)* Gesetz *nt*; **yr ~ gyntaf** der erste Akt; **Llyfr yr A~au** *(Beibl)* die Apostelgeschichte.

actio *be.a* aufführen.
   ♦ *be.g* simulieren; *(THEAT)* (Theater) spielen.

actor (-ion) *g* Schauspieler *m*, Darsteller *m*.

actores (-au) *b* Schauspielerin *f*, Darstellerin *f*.

acw *adf* dort.

acwariwm (acwaria) *g* Aquarium *nt*.

acwmplydd (-ion) *g* Mittäter(in) *m(f)*.

acwsteg *b* Akustik *f*.

acwstig *ans* akustisch.

ach (-au) *b* Abstammung *f*, Geschlecht *nt*; **ers ~au** seit eh und je; **~au'r teulu** Stammbaum *m*.

achles¹ (-oedd) *gb* Dünger *m*.

achles² (-oedd) *gb* Zuflucht *f*, Schutz *m*.

achlesu *be.a* düngen.

achlust *g* Gerücht *nt.*

achlysur (-on) *g* Gelegenheit *f*, Anlass *m*; *(digwyddiad)* Veranstaltung *f*, Ereignis *nt*; **ar ~ eich priodas** aus Anlass eurer Vermählung.

achlysurol *ans* gelegentlich, beiläufig.

achos[1] (-ion) *g* Ursache *f*, Anlass *m*; *(rheswm)* Grund *m*; *(mater)* Sache *f*, Fall *m*; *(CYFR)* Verfahren *nt*, Prozess *m*; **mae hwn yn ~ arbennig** das ist ein Sonderfall; **~ da** eine gute Sache, ein karitatives Werk; **~ eithriadol** Ausnahmefall *m*; **dim ~ poeni** kein Grund zur Sorge; **sut mae'r ~?** wie stehen die Dinge?

     o achos *ardd* wegen +*gen*, aufgrund +*gen*.

achos[2] *cys* weil, da, denn; **~ ei bod hi'n bwrw glaw heddiw** weil es heute regnet.

achosi *be.a* verursachen, bewirken; *(i rn wneud rhth)* veranlassen; *(i rn droseddi)* anstiften; **~ gwynt** *(bwyd)* blähen.

achosol *ans* ursächlich.

achoswr (achoswyr) *g* Anstifter *m*.

achub *be.a* retten, bergen; **~ y blaen** die Initiative ergreifen; **~ y blaen ar rn** jdm zuvorkommen; **~ cam rhn** Partei für jdn ergreifen; **~ y cyfle** die Gelegenheit beim Schopf fassen.

achubiad (-au) *g (MOR)* Bergung *f.*

achubiaeth (-au) *b (CREF)* Heil *nt.*

achubol *ans* rettend.

achubwr (achubwyr) *g* Retter(in) *m(f)*; **~ bywyd** Bademeister *m.*

achwyn[1] (-ion) *g* Klage *f.*

achwyn[2] *be.g* klagen, sich beklagen; *(swyddogol)* sich beschweren; **~ am** klagen über +*akk*; **~ ar** denunzieren.

achwyniad (-au) *g* Klage *f*, *(MASN)* Reklamation *f*; *(CYFR)* Klage.

achwynydd (-ion) *g (CYFR)* Kläger(in) *m(f).*

achydd (-ion) *g* Ahnenforscher *m.*

achyddiaeth *b* Ahnenforschung *f*, Genealogie *f.*

adain (adenydd) *b* Flügel *m*; *(ffig: GWLEID, CHWAR, plasty)* Flügel; *(pysgod)* Flosse *f*, *(AWYR)* Tragfläche *f*; *(MODUR)* Kotflügel *m*; **~ olwyn** Speiche *f*; **cymryd rhn dan eich ~** jdn unter die Fittiche nehmen.

adalwad (-au) *b (TEL)* Rückruf *m.*

adar *ll gw.* aderyn.

adareg *b* Ornithologie *f*, Vogelkunde *f.*

adaregydd (adaregwyr) *g* Ornithologe *m*, Ornithologin *f*, Vogelkundler(in) *m(f).*

adargraffiad (-au) *g* Neuauflage *f.*

adargraffu *be.a* nachdrucken, neu auflegen; **cael ei ~** in Neuauflage *dat* erscheinen.

adarwyddo *be.a* beglaubigen.

adborth (-ion) *g* Feedback *nt.*

adbryniad (-au) *g* Rückkauf *m*; *(dyled)* Tilgung *f.*

ad-daliad (-au) *g* Rückzahlung *f*, *(disgownt ar fil trydan ac ati)* Rückvergütung *f*, *(iawndal)* Entschädigung *f*, **~ ar dreth** Steuerrückvergütung *f*; **~ costau** Rückerstattung *f*, Kostenerstattung *f.*

ad-dalu *be.a* zurückzahlen, erstatten; *(trwy ddisgownt ar fil)* rückvergüten; *(digolledu)* entschädigen.

ad-drefnu *be.a* umorganisieren, umgestalten.

ad-ddalen (-nau) *b (mewn papur newydd)* Faltblatt *nt.*

adeg (-au) *b* Zeit *f*; *(tro)* Mal *nt*; *(tymor)* Saison *f*, *(HAN)* Epoche *f*, Ära *f*; **yr ~ honno** zu jener Zeit; **~ y Nadolig** zur Weihnachtszeit *f*; **~ y Pasg** zu Ostern; **ar ~au** zuweilen, gelegentlich; **yr un ~** zugleich, zur selben Zeit.

adeilad (-au) *g* Gebäude *nt*, Bau *m*; **~ newydd** Neubau *m*; **~ parcio aml-loriog** Parkhaus *nt.*

adeiladol *ans* konstruktiv.

adeiladu *be.a* bauen, errichten, erbauen; *(busnes)* aufbauen; *(TECH)* konstruieren.

    ♦ *be.g:* **~ ar dir** Land bebauen; **~ ar** *(ffig)* aufbauen auf +*dat.*

    ♦ *be.e* Erbauung *f*, *(ffig)* Aufbau *m*; **cymdeithas ~** ≈ Wohnbaugenossenschaft *f.*

adeiladwaith (adeiladweithiau) *g* Bau *m*, Gefüge *nt*, Konstruktion *f.*

adeiladwr (adeiladwyr) *g* Bauarbeiter(in) *m(f).*

adeiledd (-au) *g* Struktur *f*, Aufbau *m*, Zusammensetzung *f*, *(fframwaith)* Gebilde *nt.*

adeileddol *ans* strukturell.

adeileddu *be.a* strukturieren.

aden (-ydd) *b* = adain.

adenedigaeth (-au) *b* Wiedergeburt *f.*

adeni *g* Wiedergeburt *f.*

adennill *be.a* wiedergewinnen; **~ iechyd** gesunden, genesen; **~ ymwybyddiaeth** das Bewusstsein wiedererlangen.

aderyn (adar) *g* Vogel *m*; *(cymeriad)* Sonderling *m*, Kauz *m*; **~ brith** *(ffig)* ein zwielichtiger Typ; **~ cân** Singvogel *m*; **~ drycin** *(ffig)* Streithammel *m*; **~ du** *(SÖOL)* Amsel *f*; **~ ymfudol** Zugvogel *m*; **~ ysglyfaethus** Raubvogel *m*, Greifvogel *m*; **~ y to** *(SÖOL)* Spatz *m*, Sperling *m*; **tipyn o ~** Original *nt*; **dywed ~ bach wrthyf** das sagt mir mein kleiner Finger; **gwell ~ mewn llaw na dau mewn llwyn** besser den Spatz in der Hand als die Taube auf dem Dach; **lladd dau ~ ag un ergyd** zwei Fliegen mit einer Klappe schlagen; **adar o'r unlliw a hedant i'r unlle** Gleich und Gleich gesellt sich gern.

adfach (-au) *g* Widerhaken *m.*

adfail (adfeilion) *gb* Ruine *f*; **adfeilion** *ll* Trümmer *pl.*

adfeddiannu *be.a* rückgewinnen.

adfeddiant (adfeddiannau) *g* Rückgewinnung *f*.

adfeiliad (-au) *g* Verfall *m*, Baufälligkeit *f*; *(BIOL)* Degeneration *f*.

adfeiliedig *ans* verfallen.

adfeilio *be.g* verfallen; *(BIOL)* degenerieren.

Adfent *g* *(CREF)* Advent *m*.

adfer[1] *ans* *(YSG)* **dosbarth ~** Förderklasse *f*; **gwers ~** Nachhilfestunde *f*.

adfer[2] *be.a* *(atgyweirio)* wiederherstellen, restaurieren; *(adennill)* wiedergewinnen; *(ailgodi)* erneuern; *(drwgweithredwyr)* rehabilitieren; **~ ffydd yn rhth** auf etw vertrauen; **~ ffydd yn rhn** das Vertrauen in jdn wiedergewinnen.

adferf (-au) *gb* *(GRAM)* Adverb *nt*, Umstandswort *nt*.

adferiad (-au) *g* Wiederherstellung *f*; *(adeiladu)* Restaurierung *f*; *(iechyd)* Genesung *f*; **~ buan** baldige Genesung.

adferol *ans* erholsam.

adflas (-au) *g* Beigeschmack *m*, Nachgeschmack *m*.

adfresychen (adfresych) *b* Rosenkohl[D] *m*, Kohlsprossen[A] *pl*.

adfyd *g* Elend *nt*, Ungemach *nt*.

adfywhad (-au) *g* Wiederbelebung *f*, Erneuerung *f*.

adfywhaol *ans* regenerierbar.

adfywhau *be.a* erfrischen, laben.

adfywiad (-au) *g* *(MEDD)* Wiederbelebung *f*; *(ffig)* Renaissance *f*.

adfywio *be.a* erneuern; *(MEDD)* wieder beleben; *(diod, bwyd, cawod ayb)* erfrischen.

♦ *be.g* sich regenerieren, aufleben.

adfywiol *ans* erfrischend, belebend.

adffurfio *be.a* neu bilden.

adiad (-au) *g* *(MATH)* Addition *f*.

adio *be.a* addieren, zusammenzählen; *(ychwanegu)* hinzufügen.

adiolyn (adiolion) *g* *(mewn bwyd)* Zusatz *m*.

adlais (adleisiau) *g* Echo *nt*, Widerhall *m*.

adlam (-au) *g* Rückstoß *m*; *(pêl)* Abprall *m*.

adlamu *be.g* abprallen; *(sbring)* zurückfedern.

adleisio *be.g* hallen; *(gair)* widerhallen.

♦ *be.a* zurückwerfen; *(ffig)* rückwirken auf *+akk*.

adlen (-ni) *b* Markise *f*.

adlenwad (-au) *g* Nachfüllung *f*; *(beiro)* Mine *f*.

adlenwi *be.a* nachfüllen.

adleoli *be.a* versetzen.

adleoliad (-au) *g* Versetzung *f*.

adlenwi *be.a* nachfüllen.

adlewyrchiad (-au) *g* Spiegelung *f*; *(delwedd)* Spiegelbild *nt*; *(golau)* Reflexion *f*, Glanz *m*; *(argraff wael)* Abglanz *m*.

adlewyrchol *ans* reflektierend, spiegelnd; *(disglair)* glänzend, schimmernd.

adlewyrchu *be.a* *(gwres, goleuni)* reflektieren, zurückwerfen; *(drych)* spiegeln; *(ffig)* widerspiegeln; **caiff y lleuad ei h~ yn y llyn** der Mond spiegelt sich im See; **adlewyrcha hyn ei gariad tuag ati** das spiegelt seine Liebe zu ihr wider.

adlewyrchydd *g* *(beic, car)* Rückstrahler *m*; *(ysbienddrych)* Reflektor *m*.

adlibio *be.g* improvisieren.

adlif (-oedd) *g* Rückfluss *m*; *(trai)* Ebbe *f*.

adlifo *be.g* zurückfließen; *(treio)* abebben.

adlog (-au) *g* Zinseszins *m*.

adloniadol *ans* amüsant, unterhaltsam, abwechslungsreich.

adloniant (adloniannau) *g* *(difyrrwch)* Unterhaltung *f*, Abwechslung *f* *(i ymlacio)* Entspannung *f*; *(gweithgaredd)* Hobby *nt*.

adlunio *be.a* rekonstruieren.

adlyn (-ion) *g* Klebstoff *m*.

adlyniad (-au) *g* *(TECH, FFIS)* Haftung *f*, Adhäsion *f*.

adlynol *ans* haftend, klebend.

adnabod *be.a* erkennen, wieder erkennen, identifizieren; *(bod yn gyfarwydd â)* kennen; **wyt ti'n ~ Idris?** kennst du Idris? **cerdyn ~** Ausweis *m*.

adnabyddiaeth *b* *(cyfarwyddineb)* Vertrautheit *f*; *(gwybodaeth o ffeithiau)* Kenntnis *f*; *(o droseddwr)* Identifikation *f*.

adnabyddus *ans* bekannt, berühmt; **~ am** bekannt für *+akk*.

adnau (adneuon) *g* *(CYLL)* Einlage *f*; **cyfrif ~** Sparkonto *nt*.

adneuo *be.a* einzahlen, deponieren.

adnewyddiad (-au) *g* Erneuerung *f*; *(adeilad)* Renovierung *f*, Restaurierung *f*; *(adfywiad)* Aufleben *nt*.

adnewyddu *be.a* erneuern; *(gwybodaeth)* auffrischen; *(cysylltiad)* wiederherstellen; *(adeilad)* renovieren, restaurieren; *(gwneud yn iau)* verjüngen; *(CYLL: busnes)* sanieren.

adnod (-au) *b* *(Beibl)* Bibelvers *m*; **~ y dydd** Tageslosung *f*.

adnoddau *ll* Mittel *pl*, Ressourcen *pl*; **~ ariannol** Geldmittel *pl*; **~ addysgu** Lehrmittel *pl*; **~ argyfwng** eiserne Reserve *f*; **~ mwynol** Bodenschätze *pl*.

adolygiad (-au) *g* *(llyfr)* Besprechung *f*, Rezension *f*; *(ffilm, drama)* Kritik *f*; *(testun)* Revision *f*, Überarbeitung *f*; *(ar gyfer arholiad)* Wiederholung *f*.

adolygol *ans* rückblickend.

adolygu *be.a* *(ar gyfer arholiad)* wiederholen, pauken[D]; *(newid)* revidieren, überarbeiten; *(llyfr, ffilm, drama)* besprechen, rezensieren.

♦ *be.g (ar gyfer arholiad)* wiederholen, pauken[D].

adolygydd (adolygwyr) *g* Kritiker(in) *m(f)*, Rezensent(in) *m(f)*.

adran (-nau) *b* Abteilung *f*; *(dosbarth)* Klasse *f*, Kategorie *f*; *(PRIFYSG)* Institut *nt*; *(trên)* Abteil *nt*; *(gweinyddol)* Dezernat *nt*, Referat *nt*; *(ysbyty)* Station *f*, Klinik *f*; *(testun)* Absatz *m*; **~ achosion brys** Unfallstation *f*; **~ bersonél** Personalbüro *nt*; **~ chwythofferynwyr** die Bläser *pl*; **A~ y Gymraeg** *(YSG)* walisische Fachabteilung *f*; *(PRIFYSG)* Walisisch-Institut *nt*; **~ smygu** Raucherabteil *nt*.

adref *adf* nach Hause, heim; **ffordd ~** Heimweg *m*; **teg edrych tuag ~** es ist immer schön nach Hause zu kommen.

adrenalin *g* Adrenalin *nt*.

adrodd *be.a (stori)* erzählen, nacherzählen; *(barddoniaeth)* rezitieren, vortragen; *(ffeithiau)* darlegen; *(manylion)* berichten über *+akk*.

♦ *be.g* rezitieren.

adroddiad (-au) *g* Bericht *m*; *(newyddiadurol)* Reportage *f*; *(cyflwyniad)* Referat *nt*, Vortrag *m*; *(barddoniaeth)* Rezitation *f*; *(YSG)* Zeugnis *nt*; **~ banc** Kontoauszug *m*; **~ blynyddol** Jahresbericht *m*; *(YSG)* Jahreszeugnis *nt*; **~ tywydd** Wetterbericht *m*.

adroddwr (adroddwyr) *g* Erzähler(in) *m(f)*.

adsefydlu *be.a* rehabilitieren; *(ffoaduriaid)* reintegrieren.

adsymio *be.g, be.a* rekapitulieren.

aduniad (-au) *g (ailuno)* Wiedervereinigung *f*; *(cynddisgyblion)* Treffen *nt*.

aduno *be.a* wieder vereinigen.

adwaith (adweithiau) *g* Reaktion *f*; **~ cadwynol** Kettenreaktion *f*; **~ niwclear** Kernreaktion *f*; **~ yn erbyn rhth** Abwehrreaktion *f*.

adweithio *be.g:* **~ (i)** reagieren (auf *+akk*).

adweithiol *ans (GWLEID)* reaktionär, rückschrittlich.

adweithiwr (adweithwyr) *g* Reaktionär(in) *m(f)*.

adweithydd (-ion) *g (FFIS)* Reaktor *m*; *(CEM)* Reagens *nt*; **~ niwclear** Kernreaktor *m*; **~ bridiol cyflym** schneller Brüter *m*.

adwerthu *be.a* im Einzelhandel verkaufen.

adwerthwr (adwerthwyr) *g* Einzelhändler *m*.

adwy (-au *neu* **-on)** *b* Lücke *f*, Öffnung *f*; *(mewn mur castell)* Schießscharte *f*; *(mewn mynydd)* Einschnitt *m*; **dod i'r ~** *(ffig)* in die Bresche springen.

adwyo *be.a* eine Bresche schlagen in *+akk*.

addas *ans* geeignet, passend; *(defnyddiol)* tauglich; *(priodol)* angebracht, entsprechend; *(cywir)* richtig; *(lle, amser)* recht; **yn ~ i'r pwrpas** zweckmäßig, passend.

addasadwy *ans* anpassungsfähig.

addasiad (-au) *g* Anpassung *f*; *(llyfr, drama)* Bearbeitung *f*, Adaptation *f*.

addasrwydd *g* Angemessenheit *f*; *(ar gyfer gweithred)* Tauglichkeit *f*; *(ymgeisydd am swydd)* Eignung *f*.

addasu *be.a* anpassen; *(peiriant)* einstellen; *(adeilad)* umbauen; *(nofel ayb)* adaptieren, bearbeiten.

♦ *be.g (ymaddasu)* sich anpassen.

addasydd (-ion) *g (TECH)* Adapter *m*; *(TRYD)* Zwischenstecker *m*; *(dwyffordd)* Doppelstecker *m*; *(llyfr)* Bearbeiter(in) *m(f)*.

addaweb (-au) *b* Schuldschein *m*.

addawol *ans* vielversprechend, verheißungsvoll; *(tebygol o fod yn llwyddiant)* Erfolg versprechend.

addef *be.a* bekennen, gestehen; *(camgymeriad, trosedd)* zugeben, eingestehen; *(cyfrinach)* lüften.

♦ *be.g* gestehen.

addefiad (-au) *g* Geständnis *nt*.

addewid (-ion) *gb* Versprechen *nt*; *(ymrwymiad)* Zusage *f*.

addfwyn *ans* sanft, zart; *(hinsawdd)* mild; *(awyr)* lau; *(tirion)* sanftmütig, gutmütig.

addfwynder *g* Milde *f*, Sanftheit *f*; *(caredigrwydd)* Sanftmütigkeit *f*.

addo *be.a* versprechen; *(tyngu)* geloben; **~ rhth i rn** jdm etw versprechen; **mae'n ~ glaw** es sieht nach Regen aus.

addoldy (addoldai) *g* Tempel *m*, Andachtsstätte *f*.

addolgar *ans* fromm.

addoli *be.a* verehren; *(duw)* anbeten; **mae hi'n ei ~** sie himmelt ihn an.

addoliad (-au) *g* Verehrung *f*, Anbetung *f*; *(cwlt)* Kult *m*.

addolwr *g* **(addolwyr)** *(CREF)* Kirchgänger(in) *m(f)*; *(dilynwr)* Verehrer(in) *m(f)*.

adduned (-au) *b* Vorsatz *m*; *(penderfyniad)* Beschluss *m*; *(CREF)* Gelübde *nt*; **~au da** gute Vorsätze; **~au priodas** Jawort *nt*.

addunedu *be.a* geloben; *(addo)* versprechen.

addurn (-au) *g* Schmuck *m*, Verzierung *f*; *(CELF, PENS)* Ornament *nt*; *(addurnwaith)* Dekoration *f*; *(rhth hardd)* Zierde *f*; *(ar crochenwaith)* Dekor *nt/m*.

addurnedig *ans* verziert; *(â blodau)* geblümt.

addurniad (-au) *g* Dekoration *f*; *gw.h.* **addurn**.

addurniadol *ans (hardd)* dekorativ; *(addurnedig)* ornamental.

addurno *be.a* dekorieren, schmücken; *(teisen, gwisg)* verzieren.

addurnol *ans* dekorativ, hübsch.

addurnwaith (addurnweithiau) *g* Dekoration *f*, Ornament *nt*.

addurnwr (addurnwyr) *g* Dekorateur(in) *m(f)*; *(ffenestri)* Schaufensterdekorateur(in) *m(f)*.

addysg *b* Erziehung *f*; *(hyfforddiant)* Ausbildung *f*;

(gwybodaeth, diwylliant) Bildung *f; (gwersi)*
Unterricht *m; (cwrs)* Schulung *f; (pedagogaeth)*
Pädagogik *f;* ~ **bellach** Fortbildung *f,*
Weiterbildung *f,* ~ **elfennol** Grundausbildung *f;* ~
gorfforol Leibeserziehung *f;* ~ **oedolion**
Erwachsenenbildung *f;* ~ **ryw** Sexualkunde *f;* ~
uwch Hochschulbildung *f;* **cafodd ei** ~ **ym Mangor**
er ist in Bangor zur Schule gegangen.

addysgedig *ans* gebildet.

addysgiadol *ans* informativ; *(profiad)* lehrreich.

addysgol *ans* pädagogisch.

addysgu *be.a* erziehen; *(hyfforddi)* ausbilden,
unterweisen; *(am ryw)* aufklären.

addysgwr (addysgwyr) *g* Erzieher(in) *m(f); (mewn addysg)* Pädagoge *m*, Pädagogin *f; (hyfforddwr, MIL)*
Ausbilder(in)^D *m(f)*, Ausbildner(in)^{AS} *m(f)*.

aeddfed *ans* reif; *(caws)* ausgereift; *(o ran agwedd)*
reif, verantwortungsbewusst.

aeddfedrwydd *g* Reife *f; (CYLL)* Fälligkeit *f.*

aeddfedu *be.g* reifen, reif werden; *(CYLL)* fällig
werden.

ael (-iau) *b* Augenbraue *f*, Braue *f;* ~ **y bryn**
Bergkuppe *f;* **codi ~iau** die Brauen hochziehen.

aelod (-au) *gb* Mitglied *nt;* ~**au** *(ANAT)* Glieder *pl;* ~
gosod *(MEDD)* Prothese *f;* ~ **llawn** ordentliches
Mitglied; **A~ Seneddol** Abgeordnete *m/f*,
Parlamentarier(in) *m(f);* **mae e'n ~ o'r tîm** er gehört
zur Mannschaft.

aelodaeth *b* Mitgliedschaft *f; (ymuno)* Beitritt *m;*
(aelodau) Mitglieder *pl;* **cerdyn ~**
Mitgliedsausweis *m;* **tâl ~** Mitgliedsbeitrag *m.*

aelwyd (-ydd) *b* Kamin *m; (ffig)* Familienkreis *m;*
wrth yr ~ am Kamin; **A~** Zweig der
Jugendbewegung Urdd Gobaith Cymru.

aer^1 *g (awyr)* Luft *f;* ~ **cywasgedig** Pressluft *f;* **newid ~**
lüften.

aer^2 **(-ion)** *g* Erbe *m.*

aer-dynn *ans* luftdicht.

aeres (-au) *b* Erbin *f.*

aerglos *ans* = **aer-dynn**.

aerobeg *b* Aerobic *nt.*

aerodynameg *b* Aerodynamik *f.*

aerofod *g* Raumfahrt *f;* **diwydiant ~**
Raumfahrtindustrie *f.*

aeronoteg *b* Luftfahrt *f*, Aeronautik *f.*

aeronen (aeron) *b* Beere *f.*

aerosol *g* Spraydose *f; (cynnwys)* Spray *nt/m.*

aeth *be gw.* **mynd**.

aethnen (-nau) *b (BOT)* Espe *f.*

afal (-au) *g (ffrwyth)* Apfel *m;* **pren ~** Apfelbaum *m;* ~
breuant *(ANAT)* Adamsapfel *m;* ~ **pin** Ananas *f;* ~ **sur**
Holzapfel *m;* ~ **cwins** Quitte *f.*

afalans (-au) *g* Lawine *f.*

afallen (-nau) *b (BOT)* Apfelbaum *m.*

afanc (-od) *g (SÖOL)* Biber *m.*

afanen (afan) *b (BOT)* Himbeere *f.*

afiach *ans* krank; *(drwg i'r iechyd)* ungesund,
gesundheitsschädlich; *(agwedd at rth)* krankhaft;
(brwnt) unhygienisch, unsauber.

afiaith *g* Lebensfreude *f; (llawenydd)* Überschwang
m, Begeisterung *f.*

afiechyd (-on) *g* Krankheit *f*, Leiden *nt;* ~ **meddwl**
Geisteskrankheit *f;* **A~ Imiwnedd Diffygiol** Aids *nt.*

afieithus *ans* freudig, froh, begeistert.

aflafar *ans* schrill, grell.

aflan *ans* unrein; *(dŵr)* verschmutzt; *(oglau)* übel
riechend; *(iaith, meddwl)* obszön.

aflednais *ans* grob, ungehobelt; *(anweddus)* vulgär,
obszön.

afledneisrwydd *g* Grobheit *f*, Gemeinheit *f;*
(anghoethder) schlechtes Benehmen *nt*,
Unanständigkeit *f.*

aflem *ans* stumpf; **ongl ~** stumpfer Winkel.

aflendid *g* Dreck *m*, Schmutz *m.*

aflêr *ans* unordentlich; *(golwg)* verwahrlost,
heruntergekommen; *(person)* ungepflegt; *(gwallt)*
struppig; *(gwaith)* schlampig, schludrig.

aflerwch *g* Unordnung *f; (person)* Ungepflegtheit *f;*
(esgeulustod) Unordentlichkeit *f*, Schlampigkeit *f.*

aflesol *ans* unvorteilhaft, nachteilig.

aflonydd *ans* unruhig; *(gofidus)* beunruhigt; *(symud)*
ruhelos, kribbelig; *(plentyn)* zappelig.

aflonyddu *be.a (gofidio rhn)* beunruhigen; *(achosi cyffro)*
aufregen.

♦ *be.g* unruhig werden; ~ **ar** stören, irritieren.

aflonyddwch *g (pryder)* Beunruhigung *f;*
(cymdeithasol, gwleidyddol) Unruhe *f*, Aufregung *f.*

aflonyddwr (aflonyddwyr) *g* Störenfried *m.*

afloyw (ll -on) *ans* trüb, undurchsichtig.

afloywder *g* Undurchsichtigkeit *f*, Trübheit *f.*

afluniad (-au) *g* Verzerrung *f.*

afluniaidd *ans* verzerrt, entstellt.

aflunio *be.a* verzerren; *(gwneud yn hyll)* entstellen.

aflwyddiannus *ans* erfolglos.

aflwyddiant (aflwyddiannau) *g* Misserfolg *m.*

aflywodraethus *ans* unkontrollierbar, unbändig;
(plentyn) wild, ungebärdig.

afon (-ydd) *b* Fluss *m; (lydan)* Strom *m.*

afonfarch (afonfeirch) *g* Flusspferd *nt.*

afonig (-au) *b* Flüsschen *nt*, Bach *m.*

afradlon *ans* ausschweifend, extravagant;
(gwastraffus) verschwenderisch; **y Mab A~** *(Beibl)*
der verlorene Sohn.

afradlondeb *g* Verschwendung *f.*

afradu *be.a* verschwenden; *(amser)* vergeuden, vertrödeln.

afradwr (**afradwyr**) *g* Verschwender(in) *m(f)*.

afraid *ans* unnötig, entbehrlich; **~ dweud bod ...** es ist überflüssig zu erwähnen, dass…

afraslon *ans* ungnädig.

afreal *ans* unwirklich, irreal.

afrealistig *ans* unrealistisch.

afreolaidd *ans* unregelmäßig; *(heb ei reoli)* ungeregelt; *(yn groes i reolau)* ordnungswidrig.

afreoleidd-dra *g* Unregelmäßigkeit *f*.

afreolus *ans* unbeherrscht, undiszipliniert; *(herfeiddiol)* aufmüpfig, aufsässig; *(plentyn)* wild, ungebärdig.

afresymegol *ans* unlogisch.

afresymol *ans* unvernünftig; *(prisau)* überhöht; *(gofynion, amodau)* unzumutbar; **~ o ddrud** unbezahlbar.

afresymoldeb *g (gofynion)* Unzumutbarkeit *f*; *(person)* Unvernünftigkeit *f*; *(ystyfnigrwydd)* Uneinsichtigkeit *f*.

afrifed *ans* unzählig.

afrlladen (**-au**) *b* (CREF) Hostie *f*.

afrosgo *ans* ungeschickt, unbeholfen, plump; *(trwsgl, mawr)* klobig.

afu *gb* (ANAT) Leber *f*; **~ glas** *(aderyn)* Muskelmagen *m*.

afwyn (**-au**) *b* Zügel *m*.

affeithiwr (**affeithwyr**) *g* Helfershelfer *m*.

Affganiad (**Affganiaid**) *g* Afghane *m*, Afghanin *f*.

Affganistan *b* (DAEAR) Afghanistan *nt*.

affidafid *g* (CYFR) eidesstattliche Erklärung *f*.

affliw *g (sgyrs: tamaid)* ein kleines Bisschen; **~ o ddim** überhaupt nichts.

Affrica *b* (DAEAR) Afrika *nt*; **Dwyrain ~** Ostafrika *nt*.

Affricanaidd *ans* afrikanisch.

Affricaneg *b (iaith)* Afrikaans.

Affricanes (**-au**) *b* Afrikanerin *f*.

Affricanwr (**Affricanwyr**) *g* Afrikaner *m*.

Affro-Americanaidd *ans* afro-amerikanisch.

affwysol *ans* drückend; *(dybryd)* krass, entsetzlich; *(dwfn)* unergründlich.

ag *ardd gw.* **â¹**; ♦ *cys gw.* **â²**.

agen (**-nau**) *b* Spalt *m*, Ritze *f*, Schlitz *m*.

agenda (**agendâu**) *b* Tagesordnung *f*.

agendor *gb* Spalte *f*; *(bwlch)* Lücke *f*; *(mewn gwybodaeth)* Wissenslücke *f*; *(dyfnder)* Abgrund *m*; *(ffig: pellter)* Kluft *f*.

ager *g* Dampf *m*, Dunst *m*; **peiriant ~** Dampfmaschine *f*.

agerlong (**-au**) *b* Dampfer *m*, Dampfschiff *nt*.

ageru *be.g* dampfen.

agnostig *ans* agnostisch.

agor *be.a* öffnen, aufmachen; *(llyfr)* aufschlagen; *(cyllell)* aufklappen; *(botymau)* aufknöpfen; *(cyfrif banc)* eröffnen; *(yn swyddogol)* einweihen; *(cynhadledd)* eröffnen; *(lled y pen)* aufsperren.

♦ *be.g (llygaid, drws)* sich öffnen, aufgehen; *(blodau)* aufblühen; *(siop, banc)* aufmachen; *(ffilm, drama)* Premiere haben; **~ i fyny** sich auftun; **~ y corff** Stuhlgang haben; **~ yn glep** aufplatzen, aufspringen.

    ar agor *adf (agored)* geöffnet, offen; *(ar fin agor)* **mae'r siop ar ~** das Geschäft sperrt gerade auf; **ar ~ led y pen** sperrangelweit offen.

agoraffobia *g* Platzangst *f*.

agorawd (**-au**) *b* (CERDD) Ouvertüre *f*.

agored *ans* geöffnet, offen; *(plaen)* frank, unverhohlen; *(i syniadau newydd)* empfänglich, offen; **yn yr awyr ~** im Freien, unter freiem Himmel; **~ drwy'r dydd** durchgehend geöffnet.

agorfa (**-oedd**) *b* Öffnung *f*, *(ffenestr fach)* Luke *f*; *(gweini)* Durchreiche *f*; *(sinc ayb)* Abfluss *m*.

agoriad (**-au**) *g* Öffnung *f*, *(swyddogol)* Eröffnung *f*; *(ffatri, peiriant)* Inbetriebnahme *f*; *(cyfle)* Chance *f*, Möglichkeit *f*; *(allwedd)* Schlüssel *m*; **roedd hynny'n ~ llygad i mi** das hat mir die Augen geöffnet.

agorwr (**agorwyr**) *g* Öffner *m*; **~ poteli** Flaschenöffner *m*, Korkenzieher *m*; **~ tuniau** Dosenöffner *m*.

agos *ans* nahe; *(perthynas)* eng, nahe stehend; *(o ran amser)* bevorstehend; **yn y dyfodol ~** in naher Zukunft; **yn ~ i Erfurt** nahe bei Erfurt; **~af** *eith* nächste(r,s); **~af i'r canol** innerste(r,s).

♦ *adf (bron)* fast, beinahe; **mae hi'n ~ i dri o'r gloch** es ist kurz vor drei Uhr; **bu'n ~ i mi syrthio** ich bin beinahe hingefallen; **mae'r adeilad yn ~ at orffen** das Gebäude ist fast fertig.

    agos at *ardd* nahe bei *+dat*; **yn ~ at y gwir** nahe an der Wahrheit; **mae e'n ~ at ei chwaer** er steht seiner Schwester nahe; **dyn ~ atoch** ein sympathischer Mensch; **yn ~ at lwyddo** kurz vor dem Ziel.

agosatrwydd *g* Intimität *f*; *(hynawsedd)* Liebenswürdigkeit *f*.

agosáu *be.g* sich nähern, näher kommen; *(digwyddiad)* nahen; **~ at rn/rth** sich jdm/etw nähern, an jdn/etw herankommen.

agosrwydd *g (lle, amser)* Nähe *f*; *(perthynas)* Intimität *f*.

agwedd (**-au**) *b (ymarweddiad)* Einstellung *f*, Gesinnung *f*; *(safbwynt)* Aspekt *m*; **~ at fywyd** Lebensanschauung *f*, **~ at waith** Arbeitsmoral *f*; **~ meddwl** Geisteshaltung *f*.

angau *g* Tod *m*; **gwely ~** Sterbebett *nt*; **A~** der Tod, der Sensenmann *m*.

angel (angylion) *g* Engel *m*; **~ gwarcheidiol** Schutzengel *m*.

angen (anghenion) *g* Bedürfnis *nt*; *(gofynion)* Bedarf *m*; *(diffyg)* Not *f*; **bod ag ~ rhth arnoch etw** benötigen; **mae ~ rhth arno** er braucht etw; **os bydd ~** im Notfall; **plant mewn ~** Kinder in Not; **plant ag anghenion arbennig** *(ag anabledd)* behinderte Kinder.

angenrheidiol *ans* nötig, notwendig; *(gorfodol)* zwingend, unumgänglich.

angerdd *gb (nwyd, traserch)* Leidenschaft *f*, Passion *f*; *(eiddgarwch)* Leidenschaftlichkeit *f*, Begeisterung *f*.

angerddol *ans* leidenschaftlich, passioniert.

anghallineb *g* Unvernunft *f*.

angharedig *ans* unfreundlich.

anghelfydd *ans* ungeschickt.

anghenfil (angenfilod) *g* Ungeheuer *nt*, Ungetüm *nt*; *(person)* Unhold *m*, Scheusal *nt*.

anghenraid (angenrheidiau) *g* Notwendigkeit *f*, Pflicht *f*.

anghenus *ans* bedürftig, Not leidend; *(prin, tlawd)* ärmlich, dürftig.

angherddorol *ans* unmusikalisch.

angheuol *ans* tödlich.

anghlwyfadwy *ans* unverwundbar.

anghlywadwy *ans* unhörbar.

anghofiedig *ans* vergessen, in Vergessenheit geraten.

anghofio *be.a* vergessen; *(trwy ddiffyg ymarfer)* verlernen; **~ gofyn rhth i rn** vergessen, jdn nach etw *dat* zu fragen.

anghofrwydd *g* mangelnde Erinnerung *f*, *(MEDD)* Gedächtnisverlust *m*, Gedächtnisschwund *m*.

anghofus *ans* vergesslich; *(heb fod yn talu sylw)* geistesabwesend; **mae hi'n ~ iawn** sie hat ein sehr schlechtes Gedächtnis.

anghofusrwydd *g* Vergesslichkeit *f*.

anghonfensiynol *ans* unkonventionell.

anghredadun (-iaid *neu* **anghredinwyr)** *g* Ungläubige *m/f*.

anghredadwy *ans* unglaublich.

anghrediniaeth *b* Ungläubigkeit *f*; *(CREF)* Unglaube *m*.

anghrediniol *ans* ungläubig.

anghrist (-iau) *g* Antichrist *m*.

anghristnogol *ans* unchristlich.

anghroesawgar *ans* ungastlich, abweisend.

anghroesawgarwch *g* Ungastlichkeit *f*.

anghroesawus *ans* ungastlich, abweisend.

anghudd *ans* unverhüllt; *(yn blwmp ac yn blaen)* unverblümt.

anghwrtais *ans* unhöflich; *(heb foesau)* schlecht erzogen.

anghwrteisi *g* Unhöflichkeit *f*.

anghydfod (-au) *g* Zwietracht *f*, Zwist *m*; *(ffrae)* Disput *m*.

anghydffurfiaeth *b* mangelnde Anpassung; **A~** *(CREF)* Nonkonformismus *m*.

anghydffurfiol *ans* unangepasst; **eglwysi ~** Nonkonformistenkirche *f*.

anghydffurfiwr (anghydffurfwyr) *g* Andersdenkende(r) *m*; **A~** *(CREF)* Nonkonformist *m*.

anghydweithredol *ans* unkollegial; *(digymwynas)* unkooperativ.

anghydweld *be.g* unterschiedlicher Meinung sein, sich nicht einig sein; *(anghytuno)* nicht einverstanden sein; *(mewn barn)* differieren; *(rhifau, adroddiadau)* nicht übereinstimmen; **rwy'n ~ â thi** ich bin nicht deiner Meinung; **maen nhw'n ~ ar y lliw** sie sind sich über die Farbe nicht einig.

anghyfaneddol *ans* unbewohnbar.

anghyfannedd *ans* unbewohnt, menschenleer.

anghyfansoddiadol *ans* verfassungswidrig.

anghyfartal *ans* ungleich, unproportional.

anghyfartaledd *g* Ungleichheit *f*, Missverhältnis *nt*.

anghyfarwydd *ans* ungewohnt; *(dieithr)* nicht vertraut; **rwy'n ~ â bwyd Indiaidd** ich bin indisches Essen nicht gewohnt.

anghyfeillgar *ans* unfreundlich, unkameradschaftlich.

anghyfeillgarwch *g* Unfreundlichkeit *f*.

anghyfiaith *ans* anderssprachig, fremd.

anghyfiawn *ans* ungerecht.

anghyfiawnder (-au) *g* Ungerechtigkeit *f*.

anghyflawn *ans* unvollständig, unvollendet; *(GRAM)* transitiv.

anghyfleus *ans* ungelegen, ungünstig, unpassend; **mae hynny'n ~ i mi** das kommt mir ungelegen.

anghyfleuster, anghyfleustra (-au) *g* Unannehmlichkeit *f*.

anghyfochrog *ans* *(MATH)* ungleichseitig.

anghyfreithiol *ans* ungesetzlich.

anghyfreithlon *ans* gesetzwidrig, illegal; **plentyn ~** uneheliches Kind; **gwaith ~** Schwarzarbeit *f*.

anghyfrifol *ans* unverantwortlich, verantwortungslos; *(ateb, gweithred)* unbedacht.

anghyfyngedig *ans* unbeschränkt, uneingeschränkt.

anghyffelyb *ans* ungleichförmig, verschieden.

anghyffredin *ans* *(hynod)* ungewöhnlich, fremdartig; *(prin)* selten; *(eithriadol)* abartig, abnormal.

anghyffyrddus *ans* ungemütlich, unbequem.

anghyhoeddedig *ans* unangemeldet; *(erthygl)* unveröffentlicht.

anghymalog *ans (brawddeg, adroddiad)* unzusammenhängend.

anghymdeithasgarwch *g* Ungeselligkeit *f.*

anghymdeithasol *ans* ungesellig, kontaktarm; *(gwrthgymdeithasol)* asozial.

anghymedrol *ans* unmäßig.

anghymedroldeb *g* Exzess *m.*

anghymeradwy *ans* unbewilligt; *(awgrym, cynnig)* inakzeptabel, unannehmbar; *(gradd, maint)* unzulässig.

anghymeradwyaeth *b* Missbilligung *f*, Ablehnung *f.*

anghymeradwyo *be.a* missbilligen, ablehnen.

anghymeradwyol *ans* ablehnend.

anghymesur *ans* ungleichmäßig, unproportioniert; *(MATH)* asymmetrisch.

anghymharol *ans (di-ail)* unvergleichlich, einzigartig.

anghymharus *ans* unvereinbar, unverträglich; *(CYFDR)* inkompatibel.

anghymhleth *ans* unkompliziert.

anghymhwyso *be.a* für ungültig erklären; *(CHWAR)* disqualifizieren; *(CYFR)* entmündigen.

anghymhwyster (-au) *g* Untauglichkeit *f*, Unqualifiziertheit *f*; *(anallu)* Unfähigkeit *f*, Inkompetenz *f.*

anghymodadwy *ans (cyferbyniadau)* unüberbrückbar.

anghymodlon *ans* unversöhnlich.

anghymwynasgar *ans* ungefällig.

anghymwynasgarwch *g* Ungefälligkeit *f.*

anghymwys *ans* unbrauchbar, untauglich; *(i swydd)* unqualifiziert; *(analluog)* unfähig.

anghynefin *ans* unbekannt, fremd.

anghynhyrchiol *ans* unproduktiv.

anghynnes *ans (ffig: atgas)* kaltherzig, zugeknöpft.

anghynnil *ans* indiskret.

anghyraeddadwy *ans* unerreichbar, unerfüllbar.

anghysbell *ans* abgelegen, abgeschieden, entlegen.

anghyson *ans* inkonsequent, ungereimt; *(yn groes-ddweud)* widersprüchlich.

anghysondeb (-au) *g* Unstimmigkeit *f*, Diskrepanz *f.*

anghysonder (-au) *g* = **anghysondeb**.

anghysur (-on) *g* Unglück *nt.*

anghysuradwy *ans* untröstlich.

anghysurus *ans* unbequem; *(fflat)* unwohnlich.

anghytbwys *ans* unausgewogen, einseitig.

anghytgord (-iau) *g* Uneinigkeit *f*, Zwietracht *f.*

anghytûn *ans* uneinig.

anghytundeb (-au) *g* Uneinigkeit *f*, Meinungsverschiedenheit *f.*

anghytuno *be.g* sich nicht einig sein, nicht einer Meinung sein; *(ffigurau, atebion)* miteinander nicht übereinstimmen; ~ â rhn jdm nicht zustimmen; **rwy'n ~ â'ch safbwynt chi** ich stimme Ihrer Ansicht nicht zu; **rwyf wedi bwyta rhywbeth sy'n ~ â mi** ich habe etwas gegessen, das mir nicht bekommt.

anghywir *ans* unrichtig, falsch; *(gwallus)* inkorrekt; *(celwydd)* unwahr; *(cyfeiriad)* verkehrt.

anghywirdeb (-au) *g* Unrichtigkeit *f.*

angladd (-au) *gb* Beerdigung *f*, Begräbnis *nt.*

angladdol *ans (awyrgylch)* trübselig; **gorymdaith ~** Leichenzug *m.*

angof *g* Vergessenheit *f*; **mynd yn ~** in Vergessenheit geraten.

angor (-au *neu* -ion) *gb* Anker *m*; **bwrw ~** vor Anker gehen; **codi ~** den Anker lichten; **wrth ~** vor Anker.

angorfa (angorfeydd) *b* Ankerplatz *m*; *(cysgodol)* Reede *f.*

angori *be.g* ankern.

♦ *be.a* verankern.

angylaidd *ans* engelhaft, Engels-.

angyles (angylion) *b* Engel *m.*

ai *geir gofyn:* ~ **ti sy'n gyfrifol am hyn?** bist du es, der hierfür verantwortlich ist? **wn i ddim ~ fe a'i gwnaeth** ich weiß nicht, ob es war, der es vollbrachte.

AID *byrf* (= *Afiechyd Imiwnedd Diffygiol*) Aids *nt.*

Aifft *b:* **yr ~** *(DAEAR)* Ägypten *nt.*

ail¹ *ans* zweite(r,s); ~ **i ddim** so gut wie nichts; ~ **isradd** *(MATH)* Wurzel *f*; ~ **isradd 9 yw 3** die Wurzel aus 9 ist 3; **bob yn ~** abwechselnd; **heb ei ~** einzigartig; ~ **gynnig** zweiter Versuch; **gradd ~ ddosbarth uchaf/isaf** *(PRIFYSG)* ≈ Gut *nt*/Befriedigend *nt.*

ail-² *rhagdd* wieder-, re-.

ailadeiladu *be.a* wieder aufbauen; *(newid)* umbauen.

ailadrodd *be.a* nacherzählen, wiederholen; *(ail-ddweud)* wiederholen.

ailadroddiad (-au) *g* Wiedergabe *f*, Nacherzählung *f.*

ailafael *be.g:* ~ **yn** wieder aufnehmen.

ailagor *be.a, be.g* wieder eröffnen.

ailargraffiad (-au) *g* Neudruck *m*, Neuauflage *f.*

ailbeintio *be.a* retuschieren.

aildewychiad (-au) *g (TECS)* Appretur *f.*

aildrefnu *be.a* umgestalten; *(ystafell)* umräumen; *(busnes)* reorganisieren; *(amserlen)* umplanen; *(CYFDR)* umformatieren.

aildwymo *be.a* aufwärmen.

aildyfu *be.g* erneut wachsen.

ailddarllediad (-au) *g* *(CYFRYNG)* Wiederholung *f*.

ailddarlledu *be.a* *(rhaglen)* wiederholen.

ailddatblygiad (-au) *g* *(o hen rannau o dref)* Sanierung *f*.

ailddatblygu *be.a* sanieren.

ailddechrau *be.a* *(e.e. gyrfa)* wieder aufnehmen.

♦ *be.g* wieder beginnen.

ailddechreuad (-au) *g* Wiederbeginn *m*; *(ar ôl toriad)* Wiederaufnahme *f*.

ailddigwydd *be.g* sich wiederholen.

ailddosbarthu *be.a* umverteilen.

ailddosrannu *be.a* umverteilen.

ailddrafftio *be.a* umformulieren; *(cynllun)* neu entwerfen.

ail-ddweud *be.a* wiederholen; *(ar ôl rhn arall)* nachsprechen.

ailenedigaeth (-au) *b* Wiedergeburt *f*.

ailenwi *be.a* umbenennen, umtaufen.

ailetholiad (-au) *g* Wiederwahl *f*.

ailfeddwl *be.g* umdenken, seine Meinung ändern.

ail-fowld *ans* *(teiar)* runderneuert.

ailfforestu *be.a* aufforsten.

ailfformadu *be.a* *(CYFDR)* umformatieren.

ailffurfio *be.a* umbilden.

ailgartrefu *be.g* umsiedeln, ein neues Zuhause finden.

ailgodi *be.a* *(adeilad)* wieder aufbauen.

♦ *be.g* *(ar ôl cwympo)* wieder aufstehen.

ailgychwyn *be.a* fortsetzen, wieder aufnehmen; *(modur)* neu anlassen.

♦ *be.g* neu anfangen.

ailgyfarparu *be.a* *(TECH)* umrüsten.

ailgyfeirio *be.a* umleiten.

ailgyflawni *be.a* wiederholen.

ailgyflenwi *be.a* nachfüllen.

ailgyfodi *be* = ailgodi.

ailgylchu *be.a* wieder verwerten, recyceln; *(dŵr, elfen danwydd niwclear)* wieder aufbereiten.

ailgynefino *be.a* resozialisieren.

ailgynhesu *be.a* *(bwyd)* aufwärmen; *(tŷ)* einheizen.

ailhongian *be.a* wieder aufhängen; *(rywle arall)* woanders hinhängen, umhängen.

ailhyfforddi *be.a* umschulen; **mae e wedi ~'n athro** er wurde zum Lehrer umgeschult.

ail-law *ans* gebraucht, aus zweiter Hand; *(car)* übertragen[A].

ail-lenwi *be.a* nachfüllen.

ail-leoli *be.a* umplatzieren.

ail-letya *be.a* umquartieren.

ail-lunio *be.a* *(y gorffennol ayb)* rekonstruieren; *(newid)* ändern, umarbeiten.

ailoresgyn *be.a* zurückerobern.

ailosod *be.a* umstellen; *(oriawr)* umstellen; *(mewn trefn arall)* umgestalten.

ailsefydlu *be.a* wiederherstellen, wieder einführen.

ailuniad *g* Wiedervereinigung *f*.

ailuno *be.a* wieder vereinigen.

ailwampio *be.a* überarbeiten, umarbeiten.

ailwerthu *be.a* wieder verkaufen.

ail-wneud *be.a* wiederholen, noch mal machen; *(adnewyddu)* erneuern.

ailymuno *be.g* **mae'r ffordd yn ~ â'r draffordd** die Straße führt wieder zurück auf die Autobahn.

ailysgrifennu *be.a* neu schreiben.

ailystyried *be.a* neu erwägen, noch einmal überdenken; **rwyf wedi ~ y mater** ich habe mir die Sache noch mal überlegt.

ailswiriant (ailyswiriannau) *g* Rückversicherung *f*.

ailyswirio *be.a* rückversichern.

ais *ll* *gw.* **asen**[1].

alaeth *g* *(llefain)* Klage *f*; *(galar)* Trauer *f*.

alaethus *ans* melancholisch, traurig; *(enbyd)* tragisch.

alarch (elyrch) *b* *(SÖOL)* Schwan *m*.

Alasga *b* *(DAEAR)* Alaska *nt*.

alaw[1] (-on) *b* *(CERDD)* Melodie *f*, Weise *f*; **~ werin** Volksweise *f*.

alaw[2] *g* *(BOT)* Wasserlilie *f*; **~ Canada** Wasserpest *f*.

alban *g* Sonnenwende *f*; *(cyhydnos)* Tagundnachtgleiche *f*; **A~ Arthan** Wintersonnenwende *f*; **A~ Eilir** Frühlingsbeginn *m*; **A~ Hefin** Sommersonnenwende *f*; **A~ Elfed** Herbstbeginn *m*.

Alban *b* *(DAEAR)* **yr ~** Schottland *nt*; **merch o'r ~** Schottin *f*.

Albanaidd *ans* schottisch.

Albanes (-au) *b* Schottin *f*.

Albania *b* *(DAEAR)* Albanien *nt*.

Albaniad (Albaniaid) *g* Albaner(in) *m(f)*.

Albaniaidd *ans* albanisch.

Albanwr (Albanwyr) *g* Schotte *m*.

albinedd *g* *(BIOL)* Albinismus *m*.

albino (-s *neu* -aid) *g* Albino *m*.

albwm (albymau) *g* Album *nt*; **~ ffotograffau** Fotoalbum *nt*.

albwmen *g* *(BIOL)* Albumen *nt*, Eiweiß *nt*.

alcali (alcalïau) *g* *(CEM)* Alkali *nt*.

alcalïaidd *ans* *(CEM)* basisch, alkalisch.

alcalin *ans* = alcalïaidd.

alcam *g* *(CEM)* Zinn *nt*.

alcemeg *b* Alchemie *f*, Alchimie *f*.

alcemydd (-ion) *g* Alchemist *m*, Alchimist *m*.

alcof (-au) *g* Alkoven *m*, Nische *f*.

alcohol *g* Alkohol *m*.

alcoholaidd *ans* alkoholisch; **diod ~** alkoholisches/geistiges Getränk.

alcoholiaeth *b* Trunksucht *f*, Alkoholismus *m*; **mae e'n dioddef o alcoholiaeth** er ist Alkoholiker.

alcoholig (-ion) *g* Alkoholiker(in) *m(f)*; **~ion anhysbys** Anonyme Alkoholiker *pl*; **fe aeth e'n ~** er verfiel dem Alkohol.

alch (-au, eilch) *b:* **~ drydan** Kochplatte *f*.

ale (-au) *b* Passage *f*; (awyren) Schneise *f*; **~ fowlio** Bowlingbahn *f*; **~ sgitls** Kegelbahn *f*.

alegori (alegorïau) *b* Allegorie *f*.

alergaidd *ans* allergisch; **rwyf yn ~ i bysgod** ich bin allergisch gegen Fisch.

alergedd (-au) *g* (MEDD) Allergie *f*.

alffaniwmerig *ans* alphanumerisch.

alga (algâu) *g* (BOT) Alge *f*.

algebra (algebrâu) *gb* (MATH) Algebra *f*.

Algeraidd *ans* algerisch.

Algeria *b* (DAEAR) Algerien *nt*.

Algeriad (Algeriaid) *g* Algerier(in) *m(f)*.

algorithm (-au) *g* Algorithmus *m*.

alias (-au) *g* Deckname *m*.

♦ *adf* alias.

alibi (alibïau) *g* Alibi *nt*.

alimoni (alimonïau) *g* Alimente *pl*.

Almaen *b* (DAEAR) **yr ~** Deutschland *nt*; **merch o'r ~** Deutsche *f*.

Almaenaidd *ans* deutsch.

Almaeneg *ans* deutsch.

♦ *b* (iaith) Deutsch *nt*; **~ y Swistir** Schwyzerdütsch *nt*; **~ ysgrifenedig** Schriftdeutsch *nt*; **~ safonol** Hochdeutsch *nt*.

Almaenes *b* Deutsche *f*.

Almaenig *ans* deutsch.

Almaenwr (Almaenwyr) *g* Deutsche(r) *m*.

almanac (-iau) *g* Almanach *m*.

almon (-au) *b* Mandel *f*.

aloi (-on *neu* -au) *g* Legierung *f*.

alp (-au) *g* (porfa ar fynydd) Alm *f*; (DAEAR) **yr A~au** die Alpen *pl*.

Alsás *b* (DAEAR) Elsass *nt*; **ci ~** Schäferhund *m*.

Alsasaidd *ans* elsässisch.

Alsasiad *g* Elsässer(in) *m(f)*.

altimedr (-au) *g* Höhenmesser *m*.

alto (-s) *gb* (CERDD) Alt *m*.

altrad (-au) *g* Änderung *f*.

altro *be.a* abändern; (dillad) umändern.

alwminiwm *g* (CEM) Aluminium *nt*.

allan *adf* heraus, hinaus; *(tu ~)* draußen; (ar anwydd) 'Ausgang'; (absennol) nicht da, fort; **o hyn ~** von nun an; **~ yn yr eira** draußen im Schnee; **~ yn y**
wlad auf dem Land; **bwyta ~** auswärts essen; **mae hi ~ am y dydd** (absennol) sie ist heute nicht da; **mynd ~** ausgehen; **mae hi wedi mynd ~** (o'r ystafell) sie ist hinaus gegangen; (gyda'r nos) sie ist ausgegangen; **~ a hi!** (dweda!) raus mit der Sprache! **mynd ~ gyda rhn** (cariad) mit jdm gehen; **troi'r golau ~** (sgyrs) das Licht abdrehen; **tynnu ~** (sgyrs, ffig) aussteigen, aufgeben, das Handtuch werfen.

allan o *ardd* aus +dat, außer +dat; **~ o brint** vergriffen; **~ o diwn** verstimmt; **~ o ffasiwn** (sgyrs) aus der Mode; **~ o'r ffenest** zum Fenster hinaus; **~ ohoni** daneben; **naw ~ o ddeg** neun von zehn.

(y) tu allan *adf* draußen.

(y) tu allan i *ardd* außerhalb +gen.

allanfa (allanfeydd) *b* Ausgang *m*; (i geir) Ausfahrt *f*; **~ argyfwng/dân** Notausgang *m*.

allanol *ans* äußere(r,s); (arwynebol) äußerlich; (arholwr ayb) auswärtig, extern; **dosbarth ~** Abendschule *f*; **arholwr ~** auswärtiger Prüfer *m*.

allblyg *ans* extravertiert.

allbrint (-iau) *g* (CYFDR) Ausdruck *m*.

allbrintio *be.a* ausdrucken.

allbwn (allbynnau) *g* (DIWYD) Produktion *f*; (CYFDR) Ausgabe *f*, Output *m*; **rhaid codi'r ~** die Produktion muss gesteigert werden.

allbynnu *be.a* ausgeben.

alldafliad (-au) *g* (llwch ymbelydrol) Ausfall *m*.

allforiad (-au) *g* (MASN) Ausfuhr *f*, Export *m*.

allforiadwy *ans* (MASN) ausführbar.

allforio *be.a* (MASN) ausführen, exportieren.

allforiwr (allforwyr) *g* (MASN) Exporteur *m*, Exportkaufmann *m*.

allforyn (allforion) *g* Exportartikel *m*.

allfudiad *g* Auswanderung *f*, Emigration *f*.

allfudo *be.g* auswandern, emigrieren; **roedd llawer o Gymry wedi ~ i America** viele Waliser waren nach Amerika ausgewandert.

allfudwr (allfudwyr) *g* Auswanderer *m*, Emigrant *m*.

allfudwraig (allfudwragedd) *b* Auswanderin *f*, Emigrantin *f*.

allfydol *ans* außerirdisch.

allgludo *be.a* (MASN) verschicken, verschiffen.

allgynnyrch *g* (MWYN) Förderleistung *f*.

allgyrchol *ans* zentrifugal; **grym ~** Fliehkraft *f*, Zentrifugalkraft *f*.

allgyrchydd (-ion) *g* (TECH) Zentrifuge *f*.

allgyrsiol *ans:* **gweithgareddau ~** (YSG) Tätigkeiten außerhalb des Stundenplans.

allor (-au) *b* Altar *m*.

allsugno *be.a* (MEDD) punktieren.

allsynhwyraidd *ans* außersinnlich; **canfyddiad ~**

außersinnliche Wahrnehmung.

allt (elltydd) *b (bryn)* Hügel *m*; *(llethr i fyny)* Hang *m*; *(llethr i lawr)* Abhang *m*; *(clogwyn)* Klippe *f*, Felswand *f*; **dan yr ~** am Fuß des Felsens.

alltud (-ion) *g* Flüchtling *m*, Vertriebene *m/f*.

alltudiad *g (HAN)* Verbannung *f*.

alltudiaeth *b* Ausweisung *f*; *(cosb)* Verbannung *f*; *(trigfan tramor)* Exil *nt*.

alltudio *be.a* ausweisen, des Landes verweisen; *(cosbi)* verbannen, ins Exil schicken.

allwedd (-i *neu* **-au)** *b* Schlüssel *m*; *(piano)* Taste *f*; *(ffliwt)* Klappe *f*; *(ar fap)* Zeichenerklärung *f*; **~ danio** *(MODUR)* Zündschlüssel *m*; **~ diwnio** *(CERDD)* Stimmgabel *f*; **~ sbâr** Ersatzschlüssel *m*.

allweddair (allweddeiriau) *g* Stichwort *nt*; *(i agor clo cyfunrhif)* Schlüsselwort *nt*.

allweddell (-au) *b* Tastatur *f*; *(CERDD)* Klaviatur *f*; *(offeryn electroneg)* Keyboard *nt*.

allweddol *ans* Schlüssel-; **person ~** Schlüsselfigur *f*.

allwyro *be.a* umleiten.

allyriad *g* Vertreibung *f*.

am[1] *ardd* um *+akk*; **~ arian parod** gegen bar; **beth ~ baned?** wie wär's mit einer Tasse Tee? **beth ~ Gwyn?** wie steht's mit Gwyn? **~ byth** auf immer; **~ ddau o'r gloch** um zwei Uhr; **~ ddim** gratis, kostenlos; **~ ei gwddf** um ihren Hals; **~ fisoedd** monatelang; **~ hanner awr** für eine halbe Stunde; **~ hynny** *(felly)* daher, deshalb; **~ oes** *(carchar, gwarant)* lebenslang, lebenslänglich; **~ unwaith** ausnahmsweise; **~ wyth marc yr un** zu je acht Mark; **~ yn ail** abwechselnd; **~ y tro** vorläufig; **~ y tro olaf** zum letzten Mal; *(sgyrs: dyna)* **~ dywydd drwg!** was für mieses Wetter!

am[2] *ardd +be.e:* **wyt ti ~ fynd i'r sinema?** *(bwriad)* hast du vor ins Kino zu gehen? *(dymuniad)* hast du Lust ins Kino zu gehen?

am[3] *cys (oherwydd)* weil; **methodd â thalu ~ nad oedd ganddo ddigon o arian** er konnte nicht zahlen, weil er nicht genug Geld hatte; **~ wn i** *(sgyrs)* soweit ich weiß.

amaeth *g* = amaethyddiaeth.

amaethdy (amaethdai) *g* Bauernhaus *nt*.

amaethu *be.g (bod yn ffermwr)* Landwirtschaft betreiben.

amaethwr (amaethwyr) *g* Bauer *m*, Landwirt *m*.

amaethyddiaeth *b* Ackerbau *m*, Landwirtschaft *f*; *(DIWYD)* Agrarindustrie *f*.

amalgam (-au) *g* Amalgam *nt*.

amanita *g (BOT)* **~'r pryfed** Fliegenpilz *m*.

amarch *g* Respektlosigkeit *f*; **~ tuag at** Respektlosigkeit gegenüber.

amatur (-iaid) *g (heb dderbyn tâl)* Amateur *m*; *(dif)* Laie

m; *(a'i waith o safon isel)* Pfuscher *m*, Dilettant *m*.

amaturaidd *ans* laienhaft; *(gwaith)* dilettantisch.

amau *be.a* bezweifeln, in Frage stellen; *(drwgdybio)* verdächtigen; *(bod heb ffydd yn)* misstrauen *+dat*; **rwy'n ei ~** ich misstraue ihm; **~ hawl rhn ar rth** jdm etw streitig machen; **rwy'n ~ a ddaw** ich bezweifele, ob er kommt; **rwy'n ~ na ddaw** ich vermute, dass er kommt.

♦ *be.g (bod ag amheuon)* zweifeln, unsicher sein; *(credu, meddwl)* vermuten; *(tybio, gwybod)* ahnen; **roeddwn i'n ~ y byddwn yn cael fy holi** ich dachte schon, dass man mich fragen würde; **rwy'n ~ a yw'n dweud y gwir** ich glaube nicht, dass er die Wahrheit sagt; **rwy'n ~ nad yw'n dweud y gwir** ich vermute, er sagt die Wahrheit; **rwy'n ~ hynny'n fawr** das bezweifle ich stark.

ambarél *gb* = ymbarél; *(glaw)* Regenschirm *m*; *(haul)* Sonnenschirm *m*.

ambell *ans* ein paar, etliche; *(prin)* vereinzelt; **~ gawod** *(TYW)* vereinzelte Schauer; **~ anifail** einige/manche Tiere; **~ un** manch ein, so mancher; **~ waith** *(weithiau)* mitunter, gelegentlich, bisweilen.

ambiwlans (-ys) *g* Krankenwagen *m*, Rettung *f*.

ambr *g (MWYN)* Bernstein *nt*.

♦ *ans* gelbbraun, bernsteinfarben; **golau ~** Gelb *nt*.

amcan (-ion) *g (nod)* Ziel *nt*; *(bwriad)* Absicht *f*, Bestreben *nt*; *(syniad)* Vorstellung *f*, Konzept *nt*.

amcangyfrif[1] *be.a* schätzen; *(person, sefyllfa, ayb)* einschätzen; *(pris, costau)* überschlagen, veranschlagen; *(CYLL)* taxieren.

amcangyfrif[2] **(-on)** *g* Schätzung *f*; **~ o'r costau** Kostenvoranschlag *m*.

amcanol *ans* beabsichtigt.

amcanu *be.a (anelu, bwriadu)* beabsichtigen, vorhaben; *(dyfalu)* raten, schätzen, **~ gwneud** zu tun gedenken.

amcanus *ans* berechnend.

amchwaraefa (amchwaraefeydd) *b* Amphitheater *nt*.

amdo (amdoeau) *gb* Leichentuch *nt*.

amdoriad (-au) *g (MEDD)* Bruch *m*; **~ penglog** Schädelbasisbruch *m*.

amddifad[1] **(amddifaid)** *g* Waise *f*.

amddifad[2] *ans (plentyn)* verwaist, elternlos; *(heb arian nac eiddo)* mittellos; **plentyn ~** Waisenkind *nt*.

amddifadedd *g* Entbehrung *f*, Mittellosigkeit *f*.

amddifadrwydd *g* = amddifadedd.

amddifadu *be.a:* **~ rhn o rth** jdm etw entziehen, jdn etw *gen* berauben; *(teitl)* jdm etw aberkennen; *(trwy dwyll)* jdn um etw betrügen; **~ rhn o rym** jdn entmachten.

amddiffyn *be.a* verteidigen, beschützen; *(ffig)* Partei ergreifen für *+akk*; *(gwarchod)* bewachen, sichern; *(MIL)* abwehren; *(barn)* rechtfertigen; **~ rhag** schützen vor *+dat*; **wedi ei ~** geschützt.

amddiffynadwy *ans* wehrhaft; *(ffig)* vertretbar.

amddiffynfa (**amddiffynfeydd**) *b* Festung *f*, Befestigungsanlage *f*.

amddiffyniad *g* Verteidigung *f*, Schutz *m*; *(MIL)* Abwehr *f*; *(barn)* Rechtfertigung *f*, *(CYFR)* Plädoyer *nt*; **~ gwrthawyrennol** Luftschutz *m*; **~ rhag ymbelydredd** Strahlenschutz *m*; *(MEDD)* **~ trwy frechiad** Impfschutz *m*.

amddiffynnol *ans* defensiv.

amddiffynnwr (**amddiffynwyr**) *g* Verteidiger *m*, Beschützer *m*.

amddiffynnydd (**amddiffynyddion**) *g* *(CYFR)* Verteidigung *f*, Angeklagte *m/f*.

amedr (**-au**) *g* *(TRYD)* Amperemeter *nt*, Stromstärkemesser *m*.

amen *g* *(CREF)* Amen *nt*.

ameniwr (**amenwyr**) *g* Jasager *m*, Duckmäuser *m*.

America *b* *(DAEAR)* Amerika *nt*; *(UDA)* die Vereinigten Staaten *pl*; **~ Ganol** Mittelamerika *nt*; **~ Ladin** Lateinamerika *nt*.

Americanaidd *ans* amerikanisch.

Americanes (**-au**) *b* Amerikanerin *f*; **~ frodorol** Indianerin *f*.

Americanwr (**americanwyr**) *g* Amerikaner *m*; **~ brodorol** Indianer *m*; *(HAN)* Uramerikaner *m*.

Amerindaidd *ans* indianisch.

amfesur (**-au**) *g* Umfang *m*.

amffibaidd *ans* amphibisch.

amffibiad (**amffibiaid**) *g* *(SÖOL)* Lurch *m*, Amphibie *f*.

amffitheatr (**-au**) *b* Amphitheater *nt*.

amgaead (**-au**) *g* *(llythyr)* Anlage *f*, *(papur newydd)* Beilage *f*.

amgaeëdig *ans* beiliegend; *(gyda llythyr)* anliegend.

amgant (**-au**) *g* Peripherie *f*, *(goror)* Rand *m*.

amgáu *be.a* eingrenzen, abgrenzen; *(mewn amlen ayb)* beilegen, beifügen.

amgeledd *g* *(gofal)* Sorgfalt *f*, *(cysur)* Trost *m*.

amgen *ans* *(gwahanol)* alternativ; *(gwell)* verbessert; **nid ~** nämlich, und zwar; **os ~** ansonsten, andernfalls; **ynni ~** alternative Energieform *f*.

amgrwm (*b* **amgrom**, *ll* **amgrymion**) *ans* konvex.

amgueddfa (**amgueddfeydd**) *b* Museum *nt*; **~ awyr agored** Freilichtmuseum *nt*; **~ leol** Heimatmuseum *nt*; **~ werin** Volkskundemuseum *nt*.

amgwyn *g* *(BOT)* Estragon *m*.

amgyffred[1] *be.a* begreifen, verstehen.

amgyffred[2] (**-ion**) *g* Verständnis *nt*, Durchblick *m*.

amgyffrediad (**-au**) *g* = **amgyffred**[2].

amgylch (**-oedd**) *g* Umgebung *f*.
　o amgylch *ardd* um…*+akk* herum; **o ~ y bwrdd** um den Tisch; **aethom ni am dro o ~ y dref** wir machten einen Stadtbummel; **o'n h~** um uns herum.

amgylchedd (**-au**) *g* Umgebung *f*, Milieu *nt*; *(amgylchfyd)* Umwelt *f*, *(MATH: cylch)* Umfang *m*; **~ cynefin** Nachbarschaft *f*.

amgylcheddwr (**amgylcheddwyr**) *g* Umweltschützer(in) *m(f)*.

amgylchfyd *g* Umwelt *f*, Milieu *nt*; *(ecoleg)* Umwelt *f*.

amgylchfydwr (**amgylchfydwyr**) *g* Umweltschützer(in) *m(f)*.

amgylchiad (**-au**) *g* Umstand *m*, Sachverhalt *m*; *(personol)* Verhältnis *nt*; *(achlysur)* Gelegenheit *f*, Ereignis *nt*; **ar ~ eich priodas** aus Anlass eurer Vermählung; **mewn ~au gwael** in schlechten Verhältnissen; **yn yr ~au hyn** unter diesen Umständen; **~au teuluol** Familienverhältnisse *pl*; **~au gweithio** Arbeitsbedingungen *pl*.

amgylchol *ans* umliegend.

amgylchu *be.a* umringen, einkreisen; *(ar bapur)* einkreisen.

amgylchyniad *g* *(MIL)* Kessel *m*, Einkreisung *f*.

amgylchynu *be.a* einkreisen, umzingeln; *(gan dorf)* umringen; *(â fframm)* umrahmen; *(adeilad)* umstellen; *(MIL)* einschließen.

amharchu *be.a* schänden, entehren; *(bychanu)* herabsetzen.

amharchus *ans* unwürdig, entwürdigend; *(dibarch)* respektlos; *(anweddus)* unanständig.

amharod *ans* *(heb fod yn barod)* unvorbereitet, noch nicht fertig; *(anfodlon)* unwillig; **rwy'n ~ i wneud hynny** ich bin nicht bereit, das zu tun.

amharodrwydd *g* *(anfodlonrwydd)* Unwille *m*.

amhartïol *ans* parteilos, parteiunabhängig.

amharu *be.a:* **~ ar** *(andwyo)* beeinträchtigen; *(tarfu ar)* stören; **dydy hynny ddim yn ~ arna i** das berührt mich nicht.

amhendant *ans* unbestimmt, ungewiss; *(aneglur)* vage, dumpf; *(heb nod)* ziellos; *(person)* unentschlossen.

amhendantrwydd *g* Unbestimmtheit *f*, Ungewissheit *f*; *(aneglurdeb)* Unklarheit *f*; *(diffyg penderfyniad)* Unentschlossenheit *f*.

amhenderfynol *ans* unentschlossen, zögerlich.

amhenodol *ans* unbestimmt, undefiniert; *(anymrwymol)* unverbindlich; **am gyfnod ~** für unbestimmte Zeit.

amherffaith[1] *ans* unvollkommen; *(heb ei orffen)*

unfertig, unvollendet.

amherffaith[2] *g (GRAM)* Imperfekt *nt*, Präteritum *nt*.

amhersonol *ans* unpersönlich.

amherthnasol *ans* irrelevant, unwesentlich, nebensächlich.

amhetruster *g* Entschlusskraft *f*.

amheuaeth *b (petruster)* Zweifel *m*, Vorbehalte *pl*; *(drwgdybiaeth)* Argwohn *m*, Misstrauen *nt*; *(person)* **o dan ~** unter Verdacht *dat*; **does dim ~ nad ...** es besteht kein Zweifel, dass...

amheugar *ans* skeptisch, misstrauisch, argwöhnisch; **bod yn ~ o rth** etw *dat* skeptisch gegenüberstehen.

amheuon *ll* Bedenken *pl*; *(petruster)* Vorbehalte *pl*; *(cydwybodol)* Skrupel *pl*, Hemmungen *pl*; **bod ag ~ ynghylch rhn** einen Verdacht gegen jdn hegen.

amheus *ans (sy'n codi drwgdybion)* suspekt, verdächtig; *(amwys)* zwielichtig, obskur, fragwürdig; *(amheugar)* skeptisch, misstrauisch, argwöhnisch; *(ansicr)* bedenklich, fraglich; **mae'n ~ iawn gen i** ich bezweifle das stark.

amheuthun *ans (blasus)* delikat, auserlesen; *(prin)* selten, rar.

amheuwr (amheuwyr) *g* Zweifler(in) *m(f)*, Skeptiker(in) *m(f)*.

amhlantadwy *ans* unfruchtbar, steril; *(dyn)* zeugungsunfähig.

amhleidgar *ans* parteilos.

amhleidiol *ans* unparteiisch, neutral, unbefangen; *(gwladwriaeth)* blockfrei.

amhleidioldeb *g* Unbefangenheit *f*; *(GWLEID)* Neutralität *f*.

amhoblogaidd *ans* unbeliebt, unpopulär.

amhoblogrwydd *g* Unbeliebtheit *f*.

amholiticaidd *ans* unpolitisch.

amhontiadwy *ans* unüberbrückbar.

amhosibilrwydd *g* Unmöglichkeit *f*.

amhosibl *ans* unmöglich; *(byth bythoedd!)* ausgeschlossen; *(ffig)* indiskutabel, unmöglich; **~ i'w gyflawni** undurchführbar; **~ i'w wireddu** unerfüllbar.

amhosibilrwydd *g* Unmöglichkeit *f*.

amhreswyliadwy *ans* unbewohnbar.

amhriodol *ans* unangebracht, unpassend, verfehlt; *(amherthnasol)* unsachgemäß.

amhrisiadwy *ans* unbezahlbar, unschätzbar.

amhrofiadol *ans* unerfahren.

amhroffidiol *ans (gwaith)* brotlos.

amhrydlon *ans* unpünktlich.

amhur *ans* unrein, unsauber.

amhurdeb (-au) *g*, **amhuredd** *g* Unreinheit *f*, Unsauberkeit *f*.

amhuriad (-au) *g* Verunreinigung *f*, Verschmutzung *f*.

amhwysig *ans* unwichtig, belanglos.

aml *ans (mynych)* oftmalig, mehrfach; *(llawer)* zahlreich; **mor ~ â phosibl** so oft wie möglich.
- *adf* oft, oftmals, häufig; **yn ~ach na pheidio** meist, meistens; **gan ~af** normalerweise, hauptsächlich; **pa mor ~?** wie oft?
- *rhagdd* Viel-, Poly-.

amlapio *be.a* einwickeln (in *+akk*).
- *be.e (cysodi)* Zeilenumbruch *m*.

amlbwrpas *ans* Allzweck-, Mehrzweck-; **glanhawr ~** Allzweckreiniger *m*.

amlder (-au) *g* Häufigkeit *f*, *(helaethrwydd)* Überfluss *m*.

amlediad (-au) *g* Expansion *f*, Ausbreitung *f*.

amledd (-au) *g* Frequenz *f*, Häufigkeit *f*; **~ uchel iawn** *(radio)* Ultrakurzwelle *f*, UKW.

amleiriog *ans* wortreich; *(hirwyntog)* langatmig.

amlen (-ni) *b* Briefumschlag *m*, Kuvert *nt*; **~ ag ateb taledig** Antwortkuvert *nt*, Freiumschlag *m*; **~ diwrnod cyntaf** Ersttagsbrief *m*.

amlffurf *ans* polymorph.

amlgellog *ans* vielzellig.

amlgymalog *ans (brawddeg)* verschachtelt.

amlhau *be.a* vermehren.
- *be.g* sich vermehren, sich vervielfältigen.

amlieithog *ans* mehrsprachig.

amlinell (-au) *b* Profil *nt*; *(cysgodlun)* Silhouette *f*; **rhoddodd ~ o'r stori** er umriss/skizzierte die Sache.

amlinelliad (-au) *g (llinell sy'n dangos ffurf)* Umriss *m*, Konturen *pl*; *(ffig: braslun)* Entwurf *m*, Schema *nt*.

amlinellol *ans* schematisch.

amlinellu *be.a (darlunio llinell sy'n dangos ffurf)* die Konturen von etw nachziehen; *(cyflwyno prif bwyntiau rhth)* umreißen, skizzieren.

amlochrog *ans* vielseitig *(h. ffig)*.

amlosgfa (amlosgfeydd) *b* Krematorium *nt*.

amlosgi *be.a* einäschern, kremieren.

amlosgiad (-au) *g* Verbrennung *f*, Einäscherung *f*.

amlwg *ans (eglur)* offensichtlich, ersichtlich; *(gweledig)* sichtbar, merklich; *(enwog)* bekannt, prominent.

amlwreiciaeth *b* Polygamie *f*, Vielweiberei *f*.

amlwriaeth *b* Polygamie *f*.

amlycaf *eith* überwiegend, vorwiegend; *gw.h.* **amlwg**.

amlygiad (-au) *g* Erscheinungsform *f*.

amlygrwydd *g* Deutlichkeit *f*, Sichtbarkeit *f*.

amlygu *be.a (dangos)* zur Geltung bringen; *(datgelu)* enthüllen, freilegen; **~ eich hunan** sich hervortun, sich auszeichnen.

amnaid (amneidiau) *b* Gebärde *f*, Geste *f*; *(â llaw)* Handbewegung *f*.

amneidio *be.g* eine Geste machen; *(nodio)* nicken; ~ ar rn jdm ein Zeichen geben; *(galw draw)* jdn herbeiwinken.

amnesia *g (MEDD)* Gedächtnisschwund *m*, Amnesie *f*.

amnest (-au) *g* Amnestie *f*, Begnadigung *f*.

amnewid *be.a* ersetzen, austauschen.

amnewid (-iau) *g* Ersatz *m*.

amnewidiad (-au) *g* Wechsel *m*.

amnewidiadwy *ans* ersetzbar, austauschbar.

amod (-au) *gb* Bedingung *f*, Einschränkung *f*, *(CYFR)* Klausel *f*; ~au busnes Geschäftslage *f*; ~au byw Lebensverhältnisse *pl*; ~ sylfaenol Grundvoraussetzung *f*.

amodol *ans* bedingt; *(GRAM)* konditional.

amoeba *g (SÖOL)* Amöbe *f*.

amonia *g (CEM)* Ammoniak *m*, Salmiak *m*.

amper (-au) *g* Ampere *nt*.

amperedd *g* Stromstärke *f*.

ampwl (-au) *g* Ampulle *f*.

amrant (amrannau) *g* Lid *nt*.

amrantiad (-au) *g* Augenblick *m*; ar ~ im Nu, im Handumdrehen.

amrantu *be.g* blinzeln, zwinkern.

amranwen *b (BOT)* Kamille *f*.

amrediad (-au) *g* Reihe *f*; *(MASN: dewis)* Sortiment *nt*, Palette *f*; *(lliwiau)* Farbpalette *f*; *(llais)* Register *nt*; ~ o bethau eine Reihe von Dingen.

amrwd *ans* roh, ungekocht.

amryddawn *ans* vielseitig begabt.

amryfal *ans* mehrfach; *(gwahanol)* verschiedenartig, divers.

amryfath *ans* unterschiedlich, heterogen, pluralistisch.

amryfusedd (-au) *g (gwall)* Irrtum *m*, Fehler *m*.

amryfuso *be.g* einen Fehler machen, sich irren.

amryliw *ans* mehrfarbig, bunt.

amryw *ans (gwahanol fathau)* verschiedene, diverse; *(sawl)* einige, mehrere.

amrywiad (-au) *g* Variation *f*, Fluktuation *f*.

amrywiaeth (-au) *gb (nifer o bethau gwahanol)* Vielfalt *f*, Auswahl *f*; *(newid)* Abwechslung *f*; *(eithriad)* Abart *f*; ~ prisiau Preisspanne *f*.

amrywio *be.g* variieren, fluktuieren, wechseln.

amrywiol *ans (gwahanol)* verschiedenartig, vielfältig, divers; *(y gall amrywio)* veränderlich, variabel.

amser (-au) *g* Zeit *f*; *(ysbaid)* Weile *f*; *(GRAM)* Zeit *f*, Tempus *nt*; ~ a ddengys wir werden sehen, es wird sich herausstellen; ar ~ *(sgyrs)* pünktlich; arbed ~ Zeit gewinnen; beth yw'r ~? wie spät ist

es? ~ bwyd Essenszeit *f*; cael ~ da Spaß haben; cafodd hi ~ anodd sie hatte es schwer; ~ cau *(siop)* Ladenschluss *m*; *(tafarn)* Sperrstunde *f*; ~ cinio Mittagszeit *f*; *(adferfol)* um die Mittagszeit; cymryd ~ dauern; *(peidio â rhuthro)* sich Zeit lassen; ~ cynhanesyddol *(HAN)* Vorzeit *f*; ~ hamdden Freizeit *f*; hanner ~ Halbzeit *f*; lladd ~ Zeit totschlagen; mae'n ~ mynd es ist Zeit zu gehen; 'run ~ nie; trwy'r ~ die ganze Zeit, ständig; yn fy ~ fy hun wann es mir passt.

amseriad (-au) *g (CERDD)* Takt *m*; *(adeg)* Zeitpunkt *m*; ~ tri-pedwar Dreivierteltakt *m*; ~ ei ymddiswyddiad der Zeitpunkt seines Rücktritts.

amserlen (-ni) *b* Zeitplan *m*; *(RHEILFF)* Fahrplan *m*; *(awyren)* Flugplan *m*; *(ysgol)* Stundenplan *m*.

amsernod (-au) *g* Zeitzeichen *nt*.

amserol *ans (mewn pryd)* rechtzeitig, passend; *(cyfoes)* zeitgemäß, aktuell.

amseru *be.g (dewis amser arbennig)* einen Zeitpunkt aussuchen für *+akk*; *(ag oriawr)* stoppen.
  ♦ *be.e (CHWAR)* Zeitmessung *f*.

amserydd (-ion) *g* Uhr *f*, Chronometer *m*; *(COG)* Küchenuhr *f*; *(berwi wy)* Eieruhr *f*; *(CHWAR)* Stoppuhr *f*.

amseryddiaeth *b* Chronologie *f*.

amseryddol *ans* chronologisch.

amsugno *be.g* absorbieren, aufnehmen; *(ffig: gwybodaeth ayb)* in sich *akk* aufnehmen.

amwynder (-au) *g:* ~au hamdden Freizeitmöglichkeiten *pl*; ~ cyhoeddus öffentliche Einrichtung *f*.

amwys *ans* zweideutig, mehrdeutig.

amynedd *g* Geduld *f*; bod ag ~ geduldig sein; colli ~ die Geduld verlieren.

amyneddgar *ans* geduldig, beharrlich; byddwch yn ~! bitte um ein wenig Geduld!

amyneilio *be.g* abwechseln.

anabl *ans (analluog)* unfähig; *(corfforol)* körperbehindert, invalid.
  ♦ *g (person)* Invalide *m*, Behinderte *m/f*; mynedfa i'r ~ Behindertenrampe *f*; budd-dâl i'r ~ Behindertenzuschuss *m*, Invalidenrente *f*.

anabledd *g* Unfähigkeit *f*; *(corfforol)* (Körper)behinderung *f*; pensiwn ~ Invalidenrente *f*.

anacademaidd *ans* unakademisch.

anadferadwy *ans* unwiederbringlich.

anad *adf* eher; yn ~ dim ganz besonders; yn ~ neb mehr als sonst jemand.

anadl *gb* Atem *m*; *(chwa)* Hauch *m*; ~ drwg Mundgeruch *m*; rwy'n brin o ~ ich habe Probleme zu atmen.

anadliad (-au) *g* Atemzug *m*, Atmung *f*; *(i mewn)*
Inhalieren *nt*.

anadlu *be.g* atmen, Luft holen; *(i mewn)* einatmen,
inhalieren; *(allan)* ausatmen; **adfer ~** beatmen; **~ 'n
gras** röcheln; **~'n ddwfn** tief einatmen.

♦ *be.a* einatmen.

♦ *be.e* Atmung *f*; **~ adferol** Beatmung *f*.

anadnabyddadwy *ans* unkenntlich.

anadnabyddus *ans* unbekannt.

anaddas *ans* ungeeignet, unpassend; *(agwedd, iaith)*
unangebracht, unangemessen; *(anghymwys)*
unsachgemäß.

anaeddfed *ans* unreif, grün; *(cynllun, syniad)*
unausgegoren, unfertig.

anaeddfedrwydd *g* Unreife *f*.

anaf (-iadau) *g* Verletzung *f*, Verwundung *f*; **~ i'r
cnawd** Fleischwunde *f*; **cael ~** verletzt werden,
Schaden nehmen.

anafiad (-au) *g* = anaf.

anafu *be.a* verletzen, verwunden; **mae e wedi cael ei
~'n ddrwg** er wurde schwer verletzt.

anafus *ans* wund, offen; *(poenus)* schmerzhaft.

anagram (-au) *g* Anagramm *nt*.

anallu *g* Unfähigkeit *f*, Unvermögen *nt*; *(gwendid)*
Ohnmacht *f*.

analluedd *g* = anallu.

analluog *ans* unfähig; *(gwan)* machtlos,
ohnmächtig; **~ i weithio** erwerbsunfähig; **mae hi'n
~ i wneud dim** sie ist zu nichts fähig.

analluogi *be.a* unfähig machen, hindern; *(CYFR)*
entmündigen.

anamddiffynadwy *ans* unentschuldbar; *(achos, dadl,
theori)* unvertretbar.

anamheus *ans* unverdächtig; *(sicr)* unzweifelhaft,
unbestritten.

anaml *ans* selten.

anamlder *g* Seltenheit *f*.

anamlwg *ans* unauffällig.

anamnewidiadwy *ans* unersetzlich, unersetzbar.

anap (anhapon) *g* Unglück *nt*; *(damwain fach)*
Missgeschick *nt*; **cafodd hi ~ yn y gwaith** sie hatte
einen Arbeitsunfall.

anarchaidd *ans* anarchisch.

anarchiaeth *b* Anarchie *f*.

anarcholladwy *ans* unverwundbar.

anarchydd (anarchwyr) *g* Anarchist(in) *m(f)*.

anarferol *ans* ungewöhnlich; *(anghonfensiynol)*
unüblich, ungebräuchlich; *(eithriadol)*
außergewöhnlich, außerordentlich; **~ o ddrud**
überbezahlt; **~ o fawr** überdimensional.

anarfog *ans* unbewaffnet.

anarwyddocaol *ans* unbedeutend, unscheinbar.

anatebol *ans* *(cwestiwn)* nicht zu beantworten;
(problem) unlösbar; *(dadl)* unwiderlegbar.

anatomeg *b* Anatomie *f*.

anatomegol *ans* anatomisch.

anatomi *gb* *(adeiladwaith corff)* Körperbau *m*; *(gwyddor)*
Anatomie *f*.

anawdurdodedig *ans* unbefugt, unberechtigt.

anchwaethus *ans* geschmacklos, kitschig.

anchwiliedig *ans* unerforscht.

andros *ebych:* **yr ~!** um Himmels willen! **~ o fawr**
unheimlich groß; **~ o hapus** überglücklich; **~ o
dda** über die Maßen gut; **~ o lwyth** Riesenlast *f*.

andwyo *be.a* schaden *+dat*; *(distrywio)* entstellen,
verschandeln; *(enw da)* in den Schmutz ziehen.

andwyol *ans* schädlich.

anecdot (-au) *gb* *(LLEN)* Anekdote *f*.

aneconomaidd *ans* unökonomisch,
unwirtschaftlich.

aneffeithiol *ans* unwirksam, wirkungslos; *(person)*
unfähig, inkompetent.

aneglur *ans* unklar, undeutlich; *(amhendant)* vage;
(anhrefnus) unübersichtlich; *(mynegiad)*
unverständlich; *(tywyll)* dunkel, schattenhaft;
(FFOTO) unscharf, verschwommen.

aneglurder *g* Unklarheit *f*; *(FFOTO)* Unschärfe *f*.

anegni *g* Mattheit *f*, Apathie *f*.

anegwyddorol *ans* charakterlos, skrupellos.

aneirif *ans* unzählig, unzählbar; **~ o bobl** eine
Unmenge von Menschen.

anelu *be.g* zielen; **~ at** zielen auf *+akk*; **~ at wneud
rhth** *(bwriadu)* vorhaben etw zu tun; **~ am yr orsaf**
den Bahnhof ansteuern, sich zum Bahnhof
begeben; **~'n uchel** hoch hinauswollen; **~'n is**
Abstriche machen.

♦ *be.a:* **~ rhth at rth** *(dryll, camera, sylw)* etw auf etw
akk richten.

anelwig *ans* wertlos.

anelwr (anelwyr) *g* Schütze *m*; *(dyfeis ar ddryll)* Kimme
f.

anemaidd *ans* blutarm.

anenwog *ans* unbekannt.

anerchiad (-au) *g* *(cyfarchiad)* Ansprache *f*, Rede *f*;
(araith) Vortrag *m*.

anesboniadwy *ans* unerklärlich, mysteriös.

anesgusodol *ans* unentschuldbar,
unverantwortlich.

anesmwyth *ans* unbehaglich; *(gofidus)* besorgt,
unruhig; *(teimlad)* beklommen; *(rhn)* verkrampft.

anesmwythder *g* Unbehagen *nt*; *(pryder)* Besorgnis *f*,
Beunruhigung *f*; *(teimlad)* Beklommenheit *f*.

anesmwytho *be.g* sich unbehaglich fühlen; *(pryderu)*
sich beunruhigen, sich *dat* Sorgen machen; *(colli*

amynedd) die Geduld verlieren; *(cynhyrfu)* sich erregen, sich aufregen.

anesmwythyd *g* Besorgnis *f*, Beunruhigung *f*.

anesthetaidd *ans* unästhetisch.

anestheteiddio *be.a* betäuben, narkotisieren; *(rhan yn unig)* lahm legen, örtlich betäuben.

anesthetig (-ion) *g* Betäubungsmittel *nt*, Narkose *f*; ~ **lleol** örtliche Betäubung *f*; ~ **cyffredinol** Vollnarkose *f*.

anesthetigo *be.a* = **anestheteiddio.**

anesthetydd (-ion) *g* Anästhesist(in) *m(f)*.

anfad *ans* boshaft, bösartig, gemein.

anfadrwydd *g* Boshaftigkeit *f*.

anfadwaith (anfadweithiau) *g* Bosheit *f*, Untat *f*.

anfadwr (anfadwyr) *g* Übeltäter(in) *m(f)*.

anfaddeugar *ans* unversöhnlich.

anfaddeuol *ans* unverzeihlich.

anfantais (anfanteision) *b* Nachteil *m*; *(afles)* Schaden *m*; *(ochr negyddol)* Kehrseite *f*, Haken *m*; **tan ~** benachteiligt; *(yn gorfforol)* behindert.

anfanteisio *be.a* benachteiligen.

anfanteisiol *ans* nachteilig, unvorteilhaft.

anfanwl *ans* ungenau, undetailliert.

anfanylder *g* Ungenauigkeit *f*.

anfarchnatadwy *ans* nicht zu vermarkten.

anfarddonol *ans* unpoetisch, prosaisch.

anfarwol *ans* unsterblich; *(diddarfod)* unvergänglich; *(bythgofiadwy)* unvergesslich.

anfarwoldeb *g* Unsterblichkeit *f*.

anfarwoli *be.a* unsterblich machen.

anfeddylgar *ans* gedankenlos.

anfedrus *ans* ungeschickt, linkisch; *(trwsgl)* unbeholfen.

anfeidredd *g (MATH)* das Unendliche *nt*.

anfeidrol *ans* unendlich, grenzenlos.

anfeidroldeb *g* Unendlichkeit *f*.

anfeirniadol *ans* unkritisch, kritiklos.

anfenywaidd *ans* unweiblich.

anferth, anferthol *ans* riesig, ungeheuer groß; *(cryf)* gewaltig, enorm.

anfesuradwy *ans* unermesslich; *(gwerth)* unschätzbar; *(perygl, canlyniad)* unabsehbar.

anfodlon *ans* unzufrieden; *(anewyllysgar)* unwillig, abgeneigt; *(anfrwdfrydig)* widerwillig; **bod yn ~ â rhth** mit etw *dat* unzufrieden sein.

anfodloni *be.a* missfallen +*dat*.

anfodlonrwydd *g* Unzufriedenheit *f*; *(amharodrwydd)* Unwille *m*.

anfodd *g* Widerwille *m*, Widerwilligkeit *f*; **mae hi'n ei ddarllen o'i h~** sie liest es widerwillig; **gwneud rhth rhwng bodd ac ~** etw nur widerwillig tun.

anfoddhaol *ans* unbefriedigend; *(diffygiol)*

mangelhaft, ungenügend.

♦ *g (YSG)* Ungenügend[D] *nt*, Nichtgenügend[A] *nt*.

anfoesgar *ans* unhöflich, unerzogen.

anfoesgarwch *g* Unhöflichkeit *f*, schlechtes Benehmen *nt*.

anfoesol *ans* unmoralisch; *(ymddygiad)* unsittlich, unzüchtig; *(person, bywyd)* lasterhaft, liederlich.

anfoesoldeb *g* Unsittlichkeit *f*, Laster *nt*.

anfon *be.a* schicken, senden; *(llythyr, parsel)* aufgeben; ~ **adre** heimsenden, heimschicken; ~ **am y meddyg** den Arzt rufen lassen; ~ **at** *(person)* schicken an +*akk*; ~ **i** *(lle)* schicken nach, schicken in +*akk*; ~ **i mewn** einsenden; ~ **ymlaen** nachschicken, nachsenden; ~ **o'r cae** *(CHWAR)* vom Platz verweisen.

♦ *be.e (MASN)* Versand *m*.

anfoneb (-au) *g (MASN)* Faktura *f*, Rechnung *f*; **anfon ~ at** fakturieren.

anfonwr (anfonwyr) *g* = **anfonydd.**

anfonydd (anfonwyr) *g* Absender(in) *m(f)*.

anfreiniol *ans* nicht privilegiert, benachteiligt.

anfri (anfriau) *g* Schande *f*, Verrufenheit *f*.

anfrwdfrydig *ans* lustlos, widerwillig.

anfuddiol *ans* nutzlos; *(di-les)* unrentabel.

anfuddioldeb *g* Nutzlosigkeit *f*.

anfwriadol *ans* unabsichtlich, unbeabsichtigt.

anfwytadwy *ans* ungenießbar.

anffaeledig *ans* unfehlbar.

anffaeledigrwydd *g* Unfehlbarkeit *f*.

anffafriaeth *b* Diskriminierung *f*.

anffafrio *be.a* diskriminieren.

anffafriol *ans* ungünstig.

anffasiynol *ans* unmodern, nicht in Mode.

anffawd (anffodion) *b* Unglück *nt*, Pech *nt*; **trwy ~** durch ein Missgeschick.

anffodus *ans* unglücklich; *(digwyddiad)* bedauernswert, bedauerlich; *(person)* unglückselig.

♦ *adf:* **yn ~** leider, unglücklicherweise.

anffodusyn (anffodusion) *g* Pechvogel *m*, Unglückliche *m/f*.

anffortunus *ans* unselig, unglücklich.

anffrwythlon *ans* unfruchtbar.

anffrwythlondeb *g* Unfruchtbarkeit *f*.

anffrwythloni *be.a* unfruchtbar machen, sterilisieren.

anffrwythlonrwydd *g* = **anffrwythlondeb.**

anffurf (-iannau) *g* Missbildung *f*.

anffurfiedig *ans* unförmig, deformiert; *(corfforol)* entstellt.

anffurfio *be.a* verunstalten, deformieren; *(gwir, adroddiad)* entstellen, verzerren.

anffurfiol *ans* ungezwungen, leger; *(cyfarfod, trafodaethau)* zwanglos; *(answyddogol)* inoffiziell; **gwisg ~** bequeme Kleidung *f*, Alltagskleidung *f*.

anffurfioldeb *g* Zwanglosigkeit *f*, Ungezwungenheit *f*.

anffyddiaeth *b (CREF)* Atheismus *m*.

anffyddiwr (anffyddwyr) *g* Atheist *m*, Ungläubige *m/f*.

anffyddlon *ans* untreu; *(anheyrngar)* ungetreu, treulos; **bod yn ~ i rn** jdm untreu werden.

anffyddlondeb *g* Untreue *f*.

anffyddwraig (anffyddwragedd) *b* Atheistin *f*.

anhaeddiannol *ans* unverdient.

anhafal *ans* ungleich.

anhafaledd *g* Ungleichheit *f*.

anhalog *ans* keusch.

anhalogadwy *ans* unantastbar.

anhanfodol *ans* unnotwendig.

anhap *g* = anap.

anhapus *ans* unglücklich, traurig; *(anfodlon)* unzufrieden.

anhapusrwydd *g* Traurigkeit *f*; *(anfodlonrwydd)* Unzufriedenheit *f*.

anharddu *be.a* verunstalten, entstellen.

anhawddgar *ans* unsympathisch, unangenehm.

anhawster (anawsterau) *g* Schwierigkeit *f*, Problem *nt*; *(rhwystr)* Hindernis *nt*; **mae e'n cael ~ anadlu** es bereitet ihm Schwierigkeiten zu atmen; **yr ~ mwyaf yw ...** das größte Problem ist…; **achosi anawsterau i rn** jdm Schwierigkeiten/Scherereien machen.

anheddau *ll gw.* annedd.

anheddiad (-au) *g* Besiedlung *f*.

anheddol *ans* bewohnbar.

anhepgor (-ion) *g* Notwendigkeit *f*.

anhepgor, anhepgorol *ans* unentbehrlich, unbedingt nötig; *(amhosibl ei osgoi)* unumgänglich; *(pwysig iawn)* unerlässlich, essenziell.

anhraethadwy, anhraethol *ans* unsagbar, unsäglich, unbeschreiblich.

anhrawiadol *ans* unauffällig, schlicht.

anhrefn *b* Unordnung *f*, Durcheinander *nt*, Chaos *nt*.

anhrefnus *ans* ungeordnet, durcheinander; *(bywyd)* ungeregelt; *(dull o weithio)* chaotisch, unsystematisch.

anhreiddiadwy *ans* undurchdringlich; *(amddiffynfa)* uneinnehmbar.

anhreuliadwy *ans* unverdaulich.

anhreuliedig *ans* unverbraucht; *(bwyd)* unverdaut; *(diwrnod)* ungenützt.

anhringar *ans* schwierig; *(car, cwch)* schwierig zu

steuern; *(anifail)* ungezähmt.

anhrosglwyddadwy *ans* unübertragbar.

anhrugarog *ans* unbarmherzig, erbarmungslos; *(brwydr)* gnadenlos.

anhunanol *ans* selbstlos, uneigennützig.

anhunedd *g* Schlaflosigkeit *f*.

anhwylder (-au) *g* Unpässlichkeit *f*, Unwohlsein *nt*; **~ ar y stumog** Magenverstimmung *f*; **~ dibwys** Wehwehchen *nt*.

anhwylus *ans* unwohl, unpässlich; *(anghyfleus)* ungünstig, unpassend; **teimlo'n ~** unwohl sein.

anhwylustod *g* Unannehmlichkeit *f*.

anhyblyg *ans* starr, steif; *(agwedd)* unflexibel; *(ystyfnig)* stur.

anhyblygedd, anhyblygrwydd *g* Starrheit *f*, Steifheit *f*; *(ffig)* Unbeugsamkeit *f*.

anhydawdd *ans* unlöslich.

anhyderus *ans* bescheiden, zurückhaltend.

anhydraidd *ans* undurchlässig; *(i ddŵr)* Wasser abweisend.

anhydrin *ans* schwierig; *(plentyn)* aufmüpfig, trotzig.

anhyddysg *ans* ungebildet, unwissend; **bod yn ~ yn yr iaith** die Sprache nicht gelernt haben.

anhyfryd *ans* unangenehm.

anhyfforddol *ans* unpädagogisch.

anhyglyw *ans* unhörbar, schwach.

anhygoel *ans* unglaublich, unvorstellbar; *(gwych)* fantastisch, sagenhaft.

anhygyrch *ans* unzugänglich, entlegen.

anhylan *ans* unhygienisch.

anhylaw *ans (teclyn)* unhandlich, unpraktisch; *(person)* ungeschickt, unbeholfen.

anhysbys *ans (dienw)* unbekannt, anonym.

anhywaith *ans* wild, ungebärdig.

anial *ans* wüst, öde; *(sych)* dürr, karg.

anialwch *g (diffeithwch)* Wüste *f*, *(lle anghyfannedd)* Einöde *f*, Wildnis *f*.

anian *gb (natur dyn)* Temperament *nt*, Gemüt *nt*.

anianol *ans* natürlich.

anifail (anifeiliaid) *g* Tier *nt*; *(gwartheg)* Vieh *nt*; *(hela)* Wild *nt*; **~ anwes** Haustier *nt*; **~ pwn** Lasttier *nt*; **anifeiliaid fforchdroed** *(SÖOL)* Paarhufer *pl*.

anifeilaidd *ans* tierisch.

anis *g (BOT)* Anis *m*.

anlwc *g* Unglück *nt*, Pech *nt*.

anlwcus *ans* unglücklich, glücklos; **bod yn ~** Pech haben; **yn ~!** Pech gehabt!

anllad *ans* obszön, anstößig; *(anniwair)* schamlos, lasziv.

anlladrwydd *g* Obszönität *f*, Schamlosigkeit *f*.

anllosgadwy *ans* feuerfest.

anllygradwy *ans* unbestechlich.

anllygredig *ans* rein, unverdorben.

anllythrennog *ans:* rhn ~ Analphabet(in) *m(f)*; bod yn ~ Analphabet sein, nicht lesen und schreiben können.

annaearol *ans (annaturiol)* überirdisch; *(iasol)* unheimlich, gruselig.

annaliadwy *ans* unhaltbar.

annarllenadwy *ans* unlesbar, unleserlich.

annatblygedig *ans (gwlad)* unterentwickelt, rückständig; *(tir)* unbebaut, brach.

annatod *ans* fest.

annatodadwy *ans* unentwirrbar; *(problem)* unlösbar.

annatrys *ans* ungelöst; *(llofruddiaeth ayb)* unaufgeklärt.

annaturiol *ans* unnatürlich; *(ffug)* gestellt; *(mursennaidd)* affektiert, gekünstelt.

annealladwy *ans* unverständlich.

anneallus *ans* verständnislos.

annedwydd *ans* unglücklich, unzufrieden.

annedd (anheddau) *gb* Wohnhaus *nt*, Wohnung *f*.

annefnyddiadwy *ans* unbenutzbar, unbrauchbar.

annefnyddioldeb *g* Nutzlosigkeit *f*, Unbrauchbarkeit *f*.

annel (anelau *neu* anelion) *g (amcan, bwriad)* Ziel *nt*, Zweck *m*; *(dyfais i anelu)* Visier *nt*, Zielfernrohr *nt*; *(magl)* Falle *f*, *(MWYN)* Stützbalken *m*.

annelwig *ans* undeutlich, verschwommen; *(amhendant)* ungenau, vage.

annemocrataidd *ans* undemokratisch.

annengar *ans* reizlos, unattraktiv.

anneniadol *ans* unattraktiv.

anner (aneiri *neu* aneirod) *b* Färse *f*, junge Kuh *f*.

annerbyniol *ans (amodau)* unannehmbar, inakzeptabel; *(yn groes i'r rheol)* unzulässig; *(ymddygiad)* verpönt.

annethol *ans (GWLEID)* ungewählt.

annerch *be.a (cynulleidfa)* ansprechen.

annhebyg *ans* unähnlich, ungleich.

♦ *adf:* yn ~ unwahrscheinlich.

annhebygol *ans* unwahrscheinlich; *(eglurhad, stori)* unglaubwürdig, unplausibel; mae'n ~ o ddigwydd es wird wahrscheinlich nicht dazu kommen.

annhebygolrwydd *g* Unwahrscheinlichkeit *f*.

annhebygrwydd *g* Unähnlichkeit *f*, Verschiedenheit *f*.

annheg *ans* ungerecht, unfair; *(MASN)* unlauter.

annhegwch *g* Ungerechtigkeit *f*.

annheilwng *ans* unwürdig, unehrenhaft.

annherfynol *ans* unbegrenzt, unendlich.

annheyrngar *ans* ungetreu, treulos, abtrünnig.

annhirion *ans* unschön; *(creulon)* grob.

annhoradwy *ans* unzerbrechlich.

annhosturi *g* Rücksichtslosigkeit *f*.

anniben *ans* unordentlich, schlampig; *(ymddangosiad)* ungepflegt, verwildert; *(gwaith)* schlampig.

annibendod *g* Unordnung *f*, Durcheinander *nt*.

annibynadwy *ans* unzuverlässig; *(tyst ayb)* unglaubwürdig.

annibyniaeth *b* Unabhängigkeit *f*; *(personol)* Ungebundenheit *f*; *(hunangyfrifoldeb)* Selbständigkeit *f*, Eigenständigkeit *f*.

annibynnol *ans* unabhängig; *(rhydd)* frei, ungebunden; *(hunangyfrifol)* selbständig; *(llywydd)* überparteilich; A~ *(CREF)* nonkonformistisch.

Annibynnwr (Annibynwyr) *g (CREF)* Nonkonformist(in) *m(f)*.

Annibynwraig (Annibynwragedd) *b (CREF)* Nonkonformistin *f*.

annichon, annichonadwy *ans* unerfüllbar, unmöglich.

annidwyll *ans* unaufrichtig.

annidwylledd *g* Unaufrichtigkeit *f*.

anniddig *ans (aneswyth)* reizbar; *(piwis)* verdrossen, missmutig; *(aflonydd)* unruhig.

anniddigrwydd *g* Verdrossenheit *f*, *(anesmwythder)* Unbehagen *nt*.

anniddorol *ans* uninteressant, langweilig.

anniddos *ans* ungeschützt.

anniflan *ans (dillad)* waschfest.

annifyr *ans* unangenehm; *(anffodus)* dumm; *(teimlad)* unbehaglich; *(profiad)* peinlich.

annifyrrwch *g* Unbehagen *nt*.

annigonol *ans* unzureichend; *(prin)* dürftig, spärlich.

annileadwy *ans* unauslöschlich.

annilys *ans* ungültig; *(wedi'r dyddiad)* verfallen; *(ffug)* falsch.

annilysrwydd *g* Ungültigkeit *f*.

annioddefgar *ans* intolerant, ungeduldig.

annioddefol *ans* unerträglich; *(amgylchiadau)* untragbar; *(person annymunol)* unausstehlich.

anniogel *ans* gefährlich, unsicher; *(menter)* riskant.

anniolchgar *ans* undankbar.

anniolchgarwch *g* Undankbarkeit *f*, Undank *m*.

anniplomataidd *ans* undiplomatisch.

annirnadwy *ans* unfassbar, unbegreiflich.

annisgrifiadwy *ans* unbeschreiblich.

annisgwyl *ans* unerwartet; *(nas rhagwelwyd)* unvorhergesehen, unvermutet; *(ymweliad dirybudd)* unangemeldet.

annisgwyliadwy *ans* = annisgwyl.

annisgybledig *ans* undiszipliniert, unbeherrscht.

anniwair *ans* unkeusch; *(anffyddlon)* untreu.

anniwall *ans* unersättlich, unstillbar.

anniweirdeb *g* Unkeuschheit *f.*

anniwygiadwy *ans* unverbesserlich.

anniwylliedig *ans (anhyddysg)* ungebildet; *(moesau)* unkultiviert.

annodweddiadol *ans* untypisch; **roedd hynny'n ~ ohono** das ist ganz untypisch für ihn.

annoeth *ans* unbesonnen, unklug; *(mynegiad)* taktlos.

annog *be.a* motivieren, animieren; *(ffig: gyrru ymlaen)* anspornen, anfeuern; *(cymell)* drängen, mahnen; *(cefnogi)* ermutigen, Mut machen +*dat*; *(i droseddi)* anstiften; **cafodd e ei ~ i orffen y gwaith** er wurde dazu ermahnt die Arbeit zu beenden.

annormal *ans* abnormal.

annos *be.a gw.* **annog**; **~ ci ar rn** den Hund auf jdn hetzen.

annuwiol *ans* gottlos.

annwfn, annwn *g* Unterwelt *f.*

annwyd (-au) *g (MEDD)* Erkältung *f*; *(trwyn yn rhedeg)* Schnupfen *m*; **mae ~ arnaf** ich bin erkältet; **dal ~** sich erkälten.

annwyl *ans* lieb, teuer; *(hoffus, ciwt)* drollig, niedlich; *(mewn llythyr)* **~ Dad/Siôn!** lieber Vater/Siôn! **~ Fam/Siân!** liebe Mutter/Siân! **~ Mr Jones** sehr geehrter Herr Jones! **~ Mrs Davies** sehr geehrte Frau Davies! **~ Syr** sehr geehrter Herr! **~ Syr neu Fadam** sehr geehrte Damen und Herren! **yr ~!** (ach) du liebe Zeit! (ach) meine Güte!
♦ *ll:* **anwyliaid** meine *(usw.)* Lieben *pl.*

annylanwadwy *ans* unbeeinflussbar.

annymunol *ans* unangenehm; *(nid yn werth chweil)* nicht erstrebenswert; *(profiad)* unerfreulich; *(person)* unsympathisch, unleidlich; unfreundlich.

annynol *ans* unmenschlich.

annysgedig *ans* ungebildet.

anobaith *g* Hoffnungslosigkeit *f*, Verzweiflung *f.*

anobeithio *be.g* verzweifeln, verzagen, die Hoffnung aufgeben; **~ ynghylch rhth** die Hoffnung auf etw *akk* aufgeben; **paid ag ~!** nur Mut!

anobeithiol *ans (person)* hoffnungslos; *(sefyllfa)* aussichtslos, ausweglos; *(digalon)* verzweifelt, hoffnungslos.

anochel *ans* unvermeidlich, unausweichlich; *(dramatig)* fatal, schicksalhaft.

anodd *ans* schwierig, schwer; *(caled)* hart; *(dyrys)* heikel, tückisch; **mae'n ~ i mi gredu bod ...** ich kann nicht glauben, dass...; **~ eich plesio** wählerisch; **~ ei dreulio** *(bwyd)* schwer verdaulich.

anoddefgar *ans* intolerant.

anoddefgarwch *g* Unduldsamkeit *f*, Intoleranz *f.*

anogaeth (-au) *b (symbyliad)* Anreiz *m*; *(calondid)* Ansporn *m*, Ermutigung *f.*

anogol *ans* ermutigend.

anogwr (anogwyr) *g (i drosedd)* Anstifter *m.*

anonest *ans* unehrlich, unredlich; *(twyllodrus)* betrügerisch; **roedd hi'n ~ iawn â mi** sie war sehr unehrlich zu mir.

anonestrwydd *g* Unehrlichkeit *f*, Unredlichkeit *f.*

anorac (-s) *g* Anorak *m.*

anorchfygedig *ans* unbesiegt.

anorchfygol *ans* unbesiegbar, unüberwindlich; *(mewn cystadleuaeth)* unschlagbar; *(record)* unüberbietbar; *(ffig)* unwiderstehlich.

anorecsia *g (MEDD)* Magersucht *f.*

anorectig *ans (MEDD)* magersüchtig.

anorfod *ans* unvermeidlich, unentrinnbar.

anorffenedig *ans* unvollendet, unfertig; *(tasg)* unerledigt; **mae'r gwaith yn dal yn ~** die Arbeit ist noch unvollendet.

anorganaidd, anorganig *ans* anorganisch.

anorthrech *ans* unbesiegbar.

anrhagweladwy *ans* unvorhersehbar; *(person, tywydd)* unberechenbar.

anrhagweledig *ans* unvorhergesehen.

anrhaith (anrheithiau) *b* Plünderung *f*; *(ysbail)* Beute *f.*

anrhanadwy *ans* unteilbar.

anrhanedig *ans* ungeteilt.

anrhedadwy *ans (GRAM)* indeklinabel.

anrheg (-ion) *b* Geschenk *nt*; *(o daith)* Mitbringsel *nt*; **~ Nadolig** Weihnachtsgeschenk *nt*; **rhoi rhth yn ~ i rn** jdm etw schenken.

anrheithio *be.a* plündern; *(distrywio)* verwüsten.

anrhwygadwy *ans* unzerreißbar.

anrhydedd (-au) *gb* Ehre *f*; *(clod)* Ehrung *f*; *(gwobr)* Auszeichnung *f*; *(parchusrwydd)* Würde *f*; **doethur er ~** Ehrendoktor *m.*

anrhydeddu *be.a (parchu)* ehren, würdigen; *(gwobrwyo)* ehren, auszeichnen.

anrhydeddus *ans* ehrenvoll; *(parchus)* ehrenhaft, würdig.

ansad *ans* unbeständig; *(gwan)* labil; *(oriog)* wankelmütig.

ansadrwydd *g* Unbeständigkeit *f*, Labilität *f*; *(tymer)* Wankelmütigkeit *f.*

ansawdd (ansoddau) *gb (cyflwr)* Zustand *m*; *(safon)* Qualität *f*, Güte *f*; **o'r ~ gorau** von bester Qualität; **~ bywyd** Lebensqualität *f.*

ansefydlog *ans* unbeständig, unstet; *(tywydd)* veränderlich.

ansefydlogrwydd *g* Unbeständigkeit *f.*

ansensitif *ans* unempfindlich.

ansensitifrwydd *g* Unempfindlichkeit *f.*

anserchog *ans* lieblos.

ansicr *ans* unsicher, ungewiss; *(amheus)* zweifelhaft; *(canlyniadau)* unschlüssig; *(petrus)* zögerlich; **roeddwn yn ~ iawn o hynny** ich war diesbezüglich sehr unsicher.

ansicrwydd *g* Unsicherheit *f,* Ungewissheit *f.*

ansigladwy *ans* unbeirrbar, unerschütterlich.

ansiofi (-s) *g* Sardelle *f.*

ansoddair (ansoddeiriau) *g (GRAM)* Adjektiv *nt,* Eigenschaftswort *nt.*

ansoddol *ans* qualitativ.

answyddogol *ans* inoffiziell, außeramtlich.

ansylweddol *ans* unmerklich.

ansymudol *ans* unbeweglich.

ansymudoldeb *g* Unbeweglichkeit *f.*

ansystematig *ans* unsystematisch, planlos.

Antarctig *b (DAEAR)* Antarktis *f.*

antelop (-iaid) *g (SÖOL)* Antilope *f.*

anterliwt (-iau) *gb (THEAT)* Zwischenspiel *nt,* Einlage *f.*

anterth *g (uchafbwynt)* Höhepunkt *m,* Zenit *m; (cyfnod disglair)* Blütezeit *f,* Glanzzeit *f;* **yn ei ~** im besten Alter.

antibiotig (-ion) *g* Antibiotikum *nt.*

antiseptig *ans* antiseptisch, keimtötend.

antur (-iau) *gb* Abenteuer *nt.*

antures (-au) *b* Abenteurerin *f.*

anturiaeth (-au) *b* Abenteuer *nt; (menter)* Unternehmen *nt;* **parc ~** Industriegebiet *nt.*

anturiaethus *ans* abenteuerlustig.

anturiaethwr (anturiaethwyr) *g =* **anturiwr.**

anturiwr (anturwyr) *g* Abenteurer *m.*

anturus *ans (cyffrous)* abenteuerlich; *(mentrus)* tollkühn.

anthem (-au) *b* Hymne *f;* **~ genedlaethol** Nationalhymne *f.*

anudon (-au) *g (CYFR)* Meineid *m;* **tyngu ~** einen Meineid leisten.

anudonedd (-au) *g =* **anudon.**

anufudd *ans* ungehorsam; *(plentyn)* unartig, trotzig; *(GWLEID)* aufständisch; **bod yn ~ i rn** jdm nicht gehorchen.

anufudd-dod *g* Ungehorsam *m; (MIL)* Befehlsverweigerung *f; (i gytundeb neu reolau)* Nichteinhaltung *f.*

anufuddhau *be.a* meutern; **~ i rn** jdm nicht gehorchen.

anundeb *g* Uneinigkeit *f.*

anuniongred *ans* unorthodox.

anuniongyrchol *ans* indirekt; *(dull, ffordd)* mittelbar; **trethiant ~** indirekte Besteuerung; **gwrthrych ~** *(GRAM)* indirektes Objekt.

anwadadwy *ans* unbezweifelbar, unwiderlegbar.

♦ *adf* unzweifelhaft.

anwadal *ans (cymeriad)* unstet, wankelmütig; *(ansad)* charakterlos, inkonsequent; *(tywydd)* wechselhaft.

anwadaliad (-au) *g* Schwankung *f; (ansadrwydd)* Inkonsequenz *f.*

anwahanadwy *ans* untrennbar; *(amhosibl i'w rannu)* unteilbar; *(ffrindiau)* unzertrennlich.

anwar¹ *ans* barbarisch, unzivilisiert.

anwar² (-iaid) *g* Barbar(in) *m(f); (CREF)* Heide *m,* Heidin *f.*

anwaraidd *ans* unzivilisiert; *(ymddygiad)* ungehobelt.

anwariad (-iaid) *g* Wilde *m/f;* **gw.h. anwar².**

anwastad *ans* uneben; *(llwybr)* uneben, holprig; *(anghyson)* ungleichmäßig.

anwe (-oedd) *b (TECS)* Schuss *m.*

anwedd (-au) *g (ager)* Dampf *m; (ar ffenestr)* Beschlag *m,* Dunst *m; (FFIS)* Kondensation *f.*

anweddaidd *ans (amhriodol)* unziemlich.

anweddol *ans (CEM)* flüchtig.

anweddolrwydd *g (CEM)* Flüchtigkeit *f.*

anweddu *be.g* verdampfen, verdunsten.

anweddus *ans (difoes, amhriodol)* ungehörig, anstößig; *(digywilydd)* schamlos; *(sathredig)* ordinär, obszön; *(gwisg)* unzüchtig; *(iaith)* unflätig; **roedd hi wedi ymddwyn yn ~** sie hat sich danebenbenommen.

anwedduster (-au) *g* Ungehörigkeit *f,* Anstößigkeit *f; (anlladrwydd)* Obszönität *f,* Unanständigkeit *f.*

anweithiol *ans* träge.

anweithredol *ans* träge, inaktiv; *(heb ymyrryd)* tatenlos.

anweladwy *ans* unsichtbar; *(disylw)* unmerklich.

anweledig *ans* unsichtbar; *(disylw)* ungesehen.

anweledigrwydd *g* Unsichtbarkeit *f.*

anwelladwy *ans* unverbesserlich; *(o ran iechyd)* unheilbar.

anwerthadwy *ans* unverkäuflich, unveräußerlich.

anwesol *ans* kuschelig; *(mwythus)* anschmiegsam.

anwesu *be.a* liebkosen; *(anifail)* streicheln; *(cofleidio)* umarmen; **~ rhn** *(a chusanu)* schmusen.

anwir *ans* unwahr, falsch.

anwiredd (-au) *g* Unwahrheit *f,* Lüge *f.*

anwireddu *be.a (dogfen)* fälschen; *(cambortreadu)* verfälschen.

anwireddus *ans* verlogen.

anwirfoddol *ans* unfreiwillig.

anwiriad (-au) *g* Fälschung *f; (cambortread)* Verfälschung *f;* **~ hanes** Geschichtsfälschung *f.*

anwleidyddol *ans* unpolitisch.

anwrol *ans* feige.

anwrthsafadwy *ans* unwiderstehlich; *(anorchfygol)* unaufhaltsam.

anwrywaidd *ans* unmännlich.

anws (-au) *g (ANAT)* After *m*.

anwybodaeth *b* Unwissenheit *f*, Unkenntnis *f*.

anwybodus *ans* unwissend, unkundig; **bod yn ~ o rth** von etw keine Ahnung haben.

anwybodusyn (anwybodusion) *g* Ignorant *m*.

anwybyddiad *g* Missachtung *f*, Ignoranz *f*.

anwybyddu *be.a* übergehen, ignorieren; *(peidio â sylwi)* überhören, übersehen; *(rheolau)* missachten; *(diystyru)* ausschließen, ausklammern; **~ rhn/rhth** jdm/etw keine Beachtung schenken, jdn/etw links liegen lassen; **~ gwendidau rhn** über jds Schwächen *akk* hinwegsehen.

anwyddonol *ans* unwissenschaftlich.

anwylo *be.a (mwytho)* bemuttern, hätscheln; *(anwesu)* kosen, kraulen; **~ rhn** *(cusanu)* schmusen.

anwylyd (anwyliaid) *g* Liebling *m*; *(cariad)* Geliebte *m/f*.

anyfadwy *ans* ungenießbar; **dŵr ~** kein Trinkwasser.

anymarferol *ans* unpraktisch; *(cynllun, syniad)* unzweckmäßig; *(amhosibl)* undurchführbar.

anymochrol *ans* neutral, *(GWLEID)* neutral, blockfrei.

anymosodedd *g* Gewaltverzicht *m*.

anymwthgar *ans* diskret, unaufdringlich; *(cynnil)* dezent.

anymwybod *g* Bewusstlosigkeit *f*.

anymwybodol *ans* unbewusst; *(MEDD)* bewusstlos, ohnmächtig; **bod yn ~ o rth** sich einer Sache *gen* nicht bewusst sein.

anymwybyddiaeth *b* Bewusstlosigkeit *f*.

anymyrraeth *b* Nichteinmischung *f*.

anynad *ans* pervers.

anysbrydoledig *ans* geistlos.

anysgrifenedig *ans* ungeschrieben.

anystwyth *ans* starr, steif; *(anhyblyg)* schwerfällig; *(ystyfnig)* stur.

anystwythder *g* Starrheit *f*; *(anhyblygrwydd)* Schwerfälligkeit *f*.

anystwytho *be.g* erstarren.

anystyriaeth *b* Gedankenlosigkeit *f*, Leichtsinn *m*.

anystyriol *ans* gedankenlos, leichtfertig; *(diofal)* rücksichtslos.

anystyrllyd *ans (yn ddirmygus)* abfällig, verächtlich; *(yn haeddu dirmyg)* verachtenswert, abscheulich.

anystywallt *ans* widerspenstig, undiszipliniert; *(GWLEID)* aufständisch.

aorta (aortâu) *g (ANAT)* Aorta *f*, Hauptschlagader *f*.

ap *geir* Sohn des; **Dafydd ~ Gwilym** Dafydd, Sohn des Gwilym.

apartheid (-au) *g (GWLEID)* Apartheid *f*.

apathetig *ans* apathisch.

apêl (apelau) *gb (galwad)* Appell *m*, Aufruf *m*; *(atyniad)* Reiz *m*, Charme *m*; *(CYFR)* Berufung *f*; **Llys A~** Berufungsgericht *nt*; **gwneud ~ ar rn i wneud rhth** einen Appell an jdn richten etw zu tun.

apelgar *ans* attraktiv.

apeliad (-au) *g (CYFR)* Berufung *f*.

apelio *be.g:* **~ am** bitten um; *(yn ffurfiol)* ansuchen um; **~ at** appellieren an +*akk*; **mae hynny'n ~ ata' i** *(bod yn apelgar)* das spricht mich an, das sagt mir zu; **nid yw'n ~ ata'i** das reizt mich nicht; **~ i rn am rth** jdn um etw ersuchen/bitten; *(CYFR)* **~ yn erbyn dyfarniad** ein Urteil anfechten, Berufung einlegen.

apostol (-ion) *g (CREF)* Apostel *m*.

apricot (-au) *b* Aprikose *f*, Marille[A] *f*; **gw.h. bricyllen**.

apwyntiad (-au) *g (i swydd)* Ernennung *f*, *(yn athro prifysgol)* Berufung *f*; *(trefniad)* Termin *m*, Verabredung *f*; **gwneud ~** einen Termin vereinbaren.

apwyntio *be.a* ernennen; *(trefnu amser)* vereinbaren.

ar *ardd* auf +*dat/+akk*, an +*dat/+akk*; *(+akk)* **rhoi'r llyfr ~ y bwrdd** das Buch auf den Tisch *akk* legen; *(+dat)* **mae'r llyfr ~ y bwrdd** das Buch liegt auf dem Tisch *dat*; **~ Fawrth 15fed** am 15. März; **dau ~ hugain** zweiundzwanzig; **~ adegau** mitunter; **~ agor** geöffnet, offen *(gw.h. agor)*; **~ antur** wahllos; *(hap)* auf gut Glück; **~ beth** woran, worauf; **~ brawf** probeweise; *(CYFR)* auf Bewährung; **~ dir a môr** zu Wasser und zu Lande; **~ dro** *(cam)* schräg; *(weithiau)* ab und zu; **~ droed** zu Fuß; *(ar ddigwydd)* bevorstehend; **~ ddechrau** zu Beginn, am Anfang; **~ ddechrau Mehefin** Anfang Juni; **~ ddydd Llun** montags; **~ ddyletswydd** *(milwr, meddyg)* Dienst habend; **~ dir egwyddor** aus Prinzip; **~ ei golled** *(MASN)* mit Verlust; **~ ei wythfed** achtfach; **~ farw** im Sterben; **~ frys** dringend; **~ fy ngair!** Ehrenwort! **~ ffurf ...** in Gestalt eines…, in Form eines…; **~ gael** vorhanden, verfügbar; *(MASN)* erhältlich, lieferbar; *(mewn stoc)* vorrätig; **~ gam** schräg; *(bai)* zu Unrecht; **~ garlam** im Galopp; **~ gau** geschlossen, zu; *(ffordd)* gesperrt; **~ gof** auswendig; **~ goll** verschwunden, verloren; **~ gyfartaledd** im Schnitt, im Durchschnitt; **~ gyfrif** *(CYLL)* a conto; **~ gyffuriau** unter Drogen; **~ gyrion y dref** am Stadtrand; **~ hap** durch Zufall; **~ hyn o bryd** im Moment, momentan; *(ar yr adeg bresennol)* gegenwärtig, zur Zeit; **~ lafar** umgangssprachlich; **~ led** weit verbreitet; **~ letraws** quer; **~ lethr** schief; **~ ogwydd** schräg; **~ oriwaered** bergab; **~ osgo** schief; **~ unwaith** sofort,

augenblicklich, sogleich; *(uniongyrchol)*
schnurstracks; *(diymdroi)* kurzerhand, kurz
entschlossen; *(mor fuan â phosibl)* schleunigst,
gleich; ~ **waith** im Einsatz; ~ **wasgar** verstreut; ~
werth zu verkaufen, abzugeben; ~ **wyliau** auf
Urlaub; ~ **ŵyr** schief; ~ **y blaen** vorneweg; ~ **y brig**
obenauf, zuoberst; ~ **y cyd** gemeinsam; ~ **y cyfan**
im Großen und Ganzen; ~ **y chwith** links; ~ **y**
diwedd zum Schluss; ~ **y dde** rechts; ~ **y funud** olaf
un in letzter Minute; ~ **y ffôn** am Telefon; ~ **y**
ffordd unterwegs; *(lleoliad)* auf der Straße; ~ **y**
gwaelod zu unterst, unten; ~ **y gwaethaf**
schlimmstenfalls; ~ **y llawr cyntaf** im ersten
Stock; ~ **y mwyaf** höchstens, maximal; ~ **y radio**
im Radio; ~ **y slei** unter der Hand; ~ **y teledu** im
Fernsehen; ~ **y trên** *(teithio)* mit der Bahn; ~ **yn ail**
abwechselnd; ~ **yn ôl** rückwärts; ~ **yr amod** unter
der Bedingung, vorausgesetzt; ~ **yr ochr** seitlich;
~ **yr un pryd** gleichzeitig, simultan; ~ **yr wyneb** *(y tu*
allan) äußerlich; *(arwynebol)* oberflächlich,
flüchtig; ~ **yr ymylon** im Umfeld.

ar ben *ardd* auf *+dat/+akk*; ~ **ben y bwrdd**
(sefyll, gorwedd) auf dem Tisch; *(gosod, dodi)* auf
den Tisch; ~ **ben ei gilydd** übereinander,
aufeinander; ~ **ben hynny** *(ychwanegol)* ferner,
darüber hinaus.

♦ *adf (wedi gorffen)* aus, zu Ende; *(heibio)* vorbei,
vorüber; **mae hi ~ ben arnom!** das ist unser
Untergang! *gw.h.* **pen¹**.

ar bwys *ardd* neben *+dat/+akk*; *(agos at)*
nahe bei *+dat*; *(oherwydd)* wegen; ~ **bwys y gadair**
(sefyll) neben dem Stuhl; *(gosod)* neben den Stuhl;
dere i eistedd ~ fy mhwys i komm, setz dich zu
mir; **byw ~ bwys yr eglwys** nahe der Kirche
wohnen; ~ **bwys yr holl waith** wegen all der
Arbeit.

ar draws *adf* herüber, hinüber; *(ar letraws)*
quer; ~ **draws gwlad** querfeldein.

♦ *ardd* über *+akk/+dat*, quer über *+akk/+dat*; ~
draws yr afon *(croesi)* über den Fluss; *(bod, e.e. cebl)*
über dem Fluss.

ar fin *ardd* *+be.e* gerade, eben; ~ **fin**
anobeithio am Rande der Verzweiflung; ~ **fin**
digwydd bevorstehen.

ar gyfer *ardd* für *+akk*, zugunsten *+gen*; ~
gyfer beth wofür, zu welchem Zweck.

ar hyd *ardd* entlang *+dat/+gen neu +akk*; ~
hyd y ffordd den Weg entlang, entlang des
Weges, entlang dem Weg.

ar ôl *ardd* nach *+dat*; *(yn dilyn)* im
Anschluss an *+akk*; ~ **ôl swper** nach dem
Nachtmahl; **cau'r drws ~ ôl rhn** die Tür hinter jdm

schließen; **dro ~ ôl tro** immer wieder; **ddydd ~ ôl**
dydd Tag für Tag; **bod ~ ei hôl hi** im Hintertreffen
sein; ~ **fy ôl** hinter mir her, mir nach; **un ~ ôl y llall**
einer hinter dem andern, hintereinander;
(amserol) einer nach dem andern, nacheinander.

♦ *adf (yn weddill)* übrig; **does dim byd ~ ôl** es ist
nichts mehr übrig.

♦ *cys* nachdem; ~ **ôl iddo fynd** nachdem er
gegangen war.

ar ran *ardd* im Auftrag von *+dat*, im
Namen von *+dat*.

ar wahân *adf* getrennt, separat; ~ **wahân i**
abgesehen von *+dat*, außer *+dat*.

âr¹ *(arau)* *g (mesur)* Ar *nt*.

âr² *ans:* *(AMAETH)* kultivierbar; **tir ~** Ackerland.

Arab (-iaid) *g* Araber *m*.

Arabaidd *ans* arabisch.

Arabeg *b* Arabisch *nt*.

Arabes (Arabiaid) *b* Araberin *f*.

Arabia *b (DAEAR)* Arabien *nt*.

aradeiledd (-au) *g* Überbau *m*.

aradr (erydr) *gb* Pflug *m*; ~ **eira** Schneepflug *m*.

araf *ans* langsam; *(gan bwyll)* bedächtig; *(YSG)*
zurückgeblieben; *(twp, analluog)* begriffsstutzig;
(watsh) geht nach; *(rhwystredig)* schwerfällig, zäh;
(trafnidiaeth) zähflüssig; ~ **deg** gemütlich,
gemächlich; **mae busnes yn ~** das Geschäft geht
schlecht.

arafu *be.a* verlangsamen; *(dal yn ôl, rhwystro)*
aufhalten.

♦ *be.g (brecio)* bremsen; *(cymedroli)* sich mäßigen.

arafwch *g* Langsamkeit *f*; *(twpdra)*
Begriffsstutzigkeit *f*.

araith (areithiau) *b* Rede *f*, Ansprache *f*; **rhoi ~** eine
Rede halten; ~ **angladd** Grabrede *f*; ~ **y Frenhines**
(GWLEID) Regierungserklärung *f*.

arall (eraill) *ans (gwahanol)* andere(r,s); *(ychwanegol)*
sonstig; *(newydd)* erneut, nochmalig; **neb ~ ond**
niemand anderer als; **dim byd ~** nichts mehr,
sonst nichts; **darn ~ o gacen?** noch ein Stück
Kuchen? **rhywbeth ~** *(gwahanol)* etwas anderes;
(ychwanegol) sonst noch etwas.

♦ *adf:* **fel ~** sonst, ansonsten.

♦ *rhag* andere(r) *f(m)*; **neb ~** kein anderer.

aralleirio *be.a* umschreiben.

arbed *be.a* retten, bergen; *(neilltuo)* beiseite legen;
(osgoi) ersparen; ~ **amser** Zeit sparen, Zeit
gewinnen; ~ **arian** (Geld) sparen; ~ **trafferth i rn**
jdm Ärger ersparen.

arbediad (-au *neu* **arbedion)** *g (amser)* Ersparnis *f*;
(arian) **arbedion** Einsparungen *pl*.

arbenigaeth (-au) *b* Spezialisierung *f*; *(rhagoriaeth)*

Kompetenz *f*.

arbenigedd (-au) *g* Spezialität *f*.

arbenigo *be.g:* ~ **mewn** sich spezialisieren auf *+akk*.

arbenigol *ans* fachkundig, kompetent.

arbenigrwydd *g* Kompetenz *f*; *(rhagoriaeth)* Auszeichnung *f*.

arbenigwr (arbenigwyr) *g* Experte *m*, Spezialist *m*, Fachmann *m*; *(MEDD)* Facharzt *m*; *(awdurdod)* Autorität *f*, Kapazität *f*; ~ **clyw** Ohrenarzt *m*; ~ **orthopedig** Orthopäde *m*.

arbenigwraig (arbenigwragedd) *b* Expertin *f*, Spezialistin *f*; *(MEDD)* Fachärztin *f*.

arbenigydd (arbenigwyr) *g:* ~ **cibddall/cul** Fachidiot *m*, Fachtrottel *m*.

arbennig *ans* besondere(r,s), speziell; *(anghyffredin)* ungewöhnlich; *(nodedig)* bestimmt, gewiss; *(gydag enw)* Sonder-; **dim byd** ~ nichts besonderes; **caniatâd** ~ Sondergenehmigung *f*; **cynnig** ~ *(mewn siop)* Sonderangebot *nt*; **trên** ~ Sonderzug *m*.

♦ *adf:* **yn** ~ besonders; **yn** ~ **o dda** ausgesprochen gut, ausgezeichnet; **yn** ~ **o annheg** höchst unfair.

arbrawf (arbrofion) *g* Experiment *nt*, Versuch *m*; ~ **ar anifeiliaid** Tierversuch *m*.

arbrofi *be.a* ausprobieren, testen; ~ **cyffuriau** mit Drogen experimentieren.

arbrofol *ans* versuchsweise, experimentell.

arcêd (arcedau) *b* Arkaden *pl*; *(siopau)* Passage *f*, Einkaufspassage *f*.

arctig *ans* arktisch.

arch (eirch) *b* Sarg *m*; *(Beibl)* Arche *f*; ~ **Noa** Arche Noah.

archaeoleg *b* Archäologie *f*.

♦ *ans* archäologisch.

archaeolegol *ans* archäologisch.

archaeolegwr (archaeolegwyr) *g* Archäologe *m*.

archaeolegwraig (archaeolegwragedd) *b* Archäologin *f*.

archaeolegydd (archaeolegwyr) = archaeolegwr.

archangel (archangylion) *g* Erzengel *m*.

archdderwydd (archdderwyddon) *g* Erzdruide *m*.

archeb (-ion) *b* Auftrag *m*; *(MASN)* Bestellung *f*; *(gwesty, tocyn)* Buchung *f*; ~ **arian** Anweisung *f*; ~ **bost** Postanweisung *f*; ~ **reolaidd** *(CYLL)* Dauerauftrag *m*; **gosod** ~ **am rth gyda rhn** eine Bestellung über etw *akk* bei jdm aufgeben.

archebu *be.a (MASN)* bestellen, anfordern; *(bwcio)* buchen, vorbestellen; ~ **tocyn o flaen llaw** eine Eintrittskarte im Vorverkauf buchen.

♦ *be.e* Bestellung *f*.

archelyn (-ion) *g* Erzfeind *m*.

Archentaidd *ans* argentinisch.

Archentwr (Archentwyr) *g* Argentinier *m*.

Archentwraig (Archentwragedd) *b* Argentinierin *f*.

archesgob (-ion) *g* Erzbischof *m*.

archfarchnad (-oedd) *b* Supermarkt *m*; *(i grefftwyr cartref)* Baumarkt *m*.

archif (-au) *g* Archiv *nt*.

archoffeiriad (archoffeiriaid) *g* Hohepriester *m*.

archoll (-ion) *b* Wunde *f*, Verletzung *f*; *(seicolegol)* Trauma *nt*.

archolli *be.a* verletzen.

♦ *be.g* sich verletzen.

archollnodi *be.a* brandmarken.

archseren (arch-sêr) *b* Superstar *m*.

archwaeth *gb* Appetit *m*; *(blas)* Geschmack *m*.

archwaethwr (archwaethwyr) *g* Kenner *m*, Gourmet *m*.

archwiliad (-au) *g* Überprüfung *f*, Inspektion *f*; *(heddlu)* Durchsuchung *f*; *(MEDD)* Untersuchung *f*; *(ymchwiliad manwl)* Erforschung *f*; *(CYLL)* Buchprüfung *f*, Revision *f*; *(MIL)* Aufklärung *f*; ~ **meddygol** *(mewn ysbyty)* Visite *f*; ~ **pasport** Passkontrolle *f*; ~ **radar** Radarkontrolle *f*; **rhoi** ~ **meddygol i rn** jdn durchuntersuchen.

archwilio *be.a* überprüfen, kontrollieren; *(chwilio)* durchsuchen, nachsehen; *(tir)* abkämmen, absuchen; *(ymchwilio)* erforschen, untersuchen; *(CYLL)* prüfen; *(MIL)* aufklären, auskundschaften; *(MEDD)* untersuchen.

archwiliwr (archwilwyr) *g* Gutachter *m*, Prüfer *m*; *(CYLL)* Rechnungsprüfer *m*, Bilanzprüfer *m*; *(mewn trên)* Schaffner *m*, Kontrolleur *m*.

archwilwraig (archwilwragedd) *b* Gutachterin *f*, Prüferin *f*; *(CYLL)* Rechnungsprüferin *f*; *(mewn trên)* Schaffnerin *f*.

archwilydd (archwilwyr) *g* = archwiliwr.

ardal (-oedd) *b* Gebiet *nt*, Gegend *f*; *(dosbarth)* Bereich *m*; *(DAEAR)* Region *f*, Landstrich *m*; *(cymdogaeth)* Umgebung *f*, Nachbarschaft *f*; *(mewn tref)* Viertel *nt*; *(GWLEID)* Bezirk *m*, Kreis *m*; ~ **breswyl** Wohnviertel *nt*; ~ **drychineb** Notstandsgebiet *nt*; ~ **ddiwydiannol** Industriegebiet *nt*; ~ **fusnes** Geschäftsviertel *nt*; ~ **gerdded** Fußgängerzone *f*; ~ **hamdden** Erholungsgebiet *nt*; ~ **masnach rydd** *(MASN)* Freihandelszone *f*; ~ **winllannau** Weingegend *f*; ~ **wyliau** Urlaubsgegend *f*; ~ **ymylol** Randgebiet *nt*.

ardoll (-au) *b* Abgabe *f*; ~ **orfodol** Zwangsabgabe *f*.

ardystiad (-au) *g* Bezeugung *f*, Kundgebung *f*.

ardystio *be.a* bezeugen, bescheinigen.

ardywallt *be.a* umfüllen.

arddangos *be.a* ausstellen; *(hysbysu)* aushängen; *(dangos)* demonstrieren, vorführen.

arddangosfa (arddangosfeydd) *b* Ausstellung *f*;

(MASN) Messe *f*, Schau *f*; **~ delwau cwyr** Wachsfigurenkabinett *nt*.

arddangosiad (-au) *g* Ausstellen *nt*; *(rhifau)* Anzeigen *nt*.

arddangosol *ans* demonstrativ.

arddangoswr (arddangoswyr) *g* Aussteller *m*; *(CYFDR)* Anzeige *f*.

arddangoswraig (arddangoswragedd) *b* Ausstellerin *f*.

arddel *be.a (syniadau)* vertreten, sich bekennen zu +*dat*; *(rhn)* anerkennen; **~ eich hawliau** sein Recht behaupten.

arddeliad (-au) *g:* **gydag ~** mit Begeisterung.

ardderchog *ans (rhagorol)* ausgezeichnet, großartig, hervorragend; *(gwych)* toll, fabelhaft, wunderbar; *(moethus)* prächtig, prunkvoll; **syniad ~** eine ausgezeichnete Idee.

ardderchowgrwydd *g* Großartigkeit *f*; *(moethusrwydd)* Pracht *f*, Prunk *m*; **Ei A~** Seine Exzellenz.

arddodiad (arddodiaid) *g (GRAM)* Präposition *f*.

arddull (-au) *gb* Stil *m*; **yr ~ ddiweddaraf** die letzte Mode; **~ gwallt** Frisur *f*; **~ ysgrifennu** Stil.

arddunol *ans* erhaben, majestätisch.

arddunoli *be.a* sublimieren, verfeinern.

arddweud *be.a* diktieren, ansagen.

arddwrn (arddyrnau) *g (ANAT)* Handgelenk *nt*.

arddywediad (-au) *g* Diktat *nt*.

aredig *be.g (AMAETH)* ackern, pflügen.

areithiwr (areithwyr) *g* Redner *m*.

areithwraig (areithwragedd) *b* Rednerin *f*.

areithydd (-ion) *g* Redner *m*, Rhetoriker *m*.

aren (-nau) *b (ANAT)* Niere *f*; **peiriant ~nau** *(MEDD)* künstliche Niere; **methiant yr ~nau** *(MEDD)* Nierenversagen *nt*; **carreg yn yr ~** Nierenstein *m*.

arena (arenâu) *b* Arena *f*.

arestiad (-au) *g* Festnahme *f*, Verhaftung *f*; **~ tŷ** Hausarrest *m*.

arestio *be.a* festnehmen, verhaften; *(carcharu)* inhaftieren.

♦ *be.e* Festnahme *f*, Verhaftung *f*.

arf (-au) *gb* Waffe *f*; *(teclyn)* Werkzeug *nt*; **~ tanio** Feuerwaffe *f*, Schusswaffe *f*; **~ analog** Geschoß *nt*; **~au** *ll* Bewaffnung *f*; *(arfbais)* Wappen; **~au niwclear** Kernwaffen *pl*; **~au cemegol** chemische Kampfstoffe *pl*.

arfaethedig *ans* schicksalhaft.

arfbais (arfbeisiau) *b* Wappen *nt*.

arfben (-nau) *g* Sprengkopf *m*; **~ niwclear** Atomsprengkopf *m*.

arfer[1] *be.a* ausüben, betreiben; **~ cymedroldeb** Maß halten.

♦ *be.g* pflegen; **rwy'n ~ gweithio tan chwech** gewöhnlich arbeite ich bis sechs.

arfer[2] (-ion) *gb* Gewohnheit *f*; *(ymddygiad)* Angewohnheit *f*; *(defod)* Brauch *m*; *(CREF)* Ritual *nt*; **~ gwlad** Praxis *f*, Sitte *f*; **~ion** *ll* Sitten *pl* und Gebräuche *pl*, Brauchtum *nt*; **~ da** gute Gewohnheit *f*; **dod i ~ â rhth** sich an etw *akk* gewöhnen; **fel ~** gewöhnlich, normalerweise; **busnes fel ~** alles wie gewöhnlich; **hen ~ion** alte Bräuche.

arferiad (-au) *g* Brauch *m*, Sitte *f*; *(arfer)* Gewohnheit *f*.

arferol *ans* normal, gewöhnlich; *(cynefin)* alltäglich, gewohnt; *(MASN)* gängig, handelsüblich; *(yn ôl y ddefod)* üblich, gebräuchlich; *(rheolaidd)* regulär.

arfilyn (arfilod) *g* Parasit *m*, Schmarotzer *m* *(ffig hefyd)*.

arfogaeth *b (arfau)* Bewaffnung *f*; *(HAN: arfwisg)* Panzer *m*, Harnisch *m*.

arfogi *be.a* bewaffnen, ausrüsten; *(ffrwydryn)* scharfmachen.

♦ *be.g* rüsten, aufrüsten.

♦ *be.e* Rüstung *f*; *(rhoi arfau)* Bewaffnung *f*.

arfogiad *g* (Auf)rüstung *f*.

arfordir (-oedd) *g* Küste *f*.

arfwisg (-oedd) *b (HAN: marchog)* Harnisch *m*, (Ritter)rüstung *f*.

arfwisgo *be.a* panzern.

arffed (-au) *b* Schoß *m*.

argae (-au) *g* Damm *m*, Staudamm *m*.

argaen (-au) *b* Furnier *nt*.

argáu *be.a (afon)* aufstauen.

arglawdd (argloddiau) *g* Damm *m*, Staudamm *m*; *(ar draws glyn)* Talsperre *f*; *(clawdd)* Wall *m*; **~ rheilffordd** Bahndamm *m*.

arglwydd (-i) *g* Herr *m*; *(teitl)* Lord *m*; **yr A~** *(Duw)* der Herr, der Herrgott ; **'r ~!** herrje! **A~ Mawr!** um Gottes willen! **Tŷ'r A~i** *(GWLEID)* Oberhaus *nt*; **yr A~ Rhys** Lord Rhys.

argoel (-ion) *b (rhagarwydd)* Vorzeichen *nt*, Omen *nt*; *(arwydd)* Spur *f*; **'r ~!** Oh Gott! **does dim ~ ohoni** es ist keine Spur von ihr zu sehen.

argoeli *be.g (awgrymu beth sydd i ddod)* versprechen, aussehen; **mae'r tywydd yn ~'n dda** das Wetter verspricht gut zu werden.

argraff (-au) *b (ffig: effaith, syniad)* Eindruck *m*; *(argraffnod)* Abdruck *m*; **creu ~ dda ar rn** einen guten Eindruck auf jdn machen; **fe ges i'r ~** ich erhielt den Eindruck.

argraffedig *ans* gedruckt.

argraffiad (-au) *g* Druck *m*; *(llyfr)* Ausgabe *f*; *(nifer)* Auflage *f*; **~ arbennig** Sonderausgabe *f*; *(papur* *newydd)* Extraausgabe *f*; **~ cyntaf** Erstausgabe *f*, Originalausgabe *f*; **~ diwygiedig** verbesserte Auflage; **~ lliw** *(llun)* Farbabzug *m*.

argraffiadaeth (-au) *b* *(CELF)* Impressionismus *m*.

argraffiadwr (argraffiadwyr) *b* *(CELF)* Impressionist(in) *m(f)*.

argraffnod (-au) *g* Impressum *nt*.

argraffu *be.a* drucken; *(bathu)* einprägen; *(lluniau)* abziehen; **~ rhth ar feddwl rhn** jdm etw einschärfen.

   ♦ *be.e* Druck *m*; **~ cyfrannol** Proportionalschrift *f*.

argraffwr (argraffwyr) *g*, **argraffydd** (-ion) *g* Drucker *m*; *(llyfrau)* Buchdrucker *m*.

argyfwng (argyfyngau) *g* Notfall *m*; *(cyfyngder)* Krise *f*; *(MIL)* Ernstfall *m*; *(ar fôr)* Seenot *f*; **~ economaidd** Wirtschaftskrise *f*.

argyhoeddedig *ans* überzeugt; *(ystyfnig)* unbelehrbar; **bod yn ~** überzeugend sein.

argyhoeddi *be.a* überzeugen; *(perswadio)* überreden, herumkriegen; **~ rhn o rth** jdn von etw überzeugen.

argyhoeddiad (-au) *g* Überzeugung *f*; **mae e'n ŵr o ~** er ist ein Mann mit Prinzipien.

argyhoeddiadol *ans* überzeugend; *(rheswm)* triftig.

argymell *be.a* anraten, empfehlen; *(annog)* ermahnen zu +*dat*; **~ rhn i wneud rhth** jdn dazu anhalten etw zu tun.

arholi *be.a* prüfen, abfragen.

arholiad (-au) *g* Prüfung *f*, Examen *nt*; **~ terfynol** Abschlussprüfung *f*, *(PRIFYSG)* **~au gradd** Abschlussprüfung *f*; **~ lefel A** ≈ Abitur[D], Matura[AS]; **sefyll ~** eine Prüfung ablegen; **pasio ~** eine Prüfung bestehen; **methu ~** bei einer Prüfung durchfallen.

arholwr (arholwyr) *g* Prüfer *m*; **~ allanol** externer Prüfer.

arhosfan (arosfannau) *gb* Haltestelle *f*, Station *f*; *(bysus)* Bushaltestelle *f*; **~ hanner y ffordd** Zwischenstation *f*; **~ ar gais** Bedarfshaltestelle *f*.

arhosiad (-au) *g* Aufenthalt *m*; **~ tramor** Auslandsaufenthalt *m*; *(ymweliad)* Besuch *m*.

arhosol *ans* dauerhaft.

aria (ariâu) *b* *(CERDD)* Arie *f*.

arial *gb* Energie *f*, Elan *m*.

arian[1] *g neu ll (metel)* Silber *nt*; **~ byw** Quecksilber *nt*.

   ♦ *ans* silbern.

arian[2] *g neu ll (ceiniog, punt ayb)* Geld *nt*; **~ cenedlaethol** Landeswährung *f*; **~ cochion** Kupfermünzen *pl*; **~ cyfredol** Währung *f*, Zahlungsmittel *nt*; **~ drwg** Falschgeld *nt*; **~ ffug** Falschgeld, Blüten *pl*; **~ cadw** Bankeinlage *f*; **~ cadw tŷ** Haushaltsgeld *nt*; **ennill ~** Geld verdienen; **~ fel dŵr** Geld wie Heu; **~**

gleision/gwynion Silbermünzen *pl*; **~ gwaed** Judaslohn *m*; **gwario ~ ar rth** Geld für etw ausgeben; **mân ~** Kleingeld *nt*; **~ papur** Papiergeld *nt*, Geldschein *m*; **~ parod** Bargeld *nt*; **~ poced** Taschengeld *nt*; **~ sychion** Münzen *pl*, Bargeld *nt*; **~ tocyn** Jeton *nt*; **~ tramor** *(CYLL)* Devisen *pl*.

ariangar *ans* geldgierig, habgierig.

ariangarwch *g* Geldgier *f*.

ariannaid *ans* aus Silber, silbern.

ariannaidd *ans* silbern, silbrig.

Ariannin *b* *(DAEAR)* Argentinien *nt*.

ariannog *ans* wohlhabend, reich, vermögend.

ariannol *ans* finanziell; **blwyddyn ~** Finanzjahr *nt*.

ariannu *be.a (rhoi arian tuag at)* finanzieren; *(TECH: gosod haen o arian dros)* versilbern.

ariannwr (arianwyr) *g* Finanzier *m*, Geldgeber(in) *m(f)*.

ariannydd (arianyddion) *g* Kassier(in) *m(f)*.

arianyddiaeth *b* *(CYLL)* Monetarismus *m*.

arianyddwr *g* *(CYLL)* Monetarist *m*.

arlais (arleisiau) *b* *(ANAT)* Schläfe *f*.

arliwio *be.a (gwallt)* tönen.

arloesi *be.g* Vorarbeit leisten, den Weg bereiten.

arloesol *ans* bahnbrechend, wegweisend.

arloeswr (arloeswyr) *g* Wegbereiter(in) *m(f)*, Pionier *m*; *(dadleuwr cynnar)* Vorkämpfer(in) *m(f)*.

arlunio *be.a* malen, zeichnen.

arlunydd (arlunwyr) *g* Künstler(in) *m(f)*, Maler(in) *m(f)*; *(graffeg)* Grafiker(in) *m(f)*, Zeichner(in) *m(f)*.

arlwy (-on) *gb (paratoad)* Vorbereitung *f*, *(gwledd)* Festessen *nt*, Festmahl *nt*.

arlwyo *be.a* vorbereiten; *(bwyd)* anrichten; *(bwrdd)* decken.

arlywydd (-ion) *g* *(GWLEID)* Präsident *m*.

arlywyddes (-au) *b* Präsidentin *f*; **cafodd ei hethol yn ~** sie wurde zur Präsidentin gewählt.

arlywyddiaeth *b* *(GWLEID)* Präsidentschaft *f*.

arlliw *g (lliw)* Farbton *m*; *(ffig, naws)* Nuance *f*; *(ôl)* Spur *f*; **does dim ~ ohono** es ist keine Spur von ihm zu sehen.

arlliwio *be.a* schattieren.

arllwys *be.a* gießen, schütten; *(i ffwrdd)* ausgießen; *(diod wrth far)* ausschenken; *(diod i wydryn)* einschenken; *(COG: dros rth)* aufgießen; **mae'n ~ y glaw** es gießt in Strömen; **~ fesul diferyn** träufeln, tropfen; **~ eich cwd wrth rn** jdm sein Leid klagen.

   ♦ *be.g* sich ergießen, strömen; **roedd y gynulleidfa yn ~ i mewn** die Zuschauer strömten hinein.

armadilo (-s) *g* *(SÖOL)* Gürteltier *nt*.

armatwr (-au) *g* *(TECH)* Armatur *f*.

Armenaidd *ans* armenisch.

Armeneg *b* Armenisch *nt*.

Armenia *b (DAEAR)* Armenien *nt.*

Armeniad *g* Armenier(in) *m(f).*

arnaf *ardd gw.* **ar.**

arnodi *be.a (CYLL)* indossieren.

arnofio *be.g* treiben, schwimmen.

arobryn *ans* preisgekrönt.

arofal (-on) *g (peiriant)* Wartung *f,* Instandhaltung *f.*

arogl, aroglau (arogleuon) *g* Geruch *m;* ~ **da** Duft *m;* ~ **drwg** Gestank *m; (o'r corff)* Ausdünstung *f;* ~ **chwys** Körpergeruch *m;* mae ~ mwg ar dy ddillad dein Gewand riecht nach Rauch.

arogldarth *g* Weihrauch *m.*

arogleuo *be.g* riechen; *(drewi)* stinken, übel riechen; *gw.h.* **arogli.**

arogli *be.a (synhwyro)* riechen; *(anifail)* wittern; ~ **glud** schnüffeln.

♦ *be.g* riechen; *(gwasgar aroglau da)* duften; *(gwasgar aroglau drwg)* stinken; ~ **o** riechen nach.

aroleuo *be.a* aufhellen.

arolwg (arolygon *neu* **arolygiadau)** *g* Überblick *m,* Übersicht *f; (o dir)* Vermessung *f;* ~ **barn** Meinungsumfrage *f.*

arolygiad (-au) *g (goruwchwyliaeth)* Aufsicht *f,* Beaufsichtigung *f; (archwiliad)* Inspektion *f.*

arolygiaeth *b* Kontrolle *f,* Überwachung *f; (corff arolygu)* Inspektorat *nt;* dan ~ gyson unter ständiger Überwachung.

arolygu *be.a* beaufsichtigen; *(fel tiwtor)* betreuen; *(goruchwylio)* überwachen, kontrollieren; *(archwilio)* inspizieren; *(astudio)* untersuchen, studieren.

arolygwr (arolygwyr) *g (goruwchwyliwr)* Aufseher *m(f); (tiwtor)* Betreuer *m; (archwiliwr)* Inspektor(in) *m(f); (rheolwr)* Kontrolleur *m;* **A~ Ei Mawrhydi** *(YSG)* Schulinspektor im Auftrag der Königin.

arolygydd (-ion) *g* Aufseher(in) *m(f); (heddlu)* Kommissar *m; (CYLL)* ~ **ariannol** Abschlussprüfer *m.*

aromatig *ans* aromatisch.

aros *be.g* warten; *(parhau)* bleiben; *(preswylio)* wohnen; *(sefyll)* Halt machen, anhalten; alla i ddim ~ **nes** ... ich kann es kaum erwarten, dass…; ~ **ar eich traed yn hwyr y nos** lange aufbleiben; *(arwydd)* dim ~ Halten verboten; ~ **dros nos** übernachten; ~ **eiliad!** warte mal! ~ **gyda ffrindiau** bei Freunden übernachten; ~ **i mewn** zu Hause bleiben; mae popeth yn ~ **fel y mae** alles bleibt beim Alten; rhestr ~ Warteliste *f,* ~ **ymlaen** dableiben; ~ **yn llonydd** ruhig bleiben; ystafell ~ Wartesaal *m.*

> **aros am** *be.g (disgwyl)* erwarten; *(bws ayb)* warten auf +*akk;* rydym yn ~ amdano wir warten auf ihn.

arosgo *ans* schief, schräg.

arsenig *g (CEM)* Arsen *nt.*

arswyd *g* Entsetzen *nt,* Grauen *nt,* Schreck *m;* ~ **y byd!** oh Schreck!

arswydo *be.a* erschrecken.

♦ *be.g* erschrecken, schaudern; ~ **rhag** sich fürchten vor +*dat.*

arswydus *ans* entsetzlich, grauenhaft; *(iasol)* gespenstisch, schaurig; *(erchyll)* grässlich, scheußlich.

arsylwad (-au) *g* = **arsylliad.**

arsyllfa (arsyllfeydd) *b (ASTRON)* Sternwarte *f; (mawr)* Observatorium *nt.*

arsylliad (-au) *g (TECH)* Beobachtung *f.*

artaith (arteithiau) *b* Folter *f,* Tortur *f.*

arteithglwyd (-i) *b* Folterbank *f.*

arteithio *be.a* foltern, quälen.

arteithiol *ans* qualvoll; *(ffig)* nervtötend.

arteithiwr (arteithwyr) *g* Folterknecht *m.*

arteri (arteriau) *b (MEDD)* Arterie *f.*

arteriosglerosis *g (MEDD)* Arteriosklerose *f.*

artiffisial *ans* künstlich; *(ymddygiad)* gekünstelt.

artist (-iaid) *g* Künstler(in) *m(f); (arlunydd)* Grafiker(in) *m(f).*

artistig *ans* künstlerisch.

arth (eirth) *b (SÔOL)* Bär *m;* ~ **wen** Eisbär *m.*

arthes (-au) *b* Bärin *f.*

arthio *be.g* brummen.

arthritis *g (MEDD)* Arthritis *f.*

aruchel *ans* erhaben, majestätisch.

aruthrol *ans* überwältigend, spektakulär; *(enfawr)* riesig, monumental; *(ffig: mawr)* enorm, gewaltig; camgymeriad ~ ein gewaltiger Fehler/Irrtum.

arwahanadwy *ans* trennbar.

arwahaniad (-au) *g* Isolation *f.*

arwain *be.a* führen, leiten; *(MIL)* anführen; *(llong i'r harbwr)* lotsen; *(cerddorfa)* dirigieren, leiten; ~ **i ffwrdd** wegführen; ~ **rhn ar gyfeiliorn** jdn vom Weg abbringen; ~ **rhn i gredu** jdn glauben machen; ~ **y ffordd** zeigen wo es langgeht.

♦ *be.g* führen; mae'r llwybr yn ~ i'r traeth der Weg führt zum Strand; ~ **ar y blaen** in Führung liegen.

arwedd (-au) *b* Richtung *f,* Ausrichtung *f.*

arweiniad (-au) *g* Führung *f; (busnes)* Leitung *f,* Direktion *f.*

arweiniol *ans (sy'n arwain)* leitend; *(prif)* führend.

arweinlyfr (-au) *g* Wegweiser *m; (teithlyfr)* Reiseführer *m.*

arweinydd (-ion) *g* Führer *m,* Leiter(in) *m(f); (cerddorfa)* Dirigent(in) *m(f),* Leiter(in); *(MIL)* ~ **platŵn** Zugführer *m; (GWLEID)* ~ **yr wrthblaid** Oppositionsführer *m.*

arweinyddiaeth *b* Führung *f.*

arwerthiant (**arwerthiannau**) *g* Versteigerung *f*,
Auktion *f*; *(sêl)* Ausverkauf *m*; **~ haf**
Sommerschlussverkauf *m*; **~ cist car** Flohmarkt
m.

arwerthu *be.a* versteigern.

arwerthwr (**arwerthwyr**) *g* Auktionator *m*.

arwisgiad (**-au**) *g* Investitur *f*.

arwisgo *be.a* investieren.

arwr (**arwyr**) *g* Held *m*.

arwres (**-au**) *b* Heldin *f*.

arwrgerdd (**-i**) *b* *(LLEN)* Epos *nt*.

arwriaeth *b* Heldentum *nt*.

arwrol *ans* heldenhaft, heroisch; *(LLEN)* episch.

arwydd (**-ion**) *gb* Zeichen *nt*; *(signal)* Signal *nt*; *(ar
ffordd)* Wegweiser *m*; *(ar y wal)* Schild *nt*, Tafel *f*;
(argoel) Omen *nt*; *(awgrym, prawf)* Anzeichen *nt*,
Indiz *nt*; *(MEDD)* Indikationen *pl*; *(ystum)* Gebärde *f*,
Handzeichen *nt*; **~ clefyd** Symptom *nt*; **does dim ~
ei bod e'n gwella** es gibt kein Anzeichen einer
Verbesserung von ihm; **~ drwg** böses
Vorzeichen, böses Omen; **~ ffordd**
Verkehrsschild *nt*; *(TEL)* **~ galw** Rufzeichen *nt*; **mae
hyn yn ~ da** das ist ein gutes Omen; **~ y sidydd**
Sternzeichen *nt*; **~ion neon** Leuchtreklame *f*.

arwyddair (**arwyddeiriau**) *g* Devise *f*, Leitspruch *m*,
Motto *nt*; *(GWLEID)* Wahlspruch *m*.

arwyddbost (**arwyddbyst**) *g* Wegweiser *m*.

arwyddlun (**-iau**) *g* Symbol *nt*; *(nod)* Emblem *nt*;
(hieroglyff) Piktogramm *nt*; **~ cenedlaethol**
Hoheitszeichen *nt*.

arwyddnod (**-au**) *g* Kennzeichen *nt*.

arwyddo *be.a* *(dynodi)* bezeichnen; *(llofnodi)*
unterzeichnen.

   ♦ *be.g* *(â goleuadau car)* blinken.

arwyddocâd *g* Bedeutung *f*, Sinn *m*; *(pwysigrwydd)*
Bedeutung.

arwyddocaol *ans* *(nodweddiadol)* bezeichnend;
(pwysig) bedeutend, wesentlich; *(yn haeddu sylw)*
bedeutsam.

arwyddwr (**arwyddwyr**) *g* Unterzeichnende *m/f*.

arwylo *be.g* trauern.

arwyneb (**-au**) *g* Oberfläche *f*; *(FFIS)* **tensiwn ~**
Oberflächenspannung *f*.

arwynebedd (**-au**) *g* Oberfläche *f*; *(MATH)* Fläche *f*.

arwynebol *ans* oberflächlich, seicht.

arwynebolrwydd *g* Oberflächlichkeit *f*.

arysgrif (**-au**) *b* Aufschrift *f*; *(metel, pren, carreg)*
Inschrift *f*.

arysgrifen (**-nau**) *b* = **arysgrif**.

AS *byrf* (= *Aelod Seneddol*) Abgeordnete *m/f*.

as (**-au**) *gb* *(cerdyn)* Ass *nt*.

asbaragws *g* *(BOT)* Spargel *m*.

asbestos *g* Asbest *m*.

asbig *g* *(COG)* Aspik *m/nt*.

asbri *gb* Schwung *m*, Elan *m*; *(bywiogrwydd)*
Lebhaftigkeit *f*; **roedd hi'n llawn ~** sie war voller
Elan.

ased (**-au**) *g* *(CYLL)* Vermögenswert *m*; **~au** *ll* Aktiva
pl; **~au cyfalaf** Realkapital *nt*; **~au cyfredol**
Umlaufvermögen *nt*; **~au gwironeddol**
Reinvermögen *nt*; **~au rhydd** Barschaft *f*.

asen[1] (**-nau** *neu* **ais**) *b* *(ANAT, COG)* Rippe *f*; **~ fras** *(COG)*
Rippchen[D] *nt*, Karree[A] *nt*.

asen[2] (**-nod**) *b* *(SÔOL)* Eselin *f*.

aseptig *ans* *(MEDD)* aseptisch, keimfrei.

asesadwy *ans* bewertbar.

asesiad (**-au**) *g* Beurteilung *f*, Einschätzung *f*; **~
parhaol** *(YSG)* Mitarbeit *f*.

asesu *be.a* beurteilen, einschätzen; *(gwerth)*
bewerten; *(treth)* taxieren; *(atebion, canlyniadau)*
auswerten; *(iawndal)* festsetzen.

aseswr (**aseswyr**) *g* Prüfer *m*, Begutachter *m*; *(llys,
bwrdd masnachol)* Beisitzer *m*.

asetad (**-au**) *g* *(CEM)* Acetat *nt*.

asetig *ans* *(CEM)* essigsauer.

aseton *g* *(CEM)* Aceton *nt*.

asetylin *g* *(CEM)* Acetylen *nt*.

asffalt *g* Asphalt *m*.

asffaltio *be.a* asphaltieren.

asgell (**esgyll**) *b* Flügel *m*; *(pysgodyn)* Flosse *f*; *(CHWAR,
MIL)* Flanke *f*; *(AWYR)* Tragfläche *f*; *(GWLEID)* **~ chwith**
die Linke *f*; **~ dde** die Rechte *f*; *(SÔOL)* **~ fraith/arian**
Buchfink *m*; **~ aur** Stieglitz *m*; **chwarae ar yr ~** am
Flügel spielen.

asgellwr (**asgellwyr**) *g* *(CHWAR)* Flügelstürmer *m*; **~
chwith** Linksaußen *m*; **~ de** Rechtsaußen *m*.

asglodyn (**asglodion**) *g* *(pren)* Span *m*.

asgwrn (**esgyrn**) *g* Knochen *m*; *(pysgodyn)* Gräte *f*; **~
cefn** *(ANAT)* Wirbelsäule *f*, Rückgrat *nt*; *(ffig)*
Rückgrat; **~ crimog** Schienbein *nt*; **~ yr ên**
Kinnlade *f*; **~ y gynnen** Stein *m* des Anstoßes,
Zankapfel *m*; **~ yr ysgwydd** Schulterblatt *nt*;
esgyrn meirwon Gebeine *pl*.

Asia *b* *(DAEAR)* Asien *nt*; **~ Leiaf** Kleinasien *nt*.

Asiad[1] (**Asiaid**) *g* Asiat(in) *m(f)*.

asiad[2] (**-au**) *g* *(pren)* Fuge *f*; *(metel)* Schweißnaht *f*.

Asiaidd *ans* asiatisch.

asiant (**-iaid**) *g* Agent(in) *m(f)*; *(cynrychiolydd)*
Vertreter(in) *m(f)*.

asiantaeth (**-au**) *b* Agentur *f*; **~ deithio** Reisebüro *nt*;
~ hysbysebu Werbeagentur *f*; **~ waith**
Arbeitsplatzvermittlung *f*; **~ newyddion**
Nachrichtenagentur *f*, Presseagentur *f*.

asid (**-au**) *g* *(CEM)* Säure *f*; *(cyffur)* LSD *nt*; **~ carbonig**

Kohlensäure *f*; ~ **diocsiriboniwclëig**
Desoxyribonukleinsäure *f*, DNS *f*; ~ **hydroclorig**
Salzsäure *f*; ~ **prwsig** Blausäure *f*; ~ **sitrig**
Zitronensäure *f*; ~ **sylffwrig** Schwefelsäure *f*.

asidaidd, asidig *ans* sauer, säurehaltig.

asidrwydd *g (sumi)* Säure *f*, Sauerkeit *f*.

asio *be.a* fügen; *(weldio)* schweißen; ~ **wrth ei gilydd**
aneinander fügen.

♦ *be.g (ymdoddi)* verschmelzen.

asiwr (aswyr) *g* Schweißer(in) *m(f)*.

Astec (-iaid) *g* Azteke *m*.

♦ *ans* aztekisch.

astell (estyll) *b* Brett *nt*, Planke *f*, *(trwchus)* Bohle^D *f*;
(silff) Brett, Bord *nt*; *(llawr)* Diele^D *f*; ~ **feiston**
Surfbrett *nt*.

asteroid (-au) *g (ASTRON)* Asteroid *m*.

astroleg *b* Astrologie *f*.

astrolegwr (astrolegwyr) *g* Astrologe *m*.

astrolegwraig (astrolegwragedd) *b* Astrologin *f*.

astrolegydd (-ion) *g* Astrologe *m*, Astrologin *f*.

astronomaidd *ans* astronomisch.

astronomeg *b* Astronomie *f*.

astronot (-iaid) *g* Astronaut(in) *m(f)*.

astronoteg *b* Raumfahrt *f*.

astrus *ans* tückisch; *(annealladwy)* abstrus.

astud *ans* aufmerksam, konzentriert.

astudiaeth (-au) *b* Untersuchung *f*, Studie *f*;
(ymchwil) Forschung *f*; ~**au** *ll* Studium *nt*; ~**au**
cymdeithasol *(YSG)* Sozialkunde *f*; ~**au diwylliant**
Landeskunde *f*; ~**au llenyddol**
Literaturwissenschaft *f*; ~**au amgylchfyd** Ökologie
f.

astudio *be.a* studieren; *(ymchwilio)* untersuchen,
erforschen; ~**'r Gyfraith** Jura^D/Jus^A studieren; ~ **ar**
gyfer arholiad für eine Prüfung lernen.

astudrwydd *g* Aufmerksamkeit *f*, Konzentration *f*.

asthma *g (MEDD)* Asthma *nt*; **pwl o ~** Asthmaanfall *m*.

asthmatig (-ion) *gb* Asthmatiker(in) *m(f)*.

♦ *ans* asthmatisch.

aswiriant (aswiriannau) *g* Versicherung *f*; ~ **bywyd**
Lebensversicherung *f*.

aswy *b* linke Seite *f*, Linke *f*; **ar yr ~** zur Linken.

asyn (-nod) *g* Esel *m*.

at *ardd* an +*akk*; *(i bwrpas)* für +*akk*, zwecks +*gen*; *(hyd*
at) bis zu +*dat*; **ac ~i** und dergleichen; **anfon llythyr**
~ rn einen Brief an jdn senden; **~ ba bwrpas**
wozu; **fe ddaeth hi ~af** sie kam zu mir; **gwlychu ~ y**
croen bis auf die Haut nass werden; **~ hynny**
dazu kommt noch; **llawn ~ yr ymyl** voll bis an den
Rand; **mynd ~ y meddyg** zum Arzt gehen; **mynd ~i**
i wneud rhth sich daran machen etw zu tun; **~**
sylw rhn zu Händen von jdm; **taflu rhth ~ rn** etw

nach jdm werfen; *(i ddala)* jdm etw zuwerfen;
ysgrifennu ~ rn jdm schreiben.

at ei gilydd *adf (ar y cyfan)* insgesamt; *(rhan*
fwyaf) größtenteils.

hyd at *ardd* bis zu +*dat*, bis an +*akk*; **hyd ~**
y diwedd bis zum Schluss; **cyfrif hyd ~ ddeg** bis
zehn zählen.

tuag at *ardd* gegen +*akk*, in Richtung;
mae'r llwybr yn arwain tuag ~ y goedwig der Pfad
führt in Richtung Wald; **cyfraniad tuag ~** ein
Beitrag zu.

atafael *be.a* konfiszieren, beschlagnahmen; *(eiddo*
methdalwr) pfänden.

atafaeliad (-au) *g* Beschlagnahmung *f*; *(CYFR)*
Pfändung *f*.

atafaelu *be.a* = **atafael**.

atal[1] *be.a* verhindern, stoppen; *(trychineb)* verhüten,
verhindern; *(blocio)* blockieren, hemmen; *(llif)*
stauen; *(cenhedlu)* verhüten; ~ **eich pleidlais** sich
der Stimme enthalten; ~ **rhn rhag** *(rhwystro)* jdn
hindern an +*dat*; ~ **eich llaw** sich zurückhalten.

♦ *be.e:* ~ **cenhedlu** Empfängnisverhütung *f*.

atal[2] *(-ion)* *g* Hindernis *nt*; *(seicolegol)* Hemmung *f*; ~
dweud Stottern *nt*, Stammeln *nt*; **mae ~ dweud arno**
er stottert.

atalfa (atalfeydd) *b* Sperre *f*, Schranke *f*, Barriere *f*; ~
cyflymder Schwelle *f*, schlafender Polizist *m*; ~
wynt Windschutz *m*.

ataliad (-au) *g (rhwystr)* Behinderung *f*; *(gwaharddiad)*
Verhinderung *f*; *(toriad)* Unterbrechung *f*.

ataliaeth (-au) *b (seicolegol)* Hemmung *f*.

ataliol *ans* vorbeugend, abschreckend.

atalnod (-au) *g* Komma *nt*, Beistrich *m*; *(cyffredinol)*
Satzzeichen *nt*; ~ **llawn** Punkt *m*.

atalnodi *be.e* Zeichensetzung *f*.

atalnwyd (-au) *b (seicolegol)* Hemmung *f*, Komplex
m.

atblyg (-ion) *g* Reflex *m*.

atblygol *ans* rückbezüglich; *(GRAM)* reflexiv.

ateb[1] *(-ion)* *g* Antwort *f*, Erwiderung *f*; *(i broblem)*
Lösung *f*, Ausweg *m*; *(gweithred o ateb)*
Beantwortung *f*; *(negyddol)* Absage *f*; **mae ganddo**
~ i bopeth er weiß auf alles eine Antwort.

ateb[2] *be.a* beantworten; *(problem)* lösen; ~ **y gofynion**
die Nachfrage befriedigen; ~ **llythyr** einen Brief
beantworten; ~ **rhn** jdm antworten.

♦ *be.g* antworten, erwidern; *(TEL)* sich melden; ~
dros rn für jdn die Verantwortung übernehmen;
~ **y diben** herhalten, es auch tun; ~ **y drws** an die
Tür gehen; ~ **y ffôn** ans Telefon gehen, abheben;
~ **yn ôl** zurückreden; **ateber os gwelir yn dda** um
Antwort wird gebeten.

atebol *ans (CYFR)* haftbar; **bod yn ~ i rn** jdm zur Rechenschaft verpflichtet sein; *(mewn cwmni)* untergeben.

atebolrwydd *g* Rechenschaftspflicht *f*; *(CYFR)* Haftung *f*.

ateg (-**ion**) *b* Stütze *f*, Strebe *f*; *(cynhalbost)* Pfeiler *m*; **~ pen** Kopfstütze *f*; **~ion** *ll* Zubehör *nt*.

ategfur (-**iau**) *g* Stützmauer *f*.

ategiad (-**au**) *g* Bekräftigung *f*, Zusicherung *f*.

ategol *ans* unterstützend; *(cadarnhaol)* bekräftigend.

ategu *be.a* stützen; *(cadarnhau)* bekräftigen; **~ rhn** jdm Beistand leisten.

atgas *ans* abscheulich, verachtenswert; *(digariad)* verhasst.

atgasedd *g* Abneigung *f*, Abscheu *m/f*; **mewn ~** voll Abscheu.

atgasrwydd *g* = atgasedd.

atgenhedliad *g* Fortpflanzung *f*.

atgenhedlu *be.g* sich fortpflanzen.

atglafychiad (-**au**) *g (MEDD)* Rückfall *m*.

atglafychol *ans (MEDD)* rückfällig.

atgof (-**ion**) *g* Erinnerung *f*; **~ion** *ll* Memoiren *pl*.

atgoffa *be.a* erinnern; *(dwyn i'ch cof)* sich ins Gedächtnis rufen; **~ rhn o rth** jdn an etw *akk* erinnern; **atgoffwch fi o'r peth!** erinnern Sie mich daran! **mae hynny'n fy ~ i o'm tad** das erinnert mich an meinen Vater.

atgrynhoi *be.a* rekapitulieren.

atgwympo *be.g (CYFR)* rückfällig werden.

atgwympol *ans (CYFR)* rückfällig.

atgyfnerthiad (-**au**) *g* Verstärkung *f*; **~au** *ll (MIL)* Nachschub *m*.

atgyfnerthu *be.a* stärken, festigen.

atgyfodi *be.a* erwecken, wieder beleben; *(adeilad)* wieder aufbauen.

♦ *be.g* auferstehen.

atgyfodiad *g* Auferstehung *f*; *(adeilad)* Wiederaufbau *m*.

atgynhyrchiad (-**au**) *g* Reproduktion *f*, Wiedergabe *f*.

atgynhyrchu *be.a* reproduzieren.

atgyrch (-**ion**) *g (BIOL)* Reflex *m*; **~ cyflyredig** bedingter Reflex.

atgyweiriad (-**au**) *g (adnewyddiad)* Erneuerung *f*; *(adeilad)* Instandsetzung *f*; *(peiriant ayb)* Reparatur *f*.

atgyweirio *be.a* erneuern, renovieren; *(trwsio)* reparieren, ausbessern; *(adfer)* restaurieren.

atig (-**au**) *b* Dachboden *m*, Speicher *m*; *(ystafell, fflat)* Mansarde *f*.

Atlantaidd *ans* atlantisch.

Atlantig *g (DAEAR)* Atlantik *m*.

♦ *ans* atlantisch.

atlas (-**au**) *g* Atlas *m*.

atmosffer (-**au**) *g (FFIS)* Atmosphäre *f*.

atmosfferaidd *ans* atmosphärisch.

atmosfferig *ans* = atmosfferaidd.

atodi *be.a* anhängen, anfügen; *(dogfen)* beifügen.

atodiad (-**au**) *g (mewn llyfr)* Anhang *m*, Appendix *m*; *(ar wahân)* Beiblatt *nt*, Beilage *f*; *(at rth wedi'i ddweud)* Nachtrag *m*, Ergänzung *f*.

atodol *ans* ergänzend; *(ychwanegol)* zusätzlich; *(wrth fynd heibio)* beiläufig.

atodyn (**atodion**) *g* Zusatz *m*, Zusatzgerät *nt*; **atodion** *ll (COG)* Zutaten *pl*.

atol (-**au**) *b (DAEAR)* Atoll *nt*.

atom (-**au**) *gb* Atom *nt*.

atomaidd *ans* atomar.

atomeiddiwr (**atomeiddwyr**) *g* Zerstäuber *m*.

atomfa (**atomfeydd**) *b* Atomkraftwerk *nt*.

atomig *ans* atomar; **bom ~** Atombombe *f*; **ynni ~** Atomenergie *f*.

atsain (**atseiniau**) *b* Echo *nt*, Widerhall *m*; *(datsain)* Nachhall *m*.

atseinio *be.g* hallen, widerhallen; *(swnio)* tönen, schallen; *(yn y clustiau)* dröhnen.

atseiniol *ans* schallend.

atynfa (**atynfeydd**) *b* Attraktion *f*.

atyniad (-**au**) *g* Anziehung *f*, Reiz *m*; *(llithiad)* Verlockung *f*; **~ magnet** Anziehungskraft *f*; **teimlo ~ at rth/rn** sich zu etw/jdm hingezogen fühlen.

atyniadol *ans* anziehend, attraktiv; *(ffig)* reizvoll.

atynnu *be.a* anziehen; *(llithio)* ködern.

atheist (-**iaid**) *g* Atheist(in) *m(f)*.

atheistiaeth *b* Atheismus *m*.

athletau *ll (CHWAR)* Leichtathletik *f*.

athletwr (**athletwyr**) *g* Athlet *m*.

athletwraig (**athletwragedd**) *b* Athletin *f*.

athrawes (-**au**) *b* Lehrerin *f*; *(feithrin)* Kindergärtnerin *f*; *(gynradd)* Grundschullehrerin *f*, Volksschullehrerin[A] *f*; *(uwchradd)* Studienrätin[D] *f*, Professorin[A] *f*; **~ ddosbarth** Klassenlehrerin *f*; **~ gyflenwi** Aushilfslehrerin *f*.

athrawiaeth (-**au**) *b* Lehre *f*, Doktrin *f*.

athrawiaethol *ans* doktrinell.

athrawiaethus *ans* doktrinär.

athro (**athrawon**) *g* Lehrer *m*; *(meithrin)* Kindergärtner *m*; *(cynradd)* Grundschullehrer *m*, Volksschullehrer[A] *m*; *(uwchradd)* Gymnasiallehrer *m*, Studienrat[D] *m*, AHS-Lehrer[A] *m*; *(PRIFYSG)* Professor *m*; **~ cyflenwi** Aushilfslehrer *m*; **~ dosbarth** Klassenlehrer *m*; **A~ yn y Celfyddydau** *(PRIFYSG)* Magister *m*; **penderfynodd fynd yn ~** er entschied sich Lehrer zu werden.

athrod (-ion) *g* Beleidigung *f*; *(enllib)* Verleumdung *f*.

athrodi *be.a* verleumden.

athrofa (athrofeydd *neu* **athrofâu**) *b* pädagogische Hochschule *f*, Pädak^A *f*; *(academi)* Akademie *f*.

athroniaeth (-au) *b* Philosophie *f*, Weltanschauung *f*; *(agwedd bersonol)* Lebenseinstellung *f*.

athronydd (athronwyr) *g* Philosoph(in) *m(f)*, Denker(in) *m(f)*.

athronyddol *ans* philosophisch.

athronyddu *be.g* philosophieren.

athrylith (-oedd) *gb (person)* Genie *nt*; *(medr)* Genialität *f*, Genie *nt*; *(dawn)* Gabe *f*; **mae hi'n ~ mewn darlunio** sie ist ein zeichnerisches Genie, sie hat eine Gabe fürs Zeichnen.

athrylithgar *ans* genial.

aur[1] *ans* golden, aus Gold; *(lliw fel aur)* golden.

aur[2] *g* Gold *nt*; **~ coeth** reines Gold; **nid ~ yw popeth melyn** es ist nicht alles Gold, was glänzt; **pysgodyn ~** Goldfisch *m*.

awch *g (llymder)* Schärfe *f*; *(min)* Schneide *f*; *(archwaeth)* Lust *f*, Genuss *m*.

awchus *ans* scharf; *(ffig)* begierig, gierig.

awdur (-on) *g* Verfasser *m*; *(llenor)* Autor *m*, Schriftsteller *m*; *(cychwynnwr)* Urheber *m*.

awdurdod (-au) *gb (caniatâd)* Befugnis *f*, Ermächtigung *f*; *(cyfreithiol)* Vollmacht *f*; *(arbenigwr)* Autorität *f*, Kapazität *f*; *(cyhoeddus)* Behörde *f*; **bod â'r ~ i wneud rhth** die Berechtigung haben etw zu tun; **mae hi'n ~ ar y pwnc** sie ist eine Kapazität auf dem Gebiet; **~ trefol** Stadtverwaltung *f*; **~ lleol** Lokalverwaltung *f*; **~ addysg** Unterrichtsbehörde *f*.

awdurdodaeth *b (CYFR)* Gerichtsbarkeit *f*, Rechtsprechung *f*; **~ sofran** Souveränität *f*.

awdurdodaidd *ans* autoritär.

awdurdodedig *ans* befugt, berechtigt.

awdurdodi *be.a* berechtigen, ermächtigen; *(caniatáu)* genehmigen, zulassen.

awdurdodiad (-au) *g* Ermächtigung *f*, Bevollmächtigung *f*.

awdurdodol *ans* maßgebend, autoritativ; *(cyhoeddus)* behördlich; *(person)* Ehrfurcht erregend.

awdurdodus *ans* gebieterisch, autoritär.

awdures (-au) *b* Verfasserin *f*; *(llenor)* Schriftstellerin *f*, Autorin *f*.

awel (-on) *b* Brise *f*; *(mewn ystafell)* Luftzug *m*, Zug *m*.

awelog *ans* luftig.

awen[1] (-au) *b* Inspiration *f*, Genie *nt*; *(mytholegol)* Muse *f*; **yr A~au** die Musen *pl*.

awen[2] (-au) *b* Zügel *m*; **cymryd yr ~au** *(ffig)* das Ruder in die Hand nehmen.

awgrym (-iadau) *g* Vorschlag *m*, Anregung *f*; *(cymorth)* Rat *m*; *(arwydd)* Hinweis *m*; *(ensyniad)* Andeutung *f*.

awgrymiad (-au) *g* = **awgrym**.

awgrymog *ans* angedeutet, unterschwellig; *(anweddus)* zweideutig.

awgrymu *be.a* vorschlagen; *(yn gryf)* nahe legen, raten; *(dangos)* **mae hynny'n ~ bod ...** das deutet darauf hin, dass...; **beth 'rydych chi'n ei ~?** was schlagen Sie vor?

awn *be gw.* **mynd**; *(gadewch i ni fynd)* **~!** gehen wir!

awr (oriau) *b* Stunde *f*; **~ ginio** Mittagspause *f*; **hanner ~ wedi chwech** halb sieben; **ar ~ wan** in einem schwachen Moment; **ar ôl ~** nach einer Stunde; **tri deg milltir yr ~** fünfzig Stundenkilometer; **ymhen llai na hanner ~** in einer schwachen halben Stunde; *(tâl)* **wrth yr ~** stundenweise; **yn oriau mân y bore** zu früher Stunde; *(CREF)* **llyfr oriau** Stundenbuch *nt*.

yn awr, nawr, rŵan *adf* jetzt; *(llen)* zur Stund'; **yn ~ ac yn y man** dann und wann; **yn ~ ac eilwaith** hin und wieder.

awrwydr (-au) *g* Stundenglas *nt*, Sanduhr *f*.

Awst *g* August *m*; **ym mis ~** im August.

Awstralaidd *ans* australisch.

Awstralia *b (DAEAR)* Australien *nt*.

Awstraliad (Awstraliaid) *g* Australier(in) *m(f)*.

Awstria *b (DAEAR)* Österreich *nt*; **~ Isaf** Niederösterreich; **~ Uchaf** Oberösterreich.

Awstriad (Awstriaid) *g* Österreicher(in) *m(f)*.

Awstriaidd *ans* österreichisch.

awtistig *ans* autistisch.

awtocrat (-iaid) *g* Alleinherrscher *m*, Autokrat *m*.

awtomasiwn *g* Automatisierung *f*.

awtomateiddio *be.a* automatisieren.

awtomatiaeth *b* Automatisierung *f*.

awtomatig *ans (TECH)* automatisch, selbsttätig; *(ffig)* automatisch; **'drws ~'** 'Tür öffnet selbsttätig'; **peiriant golchi ~** automatische Waschmaschine *f*.

awtonomaidd *ans (GWLEID)* autonom.

awtonomiaeth *b* Autonomie *f*, Selbstverwaltung *f*.

awtonomig *ans (ANAT)* autonom; **cyfundrefn nerfol ~** vegetatives Nervensystem.

awtopeilot *g (AWYR)* automatische Steuerung *f*, Autopilot *m*.

awtopsi (awtopsïau) *g* Autopsie *f*, Sektion *f*; **gwneud ~ ar gorff** eine Leiche sezieren.

awydd (-au) *g* Lust *f*, Verlangen *nt*; *(chwenychiad)* Trieb *m*, Drang *m*; *(heb amynedd)* Ungeduld *f*; **does arna' i ddim ~** ich habe keine Lust; **mae ~ arna i i fynd yno** ich habe Lust hinzugehen.

awyddus *ans* begierig; *(brwdfrydig, diwyd)* eifrig; **bod**

yn ~ i wneud rhth Lust haben etw zu tun; *(gwneud ymdrech)* bemüht sein etw zu tun.

awyr *b* Luft *f*; *(wybren)* Himmel *m*; **~ draeth** Schäfchenwolken *pl*; **~ gywasgedig** Pressluft *f*; **~ iach** frische Luft; **bod ar yr ~** *(darlledu)* auf Sendung sein; **yn yr ~** in der Luft; *(ffig: ansicr)* unsicher; **yn yr ~ agored** unter freiem Himmel; **malu ~** Unsinn reden; **mae'r ~ yma'n hen** *(mewn ystafell)* hier mieft es.

awyren (-nau) *b* Flugzeug *nt*; **mewn ~** mit dem Flugzeug; **~ jet** Düsenflugzeug *nt*; **~ siarter** Chartermaschine *f*; **~ ymladd** Jagdflugzeug *nt*; **~ uwchsonig** Überschallflugzeug *nt*.

awyrendy (awyrendai) *g* Hangar *m*, Flugzeughalle *f*.

awyrennwr (awyrenwyr) *g* Flieger *m*, Pilot *m*.

awyrfaen (awyrfeini) *g* *(ASTRON)* Meteorit *m*.

awyrfilwr (awyrfilwyr) *g* *(MIL)* Fallschirmjäger *m*.

awyrgylch (-oedd) *g* *(ffig)* Atmosphäre *f*, Stimmung *f*; *(amgylchfyd)* Ambiente *nt*; *(yn y gweithle)* Betriebsklima *nt*.

awyriad *g* Belüftung *f*, Ventilation *f*.

awyrle (-oedd) *g* Luftraum *m*.

awyrlu (-oedd) *g* *(MIL)* Luftwaffe *f*; *(yn yr Almaen)* Luftwaffe[D]; *(yn Awstria)* Fliegerstaffel[A] *m*.

awyrlun (-iau) *g* *(FFOTO)* Luftaufnahme *f*.

awyru *be.a* lüften, entlüften; *(pridd)* umstechen.

awyrydd (-ion *neu* **awyrwyr**) *g* Gebläse *nt*, Ventilator *m*.

ayb *byrf* (= *ac yn y blaen*) usw., etc., u.a.

ayyb *byrf* = **ayb**.

B

B, b *b (marc ysgol)* Gut *nt*; *(CERDD)* ~ **fflat** B *nt*.

baban (-od) *g* Baby *nt*, Säugling *m*; **y ~ Iesu** das Jesuskind *nt*; **cael ~** ein Kind bekommen; **cyfradd marwolaeth ~od** Kindersterblichkeit *f*; **dillad ~** Babywäsche *f*; **marwolaeth ~od** *(MEDD)* plötzlicher Kindstod *m*; **~ twb prawf** Retortenbaby *nt*; **gofalu am fabanod** babysitten; **wyneb ~** Milchgesicht *nt*.

babandod *g* frühe Kindheit.

babanladdiad (-au) *g* Kindesmord *m*.

babi (-s) *g gw.h.* **baban**; *(sgyrs)* Baby *nt*; **siarad ~** plappern, lallen; **~'r teulu** Nesthäkchen *nt*; **hen fabi wyt ti** du bist ein großes Kind.

bablan *be.g* lallen.

babŵn (babwnod) *g (SÔOL)* Pavian *m*.

bacio *be.g* sich rückwärts bewegen; *(car)* zurücksetzen[D], reversieren[A].

♦ *be.a* rückwärts fahren.

baco *g* Tabak *m*; **siop faco** Tabakladen[D] *m*, Trafik[A] *f*.

bacteriwm (bacteria) *g* Bakterie *f*, Keim *m*.

bacwn *g* Speck *m*; **~ ac wy** Eier mit Speck.

bach¹ *ans* klein; *(annwyl)* niedlich, drollig; *(cyflog)* bescheiden; *(cul)* schmal, eng; *(nifer)* gering; *(dibwys)* unwesentlich, unbedeutend; **plentyn ~** Kleinkind *nt*; **tipyn ~** ein wenig; **tŷ ~** Toilette *f*, Klosett *nt*; **rhywbeth ~ i de** eine Kleinigkeit zum Abendessen; **ar raddfa fach** in kleinem Rahmen; **â meddwl ~** engstirnig; **Cymru fach** geliebtes Wales; **mae rhywbeth ~ yn poeni pawb** jeder hat seine kleinen Wehwehchen.

♦ *adf*: **yn araf ~** schön langsam.

♦ *g (sgyrs)* **sut wyt ti, ~?** wie geht's dir Kleine(r)?

bach² (-au) *g* Haken *m*; *(dillad)* Wäscheklammer *f*, Kluppe[A] *f*; **~ a dolen** Haken und Öse; **~ clo** Dietrich *m*; **~ pysgota** Angelhaken *m*; **~au cyrliog** geschwungene Klammern; **~au sgwâr** eckige Klammern.

bachan *g (sgyrs)* Kerl *m*; **~ od** ein komischer Kauz *m*.

bachdro (-eon) *g* Serpentine *f*.

bachgen (bechgyn) *g* Junge[D] *m*, Bub[A] *m*; *(llanc, hogyn)* Bursche *m*, Kerl *m*; *(yn ei arddegau)* Jugendliche(r) *m*; *(mab)* Sohn *m*; **croeso, fy machgen!** willkommen, mein Sohn! **~ côr** Chorknabe *m*; **pan oeddwn yn fachgen** als Kind; **~ bach** kleiner Junge/Bub; **fy machgen glân i!** *(ffig)* mein Sohn!

bachgennaidd *ans* knabenhaft; *(o ran dull)* burschikos.

bachiad (-au) *g* Fang *m*; *(partner)* Aufriss *m*; **cael ~** *(wrth bysgota)* etwas fangen.

bachog *ans* mit Haken versehen; *(ffig)* bissig; **trwyn ~** Hakennase *f*.

bachu *be.a* festhaken; *(cael rhth)* an Land ziehen; *(sgyrs)* klauen, stibitzen; *(sgyrs: merch)* aufreißen; **bacha hi o 'ma!** hau ab! zieh' Leine!

bachyn (bachau) *g* Haken *m*; *(cotiau, gwregys)* Schnalle *f*, Schließe *f*; **~ crosio** Häkelnadel *f*.

bad (-au) *g* Boot *nt*; *(mwy o faint)* Kahn *m*; *(rhwyfo)* Ruderboot *nt*, Barke *f*; **~ achub** Rettungsboot *nt*; **~ bach rwber** Schlauchboot *nt*; **~ camlas** Lastkahn *m*; **~ hwyliau** Segelboot *nt*; **ras fadau** Bootsrennen *nt*, Regatta *f*; **ar fad** an Bord eines Schiffes; **taith fad** Schiffsreise *f*.

badminton *g (CHWAR)* Badminton *nt*, Federball *nt*.

badwr (badwyr) *g* Schiffer *m*.

baddon (-au) *g* Bad *nt*; *(twb)* Badewanne *f*; **~ meddyginiaethol** Heilbad *nt*; **~ traed** Fußbad *nt*; **~ thermal** Thermalbad *nt*; **tref faddon** Kurbad *nt*, Kurort *m*, Bad *nt*.

baddondy (baddondai) *g* Badeanstalt *f*.

bae (-au) *g (DAEAR)* Bucht *f*; *(ffenestr)* Erker *m*; **B~ Hudson** Hudson Bay *f*.

baedd (-od) *g* Wildschwein *nt*; *(twrch)* Eber *m*, Keiler *m*.

baeddu¹ *be.a* beschmutzen; *(llygru)* verunreinigen; *(ffig)* besudeln.

baeddu² *be gw.* **maeddu**.

Bafaraidd *ans* bayrisch.

Bafaria *b (DAEAR)* Bayern *nt*.

Bafariad (Bafariaid) *g* Bayer *m*.

bag (-iau) *g* Tasche *f*; *(cwd)* Sack *m*, Beutel *m*; *(i siopa)* Tragtasche *f*, Einkaufstasche *f*; *(i deithio)* Reisetasche *f*, Gepäckstück *nt*; **~iau** *ll* Gepäck *nt*; **pacio'ch ~iau** seine Sachen packen; **~ dillad** Koffer *m*; **~ dogfennau** Aktentasche *f*; **~ dyffl** Seesack *m*; **eisin** *(COG)* Spritzbeutel *m*; **~ llaw** Handtasche *f*; **~ llwch** Staubsack *m*; **~ papur** Papiertüte[D] *f*, Papiersackerl[A] *nt*; **~ plastig** Plastiktüte[D] *f*, Plastiksackerl[A] *nt*; **~ rhew** *(COG)* Gefrierbeutel *m*; **~ te** Teebeutel *m*; **man cadw ~iau** *(ar drên)* Gepäckablage *f*; *(gorsaf)* Gepäckaufbewahrung *f*.

bagbib (-au) *b (CERDD)* Dudelsack *m*.

bagiau *ll* Gepäck *nt*.

bagio *be gw.* **bacio**.

bagl (-au) *b* Krücke *f*; **cerdded ar faglau** auf Krücken

gehen; **~ esgob** *(CREF)* Bischofsstab *m*; *(bugail)*
Hirtenstab *m*.

baglu *be.g* stolpern, straucheln.

♦ *be.a:* **~ rhn** jdm ein Bein stellen; **ei ~ hi**
abhauen, das Weite suchen.

bai[1] **(beiau)** *g* Schuld *f*; *(nam)* Fehler *m*; *(TECH)* Defekt
m; **bod ar fai** schuld sein; **cymryd y ~** die
Verantwortung übernehmen; **nid arna' i y mae'r ~**
am hynny ich bin nicht daran schuld; **~ ar gam**
falsche Anschuldigung; **rhoi'r ~ ar rn am rth** jdm
die Schuld an etw *dat* geben; **gweld ~ ar rn** jdn
kritisieren.

bai[2] *be* gw. **bod**[1]; **pe ~** *(pe tasai)* wenn, falls; **oni ~ am**
außer +*dat*.

baich (beichiau) *g* Last *f*; *(llwyth)* Ballast *m*; *(ffig: straen*
meddyliol) Belastung *f*, Bürde *f*; **~ y cyfrifoldeb** Last
der Verantwortung; **bod yn faich ar rn** jdm zur
Last fallen.

balans (-au) *g* *(CYLL)* Soll und Haben *nt*; *(cydbwysedd)*
Gleichgewicht *nt*, Balance *f*; **~ pŵer**
ausgewogenes Kräfteverhältnis *nt*.

balansio *be.g* balancieren.

♦ *be.a (cydbwyso rhth)* ausgleichen; *(CYLL)* **~'r llyfrau**
Bilanz machen.

balast *g* Ballast *m*.

balconi (balconïau) *g* Balkon *m*; *(mewn eglwys)*
Empore *f*.

balch *(ll* **beilchion)** *ans* stolz; *(ffroenuchel)* hochmütig,
eitel; *(hapus)* froh; **rwy'n falch o'ch gweld chi** ich
freue mich, Sie zu sehen; **bod yn falch o** stolz
sein auf +*akk*; **rwy'n falch!** es freut mich! **bydd yn**
falch gen i'ch helpu es freut mich, Ihnen helfen zu
können.

balchder (-au) *g* Stolz *m*; *(agwedd ffroenuchel)*
Hochmut *m*, Eitelkeit *f*; **testun ~ ei thad yw hi** sie
ist der ganze Stolz ihres Vaters.

baldordd *g* Gequatsche *nt*, Gelaber *nt*; *(babi)*
Geplauder *nt*.

baldorddi *be.g* labern.

bale *g* Ballett *nt*; **dawnswraig ~** Ballerina *f*; **dawnsiwr**
~ Balletttänzer *m*.

baled (-i) *b* Ballade *f*; *(am ddigwyddiad erchyll)*
Bänkellied *nt*, Moritat *f*.

baledwr (baledwyr) *g* Balladendichter *m*; *(modern)*
Liedermacher *m*.

balisteg *b* Ballistik *f*.

balistig *ans* ballistisch; **taflegryn ~** Geschoß *nt*.

balm *g* Balsam *m*; *(ffig)* **~ i'r llygaid** Augenweide *f*.

balog (-au) *gb* Hosenschlitz *m*.

balŵn (balwnau) *gb* (Luft)ballon *m*; *(i deithio)*
Heißluftballon *m*; *(â modur)* Zeppelin *m*.

balwnydd (balwnwyr) *g* Ballonfahrer(in) *m(f)*.

balwstrad (-au) *g* Brüstung *f*, Balustrade *f*.

ballasg (-od) *g* *(SÖOL)* Stachelschwein *nt*.

bambŵ (-au) *g* Bambus *m*; **y Llen Fambŵ** *(ffig: GWLEID)*
der Bambusvorhang *m*.

ban (-nau) *gb* *(copa)* Gipfel *m*; **o bedwar ~ byd** aus
aller Welt; **pedwar ~ byd** die ganze Welt.

banadl *ll gw.* **banhadlen**.

banana (-s) *b* Banane *f*.

banc[1] **(-iau)** *g* *(CYLL)* Bank *f*; **gŵyl y ~** Feiertag *m*; **cyfrif**
~ Bankkonto *nt*; **cyfriflen ~** Kontoauszug *m*; **~**
cynilo Sparkasse *f*; **B~ Lloegr** englische
Nationalbank *f*; **mantolen ~** Guthaben *nt*; **~**
masnachol Handelsbank *f*; **~ poteli**
Altglassammlung *f*; **~ papur** Altpapiersammlung
f; **rheolwr ~** Bankdirektor *m*, Bankier *m*.

banc[2] **(-iau** *neu* **bencydd)** *g* Böschung *f*; **~ tywod**
Sandbank *f*.

bancio *be.a (arian)* einzahlen.

banciwr *g* = **bancwr**.

bancwr (bancwyr) *g* Bankier *m*.

band[1] **(-iau)** *g* Band *nt*; *(MEDD: rhwymyn)* Binde *f*,
Bandage *f*; *(metel)* Ring *m*; **~ lastig** Gummiband
nt; **~ gwallt** Haarband *nt*, Schleife *f*.

band[2] **(-iau)** *g* *(CERDD: seindorf)* Musikkapelle *f*;
(cerddorfa) Orchester *nt*; **~ pres** Blaskapelle *f*.

bandit (-iaid *neu* **-s)** *g* Bandit *m*, Räuber *m*.

baner (-i) *b* Fahne *f*, Flagge *f*; *(hysbyseb)*
Spruchband *nt*, Transparent *nt*; **codi'r faner** *(llyth)*
die Fahne hissen; *(ffig)* die Fahne hochhalten;
chwifio ~ eine Fahne schwenken.

banerog *ans* beflaggt.

banerwr (banerwyr) *g* Fahnenträger *m*.

banhadlen (banadl) *b* *(BOT)* Ginster *m*.

banjo (-s) *g* *(CERDD)* Banjo *nt*.

banllef (-au) *b* Geschrei *nt*.

bannod *b* *(GRAM)* bestimmter Artikel *m*; **~ amhendant**
unbestimmter Artikel.

bant *adf (sgyrs: i ffwrdd)* weg, fort; *(sgyrs: allan)* raus; **~**
â ni! los geht's! **aros ~** wegbleiben; **mynd ~**
hinausgehen, weggehen; **troi ~** *(diffodd)* abdrehen;
gw.h. **pant**.

bar[1] **(-rau)** *g* Stange *f*; *(i gloi drws)* Riegel *m*; *(aur, arian)*
Barren *m*; *(o siocled)* Riegel *m*, Tafel *f*; *(o sebon)*
Stück *nt*; **côd ~** Strichkode *m*; **~ gofod** *(teipiadur)*
Leertaste *f*; **~rau** *ll (grât)* Gitter *nt*; *(CHWAR)* Barren
m; **~rau llorwedd** *(CHWAR)* Reck *nt*; **y tu ôl i'r ~rau** *(yn y*
carchar) hinter Gittern; **~ o siocled** Schokoriegel
m; **siart ~** Balkendiagramm *nt*.

bar[2] **(-rau)** *g* *(mewn tafarn)* Bar *f*, Theke *f*; **merch tu ôl y**
~ Barmädchen *nt*; **~ byrbryd** Snackbar *f*; **~ llaeth**
Milchbar *f*.

bar[3] **(-rau)** *g* *(MOR)* Sandbank *f*; *(mewn afon)* Barre *f*.

bar⁴ (-rau) g *(CERDD)* Takt m; **llinell far** Taktstrich m.

bar⁵ g *(mewn llys)* Anklagebank f; *(CYFR)* **y ~ die** Anwaltschaft.

bara g Brot nt; *(torth)* Brotlaib m; **ennill ei fara a chaws** *(ffig)* sein tägliches Brot verdienen; **~ beunyddiol** *(llyth)* tägliches Brot; **~ brith** Früchtebrot nt; **~ brown** Schwarzbrot nt; **~ can/gwyn** Weißbrot nt; **~ crai/croyw** ungesäuertes Brot; **~ crasu** Toastbrot nt; **~ Ffrengig** Stangenbrot nt, Baguette f/nt; **~ gwenith cyflawn** Vollkornbrot nt; **~ lawr** Seegras nt; **~ menyn** Butterbrot nt; **pwdin ~** Scheiterhaufen m; **~ rhyg** Roggenbrot nt; **gwneud/pobi ~** Brot backen.

baracs ll *(MIL)* Kaserne f.

barbaraidd ans barbarisch.

barbareiddiwch g Barbarei f.

barbariad (barbariaid) g Barbar(in) m(f).

barbariaeth b Barbarei f.

barbican (-au) g *(HAN)* Vorwerk nt.

barbwr (barbwyr) g Herrenfriseur m, Barbier m.

barcer (-iaid) g Gerber m.

barcio be.a gerben.

barclod (-iau) g Schürze f.

barcty (barctai) g Gerberei f.

barcud (barcutiaid) g *(SÖOL)* Milan m; *(tegan)* Drachen m; **~ coch/du** roter/schwarzer Milan; **â llygaid ~** mit Adleraugen.

barcut g gw. **barcud**.

barcuta be.g Drachen fliegen; *(hedfan barcud papur)* Drachen steigen.

bardd (beirdd) g Dichter(in) m(f), Barde m; **~ cocos** Pseudopoet m; **~ gwlad** Heimatdichter m; **~ modern** moderner Dichter; **~ telynegol** g Lyriker(in) m(f); **B~ y Gadair** neu: **B~ y Goron** gekrönter Barde, beim Eisteddfod ausgezeichneter Barde; **beirdd yr uchelwyr** Hofbarden pl.

barddas gb Bardentum nt.

barddol ans dichterisch, bardisch.

barddoni be.g dichten.

barddoniaeth b Dichtung f, Poesie f; **~ delynegol** Lyrik f; **~ rydd** Lyrik ohne striktes Metrum.

barddonol ans poetisch, lyrisch.

barf (-au) b Bart m; **~ lawn** Vollbart m.

barfog ans bärtig.

barforwyn (-ion) b Bardame f.

bargeinio be.g handeln; *(dif)* feilschen, schachern; *(er mwyn cyrraedd cytundeb)* verhandeln; **~ am** handeln um.

bargen (bargeinion) b *(MASN)* Handel m, Geschäft nt; *(rhth am bris gostyngedig)* Gelegenheitskauf m; *(cynnig rhad)* Sonderangebot nt; **cael ~** einen guten Kauf machen; **taro ~** sich einigen.

bargod (-ion) g Dachvorsprung m, Traufe f.

bargodi be.g überstehen, vorstehen.

bargyfreithiwr (bargyfreithwyr) g Rechtsanwalt m, Rechtsanwältin f.

barics ll *(MIL)* Kaserne f.

baril (-au) gb gw.h. **casgen**; Fass nt; *(i ddwr, olew, sbwriel)* Tonne f; *(dryll)* Lauf m, Gewehrlauf m; *(mewn canon)* Rohr nt; **~ gwin** Weinfass nt.

bario be.a *(ffordd)* sperren, blockieren; *(drws)* verriegeln; *(gwahardd)* ausschließen; **cafodd Sinn Fein ei ~ o'r trafodaethau** Sinn Fein wurde von den Gesprächen ausgeschlossen.

bariton (-au) g *(CERDD)* Bariton m.

bariwns g Sperre f, Schranke f.

barlad (-au) g *(SÖOL)* Erpel m, Enterich m.

barlat (-au) g = **barlad**.

barlys g Gerste f.

barmon (barmyn) g Barkeeper m.

barn (-au) b *(tyb)* Meinung f, Ansicht f; *(asesiad)* Beurteilung f, *(CYFR: dyfarniad)* Urteil nt; **~ arbenigol** Gutachten nt; *(meddygol)* Befund m, Diagnose f; **arolwg ~** Meinungsumfrage f; **y farn gyhoeddus** die öffentliche Meinung; **Dydd y Farn** der Tag des Jüngsten Gerichts; **digon o farn** eine Plage; **eistedd mewn ~** sich zum Richter machen; **gofyn ~ rhn** jdn um seine Meinung fragen; **mater o farn** Ansichtssache f; **bod o farn ...** der Meinung sein…; **yn fy marn i** meiner Meinung/Ansicht nach, meines Erachtens; **dweud eich ~** seine Meinung äußern.

barnedigaeth (-au) b Verurteilung f, *(CYFR)* Urteil nt; *(cosb)* Strafe f.

barnu be.a beurteilen; *(rhoi ar brawf)* über +akk richten; *(asesu)* einschätzen; *(beirniadu)* kritisieren, bemängeln.

♦ be.g beurteilen; *(CYFR)* ein Urteil fällen; **rwy'n ~ fod hynny'n iawn** ich halte das für richtig; **~ yn ôl y rhith** dem Anschein nach zu urteilen.

barnwr (barnwyr) g *(CYFR)* Richter m.

barnwres (-au) b *(CYFR)* Richterin f.

barnwriaeth b Rechtsprechung f, Jurisdiktion f.

barnwrol ans *(CYFR)* gerichtlich; *(grym)* richterlich.

baróc g Barock nt/m.

♦ ans barock, überladen.

baromedr (-au) g Barometer nt.

barrug g *(TYW)* Reif m, Raureif m; **roedd y wlad o dan farrug** das Land lag unter Raureif.

barugog ans bereift.

barus ans *(am fwyd)* gefräßig, verfressen; *(rheibus)* gierig; *(trachwantus)* habgierig; **mae'n greadur ~** er ist ein Raffzahn.

barwn (-**iaid** *neu* **baryniaid**) *g* Baron *m*, Freiherr *m*.

barwnes (-**au**) *b* Baronesse *f*.

barwnig *g* Baronet *m*.

bas¹ (*ll* **beision**) *ans* flach, seicht; **dyfroedd beision**
Untiefe *f*; *(ffig)* **meddwl ~** Seichtheit *f*,
Oberflächlichkeit *f*.

bas² (-**au**) *g (CERDD)* Bass *m*; *(llais)* Bassstimme *f*; **~**
dwbl Kontrabass *m*; **mae hi'n canu'r ~ dwbl** sie
spielt Kontrabass.
 ♦ *ans (CERDD)* Bass-.

bas³ (-**au**) *g (sail)* Basis; **~ data** *(cronfa ddata)*
Datenbank *f*.

bas⁴ *g (CEM)* Base *f*.

basâr (-**s** *neu* **basarau**) *g* Basar *m*, Markt *m*.

bas-bêl *b (pêl-fas)* Baseball *nt*.

Basg *ans* baskisch; **Gwlad y ~** *(DAEAR)* das
Baskenland *nt*.

Basgaidd *ans* baskisch.

basged (-**i**) *b* Korb *m*; **~ bicnic** Picknickkoffer *m*; **~**
ddillad Wäschekorb *m*; **~ sbwriel** Papierkorb *m*; **~**
siopa Einkaufskorb *m*; **~ wnïo** Nähkörbchen *nt*;
pêl-fasged Basketball *nt*.

Basgeg *b* Baskisch *nt*.

Basges (-**au**) *b* Baskin *f*.

Basgiad (**Basgiaid**) *g* Baske *m*.

basgrwth (**basgrythau**) *g (CERDD)* Kontrabass *m*.

basil *g (BOT)* Basilikum *nt*.

basilica (**basilicâu**) *g* Basilika *f*.

basilws *g (MEDD)* Bazillus *m*.

basn (-**au**) *g* Becken *nt*; *(ymolchi)* Waschbecken *nt*;
(toiled) Muschel *f*; *(dysgl)* Schüssel *f*; **~ afon**
Flussbett *nt*.

basnaid (**basneidiau**) *gb* Schüssel *f*; **~ o ffrwythau** eine
Schüssel voll Obst; **~ o gawl** ein Teller Suppe.

bastiwn (**bastiynau**) *g* Bastion *f*.

baswca (-**s**) *g (MIL)* Panzerfaust *f*.

baswn (**baswnau**) *g (CERDD)* Fagott *nt*.

baswr (**baswyr**) *g* Bass *m*.

bat (-**iau**) *g (CHWAR)* Schläger *m*.

bataliwn (**bataliynau**) *g (MIL)* Bataillon *nt*.

batiad (-**au**) *g (criced)* Innings *nt*.

batio *be.a, be.g (CHWAR)* schlagen.

batiwr (**batwyr**) *g (CHWAR)* Schlagmann *m*.

baton (-**au**) *b (CERDD)* Taktstock *m*, Stab *m*; *(MIL)*
Kommandostab *m*; *(râs gyfnewid)* Stab *m*.

batri (**batrïau** *neu* -**s**) *g* Batterie *f*; **~ haul** Solarzelle *f*.

bath¹ (-**s**) *g* Bad *nt*; *(twb)* Badewanne *f*; **cael ~** baden,
ein Bad nehmen; **rhoi ~ i rn** jdn baden.

bath² (-**au**) *gb* Prägestempel *m*.
 ♦ *ans (arian)* geprägt; **arian ~** Münze *f*.

bathdy (**bathdai**) *g* Prägeanstalt *f*, Münze *f*.

bathiad (-**au**) *g (arian)* Prägung *f*; *(gair newydd)*

Neubildung *f*, Neologismus *m*.

bathio *be.a (rhoi bath i rn)* baden.

bathodyn (-**nau**) *g* Abzeichen *nt*; *(ar gar)* Plakette *f*;
(swyddog) Dienstmarke *f*.

bathu *be.a (arian)* prägen, münzen; *(termau)* prägen; **~**
arian ffug Geld fälschen.

baw *g* Dreck *m*, Schmutz *m*; **~ adar** Vogeldreck *m*; **~**
cŵn Hundekot *m*.

bawd (**bodiau**) *gb (ANAT)* Daumen *m*; *(SÖOL: crafanc)*
Schere *f*; **~ y troed** die große Zehe; **pin ~**
Reißnagel *m*, Reißzwecke° *f*; **bod dan fawd rhn**
unter jds Pantoffel *dat* stehen; **byw o'r ~ i'r genau**
von der Hand in den Mund leben; **rhoi clec ar**
eich ~ i rn/rth *(ffig)* auf jdn/etw pfeifen; **defnyddio**
synnwyr y ~ i fesur rhth etw über den Daumen
schätzen.

bawdd *be gw.* **boddi**.

bawlyd *ans* dreckig, schmutzig.

becso *be.g* sich Sorgen machen; **~ am** sich Sorgen
machen um +*akk*; **paid â ~!** keine Sorge!
 ♦ *be.a* Sorgen machen +*dat*.

bechan *ans gw.* **bychan**.
 ♦ *b* **y fechan** die Kleine.

bechingalw *g* Dingsda *m/f/nt/pl*, Dingsbums *m/f/nt/pl*;
ble mae'r ~? *(e.e. allweddi)* wo sind die Dingsda?
(e.e. cadair) wo ist der Dingsbum?

bedw *ans (o goed y fedwen)* aus Birkenholz; **gwialen**
fedw Birkenrute *f*.

bedwen (**bedw**) *b (BOT)* Birke *f*; **~ arian** Weißbirke *f*; **~**
Fai *neu:* **~ haf** ≈ Tanzpfahl *m*.

bedydd *g* Taufe *f*; **~ esgob** *(catholig)* Firmung *f*;
(protestannaidd) Konfirmation *f*; **enw ~** Taufname
m; **mab ~** Patenkind *nt*; **mam fedydd** Taufpatin *f*;
merch fedydd Patenkind *nt*; **tad ~** Taufpate *m*.

bedyddfaen (**bedyddfeini**) *g* Taufbecken *nt*.

bedyddio *be.a* taufen.

Bedyddiwr (**Bedyddwyr**) *g (CREF)* Baptist *m*.

Bedyddwraig (**Bedyddwragedd**) *b (CREF)* Baptistin *f*.

bedd (-**au**) *g* Grab *nt*; *(man gorffwys)* Ruhestätte *f*;
carreg fedd Grabstein *m*; **~ torfol** Massengrab *nt*;
torrwr ~au Totengräber *m*; **tawel fel y ~** totenstill.

beddargraff (-**iadau**) *g* Grabinschrift *f*.

beddfaen (**beddfeini**) *g* Grabstein *m*; *(cofeb)* Grabmal
nt.

befel (-**au**) *g* abgeschrägte Kante *f*.

begera, begian *be.g* betteln, schnorren; **~ am** betteln
um +*akk*.

begonia (**begoniâu**) *g (BOT)* Begonie *f*.

Beibl (-**au**) *g* Bibel *f*; **~ i bawb o bobl y byd** jedem
seine eigene Bibel; **mae hyn yn y ~** das steht
schon in der Bibel; **credu yn y ~** an die Bibel
glauben; **cymryd llw ar y ~** auf die Bibel

schwören.

Beiblaidd *ans* biblisch.

beic (-iau) *g* Fahrrad *nt*, Rad *nt*, Velo^s *nt*; ~ **modur** Motorrad *nt*; *(MIL)* Kraftrad *nt*; ~ **mynydd** Mountainbike *nt*; ~ **rasio** Rennrad *nt*; ~ **ymarfer** Heimtrainer *m*; **mynd ar gefn ~** Rad fahren; **cer ar dy feic! hau ab!**

beicio *be.g* Fahrrad/Rad fahren.

beiciwr (**beicwyr**) *g* Radfahrer *m*, Radler *m*.

beicwraig (**beicwragedd**) *b* Radfahrerin *f*.

beichio[1] *be.g* schluchzen; ~ **crïo** heulen, plärren.

beichio[2] *be.a* (*llwytho*) belasten.

beichiog *ans* schwanger; *(am anifail)* trächtig; *(yn cario baich neu lwyth)* beladen, belastet; **bod yn feichiog ers tri mis** im dritten Monat schwanger sein.

beichiogi *be.g* empfangen.

♦ *be.a* schwängern.

beichiogiad *g* (-au) Empfängnis *f*.

beichiogaeth (-au) *b* Schwangerschaft *f*; **prawf ~** Schwangerschaftstest *m*.

beichiogrwydd *g* Schwangerschaft *f*; *(anifail)* Trächtigkeit *f*.

beichus *ans* (*trwm*) schwer; *(llethol)* lästig, beschwerlich; *(trwsgl)* unhandlich; **gwaith ~** Belastung *f*.

beiddgar *ans* (*eofn*) kühn, keck; *(hyf)* verwegen, tollkühn.

beiddgarwch *g* (*menter*) Kühnheit *f*; *(hyfdra)* Verwegenheit *f*.

beiddio *be.g* wagen; ~ **gwneud rhth** es wagen, etw zu tun; **nid yw hi'n ~** sie traut sich nicht; **paid â ~!** untersteh' dich!

beilchion *ans* gw. **balch.**

beili[1] (**beilïaid**) *g* Amtsdiener *m*; *(mewn llys)* Gerichtsdiener *m*; *(CYFR)* Gerichtsvollzieher *m*; *(ystad)* Verwalter *m*.

beili[2] (**beilïau**) *g* (*iard*) Burghof *m*, Vorhof *m*.

beio *be.a* (*dal yn gyfrifol*) die Schuld geben +*dat*, beschuldigen; *(edliw)* Vorwürfe machen +*dat*; ~ **rhn am rth** jdm an etw *dat* die Schuld geben; ~ **eich hunan (am)** sich *dat* Vorwürfe machen (wegen); **pwy/beth oedd i'w feio am y ddamwain hon?** wer/was war schuld an diesem Unfall?

beirniad (**beirniaid**) *g* (*CHWAR*) Preisrichter(in) *m(f)*; *(mewn cystadleuaeth, LLEN)* Juror(in) *m(f)*; *(gwerth celfyddydol)* Kritiker(in) *m(f)*; ~ **llenyddol** (*proffesiynol*) Literaturkritiker(in) *m(f)*.

beirniadaeth (-au) *b* Beurteilung *f*; *(barn)* Kritik *f*; **rhoi ~ ar rth** an etw *dat* Kritik üben; ~ **annheg** harsche Kritik.

beirniadol *ans* kritisch.

beirniadu *be.a* beurteilen; *(datgan barn feirniadol)*

kritisieren, bemängeln.

♦ *be.g* urteilen, entscheiden; ~ **rhn/rhth** an jdm/etw Kritik üben; ~**'n hallt** verreißen.

beiro (-s) *gb* Kugelschreiber *m*.

beisle (-oedd) *g* (*MÔR*) Untiefe *f*.

beison (-au) *g* (*SÔOL: Americanaidd*) Bison *m*; *(Ewropeaidd)* Wisent *m*.

beistonna *be.g* (*CHWAR*) surfen.

♦ *be.a* (*sgyrs*) ~**'r we** im Internet surfen.

beistonnwr (**beistonwyr**) *g* (*CHWAR*) Surfer *m*.

beistonwraig (**beistonwragedd**) *b* Surferin *f*.

beit (-iau) *g* (*CYFDR*) Byte *nt*.

beius *ans* (*ar fai*) schuldhaft; *(diffygiol)* defekt; *(anghywir)* fehlerhaft.

bele (-od *neu* **balaon**) *g* (*SÔOL*) Marder *m*.

belen (**beliau**) *b* Ballen *m*; ~ **gwair** Strohballen *m*.

Belg: Gwlad ~ *b* (*DAEAR*) Belgien *nt*.

Belgaidd *ans* belgisch.

Belgiad (**Belgiaid**) *g* Belgier(in) *m(f)*.

Belorwsia *b* (*DAEAR*) Weißrussland *nt*.

belt (-iau) *gb* (*gwregys*) Gürtel *m*; *(stribed)* Riemen *m*; *(ar sedd)* Gurt *m*; ~ **cludo** Fließband *nt*, Förderband *nt*; ~ **V** Keilriemen *m*.

bellach *adf* (*mwyach*) weiter, mehr; *(yn y cyfamser)* inzwischen; *(o hyn ymlaen)* von nun an; **nid yw'n gweithio yma ~** er arbeitet hier nicht mehr.

benben *adf* gw. **penben.**

bendigaid *ans* gesegnet; *(CREF)* **y Cymun B~** die Heilige Kommunion; **Mair Fendigaid** die Heilige Maria.

bendigedig *ans* (*ardderchog*) fantastisch, traumhaft; *(cysegredig)* gesegnet.

bendith (-ion) *b* (*CREF, ffig*) Segen *m*; *(gras o flaen bwyd)* Tischgebet *nt*; *(gweddi i gloi gwasanaeth)* Segnung *f*; ~ **y Tad!** Gesundheit! **gofyn am sêl ~** um den Segen bitten.

bendithio *be.a* segnen; *(rhoi diolch i, moli)* lobpreisen, Dank sagen +*dat*.

bendithiol *ans* segensreich; *(llesol)* vorteilhaft.

Benelwcs *b* (*DAEAR*) die Beneluxländer *pl*.

benthyca *be.a* = **benthyg**[1].

benthyciad (-au) *g* (*gan fanc*) Anleihe *f*, Kredit *m*, Darlehen *nt*; *(y weithred o fenthyca)* Entlehnung *f*; ~ **pontio** Überbrückungskredit *m*.

benthyg[1] *be.a* (*rhoi benthyg i rn*) leihen; *(am dâl)* verleihen; *(cael benthyg)* borgen, sich *dat* ausborgen; *(llyfr o lyfrgell)* sich *dat* ausleihen; **a gaf i ei fenthyg oddi wrthych chi?** darf ich es mir von Ihnen ausborgen?

benthyg[2] (**benthycion**) *g* (*echwyn*) Leihgabe *f*; **ar fenthyg** entlehnt, entliehen; **rhoddais fenthyg y llyfr iddi hi** ich habe ihr das Buch geliehen.

♦ *ans (rhn sy'n benthyca)* Leih-; *(wedi ei fenthyg)* geliehen; **gair ~** Lehnwort *nt*; **llyfrgell fenthyg** Leihbücherei *f*.

benyw (-od) *b* Frau *f*; *(anifail)* Weibchen *nt*.

♦ *ans* weiblich, feminin; *(anifail)* weiblich.

benywaidd *ans* feminin, weiblich *(h. GRAM)*; **dyn ~** ein weibischer Mann.

benywol *ans* fraulich.

ber *ans gw.* **byr**.

berdasen (**berdys**) *b (SÔOL)* Garnele *f*, Shrimp *m*.

berdysyn (**berdys**) *g* = **berdasen**.

beret (-s *neu* -i) *g* Baskenmütze *f*; *(MIL)* Barett *nt*.

berf (-au) *b (GRAM)* Verb *nt*, Zeitwort *nt*; **~ anghyflawn** transitives Verb; **~ gyflawn** intransitives Verb; **~ gynorthwyol** Hilfsverb *nt*, Hilfszeitwort *nt*.

berfa (**berfâu**) *b* Schubkarren[D] *m*, Scheibtruhe[A] *f*.

berfenw (-au) *g (GRAM)* Infinitiv *m*, Verbalnomen *nt*.

berw *ans* siedend, kochend, blubbernd; **roedd y lle yn ferw** es herrschte eine Affenhitze.

berwi *be.a* kochen; *(ffrwythau i gadw)* einkochen; **tatws wedi'u ~** Salzkartoffeln *pl*; **wy wedi'i ferwi** gekochtes Ei *nt*.

♦ *be.g* kochen, sieden; *(byrlymu)* brodeln.

berwr *g (BOT)* Kresse *f*; **~ dŵr** Brunnenkresse *f*.

beryn (-nau) *g (TECH)* Lager *nt*, Kugellager *nt*.

bet (-iau) *b* Wette *f*; *(swm betio)* Einsatz *m*; **rhoi ~ ar geffyl** auf ein Pferd setzen.

betio *be.a* wetten; **~ arian ar rth** Geld auf etw *akk* setzen.

♦ *be.g* wetten; *(hapchwarae)* spielen; **~ ar** tippen auf +*akk*; **betia i na ddaw hi** wetten, dass sie nicht kommt.

betws *g* Kapelle *f*, Oratorium *nt*; **y byd a'r ~** alle Welt.

betysen (**betys**) *b* Rübe *f*, Bete[D] *f*; **~ goch** Rote Bete[D], Rote Rübe[A]; **~ siwgr** Zuckerrübe *f*.

beth *rhag gofyn (= pa beth, gw.h.* **peth**) was; **~ am ...?** was ist mit…? *(awgrym)* wie wär's mit…? **~ amdanat ti?** und was ist mit dir? **~ arall?** was noch? **i ~?** wozu? **~ bynnag** sowieso, ohnedies; **~ bynnag yw'r rheswm** aus welchem Grund auch immer; **~ sy'n bod arnat ti?** was ist los mit dir? was fehlt dir? **~ sydd?** was gibt's? **~ yw'r dyddiad?** der Wievielten ist heute? **~ ddywedaist ti?** was hast du gesagt?

bethma *g* Dingsda *m/f/nt/pl*, Dingsbums *m/f/nt/pl*.

beudy (**beudái**) *g* Kuhstall *m*.

beunos *adf* nachts; **~ beunydd** tagaus tagein, tagtäglich.

beunydd *adf* jeden Tag, täglich.

beunyddiol *ans* täglich; **bara ~** das tägliche Brot.

biau *be gw.* **piau**.

bib (-iau) *gb* Lätzchen *nt*.

bicini (-s) *g* Bikini *m*.

bid *be gw.* **bod**[1]; **a fo ben ~ bont** wo ein Wille ist, ist auch ein Weg.

bidog (-au) *gb (MIL)* Bajonett *nt*.

bihafio *be.g* sich benehmen.

bil (-iau) *g* Rechnung *f*; *(CYFR)* Gesetzesvorlage *f*; *(CYLL)* **~ cyfnewid** Wechsel *m*; **~ trydan** Stromrechnung *f*; **ga i'r ~, os gwelwch yn dda?** die Rechnung, bitte!

biliards *g (CHWAR)* Billard *nt*.

bilidowcar (-s) *g (SÔOL)* Kormoran *m*.

biliwn (**biliynau**) *g* Milliarde *f*; **~ o bunnoedd** eine Milliarde Pfund.

bilwg (**bilygau**) *g* Buschmesser *nt*.

bîmo *be.a (TECH)* beamen, transponieren; **bîma fi i fyny, Sgoti!** beam' mich hoch, Scotty!

bin (-iau) *g* Tonne *f*; **~ sbwriel/lludw** Mülleimer *m*, Abfalleimer *m*, Mistkübel[A] *m*; *(mawr)* Mülltonne *f*; **~ bara** Brotdose *f*; **taflais y llythyr i'r ~** ich habe den Brief weggeworfen.

binocwlars *ll* Feldstecher *m*, Fernglas *nt*.

biocemeg *b* Biochemie *f*.

bioleg *b* Biologie *f*.

biolegol *ans* biologisch.

biolegydd (**biolegwyr**) *g* Biologe *m*, Biologin *f*.

bïosffer *g* Lebensraum *m*.

biotechnoleg *b* Biotechnik *f*.

bïotop *g* Biotop *m/nt*.

bîp *g* Piepton *m*.

bipiwr (**bipwyr**) *g* Piepser *m*, Funkrufempfänger *m*.

bisgeden (**bisgedi**) *b* = **bisgïen**.

bisgïen (**bisgedi**) *b* Keks *m*, Plätzchen[D] *nt*; **~ ci** Hundekuchen *m*; **~ sinsir** Lebkuchen *m*.

bit (-iau) *g (CYFDR)* Bit *nt*.

biwro (-s *neu* -au) *gb (desg)* Schreibtisch *m*, Sekretär *m*; *(swyddfa)* Büro *nt*; *(swyddfa ymgynghori)* Beratungsstelle *f*; **~ priodasau** Heiratsvermittlung *f*.

biwrocrat (-iaid) *g* Bürokrat *m*.

biwrocrataidd *ans* bürokratisch.

biwrocratiaeth *b* Bürokratie *f*; *(gormodaeth o ffurflenni)* Papierkrieg *m*.

biwrocratig *ans* bürokratisch.

biwtan *g (CEM)* Butan *nt*.

blacmel *g* Erpressung *f*.

blacmelio *be.a* erpressen.

blacmeliwr (**blacmelwyr**) *g* Erpresser(in) *m(f)*.

blaen[1] *ans* vordere(r,s); **ceffyl ~** *(ffig)* Streber(in) *m(f)*; **drws ~** Haustür *f*; **gyriant ~** Vorderradantrieb *m*; **rheng flaen** erste Reihe *f*; **sedd flaen** *(MODUR)* Vordersitz *m*; **tudalen ~** Titelseite *f*; **yn y tu ~**

vorne, an der Spitze; **y tu ~ i mi** vor mir.

blaen² (-au) *g* Spitze *f*; *(llong)* Bug *m*; *(afon)*
Mündung *f*; *(MIL)* Front *f*; **~ tafod** Zungenspitze *f*;
~ bys Fingerspitze *f*, Fingerkuppe *f*; **~ y cwm**
oberes Ende des Tales; **ac yn y ~** und so weiter;
achub y ~ die Initiative ergreifen; **ar flaen** *neu:* **ar y**
~ voran; **cerdded ar flaenau'r traed** auf
Zehenspitzen gehen; **dod yn eich ~**
vorankommen; **rhag ~** unverzüglich, umgehend;
yn y ~ vorne.

 o flaen *ardd* vor *+dat/+akk*; **~ flaen y**
dosbarth *(sefyll)* vor der Klasse; *(mynd)* vor die
Klasse; **~ flaen llaw** im Voraus; **o'n ~ ni** vor uns.

 o'r blaen *adf (eisoes)* schon; *(cynt)* vorher,
zuvor; **rwy wedi gweld y ffilm o'r ~** ich habe den
Film schon gesehen; **y diwrnod o'r ~** am Tag
zuvor.

blaenaf *eith* vorderste(r,s); *(mwyaf pwysig)* vorrangig;
(rheol, egwyddor) oberste(r,s).

blaenasgellwr (blaenasgellwyr) *g (CHWAR)*
Flügelstürmer *m*.

blaendal (-iadau) *g* Anzahlung *f*; *(ernes)* Kaution *f*;
(cyflog) Vorschuss *m*.

blaendir (-oedd) *g (llun)* Vordergrund *m*; *(DAEAR: pentir)*
Landzunge *f*.

blaenddant (blaenddannedd) *g (ANAT)* Schneidezahn
m.

blaengar *ans* fortschrittlich, progressiv.

blaengarwch *g* Fortschrittlichkeit *f*; *(personol)*
Eigeninitiative *f*.

blaengerrynt *g* Aufwind *m*.

blaengroen (blaengrwyn) *g (ANAT)* Vorhaut *f*.

blaengwrt (blaengyrtiau) *g* Vorhof *m*.

blaengyfrannau *ll (CYLL)* Vorzugsaktien *pl*.

blaenllaw *ans* führend, maßgebend; *(trawiadol)*
markant.

blaenolwg (blaenolygon) *gb* Vorderansicht *f*.

blaenor (-iaid) *g (CREF)* Vorstandsmitglied in der
Methodistenkirche.

blaenori *be.a* vorausgehen *+dat*; *(rhagori ar)*
übertreffen.

blaenoriaeth (-au) *gb* Vorrang *m*, Priorität *f*; **rhoi ~ i**
rth etw *dat* den Vorzug geben; *(traffig)* etw *dat* den
Vorrang überlassen; **cael y flaenoriaeth ar**
Vorrang haben gegenüber *+dat*.

blaenorol *ans* vorig, früher; *(hen)* ehemalig, einstig.

blaenrybudd (-ion) *g* Vorwarnung *f*.

blaenswm (blaensymiau) *g* Vorauszahlung *f*.

blaenwr (blaenwyr) *g (CHWAR)* Stürmer *m*; *(cerddorfa)*
Konzertmeister *m*.

blaenwynt (-oedd) *g* Gegenwind *m*.

blaguro *be.g* austreiben, sprießen; *(had)* keimen.

blaguryn (blagur) *g* Knospe *f*; *(o gainc)* Spross *m*.

blaidd (bleiddiaid) *g* Wolf *m*; **~ mewn croen dafad**
Wolf im Schafspelz.

blanced (-i) *b* Decke *f*; *(ar wely)* Bettdecke *f*; **~ drydan**
Heizdecke *f*.

blas *g* Geschmack *m*; *(ffig)* Würze *f*; **cael ~ ar**
genießen, Geschmack finden an *+akk*; **rhoddais**
flas o'r gwin iddi ich gab ihr Wein zu kosten; **does**
dim ~ arno das schmeckt nach nichts.

blaser (-i *neu* -au) *gb* Klubjacke *f*, Blazer *m*.

blasu *be.a (clywed blas)* schmecken; *(profi)* kosten,
probieren; *(COG)* abschmecken, würzen.

blasus *ans* schmackhaft, köstlich, lecker[D].

blasuso *be.a* würzen.

blawd *g* Mehl *nt*; **~ codi** Mehl mit bereits
beigemischtem Backpulver; **~ gwenith cyflawn**
Vollkornmehl *nt*; **~ llif** Sägemehl *nt*; **~ pysgod**
Fischmehl *nt*.

ble *rhag gofyn* (= *pa le*) wo, **~ bynnag** wo immer, wo
auch immer; **o ~** woher; **i ~** wohin; **~ yn y byd** wo
in aller Welt.

bleiddast (bleiddeist) *b* Wölfin *f*.

bleiddgi (bleiddgwn) *g* Wolfshund *m*.

bleind (-s *neu* -iau) *g* Rollo *nt*.

blêr *ans (anniben)* unordentlich; *(golwg)* vergammelt,
verwahrlost; *(gwallt)* zerrauft, zerzaust.

blerwch *g* Unordnung *f*; *(person)* Unordentlichkeit *f*,
Schlampigkeit *f*.

blew *ll gw*. **blewyn**; *(anifail)* Fell *nt*, Pelz *m*.

blewiach *ll* Flaum *m*.

blewog *ans* haarig, behaart.

blewyn (blew) *g* Haar *nt*; *(mochyn)* Borste *f*; *(pysgodyn)*
Gräte *f*; *(glaswellt)* Grashalm *m*; **blew'r arffed**
Schamhaare *pl*; **i'r ~** haargenau; **~ yr amrant**
Wimper *f*; **o drwch ~** mit Ach und Krach; **heb**
flewyn ar dafod unverblümt, ohne sich *dat* ein
Blatt vor den Mund zu nehmen; **blew** *ll* Haar *nt*,
Haare *pl*; *(anifail)* Fell *nt*, Pelz *m*; **hollti blew** Haare
spalten.

blingo *be.a* häuten, die Haut abziehen *+dat*; *(ffig)*
schröpfen.

blin *ans* böse, sauer; *(ceintachlyd)* mürrisch, grantig[A];
(anghysurus) traurig, verdrossen; *(pwdlyd)*
eingeschnappt; **mae'n flin 'da fi** es tut mir leid;
mae'n flin 'da fi drosti hi sie tut mir leid, ich habe
Mitleid mit ihr.

blinder (-au) *g* Erschöpfung *f*, Müdigkeit *f*; *(gofid)*
Sorge *f*, Ärgernis *nt*.

blinderog *ans (blinedig)* müde, lustlos.

blinderus *ans* ermüdend, beschwerlich, mühsam.

blinedig *ans (person)* müde, erschöpft; *(gwan)*
schlapp; *(oherwydd salwch)* angegriffen,

angeschlagen; *(sefyllfa)* anstrengend, ermüdend.

blino *be.a* ermüden, langweilen; *(achosi pryder)* bedrücken; *(llethu)* verdrießen, lähmen; **mae hynny'n fy mlino i'n llwyr** das macht mich total fertig; **nid yw e'n ~ ar wneud yr un peth bob amser** er wird es nicht müde, immer dasselbe zu tun; **wedi ~** müde, erschöpft.

blith draphlith *adf gw.* **plith.**

bloc (-iau) *g* Block *m*; **~ brêc** Bremsklotz *m*; **~ chwarae** Baustein *m*; **~ o fflatiau** Wohnhaus *nt*; **~ o dai** Häuserblock *m*; **~ nodiadau** Notizblock *m*; **siart ~** Blockdiagramm *nt*; **~ swyddfeydd** Bürogebäude *nt*; **pleidlais ~** *(GWLEID)* Kollektivstimme *f*.

blocâd (blocadau) *g* Blockade *f*.

blocio *be.a* verstopfen, blockieren; *(olwyn)* blockieren; **~'r olygfa** die Sicht verstellen; **roedd coeden yn ~'n ffordd ni** ein Baum versperrte uns den Weg.

blodamlen (-ni) *b* *(BOT)* Blütenkelch *m*.

blodau *ll gw.* **blodyn.**

blodeugerdd (-i) *b* *(LLEN)* Anthologie *f*.

blodeuo *be.g* blühen; *(ffig: busnes)* florieren, blühen; **eleni mae'r masnach cyffuriau'n ~** der Drogenhandel blüht heuer.

blodeuog *ans* blühend; *(ffig: iaith)* blumig; *(deunydd, papur wal)* geblümt.

blodeuwr (blodeuwyr) *g* Florist(in) *m(f)*, Blumenhändler(in) *m(f)*.

blodeuyn (blodau) *g* = **blodyn.**

blodfresychen (blodfresych) *b* *(BOT)* Blumenkohl[D] *m*, Karfiol[A] *m*; **~ gaeaf** Broccoli *pl/m*.

blodyn (blodau) *g* Blume *f*, *(coeden, prysglwyn)* Blüte *f*; **~ anwyw** Strohblume *f*; **~ gwyllt** Wiesenblume *f*; **~ yr haul** Sonnenblume *f*; **~ Mihangel** Chrysantheme *f*; **~ y cleddyf** Gladiole *f*; **~ y gwynt** Anemone *f*; **~ ymenyn** Butterblume *f*; **~ yr eira** Schneeglöckchen *nt*.

bloedd (-iau *neu* -iadau) *b* Ruf *m*, Ausruf *m*; *(sŵn)* Geschrei *nt*, Gebrüll *nt*; *(i brotestio)* Protestruf *m*.

bloeddio *be.a, be.g* ausrufen, brüllen; *(llefain)* plärren; *(o lawenydd)* johlen, grölen; **~ am help** um Hilfe rufen.

bloeddiwr (bloeddwyr) *g* Schreihals *m*.

bloesg *ans* heiser, undeutlich; *(llais)* belegt.

bloesgi *be.g* *(wrth ynganu 's')* lispeln; *(siarad yn aneglur)* nuscheln.

blomonj *g* *(COG)* Pudding *m*.

bloneg (-au) *g* Fett *nt*; *(bacwn)* Speck *m*; *(lard)* Schmalz *nt*; **magu ~** Speck ansetzen.

blonegu *be.a* *(COG)* spicken.

blonegog *ans* fettig.

blot (-iau) *g* Fleck *m*, Klecks[D] *m*.

blotio *be.a* einen Fleck machen auf *+dat*, beklecksen[D]; *(sychu)* ablöschen.

blotiog *ans* befleckt, bekleckst[D].

blows (-ys *neu* -iau) *gb* Bluse *f*.

blowsen (blowsys) *b* Bluse *f*.

blwch (blychau) *g* Dose *f*, Büchse *f*; *(mawr)* Kiste *f*; **ar y ~** *(teledu)* in der Glotze, in der Kiste; **~ arian** Kasse *f*; **~ cardbord** Schachtel *f*, Pappkarton[D] *m*; **~ casglu** Sammelbüchse *f*; **~ colur** Schminkzeug *nt*; **~ cymorth cyntaf** Verbandskasten *m*; **~ cynilo** Sparbüchse *f*; **~ ffôn** Telefonzelle *f*; **~ llwch** Aschenbecher *m*; **~ llythyrau** Briefkasten *m*; **~ paent** Malkasten *m*; **~ matsys** Streichholzschachtel *f*; **~ pleidleisio** Wahlurne *f*.

blwydd *b* Jahr *nt*; **pen ~** Geburtstag *m*; **tair ~ oed** drei Jahre alt; **merch ddwyflwydd oed** Zweijährige *f*.

blwyddlyfr (-au) *g* Jahrbuch *nt*.

blwyddyn (blynedd *neu* blynyddoedd) *b* Jahr *nt*; *(YSG)* Schuljahr *nt*; *(dosbarth, gwin)* Jahrgang *m*; **~ naid** Schaltjahr *nt*; **B~ Newydd dda!** Prosit Neujahr! **~ brawf** Probejahr *nt*; *(ASTRON)* **~ oleuni** Lichtjahr *nt*; *(CYLL)* **~ ariannol** Finanzjahr *nt*; **bob ~** jedes Jahr; **y flwyddyn nesaf** nächstes Jahr; **flynyddoedd yn ôl** vor Jahren; **ers tair blynedd** seit drei Jahren; **bedair gwaith y flwyddyn** viermal jährlich; **o flwyddyn i flwyddyn** von Jahr zu Jahr; **trwy gydol y flwyddyn** das ganze Jahr über/hindurch; **fesul ~** Jahr für Jahr, jährlich; **yn y flwyddyn 2001** 2001, im Jahr 2001.

blynedd *ll gw.* **blwyddyn; ymhen dwy flynedd** innerhalb von zwei Jahren; **pedair mlynedd yn ôl** vor vier Jahren.

blynyddol *ans* jährlich, Jahres-; **adroddiad ~** Jahresbericht *m*.

blys (-iau) *g* Lust *f*, Begierde *f*; **~ crwydro** Wanderlust *f*; **~ teithio** Fernweh *nt*, Reisefieber *nt*; **codi ~ rhth ar rn** jdm Lust auf etw *akk* machen.

blysig *ans* lüstern, wollüstig.

blysigrwydd *g* Lüsternheit *f*, Wollust *f*.

Bnr. *byrf* (= bonwr) Hr.; *(mewn gyfeiriad llythyr)* Hrn.

Bns. *byrf* (= boneddiges) Fr.

bo *be gw.* **bod**[1]; **cyn ~ hir** bald, in Kürze; **tra ~ dau** solange wir zu zweit sind.

bob *adf gw.* **pob**[1].

bocs (-ys) *g* Schachtel *f*, Box *f*, Kassette *f*; *(THEAT)* Loge *f*; *(sgyrs: teledu)* Flimmerkiste *f*; **~ cardbord** Schachtel *f*, Pappkarton[D] *m*.

bocsio *be.g* *(CHWAR)* boxen; **gornest focsio** Boxkampf *m*.

bocsiwr (bocswyr) *g* *(CHWAR)* Boxer *m*.

boch (-au) *b* Wange *f*, Backe *f*; **foch ym moch** Wange an Wange.

bochdew *ans* pausbäckig.

♦ *g (SÖOL)* Hamster *m*.

bochdwll (bochdyllau) *g* Grübchen *nt*.

bochio *be.a* schlingen.

bochog *ans* pausbäckig.

bod[1] *be.g* sein; *(bodoli)* existieren, bestehen; **y mae es gibt; a fo ben bid bont** *(ffig)* wo ein Wille ist, ist auch ein Weg; **a oes digon o laeth 'da ni?** haben wir genügend Milch? **beth sy'n ~?** was ist los? **boed hynny fel y bo** wie dem auch sei; **cyn bo hir** in Kürze, bald; **da boch (chi)** auf Wiedersehen; **gad i mi fod!** lass mich in Ruhe! **nid oes a wnelo hynny â mi** das geht mich nichts an; **onibai amdano fe** wenn er nicht wäre; **sut mae?** wie geht's? **~ wrthi'n gwneud rhth** sich *akk* zu schaffen machen an *+akk*; **~ yn athro** Lehrer sein; **athro yw e** er ist Lehrer; **~ yn wrol** tapfer sein.

bod â *be.g (mae ganddoch chi, ayb)* haben, besitzen; **mae ganddo gyfrif yn y Swistir** er hat/besitzt ein Konto in der Schweiz; **~ â'r gallu i** können, vermögen; **~ â chwant bwyd arnoch** Hunger haben.

i fod *be.adf* sollen; **rwyt ti i fod yno erbyn pedwar** du sollst gegen 4 dort sein; **mae e i fod i ddod yfory** er soll morgen kommen.

bod[2] *cys berfol* dass es ist; **dywedir ~** man sagt, es sei…; **rwy'n methu credu eu ~ nhw'n hwyr** ich kann nicht glauben, dass sie zu spät kommen; **trueni ei fod e'n gwrthod gweithio i ni** schade, dass er es ablehnt, für uns zu arbeiten.

bod[3] (**-au**) *g* Existenz *f*, Dasein *nt*; *(creadur)* Wesen *nt*; **~ dynol** Mensch *m*; **y B~ Mawr** das höhere Wesen.

bod[4] (**-ion**), **boda** (**-od**) *gb (SÖOL)* Bussard *m*.

bodio *be.a* befühlen, abtasten; *(dif)* begrapschen; *(llyfr)* durchblättern; *(ffawd heglu)* **ei ~ hi** per Anhalter fahren, trampen.

bodis (**-iau**) *g* Korsett *nt*, Mieder *nt*.

bodiwr (bodwyr) *g* Anhalter(in) *m(f)*.

bodlon *ans* zufrieden; *(parod)* bereit, gewillt; **doedd e ddim yn fodlon dod** er war nicht gewillt zu kommen.

bodlondeb *g* Zufriedenheit *f*, *(boddhad)* Genugtuung *f*.

bodloni *be.a* befriedigen, zufriedenstellen.

♦ *be.g* sich zufriedengeben; **~ ar** sich begnügen mit *+dat*.

bodlonrwydd *g* Zufriedenheit *f*, *(boddhad)* Befriedigung *f*, Genugtuung *f*.

bodolaeth *b* Dasein *nt*, Existenz *f*; *(y bodoli)* Bestehen *nt*, Existieren *nt*; **bod mewn ~** existieren.

bodoli *be.g* bestehen, existieren; **~ ar** leben von.

bodwraig (bodwragedd) *b* Anhalterin *f*.

bodd (**-au**) *g* Vergnügen *nt*; **rwyf wrth fy modd** ich bin hocherfreut; **rhyngu ~ rhn** jdn erfreuen, jdm eine Freude bereiten.

boddfa (boddfeydd) *b* Überflutung *f*, *(ffig)* Flut *f*; **~ o ddagrau** eine Flut von Tränen.

boddhad *g* Befriedigung *f*, Genugtuung *f*.

boddhaol *ans* zufrieden stellend, befriedigend; *(YSG: marc)* befriedigend.

boddhau *be.a* befriedigen, zufrieden stellen.

boddhaus *ans* vergnügt; *(dymunol)* erfreulich.

boddi *be.a (person)* ertränken; *(tir)* überfluten, überschwemmen; *(â swn)* übertönen.

♦ *be.g* ertrinken.

boddio *be.a* erfreuen.

boddlon *ans* = **bodlon**.

boddloni *be.a, be.g* = **bodloni**.

boed *be* gw. **bod[1]**.

bogail (bogeiliau) *gb (ANAT)* Bauchnabel *m*; *(both olwyn)* Nabe *f*; *(both tarian)* Schildbuckel *m*.

bogel (**-au**) *gb* = **bogail**.

bohemaidd *ans* nach Art der Boheme, aus dem Künstlermilieu; **B~** *(DAEAR)* böhmisch.

Bohemia *b (DAEAR)* Böhmen *nt*.

Bohemiad (Bohemiaid) *g* Böhme *m*, Böhmin *f*; **b~** *(artist)* Bohemien *m*, eine(r) *f(m)* aus der Boheme.

boi (**-s**) *g (sgyrs)* Bursche *m*; **fi a'r ~s** die Burschen und ich, ich und meine Kumpel.

boicot (**-iau**) *g (GWLEID)* Boykott *m*.

boicotio *be.a* boykottieren.

bol (**-iau**) *g (ANAT)* Bauch *m*; **~ cwrw** Bierbauch *m*; **~ tost** Bauchschmerzen *pl*; **~ uwd** Schmerbauch *m*; **bwrw'ch ~ a pherfedd** *(ffig)* sein Herz ausschütten; **bwyta llond eich ~** sich den Bauch voll schlagen; **cael llond ~ (ar rth)** *(ffig)* die Nase voll haben (von etw); **tywyll fel ~ buwch** finster wie die Nacht.

bola (bolâu) *g* = **bol**; **~ coes** Wade *f*.

bolaheulo *be.g* sonnenbaden, ein Sonnenbad nehmen.

bolddawns (**-iau**) *b* Bauchtanz *m*.

bolera *be.g (sgyrs)* futtern; *(dif)* sich voll fressen.

bolgarwch *g* Völlerei *f*.

bolgi (bolgwn) *g* Schlemmer *m*, Vielfraß *m*.

bolgodog (**-ion**) *g (SÖOL)* Beuteltier *nt*.

bolheulo *be* = **bolaheulo**.

Bolifaidd *ans* bolivisch.

Bolifia *b (DAEAR)* Bolivien *nt*.

Bolifiad (Bolifiaid) *g* Bolivianer(in) *m(f)*.

bolio *be.g* sich wölben, sich ausbauchen; *(trwy wynt)* sich bauschen.

boliog *ans* bauchig; *(tew)* korpulent; *(crwn)*

kugelförmig.

Bolsefigaeth *b (GWLEID)* Bolschewismus *m*.

bollt (**byllt** *neu* **-au**) *b* Bolzen *m*; *(ar ddrws)* Riegel *m*; *(TECH)* Schraube *f*, Bolzen *m*; *(saeth bwa croes)* Pfeil *m*; *(taranfollt)* Donnerschlag *m*; **nytiau a ~au** Muttern und Schrauben.

bollten *b* = **bollt**.

bolltio *be.a* verriegeln; *(asio)* verschrauben; **ei ~ hi** *(ffoi)* abhauen, das Weite suchen.

bom (**-iau**) *gb* Bombe *f*; **~ atomig** Atombombe *f*; **~ car** Autobombe *f*; **~ dagrau** Tränengasgranate *f*; **~ mwg** Rauchbombe *f*; **~ hydrogen** Wasserstoffbombe *f*; **mynd fel ~** *(bod yn llwyddiannus)* wie eine Bombe einschlagen; *(bod yn gyflym iawn)* fährt wie der Teufel.

bombardiad (**-au**) *g* Bombenangriff *m*.

bombardio *be.a* bombardieren, unter Beschuss nehmen.

bombastig *ans* überladen, bombastisch.

bomio *be.a (MIL)* bombardieren.

bôn (**bonion** *neu* **bonau**) *g* Basis *f*; *(coeden, gair)* Stamm *m*; *(wedi'i torri)* Stumpf *m*; *(bresych)* Strunk *m*; *(gwellt, blew)* Stoppel *f*; **~ braich** Oberarm *m*; **â nerth ~ braich** mit roher Gewalt; **o'r ~ i'r brig** von oben bis unten; **yn y ~** im Grunde genommen.

boncath (**-od**) *g (SÔOL)* Bussard *m*.

bonclust (**-iau**) *g* Ohrfeige *f*.

boncyff (**-ion**) *g* Baumstumpf *m*; *(plocyn)* Klotz *m*, Scheit *nt*.

bond (**-iau**) *g (CYLL)* Anleihe *f*, Pfandbrief *m*.

bondigrybwyll *ans* (= *na bo ond ei grybwyll*) verrufen, verschrien, notorisch.

bondo *g* Vordach *nt*, Traufe *f*; **gwennol y ~** *(SÔOL)* Hausschwalbe *f*.

bondrwm *ans (MATH)* **ffracsiwn ~** echter Bruch.

boned (**-au**) *gb* Haube *f*; *(i ferched)* Hut *m*; *(MODUR)* Kühlerhaube *f*.

bonedd *g* Adel *m*; **~ a ddwg gyfrifoldeb** Adel verpflichtet, noblesse oblige.

boneddigaidd *ans (moesgar)* höflich, wohlerzogen; *(o ran llinach)* nobel, edel; *(golwg)* elegant.

boneddigeiddrwydd *g* Höflichkeit *f*; *(ach)* edle Abstammung *f*.

boneddiges (**-au**) *b* Dame *f*.

boneddigesaidd *ans* damenhaft.

bones (**-au**) *b (teitl cwrtais)* **Bns Davies** Frau Davies.

bonesig *ans* damenhaft.

bonet (**-au**) *gb* = **boned**.

bonheddig *ans (cwrtais)* wohlerzogen, höflich; *(llinach)* edel, adelig; **gŵr ~** Herr *m*, Edelmann *m*.

bonheddwr (**bonheddwyr** *neu* **boneddigion**) *g* Adliger

m, Edelmann *m*; *(teitl)* Herr *m*.

bonllef (**-au**) *b* Ausruf *m*, Zuruf *m*; *(cri)* Schrei *m*.

bonwr *g (teitl cwrtais)* **Bnr Meredith** Herr Meredith.

bonws (**bonysau**) *g* Bonus *m*, Zulage *f*; **~ Nadolig** Weihnachtsgeld *nt*.

bonyn (**bonion**) *g (coeden wedi'i thorri)* Stumpf *m*; *(tocyn)* Abschnitt *m*; **~ sigarét** Zigarettenstummel *m*, Kippe[D] *f*.

bord (**-ydd**) *b* Tisch *m*; *(mewn plasty neu ar gyfer priodas)* Tafel *f*; **y Ford Gron** die Tafelrunde *f*.

borden (**-nau**) *b:* **~ wal** Fußleiste *f*.

bordhwylio *be.g* windsurfen.

bordyn (**bordiau**) *g* Brett *nt*.

bore[1] (**-au** *neu* **boreuau**) *g* Morgen *m*, Frühe *f*; *(cyn hanner dydd)* Vormittag *m*; **tri o'r gloch y ~** drei Uhr früh, drei Uhr morgens; **yn y ~au** morgens, vormittags; **ar ben ~** *neu:* **yn y ~ bach** am frühen Morgen; **~ heddiw** heute Früh, heute Morgen; **~ yfory** morgen Früh/Vormittag; **~ da!** Guten Morgen/Tag!

bore[2] *ans (cynnar)* früh, zeitig; **mor fore â** so früh wie; **yn fore iawn** sehr früh.

boreol, boreuol *ans* morgendlich.

bos (**-ys**) *g (sgyrs)* Chef *m*; *(gang)* Anführer *m*; *(mafia)* Boss *m*, Pate *m*.

Bosnia *b (DAEAR)* Bosnien *nt*.

Bosniad (**Bosniaid**) *g* Bosnier(in) *m(f)*.

Bosniaidd *ans* bosnisch.

botaneg *b* Botanik *f*.

botanegol *ans* botanisch; **gardd fotanegol** botanischer Garten *m*.

botanegydd (**botanegwyr**) *g* Botaniker(in) *m(f)*.

botasen (**botasau**) *b* Stiefel *m*; *(dyfrglos)* Gummistiefel *m*.

botwm (**botymau**) *g (ar beiriant)* Knopf *m*, Taste *f*; *(ar ddillad)* Knopf *m*; **~ bol** Bauchnabel *m*; **~ clec** Druckknopf *m*; **~ madarch** Champignon *m*; **~ pwyso** Drucktaste *f*; **twll ~** Knopfloch *nt*.

botymu *be.a (agor)* aufknöpfen; *(cau)* zuknöpfen.

botymog *ans* mit Knöpfen, zu knöpfen.

both (**-au**) *b (olwyn)* Radnabe *f*; *(tarian)* Schildbuckel *m*.

bowlen (**-ni**) *b* = **powlen**.

bowler (**-i**) *b (het)* Melone *f*.

bowlio *be.a (pêl)* schieben, rollen; *(criced)* werfen.

bowliwr (**bowlwyr**) *g* Bowler *m*.

bowls *b (gêm)* Bowls *nt*.

braced (**-i**) *b* Eisenklammer *f*; *(silff)* Halterung *f*; *(PENS)* Stütze *f*; *(cromfach)* Klammer *f*.

bracedu *be.a (rhoi mewn cromfachau)* einklammern.

bracsan, bracso *be.g (cerdded trwy ddŵr neu laid)* waten.

brad (-au) *g* Verrat *m*; **B~ y Cyllyll Hirion** die Nacht der Langen Messer, Ermordung der britonischen Fürsten durch die Sachsen.

bradlofruddiad *g* Meuchelmord *m*.

bradwr (bradwyr) *g* Verräter(in) *m(f)*; *(streic)* Streikbrecher(in) *m(f)*.

bradwriaeth *b* Verrat *m*.

bradwrus *ans* verräterisch.

bradychu *be.a* verraten; *(datgelu cyfrinach)* verraten, enthüllen; ~ **ffydd** das Vertrauen missbrauchen.

braen *g* Moder *m*, Schimmel(pilz) *m*; ~ **sych** Hausschwamm *m*.

braenar (-au) *g* Brachland *nt*.

braenaru *be.a* brachliegen lassen; *(clirio)* roden; *(ffig)* ~'**r tir ar gyfer rhn** jdm den Weg bereiten.

braenllyd *ans* morsch.

braenu *be.g* morsch werden, faulen, zerfallen.

braf *ans* erfreulich; *(cyffyrddus)* angenehm; *(tywydd)* schön, heiter; *(dyfodol)* aussichtsreich; **roedd hi'n ddiwrnod ~** es war ein herrlicher Tag; **tywydd hynod o ~** Kaiserwetter *nt*; **dyna beth ~!** das ist eine feine Sache!

brag *g* Malz *nt*; *(diod)* Malzlikör *m*; **chwisgi ~** Malzwhisky *m*.

bragdy (bragdai) *g* Brauerei *f*, Brauhaus *nt*.

bragu *be.a* *(cwrw)* brauen.

bragwr (bragwyr) *g* Bierbrauer *m*.

braich (breichiau) *b* Arm *m*; *(cadair)* Armlehne *f*; *(rhan o sbectol)* Bügel *m*; *(pentir)* Landzunge *f*; ~ **chwaraewr recordiau** Tonarm *m*; ~ **olwyn** Speiche *f*; ~ **pwmp** Schwengel *m*; ~ **trol/cart** Wagenstange *f*.

braidd *adf* ziemlich; **o'r ~** kaum.

brain *ll gw.* **brân**; **ysgrifen traed ~** Geschmiere *nt*, eine Schrift wie der Hahn am Mist; **mynd rhwng y cŵn a'r ~** vor die Hunde gehen.

braint (breintiau *neu* breiniau) *gb* Privileg *nt*, Vorrecht *nt*; *(anrhydedd)* Ehre *f*.

braith *ans gw.* **brith**.

bran *g* Spreu *f*, Kleie *f*.

brân (brain) *b* Krähe *f*; ~ **lwyd** *neu:* ~ **lwerddon** Nebelkrähe *f*; **fel yr hed y frân** Luftlinie *f*, wie der Vogel fliegt; **yn ddu fel y frân** rabenschwarz; **yn ddigon oer i rewi brain** saukalt; **myn brain i!** Donnerwetter! **traed brain** Geschmiere *nt*, eine Schrift wie der Hahn am Mist; **mynd rhwng y cŵn a'r brain** vor die Hunde gehen.

brandi *g* *(Almaenig)* Branntwein *m*, Weinbrand *m*; *(Ffrengig)* Cognac® *m*.

bras[1] *(ll breision)* *ans* *(tua)* annähernd, ungefähr; *(ddim yn fân)* grob, grobkörnig; *(seimlyd)* fett, fettig; *(cyffredinol)* allgemein, generell; *(cyfoethog)* reich; **siwgr ~** Rohzucker *m*, grobkörniger

Zucker *m*; **syniad ~** ein grober Überblick *m*; **a siarad yn fras** grob gesprochen; **byw yn fras** in Saus und Braus leben; **â chamau breision** mit Riesenschritten; **llythrennau breision** Großbuchstaben *pl*; *(du)* Fettschrift *f*.

bras[2] (breision) *g* *(aderyn)* Ammer *f*; ~ **melyn** Goldammer *f*; ~ **yr ŷd** Grauammer *f*.

brasamcan (-ion) *g* Schätzung *f*; *(MASN)* Voranschlag *m*.

brasamcanu *be.a* schätzen.

brasbwytho *be.a* *(gwnïo)* anheften, zusammenheften.

brasgamu *be.g* schreiten, ausschreiten, mit großen Schritten gehen.

brasgynllun (-iau) *g* Konzept *nt*.

Brasil *b* *(DAEAR)* Brasilien *nt*.

Brasilaidd *ans* brasilianisch.

Brasiliad (**Brasiliaid**) *g* Brasilianer(in) *m(f)*.

braslun (-iau) *g* Skizze *f*, Entwurf *m*; ~ **gyrfa** Lebenslauf *m*.

braslunio *be.a* skizzieren, entwerfen.

braster (-au) *g* Fett *nt*; *(COG)* Schmalz *nt*; *(morfil)* Tran *m*; **asid ~** Fettsäure *f*.

brat (-iau) *g* *(ffedog)* Schürze *f*; *(cerpyn, rhecsyn)* Fetzen *m*, Lumpen *m*.

bratiaith *b* Kauderwelsch *nt*.

bratiog *ans* *(gwallus)* fehlerhaft, unvollkommen; *(anghyflawn)* unvollständig, fragmentarisch; *(dillad)* zerlumpt; **Cymraeg ~** gebrochenes Walisisch.

brathiad (-au) *g* Biss *m*; *(neidr)* Schlangenbiss *m*; *(gwybedyn)* Mückenstich *m*.

brathog *ans* bissig; *(mwg)* beißend; *(asid)* ätzend; *(ffig: hiwmor)* bissig, schnippisch; **ci ~** bissiger Hund.

brathu *be.a* beißen; *(i mewn i rth)* hineinbeißen in +*akk*; *(gwybedyn ayb)* stechen; *(trwy rth)* durchbeißen; *(ymaith)* abbeißen; ~'**ch tafod** *(llyth)* sich *dat* auf die Zunge beißen; *(ffig)* sich *dat* verkneifen etw zu sagen.

♦ *be.g* beißen.

brau *ans* brüchig; *(toes, ffrwyth)* mürbe; *(cig)* zart; *(asgwrn, rwber)* spröde; *(person, llestri)* zerbrechlich; *(o ran iechyd)* anfällig, gebrechlich; *(adain gwybedyn, planhigyn, deilen)* zart.

braw *g* Furcht *f*, Angst *f*; *(arswyd)* Panik *f*; **codi ~ ar rn** jdm einen Schrecken einjagen.

brawd[1] (brodyr) *g* Bruder *m*; *(CREF)* Bruder *m*, Mönch *m*; ~**-yng-nghyfraith** *g* Schwager *m*; ~ **maeth** Ziehbruder *m*; ~ **mogi yw tagu** das ist gehupft wie gesprungen; **brodyr** *ll* Gebrüder *pl*; **brodyr a chwiorydd** Geschwister *pl*.

brawd[2] (brodiau) *b* *(barn)* Urteil *nt*; **Dydd B~** der Tag des Jüngsten Gerichts.

brawdgarol *ans* brüderlich.

brawdladdiad *g* Brudermord *m*.

brawdlys (-oedd) *gb* Gericht *nt*, Gerichtshof *m*.

brawdol *ans* brüderlich; *(cyfeillgar)* kameradschaftlich.

brawdoliaeth (-au) *b* Brüderlichkeit *f*; *(eglwys)* Brüderschaft *f*; *(byddin)* Kameradschaft *f*.

brawddeg (-au) *b* Satz *m*; ~ **aml-gymalog** Schachtelsatz *m*; ~ **ddiystyr** Phrase *f*.

brawddegu *be.g (CERDD)* phrasieren.

brawychiad (-au) *g* Einschüchterung *f*.

brawychiaeth *b* Terrorismus *m*.

brawychu *be.g* erschrecken; *(wrth gysgu/ddarllen)* aufschrecken; **cael eich ~** einen Schreck bekommen.

♦ *be.a (codi ofn ar)* erschrecken; *(am gyfnod)* terrorisieren; ~ **rhn** jdm einen Schreck einjagen; **cael eich ~ gan rn/rth** über jdn/etw entsetzt sein.

brawychus *ans* erschreckend; *(ofnadwy)* entsetzlich, furchtbar, schrecklich; *(gofidus)* besorgniserregend, beängstigend.

brawychwr (brawychwyr) *g* Terrorist(in) *m(f)*.

brebl(i)an *be.g (parablu)* lallen.

brêc (breciau) *g* Bremse *f*; ~ **argyfwng** Notbremse *f*; ~ **llaw** Handbremse *f*; ~ **disg** Scheibenbremse *f*; ~ **pedal ôl** *(beic)* Rücktritt *m*.

brecio *be.g* bremsen.

brecwast (-au) *g* Frühstück *nt*; ~ **llawn** Bauernfrühstück *nt*; **gwely a ~** *(gwesty)* Frühstückspension *f*; *(ystafell)* Zimmer mit Frühstück; ~ **a chinio** *(mewn gwesty)* Halbpension *f*.

brecwasta *be.g* frühstücken.

brech (-au) *b (MEDD)* Ausschlag *m*; ~ **goch** Masern *pl*; ~ **goch yr Almaen** Röteln *pl*; ~ **yr ieir** Windpocken *pl*; **y frech ddu** Pest *f*; ~ **sgarlad** Scharlach *m*; **y frech wen** Pocken *pl*.

brechdan (-au) *b (â chig neu gaws)* Sandwich *m*; *(bara menyn)* Butterbrot *nt*; *(YSG)* ~ **ar gyfer egwyl** Pausenbrot *nt*; ~ **gaws** Käsebrot *nt*.

brechedig *ans* geimpft.

brechiad (-au) *g (MEDD)* Impfung *f*, Schutzimpfung *f*; ~ **tetanws** Tetanusimpfung *f*; ~ **gorfodol** Impfzwang *m*; ~ **geneuol** Schluckimpfung *f*.

brechlyn (-nau) *g* Impfstoff *m*.

brechu *be.a* impfen.

brêd (brediau) *g (gwallt)* Flechte *f*, Zopf *m*; *(arwisg)* Litze *f*, *(MIL)* Tressen *pl*.

brefu *be.g (dafad)* blöken; *(gafr)* meckern; *(buwch)* muhen.

bregliach *be.g* lallen; *(siarad yn fratiog)* radebrechen.
♦ *g* Gelaber *nt*; *(bratiaith)* Kauderwelsch *nt*; *(clebran)* Geschwätz *nt*.

bregus *ans* zerbrechlich, fragil; *(o ran iechyd)*

gebrechlich; *(carreg)* brüchig; ~ **iawn** leicht zerbrechlich.

breichio *be.a* sich einhaken bei.

breichled (-au) *b* Armband *nt*.

breindal (-iadau) *g* Lizenzgebühr *f*; *(CELF, CERDD)* Tantiemen *pl*.

breinhawliau *ll* Patentschutz *m*.

breiniau *ll gw.* braint.

breinio *be.a* berechtigen; *(rhoi blaenoriaeth i)* privilegieren, bevorzugen; *(anrhydeddu)* ehren.

breiniol *ans* privilegiert, bevorzugt.

breinlen (-ni) *b (tref)* Stadtrecht *nt*; *(trwydded ar ddyfais)* Patent *nt*.

breinlythyr *g* = breintlythyr.

breinryddid *g (CYFR)* Immunität *f*.

breintio *be.a* = breinio.

breintiedig *ans* privilegiert.

breintlythyr (-au) *g* Patenturkunde *f*; **cael ~ dros rth** ein Patent auf etw *akk* erhalten.

breision *ans gw.* bras[1].

brenhines (breninesau) *b* Königin *f*; *(gwenyn, morgrug)* Königin *f*; *(cardiau, gwyddbwyll)* Dame *f*.

brenhiniaeth (breniniaethau) *b* Königtum *nt*; *(teyrnas)* Königreich *nt*; *(math ar lywodraeth)* Monarchie *f*.

brenhinllin (breninlliniau) *b* Dynastie *f*.

brenhinllys[1] *g (BOT)* Basilikum *nt*.

brenhinllys[2] *g (PENS)* Basilika *f*.

brenhinol *ans* königlich; **y teulu ~** die königliche Familie.

brenin (brenhinoedd) *g* König *m*; *(teyrn)* Monarch *m*; *(cardiau, gwyddbwyll)* König; *(gêm o ddrafftiau)* Dame *f*; **y B~ Mawr** der oberste König, Gott *m*; **mae'r tywydd heddiw yn frenin o'i gymharu â ddoe** das Wetter heute ist um Häuser besser als gestern; **cael diwrnod i'r ~** *(ffig)* blaumachen.

brest (-iau) *b* Brust *f*; *(thoracs)* Brustkorb *m*, Brustkasten *m*; *(menyw)* Busen *m*; ~ **cyw iâr** *(COG)* Hühnerbrust *f*; **siarad o'r frest** improvisieren.

bresychen (bresych) *b* Kohl *m*, Kraut *nt*; ~ **goch** Blaukraut[D] *nt*, Rotkraut[A] *nt*; ~ **wen** Weißkohl *m*; ~ **grech** Wirsing[D] *m*; **bresych picl** Sauerkraut *nt*; **bresych yr ŷd** Raps *m*; **bresych Brwsel** Rosenkohl[D] *m*, Kohlsprosse[A] *f*; **blodfresychen** Blumenkohl[D] *m*, Karfiol[A] *m*.

bresys *ll* Hosenträger *pl*.

brethyn (-nau) *g* Tuch *nt*, Stoff *m*; ~ **gweu** *(TECS)* Trikot *m/nt*; ~ **cartref** hausgemacht.

breuddwyd (-ion) *gb* Traum *m*; *(dychymyg)* Illusion *f*, Vision *f*; ~ **gwrach** Wunschtraum *m*, Luftschloss *nt*; ~ **liw ddydd** Tagtraum *m*; **mae'n byw mewn ~** er lebt in einer Traumwelt.

breuddwydio *be.g* träumen; *(dychmygu rhth)*

fantasieren; ~ **am rth** *(tra'n cysgu)* träumen von
etw; *(tra'n effro)* sich *dat* etw erträumen; **ni
freuddwydiais erioed y byddai hynny'n digwydd** ich
hätte mir niemals träumen lassen, dass es
soweit kommt.

♦ *be.a:* ~ **liw ddydd** mit offenen Augen träumen.

♦ *be.e* Träumerei *f.*

breuddwydiol *ans* träumerisch; *(cysglyd)* verträumt;
(synfyfyriol) traumhaft.

breuddwydiwr (**breuddwydwyr**) *g* Träumer(in) *m(f)*,
Fantast *m.*

breuo *be.g* kaputtgehen; *(mynd yn frau)* brüchig
werden; *(pren)* rissig werden.

bri *g (enwogrwydd)* Ruhm *m*; *(anrhydedd)* Ehre *f*;
(arbenigrwydd) Auszeichnung *f*; **dod i fri** zu Ruhm
gelangen, sich *dat* einen Namen machen; **mewn ~
en vogue; o fri** von Rang und Namen.

briallen (**briallu**) *b (BOT)* Primel *f*; **briallu Mair**
Schlüsselblume *f.*

bric-a-brac *g (sgyrs)* Nippes *pl*, Krimskrams *m.*

briciwr (**bricwyr**) *g* Maurer *m.*

bricsen (**brics**) *b* Ziegel *m*, Ziegelstein *m*; **adeilad
brics** Backsteinbau *m*; **~ lo** Brikett *nt.*

bricwaith (**bricweithiau**) *g* Mauerwerk *nt.*

bricyllen (**bricyll**) *b (BOT)* Aprikose *f*, Marille[A] *f.*

brid *g* Züchtung *f*, Rasse *f*; **~ pur** Vollblut *nt.*

bridio *be.a* züchten.

♦ *be.g:* **maen nhw'n ~ fel cwningod** sie vermehren
sich wie die Kaninchen.

♦ *be.e* Züchten *nt*; **~ da byw** Viehzucht *f*; **tymor ~**
Brunftzeit *f*; *(adar)* Nistzeit *f*, Brutzeit *f.*

bridiwr (**bridwyr**) *g* Züchter *m.*

bridwraig (**bridwragedd**) *b* Züchterin *f.*

brîf (**brifiau**) *g (CERDD)* Brevis *f*; **hanner ~** ganze Note *f.*

brifo *be.a* wehtun +*dat*, Schmerzen zufügen +*dat*;
(anafu, ffig) verletzen; **~ rhn i'r byw** jdn zutiefst
verletzen; **rwy wedi ~ fy mraich** ich habe mir am
Arm weh getan; *(anafu)* ich habe mir den Arm
verletzt.

♦ *be.g* wehtun, schmerzen; **mae fy mraich yn ~** mir
tut der Arm weh.

brig (**-au**) *g* Spitze *f*; *(coeden)* Wipfel *m*; *(mynydd)*
Gipfel *m*; *(dŵr)* Höchststand *m*, **mae'r tîm ar y ~** die
Mannschaft ist in Höchstform; **~ y don**
Schaumkrone *f*, Gischt *f*; **~ y nos** Dämmerung *f*;
~ y wawr Morgengrauen *nt.*

brigâd (**brigadau**) *b (MIL)* Brigade *f*; **~ dân** Feuerwehr *f.*

brigadydd (**-ion**) *g (MIL)* Brigadegeneral *m*, Brigadier
m.

brigdonni *be.g* surfen; **bwrdd ~** Surfbrett *nt.*

brigdonnwr (**brigdonwyr**) *g* Surfer *m*, Wellenreiter *m.*

brigdonwraig (**brigdonwragedd**) *b* Surferin *f*,

Wellenreiterin *f.*

brigdorri *be.a (coeden)* beschneiden.

brigeryn (**briger**) *g (BIOL)* Staubfaden *m.*

briglefel (**-au**) *b:* ~ **arferol** Normalhöhenpunkt *m.*

brigo *be.g (blaguro)* sprießen, austreiben; *(ffig)* sich
verzweigen.

♦ *be.a (llwyn, coeden)* beschneiden, stutzen; *(perth)*
schneiden.

brigyn (**brigau**) *g* Zweig *m.*

brith (*b* **braith**, *ll* **-ion**) *ans* gefleckt; *(gwallt)* meliert;
(ceffyl) scheckig; *(COG: cig moch)* durchwachsen;
(aneglur) vage; *(amheus)* fragwürdig; *(niferus)*
zahlreich; **aderyn ~** *(ffig)* ein seltsamer Typ; **bara ~**
≈ Früchtebrot *nt*; **yn frith berthyn** entfernt
verwandt; **ceffyl ~** Schecke *m*; **mae gen i frith gof o
hynny** ich kann mich nur schwach daran
erinnern; **~ y fuches** *(aderyn)* Bachstelze *f*; **yn frith o
sêr** mit Sternen übersät.

brithlwyd *ans (gwallt)* grau meliert.

britho *be.g (gwallt)* ergrauen.

♦ *be.a (gyda lliw)* tupfen, marmorieren; **roedd ei
wallt wedi ~** sein Haar war grau meliert.

brithwaith (**brithweithiau**) *g* Mosaik *nt.*

brithyll (**-od**) *g (SÖOL)* Forelle *f*; **pysgota am frithyll**
Forellenfang *m.*

briw (**-iau**) *g* Wunde *f*; *(anaf)* Verletzung *f*; *(rhwyg)*
Riss *m*; *(MEDD)* Geschwür *nt*; **~ ar y stumog**
Magengeschwür *nt*; **agor hen friwiau** *(ffig)* alte
Wunden wieder aufreißen; **rhwbio halen yn y ~**
Salz in die Wunde streuen.

briwdda *g (ar gyfer pastai mins)* süße Gebäckfüllung *f*
aus Dörrobst und Sirup.

briwedig *ans* verwundet, verletzt; *(wedi'u torri)*
gebrochen.

briwfwrdd (**briwfyrddau**) *g* Hackbrett *nt.*

briwgig *g (COG)* Hackfleisch[D] *nt*, Gehackte(s)[D] *nt*,
Faschierte(s)[A] *nt.*

briwio *be.a* = briwo.

briwiog *ans (clwyf)* offen.

briwo *be.a (cig, llysiau)* klein hacken, faschieren[A];
(malu) mahlen; *(anafu)* verwunden.

briwsioni *be.a (malu'n fân)* zerkrümeln, zerbröseln.

♦ *be.g (brics, daear)* zerbröckeln, abbröckeln;
(bara, teisen) krümeln.

briwsionllyd *ans* krümelig, bröselig.

briwsionyn (**briwsion**) *g (bara)* Krümel *m*, Brösel *m*;
briwsion bara *(ar gig, ar bysgodyn)* Semmelbrösel *pl*,
Paniermehl[D] *nt.*

briwydd *g (COG)* Fleischwolf *m.*

bro *b (ardal)* Gegend *f*; *(gwlad, tir)* Land *nt*; *(sir)*
Landkreis[D] *m*; *(dyffryn)* Tal *nt*, Flachland *nt*;
(cymdogaeth) Nachbarschaft *f*; *(ffig)* Reich *nt*; **~ eich**

mebyd Heimatgegend *f*; **y Fro Gymraeg** die walisischsprachigen Gemeinden *pl*; **papur ~** Regionalzeitung *f*; **B~ Morgannwg** das Tiefland von Morgannwg.

broc¹ *ans (am anifail)* grauscheckig, gefleckt; **ceffyl ~** Rotschimmel *m*; **bachan ~** ein zwielichtiger Typ *m*.

broc² *g:* **~ môr** Treibgut *nt*, Strandgut *nt*.

brocêd (**brocedau**) *g (TECS)* Brokat *m*.

brocer (**-iaid**) *g (MASN)* Makler *m*; **~ stoc** Börsenmakler *m*; **tâl ~** Maklergebühr *f*.

broceriaeth (**-au**) *b (MASN)* Maklerbüro *nt*.

brocoli *g (BOT)* Brokkoli *pl/m*.

broch (**-od**) *g (SÔOL)* Dachs *m*.

brochgi (**brochgwn**) *g (SÔOL)* Dackel *m*, Dachshund *m*.

brochus *ans* reißend, wild.

brodio *be.g* sticken.
  ◆ *be.a (deunydd)* besticken; *(siâp)* sticken; **ffrâm frodio** Stickrahmen *m*.

brodor (**-ion**) *g (rhn lleol)* Einheimische(r) *m*; *(cysefin)* Eingeborene(r) *m*; *(trigolyn gwreiddiol)* Ureinwohner *m*; **~ o Gymru** ein gebürtiger Waliser; **~ o Gaerdydd** Cardiffer *m*; **mae e'n siarad Cymraeg fel ~** er spricht Walisisch, als wäre es seine Muttersprache.

brodores (**-au**) *b* Einheimische *f*; *(cysefin)* Eingeborene *f*; **~ o Gymru** eine gebürtige Waliserin.

brodorol *ans* gebürtig; *(SÔOL, BOT)* heimisch; *(cysefin)* eingeboren, autochthon; **~ o** beheimatet in *+dat*; *(gwisg, arfer, cynnyrch)* örtlich.

brodwaith (**brodweithiau**) *g* Stickerei *f*.

brodyr *ll gw.* **brawd¹**.

broets (**-ys**) *b* Brosche *f*.

broga (**-od**) *g (SÔOL)* Frosch *m*; **~ dringol** Laubfrosch *m*; **coesau ~od** *(COG)* Froschschenkel *pl*.

brogarwch *g* Lokalpatriotismus *m*.

brolgi (**brolgwn**) *g (ymffrostiwr)* Großmaul *nt*, Aufschneider *m*.

broliant *g* Prahlerei *f*, Angeberei *f*; *(ar gefn llyfr)* Umschlagtext *m*.

brolio *be.g* angeben, aufschneiden; **~ am rth** sich etw *gen* rühmen, mit etw angeben/prahlen.

broliog *ans* prahlerisch, großkotzig.

broliwr (**brolwyr**) *g* Angeber(in) *m(f)*, Aufschneider(in) *m(f)*.

bron¹ *adf* beinahe, fast, nahezu; **bûm i ~ â chwympo** ich wäre fast hingefallen; **~ i mi ei fwrw** es fehlte nicht viel, und ich hätte ihn verprügelt; **rwy' ~ â llwgu** ich komme fast um vor Hunger; **~ byth** fast nie; *(anaml)* kaum; **o'r ~** total, völlig; **pedwar**

diwrnod o'r ~ vier Tage hintereinander.

bron² (**bronnydd**) *b (ochr bryn)* Hang *m*, Anhöhe *f*.

bron³ (**-nau**) *b* Brust *f*; *(mynwes menyw)* Busen *m*, Brüste *pl*; **~nau silicon** Silikonbusen *m*; **siarad o'r fron** improvisieren, aus dem Stegreif sprechen; **~ y llaw** Handballen *m*; **bwydo** (**babi**) **o'r fron** (einem Kind) die Brust geben, (ein Kind) stillen; **mae ger ein ~ nodiadau manwl** es liegen uns genaue Aufzeichnungen vor; *gw.h.* **gerbron**.

broncia *ll (ANAT)* Bronchien *pl*.

bronciaidd *ans* bronchial.

bronciol *ans* = **bronciaidd**.

broncitis *g (MEDD)* Bronchitis *f*.

bronfraith (**bronfreithod**) *b (SÔOL)* Drossel *f*.

bronglwm (**bronglymau**) *g* Büstenhalter *m*, BH *m*.

bronnoeth *ans* oben ohne.

bronwen (**-nod**) *b (SÔOL)* Wiesel *nt*.

brown *ans* braun; *(gwallt)* brünett; **bara ~** dunkles Brot *nt*; **papur ~** Packpapier *nt*; **siwgr ~** brauner Zucker; **mynd yn frown** *(croen)* bräunen; **â chroen ~** braun gebrannt.

brownio *be.a (bwyd)* anbraten; *(torheulo)* bräunen.
  ◆ *be.g (yn yr haul)* bräunen, braun werden.

brwchan *g (llymru)* Mehlspeise *f*.

brwd *ans* begeistert; *(awyddus)* eifrig, emsig; *(cydwybodol)* dienstbeflissen, diensteifrig; *(dibynadwy)* ergeben; **edmygydd ~** ein glühender Bewunderer; **un ~** Enthusiast *m*; **bod yn frwd dros rth** auf etw *akk* erpicht sein.

brwdfrydedd *g (eiddgarwch)* Begeisterung *f*, Leidenschaft *f*, Enthusiasmus *m*; *(sêl)* Eifer *m*.

brwdfrydig *ans* begeistert, leidenschaftlich; *(awyddus)* eifrig.

brwnt *ans* schmutzig, unsauber; *(mwdlyd)* dreckig, kotig; *(â baw ynddo)* verschmutzt; *(amhur)* unrein; *(ffig)* schmutzig; **dyn ~** falscher Hund *m*.

brws (**-ys**) *g* Bürste *f*; *(dannedd)* Zahnbürste *f*; *(dillad)* Kleiderbürste *f*; *(eillio)* Rasierpinsel *m*; *(ewinedd)* Nagelbürste *f*; *(llawr)* Besen *m*; *(paent)* Pinsel *m*; *(gwifrog)* Drahtbürste *f*; **~ crwst** Backpinsel *m*.

Brwsel *b (DAEAR)* Brüssel *nt*; **bresych ~** Kohlsprossen^A *pl*, Rosenkohl^D *m*.

brwsio *be.a* bürsten; *(i ffwrdd)* abbürsten; *(llawr)* kehren; **~'ch dannedd** die Zähne putzen.

brwydr (**-au**) *b* Kampf *m*; *(MIL)* Schlacht *f*; *(ymryson)* Konflikt *m*; **mynd i'r frwydr** in die Schlacht ziehen; **cael eich lladd mewn ~** fallen; **~ i fodoli** Existenzkampf *m*; **~ y dosbarthiadau** Klassenkampf *m*.

brwydro *be.g* kämpfen; **~ dros** kämpfen um *+akk*; **~ yn erbyn** bekämpfen; *(CHWAR)* kämpfen gegen *+akk*; **~ yn erbyn blinder** gegen die Müdigkeit ankämpfen.

brwydrwr (**brwydrwyr**) *g* Kämpfer(in) *m(f)*.

brwynen (**brwyn**) *b (BOT)* Binse *f*.

brwyniad (**brwyniaid**) *g (SÖOL)* Stint *m*; *(COG: ansiofi)* Anchovis *f*.

brwysio *be.a (COG)* schmoren.

brych[1] (*b* **brech**) *ans* getupft, fleckig; *(anifail, blodyn)* gefleckt; *(gwallt)* meliert.

brych[2] (**-au**) *g* Nachgeburt *f*, Mutterkuchen *m*.

brycheulyd *ans* fleckig.

brycheuyn (**brychau**) *g* Fleck *m*; *(nam)* Schönheitsfehler *m*; **brychau haul** Sommersprossen *pl*.

brychni *g* Tupfen *m*; **~ haul** Sommersprossen *pl*.

bryd (**-iau**) *g* Absicht *f*; **gyda'r ~ o wneud rhth** in der Absicht etw zu tun; **rhoi eich ~ ar rth** sich *dat* etw zum Ziel setzen; **roedd Mair â'i ~ ar fod yn delynores enwog** Mairs Ziel war es, eine berühmte Harfenistin zu werden.

brygowthan[1] *g* Geplapper *nt*.

brygowthan[2] *be.g* plappern.

bryn (**-iau**) *g* Hügel *m*, Erhebung *f*; *(mawr)* Berg *m*; *(ar i fyny)* Anstieg *m*; *(ar i lawr)* Abhang *m*; **pen y ~** Höhe *f*, Anhöhe *f*.

bryncyn (**-nau**) *g* Mugel[A] *m*.

bryngaer (**-au**) *b* Hügelfort *nt*.

bryniog *ans* hügelig, bergig.

brynt(n)i *g* Schmutzigkeit *f*, Unsauberkeit *f*; *(moesol)* Schund *m*, Obszönität *f*.

brys[1] *g* Eile *f*, Hast *f*; *(cymhelliad)* Dringlichkeit *f*; **ar frys** in Eile.

brys[2] *ans* eilig, hastig.

brysgennad (**brysgenhadon**) *b* Eilbote *m*, Kurier *m*.

brysgyll (**-au**) *g (pastwn)* Keule *f*; *(teyrnwialen)* Zepter *nt*.

brysio *be.g* sich beeilen, sich abhetzen; **brysia!** mach schnell! **peidiwch â brysio!** lassen Sie sich Zeit! **brysiwch wella** baldige Besserung.

♦ *be.a* beschleunigen; **gwaith na ellir ei frysio** eine Arbeit, die man nicht beschleunigen kann; **fe'i brysiodd i'r ysbyty** er brachte sie auf dem schnellsten Weg ins Spital; **paid â ~ dy fwyd!** iss nicht so hastig!

brysiog *ans* eilig; *(hectig)* gehetzt, hektisch; *(heb ddigon o ofal)* hastig; *(heb ddigon o feddwl)* voreilig, vorschnell.

brysiogrwydd *g* Flüchtigkeit *f*.

brysneges (**-au**) *b* Telegramm *nt*.

Bryste *b (DAEAR)* Bristol *nt*.

Brython (**-iaid**) *g (HAN)* Britone *m*, Brite *m*.

Brythoneg *b (HAN: iaith)* Britisch *nt*, Britonisch *nt*.

Brythonig *ans (HAN)* britonisch.

BSE *g (Ymenyddglwyf Spwngffurf Gwartheg)* BSE *f*.

buan *ans* zügig, schnell; *(ymateb)* prompt; *(di-oed)* baldig; **gwellhad ~!** baldige Besserung!

♦ *adf (cyn bo hir)* **yn fuan** bald, demnächst.

buanedd (**-au**) *g* Geschwindigkeit *f*, Schnelligkeit *f*; *(meddwl)* Spontanität *f*; *(ymateb)* Schlagfertigkeit *f*; **~ adweithio** Reaktionsgeschwindigkeit *f*; **~ goleuni** Lichtgeschwindigkeit *f*; **~ mewn awr** Stundengeschwindigkeit *f*; **~ sain** Schallgeschwindigkeit *f*.

buarth (**-au**) *g* Hof *m*; *(fferm)* Bauernhof *m*; *(ysgol)* Schulhof *m*.

buchedd (**-au**) *b* Lebenswandel *m*; *(bywgraffiad)* Biografie *f*; *(HAN)* **B~ Dewi** Vita *f* Davidi.

budr *ans* schmutzig, dreckig; *(mwdlyd)* kotig; *(gan olew)* ölig, schmierig; *(arogl)* übel; *(â budredd ynddo)* verschmutzt; *(anweddus: iaith)* ordinär, ungepflegt; *(anllad)* obszön, schweinisch; *(busnes)* schmutzig, unsauber; **chwarae ~** *(mewn gêm)* falsch spielen, schwindeln; *(twyllo)* betrügen; **hen dywydd ~!** so ein Sauwetter!

budredd(i) *g* Schmutz *m*, Dreck *m*; *(geiriol)* Obszönität *f*; *(rhth diwerth)* **y ~ a welir ar y teledu** der Schund im Fernsehen.

budrelw(a) *g* Wucher *m*.

budrelwa *be.g:* **~ o** sich bereichern an +*dat*.

budrelwr (**budrelwyr**) *g* Schwarzhändler *m*.

budd (**-ion**) *g* Nutzen *m*, Gewinn *m*; *(elw)* Profit *m*; **er ~ plant amddifaid** für das Wohl verwaister Kinder, im Interesse verwaister Kinder; **er ~ pawb** zum Gemeinwohl; **bydd o fudd mawr i chi es** wird von großem Nutzen für Sie sein.

buddai (**buddeiau**) *b* Butterfass *nt*.

budd-dâl (**budd-daliadau**) *g* Beihilfe *f*, Zuschuss *m*; *(i sefydliadau)* Subvention *f*; **~ diweithdra** Arbeitslosenunterstützung *f*; **~ mamolaeth** Mutterschaftsbeihilfe *f*, Karenzgeld[A] *nt*; **~ plant** Kinderbeihilfe *f*; **~ salwch** Krankengeld *nt*; **~ tai** Wohnkostenzuschuss *m*.

buddiant (**buddiannau**) *g* Wohl *nt*, Nutzen *m*; *(busnes)* Beteiligung *f*; **buddiannau** *ll (GWLEID)* Wohlfahrt *f*.

buddiol *ans* nutzbringend, nützlich; *(CYLL)* gewinnbringend, lukrativ; *(cynhaeaf, pridd)* ertragreich; *(cyfarfod ayb)* fruchtbar, hilfreich; *(i iechyd)* zuträglich, gut.

buddioldeb *g* Nutzen *m*, Wohl *nt*; *(elw)* Gewinn *m*, Profit *m*.

buddiolwr (**buddiolwyr**) *m* Nutznießer(in) *m(f)*; *(o fudd-dâl)* Bezieher(in) *m(f)*.

buddran (**-nau**) *b (CYLL)* Dividende *f*, Gewinnanteil *m*.

buddsoddi *be.a (CYLL)* anlegen, investieren; **~**

amser/arian mewn rhth Zeit/Geld in eine Sache stecken, Zeit/Geld in etw *akk* investieren.

buddsoddiad (-au) *g* (CYLL) Geldanlage *f*, Investition *f*; *(mewn cyfranddaliadau)* Aktienkauf *m*; **~ lleiafrifol** Minderheitsbeteiligung *f*.

buddugol *ans* siegreich; *(wedi'i wobrwyo)* preisgekrönt; **y gôl fuddugol** das Siegestor.

buddugoliaeth (-au) *b* Sieg *m*, Triumph *m*; **~ ar bwyntiau** Punktesieg *m*.

buddugoliaethus *ans* siegreich, triumphierend.

buddugwr (buddugwyr) *g* Sieger(in) *m(f)*.

bugail (bugeiliaid) *g* Hirt *m*; *(defaid)* Schäfer *m*; (CREF) Pastor *m*, Seelsorger *m*; **ffon fugail** Hirtenstab *m*; **ci ~** Schafhund *m*.

bugeiles (-au) *b* Hirtin *f*; *(defaid)* Schäferin *f*.

bugeiliaeth *b* Seelsorge *f*.

Burma *b* (DAEAR) Burma *nt*, Birma *nt*; *(heddiw)* Myanmar *nt*.

burum (-au) *g* Hefe *f*, Germ^A *f*.

busnes (-au) *gb* (MASN: deliad) Geschäft *nt*; *(MASN: cwmni)* Firma *f*, Betrieb *m*; *(rhyngwladol)* Konzern *m*; *(math ar fusnes)* Erwerbszweig *m*, Branche *f*; *(adwerthwyr)* Handel *m*; *(siop)* Geschäft *nt*, Laden^D *m*; *(mater)* Angelegenheit *f*; **~ teuluol** Familienbetrieb *m*; *(mater)* Familienangelegenheit *f*; **fy musnes i yw hynny** das ist meine Sache; **meindia dy fusnes dy hun!** kümmere dich um deinen eigenen Kram! **dyn ~** Geschäftsmann *m*.

busnesa *be.g*: **~ yn** mitmischen bei; *(ymyrryd)* **~ yn rhth** sich einmischen in +*akk*; **peidiwch â ~!** mischen Sie sich da nicht ein!

busneslyd *ans* indiskret, neugierig; *(sy'n ymyrryd)* aufdringlich.

bustach (bustych) *g* Ochse *m*.

bustachu *be.g* sich abmühen, sich plagen, sich abrackern.

bustl (-au) *g* (ANAT) Galle *f*; **carreg y ~** (MEDD) Gallenstein *m*.

bustledd *g* Verbitterung *f*.

buwch (buchod) *g* Kuh *f*, Rind *nt*; *(eliffant)* Elefantenkuh *f*; **~ flith** odro Milchkuh *f*; **~ fach gota** (SÔOL) Marienkäfer *m*; **hen fuwch** *(dif am fenyw)* alte Schachtel *f*, alte Kuh *f*; **~ fôr** (SÔOL) Seekuh *f*; **tywyll fel bol ~** finster wie die Nacht.

bwa (bwâu) *g* Bogen *m*; (PENS) Bogen *m*; **~ croes** Armbrust *f*; (CERDD) **~ ffidl** Violinbogen *m*; **~ maen** Gewölbe *nt*; **~'r Drindod** *neu*: **~'r glaw** *neu*: **~'r arch** Regenbogen *m*; **saethu â ~** mit dem Bogen schießen.

bwaog *ans* geschwungen, gebogen; *(cefn)* krumm; **ffenestr fwaog** Bogenfenster *nt*; **trwyn ~**

Hakennase *f*.

bwbach (-od) *g* *(bwgan)* Gespenst *nt*, Geist *m*; *(bwgan brain)* Vogelscheuche *f*.

bwced (-i) *gb* Eimer *m*, Kübel *m*; *(tarw tryfal)* Schaufel *f*.

bwci (bwcïod) *g* = bwbach; **~ bo** Phantom *nt*.

bwcio *be.a* buchen; *(sedd)* reservieren; *(gan yr heddlu)* aufschreiben; **mae pob sedd wedi'i bwcio ar gyfer y ddrama** das Stück ist ausverkauft; **ces i fy mwcio am yrru'n rhy gyflym** ich bekam ein Strafmandat wegen Schnellfahrens.

bwcl (byclau) *g* Schnalle *f*; *(gwregys)* Gürtelschnalle *f*; *(ar got)* Mantelschnalle *f*.

bwclo *be.a* (gwregys) schließen; **~ eich hunain** sich anschnallen.

bwch (bychod) *g* (SÔOL) Bock *m*; **~ gafr** Ziegenbock *m*; **~ danas** Rehbock *m*; **~ dihangol** Sündenbock *m*, Prügelknabe *m*.

bwchadanas *g* (bwch danas) Rehbock *m*.

Bwda *g* Buddha *m*.

Bwdïaeth, Bwdistiaeth *b* (CREF) Buddhismus *m*.

bwgan (-od) *g* Gespenst *nt*, Geist *m*; **~ brain** Vogelscheuche *f*; **codi ~od** den Teufel an die Wand malen.

bwganllyd *ans* geisterhaft.

bwi (bwïau) *g* Boje *f*.

bwji (-s) *g* Wellensittich *m*.

bwlb (bylbiau) *g* (TRYD) Glühbirne *f*; (BOT) Zwiebel *f*; *(garlleg)* Knolle *f*.

bwlch (bylchau) *g* Lücke *f*, Öffnung *f*; *(adwy)* Kluft *f*; (MASN) Marktnische *f*, *(ceunant mynydd)* Pass *m*; (CHWAR) Rückstand *m*; *(mewn addysg)* Wissenslücke *f*; **llenwi ~** einen Ersatz finden; (YSG) Lücken füllen; **pontio'r ~** die Gegensätze überbrücken; **~ rhwng y cenedlaethau** Generationskonflikt *m*; **~ yn y wefus** (MEDD) Hasenscharte *f*; **rhaid cau'r ~ yn y sgôr yn yr ail hanner** wir müssen den Rückstand in der zweiten Hälfte aufholen.

bwled (-i *neu* -au) *b* *(saethu)* Kugel *f*; **~ rwber** Gummigeschoß *nt*; **twll ~** Einschussloch *nt*; **siaced wrthfwled** kugelsichere Weste *f*.

Bwlgaraidd *ans* bulgarisch.

Bwlgareg *b* (iaith) Bulgarisch *nt*.

Bwlgaria *b* (DAEAR) Bulgarien *nt*.

Bwlgariad (Bwlgariaid) *g* Bulgare *m*, Bulgarin *f*.

bwlimia *g* (MEDD) Bulimie *f*.

bwli (bwlïaid) *g* Grobian *m*, Stänkerer *m*.

bwlio *be.a* tyrannisieren, schikanieren.

bwlwarc (-au) *g* Bollwerk *nt*.

bwlyn (-nau *neu* bwliau) *g* Knauf *m*; *(drws)* Türknopf *m*.

bŵm *g* Aufschwung *m*; *(CYLL)* Boom *m*, Hochkonjunktur *f*, Hausse *f*; *(MOR)* Segelbaum *m*.

bwmerang (-au) *g* Bumerang *m*.

bwncath (-au) *g* *(SÖOL)* Bussard *m*.

bwndel (-i *neu* -au) *g* Bündel *nt*.

bwndelu *be.a* bündeln.

bwnglera *be.g* pfuschen, stümpern[D].

bwnglerwr (bwnglerwyr) *g* Pfuscher *m*; ~ **yw ef** er ist ein Dilettant.

bwrdeisiwr (bwrdeiswyr) *g* Bürger *m*.

bwrdeistref (-i) *b* Stadtbezirk *m*; *(mewn dinas fawr)* Bezirk *m*.

bwrdeistrefol *ans* kommunal.

bwrdeiswraig (bwrdeiswragedd) *b* Bürgerin *f*.

bwrdd (byrddau) *g* Tisch *m*; *(i wledd)* Tafel *f*; *(astell)* Brett *nt*; *(pwyllgor)* Kommission *f*, Ausschuss *m*; ~ **arholi** Prüfungsausschuss *m*; **ar y ~** *(MOR)* an Bord; *(MASN)* ~ **cyfarwyddwyr** Aufsichtsrat *m*, Vorstand *m*; ~ **du** *(YSG)* Tafel *f*; ~ **gwyddbwyll** Schachbrett *nt*; ~ **smwddio** Bügelbrett *nt*.

Bwrgwyn *b* *(DAEAR)* Burgund *nt*; **gwin** ~ Burgunder *m*.

bwriad (-au) *g* Absicht *f*, Zweck *m*; **beth yw'r** ~ was ist der Sinn und Zweck davon?

bwriadol *ans* vorsätzlich, absichtlich, gewollt.

bwriadu *be.a* beabsichtigen, vorhaben; ~ **dweud** meinen; **rwy'n** ~ **mynd i'r brifysgol** ich habe vor an die Uni zu gehen.

bwrlwm (byrlymau) *g* Luftblase *f*; *(swn dwr)* Blubbern *nt*; *(ffrwd)* Murmeln *nt*; *(prysurdeb)* Getümmel *nt*, Treiben *nt*; *(ffwdan)* Wirbel *m*.

bwrn (byrnau) *g* Ballast *m*; *(sypyn)* Ballen *m*; *(ffig)* Belastung *f*.

bwrw *be.a* werfen; *(lluchio)* schleudern; *(geni anifail)* werfen; *(amser)* verbringen; *(moldio)* einen Abguss machen von +*dat*; *(taro)* schlagen; *(taro'n erbyn)* anschlagen, sich stoßen; ~ **angor** vor Anker gehen; ~ **amcan** schätzen, evaluieren; ~ **arfau** Waffen niederlegen; ~'**r bai ar rn** jdm die Schuld zuschieben; ~ **blinder** (sich) ausschlafen; ~ **cenllysg/cesair** hageln; ~ **coelbren** losen; ~ **croen** sich häuten; **ei** ~ **hi** sich auf den Weg machen; ~ **eich pen** sich den Kopf anschlagen; ~ **eira** schneien; ~ **ewyn** schäumen; ~ **glaw** regnen; ~ **glaw mân** nieseln; ~ **golwg tros rth** einen Blick auf etw *akk* werfen; ~ **gwreiddiau** Wurzeln schlagen; **haearn** ~ Schmiedeeisen *nt*; ~ **hen wragedd a ffyn** es gießt in Strömen; ~ **i lawr** niederschlagen; *(mewn car)* überfahren; ~ **llo** kalben; ~ **noson** übernachten; ~ **pleidlais** *(GWLEID)* seine Stimme abgeben; ~ **plu** sich mausern; ~'**r Sul** das Wochenende verbringen; ~ **tymor** *(mewn carchar)*

seine Strafe absitzen.

  ◆ *be.g* *(sgyrs: bwrw glaw)* regnen; *(ffig: meddwl)* annehmen; **a** ~ **bod hynny'n wir** angenommen es stimmt; ~ **iddi** *(gwaith)* sich dahinter klemmen, sich dahinter knien; ~ **at rth** sich etw *dat* zuwenden.

  ◆ *be.e:* ~ **wy** *(MEDD)* Eisprung *m*.

bws (bysiau) *g* Autobus *m*; ~ **mini** Kleinbus *m*.

bwtres (-i) *gb* *(PENS)* Strebepfeiler *m*.

bwtsiwr *g* = cigydd; **cwsg ci** ~ Halbschlaf *m*.

bwtwm (bytymau) *g* = botwm.

bwtwn (bytynau) *g* = botwm.

bwth (bythod) *g* Kabine *f*; *(mewn ffair)* Bude *f*, Stand *m*; *(caban)* Hütte *f*; *(ffôn)* Telefonzelle *f*; ~ **pleidleisio** Wahlkabine *f*; ~ **tocynnau** Kasse *f*, Kassa[A] *f*.

bwthyn (bythynnod) *g* Hütte *f*; ~ **haf** Ferienhaus *nt*, Sommerhaus *nt*.

bwyall (bwyeill) *b* Axt *f*; *(fach)* Beil *nt*, Hacke[A] *f*; *(arf)* Streitaxt *f*; ~ **rew** Eispickel *m*.

bwyd (-ydd) *g* *(maeth)* Essen *nt*, Nahrung *f*; *(pryd o fwyd)* Essen *nt*, Speise *f*; *(anifail)* Futter *nt*; ~ **a llety** Kost und Logis; ~ **a llyn** Speis' und Trank; ~ **archwaeth** Vorspeise *f*; ~ **babi** Babynahrung *f*; **bod ag eisiau** ~ **arnoch** Hunger haben; **cadwyn fwyd** *(BIOL)* Nahrungskette *f*; ~ **dros ben** Speisereste *pl*; ~ **Eidalaidd** *(yn gyffredinol)* die italienische Küche; **gwenwyn** ~ Lebensmittelvergiftung *f*; ~ **môr** Meeresfrüchte *pl*; **siop fwyd** Lebensmittelgeschäft *nt*; ~ **sylfaenol** Grundnahrungsmittel *nt*; ~ **tun** Konserve *f*; ~ **wedi'i ddwysrewi** Tiefkühlkost *f*; ~ **y boda** *(BOT)* Fliegenpilz *m*; ~**ydd** *ll* Nahrungsmittel *pl*; ~**ydd cyflawn** Vollwertkost *f*; **siop fwydydd iachus** Biogeschäft *nt*.

bwydlen (-ni) *b* Speisekarte *f*; ~ **y dydd** Tageskarte *f*.

bwydo *be.a* füttern; *(llen)* speisen; *(gwestai)* verköstigen; *(CYFDR: data)* eingeben; ~ **drwy orfodaeth** zwangsernähren; ~ **o'r fron** stillen.

bwyell (bwyeill *neu* bwyelli) *b* = bwyall.

bwyellgaib (bwyellgeibiau) *b* Pickel *m*.

bwyler (-i *neu* -ydd) *g* Boiler *m*.

bwystfil (-od) *g* Bestie *f*, Ungeheuer *nt*; *(anifail)* Biest *nt*; *(ffig: dyn creulon)* Unmensch *m*, Ungeheuer *nt*.

bwystfilaidd *ans* *(fel anifail)* tierisch; *(creulon)* bestialisch; *(mawr)* monströs, riesig.

bwyta *be.a* essen; *(anifail)* fressen; *(asid)* fressen, verätzen; *(byw ar)* sich ernähren von; *(i gyd)* aufessen; ~ **allan** essen gehen, auswärts essen; ~ **swper** zu Abend essen, nachtmahlen[A].

bwytadwy *ans* essbar, genießbar.

bwyty (bwytai) *g* Restaurant *nt*, Gaststätte *f*; *(yn y* *wlad)* Gasthaus *nt.*

bychan (*b* **bechan**, *ll* **bychain**) klein; *(tenau)* schmächtig; *(gwyliau)* kurz; *(heb fod yn bwysig)* unbedeutend.

bychander *g* Kleinheit *f*; *(dif)* Kleinlichkeit *f*.

bychanol *ans* geringschätzig, abfällig; *(gair)* pejorativ.

bychanu *be.a (rhn)* heruntermachen, gering schätzen; *(problem)* verharmlosen, verniedlichen.

♦ *be.e* Herabsetzung *f*; *(problem)* Verharmlosung *f*.

byd (**-oedd**) *g* Welt *f*; *(anifeiliaid)* Tierreich *nt*; *(planhigion)* Pflanzenreich *nt*; *(ASTRON)* Planet *m*; **dim ~** gar nichts; **~-eang** *ans* weltweit; **~-enwog** *ans* weltberühmt.

bydol *ans* profan, weltlich; **~-ddoeth** *ans* welterfahren, weltgewandt.

bydwr (**bydwyr**) *g* Geburtshelfer *m*.

bydwraig (**bydwragedd**) *b* Hebamme *f*, Geburtshelferin *f*.

bydwreigiaeth *b* Geburtshilfe *f*.

bydysawd (**-au**) *g* Weltall *nt*, Kosmos *m*.

bydd *be gw.* **bod¹**.

byddar¹ *ans* taub, gehörlos; **~ bost** stocktaub; **~ mewn un clust** auf einem Ohr taub; **troi clust fyddar i rth** sich taub stellen gegenüber etw *dat*; **mud a ~** taubstumm.

byddar² (**-iaid**) *g* Taube *m/f*.

byddardod *g* Taubheit *f*.

byddarol *ans (sŵn)* ohrenbetäubend.

byddaru *be.a* taub machen.

♦ *be.g* taub werden, sein Gehör verlieren.

byddarwch *g* Taubheit *f*.

bydded *be.gorch gw.* **bod¹**; **~ felly!** so sei es! **~ goleuni** *(Beibl)* es werde Licht, **~ yn hysbys i bawb fod …** allen sei kundgetan, dass…

byddin (**-oedd**) *b* Armee *f*, Heer *nt*; *(yn yr Almaen)* Bundeswehr[D] *f*; *(yn Awstria)* Bundesheer[A] *nt*; *(milwyr)* Truppen *pl*; **cael eich galw i'r fyddin** einberufen werden; **ymuno â'r fyddin** sich verpflichten; **B~ yr Iachawdwriaeth** *(CREF)* Heilsarmee *f*; **B~ Weriniaethol Iwerddon** IRA *f*.

byddiniad (**-au**) *b* Mobilmachung *f*.

byddino *be.a* mobil machen, mobilisieren.

byffer (**byffrau**) *g (RHEILFF)* Prellbock *m*; *(CYFDR)* Pufferspeicher *m*.

byfflo (**-s**) *g (SÖOL)* Büffel *m*.

bygwth *be.a (rhn)* bedrohen; **~ gwneud rhth** drohen etw zu tun; **~ rhn â rhth** jdn mit etw bedrohen; **~ trais** mit Gewalt drohen; **mae hi'n ~ glaw** es sieht nach Regen aus.

bygythbris (**-iau**) *g* Lösegeld *nt*.

bygythiad (**-au**) *g* Drohung *f*; *(perygl)* Bedrohung *f*; **~ bom** Bombendrohung *f*; **dan fygythiad** in Gefahr; *(anifail)* vom Aussterben bedroht.

bygythio *be.a* = **bygwth**.

bygythiol *ans* drohend; *(peryglus)* bedrohlich.

bylb (**-iau**) *g* = **bwlb**.

bylchog *ans (tyllog, ffig)* lückenhaft; *(ymyl)* gezahnt.

bylchu *be.a* eine Lücke schlagen in *+akk*; *(MIL, mur)* eine Bresche schlagen in *+akk*, durchbrechen.

bympar (**-s**) *gb (car)* Stoßstange *f*; *(ar ffair)* Autodrom *nt*.

bync (**-iau**) *g:* **gwely ~** Stockbett *nt*, Etagenbett[D] *nt*.

byncer (**-i**) *g* Kohlenkeller *m*; *(MIL)* Bunker *m*.

byngalo (**-s**) *g* Bungalow *m*.

bynnag *adf:* **beth ~** was immer; **pwy ~** wer immer; **ble ~** wo immer; **i ble ~** wohin auch immer; **pryd ~** wann immer; **sut ~** wie immer; **fe af beth ~** ich gehe ohnedies; *(er gwaethaf)* ich gehe trotzdem; **beth ~ a ddaw** was auch kommen mag; **beth ~ ei faint** egal wie groß es ist; **pa liw ~** welche Farbe auch immer, egal welche Farbe; **eisteddwch ble ~ y mynnwch chi** nehmen Sie Platz, wo immer Sie wollen; **gwna beth ~ sy'n angenrheidiol** tu', was immer nötig ist.

byr (*b* **ber**, *ll* **byrion**) *ans* kurz; *(person)* klein; *(amser)* kurz; *(prin)* knapp; **~ ei dymer** gereizt, cholerisch; **mewn ~ amser** in Kürze; **~ eich golwg** kurzsichtig; **~ dymor** kurzfristig; **~ o arian** knapp bei Kasse; **mae'r amser yn mynd yn fyr** die Zeit wird knapp; **rhestr fer** *(ymgeisiadau)* die engere Auswahl; **stori fer** Kurzgeschichte *f*; **llaw-fer** *b* Kurzschrift *f*; **nodi mewn llaw fer** stenografieren; **mae ganddi wallt ~** sie hat kurze Haare; **rhoi newid ~** zu wenig Wechselgeld geben; **crys llewys ~** kurzärmeliges Hemd; **cylched fer** *(TRYD)* Kurzschluss *m*.

byrbryd (**-au**) *g* Imbiss *m*; **stondin ~** Imbissstand *m*, Würstchenbude[D] *f*, Würstelstand[A] *m*.

byrbwyll *ans* unüberlegt, voreilig; *(person)* ungestüm, impulsiv; *(diamynedd)* ungeduldig.

byrbwylltra *g* Unüberlegtheit *f*.

byrder *g* Kürze *f*; *(agwedd swta)* Schroffheit *f*; **ar fyrder** in Kürze.

byrdew *ans* untersetzt, gedrungen.

byrdra *g* = **byrder**.

byrdwn (**byrdynau**) *g (cytgan)* Refrain *m*, Kehrreim *m*; *(prif ystyr)* Kernpunkt *m*, Grundtenor *m*.

byrfodd (**-au**) *g* Abkürzung *f*.

byrfyfyr *ans* improvisiert; **rhoi araith fyrfyfyr** eine Rede aus dem Stegreif halten.

byrhad (**-au**) *g* Verkürzung *f*, Kürzung *f*.

byrhau *be.a* kürzen, verkürzen; *(llwybr, gair)* abkürzen; **mae'r dyddiau'n ~** die Tage werden kürzer.

byrhoedlog *ans* kurzlebig; *(bwyd)* verderblich; *(yn mynd heibio)* vorübergehend; **hapusrwydd ~** Glück von kurzer Dauer.

byrlymu *be.g* sprudeln, brodeln; *(gwin pefriog)* perlen; *(ffrwd)* plätschern; **~ drosodd** *(h. ffig)* überschäumen; **~ o ddicter** platzen vor Wut; **~ o bobl** überquellen von Menschen.

byrstio *be.g* platzen, bersten; *(clwyf, gwnïad)* aufplatzen; **bron â ~** *(stadiwm e.e.)* zum Bersten voll; **~ â brwdfrydedd** vor Begeisterung platzen; *(sgyrs)* **rydw i bron â ~ eisiau mynd i'r tŷ bach** ich muss ganz dringend aufs Klo; **~ i mewn** hereinplatzen; **~ yn agored** aufspringen, aufplatzen.

♦ *be.a* platzen lassen, zum Platzen bringen; **mae'r afon wedi ~ ei glannau** der Fluss ist über die Ufer getreten; **byrstiodd un o'i gwythiennau** ihr ist eine Ader geplatzt.

bys (-edd) *g* Finger *m*; *(cloc)* Zeiger *m*; *(drws)* Haken *m*; **~ bach** kleiner Finger; **~ bawd** Daumen *m*; **blaen ~** Fingerspitze *f*; **~ blaen yr uwd** Zeigefinger *m*; **bod â'ch ~ yn y brywes** die Finger drin haben; **bod yn fysedd i gyd** zwei linke Hände haben; **bod â rhth ar flaenau eich bysedd** etw im kleinen Finger haben; *(yn hollol gyfarwydd)* etw aus dem Effeff kennen; **~ calch** Tropfstein *m*; *(ynghrog)* Stalaktit *m*; *(am i fyny)* Stalagmit *m*; **~ canol** *neu:* **~ y cogwrn** Mittelfinger *m*; **codi ~ bach** *(sgyrs: yfed alcohol)* einen heben; **croesi'ch bysedd dros rn** jdm die Daumen drücken; **~ eiliad** Sekundenzeiger *m*; **llosgi ~edd** sich die Finger verbrennen; **~ modrwy** Ringfinger *m*; **mor agos â ~ yr uwd a'r bawd** unzertrennlich; **ni fyddai e'n codi ~ bach i'm helpu** er würde keinen Finger rühren, um mir zu helfen; **olion ~edd** Fingerabdrücke *pl*; **~edd pysgod** *(COG)* Fischstäbchen *pl*; **roedd hynny'n fêl ar fy mysedd** das war Musik in meinen Ohren; **rhoi eich ~ ar y broblem** das Problem finden; **~ troed** Zehe *f*, Zeh⁰ *m*; **troi rhn o gwmpas eich ~ bach** jdn um den kleinen Finger wickeln; **tynnu'ch ~ allan** *(sgyrs: gwneud ymdrech)* sich am Riemen reißen; *(BOT)* **~edd y blaidd** Lupine *f*; **~edd y cŵn** Fingerhut *m*.

byseddu *be.a* befingern, betasten; *(yn anweddus)* grapschen; **peidiwch â ~!** nicht anfassen!

bysell (-au) *b* *(teipiadur)* Taste *f*.

bysellfwrdd (bysellfyrddau) *g* *(teipiadur, CYRFRIF)* Tastatur *f*.

byth¹ (-oedd) *g* Ewigkeit *f*; **~ bythoedd** bis in alle Ewigkeit; *(negyddol)* auf gar keinen Fall! niemals! **am ~** auf immer, für ewig; **Cymru am ~!**

lang lebe Wales!

byth² *adf* nie, niemals; *(yn dragwyddol)* für immer; **~ a beunydd** tagein tagaus, tagtäglich; **~ a hefyd** ständig, am laufenden Band; **~ eto** nie wieder; **~ mwy** nie mehr; **~ ers i mi fyw yma** seit ich hier wohne; **yn waeth fyth** noch schlimmer.

bytheiad (bytheiaid) *g* Jagdhund *m*; **cnud o fytheiaid** Meute *f*, Hundemeute *f*.

bytheirio *be.g* fluchen; *(torri gwynt)* rülpsen.

bythgofiadwy *ans* unvergesslich.

byw¹ *be.g* leben; *(preswylio)* wohnen; *(bodoli)* existieren; **~ ar** leben von; **~ ar 6,000.- punt y flwyddyn** von 6.000,- Pfund im Jahr leben; **~ ar eich cyfalaf** von der Substanz zehren; **dywedodd y meddyg y byddai hi'n ~** der Arzt sagte, sie wird überleben/durchkommen; **~ ar gefn rhn** schmarotzen; **~ gyda** auskommen mit +*dat*; **~ gyda merch** zusammenleben mit einer Frau; **~'n gynnil** sparsam leben; **~ heb** auskommen ohne +*akk*; **mae e'n ~ gyda'i fam** er lebt bei seiner Mutter; **mae e'n ~ a bod yno** er ist ständig dort; **~ mewn pechod** *neu:* **~ tali** in wilder Ehe leben; **nid yw'r tŷ yn ffit i fyw ynddo** das Haus ist nicht bewohnbar; **~ trwy** überleben, überstehen; **ni fydd hi'n ~ trwy'r gaeaf** sie wird den Winter nicht überleben; **~ yn fras** *neu:* **~ fel gŵr bonheddig** in Saus und Braus leben, auf großem Fuß leben.

♦ *be.e:* **amodau ~** Wohnverhältnisse *pl*; **dull o fyw** Lebensstil *m*; **lle ~** Lebensraum *m*; **profiad ~** Lebenserfahrung *f*.

byw² *ans* lebend; *(llawn bywyd)* lebhaft, munter; *(darllediad)* live; *(TRYD)* unter Strom; *(dychymyg)* blühend; *(sgwrs)* angeregt, lebhaft; *(enghraifft)* bildhaft; **aros yn fyw** am Leben bleiben; **bod yn fyw ac iach** gesund und munter sein; **cael eich llosgi'n fyw** *(yn ddamweiniol)* bei lebendigem Leibe verbrennen; **da ~** Vieh *nt*, Lebendvieh *nt*; **dal yn fyw** *(traddodiad)* noch lebendig sein; **tra byddaf fyw** solange ich lebe; **tra oedd ei ewythr yn fyw** solange ihr Onkel am Leben war; **bod yn fyw o bryfed** wimmeln von Fliegen; **yr un enaid ~** keine Menschenseele.

byw³ *g:* **brifo rhn i'r ~** jdn zutiefst verletzen; **~ llygad** Pupille *f*; **edrych ym myw llygad rhn** jdm in die Augen sehen; **bod ar dir y ~** unter den Lebenden weilen; **y ~ a'r marw** die Lebenden und die Toten; **ni allaf yn fy myw** ich kann beim besten Willen nicht, ich könnte das nie im Leben; **teimlo i'r ~** tief getroffen sein.

bywddyraniad (-au) *m* *(MEDD)* Vivisektion *f*.

bywgraffiad (-au) *g* Biografie *f*.

bywgraffiadol *ans* biografisch.

bywgraffiadur (-on) *g* biografisches Lexikon *nt.*
bywgraffydd (-ion) *g* Biograf *m.*
bywgraffyddol *ans* biografisch.
bywhau, bywiocáu *be.g* *(sefyllfa, parti)* in Schwung
  kommen; *(person)* aufleben; *(tref)* erwachen; **mae**
  pethau'n ~ o'r diwedd endlich kommt Schwung in
  die Sache, endlich kommt Leben in die Bude.
  ◆ *be.a* beleben.
bywiog *ans* lebhaft; *(yn fyw)* lebendig; *(sionc)*
  quicklebendig, ausgelassen; *(hoenus)*
  temperamentvoll.
bywiogi *be.a* beleben, aufmuntern.
  ◆ *be.a* aufleben.
bywiogrwydd *g* Lebhaftigkeit *f*, Temperament *nt.*
bywiol *ans* lebend, lebendig; *(llawn ynni a hwyl)* voll
  Elan.
bywoliaeth (-au) *b* Lebensunterhalt *m*; **ennill eich ~**
  seinen Lebensunterhalt verdienen.
bywyd (-au) *g* Leben *nt*; *(einioes, bodolaeth)* Dasein *nt*;
  (modd o fyw) Lebensart *f*, *(HAN: oes)* Lebenszeit *f*;
  (defnyddioldeb: car ayb) Lebensdauer *f*; **~ afradlon**
  Lotterleben *nt*; **am weddill ei ~** für den Rest ihres
  Lebens; **arbed ~ rhn** jdm das Leben retten;
  aswiriant ~ Lebensversicherung *f*; **brwydr ~ a**
  marwolaeth Kampf auf Leben und Tod; **byth yn fy**
  mywyd nie im Leben; **~ carwriaethol** Liebesleben
  nt; **cylchred ~** Lebenszyklus *m*; **erioed yn fy mywyd**
  noch nie; **faint o fywydau a gollwyd?** wie viele
  sind ums Leben gekommen? **hanes ~**
  Lebensgeschichte *f*; **heb fywyd** leblos; **~ llonydd**
  (CELF) Stillleben *nt*; **~ pob dydd** Alltag *m*; **rhedeg**
  am eich ~ um sein Leben rennen; **rwy'n hoffi**
  siocled am fy mywyd ich esse Schokolade für
  mein Leben gern; **rhychwant ~** Lebzeiten *pl*; **~**
  rhywiol Sexualleben *nt*; **sut mae ~?** wie geht's,
  wie steht's? **~ teuluol** Familienleben *nt*,
  Häuslichkeit *f*; **yn llawn ~** voll Leben, lebhaft;
  (HAN) **ym mywyd Michelangelo** zu Lebzeiten
  Michelangelos.
bywydeg *b* Biologie *f.*
bywydegol *ans* biologisch.
bywydegwr, bywydegydd (bywydegwyr) Biologe *m*,
  Biologin *f.*
bywydfa (bywydfeydd) *b* *(sŵ)* Gehege *nt*; *(acwariwm*
  sych) Terrarium *nt.*
bywyn (-nau) *g* Kern *m*; *(rhan feddal asgwrn neu*
  blanhigyn) Mark *nt*; *(afal)* Kerngehäuse *nt*; **~ bara**
  der weiche Teil des Brotes; **~ gwenith**
  Weizenkeim *m.*

C

C¹ *byrf (= canrif)* Jhdt.; **C15** 15.Jhdt. (Jahrhundert).

C² *byrf (= canradd)* C (Celsius).

C³ *b (marc ysgol)* Befriedigend *nt*.

c⁴ *byrf (= circa)* ca. (circa/zirka).

c⁵ *byrf (= ceiniog)* Penny *m*.

cab (-iau) *g (tacsi)* Taxi *nt*; *(â cheffyl)* Droschke *f*; *(lorri, trên, craen)* Führerhaus *nt*; **gyrrwr ~** Taxifahrer *m*; **gyrrwr ~ â cheffyl** Fiaker^A *m*; **safle ~iau** Taxistand *m*.

caban (-au) *g* Hütte *f*; *(ar draeth)* Kabine *f*; *(ar awyren)* Pilotenkanzel *f*; *(lorri, trên ayb)* Führerhaus *nt*; *(ar long)* Kajüte *f*, Kabine *f*; **~ ffôn** Telefonzelle *f*.

cabatsien (**cabaets**) *b gw.* **bresychen**.

cabinet¹ (-au) *g (cwpwrdd)* Schränkchen *nt*, Kästchen *nt*; *(â blaen gwydr)* Vitrine *f*; *(â droriau a drych)* Frisiertisch *m*, Psyche^A *f*; *(cwpwrdd ffeilio)* Aktenschrank *m*; *(cegin)* Küchenschrank *m*.

cabinet² (-au) *g (GWLEID)* Kabinett *nt*; **~ yr wrthblaid** Schattenregierung *f*.

cabl¹ (-au) *g =* **cabledd**.

cabl² (-au) *g (gwifrau) =* **cebl**.

cabledd (-au) *g* Gotteslästerung *f*, Blasphemie *f*.

cableddus *ans* blasphemisch, gotteslästerlich.

cablu *be.g* lästern.

cablwr (**cablwyr**) *g* Lästerer *m*, Lästerin *f*, Häretiker(in) *m(f)*.

caboledig *ans* verfeinert; *(perfformiad)* glänzend.

caboli *be.a (gloywi)* polieren; *(ffig: coethi)* verfeinern; **~ rhth** einer Sache *dat* den letzten Schliff geben.

cacamwnci *g (BOT)* Klette *f*.

cacen (-nau) *b* Kuchen *m*; *(tarten)* Torte *f*; **~ Nadolig** *(ym Mhrydain)* Weihnachtskuchen *m*; *(yn yr Almaen)* Weihnachtsstollen *m*, **~ ben blwydd** Geburtstagstorte *f*; **~nau pysgod** Fischlaibchen *pl*; **siop gacennau** Konditorei *f*; **~ gri** Welsh Cake *m*.

cacimwnci *g =* **cacamwnci**.

caclwm *g* Raserei *f*; **gwylltio'n gaclwm** durchdrehen.

cactws (**cacti**) *g* Kaktus *m*.

cacynen (**cacwn**) *b* Hummel *f*; **~ feirch** Wespe *f*; *(mawr)* Hornisse *f*; **nyth cacwn** Wespennest *nt*, Hornissennest *nt*; **tynnu nyth cacwn am eich pen** *neu:* **cicio nyth cacwn** sich in ein Wespennest setzen; **bod yn wyllt gacwn** außer sich sein vor Wut.

cachgi (**cachgwn**) *g (llwfr)* Feigling *m*, Angsthase *m*; *(bradychwr)* falscher Hund *m*.

cachgïaidd *ans* feige; *(gweithred)* verachtenswert.

cachu¹ *g (anwedd)* Scheiße *f*, Scheißdreck *m*; **malu ~** *(dif)* Blödsinn reden, Unfug verzapfen.

cachu² *be.g, be.a* scheißen.

cad (-au) *b (brwydr)* Schlacht *f*; *(byddin)* Heer *nt*; **i'r gad!** auf in dem Kampf! **ar flaen y gad** an der Spitze, im Vorfeld; **maes y gad** Schlachtfeld *nt*.

cad-drefniad *g (MIL)* Manöver *nt*.

cad-drefnu *be.g* Manöver *pl* abhalten.

cadach (-au) *g* Tuch *nt*; *(clwtyn)* Lappen *m*, Fetzen *m*; *(bandais)* Verband *m*, Bandage *f*; *(baban)* Windel *f*; **~ llawr** Bodentuch *nt*, Bodenfetzen^A *m*; **~ misglwyf** Damenbinde *f*; **~ o ddyn** Schlappschwanz *m*; **~ poced** Taschentuch *nt*; **~ (sychu) llestri** Geschirrtuch *nt*; **teimlo fel ~** total ausgelaugt sein, sich schlapp fühlen; **~ untro** *(baban)* Wegwerfwindel *f*.

cadair¹ (**cadeiriau**) *b* Stuhl *m*, Sessel^A *m*; *(sedd)* Sitz *m*; *(athro prifysgol)* Lehrstuhl *m*; *(eisteddfod)* Bardenstuhl *m*, ein Dichterpreis in Form eines kunstvoll geschnitzten Stuhls; **~ blyg** Klappstuhl *m*, Klappsessel^A *m*; **bod yn y gadair** den Vorsitz führen; **~ boeth** *(ffig)* Schleudersitz *m*; **~ drydan** elektrischer Stuhl; **~ esmwyth** Lehnstuhl *m*, Fauteuil^AS *nt*, **~ freichiau** Sessel *m*; **~ glustog** Polstersessel *m*; **~ olwyn** Rollstuhl *m*; **~ siglo** Schaukelstuhl *m*; **~ wiail** Korbsessel *m*.

cadair² (**cadeiriau**) *b (pwrs buwch, gafr ayb)* Euter *nt*.

cadarn (*ll* **cedyrn**) *ans* fest; *(cryf)* stark, robust; *(diod)* stark; *(disgyblaeth)* streng; *(ewyllys)* eisern; *(llais)* kräftig, *(iechyd)* robust, unverwüstlich; *(adeiliad)* solide, stabil; *(castell)* uneinnehmbar.

cadarnhad (-au) *g* Bestätigung *f*.

cadarnhaol *ans* bestätigend, zustimmend; *(agwedd)* positiv, lebensbejahend; **ateb yn gadarnhaol** bejahen, 'ja' sagen.

cadarnhau *be.a* bestätigen; *(amheuaeth)* erhärten; *(cytundeb)* ratifizieren.

cadeirio *be.a (cyfarfod)* vorsitzen *+dat*; **~ rhn** *(bardd)* jdm den Bardenstuhl verleihen.

cadeiriol *ans (bardd)* gekrönt, geehrt; **eglwys gadeiriol** Kathedrale *f*; **dinas gadeiriol** Bischofssitz *m*.

cadeirydd (-ion) *g* Vorsitzende *m/f*; *(MASN)* Präsident(in) *m(f)*; **~ plaid** Parteivorsitzende *m/f*; **~ y bwrdd** Vorstandsvorsitzende *m/f*; *(MASN)* Aufsichtsratspräsident(in) *m(f)*; **Madam C~** Frau Vorsitzende.

cadeiryddiaeth *b* Vorsitz *m*; **dan ei chadeiryddiaeth** unter ihrem Vorsitz.

cadernid *g (nerth)* Stärke *f*; *(grym)* Kraft *f*, Macht *f*; *(gwroldeb)* Standhaftigkeit *f*; *(parhad)* Dauerhaftigkeit *f*, Haltbarkeit *f*.

cadfarch (**cadfeirch**) *g* Schlachtross *nt*.

cadfridog (-ion) *g (MIL)* General *m*, Feldherr *m*.

cadi-ffan *g (dif: dyn merchetaidd)* Tunte^D *f*, Warme(r)^A *m*.

cadlong (-au) *b* Schlachtschiff *nt*.

cadnawes (-au) *b (SÖOL)* Füchsin *f*.

cadno (-id) *g (SÖOL)* Fuchs *m*; *(ffig)* schlauer Fuchs.

cadnoaidd *ans* schlau, listig, raffiniert.

cadnöes *b* = **cadnawes**.

cadoediad (-au) *g (MIL)* Waffenstillstand *m*; *(seibiant byr)* Waffenruhe *f*; **cael ~** einen Waffenstillstand schließen.

cadw *be.a (dal meddiant)* behalten; *(storio)* aufbewahren, aufheben; *(diogelu)* bewahren, erhalten; *(arferion)* aufrechterhalten; *(teulu)* erhalten, unterhalten; *(atal, rhwystro)* aufhalten, abhalten; *(siop, gwesty)* führen; *(cofnodion, dyddiadur)* führen; *(addewid)* halten; *(sedd, tocynnau)* reservieren, zur Seite legen; **~ ar bigau'r drain** zappeln lassen, auf die Folter spannen; **~ ar wahân** auseinander halten; **beth sy'n ei chadw?** was hält sie auf? **ble rwyt ti'n ~'r drwydded deithio?** wo bewahrst du den Pass auf? **cadwch hyn yn gyfrinach** behalten Sie das für sich! **~ cwmni i rn** jdm Gesellschaft leisten; **~ cyfrif** mitzählen; **~'ch gair** sein Wort halten; **~'ch pen** den Kopf bewahren; **~'ch pen uwchlaw y dŵr** den Kopf über Wasser halten; **~ draw** fern halten; **fe gei di gadw'r newid** das Wechselgeld kannst du behalten; *(wrth roi cildwrn)* stimmt schon; **~ golwg ar rth** ein Auge auf etw werfen, aufpassen auf etw; **~ llygad barcud ar rn/rth** wie ein Schießhund auf jdn/etw aufpassen; **~ mewn lle oer** an einem kühlen Ort aufbewahren; **mae cot law yn dy gadw'n sych** der Regenmantel hält dich trocken; **~ nodyn o rth** sich über etw Notizen machen; **~ oed gyda rhn** sich *dat* ein Stelldichein mit jdm geben; **~ prisiau'n isel** die Preise niedrig halten; **~'r Sul** den Sonntag einhalten; **rhaid i ni gadw'r derbynneb** die Rechnung müssen wir aufheben; **~ rhan rhn** jdm die Stange halten; **~ rhn i aros** jdn warten lassen; **~ rhn yn y ddalfa** jdn in Haft nehmen; **~ rhth rhag rhn** jdm etw vorenthalten; *(cyfrinach)* jdm etw verheimlichen; **~ swn/twrw** Krawall/Krach machen, krakeelen; **~ tŷ** den Haushalt führen; **~ yn daclus** in Ordnung halten; **~ yn ddiogel** etw sicher verwahren; **~ yn fyw** am Leben (er)halten.

♦ *be.g (parhau mewn cyflwr arbennig)* bewahrt bleiben; *(bwyd)* halten, frisch bleiben; **ar gadw** bewahrt, konserviert; *(sedd ayb)* reserviert; **~ at y testun** beim Thema bleiben; **cadwch yn syth ymlaen** fahren Sie geradeaus! **~ draw** fernbleiben; **~ i'r chwith** sich links halten; **~ i wneud rhth** weitermachen; **nid yw'r caws yn ~'n dda** der Käse hält nicht lange; **~'n dawel** schweigen; **~'n heini** sich fit halten, Sport betreiben; **rhoi i gadw** zur Seite legen; *(rhoi yn ei le)* wegräumen; **sut wyt ti'n ~?** wie geht's dir? **~ yn ôl** zurückbehalten.

cadw-mi-gei *g* Sparschwein *m*, Sparbüchse^D *f*.

cadwraeth *b* Konservierung *f*, Präservierung *f*; *(gwarchodaeth)* Schutz *m*, Erhaltung *f*; *(cadw'n ddiogel)* Aufbewahrung *f*, Verwahrung *f*; **~ natur** Naturschutz *m*; **~ hen lawysgrifau** die Konservierung alter Handschriften.

cadwyn (-au *neu* -i) *b* Kette *f*; *(am y gwddf)* Halskette *f*; *(ffig: cyfres)* Reihe *f*; **~ eira** Schneekette *f*; **~ fwyd** *(BIOL)* Nahrungskette *f*; **~ o fynyddoedd** Gebirgszug *m*, Bergkette *f*; **~ o englynion** Kette von Alliterationsreimen.

cadwyno *be.a* anketten; *(perlau ar linyn)* aufreihen, auffädeln.

caddug (-au) *g* Dunst *m*, Nebel *m*; *(tywyllwch)* Düsternis *f*.

caddugol *ans* düster.

cae (-au) *g (AMAETH)* Feld *nt*, Acker *m*; **~ chwarae** Spielfeld *nt*; *(i blant)* Spielplatz *m*; **~ chwaraeon** Sportplatz *m*; **~ pêl droed** Fußballplatz *m*; **~ ras** Rennbahn *f*; **'dwy ddim yn yr un ~ â fe** *(ffig)* ich stamme nicht aus demselben Lager wie er.

caead (-au) *g* Verschluss *m*; *(clawr)* Deckel *m*; *(o flaen ffenestr)* Fensterladen *m*; *(potel)* Kapsel *f*, Kronenkorken *m*; *(corcyn)* Stöpsel *m*, Pfropfen *m*; **~ diogelu** Sicherheitsverschluss *m*; **~ glynol** Adhäsionsverschluss *m*; **caead caws** Käseglocke *f*; **~ hwyrweithredol** *(FFOTO)* Selbstauslöser *m*.

caeadle (-oedd) *g* Gehege *nt*.

caeëdig *ans* geschlossen.

cael *be.a (derbyn)* bekommen, erhalten; *(cael caniatâd)* dürfen; *(canfod)* finden, entdecken; **~ a chael** gerade noch, mit Ach und Krach; **~ a chael fu i ni ddal y bws** wir haben den Bus gerade noch erwischt; **a gaf i'r halen?** kann ich das Salz haben? **~ amser da** eine schöne Zeit haben; **~ anrheg** ein Geschenk bekommen; **a yw hi'n ~ dod gyda ni** darf sie mit uns mitkommen? **ga'i ddefnyddio'ch ffôn?** Darf ich Ihr Telefon benützen? **~ at** erreichen; **~ benthyg rhth** etw ausleihen; **~ blas ar rth** Geschmack an etw *dat* finden; **~ braw** einen Schreck bekommen; **cafwyd y corff yn y llyn** die Leiche wurde im See entdeckt; **~ cinio** Mittag essen; **~ dim byd** leer ausgehen; ~ **effaith ar** sich auswirken auf *+akk*; ~ **swydd** eine Stelle bekommen; **rwy'n ~ doli yn anrheg Nadolig** ich bekomme eine Puppe als Weihnachtsgeschenk; ~ **yn ôl** zurückbekommen.

♦ *be.gyn (peri i rth ddigwydd)* **cael eich gwallt wedi ei dorri** sich *dat* die Haare schneiden lassen; *(cyflwr goddefol)* **cafodd ei eni yn Llundain** er wurde in London geboren; ~ **eich magu** aufwachsen; ~ **eich lladd** getötet werden; **mae e wedi ~ ei saethu** er ist erschossen worden;

    ar gael *adf* erhältlich; *(adnoddau)* verfügbar; *(mewn stoc)* vorrätig, lieferbar; *(amser)* frei; *(person)* frei, zu sprechen; *(seddau mewn theatr)* frei, zu haben.

caenen (-nau) *b (haen)* Schicht *f*, Lage *f*; ~ **eira** Schneedecke *f*; ~ **iâ** Eisdecke *f*; **papur mewn dwy gaenen** Papier in zwei Lagen.

caer (-au *neu* ceyrydd) *b* Festung *f*, Fort *nt*; **C~** *(DAEAR)* Chester; **C~ Arianrhod** *neu:* **C~ Gwydion** *(ASTRON)* Milchstraße *f*; **C~ Droea** Troja; **C~ Efrog** York.

caerog *ans* befestigt.

caets (-ys) *g* Käfig *m*; *(MWYN)* Förderkorb *m*.

caeth *ans* gefangen; *(HAN)* unfrei, versklavt; *(yn methu rhoi'r gorau i rth)* süchtig; **bod yn gaeth i'r botel** dem Alkohol verfallen sein; **bod yn gaeth i'ch gwely** ans Bett gefesselt sein; **dal rhn yn gaeth** jdn gefangen nehmen; ~ **i gyffuriau** drogenabhängig, drogensüchtig; **mae ei brest hi'n gaeth** sie hat Atembeschwerden; **canu ~** Dichtung im strikten Metrum.

caethfasnach *b* Menschenhandel *m*.

caethfeistr (-i) *g* Sklaventreiber *m*.

caethferch (-ed) *b* Sklavin *f*.

caethglud *b* Deportation *f*.

caethgludo *be.a* deportieren.

caethineb *g* Sucht *f*, Abhängigkeit *f*; ~ **i gyffuriau** Drogensucht *f*.

caethion *ll* Sklaven *pl*.

caethiwed *g* Gefangenschaft *f*; *(mewn caethwasiaeth)* Sklaverei *f*, Knechtschaft *f*; ~ **i gyffuriau** Drogensucht *f*.

caethiwo *be.a* gefangen halten; *(cau mewn cell)* einsperren; *(ffig)* fesseln.

caethiwus *ans* süchtig machend.

caethwas (caethweision) *g* Sklave *m*.

caethwasgod (-au *neu* -ion) *b* Zwangsjacke *f*.

caethwasiaeth *b* Sklaverei *f*, Knechtschaft *f*.

caewr (caewyr) *g* Verschluss *m*; ~ **felcro** Klettverschluss *m*.

caf *be gw.* **cael**.

cafiâr *g (COG)* Kaviar *m*.

cafn (-au) *g* Trog *m*; *(sianel hirgul)* Rinne *f*; ~ **bargod** Dachrinne *f*.

cafnu *be.a* aushöhlen.

caff (-au) *g:* ~ **gwag** Schnitzer *m*, Ausrutscher *m*.

caffael *be.a* beschaffen; **mae e'n ~ puteiniaid** er ist ein Zuhälter.

caffaeliad (-au) *g* Errungenschaft *f*, Gewinn *m*; **bydd Ieuan yn gaffaeliad i'r tîm** Ieuan wird ein Gewinn für das Team sein.

caffaelwr (caffaelwyr) *g* Zuhälter *m*.

caffe (-s) *g* = **caffi**.

caffein *g* Koffein *nt*; *(te)* Teein *nt*.

caffi (-s) *g* Café *nt*, Kaffeehaus *nt*.

cafflo *be.g* mogeln, schummeln.

cangell (canghellau) *b* Chor *m*, Altarraum *m*.

cangen (canghennau) *b (coeden)* Ast *m*; *(ffig: israniad)* Zweig *m*; *(MASN)* Filiale *f*, Zweigstelle *f*; *(is-cwmni)* Tochterfirma *f*; *(o faes arbennig)* Zweig, Teilgebiet *nt*; ~ **leol** Ortsgruppe *f*; **canghennau** *ll* Geäst *nt*; ~ **llyfrgell** Zweigstelle der Bibliothek; ~ **o'r ETA** Splittergruppe *f* der ETA.

canghellor (cangellorion) *g (GWLEID)* Kanzler *m*; **C~ y Trysorlys** Finanzminister *m*; **yr Arglwydd Ganghellor** *(CYFR)* der oberste Richter in Großbritannien; **is-ganghellor** *(PRIFYSG)* Rektor *m*.

caiac (-au) *g* Kajak *m/nt*.

caib (ceibiau) *b* Pickel *m*; *(gardd)* Haue *f*, Hacke^D *f*; ~ **rew/iâ** Eispickel *m*; **gwaith ~ a rhaw** körperliche Arbeit; **yn feddw gaib** stockbesoffen.

caill (ceilliau) *b (ANAT)* Hoden *m*.

cain (*ll* ceinion) *ans* fein, formvollendet; **celfyddydau ~** schöne Künste.

cainc (ceinciau) *b (cangen coeden)* Ast *m*; *(rhan o gyfanwaith)* Zweig *m*; *(llinyn)* Strang *m*; *(alaw)* Melodie *f*; *(cwlwm pren)* Knoten *m*; **Pedair C~ y Mabinogi** *(LLEN)* die vier Zweige des Mabinogi.

Caint *b (DAEAR)* Kent *nt*.

cais (ceisiadau *neu* ceisiau) *g* Versuch *m*; *(am swydd)* Bewerbung *f*; *(am arian)* Antrag *m*, Gesuch *m*; *(rygbi)* Touchdown *m*; **ar gais** auf Wunsch; ~ **am aelodaeth** Aufnahmeantrag *m*; ~ **am godiad cyflog** Lohnforderung *f*; **sgorio ~** einen Touch-Down machen; ~ **am iawndal** Schadenersatzforderung *m*; **gwneud ~ am swydd** sich um eine Stelle bewerben; **bu farw yn ei gais i ddringo'r Wyddfa** er starb beim Versuch den Snowdon zu besteigen.

cal, cala (caliau) *b (ANAT)* Penis *m*, Glied *nt*.

calan *g:* **Dydd C~** Neujahr *nt*; **Nos Galan** Silvester *m*; **C~ Gaeaf** Allerheiligen *nt*; **C~ Mai** der Erste Mai, der Maifeiertag.

calch (-oedd) *g* Kalk *m*; *(carreg)* Kalkstein *m*, Kreidefelsen *m*.

calchen *b* Kalkstein *m*; **yn wyn fel y galchen** weiß wie die Wand, kreidebleich.

calchfaen (**calchfeini**) *g* Kalkstein *m*, Kreide *f*.

calchu *be.a (gwrteithio â chalch)* mit Kalk düngen, kalken; *(gwyngalchu)* tünchen, verputzen.

caled *ans* (*ll* **celyd**) hart; *(anodd)* schwer, schwierig; *(gwaith)* anstrengend; *(dideimlad)* gefühllos, hartherzig; *(llym)* streng; *(cadarn, gwydn)* stark, kräftig; *(planhigyn)* winterfest; *(wy)* hart gekocht; **mae'n galed arnaf** das Leben ist schwer; **clawr ~** *(llyfr)* Harteinband *m*; **cwestiwn ~** schwere Frage; **dŵr ~** *(â llawer o galch ynddo)* hartes Wasser; **gaeaf ~** strenger Winter; **gwthio rhn yn galed** jdm hart zusetzen; **~ iawn** knallhart.

caleden (**-nau**) *b* Schwiele *f*, Hornhaut *f*.

Caledfwlch *g (LLEN)* Exkalibur.

caledfwrdd (**caledfyrddau**) *g* Pressspanplatte *f*, Hartfaserplatte *f*.

caledi *g (yn arbennig am fywyd)* Mühsal *f*, Härte *f*; *(tlodi)* Entbehrung *f*.

caledu *be.a (dur)* härten; *(corff)* abhärten; **gwnaeth y profiad ei galedu** das Erlebnis hat ihn verhärtet.
♦ *be.g* hart werden; *(iâ)* erstarren; *(agwedd)* sich verhärten; *(sgyrs: sychu)* **ydy'r dillad wedi ~ eto?** ist die Wäsche schon trocken?

caledwch *g* Härte *f*; *(diffyg teimlad)* Gefühllosigkeit *f*, Herzlosigkeit *f*.

caledwedd *g (CYFDR)* Hardware *f*.

calendr (**-au**) *g* Kalender *m*; *(digwyddiadau)* Terminkalender *m*; **~ yr Adfent** Adventskalender[D] *m*, Adventkalender[A] *m*.

calennig *gb* Neujahrsgeschenk *nt*; **hela ~** der Brauch, dass Kinder zu Neujahr von Tür zu Tür gehen und kleine Geschenke erhalten.

calibr *g (gwn)* Kaliber *nt*; *(ffig)* Format *nt*, Kaliber.

calibradu *be.a (TECH)* kalibrieren, berichtigen; *(mesurydd)* eichen.

calon (**-nau**) *b* Herz *nt*; *(canol, craidd)* Innere(s) *nt*, Kern *m*; *(ffrwyth)* Kerngehäuse *nt*; *(gwroldeb, dewrder)* Mut *m*; *(cardiau)* Herz; **bod yn agos at galon rhn** jdm am Herzen liegen; **codi ~** aufmuntern, ermutigen; **diolch o galon** herzlichen Dank; **mae fy nghalon yn fy ngwddf** mir schlägt das Herz bis zum Hals; **mae'n ei charu â'i holl galon** er liebt sie von ganzem Herzen; **nid oedd gen i mo'r galon i ddweud wrthi** ich brachte es nicht übers Herz es ihr zu sagen; **o eigion/ddyfnder ~** von ganzem Herzen; **roedd ei galon yn ei esgidiau** ihm rutschte das Herz in die Hose; **teimlo ar eich ~** sich gezwungen fühlen; **mae hynny'n torri fy nghalon** das bricht mir das Herz; **mae hi wedi torri ei galon** sie hat ihm das Herz gebrochen; **yn ddigon i dorri ~** herzzerreißend; **wrth fodd ~** von Herzen gern.

calondid *g* Ermutigung *f*, Ermunterung *f*.

calongaled *ans* hartherzig, herzlos.

calongaledwch *g* Herzlosigkeit *f*.

calonnog *ans* herzlich; **llongyfarchiadau ~!** herzlichen Glückwunsch!

calonogi *be.a* ermutigen, ermuntern, Mut machen +*dat*.

calonogol *ans* ermutigend.

calori (**caloriau**) *g* Kalorie *f*.

calsiwm *g (CHEM)* Kalzium *nt*.

call *ans* vernünftig; *(synhwyrol)* sinnvoll; *(deallus)* einsichtig; *(cyfrwys)* schlau, clever; **nid wyf fi fawr ~ach nawr** ich bin nicht viel gescheiter geworden.

callestr (**cellystr**) *b* Feuerstein *m*.

callgi (**callgŵn**) *g* Schlauberger *m*.

callineb *g* Vernunft *f*; *(pwyll)* Sorgfalt *f*, Umsicht *f*; *(dirnadaeth)* Einsicht *f*.

callio *be.g* vernünftig werden, Vernunft annehmen; **callia!** nimm Vernunft an!

cam[1] (*ll* **ceimion**) *ans* schief, ungerade; *(crwm)* krumm, verkrümmt.

cam[2] (**-au**) *g* Schritt *m*; *(paratoad)* Maßnahme *f*; *(graddfa)* Stufe *f*; *(ôl troed)* Fußstapfen *m*; **~ a cham** Schritt für Schritt; **bob ~** auf Schritt und Tritt; **~ bras** großer Schritt; **~au breision** *(ffig)* große Fortschritte; **~ ceiliog** kleiner Schritt; **~ gwag** Fehltritt *m*, Ausrutscher *m*; **~ gŵydd** Paradeschritt *m*; **o gam i gam** Schritt für Schritt; **symud ymlaen i'r cam nesaf** weiterkommen, auf die nächste Stufe vorrücken.

cam[3] (**-au**) *g (gwall)* Fehler *m*; *(anghyfiawnder)* Unrecht *nt*; **achub ~ rhn** für jdn Partei ergreifen; **ar gam** zu Unrecht; **cael bai ar gam** ungerechtfertigt beschuldigt werden; **cael ~** ungerecht behandelt werden; **gwneud ~ â rhn** jdm Unrecht tun; **yn gam neu'n gymwys** zu Recht oder zu Unrecht.

cam-[4] *rhagdd* miss-; **camddeall** missverstehen, **camdrin** misshandeln.

camargraff (**-au** *neu* **-ion**) *gb* falscher Eindruck *m*.

camargraffiad (**-au**) *g* Druckfehler *m*.

camarwain *be.a* irreführen.

camarweiniol *ans* irreführend.

Cambodia *b (DAEAR)* Kambodscha *nt*.

cambren (**-ni**) *g* Kleiderbügel *m*, Kleiderhaken *m*.

camchwarae *be.g (CHWAR)* ein Foul begehen, foul spielen.
♦ *g* Foul *nt*.

camdreuliad *g (MEDD)* Verdauungsstörung *f*.

cam-drin *be.a (person)* misshandeln; *(camddefnyddio)* missbrauchen.

camdriniaeth *b* Missbrauch *m*; *(corfforol)*

Misshandlung *f.*

camdro (-eon) *g (TECH)* Kurbel *f.*

camddarlun (-iau) *g* Zerrbild *nt*, Verzerrung *f.*

camddeall *be.a* missverstehen.

camddealltwriaeth (-au) *b* Missverständnis *nt.*

camddefnydd *g* Missbrauch *m*, falsche Verwendung *f.*

camddefnyddio *be.a* missbrauchen, zweckentfremden; *(defnyddio'n anghywir)* falsch verwenden.

camddehongli *be.a* fehlinterpretieren, falsch interpretieren.

camddehongliad (-au) *g* Fehlinterpretation *f.*

camddyfarniad (-au) *g* Fehlentscheidung *f.*

camedd *g* Krümmung *f*; *(troed)* Rist *m*, Spann *m*; ~ y gar Kniekehle *f.*

camel (-od) *g (SÖOL)* Kamel *nt.*

cameleon (-od) *g (SÖOL)* Chamäleon *nt.*

camelia (-s *neu* cameliâu) *g (BOT)* Kamelie *f.*

camera (camerâu) *g* Fotoapparat *m*, Kamera *f*; **dyn ~** Kameramann *m*; **~ sine** Filmkamera *f*; **~ fideo** Videokamera *f.*

camesgoriad (-au) *g* Fehlgeburt *f.*

camfa (camfeydd) *b* (Zaun)übersteig *m.*

camfarnu *be.a* verkennen, falsch einschätzen, falsch beurteilen.

camfihafio *be.g* sich danebenbenehmen.

camffurfiedig *ans* verformt, deformiert, ungestalt.

camgychwyniad *g* Fehlstart *m.*

camgyfrif *be.a* falsch berechnen.

♦ *be.g* sich verrechnen; *(wrth rifo)* sich verzählen.

camgyfrifiad (-au) *g* Rechenfehler *m.*

camgymeriad (-au) *g (camsyniad)* Fehler *m*, Irrtum *m*; *(gwall)* Fehler *m*; **gwneud ~** einen Fehler begehen; *(ysgrifennu, rhifo)* einen Fehler machen.

camgymryd *be.a* missverstehen; **~ rhn am rn (arall)** jdn für jdn (anderen) halten.

♦ *be.g* irren, fehlgehen; **os nad wyf yn ~** wenn ich nicht irre.

camlas (camlesi) *b* Kanal *m*; *(mewn tref Iseldiraidd)* Gracht *f*; *(ffos â dŵr)* Wassergraben *m*; *(AMAETH)* Bewässerungsgraben *m*; *(DAEAR)* **C~ Sŵes** Sueskanal *m*; **C~ Panama** Panamakanal *m.*

camlunio *be.a* entstellen.

camomeil *b (BOT)* Kamille *f.*

camp (-au) *b* Leistung *f*, Kunststück *nt*; *(CHWAR)* Grand Prix *m*; **y ~au Olympaidd** die Olympischen Spiele *pl*; **~ a rhemp** Für und Wider, Pro und Kontra, Stärken und Schwächen; **tan gamp** hervorragend.

campfa (campfeydd) *b* Turnhalle *f*, Sporthalle *f*; *(SCH)* Turnsaal *m.*

campus *ans* hervorragend, meisterhaft, prima°.

campwaith (campweithiau) *g* Meisterwerk *nt*, Glanzstück *nt.*

camre *g* Fußstapfen *m*, Fußspur *f.*

camreolaeth (-au) *b* Missmanagement *nt.*

camri *g (BOT)* Kamille *f.*

camrifo *be.a* falsch zählen.

♦ *be.g* sich verzählen.

camrybudd (-ion) *g* Fehlalarm *m*, falscher Alarm *m.*

camsefyll *be.g (CHWAR)* im Abseits stehen.

camsiafft (-iau) *b (TECH: camwerthyd)* Nockenwelle *f.*

camsillafiad (-au) *g* Rechtschreibfehler *m.*

camsillafu *be.a* falsch schreiben.

camsyniad (-au) *g* Fehler *m*, Irrtum *m*; *(rhesymegol)* Denkfehler *m*; *(camgasgliad)* Trugschluss *m.*

camu[1] *be.g* schreiten, steigen, treten; *(gwneud cam)* einen Schritt machen; **~ dros rth** etw überschreiten; **~ i'r adwy** einspringen; **~ ymlaen** voranschreiten, Fortschritte machen; **~ yn ôl** zurücktreten.

camu[2] *be.a* biegen, krümmen.

♦ *be.g* sich biegen, sich krümmen.

camwedd (-au) *g* Vergehen *nt*, Verfehlung *f.*

camweinyddiad (-au) *g (CYFR)* Justizirrtum *m.*

camwerthyd (-au) *b (TECH)* Nockenwelle *f.*

camwri *g* Unrecht *nt.*

camymddwyn *be.g* sich schlecht benehmen, sich danebenbenehmen.

camymddygiad *g* schlechtes Benehmen *nt.*

can[1] *g (blawd gwyn)* Mehl *nt*, Weißmehl *nt.*

can[2] (-iau) *g* Kanne *f*, Kanister *m*; *(bwyd, diod)* Dose *f*; *(bwyd parod)* Konserve *f*, Büchse° *f*; **~ dŵr** Gießkanne *f*; **~ o gwrw** Bierdose *f*; **~ petrol** Benzinkanister *m.*

can[3] *ardd gw.* gan.

can[4] *rhif* hundert; **~ diolch!** tausend Dank! **~ punt** hundert Pfund; **~ mlynedd** hundert Jahre; **yn y ~ mlynedd diwethaf** in den letzten 100 Jahren; *gw.h.* cant[2].

cân (caneuon) *b* Lied *nt*, Gesang *m*; **Gwlad y Gân** *(ffig)* Wales, Land des Gesangs; **diwedd y gân yw'r geiniog** Geld macht die Musik; **dyna ddiwedd y gân!** und damit basta! **~ serch** Liebeslied *nt*; **~ werin** Volkslied *nt*; **~ y ceiliog** Hahnenschrei *m.*

Canada *b (DAEAR)* Kanada *nt*; **merch o Ganada** Kanadierin *f.*

Canadaidd *ans* kanadisch.

Canadiad (Canadiaid) *gb* Kanadier(in) *m(f).*

canawon *ll gw.* cenau.

cancr (-au) *g (MEDD)* Krebs *m*; *gw.h.* canser.

candi (-s) *g* Bonbon *m/nt*, Zuckerl^ *nt*; *(siwgr)* Kandiszucker *m*; **~-fflos** *g* Zuckerwatte *f*; **~ croen**

lemwn Zitronat *nt*.

candryll *ans* zerschlagen, zerschmettert; *(crac)* zornig, wütend.

caneri (**-s**) *g* Kanarienvogel *m*.

canfasio *be.g (GWLEID)* Stimmen werben; **mae hi'n ~ dros Blaid Cymru** sie wirbt um Stimmen für die walisische Nationalpartei.

canfed *g* Hundertstel *nt*.

♦ *ans* hundertste(r,s); **ar ei ganfed** hundertfach.

canfod *be.a* erkennen, verstehen; *(sylwi)* bemerken, wahrnehmen.

canfodydd (**-ion**) *g (FFIS)* Detektor *m*; **~ celwyddau** Lügendetektor *m*; **~ metel** Metalldetektor *m*.

canfyddadwy *ans* erkennbar, wahrnehmbar, ersichtlich.

canfyddiad (**-au**) *g* Wahrnehmung *f*; **~ allsynhwyraidd** außersinnliche Wahrnehmung.

cangarŵ (**-od**) *g (SÖOL)* Känguru *nt*.

canhwyllbren (**canwyllbrennau**) *g* Kerzenhalter *m*, Kerzenständer *m*.

canhwyllyr (**canwyllyrau**) *g* Kronleuchter *m*.

caniad (**-au**) *g* Ertönen *nt*; *(clychau)* Läuten *nt*, Geläut *nt*; *(ffôn)* Anruf *m*; **~ ceiliog** Krähen *nt*, Hahnenschrei *m*; **~ corn** Hupen *nt*; **~ diogelwch** Entwarnung *f*; **rho ganiad i mi** ruf mich an.

caniatâd (**-au**) *g* Erlaubnis *f*, Genehmigung *f*; *(cytûn)* Einwilligung *f*, Zustimmung *f*; *(goddefiad)* Duldung *f*; **cael ~** dürfen; **cafodd ganiatâd i smygu yn 15 oed** sie durfte schon mit 15 rauchen; **rhoi ~ i rn wneud rhth** jdm etw erlauben; **~ cynllunio** Baugenehmigung *f*; **~ i lanio** *(AWYR, MOR)* Landeerlaubnis *f*.

caniataol *ans* zulässig, erlaubt; **cymryd rhth yn ganiataol** etw als selbstverständlich betrachten.

caniatáu *be.a* erlauben, gestatten, zulassen; *(awdurdodi)* genehmigen, bewilligen; *(goddef)* dulden, tolerieren; **~ rhth i rn** jdm etw gönnen; **~ i rn wneud rhth** jdm erlauben etw zu tun; **ni chaniateir ysmygu yma** Rauchen verboten.

canibal (**-iaid**) *g* Kannibale *m*, Kannibalin *f*, Menschenfresser(in) *m(f)*.

canibaliaeth *b* Kannibalismus *m*.

canibalydd (**-ion**) *g* = canibal.

caniedydd (**-ion**) *g* Minnesänger *m*, Spielmann *m*; *(awdur)* Lyriker, Textdichter *m*.

canlyn¹ (**-iau**) *g (erledigaeth)* Verfolgung *f*; *(deisyfiad)* Gesuch *nt*; *(enghraifft)* Beispiel *nt*.

canlyn² *be.a (dilyn)* folgen +*dat*; *(erlid)* verfolgen; *(efelychu)* nachahmen; *(caru)* den Hof machen +*dat*.

♦ *be.g (dilyn fel effaith)* folgen, erfolgen; *(caru)* einen Freund haben, eine Freundin haben; **fel a**

ganlyn folgendermaßen, wie folgt; **maen nhw'n ~** sie gehen miteinander, sie sind ein Paar; **~ arni** ein Ziel verfolgen.

♦ *be.e* Brautwerbung *f*.

canlyniad (**-au**) *g* Ergebnis *nt*, Resultat *nt*; *(effaith)* Folge *f*, Konsequenz *f*; *(casgliad)* Schlussfolgerung *f*; *(deisyfiad)* Gesuch *nt*; **~ hynny yw bod** ... daraus folgt, dass…; **o ganlyniad** folglich, infolgedessen; **o ganlyniad i** infolge +*gen*; **derbyn y ~au** die Konsequenzen tragen.

canlynol *ans* folgend; **yn y diwrnodau ~** in den darauf folgenden Tagen; **enwebwyd y rhai ~ i'r tîm** die Folgenden wurden ins Team einberufen.

canlynwr (**canlynwyr**) *g* Gefolgsmann *m*; **canlynwyr** *ll* Gefolgschaft *f*.

canllath *g* ≈ hundert Meter (91,4m).

canllaw (**-iau**) *gb (cledrwaith)* Geländer *nt*; *(MOR)* Reling *f*; *(ffig: rheol)* Richtlinie *f*; **pa ganllawiau y dylem eu dilyn?** welchen Richtlinien sollen wir folgen?

canmil *rhif* hunderttausend.

canmlwyddiant (**canmlwyddiannau**) *g* Hundertjahrfeier *f*, Zentenarium *nt*.

canmol *be.a* loben, preisen; *(anifail)* tätscheln, streicheln; *(cymeradwyo)* anpreisen; **~ rhn i'r cymylau** jdn in den Himmel loben.

canmoladwy *ans* lobenswert, löblich.

canmoliaeth (**-au**) *b* Lob *nt*.

cannaid *ans (gwyn)* weiß; *(disglair)* strahlend; *(gloyw)* leuchtend; *(pur)* rein; *(glân)* sauber.

cannaidd *ans* = cannaid.

cannoedd *ll gw.* cant¹; **~ o bobl** hunderte Menschen.

cannu *be.a* bleichen; *(lliwio'n wyn)* weißen.

cannwyll (**canhwyllau**) *b* Kerze *f*; **~ llygad** Pupille *f*; *(ffig)* Augapfel *m*; **~ y gors** Irrlicht *nt*; **llosgi'r gannwyll yn ei deupen** mit seinen Kräften Raubbau betreiben; **fe yw ~ fy llygad** *(ffig)* ich hüte ihn wie meinen Augapfel; **yng ngolau ~** im Kerzenschein; *(swper)* bei Kerzenlicht; **nid yw e'n gallu dal ~ i'w brawd** er kann seinem Bruder nicht das Wasser reichen.

cannydd (**canyddion**) *g* Bleichmittel *nt*, Bleiche *f*.

canol¹ *ans* mittlere(r,s); *(GWLEID)* gemäßigt; **America Ganol** *(DAEAR)* Mittelamerika *nt*; **Cymraeg C~** Mittelkymrisch *nt*; **dosbarth ~** Mittelstand *m*, Mittelschicht *f*; **enw ~** mittlerer Name *m*, zweiter Vorname *m*; **plaid y tir ~** Partei der Mitte; **pwysau ~** *(CHWAR)* Mittelgewicht *nt*; **yr Oesoedd C~** *(HAN)* Mittelalter *nt*; **y Dwyrain C~** *(DAEAR)* der Mittlere Osten.

canol² (**-au** *neu* **-ydd**) *g* Mitte *f*, Mittelpunkt *m*; *(tref)* Zentrum *nt*, Stadtmitte *f*; *(meingorff)* Taille *f*; **~**

dydd Mittag *m*; **~ nos** Mitternacht *f*; **gwraig ganol oed** eine Frau mittleren Alters; **dyn ~ oed** ein Mann mittleren Alters; **~ llonydd** Mittelpunkt *m*, Ruhepol *m*; **~ y ddinas** Stadtzentrum *nt*, Innenstadt *f*; **y C~ Oesoedd** *(HAN)* das Mittelalter; **ganol mis Mai** Mitte Mai; **ganol nos** mitten in der Nacht; **ar ganol rhth** in der Mitte von etw; **ynghanol** inmitten *+gen*; **yng nghanol y drafodaeth** mitten in der Diskussion; **yng nghanol yr ystafell** mitten im Zimmer, in der Mitte des Zimmers; **bod yn ei chanol hi** bis zum Hals drin stecken.

canolbarth (-au) *g*: **C~ Ewrop** Mitteleuropa *nt*; **~ America** Mittelamerika *nt*, Zentralamerika *nt*; **~ Cymru** Mittelwales *nt*; **~ Lloegr** Midlands *pl*.

canolbwynt (-iau) *g* Mittelpunkt *m*; *(craidd)* Kern *m*, Schwerpunkt *m*; *(daeargryn)* Herd *m*; **~ ei hastudiaethau** der Schwerpunkt ihrer Studien.

canolbwyntio *be.a* konzentrieren; *(canoli)* zentralisieren.

♦ *be.g:* **~ (ar)** sich konzentrieren (auf *+akk*).

canoldir (-oedd) *g* Inland *nt*; **Môr y C~** *neu:* **y Môr C~** das Mittelmeer; **gwlad ganoldir** Binnenland *nt*.

canolfan (-nau) *gb* Zentrum *nt*; **~ ddydd** Tagesheim *nt*, Hort *m*; **~ groeso** Fremdenverkehrsamt *nt*, Verkehrsverein[°] *m*, Touristeninformation *f*; **~ hamdden** Freizeitzentrum *nt*; **~ ieuenctid** Jugendzentrum *nt*; **~ siopa** Einkaufszentrum *nt*; **~ waith** Arbeitsamt *nt*; **~ ymchwil** Versuchsanstalt *f*.

canolfur (-iau) *g* *(pared)* Trennwand *f*, Paravent *m*; *(ffig)* Barriere *f*.

canolffo *ans* *(FFIS)* zentrifugal; *gw.h* **allgyrchol**.

canolgeisiol *ans* *(FFIS)* zentripetal; *gw.h* **mewngyrchol**.

canolgyrch *ans* = **canolgeisiol**.

canoli *be.a* zentralisieren; *(grym)* konzentrieren.

♦ *be.g* vermitteln.

canoliad *g* Zentralisierung *f*, *(grym)* Konzentration *f*.

canolig *ans* mittlere(r,s); *(gweddol)* mittelmäßig, durchschnittlich; **o faint ~** von mittlerer Größe.

canoloesol *ans* *(HAN)* mittelalterlich.

canolog *ans* zentral; **dadl ganolog** Hauptargument *nt*; **mewn safle ~** an einem zentralen Ort.

canolwr (canolwyr) *g* *(cyfryngwr)* Vermittler *m*, Mittelsmann *m*; *(MASN)* Zwischenhändler *m*; *(wrth geisio am swydd)* Referenz *f*; *(CHWAR)* Mittelstürmer *m*; *(rygbi)* Mittelfeldspieler *m*.

canon[1] (-au) *g* *(MIL)* Kanone *f*, Geschütz *nt*; **~ dŵr** Wasserwerfer *m*.

canon[2] (-au) *gb* *(CERDD: tôn gron)* Kanon *m*; **~ yr wythfed** Kanon in der Oktave.

canon[3] (-au) *gb* *(CREF)* Kanon *m*; *(corff o ddeddfau)* kanonisches Recht *nt*; **~ yr Ysgrythurau** Kanon der Heiligen Schrift.

canon[4] (-iaid) *g* *(CREF)* Kanoniker *m*, Chorherr *m*.

canoneiddio *be.a* *(CREF)* heilig sprechen.

canopi (canopïau) *g* Markise *f*, Überdachung *f*; *(wybren)* Baldachin *m*.

canpwys (-au *neu* -i) *g* hundert Pfund *pl*, halber Zentner *m* (50,8 kg).

canradd *ans* dezimal; *(tymheredd)* Celsius.

canran (-nau) *b* *(canfed ran)* Hundertstel *nt*; *(cyfartaledd y cant)* Prozent *nt*, Prozentsatz *m*.

canrannol *ans* zentesimal, hundertteilig; *(cyfartaledd y cant)* prozentuell; *(mesurau)* dezimal.

canrif (-oedd) *b* Jahrhundert *nt*; **yn yr unfed ganrif ar hugain** im einundzwanzigsten Jahrhundert; **y ganrif ddiwethaf** voriges Jahrhundert.

cans *cys* weil, da, denn.

cansen (-nau *neu* -ni) *b* Rohr *nt*; *(ffon gerdded)* Stock *m*, Spazierstock *m*; *(gwialen guro)* Rohrstock *m*; **~ siwgr** Zuckerrohr *nt*.

canser (-au) *g* *(MEDD)* Krebs *m*; **~ y croen** Hautkrebs *m*.

canslo *be.a* absagen, abblasen; *(rhaglen deledu, gwers)* ausfallen; *(cynlluniau)* fallen lassen; *(dyled)* tilgen; *(archeb)* stornieren, abbestellen; *(tanysgrifiad)* kündigen; *(ordinhad)* aufheben; **mae'r wers wedi cael ei chanslo** die Stunde fällt/fiel aus; **maen nhw wedi ~'r gyngherdd** sie haben das Konzert abgesagt.

cant[1] (cannoedd) *g* Hundert *nt*; *(canpwys)* halber Zentner *m*; **ugain y ~** zwanzig Prozent; **~ a mil o bethau** tausenderlei Dinge; **cannoedd o bobl** hunderte Menschen; **~ y ~** hundert Prozent; *(adf)* hundertprozentig.

cant[2] *rhif* hundert, einhundert; **dau gant** zweihundert; **tri chant** dreihundert; **~ oed** hundert Jahre alt; **can plentyn** *neu:* **cant o blant** (ein)hundert Kinder; **rhyw gan cadair** an die hundert Stühle; **~ neu ddau** einhundert oder zweihundert.

cantata (-s) *b* *(CERDD)* Kantate *f*.

cantawd *b* = **cantata**.

cantel (-au) *g* *(ymyl het)* Krempe *f*; *(cylch allanol)* Rand *m*.

cantîn (-au) *g* Kantine *f*; *(mewn prifysgol)* Mensa *f*.

canton (-au) *g* *(sir yn y Swistir)* Kanton *m*.

cantor (-ion) *g* Sänger *m*.

cantores (-au) *b* Sängerin *f*; **~ bop** Schlagersängerin *f*, Popsängerin *f*; **~ opera** Opernsängerin *f*; **~ soprano** Sopranistin *f*; **~ alto** Altistin *f*.

cantref (-i) *g* *(HAN)* Hundertschaft *f*, Unterteilung einer Grafschaft; **Cantre'r Gwaelod** *(LLEN)* die versunkene Hundertschaft, das Land unter dem Meer.

cantroed (-iaid) *g (SÖOL)* Hundertfüßer *m*.

canu[1] *be.a* singen; *(adar)* singen, zwitschern; *(cloch)* anläuten, klingeln; *(perfformio)* vorsingen, vortragen; *(offeryn)* spielen; *(llen)* dichten; **cân di bennill mwyn i'th nain, fe gân dy nain i tithau** eine Hand wäscht die andere; **~ cloch y drws** anläuten, (an der Tür) klingeln; *(yn ddi-baid)* Sturm läuten; **~ clod** loben, rühmen; **~ cnul** *(cloch eglwys)* schlagen, läuten; **~ corn** *(car)* hupen; **~ grwndi** schnurren; **~ larwm** Alarm schlagen; **mae ei enw'n ~ cloch** *(ffig)* sein Name kommt mir bekannt vor; **~'r crwth i fyddar** *(ffig)* auf Granit beißen; **~'r ffidl** Geige spielen.

♦ *be.g* singen; *(cloc larwm)* läuten; *(cloch y drws, teleffon)* klingeln; **canodd cloch y drws** es hat geläutet; **canodd y gloch ginio** es hat zum Essen geläutet; **dos/cer i ganu!** hau ab! mach 'ne Fliege[D]! schleich[A] dich! **gwneud rhth dan ganu** etw tun und dabei singen; *(ffig)* etw spielend schaffen; **mae hi wedi ~ arnom ni!** jetzt sind wir geliefert! *(YSG)* **mae'r gloch yn ~ ar gyfer y wers nesaf** es läutet (zur Stunde); **mae'r tegell yn ~** der Teekessel pfeift; **~ mewn cynghanedd** mehrstimmig singen; **~'n iach (i rn)** *(ffarwelio)* Abschied nehmen (von jdm), (jdm) Lebewohl sagen.

canu[2] *g* Gesang *m*, Lied *nt*; *(gweithred o ganu)* Singen *nt*, Gesang; **~ Aneurin** *(llen)* die Gedichte *pl* Aneurins; **~ caeth** Dichtung im strikten Metrum; **~ gwlad** Volksweise *f*; **~ rhydd** Gedicht ohne strenges Metrum.

canŵ (-s) *g* Kanu *nt*, Paddelboot *nt*.

canwr (canwyr) *g* Sänger *m*; *(offeryn cerdd)* Musiker *m*; **~ ffidl** Geiger *m*; **~ ffliwt** Flötist *m*; **~ gwerin** Volksmusiker *m*; **~ opera** Opernsänger *m*; **~ organ** Orgelspieler *m*; **~ pop** Schlagersänger *m*.

canwriad (canwriaid) *g (HAN)* Zenturio *m*.

cap (-iau) *g (cap bach)* Kappe *f*, Mütze[D] *f*; *(madarch)* Kappe, Schirm *m*; *(potel)* Verschluss *m*; *(atal cenhedlu)* Pessar *nt*; *(CHWAR)* Einberufung in die Nationalmannschaft; *(gwn tegan)* Platzpatrone *f*; **~ both** *(MODUR)* Radkappe *f*; **~ hosan** Zipfelmütze *f*; **~ morio** Schiffchen *nt*; **~ nofio** Badekappe[D] *f*, Badehaube[A] *f*; **~ nos** Nachtmütze *f*; **~ pig** Schirmkappe *f*; **~ tanwydd** Tankverschluss *m*; *(rygbi, pêl-droed)* **cafodd bedwar ~ dros Gymru** er wurde viermal ins walisische Nationalteam einberufen.

capan (-au) *g (cap bach)* Käppchen *nt*; *(trawst)* Türbalken *m*, Türstein *m*.

capel (-i) *g* Kirche *f*; *(rhan o eglwys)* Kapelle *f*; **~ carchar** Gefängniskapelle *f*; **mynd i'r ~** zur Kirche

gehen.

caplan (-iaid) *g* Kaplan *m*.

caprysen *b (COG)* Kaper *f*.

capsen (-nau) *b (gwn tegan)* Zündplättchen *nt*.

capsiwl (-au) *g* Kapsel *f*; **~ gofod** Kapsel, Raumkapsel *f*.

capsiwn *g (pennawd)* Überschrift *f*, Titel *m*; *(dan gartŵn neu lun)* Bildunterschrift *f*; *(FFILM: is-deitl)* Untertitel *m*.

capten (capteiniaid) *g (CHWAR, MOR)* Kapitän *m*; *(MIL)* Hauptmann *m*; *(MIL)* **~ yn y corfflu meddygol** Stabsarzt *m*.

car (ceir) *g* Auto *nt*, Wagen *m*; *(ffurfiol)* Pkw *m*; **~ aillaw** Gebrauchtwagen *m*; **~ cebl** Seilbahn *f*, Gondel *f*; **~ clun** *(beic modur)* Beiwagen *m*; **~ codi to** Kabriolett *nt*; **~ cwmni** Firmenwagen *m*; **~ durblat** Panzerwagen *m*; **~ llog** Leihwagen *m*, Mietauto *nt*; **~ llusg** (Pferde)schlitten *m*; **~ patrôl** *(yr heddlu)* Streifenwagen *m*; **~ rasio** Rennwagen *m*; **~ swyddogol** Dienstwagen *m*; **mynd mewn ~** mit dem Auto fahren; **~ ynni'r haul** Solarmobil *nt*; **~ ystâd** Kombi *m*; *(ffurfiol)* Kombinationskraftwagen *m*; **teithio â char** mit dem Auto fahren.

câr *g* (ceraint) *(ffrind)* Freund *m*; *(perthynas)* Verwandte(r) *m*; *(cariad)* Freund, Geliebter *m*.

carafán *b* (carafannau) Wohnwagen *m*; **maes carafannau** Campingplatz *m*.

carafanèt (carafanetau) *b* Wohnmobil *nt*.

caráff (caraffau) *g* Karaffe *f*.

caramel *g (COG)* Karamell *m/nt*; *(losinen)* Karamellbonbon *m/nt*.

carat *g* Karat *nt*; **aur naw ~** neunkarätiges Gold.

carate *g (CHWAR)* Karate *nt*.

carbin (-au) *g* Karabiner *m*.

carbohydrad (-au) *g* Kohlehydrat *nt*.

carbon *g (CEM)* Kohlenstoff *m*, Karbon *nt*; *(glo)* Kohle *f*; *(cyfnod yn hanes y ddaear)* Karbon *nt*, Steinkohlenalter *nt*; *(CEM)* **~ deuocsid** Kohlendioxyd *nt*; **~ monocsid** Kohlenmonoxid *nt*.

carbonad (-au) *g (CEM)* Karbonat *nt*.

carbonaidd *ans (yn cynnwys carbon)* kohlenstoffhaltig.

carboneiddio *be.a (CEM)* verkohlen, karbonisieren.

carbonig *ans (CEM)* **asid ~** Kohlensäure *f*.

carburedur *g* = carbwradur.

carbwl *ans (lletchwith)* unbeholfen, ungeschickt.

carbwradur (-on) *g (MODUR)* Vergaser *m*.

carcas (-au) *g (corff)* Leiche *f*; *(anifail)* Kadaver *m*, Tierleiche *f*.

carcio, carco *be.a (gofalu am)* sich kümmern um +*akk*.

carcus *ans* sorgfältig; *(gwyliadwrus)* sorgsam, vorsichtig, umsichtig; *(ag arian)* sparsam.

carchar (-au *neu* -dai) *g* Gefängnis *nt*, Strafanstalt *f*;
(HAN) Kerker *m*; ~ **plant** Jugendstrafanstalt *f*; ~
merched Frauengefängnis *nt*; **cael eich anfon i'r ~**
ins Gefängnis kommen; **bod yn y ~** im Gefängnis
sitzen; **bwrw tymor yn y ~** eine Strafe absitzen;
cael eich dedfrydu i ddwy flynedd yn y ~ zu zwei
Jahren Gefängnis verurteilt werden; **cael carchar
am oes** lebenslänglich bekommen.

carchariad *g* Einsperren *nt*; (cyfnod yn y carchar)
Gefängnisstrafe *f*, Haftstrafe *f*; ~ **ar gam**
Freiheitsberaubung *f*; ~ **ataliol/rhwystrol**
Vorbeugehaft *f*; ~ **unigol** Einzelhaft *f*; ~ **am ddeng
mlynedd** zehn Jahre Haft/Gefängnis.

carcharor (-ion) *g* Gefangene(r) *m*; (mewn carchar)
Häftling *m*, Strafgefangene(r) *m*; (dyn wedi'i arestio)
Verhaftete(r) *m*; ~ **rhyfel** Kriegsgefangene(r) *m*.

carcharores (-au) *b* Gefangene *f*, Strafgefangene *f*;
(menyw wedi'i harestio) Verhaftete *f*.

carcharu *be.a* inhaftieren, einsperren; (caethiwo)
gefangen halten.

cardbord *g* Karton *m*, Pappe *f*, (tenau)
Pappendeckel *m*; ~ **gwrymiog** Wellpappe *f*; **bocs ~**
Pappendeckelschachtel *f*, Pappkarton[D] *m*.

carden (cardiau) *b* = cerdyn.

cardfwrdd *g* = cardbord.

Cardi (-s) *g* Mann *m*/Frau *f* aus Cardigan.

cardigan (-au) *b* Strickjacke *f*, Weste *f*.

cardinal *g* (CREF) Kardinal *m*.

cardod (-au) *b* Almosen *nt*, Spende *f*.

cardota *be.a* betteln; ~ **am fwyd** um Essen betteln.

cardotes (-au) *b* Bettlerin *f*.

cardotyn (cardotwyr) *g* Bettler *m*.

caredig *ans* liebenswürdig, nett; (o ran natur)
gutherzig, rücksichtsvoll; (parod ei gymwynas)
zuvorkommend, gefällig; **mae hi wastad yn
garedig wrthyf i** sie ist immer nett zu mir; **a
fyddech mor garedig â'm helpu?** würden Sie so nett
sein mir zu helfen? **roeddech chi'n garedig iawn yn
fy helpu** es war sehr freundlich von Ihnen mir zu
helfen.

caredigrwydd *g* Liebenswürdigkeit *f*; (haelioni) Güte
f; ~ **wrth** rn Liebenswürdigkeit gegenüber jdm.

caregl (-au) *g* Kelch *m*, Pokal *m*.

caregog *ans* steinig.

careiau *ll gw.* **carrai.**

carfan (-au) *b* (rhestr o bobl) Verband *m*, Kontingent
nt; (CHWAR) Riege *f*, Kader *m*; (GWLEID) Fraktion *f*;
(MIL) Einsatzkommando *nt*; (MIL) ~ **saethu**
Exekutionskommando *nt*; (GWLEID) ~ **wasgu/bwyso**
Lobby *f*; ~ **o feddylwyr** Denkrichtung *f*, Strömung
f.

cargo *g* (llong, awyren) Fracht *f*, Ladung *f*; (nwyddau)
Frachtgut *nt*.

cariad[1] *g* Liebe *f*; (serch) Leidenschaft *f*; ~ **brawdol**
Bruderliebe *f*; ~ **cyntaf** erste Liebe; ~ **cywir** wahre
Liebe; ~ **mamol** Mutterliebe *f*; **syrthio mewn ~ â rhn**
sich in jdn verlieben; **bod mewn ~ â rhn** in jdn
verliebt sein; ~ **ar yr olwg gyntaf** Liebe auf den
ersten Blick; ~ **at gyd-ddyn** Nächstenliebe *f*; ~ **at
wlad** Heimatliebe *f*, Vaterlandsliebe *f*; ~ **Duw at ei
greaduriaid** die Liebe Gottes zu seinen
Geschöpfen; (ar ddiwedd llythyr) ~ **mawr** liebe
Grüße.

cariad[2] (-on) *gb* (bachgen) Freund *m*, Geliebter *m*;
(merch) Freundin *f*, Geliebte *f*; (enw anwes)
Liebling *m*, Schatz *m*, Schätzchen *nt*; **~on** *ll*
Liebespaar *nt*; **beth 'ych chi eisiau, ~?** (sgyrs) was
wollen Sie, meine Liebe? **fe yw fy nghariad** er ist
mein Freund; **hi yw fy nghariad** sie ist meine
Freundin; **wrth gwrs, 'nghariad!**
selbstverständlich, Liebling! **mae Idris yn gariad
bach** Idris ist ein ganz Süßer.

cariadlon *ans* liebevoll.

cariadus *ans* (llawn cariad) liebevoll, gefühlvoll; (yn
denu cariad) liebenswert.

Caribî *g* (DAEAR) **y ~** die Karibik; **Môr y ~** das
Karibische Meer, die Karibik; **Ynysoedd y ~**
Antillen *pl*, Karibische Inseln *pl*.

caribïaidd *ans* karibisch.

caridym (-s) *g* Pennbruder[D] *m*, Sandler[A] *m*.

carilon *gb* (CERDD) Glockenspiel *nt*.

Carinthia *b* (DAEAR) Kärnten *nt*.

cario *be.a* tragen; (cludo) transportieren; (dogfennau,
arian) bei sich haben/führen; (gwn, cleddyf) tragen;
(post) austragen; (llif afon) mitführen; (afiechyd)
leiden an +*dat*; ~ **clecs am rn** (YSG) jdn verpetzen;
(clebran) sich über jdn den Mund zerreißen; **does
dim llawer o wartheg yn ~ BSE** nicht viele Rinder
leiden an BSE; ~ **llawer o bwysau** (ffig) schwer
wiegen; **mae'r afiechyd hwn yn cael ei gario gan
drychfilod** die Krankheit wird durch Insekten
übertragen; **nid oeddwn i'n ~ arian gyda mi** ich
hatte kein Geld bei mir; ~ **rhn yn gocyn ceiliog** *neu*
~ **rhn ar eich cefn** jdn huckepack tragen; ~ **rhth o
amgylch gyda chi** etw mit sich herumtragen; ~ **rhth
o flaen rhn** etw vor jdm hertragen; **~'r dydd** am
Ende siegreich sein; ~ **ymaith** davontragen; ~
ymlaen (MATH) übertragen, behalten.

♦ *be.g* (llais, sŵn) getragen werden; ~ **ar** (ennill)
siegen über +*akk*; **cariodd tîm y merched ar y
bechgyn** das Team der Mädchen siegte über die
Buben; **fe gariodd sain corn yr Alpau am filltiroedd**
der Klang des Alphorns war kilometerweit zu
hören.

carisma *g* Charisma *nt*, Ausstrahlung *f*.

carismatig *ans* charismatisch.

cariwr (carwyr) *g* Träger *m*; *(sy'n gweithio i gwmni)* Spediteur *m*; *(cwmni cario)* Spedition *f*; **y C~ Dŵr** Wassermann *m*.

carlam (-au) *g* Galopp *m*; **ar garlam** im Galopp; **mynd ar garlam** galoppieren; **cwrs ~** Intensivkurs *m*.

carlamu *be.g* galoppieren; *(am ddyn)* rennen.

carlwm (carlymod) *g* (SÖOL) Wiesel *nt*.

carn[1] **(-au)** *g* *(anifail)* Huf *m*; *(dolen)* Griff *m*, Schaft *m*; *(dryll)* Gewehrkolben *m*; *(cleddyf)* Heft *nt*; **mae e'n Gymro i'r ~** er ist Waliser durch und durch.

carn[2] **(-au)** *b* (HAN) Cairn *m*, Steinpyramide *f*.

carnasiwn (carnasiynau) *g* (BOT) Nelke *f*.

carnedd (-au *neu* **-i)** *b* = **carn**[2]; *(adfail)* Trümmerhaufen *m*, Ruine *f*.

carn-elyn (-ion) *g* Erbfeind *m*, Erzfeind *m*.

carnifal (-au) *g* Volksfest *nt*, Umzug *m*; *(mewn pentref)* Schützenfest *nt*; (CREF) Karneval *m*, Fasching *m*.

carnol *ans* behuft.

carnolion *ll* (SÖOL) Unpaarhufer *pl*, Huftiere *pl*.

carnolyn (carnolion) *g* (SÖOL) Huftier *nt*.

carn-tro *g* (TECH) Holzbohrer *m*, Drillbohrer *m*; (MODUR) Radschlüssel *m*.

carol (-au) *b* (CERDD) Lied *nt*; **~ y Nadolig** Weihnachtslied *nt*; **~ Pasg** Ostergesang *m*; **canu ~au** Weihnachtssingen *nt*.

carolwr (carolwyr) *g* Sternsinger *m*.

carp (-iaid) *g* (SÖOL) Karpfen *m*.

carped (-i) *g* Teppich *m*; **~ mur i fur** Spannteppich *m*, Teppichboden *m*; **~ hir** Läufer *m*; **~ persaidd** Perserteppich *m*; **~ hud** fliegender Teppich; **gosod ~** einen Teppich verlegen.

carpedu *be.a* mit einem Teppich auslegen.

carpiau *ll gw.* **cerpyn**.

carpiog *ans* zerlumpt.

carpiwr (carpwyr) *g* Lumpensammler *m*.

carrai *b* **(careiau)** Schuhband *nt*, Schnürsenkel[D] *m*; **~ ffrwyn** Zügel *m*; **tynnu rhth yn gareiau** etw in Stücke reißen.

carreg (cerrig) *b* *(maen)* Stein *m*; *(craig)* Fels *m*, Felsbrocken *m*; *(mewn ffrwyth)* Kern *m*; *(caill)* Hoden *m*; **~ aelwyd** heimischer Herd *m*; **~ ateb** Felswand mit Echo; **~ balmant** Pflasterstein *m*; **~ cenllysg** Hagelkorn *nt*; **cerrig mân** Schotter *m*; **~ dân** Feuerstein *m*; **~ derfyn** *(i ddynodi ffiniau)* Grenzstein *m*; **~ dywod** Sandstein *m*; **~ fedd** Grabstein *m*; **~ filltir** *(llyth, ffig)* Meilenstein *m*; **~ fustl** Gallenstein *m*; **~ galch** Kalkstein *m*; **~ glo** (PENS) Schlussstein *m*; **~ goffa** Gedenkstein *m*, Denkmal *nt*; **~ gron** Kiesel *m*, Kieselstein *m*; **~ haearn** Eisenerz *nt*; **~ hogi** Wetzstein *m*, Schleifstein *m*; **~**

las *(llechen)* Schiefer *m*; **~ lorio** Steinplatte *f*; **Oes y Cerrig** Steinzeit *f*; **~ rwystr** Stolperstein *m*; **~ sylfaen** Grundstein *m*; **~ werthfawr** (gem) Edelstein *m*; **o fewn tafliad ~ i'r orsaf** einen Steinwurf/Katzensprung vom Bahnhof entfernt; **troi pob ~** nichts unversucht lassen.

carsinogenig *ans* Krebs erregend.

carsinoma (-ta *neu* **carsinomâu)** *g* Karzinom *nt*.

cart (certi *neu* **ceirt)** *g* Karren *m*, Wagen *m*.

cartél (cartelau) *g* (MASN) Kartell *nt*.

cartilag (-au) *g* (ANAT, SÖOL) Knorpel *m*.

cartio *be.a* karren.

cartiwr (cartwyr) *g* Kutscher *m*.

cartref (-i) *g* *(lle i chi'ch hunan)* Zuhause *nt*, Heim *nt*; *(cynefin)* Heimat *f*; *(sefydliad)* Wohnheim *nt*, Heim; *(lloches)* Asyl *nt*; *(gwladol)* Inland *nt*; *(mewn gêm)* Ziel *nt*; **India yw ~ y teigr** Indien ist die Heimat des Tigers; **~ cŵn/cathod** Tierheim *nt*; **~ hen bobl** *neu:* **~ i'r henoed** Altersheim *nt*, Seniorenheim *nt*; **oddi ~** fort von zu Hause; **mae ef oddi ~ yn Llundain** er ist fort in London; **~ nyrsio** Pflegeheim *nt*; **~ plant amddifaid** Waisenhaus *nt*; **~ rhieni** Elternhaus *nt*; **~ ymadfer** Erholungsheim *nt*; (CHWAR) **maen nhw'n chwarae oddi ~ yn Llanelli** sie spielen auswärts gegen Llanelli; **mae fy nghartref i yng Nghymru** meine Heimat ist Wales.

♦ *ans (cynnyrch)* hausgemacht, selbst gemacht; **crefftwr ~** Heimwerker *m*, Bastler *m*; **cwrw ~** selbst gebrautes Bier; **gêm gartref** Heimspiel *nt*; **gwaith ~** Hausübung *f*, Hausaufgabe *f*; **gwin ~** Hauswein *m*; **Ysgrifennydd C~** (GWLEID) Innenminister *m*; **y Swyddfa Gartref** das Innenministerium *nt*.

♦ *adf:* **gartref** zu Hause, zuhause[AS]; **ydy Bethan gartref?** ist Bethan zu Hause?

cartrefgarwch *g* Häuslichkeit *f*.

cartrefol *ans (fel cartref)* heimelig, gemütlich, vertraut; *(yn ymwneud â'r teulu)* häuslich; **bywyd ~** häusliches Leben; **gwnewch eich hun yn gartrefol!** fühlen Sie sich wie zu Hause!

cartrefu *be.a (cynefino)* ansiedeln.

♦ *be.g* residieren.

cartrisen (certrys) *b* *(i wn)* Patrone *f*; *(inc)* Tintenpatrone *f*; *(peiriant argraffu/copïo)* Toner *m*.

cartŵn (cartwnau) *g* *(un llun)* Karikatur *f*; *(ffilm, teledu)* Zeichentrickfilm *m*; (CELF: braslun) Skizze *f*; **stribed ~** Comic *m*.

cartwnydd (-ion *neu* **cartwnwyr)** *g* Karikaturist *m*; *(ffilm, teledu)* Zeichner *m*.

carthbwll *g* Senkgrube *f*, Jauchegrube *f*.

carthen (-ni) *b* Wolldecke *f*; **~ blu** Daunendecke *f*.

carthffos (-ydd) *b* Abwasserkanal *m*, Kanal *m*.

carthffosiaeth *b* Kanal *m*, Kanalsystem *nt*; *(i sychu tir)*

Entwässerungsanlage *f.*

carthiad *g* Säuberung *f*, Reinigung *f.*

carthion *ll* Exkrement *nt*, Kot *m*; *(anifail)* Losung *f.*

carthu *be.a (glanhau)* säubern; *(stabl)* ausmisten; **~'ch gwddf** sich räuspern.

caru *be.a* lieben; *(bod yn hoff o)* lieb haben, gern haben; *(addoli)* verehren; **~ rhn â'ch holl galon** jdn von ganzem Herzen lieben; **~ ar y slei** einen Seitensprung machen; **rwy'n ~ Iwerddon** ich liebe Irland; **rwy'n dy garu di** ich liebe dich; **carwn (gael) yr het ddu** ich hätte gern den schwarzen Hut; **fe garwn i weld y ffilm** ich würde den Film gern sehen; **stori garu** Liebesgeschichte *f*; **~ â rhn** *(cyfathrach rywiol)* jdn lieben, mit jdm schlafen.

carw (ceirw) *g* Hirsch *m*; **~ Llychlyn** Rentier *nt.*

carwr (carwyr) *g* Liebende(r) *m*; *(ar y slei)* Liebhaber *m.*

carwraig (carwragedd) *b* Liebende *f*; *(ar y slei)* Geliebte *f.*

carwriaeth (-au) *b* Liebesbeziehung *f*, Beziehung *f*; *(ar y slei)* Verhältnis *nt.*

cas¹ *ans (fiaidd)* gemein, hinterhältig; *(peswch, damwain)* schwer; *(arogl)* widerlich, ekelhaft; *(anodd)* übel, problematisch; **roedd ambell gwestiwn eithaf ~ ar y papur arholiad** einige Prüfungsfragen waren ziemlich übel; **mae'n gas gen i gaws** ich hasse Käse; **bod yn gas wrth rn** zu jdm gemein sein.

cas² **(-ys)** *g* Schachtel *f*, Büchse *f*; *(TECH)* Mantel *m*, Gehäuse *nt*; **~ cloc** Uhrenkasten *m*; **~ dillad** Koffer *m*; **~ ffidl** Geigenkasten *m*; **~ gobennydd** Polsterbezug *m*; **~ o wydr** Glaskasten *m*; **~ pensiliau** Schreibzeug *nt*; **~ sbectol** Brillenetui *nt.*

cas³ *g (castell)* Burg *f* (*e.e.* Casnewydd, Casgwent *ayb*).

cas⁴ *be (= cafodd) gw.* **cael.**

casáu *be.a* hassen; *(dirmygu)* verachten; **~ rhn â chas perffaith** jdn wie die Pest hassen.

casbeth (-au) *g* Gräuel *m*, Aversion *f*, Abneigung *f.*

caseg (cesig) *b (ceffyl)* Stute *f*; *(ton ewynnog)* Brecher *m*; **~ eira** Schneekugel *f*; *(ffig)* Schneeballeffekt *m*; **~ fagu** Zuchtstute *f*; **~ forter** Tragspachtel *m*ᴰ*/f*, Mörteltrage *f.*

caserol (-au) *g (COG)* Kasserolle *f*, Reinᴬ *f.*

casét (casetiau) *g* Kassette *f*; **~ sain** Musikkassette *f*, Band *nt*; **~ fideo** Videokassette *f.*

casgen (-ni) *b* Fass *nt*; *(i gasglu glaw)* Regentonne *f*; *(gwin)* Weinfass *nt*; *(olew)* Barrel *nt*, Fass.

casgliad *g* Sammlung *f*, *(gweithred)* Sammeln *nt*; *(o bobl)* Ansammlung *f*; *(trethi)* Einziehen *nt*; *(post, sbwriel)* Entleerung *f*; *(eglwys)* Kollekte *f*; *(MEDD)* Abszess *m/nt*; *(canlyniad rhesymegol)* Schlussfolgerung *f*; **dod i'r ~ bod ...** zum Schluss

kommen, dass…; **~ o farddoniaeth** Sammlung von Gedichten; *(llyfr)* Gedichtband *m.*

casglu *be.a* sammeln; *(nôl)* abholen; **~ rhth ynghyd** einsammeln; **casglaf y llyfrau yfory** ich hole die Bücher morgen (ab); **~ treth** Steuern eintreiben.

  ◆ *be.g* sich ansammeln; *(pobl)* sich versammeln; *(cyrraedd barn)* folgern, schließen; **casglodd nifer o bobl at ei gilydd** eine Gruppe Menschen versammelte sich; **~ o rth** aus etw schließen.

casglwr (casglwyr) *g* Sammler *m*; *(trethi)* Steuereintreiber *m*; *(dyledion)* Schuldeneintreiber *m.*

cashiw *ans (coeden)* Nierenbaum *m*; *(cneuen)* Cashewnuss *f.*

cashmir *g (TECS)* Kaschmir *m*; **gwlanen ~** Kaschmirwolle *f.*

casineb (-au) *g* Hass *m*; **~ hiliol** Rassenhass *m*; **~ dosbarth** Klassenhass *m*; **dangos ~ tuag at rn** jdm seine Abneigung zeigen.

casino (-s) *g* (Spiel)kasino *nt.*

Caspia *b:* Môr **~** das Kaspische Meer *nt.*

cast (-iau) *g (tric)* Streich *m*, Trick *m*; *(THEAT)* Besetzung *f*; **~ hud** Zauberkunststück *nt*; **hen gastiau** alte Tricks.

castan (-au) *b* Kastanie *f*; **~ bêr** Edelkastanie *f*; **~ y meirch** Rosskastanie *f*; **~ ddŵr** Wasserkastanie *f.*

castanwydden (castanwydd) *b* Kastanie *f*, Kastanienbaum *m*; *(pêr)* Edelkastanie *f*; **~ y meirch** Rosskastanie *f.*

castell (cestyll) *g* Burg *f*; *(plasty)* Schloss *nt*; *(gwyddbwyll)* Turm *m.*

castio *be.a (THEAT)* besetzen; *(gwialen bysgota)* auswerfen; *(moldio)* gießen.

castiog *ans* gerissen, schlau.

casyn *g* = **cas².**

Catalaneg *b (iaith)* Katalanisch *nt.*

catalog (-au) *g* Katalog *m*, Verzeichnis *nt*; **~ siopa** Versandhauskatalog *m.*

catalogio *be.a* katalogisieren.

Catalwnia *b (DAEAR)* Katalonien *nt.*

catalydd (-ion) *g* Katalysator *m.*

catapwlt (catapyltiau) *g* Katapult *nt.*

catâr *g (MEDD)* Katarrh *m*, Katarr *m.*

cataract *g (MEDD)* grauer Star *m.*

catastroffig *ans* katastrophal.

categoreiddio *be.a* kategorisieren.

categori (categoïau) *g* Kategorie *f*; **~ pwysau** Gewichtsklasse *f*; **~ treth** Steuerklasse *f.*

categorig *ans* kategorisch.

caten (catiau) *b (mewn criced)* Querholz *nt.*

catod (-au) *g (TRYD)* Kathode *f.*

caton *ebych:* **~ pawb!** Mensch!

catrawd (**catrodau**) *b* (MIL) Regiment *nt*.

catwad *g* (COG) Chutney *nt*.

cath (-**od** *neu* -**au**) *b* Katze *f*; (*gwryw*) Kater *m*; ~ **fach** Kätzchen *nt*; ~ **frech** Tigerkatze *f*; ~ **Siám** Siamkatze *f*; ~ **fôr** (*pysgodyn*) Rochen *m*; **llygad** ~ (*ar ffordd*) Katzenauge *nt*; **rhedeg fel ~ i gythraul** rennen wie der Teufel; **gollwng y gath o'r cwd** die Katze aus dem Sack lassen; **prynu ~ mewn cwd** die Katze im Sack kaufen; **troi'r gath mewn padell** zaudern, zögern.

Catholig[1] *ans* (*pabyddol*) katholisch.

♦ (-**ion**) *gb* Katholik(in) *m(f)*.

catholig[2] *ans* (*eangfrydig*) vielseitig.

catholigiaeth *b* (CREF) Katholizismus *m*.

cau[1] *be.a* zumachen, schließen; (*ffatri*) schließen, stilllegen; (*llyfr*) zuklappen; (*stryd*) absperren; (*botymu*) zuknöpfen; (*briw*) zuheilen; ~ **am** einkreisen, einengen; ~'**r drws** die Türe schließen; ~ **llygaid ar rth** bei etw eine Auge zudrücken; ~ **pen y mwdwl** einen Schlussstrich ziehen, beenden; ~ **dy geg/ben!** (*sgyrs*) halt den Mund! ~ **yn glep** zuschlagen.

♦ *be.g* sich schließen; **mae'r siop yn ~ am 5** das Geschäft schließt um 5 Uhr; **mae'r ffatri yn ~** die Fabrik wird geschlossen; **mae'r nos yn ~** die Nacht bricht herein; **mae'r rhwyd yn cau am rn** die Schlinge um jdn zieht sich zu.

    ar gau *adf* geschlossen, zu.

cau[2] *ans* (*gwag*) hohl; (*anwir*) unwahr, falsch.

cau[3] *be.g* sich weigern; **mae e'n ~ dweud y gwir** er weigert sich die Wahrheit zu sagen; *gw.h.* **nacáu**.

cawdel *g* Unordnung *f*, Tohuwabohu *nt*; **gwneud ~ o bethau** alles vermasseln.

cawell (**cewyll**) *g* (*o wiail plethedig*) Korb *m*; (*ar gyfer adar*) Käfig; (*ar gyfer saethau*) Köcher *m*; ~ **cimwch** Hummerkorb *m*; **cael ~** einen Korb bekommen.

cawg (-**iau**) *g* Schüssel *f*.

cawl (-**iau**) *g* (*stiw*) Eintopf *m*; (*potes*) Suppe *f*; (*sgyrs: llanastr*) Durcheinander *nt*, Wirtschaft *f*; ~ **eildwym** aufgewärmte Suppe; (*ffig*) alter Hut *m*; ~ **tomato** Tomatensuppe *f*; **llwy gawl** Suppenlöffel *m*; **gwneud ~ o bethau** alles durcheinander bringen; **bod mewn ~** in einem fürchterlichen Zustand sein.

cawlio *be.a* (*sgyrs*) vermasseln.

cawn *be* *gw.* **cael**; (*lluosog: ni*) ~ **weld!** wir werden sehen! (*unigol: fi*) **pe ~ i fynd i'r ffair** wenn ich auf den Kirtag gehen könnte.

cawnen (**cawn**) *b* (BOT) Riedgras *nt*, Schilf *nt*.

cawod (-**ydd**) *b* (*i ymolchi*) Dusche *f*; (*glaw*) Schauer *m*; (*eira*) Schneeschauer *m*; **cael ~** duschen; ~ **drom** Platzregen *m*; ~ **o enllibion** Schimpftirade *f*; ~**ydd**

Ebrill Aprilwetter *nt*.

cawr (**cewri**) *g* Riese *m*; ~ **o ddyn** ein Hüne von Mann.

cawraidd *ans* riesig, gigantisch.

cawres (-**au**) *b* Riesin *f*.

caws (-**iau**) *g* Käse *m*; ~ **dafad** Schafkäse *m*; ~ **gafr** Ziegenkäse *m*; ~ **hufen** Quark[D] *m*, Topfen[A] *m*; ~ **taenu** Streichkäse *m*; ~ **glas** Schimmelkäse *m*; ~ **wedi'i brosesu** Schmelzkäse *m*; ~ **pen mochyn** (COG) Sulz[A] *f*, Sülze[D] *f*; ~ **llyfant** (BOT) Fliegenpilz *m*; **y drwg yn y ~** (*ffig*) der Wurm in der Sache; **teisen gaws** Käsesahnetorte[D] *f*, Topfentorte[A] *f*.

cawsu *be.a, be.g* käsen, gerinnen.

CC *byrf* (= *cyn Crist*) v.Chr. (vor Christus).

ccc *byrf* (= *cwmni cyhoeddus cyfyngedig*) GmbH *f*, GesmbH *f* (Gesellschaft mit beschränkter Haftung).

CCC *byrf* (= *Cyngor Celfyddydau Cymru*) Walisischer Kulturrat.

cebab (-**au**) *g* (COG) Kebab *m/nt*.

cebl (-**au**) *g* Kabel *nt*; (*dur*) Drahtseil *m*; (*neges*) Telegramm *nt*; **teledu ~** Kabelfernsehen *nt*; **car ~** Seilbahn *f*.

cêc *g* (AMAETH) Trockenfutter *nt*.

cecian, cecial *be.g* stammeln, stottern.

cecran, cecru *be.g* zanken, keifen; **maent byth a beunydd yn ~** sie liegen sich ständig in den Haaren.

cecrus *ans* unverträglich, zänkisch.

cedor *gb* Schamhaar *nt*.

cedrwydden (**cedrwydd**) *b* (BOT) Zeder *f*.

cefn (-**au**) *g* Rücken *m*; (*mynydd*) Bergrücken *m*, Kamm *m*; (*gwrthwyneb blaen*) Rückseite *f*; (*cadair*) Lehne *f*; **ar gefn ceffyl** zu Pferd; **ar gefn beic** auf dem Rad; **bod yn gefn i rn** jdm eine Hilfe sein; **cael ~ rhn** jdn loswerden; **cael eich ~ atoch** sich erholen; ~ **ceugrwm** (MEDD) Hohlkreuz *nt*; ~ **crwm** Buckel *m*; **curo ~ rhn** (*cymeradwyo*) jdm auf die Schulter klopfen; **dangos ~** Fersengeld geben; ~ **deuddwr** Wasserscheide *f*; **drws y ~** Hintertür *f*; ~ **dydd golau** am helllichten Tag; **gorwedd ar wastad eich ~** auf dem Rücken liegen; (*ffig*) auf dem Zahnfleisch kriechen; ~ **gwlad** Land *nt*; **yng nghefn gwlad** auf dem Land; **yng nghefn fy meddwl** im Hinterkopf; **magu ~** (*arian*) sich etw zurücklegen; ~ **y llaw** Handrücken *m*; **sedd gefn** (*car*) Rücksitz *m*; **stryd gefn** Seitengasse *f*; ~ **tost** Rückenschmerzen *pl*; **trach eich ~** rückwärts, rücklings; **troi ~ ar rn** jdn im Stich lassen; ~ **yng nghefn** Rücken an Rücken; **eistedd yn y ~** hinten sitzen; **wrth gefn** in Reserve.

    tu cefn i *ardd* hinter +*dat*; **mae Gwilym yn**

eistedd tu ~ i Mair Gwilym sitzt hinter Mair.

cefnedyn g (COG) Bries nt.

cefnder (-yd neu -oedd) g Cousin m, Vetter m.

cefndeuddwr (cefndeuddyrau) g Wasserscheide f.

cefndir (-oedd) g Hintergrund m; (digwyddiad, problem) Zusammenhang m; **cerddoriaeth ~** Hintergrundmusik f; **~ tlawd** ärmliche Verhältnisse pl; **~ addysgol** Vorbildung f.

cefnfor (-oedd) g Ozean m; **y C~ Tawel** der Stille Ozean, der Pazifik; **C~ Arctig** das Nördliche Eismeer; **C~ yr India** der Indische Ozean.

cefnforol ans ozeanisch.

cefnfro b entlegene Gegend f, Hinterland nt.

cefnffordd (cefnffyrdd) b Bundesstraße f, Hauptstraße f.

cefngam ans bucklig.

cefngefn adf Rücken an Rücken.

cefngrwm ans bucklig.

cefnog ans vermögend, wohlhabend; (CYLL) kapitalkräftig.

cefnogaeth b Unterstützung f, Hilfe f; (amddiffyniad) Schützenhilfe f, Rückendeckung f; **mae cryn gefnogaeth dros y streicwyr** es gibt breite Unterstützung für die Streikenden.

cefnogi be.a unterstützen; (calonogi) ermutigen, ermuntern; **~ rhn** Partei für jdn ergreifen; **~ rhth** sich für etw einsetzen.

cefnogol ans unterstützend, ermutigend; **bod yn gefnogol i rn** jdn unterstützen.

cefnogwr (cefnogwyr) g Anhänger(in) m(f), Fan m; (edmygwr) Bewunderer m; (CELF) Mäzen m.

cefnu be.g (gyda char) zurückschieben, reversieren; **~ ar** (gadael) verlassen, sich davonmachen; (rhoi llonydd i) ablassen von.

cefnwlad b Land nt, tiefste Provinz f.

cefnwr (cefnwyr) g (CHWAR) Verteidiger m.

ceffyl (-au) g Pferd nt; **~ bach** Steckenpferd nt; **~ blaen** (ffig) Vorreiter(in) m(f), Streber(in) m(f); **~ brith** Schecke m/f; **~ broc** Rotschimmel m; **~ cyfrwy** Reitpferd nt; **~ du** Rappe m; **~ gwinau** Fuchs m; **~ gwyn** Schimmel m; **~ pren** Steckenpferd nt; **~ pwn** Packpferd nt; (ffig) Packesel m; **~ rasio** Rennpferd nt; **~ siglo** Schaukelpferd nt; **~au bach** Karussell nt, Ringelspiel^A nt; **mynd ar gefn ~** reiten; **mae hi wastad eisiau bod yn geffyl blaen** sie will immer den Ton angeben.

ceg (-au) b Mund m; (anifail) Maul nt, Schnauze f; (tegell, jar) Schnabel m; (sinc ayb) Ausguss m; (afon) Mündung f; (ogof) Höhleneingang m; (ANAT) **~ wynt** Kehlkopf m; **cetyn ~** Mundstück nt; **organ geg** Mundharmonika f; **cau dy geg!** halt's Maul! **mae ganddo geg fawr** er ist ein Großmaul; **hen geg**

(person) Plaudertasche f, Klatschbase^D f; **agor ~** (wedi blino) gähnen; **llond ei geg o fwyd** mit vollem Mund; **rhoi eiriau yng ngheg rhn** (ffig) jdm Worte in den Mund legen; **rhoi llond geg i rn** jdn zur Schnecke machen.

cega be.g (cecru) nörgeln, maulen, zurückreden; (clebran) schwätzen, tratschen.

cegaid (cegeidiau) b Happen m, Mundvoll f.

cegddu g (SÔOL) Seehecht m.

cegiden (cegid) b (BOT) Schierling m.

cegin (-au) b Küche f; (ar long) Kombüse f; **~ gawl** Eintopf; **~ osod** Einbauküche f; **~ orau** Salon m; **sinc ~** Abwasch f; **offer ~** Küchengeräte pl.

cegog ans vorlaut, schwatzhaft.

cegolch g Mundwasser nt.

cegrwth ans mit weit aufgesperrtem Mund, gaffend.

cegrythu be.g gaffen.

cengl (-au) b Sattelgurt m; (edafedd) Strang m.

cenglwr g Haspel f.

cei[1] be gw. **cael**.

cei[2] (-au) g Kai m.

ceian (-au) b (BOT) Nelke f.

ceibio be.g hacken, mit einem Pickel graben.

ceidw be gw. **cadw**.

ceidwad (ceidwaid) g Hüter m; (carchar) Aufseher m, Wächter m; (sy'n edrych ar ôl pethau) Wärter m; (CREF) **y C~** der Heiland.

ceidwadol ans konservativ.

Ceidwadwr (Ceidwadwyr) g (GWLEID) Konservative(r) m.

Ceidwadwraig (Ceidwadwragedd) b (GWLEID) Konservative f.

ceiliog (-od) g (SÔOL) Hahn m; **~ ffesant** Fasanhahn m; **~ hwyaden** Erpel m, Enterich m; **~ twrci** Truthahn m, Puter^D m; **~ rhedyn** Heuschrecke f, Grashüpfer m; **cam ~** ein kleiner Schritt; **caniad ~** Hahnenschrei m, Krähen nt; **~ ar ei domen ei hun** Platzhirsch m; **~ dandi** Narziss m, Schönling m; **~ y gwynt** Wetterhahn m.

ceilys g = **ceian**.

ceilysyn (ceilys) g (CHWAR) Kegel m.

ceillgwd g (ANAT) Hodensack m.

ceilliau ll gw. **caill**.

ceimion ll gw. **cam**[1].

ceinciau ll gw. **cainc**.

ceincio be.g sich verzweigen.

ceinciog ans verästelt.

ceinder g Eleganz f, (prydferthwch) Schönheit f.

ceiniog (-au) b (Prydain) Penny m; (cyffredinol) Pfennig m, Groschen m; (ffig) **syrthiodd y geiniog** der Groschen ist gefallen; **costiodd ~ neu ddwy** es

kostete schon etwas; **~ goch y delyn** ein Penny;
heb geiniog (i'w) enw ohne einen Groschen Geld.

ceinion *ll gw.* **cain**.

ceintach *be.g* murren; *(ffraeo)* sich streiten, (sich)
zanken.

ceintachlyd *ans* missmutig, griesgrämig; *(cwerylgar)*
streitsüchtig.

ceintachu *be.g* = **ceintach**.

ceirch *ll (BOT)* Hafer *m;* **bara ~** Haferflockenkeks *m;*
blawd ~ Hafermehl *nt.*

ceirchen (ceirch) *b* Haferflocke *f.*

ceirchyn *g* = **ceirchen**.

ceriosen (ceirios) *b (BOT)* Kirsche *f; (coeden)*
Kirschbaum *m;* **ceirios y gŵr drwg** Tollkirsche *f;*
ceirios y waun Preiselbeere *f.*

cei *be gw.* **cael**; *(ateb)* **gaf i'r halen? – ~** kann ich das
Salz haben? – ja.

ceirt *ll gw.* **cart**.

ceirw *ll gw.* **carw**.

ceisiadau *ll gw.* **cais**.

ceisiau *ll gw.* **cais**.

ceisio *be.a* versuchen, probieren; *(chwilio am)*
suchen; *(gofyn am)* ersuchen; **~ am** sich bewerben
für; **~ gwneud eich gorau** sein Bestes geben; **~
cyngor** Rat suchen.

ceisiwr (ceiswyr) *g (TECH)* Sucher *m.*

ceisydd (ceiswyr) *g* Antragsteller *m,* Bewerber *m.*

cel *g* = **ceffyl**.

cêl[1] *ans (ynghudd)* versteckt; *(dirgel)* geheim.

cêl[2] **(celiau)** *g (MOR)* Kiel *m.*

celain (celanedd) *b* Leiche *f,* Leichnam *m; (anifail)*
Kadaver *m;* **yn farw gelain** tot.

celc[1] *g (twyll)* Betrug *m.*

celc[2] **(-iau)** *gb* Hort *m; (arian)* Schatz *m; (arfau)*
Waffenlager *nt.*

celcio *be.a* horten, hamstern; *(lladrata)* stehlen.

celf *b* = **celfyddyd**; *(YSG)* **~ a chrefft** Handarbeiten *pl;*
ysgol gelf *neu:* **coleg ~** Kunstakademie *f,*
Kunsthochschule *f.*

celfi *g neu ll (darnau o ddodrefn)* Möbel *pl; (yr holl
ddodrefn mewn tŷ)* Einrichtung *f,* Mobiliar *nt; (offer)*
Geräte *pl;* **~ gosod** Einbaumöbel *pl.*

celficyn (celfi) *g* Möbel *nt,* Möbelstück *nt; (teclyn)*
Werkzeug *nt.*

celfydd *ans* künstlerisch; *(hyfedr)* geschickt.

celfyddgar *ans* künstlerisch.

celfyddyd (-au) *b* Kunst *f; (dawn)* Kunst, Geschick
nt; **~au cain** die schönen Künste; *(PRIFYSG)* **y ~au**
Geisteswissenschaften *pl;* **y gelfyddyd ddu**
schwarze Magie; **Cyngor y C~au** Kulturamt *nt.*

celfyddydol *ans* künstlerisch, Kunst-, die Kunst
betreffend.

celgar *ans* geheimnisvoll.

celrym *g (TECH)* Pferdestärke *f.*

cêl-saethwr (cêl-saethwyr) *g* Heckenschütze *m.*

Celt (Celtiaid) *g* Kelte *m.*

Celtaidd *ans* keltisch; **yr ieithoedd ~** die keltischen
Sprachen.

Celtes (-au) *b* Keltin *f.*

celu *be.a* verbergen, verhüllen; *(MIL)* tarnen; **~ rhth
rhag rhn** etw vor jdm verbergen; *(peidio dweud)*
jdm etw verschweigen; **~ dan len fwg**
verschleiern.

celwydd (-au) *g* Lüge *f,* Unwahrheit *f;* **~ golau**
Notlüge *f;* **~ noeth** blanke Lüge; **trwy gelwydd a
thwyll** mit Lug und Trug; **dweud ~** lügen;
palu/rhaffu celwyddau lügen wie gedruckt.

celwyddast (celwyddeist) *b* Lügnerin *f.*

celwyddgarwch *g* Verlogenheit *f.*

celwyddgi (celwyddgŵn) *g* Lügner *m.*

celwyddog *ans* gelogen, unwahr, erlogen; *(rhn)*
verlogen.

celwyddwr (celwyddwyr) *g* Lügner *m.*

celwyddwraig (celwyddwragedd) *b* Lügnerin *f.*

celyd *ans gw.* **caled**; **blynyddoedd ~** harte Jahre.

celynnen (celyn) *b (BOT)* Stechpalme *f.*

cell (-oedd) *b* Zelle *f; (BIOL)* Zelle; *(i feudwy)* Klause *f;*
(mewn batri) Zelle, Element *nt; (grŵp mewn mudiad)*
Einheit *f.*

celli (cellïau) *b* Hain *m.*

cellraniad *g (BIOL)* Zellteilung *f.*

cellwair[1] **(cellweiriau)** *g* Scherz *m,* Witz *m.*

cellwair[2] *be.g* scherzen, witzeln.

cellwerus *ans* scherzhaft, schelmisch.

cellystr *ll gw.* **callestr**.

cemeg (-au) *b* Chemie *f.*

cemegion *ll gw.* **cemegyn**.

cemegol *ans* chemisch; **gwaith ~** Chemiefabrik *f.*

cemegydd (cemegwyr) *g* Chemiker(in) *m(f).*

cemegyn (cemegion) *g* Chemikalie *f.*

cemist (-iaid) *g* = **fferyllydd**.

cen (-nau) *g* Schuppe *f; (ar ddannedd)* Zahnstein *m;* **~
y cerrig** *neu:* **~ y coed** *(BOT)* Flechte *f; (MEDD)* **~ croen**
Schuppenflechte *f.*

cenadwri (cenadwrïau) *b* Botschaft *f,* Nachricht *f.*

cenau (cenawon *neu* **canawon)** *g (anifail)* Junge(s) *nt;*
(ci, llwynog neu flaidd) Welpe *m; (ffig: gwalch)* Schurke
m, Hundesohn *m.*

cenawes (-au) *b gw.* **cenau**; *(ffig, dif)* Miststück *nt.*

cenawon *ll gw.* **cenau**; *(BOT)* Palmkätzchen *pl.*

cenedl (cenhedloedd) *b* Volk *nt,* Nation *f; (GRAM)*
Geschlecht *nt;* **y Cenhedloedd Unedig** die
Vereinten Nationen *pl.*

cenedlaethol *ans* national, Volks-, National-;

(GWLEID) nationalistisch; **anthem genedlaethol** Nationalhymne *f*; **Cwricwlwm C~** Lehrplan *m*, Curriculum *nt*; **gwasanaeth ~** *(MIL)* Grundwehrdienst *m*, Präsenzdienst[A] *m*; **gwasg genedlaethol** nationale Presse *f*; **gwisg genedlaethol** Tracht *f*, Volkstracht *f*; **llyfrgell genedlaethol** Nationalbibliothek *f*, **parc ~** Nationalpark *m*; **Yswiriant C~** Sozialversicherung *f*.

cenedlaetholdeb *g (GWLEID)* Nationalismus *m*.

cenedlaetholi *be.a (MASN)* verstaatlichen.

♦ *be.e* Verstaatlichung *f*.

cenedlaetholwr (cenedlaetholwyr) *g (GWLEID)* Nationalist *m*.

cenedlaetholwraig (cenedlaetholwragedd) *b (GWLEID)* Nationalistin *f*.

cenedl-ddyn (-ion) *g* Nichtjude *m*.

cenedlgarol *ans* nationalistisch.

cenedligrwydd *g* Nationalität *f*, ethnische Zugehörigkeit *f*.

cenel (-au) *g* Hundehütte *f*; *(caets)* Zwinger *m*.

cenfaint (cenfeiniau *neu* **cenfeinoedd)** *b:* **~ o foch** eine Herde Schweine; **~ o foch gwyllt** Rotte *f*.

cenfigen (-nau) *b* Eifersucht *f*, Neid *m*.

cenfigennu *be.g:* **~ wrth rn (am)** jdn beneiden (um +*akk*); **mae Gareth yn ~ wrth Siân am ei beic newydd** Gareth beneidet Siân um ihr neues Fahrrad; **rwy'n ~ wrtho** ich beneide ihn.

cenfigennus *ans* eifersüchtig, neidig; **bod yn genfigennus o rn** auf jdn eifersüchtig sein.

cenhadaeth (cenadaethau) *b* Gesandtschaft *f*, Mission *f*; *(CREF)* Mission, Missionierung *f*.

cenhades (-au) *b* Missionarin *f*.

cenhadol *ans* missionarisch.

cenhadon *ll gw.* **cennad[1]**; Gesandtschaft *f*.

cenhadu *be.g* missionieren; **bu'n ~'n galed dros sianel deledu Gymraeg** er setzte sich stark für einen walisischen Fernsehkanal ein.

cenhadwr (cenhadon *neu* **cenhadwyr)** *g* Missionar *m*.

cenhedlaeth (cenedlaethau) *b* Generation *f*.

cenhedliad (-au) *g* Zeugung *f*.

cenhedlig *ans* ethnisch.

cenhedloedd *ll gw.* **cenedl**; **y C~ Unedig** die Vereinten Nationen.

cenhedlu *be.a* zeugen.

cenhinen (cennin) *b (BOT)* Lauch *m*, Porree *m*; **~ Bedr** Osterglocke[D] *f*, Märzenbecher[A] *m*; **~ syfi** Schnittlauch *m*.

cenllif (-oedd) *gb* Flut *f*, Überschwemmung *f*; *(glaw)* Regenguss *m*; **~ o danio** Trommelfeuer *nt*.

cenllysg *ll (TYW)* Hagel *m*; **mae hi'n bwrw ~** es hagelt.

cenllysgen (cenllysg) *b (TYW)* Hagelkorn *nt*.

cennad[1] (cenhadon *neu* **cenhadau)** *b* Gesandte *m/f*,

Abgesandte *m/f*; *(neges)* Botschaft *f*; **~ fasnachol** Handelsdelegation *f*.

cennad[2] (cenhadau) *b (caniatâd)* Erlaubnis *f*, Genehmigung *f*; **gest ti gennad gan dy brifathro i ddod?** hat dir der Direktor erlaubt zu kommen?

cennog *ans* schuppig, schorfig.

centilitr (-au) *g* Zentiliter *m/nt*.

centimetr (-au) *g* Zentimeter *m/nt*.

cer *be gw.* **mynd**; geh! **~ i grafu!** *(sgyrs)* du kannst mich mal!

ceraint *ll* Verwandtschaft *f*, Lieben *pl*, Freunde *pl*.

cerameg *b* Keramik *f*.

cerbyd (-au) *g* Wagen *m*, Fahrzeug *nt*; *(trên)* Waggon *m*; *(â cheffylau)* Pferdewagen *m*, Kutsche *f*; **~ arfog** Panzerwagen *m*; **~ bagiau** Gepäckwagen *m*; **~ bwyta** Speisewagen *m*; **~ cysgu** Schlafwagen *m*; **~ gwely** Liegewagen *m*; **~ hacnai** Droschke *f*, Kutsche *f*; **~ lansio** Trägerrakete *f*; **llond ~ o ymwelwyr** eine Busladung voll Touristen; **~ nwyddau** *(RHEILFF)* Güterwaggon *m*; **~ traws gwlad** Geländewagen *m*.

cerbydran (-nau) *g (RHEILFF)* Abteil *nt*, Eisenbahnabteil *nt*.

cerbydwr (cerbydwyr) *g* Kutscher *m*.

cerdinen (cerdin) *b (BOT)* Eberesche *f*.

cerdyn (cardiau) *g* Karte *f*, *(chwarae)* (Spiel)karte *f*; **~ adnabod** Ausweis *m*, Personalausweis *m*; **~ brith** *(carden chwarae)* Bub, Dame oder König; **cafodd ei gardiau** er wurde entlassen; **~ credyd** Kreditkarte *f*; **~ ffôn** Telefonkarte *f*; **gêm gardiau** Kartenspiel *nt*; **~ mynegai** Karteikarte *f*; **~ Nadolig** Weihnachtskarte *f*; **~ pen blwydd** Geburtstagskarte *f*, Glückwunschkarte *f*; **~ post** Ansichtskarte *f*, Postkarte *f*; **rhoi eich cardiau ar y bwrdd** seine Karten auf den Tisch legen; **~ siec** Scheckkarte *f*.

cerdd (-i) *b* Gedicht *nt*; *(cerddoriaeth)* Musik *f*; **ystafell gerdd** Musikraum *m*; **~ dafod** Dichtkunst *f*, Poesie *f*; **~ dant** das Vorsingen eines lyrischen Textes unter Begleitung einer auf Harfe gespielten bekannten Melodie; **~ epig** Epos *nt*; **~ gan Schiller** ein Gedicht von Schiller; **~i** *ll* Lyrik *f*.

cerdded *be.g* gehen, zu Fuß gehen; *(mynd am dro)* spazieren; *(heicio)* wandern; *(amser)* vergehen, voranschreiten; *(sgyrs: diflannu)* Beine bekommen; **taith gerdded** Wanderung *f*; **mae beiros yn ~ yma** Kugelschreiber verschwinden hier gerne; **ar gerdded** im Gange; **bod ar gerdded** *(mynd ymlaen)* im Gange sein; *(ar y ffordd)* unterwegs sein; *(prysur)* auf Trab sein; **~ fel hwyaden** watscheln; **~ ling-di-long** bummeln; **mae'n 10 munud o gerdded o'r fan yma** es sind 10 Minuten zu Fuß von hier;

~ **o gwmpas** herumgehen, umhergehen; **rhaid dysgu ~ cyn rhedeg** eines nach dem anderen; **~ trwy ddŵr** waten; **~ wrth eich pwysau** schlendern; **~ wysg eich cefn** rückwärts gehen; **~ yn drwsgl** tappen; **~ yn eich cwsg** schlafwandeln; **~ yn falch** stolzieren; **~ yn gloff** hinken; **~ yn hamddenol** spazieren, lustwandeln; **~ yn ysgafndroed** tänzeln, trippeln.

♦ *be.a (ysbryd)* spuken; **~ castell** im Schloss umgehen; **~ tai** schwatzen, klatschen.

cerddediad *g* Gang *m*; *(osgo)* Gangart *f*; *(camau)* Schritt *m*; **roedd ganddi gerddediad bach ysgafn** sie hatte einen leichtfüßigen Gang; **roedd yn ei hadnabod o'i cherddediad** er erkannte sie an ihrem Gang.

cerddinen (cerddin) *b (BOT)* Eberesche *f*.

cerddor (-ion) *g* Musiker(in) *m(f)*.

cerddorfa (cerddorfeydd) *b* Orchester *nt*; **~ symffoni** Symphonieorchester *nt*.

cerddorfaol *ans* Orchester-, orchestral.

cerddoriaeth *b* Musik *f*; *(nodau cerddorol)* Noten *pl*; **~ siambr** Kammermusik *f*; **~ bop** Popmusik *f*; **~ roc** Rockmusik *f*; **~ gefndir** Untermalung *f*.

cerddorol *ans* musikalisch.

cerddwr (cerddwyr) *g* Spaziergänger *m*; *(heiciwr)* Wanderer *m*; *(mewn tref)* Fußgänger *m*; *(un sy'n mynd heibio)* Passant *m*; **ardal cerddwyr** Fußgängerzone *f*; **~ yn ei gwsg** Schlafwandler *m*.

cerddwraig (cerddwragedd) *b* Spaziergängerin *f*; *(heicwraig)* Wanderin *f*; *(mewn tref)* Fußgängerin *f*; **~ yn ei chwsg** Schlafwandlerin *f*.

cerfiad (-au) *g* Schnitzerei *f*.

cerfiedig *ans* geschnitzt.

cerfio *be.a (allan o bren)* schnitzen; *(carreg)* bearbeiten, behauen; *(cig)* tranchieren; **cyllell gerfio** Schnitzmesser *nt*.

cerfiwr (cerfwyr) *g* Schnitzer *m*; *(un sy'n gwneud delw)* Bildhauer *m*.

cerflun (-iau) *g* Skulptur *f*; *(delw o ddyn)* Statue *f*, Standbild *nt*.

cerflunio *be.g* bildhauern.

cerflunydd (cerflunwyr) *g* Bildhauer(in) *m(f)*.

cerfwedd (-au) *b* Relief *nt*.

cerhyntau *ll gw.* **cerrynt**.

ceriach *b neu ll* Zeug *nt*, Sachen *pl*; **wnei di symud dy geriach** räum dein Zeug weg.

cerigyn (cerigos) *g* Kieselstein *m*, Kiesel *m*.

ceriwb (-iaid) *g (CELF)* Putto *m*, Cherub *m*, Engelsfigur *f*.

cern (-au) *b (ANAT)* Backe *f*; *(asgwrn y foch)* Backenknochen *m*.

cernflew *ll* Backenbart *m*, Koteletten *pl*.

cernod (-iau) *b* Ohrfeige *f*, Backpfeife[D] *f*.

cernodio *be.a* ohrfeigen.

Cernyw *b (DAEAR)* Cornwall *nt*.

Cernyweg *g (iaith)* Kornisch *nt*.

Cernywiad (Cernywiaid) *gb* Mann *m*/Frau *f* aus Cornwall.

cerpyn (carpiau) *g* Lumpen *m*, Fetzen *m*.

cerrig *ll gw.* **carreg**; *(sgyrs: caill)* Eier *pl*; **~ cobl** Kopfsteinpflaster *nt*; **~ mân** Kies *m*, Schotter *m*.

cerrynt (ceryntau *neu* **cerhyntau)** *g* Strom *m*, Strömung *f*; *(trydan)* Strom *m*; *(o aer)* Luftstrom *m*, Luftzug *m*; **~ o bobl** ein Strom von Menschen; **~ eiledol** Wechselstrom *m*; **~ union** Gleichstrom *m*.

cert (ceirt *neu* **certi)** *b* = **cart**.

certiwr (certwyr) *g* = **cartiwr**.

certrys *ll gw.* **cartrisen**.

cerwyn (-i) *b* Fass *nt*, Tonne *f*, Bottich *m*.

cerydd (-on) *g* Rüge *f*, Tadel *m*, Zurechtweisung *f*.

ceryddu *be.a* rügen, schelten, tadeln.

♦ *be.g* schimpfen.

cesail (ceseiliau) *b (ANAT)* Achsel *f*; *(mynydd ayb)* Einbuchtung *f*, Höhlung *f*; **~ morddwyd** *(ANAT)* Leiste *f*.

cesair *ll (TYW)* Hagel *m*; **mae hi'n bwrw ~** es hagelt.

cesig *ll gw.* **caseg**.

cestyll *ll gw.* **castell**.

cetrisen *b* = **cartrisen**.

cetyn (catiau *neu* -**nau)** *g (tamaid)* Stückchen *nt*, Teilchen *nt*; *(ysbaid fer o amser)* Weilchen *nt*; *(pib)* Pfeife *f*; *(darn ceg offeryn)* Mundstück *nt*.

ceubal *g (sgyrs)* Schmerbauch *m*.

ceubren (-nau) *g* hohler Baum *m*.

ceudod *g* Höhlung *f*, Hohlraum *m*; *(mewn dant)* Loch *nt*; **~ y genau** *(ANAT)* Kieferhöhle *f*.

ceudwll (ceudyllau) *g* Krater *m*; *(bom)* Bombentrichter *m*.

ceugrwm *ans* konkav.

ceulad *g (gwaed)* Blutgerinnsel *nt*; *(llaeth)* Klümpchen *nt*; *(MEDD)* Thrombose *f*.

ceulan (-nau *neu* **ceulennydd)** *b* Auswaschung *f* (des Flussufers).

ceulion *ll* Quark[D] *m*, Topfen[A] *m*.

ceulo *be.g* gerinnen, klumpen.

ceunant (ceunentydd) *g* Klamm *f*, Schlucht *f*.

cewri *ll gw.* **cawr**; **Côr y C~** Stonehenge *nt*.

cewyll *ll gw.* **cawell**.

cewyn (-nau *neu* **cawiau)** *g* Windel *f*; **~ papur** Wegwerfwindel *f*.

CFfI *byrf (= Clwb Ffermwyr Ifanc)* Junge Bauernschaft *f*, Vereinigung *f* der Jungbauern.

ci (cŵn) *g* Hund *m*; *(gwryw)* Rüde *m*; **~ Affgan** Afghane *m*; **~ Alsás** Schäferhund *m*; **~ anwes**

Schoßhündchen *nt*; ~ **bach** *(cenau)* Welpe *m*; ~ **brith** Promenadenmischung *f*; **cwsg** ~ **bwtsiwr** Halbschlaf *m*; ~ **defaid** Schafhund *m*, Schäferhund *m*; ~ **gwarchod** Wachhund *m*; ~ **hela** Jagdhund *m*; ~ **pedigri** Rassehund *m*; ~ **poeth** *(COG)* Hot Dog *m*; ~ **Sant Bernard** Bernhardiner *m*; ~ **smwt** Mops *m*; ~ **tarw** Dogge *f*, Bulldogge *f*; ~ **trywydd** Spürhund *m*; ~ **tywys** Blindenhund *m*; **byw fel** ~ **a hwch** wie Hund und Katze sein; **cadw** ~ **a chyfarth eich hun** *(ffig)* sich einen Hund halten und selber bellen, alles selber machen; **mynd i'r cŵn** *neu*: **mynd rhwng y cŵn a'r brain** vor die Hunde gehen.

ciaidd *ans* brutal, bestialisch.

cib (-au) *g* Hülse *f*, Schale *f*.

cibddall *ans* halb blind.

cibwst *b* *(MEDD)* Frostbeule *f*.

cibwts (-au) *g* Kibbuz *m*.

cibyn *g* = cib.

cic (-iau *neu* -s) *gb* Tritt *m*; *(cyffro)* Feuer *nt*, Pep *m*; ~ **adlam** *(rygbi)* Volley *m*, Torstoß *m*; ~ **gyntaf** Anstoß *m*; ~ **gôl** *(pêl droed)* (Tor)abstoß *m*; ~ **gornel** *(pêl droed)* Eckstoß *m*, Eckball *m*; ~ **gosb** Strafstoß *m*; *(pel-droed)* Elfmeter *m*; ~ **rydd** Freistoß *m*; **mae tipyn o gic yn y car 'ma** der Wagen ist ganz schön spritzig; **cael y** ~**s** ein Hoch haben, gut drauf sein; **rhoi** ~ **i rn** jdm einen (Fuß)tritt versetzen.

cicio *be.a* treten, einen Tritt versetzen +*dat*, mit dem Fuß stoßen; *(pêl)* kicken.

♦ *be.g* treten; *(ceffyl)* ausschlagen; *(babi)* strampeln; ~**'r bwced** abkratzen, ins Gras beißen; ~ **dros y tresi** über die Stränge schlagen, rebellieren; ~ **sodlau** Daumen drehen.

cieidd-dra *g* Brutalität *f*, Grausamkeit *f*.

cig (-oedd) *g* Fleisch *nt*; ~ **bras** Fett *nt*; ~ **coch** mageres Fleisch; ~ **carw** Wildbret *nt*; ~ **dafad** Hammelfleisch *nt*; ~ **eidion** Rindfleisch *nt*; ~ **gwyn** Fett *nt*, Speck *m*; ~ **hallt** Pökelfleisch *nt*; ~ **llo** Kalbfleisch *nt*; ~ **manfriw** Hackfleisch[D] *nt*, Faschierte(s)[A] *nt*; ~ **moch** Schweinefleisch *nt*; *(bacwn)* Speck *m*; *(ham)* Schinken *m*; ~ **oen** Lammfleisch *nt*; ~ **oer** kalter Braten; **pelen gig** Fleischlaibchen[A] *nt*, Bulette[D] *f*, Frikadelle[D] *f*; ~ **rhost** Rostbraten *m*; **siop gig** Fleischer *m*, Metzger[D] *m*; ~ **tun** Büchsenfleisch[D] *nt*; ~ **trwy fwg** Rauchfleisch *nt*; ~ **wedi ei stiwio** Schmorbraten *m*; ~ **y dannedd** Zahnfleisch *nt*; ~ **a gwaed** *(ffig: teulu)* eigenes Fleisch und Blut; *(person realistig)* lebendig, aus Fleisch und Blut.

cigfran (cigfrain) *b* *(SÖOL)* Rabe *m*.

cignoeth *ans* wund, offen.

cigwain (cigweiniau) *b* *(COG)* (Brat)spieß *m*.

cigwrthodwr (cigwrthodwyr) *g* Vegetarier *m*.

cigwrthodwraig (cigwrthodwragedd) *b* Vegetarierin *f*.

cigydd (-ion) *g* Fleischer *m*, Metzger[D] *m*.

cigyddes (-au) *b* Fleischerin *f*, Metzgerin[D] *f*.

cigysol *ans* Fleisch fressend.

cigysydd (-ion) *g* Fleischfresser *m*; *(planhigyn)* Fleisch fressende Pflanze *f*.

cil (-iau *neu* -ion) *g* *(cornel)* Winkel *m*; *(cilfach)* Winkel, Nische *f*; *(encil, ffo)* Rückzug *m*; *(lloches)* Zuflucht *f*; ~ **haul** Sonnenfinsternis *f*, Eklipse *f*; ~ **lleuad** Zu- und Abnehmen *nt*, Zyklus *m*; *(diffyg ar y lleuad)* Mondfinsternis *f*; ~ **y llygad** Augenwinkel *m*; **yng nghil y mynydd** im Schutz des Berges; ~ **y drws** Türspalt *m*; **ar gil** auf dem Rückzug; **cnoi** ~ wiederkäuen; *(ffig)* vor sich hin grübeln, sinnieren.

cilagor *be.a* einen Spalt öffnen.

cilagored *ans* halb offen, einen Spalt geöffnet.

cilan (cilannau) *b* *(DAEAR)* kleine Bucht *f*.

cilcyn *g* Klumpen *m*, Stück *nt*.

cilchwarren (-nau) *b* *(ANAT)* Mandel *f*.

cilchwerthin *be.g* kichern.

cilchwyrnen (cilchwyrn) *b* *(ANAT)* Drüse *f*.

cildwrn *g* *(tâl ychwanegol)* Trinkgeld *nt*; *(tâl dirgel)* Bestechungsgeld *nt*.

cilddant (cilddannedd) *g* *(ANAT)* Mahlzahn *m*, Backenzahn *m*; ~ **olaf** Weisheitszahn *m*.

ciledrych *be.g* scheel blicken; *(yn llechwraidd)* schielen.

ciledrychiad *g* scheeler Blick *m*.

cilfach (-au) *b* Winkel *m*, Nische *f*; *(bae bach cul)* (kleine) Bucht *f*; ~ **barcio** Parkbucht *f*.

cilffordd (cilffyrdd) *b* Feldweg *m*, Forstweg *m*.

cilgant (cilgannau) *g* Mondsichel *f*; *(arwyddlun Moslemaidd)* Halbmond *m*.

cilgnoi *be.g* wiederkäuen.

cilio *be.g* sich zurückziehen; *(mewn ofn)* zurückweichen, den Rückzug antreten; *(amser)* verstreichen; *(diflannu'n raddol)* schwinden, zurückweichen; *(yn sgil afiechyd)* abmagern; **mae'r eira yn** ~ **yn yr haul** der Schnee schwindet in der Sonne.

cilo *rhif* tausend.

♦ (-s) *g* *(am cilogram)* Kilo *nt*.

cilobeit (-iau) *g* *(CYFDR)* Kilobyte *nt*.

cilocalori (cilocalorïau) *g* Kilokalorie *f*.

cilogram (-au) *g* Kilogramm *nt*.

cilohertz *g* Kilohertz *nt*.

cilometr (-au) *g* Kilometer *m*; ~ **yr awr** Stundenkilometer *m*; ~ **sgwâr** Quadratkilometer *m*.

cilowat (-iau) *g* Kilowatt *nt*; ~ **awr** Kilowattstunde *f*.

cilt (-iau) *g* Kilt *m*, Schottenrock *m*.

cilwen (-au) *b* Schmunzeln *nt*, Lächeln *nt*; *(annaturiol)* Grinsen *nt*.

cilwenu *be.g* schmunzeln; *(annaturiol)* grinsen.

cilwg *(cilygon) g* finsterer Blick, böses Gesicht.

cilydd *gw.* **gilydd.**

cilyddol *ans* gegenseitig, beiderseitig.

cimwch (cimychiaid) *g (SÖOL)* Hummer *m*; ~ **coch** Languste *f*.

cineteg *b (FFIS)* Kinetik *f*.

cinetig *ans* kinetisch.

ciniawa *be.g* zu Mittag essen; *(ar achlysur arbennig)* speisen, dinieren.

cinio (ciniawau) *gb* Mittagessen *nt*; *(gyda'r hwyr)* Abendessen *nt*; *(ffurfiol)* Essen *nt*.

ciosg (-au) *g* Kiosk *m*; ~ **diodydd** Getränkestand *m*; ~ **papurau newydd** Zeitungsstand *m*; ~ **ffôn** Telefonzelle *f*.

cip (-iau *neu* -ion) *g* flüchtiger Blick; **cael ~ ar** einen flüchtigen Blick werfen auf *+akk*; *(gweld rhth)* etw kurz zu sehen bekommen; *(arolygu)* etw durchsehen, Einsicht nehmen in *+akk*; **nid oedd un ~ ohono yn unman** es war weit und breit nichts von ihm zu sehen.

cipar (ciperiaid) *g* = **ciper.**

cipdrem (-iau) *b (golwg sydyn)* flüchtiger Blick *m*.

ciper (-iaid) *g* Wildheger *m*, Förster *m*; *(SÖOL, COG)* Bückling *m*.

cipio *be.a* an sich reißen, an sich raffen; *(herwgipio)* entführen, verschleppen; **cipiodd y wobr gyntaf** er errang den ersten Preis; ~ **rhth** sich einer Sache *gen* bemächtigen.

ciplun (-iau) *g (FFOTO)* Schnappschuss *m*.

cipolwg *(cipolygon) g* flüchtiger Blick *m*; **bwrw ~ ar** einen kurzen Blick werfen auf *+akk*.

cist (-iau) *b* Truhe *f*, Kiste *f*; *(arch)* Sarg *m*; ~ **car** Kofferraum *m*; **sêl ~ car** ≈ Flohmarkt *m*; ~ **ddillad** Kleidertruhe *f*; ~ **lythyr** Briefkasten *m*; ~ **rew** Gefriertruhe *f*.

cit (-iau) *g:* ~ **chwaraeon** Sportzeug *nt*; ~ **ymarfer corff** Turnzeug *nt*.

ciw[1] (-iau) *g (pobl, ceir)* Schlange *f*, Warteschlange *f*; **sefyll mewn ~** Schlange stehen, sich anstellen; **neidio'r ~** sich vordrängen.

ciw[2] (-iau) *g (biliards ayb)* Queue *m/nt*, Billardstock *m*.

ciw[3] (-iau) *g (THEAT, ffig)* Stichwort *nt*.

ciwb (-iau) *g* Würfel *m*; *(MATH)* ~ **3 yw 27** 3 zur Dritten ist 27; **gwreiddyn ~** *(MATH)* Kubikwurzel *f*; ~ **fflach** *(FFOTO)* Blitzwürfel *m*; ~ **isgell** *(COG)* Suppenwürfel *m*, Brühwürfel[0] *m*; ~ **rhew** Eiswürfel *m*.

Ciwba *b (DAEAR)* Kuba *nt*.

Ciwbaniad (Ciwbaniaid) *gb* Kubaner(in) *m(f)*.

ciwbicl (-au) *g* Kabine *f*; ~ **newid** Umkleidekabine *f*.

ciwbig *ans (ffurf)* würfelförmig, kubisch; *(cyfaint)* Kubik-; **metr ~** Kubikmeter *m*.

ciwcymber (ciwcymerau) *g* = **cucumer.**

ciwi (ciwiod) *g (SÖOL)* Kiwi *m*; *(ffrwyth)* Kiwi *f*.

ciwio *be.g* Schlange stehen, sich anstellen.

ciwrad (-iaid) *g (catholig)* Kurat *m*; *(protestannaidd)* Vikar *m*.

ciwt *ans (del)* drollig, goldig; *(cyfrwys)* scharfsinnig, schlau.

clacwydd (-au) *g (SÖOL)* Gänserich *m*, Ganter[0] *m*.

cladin *gb (PENS)* Verkleidung *f*.

claddedigaeth (-au) *gb (angladd)* Begräbnis *nt*; *(gwasanaeth claddu)* Beisetzung *f*, Beerdigung *f*; *(mewn archaeoleg)* Bestattung *f*.

claddfa (claddfeydd) *b* Friedhof *m*; *(archaeoleg)* Bestattungsort *m*, Grab *nt*.

claddu *be.a* vergraben; *(yn arwynebol)* verscharren; *(mewn angladd)* begraben, bestatten; ~ **asgwrn y gynnen** das Kriegsbeil begraben; ~ **trysor** einen Schatz vergraben; **fe'i claddwyd yn y môr** sein Leichnam wurde dem Meer übergeben.

claear *ans (o ran gwres)* lauwarm; *(heb fod yn frwdfrydig)* lau.

claearder *g* Lauheit *f*, Kühle *f*.

claearedd *g* = **claearder.**

claearineb *g* = **claearder.**

claearu *be.g* sich abkühlen.

♦ *be.a (lleddfu)* lindern.

claer[1] *ans* = **claear.**

claer[2] *ans (eglur)* klar; *(gloyw)* leuchtend.

claerwyn *ans* strahlend weiß.

claf[1] *ans* krank, leidend; **bod yn glaf o gariad** Liebeskummer haben.

claf[2] *(cleifion) g* Kranke *m/f*, Patient(in) *m(f)*; ~ **allanol** externer Kranker *m*.

clafr *g (MEDD)* Räude *f*; *(gwahanglwyf)* Lepra *f*.

clafrllyd *ans (anifail)* räudig; *(person)* leprös, aussätzig.

clafychu *be.g* erkranken.

clagwydd *g* = **clacwydd.**

clai (cleiau) *g* Ton *m*; *(pridd)* Lehm *m*; *(chwarae)* Plastilin *nt*; **o glai** aus Ton, tönern.

clais (cleisiau) *g* blauer Fleck, Bluterguss *m*; ~ **y dydd** Tagesanbruch *m*.

Clamai *g (= Calan Mai)* Erster Mai *m*.

clamp[1] (-iau) *g (TECH)* Klammer *f*, Klemme *f*; ~ **olwynion** Radklammer *f*.

clamp[2] (-iau) *g* Brocken *m*, Trumm *nt*; ~ **o ddyn** ein Riese von einem Mann.

clampio *be.a (gwasgu)* abklemmen; *(car)* mit einer Radklammer die Räder blockieren.

clan (-iau) *g* Sippe *f*, Clan *m*.

Clanmai *g* = Clamai.

clap¹ (-iau) *g (talp)* Klumpen *m*; ~ rhew Eiswürfel *m*;
~ o lo ein Stück Kohle.

clap² (-iau) *gb (clec)* Knallen *nt*; *(dwylo)* Klatschen *nt*,
Beifall *m*; rhowch glap iddo spenden Sie ihm
Beifall/Applaus.

clap³ *g (cleber)* Klatsch *m*.

clapgi (clapgwn) *g* Klatschtante *f*.

clapian *be.g (cario clecs)* tratschen.

clapio¹ *be.g* klumpen.

clapio² *be.g* klatschen, applaudieren.

clapiog *ans* klumpig, bröckelig; *(trwsgl)* holprig;
Cymraeg ~ gebrochenes Walisisch.

clarinét (clarinetau) *g (CERDD)* Klarinette *f*.

clas (-au) *g (CREF)* Kloster *nt*; *(llwybr)* Kreuzgang *m*.

clasbyn (clasbiau) *g* Spange *f*, Schnalle *f*; *(gwregys)*
Gürtelschnalle *f*.

clasur (-on) *g (llyfr ayb)* Klassiker *m*.

clasuraeth *b* Klassizismus *m*.

clasurol *ans* klassisch; cerddoriaeth glasurol
klassische Musik.

clatsian *be.g* knacken, krachen; mae'r coed yn ~ yn y
tân das Holz knackt im Feuer.

clatsien (clatsys) *b (ergyd)* Schlag *m*; *(bonclust)*
Ohrfeige *f*; roedd colli'r buwch yn glatsien fawr iddo
der Verlust der Kuh war ein schwerer Schlag
für ihn.

clatsio *be.a* schlagen, klatschen; ~ arni etwas
weiterkriegen; ~ bant sich eilends dranmachen.

clau *ans* schnell.

clawdd (cloddiau) *g* Hecke *f*, Erdwall *m*, Deich *m*;
(ffos) Graben *m*; ~ terfyn Grenzwall; dros Glawdd
Offa jenseits von Offas Deich, in England; bardd
bol ~ ein miserabler Dichter; plentyn ~ a pherth
uneheliches Kind.

clawr (cloriau) *g (caead)* Deckel *m*; *(llyfr)* Buchdeckel
m, Einband *m*; *(siaced lwch)* Schutzumschlag *m*;
(record) Cover *nt*; *(chwarae)* Spielbrett *nt*; ~
gwyddbwyll Schachbrett *nt*; ~ caled Harteinband
m; llyfr ~ caled gebundenes Buch; llyfr ~ meddal
Taschenbuch *nt*, Paperback *nt*; ar glawr *(ar gael)*
vorhanden, verfügbar; *(ar werth)* erhältlich; ~
caws Käseglocke *f*; ~ y llygad Lid *nt*, Augenlid *nt*;
dod/dwyn i glawr *ans* Licht bringen.

clawstr (-au) *g (PENS)* Kreuzgang *m*.

clawstroffobia *g (MEDD)* Klaustrophobie *f*,
Platzangst *f*.

cleber *gb* Geschwätz *nt*.

clebran *be.g* klatschen, schwatzen, tratschen.

clebren (-nod) *b* Schwätzerin *f*, Klatschbase *f*.

clebryn (-nod) *g* Schwätzer *m*, Plappermaul *nt*.

clec¹ (-iadau) *b* Knall *m*, Krachen *nt*; ~ taran
Donnerschlag *m*.

clec² (-s) *b gw.* clecs.

clecar (-s) *gb* Knallfrosch *m*, Kracher *m*; *(tân gwyllt)*
Feuerwerkskörper *m*.

cleciad (-au) *g* Knall *m*, Knacks *m*, Klicken *nt*.

clecian¹ *be.g (sŵn uchel)* knallen, krachen; *(sŵn isel)*
knacken, klicken; *(ffenestr, dannedd)* klappern; ~
i'w le einschnappen, einrasten.
 ◆ *be.a:* ~ bysedd mit den Fingern schnippen; ~
 tafod mit der Zunge schnalzen; ~ sodlau die
 Hacken zusammenschlagen.

clecian² *be.g* klatschen, tratschen.

cleciwr (clecwyr) *g* Rassel *f*, Klapper *f*.

clecs *ll* Geschwätz *nt*, Gerede *nt*; hel ~ klatschen,
tratschen; cario ~ Gerüchte verbreiten.

cledr (-au) *b* Rute *f*, Stange *f*; ~ y llaw Handteller *m*,
Handfläche *f*; ~ y ddwyfron Brustbein *nt*; *gw.h.*
cledren.

cledren (cledrau) *b* Schiene *f*; cledrau *ll (RHEILFF)*
Schienen *pl*, Gleis *nt*.

cledd (-au) *g (llen)* Klinge *f*, Schwert *nt*.

cleddyf (-au) *g* Schwert *nt*, Degen *m*; ~ y biswail
(ANAT) Milz *f*; croesi ~au die Schwerter kreuzen.

cleddyfa *be.g* fechten.
 ◆ *be.e (CHWAR)* Fechten *nt*.

clefyd (-au) *g* Krankheit *f*, Erkrankung *f*; ~ bwyta
Bulimie *f*; ~ coch Scharlach *m/nt*; ~ melyn
Gelbsucht *f*; ~ melys *neu:* ~ y siwgr
Zuckerkrankheit *f*; mae ~ y siwgr arno er ist
zuckerkrank, er ist Diabetiker; ~ y gwair
Heuschnupfen *m*; ~ y gwartheg gwallgof
Rinderwahn *m*; ~ yr haul Sonnenstich *m*.

cleff (-iau) *g (CERDD)* Schlüssel *m*; ~ y bas
Bassschlüssel *m*; ~ y trebl Violinschlüssel *m*.

clegar *be.g (iâr)* gackern; *(gŵydd)* schnattern.

clegyr (-au) *g* Klippe *f*, Felswand *f*.

cleibridd *g* Lehm *m*.

cleient (-iaid) *g* Klient(in) *m(f)*, Mandant(in) *m(f)*.

cleifion *ll gw.* claf².

cleiog *ans* lehmig.

cleisio *be.g* einen blauen Fleck bekommen;
(ffrwythau) eine Druckstelle bekommen.
 ◆ *be.a* einen blauen Fleck schlagen +*dat*;
 (ffrwythau) beschädigen.

clem *b* Ahnung *f*; dim ~ keine Ahnung.

clemau *ll* Grimassen *pl*.

clên *ans* nett, sympathisch.

clensio *be.a (hoelen)* umschlagen, flach schlagen,
sichern; *(dannedd)* zusammenbeißen; ~ bysedd die
Faust ballen.

clep¹ (-iau) *b* Knall *m*; cau'r drws yn glep die Tür

zuknallen.

clep² *b* = **clecs**.

clepian¹ *be.a* hinknallen; *(i gau)* zuknallen.

clepian² *be.g* = **clecian²**.

cleptomania *g* Kleptomanie *f*.

clepwraig (clepwragedd) *b* Klatschbase° *f*, Klatschtante *f*.

clêr *ll gw.* **cleren**.

clerc (-od) *g* *(mewn sywddfa, banc)* Angestellte *m/f*; *(mewn llys)* Gerichtsschreiber *m*, Protokollführer *m*.

cleren (clêr) *b* Fliege *f*; ~ **las** Schmeißfliege *f*; ~ **lwyd** Bremse *f*.

clerigol *ans* Büro-; *(CREF)* geistlich.

clerigwr (clerigwyr) *g* *(CREF)* Geistliche(r) *m*, Kleriker *m*; **clerigwyr** *ll* Klerus *m*.

clesbyn *g* = **clasbyn**.

clewtian *be.a* *(ergydio)* hauen; *(ceryddu)* schimpfen, die Leviten lesen +*dat*.

clic¹ (-iau) *g* Klicken *nt*.

clic² (-iau) *g* Clique *f*, Freundesgruppe *f*.

clicied (-au) *b* *(drws)* Klinke *f*; *(dryll)* Abzug *m*; *(FFOTO)* Auslöser *m*; ~ **gên** *(ANAT)* Kiefer *m*.

clindarddach *be.g* prasseln; *(tân)* knistern.

clinig (-au) *g* Klinik *f*; ~ **seiciatryddol** Nervenklinik *f*.

clinigol *ans* klinisch.

clip¹ (-iau) *g* Klammer *f*, Klemme *f*; *(gwallt)* Haarspange *f*; *(MEDD)* Klammer; ~ **papur** Büroklammer *f*.

clip² (-iau) *g* *(trawiad ysgafn)* Klaps *m*; **rhoi** ~ **i rn** jdm einen Klaps geben.

clip³ (-iau) *g* *(FFILM)* Filmausschnitt *m*, Kurzfilm *m*; ~ **fideo** Videoclip *m*.

clipio¹ *be.a* *(cydio)* anklammern, anheften.

clipio² *be.a* einen Klaps geben +*dat*.

clipio³ *be.a* *(tocio)* schneiden; ~'r **barf** den Bart (zurecht)stutzen; ~'r **clawdd** die Hecke schneiden.

clir *ans* klar; *(gloyw)* hell; *(tryloyw)* durchsichtig, transparent; *(swn)* klar, rein; *(hawdd ei ddeall)* einleuchtend, deutlich; *(amlwg)* offensichtlich; *(ffordd)* frei; *(cydwybod)* rein; *(elw)* netto; *(FFOTO)* scharf; *(tywydd)* heiter, wolkenlos; **a yw'n glir?** ist das klar? ~ **bwysau** Nettogewicht *nt*; **cadw'n glir o rn** sich von jdm fern halten, jdm aus dem Weg gehen; **cadw'n glir o rth** etw *akk* meiden; **cadwer yn glir** bitte freihalten; **ysgrifen glir** leserliche Schrift.

clirdeb *g* Klarheit *f*, Helle *f*.

cliriad (-au) *g* Räumung *f*; *(MASN)* Liquidierung *f*.

clirio *be.a* *(tacluso)* aufräumen, wegräumen; *(coed)* roden, abholzen; *(gardd)* jäten; *(hylif)* klären; *(ffordd)* freimachen, räumen; *(pibell)* reinigen; *(CYFR)* freisprechen; *(dyled)* begleichen, abbezahlen; *(siec)* verrechnen; *(gwddf)* sich räuspern; *(CYFDR: sgrîn, cof)* löschen; *(neidio dros)* überwinden; **cliriodd y ceffyl y clawdd** das Pferd überwand das Hindernis; ~'r **bwrdd** den Tisch abräumen; **llwyddodd i glirio'i enw** es gelang ihm seinen guten Ruf wiederherzustellen; **cafodd ei glirio o'r cyhuddiad o lofruddiaeth** *(CYFR)* er wurde von der Anklage des Mordes freigesprochen; ~'r **eira oddi ar y ffordd** Schnee räumen.

♦ *be.g* *(tywydd)* sich aufhellen, aufklaren; *(mwg, niwl)* sich auflösen; **cliriodd ei wyneb** seine Miene hellte sich auf.

clirweledydd (-ion) *g* Hellseher *m*, Wahrsager *m*.

clirweledyddes (-au) *b* Hellseherin *f*, Wahrsagerin *f*.

clitoris (-au) *g* *(ANAT)* Klitoris *f*.

cliw (-iau) *g* Anhaltspunkt *m*, Hinweis *m*.

clo (-eon *neu* -eau) *g* Schloss *nt*, Verschluss *m*; *(casgliad)* Schluss *m*; **ar glo** versperrt, verriegelt; **carreg glo** *neu*: **maen ~** *(pont, bwa)* Schlussstein *m*; ~ **clap** Vorhängeschloss *nt*; ~ **cyfunrhif** Kombinationsschloss *nt*; **rhoi rhth tan glo** etw unter Verschluss nehmen; **yng nghlo** verschlossen.

cloadwy *ans* verschließbar.

cloben *b* Monstrum *nt*, Trumm *nt*; ~ **o goeden** Riesenbaum *m*; ~ **o ferch** Walküre *f*, Mannweib *nt*.

clobyn *g* Klumpen *m*, Klotz *m*, Trumm *nt*; ~ **o ddyn** ein Hüne von einem Mann.

cloc (-iau) *g* Uhr *f*; *(ar beiriant)* Meter *nt*, Anzeige *f*; ~ **buanedd** Tacho *m*, Tachometer *m/nt*; ~ **cwarts** Quarzuhr *f*; ~ **cwcw** Kuckucksuhr *f*; ~ **digidol** Digitaluhr *f*; ~ **larwm** Wecker *m*; ~ **parcio** Parkuhr *f*; ~ **petrol** Benzinuhr *f*; ~ **tywod** Sanduhr *f*; ~ **tywydd** Barometer *nt*; ~ **wyth niwrnod** Standuhr *f*; **mynd fel ~** *(gweithio'n dda)* laufen wie ein Uhrwerk; **troi'r ~ yn ôl** die Uhr/Zeit zurückdrehen; **rownd y ~** rund um die Uhr; **yn null y ~** im Uhrzeigersinn; **yn groes i'r ~** gegen den Uhrzeigersinn.

clocio *be.g*: ~ **i mewn** *neu*: ~ **allan** stechen.

clocsen (clocs *neu* clocsiau) *b* Holzschuh *m*, Clog *m*.

clocwaith (clocweithiau) *g* Uhrwerk *nt*, Räderwerk *nt*; *(mecanwaith)* Mechanismus *m*, Mechanik *f*.

clocwedd *ans* im Uhrzeigersinn.

cloch (clychau) *b* Glocke *f*; *(un fach)* Glöckchen *nt*, Schelle° *f*; *(ar ddrws)* Klingel *f*, Türglocke *f*; ~ **dân** Feueralarm *m*; **faint o'r gloch yw hi?** wie viel Uhr ist es? **tri o'r gloch** drei Uhr; **gwybod faint o'r gloch yw hi** *(ffig)* wissen wie der Hase läuft; **clir fel ~** *(llais, swn)* klar, wie eine Glocke; ~ **iâ** Eiszapfen *m*; **mae ei henw'n canu ~** ihr Name kommt mir bekannt vor; **bod uchel eich ~** ein lautes Organ haben.

clochdar *be.g* glucksen; *(iâr)* gackern; *(ceiliog)* krähen.

♦ *be.e* Gackern *nt*.

clochdwr (clochdyrrau) *g* Glockenturm *m*.

clochdy (clochdai) *g* Glockenturm *m*.

clochydd (-ion) *g* Küster *m*.

clochyrrwr (clochyrwyr) *g* Glöckner *m*.

clod (-ydd) *gb (bri)* Ehre *f*, Ruhm *m*; *(canmoliaeth)* Lob *nt*; **canu ~ rhn** jdn loben; *(Duw)* preisen, lobpreisen.

clodfori *be.a* rühmen, preisen.

clodwiw *ans* lobenswert, verdienstvoll.

cloddfa (cloddfeydd) *b (mwynglawdd)* Bergwerk *nt*, Mine *f*; *(chwarel)* Steinbruch *m*; *(archaeoleg)* Ausgrabung *f*; **~ arian** Silberbergwerk *nt*; **~ halen** Salzbergwerk *nt*.

cloddiau *ll gw.* **clawdd**.

cloddio *be.g* graben.

♦ *be.a (olew)* fördern; *(mwynau)* gewinnen; *(glo)* abbauen; *(mawnau)* stechen.

cloddiwr (cloddwyr) *g* Bergarbeiter *m*; *(chwarel)* Abbrecher *m*.

cloëdig *ans* versperrt, abgesperrt.

cloer (-iau) *gb* Fach *nt*; *(MIL)* Spind *m/nt*; *(mewn gorsaf)* Schließfach *nt*; *(ar gyfer post)* Postfach *nt*.

cloestr (-au) *g* = **clawstr**.

clof (-s) *g (COG)* Gewürznelke *f*.

cloff *(ll* -ion) *ans* lahm, gehbehindert; *(esgus)* matt, schwach.

♦ (-ion) *g* Gelähmte *m/f*.

cloffi *be.g* humpeln; *(ceffyl)* lahmen; *(penderfyniad)* **~ rhwng dau feddwl** schwanken.

♦ *be.a* lähmen.

cloffni *g* Lähmung *f*.

clog (-au) *b* = **clogwyn**.

clogfaen (clogfeini) *g* (großer) Stein *m*, Felsbrocken *m*.

clogwyn (-i) *g* Fels *m*, Felsen *m*; *(mynydd)* (Fels)wand *f*; *(arfodir môr)* Klippe *f*, Kliff *nt*.

clogyn (-nau) *g* Umhang *m*, Cape *nt*.

clogyrnaidd *ans (iaith)* schwerfällig, holprig.

clogyrnog *ans* felsig, rau; *(clogyrnaidd)* unbeholfen.

cloi *be.a* schließen, absperren; *(â bollt)* verriegeln; *(terfynu)* zu Ende bringen; **~ allan** aussperren; **~ i mewn** einschließen, einsperren; **wedi ~** zugesperrt; **~ bargen** einen Handel abschließen, sich handelseinig werden.

♦ *be.e:* **~ canolog** Zentralverriegelung *f*.

clôn (clonau) *g (BIOL)* Klon *m*.

clonc *b (sŵn metel)* Klirren *nt*, Geschepper *nt*; *(ôl mewn darn o fetel)* Beule *f*; *(cleber)* Gerede *nt*, Tratsch *m*; **cael ~ â rhn** mit jdm plaudern.

cloncen (-nau) *b* Klatschtante *f*.

cloncian *be.g (metal)* scheppern, klirren; *(clebran)* plaudern, quatschen.

clonio *be.a (BIOL)* klonen.

clopa (clopâu) *b (penglog)* Schädel *m*; *(ffon)* Knauf *m*; *(hoelen)* Kopf *m*.

clorian (-nau) *b* Waage *f*.

cloriannu *be.a* wägen, wiegen; *(ffig: ystyried)* abwägen.

clorid (-au) *g (CEM)* Chlorid *nt*.

clorig *ans* verchlort.

clorin *g (CEM)* Chlor *nt*.

cloroffil *b (BIOL)* Chlorophyll *nt*.

clorofform *g* Chloroform *nt*.

clorofformio *be.a* chloroformieren.

cloronen (cloron) *b (BIOL)* Knolle *f*; **~ y moch** Trüffel *f*.

clos[1] **(closydd)** *g* Hof *m*.

clos[2] (-au) *g* Hose *f*; **~ marchogaeth** Reithose *f*; **~ penglin** Kniebundhose *f*, Knickerbocker *f*.

clòs *ans (agos)* nahe; *(perthynas)* nahe stehend; *(cyfaill)* intim; *(tywydd)* schwül; *(ystafell)* stickig; *(gwarchod)* scharf; *(canlyniad)* knapp; **roedd yn gystadleuaeth glòs** es war ein harter Wettkampf.

closed (-au) *g* Klosett *nt*, Toilette *f*; **~ pridd** Plumpsklo *nt*.

closio *be.g* sich nähern; *(agosáu at eich gilydd)* aufschließen; **~ at rn** sich jdm nähern; *(cwtsio)* sich an jdn schmiegen.

clown (-iaid *neu* -s) *g* Clown *m*, Hanswurst[D] *m*.

clowten *b* Ohrfeige *f*, Watsche[A] *f*.

cludadwy *ans* tragbar, transportierbar.

clud *g*: **pryd ar glud** Essen *nt* auf Rädern.

cludfelt (-iau) *g* Förderband *nt*.

cludiad (-au) *g* Lieferung *f*, Transportieren *nt*; *(stampiau)* Porto *nt*; **~ awyr** *(post)* Luftpost *f*; *(MIL)* Luftbrücke *f*; **~ brys** Eilgut *nt*; **~ i'w dalu gan y derbynnydd** per Nachnahme *f*.

cludiant (cludiannau) *g* Transport *m*, Beförderung *f*; *(cyfle i deithio mewn car)* Mitfahrgelegenheit *f*; **~ brys** Expressgut *nt*; **costau ~** Transportkosten *pl*; **~ cyhoeddus** öffentliche Verkehrsmittel *pl*.

cludo *be.a* befördern, transportieren; *(carcharor)* überführen, überstellen; **~ ar long** verschiffen; **~ ymaith** abtransportieren, fortbringen.

cludwely (-au) *g* Bahre *f*, Tragbahre *f*.

cludwr (cludwyr) *g (dyn)* Träger *m*; *(cwmni)* Spedition *f*; **~ celfi** Umzugsfirma *f*; **~ data** Datenträger *m*.

cludydd (cludwyr) *g* Transportunternehmen *nt*; **~ awyrennau** Flugzeugträger *m*.

clun (**-iau**) *b* Schenkel *m*, Oberschenkel *m*, Hüfte *f*.

clunwst *g* (MEDD) Ischias *m*.

clust (**-iau**) *b* Ohr *nt*; *(gan rai anifeiliaid: carw, ayb)* Lauscher *m*; *(cwningen, ysgyfarnog)* Löffel *m*; *(cwpan)* Henkel *m*; ~ **dost** Ohrenschmerzen *pl*; **dros ei ben a chlustiau mewn cariad** bis über beide Ohren verliebt; ~ **gerddorol** Gehör *nt*; **gwenu o glust i glust** über das ganze Gesicht grinsen; ~ **mochyn** Schweinsohr *nt*; **pigyn/poen yn eich ~** (MEDD) Ohrenstechen *nt*; **rhoi ~ i rn** jdm ein Ohr leihen; **rwy'n glustiau i gyd** ich bin ganz Ohr; ~ **y mochyn** Begonie *f*.

clustdlws (**clustdlysau**) *g* = **clustlws**.

clusten (**-nau** *neu* **-ni**) *b* Ohrfeige *f*.

clustfeinio *be.g* lauschen, horchen; *(yn astud)* die Ohren spitzen; ~ **ar sgwrs rhn** jdn belauschen, ein Gespräch mithören.

clustfeiniwr (**clustfeinwyr**) *g* Lauscher *m*, Horcher *m*.

clustffon (**-au**) *g* Kopfhörer *m*; *(ffôn)* Hörmuschel *f*.

clustgap (**-iau**) *g* Ohrenschützer *pl*.

clustlws (**clustlysau**) *g* Ohrring *m*, Ohrgehänge *nt*.

clustnodi *be.a* *(defaid)* kennzeichnen; *(ffig: neilltuo)* vormerken; ~ **rhth ar gyfer rhth** etw für etw bestimmen; **rydym wedi ~'r arian ar gyfer y côr** das Geld ist für den Chor bestimmt.

clustog (**-au**) *b* Polster *nt/m*, Kissen *nt*; ~ **gwely** Kopfkissen *nt*, Kopfpolster *nt/m*.

clustogi *be.a* *(ergyd)* abfangen, absorbieren.

clustogwaith (**clustogweithiau**) *g* Polsterung *f*.

clustogwr (**clustogwyr**) *g* Polsterer *m*.

clwb[1] (**clybiau**) *g* Klub *m*, Verein *m*; (MIL) Kasino *nt*; *(i gynilo arian)* Sparverein *m*; *(adeilad)* Klubhaus *nt*; **aelod o glwb** Klubmitglied *nt*; ~ **chwaraeon** Sportverein *m*; ~ **gymnasteg** Turnverein *m*; ~ **jazz** Jazzkeller *m*; ~ **myfyrwyr** (GWLEID) Studentenverbindung *f*; ~ **nos** Diskothek *f*, Nachtlokal *nt*; ~ **pêl-droed** Fußballverein *m*; ~ **saethu** Schützenverein *m*.

clwb[2] (**clybiau**) *g* (CHWAR: golff) Schläger *m*; **troed ~** Klumpfuß *m*.

clwc *ans* (wy) faul; *(anhwylus)* **mae hi'n teimlo'n glwc heddiw** sie ist heute schlecht gelaunt.

clwm *g* = **cwlwm**.

clwpa *g* *(sgyrs)* Dickkopf *m*, Dummkopf *m*.

clwstwr (**clystyrau**) *g* Gruppe *f*; *(o aeron)* Traube *f*; *(o dai)* Ansammlung *f*; ~ **o rawnwin** (Wein)traube *f*; ~ **o sêr** Gestirn *nt*.

clwt (**clytiau**) *g* Tuch *nt*, Lappen *m*; *(tynnu llwch)* Staubtuch *nt*; (MEDD) Umschlag *m*; *(babi)* Windel *f*; **ar y ~** arbeitslos, obdachlos; ~ **gwasgu** (MEDD) Kompresse *f*, Packung *f*; ~ **llawr** Scheuerlappen[D] *m*, Bodenfetzen[A] *m*; ~ **llestri** Geschirrtuch *nt*; ~

'molchi Waschlappen *m*.

clwtyn (**clytiau**) *g* = **clwt**.

clwyd (**-i** *neu* **-au** *neu* **-ydd**) *b* Gartentor *nt*, Tor *nt*; *(giât cae, ffens)* Gatter *nt*; *(ar gyfer adar)* Stange *f*, Sprosse *f*; (CHWAR) Hürde *f*; *(maes awyr)* Flugsteig *m*; (RHEILFF) Bahnschranke *f*.

clwydo *be.g* *(ieir)* auf der Stange schlafen; *(ffig: pobl)* sich ins Bett legen; **mynd i glwydo** *(ffig)* ins Bett gehen.

clwyf (**-au**) *g* Wunde *f*, Verwundung *f*; *(salwch)* Krankheit *f*, Fieber *nt*; ~ **melyn** Gelbsucht *f*; ~ **bwled** Schussverletzung *f*; ~ **gwân** Stichwunde *f*; ~ **gwenerol** Geschlechtskrankheit *f*; ~ (**y**) **pennau** Mumps *m*, Ziegenpeter[D] *m*; ~ **y marchogion** Hämorrhoiden *pl*; ~ **y traed a'r genau** *(anifeiliaid)* Maul- und Klauenseuche *f*; **ailagor hen glwyf** *(ffig)* in alten Wunden bohren.

clwyfadwy *ans* verwundbar, verletzlich.

clwyfedig *ans* verletzt.

◆ (**-ion**) *gb* Verwundete *m/f*.

clwyfo *be.a* verwunden, verletzen; *(ffig)* kränken; ~ **rhn i'r byw** jdn zutiefst treffen; ~ **rhn yn y goes** jdn am Bein verwunden; **cael eich ~** verwundet werden.

◆ *be.g* *(mynd yn sâl)* erkranken.

clwyfus *ans* wund.

clybiau *ll gw.* **clwb**; *(cardiau)* Kreuz *nt*, Treff *nt*, Eichel *f*; **brenin o'r ~** Kreuz König.

clychlys *g* (BOT) Glockenblume *f*.

clyd *ans* behaglich, gemütlich, heimelig; *(yn yr awyr iach)* lauschig; *(dillad)* mollig; *(cartref)* traut; **bwthyn bach ~** ein gemütliches Häuschen; **rydym yn glyd yma** wir fühlen uns wohl hier.

clydwch *g* Behaglichkeit *f*, Gemütlichkeit *f*; *(cynhesrwydd)* Wärme *f*; *(awyrgylch braf)* gemütliche Atmosphäre *f*.

clyfar *ans* klug; *(craff)* schlau, clever; *(medrus)* fähig, geschickt; *(dyfais)* raffiniert; ~**-clyfar** neunmalklug.

clyfrwch *g* Klugheit *f*, *(crafftter)* Schläue *f*.

clymau *ll gw.* **cwlwm**; *(ffig)* Wirrwarr *m*, Gewirr *nt*.

clymblaid (**clymbleidiau**) *b* (GWLEID) Koalition *f*.

clymdref (**-i**) *b* Ballungsraum *m*, Ballungsgebiet *nt*.

clymiad (**-au**) *g* (MEDD) Ligatur *f*.

clymog *ans* verknotet; *(ffig: cymhleth)* verwickelt, verstrickt.

clymu *be.a* verknoten, zusammenbinden; *(esgidiau)* schnüren; *(llyffetheirio)* fesseln; *(ffig)* binden; *(ci)* anbinden; *(asio, priodi)* verbinden; (MEDD: braich e.e.) abbinden; *(tei)* sich *dat* umbinden; ~ **yn dyn** spannen; ~ **carrai esgidiau** sich die Schuhe schnüren; **mae fy nwylo wedi'u ~** *(ffig)* mir sind die

Hände gebunden.

clytio *be.a* flicken.

clytiog *ans* geflickt, voller Flicken.

clyts (-ys) *g (MODUR)* Kupplung *f*.

clytwaith (clytweithiau) *g (crefft)* Patchwork *nt*.

clyw[1] *g* Gehör *nt*, Gehörsinn *m*, Ohr *nt*; *(pellter o glywed)* Hörweite *f*; **o fewn ~ rhn** in Hörweite von jdm; **trwm eich ~** schwerhörig; **paid â dweud hynny yn ei chlyw hi!** sag das nicht, wo sie es hören kann! sag das nicht in ihrer Gegenwart!

clyw[2] *be gw.* **clywed**; **~!** pass auf! hör zu!

clywadwy *ans* hörbar, vernehmlich.

clywdeipyddes (-au) *b* Fonotypistin *f*.

clywed *be.a* hören, wahrnehmen; *(aroglau)* riechen; *(â'r llaw)* fühlen, tasten; *(tafod)* schmecken; *(stori)* erfahren; *(mewn llys)* vernehmen, verhören; *(Duw)* erhören; **~ am rth** hören von etw; **~ oddi wrth rn** *neu:* **~ gan rn** von jdm hören; **cymorth ~** Hörhilfe *f*; **roedd ei dalcen i'w glywed yn boeth** seine Stirn fühlte sich heiß an; **roedd y gwin i'w glywed yn felys** der Wein schmeckte süßlich; **roedd aroglau'r coed yn llosgi i'w glywed yn bell** weithin roch man das brennende Holz; **clywch! clywch!** hört! hört! **~ ar eich calon** sich verpflichtet fühlen.

clywedol *ans (prawf)* mündlich.

clyweled *ans* audiovisuell; **cyfarpar ~** audiovisuelle Hilfsmittel *pl*.

cm *byrf (= centimetr)* cm (Zentimeter).

cnaf (-on) *g* Strolch *m*, Halunke *m*, Falott[A] *m*; *(cardiau)* Bub *m*.

cnap (-iau) *g* Stück *nt*; *(aur)* Klumpen *m*; *(hoci iâ)* Scheibe *f*, Puck *m*; **~ rhew/iâ** Eiswürfel *m*.

cnapan *g* Cnapan *nt*, altes walisisches Spiel, dem Rugby ähnlich; **Gŵyl Werin y C~** ein Musikfestival.

cnau *ll gw.* **cneuen**.

cnawd *g (ANAT)* Fleisch *nt*; **yn y ~** in Fleisch und Blut, in persona.

cnawdog *ans (tew)* fleischig, üppig.

cnawdol *ans (chwant)* fleischlich, sinnlich.

cnawdolrwydd *g* Sinnlichkeit *f*.

cnec (-iau *neu* -ion) *g* Furz *m*; *(plentyn)* Pups *m*.

cnecu *be.g* furzen, einen fahren lassen; *(plentyn)* pupsen.

cneifiad *g (defaid)* Schur *f*.

cneifio *be.a (defaid)* scheren.

cneifiwr (cneifwyr) *g* Schafscherer *m*.

cnepyn (-nau) *g* Klumpen *m*; **~ o lo** ein Stück *nt* Kohle.

cneua *be.g* Nüsse sammeln.

cneuen (cnau) *b* Nuss *f*; **~ almon** Mandel *f*; **~ bistasio** Pistazie *f*; **~ Brasil** Paranuss *f*; **~ ddaear/fwnci**

Erdnuss *f*; **~ ffawydd** Buchecker *f*; **~ Ffrengig** Walnuss, Baumnuss[S] *f*; **~ gastan** Edelkastanie *f*, Marone *f*; **~ goco** Kokosnuss *f*; **~ gyll** Haselnuss *f*; **~ yr India** Muskat *m*.

cnewyllyn (cnewyll) *g* Kern *m*; *(afal)* Kerngehäuse *nt*; *(BIOL)* Zellkern *m*; *(GWLEID)* Kader *m*; *(ffig: problem)* Kern.

cnoad (-au) *g* Biss *m*; *(dolur)* Stechen *nt*; **~ cydwybod** Gewissensbisse *pl*.

cnoc (-iau) *b* Klopfen *nt*; **daeth ~ ar y drws** es klopfte an der Tür; **~! ~!** klopf! klopf!

cnocar (-s *neu* cnoceri) *g* Türklopfer *m*.

cnocell (-au) *b (SÖOL)* Specht *m*; **~ y coed** Waldspecht *m*; **~ werdd** Grünspecht *m*.

cnocio *be.a* klopfen; *(cnocio'r cornel)* anstoßen an +*akk*; **sŵn ~** Klopfgeräusch *nt*; **~ hoelen** einen Nagel einschlagen.

cnociwr (cnocwyr) *g (ysbryd)* Klopfgeist *m*.

cnodiog *ans* prall.

cnodwe *b* Gewebe *nt*.

cnoead (-au) *g* = **cnoad**.

cnofa (cnofeydd) *b (MEDD)* Kolik *f*.

cnofil (-od) *g* Nagetier *nt*.

cnoi *be.a* beißen, kauen; *(anifail; ffig: amheuaeth)* nagen; *(cenfigen)* bohren; *(losin)* naschen; **~ cil** *(buwch)* wiederkäuen; *(ffig: meddwl dros rth yn ddwfn)* sinnieren; **~'ch ewinedd** Nägel beißen; **~'ch tafod** sich verkneifen etw zu sagen; **~ ymaith** abbeißen; **~ i ffwrdd** abnagen.

cnotiog *ans* knorrig.

cnotyn (-nau) *g* Knoten *m*.

cnu (-oedd) *g* Fell *nt*, Pelz *m*; *(LLEN)* Vlies *nt*.

cnuchio *be.a, be.g* bumsen, ficken; **~ llaw** onanieren.

cnud (-oedd) *b (bleiddiau)* Rudel *nt*; *(cŵn)* Meute *f*.

cnul (-au) *g (cloch)* Schlagen *nt*.

cnwc (cnyciau) *g* Mugel[A] *m*, kleiner Hügel *m*.

cnwd (cnydau) *g* Feldfrucht *f*, Korn *nt*; *(cynhaeaf)* Ernte *f*; *(hadau)* Aussaat *f*; **~ o wallt** Haarbüschel *nt*; **~ o eira** Schneeschauer *m*.

cnwpa *gb* Knüppel *m*.

cob[1] (-iau) *g (morglawdd)* Damm *m*, Deich *m*.

cob[2] (-iau) *g (math ar geffyl)* Cob *m*, kleine gedrungene Pferderasse.

cobalt *g (CEM)* Kobalt *nt*.

coban (-au) *b* Nachthemd *nt*.

cobler (-iaid) *g* Schuster *m*.

coblyn (-nod) *g* Kobold *m*; *(plentyn)* Bengel *m*; **mynd fel y ~** fahren wie eine gesengte Sau; **ble goblyn rwyt ti'n mynd?** wo zum Teufel willst du hin? **beth goblyn** was zum Teufel; **beth goblyn rwyt ti'n ei feddwl?** was zum Henker meinst du?

cobra (-od) *gb (SÖOL)* Kobra *f*.

cobyn (-au) *g* Kolben *m*; ~ **corn** Maiskolben *m*.

coc-a-dwdl-dŵ *ebych* kikeriki!

cocatŵ (-od *neu* -aid) *g* (SÖOL) Kakadu *m*.

cocên *g* Kokain *nt*.

coco *g* (*powdr, diod*) Kakao *m*; **cneuen goco** Kakaobohne *f*.

cocosen[1] (**cocos**) *b* (SÖOL, COG) Muschel *f*, Herzmuschel *f*; **bardd cocos** Pseudopoet *m*.

cocosen[2] (**cocos** *neu* **cocsenni**) *b* (TECH) (Zahnrad)zahn *m*; **cocos trawsyrru** Getriebe *nt*.

cocsen *b* = **cocosen**[2].

cocsyn (**cocs**) *g* (*glo*) Koks *m*.

coctel (-s) *g* Cocktail *m*; ~ **Molotof** Molotow-Cocktail *m*; **parti ~** Cocktailparty *f*.

cocŵn (**cocynau**) *g* Kokon *m*.

cocyn (-nau) *g* (*o wair*) Heuhaufen *m*; ~ **hitio** (*ffig*) Buhmann *m*, Zielscheibe *f*.

coch (*ll* -**ion**) *ans* rot; (*cig*) mager; (*tir*) brach; (*gwael*) schwach, mies; **perfformiad ~** eine schwache Vorstellung; **cig ~** rotes Fleisch, Rind-, Lamm- oder Schweinefleisch; **~-coch** blutrot; **ffilm goch** Sexfilm *m*; **siwgr ~** brauner Zucker; **merch gwallt ~** ein rothaariges Mädchen.

   ♦ (-**ion**) *g* Rot *nt*; (GWLEID) Kommunist(in) *m(f)*; (MEDD) Scharlach *m*; **yn y ~** in den roten Zahlen; ~ **y berllan** (SÖOL) Dompfaff *m*.

cochder *g* Röte *f*.

cochddu *ans* kastanienbraun, rotbraun.

cochen (-nod) *b* Rothaarige *f*.

cochi *be.a* röten, rot färben; **mae'r ferch yn ~'i gwefusau â minlliw** das Mädchen schminkt ihre Lippen mit Lippenstift.

   ♦ *be.g* rot werden; (*gwrido*) erröten; **mae'r tir yn ~ yn y sychder mawr** die Erde trocknet aus in der großen Trockenheit.

cochl (-au) *gb* Umhang *m*, Robe *f*.

cochlyd *ans* rötlich.

cochni *g* Röte *f*; (*gwrid*) Schamröte *f*.

cochyn (**cochion** *neu* **cochiaid**) *g* Rothaarige(r) *m*.

cod (-au) *b* Beutel *m*; (*arian*) Geldbeutel *m*, Geldbörse *f*; (*pys, ffa*) Schote *f*.

côd (**codau**) *g* (*cyfrinachol*) Code *m*, Kennwort *nt*; (*rheolau*) Kodex *m*; (CYFR) Gesetzbuch *nt*; **mewn ~ cyfrinachol** (*neges*) verschlüsselt; ~ **Morse** Morsealphabet *nt*; ~ **post** Postleitzahl *f*; ~ **ymarweddiad** der gute Ton *m*; ~ **gweithredu'r gyfraith** Strafprozessordnung *f*; **C~ Sifil** Bürgerliches Gesetzbuch *nt*; **rhif ~** Kodenummer *f*, Kennzahl *f*.

coden (-nau) *b gw.* **cod**; ~ **y bustl** (ANAT) Gallenblase *f*; (MEDD) Zyste *f*; ~ **hufen** (COG) Windbeutel *m*.

codi *be.g* (*sefyll*) aufstehen; (*i'r awyr*) auffliegen; (*awyren*) abfliegen; (*haul*) aufgehen; (*llanw, tymheredd*) steigen; (*tarth, niwl*) aufsteigen; (*gwynt, storm*) aufkommen; (*gobeithion, prisiau*) steigen; (*tir*) ansteigen; (*tarddu*) entstehen, entspringen; (*problemau*) auftauchen; **cododd y cwestiwn ynglŷn â'r cyfrifoldeb** es erhob sich die Frage der Verantwortlichkeit; ~ **i'r wyneb** auftauchen, ans Licht kommen; **mae'n ~'n braf** es wird schön, es klart auf; **mae lwmpyn yn ~ ar ei dalcen** er bekommt eine Beule auf der Stirn; **mae sawl problem wedi ~** es entstanden viele Probleme, es tauchten viele Probleme auf; **mae storm yn ~** ein Gewitter kommt auf; ~ **yn y byd** sich hocharbeiten.

   ♦ *be.a* (*i fyny*) hochheben; (*o'r llawr*) aufheben; (*cwestiwn*) aufwerfen; (*adeilad*) bauen, errichten; (*pabell*) aufschlagen; (*angor*) lichten; (*rhn o rywle*) abholen; (*pris, llog*) erhöhen; (*arian at achos*) sammeln; (*arian o'r banc*) abheben; (*magu*) erziehen; (*tyfu planhigion*) ziehen; (*cofnodi data*) erheben; (*anifeiliaid*) aufscheuchen; (*rhn o farw*) erwecken; ~ **blys ar rn** jdm Appetit machen; ~ **bwganod** den Teufel an die Wand malen; ~ **bys** jdn herbeiwinken; ~**'r bys bach** (*diota*) einen heben; ~ **calon rhn** jdm Mut machen; ~ **canu** die Führungsstimme singen; ~ **crachen** in alten Wunden bohren; **roedd hynny'n ~ cyfog arna i** mich ekelte davor, mir wurde davon schlecht; ~**'r ffôn** abheben; ~ **gwrychyn rhn** jdn auf die Palme bringen, jdn zornig machen; ~ **helynt** Unruhe stiften; ~ **hwyl** Stimmung aufkommen lassen; ~ **i ben rhn** jdm zu Kopf steigen; ~ **llaw** winken; ~ **ofn ar rn** jdm Angst einjagen; ~ **pwysau** (CHWAR) Gewichtheben *nt*; ~ **tocyn** eine (Eintritts)karte kaufen; ~ **tomatos** (*tyfu*) Tomaten ziehen; ~ **twrw** Unfrieden stiften; ~ **ysgyfarnog** (*mewn trafodaeth*) vom Thema ablenken; **faint mae e'n ei godi am bwys o datws?** wie viel verlangt er für ein Pfund Kartoffeln? **roedd e'n ~ ei ddadl o'r papur** dieses Argument hatte er aus der Zeitung; **cododd cŵn hela lwynog** die Jagdhunde scheuchten einen Fuchs auf; ~ **baner** die Fahne hissen; **cododd ei aeliau** er zog die Brauen hoch, er runzelte die Stirn; ~ **gobeithion rhn** jdm Hoffnungen machen; **cododd y fuddugoliaeth obeithion i'r tîm** der Sieg erweckte im Team Hoffnungen; ~ **cofeb i rn** jdm ein Denkmal setzen; ~ **pac** (*ffig: gadael*) seine Sachen packen; **roedd hi'n ~'n ddeg oed** sie war fast zehn Jahr alt.

codiad (-au) *g* (BIOL) Erektion *f*; (*cynnydd*) Steigerung *f*, Erhöhung *f*; (*tir*) Anstieg *m*; ~ **cyflog** Gehaltserhöhung *f*, Lohnerhöhung *f*; ~ **haul**

Sonnenaufgang *m*; **wrth godiad y wawr** bei Tagesanbruch.

codio *be.a* verschlüsseln.

codisil (**-iau**) *g (CYFR)* Kodizill *nt*, testamentarische Verfügung *f*.

codlysiau *ll* Hülsenfrüchte *pl*.

codwarth (**-ion**) *g (BOT)* Tollkirsche *f*.

codwm (**codymau**) *g* Sturz *m*, Fall *m*; **cael ~** hinfallen, stürzen; **ymaflyd ~** *(CHWAR)* ringen.

codwr (**codwyr**) *g*: **~ canu** Vorsänger(in) *m(f)*; **~ cynnar** Frühaufsteher(in) *m(f)*; **~ pwysau** Gewichtheber *m*.

codymu *be.g* ringen (mit jdm).

coed *ll gw.* **coeden**; *(coedwig)* Wald *m*; *(deunydd saer)* Holz *nt*; **~ bythwyrdd** immergrüne Bäume *pl*; **~ colldail** Laubbäume *pl*; **~ pinwydd** Kieferwald *m*, Pinienhain *m*; **~ tân** Kleinholz *nt*; **torrwr ~** Holzfäller *m*; **dod at eich ~** zur Vernunft kommen.

coeden (**coed**) *b* Baum *m*; **~ achau** Stammbaum *m*; **~ dderw** Eiche *f*; **~ eirin** Zwetschkenbaum[A] *m*; **~ ellyg** Birnbaum *m*; **~ ffa** Bohnenstange *f*; **~ ffrwythau** Obstbaum *m*; **~ gastan** Kastanie *f*; **~ geirios** Kirschbaum *m*; **~ Nadolig** Christbaum *m*.

coedio *be.g* aufs Gas steigen, rasen.

coediog *ans* waldig.

coedlan (**-nau**) *b* Lichtung *f*.

coedwig (**-oedd**) *b* Wald *m*.

coedwigaeth *b* Forstwirtschaft *f*; **y Comisiwn C~** Forstverwaltung *f*.

coedwigo *be.a* aufforsten.

coedwigwr (**coedwigwyr**) *g (gofalwr)* Förster *m*; *(torrwr coed)* Holzfäller *m*.

coedd *ans* öffentlich; **ar goedd** öffentlich, in aller Öffentlichkeit.

coegio *be* = **cogio**.

coeglyd *ans* sarkastisch.

coegni *g* Sarkasmus *m*.

coegyn *g* Narziss *m*, Schönling *m*.

coel (**-ion**) *b (cred)* Glaube *m*; *(ymddiriedaeth)* Vertrauen *nt*; *(ofergoel)* Aberglaube *m*; **ar goel** auf Kredit; **~ gwrach** Ammenmärchen *nt*; **~ion tywydd** Bauernregel *f*; **wn i ddim faint o goel sydd i hynny** ich weiß nicht wie viel Glauben man dem schenken darf; **does gen i ddim llawer o goel arno** ich habe kein großes Vertrauen in ihn.

coelbren (**-nau**) *g* Los *nt*; **bwrw ~** knobeln, das Los entscheiden lassen; **~ y beirdd** Runenalphabet *nt*.

coelcerth (**-i**) *b (i ddathlu)* Freudenfeuer *nt*; *(ar noson Guto Ffowc)* Guy-Fawkes-Feuer *nt*; *(i losgi sbwriel)* Müllverbrennung *f*; *(MIL)* Signalfeuer *nt*; **~ angladdol** Scheiterhaufen *m*.

coelio *be.a* glauben; *(ymddiried)* vertrauen; **choelia'i byth!** nie im Leben!

coes (**-au**) *b* Bein *nt*; *(COG)* Keule *f*, Haxe[D] *f*, Haxen[A] *m*; *(dodrefn)* Bein; *(BOT)* Stiel *m*; *(brws, morthwyl ayb)* Stiel, Griff *m*; **~ bren** Holzbein *nt*; **~ broga** *(COG)* Froschschenkel *m*; **~ bwrdd** Tischbein *nt*; **cymryd y goes** *(rhedeg i ffwrdd)* die Beine in die Hand nehmen; **~au cam** O-Beine *pl*; **~ ôl** Hinterbein *nt*; **~ trywsus** Hosenbein *nt*; **tynnu ~ rhn** jdn necken, jdm einen Bären aufbinden.

coesgam *ans* krummbeinig.

coesog *ans* langbeinig.

coets (**-ys**) *b* Kutsche *f*; *(babi)* Kinderwagen *m*; *(bws)* Autobus *m*; **~ fawr** Karosse *f*.

coeth *ans* rein, pur, fein; **aur ~** reines Gold; **iaith goeth** feine Ausdrucksweise.

coethder (**-au**) *g* Raffinesse *f*, Eleganz *f*.

coethi[1] *be.a* verfeinern; *(DIWYD)* raffinieren.

coethi[2] *be.g (cyfarth)* bellen.

cof (**-ion**) *g* Gedächtnis *nt*; *(CYFDR)* Speicher *m*; *(coffa)* Erinnerung *f*; **ar gof a chadw** aktenkundig, allgemein bekannt; **brith gof** wage/dunkle Erinnerung; **cadw rhth mewn ~** etw im Auge behalten; **~ da/gwael** gutes/schlechtes Gedächtnis; **does gen i ddim ~ mynd yno** ich kann mich nicht erinnern hingegangen zu sein; **dwyn rhth i gof** sich etw ins Gedächtnis rufen; **dysgu rhth ar eich ~** etw auswendig lernen; **er ~ am** zur Erinnerung an *+akk*; **ers cyn ~** seit eh und je; **~ gennyf** ich erinnere mich; **gollwng dros gof** vergessen, entfallen; **~ gwael am wynebau** schlechtes Personengedächtnis; **mynd o'ch ~** durchdrehen, die Beherrschung verlieren.

cofadail (**cofadeiliau**) *gb* Monument *nt*; *(bach)* Denkmal *nt*.

cofair (**cofeiriau**) *g* Eselsbrücke *f*.

cofeb (**-ion**) *b* Denkmal *nt*, Gedenkstätte *f*.

cofgolofn (**-au**) *b* Denkmal *nt*, Monument *nt*.

cofiadur (**-on**) *g (HAN)* Geschichtsschreiber *m*, Chronist *m*; *(CYFR)* ≈ Oberlandesrichter *m*.

cofiadwy *ans* denkwürdig.

cofiannol *ans* biografisch.

cofiannydd (**cofianwyr**) *g* Biograf *m*.

cofiant (**cofiannau**) *g* Biografie *m*.

cofio *be.g* sich erinnern; **rwy'n ~ ei weld e** ich erinnere mich, ihn gesehen zu haben; **mae hi'n atoch chi** sie lässt Sie schön grüßen; **cyn belled ag yr wyf yn ~** soweit ich mich erinnern kann.

  ♦ *be.a* sich erinnern an *+akk*; **cofia wneud dy waith!** denk daran deine Arbeit zu tun! **cofia fi at dy fam** grüße deine Mutter von mir.

cofion *ll gw.* **cof**; **~ gorau** herzliche Grüße; **~ cynnes**

liebe Grüße.

cofleidiad (-au) *g* Umarmung *f*.

cofleidio *be.a* umarmen, in die Arme nehmen.

coflen (-ni) *b* Akte *f*; **~ bersonol** Personalbogen *m*.

cofnod (-ion) *g* Aufzeichnung *f*, Notiz *f*; *(o gyfarfod)* Protokoll *nt*; *(MASN)* Buchung *f*; **ar gofnod** notiert; **gwneud ~ o rth** eine Notiz von etw machen; **~ion y llys** Gerichtsakten *pl*; **llyfr ~ion** Notizbuch *nt*.

cofnodedig *ans* dokumentiert.

cofnodi *be.a* aufschreiben, notieren; *(ffurfiol)* protokollieren; *(mewn cofrestr)* registrieren; *(MASN)* buchen.

cofrestr (-i *neu* -au) *b* Register *nt*, Liste *f*; *(ysgol)* Klassenbuch *nt*; **~ etholiadol** Wählerliste *f*.

cofrestrfa (cofrestrfeydd) *b* Sekretariat *nt*; *(ar gyfer priodasau)* Standesamt *nt*.

cofrestriad (-au) *g* Registrierung *f*, Vormerkung *f*; *(PRIFYSG)* Inskription *f*.

cofrestru *be.a* registrieren;

♦ *be.g (ar gwrs)* anmelden; *(PRIFYSG)* inskribieren; **rhif ~** *(MODUR)* Kennzeichen *nt*; **swyddfa gofrestru** Sekretariat *nt*, Anmeldestelle *f*.

cofrestrydd (-ion) *g (gweinyddol)* Standesbeamte(r) *m*; *(prifysgol)* Registrar *m*.

cofrodd (-ion) *b* Andenken *nt*, Souvenir *nt*.

cofweini *be.a, be.g (THEAT)* soufflieren +*dat*.

cofweinydd (-ion) *g (THEAT)* Souffleur *m*.

cofyddiaeth *b* Mnemotechnik *f*.

coffa (-on) *g* Andenken *nt*; **gwasanaeth coffa** Gedenkgottesdienst *m*; **carreg goffa** Denkmal *nt*, Mahnmal *nt*; **mae gen i goffa da amdano** ich habe ihn in guter Erinnerung; **er ~** zum Gedenken an +*akk*.

coffâd *g* Gedenken *nt*; **mewn ~ am** zum Gedenken an +*akk*.

coffadwriaeth (-au) *b (cof)* Andenken *nt*; *(gwasanaeth eglwys)* Gedenkfeier *f*.

coffáu *be.a* gedenken +*gen*.

coffi *g* Kaffee *m*; **~ gwyn** Milchkaffee *m*; **~ o hidlydd** Filterkaffee *m*; **~ brag** Malzkaffee *m*; **~ o ffa** Bohnenkaffee *m*; **~ parod** Pulverkaffee *m*; **~ du** Mokka *m*; **pot ~** Cafetiere *f*; **~ â hufen iâ ynddo** Eiskaffee *m*; **~ a theisen** Kaffee und Kuchen, (Kaffee)jause^A *f*.

coffor (coffrau) *g (mewn banc)* Geldschrank *m*, Bankschließfach *nt*, Safe *m/nt*; *(casged)* Schatulle *f*; *(ar gyfer dillad)* Schrankkoffer *m*; *(cist)* Truhe *f*; **~ cryf** Panzerschrank *m*, Tresor *m*; **coffrau'r wlad** Etat *m*; **coffrau cyhoeddus** öffentliche Gelder *pl*; **mae'r coffrau'n wag** alles Geld ist weg, wir sind pleite.

coffr (-au) *g* = coffor.

cog (-au) *b (SÖOL)* Kuckuck *m*; **clychau'r gog** *(BOT)* Glockenblume *f*; **fel y gog** *neu:* **mor hapus â'r gog** quietschvergnügt.

coginio *be.a* kochen; *(paratoi bwyd)* machen, zubereiten; **~'n drwyadl** garen^D; **~ cartref** gutbürgerliche Küche *f*; **dull ~** Kochkunst *f*; **llyfr ~** Kochbuch *nt*; **mae ~ Angharad yn warthus** Angharad kocht miserabel.

coginiol *ans* kulinarisch.

cogio *be.g (i fod yn sâl)* simulieren; *(i fod yn dlawd)* vortäuschen; *(smalio)* Theater spielen; **~ gwneud rhth** vorgeben etw zu tun; **~ caru** flirten, einen Flirt haben.

cogor[1] *g* Geschwätz *nt*, Geplapper *nt*.

cogor[2] *be.g* schwatzen, plappern.

cogr-droi *be.g (troi)* wirbeln; *(sefyllian)* trödeln; *(cerdded yn araf)* bummeln.

cogydd (-ion) *g* Koch *m*; **mae e'n gogydd da** er kocht gut.

cogyddes (-au) *b* Köchin *f*; **mae hi'n gogyddes dda** sie kocht gut.

cogyddiaeth *b* Kochen *nt*, Kochkunst *f*.

congl (-au) *b (cornel)* Ecke *f*; *(ongl)* Winkel *m*; *(tro yn yr heol)* Kurve *f*; **cael eich gwasgu i gongl** in die Enge getrieben werden.

conglfaen (conglfeini) *g* Grundstein *m*, Eckstein *m*; *(ffig)* Eckpfeiler *m*.

coil (-iau) *g (TRYD)* Spule *f*; *(MEDD)* Spirale *f*.

côl (colau) *b* Schoß *m*; **ar eich ~** auf dem Schoß; **eistedd yng nghôl rhn** auf dem Schoß von jdm sitzen.

cola *g* Cola *nt/f*^{D}.

coladu *be.a* ordnen, zusammentragen.

colandr (-au) *g* Seiher *m*, Sieb *nt*.

colbio *be.a* schlagen, verprügeln.

coleddu *be.a* hegen, pflegen.

coleg (-au) *g* College *nt*, Hochschule *f*, Institut *nt*; *(PRIFYSG)* Universität *f*; **mynd i'r ~** an die Uni gehen; **~ cerdd** Musikhochschule *f*, Konservatorium *nt*; **~ diwinyddol** Priesterseminar *nt*; **~ drama** Schauspielschule *f*; **~ masnach** Handelsakademie *f*; **~ peirianneg** Ingenieurschule *f*, HTL^{AS} *f* (Höhere Technische Lehranstalt); **~ polytechnig** Polytechnikum *nt*; **~ technegol** Fachschule *f*.

coler (-i) *gb (crys)* Kragen *m*; *(i gi)* Halsband *nt*; **gweithiwr ~ wen** Angestellte(r) *m*; **gweithiwr ~ las** Arbeiter *m*.

colera *g (MEDD)* Cholera *f*.

colerig *ans* cholerisch.

colestrol *g* Cholesterin *nt*.

colfach (-au) *g (drws)* Angel *f*; *(bocs)* Scharnier *nt*.

colfen (-ni *neu* -**nau**) *b* Zweig *m*; *(yn tyfu'n syth o'r boncyff)* Ast *m*.

colig *g (MEDD)* Kolik *f*.

colofn (-**au**) *b (PENS)* Säule *f*; *(ffig)* Pfeiler *m*; *(ffigurau, MIL: rhes)* Kolonne *f*; *(rhaniad tudalen)* Spalte *f*; *(erthygl bapur newydd)* Kolumne *f*; **~ bosteri** Litfaßsäule *f*; **~ gredyd** *(CYLL)* Habenseite *f*; **~ glecs** Klatschspalte *f*; **~ o fwg** Rauchsäule *f*; **~ y darllenwyr** Leserbriefe *pl*.

colofnig (-**au**) *b (BOT)* Stempel *m*.

colofnydd (**colofnwyr**) *g* Kolumnist *m*.

colomen (-**nod**) *b (SŌOL)* Taube *f*; **~ glai** Tontaube *f*; **~ negesau** Brieftaube *f*; **~ wyllt** Ringeltaube *f*; **twll ~** Fach *nt*.

colomendy (**colomendai**) *g* Taubenschlag *m*.

colon[1] (-**au**) *g (ANAT)* Dickdarm *m*.

colon[2] (-**au**) *g (GRAM)* Doppelpunkt *m*; **hanner ~** Strichpunkt *m*.

colrabi *g* Kohlrabi *m*.

cols *ll gw.* **colsyn**.

colsyn (**cols** *neu* **colsion**) *g* Asche *f*, *(talpiog)* Schlacke *f*, *(yn dal i losgi)* glühendes Kohlestück *nt*; **uffern/uffach gols!** heiliger Strohsack! **llosgi rhth yn golsyn** etw in Glut und Asche verwandeln; **mae'r swper wedi llosgi'n golsyn** das Essen ist verkohlt.

coltar *g* Teer *m*.

coltario *be.a* teeren.

coluddion *ll (perfedd)* Gedärme *pl*; *(anifail)* Eingeweide *pl*; *gw.h.* **coluddyn**.

coluddyn (**coluddion**) *g (ANAT)* Darm *m*; **~ bach** Dünndarm *m*; **~ crog** Blinddarm *m*, Wurmfortsatz *m*; **~ mawr** Dickdarm *m*.

colur (-**on**) *g* Make-up *nt*, Schminke *f*; **~ llygaid** Lidschatten *m*; **~ sylfaen** Make-up; **rhoi ~ ar eich wyneb** sich schminken.

coluro *be.a* schminken.

♦ *be.g* sich schminken.

colurwr (**colurwyr**) *g (THEAT)* Maskenbildner *m*, Visagist *m*.

colurwraig (**colurwragedd**) *b (THEAT)* Maskenbildnerin *f*, Visagistin *f*.

colwynwr (**colwynwyr**) *g* Geburtshelfer *m*.

colyn[1] (-**nau**) *g (drws, ffenestr)* Angel *f*, *(colfach)* Scharnier *nt*; **~ drws** Türangel *f*.

colyn[2] (-**nau**) *g (pigyn)* Stachel *m*; *(pryfyn)* Stich *m*.

coll[1] *g* = **colled**; **oes ~ arnat ti?** hast du nicht alle (Tassen im Schrank)?

coll[2] *ans:* **ar goll** *(rhn, awyren, llong)* vermisst; *(wedi colli)* verschwunden; *(ddim yno)* fehlend; **mynd ar goll** verloren gehen; *(ar y ffordd)* sich verirren, sich verlaufen; **roedd Tom ar goll yng nghanol yr holl bobl** Tom war ganz verloren unter den vielen Menschen.

collddail *ans:* **coeden gollddail** Laubbaum *m*.

colled (-**ion**) *gb* Verlust *m*; *(ariannol)* Einbuße *f*; **~ rannol** Teilschaden *m*; **mae'n ddrwg glywed am eich colled** *(marwolaeth)* es tut mir leid vom Verlust ihres… *gen* zu hören; **hela ~ ar rn** jdn zum Wahnsinn treiben; **ar golled** als Verlustgeschäft.

colledig *ans* verloren; *(celfyddyd)* ausgestorben; *(wedi colli)* verschwunden, vermisst; *(CREF)* verdammt.

collen *b (BOT)* Hasel *f*, Haselstrauch *m*; **~ Ffrengig** Nussbaum *m*.

collfarnu *be.a* verwerfen; *(condemnio)* verteufeln; *(ymosod ar)* anprangern.

colli *be.a* verlieren; *(gêm)* verlieren; *(hylif)* ausschütten; *(cyfle, digwyddiad)* versäumen; *(drwy or-gysgu)* verschlafen; *(drwy roi rhth yn y lle anghywir)* verlegen; **collodd y gêm i ni** er vermasselte uns den Sieg; **~ adnabod rhn** den Kontakt zu jdm abbrechen; **~ amser** *(gwastraffu)* Zeit verschwenden/vergeuden; **~ arian** *(drwy hapchwarae)* verspielen; **~ arnoch eich hun** aus der Rolle fallen; **~ blas** die Lust verlieren, die Nase voll haben; **~'ch bywyd** sein Leben lassen; **~ cwsg** um seinen Schlaf kommen; **~ cyfeiriad/cwrs** den Weg verlieren; *(llong ayb)* abtreiben; **~ cyfle** eine Chance ungenutzt lassen; **~ cysylltiad** *(trên ayb)* den Anschluss verpassen; *(â rhn)* jdn aus den Augen verlieren; **~ dagrau** Tränen vergießen; **~ dechrau'r ffilm** den Anfang des Films verpassen; **does ganddi dim byd i'w colli** sie hat nichts zu verlieren; **~ diddordeb yn rhth** das Interesse an etw *dat* verlieren; **~ dŵr** *(gollwng)* lecken; **~'r dydd** *(CHWAR)* besiegt werden; **~ enw da** in Verruf geraten; **~'r ffordd** sich verirren, die Orientierung verlieren; **~ ffydd mewn rhth** den Glauben an etw *akk* verlieren; **~ gafael** den Halt verlieren; **gweld ~ rhth** etw vermissen; **rwy'n gweld ~ Marian** Marian fehlt mir; **wedi ~'ch gwynt** außer Atem sein; **~ lliw** verblassen; *(trwy olchi)* auslaufen; *(blodau: gwywo)* verblühen; **~'ch pen** *(gwylltio)* aus der Haut fahren; **~'ch plwc** verweichlichen; **~'r pwynt** am Thema vorbeireden; **~ pwysau** abnehmen; **~'n rhacs** *(CHWAR)* haushoch verlieren; **~ rheolaeth o'ch hunan** sich gehen lassen; **~ sglein/lliw** *(metel)* anlaufen; **~ siâp** sich verziehen; **~ synnwyr** den Verstand verlieren; **~ tro** *(chwarae)* aussetzen; **~ trywydd pethau** den Überblick verlieren; **~'ch tymer** die Beherrschung verlieren.

collnod (-**au**) *g (GRAM)* Auslassungszeichen *nt*, Apostroph *m*.

collwr (**collwyr**) *g* Verlierer *m*; **~ gwael yw e** er ist ein schlechter Verlierer.

coma[1] (**-s**) *g (GRAM)* Komma *nt*, Beistrich *m*.
coma[2] (**comâu**) *g (MEDD)* Koma *nt*.
combein (**-iau**) *g (AMAETH)* Mähdrescher *m*.
comed (**-au**) *b (ASTRON)* Komet *m*.
comedi (**comedïau**) *b (THEAT)* Komödie *f*, Lustspiel *nt*.
comedïwr (**comedïwyr**) *g (THEAT)* Komiker *m*; *(ffig)* Witzbold *m*.
comic (**-s**) *g* Comic *m*, Comic-Heft *nt*.
comin (**-s**) *g* Gemeindewiese *f*, Anger *m*.
comisiwn (**comisiynau**) *g (pwyllgor arbennig)* Kommission *f*, Ausschuss *m*; *(gŵys ffurfiol)* Auftrag *m*; *(CYLL, MASN)* Provision *f*; *(i asiant)* Vermittlungsgebühr *f*; *(awdurdod)* Bevollmächtigung *f*; **ar gomisiwn rhn** im Auftrag von jdm; **~ brocer** Maklergebühr *f*; **~ coedwigaeth** Forstverwaltung *f*; **~ monopolïau** Kartellamt *nt*.
comisiynu *be.a (person)* beauftragen; *(llyfr, llun)* in Auftrag geben; *(MIL)* ernennen; *(llong)* in Dienst nehmen; *(pwerdy)* in Betrieb nehmen.
  ♦ *be.e* Inbetriebnahme *f*.
comisiynwr (**comisiynwyr**) *g* = comisiynydd.
comisiynydd (**comisiynwyr**) *g:* **C~ y Gymuned Ewropeaidd** EU-Kommissar *m*; **C~ Heddlu** Polizeipräfekt *m*.
comiwn (**-au**) *g* Kommune *f*.
comiwnydd (**-ion**) *g (GWLEID)* Kommunist *m*.
comiwnyddes (**-au**) *b (GWLEID)* Kommunistin *f*.
comiwnyddiaeth *b (GWLEID)* Kommunismus *m*.
comiwnyddol *ans (GWLEID)* kommunistisch.
comôd (**comodau**) *g* Nachttopf *m*; *(mewn ysbyty)* Nachtstuhl *m*.
comon *ans (i bawb)* gemeinsam, gemeinschaftlich; *(cyffredin)* häufig; *(arferol)* gewöhnlich; *(dif: aflednais)* ordinär, vulgär; **tir ~** öffentlicher Grund; *(porfa)* Gemeindewiese *f*.
compost *g* Kompost *m*.
compot *g* Kompott *nt*.
compiwter *g* = cyfrifiadur.
compiwtereiddio *be.a (newid system gwaith)* computerisieren.
côn (**-au**) *g* Kegel *m*; *(mochyn coed)* Zapfen *m*, Tannenzapfen *m*; **~ hufen iâ** Eistüte *f*.
conach *be.g* murren; **~ am** schimpfen über +*akk*.
conan *be.g* = conach.
concer (**-s**) *g* Kastanie *f*.
concerto (**-s** *neu* **concerti**) *g* Konzert *nt*; **~ i'r piano** Klavierkonzert *nt*; **~ i'r ffliwt a'r delyn** Konzert für Flöte und Harfe.
concrit *g* Beton *m*; **~ wedi'i ragdynhau** Spannbeton *m*; **cymysgwr ~** Betonmischer *m*.
concritio *be.a* betonieren.
concro *be.a (gwlad)* erobern; *(gelyn, ofn, afiechyd)*

besiegen; *(mynydd)* bezwingen.
concwerwr (**concwerwyr**) *g (gwlad, calon)* Eroberer *m*; *(gelyn, ofn afiechyd)* Sieger *m* (über +*akk*); *(mynyddoedd)* Bezwinger *m*; **Gwilym Goncwerwr** Wilhelm der Eroberer.
condemniad *g* Verurteilung *f*; *(CREF)* Verdammnis *f*.
condemnio *be.a* verurteilen, verdammen; *(beirniadu, collfarnu)* anprangern; *(adeilad)* für abbruchreif erklären; **~ rhn i farwolaeth** jdn zum Tod verurteilen.
condemniwr (**condemnwyr**) *g* Denunziant *m*.
condemniwraig (**condemnwragedd**) *b* Denunziantin *f*.
condom (**-au**) *g* Kondom *nt/m*, Präservativ *nt*, Pariser *m*.
conen *b* Nörglerin *f*.
confennau *ll (COG)* Gewürze *pl*; *(ar fwrdd)* Salz und Pfeffer.
confensiwn (**confensiynau**) *g* Konvention *f*; *(GWLEID, cynhadledd)* Tagung *f*, Konferenz *f*; **y Confensiynau Genefa** die Genfer Konvention.
confensiynol *ans* konventionell; *(ystrydebol)* schablonenhaft; *(MIL)* **arfau ~** konventionelle Waffen.
confoi (**-s** *neu* **au**) *g* Konvoi *m*, Kolonne *f*.
conffeti *ll* Konfetti *nt*.
conffirmasiwn *g (CREF)* Konfirmation *f*.
conffirmio *be.a (CREF)* konfirmieren.
coniac *g* Cognac® *m*, Kognak *m*.
coniffer (**-iaid**) *g* Nadelbaum *m*; *(pren)* Nadelhölzer *pl*.
conig *ans* konisch, kegelförmig.
conigol *ans* kegelförmig.
cono (**-s**) *g:* **hen gono** schrulliger Alter *m*.
consentrig *ans* konzentrisch.
consertina *g (CERDD)* Konzertina *f*.
consesiwn (**consesiynau**) *g* Zugeständnis *nt*, Konzession *f*; *(MASN)* Konzession; *(treth, mynediad)* Vergünstigung *f*.
consgriptio *be.a* einziehen.
consierto *g* = concerto.
consol (**-au**) *g* Kontrollpult *nt*; *(panel)* Schalttafel *f*; *(organ)* Spieltisch *m*, Tastatur *f*; *(CYFDR)* Konsole *f*.
consortiwm (**consortia**) *g* Konsortium *nt*.
consurio *be.a* vormachen; *(swyno)* verzaubern; *(apelio at)* beschwören; **~ rhth** sich *dat* etw aus den Fingern saugen; **tric ~** Zaubertrick *m*.
consuriwr (**consurwyr**) *g (un sy'n gwneud castiau hud)* Zauberkünstler *m*, Illusionist *m*; *(dewin)* Zauberer *m*; **~ nadredd** Schlangenbeschwörer *m*.
conswl (**consyliaid**) *g* Konsul *m*.
conswliaeth (**-au**) *b* Konsulat *nt*.

cont (-au) *b (anwedd)* Fotze *f; (ebychiad o sarhad)* Hundsfott *m/nt*, Arsch *m*.

contraband *g* Schmuggelware *f*.

contractwr (**contractwyr**) *g (unigolyn)* Auftragnehmer *m; (cwmni)* beauftragte Firma *f;* ~ **adeiladu** Bauunternehmer *m;* **contractwyr glanhau** Gebäudereinigung *f*.

contralto (-s) *gb (llais)* Alt *m; (cantores)* Altistin *f*.

conwydden (**conwydd**) *b* Nadelbaum *m*.

conyn (-od) *g* Nörgler *m*.

cop (**copynod** *neu* **copynau**) *g* Spinne *f*.

copa (-on *neu* **copâu**) *gb* Spitze *f*, Gipfel *m; (rhan o'r pen)* Scheitel *m;* ~'**r bryn** Berggipfel *m;* ~ **coeden** Wipfel *m;* **pob** ~ **walltog** alle ohne Ausnahme.

copi (**copïau**) *g* Kopie *f; (ysgrifenedig)* Abschrift *f; (wedi'i deipio)* Durchschlag *m; (ychwanegol)* Duplikat *nt; (CELF)* Nachbildung *f*, Reproduktion *f; (llyfr)* Exemplar *nt;* ~ **anghyfreithlon** Raubkopie *f;* ~ **cadw** *(CYFDR)* Backup *nt;* ~ **caled** Ausdruck *m;* ~ **carbon** Durchschlag *m*, Durchschrift *f;* ~ **gwael** Abklatsch *m;* ~ **lliw** Farbkopie *f;* ~ **o allwedd** Nachschlüssel *m;* ~ **prawf** *(MASN)* Probeexemplar *nt;* ~ **am ddim** Freiexemplar *nt*.

copïo *be.a* kopieren; *(ysgrifennu)* abschreiben; *(YSG: twyllo)* schummeln; *(efelychu)* imitieren.

copr *g (CEM)* Kupfer *nt*.

♦ *ans* kupfern, Kupfer-.

copyn (-od *neu* -au) *g* Spinne *f;* **pryf** ~ Spinne *f*.

cor[1] (-rod) *g* Zwerg *m*.

cor[2] *g* = **corryn**.

cor anglais *g (CERDD)* Englischhorn *nt*.

côr (**corau**) *g (cantorion)* Chor *m; (rhan o eglwys)* Chor, Altarraum *m; (mainc)* Kirchenbank *f; (preseb)* Krippe *f;* ~ **cymysg** gemischter Chor; ~-**gadeiriau** *ll* Chorgestühl *nt;* ~ **meibion** Männerchor *m;* ~ **merched** Frauenchor *m;* **C**~ **y Cewri** *(DAEAR)* Stonehenge *nt;* ~ **y wig** Morgenkonzert der Vögel.

coraches (-au) *b* Zwergin *f*, Zwergenfrau *f*.

corachod *ll gw.* **corrach**.

Corân *g* = **Cwrân**.

corawd (-au) *gb (CERDD)* Choral *m*.

corawl *ans* Chor-.

corbenfras (**corbenfreis**) *g (SÖOL)* Schellfisch *m*.

corbysen (**corbys**) *b (BOT)* Linse *f*.

corc *g* Kork *m*.

corcio[1] *be.a* verkorken.

corcio[2] *be.g (llamu)* hüpfen, springen.

corcyn (**cyrc**(**s**) *neu* **corcau**) *g* Korken *m*, Stöpsel *m;* **sych fel** ~ knochentrocken; **tynnu** ~ **o botel** eine Flasche entkorken; **peth tynnu** ~ Korkenzieher *m*.

cord[1] (-iau) *g (CERDD)* Akkord *m*.

cord[2] (-au) *g (MATH)* Sehne *f*, Sekante *f*.

cordeddu *be.a* verstricken, verflechten.

♦ *be.g* sich verstricken, sich verflechten; *gw.h.* **cyfrodeddu**.

corden (-ni) *b* Schnur *f*, Strick *m*, Kordel *f*.

cordyn (**cordiau** *neu* **cyrd** *neu* **cyrt**) *g* Schnur *f*, Strick *m*, Bindfaden *m;* ~ **sgipio** Springschnur *f*.

cordyrói *g (TECS)* Kord *m*.

corddi *be.a* aufwühlen; *(menyn)* buttern.

♦ *be.g (berwi)* brodeln, sieden; ~ **wyau** Schnee schlagen; ~'**r dyfroedd** stänkern; ~ **gan ddicter** kochen vor Wut.

corddwr (**corddwyr**) *g* Butterfass *nt; (person)* Stänkerer *m;* ~ **sment** Betonmischer *m*.

Corea *b (DAEAR)* Korea *nt*.

Coread (**Coreaid**) *g* Koreaner(in) *m(f)*.

Coreaidd *ans* koreanisch.

cored (-au) *b* Fischreuse *f; (argae)* Wehr *f*.

Corëeg *b (iaith)* Koreanisch *nt*.

coreograffi *g* Choreografie *f*.

coreograffydd (**coreograffwyr**) *g* Choreograf(in) *m(f)*.

corff (**cyrff**) *g* Körper *m*, Leib *m; (marw)* Leiche *f*, Leichnam *m; (ac eithrio pen, breichiau a choesau)* Rumpf *m; (car)* Karosserie *f; (cymdeithas)* Organisation *f*, Verband *m;* **C**~ **lechyd y Byd** Weltgesundheitsorganisation *f;* ~ **nefol** Himmelskörper *m;* **yng nghorff y neuadd** im Hauptteil des Saales; **yng nghorff y dydd** im Laufe des Tages; **yn gorff** tot; **fe'i cafwyd yn gorff** er wurde tot aufgefunden.

corffdy (**corffdai**) *g* Aufbahrungshalle *f*, Leichenschauhaus *nt*.

corffilyn (**corffilod**) *g (BIOL)* Blutkörperchen *nt*.

corfflosgi *be.a* einäschern, kremieren.

corfflu (-oedd) *g (MIL)* Korps *nt;* ~ **meddygol** medizinisches Korps.

corffog *ans* beleibt, behäbig.

corffol *ans* = **corffog**.

corffolaeth *b (maint)* Körperbau *m*, Statur *f; (cyfansoddiad)* Konstitution *f*.

corfforaeth (-au) *b* Körperschaft *f;* ~ **ddarlledu** Rundfunkanstalt *f*.

corffori *be.a* verkörpern; *(cynnwys)* enthalten; *(GWLEID)* angliedern, eingemeinden; *(MASN)* gewerblich registrieren.

corfforol *ans* körperlich, leiblich; *(poen ayb)* physisch; **chwarae** ~ *(CHWAR)* körperbetont spielen.

corgi (**corgwn**) *g (SÖOL)* Corgi *m;* ~ **tarw** Mops *m*.

corgimwch (**corgimychiaid**) *g (SÖOL)* Garnele *f*, Krevette *f*, Shrimp *m*.

coridor (-au) *g* Gang *m*, Korridor *m*.

corlan (-nau) *b* Schafhürde *f*, Schafpferch *f*; ~
chwarae *(i fabi)* Gehschule *f*.

corlannu *be.a* einsperren.

corn[1] **(cyrn)** *g* Horn *nt*; *(carw)* Geweihstange *f*; *(ar
droed)* Hühnerauge *nt*; *(yfed)* Trinkhorn *nt*; *(pryfod)*
Fühler *m*; *(MEDD: stethosgôp)* Stethoskop *nt*; ~ **aradr**
Pflugsterz *m*; **cyrn carw** Geweih *nt*; ~ **gwddf** *(ANAT)*
Kehlkopf *m*; ~ **hirlas** zeremonielles Trinkhorn
des Eisteddfod; ~ **llywio** *(beic ayb)* Lenkstange *f*; ~
mwg Schornstein *m*, Schlot *m*; **sathru ar gyrn rhn**
(ffig) jdm auf den Zehen herumtrampeln.

   ar gorn *ardd* wegen *+dat*; *(ar draul)* auf
Kosten von *+dat*; **aeth i'r dref ar gorn y cyfarfod** sie
fuhr wegen dem Treffen in die Stadt; **ar gorn yr
amgylchfyd** auf Kosten der Umwelt.

corn[2] **(cyrn)** *g* *(CERDD)* Horn *nt*; *(car)* Hupe *f*; ~ **Ffrengig**
Waldhorn *nt*; ~ **gwlad** Fanfare beim Eisteddfod;
~ **siarad** Megafon *nt*.

corn[3] *ans* gänzlich, komplett, total; **yn feddw gorn**
sternhagelvoll, total blau; **wedi rhewi'n gorn** steif
gefroren.

cornbilen *b* *(ANAT)* Hornhaut *f*.

cornchwiglen (cornchwiglod) *b* *(SÖOL)* Kiebitz *m*.

cornel (-i) *gb* Ecke *f*, Winkel *m*; *(CHWAR: cic)* Eckball
m; ~ **grych** Eselsohr *nt*; **gwthio rhn i gornel** jdn in
die Enge treiben.

cornelu *be.g* *(mewn car)* die Kurve nehmen.

   ♦ *be.a* in die Enge treiben; ~**'r farchnad** ein
Monopol aufbauen, monopolisieren.

cornet (-au) *g* *(CERDD)* Kornett *nt*; *(hufen iâ)* Eistüte *f*.

cornicyll (-od) *g* = **cornchwiglen**.

cornio *be.a* mit gesenkten Hörnern angreifen;
(MEDD) mit dem Stethoskop abhören; **cefais fy
nghornio gan darw** ein Stier ging mit gesenkten
Hörnern auf mich los.

corniog *ans* gehörnt, mit Hörnern; *(carw)* mit
Geweih; *(chwilen)* mit Fühlern.

cornwyd (-ydd) *g* *(MEDD)* Furunkel *nt/m*, Abszess *m/nt*.

coron (-au) *b* Krone *f*; *(arian)* Krone; **tiroedd y Goron**
die Länder der Krone.

coronbleth (-au) *b* Kranz *m*.

corongylch (-au) *g* *(CREF)* Heiligenschein *m*; *(ASTRON)*
Korona *f*.

coroni *be.a* krönen; **coronwyd ei ymdrechion â
llwyddiant** seine Bemühungen waren mit Erfolg
gekrönt; **ac i goroni'r cwbl ...** und um dem ganzen
die Krone aufzusetzen,…

coronog *ans* gekrönt.

corrach (corachod) *g* Zwerg *m*.

corryn (corynnod) *g* *(SÖOL)* Spinne *f*.

cors (-ydd *neu* **cyrs**) *b* Sumpf *m*, Morast *m*; *(mawr)*
Sumpfland *nt*; *(ffig)* Ausweglosigkeit *f*; ~ **anobeith**

Dunkel der Verzweiflung.

corsed (-au) *g* Korsett *nt*.

corsen (-nau *neu* **cyrs**) *b* *(BOT)* Schilf(rohr) *nt*; *(ar gyfer
celfi neu fasgedi)* Peddigrohr *nt*, Rattan *nt*; *(CERDD)*
Rohrblatt *nt*; **celfi** ~ Rattanmöbel *pl*; **palmwydden** ~
Rotangpalme *f*.

corsiog *ans* sumpfig.

corslyd *ans* = **corsiog**.

corstir (-oedd) *g* Sumpfland *nt*.

corswellt *ll* *(BOT)* Schilf *nt*, Schilfgras *nt*.

corswigen *b* *(BOT)* Schneeball *m*.

cort **(cyrt)** *g* Schnur *f*, Strick *m*, Bindfaden *m*.

cortyn (-nau *neu* **-ni**) *g* = **cort**; ~ **sgipio** Springschnur *f*.

corun (-au) *g* *(pen)* Scheitel *m*; *(mynach)* Tonsur *f*;
(dant) Krone *f*; **o'r** ~ **i'r sawdl** vom Scheitel bis zur
Sohle, von Kopf bis Fuß.

corws (corysau) *g* Chor *m*; *(cytgan)* Refrain *m*.

corwynt (-oedd) *g* Orkan *m*, Sturmwind *m*.

cosb (-au) *b* Strafe *f*; ~ **eithaf** Todesstrafe *f*; ~
gorfforol Prügelstrafe *f*.

cosbedigaeth (-au) *gb* Züchtigung *f*, Bestrafung *f*.

cosbi *be.a* *(rhn)* strafen, bestrafen; *(trosedd)* ahnden;
cwrt ~ Strafgericht *nt*.

cosfa (cosfeydd) *b* Juckreiz *m*; *(cweir)* Tracht *f*
Prügel.

cosi *be.a* kitzeln.

   ♦ *be.g* jucken, kribbeln; **mae fy nghefn i'n** ~ mich
juckt der Rücken.

cosin (-au) *g* *(MATH)* Kosinus *m*.

coslyd *ans* kribbelig.

cosmetig *ans* kosmetisch.

cosmig *ans* kosmisch.

cosmopolitaidd *ans* kosmopolitisch.

cosmos *g* Kosmos *m*.

cost (-au *neu* **-iau**) *b* Kosten *pl*; ~**au** *ll* Ausgaben *pl*,
Spesen *pl*; ~**au byw** Lebenskosten *pl*; ~**au cludiant**
Versandkosten *pl*; ~**au cynnal a chadw**
Unterhaltskosten *pl*.

costio *be.a* kosten; **costied a gostio** koste es, was es
wolle; **faint mae'n** ~ wie viel kostet es? **mae'n** ~
gormod das ist zu teuer; **fe gostiodd ei fywyd** es
kostete ihn das Leben.

costiwm (costiymau) *gb* Kostüm *nt*.

costrel (-au *neu* **-i**) *b* Flasche *f*, Karaffe *f*.

costrelu *be.a* (in Flaschen) abfüllen.

costus *ans* kostspielig, teuer.

cosyn (-nau) *g* Laib *m* Käse.

cot[1], **côt (cotiau)** *b* Mantel *m*; *(MIL)* Mantel, Rock *m*;
(blew anifail) Pelz *m*; *(haenen)* Belag *m*; *(o baent)*
Anstrich *m*; ~ **flew** Pelzmantel *m*; ~ **gynffon** Frack
m; ~ **law** Regenmantel *m*; ~ **weu** Strickjacke *f*.

cot[2] (-iau) *g* Kinderbett *nt*, Gitterbett *nt*.

cota *ans gw.* **cwta**; **buwch goch gota** Marienkäfer *m.*

coten *b (cweir)* Prügel *pl*, Haue^D *pl.*

cotiar (cotieir) *b (SŎOL)* Wasserhuhn *nt.*

cotio *be.a* beschichten.

cotwm (cotymau) *g* Baumwolle *f.*

couchette (-s) *gb* Liegewagen *m.*

coup d'état *g (GWLEID)* Staatsstreich *m*, Putsch *m.*

coupé (-s) *g* Coupé *nt.*

courgettes *ll* Zucchini *pl.*

cowboi (-s) *g* Cowboy *m.*

cownt¹ (-iau) *g* Graf *m.*

cownt² (-iau) *g* Rechnung *f*, *(adroddiad)* Bericht *m*; *(parch)* Achtung *f*, Wertschätzung *f.*

cownter (-i) *g (siop)* Ladentisch *m*, Theke *f*; *(banc, swyddfa bost, stadiwm ayb)* Schalter *m*; **~ bargeinion** Wühltisch *m*; **dan y ~** *(ar y slei)* unter der Theke.

cowntes (-au *neu* **-i)** *b* Gräfin *f.*

crac¹ (-iau) *g* Riss *m*, Spalt *m*; *(gwydr, plât)* Sprung *m*; *(clec)* Knacks *m*, Knall *m.*

crac² *ans* böse, wütend, zornig; **mynd yn grac** wütend werden, durchdrehen.

crac³ *g (cyffur)* Crack *nt.*

cracer (-s) *g (bisgïen)* Kräcker *m.*

cracio *be.g* springen; *(clecian)* krachen; *(llais)* brechen.

crach¹ *ll gw.* **crachen.**

crach² *ll* Snobs *pl*, Neureiche *pl.*

crachen (crach) *b* Kruste *f*, *(MEDD)* Schorf *m*, Schuppenflechte *f*; *(coeden)* Flechte *f*; **codi hen grach** in alten Wunden bohren.

craen (-iau) *g* Kran *m.*

crafangu *be.a* greifen, umkrallen; *(ennill'n wancus)* raffen.

crafanc (crafangau) *b* Kralle *f*; *(aderyn)* Fänge *pl*; *(anifail)* Klaue *f*, *(cranc)* Schere *f.*

crafiad (-au) *g* Kratzer *m*, Kratzwunde *f*; *(gweithred)* Kratzen *nt.*

crafion *ll* Abgeschabte(s) *nt*; *(pilion)* Schalen *pl*; *(metel)* Späne *pl*; **~ tatws** Kartoffelschalen *pl.*

crafog *ans* bissig; **sylw ~** bissige Bemerkung.

crafu *be.a* kratzen, schaben; *(niweidio)* zerkratzen; **~ tatws** Kartoffel schälen; **~ eich bywoliaeth wrth wneud rhth** sein Dasein fristen mit etw.

♦ *be.g (sgyrs: gwenieithio)* kriechen, schleimen; **~ drwodd** die Kurve kratzen; *(mewn arholiad)* mit Ach und Krach durchkommen; **~ i mewn i dîm yr ysgol** sich mit Müh und Not für das Schulteam qualifizieren.

crafwr (crafwyr) *g* Kriecher *m*, Speichellecker *m*; *(teclyn i grafu)* Schaber *m.*

craff¹ *ans (sylwgar, treiddgar)* fix, scharfsinnig; *(call, doeth)* aufgeweckt, gelehrig; *(miniog)* scharf.

craff² *g* Klipp *m*, Klemme *f*, Klammer *f*; **~ gwallt** Haarklammer *f*, Haarspange *f.*

craffter *g* Scharfsinn *m*, Scharfblick *m.*

craffu *be.g* scharf beobachten, starren.

cragen (cregyn) *b (molwsg)* Muschel *f*; *(crwban)* Panzer *m*; **~ las** *(SŎOL)* Miesmuschel *f*; **~ malwoden** Schneckenhaus *nt*; **dod allan o'ch ~** *(ffig)* aus sich *dat* herausgehen; **mynd i'ch ~** *(ffig)* sich in sein Schneckenhaus verkriechen; **pysgod cregyn** Krustentiere *pl.*

crai *ans* roh; *(olew, defnydd)* Roh-.

craidd (creiddiau) *b (cnewyllyn, h. ffig)* Kern *m*; *(hanfod)* Kernstück *nt*; *(calon)* Herz *nt*; **~ adweithydd** Reaktorkern *m*; **cwrs ~** *(YSG)* Hauptfach *nt*; **~ disgyrchiant** Schwerpunkt *m*; **~ y broblem yw bod ...** das Hauptproblem besteht darin, dass…

craig (creigiau) *b (y sylwedd)* Fels *m*, Felsen *m*; *(darn)* Felsbrocken *m*; *(clogwyn)* Klippe *f*; *(mwyn caled)* Gestein *nt*; **dringo creigiau** klettern; **mae e'n graig o arian** er hat Geld wie Heu; **fel y graig** wie ein Fels, felsenfest.

crair (creiriau) *g (CREF)* Reliquie *f*; *(trysor)* Schatz *m*; **creiriau** Antiquitäten *pl.*

craith (creithiau) *b* Narbe *f.*

cramen (-nau) *b* Kruste *f*, *(MEDD)* Schorf *m*; **~ y ddaear** Erdkruste *f*, Erdmantel *m.*

cramennog *ans* krustig; *(MEDD)* verkrustet; *(croen, briw)* schorfig.

♦ **(cramenogion)** *g* Krustentierchen *nt.*

cramenogion *ll (SŎOL)* Schalentiere *pl*, Krustentiere *pl.*

cranc¹ (-od) *g (SŎOL)* Krabbe *f*; *(ASTROL)* **y C~** Krebs *m.*

cranc² (-iau *neu* **-od)** *g (echel, gwerthyd)* Kurbel *f*; *(person)* Spinner *m.*

crancwerthyd *g (TECH)* Kurbelwelle *f.*

crand *ans* grandios, edel; *(adeilad)* prachtvoll; *(aristocrataidd)* vornehm; *(hardd, smart)* elegant.

crandrwydd *g* Vornehmheit *f*, *(harddwch)* Pracht *f*, Eleganz *f.*

crap *g* Ahnung *f*; *(y gallu i amgyffred)* Auffassungsgabe *f*; **bod ganddoch ~ da ar rth** etw in den Griff bekommen.

cras *ans* knackig, knusprig; *(toes)* mürbe; *(dillad: sych)* trocken; *(llais, sŵn)* schrill; *(garw)* grob, rau; **bara ~** Toast *m*; **roedd y defnydd yn glywed yn gras** der Stoff fühlte sich rau an.

crasboeth *ans* dörrend, sengend; **tywydd ~** Hitzewelle *f*; **gwres ~** sengende Hitze *f.*

crasfa (crasfeydd) *b* Tracht *f* Prügel, Haue^D *pl*; **rhoi ~ i rn** jdm eine Tracht Prügel geben; *(CHWAR)* jdn vernichtend schlagen.

craster *g (sychder)* Dürre *f*, Trockenheit *f*; *(y cyflwr o* *fod yn arw)* Derbheit *f*, Grobheit *f*.

crasu *be.a (dillad)* trocknen, lüften; *(mewn odyn)* brennen; *(bara)* backen, toasten; *(deifio)* dörren, versengen.

♦ *be.g (crino)* austrocknen, verdorren.

crât (cratiau) *g* Kiste *f*; *(i boteli)* Kasten[D] *m*, Kiste[A] *f*; **~ o gwrw** ein Kasten[D] Bier, eine Kiste[A] Bier.

crater (-au) *g* Krater *m*; *(ar ôl bomio)* Bombentrichter *m*.

crau (creuau) *g (nodwydd)* Öhr *nt*; *(twll i ddal coes bwyell neu forthwyl)* Halterung *f*.

crawc *b (aderyn)* Krächzen *nt*; *(broga)* Quaken *nt*.

crawcian *be.g* krächzen; *(broga)* quaken.

crawen (-nau) *b* Kruste *f*; *(caws, bara)* Rinde *f*; *(bacwn)* Schwarte *f*.

crawennog *ans* verkrustet; *(cig moch)* schwartig.

crawn *g (MEDD)* Eiter *m*.

crawni *be.g* eitern; *(madreddu)* vereitern.

crawniad *g (MEDD)* Abszess *m/nt*, Geschwür *nt*.

crawnol *ans* eitrig.

crea *be* gw. **creu**.

cread *g (yr holl greadigaeth)* Schöpfung *f*.

creadigaeth (-au) *b (gan artist)* Werk *nt*; *(gan ddyfeisiwr)* Erfindung *f*; *(y weithred o greu)* Erschaffung *f*, Kreation *f*; **y Greadigaeth** die Schöpfung.

creadigol *ans (yn creu)* schöpferisch; *(artistig)* kreativ; *(dyfeisgar)* erfinderisch; *(dychmygus)* fantasievoll; *(wedi'i greu)* geschaffen, erschaffen; **dawn greadigol** kreative Gabe.

creadur (-iaid) *g* Geschöpf *nt*, Lebewesen *nt*, Kreatur *f*; *(term o dosturi)* Kreatur; **~iaid** *ll* Getier *nt*; **y creadur bach!** das arme Schwein! der Arme!

creadures (-au) *b:* **y greadures fach!** die Arme!

creawdur *g* = **creawdwr**.

creawdwr (creawdwyr) *g* Schöpfer *m*.

crebachlyd *ans (wyneb, ffrwyth)* runzlig, verhutzelt; *(talcen)* kraus; **hen afal ~** alter verschrumpelter Apfel.

crebachu *be.g* schrumpeln; *(mynd yn llai)* schrumpfen; *(dillad)* eingehen, einlaufen[D]; *(neilon)* zusammenschrumpfen.

crebwyll *g* Vorstellungskraft *f*, Verständnis *nt*, Fassungsvermögen *nt*.

crecian *be.g* knarren, knistern.

crechwen *b* schallendes Gelächter *nt*, spöttisches Lachen *nt*.

crechwenu *be.g* laut auflachen, lauthals lachen.

crechyn (crach) *g* Snob *m*; gw.h. **crach²**.

cred (-au) *g* Glaube *m*; *(ffydd)* Vertrauen *nt*; *(barn)* Überzeugung *f*; **gwledydd ~** Christenheit *f*; **y cred yn** der Glaube an *+akk*.

credadun (credinwyr) *g (CREF)* Gläubige *m/f*.

credadwy *ans (person)* glaubwürdig; *(ffaith)* glaubhaft, plausibel.

credadwyedd *g* Glaubwürdigkeit *f*, Glaubhaftigkeit *f*.

credinwyr *ll* gw. **credadun**.

credo (-au) *g (egwyddorion)* Prinzipien *pl*; *(CREF)* Glaubensbekenntnis *nt*, Credo *nt*.

credu *be.a* glauben; **~ rhn** jdm glauben; **nid wyf yn ~ ei stori** ich glaube ihm seine Geschichte nicht; **ni bydd neb yn ~ ein stori** diese Geschichte kauft uns keiner ab; **credwch chi fi!** glauben Sie mir!

♦ *be.g* glauben; *(meddwl)* denken, meinen; **~ yn** glauben an *+akk*; **~ yn Niw** *(CREF)* an Gott glauben, gläubig sein; **credwch neu beidio** sage und schreibe; **rwy'n ~ bod** ... ich glaube, dass…

credyd *g (dyled)* Kredit *m*; *(eiddo)* Guthaben *nt*; **cerdyn ~** Kreditkarte *f*; **cyfrif ~** Kreditkonto *nt*.

credydu *be.a* gutschreiben; **~ swm i gyfrif rhn** einen Betrag auf jds Konto gutschreiben.

cref *ans* gw. **cryf**.

crefas (-au) *g* Erdspalte *f*; *(mewn rhewlif)* Gletscherspalte *f*.

crefu *be.a* erbitten, erflehen; *(sigarét)* sich sehnen nach *+dat*; **~ rhth gan rn** jdn um etw ersuchen.

♦ *be.g* flehen; **~ am** flehen um *+akk*; **~ ar rn i wneud rhth** jdn anflehen etw zu tun; **rwy'n ~ arnat ti!** ich flehe dich an!

crefydd (-au) *b* Religion *f*, Glaube *m*; **y grefydd Gristnogol** der christliche Glaube; **~ Islam** der Islam.

crefyddol *ans* Religions-, Glaubens-; *(yn ymwneud â chrefydd)* geistlich; *(yn credu yn Nuw)* religiös, gläubig; *(addolgar)* fromm; **addysg grefyddol** *(YSG)* Religionsunterricht *m*.

crefft (-au) *b (gwaith llaw)* Handwerk *nt*; *(busnes)* Gewerbe *nt*; *(medr)* Kunst *f*; **siop ~au** Handarbeitsladen *m*.

crefftus *ans* kunstvoll.

crefftwaith (crefftweithiau) *g (gwaith llaw)* Handarbeit *f*; *(gwaith crefftwr)* Handwerkskunst *f*.

crefftwr (crefftwyr) *g* Handwerker *m*; *(celfydd ei waith)* Künstler *m*; *(arbenigwr)* Facharbeiter *m*, Fachkraft *f*.

crefftwraig (crefftwragedd) *b* Handwerkerin *f*; *(celfydd ei gwaith)* Künstlerin *f*; *(arbenigwraig)* Facharbeiterin *f*, Fachkraft *f*.

cregyn *ll* gw. **cragen**.

crehyrod *ll* gw. **crëyr**.

creiddiau *ll* gw. **craidd**.

creifion *ll (tatws)* Schalen *pl*; *(metel)* Späne *pl*; gw.h. **crafion**.

creigiau *ll* gw. **craig**.

creigiog *ans* felsig; *(arfordir)* klippenreich; *(caled fel craig)* steinhart.

creiriau *ll gw.* **crair**.

creision *ll* Chips *pl*; **~ tatws** Kartoffelchips *pl*; **~ ŷd** Cornflakes.

creithiau *ll gw.* **craith**.

creithio *be.g* vernarben.

♦ *be.a* entstellen, Narben zufügen +*dat*; **roedd olion hen weithfeydd dur yn ~'r tir** die Überreste der alten Stahlwerke verschandelten die Landschaft.

creithiog *ans* narbig.

Cremlin *g (DAEAR, GWLEID)* Kreml *m*.

crempog (-au) *b (COG)* Pfannkuchen^D *m*, Palatschinke^A *f*, Crêpe *f*.

crensian *be.g* knirschen; **y graean yn ~ dan draed** der Schotter knirscht unter den Füßen.

♦ *be.a (bwyd)* mampfen; **~ dannedd** mit den Zähnen knirschen.

creon (-au) *g* Farbstift *m*, Buntstift *m*; **~ cwyr** Wachs(mal)stift *m*.

crêp *g (TECS)* Krepp *m*, Crêpe *m*.

Creta *b (DAEAR)* Kreta *nt*.

creu *be.a* schaffen, erzeugen; *(dyn, y byd)* erschaffen; *(ffurfio)* bilden, formen; *(achosi)* verursachen; **~ argraff dda/wael ar rn** einen guten/schlechten Eindruck auf jdn machen; **~ cyffro** für Aufruhr sorgen; **~ helynt** ein Theater machen, Unheil stiften; **~ stŵr** Krawall machen; **~ trafferth** Umstände machen.

creulon *ans* grausam, brutal; *(annynol)* unmenschlich; *(anystyriol)* rücksichtslos.

creulondeb *g* Grausamkeit *f*, Brutalität *f*; **~ tuag at anifeiliaid** Tierquälerei *f*.

crëwr (crewyr) *g* Schöpfer *m*.

crëyr (crehyrod) *g (SÖOL)* Reiher *m*; **~ glas** Graureiher *m*; **~ gwyn** Silberreiher *m*; **~ llwyd** Kranich *m*.

cri[1] (-au) *gb (llef)* Schrei *m*; *(gwaedd)* Ruf *m*, Ausruf *m*.

cri[2] *ans (bara)* ungesäuert; **cacen gri** Welsh Cake *m*.

criafolen (criafol) *b (aeronen)* Vogelbeere *f*; *(coeden)* Eberesche *f*, Vogelbeerbaum *m*.

crib (-au) *gb* Kamm *m*; *(ceiliog)* Kamm *m*; *(mynydd)* Grat *m*, Bergkamm *m*; *(crwybr)* (Bienen)wabe *f*; **mynd trwy rth â chrib mân** *(ffig)* etw sorgfältig durchkämmen; **torri ~ rhn** jdm einen Dämpfer geben.

cribddail *g* Erpressung *f*.

cribddeilio *be.a* erpressen; **~ arian gan rn** Geld von jdm erpressen.

cribin (-iau *neu* -au) *gb* Rechen *m*.

cribinio *be.a* rechen, harken; *(ffig)* abkämmen; *(siopau)* abklappern.

cribiniwr (cribinwyr) *g* Geizhals *m*, Geizkragen *m*.

cribo *be.a* kämmen; *(ffig)* abkämmen, durchkämmen; *(papurau newydd)* durchforsten; **~'ch gwallt** sich *dat* die Haare kämmen, sich kämmen; **~ tuag yn ôl** toupieren.

cribog *ans* zackig; *(serth)* steil; **aderyn ~** Vogel mit Kamm; **llwybr ~** steiler Pfad.

cric *g*: **~ yn y gwar** steifes Genick *nt*, Genickstarre *f*.

criced *g (CHWAR)* Kricket *nt*.

criciedyn (criciaid) *g (SÖOL)* Grille *f*.

cricsyn (crics) *g (SÖOL)* Grille *f*.

crimog (-au) *b (ANAT)* Schienbein *nt*.

crimp *ans (crisbin)* knusprig; *(brau)* mürbe; **sych grimp** staubtrocken.

crimpiog *ans* kraus.

crin *adj* dürr; **dail crin** dürre Blätter, trockenes Laub.

crinder *g* Dürre *f*.

cringoch *ans* fuchsfarben, rotbraun.

crinllys *ll (BOT)* Veilchen *nt*.

crino *be.g* eintrocknen, schrumpeln; *(planhigion)* verdorren, vertrocknen.

crintach(lyd) *ans* geizig, knauserig, schäbig.

crïo *be.g (wylo)* weinen; *(gweiddi)* schreien.

cripian *be.g* kriechen; *(pryf, babi)* krabbeln; *(symud yn dawel neu'n araf)* schleichen; *(crafu)* kratzen; **~ fel cath** wie eine Katze kratzen.

cripio *be.g* = **cripian**.

cripl (-iaid) *g (dif)* Krüppel *m*.

cripledig *ans* verkrüppelt.

crisbin *ans* knusprig, mürbe.

crisial (-au) *g (mwyn)* Kristall *m*.

crisialu *be.g* kristallisieren; *(ffig)* sich herauskristallisieren, Gestalt annehmen.

Crist *g (CREF)* Christus *m*.

Cristion (Cristionogion *neu* Cristnogion) *g (CREF)* Christ *m*.

Cristionogaeth *b (CREF)* Christentum *nt*.

Cristionoges (-au) *b (CREF)* Christin *f*.

Cristionogol *ans* christlich.

Cristnogaeth *b* = **Cristionogaeth**.

Cristnoges (-au) *b* = **Cristionoges**.

Cristnogol *ans* = **Cristionogol**.

critig (-iaid *neu* -yddion) *g* = **beirniad**.

criw (-iau) *g* Mannschaft *f*, Besatzung *f*; *(ffrindiau)* Clique *f*; *(ciwed)* Schar *f*.

Croatia *b (DAEAR)* Kroatien *nt*.

crocbren (-nau *neu* -ni) *g* Galgen *m*.

crocbris (-iau) *g* Wucher(preis) *m*, Nepp *m*.

crocodeil (crocodiliaid *neu* crocodilod) *g (SÖOL)* Krokodil *nt*.

croch *ans* schrill, lautstark; **gweiddi'n groch** aus

vollem Halse schreien.

crochan (-au) *g* Kessel *m*; *(gwrach)* Hexenkessel *m*.

crochendy (**crochendai**) *g* Töpferei *f*.

crochenwaith *g* *(y grefft)* Töpferkunst *f*; *(y llestri)* Tonwaren, Töpferwaren *pl*.

crochenydd (-ion *neu* **crochenwyr**) *g* Töpfer *m*; **troell ~** Töpferscheibe *f*.

croen (**crwyn**) *g* Haut *f*; *(wedi'i farcio)* Leder *nt*; *(ffrwythau, llysiau)* Schale *f*, *(sosej, haen ar hylif)* Haut; **~ gŵydd** Gänsehaut *f*, **~ pen** Kopfhaut *f*; **achub eich ~** seine Haut retten; **â chroen eich dannedd** mit knapper Not; **~ ac asgwrn** *(tenau iawn)* Haut und Knochen; **llond eich croen** *(tew)* mollig, wohlgenährt; *(ffig)* von sich überzeugt; **rwy'n methu byw yn fy nghroen** *(ffig)* ich kann es nicht erwarten; **mae ~ ei din ar ei dalcen** er macht ein Gesicht wie sieben Tage Regenwetter; **mae'n mynd dan fy nghroen** es geht mir auf die Nerven; **mae ymarfer piano yn dân ar ei groen** Klavier zu üben ist eine Qual für ihn; **tatws trwy'u crwyn** Backkartoffeln in der Schale; **yn wlyb at y ~** bis auf die Haut nass.

croendenau *ans* *(ffig)* empfindlich, angerührt.

croendew *ans* *(ffig)* dickhäutig.

croendwll (**croendyllau**) *g* *(ANAT)* Pore *f*.

croenddu *ans:* **person ~** Schwarze *m/f*.

croengaled *ans* abgebrüht.

croes[1] (-au) *b* Kreuz *nt*; *(croesffordd)* Kreuzung *f*; *(traffordd)* Kreuz; **y Groes Goch** das Rote Kreuz; **gwneud arwydd y Groes** das Kreuzzeichen machen; **mae gan bawb ei groes i'w chario** jeder hat sein Kreuz zu tragen.

croes[2] *ans* *(ar draws)* Quer-; **llinell groes** Querlinie *f*.
  ♦ *adf:* **yn groes** entgegen; **yn groes i'r disgwyl** wider alle Erwartungen; **yn groes i'r graen** gegen den Strich; **tynnu'n groes** dagegen sein.

croesadwy *ans* passierbar.

croesair (**croeseiriau**) *g* Kreuzworträtsel *nt*.

croesawel (-on) *b* Zugluft *f*.

croesawgar *ans* gastfreundlich.

croesawiad (-au) *g* Begrüßung *f*, Empfang *m*.

croesawu *be.a* begrüßen, willkommen heißen.

croesbren (-nau) *gb* *(cros o bren)* Holzkreuz *nt*; *(postyn ar draws)* Querbalken *m*.

croes-ddweud *be.a* widersprechen +*dat*.

croesddywediad (-au) *g* Widerspruch *m*.

croesddywedol *ans* widersprüchlich.

croesfan (-nau) *gb* Platz *m* zum Übersetzen, *(i gerddwyr)* Fußgängerübergang *m*; **~ reillffordd** Bahnübergang *m*; **~ sebra** Zebrastreifen *m*.

croesfrid (-iau) *g* *(BIOL)* Kreuzung *f*.

croesffordd (**croesffyrdd**) *b* Kreuzung *f*; *(ar y draffordd)*

Autobahnkreuz *nt*; *(ffig)* Scheideweg *m*.

croesgad (-au) *b* *(HAN, ffig)* Kreuzzug *m*.

croesgyfeiriad (-au) *g* Querverweis *m*.

croesgyfeirio *be.a, be.g:* **~ at** verweisen auf +*akk*.

croeshoeliad (-au) *g* Kreuzigung *f*.

croeshoelio *be.a* kreuzigen.

croesholi *be.a* verhören, einvernehmen.

croesholiad (-au) *g* Kreuzverhör *nt*.

croesi *be.a* *(mynd/symud dros rth)* überqueren; *(mynd/symud trwy rth)* durchqueren; *(ffiniau)* überschreiten; *(gan anifail)* wechseln; *(llinell)* schneiden; *(siec)* zur Verrechnung ausstellen; *(coesau)* überkreuzen; *(herio)* herausfordern; *(BIOL)* kreuzen; **~ breichiau** die Arme verschränken; **~ bysedd dros rn** jdm die Daumen drücken; **~ cleddyfau** *(ffig)* Schläge abtauschen; **~ enw oddi ar restr** *(dileu)* einen Namen von der Liste streichen; **~'r stryd** die Straße überqueren, über die Straße gehen; **fe wnaeth groesi fy meddwl bod ...** mir ist eingefallen, dass…; **~ llwybr rhn** jdm über den Weg laufen; **mae'r bont yn ~'r afon** die Brücke überspannt den Fluss; **~ rhn** *(mynd heibio)* an jdm vorbeigehen; *(ffig)* jdn verärgern; **~'r bêl** *(CHWAR)* den Ball in die Mitte spielen.
  ♦ *be.g* sich kreuzen; *(mordaith)* übersetzen; *(at y gelyn, at blaid)* überlaufen; *(llythyron, digwyddiadau)* sich überschneiden; *(CREF)* sich bekreuzigen; **croesodd ein llythyrau yn y post** unsere Briefe haben sich in der Post überkreuzt; **gwifrau'n ~** *(TEL)* jemanden in der Leitung haben.

croesiad (-au) *g* *(BIOL)* Kreuzung *f*; *(CHWAR)* Querpass *m*.

croeslin (-iau) *b* Diagonale *f*.

croeso *g* Willkommen *nt*; *(popeth yn iawn)* ~! keine Ursache! **â chroeso!** gerne! **diolch! – ~!** danke! – bitte! **rhoi ~ i rn** jdn willkommen heißen; **~ haf** *(BOT)* Glockenblume *f*, **~'r gwanwyn** *(BOT)* Narzisse *f*; **rhoi ~ cynnes i rn** jdm einen herzlichen Empfang bereiten; *(mae)* **~ cynnes i bawb** jedermann (ist) herzlich willkommen; **~ i Gymru!** willkommen in Wales! **mae ~ i chi drio** Sie können es gerne versuchen.

croestoriad (-au) *g* Querschnitt *m*.

croestorri *be.a* schneiden.
  ♦ *be.g* sich überschneiden.

crofen (-nau) *b* Kruste *f*; *(caws, bara)* Rinde *f*; *(cig moch)* Schwarte *f*.

crog[1] (-au) *b* *(crocbren)* Galgen *m*.

crog[2] *ans* hängend; **pont grog** Hängebrücke *f*.

crogi *be.a* aufhängen; *(person)* hängen; **af i ddim yno dros fy nghrogi!** *(ffig)* keine zehn Pferde kriegen mich dorthin! **~ eich hunan** sich erhängen.

crogiant (crogiannau) *g (TECH)* Aufhängung *f*.

croglith *b*: **Dydd Gwener y Groglith** Karfreitag *m*.

croglofft (-ydd) *b* Dachboden *m*, Mansarde *f*, Speicher *m*.

crogwely (crogweliau) *g* Hängematte *f*.

crogwr (crogwyr) *g (dienyddiwr)* Henker *m*.

cronglwyd (-ydd) *b* Dachstuhl *m*; **dan gronglwyd rhn** unter jds Dach, in jds Haus.

crom *ans gw.* **crwm**.

crôm *g (CEM)* Chrom *nt*.

cromatig *ans* chromatisch; *(CERDD)* in Halbtonschritten.

crombil (-iau) *gb (aderyn)* Kropf *m*; *(perfeddion)* Innereien *pl*, Gedärme *pl*; **~ y ddaear** das Erdinnere *nt*.

cromen (-nau) *b (PENS: to)* Kuppel *f*; *(cromgell)* Gewölbe *nt*.

cromfach (-au) *b (GRAM)* Klammer *f*; **mewn ~au** in Klammern; **gosod rhth mewn ~au** etw einklammern, etw in Klammern setzen.

cromgell (-oedd) *g* Gewölbe *nt*, Gruft *f*.

cromiwm *g (CEM)* Chrom *nt*.

cromiwm-plât *ans* verchromt.

cromlech (-i) *b* Hünengrab *nt*, Dolmen *m*.

cromlin (-iau) *b* Kurve *f*, Bogen *m*.

cromosom (-au) *g (BIOL)* Chromosom *nt*.

cron *ans gw.* **crwn**.

cronbin (-nau) *g* Füllfeder *f*, Füller[D] *m*.

cronfa (cronfeydd) *b (dŵr)* Reservoir *nt*, Stausee *m*; *(arian)* Fonds *m*; *(rhth wrth gefn)* Reserve *f*, *(bwyd, ŷd)* Vorrat *m*; **~ goffa** Gedenkfonds *m*; **~ bensiwn** Rentenfonds *m*, Pensionskasse *f*; **~ ad-dalu** *(MASN)* Tilgungskapital *nt*; **~ ddata** Datenbank *f*; **~ streic** Streikkasse *f*; **Cronfa Ariannol Gydwladol** Internationaler Währungsfonds *m*, IWF *m*.

croniadur (-on) *g (TRYD)* Akkumulator *m*; *(CYFDR)* Zahlenspeicher *m*.

cronicl (-au) *g* Chronik *f*.

croniclo *be.a* eine Chronik verfassen über +*akk*.

cronig *ans (MEDD)* chronisch, langwierig.

cronni *be.a (casglu)* sammeln; *(afon)* aufstauen.
♦ *be.g* sich ansammeln; *(dŵr)* sich stauen; *(llwch)* sich absetzen; **roedd dagrau wedi ~ yn ei llygaid** ihr standen Tränen in den Augen; **pan glywodd hi'r newydd cronnodd dagrau yn ei llygaid** als sie die Nachricht hörte, stiegen ihr Tränen in die Augen.

cronoleg (-au) *b* Chronologie *f*.

cronolegol *ans* chronologisch.

cropian *be.g (ar eich pedwar)* kriechen; *(plentyn)* krabbeln; **rhaid ~ cyn cerdded** eines nach dem anderen.

cropio *be* = **cropian**.

crosiet (-au *neu* **-i)** *g (CERDD)* Viertelnote *f*.

crosio *be.a, be.g* häkeln.

croten (crotesi *neu* **crotesau)** *b (sgyrs)* Mädel *nt*.

crotes (-i *neu* **-au)** *b* = **croten**.

crots *ll gw.* **crwt**.

croth (-au) *b* Mutterleib *m*; *(ANAT)* Gebärmutter *f*, Uterus *m*; **~ coes** *(ANAT)* Wade *f*.

croyw *ans* rein, pur; *(bara)* ungesäuert; *(eglur)* klar; **mynegodd ei hun yn groyw** er hat sich klar ausgedrückt, **dŵr ~** Süßwasser *nt*; **nant groyw loyw** ein glitzerndes klares Bächlein.

croywder *g (dŵr)* Frische *f*; *(mynegiant)* Deutlichkeit *f*, Klarheit *f*.

crud (-iau) *g* Wiege *f*, Krippe *f*; *(TEL)* Gabel *f*; **marwolaeth grud** *(MEDD)* plötzlicher Kindstod *m*.

crwb *g (MEDD)* Buckel *m*; *(camel)* Höcker *m*.

crwban (-od) *g (SÖOL)* Schildkröte *f*; **~ y dŵr** Wasserschildkröte *f*; **~ y môr** Meeresschildkröte *f*.

crwbi (crwbïod) *g* = **crwb**.

crwca *ans* krumm, gekrümmt.

crwm (*b* **crom**, *ll* **crymion**) *ans* gebogen, geschwungen; **coesau ~** O-Beine *pl*.

crwmp *g* = **crwb**.

crwn (*b* **cron**, *ll* **crynion**) *ans* rund, kreisförmig; *(fel cylch)* kreisrund; *(cyfan)* ganz; **~ fel pelen** kugelrund; **bwrdd crwn** *(GWLEID)* runder Tisch *m*; **y Ford Gron** *(LLEN)* Tafelrunde *f*, **awr gron** eine volle Stunde; **dros y byd yn grwn** auf der ganzen Welt.

crwner (-iaid) *g ≈* Gerichtsmediziner *m*.

crwper (-au) *g (pen ôl ceffyl)* Kruppe *f*; *(darn o'r harnais)* Schwanzriemen *m*.

crwsâd *gb* = **croesgad**.

crwsibl (-au) *g* Tiegel *m*.

crwst (crystiau) *g* Kruste *f*; *(bara, caws)* Rinde *f*.

crwstyn (crystiau) *g (pen torth o fara)* Anschnitt *m*, Kanten[D] *m*, Scherzel[A] *nt*; *(crwst bara)* Brotrinde *f*.

crwt (crytiaid *neu* **crots** *neu* **cryts)** *g (sgyrs)* Bursch *m*, Bub[A] *m*, Junge[D] *m*.

crwtyn *g* = **crwt**.

crwth (crythau) *g (CERDD)* Crwth *f*, ein traditionelles geigenähnliches Instrument, *≈* Fidel *f*.

crwybr (-au) *g* (Bienen)wabe *f*; *(â mêl)* Honigwabe *f*.

crwydr (-au) *g* Herumwandern *nt*; *(o gwmpas tref)* Bummel *m*; **mynd ar grwydr** umherziehen, streunen, vagieren; *(yn ddigyfeiriad)* ziellos umherirren; *(yn hamddenol)* schlendern, bummeln; *(ffig, meddwl)* abschweifen, wandern.

crwydrad (-au) *g* = **crwydr**.

crwydriad (-au) *g* = **crwydr**.

crwydro *be.g* umherziehen; *(heicio)* wandern; *(o*

gwmpas tref) bummeln; *(teithio)* umherreisen; *(yn ddigyfeiriad)* umherirren; *(ffig: meddwl)* abschweifen, wandern; **~ oddi ar y llwybr** *(ffig)* vom Weg abkommen; **gadael i'r meddwl grwydro** seine Gedanken schweifen lassen; **crwydrodd oddi ar y pwnc** *(ffig)* er schweifte vom Thema ab.

♦ *be.a:* **~'r siopau** einen Schaufensterbummel machen; **~'r byd** herumreisen; **~'r strydoedd** durch die Straßen wandern; *(ci)* herumstreunen.

crwydrol *ans* nomadisch; *(ieir)* frei laufend; **pobl grwydrol** Nomaden *pl*; *(bobl y syrcas, sipsiwn ayb)* das fahrende Volk.

crwydryn (crwydriaid) *g* Vagabund *m*; *(mewn tref)* Penner[D] *m*, Sandler[A] *m*.

crwnwr (crwynwyr) *g* Kürschner *m*.

crwynwraig (crwynwragedd) *b* Kürschnerin *f*.

crybwyll *be.a* erwähnen; **crybwyllais y parti wrth Sioned** ich erwähnte die Party Sioned gegenüber.

♦ **(-ion)** *g* Nennen *nt*, Erwähnung *f*.

crych¹ (-au) *g* *(ar ddŵr)* kleine Welle *f*; *(yn y croen)* Runzel *f*, Falte *f*; *(mewn dillad)* Falte; *(papur)* Knitter *m*; *(ffril)* Rüsche *f*; **mae'r sgert yn grychau i gyd** der Rock ist völlig zerknittert, der Rock ist voller Falten.

crych² *ans (croen)* runzlig, faltig; *(gwallt)* kraus; *(dillad neu bapur)* zerknittert; *(sgert)* gerafft.

crychdorch (-au) *b* Halskrause *f*.

crychiog *ans* = **crych²**.

crychleisio *be.g (CERDD)* trällern.

crychlyd *ans* = **crych²**.

crychni *g* Faltigkeit *f*.

crychog *ans* = **crych²**; **sgert grychog** gerafftes Kleid.

crychu *be.a (papur)* zerknittern; *(dillad)* zerknittern, zerknautschen; *(gwallt)* eindrehen; *(dŵr)* kräuseln; **~ talcen** die Stirn runzeln; **~ trwyn ar rth** über etw *akk* die Nase rümpfen; **mae'r gwynt yn ~ wyneb y llyn** der Wind kräuselt die Seeoberfläche.

♦ *be.g (croen)* Falten bekommen; *(gwallt, dŵr)* sich kräuseln; *(dillad)* knittern.

crychwr (crychwyr) *g (gwallt)* Lockenwickler *m*.

crychydd (-ion) *g (SÖOL)* Reiher *m*, Kranich *m*; *gw.h.* **crëyr**.

cryd (-iau) *g (MEDD)* Schüttelfrost *m*; *(ias)* Schauder *m*, Gruseln *nt*; **cododd gryd arnaf** es lief mir kalt den Rücken hinunter; **~ cymalau** *(MEDD)* Rheuma *nt*, Rheumatismus *m*; **~ y llwynau** *(MEDD)* Hexenschuss *m*.

crydd (-ion) *g* Schuhmacher *m*, Schuster *m*.

cryf *(b* **cref**, *ll* **cryfion)** *ans* stark, kräftig; *(pwerus)* mächtig; *(ewyllys)* eisern; *(deunydd)* derb; *(cadarn)* fest, stabil; *(iechyd)* gut, robust; *(cymeriad, barn)*

---

fest; *(dylanwad, temtasiwn)* groß; *(cefnogaeth)* stark; *(diod feddwol, coffi)* stark; *(arogl)* intensiv; *(llais annymunol o uchel)* durchdringend; *(lliw)* kräftig; *(hydoddiant)* konzentriert; **mae ganddo ddadl gref** er hat starke Argumente; **teimlo'n gryf dros rth** sich stark für etw einsetzen, etw sehr ernst nehmen; **bod â theimladau ~ am rn** sehr viel für jdn übrig haben; **mae'r hen ffermwr yn dal yn gryf** der alte Bauer ist noch rüstig.

cryfder (-au) *g* Kraft *f*, Stärke *f*; *(sŵn)* Lautstärke *f*; *(cadernid)* Festigkeit *f*; *(hydoddiant)* Konzentration *f*; *(o ran alcohol)* Alkoholgehalt *m*.

cryfhad *g* Verstärkung *f*, Stärkung *f*.

cryfhau *be.a* stärken, festigen; **~'r economi** die Konjunktur ankurbeln; **cryfhaodd hynny fy amheuon bod ...** das bestärkte meinen Verdacht, dass…

♦ *be.g (ymgryfhau)* wieder zu Kräften kommen.

cryg *ans (bloesg)* heiser; *(garw)* rau, belegt; *(sarrug)* barsch.

crygleisio *be.g* grölen.

cryglusen (cryglus) *b (BOT)* Preiselbeere *f*.

crygni *g* Heiserkeit *f*.

crygu *be.g (llais)* sich überschlagen.

cryman (-au) *g (AMAETH)* Sichel *f*.

crymanu *be.a* sicheln, mit der Sichel schneiden; *(gwyro)* zirkeln; **mae'r chwaraewr yn ~'r bêl heibio'r gôl-geidwad** der Spieler zirkelt den Ball am Torwart vorbei.

crymdo (-au *neu* **-eau** *neu* **-eon)** *g (PENS)* Kuppel *f*.

crymedd *g* Krümmung *f*, Wölbung *f*.

crymu *be.g (ymgrymu)* sich krümmen; *(plygu ar draws uwchben)* sich wölben; **mae hen wraig yn ~ o dan y llwyth** die alte Frau krümmt sich unter der Last.

♦ *be.a* verkrümmen.

cryn *ans* ziemlich viel; **cryn lwyth** ziemlich viel Ladung; **~ nifer o** ziemlich viele; **~ dipyn** einiges, ziemlich viel; **mae hi'n medru ~ dipyn o Eidaleg** sie kann ziemlich gut Italienisch.

cryndod *g* Beben *nt*; *(cryd)* Schauder *m*.

crynedig *ans* zittrig; *(jeli)* schwabbelig; **bod â choesau ~** auf wackeligen Beinen stehen.

crynhoad (-au) *g* Ansammlung *f*, Konzentration *f*; *(llyfr)* Handbuch *nt*; *(crynodeb)* Zusammenfassung *f*, Resümee *nt*.

crynhoi *be.a (casglu ynghyd)* zusammensammeln; *(talfyrru)* zusammenfassen; *(MEDD)* eitern; **~ arian** Geld zusammenkratzen; *(ennill)* Geld zusammensparen.

♦ *be.g* sich (ver)sammeln; *(pethau)* sich ansammeln; **gorsaf grynhoi** *(MOR)* Sammelstelle *f*.

crynion *ans gw.* **crwn**.

cryno *ans* knapp, kurz gefasst; *(wedi'i gywasgu)* kompakt; **berf gryno** *(GRAM)* finite Verbalform *f*, synthetische Verbalform.

crynodeb (-au) *gb* Zusammenfassung *f*, Kurzfassung *f*, Resümee *nt*.

crynodedig *ans* konzentriert; **asid ~** konzentrierte Säure.

crynoder *g* Knappheit *f*, Prägnanz *f*.

crynodiad (-au) *g (cryfder o hylif)* Konzentration *f*; *(hydoddiant crynodedig)* Konzentrat *nt*.

cryno-ddisg (-iau) *g* Compact Disc *f*, CD *f*.

crynswth *g* Gesamtheit *f*; **yn ei grynswth** in seiner Gesamtheit, zur Gänze; **elw ~** Bruttogewinn *m*.

crynu *be.g* zittern, beben; *(gan ofn)* erschaudern; *(am ddannedd)* klappern; **mae'r ddaear yn ~** die Erde bebt; **~ gan oerfel** zittern vor Kälte; **~ fel deilen** zittern wie Espenlaub; **~ mewn parchedig ofn** vor Ehrfurcht erzittern.

Crynwr (**Crynwyr**) *g (CREF)* Quäker *m*.

Crynwraig (**Crynwragedd**) *b (CREF)* Quäkerin *f*.

crys (-au) *g* Hemd *nt*; *(CHWAR)* Trikot *nt*, Leibchen *nt*; **~ chwys** Sweatshirt *nt*; **~ nos** Nachthemd *nt*; **~ T** Leibchen *nt*, T-Shirt *nt*; **yn llewys eich crys** *(ffig)* mit aufgekrempelten Ärmeln.

crysalis (-au) *g (SÔOL)* Puppe *f*.

crystyn (**crystiau**) *g* = **crwst**.

crythor (-ion) *g* Fiedler *m*, Geiger *m*.

cu *ans* geliebt, lieb; **tad-~** Großvater *m*; **mam-gu** Großmutter *f*.

cucumer (-au) *g (BOT)* Gurke *f*.

cuchiad (-au) *g* böses Gesicht.

cuchio *be.g* die Stirn runzeln, ein böses Gesicht machen.

cudyll (-od) *g (SÔOL)* Sperber *m*; **~ bach** Merlinfalke *m*; **~ coch** Turmfalke *m*.

cudyn (-nau) *g (gwallt)* Locke *f*; *(tusw)* Büschel *nt*.

cudynnog *ans* lockig; *(fel tusw)* buschig.

cudd *ans* verborgen, versteckt; *(dirgel)* geheim; **heddlu ~** Geheimpolizei *f*; *(HAN: Natsïaidd)* Gestapo *f*; **gwasanaeth ~** Geheimdienst *m*; *(HAN: Natsïaidd)* Staatssicherheitsdienst *m*.

cuddfa (**cuddfâu** *neu* **cuddfeydd**) *b* Versteck *nt*, Schlupfwinkel *m*.

cuddfan (-nau) *b* = **cuddfa**.

cuddiedig *ans* verborgen, versteckt.

cuddio *be.a* verstecken, verbergen; *(gorchuddio)* verdecken; **~ rhth rhag rhn** etw vor jdm verstecken; **mae'r haul yn cael ei guddio gan gymylau** die Sonne wird von Wolken verdeckt.

cuddliw (-iau) *g* Tarnfarbe *f*.

cuddliwio *be.a* tarnen, (mit Tarnfarbe) bemalen.

cuddwedd (-au) *b* Tarnung *f*.

cuddweddio *be.a* tarnen, verkleiden.

cuddwisg (-oedd) *b* Verkleidung *f*.

cuddwisgo *be.a* verkleiden; **~ eich hunan** sich verkleiden.

cufydd (-au) *g (HAN: mesur)* Elle *f*.

cul (*ll* -ion) *ans* eng, schmal; *(rhagfarnllyd)* engstirnig, borniert; **stryd gul** Gasse *f*; **~ eich meddwl** engstirnig, borniert.

culdir (-oedd) *g (DAEAR)* Landenge *f*, Isthmus *m*.

culfarn (-au) *b* Engstirnigkeit *f*.

♦ *ans* engstirnig.

culfor (-oedd) *g (DAEAR)* Meerenge *f*, Sund *m*; **C~ Dwfr** die Straße von Dover.

culfrydedd *g* Beschränktheit *f*.

culfrydig *ans* beschränkt, engstirnig.

culffordd (**culffyrdd**) *b* Straßenverengung *f*.

culhau *be.a* enger machen, verengen; *(trwy dynnu)* zusammenziehen.

♦ *be.g* sich verengen; *(o ran siâp)* sich verjüngen.

culni *g* Enge *f*, Begrenztheit *f*; *(meddyliol)* Beschränktheit *f*, Engstirnigkeit *f*; *(rhagfarn)* Intoleranz *f*.

cun *ans* lieblich; **bore ~** ein lieblicher Morgen; **fy nghariad ~** meine Liebste.

cur (-iau *neu* -au) *gb* Schmerz *m*; *(curiad)* Pochen *nt*; **~ pen** Kopfweh *nt*; **~ y galon** Herzschlag *m*.

curad (-iaid) *g (CREF: catholig)* Kurat *m*; *(protestannaidd)* Vikar *m*.

curadur (-on *neu* -iaid) *g (amgueddfa)* Kustos *m*.

curadwy *ans (TECH: metel)* hämmerbar.

curfa (**curfeydd** *neu* **curfâu**) *b* Prügel *pl*, Haue[D] *pl*; **rhoi ~ i rn** jdn verprügeln; *(yn ddifrifol)* jdn zusammenschlagen; **cael ~ gan rn** *(CHWAR)* eine schwere Niederlage gegen jdn hinnehmen müssen.

curiad (-au) *g* Schlag *m*; *(ANAT)* Puls *m*; *(CERDD, MODUR)* Takt *m*; *(CERDD: trawiad)* Taktschlag *m*; *(barddoniaeth)* Rhythmus *m*; **~ y galon** Herzschlag *m*; *(yn eich arddwrn)* Puls *m*; **teimlo ~ calon rhn** den Puls messen; **~ i fyny** *(CERDD)* Auftakt *m*; **~ gwag** *(CERDD)* Pause *f*.

curo *be.a* schlagen, klopfen; *(dymu)* prügeln; *(trechu)* siegen über *+akk*; **~ amser** *(CERDD)* den Takt angeben; **~ wrth y drws** an die Tür klopfen; **~ llwch o garped** Teppich klopfen; **~ dwylo** in die Hände klatschen, applaudieren; *(cymeradwyo)* Beifall klatschen; **~ traed** aufstampfen; **curodd ei gefn** er klopfte ihm auf den Rücken.

♦ *be.g (gwneud sŵn)* klopfen; *(yn rheolaidd)* pulsieren; *(calon)* schlagen, pochen.

cusan (-au) *gb* Kuss *m*, Busserl[A] *nt*; **~ adfer** Mundzu-Mund-Beatmung *f*.

cusanu *be.a* küssen; **cusanodd ffarwél i'w gariad** er küsste seine Geliebte zum Abschied.

◆ *be.g* sich küssen; *(anwesu)* schmusen.

cut (**-iau**) *g* = **cwt**[1].

cuwch (**cuchiau**) *g* Grimasse *f*, Fratze *f*.

cwac[1] (**-iaid** *neu* **-yddion**) *g* Kurpfuscher *m*, Wunderheiler *m*.

cwac[2] (**-iadau**) *g* *(swn hwyaid)* Quaken *nt*.

cwacian, cwacio *be.g* quaken.

cwafer (**-i**) *g* Schnörkel *m*; *(lleisiol)* Tremolo *nt*, Beben *nt*; *(CERDD)* Achtelnote *f*.

cwango (**-s**) *g* nicht gewählte staatliche Aufsichtsbehörde.

cŵan *be.g* girren.

cwar (**-rau**) *g* = **chwarel**[1].

cwarantîn *g* *(MEDD)* Quarantäne *f*.

cwarc (**-iau**) *g* *(FFIS)* Quark *nt*.

cwarel (**-au** *neu* **-i**) *g* Glasscheibe *f*, Fensterscheibe *f*.

cwarts *g* Quarz *m*.

cwato *be.a* verstecken.

◆ *be.g* sich verstecken; **chwarae ~** Verstecken spielen.

cwb[1] (**cybiau**) *g* Hütte *f*, Verschlag *m*, Stall *m*; *(i gi)* Hundehütte *f*; *(i ieir)* Hühnerstall *m*.

cwb[2] (**cybiau**) *g* *(cenau)* Junge(s) *nt*, Welpe *m*; *(plentyn)* **hen cybiau bach** die lieben Kleinen.

cwbl[1] *g* alles; *(fel enw annibynnol)* Ganze(s) *nt*; **mae'r ~ yn ddirgel i mi** das Ganze ist mir ein Rätsel; **wedi'r ~** dennoch, doch; **daethon nhw wedi'r ~** sie kamen doch noch; **o gwbl** ganz und gar; **dim o gwbl** überhaupt nicht, gar nicht; **dim byd o gwbl** überhaupt nichts, gar nichts; **welsoch chi e o gwbl?** haben Sie ihn überhaupt gesehen?

cwbl[2] *adf* vollends, völlig, ganz; **nid yw'n gwbl hapus** sie ist nicht ganz glücklich; **~ sicr** todsicher; **~ wahanol** grundverschieden; **~ ddieithr** wildfremd; **~ warthus** unter jeder Kritik.

cwblhad *g* Vollendung *f*, Abschluss *m*.

cwblhau *be.a* beenden, abschließen; *(perffeithio)* vollenden; *(adeilad)* fertig stellen; *(gwneud yn gyflawn)* ergänzen; **~ cyfnod ysgol** die Schule beenden/abschließen.

cwcer (**-s** *neu* **-au**) *gb* Küchenherd *m*; *(cludadwy)* Kocher *m*.

cwcw (**cwcŵod**) *b* *(SÖOL)* Kuckuck *m*.

cwcwll (**cycyllau**) *g* Kapuze *f*.

cwch (**cychod**) *g* Boot *nt*; *(croesi)* Fähre *f*; *(gwenyn)* Bienenstock *m*; **~ camlas** Kahn *m*, Lastkahn *m*; **~ hwylio** Segelboot *nt*; **~ â hydroffoilau** Tragflügelboot *nt*; **~ modur** Motorboot *nt*; **~ padlo** Tretboot *nt*; **~ rhwyfo** Ruderboot *nt*; **bod yn yr un ~**

(ffig) im gleichen Boot sitzen; **gwthio'r ~ i'r dŵr** etw in die Wege leiten; **mynd ar gwch i Iwerddon** mit der Fähre nach Irland fahren.

cwd (**cydau**) *g* Sack *m*, Beutel *m*; *(ANAT)* Hodensack *m*; **arllwys eich ~** sich ausweinen; **gollwng y gath o'r ~** die Katze aus dem Sack lassen; **prynu cath mewn ~** die Katze im Sack kaufen.

cwdyn (**cydau**) *g* Sack *m*, Beutel *m*, Tüte[0] *f*; **~ bin** Müllsack *m*; **~ te** Teebeutel *m*.

cweir (**-iau**) *gb* Prügel *pl*, Schläge *pl*; **cael ~ gan rn** *(ffig)* von jdm eine Schlappe einstecken müssen; **rhoi ~ i rn** jdn verdreschen; *(plentyn)* jdm eine Tracht Prügel geben, jdm den Hintern versohlen.

cwennod *ll gw.* **cywen**.

cweryl (**-au** *neu* **-on**) *g* Streit *m*, Krach *m*.

cweryla *be.g* (sich) zanken, streiten; **~ â rhn** sich mit jdm zanken[0]/verkrachen.

cwerylgar *ans* streitsüchtig, zänkisch.

cwerylgarwch *g* Streitsucht *f*.

cwest (**-au**) *g* *(CYFR)* Obduktion *f*.

cwestiwn (**cwestiynau**) *g* Frage *f*; *(ffig)* Rätsel; **~ arweiniol** Suggestivfrage *f*; **~ ensyniadol** Fangfrage *f*; **marc ~** Fragezeichen *nt*; **~ tyngedfennol** Gretchenfrage *f*; **gofyn ~ i rn** eine Frage an jdn stellen; **gofyn y ~ i rn** *(i briodi)* jdm einen Heiratsantrag machen.

cwestiynu *be.a* befragen, ausfragen.

cwfaint (**cwfennoedd** *neu* **cwfeiniau**) *g* Nonnenkloster *nt*.

cwfl (**-au**) *g* Kapuze *f*.

cwffio *be.g* raufen.

cwil (**-s**) *g* Federkiel *m*; *(pin)* Feder *f*.

cwilsyn (**-nau**) *g* = **cwil**.

cwilt (**-iau**) *g* Steppdecke *f*.

cwins[1] *g* *(MEDD)* Mandelentzündung *f*.

cwins[2] *ll gw.* **cwinsen**.

cwinsen (**cwins**) *b* *(BOT)* Quitte *f*.

cwis (**-iau**) *g* Quiz *nt*, Ratespiel *nt*.

Cwlen *b* *(DAEAR)* Köln *nt*.

cwlff, cwlffyn *g* großes Stück *nt*, Brocken *m*; **~ o bren** Holzscheit *nt*.

cwli (**-s**) *g* Kofferkuli *m*.

cwlots *ll* Hosenrock *m*.

cwlt (**-iau**) *g* Kult *m*.

cwlwm (**clymau**) *g* Knoten *m*; *(clwstwr)* Bündel *nt*; *(mewn pren)* Knoten *m*; *(ffig)* Band *nt*, Bande *f*; **cau ~ ar rth** etw zuknoten; **datod ~ yn rhth** etw aufknüpfen; **~ o gnau** eine Hand voll Nüsse; **~ dolen** Schleife *f*; **~ gwythi** *(MEDD)* Krampf *m*; **~ priodas** das Band der Ehe; **~ rhedeg** Laufmasche *f*; **~ tafod** Zungenbrecher *m*; **~ y cythraul** *(BOT)*

Winde *f*, Windling^A *m*.

cwm (**cymoedd**) *g* Tal *nt*, enges Tal.

cwmni[1] (*dim ll*) *g* (*presenoldeb rhn*) Gesellschaft *f*; **cadw ~ i rn** jdm Gesellschaft leisten; **mae e'n ~ da** er ist ein lustiger Kerl; **rwy'n hoff o gwmni** ich bin gern in Gesellschaft, ich habe gern Gesellschaft.

cwmni[2] (**cwmnïoedd**) *g* (*MASN*) Gesellschaft *f*, Unternehmen *nt*, Firma *f*; (*THEAT*) Theatergruppe *f*, Schauspieltruppe *f*; (*MIL*) Truppe *f*, Kompanie *f*; **~ ag atebolrwydd cyfyngedig** Gesellschaft *f* mit beschränkter Haftung, GmbH *f*; **~ adeiladu** Baufirma *f*, Bauunternehmen *nt*; **Evans a'i gwmni** Evans und Co.; **~ angladdau** Bestattungsinstitut *nt*; **~ archebu drwy'r post** Versandhaus *nt*; **~ awyrennau** Fluggesellschaft *f*, Fluglinie *f*; **~ buddsoddi** Investmentgesellschaft *f*; **~ bysys** Busunternehmen *nt*; **~ cludo** Spedition *f*; **~ cyd-gyfalaf** Aktiengesellschaft *f*, AG *f*; **~ cydweithredol** Genossenschaft *f*; **~ dŵr** ≈ Wasserwerk *nt*; **~ gwarchod** Wach- und Schließgesellschaft *f*; **~ llogi ceir** Autoverleih *m*, Autovermietung *f*; **~ llongau** Reederei *f*; **~ masnach** Handelsgesellschaft *f*; **~ theatr teithiol** (*THEAT*) Wanderbühne *f*; **~ yswiriant** Versicherungsgesellschaft *f*; **~ yswiriant iechyd** Krankenkasse *f*.

cwmnïaeth *b* Kameradschaft *f*.

cwmnïwr (**cwmnïwyr**) *g* geselliger Mensch, Partytiger *m*; (*ffrind*) Kumpel *m*.

cwmpas[1] *g* Umfang *m*; (*sgôp*) Aktionsradius *m*, Tragweite *f*.

   o gwmpas *ardd* um... +*akk* herum; **o gwmpas y tân** ums Feuer, um das Feuer herum; **crwydro o gwmpas y dref** durch die Stadt bummeln; **o gwmpas y lle** hier, dort, am Ort; **o'n ~** um uns herum; **wn i ddim sut i fynd o'i chwmpas hi** ich weiß nicht, wie ich die Sache anpacken soll.

cwmpas[2] (**-au**) *g* Zirkel *m*; **~ mesur** Stechzirkel *m*.

cwmpasog *ans* umfassend; (*iaith*) wortreich; (*GRAM*) **ffurf gwmpasog berf** analytische Verbalform, infinites Verb.

cwmpasol *ans* umliegend.

cwmpasu *be.a* umfassen; (*amgylchynu*) umschließen, einkreisen.

cwmpawd (**-au**) *g* Kompass *m*; **pwyntiau'r ~** die Himmelsrichtungen; **cerdyn ~** Windrose *f*.

cwmpeini *g* Begleitung *f*, Gesellschaft *f*.

cwmwd (**cymydau**) *g* (*HAN*) Bezirk *m*, Verwaltungsbezirk *m*.

cwmwl (**cymylau**) *g* Wolke *f*; (*llwch*) Staubwolke *f*; (*mwg*) Rauchwolke *f*, Rauchschwaden *m*; (*niwl*) Nebelschwade *f*; (*pryfed, adar*) Schwarm *m*; (*ffig: tristwch*) Trübsal *nt*; **~ madarchaidd niwclear** Atompilz *m*; **~ siwgr** Zuckerwatte *f*; **bod tan gwmwl** unter Verdacht stehen; **mae ymyl arian i bob ~ du** kein Unglück ist so groß, es hat sein Glück im Schoß; **canmol rhn i'r cymylau** jdn in den Himmel loben; **mae â'i ben yn y cymylau** er schwebt in höheren Regionen.

cwmws *ans gw.* **cymwys**.

cŵn *ll gw.* **ci**; **~ Annwn** Höllenhunde *pl*; **mynd i'r ~** *neu:* **mynd rhwng y ~ a'r brain** vor die Hunde gehen.

cwningen (**cwningod**) *b* Kaninchen *nt*; **cwt ~** Kaninchenstall *m*; **twll ~** Kaninchenbau *m*.

cwnnu *be.a* heben, hochheben; **cwn e lan!** heb's hoch!

    ♦ *be.g* sich aufrichten, sich erheben.

cwnstabl *g* Polizist *m*; **prif gwnstabl** Polizeipräsident *m*.

cwota (**cwotâu**) *g* Quote *f*; (*gwaith*) Pensum *nt*; (*nwyddau*) Kontingent *nt*; **~ mewnforio** Einfuhrkontingent *nt*.

cwpan (**-au**) *gb* Tasse *f*; (*mwg*) Häferl^A *nt*, große Tasse^D *m*; (*bicer*) Becher *m*; (*CHWAR*) Pokal *m*; (*cystadleuaeth*) Meisterschaft *f*; (*CREF*) Kelch *m*; **~ deis** Würfelbecher *m*; **~ papur** Pappbecher *m*; **~ wy** Eierbecher *m*; **~ y byd** (*CHWAR*) Weltcup *m*.

cwpanaid *gb:* **~ o de** eine Tasse Tee.

cwpl *g* = **cwpwl**.

cwpled (**-i** *neu* **-au**) *g* (*LLEN*) Verspaar *nt*, Couplet *nt*.

cwpon (**-au**) *g* Gutschein *m*; (*MASN*) Kupon *m*, Coupon *m*; (*pyllau pêl-droed*) Tippzettel *m*, Totoschein *m*.

cwpwl (**cyplau**) *g* Paar *nt*; (*priod*) Ehepaar *nt*; **~ o eiliadau** ein paar Sekunden.

cwpwrdd (**cypyrddau**) *g* Schrank *m*, Kasten^A *m*; **~ arddangos** (*gwydr*) Vitrine *f*; **~ dillad** Kleiderschrank *m*; **~ offer** Werkzeugschrank *m*; **~ ffeilio** Aktenschrank *m*; **~ cornel** Eckschrank *m*; **~ llyfrau** Bücherschrank *m*; **~ rhew** Kühlschrank *m*.

cwr (**cyrrau** *neu* **cyrion**) *g* (*cornel*) Winkel *m*; (*terfyn*) Rand *m*; **ar gyrion y dref** am Stadtrand; **~ y goedwig** Waldrand *m*; **edrych ym mhob ~ a chornel** jeden Winkel absuchen; **teithio pob ~ o'r byd** die ganze Welt bereisen; **o bob ~ o'r wlad** aus allen Ecken/Teilen des Landes; **o'i gwr/chwr** von hinten bis vorne; **darllenodd y llyfr o'i gwr** er las das Buch von hinten bis vorne.

Cwrân *g* (*CREF*) Koran *m*.

cwrcath (**-od**) *g* Kater *m*.

cwrci (**cwrcathod**) *g* = **cwrcath**.

cwrcwd (**cyrcydau**) *g* Hocke *f*; **bod yn eich ~** hocken, kauern.

Cwrd (**Cwrdiaid**) *g* Kurde *m*, Kurdin *f*.

cwrdd¹ (**cyrddau**) *g* (*cyfarfod*) Treffen *nt*; (*CREF*) Gottesdienst *m*; **C~ Diolchgarwch** (*CREF*) Erntedankfest *nt*; **mynd i'r ~** zum Gottesdienst gehen.

cwrdd² *be.g:* **~ â** treffen; (*ar hap*) begegnen +*dat*; (*dod i adnabod*) kennen lernen; (*wedi trefnu*) verabredet sein mit +*dat*; **~ â rhn o'r orsaf** jdn vom Bahnhof abholen; **~ â gofynion** Bedürfnisse stillen; **mae e'n ~ â gofid** er wird sich +*dat* Ärger einhandeln; (*cyffwrdd*) **gofala na chwrddi di â'r wifren drydan 'na!** pass auf, dass du nicht mit dem Kabel in Berührung kommst; **mae'n dda gen i gwrdd â chi** es ist nett, Sie kennen zu lernen.

cwrel (**-au**) *g* Koralle *f*.

cwrens *ll gw.* **cyrensen.**

cwricwlwm (**cwricwla**) *g* Curriculum *nt*, Lehrplan *m*; **y C~ Cenedlaethol** staatlicher Lehrplan in GB.

cwrl (**-s**) *g* Locke *f*.

cwrlid (**-au**) *g* Tagesdecke *f*; **~ plu** Daunendecke *f*, Tuchent^A *f*.

cwrs¹ (**cyrsiau**) *g* Kurs *m*; (*dysgu*) Kurs, Lehrgang *m*; (*CHWAR: golff*) Golfplatz *m*; (*rhan o bryd o fwyd*) Gang *m*; (*cyfeiriad*) Fahrtrichtung *f*; (*MOR*) Kurs; (*afon*) Lauf *m*; **~ brechdan** Lehrgang, bei dem sich Theorie und Praxis abwechseln; **~ craidd** (*YSG*) Hauptfach *nt*; **~ carlam** Intensivkurs *m*; **~ cyntaf** (*bwyd*) Vorspeise *f*; **~ gloywi (iaith)** Auffrischungskurs *m*; **~ haf** Sommerkurs *m*, Ferienkurs *m*; **~ iaith** Sprachkurs *m*; **~ nos** Abendkurs *m*; **~ ras** Rennstrecke *f*; **wrth gwrs!** selbstverständlich! freilich!

cwrs² *ans* grob; (*aflednais*) roh, grob.

cwrt (**cyrtiau**) *g* (*plas*) Herrenhaus *nt*; (*llys barn*) Gericht *nt*; (*buarth*) Hof *m*; (*CHWAR*) Platz *m*; (*sboncen*) Halle *f*; **~ tennis** (*CHWAR*) Tennisplatz *m*; **~ cosbi** (*CHWAR*) Strafraum *m*; **~ marsial** (*MIL*) Kriegsgericht *nt*.

cwrtais *ans* höflich, zuvorkommend.

cwrteisi *g* Höflichkeit *f*.

cwrw *g* Bier *nt*; **~ casgen** Bier vom Fass; **~ boc** Bockbier *nt*; **~ brag** Malzbier *nt*; **~ coch** Leichtbier *nt*; **~ chwerw** Bitterbier *nt*; **~ melyn** bitteres Ale *nt*; **~ mwyn** leichtes dunkles Bier;**~ potel** Flaschenbier *nt*; **~ sinsir** Kräuterlimonade *f*.

cwrwgl (**cyryglau**) *g* Coracle *nt*, kleines ovales Ruderboot aus mit Leder bezogenem Flechtwerk.

cwsg (**cysgau**) *g* Schlaf *m*; (*yng nghanol prynhawn*) Mittagsschlaf *m*; **~ ci bwtsiwr** Halbschlaf *m*, Dösen *nt*; **~ hir** Dauerschlaf *m*; **cael noson dda o gwsg** sich ordentlich ausschlafen; **cerdded yn eich**

~ schlafwandeln.

cwsmer (**-iaid**) *g* Kunde *m*, Kundin *f*; (*MASN*) Abnehmer *m*, Abnehmerin *f*; **ein cwsmeriaid** unsere Kundschaft *f*; **~ cyson** Stammkunde *m*, Stammkundin *f*.

cwstard *g* (*i arllwys*) Vanillesoße *f*; (*trwchus*) Vanillepudding *m*; **~ wy** Eierpudding *m*.

cwt¹ (**cytiau**) *g* Hütte *f*; **~ ci** Hundehütte *f*; **~ glo** Kohlenschuppen *m*; **~ ieir** Hühnerstall *m*; **~ moch** Schweinestall *m*.

cwt² (**cytau**) *gb* (*cynffon*) Schwanz *m*; (*ciw*) Schlange *f*; (*crys*) Zipfel *m*; (*blas annymunol*) Nachgeschmack *m*; **mae hi wrth ei gwt o hyd** sie folgt ihm überall hin; **aros yn y gwt** Schlange stehen.

cwt³ (**cytau**) *g* (*clwyf*) Schnittwunde *f*.

cwta (*b* **cota**) *ans* kurz; (*swta*) brüsk; **mochyn ~** (*SÖOL*) Meerschweinchen *nt*; **buwch fach gota** Marienkäfer *m*.

cwter (**-i**) *b* Gosse *f*; (*o dan y to*) Dachrinne *f*; **iaith y gwter** Slang *m*.

cwtfys (**-edd**) *g* Ringfinger *m*.

cwtiad (**cwtiaid**) *g:* **~ aur** (*SÖOL*) Regenpfeifer *m*.

cwtiar (**cwtieir**) *b* (*SÖOL*) Wasserhuhn *nt*.

cwtogi *be.a* (*byrhau*) kürzen, abkürzen; (*cymhorthdal*) kürzen; (*costiau*) reduzieren; (*swyddi*) einsparen; **cwtogi ar rth** etw sparen, **cwtogi ar yr hyn yr ydych yn ei fwyta** sich im Essen einschränken.

cwtogiad (**-au**) *g* Einsparung *f*; (*byrhad*) Kürzung *f*.

cwts¹ *g* (*cuddfan*) Winkel *m*; **~ dan stâr** Treppenkammer *f*; **~ glo** Kohlenkammer *f*.

cwts² *g* (*anwes*) Umarmung *f*; **rhoi ~ i rn** jdn umarmen.

cwtsio¹, **cwtsied** *be.g* (*sgyrs: swatio*) kauern; (*cuddio*) sich verkriechen.

cwtsio² *be.a* (*anwesu*) in die Arme schließen.

    ◆ *be.g* (*sgyrs: closio at rn*) **~ at rn** sich an jdn kuscheln/schmiegen.

cwymp (**-au** *neu* **-iau**) *g* Fall *m*; (*sydyn*) Sturz *m*; (*wal*) Einsturz *m*; (*cyfnewidfa stoc*) Baisse *f*; (*prisiau*) Preissturz *m*; (*tymheredd*) Temperatursturz *m*; (*MIL*) Fall; (*ffig: person, gwlad*) Untergang *m*; (*llywodraeth*) Sturz *m*; (*eira*) Lawine *f*; **y C~** (*CREF*) der Sündenfall *m*; **~ yng nghyfradd y genedigaethau** Geburtenrückgang *m*.

cwympo *be.g* fallen, stürzen; (*wal, tŷ, to*) einstürzen; (*gwallt, dannedd*) ausfallen; (*tir*) abfallen; (*tymheredd*) sinken; (*poblogaeth, aelodaeth*) abnehmen; (*MIL: marw*) fallen; (*MIL: tref*) fallen; (*THEAT: llenni*) fallen; **~ ar eich bai** die Schuld auf sich *akk* nehmen; **~ dros rth** über etw stolpern; **~ drosodd** umfallen; **cwympodd y gwydr** das Glas ist umgekippt; **~ ar eich hyd** der Länge nach hinfallen; **~ yn**

bendramwnwgl hinfliegen; **~ mewn cariad** sich verlieben; **~ i gysgu** einschlafen; **cwympodd ei wyneb** sie machte ein langes Gesicht; **~ i mewn i fagl** in die Falle gehen; **~ mas gyda rhn** *(sgyrs)* ausfällig werden mit jdm.
♦ *be.a:* **~ rhth** *(sgyrs)* etw fallen lassen; **paid â chwympo'r wyau!** lass die Eier nicht fallen!

cwyn (-ion) *g* Klage *f*, Beschwerde *f*; *(mewn siop ayb)* Reklamation *f*; *(MEDD)* Beschwerden *pl*; *(CYFR)* Klage, Anklage *f*.

cwynfan *be.g* stöhnen; *(mewn poen)* ächzen; *(fel colomen)* gurren.

cwynfanllyd *ans* quengelig, griesgrämig; *(am boen)* wehleidig.

cwyno *be.g* klagen, sich beklagen; *(yn swyddogol)* sich beschweren; *(mewn siop)* reklamieren; **~ am rth** sich beklagen über etw *akk*; **roedd hi'n ~ bod ganddi gefn tost** sie klagte über Rückenschmerzen; **rhoi achos i rn gwyno** jdm Grund zur Beschwerde geben; **paid â chwyno'n ddiddiwedd!** beklag dich nicht dauernd!

cwynwr (cwynwyr) *g* Griesgram *m*, Quengler *m*, Nörgler *m*.

cwynwraig (cwynwragedd) *b* Nörglerin *f*, Miesmacherin *f*.

cwyr *g* Wachs *nt*; **~ clust** Ohrenschmalz *nt*; **~ selio** Siegellack *m*; **~ esgidiau** Schuhcreme *f*; **~ gwenyn** Bienenwachs *nt*; **~ lloriau** Bohnerwachs *nt*.

cwyrdeb (-au) *g* (sylwedd i dewychu llaeth) Lab *nt*.

cwyro *be.a* (dodrefn) wachsen; (llawr) bohnern[D]; (mwstas) wichsen.

cwyrliian (cwyrlieiniau) *g* Wachstuch *nt*.

cwys (-i *neu* -au) *b* (AMAETH) Furche *f*; **torri ~** eine Furche ziehen.

cwysed (-au) *b* Zwickel *m*.

cybolfa *b* Mischmasch *m*; **melys gybolfa** *(COG)* Trifle *nt*.

cyboli *be.g* (rwdlian) Unsinn reden; (fflyrtio) flirten.

cybydd (-ion) *g* Geizhals *m*, Geizkragen *m*.

cybydd-dod, cybydd-dra *g* Geiz *m*.

cybyddlyd *ans* geizig, knauserig.

cycyllog *ans* mit Kapuze.

cychwr (cychwyr) *g* Schiffer *m*; (hwyliwr) Segler *m*; (rhwyfwr) Ruderer *m*.

cychwyn[1] *g* Beginn *m*, Anfang *m*; (i grwydro) Aufbruch *m*; (ras) Start *m*; **o'r ~** von Anfang an; **i gychwyn** zunächst.

cychwyn[2] *be.g* beginnen, anfangen; (ar daith) abreisen; (awyren) abfliegen; (modur) anspringen; (bws neu drên yn ymadael) abfahren; **~ tua thref** sich auf den Heimweg machen; **~ i'r gwaith** zur Arbeit fahren; **cychwynnodd gan ddweud ...** er begann

damit, dass er sagte...; **mae e ar gychwyn** es fängt gleich an.
♦ *be.a* (gyrfa, cwrs) beginnen; (sgwrs) anfangen, anknüpfen; (dadl) vom Zaun brechen; (car) starten; (trên) abfahren lassen; (tân) auslösen; (cwmni, papur newydd) gründen; (peiriannau) aktivieren.

cychwyniad (-au) *g* Anfang *m*; (taith) Abreise *f*, Aufbruch *m*; (bws, trên) Abfahrt *f*; (awyren) Abflug *m*; (MIL) Abmarsch *m*.

cychwynnol *ans* anfänglich.

cychwynnwr (cychwynwyr) *g* Initiator *m*; (MODUR) Anlasser *m*, Starter *m*.

cychwynnydd (cychwynyddion) *g* = cychwynnwr.

cyd[1] *g*: **ar y ~** gemeinsam, zusammen; **gweithio ar y ~** zusammenarbeiten; **i gyd** (cyfan) ganz; (pob un) alle; **aethom i gyd yno** wir sind alle hingegangen; **y llyfrau i gyd** alle Bücher; **bwytaodd y gacen i gyd** er aß den ganzen Kuchen; **ynghyd** zusammen; **daeth hi ynghyd â'i mam** sie kam zusammen mit ihrer Mutter; **y wlad i gyd** das ganze Land.

cyd[2] *ans* gw. cyhyd.

cyd-[3] *rhagdd* zusammen-, ko-; (*e.e.* cydweithio).

cydadrodd *be.g* gemeinsam vortragen.

cydaddoli *be.g* sich zum Gottesdienst versammeln, sich zusammenfinden.

cydaid (cydeidiau) *g* Sackvoll *m*.

cydamserol *ans* gleichzeitig.

cydamseru *be.a* synchronisieren, zeitlich abstimmen.

cyd-beilot (-iaid) *g* Kopilot(in) *m(f)*.

cydberchennog (-ion) *g* Mitbesitzer(in) *m(f)*.

cydberchnogaeth (-au) *b* Gemeinschaftsbesitz *m*.

cydbwyllgor (-au) *g* gemeinsamer Ausschuss *m*.

cydbwysedd *g* Gleichgewicht *nt*; **cadw ~** das Gleichgewicht halten; **colli ~** das Gleichgewicht verlieren; **~ da o bersonoliaethau yn y tîm** eine ausgewogene Mischung verschiedener Charaktere in der Mannschaft.

cydbwyso *be.a* im Gleichgewicht halten, balancieren; (o'r newydd) ins Gleichgewicht bringen; (dwy ddadl) gegeneinander abwägen.

cyd-chwarae *g* Zusammenspiel *nt*.
♦ *be.g* zusammenspielen.

cyd-deithio *be.g* mitfahren.

cyd-deithiwr (cyd-deithwyr) *g* Mitfahrer *m*.

cyd-deithwraig (cyd-deithwragedd) Mitfahrerin *f*.

cyd-destun *g* Zusammenhang *m*, Kontext *m*; **yn y ~ hwn** in diesem Zusammenhang; **wedi ei gymryd allan o'i gyd-destun** aus dem Zusammenhang gerissen; **mewn ~ Ewropeaidd** im europäischen Kontext.

cyd-drawiad *g* = **cyd-ddigwyddiad**.

cyd-drefnu *be.a* koordinieren.

cyd-droseddwr *g* Komplize *m*, Mittäter *m*.

cyd-dynnu *be.g* gemeinsam ziehen; *(cydweithio)* zusammenarbeiten, kooperieren; *(ffig)* am gleichen Strang ziehen.

cyd-ddealldwriaeth (-au) *b* Verständigung *f*.

cyd-ddigwyddiad (-au) *g* Zufall *m*.

cyd-ddinesydd (-ion) *g* Mitbürger(in) *m(f)*.

cyd-ddyn (-ion) *g* Mitmensch *m*.

cyd-etifedd (-ion) *gb* Miterbe *m*, Miterbin *f*.

cydfod (-au) *gb* Harmonie *f*.

cyd-fodolaeth (-au) *b* Koexistenz *f*.

cyd-fynd *be.a* zusammenpassen; ~ **â rhn am rth** jdm in etw beipflichten; ~ **â theori** eine Theorie akzeptieren.

cyd-fyw *be.g:* ~ (**â**) *(rhannu tŷ)* zusammenwohnen; *(gyda phartner)* zusammenleben.

cydganol *ans (MATH)* konzentrisch.

cydgerdded *be.g:* ~ **â rhn** jdn begleiten.

cydgordio *be.g* harmonieren.

cydgordiol *ans* harmonisch.

cydgysylltu *be.g* ineinander greifen.

cydgynnull *be.g* sich versammeln.

cydio *be.a* fassen, greifen; ~ **dwylo** sich an der Hand halten; ~ **breichiau** sich bei jdm einhaken.

♦ *be.g* zugreifen; *(pysgodyn)* anbeißen; *(tân)* übergreifen; ~ **yn rhth** etw halten; ~**'n dyn yn rhth** etw fest halten; ~ **yn rhn gerfydd ei war** jdn am Schlafittchen packen.

cydiwr (**cydwyr**) *g (MODUR)* Kupplung *f*.

cydlyniad (-au) *g (FFIS)* Kohäsion *f*; *(ffig)* Zusammenhalt *m*; *(grŵp)* Geschlossenheit *f*.

cydlynol *ans* zusammenhängend.

cydlynu *be.g* zusammenhängen.

♦ *be.a* koordinieren.

cydlynydd (**cydlynwyr**) *g* Koordinator(in) *m(f)*.

cydnabod¹ *be.a* anerkennen; *(dyfyniad)* angeben, zitieren; *(camgymeriad)* einsehen; ~ **derbyn llythyr** den Empfang eines Briefes bestätigen; **nid yw hyd yn oed yn ~ fy modolaeth** er nimmt mich nicht einmal zur Kenntnis.

cydnabod² (**cydnabyddion**) *gb* Bekannte *m/f*.

cydnabyddedig *ans* anerkannt.

cydnabyddiaeth (-au) *b (gwerthfawrogiad)* Anerkennung *f*; *(cadarnhad)* **cawsom lythyr o gydnabyddiaeth** wir erhielten einen Brief als Bestätigung *f*.

cydnaws *ans (person)* sympathisch; *(lle, awyrgylch)* angenehm; *(yn gweddu)* vereinbar.

cydnerth *ans (cadarn)* solide, stabil; *(person)* stämmig, stramm.

cydoesi *be.g:* ~ **â** *(HAN)* zeitgenössisch sein mit +*dat*.

cydol *gb:* (**drwy**) **gydol y dydd** den ganzen Tag hindurch; (**drwy**) **gydol y nos** die ganze Nacht hindurch.

cydolygydd (-ion) *g* Mitherausgeber(in) *m(f)*.

cydosod *be.a* zusammenbauen, zusammensetzen, zusammenstellen.

cydosodiad (-au) *g* Zusammenbau *m*.

cydradd *ans* gleichwertig; **yn gydradd cyntaf** ex aequo Erste(r).

cydraddoldeb (-au) *g* Gleichwertigkeit *f*.

cydran (-nau) *b* Bestandteil *m*.

cydryw *ans* homogen, gleichartig.

cydsafiad (-au) *g* Solidarität *f*.

cydseiniad (-au) *g (CERDD)* Harmonie *f*; *(cytundeb)* Abmachung *f*.

cydseiniol *ans (CERDD)* harmonisch.

cydsyniad (-au) *g* Zustimmung *f*, Übereinstimmung *f*; **rhoi ~ am rth** seine Zustimmung zu etw *dat* geben.

cydsynio *be.g* einer Meinung sein, zustimmen; ~ **â rhn** jdm zustimmen, jdm Recht geben.

cydwedd *ans (tebyg)* ähnlich; *(yn gweddu)* kompatibel, vereinbar.

cydweddol *ans* kompatibel, vereinbar.

cydweddoldeb (-au) *g* Kompatibilität *f*, Vereinbarkeit *f*.

cydweddu *be.g* übereinstimmen.

cydweithfa (**cydweithfeydd**) *b* Genossenschaft *f*.

cydweithio *be.g:* ~ (**â**) zusammenarbeiten (mit), kooperieren (mit).

cyd-weithiwr (**cyd-weithwyr**) *g* Kollege *m*; *(isradd)* Mitarbeiter *m*.

cydweithrediad (-au) *g* Kooperation *f*, Zusammenarbeit *f*; *(cymorth)* Mitarbeit *f*, Kooperation; **mewn ~ â** unter Mitarbeit von.

cydweithredol *ans* kooperativ; *(MASN)* auf Genossenschaftsbasis; **cwmni ~** Genossenschaft *f*, Kooperative *f*.

cydweithredu *be.g* zusammenarbeiten; *(helpu)* ~ **ar** mitarbeiten an +*dat*.

cydweithredwr (**cydweithredwyr**) *g* Mitarbeiter *m*; *(â'r gelyn)* Kollaborateur *m*.

cydweithredwraig (**cydweithredwragedd**) *b* Mitarbeiterin *f*; *(â'r gelyn)* Kollaborateurin *f*.

cyd-weithwraig (**cyd-weithwragedd**) *b* Kollegin *f*; *(isradd)* Mitarbeiterin *f*.

cyd-weld *be.g* zustimmen, beipflichten; ~ **â rhn** jdm zustimmen, mit jdm einer Meinung sein.

cydwladol *ans* multilateral, zwischenstaatlich.

cyd-wladwr (**cyd-wladwyr**) *g* Landsmann *m*.

cydwybod (-au) *b* Gewissen *nt*; **bod â chydwybod glir**

ein reines Gewissen haben; **~ wael** ein
schlechtes Gewissen; **â chydwybod dawel** mit
ruhigem Gewissen; **mae ei gydwybod yn ei bigo** er
hat Gewissensbisse.

cydwybodol *ans* gewissenhaft; *(o ddyletswydd)*
pflichtbewusst; **gwrthwynebydd ~**
Wehrdienstverweigerer *m*.

cydymaith (**cymdeithion**) *g* Begleiter(in) *m(f)*; *(cymar)*
Kamerad(in) *m(f)*; *(llyfr)* Handbuch *nt*, Leitfaden
m.

cydymdeimlad (**-au**) *g* Mitgefühl *nt*, Mitleid *nt*,
Anteilnahme *f*; *(yn achos galar)* Beileid *nt*.

cydymdeimladol *ans* mitleidig.

cydymdeimlo *be.g:* **~ (â)** mitfühlen (mit *+dat*),
sympathisieren mit; *(yn achos galar)* kondolieren
+dat; **anfon cerdyn i gydymdeimlo â rhn** eine
Beileidskarte an jdn schicken.

cydymdeithes (**-au**) *b* Mitreisende *f*; *(mewn clwb ayb)*
Kameradin *f*.

cydymdeithio *be.g:* **~ â rhn** jdn begleiten.

cydymdeithiwr, cydymdeithydd (**cydymdeithwyr**) *g*
Mitreisende *m/f*; *(mewn clwb, mudiad ayb)*
Kamerad(in) *m(f)*.

cydymdrech (**-ion**) *gb* Gemeinschaftsarbeit *f*.

cydymddygiad *g* Toleranz *f*, Duldsamkeit *f*.

cydymffurfiad (**-au**) *g* Anpassung *f*,
Übereinstimmung *f*.

cydymffurfiaeth *b (CREF)* Konformismus *m*.

cydymffurfio *be.g* sich anpassen; **~ â** sich anpassen
+dat, entsprechen *+dat*; *(CREF)* sich unterwerfen
+dat.

cydymffurfiwr (**cydymffurfwyr**) *g* Anpasser(in) *m(f)*;
(CREF) Konformist *m*.

cydymgeisiaeth (**-au**) *b* Rivalität *f*.

cydymgeisydd (**cydymgeiswyr**) *g* Rivale *m*, Rivalin *f*,
Gegenkandidat(in) *m(f)*; *(am gariad rhn)*
Nebenbuhler(in) *m(f)*; *(am swydd)*
Mitbewerber(in) *m(f)*.

cydystyrol *ans* synonym, gleichbedeutend.

cyddwysedd *g (FFIS)* Kondensation *f*; *(hylif)*
Kondensat *nt*.

cyf. *byrf (cwmni)* GmbH *f*, GesmbH *f*; (Gesellschaft
mit beschränkter Haftung); *(mewn llythyr)* betr.
(betreffs); *(cyfrol)* Bd. (Band).

cyfadeilad (**-au**) *g* Gebäudekomplex *m*.

cyfadfer *be.a (TECH)* kompensieren.

cyfadran (**-nau**) *b (PRIFYSG)* Fachbereich *m*, Fakultät
f; **C~ y Gyfraith** juristische Fakultät, juridische[A]
Fakultät; **C~ Gwyddoniaeth**
naturwissenschaftliche Fakultät; **C~ y
Celfyddydau** geisteswissenschaftliche Fakultät.

cyfaddas *ans* geeignet, passend; **~ i feddalwedd**

(CYFDR) (software)kompatibel.

cyfaddasu *be.a* anpassen, modifizieren.

cyfaddasrwydd *g* Tauglichkeit *f*.

cyfaddawd (**-au**) *g* Kompromiss *m*, Mittelweg *m*;
datrysiad trwy gyfaddawd Kompromisslösung *f*.

cyfaddawdu *be.g* einen Kompromiss schließen;
parod i gyfaddawdu kompromissbereit.

cyfaddef *be.a* gestehen, zugeben; *(bai)* bekennen.

cyfaddefiad (**-au**) *g* Geständnis *nt*; *(o fai)* Bekenntnis
nt.

cyfagos *ans (lle)* benachbart, nahe; *(amser)* nahe,
bevorstehend.

cyfangu *be.g* sich zusammenziehen; **mae metel poeth
yn ~ wrth oeri** heißes Metall zieht sich beim
Auskühlen zusammen.

cyfangiad (**-au**) *g* Zusammenziehen *nt*, Kontraktion
f; *(ynglŷn â genedigaeth)* Wehe *f*.

cyfaill (**cyfeillion**) *g* Freund *m*, Kamerad *m*; **~ gorau
dyn yw ei gi** der Hund ist der beste Freund des
Menschen; **bod yn gyfaill i rn** mit jdm befreundet
sein; **~ anifeiliaid** Tierfreund *m*; **~ mynwesol**
Busenfreund *m*; **~ teulu** Freund der Familie; **~
ysgol** *(disgybl)* Mitschüler *m*, Schulfreund *m*.

cyfain *ans gw.* **cyfan**[1].

cyfaint (**cyfeintiau**) *g* Inhalt *m*, Volumen *nt*; *(MODUR)*
Hubraum *m*.

cyfair[1] (**cyfeiriau**) *g (GRAM)* Synonym *nt*.

cyfair[2] *g =* **cyfer**.

cyfalaf *g (CYLL)* Kapital *nt*; **~ benthyg** Fremdkapital
nt; **~ cychwynnol** Grundkapital *nt*; **~ cyfrannau**
Aktienkapital *nt*; **~ gweithredol** Betriebskapital *nt*.

cyfalafiaeth *b (GWLEID)* Kapitalismus *m*.

cyfalafol *ans* kapitalistisch.

cyfalafwr, cyfalafydd (**cyfalafwyr**) *g* Kapitalist *m*.

cyfalaw (**-on**) *b (CERDD)* Diskant *m*; *(cerdd dant)*
Singstimme *f*.

cyfamod (**-au**) *g (CYFR)* Verpflichtung *f*, Abkommen
nt; *(elusen)* Verpflichtung *f* zu regelmäßigen
Spenden; *(Beibl)* Bund *m*.

cyfamodi *be.g* sich verpflichten.

cyfamser (**-au** *neu* **-oedd**) *g* Zwischenzeit *f*; **yn y ~**
inzwischen, in der Zwischenzeit.

cyfamserol *ans (cyfoes)* zeitgemäß, aktuell; *(ar yr un
pryd)* simultan, gleichzeitig.

cyfamseroldeb *g* Aktualität *f*.

cyfan[1] (**ll cyfain**) *ans* ganz; *(heb ei dorri)* heil, intakt; *(i
gyd)* sämtlich; **yn gyfan gwbl** total, absolut; **y
gynulleidfa gyfan** das ganze Publikum, die ganze
Versammlung.

cyfan[2] (**-ion** *neu* **-nau**) *g* Gesamtheit *f*; **ar y ~** im
Großen und Ganzen; **wedi'r ~** immerhin.

cyfandaliad (**-au**) *g (CYLL)* Pauschalsumme *f*.

cyfander _g_ Gesamtheit _f_, Einheit _f_; **yn ei gyfander**
zur Gänze.

cyfandir (-oedd) _g (DAEAR)_ Erdteil _m_, Festland _nt_,
Kontinent _m_; **y C~** Kontinentaleuropa _nt_; **C~**
Affrica der afrikanische/schwarze Kontinent; **ar y**
~ am Kontinent.

cyfandirol _ans_ kontinental; **symudiad ~** _(DAEAR)_
Kontinentalverschiebung _f_; **ysgafell gyfandirol**
Kontinentalsockel _m_.

cyfandroed _ans_ schwimmfüßig.

cyfandwf _ans_ erwachsen.

cyfaneddedig _ans_ bewohnt.

cyfanfyd _g_ Universum _nt_.

cyfanheddol _ans_ bewohnbar.

cyfanheddu _be.a_ bewohnen, besiedeln.

◆ _be.g:_ **~ yn** wohnen/siedeln in _+dat._

cyfannedd (cyfanheddau) _g_ Wohnstätte _f_,
Behausung _f_; _(tir)_ Lebensraum _m_.

◆ _ans_ bewohnbar.

cyfannu _be.a_ vervollständigen, ganz machen; _(uno)_
integrieren, vereinen; **~ mewnfudwyr**
Immigranten integrieren.

cyfanred (-au) _g (MATH)_ Aggregat _nt_.

cyfanrif (-au) _g (MATH)_ ganze Zahl.

cyfanrwydd _g_ Gesamtheit _f_, Vollständigkeit _f_; **yn ei**
gyfanrwydd in seiner Gesamtheit.

cyfansawdd¹ _ans_ zusammengesetzt; **gair ~** _(GRAM)_
zusammengesetztes Wort _nt_, Kompositum _nt_.

cyfansawdd² _g (CEM)_ Verbindung _f_.

cyfansoddi _be.a (CERDD)_ komponieren; _(LLEN)_
dichten, verfassen; _(asio)_ zusammenfügen;
(gwasg) setzen; **~ ar y pryd** _(CERDD)_ improvisieren.

cyfansoddiad (-au) _g_ Zusammensetzung _f_; _(CERDD)_
Komposition _f_; _(barddoniaeth)_ Dichtung _f_; _(natur)_
Beschaffenheit _f_, Natur _f_; _(cyflwr corff)_
Konstitution _f_; _(GWLEID)_ Verfassung _f_,
Grundgesetz° _nt_.

cyfansoddiadol _ans (GWLEID)_ konstitutionell,
verfassungsmäßig.

cyfansoddwr (cyfansoddwyr) _g_ Komponist _m_.

cyfansoddwraig (cyfansoddwragedd) _b_ Komponistin
_f_.

cyfansoddyn (cyfansoddion) _g_ Baustein _m_,
Bestandteil _m_; _(CEM)_ Verbindung _f_.

cyfanswm (cyfansymiau) _g_ Summe _f_; _(CYLL)_
Gesamtbetrag _m_; **~ y bil yw 1,000 o ffrancs** die
Rechnung beträgt 1.000,- Franken; **~ y costau yw**
70 punt die Kosten belaufen sich auf 70,- Pfund.

cyfanwaith (cyfanweithiau) _g_ Gesamtwerk _nt_.

cyfanwedd _ans_ symmetrisch.

cyfanwerth _ans (MASN)_ en gros, Großhandels-; **cwmni**
~ Großhandelsgesellschaft _f_.

cyfanwerthu _be.a (MASN)_ im Großhandel verkaufen.

cyfanwerthwr (cyfanwerthwyr) _g (MASN)_ Großhändler
_m_, Grossist _m_.

cyfarch¹ (-ion) _gb_ Gruß _m_; _(anerchiad)_ Begrüßung _f_;
cerdyn ~ion Glückwunschkarte _f_; **~ion y tymor!**
fröhliche Weihnachten und ein glückliches
Neues Jahr!

cyfarch² _be.a_ grüßen, begrüßen.

cyfarchiad (-au) _g_ = **cyfarch¹**.

cyfarchion _ll gw._ **cyfarch¹**.

cyfaredd (-au) _b_ Reiz _m_, Zauber _m_.

cyfareddol _ans_ reizend, bezaubernd.

cyfareddu _be.g_ reizen, faszinieren.

cyfarfod¹ _be.g_ sich treffen, zusammenkommen;
(cymdeithas) tagen; **~ â rhn** jdn treffen; _(dod i_
adnabod) jdn kennen lernen, die Bekanntschaft
von jdm machen; **~ ag angen** _(MASN)_ die
Nachfrage decken.

cyfarfod² (-ydd) _g_ Treffen _nt_, Zusammenkunft _f_;
(swyddogol) Versammlung _f_, Meeting _nt_, Sitzung
_f_; _(cynhadledd)_ Tagung _f_; **~ athrawon**
Lehrerkonferenz _f_; **~ bwrdd** Vorstandssitzung _f_; **~**
cyffredinol blynyddol Jahreshauptversammlung _f_.

cyfarfyddiad (-au) _g_ Begegnung _f_.

cyfarpar _g (teclyn)_ Apparat _m_, Gerät _nt_; _(offer)_
Ausrüstung _f_, Apparatur _f_; **~ atodol** Zubehör _nt_; **~**
coginio Kochutensilien _f_; **~ prosesu data**
Datenverarbeitungsanlage _f_.

cyfarparu _be.a_ ausrüsten, ausstaffieren; **~ rhn â rhth**
jdn mit etw _dat_ ausstatten.

cyfartal _ans_ gleich, gleichwertig; **gêm gyfartal**
(CHWAR) Unentschieden _nt_; _(gwyddbwyll)_ Patt _nt_;
statws ~ Gleichstellung _f_.

cyfartaledd _g (canolrif)_ Durchschnitt _m_,
Durchschnittswert _m_; _(cymesuredd)_ Verhältnis _nt_,
Proportion _f_; _(cyfwerthedd)_ Nennwert _m_;
(cydbwysedd) Ausgewogenheit _f_; _(cyfiawnder)_
Gerechtigkeit _f_; **ar gyfartaledd** im Durchschnitt; **~**
buanedd Durchschnittsgeschwindigkeit _f_.

cyfartalwch _g_ = **cyfartaledd**.

cyfarth _be.g_ bellen; _(dechrau cyfarth)_ anschlagen; **cadw**
ci a chyfarth eich hun sich einen Hund halten und
selber bellen, jds anderen Aufgabe erfüllen.

cyfarthiad (-au) _g_ ein einzelnes Bellen _nt_.

cyfarwydd _ans_ vertraut, gewohnt; **bod yn gyfarwydd**
â rhth mit etwas vertraut sein.

cyfarwydd-dra _g_ Bekanntschaft _f_, Vertrautheit _f_.

cyfarwyddiad (-au) _g_ Anleitung _f_, Anweisung _f_; **~au**
_ll_ Gebrauchsanweisung _f_; **~au llwyfan** _(THEAT)_
Regieanweisungen _pl_.

cyfarwyddiadur (-on) _g_ Verzeichnis _nt_.

cyfarwyddo _be.a (hyfforddi)_ unterweisen; _(cyfeirio)_

dirigieren; *(THEAT)* inszenieren; *(cynefino)* sich gewöhnen an +*akk*, sich vertraut machen mit +*dat*.

cyfarwyddwr (**cyfarwyddwyr**) *g* Leiter(in) *m(f)*, Direktor(in) *m(f)*; *(MASN)* Direktor(in); *(THEAT)* Intendant(in) *m(f)*, Regisseur(in) *m(f)*; ~ **addysg** ≈ Kultusminister(in)^D *m(f)*, Unterrichtsminister(in)^A *m(f)*.

cyfarwyddyd (-au) *gb* Anweisung *f*, Hinweis *m*, Beratung *f*; ~ **gyrfa** Berufsberatung *f*.

cyfateb *be.g:* ~ **i** entsprechen +*dat*.

cyfatebiaeth (-au) *b* Entsprechung *f*; *(cyffelybrwydd)* Analogie *f*; *(cysylltiad)* Zusammenhang *m*.

cyfatebol *ans* entsprechend, passend; ~ **i** analog zu +*dat*.

cyfatebydd (-ion) *g* Gegenstück *nt*.

cyfath *ans (MATH)* kongruent, deckungsgleich.

cyfathrach *b* Verkehr *m*, Umgang *m*; ~ **rywiol** Geschlechtsverkehr *m*, Beischlaf *m*, Sex *m*.

cyfathrachu *be.g:* ~ **â** verkehren mit +*dat*; *(yn rhywiol)* geschlechtlich verkehren mit +*dat*.

cyfathrebiad (-au) *g* Kommunikation *f*, Verständigung *f*.

cyfathrebu *be.g* kommunizieren, sich verständigen.

cyfddydd *g* Morgendämmerung *f*.

cyfeb *ans (ceffyl, dafad)* trächtig.

cyfebol *ans* trächtig.

cyfebr (-ion) *b (caseg)* trächtige Stute *f*; *(dafad)* trächtiges Schaf *nt*.

cyfebru *be.g (beichiogi)* trächtig werden.

♦ *be.a (ffrwythloni)* befruchten.

♦ *be.e:* ~ **artiffisial** künstliche Befruchtung *f*.

cyfedd[1] (-au) *g* = **cyfeddach**[1].

cyfedd[2] *be.g* = **cyfeddach**[2].

cyfeddach[1] (-au) *gb* Festmahl *nt*, Schmaus *m*.

cyfeddach[2] *be.g* schmausen, ein Gelage feiern.

cyfeddiannu *be.a* annektieren.

cyfeiliant (**cyfeiliannau**) *g (CERDD)* Begleitung *f*; **i gyfeilant y delyn** mit Harfenbegleitung.

cyfeilio *be.g:* ~ **i** begleiten.

cyfeiliorn (-au) *gb*; **mynd ar gyfeiliorn** vom Weg abgekommen; *(ffig)* vom rechten Weg abgekommen.

cyfeiliornad (-au) *g* Fehltritt *m*; *(cam-gred)* Ketzerei *f*, Häresie *f*.

cyfeiliorni *be.g* irren, fehlgehen.

♦ *be.a* irreführen, täuschen.

cyfeiliornus *ans* falsch; *(CREF)* ketzerisch.

cyfeilydd (-ion) *g (CERDD)* Begleiter(in) *m(f)*.

cyfeillach *b* Freundschaft *f*, Verbrüderung *f*; *(seiat)* Versammlung *f*.

cyfeillachu *be.g:* ~ **â rhn** sich mit jdm verbrüdern.

cyfeilles (-au) *b* Freundin *f*; ~ **fynwesol** Vertraute *f*, Busenfreundin *f*; ~ **ysgol** *(disgybl)* Mitschülerin *f*.

cyfeillgar *ans* freundlich; *(cymdeithasgar)* freundschaftlich; *(cariadus)* liebenswert.

cyfeillgarwch *g* Freundlichkeit *f*; *(perthynas)* Freundschaft *f*.

cyfeiriad (-au) *g (post)* Adresse *f*, Anschrift *f*; *(sylw)* Verweis *m*; *(at ffynhonnell)* Quellenangabe *f*; *(ffordd)* Richtung *f*; *(sôn)* Erwähnung *f*; ~ **at** Bezugnahme auf +*akk*; *(cudd)* Anspielung auf +*akk*; **beth yw ei chyfeiriad?** wie ist ihre Adresse?

cyfeiriadur (-on) *g* Adressbuch *nt*; *(ffôn)* Telefonbuch *nt*; *(MASN)* Branchenverzeichnis *nt*.

cyfeirio *be.a* leiten; ~ **at** verweisen auf +*akk*, aufmerksam machen auf +*akk*; *(llythyr)* adressieren an +*akk*; *(cwestiwn, cwyn)* richten an +*akk*.

♦ *be.g:* ~ **am** ansteuern; ~ **at** *(mewn araith)* berühren, erwähnen; *(cudd)* anspielen auf +*akk*.

cyfeiriwr (**cyfeirwyr**) *g (MODUR)* Blinker *m*, Blinklicht *nt*.

cyfeirlyfr (-au) *g* Nachschlagwerk *nt*.

cyfeirnod (-au) *g* Hinweis *m*, Kennziffer *f*; *(ar ddogfen)* Aktenzeichen *nt*.

cyfenw (-au) *g* Familienname *m*, Nachname *m*.

cyfenwadur *g (MATH)* gemeinsamer Nenner *m*.

cyfer (**cyfeiriau**) *g* Stelle *f*, Ort *m*; *(erw)* Morgen *m* Land.

ar gyfer *ardd (er mwyn, ynglŷn â)* in Bezug auf +*akk*, hinsichtlich +*gen*; *(cyferbyn â)* gegenüber +*dat*; **rydym yn byw ar gyfer y capel** wir wohnen gegenüber der Kirche.

cyferbyn *adf* gegenüberliegend.

♦ *ardd:* **gyferbyn â** gegenüber +*dat*; **mae hi'n byw gyferbyn â'r swyddfa bost** sie wohnt gegenüber dem Postamt; **dau dŷ gyferbyn â'i gilydd** zwei gegenüberliegende Häuser.

cyferbyniad (-au) *g* Gegenüberstellung *f*; *(gwahaniaeth)* Gegensatz *m*, Kontrast *m*.

cyferbyniaeth (-au) *gb* Antithese *f*.

cyferbyniol *ans* gegensätzlich, kontrastierend.

cyferbynnu *be.a* gegenüberstellen, vergleichen.

cyfergyd (-ion) *gb (MEDD)* Gehirnerschütterung *f*.

cyfethol *be.g* ernennen, berufen; **cyfetholwyd i'r pwyllgor** er wurde ins Komitee berufen.

cyfiawn *ans* gerecht; *(gonest)* aufrecht, rechtschaffen; *(cyfreithlon)* legitim; *(priodol)* gebührend.

cyfiawnadwy *ans* berechtigt, gerechtfertigt.

cyfiawnder (-au) *g* Gerechtigkeit *f*.

cyfiawnhad *g* Rechtfertigung *f*, Begründung *f*.

cyfiawnhau *be.a* rechtfertigen, begründen; ~ **eich**

hun sich verantworten.

cyfieithiad (-au) *g* Übersetzung *f.*

cyfieithu *be.a, be.g* übersetzen; *(lladmeru)* dolmetschen; *(CYFDR)* konvertieren; **~ ar y pryd** simultandolmetschen; **mae hi wedi ~'r nofel i'r Almaeneg** sie hat den Roman ins Deutsche übertragen.

cyfieithwraig (**cyfieithwragedd**) *b* Übersetzerin *f*, Dolmetscherin *f.*

cyfieithydd (**cyfieithwyr**) *g* Übersetzer *m*; *(lladmerydd)* Dolmetscher *m*; **~ ar y pryd** Simultandolmetscher *m.*

cyfisol *ans* des Monats; **ar y pumed ~** am 5. des Monats, am 5. diesen Monats.

cyflafan[1] *b* Gemetzel *nt*, Massaker *nt.*

cyflafan[2] *g* *(BOT)* Wasserlinse *f.*

cyflafaredd (-ion *neu* -au) *gb* Diskussion *f*; *(cymod)* Versöhnung *f*, Schlichtung *f.*

cyflafareddiad (-au) *g* Verhandlung *f*; *(cymod)* Schlichtung *f.*

cyflafareddu *be.g* verhandeln; *(cymodi)* schlichten.

cyflafareddwr (**cyflafareddwyr**) *g* Schlichter *m.*

cyflaith *g* Karamellbonbon *m/nt.*

cyflawn *ans* vollständig, komplett; *(di-fwlch)* lückenlos; *(o ran nifer)* vollzählig; *(GRAM)* **berf gyflawn** intransitives Verb *nt*; **~ aelodau** Vollmitglieder *pl.*

cyflawnder *g* Reichtum *m.*

cyflawni *be.a* *(gwaith, tasg)* erledigen, verrichten, vollbringen; *(gofynion)* erfüllen, nachkommen *+dat*; *(gwneud yn gyflawn)* ergänzen; **mae e wedi ~ trosedd** er hat sich strafbar gemacht; **~ hunanladdiad** Selbstmord begehen.

cyflawniad (-au) *g* Erledigung *f*, Verrichtung *f*; *(gweithred o wneud yn gyflawn)* Ergänzung *f.*

cyfle (-oedd) *g* Gelegenheit *f*, Chance *f*; **~ cyfartal** Chancengleichheit *f*; **achub y ~** die Gelegenheit beim Schopf packen; **dyma dy gyfle!** das ist deine Chance!

cyflenwad (-au) *g* Versorgung *f*, *(MASN)* Angebot *nt*, Sortiment *nt*; **~ bwyd** Proviant *m*; **~ a galw** *(MASN)* Angebot und Nachfrage; **~ ynni** Energieversorgung *f*, **~au** *ll* *(MIL)* Nachschub *m.*

cyflenwi *be.a:* **~ â** versorgen mit *+dat*, beliefern mit *+dat.*

cyflenwol *ans* *(MATH)* **ongl gyflenwol** Ergänzungswinkel *m*; *(CELF)* **lliw ~** Komplementärfarbe *f.*

cyflenwr (**cyflenwyr**) *g* Lieferant *m.*

cyflenwydd (-ion) *g* Versorger(in) *m(f).*

cyfleu *be.a* *(teimlad)* ausdrücken, vermitteln; *(cofion)* überbringen.

cyfleus *ans* bequem; *(cyfle)* gelegen; *(wrth law)* griffbereit; *(hawdd ei drin o ran maint)* handlich; *(amser)* passend, genehm; *(lle sy'n agos iawn i arhosfan bysiau ayb)* verkehrsgünstig; **ydy'r amser yn gyfleus i chi?** passt Ihnen dieser Termin? **mae'n gyfleus iawn cael siop drws nesaf** es kommt sehr gelegen ein Geschäft nebenan zu haben.

cyfleusterau *ll:* **~ cawod** Duschgelegenheit *f*; **~ coginio** Kochgelegenheit *f*; **~ cyhoeddus** öffentliche Bedürfnisanstalt *f*; **~ ymolchi** Waschraum *m.*

cyfleuster, **cyfleustra** *g* Bequemlichkeit *f.*

cyflin (-au) *b* *(MATH)* Parallele *f.*

cyflinellol *ans* parallel.

cyfliw *ans* farblich passend.

cyflo *ans* *(buwch)* trächtig.

cyflog (-au) *g* Gehalt *nt*; *(tâl)* Lohn *m*; *(MIL)* Sold *m*; *(MOR)* Heuer *f*; **~ crynswth** Bruttogehalt *nt*, Bruttolohn *m*; **~ cychwynnol** Anfangsgehalt *nt*; **~ llwgu** Hungerlohn *m*; **~ misol** Monatsgehalt *nt*; **~ onest** ehrlich verdientes Geld *nt*; **gwas ~** Tagelöhner *m.*

cyflogaeth *b* Beschäftigung *f*; **~ lawn** Vollbeschäftigung *f.*

cyflogedig *ans* *(yn gweithio)* berufstätig, erwerbstätig; *(gan gwmni)* angestellt; **~ yn barhaol** fest angestellt.

cyflogi *be.a* beschäftigen, anstellen; *(MIL)* verpflichten; *(MOR)* anheuern; *(actor, actores)* engagieren; *(llofrudd)* anheuern, dingen.

cyflogwr (**cyflogwyr**) *g* Arbeitgeber *m*; *(ffatri)* Unternehmer *m.*

cyflogwraig (**cyflogwragedd**) *b* Arbeitgeberin *f*, *(ffatri)* Unternehmerin *f.*

cyfluniad (-au) *g* Ensemble *nt*, Set *nt*; **~ esgyrn** Knochenbau *m.*

cyflwr (**cyflyrau**) *g* Zustand *m*, Befinden *nt*; *(GRAM)* Fall *m*; *(CEM)* Aggregatzustand *m*; **mewn ~ da/gwael** in gutem/schlechtem Zustand; **mewn ~ cychwynnol** im Anfangsstadium *nt*; **~ derbyniol** *(GRAM)* Dativ *m*; **~ genidol** *(GRAM)* Genitiv *m*; **~ gwrthrychol** *(GRAM)* Akkusativ *m*; **~ hylifol** *(CEM)* flüssiger Zustand; **~ iechyd** Gesundheitszustand *m*, Verfassung *f*; **~ meddwl** Geisteszustand *m*; **~ trosiannol** Übergangsstadium *nt.*

cyflwyniad (-au) *g* *(rhagarweiniad)* Einführung *f*; *(THEAT)* Aufführung *f*, Vorstellung *f*; *(o waith)* Präsentation *f*; *(mewn llyfr i berson amlwg)* Widmung *f.*

cyflwyno *be.a* einführen; *(rhn)* vorstellen; *(perfformiad)* darbieten; *(ffilm)* vorführen; *(gwaith)* präsentieren, vorlegen; *(ar y teledu neu radio)* moderieren; *(anrheg)* überreichen; *(medal)*

verleihen; *(honiad)* aufstellen; *(llyfr i berson)*
widmen; **~ eich hun** sich vorstellen; **~ rhth i rn**
(ymchwil, gwaith) jdm etw vorlegen; **~ rhn i rn** jdn
mit jdm bekannt machen; **~ achos** den
Sachverhalt darlegen.

cyflwynydd (-ion *neu* **cyflwynwyr**) *g* Präsentator(in)
m(f); *(newyddion, GWLEID)* Sprecher(in) *m(f)*; *(radio)*
Ansager(in) *m(f)*; *(teledu)* Moderator(in) *m(f)*; *(sioe
deledu)* Showmaster *m*; *(noson lawen)* Conférencier
m; *(adroddiad)* Referent(in) *m(f)*.

cyflym *ans* schnell, geschwind; *(heb atal)* zügig,
rasch; *(car, gyrfa)* rasant; *(meddwl)* scharf; *(deallus)*
vif, clever; *(ffilm)* hoch empfindlich; *(dirywiad)*
rapide; **mae gan Eleri feddwl ~ iawn** Eleri hat einen
scharfen Verstand.

cyflymder (-au) *g* Geschwindigkeit *f*, Tempo *nt*; **ar
gyflymder mawr** mit hoher Geschwindigkeit; **~
sain** *ayb (TECH)* gw. **buanedd**.

cyflymdra *g* = **cyflymder**.

cyflymiad (-au) *g* Beschleunigung *f*.

cyflymu *be.a (TECH)* beschleunigen; *(ffig)*
beschleunigen, forcieren.

cyflymydd (-ion) *g (FFIS)* Beschleuniger *m*; *(car)*
Gaspedal *nt*.

cyflynydd (-ion) *g* Bindemittel *nt*.

cyflyru *be.a* in einen Zustand versetzen; *(hyfforddi)*
konditionieren; **~ meddwl rhn** jdn einer
Gehirnwäsche unterziehen.

cyflythreniad (-au) *g (LLEN)* Alliteration *f*.

cyfnas *gb* = **cynfas**.

cyfnerthiad (-au) *g* Bekräftigung *f*; *(MASN)*
Konsolidierung *f*.

cyfnerthu *be.a* bekräftigen, festigen.

cyfnewid *be.a* wechseln, austauschen; *(bob yn ail)*
abwechseln; *(masnachu)* handeln mit *+dat*; **~ am**
eintauschen für *+akk*, tauschen gegen *+akk*; **~ rhth
yn rth** etw *akk* gegen etw *akk* tauschen;
cyfnewidwyd yr hen ddull o fyw yn llwyr die alte
Lebensweise wurde komplett aufgegeben.
　♦ *be.e* Wechsel *m*, Austausch *m*; *(ffeirio)*
Tauschhandel *m*; *(arian tramor)* Geldwechsel *m*;
(nwyddau mewn siop) Umtausch *m*; **~ ergydion**
Schlagabtausch *m*; **~ profiadau**
Erfahrungsaustausch *m*; **ras gyfnewid** Staffellauf
m.

cyfnewidfa (**cyfnewidfeydd**) *b (arian)* Wechselstube *f*;
~ ffôn Telefonzentrale *f*; **~ stociau** Börse *f*.

cyfnewidiadwy *ans* austauschbar.

cyfnewidiol *ans* wechselnd; *(tywydd)* veränderlich,
wechselhaft; *(person)* wetterwendisch.

cyfnewidioldeb (-au) *g* Veränderlichkeit *f*.

cyfnither (-oedd *neu* -od) *b* Cousine *f*, Kusine *f*;

Base[D] *f*.

cyfnod (-au) *g* Zeitraum *m*, Periode *f*; *(HAN)* Epoche
f, Zeitalter *nt*, Ära *f*; *(CYFR)* **~ ar brawf**
Bewährungsfrist *f*; **~ cofrestru** Anmeldefrist *f*; **~
gwladychol** *(HAN)* Kolonialzeit *f*; **~ hyfforddi**
Ausbildungszeit *f*; **~ Natsïaidd** *(HAN)* NS-Zeit *f*; **~ o
lwc** Glückssträhne *f*; **~ rhybudd** *(cytundeb)*
Kündigungsfrist *f*; **~au heulog** *(TYW)* sonnige
Aufheiterungen *pl*; **am gyfnod** eine Zeitlang.

cyfnodol *ans* periodisch, zyklisch.

cyfnodolyn (**cyfnodolion**) *g* Magazin *nt*, Zeitschrift *f*,
Journal *nt*.

cyfnos (-au) *g* Abenddämmerung *f*, Dämmerung *f*;
(lled-dywyllwch) Zwielicht *nt*.

cyfnosol *ans* dämmrig.

cyfochrog *ans* parallel.

cyfodi *be.a, be.g* = **codi**.

cyfoed *ans* gleichaltrig.
　♦ (-ion) *g* Gleichaltrige *m/f*.

cyfoes *ans (HAN)* zeitgenössisch; *(modern)* modern,
aktuell; **Cymraeg ~** modernes Walisisch.

cyfoesedd *g* Aktualität *f*.

cyfoesi *be.g:* **~ â rhn** ein Zeitgenosse von jdm sein.

cyfoeswr (**cyfoeswyr**) *g* Zeitgenosse *m*.

cyfoeswraig (**cyfoeswragedd**) *b* Zeitgenossin *f*.

cyfoeth *g* Reichtum *m*, Wohlstand *m*; *(casgliad o
bethau gwerthfawr)* Vermögen *nt*; **~ o brofiad**
Reichtum an Erfahrung.

cyfoethog *ans* reich, begütert, vermögend; *(ffig)*
reich; *(helaeth)* reichhaltig; **geirfa gyfoethog**
reicher Wortschatz *m*.
　♦ (-ion) *g* Reiche(r) *m*.

cyfoethogi *be.a* bereichern.

cyfog *g* Brechreiz *m*, Übelkeit *f*; **mae hynny'n codi ~
arna i** mir/mich ekelt davor.

cyfogi *be.g* sich übergeben, erbrechen.

cyfoglyd *ans* Ekel erregend, gräulich.

cyforiog *ans* randvoll, überströmend.

cyfosod *be.a* aneinander legen.

cyfosodiad (-au) *g* Synthese *f*; *(CELF)* Montage *f*.

cyfradd (-au) *gb* Rate *f*; *(tâl)* Ratenzahlung *f*, Rate;
(fesul diwrnod) Tagsatz *m*; *(CYLL)* Kurs *m*; *(CYFDR)* **~
baud** Baud-Rate *f*; **~ y cant** Prozentsatz *m*; **~
cyfnewid** *(CYLL)* Umrechnungskurs *m*,
Wechselkurs *m*; **~ cylchdroeon** *(MODUR)* Drehzahl *f*;
~ cynnydd *(MASN)* Zuwachsrate *f*; **~ ddisgownt** *(CYLL)*
Diskontsatz *m*; **~ fenthyg isaf** *(CYLL)* Eckzins *m*; **~
genedigaethau** *neu:* **~ geni** Geburtenrate *f*; **~ llog**
(CYLL) Zinsfuß *m*, Zinssatz *m*; **~ marw** *neu:* **~
marwolaethau** Sterblichkeitsrate *f*; **~ twf**
Wachstumsrate *f*.

cyfraith (**cyfreithiau**) *b* Gesetz *nt*; *(deddf)* Verordnung *f*, Erlass *m*; *(cyfanrwydd o ddeddfau)* Recht *nt*; *(PRIFYSG)* Jura^D *pl*, Jus^{AS} *nt*; **astudio'r gyfraith** Rechtswissenschaft studieren, Jus/Jura studieren; **~ fasnachol** Handelsrecht *nt*; **~ forwrol** Seerecht *nt*; **~ gwlad/sifil** Zivilrecht *nt*, bürgerliches Recht *nt*; **C~ Hywel Dda** *(HAN)* das Gesetz des Hywel Dda; **mynd i gyfraith** vor Gericht gehen; **fel ~ y Mediaid a'r Persiaid** *(ffig)* unumstößlich, unabänderlich; **~ ryngwladol** Völkerrecht *nt*; **~ a threfn** Recht und Ordnung; **~ troseddwyr** Strafrecht *nt*; **~ y cortyn** Lynchjustiz *f*; **yn wyneb y gyfraith** unter Missachtung der Gesetze, widerrechtlich; **torri'r gyfraith** das Gesetz brechen/verletzen.

cyfran (-nau) *b (rhan)* Teil *m/nt*; *(siâr)* Anteil *m*, Quote *f*, *(CYLL)* Beteiligung *f*, Aktie *f*, Wertpapier *nt*; *(MATH)* Quotient *m*; **~ gyffredin** Stammaktie *f*, Stammkapital *nt*; **~ ysgar** Alimente *pl*; **~ o'r farchnad** Marktanteil *m*; **~ o'r gost** Kostenbeteiligung *f*.

cyfranddaliad (-au) *g (CYLL)* Aktie *f*, Wertpapier *nt*.

cyfranddaliwr (cyfranddalwyr) *g* = **cyfranddeiliad**.

cyfranddeiliad (cyfranddeiliaid) *g (CYLL)* Aktionär(in) *m(f)*; *(partner mewn busnes)* Gesellschafter(in) *m(f)*.

cyfraniad (-au) *g* Beitrag *m*, Spende *f*; *(ffig)* Beitrag; **~ at gostau** Unkostenbeitrag *m*.

cyfrannedd (-au) *g (MATH)* Proportion *f*, Verhältnis *nt*; **mewn ~ â** im Verhältnis zu *+dat*.

cyfrannog *ans* mitschuldig.

♦ (-ion) *g (cyfranddeiliad)* Teilhaber(in) *m(f)*; *(un sy'n cyfranogi)* Teilnehmer(in) *m(f)*.

cyfrannol *ans* beitragend; *(MATH)* proportional.

cyfrannu *be.a* beitragen, beisteuern; *(elusen)* spenden; *(swm mawr o arian)* stiften; **~ erthygl i gylchgrawn** einen Artikel zu einer Zeitschrift beisteuern.

♦ *be.g* einen Beitrag leisten; **roedd pawb yn ~** alle wirkten mit, jeder leistete einen Beitrag; **~ i/at** mitwirken bei *+dat*, beitragen zu *+dat*.

cyfrannwr (cyfranwyr) *g* Spender *m*.

cyfranogaeth (-au) *b* Teilnahme *f*, Beteiligung *f*; *(CYFR)* Mitschuld *f*.

cyfranogi *be.g* teilnehmen; *(meddu)* teilhaben, partizipieren; **~ o rth** teilnehmen an etw *dat*.

cyfranogiad (-au) *g* Teilnahme *f*.

cyfranogwr (cyfranogwyr) *g* Teilnehmer(in) *m(f)*, Beteiligte *m/f*; *(MASN)* Teilhaber(in) *m(f)*.

cyfranogydd *g* = **cyfranogwr**.

cyfrediad (-au) *g (MEDD)* Syndrom *nt*; **~ Down** Downsyndrom *nt*.

cyfredol *ans (parhaus)* ständig, laufend; *(cydamserol)* gleichzeitig; *(diwethaf)* aktuell, letzte(r,s); *(cyfraith)* geltend; **rhifyn ~** *(cylchgrawn)* die letzte/neueste Ausgabe.

cyfreitheg (-au) *b* Rechtswissenschaft *f*.

cyfreithiol *ans* gesetzlich, rechtlich, juristisch; *(cyfiawn)* rechtmäßig, legal.

cyfreithiwr (cyfreithwyr) *g* Rechtsanwalt *m*, Rechtsanwältin *f*, Jurist(in) *m(f)*; *(ar gyfer ewyllys ayb)* Notar(in) *m(f)*; **~ amddiffyn** Verteidiger(in) *m(f)*.

cyfreithlon *ans* legal, gesetzmäßig; *(plentyn)* ehelich.

cyfreithlondeb *g* Legalität *f*, Legitimität *f*.

cyfreithloni *be.a (CYFR)* legalisieren, legitimieren; *(GWLEID: cytundeb)* ratifizieren.

cyfreithloniad (-au) *g* Legitimation *f*.

cyfreithlyfr (-au) *g* Gesetzbuch *nt*.

cyfres (-i) *b* Reihe *f*, Folge *f*; *(teledu)* Serie *f*; *(olyniaeth)* Reihenfolge *f*; *(llyfrau)* Bücherreihe *f*; *(llyfrau sgolorol)* Fachzeitschrift *f*; **~ o ddarlithoedd** Vortragsreihe *f*.

cyfreslun (-iau) *g (PENS)* Fries *m/nt*.

cyfresol *ans* serienmäßig, seriell.

cyfrif[1] (-on) *g (MATH)* Berechnung *f*, Kalkulation *f*; *(adroddiad)* Bericht *m*; *(CYLL)* Konto *nt*; **~on** *ll (CYLL)* Bücher *pl*; **ar bob ~** auf alle Fälle, um jeden Preis; **~ banc** Bankkonto *nt*; **~ cadw** *neu*: **~ cynilion** Sparbuch *nt*; **~ canrannol** *(MATH)* Prozentrechnung *f*; **~ credyd** Kreditkonto *nt*; **~ cyfredol** Girokonto *nt*; **galw rhn i gyfrif** jdn zur Rechenschaft ziehen; **nid ar unrhyw gyfrif** um keinen Preis, auf keinen Fall; **~ rhoddion** Spendenkonto *nt*; **rhoi ~ am rth** über etw *akk* Rechenschaft ablegen.

cyfrif[2] *be.a (rhifo)* zählen; *(adio rhifau)* ausrechnen, kalkulieren; *(rhoi rhesymau)* erklären; **~ rhth yn bwysig** Wert auf etw *akk* legen; **~ rhn yn rhth** jdn als etw *akk* ansehen; **maen nhw'n ei gymryd ef yn un o'r arweinyddion** sie zählen ihn zu den Anführern; **~ y cost** *(ffig)* die Folgen abschätzen.

♦ *be.g* rechnen; *(bod yn bwysig)* zählen, ankommen auf; **y blas sy'n ~** auf den Geschmack kommt es an.

cyfrifiad (-au) *g* Berechnung *f*; *(GWLEID)* Volkszählung *f*; **~ gwaed** *(MEDD)* Blutbild *nt*.

cyfrifiadur (-on) *g* Computer *m*, Rechner *m*, Elektronenrechner *m*; **~ (PC)** PC *m*; **~ cludadwy** Laptop *m*; **~ digidol** Digitalrechner *m*; **~ personol** Heimcomputer *m*.

cyfrifiadureg *b* Informatik *f*.

cyfrifiaduro *be.a* computerisieren; *(data)* (elektronisch) verarbeiten.

cyfrifiadurwr (cyfrifiadurwyr) *g* Informatiker *m*; *(un sy'n gweithio cyfrifiadur)* Operator *m*.

cyfrifiannell (-au) *b* Rechenmaschine *f*, Rechner *m*;

~ boced Taschenrechner *m.*

cyfriflen (-ni) *b* Abrechnung *f*; *(banc)* Kontoauszug *m.*

cyfriflyfr (-au) *g* (*CYLL*) Rechnungsbuch *nt.*

cyfrifo *be.a* ausrechnen, berechnen.

cyfrifol *ans (atebol)* verantwortlich; *(CYFR)* haftbar; *(agwedd)* verantwortungsbewusst; **~ am** verantwortlich für *+akk*; **swydd gyfrifol** eine verantwortungsvolle Aufgabe; **nid hi sy'n gyfrifol am y math yma o waith** sie ist für diese Art Arbeit nicht zuständig.

cyfrifoldeb (-au) *g* Verantwortung *f*; *(CYFR)* Haftung *f*; *(tasg)* Zuständigkeit *f*; **~au** *ll* Geschäftsbereich *m.*

cyfrifydd (-ion *neu* **cyfrifwyr**) *g* Buchhalter *m*; **~ breiniol/siartredig** Wirtschaftsprüfer *m.*

cyfrifyddiaeth *b* Buchhaltung *f.*

cyfrin *ans (anodd ei ddeall)* rätselhaft, mysteriös.

cyfrinach (-au) *b* Geheimnis *nt*; **~ broffesiynol** Berufsgeheimnis *nt*; **~ ei llwyddiant** das Geheimnis ihres Erfolgs.

cyfrinachedd (-au) *g* Vertraulichkeit *f*, Diskretion *f*; *(mewn bancio)* Bankgeheimnis *nt.*

cyfrinachol *ans* geheim, vertraulich; **tra chyfrinachol** streng geheim.

cyfrinair (**cyfrineiriau**) *g* Losungswort *nt*; *(MIL)* Parole *f*; *(CYFDR)* Passwort *nt.*

cyfrinfa (**cyfrinfeydd**) *b* Geheimloge *f*, Loge *f*; **~'r Seiri Rhyddion** Freimaurerloge *f.*

cyfriniaeth *b* Mystik *f.*

cyfriniol *ans* mystisch.

cyfrinydd (**cyfrinwyr**) *g* Mystiker *m.*

cyfrodedd *ans* geflochten, verwoben.

cyfrodeddu *be.a* flechten, weben.

◆ *be.g* sich verflechten.

cyfrol (-au) *b* Band *m*; *(swmpus)* Wälzer *m*; **~ â lluniau** Bildband *m.*

cyfrwng (**cyfryngau**) *g* Mittel *nt*, Medium *nt*; **y cyfryngau** *ll* die Medien *pl*; **y cyfryngau torfol** die Massenmedien *pl*; **~ codi** (*COG*) Treibmittel *nt.*

cyfrwy (-au) *g* Sattel *m.*

cyfrwymol *ans* bindend, verbindlich; *(cytundeb)* unkündbar.

cyfrwyo *be.a* satteln.

cyfrwys *ans* schlau, listig; *(llawn triciau)* durchtrieben, ausgefuchst; *(twyllodrus)* hinterlistig.

cyfrwyster *g* List *f*, Schläue *f*; *(craffter)* Raffinesse *f*; *(tric)* Durchtriebenheit *f*; *(twyll)* Hinterlist *f*; **~ cynhenid** Bauernschläue *f.*

cyfrwystra *g* = **cyfrwyster.**

cyfrwywr (**cyfrwywyr**) *g* Sattler *m.*

cyfryngau *ll gw.* **cyfrwng**; Medien *pl*; **~ torfol**

Massenmedien *pl.*

cyfryngwr (**cyfryngwyr**) *g* Vermittler(in) *m(f)*, Mittelsmann *m.*

cyfryw *ans* derartig, solche(r,s); **y gyfryw ferch** ein solches Mädchen.

◆ *g: fel* **y ~** als solches, an sich.

cyfuchlin (-au) *g* (*DAEAR*) Höhenlinie *f.*

cyfuchlinedd *g* (*DAEAR*) Terrain *nt.*

cyfun *ans* zusammen, gemeinsam; **ysgol gyfun** Gesamtschule *f.*

cyfundeb (-au) *g* (*CREF, GWLEID*) Vereinigung *f.*

cyfundoddi *be.g* ineinander übergehen, verschmelzen.

cyfundrefn (-au) *b* System *nt*; **~ addysg** Schulsystem *nt*, Schulwesen *nt*; **~ amlbleidiol** (*GWLEID*) Mehrparteiensystem *nt*; **~ heulol** (*ASTRON*) Sonnensystem *nt*; **~ gyllid** Finanzwesen *nt*; **~ nervol** (*ANAT*) Nervensystem *nt*; **C~ Ariannol Ewrop** EWS *nt* (Europäisches Währungssystem).

cyfundrefneg (-au) *b* Systematik *f.*

cyfundrefnol *ans* systematisch.

cyfundrefnu *be.a* systematisieren.

cyfuned (-au) *b* Syndikat *nt.*

cyfuniad (-au) *g* Verbindung *f*, Kombination *f*; *(MASN: o gwmnïau)* Fusion *f*, (*GWLEID*) Zusammenschluss *m*; *(te, baco)* Mischung *f*; *(gwin, brandi)* Verschnitt *m*; **~ o rifau** Zahlenkombination *f.*

cyfuno *be.a* verbinden, kombinieren; *(MASN)* fusionieren; *(gwin, brandi)* verschneiden; *(te, baco)* mischen; **~ â** verbinden mit *+dat*, eingliedern in *+akk*; **~ gwaith â phleser** das Angenehme mit dem Nützlichen verbinden.

cyfunrhywiad (**cyfunrhywiaid**) *g* Homosexuelle *m/f.*

cyfunrhywiaeth *b* Homosexualität *f.*

cyfunrhywiol *ans* homosexuell.

cyfuwch *ans* gleich hoch; **~ â'ch llygad** in Augenhöhe *f.*

cyf-weld *be.a* interviewen.

cyfweledig (-ion) *g (am swydd)* Bewerber(in) *m(f)*, Kandidat(in) *m(f).*

cyfweliad (-au) *g (papur, teledu)* Interview *nt*; *(am swydd)* Vorstellungsgespräch *nt.*

cyfwerth *ans* äquivalent, gleich viel wert.

cyfwisg (-oedd) *b (ffasiwn)* Accessoires *pl.*

cyfwng (**cyfyngau**) *g* (*CERDD*) Intervall *nt.*

cyfwynebiad (-au) *g* Gegenüberstellung *f*, Konfrontation *f.*

cyfwynebu *be.a* konfrontieren.

cyfyng *ans* eng, beschränkt.

cyfyngder (-au) *g* Enge *f*; *(ffig)* Beklemmung *f*, Angst *f.*

cyfyngedig *ans (lle)* eng, begrenzt; *(o ran amser)* befristet, zeitlich begrenzt; **cwmni ~** geschlossene Gesellschaft *f*; **argraffiad ~** beschränkte Auflage *f*.

cyfyngffordd (cyfyngffyrdd) *b* Verengung *f*.

cyfyng-gyngor *g* Dilemma *nt*; **rwyf mewn ~** ich bin in einem Dilemma.

cyfyngiad (-au) *g* Einschränkung *f*, Beschränkung *f*, Limit *nt*; **~ amser** Zeitlimit *nt*, zeitliche Begrenzung *f*; **~ cyflymder** Tempolimit *nt*; **~ i'ch ystafell** Stubenarrest *m*.

cyfyngiadol *ans* einschränkend.

cyfyngu *be.a* einengen, begrenzen; *(gwasgu)* beengen; *(gwnïad)* abnehmen; **~ i** beschränken auf *+akk*; **~ ar** beeinträchtigen, drosseln.

cyfyl (-ion) *g* Nähe *f*; **ar gyfyl** in der Nähe; **paid â mynd ar ei gyfyl!** geh nicht in seine Nähe! **does neb ar gyfyl y lle** es ist niemand in der Nähe.

cyfyrder (cyfyrdyr) *g* Cousin *m* zweiten Grades.

cyfyrderes (-au) *g* Cousine *f* zweiten Grades.

cyfystyr *ans* synonym, gleichbedeutend, sinnverwandt.

cyfystyr (-on) *g (GRAM)* Synonym *nt*.

cyff (-ion) *g (coeden)* Stamm *m*; *(y corff)* Rumpf *m*; *(bresych ayb)* Strunk *m*; *(gweddill bôn pren)* Stumpf *m*; *(HAN: fel cosb)* Pranger *m*; *(cist, coffr)* Truhe *f*, Kiste *f*; *(blwch)* Büchse *f*; *(cardiau)* Kartenspiel *nt*; *(llinach, tras)* Stammbaum *m*; *(haniad)* Abstammung *f*, Herkunft *f*; **~ casglu** Sammelbüchse *f*; *(mewn eglwys)* Opferstock *m*; **~ gwawd** Witzfigur *f*; **~ gwenyn** *(cwch gwenyn)* Bienenstock *m*; **~ gwn** (Gewehr)schaft *m*.

cyffaith (cyffeithiau) *g* Marmelade *f*, Konfitüre *f*, Eingemachte(s) *nt*.

cyffeithio *be.a (COG)* konservieren, haltbar machen; *(piclo)* einlegen.

cyffeithydd (-ion) *g (COG)* Konservierungsmittel *nt*.

cyffelyb *ans* ähnlich.

cyffelybiaeth (-au) *b (tebygrwydd)* Ähnlichkeit *f*; *(LLEN)* Gleichnis *nt*.

cyffelybu *be.a:* **~ (â)** vergleichen (mit *+dat*).

cyffes (-ion) *b* Eingeständnis *nt*; *(o drosedd)* Geständnis *nt*; *(datganiad o ffydd)* Glaubensbekenntnis *nt*; *(cyfaddefiad pechodau)* Beichte *f*.

cyffesgell (-oedd) *b (CREF)* Beichtstuhl *m*.

cyffesu *be.a* eingestehen, bekennen; *(trosedd)* gestehen; *(pechodau)* beichten.

♦ *be.g* gestehen; *(CREF)* beichten.

cyffiniau *ll* Umgebung *f*; **yn y ~** in der Nähe; **yng nghyffiniau Aberystwyth** in der Umgebung von Aberystwyth.

cyffinio *be.a:* **~ â** grenzen an *+akk*.

cyffinwlad (cyffinwledydd) *b* Nachbarland *nt*.

cyffio *be.g* einschlafen, taub/gefühllos werden; **mae fy nghoesau i wedi ~** mir sind die Beine eingeschlafen.

cyffion *ll (HAN: fel cosb)* Pranger *m*.

cyfflogod *ll gw.* **cyfflylog.**

cyffordd (cyffyrdd) *b (heol)* Kreuzung *f*, Querstraße *f*, Abzweigung *f*; *(RHEILFF)* Verzweigung *f*; *(gorsaf)* Verschubbahnhof *m*; *(ar y drafordd)* Autobahndreieck *nt*; **~ draffig** Verkehrsknotenpunkt *m*.

cyfforddus *ans* = **cyffyrddus.**

cyfforddusrwydd *g* = **cyffyrddusrwydd.**

cyffredin *ans (yn cael ei rannu)* gemeinsam; *(ar led)* verbreitet; *(cyffredinol)* geläufig, üblich; *(arferol)* normal, gewöhnlich; *(ystrydebol)* banal, typisch; *(o safon isel)* nullachtfünfzehn, mittelmäßig; **barn gyffredin** allgemeine Auffassung; **beth sydd gennych chi yn gyffredin?** was habt ihr miteinander gemein? **y dyn ~** Normalbürger *m*, Otto Normalverbraucher *m*; **y Farchnad Gyffredin** der Gemeinsame Markt *m*; **pobl gyffredin** die einfachen Leute *pl*; **synnwyr ~** gesunder Menschenverstand *m*; **tir ~** öffentlicher Grund *m*; *(porfa)* Gemeindewiese *f*; **Tŷ'r C~** *(GWLEID)* das Unterhaus *nt*; **ystafell gyffredin** Aufenthaltsraum *m*; *(i athrawon)* Lehrerzimmer *nt*.

cyffredinedd *g* Mittelmäßigkeit *f*, Banalität *f*.

cyffredinol *ans* allgemein, generell; *(ar draws y byd)* universell, universal; **anesthetig ~** Vollnarkose *f*; **etholiad ~** Parlamentswahlen *pl*; *(yn Awstria)* Nationalratswahl[A]; **gwybodaeth gyffredinol** Allgemeinwissen *nt*, Allgemeinbildung *f*; **streic gyffredinol** Generalstreik *m*; **yn gyffredinol** im Allgemeinen.

cyffredinoli *be.a, be.g* verallgemeinern, generalisieren.

cyffredinoliad (-au) *g* Verallgemeinerung *f*.

cyffro (-adau) *g (cynnwrf)* Aufregung *f*, Erregung *f*; *(terfysg)* Tumult *m*, Aufruhr *m*; *(teimladau)* Ergriffenheit *f*; *(digwyddiad cyffrous)* Sensation *f*; **creu ~** Aufsehen erregen; **~ meddwl** Verwirrung *f*.

cyffroi *be.a (aflonyddu)* aufregen, beunruhigen; *(cymell)* anregen; *(cynhyrfu)* erregen; *(yn rhywiol)* erregen, aufgeilen.

cyffrous *ans* aufregend; *(ar bigau'r drain)* spannend; *(llawn digwyddiadau)* ereignisreich; *(syfrdanol)* sensationell.

cyffsen (cyffs) *b (crys, côt)* Manschette *f*, Ärmelaufschlag *m*.

cyffur (-iau) *g (MEDD)* Medikament *nt*, Arzneimittel

nt; (narcotig) Droge *f*, Rauschgift *nt*; **~ caethiwus**
Suchtgift *nt*; **~ caled** harte Droge; **~ ysgafn** weiche
Droge; **~iau** *ll* Drogen *pl*, Rauschgift *nt*; **bod yn
gaeth i gyffuriau** rauschgiftsüchtig sein; **rhn caeth i
gyffuriau** Drogensüchtige *m/f*; **caethiwed i gyffuriau**
Drogensucht *f*, Drogenabhängigkeit *f*;
camddefnyddio ~iau Drogenmissbrauch
betreiben; **cymryd ~iau** Drogen/Rauschgift
nehmen; **gwerthwr ~iau** Dealer *m*, Drogenhändler
m; **masnach gyffuriau** Drogenhandel *m*; **~iau
seicedelig** bewusstseinserweiternde Drogen.

cyffuriwr (cyffurwyr) *g* Apotheker(in) *m/f*.

cyffwrdd *be.g:* **~ â** berühren; *(rhoi llaw ar)* anfassen,
angreifen; *(ennyn ymateb teimladol)* rühren,
bewegen; *(ffig: thema, problem)* kurz streifen,
anschneiden; *(bod yn gyfagos)* anliegen,
aneinander grenzen; **peidiwch â chyffwrdd!** nicht
berühren! **~ rhth yn ysgafn** über etw *akk* streichen.

cyfflylog (cyfflogod *neu* **cyfflogiaid)** *g (SÖOL)*
Waldschnepfe *f*.

cyffyrdd-deipio *be.a, be.g* blind schreiben.

cyffyrddadwy *ans* anzugreifen, berührbar; *(ffig)*
greifbar.

cyffyrddiad (-au) *g* Berührung *f*; *(gan deipydd neu
bianydd)* Anschlag *m*; **~ corfforol** Körperkontakt *m*.

cyffyrddol *ans* aneinander grenzend, sich
berührend.

cyffyrddus *ans* bequem, gemütlich; *(moethus)*
komfortabel.

cyffyrddusrwydd *g* Bequemlichkeit *f*,
Gemütlichkeit *f*; *(moethusrwydd, golud)* Komfort *m*.

cynganeddion *ll gw.* **cynghanedd.**

cynganeddol *ans* poetisch, nach Art des
Cynghanedd.

cynganeddu *be.g* dichten, im Cynghanedd dichten.

cynganeddwr (cynganeddwyr) *g* Cynghanedd-
Dichter *m*.

cyngerdd (cyngherddau) *gb* Konzert *nt*; **~ awyr agored**
(tradoddiadol) Platzkonzert *nt*; *(pop)* Open-Air-
Konzert *nt*; **neuadd gyngerdd** Konzerthalle *f*; **~
pop** Popkonzert *nt*.

cynghanedd (cynganeddion) *b (LLEN)* Cynghanedd *nt*,
metrische Lyrik typisch fürs Walisische; *(CERDD)*
Harmonie *f*; **canu mewn ~** *(CERDD)* mehrstimmig
singen; **~ lusg** Cynghanedd mit Binnenreim; **~
sain** Cynghanedd mit Binnenreim und
Alliteration; **~ groes** Cynghanedd mit
identischem Konsonantengerüst.

cynghori *be.a* beraten, raten *+dat*; **~ rhn i wneud rhth**
jdm raten/empfehlen etw zu tun; **~ rhn i beidio â
gwneud rhth** jdm von etw abraten; **Canolfan
Gynghori** Beratungsstelle *f*.

cynghorwr, cynghorydd (cynghorwyr) *g* Berater(in)
m(f), Ratgeber(in) *m(f)*; *(aelod o gyngor)* Rat *m*,
Rätin *f*, Ratsmitglied *nt*; **~ cyfreithiol**
Rechtsbeistand *m*; **~ gyrfaoedd** Berufsberater *m*; **~
bro** Gemeinderat *m*; **~ dosbarth** Bezirksrat *m*; **~ sir**
politischer Vertreter einer Grafschaft.

cynghrair (cynghreiriau) *gb (GWLEID)* Bündnis *nt*, Bund
m; *(CHWAR)* Liga *f*; *(pêl-droed)* **~ cyntaf** *(yr Almaen)*
Bundesliga *f*; *(Prydain, Awstria)* Erste Division *f*;
C~ y Cenhedloedd *(HAN)* Völkerbund *m*; **ffurfio ~ â**
sich verbünden mit *+dat*.

cynghreiriad (cynghreiriaid) *g (GWLEID)*
Bündnispartner *m*, Verbündete(r) *m*; *(HAN)*
Alliierte(r) *m*.

cynghreiriol *ans* verbündet, alliiert.

cyngor¹ (cynghorion) *g* Rat *m*, Ratschlag *m*;
(gweithred) Beratung *f*; **gofyn ~ rhn** jdn um Rat
fragen; **dilyn/derbyn ~ rhn** jds Rat befolgen; **~
priodasol** Eheberatung *f*.

cyngor² (cynghorau) *g (cynulliad i drafod materion
arbennig)* Rat *m*; *(GWLEID)* Senat *m*; *(CREF)* Konzil *nt*;
~ bro/lleol *(llywodraeth)* Gemeinderat *m*;
(gweinyddiaeth) Gemeindeverwaltung *f*; **~ dosbarth**
(llywodraeth) Bezirksvertretung *f*; *(gweinyddiaeth)*
Bezirksverwaltung *f*; **~ sir** Regionalverwaltung *f*;
~ tref *(llywodraeth)* Stadtrat *m*; *(gweinyddiaeth)*
Stadtverwaltung *f*; **C~ y Celfyddydau** Kulturamt *nt*;
~ defnyddwyr Verbraucherverband *m*; **C~
Diogelwch y Cenhedloedd Unedig**
Weltsicherheitsrat *m*; **C~ Ewrop** Europarat *m*; **~ y
gweithwyr** Betriebsrat *m*; **C~ Meddygol Cyffredinol** ≈
Ärztekammer *f*.

cyngres (-au) *b (cynhadledd)* Kongress *m*, Tagung *f*;
C~ *(Unol Daleithiau)* Kongress; **C~ yr Undebau Llafur**
Gewerkschaftsbund *m*; **C~ Fienna** *(HAN)* der
Wiener Kongress.

cyngreswr (cyngreswyr) *g* Kongressabgeordnete(r)
m.

cyngreswraig (cyngreswragedd) *b*
Kongressabgeordnete *f*.

cyhoedd *g* Öffentlichkeit *f*; *(y bobl)* Allgemeinheit *f*;
(cynulleidfa) Publikum *nt*; **er lles y ~** zum
allgemeinen Wohl, im öffentlichen Interesse.

cyhoeddi *be.a (gwneud yn hysbys)* bekannt geben,
bekannt machen, verkünden; *(rhaglen, trên)*
ansagen; *(llyfr, cylchgrawn)* veröffentlichen,
herausgeben; *(fel awdur)* publizieren; *(genedigaeth,
priodas)* anzeigen; **~ rhyfel yn erbyn rhn** jdm den
Krieg erklären; **~ rhn yn enillydd** jdn zum Sieger
erklären; **~ rhn yn frenin** jdn zum König ausrufen;
rwy'n ~ bod y bont hon ar agor ich erkläre diese
Brücke für eröffnet.

cyhoeddiad (-au) *g (hysbysiad)* Bekanntgabe *f*, Bekanntmachung *f*; *(llyfr)* Veröffentlichung *f*, Publikation *f*; *(radio)* Ansage *f*; *(rhybudd rhagblaen)* Ankündigung *f*, Anmeldung *f*; *(CREF: apwyntiad i bregethu)* Berufung *f*; **~ rhyfel** Kriegserklärung *f*.

cyhoeddus *ans* öffentlich; **siarad ~** öffentlich sprechen, eine Rede halten; **darlith gyhoeddus** öffentlicher Vortrag; **Cyfarwyddwr Erlyniadau C~** öffentlicher Ankläger *m*, Staatsanwalt *m*, Staatsanwältin *f*.

cyhoeddusrwydd *g* Publizität *f*; *(MASN)* Publicity *f*.

cyhoeddwr (cyhoeddwyr) *g (llyfr, cylchgrawn)* Herausgeber *m*, Verleger *m*; *(cwmni)* Verlag *m*; *(ar y radio ayb)* Ansager(in) *m(f)*.

cyhuddedig *ans* angeklagt.

♦ (-ion) *gb (CYFR)* Angeklagte *m/f*.

cyhuddeb (-au) *b (CYFR)* Anklageschrift *f*.

cyhuddiad (-au) *g* Anschuldigung *f*, Beschuldigung *f*; *(CYFR)* Anklage *f*, Anklagepunkt *m*; **dwyn ~ yn erbyn rhn** gegen jdn eine Anklage erheben.

cyhuddo *be.a* beschuldigen, bezichtigen; **~ rhn o rth** jdm etw vorwerfen; *(CYFR)* jdn wegen etw *gen* anklagen; **wyt ti'n fy nghyhuddo o ddweud celwydd?** willst du sagen, dass ich lüge? **~ rhn o fod yn anniben** jdm vorwerfen, schlampig zu sein.

cyhuddwr (cyhuddwyr) *g (CYFR)* Kläger *m*.

cyhuddwraig (cyhuddwragedd) *b (CYFR)* Klägerin *f*.

cyhwfan *be.g* flattern, wehen.

♦ *be.a (baner, cleddyf)* schwingen.

cyhyd *cyf:* **~ (â)** genauso lang (wie), gleich lang (wie).

♦ *cys:* **~ â (tra)** solange; *(os)* insofern, insoweit; **~ â'i bod yn bwrw glaw** solange es regnet; **~ ag y bo angen** so lange wie nötig; **~ ag y byddaf fyw** solange ich lebe; **~ ag y bo gen i amser** insofern es meine Zeit erlaubt.

cyhydedd *g (DAEAR)* Äquator *m*.

cyhydnos (-au) *b* Tagundnachtgleiche *f*; **~ y gwanwyn** Frühlingsbeginn *m*; **~ yr hydref** Herbstbeginn *m*.

cyhyr (-au) *g (ANAT)* Muskel *m*.

cyhyrog *ans* muskulös; *(ffig, iaith)* stark, ausdrucksstark.

cylch¹ (-oedd) *g* Kreis *m*; *(o bobl)* Kreis, Zirkel *m*; *(amgylchedd)* Milieu *nt*; *(ardal)* Gegend *f*, Zone *f*; *(tro lleuad neu loeren)* Lauf *m*, Umlauf *m*; *(bandin o haearn)* Reifen *m*, Ring *m*; *(CHWAR)* Ring *m*; **~ o allweddi** Schlüsselbund *m*; **~ bocsio** Boxring *m*; **~ coffi** Kaffeekränzchen *nt*; **~ cythreulig** Teufelskreis *m*; **~ o gydnabod** Bekanntenkreis *m*; **~ y lleuad** Mondwechsel *m*, Mondphasen *pl*; **~ meithrin** Kindertagesstätte *f*, Hort *m*; **~ pegynol**

(DAEAR) Polarkreis *m*; **~ teuluol** Familienkreis *m*; **~ o wellt** Kornkreis *m*; **o gylch** ungefähr, etwa; **yng nghylch** *(ynglŷn â)* in Bezug auf *+akk*, bezüglich *+gen*.

cylch-² *rhagdd* Rund-.

cylchdaith (cylchdeithiau) *b* Rundfahrt *f*, Rundreise *f*, Tour *f*; *(rownd)* Runde *f*; *(planed, lloeren)* Umlaufbahn *f*, Orbit *m*; *(CHWAR: seiclo)* Radrundfahrt *f*, Tour; *(CYFR)* Gerichtsbezirk *m*.

cylchdref (-i *neu* -ydd) *b* Trabantenstadt *f*.

cylchdro (-eon) *g* Umdrehung *f*; *(FFIS)* Rotation *f*; *(planed)* Umlauf *m*; **~ cnydau** Erntezyklus *m*, Fruchtwechsel *m*; **~ gorchest** *(CHWA)* Ehrenrunde *f*.

cylchdroadur (-on) *g* Drehzahlmesser *m*, Tourenzähler *m*.

cylchdroi *be.g* sich drehen, rotieren; **~ o gwmpas rhth** sich um etw *akk* drehen, etw *akk* umkreisen.

♦ *be.a* drehen.

cylched (-au) *b (TRYD)* Stromkreis *m*; **~ fer** Kurzschluss *m*; **~ switsio** Schaltkreis *m*; **torrwr ~** Stromkreisunterbrecher *m*.

cylchedd (-au) *g* Umfang *m*, Kreisumfang *m*, Peripherie *f*.

cylchfa (-oedd *neu* cylchfâu) *b* Zone *f*, Gebiet *nt*; *(MIL: o gwmpas tref)* Belagerungsring *m*; **~ drofannol** *(DAEAR)* Tropen *pl*; **~ dymherus** *(DAEAR)* gemäßigte Zone; **~ rew** *(DAEAR)* Polarkreis *m*; **~ ragod** Pufferzone *f*.

cylchfan (-nau) *gb* Kreisverkehr *m*.

cylchffordd (cylchffyrdd) *b* Ringstraße *f*; *(traffordd)* Tangente *f*, Ringautobahn *f*.

cylchgrawn (cylchgronau) *g* Zeitschrift *f*, Magazin *nt*; **~ chwarterol** Vierteljahresschrift *f*; **~ ffasiwn** Modeheft *nt*, Modejournal *nt*; **~ i ddynion** Herrenmagazin *nt*; **~ i ferched** Frauenzeitschrift *f*; **~ lluniau** Illustrierte *f*; **cylchgronau lliw sothachlyd** Regenbogenpresse *f*; **~ wythnosol** Wochenblatt *nt*; **~ misol** Monatszeitschrift *f*.

cylchhwylio *be.a* umsegeln.

cylchlif (-iau) *b* Kettensäge *f*.

cylchlythyr (-au *neu* -on) *g* Rundschreiben *nt*; *(gan y Pab)* Enzyklika *f*.

cylchol *ans* zyklisch; *(MATH)* periodisch.

cylchrawd (cylchrodau) *g* Patrouille *f*.

cylchred (-au) *gb* Zyklus *m*, Kreislauf *m*; **~ bywyd** Lebenszyklus *m*; **~ y misglwyf** *(MEDD)* Monatszyklus *m*, Menstruationszyklus *m*.

cylchredeg *be.g* im Kreis laufen; zirkulieren; *(newyddion)* kursieren, in Umlauf sein.

♦ *be.a (newyddion)* verbreiten, in Umlauf bringen.

cylchrediad (-au) *g (hylif, MEDD, BIOL)* Kreislauf *m*;

(arian, newyddion) Umlauf *m*; *(papurau newydd)* Auflage *f*; ~ **y gwaed** *(trwy'r corff i gyd)* Blutkreislauf *m*; *(trwy ran o'r corff)* Durchblutung *f*; ~ **crynswth** Gesamtauflage *f*.

cylchrodio *be.g* patrouillieren.

cylchu *be.a (mynd o gwmpas)* umkreisen; *(amgylchynu)* umgeben, umstehen; *(olwyn neu gasgen)* bereifen.

cylchwynt (-oedd) *g (TYW)* Zyklon *m*.

cylchyn (-au) *g (MATH)* Kreislinie *f*; *(DAEAR)* Kreis *m*; *(olwyn neu faril)* Reifen *m*.

cylchyniad (-au) *g (MIL)* Kessel *m*.

cylchynol *ans* zirkulierend, vagierend; *(YSG)* an mehreren Schulen unterrichtend; **llythyr** ~ Rundschreiben *nt*; **ysgol gylchynol** Wanderlehrer *m*.

cylchynu *be.a* umkreisen, herumgehen um *+akk*; *(MIL: dan warchae)* belagern, einkesseln.

cylionyn (cylion) *g (SÖOL)* Mücke *f*; ~ **Mai** Eintagsfliege *f*.

cyll *ll gw.* collen.

cylla *g (ANAT)* Magen *m*.

cyllell (cyllyll) *b* Messer *nt*; *(MEDD)* Skalpell *nt*; ~ **agor llythyrau** Brieföffner *m*; ~ **boced** Taschenmesser *nt*; ~ **fawr** Küchenmesser *nt*; ~ **glec** Springer *m*; **cyllyll a ffyrc** Besteck *nt*, Essbesteck *nt*; **bod â'ch** ~ **yn rhn** jdn auf der Weste haben.

cyllid *g (incwm)* Einnahmen *pl*; **C~ y Wlad** Fiskus *m*, Staatskasse *f*; *(swyddfa)* Finanzamt *nt*; **adran gyllid** Buchhaltung *f*, Finanzabteilung *f*.

cyllideb (-au) *b* Budget *nt*; *(GWLEID hefyd:)* Etat *m*, Staatshaushalt *m*; ~ **wladol** Staatshaushalt; **y Gyllideb** *(GWLEID)* Haushaltsplan *m*, Budgetplan *m*.

cyllido *be.a* finanzieren.

cyllidol *ans (ariannol)* finanziell; *(yn perthyn i gyllid)* Finanz-; **blwyddyn gyllidol** Finanzjahr *nt*.

cymaint *cyf (maint)* ebenso groß, gleich groß; *(nifer)* ebenso viel(e); ~ **â** so groß wie, so viel wie; ~ **ag y mynnoch** so viel(e) Sie mögen; **rywf wedi blino gymaint** ich bin so müde; ~ **eto/arall** noch mal so viel(e); **nid oedd** ~ **a chymaint yn y gêm** es waren nicht viele beim Spiel; **rhyw gymaint** soundso viel(e); *(ychydig)* wenig(e).

♦ *cys* sosehr, soviel; ~ **mwy, o ystyried** ... umso mehr als…; **yn gymaint â** ... insofern als…

cymal (-au) *g (ANAT, TECH)* Gelenk *nt*; *(GRAM)* Satzglied *nt*; *(CYFR)* Klausel *f*; ~ **amodol** Konditionalsatz *m*; ~ **bys** Knöchel *m*; ~ **dihangol** Rücktrittsklausel *f*; ~ **glin** Kniegelenk *nt*.

cymalog *ans* gegliedert.

cymalwst *b (MEDD)* Gicht *f*, Arthritis *f*, Arthrose *f*.

cymanfa (-oedd) *b* Versammlung *f*; *(CREF)* Bibelrunde *f*; ~ **ganu** Liederrunde *f*.

cymanwlad *b: (DAEAR)* **y G~** Commonwealth *nt/m*; **C~ y Gwladwriaethau Annibynnol** Gemeinschaft *f* Unabhängiger Staaten, GUS *f*.

cymar (cymheiriaid) *g (cydymaith)* Gefährte *m*, Gefährtin *f*, Begleiter(in) *m(f)*; *(cyfaill)* Freund(in) *m(f)*; *(un o bâr)* Partner(in) *m(f)*, Lebensgefährte *m*, Lebensgefährtin *f*.

cymaradwy *ans* vergleichbar.

cymathiad (-au) *g* Anpassung *f*; *(BIOL, MEDD)* Verdauung *f*.

cymathu *be.a (gwneud yn debyg)* angleichen, assimilieren; *(treulio)* verdauen.

♦ *be.g* sich anpassen, sich assimilieren.

cymdeithas (-au) *b* Gesellschaft *f*; *(clwb, mudiad)* Organisation *f*, Verband *m*; ~ **adeiladu** Bausparkasse *f*; **C~ Frenhinol y Modurwyr** königlicher Automobilklub *m*; *(yn yr Almaen)* ADAC *m*, AvD *m*; *(yn Awstria)* ÖAMTC *m*, ARBÖ *m*; ~ **brynwriaethol** Konsumgesellschaft *f*; ~ **y cyflogwyr** Unternehmerverband *m*; ~ **ddosbarth** Klassengesellschaft *f*; ~ **gorawl** Gesangverein *m*; **C~ Gristnogol i Ddynion Ifanc** Christlicher Verein Junger Männer; **C~ yr Iaith Gymraeg** Walisische Sprachgesellschaft *f*.

cymdeithaseg *b* Soziologie *f*.

cymdeithasegol *ans* soziologisch.

cymdeithasegydd (cymdeithasegwyr) *g* Soziologe *m*, Soziologin *f*.

cymdeithasgar *ans* gesellig, umgänglich.

cymdeithasgarwch *g* Geselligkeit *f*.

cymdeithasol *ans* gesellig, kontaktfreudig; *(yn ymwneud â chymdeithas)* gesellschaftlich, sozial; **bywyd** ~ Gesellschaftsleben *nt*; **canolfan gymdeithasol** ≈ Haus *nt* der Begegnung; *(i bobl ifanc)* Jugendzentrum *nt*; **gweithiwr** ~ Sozialarbeiter(in) *m(f)*; **nawdd** ~ soziale Sicherheit *f*, *(GWLEID)* Sozialnetz *nt*.

cymdeithasoli *be.a* resozialisieren.

cymdeithasu *be.g:* ~ **â rhn** mit jdm gesellschaftlich verkehren; *(sgyrsio)* sich mit jdm unterhalten.

cymdeithes *b =* cydymdeithes.

cymdeithion *ll gw.* cydymaith.

cymdogaeth (-au) *b* Nachbarschaft *f*; *(ardal)* Gegend *f*, Umkreis *m*; *(cymuned)* Gemeinde *f*; ~ **dda** gutnachbarliche Beziehungen.

cymdoges (-au) *b* Nachbarin *f*; *(CREF)* Nächste *f*.

cymdogol *ans (cyfeillgar)* gutnachbarlich; *(drws nesaf i'w gilydd)* benachbart.

cymedr (-au) *g (MATH)* Mittelwert *m*; ~ **rhifyddol** arithmetisches Mittel.

cymedrol *ans* gemäßigt; *(gweddol, canolig)* (mittel)mäßig, durchschnittlich; *(rhn sy'n ymatal)* enthaltsam; *(sobr)* nüchtern; *(TYW)* mild; **yn gymedrol** in/mit Maßen; **yn gymedrol ond yn gyson** ständig aber mit Maßen.

cymedroldeb *g* Mittelmäßigkeit *f*; *(yfed, bwyta)* Mäßigkeit *f*, Maßen *pl*; *(sobrwydd)* Nüchternheit *f*; **gyda chymedroldeb** in/mit Maßen.

cymedrolder *g* = **cymedroldeb**.

cymedroli *be.a* mäßigen; **~ eich gofynion** zurückstecken.

cymell *be.a (annog)* motivieren, animieren; *(gyrru)* antreiben; *(tanio rhn)* anfeuern; *(ysgogi)* anregen; **~ rhn i frysio** jdn zur Eile antreiben; **~ rhn i weithio** jdn zur Arbeit anhalten; **~ rhn i feddwl** jdn zum Denken anregen; **cael eich ~ i wneud rhth** motiviert werden etw zu tun.

cymen *ans (trefnus)* ordentlich; *(taclus)* gepflegt; **gwaith ~** saubere Arbeit.

cymer[1] *gorch:* **~ sedd** nimm Platz! **~ ofal** *(llyth)* sei vorsichtig! pass auf! *(ffig: hwyl!)* mach's gut! *(rhybudd)* Vorsicht! Achtung!

cymer[2] **(-au)** *g* Zusammenfluss *m*.

cymeradwy *ans (gwerth ei argymell)* empfehlenswert; *(derbyniol)* annehmbar, akzeptabel.

cymeradwyaeth (-au) *b (argymhelliad)* Empfehlung *f*; *(curo dwylo)* Applaus *m*, Beifall *m*; *(geirda)* Empfehlungsschreiben *nt*; *(gan yr heddlu)* Leumundszeugnis *nt*; **~ frwdfrydig** tosender Beifall; **~ hir** lang anhaltender Applaus; **cael ~** Beifall finden.

cymeradwyo *be.a (argymell)* empfehlen; *(rhoi sêl bendith ar)* billigen, gutheißen; *(curo dwylo)* Beifall spenden +*dat*, beklatschen; **~ rhth i rn arall** jdm etw weiterempfehlen.

◆ *be.g (curo dwylo)* applaudieren.

cymeriad (-au) *g* Charakter *m*; *(priodoleddau natur rhn)* Veranlagung *f*, Gemüt *nt*, Naturell *nt*; *(personoliaeth)* Persönlichkeit *f*; *(mewn drama, nofel)* Figur *f*, Charakter; *(unigolyn digrif)* Original *nt*; **~ unigryw** Unikum *nt*; **mae e'n dipyn o gymeriad** er ist ein Original; **~ gwallgof** Irre *m/f*; **mae e'n ddyn o gymeriad** er ist ein Mann von Charakter; **mae ~ arbennig i'r tŷ yma** das Haus hat einen eigenen Charakter.

cymesur *ans* symmetrisch, gespiegelt; *(cyfrannol)* proportioniert.

cymesuredd *g (MATH)* Symmetrie *f*.

cymesurol *ans* symmetrisch.

cymhareb (cymarebau) *b (MATH)* Verhältnis *nt*, Ratio *f*; **mewn ~ o 100 i 1** im Verhältnis 100 zu 1 (100:1); *(TECH)* **~ geriau** Übersetzung *f*.

cymhares (cymaresau) *b* Partnerin *f*; gw.h. **cymar**.

cymhariaeth (cymariaethau) *b* Vergleich *m*; *(GRAM)*

Steigerung *f*; *(LLEN)* Gleichnis *nt*; **does dim ~!** das ist gar kein Vergleich! **mewn ~ â** im Vergleich zu +*dat*.

cymharol *ans* verhältnismäßig, relativ; *(gweddol)* einigermaßen; **~ dda** relativ gut; *(GRAM)* **gradd gymharol** Komparativ *m*; **llenyddiaeth gymharol** vergleichende Literaturwissenschaft *f*, Komparatistik *f*.

cymharu *be.a* vergleichen; *(GRAM)* steigern; **ni ellir eu ~** man kann sie nicht vergleichen, sie lassen sich nicht vergleichen; **o'i gymharu â** im Vergleich zu +*dat*; **~ rhth â rhth** etw mit etw *dat* vergleichen, einen Vergleich anstellen zwischen etw *dat* und etw *dat*.

◆ *be.g:* **ni all hi fyth gymharu â thi** sie kann sich mit dir nicht vergleichen; **sut mae'r prisiau'n ~?** wie sind die Preise im Vergleich?

cymharus *ans* vereinbar, kompatibel; *(MEDD)* verträglich; *(pobl)* zueinander passend; *(lliwiau, celfi)* passend.

cymheiriaid *ll* gw. **cymar**.

cymhelliad (cymelliadau) *g (rheswm)* Motiv *nt*, Beweggrund *m*; *(ysgogiad)* Ansporn *m*, Motivation *f*; *(perswâd)* Ermunterung *f*; **~ cudd** Hintergedanke *m*; **ar gymhelliad y brenin** auf Drängen des Königs.

cymhendod *g* Ordnung *f*, Ordentlichkeit *f*.

cymhennu *be.a (tacluso)* aufräumen, in Ordnung bringen; *(trefnu)* ordnen, (aus)sortieren.

cymhleth[1] *ans* kompliziert, komplex; *(cymeriad)* schwierig; *(trwsgl, hirwyntog)* umständlich; *(brawddeg)* verschachtelt; *(annealladwy)* unverständlich; **â strwythur ~** komplex aufgebaut; **brawddeg gymhleth** *(GRAM)* Schachtelsatz *m*.

cymhleth[2] **(-ion** *neu* **-oedd)** *b* Komplex *m*; **~ y taeog** Minderwertigkeitskomplex *m*, Minderwertigkeitsgefühl *nt*; **~ erledigaeth** Verfolgungswahn *m*; **~ Oedipws** Ödipuskomplex *m*.

cymhlethdod (-au) *g* Komplexität *f*; *(natur broblematig)* Problematik *f*.

cymhlethu *be.a* verkomplizieren, erschweren; **~ rhth i rn** jdm etw erschweren.

cymhlyg (-au) *g (cyfadeilad)* Gebäudekomplex *m*.

cymhorthdal (cymorthdaliadau) *g* Subvention *f*, Zuschuss *m*; *(gan y llywodraeth)* staatliche Unterstützung *f*; *(ysgoloriaeth)* Stipendium *nt*; **~ diweithdra** Arbeitslosenunterstützung *f*; **~ buddsoddiad** *(CYLL)* Investitionszulage *f*; **~ i brentis** Lehrlingsbeihilfe *f*.

cymhwysedd (-au) *g* Anpassungsfähigkeit *f*,

Flexibilität *f.*

cymhwyso *be.a (addasu)* anpassen; *(cywiro)* abstimmen, berichtigen; *(peiriant)* einstellen; *(addasu: cerddoriaeth, thema)* abwandeln; **~'ch barn** umdenken.

cymhwysol *ans (ymarferol)* angewandt.

cymhwyster (cymwysterau) *g* Kompetenz *f, (dawn)* Befähigung *f;* **~au** Qualifikationen *pl;* **~ dysgu** Lehrbefähigung *f.*

cymod *g* Aussöhnung *f,* Versöhnung *f.*

cymodi *be.a (gelynion)* aussöhnen, vermitteln zwischen +*dat; (dadl)* schlichten, beilegen; **~ dadl rhwng dwy wlad** einen Streit zwischen zwei Ländern schlichten.

♦ *be.g* sich versöhnen, sich aussöhnen; **rydym ni wedi ~** wir haben uns wieder versöhnt; **~ â rhn** mit jdm Frieden schließen.

cymodloni *be.a* aussöhnen; *gw.h.* **cymodi.**

cymodlon *ans* versöhnlich.

cymodol *ans* = **cymodlon.**

cymoedd *ll gw.* **cwm.**

cymoni *be.a* = **cymhennu.**

cymorth (cymhorthion) *g* Hilfe *f,* Unterstützung *f; (achubiaeth)* Rettung *f; (cymwynas)* Wohltat *f; (MEDD)* **~ cyntaf** erste Hilfe; *(MEDD)* **~ anadlu** künstliche Beatmung *f;* **~ argyfwng** Soforthilfe *f;* **~ ariannol** finanzielle Unterstützung; **cymhorthion dysgu** Lehrmittel *pl,* Lernhilfen *pl;* **bod o gymorth i rn** eine Hilfe sein für jdn; **~ cartref** Haushaltshilfe *f;* **~ clywed** Hörapparat *m;* **~ cofio** Eselsbrücke *f;* **~ cychwynnol** Starthilfe *f;* **~ economaidd** Wirtschaftshilfe *f;* **â chymorth rhn** mit Hilfe von jdm.

Cymraeg *b* Walisisch *nt;* **wyt ti'n siarad ~?** sprichst du Walisisch? **~ cyfoes** modernes Walisisch; **~ llafar** (walisische) Umgangssprache; **athro ~** Walisischlehrer *m;* **beth yw ... yn y Gymraeg?** wie heißt... auf Walisisch? **cyfieithu i'r Gymraeg** ins Walisische übersetzen; **trwy gyfrwng y Gymraeg** auf Walisisch.

♦ *ans* walisisch, walisischsprachig; **Cymry ~** die walisischsprachigen Waliser; *(yn gyffredinol)* das walisische Wales; **yr iaith Gymraeg** die walisische Sprache; **llyfr ~** ein walisisches Buch; **nid oes llawer o Gymraeg rhyngddynt** *(ffig)* sie sind nicht gut aufeinander zu sprechen; **gwers Gymraeg** Walisischstunde *f,* **cwrs ~** Walisischkurs *m,* Walisischsprachkurs *m.*

Cymraes (-au) *b* Waliserin *f;* **~ Gymraeg** walisischsprachige Waliserin; **~ ydwyf fi** ich bin Waliserin.

cymrawd (cymrodyr) *g (PRIFYSG)* Fellow *m; (MIL)*

Kamerad *m; (GWLEID)* Parteigenosse *m;* **~ ymchwil** *(PRIFYSG)* Forschungsstipendiat *m.*

Cymreictod *g* Walisischtum *nt,* walisische Kultur *f.*

Cymreig *ans* walisisch; **y wisg Gymreig** die walisische Tracht; **y Swyddfa Gymreig** *(GWLEID)* das Staatssekretariat für Wales.

Cymreigaidd *ans* walisisch, nach walisischer Art.

Cymreigio *be.a (trosi)* (ins Walisische) übertragen; *(gair)* einbürgern, walisisieren.

Cymro (Cymry) *g* Waliser *m;* **~ da** Patriot *m;* **~ glân gloyw** ein waschechter Waliser; **~ ydwyf fi** ich bin Waliser; **~ Cymraeg** walisischsprachiger Waliser; **~ di-Gymraeg** Anglowaliser *m;* **mae'n Gymro i'r carn** er ist durch und durch Waliser; **iechyd da pob ~!** auf Wales!

cymrodedd *g* Vermittlung *f,* Schlichtung *f.*

cymrodeddu *be.g* schlichten, schiedsrichtern, vermitteln.

cymrodeddwr (cymrodeddwyr) *g* Schlichter *m,* Schiedsrichter *m; (cynrychiolydd undeb llafur)* Gewerkschaftsvertreter *m.*

cymrodoriaeth (-au) *b (PRIFYSG)* Forschungsstipendium *nt; (pobl â diddordebau cyffredin)* Kameradschaft *f.*

Cymru *b (DAEAR)* Wales *nt;* **~ am byth!** Wales für immer!

Cymry *ll gw.* **Cymro; y ~** die Waliser, die walisische Nation; **~ Cymraeg** die walisischsprachigen Waliser *pl.*

cymryd *be.a* nehmen; *(dal, gafael)* halten; *(amser)* beanspruchen, dauern; *(cynnwys)* fassen; *(trên, bws ayb)* nehmen, fahren mit +*dat; (cofnodi)* notieren; *(enw)* annehmen; *(moddion ayb)* einnehmen; *(mesurau, camau)* ergreifen; *(dioddef)* ertragen; *(tybio)* vermuten, annehmen; *(cyfrifoldeb)* übernehmen; *(mewn gêm o gardiau)* stechen; **cymerer ...** *(COG)* man nehme...; **~ rhn dan eich adain** jdn unter seine Fittiche nehmen; **~ amser** dauern, Zeit beanspruchen; **~ eich amser** sich Zeit lassen; **cymerodd amser hir i ddelio â'm cais** die Bearbeitung meines Antrags hat lange gedauert; **cymerodd hanner awr i ddod** sie brauchte eine halbe Stunde um herzukommen; **~ anadl** Luft holen, einatmen; **mae'n ~ tipyn o arian i gadw ceffyl** man braucht ziemlich viel Geld, um sich ein Pferd zu halten; **~ arnoch** sich verstellen, vorspielen; **~ arnoch eich bod yn sâl** sich krank stellen; **~ at rn/rth** an jdm/etw Gefallen finden; **~ bod rhth ar ben** einen Schlussstrich unter etw *akk* ziehen; **cymerodd hi fod popeth yn iawn** sie nahm an, alles wäre in Ordnung; **cymerwch y bws rhif 2** fahren Sie mit der Linie 2; **~ y cam cyntaf** den ersten Schritt machen; ~ **camau** die nötigen Schritte unternehmen; ~ **camau yn erbyn rhth** gegen etw *akk* vorgehen; *(GRAM)* ~ **y cyflwr derbyniol** mit dem Dativ stehen; ~ **cyfrifoldeb (am)** sich annehmen (um +*akk*), die Verantwortung übernehmen (für +*akk*); ~ **rhth o chwith** etw übel nehmen; ~ **dalen o lyfr rhn** sich *dat* von jdm eine Scheibe abschneiden; ~ **diddordeb yn rhth** sich für etw interessieren; ~ **diwrnod i ffwrdd o'r gwaith** sich *dat* einen Tag frei nehmen; ~ **drosodd** *(siop)* übernehmen; ~ **rhn/rhth o ddifrif** jdn/etw ernst nehmen; ~ **gair rhn** jdn beim Wort nehmen; ~ **rhth yn ganiataol** etw für selbstverständlich halten, etw voraussetzen; ~ **y goes** die Beine in die Hand nehmen; ~ **gofal** Acht geben, aufpassen, sich vorsehen[D]; ~ **gofal o rth** Acht geben auf etw *akk*; **cymerwch ofal!** Achtung! Vorsicht! ~ **gormod arnoch** sich übernehmen, sich *dat* zu viel zumuten; ~ **gwraig** heiraten, sich eine Frau nehmen; ~ **gwyliau** Urlaub nehmen; ~ **hoe/seibiant** eine Pause einlegen; ~ **rhth mewn llaw** etw in die Hand nehmen; ~ **lle** *gw.* **digwydd**[1]; ~ **lle rhn** ersetzen, als Ersatz für jdn einspringen; ~ **lle rhth** etw ablösen, etw ersetzen; ~ **llw** einen Eid ablegen; ~ **mantais o rn** jdn ausnutzen, jdn übervorteilen; ~ **meddiant o rth** Besitz ergreifen von etw *dat*; *(yn swyddogol)* etw beschlagnahmen; ~ **nodiadau** mitschreiben, Notizen machen; ~ **ochr rhn** Partei ergreifen für jdn; ~ **oddi wrth** *(lleihau)* verringern, abziehen; ~ **rhth yn eich pen** sich *dat* etw in den Kopf setzen; ~ **pwyll** Vernunft annehmen; ~ **rhan** teilnehmen, mitmachen; *(CHWAR)* mitspielen; *(cyfranogi)* sich beteiligen an +*dat*; ~ **stoc** Inventur machen; ~ **sylw o rth** etw zur Kenntnis nehmen; ~ **y trên** den Zug nehmen, mit dem Zug fahren; ~ **rhth yn ôl** etw zurücknehmen; ~ **rhth yn ysgafn** etw leicht nehmen; ~ **rhth i ystyriaeth** etw in Erwägung ziehen, etw in Betracht ziehen.

cymudo *be.g* pendeln.

cymudwr (cymudwyr) *g* Pendler *m*; ~ **dros y ffin** Grenzgänger *m*.

cymudwraig (cymudwragedd) *b* Pendlerin *f*.

cymun *g (CREF)* Kommunion *f*; ~ **cyntaf** Erstkommunion *f*.

cymundeb *g* = **cymun**.

cymundod *g (tir cyffredin)* Gemeinsamkeit *f*.

cymuned (-au) *b* Gemeinschaft *f*; *(lleol)* Gemeinde *f*; **y Gymuned Ewropeaidd** die Europäische Gemeinschaft; **C~ Economaidd Ewropeaidd (CEE)** *(HAN)* Europäische Wirtschaftsgemeinschaft *f* (EWG); ~ **ffermio** Bauernschaft *f*.

cymunedgar *ans* sozial.

cymunedgarwch *g* Gemeinschaftsgeist *m*.

cymunedol *ans* gemeinschaftlich, gesellschaftlich.

cymwynas (-au) *b* Gefallen *m*, Gefälligkeit *f*; *(ffig)* Liebesdienst *m*; **gwneud ~ â rhn** jdm einen Gefallen tun; **fel ~** aus Gefälligkeit; **fel ~ iddo** ihm zuliebe; *(CREF)* **y gymwynas olaf** die letzte Ehre.

cymwynasgar *ans* entgegenkommend, kulant; *(caredig)* gefällig; *(o gymorth)* hilfsbereit, behilflich.

cymwynasgarwch *g* Gefälligkeit *f*, Entgegenkommen *nt*.

cymwynaswr (cymwynaswyr) *g* Wohltäter *m*.

cymwynaswraig (cymwynaswragedd) *b* Wohltäterin *f*.

cymwys *ans (addas)* geeignet, passend; *(digonol)* adäquat, angemessen; *(dyledus)* gebührend; *(MIL)* tauglich; *(diwyro)* direkt, unverzüglich; **nid yw hi'n gymwys ar gyfer y swydd hon** sie ist für diesen Posten nicht geeignet; **mae e bob amser yn dod o hyd i'r gair** er findet immer das passende Wort; **ydy'r arian ~ gyda chi?** haben Sie es passend? **yn gymwys!** *neu:* **yn gwmws!** genau! **yn gam neu'n gymwys** zu Recht oder zu Unrecht.

cymwysadwy *ans* adaptierbar, verstellbar.

cymwysedig *ans* qualifiziert, kompetent, berufen.

cymwysterau *ll gw.* **cymhwyster**; Voraussetzungen *pl*, Qualifikationen *pl*; ~ **i fod yn farnwr** die Befähigung zum Richteramt.

cymydog (cymdogion) *g* Nachbar *m*; *(CREF)* Nächster *m*.

cymylau *ll gw.* **cwmwl**; Bewölkung *f*, Wolken *pl*; ~ **gwallt y forwyn** Schäfchenwolken *pl*; **mae hi'n debyg i gymylau** es ist mit Bewölkung zu rechnen; **bod â'ch pen yn y ~** in höheren Regionen schweben; *(am eiliad yn unig)* geistesabwesend sein; **canmol rhn i'r ~** jdn in den Himmel loben.

cymylog *ans* wolkig; *(awyr)* bewölkt, bedeckt; *(tywydd)* grau, verhangen; *(hylif)* trüb.

cymylu *be.a (ffig: gwneud yn llai clir)* verschleiern; *(meddwl, barn)* vernebeln, trüben.

♦ *be.g (awyr)* sich bewölken, sich bedecken; *(sbectol, drych ayb)* anlaufen, beschlagen; **cymylodd yr awyr** der Himmel hat sich bewölkt; **cymylwyd y ffenestri gan stêm** die Fenster beschlugen vom Dampf.

cymyn-geisiwr *g* Erbschleicher *m*.

cymyn-geiswraig *b* Erbschleicherin *f*.

cymynnol *ans* testamentarisch.

cymynnu *be.a:* ~ **rhth i rn** jdm etw hinterlassen, jdm etw vermachen/vererben.

cymynrodd (-ion) *b* Nachlass *m*.

cymynu *be.a (coed)* Holz fällen; ~ **coeden** einen Baum fällen.

cymynwr (cymynwyr) *g* Holzfäller *m*, Holzhacker[A] *m*.

cymysg *ans* gemischt; *(ysgol, côr)* gemischt, gemischtgeschlechtig; *(yn dda ac yn wael)* wechselnd; *(gwrthdrawiadol)* zwiespältig; *(amryliw)* bunt; **mae gen i deimladau ~ am y peth** ich betrachte die Sache mit gemischten Gefühlen; **parau ~** *(tennis)* gemischtes Doppel *nt*.

cymysgedd (-au) *gb* Mischung *f*, Gemisch *nt*; *(CEM)* Präparat *nt*; *(hanner ffordd rhwng dau beth)* Zwischending *nt*, Mittelding *nt*; **mae ei lenyddiaeth yn gymysgedd o ryddiaith a barddoniaeth** seine Literatur ist ein Zwischending zwischen Lyrik und Prosa; ~ **te** Teemischung *f*.

cymysgfa (cymysgfeydd) *b* Durcheinander *nt*, Gemenge *nt*.

cymysglyd *ans (meddwl)* konfus, verwirrt; *(mynegiant)* unklar, obskur; *(teimladau)* zwiespältig.

cymysgryw *ans (BIOL, SÖOL)* Kreuzung *f*; *(ffig)* Mischung *f*.

cymysgu *be.a* mischen, vermengen; *(toes, paent)* anrühren; *(COG: blawd ayb)* darunter mischen; *(drysu)* ~ **rhth** etw verwechseln.

♦ *be.g* mischen; *(yn gymdeithasol)* sich mischen; ~ **â phobl** sich unter die Menschen mengen; ~**'ch geiriau** sich versprechen, sich verhaspeln.

cymysgwch *g (dryswch)* Verwechslung *f*; *(cawdel)* Mischmasch *m*.

cymysgwr (cymysgwyr) *g (COG)* Mixer *m*; ~ **concrit** Betonmischer *m*.

cyn[1] *ardd (o ran amser)* vor *+dat*; ~ **y gyngerdd** vor dem Konzert; ~ **fy nyddiau i** vor meiner Zeit; **y diwrnod** ~ **yr arholiad** am Tage vor der Prüfung; **C~ Crist** *(HAN)* vor Christus; ~ **pen dim** im Nu.

♦ *cys* bevor, ehe; ~ **i mi anghofio** bevor ich es vergesse; ~ **i ti fynd** bevor du gehst; ~ **bo hir** bald, demnächst; ~ **pryd** frühzeitig; ~ **hynny** davor, zuvor.

cyn-[2] *rhagdd* Ex-, ehemalig; *e.e.* **ei chyn-ŵr** ihr Exehemann; **cyn-brifathro** der ehemalige Direktor.

cyn[3] *adf:* ~ **... â ...** so... wie...; ~ **hyned â mi** so alt wie ich, gleich alt wie ich; ~ **gynted ag y bo modd** schnellstens, schleunigst; ~ **belled** gleich weit; ~ **lleied** genauso wenig, ~ **lleied â phosibl** so wenig wie möglich; ~ **goched â gwaed** blutrot; *(llosg haul)* krebsrot; ~ **gryfed ag arth** bärenstark; ~ **iached â'r gneuen** kerngesund; ~ **wynned â'r galchen** schreckensbleich, weiß wie die Wand.

cŷn (cynion) *g* Meißel *m*; *(ar gyfer pren)* Beitel *m*.

cynaeafu *be.a* ernten; *(grawnwin)* lesen; *(dod â'r cynnyrch i mewn)* einbringen.

cynamserol *ans* verfrüht; *(genedigaeth, heneiddio)* vorzeitig.

cynaniad (-au) *g* Aussprache *f*.

cynanu *be.a* aussprechen, artikulieren.

cyndad (-au) *g (sydd yn perthyn)* Ahn *m*, Urahn *m*; *(term cyffredinol)* ~**au** *ll* Vorfahren *pl*.

cyndaid (cyndeidiau) *g* = **cyndad**.

cynderfynol *ans* vorletzte(r,s); *(CHWAR)* **y rownd gynderfynol** Halbfinale *nt*, Semifinale *nt*.

cyndyn *ans (ystyfnig)* stur; *(di-ildio)* hartnäckig; *(anfodlon)* unwillig, widerwillig.

cyndynrwydd *g (ystyfnigrwydd)* Sturheit *f*, *(dyfalbarhad)* Hartnäckigkeit *f*; *(anfodlonrwydd)* Unwilligkeit *f*, Widerwille *m*.

cynddaredd *b* Wut *f*, Zorn *m*; **y gynddaredd** *(MEDD)* Tollwut *f*.

cynddeiriog *ans* wütend, rasend.

cynddeiriogi *be.g* wütend sein, rasen vor Wut.

♦ *be.a:* ~ **rhn** jdn erzürnen, jdn in Rage bringen.

cynddelw (-au) *b* Prototyp *m*.

cynddrwg *cyf:* ~ **â ...** so schlimm wie...; **nid yw pethau ~** die Lage ist halb so schlimm.

cynefin[1] *ans (arferol)* gebräuchlich; *(cyfarwydd)* gewohnt.

cynefin[2] (-oedd) *g* Umgebung *f*, *(ffig)* Milieu *nt*; *(BIOL)* Lebensraum *m*; *(i ddefaid)* Weide *f*.

cynefindra *g* Vertrautheit *f*.

cynefino *be.g (ymgartrefu)* sich niederlassen, sich ansiedeln; ~ **â** sich gewöhnen an *+akk*.

♦ *be.a:* ~ **rhn â rhth** jdn an etw gewöhnen.

cynfas (-au) *gb (gwely)* Leintuch *nt*, Laken[D] *nt*; *(pabell)* Zeltbahn *f*; *(CELF)* Leinwand *f*; *(TECS)* Leinen *nt*; ~ **ffitiedig** Spannleintuch *nt*; ~**au** *ll* Bettwäsche *f*.

cynfrodor (-ion) *g* Ureinwohner *m*.

cynfrodorol *ans* Eingeborenen-; *(gwreiddiol)* urtümlich.

cynfyd *g (byd cyntefig)* Vorzeit *f*; *(HAN)* **y ~** das Altertum; *(Groeg a Rhufain)* die Antike.

cynffon (-nau) *b* Schwanz *m*; *(comed)* Schweif *m*; *(cwningen)* Blume *f*; *(cwt o bobl)* Schlange *f*; *(cot siaced)* Schoß *m*; *(blas)* Nachgeschmack *m*; **codi** ~ abzischen; ~**nau ŵyn bach** *(BOT)* Palmkätzchen *nt*.

cynffonllyd *ans* kriecherisch, buckelnd.

cynffonna *be.a* kriechen, katzbuckeln; ~ **ar rn** sich bei jdm anbiedern.

cynffonnau ŵyn bach *ll gw.* **cynffon**.

cynffonnog *ans* mit Schwanz *m*.

cynffonnwr (cynffonwyr) *g* Kriecher *m*.

cynhadledd (cynadleddau) *b* Konferenz *f*, Tagung *f*; **bod mewn ~** eine Besprechung haben; ~ **i'r wasg** Pressekonferenz *f*; ~ **blaid** Parteitag *m*.

cynhaeaf (cynaeafau) *g* Ernte *f*; *(gwin ac aeron)* Lese *f*; *(gwair)* Mahd *f*; *(y tymor)* Erntezeit *f*; **~ da o afalau** eine reiche Apfelernte; **~ hwyr** *(grawnwin)* Spätlese *f*.

cynhaliad (-au) *g* Verstrebung *f*.

cynhaliaeth (-au) *b* (Lebens)unterhalt *m*; *(CYFR)* Unterhalt *m*; *(bwyd a diod)* Nahrung *f*, Ernährung *f*.

cynhaliwr (cynhalwyr) *g* Erhalter(in) *m(f)*, Versorger(in) *m(f)*, Ernährer(in) *m(f)*; **unig gynhaliwr** *(CYFR)* Alleinerhalter *m*.

cynhanesyddol *ans* prähistorisch, vorgeschichtlich.

cynharach *cymh gw.* **cynnar.**

cynhebrwng *g* Beisetzung *f*, Begräbnis *nt*; *(gorymdaith)* Trauerzug *m*.

cynheiliad (cynheiliaid) *g* Förderer *m*, Gönner *m*, Mäzen *m*; *(cymorth)* Förderung *f*.

cynhengar *ans* streitlustig, streitsüchtig.

cynhenid *ans* angeboren, inhärent; **awydd ~ dyn am hapusrwydd** das dem Menschen angeborene Streben nach Glück; **greddfau ~** *(anifeiliaid)* natürlicher Instinkt; **bod â dawn gynhenid** eine natürliche Begabung haben.

cynhenna, cynhennu *be.g* (sich) streiten, eine Meinungsverschiedenheit haben.

cynhennus *ans* streitsüchtig, streitbar.

cynhesrwydd *g* Wärme *f*; *(teimlad tuag at rn)* Wärme.

cynhesu *be.a* wärmen; *(bwyd)* (auf)wärmen.

♦ *be.g* warm werden; *(ffig)* sich erwärmen; *(CERDD)* sich einspielen; *(CHWAR)* sich aufwärmen; *(gyda chyffro)* sich erhitzen; **mae pethau'n ~** es kommt Schwung in die Sache; **cynhesu at rn** sich für jdn erwärmen.

cynhinio *be.a* in Scherben schlagen, zerschlagen.

cynhorthwy (cynorthwyon) *g* Hilfe *f*, Hilfsmittel *nt*; **~ cartref** Haushaltshilfe *f*; *gw.h.* **cymorth.**

cynhwynol *ans* angeboren, natürlich.

cynhwysedd (-au) *g* Fassungsvermögen *nt*; *(MATH)* Rauminhalt *m*.

cynhwysfawr *ans* umfassend.

cynhwysiad (-au) *g* *(cynnwys)* Inhalt *m*.

cynhwysion *ll* *(COG)* Zutaten *pl*, Ingredienzen *pl*.

cynhwysol *ans* pauschal, einschließlich; **prisiau ~** Pauschalpreise; **mae'r costau teithio'n gynhwysol** die Reisekosten verstehen sich pauschal; **yn gynhwysol** inklusive.

cynhwysydd (cynwysyddion) *g* Behälter *m*, Gefäß *nt*.

cynhyrchiad (cynyrchiadau) *g* Produktion *f*, Erzeugung *f*; *(THEAT)* Inszenierung *f*, Produktion *f*.

cynhyrchiant *g* Produktivität *f*.

cynhyrchiol *ans* produktiv, ergiebig.

cynhyrchion *ll gw.* **cynnyrch.**

cynhyrchu *be.a* *(ffrwythau)* tragen; *(cnwd, cyflenwad)* hervorbringen; *(MASN: nwyddau)* herstellen, produzieren; *(gwres, trydan, ayb)* erzeugen; *(gwaith crefft, esgidiau)* anfertigen; *(THEAT)* inszenieren; *(FFILM)* produzieren; **~ cyfresol** in Serie herstellen/produzieren.

cynhyrchydd[1] (cynyrchyddion) *g* Erzeuger *m*; *(TRYD: generadur)* Generator *m*.

cynhyrchydd[2] (cynhyrchwyr) *g* Hersteller *m*, Produzent *m*; *(THEAT)* Regisseur *m*; *(FFILM)* Produzent *m*.

cynhyrfadwy *ans* (leicht) erregbar.

cynhyrfiad (-au) *g* *(terfysg)* Erregung *f*; *(cyffro meddyliol)* Aufregung *f*; *(rhywiol)* Orgasmus *m*; **ar gynhyrfiad** *(CYFR)* im Affekt.

cynhyrfu *be.a* erregen; *(aflonyddu)* aufregen, beunruhigen; *(dŵr, teimlad)* aufwühlen; *(digio neu bryfocio)* reizen; *(peri brwdfrydedd)* begeistern; *(yn rhywiol)* erregen; **roedd yn amlwg bod y newyddion wedi ei gynhyrfu** die Neuigkeit hat ihn sichtlich beunruhigt.

♦ *be.g* sich aufregen; **paid â chynhyrfu!** reg dich nicht auf! nur keine Panik! **~ yn ddiangen** sich künstlich aufregen; **roedd yr holl bentref wedi ~'n lân** das ganze Dorf war in hellster Aufregung.

cynhyrfus *ans* *(bywyd, newyddion)* aufregend; *(stori, ffilm)* spannend; *(person)* aufgeregt; *(blin)* entnervt, gereizt; *(rhywiol)* aufreizend, erregend.

cynhyrfwr (cynhyrfwyr) *g* *(GWLEID)* Aufrührer *m*.

cyni *g* Nöte *pl*, Elend *nt*.

cynifer *ans:* **~ o** (eben)so viele, dieselbe Anzahl.

cyniferydd (-ion) *g* *(MATH)* Quotient *m*; **~ deallusrwydd** Intelligenzquotient *m*, IQ *m*.

cynigiad (-au) *g* *(awgrym)* Vorschlag *m*; *(mewn cynhadledd)* Antrag *m*; **~ o ddiffyg ymddiriedaeth** *(GWLEID)* Misstrauensantrag *m*.

cynigydd (cynigwyr) *g* Antragsteller(in) *m(f)*; *(mewn arwerthiant)* Interessent(in) *m(f)*; *(CHWAR: cystadleuydd)* Herausforderer *m*.

cynildeb, cynilder *g* Sparsamkeit *f*.

cynilion *ll* Ersparnisse *pl*; **~ wrth gefn** Rücklage *f*; *(ffig)* Notgroschen *m*.

cynilo *be.a* sparen, zur Seite legen; *(casglu)* horten.

♦ *be.g* sparen.

cyniwair[1] *be.a* *(casglu ynghyd)* sammeln, horten.

cyniwair[2] *be.a* *(ymweld yn aml)* frequentieren.

cyniweirfa (cyniweirfeydd) *b* Stammlokal *nt*.

cyniweirio[1] *be.a* = **cyniwair**[1].

cyniweirio[2] *be.a* = **cyniwair**[2].

cynllun (-iau) *g* Plan *m*; *(bwriad)* Vorhaben *nt*; *(rhaglen)* Programm *nt*, Schema *nt*; *(PENS)* Grundriss *m*; *(braslun)* Design *nt*; *(LLEN: plot)* Intrige

f; **~ adeiladu** *(PENS)* Bauplan *m;* **~ bras** Konzept *nt;*
~ wrth gefn Notprogramm *nt;* **~ gwaith** Arbeitsplan
m; (YSG) Lehrplan *m;* **creu gwaith** *(GWLEID)*
Arbeitsbeschaffungsmaßnahmen *pl;* **~ pensiwn**
Pensionsversicherung *f;* **~ yswiriant**
Versicherungspolice *f.*

cynllunio *be.a* planen; *(bwriadu)* vorhaben; *(llunio)*
entwerfen; *(peiriant)* konstruieren; *(twyll)*
einfädeln; *(amser, gwaith)* einteilen; *(traethawd,
darlith)* konzipieren, ein Konzept entwerfen für
+akk; **~ i wneud rhth** vorhaben etw zu tun; **~ yn
wael** verplanen.

♦ *be.e* Planung *f;* **~ rhanbarthol** Regionalplanung
f; **~ teulu** Familienplanung *f;* **~ trefol** Stadtplanung
f.

cynllunydd (**cynllunwyr**) *g* Planer(in) *m(f); (crëwr)*
Designer(in) *m(f); (DIWYD)* Konstrukteur *m;* **~
ffasiwn** Designer(in) *m(f),* Modeschöpfer(in) *m(f);*
~ gwallt Coiffeur *m,* Hairstylist(in) *m(f);* **~ tai**
Innenarchitekt *m;* **~ trefol** Stadtplaner(in) *m(f).*

cynllwyn (-ion) *g* Intrige *f,* Verschwörung *f,*
Komplott *nt;* **beth gynllwyn!** was zum Teufel!

cynllwyniwr (**cynllwynwyr**) *g* Verschwörer *m.*

cynllwynio *be.g* sich verschwören, intrigieren; **~ yn
erbyn** sich verschwören gegen *+akk.*

cynnal *be.a* *(dal i fyny)* stützen, tragen; *(teulu)*
erhalten, versorgen; *(cyfarfod, cwrs)* abhalten; *(yn
ariannol)* erhalten; **mae e'n ei gynnal ei hun** er ist
Selbstversorger; **~ breichiau rhn** jdm unter die
Arme greifen; **~ a chadw** Instandhaltung *f;* **mae
cost y ~ a chadw'n uchel** die
Instandhaltungskosten sind hoch; **~ gwers** eine
Stunde halten; **~ gwledd** ein Fest feiern; **~ sgwrs â
rhn** ein Gespräch mit jdm führen; **~ trefn** die
Ordnung aufrechterhalten.

cynnar *ans* früh, zeitig; *(ynghynt)* früher, vorzeitig;
yn gynnar yn y bore frühmorgens; **bod yn gynnar**
früh dran sein; **codi'n gynnar** früh/zeitig
aufstehen; **mor gynnar â phosibl** so bald/früh wie
möglich; **mae hi yn ei deugeiniau ~** sie ist Anfang
vierzig; **ymadawodd hi ddeng munud yn gynnar** sie
ist zehn Minuten früher gegangen; **eglwys Gothig
cynnar** *(PENS)* eine frühgotische Kirche; **y meistri ~**
(CELF) die alten Meister; **ffurf gynnar o ysgrifennu**
eine frühe Schriftform; **ni allaf ddod yn gynharach
na dydd Iau** ich kann nicht vor Donnerstag
kommen; **yn gynharach yr wythnos hon** Anfang
der Woche.

cynnau *be.a* *(rhoi ar dân)* anzünden; *(ffwrn)* anheizen;
(golau trydan) aufdrehen, andrehen; **~ tân** ein
Feuer machen.

♦ *be.g* sich entzünden; *(MODUR)* zünden; *(ffig)*

entflammen.

cynneddf (**cyneddfau**) *b* *(dawn)* Eigenschaft *f;*
(hynodrwydd) Eigenheit *f;* *(gallu meddyliol)*
Vermögen *nt;* **~ gofio** Erinnerungsvermögen *nt;* **~
ganolbwyntio** Konzentrationsvermögen *nt;* **~
ddeall** Verstand *m,* Auffassungsgabe *f.*

cynnen (**cynhennau**) *b* Streit *m,* Unfriede *m;* **asgwrn ~**
Stein *m* des Anstoßes, Zankapfel *m.*

cynnes *ans* warm; *(croeso)* herzlich; *(twymgalon)*
warmherzig; **mae'n gynnes heddiw** heute ist es
warm; **rwy'n gynnes** mir ist warm; **cadw rhth yn
gynnes** etw warm halten; **â gwaed ~** *(SÖOL)*
warmblütig; **calon-gynnes** warmherzig, **cofion ~**
herzliche Grüße.

cynnig[1] (**cynigion**) *g* Angebot *nt;* *(awgrym ffurfiol)*
Antrag *m;* *(MASN)* Offerte *f,* Offert[A] *nt;* *(ymgais)*
Versuch *m;* *(cais am swydd)* Bewerbung *f;* *(cais am
arian)* Antrag *m;* *(mewn arwerthiant)* Gebot *nt;* **ar gynnig**
(MASN) im Angebot; **ar y ~ cyntaf** beim erster
Versuch; **~ deniadol** ein verlockendes Angebot;
dwyn ~ *(gerbron)* einen Antrag stellen (bei *+dat*);
rhoi ~ ar wneud rhth einen Versuch machen etw
zu tun; **tri chynnig i Gymro** aller guten Dinge sind
drei; **oes yna gynigion?** ist jemand interessiert? **~
priodi** Heiratsantrag *m.*

cynnig[2] *be.a* anbieten; *(awgrymu)* vorschlagen;
(gwobr) aussetzen; *(yn ffurfiol)* beantragen; *(mewn
arwerthiant)* bieten; *(bygwth)* androhen; **cynigiodd £5
i mi amdano** er bot mir dafür £5 an; **does ganddo
ddim i'w gynnig** er hat nichts zu bieten; **~ help llaw
i rn** jdm Hilfe anbieten; **~ llwncdestun** (i) anstoßen
(auf *+akk*), das Glas erheben (auf *+akk*);
cynigiwyd y swydd iddo die Stelle wurde ihm
angeboten.

♦ *be.g* *(ceisio)* sich bewerben um *+akk;* **~ am swydd**
sich für einen Job bewerben; **~ priodi rhn** jdm
einen Heiratsantrag machen.

cynnil *ans* *(gydag arian)* sparsam; *(peiriant)* sparsam,
ökonomisch; *(yn awgrymu mwy nag a ddywedir)*
dezent, subtil; **beirniadaeth gynnil** ein dezenter
Hinweis.

cynnud (**cynudau**) *g* Brennholz *nt.*

cynnull *be.a* sammeln, versammeln; *(MIL)* aufbieten.

cynnwrf (**cynhyrfau**) *g* *(terfysg)* Aufruhr *m,* Tumult *m;*
(cyffro) Aufregung *f;* **creu ~** Aufsehen erregen; **~
meddwl** Verstörtheit *f;* **y ~ a tu mewn iddi** ihr
innerlicher Aufruhr.

cynnwys[1] (**cynhwysion**) *g* Inhalt *m;* *(llyfr)*
Inhaltsverzeichnis *nt;* **cynhwysion** *ll* *(COG)* Zutaten
pl; **~ braster** Fettgehalt *m.*

cynnwys[2] *be.a* *(dal)* enthalten; *(bod ynddo)*
inkludieren, einschließen; **gan gynnwys**

inklusive; **gan gynnwys tâl gwasanaeth** Service inklusive; **mae'r gwahoddiad yn ~ pawb** die Einladung betrifft alle; **ydy hynny'n fy nghynnwys i?** gilt das auch für mich? **mae'r ddrama'n ~ dwy olygfa** das Theaterstück besteht aus zwei Szenen; **ydy Meirion yn cael ei gynnwys yn y côr?** ist Meirion beim Chor mit dabei?

cynnydd *g* Zuwachs *m*, Zunahme *f*; *(tymheredd, prisiau)* Anstieg *m*; *(arian)* Vermehrung *f*; *(lleuad)* Zunehmen *nt*; *(datblygiad)* Fortschritt *m*; **gwneud ~** Fortschritte machen; **ar gynnydd** im Zunehmen; **~ mewn gwerth** Wertsteigerung *f*; **~ economaidd** Konjunktur *f*.

cynnyrch (cynhyrchion) *g* Produkt *nt*, Erzeugnis *nt*; *(ffig)* Früchte *pl*; *(cnydau)* Feldfrüchte *pl*; *(glo)* Förderleistung *f*; **~ amaethyddol** landwirtschaftliche Produkte *pl*; **~ gwastraff** Abfallprodukt *nt*; **~ naturiol** Naturprodukt *nt*; **~ terfynol** Endprodukt *nt*; **C~ Gwladol Crynswth** Bruttosozialprodukt *nt*, BSP.

cynoesol *ans* *(HAN: cyntefig)* urgeschichtlich; *(amrwd)* primitiv, vorsintflutlich.

cynorthwyo *be.a* helfen *+dat*; *(llawfeddyg ayb)* assistieren *+dat*; *(yn ariannol)* finanziell unterstützen; *(yn seicolegol)* beistehen *+dat*; **~ rhn i oresgyn rhth** jdm über etw *akk* hinweghelfen.

cynorthwyol *ans* Hilfs-, unterstützend; **berf gynorthwyol** *(GRAM)* Hilfsverb *nt*; **prifathro ~** *(PRIFYSG)* Rektorsassistent(in) *m(f)*.

cynorthwywr (cynorthwywyr) *g* Assistent *m*, Helfer *m*, Gehilfe *m*; *(mewn etholiad)* Wahlhelfer *m*; **~ rhan amser** Aushilfe *f*; **~ labordy** Laborant *m*; **~ cymorth cyntaf** Sanitäter *m*.

cynorthwywraig (cynorthwywragedd) *b* Assistentin *f*, Helferin *f*; **~ bersonol** Chefsekretärin *f*.

cynorthwyydd (cynorthwywyr) *g* = cynorthwywr.

cynosod *be.a* postulieren, vorwegnehmen.

cynradd *ans* primär; **ysgol gynradd** Grundschule *f*, Elementarschule *f*; **lliw ~** Primärfarbe *f*.

cynrychioladol *ans* repräsentativ.

cynrychiolaeth (-au) *b* Vertretung *f*, Repräsentation *f*; **~ gyfrannol** *(GWLEID)* Verhältniswahl *f*, Proporz *m*; **~ uniongyrchol** Direktwahl *f*; **~ dramor** Auslandsvertretung *f*.

cynrychiolaidd *ans* repräsentativ.

cynrychioli *be.a* repräsentieren; *(dirprwyo)* vertreten; **mae'r wennol yn cynrychioli'r gwanwyn** die Schwalbe symbolisiert den Frühling.

cynrychiolwr (cynrychiolwyr) *g* Repräsentant *m*, Vertreter *m*; *(MASN)* Vertreter; *(yn yr UDA)* Abgeordnete(r) *m*; **~ wedi'i ethol** Mandatar *m*, Abgeordnete(r).

cynrychiolwraig (cynrychiolwragedd) *b* Repräsentantin *f*, Vertreterin *f*; *(yn yr UDA)* Abgeordnete *f*.

cynrychiolydd (cynrychiolwyr) *g* = cynrychiolwr.

cynrhoni *be.g* zappeln.

cynrhonog *ans* madig, wurmig.

cynrhonyn (cynrhon) *g* *(SÖOL)* Made *f*, Larve *f*.

cynsail (cynseiliau) *b* Grundlage *f*; *(gosodiad)* Prämisse *f*; *(CYFR)* Präzedenzfall *m*.

cynt¹ *cymh* *(mwy buan)* eher, früher; *(mwy cyflym)* schneller; **rhedeg yn gynt na rhn** schneller laufen als jd.

cynt² *adf* vorher, davor, früher; **roeddwn yn athro ~** früher war ich Lehrer; **pam na ddywedaist ti ynghynt?** konntest du das nicht vorher sagen? **y noson ~** der Abend zuvor.

cyntaf *ans* erste(r,s); **yn gyntaf ...** zunächst..., als Erstes...; **cefnder ~** Cousin ersten Grades; **argraffiad ~** Erstausgabe *f*; **enw ~** Vorname *m*; *(THEAT)* **noson gyntaf** Premiere *f*; **dosbarth ~** *(RHEILFF)* erste Klasse; *(PRIFYSG)* Eins^D *f*, Einser^A *m*; *(llythyrau)* bevorzugt behandelte Post; **gorau po gyntaf** je eher desto besser; **tocyn dosbarth ~** Fahrkarte *f* erster Klasse; **y ~ i'r felin gaiff falu** *(ffig)* wer zuerst kommt, mahlt zuerst; **ti yn gyntaf!** du zuerst! **am y tro ~** zum ersten Mal; **yn gyntaf mae'n rhaid i mi orffen hyn** erst muss ich das fertig machen; **yn y lle ~** zuallererst; **cymorth ~** erste Hilfe *f*; **y ~ o Ebrill** *(sbort)* erster April *m*, Aprilscherz *m*.

cyntafanedig *ans* erstgeboren.

♦ **(-ion)** *gb* Erstgeborene *m/f*.

cynted *ans* *cyf*: **cyn gynted â** sobald; **cyn gynted ag y bo modd** so bald/schnell wie möglich, schnellstens.

cyntedd (-au) *g* *(porth)* Vorbau *m*; *(ystafell gyntaf)* Vorzimmer *nt*, Flur *m*; *(gwesty, THEAT)* Foyer *nt*, Eingangshalle *f*.

cyntefig *ans* primitiv.

cyntun *g* Schläfchen *nt*, Nickerchen *nt*.

cynulleidfa (-oedd) *b* Publikum *nt*, Zuschauer *pl*; *(cynulliad)* Versammlung *f*; *(teledu)* Zuschauer, Zuseher *pl*; *(darlith, radio)* Hörer *pl*; *(capel, eglwys)* Gemeinde *f*; *(llyfr)* Leserkreis *m*; **cael ~ fawr** ein großes Publikum haben.

cynulliad (-au) *g* Versammlung *f*; **y C~ Cymreig** die Walisische Nationalversammlung *f*; **Aelod y C~** Mitglied *nt* der Nationalversammlung.

cynullwr, cynullydd (cynullwyr) *g* Organisator(in) *m(f)*.

cynuta *be.g* Holz sammeln.

cynwysedig *ans* inklusive, inbegriffen; **pris ~** Pauschalpreis *m*; **rhent ~** Warmmiete *f*.

cynyddgar *ans* initiativ; *(GWLEID)* progressiv, fortschrittlich.

cynyddol *ans* zunehmend; **costau** ~ steigende Kosten.

cynyddu *be.g* zunehmen, steigen; *(trethi)* erhöht werden; *(tyfu)* wachsen; *(mynd yn fwy)* sich vermehren; **gor-gynyddu** überhand nehmen.

cynysgaeddu *be.a* betrauen; *(gwaddoli)* stiften.

♦ *be.g (donio)* begnadet sein.

cyplu *be.a* verbinden; *(TECH)* koppeln.

♦ *be.g (SÔOL: paru)* sich paaren, kopulieren.

cyplysnod (-au) *g* Bindestrich *m*; *(ar ddiwedd llinell)* Abteilungszeichen *nt*, Trennungsstrich *m*.

cyplysnodi *be.a (gair)* abteilen, trennen.

cyplysu *be.a* verbinden; *(syniadau)* assoziieren; *(TECH)* koppeln, zusammenkoppeln.

Cypraidd *ans* zypriotisch.

cypreswydden (**cypreswydd**) *b (BOT)* Zypresse *f*.

Cypriad (**Cypriaid**) *g* Zypriot(in) *m(f)*.

Cyprus *b (DAEAR)* Zypern *nt*.

cyrans *ll gw.* **cyrensen**.

cyrbibion *ll:* **yn gyrbibion** in tausend Scherben.

cyrcydu *be.g* hocken, kauern.

cyrch[1] (-oedd) *g (MIL)* Angriff *m*, Überfall *m*; *(heddlu)* Razzia *f*; ~ **awyr** Luftangriff *m*; ~ **bomio** Bombenanschlag *m*; *(MIL)* Bombenangriff *m*; ~ **hunanleiddiol** Selbstmordkommando *nt*.

cyrch[2] *ll* = **ceirch**.

cyrchfa (-oedd *neu* **cyrchfeydd**) *b* Treffpunkt *m*, Aufenthaltsort *m*; *(lladron, anifeiliaid)* Lager *nt*; *(gwyliau)* Ressort *nt*; *(sgio)* Wintersportort *m*.

cyrchfan (-nau) *g* = **cyrchfa**.

cyrchu *be.a (rhn)* abholen.

♦ *be.g:* ~ **at** *(mynd tuag at)* zuhalten auf *+akk*; *(ffig)* ~ **at y nod** auf das Ziel hinarbeiten.

cyrchwr (**cyrchwyr**) *g (CYFDR)* Cursor *m*.

cyrd *ll gw.* **cordyn**.

cyrddau *ll gw.* **cwrdd**[1].

cyrensen (**cyrens** *neu* **cwrens**) *b (grawnwinen sych)* Rosine *f*; *(yn yr ardd)* Johannisbeere *f*, Ribisel^ *f*; **cyrens duon** schwarze Johannisbeeren; **cyrens cochion** rote Johannisbeeren; **cyrens gwynion** weiße Johannisbeeren.

cyrff *ll gw.* **corff**.

cyrhaeddgar *ans (llym, treiddgar)* bissig, scharf.

cyrhaeddiad (**cyraeddiadau**) *g (gorsaf, maes awyr)* Ankunft *f*; *(person)* Neuankömmling *m*, Neue *m/f*; *(pellter)* Reichweite *f*; *(ffig)* Erlangen *nt*, Fertigkeit *f*; **mae ei gyraeddiadau'n isel** seine Leistungen sind schwach.

cyrion *ll gw.* **cwr**; **ar gyrion y dref** in den Vororten; **ar gyrion y ddinas** in den Außenbezirken.

cyrlen (**cyrls**) *b* = **cwrl**.

cyrlio *be.a (gwallt)* eindrehen; *(yn gyrls tyn)* kräuseln.

♦ *be.g* sich locken; *(yn gyrls tyn)* sich kräuseln.

cyrliog *ans (gwallt)* lockig; *(tyn)* gekräuselt, kraus; *(cynffon)* geringelt; **cynffon gyrliog** Ringelschwanz *m*.

cyrls *ll gw.* **cwrl**.

cyrn *ll gw.* **corn**[1]; *gw.* **corn**[2].

cyrnol (-iaid) *g (MIL)* Oberst *m*.

cyrraedd *be.a* ankommen in *+dat*; *(heb ei ragweld)* gelangen nach *+dat*; *(ffig)* erreichen; *(llwyddo)* erlangen, erreichen; **elli di gyrraedd y nenfwd?** kannst du die Decke erreichen? ~ **oedran** volljährig werden; ~ **deugain oed** vierzig werden; **mae'r sŵn yn ~ fy ystafell** der Lärm dringt bis in mein Zimmer; **cyrhaeddodd byddin Alexander yr India** Alexanders Heer erreichte Indien; *(hyd at)* Alexanders Heer kam bis Indien.

♦ *be.g* ankommen; ~ **yn ddiogel** gut ankommen.

♦ *be.e:* **o fewn ~** (**i rn**) in Reichweite (von jdm); **o fewn ~ i'r môr** in unmittelbarer Nähe des Meeres, nicht weit vom Meer.

cyrrau *ll gw.* **cwr**.

cyrri (**cyrïau**) *g (COG: sbeis)* Curry *m*; *(pryd o fwyd)* Curry *nt*; **powdwr** ~ Currypulver *nt*.

cyrs *ll gw.* **cors**.

cyrs(i)au *ll gw.* **cwrs**[1].

cyrtsi (**cyrtsïau**) *g* Knicks *m*; **gwneud** ~ einen Knicks machen.

cyrydiad (-au) *g* Korrosion *f*.

cyrydu *be.g* korrodieren.

♦ *be.a* zerfressen; **mae'r asid yn y batri yn ~'r casyn** die Säure der Batterie zerfrisst die Hülle.

cyryglwr (**cyryglwyr**) *g* Coracle-Fischer *m*.

cysáct *ans* exakt, genau.

cysain *gb (CERDD, FFIS)* Resonanz *f*.

♦ *ans* resonant, Resonanz-.

cysawd (**cysodau**) *g (ASTRON)* System *nt*; ~ **yr haul** Sonnensystem *nt*.

cysefin *ans* original, endogen; *(GRAM)* **ffurf gysefin** Stammform *f*; *(MATH)* **rhif** ~ Primzahl *f*.

cysegr (-au) *g* Heiligtum *nt*; *(noddfa)* Asyl *nt*.

cysegredig *ans* geweiht, heilig; **buwch gysegredig** heilige Kuh *f*; ~ **i goffadwriaeth rhn** dem Andenken von jdm geweiht.

cysegrfa (-oedd *neu* **cysegrfeydd**) *b* Heiligtum *nt*; *(mewn eglwys)* Altarraum *m*.

cysegriad (-au) *g (agoriad)* Einweihung *f*; *(CREF)* Weihe *f*.

cysegru *be.a (sancteiddio)* heiligen; *(sant, santes)* heilig sprechen; *(cynysgaeddu)* weihen; *(bara/gwin mewn gwasanaeth)* konsekrieren.

cyseinedd *g (LLEN)* Alliteration *f.*

cyseiniant (**cyseiniannau**) *g (FFIS)* Resonanz *f.*

cysetlyd *ans* penibel, pingelig.

cysgadrwydd *g* Trägheit *f*, Phlegma *nt.*

cysgadur (-iaid) *g (SÖOL)* ein Tier, das Winterschlaf hält; *(ffig)* Schlafmütze *f.*

cysglyd *ans* schläfrig, verschlafen; *(ffig)* verträumt; *(digyffro)* phlegmatisch; **rwy'n gysglyd** ich bin schläfrig.

cysgod (-ion) *g* Schatten *m*; *(noddfa)* Zuflucht *f*; *(adlewyrchiad mewn dŵr)* Spiegelbild *nt*; *(ffig: rhith)* Abglanz *m*; *(copi gwael)* Abklatsch *m*; **rhoi rhn yn y ~ jdn** in den Schatten stellen; **yng nghysgod yr haul** im Schatten; **cafodd y swydd yng nghysgod ei chwaer** er bekam die Stelle über seine Schwester; **dan gysgod rhn** in jds Schatten.

cysgodfa (**cysgodfeydd**) *b* Zufluchtsort *m*; *(yn y mynyddoedd)* Schutzhütte *f.*

cysgodi *be.a* beschatten; *(ffig)* überschatten; *(amddiffyn)* beschirmen.

◆ *be.g* Zuflucht suchen; *(MIL)* in Deckung gehen; **doedd unman i gysgodi** man konnte nirgends Schutz finden; *(rhag glaw)* man konnte sich nirgends unterstellen.

cysgodlen (-ni) *b* Lampenschirm *m.*

cysgodlun (-iau) *g* Silhouette *f*; *(CELF)* Scherenschnitt *m.*

cysgodol *ans* schattig, geschützt; *(rhag gwynt)* windgeschützt.

cysgu *be.g* schlafen; *(aelod o gorff)* einschlafen; **~ ci bwtsiwr** dösen; **~ llwynog** sich schlafend stellen; **~ fel twrch** wie ein Murmeltier schlafen; **cysgwch yn dawel!** schlaft gut! schlafen Sie gut! **~'n drwm** tief/fest schlafen; **~'n hwyr** verschlafen; **mynd i gysgu** schlafen gehen, zu Bett gehen; **sach gysgu** Schlafsack *m*; **cerbyd ~** *(trên)* Schlafwagen *m.*

cysgwr (**cysgwyr**) *g* Schläfer *m.*

cysodi *be.a (argraffu)* setzen.

cysodwr (**cysodwyr**) *g* Setzer *m*, Schriftsetzer *m.*

cyson *ans* ständig, stet; *(digyfnewid)* konsequent, durchgehend; *(rheolaidd)* regelmäßig, gleichmäßig; *(cymesur)* deckungsgleich, kongruent; **bod yn gyson** konsequent sein; **yn gyson** *(aml, parhaus)* ständig, stets.

cysondeb *g* Permanenz *f*, Dauerhaftigkeit *f*; *(digyfnewid-dra)* Konsequenz *f*; *(rheoleidd-dra)* Regelmäßigkeit *f*, Gleichmäßigkeit *f*; *(cymesuredd)* Übereinstimmung *f*, Kongruenz *f.*

cysoni *be.a* abstimmen, übereinstimmen.

cysoniad (-au) *g* Übereinstimmen *nt.*

cystadleuaeth (**cystadlaethau**) *b (ymryson)* Konkurrenzkampf *m*; *(MASN)* Wettbewerb *m*;

(CHWAR) Wettkampf *m*; *(gwrthwynebwyr)* Konkurrenz *f*; *(agwedd)* Rivalität *f*, Wetteifer *m*; **mae ~ ffyrnig rhwng Awstria a'r Swistir** es existiert eine starke Rivalität zwischen Österreich und der Schweiz.

cystadleuol *ans* wetteifernd, konkurrenzierend; *(MASN)* konkurrenzfähig, wettbewerbsfähig; *(agwedd)* vom Konkurrenzdenken geprägt; *(CHWAR)* Turnier-; **tennis ~** Turniertennis *nt*; **ysbryd ~** Kampfgeist *m*; **marchnad gystadleuol iawn** wettbewerbsorientierter Markt, Markt mit starker Konkurrenz.

cystadleuwr (**cystadleuwyr**) *g* Rivale *m*; *(CHWAR)* Teilnehmer *m*; *(MASN)* Konkurrent *m*; **cystadleuwyr** *ll* Konkurrenz *f.*

cystadleuydd (**cystadleuwyr**) *g* = **cystadleuwr.**

cystadlu *be.g* konkurrieren; *(CHWAR, eisteddfod)* teilnehmen; **~ â rhn am rth** mit jdm um etw wetteifern; **~ yn erbyn rhn** gegen jdn antreten.

cystal *cyf* ebenso gut, genauso gut; **a fyddech ~ â danfon manylion ataf** hätten Sie die Güte, mir die Einzelheiten zukommen zu lassen.

◆ *adf* **~ i ni fynd nawr** es wäre nicht schlecht, wenn wir jetzt gingen; **~ gwario punt â gwario ceiniog!** wennschon – dennschon!

cystlyndref (-i) *b (HAN)* Hansestadt *f.*

cystrawen (-nau) *b (GRAM)* Konstruktion *f*, Satzbau *m*, Syntax *f.*

cystrawennol *ans* syntaktisch.

cystudd (-iau) *g* Bedrängnis *f*, Not *f*; *(afiechyd)* Gebrechen *nt.*

cystuddio *be.a (achosi poen)* peinigen, misshandeln; *(peri gofid)* betrüben.

◆ *be.g* kränkeln, gebrechlich sein.

cystwyad (-au) *g (cerydd)* Tadel *m*; *(curfa)* Züchtigung *f.*

cystwyo *be.a (ceryddu)* zurechtweisen, tadeln, rügen; *(curo)* züchtigen.

cysur (-on) *g* Trost *m*; *(esmwythdra)* Behaglichkeit *f*, Gemütlichkeit *f*; **~ Job** schwacher Trost; **mae'r holl deulu'n gweini ~ mi** die ganze Familie spendet mir Trost; **mae'n gysur i mi fod ... es** beruhigt mich, dass…

cysurlon *ans* tröstlich, beruhigend.

cysuro *be.a* trösten, besänftigen; *(calonogi)* aufmuntern; **~ rhn** jdm Trost zusprechen.

cysurus *ans (cyffyrddus)* gemütlich, bequem, behaglich; *(moethus)* komfortabel; *(teimlad)* wohlig; *(diddanus)* tröstlich; **gwnewch eich hun yn gysurus** machen Sie es sich bequem.

cysurwr (**cysurwyr**) *g* Tröster *m.*

cyswllt (**cysylltau** *neu* **cysylltiadau**) *g* Verbindung *f*;

(ffig) Kontext *m*; *(TECH)* Verbindungsstück *nt*;
dolen gyswllt Bindeglied *nt*; *(ASTRON)* Konjunktion
f; **yn y ~ hwn** in dieser Beziehung.

cysylltair (cysyllteiriau) *g (GRAM)* Konjunktion *f*,
Bindewort *nt*.

cysylltiad (-au) *g* Verbindung *f*; *(cyd-destun)*
Zusammenhang *m*; *(personol)* Kontakt *m*;
(perthynas) Verwandtschaft *f*; *(TECH)* Koppelung *f*;
(soced) Anschluss *m*; *(ffôn)* Verbindung; *(TRYD)*
Kontakt *m*; **bod mewn ~ â rhn** mit jdm in Kontakt
sein; **~ â'r cyflenwad trydan** Stromanschluss *m*; **~
trên** Zugverbindung *f*, Anschluss; **mewn ~ â hyn**
in diesem Zusammenhang; **~ rhwng achos ac
effaith** Kausalzusammenhang *m*; **~au cyhoeddus**
Public Relations *pl*.

cysylltiedig *ans* verbunden; *(TECH)* angeschlossen; **~
â** verbunden mit *+dat*.

cysylltnod (-au) *g* Bindestrich *m*.

cysylltu *be.a* verbinden; *(â chyflenwad)* anschließen;
(TECH) koppeln, zusammenfügen; *(TRYD)* **~ â'r
ddaear** erden; **~ â'r rhwydwaith cebl** vernetzen.

♦ *be.g (trên)* Anschluss haben; **~ â rhn** jdn
kontaktieren, mit jdm Kontakt aufnehmen;
(ffurfiol) mit jdm in Verbindung treten.

cysyniad (-au) *g* Konzept *nt*; **~ moesol**
Wertvorstellung *f*.

cytbell *ans* gleich weit entfernt; **mae Rhufain yn
gytbell o Oslo a Cairo** Rom ist gleich weit entfernt
von Oslo und Kairo.

cytbwys *ans (o'r un pwysau)* gleich schwer; *(cyson)*
ausgewogen, gleichmäßig; *(personoliaeth)*
ausgeglichen; *(heb ffafriaeth)* neutral,
unparteiisch.

cytew *g (COG)* Backteig *m*, Pfannkuchenteig *m*.

cytgan (-au) *gb* Kehrreim *m*, Refrain *m*.

cytgord (-iau) *g (CERDD)* Harmonie *f*; *(cyd-
ddealltwriaeth)* Eintracht *f*; *(cysondeb)* Einklang *m*.

cytir (-oedd) *g* öffentlicher Grund *m*; *(porfa)* Anger
m, Gemeindewiese *f*.

cytleri *g* Besteck *nt*.

cytrefiad *g* Ballungsraum *m*, Agglomeration *f*.

cytsain (cytseiniaid) *b* Konsonant *m*.

cytser (-au) *g (ASTRON)* Konstellation *f*, Sternbild *nt*.

cytûn *ans* einig, einträchtig; *(cyson)*
übereinstimmend; **bod yn gytûn â rhth** im
Einklang stehen mit etw; **rydym yn gytûn** wir sind
uns einig.

cytundeb (-au) *g (cyd-ddealltwriaeth)* Einigung *f*,
Einverständnis *nt*; *(cyfamod)* Vertrag *m*; *(ar lafar)*
Abmachung *f*, Abkommen *nt*; *(GRAM)*
Übereinstimmung *f*, Kongruenz *f*; **trwy gytundeb
o'r ddeutu** *(CYFR)* in beiderseitigem

Einvernehmen.

cytundebol *ans* vertraglich.

cytuniad (-au) *g* = **cytundeb**.

cytuno *be.g (cydsynio)* zustimmen, beipflichten;
(cyfamodi) sich einigen; *(bod yn gyson)* sich decken;
(GRAM) übereinstimmen; **~ â rhn** jdm beipflichten,
jdm zustimmen; **~ ar rth** etw ausmachen, etw
vereinbaren; **mae gwin yn ~ â mi** ich vertrage
Wein gut; **mae'r hinsawdd arforol yn ~ ag ef** das
Meeresklima tut ihm gut.

cytunol *ans (cydgordiol)* einverstanden; *(cyfatebol)*
entsprechend; *(cydymffurfiol)* konform.

cythlwng *g* Heißhunger *m*.

cythraul (cythreuliaid) *g* Teufel *m*, Satan *m*, Dämon
m; *(difriol am berson)* Scheißkerl *m*, Hurensohn *m*;
(ffig) **y ~ bach** der Satansbraten; **ar y ~** verdammt;
mae'n gollwr gwael ar y ~ er ist ein verdammt
schlechter Verlierer.

cythreules (-au) *b* Teufelsweib *nt*, Furie *f*.

cythreulig *ans* teuflisch, diabolisch.

cythrudd *g* = **cythruddiad**.

cythruddiad (-au) *g (pryfociad)* Provokation *f*.

cythruddo *be.a* verärgern, provozieren, erbosen.

♦ *be.g* sich ärgern, sich empören.

cythruddol *ans* ärgerlich, irritierend.

cythrwfl *g* Getümmel *nt*, Tumult *m*.

cythryblu *be.a* in Unruhe versetzen, alarmieren.

cythryblus *ans* bestürzend, alarmierend; *(helbulus)*
ungestüm; *(aflonydd)* unruhig.

cyw (-ion) *g* Küken *nt*; *(anifail bach)* Junge(s) *nt*; **~
bach melyn olaf** Nesthäkchen *nt*; **~ ceffyl** Fohlen *nt*;
~ iâr Huhn *nt*, Hähnchen^D *nt*, Hendl^A *nt*, Broiler^D
m; **~ iâr wedi'i rostio** Brathuhn *nt*.

cywain *be.a* ernten, einholen.

cywair (cyweiriau) *g (GRAM)* Register *nt*; *(CERDD)*
Tonart *f*; *(ffig: naws)* Ton *m*; **~ lleiaf** Moll *nt*; **~
mwyaf** Dur *nt*; **trawodd y ~ priodol yn ei araith** er traf
in seiner Ansprache den rechten Ton.

cywaith (cyweithiau) *g* Projekt *nt*; *(ymchwil)* Studie *f*;
(YSG) Projektarbeit *f*; **gwneud ~ ar** eine
Projektarbeit machen über *+akk*.

cywarchen (cywarch) *b (BOT)* Hanf *m*.

cywasgedig *ans* gepresst, kompakt; *(agos at ei gilydd)*
gedrängt.

cywasgiad (-au) *g* Kompression *f*; *(GRAM)* Synkope *f*.

cywasgu *be.a* komprimieren, zusammenpressen.

cywasgwr (cywasgwyr) *g* = **cywasgydd**.

cywasgydd (-ion) *g (TECH)* Kompressor *m*.

cyweiriaidd *ans* tonal.

cyweirio *be.a (trwsio)* reparieren; *(TECS)* flicken,
stopfen; *(cywiro)* einstellen; *(tiwnio)* stimmen; **~
sanau** Socken stopfen; **~ gwely** das Bett machen.

cyweiriwr (**cyweirwyr**) *g* Restaurator *m*; ~ **crwyn**
Gerber *m*.

cyweirnod (-**au**) *g* *(CERDD)* Tonartbezeichnung *f*.

cywely (-**au** *neu* -**aid**) *g* Gefährte *m*.

cywelyes (-**au**) *b* Gefährtin *f*.

cywen (-**nod**) *b* Henne *f*; *(am ferch)* Katze *f*, Schnitte
f.

cywilydd (-**ion** *neu* -**au**) *g* *(teimlad)* Scham *f*,
Schamgefühl *nt*; *(achos gwarth)* Schande *f*,
Blamage *f*; *(amarch)* Schmach *f*; **rhag dy gywilydd!**
schäm dich! **codi ~ ar rn** jdn beschämen, eine
Blamage für jdn sein; **mae ~ arnaf** (**am rth**) ich
schäme mich (für etw *akk*).

cywilyddio *be.a* beschämen.

♦ *be.g* sich schämen; ~ **oherwydd rhth** sich
(wegen) einer Sache *gen* schämen.

cywilyddus *ans* blamabel, skandalös.

cywilyddusrwydd *g* Schmach *f*.

cywir *ans* *(heb wall)* richtig, korrekt; *(gwir)*
wahrheitsgetreu; *(diffuant)* aufrecht, aufrichtig;
bod yn fanwl gywir exakt stimmen.

cywirdeb *g* Richtigkeit *f*; *(manylder)* Genauigkeit *f*,
Präzision *f*; *(diffuantrwydd)* Aufrichtigkeit *f*.

cywiriad (-**au**) *g* Berichtigung *f*, Korrektur *f*;
(ffeithiau) Richtigstellung *f*; *(peiriant)* Einstellung *f*;
(gwelliant) Verbesserung *f*.

cywiro *be.a* berichtigen, korrigieren; *(YSG)*
korrigieren; *(ffeithiau)* richtig stellen; *(peiriant)*
einstellen, nachstellen; *(gwella)* verbessern; ~
addewid ein Versprechen halten.

cywrain *ans* gekonnt, kunstgerecht.

cywreinbeth (-**au**) *g* Kuriosität *f*, Rarität *f*.

cywreinrwydd *g* Kunstfertigkeit *f*.

cywreinwaith (**cywreinweithiau**) *g* Kunstwerk *nt*.

Ch

'ch *rhag gw.* **eich.**

chi *rhag* ihr, Sie; *(gwrthrych)* euch, Sie, Ihnen; **gyda ~** mit euch/Ihnen; **gwelais i ~** ich sah euch/Sie; **galw ~ ar rn** jdn siezen; **sut ydych ~?** wie geht es euch/Ihnen?

♦ *rhag dibynnol:* **eich ci ~** euer/Ihr Hund.

Chile *b (DAEAR)* Chile *nt.*

Chilead (Chileaid) *g* Chilene *m*, Chilenin *f.*

Chileaidd *ans* chilenisch.

China *b* = **Tsieina.**

chithau *rhag* Sie auch; *(cyferbyniol)* Sie aber; *(ar ôl cyfarchion)* **a ~!** ebenfalls! **nid yw e'n rhugl yn yr iaith, ond yr ydych ~** er spricht die Sprache nicht fließend, aber Sie.

chwa (-on) *b* Brise *f*, Lüftchen *nt*; **~ o wynt** *(ysgafn)* Lufthauch *m*; *(gwth)* Böe *f*; **~ o awel iach** Frischluft *f.*

chwaer (chwiorydd) *b* Schwester *f*; *(nyrs, lleian)* Schwester; *(efeilles)* Zwillingsschwester *f*; **~-yng-nghyfraith** Schwägerin *f*; **ei ~ hŷn** seine ältere Schwester; **hanner ~** Halbschwester *f*; **~ faeth** Ziehschwester *f*; **~ genedl** Brudervolk *nt.*

chwaerol *ans* schwesterlich.

chwaeroliaeth (-au) *b* Frauenvereinigung *f*, Frauenbund *m.*

chwaer-yng-nghyfraith *b gw.* **chwaer.**

chwaeth (-au *neu* **-oedd)** *b (ffig)* Geschmack *m*; **mae ganddo ~ dda mewn dillad** er hat einen guten Geschmack in Bezug auf Kleidung; **mae hynny'n dangos ~ ddrwg** das zeugt von schlechtem Geschmack.

chwaethach *adf (heb sôn am)* geschweige denn.

chwaethu *be.a* schmecken, spüren; *(profi bwyd)* kosten; **ni allaf ~'r halen** ich kann kein Salz schmecken.

chwaethus *ans* geschmackvoll, stilvoll.

chwain *ll gw.* **chwannen.**

chwaith *adf* auch nicht; **nid wyf yn mynd i'r theatr ~** ich gehe auch nicht ins Theater; **nac yntau ~** er auch nicht.

chwâl *ans* verstreut; *(pridd)* bröckelig, krümelig; **ar ~** verstreut; **tai ar ~** *(ffermdai)* vereinzelte Gehöfte *pl.*

chwalfa (chwalfeydd) *b (gwasgariad)* Verstreuung *f*; *(newid sydyn)* Umwälzung *f*; *(dymchweliad)* Zerstörung *f*, Abbruch *m*; **~ nerfol** Nervenzusammenbruch *m.*

chwalu *be.a (gwasgaru)* zerstreuen; *(lledaenu)* verstreuen, verteilen; *(distrywio)* demolieren; **~ meddyliau** brüten.

♦ *be.g (syrthio'n ddarnau)* zerfallen, zerbröckeln; *(byrstio)* platzen; *(hydoddi)* sich auflösen.

chwalwr (chwalwyr) *g* Abbrucharbeiter *m.*

chwaneg *ans* mehr, zusätzlich.

chwannen (chwain) *b (SÔOL)* Floh *m*; **~ y dŵr** Wasserfloh *m.*

chwannog *ans* gierig; *(am arian)* geldgierig; *(awyddus)* erpicht, begierig; **bod yn ~ am wneud rhth** begierig sein darauf etw zu tun, es nicht erwarten können etw zu tun.

chwant (-au) *g (awydd)* Lust *f*, Appetit *m*; *(trachwant)* Gier *f*; *(am arian)* Geldgier *f*; *(am bŵer)* Machtgier *f*; *(blys cnawdol)* Lüsternheit *f*; **~ bwyd** Hunger *m*; **mae ~ bwyd arnaf** ich habe Hunger, ich bin hungrig; **mae ~ arnaf** ich hätte Lust (drauf); **mae'n llawn ~** er/sie ist geil.

chwantu *be.a* wollen; *(cyfoeth, pŵer)* gieren nach +*dat*; *(rhyw)* lechzen nach +*dat.*

chwantus *ans* gierig; *(rhywiol)* lasziv, sinnlich, wollüstig.

chwap (-iau) *g (ergyd)* Schlag *m.*

♦ *adf* schlagartig, auf einen Schlag; **byddaf yno ~** ich werde im Nu da sein.

chwarae¹ *be.a* spielen; *(rôl)* spielen, darstellen; *(ffugio)* vorspielen, vormachen; **~ tric ar rn** jdn hereinlegen; **~ cardiau** Karten spielen; **mae Cymru'n ~ Lloegr** Wales spielt gegen England; **~ chwaraeon** Sport betreiben; **~'r diawl** die Sau rauslassen; **~ dis** würfeln; **~ rhth i ddwylo rhn** jdm etw in die Hände spielen; **~'r ffon ddwybig** ein Doppelspiel treiben; **~'r ffŵl** blödeln; **~ mig** *(cuddio)* Verstecken spielen; **~'r piano** *(gw. canu)* Klavier spielen; **~ rhan/rôl yn rhth** eine Rolle spielen in etw *dat*; **~ eich rhan** sein Teil zu etw *dat* beitragen; **~ rygbi** Rugby spielen; **~'r tâp yn ôl** *(gwrando)* das Band abspielen; *(troi'n ôl)* das Band zurückspulen.

♦ *be.g* spielen; **~ â thân** *(ffig)* mit dem Feuer spielen; **~ gyda'r syniad o ...** mit dem Gedanken spielen zu...; **~'n deg** fair spielen; **~'n frwnt/fudr** *(CHWAR)* foul spielen; **~'n saff** auf Nummer sicher gehen; **~'n wirion** verrückt spielen.

chwarae² **(-on)** *g* Spiel *nt*; *(TECH)* Spiel *nt*; **~on** *ll* Sport *m*; **amser ~** *(ysgol gynradd)* Pause *f*; **corlan ~** *(i blant bach)* Gehschule *f*; **~ ar eiriau** Wortspiel *nt*;

ffrind ~ Spielkamerad(in) *m(f)*; **~ plant yw hynny** das ist ein Kinderspiel; **~ teg iddo** das muss man ihm lassen, **~'n troi'n chwerw** aus Spaß wird Ernst; **nid ar ~ bach y mae hynny** das ist keine Spielerei, das ist ziemlich viel Arbeit.

chwaraefa (chwaraefeydd) *b (i blant)* Spielplatz *m*.

chwaraegar *ans* verspielt, spielerisch.

chwaraeon *ll gw*. **chwarae²**; Sport *m*; **neuadd ~** Sporthalle *f*, Turnsaal *m*; **y Ch~ Olympaidd** die Olympischen Spiele *pl*.

chwaraewr (chwaraewyr) *g* Spieler *m*; *(CHWAR)* Sportler *m*; *(actor)* Schauspieler *m*; **~ cadw** Reservespieler *m*, Ersatzspieler *m*; **~ casetiau** Kassettenrekorder *m*; **~ CD** CD-Spieler *m*; **~ recordiau** Plattenspieler *m*.

chwaraewraig (chwaraewragedd) *b* Spielerin *f*; *(CHWAR)* Sportlerin *f*; *(actores)* Schauspielerin *f*.

chwardd *be gw*. **chwerthin**.

chwarddiad *g* Lachen *nt*; **gyda ~** mit einem Lachen.

chwarel¹ (**-i** *neu* **-au**) *gb* Steinbruch *m*.

chwarel² *g* = **cwarel**.

chwarela *be.g:* **~ am rth** etw abbauen; **maent yn ~ am lechi** sie bauen Schiefer ab.

chwarelwr (chwarelwyr) *g* Steinbrucharbeiter *m*.

chwarenlif (**-oedd**) *g (MEDD)* Sekret *nt*.

chwareus *ans* spielerisch, verspielt; *(doniol)* scherzhaft; **gwenu'n ~** spitzbübisch lächeln.

chwarren (chwarennau) *b (ANAT)* Drüse *f*; **~ brostad** Prostata *f*; **~ chwys** Schweißdrüse *f*; **~ laeth** Milchdrüse *f*; **~ lymff** Lymphknoten *m*; **~ sebwm** Talgdrüse *f*; **~ thyroid** Schilddrüse *f*.

chwart (**-iau**) *g* ≈ Quart *nt* (1.136 litr); **chwysu ~iau** schwitzen wie ein Schwein.

chwarter (**-i**) *g* Viertel *nt*; *(o flwyddyn)* Quartal *nt*, Vierteljahr *nt*; *(dwy stôn)* ≈ Achtelzentner *m* (12.7 kg); *(pedair owns)* ≈ Viertel *nt* (113.4 g); **~ awr** Viertelstunde *f*; **~ wedi tri** viertel nach drei, drei Uhr fünfzehn, viertel vier; **~ pwys o gaws** ein Viertel Käse; **rhannu rhth yn ~i** etw vierteln; **talu bob ~** vierteljährlich zahlen; **dyw e ddim yn ~ call** er hat nicht alle Tassen im Schrank.

chwarterol *ans* vierteljährlich.

chwarterolyn (chwarterolion) *g* Quartalzeitschrift *f*, Vierteljahresschrift *f*.

chwarteru *be.a* vierteln; *(chwilio'n fanwl)* absuchen; *(HAN: math ar ddienyddio)* vierteilen.

chwe *ans* sechs; **~ chan mlynedd** sechshundert Jahre.

chwech *rhif* sechs; **~ o'r gloch** sechs Uhr; **lle ~** *(sgyrs)* Toilette *f*; **pisyn ~** Sixpence-Stück *nt*; **mae hi wedi ~ arno fe** er hat ausgespielt, sein letztes Stündlein hat geschlagen.

chwechawd *gb (CERDD)* Sextett *nt*.

chweched¹ *ans* sechste(r,s); **y ~ dosbarth** *(YSG)* ≈ Oberstufe *f*; **coleg ~ dosbarth** Oberstufengymnasium *nt*; *(yn arbenigo ar wyddoniaeth)* Oberstufenrealgymnasium *nt*; **ar y ~ o Fai** am sechsten Mai.

chweched² (**-au**) *g (CERDD)* Sexte *f*.

  ♦ *gb (MATH)* Sechstel *nt*.

chwedl (**-au**) *b* Erzählung *f*, *(ffug)* Märchen *nt*, Fabel *f*; *(hanesyddol)* Legende *f*, Sage *f*; *(mytholegol)* Mythos *m*; *(ffig: yn ôl)* **~ loan** nach Johannes; **yn ôl y ~** der Sage nach, **~au Brenin Arthur** *(LLEN)* die Arthussage; **Chwedlau Esop** *(LLEN)* Aesops Fabeln; **~ hwythau** wie man sagt.

chwedleua *be.g (hel straeon)* tratschen, plaudern.

chwedleuwr (chwedleuwyr) *g* Geschichtenerzähler *m*.

chwedloniaeth *b* Mythologie *f*.

chwedlonol *ans* legendär, mythologisch; *(ffig)* märchenhaft, sagenhaft.

Chwefror *g* Februar *m*.

chwegr (**-au**) *b* Schwiegermutter *f*.

chwegrwn (chwegrynau *neu* **chwegryniaid)** *g* Schwiegervater *m*.

chweil *ans:* **gwerth ~** wert; **nid yw'n werth ~** es lohnt sich nicht; **byddai'n werth ~ mynd yno** es ist wert hinzugehen.

chweinllyd *ans* voller Flöhe.

chwemisol *ans* halbjährlich.

chwennych *be.a* begehren.

chwenychadwy *ans* begehrenswert.

chwenychedig *ans* heiß ersehnt.

chwenychiad (**-au**) *g* Verlangen *nt*, Begehr *nt*.

chwenychu *be.a* = **chwennych**.

chweongl *ans* sechseckig, hexagonal.

chwerfan (chwerfain) *b* Flaschenzug *m*.

chwerthin *be.g* lachen; **~ am ben rhn** jdn auslachen, sich über jdn lustig machen; **~ yn eich dyblau** sich krumm lachen, sich biegen vor Lachen; **~ yn eich dwrn** sich ins Fäustchen lachen; **~ yn uchel** hell auflachen.

  ♦ *be.e* Lachen *nt*.

chwerthinllyd *ans* lächerlich, lachhaft.

chwerw *ans (blas)* bitter, herb; *(garw)* bitter; *(sbeitlyd)* verbittert; **cwrw ~** Bitterbier *nt*.

chwerwder *g* Bitterkeit *f*; *(dicter chwerw)* Verbitterung *f*.

chwerwdost *ans* bitterlich.

chwerwedd *g (blas)* Bitterkeit *f*, Herbe *f*.

chwerwi *be.a* vergrämen, verbittern.

  ♦ *be.g* verbittern, griesgrämig werden.

chwerwlys *g (BOT)* Wermut *m*; **~ yr eithin** Enzian *m*.

chwerwon *ll (moddion)* Magenbitter *m*.

chweugain *rhif* hundertzwanzig.
♦ **(chweugeiniau)** *gb* zehn Shilling, halbes Pfund *nt*.

chwi *rhag* = **chi**.

chwîb (chwibau) *b* Pfeife *f*, Trillerpfeife *f*.

chwiban (-au) *gb (sŵn)* Pfiff *m*; *(offeryn)* Pfeife *f*; **~ pysen** Trillerpfeife *f*.

chwibaniad (-au) *g* Pfiff *m*.

chwibanogl (-au) *b (CERDD)* Flöte *f*, Querflöte *f*.

chwibanu *be.a, be.g* pfeifen; *(aderyn)* zwitschern, pfeifen.

chwifio *be.a* schwenken, schwingen; *(cleddyf)* schwingen.
♦ *be.g* winken; *(cyhwfan)* flattern, wehen; *(chwyrlïo)* herumfuchteln; **~ eich breichiau** gestikulieren.

chwil *ans* schwindlig, taumelnd; **~ ulw** stockbetrunken; **rwy'n teimlo'n ~** mir ist schwindlig.

chwilboeth *ans* glühend heiß.

chwilen (chwilod) *b (SÔOL)* Käfer *m*; *(ffig: chwim)* Tick *m*, Fimmel *m*, Marotte *f*; *(car: Volkswagen)* Käfer; **~ ddu** Küchenschabe *f*; **~ glust** Ohrwurm *m*; **~ Mai** Maikäfer *m*; **mae ganddo ~ yn ei ben** er hat einen Fimmel.

chwiler (-od) *g (SÔOL)* Puppe *f*, Larve *f*.

chwilfriw *ans* zerschmettert, kaputt, in tausend Stücken.

chwilfrydedd *g* Neugier *f*, Neugierde *f*; *(am wybodaeth)* Wissbegierde *f*; **o ran ~** aus Neugier.

chwilfrydig *ans* neugierig; *(am wybodaeth)* wissbegierig; *(difr)* neugierig, indiskret.

chwiliad (-au) *g* Suche *f*; *(fforiad)* Suchaktion *f*; **~ corff** Leibesvisitation *f*.

chwiliedydd (-ion) *g* Sonde *f*; **~ gofod** Raumsonde *f*.

chwilio *be.a* durchsuchen; *(tir, coedwig)* absuchen; *(archwilio)* untersuchen; **~ tŷ** *(gan heddlu)* eine Hausdurchsuchung machen.
♦ *be.g:* **~ am** suchen; *(ymchwilio)* forschen nach *+dat*; *(olrhain)* fahnden nach *+dat*; **~ am rth mewn llyfr** etw nachschlagen; **~ am fwyd** *(anifail)* auf Nahrungssuche gehen; **gwarant ~** Durchsuchungsbefehl *m*.

chwiliwr (chwilwyr) *g* Suchende *m/f*; *(TECH, FFOTO)* Sucher *m*.

chwil-lys *g (CYFR)* Untersuchungsgericht *nt*; *(HAN)* Inquisition *f*.

chwilmentan *be.g* herumstöbern.

chwilolau (chwiloleuadau) *g* Scheinwerfer *m*, Suchscheinwerfer *m*.

chwilota *be.g* kramen, stöbern; *(busnesa)* herumstöbern, neugierig sein.

chwim¹ *ans* flink, hurtig, flott, behänd.

chwim² (-iau) *g* Laune *f*, Spleen *m*.

chwimder *g* Behändigkeit *f*, Flinkheit *f*.

chwimsaethwr (chwimsaethwyr) *g* Scharfschütze *m*.

chwimwth *ans* = **chwim¹**.

chwinciad (-au) *g (amrantiad)* Zwinkern *nt*; *(eiliad)* Augenblick *m*; **mewn ~** im Handumdrehen, im Nu.

chwiorydd *ll gw.* **chwaer**.

chwip (-iau) *b* Peitsche *f*; *(COG)* Schneebesen *m*; **~ din** eine Tracht Prügel; **rhoi ~ din i rn** jdm eine Tracht Prügel verabreichen, jdm den Hintern versohlen.
♦ *gb (GWLEID)* Fraktionsführer(in) *m(f)*.

chwipiad (-au) *g (cweir)* Prügel *pl*, Haue *pl*.

chwipio *be.a* peitschen; *(hufen)* schlagen; **~ rhewi** festfrieren.

chwirligwgan (-od) *g* = **chwyrligwgan**.

chwisg *gb (COG)* Quirl *m*, Schneebesen *m*.

chwisgi *g* Whisky *m*, Whiskey *m*.

chwisl (-au) *g (sŵn)* Pfiff *m*; *(offeryn)* Pfeife *f*.

chwist *g (gêm cardiau)* Whist *nt*; **gyrfa ~** Whistrunde *f*.

chwistrell (-au *neu* **-i)** *b* Spritze *f*; *(atomeiddiwr)* Zerstäuber *m*; *(MEDD)* Spritze *f*; *(TECH)* Düse *f*; **~ dafladwy** Einwegspritze *f*; **~-argraffydd** *g (CYFDR)* Tintenstrahldrucker *m*.

chwistrelliad (-au) *g* Spritze *f*, Injektion *f*; **~ atgyfnerthol** *(MEDD)* Auffrischungsimpfung *f*.

chwistrellu *be.a* spritzen, sprühen; *(MEDD)* injizieren.

chwistrellwr (chwistrellwyr) *g* Spritze *f*; *(persawr)* Zerstäuber *m*.

chwistrellydd (-ion) *g* = **chwistrellwr**.

chwit-chwat *ans (person)* unstet, flatterhaft.

chwith *ans* linke(r,s); *(MOR)* backbord; *(trwsgl)* unbeholfen; *(trist, anfoddus)* unglücklich; *(lletchwith)* sonderbar; **bod yn ~ iawn arnoch** in ärmlichen Verhältnissen leben; **bod yn ~ gennych ar ôl rhn** jdm nachtrauern, jdn vermissen; **dyn llaw ~** Linkshänder *m*; **mae'n ~ gennyf glywed ...** es tut mir leid zu hören…; **cymryd/gweld yn ~** übel nehmen; **gwelson nhw'n ~ am i mi ddod yn hwyr** sie nahmen es mir übel, dass ich zu spät kam; **o ~** verkehrt herum; **mae rhth wedi mynd o ~** etw ist schief gegangen; **tu ~** Rückseite *f*; **tu ~ allan** mit der Innenseite nach außen, verkehrt.
♦ *g (GWLEID)* **y Ch~** die politische Linke *f*, die Linken *pl*; **ar y ~** links, auf der linken Seite, linker Hand, zur Linken; **ar y ~ i chi** links von Ihnen, zu Ihrer Linken; **gyrru ar y ~** links fahren; **i'r ~** nach links; **troad i'r ~** Linkskurve *f*.

chwithau *rhag* Sie auch; *(cyferbyniol)* Sie aber; *(ar ôl cyfarchion)* **a ~!** ebenfalls! **nid yw e'n rhugl yn yr iaith, ond yr ydych ~** er spricht die Sprache nicht fließend, aber Sie.

chwithdod *g (hiraeth)* Sehnsucht *f; (syndod)* Erstaunen *nt; (dieithrwch)* Absonderlichkeit *f;* **teimlo ~ ar ôl rhn** Sehnsucht nach jdm haben, jdn vermissen.

chwithig *ans (dieithr)* sonderbar; *(trwsgl)* ungeschickt, plump, linkisch; *(anghywir)* falsch, verkehrt; *(anlwcus)* unglücklich; *(sy'n codi cywilydd)* peinlich, unangenehm; *(drwgdybus)* misstrauisch; **tu ~ allan** verkehrt herum.

chwithigrwydd *g (lletchwithdod)* Ungeschicklichkeit *f; (annifyrrwch)* Peinlichkeit *f.*

chwiw (-iau) *b* Marotte *f; (pwl o salwch)* Anfall *m;* **mae rhyw ~ arni** *(ffliw)* sie hat einen Grippeanfall; *(ffasiwn)* **y ~ ddiweddaraf** der letze Schrei.

chwiwladrad (-au) *g* Plünderung *f.*

chwiwladrata *be.a* plündern.

chwiwleidr (chwiwladron) *g* Plünderer *m; (ar draeth)* Strandräuber *m.*

chwychwi *rhag* Sie selbst.

chwydu *be.g* sich übergeben, (er)brechen.

chwydd (-au) *g* Schwellung *f*, Beule *f; (tiwmor)* Geschwulst *f; (ffig)* Hochmut *m*, Aufgeblasenheit *f.*

chwyddedig *ans* geschwollen, aufgedunsen; *(mawreddog)* aufgeblasen, aufgebauscht; *(ffig)* schwülstig, hochtrabend.

chwyddhau *be.a (llun)* vergrößern; *(gwneud i edrych yn fwy nag ydyw)* aufbauschen, übertreiben; **~ rhth 4 gwaith** vierfach vergrößern.

chwyddiad (-au) *g (MEDD)* Schwellung *f*, Intumeszenz *f.*

chwyddiannol *ans (MASN)* inflationistisch, inflationär, inflatorisch.

chwyddiant (chwyddiannau) *g (MASN)* Inflation *f; (CYLL: prisiau)* Hausse *f; (chwyddiad)* Schwellung *f; (ymlediad)* Ausweitung *f.*

chwyddleisio *be.a (TRYD, sŵn)* verstärken.

chwyddleisydd (-ion) *g (TRYD, sŵn)* Verstärker *m.*

chwyddnod (-au) *g (CERDD)* Crescendo-Zeichen *nt.*

chwyddo *be.g* anschwellen; *(ag aer)* sich füllen.
   ♦ *be.a* vergrößern; *(llenwi ag aer)* aufblasen; *(sŵn)* verstärken; *(ffig)* aufbauschen, übertreiben.

chwyddseinydd (-ion) *g* Stethoskop *nt.*

chwyddwydr (-au) *g* Vergrößerungsglas *nt*, Lupe *f.*

chwyldro (-adau) *g (GWLEID)* Revolution *f;* **y Ch~ Diwydiannol** *(HAN)* die industrielle Revolution; **y Ch~ Ffrengig** die Französische Revolution.

chwyldroad (-au) *g (GWLEID)* Revolution *f*, Revolte *f; (TECH)* Drehung *f.*

chwyldroadol *ans* umwälzend, revolutionär; *(GWLEID)* revolutionär, umstürzlerisch, subversiv.

chwyldroadwr (chwyldroadwyr) *g* Revolutionär *m.*

chwyldroadwraig (chwyldroadwragedd) *b* Revolutionärin *f.*

chwyldroëdydd (-ion) *g* Revolutionär *m.*

chwyldroi *be.g (troi)* sich drehen, herumwirbeln.
   ♦ *be.a (llwyr newid)* revolutionieren; *(peri i droelli)* drehen; *(penfeddwi)* schwindlig machen.

chwylolwyn (-ion) *b* = chwylrod.

chwylrod (-au) *g (TECH)* Schwungrad *nt.*

chwyn *ll* Unkraut *nt.*

chwynladdwr (chwynladdwyr) *g* Unkrautvertilgungsmittel *nt.*

chwynleiddiad (chwynleiddiaid) *g* = chwynladdwr.

chwynnog *ans* voll Unkraut, verwildert.

chwynnogl (chwynoglau) *gb* Harke *f.*

chwynnu *be.g* Unkraut jäten.
   ♦ *be.a* säubern; *(ffig)* aussondern, aussieben; **mae hi'n ~'r ardd** sie jätet Unkraut im Garten.

chwynnyn (chwyn) *g* Unkraut *nt.*

chwynogli *be.a, be.g* harken.

chwyrlïad (-au) *g* Wirbel *m; (dŵr)* Strudel *m.*

chwyrlïant (chwyrliannau) *g* Drehung *f*, Kreisen *nt.*

chwyrligwgan (-od) *g* Kreisel *m.*

chwyrlïo *be.g* wirbeln; *(dŵr)* strudeln; *(awyren)* trudeln.
   ♦ *be.a* aufwirbeln.

chwyrlïydd *g (COG)* Schneebesen *m.*

chwyrlwynt (-oedd) *g* Wirbelwind *m.*

chwyrn (*b* chwern) *ans (buan)* rasch; *(chwim)* flink; *(llym)* rigoros, strikt; *(dicllon)* hitzig; **rhybudd ~** scharfe Warnung.

chwyrnellu *be.g* surren, brummen.

chwyrnores (-au) *b* Hornisse *f.*

chwyrnu *be.g (wrth gysgu)* schnarchen; *(canu grwndi)* schnurren; *(rhochi)* grunzen; *(arth)* brummen; *(rhuo)* brüllen; *(ysgyrngu)* knurren.

chwys *g* Schweiß *m;* **rwy'n ~ domen/diferol** ich bin schweißgebadet; **~ Arthur** *(BOT)* Mädesüß *nt;* **crys ~** Sweatshirt *nt*, Sweater *m.*

chwysfa (chwysfeydd) *b* Schwitzen *nt*, Transpiration *f; (ffig)* Mühe *f*, Rackerei *f; (HAN)* Schwitzbad *nt*, Sudatorium *nt.*

chwysiad (-au) *g* Transpiration *f*, Schwitzen *nt.*

chwysigen (chwysigod) *b (pothell, bwrlwm, pledren)* Blase *f;* **~ aer** Luftblase *f;* **~ sebon** Seifenblase *f;* **~ waed** Blutblase *f.*

chwyslyd *ans* verschwitzt; *(dwylo)* schweißig; *(talcen)* schweißbedeckt; *(aroglau)* nach Schweiß riechend; **gwaith ~** harte Arbeit.

chwystwll (chwystyllau) *g (ANAT)* Pore *f.*

chwysu *be.g* schwitzen, transpirieren; *(llafurio)* sich abrackern, sich plagen; **~ chwartiau** wie ein

Schwein schwitzen; **roedd hynny'n gwneud iddo ~**
das trieb ihm den Schweiß auf die Stirn.

chwyth *g* Atem *m*, Puste[D] *f*; *(hisiad cath)* Fauchen *nt*,
Pfauchen[A] *nt*; *(hisiad neidr)* Zischen *nt*; **ei holaf ~** ihr
letzter Atemzug; **offeryn ~** *(CERDD)* Blasinstrument
nt.

chwythad (**-au**) *g* Atemzug *m*; *(pwff o wynt)* Böe *f*;
(ffrwydriad) Explosion *f*; *(gwynt ar ôl ffrwydriad)*
Druckwelle *f*.

chwythbren (**-nau**) *g* *(CERDD)* Holzblasinstrument *nt*.

chwythu *be.g* blasen, pusten[D]; *(pwffian)* keuchen;
(gwynt) wehen; *(cath)* fauchen, pfauchen[A]; *(neidr,
ager)* zischen; *(ffiws trydan)* durchbrennen.

♦ *be.a* blasen; *(pryfed)* Eier ablegen; **~ bygythion**
drohen, Drohungen aussprechen; **~'r corn** ins
Horn stoßen; **~ i fyny** aufblasen; *(ffig)* übertreiben,
aufbauschen; *(dinistrio trwy ffrwydriad)* in die Luft
jagen; **~ llong oddi ar ei chwrs** ein Schiff vom
Kurs abbringen; **~ eich plwc** *(ffig)* sein Pulver
verschießen; **~ trwyn** die Nase putzen +*dat*; **~ wy**
ein Ei ausblasen.

chwythwm (**chwythymau**) *g:* **~ o wynt** Windböe *f*.

D

D, d *b (marc ysgol)* Genügend^A *nt*, Ausreichend^D *nt*; *(CERDD)* ~ **feddalnod** Des *nt*; ~ **lonnod** Dis *nt*; ~ **fwyaf** D-Dur; ~ **leiaf** d-Moll.

da¹ *ans* gut; *(ufudd)* brav, artig; *(iechyd)* gesund, wohl; *(tir)* ertragreich, fruchtbar; *(tywydd)* gut, schön; **cael amser** ~ Spaß haben; **awr dda o daith** eine gute Stunde Fahrt; **mae'n wyth mlynedd** ~ **ers hynny** das ist gute acht Jahre her; ~ **bo'ch** auf Wiedersehen; **bore** ~ guten Morgen; ~ **eich byd** gut situiert; **mae byd** ~ **arno yn ei swydd** er hat ein schönes Leben in seinem Beruf; ~ **i ddim** nutzlos, unnütz; **mae'n dda gen i** es freut mich; **mae'n dda i ti** es tut dir gut; **mae'n ddigon** ~ **i mi** mir genügt das, ich bin damit zufrieden; **pob dymuniad** ~ alle guten Wünsche! **go dda** *neu:* ~ **iawn** sehr gut, ausgezeichnet; ~ **iawn ti!** bravo! gut gemacht! **mae llysiau'n dda i chi** Gemüse ist gesund für Sie; **mae'n filltir dda oddi yno** es ist eine gute Meile von dort; **nos** ~ gute Nacht; **os gwelwch yn dda** bitte; **teimlo'n dda** sich wohl fühlen; ~ **ti!** ich bitte dich inständig!
   ♦ *g:* **y** ~ **a'r drwg** das Gute und das Böse; **rhoi** ~ **i'r gath** die Katze streicheln.

da² *ll (eiddo)* Eigentum *nt*; *(gwartheg)* Vieh *nt*, Rinder *pl*; ~ **bath** Vermögen *nt*; ~ **blith/godro** Milchkühe *pl*; ~ **byw** Lebendvieh *nt*; ~ **gwlanog** Schafe *pl*; ~ **pluog** Geflügel *nt*.

'da³ *byrf (sgyrs)* = **gyda**.

dabad *g (dwbiad)* Tupfer *m*; *(ergyd ysgafn)* Klaps *m*.

dabio *be.a* tupfen.

dacw *adf* dort (drüben); ~ **'nghariad** dort ist meine Freundin; ~ **nhw'n mynd!** da gehen sie hin; ~ **mam yn dweud** ... daraufhin sagte meine Mutter...

dad *g* Papa *m*, Vati *m*.

dad- *rhagdd* ent-, zer- (*e.e.* *dadansoddi*).

da-da *ll* Bonbons *pl*, Süßigkeiten *pl*, Zuckerln^A *pl*.

Dadaiaeth *b (LLEN)* Dadaismus *m*.

dadansoddi *be.a* analysieren.
   ♦ *g:* ~ **paill** Pollenanalyse *f*; ~ **seicolegol** Psychoanalyse *f*.

dadansoddiad (-au) *g* Analyse *f*; *(crynodeb)* Überblick *m*, Synopsis *f*; ~ **ansoddol** qualitative Analyse; ~ **meintiol** quantitative Analyse; ~ **systemau** Systemanalyse *f*.

dadansoddol *ans* analytisch.

dadansoddwr (dadansoddwyr) *g* Analytiker(in) *m(f)*; ~ **systemau** Systemanalytiker(in) *m(f)*.

dadbacio *be.a* auspacken.

dadchwyddiant (dadchwyddiannau) *g (MASN)* Deflation *f*.

dad-ddifwyno *be.a* entgiften; *(dŵr)* klären, aufbereiten; *(o belydredd)* dekontaminieren.

dad-ddweud *be.a* widerrufen, zurücknehmen.

dad-ddynodi *be.a* dekodieren, dechiffrieren, entschlüsseln.

dadebriad (-au) *g* Wiederbelebung *f*.

dadebru *be.a* wieder beleben.
   ♦ *be.g* wieder zu sich kommen.

dadelfeniad (-au) *g (CEM)* Zerfall *m*, Abbau *m*; *(pydredd)* Verwesung *f*.

dadelfennu *be.a* analysieren; *(CEM)* abbauen, zersetzen.
   ♦ *be.g* verwesen, verfaulen.

dadeni *be.a* neu beleben.
   ♦ *be.g* sich regenerieren.
   ♦ *be.e* Wiederaufleben *nt*, Renaissance *f*; **y D~ Dysg** *(HAN)* die Renaissance.

dadfachu *be.a* abhängen; *(ceffyl)* ausspannen.

dadfail (dadfeilion) *gb (murddun)* Ruine *f*; *(gweddillion)* Überreste *pl*; *(dirywiad)* Verfall *m*.

dadfathiad (-au) *g (GRAM)* Dissimilation *f*.

dadfeddiannu *be.a* enteignen.

dadfeiliad (-au) *g* Baufälligkeit *f*; *(ffig)* Dekadenz *f*; *(CEM, FFIS)* Zerfall *m*; ~ **ymbelydrol** radioaktiver Zerfall.

dadfeiliedig *ans* baufällig; *(ffig)* dekadent; *(CEM)* instabil.

dadfeilio *be.g* verfallen, auseinander fallen; *(ffig)* degenerieren; *(CEM, FFIS)* zerfallen.

dadfilwrio *be.a* entmilitarisieren.

dadflino *be.g* sich erholen, sich ausruhen.

dadfotymu *be.a* aufknöpfen.

dadfreinio *be.a* das Wahlrecht entziehen +*dat*.

dadfyddino *be.a (MIL)* aus dem Kriegsdienst entlassen.

dadfygio *be.a (ystafell)* entwanzen; *(rhaglen cyfrifiadur)* korrigieren, umschreiben.

dadgolfachu *be.a:* ~ **drws** eine Tür aushängen, eine Tür aus den Angeln heben.

dadgyplu *be.a* abkoppeln.

dadhydradedd *g (cyflwr)* Vertrocknung *f*.

dadhydradiad *g (proses)* Dehydratation *f*, Trocknung *f*; *(er mwyn cael powdr)* Pulverisierung *f*.

dadhydradu *be.a* dehydratisieren, trocknen.

dadhydradydd (-ion) *g* Dehydrite *pl.*

dadi *g* Papa *m*, Vati *m*.

dadl (-euon) *b (ymryson geiriol)* Streit *m*, Auseinandersetzung *f*; *(anghydfod)* Disput *m*, Kontroverse *f*; *(trafodaeth)* Debatte *f*, Diskussion *f*; *(rhesymau)* Argument *nt*; **cael ~ â rhn** mit jdm eine Auseinandersetzung haben; **~ yn y Senedd** *(GWLEID)* Parlamentsdebatte *f*; **torri ~** einen Streit beilegen; **ei ddadl yw ...** sein Argument ist...; **mae ganddi ddadleuon cryf** sie hat gute Argumente.

dadlaith *be.g* auftauen; *(mynd yn hylif)* sich verflüssigen; **mae'n ~** *(TYW)* es taut; *(ffig)* **mae Mrs Jones'n dechrau ~** Frau Jones taut schön langsam auf.

♦ *be.a* entfrosten, auftauen.

dadlapio *be.a* auswickeln.

dadlau *be.g (ymgecru)* sich streiten; **~ â rhn** (sich) mit jdm streiten; *(trafod)* debattieren, diskutieren; *(ymresymu)* argumentieren; **~ dros rth etw** verfechten, für etw eintreten; **~ dros rn** jdn verteidigen; **maen nhw wastad yn ~** sie streiten (sich) ständig; **~ yn erbyn rhth** gegen etw sein.

dadleniad (-au) *g* Enthüllung *f*, Aufdeckung *f*; *(FFOTO)* Belichtung *f*.

dadlennu *be.a* enthüllen, aufdecken; *(cyfrinach)* verraten; *(FFOTO)* belichten.

dadleoli *be.a (symud)* verschieben; *(FFIS)* verdrängen; *(MEDD: rhan o'r corff)* ausrenken, dislozieren.

dadleuaeth *b* Kontroverse *f*, Polemik *f*.

dadleugar *ans* streitsüchtig.

dadleuol *ans* strittig, umstritten.

dadleuwr (dadleuwyr) *g* Verfechter *m*, Fürsprecher *m*; *(CYFR)* Anwalt *m*.

dadlwytho *be.a (gwagio)* entladen; *(llwyth)* ausladen, abladen; **~ cargo** *(MOR)* eine Ladung löschen.

dadlygru *be.a* entgiften, dekontaminieren, entseuchen.

dadmer *be.a* auftauen.

♦ *be.g* auftauen; *(mynd yn hylif)* sich verflüssigen; **mae'n ~** *(TYW)* es taut.

dadnatsieiddio *be.a* entnazifizieren.

dadorchuddio *be.a (cofeb)* enthüllen; *(ffig)* enthüllen, aufdecken.

dadreoli *be.a* liberalisieren; *(GWLEID)* entstaatlichen, privatisieren.

dadrewi *be.a* auftauen, entfrosten; *(rhth o iâ)* enteisen; *(oergell)* abtauen.

dadrith (-au) *g* Desillusion *f*, Enttäuschung *f*.

dadrithiad (-au) *g* Desillusionierung *f*.

dadrithio *be.a* desillusionieren, ernüchtern; **cael eich ~** desillusioniert werden.

dadrithiol *ans* ernüchternd.

dadsgriwio *be.a (sgriw)* lösen, aufschrauben; *(rhth o'r wal e.e.)* abschrauben, losschrauben.

daduno *be.a* trennen, dissoziieren.

dadwefriad (-au) *g (TRYD)* Entladung *f*.

dadwefru *be.a (TRYD)* entladen.

dadweinio *be.a (cleddyf)* zücken.

dadwenwyno *be.a* entgiften.

dadwisgo *be.a* entkleiden, ausziehen.

♦ *be.g* sich entkleiden, sich ausziehen.

dadwladoli *be.a (GWLEID)* entstaatlichen, privatisieren.

dad-wneud *be.a* rückgängig machen, ungeschehen machen; *(drygioni)* wieder gutmachen; *(distrywio)* zerstören, hinfällig machen; **mae ei ymddygiad wedi ~ yr awyrgylch braf** sein Benehmen hat die gute Atmosphäre zerstört.

dadwneuthur *be.a* = dad-wneud.

dadwrdd (dadyrddau) *g* Lärm *m*, Krawall *m*.

dadwreiddio *be.a* entwurzeln.

daear (-oedd) *b (byd)* Erde *f*, Welt *f*; *(tir)* Erde, Erdboden *m*; *(pridd)* Boden *m*, Erdreich *nt*, Erde; *(ffau)* Bau *m*; **gweithio dan ddaear** unter Tag arbeiten; **beth ar wyneb y ddaear?** was in aller Welt? **ar y ddaear** auf der Erde; *(CREF)* auf Erden; **bod yn nefoedd ar y ddaear** *(ffig)* der Himmel auf Erden sein; **bod â'ch traed ar y ddaear** *(ffig: bod yn realydd)* mit beiden Füßen fest am Boden stehen.

daeardy (daeardai) *g (MIL)* Bunker *m*.

daeareg *b* Geologie *f*.

daearegol *ans* geologisch.

daearegwr (daearegwyr) *g* Geologe *m*.

daearegwraig (daearegwragedd) *b* Geologin *f*.

daearegydd (daearegwyr) *g* = daearegwr.

daeargell (-oedd) *b (seler)* Keller *m*; *(man claddu)* Gruft *f*; *(carchar)* Verlies *nt*, Kerker *m*.

daeargi (daeargwn) *g (SÖOL)* Terrier *m*.

daeargryd (-iau) *g* Erdstoß *m*.

daeargryn (-fâu *neu* **-feydd)** *gb* Erdbeben *nt*.

daearlawr (daearloriau) *gb* Erdgeschoß *nt*.

daearol *ans* irdisch.

daearu *be.a (claddu)* beerdigen; *(TRYD)* erden; **~'r bêl** *(rygbi)* einen Touch-Down machen.

daearyddiaeth *b* Erdkunde *f*, Geografie *f*; **~ economaidd** Wirtschaftsgeografie *f*.

daearyddol *ans* geografisch.

daearyddwr (daearyddwyr) *g* Geograf *m*.

daearyddwraig (daearyddwragedd) *b* Geografin *f*.

daeth *be gw.* dod.

dafad¹ (defaid) *b* Schaf *nt*; **~ ddu** *(ffig)* schwarzes Schaf; **dilyn fel ~** ein Herdentier sein; **ci defaid** Schafhund *m*, Schäferhund *m*; **rhannu'r defaid oddi**

wrth y geifr die Böcke von den Schafen trennen.

dafad[2] *b* = **dafaden.**

dafaden (-nau) *b* Warze *f*; **~ wyllt** *(MEDD)* Hautkrebs *m*, Epithelgeschwulst *f*.

dafn (-au *neu* **defni**) *g* Tropfen *m*; **~au gwaed** Blutstropfen *pl*.

dafnu *be.g* tropfen; *(llifo'n araf)* kullern.

daffodil (-s) *g (BOT)* Osterglocke[D] *f*, Märzenbecher[A] *m*.

dagr (-au) *gb* Dolch *m*.

dagrau *ll gw.* **deigryn**; **~ crocodeil** Krokodilstränen; **colli ~** Tränen vergießen.

dagreuol *ans (golwg)* verweint, verheult; *(trist)* rührselig; *(cwynfanllyd)* weinerlich; **roedd hi'n ddagreuol iawn** sie sah ganz verheult aus; **mewn llais ~** mit weinerlicher Stimme.

dail *ll* Laub *nt*, Blattwerk *nt*; **~ nodwydd** *(BOT)* Nadeln; *gw.h* **deilen.**

daioni *g* Güte *f*; **mae hynny'n gwneud ~ i ti** das tut dir gut.

dal, dala *be.a (cipio)* fangen, fassen; *(wrth droseddu)* erwischen, ertappen; *(gafael yn)* halten, fest halten; *(cynnwys)* fassen; *(bws, trên ayb)* erreichen, erwischen; *(cynnal)* aufrechterhalten; *(honni)* behaupten; **~ (eich) anadl/gwynt** den Atem anhalten, die Luft anhalten; **~ annwyd** sich erkälten, sich einen Schnupfen holen; **cael eich ~ mewn storm** von einem Gewitter überrascht werden; **~ rhn yn gyfrifol am** jdn verantwortlich machen für *+akk*; **~ dig** einen Groll hegen; **daliais fy llaw yn y drws** ich habe mir die Hand in der Türe eingeklemmt; **~ dŵr** wasserdicht sein; *(ffig)* hieb- und stichfest sein; **~ dwylo** Händchen halten; *(ffig)* faulenzen, Daumen drehen; **~ y ddysgl yn wastad** sich ausgleichen, sich die Waage halten; **mae'n gallu ~ ei ddiod** er verträgt viel; **~ hwn am funud!** halt' das eine Sekunde! **~ llygoden a'i bwyta** von der Hand in den Mund leben; **mae mam yn ~ mai ti oedd yn bwyta'r jam i gyd** Mutter behauptet, du hättest die ganze Marmelade gegessen; **dala'r bêl!** fang' den Ball! **~ pen rheswm** ein Gespräch führen; **~ sylw ar** zur Kenntnis nehmen; **~ eich tafod** den Mund halten; **~ eich tir** seinen Mann stehen; **wedi ~ hi** betrunken; **daliwch y lein!** bleiben Sie am Apparat!

♦ *be.g* weitermachen; *(parhau)* andauern, anhalten; *(bod o hyd)* noch sein; **rwy'n ~ yn Llundain** ich bin noch (immer) in London; **rwy'n ~ i ysgrifennu** ich schreibe noch, ich bin noch am Schreiben; **mae e'n ~ heb gyrraedd** er ist noch nicht angekommen; **mae hi'n ~ mor brydferth ag**

erioed sie ist so schön wie immer; **~ ar y cyfle** die Gelegenheit ergreifen; **~ ati** nicht aufgeben, durchhalten; **dyw hi ddim yn gallu ~ cannwyll i'th frawd** sie kann deinem Bruder nicht das Wasser reichen; **mae'r cyfarfod yn ~ i fynd** das Meeting ist noch im Gange; **~ lan** *neu:* **~ i fyny** *(agosáu)* aufholen; **~ yn llonydd!** halt' still!

♦ *be.e:* **does dim ~ arno** man kann sich auf ihn nicht verlassen.

dalen (-nau) *b (ar goeden)* Blatt *nt*; *(darn o bapur)* Blatt; *(dwbl)* Bogen *m*; *(metel tenau)* Folie *f*; *(TECH)* Lamelle *f*; *(rhan o ford)* Ausziehplatte *f*; **crynu fel ~** zittern wie Espenlaub; **~ hysbysebu** Handout *nt*; **~ sengl** Einzelblatt *nt*; **troi ~ newydd** *(ffig)* einen neuen Anfang machen.

dalfa (dalfeydd) *b (carchar)* Gefängnis *nt*, Haft *f*; *(carchariad)* Inhaftierung *f*, Festnahme *f*; *(caethiwed)* Gewahrsam *m*; *(daliad)* Fang *m*; *(helfa)* Jagdbeute *f*, Strecke *f*; *(magl)* Falle *f*; **cymryd rhn i'r ddalfa** jdn inhaftieren, jdn festnehmen; **rhoi rhn yn y ddalfa** jdn einsperren; **cael eich cadw yn y ddalfa** in Haft sein.

dalgylch (-oedd) *g* Einzugsgebiet *nt*.

daliad[1] (-au) *g (rhth a ddaliwyd)* Fang *m*; *(pêl ayb)* Fangen *nt*.

daliad[2] (-au) *g (tyb)* Auffassung *f*; *(credo)* Glaube *m*; **bod gennych ddaliadau cryf** einen starken Glauben haben.

daliadaeth (-au) *b* Innehaben *nt*; **~ swydd** die Bekleidung eines Amtes.

daliadwy *ans* vertretbar, stichhaltig.

daliant (daliannau) *g (CERDD)* Pausenzeichen *nt*.

daliedydd (-ion) *g (teclyn)* Stütze *f*, Klammer *f*; *(daliwr)* Fänger *m*; *(cynhaliwr)* Wahrer *m*, Befürworter *m*; *(tenant)* Mieter *m*, Pächter *m*.

daliwr (dalwyr) *g (gafaelwr)* Fänger *m*; *(credwr)* Gläubiger *m*; *(peth sy'n dal)* Stütze *f*, Träger *m*; *(deiliad)* Inhaber *m*; **~ erfyn** Werkzeughalter *m*.

dall[1] *(ll deillion) ans* blind; *(ynfyd)* verblendet, blind; **coluddyn ~** *(ANAT)* Blinddarm *m*; **yn ddall bost** stockblind; **~ mewn un llygad** auf einem Auge blind; **dyn ~** Blinde *m*; **gwraig ddall** Blinde *f*; **bod yn ddall o'ch genedigaeth** von Geburt an blind sein; **i liwiau** farbenblind.

dall[2] *(deillion) g* Blinde *m/f*; **mwgwd y ~** Blindekuh *f*; **ysgol y deillion** Blindenschule *f*.

dallbwynt *g* toter Winkel *m*; *(ANAT)* blinder Fleck *m*.

dallineb *g* Blindheit *f*; *(ffig)* Verblendung *f*; **~ lliw** Farbenblindheit *f*; **~ nos** Nachtblindheit *f*.

dallol *ans* blendend.

dallu *be.a (rhn)* blenden; *(haul, golau)* blenden; *(ffig: twyllo)* blind machen, verblenden.

damasg *g (TECS)* Damast *m*.

damcan (-ion) *g* Theorie *f*.

damcaneb (-au) *b* Lehrsatz *m*, Theorem *nt*.

damcaniaeth (-au) *b* Theorie *f*; *(amhosibl i brofi)* Hypothese *f*; *(dif)* Spekulation *f*; ~ **y cwantwm** *(FFIS)* Quantentheorie *f*; ~ **cymharoldeb** *(FFIS)* Relativitätstheorie *f*; ~ **esblygiad** *(BIOL, SÔOL)* Evolutionstheorie *f*; ~ **setiau** *(MATH)* Mengenlehre *f*.

damcaniaethol *ans* theoretisch, hypothetisch.

damcaniaethu *be.g* theoretisieren, mutmaßen; **a ~ bod ...** unter der Annahme dass...

damcaniaethwr (**damcaniaethwyr**) *g* Theoretiker(in) *m(f)*.

damcanol *ans* theoretisch.

damcanu *be.g* eine Theorie aufstellen; ~ **bod ...** annehmen, dass...

damcanwr (**damcanwyr**) *g* Theoretiker(in) *m(f)*.

dameg (**damhegion**) *b (LLEN)* Gleichnis *nt*, Parabel *f*.

damhegol *ans* allegorisch.

damnedig *ans* verdammt, verflucht.

damnedigaeth *b (CREF)* Verdammnis *f*.

damnio *be.a* verdammen, verfluchen.

damniol *ans* belastend, verfänglich; **roedd y feirniadaeth yn ddamniol** das Urteil war vernichtend.

damper (-au) *g (TECH)* Stoßdämpfer *m*.

damsang *be.a* zertrampeln, zertreten.

damwain (**damweiniau**) *b* Unfall *m*; *(anffawd)* Unglück *nt*; *(hap)* Zufall *m*; **ar ddamwain** zufällig, durch Zufall; ~ **ar y ffordd** Verkehrsunfall *m*; ~ **niwclear** Reaktorunglück *nt*, GAU *m*; ~ **yn y gweithle** Betriebsunfall *m*.

damweiniol *ans* zufällig.

dan *ardd* unter +*akk*/+*dat*; *(+dat)* **cadw rhth ~ sêl** etw unter Verschluss halten; *(+akk)* **rhoi rhth ~ y bwrdd** etw unter den Tisch legen; ~ **anfantais** benachteiligt, unterprivilegiert; *(corfforol)* behindert; ~ **anfantais gymdeithasol** sozial benachteiligt; ~ **do** unter Dach, drinnen; **pwll nofio ~ do** Schwimmhalle *f*, Hallenbad *nt*; **crwydro ~ ganu** singend marschieren, beim Wandern singen.

o dan *ardd* unter +*dat*; **o ~ y bwrdd** unter dem Tisch; **aros o ~ y dŵr** unter Wasser bleiben; **o ~ yr amgylchiadau hyn** unter diesen Umständen.

oddi dano *adf* darunter; **eisteddodd oddi dano** er saß darunter; **daeth allan oddi dano** er kam darunter hervor.

danadl *ll gw.* **danhadlen**; ~ **poethion** Brennnesseln *pl*.

Danaidd *ans* dänisch.

danas *ll (SÔOL)* Damwild *nt*.

Daneg *b (iaith)* Dänisch *nt*.

danfon *be.a* schicken, senden; *(hebrwng)* geleiten; ~ **cofion at rn** jdn grüßen lassen; ~ **rhth gyda'r rheilffordd** etw per Bahn schicken; **cafodd ei ddanfon o'r ysgol** er wurde von der Schule gewiesen; ~ **rhn i gysgu** jdn einschläfern; **ga i'ch ~ chi adre?** darf ich Sie nach Hause bringen/geleiten? ~ **yn ôl** zurückschicken.

danfoneb (-au) *b* Lieferschein *m*; *(MOR)* Frachtbrief *m*.

danfoniad (-au) *g* Lieferung *f*, Zustellung *f*.

dangos *be.a* zeigen, sehen lassen; *(datguddio)* aufdecken; *(hysbysu)* bekunden; *(egluro)* veranschaulichen, demonstrieren; *(arddangos)* vorführen; *(profi)* beweisen; *(arwyddo)* hinweisen auf +*akk*, signalisieren; ~ **rhth i rn** jdm etw zeigen; **mae'r cloc yn ~ wyth** die Uhr zeigt acht; ~ **diddordeb** Interesse zeigen, sich interessieren; ~ **y drws i rn** jdm die Tür weisen; ~ **diddordeb (yn)** Interesse zeigen (an +*dat*); ~ **ochr** Farbe bekennen; **dangosodd syndod** er zeigte sich überrascht; **maen nhw'n ~ yr un ffilm eto** sie zeigen denselben Film nochmal; ~ **eich wyneb** sich sehen lassen.

dangosiad (-au) *g* Anzeige *f*; *(prawf)* Beweis *m*; ~ **uchder** Höhenangabe *f*.

dangosydd (-ion) *g (ar sgrîn)* Anzeige *f*; *(MODUR)* Blinker *m*; *(ffig)* Indiz *nt*.

dangosyn *g* Beweisstück *nt*.

danhadlen (**danadl**) *b (BOT)* Nessel *f*; **danadl poethion** Brennnesseln *pl*; **gwasgu'r danadl** in den sauren Apfel beißen.

danheddiad *g (TECH)* Zahnung *f*.

danheddog *ans* gezähnt, gezackt; *(ymyl llif)* schartig; **creigiau ~** schroffe Felsen.

danheddu *be.a (TECH)* verzahnen.

 ♦ *be.g* die Zähne fletschen.

Daniad (**Daniaid**) *g* Däne *m*, Dänin *f*; ~ **mawr** *(ci)* dänische Dogge.

dannedd *ll gw.* **dant**.

dannod *be.a:* ~ **rhth i rn** jdm etw vorhalten.

dannodd *b =* **dannoedd**.

dannoedd *b* Zahnschmerzen *pl*, Zahnweh *nt*; **mae arna' i'r ddannoedd** ich habe Zahnweh.

dano *adf:* **oddi ~** darunter.

dant (**dannedd**) *g* Zahn *m*; *(TECH, crib)* Zahn; *(llif)* Sägezahn *m*; *(pigyn)* Zacke *f*, Zinke *f*; ~ **blaen** Schneidezahn *m*; ~ **llygad** Eckzahn *m*; ~ **malu** Mahlzahn *m*; ~ **sugno** Milchzahn *m*; **dannedd dodi/gosod** künstliches Gebiss, dritte Zähne; **at fy nant** nach meinem Geschmack; **tynnu dŵr o ddannedd rhn** jdm den Mund wässerig machen; ~

y llew *(BOT)* Löwenzahn *m*; **past dannedd**
Zahnpasta *f*; **yn nannedd rhth** angesichts etw *+gen*;
dangos eich dannedd *(ffig)* Zähne zeigen; **dywedodd**
rywbeth dan ei dannedd *(mwmial)* sie murmelte
etwas in ihren Bart; **rhoi dannedd i rth** *(rhoi grym)*
etw *dat* Biss geben; **â chroen eich dannedd** um
Haaresbreite.

dantaith (**danteithion**) *g* Leckerbissen *m*, Delikatesse
f.

danteithfwyd *g* Delikatessen *pl*.

danteithiol *ans* schmackhaft, lecker^D, delikat.

danto *be.g* entmutigt werden; **~ ar rth** etw satt
haben; **roedd wedi ~ aros amdani** er hatte es satt
auf sie zu warten.

darbodaeth *b* *(rhagddarpariaeth)* Vorsorge *f*, *(cynildeb)*
Sparsamkeit *f*.

darbodus *ans* sparsam, wirtschaftlich.

darbwyllo *be.a* *(perswadio)* überreden; *(argyhoeddi)*
überzeugen.

darfod *be.a* beenden, vollbringen.

♦ *be.g* enden; *(planhigyn)* absterben; *(anifail)*
verenden; *(braenu)* verwesen; *(gwanhau)* abflauen,
abklingen; *(pallu)* schwinden; *(peidio)* erlöschen,
aussterben; *(digwydd)* geschehen; **ar ddarfod** im
Sterben begriffen; **ddaru i** *(sgyrs)*: **ddaru i ti ei gweld**
hi ddoe? hast du sie gestern sehen?

darfodedig *ans* kurzlebig; *(brau)* verwest;
(rhywogaeth) im Aussterben begriffen.

darfodedigaeth *b* *(MEDD)* Tuberkulose *f*,
Schwindsucht *f*.

darfodus *ans* verderblich.

darfudiad *g* *(FFIS)* Konvektion *f*.

darfyddiad *g:* **~ mislif** Wechseljahre *pl*.

darganfod *be.a* herausfinden, entdecken; *(dod o hyd*
i) ausfindig machen; **~ atebion** eine Lösung
finden.

darganfyddadwy *ans* auffindbar.

darganfyddiad (**-au**) *g* Entdeckung *f*, Fund *m*.

darganfyddwr (**darganfyddwyr**) *g* Entdecker *m*.

darganfyddwraig (**darganfyddwragedd**) *b*
Entdeckerin *f*.

dargludedd *g* *(TRYD)* Leitfähigkeit *f*.

dargludiad *g* *(TRYD, gwres, dŵr)* Leiten *nt*.

dargludo *be.a* leiten.

dargludol *ans* leitend, leitfähig.

dargludydd (**-ion**) *g* *(sylwedd)* Leiter *m*; **~ gwres**
Wärmeleiter *m*.

dargopi (**dargopïau**) *g* *(llun)* Pause *f*.

dargopïo *be.a* *(trasio)* pausen.

dargyfeiriad (**-au**) *g* *(gwyriad)* Umleitung *f*; *(MATH)*
Divergenz *f*.

dargyfeirio *be.a* umleiten.

darlith (**-oedd**) *b* Vortrag *m*; *(PRIFYSG)* Vorlesung *f*;
rhoi ~ ar rth einen Vortrag über etw *akk* halten.

darlithell (**-au**) *b* Lesepult *nt*; *(YSG, PRIFYSG)* Katheder
m/nt.

darlithfa (**-oedd** *neu* **darlithfeydd**) *b* Hörsaal *m*,
Auditorium *nt*.

darlithio *be.g* einen Vortrag halten, eine Vorlesung
halten; *(fel gwaith)* Dozent(in) sein; **mae hi'n ~ yng**
Nghaerfyrddin sie ist Dozentin in Carmarthen.

darlithwraig (**darlithwragedd**) *b* Dozentin *f*.

darlithydd (**darlithwyr**) *g* Dozent(in) *m(f)*.

darlosgi *be.a* ansengen.

darlosgiad (**-au**) *g* Brandfleck *m*.

darlun (**-iau**) *g* Bild *nt*, Abbildung *f*; *(portread)* Porträt
nt; *(llun eglurhaol)* Illustration *f*; *(ffig)* Darstellung *f*;
~ pin ac inc Federzeichnung *f*; **bod gennych ddarlun**
clir am rth eine klare Vorstellung von etw *dat*
haben.

darlunfwrdd (**darlunfyrddau**) *g* Reißbrett *nt*.

darluniad (**-au**) *g* Zeichnung *f*; *(ffig)* Darstellung *f*.

darluniadol *ans* bildlich; *(yn cynnwys darluniau)*
illustriert, bebildert; *(disgrifiadol)* anschaulich;
iaith ddarluniadol bildhafte Sprache.

darlunio *be.a* zeichnen, abbilden; *(llinell)* zeichnen;
(llyfr) bebildern, illustrieren; *(portreadu)*
porträtieren; *(ffig)* darstellen; **~ portread rhn** jdn
porträtieren; **~ map** eine Karte zeichnen.

darlunydd (**darlunwyr**) *g* Grafiker(in) *m(f)*.

darllediad (**-au**) *g* *(radio)* Rundfunksendung *f*; *(teledu)*
Fernsehsendung *f*; **~au addysgol** Funkkolleg *nt*; **~**
byw Liveübertragung *f*, Direktübertragung *f*; **~au**
ar gyfer ysgolion Schulprogramm *nt*.

darlledu *be.a* senden, übertragen, ausstrahlen.

darlledwr (**darlledwyr**) *g* Ansager *m*,
Rundfunksprecher *m*, Fernsehsprecher *m*; **~**
newyddion Nachrichtensprecher *m*.

darlledwraig (**darlledwragedd**) *b* Ansagerin *f*,
Rundfunksprecherin *f*, Fernsehsprecherin *f*; **~**
newyddion Nachrichtensprecherin *f*.

darllen *be.a, be.g* lesen; *(i gynulleidfa)* vorlesen; *(adrodd)*
rezitieren, vortragen; *(mesurydd)* ablesen;
darllenais am y sgandal ich habe von dem Skandal
gelesen; **~ rhwng y llinellau** *(ffig)* zwischen den
Zeilen lesen; **~ dwylo rhn** jdm aus der Hand
lesen; **~ meddyliau** Gedanken lesen; **~ trwy/dros rth**
etw durchlesen; **llyfr ~** Lesebuch *nt*; **lamp ddarllen**
Leselampe *f*; **ystafell ddarllen** Lesesaal *m*.

darllenadwy *ans* lesbar, leserlich; *(diddorol)* gut
leserlich; **~ gan beiriant** maschinenlesbar.

darllenfa (**darllenfeydd** *neu* **darllenfâu**) *b* Lesesaal *m*.

darllengar *ans* belesen.

darlleniad (**-au**) *g* Lesung *f*; *(fersiwn)* Lesart *f*,

Interpretation *f*; *(ar fesurydd)* Zählerstand *m*.

darllenwr (**darllenwyr**) *g* Leser(in) *m(f)*; *(mewn gwasg)* Lektor(in) *m(f)*; *(PRIFYSG)* Dozent(in) *m(f)*; ~ **proflenni** Korrektor *m*; ~ **mawr** Bücherwurm *m*.

darllenwraig (**darllenwragedd**) *b* Leserin *f*; *(mewn gwasg)* Lektorin *f*.

darllenydd (**darllenwyr**) *g* = **darllenwr**.

darn (**-au**) *g* Stück *nt*; *(mawr)* Brocken *m*; *(o ffordd)* Strecke *f*; *(wedi torri)* Scherbe *f*; ~ **arian** Geldstück *nt*, Münze *f*; ~ **50 ceiniog** 50-Pence-Stück *nt*; ~ **bach** ein bisschen, Bruchstück *nt*; ~ **o gerddoriaeth** (Musik)stück *nt*; **ddarn wrth ddarn** Stück für Stück; ~ **o ddodrefn** Möbelstück *nt*; ~ **gwyddbwyll** Schachfigur *f*; ~ **sbâr** *(TECH)* Ersatzteil *nt/m*; ~ **o dir** *(eiddo)* Grundstück *nt*, Parzelle *f*; **rhwygo'n ddarnau** in Stücke reißen; **yn un** ~ *(cyfan, iach)* heil.

darnguddiad (**-au**) *g (arian)* Unterschlagung *f*.

darnguddio *be.a (arian)* unterschlagen.

darnio *be.a* zerteilen, zerschneiden; *(dryllio)* zerschmettern; *(ffig)* spalten, zersplittern; **roedd hynny'n ~'r blaid** das spaltete die Partei.

darniog *ans* fragmentarisch; *(ffig)* zersplittert, gespalten.

darogan[1] *be.a* voraussagen, vorhersagen; ~ **y tywydd** das Wetter vorhersagen; ~ **drwg** schwarz sehen/malen.

darogan[2] (**-au** *neu* **-oedd**) *gb* Voraussage *f*, Vorhersage *f*; ~ **tranc** Schwarzmalerei *f*.

darostwng *be.a* unterwerfen; *(gosod dan iau)* unterjochen; *(iselhau)* erniedrigen; *(taflu i iselder ysbryd)* deprimieren.

♦ *be.g* sich unterwerfen, sich beugen.

darostyngedig *ans (dan iau)* unterworfen, unterjocht; *(ufudd)* unterwürfig, ergeben.

darostyngiad (**-au**) *g (iselhad)* Erniedrigung *f*, *(dygiad dan iau)* Unterwerfung *f*.

darostyngol *ans* entwürdigend, erniedrigend.

darpar *ans* angehend, künftig, designiert; ~ **ddoethur** Doktorand(in) *m(f)*; ~ **lywydd** der designierte Präsident; ~ **ŵr** Zukünftige *m*, Bräutigam *m*; ~ **wraig** Zukünftige *f*, Braut *f*; ~ **ymgeisydd** Kandidat(in) *m(f)*.

darpariaeth (**-au**) *b* Vorsorge *f*, *(cyflenwad)* Versorgung *f*; *(paratoad)* Vorbereitung *f*; *(COG)* Zubereitung *f*, *(CYFR)* Bestimmung *f*.

darparu *be.a (paratoi)* vorbereiten; *(bwyd)* zubereiten; *(cymhwyso)* zurichten; ~ **lluniaeth ar gyfer rhn** jdn verköstigen; ~ **rhn â rhth** jdn mit etw ausrüsten/ausstatten.

darseinydd (**-ion**) *g* Lautsprecher *m*.

dart (**-iau**) *g* Pfeil *m*; *(TECS)* Abnäher *m*.

daru *be* = **darfod**.

darwden *b (MEDD)* Flechte *f*.

data *ll* Daten *pl*, Informationen *pl*; **cronfa ddata** Datenbank *f*; *gw.h.* **datwm**.

data-bas (**-au**) *g (CYFDR)* Datenbank *f*.

datblethu *be.a* entwirren.

datblygedig *ans* hoch entwickelt, fortgeschritten; *(pendant)* deutlich.

datblygiad (**-au**) *g* Entwicklung *f*, Fortschritt *m*; *(prifiant)* Entfaltung *f*; ~ **addysgol** schulische Entwicklung; ~ **annisgwyl** unvorhergesehene Entwicklung; ~ **corfforol** körperliche Entwicklung; ~ **staff** Weiterbildung *f*, Schulung *f*.

datblygu *be.a* entwickeln; *(ardal)* erschließen, fördern; *(busnes)* ausbauen; *(FFOTO)* entwickeln; **Bwrdd D~ Cymru Wledig** Landwirtschaftlicher Förderverband von Wales.

♦ *be.g* sich entwickeln, sich entfalten.

datbrofi *be.a* widerlegen.

datchwyddiant *g (CYLL)* Deflation *f*.

datchwyddol *ans (CYLL)* deflationär.

datfachu *be.a* loshaken, abhängen.

datfforestu *be.a* abholzen, roden.

datgan *be.a* ankündigen, bekannt machen; *(mynegi)* erklären, ausdrücken; *(traethu)* vortragen, rezitieren; ~ **eich parodrwydd** sich bereit erklären; ~ **methdaliad** *(CYLL)* Bankrott erklären.

datganiad (**-au**) *g* Bekanntmachung *f*; *(mynegiad ffurfiol)* Erklärung *f*; *(adroddiad)* Protokoll *nt*, Bericht *m*; *(CERDD)* Konzert *nt*; *(GWLEID)* Manifest *nt*, Parteiprogramm *nt*, Grundsatzerklärung *f*; *(perfformiad)* Darbietung *f*; ~ **ar y pryd** Improvisation *f*; ~ **i'r wasg** Presseerklärung *f*; ~ **treth incwm** Steuererklärung *f*.

datganoli *be.a (GWLEID)* dezentralisieren.

datganoliaeth *b (GWLEID)* Subsidiarität *f*.

datganu *be.a* = **datgan**.

datgeiniad (**datgeiniaid**) *g* Erzähler(in) *m(f)*; *(CERDD)* Solist(in) *m(f)*.

datgeliad (**-au**) *g* Enthüllung *f*.

datgelu *be.a* enthüllen, offenbaren; *(cyfrinach)* verraten, ausplaudern; ~ **rhth i rn** jdm etw verraten; ~ **rhth i'r wasg** etw der Presse zuspielen.

datgladdu *be.a* ausgraben; *(corff)* exhumieren.

datgloddio *be.a* zutage fördern.

datgloi *be.a* aufsperren, aufschließen.

datglymu *be.a* aufschnüren, entknoten; *(ceffyl)* ausspannen.

datgodio *be.a* entschlüsseln, dechiffrieren.

datgodiwr (**datgodwyr**) *g* Decoder *m*.

datgoedwigo *be.a* roden, abholzen.

datgofrestru *be.a* abmelden.

datguddiad (-au) *g* Enthüllung *f*, Offenbarung *f*;
(FFOTO) Belichtung *f*; **D~ Ioan** *(Beibl)* die
Offenbarung Johannes.

datguddio *be.a* enthüllen, offenbaren; *(dinoethi)*
freilegen; *(FFOTO)* belichten; **~ rhth i rn** jdm etw
eröffnen.

datgydio *be.g* *(MODUR)* auskuppeln.

datgyhoeddi *be.a* absagen.

datgymaladwy *ans* zerlegbar.

datgymaliad (-au) *g* *(MEDD)* Ausrenkung *f*.

datgymalu *be.a* zerlegen, demontieren; *(MEDD)* **~ eich
braich** sich *dat* den Arm ausrenken.

datgysylltu *be.a* lösen, trennen; *(cerbyd)* abhängen;
(o'r trydan) ausstecken; *(trydan, dŵr)* abdrehen; **~'r
eglwys** die Kirche vom Staat trennen.

datod *be.a* öffnen; *(datglymu)* losbinden, losmachen;
~ clo ein Schloss aufschließen.

datrys *be.a* *(cwlwm, problem, pôs)* lösen; *(drysni)*
entwirren.

datrysiad (-au) *g* Lösung *f*.

datsain *g* Hall *m*, Echo *nt*.

datseinio *be.g* dröhnen.

datseiniol *ans* dröhnend, hallend.

datsgriwio *be.a* abschrauben, aufschrauben.

datwm (data) *g* *(dyddiad)* Datum *nt*; *(darn o wybodaeth)*
Information *f*.

datysen (datys) *b* Dattel *f*.

dathliad (-au) *g* Feier *f*.

dathlu *be.a* *(rhth)* feiern, begehen; *(rhn)* feiern.
♦ *be.g* feiern; **rhaid i ni ddathlu!** das müssen wir
feiern! *(â diod)* das müssen wir begießen!

dau (*b* dwy) *rhif* zwei; *(wrth sillafu)* zwo; **y ddau** beide;
does dim ~ es besteht kein Zweifel; **rhoi ~ a ~ at ei
gilydd** *(ffig)* zwei und zwei zusammenzählen; **bod
rhwng ~ feddwl** unentschlossen sein.

daufaril *ans:* **dryll ~** doppelläufiges Gewehr.

daufiniog *ans* *(cleddyf, ffig)* zweischneidig.

dauwynebedd *g* Falschheit *f*.

dauwynebog *ans* *(ffig)* doppelzüngig, falsch.

daw (dofion) *g* *(llen)* Eidam *m*, Schwiegersohn *m*.

dawn (doniau) *gb* Begabung *f*, Talent *nt*,
Veranlagung *f*.

dawns (-iau *neu* -feydd) *b* Tanz *m*; *(dawnsfa)* Ball *m*; **~
gwisg ffansi** Maskenball *m*, Gschnas^A *nt*; **twmpath
~** ein folkloristischer Volkstanz; **~ werin**
Volkstanz *m*; **D~ yr Angau** Totentanz *m*.

dawnsio *be.a, be.g* tanzen; **dawnsiodd gyda fe** sie
tanzte mit ihm.

dawnsiwr (dawnswyr) *g* Tänzer *m*; **~ bale**
Balletttänzer *m*; **~ gwerin** Mitglied einer
Volkstanzgruppe.

dawnslunydd (dawnslunwyr) *g* Choreograf *m*.

dawnswraig (dawnswragedd) *b* Tänzerin *f*; **~ fale**
Balletttänzerin *f*, Ballerina *f*; **~ werin** Mitglied
einer Volkstanzgruppe.

dawnus *ans* begabt, talentiert.

de[1] *g* Süden *m*; *(mewn enwau lleol)* Süd-; **yn wynebu'r ~**
(ffenestr ayb) nach Süden gehen; **gwynt o'r ~**
Südwind *m*; *(DAEAR)* **y D~** Südwales *nt*; **D~'r Almaen**
Süddeutschland *nt*; **Pegwn y D~** Südpol *m*; **~-
ddwyrain** Südosten *m*; **~-orllewin** Südwesten *m*.

de[2] *ans* rechte(r,s); **llaw dde** Rechte *f*, rechte Hand *f*;
dyn llaw dde Rechtshänder *m*.

de[3] *b* *(deheulaw)* Rechte *f*; *(GWLEID)* **y Dde** die
politische Rechte *f*, die Rechten *pl*; **ar y dde**
rechts, auf der rechten Seite, zur Rechten; **ar
eich ~** rechts von Ihnen, zu Ihrer Rechten; **gyrru
ar y dde** rechts fahren; **i'r dde** nach rechts; **trowch
i'r dde** biegen Sie rechts ab; **troad i'r dde**
Rechtskurve *f*.

deall[1] *be.a* verstehen; *(amgyffred)* begreifen,
einsehen; *(dehongli)* auffassen; *(cael gwybod)* **rwy'n
~ na fyddwch yno** soweit ich weiß, werden Sie
nicht dort sein; **wyt ti'n deall Coreaneg?** verstehst
du Koreanisch? **dw i ddim yn ~ gair** ich verstehe
kein Wort.

deall[2] (-on) *g* Verstand *m*, Intelligenz *f*; **prawf ~**
Intelligenztest *m*.

dealladwy *ans* verständlich; *(dirnadwy)* begreiflich.

dealledig *ans* impliziert, implizit.

deallgar *ans* verständig, klug.

deallol *ans* geistig, intellektuell.

dealltwriaeth *b* Verständnis *nt*; *(deall)* Verstand *m*,
Intellekt *m*; *(synnwyr)* Einsicht *f*; *(cytundeb)*
Einverständnis *nt*; *(cytûn)* Einvernehmen *nt*; **dod i
ddealltwriaeth â rhn** sich mit jdm ins
Einvernehmen setzen.

deallus *ans* intelligent, gescheit, klug; *(synhwyrol)*
einsichtig; *(goleuedig)* aufgeweckt, verständig.

deallusion *ll* die Intellektuellen *pl*, die Intelligenz *f*.

deallusol *ans* intellektuell, geistvoll.

deallusrwydd *g* Intelligenz *f*, Klugheit *f*; **prawf ~**
Intelligenztest *m*.

deallusyn *g* Intellektuelle *m/f*.

deau *g* = **de**[1].

debyd (-au) *g* *(CYLL)* Lastschrift *f*, Belastung *f*.

debydu *be.a* *(CYLL)* belasten, abbuchen; **~ swm o arian
o gyfrif rhn** einen Geldbetrag von jds Konto
abbuchen.

dec (-iau) *g* *(MOR)* Deck *nt*; **~ ôl** Achterdeck *nt*; **o dan y
~** unter Deck; **ar y ~** an Deck; **~ uchaf** *(llong)*
Oberdeck *nt*; *(bws)* Oberstock *m*; **~ tâp**
Kassettendeck *nt*.

decanter (-au *neu* -i) *g* Karaffe *f*.

decathlon (-au) *g* *(CHWAR)* Zehnkampf *m*.

deceni *byrf* (= *mae'n debyg gen i*) ich nehme an.

decibel *g* = desibel.

decilitr (-au) *g* Deziliter *m*.

decimetr (-au) *g* Dezimeter *m*.

decor *g* Dekor *m/nt*.

dechrau[1] **(dechreuon** *neu* **dechreuoedd)** *g* Anfang *m*, Beginn *m*; *(ymgymeriad)* Ansatz *m*; **o'r ~** *(am amser)* von Beginn/Anfang an; *(llyfr, ffilm ayb)* von vorne; **rhaid i ti ddechrau o'r ~** du musst ganz von vorne anfangen; **yn y ~** am Anfang, am Beginn; **dwedodd e hynny reit yn y ~** das sagte er gleich am Anfang; **o'r ~ ~ i'r diwedd** von Anfang bis Ende; **ddechrau Gorffennaf** Anfang Juli.

　ar ddechrau *ardd* zu Beginn +*gen*, am Anfang +*gen*; **ar ddechrau'r wythnos** zu Beginn der Woche, am Anfang der Woche; **ar ddechrau'r ddrama** am Anfang des Stücks.

dechrau[2] *be.a* anfangen, beginnen; *(sefydlu)* **~ busnes** eine Firma gründen; **~ sgwrs â rhn** ein Gespräch mit jdm beginnen; **~ pecyn o greision** ein Säckchen Chips aufmachen; **~ taith** aufbrechen, sich auf den Weg machen.

　♦ *be.g* beginnen, anfangen; **~ ar rth** sich an etw +*akk* machen; **mae'r ffilm ar ddechrau** der Film beginnt gerade; **i ddechrau** zu Beginn, am Anfang; **rwy newydd ddechrau** ich habe gerade begonnen; **dechreuodd fwrw glaw** es begann zu regnen; **gan ddechrau ar ddydd Mawrth** von Dienstag an.

dechreuad (-au) *g* Beginn *m*, Anfang *m*; *(tarddiad)* Ursprung *m*; **ers y ~** *(ffig)* seit Adam und Eva.

dechreuol *ans* anfänglich; *(gwreiddiol)* original; *(cyntefig)* ursprünglich.

dechreuwr (dechreuwyr) *g* Anfänger *m*; **cwrs dechreuwyr** Anfängerkurs *m*; **lwc y ~** Anfängerglück *nt*.

dedfryd (-au) *b* *(CYFR)* Urteil *nt*, Urteilsspruch *m*; *(cosb)* Strafe *f*; **~ carchar** Freiheitsstrafe *f*; **~ marwolaeth** Todesurteil *nt*; **~ am oes** lebenslängliche Freiheitsstrafe *f*, Lebenslänglich *nt*; **~ ohiriedig o flwyddyn o garchar** ein Jahr Gefängnis mit Bewährung, ein Jahr bedingt[AS].

dedfrydu *be.a* verurteilen, aburteilen; **~ rhn i farwolaeth** jdn zum Tod verurteilen.

dedwydd *ans* fröhlich, glückselig, selig; **y pâr ~** das jungvermählte Paar; **yr Ynysoedd D~** *(DAEAR)* die Kanarischen Inseln *pl*.

dedwyddwch *g* Fröhlichkeit *f*, Glückseligkeit *f*, Wonne *f*.

deddf (-au) *b* Gesetz *nt*, Erlass *m*, Verordnung *f*;

(FFIS ayb) Gesetz; **D~ Addysg** Bildungsgesetz *m*; **~ denantiaeth** Mieterschutzgesetz *nt*; **~ disgyrchiant** Gravitationsgesetz *nt*; **~ etifeddu** Erbrecht *nt*; **~ filwrol** Kriegsrecht *nt*; **D~ Gwarchod Data** Datenschutzgesetz *nt*; **~ iaith** Spracherlass *m*, Sprachakt *m*; **~ leol** Gemeindeordnung *f*; **fel ~ y Mediaid a'r Persiaid** unumstößlich, unabänderlich; **~ natur** Naturgesetz *nt*; **Deddfau Newton** *(FFIS)* das Newtonsche Gesetz; **y Ddeddf Uno** *(HAN)* der Unionsakt; **yn unol â'r ddeddf** gesetzeskonform.

deddflyfr (-au) *g* *(CYFR)* Gesetzbuch *nt*, Kodex *m*.

deddfol *ans* gesetzlich; *(cyfreithlon)* legal.

deddfroddwr (deddfroddwyr) *g* *(CYFR)* Gesetzgeber *m*, Legislative *f*.

deddfu *be.g* *(CYFR)* Gesetze erlassen.

deddfwr (deddfwyr) *g* = deddfroddwr.

deddfwrfa (deddfwrfeydd) *b* *(CYFR)* Legislative *f*.

deddfwriaeth (-au) *g* *(CYFR)* Gesetzgebung *f*, Legislatur *f*.

deddfwriaethol *ans* *(CYFR)* gesetzgebend; **tymor ~** Legislaturperiode *f*.

de-ddwyrain *g* Südosten *m*; **yn ne-ddwyrain y wlad** im Südosten des Landes.

defni[1] *ll gw.* dafn.

defni[2] *be.g* *(diferu)* tropfen.

defnydd (-iau) *g* Material *nt*, Stoff *m*; *(TECS)* Stoff; *(iws)* Gebrauch *m*, Anwendung *f*; *(pwrpas)* Nutzen *m*; *(elfen)* Bestandteil *m*; **~ crai** Rohmaterial *nt*, Rohstoff *m*; **bod o ddefnydd** von Nutzen sein; **~ glanhau ffwrn** Ofenreiniger *m*; **gwneud ~ o rth** etw verwenden; *(elwa ar)* sich *dat* etw zu Nutzen machen; **mae hi'n casglu ~ ar gyfer ei thraethawd** sie sammelt Material für ihren Aufsatz; **ar gyfer ~ allanol yn unig** *(moddion)* nur äußerlich anwenden; **~ sbwng** Schaumstoff *m*; **~ synthetig** Kunststoff *m*; **~iau traul** Gebrauchsgüter *pl*; **~ tywelon** Frottee *m/nt*.

defnyddiadwy *ans* brauchbar, verwendbar.

defnyddiau *ll gw.* defnydd; **~ crai** *(MWYN)* Rohstoffe *pl*; **~ gweol** Textilien *pl*, Textilwaren *pl*; **~ traul** Gebrauchsgüter *pl*.

defnyddio *be.a* gebrauchen, benutzen, verwenden; *(gorffen)* aufbrauchen; **~ rhn** *(er eich lles)* jdn ausnützen; **defnyddier erbyn ...** haltbar bis...; **hawdd i'w ddefnyddio** benutzerfreundlich; **wyt ti'n ~ hwn?** brauchst du das?

defnyddiol *ans* nützlich, brauchbar, hilfreich.

defnyddioldeb *g* Nützlichkeit *f*.

defnyddiwr (defnyddwyr) *g* Benutzer *m*; *(treuliwr)* Verbraucher *m*, Konsument *m*.

defnyddwraig (defnyddwragedd) *b* Benutzerin *f*; *(treuliwr)* Verbraucherin *f*, Konsumentin *f*.

defnyn (-nau *neu* **dafnau**) *g* Tröpfchen *nt*; **dafnau fitamin** Vitamintropfen *pl*.

defod (-au) *b* *(seremoni)* Feier *f*, Zeremonie *f*; *(traddodiadol)* Ritus *m*, Ritual *nt*; *(arferiad)* Brauch *m*, Gewohnheit *f*; *(rheol ymddygiad)* Sitte *f*, Angewohnheit *f*; ~ **briodas** Eheschließung *f*, Trauung *f*; **yn ôl y ddefod** dem Brauch nach; **roedd yn ddefod wael ganddo i ddod yn hwyr bob tro** es war eine schlechte Angewohnheit von ihm jedesmal zu spät zu kommen.

defodol *ans* rituell; *(arferol)* gebräuchlich, üblich.

defosiwn (**defosiynau**) *g* Hingabe *f*; **defosiynau** *ll* Andacht *f*.

defosiynol *ans* fromm, pietistisch; *(llyfr)* religiös.

deffro *be.g* aufwachen, erwachen; **wrth ddeffro** beim Aufwachen.

   ◆ *be.a (dihuno)* wecken, aufwecken; *(cyffroi)* erregen; *(cynhyrfu)* aufrütteln; ~ **atgofion** Erinnerungen heraufbeschwören; ~ **teimladau** Gefühle wecken.

deffroad (-au) *g* Erwachen *nt*.

deg[1] (**deng**) *rhif* zehn; **un ar ddeg** elf; ~ **ar hugain** dreißig; ~ **a thrigain** siebzig; ~ **a phedwar ugain** neunzig; **un** ~ **tri** dreizehn; **deng mlynedd** zehn Jahre; **deng waith** *neu:* ~ **gwaith** zehnmal; **y D~ Gorchymyn** (CREF) die Zehn Gebote.

deg[2] (-au) *g* Zehner *m*; *(marc)* Zehn[D] *f*; ~**au ac unau** (MATH) Zehner und Einer; **y pedwar ~au** die vierziger Jahre, die Vierzigerjahre *pl*.

degawd (-au) *g* Jahrzehnt *nt*, Dekade *f*.

degfed *ans* zehnte(r,s); **y ~ o Fai** der zehnte Mai.

   ◆ (-au *neu* -i) *b* Zehntel *nt*.

degol *ans* (MATH) dezimal; **pwynt** ~ Dezimalpunkt *m*; **hyd at dri phwynt** ~ bis zur dritten Dezimale.

degolyn (**degolion**) *g* (MATH) Dezimalzahl *f*, Dezimale *f*; *(ffracsiwn)* Bruch *m*.

degwm (**degymau**) *g* (CREF, HAN) Zehent *m*, Zehnt *m*.

degymu *be.g* den Zehent einheben.

deng *rhif* = **deg**[1]; ~ **waith** zehnmal; ~ **nalen a phedwar ugain** 90 Blatt.

deheubarth *g* (DAEAR) südlicher Teil *m*; **y D~** Südwales *nt*; *(HAN)* das Königreich Südwales.

deheuig *ans* geschickt, gewandt.

deheulaw *b* rechte Hand.

deheuol *ans* südlich.

deheurwydd *g* Geschicklichkeit *f*, Gewandtheit *f*.

deheuwr (**deheuwyr**) *g* *(dyn o'r canoldiroedd)* Südländer *m*; *(yng Nghymru)* Südwaliser *m*; **mae'n ddeheuwr** er ist aus dem Süden.

deheuwraig (**deheuwragedd**) *b* Südländerin *f*; *(yng Nghymru)* Südwaliserin *f*.

deheuwynt (-oedd) *g* Südwind *m*.

dehongli *be.a* interpretieren, auslegen; *(breuddwyd)* deuten; *(côd)* entschlüsseln.

dehongliad (-au) *g* Interpretation *f*, Auslegung *f*; *(datguddiad)* Deutung *f*.

dei (-s *neu* -au) *g* (TECH) Prägestempel *m*.

deial (-au) *g* *(cloc)* Zifferblatt *nt*; *(TECH)* Anzeige *f*; ~ **goleuni** (FFOTO) Belichtungsmesser *m*; ~ **goleuol** Leuchtzifferblatt *nt*; ~ **haul** Sonnenuhr *f*; ~ **petrol** (MODUR) Benzinuhr *f*; ~ **teleffon** Wählscheibe *f*.

deialo *be.a* = **deialu**.

deialog (-au) *gb* Dialog *m*, Zwiegespräch *nt*.

deialu *be.a* (TEL) wählen; ~**'n uniongyrchol** durchwählen; ~ **rhif anghywir** sich verwählen.

deiet (-au) *g* *(bwyd arferol)* Ernährung *f*; *(MEDD)* Diät *f*; *(i golli pwysau)* Abmagerungskur *f*; **bod ar ddeiet** auf Diät sein; ~ **llwgu** Hungerkur *f*.

deifio[1] *be.a* *(golosgi)* sengen; *(crasu)* verbrennen.

   ◆ *be.g* angesengt werden; *(llosgi)* verbrennen.

deifio[2] *be.g* *(plymio)* tauchen; ~ **i mewn i rth** tauchen in etw *akk*.

deifiol *ans* sengend; *(ysol)* ätzend; *(ffig: llym)* scharf, vernichtend.

deifiwr (**deifwyr**) *g* Taucher *m*.

deigryn (**dagrau**) *g* Träne *f*; **dagrau crocodeil** *(ffig)* Krokodilstränen *pl*; **dagrau o lawenydd** Freudentränen *pl*; **dagrau Mair** (BOT) Schlüsselblume *f*; **nwy dagrau** Tränengas *nt*.

deildy (**deildai**) *g* Laube *f*, Pergola *f*.

deilen (**dail**) *b* Blatt *nt*; **dail** *ll* Laub *nt*, Blattwerk *nt*; ~ **aur** Blattgold *nt*; **crynu fel** ~ zittern wie Espenlaub.

deiliad (**deiliaid**) *g* *(tenant)* Mieter(in) *m(f)*; *(fferm)* Pächter(in) *m(f)*; *(taeog)* Untertan *m*, Vasall *m*; *(rhn sydd â rhth)* Inhaber *m*; *(swydd)* Amtsinhaber(in) *m(f)*; *(preswylydd)* Bewohner *m*; ~ **polisi** Versicherungsnehmer *m*; ~ **prydles** Pächter(in) *m(f)*.

deilio *be.g* *(blaguro)* sprießen; *(cario dail)* Blätter tragen.

deiliog *ans* belaubt, Laub-; **coeden ddeiliog** Laubbaum *m*.

deilliad (-au) *g* (GRAM) Derivat *nt*, Ableitung *f*.

deillio *be.g:* ~ **o** *(bod yn ganlyniad o)* herrühren von +*dat*, sich herleiten von +*dat*, hervorgehen aus +*dat*; *(tarddu)* stammen von +*dat*, kommen von +*dat*; **mae'r syniad yn** ~ **oddi wrtho fe** die Idee stammt von ihm.

deillion *ll gw.* **dall**.

deinameg *b* Dynamik *f*.

deinameit *g* Dynamit *nt*; *(ffig)* Zündstoff *m*.

deinamig *ans* dynamisch.

deinamo (-s) *g* (TRYD) Dynamo *m*; *(MODUR)*

Lichtmaschine *f*.

deinosor (-iaid *neu* -iod) *g* Dinosaurier *m*, Saurier *m*.

deintbig (-au) *g* Zahnstocher *m*.

deintgen *g* Zahnstein *m*.

deintgig *g* Zahnfleisch *nt*.

deintio *be.a, be.g* knabbern, naschen.

deintiol *ans* dental, Zahn-.

deintydd (-ion) *g* Zahnarzt *m*, Dentist *m*.

deintyddes (-au) *b* Zahnärztin *f*, Dentistin *f*.

deintyddiaeth *b* Zahnmedizin *f*.

deis (-iau) *g* Würfel *m*; **taflu'r ~iau** würfeln.

deiseb (-au) *b* Petition *f*; *(cais)* Gesuch *nt*; *(HAN)*
Bittbrief *m*; **casglu enwau i ddeiseb** Unterschriften
sammeln.

deisio *be.g (COG)* würfeln, in Würfel schneiden.

deisyf[1] *be.a* ersuchen; *(ymbil)* anflehen, beschwören;
(dymuno) wünschen; *(chwantu)* begehren; **~
mynediad** Einlass begehren.

deisyf[2] (-ion *neu* -iau) *g* = **deisyfiad**.

deisyfiad (-au) *g* Bitte *f*, Ersuchen *nt*; *(ymbil)* Flehen
nt; *(dymuniad)* Wunsch *m*.

deisyfwr (**deisyfwyr**) *g* Bittsteller *m*.

deisyfydd (-ion) *g* Bittsteller(in) *m(f)*.

del *ans (pert)* hübsch.

dêl[1] *be gw.* **dod**; **doed a ddêl** lass kommen, wer
kommen mag.

dêl[2] *b* Geschäft *nt*.

delfryd (-au) *gb* Ideal *nt*; *(syniad)* Idealvorstellung *f*.

delfrydiaeth *b* Idealismus *m*.

delfrydol *ans* ideal, vorbildlich; *(afrealistaidd)*
utopisch, idealistisch.

delfrydwr (**delfrydwyr**) *g* Idealist *m*.

delff *g* Idiot *m*.

deliad (-au) *g (MASN)* Warenverkehr *m*; **~ busnes**
Handel *m*.

delicatessen (-s) *g (siop)* Feinkostladen *m*.

delio *be.a (cardiau)* geben, austeilen.

♦ *be.g*: **~ â** *(ymwneud â, bod yn gyfrifol am)* sich
befassen mit +*dat*; *(ymdopi)* fertig werden mit
+*dat*, zurande kommen mit +*dat*; *(MASN)* **~ mewn**
handeln mit +*dat*; **~ â'r cyhoedd** sich mit der
Öffentlichkeit befassen; **gwybod sut i ddelio â rhn**
wissen wie man mit jdm fertig wird.

deliriwm *g* Delirium *nt*.

deliwr (**delwyr**) *g* Händler *m*.

delor *g*: **~ y cnau** *(SÔOL)* Kleiber *m*.

delta (**deltâu**) *g (DAEAR)* (Fluss)delta *nt*.

delw (-au) *b* Statue *f*, Standbild *nt*; *(eilun)* Idol *nt*,
Götzenbild *nt*; *(cyffelybrwydd)* Ebenbild *nt*; **ar ddelw**
nach dem Muster; **creodd Duw ddyn ar ei ddelw**
Gott schuf den Menschen nach seinem
Ebenbild.

delw-addoliaeth *b (CREF)* Götzenanbetung *f*.

delwedd (-au) *b* Bild *nt*, Vorbild *nt*; *(trosiad)*
Metapher *f*; *(cymhariaeth)* Gleichnis *nt*; *(GWLEID,
MASN)* Image *nt*, Ruf *m*; **~ rithwir** virtuelles Bild.

delweddu *be.a* symbolisieren, verbildlichen;
(dychmygu) sich vorstellen.

dellt *ll* Gitter *nt*, Rost *m*.

dellten (**dellt**) *b (pren)* Latte *f*; *(metel)* Stange *f*,
Schiene *f*; *(darn o ddellt)* Gitterstab *m*.

delltwaith *g* Fenstergitter *nt*; *(ar gyfer planhigion)*
Spalier *nt*, Kletterwand *f*.

demagog (-iaid) *g* Demagoge *m*.

democrat (-iaid) *g (GWLEID)* Demokrat *m*; **y D~iaid
Cymdeithasol** die Sozialdemokraten *pl*; **y D~iaid
Rhyddfrydol** die Liberalen *pl*, die
Liberaldemokraten *pl*.

democrataidd *ans (GWLEID)* demokratisch.

democrateiddio *be.a (GWLEID)* demokratisieren.

democratiaeth (-au) *b (GWLEID)* Demokratie *f*.

democratig *ans (GWLEID)* demokratisch.

demograffeg *b* Demographie *f*.

demograffig *ans* demographisch.

demon (-iaid) *g* Dämon *m*.

dengar *ans* reizend, verführerisch, verlockend.

dengarwch *g* Charme *m*, Reiz *m*.

dengys *be gw.* **dangos**; **amser a ddengys** es wird sich
zeigen, es wird sich herausstellen.

deniadol *ans* anziehend, attraktiv, verlockend; **hen
dafarn ddeniadol** eine einladende alte Taverne.

denim (-s) *g* Jeans *pl/f*; **siaced ddenim** Jeansjacke *f*;
~s *ll* Jeans, Bluejeans *pl/f*.

Denmarc *b (DAEAR)* Dänemark *nt*.

denu *be.a* anziehen, verlocken; **~ rth oddi ar rn** jdm
etw abspenstig machen; **nid yw'n fy nenu i** das
reizt mich nicht.

deon (-iaid) *g (CREF, PRIFYSG)* Dekan *m*.

deoniaeth (-au) *b* Dekanat *nt*.

deor *be.g* ausschlüpfen; *(eistedd ar wyau)* brüten; *(ffig)*
grübeln, brüten.

♦ *be.a* ausbrüten (h. ffig).

deorfa (**deorfeydd** *neu* **deorfâu**) *b (cywion)* Nest *nt*,
Brutstätte *f*.

deoriad *g (proses)* Ausbrüten *nt*; *(cywion)* Brut *f*.

deoriadur (-on) *g* = **deorydd**.

de-orllewin *g* Südwesten *m*.

deorydd (-ion) *g* Brutkasten *m*.

depo (-s) *g (gorsaf fysys)* (Bus)depot *nt*.

dera (-on) *b* Spuk *m*, böser Geist *m*, Furie *f*.

derbyn *be.a (cael)* bekommen, empfangen; *(cymryd)*
annehmen; *(fel aelod)* aufnehmen; *(croesawu)*
empfangen; *(cydnabod fel ffaith)* akzeptieren,
hinnehmen; *(radio)* empfangen; **rwy'n ~ dy fod ti**

heb brofiad ich akzeptiere, dass du keinerlei Erfahrung hast.

derbynfa (-oedd *neu* **derbynfeydd**) *b (desg)* Rezeption *f*, Empfang *m*.

derbyngar *ans* empfänglich.

derbyniad (-au) *g* Empfang *m*, Annahme *f*; *(aelod newydd)* Aufnahme *f*; *(parti)* Empfang; *(CYLL)* Akzept *nt*, Annahmeerklärung *f*; *(parodrwydd i dderbyn)* Akzeptanz *f*; *(radio)* Empfang; **~ ffafriol** wohlwollender Empfang; **~au** *ll* Einkünfte *pl*, Einnahmen *pl*.

derbyniadwy *ans* annehmbar, akzeptabel, zulässig.

derbyniol *ans* akzeptabel, annehmbar; *(yn barod i dderbyn)* empfänglich; **y cyflwr ~** *(GRAM)* Dativ *m*.

derbyniwr (**derbynwyr**) *g* Empfänger *m*; **~ patent** Patentinhaber *m*; *gw.h.* **derbynnydd**.

derbynneb (**derbynebau**) *b* Beleg *m*, Quittung *f*, Kassenzettel *m*; **~ lwytho** Ladeschein *m*, Konnossement *nt*.

derbynnydd (**derbynyddion**) *g* Empfänger *m*; *(mewn gwesty ayb)* Portier *m*; *(mewn meddygfa)* Sprechstundenhilfe *f*; *(rhan o'r ffôn)* Hörer *m*; *(radio, teledu)* Empfänger *m*; *(MASN: methdaliad)* Konkursverwalter *m*.

derbynwraig (**derbynwragedd**) *b* Empfängerin *f*; *(mewn swyddfa, gwesty)* Empfangsdame *f*; *(mewn meddygfa)* Sprechstundenhilfe *f*.

derbynyddes (-au) *b* = **derbynwraig**.

dere *be.gorch. gw.* **dod**; **~ 'mlaen!** mach schon! **~ 'ma!** komm her!

deri *ll gw.* **derwen**.

deric (-s *neu* -iau) *g (craen)* Montagekran *m*, Ladebaum *m*; *(tŵr turio)* Bohrturm *m*.

dermatolegydd (**dermatolegwyr**) *g* Hautarzt *m*, Dermatologe *m*.

dernyn (-nau) *g* Stückchen *nt*; *(brethyn)* Fleckchen *nt*; *(papur)* Schnitzel *nt/m*.

derw *ans* aus Eichenholz, eichen, Eichen-.

derwen (**derw** *neu* **deri**) *b (BOT)* Eiche *f*.

derwreinyn (**derwraint**) *gb (MEDD)* Schuppenflechte *f*; **~ y traed** Fußpilz *m*.

derwydd (-on) *g* Druide *m*.

deryn *g (sgyrs:* **aderyn**) Spaßvogel *m*, Witzbold *m*.

desg (-iau) *b* Schreibtisch *m*; *(mewn ysgol)* Pult *nt*; *(mewn siop)* Ladentisch *m*; **~ barseli** Paketschalter *m*; **~ dderbyn** Empfangsschalter *m*, Rezeption *f*; **~ lywio** Steuerpult *nt*; **~ yr athro** Katheder *m/nt*.

desibel (-au) *g (FFIS)* Dezibel *nt*.

destlus *ans* ordentlich, nett; **mae ei gwallt hi'n ddestlus** ihre Frisur ist sehr nett; **mae'n weithiwr ~** er arbeitet sorgfältig; **llawysgrifen ddestlus** saubere/ordentliche Handschrift.

dêt *g (oed)* Verabredung *f*, Rendezvous *nt*.

détente *g (GWLEID)* politische Entspannung *f*, Détente *f*.

dethau *ans* geschickt, gewandt.

dethol¹ *ans* erwählt, ausgesucht; *(dewisedig)* auserwählt, auserkoren; *(rhagorol)* vortrefflich, erlesen.

dethol² *be.a* auswählen, aussuchen; *(gwahanu trwy ddewis)* aussortieren, selektieren.

detholedig *ans* = **dethol¹**.

detholiad (-au) *g* Selektion *f*, Auslese *f*; *(cyfrol)* Sammelband *m*; **~ o farddoniaeth** Anthologie *f*, Gedichtband *m*.

detholusrwydd *g* kritisches Auswählen *nt*, Selektivität *f*; *(radio)* Trennschärfe *f*.

deuaidd *ans (MATH)* binär.

deuawd (-au) *gb (CERDD)* Duett *nt*.

deublyg *ans* zweifach, doppelt.

deuddarn *ans* zweiteilig.

deuddeg *rhif* zwölf; **mae hi'n ddeuddeg o'r gloch** es ist zwölf Uhr; **mae'n taro ~!** *(ffig)* das trifft's genau! **rwyt ti wedi taro ~ â'r syniad** mit der Idee hast du's genau getroffen; **y D~** *(CREF)* die zwölf Jünger.

deuddrws *ans* zweitürig.

deuddydd *ans* zweitägig.

deuddyn *g* Paar *nt*; *(yn caru)* Liebespaar *nt*; *(wedi priodi)* Ehepaar *nt*.

deufis *g* zwei Monate *pl*.

deufisol *ans* zweimonatlich.

deufotor *ans* zweimotorig.

deuffocal *ans* bifokal.

deugain *rhif* vierzig; **~ niwrnod** vierzig Tage.

♦ (**deugeiniau**) *g* Vierzig *f*; **mae hi yn ei deugeiniau** sie ist in ihren Vierzigern.

deugan(t) *rhif* zweihundert.

deugeinfed *ans* vierzigste(r,s).

deulais *ans (CERDD)* zweistimmig.

deulawr *ans* zweigeschoßig, einstöckig.

deunaw *rhif* achtzehn.

deunawfed *ans* achtzehnte(r,s).

deunydd (-iau) *g* Material *nt*, Stoff *m*; *(TECS)* Stoff; *(testun trafodaeth)* Thema *nt*; **~ darllen** Lektüre *f*, Lesestoff *m*; **~ crai** Rohstoff *m*, Rohmaterial *nt*; **~iau addysgu** Lehrmaterial *nt*, Unterrichtsmaterial *nt*; **~iau dysgu** Lehrmaterial, Lernhilfe *f*; **~ pacio** Verpackungsmaterial *nt*; **~ printiedig** *(post)* Drucksache *f*; **~ trafod** Gesprächsstoff *m*; **~ ysgrifennu** *(pin, papur ayb)* Schreibzeug *nt*.

deuoedd *ll* Paare *pl*; *gw.h* **dau**.

deuol *ans* doppelt, Doppel-; *(deuaidd)* dual; **ffordd**

ddeuol ≈ Schnellstraße *f*, Straße mit geteilter Fahrbahn.

♦ *g (GRAM)* Dual *m*, Zweizahl *f*.

deuoliaeth *b* Zweiheit *f*, Dualität *f*; *(athrawiaeth)* Dualismus *m*.

deuparth *ans* zwei Drittel; ~ **gwaith ei ddechrau** *(ffig)* aller Anfang ist schwer.

deupen *g:* **cael ~ y llinyn ynghyd** finanziell über die Runden kommen.

deuryw *ans* bisexuell.

deurywiad (deurywiaid) *g* Zwitter *m*; *(dyn)* Hermaphrodit *m*.

deusain (deuseiniau) *b* Diphthong *m*, Zwielaut *m*.

deuswllt (deusylltau) *g* Zwei-Shilling-Stück *nt*.

deutu *b:* **o'r ddeutu** auf beiden Seiten, beiderseitig; **anhoffter o'r ddeutu** gegenseitige Abneigung; *gw.h.* **oddeutu**.

o ddeutu *adf* beiderseits, gegenseitig.

deuwriaeth *b* Bigamie *f*.

deuwy *ans* zweieiig.

dewin (-iaid) *g* Zauberer *m*, Magier *m*; *(cas)* Hexer *m*, Hexenmeister *m*; ~ **dŵr** Wünschelrutengänger *m*.

dewines (-au) *b* Hexe *f*.

dewiniaeth *b (celfydd)* Magie *f*; *(tric)* Hexerei *f*, Zauberei *f*.

dewinio *be.a:* ~ **dŵr** mit der Wünschelrute gehen.

dewinol *ans* magisch.

dewis[1] (-oedd *neu* **-ion)** *g* Wahl *f*, Auswahl *f*; *(o nwyddau)* Auswahl, Sortiment *nt*; *(posibilrwydd)* Möglichkeit *f*; **nid oes gennyf ddewis** *(ffig: rhaid)* ich habe keine andere Wahl; **mae ~ da o esgidiau ganddynt** sie haben eine gute Auswahl an Schuhen; ~ **hawdd** der Weg des geringsten Widerstandes; **prawf ~ lluosog** *neu:* **prawf aml-ddewis** Multiple-Choice-Test *m*.

dewis[2] *be.a* wählen; *(pigo)* auswählen, aussuchen; *(penderfynu)* entschließen; **mae e wedi ~ mynd** er hat sich entschlossen zu gehen.

♦ *be.g:* ~ **rhwng** wählen zwischen +*dat*.

dewisedig *ans* ausgewählt, erwählt.

dewisiad (-au) *g* Wahl *f*, Wählen *nt*, Selektion *f*.

dewislen (-ni) *b (CYFDR)* Menü *nt*.

dewisol *ans* auserlesen.

dewr *ans* tapfer, mutig, wacker; **bydd yn ddewr!** sei tapfer! trau dich!

♦ **(-ion)** *g* Held *m*, Tapfere(r) *m*.

dewrder *g* Tapferkeit *f*, Mut *m*, Courage *f*.

di-[1] *rhagdd* un-, ent-, zer-.

di[2] *rhag* = **ti**; *(ar ôl 'dy')* **dy dei ~** deine Krawatte; **rwy'n dy weld ~** ich sehe dich; *(ar ôl berf gryno)* **fe/mi weli ~** du wirst sehen; **dos ~ gyntaf!** geh du zuerst! **os gweli ~'n dda** bitte; **wela' i ~!** bis bald! bis später!

diabetig *ans* zuckerkrank; *(ar gyfer pobl diabetig)* Diabetiker-; **siocled ~** Diabetikerschokolade *f*.

diacen *ans* unbetont.

diacon (-iaid) *g (CREF)* Diakon *m*.

diacones (-au) *b (CREF)* Diakonisse *f*.

diachos *ans* unnötig, überflüssig.

diadell (-au *neu* **-oedd)** *b* Herde *f*; *(CREF)* Gemeinde *f*; ~ **o wyddau** Gänseschar *f*, Gänseherde *f*.

diaddurn *ans* ungeschmückt, schlicht.

diaddysg *ans* ungebildet.

diaelodi *be.a (o glwb)* ausstoßen, ausschließen; *(corff)* verstümmeln.

diafael *ans* lax; *(nofel, araith)* fade, öd.

diafol (-iaid) *g* Teufel *m*, Dämon *m*; **y D~** Satan *m*, Luzifer *m*.

diaffram (-au) *g (TECH)* Membran *f*, *(ANAT)* Zwerchfell *nt*; *(MEDD)* Pessar *nt*.

diagnosio *be.a (MEDD)* diagnostizieren.

diagnosis (-au) *g (MEDD)* Diagnose *f*, Befund *m*.

diagram (-au) *g* Abbildung *f*, Diagramm *nt*, Grafik *f*; ~ **cylched** Schaltplan *nt*.

diagramaidd *ans* schematisch, grafisch.

diangen *ans (dibwys)* unnötig, entbehrlich; *(gormod)* überflüssig, redundant.

dianghenraid *ans* = **diangen**.

diangof *ans* unvergessen.

di-ail *ans* einzigartig, einmalig.

dial[1] (-on) *g* Rache *f*, Vergeltung *f*; ~ **a ddaw** es wird sich rächen.

dial[2] *be.a* rächen.

♦ *be.g:* ~ **ar rn (am rth)** sich an jdm (für etw) rächen, jdm (etw) heimzahlen.

dialcohol *ans* alkoholfrei.

dialectegol *ans* dialektisch.

dialedd (-au *neu* **-ion)** *g* = **dial[1]**.

dialgar *ans* rachsüchtig.

dialgaredd *g* Rachsucht *f*.

di-alw-amdano *ans* unnötig, unangebracht, deplatziert; **sylw ~** eine deplatzierte Bemerkung; **roedd hynny'n gwbl ddi-alw-amdano** das war völlig fehl am Platz.

di-alw'n-ôl *ans* unwiderruflich.

diamau *ans* zweifelsfrei, zweifellos.

diamcan *ans* planlos, ziellos; *(dibwrpas)* zwecklos, nutzlos.

diamddiffyn *ans* ungeschützt; *(person)* wehrlos.

diamedr (-au) *g (MATH)* Durchmesser *m*.

diamgyffred *ans* unbegreiflich, rätselhaft.

diamheuol *ans* überzeugend, unzweifelhaft.

diamheus *ans* = **diamheuol**.

diamod *ans (heb amodau)* bedingungslos, uneingeschränkt; *(absoliwt)* absolut.

diamodaeth *b* Absolutismus *m*.

diamodol *ans* = diamod.

diamser *ans* zeitlos.

diamwnt (diamyntiau) *g* = diemwnt.

diamwys *ans (eglur)* klar, deutlich; *(digamsyniol)* unmissverständlich; *(heb ddau feddwl)* unzweideutig.

diamynedd *ans* ungeduldig.

dianaf *ans* unverletzt, unversehrt, heil; *(di-nam)* makellos, perfekt.

dianc *be.g (ffoi)* fliehen; *(dod yn rhydd)* entkommen; *(carcharor)* ausbrechen; ~ **o** entkommen +*dat*; ~ **rhag** entgehen +*dat*, sich entziehen +*dat*; ~ **am eich bywyd/einioes** um sein Leben rennen; ~ **yn groeniach** heil davonkommen.

diarbed *ans* erbarmungslos, eisern.

diarchwaeth *ans* appetitlos; *(diflas)* fad; *(MEDD)* magersüchtig.

diarddel *be.a* verleugnen, verstoßen; *(diaelodi)* verbannen, ausschließen; *(o gystadleuaeth)* disqualifizieren; *(o'r eglwys)* exkommunizieren; ~ **o swydd** vom Amt suspendieren; ~ **o'r ysgol** von der Schule verweisen.

diarddeliad (-au) *g* Ausschluss *m*; *(o swydd)* Suspendierung *f*; *(CHWAR)* Ausschluss, Disqualifikation *f*; *(eglwys)* Exkommunizierung *f*.

di-arf *ans* unbewaffnet.

diarfogi *be.a* entwaffnen; *(diffiwsio)* entschärfen.
- ♦ *be.g* abrüsten; ~ **niwclear** die Nuklearwaffen abbauen.

diarfogiad *g* Abrüstung *f*; ~ **niwclear** nukleare Abrüstung.

diarffordd *ans* abgelegen, abgeschieden.
- ♦ *adf* abseits.

diarhebion *ll gw.* **dihareb**.

diarhebol *ans* sprichwörtlich.

diarogl *ans* geruchlos.

diarogleuol *ans* geruchtilgend.

diaroglydd (-ion) *g* Deodorant *nt*.

diarswyd *ans* furchtlos.

diarwybod *ans* nichts ahnend, unwissend; *(annisgwyl)* unerwartet.

diarwyddocâd *ans* unbedeutend, bedeutungslos.

diasbedain *be.g (cadw sŵn)* dröhnen, schallen; *(atseinio)* widerhallen; **roedd y neuadd yn ~ gyda'r lleisiau i gyd** die Halle hallte von den ganzen Stimmen wider.

di-asgwrn-cefn *ans (SÖOL)* wirbellos; *(ffig)* ohne Rückgrat, ohne Prinzipien.

diatal *ans* hemmungslos, unkontrolliert; *(annofadwy)* unbezähmbar.

diateb *ans* unbeantwortet.

diau *ans* unbestreitbar.

diawch *ebych* zum Henker! zum Kuckuck!

di-awch *ans* stumpf.

diawl (-iaid) *g* Teufel *m*, Dämon *m*; **y D~** Satan *m*, Luzifer *m*; **y ~ bach** der Satansbraten; ~! *(ebychiad)* verdammt! Scheiße! *(am m)* Scheißkerl *m*.

diawledig *ans* teuflisch; *(fel rheg)* gottverdammt, verteufelt; **mae'n ddiawledig o oer** es ist teuflisch kalt.

diawlineb *g* Teufelei *f*.

diawlio *be.g* schimpfen, fluchen.
- ♦ *be.a (melltithio)* beschimpfen, beflegeln[A].

diawydd *ans* abgeneigt.

di-baid *ans (diddiwedd)* unablässig, ununterbrochen; *(parhaol)* anhaltend, andauernd; *(ffig: trwy'r amser)* fortwährend, pausenlos.

di-barch *ans* respektlos, unehrerbietig.

dibeilot *ans* unbemannt.

diben (-ion) *g* Zweck *m*, Ziel *nt*; *(MASN)* Objective *nt*; **gyda'r ~ yma mewn golwg** mit diesem Ziel vor Augen; **i'r ~ hwn** zu diesem Zweck/Behuf; **i ddim ~** zwecklos, umsonst.

di-ben-draw *ans* grenzenlos, unumschränkt; *(diddiwedd)* endlos, unendlich; **mae'r gwaith 'ma yn ddi-ben-draw** diese Arbeit ist endlos.

dibenderfyniad *ans* unentschlossen.

dibennu *be.a (terfynu)* beenden; *(cwblhau)* vollenden.

diberchennog *ans (ci)* herrenlos.

diberfeddu *be.a* ausnehmen.

diberthyn *ans* unverwandt.

diberygl *ans* gefahrlos.

dibetrus *ans* entschlossen, ungehemmt; *(agwedd)* entschlussfreudig.

di-blant *ans* kinderlos.

di-blwm *ans* bleifrei, unverbleit; **petrol ~** bleifreies Benzin *nt*.

di-blyg *ans (crys ayb)* faltenfrei; *(papur)* ungefaltet.

diboblogi *be.a* entvölkern.

di-boen *ans* schmerzlos; *(stad)* schmerzfrei.

dibriod *ans* ledig, unverheiratet; **mam ddibriod** allein stehende Mutter.

dibriodrwydd *g* Zölibat *nt/m*.

dibris *ans (dibwys)* banal, trivial, belanglos; *(diofal)* leichtsinnig, unverantwortlich.

dibrisiad *g (CYLL: colli gwerth)* Entwertung *f*, Wertminderung *f*; *(CYLL: gostwng gwerth)* Abwertung *f*, Preissenkung *f*; *(arian)* Kaufkraftverlust *m*.

dibrisiant *g* = dibrisiad.

dibrisio *be.a* abwerten, herabsetzen; *(bychanu)* runtermachen, schlecht machen, schmähen.
- ♦ *be.g* an Wert verlieren; *(arian)* an Kaufkraft

verlieren.

dibrisiol *ans* abfällig.

dibristod *g* Herabsetzung *f*, Schmähung *f*; *(sylw dibrisiol)* abfällige Bemerkung *f*.

dibroblem *ans* problemlos.

dibrofiad *ans* unerfahren, ungeübt; *(rhywiol)* unbedarft; **mae hi'n ddibrofiad yn y maes hwn** sie ist neu auf dem Gebiet.

dibryder *ans* sorglos; *(bywyd)* sorgenfrei.

dibwrpas *ans* nutzlos, zwecklos, unnütz.

dibwynt *ans* zwecklos.

dibwys *ans* unbedeutend, unwesentlich; *(dim y prif gwestiwn)* belanglos, nebensächlich.

dibwysau *ans* schwerelos.

dibwysedd *g* Belanglosigkeit *f*.

dibwyslais *ans* unbetont.

dibyn (-nau) *g* Felswand *f*; *(ffig)* Abgrund *m*; **yn ymyl y ~** am Rande des Abgrunds.

dibynadwy *ans* zuverlässig, verlässlich.

dibynadwyaeth *b* Verlässlichkeit *f*, Zuverlässigkeit *f*.

dibynadwyedd *g* Glaubwürdigkeit *f*.

dibyniad (-au) *g* Abhängigkeit *f*.

dibyniaeth *b* Abhängigkeit *f*; *(GWLEID)* Hoheitsgebiet *nt*, Kolonie *f*; **~ ar** Abhängigkeit von; **~ ar gyffuriau** Drogensucht *f*.

dibynnol *ans* abhängig, unselbstständig; *(ar gyffuriau)* süchtig; **y modd ~** *(GRAM)* Konjunktiv *m*.

dibynnu *be.g:* **~ ar** abhängen von +*dat*; *(ymddiried yn)* vertrauen auf +*akk*, sich verlassen auf +*akk*; *(am gael rhth)* angewiesen sein auf +*akk*; **mae'n ~** es hängt davon ab; **mae'n ~ ar y tywydd** es hängt vom Wetter ab; **rwy'n ~ arnoch chi am gefnogaeth** ich bin auf Ihre Unterstützung angewiesen.

dibynnydd (-ion) *g* Angehörige *m/f*.

dicllon *ans* nachtragend.

dicllondeb *g* Groll *m*.

dicllonedd *g* Empörung *f*.

dictad (-au) *g* *(GWLEID)* Diktat *nt*.

dictaffon (-au) *g* Diktaphon *nt*.

dicter *g* *(digofaint)* Entrüstung *f*, Verdruss *m*; *(llid)* Zorn *m*, Ärger *m*.

dichell (-ion *neu* -au) *b* *(cyfrwyster)* Hinterlist *f*, Arglist *f*; *(twyll)* Betrug *m*, Täuschung *f*.

dichellgar *ans* betrügerisch; *(cyfrwys)* hinterlistig, hinterhältig.

dichon *adf (efallai)* vielleicht; *(bod yn bosibl)* es ist möglich; **~ i mi** es ist mir möglich; **~ y'i gwnaf** vielleicht werde ich das tun; **ni ddichon neb** niemand ist in der Lage dazu; **does dim ~** es besteht keine Möglichkeit.

dichonadwy *ans* durchführbar, realisierbar.

dichonol *ans* potenziell, möglich.

di-chwaeth *ans* abgeschmackt, geschmacklos, ordinär.

di-chwarae-teg *ans* unsportlich.

did (-au) *g* *(CYFDR)* Binärziffer *f*, Bit *nt*.

di-dact *ans* taktlos.

di-dâl *ans* unbezahlt; *(am ddim)* gratis, frei; **~ at y llong** frei Schiff.

didaro *ans* ungerührt, unbeeindruckt; *(hamddenol)* gelassen, lässig.

dideimlad *ans* gefühllos; *(calongaled)* herzlos.

dideimladrwydd *g* Gefühllosigkeit *f*, Herzlosigkeit *f*.

diden (-nau) *b* Brustwarze *f*; *(anifail)* Zitze *f*.

diderfyn *ans* endlos, grenzenlos, unendlich.

didoli *be.a* absondern, trennen; *(neilltuo)* isolieren.

didolnod *g* Trema *nt*, Diärese *f*.

di-doll *ans* zollfrei.

di-dor *ans* pausenlos, konstant.

didoreth *ans* desorganisiert, unsystematisch; *(gwamal)* unbeständig, launenhaft.

didostur *ans* erbarmungslos, unnachgiebig, schonungslos.

didrafferth *ans* mühelos, reibungslos.

di-drai *ans* unaufhörlich.

didraidd *ans* undurchsichtig, opak.

di-drais *ans* gewaltlos.

di-drefn *ans* unsystematisch, planlos, chaotisch.

di-dreth *ans* steuerfrei, abgabenfrei.

di-droi'n-ôl *ans* resolut, entschlossen, unbeugsam.

didrugaredd *ans* erbarmungslos, unbarmherzig.

di-duedd *ans* unvoreingenommen, unparteiisch, objektiv.

didwyll *ans* offen, ehrlich.

didwylledd *g* Arglosigkeit *f*; *(gonestrwydd)* Ehrlichkeit *f*, Offenheit *f*.

didyniad (-au) *g* *(CYLL)* Abzug *m*, Abrechnung *f*.

didynnu *be.a* abziehen, abrechnen, subtrahieren.

di-ddadl *ans* unbestreitbar, unumstritten.

di-ddal *ans* unbeständig, wankelmütig.

di-ddamwain *ans* unfallfrei.

diddan *ans* unterhaltsam, amüsant.

diddannedd *ans* zahnlos.

diddanu *be.a* amüsieren, unterhalten, belustigen; *(cysuro)* trösten.

diddanwch *g* Unterhaltung *f*, Belustigung *f*; *(cysur)* Trost *m*.

diddanwr (diddanwyr) *g* Unterhalter *m*, Entertainer *m*.

diddanydd (diddanwyr) *g* Tröster *m*.

diddarfod *ans* beständig, unvergänglich, dauerhaft.

di-ddawn *ans* unbegabt.

di-dderbyn-wyneb *ans* frank, unverblümt.

diddiben *ans* endlos; *(ofer)* zwecklos, vergeblich.

diddichell *ans* arglos.

diddiddordeb *ans* desinteressiert.

diddifrod *ans* unbeschädigt; *(person)* unbeschadet.

diddig *ans* ruhig, zufrieden, friedfertig.

diddim, di-ddim *ans* unnütz, wertlos.

diddisgyblaeth *ans* undiszipliniert.

diddiwedd *ans* endlos.

diddordeb (-au) *g* Interesse *nt*; *(hobi)* Hobby *nt*, Freizeitbeschäftigung *f*; **pysgota yw ei ddiddordeb mwyaf** Fischen ist seine größte Leidenschaft; **mae ganddo ddiddordeb yn** er interessiert sich für +*akk* (*h. MASN*).

diddori *be.a:* **~ rhn yn rhth** jdn für etw interessieren, das Interesse von jdm für etw wecken.

diddorol *ans* interessant.

diddos *ans* Wasser abstoßend, wetterfest; *(clyd)* mollig, heimelig.

diddosi *be.a* imprägnieren.

diddosrwydd *g* Schutz *m*, Deckung *f*, Zuflucht *f*.

diddrwg *ans* harmlos; **~-didda** mäßig, alltäglich.

diddryswch *ans* unbeirrt.

di-ddweud *ans* wortkarg, maulfaul; *(ystyfnig)* stur.

diddwyn *be.a* = **diddyfnu.**

diddwythiad (-au) *g* Schlussfolgerung *f*, Deduktion *f*, Ableitung *f*.

diddwytho *be.a* ableiten, folgern.

diddychryn *ans* unverzagt.

diddychymyg *ans* fantasielos.

diddyddiad *ans* undatiert.

diddyfniad *g* Abstillen *nt*, Entwöhnung *f*.

diddyfnu *be.a (plentyn)* abstillen.

diddylanwad *ans* unbeeinflussbar.

diddyled *ans* schuldenfrei.

diddyledrwydd *g (CYLL)* Solvenz *f*.

diddymdra *g* Nichtigkeit *f*.

diddymiad (-au) *g (dilead)* Abschaffung *f*; *(diffoddiad)* Annullierung *f*; *(CYFR)* Außerkraftsetzung *f*, Widerruf *m*; *(MASN)* Liquidation *f*.

diddymu *be.a (dileu)* abschaffen, streichen; *(diffodd)* löschen; *(CYFR)* annullieren; *(MASN)* liquidieren; *(CYLL)* stornieren.

diedifar *ans* reuelos.

dieflig *ans* teuflisch, dämonisch.

dieffaith *ans* unwirksam.

diegni *ans* kraftlos, matt.

diegwyddor *ans* skrupellos, gewissenlos.

dieisiau *ans* unnötig.

dieithr *ans* fremd; *(anghyfarwydd)* fremdartig, seltsam.

dieithriad[1] *ans* ausnahmslos.

dieithriad[2] (-au) *g* Entfremdung *f*.

dieithrio *be.a* entfremden; *(newid)* verfremden.

dieithryn (dieithriaid) *g* Fremde *m/f*, Fremdling *m*, Außenseiter *m*.

di-elw *ans* unrentabel.

diemwnt (-au) *g* Diamant *m*; *(cardiau)* Karo *nt*, Schelle *f*; *(siâp)* Raute *f*.

dienaid *ans* leblos; *(dideimlad, difeddwl)* rücksichtslos; **mae'n gyrru'r car yn ddienaid** er fährt rücksichtslos, er ist ein rücksichtsloser Fahrer.

dienw *ans* anonym, namenlos.

dienyddiad (-au) *g* Hinrichtung *f*; *(torri pen)* Enthauptung *f*.

dienyddio *be.a* hinrichten; *(torri pen)* enthaupten.

dienyddiwr (dienyddwyr) *g* Henker *m*, Scharfrichter *m*.

diesel *g (tanwydd)* Dieselöl *nt*; *(car)* Diesel *m*; **trên ~** Diesellok *f*.

diesgus *ans* unentschuldigt.

diesgyrnu *be.a* entgräten.

diet *g* = **deiet.**

dietifedd *ans* ohne Erben.

dietifeddu *be.a* enterben.

dieuog *ans* unschuldig, schuldlos.

dieuogi *be.a* entlasten, freisprechen.

dieuogrwydd *g* Unschuld *f*.

difa[1] *be.a (distrywio)* vernichten; *(cael gwared ar)* ausrotten; **cafodd yr ysgol ei ~ gan y tân** die Schule wurde vom Feuer vernichtet.

difa[2] (-s) *b (ffilm, opera)* Diva *f*.

difai, di-fai *ans* fehlerfrei, fehlerlos; *(perffaith)* tadellos, untadelig.

difalais *ans* treuherzig.

difancoll *g* gänzlicher Verlust *m*; **ar ddifancoll** gänzlich verloren, ausgestorben, verschwunden; **mynd i ddifancoll** in Vergessenheit geraten.

difaol *ans* vernichtend.

difarf *ans* bartlos; **llencyn ~** bartloser Junge *m*, Milchbart *m*.

difaru *be.g* = **edifarhau.**

difarugo *be.a* enteisen.

difater *ans* gleichgültig, stoisch, apathisch.

difaterwch *g* Gleichgültigkeit *f*, Lethargie *f*; **~ tuag at rth** Gleichgültigkeit gegenüber etw *dat*.

difäwr (difawyr) *g:* **~ pla** Schädlingsbekämpfer *m*, Kammerjäger *m*.

difeddiannu *be.a* enteignen.

difeddwl *ans* unbedacht, gedankenlos, rücksichtslos.

di-fefl *ans* makellos, lupenrein.

difeiad *g* Entlastung *f*, Freispruch *m*.

difeio *be.a* entlasten, freisprechen.

difenwad *g* Rufmord *m.*

difenwi *be.a* diffamieren, verleumden, verunglimpfen.

difenwol *ans* verleumderisch, abfällig, rufschädigend; **sylw ~** eine abfällige Bemerkung.

diferiad *g* Leck *nt*, Loch *nt.*

diferol *ans:* **gwlyb ~** klatschnass, patschnass.

diferu *be.g* tropfen, triefen; *(llifo i mewn i rth)* sickern; *(gollwng)* lecken; **yn ~ â chwys** schweißüberströmt sein; **yn ~ â gwaed** blutüberströmt sein.

♦ *be.a* tröpfeln, träufeln.

diferyn (-nau *neu* **diferion**) *g* Tropfen *m*; **diferion trwynol** Nasentropfen *pl*; **rwy'n yfed te gyda ~ o chwisgi** ich trinke Tee mit einem Schuss Whisky.

difesur *ans* unermesslich; *(o ran maint)* enorm, riesig.

di-feth *ans* unfehlbar; *(hawdd)* narrensicher.

difetha *be.a* *(niweidio)* verderben; *(plentyn)* verziehen, verwöhnen; *(dinistrio)* vernichten, zerstören, zugrunde richten; **~ hwyl rhn am rth** jdm die Freude an etw *dat* verderben; **~ eich llygaid** sich die Augen verderben; **mae'r ffrwythau wedi eu ~** die Früchte sind verdorben.

Difiau *g* *(dydd Iau)* **~ Cablyd** Gründonnerstag *m*; **~ Dyrchafael** Christi Himmelfahrt.

difidend (-au) *g* *(CYLL)* Dividende *f.*

difilwroledig *ans* entmilitarisiert.

di-fin *ans* stumpf.

diflanedig *ans* kurzlebig, flüchtig; *(wedi diflannu)* verschwunden; *(BIOL)* ausgestorben.

diflaniad *g* Verschwinden *nt.*

diflannu *be.g* verschwinden; *(BIOL)* aussterben; *(nwy)* sich verflüchtigen; **diflannodd o'm golwg** er verschwand aus meinem Gesichtsfeld.

diflas *ans* langweilig, fad, stumpfsinnig, öde; *(yn blino)* ermüdend; *(annymunol)* unangenehm; *(tywydd)* mies, schlecht; **mae hi braidd yn ddiflas heddiw** es ist ziemlich mieses Wetter heute.

di-flas *ans* geschmacklos, fade.

diflastod *g* Langeweile *f*, Stumpfsinn *m.*

diflasu *be.a* langweilen, anöden, anwidern.

♦ *be.g:* **~ ar rth** etw *gen* überdrüssig werden.

diflewyn-ar-dafod *ans* direkt, freiheraus, unumwunden.

diflino *ans* unermüdlich.

difodi *be.a* ausrotten, auslöschen, vernichten.

difodiad *g* Ausrottung *f*, Vernichtung *f.*

difodiant *g* = difodiad.

difoes, di-foes *ans* unfein, ungebührlich, unmanierlich, rüpelhaft.

diforwyno *be.a* entjungfern.

difraw, di-fraw *ans* furchtlos, unbesorgt.

difrawder *g* Gleichgültigkeit *f.*

difreinio *be.a* *(swyddog)* absetzen; *(brenin)* entthronen; *(GWLEID)* die bürgerlichen Ehrenrechte aberkennen +*dat*; *(MASN)* die Konzession entziehen +*dat.*

difreintiedig *ans* unterprivilegiert, benachteiligt.

difrïaeth *b* Beschimpfung *f*, Beleidigung *f*, Schmähung *f.*

difrif *ans* ernst, ernsthaft, seriös; **o ddifrif** im Ernst, ernstlich; **rhwng ~ a chwarae** halb im Scherz.

difrifddwys *ans* feierlich, getragen.

difrifol *ans* ernst, gravierend, kritisch; *(urddasol)* feierlich; **wedi'i anafu'n ddifrifol** schwer verletzt.

difrifoldeb *g* Ernsthaftigkeit *f*; *(urddas)* Feierlichkeit *f.*

difrifwch *g* = difrifoldeb.

difrio *be.a* beleidigen, gering schätzen, heruntermachen.

difriol *ans* abfällig, geringschätzig; *(GRAM)* pejorativ.

difrod *g* Schaden *m*; *(anghyfanheddiad)* Verwüstung *f*; **achosodd y storm lawer o ddifrod** der Sturm richtete viel Schaden an.

difrodi *be.a* beschädigen, demolieren; *(diffeithio)* verwüsten; *(ysbeilio)* plündern; *(dinistrio)* zerstören.

difrycheulyd *ans* unbefleckt, makellos.

di-fudd *ans* unergiebig; *(ofer)* vergeblich.

di-fwlch *ans* lückenlos.

difwriad *ans* unbeabsichtigt, ungewollt.

difwstwr *ans* behäbig.

difwyniad *g* Verschmutzung *f*, Kontamination *f*; *(CYFR)* Ehebruch *m.*

difwyniant *g* Schändung *f.*

difwyno *be.a* entwürdigen, beschmutzen, besudeln; *(treisio)* entehren, schänden.

difwynydd (-ion) *g* Schadstoff *m.*

difyfyr *ans* spontan, aus dem Stegreif.

di-fynd *ans* flau.

difynegiant *ans* ausdruckslos.

difynio *be.a* sezieren.

difyr *ans* unterhaltsam, nett, vergnüglich.

difyrion *ll* Zeitvertreib *m.*

difyrru *be.a* amüsieren, unterhalten, belustigen; **~ eich hun** sich zerstreuen; **~'r amser** sich die Zeit vertreiben.

difyrrwch *g* Unterhaltung *f*, Zeitvertreib *m*, Abwechslung *f.*

difywyd *ans* leblos, lasch.

di-ffael *ans* untrüglich.

diffaith *ans* verlassen, öde; *(da i ddim)* wertlos, unbrauchbar; *(am aelod o'r corff)* gelähmt; **dyn ~**

Taugenichts *m*.

diffeithio *be.a* verwüsten; *(yn naturiol)* verwildern.

diffeithwch *g (lle anghyfannedd)* Einöde *f*, Wildnis *f*; *(anialwch)* Wüste *f*.

differiad (-au) *g* Differenzierung *f*.

differyn (-nau) *g* Differenz *f*, Unterschied *m*; *(MATH)* Differenzial *nt*; *(MODUR)* Differenzialgetriebe *nt*; ~ **mewn cyflogau** Lohngefälle *nt*.

diffiniad (-au) *g* Definition *f*, Bestimmung *f*; *(geiriau)* Begriffsbestimmung *f*; **trwy ddiffiniad** per definitionem, der Definition nach.

diffinio *be.a* definieren, bestimmen.

diffiwsio *be.a* entschärfen.

diffodd *be.a* abdrehen, abschalten, abstellen; *(tân)* löschen; *(cannwyll)* ausblasen; ~ **y golau** das Licht löschen, das Licht abdrehen.

♦ *be.g (tân, golau)* ausgehen, erlöschen; *(sŵn)* verhallen; *(twymyn)* abklingen.

diffoddwr (**diffoddwyr**) *g:* ~ **tân** Feuerlöscher *m*.

diffoddydd (-ion) *g* Feuerlöscher *m*.

di-ffrind *ans* ohne Freunde.

di-ffrwt *ans* lustlos, freudlos.

diffrwyth *ans (di-fudd)* ergebnislos, fruchtlos; *(ofer)* vergeblich, umsonst; *(BIOL)* steril, unfruchtbar.

difftheria *g (MEDD)* Diphtherie *f*.

diffuant *ans* aufrichtig, ehrlich, offen; *(mewn llythyr)* **yn ddiffuant** mit freundlichen Grüßen.

diffuantrwydd *g* Aufrichtigkeit *f*, Offenheit *f*.

diffwdan *ans* ohne viel Aufheben.

diffyg (-ion) *g (prinder)* Mangel *m*; *(nam, gwendid)* Manko *nt*, Defekt *m*; *(CYLL)* Defizit *nt*; ~ **arian** Geldmangel *m*; ~ **ar yr haul** Sonnenfinsternis *f*; ~ **ar y lleuad** Mondfinsternis *f*; ~ **brwdfrydedd** Unlust *f*; ~ **gwaed** *(MEDD)* Blutarmut *f*, Anämie *f*; ~ **haearn** *(MEDD)* Eisenmangel *m*; ~ **hyder** Mangel an (Selbst)vertrauen; **D~ lmwnedd Caffaeledig** *(MEDD)* Aids *nt*; ~ **maeth** Unterernährung *f*; **o ddiffyg** aus Mangel an +*dat*; ~ **profiad** Unerfahrenheit *f*; ~ **rhth** Mangel an etw *dat*; ~ **traul** Verdauungsstörung *f*.

diffygio *be.a (blino)* ermüden, schlappmachen.

♦ *be.g* versagen; *(blino)* ermüden; **mae coesau'r cerddwr yn** ~ dem Wanderer versagen die Beine.

diffygiol *ans (wedi torri)* defekt, kaputt; *(gwallus, gwael)* fehlerhaft, mangelhaft.

diffynwriaeth *b (GWLEID)* Protektorat *nt*.

diffynnydd (**diffynyddion**) *g (CYFR)* Angeklagte *m/f*.

dig[1] *g* Zorn *m*, Entrüstung *f*; **dal** ~ einen Groll hegen, zornig sein.

dig[2] *ans* zornig, böse, verstimmt, indigniert.

digalchu *be.a* entkalken.

digalon *ans (iselysbryd)* geknickt, deprimiert; *(prudd)* trübsinnig; *(llwfr)* entmutigt, frustriert; *(trist)* traurig.

digalondid *g* Niedergeschlagenheit *f*; *(prudd-der)* Trübsal *nt*; *(llwfrdra)* Mutlosigkeit *f*; *(tristwch)* Traurigkeit *f*.

digalonni *be.a* entmutigen, deprimieren, demoralisieren.

♦ *be.g* entmutigt werden, deprimiert werden.

digamsyniol *ans* eindeutig, unverkennbar, unmissverständlich.

digaregu *be.a (COG)* entkernen.

digartref *ans (heb wlad)* heimatlos; *(heb dŷ)* obdachlos.

di-gêl *ans* unverhohlen.

digennu *be.a (COG: pysgodyn)* (ab)schuppen.

digid (-au) *g* Ziffer *f*.

digidol *ans* digital.

digio *be.a* beleidigen, vergrämen.

♦ *be.g* beleidigt werden; ~ **wrth rth** etw übel nehmen; ~ **o achos rhth** an etw *dat* Anstoß nehmen; ~ **wrth rn o achos rhth** jdm etw verübeln.

di-glem *ans* ahnungslos, begriffsstutzig, stümperhaft; **mae'n hollol ddi-glem** er hat keine Ahnung.

di-glod *ans* ruhmlos.

digofaint *g* Empörung *f*, Entrüstung *f*, Wut *f*.

digollediad *g* Entschädigung *f*.

digolledu *be.a* entschädigen; ~ **rhn am rth** jdm etw vergüten.

digon[1] *g* genug; **rwyf wedi cael** ~! mir reicht's! **bod ar ben eich** ~ wie Gott in Frankreich leben; **dyna ddigon!** das reicht! jetzt ist Schluss! **cael** ~ **ar rth** *(ffig)* von etw genug haben; **hen ddigon** mehr als genug; **rwyf wedi cael hen ddigon** was zu viel ist, ist zu viel! **y gorau o ddigon** bei weitem der Beste; ~ **o lyfrau** ziemlich viele Bücher; ~ **o waith** *(llyth)* genug Arbeit; *(ffig)* unwahrscheinlich.

digon[2] *ans* genügend, ausreichend.

digon[3] *adf* genug; *(llawer)* ziemlich viel(e); *(COG)* durch, gar; ~ **da** gut genug; **ydy'r cig yn ddigon eto?** ist das Fleisch durch/gar?

digonedd *g* Fülle *f*; **mae ganddo ddigonedd o ffrindiau** er hat Freunde in Hülle und Fülle, er hat jede Menge Freunde; ~ **o arian** jede Menge Geld.

digoni *be.a (diwallu)* befriedigen; *(COG)* durchbraten, garen[D]; *(blino â gormodedd)* übersättigen.

digonol *ans* genügend, ausreichend, hinlänglich; **mae un pryd o fwyd y dydd yn ddigonol** eine Mahlzeit am Tag genügt.

di-gosb *ans* ungestraft.

di-gred *ans (anghrediniol)* ungläubig; *(di-dduw)* atheistisch, gottlos; *(paganaidd)* heidnisch.

digrefydd *ans* = **di-gred**.

digrif *ans (doniol)* lustig, spaßig, witzig; *(llon)* fröhlich.

digriflun (-iau) *g* Karikatur *f.*

digriflunio *be.a* karikieren.

digrifwch *g* Humor *m*, Komik *f.*

digrifwr (**digrifwyr**) *g* Komiker *m*, Komödiant *m.*

digrifwraig (**digrifwragedd**) *b* Komikerin *f*, Komödiantin *f.*

digroeni *be.a (blingo)* abziehen; *(plicio)* schälen, pellen[D].

digroeso *ans (awyrgylch)* ungastlich, unwirtlich; *(agwedd)* unfreundlich.

digrybwyll *ans* unerwähnt, stillschweigend.

diguro *ans (heb ei guro)* ungeschlagen, unübertroffen; *(anorchfygol)* unüberbietbar, unübertrefflich.

digwestiwn *ans* unweigerlich.

♦ *adf* **yn ddigwestiwn** ohne Frage, zweifelsohne.

digwmwl *ans* wolkenlos.

digwydd[1] *be.g* geschehen, passieren; *(mae'n bosibl)* vorkommen; *(cael ei gynnal)* stattfinden; *(llen)* sich zutragen, sich ereignen; *(llen: i rn)* widerfahren +*dat*; **beth ddigwyddodd?** was ist passiert? **digwyddais alw arno** ich habe zufällig bei ihm vorbeigeschaut; **fel mae'n ~ ...** es ergibt sich zufällig, dass...; **fel pe na bai dim byd wedi ~** als wäre nichts geschehen; **mae'r pethau yma'n ~** so was kommt vor; **~odd fod ...** es ergab sich, dass...; **wyt ti'n ~ gwybod?** weißt du zufällig?

digwydd[2] *adf* kaum; **~ iddo ddod ragor** er wird kaum noch kommen.

digwydd[3] *g* Action *f*; **ffilm lawn ~** ein Film, in dem viel passiert, ein Film voller Action.

digwyddiad (-au) *g* Ereignis *nt*, Vorfall *m*; *(wedi'i drefnu)* Veranstaltung *f*; *(helynt)* Zwischenfall *m.*

di-gŵyn *ans* duldsam.

digychwyn *ans* phlegmatisch.

digydwybod *ans* gewissenlos.

digyfaddawd *ans* kompromisslos.

digyfeiliant *ans (CERDD)* ohne Begleitung.

digyfnewid *ans (heb ei newid)* unverändert; *(sefydlog)* unveränderlich, gleich bleibend, beständig.

digyfraith *ans* gesetzlos.

digyffelyb *ans* unvergleichlich, unnachahmlich, beispiellos; **mae e'n ganwr ~** er ist ein Sänger sondergleichen.

digyffro *ans* gelassen, lässig, unbewegt.

digymar *ans* = **digyffelyb**.

digymell *ans* freiwillig, unaufgefordert.

digymhelliad *ans* unmotiviert.

di-Gymraeg *ans* nicht walisischsprachig; **mae'n Gymro ~** er ist ein Waliser, der kein Walisisch spricht; **cartref ~** nicht walisischsprachiges Zuhause; **ysgol ddi-Gymraeg** nicht walisischsprachige Schule.

digymwynas *ans* ungefällig.

digymysg *ans* unverdünnt; *(ffig)* ungetrübt; **pleser ~** ungetrübte Freude.

digynnwrf *ans* gelassen, ruhig, gefasst.

digysur *ans* untröstlich.

digyswllt *ans* unzusammenhängend, zusammenhanglos.

digywair *ans (trwsgl)* ungeschickt, tollpatschig; *(anhrefnus)* unordentlich; *(CERDD: allan o diwn)* verstimmt.

digywilydd *ans* unverschämt, dreist, unverfroren, schamlos.

digywilydd-dra *g* Unverschämtheit *f*, Anmaßung *f.*

di-had *ans* kernlos.

dihafal *ans* = **digyffelyb**.

dihangfa (**diangfâu**) *b* Fluchtweg *m*; **~ dân** Feuertreppe *f.*

dihangiad (-au) *g (o garchar)* Ausbruch *m.*

dihangwr (**dihangwyr**) *g (o garchar)* Ausbrecher *m*; *(o'r fyddin)* Deserteur *m.*

di-haint *ans* keimfrei, steril.

dihalog *ans (di-lwgr)* unbefleckt; *(difrycheulyd)* makellos; *(diwair)* keusch; *(tra chysegredig)* sakrosankt.

dihareb (**diarhebion**) *b* Sprichwort *nt*; *(gwireb)* Binsenweisheit *f.*

dihatru *be.a (dillad)* ausziehen, ablegen.

diheintiad *g* Desinfektion *f.*

diheintiedig *ans* keimfrei, desinfiziert, steril.

diheintio *be.a* desinfizieren, sterilisieren.

diheintydd (-ion) *g* Desinfektionsmittel *nt.*

dihenydd *g (marwolaeth)* Tod *m*; *(tynged)* Schicksal *nt*; *(distryw)* Vernichtung *f.*

diheurbrawf (**dieurbrofion**) *g (HAN)* Feuerprobe *f*, Wasserprobe *f.*

di-hid *ans (di-ddal)* unbekümmert, leichtfertig; *(didaro)* gleichgültig, unbeteiligt.

dihidio *ans* = **di-hid**.

dihidlo *be.a* destillieren.

♦ *be.g (defnynnu)* tropfen; *(llifo)* strömen.

dihidrwydd *g* Gleichgültigkeit *f.*

dihiryn (**dihirod**) *g* Gauner *m*, Halunke *m*, Falott[A] *m*; *(hwligan)* Wandale *m*, Rüpel *m.*

di-hoen *ans* freudlos, ohne Elan.

dihoeni *be.g* verkümmern, herunterkommen.

dihun *ans* wach, munter; **ar ddihun** wach.

di-hun *ans* schlaflos.

dihuno *be.a* wecken, aufwecken.

♦ *be.g* aufwachen, erwachen.

di-hwyl *ans (teimlo'n wael)* nicht ganz auf dem Posten; *(mewn hwyliau drwg)* missmutig.

dihyfforddiant *ans (gweithiwr ayb)* ungelernt.

dihysbydd *ans* unerschöpflich.

dihysbyddu *be.a (gwacáu)* ausschöpfen; *(tir)* entwässern; *(defnyddio'r cyfan)* aufzehren, erschöpfen.

di-ildio *ans* unnachgiebig, unerbittlich.

dil (-iau) *g* Wabe *f*.

di-lais *ans (seineg)* stimmlos.

dilead (-au) *g* Löschen *nt*; *(diddymiad)* Abschaffung *f*; *(dyledau)* Tilgung *f*.

dilechdid *g* Dialektik *f*.

dilechdidol *ans* dialektisch.

diledryw *ans* reinrassig, Rasse-; **ceffyl ~** Rassepferd *nt*.

dilema *g* Dilemma *nt*.

di-les *ans* ohne Nutzen, nicht gewinnbringend.

dilestair *ans* ungehindert, unbehindert.

diletant (-iaid) *g* Dilettant(in) *m(f)*.

diletantaidd *ans* dilettantisch.

dileu *be.a* streichen; *(CYFDR)* löschen; *(â dilëwr)* ausradieren; *(diddymu)* abschaffen; *(dyledion)* tilgen; **dilëer lle bo angen** Nichtzutreffendes streichen.

dileuo *be.a* entlausen.

dilëwr *g (rwber)* Radiergummi *m*; *(CYFDR)* Löschtaste *f*.

dilewyrch *ans* glanzlos, matt.

di-liw *ans* farblos; *(tref)* grau; *(ffig)* unscheinbar, farblos.

diliwio *be.a* entfärben, bleichen.

di-log *ans (CYLL)* unverzinslich, zinslos.

di-lol *ans* unumwunden.

dilorni *be.a* gering schätzen, abfällig beurteilen; *(gwatwar)* anpöbeln.

dilornus *ans* geringschätzig, abfällig.

di-lun *ans* unförmig, plump.

di-lwgr *ans* unbestechlich; *(heb ei lygru)* unverdorben.

dilychwin *ans* untadelig, unbescholten.

dilyffethair *ans* ungehindert, unbehindert.

dilyn *be.a* folgen +dat; *(erlid)* verfolgen; *(mewn swydd)* nachfolgen +dat; *(rheolau)* befolgen; *(dadl)* verfolgen; *(crefft)* nachgehen +dat; *(ymroi i)* betreiben; **~ galwedigaeth** einen Beruf ausüben; **dilynwch yr arwyddion** folgen Sie den Wegweisern; **~ bywyd crefyddol** ein geistliches Leben führen; **~ cwrs** einen Kurs besuchen; **nid wyf yn dy ddilyn** *(deall)* ich kann dir nicht folgen; **mae haul yn ~ y glaw** auf Regen folgt Sonnenschein; **~ camre rhn** in jds Fußstapfen akk

treten; **~ drwodd** durchziehen.

◆ *be.g* folgen, erfolgen; *(deall)* mitkommen.

dilyniad (-au) *g (gweithred)* Folge *f*, Verfolgung *f*.

dilyniannol *ans* sequenziell.

dilyniant (dilyniannau) *g* Folge *f*, Reihenfolge *f*; *(digwyddiadau)* Abfolge *f*, Aufeinanderfolge *f*; *(parhad)* Kontinuität *f*, *(MATH)* Reihe *f*, *(CERDD)* Sequenz *f*, **~ o ddarlithoedd** Vortragsreihe *f*.

dilynol *ans* folgend, anschließend, nachfolgend.

dilynwr (dilynwyr) *g* Gefolgsmann *m*, Anhänger *m*; *(erlidiwr)* Verfolger *m*.

dilys *ans* echt, authentisch; *(cymeradwy)* gültig.

dilysiad *g (CYFR)* Beglaubigung *f*.

dilysnod (-au) *b (ar aur neu arian)* Punze *f*, Feingehaltszeichen *nt*.

dilysrwydd *g* Echtheit *f*, Authentizität *f*; *(grym cyfreithiol)* Gültigkeit *f*, Geltung *f*.

dilysu *be.a (CYFR)* beglaubigen.

dilyw (-iau) *g* Überschwemmung *f*; *(Beibl)* **y D~** die Sintflut.

dillad *ll gw.h* **dilledyn**; *(gwisg)* Gewand *nt*, Kleidung *f*; *(mwy nag un dilledyn)* Kleider *pl*; **~ dynion** *(mewn siop)* Herrenkonfektion *f*; **~ ffwr** Pelzwaren *pl*, Rauchwaren *pl*; **~ gwely** Bettwäsche *f*; **~ hamdden** Freizeitkleidung *f*; **~ isaf** Unterwäsche *f*; **~ menywod** Damenbekleidung *f*; **~ nos** Nachtgewand *nt*; **~ parch** Sonntagsgewand *nt*; **~ parod** Stangenware *f*; **~ traeth** Badezeug *nt*; **~ uchaf** Oberbekleidung *f*.

dilladu *be.a* bekleiden, kleiden.

dilledyn (dillad) *g* Kleidungsstück *nt*.

dim *g (mewn brawddegau negyddol)* etwas; *(rhywbeth nad yw'n bod)* nichts; *(sero)* Null *f*; **~ (o)** kein; **~ siawns!** keine Chance! **~ parcio** Parken verboten; **does ~ arian ganddi** sie hat kein Geld; **~ byd** gar nichts, überhaupt nichts; **~ byd arall** sonst nichts, mehr nicht; **~ byd gwell** nichts besseres; **~ byd ond** nur, nichts als; **er ~** auf keinen Fall, **~ mynediad** kein Eintritt, keine Einfahrt; **~ o gwbl** durchaus nicht, ganz und gar nicht, keineswegs; *(nid)* **~ eto** noch nicht; **am ddim** kostenlos, gratis; **does ~ ots gen i** es macht mir nichts, mir ist es egal; **i'r ~** ideal, perfekt; **o fewn ~** um Haaresbreite; **y nesaf peth i ddim** knapp, um ein Haar; **pob ~** alles; **diolch am bob ~** danke für alles; **welais i mohono** *(= ddim ohono)* ich sah ihn nicht.

  dim ond *adf* nur, bloß; *(gydag amser)* erst; **~ ond heddiw** erst heute; **~ ond fi** nur ich; **~ ond pan ...** erst wenn/als…; **~ ond mewn pryd** gerade rechtzeitig.

dimai (dimeiau) *b* Half-Penny-Stück *nt*; **does gen i'r un ddimai goch** ich habe keinen roten Heller.

dimensiwn (**dimensiynau**) *g* Dimension *f.*
♦ *ans:* **un ~** eindimensional; **dau ddimensiwn** zweidimensional; **tri ~** dreidimensional.
di-nam *ans* makellos.
dinas (**-oedd**) *b* Stadt *f*; *(dros filiwn o drigolion)* Großstadt *f*; *(HAN: caer)* Burganlage *f*; **~ Hansa** *(HAN)* Hansestadt *f*; **canol y ddinas** Stadtmitte *f*, Zentrum *nt*, Innenstadt *f.*
dinasol *ans* = **dinesig.**
dinasyddiaeth *b* Staatsbürgerschaft *f.*
dinesig *ans* bürgerlich, kommunal, Stadt-; **canolfan ddinesig** Stadtzentrum *nt.*
dinesydd (**dinasyddion**) *g* *(o ddinas)* Bürger(in) *m(f)*, Städter(in) *m(f)*; *(gwladol)* Staatsbürger(in) *m(f)*, Staatsangehörige *m/f*; *(trigolyn)* Einwohner(in) *m(f).*
dinewid *ans* unverändert, ungeändert.
dinistr *g* Zerstörung *f*, Verwüstung *f*, Devastierung *f.*
dinistrio *be.a* vernichten, zerstören, ruinieren; *(dymchwel)* demolieren, kaputtmachen; *(castell)* schleifen.
dinistriol *ans* zerstörerisch, vernichtend, destruktiv; **arfau ~** Vernichtungswaffen *pl.*
diniwed *ans* harmlos, ungefährlich; *(syml)* einfältig, naiv; *(dianaf)* unversehrt, heil; *(dieuog)* unschuldig.
diniweidrwydd *g* Harmlosigkeit *f*; *(symlrwydd)* Naivität *f*; *(dieuogrwydd)* Unschuld *f.*
dinod, di-nod *ans* *(dibwys)* unbedeutend, belanglos; *(pitw, dim llawer)* unbeträchtlich; *(anenwog)* unbedeutend, unbekannt; *(heb farc)* unmarkiert.
dinodedd *g* Belanglosigkeit *f*; **byw mewn ~** zurückgezogen leben.
dinoethi *be.a* entblößen; *(datgelu)* aufdecken, entlarven.
diobaith *ans* mutlos, pessimistisch; *(anobeithiol)* hoffnungslos.
diod (**-ydd**) *b* Getränk *nt*, Trank *m*; **~ adfywiol** Erfrischung *f*; **~ befriog** Sprudel[D] *m*, Kracherl[A] *nt*; **~ fain** Dünnbier[D] *nt*; **~ feddwol** alkoholisches Getränk, Spirituosen *pl*; **~ fyrlymus** Brause[D] *f*, Kracherl[A] *nt*; **~ gadarn** Schnaps *m*, Spirituosen *pl*; **~ hudol** Zaubertrank *m*; **~ serch** Liebestrank *m*; **~ ysgafn** alkoholfreies Getränk.
di-odl *ans* ungereimt.
diodlen (**-ni**) *b* Getränkekarte *f.*
dioddef *be.a* erleiden; *(goddef)* dulden, ertragen; **~ poen** Schmerz erleiden; **~ siom** eine Enttäuschung erfahren; **alla i ddim ~ Ffrangeg** ich kann Französisch nicht leiden.
♦ *be.g:* **~ (o)** leiden (an *+dat*).

dioddefadwy *ans* erträglich, tragbar.
dioddefaint *g* Leiden *nt*; **y D~** *(CREF)* die Passion *f*, die Leidensgeschichte *f.*
dioddefgar *ans* geduldig, langmütig.
dioddefwr (**dioddefwyr**) *g* Opfer *nt*, Geschädigte *m.*
dioddefwraig (**dioddefwragedd**) *b* Opfer *nt*, Geschädigte *f.*
dioddefydd (**dioddefwyr**) *g* Opfer *nt*; **~ ymbelydredd** Strahlenopfer *nt.*
di-oed, dioed *ans* unverzüglich, prompt, sofortig.
diofal *ans* *(llon)* unbeschwert, sorgenfrei; *(esgeulus)* unachtsam, fahrlässig, unvorsichtig.
diofalwch *g* Schlamperei *f*, Fahrlässigkeit *f.*
di-ofn, diofn *ans* furchtlos, unverzagt.
diofryd (**-au**) *g* Gelübde *nt*; *(ymwadiad)* Abschwören *nt*, Entsagung *f.*
diofyn *ans* ungefragt; *(CYFDR)* Default-.
diofyniad (**-au**) *g* *(CYFDR)* Voreinstellung *f*, Default *m.*
diog *ans* faul, träge, arbeitsscheu.
diogel *ans* *(saff)* sicher, geschützt; *(siŵr)* sicher; **~ rhag** immun *+dat*; **~ rhag tân** feuerfest.
diogelu *be.a* sichern, absichern; *(gwarantu, amddiffyn)* schützen.
diogelwch *g* Sicherheit *f*; *(rhag afiechyd neu gosb)* Immunität *f*; **~ ar y ffordd** Verkehrssicherheit *f*; **~ rhag rhwd** Rostschutz *m*; **~ yn y gweithle** Arbeitsschutz *m.*
diogen (**-nod**) *b* Faulenzerin *f.*
diogi[1] *be.g* faulenzen, herumgammeln[D]; *(yn yr haul)* sich aalen.
diogi[2] *g* *(amharodrwydd)* Faulheit *f*; *(gwneud dim byd)* Nichtstun *nt*, Muße *f.*
dioglyd *ans* müßig.
diogyn (**-nod**) *g* Faulpelz *m*, Faulenzer *m.*
diolch[1] *be.g* sich bedanken; **~ i rn (am rth)** jdm danken (für *+akk*), sich bei jdm bedanken (für *+akk*); **~ byth** Gott sei Dank; **~ yn fawr** vielen Dank; **~ yn fawr iawn** danke vielmals; **~ o galon** herzlichen Dank.
diolch[2] (**-iadau**) *g* Dank *m*; *(teimlad)* Dankbarkeit *f.*
diolchgar *ans* dankbar; **rwy'n ddiolchgar am eich cefnogaeth** ich bin für ihre Unterstützung dankbar.
diolchgarwch *g* Dankbarkeit *f*; *(CREF)* **Cwrdd D~** Erntedankfest *nt.*
diolchiad (**-au**) *g* Danksagung *f.*
diolwg *ans* unansehnlich.
diorchudd *ans* unbedeckt; *(amlwg)* offensichtlich; *(heb gelu'r gwir)* ohne Heuchelei.
diorffwys *ans* rastlos, ruhelos; *(diderfyn)* unaufhörlich.

diorseddu *be.a* entthronen, absetzen.

di-os *ans* unzweifelhaft, ohne Zweifel.

diosg *be.a* ausziehen, ablegen; *(het)* abnehmen; *(dirisglo)* schälen, abziehen, häuten; ~ **esgidiau** Schuhe ausziehen.

♦ *be.g (ymddihatru)* sich ausziehen.

diosgoi *ans* unausweichlich.

diota *be.g* zechen, saufen.

dipio *be.a* tauchen, eintauchen; *(MODUR)* ~ **golau** abblenden.

diploma (**diplomâu**) *gb* Diplom *nt*.

diplomat (**-iaid**) *g* Diplomat(in) *m(f)*.

diplomataidd *ans* diplomatisch.

diplomatig *ans* diplomatisch.

diplomydd (**-ion**) *g* = **diplomat**.

diplomyddiaeth *b* Diplomatie *f*.

diplomyddol *ans* diplomatisch.

diraddio *be.a* degradieren, entwürdigen.

diraddiol *ans* entwürdigend, erniedrigend, schmählich.

di-raen, diraen *ans* glanzlos; *(dillad)* schäbig, zerlumpt, abgetragen; *(peth)* abgegriffen.

diragfarn *ans* vorurteilsfrei.

diragrith *ans* aufrichtig, ehrlich.

dirdyniad (**-au**) *g* Verrenkung *f*.

dirdyniant (**dirdyniannau**) *g* Zuckung *f*.

dirdynnol *ans (arteithiol)* qualvoll; *(uffernol)* höllisch; *(wedi'i wyrdroi)* verzerrt; *(tyn)* verkrampft, krampfhaft.

dirdynnu *be.a* quälen, foltern; *(gwyrdroi)* verzerren; *(straenio)* verstauchen.

dirediad *ans (GRAM)* indeklinabel.

direidi *g* Verschmitztheit *f*.

direidus *ans* verschmitzt, schelmisch.

direiliad (**-au**) *g* Entgleisung *f*.

direilio *be.g* entgleisen.

♦ *be.a* zum Entgleisen bringen.

direol *ans (aflywodraethus)* nicht zu bändigen; *(afreolaidd)* regelwidrig, ungewöhnlich; *(anhrefnus)* unordentlich.

direolaeth *b* Unbeherrschtheit *f*; *(afreoleidd-dra)* Regelwidrigkeit *f*; *(anhrefnusrwydd)* Unordentlichkeit *f*.

direswm *ans* grundlos.

dirfawr *ans* enorm, riesig; **mae ~ angen am hynny** es herrscht ein ungeheurer Bedarf danach.

dirgel¹ *ans (cudd)* heimlich, versteckt; *(cyfrinachol)* geheim, streng vertraulich; *(od)* geheimnisvoll, mysteriös; *(anamlwg)* latent; *(astrus)* abstrus.

dirgel² (**-ion**) *g* Geheimnis *nt*; **yn y ~** im Geheimen, im Verborgenen; **~ion** *ll (ANAT)* Genitalien *pl*.

dirgelwch *g* Rätsel *nt*; *(cyfrinach)* Geheimnis *nt*;

(gwarthle) Geschlechtsteile *pl*, Genitalien *pl*.

dirgryniad (**-au**) *g (cryniad ysgafn)* Vibration *f*; *(cryndod)* Erschütterung *f*; *(daeargryn)* Erdbeben *nt*; *(FFIS)* Schwingung *f*.

dirgrynu *be.g* beben; *(FFIS)* schwingen, vibrieren.

diriaethol *ans* gegenständlich, konkret.

di-rif *ans* zahllos, unzählig, unzählbar.

dirifedi *ans* = **di-rif**.

dirlawn *ans (CEM)* gesättigt.

dirmyg *g* Verachtung *f*, Geringschätzung *f*; *(gwawd)* Hohn *m*, Spott *m*; **yn llawn ~** voll Verachtung.

dirmygadwy *ans* verächtlich.

dirmygedig *ans* verachtet.

dirmygol *ans* = **dirmygus**.

dirmygu *be.a* verachten; *(gwawdio)* verhöhnen, verspotten.

dirmygus *ans* verächtlich, abschätzig; *(gwawdlyd)* höhnisch, spöttisch.

dirnad¹ *be.a* begreifen; *(esbonio)* ergründen.

dirnad² *g* Begriff *m*; *(esboniad)* Ergründung *f*.

dirnadaeth *b* Verständnis *nt*, Durchblick *m*; *(amcan)* Vorstellung *f*.

dirnadwy *ans* denkbar, fassbar.

dirodres *ans* schlicht, ungekünstelt.

dirprwy (**-on**) *g* Stellvertreter *m*; *(GWLEID)* Delegierte *m/f*; **~ actor(es)** zweite Besetzung; **~ fam** Ersatzmutter *f*; **~ brifathro** stellvertretender Direktor *m*, Vizedirektor *m*; **~ siryf** *(UDA)* Hilfssheriff *m*.

dirprwyaeth (**-au**) *b* Delegation *f*, Abordnung *f*.

dirprwyo *be.a* delegieren; *(cymryd lle)* vertreten; **~ rhth i rn** jdm etw delegieren.

dirwasgiad (**-au**) *g (MASN)* Rezession *f*, Flaute *f*; **D~ 1929** Weltwirtschaftskrise *f*.

dirwedd (**-au**) *g* Realität *f*; **~ rhithwir** virtuelle Realität.

dirweddaeth *b* Realismus *m*.

dirweddol *ans* reell, wirklich.

dirwest *gb* Abstinenz *f*.

dirwgnach *ans* positiv, zufrieden.

dirwy (**-on**) *b* Geldstrafe *f*, Bußgeld *nt*; **cefais ddirwy o ugain punt** ich musste zwanzig Pfund Strafe zahlen.

dirwyn *be.a* aufwickeln, aufrollen.

♦ *be.g* sich winden, sich ringeln; **roedd y ffordd yn ~ trwy'r dyffryn** die Straße wand sich durch das Tal; **~ i ben** dem Ende zugehen, sich dem Ende nähern.

dirwyo *be.a* mit einer Geldstrafe belegen.

di-rwystr *ans* ungehindert, unbehindert.

dirybudd *ans* ohne Vorwarnung, unangemeldet.

di-rym, dirym *ans* machtlos, ohnmächtig; *(gwan)*

kraftlos.

dirywiad *g (gwaethygiad)* Verschlechterung *f*; *(cyflwr)* Verfall *m*; *(CELF)* Entartung *f*; *(moesau)* Dekadenz *f*.

dirywiaeth *b* Degeneration *f*.

dirywiedig *ans* degeneriert; *(o ran moesau)* dekadent.

dirywio *be.g* verfallen; *(gwanhau)* degenerieren; *(CELF)* entarten; **mae ei waith ysgol yn ~** seine Leistungen in der Schule verschlechtern sich. ♦ *be.a* verschlechtern.

dis (-iau) *gb* Würfel *m*.

di-sail *ans* unbegründet, grundlos; **mae'r si yn gwbl ddi-sail** das Gerücht ist aus der Luft gegriffen.

disbaddu *be.a* kastrieren, sterilisieren.

disberod *g:* **ar ddisberod** verloren, streunend; **mynd ar ddisberod** *(llyth)* vom Weg abkommen, sich verirren; *(ffig)* auf Abwege geraten; **arwain rhn ar ddisberod** *(ffig)* jdn vom rechten Weg abbringen.

disco (-s) *g* = **disgo**.

disel *g* = **diesel**.

diserch *ans* missmutig, mürrisch, grantig^A; *(pwdlyd)* schmollend; **paid ag edrych mor ddiserch** mach nicht so ein saures Gesicht.

disg (-iau) *gb* Scheibe *f*; *(record)* (Schall)platte *f*; *(ANAT)* Bandscheibe *f*; *(CYFDR)* Diskette *f*; **~ hyblyg** Diskette, Floppy-Disk *f*; **~ caled** *(CYFDR)* Festplatte *f*; **cryno-ddisg** Compact Disc *f*, CD *f*; **~ ffoto** Foto-CD *f*; **~-yrrwr** *(CYFDR)* Diskettenlaufwerk *nt*; *(CYFDR)* **ar ddisg** auf Diskette; *(sain)* auf Platte; **~ llac** *(MEDD)* Bandscheibenschaden *m*; **~ adnabod** *(MIL)* Erkennungsmarke *f*; **~ fideo** Video CD *f*.

disgen (-ni *neu* disgiau) *b* *(CHWAR)* Diskus *m*; **taflu'r ddisgen** Diskuswerfen *nt*.

disglair *ans* glänzend, hell; *(lliw)* leuchtend; *(haul, sêr, llygaid, gemwaith)* strahlend; *(tywydd)* strahlend, klar; *(ffig: dyfodol)* blendend; *(clyfar)* intelligent, brillant.

disgled (disgleidiau) *b:* **~ o de** eine Tasse Tee.

disgleirdeb *g (golau)* Helligkeit *f*; *(llewyrch)* Glanz *m*; *(ffig: deallusrwydd)* Intelligenz *f*.

disgleirio *be.g* *(goleuo)* leuchten, scheinen; *(llewyrchu)* glänzen; *(pelydru)* scheinen, strahlen; *(ffig)* glänzen, brillieren; **mae'r haul yn ~** die Sonne scheint; **mae'r golau yn ~ yn ei lygaid** das Licht scheint ihm in die Augen; **~ ar** beleuchten, bestrahlen; **~ gan hapusrwydd** vor Freude strahlen; **~ trwy** durchscheinen.

disgo (-s) *g* Disko *f*, Diskothek *f*; **dawnsio ~** Diskotanzen *nt*.

disgownt *g* Preisnachlass *m*, Ermäßigung *f*; *(ar eitem)* Rabatt *m*; *(am arian parod)* Skonto *nt/m*; **~ i**

fyfyrwyr *(mynediad)* Studentenermäßigung *f*; **rhoi rhth ar ddisgownt** Rabatt auf etw *akk* geben; **rhoi ~ o 5% i rn** jdm 5% Rabatt geben.

disgrifiad (-au) *g* Beschreibung *f*; *(o ddigwyddiad neu sefyllfa)* Schilderung *f*; *(esboniad)* Erläuterung *f*; **~ swydd** Stellenbeschreibung *f*.

disgrifio *be.a* beschreiben; *(digwyddiad)* schildern; *(esbonio)* erläutern; **disgrifiwch ef i ni** beschreiben Sie ihn uns; **~ rhth fel ...** etw als... beschreiben; **na ellir ei ddisgrifio** unbeschreibliche(r,s).

disgwyl *be.a (aros am)* warten auf +*akk*; *(rhagdybio)* erwarten; *(chwilio)* suchen; *(sgyrs: edrych)* schauen; **~ rhth o rn** etw von jdm erwarten; **~ bod rhth yn mynd i ddigwydd** erwarten, dass etw passiert; **roedd hynny i'w ddisgwyl** das war zu erwarten; **~ y gwaethaf** mit dem Schlimmsten rechnen; **disgwyliaf dy weld yfory** wir sehen uns morgen; **beth rydych chi'n ~ i mi ei wneud?** was erwarten Sie von mir? was soll ich tun? **~ ar ôl dy hun!** schau auf dich! **rwyf wedi ~ am yr allwedd** ich habe nach dem Schlüssel gesucht; **prin y gellir ~** man kann sich nicht viel erwarten; **paid â ~ i mi gydymdeimlo** erwarte kein Mitleid von mir; **~ llawer o rn** große Anforderungen an jdn stellen; **~ plentyn** ein Kind erwarten, guter Hoffnung sein.

disgwylgar *ans* erwartungsvoll.

disgwyliad (-au) *g* Erwartung *f*; **~ oes** Lebenserwartung *f*; **yn groes i bob ~** wider alle Erwartung.

disgwyliadwy *ans* vorhersehbar, berechenbar.

disgwyliedig *ans* erwartet.

disgybl (-ion) *g* Schüler(in) *m(f)*; *(CREF)* Jünger *m*; **~ cyfnewid** Austauschschüler(in) *m(f)*; **~ delfrydol** Musterschüler(in) *m(f)*; **~ preswyl** Internatsschüler(in) *m(f)*; **y Disgyblion** *(CREF)* die zwölf Jünger.

disgyblaeth (-au) *b* Disziplin *f*; *(cosb)* Disziplinierung *f*; **cadw ~** die Disziplin aufrechterhalten; **~ a threfn** Zucht und Ordnung.

disgybledig *ans* diszipliniert.

disgyblu *be.a (hyfforddi)* erziehen; *(cosbi)* bestrafen, disziplinieren; *(cosbi'n gorfforol)* züchtigen; *(teimladau)* kontrollieren; **~ rhn i wneud rhth** jdn dazu anhalten etw zu tun.

disgyn *be.g (syrthio)* fallen; *(glanio)* landen; *(o fws neu drên)* aussteigen; *(o gefn ceffyl neu feic)* absteigen, absitzen; *(safon)* abfallen; **~ ar** *(ymosod)* herfallen über +*akk*; **~ o** *(tarddu)* abstammen von +*dat*; **disgynnodd y prisiau** die Preise fielen; **mae'r ffordd yn ~ yn serth** die Straße fällt stark ab; **~ ar eich traed** *(ffig)* auf die Füße fallen; **disgynnodd y gwydr o'm llaw** das Glas fiel mir aus der Hand.

disgynfa¹ (-oedd) *b (o drên neu fws)* Haltestelle *f.*

disgynfa² (-oedd) *b (rhiw)* Abhang *m.*

disgynnydd (-ion) *g* Nachkomme *m;* *(ASTRON)* Deszendent *m;* **bod yn ddisgynydd i rn** abstammen von jdm; **disgynyddion** Nachkommenschaft *f.*

disgyrchiant *g (FFIS)* Gravitation *f,* Schwerkraft *f;* *(FFIS: atyniad)* Anziehungskraft *f;* **deddf ~** Gravitationsgesetz *nt;* **craidd ~** Schwerpunkt *m.*

disg-yrrwr *g (CYFDR)* Diskettenlaufwerk *nt.*

disodli *be.a (cymryd lle)* ersetzen, ablösen; *(â grym)* verdrängen.

disodliad (-au) *g* Verdrängung *f.*

dist (-iau) *g* Stützbalken *m;* *(to)* Dachbalken *m.*

distadl *ans* unscheinbar, belanglos; *(cyffredin)* trivial, banal.

di-staen *ans* fleckenlos.

distaw *ans* still; *(person)* ruhig; *(isel)* leise; *(cerddediad)* leicht; **byddwch ddistaw!** Ruhe! **byw bywyd ~** ein ruhiges Leben führen; **cadw'n ddistaw am rth** über etw *akk* schweigen; **fe gadwodd e'r mater yn ddistaw** er behielt die Sache für sich; **gyda'r nos pan fo'r swyddfa'n ddistaw** nachts, wenn im Büro alles still ist; **mae pethau'n ddistaw ar hyn o bryd** im Augenblick ist alles ruhig; **bod â meddwl ~** beruhigt sein; **cysgu'n ddistaw** ruhig schlafen; **yn ddistaw bach** *(dirgel)* klammheimlich; **mor ddistaw â'r bedd** totenstill.

distawrwydd *g* Stille *f,* Ruhe *f;* **wedi iddo orffen siarad bu ~** als er aufhörte zu reden, trat Stille ein.

distewi *be.g* leiser werden; *(llonyddu)* sich beruhigen; *(sŵn)* verklingen, verhallen; *(poen)* nachlassen.

♦ *be.a* zum Schweigen bringen; *(babi)* beruhigen; *(ofnau, amheuon)* zerstreuen; *(poen)* lindern.

distewydd (-ion) *g (gwn)* Schalldämpfer *m.*

distryw *g* Zerstörung *f,* Devastierung *f.*

distrywio *be.a* zerstören; *(tegan ayb)* ruinieren, kaputtmachen; *(dogfennau)* vernichten; *(tân)* verwüsten; *(gobeithion)* zunichte machen; **distrywiwyd yr adeilad gan dân** das Gebäude wurde von Feuer zerstört.

distrywiol *ans* zerstörerisch; *(tueddiadau)* destruktiv; *(ffig)* destruktiv.

di-stŵr *ans (tawel)* leise; *(heb ffwdan)* ohne Getue *nt.*

distyll¹ *g (y môr)* Niedrigwasserstand *m.*

distyll² *ans (CEM)* destilliert.

distyllfa (distyllfeydd) *b* Destillerie *f;* *(gwirod)* Schnapsbrennerei *f;* **~ chwisgi** Whiskydestillerie *f.*

distylliad¹ *g (llifiad y môr)* Ebbe *f.*

distylliad² *g (CEM)* Destillation *f.*

distyllu *be.a* destillieren; *(chwisgi)* destillieren;

(gwirod) brennen.

distyllwr (distyllwyr) *g* Destillierer *m,* Schnapsbrenner *m.*

di-sut *ans* unfähig, ungeschickt.

diswyddiad (-au) *g* Entlassung *f.*

diswyddo *be.a* entlassen; *(pennaeth)* absetzen; *(trwy ethol)* abwählen; *(sgyrs)* rausschmeißen.

disychedu *be.a: ~ rhn* jds Durst stillen.

di-syfl *ans* unbeweglich, starr; *(person)* standfest; *(cred)* unerschütterlich.

disylw *ans* belanglos, unbeachtet.

di-sylw *ans* unaufmerksam.

disymud *ans* bewegungslos, unbewegt.

disymwth *ans* abrupt, jäh; *(ateb, arddull)* brüsk.

disynnwyr *ans* sinnlos, unsinnig, absurd; *(hurt)* idiotisch, bescheuert[D], vertrottelt[A].

ditectif (-s) *g (heddlu)* Kriminalbeamte *m/f;* *(preifat)* Detektiv *m;* **~ preifat** Privatdetektiv *m;* **ci ~** Spürhund *m;* **nofel dditectif** Krimi *m.*

diurddas *ans* unwürdig, unehrenvoll; **modd ~ o eistedd** eine unelegante Art zu sitzen; **ymddangos yn ddiurddas** seine Würde verlieren.

diwaelod *ans* bodenlos.

diwahân *ans* untrennbar; **daeth pawb yn ddiwahân** es kamen alle ohne Ausnahme.

diwahardd *ans* = **diwardd**.

diwahoddiad *ans* ungeladen.

diwair *ans* keusch, unverdorben, rein.

di-waith *ans* arbeitslos.

♦ *g:* **y ~** die Arbeitslosen *pl;* **roedd nifer y di-waith yn codi** die Zahl der Arbeitslosen stieg an.

diwalliad *g* Befriedigung *f.*

diwallu *be.a* zufrieden stellen; *(syched, galw)* stillen; *(eisiau bwyd)* sättigen; **diwallu'r angen** den Bedarf decken.

diwarafun *ans (heb gwyno)* anstandslos; *(heb rwystro)* unbehindert; **rhoddwyd yr arian yn ddiwarafun** das Geld wurde anstandslos gegeben.

diwardd *ans* undiszipliniert, ungebärdig, schlimm.

diwasgedd (-au) *g (TYW)* Tiefdruckgebiet *nt.*

di-wast *ans* = **diwastraff**.

diwastraff *ans* sparsam; *(peiriant)* ökonomisch; *(â geiriau)* wortkarg; **bod yn ddiwastraff â moliant** mit Lob geizen; **gŵr ~ ei eiriau** ein wortkarger Mensch.

diwedd *g* Ende *nt;* *(terfyn)* Schluss *m;* *(sigarét neu gannwyll)* Stummel *m;* **dod at y ~** zum Schluss kommen; **ddiwedd Gorffennaf** Ende Juli; **y pedwerydd o'r ~** der Vierte von hinten; **~ y mis** Monatsende *nt;* **~ y flwyddyn** Jahresende *nt;* **tuag at y ~** gegen Ende zu; **hyd at y ~** bis zum Schluss, zu Ende; **gweld ffilm hyd y ~** einen Film zu Ende

sehen; **gwneud ~ ar rth** etw *dat* ein Ende setzen;
dyna ddiwedd ar hynny das ist damit erledigt; **o'r ~**
endlich; **~ y byd** Weltuntergang *m*; **a dyna ddiwedd
y gân!** und damit basta! **~ y gân yw'r geiniog** Geld
macht die Musik; **yn y ~** letztlich, am Ende, zu
guter Letzt, schließlich.
    ar ddiwedd *ardd* am Ende +*gen*; **ar
ddiwedd yr wythnos** am Ende der Woche.

diweddar *ans* kürzlich; *(digwyddiad, datblygiad)*
jüngste, aktuell; *(newyddion)* neueste; *(argraffiad,
cyhoeddiad)* neu; *(hwyr)* spät; *(wedi marw)*
verstorben; **rwyt yn ddiweddar bob tro** du bist
jedes Mal spät dran; **argraffiad ~** *(llyfr)* Neuauflage
f; **grawnwin ~** Spätlese *f*; **yn y blynyddoedd ~** *(cyfoes)*
in den vergangenen Jahren; **y ~ J.M. Jones** der
verstorbene J.M. Jones.
   ♦ *adf:* **yn ddiweddar** kürzlich, unlängst; **bod yn
ddiweddar** spät dran sein.

diweddaru *be.a (moderneiddio)* modernisieren;
(cynnwys ffeithiau newydd) aktualisieren, updaten.

diweddeb (**-au**) *b (CERDD)* Kadenz *f*; *(GRAM)* **~au berf**
Verbendungen *pl*, Verbalsuffixe *pl*.

diweddglo *g (traethawd ayb)* Schluss *m*, Abschluss *m*;
(LLEN) Auflösung *f*.

diweddu *be.a* beenden; *(darlith)* abschließen; *(dirymu)*
aufheben; *(cyfnod)* verstreichen; **mae'r ffilm yn ~'n
dda** der Film geht gut aus; **~ rhn** jdm den Garaus
machen.
   ♦ *be.g* enden, zu Ende gehen.

diweirdeb *g* Keuschheit *f*.

diweithdra *g* Arbeitslosigkeit *f*; **mae'r ~'n uchel** es
herrscht hohe Arbeitslosigkeit.

diwel *be.a* gießen; *(gwagio)* ausleeren; **~ y glaw** es
gießt in Strömen.

diwerth *ans* unbrauchbar; *(person)* zu nichts nütze;
(heb effaith) wirkungslos; *(yn ariannol)* wertlos;
mae'r sosban yn ddiwerth heb ddolen ohne Griff ist
der Topf unbrauchbar; **mae'n llawn syniadau ~** er
steckt voller unsinniger Ideen; **mae e'n
chwaraewr ~** er taugt nichts als Spieler.

diwethaf *ans (y mwyaf diweddar)* letzte(r,s),
vergangene(r,s); *(y mwyaf newydd)* neueste(r,s);
wythnos ~ letzte Woche, vergangene Woche; **yn
y blynyddoedd ~** in den letzten Jahren, in den
vergangenen Jahren; **y tro ~** letztes Mal, voriges
Mal; **y tro ~ ond un** vorletztes Mal.

diwinydd (**-ion**) *g* Theologe *m*.

diwinyddes (**-au**) *b* Theologin *f*.

diwinyddiaeth *b* Theologie *f*.

diwinyddol *ans* theologisch.

di-wobr *ans* ohne Preis.

diwreiddio *be.a (planhigyn)* ausreißen; *(coeden)*

entwurzeln; *(ffig am bobl)* **wedi eich ~ gan y rhyfel**
vom Krieg entwurzelt werden; **~ rhn o'i
amgylchfyd cyfarwydd** jdn aus seiner gewohnten
Umgebung herausreißen.

diwrnod (**-au**) *g* Tag *m*; **~ agored** Tag der offenen
Tür; **~ agored i rieni** *(YSG)* Elternsprechtag *m*; **rhoi ~
i'r brenin** blaumachen; **y ~ canlynol** am folgenden
Tag; **~ cyflog** Zahltag *m*; **ar ddiwrnod fel heddiw** an
einem Tag wie heute; **~ glawiog** Regentag *m*; **~
i'w gofio** ein unvergesslicher Tag; **~ gwaith**
Arbeitstag *m*, Wochentag *m*; **y ~ o'r blaen** am Tag
davor; **pryd mae'r ~ mawr?** wann ist der große
Tag? **cael eich talu fesul ~** tageweise bezahlt
werden; **trip ~** Tagesausflug *m*; **un ~ ...** eines
Tages...

diwyd *ans* fleißig, emsig, strebsam.

diwydianeiddio *be.a* industrialisieren.

diwydiannaeth *b* Industrialisierung *f*.

diwydiannol *ans* industriell; **gwastraff ~**
Industriemüll *m*; **gweithred ddiwydiannol** Streik *m*;
stad ddiwydiannol Industriegebiet *nt*,
Industriegelände *nt*; **y Chwyldro D~** *(HAN)* die
industrielle Revolution.

diwydiannwr (**diwydiannwyr**) *g* Industrielle(r) *m*.

diwydiant (**diwydiannau**) *g* Industrie *f*; **~ arfau**
Rüstungsindustrie *f*; **~ ceir** Autoindustrie *f*; **~
cemegau** chemische Industrie; **~ glo**
Kohlebergbau *m*; **~ gwasanaethu**
Dienstleistungssektor *m*; **~ mwyngloddio** Bergbau
m, Montanindustrie *f*; **~ niwclear** Atomwirtschaft
f; **~ olew** Ölindustrie *f*; **~ tecstilau** Textilindustrie
f; **~ trwm** Schwerindustrie *f*; **~ uwch-dechnoleg**
Hightechindustrie *f*; **~ ymwelwyr**
Fremdenverkehr *m*; **~ ynni** Energiewirtschaft *f*.

diwydianwraig (**diwydianwragedd**) *b* Industrielle *f*.

diwydrwydd *g* Fleiß *m*, Emsigkeit *f*.

diwyg *g* Format *nt*, Form *f*, Aufmachung *f*; *(ffordd o
wisgo)* Aufmachung *f*; **~ llyfr** Aufmachung eines
Buches.

diwygiad (**-au**) *g* Reform *f*; *(CREF)* Reformation *f*,
Erneuerung *f*; **y D~ Methodistaidd** die
methodistische Erneuerung; **y D~ Protestannaidd**
die Reformation.

diwygiedig *ans* verbessert, überarbeitet; **argraffiad ~**
verbesserte Auflage *f*.

diwygio *be.a* verbessern, reformieren; *(llyfr neu
destun)* überarbeiten; *(cyfraith)* (ab)ändern; *(person)*
bessern; *(adfywio)* erneuern, beleben; **~'r
gwasanaeth iechyd** Gesundheitsreform *f*.

diwygiwr (**diwygwyr**) *g* Reformator *m*.

diwylliadol *ans* = diwylliannol.

diwylliannol *ans* kulturell.

diwylliant (diwylliannau) *g* Kultur *f.*

diwylliedig *ans* kultiviert, gebildet.

diwyllio *be.a* zivilisieren, kultivieren.

diwyro *ans* (*syth*) gerade; (*person*) unbeirrbar, unbeugsam.

diymadferth *ans* hilflos.

diymadferthedd *g* Hilflosigkeit *f.*

diymadferthwch *g* = **diymadferthedd**.

diymdrech *ans* mühelos, spielerisch.

diymdroi *ans* unverzüglich.

diymffrost *ans* bescheiden.

diymgeledd *ans* vernachlässigt.

diymhongar *ans* bescheiden, demütig.

diymhongarwch *g* Bescheidenheit *f*, Demut *f.*

diymwad, diymwâd *ans* unbestreitbar, unleugbar.

diymwybod *ans* unbewusst; **yn ddiymwybod i mi** ohne dass es mir bewusst war.

diynni *ans* kraftlos, lethargisch, phlegmatisch.

diysbryd *ans* geistlos, nicht einfallsreich.

diysgog *ans* standhaft, resolut; (*cred*) unerschütterlich; (*pencampwr*) unangefochten.

diystyr *ans* bedeutungslos; (*heb achos*) sinnlos, unsinnig.

diystyriol *ans* = **anystyriol**.

diystyrllyd *ans* = **anystyrllyd**.

diystyru *be.a* ignorieren; (*dibrisio*) abtun; (*cyngor*) sich hinwegsetzen über +*akk*; ~ **rhth** etw nicht beachten.

diystyrwch *g* Gedankenlosigkeit *f.*

do *geir* ja; **on'd ~ fe?** nicht wahr? **~ fe wir?** wirklich wahr?

doc (-iau) *g* Dock *nt*, Hafenanlage *f*; ~ **sych** Trockendock *nt.*

docfa (docfeydd) *b* Anlegeplatz *m*, Mole *f.*

docio *be.g* andocken.

dociwr (docwyr) *g* Hafenarbeiter *m.*

doctor (-iaid) *g* Doktor *m*, Arzt *m*; (*academaidd*) Doktor; ~ **cwac** *neu:* ~ **bôn clawdd** Quacksalber *m.*

doctora *be.g* herumdoktern; (*ysbaddu anifail*) sterilisieren.

doctores (-au) *b* Ärztin *f.*

dod *be.g* kommen; (*yn ychwanegol*) dazukommen; (*cyrraedd*) (an)kommen; (*troi yn*) werden; (*dilyn*) folgen; (*ffurfio swm*) ~ **yn rhth** kommen auf +*akk*; (*bod ar gael*) **mae'r crys yma'n ~ mewn tri lliw** das Hemd gibt es in drei Farben; **tyrd yma!** *neu:* **dere 'ma!** komm her! **dere 'mlaen!** mach schon! **o ble rwyt ti'n ~?** woher kommst du? **rwy'n ~ o Batagonia** ich komme aus Patagonien; ~ **adref** heimkommen, heimkehren; ~ **yn agos i wneud rhth** knapp dran sein etw zu tun; ~ **allan** (*cael ei gyhoeddu*) herauskommen; (*am ddant*) ausfallen; **ar**

ddod bevorstehen; **mae rhyfel ar ddod** ein Krieg steht bevor; ~ **ar draws** finden; ~ **ar draws rhn** (*cwrdd*) jdm begegnen; ~ **at** (*agosáu*) sich etw *dat* nähern; (*ymosod*) angreifen; **daeth ataf â chyllell** er attackierte mich mit einem Messer; ~ **at eich gilydd** zusammenkommen; ~ **at eich coed** Vernunft annehmen; ~ **atoch eich hun** (*dod yn ymwybodol*) zu sich kommen; (*gwella*) auf dem Weg der Besserung sein; (*callio*) sich zusammenreißen, Vernunft annehmen; **dewch i mewn!** herein! ~ **dros rth** (*salwch, tristwch*) über etw hinwegkommen; (*ffig*) etw verschmerzen; **sut daeth yr araith drosodd?** wie ist die Ansprache angekommen? ~ **drosti** durchkommen; **i ddod** kommend, zukünftig; ~ **gyda rhn** mit jdm mitkommen; ~ **heibio** vorbeikommen; ~ **i adnabod rhn** jdn kennen lernen; ~ **i'r amlwg** ans Licht kommen; **mae e wedi ~ yn bell** (*ffig*) er hat es weit gebracht; ~ **i ben** (*gorffen*) enden, aufhören; ~ **i ben â rhth** *gw.* **dod â**; ~ **i benderfyniad** zu einem Entschluss kommen; ~ **i ddarnau** zerbrechen, zersplittern; ~ **i ddim** zu nichts führen; **ni ddaeth i ddim** es wurde nichts daraus, es führte zu nichts; **i ddod** zukünftig, kommend; ~ **i feddwl** in den Sinn kommen; ~ **i'r fei** ans Licht kommen; ~ **i fwcl** erledigt werden; **mae'r botwm wedi ~ i ffwrdd** der Knopf ist abgerissen; ~ **i'r glaw** zu regnen beginnen; ~ **i glustiau rhn** jdm zu Ohren kommen; ~ **i gof** einfallen, in den Sinn kommen; ~ **i'r golwg** (*ymddangos*) auftauchen; (*mynd yn hysbys*) herauskommen, zutage treten; ~ **i law** erreichen; **daeth eich llythyr i law ddoe** Ihr Brief hat mich gestern erreicht; ~ **i lawr** herunterkommen, herabsteigen; (*prisiau*) sinken; ~ **i mewn** hereinkommen; (*dŵr, gelyn*) eindringen; ~ **i oed** heranwachsen; **mynd a ~** kommen und gehen; ~ **o** (*byw*) kommen aus +*dat*; (*tarddu*) stammen aus +*dat*; (*cael ei achosi gan*) herrühren von +*dat*; ~ **o hyd i** finden, antreffen; ~ **yn rhydd** frei werden; (*sgriw*) sich lockern, locker werden; ~ **trwy rth** (*goroesi*) etw überstehen; **mae e wedi dod trwyddi** er hat es überstanden; ~ **tuag at** (*agosáu*) zukommen auf +*akk*; ~ **ynghyd** zusammenkommen, sich versammeln; ~ **ymlaen** vorankommen, vorwärts kommen; ~ **yn ôl** zurückkommen, zurückkehren; **doed a ddêl** komme was mag; **ddaw hi ddim** so geht's nicht.

♦ *be.e:* **roedd yno lawer o fynd a ~** es herrschte reges Kommen und Gehen.

    dod â *be.g* bringen, mitbringen; (*geni*) zur Welt bringen, gebären; **maen nhw'n ~ â'r car** (*teithio*) sie kommen mit dem Auto; (*trosglwyddo*) sie bringen das Auto; **mae hi'n ~ ag achos yn erbyn y llywydd** *(CYFR)* sie klagt den Präsidenten an, sie bringt die Klage gegen den Präsidenten ein; **daethant ag ef i'r ysbyty** sie brachten ihn ins Spital; **~ â chathod bach** Kätzchen zur Welt bringen; **~ â rhth i mewn** etw hereinbringen; **~ â rhth i'r golwg** etw ans Licht bringen, etw aufzeigen; **~ â rhth i ben** etw zu Ende bringen; *(cyflawni)* etw erledigen; *(llwyddo)* etw schaffen. **i ddod** *ans* kommend, zukünftig; **y blynyddoedd i ddod** die kommenden Jahre.

dodecaffoni *g* Zwölftonmusik *f*.

dodi *be.a* setzen, stellen, legen, stecken; *(arian mewn banc)* deponieren; *(modrwy)* aufsetzen; *(poster)* aufkleben; *(plannu)* pflanzen, setzen; **~ yn lle rhth** etw ersetzen; **rwy wedi ~ rhosod** ich habe Rosen gepflanzt; **dannedd ~** falsche Zähne; **~ ar ddeall** zu verstehen geben; **~ ar waith** sich ans Werk machen; **~ bai ar rn** jdm die Schuld geben; **~ bryd ar rth** sich *dat* etw zum Ziel setzen; **~ bys ar** eine Lösung finden für *+akk*; **~ enw ar rth** etw einen Namen geben, etw taufen; **~ i lawr** absetzen; **~ meddwl ar rth** sich *dat* etw in den Kopf setzen; **~ rhth yn eich poced** etw einstecken, etw in die Tasche stecken; **~ ymaith** weglegen; **~ yn lle rhth** etw ersetzen mit *+dat*.

dodo *g* *(SÖOL)* Dronte *f*.

dodrefn *ll* Möbel *pl*, Einrichtung *f*, *(THEATR)* Requisiten *pl*; **~ unedol** Einbaumöbel *pl*.

dodrefnu *be.a* einrichten, möblieren.

dodrefnyn (dodrefn) *g* Möbelstück *nt*, Möbel *nt*, Einrichtungsgegenstand *m*; **~ cyfnod** Stilmöbel *nt*; **~ clustogi** Polstermöbel *nt*.

dodwy *be.a* legen.

doe *g* Gestern *nt*.

♦ *ans* gestrig; **papur ~** gestrige Zeitung *f*.

♦ *adf:* **ddoe** gestern; **bore ddoe** gestern Früh; **pnawn ddoe** gestern Nachmittag; **wythnos i ddoe** *(dyfodol)* gestern in einer Woche; *(gorffennol)* gestern vor einer Woche.

doeth *ans* *(call)* weise, geistvoll; *(gwybodus)* gebildet; *(gweithrediad)* ratsam; **y peth doethaf i'w wneud fyddai ...** das gescheiteste wäre…; *(Beibl)* **y tri gŵr ~** die drei Weisen.

doethineb (-au) *g* Weisheit *f*, **~ cefn gwlad** Bauernschläue *f*.

doethur *g* *(academaidd)* Doktor *m*, Dr.; **~ er anrhydedd** Ehrendoktor *m*, Dr.h.c.

doethuriaeth *b* Doktorat *nt*, Doktortitel *m*; *(prawf)* Promotion *f*.

doethyn (doethynion) *g* Weise(r) *m*, Quelle *f* der Weisheit.

dof *(ll -ion)* *ans* zahm; *(person)* lahm, öd.

dofednod *ll* Geflügel *nt*, Federvieh *nt*.

dofi *be.a* zähmen, bändigen; *(ceffyl)* zureiten.

dofn *ans* *gw.* **dwfn.**

dogfen (-nau) *b* Dokument *nt*, Schriftstück *nt*, Urkunde *f*, *(sy'n cyfeirio at achos)* Akte *f*; *(CYFDR)* Dokument, File *nt*.

dogfennol *ans* urkundlich; *(ffilm ayb)* dokumentarisch; **tystiolaeth ddogfennol** urkundlicher Beleg *m*; **ffilm ddogfennol** Dokumentarfilm *m*.

dogfennu *be.a* beurkunden, dokumentieren; *(hawliau)* verbriefen.

dogma *gb* Dogma *nt*.

dogmataidd *ans* dogmatisch.

dogmatig *ans* = **dogmataidd.**

dogn (-au) *g* Ration *f*, Portion *f*, *(meddygaeth)* Dosis *f*.

dogni *be.a* rationieren; *(MEDD)* dosieren; **~ bwyd** das Essen rationieren.

dol (-iau) *b* Puppe *f*, **tŷ ~** Puppenhaus *nt*, Puppenküche *f*.

dôl¹ (-au *neu* **dolydd)** *b* Wiese *f*, Weide *f*, *(yn yr Alpau)* Almwiese *f*.

dôl² *g* *(tâl)* Arbeitslosenunterstützung *f*, Arbeitslose *f*, **ar y ~** arbeitslos.

dolef (-au) *b* Geheul *nt*, Wehklagen *nt*.

dolefain *be.g* heulen, wehklagen.

dolen (-nau *neu* **-ni)** *b* Griff *m*; *(ysgubell, rhaw)* Stiel *m*; *(cadwyn)* Glied *nt*; *(cyswllt)* Bindeglied *nt*, Verbindung *f*; *(trontol)* Henkel *m*; *(CERDD)* Ligatur *f*; *(rhaff)* Schleife *f*, Schlinge *f*; *(CYFDR)* Schleife; **~ drws** Türklinke[D] *f*, Türschnalle[A] *f*; **~ gadwyn** Kettenglied *nt*; **~ grog** Öse *f*; **~ gydiol/gyswllt** Bindeglied *nt*; *(mewn sgwrs)* Anknüpfungspunkt *m*; **~ lawes** Manschettenknopf *m*; **~ llenni** Vorhangring *m*; **~ wifren** Drahtschlinge *f*.

doleniad (-au) *g* Windung *f*, *(ffordd)* Serpentine *f*.

dolennog *ans* sich windend, sich schlängelnd; **afon ddolennog** ein sich windender Fluss.

dolennu *be.a* ringeln, winden.

♦ *be.g* *(afon)* sich winden, mäandern; *(neidr)* sich schlängeln, sich winden.

doler (-i) *b* Dollar *m*.

dolffin (-iaid) *g* Delfin *m*.

doli (-au *neu* **-s)** *b* Puppe *f*.

dolian *be.a* schlenkern.

dolmen (-ni) *b* Dolmen *m*, Hünengrab *nt*.

dolur (-iau) *g* *(poen)* Schmerz *m*, Beschwerden *pl*; *(clwyf)* Wunde *f*; *(poen meddwl)* Qual *f*, **~ gwddf** Halsschmerzen *pl*; **~ rhydd** Durchfall *m*; **~ serch** Liebeskummer *m*; **rhoddodd blastr ar y ~** sie klebte ein Pflaster über die Wunde; **mae fy mraich yn rhoi ~** mein Arm schmerzt, mein Arm bereitet mir Schmerzen; **ble mae'n rhoi ~?** wo tut es weh?

dolurio *be.a (anafu)* wehtun *+dat*, Schmerzen zufügen *+dat*.

♦ *be.g (brifo)* wehtun, schmerzen.

dolurus *ans (poenus)* schmerzhaft; *(tost)* wund, weh.

Dominicaidd *ans (DAEAR, CREF)* dominikanisch; **y Weriniaeth Ddominicaidd** *(DAEAR)* die Dominikanische Republik *f.*

Dominiciad (Dominiciaid) *g (DAEAR, CREF)* Dominikaner *m.*

domino (-s) *g (gêm)* Domino *nt; (darn)* Dominostein *m.*

doniau *ll gw.* **dawn.**

donio *be.g (person)* ausstatten; **cael eich ~ â phrydferthwch** mit Schönheit gesegnet sein.

doniol *ans* lustig, witzig, komisch; *(hynod)* komisch; **~ dros ben** irrsinnig komisch; **~ iawn** sehr lustig, urkomisch.

donioldeb *g* = **doniolwch.**

doniolwch *g* Humor *m*, Witz *m.*

dôr (dorau) *b* = **drws;** *(llen)* Pforte *f.*

dos¹ *be.gorch* geh! **~ o 'ma!** verschwinde!

dos² **(-ys** *neu* **-au)** *b* Dosis *f;* **~ fach/fawr** eine schwache/starke Dosis; **~ o ffliw** Grippeanfall *m.*

dosbarth (-au *neu* **-iadau)** *g (rhaniad)* Klasse *f*, Kategorie *f; (YSG)* Klasse; *(cymdeithas)* Stand *m*, Schicht *f; (rhan o sir)* Bezirk *m*, Kreis *m; (o wybodaeth)* Disziplin *f*, Wissenschaftsbereich *m; (ansawdd)* **~ cyntaf** erste Klasse; *(nwyddau)* erste Wahl *f; (PRIFYSG)* Bestnote *f*, Auszeichnung *f; (llythyr)* bevorzugte Post; *(tocyn)* erste Klasse; **~ allanol** Abendstunden *pl;* **brwydr y ~iadau** Klassenkampf *m;* **~ canol** Mittelstand *m;* **cyngor ~** Bezirksverwaltung *f;* **~ derbyn** *(CREF)* Konfirmandenstunde *f;* **~ gweithiol** Arbeiterklasse *f;* **~ nos** Abendkurs *m.*

dosbarthiad (-au) *g* Verteilung *f; (gwobr, sgoloriaeth)* Vergabe *f; (cludiad)* Lieferung *f*, Zustellung *f; (rhaniad)* Einteilung *f; (CYLL)* Ausschüttung *f;* **~ ffilmiau** Filmverleih *m.*

dosbarthu *be.a (trefnu)* einteilen, anordnen; *(BIOL)* klassifizieren; *(rhoi allan)* verteilen; *(cyflenwi)* liefern, zustellen.

dosbarthwr (dosbarthwyr) *g* Verteiler *m; (MASN)* Zwischenhändler *m.*

dosbarthydd *g* = **dosbarthwr.**

dosraniad (-au) *g* Gliederung *f*, Einteilung *f.*

dosrannu *be.a* gliedern, einteilen; *(arian)* umlegen, verteilen.

dot (-iau) *gb* Punkt *m; (mawr)* Tupfen *m;* **i-ddot** I wie Ida.

dotio *be.a* punktieren; **~ ar rn/rth** *(dwlu ar)* einen Narren an jdm/etw gefressen haben.

dotyn *g* = **dot.**

dowcio *be.a* eintauchen, untertauchen.

♦ *be.g (osgoi ergyd)* sich ducken.

drachefn *adf* wiederum, abermals, aufs Neue; **~ a thrachefn** (immer und) immer wieder.

dracht (-iau) *gb* großer Schluck *m;* **yfed ~iau** in großen Schlucken trinken.

drachtio *be.g* saufen, in sich *akk* hineinschütten.

draen¹ (-iau) *g* Abfluss *m*, Ausguss *m; (carthffos)* Kanal *m;* **gorchudd ~** Kanaldeckel *m;* **~ agored** Rinnsal *nt;* **taflu arian i lawr y ~** das Geld aus dem Fenster werfen.

draen² *b* = **draenen.**

draenbib (-au) *b* Abflussrohr *nt.*

draenblu *ll* Flaum *m.*

draenen (drain) *b* Stachel *m; (BOT)* Dorn *m;* **~ ddu** Schlehdorn *m*, Schwarzdorn *m;* **~ wen** Weißdorn *m*, Hagedorn *m;* **~ yr Aifft** Akazie *f;* **bod yn ddraenen yn ystlys rhn** jdm ein Dorn im Auge sein.

draeniad (-au) *g* Entwässerung *f*, Drainage *f.*

draenio *be.a* entwässern, trockenlegen.

draenog (-od) *g (SÔOL)* Igel *m.*

draenogiad (draenogiaid) *g (SÔOL)* Barsch *m.*

draenogyn *g* = **draenogiad.**

drafers *ll* Unterhose *f.*

drafft¹ (-iau) *g (awel)* Luftzug *m*, Zugluft *f.*

drafft² (-iau) *gb (fersiwn gyntaf)* Entwurf *m*, Rohfassung *f; (CYLL)* Tratte *f.*

drafftio *be.a* abfassen, entwerfen; *(trethi)* einziehen.

drafftiog *ans* zugig.

draffts *ll (gêm)* Damespiel *nt;* **chwarae ~** Dame spielen.

draig (dreigiau) *b* Drache *m;* **y Ddraig Goch** der rote Drache; **y ddraig goch ddyry cychwyn** der rote Drache weist den Weg.

drain *ll gw.* **draenen; ar bigau'r ~** auf Nadeln.

dram (-iau) *g (MWYN)* Lore *f.*

drama (dramâu) *b (THEAT)* Theaterstück *nt*, Schauspiel *nt; (trist)* Drama *nt; (ffig: digwyddiad cyffrous)* Drama; **~'r Dioddefaint** Passionsspiel *nt;* **~ ddogfennol** Dokumentarspiel *nt;* **~ herwgipiad** Geiseldrama *nt;* **~ radio** Hörspiel *nt;* **~'r Geni** Krippenspiel *nt.*

dramataidd *ans (THEAT)* dramaturgisch.

dramateiddio *be.a* dramatisieren.

dramatig *ans (digwyddiad)* dramatisch.

dramodydd (dramodwyr) *g (awdur)* Dramatiker *m; (THEAT)* Dramaturg *m.*

drannoeth *adf* tags darauf, am folgenden Tag.

drastig *ans* drastisch, einschneidend.

draw *adf* dort drüben; ~ **fan yna** dort drüben, dort hinten; **y pen ~** das andere Ende; **yn y pen ~** am Ende, auf lange Sicht; **ar ben ~'r byd** am Ende der Welt; **yma a thraw** da und dort; ~ **i Siapan** hinüber nach Japan.

dreflu *be.g* sabbern.

dreng *ans* bitter, herb.

dreif (-au) *g (ffordd preifat)* Auffahrt *f.*

dreifio *be.a (gyrru car)* fahren.

dreiniog *ans (planhigyn)* dornig; *(anifail)* stachelig.

drennydd *adf* übermorgen; *(dau ddiwrnod wedyn)* zwei Tage später.

dresel *b* = **dreser.**

dreser (-au *neu* -i) *b* Geschirrschrank *m*, Anrichte *f.*

dresin (-au) *g (COG)* Salatsoße *f*, Dressing *nt.*

drewdod *g* Gestank *m*; *(hen awyr)* Mief *m.*

drewgi (**drewgwn**) *g (SŌOL, ffig)* Stinktier *nt.*

drewi *be.g* stinken, miefen; ~ **o ddiod/alcohol** eine Fahne haben; *(ffig)* **mae'n ~ o frad** das riecht nach Verrat.

drewllyd *ans* stinkend, miefig.

driblan *be.g* sabbern; *(pêl-droed)* dribbeln.

driblo *be.g* = **driblan.**

drifft (-iau) *g (daeareg)* Geschiebe *nt*; ~ **cyfandirol** Kontinentalverschiebung *f*; **D~ Gogledd Iwerydd** *(DAEAR)* der Nordatlantikstrom; **rhwyd ddrifft** Treibnetz *nt.*

dringfa (**dringfâu** *neu* **dringfeydd**) *b* Anstieg *m*, Aufstieg *m*; *(serthrwydd)* Steigung *f*; *(ffig)* Aufstieg *m.*

dringhedydd (**dringedyddion**) *g* Kletterpflanze *f.*

dringo *be.g* klettern, steigen; *(planhigyn)* sich hochranken; **ffa ~** Stangenbohnen *pl*; **mae'r tir yn ~** das Terrain steigt an; ~ **dros wal** über die Mauer klettern.

　◆ *be.a (mynydda)* besteigen, erklimmen; ~ **coeden** auf einen Baum steigen; ~ **grisiau** *(gweithred)* Stiegen steigen; *(mynd i fyny)* die Treppe hinaufgehen.

dringwr (**dringwyr**) *g* Bergsteiger *m*, Alpinist *m*; *(ar greigiau)* Kletterer *m.*

dril (-iau) *g* Bohrer *m*; *(trydanol)* Bohrmaschine *f*; ~ **niwmatig** Pressluftbohrer *m*; *(ar gyfer ffordd)* Presslufthammer *m*; ~ **taro** Schlagbohrer *m.*

drilio[1] *be.a* bohren, drillen; ~ **ffynnon olew** nach Öl bohren.

drilio[2] *be.a (MIL)* drillen, exerzieren.

　◆ *be.g (MIL)* exerzieren; *(gramadeg)* pauken[D].

dripian *be.g* tropfen, tröpfeln.

dripin *g* Schmalz *nt.*

dripsych *ans* bügelfrei.

dromedari (**dromedarïaid**) *g (SŌOL)* Dromedar *nt.*

drôr (-s *neu* -iau) *g* Lade *f*, Schublade *f.*

dros *ardd* = **tros**; *(ar draws)* über +*akk*; *(uwchben)* über +*dat*; *(ar ran)* für +*akk*; *(mwy na)* über +*akk*; **pont ~ yr afon** *(arwain)* eine Brücke über den Fluss; ~ **dri chant o lyfrau** über dreihundert Bücher; ~ **y blynyddoedd** über die Jahre, im Laufe der Jahre; **mae'n chwarae ~ Gymru** er spielt für Wales; **drosto** für ihn; *(o blaid)* zu seinen Gunsten; **meddwl ~ rth** etw überdenken; **bod yn fuddugol ~ rn** über jdn siegen; ~ **ben llestri** *(ffig)* zu weit; ~ **fy nghrogi** *(ffig)* nur über meine Leiche; **talu drwg ~ dda** Gutes mit Bösem vergelten; **tin ~ ben** Purzelbaum *m*; *(gymnasteg)* Salto *m.*

　dros ben *ans* überaus, extrem; *(ar ôl)* übrig, überschüssig; **mae un faneg ~ ben** ein Handschuh ist übrig; **beth wnawn ni â'r rhai ~ ben?** was machen wir mit den restlichen?

　◆ *adf (yn neilltuol)* **da ~ ben** ausgezeichnet, extrem gut.

　dros dro *ans* vorläufig, vorübergehend, zeitweilig; *(heb fod yn berffaith)* behelfsmäßig, notdürftig, provisorisch.

drosodd *adf* darüber; *(ar draws)* hinüber; *(ar yr ochr arall)* drüben; *(amserol)* vorbei, vorüber; **berwi ~** überkochen; **mynd ~ i Ffrainc** *(croesi)* nach Frankreich hinüberfahren; **newid ~** auswechseln, vertauschen; **mae'r parti ~** die Party ist vorbei; ~ **a thro** immer wieder; **mynd dros rth ~ a throsodd** *(adolygu)* etw durchkauen; *(dweud eto ac eto)* etw wiederkäuen; ~ **â ni i Gaerdydd** *(teledu)* wir schalten um nach Cardiff; *gw.h.* **trosodd.**

drud *ans* teuer, kostspielig.

drudfawr *ans* kostspielig.

drudw (**drudwyod**) *b* = **drudwen.**

drudwen (**drudwyod**) *b (SŌOL)* Star *m.*

drudwy (-od) *g* = **drudwen.**

drwg[1] *ans* schlecht; *(drygionus)* böse, schlecht; *(ffug)* falsch; *(gwrthnysig)* unartig, schlimm; *(niweidiol)* schädlich; *(pechadurus)* übel, lasterhaft; *(pwdr)* faul, verdorben; **bachgen ~!** schlimmer Bub[A]/Junge[D]! **bod yn ddrwg eich hwyl** schlechter Laune sein; **mae'n ddrwg gennyf** es tut mir Leid; **ddim yn ddrwg o gwbl** gar nicht schlecht.

drwg[2] (**drygau**) *g* Übel *nt*; *(moesol)* Laster *nt*; **cael ~** zurechtgewiesen werden; **gwneud ~ i** Schaden zufügen; **mynd o ddrwg i waeth** immer schlimmer werden; **mae rhyw ddrwg yn y caws** da ist der Wurm drin.

drwgarferiad (-au) *g* Unsitte *f*, Unart *f.*

drwgargoelus *ans* ominös.

drwgdeimlad *g* böses Blut *nt*, Feindseligkeit *f*.

drwgdybiaeth (-au) *b* Misstrauen *nt*, Argwohn *m*; *(ynglŷn â throsedd)* Verdacht *m*.

drwgdybiedig *ans* tatverdächtig.

drwgdybio *be.a* misstrauen +*dat*; *(rhn o drosedd)* verdächtigen.

drwgdybus *ans* argwöhnisch, misstrauisch; *(amheus)* verdächtig.

drwgenwog *ans* berüchtigt, verschrien, verrucht.

drwgewyllysgar *ans* übel wollend.

drwgweithred *b* Übeltat *f*, Missetat *f*.

drwgweithrediad (-au) *g* = drwgweithred.

drwgweithredwr (drwgweithredwyr) *g* Übeltäter *m*, Missetäter *m*.

drwm (drymiau) *g* (CERDD) Trommel *f*; *(baril)* Fass *nt*, Tonne *f*; *(silindr)* Trommel, Walze *f*; *(peiriant golchi)* Trommel; **~ y glust** Trommelfell *nt*; **curo'r ~** trommeln.

drws (drysau) *g* Tür *f*, Türe *f*; **ateb y ~** an die Tür gehen; **~ blaen** Haustür *f*; **~ cefn** Hintertür *f*; *(gwesty, bwyty)* Dienstboteneingang *m*; **trwy ddrws y cefn** *(ffig)* durch die Hintertür; **dangos rhn i'r ~** jdn zur Tür bringen; **dangos y ~ i rn** jdm die Tür weisen, jdn hinauswerfen; **~ y gegin** Küchentür *f*; **~ codi** Schwingtür *f*; **~ llithro** Schiebetür *f*; **~ troi** Drehtür *f*; **mynd o ddrws i ddrws** von Tür zu Tür gehen; *(gwerthwr)* hausieren; **(y) ~ nesaf** nebenan; **(y) ~ nesaf i** neben; **merch ~ nesaf** das Mädchen von nebenan; **curo wrth y ~** an die Tür klopfen; **mae'r Nadolig wrth y ~** Weihnachten steht vor der Tür; **drysau dwbl** Flügeltür *f*; **~ ymwared** *(ffig)* Ausweg *m*.

drwy *ardd* = trwy.

drycin (-oedd) *b* Unwetter *nt*, Gewitter *nt*.

drych (-au) *g* Spiegel *m*; **~ afluniol** Zerrspiegel *m*; **~ allanol** (MODUR) Außenspiegel *m*; **~ ceugrwm** Hohlspiegel *m*; **~ ôl** (MODUR) Rückspiegel *m*.

drychddelwedd (-au) *b* Spiegelbild *nt*.

drychiolaeth (-au) *b* Gespenst *nt*, Phantom *nt*, Erscheinung *f*.

drychiolaethol *ans* gespenstisch, geisterhaft.

drychol *ans* (CYFDR) virtuell.

drỳg (-iau) *g* Droge *f*; (MEDD) Medikament *nt*, Arznei *f*.

drygioni *g* Übel *nt*, Teufelei *f*; *(direidus)* Streich *m*, Unfug *m*.

drygionus *ans* boshaft, böse, böswillig; *(direidus)* schlimm.

drygu *be.a* schaden.

dryll¹ (-au *neu* iau) *g* Splitter *m*, Scherbe *f*, Bruchstück *nt*.

dryll² (-iau) *gb* Gewehr *nt*; **~ pelets** Flinte *f*,

Schrotgewehr *nt*, Büchse *f*.

drylliedig *ans* kaputt, zerborsten; *(llong)* schiffbrüchig; *(person)* erledigt, abgewrackt.

dryllio *be.a* kaputtmachen, zerschmettern; *(rhwygo)* zerreißen; **drylliwyd ei fywyd** sein Leben wurde zerstört; **~ delwau** Idole zerstören.

♦ *be.g* zerspringen, zerbersten, zersplittern; *(mynd yn llongddrylliad)* Schiffbruch erleiden.

drylliog *ans* kaputt; *(carpiog)* zerrissen; *(dan deimlad)* zerrüttet.

drylliwr (dryllwyr) *g*: **~ delwau** Ikonoklast *m*, Bilderstürmer *m*.

drymio *be.g* trommeln.

drymiwr (drymwyr) *g* Trommler *m*; *(grŵp pop)* Schlagzeuger *m*.

dryntol (-au) *b* (dyrntol) Griff *m*; *(cwpan)* Henkel *m*; *(drws)* Türschnalle *f*.

drysfa (drysfeydd) *b* Irrgarten *m*, Labyrinth *nt*.

drysïen (drysi) *b* Dornbusch *m*; **drysi** *ll* Dornenhecke *f*.

drysgoed (-ydd) *g* Urwald *m*, Dschungel *m*.

dryslwyn (-i) *g* Dickicht *nt*, Unterholz *nt*.

dryslyd *ans* wirr, verworren, diffus; *(person)* verwirrt, konfus; **lleisiau ~** Stimmengewirr *nt*.

drysni *g* Dickicht *nt*; *(cymlethdod)* Gewirr *nt*; *(penbleth)* Verwirrung *f*.

drysu *be.a* verwirren, durcheinander bringen; *(cymhlethu)* verkomplizieren; *(achosi penbleth)* verwirren, irremachen^ᴰ; **~ dau beth** zwei Dinge verwechseln.

♦ *be.g* sich verheddern; *(person)* verwirrt sein, konfus werden; **rwyf wedi ~'n lân** ich bin vollkommen verwirrt.

dryswch *g* Durcheinander *nt*, Wirrwarr *m*; *(penbleth)* Verwirrung *f*, Ratlosigkeit *f*; **~ meddwl** geistige Verwirrung, geistige Umnachtung.

dryswig *b* Dschungel *m*, Urwald *m*.

dryswr¹ (dryswyr) *g* (clwb nos) Rausschmeißer *m*.

dryswr² (dryswyr) *g* (TEL) Störsender *m*.

dryw (-od) *gb* (SÔOL) Zaunkönig *m*, Schneekönig *m*.

D.S. *byrf* (= dalier sylw) N.B. (= nota bene).

du¹ (*ll* duon) *ans* schwarz; **dewiniaeth ddu** schwarze Magie *f*; **diwrnod ~ i Gymru** ein schwarzer Tag für Wales; **hiwmor ~** schwarzer Humor *m*; **llygad ~** blaues Auge *nt*; **marchnad ddu** Schwarzmarkt *m*; **y Pla D~** (HAN) die Pest *f*; **~ a gwyn** schwarzweiß; **cyn dduED â'r frân** kohlrabenschwarz; **mwyar duon** Brombeeren *pl*; **pobl dduon** Schwarze *pl*; **dyn ~** Schwarze *m*; **menyw ddu** Schwarze *f*.

du² *g*: **bod mewn ~** *(galaru)* Schwarz tragen; **yn y ~** (CYLL) in den schwarzen Zahlen; **ar ddu a gwyn** *neu*: **mewn ~ a gwyn** schwarz auf weiß, gedruckt.

duaidd *ans* schwärzlich.

dudew *ans* pechschwarz.

dueg *b* (ANAT) Milz *f*.

dug (-iaid) *g* Herzog *m*, Großfürst *m*.

duges (-au) *b* Herzogin *f*, Großfürstin *f*.

dugiaeth (-au) *b* (statws) Herzogswürde *f*; (tir) Herzogtum *nt*, Großfürstentum *nt*.

dugol *ans* herzoglich.

dulas, du-las *ans* dunkelblau, ultramarinblau; (cleisiog) grün und blau; **curo rhn yn ddu-las** jdn grün und blau schlagen.

Dulyn *b* (DAEAR) Dublin *nt*.

dull (-iau) *g* (modd) Stil *m*, Art *f*; (ffordd) Methode *f*, Weise *f*, Verfahren *nt*; (ffasiwn) Fasson *f*; **~ degol** Dezimalsystem *nt*; **~ deuaidd** Binärsystem *nt*; **~ dysgu** Unterrichtsmethode *f*; **~ gweithredu** Verfahrensweise *f*; **~ o fyw** Lebensstil *m*; **~ rhydd** (CHWAR) Freistil *m*; **ym mhob ~ a modd** in jeder erdenklichen Weise.

duo *be.a* schwärzen; (enllibio) anschwärzen.

♦ *be.g* sich verdunkeln; **mae'r awyr yn ~** der Himmel verdunkelt sich.

dur[1] (-oedd) *g* Stahl *m*; **~ gwrthstaen** rostfreier Stahl.

dur[2] *ans* aus Stahl, stählern; (didrugaredd) unerbittlich.

durblat *g* Panzerung *f*.

durblatio *be.a* panzern.

duryn (-nau *neu* -nod) *g* (eliffant, mochyn, pryfed) Rüssel *m*; (trwyn mawr) Zinken *m*; (TECH) Düse *f*.

duw (-iau) *g* Gott *m*; **D~ a ŵyr** das weiß der Himmel, das wissen die Götter; **D~ a'n gwaredo!** Gott bewahre! **D~, D~!** *neu:* jiw! jiw! na so was! **diolch i Dduw!** Gott sei Dank! gottlob!

düwch *g* Schwärze *f*.

duwdod *g* Gottheit *f*.

duwies (-au) *b* Göttin *f*; (ffig) Göttin.

duwiol *ans* fromm, gläubig, gottesfürchtig.

duwioldeb *g* Frömmigkeit *f*.

DVLA *byrf* (= Driver and Vehicle Licensing Authority) ≈ TÜV[D] *m* (Technischer Überwachungsverein).

dwbl[1] *ans* doppelt, zweifach; **bas ~** Kontrabass *m*; **drysau ~** Flügeltür *f*; **ffigur ~** zweistellige Zahl; **gwely ~** Doppelbett *nt*; **ystafell ddwbl** Doppelzimmer *nt*.

dwbl[2] (dyblau) *g* das Doppelte, das Zweifache; **chwerthin yn eich dyblau** sich biegen vor Lachen.

dweud *be.a* sagen; **~ rhth wrth rn** jdm etw sagen; **~ rhth am rn** etw über jdn sagen, jdm etw nachsagen; **~ ar** (effeithio) sich auswirken auf *+akk*; **mae'r nosweithiau hir yn ~ ar ei iechyd** die langen Nächte wirken sich auf seine Gesundheit aus; **dywedodd rth dan ei danned** sie murmelte etw in

ihren Bart; **~ celwydd** lügen; **~ diolch** danke sagen, danken; **~ ffarwél wrth rn** jdm Lebewohl sagen; **~ ffortiwn** wahrsagen; **~ gweddi** beten, ein Gebet sagen; **~ stori** eine Geschichte erzählen; **~ a ~** reden und reden; **dywedir bod ...** man sagt, dass…, es heißt, dass…; **rhaid i mi ddweud ...** ich muss sagen…; **mae'r cloc yn ~ 9 o'r gloch** die Uhr zeigt 9 Uhr; **nid yw hynny'n ~ llawer** das sagt nicht viel; **~ y drefn wrth rn** mit jdm schimpfen, jdm die Leviten lesen; **~ eich meddwl** sagen, was man denkt; **~ eich cwyn** sein Herz ausschütten; **a ~ y gwir** um die Wahrheit zu sagen; **a ~ y lleiaf** um das Mindeste zu sagen; **~ yn dda am rn** gut über jdn sprechen; **~ yn fach am rth** etw verharmlosen; **paid â ~!** was du nicht sagst! **haws ~ na gwneud** leichter gesagt als getan.

dwfn (*b* dofn, *ll* dyfnion) *ans* tief; (ffig) tiefsinnig, tiefgründig; **un ~ yw ef** er ist ein tiefgründiger Mensch, stille Wasser sind tief; **llais ~** tiefe Stimme; **y pen ~** (pwll nofio) das tiefe Ende.

dwfr (dyfroedd) *g* = **dŵr**.

dwgid *be.a* = **twgu**.

dwl *ans* blöd, albern[D]; (diflas) eintönig, monoton; **paid â bod mor ddwl** sei nicht so blöd; **tywydd ~** trübes Wetter.

dwli *g* Blödsinn *m*, Unfug *m*, Quatsch *m*; **paid â siarad ~!** red' keinen Unsinn!

dwlu *be.g:* **~ ar** vernarrt sein in *+akk*, schwärmen für *+akk*; **mae hi'n ~ arno** sie steht auf ihn; **rwy'n ~ ar deisen siocled** ich liebe Schokoladekuchen.

dwndwr *g* Radau *m*, Krawall *m*.

dwodenwm *g* (ANAT) Zwölffingerdarm *m*.

dŵr (dyfroedd) *g* Wasser *nt*; (troeth) Harn *m*, Urin *m*; (dagrau) Tränen *pl*; **~ bais** seichtes Wasser, Untiefe *f*; **~ bendigaid** Weihwasser *nt*; **~ berw** kochendes Wasser; **~ caled** hartes Wasser; **~ croyw** Süßwasser *nt*; **~ daear** Grundwasser *nt*; **~ glaw** Regenwasser *nt*; **gwn ~** Spritzpistole *f*, Wasserpistole *f*; **~ hallt** (heli) Salzwasser *nt*; **lili'r ~** (BOT) Wasserlilie *f*; **~ meddal** weiches Wasser; **melon ~** Wassermelone *f*; **~ (y) môr** Meerwasser *nt*; **~ mwynol** Mineralwasser *nt*; **olwyn ddŵr** Wasserrad *nt*; **~ poeth** Warmwasser *nt*; (MEDD) Sodbrennen *nt*; **~ sebon** Seifenlauge *f*; **~ soda** Sodawasser *nt*; **~ tap** Leitungswasser *nt*; **~ tawdd** Schmelzwasser *nt*; **~ yfed** Trinkwasser *nt*; **~ ar yr ymennydd** (MEDD) Wasserkopf *m*; **cyrchu ~ dros afon** Eulen nach Athen tragen; **gwneud ~** Wasser lassen, urinieren; **tynnu ~ o ddanned rhn** jdm den Mund wässerig machen; **troi'r ~ at eich melin eich hun** sich etw zu Nutze machen; **nid yw ei hesgus yn dal ~** (ffig) ihre Entschuldigung ist nicht hieb-

und stichfest; **llawer o ddŵr yn llifo dan y bont** *(ffig)* es fließt viel Wasser die Bäche hinab; **torri'r ~** *(MEDD: wrth esgor)* das Wasser brechen.

dwrdiad (-au) *g* Schelte^D *f*, Schimpfer^A *m*.

dwrdio *be.a* schimpfen mit *+dat*, zurechtweisen, schelten.

dwrgi (dyfrgwn) *g* = **dyfrgi**.

dwrglos *ans* *(yn dal dŵr)* wasserdicht; *(gwrth-ddŵr)* wasserfest, Wasser abweisend.

dwrn (dyrnau) *g* Faust *f*; *(bwlyn drws)* Türknopf *m*; *(cleddyf)* Heft *nt*; **a'ch gwynt yn eich ~** atemlos, außer Atem; **chwerthin yn eich ~** sich ins Fäustchen lachen.

dwsin (-au *neu* **dwsenni**) *g* Dutzend *nt*; **wrth y ~** dutzendweise; *(gwerthu)* im Dutzend; **siarad pymtheg yn y ~** wie ein Wasserfall reden.

dwsmel (-au) *g* *(CERDD)* Hackbrett *nt*.

dwst *g* *(llwch)* Staub *m*.

dwster (-s *neu* -i) *g* Staubtuch *nt*, Staubwedel *m*.

dwstio *be.a, be.g* abstauben, abwischen.

dwthwn *g* Tag; **y ~ hwn** der heutige Tag; **ar y ~ hwnnw** an jenem Tag.

dwy *rhif gw.* **dau**.

dwyflwydd *ans* zweijährig, zwei Jahre alt.

dwyfol *ans* göttlich.

dwyfoli *be.a* *(gwneud duw o rn/rth)* vergöttern; *(cyflwyno i wasanaeth Duw)* weihen.

dwyfron *b* *(ANAT)* Busen *m*; *(ffig)* Busen.

dwyfronneg (dwyfronegau) *b* Brustpanzer *m*.

dwyffordd *ans* *(tocyn trên ayb)* hin und zurück.

dwyieithog *ans* zweisprachig; **rwy'n ddwyieithog** ich bin zweisprachig; **rwy'n mynychu ysgol ddwyieithog** ich besuche eine zweisprachige Schule.

dwyieithrwydd *g* Zweisprachigkeit *f*, Bilingualismus *m*; **astudiaethau ~** Studien zur Zweisprachigkeit.

dwylaw *ll* = **dwylo**.

dwylo *ll* Hände *pl*; *(criw)* Mannschaft *f*; **bod â ~ blewog** *(am leidr)* lange Finger machen; **~ i fyny!** Hände hoch! **hen ddwylo** *(hen bobl annwyl)* Alterchen *nt*; **dihangodd y lleidr rhwng eu ~** der Dieb ging ihnen durch die Lappen.

dwyn *be.a* *(lladrata)* stehlen, entwenden; *(anifeiliaid)* wildern; *(dod â rhth i rywle)* bringen, einbringen; *(cario ac arddangos)* tragen; *(cludo)* führen; *(mentro)* unternehmen; *(teitl, cnwd)* tragen; *(geni)* gebären; **mae'r llyfr yn ~ y teitl ...** das Buch hat den Titel...; **~ rhth oddi wrth rn** jdm etw stehlen, jdm etw wegnehmen; **~ achos yn erbyn rhn** *(CYFR)* gegen jdn Anklage erheben, ein Verfahren gegen jdn einleiten; **~ achau** die Abstammung bestimmen;

~ adref heimbringen; **~ anfri ar rn** jdn in Misskredit bringen; **~ ar gof** erinnern, ins Gedächtnis rufen; **~ arfau** Waffen tragen; **~ y gost** die Kosten tragen; **~ cyhuddiad yn erbyn rhn** gegen jdn Anklage erheben; **~ cyrch** attackieren; **~ enw** einen Namen tragen; **ffrwyth** *(llyth, ffig)* Früchte tragen; **~ gwarth ar rn** jdm Schande zufügen; **~ i ben** zu Ende bringen, vollenden; **~ i'r byd** *(plentyn)* zur Welt bringen; **~ i fyny** *(plant)* aufziehen, großziehen; **~ i gof** erinnern; **~ llog o 5 y cant** 5% Zinsen bringen; **~ pob dime goch oddi ar rn** jdn ausnehmen; **~ pwysau ar rn** jdn in die Zange nehmen; **~ swydd** ein Amt bekleiden; **~ tystiolaeth** *(CYFR)* aussagen, Zeugnis ablegen, eine Aussage machen; **~ ymaith** *(cipio)* verschleppen; **~ ymgyrch yn erbyn rhth** etwas gegen etw *akk* unternehmen.

dwyno *be.a* = **difwyno**.

dwyochredd *g* Gegenseitigkeit *f*.

dwyochrog *ans* *(dadl)* gegenseitig; *(darn o bapur ayb)* doppelseitig; *(GWLEID, MASN)* bilateral.

dwyrain *g* Osten *m*; *(mewn enwau)* Ost-; **o'r ~ a'r gorllewin** aus Ost und West; **mae'r gwynt yn chwythu o'r ~** der Wind kommt aus Ost; **i'r ~** nach Osten; **de-ddwyrain** Südosten *m*; **y D~** *(HAN)* der Orient; **y D~ Pell** der Ferne Osten; **y D~ Canol** der Nahe Osten; **yn Nwyrain Ffrainc** im Osten Frankreichs; *(HAN)* **D~ yr Almaen** die Deutsche Demokratische Republik, die DDR, Ostdeutschland *nt*; **~ Berlin** Ostberlin *nt*; **D~ Ewrop** Osteuropa *nt*; **gwynt y ~** Ostwind *m*.

dwyreiniol *ans* *(DAEAR)* östlich; *(diwylliant)* östlich, orientalisch; **i gyfeiriad ~** in östlicher Richtung.

dwyreinwynt *g* Ostwind *m*.

dwys *ans* *(difrifol)* ernst; *(person)* ernsthaft; *(astudiaeth)* intensiv; *(angerddol)* tiefsinnig; *(lliw, sain)* satt; *(llawn teimlad)* gefühlsbetont; *(seremonïol)* feierlich; *(nam, camgymeriad)* schwerwiegend.

dwysâd *g* Intensivierung *f*, Eskalation *f*.

dwysáu *be.g* intensivieren; *(gwaethygu)* sich verschärfen, eskalieren; *(cryfhau)* verstärken; *(cynyddu)* zunehmen, größer werden; *(poen)* stärker werden; *(lliw)* dunkler machen; **mae'r boen yn ~** der Schmerz wird stärker.

dwysedd (-au) *g* *(FFIS)* Dichte *f*; **~ poblogaeth** Bevölkerungsdichte *f*.

dwyster *g* *(difrifoldeb)* Ernst *m*; *(teimlad, angerdd)* Intensität *f*, Schwere *f*.

dwystra *g* = **dwyster**.

dwythell (-au) *b* *(ANAT)* Röhre *f*; *(ar gyfer hylif, nwy)* Leitung *f*, Rohr *nt*; *(TRYD)* Leitung; **~ wyau** *(ANAT)* Eileiter *m*.

dwywaith *adf (ar ddau tro)* zweimal; *(dwbl)* doppelt; ~ **cymaint** doppelt so viel, zweimal so viel; ~ **yr wythnos** zweimal die Woche, zweimal in der Woche; **does dim** ~ ohne Zweifel, zweifellos; **does dim ~ gen i nad ...** ich habe keine Zweifel, dass...

dwywreigiaeth *b* Bigamie *f.*

dy[1] *rhag (gyda berf)* dich; **rwyf am ~ weld yn yr egwyl** ich will dich in der Pause sehen; ~ **hun** du selbst; *(gwrthrych)* dich.

dy[2] *rhag medd (yn dynodi eiddo)* dein; ~ **dad** dein Vater; ~ **fam** deine Mutter; ~ **un di** deine(r,s), der/die/das deinige; **beth yw ~ enw di?** wie heißt du?

dyblau *ll (CHWAR)* Doppel *nt*; *(chwerthin)* **bod yn eich ~** sich schieflachen; **roeddem ni i gyd yn ein ~** wir haben uns alle schiefgelacht; *gw.h.* **dwbl**[2].

dyblu *be.a* verdoppeln; *(CERDD)* wiederholen.

♦ *be.g (gan chwerthin)* sich biegen vor Lachen, sich zerkugeln[A].

dyblyg *ans* doppelt; *(wedi'i blygu)* zusammengelegt, gefaltet.

dyblygiad (**dyblygion**) *g (dogfen)* Duplikat *nt*, Kopie *f*; *(llungopi)* Fotokopie *f*, Xerokopie *f*, Xerox *nt*; *(o allwedd)* Nachschlüssel *m*.

dyblygu *be.a* duplizieren, verdoppeln; *(llungopïo)* fotokopieren, vervielfältigen; *(ffotograffau)* nachmachen.

dyblygydd (**dyblygwyr**) *g* (Foto)kopierer *m*, Kopiergerät *nt*.

dybryd *ans* schrecklich, furchtbar; *(erchyll)* grauenhaft, grässlich; *(cryf)* gravierend, krass; **angen ~** dringende Notwendigkeit; **camgymeriad ~** ein gravierender Fehler; **camsyniad ~** ein gravierendes Missverständnis; **diofalwch ~** grobe Fahrlässigkeit.

dycnwch *g (dyfalbarhad)* Zähigkeit *f*, Ausdauer *f*; *(penderfynolrwydd)* Verbissenheit *f*; *(diwydrwydd)* Fleiß *m*.

dychan (**-au**) *gb (LLEN)* Satire *f*; *(parodi)* Persiflage *f*.

dychanol *ans* satirisch; *(tynnu coes)* ironisch.

dychanu *be.a* satirisch darstellen; *(cas)* ~ **rhth** sich über etw *akk* lustig machen; **mae ei nofel yn ~ bywyd cyfoes yng Nghymru** ihr Roman ist eine Satire auf die zeitgenössische walisische Lebensart.

dychanwr (**dychanwyr**) *g* Satiriker *m*.

dychanwraig (**dychanwragedd**) *b* Satirikerin *f*.

dychlamiad (**-au**) *g (wrth sgipio)* Hüpfer *m*; *(curiad calon)* Herzklopfen *nt*.

dychlamu *be.g (sgipio)* hüpfen; *(ysboncio, neidio)* springen; *(calon)* klopfen, pochen; **roedd fy**

nghalon yn ~ ich hatte Herzklopfen.

dychmygadwy *ans* vorstellbar, erdenklich.

dychmygol *ans* eingebildet, imaginär; *(ffuglennol)* fiktiv, erfunden; *(llawn dychymyg)* fantasievoll; *(anwir)* unwirklich; *(CYFDR)* virtuell; **byd ~** eine Traumwelt.

dychmygu *be.a* sich *dat* vorstellen, sich *dat* ausmalen; *(breuddwydio am rth)* sich *dat* etw erträumen; *(tybio)* annehmen, vermuten; *(llunio)* konzipieren; *(dyfeisio)* erfinden; ~**'r gwaethaf** den Teufel an die Wand malen; **dychmygwch eich hunan yn gyfoethog** stellen Sie sich mal vor, Sie wären reich; **fe allwch chi ddychmygu sut yr oeddwn i'n teimlo** Sie können sich vorstellen, wie mir zumute war; **fe ddychmygodd hi'r cyfan** sie hat das Ganze erfunden; **fyddwn i erioed wedi ~ y byddai fe'n gwneud hynny** ich hätte nie gedacht, dass er das tun würde.

dychryn[1] (**-iadau**) *g* Angst *f*, Panik *f*, Schrecken *m*; *(brawychiad)* Einschüchterung *f*, Terror *m*; *(arswyd, gofid)* Entsetzen *nt*.

dychryn[2] *be.a* schrecken, erschrecken, verschrecken; *(brawychu)* einschüchtern, terrorisieren; ~ **rhn** jdm Angst einjagen; ~ **ymaith** *(adar ayb)* aufscheuchen; *(tarfu ar anifeiliaid)* aufstöbern.

♦ *be.g:* ~ **gan** erschrecken vor +*dat*; **cefais fy nychryn o weld pa mor wael yr oedd yn edrych** ich bekam einen Schrecken, als ich sah, wie schlecht er aussah; **peidiwch â ~** erschrecken Sie nicht; ~ **yn lân** *(sgyrs)* eine Mordsangst haben; ~ **drwy eich tin** *(anwedd)* Schiss haben.

dychrynllyd[1] *ans* erschreckend, fürchterlich; *(gweithred)* grässlich, grauenhaft; *(stori)* schaurig, schauerlich; *(ofnadwy, erchyll)* scheußlich.

dychrynllyd[2] *adf* **roedd nifer ~ o fach yno** es waren erschreckend wenig Leute dort; **yn ddychrynllyd o flinedig** schrecklich müde; **fe wnaeth frifo'n dddychrynllyd** es hat fürchterlich weh getan; **roedd y prawf yn anodd ddychrynllyd** die Prüfung war fürchterlich schwer.

dychwel *g* = **dychweliad**.

dychweliad (**-au**) *g* Rückkehr *f*, Wiederkehr *f*; *(adref)* Heimkehr *f*; *(rhoi yn ôl)* Rückgabe *f*; ~ **adref** Heimkehr.

dychwelwr *g (teipiadur)* Wagenrücklauf *m*.

dychwelyd *be.g (mynd/dod yn ôl)* zurückkehren; ~ **adref** heimkehren, heimkommen; ~ **i normalrwydd** sich normalisieren; ~ **cymwynas** eine Gefälligkeit erwidern.

♦ *be.a (rhoi yn ôl)* zurückgeben, retournieren; *(mynd â rhth yn ôl)* zurückbringen; *(dod â rhth yn ôl)* wiederbringen; ~ **llyfr i'r silff** ein Buch zurück ins Regal stellen; ~ **Aelod Seneddol** einen Abgeordneten wählen.

dychymyg (dychmygion) *g* Vorstellung *f*; *(creadigol)* Fantasie *f*, Vorstellungskraft *f*; *(hunandwyll)* Einbildung *f*; *(pos, problem)* Rätsel *nt*; **bod â ~ byw** eine lebhafte Fantasie haben; **defnyddiwch eich ~!** lasst eurer Fantasie freien Lauf! **bod â diffyg ~** fantasielos sein, einfallslos sein; **roedd y cyfan yn y ~** das war alles nur Einbildung.

dydd (-iau) *g* Tag *m*; ~ **Sul** Sonntag *m*; ~ **Llun** Montag *m*; ~ **Mawrth** Dienstag *m*; ~ **Mercher** Mittwoch *m*; ~ **Iau** Donnerstag *m*; ~ **Gwener** Freitag *m*; ~ **Sadwrn** Samstag *m*, Sonnabend[D] *m*; **D~ yr Arglwydd** der Tag des Herrn, Sonntag; ~ **Calan** Neujahrstag *m*; ~ **y coffa** Gedenktag *m*; **~iau'r cŵn** *(tywydd poeth)* Hundstage *pl*; **D~ y Farn** der Jüngste Tag, der Tag des Jüngsten Gerichts; ~ **Gwener y Groglith** Karfreitag *m*; ~ **gŵyl** Feiertag *m*; ~ **gŵyl nawddsant** Namenstag *m*; ~ **gŵyl Ddewi** St.David's-Tag *m*; ~ **gŵyl Sant Steffan** Stephanitag *m*, der zweite Weihnachtsfeiertag; ~ **Iau Cablyd** Gründonnerstag *m*; ~ **Mawrth Ynyd/Crempog** Faschingsdienstag *m*, Fastnacht[D] *f*; ~ **Mercher Lludw** Aschermittwoch *m*; ~ **Nadolig** Weihnachtstag *m*; ~ **Sul y Blodau** Palmsonntag *m*; ~ **Sul y Pasg** Ostersonntag *m*; **ar ddydd Sul y pys** am Sankt-Nimmerleins-Tag *m*; **bob ~** jeden Tag, täglich; **bywyd pob ~** das tägliche Leben, Alltag *m*; **bob yn ail ddydd** alle zwei Tage, jeden zweiten Tag; **byw o ddydd i ddydd** in den Tag hineinleben; **canol ~** Mittag *m*; **cario'r ~** *neu:* **ennill y ~** siegreich sein, den Sieg davontragen; **colli'r ~** verlieren; **ddwywaith y ~** zweimal täglich, zweimal am Tag; **ddydd ar ôl ~** Tag für Tag; ~ **da!** guten Tag! **y ~ heddiw** heutzutage; **y ~ o'r blaen** anderntags; **ers llawer ~** seit langem, länger; **fesul ~** tageweise; **gweithio ddydd a nos** Tag und Nacht arbeiten; **gyda'r ~** bei Tagesanbruch; **liw dydd** bei Tag, am helllichten Tag; **mae'r car hwn wedi gweld ei ddyddiau gorau** dieses Auto ist schon ziemlich alt; **mae e wedi gweld ~iau gwell** er hat schon bessere Zeiten erlebt; **pa ddydd yw hi heddiw?** welchen Tag haben wir heute? **trwy'r ~** den ganzen Tag; **yn ystod y ~** tagsüber, untertags[AS]; **yn yr hen ddyddiau** in der guten alten Zeit.

dyddiad (-au) *g* Datum *nt*; *(hanesyddol)* Jahreszahl *f*; *(ar gyfer apwyntiad)* Termin *m*; ~ **cau** *(cystadleuaeth)* Einsendeschluss *m*; *(cais)* Bewerbungsfrist *f*; *(traethawd)* Abgabetermin *m*; ~ **cyflenwi** Ausstellungsdatum *nt*; ~ **danfon** Liefertermin *m*; ~ **geni** Geburtsdatum *nt*; ~ **olaf bwyta** Verfallsdatum

nt; ~ **penodedig** Stichtag *m*; **beth yw'r ~ heddiw?** der Wievielte ist heute? welches Datum haben wir heute? **trefnu ~** einen Termin vereinbaren.

dyddiadur (-on) *g* Tagebuch *nt*, Kalender *m*; *(ar gyfer apwyntiadau)* Terminkalender *m*; **cadw ~** Tagebuch führen.

dyddiadurwr (dyddiadurwyr) *g* *(digwyddiadau personol)* Tagebuchschreiber(in) *m(f)*; *(digwyddiadau cyffredol)* Chronist(in) *m(f)*.

dyddiedig *ans* datiert; **diolch am eich llythyr ~ cyntaf o Fawrth** vielen Dank für Ihr Schreiben vom ersten März; **llythyr ~ yr unfed ar hugain o Fedi** ein Brief datiert vom einundzwanzigsten September; **darn arian ~ 1588** eine Münze von 1588.

dyddio *be.a* *(rhoi dyddiad ar)* datieren.
♦ *be.g* *(gwawrio)* dämmern; *(mynd yn hen ffasiwn)* veralten; ~ **o** *(tarddu)* zurückgehen auf +*akk*; *(HAN: hen bethau)* stammen aus; ~ **ymlaen** vordatieren; **roedd hi'n ~ eisoes am chwech o'r gloch** es dämmerte schon um sechs Uhr; **mae'r cwpwrdd yn ~ o'r ganrif ddiwethaf** der Schrank stammt aus dem vorigen Jahrhundert; **mae ei ddillad i gyd wedi ~** seine Kleider sind alle veraltet.

dyddiol *ans* täglich, alltäglich; *(bob un diwrnod)* tagtäglich; **papur ~** Tageszeitung *f*.

dyddlyfr (-au) *g* *(dyddiadur)* Tagebuch *nt*.

dyddodi *be.a* *(DAEAR)* ablagern.

dyddodyn (dyddodion) *g* Ablagerung *f*; *(MWYN)* Vorkommen *nt*.

dyfais (dyfeisiau *neu* dyfeisiadau) *b* Erfindung *f*; *(teclyn)* Gerät *nt*, Vorrichtung *f*; ~ **drydanol** Elektrogerät *nt*; ~ **ddiogelu** Schutzvorrichtung *f*, Sicherung *f*; ~ **fygio** Abhörgerät *nt*; ~ **ffrwydrol** Sprengsatz *m*; ~ **lenyddol** Stilmittel *nt*; ~ **niwclear** atomarer Sprengkopf *m*.

dyfal *ans* *(di-ildio)* ausdauernd, rastlos; *(diwyd)* intensiv; *(awyddus)* fleißig, eifrig, emsig; ~ **donc a dyrr y garreg** steter Tropfen höhlt den Stein.

dyfalbarhad *g* Durchhaltevermögen *nt*, Ausdauer *f*; *(ymroddiad)* Fleiß *m*.

dyfalbarhau *be.g* durchhalten; **bu e'n ~ yn yr Almaeneg** er machte mit Deutsch weiter.

dyfaliad (-au) *g* Vermutung *f*, Annahme *f*; *(tybiaeth)* Spekulation *f*; *(amcangyfrif)* Schätzung *f*; *(mewn barddoniaeth)* Metapher *f*.

dyfalu *be.a* raten; *(yn gywir)* erraten; *(amcangyfrif)* schätzen; *(damcaniaethu)* mutmaßen.
♦ *be.g* raten; *(myfyrio)* spekulieren; *(damcaniaethu)* mutmaßen; *(dod i gasgliad)* kombinieren; **sut gwnest ti ddyfalu hynny?** wie hast du das bloß erraten?

dyfarniad (-au) *g (penderfyniad)* Entscheidung *f*; *(CYFR)* Urteil *nt*, Erkenntnis *nt*; *(wedi archwiliad)* Untersuchungsergebnis *nt*; ~ **o euog** Schuldspruch *m*; ~ **o ddieuog** Freispruch *m*; **beth yw'r ~?** wie lautet das Urteil? **rhoi ~ ar** ein Urteil abgeben über *+akk*; *(CYFR)* ein Urteil fällen über *+akk*.

dyfarnu *be.g (CHWAR)* schiedsrichtern.

♦ *be.a (gwobr, comisiwn ayb)* ~ **i** vergeben an *+akk*; ~ **rhth i rn** jdm etw zuerkennen, jdm etw zusprechen; **cafodd ei ddyfarnu'n enillydd** er wurde zum Sieger erklärt; *(CYFR)* ~ **rhn yn euog** jdn schuldig sprechen, jdn verurteilen; **dyfernir rhth i rn** jdm wird etw zuteil; *(CYFR)* ~ **rhn yn wallgof** jdn für unmündig erklären.

dyfarnwr (-wyr) *g (CHWAR)* Schiedsrichter *m*; *(paffio, reslo)* Ringrichter *m*; *(jiwdo ayb)* Kampfrichter *m*; *(person niwtral)* Unparteiischer *m*.

dyfeisgar *ans* erfinderisch; *(amcanus)* findig; *(celfydd)* genial; *(arloesol)* innovativ.

dyfeisgarwch *g* Erfindungsgabe *f*; *(y gallu i ddychmygu)* Einfallsreichtum *m*.

dyfeisio *be.a* erfinden; *(creu)* schaffen.

dyfeisiwr (dyfeiswyr) *g* Erfinder *m*.

dyfeiswraig (dyfeiswragedd) *b* Erfinderin *f*.

Dyfnaint *b (DAEAR)* Devon *nt*.

dyfnder (-oedd *neu* -au) *g* Tiefe *f*; *(meddwl)* Tiefsinnigkeit *f*; *(dwyster)* Intensität *f*; ~ **ffocws** *(FFOTO)* Tiefenschärfe *f*, Schärfentiefe[D] *f*; **ar ddyfnder o 5 metr** in 5 Meter Tiefe; **o ddyfnder calon** aus tiefstem Herzen; **yn nyfnder y nos** mitten in der Nacht; **yn nyfnder y gaeaf** mitten im Winter; **rwy allan o'm ~** *(ffig)* das ist mir zu hoch.

dyfnfor (-oedd) *g* Tiefsee *f*.

dyfnhad *g* Vertiefung *f*.

dyfnhau *be.g* sich vertiefen; *(dwysáu)* zunehmen, sich verdichten; **dyfnhaodd y tawelwch o'n cwmpas** die Stille um uns herum nahm zu.

♦ *be.a* tiefer machen; ~'**r ffynnon** den Brunnen tiefer machen.

dyfod *be.g* = dod.

dyfodiad[1] (-au) *g (cyrhaeddiad)* Ankunft *f*, Kommen *nt*, Eintreffen *nt*; *(digwyddiad)* Eintreten *nt*; *(CREF)* **y D~** der Advent *m*.

dyfodiad[2] (dyfodiaid) *g (person)* Ankommende *m*; **newydd-ddyfodiad** Neuankömmling *m*.

dyfodol *g* Zukunft *f*; *(GRAM)* Futur *nt*; *(fel adferf)* **yn y ~** in Zukunft; **yn y ~ agos** in naher Zukunft, bald; **hoffwn ddymuno ~ hapus i chi** ich wünsche Ihnen viel Erfolg für die Zukunft; **does dim ~ i'r pwll glo yma** diese Kohlengrube hat keine Zukunft; *(GRAM)* ~ **perffaith** Vorzukunft *f*, Futur exakt *nt*.

dyfrast (dyfreist) *b (SÖOL)* weiblicher Otter *m*.

dyfrfan (-nau) *gb* Tränke *f*.

dyfrfarch (dyfrfeirch) *g* Nilpferd *nt*, Flusspferd *nt*.

dyfrffos (-ydd) *b* Wassergraben *m*, Kanal *m*.

dyfrgi (dyfrgwn) *g* Otter *m*.

dyfrglawdd (dyfrgloddiau) *g* Staudamm *m*, Sperre *f*.

dyfrglos *ans* wasserdicht, wasserundurchlässig.

dyfrglosio *be.a* wasserundurchlässig machen, imprägnieren.

dyfrhad *g (AMAETH)* Bewässerung *f*; *(MEDD)* Spülung *f*.

dyfrhau *be.a* bewässern, gießen; *(gardd, lawnt)* gießen, besprengen; *(tir, caeau)* bewässern; *(planhigyn)* gießen; *(ceffylau, gwartheg)* tränken.

♦ *be.g (llygaid)* tränen; **mae fy llygaid yn ~ mir** tränen die Augen.

dyfrio *be.a* = dyfrhau.

dyfrliw (-iau) *g* Wasserfarbe *f*, Aquarellfarbe *f*; *(darlun)* Aquarell *nt*.

dyfrlliw *g* = dyfrliw.

dyfrllyd *ans* wässerig; *(llygaid)* tränend; *(lliw)* dünnflüssig; **cwrw ~** wässeriges Bier.

dyfrnod (-au) *g* Wasserzeichen *nt*.

dyfroedd *ll gw.* dŵr; Gewässer *pl*; ~ **dyfnion** tiefes Wasser; *(ffig)* **rwy mewn ~ dyfnion** das Wasser steht mir bis zum Hals; ~ **arfordirol** Küstengewässer *pl*; ~ **geirw** Stromschnelle *f*; ~ **pysgota** Fanggründe *pl*; ~ **sofran** Hoheitsgewässer *pl*.

dyfrwr (dyfrwyr) *g* Wassermann *m*, Wassergeist *m*; **y D~** *(ASTROL)* Wassermann *m*.

dyfynbris (-iau *neu* -oedd) *g (CYLL)* Börsenkurs *m*, Aktienkurs *m*; *(am waith)* Kostenvoranschlag *m*.

dyfyniad (-au) *g* Zitat *nt*; *(fel enghraifft)* Anführung *f*; *(rhan hwy)* Auszug *m*, Ausschnitt *m*; ~ **o'r Beibl** Bibelzitat *nt*; ~ **o waith Schiller** ein Schillerzitat.

dyfynnod (dyfynodau) *g* Anführungszeichen *nt*; **mewn dyfynodau** in Anführungszeichen; **rhoi gair mewn dyfynodau** ein Wort in Anführungszeichen setzen.

dyfynnu *be.a* zitieren; *(fel enghraifft)* anführen; *(darn hwy)* exzerpieren.

dyffryn (dyffrynnoedd) *g* Tal *nt*; ~ **Rhein** *(DAEAR)* Rheintal; ~ **Teifi** das Teifi-Tal.

dygn *ans (di-ildio)* beharrlich, ausdauernd; *(awyddus)* emsig; *(penderfynol)* verbissen; *(taer)* zäh; *(difrifol, poenus, dolurus)* schwer, schlimm; **byw mewn angen ~** schwere Not leiden; **gweithio'n ddygn** hart arbeiten.

dygnu *be.g:* ~ **arni** sein Bestes geben.

dygnwch *g* = dycnwch.

dygwyl *gb* Feiertag *m*; ~ **Andreas** *(30 Tachwedd)* St.Andreas'-Tag *m*; ~ **Padrig** *(17 Mawrth)* St.Patrick's-Tag; ~ **Dewi** *(1 Mawrth)* St.David's-

Tag; ~ **Ifan** *(24 Mehefin)* Sommersonnenwende *f*,
Johannistag[D] *m*; ~ **Sain Siôr** *(23 Ebrill)* St.George's-
Tag; ~ **y Meirw** Allerseelen *nt*; ~ **yr Holl Saint**
Allerheiligen *nt*.

dygyfor[1] *g* Seegang *m*, Wellengang *m*, Wogen *nt*.

dygyfor[2] *be.g* wogen.

dygymod *be.g:* ~ **â** sich gewöhnen an *+akk* ; *(dod i
delerau â)* sich abfinden mit *+dat*; *(derbyn sefyllfa)*
hinnehmen; *(TECH: addasu)* umrüsten; ~ **â rhn** mit
jdm klarkommen; *(bwyd)* **nid yw gwin yn ~ â mi**
Wein bekommt mir nicht; ~ **â'r sefyllfa** sich in
sein Schicksal fügen.

dyhead (-au) *g* Begierde *f*; *(hiraeth)* Sehnsucht *f*;
(dymuniad) Verlangen *nt*; *(symbyliad)* Drang *m*.

dyheu *be.g* begehren; *(hiraethu)* ~ **am** sich sehnen
nach *+dat*; *(dymuno)* wollen, verlangen nach *+dat*;
~ **am rth** *(anelu at nod)* nach etw streben; **roedd hi'n
~ am ei weld ef eto** sie wollte ihn wieder sehen.

dyladwy *ans (addas)* passend, geeignet; *(digonol)*
angemessen.

dylai *be gw.* **dylwn.**

dylanwad (-au) *g* Einfluss *m*; *(effaith)* Auswirkung *f*;
bod â ~ dros rn/rth Einfluss auf jdn/etw haben;
dan ddylanwad rhn/rhth unter dem Einfluss von
jdm/etw; **dan ddylanwad cyffuriau** unter Drogen; ~
gwael schlechter Einfluss.

dylanwadol *ans* einflussreich.

dylanwadu *be.g:* ~ **ar** beeinflussen; *(rhoi pwysau ar)*
Druck ausüben auf *+akk*; *(defnyddio rhn)*
manipulieren; **mae rhieni'n gallu ~ ar y ffordd y mae
plant yn siarad** die Eltern haben Einfluss darauf,
wie die Kinder sprechen.

dylech *be gw.* **dylwn.**

dyled (-ion) *b* Schuld *f*; ~ **a chredyd** *(CYLL)* Soll und
Haben *nt*; **Dyledion y Wlad** Staatsschulden *pl*,
Staatsverschuldung *f*; **mae e mewn ~ i mi** *(ariannol)*
er hat Schulden bei mir; *(am gymorth neu
gymwynas)* er steht in meiner Schuld; **bod â £5 o
ddyled** £5 Schulden haben.

dyledus *ans (arian i'w dalu)* fällig, schuldig; *(ers tro)*
rückständig; *(bil ayb heb ei dalu)* unbezahlt; *(am
gymwynas)* verpflichtet; **dangos y parch ~ tuag at rn**
jdm den schuldigen Respekt zollen; **bod yn
ddyledus i rn am rth** jdm für etw zu Dank
verpflichtet sein, für etw in jds Schuld stehen.

dyledwr (dyledwyr) *g* Schuldner *m*.

dyledwraig (dyledwragedd) *b* Schuldnerin *f*.

dylem *be gw.* **dylwn.**

dylent *be gw.* **dylwn.**

dyletswydd (-au) *b* Pflicht *f*, Schuldigkeit *f*; *(tasg)*
Aufgabenbereich *m*; *(rhwymedigaeth)*
Verpflichtung *f*; **gwneud eich ~** seine Pflicht tun;

bod ar ddyletswydd *(meddyg ayb)* im Dienst sein;
(gwarchod) Aufsicht haben; ~ **nos** Nachtdienst *m*;
~ **batrôl** Streifendienst *m*; ~ **dydd** Tagdienst *m*.

dylifiad (-au) *g (llyth, ffig)* Zufluss *m*; *(ffig: pobl,
ymwelwyr)* Zustrom *m*; *(mewnfudwyr)* Zuzug *m*.

dylifo *be.g* zufließen; *(pobl)* zuströmen; *(mewnfudo)*
zuziehen; *(afon)* einmünden.

dylit *be gw.* **dylwn.**

dyluniad (-au) *g (cynllun)* Entwurf *m*; *(siâp)* Form *f*,
Design *nt*; *(testun)* Layout *nt*; *(peiriant)*
Konstruktion *f*; **mae ~ gwael i'r peiriant hwn** die
Maschine ist eine Fehlkonstruktion.

dylunio *be.a* entwerfen; *(peiriant)* konstruieren.

dyluniwr (dylunwyr) *g* Designer *m*, Gestalter *m*;
(ffasiwn) Modeschöpfer *m*, Designer; *(THEAT)*
Bühnenbildner *m*; ~ **hysbysebion** Werbegrafiker
m; *(DIWYD: drafftsmon)* technischer Zeichner *m*.

dylunwraig (dylunwragedd) *b* Designerin *f*,
Gestalterin *f*; *(ffasiwn)* Modeschöpferin *f*; *(THEAT)*
Bühnenbildnerin *f*; ~ **hysbysebion**
Werbegrafikerin *f*; *(DIWYD: drafftsmones)* technische
Zeichnerin *f*.

dylwn *be* (dylwn, dylit, dylai, dylem, dylech, dylent) sollen;
ni ddylem smocio wir sollten nicht rauchen.

dylyfu gên *be.g* gähnen.

dyma *adf* hier ist/sind; ~ **fi!** da bin ich! ~ **nhw!** da
sind sie! ~ **dy arian** da hast du dein Geld; ~ **chi!**
(wrth estyn rhth) bitte schön!

dymbel (-au) *g (CHWAR)* Hantel *f*.

dymchwel *be.a* zertrümmern, demolieren; *(adeilad)*
abreißen; *(castell)* schleifen; *(datgymalu)*
demontieren; *(llywodraeth, unben)* stürzen; *(ffig: cred,
gobaith)* zunichte machen, vernichten; *(troi
drosodd)* umstoßen.

  ♦ *be.g (cwympo drosodd)* umfallen; *(adeilad, to, pont)*
einstürzen; *(cynllwyn)* platzen; *(economi)*
zusammenbrechen.

dymchweliad (-au) *g* Zerstörung *f*; *(adeilad)* Abbruch
m, Abriss *m*; *(unben, llywodraeth)* Sturz *m*; *(gwlad)*
Eroberung *f*; *(dirywiad, cwymp)* Fall *m*, Untergang
m; ~ **y llywodraeth** Umsturz *m*.

dymchwelyd *be.a, be.g* = **dymchwel.**

dymchwelol *ans (GWLEID)* subversiv, umstürzlerisch.

dymi[1] (-s *neu* dymïau) *g (siâp corff)* Puppe *f*; ~
arddangos dillad Schaufensterpuppe *f*.

dymi[2] (-s) *b (ar gyfer babi)* Schnuller *m*, Sauger *m*.

dymunadwy *ans* wünschenswert, erwünscht;
(atyniadol) reizvoll, attraktiv; *(chwenychadwy)*
beneidenswert; *(gwerth chweil)* erstrebenswert.

dymuniad (-au) *g* Wunsch *m*; *(cais am rth)* Anliegen
nt; **~au arbennig** Sonderwünsche *pl*; *(mewn llythyr)*
~au gorau herzliche Grüße, alles Gute; **gyda'r ~au**

gorau mit den besten Wünschen; **~au gorau am wellhad buan** gute Besserung; **gwneud ~** sich *dat* etw wünschen; **mae gennyt ti dri ~** du hast drei Wünsche frei.

dymuno *be.a (eisiau rhth)* wünschen, wollen.
♦ *be.g* wollen; **~ cael rhth** etw haben wollen; **~ mynd ar wyliau** auf Urlaub fahren wollen.

dymunol *ans* angenehm; *(pleserus)* erfreulich; *(person)* nett, charmant; *(cyfeillgar)* freundlich; *(tywydd)* fein, schön; *(pert)* hübsch, anziehend; *(cyfareddol)* entzückend.

dyn (**-ion**) *g (gŵr)* Mann *m*; *(sŷr)* Herr *m*; *(person)* Person *f*; *(bod dynol)* Mensch *m*; *(meidrolyn)* Sterbliche(r) *m*; *(darn chwarae)* Spielmännchen *m*, Spielstein *m*; **dynion** *ll (tŷ bach)* Herren *pl*; *(pobl sy'n gweithio)* **deg o ddynion** zehn Mann; **~ ambiwlans** Sanitäter *m*; **~ bach** Männchen *nt*; **~ bach yr ardd** Gartenzwerg *m*; **~ bara** Bäcker *m*; **~ busnes** Geschäftsmann *m*; **~ camera** Kameramann *m*; **~ canol** Mittelsmann *m*; **~ cloff** Krüppel *m*, Lahme *m*; **~ dieithr** Fremde *m*; **~ du** Schwarze *m*; **~ dŵad** Neuankömmling *m*; **~ eira** Schneemann *m*; **~ garw** Rohling *m*, Grobian *m*; **~ glanhau simnai** Rauchfangkehrer[A] *m*, Schornsteinfeger[D] *m*; **~ glo** Kohlenhändler *m*; **~ hysbys** Wahrsager *m*; **~ ifanc** junger Mann, Jugendliche *m*; **~ llaeth** Milchmann *m*; **~ marw** Tote *m*; **~ methedig** Behinderte *m*; **~ mewn oed** Erwachsene *m*; **~ radio** *(MIL)* Funker *m*; **~ rheilffordd** Eisenbahner *m*; **~ sengl** Single *m*; *(hen lanc)* Junggeselle *m*; **~ siop** Verkäufer *m*; **~ soffistigedig** ein Mann von Welt; **~ tân** Feuerwehrmann *m*; **~ tew** Dicke *m*; **~ treisgar** Schläger *m*; **~ trin gwallt** Friseur *m*; **~ y post** Briefträger *m*, Postbote[D] *m*; **~ y sbwriel** Müllmann *m*; **~ y tywydd** Wetteransager *m*; **~ yr hewl** Straßenbauarbeiter *m*; **~ a ŵyr** wer weiß; **~ a'th helpo!** du armes Schwein!

dyna *adf* da ist/sind, das ist/sind; **~ ddigon!** das ist genug! **~ trueni!** schade!

dynad *ll gw.* **danhadlen.**

dynameg *b* Dynamik *f*; **~ grŵp** Gruppendynamik *f*.

dynameit *g* Dynamit *nt*.

dynamig *ans* dynamisch.

dynamo *g* Dynamo *m*.

dynan *g* Männchen *nt*, Knirps *m*; *(corrach)* Zwerg *m*, Gnom *m*.

dyndod *g* Männlichkeit *f*.

dyneddon *ll* Pygmäen *pl*.

dyneiddiaeth *b* Humanismus *m*.

dyneiddiol *ans* humanistisch.

dyneiddiwr (**dyneiddwyr**) *g* Humanist(in) *m(f)*.

dynes (**-au**) *b* Dame *f*; **~ ddu** Schwarze *f*; **~ trin gwallt**

Friseurin *f*, Friseuse *f*.

dynesiad *g* Herannahen *nt*, Annäherung *f*; *(mewn awyren)* Anflug *m*; *(ffig: nos, gaeaf)* Einbruch *m*; *(milwyr, amser)* Heranrücken *nt*.

dynesu *be.g* sich nähern, näher kommen; *(mewn llong)* anfahren; *(mewn awyren)* anfliegen; *(dyddiad, adeg o'r flwyddyn ayb)* nahen; *(milwyr, heddlu)* anrücken; **~ at rth/rn** sich etw/jdm nähern.

dynfarch (**dynfeirch**) *g* Zentaur *m*, Kentaur *m*.

dyngar *ans (dyngarol)* menschlich, human.

dyngarîs *ll* Latzhose *f*; **pâr o ddyngarîs** eine Latzhose.

dyngarol *ans* human, menschlich; *(cymorth)* humanitär; *(hael)* philanthropisch; **mudiad ~** humanitäre Hilfe *f*.

dyngarwch *g* Humanität *f*, Menschenliebe *f*.

dyngarwr (**dyngarwyr**) *g* Menschenfreund *m*, Philanthrop *m*.

dyngasawr (**dyngasawyr**) *g* Menschenfeind *m*, Misanthrop *m*.

dyngasedd *g* Menschenfeindlichkeit *f*, Misanthropie *f*.

dynhaden *b* = **danhadlen.**

dynion *ll gw.* **dyn**; *(arwydd tŷ bach)* Herren; **~ y lludw** *neu:* **~ y biniau** Müllabfuhr *f*.

dyn-laddiad (**-au**) *g* Totschlag *m*; *(oherwydd esgeulustod)* fahrlässige Tötung *f*.

dynodi *be.a (golygu)* bedeuten; *(arwyddo)* anzeigen, bezeichnen.

dynodiad (**-au**) *g (mynegiad)* Anzeichen *nt*; *(enw)* Bezeichnung *f*; *(ystyr)* Konnotation *f*, Bedeutung *f*.

dynol *ans* menschlich; *(meidrol)* sterblich; *(seciwlar)* weltlich, säkular; *(gwrol)* männlich.

dynoldeb *g (y natur ddynol)* Menschlichkeit *f*; *(gwryweidd-dra)* Männlichkeit *f*.

dynolder *g* = **dynoldeb.**

dynoli *be.a* vermenschlichen.

dynoliaeth (**-au**) *b (dynolryw)* Menschheit *f*; *(dynoldeb)* Menschlichkeit *f*; *(dyndod)* Männlichkeit *f*; **~au** *(PRIFYSG)* die Geisteswissenschaften.

dynolryw *b* Menschheit *f*, Menschengeschlecht *nt*.

dynwared *be.a (efelychu)* imitieren, nachahmen, nachmachen; *(gwatwar)* nachäffen; **mae e'n ~ gwleidyddion** er imitiert Politiker; **mae plant yn dysgu drwy ddynwared eu rhieni** Kinder lernen dadurch, dass sie ihre Eltern nachahmen.

dynwarediad (**-au**) *g* Imitation *f*, Nachahmung *f*.

dynwaredwr (**dynwaredwyr**) *g* Nachahmer *m*; *(THEAT)* Imitator *m*.

dynweddiant (**dynweddiannau**) *g* Vermenschlichung *f*.

dyodiad *g (TYW)* Niederschlag *m*.

dyrannu *be.a (corff, anifail)* sezieren; *(ffig: theori, adroddiad)* zergliedern.

dyrchafadwy *ans* exaltiert, überschwänglich.

dyrchafael *g* Himmelfahrt *f; (Crist)* Christi Himmelfahrt *f;* ar Ddydd Iau D~ zu Christi Himmelfahrt.

dyrchafedig *ans* hochstehend; *(urddasol)* erhaben; *(iaith)* gehoben.

dyrchafiad (-au) *g (yn y gwaith)* Beförderung *f; (CHWAR)* Aufstieg *m;* cael ~ *neu:* ennill ~ befördert werden; *(tîm)* aufsteigen.

dyrchafol *ans* erbaulich.

dyrchafu *be.a (yn y gwaith)* befördern; *(codi i fyny)* heben, erhöhen; *(clodfori)* verherrlichen; cafodd ein tîm ei ddyrchafu unsere Mannschaft ist aufgestiegen.

dyrnaid (dyrneidiau) *g* Hand voll; *(gwallt)* Büschel *nt;* ~ o bridd eine Hand voll Erde; fesul ~ eine Hand voll nach der anderen.

dyrnfedd (-i) *gb (mesur)* Handbreit *f* (tua 10cm).

dyrnfol (-au) *b (maneg)* Fäustling *m*.

dyrnod (-au) *gb* Faustschlag *m,* Knuff *m; (gyda chleddyf ayb)* Streich *m,* Stoß *m; (ffig)* Schlag *m*.

dyrntol (-au) *b (dryntol)* (Hand)griff *m*.

dyrnu *be.a (ŷd)* dreschen; *(wrth ymladd)* verdreschen, verhauen; ~'r drws *(sgyrs)* an die Tür hämmern; *(AMAETH)* injan ddyrnu Dreschmaschine *f*.

dyrnwr (dyrnwyr) *g (person)* Drescher *m; (peiriant)* Dreschmaschine *f;* ~ medi *(cynaeafydd)* Mähdrescher *m*.

dyro *gorch* gib!

dyroddiad (-au) *g* Emission *f;* ~ cyfrannau *(CYLL)* Aktienemission *f;* ~ newydd Neuemission *f*.

dyrys *ans (tir)* unzugänglich; *(llawn drysni)* undurchdringlich, dornig; *(cymhleth)* komplex, vielschichtig; *(cryptig, enigmatig)* hintergründig; *(cymeriad)* schillernd.

dysentri *g (MEDD)* Dysenterie *f,* Ruhr *f*.

dysg *gb* Bildung *f; (ysgolheictod)* Gelehrtheit *f*.

dysgadwy *ans* erlernbar.

dysgedig *ans* gelehrt, gebildet; *(wedi darllen yn eang)* belesen; gŵr ~ *(sgolor)* Gelehrte(r) *m;* gwraig ddysgedig Gelehrte *f*.

dysgeidiaeth (-au) *b* Lehre *f,* Doktrin *f*.

dysgl (-au) *b* Schale *f,* Schüssel *f; (powlen fechan)* Schälchen *nt; (i anifail anwes)* Napf *m;* ~ fenyn Butterdose *f;* ~ gawl Suppenteller *m;* ~ gaead Terrine *f;* ~ loeren Satellitenantenne *f,* Satellitenschüssel *f;* ~ sebon Seifenschale *f;* cadw'r ddysgl yn wastad *(cydbwyso)* ausbalancieren, austarieren; *(bod yn gytbwys)* sich die Waage

halten.

dysglaid (dysgleidiau) *b (llond plât)* Teller *m;* ~ o de eine Tasse Tee.

dysgu *be.a (astudio)* lernen; *(iaith, galwedigaeth)* erlernen; *(addysgu)* unterrichten, lehren; *(anifail)* abrichten; *(drwy ymarfer)* üben; ~ rhth ar gof etw auswendig lernen; ~ gwers eine Lektion bekommen; ~ gwers i rn *(ffig)* jdm eine Lektion erteilen; ~ rhth i rn jdm etw beibringen; mae hi'n dysgu Hwngareg *(disgybl)* sie lernt Ungarisch; *(athro)* sie unterrichtet Ungarisch; ~ rhth o'r dechrau oll *(sgyrs)* etw von Grund auf lernen.

♦ *be.g* lernen; *(fel athro)* unterrichten, Unterricht geben (in *+dat*); mae e eisiau ~ er möchte Lehrer werden; ~ gyrru den Führerschein machen; ~ hoffi rhth etw lieben lernen, Geschmack an etw *dat* finden; ~ o brofiad aus der Erfahrung lernen; ~ sut i nofio schwimmen lernen.

dysgwr (dysgwyr) *g* Schüler *m,* Lernende(r) *m; (o'r dechrau)* Anfänger *m,* rydw i'n ddysgwr (yn y Gymraeg) ich lerne Walisisch; ~ gyrru Fahrschüler *m*.

dysgwraig (dysgwragedd) *b* Schülerin *f,* Lernende *f; (o'r dechrau)* Anfängerin *f*.

dyslecsia *g* Legasthenie *f*.

dyslecsig *ans* legasthenisch.

♦ *g* Legastheniker *m*.

♦ *b* Legasthenikerin *f*.

dywed *gorch* sag! sprich!

dywediad (-au) *g* Redensart *f; (idiom)* Redewendung *f; (ymadrodd)* Ausdruck *m;* ~ tafodieithol Dialektausdruck *m*.

dywedwst *ans* schweigsam, wortkarg, reserviert.

dywedyd *be* = dweud.

dyweddi (dyweddïau) *g neu b* Verlobte *m/f*.

dyweddïad (-au) *g* Verlobung *f;* torri ~ die Verlobung lösen.

dyweddïo *be.g* sich verloben (â mit); wedi ~ verlobt.

E

E, e[1] *b (marc ysgol)* Nichtgenügend *nt*; *(CERDD)* ~
feddalnod Es *nt*; ~ **fwyaf** E-Dur *f*; ~ **leiaf** e-Moll *f*.

e[2] *rhag* = **ef.**

eang *ans* breit, weit; *(helaeth)* geräumig; *(parc ayb)*
weitläufig; *(gwybodaeth, profiad ayb)* breit,
umfangreich, umfassend; *(pellgyrhaeddol)* weit
reichend.

eangfrydedd *b* Aufgeschlossenheit *f*.

eangfrydig *ans* aufgeschlossen, liberal.

EAU *byrf (DAEAR: = Emiradau Arabaidd Unedig)* VAE *pl*
(Vereinigte Arabische Emirate).

ebargofiant *g* Vergessenheit *f*; **mynd i** ~ in
Vergessenheit geraten.

ebe *be.g*: ~ **ef** sagt er, sagte er; ~'**r lleill** sagten die
anderen; ~'**r naill wrth y llall** sagte der eine zum
anderen.

ebill (-**ion**) *gb (darn blaen dril)* Bohrer *m*; *(teclyn llaw)*
Vorbohrer *m*, Handbohrer *m*.

ebol (-**ion**) *g* Fohlen *nt*.

eboles (-**au**) *b* Stutenfohlen *nt*.

eboni *g* Ebenholz *nt*.

e-bost *g (CYFDR)* E-Mail *f*, elektronische Post *f*.

Ebrill *g* April *m*; **Dydd Ffŵl** ~ der erste April; **chwarae**
ffŵl ~ **ar rn** jdn in den April schicken.

ebrwydd *ans* hurtig, flott.

ebychiad (-**au**) *g* Ausruf *m*; *(gram)* Interjektion *f*.

ebychnod (-**au**) *g* Rufzeichen *nt*, Ausrufezeichen *nt*.

ebychu *be.g* ausrufen, aufschreien; *(ochneidio)*
seufzen, schluchzen.

ebyrth *ll gw.* **aberth.**

ECG *g byrf (MEDD: = electrocardiogram)* EKG *nt*.

eciwmenaidd *ans* ökumenisch.

eclips (-**au**) *g (ASTRON)* Eklipse *f*, Finsternis *f*; ~ **haul**
Sonnenfinsternis *f*; ~ **lleuad** Mondfinsternis *f*.

eco (-**au**) *g (atsain)* Echo *nt*, Widerhall *m*.

ecoleg *b* Ökologie *f*.

ecolegol *ans* ökologisch.

ecolegwr (**ecolegwyr**) *g* Ökologe *m*, Ökologin *f*.

economaidd *ans* wirtschaftlich, ökonomisch;
(cynnil) sparsam.

economeg *b* Wirtschaftswissenschaft *f*, Ökonomie
f, *(astudiaethau rheoli)* Betriebswirtschaft *f*; ~ **y**
cartref Volkswirtschaft *f*.

economegol *ans* ökonomisch.

economegwr (**economegwyr**) *g* = **economegydd.**

economegwraig (**economegwragedd**) *b*
Wirtschaftswissenschaftlerin *f*, Volkswirtin *f*.

economegydd (-**ion**) *g* Volkswirt *m*,
Wirtschaftswissenschaftler *m*,
Volkswirtschaftler *m*.

econometreg *b* Ökonometrie *f*.

economi (**economïau**) *gb (system)* Wirtschaft *f*,
Ökonomie *f*, *(o safbwynt ariannol)* Konjunktur *f*; ~'**r**
byd Weltwirtschaft *f*; ~ **cynlluniedig**
Planwirtschaft *f*; ~ **marchnad** Marktwirtschaft *f*;
~'**r farchnad rydd** freie Marktwirtschaft *f*; ~ **gwladol**
Volkswirtschaft *f*.

ecoseiniwr *g* Echolot *nt*.

ecosystem (-**au**) *b* Ökosystem *nt*.

ecsbloetiaeth *b (tir, adnoddau naturiol)* Nutzung *f*;
(triniaeth annheg) Ausbeutung *f*.

ecsbloetio *be.a (adnoddau naturiol)* nutzen; *(bod yn*
annheg i) ausbeuten; *(cymryd mantais o)* ausnutzen.

ecsbloetiwr (**ecsbloetwyr**) *g* Ausbeuter(in) *m(f)*.

ecsema *g (MEDD)* Ekzem *nt*, (Haut)ausschlag *m*.

ecsentrig *ans* exzentrisch; *(person)* exzentrisch,
überkandidelt; *(rhyfedd)* verschroben.

ecsotig *ans* exotisch.

ecstasi *g (teimlad)* Ekstase *f*; *(cyffur)* Ecstasy *nt*.

ecstra *g (FFILM, THEAT)* Statist(in) *m(f)*.

ecu (-**s**) *g (CYLL)* ECU *m*.

Ecwador *b (DAEAR)* Ecuador *nt*.

echdoe *adf* vorgestern.

echdoriad (-**au**) *g (llosgfynydd)* Ausbruch *m*, Eruption
f.

echdorri *be.g* ausbrechen.

echdynnu *be.a* extrahieren, herausziehen.

echel (-**au** *neu* -**ydd**) *b* Achse *f*; ~ **flaen** Vorderachse *f*;
~ **gefn/ôl** Hinterachse *f*; **bwrw rhn oddi ar ei** ~ jdn
aus dem Gleichgewicht bringen.

echelin (-**au**) *b (MATH)* Achse *f*; ~ **cymesuredd**
Symmetrieachse *f*; ~ **x** X-Achse *f*; ~ **y ddaear**
Erdachse *f*.

echelinol *ans* axial.

echnos *adf* vorgestern abend.

echreiddig *ans (MATH)* exzentrisch.

echrydus *ans* entsetzlich, furchtbar.

edau (**edafedd**) *b* Faden *m*, Garn *nt*, Zwirn *m*; *(sgriw)*
Gewinde *nt*; **edafedd** *ll (gwlân i wau)* (Strick)wolle
f; ~ **bywyd** *(ffig)* Lebensfaden *m*; **rhoi** ~ **ar nodwydd**
den Zwirn einfädeln.

edefyn (-**nau**) *g (ffeibr)* Faser *f*; *(gwe)* Spinnwebe *f*;
gw.h. **edau.**

edifar *ans* reuig, reumütig; **mae'n** ~ **gennyf** ich bedaure.

edifarhau *be.a* bereuen, bedauern.

♦ *be.g:* ~ **am rth** etw bereuen.

edifarhaus *ans* reuig.

edifaru *be.a, be.g* = **edifarhau.**

edifeiriol *ans* reuig, reumütig.

edifeirwch *g* Reue *f.*

edling *g* Thronfolger *m.*

edliw *be.a:* ~ **rhth i rn** jdm etw vorhalten, jdm etw vorwerfen.

edliwgar *ans* vorwurfsvoll.

edmygedd *g* Bewunderung *f*, Verehrung *f*; *(parch)* Hochachtung *f.*

edmygu *be.a* bewundern, verehren; *(parchu)* schätzen, achten.

edmygwr (edmygwyr) *g* Bewunderer *m*, Verehrer *m*; **mae ganddi lawer o edmygwyr** sie hat viele Verehrer.

edmygwraig (edmygwragedd) *b* Verehrerin *f.*

edmygydd (edmygwyr) *g* = **edmygwr.**

edn (-od) *g* Vogel *m.*

edrych *be.g* schauen, blicken; *(ymddangos)* aussehen; **edrychwch!** schaut! **edrych!** *neu:* **'drycha!** schau! ~ **allan am** Ausschau halten nach *+dat*; ~ **draw** *(i fan hyn)* herüberschauen; *(o fan hyn)* hinüberschauen; ~ **dros** *(bod â golygfa dros)* überblicken; *(bwrw golwg ar)* durchsehen; ~ **dros ysgwyddau rhn** jdm über die Schulter schauen; ~ **fel** aussehen wie; ~ **fel glaw** nach Regen aussehen; **mae'r siaced yn gwneud iddi ~ yn ddyn** mit dem Sakko sieht sie wie ein Mann aus; ~ **i fyny** hinaufschauen, hinaufsehen; *(codi'ch pen)* aufblicken, aufsehen; ~ **i lawr** *(gostwng llygaid)* den Blick senken; ~ **i lawr ar** hinabsehen auf *+akk*; *(yn ddirmygus)* herabblicken auf *+akk*; ~ **i mewn** *(ffig)* untersuchen; ~ **o amgylch/gwmpas** sich umsehen, sich umschauen; ~ **wedi blino** müde aussehen; ~ **ym myw llygad rhn** jdm in die Augen sehen; ~ **yn llygad y geiniog** jeden Pfennig dreimal umdrehen (ehe man ihn ausgibt); ~ **yn gam ar** schief anschauen; ~ **yn ôl** *(troi'ch pen)* zurücksehen, zurückschauen; *(cofio)* zurückblicken.

edrych am *be.g (chwilio)* suchen; *(ymweld â)* besuchen; *(mynd i weld)* aufsuchen; *(disgwyl)* erwarten; **mae Tom yn ~ am swydd barhaol** Tom hält nach einer dauerhaften Stelle Ausschau; **edrychon ni amdano yn ei waith** wir besuchten ihn in der Arbeit.

edrych ar *be.g* ansehen, betrachten; *(ystyried)* betrachten; *(gwilio)* (zu)sehen; **wel, edrychwch ar hwnna!** seht euch den an! ~ **ar y teledu** fernsehen; **rwy'n edrych arni fel nain** ich

betrachte sie als Großmutter.

edrych ar ôl *be.g* nachsehen *+dat*; *(gofalu am)* sich kümmern um, aufpassen auf *+akk*; **allwch chi ~ ar ôl fy mhethau am funud?** könnten Sie einen Moment auf meine Sachen aufpassen? **mae hi'n gallu ~ ar ôl ei hunan** sie kann auf sich selbst aufpassen.

edrych ymlaen *be.g* sich freuen; ~ **ymlaen at** sich freuen auf *+akk*, gespannt sein auf *+akk*; **rwy'n ~ ymlaen!** ich freue mich schon! *(mewn llythyr)* **gan ~ ymlaen at glywed gennych** in Erwartung Ihrer Antwort.

edrychiad (-au) *g (trem)* Blick *m*; *(golwg)* Miene *f*, Ausdruck *m*; **bod ag ~ cas arnoch** ein böses Gesicht machen.

edrychwr (edrychwyr) *g* Betrachter(in) *m(f).*

edwino *be.g (gwanhau)* schwächer werden; *(pallu)* schwinden; *(colli lliw)* verblassen; *(nychu)* verschmachten.

eddi *ll* Franse *f.*

e.e. *byrf* (= *er enghraifft*) z.B. (zum Beispiel).

EEG *g (MEDD:* = *electro-enseffalogram)* EEG *nt* (Elektroenzephalogramm).

ef *rhag* er, es; *(gwrthrych)* ihn; **gwelodd y ferch ~** das Mädchen sah ihn; ~ **piau'r tŷ** ihm gehört das Haus.

♦ *rhag dibynnol:* **ei gi ~ yw hwn** das ist sein Hund; **bydda i'n ei weld ~ yfory** ich sehe ihn morgen.

efail *b* = **gefail¹.**

efallai *adf* vielleicht, möglicherweise.

efe *rhag* er, der; ~ **ydoedd** der war es.

efengyl (-au) *b* Evangelium *nt*; *(gwirionedd)* **mae'n ~ i ti** das ist die reine Wahrheit.

efengylaidd *ans* evangelisch.

efengylu *be.g* das Evangelium predigen.

efengylwr (efengylwyr) *g* Evangelist *m*; *(pregethwr teithiol)* Wanderprediger *m.*

efengylydd (efengylwyr) *g* = **efengylwr.**

efeilliaid *ll gw.* **gefell;** **yr E~** *(ASTROL)* die Zwillinge.

efelychiad (-au) *g* Nachahmung *f*, Nachbildung *f*; **mae mab Owen fel ~ ohono** Owens Sohn ist sein Ebenbild.

efelychu *be.a* nachahmen, nachbilden; *(sefyllfa, senario)* simulieren; ~ **rhn** jdn zum Vorbild haben, sich *dat* an jdm ein Beispiel nehmen.

efell *g* = **gefell.**

efo *ardd* = **gyda.**

efrau *ll gw.* **efryn.**

Efrog *b (DAEAR)* York *nt*; **Swydd ~** Yorkshire *nt*; ~ **Newydd** New York *nt.*

efrydiau *ll (astudiaethau)* Studien *pl*; **adran ~ allanol** ≈ Volkshochschule *f*, **cwrs ~ allanol**

Volkshochschulkurs *m*.

efrydydd (efrydwyr) *g* Student(in) *m(f)*, Hörer(in) *m(f)*.

efrydd (-ion *neu* **-iaid)** *g* Gelähmte *m/f*; *(na all weithio)* Invalide *m*, Invalidin *f*; **~ion** *ll* Behinderte(n) *pl*.

efryn (efrau) *g (BOT)* Wicke *f*.

efydd[1] **(-au)** *g* Bronze *f*; *(pres)* Messing *nt*.

efydd[2] *ans* aus Bronze, bronzen; **yr Oes E~** *(HAN)* die Bronzezeit *f*; **medal ~** *(CHWAR)* Bronzemedaille *f*.

effaith (effeithiau) *b* Wirkung *f*, Effekt *m*; *(canlyniadau)* Auswirkungen *pl*; **~ tŷ gwydr** Treibhauseffekt *m*; **~ gemegol** chemische Reaktion *f*; **cael ~ ar** Auswirkungen haben auf *+akk*; **teimlo ~ rhth** die Auswirkungen von etw *dat* spüren.

effeithio *be.g:* **~ ar** sich auswirken auf *+akk*, betreffen; **mae'r diffyg ymarfer yn ~ ar ei iechyd** der Mangel an Bewegung wirkt sich auf seine Gesundheit aus; **nid yw hynny'n ~ arna i** das betrifft mich nicht.

effeithiol *ans* effektiv, wirkungsvoll; *(effeithlon)* effizient; *(medrus)* leistungsfähig, tüchtig.

effeithioldeb *g* Wirksamkeit *f*.

effeithiolrwydd *g* Leistungsfähigkeit *f*, Tüchtigkeit *f*.

effeithlon *ans* effizient, rationell.

effeithlonrwydd *g* Effizienz *f*.

effro *ans* wach, munter; *(craff)* aufgeweckt; *(yn dyfal wylio)* wachsam; **mae'n ~ i unrhyw gyfle i wneud arian** er lässt sich keine Gelegenheit entgehen, um Geld zu machen; **mae ganddo feddwl ~** er ist ein helles Köpfchen.

egalitaraidd *ans (GWLEID)* egalitär.

eger (-au) *g* Flutwelle *f*.

egin *ll gw.* **eginyn**.

eginblanhigyn (eginblanhigion) *g* Setzling *m*.

egin-fardd (egin-feirdd) *g* Jungbarde *m*.

eginiad (-au) *g* Keimen *nt*, Austreiben *nt*.

egino *be.g* austreiben; *(ymwthio allan o'r had)* keimen; *(blaguro)* sprießen; *(blaendarddu)* knospen.

eginol *ans* keimend, sprießend.

eginyn (egin) *g* Trieb *m*, Knospe *f*; *(hedyn)* Keim *m*; **egin** *ll (ffig)* Ansatz *m*.

eglur *ans* klar, deutlich; *(amlwg)* offensichtlich; *(dealladwy)* einleuchtend, begreiflich; *(diamwys)* unzweideutig; *(golau)* ungetrübt.

eglurdeb *g* Klarheit *f*, Deutlichkeit *f*, Verständlichkeit *f*.

eglurder *g* = **eglurdeb**.

eglureb (-au *neu* **-ion)** *b* Erläuterung *f*, Veranschaulichung *f*, Beispiel *nt*.

eglurhad (-au) *g* Erklärung *f*; **dod o hyd i ~ o rth** eine Erklärung für etw finden.

eglurhaol *ans* erklärend, anschaulich.

eglurhau *be.a* klären; **~'r sefyllfa** klare Fronten schaffen.

egluriad (-au) *g* Klärung *f*, Klarstellung *f*.

egluro *be.a* erklären, veranschaulichen; *(dehongli)* interpretieren.

eglwys (-i) *b* Kirche *f*; *(sefydliad)* die Kirche; **~ gadeiriol** Kathedrale *f*, Dom *m*; **yr E~ Fore** die Urkirche; **E~ Loegr** die anglikanische Kirche; **E~ Rufain** *neu:* **E~ Babyddol** die römisch-katholische Kirche; **yr E~ Uniongred Roegaidd** die griechisch-orthodoxe Kirche; **yr E~ yng Nghymru** die anglikanische Kirche in Wales; **~ blwyf** Pfarrkirche *f*; **~ rydd** Freikirche *f*.

eglwysig *ans* kirchlich.

eglwysreg *b* = **eglwyswraig**.

eglwyswr (eglwyswyr) *g* Kirchgänger *m*; *(yng Nghymru)* Anglikaner *m*.

eglwyswraig (eglwyswragedd) *b* Kirchgängerin *f*; *(yng Nghymru)* Anglikanerin *f*.

egni (egnïon) *g* Energie *f*; *(grym, nerth)* Macht *f*; *(TECH)* Triebkraft *f*; *(person)* Schwung *m*, Elan *m*, Tatendrang *m*; **~ cinetig** kinetische Energie; **~ niwclear** Kernenergie *f*; **~ solar** Solarenergie *f*; **â'i holl ~** mit aller Kraft, mit all seiner Kraft; **mae ganddo lawer o ~** er ist voller Elan.

egnïol *ans* kraftvoll, dynamisch, tatkräftig; *(bywiog)* stürmisch; *(penderfynol)* energisch.

egoist (-iaid) *g* Egoist(in) *m(f)*.

egoistaidd *ans* egoistisch.

egoistiaeth *b* Egoismus *m*.

egosentrig *ans* egozentrisch.

egr *ans (sur)* sauer, herb; *(ysol, siarp)* ätzend, scharf; *(haerllug)* frech, vorlaut; *(tywydd)* stürmisch, rau; *(lle)* öde.

egroesen (egroes) *b* Hagebutte *f*.

egroesyn *g* = **egroesen**.

egwan *ans* schwach, matt; *(heb nerth)* kraftlos.

egwyd (-ydd) *b (ceffyl)* Fessel *f*.

egwyddor (-ion) *b* Grundsatz *m*, Prinzip *nt*; **gŵr o ~** ein Mann von Charakter; **mewn ~** im Prinzip.

egwyl (-iau *neu* **-ion)** *b* Pause *f*; *(THEAT)* Zwischenspiel *nt*; **amser ~** *(YSG)* Pause; **~ ginio** Mittagspause *f*.

enghraifft (enghreifftiau) *b* Beispiel *nt*; **er ~** zum Beispiel; **bod yn ~ dda** ein gutes Beispiel abgeben.

englyn (-ion) *g* Englyn *nt*, Reimstrophe *f*.

engyl *ll gw.* **angel**.

ehangder (eangderau) *g* Weite *f*.

ehangiad (eangiadau) *g* Erweiterung *f*, Expansion *f*.

ehangol *ans* expansiv.

ehangu *be.a* erweitern, ausbauen.

♦ *be.g* sich ausweiten, expandieren.

ehedeg *be.g* fliegen, segeln; *(cymylau)* ziehen.

♦ *be.a:* ~ **barcud** Drachen steigen lassen.

ehedfa (ehedfeydd) *b* Flug *m*; ~ **rhif 709 i Fiena** Flug Nummer 709 nach Wien.

ehedgan (-au) *b (CERDD)* Fuge *f*.

ehediad (ehediaid) *g* Flug *m*, Flugreise *f*; *(hen air am aderyn)* Vogel *m*.

ehedolrwydd *g (CEM)* Flüchtigkeit *f*.

ehedydd (-ion) *g (SÖOL)* Lerche *f*.

ehofnder *g* Furchtlosigkeit *f*, Kühnheit *f*; *(haerllugrwydd)* Dreistigkeit *f*.

ehofndra *g* = ehofnder.

ei[1] *rhag* ihn, sie, es; ~ **gilydd** einander, gegenseitig; **gyda'i gilydd** zusammen, gemeinsam *(gw.h.* **gilydd)**; ~ **hun** selbst; *(gwrthrychol)* sich; ~ **hunan** selber; *(gwrthrych)* sich selber; **aeth e yno ~ hun** er ging selbst hin; **rwyf wedi ~ weld** ich habe ihn gesehen; **rwyf wedi ~ gweld** ich habe sie gesehen; **mae'n ~ chael hi'n anodd** er hat es schwer.

ei[2] *rhag medd (gwrywaidd)* sein; *(benywaidd)* ihr; ~ **gath** seine Katze; ~ **chath** ihre Katze; **cafodd ~ ladd** er wurde getötet; ~ **un ef** seine(r,s); ~ **hun hi** ihre(r,s).

ei[3] *be* du gehst, *gw.h.* mynd.

eicon (-au) *g (CREF)* Ikone *f*, Heiligenbild *nt*; *(CYFDR)* Icon *nt*.

eich[1] *rhag* euch, Sie; **rwy am ~ gweld chi** ich möchte euch/Sie sehen; ~ **dau** ihr beide(n); ~ **gilydd** einander, gegenseitig; ~ **hun** ihr selbst, Sie selbst; *(gwrthrych)* euch selbst, sich selbst; ~ **hunan** ihr selber, Sie selbst; *(gwrthrych)* euch selber, sich selber; **gwneud rhth ~ hun** etw selber machen.

eich[2] *rhag medd (yn dynodi eiddo)* euer, Ihr; ~ **ffrindiau** eure Freunde, Ihre Freunde; ~ **un chi** *(yr eiddoch)* eure(r,s), Ihre(r,s).

Eidal *b: yr ~ (DAEAR)* Italien *nt*.

Eidalaidd *ans* italienisch.

Eidaleg *b* Italienisch *nt*.

Eidales (-au) *b* Italienerin *f*.

Eidalwr (Eidalwyr) *g* Italiener *m*.

eidion (-nau) *g* Ochse *m*; **cig ~** Rindfleisch *nt*.

eidionyn (-nau) *g (COG)* Hamburger *m*.

eiddew *g (BOT)* Efeu *m*.

eiddgar *ans* begeistert, eifrig, passioniert.

eiddgarwch *g* Begeisterung *f*, Eifer *m*.

eiddi *rhag medd gw.* **eiddo**[2].

eiddigedd *g* Eifersucht *f*, Neid *m*.

eiddigeddu *be.g:* ~ **rhth wrth rn** jdn um etw *akk* beneiden; ~ **wrth rn** jdn beneiden, auf jdn eifersüchtig sein.

eiddigeddus *ans* eifersüchtig.

eiddil *ans (dim yn gryf)* schmächtig, schwächlich; *(o ran iechyd)* gebrechlich, kränklich.

eiddilwch *g* Gebrechlichkeit *f*.

eiddo[1] *g* Besitz *m*, Eigentum *nt*; ~ **coll** Fundsachen *pl*; ~ **personol** persönliche Besitztümer *pl*; ~ **rhydd** freier Grundbesitz.

eiddo[2] *rhag medd:* **eiddof** meine(r,s); **eiddot** deine(r,s); **eiddo** seine(r,s); **eiddi** ihre(r,s); **eiddom** unsre(r,s); **eiddoch** eure(r,s), Ihre(r,s); **eiddynt** ihre(r,s); **yr eiddoch yn gywir** *(mewn llythyr)* Ihr; **yr eiddot yn bur** dein; **eiddot ti yw'r deyrnas** dein ist das Reich.

Eifftaidd *ans* ägyptisch.

Eifftes (-au) *b* Ägypterin *f*.

Eifftiad (Eifftiaid) *g* Ägypter(in) *m(f)*.

Eifftiwr (Eifftwyr) *g* Ägypter *m*.

eigion (-au *neu* **-ydd)** *g* Tiefe *f*; *(môr)* Tiefsee *f*; *(daear)* Erdinnere *nt*; **yr ~** die Tiefsee; **o ~ ei galon** aus der Tiefe seines Herzens.

eigioneg *b* Ozeanographie *f*, Meereskunde *f*.

eingion (-au) *b* Amboss *m*.

Eingl *ll (HAN)* Angeln *pl*.

Eingl-Gymreig *ans* anglowalisisch.

Eingl-Sais (Eingl-Saeson) *g* Angelsachse *m*.

Eingl-Seisnig *ans* angelsächsisch.

eil[1] **(-iau)** *b* Gang *m*, Mittelgang *m*.

eil[2] **(-ion)** *b (cwt, sied)* Schuppen *m*.

eilaidd *ans* sekundär, untergeordnet.

eilbeth (-au) *g* Nebensache *f*.

eildwym *ans* aufgewärmt.

eilddydd *adf:* **bob yn ~** jeden zweiten Tag.

eiledol *ans:* **cerrynt ~** Wechselstrom *m*.

eiliad (-au) *gb* Sekunde *f*; *(moment)* Augenblick *m*, Moment *m*; **un ~, os gwelwch yn dda** einen Augenblick, bitte; **bydda i yna mewn ~** ich bin in einer Minute da; **bys ~au** Sekundenzeiger *m*.

eiliadur (-on) *g (TRYD)* Wechselstromgenerator *m*; *(MODUR)* Lichtmaschine *f*.

eilio *be.a* unterstützen, sekundieren; **rwy'n ~** ich bin dafür.

eiliw (-iau) *g* Farbton *m*, Nuance *f*.

eiliwr (eilwyr) *g* Befürworter *m*.

eilradd *ans* zweitrangig, Sekundar-; *(israddol)* minderwertig; *(cynnyrch)* zweite Wahl *f*; **perfformiad ~** schlechte Vorstellung; **ysgol ~** Mittelschule *f*, Sekundarstufe[D] *f*.

eilrif (-au) *g (MATH)* gerade Zahl *f*.

eilun (-od) *g (CREF)* Abgott *m*, Götze *m*; *(ffig)* Idol *nt*.

eilunaddoli *be.g (CREF)* Götzen verehren.

♦ *be.a (ffig)* vergöttern, anhimmeln.

eilunaddoliad *g (CREF)* Götzenverehrung *f*; *(ffig)*

Vergötterung *f.*

eilwaith[1] *adf* abermals, zum zweiten Mal, zum wiederholten Mal; **yn awr ac ~** hin und wieder.

eilwaith[2] (eilweithiau) *b* zweites Mal *nt.*

eilydd (-ion) *g (CHWAR)* Ersatzspieler *m*, Reservespieler *m*; *(o gynnig)* Befürworter *m.*

eilliad (-au) *g* Rasur *f.*

eillio *be.a* rasieren.

♦ *be.g* sich rasieren.

ein[1] *rhag (gwrthrych)* uns; **mae'ch rhieni am ein gweld ni** eure Eltern wollen uns sehen; **~ gilydd** einander, gegenseitig; **~ hun ni** *(yr eiddom)* unsre(r,s); **~ hun** wir selbst; *(gwrthrych)* uns selbst; **~ hunain** wir selber; *(gwrthrych)* uns selber.

ein[2] *rhag medd* unser(e); **~ ffrindiau** unsere Freunde.

einioes *b* Lebenszeit *f*, Lebensspanne *f.*

einion (-au) *b* Amboss *m.*

eira (-oedd) *g* Schnee *m*; **~ gwlyb/tawdd** Matsch *m*; **E~ Wen** Schneewittchen *nt*; **bwrw ~** schneien; **dyn ~** Schneemann *m*; **pelen ~** Schneeball *m*; **pluen ~** Schneeflocke *f.*

eirch *ll gw.* **arch.**

eirias *ans* weiß glühend; *(ffig)* glühend, brennend.

eirinen (eirin) *b* Pflaume *f*, Zwetschke[A] *f*; **~ felen** Mirabelle *f*; **~ fetus** Nektarine *f*; **~ Mair** Stachelbeere *f*; **~ sych** Backpflaume[D] *f*; **~ werdd** Reinclaude *f*; **~ wlanog** Pfirsich *m*; **~ ysgaw** Holunderbeere *f.*

eirio *be.a* lüften, auslüften; *(sychu)* lufttrocknen.

eiriol *be.g* fürbitten, Fürbitte/Fürsprache einlegen; **~ dros rn** Fürbitte einlegen für jdn.

eiriolaeth *b* Fürsprache *f.*

eiriolwr (eiriolwyr) *g* Fürsprecher *m.*

eirlaw *g* Schneeregen *m.*

eirlithriad (-au) *g* Lawine *f.*

eirlys (-iau) *g (BOT)* Schneeglöckchen *nt.*

eironi *g* Ironie *f.*

eironig *ans* ironisch.

eirth *ll gw.* **arth.**

eisiau *g* Mangel *m*, Not *f*; **mae ~ rhth arnaf** ich brauche etw *akk*; **mae arnaf ~ bwyd** ich habe Hunger; **dioddef o ~ bwyd** Hunger leiden; **byw mewn ~** in Not leben; **rwy'n gweld ei ~** ich vermisse ihn; **rwy ~ mynd** ich möchte gehen; **yn ~** fehlend; *(mewn hysbyseb swydd)* gesucht; **mae darn o'r jigso yn ~** ein Stück des Puzzles fehlt.

eisin[1] *g (COG)* Glasur *f*, Zuckerguss *m*; **siwgr ~** Glasurzucker *m.*

eisin[2] *ll* Hülsen *pl*, Spreu *f*; **~ sil** Kleie *f.*

eisinyn (eisin *neu* **eisiniaid)** *g* Hülse *f.*

eisio *be.a (COG)* glasieren.

eisoes *adf* schon, bereits; **mae'r geiriadur ~ wedi'i**

gyflawni das Wörterbuch ist bereits fertiggestellt.

eistedd[1] *be.g* sitzen; *(i lawr)* sich setzen, Platz nehmen; *(llys)* tagen; *(adar)* **~ ar wyau** brüten; **eisteddwch!** setzen Sie sich! *(YSG)* setzen!

♦ *be.a:* **mae'r neuadd yn ~ 800** die Aula hat 800 Sitzplätze.

eistedd[2] *g:* **bod ar eich ~** sitzen.

eisteddfod (-au) *b* Eisteddfod *nt*, walisisches Kulturfestival *nt*; **maes yr ~** das Areal des Eisteddfods, die Arena des Eisteddfods; **E~ Genedlaethol** das Nationale Eisteddfod; **E~ Gydwladol** das Internationale Eisteddfod; **E~ yr Urdd** Jugendeisteddfod *nt.*

eisteddfodol *ans* zum Eisteddfod gehörend.

eisteddfodwr (eisteddfodwyr) *g* Besucher(in) *m(f)* des Eisteddfods.

eisteddiad (-au) *g (sesiwn)* Sitzung *f*; **mae dau ~ ar gyfer cinio** das Mittagessen wird in zwei Schüben serviert.

eisteddle (-oedd) *gb (CHWAR)* Tribüne *f.*

eitem (-au) *b (peth)* Ding *nt*, Stück *nt*, Gegenstand *m*; *(mewn rhestr)* Posten *m*; *(MASN)* Artikel *m*; *(ar agenda)* Punkt *m*; *(mewn sioe)* Nummer *f*; *(newyddion)* Bericht *m*, Meldung *f*; **~ gyntaf y rhaglen** der erste Programmpunkt; *(sioe)* die erste Nummer; **~ anwerthadwy** Ladenhüter *m.*

eitemeiddio *be.a* einzeln aufführen.

eithaf[1] *ans* äußerst, extrem; *(uchaf)* höchst; *(GRAM)* **y radd ~** Superlativ *m*; **y gosb ~** die Höchststrafe *f*, die Todesstrafe *f.*

♦ *adf (gweddol)* ziemlich, recht; **mae'n ~ drud** es ist ziemlich teuer; **~ gwaith â fo** geschieht ihm ganz recht; **~ gwir!** ganz recht! **byddai'n ~ peth** es wäre nicht schlecht.

eithaf[2] (-oedd *neu* **-ion)** *g* Extrem *nt*; **hyd ~oedd y ddaear** bis ans Ende der Welt; **mynd â phethau i'r ~** alles übertreiben; **hyd ~ eich gallu** bis an die Grenzen seiner Möglichkeiten.

eithafiaeth *b* Extremismus *m.*

eithafol *ans* übermäßig, exzessiv; *(digymrodedd)* extremistisch; *(penboeth)* hitzköpfig, fanatisch; **mae hi'n ~ o oer** es ist außergewöhnlich kalt; **mewn perygl ~** in Lebensgefahr; **o bwysigrwydd ~** von größter Wichtigkeit.

eithafrwydd *g* Unmäßigkeit *f.*

eithafwr (eithafwyr) *g* Extremist *m*, Fanatiker *m.*

eithafwraig (eithafwragedd) *b* Extremistin *f*, Fanatikerin *f.*

eithin *ll (BOT)* Ginster *m.*

eithinen (eithin) *b gw.* **eithin**; *(llwyn)* Ginsterbusch *m*; **~ bêr** Wacholder *m.*

eithr *cys* jedoch, allerdings; *(ar ôl nacâd)* sondern; **~ y**

mae'n anodd credu hynny jedoch ist es schwer zu glauben; **~ prin ydynt** allerdings sind es nur wenige.

♦ *ardd (ar wahân i)* ausgenommen *+gen/+akk.*

eithriad (-au) *g* Ausnahme *f*; **heb ~** ohne Ausnahme.

eithriadol *ans* außergewöhnlich, abnorm; *(eithafol)* äußerst.

eithrio *be.a* ausnehmen.

ac eithrio *ardd* ausgenommen *+gen/+akk,* mit Ausnahme *+gen*; **ac ~'r ferch hynaf** ausgenommen der ältesten Tochter, die älteste Tochter ausgenommen.

elain (elanedd) *b* Rehkitz *nt.*

elastig¹ *ans* elastisch, dehnbar.

elastig² *g* Gummiband *nt.*

elastigedd *g* Elastizität *f.*

elc (-iaid *neu* -od) *g (SÖOL)* Elch *m.*

electrig *ans* elektrisch; *gw.h.* **trydanol.**

electrocardiogram *g (MEDD)* Elektrokardiogramm *nt.*

electrod (-au) *g (TRYD)* Elektrode *f.*

electrolysis *g (FFIS)* Elektrolyse *f.*

electromagnetig *ans (FFIS)* elektromagnetisch.

electron (-au) *g (FFIS)* Elektron *nt.*

electroneg *b* Elektronik *f,* Elektrotechnik *f.*

electronig *ans* elektronisch; **microsgop ~** Elektronenmikroskop *nt.*

eleni *adf* dieses Jahr, heuer^A.

elfen (-nau) *b (CEM)* Element *nt,* Grundstoff *m; (ffactor)* Element; *(rhan hanfodol)* Bestandteil *m;* **~ danwydd** *(niwclear)* Brennelement *nt;* **~ hybrin** Spurenelement *nt;* **~ o wirionedd** eine Spur von Wahrheit; **bod yn eich ~** in seinem Element sein; **~nau** *ll (gwybodaeth)* Grundlage *f; (tywydd, natur)* die Elemente *pl.*

elfennaidd *ans* elementar.

elfennol *ans (sylfaenol)* grundlegend, elementar; *(syml)* einfach, simpel; **llawlyfr ~** Einführung *f;* **ysgol ~** Grundschule *f.*

eli (elïau) *g* Creme *f, (MEDD)* Salbe *f,* Heilsalbe *f;* **~ alcoholaidd** Franzbranntwein *m;* **~ at bob briw** Allheilmittel *nt;* **~'r galon** *(ffig)* Seelenbalsam *m;* **~ penelin** *(ffig)* Muskelschmalz *nt;* **~ wyneb** Gesichtscreme *f.*

elicsir *gb* Elixier *nt.*

eliffant (-od) *g (SÖOL)* Elefant *m; (gwryw)* Elefantenbulle *m; (benyw)* Elefantenkuh *f; (benyw mewn sŵ)* Elefantendame *f.*

elin (-au *neu* -oedd) *b (cymal)* Ellbogen *m; (braich)* Unterarm *m; (TECH)* Kurbel *f;* **pwyso ar eich ~** lümmeln.

elips (-au) *g (MATH)* Ellipse *f.*

elit *gb* Elite *f.*

elitaidd *ans* elitär.

elor (-au) *b* Bahre *f.*

elorgludwr (elorgludwyr) *g* Leichenträger *m.*

elusen (-nau) *b* Almosen *nt; (cymdeithas)* wohltätiger Verein; **blwch ~** Spendenbüchse *f.*

elusendy (elusendai) *g* Armenhaus *nt.*

elusengar *ans* wohltätig.

elusengarwch *g* Wohltätigkeit *f.*

elusennol *ans* karitativ.

elw (-au) *g* Gewinn *m; (MASN)* Gewinn, Profit *m; (cynhaeaf)* Ertrag *m; (incwm)* Erlös *m; (ffig)* Gewinn; **~ clir** Nettogewinn *m;* **~ gros** Bruttogewinn *m;* **~ crynswth** *(MASN)* Handelsspanne *f;* **~ a cholled** Gewinn und Verlust; **dwyn ~** Gewinn bringen; **bod ar eich ~** *(elwa)* profitieren.

elwa *be.a* gewinnen, erwirtschaften.

♦ *be.g (gwneud elw)* Gewinn machen; **~ ar** profitieren von *+dat.*

elwach *ans (gwell)* besser; *(callach)* schlauer, klüger; **nid wyf damaid ~ ar ôl y drafodaeth** ich bin kein bisschen schlauer nach der Debatte.

elwlen (elwlod *neu* -nau *neu* -ni) *b (ANAT)* Niere *f.*

elyrch *ll gw.* **alarch.**

ella *adf* = **efallai.**

elltydd *ll gw.* **allt.**

ellyll (-on *neu* -od) *g* Kobold *m,* Alb *m; (ysbryd)* Gespenst *nt;* **~ bach** Elf *m.*

ellylles (-au) *b* (gute/böse) Fee *f;* **~ fach** Elfe *f.*

ellyn (-nau *neu* -nod) *g* Rasiermesser *nt.*

embaras *g* Peinlichkeit *f,* Verlegenheit *f.*

embargo *g* Embargo *nt;* **~ masnachol** Handelssperre *f.*

embeslad (-au) *g (CYLL)* Unterschlagung *f.*

embeslo *be.a (CYLL)* unterschlagen, veruntreuen.

emblem (-au) *b* Emblem *nt;* **~ genedlaethol** Hoheitszeichen *nt.*

embryo (-nau) *g (BIOL)* Embryo *m.*

emosiwn (emosiynau) *g* Emotion *f,* Rührung *f,* Gemütsbewegung *f.*

emosiynol *ans* emotional; *(llyfr, ffilm)* gefühlsbetont, rührselig; *(am berson)* sensibel.

empatheiddio *be.g:* **~ â rhn** sich in jdn hineinfühlen.

empathi *g* Einfühlungsvermögen *nt.*

emrallt¹ (-iau) *g* Smaragd *m.*

emrallt² *ans (lliw)* smaragdgrün.

emwlseiddio *be.a* emulgieren.

emwlsiwn (emwlsiynau) *g* Emulsion *f.*

emyn (-au) *g (CREF)* Hymne *f,* Kirchenlied *nt;* **llyfr ~au** Gesangbuch *nt.*

emyn-dôn (emyn-donau) *b* Melodie *f,* Weise *f.*

emynydd (emynwyr) *g* Hymnenschreiber *m.*

enaid (eneidiau) *g* Seele *f,* Geist *m; (person)* Wesen *nt,*

Geschöpf *nt*; **â'i holl ~** mit ganzer Seele; **ni welais i'r un ~ byw** ich sah keine Menschenseele.

enamel (-au) *g* Email *nt*, Schmelz *m*; **paint ~** Emaillack *m*; **~ y dannedd** Zahnschmelz *m*.

enamlo *be.a* emaillieren.

enbyd *ans* gefährlich; *(garw)* schlimm; *(niweidiol)* schädlich; *(anghyffredin)* außergewöhnlich.

enbydus *ans* = **enbyd**.

enbydrwydd *g* Gefahr *f*; *(gofid)* Bedrängnis *f*.

encil (-ion) *g* Zufluchtsstätte *f*, Zufluchtsort *m*; **caru'r ~ion** zurückgezogen leben, das Licht der Öffentlichkeit scheuen.

encilfa (encilfeydd) *b (ar y ffordd)* Parkbucht *f*.

encilgar *ans* zurückgezogen.

enciliad (-au) *g* Rückzug *m*; *(MIL: heb ganiatâd)* Fahnenflucht *f*.

encilio *be.g* sich zurückziehen; *(MIL)* den Rückzug antreten; *(MIL: heb ganiatâd)* desertieren, Fahnenflucht begehen; **~ i mewn i chi'ch hunan** sich in sich *akk* selber zurückziehen.

enciliol *ans* zurückweichend.

enciliwr (encilwyr) *g (MIL)* Deserteur *m*.

encôr (encorau) *gb* Zugabe *f*.

endid (-au) *g* Wesen *nt*.

endif (-au) *gb (COG)* Endivie *f*.

endoriad (-au) *g (MEDD)* Einschnitt *m*.

eneiniad (-au) *g* Salbung *f*; **~ olaf** die Letzte Ölung.

eneinio *be.a* salben.

enema (-s *neu* **enemâu)** *gb (MEDD)* Klistier *nt*, Einlauf *m*.

enfawr *ans* enorm, riesig, massiv; **mae e o dan bwysau ~** er steht unter massivem Druck.

enfys (-au) *b* Regenbogen *m*; **~ y llygad** Regenbogenhaut *f*, Iris *f*; **lliwiau'r ~** Regenbogenfarben *pl*.

engrafiad (-au) *g* Gravierung *f*, *(CELF)* Stich *m*, Gravüre *f*.

enigmatig *ans* rätselhaft.

enillion *ll* Gewinn *m*; *(CYLL)* Einkünfte *pl*; *(cyflog, incwm)* Einkommen *nt*; **~ ar fuddsoddiad** Rendite *f*; **~ crynswth** Bruttoeinkommen *nt*; **~ clir** Nettoeinkommen *nt*; **~ cyfalaf** Kapitalertrag *m*.

enillwr (enillwyr) *g* Gewinner *m*; **~ cyflog** Gehaltsempfänger *m*.

enillwraig (enillwragedd) *b* Gewinnerin *f*; **~ cyflog** Gehaltsempfängerin *f*.

enillydd (enillwyr) *g* Gewinner(in) *m(f)*; *(mewn gornest neu gystadleuaeth)* Sieger(in) *m(f)*; **~ gwobr** Preisträger(in) *m(f)*.

enllib (-ion) *g* Verleumdung *f*, Rufmord *m*, Diffamierung *f*.

enllibio *be.a* verleumden, diffamieren.

enllibus *ans* verleumderisch, rufschädigend.

enllynio *be.a (COG)* würzen; *(trochi)* eintauchen, eintunken.

ennaint (eneiniau *neu* **eneintiau)** *g* Salbe *f*.

ennill¹ *be.g* gewinnen, siegen; **mae'r cloc yn ~** die Uhr geht vor.

♦ *be.a (rhyfel, gem, gornest ayb)* gewinnen; *(buddugoliaeth)* erringen; *(canmoliaeth)* ernten; *(cyflog, tâl)* verdienen; *(MIL: dinas)* erobern; *(gradd)* erwerben; **~ eich bara** sein tägliches Brot verdienen; **~ calon rhn** jds Herz erobern; **~ hyder** Vertrauen gewinnen; **~ o ddigon** problemlos gewinnen; **~ eich plwyf** Anerkennung finden; **~ profiad** Erfahrung sammeln; **~ pwysau** zunehmen; **~ eich tamaid** seinen Lebensunterhalt verdienen; **~ tir** *(ffig)* an Boden gewinnen; **~ y dydd** den Sieg davontragen.

ennill² **(enillion)** *g* Vorteil *m*, Nutzen *m*; **ar ei ~** zu seinem Nutzen; **mae hynny ar dy ~** das ist zu deinem Besten.

ennyd *gb* Weile *f*, Zeitspanne *f*; **ar ôl ~** nach einer Weile; **~ awr** eine Zeitspanne von einer Stunde.

ennyn *be.a* anzünden; *(ffig)* aufrütteln, anzetteln; **~ serch** Liebe entfachen; **~ diddordeb rhn mewn rhth** jds Interesse für etw wecken.

♦ *be.g* Feuer fangen; *(ffig)* sich aufregen.

ensemble (-s) *g* Ensemble *nt*.

ensym (-au) *g (BIOL)* Enzym *nt*.

ensyniad (-au) *g* Anspielung *f*, Andeutung *f*; *(negatif)* Unterstellung *f*.

ensynio *be.a:* **~ rhth am rn** jdm etw unterstellen.

entente *b: (HAN)* die Entente *f*.

entrepreneur (-s) *g* Unternehmer(in) *m(f)*.

entrych (-ion) *g* Himmel *m*, Firmament *nt*.

enw (-au) *g* Name *m*; *(cymeriad)* Ruf *m*; *(GRAM)* Substantiv *nt*, Hauptwort *nt*; **beth yw'ch ~ chi?** wie heißen Sie? **rhoi eich ~ lawr** *(cofrestru)* sich anmelden; **mae ganddo ~ da fel cogydd** er hat einen guten Ruf als Koch; **ail ~** Familienname *m*; **~ anwes** Kosename *m*; **~ barddol** Pseudonym *nt*; **~ bedydd** Vorname *m*; **~ brand** *(MASN)* Marke *f*; **~ cyntaf** Vorname *m*, Rufname *m*; **~ da/drwg** guter/schlechter Ruf; **~ ffeil** *(CYFDR)* Dateiname *m*; **~ lle** Ortsname *m*; **~ llwyfan** Künstlername *m*; **~ masnachol** Marke, Markenname *m*; **~ cyn priodi** Mädchenname *m*; **~ priod** *(GRAM)* Eigenname *m*; **~ teuluol** Familienname *m*; **~ torfol** *(GRAM)* Kollektivum *nt*, Sammelbegriff *m*; **dim ond mewn ~ y mae hi'n fyfyrwraig** sie ist nur auf dem Papier Studentin; **yn ~ Duw** im Namen Gottes.

enwad (-au) *g (CREF)* Konfession *f*, Bekenntnis *nt*.

enwadol *ans (CREF)* konfessionell.

enwadur (-on) *g* *(MATH)* Nenner *m*.

enwaedu *be.a* beschneiden.

enwebiad (-au) *g* Nominierung *f*, Nennung *f*.

enwebu *be.a* nominieren, nennen.

enwedig *ans* genannt; *(arbennig)* besondere(r,s); **yn ~** besonders.

enwi *be.a (rhoi enw ar)* nennen, taufen; *(adrodd)* nennen, aufzählen; **wyt ti'n gallu ~ brenhinoedd Lloegr i gyd?** kannst du alle Könige von England nennen? **~ dyddiad** einen Tag festlegen; **~ yn olynydd** zum Nachfolger bestellen; **y plentyn a enwyd** das erwähnte Kind; **y digwyddiad a enwyd uchod** das oben genannte Ereignis.

enwog¹ *ans* berühmt, namhaft; *(ag enw da)* renommiert.

enwog² (-ion) *g* Berühmtheit *f*; **~ion** *ll (o'r bywyd cyhoeddus)* Hautevolee *f*.

enwogrwydd *g* Berühmtheit *f*; *(bri)* Ruhm *m*; **~ byd-eang** Weltruf *m*; **dod i ~** Berühmtheit erlangen.

enwol *ans* nominell; *(GRAM)* **cyflwr ~** Nominativ *m*; **cymal ~** Nominalsatz *m*.

enwyn *g:* **llaeth ~** Buttermilch *f*.

enyniad (-au) *g* Entzündung *f*, Entfachen *nt*; *(ffig)* Gefühlsausbruch *m*.

eofn *ans (di-ofn)* furchtlos; *(dewr)* tapfer, kühn; *(mentrus)* wagemutig; *(digywilydd)* keck, dreist, unverschämt.

eofnder *g* = ehofnder.

eog (-iaid) *g (SÔOL)* Lachs *m*; **~ wedi'i gochi** Räucherlachs *m*.

eos (-iaid) *b (SÔOL)* Nachtigall *f*.

epa (-od) *g (SÔOL)* Menschenaffe *m*.

épée *b (CHWAR)* Degen *m*.

epidemig¹ *ans (MEDD)* epidemisch.

epidemig² (-ion) *g (MEDD)* Epidemie *f*, Seuche *f*.

epig¹ *ans* episch, heroisch.

epig² (-au) *b (LLEN)* Epos *nt*, Heldengedicht *nt*.

epigram (-au) *g (LLEN)* Epigramm *nt*.

epil (-oedd *neu* -ion) *g* Nachwuchs *m*.

epilepsi *g (MEDD)* Epilepsie *f*.

epileptig *ans (MEDD)* epileptisch.

epiliad (-au) *g* Fortpflanzung *f*, Zeugung *f*.

epilio *be.a* zeugen, hervorbringen.

♦ *be.g* sich fortpflanzen.

epilog (-au) *g (LLEN)* Epilog *m*, Nachspiel *nt*.

episod (-au) *gb* Episode *f*.

epistol (-au) *g (Beibl)* Epistel *f*, Apostelbrief *m*; **~ at yr Hebreaid** Hebräerbrief *m*.

eples *g* Sauerteig *m*; *(BIOL)* Enzym *nt*.

eplesiad (-au) *g* Gärung *f*.

eplesu *be.g* gären.

♦ *be.a* vergären, fermentieren.

epoc (-au) *gb* Epoche *f*.

er¹ *ardd* **1** *(oherwydd)* wegen +*gen*, zu +*dat*; **~ ei budd** ihr *dat* zuliebe; **~ cof am** im Gedenken an +*akk*; **~ coffa am** zur Erinnerung an +*akk*; **diogelwch** sicherheitshalber; **~ enghraifft** zum Beispiel, beispielsweise; **~ gwell ~ gwaeth** auf Gedeih und Verderb; **~ gwybodaeth** zur Information; **~ ei les ef** zu seinem Wohl; **~ mawr gywilydd i mi** zu meiner Schande; **~ y byd** um keinen Preis; **2** *(serch)* trotz +*gen*; **~ hynny** dennoch, trotzdem; **~ amheuon** trotz Zweifel; **~ gwaethaf** trotz +*gen*; **3** *(oddi ar)* seit +*dat*; **~ pan ...** seitdem...; **~ pan oeddwn i'n blentyn** seit meiner Kindheit.

er mwyn *cys* um... zu, damit; **~ mwyn gweld yn well** um besser sehen zu können; **~ mwyn iddi ei weld e'n well** damit sie ihn besser sehen kann/konnte.

♦ *ardd* für +*akk*; **~ dy fwyn di** für dich, deinetwegen; **~ mwyn dyn!** um Gottes willen!

er² *cys* obwohl; **~ mor galed oedd y dasg** wie schwer auch immer die Aufgabe war, **~ na welais i neb** obwohl ich niemanden sah; **~ yn dlawd roedd llawer o ffrindiau ganddi** obwohl sie arm war, hatte sie viele Freunde.

eraill *ll gw.* arall.

erbyn *ardd (tan)* **~ dydd Iau** bis Donnerstag; **~ yfory** bis morgen; **~ hyn** mittlerweile; **~ hynny** in der Zwischenzeit.

♦ *cys:* **~ meddwl ...** wenn ich so überlege...; **~ i ni gyrraedd** bis wir ankommen.

yn erbyn *ardd* gegen +*akk*; **yn ei h~** gegen sie; **yn ~ fy ewyllys** gegen meinen Willen; **bod yn ~ rhth** *(gwrthwynebu)* gegen etw *akk* sein, etw ablehnen; **gyrru yn ~ coeden** *(taro)* gegen einen Baum fahren; **sefyll â'ch cefn yn ~ y wal** *(ffig)* mit dem Rücken zur Wand stehen; **rasio yn ~ y cloc** *(sgio, seiclo ayb)* gegen die Zeit fahren.

erch *ans (dychrynllyd)* abscheulich, grausig.

erchi *be.a (erfyn)* ersuchen, bitten; *(gorchymyn)* gebieten +*dat*; **~ gweddi** beten, ein Gebet verrichten; **~ heddwch** um Frieden bitten.

♦ *be.g:* **~ i rn wneud rhth** jdn bitten etw zu tun.

erchwyn (-ion *neu* -nau) *gb* Bettkante *f*; **llyfr ~ gwely** Bettlektüre *f*.

erchyll *ans* abscheulich, grauenhaft, entsetzlich.

erchyllter (-au) *g* Gräueltat *f*.

erchylltra *g* = erchyllter.

erddi *ardd:* **~ hi** ihretwegen; *gw.h.* er¹.

erddo *ardd:* **~ ef** seinetwegen; *gw.h.* er¹.

erfinen (erfin) *b (BOT)* Rübe *f*, Kohlrübe *f*.

erfyn¹ (arfau) *g* Werkzeug *nt*, Gerät *nt*; *(meddygol)* Instrument *nt*; *(arf)* Waffe *f*.

erfyn² *be.g* flehen, inständig bitten; ~ **ar** anflehen, beschwören; **rwy'n ~ arnat ti!** ich flehe dich an! **erfynnir arnoch i beidio â cherdded ar y lawnt** Sie werden gebeten den Rasen nicht zu betreten.

erfyniad (-au) *g* Plädoyer *nt*.

erfyniol *ans* flehentlich, inständig.

erglyw *ebych (gwrando!)* horch!

ergonomeg *b* Ergonomie *f*.

ergyd (-ion) *gb* Schlag *m*, Stoß *m*; *(â chleddyf)* Hieb *m*; *(o wn)* Schuss *m*; *(clec)* Knall *m*; *(pwynt stori)* Pointe *f*; *(anhap)* Schicksalsschlag *m*; ~ **cledr llaw** *(tennis)* Vorhand *f*; ~ **cychwyn** Startschuss *m*; ~ **farwol** Todesstoß *m*; ~ **â'r pen** *(pêl-droed)* Kopfstoß *m*, Köpfler *m*; **o fewn ~ carreg** einen Steinwurf weit entfernt; **fel ~ o wn** *(ffig)* wie der Blitz; **roedd methu'r arholiad yn ~ ofnadwy iddo** das Durchfallen bei der Prüfung war ein schwerer Schlag für ihn.

ergydio *be.a* schlagen; *(taflu)* werfen, schmeißen; **at bwy roedd e'n ~ yn ei erthygl?** auf wen zielte er in seinem Artikel ab?

erial (-au) *gb* Antenne *f*; ~ **allanol** Außenantenne *f*; ~ **ar y cyd** Hausantenne *f*; ~ **cyfeiriol** Richtantenne *f*.

erioed *adf* je, jemals; *(o hyd)* seit jeher; *(negatif)* nie, niemals; **ni welais i mohono ~** ich habe ihn (noch) nie gesehen; **y canwr gorau a fu ~** der beste Sänger aller Zeiten; **dyna fu'r arfer ~** das ist seit jeher so Brauch; **~!** niemals!

erledigaeth (-au) *b* Verfolgung *f*; ~ **yr Iddewon** Judenverfolgung *f*.

erlid *be.a* verfolgen, hetzen.

erlidiwr (erlidwyr) *g* Verfolger *m*, Häscher *m*.

erlyn *be.a (CYFR)* gerichtlich verfolgen.

erlyniad (-au) *g (CYFR: achos)* gerichtliche Verfolgung *f*; *(achwynydd)* Ankläger *m*; **Cyfarwyddwr yr Erlyniadau Gwladol** Staatsanwalt *m*, Staatsanwältin *f*.

erlynydd (erlynwyr) *g (CYFR)* Ankläger(in) *m(f)*; ~ **cyhoeddus** öffentlicher Ankläger *m*, Staatsanwalt *m*, Staatsanwältin *f*.

ermin (-od) *g (SÖOL)* Hermelin *nt*; *(ffwr)* Hermelin *m*.

ernes (-au) *b (blaendal)* Anzahlung *f*; *(sicrwydd)* Kaution *f*, Pfand *nt*; *(am wystl)* Lösegeld *nt*.

erof *ardd* meinetwegen; *gw.h.* **er¹**.

erogenaidd *ans* erogen.

erotiaeth *b* Erotik *f*.

erotig *ans* erotisch.

ers *ardd* seit +*dat*; ~ **amser** lange, seit langem; ~ **cyn cof** seit anno dazumal; ~ **hynny** seitdem, seither; ~ **meitin** seit geraumer Zeit; ~ **oesoedd** seit eh und je; ~ **pryd** seit wann; ~ **talwm** einstmals, vor langer Zeit; ~ **tro byd** seit alters her.

erthygl (-au) *gb* Artikel *m*; *(CYFR)* Artikel; ~ **flaen** Leitartikel *m*.

erthyliad (-au) *g* Schwangerschaftsabbruch *m*, Abtreibung *f*; *(camesgoriad)* Fehlgeburt *f*.

erthylu *be.a, be.g* abtreiben.

erw (-au) *b (AMAETH, 4,047 m²)* ≈ Morgen *m*.

erwydd (-i) *g (CERDD)* Notenlinien *pl*.

erydiad *g* Erosion *f*, Abtragung *f*.

erydr *ll gw.* **aradr**.

erydu *be.a* erodieren, abtragen; *(gan ddŵr neu fôr)* auswaschen.

eryr¹ (-od) *g* Adler *m*; *(CHWAR: golff)* Eagle *nt*; ~ **aur** Steinadler *m*; ~ **y môr** Seeadler *m*.

eryr² (-od) *g (MEDD)* Gürtelrose *f*.

Eryri *b (DAEAR)* Snowdonia *nt*.

esblygiad (-au) *g* Evolution *f*, Entwicklung *f*.

esblygu *be.g* sich entwickeln, sich herausbilden.

esboniad (-au) *g (eglurhad)* Erklärung *f*; *(dehongliad)* Auslegung *f*; *(sylwadau)* Erläuterung *f*, Kommentar *m*; *(cyfiawnhad)* Rechtfertigung *f*; **dod o hyd i ~ am rth** eine Erklärung für etw finden.

esboniadwy *ans* erklärbar, erklärlich.

esbonio *be.a (egluro)* erklären; *(darlunio)* veranschaulichen; *(nodi)* kommentieren, erläutern; *(cyfiawnhau)* rechtfertigen; *(dehongli)* interpretieren; ~ **rhth i rn** jdm etw klarmachen; **mae hynny'n hawdd i'w ~** das lässt sich leicht erklären.

esbonydd (-ion) *g (MATH)* Exponent *m*, Hochzahl *f*.

esgair (esgeiriau) *b (DAEAR)* Bergrücken *m*, Kamm *m*, Grat *m*.

esgaladur (-on) *g* Rolltreppe *f*.

esgeulus *ans (diofal)* nachlässig, schlampig, unachtsam; *(gan greu difrod, perygl)* fahrlässig; *(difater, didaro)* lethargisch; *(byrbwyll)* unüberlegt, gedankenlos; *(diystyriol, anghwrtais)* rücksichtslos; **gwallau ~** Schlampigkeitsfehler *m*; **gyrrwr ~** rücksichtsloser Fahrer.

esgeuluso *be.a* vernachlässigen; *(gardd, busnes)* sich nicht kümmern um +*akk*; *(colli)* verschlampen; **~'ch dyletswydd** seine Pflicht versäumen; **~'ch cyfrifoldeb** sich seiner Verantwortung entziehen; **~'ch hun** sich gehen lassen; **wedi ei ~** *(golwg)* vernachlässigt, verwahrlost.

esgeulustod *g (diffyg gofal)* Nachlässigkeit *f*; *(anwybyddiad)* Vernachlässigung *f*; *(CYFR: gan greu perygl)* Fahrlässigkeit *f*; *(byrbwylltra)* Unvorsichtigkeit *f*, Leichtsinn *m*; **trwy ~** durch Fahrlässigkeit.

esgid (-iau) *b* Schuh *m*; *(hir)* Stiefel *m*; *(cyffredinol)* ~**iau** *ll* Schuhwerk *nt*; ~ **â charrai** Schnürschuh *m*; **cwyr ~iau** Schuhcreme *f*; ~ **chwaraeon** Sportschuh *m*; ~

dennis Tennisschuh *m*; ~ **gerdded** Wanderschuh *m*; **glanhawr ~iau** Schuhputzer *m*; ~ **gref** fester Schuh *m*; ~ **law** Gummistiefel *m*; ~ **farchogaeth** Reitstiefel *m*; ~ **sawdl pigfain** Stöckelschuh *m*; ~ **sbeic** Stoppelschuh *m*; ~ **sgïo** Skischuh *m*; ~ **sglefrio** Schlittschuh *m*; ~ **sglefrolio** Rollschuh *m*, Inline-Skater *m*; **siop ~iau** Schuhgeschäft *nt*; **ble mae'r ~ yn gwasgu** *(ffig)* wo drückt der Schuh? **crynu yn eich 'sgidiau** *(sgyrs)* Schiss haben; **fyddwn i ddim eisiau bod yn ei 'sgidiau ef** ich möchte nicht in seiner Haut stecken; **mae â'i galon yn ei 'sgidiau** *(sgyrs)* ihm ist das Herz in die Hose gerutscht; **rhoi eich 'sgidiau am eich traed** die Schuhe anziehen.

Esgimo (-s *neu* -aid) *g* Eskimo *m*; **merch ~** Eskimofrau *f*.

esgob (-ion) *g* *(CREF)* Bischof *m*; *(gwyddbwyll)* Läufer *m*.

esgobaeth (-au) *b* *(CREF)* Diözese *f*, Bistum *m*.

esgobaidd *ans* bischöflich.

esgobol *ans* = **esgobaidd**.

esgor *be.g:* ~ **ar** zur Welt bringen, gebären; *(anifail)* werfen; **mae hi wedi ~ ar fab** *(llen)* sie ist von einem Sohn entbunden worden.

esgoriad (-au) *g* Geburt *f*, Entbindung *f*; *(anifail)* Werfen *nt*.

esgorydd (-ion) *g* Geburtshelfer *m*.

esgus[1] (-odion *neu* -ion) *g* *(ffugesgus)* Ausrede *f*, Ausflucht *f*, Vorwand *m*; *(cyfiawnhad)* Entschuldigung *f*; *(ymddangosiad ffug)* ~ **o groeso** ein geheucheltes Willkommen; ~ **o bryd bwyd** ein (übler) Witz von einer Mahlzeit; ~ **gwael** faule Ausrede; **hel ~odion** Ausflüchte machen.

esgus[2] *be.a* *(ffugio)* vortäuschen, vorgeben; *(ffugio gwneud)* ~ **gwneud rhth** etw nur zum Schein tun; ~ **bod yn sâl** simulieren, sich krank stellen, eine Krankheit vortäuschen; ~ **bod yn dwp** sich dumm stellen; ~ **cysgu** sich schlafend stellen.

esgusadwy *ans* entschuldbar.

esgusodi *be.a* *(maddau)* entschuldigen, verzeihen; *(cyfiawnhau gweithred)* rechtfertigen, entschuldigen; *(rhyddhau rhn)* entschuldigen; ~ **rhn rhag gwneud rhth** jdm etw erlassen; **cafodd ei ~ rhag gweithio** er wurde von der Arbeit befreit; **fe gewch chi'ch ~!** *(gallwch chi fynd)* Sie können gehen! **a wnewch chi fy ~?** *(mynd i'r tŷ bach)* darf ich mal austreten? **esgusodwch fi!** Entschuldigung! entschuldigen Sie! gestatten Sie!

esgymuniad (-au) *g* *(CREF)* Exkommunikation *f*, Kirchenbann *m*.

esgymuno *be.a* exkommunizieren, bannen.

esgyn *be.g* *(codi i'r awyr)* aufsteigen; *(Crist)* auffahren; *(llethr ayb)* ansteigen; *(prisiau)* steigen; *(awyren)* abfliegen, abheben; *(roced)* abheben; *(dringo ar gefn ceffyl neu feic)* aufsitzen; ~ **i rym** an die Macht kommen; ~ **i'r orsedd** den Thron besteigen.

esgynfa (esgynfeydd) *b* Rampe *f*, Auffahrt *f*.

esgyniad (-au) *g* *(CREF)* **yr E~** die Himmelfahrt; *(awyren)* Abflug *m*; *(roced)* Abheben *nt*; ~ **i'r orsedd** Thronbesteigung *f*.

esgyrn *ll gw.* **asgwrn**; Gebeine *pl*; *(sgerbwd)* Skelett *nt*, Gerippe *nt*.

esgyrnaidd *ans* knöchern; *(fel asgwrn)* knochenartig.

esgyrnog *ans* *(ag esgyrn)* knochig; *(ffig: tenau)* spindeldürr; *(rhn, wyneb)* ausgemergelt, abgezehrt, hager; *(pysgodyn)* grätig.

esiampl (-au) *b* *(enghraifft)* Beispiel *nt*; *(i'w hefelychu)* Vorbild *nt*; ~ **glasurol** Paradebeispiel *nt*, Musterbeispiel *nt*; **fel ~** beispielsweise; **cosbi rhn fel ~** ein Exempel statuieren an jdm.

esmwyth *ans* *(cysurus)* bequem; *(clyd)* gemütlich; *(tawel, dymunol)* ruhig, angenehm; *(di-ffrithiant)* reibungslos; **cadair ~** Lehnstuhl *m*, Sessel[D] *m*, Fauteuil[AS] *m*; **cysgu'n ~** ruhig schlafen, süß schlummern; **taith ~** angenehme Fahrt; **rhedeg yn ~** *(peiriant)* rund/ruhig laufen.

esmwythâd *g* Erleichterung *f*, Beruhigung *f*.

esmwytháu *be.a* = **esmwytho**.

esmwythder *g* Bequemlichkeit *f*; *(clydwch)* Gemütlichkeit *f*; *(diffyg ffrithiant)* Ruhe *f*.

esmwythdra *g* = **esmwythder**.

esmwytho *be.a* glätten, glatt streichen; *(poen)* lindern, mildern; *(tawelu)* beruhigen.

♦ *be.g:* *(poen)* nachlassen, zurückgehen.

Estonaidd *ans* estnisch.

Estoneg *b* Estnisch *nt*.

Estonia *b* *(DAEAR)* Estland *nt*.

Estoniad (**Estoniaid**) *g* Este *m*, Estin *f*.

estraddodi *be.a* ausliefern.

estrogen *g* *(BIOL)* Östrogen *nt*.

estron *ans* ausländisch; *(arferion, ymddangosiad)* fremdländisch; *(anghyfiaith)* anderssprachig; *(anghyfarwydd)* fremdartig, fremd; *(GWLEID)* außenpolitisch; **gwlad ~** fremdes Land; **iaith ~** Fremdsprache *f*.

♦ (-iaid) *g* Ausländer *m*; *(dieithryn)* Fremde *m*.

estrones (-au) *b* Ausländerin *f*.

estrongasineb *g* Ausländerfeindlichkeit *f*, Xenophobie *f*.

estrys (-iaid) *gb* *(SÖOL)* Strauß *m*, Vogel Strauß.

estyllen (**estyll**) *b* Brett *nt*, Latte *f*; *(planc)* Planke *f*, Bohle[D] *f*; *(ar gyfer llawr pren)* Brett, Diele[D] *f*.

estyn *be.a* *(llaw, coes ayb)* ausstrecken; *(ehangu)* erweitern; *(gwneud yn fwy)* vergrößern; *(ychwanegu*

at hyd neu amser) verlängern; *(dilledyn)* auslassen; *(ehangu tŷ)* anbauen; *(TECH)* ausfahren; **~ rhth i rn** *(rhoi, cynnig)* jdm etw reichen; jdm etw hinhalten; **~ bys at rn** *(cyhuddo)* jdn beschuldigen, jdn bezichtigen; **~ cic** einen Schuss ansetzen; **~ croeso i rn** jdn willkommen heißen; **~ eich llaw i rn** jdm die Hand reichen; **~ gwahoddiad i rn** jdn einladen; **~ help llaw** mit anpacken; **wnei di ~ yr halen i mi!** reichst du mir bitte das Salz!
♦ *be.g:* **~ am rth** nach etw *dat* greifen/langen[D].

estynadwy *ans (o fewn cyrraedd)* erreichbar; *(telesgop)* ausziehbar; *(elastig)* dehnbar.

estyniad (-au) *g* Erweiterung *f*; *(tŷ)* Anbau *m*; *(hyd, amser)* Verlängerung *f*; *(gohiriad)* Aufschub *m*; *(teleffon)* Anschluss *m*, Klappe[A] *f*; *(CHWAR)* Verlängerung *f*, Nachspiel *nt*.

esthetaidd *ans* = **esthetig**.

esthetig *ans* ästhetisch.

etifedd (-ion) *g* Erbe *m*.

etifeddeg *b* Vererbung *f*; *(astudiaeth)* Vererbungslehre *f*.

etifeddes (-au) *b* Erbin *f*.

etifeddiaeth (-au) *b* Erbe *nt*, Erbschaft *f*; *(cymynrodd)* Hinterlassenschaft *f*, Vermächtnis *nt*; *(treftadaeth)* **~ ddiwylliannol** kulturelles Erbe; **~ ddiwydiannol** industrielles Erbe; **~ Gristnogol** christliches Erbe.

etifeddol *ans* ererbt, geerbt; *(salwch)* vererbbar, vererblich; *(llinachol)* angestammt, Familien-; **eiddo ~** Erbe *nt*, Nachlass *m*; **gemau ~** Familienschmuck *m*.

etifeddu *be.a* erben; **~ dawn fathemategol ar ôl rhn** die mathematische Veranlagung von jdm erben.
♦ *be.g* erben; **~ ar ôl rhn** jdn beerben.

eto¹ *adf* **1** noch einmal; *(drachefn)* nochmals, wiederum; **~!** schon wieder! **~ ac ~** immer wieder; **byth ~!** nie wieder! **dechrau ~** neu anfangen; **dwedwch hynny ~!** sagen Sie das noch mal! **fe ffonia i ~ yfory** ich rufe morgen wieder an; **gwneud rhth ~** etw noch einmal tun; **nid pysgod ~!** schon wieder Fisch! **a oes rhaid i chi fynd ~?** *(yn barod)* müssen Sie schon gehen? **unwaith ~** noch einmal; *(unwaith yn rhagor)* wieder einmal; **dyma ni, unwaith ~!** da wären wir wieder; *(wrth ddod o hyd i enghraifft arall)* da haben wir's wieder! **2** *(hyd yn hyn)* bis jetzt, bisher; **dyma'i lyfr gorau ~** das ist bis jetzt sein bestes Buch, das ist sein bisher bestes Buch; **nid ydynt wedi dychwelyd ~** sie sind noch nicht zurück; **ydy e wedi cyrraedd ~?** ist er schon da? **3** *(mwy)* **mae hyn yn anos eto** dies ist noch schwieriger; **drutach ~ fyth** sogar noch teurer; **mae ganddynt ychydig ddyddiau ~** sie haben noch ein paar Tage; **mwy o arian ~** noch mehr Geld.

eto² *cys* doch, dennoch; **ac ~** und dennoch, und trotzdem; **nid oedd hi yn yr ysgol yr wythnos ddiwethaf, ac ~ fe'i gwelais hi yn y dref** sie war letzte Woche nicht in der Schule, trotzdem sah ich sie in der Stadt; **ac ~, efallai nad yw hynny'n wir** vielleicht ist es auch gar nicht wahr; **mae'n rhyfedd, ac ~'n wir** es ist seltsam, aber wahr; **ac ~ i gyd** nichtsdestotrotz, und dennoch.

etymoleg *b* Etymologie *f*.

etheg *b* Ethik *f*; *(moesoldeb)* Moral *f*.

ether *g (CEM)* Äther *m*.

Ethiopaidd *ans* äthiopisch.

Ethiopia *b (DAEAR)* Äthiopien *nt*; *(HAN)* Abessinien *nt*.

Ethiopiad (Ethiopiaid) *g* Äthiopier *m*, Äthiopierin *f*.

ethnig *ans* ethnisch; *(bwyd)* einheimisch; **grŵp ~** Volksgruppe *f*, **lleiafrifoedd ~** ethnische Minderheiten *pl*.

ethnoleg *b* Völkerkunde *f*, Ethnologie *f*.

ethol *be.a* wählen; **cafodd ei ~ yn gadeirydd** er wurde zum Vorsitzenden gewählt; **cafodd ei hethol yn Aelod Seneddol** sie wurde zur Abgeordneten gewählt.

etholaeth (-au) *b (GWLEID)* Wahlkreis *m*; *(pleidleiswyr)* Wähler *pl*, Wählerschaft *f*.

etholedig *ans (GWLEID)* designiert, gewählt.

etholfraint (etholfreintiau) *b (GWLEID)* Wahlrecht *nt*.

etholiad (-au) *g* Wahl *f*; **~ cyffredinol** Parlamentswahlen *pl*; **~ lleol** Gemeinderatswahl *f*, Kommunalwahlen *pl*; **~ rhagarweiniol** Vorwahlen *pl*, erster Wahlgang *m*; **~ seneddol** *(yn yr Almaen)* Bundestagswahl[D] *f*; *(yn Awstria)* Nationalratswahl[A] *f*; **is-~** Nachwahl *f*; **sefyll mewn ~** sich als Kandidat(in) aufstellen lassen, sich einer Wahl stellen.

etholwr (etholwyr) *g* Wähler *m*.

etholwraig (etholwragedd) *b* Wählerin *f*.

etholwyr *ll gw.* **etholwr**; Wählerschaft *f*, Wähler *pl*.

eu¹ *rhag (gyda berf)* sie; **rwyf am ~ gweld nhw yfory** ich möchte sie morgen sehen; **rwyf wedi ~ dilyn** ich bin ihnen gefolgt.

eu² *rhag medd (yn dynodi eiddo)* ihr; **~ henwau** ihre Namen; **mae pawb yn gwybod ~ hawliau y dyddiau yma** jeder kennt heutzutage seine Rechte; **~ rhai nhw** ihre *pl*; **~ hunain** sie selbst; *(gwrthrych)* sich (selbst); **y ffigurau ~ hunain** die Zahlen selber, die Zahlen an sich.

euog *ans* schuldig; *(golwg, llais)* schuldbewusst; **cael rhn yn ~** *(o drosedd)* jdn (einer Tat) für schuldig befinden; **cydwybod ~** schlechtes Gewissen; **teimlo'n ~ am rth** sich schuldig fühlen wegen *+gen*; **rwy wedi bod yn ~ o hynny fy hunan** diesen Fehler habe ich auch schon begangen.

euogfarn (-au) *b* Schuldspruch *m*, Verurteilung *f*.

euogfarnu *be.a* schuldig sprechen, verurteilen; ~ rhn o lofruddio jdn des Mordes schuldig sprechen.

euogrwydd *g* Schuld *f*; *(trosedd)* Täterschaft *f*; **teimlo ~ oherwydd rhth** sich schuldig fühlen wegen +*gen*, Schuldgefühle haben aufgrund +*gen*; **cyfaddef eich ~** die Täterschaft zugeben.

euraid *ans* golden, aus Gold; *(ffig)* **cyfnod ~** goldenes Zeitalter.

euraidd *ans* = **euraid**.

eurbinc (-od) *g* *(SÖOL)* Stieglitz *m*.

eurfrown *ans* goldbraun.

eurgylch (-oedd) *g* Heiligenschein *m*.

euro *be.a* vergolden.

eurof (-aint) *g* = **eurych**.

eurych (-iaid *neu* -od) *g* Goldschmied *m*.

ewig (-od) *b* *(SÖOL)* Hirschkuh *f*; *(llen)* Hindin *f*.

ewin (-edd) *gb* *(ANAT)* Nagel *m*; *(anifail)* Kralle *f*; *(adar)* Klaue *f*, Fang *m*, Kralle; *(garlleg)* Zehe *f*; *(oren)* Spalte *f*; *(fforch)* Zacke *f*, Zinke *f*; **brws ~edd** Nagelbürste *f*; **~ bys** Fingernagel *m*; **~ bys troed** Zehennagel *m*; **farnais ~edd** Nagellack *m*; **ffeil ~edd** Nagelfeile *f*; **~ garlleg** Knoblauchzehe *f*; **torrwr ~edd** Nagelschere *f*; **cnoi eich ~edd** Nägel beißen; **tynnu'r ~edd o'r blew** sich dahinter klemmen.

ewinfedd *b* Spur *f*, Hauch *m*, Gran *nt*.

ewino *be.a* kratzen, krallen.

ewinor *b* *(MEDD)* Nagelbettentzündung *f*.

ewinrhew *g* *(MEDD)* Frostbeule *f*; *(mwy difrifol)* Erfrierungen *pl*.

ewn *ans* = **eofn**.

Ewrasia *b* *(DAEAR)* Eurasien *nt*.

Ewratom *g byrf* Euratom *f*, Europäische Atomgemeinschaft *f*.

Ewrop *b* *(DAEAR)* Europa *nt*; **Cyngor ~** Europarat *m*; *(o'r Undeb Ewropeaidd)* der Europäische Rat; **Senedd ~** das Europäische Parlament.

Ewropead (**Ewropeaid**) *g* Europäer *m*, Europäerin *f*.

Ewropeaidd *ans* europäisch; **yr Undeb ~** die Europäische Union *f*; **ymuno â'r Undeb ~** der EU beitreten; **y Gymuned ~** die Europäische Gemeinschaft *f*; **y Farchnad ~** der europäische Markt.

Ewrosiec (-iau) *b* *(CYLL)* Euroscheck *m*.

ewthanasia *g* Euthanasie *f*, Sterbehilfe *f*.

ewyllys¹ *gb* Wille *m*; **~ da** Wohlwollen *nt*; **grym ~** Willenskraft *f*; **~ rhydd** freier Wille; **ennill ~ da rhn** jds Wohlwollen gewinnen; **yn erbyn ~ rhn** gegen jds Willen; **yr ~ i ennill** der Wille zu gewinnen; **yr ~ i fyw** Lebenswille *m*, Lebensfreude *f*; *(CREF)*

gwneler dy ~ Dein Wille geschehe.

ewyllys² (-iau) *b* (letzter) Wille *m*, Vermächtnis *nt*; *(CYFR: dogfen)* Testament *nt*; **yr ~ olaf** der letzte Wille; **ysgrifennu eich ~ olaf** sein Testament machen.

ewyllysgar *ans* bereit, willig, geneigt; *(yn barod i helpu)* hilfsbereit.

ewyllysio *be.a* hinterlassen, vermachen; **~ rhth i rn** jdm etw hinterlassen.

ewyllysiol *ans* *(CYFR)* testamentarisch.

ewyllysiwr (**ewyllyswyr**) *g:* **~ da** Gönner(in) *m(f)*.

ewyn *g* Schaum *m*; *(y môr)* Gischt *f*, Schaumkrone *f*; **~ eillio** Rasierschaum *m*; **~ sebon** Seifenschaum *m*.

ewynnog *ans* schäumend; *(COG)* schaumig.

ewynnu *be.g* schäumen.

ewyrth *g* = **ewythr**.

ewythr (-edd *neu* -od) *g* Onkel *m*.

F

F, f _b_ F, f _nt_; _(CERDD)_ ~ **lonnod** Fis _nt_; ~ **feddalnod** Fes _nt_; ~ **fwyaf** F-Dur; ~ **leiaf** f-Moll.

f' _rhag_ (= fy) mein; **f'amser** meine Zeit; **f'anwylyd** (mein) Liebling.

fagddu _b (duwch)_ Schwärze _f_; _(tywyllwch)_ Dunkelheit _f_, Finsternis _f_; _(CREF: uffern)_ ewige Finsternis; **yn ddu fel y** ~ schwarz wie die Nacht.

fagina _g (ANAT)_ Scheide _f_, Vagina _f_.

Fahrenheit _g_ Fahrenheit _nt_.

faint _rhag gofyn_ wie viel; ~ **a fynnir** so viel man will, in rauen Mengen; ~ **'rwyt ti'n ei ennill y mis?** was verdienst du im Monat? ~ **yw dy oedran di?** wie alt bist du? ~ **o wie viele;** ~ **o blant sydd gennych chi?** wie viele Kinder haben Sie? ~ **ohonyn nhw** wie viele von ihnen; ~ **o'r gloch yw hi?** wie spät ist es? wie viel Uhr ist es? **am** ~ **o'r gloch?** um wie viel Uhr?

falf (-iau) _b (ANAT)_ Herzklappe _f_; _(TECH, ar offeryn cerdd)_ Ventil _nt_; _(mewn system o bibau)_ Absperrhahn _m_; ~ **calon** Herzklappe _f_; ~ **diogelwch** Sicherheitsventil _nt_; ~ **rheoli** Regler _m_.

falle _adf_ = **efallai**; vielleicht, eventuell.

fampir (-od _neu_ -iaid) _gb_ Vampir _m_.

fan[1] (-iau) _b (MODUR)_ Lieferwagen _m_, Lastwagen _m_; ~ **nwyddau** _(RHEILFF)_ Güterwaggon _m_.

fan[2] _adf gw._ **man**[1]; **yn** ~ **hyn** hier; **draw** ~ **'na** _neu:_ **draw** ~**'cw** dort drüben.

fandal (-iaid) _g_ Vandale _m_, Demolierer _m_; _(HAN)_ **F~** Vandale, Vandalin _f_; **dinistriwyd y blwch ffôn gan** ~**iaid** die Telefonzelle wurde von Vandalen beschädigt.

fandaleiddio _be.a (dinistrio)_ mutwillig zerstören, mutwillig beschädigen; _(adeilad)_ verwüsten; _(malurio'n llwyr)_ demolieren, ruinieren.

fandaliaeth _b_ Vandalismus _m_, blinde Zerstörungswut _f_.

fanila _g_ Vanille _f_; **hufen iâ** ~ Vanilleeis _nt_; **â blas** ~ mit Vanillegeschmack.

farnais (**farneisiau**) _g (caled)_ Lack _m_; _(ar grochenwaith)_ Glasur _f_; _(ar bren)_ Firnis _m_; ~ **ewinedd** Nagellack _m_.

farneisio _be.a_ lackieren; _(pren)_ firnissen; _(crochenwaith)_ glasieren.

farneisiwr (**farneiswyr**) _g_ Lackierer _m_.

fâs (**fasau** _neu_ **fasys**) _b_ Vase _f_; ~ **fawr** Bodenvase _f_.

Fatican _g (DAEAR, CREF)_ **y** ~ der Vatikan; **Dinas y** ~ die Vatikanstadt.

fe[1] _rhag_ er, es; _(gwrthrych)_ ihn; ~ **oedd y bachgen yn y parc** er war der Junge im Park; **gwelais i** ~ **yn y parc** ich sah ihn im Park; ~ **yw fy mrawd** _(pwyslais)_ dieser hier ist mein Bruder.

fe[2] _geir:_ ~ **es i i'r dref** ich ging in die Stadt; ~ **ddaeth hi o'r dref** sie kam von der Stadt; ~ **redodd i ffwrdd** er lief davon; ~ **allai** _(efallai)_ es ist möglich.

fei _g:_ **dod i'r** ~ ans Licht kommen.

feiol (-au) _b (CERDD)_ Viola _f_, Gambe _f_.

feiolin (-au) _b_ Violine _f_, Geige _f_.

feiolinydd (-ion _neu_ **feiolinwyr**) _g_ Geiger _m_, Streicher _m_.

feiolinyddes (-au) _b_ Geigerin _f_, Streicherin _f_.

feirws (**feirysau**) _g_ = **firws**.

feis (-iau) _b_ Schraubstock _m_.

fel[1] _ardd_ wie; ~ **hyn** auf diese Weise, so; ~ **yna** so; **yn ddu** ~ **y fagddu** schwarz wie die Nacht; **yn wyn** ~ **eira** weiß wie Schnee, schneeweiß; ~ **corwynt** orkanartig; ~ **ei gilydd** gleich, identisch; ~ **eithriad** ausnahmsweise; ~ **mwnci** affenartig; ~ **newydd** so gut wie neu, neuwertig; ~ **rheol** normalerweise, in der Regel; **gwnewch e** ~ **hyn** machen Sie es so; **costio rhywbeth** ~ **£ 50** um die £ 50,- kosten; **roedd hi** ~ **chwaer i mi** sie war wie eine Schwester zu mir.

fel arall _adf (oni bai)_ sonst, ansonsten; _(yn wahanol)_ anders; _(i'r gwrthwyneb)_ verkehrt; **gwnaeth hi** ~ **arall** sie machte es anders; ~ **arall mae pawb yn hapus** ansonsten ist jeder glücklich; **ni all fod** ~ **arall** es kann nicht anders sein.

fel arfer _adf_ normalerweise, gewöhnlich, meistens; **nos lau maen nhw yn y dafarn** ~ **arfer** Donnerstag Abend sind sie gewöhnlich im Wirtshaus.

fel[2] _cys_ wie; ~ **a ganlyn** folgendermaßen, wie folgt; ~ **y gweli di** wie du siehst; ~ **y gwelwch chi** _(amhersonol)_ wie man sieht; ~ **y mynnwch** nach Belieben, wie Sie wollen; ~ **y mae pethau** so wie die Dinge liegen; **yn wirion** ~ **y mae** dumm wie er (nun mal) ist; **daliwch e'n dynn** ~ **na fydd e'n cwympo** halten Sie ihn fest, damit er nicht fällt; ~ **petai** als ob; **cododd,** ~ **petai ef am fynd** er erhob sich, als wollte er gehen.

fel[3] _adf (sgyrs)_ **gwneud** ~ **a'r** ~ irgendwas machen.

fêl (-s) _b_ Schleier _m_.

felan _b_ = **melan**.

felfed _g_ = **melfed**.

felwm *g* Pergament *nt.*

felly[1] *adf* **1** *(gan hynny)* deshalb, daher; *(fel canlyniad rhesymegol)* folglich, also; **mae llawer o draffig, byddwch yn ofalus ~** es ist viel Verkehr, seien Sie daher vorsichtig; **dechreuodd hi fwrw glaw ac ~ bu raid i ni ddychwelyd** es begann zu regnen, so dass wir umkehren mussten; **roeddwn i, ~, yn anghywir** ich hatte also Unrecht; **beth wnaethoch chi, ~?** und was haben Sie da gemacht? **2** *(yn yr un modd)* ebenso, gleichermaßen; **ac ~ ymlaen** und so fort; **gwnaeth e ~ hefyd** er machte es ebenso, er tat das Gleiche; **3** *(fel hyn)* so; **~ y bo** so sei es; **os ~** wenn ja; **pam ~?** wieso? warum das denn? **addawodd ddod ac ~ y gwnaeth** er versprach zu kommen und das tat er auch; **efallai ei bod yn well ~** vielleicht ist es besser so; **~ mae hi!** so ist das eben! so ist das nun mal!

felly[2] *ans* *(y cyfryw)* solche, so ein; **a oes gennych chi beth ~?** haben Sie so etwas? **mae'n gas gennyf bobl ~** ich hasse solche Leute.

Feneswela *b* *(DAEAR)* Venezuela *nt.*

Feneswelaidd *ans* venezolanisch.

Fenesweliad **(Fenesweliaid)** *gb* Venezolaner *m,* Venezolanerin *f.*

Fenis *b* *(DAEAR)* Venedig *nt.*

Fenisaidd *ans* venezianisch.

Fenisiad **(Fenisiaid)** *g* Venezianer *m,* Venezianerin *f.*

fenswn *g* *(COG)* Wildbret *nt;* **~ rhost** Rehbraten *m.*

Fenws *b* *(ASTRON)* Venus *f.*

feranda **(-s)** *gb* Veranda *f,* Vorbau *m.*

ferdigris *g* Grünspan *m.*

fermin *ll* *(anifeiliaid)* Ungeziefer *nt,* Schädling *m,* Parasit *m;* *(pobl)* Gesindel *nt.*

fermwth *gb* Wermut *m.*

fersiwn **(fersiynau)** *g* Version *f;* *(adroddiad)* Darstellung *f;* *(o destun)* Fassung *f;* *(MASN)* Modell *nt,* Typ *m;* **~ gwreiddiol** *(o destun)* Originalfassung *f,* Urfassung *f;* *(MASN)* Grundmodell *nt;* **~ diwygiedig** *(o destun)* Neubearbeitung *f;* **~ Cymraeg o chwedlau'r Brenin Arthur** die walisische Version der Arthussage; **~ syml** vereinfachte Version.

fertebra *gb* *(ANAT)* Rückenwirbel *m,* Wirbel *m;* **~ gyddfol** Halswirbel *m.*

fertebrat **(-au)** *g* *(SÖOL)* Wirbeltier *nt.*

fertigol *ans* *(unionsyth)* senkrecht, vertikal.

fest **(-iau)** *b* Unterhemd *nt,* Unterleibchen *nt;* *(i ferched yn arbennig)* Hemdchen *nt.*

festri **(festrïoedd** *neu* **festrïau)** *b* *(CREF)* Sakristei *f.*

fesul *adf gw.* mesul; **-weise;** **~ awr** stundenweise; **~ diwrnod** tageweise; **~ rhandal** auf Raten; **~ tipyn** stückchenweise; **~ un** einzeln; **~ dau** jeweils zwei, zu zweit.

fet **(-s** *neu* **-iaid)** *g* *(milfeddyg)* Tierarzt *m,* Tierärztin *f.*

feteran **(-s)** *g* Kriegsveteran *m;* *(ffig)* Veteran *m,* Routinier *m.*

feto **(-au)** *g* Veto *nt;* **rhoi ~** ein Veto einlegen.

fi *rhag* ich; *(gwrthrych)* mich, mir; **~ piau'r siop** das Geschäft gehört mir; **gwelodd y ferch ~** das Mädchen sah mich; **a ~!** *(sgyrs)* ich auch!

ficer **(-iaid)** *g* Pastor(in) *m(f).*

ficerdy **(ficerdai)** *g* Pfarrhaus *nt,* Pfarramt *nt.*

fideo[1] **(-s)** *g* *(tâp)* Video(band) *nt;* *(recordydd)* Videorekorder *m,* Videogerät *nt;* **camera ~** Videokamera *f;* **casét ~** Videokassette *f;* **disg ~** Videodisk *f.*

fideo[2] *ans* Video-; **peiriant ~** Videorekorder *m.*

fideocamera **(fideocamerâu)** *g* Videokamera *f.*

fideoffon **(-au)** *g* Bildtelefon *nt.*

fideorecordiad **(-au)** *g* Videoaufnahme *f.*

fideorecordydd **(-ion)** *g* Videorekorder *m.*

Fieniad **(Fieniaid)** *g* Wiener(in) *m(f).*

Fienna *b* *(DAEAR)* Wien *nt;* **Almaeneg ~** Wienerisch *nt.*

Fiennaidd *ans* Wiener, wienerisch.

Fietnam *b* *(DAEAR)* Vietnam *nt.*

Fietnamaidd *ans* vietnamesisch.

Fietnameg *b* Vietnamesisch *nt.*

Fietnamiad **(Fietnamiaid)** *g* Vietnamese *m,* Vietnamesin *f.*

fila **(filâu)** *b* Villa *f.*

finegr *g* Essig *m.*

finnau *rhag* = minnau; **a ~!** ich auch!

fiola **(fiolâu)** *b* Bratsche *f.*

fioled[1] **(-au)** *b* *(lliw)* Violett *nt;* *(BOT)* Veilchen *nt.*

fioled[2] *ans* violett.

firoleg *b* Virologie *f.*

firws **(firysau)** *g* *(MEDD)* Virus *m/nt,* Erreger *m;* *(CYFDR)* (Computer)virus *m;* **mae hi wedi dal ~** sie hat sich *dat* was eingefangen.

fisa *g* Visum *nt,* Sichtvermerk *m.*

Fisigoth *g* Westgote *m.*

fitamin **(-au)** *g* Vitamin *nt;* **~ braster-hydawdd** fettlösliches Vitamin; **diffyg ~au** Vitaminmangel *m.*

fiw *ans* = gwiw.

flambé *ans* *(COG)* flambiert.

Fns *byrf:* **y ~** *(= y foneddiges)* Fr. (Frau).

fo *rhag* = ef.

fodca *g* Wodka *m.*

folant *g* = ffolant.

folcanig *ans* vulkanisch; **pridd ~** Vulkanerde *f;* **ynysoedd ~** Vulkaninseln *pl,* Inseln vulkanischen Ursprungs.

folcano *g* = llosgfynydd.

foli *g* *(CHWAR)* Volley *m,* Flugball *m;* **pêl-~** Volleyball *nt.*

folian *be.g (CHWAR)* volley nehmen, aus der Luft spielen.

foliwm (-au) *g (maint)* Volumen *nt*; *(sŵn)* Lautstärke *f.*

folt (-iau) *b (TRYD)* Volt *nt.*

foltamedr (-au) *g* Voltmeter *nt*, Spannungsmesser *m.*

foltedd (-au) *g (TRYD)* (elektrische) Spannung *f*; ~ **isel** Niederspannung *f*; ~ **uchel** Hochspannung *f.*

fory *adf* = **yfory**; morgen.

fry *adf* oben, droben; **oddi** ~ von oben herab, aus der Luft.

fwlfa *g (ANAT)* Vulva *f.*

fwlgareiddiwch *g* Pöbelei *f.*

fwltur (-iaid) *g* Geier *m*, Aasgeier *m.*

fy[1] *rhag* mich; ~ **hun(an)** ich selbst; *(gwrthrych)* mich selbst; **maen nhw'n** ~ **ngweld i** sie sehen mich.

fy[2] *rhag medd (yn dynodi eiddo)* mein; ~ **nghath** meine Katze; **ces i** ~ **nghosbi** ich bekam eine Strafe.

fyny *adf:* ~'**r grisiau** im Obergeschoß, oben; ~ **yn yr awyr** in der Luft, am Himmel; **i** ~ nach oben, hinauf, aufwärts; **i** ~ **afon** flussaufwärts; **ar i** ~ hinauf; *(ffig)* aufwärts, besser; **bod i** ~ **ysgol** auf der Leiter stehen; **dwylo i** ~! Hände hoch! **hanner ffordd i** ~ auf halbem Weg nach oben; **mynd i** ~'**r stryd** die Straße hinuntergehen; **taflu i** ~ in die Luft werfen; *(cyfogi)* erbrechen.

Ff

ffa *ll gw.* **ffeuen**; ~ **coch** Stangenbohnen *pl*; ~ **coffi** Kaffeebohnen *pl*; ~ **dringo** Kletterbohnen *pl*; ~ **Ffrengig** grüne Bohnen^D *pl*, Fisolen^A *pl*; ~ **melyn** Saubohnen *pl*; ~ **pob** Baked Beans *pl*; ~ **soya** Sojabohnen *pl*.

ffacbysen (**ffacbys**) *b* Linse *f.*

ffacs (-**ys**) *g* Fax *nt*, Telefax *nt.*

ffacsimili (**ffacsimilïau**) *g* Faksimile *nt.*

ffacsio *be.a* faxen; ~ **rhth at rn** jdm etw faxen.

ffactor (-**au**) *gb* Faktor *m*, Moment *nt*; *(MATH)* Teiler *m*; ~ **cyffredin mwyaf** *(MATH)* größter gemeinsamer Teiler; ~ **etifeddol** *(BIOL)* Erbfaktor *m*; ~ **rhesws** *(BIOL)* Rhesusfaktor *m.*

ffaeledig *ans* (*llesg*) gebrechlich, anfällig; (*peiriant*) fehleranfällig.

ffaeledd (-**au**) *g* Fehleranfälligkeit *f*; (*diffyg*) Defekt *m*, Mangel *m*; ~ **dynol** menschliches Versagen *nt.*

ffaelu *be.g* (*methu*) versagen; (*mewn arholiad*) durchfallen; (*peiriant*) versagen, ausfallen; **rwy'n ~ â deall** ich kann nicht verstehen; **roedd ei lais yn ~** seine Stimme versagte.

ffäen *b* = **ffeuen.**

ffafr (-**au**) *b* Gefallen *m*, Gefälligkeit *f*; (*ewyllys da*) Gunst *f*; **gwneud ~ i rn** jdm einen Gefallen tun, jdm einen Dienst erweisen; **gofyn ~ gan rn** jdn um eine Gefälligkeit bitten; **bod yn ~ rhn** in jds Gunst stehen; **ennill ~ rhn** jds Gunst gewinnen.

ffafraeth *b* = **ffafriaeth.**

ffafriaeth (-**au**) *b* Bevorzugung *f*, Vergünstigung *f.*

ffafriedig *ans* begünstigt.

ffafrio *be.a* bevorzugen, begünstigen; (*bod yn well gennych*) bevorzugen.

ffafriol *ans* günstig, vorteilhaft; **edrych yn ~ ar rn** jdm wohlwollend gesinnt sein; **mae hynny'n edrych yn ~** das sieht vielversprechend aus.

ffagl (-**au**) *b* Fackel *f*; (*fflêr*) Leuchtsignal *nt.*

ffaglu *be.g* flackern, lodern.

ffagotsen (**ffagots**) *b* *(COG)* Fleischbällchen *nt* aus Leber *f*, Leberknödel *nt.*

ffair (**ffeiriau**) *b* Jahrmarkt *m*, Kirmes *f*, Kirtag^A *m*; (*i blant*) Rummelplatz *m*; *(MASN)* Messe *f*, Ausstellung *f*; ~ **y byd** Expo *f*; ~ **lyfrau** Buchmesse *f*; ~ **Nadolig** Weihnachtsmarkt *m*; **mae hi fel ~ yma** hier geht es zu wie auf dem Jahrmarkt.

ffaith (**ffeithiau**) *b* Tatsache *f*, Faktum *nt*; **wynebu'r ffeithiau** den Tatsachen ins Auge blicken; **mewn ~** tatsächlich.

ffald (-**au**) *b* Schafpferch *m.*

ffaldio *be.a* pferchen, einpferchen.

ffals (*ll* **ffeilsion**) *ans* falsch; (*rhagrithiol*) unecht; **rhybudd ~** falscher Alarm; **addewidion ~** falsche Versprechungen.

ffalsio *be.a* schmeicheln, schöntun; ~ **ar rn** sich bei jdm anbiedern.

ffan¹ (-**au**) *b* (*gwyntyll*) Gebläse *nt*, Ventilator *m.*

ffan² (-**s**) *g* (*cefnogwr*) Fan *m*, Anhänger(in) *m(f)*; ~ **pêl-droed** Fußballfan *m.*

ffanaticaidd *ans* fanatisch.

ffanaticiaeth *b* Fanatismus *m.*

ffanatig (-**iaid**) *gb* Fanatiker(in) *m(f)*.

ffanbelt (-**iau**) *g* Keilriemen *m.*

ffansi (**ffansïau**) *b* Vorliebe *f*, Lust *f*; (*ffantasi*) Fantasie *f*; **yn ôl eich ~** nach Lust und Laune; **cymryd ~ at** Gefallen finden an +*dat*; **gwisg ~** Verkleidung *f*, Kostüm *nt*; **dawns wisg ~** Kostümball *m*; **pethau ~** Schnickschnack *m.*

ffansïo *be.a* eine Vorliebe haben für +*akk*; (*dymuno*) Lust haben auf +*akk*.

ffantasi (**ffantasïau**) *b* Fantasie *f*; (*dychymyg*) Vorstellungskraft *f.*

ffantasïo *be.g* fantasieren; *(CERDD)* improvisieren.

ffantastig *ans* (*gwych*) fantastisch, unglaublich, sagenhaft; (*stori*) fantastisch.

ffarier (-**s**) *g* (*milfeddyg*) Tierarzt *m*, Tierärztin *f*; (*pedolwr*) Hufschmied *m.*

ffarm (**ffermydd**) *b* = **fferm.**

ffarmio *be.a* = **ffermio.**

ffarmwr (**ffarmwyr**) *g* = **ffermwr.**

ffars (-**au**) *b* Farce *f*, Schwank *m.*

ffarwél (-**au**) *gb* Abschied *m*, Lebewohl *nt*; **dweud ~ wrth rn** jdm Lebewohl sagen, von jdm Abschied nehmen.

   ◆ *ebych* ade!

ffarwelio *be.g:* ~ **â** sich verabschieden von +*dat.*

ffas (-**ys**) *b* (*gwaith glo*) Streb *m.*

ffasâd (**ffasadau**) *g* Fassade *f.*

Ffasgaeth *b* *(HAN)* Faschismus *m.*

Ffasgaidd *ans* faschistisch.

Ffasgiad (**Ffasgiaid**) *g* = **Ffasgydd.**

Ffasgydd (-**ion**) *gb* Faschist(in) *m(f)*.

ffasiwn¹ (**ffasiynau**) *b* Mode *f*; **arddangosfa ~** Modeschau *f*; **bod yn y ~** in Mode sein; **bod allan o ~** aus der Mode sein; **y byd ~** die Modewelt *f*; **cylchgrawn ~** Modeheft *nt*, Modejournal *nt*; ~

ddiweddaraf der letzte Schrei; **model ~**
Mannequin *nt*.

ffasiwn² *ans* solch ein(e), solche; **~ un yw e** so einer
ist er; **y ~ beth** so was, so etwas; **y ~ bobl** solche
Leute.

ffasiynol *ans* modisch; *(cain, glandeg)* schick, fesch.

ffatio *be.a* einen Klaps geben, klatschen.

ffatri (ffatrïoedd) *b* Fabrik *f*, Werk *nt*, Betrieb *m*; **~
laeth** Molkerei *f*; **~ wlân** Weberei *f*.

ffau (ffeuau) *b* Höhle *f*, Lager *nt*, Bau *m*; *(lladron)*
Schlupfwinkel *m*, Räuberhöhle *f*; **~'r llewod** *(ffig)*
die Höhle des Löwen.

ffawd (ffodion) *b* Geschick *nt*, Los *nt*.

ffawdheglu *be.g* Autostopp fahren, per Anhalter
fahren.

ffawdheglwr (ffawdheglwyr) *g* Anhalter(in) *m(f)*,
Autostopper(in) *m(f)*.

ffawna *ll* Fauna *f*, Tierwelt *f*.

ffawydden (ffawydd) *b* *(BOT)* Buche *f*; **~ goprog**
Blutbuche *f*.

ffederal *ans* föderativ, Bundes-; **gweriniaeth ~**
Bundesrepublik *f*.

ffederaliaeth *b* Föderalismus *m*.

ffederasiwn (ffederasiynau) *g* Föderation *f*, Bund *m*;
~ undebau llafur Gewerkschaftsbund *m*.

ffedog (-au) *b* Schürze *f*; **bod yn sownd wrth linyn ~
eich mam** an Mutters Schürze hängen.

ffefryn (-nau) *g* Liebling *m*; *(hoff beth)* Lieblingsstück
nt, Lieblings-; *(rhn â gormod o sylw)* Günstling *m*;
(CHWAR) Favorit *m*.

ffeibr (-au) *g* = **ffibr**.

ffeil¹ (-iau) *b* *(offeryn)* Feile *f*; **~ ewinedd** Nagelfeile *f*;
~ law Handfeile *f*.

ffeil² (-iau) *b* *(ffolder)* Ordner *m*, Aktenordner *m*;
(dogfennau) Akte *f*; *(CYFDR)* Datei *f*; **~ fodrwy**
Ringordner *m*; **cau'r ~ ar y mater** etw ad acta
legen; **~ wrth gefn** *(CYFDR)* Sicherungskopie *f*,
Backup-Datei *f*.

ffeilio¹ *be.a* abheften, ablegen.

ffeilio² *be.a* *(llyfnu â ffeil)* feilen.

ffein *ans* *(caredig)* freundlich, liebenswert; *(braf)*
schön; *(bwyd)* vorzüglich; **mae blas ~ ar y deisen**
'ma der Kuchen hier schmeckt vorzüglich.

ffeind *ans* *(caredig)* freundlich, liebenswert.

ffeindio *be.a* finden, auftreiben; **~ rhn yn euog** jdn
für schuldig befinden; **~ allan am rth** etw
herausfinden; **ei ~ hi'n anodd** es schwierig finden.

ffeirio *be.a* tauschen; **~ rhth am rth** etw gegen etw *akk*
tauschen.

ffeithiol *ans* sachlich; **adroddiad ~** ein sachlicher
Bericht.

ffel *ans* *(annwyl)* lieb, nett; *(siarp, deallus)* clever,

gerissen; **ci ~** ein lieber Hund.

ffelt *g* Filz *m*; **het ~** Filzhut *m*; **pin ~** Filzstift *m*; **~ toi**
Dachpappe *f*.

ffeltio *be.g* verfilzen.

ffeminist (-iaid) *gb* Feminist(in) *m(f)*,
Frauenrechtler(in) *m(f)*.

ffeministiaeth *b* Feminismus *m*.

ffeminydd (-ion) *g* = **ffeminist**.

ffeminyddes (-au) *b* = **ffeminist**.

ffeminyddiaeth *b* = **ffeministiaeth**.

ffen (-iau) *g* Fenn *nt*, Marsch *f*.

ffender (-i *neu* **-ydd)** *b* Kamingitter *nt*.

ffendiroedd *ll* Marschland *nt*.

ffenestr (-i) *b* Fenster *nt*; *(bach)* Luke *f*; *(camera)*
Sucher *m*; **~ dalcen** Giebelfenster *nt*; **~ do**
Dachfenster *nt*, Dachluke *f*; **~ fae** *neu:* **~ grom**
Erkerfenster *nt*; **~ farrog** vergittertes Fenster; *(car)*
~ flaen Windschutzscheibe *f*; **~ liw** *(mewn eglwys)*
Mosaikfenster *nt*; **~ siop** Schaufenster *nt*, Auslage
f; **sil ~** Fensterbrett *nt*; **glanhau'r ~** Fenster putzen;
torri ~ ein Fenster einschlagen, eine Scheibe
einschlagen.

ffenestrwr (ffenestrwyr) *g* *(gosodwr gwydr)* Glaser *m*;
(trefnwr ffenestr siop) Auslagendekorateur *m*.

ffenics *gb* Phönix *m*.

ffenigl *g* Fenchel *m*.

ffenomen (-au) *b* Phänomen *nt*, Erscheinung *f*.

ffenomenaidd *ans* phänomenal.

ffens (-ys) *b* Zaun *m*, Gartenzaun *m*; *(rasio ceffylau)*
Hürde *f*; **eistedd ar y ~** abwarten (und Tee
trinken); **~ bigog** Stacheldrahtzaun *m*.

ffensio *be.a* *(codi ffens)* einzäunen, abgrenzen;
(CHWAR) fechten.

ffêr (fferau) *b* Knöchel *m*; **troi'ch ~** sich den Fuß
verknacksen, sich verknöcheln.

fferen (fferins) *b* Bonbon *m/nt*, Zuckerl^A *nt*.

fferi (fferïau) *b* Fähre *f*; **dyn ~** Fährmann *m*; **~ geir**
Autofähre *f*.

fferllyd *ans* frostig, klamm; *(ffig)* eisig, gefühllos.

fferm (-ydd) *b* Bauernhof *m*, Hof *m*; *(tŷ mawr)* Gehöft
nt; *(tir)* Gut *nt*; *(yn yr UDA a Phrydain)* Farm *f*; **~
bysgod** Fischzucht *f*; **gwas ~** Knecht *m*; **~ gyfunol**
Kolchose *f*; **morwyn ar ~** Magd *f*; **tŷ ~** Bauernhaus
nt; **~ wynt** *(TRYD)* Windkraftwerk *nt*; **~ ffatri**
Landwirtschaftsbetrieb *m*.

ffermdy (ffermdai) *g* Bauernhaus *nt*.

ffermio *be.a* *(tir)* bebauen, bewirtschaften; *(cnydau)*
anbauen; **~ da byw** Tiere halten.
♦ *be.g* Landwirtschaft betreiben.
♦ *be.e* Bewirtschaftung *f*; **~ da byw** Viehzucht *f*; **~
pysgod** Fischzucht *f*.

ffermwr (ffermwyr) *g* Bauer *m*, Landwirt *m*; *(yn yr UDA*

a *Phrydain)* Farmer *m*; **ffermwyr** *ll* Bauernschaft *f.*
ffermwraig (ffermwragedd) *b* Bäuerin *f*, Landwirtin *f.*
fferu *be.g* einfrieren, absterben; **mae fy nwylo'n ~** mir
frieren die Hände ab.
fferyllfa (fferyllfeydd) *b* Apotheke *f*, Drogerie *f.*
fferylliaeth *b* Pharmazie *f*, Pharmazeutik *f.*
fferyllol *ans* pharmazeutisch.
fferyllydd (-ion) *g* Apotheker(in) *m(f)*; *(gwerthu
moddion)* Drogist(in) *m(f)*, Pharmazeut(in) *m(f)*.
ffesant (-od) *gb (SÖOL)* Fasan *m*; *(ceiliog)* Fasanhahn *m*;
(iâr) Fasanhenne *f.*
ffeser (-i) *g:* (gwn) ~ Phaserpistole; *(gan long ofod)*
Phaserkanone *f.*
ffetan (-au) *b* Sack *m*, Kartoffelsack *m.*
ffeuen (ffa) *b* Bohne *f*; **~ felen** Saubohne *f*; **~ Ffrengig**
grüne Bohne[D] *f*, Fisole[A] *f*; **~ goch** Stangenbohne *f*;
~ goffi Kaffeebohne *f*; *gw.h.* **ffa**; **hidio/malio'r un ~**
keinen Deut geben.
ffi (-oedd) *b* Gebühr *f*; *(am aelodaeth)* Beitrag *m*; *(cosb)*
Strafgebühr *f*; *(tâl)* Entgelt *nt*; *(meddyg, twrnai)*
Honorar *nt*; *(actor)* Gage *f*; *(awdur)* Tantiemen *pl*; **~
ar gadw** *(MASN)* Provision *f*; **~ atgoffa** Mahngebühr
f; **~ drwydded** Lizenzgebühr *f.*
ffiaidd *ans* abscheulich, abstoßend, widerlich.
ffibr (-au) *g* Faser *f*; **~ coed** Holzfaser *f*; **~ gwydrog**
Glasfaser *f*; **~ naturiol** *(COG)* Ballaststoff *m*; **~
synthetig** Kunstfaser *f*, Chemiefaser *f.*
ffibrog *ans* faserig; *(ffrwyth)* holzig, mehlig.
ffidl (-au) *b* Geige *f*; *(gwerin)* Fiedel *f*; **canu'r ~** Geige
spielen, geigen; **rhoi'r ~ yn y to** *(ffig)* aufgeben, die
Flinte ins Korn werfen.
ffidlan *be.g* herumfummeln, fummeln.
ffidler (-iaid) *g* Geiger *m*, Geigenspieler *m.*
ffieidd-dra *g (atgasedd)* Ekel *m*, Gräuel *m*, Abscheu
m/f.
ffieiddio *be.a* verabscheuen, verachten; **~ rhth** sich
vor etw *dat* ekeln.
ffigur (-au) *g (siâp)* Figur *f*, Gestalt *f*; *(rhif)* Zahl *f*,
Ziffer *f*; **~ ymadrodd** Redewendung *f*; **~ wyth**
Achterbahn[D] *f*, Hochschaubahn[A] *f*; **~au gwerthiant**
(MASN) Absatzziffern *pl.*
ffigurol *ans* bildlich, übertragen.
ffigys *ll gw.* **ffigysen.**
ffigysbren (-nau) *g* Feigenbaum *m.*
ffigysen (ffigys) *b* Feige *f*; **deilen ffigys** Feigenblatt *nt.*
ffilament (-au) *g (TRYD)* Glühfaden *m*; *(BOT)*
Staubfaden *m.*
ffiled (-au) *b (COG)* Filet *nt*, Lendenstück *nt*; *(pysgodyn)*
Fischfilet *nt.*
ffiledu *be.a* filetieren; *(pisgodyn)* entgräten; *(cig)*
ausbeinen, die Knochen auslösen.
ffilm (-iau) *b* Film *m*; **gwneud ~** einen Film drehen; **~**

antur Abenteuerfilm *m*; **~ bornograffig** Porno *m*; **~
dditectif** Krimi *m*; **~ ddogfennol** Dokumentarfilm
m; **~ ddu a gwyn** Schwarzweißfilm *m*; **~ fud**
Stummfilm *m*; **~ gartŵn** Trickfilm *m*; **~ gowboi**
Western *m*; **~ lafar/sain** Tonfilm *m*; **~ liw** Farbfilm
m; **~ ramant** Liebesfilm *m*, Schnulze *f*; **seren ~**
Filmstar *m*; **stiwdio ~** Filmstudio *nt.*
ffilmio *be.a* filmen, verfilmen.
♦ *be.g (gwneud ffilm)* filmen, einen Film drehen;
camera ~ Filmkamera *f.*
ffin (-iau) *b* Grenze *f*; *(gwlad neu dalaith)* Grenze,
Landesgrenze *f*; *(CHWAR)* Spielfeldgrenze *f*; **~ ochr**
Seitenlinie *f*; **~ tudalen** Seitenumbruch *m*; **o fewn y
~iau** innerhalb seiner Grenzen; *(fel adferf)* in
Grenzen; **ffoi dros y ~** über die Grenze fliehen.
ffindir (-oedd) *g* Grenzland *nt*, Grenzregion *f.*
Ffindir *b:* **y ~** *(DAEAR)* Finnland *nt.*
ffinedig *ans* begrenzt.
Ffiniad (Ffiniaid) *g* Finne *m*, Finnin *f.*
ffinio *be.a:* **~ â** *neu:* **~ ar** grenzen an +*akk.*
Ffinnaidd *ans* finnisch.
Ffinneg *b* Finnisch *nt.*
ffiol (-au) *b* Phiole *f*; *(MEDD)* Ampulle *f.*
ffion (-au) *g (BOT)* Fingerhut *m.*
ffiord (-au) *g* Fjord *m.*
ffiseg *b* Physik *f*; **~ niwclear** Atomphysik *f.*
ffisegol *ans* physikalisch.
ffisegydd (ffisegwyr) *g* Physiker(in) *m(f).*
ffisig *g* Medikament; **~ atgyfnerthol** Tonikum *nt.*
ffisioleg *b* Physiologie *f.*
ffisiolegol *ans* physiologisch.
ffisiolegydd (ffisiolegwyr) *g* Physiologe *m*,
Physiologin *f.*
ffisiotherapi *g* Krankengymnastik *f*, Physiotherapie
f.
ffisiotherapydd (-ion) *g* Physiotherapeut(in) *m(f).*
ffit[1] *ans* fit, kräftig, durchtrainiert; *(iach)* gesund;
(addas) passend, geeignet; **~ i'r pwrpas**
zweckmäßig, zweckgemäß; **~ i'w fwyta** essbar;
cadw'n ~ sich fit halten; **bod yn ffit i rth** für etw
geeignet sein; **~ i weithio** arbeitsfähig.
ffit[2] (-iau) *b* Anfall *m*; **~ o beswch** Hustenanfall *m*; **~ o
chwerthin** Lachkrampf *m*; **~ o ddicter** Wutanfall *m*;
~ epileptig epileptischer Anfall *m*; **cael ~** einen
Anfall haben; *(ffig)* einen Anfall bekommen.
ffit[3] *b (dillad)* Sitz *m*; **mae ffrog 'ma â ~ dynn** das Kleid
sitzt eng.
ffitiach *cymh* passender, geziemender; **byddai'n ~ i ti
aros gartre** es wäre besser, du würdest zu Hause
bleiben.
ffitio *be.g* passen; *(cyfateb i'w gilydd)*
zusammenpassen; **~ i mewn i** in etw *akk*

hineinpassen; **nid yw'r siaced yn ~** die Jacke passt
nicht; **~ fel maneg** passen wie angegossen; **os yw'r
cap yn ~** wenn man sich betroffen fühlt.

◆ *be.a* passen +*dat*; *(i mewn)* passen in +*akk*; *(ar)*
passen auf +*akk*; *(addasu)* anpassen; *(cyfateb)*
entsprechen +*dat*; *(gosod)* einbauen; *(darparu)*
ausrüsten; *(cysylltu)* **~ dau beth at ei gilydd** zwei
Dinge zusammenfügen; **~ rhn i mewn** *(apwyntiad)*
jdn einschieben; **~ car â gwregysau diogelwch** ein
Auto mit Sicherheitsgurten ausrüsten; **~ carped**
einen Teppich verlegen.

ffitiwr (ffitwyr) *g* Monteur *m*; **~ carpedi**
Teppichverleger *m*; **~ peiriannau**
Maschinenschlosser *m*.

ffitrwydd *g* Fitness *f*, Form *f*; *(CHWAR)* Kondition *f*;
(addasrwydd) Eignung *f*.

ffiwdal *ans* feudal.

ffiwdalaidd *ans* feudalistisch.

ffiwdaliaeth *b* *(HAN)* Feudalismus *m*.

ffiwg (-iau) *g* *(CERDD)* Fuge *f*.

ffiws (-ys) *g* *(TRYD)* Sicherung *f*; *(ar gyfer bom)* Zünder
m; **gwifren ~** Schmelzdraht *m*; **blwch ~**
Sicherungskasten *m*; **~ amser** Zeitzünder *m*; **mae ~
wedi chwythu** eine Sicherung ist durchgebrannt.

ffiwsia (ffiwsiâu) *b* *(BOT)* Fuchsie *f*.

ffiwsio *be.g* durchbrennen; **mae'r bŷlb wedi ~** die
Birne ist durchgebrannt.

fflach (-iau) *b* *(mellten)* Blitz *m*; *(FFOTO)* Blitz,
Blitzlicht *nt*; *(trydanol)* Funke *m*; *(fflam sydyn)*
Stichflamme *f*; *(diemwnt)* Funkeln *nt*, Blitzen *nt*;
ciwb ~ Blitzwürfel *m*; **~ o ysbrydoliaeth**
Geistesblitz *m*; **mewn ~** *(cyflym iawn)* wie der Blitz;
gorffen mewn ~ im Nu vorbei sein; **~ mellten** Blitz;
~ newyddion Kurzmeldung *f*, Schlagzeile *f*; **~ yn ôl**
(i'r gorffennol) Rückblende *f*.

fflachio *be.g* blitzen; *(golau)* blinken; *(fflam yn neidio)*
flackern; *(gemau)* funkeln; **~ heibio** vorbeisausen;
roedd ei llygaid yn ~ â dicter ihre Augen funkelten
böse; **fflachiodd rhth drwy fy meddwl** etw schoss
mir durch den Kopf.

◆ *be.a:* **~ goleuadau car ar rn** jdn anblinken.

fflachiwr (fflachwyr) *g* Exhibitionist *m*, Flitzer[A] *m*.

fflachlamp (-au) *b* Taschenlampe *f*.

fflag (-iau) *b* Flagge *f*; **~ fach** Wimpel *m*; **gosod ~iau**
Fahnen aushängen; *gw.h.* baner.

fflangell (-au) *b* Geißel *f*, neunschwänzige Katze *f*.

fflangellu *be.a* geißeln, auspeitschen.

fflam (-au *neu* **-iau)** *b* Flamme *f*; **~ gannwyll**
Kerzenflamme *f*; **(bod) mewn ~au** in Flammen
(stehen); **mynd yn ~au** in Flammen aufgehen;
taflwr ~au Flammenwerfer *m*; **newydd ~** *(sgyrs)*
brandneu, nagelneu.

fflamadwy *ans* brennbar, entzündbar.

fflamboeth *ans* glühend heiß.

fflamgoch *ans* feuerrot, knallrot.

fflamingo (-s) *g* *(SÔOL)* Flamingo *m*.

fflamio *be.g* *(tân)* lodern; *(rhegu)* fluchen.

Fflandrys *b* *(DAEAR)* Flandern *nt*.

Fflandrysiad (Fflandrysiaid) *g* Flame *m*, Flamin *f*,
Flämin *f*.

fflap (-iau) *g* *(amlen)* Lasche *f*; *(poced)* Aufschlag *m*;
(awyr) Landeklappe *f*.

fflasg (-iau) *b* *(coffi ayb)* Thermoskanne *f*; *(ar gyfer
poced)* Flachmann *m*; *(CEM: potel foliog â gwddf hir)*
Kolben *m*.

fflat¹ *ans* *(gwastad)* flach; *(wedi'i wasgu)* flach, platt;
(diod heb swigod) schal, abgestanden; *(anniddorol)*
fad; *(lliw)* matt, ausgebleicht; *(CERDD)* einen
Halbtonschritt tiefer; **canu'n ~** zu tief singen;
cyfnod ~ *(heb llawer o fusnes)* Saure-Gurken-Zeit *f*;
gwrthod yn ~ glatt ablehnen; **teiar ~** Platte[D] *m*,
Patschen[A] *m*; **to ~** Flachdach *nt*; **traed ~** Plattfüße
m.

fflat² (-iau) *g* Wohnung *f*; *(bach)* Apartment *nt*; *(tir
gwastad)* Ebene *f*, Flachland *nt*; **ar y ~iau** im
Flachen; **bloc ~iau** Wohnblock *m*; **~ gwyliau**
Ferienwohnung *f*; **~ rhyddfreiniol**
Eigentumswohnung *f*; **~ cyngor** öffentliche
Wohnung *f*; *(yn Fienna)* Gemeindewohnung *f*.

fflat³ (-iau) *g* *(haearn smwddio)* Bügeleisen *nt*.

fflatio *be.a* plätten; *(ffordd)* planieren, ebnen.

fflecs (-ys) *g* *(TRYD)* Kabel *nt*; *(gwifren)* Draht *m*, Litze
f; *(ffôn)* Kabel, Schnur *f*.

fflemllyd *ans* phlegmatisch.

fflêr (fflerau) *g* *(ffagl)* Fackel *f*, Signallampe *f*; *(MIL)*
Leuchtmunition *f*; **gwn ~** Leuchtpistole *f*.

fflicio *be.a* *(swits)* anschalten; *(trwy lyfr)* durchblättern;
~ rhth i ffwrdd etw wegschnipsen.

fflint (-iau) *gb* Feuerstein *m*.

ffliw¹ *g* *(MEDD)* Grippe *f*; **~ gastrig** Darmgrippe *f*; **dal y
~** eine Grippe bekommen.

ffliw² (-iau) *b* *(mwg)* Rauchabzug *m*; *(aer twym)*
Luftschacht *m*.

ffliwc (-iau) *b* Glücksfall *m*, Zufallstreffer *m*.

ffliwt (-iau) *b* *(CERDD)* Flöte *f*; *(cerddorfa)* Querflöte *f*.

ffliwtydd (-ion) *g* *(CERDD)* Flötist *m*.

ffloch (-au) *g* Eisscholle *f*, Treibeis *nt*.

fflochen (fflochion) *b* Flocke *f*; *(pren)* Span *m*; *(metal
neu garreg)* Splitter *m*; **fflochion sebon**
Seifenflocken *pl*.

fflodiart (fflodiardau) *b* Schleuse *f*.

fflora *ll* Flora *f*, Pflanzenwelt *f*.

fflur *ll* Blumen *pl*; **Ystrad Fflur** Tal der Blumen.

fflurol *ans* Blumen-.

fflwff *g (manblu, manflew)* Flaum *m*; *(o ddefnydd)* Fusseln *pl*.

fflworid *g (CEM)* Fluorid *nt*.

fflworin *g (CEM)* Fluor *nt*.

fflŵr *g (blawd)* Mehl *nt*.

fflŵr-dy-lis *gb (BOT, arfbais)* bourbonische Lilie *f*.

fflws *g* Spülung *f*.

fflwsio *be.a* = **fflysio**.

fflyd (**-oedd**) *b (MIL: llynges)* Flotte *f*; *(haid, torf)* Schar *f*, Horde *f*.

fflyrt (**-od**) *gb* Flirt *m*; *(dyn)* Schäker *m*; *(merch)* Circe *f*; **mae hi'n ~** sie flirtet gerne.

fflyrtio *be.g* flirten, schäkern; **mae hi'n ~ ag ef** sie bezirzt ihn.

fflysio *be.a* hinunterspülen.

ffo *g:* **ar ~** auf der Flucht; **gyrru ar ~** in die Flucht schlagen.

ffoadur (**-iaid**) *g* Flüchtling *m*; *(rhag yr heddlu)* Flüchtige(r) *m*; **lloches ~iaid** Flüchtlingslager *nt*.

ffoadures (**ffoaduriaid**) *b* weiblicher Flüchtling *m*; *(rhag yr heddlu)* Flüchtige *f*.

ffobia (**ffobïau**) *g* Phobie *f*.

ffocsl *g* Vorschiff *nt*, Vordeck *nt*.

ffocws (**ffocysau**) *g (FFIS, MATH, ffig)* Brennpunkt *m*, Fokus *m*; *(canolbwynt)* Mittelpunkt *m*, Zentrum *nt*; *(MEDD)* Krankheitsherd *m*; *(daeargryn)* Bebenherd *m*, Epizentrum *nt*; *(FFOTO)* Schärfe *f*, Fokus; **mewn ~** scharf; **allan o ~** unscharf.

ffocysu *be.g (FFOTO)* scharf stellen, fokussieren; **~ ar rth** sich konzentrieren auf *+akk*; **ni fedraf ~ yn iawn** ich kann nicht mehr klar sehen.

♦ *be.a (camera, lens)* scharf stellen; *(pelydrau, meddyliau)* richten, konzentrieren; **~ eich llygaid ar rth** den Blick auf etw *akk* richten.

ffodus *ans* glücklich; **amgylchiadau ~** glückliche Umstände; **bod yn berson ~** ein Glückspilz sein, Schwein haben; **rwyt ti'n ~ i fod yn fyw** du hast Glück, dass du noch lebst; **roedden ni'n ddigon ~ i gwrdd ag e** wir hatten das Glück ihn zu treffen; **dyna ~!** welch ein Glück!

♦ *adf:* **yn ~** glücklicherweise, zum Glück; **yn ~ i mi** zu meinem Glück; **yn ~ nid oedd neb yn sefyll yn fan 'na** glücklicherweise stand dort niemand.

♦ *ll:* **~ion** die Glücklichen *pl*.

ffôedigaeth *b* Flucht *f*.

ffoel (**-iau**) *g (CHWAR: ffensio)* Florett *nt*.

ffoetws (**ffoetysau**) *g (MEDD)* Fötus *m*, Fetus *m*.

ffoi *be.g* fliehen, flüchten (**oddi wrth** vor *+dat*).

ffoil (**-iau**) *g* Folie *f*; **~ cegin** Alufolie *f*; **~ plastig** Plastikfolie *f*; *(COG)* Abdeckfolie *f*.

ffôl *ans* dumm, blöd, doof[D]; **ddim yn ~** nicht übel; **paid â bod mor ~** sei nicht so dumm.

ffolant *g:* **dydd San Ff~** Valentinstag *m*; **cerdyn ~** Valentinstagkarte *f*.

ffolcen *b* Flittchen *nt*.

ffolder (**-au** *neu* **-i**) *gb* Mappe *f*; *(â cholfachau)* Ordner *m*.

ffolen (**-nau** *neu* **-ni**) *b (boch tin)* Hinterbacke *f*; *(anwedd)* Arschbacke *f*.

ffoli *be.a:* **~ ar** verrückt sein nach *+dat*, schwärmen für *+akk*.

ffolineb (**-au**) *g* Dummheit *f*.

ffon (**ffyn**) *b* Stock *m*, Stab *m*; *(ysgol)* Sprosse *f*; *(adain olwyn)* Speiche *f*; **~ dafl** Schleuder *f*, Wurfschlinge *f*; **~ fagl** Krücke *f*; **~ fesur** Messstab *m*; **~ fugail** Hirtenstab *m*; **~ gerdded** Spazierstock *m*; **~ golff** Golfschläger *m*; **~ gotwm** Wattestäbchen *nt*; **~ hoci** Hockeyschläger *m*; **~ mesur olew** *(MODUR)* Ölmessstab *m*; **~ newid gêr** Schaltknüppel *m*; **~ reoli** *(CYFDR)* Joystick *m*; **~ ysgol** Leitersprosse *f*.

ffôn (**ffonau**) *g* Telefon *nt*, Fernsprecher *m*; **~ argyfwng** *(ar ffordd)* Notrufsäule *f*; **bwth ~** Telefonzelle *f*; **~ car** Autotelefon *nt*; **~ cerdyn** Kartentelefon *nt*; **~ cludadwy** Mobiltelefon *nt*; **~ lôn** Handy *nt*; **~ clust** *neu:* **pen** Kopfhörer *m*; **llyfr ~** Telefonbuch *nt*; **rhif ~** Telefonnummer *f*; **~ talu** Münzfernsprecher *m*; **bod ar y ~** *neu:* **siarad ar y ~** telefonieren; **ateb y ~** ans Telefon gehen, abheben; **rhoi'r ~ i lawr** auflegen, einhängen[D]; **mae'r ~ yn canu** das Telefon läutet/klingelt.

ffonem (**-au**) *b (GRAM)* Phonem *nt*.

ffonetig *ans* phonetisch; **yr wyddor ~** das phonetische Alphabet.

ffonio *be.a* anrufen; **ffoniais i hi neithiwr** ich rief sie gestern Abend an.

ffont (**-iau**) *b* Schrift *f*, Zeichensatz *m*.

fforc (**ffyrc**) *b* Gabel *f*; **~ diwnio** *(CERDD)* Stimmgabel *f*; **cyllyll a ffyrc** (Ess)besteck *nt*.

fforch (**-au** *neu* **ffyrch**) *b (offeryn gardd)* Gabel *f*; *(ar gyfer gwellt)* Heugabel *f*; *(ar gyfer compost)* Mistgabel *f*; *(beic)* Gabel; *(afon, ffordd)* Gabelung *f*.

fforchiad (**-au**) *g (ffordd)* Gabelung *f*; *(ymraniad yn dau)* Verzweigung *f*.

fforchio *be.g (ymrannu)* sich gabeln.

fforchog *ans* gegabelt; **tafod ~** *(neidr, ffig)* gespaltene Zunge.

ffordd (**ffyrdd**) *b* **1** Weg *m*; *(heol)* Straße *f*; *(wedi'i phenodi)* Route *f*; **~ adref** Heimweg *m*; **~ allan** Ausfahrt *f*; *(allanfa)* Ausgang *m*; *(ffig)* Ausweg *m*; **~ bell i fynd** ein weiter Weg; **~ bengaead** Sackgasse *f*; **~ ddeuol** Schnellstraße *f*, Straße mit geteilter Fahrbahn; **~ eilaidd** Landstraße *f*; **~ fawr** Überlandstraße *f*, Bundesstraße *f*; *(yn y dref)* Hauptstraße *f*; **~ fynediad** Zufahrt *f*; **~ ganol** *(ffig)*

Mittelweg *m*; ~ **gyswllt** Zubringer *m*; ~ **haearn**
(rheilffordd) Eisenbahn *f*; ~ **i mewn** Eintritt *m*; ~
osgoi Umfahrung *f*; *(dargyfeiriad)* Umleitung *f*; ~
wledig Landstraße *f*; ~ **yn ôl** Rückweg *m*; **ar y ~**
unterwegs; **ar y ~ drwodd** auf der Durchfahrt; **yr**
holl ~ die ganze Strecke; **rhaid i ni fynd yr holl ~**
(ffig) wir müssen den Weg zu Ende gehen; **mae hi**
ar ei ~ allan sie geht gerade aus; **maen nhw'n dod y**
~ yma sie kommen hierher; **mynd allan o'ch ~**
einen Umweg machen; *(ffig)* sich Umstände
machen; **o bell ~** bei weitem; **o'r ~!** aus dem Weg!
Bahn frei! **bod yn ~ rhn** *(llyth, ffig)* jdm im Weg
stehen; **rhoi rhn ar ben y ~** jdm mit allem vertraut
machen; **byddai'n talu ~ iddi ...** es würde ihr nichts
schaden...; **2** *(dull, modd)* Art *f*, Weise *f*; **rhyw ~**
irgendwie; **dydw i ddim yn hoffi'r ~ y mae hi'n gwenu**
mir gefällt ihr Grinsen nicht; **gwna'r ~ yma** mach'
es so; **gwna'r un ~ â mi** mach' es wie ich; **y ~ gywir**
o wneud rhth die richtige Art etw zu tun; **pa ~**
bynnag wie auch immer; **mae ganddo ~ ryfedd o**
siarad er hat eine seltsame Art zu sprechen; **~ o**
fyw Lebensweise *f*; **y ~ yma** auf diese Weise.
fforddio *be.a* leisten; **alla i ddim ~ mynd ar wyliau** ich
kann es mir nicht leisten auf Urlaub zu gehen.
fforddolyn (fforddolion) *g* Verkehrsteilnehmer *m*.
fforest (-ydd) *b* *(naturiol)* Wald *m*; *(wedi'r phlannu)* Forst
m; ~ **betraidd** versteinerter Wald; ~ **law**
Regenwald *m*.
fforestwr (fforestwyr) *g* *(yn gwylio'r goedwig)* Förster *m*;
(yn torri coed) Forstarbeiter *m*.
fforffed (-ion) *gb* Pfand *nt*; **gêm ~** Pfänderspiel *nt*.
fforffedu *be.a* verlieren; *(ffig)* einbüßen, verwirken.
fforiwr (fforwyr) *g* Entdecker *m*.
fforman (fformyn) *g* Vorarbeiter *m*; ~ **safle adeiladu**
Polier *m*.
fformat (-iau) *g* Format *nt*.
fformatio *be.a* *(CYFDR)* formatieren.
fformiwla (fformiwlâu) *b* Formel *f*; *(CHWAR)* ~ **un**
Formel 1.
fformiwleiddio *be.a* formulieren.
ffortiwn (ffortiynau) *b* Vermögen *nt*; **costio ~ ein**
Vermögen kosten; **dweud ~** wahrsagen; **gwario ~**
ein Vermögen ausgeben.
ffortunus *ans* = **ffodus**.
fforwm *g* Forum *nt*.
fforwraig (fforwyr) *b* Entdeckerin *f*.
ffos (-ydd) *b* Graben *m*; *(ar ochr yr heol)*
Straßengraben *m*; *(MIL)* Schützengraben *m*; *(o*
gwmpas castell) Burggraben *m*; ~ **ymochel**
Unterstand *m*.
ffosffad (-au) *g* *(CEM)* Phosphat *nt*.
ffosffor *g* *(CEM)* Phosphor *m*.

ffosfforeddu *be.g* phosphoreszieren.
ffosfforws *g* *(CEM)* Phosphor *m*.
ffosil (-au) *g* Fossil *nt*.
ffosilaidd *ans* versteinert, fossilisiert.
ffosileiddio *be.a, be.g* fossilisieren, versteinern.
ffotograff (-au) *g* *(llun)* Fotografie *f*; ~ **lliw** Farbfoto *nt*;
~ **o'r awyr** Luftaufnahme *f*.
ffotograffaidd *ans* fotografisch.
ffotograffiaeth *b* Fotografie *f*.
ffoton (-au) *g* *(FFIS)* Photon *nt*; **torpido ~au** *(MIL)*
Photonentorpedo *m*.
ffotosynthesis *g* Fotosynthese *f*.
ffowls *ll gw.* **ffowlyn**.
ffowlyn (ffowls) *g* *(COG)* Huhn *nt*, Hähnchen[D] *nt*,
Hendl[A] *nt*; **ffowls** *ll* *(da pluog)* Geflügel *nt*,
Federvieh *nt*.
ffowndri *b* (ffowndrïau) Gießerei *f*.
ffracsiwn (ffracsiynau) *g* *(MATH)* Bruch *m*; *(rhan fach)*
Bruchteil *m*; ~ **bondrwm** echter Bruch; ~ **degol**
Dezimalbruch *m*; ~ **pendrwm** unechter Bruch;
ffracsiynau *ll* *(y pwnc)* Bruchrechnung *f*.
ffradach *g* Chaos *nt*.
ffrae (-au *neu* **-on)** *b* *(cweryl)* Streit *m*; **chwilio am ~**
Streit suchen.
ffraegar *ans* streitlustig.
ffraeo *be.g* streiten; ~ **â rhn am rth** mit jdm über etw
akk streiten.
ffraeth *ans* geistreich; *(gyda hiwmor)* humorvoll;
(parod eich ateb) schlagfertig.
ffraethineb *g* Geist *m*, Witz *m*, Schlagfertigkeit *f*.
Ffrangeg *gb* Französisch *nt*; **athro ~**
Französischlehrer *m*; **y gwledydd ~ eu hiaith** die
frankophonen Staaten.
Ffrainc *b* *(DAEAR)* Frankreich *nt*.
ffrâm (fframiau) *b* *(llun, sbectol)* Rahmen *m*; *(i ddal*
diemwnt ayb) Fassung *f*; *(sgerbwd, fframwaith)* Gestell
nt; *(siâp y corff)* Körperbau *m*; *(ffig: cefndir)*
Umrahmung *f*; *(FFILM)* (Einzel)bild *nt*; *(CHWAR:*
snwcer) Spiel *nt*; ~ **bren** Holzrahmen *m*; ~ **ddannedd**
Zahnspange *f*; ~ **ddarlun** Bilderrahmen *m*; ~
ddringo Klettergerüst *nt*; ~ **y drws** Türrahmen *m*,
Türstock *m*; ~ **feic** Rahmen *m*; ~ **frodio** Stickrahmen
m; ~ **ffenestr** Fensterrahmen *m*; ~ **gar** Chassis *nt*,
Fahrgestell *nt*; ~ **sbectol** Brillengestell *nt*.
fframio *be.a* rahmen; *(gosod gem)* einfassen; *(ffig)*
einrahmen, umrahmen.
fframwaith (fframweithiau) *g* Rahmen *m*, Gerüst *nt*;
(nofel) Aufbau *m*; *(strwythur)* Struktur *f*, System *nt*;
~ **coed** Holzgerüst *nt*; ~ **cymdeithas**
Gesellschaftssystem *nt*; ~ **cysyniadol** Konzept *nt*;
o fewn ~ rhth im Rahmen von etw; **o fewn y ~**
ariannol innerhalb des finanziellen Rahmens.

ffranc (-iau) *g* Franc *m*; *(Swistir)* Franken *m*.

Ffrancaidd *ans* fränkisch.

Ffrances (-au) *b* Französin *f*.

Ffranciad (**Ffranciaid**) *g* Franke *m*, Fränkin *f*.

ffrancio *be.a (llythyr)* frankieren.

Ffrancwr (**Ffrancwyr** *neu* **Ffrancod**) *g* Franzose *m*.

Ffransisiad (**Fransisiaid**) *g* Franziskaner *m*.

Ffrengig *ans* französisch; **bara ~** Baguette *f/nt*; **bwydydd ~** die französische Küche *f*; **cneuen ~** Walnuss *f*; **y Chwyldro ~** die Französische Revolution *f*; **dresin ~** Salatsoße *f*, französisches Dressing *nt*; **ffäen/ffeuen ~** grüne Bohne^D *f*, Fisole^A *f*; **llygoden ~** Ratte *f*.

ffres *ans* frisch; *(newydd)* neu; **aer ~** frische Luft *f*; **dechreuad ~** Neubeginn *m*; **dŵr ~** Süßwasser *nt*, Trinkwasser *nt*; **ffrwythau ~** frisches Obst *nt*; **gwynt ~** kalter Wind *m*; **mae'n ~ yn fy nghof** ich habe es noch frisch in Erinnerung; **gwneud dechreuad ~** neu beginnen.

ffresgo *g* Fresko *nt*.

ffresni *g* Frische *f*.

ffreutur (-au) *gb* Kantine *f*; *(mewn prifysgol)* Mensa *f*.

ffrewyll (-au) *b* Peitsche *f*.

ffridd (-oedd) *b* Bergweide *f*; *(yn yr Alpau)* Alm *f*.

ffrigad (-au) *b (MOR)* Fregatte *f*.

ffril (-iau *neu* -s) *g (TECS)* Rüsche *f*; *(ar goler)* Halskrause *f*; *(peth ymylol a dibwys)* Firlefanz *m*.

ffrimpan (-au) *b* Bratpfanne *f*.

ffrind (-iau) *gb* Freund(in) *m(f)*; **~ llythyru** Brieffreund(in) *m(f)*; **~ mynwesol** Busenfreund(in) *m(f)*; **~iau i ni** Freunde von uns; **dod yn ~iau â rhn** sich mit jdm befreunden; *gw.h.* **cyfaill**.

ffrio *be.a* braten; **aroglau ~** Bratenduft *m*; **padell ~** Bratpfanne *f*; **~ wyau** Spiegeleier machen; **wy wedi'i ~** Spiegelei *nt*.

ffris (-iau) *b* Fries *m/nt*; *(papur wal)* Zierleiste *f*.

ffriten *b* = **ffolcen**.

ffrithiant (**ffrithiannau**) *g* Reibung *f*.

ffroen (-au) *b* Nasenloch *nt*; *(ceffyl)* Nüster *f*; *(gwn)* Mündung *f*.

ffroeni *be.g (sniffian)* schnuppern; *(ci)* schnüffeln; *(ceffyl, tarw)* schnauben; *(gan ddicter)* schnauben vor Wut.
   ♦ *be.a* riechen.

ffroenuchel *ans* hochnäsig, überheblich.

ffroesen (**ffroes**) *b (crempog)* Pfannkuchen^D *m*, Palatschinke^A *f*.

ffrog (-iau) *b* Kleid *nt*; **~ briodas** Brautkleid *nt*; **~ famolaeth** Umstandskleid *nt*; **~ fin nos** Abendkleid *nt*; **~ haf** Sommerkleid *nt*.

ffroisen (**ffrois**) *b* = **ffroesen**.

ffrom *ans* cholerisch, jähzornig.

ffromder *g* Jähzorn *m*, Raserei *f*.

ffromi *be.g* wüten, rasen vor Wut.

ffrwcs *ll* Schund *m*, Unfug *m*.

ffrwcslyd *ans* verwirrt, durcheinander.

ffrwd (**ffrydiau**) *b (nant)* Bach *m*; *(ffig: llif)* Strom *m*, Schwall *m*; *(YSG)* Leistungsgruppe *f*; **~ o bobl** ein Strom von Menschen, ein Schwall von Menschen; **~ o eiriau** Redeschwall *m*.

ffrwgwd (**ffrygydau**) *g* Rauferei *f*, Schlägerei *f*.

ffrwst *g* Eile *f*, Hast *f*; *(byrbwyll)* Hudelei *f*; **ar ~** in Eile.

ffrwt *g* Vitalität *f*, Elan *m*, Schwung *m*; **does dim llawer o ~ ynddo** er hat keinen Elan.

ffrwtian *be.g (tasgu)* spritzen; *(wrth ferwi)* blubbern.

ffrwydrad (-au) *g* Explosion *f*; *(swn)* Detonation *f*; *(ffig: o ddicter)* Ausbruch *m*; **~ llosgfynydd** Vulkanausbruch *m*; **~ poblogaeth** Bevölkerungsexplosion *f*.

ffrwydrbelen (-nau) *b* Granate *f*; **~ law** Handgranate *f*.

ffrwydro *be.g* explodieren, detonieren; *(teiar)* platzen; *(ffig: gan ddicter)* in die Luft gehen, explodieren; **swn ~** Detonation *f*.
   ♦ *be.a* in die Luft jagen.

ffrwydrol *ans* explosiv.

ffrwydryn (**ffrwydron**) *g (sylwedd)* Sprengstoff *m*; *(arf)* Sprengkörper *m*; *(yn y ddaear/môr)* Mine *f*; *(ffig)* Zündstoff *m*; **maes ffrwydron** Minenfeld *nt*.

ffrwyn (-au) *b* Zaumzeug *nt*; **rhoi ~ ar eich tafod** seine Zunge im Zaum halten; **rhoi ~ i rth** einer Sache *dat* freien Lauf lassen.

ffrwyno *be.a (ceffyl)* zäumen; *(ffig: atal)* zügeln, im Zaum halten; *(dofi)* bändigen; *(datblygiad, cynhyrchiant)* bremsen.

ffrwyth (-au) *g* Frucht *f*; *(cynnyrch)* Produkt *nt*, Erzeugnis *nt*; **~au** *ll* Obst *nt*; **dwyn ~au** Früchte tragen; **salad ~au** Obstsalat *m*; **~ ei dychymyg** das Ergebnis ihrer Fantasie; **~au cwymp** Fallobst *nt*; **~au sychion** Trockenfrüchte *pl*, Backobst^D *nt*.

ffrwythaidd *ans* fruchtig.

ffrwythlon *ans* fruchtbar; *(ffig: trafodaeth ayb)* produktiv.

ffrwythlondeb *g* Fruchtbarkeit *f*.

ffrwythloni *be.a* befruchten; *(AMAETH)* düngen.

ffrwythloniad (-au) *g* Befruchtung *f*.

ffrydio *be.g* strömen; **~ i mewn** hereinströmen; **roedd dagrau'n ~ dros ei hwyneb** Tränen strömten ihr über das Gesicht; **roedd gwaed yn ~ o'i drwyn** Blut floss ihm aus der Nase; *(YSG: dosbarthu)* in Leistungsgruppen einteilen.

ffrydlif (-oedd) *gb* Guss *m*.

ffrynt (-iau) *gb* Vorderseite *f*; *(rhan flaen)* Vorderteil *m*; *(MIL)* Front *f*; *(promenâd)* Promenade *f*; *(TYW)* Wetterfront *f*; **~ cynnes** Warmluftfront *f*; **drws ~** Haustür *f*, Vordertür *f*; **gardd ~** Vorgarten *m*; **~ unedig** Einheitsfront *f*; **ystafell ~** *(cyntedd)* Vorzimmer *nt*; *(yn rhan blaenaf y tŷ)* vorderes Zimmer *nt*; **y Ff~ Cenedlaethol** *(GWLEID)* National Front *f*, rechtsextremistische Partei Großbritanniens; **i'r ~** nach vorne.

ffuantrwydd *g* Unaufrichtigkeit *f*, Scheinheiligkeit *f*.

ffuantus *ans* unaufrichtig, scheinheilig

ffug *ans* falsch, unecht; *(artiffisial)* künstlich; *(annilys)* ungültig; *(wedi'i efelychu)* gefälscht; **arian ~** Falschgeld *nt*; **aur ~** Katzengold *nt*; **~ ddagrau** Krokodilstränen *pl*; **gemau ~** falscher Schmuck *m*; **gwaelod ~** doppelter Boden *m*; **~ ymosod** Scheinangriff *m*.

ffugbasio *be.g (CHWAR)* täuschen, andeuten.

ffugbrawf (ffugbrofion) *g (YSG)* Übungsarbeit *f*.

ffugenw (-au) *g* Pseudonym *nt*, Künstlername *m*.

ffugio *be.g* sich verstellen; *(bod yn sâl neu'n drist)* simulieren; **mae hi'n ~ cysgu** sie tut als ob sie schläft, sie stellt sich schlafend; **~ marwolaeth** sich tot stellen.

♦ *be.a* vorgeben, vortäuschen; *(efelychu'n dwyllodrus)* fälschen; *(yn ffuantus)* heucheln.

ffuglen *b (LLEN)* Belletristik *f*, Romanliteratur *f*.

ffuglennol *ans* erfunden, fiktiv.

ffugliw (-iau) *g* Tarnung *f*, Tarnfarbe *f*.

ffugliwio *be.a* tarnen.

ffunell *b (BOT)* Fenchel *m*.

ffunen (-nau *neu* -ni) *b (hances)* Taschentuch *nt*.

ffunud *g:* **bod yr un ~ â rhn** jdm wie aus dem Gesicht geschnitten sein.

ffured (-au) *b (SÖOL)* Frettchen *nt*.

ffureta *be.g (hela cwningod)* mit einem Frettchen auf Kaninchenfang gehen; *(ffig)* herumstöbern.

ffurf (-iau) *b* Form *f*, Gestalt *f*; **ar ~ roced** in Form einer Rakete; **~ anwes** *(enw)* Koseform *f*; **cymryd ~** Gestalt annehmen; **yn ei ~ ddynol** in seiner menschlichen Gestalt; **~ safonol** *(gair)* die hochsprachliche Form.

ffurfafen (-nau) *b* Firmament *nt*, Himmel *m*.

ffurfdro (-eon) *g (GRAM)* Flexion *f*.

ffurfdroad (-au) *g* = ffurfdro.

ffurfdroi *be.a (GRAM)* flektieren; *(enw, ansoddair)* deklinieren; *(berf)* konjugieren.

ffurfiant (ffurfiannau) *g* Bildung *f*; *(trefniant)* Formation *f*; *(cymeriad)* Formung *f*; *(cynllun)* Entstehung *f*.

ffurfio *be.a* bilden, formen; *(mowldio)* formen; *(creu)* schaffen; *(brawddeg)* formulieren; **~ barn** sich ein Urteil bilden; **~ cwmni** eine Firma gründen; **~ cylch** einen Kreis bilden; **~ cymeriad rhn** jds Charakter formen; **~ llywodraeth** eine Regierung bilden; **~ rhes** sich in einer Reihe aufstellen.

♦ *be.g* sich bilden; *(ffig)* Gestalt annehmen.

ffurfiol *ans* formell, förmlich; *(swyddogol)* offiziell; **gwisg ~** formelle Kleidung; **cytundeb ~** offizieller Vertrag.

ffurfiolaeth *b* Formalismus *m*.

ffurfioldeb (-au) *g* Formalität *f*; **dim ond ~ ydyw** es ist eine reine Formalität; **gadewch i ni adael y ~au** lassen wir die Formalitäten beiseite.

ffurfioli *be.a* formalisieren.

ffurfiolrwydd *g* Förmlichkeit *f*.

ffurflen (-ni) *b* Formular *nt*, Formblatt *nt*; **llenwi ~** Formular ausfüllen; **~ archebu** Bestellformular *nt*; **~ gais** Antragsformular *nt*; *(am swydd)* Bewerbungsformular *nt*; **~ gofrestru** Anmeldeformular *nt*.

ffurfwasanaeth (-au) *g* Liturgie *f*.

ffurfwedd (-au) *b* Konfiguration *f*, Gestaltung *f*.

ffurfwisg (-oedd) *b* Uniform *f*; **heb ~** in Zivil.

ffust (-iau) *b (AMAETH)* Dreschflegel *m*.

ffusto *be.a (AMAETH)* dreschen; *(bwrw)* hämmern; **~ ar y drws** an die Tür hämmern.

ffwdan (-au) *b (cyffro diangen)* Getue *nt*, Theater *nt*; *(gor-fanyldeb)* Pedanterie *f*; *(trafferthion)* Schwierigkeiten *pl*; **bod mewn ~** in Schwierigkeiten sein; **creu ~** ein Theater machen; **heb ddim ~** ohne viel Drumherum.

ffwdanu *be.g (cynhyrfu)* ein Theater machen; **paid â ~!** bemüh' dich nicht! **mae e wastad yn ~ ynglŷn â rhth** er macht immer ein Theater über etw *akk*.

ffwdanus *ans* pedantisch, penibel, übergenau.

ffwng (ffyngau *neu* ffyngoedd) *g* Pilz *m*.

ffŵl (ffyliaid) *g* Dummkopf *m*; *(person gwallgof)* Narr *m*, Tor *m*; *(HAN)* Hofnarr *m*; **gwneud ~ ohonoch eich hun** sich zum Narren machen, **gwneud ~ o rn** jdn zum Narren machen.

ffwlbart (-iaid *neu* -od) *g (SÖOL)* Iltis *m*; **diog fel ~** stinkfaul.

ffwlbri *g (lol)* Unfug *m*.

ffwlcrwm (ffwlcrymau) *g* Hebelansatz *m*, Drehpunkt *m*.

ffwndamentalaidd *ans* fundamentalistisch.

ffwndamentaliad (ffwndamentaliaid) *g* Fundamentalist(in) *m(f)*.

ffwndamentaliaeth *b* Fundamentalismus *m*.

ffwndro *be.g* verwirrt werden, sich nicht mehr auskennen.

♦ *be.a* verwirren; **rwyt ti'n fy ~ i** du verwirrst

mich.

ffwndrus *ans* verwirrt, orientierungslos, konfus.

ffwr (**ffyrrau**) *g (blew anifail)* Fell *nt*, Pelz *m*; *(ar gyfer y gaeaf)* Winterpelz *m*; *(ar ddillad)* Pelz; *(ar dafod)* Belag *m*; *(mewn tegell)* Kesselstein *m*; **coler ~** Pelzkragen *m*; **cot ~** Pelzmantel *m*.

ffwr-bwt *ans* abrupt.

ffwrch (**ffyrchau**) *g (gafl)* Leiste *f*; *(gwain)* Scheide *f*.

ffwrdd *adf:* **i ~** fort, weg, hinweg; **bell i ~** weit weg; **bod i ~** fort sein; **chwarae i ~** *(CHWAR)* auswärts spielen; **i ~ â ni!** los geht's! **rhai pobl o ~** einige Leute von auswärts; **rhedeg i ~** davonlaufen; **taflu rhth i ~** etw wegwerfen.

ffwrdd-â-hi *ans* schludrig, schlampig.

ffwrn (**ffyrnau**) *b* Ofen *m*, Herd *m*; *(lle pobi)* Backrohr *nt*; **~ drydan** Elektroherd *m*; **~ nwy** Gasherd *m*; **~ feicrodon** Mikrowellenherd *m*.

ffwrnais (**ffwrneisi** *neu* **ffwrneisiau**) *b* Hochofen *m*, Schmelzofen *m*.

ffwrwm (**ffwrymau**) *b* Sitzbank *f*, Bank *f*; *(bwrdd gwaith)* Werkbank *f*.

ffwythiant (**ffwythiannau**) *g (MATH)* Funktion *f*.

ffydd (**-iau**) *b* Vertrauen *nt*; *(gobaith)* Zuversicht *f*; *(cred)* Glaube *m*; **~ yn Nuw** Vertrauen in Gott, Glaube an Gott; **y ~ Gristnogol** der christliche Glaube; **bod â ~ yn rhn** Vertrauen in jdn haben; **colli ~** das Vertrauen verlieren.

ffyddiog *ans* zuversichtlich.

ffyddlon *ans* treu, loyal; *(â chred)* gläubig, fromm.

ffyddlondeb *g* Treue *f*.

ffyddloniaid *ll* die Getreuen *pl*.

ffyn *ll gw.* **ffon.**

ffynhonnell (**ffynonellau**) *b (nant, ffig)* Quelle *f*; **~ ariannol** Geldquelle *f*; **~ incwm** Einnahmequelle *f*; **~ perygl** Gefahrenquelle *f*; **~ ynni** Energiequelle *f*.

ffyniannus *ans* blühend, florierend; *(llwyddiannus)* erfolgreich.

ffyniant (**ffyniannau**) *g (ariannol)* Wohlstand *m*; **~ economaidd** Hochkonjunktur *f*.

ffynidwydden (**ffynidwydd**) *b (BOT)* Fichte *f*.

ffynnon (**ffynhonnau**) *b* Brunnen *m*; *(fynhonnell nant)* Quelle *f*; **~ boeth** Thermalquelle *f*; **~ bistyll** Springbrunnen *m*; **llygad y ~** Quelle *f*; **~ ofuned** Wünschelbrunnen *m*; **~ olew** Ölquelle *f*.

ffynnu *be.g* florieren, blühen.

ffyrc *ll gw.* **fforc.**

ffyrch *ll gw.* **fforch.**

ffyrdd *ll gw.* **ffordd.**

ffyriwr (**ffyrwyr**) *g* Kürschner *m*.

ffyrling (**-au** *neu* **-od**) *b* Farthing *m*, Heller *m*.

ffyrm (**-iau**) *b (MASN)* Firma *f*, Unternehmen *nt*.

ffyrnig *ans* erbittert, verbissen; *(crac, dig)* wutentbrannt; **dadl ~** heftiger Streit *m*; **cystadleuaeth ~** erbitterter Wettkampf *m*; **anifail ~** ein wildes Tier.

ffyrnigo *be.g* wütend werden.
   ♦ *be.a (anifail)* wild machen.

ffyrnigrwydd *g* Wildheit *f*, Heftigkeit *f*.

fyrrau *ll gw.* **ffwr.**

ffys *g* = **ffwdan.**

ffyslyd *ans* betulich; *(am fwyd)* heikel.

G

G¹, g *b* g, G *nt*; *(CERDD)* **~ fwyaf** G-Dur; **~ leiaf** g-Moll; **~ feddalnod** Ges *nt*; **~ lonnod** Gis *nt*.
G² *byrf (= gogledd)* N (Nord).
g *byrf (= gram)* g (Gramm).

gadael *be.g (mynd i ffwrdd)* weggehen; *(bws, trên)* abfahren; *(mynd ar daith)* abreisen; **~ i rth fod** etw bleiben lassen; **~ i rn wneud rhth** jdm erlauben etw zu tun; **~ i rn aros** jdn warten lassen; **~ i rth ddigwydd** etw zulassen; **~ i rn fynd** jdn gehen lassen; **~ i rth gwympo** etw fallen lassen; **mae'r awyren yn ~ am saith** das Flugzeug geht um sieben; **gadewch i mi ...** erlauben Sie mir...; **gad i mi fod!** lass mich in Ruhe! **tynnu 3 o 5 yn ~ 2** wenn wir von 5 3 abziehen, bleiben 2.

♦ *be.a* lassen; *(cefnu ar)* verlassen; *(caniatáu)* erlauben, gestatten; *(ewyllysio)* hinterlassen, vermachen; **~ allan** weglassen; *(anwybyddu)* übergehen; **~ ar ôl** zurücklassen; *(anghofio)* liegen lassen; **~ dros ben** übrig lassen; **~ dros gof** vergessen; **~ eich ôl** Spuren hinterlassen; **~ i socian** einweichen; **~ llonydd i** in Ruhe lassen; **~ i mewn** hereinlassen; **~ yn agored** offen lassen; **gadawn hi yn y fan yna** bleiben wir dabei; **~ eich gwraig** seine Frau verlassen; **~ neges i rn** jdm eine Nachricht hinterlassen; **gedy weddw ac un ferch** er hinterlässt eine Witwe und eine Tochter.

gadawiad (-au) *g* Abfahrt *f*, *(awyren)* Abflug *m*.

gaeaf (-au) *g* Winter *m*; **yn y ~** im Winter; **yn ystod ~ 1942** im Winter 1942; **chwaraeon ~** Wintersport *m*; **gardd aeaf** *(rhan o'r tŷ)* Wintergarten *m*; **gefn ~** im tiefsten Winter; **dillad ~** Winterkleidung *f*; **man gwyliau'r ~** Wintersportort *m*; **y Rhyfel G~** *(HAN)* der Winterkrieg; **Gemau Olympaidd y G~** die olympischen Winterspiele *pl*.

gaeafgwsg *g* Winterschlaf *m*.

gaeafgysgu *be.g* Winterschlaf halten.

gaeafol *ans* winterlich.

gaeafu *be.g* überwintern; **gyrru'r gwartheg o'r ffriddoedd er mwyn ~** das Vieh von der Alm treiben zum Überwintern.

Gaelaidd *ans* gälisch.

Gaeleg *b* Gälisch *nt*; **~ yr Alban** Schottisch-Gälisch *nt*.

gafael¹ *be.g* greifen, zupacken; **~ yn** *(cydio yn)* packen, ergreifen; *(i osgoi cwympo)* sich festhalten an +*dat*; *(dal)* halten; **~ yn rhn** *(ffig: cadw'r sylw)* jdn fesseln, jdn in seinem Bann halten; **~ yn dyn yn**

rhth etw fest halten; **~ yn llaw rhn** jdn bei der Hand nehmen; **mae'r gwynt yn ~** es weht ein beißender Wind; **mae'r llyfr 'ma'n ~ ynof** das Buch fesselt mich, das Buch hält mich in seinem Bann.

gafael² (-ion) *b* Griff *m*; *(sadrwydd)* Halt *m*; *(dealltwriaeth)* **cael ~ ar** begreifen; **mynd i'r afael â rhth** etw in den Griff bekommen; **pob ~** jede Gelegenheit; **mae'n anodd cael ~ ar Medwin** Medwin ist schwer zu erreichen; **yng ngafael yr heddlu** in den Händen der Polizei.

gafaelfach (-au) *g (adfach)* Widerhaken *m*; *(MOR)* Enterhaken *m*.

gafaelgar *ans* fesselnd, eindrucksvoll.

gafaelyd *be.g* = **gafael¹**.

gafaelydd (-ion) *g* Befestigung *f*, Halterung *f*; **~ bwlb** Fassung *f*.

gafl (-au) *b (fforch)* Gabel *f*, Forke *f*; *(ANAT)* Leiste *f*; *(rhan o drowsus)* Schritt *m*.

gafr (geifr) *b* Ziege *f*; *(benyw)* Geiß *f*; **yr Afr** *(ASTROL)* Steinbock *m*; **~ yr Alpau** Steinbock; **bwch ~** Ziegenbock *m*; **myn ~** Zicklein *nt*.

gafrewig (-od) *b (SÖOL: Alpau)* Gemse *f*; *(Affrica)* Antilope *f*, Gazelle *f*.

gagendor (-au) *gb (dyfnder)* Abgrund *m*; *(ffig: pellter)* Kluft *f*.

gagio *be.a* knebeln.

gang (-iau) *g (gweithwyr)* Männer *pl*, Arbeiter *pl*; *(haid, fflyd)* Bande *f*, Gang *f*; *(ffrindiau)* Clique *f*.

gaing (geingiau) *b* Meißel *m*; *(ar gyfer pren)* Beitel *m*; *(lletem)* Keil *m*; **~ fortais** Lochbeitel *m*; **~ galed** Hartmeißel *m*; **~ gau** Hohlmeißel *m*; *(ar gyfer pren)* Hohlbeitel *m*.

gair (geiriau) *g* Wort *nt*, Vokabel *nt/f*; *(neges)* Nachricht *f*; *(sgwrs fer)* kurze Unterhaltung; *(sôn)* Erwähnung *f*; *(addewid)* (Ehren)wort *nt*; **~ amnaid** Parole *f*, Losungswort *nt*; **~ anwes** Kosewort *nt*; **~ bach** ein paar Worte; **~ benthyg** Fremdwort *nt*, Lehnwort *nt*; **~ cyfansawdd** *(GRAM)* Kompositum *nt*, zusammengesetztes Wort; **~ cyfystyr** Synonym *nt*; **~ da** Empfehlung *f*; **bod â ~ da am rth** etw lobend erwähnen; **~ o ddiolch** ein Wort des Dankes; **G~ Duw** das Wort Gottes; **hanner ~** Hinweis *m*, Andeutung *f*; **hen air** *(dywediad)* Sprichwort *nt*; **~ mwys** Wortspiel *nt*; **~ teg** Euphemismus *m*; **air am air** wortwörtlich; **ar y ~** *(ar unwaith)* unverzüglich; **ar fy ngair!** meine Güte!

~ i gall ich will Ihnen einen guten Rat geben;
mewn ~ mit einem Wort; **mewn geiriau eraill** mit
anderen Worten; **torri ~ â rhn** *(siarad)* ein Wort
wechseln mit jdm; **torri'ch ~** sein Wort brechen;
ar fyr o eiriau in kurzen Worten; **beth yw'r ~
Cymraeg am …?** wie heißt … auf Walisisch? **bu
ef cystal â'i air** er hat sein Wort gehalten; **cefais air
ag e** ich sprach mit ihm; **doedd dim ~ amdano** er
wurde nicht erwähnt; **mewn ~ a gweithred** in Wort
und Tat; **nid yw hi wedi torri ~ â'i chymdoges ers
blynyddoedd** sie hat seit Jahren kein Wort mit
ihrer Nachbarin gewechselt; **rwy'n rhoi fy ngair i
chi** ich gebe Ihnen mein Wort; **waeth un ~ na
chant** ein für alle Mal; **y tu hwnt i eiriau**
unbeschreiblich.

Gâl *b (HAN)* Gallien *nt.*

gala (galâu) *g* Gala *f*, Galaveranstaltung *f*; **~
chwaraeon** Sportfest *nt.*

galactig *ans (ASTRON)* galaktisch.

galaeth (-au) *gb (ASTRON)* Galaxie *f*, Sternsystem *nt*; **y
G~** *(y Llwybr Llaethog)* die Milchstraße *f.*

galanas (-au *neu* **-oedd)** *gb* Gemetzel *nt*, Massaker *nt*,
Blutbad *nt.*

galanastra *g* = **galanas.**

galar (-au) *g* Trauer *f*; *(hiraeth)* Sehnsucht *f*; *(alaeth)*
Gram *m*, Kummer *m.*

galargan (-au) *b* Trauergesang *m*; *(LLEN)* Klagelied
nt, Elegie *f.*

galarnad (-au) *b* Wehklage *f*, Klagelied *nt*; *(LLEN)*
Elegie *f.*

galarnadu *be.g:* **~ am** beklagen.

galaru *be.g* klagen, trauern; **~ am** beklagen; *(hiraethu
am)* nachtrauern *+dat.*

galarus *ans (trist)* betrübt, melancholisch, trübselig;
(truenus) jämmerlich.

galarwr (galarwyr) *g* Trauernde(r) *m*; **un o'r galarwyr**
(mewn angladd) einer der Trauergäste.

galarwraig (galarwragedd) *b* Trauernde *f.*

Galeg *b* Gallisch *nt.*

galeri (galerïau) *b (balconi)* Galerie *f*, Balkon *m*; *(mewn
capel)* Empore *f*; *(CELF)* gw. **oriel.**

galfaneiddio *be.a* = **galfanu.**

galfanomedr (-au) *g (TRYD)* Galvanometer *nt.*

galfanu *be.a (TECH)* galvanisieren.

gali (galïau) *gb (llong)* Galeere *f*; *(cegin ar long)*
Kombüse *f*; *(yn y wasg)* (Druck)fahne *f.*

Galiad (Galiaid) *g* Gallier(in) *m(f).*

Galicaniad (Galicaniaid) *g* Galicier(in) *m(f).*

Galilea *b (Beibl)* Galiläa *nt.*

Galisia *b (DAEAR: yn Sbaen)* Galicien *nt*; *(yng Ngwlad
Pwyl)* Galizien *nt.*

galiwn (galïynau) *b (MOR)* Galeone *f.*

galosis *ll (sgyrs)* Hosenträger *m.*

galw[1] *gb* Ruf *m*; *(gwahoddiad)* Aufruf *m*; *(angen)*
Bedarf *m*, Nachfrage *f*; **~ a chyflenwi** *(MASN)*
Angebot und Nachfrage; **at alw** zur Verfügung;
o fewn ~ in Rufweite; **yn ôl y ~** je nach Bedarf.

galw[2] *be.a* rufen; *(i swydd)* berufen; *(enwi)* nennen;
(rhoi enw ar) benennen, bezeichnen; *(gwahodd)*
vorladen, zitieren; *(ar y ffôn)* anrufen; **~ cyfarfod**
ein Meeting einberufen; **~ enwau ar rn** jdn
beschimpfen; **~ etholiad** *(GWLEID)* Wahlen
ausschreiben; **~ i'r fyddin** einberufen; **~ i gof** in
Erinnerung rufen; **~'r heddlu** die Polizei
alarmieren; **~ rhn i helpu** jdn zu Hilfe rufen; **~ rhn
i gyfrif** jdn zur Rechenschaft ziehen, jdn zur
Rede stellen; **~'r meddyg** den Arzt rufen; **~ wrth
enw** namentlich aufrufen; **~ yn ôl** zurückrufen;
beth ydych chi'n ~'r babi? wie nennt ihr das Kind?
(eironig) **mae hi'n ei ~ ei hun yn academig** und so was
wie sie nennt sich Akademikerin.

♦ *be.g* rufen; *(dod heibio)* vorbeikommen; *(ar y ffôn)*
pwy sy'n ~? wer spricht? **~ am** *(gofyn am)*
verlangen; **~ am gymorth** um Hilfe rufen; **~ am
streic** zum Streik aufrufen; **~ ar rn i wneud rhth** jdn
auffordern etw zu tun; **~ heibio i rn** bei jdm
vorbeischauen; **~ heibio i dafarn** einkehren.

galwad (-au) *gb* Ruf *m*; *(i swydd)* Berufung *f*; *(MIL)*
Einberufung *f*; *(ar y ffôn)* Anruf *m*, Telefonat *nt*;
(galwedigaeth) Beruf *m*; *(gwahoddiad)* Aufruf *m*,
Einladung *f*; *(ymweliad)* Besuch *m*, Visite *f*; **~ brys**
Notruf *m*; **~ am gymorth** Hilferuf *m*; **~ ffôn**
Telefonanruf *m*; *(ymgom)* Telefonat *nt*,
Telefongespräch *nt*; **~ ffôn leol** Ortsgespräch *nt*;
gwneud ~ ffôn anrufen, telefonieren; **~au** *ll*
Ansprüche *pl*; **~au ariannol** Geldforderungen *pl*;
bod ar alwad *(meddyg)* Bereitschaft haben.

galwedigaeth (-au) *b* Beruf *m*; *(gwaith)* Tätigkeit *f*;
(gorchwyl) Beschäftigung *f*, Betätigung *f*; *(gan
Dduw)* Berufung *f*; **wrth ei alwedigaeth** von Beruf.

galwedigaethol *ans* berufsbedingt; **therapi ~**
Beschäftigungstherapie *f*; **perygl ~** Berufsrisiko
nt.

galwyn (-i *neu* **-au)** *g (mesur)* Gallone *f* (4.58 litr ym
Mhrydain, 3.78 litr yn yr UDA).

gallt (gelltydd) *b (bryn)* Hügel *m*; *(llechwedd coediog)*
bewaldeter Hang.

gallu[1] *be.a (medru)* können, vermögen, fähig sein
zu; *(bod â'r caniatâd)* können, dürfen; **all hi ddod?**
kann sie kommen? **mae'n gallu darllen eisioes** er
kann bereits lesen; **elli di fy nghefnogi fi?** könntest
du mich unterstützen?

gallu[2] (-oedd) *g* Können *nt*; *(dawn)* Fähigkeit *f*,
Vermögen *nt*; *(cymhwyster)* Befähigung *f*; *(grym)*

Macht *f*; ~ **cynhenid** angeborene Fähigkeit; ~
prynu *(MASN)* Kaufkraft *f*; **y ~ i glywed** das
Hörvermögen, das Gehör; **y ~ i weld** das
Sehvermögen, das Augenlicht; **nid yw o fewn fy
ngallu** das steht nicht in meiner Macht; **gwneud
popeth yn eich ~** alles in seiner Macht Stehende
tun; **~oedd y tywyllwch** die Mächte der Finsternis.

galluog *ans* fähig, kompetent; *(dawnus)* begabt,
talentiert; *(deheuig)* geschickt, tüchtig; *(grymus)*
mächtig.

galluogi *be.a* befähigen; *(rhoi awdurdod i)*
ermächtigen; **roedd hynny'n ei alluogi i chwarae
heddiw** das erlaubte es ihm heute zu spielen.

gamblo *be.g (hapchwarae)* spielen; *(mentro)* setzen auf
+akk; **mae'n ~ y bydd pawb yn dod** er baut darauf,
dass alle kommen; **dyledion ~** Spielschulden *pl*.

gamblwr (gamblwyr) *g* Spieler *m*, Hasardeur *m*.

gambo (-s *neu* **-au)** *gb* Karren *m*.

gamon *g* Schinken *m*.

gan[1] *ardd* **1** von *+dat*; **ces i anrheg ~ fy modryb** ich
bekam ein Geschenk von meiner Tante;
sychwyd y dillad ~ yr haul die Wäsche wurde von
der Sonne getrocknet; **clywed ~ rn** hören von
jdm; **gwaith ~ Picasso** ein Werk von Picasso;
wedi'i orchuddio ~ eira von/mit Schnee bedeckt; **2**
(yr un pryd) **taclusodd ei hystafell ~ roi ei dillad yn y
cwpwrdd** sie räumte ihr Zimmer auf, indem sie
ihre Kleidung in den Schrank hängte; **bwytaodd
ei frecwast ~ edrych ar y teledu** er aß sein Frühstück
beim Fernsehen; **3**: **~ amlaf** meist; **~ bwyll!** sachte!
immer mit der Ruhe! **~ gynnwys** einschließlich,
inklusive; **~ hynny** folglich, also; **~ mwyaf**
größtenteils.

bod gan *be.g (bod â)* haben; *(meddiannu)*
besitzen; **mae gennyf ddau fachgen** ich habe zwei
Söhne; **mae ~ bryfed chwe choes** Insekten haben
sechs Beine; **mae'n ddrwg gen i** es tut mir leid;
mae'n dda gen i es freut mich.

gan[2] *cys (oherwydd)* weil, da; **~ dy fod yn sâl** da du
krank bist.

ganed *be* wurde geboren; *gw.* **geni**.

ganwyd *be* = **ganed**.

gapo *be.g (sgyrs)* gähnen.

gar (-rau) *gb* Unterschenkel *m*; **camedd y ~**
Kniekehle *f*; **ar ei arrau** in der Hocke.

garan (-od) *gb (SÖOL)* Kranich *m*; *(crëyr)* Reiher *m*.

Garawys *g* = **Grawys**.

gard (-iau) *g* Wächter(in) *m(f)*, Aufpasser(in) *m(f)*;
(mewn carchar) Gefängniswärter(in) *m(f)*; *(ar drên)*
Zugbegleiter *m*; *(dyfais)* Schutzkappe *f*, *(darn o
fetel)* Schutzblech *nt*; **~ olwyn** Radkappe *f*; **~ tân**
Schutzgitter *nt*.

gardas (gardysau) *gb* Strumpfband *nt*; *(i sanau)*
Sockenhalter *m*; **Urdd y G~ Aur** der
Hosenbandorden.

gardys (-on) *gb* = **gardas**.

gardd (gerddi) *b* Garten *m*; **~ ar osod** Schrebergarten
m; **~ dafarn/gwrw** Biergarten *m*; **~ farchnad/fasnach**
Gärtnerei *f*, **~ ffrynt** Vorgarten *m*; **~ lysiau**
Gemüsegarten *m*.

garddio *be.g* im Garten arbeiten, gärtnern; **canolfan
arddio** Gartenhandlung *f*, Gärtnerei *f*.

garddwest (-au) *b (parti)* Gartenfest *nt*, Gartenparty *f*.

garddwr (garddwyr) *g* Gärtner *m*.

garddwraig (garddwragedd) *b* Gärtnerin *f*.

garddwriaeth *b* Gartenbau *m*.

garddwrn *g* = **arddwrn**.

garej (-ys) *gb* Garage *f*, *(modurdy)* Werkstätte *f*,
Werkstatt *f*; *(gorsaf betrol)* Tankstelle *f*; **~
danddaearol** Tiefgarage *f*; **dyn y ~**
Automechaniker *m*.

garet (-s) *b* Mansarde *f*, Dachkammer *f*.

gargam *ans* o-beinig.

garglo *be.g* gurgeln.

gargoel (-iau) *g (PENS)* Wasserspeier *m*.

garlant (-au) *gb* Girlande *f*.

garllegen (garlleg) *b (BOT)* Knoblauch *m*; **ewin o arlleg**
Knoblauchzehe *f*; **gwasgydd ~** *(COG)*
Knoblauchpresse *f*.

garnais *g (COG)* Garnierung *f*.

garned *g (mwyn)* Granat *m*.

garneisio *be.a (COG)* garnieren (**â** mit *+dat*).

garsiwn (garsiynau) *gb (MIL)* Garnison *f*; *(ciwed)* Pöbel
m, Gesindel *nt*.

gartref *adf* zu Hause, daheim; *gw.h.* **cartref**.

garth (-au) *gb* Hügel *m*, Hang *m*.

garw (*ll* **geirwon)** *ans* rau; *(ffordd)* uneben; *(tywydd)*
stürmisch, rau; *(person)* grob, roh, ungehobelt;
dwylo ~ raue Hände; **môr ~** raue See; **torri'r ~** *(ffig)*
das Eis brechen; **un ~ ydy o!** *(cymeriad)* er ist ein
arger Typ! **un ~ am arian yw Davies** Davies ist wie
ein Geier in Bezug auf Geld; **piti ~!**
jammerschade! **cael eich siomi'n arw** arg
enttäuscht werden.

garwder *g* Rauheit *f*, *(gan berson)* Grobheit *f*.

garwedd *g* = **garwder**.

garwhau *be.a* aufrauen; *(plu)* aufplustern.

gasged (-i) *gb (TECH)* Dichtung *f*.

gast (geist) *b* Hündin *f*.

gastrig *ans (ANAT)* gastrisch.

gastronomeg *b* Gastronomie *f*.

gastronomegol *ans* gastronomisch.

gât (gatiau) *b* Tor *nt*; *(cae)* Gatter *nt*; *(maes awyr)* Gate
nt; **~ fochyn** Schwinggatter *nt*.

gau *ans* falsch; **y gwir a'r ~** die Wahren und die Falschen.

gefail[1] **(gefeiliau)** *b* Schmiede *f.*

gefail[2] *b* = **gefel**.

gefeilldref (-i) *b* Partnerstadt *f.*

gefeilles (-au) *b* Zwillingsschwester *f.*

gefeilliaid *ll gw.* **gefell**; **~ annhebyg** zweieiige Zwillinge; **~ unfath** eineiige Zwillinge.

gefeillio *be.a* verschwistern.

gefel (gefeiliau) *b (TECH)* Zange *f*; **~ dân** Feuerzange *f*; **~ fach** Pinzette *f*; **~ gnau** Nussknacker *m*; **~ gyfunol** Kombizange *f*; **~ siwgr** Zuckerzange *f.*

gefelen (gefeiliau) *b (TECH)* Zange *f*; **~ drwyngron** Rundzange *f*; **~ ochr-dorri** Seitenschneider *m*; **~ nipio** Vorschneider *m*; **~ gwifrau** Drahtzange *f.*

gefell (gefeilliaid) *g* Zwilling *m*; *(brawd)* Zwillingsbruder *m*; **gefeilliaid annhebyg** zweieiige Zwillinge; **gefeilliaid Siamaidd** siamesische Zwillinge; **gefeilliaid unfath** eineiige Zwillinge; **yr Efeilliaid** *ll (ASTROL)* Zwillinge.

gefyn (-nau) *g (llaw)* Handschelle *f*; *(troed)* Fußfessel *f.*

gefynnu *be.a* fesseln, in Ketten legen.

geingio *be.a* meißeln; *(metel)* ziselieren.

geirda *g (enw da)* guter Leumund *nt*; *(llythyr)* Referenz *f*, Empfehlungsschreiben *nt*; *(gan yr heddlu)* Leumundszeugnis *nt.*

geirdarddeg *b* Etymologie *f.*

geirdarddiad (-au) *g* Wortabstammung *f*, Etymologie *f.*

geirdarddiadol *ans* etymologisch.

geirddall *ans (MEDD)* wortblind.

geirddallineb *g (MEDD)* Wortblindheit *f*, Alexie *f.*

geirfa (-oedd) *b* Wortschatz *m*, Vokabular *nt*; *(mewn llyfr)* Glossar *nt*; *(iaith arbennig)* **~'r helwyr** Jägersprache *f*; **~ allweddol** Grundwortschatz *m*; **~ oddefol** passiver Wortschatz.

geiriad *g (mynegiad)* Formulierung *f*; *(trefn geiriau)* Wortstellung *f.*

geiriadur (-on) *g* Wörterbuch *nt*; **~ Almaeneg** Deutschwörterbuch *nt*; **chwilio am air yn y ~** ein Wort im Wörterbuch nachschlagen.

geiriaduraeth *b* = **geiriadureg**.

geiriadureg *b* Lexikografie *f.*

geiriadurol *ans* lexikalisch.

geirio *be.a (mynegi)* formulieren, in Worte fassen; *(ynganu)* artikulieren; **~'n wahanol** anders formulieren, anders ausdrücken.

geiriog *ans* wortreich.

geiriol *ans* mündlich.

geirwir *ans* aufrichtig; *(datganiad)* wahrheitsgetreu.

geirwiredd *g* Aufrichtigkeit *f*; *(datganiad)* Wahrheit *f.*

geirwon *ll gw.* **garw**.

geiryn (-nau) *g (GRAM)* Partikel *f.*

geiser (-au) *g (daeareg)* Geysir *m.*

gele (gelod) *b* Blutegel *m*; **glynu ar rn fel ~** wie eine Klette an jdm hängen.

gelen (-od) *b* = **gele**.

gelyn (-ion) *g* Feind *m*, Gegner *m*; *(ffig)* Rivale *m*, Opponent *m*; **~ pennaf** Erzfeind *m*, Erzrivale *m*; **gwneud ~ion** sich *dat* Feinde machen; **gwneud ~ o rn** sich *dat* jdn zum Feind machen.

gelyniaeth *b* Feindschaft *f*; *(agwedd)* Antipathie *f*, Feindseligkeit *f.*

gelyniaethol, gelyniaethus *ans* feindlich, feindselig.

gellesgen (gellesg) *b* Iris *f*; *(cleddlys)* Gladiole *f*; **~ felen** Schwertlilie *f.*

gelltydd *ll gw.* **gallt**.

gellygen (gellyg) *b* Birne *f*; *(coeden)* Birnbaum *m*; **ar ffurf ~** birnenförmig.

gem (-au) *gb* Edelstein *m*, Juwel *nt/m*, Kleinod *nt*; *(ffig)* Juwel; **blwch ~au** Schmuckkästchen *nt*; **siop emau** Juweliergeschäft *nt*; **taflu ~au o flaen moch** *(ffig)* Perlen vor die Säue werfen.

gêm (-au) *b* Spiel *nt*; *(CHWAR)* Spiel, Begegnung *f*; *(cardiau, gwyddbwyll)* Partie *f*; *(tennis)* Punkt *m*, Game *nt*; **~ bêl-droed** Fußballspiel *nt*; **~ fwrdd/ford** Brettspiel *nt*; **~ fforffedu** Pfänderspiel *nt*; **~ gardiau** Kartenspiel *nt*; **~ gyfartal** Unentschieden *nt*; **~ set a gornest** *(tennis)* Punkt, Satz und Spiel; **~ ryngwladol** Länderspiel *nt*; **y G~au Olympaidd** Olympiade *f*; *(anwedd)* **mae hi ar y ~** sie geht auf den Strich.

gemog *ans* (mit Edelsteinen) besetzt.

gemwaith (gemweithiau) *g* Schmuck *m.*

gemydd (-ion) *g* Juwelier(in) *m(f).*

gên (genau) *b* Kiefer *m*, Kinn *nt*; **~ isaf** Unterkiefer *m*; **dylyfu ~** gähnen.

genau (geneuau) *g* Mund *m*; *(anifail)* Maul *nt*; *(ogof, twnnel)* Eingang *m*, Ausgang *m*; *(ffliwt)* Mundstück *nt*; **~ glyn** Talausgang *m.*

genau-goeg (-ion) *g* Eidechse *f.*

genedigaeth (-au) *b* Geburt *f*; *(esgoriad)* Entbindung *f*; **~ Gesaraidd** Kaiserschnitt *m*; **rhoi ~ i** zur Welt bringen; **dall o enedigaeth** von Geburt an blind.

genedigol *ans* gebürtig, geboren; *(genedigaethol)* Geburts-; **yn enedigol o Gymru** gebürtiger Waliser; **ei dref enedigol** seine Geburtsstadt.

Genefa *b (DAEAR)* Genf *nt*; **Llyn ~** der Genfer See.

generadu *be.a* generieren.

generadur (-on) *g (TRYD)* Generator *m.*

genetaidd *ans* genetisch.

geneteg *b* Genetik *f*; *(gweithredol)* Gentechnik *f.*

genetig *ans* = genetaidd.

geneth (-od) *b* Mädchen *nt*.

genethaidd *ans* mädchenhaft.

geneufor (-oedd) *g* Golf *m*, Meerbusen *m*; **G~ Arabia** der Golf von Arabien; **G~ Bothnia** der Bottnische Meerbusen.

geneuol *ans* oral.

gen-glo *g* Tetanus *m*, Wundstarrkrampf *m*.

geni *be.a* gebären; **cyfradd ~** Geburtenrate *f*; **dyddiad ~** Geburtsdatum *nt*; **~'n farw** Totgeburt *f*; **man ~** Geburtsort *m*; **tystysgrif ~** Geburtsurkunde *f*; **ganed e yn Lerpwl** *neu:* **cafodd ei eni yn Lerpwl** er wurde in Liverpool geboren; **y dref (lle) y'm ganed** die Stadt, in der ich geboren wurde; **pob baban a enir i'r byd** jedes Kind, das auf die Welt kommt.

genwair (genweiriau) *b* Angelrute *f*; **pryf ~** Regenwurm *m*; *(abwydyn)* Köder *m*.

genweirio *be.g, be.a* angeln.

genweiriwr (genweirwyr) *g* Angler *m*.

genws (genysau) *g* Gattung *f*, *(GRAM)* Genus *nt*, Geschlecht *nt*.

genyn (-nau) *g* Gen *nt*, Erbfaktor *m*.

geometreg *b* Geometrie *f*.

geometrig *ans* geometrisch.

ger *ardd* nahe +*dat*, in der Nähe von +*dat*; **~ fy mron i** bei mir, in meiner Nähe; **~ ei bron hi** in ihrer Nähe; **~ Hamburg** bei Hamburg; **~ y tân** am Kamin *m*.

gêr (-au) *gb (taclau)* Ausrüstung *f*, Zeug *nt*; *(MODUR)* Gang *m*; *(peirianwaith)* Gangschaltung *f*; **~ ceffyl** Zaumzeug *nt*; **mewn ~ isel** in einem niedrigen Gang; **newid ~** schalten; **~ niwtral** Leerlauf *m*; **~ ôl** Rückwärtsgang *m*; **~ ymlaen** Vorwärtsgang *m*; **mewn ail ~** im zweiten Gang.

gerbil (-od) *g (SÖOL)* Wüstenspringmaus *f*.

gerbocs (-ys) *g* Getriebe *nt*, Schaltung *f*.

gerbron *ardd* vor +*dat*, in Gegenwart von +*dat*; **~ y llys** vor Gericht; **ymddangos ~ y barnwr** vor dem Richter erscheinen; **ger fy mron** in meiner Gegenwart, vor mir; **ger ei bron** vor ihr; **mae ger ein ~ nodiadau manwl** es liegen uns genaue Aufzeichnungen vor.

gercin (-au) *g* Essiggurke *f*, Gewürzgurke *f*.

gerddi *ll gw.* **gardd**; *(parc)* Parkanlage *f*.

gerfydd *ardd* an +*dat*, bei +*dat*; **~ eich gwallt** an seinen Haaren.

geri *g (ANAT)* Galle *f*; *(MEDD)* **~ marwol** Cholera *f*.

geriach *g (pethau dibwys)* Kram *m*, Schmonzes *m*; *(bric-a-brac)* Nippes *pl*.

gerllaw *adf* nahe, anliegend; *(o ran amser)* nahe, bevorstehend; **mae Nadolig ~** Weihnachten steht vor der Tür.

♦ *ardd* an +*akk*; **efe a'm tywys ~ dyfroedd tawel** *(Beibl)* er führt mich an die stillen Wasser.

germ (-au) *g* Bazillus *m*, Bakterie *f*, Keim *m*.

germladdol *ans* keimtötend, antiseptisch.

germleiddiwr (germleiddwyr) *g* Antiseptikum *nt*.

gerwin *ans* trostlos; *(tywydd)* rau.

gerwindeb *g* Trostlosigkeit *f*, Härte *f*; *(llen)* Unbill *f*.

gerwinder *g* = gerwindeb.

gerwino *be.g* schlechter werden, sich verschlechtern; *(sefyllfa)* sich zuspitzen.

geto (-au) *g* Getto *nt*.

geudy (geudai) *g* Latrine *f*.

gewin *gb* = ewin.

gewyn (-nau) *g* Sehne *f*, Band *nt*; *(MEDD)* Ligament *nt*.

gewynnog *ans* drahtig; *(cig)* flechsig^D, flechsig^A.

gïach (-od) *g (SÖOL)* Schnepfe *f*, Bekassine *f*.

giang (gangiau) *g* = gang.

giard (gardiau) *g* = gard.

giât (gatiau) *b* = gât.

giewyn (gïau) *g* = gewyn.

gigabeit (-iau) *g (CYFDR)* Gigabyte *nt*.

gild (-iau) *g* Zunft *f*, Gilde *f*, Innung *f*.

gilotîn *g* Guillotine *f*, Fallbeil *nt*.

gilydd *rhag:* **ei ~** einander; **maen nhw'n caru ei ~** sie lieben einander, sie lieben sich; **ein ~** uns; **at ei ~** *(ffig)* im Großen und Ganzen; **ysgrifennu at eich ~** aneinander schreiben; **dod â rhth at ei ~** *(casglu)* etw zusammensammeln; **rhaid i chi helpu'ch ~** ihr müsst euch gegenseitig helfen; **rydym yn cwrdd â'n ~ am 7 o'r gloch** wir treffen uns um 7 Uhr; **wedi eu gwahanu oddi wrth ei ~** voneinander getrennt; **mewn rhyw ffurf neu'i ~** in der einen oder anderen Form; **rhyw amser neu'i ~** zur einen oder anderen Zeit; **o ben bwy'i ~** von einem Ende zum anderen; **o bryd i'w ~** von Zeit zu Zeit, ab und zu, hin und wieder.

â'i gilydd *neu:* **gyda'i gilydd** *adf (ar y cyd)* zusammen, gemeinsam, miteinander; **aros gyda'ch ~** zusammenbleiben; **rhannu'r gegin â'ch ~** die Küche miteinander teilen; **byw gyda'i ~** zusammenleben; **gweithio â'i ~** zusammenarbeiten; **gyda'ch ~ nawr!** alle zusammen!

gini (-s) *gb (hen arian)* Guinea *m/f*.

gitâr (gitarau) *b* Gitarre *f*; **~ acwstig** akustische Gitarre, **~ drydan** Elektrogitarre *f*.

gitarydd (-ion) *g* Gitarrist(in) *m(f)*.

glafoerio *be.g* geifern, sabbern.

glain (gleiniau) *g* Perle *f*; **~ pren** Holzperle *f*; **~ gwydr** Glasperle *f*.

glan (-nau) *b* Strand *m*, Ufer *nt*; **~ y môr** Küste *f*;

mynd i'r lan *(MOR)* an Land gehen; **gwylwyr y ~nau** Küstenwache *f.*

♦ *adf:* **lan** *neu:* **i lan** *(i fyny)* hinauf, herauf, aufwärts.

glân *ans* sauber, rein; *(di-staen)* fleckenlos; *(di-fefl)* makellos; *(merch)* hübsch; **calon lân** ein reines Herz; **Cymro ~** ein (wasch)echter Waliser; **Cymraeg ~ gloyw** ein reines Walisisch; **tudalen o bapur ~** ein unbeschriebenes Blatt Papier; **yr Ysbryd G~** *(CREF)* der Heilige Geist.

♦ *adf (llwyr)* völlig, vollkommen; **wedi drysu'n lân** völlig verwirrt; **wedi blino'n lân** völlig erschöpft.

glandeg *ans* gut aussehend.

glanedydd (-ion) *g* Reiniger *m*, Putzmittel *nt.*

glanfa (**glanfeydd**) *b* Anlegeplatz *m*, Steg *m*, Landungsstelle *f*; *(awyren)* Landepiste *f*, Landebahn *f.*

glanhad *g* Putzen *nt*, Säuberung *f.*

glanhau *be.a* reinigen, sauber machen; *(llestri)* (ab)waschen; *(dannedd, esgidiau)* putzen; *(llawr)* aufwaschen; *(COG)* säubern; *(diberfeddu)* ausnehmen; *(plicio)* schälen; **~ â brwsh** abbürsten; **~'r ffenestri** Fenster putzen.

glanhawr (**glanhâwyr**) *g* Reiniger *m.*

glanhawraig (**glanhâwragedd**) *b* Putzfrau *f*, Reinemachefrau[D] *f*, Raumpflegerin *f.*

glanheuad *g* = **glanhad.**

glaniad (-au) *g* Landung *f*; **~ ar y lleuad** Mondlandung *f*; **~ brys** Notlandung *f.*

glanio *be.g* landen; *(awyren)* aufsetzen, landen; **~ ar ddŵr** wassern; **~ ar frys** notlanden; **~ ar eich traed** *(llyth, ffig)* auf die Füße fallen.

glanwaith *ans* sauber, hygienisch.

glanweithdra *g* Sauberkeit *f*, Reinlichkeit *f*, **~'r corff** Körperpflege *f*, Hygiene *f.*

glas[1] (*ll* **gleision**) *ans* blau; *(porfa)* grün; *(carreg, llechen)* grau; *(ceffyl)* grau; *(gwelw)* bleich; *(dibrofiad)* grün, unreif; **arian gleision** Silbermünzen *pl*; **caws ~** Schimmelkäse *m*; **gwneud eich gorau ~** sein Bestes geben; **yn hwyr ~** höchste Zeit; **yn las o'r oerfel** blaugefroren; **mae ei wyneb yn troi'n las** er wird bleich, er erbleicht; **cewch siarad nes bod eich wyneb yn las** Sie können reden bis Sie schwarz werden.

glas[2] *g* (*lliw*) Blau *nt*; *(gwawr)* Morgengrau *nt*; *(sgyrs: heddlu)* Bullen *pl*, Polente[D] *f*; **yng nglas y dydd** im Morgengrau; **daeth y ~ i'w nôl e** die Bullen kamen und holten ihn ab; **~ y dorlan** *(SÖOL)* Eisvogel *m*; **~ y gors** *(BOT)* Vergissmeinnicht *nt*; **~ y llygad** *(ANAT)* Iris *f*, Regenbogenhaut *f*; **wythnos y ~** *(PRIFYSG)* Einstandswoche *f* (für Erstsemestrige).

glasaid (**glaseidiau**) *g* Glas(voll) *nt*; **~ o win** ein Glas Wein.

glasenw (-au) *g* Spitzname *m.*

glasfyfyriwr (**glasfyfyrwyr**) *g* Erstsemestrige(r) *m.*

glasgroen *g* *(ANAT)* Epidermis *f*, Oberhaut *f.*

glaslanc (-iau) *g* Jugendliche(r) *m*, Halbwüchsige(r) *m.*

glaslencyndod *g* Jugendjahre *pl.*

glastwraidd *ans* fade; *(di-flas)* schal, geschmacklos; *(person, nofel)* geistlos.

glastwreiddio *be.a* verwässern, schwächen.

glasu *be.g* blau werden; *(gwelwi)* erbleichen; *(planhigion)* grünen; *(caws)* reifen; *(gwawrio)* dämmern.

glaswellt *g neu ll* Gras *nt*; *(lawnt)* Rasen *m*; **chwarae ar laswellt** *(tennis)* auf Rasen spielen.

glaswelltyn *g* Grashalm *m*, Halm *m.*

glaswen *b* Grinsen *nt.*

glaswenu *be.g* grinsen, feixen[D].

Glasynyswr (**Glasynyswyr**) *g* Grönländer *m.*

glaw (-ogydd) *g* Regen *m*, Regenschauer *m*; **y ~ogydd** die Regenzeit *f*; **~ asidaidd** saurer Regen; **cot law** Regenmantel *m*; **cwmwl ~** Regenwolke *f*; **diferyn o law** Regentropfen *m*; **dŵr ~** Regenwasser *nt*; **~ mân** Nieselregen *m*, Sprühregen *m*; **~ cenllysg/cesair** Graupelregen *m*; **~ trwm** Platzregen *m*; **bwrw ~** regnen; **mae golwg ~ arni** es sieht nach Regen aus.

glawio *be.g* regnen.

glawiad (-au) *g* *(TYW)* Niederschlagsmenge *f.*

glawog *ans* regnerisch, verregnet.

gleider (-au) *g* Segelflugzeug *nt.*

gleidiad (-au) *g* Gleitflug *m.*

gleidio *be.g* gleiten; *(hedfan yn llyfn)* segeln; *(hedfan gleider)* segelfliegen.

gleisiad (**gleisiaid**) *g* (junger) Lachs *m.*

gleision[1] *ans gw.* **glas**[1]; **llygaid ~** blaue Augen.

gleision[2] *ll* Molke *f.*

glendid *g* Sauberkeit *f*, Reinheit *f*; *(prydferthwch)* Schönheit *f.*

glesni *g* Bläue *f.*

glew *ans* mutig, tapfer, kühn; **go lew** *(eithaf da)* passabel; **go lew ti!** gut gemacht!

glin (-iau) *g* Knie *nt*; *(côl)* Schoß *m*; **ar eich ~iau** auf den Knien, kniend; **dod â rhn i'w liniau** jdn in die Knie zwingen; **rhoi rhn dros eich ~** *(ffig)* jdn übers Knie legen.

glinblygiad (-au) *g* Kniefall *m.*

gliserin *g* = **glyserin.**

gliw (-iau) *g* = **glud.**

gliwcos *g* = **glwcos.**

glo (-eau) *g* Kohle *f*, Steinkohle *f*; **~ brig** Flöz *nt*; **~ caled** Anthrazit *m*; **darn o lo** ein Stück *nt* Kohle;

dyn ~ Kohlenhändler *m*; **~ llwyd/brown** Braunkohle *f*; **~ mân** Kohlenstaub *m*, Grus *m*; **pwll ~** Kohlengrube *f*.

glôb (globau) *b* Globus *m*; *(y byd)* Erdball *m*.

gloddest (-au) *b* Festschmaus *m*, Gelage *nt*, Schlemmerei *f*.

gloddesta *be.g* schlemmen, schmausen.

gloes (-ion) *b* = **loes**.

glofa (glofeydd) *b* Kohlebergwerk *nt*; *(pwll)* Kohlengrube *f*; *(maes glo)* Kohlenrevier *nt*.

glôwr (glowyr) *g* Bergmann *m*, Bergarbeiter *m*; *(pwll)* Grubenarbeiter *m*.

glôyn (gloynnod) *g:* **~ byw** Schmetterling *m*.

gloyw *ans* gleißend, hell, blank; **llygaid ~** strahlende Augen; **Cymro glân ~** waschechter Waliser.

gloywder *g* Helle *f*, Helligkeit *f*.

gloywgoch *(ll -ion) ans* zinnoberrot.

gloywi *be.g (tân)* glimmen, glühen; *(llygaid)* strahlen.

♦ *be.a* polieren, zum Glänzen bringen; *(llawr pren)* bohnern[D]; *(ffig: gwella)* ausfeilen; **~ iaith** Sprachkenntnisse auffrischen/aufpolieren; **ei ~ hi** abhauen, das Weite suchen.

glud (-ion) *g* Klebstoff *m*; *(pren)* Leim *m*; **~ cyswllt** Kontaktkleber *m*; **anadlu ~** schnüffeln.

gludai *g* Gelatine *f*.

gludedd *g* Zähflüssigkeit *f*.

gludio *be.a* kleben; *(pren)* leimen; **~ rhth at ei gilydd** etw zusammenkleben.

gludiog *ans* klebrig; *(tew a glynol)* zähflüssig.

gludlun (-iau) *g (CELF)* Collage *f*.

glwcos *g (CEM)* Traubenzucker *m*, Glukose *f*.

glwth¹ (glythau) *g (soffa)* Sofa *nt*, Diwan *m*.

glwth² (glythion) *g* Schlemmer *m*, Vielfraß *m*, Gierschlund *m*.

glwth³ *ans* verfressen, gefräßig.

glwys *ans* lieblich, reizend, grazil.

glyn (-noedd) *g (enges)* Tal *nt*; *(ag ochrau serth)* Taleinschnitt *m*, Schlucht *f*.

glynen (glynion) *b* Klebezettel *m*.

glynol *ans* haftend; *(FFIS)* adhäsiv.

glynu *be.g* kleben; **~ wrth rth** *(ffig)* an etw festhalten; **~'n dynn wrth rn** *(ffig)* sich wie eine Klette an jdm hängen; **~ at y ffeithiau** auf dem Boden der Tatsachen bleiben.

♦ *be.a* ankleben, anpicken[A]; **~ stamp ar lythyr** ein Briefmarke auf einen Brief kleben; **~ poster ar y wal** ein Poster aufhängen; **~ rhth at ei gilydd** etw zusammenkleben.

glyserin *g* Glyzerin *nt*.

glythineb *g* Schlemmerei *f*, Völlerei *f*.

GTM *g (Amser Safonol Greenwich)* WEZ *f*.

Gn *byrf (= gorllewin)* W (West).

go *adf (braidd)* ganz, ziemlich, recht; **~ brin** kaum; **~ dda** recht gut; **~ iawn** richtig, ordentlich; *(i'r bôn)* waschecht; **~ lew** passabel.

gobaith (gobeithion) *g* Hoffnung *f*, **~ ofer** Wunschdenken *nt*; **gobeithion** *ll* Zukunftsaussichten *pl*; **codi gobeithion rhn** jdm Hoffnungen machen; **colli pob ~** jede Hoffnung verlieren; **dim ~!** umsonst! hoffnungslos! **rydym yn byw mewn ~** wir hoffen eben; **ti yw fy unig obaith** du bist meine einzige Hoffnung; **yn y ~ o gael rhth** in der Hoffnung etw zu bekommen/erreichen.

gobeithio *be.a* erhoffen.

♦ *be.g* hoffen; **~ am** hoffen auf +*akk*, erhoffen; **paid â ~ am ormod** erhoffe dir nicht zu viel; **gan obeithio clywed gennych** *(llythyr)* in der Hoffnung von Ihnen zu hören.

♦ *adf* hoffentlich; **~ wir** ich hoffe sehr.

gobeithiol *ans* hoffnungsvoll; *(hyderus)* zuversichtlich, optimistisch; *(disgwylgar)* erwartungsvoll; *(addawol)* vielversprechend.

goben *g* vorletzte Silbe *f*, Penultima *f*.

gobennydd (gobenyddiau *neu* **gobenyddion)** *g* Kopfkissen *nt*, Polster *nt/m*.

gobled (-i *neu* **-au)** *gb* Kelch *m*.

goblygiad (-au) *g* Auswirkung *f*; *(canlyniad)* Konsequenzen *pl*; **gallai hyn gael ~au difrifol** das könnte verheerende Auswirkungen haben.

goblygu *be.a* falten; *(lapio)* einwickeln; *(awgrymu)* andeuten, implizieren.

gochel *be.g:* **~ rhag** sich hüten vor +*dat*; *(osgoi)* meiden; **gochelwch rhag cwympo!** geben Sie Acht, dass Sie nicht fallen!

gochelgar *ans* vorsichtig, umsichtig.

gochelyd *be.g* = **gochel**.

godidog *ans* hervorragend, großartig.

godidowgrwydd *g* Großartigkeit *f*, Pracht *f*.

godineb *gb* Ehebruch *m*; **plentyn ~** außereheliches Kind.

godinebu *be.g* Ehebruch begehen.

godinebus *ans* ehebrecherisch.

godinebwr (godinebwyr) *g* Ehebrecher *m*.

godinebwraig (godinebwragedd) *b* Ehebrecherin *f*.

godre (-on *neu* **godreuon)** *g (mynydd)* Fuß *m*; *(tudalen)* unterer Rand *m*; *(hem)* Saum *m*; *(dilledyn)* Schleppe *f*, *(tref)* Randgebiete *pl*; **ar odre'r mynydd** am Fuß des Berges.

godro *be.a* melken; *(ffig)* aussaugen; **peiriant ~** Melkmaschine *f*.

godywyniad *g* Geflimmer *nt*.

godywynnu *be.g* schimmern, flimmern.

goddef *be.g* leiden.

♦ *be.a* erleiden, ertragen; *(caniatáu)* dulden,

tolerieren, hinnehmen; *(dygymod â)* vertragen;
alla' i ddim ~ y fenyw ich kann die Frau nicht
ausstehen; **wna' i ddim ~ y fath ymddygiad** ich lasse
mir ein solches Benehmen nicht gefallen; **~ hawl
i rn wneud rhth** jdm etw zugestehen; **nid yw'n ~
ffyliaid yn llawen** Dummheit ist ihm ein Gräuel.

goddefadwy *ans* erträglich, tragbar; *(derbyniol)*
zulässig.

goddefedd *g* Passivität *f.*

goddefgar *ans* nachsichtig, tolerant; *(dioddefgar)*
duldsam, geduldig.

goddefgarwch *g* Nachsicht *f,* Toleranz *f.*

goddefiad (-au) *g* Konzession *f,* Zugeständnis *nt.*

goddefiant (**goddefiannau**) *g* Belastbarkeit *f;* *(TECH)*
Toleranz *f,* Spiel *nt;* *(mesuriad)* Ungenauigkeit *f,*
Spielraum *m.*

goddefol *ans* duldsam, tolerant; *(derbyniol)* zulässig;
(GRAM) passiv; **amser ~** *(GRAM)* Passiv *nt.*

goddefoldeb *g* *(ymddygiad)* Passivität *f,* Trägheit *f.*

goddefolrwydd *g* Empfänglichkeit *f,*
Aufgeschlossenheit *f.*

goddiweddyd *be.a* *(dod yn gyfochrog â)* einholen; *(mynd
heibio i)* überholen; **dim ~** Überholverbot.

goddrych (-au) *g* *(GRAM)* Subjekt *nt,* Satzgegenstand
m.

goddrychedd *g* Subjektivität *f.*

goddrychiad (-au) *g* Subjektivierung *f.*

goddrychiaeth *b* = **goddrychedd.**

goddrychol *ans* subjektiv.

gof (-aint) *g* Schmied *m;* *(pedolwr)* Hufschmied *m;* **~
aur** Goldschmied *m,* **~ arian** Silberschmied *m.*

gofal (-on) *g* *(ystyriaeth)* Achtung *f,* Vorsicht *f;* *(pryder)*
Sorge *f,* Besorgnis *f;* *(cadwraeth)* Obhut *f,*
Fürsorge *f,* Pflege *f;* **~ dydd** *(mamaeth)*
Tagesmutter *f;* *(canolfan plant)* (Kinder)hort *m,*
(Kinder)tagesheim *nt;* **~ plant** Kinderfürsorge *f;* **~
dros blentyn** *(CYFR)* Vormundschaft *f;* **mewn ~ dwys**
(MEDD) auf der Intensivstation; **cymryd ~** Acht
geben, aufpassen; **cymer ofal!** gib Acht! pass auf!
(cyfarchiad) pass auf dich auf! **cymryd ~ o rth**
(trefniadau) etw in die Hand nehmen; **dan ofal rhn**
unter jds Obhut; **bod dan ei ~** schwanger sein; **tan
ofal** *(mewn cyfeiriad ar lythyr)* bei.

gofalaeth (-au) *b* Betreuung *f,* Pflege *f;* *(CREF)*
Seelsorge *f;* *(eglwysi dan ofal gweinidog)* Pfarrbezirk
m.

gofalgar *ans* fürsorglich.

gofalu *be.g* Acht geben, aufpassen; **gofala na ddoi
di'n hwyr** sieh zu, dass du nicht zu spät kommst;
~ am sich kümmern um *+akk;* *(claf ayb)* betreuen,
pflegen; **mae'r cymdogion yn ~ am ein ci** die
Nachbarn kümmern sich um unseren Hund; **~**

am yr ardd den Garten pflegen.

gofalus *ans* vorsichtig, behutsam; *(ystyriol)* bedacht;
(trylwyr) sorgfältig; **bydd yn ofalus!** Achtung!
Vorsicht! **mae'n ofalus iawn o'i harian** sie geht mit
ihrem Geld sehr sparsam um.

gofalwr (**gofalwyr**) *g* Betreuer(in) *m(f);* *(am adeilad)*
Hausmeister(in) *m(f),* Hausbesorger(in)[A] *m(f);* *(am
ffatri)* Wächter *m;* **~ croesfan wastad** *(RHEILFF)*
Bahnwärter *m;* **~ eglwys** Küster *m.*

gofer (-ydd *neu* -oedd) *g* Überlauf *m;* *(ffrwd)*
(Sturz)bach *m.*

goferu *be.g* *(gorlifo)* überlaufen; *(gan ferwi)*
überkochen; *(am afon)* über die Ufer treten; *(llifo)*
fließen.

goferwi *be.a* *(COG)* vorkochen, halb gar kochen;
(berwi'n araf) simmern; *(pysgodyn)* dünsten; **wy
wedi'i oferwi** verlorenes Ei, Ei im Glas.

gofid (-iau) *g* *(pryder)* Sorge *f,* Besorgnis *f;* *(tristwch)*
Kummer, Gram *m;* *(ffig)* Schmerz *m,*
(Seelen)qual *f;* **er mawr ofid i mi** zu meiner großen
Beunruhigung; **mae e'n peri ~ mawr i ni** er macht
uns großen Kummer; **dyna'r lleiaf o'm ~iau** das ist
meine geringste Sorge; **y ~ o golli rhywun annwyl**
der Schmerz jemanden teuren zu verlieren.

gofidio *be.g* sich *dat* Sorgen machen; *(bod yn drist)*
sich grämen; **~ am** sich *dat* Sorgen machen um
+akk.

♦ *be.a* bekümmern, beunruhigen.

gofidus *ans* ängstlich, beunruhigt; *(sefyllfa)*
beunruhigend, besorgniserregend; *(trist)*
bekümmert; **golwg ofidus** ängstlicher Blick; **y
peth ~ yw ...** das Beunruhigende an der Sache
ist…

gofod (-au) *g* Raum *m;* *(gwagle)* Platz *m;* *(rhwng dau
beth)* Zwischenraum *m;* *(ysbaid o amser)* Zeitraum
m; *(rhwng dau air)* Leerstelle *f,* Leerzeichen *nt;*
(rhwng dwy linell) Leerzeile *f;* *(ASTRON)* Weltraum *m,*
Weltall *nt;* **bar ~** *(teipio)* Leertaste *f;* **diffyg ~**
Platzmangel *m;* **llong ofod** Raumschiff *nt;* **gorsaf
ofod** Raumstation *f;* **gwennol ofod** Raumfähre *f;* **~
personol** persönlicher Freiraum *m;* **siwt ofod**
Raumanzug *m.*

gofodol *ans* räumlich.

gofodwr (**gofodwyr**) *g* Astronaut *m,* Kosmonaut *m.*

gofodwraig (**gofodwragedd**) *b* Astronautin *f,*
Kosmonautin *f.*

gofyn[1] (-ion) *g* Bitte *f,* Forderung *f;* *(galw)* Nachfrage
f; *(angen)* Erfordernis *nt;* **yn ôl y ~** nach Bedarf;
~ion *ll* *(amodau)* Bedingungen *pl,* Ansprüche *pl;*
mynd ar ofyn rhn jdn anbetteln, bittstellig werden
bei jdm; **mae ~ i ni** wir müssen; **mae ~ am** es
besteht Bedarf an *+dat;* **mae ~ am beirianwyr**

Ingenieure sind gefragt, es besteht ein Bedarf an Ingenieuren.

gofyn² *be.g* fragen; **~ am** *(disgwyl)* verlangen, fordern; *(bod angen)* erfordern; *(erfyn)* bitten um *+akk*; **~ am amynedd** Geduld erfordern; **~ am law merch** um die Hand eines Mädchens anhalten; **~ i rn** jdn fragen; **~ i ddisgybl ateb cwestiwn** einen Schüler aufrufen; **~ i rn am rth** *(erfyn)* jdn um etw bitten; **~ i rn wneud rhth** jdn auffordern etw zu tun; **paid â ~ i mi** frag mich nicht.

♦ *be.a* *(holi)* fragen; **~ bendith** ein Tischgebet sprechen, den Segen erbitten; **~ cwestiwn** eine Frage stellen; **~ cyngor** sich beraten lassen; **~ rhth gan rn** jdn um etw ersuchen; **mae'r gaseg yn ~ march** *(hefyd am fuwch ayb)* die Stute ist brünstig; **mae'r ast yn ~ ci** die Hündin ist läufig.

gofynnod *(gofynnodau)* *g* Fragezeichen *nt*.

gofynnol *ans* erforderlich; *(GRAM)* interrogativ; **geiryn ~** Fragepartikel *f*; **rhagenw ~** Interrogativpronomen *nt*; **mae'n ofynnol i ni roi argraff dda** es ist erforderlich, dass wir einen guten Eindruck machen; **yn yr amser ~** in der vorgeschriebenen Zeit.

gog¹ *(-s)* *g (sgyrs: gogleddwr)* Nordwaliser(in) *m(f)*.

gog² *b (aderyn)* = **cog**.

gogan *(-au neu -ion)* *gb* Satire *f*.

goganu *be.a* satirisch darstellen.

goganus *ans* satirisch.

goglais¹ *be.a* kitzeln.

goglais² *(gogleisiau)* *g* Kitzeln *nt*, Reiz *m*; **oes gen ti oglais?** bist du kitzelig?

gogledd *g* Norden *m*, Nord-; **G~ yr Almaen** Norddeutschland *nt*; **G~ Iwerddon** Nordirland *nt*; **Môr y G~** die Nordsee *f*; **Pegwn y G~** der Nordpol *m*; **y G~** Nordwales *nt*; **gwynt o'r ~** Nordwind *m*; **i'r ~ o** nördlich von *+dat*.

gogledd-ddwyrain *g* Nordosten *m*, Nordost-.

gogleddol *ans* nördlich, Nord-; **yr ochr ogleddol** die Nordseite.

gogledd-orllewin *g* Nordwesten *m*, Nordwest-.

gogleddwr *(gogleddwyr)* *g* einer aus dem Norden, Nordwaliser *m*.

gogleddwraig *(gogleddwragedd)* *b* eine aus dem Norden, Nordwaliserin *f*.

gogleddwynt *(-oedd)* *g* Nordwind *m*.

gogleisio *be.a* = **goglais¹**.

gogleisiog *ans* prickelnd, kitzelnd; **mae hi'n ogleisiog** sie ist kitzelig.

gogleisiol *ans* amüsant, reizvoll.

gogoneddu *be.a* verherrlichen, glorifizieren.

gogoneddus *ans* glorreich; *(tywydd, golygfa)* prächtig.

gogoniant *(gogoniannau)* *g* Pracht *f*, Herrlichkeit *f*; *(i*

Dduw) Ehre *f*, Ruhm *m*; **~ i Dduw yn y goruchaf** Ehre sei Gott in der Höhe.

gogr *(-au)* *g (hidl)* Sieb *nt*; **~ rhawn** Haarsieb *nt*.

gogru *be.a (hidlo)* sieben, durchsieben.

gogrwn *be.a* = **gogru**.

gogwydd *(-ion)* *g (tuedd)* Neigung *f*, Tendenz *f*, Trend *m*; *(gwyriad)* Abweichung *f*; *(crymiad)* Krümmung *f*; *(disgyniad)* Gefälle *nt*; **~ ffasiwn** Modetrend *m*; **ar ogwydd** schief; **~ tua'r chwith** *(ffig: GWLEID)* Linkstrend *m*.

gogwyddiad *(-au)* *g (GRAM)* Deklination *f*.

gogwyddo *be.g (bod ar ogwydd)* sich neigen, schief stehen; *(tueddu)* tendieren zu *+dat*; *(cwympo'n raddol)* abfallen.

♦ *be.a (gwyro)* neigen, lehnen.

gogyfer â *ardd* gegenüber *+dat*; *(ar gyfer)* zum Zweck *+gen*.

gogynderfynol *ans* vorvorletzte(r,s); **y rownd ogynderfynol** *(cystadleuaeth)* Viertelfinale *nt*.

gogynfardd *(gogynfeirdd)* *g* Hofbarde *m*.

gong *(-iau)* *b (CERDD)* Gong *m*.

gohebiaeth *(-au)* *b* Briefwechsel *m*, Schriftverkehr *m*, Korrespondenz *f*.

gohebol *ans* korrespondierend; **cwrs ~** Fernkurs *m*.

gohebu *be.g* korrespondieren; *(cyfryngau)* Bericht erstatten.

gohebydd *(gohebwyr neu -ion)* *g* Berichterstatter(in) *m(f)*, Korrespondent(in) *m(f)*, Reporter(in) *m(f)*; **~ arbennig** Sonderberichterstatter(in) *m(f)*; **~ tramor** Auslandskorrespondent(in) *m(f)*.

gohiriad *(-au)* *g* Aufschub *m*, Verschiebung *f*; *(cyfarfod, achos llys)* Vertagung *f*; *(oediad)* Verzögerung *f*.

gohirio *be.a* aufschieben, hinausschieben; *(aildrefnu)* verschieben; *(achos llys neu gyfarfod)* vertagen; *(dyddiad)* verlegen; **~ gwneud rhth** etw auf die lange Bank schieben.

goitr *(-au)* *g (MEDD)* Kropf *m*.

gol. *byrf (= golygydd)* Hg., Hrsg. (Herausgeber).

gôl *(goliau neu -s)* *b* Tor *nt*; *(sgoriad)* Tor, Goal *nt*, Treffer *m*; **~ adlam** *(rygbi)* Drop-Goal *nt*, Tor durch Selbstvorlage; **~ gosb** Elfer *m*, Elfmetertor *nt*; **chwarae yn y ~** *neu:* **cadw ~** das Tor hüten; **ennill o ddwy ~ i ddim** zwei zu null gewinnen.

golau¹ *ans* hell, licht; **glas ~** hellblau; **gwallt ~** blond; **noson olau** eine klare Nacht.

golau² *(goleuadau)* *g* Licht *nt*; *(lamp)* Lampe *f*, Leuchte *f*; *(llewyrch)* Schein *m*, Leuchten *nt*; *(traffig)* Ampel *f*; **~ brecio** *(MODUR)* Bremslicht *nt*; **~ dydd** Tageslicht *nt*; **yng ngolau dydd** am helllichten Tag; **~ fflachio** Blinklicht *nt*; **~ godre** Rampenlicht *nt*; **~ haul** Sonnenschein *m*; **~ lamp** Lampenschein *m*; ~ **llai** *(MODUR)* Abblendlicht *nt*; ~ **llawn** *(MODUR)* Fernlicht *nt*; ~ **lleuad** Mondschein *m*, Mondlicht *nt*; ~ **ôl** Rücklicht *nt*; ~ **stryd** Straßenlaterne *f*; ~ **ystlys** *(MODUR)* Standlicht *nt*; **goleuadau rhybudd** Warnblinkanlage *f*; **goleuadau traffig** (Verkehrs)ampel *f*; **noson olau leuad** Mondnacht *f*; **rhwng dau olau** im Zwielicht, in der Dämmerung; **taflu ~ ar bwnc** *(ffig)* Licht bringen in eine Sache.

golch (-**ion**) *g (dillad)* Wäsche *f*; *(paent)* Tünche^D *f*; ~**ion** *ll* Abwaschwasser *nt*, Abwasser *nt*; *(ar gyfer moch)* Schweinefutter *nt*; **gwneud y ~** Wäsche waschen; **yn y ~** in der (Schmutz)wäsche.

golchad *g* = golchiad.

golchadwy *ans* waschbar; ~ **â pheiriant** waschmaschinenfest.

golchdrwyth *g* Lösung *f*, Lotion *f*; *(MEDD)* Wasser *nt*; ~ **gwallt** Haarwasser *nt*; ~ **setio** Haarfestiger *m*.

golchdy (**golchdai**) *g* Wäscherei *f*, Waschsalon *m*; *(ystafell olchi)* Waschküche *f*.

golchfa (**golchfeydd** *neu* **golchfâu**) *b* Waschsalon *m*; ~ **geir** Autowaschanlage *f*.

golchi *be.a* waschen; *(gan afon neu'r môr)* schwemmen; ~ **dillad** Wäsche waschen; **diwrnod ~** Waschtag *m*; ~ **dwylo** sich die Hände waschen; *(ffig)* die Hände in Unschuld waschen; ~ **llestri** (Geschirr) abwaschen, (Geschirr) spülen^D; **peiriant ~** Waschmaschine *f*; **peiriant ~ llestri** Geschirrspüler *m*; **powdwr ~** Waschpulver *nt*; **twb ~** Waschtrog *m*; ~**'ch gwallt** sich *dat* die Haare waschen; ~ **traed yr alarch** *(ffig)* den Mohren weiß waschen; ~ **ymaith** wegspülen; **golchodd y llanw'r botel i'r traeth** die Flut schwemmte die Flasche an den Strand.

golchiad (-**au**) *g* Wäsche *f*, Waschen *nt*; ~ **gwallt** Haarwäsche *f*; **rhoi ~ i rth** etw waschen.

golchion *ll gw.* **golch**; *(bwyd moch)* Schweinefutter *nt*.

golchwr (**golchwyr**) *g* Wäscher *m*; ~ **ffenestr flaen** *(MODUR)* Scheibenwaschanlage *f*.

golchwraig (**golchwragedd**) *b* Wäscherin *f*, Waschfrau *f*.

golchydd (-**ion**) *g* Waschmaschine *f*.

golchyddes (-**au**) *b* Wäscherin *f*, Waschfrau *f*.

gold *g (BOT)* ~ **y gors** Sumpfdotterblume *f*; ~ **Mair** Ringelblume *f*.

goledd *g neu ans* = goleddf.

goleddf¹ *g (llethr)* Neigung *f*, Schräge *f*; *(tir)* Hang *m*; **ar oleddf** schief, schräg.

goleddf² *ans* schief, schräg, geneigt.

goleddfu *be.g* sich neigen, schief sein; *(i fyny)* ansteigen; *(i lawr)* abfallen.

goleuad *g* Beleuchtung *f*; *(ffig)* Erläuterung *f*.

goleudy (**goleudai**) *g* Leuchtturm *m*.

goleuedig *ans* aufgeklärt; **yr Oes Oleuedig** *(HAN)* das Zeitalter der Aufklärung.

goleuedigaeth *b* Aufklärung *f*.

goleuedigrwydd *g* = goleuedigaeth.

goleuedd (-**au**) *g* Leuchtstärke *f*, Leuchtkraft *f*.

goleulas *ans* lichtblau, hellblau, himmelblau.

goleulong (-**au**) *b (MOR)* Feuerschiff *nt*.

goleuni *g* Licht *nt*, Beleuchtung *f*; **dod â rhth i'r ~** *(ffig)* etw ans Licht bringen; **taflu ~ ar rth** *(ffig)* Licht in eine Sache *akk* bringen; ~**'r lleuad** Mondschein *m*; **yng ngoleuni cannwyll** im Kerzenlicht; **yng ngoleuni'r ffeithiau** *(ffig)* angesichts der Tatsachen; ~**'r gogledd** *(DAEAR)* Nordlicht *nt*.

goleuo *be.a* beleuchten; *(gwallt)* aufhellen; *(cynnau)* anzünden; *(ffig)* aufklären; **mae'r haul yn ~'r ystafell** die Sonne erhellt den Raum; **ei ~ hi** *(sgyrs)* abhauen, verduften.

♦ *be.g* scheinen, leuchten; *(gwawrio)* tagen; *(tywydd)* aufheitern, aufklaren.

goleuol *ans* aufschlussreich.

goleusensitif *ans* lichtempfindlich.

golewyrchu *be.g* schimmern, schillern.

golfan (-**od**) *b (SÖOL)* Sperling *m*, Spatz *m*.

golff *g (CHWAR)* Golf *nt*; **clwb ~** Golfklub *m*; **chwarae ~** Golf spielen; **ffon ~** Golfschläger *m*; **maes ~** Golfplatz *m*.

golffiwr, golffwr (**golffwyr**) *g* Golfspieler *m*.

golffwraig (**golffwragedd**) *b* Golfspielerin *f*.

gôl-geidwad (**gôl-geidwaid**) *g (CHWAR)* Torwart *m*, Torhüter *m*.

golosg *g* Holzkohle *f*.

golosgi *be.a* verkohlen.

golosgwr (**golosgwyr**) *g* Köhler *m*.

golosgyn *g (CELF)* Kohlestift *m*.

golud (-**oedd**) *g* Reichtum *m*, Wohlstand *m*; ~ **bydol** Hab und Gut.

goludog *ans* wohlhabend.

golwg¹ (**golygon**) *g* Sehkraft *f*, Sehvermögen *nt*, Sicht *f*; *(edrychiad)* Blick *m*; *(golygfa)* Anblick *m*, Ansicht *f*; *(parch)* Respekt *m*; *(twll anelu)* Visier *nt*; ~ **byr** Kurzsichtigkeit *f*; **byr eich ~** kurzsichtig; ~ **cyflawn** Gesamtansicht *f*; **gyda ~ ar** in Hinblick auf +*akk*; ~ **hir** *(MEDD)* Weitsichtigkeit *f*; ~ **mawr** ein grässlicher Anblick; **o fewn ~** *(llyth, ffig)* in Sicht(weite); **o'r ~** außer Sicht; ~ **pell** Fernsicht *f*; **beth sydd gennyt mewn ~** *(ffig: bwriad)* was hast du im Auge? **bod â ~ ar rn** Bewunderung für jdn haben; **bwrw ~ dros rth** einen Blick auf etw *akk* werfen; **colli ~** erblinden; **ewch o'm ~!** geht mir aus den Augen! ~ **oddi uchod** Luftansicht *f*, Vogelperspektive *f*; **paid â cholli ~ ar y plant** lass die Kinder nicht aus den Augen; **yn y ~** in Sicht(weite); **yn fy ngolwg i** meiner Ansicht nach; **gosod eich golygon yn rhy uchel** sich ein zu hohes Ziel stecken.

golwg² (**golygon**) *b* *(y weithred o weld)* Sicht *f*, Sehen *nt*; *(gwedd)* Aussehen *nt*; *(ymddangosiad)* Erscheinung *f*; *(gweledigaeth)* Vision *f*; **~ bell** verträumter Blick; **~ wael** krankes Aussehen, **mae ~ wael arni** sie sieht krank aus; **ar yr olwg gyntaf** auf den ersten Blick; **canu ar yr olwg gyntaf** *(CERDD)* vom Blatt singen; **i bob ~** *neu:* **yn ôl pob ~** allem Anschein nach.

golwyth (**-on**) *g* Kotelett *nt*; *(tafell)* Schnitzel *nt*; *(stecen)* Steak *nt*; **~ cig moch** Schweinskotelett *nt*, Schweinsschnitzel *nt*.

golygfa (**golygfeydd**) *b* Aussicht *f*; *(gwedd)* Anblick *m*; *(tirlun)* Panorama *nt*; *(THEAT)* Bühnenbild *nt*, Szenerie *f*; *(rhan o ddrama)* Szene *f*, Auftritt *m*; *(FFILM)* Szene; **â ~ o'r môr** *(ystafell ayb)* mit Blick aufs Meer; **mae'n olygfa drist** das ist ein trauriger Anblick.

golygfaol *ans* malerisch.

golygiad (**-au**) *g* *(llyfr)* Auflage *f*, Edition *f*.

golygol *ans* optisch.

golygon *ll gw.* **golwg**; *(llygaid)* Augen *pl*.

golygu *be.a* bedeuten, heißen; *(awgrymu)* besagen; *(gwaith ysgrifenedig)* editieren, Korrektur lesen; *(papur newydd)* redigieren; **beth mae hynny'n ei olygu?** was bedeutet das? **nid yw arian yn ~ dim i mi** Geld bedeutet mir nichts.

golygus *ans* attraktiv, gut aussehend.

golygydd (**-ion**) *g* *(papur, teledu)* Redakteur *m*; *(llyfr)* Lektor *m*.

golygyddes (**-au**) *b* *(papur, teledu)* Redakteurin *f*; *(llyfr)* Lektorin *f*.

golygyddol¹ *ans* redaktionell, editorisch.

golygyddol² *g* Leitartikel *m*.

gollwng *be.a* fallen lassen, abwerfen; *(rhyddhau)* loslassen, freisetzen; *(tywallt)* verschütten; *(gwacáu)* ausschütten; *(ceffyl)* abspannen; *(gwn)* abfeuern; **~ angor** den Anker auswerfen, vor Anker gehen; **~ bomiau** Bomben abwerfen; **~ ci ar rn** den Hund auf jdn hetzen; **~ dagrau** Tränen vergießen; **~ dros gof** vergessen; **~ gafael ar** loslassen; **~ y gath o'r cwd** die Katze aus dem Sack lassen; **~ gwaed** Blut vergießen; **~ gwefl** schmollen, eine Schnute^D ziehen, ein Schnoferl^A ziehen; **~ ochenaid o ryddhad** erleichtert aufatmen; **~ sgrech** einen Schrei ausstoßen; **~ stêm** *(ffig)* sich austoben; **~ tafod** ein Geheimnis ausplaudern; **~ ymaith** fortschicken.

♦ *be.g* *(colli dŵr)* lecken, undicht sein; *(dod allan)*

austreten; **mae'r to yn ~** das Dach ist undicht; **mae'r esgidiau'n ~** die Schuhe sind nicht wasserdicht; **mae nwy yn ~ yn y gegin** in der Küche tritt Gas aus.

gollyngdod *g* *(o gaethiwed)* Befreiung *f*; *(ffig)* Erleichterung *f*; **bu marw'n ollyngdod iddo** der Tod war eine Erlösung für ihn.

gollyngfa (**gollyngfeydd**) *b* Abfluss *m*; *(cwch)* Leck *nt*; *(fflodiart)* Schleusentor *nt*.

gollyngiad (**-au**) *g* Auslaufen *nt*; *(nwy)* Emission *f*.

gomedd *be.g* *(gwrthod)* sich weigern.

♦ *be.a* verweigern; **~ rhn o rth** jdm etw vorenthalten.

gondola (**-s**) *gb* Gondel *f*.

gonest *ans* *(didwyll)* aufrichtig, ehrlich; *(uniawn)* rechtschaffen, redlich; *(diffuant)* offenherzig, unumwunden; *(rhinweddol)* tugendhaft; *(dilwgr)* lauter, rein; *(parchus)* ehrenhaft; **a bod yn onest** um ehrlich zu sein.

gonestrwydd *g* *(didwylledd)* Aufrichtigkeit *f*, Ehrlichkeit *f*; *(uniondeb)* Rechtschaffenheit *f*, Redlichkeit *f*; *(diffuantrwydd)* Offenherzigkeit *f*; *(rhinwedd)* Tugend *f*.

gor- *rhagdd* über-.

goramcanu *be.a* überschätzen.

goramser *g* Überstunde *f*; **gweithio ~** Überstunden machen.

gorarchebu *be.a* überbuchen.

gorau¹ *eith* beste(r,s); **dyna fyddai orau** das wäre am besten; **~ posibl** bestmöglich, optimal; **fe'm helpodd orau y gallai** er half mir so gut er konnte.

♦ *adf:* **~ oll** umso besser; **ti ŵyr orau** du musst es am besten wissen; **~ po gyntaf** je früher desto besser; **~ po hwyaf** je länger je lieber.

gorau² (**goreuon**) *g:* **y ~** der/die/das Beste; **ar y ~** bestenfalls; **dyna Saunders Lewis ar ei orau** das ist Saunders Lewis, wie er besser nicht sein könnte; **edrych ar eich ~** blendend aussehen; **mae rhosynnau ar eu ~ nawr** jetzt ist die beste Zeit für Rosen; **cael y ~ (ar)** die Oberhand gewinnen (über *+akk*); **eisiau'r ~ o ddau fyd** sich die Rosinen rauspicken wollen; **gwneud eich ~ glas** sein Bestes tun; **gwneud y ~ o rth** das Beste aus etw *dat* machen; **gobeithio'r ~** aufs Beste hoffen; **o'r ~!** in Ordnung! einverstanden! **rhoi'r ~ i** aufgeben; **rhoi'r ~ i smygu** das Rauchen aufgeben.

gorawenus *ans* verzückt, freudig erregt.

gorawyddus *ans* übereifrig; **doedd e ddim yn orawyddus i ymadael** er war nicht sehr begeistert zu gehen.

gorberffaith *ans:* **yr amser ~** *(GRAM)* Vorvergangenheit *f*, Plusquamperfekt *nt*.

gorboblog *ans* überbevölkert.

gorboblogaeth *b* Übervölkerung *f*; *(stâd)* Überbevölkerung *f*.

gorboethi *be.g* heißlaufen, sich überhitzen.

♦ *be.a* überhitzen.

gorbrisio *be.a* preislich überbewerten.

gorbryderus *ans* übervorsichtig.

gorbwysau *g* = **gorbwysedd**.

gorbwysedd *g* Übergewicht *nt*.

gorbwyso *be.g (ffig)* überwiegen, dominieren.

gorbwysleisio *be.a* überbetonen.

gorchest (-ion) *b* Leistung *f*, Errungenschaft *f*; *(campwaith)* Glanzleistung *f*.

gorchestol *ans* meisterhaft.

gorchestwaith (**gorchestweithiau**) *g* Meisterwerk *nt*.

gorchfygedig *ans* besiegt, geschlagen.

gorchfygiad (-au) *g* Niederlage *f*; *(trafferth)* Überwindung *f*; *(MIL)* Eroberung *f*.

gorchfygol *ans (buddugol)* siegreich; *(cryfach)* überlegen.

gorchfygu *be.a (gorfod ar)* bezwingen; *(concro)* unterwerfen, besiegen; *(goresgyn)* erobern; *(MIL: tref)* einnehmen; *(anawsterau)* meistern.

gorchfygwr (**gorchfygwyr**) *g* Eroberer *m*; **Gwilym Orchfygwr** Wilhelm der Eroberer.

gorchmynnol *ans:* **modd ~** *(GRAM)* Imperativ *m*, Befehlsform *f*.

gorchudd (-ion) *g* Decke *f*, Hülle *f*; *(dros gelfi)* Schoner *m*; *(yn erbyn llwch)* Abdeckung *f*; *(dilledyn)* Überwurf *m*; *(cuddlen)* Schleier *m*; *(clawr)* Einband *m*, Umschlag *m*; **~ cwmwl** Wolkendecke *f*; **~ gobennydd** Kissenbezug *m*; **~ gwely** Bettüberzug *m*; **~ potyn coffi** Kaffeewärmer *m*; **~ o niwl** Nebeldecke *f*; **dan orchudd tywyllwch** im Schutz der Dunkelheit.

gorchuddiedig *ans* bedeckt, verschleiert, verhüllt.

gorchuddio *be.a* bedecken, einhüllen, zudecken; *(celu)* verdecken, verhüllen; *(ffig)* verschleiern, verbrämen, verhehlen; **~ dodrefn** Möbel polstern; **~ â durblat** panzern, mit Stahl ausschlagen; **mae eira'n ~'r ddaear** Schnee bedeckt den Boden; **gorchuddid y lleuad gan gymylau** Wolken verdeckten den Mond.

gorchuddiwr (**gorchuddwyr**) *g:* **~ dodrefn** Polsterer *m*.

gorchwyl (-ion) *g (tasg)* Aufgabe *f*.

gorchymyn¹ (**gorchmynion**) *g* Befehl *m*, Anordnung *f*, Anweisung *f*; *(deddf)* Gebot *nt*; *(CYFR)* Verfügung *f*, Verordnung *f*; **~ i gychwyn** Startkommando *nt*, Marschbefehl *m*; **y Deg G~** *(CREF)* die Zehn Gebote.

gorchymyn² *be.a* befehlen, verhängen, gebieten.

♦ *be.g:* **~ i rn wneud rhth** jdn auffordern etw zu

tun.

gordaliad (-au) *g* Zuschlag *m*.

gordeimladrwydd *g* Schmalz *nt*, Pathos *nt*.

gordeimladwy *ans* überempfindlich, schmalzig.

gordreth *b* Höchststeuer *f*.

gordwymo *be.g* heißlaufen.

gordyfiant *g (MEDD)* Hypertrophie *f*.

gordynnu *be.a* überspannen.

gordd (**gyrdd**) *b* Vorschlaghammer *m*; **~ bren** Holzhammer *m*; **dod dan yr ordd** *(bod ar werth)* unter den Hammer kommen.

gorddefnyddio *be.a* überbeanspruchen.

gordderch (-adon) *b* Konkubine *f*, Mätresse *f*.

gorddibynnu *be.g:* **~ (ar)** zu stark abhängig sein (von +*dat*).

gorddod (-au) *b* Hammerschlag *m*.

gorddos *g* Überdosis *f*.

gorddrafft *g (CYLL)* Überziehung *f*.

gor-ddweud *be.g* übertreiben.

gorddyledus *ans* überfällig.

goreiddgar *ans* übereifrig.

gorelw (-au) *g* Wucher *m*, Nepp *m*.

gorelwa *be.g* sich bereichern, Wucher treiben.

gorelwr (**gorelwyr**) *g* Wucherer *m*.

goresgyn *be.a (gorchfygu)* erobern, besetzen; *(gelyn)* besiegen; *(terfysg)* niederwerfen; *(MIL: torri i mewn i)* einbrechen in +*akk*, eindringen in +*akk*; *(darostwng)* unterwerfen; *(anawsterau)* bewältigen, meistern, überwinden; **cael eich ~ gan alar** vom Schmerz überwältigt werden.

goresgyniad (-au) *g (MIL)* Besetzung *f*, Einmarsch *m*; *(anawsterau)* Überwindung *f*.

goresgynnol *ans* siegreich.

goresgynnwr (**goresgynwyr**) *g* Eroberer *m*.

goreuro *be.a* vergolden.

gorfaint (**gorfeintiau**) *g* Übergröße *f*.

gorfant (**gorfannau**) *g (ANAT)* Kiefer *m*.

gorfanwl *ans* übergenau, pedantisch.

gorfentrus *ans* waghalsig, übermütig.

gorferwi *be.g* überkochen.

gorflino *be.g* übermüdet sein.

gorfod¹ (-au) *g* = **gorfodaeth**; **dan orfod** unter Zwang.

gorfod² *be.g* müssen, gezwungen sein (etw zu tun); **rwy'n ~ mynd** ich muss gehen, ich bin gezwungen zu gehen.

gorfodaeth *b* Zwang *m*, Verpflichtung *f*; **(bod) dan orfodaeth** unter Zwang (stehen); **heb unrhyw orfodaeth** ohne jede Verpflichtung; **dim ~ i brynu** kein Kaufzwang; **~ i fynychu ysgol** Schulpflicht *f*.

gorfodi *be.a* zwingen, verpflichten, nötigen; **~ rhth ar rn** jdm etw aufzwingen.

gorfodol *ans* Pflicht, obligatorisch; **gwers orfodol** Pflichtstunde *f*; **ei gwneud hi'n orfodol i rn wneud rhth** jdn dazu verpflichten etw zu tun; **mae gwersi gramadegol yn orfodol** der Grammatikunterricht ist Pflicht.

gorfoledd *g* Jubel *m*, Freude *f*, Triumph *m*.

gorfoleddu *be.g* frohlocken, jubeln, jauchzen; *(ymffrostio)* triumphieren.

gorfoleddus *ans* jubelnd, triumphierend.

gorfrysio *be.g* hetzen, flitzen.

gorfrysiog *ans* übereilt, überstürzt.

gorffen *be.a* beenden, abschließen; *(cwblhau)* fertig (machen); **~ llythyr** einen Brief fertig schreiben; **~ llyfr** ein Buch fertig lesen, ein Buch auslesen; **~ dy ginio! iss fertig!**

♦ *be.g* zu Ende sein, aufhören, enden; *(CHWAR)* ins Ziel kommen; **mae'r ffilm yn ~ am 9** der Film ist um 9 zu Ende; **gad i mi orffen (siarad)!** lass mich ausreden! **~ gweithio** *(am y dydd)* Feierabend machen; **~ gyda rhn** Schluss mit jdm machen; **rwy wedi ~ gyda'r papur newydd** ich bin mit der Zeitung fertig; **mae'r nofel yn ~ gyda'r arwr yn marw** der Roman endet damit, dass der Held stirbt.

♦ *adf:* **wedi ~** zu Ende, aus; **mae'r gêm wedi ~** das Spiel ist aus.

gorffenedig *ans* fertig, komplett; *(perfformiad)* vollendet.

Gorffennaf *g* Juli *m*.

gorffennol[1] *ans* vergangen; *(terfynol)* endgültig.

gorffennol[2] *g* Vergangenheit *f*, *(GRAM)* Perfekt *nt*, Vergangenheit, Präteritum *nt*; **yn y ~** in der Vergangenheit; *(hyd heddiw)* bisher.

gorffennu *be.a* veredeln.

gorffwyll *ans* *(gwallgof)* verrückt, verstört; *(gwyllt)* hysterisch, tobsüchtig, rasend; **mynd yn orffwyll** toben, verrückt spielen; **gweiddi'n orffwyll** wie verrückt herumschreien.

gorffwylledd *g* Wahnsinn *m*.

gorffwyllo *be.g* verrückt spielen, toben, rasen.

gorffwylltra *g* = gorffwylledd.

gorffwys[1] *(-ion)* *g* Ruhe *f*, Entspannung *f*, *(CERDD)* Pause *f*; **dydd o orffwys** Ruhetag *m*.

gorffwys[2] *be.g* sich ausruhen, ruhen, sich entspannen; **~ yn erbyn** *(pwyso ar)* sich anlehnen an +*akk*.

gorffwysfa *(gorffwysfeydd)* *gb* Rastplatz *m*; *(bedd)* Ruhestätte *f*; *(LLEN)* Zäsur *f*.

gorffwyso *be.g* = gorffwys[2].

gorffwysol *ans* geruhsam.

gorganmol *be.a* schmeicheln, schöntun.

gorglawdd *(gorgloddiau)* *g* Deich *m*, Damm *m*.

gorgydwybodol *ans* pingelig, übergenau.

gorgyffwrdd *be.g* sich überschneiden; *(cuddio rhan o rth)* überlagern; *(TECH: dannedd)* ineinandergreifen; **mae'r ddwy wers yn ~** die zwei Stunden überschneiden sich.

gorgymhleth *ans* überkompliziert.

gorgynhesu *be.g* heißlaufen.

gorgynhyrfus *ans* überreizt.

gorgynnil *ans* untertrieben.

gorhendad *(-au)* *g* Urgroßvater *m*.

gorhendaid *(gorhendeidiau)* *g* Ururgroßvater *m*.

gorhenfam *(-au)* *b* Urgroßmutter *f*.

gorhennain *(gorhenneiniau)* *b* Ururgroßmutter *f*.

gorhydeimledd *g* Nervosität *f*.

gorhyder *g* Anmaßung *f*, Vermessenheit *f*.

gorhyderus *ans* anmaßend, vermessen.

gori *be.g* brüten; *(ffig)* brüten, grübeln; *(crawni)* eitern.

gorifyny *g* Hang *m*, Anstieg *m*; **ar y ~** bergauf.

gorila *(-s)* *g* *(SÔOL)* Gorilla *m*.

goriwaered *g* Abhang *m*, Gefälle *nt*; **ar y ~** bergab.

gorlawn *ans* *(cynhwysydd)* übervoll, randvoll; *(neuadd, bws, ayb)* überfüllt; **yn orlawn o** randvoll mit +*dat*, überfüllt mit +*dat*.

gorlawnder *g* Fülle *f*, Überfluss *m*.

gorlednais *ans* zickig.

gorlenwi *be.a* überfüllen.

gorlethol *ans* überwältigend.

gorlethu *be.a* überwältigen.

gorlifo *be.a* überfluten; *(glannau)* über die Ufer treten.

♦ *be.g* *(afon)* über die Ufer treten; *(baddon ayb)* übergehen, überlaufen.

gorliwiad *g* Übertreibung *f*.

gorliwio *be.a, be.g* übertreiben; **mae hi'n ~ ychydig** sie übertreibt ein wenig.

gorlunio *be.a* überzeichnen, karikieren.

gorlwytho *be.a* überladen, überlasten.

gorllewin *g* Westen *m*, West-; **y G~** *(HAN)* Abendland *nt*, Okzident *m*; **y G~ Gwyllt** der Wilde Westen; **G~ yr Almaen** *(HAN)* Westdeutschland *nt*; **G~ Berlin** Westberlin *nt*; **i'r ~** westwärts; **gwynt y ~** Westwind *m*.

gorllewinol *ans* westlich.

gorllyd *ans* eiternd, eitrig; *(wy)* faul; *(iâr)* brütig, brutig[A].

gormes *(-au)* *gb* Gewaltherrschaft *f*, Tyrannei *f*, Unterdrückung *f*.

gormesiad *g* = gormes.

gormesol *ans* tyrannisch, herrisch; **gwres ~** drückende Hitze.

gormesu *be.a* tyrannisieren, unterdrücken.

gormeswr *(gormeswyr)* *g* Tyrann *m*, Unterdrücker *m*.

gormeswraig (gormeswragedd) *b* Tyrannin *f.*

gormod[1] *ans* übermäßig, zu viel; **bod yn ormod** *(bod ar ôl)* übrig sein.

gormod[2] **(-ion)** *g* Übermaß *nt*; **~ o amser** zu viel Zeit; **rwy wedi bwyta ~** ich habe mich überessen, ich habe zu viel gegessen; **mae hynny'n ormod i mi!** das ist zu viel für mich!

gormodedd *g* Überschuss *m*, Überangebot *nt*; *(gormod)* **yfed i ormodedd** im Übermaß trinken.

gormodiaith *b (LLEN)* Hyperbel *f.*

gormodol *ans* übertrieben, maßlos.

gornest (-au) *b* Wettkampf *m*, Kampf *m*; **~ derfynol** Finale *nt*; **~ y beirdd** dichterischer Wettstreit *m*; **~ focsio** Boxkampf *m*; **~ gwpan** Pokalspiel *nt*; **~ ymgodymu** Ringkampf *m.*

goroeredig *ans* unterkühlt.

goroesi *be.a, be.g* überleben, überdauern; **dim ond un llyfr sydd wedi ~** nur ein Buch ist erhalten geblieben.

goroesiad (-au) *g* Überleben *nt*; *(peth a oroesodd)* Relikt *nt*; **~ y cryfaf** das Überleben des Stärkeren.

goroeswr (goroeswyr) *g* Überlebende *m/f.*

gorofalus *ans* übervorsichtig.

goroleuo *be.a (FFOTO)* überbelichten.

goror (-au) *gb* Grenze *f*; **y G~au** Grenzland zwischen England und Wales.

gorsaf (-oedd) *b (trên)* Bahnhof *m*; *(radio, teledu)* (Rundfunk)sender *m*; *(MIL)* Stützpunkt *m*; **~ betrol** Tankstelle *f*; **~ bleidleisio** Wahllokal *nt*; **~ bŵer** Kraftwerk *nt*; **~ daflegrau** Raketenstützpunkt *m*; **~ derfynol** Endstation *f*, Endbahnhof *m*; **~ dywydd** Wetterwarte *f*; **~ ddarlledu** Funkhaus *nt*, Sendestation *f*; **~ fysiau** Busbahnhof *f*; **~ yr heddlu** Polizeirevier *nt*, Kommissariat *nt*; **~ ofod** Raumstation *f*; **~ ynni niwclear** Atomkraftwerk *nt.*

gorsaf-feistr (-i) *g* Bahnhofsvorsteher *m.*

gorsafu *be.a (MIL)* stationieren.

gorsedd (-au) *b* Thron *m*; **yr Orsedd** *(sefydliad)* Druiden *pl*; *(cadair)* Bardenthron *m*; *(cylch meini)* Steinkreis *m*; **dod i'r orsedd** den Thron besteigen.

gorseddfainc (gorseddfeinciau) *b* Thron *m.*

gorseddiad (-au) *g* Thronerhebung *f*, Inthronisierung *f*; *(bardd)* Krönung *f.*

gorseddu *be.a* inthronisieren; *(bardd)* krönen.

gorsensitif *ans* überempfindlich; **~ i olau** lichtempfindlich.

gorthrech *g* Nötigung *f.*

gorthrechu *be.a* nötigen.

gorthrwm *g* Gewaltherrschaft *f*; **dan orthrwm y gelyn** in den Händen des Feindes, in der Gewalt des Feindes.

gorthrymder *g (gofid)* Bedrängnis *f*; *(gormes)*

Knechtschaft *f*, Unterdrückung *f.*

gorthrymu *be.a* knechten, unterdrücken.

goruchaf[1] *eith* oberste(r,s).

goruchaf[2] **(-ion)** *g (ffig)* Höhe *f*; **clod i Dduw yn y ~** Ehre sei Gott in der Höhe; **y G~** *(CREF)* der Allmächtige.

goruchafiaeth *b* Oberherrschaft *f*, Vormachtstellung *f.*

goruchafu *be.g* vorherrschen, dominieren.

goruchel *ans* überragend, erhaben.

goruchwyliad (-au) *g* Beaufsichtigung *f.*

goruchwyliaeth *b* Überwachung *f*, Oberaufsicht *f*, Kontrolle *f.*

goruchwylio *be.a* überwachen, beaufsichtigen.

goruchwyliwr (goruchwylwyr) *g* Kontrolleur *m.*

goruwch *ardd* über +dat; **~ popeth** vor allem, über alles.

goruwchadeilad (-au) *g* Aufbau *m*, Überbau *m.*

goruwchbŵer (goruwchbwerau) *g (GWLEID)* Supermacht *f.*

goruwchddyn (-ion) *g* Übermensch *m.*

goruwchddynol *ans* übermenschlich.

goruwchnaturiol *ans* übernatürlich, überirdisch.

gorwahannod (-au) *g* Doppelpunkt *m.*

gorwedd *be.g* liegen; *(gorffwys)* ruhen; *(lle)* liegen, sich befinden; *(i lawr)* sich niederlegen, sich *(irgendwohin)* legen; **ar ei orwedd** liegend; **~ yn fraenar** *(AMAETH)* brachliegen; **fel y cyweiriaist dy wely, rhaid i ti orwedd ynddo** *(ffig)* wie man sich bettet, so liegt man; **~ ar wastad eich cefn** am Rücken liegen.

gorweddian *be.g* sich rekeln, sich aalen.

gorweiddiog *ans* bettlägerig.

gorweindio *be.a* überdrehen.

gorweithio *be.g* sich überarbeiten, sich überanstrengen.

gorwel (-ion) *g* Horizont *m*; **ar y ~** am Horizont; **ehangu'ch ~ion** *(ffig)* seinen Horizont erweitern.

gorwerth *g:* **~ masnachol** Handelsbilanz *f.*

gorwisgo *be.g* sich auftakeln.

gorwneud *be.a* übertreiben.

gor-ŵyr (gorwyrion) *g* Urenkel *m.*

gorwyres (-au) *b* Urenkelin *f.*

gorymbincio *be.g* sich aufputzen, sich anmalen.

gorymdaith (gorymdeithiau) *b* Umzug *m*, Prozession *f*; *(MIL)* Parade *f*; **~ â ffaglau** Fackelzug *m*; **~ orfoleddus** Triumphzug *m.*

gorymdeithio *be.g* einen Umzug machen; *(MIL)* eine Parade abhalten; *(protestio)* einen Protestmarsch machen.

gorynys (-oedd) *b* Halbinsel *f.*

goryrru *be.g* zu schnell fahren, die

Geschwindigkeitsbegrenzung überschreiten.

gosber (-au) *g (CREF)* Vesper *f.*

gosgeiddig *ans* graziös, elegant; *(hardd)* anmutig.

gosgeiddrwydd *g* Grazie *f,* Anmut *f.*

gosgordd (-ion) *g* Geleitschutz *m,* Eskorte *f; (cardiau)* Farbe *f.*

goslef (-au) *b* Tonfall *m; (GRAM)* Intonation *f.*

gosod¹ *be.a (dodi)* stellen, legen, setzen; *(lleoli)* platzieren; *(bwrdd)* decken; *(gwaith cartref)* aufgeben; *(peiriannau)* installieren; *(llofnod)* darunter setzen; *(trefnu cyfarfod)* ansetzen, festsetzen; *(calibradu, cywiro)* stellen, einstellen; *(asgwrn)* einrichten; *(rhentu)* vermieten; *(milwyr)* stationieren; *(cysodi)* setzen; *(gardd)* anlegen, bepflanzen; *(pabell)* aufstellen; *(stori'n digwydd)* spielen; *(CHWAR: cic)* platzieren; *(hysbyseb mewn papur)* aufgeben; **~ allan** *(cyflwyno'n glir)* darlegen; **ar osod** zu vermieten; **~ ar waith** in Gang setzen; **~ arholiad** eine Prüfung zusammenstellen; **~ bet** eine Wette abschließen; **~ blodau** Blumen setzen; **~ bom** eine Bombe legen; **~ y bwrdd** den Tisch decken; **~ cloc larwm** den Wecker stellen; **~ i fyny** aufstellen; **~ i gerddoriaeth** vertonen; **~ gwaith cartref** eine Hausaufgabe aufgeben; **~ nod** ein Ziel stecken; **~ o flaen** vorsetzen; **~ oriawr** die Uhr stellen; **~ pris** einen Preis festsetzen; **~ problemau** Probleme bereiten; **~ tempo** *(CERDD)* den Takt angeben; **~ amser penodol** eine Zeit festlegen; **~ rhn yn y carchar** jdn ins Gefängnis stecken; **~ y ci ar rn** den Hund auf jdn hetzen; **~ rhth ar ei draed** etw auf die Beine stellen; **~ esiampl dda** ein gutes Beispiel geben; **~ rhth yn y ffwrn** etw in den Ofen schieben; **~ gwifren yn y ddaear** ein Kabel unter der Erde verlegen; **~ llun ar y wal** ein Bild aufhängen; **~ rhth i'r naill ochr** etw zur Seite legen; **mae'r ffilm wedi ei ~ yn Rhufain** der Film spielt in Rom; **~ yn nhrefn y wyddor** alphabetisch sortieren; **~ pethau ar ben ei gilydd** Sachen übereinander stapeln; **~ mewn trefn** sortieren; **gosododd e'r llyfr yn Ffrainc yn y bedwaredd ganrif ar bymtheg** er wählte das Frankreich des 19. Jahrhunderts als Schauplatz für sein Buch.

gosod² *ans:* **dannedd ~** dritte Zähne; **darn ~** *(gorfodol)* Pflichtstück *nt;* **llyfrau ~** Leseliste *f;* **llyfr ~** Buch auf der Leseliste.

gosodedig *ans* gesetzt; *(amod)* vorgegeben; **dyddiad ~** festgesetzter Termin.

gosodiad (-au) *g (datganiad)* Aussage *f; (honiad)* Behauptung *f; (academaidd)* These *f; (trefniant)* Arrangement *nt; (CERDD)* Bearbeitung *f; (gemau)* Fassung *f; (FFILM)* Montage *f.*

gosteg (-ion) *g (tawelwch)* Ruhe *f; (gwynt)* Flaute *f,* Windstille *f;* **~ion priodas** Aufgebot *nt.*

gostegu *be.g* sich beruhigen; *(poen)* nachlassen; *(storm, gwynt)* sich legen, nachlassen.

♦ *be.a* beruhigen; *(llais)* senken; *(rhoi taw ar)* zum Schweigen bringen.

gostwng *be.a (lleihau)* reduzieren, vermindern, verringern; *(safon)* herabsetzen; *(pris, treth)* senken, ermäßigen; *(llais)* senken; *(baner)* einholen; *(gwneud yn is)* niedriger machen; *(ar raff)* hinunterlassen, herunterlassen; *(pwythau)* abnehmen; **~ rhn ar raff** jdn abseilen; **~ dy lais!** schrei nicht so! senk' deine Stimme!

♦ *be.g (mynd yn llai)* abnehmen, sich vermindern; *(disgyn)* zurückgehen; *(prisiau)* sinken; *(poen, cryfder ayb)* nachlassen; *(arafu)* sich verlangsamen; **mae werth yn ~** es verliert an Wert; **mae'r gwynt wedi ~** der Wind hat nachgelassen.

gostyngedig *ans* bescheiden, demütig; *(wedi'i leihau)* reduziert; **prisiau ~** ermäßigte Preise.

gostyngeiddrwydd *g* Bescheidenheit *f,* Demut *f.*

gostyngiad (-au) *g* Reduktion *f,* Verringerung *f; (mewn prisiau)* Ermäßigung *f; (mewn cyflymder)* Verlangsamung *f; (CYLL)* Preisverfall *m; (tymheredd)* Temperatursturz *m; (darostyngiad)* Erniedrigung *f;* **rhoi ~ ar rth** etw herabsetzen; **mewn graddfa** *(MIL)* Degradierung *f;* **~ ar dreth** Steuerermäßigung *f;* **~ gwerth** Abwertung *f;* **~ pris am arian parod** Skonto *nt/m.*

gostyngol *ans* vergünstigt, ermäßigt; **prynu rhth am bris ~** etw ermäßigt kaufen.

Goth (-iaid) *gb* Gote *m,* Gotin *f.*

Gothig *ans* gotisch; *(PENS)* gotisch.

gowt *g (MEDD)* Gicht *f.*

gradell (-au) *b (COG)* gusseiserne Platte zum Backen, Waffeleisen *nt;* **bara'r radell** Waffel *f.*

gradd (-au) *b* Grad *m; (PRIFYSG)* Diplom *nt,* Hochschulabschluss *m; (YSG: marc)* Note *f; (gris mewn cwrs)* Stufe *f; (GRAM)* Steigerungsstufe *f;* **ongl o 90 ~** rechter Winkel; **i raddau** in gewissem Maße; **i raddau helaeth** in hohem Maße; **i'r fath raddau** dermaßen; **cael ~** einen akademischen Abschluss machen; **rydw i'n gwneud ~ yn y gwyddorau** ich studiere Naturwissenschaften; **~ dosbarth gyntaf** Auszeichnung *f;* **~ anhawster** Schwierigkeitsgrad *m;* **dwy radd o dan y rhewbwynt** zwei Grad unter Null.

graddedig *ans (PRIFYSG)* graduiert; *(themomedr, ffon mesur)* mit Maßeinteilung; *(treth, tâl)* abgestuft.

♦ (-ion) *gb* Hochschulabsolvent(in) *m(f).*

graddedigion *ll* Hochschulabsolventen *pl.*

graddfa (**graddfeydd**) *b* Skala *f; (ar fap)* Maßstab *m; (ar*

thermomedr) Gradeinteilung *f;* *(ar ffon fesur)*
Maßeinteilung *f; (cyflog)* Gehaltsstufe *f; (ffig)*
Ausmaß *nt; (CERDD)* Tonleiter *f;* **~ amser**
Zeitrahmen *m;* **~ chwyddiant** *(CYLL)* Inflationsrate *f;*
~ galedwch Härteskala *f;* **~ gyfnewid** Wechselkurs
m; **ar raddfa eang** in großem Rahmen; **ar raddfa
genedlaethol** auf nationaler Ebene; **digwyddiad ar y
raddfa hon** ein Ereignis von solchen Ausmaßen;
dylunio rhth i raddfa etw maßstabgetreu darstellen.

graddiant (graddiannau) *g (i fyny)* Steigung *f; (i lawr)*
Gefälle *nt.*

graddio *be.g* abschließen, graduieren; **seremoni
raddio** Abschlussfeier *f,* Sponsion *f.*

  ♦ *be.a (graddnodi)* einteilen, unterteilen, abstufen.

graddliwio *be.a* schattieren, schraffieren.

graddnodi *be.a* einteilen, unterteilen, graduell
abstufen.

graddnodiad (-au) *g* Einteilung *f,* Unterteilung *f.*

graddol *ans* graduell, Grad-; *(cam wrth gam)*
stufenweise; **yn raddol** allmählich, sukzessive,
nach und nach.

graddoliad (-au) *g* Abstufung *f.*

graean *ll* Kies *m,* Schotter *m; (ar heol)* Rollsplitt *m.*

graeanog *ans* kiesbedeckt; *(pridd)* steinig; **ffordd
raeanog** Schotterstraße *f; (cul)* Schotterweg *m.*

graeanu *be.a* schottern.

graen *g (safon)* Gediegenheit *f; (mewn pren)*
Maserung *f;* **mynd yn erbyn y ~** *(ffig)* jdm gegen
den Strich gehen; **mae ~ ar ei waith** seine Arbeit
ist in bestem Zustand.

graenio *be.a* masern.

graenu *be.a* in einen guten Zustand versetzen;
(gwybodaeth, iaith) aufpolieren.

graenus *ans* gediegen, qualitativ hochstehend.

graff (-iau) *g* Diagramm *nt; (MATH)* Graph *m;* **~ bar**
Balkendiagramm *nt;* **~ llinell** Liniendiagramm *nt;*
~ olwyn Kreisdiagramm *nt;* **papur ~**
Millimeterpapier *nt.*

graffeg *b* Grafik *f.*

graffigwaith *g* Grafik *f,* Illustration *f;* **~ cyfrifiadurol**
Computergrafik *f.*

graffit *g* Grafit *m.*

graffiti *g* Wandparolen *pl,* Graffito *m/nt.*

gram (-au) *g* Gramm *nt;* **50 ~ o siwgr** 50 Gramm
Zucker.

gramadeg (-au) *g* Grammatik *f,* Sprachlehre *f;* **llyfr ~**
Grammatik; **ysgol ramadeg** Gymnasium *nt.*

gramadegol *ans* grammatisch; **mae hynny'n
ramadegol anghywir** das ist grammatikalisch
falsch.

gramadegwr (gramadegwyr) *g* Grammatiker *m.*

gramoffon (-au) *g* Grammofon *nt.*

gran (-nau) *g* Wange *f.*

grant (-iau) *g* Beihilfe *f; (PRIFYSG)* Stipendium *nt;* **~
buddsoddiadol** *(CYLL)* Investitionszulage *f;* **~ cynnal**
(ar gyfer addysg) Studienbeihilfe *f;* **~ ymchwil**
Forschungsstipendium *nt.*

gras (grasusau) *g (trugaredd)* Gnade *f; (y weddi)*
Tischgebet *nt; (ffig: gohiriad)* Galgenfrist *f; (fel teitl)*
Eich G~ Euer Gnaden; **diwrnod o ras** eine
Galgenfrist von einem Tag; **drwy ras Duw** durch
Gottes Gnaden; **mewn cyflwr o ras** im Zustand der
Gnade; **dweud ~** das Tischgebet sprechen.

graslon *ans* gnädig.

graslonrwydd *g* Gnädigkeit *f.*

grasol *ans* = **graslon.**

grasusau *ll gw.* **gras.**

grasusol *ans* = **graslon.**

grât (gratiau) *gb* Kamin *m; (o flaen ffenestr)* Gitter *nt;*
tân yn y ~ Feuer im Kamin.

grater (-i) *g (COG)* Reibe^D *f,* Reibeisen *nt.*

gratio *be.a (COG)* reiben, raspeln.

gratiwr (gratwyr) *g (COG)* Reibe^D *f,* Raspel *f;* **~ caws**
Käsereibe *f.*

grawn *ll (ŷd)* Getreide *nt,* Korn *nt; (grawnwin)*
Weintrauben *pl; (clwstwr o ffrwythau)* Traube *f;*
(aeron) Beeren *pl; (wyau pysgod)* Rogen *m;* **~ bach**
Hirse *f;* **~ criafol** Vogelbeeren *pl;* **~ pupur**
Pfefferkorn *nt;* **~ unnos** Pilze *pl,* Schwammerln^A
pl.

grawnafal (-au) *g* Granatapfel *m.*

grawnfwyd (-ydd) *g* Getreide *nt,* Korn *nt; (brecwast)*
Cornflakes *pl.*

grawnffrwyth (-au) *g* Grapefruit *f,* Pampelmuse^D *f.*

grawnwinen (grawnwin) *b* Weintraube *f;* **cynhaeaf
grawnwin** Weinlese *f;* **sudd grawnwin** Traubensaft
m, Süßmost *m.*

Grawys *g* Fastenzeit *f.*

gre (-oedd) *b* Herde *f;* **~ o wenyn** Bienenschwarm *m.*

Greal *g* Gral *m;* **y ~ Sanctaidd** der Heilige Gral;
marchog y ~ Gralsritter *m.*

gredyll *ll gw.* **gradell.**

greddf (-au) *b* Instinkt *m;* **~ yr haid** Herdentrieb *m;*
wrth reddf instinktiv, intuitiv.

greddfol *ans* instinktiv, intuitiv.

grefi *g (COG)* Bratensaft *m,* Fleischsaft *m.*

grenâd (grenadau) *g (ffrwydryn)* Granate *f.*

gresyn *g* Jammer *m;* **~ nad yw e yma!** schade, dass er
nicht da ist!

gresynu *be.a* bedauern.

gresynus *ans* armselig, erbärmlich.

grid (-iau) *g* Gitter *nt; (rhwydwaith)* Netzwerk *nt;*
(trydan, nwy) Verteilernetz *nt; (ar fap)* Kartennetz *nt;*
~ gwartheg Viehgatter *nt.*

griddfan¹ *be.g* wimmern, ächzen.

griddfan² (-nau) *g* Stöhnen *nt*, Wimmern *nt*.

grifft *g* Froschlaich *m*.

gril (-iau) *g* (*COG*) Grill *m*.

grilio *be.a* (*COG*) grillen.

grillian *be.g* (*adar*) zwitschern; (*cicsyn*) zirpen.

gris (-iau) *g* Stufe *f*; (*ffig*) Etappe *f*; ~iau *ll* Treppe *f*, Stiege *f*; **gwyliwch y** ~ Vorsicht Stufe; ~iau cefn Hintertreppe *f*; ~iau symudol Rolltreppe *f*; ~iau tân Feuerleiter *f*; ~iau troellog Wendeltreppe *f*.

grisial (-au) *g* Kristall *m*; ~au hylif Flüssigkristalle *pl*; **nos risial** (*HAN*) Kristallnacht *f*.

grisialaidd *ans* (*wedi'i wneud o grisial*) kristallen, Kristall-; (*tryloyw*) kristallklar, durchsichtig.

grisialu *be.g* kristallisieren.

grisiau *ll gw.* **gris**.

grit (-iau) *g* (*graean*) Splitt *m*; (*tywod*) Streusand *m*.

griwal *g* Grütze^D *f*, Haferschleim *m*.

gro *ll* Kies *m*.

Groeg *b* (*iaith*) Griechisch *nt*; (*DAEAR*) Griechenland *nt*; **Gwlad** ~ Griechenland *nt*.

Groegaidd *ans* griechisch.

Groeges (-au) *b* Griechin *f*.

Groegwr (**Groegwyr**) *g* Grieche *m*.

gronell (-au) *b* (*wyau pysgod*) Rogen *m*.

gronyn (-nau) *neu* **grawn**) *g* (*hedyn ŷd*) Saatkorn *nt*; (*tywod, halen*) Körnchen *nt*; (*o lwch*) Staubkörnchen *nt*; (*mewn atom*) Teilchen *nt*; ~ elfennol Elementarteilchen *nt*; **does dim** ~ **o wirionedd ynddo** darin steckt kein Körnchen Wahrheit; ~ **bach** (*ysbaid fer*) Weilchen *nt*.

gronynnog *ans* körnig.

gros *ans* (*MASN*) Brutto.

groser (-iaid) *g* Kaufmann *m*, Greißler^A *m*, Lebensmittelhändler *m*.

grot, grôt (**grotiau**) *gb* Groat *m*, alte Silbermünze; **does gen i ddim** ~ ich habe keinen roten Heller.

grotésg *ans* grotesk.

grudd (-iau) *gb* Wange *f*.

grug *ll* (*BOT*) Heidekraut *nt*, Erika *f*.

grugiar (**grugieir**) *b* (*SÖOL*) Schneehuhn *nt*; ~ **ddu** Birkhuhn *nt*.

grwgnach *be.g* murren, maulen, grollen; ~ **am rth** sich über etw beklagen.

grwgnachlyd *ans* murrend.

grwndi *g:* **canu** ~ schnurren.

grŵp (**grwpiau**) *g* Gruppe *f*; **ffurfio** ~ sich gruppieren; ~ **gallu** Leistungsgruppe *f*; ~ **gwaed** Blutgruppe *f*; ~ **gweithredu** Aktionsgemeinschaft *f*; ~ **hollt** Splittergruppe *f*; ~ **hunangymorth** Selbsthilfegruppe *f*; ~ **oedran** Altersgruppe *f*; ~ **pop** Popgruppe *f*; ~ **targed** Zielgruppe *f*.

grym (-oedd) *g* (*nerth*) Kraft *f*; (*ergyd*) Wucht *f*; (*gorfodaeth*) Gewalt *f*; (*pŵer*) Macht *f*; ~ **allgyrchol** Fliehkraft *f*, Zentrifugalkraft *f*; ~ **atyniad** Anziehungskraft *f*; ~ **disgyrchiant** Schwerkraft *f*; ~ **dŵr** Wasserkraft *f*; ~ **ergyd** Schlagkraft *f*; ~ **ewyllys** Willenskraft *f*; ~ **goresgynnol** Besatzungsmacht *f*; ~ **gwladychol** Kolonialmacht *f*; ~ **natur** Naturgewalt *f*; ~ **perswâd** Überzeugungskraft *f*; ~ **rhyngwladol** Weltmacht *f*; ~ **uwch** Übermacht *f*; **bod mewn** ~ (*CYFR*) in Kraft sein; **dod i rym** in Kraft treten; **troi at rym** Gewalt anwenden; **yng ngrym ei swydd fel cadeirydd** kraft seiner Funktion als Vorsitzender.

grymus *ans* mächtig.

grymuso *be.a* stärken, kräftigen; (*car*) frisieren.

gw. *byrf* (= gweler) s. (siehe).

gwacâd *g* Räumung *f*.

gwacáu *be.a* leeren, entleeren; (*ystafell*) räumen.

♦ *be.g* (*dŵr*) abfließen; (*stryd, theatr*) sich leeren.

gwacter (-au) *g* Leere *f*.

gwactod (-au) *g* (*FFIS*) Vakuum *nt*, luftleerer Raum *nt*.

gwachul *ans* schwach.

gwadadwy *ans* anfechtbar.

gwadiad (-au) *g* Widerrede *f*, Verleugnung *f*; (*gweithred o wadu*) Leugnen *nt*; (*CYFR*) Widerruf *m*, Dementi *nt*.

gwadn (-au) *g* Sohle *f*, Profil *nt*; (*troed*) Fußsohle *f*; (*tu mewn esgid*) Einlage *f*; (*teiars*) Reifenprofil *nt*; **llunio'r wadn fel y bo'r troed** sich nach der Decke strecken.

gwadnu *be.a* besohlen; **ei** ~ **hi** (*rhedeg i ffwrdd*) abhauen.

gwadu *be.a* abstreiten, leugnen; (*GWLEID*) dementieren.

gwadd¹ (-od *neu* **gwahaddod**) *b* Maulwurf *m*; (*ysbïwr*) Spitzel *m*; **pridd y wadd** Maulwurfshügel *m*.

gwadd² *ans* geladen, eingeladen; **darlithiwr** ~ Gastvortragende(r) *m*; **gŵr** ~ geladener Gast.

gwadden *b* = **gwadd¹**.

gwaddod (-ion) *g* Ablagerung *f*, Sediment *nt*; ~ **gwin** Weinstein *m*.

gwaddodi *be.a* ablagern.

♦ *be.g* sich ablagern.

gwaddol *g* Stiftung *f*; (*priodas*) Mitgift *f*.

gwaddoli *be.a* stiften.

gwae (-au) *g* Unheil *nt*, Schmerz *m*; ~ **fi!** weh' mir!

gwaed *g* Blut *nt*; (*ach*) Geblüt *nt*; **banc** ~ (*MEDD*) Blutbank *f*; **grŵp** ~ Blutgruppe *f*, **gwasgedd** ~ Blutdruck *m*; ~ **ifanc** (*ffig*) junges Blut; **perthynas trwy waed** Blutsverwandtschaft *f*; **trallwysiad** ~ Bluttransfusion *f*, **bod am eich** ~ sich rächen

wollen an +*dat*; **hyd at waed** *(ffig)* bis aufs Blut;
mae fel cael ~ o garreg es ist wie wenn man gegen
eine Wand spricht; **mae'n achosi i'm gwaed ferwi** es
bringt mein Blut zum Kochen; **tewach ~ na dŵr**
Blut ist dicker als Wasser; **mae yn ei waed** das
liegt ihm im Blut; **mewn ~ oer** kaltblütig; **o waed**
(o enedigaeth) von Geburt; **o waed coch** blaublütig;
o waed coch cyfan vollblütig.

gwaed-ataliol *ans* blutstillend.

gwaed-gynnes *ans (SÖOL)* warmblütig; **anifail ~**
Warmblüter *m*.

gwaedlif (-au) *g (MEDD)* Blutung *f*, Hämorrhagie *f*.

gwaedlyd *ans* blutig; *(ffig)* blutbefleckt; **brwydr**
waedlyd ein blutiger Kampf.

gwaedlyn *g* = gwaedlif.

gwaedoer *ans (SÖOL)* kaltblütig; **anifail ~** Kaltblüter
m.

gwaedu *be.g* bluten; *(ffig: esbloetio)* **~'n sych**
ausbeuten; **mae fy nghalon yn ~** *(ffig)* mir blutet das
Herz; **~ i farwolaeth** verbluten; **~ fel mochyn** bluten
wie ein Schwein.

♦ *be.a:* **~ rhn** jdm Blut abzapfen.

gwaedd (-au) *b* Schrei *m*; *(galwad uchel)* Ruf *m*; **rhoi ~**
einen Schrei ausstoßen; **~ am help** Hilferuf *m*.

gwael *ans (drwg)* schlecht; *(israddol)* übel, schlimm;
(sâl) krank, schwach, angeschlagen; *(gresynus)*
armselig, elendig, erbärmlich; *(drygionus)*
niederträchtig, schlecht, böse; *(pridd)* karg,
unergiebig; **cof ~** schlechtes Gedächtnis; **dod o**
gartref ~ aus armen Verhältnissen stammen;
golau ~ schlechtes Licht, schlechte Beleuchtung;
tro ~ übler Trick; **tywydd ~** mieses Wetter; **ymateb**
~ schlechtes Echo; **mae ei glyw'n wael** er hört
schlecht, er ist schwerhörig; **mae e'n un ~ am godi**
yn gynnar er ist kein Frühaufsteher; **mae e'n un ~**
am golli er ist ein schlechter Verlierer; **teimlo'n**
wael sich nicht wohl fühlen, unwohl sein.

gwaeledd (-au) *g* Erkrankung *f*.

gwaelod (-ion) *g (pen isaf)* Boden *m*; *(pen pellaf)* Ende
nt; *(rhan isaf)* Unterteil *nt*; *(môr)* Grund *m*; *(mynydd)*
Fuß *m*; **ar y ~** unten, zu unterst; *(ar ben pellaf)* am
Ende; **~ y dyffryn** Talsohle *f*; **~ y tabl** *(pêl-droed)*
Tabellenende *nt*; **~ y grisiau** Treppenansatz; **~ion** *ll*
Ablagerung *f*, *(mewn gwydr neu botel)* Bodensatz *m*.

gwaelodi *be.g* sich ablagern, sich setzen.

gwaelodion *ll* gw. gwaelod; **bod yn y ~** deprimiert
sein, Trübsal blasen; **~ gwin** Weinstein *m*.

gwaelu *be.g* erkranken.

gwäell (gweill) *b* Stricknadel *f*; *(COG)* Spieß *m*; **ar y**
gweill im Gange.

gwaered *g* Abhang *m*, Hang *m*; **ar i waered** bergab,
abwärts; **wyneb i waered** verkehrt herum, mit der

Oberseite nach unten.

gwaeth *cymh* schlechter, schlimmer; **er gwell er ~** auf
Gedeih und Verderb; **mynd ar ei waeth** sich
verschlechtern, verfallen; **mae pethau wedi mynd o**
ddrwg i waeth die Lage hat sich verschlimmert,
wir sind vom Regen in die Traufe gekommen;
ta waeth wie dem auch sei; **does waeth gen i** das
ist mir Wurst; **waeth i mi fynd yno** ich könnte
genauso gut hingehen; **waeth i mi heb fynd yno** es
macht keinen Unterschied für mich, ob ich
hingehe oder nicht.

♦ *adf:* **yn waeth fyth** noch schlimmer.

gwaethaf *eith* schlechteste(r,s), schlimmste(r,s);
gwaetha'r modd leider, unglückseligerweise;
mae'r ~ eto i ddod das Schlimmste kommt noch.

er gwaethaf *ardd* trotz +*gen*; **er ~ pawb a**
phopeth trotz allem und jedem.

gwaethygiad (-au) *g* Verschlechterung *f*.

gwaethygu *be.g* sich verschlechtern; *(adfeilio)*
verfallen; *(iechyd)* nachlassen; *(sefyllfa)* sich
verschärfen, sich zuspitzen.

♦ *be.a* verschlimmern.

gwag (gweigion) *ans* leer; *(sedd)* frei; *(heb bobl)*
menschenleer; *(tŷ)* leerstehend, unbewohnt;
(swyddfa) unbesetzt; *(papur)* unbeschrieben; *(sgwrs)*
inhaltslos, hohl; *(casét)* unbespielt; **addewidion ~**
leere Versprechungen *pl*; **cam ~** Fehltritt *m*,
Lapsus *m*; **geiriau ~** leere Worte; **siarad ~** leere
Worte sprechen; **siec ~** *(CYLL)* Blankoscheck *m*; **ar**
stumog wag auf nüchternen Magen; **mae fy stumog**
yn wag mein Magen ist leer.

gwagio *be.a* entleeren, ausleeren; *(ystafell)*
(aus)räumen; *(gwydr)* austrinken; *(dŵr)* ausgießen.

gwaglaw *ans* fruchtlos, vergeblich.

♦ *adf* unverrichteter Dinge.

gwagle (-oedd) *g* Raum *m*, Hohlraum *m*, Leere *f*.

gwagnod (-au) *g* Null *f*.

gwag-siarad *be.g* Unsinn verzapfen.

gwagswmera *be.g* flanieren, gammeln[D].

gwahadden (gwahaddod) *b* Maulwurf *m*; gw.h.
gwadd[1].

gwahân *g* Trennung *f*, Unterscheidung *f*.

ar wahân *adf* getrennt; *(wedi'i ynysu)* abgesondert,
einzeln; **bod ar wahân** getrennt sein; **ar wahân i**
abgesehen von +*dat*.

gwahanadwy *ans* trennbar, unterscheidbar.

gwahanedig *ans* getrennt, separat.

gwahanfa (gwahanfeydd) *b:* **~ ddŵr** Wasserscheide *f*.

gwahanglaf (gwahangleifion) *gb* Leprakranke *m/f*,
Aussätzige *m/f*.

gwahanglwyf *g (MEDD)* Lepra *f*.

gwahanglwyfus *ans* leprös, aussätzig.

gwahaniad (-au) *g* Unterscheidung *f*; *(gweithred o ynysu)* Trennung *f*, Absonderung *f*.

gwahaniaeth (-au) *g* Unterschied *m*; *(amrywiaeth)* Verschiedenheit *f*; ~ **sylfaenol** grundlegender Unterschied; **does dim ~ (gen i)** das macht keinen Unterschied (für mich).

gwahaniaethol *ans* abweichend, differenziell, unterscheidend.

gwahaniaethu *be.g* sich unterscheiden, von einander abweichen, differieren; ~ **oddi wrth** abweichen von +*dat*; ~ **rhwng** unterscheiden zwischen +*dat*; ~ **yn erbyn rhn** jdn diskriminieren.

♦ *be.e* Diskriminierung *f*; ~ **hiliol** Rassendiskriminierung *f*; ~'**n gadarnhaol** positive Diskriminierung.

gwahanol *ans* verschieden, unterschiedlich; *(anghyfartal)* ungleich; *(amrywiol)* diverse, etliche, einzelne; **teimlo fel person ~** sich wie ein anderer Mensch fühlen; **y ~ adrannau** die einzelnen Abteilungen; ~ **bethau** etliche Dinge; **pethau ~** unterschiedliche Dinge; **bod yn wahanol i** sich unterscheiden von +*dat*, abweichen von +*dat*.

gwahanu *be.a* trennen, absondern.

♦ *be.g (ymrannu)* sich trennen; **maen nhw wedi ~** sie haben sich getrennt.

gwahardd *be.a* verbieten, untersagen; *(mabolgampwr)* disqualifizieren; *(herwrio)* ächten; ~ **rhn rhag gwneud rhth** jdm verbieten etw zu tun; **gwaherddir parcio yma** Parken verboten; ~ **dros dro** suspendieren.

gwaharddedig *ans* unerlaubt, verboten.

gwaharddiad (-au) *g* Verbot *nt*, Sperre *f*; *(MASN)* Embargo *nt*; *(rhn)* Ausschluss *m*; **mae ~ ar bysgota** das Fischen ist verboten; ~ **masnach** Handelssanktionen *pl*; ~ **dros dro** Suspendierung *f*; ~ **rhag gyrru** Führerscheinentzug *m*.

gwahodd *be.a* einladen, laden; *(gofyn am)* ersuchen; ~ **i mewn** hereinbitten; ~ **rhn i swper** jdn zum Essen einladen; **gwahoddodd y darlithydd gwestiynau gan y gynulleidfa** der Vortragende ersuchte das Publikum um Fragen.

gwahoddedig *ans* geladen.

♦ ~**ion** *ll* geladene Gäste *pl*.

gwahoddiad (-au) *g* Einladung *f*, Aufforderung *f*; **ar wahoddiad rhn** auf Einladung von jdm.

gwahoddwr (gwahoddwyr) *g* Gastgeber(in) *m(f)*.

gwain (gweiniau) *b (cleddyf)* Scheide *f*; *(ANAT)* Scheide, Vagina *f*; ~ **gwn** Halfter *nt*.

gwair (gweiriau *neu* gweirydd) *g (glaswellt)* Gras *nt*; *(wedi'i sychu)* Heu *nt*; **lladd ~** mähen, Heu machen.

gwaith[1] (gweithiau) *g (gweithred)* Arbeit *f*, Tätigkeit *f*; *(tasg)* Aufgabe *f*; *(swydd)* Arbeit, Beruf *m*,

Anstellung *f*; *(gwasanaeth)* Dienst *m*; *(cynnyrch)* Arbeit, Werk *nt*; *(CELF, LLEN)* Werk; **ar waith** an der Arbeit; ~ **anghyfreithlon** Schwarzarbeit *f*; ~ **ansoddol** Qualitätsarbeit *f*; ~ **ar dasg** Stückarbeit *f*; ~ **camera** *(FFILM)* Kameraführung *f*; ~ **cartref** Hausaufgabe *f*; ~ **celfyddydol** Kunstwerk *nt*; ~ **coed** Tischlerarbeit *f*, Holzarbeit *f*; ~ **dan do** Innenarbeiten *pl*; ~ **dŵr** Wasserwerk *nt*; ~ **ffordd** Bauarbeiten *pl*, Baustelle *f*; ~ **llaw** Handarbeit *f*; ~ **maen** *(PENS)* Gemäuer *nt*; ~ **maes** Feldforschung *f*; ~ **rhan amser** Halbtagsarbeit *f*, Teilzeitarbeit *f*; ~ **tîm** Teamarbeit *f*; ~ **tŷ** Hausarbeit *f*, Haushalt *m*; **beth yw eich ~?** was sind Sie von Beruf? **cael ~ anadlu** Schwierigkeiten haben zu atmen; **colli ~** gekündigt werden; **chwilio am waith** Arbeit suchen.

gwaith[2] (gweithfeydd) *g (ffatri)* Fabrikanlage *f*, Werk *nt*; ~ **dur** Stahlwerk *nt*; ~ **glo** Kohlengrube *f*; ~ **haearn** Hütte *f*.

gwaith[3] (gweithiau) *b* Mal *nt*; **unwaith** einmal; **ddwywaith** zweimal; **deirgwaith** dreimal; **ddengwaith** zehnmal; **ambell waith** mitunter, ab und zu; **lawer ~** oft; **nifer o weithiau** viele Male; **sawl ~** so oft.

gwal (-iau) *b* = **wal**.

gwâl (gwalau) *b* Lager *nt*; *(tan ddaear)* Bau *m*; ~ **ci** Hundehütte *f*.

gwala *b* Fülle *f*, Genüge *f*; ~ **a gweddill** mehr als genug.

gwalch (gweilch) *g (aderyn)* Falke *m*; *(cnaf)* Bengel *m*, Schlingel *m*; *(cardiau)* Bube *m*.

gwall (-au) *g (camgymeriad)* Fehler *m*; ~ **cystrawen** Satzbaufehler *m*; ~ **teipio** Tippfehler *m*.

gwallgof *ans* wahnsinnig, verrückt, irr.

gwallgofdy (gwallgofdai) *g* Irrenanstalt *f*, Irrenhaus *nt*.

gwallgofddyn (gwallgofiaid) *g* Irre(r) *m*, Wahnsinnige(r) *m*.

gwallgofrwydd *g* Wahnsinn *m*, Verwirrung *f*; *(gweithred)* Wahnsinn, Verrücktheit *f*; *(anifail)* Tollwut *f*; **mae'n wallgofrwydd pur!** das ist heller Wahnsinn!

gwall-neges *b (CYFDR)* Fehlermeldung *f*.

gwallog *ans* fehlerhaft; *(camarweiniol)* tückisch.

gwallt (-iau) *g* Haar *nt*; ~ **gosod** Perücke *f*, Toupet *nt*; ~ **macwy** Pagenkopf *m*; ~ **y forwyn** *(cymylau)* Schleierwolken *pl*; **digon i godi ~ eich pen** haarsträubend; **siop trin ~** Friseur(laden) *m*.

gwalltog *ans* haarig; **pob copa walltog** pro Kopf.

gwallus *ans* fehlerhaft, unzutreffend, falsch.

gwamal *ans* oberflächlich, flatterhaft, unernst.

gwamalu *be.g* spaßen, scherzen.

gwan (*ll* **gweinion**) *ans* schwach; *(o ran iechyd)*
schwächlich, anfällig; *(oherwydd henaint)*
altersschwach, gebrechlich; *(anwadal)* labil;
(esgus, rheswm) fadenscheinig; *(sŵn)* gedämpft;
(golau) schummrig; ~ **eich meddwl** schwachsinnig.

gwân (**gwanau**) *gb* Stoß *m*.

gwanc *g* Gier *f*, Begierde *f*.

gwancus *ans* gierig, begierig; *(am fwyd)* gefräßig.

gwanedig *ans* wässrig, gewässert.

gwanedu *be.a* verdünnen.

gwaneg (-au) *neu* **gwenyg**) *b (ton)* Brecher *m*.

gwangalon *ans* ängstlich, feige.

gwangalonni *be.g* verzagen.

gwanhad *g* Schwächung *f*.

gwanhau *be.a* schwächen; *(diod)* verwässern,
verdünnen; *(golau, llais)* dämpfen.

♦ *be.g (nerth)* schwinden; *(sŵn)* verstummen;
(annwyd, poen) abklingen.

gwanio *be.g* abschwellen, schrumpfen.

gwanllyd *ans* kränklich, schwächlich, zerbrechlich.

gwannaidd *ans* = **gwanllyd**.

gwantan *ans* (**gwan**) schwächlich, kümmerlich;
(anwadal) unbeständig, launenhaft.

gwanu *be.a* durchbohren; *(â chyllell)* einstechen auf
+akk.

gwanwyn *g* Frühling *m*, Frühjahr *nt*; *(llen)* Lenz *m*;
croeso'r ~ *(BOT)* Narzisse *f*; **yn y ~** im Frühling.

gwanychol *ans* *(sŵn)* gedämpft.

gwanychu *be.g* *(nerth)* schwinden; *(sŵn)*
verstummen, verhallen; *(annwyd, poen)* abklingen.

gwar (-rau) *gb* Genick *nt*, Nacken *m*; **bod ar war rhn**
jdm im Genick sitzen.

gwâr *ans* zivilisiert; *(boneddigaidd)* kultiviert.

gwaradwydd (-iadau) *g* Schande *f*, Entwürdigung *f*.

gwaradwyddo *be.a* schänden, entehren,
entwürdigen.

gwarafun *be.a* missgönnen; **mae hi'n ~ iddo ei
lwyddiant** sie missgönnt ihm seinen Erfolg; **rwy'n
~ gwario arian arno** es widerstrebt mir Geld dafür
auszugeben.

gwaraidd *ans* zivilisiert; *(boneddigaidd)* kultiviert.

gwarant (-au) *gb* Garantie *f*; *(am ddyled)* Bürge *m*; ~
chwilio Durchsuchungsbefehl *m*; ~ **dienyddio**
Todesurteil *nt*; ~ **i arestio** Haftbefehl *m*; **cyhyd â
bod ~ arno** solange noch Garantie darauf ist.

gwarantu *be.a* *(sicrhau)* garantieren, bürgen für *+akk*;
(CYFR) gewährleisten; **nid yw hynny'n ~ y bydd ...**
das heißt noch lange nicht, dass…; **gallaf warantu
hynny i chi** das kann ich Ihnen garantieren; **ni allaf
warantu y daw ef yfory** ich kann nicht dafür
garantieren, dass er morgen kommt.

gwarantwr (**gwarantwyr**) *g* Garant *m*; *(CYLL, CYFR)*

Bürge *m*.

gwarantwraig *b (CYLL, CYFR)* Bürgin *f*.

gwarantydd *g* = **gwarantwr**.

gwarchae[1] (-au) *g (MIL)* Einkesselung *f*; *(ar dref neu
gastell)* Belagerung *f*; *(gan yr heddlu)* Umstellung *f*;
~ **o'r môr** Seeblockade *f*.

gwarchae[2] *be.g*: ~ **ar rth** etw belagern.

gwarcheidiol *ans* schützend; **angel** ~ Schutzengel *m*.

gwarcheidwad (**gwarcheidwaid**) *g* Beschützer(in)
m(f), Hüter(in) *m(f)*; *(CYFR)* Vormund *m*; *(rhiant)*
Erziehungsberechtigte *m/f*; ~ **cyfraith a threfn** Hüter
des Gesetzes; ~ **carchar** Gefängniswärter *m*.

gwarchod *be.a* bewachen; *(diogelu rhag rhth)*
beschützen, schützen; *(cyfrinach)* hüten; *(edrych ar
ôl)* aufpassen auf *+akk*; *(plant)* Kinder hüten,
babysitten; ~ **eich enw** seine Ehre verteidigen; ~
pawb! um Gottes willen! du meine Güte![□]

gwarchodaeth (-au) *b* Schutz *m*; *(CHWAR: bocsio)*
Deckung *f*; ~ **yr amgylchedd** Umweltschutz *m*; ~
anifeiliaid Tierschutz *m*; ~ **ddata** Datenschutz *m*; ~
natur Naturschutz *m*; **rhoddwyd ~ y plant i'r fam**
(CYFR) die Kinder wurden der Mutter
zugesprochen.

gwarchodfa (**gwarchodfeydd**) *b* Reservat *nt*; ~ **adar**
Vogelschutzgebiet *nt*; ~ **natur** Naturschutzgebiet
nt; ~ **Indiaid Gogledd America** Indianerreservat *nt*.

gwarchodliw *g* Tarnung *f*.

gwarchodlu (-oedd) *g* Schutztruppe *f*, Garde *f*; **y G~
Cartref** Heimwehr *f*; **y G~ Cymreig** die Walisische
Garde; ~ **preifat** Wach- und Schließgesellschaft *f*.

gwarchodwr (**gwarchodwyr**) *g* Aufseher(in) *m(f)*;
(ceidwad) Bewacher(in) *m(f)*; *(i blant)* Betreuer(in)
m(f), Babysitter(in) *m(f)*; ~ **carchar**
Gefängniswärter(in) *m(f)*; ~ **y nos** Nachtwächter
m; ~ **personol** Leibwächter *m*; ~ **mewn siop**
Ladenaufsicht *f*.

gwarchodwraig (**gwarchodwragedd**) *b* Aufseherin *f*; ~
plant Babysitterin *f*, Kinderbetreuerin *f*,
Kindergartentante *f*.

gwared[1] *g*: **cael ~ ar rn** jdn loswerden, jdn
abwimmeln; *(diswyddo)* jdn rausschmeißen; *(pobl)*
jdn vertreiben; **cael ~ â rhth** etw loswerden; *(taflu i
ffwrdd)* etw wegschmeißen; *(DIWYD: sbwriel)* etw
entsorgen; *(rhan o destun)* streichen; **cael ~ ag
annwyd** einen Schnupfen loswerden.

gwared[2] *be.a* = **gwaredu**; **Duw a'n gwaredo!** der
Himmel möge uns beistehen! ~ **y gwirion!**
erbarme Dich unser! ~ **ni rhag drwg!** erlöse uns
von dem Bösen!

gwaredigaeth (-au) *b* Befreiung *f*, Erlösung *f*; *(CREF)*
Erlösung.

gwaredu *be.a* befreien, erlösen; *(DIWYD: sbwriel)*

entsorgen; ~ **rhag** erlösen von +*dat*; ~ **eich hun o rth** etw loswerden; *gw.h.* **gwared**[2].

gwaredwr (**gwaredwyr**) *g* Befreier *m*; *(CREF)* **y G~** der Erlöser *m*.

gwareiddiad (-**au**) *g* Zivilisation *f*.

gwareiddiedig *ans* zivilisiert.

gwareiddio *be.a* zivilisieren.

gwarged (-**ion**) *g* (*gweddill*) Überschuss *m*, Rückstand *m*.

gwargam *ans* = **gwargrwm**.

gwargamu *be.g* = **gwargrymu**.

gwargrwm *ans* buckelig; (*cefn*) gekrümmt.

gwargrymedd *g* Verkrümmung *f*, Buckel *m*.

gwargrymu *be.g* einen Buckel machen, sich krümmen; (*cerdded yn wargam*) gebückt gehen.

♦ *be.a* krümmen.

gwariant (**gwariannau**) *g* (*yr arian a wariwyd*) Ausgaben *pl*; (*buddsoddiad*) Aufwand *m*; ~ **amser** Zeitaufwand *m*; ~ **cyfalaf** (*CYLL*) Kapitalaufwand *m*; ~ **cyhoeddus** öffentliche Ausgaben; ~ **egni** Energieaufwand *m*; ~ **ychwanegol** Mehraufwand *m*; **cyfyngu eich** ~ seine Ausgaben kürzen.

gwarineb *g* Höflichkeit *f*.

gwario *be.a* ausgeben; ~ **arian** (**ar**) Geld ausgeben (für +*akk*); ~ **ffortiwn** ein Vermögen ausgeben.

gwarth *g* Schande *f*; **dwyn** ~ **ar rn** jdm Schande machen; ~ **arnat ti!** schäm' dich! **y** ~**!** was für eine Schande! **does dim** ~ **mewn colli** es ist keine Schande zu verlieren.

gwarthaf *g* Höhepunkt *m*; **dod ar warthaf** stoßen auf +*akk*.

gwarthafl (-**au**) *b* = **gwarthol**.

gwartheg *ll* Rinder *pl*; (*da*) Vieh *nt*; (*godro*) Milchkühe *pl*.

gwarthol (-**ion**) *b* Steigbügel *m*.

gwarthus *ans* schmählich, schändlich; **mae'n warthus** es ist eine Schande.

gwas (**gweision**) *g* (*fferm*) Knecht *m*, Landarbeiter *m*; (*ceffylau*) Stallknecht *m*; (*mewn tŷ*) Bedienstete(r) *m*, Diener *m*; (*personol*) Diener, Kammerdiener *m*; ~ **bach** Lehrling *m*; (*mewn gwesty*) Page *m*; (*mewn bwyty*) Piccolo *m*; ~ **cyflog** Tagelöhner *m*; ~ **y dryw** (*SÖOL*) Meise *f*; ~ **y neidr** (*SÖOL*) Libelle *f*; ~ **yr offeren** Messdiener *m*; ~ **priodas** Trauzeuge *m*; ~ **sifil** Beamter *m*; '**ngwas i** mein Junge.

gwasaidd *ans* unterwürfig, kriecherisch.

gwasanaeth (-**au**) *g* Dienst *m*; (*i gwsmeriaid*) Service *m/nt*, Kundendienst *m*; (*mewn bwyty*) Bedienung *f*, Service; (*CREF*) Gottesdienst *m*; (*CHWAR: tennis*) Aufschlag *m*; ~**au** *ll* (*ar draffordd*) Raststätte *f*; ~ **achub** Rettungsdienst *m*; ~ **angladdol** Trauerfeier *f*; ~ **argyfwng** Notdienst *m*; ~ **coffa** Gedenkfeier *f*; ~

cudd Geheimdienst *m*; ~ **cymdeithasol** Sozialdienst *m*; ~ **cymunedol** Bürgerforum *nt*; (*MIL*) Zivildienst *m*, (Wehr)ersatzdienst *m*; ~ **iechyd** Gesundheitswesen *nt*; ~ **milwrol** Militärdienst *m*; ~ **priodas** Eheschließungszeremonie *f*; **G~ Sifil** Staatsdienst *m*; ~ **tynnu ceir** Abschleppdienst *m*; ~**au diwydiannol** Dienstleistungssektor *m*; **at wasanaeth** zu Diensten, zur Verfügung; **bod o wasanaeth** von Nutzen sein.

gwasanaethgar *ans* (*person*) hilfreich, kulant; (*dillad*) praktisch; (*sad*) haltbar.

gwasanaethu *be.a, be.g* dienen; (*bwyd*) servieren; (*nwy, trydan*) versorgen; (*CHWAR*) aufschlagen; ~ **eich gwlad** seinem Land dienen; ~'**r offeren** (*CREF*) die Messe lesen; ~ **ar bwyllgor** einem Ausschuss angehören; ~ **ar reithgor** als Geschworene(r) gehen; ~ **dau feistr** (*ffig*) zwei Herren gleichzeitig dienen; ~'**r tref â thrydan** die Stadt mit Strom versorgen.

gwasg[1] (**gweisg**) *b* Presse *f*; (*peiriant argraffu*) Druckerpresse *f*; (*cyhoeddwr*) Verlag *m*; (*argraffwyr*) Druckerei *f*; **y wasg** (*papurau newydd*) die Presse; ~ **ddillad** Kleiderpresse *f*; ~ **win** Weinpresse *f*; **mae'r llyfr yn y wasg** das Buch ist im Druck; **mae'r stori yn y wasg** die Geschichte steht in der Zeitung.

gwasg[2] (**gweisg**) *gb* (*canol y corff neu wisg*) Taille *f*.

gwasgar *g* Zersplitterung *f*, Zerstreuung *f*; **ar wasgar** verstreut; **Cymry ar wasgar** Auslandswaliser *pl*, Überseewaliser *pl*.

gwasgaredig *ans* verstreut, verteilt; **cawodydd** ~ vereinzelte Schauer.

gwasgariad (-**au**) *g* Verteilung *f*.

gwasgarog *ans* (*prin*) vereinzelt, sporadisch.

gwasgaru *be.a* (*lledaenu*) verstreuen; (*dosbarthu*) verteilen; (*neges, ofn*) verbreiten; (*ysgeintio*) versprühen; (*tywod, halen*) streuen; (*menyn*) aufstreichen; (*tyrfa*) zerstreuen; '**sgwaru tail/dom** düngen, Mist ausfahren.

♦ *be.g* (*pobl*) sich zerstreuen, sich auflösen; **gwasgarwyd y fflamau gan y gwynt** die Flammen wurden vom Wind vertragen.

gwasgedd (-**au**) *g* Druck *m*; ~ **aer** Luftdruck *m*; ~ **gwaed** Blutdruck *m*; ~ **isel** (*TYW*) Tiefdruck *m*; ~ **llyfn** gleichmäßiger Druck; ~ **uchel** (*TYW*) Hochdruck *m*.

gwasgell (-**au**) *b* (*COG*) Presse *f*; ~ **lemon** Zitronenpresse *f*; ~ **garlleg** Knoblauchpresse *f*.

gwasgfa (**gwasgfeydd**) *b* Kompression *f*; (*mewn torf*) Andrang *m*, Gedränge *nt*; (*poen*) Drücken *nt*, Krämpfe *pl*; ~ **ar gredyd** (*CYLL*) Kreditdrosselung *f*.

gwasgiad (-**au**) *g* Drücken *nt*, Druck *m*; (*cofleidiad*) Umarmung *f*.

gwasgod (-au) *b* Gilet^AS *nt*, Weste^D *f*.

gwasgu *be.a* drücken; *(rhoi pwysau ar rth)* pressen; *(cydiwr, pedal)* steigen auf *+akk*; *(ffrwythau)* auspressen; *(grawnwin, blodau)* pressen; *(cael gwared â gwlybaniaeth)* auswinden, ausdrücken; *(cofleidio)* (ans Herz) drücken; **~ allweddell** die Tastatur betätigen; **~ botwm** (auf) einen Knopf drücken; **~ rhth i mewn i rth** etw in etw *akk* hineinquetschen; **gallaf eich ~ i mewn am 3 o'r gloch** um 3 Uhr kann ich Sie einschieben; **~ rhth allan o rn** *(ffig)* jdm etw abknöpfen; **~ eich ffordd drwy'r dorf** sich einen Weg durch die Menge bahnen; **~ sudd lemwn** eine Zitrone ausdrücken/auspressen; **~ eich bys mewn drws** sich den Finger in der Türe einklemmen.

♦ *be.g* drücken; *(meddyliol)* bedrücken; **~ ar rn** *(cymell)* jdn drängen; *(bygwth)* jdn unter Druck setzen; **~ ar rn am ateb** auf jds Antwort drängen; **doedd dim angen ~ lawer arno** er ließ sich nicht lange bitten; **gwasga arni!** gib Gas! drück' auf die Tube! **ble mae'r esgid fach yn ~?** *(ffig)* wo drückt der Schuh? **mae ei ddyledion yn ~ arno** seine Schulden bedrücken ihn; **mae amser yn ~** die Zeit drängt.

gwastad *ans (fflat)* flach, eben; *(wedi'i wasgu)* platt; *(llorwedd)* gerade, horizontal; **tir ~** Flachland *nt*, Ebene *f*; **to ~** Flachdach *nt*; **ar wastad eich cefn** flach auf dem Rücken.

♦ *adf:* **(yn) wastad** *(bob amser)* immer; *(ers oesoedd)* seit eh und je; **mae hi wastad yn hwyr** sie kommt immer zu spät.

gwastadedd (-au) *g* (DAEAR) Tiefebene *f*.

gwastadol *ans* ständig, ununterbrochen, kontinuierlich; *(ffig: diwyro)* beständig, stet.

gwastadrwydd *g* Ebenheit *f*.

gwastadu *be.a* = **gwastatáu**.

gwastatáu *be.a* ebnen; *(adeiladau)* einebnen; *(gan fomiau)* dem Erdboden gleichmachen; *(gwneud yn fflat)* abflachen.

gwastatir (-oedd) *g* Tiefebene *f*.

gwastraff *g* Abfall *m*; *(colled)* Verschwendung *f*; **~ amser** Zeitverschwendung *f*; **~ arian** Geldverschwendung *f*; **~ diwydiannol** Industrieabfall *m*; **~ gwenwynig** Giftmüll *m*; **~ ymbelydrol** Atommüll *m*; **mae'n wastraff ymdrech** das ist nicht der Mühe wert.

gwastrafflyd *ans* = **gwastraffus**.

gwastraffu *be.a* verschwenden; *(bwyd, amser)* vergeuden; *(cyfle)* versäumen, vertun; **paid â ~ fy amser!** vergeude nicht meine Zeit! stiehl mir nicht die Zeit! **~ eich anadl** *(ffig)* seinen Atem vergeuden, sich umsonst bemühen; **~ eich arian ar**

rth Geld verschwenden für etw.

gwastraffus *ans* verschwenderisch; *(aneconomaidd)* unwirtschaftlich, unrentabel; **mae gadael goleuadau ymlaen yn arferiad ~** es ist Verschwendung überall Licht brennen zu lassen; **mae hi'n wastraffus** sie wirft das Geld zum Fenster raus.

gwastrawd (gwastrodion) *g* Stallknecht *m*.

gwatwar¹ *be.a* verspotten, verhöhnen.

gwatwar² *g* Spott *m*, Hohn *m*.

gwatwareg *b* Sarkasmus *m*.

gwatwarus *ans* spöttisch, höhnisch; *(maleisus)* boshaft.

gwatwarwr (gwatwarwyr) *g* Spötter *m*.

gwau¹ *g* Strickerei *f*.

gwau² *be.a* weben; *(â gweill)* stricken; *(pryf copyn)* spinnen; **~ eich ffordd drwy dorf** sich durch die Menge schlängeln.

gwaun (gweunydd) *b* Heide *f*, Moor *nt*; *(dôl)* Wiese *f*.

gwawd *g* Spott *m*; *(ar ôl damwain)* Schadenfreude *f*.

gwawdio *be.a* verspotten, spotten über *+akk*.

gwawdiwr (gwawdwyr) *g* Spötter *m*, Lästerer *m*.

gwawdlun (-iau) *g* Karikatur *f*.

gwawdlunydd (-ion) *g* Karikaturist *m*.

gwawdlyd *ans* schadenfroh, höhnisch; *(coeglyd)* sarkastisch; *(maleisus)* boshaft.

gwawl *g* Licht *nt*; **G~ y Gogledd** Nordlicht *nt*.

gwawn *g* Spinnwebe *f*, Spinnfäden *pl*; *(dros y dolydd)* Altweibersommer *m*.

gwawr¹ *b (toriad dydd)* Morgendämmerung *f*; *(amser y dydd)* Tagesanbruch *m*; **gyda'r wawr** bei Tagesanbruch; **Merched y Wawr** walisische Frauenbewegung *f*.

gwawr² *b (lliw gwan)* Stich *m*, Hauch *m*, Spur *f*; **~ goch** ein Hauch von Rot, ein Stich ins Rote; **llun â ~ las** (FFOTO) blaustichiges Foto.

gwawrio *be.g* dämmern; **~ ar rn** *(ffig: deall)* jdm dämmern, jdm klar werden; **gwawriodd arno'n sydyn eu bod yn tynnu'i goes** es wurde ihm plötzlich klar, dass sie ihn verspotteten.

gwayw (gwewyr) *g* Stechen *nt*, Stich *m*; **~ fwyell** *(arf)* Hellebarde *f*.

gwaywffon (gwaywffyn) *b* Speer *m*, Lanze *f*; (CHWAR) Speer; **taflu'r ~** (CHWAR) Speerwerfen *nt*; **taflwr ~** Speerwerfer(in) *m(f)*.

gwdihŵ (-od) *b* (SŌOL) Eule *f*.

gwddf (gyddfau) *g* Hals *m*; *(ceg a llwnc)* Kehle *f*, Gurgel *f*; *(coler)* Ausschnitt *m*; *(potel)* (Flaschen)hals *m*; **~ stiff** ein steifes Genick; **~ tost** Halsweh *nt*; **clirio'ch ~** sich räuspern; **torri'ch ~** sich das Genick brechen; **torri ~ rhn â chyllell** jdm die Kehle durchschneiden; **canser y ~**

Kehlkopfkrebs *m*; ~ **isel** *(ar ddilledyn)* ein tiefes Dekolleté *nt*; ~ **polo** Rollkragen *m*.

gwddw(g) *g* = **gwddf**.

gwe (**gweoedd**) *b* Gewebe *nt*; *(pryf copyn)* Spinnennetz *nt*, Spinnweben *pl*; *(traed hwyaid)* Schwimmhaut *f*; **y We** *(CYFDR)* das Internet *nt*.

gwead (-au) *g* *(dull)* Webart *f*; *(patrwm)* Stoffmuster *nt*; **mae hynny yn ei wead** *(ffig)* das liegt ihm im Blut.

gwedd[1] (-au) *b* *(ymddangosiad)* Aussehen *nt*; *(wyneb)* Angesicht *nt*, Antlitz *nt*; *(tudalen)* Aufmachung *f*; *(lliw croen)* Teint *m*; **ar ei newydd wedd** in seiner neuen Aufmachung; **ar un wedd mae'n fantais** in einer Hinsicht ist es ein Vorteil.

gwedd[2] (-oedd) *b* *(iau)* Joch *nt*; *(ceffyl)* Kummet *nt*; *(pâr o anifeiliaid)* Gespann *nt*; **ceffyl ~** Zugpferd *nt*.

gweddaidd *ans* *(addas)* passend, angemessen; *(hardd)* anmutig; **ateb ~** eine geziemende Antwort.

gweddi (**gweddïau**) *b* Gebet *nt*; **llyfr ~** Gebetbuch *nt*; **dweud eich ~** sein Gebet verrichten; **dweud ~ dros rn** für jdn beten; **G~'r Arglwydd** Vaterunser *nt*.

gweddill (-ion) *g* Rest *m*; *(MATH)* Rest; **~ion** *ll* Überreste *pl*; *(celain)* sterbliche Überreste; **~ yr arian** der Rest des Geldes; **~ y plant** die übrigen Kinder; **nid yw hi'n wahanol i'r ~** sie ist wie alle anderen; **~ y llyfrau i gyd** alle übrigen Bücher; **Mari, Siân a'r ~ ohonynt** Mari, Siân und wie sie alle heißen; **am weddill yr wythnos** den Rest der Woche.

gweddïo *be.g* beten, ein Gebet sprechen; **~ dros rn** für jdn beten; **~ am rth** um etw beten; *(ffig)* stark auf etw *akk* hoffen.

gweddnewid *be.a* umwandeln, umformen; *(person)* verwandeln, verändern; *(CREF)* bekehren.

gweddol *ans* mittelprächtig; **sut mae? – ~** wie geht's? – mir geht's ganz passabel; **mae gan Lanelli gyfle ~ o ennill** Llanelli hat ganz gute Aussichten zu gewinnen; **mewn cyflwr ~** in passablem Zustand.

♦ *adf* *(eithaf)* ziemlich; **mae'n weddol hawdd** es ist ziemlich einfach; **rwy'n weddol siŵr** ich bin ziemlich sicher.

gweddu *be.a* entsprechen +*dat*; *(dillad)* gut stehen +*dat*; **mae hi'n ~'r swydd i'r dim** sie eignet sich genau für die Stelle; **maent yn ~ ei gilydd** sie passen gut zusammen; **mae barf yn dy weddu** ein Bart steht dir gut.

gweddus *ans* passend, schicklich, anständig.

gweddw (-on) *b* Witwe *f*.

♦ *ans* verwitwet; **gŵr ~** Witwer *m*; **maneg weddw** Einzelhandschuh *m*.

gweddwdod *g* Witwenschaft *f*.

gwefl (-au) *b* Lippe *f*; *(ANAT)* Schamlippe *f*; **~au** *ll* *(safn)* Mund *m*.

gwefr (-au) *gb* *(cyffro)* Aufregung *f*, Erregung *f*; *(ias)* Schauer *m*, Schauder *m*; *(llygaid)* Glänzen *nt*, Flackern *nt*; *(FFIS)* Ladung *f*; **aeth ~ trwyddi** ein Schauer überlief sie, sie schauderte.

gwefreiddio *be.a* erregen, elektrisieren; **cael eich ~** *(cael ias)* (er)schaudern.

gwefreiddiol *ans* faszinierend, elektrisch, aufregend.

gwefru *be.a* *(batri)* aufladen, laden.

gwefus (-au) *b* Lippe *f*; **~ fylchog** Hasenscharte *f*; **siarad â ~ bur** *(ffig)* nach der Schrift sprechen.

gwegian *be.g* torkeln, taumeln, schwanken.

gwegil *gb* Genick *nt*, Nacken *m*; **troi ~ ar** im Stich lassen.

gwehelyth *gb* Abstammung *f*, Stammbaum *m*.

gwehilion *ll* Abfall *m*, Müll *m*, Dreck *m*; *(pobl)* Abschaum *m*.

gwehydd (-ion) *g* Weber(in) *m(f)*.

gwehyddu *be.a* weben.

gweiddi *be.g* rufen, schreien; *(rhegi)* zetern; *(meddw)* grölen; **~ ar** anschreien; **~ bw ar** *(THEAT)* auspfeifen.

♦ *be.a* ausrufen; *(cân)* grölen.

gweigion *ans* *gw.* **gwag**.

gweilch *ll* *gw.* **gwalch**.

gweilgi *b* See *f*, Meer *nt*.

gweillen (**gweill**) *b* Stricknadel *f*; **ar y gweill** im Gange.

gweini *be.a* *(bod yn was/forwyn i)* dienen +*dat*; *(bwyd, diod)* servieren, bringen.

♦ *be.g* servieren, kellnern; **~ ar rn** jdn bedienen; **oes rhn yn ~ arnoch?** werden Sie schon bedient?

gweiniau *ll* *gw.* **gwain**.

gweinidog (-ion) *g* *(CREF)* Geistliche(r) *m*; *(Catholig)* Pfarrer *m*; *(Protestannaidd)* Pastor(in) *m(f)*; *(GWLEID)* Minister(in) *m(f)*; **G~ Cartref** Innenminister(in) *m(f)*; **G~ Tramor** Außenminister(in) *m(f)*; **Prif Weinidog** Premierminister(in) *m(f)*; *(yn yr Almaen ac yn Awstria)* Bundeskanzler *m*.

gweinidogaeth *b* *(CREF)* Priesteramt *nt*; *(GWLEID)* Ministerium *nt*; *(y swydd)* Ministerposten *m*; **mynd i'r weinidogaeth** *(CREF)* das Priesteramt anstreben; *(GWLEID)* den Ministerposten anstreben.

gweinidogaethu *be.g* *(CREF)* das Priesteramt ausüben.

gweinidogol *ans* *(GWLEID)* ministeriell; *(CREF)* priesterlich.

gweinion *ans* *gw.* **gwan**.

♦ *ll* Schwachen *pl*; **~ ein cymdeithas** die sozial Schwachen.

gweinydd (-ion) *g* Kellner *m*, Ober *m*; *(mewn garej)* Tankwart *m*.

gweinyddes (-au) *b* Kellnerin *f*, Serviererin *f*; *(mewn ysbyty)* Schwester *f*; **~ feithrin** Kinderschwester *f*; **~!** Fräulein!

gweinyddiaeth (-au) *b* Verwaltung *f*, Administration *f*; *(GWLEID)* Bereich *m*, Ressort *nt*; **~ amaeth** Landwirtschaftsressort *nt*.

gweinyddol *ans* Verwaltungs-, administrativ.

gweinyddu *be.a* verwalten; **~ cyfiawnder** Recht sprechen; *(CREF)* **~ gwasanaeth** den Gottesdienst abhalten; *(Catholig)* die Messe lesen.

gweinyddwr (gweinyddwyr) *g* Verwalter *m*; **~ personél** Personalverwalter *m*.

gweinyddwraig (gweinyddwragedd) *b* Verwalterin *f*.

gweirglodd (-iau) *b* Wiese *f*, Weideland *nt*.

gweiryn *g* Grashalm *m*.

gweisg *ll gw.* **gwasg**.

gweision *ll gw.* **gwas**.

gweithdy (gweithdai) *g* Werkstatt *f*, Arbeitsraum *m*; *(cyfarfod arbennig)* Workshop *m*, Seminar *nt*, Arbeitsgruppe *f*; **~'r saer** Tischlerwerkstatt *f*, Schreinerei[D] *f*, **~ metel** Schlosserei *f*; **~ peiriannau** Maschinenraum *m*.

gweithfa (gweithfeydd) *b* = **gwaith²**.

gweithfan (-nau) *gb (lle)* Arbeitsplatz *m*; *(CYFDR)* Computerarbeitsplatz *m*, Workstation *f*.

gweithfeydd *ll gw.* **gwaith²**.

gweithgar *ans* fleißig, arbeitsam, emsig.

gweithgaredd (-au) *g* Tätigkeit *f*, Aktivität *f*; **~au** *ll* Aktivitäten *pl*, Programm *nt*.

gweithgarwch *g (diwydrwydd)* Fleiß *m*, Eifer *m*; *(prysurdeb)* Aktivität *f*.

gweithgor (-au) *g* Arbeitsgemeinschaft *f*, Ausschuss *m*; *(GWLEID)* Untersuchungsausschuss *m*.

gweithgynhyrchu *be.a* herstellen, produzieren.

gweithio *be.g* arbeiten; *(peiriant)* funktionieren; *(meddyg)* praktizieren; *(llwyddo)* klappen, hinhauen; *(eplesu)* gären; *(moddion)* anschlagen, wirken; **~ allan** klappen; **mae'n ~ allan yn bum punt yr un** das macht fünf Pfund für jeden; **~ ar** arbeiten an *+dat*; **~ 'n anghyfreithlon** schwarzarbeiten; **~ dros achos** sich für eine Sache einsetzen; **~ eich ffordd** vorwärts kommen; **~ fel rhth** als etw arbeiten, als etw tätig sein; **~ fel putain** auf den Strich gehen; **~'n galed** sich abmühen, sich plagen, schuften; **~ i gwmni** bei einer Firma beschäftigt sein; **~ tuag at rth** auf etw *akk* hinarbeiten; **~ trwy rth** etw durcharbeiten; **~ drwy'r nos** die Nacht durcharbeiten.

♦ *be.a* bearbeiten; *(ffurfio)* formen; *(haearn)*

schmieden; *(peiriant)* bedienen; *(gwau)* fertigen, weben; *(barddoni)* dichten; *(MEDD: ~'r corff)* abführen; *(gwneud i rn weithio)* antreiben; **~ rhth allan** *(cyfrif)* etw ausrechnen; *(problem)* etw lösen; *(ystyr)* etw herausfinden; **mae'r athro'n ~ ni'n galed** der Lehrer verlangt viel von uns; **~ eich staff yn rhy galed** den Angestellten zu viel abverlangen; **~ cinio** Essen zubereiten.

gweithiwr (gweithwyr) *g* Arbeiter *m*; *(mewn swyddfa)* Angestellte(r) *m*; *(GWLEID)* Arbeitnehmer *m*; **~ coler las** Arbeiter; **~ coler wen** Büroangestellte(r) *m*; **~ di-sgil** Hilfsarbeiter *m*.

gweithle (-oedd) *g* Arbeitsplatz *m*.

gweithlu (-oedd) *g* Arbeitskräfte *pl*; *(mewn cwmni)* Belegschaft *f*, Personal *nt*.

gweithred (-oedd) *b* Tat *f*, Handlung *f*, Aktion *f*; **~ sifil** Bürgerinitiative *f*; **~ o Dduw** höhere Gewalt *f*; **dal rhn yn y weithred** jdn in flagranti ertappen; **~oedd** *ll* Urkunde *f*; **~oedd eiddo** Besitzurkunde *f*.

gweithrediad (-au) *g* Durchführung *f*; *(peiriant)* Betrieb *m*; *(MATH)* Rechenoperation *f*; *(proses)* Verfahren *nt*; *(CYFR)* Vollziehung *f*, Vollstreckung *f*; **allan o weithrediad** außer Betrieb; **~ masnachol** *(MASN)* Geschäftsabschluss *m*; **~ rhifyddeg sylfaenol** Grundrechenart *f*; **~au** *ll* Vorgehensweise *f*; **~au cyfreithiol** Gerichtsverfahren *nt*.

gweithrediadaeth *b* Exekutive *f*.

gweithredoedd *ll gw.* **gweithred**; *(dogfen)* Urkunde *f*; **~ eiddo** Besitzurkunde *f*.

gweithredol *ans* tätig, aktiv; *(swyddog)* amtierend; **modd ~** *(GRAM)* Aktiv *nt*.

gweithredu *be.a (cyflawni)* durchführen, ausführen, vollziehen; *(GWLEID, CYFR)* exekutieren; **~ cynllun** einen Plan umsetzen.

♦ *be.g (gwneud)* handeln, vorgehen; **~ ar ran rhn** in jds Auftrag handeln; **~'n llym** hart durchgreifen; **~'n erbyn rhth** *(stopio)* etw unterbinden.

gweithredwr (gweithredwyr) *g* Täter *m*; *(dros rn)* Vertreter *m*, Agent *m*; *(ar beiriant)* Arbeiter *m*; *(CYFDR)* Operator *m*; *(swyddog rheoli)* Führungskraft *f*, Manager *m*; **prif weithredwr** Generaldirektor *m*.

gweithredydd (-ion) *g (MASN)* Repräsentant(in) *m(f)*, Agent(in) *m(f)*.

gweithwraig (gweithwragedd) *b* Arbeiterin *f*; **~ swyddfa** Angestellte *f*, Bürokraft *f*.

gweithwyr *ll gw.* **gweithiwr**; Arbeitskräfte *pl*; *(mewn cwmni)* Belegschaft *f*, Personal *nt*.

gwêl *gorch* siehe!

gweladwy *ans* sichtbar, erkennbar; **~ i'r llygad** mit freiem Auge erkennbar.

gweld *be.a* sehen; *(darganfod)* erblicken; *(sylweddoli)* erkennen, bemerken; *(gwylio)* beobachten; *(dychmygu)* sich *dat* vorstellen; *(ymweld â)* besuchen; *(meddyg ayb)* aufsuchen; *(deall)* **rwy'n ~** ich verstehe; **~ bai ar** bemängeln, kritisieren; **cawn ni weld** wir werden sehen; **~ eisiau rhth/rhn** etw/jdn vermissen; *(bod ag angen)* etw/jdn brauchen; **~ golau dydd** das Licht der Welt erblicken; **~ golau coch** die Gefahr sehen; **~ golau ar ddiwedd y twnnel** *(ffig)* das Ende ist in Sicht; **gweler uchod/isod** siehe oben/unten; **~ lygad yn llygad** übereinstimmen; **mynd i weld rhn** *(ymgynghori â)* jdn aufsuchen; *(ymweld â)* jdn besuchen; **mae hi wedi ~ dyddiau gwell** sie hat schon bessere Tage gesehen; **os gwelwch yn dda** bitte; **os gweli di'n dda** bitte, wenn du so gut sein könntest; **doedd neb i'w weld yn unman** es war niemand zu sehen; **roeddwn i'n ~ hynny'n digwydd** ich habe es kommen sehen; **~ trwy rth** durch etw sehen; *(ffig)* etw durchschauen; **wela'i di!** bis dann! **wela'i di nes ymlaen!** bis später!

gwelededd *g* Sicht *f*, Sichtverhältnisse *pl*.

gweledig *ans* sichtbar.

gweledigaeth (-au) *b* Vorstellung *f*, Vision *f*; *(syniad sydyn)* Geistesblitz *m*; *(mewn breuddwyd)* Traumbild *nt*, Gesicht *nt*.

gweledol *ans* optisch, visuell; **celfyddydau ~** bildende Kunst und Malerei.

gweledydd (-ion) *g* Seher(in) *m(f)*.

gwelw *ans* blass, bleich, käsig.

gwelwder, gwelwedd *g* Blässe *f*.

gwelwi *be.g* erblassen, erbleichen.

gwely (-au) *g* Bett *nt*; *(gwely o wair)* Lager *nt*; *(yn yr ardd)* Beet *nt*; *(gwaelod afon)* Flussbett *nt*; **~ angau** Sterbebett *nt*; **amser ~** Zeit fürs Bett; **~ a brecwast** Frühstückspension *f*; **~ bync** Stockbett *nt*; **~ crog** Hängematte *f*; **~ cwpwrdd** Kastenbett *nt*; **~ cystudd** *(mewn ysbyty)* Notbett *nt*; **dillad ~** Bettwäsche *f*; **~ dwbl** Doppelbett *nt*; **~ gwersyll** Campingliege *f*; **~ pedwar postyn** Himmelbett *nt*; **~ plu** Federbett *nt*; **~ sbâr** Gästebett *nt*; **~ sengl** Einzelbett *nt*; **ystafell â dau wely** Doppelzimmer *nt*; **mynd i'r ~** ins Bett gehen; *(am bapur newydd)* in Druck gehen.

gwell *cymh* besser; **bod yn well gan** vorziehen, bevorzugen; **er ~ er gwaeth** auf Gedeih und Verderb, im Guten wie im Bösen; **~ i mi fynd** ich gehe jetzt besser; **rwy'n teimlo'n well** ich fühle mich besser, es geht mir besser; **~ i ti wneud dy waith cartref** du solltest lieber deine Hausaufgaben machen; **~ hwyr na hwyrach** besser spät als nie.

♦ *g* Vorgesetzten *pl*, die Oberen *pl*; **ei well** seine Vorgesetzten; **mynd o flaen eich gwell** vor Gericht

erscheinen müssen.

gwella *be.a* verbessern; *(gwybodaeth)* vergrößern, vertiefen; *(ystafell)* verschönern; **~ eich Cymraeg** sein Walisisch verbessern.

♦ *be.g* sich bessern, sich verbessern; *(o salwch)* sich erholen, genesen; *(sefyllfa economaidd)* aufwärts gehen; *(tywydd)* besser werden, aufheitern.

gwellau *g* = **gwellaif**.

gwelladwy *ans* heilbar.

gwellaif (gwelleifiau) *g* (Schaf)schere *f*.

gwellhad *g* Verbesserung *f*; *(iechyd)* Besserung *f*, Genesung *f*; **~ buan** baldige Besserung.

gwelliant (gwelliannau) *g* Verbesserung *f*; *(astudiaeth)* Fortschritte *pl*; *(CYFR)* Novelle *f*, Änderungsantrag *m*.

gwellt *ll* Stroh *nt*; **het wellt** Strohhut *m*; **to ~** Strohdach *nt*; **tŷ to ~** ein strohgedecktes Haus; **mynd i'r ~** *(methu)* unter den Tisch fallen.

gwelltach *g* Streu *f*.

gwelltglas *ll* (glaswellt) Gras *nt*.

gwelltog *ans* grasig.

gwelltyn (gwellt) *g* Halm *m*, Strohhalm *m*; *(i yfed)* Strohhalm.

gwen *ans* gw. **gwyn**[1].

gwên (gwenau) *b* Lächeln *nt*; **~ deg** ein falsches Lachen; **rhoi ~ i rn** jdm ein Lächeln schenken; **bod yn wên o glust i glust** übers ganze Gesicht strahlen.

gwenci (gwencïod) *b* (SÖOL) Wiesel *nt*.

gwendid (-au) *g* Schwäche *f*; *(man gwan)* Schwäche, Blöße *f*; *(henaint)* Gebrechlichkeit *f*; *(pechod)* Laster *nt*; *(cyflwr o fod yn wirion)* Schwachsinn *m*; **mae'r lleuad yn ei ~** der Mond ist im Abnehmen; **dim ond un o'i wendidau yw smocio** das Rauchen ist nur eine seiner vielen Schwächen.

Gwener *b* Freitag *m*; *(planed)* Venus *f*; **Dydd ~ y Groglith** Karfreitag *m*; **dydd ~ y trydydd ar ddeg** Freitag der Dreizehnte.

gwenerol *ans* (MEDD) venerisch.

gwenfflam *ans* brennend, lodernd; *(haul)* grell; *(llygaid)* funkelnd; *(gan dymer)* fuchsteufelswild; **mynd yn wenfflam** in Flammen aufgehen.

gweniaith *b* Schmeichelei *f*.

gwenieithio *be.a* schmeicheln +*dat*, schöntun +*dat*, sich anbiedern bei +*dat*.

♦ *be.g* schmeicheln.

gwenieithiwr (gwenieithwyr) *g* Schmeichler *m*.

gwenieithus *ans* schmeichelhaft.

gwenithen (gwenith) *b* (gronyn) Weizenkorn *nt*; **gwenith** *ll* Weizen *m*; **blawdd gwenith** Weizenmehl *nt*.

gwenithfaen *gb* Granit *m*.

gwennol (gwenoliaid) *b* *(SÖOL)* Schwalbe *f*; *(CHWAR)* Federball *m*; *(TECS)* Schiffchen *nt*; ~ **ddu** Mauersegler *m*; ~ **ofod** Raumfähre *f*; ~ **y bondo** Mehlschwalbe *f*; ~ **y glennydd** Uferschwalbe *f*; ~ **y môr** Seeschwalbe *f*.

gwenu *be.g* lächeln; *(pelydru)* strahlen; *(glaswenu)* grinsen; ~'**n drist** müde lächeln; ~'**n goeglyd** hämisch grinsen, feixen°; ~ **am ben rhn** jdn belächeln; ~ **ar rn** jdn anlächeln; ~ **o glust i glust** vor Lachen strahlen.

gwenwyn *g* Gift *nt*; *(cenfigen)* Verachtung *f*; ~ **neidr** Schlangengift *nt*; **mae e'n llawn ~ heddiw** *(ffig)* er ist heute ganz ungenießbar.

gwenwyniad (-au) *g* Vergiftung *f*; ~ **bwyd** Lebensmittelvergiftung *f*.

gwenwynig *ans* giftig, ungenießbar; *(nwy, gwastraff)* giftig, toxisch; **nwy ~** *(MIL)* Giftgas *nt*.

gwenwynllyd *ans* giftig, vergiftet; *(person llawn casineb)* gehässig; *(anniddig)* gereizt, mürrisch, giftig.

gwenwyno *be.a* vergiften; *(llygru)* verschmutzen, verseuchen.

♦ *be.g (ffig: achwyn)* lamentieren, nörgeln.

gwenynen (gwenyn) *b* Biene *f*; ~ **fwm** Hummel *f*; **cwch gwenyn** Bienenstock *m*; ~ **ormes** Drohne *f*; ~ **feirch** Wespe *f*; ~ **fêl** Honigbiene *f*; **fel gwenyn o gwmpas pot mêl** wie die Motten ums Licht.

gwenynwr (gwenynwyr) *g* Imker *m*.

gweog *ans* *(TECS)* gewoben; *(cysylltiedig)* verwoben, vernetzt.

gwep (-iau) *b* Visage *f*, Fratze *f*; *(gwg)* Grimasse *f*; **tynnu ~** Grimassen schneiden.

gwepian *be.g* Grimassen schneiden.

gwêr *g* Talg *m*; ~ **cannwyll** Kerzenwachs *nt*.

gwerdd *ans* *gw.* **gwyrdd**[1].

gwerddon (-au) *b* Oase *f*.

gweren *b* Nierenfett *nt*.

gwerin[1] *b* das einfache Volk, Fußvolk *nt*; *(pobl wledig)* Landvolk *nt*, Bauern *pl*, Bauerntum *nt*; *(GWLEID)* Proletariat *nt*; *(gwyddbwyll)* Schachfiguren *pl*.

gwerin[2] *ans* Volks-, Heimat-; **alaw werin** Volksweise *f*; **amgueddfa werin** Heimatmuseum *nt*; **cân werin** Volkslied *nt*; **dawns werin** Volkstanz *m*.

gwerinaidd *ans* volkstümlich; *(democrataidd)* demokratisch.

gweriniaeth (-au) *b* *(GWLEID)* Republik *f*; **G~ Ddemocrataidd yr Almaen** *(HAN)* Deutsche Demokratische Republik; **G~ Ffederal yr Almaen** Bundesrepublik *f* Deutschland; **G~ Iwerddon** die Republik Irland; **G~ Ffrainc** die Französische Republik.

gweriniaethol *ans* republikanisch.

gweriniaethwr (gweriniaethwyr) *g* Republikaner *m*.

gweriniaethwraig (gweriniaethwragedd) *b* Republikanerin *f*.

gwerinlywodraeth *b* *(GWLEID)* Volksrepublik *f*; **y Werinlywodraeth** *(HAN)* die englische Republik unter Cromwell; **G~ Mongolia** die Mongolische Volksrepublik; **G~ Tsieina** die Volksrepublik China.

gwerinol *ans* einfach, bäuerlich, gemein.

gwerinos *ll* *(dif)* Gesindel *nt*, Pöbel *m*, Plebs *m*.

gwerinwr (gwerinwyr) *g* Bauer *m*; *(gwyddbwyll)* Bauer.

gwern (-i) *b* = **gwernen**.

gwernen (gwern) *b* *(BOT)* Erle *f*; *(cors)* Sumpf *m*.

gwers (-i) *b* Lehre *f*, Lektion *f*; *(YSG)* Stunde *f*, Unterrichtsstunde *f*; ~ **ddwbl** Doppelstunde *f*; ~ **gyflenwi** Ersatzstunde *f*, Supplierstunde *f*; ~ **rydd** Freistunde *f*; *(LLEN)* freier Vers *m*; ~ **yrru** Fahrstunde *f*; ~**i** *ll* Unterricht *m*; **dysgu ~ i rn** *(ffig)* jdm eine Lektion erteilen.

gwerslyfr (-au) *g* Lehrbuch *nt*.

gwersyll (-oedd) *g* Lager *nt*, Zeltlager *nt*; *(MIL)* Lager, Fort *nt*; ~ **carcharorion rhyfel** Kriegsgefangenenlager *nt*; ~ **crynhoi** *(HAN)* Konzentrationslager *nt*, KZ *nt*; ~ **difodi** *(HAN)* Vernichtungslager *nt*; ~ **dros dro** Übergangslager *nt*; ~ **ffoaduriaid** Flüchtlingslager *nt*; ~ **gwaith** Arbeitslager *nt*; ~ **gwyliau** Ferienlager *nt*; ~ **Rhufeinig** *(HAN)* römisches Fort, Römerlager *nt*; ~ **yr Urdd** ≈ Jugendlager *nt*.

gwersylla *be.g* *(gwyliau)* zelten, campen; *(MIL)* lagern, ein Lager errichten.

gwersyllfa (-oedd *neu* **gwersyllfeydd)** *b* Campingplatz *m*, Zeltplatz *m*.

gwersyllu *be.g* kampieren.

gwersyllwr (gwersyllwyr) *g* Camper *m*.

gwersyllwraig (gwersyllwragedd) *b* Camperin *f*.

gwerth[1] **(-oedd)** *g* Wert *m*; ~**oedd** *ll* *(diwylliannol)* Werte *pl*; ~**oedd ysbrydol** ideele Werte; **ar werth** zu verkaufen, abzugeben; ~ **ar bapur** *(CYLL)* Buchungswert *m*; ~ **enwol** *(CYLL)* Nennwert *m*; ~ **y farchnad** *(CYLL)* Marktwert *m*; ~ **pH** pH-Wert *m*; ~ **sgrap** Schrottwert *m*; **beth yw ei werth?** was ist es wert? **di-werth** wertlos; ~ **200 punt o lyfrau** Bücher im Wert von 200 Pfund; **ga' i werth 50c o fferins** kann ich Süßigkeiten für 50p bekommen; **rhoi ~ ar rth** etw schätzen.

gwerth[2] *ans* wert; ~ **chweil** lohnend; **ddim yn werth chweil** nicht der Mühe wert; **dyw troseddu ddim yn werth chweil** Verbrechen zahlt sich nicht aus; ~ **ei**

weld sehenswert; **~ sôn amdano** erwähnenswert;
mae hi'n werth y byd i mi sie geht mir über alles.
gwerthadwy *ans (MASN)* leicht verkäuflich,
vermarktbar, absetzbar.
gwerthfawr *ans* wertvoll; *(drud)* kostbar.
gwerthfawrogi *be.a* anerkennen, schätzen,
würdigen; **'does neb yn fy ngwerthfawrogi** niemand
weiß mich zu schätzen.
gwerthfawrogiad *g* Anerkennung *f*, Würdigung *f*.
gwerthfawrogol *ans* anerkennend.
gwerthhiant (gwerthhiannau) *g* Verkauf *m*; *(MASN)*
Absatz *m*; *(sêl)* Abverkauf *m*, Schlussverkauf *m*;
~ ymlaen llaw Vorverkauf *m*.
gwerthhostyngiad *g (CYLL)* Abwertung *f*.
gwerthu *be.a* verkaufen; *(MASN)* absetzen; *(CYLL)*
veräußern; *(gan berswâd)* andrehen; *(syniad)*
verkaufen.
♦ *be.g* sich verkaufen; **maen nhw'n ~ am bunt yr un**
(costio) sie kosten ein Pfund das Stück; **~ fel**
fferins weggehen wie warme Semmeln; **mae'r**
recordiau wedi'u ~ i gyd die Platten sind
ausverkauft; **mae'r siop wedi'i ~ allan** das Geschäft
ist ausverkauft.
gwerthusiad (-au) *g* Bewertung *f*,
Leistungsbeurteilung *f*.
gwerthuso *be.a* bewerten, beurteilen.
gwerthwr (gwerthwyr) *g* Verkäufer *m*; *(MASN)* Händler
m; *(trafaeliwr)* Handelsvertreter *m*; **~ eiddo** Makler
m, Immobilienhändler *m*.
gwerthwraig (gwerthwragedd) *b* Verkäuferin *f*; *(MASN)*
Händlerin *f*.
gwerthhyd (-au *neu* **-oedd)** *b (echel)* Achse *f*; *(TECH)*
Welle *f*.
gweryrad *g* Wiehern *nt*.
gweryru *be.g* wiehern.
gwestai¹ (gwesteion) *g* Gast *m*, Besucher(in) *m(f)*;
(mewn gwesty neu sioe deledu) Gast.
gwestai² *ll gw.* **gwesty**.
gwesteiwr (gwesteiwyr) *g* Gastgeber *m*.
gwesteiwraig (gwesteiwragedd) *b* Gastgeberin *f*.
gwesty (gwestai) *g* Gasthof *m*, Hotel *nt*; *(bach)*
Pension *f*; *(cefn gwlad)* Herberge *f*; *(dan ofal*
mynachod) Hospiz *nt*; **~ gwely a brecwast**
Frühstückspension *f*.
gwestywr (gwestywyr) *g* Hotelier *m*, Wirt *m*.
gwestywraig (gwestywragedd) *b* Hotelier *m*, Wirtin *f*.
gweu *be.a* spinnen; **~ chwedl** *(ffig)* sich *dat* etwas
zusammenspinnen; *gw.h.* **gwau²**.
gweunydd *ll gw.* **gwaun**.
gwewyr *ll gw.* **gwayw**; Schmerzanfall *m*; **~ angau**
Agonie *f*; **~ cydwybod** Gewissensbisse *pl*; **~**
geni/esgor Wehen *pl*.

gwëydd (gweyddion) *g* = **gwehydd**.
gwg (gygau *neu* **gygon)** *g* Stirnrunzeln *nt*, böses
Gesicht.
gwgu *be.g* die Stirn runzeln; *(ffig: cwmwl, mynydd)*
dräuen, drohen; **~ ar rn** jdn scheel/schief
ansehen.
gwialen (gwiail) *b* Rohr *nt*, Stock *m*, Rute *f*; **~ bysgota**
Angel(rute) *f*.
gwib¹ (-iau) *b* Zucken *nt*; **ar wib** wie der Blitz.
gwib² *ans* flink; **seren wib** Sternschnuppe *f*.
gwibdaith (gwibdeithiau) *b* Ausflug *m*, Spritztour *f*; **~**
undydd Tagesausflug *m*.
gwibdeithiwr (gwibdeithwyr) *g* Ausflügler *m*.
gwiber (-od) *b (SÖOL)* Kreuzotter *f*, Natter *f*;
(cyffredinol) Viper *f*.
gwibio *be.g* flitzen, huschen.
gwibiol *ans* flüchtig, eilig.
gwich (-iau) *b (llygoden)* Piepsen *nt*; *(anifail bach)*
Quieken *nt*; *(plant, drws)* Quietschen *nt*.
gwichiad (-au) *g* Quietscher *m*; *(tenau, main)* Pieps *m*;
(ffig) Mucks *m*.
gwichian *be.g (llygoden)* piepsen; *(mochyn bach)*
quieken; *(plant)* quietschen; *(drws, esgid, brêc)*
quietschen; **~ fel mochyn** schreien wie am Spieß.
gwichio *be.g* = **gwichian**.
gwichlyd *ans* quietschend; *(swn, llais)* schrill.
gwidman (-od) *g* Witwer *m*.
gwidw (gwidwod) *b (gweddw)* Witwe *f*.
gwiddonyn (gwiddon) *g (SÖOL)* Milbe *f*.
gwifr (-au) *b* = **gwifren**.
gwifren (gwifrau) *b* Draht *m*; **~ bigog** Stacheldraht *m*;
gwifrau ffôn Telefonkabel *nt*.
gwig *b (coedwig)* Forst *m*, Wald *m*.
gwingiad (-au) *g* Zuckung *f*, Krampf *m*.
gwinglyd *ans* unruhig, zappelig.
gwingo *be.g (bod yn aflonydd)* zappeln; *(troi a throsi)*
sich wälzen, sich winden; *(ymgilio)* zucken;
(neidio) zusammenfahren, zusammenzucken; **~**
mewn poen sich vor Schmerzen winden.
gwin (-oedd) *g* Wein *m*; **~ afalau** Apfelwein *m*; **~ brwd**
Glühwein *m*; **~ bwrdd** Tafelwein *m*; **casgen win**
Weinfass *nt*; **~ coch** Rotwein *m*; **~ egr** Essig *m*;
gwaelodion ~ Weinstein *m*; **gweinydd ~** Sommelier
m; **~ gwyn** Weißwein *m*; **potel o win** eine Flasche
Wein; **seler win** Weinkeller *m*; **~ sych** trockener
Wein; **~ wrth y gwydraid** Hauswein *m*,
Schoppenwein[D] *m*; **~ yr hen Gymro**
Brunnenwasser *m*.
gwinau *ans (gwallt)* brünett, rotbraun; *(ceffyl)*
(kastanien)braun.
gwindy (gwindai) *g* Weinstube *f*, Vinothek *f*,
Taverne *f*; *(yn Fienna)* Heurige(r)[A] *m*.

gwinllan (-nau *neu* -noedd) *b* Weingarten *m*,
Weinberg *m*.

gwinllannwr (**gwinllanwyr**) *g* Winzer *m*, Weinbauer
m; *(fel cwmni)* Kellerei *f*.

gwinwasg (**gwinweisg**) *b* Kelter *f*, Weinpresse *f*.

gwinwydden (**gwinwydd**) *b* Weinstock *m*, Rebe *f*,
Rebstock *m*.

gwinwyddwr (**gwinwyddwyr**) *g* Winzer *m*,
Weinbauer *m*.

gwir[1] *g* Wahrheit *f*; **a dweud y ~** um ehrlich zu sein;
ar fy ngwir bei meiner Ehre, Ehrenwort! **y ~ cas**
die nackte Wahrheit; **y ~ a'r gau** die Wahren und
die Falschen; **yr holl wir** die reine Wahrheit.

gwir[2] *ans* (*cywir*) wahr, richtig; *(dilys)* wahr, echt;
(gwirioneddol) eigentlich, tatsächlich; **~ incwm**
Nettoeinkommen *nt*; **ei ~ farn** ihre tatsächliche
Meinung; **yr unig wir Dduw** der einzig wahre
Gott; **~ gariad** wahre Liebe; **do fe'n wir?**
tatsächlich? **wir i ti!** ehrlich!

gwireb (-au) *b* Binsenweisheit *f*.

gwireddiad (-au) *g* Verwirklichung *f*.

gwireddu *be.a* verwirklichen, realisieren.
   ♦ *be.g* sich erfüllen, Wirklichkeit werden.

gwirfodd *g* freier Wille *m*; **o'ch ~** aus freiem
Willen, freiwillig.

gwirfoddol *ans* freiwillig.

gwirfoddoli *be.g* sich anbieten, sich freiwillig
melden.

gwirfoddolwr (**gwirfoddolwyr**) *g* Freiwillige(r) *m*.

gwirgroen *g* (*ANAT*) Lederhaut *f*, Derma *nt*.

gwiriad (-au) *g* Kontrolle *f*; (*CYFR*) Beglaubigung *f*; **~
pasport** Passkontrolle *f*.

gwirio *be.a* (*archwilio*) kontrollieren, prüfen,
verifizieren; (*CYFR*) beglaubigen.

gwirion *ans* (*diniwed*) naiv, unbedarft, arglos; *(hurt)*
dumm, vertrottelt, albern[D], töricht.

gwiriondeb *g* (*diniweidrwydd*) Naivität *f*, Arglosigkeit
f; *(ffolineb)* Dummheit *f*, Blödsinn *m*, Albernheit[D]
f.

gwirionedd (-au) *g* Wahrheit *f*, Wirklichkeit *f*; **mewn
~** in Wirklichkeit.

gwirioneddol *ans* wirklich, tatsächlich, eigentlich;
mae'n ysgolhaig ~ er ist ein wahrer Gelehrter.
   ♦ *adf:* **~ dda** wirklich gut; **~ sal** schwer krank.

gwirioni *be.g:* **~ ar** verrückt sein nach +*dat*, abfahren
auf +*akk*; **~ ar rn** sich in jdn verknallen.

gwirionyn *g* Dummkopf *m*, Depp[A] *m*.

gwirod (-ydd) *g* Schnaps *m*, Likör *m*; **~ methyl**
Brennspiritus *m*; **-ydd** *ll* Spirituosen *pl*.

gwisg (-oedd) *b* Kleidung *f*, Gewand *nt*; *(siwt benyw)*
Kostüm *nt*; *(traddodiadol)* Tracht *f*; (*THEAT*) Kostüm;
~ cyfnod historische Gewänder *pl*; **~ fin nos**

Abendkleid *nt*; **~ ffansi** Verkleidung *f*; **~
genedlaethol** Volkstracht *f*; **~ hwyrnos** Ballkleid *nt*;
~ nofio Badeanzug *m*; **~ pen** Kopfbedeckung *f*; **~
ysgol** Schuluniform *f*.

gwisgadwy *ans* tragbar, kleidsam.

gwisgi *ans* flink, lebhaft, schwungvoll.

gwisgo *be.a* tragen, anhaben; *(rhoi amdanoch)*
anziehen; *(het)* aufsetzen; *(tei)* umbinden;
(bathodyn) anstecken; **~ ffenestr siop** die Auslage
dekorieren; **~'r llwyfan** die Bühne dekorieren; **~
rhn â rhth** jdm etw anziehen; *(het)* jdm etw
aufsetzen; **~'r goron** die Krone tragen.
   ♦ *be.g* sich anziehen; *(treulio)* abgetragen werden,
sich abnutzen; **~'n dda** (*gwrthsefyll traul*) lange
halten; **~ mewn du** Schwarz tragen; **mae'r trowsus
wedi ~ ar y penglin** die Hose hat die Knie
abgewetzt.

gwiw *ans* angebracht, schicklich; *(buddiol)* wertvoll;
mae'n wiw gennyf ich halte es für angebracht; **ni
wiw** es ist vergeblich; **wiw i mi ofyn** ich wage
nicht zu fragen.

gwiwer (-od) *b* (*SÖOL*) Eichhörnchen *nt*,
Eichkätzchen *nt*.

gwlad (**gwledydd**) *b* Land *nt*; *(gwladwriaeth)* Staat *m*;
(cefn gwlad) Land; **~ ddatblygol** Entwicklungsland
nt; **~ enedigol** Heimat *f*; **yng nghefn ~** *neu:* **yn y wlad**
auf dem Land; **gwledydd tramor** Ausland *nt*; **G~ yr
Addewid** das gelobte Land; **G~ y Basg** (*DAEAR*)
Baskenland *nt*; **G~ Groeg** (*DAEAR*) Griechenland *nt*;
G~ yr Haf (*DAEAR*) Somerset *nt*; **G~ yr lâ** (*DAEAR*)
Island *nt*; **G~ Pwyl** (*DAEAR*) Polen *nt*.

gwladaidd *ans* bäuerlich, rustikal.

gwladfa (**gwladfeydd**) *b* Kolonie *f*, Siedlung *f*,
Niederlassung *f*; **y Wladfa** die walisische Kolonie
in Argentinien.

gwladgarol *ans* patriotisch.

gwladgarwch *g* Patriotismus *m*, Vaterlandsliebe *f*.

gwladgarwr (**gwladgarwyr**) *g* Patriot *m*.

gwladgarwraig (**gwladgarwragedd**) *b* Patriotin *f*.

gwladol *ans* staatlich, öffentlich-rechtlich;
diwydiant ~ die staatliche Industrie *f*, die
Staatsbetriebe *pl*; **Ysgrifennydd G~** Staatssekretär
m.

gwladoli *be.a* verstaatlichen, nationalisieren.

gwladweinydd (**gwladweinwyr**) *g* Staatsmann *m*.

gwladwr (**gwladwyr**) *g* Landbewohner *m*; *(dif)*
Provinzler *m*, Hinterwäldler *m*.

gwladwriaeth (-au) *b* Staat *m*; **~ amlgenhedlig**
Vielvölkerstaat *m*; **~ ddiwydiannol** Industriestaat
m; **~ heddlu** Polizeistaat *m*; **~ les** Wohlfahrtsstaat
m.

gwladwriaethol *ans* staatlich.

gwladychfa (gwladychfeydd) *b* Kolonie *f*.

gwladychol *ans* kolonial, Kolonial-.

gwladychu *be.a* kolonisieren, besiedeln.

gwladychwr (gwladychwyr) *g* Kolonist *m*, Siedler *m*.

gwlân¹ (gwlanoedd) *g* Wolle *f*; ~ **cotwm** Watte *f*; ~ **dur** Stahlwolle *f*; ~ **gwydr** Glaswolle *f*; ~ **pur newydd** reine Schurwolle *f*; **ffatri wlân** Weberei *f*.

gwlân² *ans* wollen, Woll-; **sanau** ~ Wollsocken *pl*.

gwlanen (-ni) *b* (TECS) Flanell *m*; (darn o liain) Waschlappen *m*; ~ **o ddyn** Waschlappen, Schlappschwanz *m*.

gwlanog *ans* flauschig; (o wlân) wollen, Woll-; **eirinen wlanog** Pfirsich *m*.

gwlanolew *g* Lanolin *nt*.

gwlash *g* (COG) Gulasch *nt*.

gwlatgar *ans* patriotisch.

gwledig *ans* ländlich, Land-.

gwledd (-oedd) *b* Festmahl *nt*, Festessen *nt*, Bankett *nt*; ~ **i'r glust** Ohrenschmaus *m*; ~ **i'r llygad** Augenweide *f*.

gwledda *be.g* schlemmen; ~ **ar rth** sich an etw *dat* gütlich tun.

gwleidydd (-ion) *g* Politiker(in) *m(f)*.

gwleidyddiaeth *b* Politik *f*; **mynd i mewn i wleidyddiaeth** in die Politik gehen; **bod â diddordeb mewn** ~ politisch interessiert sein; ~ **fewnol** Innenpolitik *f*; ~ **leol** Kommunalpolitik *f*; ~ **ryngwladol** (PRIFYSG) Politikwissenschaften *pl*.

gwleidyddol *ans* politisch; **testun** ~ politisches Thema; ~ **gywir** politisch korrekt.

gwlff (gylffau) *g* Golf *m*, Meerbusen *m*; **G~ Mecsico** (DAEAR) Golf von Mexiko; **G~ Persia** der Persische Golf; **gwledydd y G~** die Golfstaaten *pl*; **rhyfel y G~** Golfkrieg *m*.

gwlith (-oedd) *g* Tau *m*, Morgentau *m*; **rif y** ~ (ffig) wie Sand am Meer.

gwlithen¹ (gwlithod *neu* -ni) *b* Nacktschnecke *f*.

gwlithen² (gwlithod *neu* -ni) *b* (MEDD: llefelyn) Gerstenkorn *nt*.

gwlithyn (gwlith) *g* Tautropfen *m*.

gwlyb *ans* nass; (hinsawdd, paent) feucht; ~ **at y croen** bis auf die Haut nass, völlig durchnässt; ~ **diferu** *neu*: ~ **domen** tropfnass, klatschnass; **diwrnod** ~ ein verregneter Tag; **mewn tywydd** ~ bei nassem Wetter; **gofal, paent** ~! Vorsicht, frisch gestrichen! **ardal wlyb** (ar y Sul) Bezirk ohne Alkoholverbot am Sonntag.

gwlybaniaeth *g* Feuchtigkeit *f*; ~ **yn yr awyr** Luftfeuchtigkeit *f*.

gwlybwr (gwlybron) *g* Flüssigkeit *f*; (diod) Getränk *nt*.

gwlych *g* (hylif) Flüssigkeit *f*; (grefi) Soße *f*; **rhoi yng ngwlych** einweichen.

gwlychu *be.a* nass machen; (stamp, amlen) befeuchten; ~'**r gwely** ins Bett machen; ~ **toes** einen Teig anrühren; ~'**ch trowsus** in die Hose machen.
♦ *be.g* nass werden.

gwlyddyn (gwlydd) *g* (coesau planhigion) Stängel *m*, Stiel *m*.

gwm *g* (coeden) Harz *nt*; (sylwedd) Kautschuk *m*, Gummi *m*; (defnydd) Gummi *m*; (glud) Leim *m*; ~ **cnoi** Kaugummi *m*.

gwn¹ (gynnau) *g* Pistole *f*; (cyffredinol) Schusswaffe *f*; (canon) Kanone *f*; (reiffl) Gewehr *nt*; ~ **aer** Luftdruckgewehr *nt*, Luftdruckpistole *f*; **cario** ~ eine Schusswaffe tragen; ~ **hela** Jagdflinte *f*, Büchse *f*; ~ **llaw** Pistole *f*, Revolver *m*; **mae ganddo wn** er ist bewaffnet; **tynnu** ~ **ar rn** jdm die Pistole ansetzen.

gwn² *be* gw. **gwybod; am wn i** *neu*: **hyd y** ~ **i** soweit ich weiß; **ys** ~ **i** ich frage mich.

gŵn (gynau) *g* (ffrog hir merched) Abendkleid *nt*, Ballkleid *nt*; (hugan swyddogol) Talar *m*, Robe *f*; ~ **nos** Morgenmantel *m*; ~ **ymdrochi** Bademantel *m*.

gwndwn *g* Brachland *nt*.

gwneud¹ *be.a* machen, tun; (creu) schaffen, fabrizieren; (cynhyrchu) herstellen, produzieren; (paratoi) richten; (bwyd) machen, bereiten; ~ **aberth** (ffig) ein Opfer bringen; ~ **adduned** gute Vorsätze fassen; ~ **apwyntiad** einen Termin ausmachen; ~ **bara** Brot backen; ~ **cais** (am arian neu ganiatâd) einen Antrag stellen; (am swydd) sich bewerben; ~ **cam â rhn** jdm Unrecht tun; ~ **cawl o bethau** (ffig) alles durcheinander bringen; ~ **cyfiawnder â rhth/rhn** etw/jdm gerecht werden; ~ **cymwynas â rhn** jdm einen Gefallen tun; ~ **cynlluniau** Pläne schmieden; ~ **rhth dros rn** etw für jdn tun; ~ **dŵr** Wasser lassen, urinieren; ~ **eich hun yn ddefnyddiol** sich nützlich machen; ~ **eich hun yn gyffyrddus** es sich *dat* bequem machen; ~ **eithriad** eine Ausnahme machen; ~ **elw** Gewinn machen; ~ **esgus** eine Ausrede suchen; ~ **ffortiwn** ein Vermögen machen; ~ **ffrindiau** Anschluss finden; ~ **ffrindiau â rhn** Freundschaft schließen mit jdm; ~ **ffrog** ein Kleid nähen; ~ **ffŵl o rn** jdn zum Narren machen; ~ **gelynion** sich Feinde schaffen; ~ **eich gorau (glas)** sein Bestes tun; ~ **y gorau o rth** das Beste aus etw *dat* machen; ~ **gwahaniaeth** (rhwng) einen Unterschied machen (zwischen +*dat*); ~ **gwaith llaw** basteln; ~ **eich gwallt** sich frisieren; ~ **y gwely** das Bett machen; ~ **hwyl am ben rhn** sich über jdn lustig machen; ~ **llanastr** eine Unordnung anrichten; ~ **llygad bach** zwinkern; ~ **môr a mynydd o rth** aus einer Mücke

einen Elefanten machen; **~ niwed** Schaden
anrichten; **methu ~ pen na chynffon o rth** aus etw
dat nicht schlau werden; **~ penderfyniad** eine
Entscheidung treffen; **~ synnwyr** Sinn ergeben; **~
y tro** genügen; **~ ymdrech** sich anstrengen, sich
bemühen; **~ rhn yn ymwybodol o rth** jdm etw vor
Augen führen; **does dim i'w wneud yma** hier gibt
es nichts zu tun; **dwyt ti ddim yn ~ cyfiawnder â'th
hunan** du unterschätzt dich; **gwnaethpwyd yng
Nghymru** made in Wales; **wedi ei wneud o aur** aus
Gold.

♦ *be.g* machen, tun; *(MATH)* ergeben; **gwnaf!** ja! **~
amdanoch eich hun** sich umbringen; **beth wna i?**
was soll ich bloß machen? **beth alla i wneud i chi?**
was kann ich für Sie tun? **does a wnelo hynny
ddim â'r peth** es hat nichts mit der Sache zu tun;
mae 3 a 3 yn ~ 6 3 und 3 ist 6; **faint mae hynny'n ei
wneud?** *(costio)* was macht das? **haws dweud na ~**
leichter gesagt als getan; **~ i ffwrdd â rhth** etw
abschaffen; *(cael gwared â)* sich etw *gen*
entledigen; **~ yn dda** gut vorankommen, sich gut
machen; **~ yn fach o rth** etw verharmlosen; **~ yn
fawr o rth** etw aufbauschen; **~ yn iawn am rth** etw
wieder gutmachen.

♦ *be.gyn* **1** *(peri i rth ddigwydd)* lassen, bewirken; **~ i'r
boen wanychu** den Schmerz stillen; **~ i rn chwerthin**
jdn zum Lachen bringen; **~ i rn weithio'n galed** jdn
dazu bringen hart zu arbeiten; **beth sy'n ~ i chi
feddwl bod ...** was macht Sie glauben, dass…; **fe
wna i iddo ddioddef am hynny!** das wird er mir
büßen! **mae'r llun yn ~ i mi edrych yn dew** das Bild
lässt mich dick aussehen, auf dem Bild sehe ich
dick aus; **2** *(presennol)* **a wnei di wrando?** hörst du
(mir) zu? *(gorffennol)* **wnes i ei weld e ddoe** ich habe
ihn gestern gesehen; **wnaeth hi ddim prynu'r bag**
sie hat die Tasche nicht gekauft.

gwneud² *ans* künstlich.

gwneuthur *be* = **gwneud¹**.

gwneuthuriad (-au) *g* Herstellung *f*; *(enw masnachol)*
Marke *f*, Fabrikat *nt*.

gwneuthurwr (gwneuthurwyr) *g* Hersteller *m*,
Produzent *m*; **~ basgedi** Korbflechter *m*.

gwniadur (-on) *g* Fingerhut *m*.

gwniadwaith *g* Stickerei *f*.

gwniadwraig (gwniadwragedd) *b* Stickerin *f*, Näherin
f.

gwnïo *be.a* nähen; *(botwm)* annähen.

gwobr (-au *neu* gwobrwyon) *b* Belohnung *f*; *(mewn
cystadleuaeth)* Preis *m*; **~ gysur** Trostpreis *m*; **ennill y
wobr gyntaf** den ersten Preis gewinnen.

gwobrwyo *be.a* belohnen; *(mewn cystadleuaeth)* einen
Preis verleihen.

gŵr (gwŷr) *g* Mann *m*; *(priod)* (Ehe)mann *m*, Gatte *m*,
Gemahl *m*; **~ bonheddig** Herr *m*; *(HAN)* Edelmann
m; **~ cadw tŷ** Hausmann *m*; **~ dibriod** Junggeselle
m; **fel un ~** *(unfrydol)* wie ein Mann; **~ gwadd**
Ehrengast *m*; **~ gweddw** Witwer *m*; **hen ŵr** alter
Mann, Greis *m*; **~ a gwraig** Mann und Frau; **~ llên**
Literat *m*; **darpar ŵr** Verlobte(r) *m*; **y ~ drwg** *(diawl)*
Teufel *m*.

gwrach (-od) *b* Hexe *f*; **breuddwyd ~** Luftschloss *nt*,
Wunschtraum *m*; **~ lludw** *(SÖOL)* Kellerassel *f*.

gwragedd *ll gw.* **gwraig**; **mae'n bwrw hen wragedd a
ffyn** es gießt in Strömen, es schüttet wie mit
Schaffeln.

gwraidd (gwreiddiau) *g* Wurzel *f*; *(dant)*
(Zahn)wurzel *f*; *(man cychwyn)* Ursprung *m*; **~ y
peth** der Kern der Sache; **o'r ~** mit der Wurzel,
von Grund auf; **mae fy ngwreiddiau yn Awstria** ich
habe meine Wurzeln in Österreich.

gwraig (gwragedd) *b* Frau *f*; *(priod)* (Ehe)frau *f*,
Gattin *f*, Gemahlin *f*; *(dif: hen)* Weib *nt*; **darpar
wraig** Zukünftige *f*, Verlobte *f*; **~ ddibriod** Ledige
f, Junggesellin *f*; **~ ddweud ffortiwn** Wahrsagerin *f*;
~ fusnes Kauffrau *f*; **~ fferm** Bäuerin *f*; **~ tŷ**
Hausfrau *f*; **~ wadd** Ehrengast *m*; **~ weddw** Witwe
f.

gwrandawiad (-au) *g* Anhörung *f*; *(arlywydd, Pab)*
Audienz *f*; *(CYFR)* Verhandlung *f*; *(THEAT: clyweliad)*
Probe *f*; **~ apêl** *(CYFR)* Berufungsverhandlung *f*; **~
tystiolaeth** *(CYFR)* Beweisaufnahme *f*.

gwrandawr (gwrandawyr) *g* Zuhörer *m*; **gwrandawyr** *ll*
(radio) Hörer *pl*; **mae e'n wrandawr da** er kann gut
zuhören.

gwrandawraig (gwrandawragedd) *b* Zuhörerin *f*;
(radio) Hörerin *f*.

gwrando *be.g* horchen, lauschen; **~ ar** zuhören *+dat*;
~ ar y radio Radio hören; **gwranda arna i!** hör' mir
zu! **paid â ~ arno** hör nicht auf ihn; **os gwrandewi'n
astud** wenn du genau hinhörst.

gwrcath (-od) *g* Kater *m*.

gwrci *g* = **gwrcath**.

gwregys (-au) *g* Gürtel *m*; *(certrys)* Patronengurt *m*; **~
achub** Rettungsring *m*; **~ diogelwch**
Sicherheitsgurt *m*.

gwrêng *g* gemeines Volk *nt*, Pöbel *m*; **bonedd a ~**
Adel und gemeines Volk.

gwreichionen (gwreichion) *b* Funke *m*; *(ffig)*
Fünkchen *nt*.

gwreichionyn (gwreichion) *g* = **gwreichionen**.

gwreichioni *be.g* Funken sprühen; *(llygaid)* funkeln.

gwreiddio *be.g* *(BOT)* wurzeln; *(bwrw gwreiddiau)*
Wurzeln schlagen; *(ffig)* **mae'r traddodiad hwn
wedi'i wreiddio'n ddwfn** diese Tradition ist tief

verwurzelt.

gwreiddiol[1] *g* Original *nt*; **yn y ~** im Original.

gwreiddiol[2] *ans (y cyntaf)* ursprünglich, original; *(syniad)* originär, grundlegend neu; *(difyr, unigryw)* originell, einzigartig; **cyfrol ~** Originalausgabe *f*; **fersiwn ~** Originalfassung *f*; **y pechod ~** die Erbsünde.

♦ *adf:* **yn wreiddiol** ursprünglich, anfänglich.

gwreiddioldeb *g* Originalität *f*.

gwreiddyn (gwreiddiau) *g* = **gwraidd**.

gwreigan *b* Weiblein *nt*, Mütterchen *nt*.

gwres (-au) *g (poethder)* Hitze *f*; *(twymder)* Wärme *f*; *(tymheredd)* Temperatur *f*; *(MEDD: twymyn)* Fieber *nt*; *(FFIS)* Wärme; *(i gynhesu tŷ)* Heizung *f*; *(BIOL)* Läufigkeit *f*; *(ffig)* Hitze; **~ canolog** Zentralheizung *f*; **~ ganol dydd** Mittagshitze *f*; **~ llethol** brütende Hitze; **trawiad ~** *(MEDD)* Hitzschlag *m*; **ar wres isel** *(COG)* auf kleiner Flamme; **cael eich ~** warm werden *+dat*; **rwy'n cael ~ fy nhraed** *(ffig: gweithio'n galed)* mir raucht der Kopf; **nid yw'r ~ yn fy mhoeni** mir macht die Hitze nichts aus; **troi'r ~ ymlaen** die Heizung aufdrehen; **yng ngwres y funud** in der Hitze des Gefechts.

gwresog *ans* heiß, sehr warm; *(ffig)* herzlich; **croeso ~!** herzlich willkommen!

gwresogi *be.a* heizen, beheizen; **~'r tŷ** das Haus heizen.

gwresogydd (-ion) *g* Heizgerät *nt*; *(gwres canolog)* Heizkörper *m*, Radiator *m*; *(yn y car)* Heizung *f*; **~ darfudol** Konvektor *m*; **~ dŵr** Boiler *m*, Warmwasserbereiter *m*; **~ dŵr ebrwydd** Durchlauferhitzer *m*; **~ stôr** Nachtspeicher *m*; **~ troch** Tauchsieder *m*.

gwrhyd (-au *neu* **-ion)** *g (mesur o ddyfnder)* Faden *m* (1.8 metr).

gwrhydri *g (dewrder)* Tapferkeit *f*, Heldenmut *m*.

gwrid *g (swildod)* Röte *f*; *(cywilydd)* (Scham)röte *f*; *(yn yr awyr)* Abendrot *nt*; *(ar y mynyddoedd)* Alpenglühen *nt*; **~ y wawr** Morgenrot *nt*.

gwrido *be.g:* **~ (gan)** erröten (vor *+dat*).

gwridog *ans (â bochau cochion)* rotbäckig; **afal ~** ein rotbäckiger Apfel.

gwritgoch *ans* rosig.

gwrogaeth *b* Ergebenheit *f*, Treue *f*, Loyalität *f*.

gwrol *ans* mutig, tapfer, furchtlos.

gwroldeb *g* Mut *m*, Tapferkeit *f*.

gwroli *be.g* seinen Mut zusammennehmen, Mut fassen.

♦ *be.a* ermutigen, bestärken.

gwron (-iaid) *g* mutiger Mensch *m*, Held *m*.

gwrtaith (gwrteithiau) *g (AMAETH)* Dünger *m*; *(carthion)* Jauche *f*, Gülle[DS] *f*, Dung *m*; **~ cemegol**

Kunstdünger *m*.

gwrteithio *be.g* düngen.

gwrth- *rhagdd* anti-, gegen-.

gwrthateb (-ion) *g* Entgegnung *f*.

gwrthban (-nau) *g* Decke *f*, Bettdecke *f*.

gwrthblaid (gwrthbleidiau) *b* Oppositionspartei *f*, Opposition *f*.

gwrthbrofi *be.a* widerlegen.

gwrthbwynt (-iau) *g (CERDD)* Kontrapunkt *m*.

gwrthbwysyn (gwrthbwysau) *g* Gegengewicht *nt*.

gwrthbwyso *be.a* aufwiegen, ausgleichen.

gwrthchwyldro (-adau) *g* Gegenrevolution *f*.

gwrthdan *ans* feuerfest.

gwrthdaro *be.g* aufeinander treffen; *(ceir)* zusammenstoßen, kollidieren; *(gwrthateb)* kontern; *(lliwiau)* sich schlagen; *(amserlen)* zusammenfallen; **mae'r ddwy wers yn ~** die beiden Stunden fallen zusammen.

gwrthdrawiad (-au) *g* Zusammenstoß *m*; *(ceir)* Kollision *f*; *(syniadau)* Konflikt *m*; *(dial)* Gegenschlag *m*; **~ moesol** Gewissenskonflikt *m*; **~ roliau** Rollenkonflikt *m*.

gwrthdroi *be.a* umdrehen.

gwrthdystio *be.g* protestieren.

gwrthdystiwr (gwrthdystwyr) *g* Demonstrant *m*.

gwrthdystwraig (gwrthdystwragedd) *b* Demonstrantin *f*.

gwrth-ddadl (-euon) *b* Einwand *m*.

gwrthddadlau *be.g* einwenden.

gwrth-ddweud *be.a* widersprechen *+dat*.

gwrthddywediad (-au) *g* Widerspruch *m*.

gwrthfiotig (-au) *g (MEDD)* Antibiotikum *nt*.

gwrthfflam *ans* feuerfest.

gwrthgilio *be.g* rückfällig werden.

gwrthglawdd (gwrthgloddiau) *g* Bollwerk *nt*, Verteidigungswall *m*; **G~ Hadrian** Hadrianswall *m*.

gwrthglocwedd *ans* gegen den Uhrzeigersinn.

gwrthgorff (gwrthgyrff) *g (BIOL)* Antikörper *m*.

gwrthgyfansoddiadol *ans (GWLEID)* verfassungswidrig.

gwrthgyferbyniad (-au) *g* Gegensatz *m*; *(CELF, FFOTO)* Kontrast *m*; **bod mewn ~ â rhth** im Gegensatz zu etw *dat* stehen.

gwrthgyferbyniol *ans* entgegengesetzt; *(anghyson)* gegensätzlich, konträr; *(lliwiau)* kontrastierend.

gwrthgyferbynnu *be.a* vergleichen, gegenüberstellen.

♦ *be.g* abweichen.

gwrthgyffur (-iau) *g (MEDD)* Gegenmittel *nt*; *(am wenwyn)* Gegengift *nt*.

gwrthgymdeithasol *ans* asozial.

gwrth-heintiol *ans* antiseptisch.

gwrthiad (-au) *g* (CHWAR) Konter *m*, Gegenangriff *m*.

gwrthiannol *ans:* ~ **i wres** hitzebeständig.

gwrthiant (gwrthiannau) *g* Widerstand *m*; ~ **aer** Luftwiderstand *m*, ~ **trydanol** (elektrischer) Widerstand.

gwrthiddewiaeth *g* Antisemitismus *m*.

gwrthiddewig *ans* antisemitisch.

gwrthlaw¹ *ans* (CHWAR) Rückhand-.

gwrthlaw² *ans* (yn erbyn glaw) regenfest.

gwrthnysig *ans* störrisch, widerspenstig.

gwrthod *be.g* ablehnen, sich weigern; ~ **gwneud rhth** sich weigern etw zu tun; **rwy'n ~ ei gredu** ich weigere mich, das zu glauben; ~ **derbyn rhth** etw nicht wahrhaben wollen; **cael eich ~** abgelehnt werden.

♦ *be.a* ablehnen, zurückweisen; (cynnig) ausschlagen; (peidio â rhoi) verweigern; ~ **rhth i rn** jdm etw verwehren, jdm etw abschlagen; **gwrthododd hi ef** sie wies ihn ab; **gwrthododd ef fwyd** er verweigerte die Nahrungsaufnahme.

gwrthodedig *ans* abgewiesen, abgelehnt.

gwrthodiad (-au) *g* Ablehnung *f*; (cymorth, hawl) Verweigerung *f*; (i wneud rhth) Weigerung *f*; (CHWAR: ceffylau) Verweigerung.

gwrthrewydd (-ion) *g* Frostschutzmittel *nt*, Gefrierschutzmittel *nt*.

gwrthrych (-au) *g* Gegenstand *m*, Objekt *nt*; (GRAM) Objekt, Akkusativobjekt *nt*; ~ **arbrawf** Versuchsobjekt *nt*, Testperson *f*; ~ **materol** materieller Gegenstand; ~ **rhyw** Sexobjekt *nt*.

gwrthrychedd *g* Objektivität *f*, Distanz *f*.

gwrthrychol *ans* (heb arlliw o farn bersonol) sachlich, objektiv; (materol) gegenständlich; **cyflwr ~** (GRAM) Akkusativ *m*.

gwrthrycholdeb *g* Objektivität *f*, Unparteilichkeit *f*.

gwrthrychiadur (-on) *g* (lens) Objektiv *nt*.

gwrthryfel (-oedd) *g* Aufstand *m*, Revolte *f*, Rebellion *f*; (GWLEID) Putsch *m*, Staatsstreich *m*; (MOR) Meuterei *f*.

gwrthryfela *be.g* revoltieren, rebellieren, meutern; (GWLEID) putschen.

gwrthryfelgar *ans* aufrührerisch; (person) aufständisch, rebellisch; (plentyn) aufmüpfig.

gwrthryfelwr (gwrthryfelwyr) *g* Aufrührer(in) *m(f)*, Rebell(in) *m(f)*; (GWLEID) Revolutionär(in) *m(f)*, Putschist(in) *m(f)*.

gwrthsafiad *g* Widerstand *m*; ~ **cudd** Widerstand, Untergrundbewegung *f*.

gwrthsain *ans* schalldicht.

gwrthsefyll *be.a* widerstehen +dat, entgegentreten +dat; (parhau heb dreulio) aushalten; **nid yw'r drws yn**

~ **y tywydd garw** die Tür hält das rauhe Wetter nicht aus.

gwrthsoddi *be.a* (sgriw) versenken; (TECH) senken, einlassen.

gwrthstaen *ans* rostfrei.

gwrthsymudiad (-au) *g* Gegenbewegung *f*, rückläufige Bewegung; (gwyddbwyll, ffig) Gegenzug *m*.

gwrthsymudol *ans* rückläufig, gegenläufig.

gwrthun *ans* (ffiaidd) abstoßend, widerlich; (afresymol) grotesk, unlogisch; (chwerthinllyd) lächerlich.

gwrthweithio *be.g:* ~ **yn erbyn** entgegenwirken +dat, neutralisieren.

gwrthwenwyn *g* Gegengift *nt*, Gegenmittel *nt*.

gwrthwyfynod *ans* mottenfest.

gwrthwyneb *g* Gegenteil *nt*; (ochr arall) Rückseite *f*; **i'r ~** im Gegenteil.

gwrthwynebiad (-au) *g* Widerstand *m*, Opposition *f*; (mynegiad o anghytundeb) Einwand *m*, Einspruch *m*; ~ **di-drais** passiver Widerstand; **does gennyf ddim ~** ich habe keine Einwände.

gwrthwynebiaeth *b* Antagonismus *m*.

gwrthwynebol *ans* (croes) gegensätzlich, entgegengesetzt, gegenteilig; (gelynol) gegnerisch, oppositionell.

gwrthwynebu *be.a* (bod yn erbyn) gegen etw *akk* sein; (ceisio rhwystro) zu verhindern suchen, sich gegen etw *akk* einsetzen; (gwrthod) ablehnen; (gwrthsefyll) widerstehen +dat; (peidio ag ufuddhau) sich widersetzen +dat; **maen nhw'n ~'r orsaf niwclear** sie versuchen das Kernkraftwerk zu verhindern.

gwrthwynebwr (gwrthwynebwyr) *g* Gegner(in) *m(f)*, Kontrahent(in) *m(f)*, Widersacher(in) *m(f)*; (CHWAR) Gegner(in), Gegenüber *nt*; ~ **cydwybodol** Kriegsdienstverweigerer *m*.

gwrthwynebydd *g* = gwrthwynebwr.

gwrthymosodiad (-au) *g* Gegenangriff *m*.

gwrych¹ (-oedd) *g* Hecke *f*.

gwrych² *ll gw.* **gwrychyn**.

gwrychog *ans* borstig, rauhaarig.

gwrychu *be.g* sich sträuben.

gwrychyn (gwrych) *g* Borste *f*; **codi ~ rhn** jdn auf die Palme bringen.

gwryd *g* = gwrhyd.

gwrym (-iau) *g* (clais) Striemen *m*, Strieme *f*; (gwnïad) Saum *m*, Naht *f*; (ymyl) Rand *m*; (o dir) Grat *m*.

gwrysgen (gwrysg) *b* Stiel *m*, Stängel *m*; (o fresych) Strunk *m*.

gwrysgyn *g* = gwrysgen.

gwryw¹ (-od) *g* Mann *m*; (anifail) Männchen *nt*; ~ **a benyw** das männliche und weibliche Geschlecht.

gwryw² *ans* männlich; **arth wryw** männlicher Bär;

coeden wryw männlicher Baum.

gwrywaidd *ans* männlich; *(GRAM)* maskulin; **menyw wrywaidd** Mannweib *nt*.

gwrywgydiaeth *b* Homosexualität *f*.

gwrywgydiol *ans* homosexuell, gleichgeschlechtlich.

gwrywgydiwr (**gwrywgydwyr**) *g* Homosexuelle(r) *m*.

gwsberen (**gwsberins** *neu* **gwsberis**) *b* Stachelbeere *f*.

gwter (-i) *g* Rinnsal *nt*, Rinnstein[D] *m*.

gwth (-iau) *g* Stoß *m*; **~ o wynt** Windstoß *m*, Böe *f*; **mewn ~ o oedran** hoch betagt, steinalt.

gwthiad (-au) *g* Stoß *m*, Schub *m*; *(hergwd)* Stoß, Schubs *m*.

gwthio *be.a* stoßen; *(er mwyn symud)* schieben; *(rhn)* stoßen, schubsen, rempeln; *(gwasgu ar)* drücken; *(cyllell)* rammen, stoßen; **~ eich pig i mewn** seinen Senf dazugeben; **~ eich ffordd trwodd** sich *dat* einen Weg bahnen, sich durchdrängen; **gwthiwch!** *(ar ddrws)* drücken; **~ rhn i gornel** *(ffig)* jdn in die Enge treiben; **~ rhth ar rn** jdm etw aufdrängen; **~ cwch i'r dŵr** ein Boot zu Wasser lassen; **~'r cwch i'r dŵr** *(ffig)* etw in Angriff nehmen; **~ rhth i lawr corn gwddf rhn** *(ffig, syniadau)* jdm etw einflößen/aufzwingen.

gwyach (-od) *b* *(SÖOL)* Tauchvogel *m*; **~ fawr gopog** Haubentaucher *m*.

gwybedyn (**gwybed**) *g* *(sy'n pigo)* Mücke *f*, Gelse^A *f*; **~ Mai** Eintagsfliege *f*; **~ mân** Stechmücke *f*.

gwybod *be.a* wissen; **~ am rth** etw kennen; **~ llawer am rth** viel über etw *akk* wissen; **~ rhth ar eich cof** etw auswendig wissen; **~ sut i wneud rhth** etw machen können; **~ sut i nofio** schwimmen können; **~ beth yw beth** den Durchblick haben; **hoffwn wybod ble rwy'n sefyll** ich will wissen woran ich bin; **~ sut mae'r gwynt yn chwythu** wissen woher der Wind weht; **heb yn wybod** ohne zu wissen; **hyd y gwn i** *neu:* **am wn i** soweit ich weiß; **pwy a ŵyr?** wer weiß? **ti ŵyr** orau du weißt das am besten.

♦ *be.e:* **rhoi ~ i** Bescheid geben +*dat*, benachrichtigen, informieren; **heb yn wybod i mi** unwissentlich, ohne mein Wissen; **trwy wybod i mi** meines Wissens.

gwybodaeth *b* Wissen *nt*, Kenntnis *f*; *(hysbysrwydd)* Auskunft *f*, Information *f*; **~ gyffredinol** Allgemeinwissen *nt*; **cael ~** benachrichtigt werden.

gwybodus *ans* belesen, bewandert; *(hyddysg)* gebildet, gelehrt.

♦ *e.g:* **y ~ion** die Intelligenz.

gwybyddus *ans* bekannt.

gwych *ans* herrlich, ausgezeichnet, fantastisch;

bydd wych! ade! adieu!

♦ *g:* **y ~ a'r gwachul** beide Extreme.

gwychder *g* Herrlichkeit *f*, Großartigkeit *f*.

gwŷd (**gwydiau**) *g* *(pechod)* Sünde *f*; *(drygioni)* Laster *nt*; *(niwed)* Schaden *m*.

gwydn *ans* zäh; *(yn gwrthsefyll traul)* strapazierbar, widerstandsfähig; *(caled)* solide; *(corfforol)* drahtig; *(ffig)* abgebrüht, hartgesotten; **mor wydn â lledr** zäh wie Leder.

gwydnwch *g* Zähigkeit *f*; *(pethau)* Haltbarkeit *f*.

gwydr[1] (-au) *g* Glas *nt*; *(llestr)* Glas; **~au** *ll* *(sbectol)* Augengläser *pl*, Brille *f*; *(binocwlars)* Feldstecher *m*; **~ barugog** Milchglas *nt*; **~ diogel** Sicherheitsglas *nt*; **~ ffenestr** Fensterglas *nt*; **~ ffibr** Glasfiber *nt*; **~ gwin** Weinglas *nt*; **~ laminedig** Verbundglas *nt*; **~ theatr** Opernglas *nt*.

gwydr[2] *ans* aus Glas, Glas-; **cwpwrdd ~** Vitrine *f*, Schaukasten *m*; **llygad wydr** Glasauge *nt*; **tŷ ~** Glashaus *nt*, Treibhaus *nt*; **effaith tŷ ~** Treibhauseffekt *m*.

gwydraid (**gwydreidiau**) *g* Glas *nt*; **~ o gwrw** ein Glas Bier; *(fel mesur)* **dau wydraid o win** zwei Glas Wein.

gwydrau *ll* gw. **gwydr**[1]; *(sbectol)* Augengläser *pl*, Brille *f*; *(binocwlars)* Feldstecher *m*; *(i nofio)* Chlorbrille *f*.

gwydrfaen *g* Obsidian *m*.

gwydriad *g* Verglasung *f*; **ffenestr ~ dwbl** doppelt verglastes Fenster.

gwydro *be.a* verglasen; *(crochenwaith)* glasieren.

gwydrog *ans:* **papur ~** Glaspapier *nt*.

gwydrwr (**gwydrwyr**) *g* Glaser *m*; *(gemydd)* Juwelier *m*; *(optegydd)* Optiker *m*.

gwydru *be.a* = **gwydro**.

gwydryn (**gwydrau**) *g* *(gorchudd)* Glas *nt*; *(llestr)* Glas, Becher *m*; **~ cloc** Uhrglas *nt*; **~ cwrw** Bierglas *nt*.

gŵydd[1] *g* Anwesenheit *f*, Gegenwart *f*; **yng ngŵydd rhn** in Gegenwart von jdm.

gŵydd[2] (**gwyddau**) *b* Gans *f*; **croen ~** Gänsehaut *f*; **gwyddau bach** *(BOT)* Weidenkätzchen *nt*, Palmkätzchen^A *nt*.

gwŷdd[1] (**gwyddion**) *g* Webstuhl *m*; *(aradr)* Pflug *m*.

gwŷdd[2] *ll* gw. **gwydden**.

gwyddbwyll *gb* *(gêm)* Schach *nt*; **bwrdd ~** Schachbrett *nt*; **gwerin ~** Schachfiguren *pl*.

Gwyddel (-od *neu* **Gwyddyl**) *g* Ire *m*.

Gwyddeleg *b* Irisch *nt*, irisches Gälisch *nt*.

Gwyddeles (-au) *b* Irin *f*.

Gwyddelig *ans* irisch.

gwydden (**gwŷdd**) *b* Baum *m*.

gwyddfid *g* *(BOT)* Geißblatt *nt*.

gwyddoniadur (-on) *g* Lexikon *nt*, Enzyklopädie *f*.

gwyddoniaeth *b* Naturwissenschaft *f*.

gwyddonol *ans* wissenschaftlich; *(o'r wyddoniaeth)* naturwissenschaftlich.

gwyddonydd (gwyddonwyr) *g* Naturwissenschaftler *m*.

gwyddor (-au) *b (abiec)* Alphabet *nt*, Schrift *f*; *(elfen sylfaenol)* Grundansatz *m*, Axiom *nt*; **~au** *ll (gwyddoniaeth)* Naturwissenschaft *f*; **~ tŷ** Hauswirtschaftslehre *f*; **~ endoredig** Keilschrift *f*; **~ Gyrilig** kyrillisches Alphabet; **~ Rufeinig** lateinisches Alphabet; **~ rwnig** Runenalphabet *nt*; **yr wyddor** das Alphabet; **yn ôl yr wyddor** alphabetisch.

gwyfyn (-od) *g (SÔOL)* Motte *f*, Falter *m*.

gŵyl¹ (gwyliau) *b* Fest *nt*, Feiertag *m*; *(perfformiad)* Kulturfest *nt*, Festival *nt*, Festwoche *f*; **gwyliau** *ll (cyfnod allan o'r gwaith)* Urlaub *m*; *(YSG)* Ferien *pl*, **~ ddrama** Theaterwoche *f*, Festspielwoche *f*; **~ flodau** Blumengala *f*; **~ y banc** Feiertag *m*; **G~ yr Holl Saint** Allerheiligen *nt*; **G~ y Meirw** Allerseelen *nt*; **G~ Sant Steffan** Stephanitag *m*; **G~ Ystwyll** Dreikönigsfest *nt*; **gwyliau'r haf** Sommerferien *pl*; **gwyliau hanner tymor** Semesterferien *pl*; *(yn yr hydref)* Herbstferien *pl*; *(ym mis Mai)* Pfingstferien *pl*; **cymryd gwyliau** Urlaub nehmen; **mynd ar eich gwyliau** auf Urlaub fahren; *gw.h.* **dygwyl**.

gŵyl² *ans* bescheiden.

gwylaidd *ans* bescheiden; *(swil)* schüchtern; *(gweddaidd)* brav, sittsam.

gwylan (-od) *b* Möwe *f*; **~ benddu** Lachmöwe *f*.

gwylder *g* Bescheidenheit *f*.

gwyleidd-dra *g* Bescheidenheit *f*; *(swildod)* Scheu *f*, Zurückhaltung *f*.

gwylfa (gwylfâu *neu* **gwylfeydd)** *b* Warte *f*, Observatorium *nt*; *(MIL)* Beobachtungsposten *m*; *(hela)* Ansitz *m*; *(gwyliad)* Wache *f*; *(CREF)* Nachtwache *f*.

gwyliad¹ (-au) *g (gweithred o wylio)* Wache *f*.

gwyliad² (gwyliaid) *g (gwarchodwr)* Wache *f*, (Wacht)posten *m*.

gwyliadwriaeth *b* Aufsicht *f*, Beobachtung *f*; *(gochelgarwch)* Wachsamkeit *f*; **bydd ar dy wyliadwriaeth** sei wachsam, sei auf der Hut; **bod o dan wyliadwriaeth** *(rhn dan amheuaeth)* unter Beobachtung stehen.

gwyliadwrus *ans* wachsam, vorsichtig.

gwyliau *ll gw.* **gŵyl¹**; Urlaub *m*.

gwylio *be.a (edrych ar)* beobachten, zusehen; *(cadw gwyliadwriaeth)* bewachen; *(bugeilio)* hüten; **~'r teledu** fernsehen; **~ gêm bel-droed** ein Fußballspiel ansehen.

  ♦ *be.g* zusehen; *(gwarchod)* Wache schieben,

wachen; *(disgwyl)* **~ am rn** nach jdm Ausschau halten; **~'n ofalus** genau zusehen; **gwylia beidio â chwympo** sieh' zu, dass du nicht hinfällst; **gwyliwch rhag y gris** Vorsicht, Stufe!

gwyliwr (gwylwyr) *g* Zuschauer *m*, Betrachter *m*; *(MIL)* Wächter *m*, Wachtposten *m*; **gwylwyr y glannau** Küstenwache *f*.

gwylmabsant (gwyliau mabsaint) *b* Fest des Schutzpatrons.

gwylnos (-au) *b* Nachtwache *f*.

gwylog (-od) *b (SÔOL)* Lumme *f*.

gwyll *g* Dämmerlicht *nt*, Dämmerung *f*; **rhwng gwawl a ~** von morgens bis abends.

gwylliad (gwylliaid) *g* Räuber *m*, Bandit *m*, Wegelagerer *m*.

gwyllt *(ll -ion)* *ans* wild; *(heb ddisgyblaeth)* unbändig; *(dig)* wütend, rasend; *(diffaith)* verwildert, wüst, urwüchsig; *(prysur)* hektisch; **blodeuyn ~** Feldblume *f*, wild wachsende Blume; **tân ~** Feuerwerk *nt*; **mewn tymer wyllt** jähzornig; **tywydd ~** stürmisches Wetter; **hwyaden wyllt** Wildente *f*; **mynd yn wyllt** *(digio)* wild werden.

  ♦ *g* Wildnis *f*; **yn y ~** *(yn sôn am anifail)* in freier Wildbahn.

gwylltineb *g* Wildheit *f*; *(diffyg disgyblaeth)* Unbändigkeit *f*; *(dicter)* Wut *f*; *(prysurdeb)* Hektik *f*.

gwylltio *be.a* ärgern, aufregen, reizen, verärgern.

  ♦ *be.g* sich ärgern, wütend werden, in Wut geraten; **~'n gaclwm** durchdrehen, rot sehen.

gwymon *g (BOT)* Seetang *m*, Seegras *nt*.

gwyn¹ *(b* **gwen**, *ll* **gwynion)** *ans* weiß; *(bendigaid)* selig, gesegnet; *(annwyl)* lieb, teuer; **coffi ~** Milchkaffee *m*, Kaffee mit Milch; **y Tŷ G~** *(GWLEID)* das Weiße Haus; **~ fel y galchen** kreidebleich; **cyn wynned â'r eira** schneeweiß; **trwy'r dydd ~** den lieben langen Tag; **fy merch wen i** meine Liebste; **~ eu byd** gesegnet seien sie; **papur ~** *(GWLEID)* Gesetzesantrag *m*; **priodas wen** Hochzeit in Weiß.

gwyn² *g* Weiße *nt*; *(mewn cig)* Fett *nt*; *(llygad)* Augapfel *m*; **~ wy** Eiweiß *nt*.

gwynder *g* Weiß *nt*; *(gwelwder)* Blässe *f*; *(disgleirdeb)* Helligkeit *f*.

gwynegon *ll* Rheumatismus *m*, Gliederreißen *nt*; *(pigau)* Seitenstechen *nt*.

gwynegu *be.g* schmerzen; **rwy'n ~ drwyddo i gyd** es reißt mir in allen Gliedern; **~ drosoch** *(ar ôl ymarfer corff)* einen Muskelkater haben.

gwynfa (-oedd) *b* Paradies *nt*.

gwynfyd (-au) *g* Seligkeit *f*; **y G~au** die Seligpreisungen *pl*.

gwynfydedig *ans* selig; *(paradwysaidd)* idyllisch,

paradiesisch.

gwyngalch *g* Maueranstrich *m*, Tünche^D *f*.

gwyngalchu *be.a* weißen, tünchen; *(ffig: cuddio)* vertuschen.

gwynias *ans* weiß glühend.

gwyniasedd *g* Weißglut *f*.

gwynio *be.g* schmerzen, stechen.

gwynnu *be.a* bleichen; *(gwallt)* ergrauen, grau/weiß werden; *(COG)* blanchieren.

gwynnwy *g* Eiweiß *nt*.

gwynt (-oedd) *g* Wind *m*; *(aroglau)* Geruch *m*; *(drwg)* Gestank *m*; *(MEDD)* Blähung *f*; *(anadl)* Atem *m*, Luft *f*, Puste^D *f*; ~ **chwys** Körpergeruch *m*; ~ **masnachol** Passat *m*; **melin wynt** Windmühle *f*; ~ **traed y meirw** Ostwind *m*; **allan o wynt** außer Atem; **a'ch ~ yn eich dwrn** außer Atem; **ar un ~** *(yfed)* auf einen Schluck; **ar yr un ~** im selben Atemzug; **cael eich ~ atoch** verschnaufen; **dal dy wynt!** warte einen Moment! **gweld pa ffordd mae'r ~ yn chwythu** *(ffig)* schauen woher der Wind weht; **hwylio i mewn i'r ~** gegen den Wind segeln; **mynd â'r ~ o hwyliau rhn** *(ffig)* jdm den Wind aus den Segeln nehmen; **i'r pedwar ~** in alle vier Winde; **mae rhywbeth yn y ~** *(ffig)* es liegt was in der Luft; ~ **o'r ochr** Seitenwind *m*; ~ **teg ar ei ôl!** ein Glück, dass wir ihn los sind! **torri ~** rülpsen.

gwyntio *be.a, be.g* = **gwynto**.

gwynto *be.a (clywed aroglau)* riechen; *(anifail gwyllt)* wittern; **gwyntodd y ci y gwningen** der Hund witterte das Kaninchen.

♦ *be.g (bod ag aroglau)* riechen; *(drewi)* stinken; ~ **o wynionod** nach Zwiebeln riechen.

gwyntog *ans* windig; *(ystafell)* zugig; *(ffig: person)* aufgeblasen; *(rhodresgar)* protzig, angeberisch.

gwyntyll (-au) *b* Fächer *m*; *(peiriant)* Ventilator *m*, Gebläse *nt*; *(AMAETH)* Worfschaufel *f*.

gwyntylliad *g* Lüftung *f*.

gwyntyllu *be.a* lüften, entlüften; *(AMAETH)* worfeln; *(ffig: trafod)* aufbringen, zur Diskussion stellen.

gŵyr¹ *ans* schief, schräg.

gŵyr² *be* gw. **gwybod**.

gwŷr *ll* gw. **gŵr**; ~ **meirch** *(MIL)* Kavallerie *f*; ~ **traed** *(MIL)* Infanterie *f*.

gwyran (gwyrain) *gb (SÔOL)* Rankenfußkrebs *m*.

gwyrdroad (-au) *g* Entstellung *f*, Verzerrung *f*.

gwyrdroëdig *ans* entstellt, verzerrt; *(FFIS)* gebrochen.

gwyrdroi *be.a* entstellen, verzerren; *(FFIS)* brechen.

gwyrdd¹ (*b* gwerdd, *ll* gwyrddion) *ans* grün; *(anaeddfed)* unreif; *(ffig: dibrofiad)* neu, grün; ~ **olewydd** olivgrün; ~ **porfa** grasgrün; ~ **tywyll** dunkelgrün; **y Blaid Werdd** die Grünen; **golau ~** grünes Licht,

freie Fahrt; **llysiau ~** Grünzeug *nt*; *(COG)* Suppengrün *nt*; **pupur ~** grüner Paprika *m*.

gwyrdd² *g* Grün *nt*.

♦ ~**ion** *ll (GWLEID)* die Grünen *pl*.

gwyrddfaen (gwyrddfeini) *b* Smaragd *m*.

gwyrddlas *ans* türkis; *(gwyrdd tywyll)* smaragdgrün.

gwyredig *ans* abweichend.

gwyrgam *ans* schief, krumm; *(anonest)* unehrlich, link; *(gweithred)* link, krumm.

gwyriad (-au) *g (gogwydd)* Abweichung *f*; *(o'r ffordd)* Umleitung *f*, Umweg *m*; *(FFILM: troad)* Schwenk *m*; *(GRAM)* Ablaut *m*.

gwyro *be.g (plygu)* sich biegen; *(person)* sich bücken; *(gogwyddo)* sich neigen; *(troi o'r ffordd iawn)* abweichen; ~ **heibio i'r dref** die Stadt umfahren.

♦ *be.a* neigen; *(gwyrdroi)* verdrehen; ~**'ch pen** den Kopf neigen; **gwyrwyd y bêl o'r postyn** der Ball prallte von der Stange zurück.

gwyrth (-iau) *b* Wunder *nt*; ~ **economaidd** Wirtschaftswunder *nt*; **trwy ryw wyrth** wie durch ein Wunder.

gwyrthiol *ans* wundersam; *(rhyfeddol)* bemerkenswert.

gwyryf (-on) *b* Jungfrau *f*.

gwyryfdod *g* Jungfräulichkeit *f*, Unberührtheit *f*; *(ffresni)* Frische *f*; *(ffig)* ~ **yr eira yn y bore** die Jungfräulichkeit des Schnees am Morgen.

gwyryfol *ans* jungfräulich; *(ffres)* frisch, rein; *(tir)* unberührt.

gwŷs (gwysion) *b (CYFR)* Vorladung *f*; **gosod ~ ar rn** jdn vorladen.

gwysiad (-au) *g* Aufruf *m*.

gwysio *be.a* vorladen.

gwystl (-on) *g* Geisel *f*; **cymryd yn wystl** als Geisel nehmen.

gwystlo *be.a (rhth)* als Pfand überlassen; *(rhn)* als Geisel überlassen.

gwystlwr (gwystlwyr) *g* Pfandleiher *m*.

gŵyth¹ (gwythau *neu* gwythi) *g* Zorn *m*, Wut *f*.

gŵyth² (gwythi) *b* Sehne *f*; *(MWYN)* Flöz *nt*; *(nant)* Bach *m*; *(ffos)* Graben *m*; **gwythi** *ll* Knorpel *m*, Flechse *f*.

gwythïen (gwythiennau) *b* Blutgefäß *nt*, Vene *f*, Arterie *f*, Ader *f*; *(ar ddeilen)* Ader; *(MWYN)* Ader, Flöz *nt*; ~ **fawr** Schlagader *f*.

gwyw *ans* welk; *(sychlyd)* verdorrt, vertrocknet; *(egwan)* schwach; *(diffrwyth)* verkümmert.

gwywedig *ans* = **gwyw**.

gwywiad *g* Welken *nt*, Schrumpfen *nt*.

gwywo *be.g (colli irder)* verwelken; *(sychu)* eintrocknen, verdorren; *(crino)* schrumpeln; *(dihoeni)* verkümmern, dahinschwinden.

gyd *adf:* **i ~** *(pob un)* alle; *(cyfan)* ganz; gw.h. **cyd**¹.

gyda *ardd* mit +*dat*; ~'r afon mit der Strömung, flussabwärts; bod ~ chi rhth *gw.* bod â; *(meddiannu)* etw haben, etw besitzen; ~'r cloc im Uhrzeigersinn; ~ chyfarchion mit besten Grüßen; ~ chymorth unter Mitwirkung von +*dat*; ~'i gilydd miteinander; ~ glan yr afon *(ochr yn ochr)* das Flussufer entlang; ~ golwg ar in Anbetracht +*gen*; ~'r hwyr am Abend; ~ hynny kurz darauf; ~ lwc mit Glück; ~ llaw übrigens, nebenbei bemerkt; mynd ~ rhn *(cariadon)* mit jdm gehen; ~'r nos *(yn y hwyr)* abends; *(yn y nos)* bei Nacht; rhedeg gydag ochr rhth parallel zu etw *dat* verlaufen; ~'r post per Post; aros ~ ffrindiau bei Freunden übernachten; beth sy'n bod 'da ti? was ist los mit dir? bod gyda'r mwyaf cyfoethog unter den Reichsten sein; mae'n byw ~'i rieni er wohnt bei seinen Eltern; ~'i dawn hi bei ihrem Talent.

    gyda bod *cys* sobald; a chyda ei bod hi'n eistedd, dyma'r gloch yn canu eto sobald sie sich hingesetzt hatte, läutete schon wieder die Glocke; ~ fy mod i'n dod fe ddechreuodd y ffilm sobald ich da war, begann der Film.

gydol *gw.* cydol.

gyddfau *ll gw.* gwddf; yng ngyddfau'i gilydd sich an der Kehle liegen.

gyddflin *b* Ausschnitt *m*.

gyddfol *ans* guttural, kehlig; gwythïen yddfol Halsschlagader *f*.

gyferbyn *ardd gw.* cyferbyn; ~ â'r banc der Bank gegenüber, gegenüber der Bank.

gylfin (-od) *g* Schnabel *m*.

gylfinir (-od) *g (SÖOL)* Brachvogel *m*, Schnepfe *f*.

gymnasiwm *g* Turnhalle *f*.

gymnasteg *b* Gymnastik *f*, Turnen *nt*.

gynaecoleg *b* Gynäkologie *f*.

gynaecolegydd (gynecolegwyr) *g* Frauenarzt *m*, Frauenärztin *f*, Gynäkologe *m*, Gynäkologin *f*.

gynnau *adf* soeben, gerade; roedd yn fan hyn ~ er war gerade hier.

gynnwr (gynwyr) *g (HAN)* Kanonier *m*; *(MIL)* Artillerist *m*.

gynt *adf gw.* cynt.

gyntaf *adf* zuerst, erst, als Erstes; mae rhaid i ni bacio ~ als Erstes müssen wir packen.

gypswm *g* Gips *m*.

gyr (gyrroedd) *g* Herde *f*; ~ o wartheg Rinderherde *f*.

gyrfa (-oedd) *b* Laufbahn *f*, Karriere *f*; ~ addysgol Werdegang *m*, Ausbildung *f*; swyddog ~oedd Berufsberater(in) *m(f)*; dilyn ~ fel academydd eine akademische Karriere verfolgen.

gyrfäwr (gyrfawyr) *g* Karrieremacher *m*.

gyrfawraig (gyrfawragedd) *b* Karrieremacherin *f*.

gyriant *g (TECH)* Antrieb *m*; *(CYFDR)* Laufwerk *nt*; ~ blaen Vorderradantrieb *m*; ~ cadwyn Kettenantrieb *m*; ~ pedair olwyn Allradantrieb *m*; ~ strap Riemenantrieb *m*; ~ warp Solantrieb *m*.

gyrosgop (-au) *g* Gyroskop *nt*.

gyrru *be.a (anifeiliaid)* treiben; *(car)* fahren; *(anfon)* senden; ~ i ffwrdd vertreiben; ~ o'r maes *(CHWAR)* vom Platz weisen/stellen; ~ o'r wlad ausweisen; ~ hoelen i mewn (i) einen Nagel einschlagen (in +*akk*); ~ lorri *(fel bywoliaeth)* LKW-Fahrer sein; ~ llythyr einen Brief schicken; ~ braw ar rn jdm einen Schreck einjagen; ~ cwch i'r dŵr ein Boot zu Wasser lassen; ~ ymlaen weitermachen, fortsetzen; ~ rhn i gysgu jdn einschläfern; ~ rhn i wneud rhth jdn dazu bringen etw zu tun.

gyrrwr (gyrwyr) *g* Fahrer *m*, Autofahrer *m*, Lenker *m*; *(wedi'i logi)* Chauffeur *m*; *(cert)* Fuhrmann *m*, Kutscher *m*; ~ ceir rasio Rennfahrer *m*; ~ hirdaith Fernfahrer *m*; ~ trên Lokomotivführer *m*.

gyrwraig (gyrwragedd) *b* Fahrerin *f*, Autofahrerin *f*; *(wedi'i llogi)* Chauffeuse *f*.

gyrwynt (-oedd) *g* Wirbelwind *m*, Orkan *m*.

H

ha *byrf (= hectar)* ha (Hektar).
hac (-iau) *g (rhic)* Kerbe *f*; *(atalnod)* Gedankenstrich *m*.
hacio *be.a* hacken; **~ yn ddarnau** in Stücke hacken.
haciwr (**hacwyr**) *g (CYFDR)* Hacker *m*.
haclif (-iau) *b (TECH)* Metallsäge *f*.
had *ll* Saat *f*, Saatgut *nt*, Samen *m*; *(afal, grawnwin)* Kerne *pl*; *(sberm)* Sperma *nt*, Samenflüssigkeit *f*; *(ffig: epil)* Nachkommenschaft *f*; **~ llin** Leinsamen *m*; **tatws ~** Saatkartoffeln *pl*.
haden (**hadau**) *b* Samen *m*; *(AMAETH)* Saatkorn *nt*; **hadau** *ll* Saatgut *nt*; **hadau carawe** Kümmel *m*; **hadau pabi** Mohn *m*; *gw.h.* **had**.
hadlestr (-i) *g (anifail)* Eierstock *m*; *(BOT)* Fruchtknoten *m*.
hadlif *g (MEDD)* Gonorrhö *f*, Tripper *m*.
hadog (-au) *g (SÖOL)* Schellfisch *m*.
hadyd *ll:* **tatws ~** Saatkartoffeln *pl*.
hadyn *g =* **haden**; *gw.h.* **had**.
haearn¹ (**heyrn**) *g* Eisen *nt*; *(smwddio)* Bügeleisen *nt*; **~ bwrw** Gusseisen *nt*; **~ gyr** Schmiedeeisen *nt*; **~ gwrymiog** Wellblech *nt*; **~ llosgi** *(AMAETH)* Brandeisen *nt*; **~ sgrap** Alteisen *nt*; **~ sodro** Lötkolben *m*; **heyrn pentan** Schürhaken *pl*; **taro'r ~ tra bo'n boeth** das Eisen schmieden solange es heiß ist.
haearn² *ans* eisern, Eisen-; **y Llen H~** *(HAN)* der Eiserne Vorhang; **yr Oes H~** *(HAN)* die Eisenzeit *f*.
haearnaidd *ans* eisern.
haeddiannol *ans* (wohl)verdient, gebührend; **clod ~** verdientes Lob.
haeddiant (**haeddiannau**) *g* Verdienst *nt*; **cael eich ~** bekommen, was einem gebührt; **mae pawb yn dweud ei bod hi wedi cael ei ~** alle sagen, dass ihr ganz recht geschieht.
haeddu *be.a* verdienen; **mae'n ~ ennill** er verdient zu gewinnen; **mae'n ~ gwell** er verdient was besseres.
hael *ans (hynaws)* großzügig; *(llaw-agored)* freigebig; *(bonheddig)* großmütig, nobel; *(pryd bwyd)* reichlich.
haelioni *g* Freigebigkeit *f*; *(hynawsedd)* Großzügigkeit *f*; **~ byrllawiog** Verschwendung *f*.
haelionus *ans* freigebig, großzügig.
haels *ll* Schrot *m/nt*.
haen (-au) *b* Schicht *f*; *(MWYN)* Flöz *nt*; **~ gymdeithas** Gesellschaftsschicht *f*; **~ o baent** Lackschicht *f*;

(ar wal) Farbschicht *f*; **~ osôn** Ozonschicht *f*.
haenen (-nau) *b* Belag *m*, Ablagerung *f*; *(TECH, BIOL)* Lamelle *f*; **~ lynu** Frischhaltefolie *f*; **~ olew** Ölfilm *m*.
haenog *ans* laminiert; **crwst ~** *(COG)* Blätterteig *m*.
haenu *be.a* schichten; *(TECH)* beschichten; *(AMAETH)* vorkeimen.
haeriad (-au) *g* Behauptung *f*, Beteuerung *f*.
haerllug *ans* frech, dreist, unverschämt.
haerllugrwydd *g* Unverschämtheit *f*, Unverfrorenheit *f*.
haeru *be.a, be.g* behaupten, versichern, beteuern.
haf (-au) *g* Sommer *m*; **~ bach Mihangel** Altweibersommer *m*; **canol ~** Hochsommer *m*; **gwyliau'r ~** *(YSG)* Sommerferien *pl*, große Ferien *pl*; *(o'r gwaith)* Sommerurlaub *m*; **tŷ ~** Ferienhaus *nt*, Wochenendhaus *nt*; **ysgol ~** Sommerkurs *m*.
hafaidd *ans* sommerlich.
hafal *ans* gleich; **bod yn ~ i rth** *dat* gleich sein.
hafaliad (-au) *g (MATH)* Gleichung *f*.
hafalnod (-au) *g (MATH)* Gleichheitszeichen *nt*.
hafan (-au) *b (porthladd)* Hafen *m*.
hafdy (**hafdai**) *g* Gartenhaus *nt*, Gartenlaube *f*.
hafn (-au) *b* Schlucht *f*; *(hollt)* (Erd)spalte *f*; *(cwm cul)* Klamm *f*.
hafod (-au *neu* -ydd) *b* Almhütte *f*.
Hafren *b (DAEAR)* der Severn *m*.
haffio *be.a* an sich *akk* reißen.
hafflau *g (côl)* Schoß *m*; *(gafael)* Griff *m*; **llond eich ~** beide Hände voll.
hagr *ans* hässlich.
hagru *be.a* verunstalten.
hagrwch *g* Hässlichkeit *f*.
haid (**heidiau**) *b (pryfed, pysgod)* Schwarm *m*; *(adar)* Schar *f*; *(defaid)* Herde *f*; *(bleiddiaid)* Rudel *nt*; *(cŵn)* Meute *f*; *(pobl)* Schar, Horde *f*; *(ffig: pechodau)* Menge *f*.
haidd *g* Gerste *f*; **~ perlog** Graupen *pl*.
haig (**heigiau**) *b (pysgod)* Schwarm *m*, Schule *f*.
haint (**heintiau**) *g* Infektionskrankheit *f*, Seuche *f*, Epidemie *f*; *(pwl, pangfa)* Anfall *m*, Schwäche *f*; **~ digwydd** Epilepsie *f*; **cael ~** ohnmächtig werden.
hala *be.a =* **hela**; *(sgyrs: gwario)* **~ arian** Geld ausgeben; **~ amser** Zeit verbringen; *(anfon)* **~ llythyr at** einen Brief schicken an *+akk*.
haleliwia *b* Halleluja *nt*.
halen (-au) *g* Salz *nt*; **~ coginio** Kochsalz *nt*; **~ craig**

Bergsalz *nt*; ~ **y ddaear** *(ffig)* das Salz der Erde; ~ **y môr** Meersalz *nt*; **rhoi ~ ar friw** Salz in die Wunde streuen; **bod yn werth eich ~** sein Geld wert sein.

halibalŵ *gb* Wirbel *m*, Radau *m*.

halibwt *g (SÔOL)* Heilbutt *m*.

halio *be.a (llusgo)* schleppen; *(i fyny)* hieven.

halo (-au) *b (lleuad)* Hof *m*; *(haul)* Korona *f*; *(ASTRON)* Aureole *f*; *(FFIS)* Halo *m*; *(CREF, CELF)* Heiligenschein *m*.

halogedig *ans* unrein, entweiht.

halogi *be.a* schänden, entweihen; *(llygru)* verpesten.

halogiad (-au) *g* Entweihung *f*, Schändung *f*.

halwyn (-au) *g (CEM)* Salz *nt*.

hallt *ans* salzig; *(COG)* gesalzen; *(yn ormod)* versalzen; *(am ddŵr)* brackig; *(wedi ei biclo)* gepökelt; *(ffig: beirniadaeth)* scharf, bissig; *(drud iawn)* gesalzen, geschmalzen; **dagrau ~** bittere Tränen; **dŵr ~** Salzwasser *nt*; *(CEM)* Sole *f*; *(ar gyfer piclo)* Salzlake *f*; **talu'n ~** *(ffig)* bitter bezahlen.

halltu *be.a (COG)* einsalzen, pökeln.

ham (-iau) *gb* Schinken *m*; ~ **a wyau** Ham and Egg *nt*, strammer Max[D] *m*; **brechdan ~** Schinkenbrot *nt*.

hambwrdd (hambyrddau) *g* Tablett *nt*; ~ **crasu** Backblech *nt*; ~ **cymysgu** *(CELF)* Palette *f*.

hambygio *be.a* belästigen.

hamdden *gb* Freizeit *f*, Muße *f*; **canolfan ~** Freizeitzentrum *nt*; **roedd gen i ~ i arddio** ich hatte Zeit im Garten zu arbeiten.

hamddena *be.g (segura)* bummeln, trödeln, brodeln[A]; *(dadflino)* sich ausruhen.

hamddenol *ans* gemächlich, geruhsam, lässig, gemütlich; **cerdded yn ~** schlendern, bummeln.

hamddenoldeb *g* Gemächlichkeit *f*.

hamiwr (hamwyr) *g (THEAT)* Schmierenkomödiant *m*.

hamog (-au) *g* Hängematte *f*.

hamper (-i) *b* Korb *m*; ~ **bicnic** Picknickkorb *m*.

hances (-i) *b* Taschentuch *nt*; ~ **bapur** Papiertaschentuch *nt*, Tempotaschentuch[D] *nt*.

handicap (-au) *g (CHWAR)* Handikap *nt*; *(golff)* Vorgabe *f*; *(rasio ceffylau)* Gewichtsvorgabe *f*; *(corfforol, meddyliol)* Behinderung *f*, *(ffig: anfantais)* Nachteil *m*; **bod yn ~ i rn** von Nachteil für jdn sein.

handlen (-nau) *b (peiriant)* Kurbel *f*; *(drws)* Türschnalle[A] *f*, Türklinke[D] *f*.

haneru *be.a* halbieren.

hanes (-ion) *g* Geschichte *f*; *(chwedl)* Erzählung *f*; ~ **achos** *(MEDD)* Krankengeschichte *f*, *(CYFR)* Akte *f*; ~ **bywyd** Lebensgeschichte *f*; ~ **celfyddyd** Kunstgeschichte *f*; ~ **Cymru** walisische Geschichte *f*; ~ **cynnar** Frühgeschichte *f*; ~ **yr hen fyd** antike Geschichte *f*; ~ **llenyddiaeth Gymraeg** walisische Literaturgeschichte *f*; ~ **lleol** Heimatkunde *f*; ~ **modern** Geschichte der Neuzeit; **beth yw ei ~ erbyn hyn?** was gibt es Neues von ihm? **caiff ei gofio mewn ~** er hat Geschichte geschrieben; *(digwyddiad)* das hat Epoche gemacht; **mae'n ~ hir** das ist eine lange Geschichte.

haneswr (haneswyr) *g* = **hanesydd**.

hanesydd (-ion) *g* Historiker *m*, Geschichtsschreiber *m*.

hanesyddol *ans* historisch, geschichtlich; *(tyngedfennol)* Epoche machend.

hanesyn (-nau) *gb* Anekdote *f*.

hanfod (-ion) *gb* Quintessenz *f*.

hanfodol *ans* äußerst wichtig, fundamental; *(anhepgorol)* unerlässlich.

haniad *g* Herkunft *f*, Abstammung *f*.

haniaeth (-au) *gb* abstrakte Idee *f*, Abstraktion *f*.

haniaethol *ans* abstrakt.

haniaethu *be.g* abstrahieren.

hanner (haneri) *g* Hälfte *f*, halb; ~ **amser** *(CHWAR)* Halbzeit *f*; ~ **ar agor** halb offen; ~ **awr** halbe Stunde *f*; ~ **awr wedi dau** halb drei; ~ **brawd** Halbbruder *m*; ~ **brif** *(CERDD)* ganze Note *f*; ~ **call** dumm, bescheuert[D]; *(rhn)* halbgebildet; ~ **cant** fünfzig; ~ **colon** Strichpunkt *m*; ~ **crwn** halbrund; ~ **cwafer** *(CERDD)* Sechzehntel *f*; ~ **cylch** Halbkreis *m*; ~ **cyntaf** *(CHWAR)* erste Halbzeit *f*; ~ **dwsin** halbes Dutzend; ~ **dydd** Mittag *m*; ~ **ffordd** *(adferfol)* auf halbem Weg; ~ **lleuad** Halbmond *m*; ~ **munud!** *(sgyrs)* eine Sekunde! ~ **nos** Mitternacht *f*; ~**-sgim** halbfett; ~ **tôn** *(CERDD)* Halbton *m*, Halbtonschritt *m*; ~ **tymor** *(yn yr hydref)* Herbstferien *pl*; *(ym mis Chwefror)* Semesterferien *pl*; *(ym mis Mai)* Pfingstferien *pl*; **wedi ~ ei goginio** halb durch; **wedi ~ cau** halb geschlossen; **rwy'n ~ meddwl bod** ... ich denke fast, dass…; ~ **a ~** halbe-halbe, fünfzig-fünfzig.

Hanofer *b (DAEAR)* Hannover *nt*.

Hanoferiad (Hanoferiaid) *g (ci, ceffyl)* Hannoveraner *m*.

hanu *be.g:* ~ **o** stammen aus +*dat*, abstammen von +*dat*; **o ble mae Eiri'n ~?** woher kommt Eiri? woher stammt Eiri?

hap (-iau) *b* Zufall *m*; **ar ~** durch Zufall, zufällig; ~ **a damwain** Glückssache *f*.

hapchwarae (-on) *g* Glücksspiel *nt*, Hasardspiel *nt*.

hapchwarae *be.g* spielen, wetten; *(ffig: mentro)* hasardieren.

hapfasnach *b (CYLL)* Spekulation *f*.

hapfasnachu *be.g (CYLL)* spekulieren; ~ **ar y farchnad stoc** an der Börse spekulieren.

hapfasnachwr (hapfasnachwyr) *g* Spekulant *m*.

hapnod (-au) *g (CERDD)* Versetzungszeichen *nt.*

haprif *g* Zufallszahl *f.*

hapus *ans (balch, bodlon)* glücklich, froh; *(dedwydd)* fröhlich; **diwedd ~** Happy End *nt;* **mor ~ â'r gog** quietschvergnügt; **penblwydd ~!** herzlichen Glückwunsch zum Geburtstag!

hapusrwydd *g* Glück *nt,* Freude *f; (dedwyddwch)* Fröhlichkeit *f.*

hapwiriad (-au) *g* Stichprobe *f.*

harbwr (-s) *g* Hafen *m; (ffig)* Hafen.

hardbord *g* Hartfaserplatte *f.*

hardd *ans* schön, lieblich, anmutig; *(celfi)* dekorativ, elegant; **gwirioneddol ~** wahrlich schön.

harddu *be.a* zieren, verzieren, verschönern; **~ eich hun** sich schönmachen.

harddwch *g* Schönheit *f.*

harîm *g* Harem *m.*

harmoni (**harmonïau**) *g (CERDD)* Harmonie *f; (rhwng pobl)* Eintracht *f.*

harmonig *ans* harmonisch.

harmoniwm (-s) *g (CERDD)* Harmonium *nt.*

harnais (**harneisiau**) *g (HAN)* Harnisch *m; (gêr)* Ausrüstung *f,* Gurt *m; (i geffyl)* Geschirr *nt,* Zaumzeug *nt;* **~ parasiwt** Fallschirmgurt *m;* **~ diogelwch** Sicherheitsgurt *m.*

harneisio *be.a (cefyll)* anschirren, zäumen; *(o flaen cert)* vorspannen; *(pŵer)* nutzen.

harpsicord (-iau) *g (CERDD)* Cembalo *nt.*

Harri *enw priod* Heinrich; **~ VIII** Heinrich VIII.

haru *be.a* leiden, ertragen; *(casáu)* hassen; **fedra i mo'i ~** ich kann ihn nicht leiden/ausstehen; **be ~ ti?** was war los mit dir? was ist geschehen?

hashish *g* Haschisch *nt/m.*

hast *gb* Eile *f,* Hast *f;* **bod ar ~** es eilig haben; **beth yw'r ~?** wozu die Eile?

hastus *ans* hastig, überstürzt.

hatgell (-oedd) *b (BOT)* Samenkapsel *f,* Fruchtschale *f,* Perikarp *nt.*

hatling (-au *neu* -od) *b (cyfraniad bach o arian)* Scherflein *nt.*

hatsh (-ys) *b* Luke *f.*

hau *be.a, be.g* säen; *(ffig)* säen.

haul (**heuliau**) *g* Sonne *f;* **blodyn ~** Sonnenblume *f;* **brychni ~** Sommersprossen *pl;* **codiad ~** Sonnenaufgang *m;* **llosg ~** Sonnenbrand *m;* **sbectol ~** Sonnenbrille *f,* **lliw ~** Sonnenbräune *f;* **trawiad ~** Sonnenstich *m;* **daw ~ ar fryn** *(ffig)* es wird schon besser werden; **popeth dan ~** alles denkbar Mögliche; **llosgi yn yr ~** sich einen Sonnenbrand holen.

hawdd *ans* einfach, leicht; **haws dweud na gwneud** leichter gesagt als getan; **mae'n ~ gweld pam** es ist leicht zu erkennen warum.

hawddgar *ans* angenehm, gefällig, liebenswert.

hawl (-iau) *b* Recht *nt,* Berechtigung *f, (cais)* Anspruch *m,* Anrecht *nt;* **~ i bleidleisio** Stimmrecht *nt,* Wahlrecht *nt;* **~iau cyfartal** Gleichberechtigung *f;* **~iau dynol** Menschenrechte *pl;* **~iau sifil** Zivilrecht *nt;* **~ tramwy** Wegrecht *nt;* **bod â'r ~ i wneud rhth** das Recht haben etw zu tun; **bod â'r ~ ar rth** Anspruch/Anrecht haben auf +*akk.*

hawlen (-ni) *b* Genehmigung *f,* Passierschein *m.*

hawlfraint (**hawlfreintiau** *neu* **hawlfreiniau**) *b* Urheberrecht *nt,* Copyright *nt.*

hawliad (-au) *g* Anspruch *m,* Beanspruchung *f.*

hawlio *be.a* fordern, beanspruchen, Anspruch erheben auf +*akk.*

hawlwr (**hawlwyr**) *g* Antragsteller *m.*

hawlydd (-ion) *g* Antragsteller(in) *m(f).*

haws *cymh* einfacher; **~ dweud na gwneud** leichter gesagt als getan.

hawster (-au) *g* Leichtigkeit *f.*

HD *byrf* (= Hen Destament) A.T. (Altes Testament).

heb *ardd* **1** ohne +*akk;* **~ dâl digonol** unterbezahlt; **~ ddigon o faeth** unterernährt; **~ ei ail** ohnegleichen; **~ ei debyg** sondergleichen; **~ fraster** fettfrei; **~ ei gannu** ungebleicht; **~ gynnwys rhth** exklusive etw; **~ os nac onibai** sicherlich, ohne wenn und aber; **~ sôn am** geschweige denn; **~ sôn am y problemau** von den Problemen ganz zu schweigen; **~ unrhyw amheuaeth** ohne jeden Zweifel; **~ wybod beth i'w wneud** ratlos; **~ yn wybod iddo** ohne dass er wusste; **mwy na ~** mehr oder weniger; **2** *(negyddu)* **rwy ~ weld y rhaglen eto** ich habe das Programm noch nicht gesehen; **roedd hi ~ ddiffodd y golau** sie hatte das Licht nicht abgedreht; **bydd Cymru ~ golli un gêm** Wales wird kein Spiel verloren haben.

heblaw *ardd* außer +*dat,* abgesehen von +*dat;* **~ ni** außer uns; **~ am Hedd** abgesehen von Hedd.

hebog (-au *neu* -iaid) *g (SÔOL)* Falke *m;* **~ tramor** Wanderfalke *m;* **llygaid ~** *(ffig)* Adleraugen *pl.*

hebogydd (-ion) *g* Falkner *m,* Falkenier *m.*

Hebraeg *b* Hebräisch *nt.*

♦ *ans* hebräisch.

Hebraes (-au) *b (Beibl)* Hebräerin *f.*

Hebread (**Hebreaid**) *g (Beibl)* Hebräer *m.*

Hebreaidd *ans* hebräisch.

Hebrëes *b* = Hebraes.

Hebreig *ans* hebräisch.

Hebrëwr (**Hebrewyr**) *g* = Hebread.

Hebrides *ll (DAEAR)* **yr ~** (Ynysoedd Heledd) die Hebriden *pl.*

hebrwng *be.a* begleiten, geleiten; *(heddlu, gwarchodlu)* eskortieren; **~ rhn adref** jdn nach Hause bringen.

hebryngiad (-au) *g* Geleit *nt.*

hecian *be.g* sich räuspern; *(siarad ag atal)* stottern, stammeln.

heclo *be.a* durch Zwischenrufe stören.

♦ *be.g* dazwischenrufen.

hecsagon (-au) *g* *(MATH)* Sechseck *nt*, Hexagon *nt.*

hectar (-au) *g* Hektar *m/nt*; **tri ~** drei Hektar.

hectig *ans* hektisch, gehetzt.

hectolitr (-au) *g* Hektoliter *m.*

hed *be gw.* **hedfan; mae'n dair milltir fel yr ~ y frân** es sind drei Meilen Luftlinie.

hedeg *be.g* = **ehedeg.**

hedegog *ans* Flug-, fliegend; **deinosor ~** Flugsaurier *m.*

hedfa (hedfeydd) *b* = **hediad.**

hedfan *be.g* fliegen; *(cymylau)* ziehen, segeln; **mae'r amser yn ~** die Zeit verfliegt.

♦ *be.a (awyren)* fliegen, steuern; *(barcud)* steigen lassen.

♦ *be.e* Luftfahrt *f.*

hedfaniad (-au) *g* Flug *m*, Flugreise *f.*

hedfanwr (hedfanwyr) *g* Flieger *m.*

hediad (-au) *g* Flug *m*; **~ syth i lawr** Sturzflug *m*; **~ isel** Tiefflug *m*; **~ rheolaidd** Linienflug *m.*

hedonistaidd *ans* hedonistisch.

hedonistiaeth *b* Hedonismus *m.*

hedonydd (-ion) *g* Genießer(in) *m(f)*; *(HAN)* Hedonist *m.*

hedyn (had *neu* hadau) *g* Samen *m*; *(AMAETH)* Saatkorn *nt*; *(cnewyllyn)* Kern *m*; **~ mwstard** Senfkorn *nt*; **~ pupur** Pfefferkorn *nt*; **hadau** *ll* Saatgut *nt*; **hadau carawe** Kümmel *m*; **hadau pabi** Mohn *m*; *gw.h.* **had.**

hedd *g* Frieden *m.*

heddiw[1] *adf* heute; *(y dyddiau 'ma)* heutzutage; **~'r bore** heute Morgen; **fel ~ ac yfory** launisch, wankelmütig; **wythnos i ~** heute in einer Woche.

heddiw[2] *g* der heutige Tag; **hyd ~** bis zum heutigen Tag.

heddlu (-oedd) *g* Polizei *f*; *(yn y wlad)* Gendarmerie *f*; *(swyddogol)* Exekutive *f*; **car ~** Streifenwagen *m*; **~ cudd** Geheimpolizei *f*; **gorsaf ~** Kommissariat *nt*, Wachstube *f*; **~ llofruddiaeth** Mordkommission *f*; **~ puteiniaeth** Sittenpolizei *f.*

heddwas (heddweision) *g* Polizist *m*; *(mewn swyddfa)* Polizeibeamte(r) *m.*

heddwch *g* Friede *m*; *(llonyddwch)* Ruhe *f*; **~ cydwybod** Seelenfriede *m*; *(HAN)* **Cytundeb H~ Versailles** der Friedensvertrag von Versailles; **mudiad ~** Friedensbewegung *f.*

heddychlon *ans* friedlich, friedfertig.

heddychol *ans* pazifistisch.

heddychu *be.a* beschwichtigen.

heddychwr (heddychwyr) *g* Pazifist *m*; *(canolwr)* Vermittler *m.*

heddychwraig (heddychwragedd) *b* Pazifistin *f.*

hefo *ardd* = **gyda.**

hefyd *adf* auch, ebenfalls; **byth a ~** ständig, am laufenden Band.

heffer (heffrod) *b* *(AMAETH)* Färse *f.*

hegemoni *g* *(GWLEID)* Hegemonie *f.*

hegl (-au) *b* Bein *nt*; *(CHWAR)* Etappe *f.*

heglog *ans* langbeinig.

heglu *be.a:* **ei ~ hi** abhauen, verduften.

heibio *adf* vorbei; **mynd ~** vorbeigehen; *(amser)* vergehen; **galw ~** vorbeikommen, einen Besuch machen; **rhoi ~** *(yn ôl yn ei le)* wegräumen; **wrth fynd ~** *(ffig)* nebenbei; **yr wythnos a aeth ~** vergangene Woche.

heic (-iau) *b* Wanderung *f.*

heicio *be.g* wandern.

heiciwr (heicwyr) *g* Wanderer *m.*

heicwraig (heicwragedd) *b* Wanderin *f.*

heidio *be.g* schwärmen; **~ gan** wimmeln von; **~ ynghyd** sich sammeln; *(rheibwyr, cnud)* sich zusammenrotten.

heidiol *ans:* **anifail ~** Herdentier *nt.*

heidden (haidd) *b* Gerste *f*, Graupe *f.*

heigio *be.g* = **heidio.**

heini *ans* fit, durchtrainiert; **cadw'n ~** sich fit halten, Sport betreiben.

heintiad (-au) *g* Ansteckung *f.*

heintio *be.a* anstecken, infizieren; *(llygru)* verseuchen, kontaminieren.

heintiol *ans* = **heintus.**

heintrydd *ans* immunisiert.

heintryddid *g* Immunität *f.*

heintus *ans* ansteckend, übertragbar.

hel *be.a* *(gyrru)* (fort)jagen; *(casglu)* sammeln, pflücken, auflesen; *(ymweld â)* frequentieren; **~ achau** den Stammbaum erforschen, Ahnenforschung betreiben; **~ at ei gilydd** zusammensammeln; **~ celwyddau** lügen; **~ ci ar rn** den Hund auf jdn hetzen; **~ clecs** klatschen[D], tratschen; **~ cnau** Nüsse sammeln; **~ dail** *(ffig)* den Faden verlieren; **~ esgusodion** faule Ausreden erzählen; **~ eich pac** *(ffig: ymadael)* seine Siebensachen packen; **~ eich tamaid** sein Brot verdienen; **~ eich traed** sich auf den Weg machen; **~ meddyliau** etwas ausbrüten; **~ merched** ein Frauenheld sein; **~ straeon** klatschen[D], tratschen; **~ tafarnau** in Bars herumhängen.

hela *be.a* jagen; *(sgyrs: gwario)* **~ arian** Geld ausgeben;

gw.h. hala.

♦ be.g jagen, auf die Jagd gehen; ci ~ Jagdhund m.

helaeth ans umfangreich, beträchtlich, enorm; **dros rannau** ~ über weite Teile; **nifer** ~ eine große Zahl; **swm ~ o arian** ein beträchtlicher Geldbetrag.

helaethrwydd g Reichhaltigkeit f, Ausgiebigkeit f; (ehangder) Weitläufigkeit f.

helaethiad g Erweiterung f; (ychwanegiad) Hinzufügung f, Zusatz m.

helaethu be.a ausweiten, vergrößern.

♦ be.g: ~ **ar** (ffig: trafod yn hir) sich ergehen über +akk, weitläufig erörtern.

helbul (-on) g Ärger m, Schwierigkeiten pl; **bod mewn** ~ in der Klemme sitzen, in der Zwickmühle sein.

helbulus ans lästig, schwierig; **cyfnod** ~ eine schwere Zeit; (HAN) stürmische Zeiten.

helcyd be.a schleppen, schleifen, tragen.

heldir (-oedd) g Jagdrevier nt.

helfa (**helfeydd** neu **helfâu**) b Jagd f; (pysgod) Fang m; ~ **drysor** Schatzsuche f; ~ **lwynogod** Fuchsjagd f.

helgi (**helgwn**) g Jagdhund m.

heli g Salzwasser nt, Meerwasser nt; (COG) Salzlake f.

helics g (MATH) Helix f; (BIOL) ~ **dwbl** Doppelhelix f.

heliwm g (CEM) Helium nt.

heliwr (**helwyr**) g Jäger m; (casglwr) Sammler m; (HAN) ~**gasglwr** Jäger und Sammler m.

helm[1] (-au) b Helm m.

helm[2] (-ydd) b Silo m/nt, Kornspeicher m.

helmed (-au neu -i) b = **helm**[1].

helo ebych hallo!

helogan b Sellerie m/f, Zeller^A m.

help g Hilfe f, Mithilfe f; ~**!** Hilfe! **rhoi ~ llaw i rn** jdm zur Hand gehen; **gyda ~ rhn** mit jds Hilfe; **bod o ~ i rn** jdm eine Hilfe sein.

helpu be.a helfen +dat; (cefnogi) unterstützen, beistehen +dat; (cyfrannu at) beitragen zu +dat; **helpwch eich hunan!** bedienen Sie sich bitte! greifen Sie zu! ~ **rhn i gael rhth** jdm zu etw verhelfen; ~ **rhn i godi** jdm aufhelfen; ~ **gyda rhth** bei etw dat mithelfen; ~ **achos da** einen guten Zweck unterstützen.

helpwr (**helpwyr**) g Helfer(in) m(f), Hilfskraft f.

helwraig (**helwragedd**) b Jägerin f.

helwriaeth b Wild nt, Strecke f.

helygen (**helyg**) b (BOT) Weide f.

helynt (-ion) gb Ärger m, Schererei f, Mühe f; ~**ion teuluol** Ärger in der Familie; **hynt a ~** (ffig) Höhen und Tiefen pl.

hem (-iau) b Saum m; (trowsus, llewys) Aufschlag m.

hemio be.a einsäumen, aufschlagen; (rhoi cosfa i) verprügeln.

hemisffer (-au) g Halbkugel f, Hemisphäre f; (ymennydd) ~ **cerebrol** Gehirnhälfte f.

hemlog b (BOT) Schierlingstanne f, Tsuga f.

hen[1] ans alt; (oedrannus) betagt; (rhn hen iawn) uralt, hoch betagt, steinalt; (cynt) frühere, einstige; (dodrefn ayb) abgenutzt; (dŵr) abgestanden; (perthynas) langjährig, alt; ~ **ben** Besserwisser m, Klugscheißer m; ~ **bennill** walisisches Versmaß, Paarreim aus vierfüßigen Jamben; ~ **bryd** höchste Zeit; ~ **dad-cu** neu: **hen-daid** Urgroßvater m; **H~ Destament** Altes Testament nt; ~ **dro** schade; ~ **ddigon** mehr als genug; ~ **fam-gu** neu: **hen-nain** Urgroßmutter f; ~ **ferch** alte Jungfer f; ~ **ffrindiau** alte Freunde; ~ **gant** Tattergreis m; ~ **geg** Großmaul nt; ~ **gythraul bach** der alte Gauner; ~ **lanc** Junggeselle m; ~ **law** alter Hase m, Routinier m; ~ **longwr** Seebär m; ~ **nodiant** (CERDD) Notenschrift f; **H~ Wlad Fy Nhadau** die walisische Nationalhymne f; ~ **ŵr** alter Mann m; (dif) Alte(r) m; (llen) Greis m; (BOT) Dill m, Dille^A f; ~ **wraig** alte Frau f; (dif) Alte f; (llen) Greisin f; **mynd yn ~** alt werden, altern; **fy ~ ysgol** meine frühere Schule.

hen[2] adf seit langem, schon längst; **mae'r ffilm wedi ~ orffen** der Film ist seit langem aus; **rwyf wedi ~ flino ar y peth 'ma** das ist mir schon längst zu viel geworden.

henaidd ans greisenhaft, senil; (henffasiwn) altertümlich; **plentyn bach ~** ein altkluges Kind.

henaint g Greisenalter nt.

hen-daid (**hendeidiau**) g Urgroßvater m.

hendraul ans (treuledig) abgenutzt, abgewetzt; (ffig) fadenscheinig.

hendref (-i) b Winterquartier nt.

hendrwm ans modrig; (awyr) muffig; (bara) schimmlig, alt.

henebion ll historische Sehenswürdigkeiten pl, Altertümer pl.

henebyn a gw. **henebion**.

heneiddio be.g altern, alt werden.

henffasiwn ans altmodisch, unmodern.

henffych ebych Heil! Salve!

hen-nain (**hen-neiniau**) b Urgroßmutter f.

heno adf heute Abend.

henoed g Alter nt; (pobl) Senioren pl, Alten pl.

henuriad (**henuriaid**) g (dinesig) Senior(in) m(f); (brodorol) Dorfälteste m/f; **cyngor yr henuriaid** Ältestenrat m.

heol (-ydd) b Straße f; (cul) Gasse f; ~ **fawr** Hauptstraße f.

hepatitis *g (MEDD)* Hepatitis *f.*

hepgor *be.a* auslassen, weglassen, verzichten auf
+*akk*; ~ **unrhyw groesgyfeiriad** auf jegliche
Querverweise verzichten; ~ **gwneud rhth** etw
bleiben lassen.

hepgoradwy *ans* entbehrlich.

hepian *be.g* ein Nickerchen machen, dösen.

her (-iau) *b* Herausforderung *f*; ~ **unawd** *(CERDD)*
Solo-Gesangswettbewerb *m.*

herc (-iau) *b (naid)* Hüpfen *nt* (auf einem Bein);
(cloffni) Humpeln *nt*, Hinken *nt*; ~, **cam a naid**
(CHWAR) Dreisprung *m.*

hercian *be.g* auf einem Bein hüpfen; *(cloffni)*
humpeln, hinken.

herciog *ans* stockend, holprig.

heresi *b* Ketzerei *f*, Häresie *f.*

hereticaidd *ans* ketzerisch, häretisch.

herfeiddiol *ans* fordernd, trotzig; *(beiddgar)*
provokant.

hergwd (hergydiau) *g* Schubs *m*, Stoß *m*; *(gyda'r*
penelin) Rempler *m*; **rhoddodd ~ iddo i mewn i'r pwll**
nofio er stieß ihn ins Schwimmbecken.

herio *be.a* herausfordern; *(amau)* anfechten; *(wynebu)*
trotzen +*dat.*

heriwr (herwyr) *g* Herausforderer *m*; *(am y teitl)*
Titelanwärter *m.*

hermetig *ans* hermetisch.

hernia *g (MEDD)* Bruch *m*, Leistenbruch *m.*

herodraeth *b* Heraldik *f*, Wappenkunde *f.*

heroin *g* Heroin *nt.*

herpes *g (MEDD)* Herpes *m.*

hers (-ys) *b* Leichenwagen *m.*

herts *g (FFIS)* Hertz *nt.*

herw (-au) *g* (Raub)überfall *m*; **bod ar ~** vogelfrei
sein.

herwfilwr (herwfilwyr) *g* Partisan *m*, Freischärler *m*;
(rebel) Guerilla *m*, Guerillero *m.*

herwfilwraig (herwfilwragedd) *b* Partisanin *f*,
Freischärlerin *f*, *(rebel)* Guerilla *m.*

herwgipiad (-au) *g* Entführung *f.*

herwgipio *be.a* entführen, kidnappen; *(morwr)*
schanghaien.

herwgipiwr (herwgipwyr) *g* Entführer *m*, Kidnapper
m; *(awyren)* Luftpirat *m.*

herwgipwraig (herwgipwragedd) *b* Entführerin *f*,
Kidnapperin *f*; *(awyren)* Luftpiratin *f.*

herwhela *be.a* wildern.

herwr (herwyr) *g* Bandit *m*, Wegelagerer *m*,
Vogelfreie(r) *m.*

herwraig (herwragedd) *b* Herausforderin *f.*

herwydd *cys ar ardd:* **o'm ~** meinetwegen, wegen
mir; **o'r ~** deswegen; *gw.h.* **oherwydd**.

hesb *ans gw.* **hysb**; unfruchtbar; *(afon)*
ausgetrocknet.

hesben *b* = **hesbin**.

hesbin (-od) *b* Jungschaf *nt.*

hesg *ll gw.* **hesgen**.

hesgen (hesg) *b* Riedgras *nt*, Schilfrohr *nt.*

Hesse *b (DAEAR)* Hessen *nt.*

Hessiad (Hessiaid) *g* Hesse *m*, Hessin *f.*

het (-iau) *b* Hut *m*; *(cogydd, sgïwr)* Haube *f*, Mütze[D] *f*;
(cap) Kappe *f*; ~ **fowler/galed** Melone *f*; ~ **silc**
Zylinder *m*; ~ **wellt** Strohhut *m*; **cadw'ch ~** seinen
Hut auflassen; **gwisgo dwy ~** *(ffig)* zwei Gesichter
haben; **tynnu'ch ~ i rn** *(ffig)* vor jdm den Hut
ziehen.

hetar (-s) *g* Bügeleisen *nt.*

heterogenaidd *ans* heterogen.

heth *b* Kälteeinbruch *m.*

heuad *g* Aussaat *f.*

heuldrawiad (-au) *g* Sonnenstich *m.*

heuldro (heuldroeon) *g* Sonnenwende *f*; ~**'r gaeaf**
Wintersonnenwende *f*; ~**'r haf**
Sommersonnenwende *f*, Johannistag[D] *m.*

heulfa (heulfeydd) *b* Solarium *nt.*

heulog *ans* sonnig; *(tywydd)* heiter, strahlend; *(ffig:*
hapus) sonnig.

heulsaf (-au) *g* Sonnenwende *f.*

heulwen *b* Sonnenschein *m.*

heuwr (heuwyr) *g* Säer *m*, Sämann *m.*

heuwraig (heuwragedd) *b* Säerin *f.*

hewl *b* = **heol**.

heyrn *ll gw.* **haearn**[1]; **gormod o ~ yn y tân** zu viele
Eisen im Feuer.

hi *rhag* **1** *(annibynnol)* sie; **mae ~ wedi cyrraedd** sie ist
gekommen; **gad ~ i fewn** lass sie herein; **gwelais i**
~**'n dawnsio** ich sah sie tanzen; ~ **yw'r bos yn y tŷ**
sie ist es, die die Hosen anhat; **rwyf eisiau siarad â**
~ ich möchte mit ihr sprechen; **2** *(dibynnol)* **ei thad**
~ ihr Vater; **ganddi ~ mae'r allwedd** sie hat den
Schlüssel; **beth amdani ~?** was ist mit ihr? **3**
(amhersonol) es; **beth amdani ~?** wie steht's damit?
mae ~'n bwrw glaw es regnet; **faint o'r gloch yw ~?**
wie spät ist es? **mae ~'n mynd yn hwyr** es wird
spät; **mae ~'n anodd deall** es ist schwer zu
verstehen; **wedi'i dal ~** betrunken sein; **bod yn ei**
chanol ~ *(ffig)* bis zum Hals drin stecken.

hiasinth *g* Hyazinthe *f.*

hic (-iau) *g* Kerbe *f*, Scharte *f.*

hicio *be.a* kerben.

hidio *be.g* sich Sorgen machen; ~ **dim blewyn** auf
etw *akk* pfeifen; **hidiwch befo!** macht nichts!
machen Sie sich nichts draus! **hidiwn i ddim** mir
wäre das egal.

hidl[1] (-au) *b* Sieb *nt*; *(COG)* Passiersieb *nt*.
hidl[2] *ans:* **wylo'n ~** heulen wie ein Schlosshund.
hidlen (-ni) *b* Filter *nt/m*; *(awyr)* Luftfilter *nt*; *(FFOTO)* Filter, Lichtfilter *nt*.
hidlo *be.a* sieben; *(puro)* filtern; *(COG)* passieren; *(coffi)* filtern; **~ gwybed** Haarspaltereien betreiben; **papur ~** Filterpapier *nt*.
hierarchaeth (-au) *b* Rangordnung *f*, Hierarchie *f*.
hierarchaidd *ans* hierarchisch.
hieroglyff (-au) *b* Hieroglyphe *f*.
hieroglyffig *ans* hieroglyphisch.
hil (-ion) *b* Rasse *f*; *(disgynnyddion)* Nachkommenschaft *f*; **yr ~ Almaenig** die deutsche Rasse; **yr ~ ddu** die dunkle Rasse; **yr ~ ddynol** die menschliche Rasse; **yr ~ wen** die weiße Rasse; **o ~ frenhinol** von königlichem Geblüt *nt*.
hiliaeth *b* Rassismus *m*.
hiliogaeth *b* *(disgynnyddion)* Nachkommenschaft *f*.
hiliol *ans* rassistisch.
hiliwr (**hilwyr**) *g* Rassist *m*.
hil-laddiad *g* Völkermord *m*, Genozid *m*.
hilwraig (**hilwragedd**) *b* Rassistin *f*.
hin *b* Wetter *nt*.
hindreuliad *g* Verwitterung *f*.
hindreuliedig *ans* verwittert.
hindreulio *be.g* verwittern.
Hindŵ (-s) *g* Hindu *m*.
Hindŵaeth *b* Hinduismus *m*.
hindda *b* Schönwetter *nt*.
hiniog (-au) *b* = rhiniog.
hinsawdd (**hinsoddau**) *b* Klima *nt*; *(ffig)* Klima, Atmosphäre *f*.
hinsoddi *be.g* sich akklimatisieren.
hinsoddol *ans* klimatisch.
hipopotamws (**hipopotamysau**) *g* Nilpferd *nt*, Flusspferd *nt*.
hir *ans* lang; *(hirwyntog)* langwierig; *(pell)* weit; **am ~** (für) lange; **cyn bo ~** in Kürze, bald; **naid ~** *(CHWAR)* Weitsprung *m*; **~ oes i Caesar!** lang lebe Cäsar! **ymhen ~ a hwyr** schlussendlich, zu guter Letzt; **rwyt ti'n aros am ~?** bleibst du lange? **cymerodd amser ~** es hat lange gedauert; **mae'n amser ~ ers i ni weld ein gilydd** es ist lange her seit wir uns gesehen haben; **yn y tymor ~** langfristig, auf lange Sicht.
hiraeth *g* Sehnsucht *f*; *(am hen ddyddiau)* Nostalgie *f*; *(am gartref)* Heimweh *nt*; *(am deithio)* Fernweh *nt*.
hiraethu *be.g* Sehnsucht haben; *(am gartref)* Heimweh haben; **~ am** sich sehnen nach +*dat*.
hiraethus *ans* sehnsüchtig, melancholisch; *(teimladau)* heimatlich.
hirbell *ans:* **o ~** von weitem.

hirben *ans* gewitzt, klug, clever.
hirfys (-edd) *g* Mittelfinger *m*.
hirgrwn (*b* **hirgron**) *ans* oval, eiförmig; **pêl hirgron** Rugbyball *m*.
hirgul *ans* länglich.
hirgylch (-au) *g* Ellipse *f*.
hirhoedlog *ans* langlebig.
hirsefydlog *ans* alteingesessen.
hirwyntog *ans* langatmig; *(nofel)* weitschweifig; *(brawddeg)* geschwollen; *(gweithred)* umständlich.
hirymarhous *ans* langmütig, duldsam.
hisian *be.g* zischen; *(neidr)* zischeln.
hithau *rhag* auch sie, sie auch.
HIV-negatif *ans* HIV-negativ.
HIV-positif *ans* HIV-positiv.
hiwmor *g* Humor *m*; *(agwedd)* Sinn *m* für Humor.
hobi (**hobïau**) *g* Hobby *nt*, Steckenpferd *nt*, Liebhaberei *f*.
hoced (-ion) *b* Bauernfängerei *f*.
hocedu *be.a* beschummeln, beschwindeln, prellen.
♦ *be.g* *(mewn gêm)* schwindeln.
hoci *g* Hockey *nt*, Landhockey *nt*; **~ iâ** Eishockey *nt*; **ffon ~** Hockeyschläger *m*.
hoe (-au) *b* *(saib)* Pause *f*.
hoeden (-nod) *b* Flittchen *nt*.
hoedenna *be.g* kokettieren.
hoedennaidd *ans* kokett.
hoedl (-au) *b* Lebenszeit *f*, Leben *nt*; **yn ei ~** zu seinen Lebzeiten.
hoel *b* = hoelen.
hoelbren (-nau) *g* Dübel *m*.
hoelen (**hoelion**) *b* Nagel *m*; **~ arch** *(h. ffig)* Sargnagel *m*; **~ bedol** Hufnagel *m*; **~ esgid** Zwecke[D] *f*; **~ glopa** Stollen *m*; **yr hoelion wyth** die Hautevolee *f*, die VIPs *pl*; **cyn farwed â ~** mausetot; **taro'r ~ ar ei phen** den Nagel auf den Kopf treffen.
hoelio *be.a* annageln; **~'n dyn** zunageln; **~ sylw ar rth** das Augenmerk auf etw *akk* lenken.
hoen *gb* Begeisterung *f*, Schwung *m*, Elan *m*.
hoenus *ans* temperamentvoll, beschwingt.
hof (-iau) *b* Hacke[D] *f*, Haue[AS] *f*.
hofel (-au) *b* Obdach *nt*; *(slym)* Elendsviertel *nt*.
hofio *be.a* hacken, harken.
hofran *be.g* schweben, in der Luft stehen; *(hebog)* rütteln.
hofranfad (-au) *g* Luftkissenboot *nt*, Hovercraft *nt*.
hofrenydd (-ion) *g* Hubschrauber *m*, Helikopter *m*.
hoff *ans* *(annwyl)* lieb, wert; *(ffefryn)* Lieblings-; **darllenydd ~** werter Leser, werte Leserin; **fy ~ ffilm** mein Lieblingsfilm *m*; **bod yn hoff o rth/rn** etw/jdn mögen.
hoffi *be.a* mögen, gern haben; **rwy'n ~ coffi** ich trinke

gern Kaffee; **rwy'n ei ~** das gefällt mir; **rwy'n ~ chwarae pêl droed** ich spiele gern Fußball; **buasent yn ~ dod** sie wären gern gekommen; **hoffwn eich gweld chi yfory** ich würde euch gern morgen sehen; **hoffwn wybod pam** ich wüßte gerne warum; **a hoffech chi ddiod?** möchten Sie etwas trinken?

hoffter (-au) *g (cariad)* Zuneigung *f; (hyfrydwch)* Genuss *m*.

hoffus *ans* liebenswert.

hogan, hogen (hogennod *neu* gennod) *b* Mädchen *nt*, Mädel *nt*.

hogi *be.a (cyllell)* schärfen, schleifen; *(pensil)* spitzen; *(ffig: meddwl)* schärfen.

hogwr (hogwyr) *g* Schleifgerät *nt*, Wetzstein *m*; *(pensiliau)* (Bleistift)spitzer *m*.

hogyn (hogiau) *g* Junge^D *m*, Bursche *m*, Bub^A *m*.

hongiad (-au) *g (TECH)* Aufhängung *f; (cerbyd)* Federung *f*.

hongian *be.g (bod ynghrog)* hängen; *(gwallt)* wallen; **~ ar rth** auf etw *dat* hängen; **~ o rth** von etw *dat* hängen; **mae'r llun yn ~ ar y wal** das Bild hängt an der Wand.

♦ *be.a* hängen; *(ar y wal)* aufhängen; *(gât, drws)* einhängen; *(COG: cig)* abhängen lassen; **maen nhw'n ~ eu cotiau** sie hängen ihre Mäntel auf; **~ llun ar y wal** ein Bild an die Wand hängen; **~ rhth ar fachyn** etw auf/an einen Haken hängen; **~ papur ar wal yr ystafell** das Zimmer tapezieren.

hôl *be.a* holen, abholen; *gw.* **nôl**.

holi *be.a (gwneud ymholiadau)* fragen, befragen; *(croesholi)* ausfragen; *(heddlu)* verhören; **~ am** fragen nach +*dat*; **~ rhn ynghylch rhth** sich bei jdm nach etw *dat* erkundigen; *(mewn arholiad llafar)* **~ disgybl ar rth** einen Schüler etw abfragen; **~ a stilio** *(croesholi)* bohren, mit Fragen löchern; **~ perfedd rhn** löchern.

holiad (-au) *g (heddlu)* Verhör *nt*.

holiadur (-on) *g* Fragebogen *m*.

hologram *g* Hologramm *nt*.

holwr (holwyr) *g* Fragesteller(in) *m(f); (mewn cwis)* Quizmaster *m; (mewn arholiad)* Prüfer(in) *m(f); (heddlu)* Vernehmungsbeamte(r) *m; (CYFR)* Untersuchungsrichter(in) *m(f)*.

holl *ans* ganz; *(cyflawn)* vollständig; **yr ~ wlad** das ganze Land; **fy ~ fywyd** mein ganzes Leben; **yr ~ ffrwythau** das ganze Obst; **yr ~ bobl** alle Leute; **ei ~ ffrindiau** all seine Freunde, seine ganzen Freunde; **~ bwynt y peth oedd ...** der Sinn der Sache, war…; **gyda'm ~ galon** von ganzem Herzen; **Gŵyl yr H~** Saint Allerheiligen *nt; gw.h.* **oll**.

hollalluog *ans* allmächtig.

♦ *g:* **yr H~** *(CREF)* der Allmächtige(r) *m*.

hollbwerus *ans* allmächtig.

hollbwysig *ans* von größter Wichtigkeit.

holliach *ans* kerngesund.

hollol *ans* ganz, völlig.

♦ *adf* völlig, ganz; **~ lawn** randvoll; **~ newydd** brandneu; **bod yn ~ siŵr** sich ganz sicher sein; **rwy'n ~ gytûn** ich bin ganz dieser Meinung; **mae hynny'n ~ wahanol** das ist was völlig anderes; **~!** genau! richtig! **mae e'n ~ anghywir** er hat total Unrecht; **nid wyf yn deall yn ~** ich verstehe nicht ganz; **~ yr un fath** exakt gleich.

hollt (-au) *b* Ritze *f*, Spalte *f; (toriad)* Einschnitt *m; (rhwyg)* Riss *m; (ffig)* Spaltung *f*, Kluft *f*, Uneinigkeit *f*.

hollti *be.a* spalten; *(CEM)* spalten; **~ blew** *(ffig)* Haare spalten.

♦ *be.g (llyth, ffig, CEM)* sich spalten; *(GWLEID: ymwahanu)* sich abspalten.

holltiad (-au) *g (CEM)* Spaltung *f; ~ niwclear* Kernspaltung *f*.

hollwybodol *ans* allwissend, neunmalklug; **person ~** Besserwisser *m*.

hollwybodus *ans* = **hollwybodol**.

hollwybodusyn (hollwybodusion) *g* Besserwisser *m*, Klugschwätzer^D *m*.

hollysydd (-ion) *g (SÔOL)* Allesfresser *m*.

homeopatheg *b* Homöopathie *f*.

homili (homilïau) *b* Predigt *f*.

homogenaidd *ans* homogen.

homogenedd *b* Homogenität *f*.

hon *b rhag* diese; *(fel enw)* die, diese, die da; **y storm ~** dieser Sturm; **~ a ~** Frau Soundso; **hwn a ~** dies und das; **pwy yw ~?** *(dif)* wer ist die da? **mae ~ yn dalach na thi** *(peth)* die da ist größer als du; *(merch)* das Mädchen ist größer als du.

honedig *ans* angeblich, behauptet.

honiad (-au) *g* Behauptung *f*.

honna *rhag* = **honno**; **~ fan 'na** die dort; **hon ynteu ~** diese oder jene.

honni *be.a* behaupten; *(twyllo)* **~ bod yn rhn** sich als jd ausgeben.

honno *rhag* jene; *(fel enw)* die, jene; **beth yw ~?** was ist das? **wyt ti'n cofio ~?** kannst du dich an die noch erinnern?

hopian *be.g* hüpfen, hopsen.

hopys *ll (BOT)* Hopfen *m*.

hormon (-au) *g (BIOL)* Hormon *nt; ~ twf* Wachstumshormon *nt*.

hosan (-au) *b* Socken^A *m*, Socke^D *f; (hir)* Strumpf *m; ~ Nadolig* Weihnachtsstrumpf *m; ~ neilon* Nylonstrumpf *m; ~ pen-glin* Kniestrumpf *m*,

Stutzen^A *m*; ~ **wynt** Windsack *m*; **yn nhraed eich sanau** in Strümpfen.

hosanna *ebych* hosianna! hosanna!

hostel (-i) *g (myfyrwyr, gweithwyr)* Wohnheim *nt*; ~ **ieuenctid** Jugendherberge *f*.

howld (-iau) *g (MOR)* Laderaum *m*, Frachtraum *m*.

hoyw *ans (cyfunrhywiol)* homosexuell; *(gwrywgydiol)* schwul, warm; *(hapus)* frohsinnig.

hual (-au) *g (cadwyn)* Fessel *f*, Fußeisen *f*.

huan *g (barddonol)* Sonne *f*.

huawdl *ans (person)* wortgewandt, eloquent, beredt; *(geiriau)* gewandt; *(araith)* gut formuliert.

hud[1] *g (dewiniaeth)* Magie *f*, Zauberei *f*; *(ffig: swyn)* Zauber *m*; **stori ~ a lledrith** (Zauber)märchen *nt*; **gwlad ~ a lledrith** Wunderland *nt*.

hud[2] *ans (pwerau)* magisch, Zauber-; *(ffig: swynol)* zauberhaft, bezaubernd; **ffon ~** Zauberstab *m*; **gair ~** Zauberwort *nt*, Zauberspruch *m*; **diod ~** Zaubertrank *m*.

hudlath (-au) *b* Zauberstab *m*.

hudo *be.a (creu)* zaubern; *(troi yn rhth)* verzaubern; *(ffig: swyno)* bezaubern.

hudol *ans* = **hudolus**.

hudoles (-au) *b (dewines)* Zauberin *f*.

hudoliaeth (-au) *b* Zauberei *f*, Magie *f*.

hudolus *ans* magisch; *(ffig: swynol)* zauberhaft; *(deniadol)* verführerisch.

huddygl *g* Ruß *m*.

hufen *g* Rahm *m*; *(COG)* Sahne^D *f*, Obers^A *nt*; *(bwyd melys)* Creme *f*; *(ennaint)* Creme, Krem *f*; *(ffig: y gorau)* Creme; **caws ~** Quark^D *m*, Käsesahne^D *f*, Topfen^A *m*; **codi'r ~** *(oddi ar laeth)* entrahmen; *(ffig: cael y gorau)* absahnen; **~ chwipio** Schlagsahne^D *f*, Schlagobers^A *nt*; **~ dwbl** doppeltfette Sahne^D; **~ y gymdeithas** Elite *f*, Crème de la crème; **~ haul** Sonnenmilch *f*, Sonnencreme *f*; **~ iâ** Eis *nt*, Speiseeis *nt*; **lliw ~** cremefarben; **~ salad** (Salat)mayonnaise *f*; **~ sengl** Sahne^D, Obers^A; **~ sur** Sauerrahm *m*; **~ tolc** gebutterte Sahne^D; **~ tynnu blew** Enthaarungscreme *f*.

hufenfa (hufenfeydd) *b* Molkerei *f*, Käserei *f*.

hufennog *ans* cremig.

hufennu *be.a (llaeth)* entrahmen; *(ffig)* absahnen.

hugain *rhif* = **ugain**.

hugan[1] (-au) *b* Cape *nt*, Umhang *m*.

hugan[2] (-od) *g (SÖOL)* Tölpel *m*.

hulio *be.a* decken; **~'r bwrdd** den Tisch decken.

hun[1] *b (llen)* Schlaf *m*; *(ffig)* Tod *m*.

hun[2], **hunan** *(ll hunain) rhag* selbst; *(meddiannol)* eigene(r,s); **ar eich pen eich ~** allein(e); **fi fy ~** ich selber; **fy mrawd fy ~** mein eigener Bruder; **dywedaist wrthyf dy ~** du hast es mir selbst gesagt;

brifais fy ~ ich habe mir wehgetan; **dod atoch eich ~** zu sich *dat* kommen; *(ffig: callio)* Vernunft annehmen; **hunan bach** mutterseelenallein; **dyw hi ddim ei ~ heddiw** sie ist heute nicht ganz auf der Höhe; **mae rhyngddo ac ef ei ~** es liegt ganz an ihm, es ist ihm selbst überlassen.

hunan- *rhagdd* selbst-.

hunanaberth (hunanebyrth) *gb* Hingabe *f*, Selbstaufopferung *f*.

hunanadlynol *ans* selbstklebend.

hunanaddoliad *g* Eigenliebe *f*, Narzissmus *m*.

hunanamddiffyniad *g* Selbstverteidigung *f*.

hunanamheuaeth (hunanamheuon) *b* Zweifel an sich *dat* selbst.

hunan-barch *g* Selbstachtung *f*.

hunanbortread (-au) *g* Selbstbildnis *nt*, Selbstporträt *nt*.

hunanbwysig *ans* eingebildet, aufgeblasen.

hunandosturi *g* Selbstmitleid *nt*.

hunandosturiol *ans* sich selbst bemitleidend.

hunan-dwyll *g* Selbstbetrug *m*, Verblendung *f*.

hunan-dyb *g* Einbildung *f*.

hunandybus *ans* eingebildet.

hunanddigonol *ans (gwlad)* autark; *(person)* selbstständig, unabhängig.

hunanddisgyblaeth *b* Selbstdisziplin *f*.

hunanddysgedig *ans* autodidaktisch.

hunanfeddiannol *ans* beherrscht, kontrolliert.

hunanfeddiant *g* Selbstbeherrschung *f*.

hunanfeirniadol *ans* selbstkritisch.

hunanfodlon *ans* selbstzufrieden; *(hunandybus)* selbstgefällig.

hunanfodlonrwydd *g* Selbstzufriedenheit *f*; *(hunan-dyb)* Selbstgefälligkeit *f*.

hunanfoddhaus *ans* selbstgefällig; *(gwên)* süffisant, hämisch.

hunangar *ans* egozentrisch.

hunangofiant (hunangofiannau) *g* Autobiografie *f*, Memoiren *pl*.

hunangyfiawn *ans* selbstgerecht.

hunangyfiawnder *g* Selbstgerechtigkeit *f*.

hunangyflogedig *ans* selbstständig; *(newyddiadurwr)* freiberuflich; *(artistiaid)* freischaffend.

hunangynhaliol *ans* finanziell unabhängig.

hunanhyder *g* Selbstbewusstsein *nt*, Selbstvertrauen *nt*.

hunanhyderus *ans* selbstbewusst, selbstsicher.

hunaniaeth (-au) *b* Identität *f*; **cerdyn ~** (Personal)ausweis *m*; **~ genedlaethol** nationale Identität.

hunanladdiad (-au) *g* Selbstmord *m*; **cyflawni ~** Selbstmord begehen.

hunanlywodraeth (-au) *b* (GWLEID) Autonomie *f*, Selbstverwaltung *f*.

hunanol *ans* egoistisch, selbstsüchtig.

hunanoldeb *g* Egoismus *m*.

hunanreolaeth (-au) *b* Selbstbeherrschung *f*; (GWLEID) Selbstverwaltung *f*.

hunanwasanaeth (-au) *g* Selbstbedienung *f*.

hunanymwybodol *ans* unsicher, gehemmt, befangen.

hunanymwybyddiaeth *b* Scheu *f*, Hemmung *f*.

hunllef (-au) *b* Albtraum *m*, Alptraum *m*; **roedd honno'n ~ o daith** die Reise war ein Albtraum.

huno *be.g* (cysgu) schlafen, schlummern; (marw) entschlafen; **hunodd yn yr Arglwydd** (ar fedd) er entschlief im Herrn.

hurbwrcas *g* Ratenkauf *m*, Teilzahlungskauf *m*.

hurbwrcasu *be.a* auf Raten kaufen.

hurfilwr (hurfilwyr) *g* Söldner *m*.

hurio *be.a* mieten; (yn hytrach na phrynu) leasen; (tir) pachten; (gweithwyr) einstellen, heuern; (llongwr) anheuern.

hurt *ans* dumm, blöd; **edrych yn ~** verdutzt sein.

hurtio *be.g:* **~ ar** sich vernarren in +akk.

♦ *be.a* benommen machen.

hurtyn (-nod) *g* Dummkopf *m*, Blödian *m*.

hwb *g* Schubs *m*; **rhoi ~ i** (llyth) schubsen; (ffig) Auftrieb geben.

hwch (hychod) *b* Sau *f*; (rhn brwnt) Schwein *nt*; **mae'r ~ wedi mynd drwy'r siop** die Firma ist Bankrott gegangen; **gwrando fel ~ yn yr haidd** nur mit halbem Ohr zuhören.

hwde *ebych* da! (cymer!) nimm! (edrych!) schau!

hwiangerdd (-i) *b* Schlaflied *nt*, Kinderlied *nt*, Kinderreim *m*.

hwligan (-iaid) *g* Raufbold *m*, Schläger *m*, Hooligan *m*.

hwn *rhag* dieser; (fel enw) der, dieser, der da; **y llyfr ~** dieses Buch; **~ a ~** Herr Soundso; **~ a hon** neu: **~ a'r llall** dies und das; **pwy yw ~?** (dif) wer ist der Kerl? **faint yw ~?** was kostet das? **ai ~ yw'r dyn y soniaist ti amdano?** ist das der Herr, den du erwähnt hast? **siarad am ~ a'r llall** über Gott und die Welt reden; **dyw ~ ddim yn gweithio** das ist kaputt.

Hwngaraidd *ans* ungarisch.

Hwngareg *b* Ungarisch *nt*.

Hwngari *b* Ungarn *nt*.

Hwngariad (Hwngariaid) *g* Ungar(in) *m(f)*.

hwnna *rhag* = hwnnw; **~ fan 'na** der dort.

hwnnw *rhag* jener; (fel enw) der, jener; **mae'n well gennyf y llyfr ~** ich mag jenes Buch lieber; **pwy yw ~?** wer ist das?

hwnt *adf* drüben; **~ ac yma** da und dort, hüben und drüben.

tu hwnt *adf* darüber hinaus; (ar yr ochr arall) jenseits, auf der anderen Seite; (ffig: gormod) zu viel; **i'r lleuad a'r tu ~** zum Mond und darüber hinaus; **tu ~ i'r Alpau** jenseits der Alpen; **tu ~ i'r waliau 'ma** außerhalb dieser Mauern; **tu ~ i bob amheuaeth** über jeden Zweifel; **tu ~ i'ch cyrraedd** außer Reichweite; **mae hyn y tu ~ i mi** das geht über meinen Verstand; **mae'r dasg y tu ~ i'w gallu** die Aufgabe übersteigt ihre Fähigkeiten.

hwntw (-s) *g* (dif) Südwaliser(in) *m(f)*.

hwp *g* = hwb.

hwpio *be.a* stoßen, schubsen.

hwrdd¹ (hyrddod) *g* Widder *m*, Schafbock *m*; **yr H~** (ASTROL) Widder.

hwrdd² (hyrddiau) *g* (gwth) Stoß *m*; (pwl) Anfall *m*; **~ o wynt** Windstoß *m*; **~ o beswch** Hustenanfall *m*; **~ o chwerthin** Lachkrampf *m*.

hwre *ebych* da! (cymer!) nimm! (edrych!) schau!

hwsmon (hwsmyn) *g* (ffermwr) Bauer *m*; (beili ystad) Gutsverwalter *m*.

hwsmonaeth *b* Landwirtschaft *f*.

hwter (-i) *b* (corn) Sirene *f*.

hwtian *be.g* (hwter) heulen; (car) hupen; (trên) pfeifen.

hwy¹ *rhag* = nhw.

hwy² *cymh* gw. hir.

hwyaden (hwyaid) *b* Ente *f*; **~ wyllt** Wildente *f*; **dŵr ar gefn ~** (ffig) mit Kanonen auf Spatzen schießen.

hwyaf *eith* gw. hir.

hwyhau *be.g* länger werden, sich hinziehen; **mae'r dyddiau'n ~** die Tage werden länger.

♦ *be.a* verlängern.

hwyl¹ (-iau) *b* (MOR) Segel *nt*; (ar felin wynt) Flügel *m*.

hwyl² (-iau) *b* **1** (digrifwch) Spaß *m*; (jôc) Scherz *m*; **~ (fawr)!** neu: **pob ~!** auf Wiedersehen! tschüss[D]! ciao! **cael ~ yn gwneud rhth** Spaß daran haben etw zu tun; **difetha'r ~ i rn** jdm den Spaß verderben; **roedd yr ymweliad i'r sŵ yn ~** der Besuch im Zoo hat Spaß gemacht; **gwneud ~ am ben rhn** sich über jdn lustig machen, jdn auslachen; **am ~** aus Spaß; **2** (tymer) Laune *f*; **bod mewn ~iau da/drwg** gut/schlecht gelaunt sein; **bod yn yr ~ i ddawnsio** zum Tanzen aufgelegt sein; **dw i ddim yn yr ~ i weithio** ich habe kein Lust zu arbeiten; **mae hi yn un o'i ~iau** sie hat mal wieder eine ihrer Launen; **sut mae'r ~?** neu: **sut ~ sydd?** wie geht's? **does dim llawer o ~ arni heddiw** ihr geht es heute gar nicht gut; **bod yn eich llawn ~iau** bester Laune sein; **3** (llwyddiant) **cael ~ arni** eine gute Leistung bringen; **cafodd ~ ar ei waith** er kam in seiner Arbeit gut voran.

hwylbren (-nau *neu* -ni) *g (MOR)* Mast *m*, Mastbaum *m*.

hwylio *be.g (MOR)* fahren; *(cwch hwylio)* segeln; *(ymadael)* abfahren; *(aderyn)* segeln; *(cymylau)* ziehen; *(lleuad)* wandern; *(ffig: dawnsiwr)* gleiten; *(ffig: pêl)* fliegen; **cwch ~** Segelboot *nt*; **llong ~** Segelschiff *nt*; **~ o amgylch y byd** um die Welt segeln; **hwyliodd hi allan o'r ystafell** sie rauschte aus dem Zimmer; **hwyliodd y gwyliau heibio** die Ferien vergingen wie im Flug.

♦ *be.a* befahren; *(paratoi)* bereiten; **~'r moroedd** die sieben Meere befahren; **fe hwylion nhw'r llong i Ynys Môn** sie segelten nach Anglesey; **~'r bwrdd** den Tisch decken; **~ bwyd** Essen machen; **rwy'n ~ mynd i Bortiwgal yfory** ich mache mich fertig für die Reise nach Portugal morgen.

hwyliog *ans* fröhlich, heiter; *(doniol)* witzig, spaßig.

hwylus *ans (cyfleus)* angenehm, praktisch; *(didrafferth)* unproblematisch, mühelos; *(iach)* wohl; **nid yw'n amser ~ iawn** das ist kein passender Zeitpunkt; **man a fydd yn ~ i ni i gyd** ein Ort, der uns allen passt; **ydy fory'n ~?** passt es Ihnen morgen? **dw i ddim yn teimlo'n ~** ich fühle mich nicht wohl; **noswaith ~** ein gelungener Abend.

hwyluso *be.a* erleichtern; **byddai'n ~'r mater** es würde die Sache erleichtern.

hwylustod *g* Bequemlichkeit *f*; **er eich ~** zu Ihrer Bequemlichkeit.

hwynt *rhag* = nhw; **~-hwy** sie selber.

hwyr[1] *ans* spät; *(trên, awyren)* verspätet; **bod yn ~** *(dim yn brydlon)* zu spät dran sein; **mae hi'n mynd yn ~** es wird spät; **gwell ~ na hwyrach** besser spät als nie; **yn ~ neu'n hwyrach** früher oder später.

hwyr[2] *g (min nos)* Abend *m*; **gyda'r ~** abends; **~ glas** höchste Zeit; **~ a bore** morgens und abends.

hwyrach[1] *adf* vielleicht; **~ y cawn ni fynd eto** vielleicht können wir nochmal hingehen; **hwyrach y daw e** vielleicht kommt er noch.

hwyrach[2] *cymh gw.* hwyr[1]; **yn hwyr neu'n ~** früher oder später; **gwell hwyr na ~** besser spät als nie.

hwyrder *g* Säumigkeit *f*.

hwyrddatblygwr (hwyrddatblygwyr) *g* Spätentwickler *m*.

hwyrddydd (-iau) *g* Abend *m*.

hwyrddyfodiad (hwyrddyfodiaid) *g* Nachzügler *m*, Spätankömmling *m*; *(plentyn hwyr)* Spätling *m*.

hwyrfrydig *ans* widerwillig.

hwyrgan (-euon) *b* Serenade *f*, Ständchen *nt*.

hwyrhau *be.g* spät werden.

hwyrol *ans* abendlich; **yr H~ Weddi** Abendgottesdienst *m*.

hwyrwisg (-oedd) *b* Ballkleid *nt*.

hwythau *rhag* sie *pl*, auch sie; **canodd y ffôn a ~ newydd ymadael** es läutete das Telefon, als sie gerade weggegangen waren.

h.y. *byrf* (= hynny yw) d.h. (das heißt).

hy[1] *ans* = hyf.

hy-[2] *rhagdd* gut-; *(mewn geiriau Groeg)* eu-.

hybarch *ans* ehrwürdig; *(cyfarch)* Hochwürden; **yr H~ Dafydd Morys** Hochwürden Dafydd Morys.

hyblyg *ans* biegsam, elastisch; *(ffig)* flexibel, anpassungsfähig; **oriau gwaith ~** Gleitzeit *f*.

hyblygedd *g* Biegsamkeit *f*, Elastizität *f*.

hyblygrwydd *g* Flexibilität *f*, Anpassungsfähigkeit *f*.

hybu *be.a (hyrwyddo)* fördern; **~ dealltwriaeth** das Verständnis fördern.

♦ *be.g (gwella)* sich erholen.

hyd[1] *ardd* bis; **~ ddiwedd y wers** bis zum Ende der Stunde; **~ heddiw** bis heute, bis dato; **~ hynny** bis dahin; **~ yr eithaf** bis zum Äußersten; **~ y llawr** bis zum Boden; **~ lawr** *(dros y llawr)* über den ganzen Fußboden.

♦ *cys:* **~ y byddaf i yma** solange ich da bin; **~ y gwelaf i** meines Erachtens; **~ y gwn i** soweit ich weiß, meines Wissens; **~ nes y daw** bis er kommt.

hyd at *ardd* bis zu +*dat*, bis an +*akk*; **~ at syrffed** bis zum Erbrechen; **mae'r tanc yn dal ~ at ddeugain litr** der Tank fasst bis zu 40 Liter; **~ ati** bis zu ihr.

hyd yn hyn *adf* bisher, bislang; **nid yw hi wedi cyrraedd ~ yn hyn** sie ist bislang nicht gekommen.

hyd yn oed *adf* sogar, selbst; **roedd ~ yn oed Bryn yn y cyfarfod** sogar/selbst Bryn kam zum Meeting; **~ yn oed ar ddydd Sul** sogar sonntags; **heb ~ yn oed edrych** ohne wenigstens zu schauen.

o hyd *adf* immer noch, noch immer; **o ~ ac o ~** immer wieder, in einem fort.

hyd[2] (-oedd) *g* Länge *f*; *(ffordd)* Strecke *f*; *(parhad)* Dauer *f*, Länge; **~ ffocal** Brennweite *f*; **~ oes** Lebensspanne *f*; **~ a lled** Ausmaß *nt*; *(effaith)* Tragweite *f*; **am ~oedd** *(ffig)* des Langen und Breiten; **ar draws ac ar ~** überall, kreuz und quer; **ar ~ ac ar led** weit und breit; *(si)* im Umlauf; **ar eich ~** *(yn wastad)* flach, ausgestreckt, auf dem Rücken; **cadw rhn o ~ braich** jdn auf Distanz halten; **cael ~ i** finden; **cerdded ~ yr heol** die Straße entlangspazieren; **dod o ~ i** finden, entdecken; **syrthio yn eich ~** der Länge nach hinfallen; **ers ~oedd** seit eh und je; **7 troedfedd o ~** 7 Fuß lang.

ar hyd *ardd* entlang +*dat*; **ar ~ y Prom** die Promenade entlang; **mwynheais y perfformiad ar ei**

~ ich habe die Vorstellung voll genossen.

hydal *ans (CYLL)* zahlungsfähig, solvent.

hydaledd *g (CYLL)* Solvenz *f*.

hydawdd *ans* löslich; ~ **mewn dŵr** wasserlöslich.

hydeimledd *g* Sensitivität *f*, Empfindlichkeit *f*.

hyder *g* Zuversicht *f*, Vertrauen *nt*; *(gobaith)* Hoffnung *f*; *(hunanymddiried)* Selbstvertrauen *nt*.

hyderu *be.g* hoffen, zuversichtlich sein.

hyderus *ans* zuversichtlich; *(gobeithiol)* hoffnungsvoll; *(llawn hunanhyder)* selbstbewusst.

hydoddedd *g* Löslichkeit *f*.

hydoddi *be.a* auflösen.

♦ *be.g* sich auflösen.

hydraidd *ans* durchlässig, permeabel.

hydrant (-au) *g* Hydrant *m*.

hydred (-au) *g (DAEAR)* Längengrad *m*; ~ **a lledred** geografische Länge und Breite.

hydredol *ans* longitudinal.

hydref *g* Herbst *m*; **(mis)** H~ Oktober *m*.

hydrefol *ans* herbstlich.

hydreiddedd *g* Durchlässigkeit *f*, Permeabilität *f*.

hydreuledd *g* Verträglichkeit *f*.

hydrin *ans (metel)* formbar, geschmeidig; *(person)* gelehrig; *(ufudd)* fügsam; *(anifail, peiriant)* pflegeleicht.

hydrinedd *g* Formbarkeit *f*; *(ufudd-dod)* Fügsamkeit *f*.

hydrocarbon *g (CEM)* Kohlenwasserstoff *m*.

hydro-electrig *ans:* **pŵer** ~ Wasserkraft *f*.

hydrogen *g (CEM)* Wasserstoff *m*; **bom** ~ Wasserstoffbombe *f*, H-Bombe *f*.

hydrogeniad *g (CEM)* Hydrierung *f*.

hydroleg *b* Hydraulik *f*.

hydrolig *ans (TECH)* hydraulisch.

hydroseffalws *g (MEDD)* Wasserkopf *m*.

hydrotherapi *g (MEDD)* Wasserkur *f*, Balneotherapie *f*.

hydrwytho *be.a* sättigen.

hydwyth *ans* dehnbar; *(FFIS)* elastisch.

hydwythedd *g* Dehnbarkeit *f*; *(FFIS)* Elastizität *f*.

hydd (-od) *g (SÖOL)* Hirsch *m*; ~ **brith** Damhirsch *m*.

hyddes (-au) *b* Hirschkuh *f*.

hyddysg *ans* gelehrt, belesen.

hyf *ans* dreist, unverschämt; *(plentyn)* vorlaut, frech; **os caf i fod mor ~ â gofyn** ... darf ich mir erlauben zu fragen…; **paid â bod mor ~!** sei nicht so frech!

hyfdra *g* Dreistigkeit *f*, Anmaßung *f*.

hyfryd *ans (difyr)* reizend, entzückend; *(tywydd)* strahlend; *(pleserus)* erfreulich; *(caredig)* nett, lieb; *(dymunol)* angenehm; *(syniad)* großartig; **mae'n berson** ~ sie ist ein netter Mensch.

hyfrydwch *g* Freude *f*.

hyfwyn *ans* liebenswürdig, zuvorkommend.

hyfyw *ans* lebensfähig; *(MASN)* rentabel.

hyfywdra *g* Lebensfähigkeit *f*.

hyfflam *ans* leicht entzündbar.

hyfforddai (hyfforddeion) *g* Auszubildende *m/f*, Lehrling *m*.

hyfforddedig *ans* gelernt, ausgebildet.

hyfforddi *be.a* ausbilden, schulen; *(dangos i m)* unterweisen; *(plentyn)* erziehen; *(CHWAR)* trainieren; *(anifeiliaid)* abrichten, dressieren; ~ **athrawon** Lehrerausbildung *f*; **canolfan** ~ Schulungszentrum *nt*; **coleg** ~ Berufsschule *f*.

hyfforddiant *g* Ausbildung *f*; *(cwrs)* Schulung *f*; *(CHWAR)* Training *nt*; *(anifeiliaid)* Dressur *f*; ~ **clinigol** Klinikum *nt*; ~ **cylchol** Konditionstraining *nt*; ~ **ymarferol** Praktikum *nt*; ~ **mewn sywdd** Weiterbildung *f*.

hyfforddwr (hyfforddwyr) *g* Ausbilder[D] *m*, Ausbildner[AS] *m*, Lehrer *m*; *(cwrs)* Kursleiter *m*; *(CHWAR, cŵn)* Trainer *m*; *(anifeiliaid gwyllt)* Dompteur *m*; ~ **sgio** Schilehrer *m*.

hyfforddwraig (hyfforddwragedd) *b* Ausbilderin[D] *f*, Ausbildnerin[AS] *f*; *(CHWAR)* Trainerin *f*; *(anifeiliaid gwyllt)* Dompteuse *f*; ~ **sgio** Schilehrerin *f*.

hygar *ans* liebenswürdig, sympathisch.

hyglod *ans (enwog)* berühmt; *(clodwiw)* lobenswert.

hyglyw *ans* hörbar, deutlich vernehmbar.

hygoel *ans* glaubhaft.

hygoeledd *g* Leichtgläubigkeit *f*.

hygoelus *ans* leichtgläubig, naiv.

hygred *ans* glaubhaft.

hygrededd *g* Glaubwürdigkeit *f*, Glaubhaftigkeit *f*.

hygyrch *ans* erreichbar, zugänglich.

hygyrchedd *g* Zugänglichkeit *f*.

hyhi *rhag* sie *f*, sie selbst; *(amhersonol)* es, das.

hylaw *ans (hawdd ei drin)* handlich, praktisch; *(person)* geschickt, praktisch veranlagt.

hylendid *g* Hygiene *f*, Reinlichkeit *f*.

hylif (-au) *g* Flüssigkeit *f*.

hylifedd *g (CYLL)* Liquidität *f*, Zahlungsfähigkeit *f*.

hylifiant *g* Verflüssigung *f*.

hylifo *be.a* verflüssigen; *(menyn, iâ)* schmelzen.

hylifol *ans* flüssig; *(CYLL)* zahlungsfähig, liquid.

hylifydd (-ion) *g (COG)* Entsafter *m*, Mixgerät *nt*.

hylithr *ans* glatt, rutschig, schlüpfrig; **mae e'n siarad yn** ~ er ist nicht auf den Mund gefallen.

hylosg *ans* brennbar.

hylosgiad *g (CEM)* Verbrennung *f*.

hylwydd *ans* erfolgreich.

hyll *ans* hässlich, abstoßend; *(ffiaidd)* scheußlich, grauslich[A]; **cyw bach** ~ das hässliche Entlein; **mor** ~ **â phechod** hässlich wie die Nacht.

hylltra *g* Hässlichkeit *f*.

hyn *rhag* **1** diese *pl*; *(fel enw)* die *pl*; **y dyddiau** ~ diese Tage; *(fel adferf)* dieser Tage; **y ddau** ~ diese zwei; **2** *(unigol amhenodol)* das, dies; **ni all** ~ **fod yn wir** das kann nicht wahr sein; ~ **a** ~ soundso viel; ~ **a'r llall** dies und das; **er** ~ nichtsdestotrotz, dennoch; **fel** ~ so; **yn** ~ **o beth** in dieser Sache; **3** *(yn dynodi amser)* da; **ar** ~ **o bryd** zur Zeit, derzeit; **bob** ~ **a** ~ dann und wann; **cyn** ~ davor; **erbyn** ~ mittlerweile, in der Zwischenzeit; **gyda** ~ bald, in Kürze; **o** ~ **allan** ab jetzt, per sofort.

hŷn *cymh gw.* **hen¹**; *(â mwy o awdurdod)* höher; **swyddi** ~ die höheren Posten.

hynaf *eith gw.* **hen¹**.

hynafaidd *ans* archaisch, altertümlich; *(gair)* veraltet.

hynafgwr (hynafgwyr) *g* Greis *m*.

hynafiad (hynafiaid) *g* Urahn *m*, Vorfahr *m*; **hynafiaid** *ll* Ahnen *pl*, Vorfahren *pl*, Vorväter *pl*.

hynafiaeth (-au) *b* *(CELF)* Antiquität *f*; *(adeilad)* Baudenkmal *nt*.

hynafiaethydd (-ion) *g* Antiquitätensammler *m*; *(HAN)* Altertumskundler *m*.

hynaflyd *ans* altertümlich, archaisch.

hynafol *ans* *(HAN)* antik; *(henffasiwn)* antiquiert, veraltet.

hynaws *ans* gutmütig, sanftmütig.

hynawsedd *g* Gutmütigkeit *f*.

hynny *rhag* **1** jene *pl*; **y ceir** ~ jene Autos; **y ddau** ~ jene beiden (dort); **2** *(unigol amhenodol)* das; **byddai** ~'**n berffaith** das wäre wunderbar; **nid yw mor gyfoethog â** ~ er ist nicht so wohlhabend; **am** ~ deshalb, folglich; **ar** ~ woraufhin, daraufhin; **ar ben** ~ darüber hinaus, noch dazu; **ar ôl** ~ danach; **at** ~ dazu; **cyn** ~ davor, zuvor; **er** ~ dessen ungeachtet; **gan** ~ daher, also, folglich; **gyda** ~ *(y foment honno)* da; *(yn ogystal)* ebenso; **hyd** ~ bis dahin; **o** ~ **allan** von da an; **o ran** ~ diesbezüglich; **serch** ~ dennoch, trotzdem; ~ **yw** das heißt; **rhedais** ~ **fedrwn i** ich rannte, was ich konnte.

hynod *ans* merkwürdig, eigentümlich, sonderbar; *(arbennig)* bemerkenswert; ~ **o** höchst, in höchstem Maße; ~ **o garedig** höchst zuvorkommend; ~ **debyg** täuschend ähnlich.

hynodbeth (-au) *g* Kuriosität *f*.

hynodi *be.a* kennzeichnen, charakterisieren, prägen.

hynodrwydd *g* Merkmal *nt*; *(odrwydd)* Seltsamkeit *f*, Eigentümlichkeit *f*.

hynodwedd *b* Besonderheit *f*, Eigenheit *f*; *(nodwedd)* Charakteristikum *nt*.

hynofedd *g* Schwimmfähigkeit *f*.

hynofiant *g* = **hynofedd**.

hynt (-iau) *b* Weg *m*, Lauf *m*; *(gyrfa)* Laufbahn *f*; *(MIL)* Feldzug *m*; *(tynged)* Schicksal *nt*; ~ **yr afon** Flusslauf *m*; **cychwyn ar eich** ~ sich auf den Weg machen; ~ **a helynt** Geschick *nt*; **rhwydd** ~! viel Glück!

hypnosis *g* Hypnose *f*.

hypnoteiddio *be.a* hypnotisieren.

hypnotig *ans* hypnotisch.

hypnotydd (-ion) *g* Hypnotiseur *m*.

hypodermig *ans* subkutan.

hypotenws *g* *(MATH)* Hypotenuse *f*.

hyrdi-gyrdi (-s) *gb* *(CERDD)* Leier *f*, Drehorgel *f*.

hyrddio *be.a* *(taflu'n gryf)* schleudern, schmeißen; *(gwthio)* rammen; **hyrddiodd ei hun i mewn i'r dorf** er warf sich ins Getümmel.

hyrddwynt (-oedd) *g* Windstoß *m*.

hyrddod *ll gw.* **hwrdd¹**.

hyrwyddiad *g* Förderung *f*.

hyrwyddo *be.a* *(cefnogi)* fördern, unterstützen; *(rhoi hwb i)* begünstigen.

hyrwyddwr (hyrwyddwyr) *g* Veranstalter *m*; *(CHWAR)* Promoter *m*.

hysb *ans* (*b* **hesb**) unfruchtbar.

hysbyddu *be.a* *(sychu)* trockenlegen; *(anffrwythloni)* sterilisieren; '**sbyddu cwch** ein Boot ausschöpfen.

hysbys *ans* bekannt, wohl bekannt; *(amlwg)* offensichtlich; **bydded** ~ **i bawb fod** ... es wird bekannt gegeben, dass...; *(llen)* es sei allen kundgetan, dass...; **mae'n** ~ **i bawb fod** ... es ist allgemein bekannt, dass..., alle Welt weiß, dass...

hybyseb (-ion) *b* Reklame *f*, Werbung *f*; *(mewn papur)* Anzeige *f*, Annonce *f*, Inserat *nt*.

hysbysebiad (-au) *g:* ~ **o dreth** Steuerbescheid *m*; ~ **treth** Steuerkarte *f*.

hysbysebu *be.a* werben für +*akk*; *(MASN)* Reklame machen für +*akk*; *(yn y papur)* inserieren, annoncieren; *(swydd)* ausschreiben.

hybysebwr (hysbysebwyr) *g* *(papur)* Inserent *m*.

hysbysfwrdd (hysbysfyrddau) *g* Anschlagtafel *f*; *(YSG, PRIFYSG)* schwarzes Brett *nt*; *(ar gyfer posteri)* Plakatwand *f*, Litfaßsäule *f*.

hysbysiad (-au) *g* Bekanntmachung *f*, Benachrichtigung *f*; *(GWLEID)* Kommuniqué *nt*; ~ **marwolaeth** Todesanzeige *f*, Parte[A] *f*.

hysbyslen (-ni) *b* Werbeflugblatt *nt*.

hysbyslun (-iau) *g* Vorschau *f*.

hysbysrwydd *g* Auskunft *f*, Information *f*, Info *f*; *(hysbysiad)* Benachrichtigung *f*, Bescheid *m*; **stondin** ~ Auskunft *f*, Informationsstand *m*.

hysbysu *be.a* benachrichtigen, informieren, verständigen; ~ **rhn o rth** jdn von etw *dat* in Kenntnis setzen, jdm etw melden/mitteilen.

hysbyswr (**hysbyswyr**) *g* Informant(in) *m(f)*, Spitzel *m*, Denunziant(in) *m(f)*.

hysian *be.a* aufwiegeln, aufhussen[A]; ~ **ci ar rn** den Hund auf jdn hetzen.

hysio *be.a* = **hysian**.

hysteraidd *ans* hysterisch.

hysteria *g* Hysterie *f*.

hysterig *ans* hysterisch.

hytrach *adf:* **yn ~** eher; **nid ar wyliau y mae hi ond yn ~ bwrw tymor yn y carchar y mae** sie ist nicht auf Urlaub, sondern sitzt wohl eher im Gefängnis; **yn ~ na** anstatt +*gen*.

hytraws *g* Durchmesser *m*.

hytrawst (**-iau**) *g* Stahlträger *m*, Traverse *f*.

hywedd *ans* zahm, dressiert, abgerichtet.

hyweddu *be.a* dressieren.

I

I, i _b:_ **~-ddot** I wie Ida.

i¹ _ardd_ **1** _(ar gyfer, er mwyn)_ für _+akk;_ **~ beth?** wofür? wozu? **dyma allwedd ~'r drws** hier ist der Schlüssel zur Tür; **gwnaeth hynny ~ chi** sie hat das für euch getan; **mae e'n ffrind ~ mi** er ist ein Freund von mir; **pen blwydd hapus ~ chi** alles Gute zum Geburtstag! **2** _(i mewn i)_ in _+akk;_ _(tua, i gyfeiriad)_ zu _+dat;_ _(hyd at)_ an _+akk;_ _(ag enwau lleoedd)_ nach _+dat;_ **~ ble?** wohin? **~ bobman** überallhin; **~'r chwith** nach links; **~'r dde** nach rechts; **edrych ~'r dyfodol** in die Zukunft blicken; **~ fan hyn** hierhin; **~'r gogledd** nach Norden; **~'r gogledd o** nördlich von; **~ Homburg** nach Homburg; **~ Dwrci** in die Türkei; **~ mewn ~** in _+akk_ (hinein); **mynd ~'r dref** in die Stadt gehen; **yr ochr arall ~'r dref** die andere Seite der Stadt; **3** _(am amser)_ **ar ôl iddo gadael** nachdem er gegangen war; **cyn ~ ti fynd** bevor du gehst; **erbyn ~ mi godi** als ich mich erhob; **wythnos ~ heddiw** heute in einer Woche; **mae'n ddeng munud ~ dri** es ist zehn vor drei; **4** _(gyda berf)_ zu, um zu; **gweithio ~ ennill arian** arbeiten um Geld zu verdienen; **~ ddechrau** zuerst, zu Beginn; **~ ddod** künftig; **~ fod ~** sollen; **mae e ~ fod ~ ddod yfory** er soll morgen kommen; **~ gloi** abschließend, zum Abschluss; **rhaid ~ mi fynd** ich muss gehen; **5** _(bod wedi)_ dass; **trueni iddi fynd** schade, dass sie gegangen ist; **gwn ~'r cyfrifiadur dorri i lawr** ich wusste, dass der Computer abstürzen würde; **rwy'n siwr iddo ddweud wrtho** ich bin sicher, er hat es ihm erzählt; **6** _(hyd at)_ **cyfrif o un ~ ddeg** von eins bis zehn zählen; **o ddydd Llun ~ ddydd Gwener** von Montag bis Freitag; **~'r eithaf** (bis) zum Äußersten; **o ddrwg ~ waeth** immer schlechter; **o ddydd ~ ddydd** von Tag zu Tag; **mae'r cyfan yn dod ~ 20 marc** das Ganze kommt auf 20 Mark; **7** _(gwrthrych)_ **rhoi rhth ~ rn** jdm etw geben; **gofynnais iddi** ich fragte sie; **8: ~'r dim** genau, exakt; _(prydlon)_ punkt; **~'r gwrthwyneb** im Gegenteil; **o bryd ~'w gilydd** von Zeit zu Zeit; **~ ryw raddau** gewissermaßen; **wir iti!** wirklich! glaub' mir! **collon nhw â phum gôl ~ ddwy** sie unterlagen mit 5 zu 2.

  i fyny _adf_ hinauf, aufwärts, empor; **~ fyny'r afon** stromaufwärts; **~ fyny'r grisiau** die Treppe/Stiege hinauf; **~ fyny ac ~ lawr** auf und ab; _(grisiau)_ treppauf, treppab.

  i ffwrdd _ardd_ weg, fort, unterwegs; **rhedodd ~ ffwrdd** er lief davon.

  i gyd _adf (pob un)_ alle _pl,_ sämtliche _pl;_ _(cyfan)_ ganz; **aethom ~ gyd yno** wir sind alle hingegangen; **y llyfrau ~ gyd** alle Bücher; **bwytaodd y gacen ~ gyd** er aß den ganzen Kuchen.

  i lawr _adf (dod)_ herunter; _(mynd)_ hinunter; _(arwain)_ abwärts; **~ lawr yr afon** flussabwärts; **~ lawr y grisiau** die Treppe/Stiege hinab.

  i maes, i mas _adf (dod)_ heraus; _(mynd)_ hinaus.

  i mewn _adf (dod)_ herein; _(mynd)_ hinein; **~ mewn ~** in _+akk_ (hinein); **dewch ~ mewn!** herein!

  i waered _adf_ abwärts; **ben ~ waered** verkehrt, kopfüber; **wyneb ~ waered** verkehrt.

i² _rhag dibynnol:_ **fy nghi ~** mein Hund; **gwelais ~ fe** ich sah ihn; **ata ~** zu mir; **o'm blaen ~** vor mir; **dw ~ ddim yn dod** ich komme nicht.

'i³ _rhag gw._ **ei¹, ei²;** _e.e._ **fe'i hachubwyd** er wurde gerettet.

iâ _g_ Eis _nt;_ **cloch ~** Eiszapfen _m;_ **~ du** _(ar y ffordd)_ Glätte _f,_ Glatteis _nt;_ **hoci ~** Eishockey _nt;_ **hufen ~** (Speise)eis _nt,_ Eiscreme _f;_ **llen o ~** _(ar lyn)_ Eisdecke _f;_ **mynydd ~** Eisberg _m;_ **Oes yr Iâ** Eiszeit _f;_ **~ sych** Trockeneis _nt;_ **Gwlad yr Iâ** _(DAEAR)_ Island _nt._

iach _ans_ gesund; _(ffig: rhesymol)_ vernünftig; **awyr ~** frische Luft; **bwydydd ~** Vollwertkost _f,_ Vollkost _f;_ **cyn ~ed â'r glain** kerngesund; **chwerthin yn ~** herzhaft lachen; **~ ddianaf** gesund und wohlbehalten; **yn ~!** leb wohl! **canu'n ~** (i rn) _(ffarwelio)_ sich verabschieden (von jdm), (jdm) Lebewohl sagen.

iachâd _g_ Genesung _f,_ Heilung _f;_ **heb ~ iddo** unheilbar krank.

iachadwy _ans_ heilbar.

iachaol _ans_ heilend; **eli ~** Heilsalbe _f._

iacháu _be.a_ heilen, kurieren; _(CREF)_ erlösen.

iachawdwr _g_ Retter(in) _m(f);_ _(CREF)_ Heiland _m._

iachawdwriaeth _b (CREF)_ Heil _nt,_ Erlösung _f,_ Rettung _f;_ **Byddin yr I~** die Heilsarmee _f._

iachus _ans_ gesund, zuträglich.

iaith **(ieithoedd)** _b_ Sprache _f;_ **ail ~** Zweitsprache _f;_ **astudio ieithoedd** _(PRIFYSG)_ Philologie studieren; **~ côd peiriant** Maschinensprache _f;_ **~ y corff** Körpersprache _f,_ Gestik _f;_ **~ darged** Zielsprache _f;_ **~ dramor/estron** Fremdsprache _f;_ **yr ~ fain** Englisch _nt;_ **~ fodern** moderne Fremdsprache; **~ gydosod**

(CYFDR) Programmiersprache *f*; **~ gyffredin**
Volksmund *m*; **~ gyntaf** Muttersprache *f*; **labordy ~**
Sprachlabor *nt*; **~ lafar** Umgangssprache *f*; **~
lenyddol/ysgrifenedig** Schriftsprache *f*; **~ raglennu**
(CYRDR) Programmiersprache; **~ safonol**
Hochsprache *f*; **dydyn ni ddim yn siarad yr un ~** *(ffig)*
wir sprechen nicht dieselbe Sprache.

iam (-au) *g (BOT)* Jamswurzel *f*.

iambig *ans (LLEN)* jambisch.

Ianci (-s *neu* -od) *g* Ami *m*, Yankee *m*.

iâr (ieir) *b* Henne *f*, Huhn *nt*; **cyw ~** *(COG)* Huhn,
Hähnchen^D *nt*, Hendl^A *nt*; **~ dwrci** Pute *f*; **~ ddŵr**
Wasserhuhn *nt*; **~ fach y dŵr** Teichhuhn *nt*,
Sumpfhuhn *nt*; **~ fach yr haf** Schmetterling *m*,
Falter *m*; **~ ffatri** Batteriehuhn *nt*; **~ Gini** Perlhuhn
nt; **~ glwc** Gluckhenne *f*; **fel ~ ar y glaw** wie ein
begossener Pudel.

iard (-iau *neu* ierdydd) *b* Hof *m*, Innenhof *m*; **~ drefnu**
(MIL) Exerzierplatz *m*; **~ gefn** Hinterhof *m*; **~ longau**
Werft *f*; **~ siyntio** Rangierbahnhof *m*; **~ ysgol**
Schulhof *m*.

iarll (ieirll) *g* Graf *m*; **I~ Palatin** Pfalzgraf *m*.

iarllaeth (-au) *b* Grafschaft *f*.

iarlles (-au) *b* Gräfin *f*.

ias (-au) *b (ofn)* Schauder *m*; *(oerni)* Schauer *m*; *(gwefr)*
Nervenkitzel *m*, Prickeln *nt*; **rhedodd ~ o ofn i lawr
fy nghefn** ein Schauder lief mir den Rücken
hinunter.

iasboeth *ans* glühend heiß.

iasoer *ans* eiskalt, eisig; *(ffig)* spannend; **nofel/ffilm ~**
Thriller *m*.

iasol *ans* gruselig, schauerlich; **stori ~**
Schauermärchen *nt*.

iau¹ (*ll* ieuau) *cymh gw.* **ifanc;** jünger.

Iau² *g (dydd)* Donnerstag *m*; *(ASTRON)* Jupiter *m*; **bob
dydd ~** donnerstags; **dydd ~ Cablyd**
Gründonnerstag *m*.

iau³ (ieuau) *g (ANAT: afu)* Leber *f*.

iau⁴ (ieuau *neu* ieuoedd) *b* Joch *nt*; **bod o dan ~ rhn**
unter jds Joch stehen.

iawn¹ *ans (derbyniol)* richtig, recht; *(cyfiawn)* gerecht;
(cywir) richtig; *(priodol)* passend; *(mewn cyflwr da)* in
Ordnung; **~!** *(o'r gorau)* einverstanden! klar! **rwyt
ti'n ~** du hast Recht; **yr amser ~** *(union)* die genaue
Uhrzeit; **rydych chi wedi dod yn amser ~** Sie
kommen wie gerufen; **go ~** echt, richtig; **sut
mae? – ~, diolch** wie geht's? – danke gut; **nid yw'r
cyfrifiadur yn gweithio'n ~** der Computer
funktioniert nicht richtig; **o'r ~ ryw** vom Besten.

iawn² *adf* sehr; **da ~** sehr gut.

iawn³ *g* Ausgleich *m*, Wiedergutmachung *f*; *(cosb)*
Buße *f*, Sühne *f*; **gwneud ~ am y difrod** den

Schaden wieder gutmachen.

iawndal *g* Entschädigung *f*, Schadenersatz *m*; *(ar ôl
rhyfel)* Reparation *f*; *(am niwed personol)*
Schmerzensgeld *nt*; *(CYFR)* Regress *m*.

iawnderau *ll* Rechte *pl*; **~ dynol** Menschenrechte *pl*;
~ sifil die bürgerlichen Ehrenrechte.

iawndwf *g* Reife *f*.

iawndwll (iawndyllau) *g (TECH)* Reibahle *f*.

iawnedd *g* Rechtschaffenheit *f*.

iawnhau *be.a* rechtfertigen.

iawnongl (-au) *b* rechter Winkel *m*.

iawnonglog *ans* rechtwinkelig.

Iberia *b (DAEAR)* Iberien *nt*.

Iberaidd *ans* iberisch.

ibis (-iaid) *g (SÖOL)* Ibis *m*.

idealaeth *b* Idealismus *m*.

idealistig *ans* idealistisch.

idealydd (-ion) *g* Idealist(in) *m(f)*.

ideoleg *b* Ideologie *f*.

ideolegol *ans* ideologisch.

ideolegwr (ideolegwyr) *g* Ideologe *m*.

idiom (-au) *gb (priod-ddull)* Redewendung *f*, Ausdruck
m, Idiom *nt*; *(arddull)* Ausdrucksweise *f*.

idiomatig *ans* idiomatisch.

idol (-au *neu* -iaid) *g (CREF)* Götzenbild *nt*, Abgott *m*;
(ffig) Idol *nt*.

idolatraidd *ans* Götzen-; *(ffig)* abgöttisch.

idoliaeth *b* Götzendienst *m*.

Iddew (-on) *g* Jude *m*.

Iddewaidd *ans* jüdisch.

Iddeweg *b (iaith)* Jiddisch *nt*.

Iddewes (-au) *b* Jüdin *f*.

Iddewiaeth *b* Judentum *nt*; **~ uniongred** orthodoxes
Judentum.

Iddewig *ans* jüdisch.

ie *geir* ja; *(ar ôl cwestiwn negyddol)* **ond ~** doch, oja^A;
dweud ~ ja sagen.

iechyd *g* Gesundheit *f*, Wohlbefinden *nt*; **~ da!**
Prost! zum Wohl! **Gwasanaeth I~ Gwladol**
staatliches Gesundheitswesen *nt*; **swyddfa ~**
Gesundheitsamt *nt*.

iechydaeth *b (carthffosiaeth)* sanitäre Einrichtungen
pl.

iechydeg *b* Hygiene *f*.

iechydol *ans* hygienisch, sanitär.

ieir *ll gw.* **iâr**.

ieirll *ll gw.* **iarll**.

ieitheg *b* Philologie *f*.

ieithegol *ans* philologisch.

ieithegwr (ieithegwyr) *g* = **ieithegydd**.

ieithegydd (-ion) *g* Philologe *m*, Philologin *f*.

ieithwedd *g (idiom)* Ausdruck *m*, Idiom *nt*; *(geiriad)*

Stil *m*, Ausdrucksweise *f*.

ieithydd (-ion) *g* Sprachwissenschaftler(in) *m(f)*, Linguist(in) *m(f)*.

ieithyddiaeth *b* Sprachwissenschaft *f*, Linguistik *f*; ~ **gymharol** vergleichende Sprachwissenschaft, komparative Linguistik.

ieithyddol *ans* sprachwissenschaftlich, linguistisch, sprachlich.

lemen *b (DAEAR)* Jemen *m*.

lemeni (-s) *g* Jemenit(in) *m(f)*.

ien (-iau) *b (CYLL)* Yen *m*.

iepian *be.g* kläffen; *(person)* keifen, keppeln^.

ierdydd *ll gw.* **iard**.

Iesu *enw priod* Jesus *m*; ~ **Grist** Jesus Christus; ~! du lieber Himmel!

iet (-au) *b (cae)* Gatter *nt*; *(gardd)* Gartentor *nt*.

ieuaf *eith* jüngste(r,s).

ieuanc (*ll* ieuainc) *ans* = **ifanc**.

ieuau *ll* = **iau¹**.

ieuenctid *g* Jugend *f*; *(pobl ifanc)* Jugend; **yn ~ y dydd** frühmorgens; **llys ~** Jugendgericht *nt*; **mudiad ~ Hitler** *(HAN)* Hitlerjugend *f*; **hostel ~** Jugendherberge *f*.

ieuengach *cymh (iau)* jünger.

ieuengaf *eith* jüngste(r,s).

ifanc (*ll* ifainc) *ans* jung, jugendlich; *(llysiau)* jung, zart, frisch; **pobl ~** Jugendliche *pl*; *(cyffredinol)* Jugend *f*; **troseddwr ~** jugendlicher Straftäter *m*; **bod yn iau na rhn** jünger sein als jd.

ifancaidd *ans* jugendlich.

ifancwr (ifancwyr) *g* Jugendliche(r) *m*.

ifori *g* Elfenbein *nt*; **twr ~** Elfenbeinturm *m*; **y Traeth I~** *(DAEAR)* die Elfenbeinküste *f*.

ig (-ion) *g* Schluckauf *m*, Schnackerl^ *nt*.

igam-ogam *ans* Zickzack-; **ffordd ~** Serpentinen *pl*; **patrwm ~** Zickzackmuster *nt*.

♦ *g* Zickzack *m*; **mynd ~** im Zickzack gehen.

igam-ogamu *be.g (cerdded)* zickzack gehen; *(rhedeg)* zickzack laufen.

igian *be.g* Schluckauf haben, aufstoßen, hicksen.

iglw (-s *neu* iglŵau) *g* Iglu *nt/m*.

ing (-oedd) *g (meddyliol)* Qual *f*, Schmerz *m*; *(corfforol)* Schmerz, Pein *f*; ~ **marwolaeth** Todesqualen *pl*, Agonie *f*.

ingol *ans* quälend, schmerzhaft; *(dolefus)* herzzerreißend.

ildfrydedd *g* Schwarzseherei *f*, Defätismus *m*.

ildfrydwr (ildfrydwyr) *g* Schwarzseher(in) *m(f)*, Defätist(in) *m(f)*.

ildiad *g (MIL)* Kapitulation *f*.

ildio *be.a (rhoi)* übergeben; *(rhoi'r gorau i)* aufgeben; *(caniatáu)* einräumen; ~'**r arfau** *(MIL)* die Waffen niederlegen; ~'**r goron** abdanken, auf den Thron verzichten.

♦ *be.g* nachgeben; *(ar y ffordd)* die Vorfahrt überlassen, Vorrang geben; *(MIL)* kapitulieren, sich ergeben; ~ **i rth** etw *dat* nachgeben; ~ **i demtasiwn** einer Versuchung erliegen; ~ **i'r heddlu** sich der Polizei stellen; **ildiodd i'w theimladau** sie ließ ihren Gefühlen freien Lauf.

♦ *be.e:* ~ **diamod** *(MIL)* bedingungslose Kapitulation *f*.

ill *rhag:* ~ **dau/dwy** alle beide, sie beide; ~ **pump** alle fünf.

imiwn *ans* immun.

imiwnedd *g (MEDD, CYFR)* Immunität *f*; ~ **diplomatig** diplomatische Immunität.

imiwneiddiad (-au) *g (MEDD)* Schutzimpfung *f*, Immunisierung *f*.

imiwneiddio *be.a (MEDD)* immunisieren.

imperialaeth *b (GWLEID)* Imperialismus *m*; ~ **ddiwylliannol** Kulturimperialismus *m*.

imperialaidd *ans (GWLEID)* imperialistisch; *(HAN)* kaiserlich.

imperialydd (-ion) *g* Imperialist(in) *m(f)*.

impiad *g (BOT)* Pfropfung *f*; *(MEDD)* Transplantation *f*.

impio *be.a (AMAETH: planhigyn)* veredeln, pfropfen; *(MEDD)* einpflanzen, transplantieren.

impyn (impiau) *g (AMAETH)* Pfröpfling *m*, Pfropfreis *nt*.

imwnedd *g* = **imiwnedd**.

imwneiddiad (-au) *g* = **imiwneiddiad**.

imwneiddio *be.a* = **imiwneiddio**.

inc (-iau) *g* Tinte *f*; ~ **argraffu** Druckerschwärze *f*; ~ **India** Tusche *f*; **pad ~** Stempelkissen *nt*; ~ **parhaol** dokumentenechte Tinte; **potel ~** Tintenfass *nt*; **staen ~** Tintenfleck *m*, Klecks^ *m*.

incio *be.a* einfärben.

incil (inclau) *g* Band *nt*; ~ **glud** Klebeband *nt*; ~ **mesur** Maßband *nt*, Bandmaß^ *nt*; ~ **coch** *(ffig)* Papierkrieg *m*.

incwm (incymau) *g* Einkommen *nt*; *(o werthiant)* Einnahmen *pl*; ~ **atodol** Nebeneinkünfte *pl*; ~ **blynyddol** Jahreseinkommen *nt*; ~ **clir** Nettoeinkommen *nt*; ~ **crynswth** Bruttoeinkommen *nt*; ~ **cyfartalog** Durchschnittseinkommen *nt*; **polisi ~** Lohnpolitik *f*; **treth ~** Lohnsteuer *f*.

indecs (-au) *g* Register *nt*, Index *m*; *(llyfrgell)* Katalog *m*; *(MATH)* Indexziffer *f*; **bys ~** Zeigefinger *m*.

indecsio *be.a* mit einem Register versehen; *(llyfrgell)* katalogisieren.

♦ *be.g* einen Index erstellen.

indeitio *be.a* = **inditio**.

indeitment *g* = **inditment**.

indemnio *be.a* entschädigen.

indentio *be.a* einkerben; *(teipio)* einrücken.

indentur (-au) *g* Lehrbrief *m*.

India *b (DAEAR)* Indien *nt*; ~'r Gorllewin *(DAEAR)* die Westindischen Inseln *pl*, die Antillen *pl*; ~ orynysol *(DAEAR)* der indische Subkontinent; **eliffant yr** ~ indischer Elefant *m*.

india-corn *g* Mais *m*.

Indiad (Indiaid) *g* Inder(in) *m(f)*; ~ Coch Indianer(in) *m(f)*.

Indiaidd *ans* indisch.

indigo *b (lliw)* Indigo *nt/m*.

inditiad (-au) *g (CYFR)* Anklage *f*.

inditio *be.a (CYFR)* unter Anklage stellen.

inditment (-s) *g (CYFR)* Beschuldigung *f*, Anklage *f*.

Indo-Ewropeaidd *ans* indogermanisch.

Indo-Ewropeg *b* Indogermanisch *nt*.

Indonesaidd *ans* indonesisch.

Indonesia *b (DAEAR)* Indonesien *nt*.

Indonesiad (Indonesiaid) *g* Indonesier(in) *m(f)*.

Indo-Tsieina *b (DAEAR)* Indochina *nt*.

indrawn *g* Mais *m*.

inertia *g (FFIS)* Trägheit *f*.

infertebrat (-au) *g (SÔOL)* wirbelloses Tier *nt*, Evertebrat *m*, Invertebrat *m*.

ingot (-au) *g* Barren *m*, Block *m*.

injan (-s) *b* Maschine *f*; *(modur)* Motor *m*; *(awyren, roced)* Triebwerk *nt*; ~ dân Feuerwehrauto *nt*, Löschfahrzeug *nt*; ~ drên Lokomotive *f*; ~ ddwystroc Zweitaktmotor *m*; ~ ddyrnu *(AMAETH)* Dreschmaschine *f*; ~ stêm Dampfmaschine *f*.

innau *rhag* ich auch; *gw.h.* minnau.

institiwt (-s *neu* -au) *gb* Institut *nt*.

inswleiddio *be.a* abdichten, isolieren; *(TRYD)* isolieren; *(PENS)* dämmen.

inswlin *g* Insulin *nt*.

integredig *ans (cymdeithasol)* integriert.

integreiddiad *g* Integration *f*, Einbeziehung *f*.

integreiddio *be.a* integrieren, einbeziehen.
   ♦ *be.g* sich integrieren, sich anpassen.

integreiddiol *ans* integrativ.

integriad *g (MATH)* Integration *f*.

integrol *ans* integral, wesentlich; **bod yn rhan** ~ **o rth** ein wesentlicher Bestandteil von etw *dat* sein.

integru *be.a (MATH)* integrieren.

integryn (-nau) *g (MATH)* Integral *nt*; ~ amhendant unbestimmtes Integral; ~ pendant bestimmtes Integral.

intercom (-s *neu* -au) *g* Gegensprechanlage *f*.

interim *ans* vorläufig, Übergangs-.

ïodin *g (CEM)* Jod *nt*.

iodl *b (cân, galwad)* Jodler *m*.

iodlan, iodlo *be.g* jodeln.

iodlwr (iodlwyr) *g* Jodler *m*.

ioga *gb* Yoga *nt/m*.

iogwrt *g* Jogurt *nt/m*; ~ ffrwythau Fruchtjogurt *nt/m*.

ioio (-s) *g (tegan)* Jo-Jo *nt*.

Iolig *ans* äolisch; **telyn** ~ *(CERDD)* Äolsharfe *f*, Windharfe *f*.

iolyn *g* Dummkopf *m*, Holzkopf *m*.

ïon (-au) *g (FFIS)* Ion *nt*.

Ionaidd *ans (PENS, LLEN)* ionisch.

Ionawr *g* Januar *m*, Jänner^A *m*.

ionc (-s) *g* = iolyn.

ïoneiddiad *g (FFIS)* Ionisierung *f*.

ïoneiddio *be.a (FFIS)* ionisieren.

Ïonig *ans* ionisch; **yr Ynysoedd** ~ *(DAEAR)* die Ionischen Inseln.

ïonosffer *g (ASTRON)* Ionosphäre *f*.

Iôr *g: yr* ~ *(CREF)* der Herr, Jahwe.

Iorddonaidd *ans* jordanisch.

Iorddonen *b (DAEAR: gwlad)* Jordanien *nt*; **yr** ~ *(afon)* Jordan *m*.

Iorddoniad (Iorddoniaid) *g* Jordanier(in) *m(f)*.

iorwg *g (BOT)* Efeu *m*.

iod (-au) *b* Jota *nt*; *(ffig: mymryn)* Jota, das bisschen *nt*.

iota (iotâu) *b* Jota *nt*.

ir *ans* frisch; *(llawn sudd)* saftig; *(byw)* üppig, blühend; *(tywydd)* mild.

Irac *b (DAEAR)* Irak *m*; **yn** ~ im Irak.

Iracaidd *ans* irakisch.

Iraciad (Iraciaid) *g* Iraki *m*, Iraker(in) *m(f)*.

iraid (ireidiau) *g* Öl *nt*, Schmiermittel *nt*.

iraidd *ans* = ir.

Iran *b (DAEAR)* Iran *m*; **o** ~ aus dem Iran.

Iranaidd *ans* iranisch.

Iraniad (Iraniaid) *g* Iraner(in) *m(f)*.

irder *g* Frische *f*; *(llawnder o sudd)* Saftigkeit *f*.

ireidiad (-au) *g* Schmierung *f*, Ölung *f*.

ireidio *be.a* schmieren, ölen; *(COG)* mit Fett beträufeln.

ireidd-der *g* = irder.

iriad *g* = ireidiad.

iridiwm *g (CEM)* Iridium *nt*.

irigeiddiad *g* Bewässerung *f*.

irigeiddio *be.a* bewässern.

iris (-au) *g (ANAT)* Iris *f*, Regenbogenhaut *f*.

irlas *ans* grün, frisch; *(anaeddfed)* unreif.

iro *be.a (peiriant)* schmieren, einfetten; *(ag olew)* ölen; *(corff)* einölen, eincremen; *(MEDD, CREF)* salben; ~ blonegen Eulen nach Athen tragen; ~ llaw rhn jdn schmieren, jdn bestechen.

is^1 *cymh* niedriger, minder; *(sŵn)* leiser; **anelu'n** ~ *(gyda gwn)* tief halten; *(ffig)* seine Erwartungen zurückschrauben; **yn ~ ac yn ~** immer weiter hinunter; **yn ~ na'r gobeithion** unter allen Erwartungen.

is² *ardd* unter *+dat.*

is-³ *rhagdd* Unter-, Vize-; *e.e.* **is-lywydd** Vizepräsident *m.*

isadeiledd *g* Infrastruktur *f.*

isadran (-nau) *b* Unterabteilung *f.*

isaf *eith* unterste(r,s); **llawr ~** Untergeschoß *nt*; **dillad ~** Unterwäsche *f.*

isafbwynt (-iau) *g* Minimum *nt*, Tiefstpunkt *m*; **~ tymheredd** Tiefsttemperatur *f*; **mae'r bunt wedi cyrraedd ~ newydd** das Pfund hat einen neuen Tiefstand erreicht.

isafon (-ydd) *b* Nebenfluss *m.*

isafrif (-au) *g* Tiefstwert *m.*

isafswm (isafsymiau) *g (arian)* Mindestbetrag *m.*

isalaw (-on) *b* Bassstimme *f.*

Isalmaen *b (DAEAR)* = **Iseldiroedd.**

Isalmaeneg *b* Niederdeutsch *nt*; *(Iseldireg)* Niederländisch *nt.*

Isalmaenwr (Isalmaenwyr) *g* Niederdeutsche(r) *m*; *(Iseldirwr)* Niederländer *m.*

isblot (-iau) *g (LLEN)* Nebenhandlung *f.*

isbridd (-oedd) *g (AMAETH)* Untergrund *m.*

is-bwyllgor (-au) *g* Unterausschuss *m.*

is-deitl (-au) *g* Untertitel *m.*

is-deitlo *be.a* mit Untertiteln versehen.

isdenantiaeth *b* Untermiete *f.*

isdramwyfa (isdramwyfeydd) *b* Unterführung *f.*

isdrofannol *ans (DAEAR)* subtropisch.

isdrothwyol *ans* unterschwellig.

isdyfiant *g* = **istyfiant.**

isddiwylliant (isddiwylliannau) *g* Subkultur *f.*

isddosbarthu *be.a* unterteilen, untergliedern.

isel *ans* niedrig, tief; *(sŵn)* leise; *(CERDD)* tief; **mae'r wal yn ~** die Mauer ist niedrig; **mae'r awyren yn hedfan yn ~** das Flugzeug fliegt tief; **marciau ~** *(YSG)* schlechte Noten; **mewn gêr ~** in niedrigem Gang; **mewn llais ~** *(tawel)* mit leiser Stimme; *(dwfn)* mit tiefer Stimme; **pris ~** niedriger Preis; **rwy'n teimlo'n ~** ich bin deprimiert; **I~ Almaeneg** Plattdeutsch *nt*; **tir ~** Tiefland *nt*; **tonyddiaeth ~** tiefe Tonlage; **mae gennyf feddwl ~ o'r ffilm newydd** ich habe keine hohe Meinung von dem neuen Film; **o dras ~** von niedriger Herkunft.

iselder (-au) *g (meddyliol)* Depression *f*; **~ ysbryd** Trübsinn *m*; **~au** *ll* Tiefen *pl*; **~au'r môr** die Tiefen des Meeres.

iseldir (-oedd) *g* Tiefland *nt*, Flachland *nt*; **yr I~oedd** *(DAEAR)* die Niederlande *pl.*

Iseldiraidd *ans* niederländisch, holländisch.

Iseldireg *b* Holländisch *nt*, Niederländisch *nt.*

Iseldiroedd *ll:* **yr ~** *(DAEAR)* die Niederlande *pl.*

Iseldirwr (Iseldirwyr) *g* Niederländer *m.*

Iseldirwraig (Iseldirwragedd) *b* Niederländerin *f.*

iselhau *be.a* niedriger machen; *(prisiau)* herabsetzen; *(dibrisio)* erniedrigen, degradieren.

iselradd *ans* minderwertig.

isetholiad (-au) *g (GWLEID)* Nachwahl *f.*

isfyd *g* Unterwelt *f.*

is-gadeirydd (-ion) *g* Vizepräsident *m.*

is-gadfridog *g (MIL)* Generalmajor^D *m*, Oberst^A *m.*

is-ganghellor (is-gangellorion) *g (PRIFYSG)* Rektor *m*; *(GWLEID)* Vizekanzler *m.*

isganfyddol *ans* unterschwellig.

is-gapten (is-gapteiniaid) *g (MIL)* Leutnant *m*; *(MOR)* Maat *m*; *(CHWAR)* stellvertretender Mannschaftskapitän *m.*

isgell (-au) *g (COG)* Bouillon *f*, Brühe^D *f.*

isgoch *ans (FFIS)* infrarot.

is-gonswl (-iaid) *g* Vizekonsul *m.*

isgontractiwr (isgontractwyr) *g* Subunternehmer *m.*

is-gorporal (-iaid) *g* Gefreite(r) *m.*

isgwmni (isgwmnïoedd) *g* Filiale *f.*

isgyfandir *g* Subkontinent *m.*

isgyfeiriadur (-on) *g* Unterverzeichnis *nt.*

isgymal (-au) *g (GRAM)* Nebensatz *m.*

isgynnyrch (isgynhyrchion) *g* Nebenprodukt *nt.*

is-gyrnol (-iaid) *g* Oberstleutnant^D *m*, Major^A *m.*

is-iarll (is-ieirll) *g* Vicomte *m.*

îsl (-s) *g (CELF)* Staffelei *f.*

islais (isleisiau) *g* Unterton *m.*

Islam *gb (CREF)* Islam *m.*

Islamaidd *ans* islamisch, mohammedanisch.

Islandeg *b* Isländisch *nt.*

islaw *ardd* unter *+dat*, unterhalb *+gen*; **~ lefel y môr** unter dem Meeresspiegel.

♦ *adf* darunter.

islawr (isloriau) *g* Untergeschoß *nt*, Kellergeschoß *nt*, Souterrain *nt.*

is-lywydd (-ion) *g* Vizepräsident(in) *m(f).*

isobar (-rau) *g (TYW)* Isobare *f.*

isocronus *ans* isochron.

isod *adf* unterhalb, unten; **gweler ~** siehe unten; **mynd ~** nach unten gehen.

isoglós *g (GRAM)* Isoglosse *f.*

isosgeles *ans (MATH)* gleichschenkelig.

isosod *be.a* untervermieten.

isotonig *ans* isotonisch.

isotop (-au) *g (CEM)* Isotop *nt.*

isotherm (-au) *g (TYW)* Isotherme *f.*

isradd¹ *ans* untergeordnet, untergeben.

isradd² (-au *neu* -iaid) *g* niedriger Rang *m*; *(MATH)*

Wurzel *f*; **ail ~** Quadratwurzel *f*; **trydydd ~ 27 yw 3**
die Kubikwurzel von 27 ist 3.

israddio *be.a* zurückstufen, herabsetzen.

israddol *ans* minderwertig, unterlegen.

israddoldeb *g* Minderwertigkeit *f*.

Israel *b (DAEAR)* Israel *nt*.

Israelaidd *ans* israelisch.

Israeliad (**Israeliaid**) *g* Israeli *m*.

israniad (**-au**) *g* Unterteilung *f*, Untergliederung *f*.

israniad *be.a* unterteilen, untergliedern.

isreolwaith (**isreolweithiau**) *g (CYFDR)* Schleife *f*,
Unterprogramm *nt*.

isrwtîn (**isrwtinau**) *b* = **isreolwaith**.

is-safonol *ans* substandard.

is-swyddog (**-ion**) *g (MIL)* Unteroffizier *m*.

istref (**-i**) *b* Stadtteil *m*.

istrofannol *ans* subtropisch.

istyfiant *g* Unterholz *nt*, Dickicht *nt*, Gestrüpp *nt*.

isthmus *g* Meerenge *f*, Isthmus *m*.

isymwybod *g* Unterbewusstsein *nt*.

isymwybodol *ans* unterbewusst.

italaidd *ans* kursiv.

italeiddio *be.a* kursiv drucken.

italig¹ *ans* kursiv.
   ♦ *g* Kursivschrift *f*, Schrägschrift *f*.

Italig² *ans (HAN, DAEAR)* italisch.

ithfaen (**ithfeini**) *g* Granit *m*.

Iwerddon *b (DAEAR)* Irland *nt*; **Gogledd ~** Nordirland
nt; **Gweriniaeth ~** die Republik Irland.

Iwerydd *g (DAEAR)* **yr ~** Atlantik *m*.

iwffo (**-s**) *g* UFO *nt*.

iwfforia *g* Euphorie *f*, Wohlempfinden *nt*.

Iwgoslafaidd *ans* jugoslawisch.

Iwgoslafia *b (DAEAR)* Jugoslawien *nt*.

Iwgoslafiad (**Iwgoslafiaid**) *g* Jugoslawe *m*,
Jugoslawin *f*.

Iŵl Cesar *g (HAN)* Julius Cäsar.

iwrch (**iyrchod**) *g (SÔOL)* Reh *nt*, Rehbock *m*.

iwtilitaraidd *ans* utilitaristisch.

iwtilitariad (**iwtilitariaid**) *g* Utilitarist *m*.

iwtilitariaeth *b* Utilitarismus *m*.

iyrches (**-od**) *b (SÔOL)* Rehgeiß *f*.

J

J *byrf (FFIS: = joule)* J (Joule).
jac (-s) *g* Wagenheber *m*; *(TEL)* Buchse *f*, Stecker *m*;
    (cardiau) Bube *m*; ~ codi baw Bagger *m*; ~ y baglau
    (SÔOL) Schnake *f*; ~-y-do *(SÔOL)* Dohle *f*; pob un wan
    ~ alle ohne Ausnahme; J~ yr Undeb Union Jack
    m.
jacal (-iaid) *g (SÔOL)* Schakal *m*.
jacio *be.a* mit einem Wagenheber heben.
jac-y-do (-s) *g (SÔOL)* Dohle *f*.
jadan, jaden (-nod) *b (anwedd)* Vettel *f*, Drachen *m*.
jagwar (-od) *g (SÔOL)* Jaguar *m*.
jam (-iau) *g* Marmelade *f*, Konfitüre *f*; *(gan nain)*
    Eingemachte(s) *nt*; *(traffig)* gw. tagfa; ~ eirin
    Pflaumenmus^D *nt*, Powidl^A *nt*; pot ~
    Marmeladenglas *nt*.
jamio *be.a (gwneud jam)* einmachen, einkochen,
    konservieren; *(gwthio)* ~'ch bys sich *dat* den Finger
    einklemmen.
    ♦ *be.g (bod yn sound)* klemmen, blockieren; *(ffordd)*
    verstopft sein.
Japan *b (DAEAR)* Japan *nt*.
Japanead (Japaneaid) *g* Japaner(in) *m(f)*.
Japaneaidd *ans* japanisch.
Japaneg *b* Japanisch *nt*.
jar (-iau) *b* Glas *nt*, Topf *m*; *(i arllwys)* Krug *m*; ~ biclo
    Einmachglas *nt*.
jazz *g* Jazz *m*.
jêl (-s) *b* = carchar.
jeli (-s) *g* Gelee *nt*; *(COG)* Gelee, Götterspeise *f*; *(jam)*
    Fruchtgelee *nt*, Marmelade *f*; *(cig)* Aspik *m/nt*; ~
    bebi Gummibärchen *nt*.
jersi (-s) *b* Leibchen *nt*, Trikot *nt*.
jest *adf* fast, beinahe; *(wrthi)* gerade dabei; rwy ~ yn
    sgwennu ato ich schreibe ihm gerade.
Jeswit (-iaid) *g (CREF)* Jesuit *m*.
jet (-iau) *b (ffrwd)* Strahl *m*; *(TECH)* Düse *f*; *(awyren)*
    Düsenflugzeug *nt*; Düsenjet *m*, Jet *m*; *(peiriant)*
    (Düsen)triebwerk *nt*; ~ ryfel Düsenjäger *m*; ~
    yriant *g* Düsenantrieb *m*.

jib (-s) *g* Grimasse *f*; tynnu ~s Grimassen schneiden.
jibidêrs *ll:* yn rhacs ~ in tausend Stücken, kaputt.
ji-binc (jibincod) *g (SÔOL)* Buchfink *m*.
jibo *be.g (ceffyl)* scheuen; *(person)* verweigern,
    passen.
jig (-s) *b* Tanz *m*, Volkstanz *m*, Freudentanz *m*.
jig-so (-s) *g (gêm)* Puzzle *nt*.
jîns *ll* Jeans *pl/f*.
jinseng *g* Ginseng *m*.
jiráff (jiraffod) *g (SÔOL)* Giraffe *f*.
jiwbilî (jiwbilïau) *b* Jubiläum *nt*; ~ arian
    Silberjubiläum *nt*; *(pen blwydd priodas)* silberne
    Hochzeit *f*.
jiwcbocs (-ys) *g* Musikautomat *m*, Wurlitzer^A *m*.
jiwdo *g (CHWAR)* Judo *nt*.
jiwt *g* Jute *f*.
Jiwtiad (Jiwtiaid) *g (DAEAR, HAN)* Jüte *m*, Jütin *f*,
    Jütländer(in) *m(f)*.
jòb (jobsys) *b (tasg)* Aufgabe *f*; *(swydd)* Stelle *f*,
    Anstellung *f*, Job *m*; *(CYFDR)* Job.
jôc (-s) *b* Scherz *m*, Witz *m*, Jux *m*.
jocan *be.g* scherzen, spaßen.
joci (-s) *g* Jockey *m*.
jocôs *ans (bodlon)* zufrieden, unbekümmert,
    sorgenfrei.
joch (-iau) *g* Schluck *m*.
jolihoetio *be.g* vagabundieren, sich vergnügen, in
    der Weltgeschichte umherziehen.
joule *g (FFIS)* Joule *nt*.
jwdo *g* = jiwdo.
jŵg (jygiau) *gb* Krug *m*, Kanne *f*; *(gwin)* Karaffe *f*; ~
    mesur Messbecher *m*.
jwnta (jwntâu) *b (GWLEID)* Junta *f*.
jygaid *g* ein Krug voll.
jyglo *be.a* jonglieren; ~'r bêl *(pêl droed)* dribbeln.
jyglwr (jyglwyr) *g* Jongleur *m*.
jyngl (-oedd) *g* Dschungel *m*, Urwald *m*.
jymper (-s) *b* Pullover *m*; *(tenau heb lewys)* Pullunder
    m; *(CYFDR)* Steckbrücke *f*.

K

K *byrf (FFIS: = Kelvin)* K (Kelvin).
Kaiser *g* Kaiser *m*.
karate *g* Karate *nt*.
kB *byrf (CYFDR: = cilobeit)* KB (Kilobyte).

kcal *byrf (= cilocalori)* kcal (Kilokalorie).
Kelvin *g (FFIS: tymheredd)* Kelvin *nt*.
kg *byrf (= cilogram)* kg (Kilogramm).
khan *g* Khan *m*.

khanaeth (-au) *b* Khanat *nt.*

kHz *byrf (= cilohertz)* kHz (Kilohertz).

kilobeit (-iau) *g* = cilobeit.

kilocalori (kilocalorïau) *g* = cilocalori.

kilogram (-au) *g* = cilogram.

kilohertz *g* = cilohertz.

kilometr (-au) *g* = cilometr.

kiloseicl (-au) *g* = cilohertz.

kilowat (-iau) *g* = cilowat.

km *byrf (= cilometr)* km (Kilometer); **km²** qkm, km^2
   (Quadratkilometer).

kreutzer *g* Kreuzer *m.*

kW *byrf (= cilowat)* kW (Kilowatt).

kWh *byrf (= cilowat awr)* kWh (Kilowattstunde).

L

l *byrf (= litr)* l (Liter).

label (-au *neu* -i) *gb* Etikett *nt*, Aufschrift *f; (metel)* Plakette *f; (tag)* Anhänger *m; (cwmni recordiau)* Plattenfirma *f;* ~ **cymeradwyaeth** *(MASN)* Gütesiegel *nt;* ~ **gofal** *(ar ddilledyn)* Waschanleitung *f*, Waschetikett *nt.*

labelu *be.a* beschriften, etikettieren; ~ **rhn yn rhth** jdn als etw bezeichnen.

labordy (**labordai**) *g* Labor *nt*, Laboratorium *nt;* ~ **iaith** Sprachlabor *nt.*

labrwr (**labrwyr**) *g* Arbeiter *m*, Schwerarbeiter *m.*

labyrinth (-au) *g* Labyrinth *nt.*

lacr (-au) *g* Lack *m.*

lacro *be.a* lackieren.

lactig *ans:* **asid** ~ Milchsäure *f.*

lactos *g (CEM)* Laktose *f.*

lach *b* = **llach.**

ladi *b:* ~ **wen** *(BOT)* Winde *f*, Windling[A] *m.*

Ladin *b (iaith yn yr Eidal)* Ladinisch *nt.*

Ladinaidd *ans* ladinisch.

lafa (**lafâu**) *g* Lava *f.*

lafant *g (BOT)* Lavendel *m.*

lafwr *g* Seegras *nt; bara lawr (COG)* Seegras.

lager (-s) *g* Lager *nt*, helles Bier *nt;* ~ **Pilsener** Pils *nt.*

lagŵn (**lagwnau**) *g* Lagune *f.*

lama (-od *neu* -s) *g (SÖOL)* Lama *nt.*

lambastio *be.g, be.a:* ~ **(ar) rn** jdn fertig machen, es jdm tüchtig geben.

lamela (**lamelâu**) *g* Lamelle *f.*

lamineiddio *be.a* beschichten, überziehen; *(clawr)* laminieren.

lamp (-au) *b* Lampe *f*, Leuchte *f; (heol)* Straßenlampe *f*, Laterne *f;* ~ **erchwyn gwely** Nachttischlampe *f;* ~ **gonsol** Leuchtkonsole *f;* **yng ngolau** ~ im Lampenschein; ~ **stryd** Straßenlaterne *f.*

lan *adf (i fyny)* hinauf, aufwärts, empor; *(uwchben)* oben, droben; ~ **a lawr** auf und ab, rauf und runter; **dwylo** ~! Hände hoch! ~ **loft** oben, im Obergeschoß; ~ **yr afon** stromaufwärts; ~ **â thi** rauf mit dir; **mynd** ~ **at rn** auf jdn zugehen, zu jdm hingehen; **sefwch** ~! steht auf!

lander (-au *neu* -i) *g* Dachrinne *f.*

landin (-s) *b* Gang *m*, Flur *m*, Treppenabsatz *m.*

landlord (-s) *g* Vermieter *m*, Hausherr *m.*

landlordes (-au) *b* Vermieterin *f*, Hausherrin *f.*

lansiad (-au) *g (MOR)* Stapellauf *m.*

lansio *be.a (llong)* vom Stapel lassen; *(roced)* abschießen, abfeuern; *(ymgyrch)* starten; *(cwmni, papur newydd)* gründen; *(MASN: model newydd)* herausbringen, auf den Markt bringen; *(llyfr)* herausbringen.

lap[1] *g* Maul *nt*, Klappe[D] *f;* **cau dy** ~ halt die Klappe! halt's Maul!

lap[2] (-iau) *g (CHWAR)* Runde *f.*

Lapeg *b* Sami *nt*, Lappisch *nt.*

Lapiad (**Lapiaid**) *g (difr: Sami)* Lappe *m*, Lappin *f.*

lapio *be.a* einwickeln, einhüllen; *(anrheg)* verpacken; *(pysgod a sglodion)* in Papier einschlagen; ~ **testun** *(CYFDR)* automatischer Zeilenumbruch *m.*

lapswchan *be.g* schmusen, knutschen.

lard *g* (Schweine)schmalz *nt.*

lardio *be.a (COG)* spicken.

larfa (**larfae**) *g (SÖOL)* Larve *f.*

larts *ans* eingebildet, überheblich.

larwm (**larymau**) *g* Alarm *m;* **cloc** ~ Wecker *m;* ~ **tân** Feueralarm *m; (dyfais)* Feuermelder *m.*

laryncs (-au) *g (ANAT)* Kehlkopf *m.*

las (-ys) *g* Schuhband *nt*, Schnürsenkel[D] *m.*

lasagne *g (COG)* Lasagne *pl/f.*

laser (-au) *g* Laser *m;* **argraffydd** ~ Laserdrucker *m;* **pelydr** ~ Laserstrahl *m.*

lastig[1] *ans* elastisch; **band** ~ Gummiband *nt.*

lastig[2] (-s) *g* Gummi *m.*

lasŵ (-s) *g* Lasso *nt.*

latecs *g* Latex *m.*

Latfia *b (DAEAR)* Lettland *nt.*

Latfiad (**Latfiaid**) *g* Lette *m*, Lettin *f.*

Latfiaidd *ans* lettisch.

Latfieg *b* Lettisch *nt.*

latsen (**lats**) *b* Latte *f.*

lawnt (-iau *neu* -ydd) *b* Rasen *m; (ar gyfer torheulo)* Liegewiese *f;* **tennis** ~ Rasentennis *nt.*

lawr[1] *adf:* **i** ~ *(mynd)* hinunter, hinab; *(dod)* herunter, herab; *(ar y llawr)* am Boden; **i** ~ **yr afon** stromabwärts; **gorwedd i** ~ sich niederlegen; **mynd i** ~ *(bocsiwr)* zu Boden gehen; **mynd i** ~ **i Gaerdydd** *(sgyrs)* nach Cardiff hinunter fahren; **mynd i** ~ **yr heol** die Straße hinuntergehen; **rhoi rhth i** ~ *(ar bapur)* etw aufschreiben; **talu i** ~ anzahlen; **torri i** ~ zusammenbrechen; *(peiriant)* kaputtgehen; **troi**

rhth i ~ etw kleiner drehen; *(radio ayb)* etw leiser drehen; **ysgrifennu i ~** niederschreiben.

lawr² *g* Seegras *nt*; **bara ~** *(COG)* Seegras.

lb *byrf (= pwys)* Pfd. (Pfund).

lecsiwn (lecsiynau) *b* = **etholiad.**

ledio *be.a (arwain)* führen; *(codi cân)* anstimmen.

ledled *adf* weit und breit, überall; **~ y byd** in aller Welt, auf der ganzen Welt; **~ y wlad** im ganzen Land, landesweit.

lefain *g* Treibmittel *nt*, Hefe *f*, Germ^A *f*.

lefel (-au) *b* Ebene *f*, Stufe *f*; *(uchder dŵr)* Pegel *m*, Stand *m*; *(gwaith glo)* Stollen *m*; *(offeryn saer)* Wasserwaage *f*; **~ A** Reifeprüfung *f*; **ar ~ ryngwladol** auf internationaler Ebene; **~ colesterol** *(MEDD)* Cholesterinspiegel *m*; **~ sain** Geräuschpegel *m*; **~ y môr** Meeresspiegel *m*.

lefelu *be.a (gwastatáu)* ebnen, abflachen, planieren; *(ffig)* austarieren, angleichen.

lefren (lefrod) *b* junger Hase *m*, Häschen *nt*.

leim (-iau) *gb* Limone *f*.

lein (-iau) *b (llinell)* Linie *f*, Zeile *f*, Reihe *f*; *(llinyn)* Leine *f*; *(TEL)* Verbindung *f*; *(CHWAR)* Linie; *(RHEILFF)* Spur *f*; **~ bibau** Pipeline *f*; **~ bysgota** Angelschnur *f*; **daliwch y ~!** *(TEL)* bleiben Sie am Apparat! **~ ddillad** Wäscheleine *f*; **~ gul** Schmalspurbahn *f*.

leiner (-s) *b* Linienschiff *nt*, Passagierschiff *nt*.

leinin (-au) *g* Futter *nt*; **~ brêc** Bremsbelag *m*.

leinio *be.a* füttern, auskleiden; *(rhoi cweir i)* verdreschen; **mae coed yn ~'r ffordd** Bäume säumen den Wegrand.

leino (-s) *g* Linoleum *nt*.

lelog¹ *ans* lila.

lelog² *gb (BOT)* Flieder *m*.

lembo (-s) *g* Einfaltspinsel *m*, Simpel *m*.

leming (-iaid) *g (SÔOL)* Lemming *m*.

lemon (lemonau) *g* Zitrone *f*; **ceuled ~** Zitronenmarmelade *f*; **sudd ~** Zitronensaft *m*; **gwasgell ~** Zitronenpresse *f*; **te ~** Zitronentee *m*.

lemonêd *g* Limonade *f*.

lemwn *g* = **lemon.**

lens (-au *neu* **-ys)** *b* Linse *f*; *(FFOTO)* Objektiv *nt*; **~ deleffoto** Teleobjektiv *nt*; **~ gyffwrdd** Kontaktlinse *f*, Haftschale *f*; **~ ongl-lydan** Weitwinkelobjektiv *nt*.

Lerpwl *b (DAEAR)* Liverpool *nt*.

les¹ (-oedd) *b (llety)* Mietvertrag *m*; *(MASN: tir, coedwig, siop ayb)* Pachtvertrag *m*.

les² (-au) *b (TECS)* Spitze *f*.

lesbiad (lesbiaid) *b* Lesbe *f*, Lesbierin *f*.

lesbiaidd *ans* lesbisch.

lesddeiliad (lesddeiliaid) *g* Pächter(in) *m(f)*.

letysen (letys) *b* grüner Salat *m*, Kopfsalat *m*.

Letzeburgesh *b* Letzeburgisch *nt*.

lewcemia *g (MEDD)* Leukämie *f*.

lewcocyt (-s) *g (MEDD)* Leukozyt *m*.

lewcoplast *g* Heftpflaster *nt*, Leukoplast® *nt*.

Libanaidd *ans* libanesisch.

Libaniad (Libaniaid) *g* Libanese *m*, Libanesin *f*.

Libanus *b (DAEAR)* der Libanon *m*.

libart *g (tir o gwmpas fermdy)* Hof *m*, Gutshof *m*; *(tir pori)* Weideland *nt*; *(porfa fynyddig)* Alm *f*; *(iard)* Innenhof *m*; *(ffowls)* Hühnerhof *m*; *(ffig)* Auslauf *m*, Freiraum *m*.

libwraig (libwragedd) *b* Emanze *f*.

Libia *b (DAEAR)* Libyen *nt*; **Anialwch ~** die Libysche Wüste.

Libiad (Libiaid) *g* Libyer(in) *m(f)*.

Libiaidd *ans* libysch.

licer (-s) *g* Likör *m*.

licris *g* Lakritze *f*, Lakritz^D *m/nt*.

lifer (-i *neu* **-s)** *g* Hebel *m*; **~ gêr** Schalthebel *m*; *(car)* Schaltknüppel *m*.

lifrai (lifreiau) *g* Livree *f*, Uniform *f*.

lifft (-iau) *g* Aufzug *m*, Lift *m*, Fahrstuhl *m*; *(car)* Mitfahrgelegenheit *f*; **rhoi ~ i rn** jdn (im Auto) mitnehmen.

lifftenant *g (MIL)* Leutnant *m*; *(llynges)* Marineleutnant *m*.

ling-di-long *adf* gelassen, ohne Eile; **cerdded (yn) ~** schlendern, bummeln.

lili (lilïau) *b (BOT)* Lilie *f*; **~'r dŵr** Seerose *f*, Wasserlilie *f*; **~'r maes** *neu:* **~'r dyffrynnoedd** Maiglöckchen *nt*; **~ wen fach** Schneeglöckchen *nt*.

limpin (-nau) *g* Achsnagel *m*, Lünse^D *f*; **colli'ch ~** *(ffig)* die Fassung verlieren, außer sich geraten.

limrig (-au) *g* Scherzgedicht *nt*, Couplet *nt*, Stanzl^A *nt*, Limerick *m*.

linc-di-lonc *adf* = **ling-di-long.**

lindysyn (lindys) *g (SÔOL)* Raupe *f*.

lint *g* Mullbinde *f*, Scharpie *f*.

lintel (-ydd) *b* Fenstersims *m/nt*; *(silff)* Fensterbrett *nt*.

lipstic (-s) *g* Lippenstift *m*.

liqueur *g* = **licer.**

lisb *gb* Lispeln *nt*; **siarad â ~** lispeln.

lisbian *be.a* lispeln.

Lisbon *b (DAEAR)* Lissabon *nt*.

listio *be.a (MIL)* rekrutieren, ausheben.

♦ *be.g (MIL)* sich verpflichten.

litani (litanïau) *b* Litanei *f*.

litmws *g* Lackmus *m/nt*.

litr (-au) *g* Liter *m/nt*; **dau ~ o laeth** zwei Liter Milch.

litwrgaidd *ans* liturgisch.

litwrgi (**litwrgïau**) *gb* Liturgie *f*.

litwrgïaidd *ans* = **litwrgaidd**.

lithiwm *g* (*CEM*) Lithium *nt*.

lithograffeg *b* Lithografie *f*.

Lithwanaidd *ans* litauisch.

Lithwaneg *b* Litauisch.

Lithwania *b* (*DAEAR*) Litauen *nt*.

Lithwaniad (**Lithwaniaid**) *g* Litauer(in) *m(f)*.

liw *adf gw*. **lliw¹**; **~ dydd** bei Tag; **~ nos** bei Nacht.

liwdo *gb* (*gêm*) Mensch-ärgere-dich-nicht *nt*.

liwt (-iau) *b* (*CERDD*) Laute *f*; **ar eich ~ eich hun** auf eigene Faust; (*annibynnol*) unabhängig, selbstständig.

lob (-iaid *neu* -iau) *g* Tollpatsch *m*, Tölpel *m*.

lobi (**lobïau**) *gb* Eingangshalle *f*; (*yn Nhŷ'r Cyffredin*) Lobby *f*; (*carfan*) Lobby.

lobïwr (**lobïwyr**) *g* Lobbyist *m*.

lobsgows *g* (*COG*) Eintopf *m*, Ragout *nt*; (*cymysgedd*) Mischmasch *m*.

loc (-iau) *g* Schleuse *f*.

loced (-i *neu* -au) *b* (*crogdlws*) Medaillon *nt*.

locer (-i) *gb* Schließfach *nt*; (*pwll nofio*) Kästchen *nt*; (*MIL*) Spind *m/nt*.

locomotif (-au) *gb* Lokomotive *f*.

locsyn (**locsys**) *g* Bart *m*; (*cudyn o wallt*) Locke *f*; **~ clust** Backenbart *m*, Koteletten *pl*.

locust (-iaid) *g* (*SOOL*) Heuschrecke *f*.

lodes (-i *neu* -au) *b* Mädchen *nt*; **~ lân** hübsches Mädchen.

loes (-au) *b* Schmerz *m*, Leiden *nt*; **cael ~** Schmerzen haben; **~ meddwl** Pein *f*, Qual *f*; **~ion angau** Todesqualen *pl*; **rhoi ~ i rn** jdm wehtun.

loetran *be.g* trödeln; (*cicio'ch sodlau*) flanieren, herumlungern.

loetrwr (**loetrwyr**) *g* Flaneur *m*, Müßiggänger(in) *m(f)*, Bummelant *m*.

lòg (**logiau**) *g* Klotz *m*, Holzklotz *m*; (*tanwydd*) (Holz)scheit *nt*; (*dyddiadur*) Logbuch *nt*.

logarithm (-au) *g* (*MATH*) Logarithmus *m*; **~ naturiol** natürlicher Logarithmus.

logarithmig *ans* logarithmisch.

logo (-s) *g* Markenzeichen *nt*, (Firmen)logo *nt*.

lol *b* Blödsinn *m*, Unfug *m*, Quatsch *m*; **~ botes maip** dummes Zeug, blanker Unsinn; **siarad ~** Blödsinn verzapfen.

lolfa (**lolfeydd**) *b* Wohnzimmer *nt*.

lolian *be.g* blödeln, spaßen; (*segura*) herumlungern.

lolipop (-s) *g* Lutscher *m*; **~ rhew** Eislutscher *m*; **dyn/dynes ~** Schülerlotse *m*.

lolyn (-nod) *g* Dummian *m*, Dummerjan *m*.

Lombardi *b* (*DAEAR*) die Lombardei.

lôn¹ (**lonydd**) *b* Bahn *f*; (*llwybr*) Weg *m*, Feldweg *m*, Waldweg *m*; (*ar heol fawr*) (Fahr)spur *f*; **~ bengaead** Sackgasse *f*; **~ bost** *neu:* **~ fawr** Hauptstraße *f*; **~ feiciau** Radweg *m*; **~ goed** Allee *f*; (*mewn coedwig*) Waldweg *m*; **~ gul** Gasse *f*; **ewch i'ch ~** (*arwydd ffordd*) einordnen!

lôn² *g* (*TECS*) Batist *m*, Linon *m*.

loncian *be.g* joggen.

lonciwr (**loncwyr**) *g* Jogger(in) *m(f)*.

londrét (**londreti**) *b* Waschsalon *m*.

londri (**londrïau**) *b* Wäscherei *f*; (*dillad*) Wäsche *f*.

lordio *be.g:* **~ ar rn** jdn herumkommandieren.

lorri (**lorïau**) *b* Lastwagen *m*, LKW *m*; **~ dancer** Tankwagen *m*; **~ gymalog** Sattelschlepper *m*; **~ laeth** Milchtanker *m*; **~ ludw** *neu:* **~ sbwriel** Müllabfuhr *f*, Müllwagen *m*; **~ wartheg** Viehtransporter *m*.

losin *g neu ll* Bonbon *m/nt*, Zuckerl *nt*; **~ ll** Süßigkeiten *pl*; **~ peswch** Hustenbonbon *m/nt*; **siocled** Dragée *nt*.

lotri *b* Lotterie *f*, Tombola *f*; **~ genedlaethol** Lotto *nt*.

lwc *b* Glück *nt*; (*hap*) Zufall *m*; **~ dda** Glück; (*sgyrs*) Schwein *nt*; **~ ddrwg** Pech *nt*; **gyda ~** mit Glück; **~ mul** Zufallstreffer *m*; **pob ~!** viel Glück! **trwy ~** (*ar hap*) durch Zufall; (*yn ffodus*) glücklicherweise.

Lwcsembwrg *b* (*DAEAR*) Luxemburg *nt*.

Lwcsembwrgaidd *ans* luxemburgisch.

Lwcsembwrgiad (**Lwcsembwrgiaid**) *g* Luxemburger(in) *m(f)*.

lwcus *ans* glücklich.

lwfans (-au) *g* (*CYLL*) Beihilfe *f*, Zulage *f*; **~ beunyddiol** Tagegeld *nt*, Taggeld *nt*, Diäten *pl*; **~ costau** Aufwandsentschädigung *f*; **~ cyfalaf** (*CYLL*) Kapitalzulage *f*; **~ lleol** Ortszuschlag *m*; **~ maethu** Pflegegeld *nt*; **~ mamolaeth** Mutterschaftsbeihilfe *f*, Karenzgeld *nt*; **~ plant** Kindergeld *nt*; **~ trethi** Steuerfreibetrag *m*; **~ yr anabl** Behindertenzuschuss *m*.

lwfer (-i) *gb* Rauchfang *m*, Schornstein *m*; **~ echdynnu** Dunstabzugshaube *f*.

lwmp (**lympiau**) *g* Klumpen *m*, Kloß *m*; (*chwydd*) Beule *f*; (*COG*) Klümpchen *nt*; **mynd yn lympiau** (*saws ayb*) klumpen.

lwmp-swm *g* Pauschalbetrag *m*.

lwmpyn *g* = **lwmp**.

Lwtheraidd *ans* lutherisch, evangelisch.

Lwtheriad (**Lwtheriaid**) *g* Lutheraner(in) *m(f)*.
lwyn (-au *neu* -i) *gb* Lende *f*; **lliain ~au**
  Lendenschurz *m*.
lymff *g* Lymphe *f*; **gland ~** *(ANAT)* Lymphdrüse *f*,
  Lymphknoten *m*.
lyncs (-od) *g* *(SÖOL)* Luchs *m*.
lynsio *be.a* lynchen.
lyra *b* *(CERDD)* Leier *f*.
lysti *ans* stämmig, robust, kräftig.

LI

llabed (-au *neu* -i) *gb* Klappe *f*; *(croen)* Lappen *m*; *(carrai)* Lasche *f*; *(ar boced)* Aufschlag *m*; *(coler)* Revers *nt/m*, Aufschlag; ~ **clust** Ohrläppchen *nt*.

llabwst (**llabystiau** *neu* **llabystiaid**) *g* Rüpel *m*, Flegel *m*, Lümmel *m*.

llabyddio *be.a* steinigen.

llac *ans* locker, lose; *(llipa)* schlaff, lasch; *(esgeulus)* lax, nachlässig, schlampig; **gwaith ~** Schlamperei *f*; **dala hi'n ~!** lass locker!

llaca *g (baw)* Kot *m*, Dreck *m*.

llacio *be.a* lockern, locker lassen; **wnei di lacio'r rhaff?** könntest du das Seil locker lassen?
  ♦ *be.g* sich lockern, locker werden; *(treulio)* sich ausleiern; **mae'r glaw yn ~** der Regen lässt nach.

llacrwydd *g* Schlaffheit *f*, Laxheit *f*; *(TECH)* Spiel *nt*.

llach (-iau) *b* Peitschenhieb *m*; **bod o dan y ~** *(ffig)* unter Beschuss stehen.

llachar *ans* strahlend, blendend, grell.

Lladin *gb* Latein *nt*; **America Ladin** *(DAEAR)* Lateinamerika *nt*.

Lladin-Americanaidd *ans* lateinamerikanisch.

Lladinaidd *ans* südländisch.

lladmeru *be.a, be.g* dolmetschen.

lladmerydd (-ion) *g* Dolmetscher(in) *m(f)*.

lladrad (-au) *g* Diebstahl *m*, Raub *m*; **~ banc** Banküberfall *m*; **~ pen ffordd** Überfall *m*, Raubüberfall *m*.

lladradaidd *ans* verstohlen, heimlich.

lladrata *be.a* stehlen, entwenden; **~ rhth oddi ar rn** jdm etw wegnehmen/rauben.

lladron *ll gw.* **lleidr**.

lladrones (-au *neu* -i) *b* Diebin *f*.

lladronllyd *ans* diebisch, räuberisch.

lladd *be.a* töten, umbringen; *(gwartheg)* schlachten; *(anifail gwyllt)* erlegen, zur Strecke bringen; *(gan reibiwr)* reißen; *(gan aderyn rheibus)* schlagen; *(torri)* schneiden, mähen; *(sain)* dämpfen; **~ amser** die Zeit totschlagen; **~ ar rn** Rufmord an jdm begehen, jdn schlecht machen; **cael eich ~** getötet werden; *(yn y rhyfel)* fallen; **~ dau dderyn ag un ergyd** zwei Fliegen mit einer Klappe schlagen; **fel ~ nadredd** wie wenn er Berge versetzen könnte; **~ gwair** mähen; **~ mawn** Rasen mähen.

lladd-dy (**lladd-dai**) *g* Schlachthaus *nt*, Schlachthof *m*.

lladdedig (-ion) *g* Todesopfer *nt*.

lladdfa (**lladdfeydd**) *b* Gemetzel *nt*; *(ffig)* Plackerei *f*, Heidenarbeit *f*; *(lladd-dy)* Schlachthof *m*; **roedd chwarae tennis ar ddiwrnod mor boeth yn ~** an so einem heißen Tag Tennis zu spielen war Selbstmord.

llaes *ans* lose, locker; *(hir)* lang; *(dilledyn, gwallt)* wallend; **treiglad ~** Aspirierung *f*.

llaesu *be.a* lockern, lösen; *(dilledyn)* verlängern, auslassen; **~ dwylo** *(ffig)* den Kopf hängen lassen.
  ♦ *be.g* (herunter)hängen; *(ymlacio)* sich entspannen.

llaeth *g* Milch *f*; *(sudd planhigyn)* Milch; **~ anwedd** Dosenmilch *f*, Büchsenmilch[D] *f*; **~ cneuen goco** Kokosmilch *f*; **~ cyddwys** Kondensmilch *f*; **~ cyflawn** Vollmilch *f*; **~ enwyn** Buttermilch *f*; **~ gafr** Ziegenmilch *f*; **~ glas** Magermilch *f*; **~ gwres uchel** H-Milch *f*; **~ powdr** Milchpulver *nt*, Trockenmilch *f*; **~ sgim** Magermilch *f*; **~ soia** Sojamilch *f*; **~ y fron** Muttermilch *f*; **~ y gaseg** *(BOT)* Geißblatt *nt*.

llaethdy (**llaethdai**) *g* Molkerei *f*.

llaethfam (-au) *b* Amme *f*.

llaethiad *g* Milchabsonderung *f*, Laktation *f*.

llaethog *ans* milchig; **y Llwybr Ll~** *(ASTRON)* die Milchstraße *f*.

llaethwr (**llaethwyr**) *g* Milchmann *m*.

llaethygen *b (letys)* grüner Salat *m*, Kopfsalat *m*.

llafar[1] *ans* mündlich, gesprochen; *(rhn cryf ei iaith)* stimmgewaltig; **arholiad ~** mündliche Prüfung; **iaith lafar** gesprochene Sprache.

llafar[2] *gb* Äußerung *f*; **ar lafar** umgangssprachlich; **~ gwlad** Volksmund *m*.

llafareg *b* Sprechtechnik *f*, Rhetorik *f*.

llafarganu *be.a* rezitieren.

llafariad (**llafariaid**) *g* Vokal *m*, Selbstlaut *m*.

llafn[1] (-au) *g* Klinge *f*, Schneide *f*; *(esgid sglefrio)* Kufe *f*; *(tyrbin)* Schaufel *f*; *(rhwyf)* Ruderblatt *nt*; **~ gwthio** Propeller *m*; *(MOR)* Schiffsschraube *f*; **~ rasel** Rasierklinge *f*; **~ sbâr** Reserveklinge *f*.

llafn[2] (-au) *g (llanc)* Bursch *m*.

llafnes (-au) *b (llances)* Mädel *nt*.

llafnu *be.a (torri)* mit der Blechschere ausschneiden; *(curo)* plätten, platt hämmern; *(ymylu)* besetzen, ziselieren.

llafur (-iau) *g* Arbeit *f*; *(caled)* Schwerarbeit *f*; *(ymdrech)* Mühe *f*; *(ŷd)* Getreide *nt*; **~ byw** Ähre *f*; *(ffig)* **eich dwylo** die Früchte seiner Arbeit; **~ genau** *(ffig)*

Lippenbekenntnis *nt*; ~ **caled** Zwangsarbeit *f*; **Plaid Lafur** Arbeiterpartei *f*; **undeb** ~ Gewerkschaft *f*; ~ **ysbeidiol** Gelegenheitsarbeit *f*; ~ **cariad** Liebesdienst *m*; **roedd yn ~ cariad** er/sie tat es aus Liebe zur Sache.

llafurio *be.g* arbeiten; *(yn galed)* sich abrackern, schuften, malochen*; roboten.

llafurus *ans (trafferthus)* mühsam, aufwändig, anstrengend; *(awyddus)* arbeitsam, fleißig.

llafurwr (**llafurwyr**) *g* Arbeiter *m*, Hilfsarbeiter *m*, ungelernte Arbeitskraft *f*; *(AMAETH)* Knecht *m*, Landarbeiter *m*; **Ll~** *(GWLEID)* Labour-Anhänger *m*.

llai[1] *cymh (byrrach)* kleiner; *(is)* niedriger; *(nid cymaint)* weniger; *(gwaeth)* minder; ~ **o** weniger; **ieithoedd ~ eu defnydd** sprachliche Minderheiten *pl*; **mae'n cymryd ~ o amser** das dauert nicht so lange; **mwy neu lai** mehr oder weniger; **mae'r costau'n ~ na chynt** die Kosten sind niedriger als zuvor; ~ **na deg o bobl** weniger als 10 Personen; **ni allwn lai na chwerthin** ich konnte nicht anders als lachen; **ni allwn lai na'i edmygu** ich kann nicht umhin ihn zu bewundern; **pam lai?** warum nicht?

llai[2] *ardd (MATH)* weniger, minus.

llaid *g* Schlamm *m*; *(cors)* Morast *m*.

llain (**lleiniau**) *b (tir)* Parzelle *f*, Streifen *m* Land; *(criced)* Spielbahn *f*; ~ **galed** Randstreifen *m*, Pannenstreifen *m*; ~ **ganol** Mittelstreifen *m*, Grünstreifen *m*.

llais (**lleisiau**) *g* Stimme *f*; *(pleidlais)* Stimme, Mitsprache *f*; **ag un ~** einstimmig; ~ **dwfn** tiefe Stimme; **gostwng y ~** die Stimme senken; **mewn ~ uchel** mit lauter Stimme; ~ **y wlad** die öffentliche Meinung; ~ **yn torri** Stimmbruch *m*.

llaith *ans* feucht; *(awyr)* dunstig.

llall (**lleill**) *rhag* andere(r,s); **hyn a'r ~** dies und jenes; **na'r naill na'r ~** weder diese(r,s) noch jene(r,s); **pwy oedd y ~?** wer war der andere? **y naill a'r ~** beide, der eine und der andere.

llam (**-au**) *g* Sprung *m*; *(brasgam)* großer Schritt; ~ **llyffant** Bockspringen *nt*.

llamhidydd (**llamidyddion**) *g (SÖOL)* Tümmler *m*; *(mewn syrcas)* Akrobat *m*.

llamsach *g* Luftsprung *m*, Kapriole *f*.

llamsachu *be.g* hüpfen, Luftsprünge machen.

llamsachus *ans* herumtollend, hüpfend.

llamu *be.g* springen; *(calon)* hüpfen.

llan (**-nau**) *b (HAN)* Gemeinde *f*, Einfriedung *f*; *(eglwys)* Kirche *f*; *(plwyf)* Kirchengemeinde *f*; *(gyda enw sant)* Sankt; *e.e.* **Llanbadarn** St.Padarn; **Llanbedr** St.Peter.

llanastr *g* Unordnung *f*, Sauhaufen *m*.

llanc (**-iau**) *g* Bursche *m*, Jüngling *m*; **hen lanc**

Junggeselle *m*, Hagestolz* *m*; ~ **mawr** Laffe* *m*.

llances (**-i** *neu* **-au**) *b* Mädchen *nt*, junge Frau *f*.

llannerch (**llanerchau** *neu* **llennyrch**) *b* Lichtung *f*.

llanw[1] (**-au**) *g* Flut *f*; ~ **a thrai** Ebbe und Flut, die Gezeiten *pl*.

llanw[2] *ans:* **gair ~** Füllwort *nt*.

llanw[3] *be.a* füllen.

 ♦ *be.g* sich füllen.

llariaidd *ans* gütig.

llarieidd-dra *g* Güte *f*.

llarieiddio *be.a* lindern.

llarp (**-iau**) *g* Lumpen *m*, Fetzen *m*, Flicken *m*, Stofffleckchen *nt*.

llarpiad (**-au**) *g* Zerreißen *nt*; *(ar groen)* Platzwunde *f*.

llarpio *be.a* zerreißen, in Stücke reißen.

llarpiog *ans (dillad)* zerlumpt, abgerissen, schäbig; *(rhn)* zerlumpt.

llarwydden (**llarwydd**) *b (BOT)* Lärche *f*.

llaswyr (**-au**) *gb* Psalter *m*; *(rosari)* Rosenkranz *m*.

llatai (**llateion**) *g (LLEN)* Liebesbote *m*.

llath (**-au**) *b* Yard *nt* (0.91 m).

llathaid (**llatheidiau**) *b* Yard *nt*; ~ **o ddefnydd** ein Yard von dem Stoff.

llathen (**-ni**) *b* Yard *nt*; *(pren mesur)* Maßstab *m*; **heb fod yn llawn ~** nicht alle Tassen im Schrank haben; ~ **o'r un brethyn** vom selben Schlag, aus demselben Holz geschnitzt.

llathraid *ans* glänzend.

llathraidd *ans* = llathraid.

llathru *be.a* schmirgeln.

llathrydd *g* Politur *f*; *(peiriant)* Poliermaschine *f*; ~ **cwyr** Fußbodenwachs *nt*, Bohnerwachs *nt*; ~ **dodrefn** Möbelpolitur *f*.

llau *ll gw.* lleuen.

llaw (**dwylo**) *b* Hand *f*; *(ysgrifen)* Handschrift *f*; *(ochr)* Seite *f*; *(o gardiau)* Blatt *nt*; **â ~ gadarn** mit starker Hand, mit eiserner Faust; **ar y ~ chwith/dde** zur Linken/Rechten, linker/rechter Hand; **y ~ chwith** *(MOR)* Backbord *nt*; **ar bob ~** auf allen Seiten; **ar y naill law** einerseits; **ar y ~ arall** andererseits; ~ **aswy** *(chwith)* linke Hand, Linke *f*; **bod â ~ dda at drin plant** *(dawn)* eine (gute) Hand für Kinder haben; ~ **bwt** *(person)* Linkshänder *m*; **byw o'r ~ i'r** genau von der Hand in den Mund leben; **dan law y meddyg** unter Betreuung des Arztes; **gofyn am law rhn** *(ffig)* um jds Hand anhalten; **gwaith ~** Handarbeit *f*; **gyda ~** übrigens; **hen law** alter Hase *m*, Routinier *m*; **law yn ~** Hand in Hand; **o law i law** von Hand zu Hand; **llond ~** *(ychydig)* eine Hand voll; **rhoi help ~** Hand anlegen; **rhoi help ~ i rn** jdm zur Hand gehen; **wrth law** zur Hand, verfügbar; **ymlaen ~** im Voraus; **ysgwyd ~ rhn** jdm die Hand geben/schütteln; **bod mewn dwylo da** in guten Händen sein; **curo dwylo** applaudieren, klatschen; **dwylo i fyny**! Hände hoch! **mae ei ddwylo ynghlwm** *(ffig)* ihm sind die Hände gebunden; **roedd gennyf lond fy nwylo** ich hatte alle Hände voll zu tun; **syrthio i ddwylo rhn** jdm in die Hände fallen.

llawbel *b (CHWAR)* Handball *nt*.

llawcio *be.a* = **llowcio**.

llawchwith *ans* linkshändig; **person ~** Linkshänder *m*.

llawdr (-au *neu* **llodrau**) *gb* Hose *f*; **llodrau marchogaeth** Reithose *f*.

llawdrin *be.a* handhaben, hantieren mit +*dat*.

llawdriniaeth (-au) *b* Operation *f*, chirurgischer Eingriff *m*; **cael ~ (ar y galon)** (am Herzen) operiert werden.

llawdrwm *ans* hart zugreifend; *(ffig)* drakonisch; *(rhy feirniadol)* überkritisch.

llawdde *ans* rechtshändig; **person ~** Rechtshänder *m*.

llawddewin (-iaid) *g* Handleser *m*, Chiromant *m*.

llawddewiniaeth *b* Handlesekunst *f*.

llawddryll (-au) *g* Pistole *f*, Revolver *m*; *(cyffredinol)* Handfeuerwaffe *f*.

llawen *ans* fröhlich, heiter, freudig; **Nadolig Ll~**! Fröhliche Weihnachten! **noson lawen** Abendunterhaltung *f*; *(mewn gwersyll)* Heimabend *m*.

llawenhau *be.g* jubeln, sich freuen, frohlocken.

llawenychu *be.g* = **llawenhau**.

llawenydd *g* Freude *f*, Fröhlichkeit *f*, Heiterkeit *f*; **er mawr lawenydd i mi** zu meiner großen Freude.

llawer¹ (-oedd) *rhag* viel; **dim ~** nicht viel(e); **~ o** viele; **~ o bobl** viele Leute, viele Menschen; **~ o ddiolch** vielen Dank; **~ ohonynt** viele von ihnen; **~ un** manch eine(r,s); **does dim ~ gelli di ei wneud** du kannst nicht viel tun dabei.

llawer² *adf* viel; **dim ~** nicht sehr; **~ gwell** viel besser; **ers ~ dydd** seit langem; **lawer gwaith** vielmals, oft; **~ rhy aml** allzu oft; **yn waeth o lawer** um vieles schlechter; **wyt ti'n colli dy waith? – dim ~** vermisst du deine Arbeit? – nicht sehr; **nid wyf yn poeni ~ amdano** ich kümmere mich nicht viel darum.

llawes (llewys) *b* Ärmel *m*; *(TECH)* Manschette *f*; *(record)* Plattencover *nt*; **~ goch** *(anifail)* Scheide *f*, Vagina *f*; **cadw rhywbeth i fyny eich ~** *(ffig)* noch ein Ass im Ärmel haben; **heb lawes** ärmellos; **~ fer** kurzärmelig; **~ hir** langärmelig; **chwerthin yn eich ~** sich ins Fäustchen lachen; **torchi llewys** die Ärmel aufkrempeln; **yn llewys eich crys** *(ffig)* in Hemdsärmeln.

llawfeddyg (-on) *g* Chirurg *m*.

llawfeddygaeth *b (MEDD)* Chirurgie *f*; **~ blastig** plastische Chirurgie.

llawfeddyges (-au) *b* Chirurgin *f*.

llawfeddygol *ans* chirurgisch; **offer ~** Operationsbesteck *nt*.

llaw-fer *b* Kurzschrift *f*, Stenografie *f*.

llawfom (-iau) *gb (MIL)* Handgranate *f*.

llawforwyn (llawforynion) *b* Zofe *f*, Magd *f*, *(morwyn priodas)* Brautjungfer *f*.

llawio *be.a (CHWAR)* **~'r bêl** Handspiel *nt*.

llawlif (-iau) *b* Handsäge *f*, Fuchsschwanz *m*.

llawlyfr (-au) *g* Handbuch *nt*.

llawn¹ *ans* voll; *(llawn o rth)* voll, voller; *(cyflawn)* vollständig, ganz; *(torrog)* trächtig; **atalnod ~** Punkt *m*; **~ bywyd** voller Leben, erfüllt mit Leben; **bywyd ~** ausgefülltes Leben; **dyw e ddim yn ei lawn bwyll** er ist nicht bei Sinnen; **fersiwn lawn** *(llyfr)* ungekürzte Ausgabe; **gwaith ~ amser** Vollzeitbeschäftigung *f*; **~ cydymdeimlad** voll Mitgefühl; **~ dicter** voller Wut; **~ dop** randvoll; **~ dychymyg** fantasievoll; **enw ~** Vor- und Zuname; **lleuad lawn** Vollmond *m*; **~ mynegiant** ausdrucksstark; **mae'r bws yn ~** der Bus ist voll; **roedd ei llygaid yn ~ dagrau** ihre Augen waren voller Tränen; **rwy'n ~** ich bin satt; **yn ei lawn dwf** voll ausgewachsen; **tŷ ~ pobl** das Haus voller Menschen; **silffoedd ~ llyfrau** Regale voll mit Büchern; **mewn geiriau ~** *(swm ar siec)* in Worten, ausgeschrieben.

llawn² *adf* **1** *(â gradd gyfartal)* gleich, ebenso; **lawn cystal** genauso gut, gleich gut; **mae hwn lawn mor ddrud â'r lleill** dieser ist gleich/genauso teuer wie die anderen; **mae Twm lawn cynddrwg â'i frawd** Tom ist genauso schlimm wie sein Bruder; **2** *(â gradd gymharol)* etwas; **yn ~ gwell** etwas besser; **3** *(llwyr)* voll, völlig; **mae hi'n ~ haeddu'r wobr** sie hat den Preis voll verdient.

llawnder *g (digonedd)* Fülle *f*, *(cyflawnder)* Vollständigkeit *f*.

llawr (lloriau) *g* Boden *m*; *(tu mewn)* Fußboden *m*; *(tu allan)* Erdboden *m*; *(môr)* Meeresboden *m*, Grund *m*; *(dyffryn)* Talboden *m*; *(lefel adeilad)* Geschoß *nt*, Stock *m*, Stockwerk *nt*, Etage *f*; *(dawnsio)* (Tanz)parkett *nt*; **adeilad tri ~** dreistöckiges Gebäude; **ar y ~ cyntaf** im ersten Stock; **mae Hedd dal ar lawr** *(effro)* Hedd ist noch auf; **~ atig** Dachgeschoß *nt*; **~ dawnsio** Tanzparkett *nt*; **~ dyrnu** Tenne *f*; **~ gwaelod** Erdgeschoß *nt*, Parterre *nt*; **~ isaf** *(llawr gwaelod)* Erdgeschoß *nt*; *(tanddaearol)* Untergeschoß *nt*; **lawr ~** *(lawr stâr)* unten; **o'r ~** aus dem Publikum; **~ sglefrio** *(naturiol)* Eisbahn *f*;

(stadiwm) Eisring *m*; ~ **y cwm** Talsohle *f*.

llawryf (-au *neu* -oedd) *g* Lorbeer *m*; *(coronbleth)* Lorbeerkranz *m*.

llawsafiad (-au) *g* Handstand *m*.

llawsefyll *be.g* einen Handstand machen.

llawysgrif (-au) *b* Manuskript *nt*, Handschrift *f*.

llawysgrifen *b* Schrift *f*, Handschrift *f*.

LICLI *byrf (MATH:* = *lluosrif cyffredin lleiaf)* kgV *nt* (kleinstes gemeinsames Vielfaches).

lle¹ (-oedd *neu* **llefydd)** *g (man)* Stelle *f*, Ort *m*; *(gofod)* Platz *m*; *(am bentref)* Ort; *(i ryw bwrpas)* Stätte *f*; *(lle cadw)* Platz; *(MATH)* Stelle; ~ **bwyd** Kantine *f*; **cymryd ~ rhth/rhn** etw/jdn ersetzen; **yn y ~ cyntaf** in erster Linie; ~ **cysgu** Schlafstätte *f*, Bettstatt *f*; ~ **chwarae** Spielplatz *m*; ~ **chwech** *(sgyrs)* stilles Örtchen *nt*, Klo *nt*; ~ **degol** *(MATH)* Dezimalstelle *f*; **dros y ~** überall (verstreut); **yn ein ~ ni** *(yn lle ni)* an unserer statt; *(yng ngartref ni)* bei uns daheim; ~ **gwag** Leerstelle *f*; *(gwesty)* freies Zimmer *nt*; ~ **gwaith** Arbeitsplatz *m*; ~ **parcio** Parkplatz *m*; ~ **tân** Kamin *m*; **twll o le** ein schrecklicher Ort; *(tŷ)* Bruchbude *f*; **y ~ a'r ~** *(rhywle)* dort und dort; **aethon ni i'r sinema yn ~ i'r theatr** statt ins Theater gingen wir ins Kino; **gwnawn ni hynny yn ~** machen wir es stattdessen so; **mae rhywbeth o'i le** da stimmt was nicht; **mae'n teimlo o'i le** er fühlt sich fehl am Platz; **mae 'na le i amau** es gibt Grund zu zweifeln; **o le i le** von Ort zu Ort, von hinnen nach dannen; **a oes ~ yma?** ist hier Platz? ist hier noch frei? **rhoi rhn yn ei le** jdn in die Schranken weisen; **yn eich ~ chi** an Ihrer Stelle.

lle² *adf* wo? ~ **buost ti ddoe?** wo warst du gestern? *gw.h.* **ble.**

lle³ *cys* wo; ~ **buon ni ddoe** wo wir gestern waren; **wn i ddim ~ buodd e** ich weiß nicht, wo er war.

llecyn (-nau) *g (man)* Fleckchen *nt*, Stelle *f*, Ort *m*; **dyma lecyn sy'n dal yn yr haul** hier ist noch ein Fleckchen Sonne.

llech¹ (-i) *b* Schiefer *m*; **to ~i** Schieferdach *nt*.

llech² *g (cuddfa)* Unterschlupf *m*; *(cysgod)* Unterstand *m*.

llech³ (-au) *gb (MEDD)* Rachitis *f*.

llechdŵr (**llechdowyr**) *g* Dachdecker *m*.

llechen (-nau) *b* Schieferplatte *f*; *(YSG)* Schiefertafel *f*.

llechfaen (**llechfeini**) *gb* Schiefergestein *nt*; *(HAN)* Herdplatte *f*.

llechgi (**llechgwn**) *g* Feigling *m*.

llechu *be.g* sich verstecken; *(cysgodi)* sich unterstellen; ~ **y tu ôl i goeden** sich hinter einem Baum verstecken.

llechwedd (-au) *g* Hang *m*, Böschung *f*.

llechwraidd *ans* schleichend, verstohlen; *(cyfrwys)* hinterhältig; **cipolwg ~** ein verstohlener Blick.

lled¹ *g* Breite *f*, Weite *f*; **ar led** *(breichiau)* ausgebreitet, weit offen; *(coesau, bysedd)* gespreizt; *(si)* in Umlauf; **hyd a ~** Ausmaß *nt*; **ar hyd ac ar led** weit und breit; **tri metr o led** drei Meter breit; **ar agor led y pen** weit offen; *(drws)* sperrangelweit offen.

lled² *adf* ziemlich; ~ **awgrymu** andeuten; ~ **awtomatig** halb automatisch; ~ **dda** recht gut, ganz passabel; ~ **feddw** beschwipst, angetrunken; ~ **fyw** halb tot.

lledaeniad *g* Ausbreitung *f*, Streuung *f*.

lledaenu *be.a (gwasgaru)* verstreuen, verteilen; *(breichiau, adenydd)* ausbreiten; *(bysedd, coesau)* spreizen; *(newyddion, si)* verbreiten, in Umlauf bringen; ~ **ar goedd** unter die Leute bringen.

lledagored *ans* halb offen.

lledathraidd *ans* semipermeabel, halbdurchlässig.

lled-ddargludydd (-ion) *g (TRYD)* Halbleiter *m*.

lleden (**lledod**) *b (SÔOL)* Flunder *f*; ~ **chwith** Steinbutt *m*; ~ **frech** Scholle *f*; ~ **wadn** Seezunge *f*; ~ **y môr** Heilbutt *m*.

lledferwi *be.g* simmern.

♦ *be.a* simmern lassen.

lledfilwrol *ans* paramilitärisch.

lledgyffwrdd *be.g:* ~ **â** streifen.

llediaith *b* Akzent *m*, Einschlag *m*.

llednais *ans* fein, vornehm, anständig.

llednant (**llednentydd**) *b* Nebenfluss *m*, Zubringer *m*.

lledneisrwydd *g* Höflichkeit *f*, Anständigkeit *f*.

lled-orwedd *be.g* sich rekeln.

lledr (-au *neu* -i) *g* Leder *nt*; ~ **bwff** *(clwtyn)* Rehleder *nt*; ~ **llo** Kalbsleder *nt*.

lledred (-au *neu* -ion) *g (DAEAR)* geografische Breite *f*.

lledrith (-oedd *neu* -ion) *g (swyn)* Zauber *m*; *(drychiolaeth)* Illusion *f*, Vision *f*, Halluzination *f*.

lledrithiol *ans* illusorisch; *(hudol)* gespenstisch.

lledu *be.a* ausdehnen, ausweiten; *(adenydd)* ausbreiten; *(bysedd, coesau)* spreizen; *(gwybodaeth)* propagieren; *(si)* in Umlauf bringen; ~ **eich gorwelion** seinen Horizont erweitern.

♦ *be.g* sich ausdehnen; *(newyddion)* sich verbreiten.

lledwaed (-iaid) *g* Mischling *m*, Halbblut *nt*.

lleddf *ans* wehmütig, schwermütig, melancholisch; *(CERDD)* in Moll; **cywair ~** Molltonart *f*.

lleddfol *ans* besänftigend; *(MEDD)* lindernd, schmerzstillend.

lleddfu *be.a* besänftigen, mildern; *(poen)* lindern; *(sŵn)* dämpfen.

♦ *be.g* schwächer werden, nachlassen, sich

beruhigen.

llef (-au) *b* Schrei *m*, Ruf *m*.

llefain *be.g (gweiddi)* schreien, plärren; *(wylo)* heulen, weinen.

llefaru *be.a, be.g* sprechen, äußern.

llefarydd (-ion) *g (GWLEID)* Sprecher(in) *m(f)*.

llefelyn (-od) *g (MEDD)* Gerstenkorn *nt*.

lleferydd *gb* Sprache *f*, Formulierung *f*, Eloquenz *f*; *(mynegiad)* Äußerung *f*; *(ffordd o siarad)* Sprechweise *f*; ~ **aneglur** unklare Äußerung; **ar dafod leferydd** *(ar lafar)* mündlich; *(o'r cof)* auswendig; **nam ar y** ~ Sprachfehler *m*; **therapydd** ~ Logopäde *m*, Logopädin *f*.

llefn *ans gw.* **llyfn**.

llefren (**llefrod**) *b* junger Hase *m*; *(ffig)* Mädchen *nt*, Biene *f*.

llefrith *g* Milch *f*; *gw.* **llaeth**.

llefrithen (-nau *neu* **llefrithod**) *b (MEDD)* = **llefelyn**.

llegach *ans* schwach, fragil, zerbrechlich.

lleng (-oedd) *b* Legion *f*; **y Ll~ Brydeinig** British Legion; **y Ll~ Dramor** *(MIL)* die Fremdenlegion *f*; *(ffig)* **mae'r problemau yn** ~ Probleme wie Sand am Meer.

llengfilwr (**llengfilwyr**) *g* Legionär *m*; ~ **dramor** Fremdenlegionär *m*.

lleiaf *eith* kleinste(r,s); *(ieuengaf)* jüngste(r,s); *(ychydig iawn)* wenigste(r,s), mindest-; *(mwyaf dinod)* geringste(r,s); *(CERDD)* Moll; **dyna'r** ~ **o'm problemau** das ist das geringste meiner Probleme; **nifer** ~ **posibl** Minimum *nt*; **am y pris** ~ zum niedrigsten Preis; **cymeraf y darn** ~ ich nehme das kleinere Stück; **ar y** ~ mindestens, wenigstens; **deg o bobl ar y** ~ mindestens zehn Leute.

    o leiaf *adf* wenigstens, zumindest; *(ar y lleiaf)* mindestens; **mae e wedi ennill o leiaf ugain mil o bunnoedd** er hat mindestens 20.000,- Pfund gewonnen; **gallech chi o leiaf fod wedi dod** Sie hätten zumindest hinkommen können; **mae'r tywydd yn ddiflas ond o leiaf mae'n sych** das Wetter ist trüb aber wenigstens trocken.

lleiafrif (-oedd) *g* kleinerer Teil *m*; *(nifer fach o bobl)* Minderheit *f*.

lleiafrifol *ans* Minderheits-; **llywodraeth leiafrifol** *(GWLEID)* Minderheitsregierung *f*; **iaith leiafrifol** Minderheitensprache *f*.

lleiafswm (**lleiafsymiau**) *g* Mindestbetrag *m*; ~ **cyflog** Mindestgehalt *nt*.

lleiafsymio *be.a (MATH)* minimieren.

lleian (-od) *b* Nonne *f*, Ordensschwester *f*; *(SÖOL)* Meise *f*.

lleiandy (**lleiandai**) *g* (Nonnen)kloster *nt*.

lleibio *be.a (llyfu)* lecken, schlecken; *(llyncu)* hinunterschlucken.

    ♦ *be.g (tonnau)* plätschern.

lleidiog *ans* schlammig, morastig; *(aneglur)* trüb.

lleidr (**lladron**) *g* Dieb *m*, Räuber *m*; ~ **pen-ffordd** Wegelagerer *m*, Straßenräuber *m*, Bandit *m*; ~ **unfraich** Spielautomat *m*, einarmiger Bandit; ~ **pocedi** Taschendieb *m*; **môr-leidr** Pirat *m*, Seeräuber *m*.

lleiddiad (**lleiddiaid**) *g (llofrudd)* Mörder *m*, Meuchelmörder *m*, Killer *m*; ~ **chwyn** Unkrautvertilgungsmittel *nt*; ~ **pryfed** Pestizid *nt*, Insektenvertilgungsmittel *nt*, Insektizid *nt*.

lleied *cyf gw.* **bach**[1], **ychydig**[2]; **cyn** ~ so wenig.

lleihad *g (gostyngiad)* Verringerung *f*, Reduktion *f*; *(gwerth)* Minderung *f*; *(trai, dirywiad)* Abnahme *f*.

lleihau *be.a* verringern, senken, reduzieren; *(gwerth)* mindern; *(cyflymder)* verringern, drosseln.

    ♦ *be.g (mynd yn llai)* abnehmen; *(gwanhau)* nachlassen, schwinden.

lleill *ll:* **y** ~ *(rhai eraill)* die anderen; *(y gweddill)* die Übrigen, die Restlichen; *gw.h.* **llall**.

lleisio *be.a (mynegi)* ausdrücken, artikulieren; ~ **barn ar rth** zu etw Stellung nehmen.

    ♦ *be.g:* **mae e'n ~'n dda** er hat eine gute Stimme.

lleisiol *ans* stimmhaft, Stimm-; *(CERDD)* vokal; **cerddoriaeth leisiol** Vokalmusik *f*.

lleisiwr (**lleiswyr**) *g* Sänger(in) *m(f)*, Vokalist(in) *m(f)*.

lleithder *g* Feuchtigkeit *f*; *(yn yr awyr)* Dunst *m*.

lleithio *be.a* befeuchten.

llem *ans gw.* **llym**.

llen (-ni) *b* Vorhang *m*, Gardine *f*; *(fêl)* Schleier *m*; *(haen)* Schicht *f*, Belag *m*; ~ **Fenis** Jalousie *f*; ~ **fewnol** *(TECS)* Futter *nt*; **y Llen Haearn** *(HAN)* der Eiserne Vorhang; ~ **o iâ** Eisschicht *f*; **cau'r ~ni** die Vorhänge vorziehen.

llên *b* Literatur *f*; ~ **gwerin** Volksliteratur *f*; **gŵr** ~ Literat *m*; **tŷ** ~ Literaturwerkstatt *f*.

llencyn *g* Jugendliche(r) *m*, Heranwachsende(r) *m*; *(llen)* Jüngling *m*.

llencyndod *g* Jugendjahre *pl*, Pubertät *f*.

llencynnaidd *ans* jugendlich, pubertierend.

llenfetel (-au) *g* Blech *nt*.

llengar *ans* belesen, lesefreudig; **rhn** ~ Leseratte *f*.

llengig *gb (ANAT)* Zwerchfell *nt*.

llên-ladrad (-au) *g* Plagiat *nt*.

llên-ladrata *be.g* abschreiben, plagiieren.

llenor (-ion) *g* Schriftsteller(in) *m(f)*.

llenwad (-au) *g* Füllung *f*; *(ysgrifbin pêl)* Mine *f*; *(llifbin)* Tintenpatrone *f*; *(dant)* Plombe *f*; *(o ffrwydron)* Ladung *f*; ~ **siocled** *(COG)* Schokofüllung *f*.

llenwi *be.a* füllen; *(ffurflen)* ausfüllen; *(swydd)*

bekleiden, innehaben; *(gofod)* einnehmen; *(â phetrol)* auftanken, voll tanken; *(ag aer)* aufpumpen; *(dant)* plombieren.

♦ *be.g* sich füllen.

llenydda *be.g* sich literarisch betätigen.

llenyddiaeth (-au) *b* Literatur *f*; ~ **eilaidd** Sekundärliteratur *f*; ~ **fodern** moderne Literatur; ~ **glasurol** klassische Literatur; ~ **ôl-fodernaidd** postmoderne Literatur; ~ **plant** Kinderliteratur *f*.

llenyddol *ans* literarisch; **beirniad** ~ Literaturkritiker *m*.

lleol *ans* lokal, örtlich; *(o fan hyn)* hiesig; *(yn byw yn lleol)* ortsansässig; *(GWLEID)* kommunal; **anesthetig** ~ örtliche Betäubung; **awdurdod** ~ Regionalverwaltung *f*; **awdurdod addysg** ~ regionale Unterrichtsbehörde *f*; **galwad ffôn lleol** Ortsgespräch *nt*; **llywodraeth leol** Gemeinderat *m*; **pobl leol** Einheimische(n) *pl*, ortsansässige Bevölkerung *f*.

lleolaeth (-au) *b* Verteilung *f*, Anordnung *f*.

lleoli *be.a* lokalisieren; *(â radar)* orten, peilen; *(gosod)* stationieren.

lleoliad (-au) *g* Lage *f*, Position *f*, Standort *m*; ~ **ffilmio** Drehort *m*; ~ **y drosedd** Tatort *m*.

lleolwr *g:* ~ **pellter** *(TECH)* Entfernungsmesser *m*.

llercian *be.g* lauern, herumstreichen; *(symud yn ddistaw)* schleichen.

lles *g* Wohl *nt*, Beste *nt*; *(rheolwaith)* Wohlfahrt *f*; **y** ~ **cyffredin** Gemeinwohl *nt*; **y Wladwriaeth Les** der Wohlfahrtsstaat *m*; **gwnaeth les i mi** es tat mir gut; **er ei les ei hun** zu seinem eigenen Vorteil.

     er lles *ardd* zugunsten von *+dat*; **er dy les** zu deinen Gunsten.

llesg *ans* schlapp, träge, lustlos.

llesgáu *be.g* erlahmen, schlappmachen.

llesgedd *g* Schwäche *f*; *(diogi)* Faulheit *f*; *(syrthni)* Übermüdung *f*; ~ **coluddion** *(MEDD)* Darmträgheit *f*.

llesmair (llesmeiriau) *g* Ohnmacht *f*; *(perlewyg)* Trance *f*, Verzückung *f*.

llesmeirio *be.g* in Ohnmacht fallen, ohnmächtig werden.

llesmeiriol *ans* hypnotisch; *(swynol)* bezaubernd.

llesol *ans* vorteilhaft, förderlich; *(iachus)* gesund, heilsam.

llestair (llesteiriau) *g* Hindernis *nt*; *(ffig)* Hürde *f*.

llesteirio *be.a* hindern, behindern; *(atal)* aufhalten; ~ **rhn** *(gyrfa)* jdm im Weg stehen.

llestr (-i) *g* Gefäß *nt*, Behälter *m*; ~ **gwaed** *(ANAT)* Blutgefäß *nt*; ~ **toddi** *(TECH)* Schmelztiegel *m*; ~**i** *ll* Geschirr *nt*; ~**i pridd** Tonwaren *pl*; ~**i te** Teeservice *nt*; **golchi'r** ~**i** abwaschen, abspülen^D; **peiriant golchi** ~**i** Geschirrspüler *m*; **mynd dros ben** ~**i** zu weit

gehen.

lletchwith *ans* peinlich, verfänglich; *(afrosgo)* ungeschickt, unbeholfen, linkisch; *(anghyfleus)* ungelegen; **siâp** ~ unpraktische Form; **tawelwch** ~ peinliches Schweigen; **ar adeg** ~ zu ungelegener Zeit.

lletchwithdod *g* Ungeschicklichkeit *f*, Unbeholfenheit *f*; *(embaras)* Verlegenheit *f*.

lletem (-au) *b* Keil *m*; ~ **bysgod** *(COG)* Fischstäbchen *nt*.

lletgroes *ans* diagonal.

lletraws *ans* *(cam)* schief, schräg; *(croesgornel)* diagonal.

lletwad (-au) *b* Schöpfer *m*, Schöpflöffel *m*.

llety (-au) *g* Unterkunft *f*, Obdach *nt*; *(gwesty)* Herberge *f*; ~ **a phryd** Unterkunft und Verpflegung, Kost und Logis; ~ **a phob pryd bwyd** Vollpension *f*; **rhoi** ~ **i rn** jdn aufnehmen.

lletya *be.a* unterbringen, einquartieren; *(llochesu)* beherbergen.

♦ *be.g* logieren, absteigen.

lletygar *ans* gastfreundlich, gastlich.

lletygarwch *g* Gastfreundschaft *f*, Gastlichkeit *f*.

lletywr (lletywyr) *g* *(gwestywr)* Wirt *m*; *(gwestai)* Gast *m*, Untermieter *m*.

lletywraig (lletywragedd) *b* *(gwestywraig)* Wirtin *f*; *(gwestai)* Gast *m*, Untermieterin *f*.

llethol *ans* überwältigend, erdrückend.

llethr (-au) *gb* Hang *m*, Abhang *m*; *(heol)* Gefälle *nt*; *(sgïo)* Piste *f*; ~ **serth** Steilhang *m*.

llethrog *ans* abfallend.

llethu *be.a* bedrücken, überwältigen, zermürben; *(GWLEID)* unterdrücken; *(gan waith)* überfordern; **cael eich** ~ **gan y galar** vom Schmerz übermannt/überwältigt werden.

lleuad (-au) *b* Mond *m*; **dyn y** ~ der Mann im Mond; ~ **fedi** Erntemond *m*; ~ **gilgant** Mondsichel *f*; *(CREF)* Halbmond *m*; **golau'r** ~ Mondschein *m*; **hanner** ~ Halbmond; ~ **lawn** Vollmond *m*; ~ **newydd** Neumond *m*; **noson olau leuad** Mondnacht *f*; ~ **ar ei chil** abnehmender Mond; ~ **ar ei chynnydd** zunehmender Mond.

lleuen (llau) *b* *(SÖOL)* Laus *f*; ~ **y coed** Blattlaus *f*.

lleufer (-au *neu* -oedd) *g* Licht *nt*, Beleuchtung *f*.

lleugylch *g* *(o gwmpas y lleuad)* Hof *m*.

lleurith (-iau) *g* Trugbild *nt*, Fata Morgana *f*.

llew (-od) *g* *(SÖOL)* Löwe *m*; **y Ll~** *(ASTROL)* Löwe *m*; **ffau'r** ~**od** *(ffig)* die Höhle des Löwen.

llewes (-au *neu* -od) *b* Löwin *f*.

llewpart (-iaid) *g* *(SÖOL)* Leopard *m*, Pardelkatze *f*; ~ **hela** Gepard *m*.

llewyg (-on) *g* Ohnmacht *f*, Kollaps *m*; ~ **y blaidd**

(BOT) Hopfen m.

llewygu be.g zusammenklappen, in Ohnmacht fallen; (llwgu) hungern.

llewyrch g Leuchten nt, Glanz m, Schein m; (ffig: llwyddiant) Gedeihen nt, Blüte f; ~ o olau Lichtschein m, Lichtstrahl m.

llewyrchu be.a ausstrahlen, spiegeln.

♦ be.g glänzen, funkeln; (ffig: ffynnu) florieren, blühen.

llewyrchus ans blühend; (busnes) florierend.

llewyrchyn g Funke m, Schimmer m.

llewys ll gw. **llawes; torchi** ~ die Ärmel aufkrempeln; **yn ~ eich crys** (ffig) in Hemdsärmeln.

lleyg ans laienhaft, Laien-; (CREF) profan.

lleygwr (lleygwyr) g Laie m.

lli g = **llif¹**; (môr) Fluten pl, Wogen pl.

lliain¹ ans leinen, aus Leinen.

lliain² (**llieiniau**) g (TECS) Leinen nt; (darn o frethyn) Tuch nt; (sychu) Handtuch nt; **llieiniau** ll Wäsche f; ~ **amdo** Grabtuch nt; ~ **bwrdd** Tischdecke f, Tischtuch nt; ~ **lledr** Lederlappen m; ~ **llestri** Geschirrtuch nt, Küchentuch nt; ~ **main** (TECS) Batist m; ~ **meinwe/rhwyllog** (TECS) Gaze f; ~ **sychu dwylo** Handtuch; ~ **sychu mawr** Badetuch nt; ~ **ymolchi** Waschlappen m.

lliaws (**lliosydd**) g (llu) Menge f, Horde f; (ffig) ~ **o resymau** eine Unzahl von Gründen.

llid g Zorn m, Wut f; (MEDD) Entzündung f; ~ **yr afu** Hepatitis f; ~ **yr argeg** Angina f; ~ **yr amrant** Bindehautentzündung f; ~ **y bledren** Blasenentzündung f; ~ **y coluddyn crog** Blinddarmentzündung f; ~ **ar y croen** Ekzem nt; ~ **y cylla** Gastritis f; ~ **y cymalau** Arthritis f; ~ **ar y frest** Bronchitis f; ~ **yr ymennydd** Meningitis f, Hirnhautentzündung f; ~ **yr ysgyfaint** Lungenentzündung f.

llidiart (**llidiardau**) gb Pforte f, Tor nt; (clwyd) Gatter nt; (llifdor) Schleusentor nt.

llidio be.g in Wut geraten, zürnen; (MEDD) sich entzünden.

llidiog ans verärgert, zornig, gereizt; (MEDD) entzündet, entzunden^.

llidus ans = **llidiog.**

llieiniau ll Wäsche f.

llif¹ (-**ogydd**) g (cerrynt) Strom m, Strömung f; (môr) Fluten pl, Wogen pl; (ffig: nifer fawr) Flut f; (dilyw) Überschwemmung f; ~ **egni** Energiestrom m; ~ **y gwaed** Blutstrom m; **Ll~ y Gwlff** (DAEAR) der Golfstrom; ~ **lafa** Lavastrom m; ~ **o lythyrau** eine Flut von Briefen; ~**ogydd** ll Hochwasser nt.

llif² (-**iau**) b Säge f; **blawd** ~ Sägemehl nt; ~ **dyno** Zapfenschneidsäge f; ~ **fetel** Metallsäge f; ~ **fwa**

Bogensäge f; ~ **ffret** Laubsäge f; ~ **gron** Kreissäge f.

llifanu be.a schleifen, wetzen.

llifanydd (**llifanwyr**) g (hogwr) Schleifstein m, Schleifmaschine f.

llifbin g Füllfeder f.

llifddor (-**au**) b Schleusentor nt.

llifeiriant (**llifeiriannau** neu **llifeiriaint**) g (rhediad o ddŵr) Fließen nt, Fluss m; (cenllif) Überflutung f; ~ **gwaed** Bluterguss m.

llifeirio be.g fließen, überströmen.

llifeiriol ans fließend, strömend; (ffig) überschwänglich.

llifio be.a sägen; ~ **rhth i ffwrdd** etw absägen.

llifliniog ans stromlinienförmig.

llifo¹ be.g fließen, strömen, rinnen; ~ **i mewn** hereinströmen, hereinquellen; ~ **i'r môr** (afon) ins Meer fließen.

llifo² be.a (lliwio) färben; (gwallt) färben, tönen.

llifo³ be.a = **llifanu.**

llifogydd ll gw. **llif¹.**

llifolau (**llifoleuadau**) g Flutlicht nt, Scheinwerfer m.

llifoleuo be.a anstrahlen; (llenwi â golau) ausleuchten.

llifwaddod (-**ion**) g Strandablagerung f, Ablagerung f am Ufer.

llifydd g (CEM) Flüssigkeit f.

llifyddol ans flüssig; **owns lifyddol** Flüssigunze f.

llifyn (-**nau**) g Farbe f, Farbstoff m; ~ **gwallt** Tönung f; ~ **pren** Beize f.

llilin ans stromlinienförmig; (yn yr aer) windschlüpfrig.

llimanwr (**llimanwyr**) g (CHWAR) Linienrichter m.

llin g (BOT) Flachs m.

llinach (-**au**) b Abstammung f, Stammbaum m; ~ **frenhinol** Dynastie f.

llinad g: ~ **y dŵr** (BOT) Wasserlinse f.

llin-borthiad (-**au**) g (CYFDR) Zeilenvorschub m.

llindagu be.a erwürgen, erdrosseln, strangulieren.

llinell (-**au**) b Linie f; (arlunio) Strich m; (o brint) Zeile f; (rhes) Reihe f; (streipen) Streifen m; (ffôn) Anschluss m; (crych) Falte f; ~ **ar y cyd** (TEL) Sammelanschluss^D m, Vierteltelefon^A nt; ~ **gymesuredd** Symmetrieachse f; ~ **derfyn** Grenzlinie f; ~ **donnog** Wellenlinie f; ~ **doriad** Gedankenstrich m; ~ **ddyddio** (DAEAR) Datumsgrenze f; ~ **ddwbl** (ar heol) Halteverbot nt; ~ **eira** Schneegrenze f; ~ **far** (CERDD) Taktstrich m; ~ **felen** (ar heol) Parkverbot nt; ~ **fylchog** gestrichelte/strichlierte^A Linie; ~ **gefn** (tennis) Grundlinie f; ~ **gôl** Torlinie f; ~ **grom** Kurve f; ~ **gwagle** Leerzeile f; ~ **y gwallt** Haaransatz m; **Ll~ Maginot** (HAN) Maginotlinie f; ~ **reilffordd**

Bahnstrecke *f*; ~ **syth** Gerade *f*; ~ **wasg** Taille *f*;
~**au'r gelyn** *(MIL)* die feindliche Linie; **darllen rhwng
y ~au** *(ffig)* zwischen den Zeilen lesen.

llinellog *ans* liniert.

llinellol *ans* linear.

llinellu *be.a* linieren.

llingerfio *be.a* gravieren.

lliniarol *ans* schmerzstillend; *(CYFR)* (straf)mildernd.

lliniaru *be.a* beruhigen; *(poen)* lindern, stillen; *(cosb)*
mildern; ~ **siom rhn** jdn trösten.

llinog *ans* gemasert.

llinol *ans* linear.

llinos (-od) *b* *(SÖOL)* Fink *m*; ~ **werdd** Grünfink *m*.

llinyn (-nau) *g* Schnur *f*, Leine *f*, Bindfaden *m*; *(bwa,*
ANAT) Sehne *f*; *(stori)* Faden *m*; ~ **yr ar**
Achillessehne *f*, **y** ~ **arian** *(llen: bywyd)*
Lebensfaden *m*; ~ **bogail** Nabelschnur *f*; ~ **bwa**
Bogensehne *f*; ~ **gardas** Strumpfhalter *m*; ~ **mesur**
Maßband *nt*; *(ffig)* Kriterium *nt*; ~ **nodau** *(CYFDR)*
Zeichenkette *f*; ~ **plwm** Lot *nt*; ~ **y cefn**
Rückenmark *nt*; ~**nau** *ll* *(CERDD)* Streicher *pl*; ~**nau
llais** Stimmbänder *pl*; **colli'r** ~ *(ffig)* den Faden
verlieren.

llinynnol *ans:* **offeryn** ~ Streichinstrument *nt*.

llipa *ans* schlaff, schlapp; *(difywyd)* lasch, saftlos.

llipryn (-nod) *g* Weichling *m*, Schlappschwanz *m*,
Waschlappen *m*.

llith[1] (-au *neu* -oedd) *b* Bibellesung *f*; **naw ~ a charol**
Weihnachtsgottesdienst *m*.

llith[2] (-iau) *g* Futter *nt*, Futterbrei *m*.

llithabwyd *g* Köder *m*, Lockmittel *nt*.

llithio *be.a* anlocken, ködern; *(temtio)* verführen.

llithiwr (llithwyr) *g* Verführer(in) *m(f)*.

llithren (-nau *neu* -ni) *b* Rutsche *f*, *(rhew)* Rodelbahn
f.

llithriad (-au) *g* *(llithro)* Rutschen *nt*; *(ffig: camgymeriad*
bach) Ausrutscher *m*, Lapsus *m*; *(CERDD)*
Bindebogen *m*; ~ **eira** Lawine *f*; ~ **esgeulus**
Flüchtigkeitsfehler *m*; ~ **Freud** freudscher
Versprecher *m*; ~ **tafod** Versprecher; ~ **tir**
Erdrutsch *m*, Mure *f*.

llithrig *ans* glatt, rutschig, glitschig; *(rhugl)* fließend;
(ffig: rhn) aalglatt; *(ensyniadau rhywiol)* zweideutig,
schlüpfrig.

llithrigrwydd *g* Glätte *f*; *(araith)* Redefluss *m*;
(ensyniadau rhywiol) Anstößigkeit *f*.

llithriwl (-iau) *b* Rechenschieber *m*.

llithro *be.g* rutschen; *(baglu)* ausrutschen; *(car ar stryd*
rewllyd) schlittern; *(symud yn llyfn)* gleiten; *(llercian)*
schleichen; *(ffig: gair)* entschlüpfen; ~ **i ddyled** sich
in Schulden stürzen; ~ **o ddwylo rhn** jdm
entgleiten; ~ **trwodd** durchschlüpfen,

durchrutschen; ~ **wrth siarad** sich versprechen.

llithwraig (llithwragedd) *b* Verführerin *f*.

lliw[1] (-iau) *g* Farbe *f*; *(mewn bwyd)* Farbstoff *m*; *(pren,*
lledr) Beize *f*; ~ **eich arian** Geld *nt*, Bargeld *nt*; **colli**
~ ausbleichen; *(dillad)* ausgehen[A], auslaufen[D]; ~
cyflenwol Komplementärfarbe *f*; ~ **di-draidd**
Deckfarbe *f*; **liw dydd** bei Tag; **liw dydd golau** am
helllichten Tag; ~ **ewinedd** Nagellack *m*; ~ **golau**
Pastellfarbe *f*; **gwahaniaeth** ~ farblicher
Unterschied *m*; ~ **gwallt** Haarfarbe *f*; ~ **haul** Farbe
f, Bräune *f*; ~ **herodol** Landesfarben *pl*; **liw nos** bei
Nacht; ~ **olew** Ölfarbe *f*; ~ **sylfaenol** Grundfarbe *f*;
dangos eich ~iau Farbe bekennen; **ni welais na ~ na
llun ohono eto** *(ffig)* ich sah ihn nie wieder; **o bob ~
a llun** in allen Farben und Formen, vielerlei.

lliw[2] *ans* farbig; *(lliwgar)* bunt; **cylchgrawn** ~
Illustrierte *f*; **ffenestr liw** Mosaikfenster *nt*; **llun** ~
Farbfoto *nt*; **teledu** ~ Farbfernseher *m*.

lliwddall *ans* farbenblind.

lliwgar *ans* bunt, farbenfroh, farbenprächtig;
(personoliaeth) schillernd; *(bywyd)* bewegt;
(adroddiad) farbig, anschaulich; **cymeriad** ~
schillernde Persönlichkeit.

lliwiad *g* Färbung *f*.

lliwiau *ll* *gw.* **lliw**[1]; *(ffig)* **dangos eich** ~ Farbe
bekennen.

lliwio *be.a* färben, tönen; *(peintio)* anmalen; *(ffig)*
beschönigen, färben; *(cochi)* erröten; ~**'r ffeithiau**
die Tatsachen beschönigen; **llyfr** ~ Malbuch *nt*.

lliwur (-au) *g* Farbstoff *m*, Tinktur *f*.

lliwydd *g* = **lliwur**.

llo (-i *neu* -eau) *g* Kalb *nt*; *(eliffant, morfil ayb)* Kalb; **cig**
~ Kalbfleisch *nt*.

lloc (-iau) *g* Einzäunung *f*, Pferch *f*; *(i anifeiliaid gwyllt)*
Gehege *nt*.

llocio *be.a* einpferchen, zusammentreiben; *(pobl)*
zusammenpferchen.

lloches (-au) *b* Zuflucht *f*, Obdach *nt*; *(GWLEID)* Asyl
nt; *(rhag y tywydd)* Unterstand *m*; *(rhag ymosodiad)*
Unterschlupf *m*; ~ **ar gyfer y digartref**
Obdachlosenheim *nt*; ~ **cyrch awyr**
Luftschutzbunker *m*, Luftschutzkeller *m*; ~ **i
fenywod** Frauenhaus *nt*; **cymryd** ~ Schutz suchen,
Zuflucht nehmen.

llochesu *be.a* Asyl gewähren; *(rhag ymosodiad)*
verstecken.

    ◆ *be.g* Schutz suchen.

llodrau *ll* Kniebundhose *f*, Knickerbocker *f*;
(trowsus) Hose *f*.

lloea *be.g* kalben.

Lloegr *b* *(DAEAR)* England *nt*; **Gogledd** ~ Nordengland
nt.

lloer *b* = **lleuad**; *(llen)* Erdtrabant *m*.

lloeren (-ni *neu* -nau) *b* Satellit *m*, Trabant *m*; ~ **delathrebu** Nachrichtensatellit *m*.

lloergan *g (llen)* Mondenschein *m*, Mondlicht *nt*.

lloergryn *g* Mondbeben *nt*.

lloerig *ans* wahnsinnig, irr, verrückt, durchgedreht.

llofnaid (llofneidiau) *b (CHWAR)* Sprung *m*; ~ **siswrn** Scherensprung *m*.

llofnod (-au *neu* -ion) *g* Unterschrift *f*; *(gan rn enwog)* Autogramm *nt*; **rhoi ~ o dan rth** seine Unterschrift unter etw *akk* setzen.

llofnodi *be.a* unterschreiben; *(GWLEID: cytundeb)* ratifizieren.

llofnodydd (llofnodwyr) *g (CYFR)* Unterzeichnende(r) *m*; *(GWLEID)* Signatarmacht *f*.

llofrudd (-ion) *g* Mörder *m*.

llofruddes (-au) *b* Mörderin *f*.

llofruddiaeth (-au) *b* Mord *m*, Ermordung *f*, Tötung *f*; *(bradwrus)* Meuchelmord *m*; **achos ~** Mordfall *m*; **~ rywiol** Sexualmord *m*, Lustmord *m*.

llofruddio *be.a* ermorden, umbringen.

lloffa *be.a* nachlesen; *(gwybodaeth)* herausfinden, herausbekommen.

lloffion *ll* Nachlese *f*; **llyfr ~** Notizbuch *nt*, Schmierheft *nt*.

llofft (-ydd) *b* Oberstock *m*; *(ystafell wely)* Schlafzimmer *nt*; **lan loft** oben, im ersten Stock, einen Stock höher; **~ gwair** Heuboden *m*; **~ organ** Orgelempore *f*.

llog (-au) *g (CYLL)* Zins *m*; *(fideo, llyfr)* Leihgebühr *f*; **ar log** gemietet, geliehen; *(ar gyfer llogi)* zu vermieten; **car ~** Leihwagen *m*; **~ cronedig** aufgelaufene Zinsen; **cyfradd ~** Zinsfuß *m*.

llogell (-au) *b (ar ddillad)* Tasche *f*, Sack^A *m*; *(ar grys)* Brusttasche *f*; *(cot)* Manteltasche *f*, Mantelsack^A *m*.

llogi *be.a* mieten, ausleihen; *(gweithiwr)* heuern; *(awyren)* chartern.

llong (-au) *b* Schiff *nt*; **~ ager** Dampfschiff *nt*; **~ awyrennau** *(MIL)* Flugzeugträger *m*; **cwmni ~au** Reederei *f*; **~ danfor** Unterseeboot *nt*, U-Boot *nt*; **~ deithio** Passagierschiff *nt*; **~ fferi** Fährschiff *nt*; **~ fordaith** Kreuzer *m*; **~ forfila** Walfänger *m*; **~ gludo** Frachtschiff *nt*; **~ hofran** Luftkissenboot *nt*; **~ hwyliau** Segelschiff *nt*; **iard longau** Werft *f*; **~au masnach** Handelsschifffahrt *f*; **~ ofod** Raumschiff *nt*; **~ olau** Feuerschiff *nt*; **~ ryfel** Kriegsschiff *nt*, Schlachtschiff *nt*; **~ ryfel fechan** Zerstörer *m*; **~ y llyngesydd** Flaggschiff *nt*.

llongau *ll* gw. **llong**; *(MASN)* Schifffahrt *f*; **~ masnach** Handelsschifffahrt *f*.

llongddrylliad (-au) *g (MOR, ffig)* Schiffbruch *m*.

llongddrylliedig *ans* schiffbrüchig.

llongsaernïaeth *b (MOR)* Schiffbau *m*.

llongwr (llongwyr) *g* Seemann *m*, Matrose *m*; *(cwch pysgota)* Schiffer *m*; **het longwr** Matrosenmütze *f*.

lloi *ll* gw. **llo**.

llom *ans* gw. **llwm**.

llon *ans* fröhlich, vergnügt; *(llawn asbri)* beschwingt, quietschvergnügt, kreuzfidel^D.

llond *g* Fülle *f*; **bod gennych lond eich dwylo** *(prysur)* alle Hände voll zu tun haben; **bwyta ~ eich bol** sich den Bauch voll schlagen; **cael ~ bol** *(ffig)* die Nase voll haben; **~ dwrn o bobl** *(nifer fach)* eine Hand voll Menschen; **~ gwlad o bethau** ein Haufen Dinge; **~ gwlad o arian** eine Stange Geld; **~ llaw o gardiau** Blatt *nt*; **rhoi ~ ceg/pen i rn** jdm gründlich die Meinung sagen.

♦ *ans:* **~ eich croen** drall, mollig.

llonder *g* Fröhlichkeit *f*, Vergnügtheit *f*, Frohsinn *m*.

llongyfarch *be.a* gratulieren +*dat*; **~ rhn (ar rth)** jdn beglückwünschen (zu etw), jdm gratulieren (zu etw *dat*).

llongyfarchiad (-au) *g* Glückwunsch *m*, Gratulation *f*; **~au!** herzlichen Glückwunsch!

llonni *be.a* aufheitern, aufmuntern.

llonnod (llonodau) *g (CERDD)* Kreuz *nt*.

llonydd¹ *ans* ruhig, still, bewegungslos.

llonydd² *g (tawelwch)* Ruhe *f*, Stille *f*; **y ~ cyn y storm** die Ruhe vor dem Sturm; **gadael ~ i** in Ruhe lassen.

llonyddu *be.a* beruhigen, beschwichtigen.

♦ *be.g* sich beruhigen.

llonyddwch *g (agwedd)* Ruhe *f*, Gelassenheit *f*; *(ysbryd)* Gemütsruhe *f*.

lloriau *ll* gw. **llawr**.

llorio *be.a (gosod llawr)* einen Fußboden legen; *(bwrw i'r llawr)* niederschlagen, zu Boden schlagen; *(ffig: gorchfygu)* umhauen; **cefais fy ~ gan syndod** die Überraschung hat mich umgehauen; **~ â theils** verkacheln.

llorp (-iau) *b* Deichsel *f*.

llorwedd *ans* waagerecht, horizontal.

llosg *g (teimlad)* Brennen *nt*; *(MEDD)* Verbrennung *f*, Brandwunde *f*; **~ cylla** Sodbrennen *nt*; **~ eira** Erfrierung *f*, Frostbeule *f*; **~ haul** Sonnenbrand *m*; **pwnc ~** *(ffig)* wunder Punkt *m*.

♦ *ans* verbrannt.

llosgach *g* Inzest *m*, Inzucht *f*.

llosgadwy *ans* brennbar.

llosgfynydd (-oedd) *g* Vulkan *m*; *(ffig)* Pulverfass *nt*; **~ byw** aktiver Vulkan; **~ marw** erloschener Vulkan; **~ mud** untätiger Vulkan.

llosgi *be.a* verbrennen; *(asid)* ätzen; *(mwg)* beißen; *(COG: bwyd)* anbrennen; *(gwresogi â)* heizen mit *+dat*; ~ **coed** *(AMAETH)* brandroden; ~'**ch bysedd** *(ffig)* sich die Finger verbrennen; ~'**ch hunan** sich verbrennen; ~'**n llwyr** niederbrennen; ~'**r gannwyll yn ei deupen** mit seinen Kräften Raubbau betreiben; ~'**n ulw** einäschern.

♦ *be.g* brennen; *(golau)* brennen, scheinen; *(gan yr haul)* einen Sonnenbrand bekommen; *(haul)* sengen, stechen; ~ **i'r llawr** *(tŷ)* abbrennen; **llosgodd ar y diwrnod cyntaf** er holte sich am ersten Tag einen Sonnenbrand; **mae fy llygaid yn** ~ meine Augen brennen.

llosgiad (-au) *g (briw)* Verbrennung *f*, Brandwunde *f*; *(gan ddŵr)* Verbrühung *f*.

llosgwr (**llosgwyr**) *g* Brandstifter(in) *m(f)*, Pyromane *m*, Pyromanin *f*.

llosgydd (-ion) *g (gwresogydd)* Ofen *m*; *(TECH)* Verbrennungsanlage *f*; ~ **coed** Holzofen *m*; ~ **sbwriel** Müllverbrennungsanlage *f*.

llostlydan (-od) *g (SÔOL)* Biber *m*.

llowcio *be.a* verschlingen, runterschlingen, verdrücken, futtern.

llsgr. *byrf* (= **llawysgrif**) Ms., Mskr. (Manuskript).

llu (-oedd) *g (tyrfa)* Schar *f*; *(MIL)* Truppe *f*, Kontingent *nt*; *(HAN)* Heerschar *f*; ~**oedd arfog** Streitkräfte *pl*, Heer *nt*; *(HAN)* Wehrmacht *f*, Reichswehr *f*; ~**oedd arfog yr Almaen** Bundeswehr^D *f*; ~ **awyr** Luftwaffe *f*; ~ **cadw heddwch** Friedenstruppe *f*; **Ll~ Euraidd** *(HAN)* die Goldene Horde *f*; ~ **ymosod** Sturmtrupp *m*, Einsatzkommando *nt*; *(ffig)* ~ **o bethau** eine Unzahl an Dingen; ~ **o resymau** eine Reihe von Gründen.

lluched *ll gw.* **llucheden**; *(TYW)* Gewitter *nt*; *(heb daranau)* Wetterleuchten *nt*.

llucheden (**lluched**) *b* Blitz *m*, Donnerschlag *m*.

lluchedu *be.g* blitzen, einschlagen.

lluchfa (**lluchfeydd**) *b* Schneewehe *f*.

lluchio *be.a* schleudern, schmeißen; ~ **rhth at rn** etw nach jdm schmeißen; ~ **arian** *(sgyrs)* Geld (zum Fenster) rausschmeißen.

lludu *g* = **lludw**.

lludw *g* Asche *f*; **Dydd Mercher y Ll~** Aschermittwoch *m*; **dyn ~** *(dyn sbwriel)* Müllmann *m*; ~ **folcanig** Vulkanasche *f*.

lludded *g* Ermüdung *f*, Erschöpfung *f*, Abspannung *f*; *(TECH)* Materialermüdung *f*.

lluddedig *ans* erschöpft, ermüdet, abgespannt.

lluddedu *be.a* ermüden.

lluest (-au) *g (MIL)* Baracke *f*, Kaserne *f*.

lluestu *be.a* einquartieren.

lluesty (**lluestai**) *b (MIL)* Quartier *nt*.

llugaeronen (**llugaeron**) *b* Preiselbeere *f*; **saws ~** Preiselbeersauce *f*.

llugoer *ans (claear)* lauwarm, überschlagen; *(ffig)* lau, halbherzig.

lluman (-au) *g* Fahne *f*, Standarte *f*; *(CHWAR)* Ausfahne *f*; ~ **cornel** Eckfahne *f*; ~ **cychwyn** Startfahne *f*; ~ **herodol** Banner *nt*.

llumanu *be.g* signalisieren, flaggen.

llumanwr (**llumanwyr**) *g (MOR)* Signalgast *m*; *(MIL)* Fahnenträger *m*; *(CHWAR)* Linienrichter *m*.

llun¹ (-iau) *g* Bild *nt*, Abbildung *f*; *(ffotograff)* Foto *nt*, Fotografie *f*, Aufnahme *f*; *(CELF)* Gemälde *nt*; *(pensil)* Zeichnung *f*; *(portread)* Porträt *nt*; *(siâp)* Form *f*; **ar lun blodyn** in Form einer Blume; ~**-gopi** (Foto)kopie *f*; ~ **lliw** Farbbild *nt*; ~ **du a gwyn** Schwarzweißbild *nt*; ~ **pasbort** Passbild *nt*, Passfoto *nt*; ~ **pelydr X** Röntgenaufnahme *f*; ~ **siarcol** *(CELF)* Kohlezeichnung *f*, **tynnu ~ o** ein Foto machen von *+dat*, aufnehmen.

Llun² *g* Montag *m*; ~ **y Pasg** Ostermontag *m*; **ar ddydd ~** am Montag.

Llundain *b (DAEAR)* London *nt*.

llungopi (-au) *g* Fotokopie *f*, Xerokopie *f*.

llungopïo *be.a* (foto)kopieren, xerokopieren.

llungopïwr (**llungopïwyr**) *g* Fotokopierer *m*, Kopiergerät *nt*.

Llungwyn *g* Pfingstmontag *m*.

lluniad (-au) *g* Zeichnung *f*; ~ **llawrydd** Freihandzeichnung *f*.

lluniadu *be.a, be.g* zeichnen.

lluniaeth *g (deiet)* Ernährung *f*; *(mewn gwesty)* Kost *f*; *(ar gyfer taith)* Verpflegung *f*, Proviant *m*.

lluniaidd *ans* wohlgestalt, wohlgeformt; *(merch)* kurvig.

llunio *be.a* formen, bilden, gestalten; *(erthygl)* verfassen; *(araith)* aufsetzen; *(cynllunio)* entwerfen, planen; *(TECH, MATH)* konstruieren; ~'**r wadn fel y bo'r troed** sich nach der Decke strecken.

lluo *be.a* = **llyfu**.

lluoseddol *ans* pluralistisch.

lluosflwydd *ans* immerwährend, ewig; *(planhigyn)* mehrjährig.

lluosi *be.a* vervielfachen, multiplizieren.

lluosiad (-au) *g (MATH)* Multiplikation *f*.

lluosill *ans* mehrsilbig.

lluosog *ans* mehrfach, pluralistisch; **nifer ~** Vielzahl *f*.

♦ *g (GRAM)* Mehrzahl *f*, Plural *m*.

lluosogi *be.a (cynyddu)* vermehren; *(amlhau)* vervielfachen, vervielfältigen.

lluosol *ans* vielfach.

lluosrif (-au) *g (MATH)* Vielfache *nt*; **~ cyffredin lleiaf** kleinstes gemeinsames Vielfaches *nt*.

lluoswm (lluosymiau) *g (MATH)* Produkt *nt*.

lluosydd (-ion) *g (MATH)* Multiplikator *m*.

lluosyn (lluosion) *g (MATH)* Multiplikand *m*.

llurgunio *be.a (gwyrdroi)* verdrehen, entstellen.

llurig (-au) *b* Kettenhemd *nt*; *(harnais)* Harnisch *m*, Brustpanzer *m*, Kürass *m*.

llurs (-od) *b (SÖOL)* Tordalk *m*.

llusen (llus *neu* **llusi)** *b* Heidelbeere *f*, Blaubeere[D] *f*.

llusern (-au) *b* Laterne *f*, Leuchte *f*; **~ bapur** Lampion *m*.

llusg *ans* gezogen, geschleppt; **car ~** Anhänger *m*; **llain ~** *(traffordd)* Kriechspur *f*.

llusgo *be.a* schleppen; *(tynnu)* ziehen, zerren; *(yn erbyn ei ewyllys)* hinschleppen, mitschleppen; **~ traed** schlurfen; *(oedi)* trödeln.

♦ *be.g (ffig: drama ayb)* sich hinziehen; **~ ymlaen** sich dahinschleppen.

llusgraff (-au) *b* Schlepptau *nt*.

lluwch (-ion *neu* **-feydd)** *g (eira)* Schneewehe *f*, Schneeverwehung *f*.

lluwchio *be.a* verwehen.

lluwchwynt (-oedd) *g* Schneegestöber *nt*, Schneesturm *m*.

llw (-on) *g* Schwur *m*; *(CYFR)* Eid *m*; *(CREF)* Gelübde *nt*; *(rheg)* Fluch *m*; **tyngu ~** schwören, einen Schwur leisten; *(CYFR)* einen Eid ablegen; **ar lw** unter Eid; **ar fy ~!** auf mein Wort! Ehrenwort! **~ datgeliad** *(CYFR)* Offenbarungseid *m*; **~ teyrngarwch** Gefolgschaft *f*, Treueid *m*.

llwch *g* Staub *m*; *(y meirw)* Asche *f*; *(AMAETH)* Kunstdünger *m*; **blwch ~** Aschenbecher *m*; **siaced lwch** *(llyfr ayb)* Schutzumschlag *m*, Schutzhülle *f*; **~ ymbelydrol** radioaktiver Niederschlag *m*, radioaktiver Ausfall *m*; **taflu ~ i lygaid rhn** *(ffig)* jdm Sand in die Augen streuen.

llwdn (llydnod) *g (anifail ifanc)* Junge(s) *nt*; *(carw, gafr, bwch)* Kitz *nt*; *(gŵr ifanc hurt)* Einfaltspinsel *m*, Depp[A] *m*.

llwfr *ans* feige.

llwfrdra *g* Feigheit *f*.

llwfrgi (llyfrgwn) *g* Feigling *m*, Angsthase *m*.

llwgfa (llwgfeydd) *b (archwaeth am fwyd)* Heißhunger *m*; *(newyn)* Hungersnot *f*.

llwglyd *ans* hungrig, ausgehungert; *(newynog)* verhungert, abgezehrt, ausgemergelt.

llwgr *ans* verdorben; *(ymddygiad)* verwerflich; *(anonest)* bestechlich, korrupt; *(CYFDR: disg)* kaputt.

llwgrwobr (-au) *b (arian)* Bestechungsgeld *nt*, Schmiergeld *nt*.

llwgrwobrwyaeth *b* Bestechung *f*.

llwgrwobrwyo *be.a* bestechen, schmieren; **cael eich ~** sich bestechen lassen; **cynnig ~ rhn** jdn bestechen wollen; jdm Bestechungsgeld anbieten.

llwgu *be.g* hungern; **~ i farwolaeth** verhungern; **rydw i'n ~** ich habe Hunger.

♦ *be.a* hungern lassen; *(i farwolaeth)* verhungern lassen; *(MIL)* aushungern.

llwm (b llom) *ans (gwag, moel)* öde, trostlos, karg; *(coed, bryn)* kahl; *(tlawd)* arm, armselig; *(tenau, main)* hager; **cartref ~** heruntergekommenes Heim.

llwnc (llynciau) *g (ANAT: corn gwddf)* Speiseröhre *f*, Kehle *f*; *(gweithred o lyncu)* Schlucken *nt*; *(llond cegaid)* Schluck *m*; **ar un ~** auf einen Schluck.

llwncdestun (-au) *g* Trinkspruch *m*; **cynnig ~ (i rn)** jdm zuprosten, einen Toast (auf jdn) ausbringen.

llwrw *adf*: **~ ei gefn** rückwärts, verkehrt; **~ ei ben** kopfüber.

llwy (-au) *b* Löffel *m*; **~ bren** Kochlöffel *m*; **~ de** Teelöffel *m*; **~ garu** *(CELF)* Lovespoon *m*; **~ gawl** Esslöffel *m*, Suppenlöffel *m*; **~ goffi** Kaffeelöffel *m*; **~ weini** Servierlöffel *m*.

llwyaid (llwyeidiau) *b (mesur)* Löffel *m*, Esslöffel *m*; **~ o gawl** ein Löffel Suppe; **~ de wastad** ein gestrichener Teelöffel voll.

llwybr (-au) *g* Weg *m*, Pfad *m*; *(lôn, ffordd)* Bahn *f*; *(mewn cae)* Feldweg *m*; *(ffig)* Weg; **~ adwaith** Reaktionsweg *m*; **~ anadlu** *(ANAT)* Atemwege *pl*; **~ awyr** Flugbahn *f*, Flugstrecke *f*; **~ beiciau** Radweg *m*; **~ canol** *(ffig)* Mittelweg *m*, Kompromiss *m*; **~ ceffylau** Reitweg *m*; **~ cerdded** Fußweg *m*, Spazierweg *m*; **y ~ cul** *(ffig)* der Pfad der Tugend; **~ cyhoeddus** öffentlicher Fußweg; **~ glanio** *(AWYR)* Landebahn *f*; **~ graean** Kiesweg *m*; **y Ll~ Llaethog** Milchstraße *f*; **~ llygad** Abkürzung *f*; **~ masnach** Handelsstraße *f*; **~ môr** Seeweg *m*; **~ natur** Naturlehrpfad *m*; **~ sgïo** Piste *f*; **~ slediau** Rodelbahn *f*; **~ tarw** Abkürzung, Abschneider[A]; **~ troed** Trampelpfad *m*.

llwyd *ans* grau; *(gwelw)* blass, bleich; *(sanctaidd)* heilig; **papur ~** Packpapier *nt*; **mynd yn ~** *(gwallt)* ergrauen; **gwiwer lwyd** *(SÖOL)* graues Eichhörnchen *nt*.

♦ *g*: **~ y berth** *neu*: **~ y gwrych** *(SÖOL)* Heckenbraunelle *f*; **~ y gors** *(SÖOL)* Teichrohrsänger *m*.

llwydaidd *ans* gräulich, grau; *(gwallt)* ergraut; *(gwelw)* farblos, bleich.

llwydfelyn *ans* beige.

llwydfron (-nau) *b (SÖOL: aderyn)* Grasmücke *f*.

llwydi *g* = **llwydni**.

llwydlas *ans* graublau.

llwydni *g* Schimmel(pilz) *m*; *(ar blanhigion)* Mehltau *m*; *(lliw llwyd)* Grau *nt*.

llwydo *be.g* schimmeln; *(bwyd)* verschimmeln; *(rhn: gwelwi)* totenblass sein.

llwydolau *g* Dämmerlicht *nt*, Zwielicht *nt*.

llwydrew *g* Raureif *m*.

llwydrewi *be.g* frieren.

llwydwyrdd *ans* graugrün.

llwyddiannus *ans* erfolgreich; *(da)* gelungen, geglückt; **bod yn ~** erfolgreich sein.

llwyddiant (**llwyddiannau**) *g* Erfolg *m*; *(am y tro cyntaf)* Durchbruch *m*; *(cyflawniad)* Gelingen *nt*; *(MASN)* Kassenschlager *m*; **heb lwyddiant** ohne Erfolg, erfolglos; **~ ysgubol** Riesenerfolg *m*, Bombenerfolg *m*; **roedd y cynllun yn ~** der Plan war erfolgreich; **pob ~!** gutes Gelingen!

llwyddo *be.g* erfolgreich sein, Erfolg haben; *(i gyflawni rhth)* gelingen, glücken; *(mewn arholiad)* bestehen; *(ffynnu)* blühen, gedeihen; *(yn y byd)* vorwärts kommen; **~ yn eich bywyd** im Leben vorankommen.

llwyfan (**-nau**) *gb* (THEAT, ffig) Bühne *f*; *(i siaradwyr)* Podium *nt*, Tribüne *f*; *(platfform)* Plattform *f*, **~ blymio** Sprungturm *m*; **~ olew** Ölplattform *f*, Bohrinsel *f*; **yng nghefn y ~** hinter den Kulissen.

llwyfandir (**-oedd**) *g* (DAEAR) Plateau *nt*, Hochebene *f*.

llwyfanen (**llwyf**) *b* = **llwyfen**.

llwyfannu *be.a* (THEAT) aufführen, inszenieren.

llwyfen (**llwyf**) *b* (BOT) Ulme *f*; *(pren)* Rüsterholz *nt*.

llwyn[1] (**-i**) *g* *(clwstwr o goed)* Hain *m*, Wäldchen *nt*; *(perth)* Busch *m*, Strauch *m*; **~i** *ll* Gebüsch *nt*, Gestrüpp *nt*, Dickicht *nt*; **~ eithin** Ginsterbusch *m*; **~ onn** Eschenhain *m*; **plentyn ~ a pherth** ein uneheliches Kind; **~ rhosod** Rosenstock *m*.

llwyn[2] (**-au**) *b* (ANAT) Lende *f*.

llwynog (**-od**) *g* (SŴOL) Fuchs *m*; *(ffig: rhn cyfrwys)* Fuchs.

llwynoges (**-au**) *b* (SŴOL) Füchsin *f*, Fähe *f*.

llwynwst *g* (MEDD) Hexenschuss *m*.

llwyo *be.a* löffeln, auslöffeln.

llwyr[1] *ans* völlig, vollkommen, total; *(diamod)* absolut; *(casineb, dirmyg)* abgrundtief; **mae hynny'n gelwydd ~** das ist erstunken und erlogen; **bod mewn anwybodaeth ~ am rth** nicht die geringste Ahnung von etw *dat* haben; **cytuno'n ~ (â rhn)** (jdm) völlig zustimmen.

llwyr[2] *adf:* **~ ei gefn** *gw.* **llwrw**.

llwyrymwrthodiad *g* Abstinenz *f*, Enthaltung *f*.

llwyrymwrthodol *ans* abstinent.

llwyrymwrthodwr (**llwyrymwrthodwyr**) *g* Antialkoholiker(in) *m(f)*, Abstinenzler *m*.

llwyth[1] (**-i**) *g* Last *f*, Ladung *f*; *(baich, bwrn)* Last, Ballast *m*; *(cargo)* Fracht *f*, Kargo *m*; *(pwysau, ffig)* Belastung *f*; **~ echel** Achslast *f*; **~ llong** Schiffsladung *f*, Kargo *m*; **~ o lo** eine Ladung Kohle; **~ o waith** *(ffig)* ein Menge Arbeit.

llwyth[2] (**-au**) *g* *(pobl)* Stamm *m*, Volksstamm *m*; **~ o Indiaid Cochion** Indianerstamm *m*; **yng Nghernyw trigai ~ y Cornovii** der Stamm der Cornovii siedelte in Cornwall.

llwytho *be.a* *(cerbyd)* beladen; *(nwyddau)* laden, aufladen; *(cargo)* verladen; *(dryll)* laden; *(ffilm, disg)* einlegen; *(pwyso ar)* belasten; *(CYFDR)* laden; *(pentyrru)* türmen; *(ffig: â gwaith)* überhäufen; **~ i lawr** *(CYFDR)* runterladen; **~ rhn â rhth** *(ffig)* jdm etw aufbürden; **~'r bai ar rywun arall** die Schuld von sich abwälzen; **roedd y llong wedi'i ~ â bananas** das Schiff hatte Bananen geladen.

llwythog *ans* beladen.

llwythol *ans* Stammes-.

llychlyd *ans* staubig, verstaubt, staubbedeckt.

Llychlyn *gb* (DAEAR) Skandinavien *nt*.

Llychlynnaidd *ans* skandinavisch, nordisch.

Llychlynnwr (**Llychlynwyr**) *g* Skandinavier *m*; (HAN) Wikinger *m*, Normanne *m*.

Llychlynwraig (**Llychlynwragedd**) *b* Skandinavierin *f*.

llychwino *be.a* trüben; *(metel)* matt/stumpf machen; *(baeddu)* beschmutzen; *(ffig: enw da, bri)* beflecken; *(delfrydau)* trüben.

♦ *be.g* *(colli sglein)* matt werden; *(metel)* anlaufen.

llydan *(ll* **llydain)** *ans* breit; *(sgert, trowsus)* weit.

Llydaw *b* (DAEAR) die Bretagne *f*.

Llydawaidd *ans* = **Llydewig**.

Llydaweg *b* Bretonisch *nt*.

Llydawes (**-au**) *b* Bretonin *f*.

Llydawr (**Llydawyr**) *g* Bretone *m*.

Llydewig *ans* bretonisch.

llyfiad (**-au**) *g* Lecken *nt*, Schlecken *nt*; **~ cath** Katzenwäsche *f*.

llyfn (*b* **llefn**) *ans* glatt; *(gwastad)* eben; *(meddal)* weich; *(môr)* ruhig; *(llais)* sanft; **rhedeg yn ~** *(peiriant)* rund laufen.

llyfnder *g* Glätte *f*; *(gwastadedd)* Ebenheit *f*, *(llais)* Sanftheit *f*; *(meddalwch)* Weichheit *f*.

llyfnhau *be.a* glätten; *(gyda'r llaw)* glatt streichen; *(pren)* glatt hobeln; *(tir)* planieren.

llyfnu *be.a* eggen.

llyfr (**-au**) *g* Buch *nt*; *(llyfr ysgrifennu)* Heft *nt*; **~ apwyntiadau** Terminkalender *m*; **~ caneuon** Liederbuch *nt*; **~ clawr meddal** Taschenbuch *nt*; **~ cofnodion** Notizbuch *nt*; **~ coginio** Kochbuch *nt*; **~ cyfeiriadol/cyfeirio** Nachschlagwerk *nt*; **~ cyfrifon** (CYLL) Hauptbuch *nt*; **~ darluniau** Bilderbuch *nt*; **~**

darllen Lesebuch *nt*; **Ll~ Du Caerfyrddin** *(HAN)* das schwarze Buch von Carmarthen; **~ emynau** Gesangbuch *nt*; **~ erchwyn gwely** Bettlektüre *f*; **~ ffôn** Telefonbuch *nt*; **~ y gyfraith** Gesetzbuch *nt*; **~ lòg** *(MOR)* Logbuch *nt*; **~ lloffion** Sammelalbum *nt*; **~ mapiau** Atlas *m*; *(ar gyfer gyrru)* Autoatlas *m*; **~ nodiadau** Notizbuch *nt*; **~ sgrap** Schmierheft *nt*; **~ sieciau** Scheckheft *nt*, Scheckbuch *nt*; **siop lyfrau** Buchhandlung *f*; **~ stampiau** Briefmarkenalbum *nt*; **~ ymwelwyr** Gästebuch *nt*; **~ ysgol** Schulbuch *nt*; **~ ysgrifennu** Heft *nt*; **~ yn ymwneud â ...** ein Buch über...

llyfrbryf (-ed) *g (trychfilyn)* Bücherwurm *m*; *(person)* Leseratte *f*, Bücherwurm.

llyfrdra *g* Feigheit *f*.

llyfrgell (-oedd) *b* Bibliothek *f*; **~ y brifysgol** Universitätsbibliothek *f*; **~ y dref** Stadtbücherei *f*; **~ fenthyca** Leihbücherei *f*; **~ ffilmiau** Filmothek *f*; *(fideo)* Videothek *f*; **~ genedlaethol** Nationalbibliothek *f*; **~ gyhoeddus** Bücherei *f*.

llyfrgellydd (llyfrgellwyr) *g* Bibliothekar(in) *m(f)*.

llyfrgi *g* = **llwfrgi**.

llyfrifwr (llyfrifwyr) *g* Buchhalter(in) *m(f)*.

llyfrithen (llyfrithod) *b (MEDD)* Gerstenkorn *nt*.

llyfrwerthwr (llyfrwerthwyr) *g* Buchhändler(in) *m(f)*.

llyfryddiaeth (-au) *b* Bibliografie *f*.

llyfryn (-nau) *g* Broschüre *f*, Heft *nt*; **~ cymorth** Beiheft *nt*.

llyfu *be.a* schlecken, lecken; **~ hufen iâ** Eis schlecken; **~ tin rhn** *(anwedd)* jdm in den Arsch kriechen.

llyffant (-od) *g (SÖOL)* Kröte *f*, Unke *f*; **caws ~** *(BOT)* Giftpilz *m*, ungenießbarer Pilz *m*; *(amanita'r pryfed)* Fliegenpilz *m*.

llyffethair (llyffetheiriau) *b* Kette *f*, Fessel *f*; *(ffig)* Hemmschuh *m*.

llyffetheirio *be.a* fesseln, in Ketten legen; *(rhwystro)* behindern, Schwierigkeiten bereiten +*dat*.

llyg (-od) *g (SÖOL)* Spitzmaus *f*.

llygad (llygaid) *gb* Auge *nt*; *(taten)* Auge; *(canol)* Zentrum *nt*; *(daeargryn)* Bebenherd *m*; *(dartiau)* Mitte *f*, Schwarze *nt*; **agor llygaid rhn** *(ffig)* jdm die Augen öffnen; **~ barcud** Adlerauge *nt*; **byw ~** Pupille *f*; **cadw ~ ar** *(gofalu am)* ein Auge haben auf +*akk*, aufpassen auf +*akk*; **cannwyll y ~** Pupille *f*; *(ffig)* Augapfel *m*; **~ cath** *(ar ffordd)* Katzenauge *nt*; **cil ~** Augenwinkel *m*; **~ y dydd** Gänseblümchen *nt*; **~ du** blaues Auge; **edrych yn ~ y geiniog** geizig sein, jeden Kreuzer zweimal umdrehen; **enfys y ~** *(ANAT)* Iris *f*; **~ y ffynnon** *(ffig)* Quelle *f*; **syth o lygad y ffynnon** aus erster Hand; **gweld lygad yn ~** übereinstimmen; **~ haul** Sonnenseite *f*; **~ llo** *(ffig)*

Kulleraugen *pl*; **~ am lygad** Aug um Auge; **~ maharen** *(SÖOL)* Napfschnecke *f*; **edrych ym myw ~ rhn** jdm Aug in Auge gegenüberstehen; **bod yn ~ eich lle** den Nagel auf den Kopf treffen.

llygad-dynnol *ans* auffallend, ins Auge springend; *(ymddygiad)* auffällig.

llygad-dynnu *be.a* auffallen, ins Auge springen, die Blicke anziehen.

llygad-dyst (-ion) *g* Augenzeuge *m*, Augenzeugin *f*.

llygaden (-nau) *b* Öse *f*.

llygadu *be.a* mustern; *(syllu)* gaffen, anstarren; *(merch/bachgen)* spannen nach +*dat*; **~ rhth** mit etw *dat* liebäugeln.

llygaeronen (llygaeron) *b (BOT)* Preiselbeere *f*; **saws llygaeron** Preiselbeersoße *f*.

llygatgam *ans* schielend, scheel; **edrych yn ~** schielen.

llygatgroes *ans* = **llygatgam**.

llygedyn *g (golau bach, ffig)* Schimmer *m*, Schein *m*; *(pelydryn)* Strahl *m*; **~ o obaith** *(ffig)* Hoffnungsschimmer *m*.

llygoden (llygod) *b (SÖOL)* Maus *f*, *(CYFDR)* Maus; **~ y dŵr** Schermaus *f*; **~ fawr** *neu:* **~ Ffrengig** Ratte *f*; **~ fynydd** Murmeltier *nt*; **~ goch** Spitzmaus *f*; **~ gota** Wühlmaus *f*; **~ y maes** Feldmaus *f*.

llygotwr (llygotwyr) *g* Mäusefänger *m*, Rattenfänger *m*.

llygradwy *ans (rhn)* korrumpierbar; *(gydag arian)* bestechlich, käuflich, korrupt.

llygredig *ans (aflan)* verschmutzt, verunreinigt; *(meddwl, moesau)* dekadent; *(llwgr)* verdorben; *(llygradwy)* bestechlich.

llygredigaeth (-au) *b* Verderbtheit *f*; *(moesau)* Dekadenz *f*; *(llwgrwobrwyaeth)* Korruption *f*, Bestechung *f*.

llygredd *g (llygredigaeth)* Korruption *f*; *(yr amgylchfyd)* Umweltverschmutzung *f*; *(afon)* Verunreinigung *f*; **~ awyr** Luftverschmutzung *f*; **~ olew** Ölpest *f*.

llygru *be.a (amgylchfyd)* verschmutzen; *(afon)* verunreinigen; *(gwenwyno)* verseuchen, kontaminieren; *(ffig: rhn)* korrumpieren, verderben; **~'r aer** die Luft verpesten.

llynges (-au) *b (MIL)* Flotte *f*, *(grym morwrol cyfan)* Marine *f*; **~ fach** Flottille *f*; **~ fasnachol** Handelsmarine *f*.

llyngesydd (-ion *neu* llyngeswyr) *g* Admiral *m*, Flottenkommandant *m*.

llyngyren (llyngyr) *b* Bandwurm *m*.

llym (*b* llem, *ll* llymion) *ans (miniog)* scharf, schneidend; *(pigog)* spitz; *(tywydd)* grimmig, rau; *(poen)* heftig, stechend; *(ffig: llygaid, clyw)* scharf; *(awdurdodus)* streng, strikt, rigoros; **beirniadaeth**

lem hartes Urteil; **geiriau ~** harte Worte; **meddwl ~** scharfer Verstand; **oerfel ~** beißende Kälte; **sylwadau ~** scharfsinnige Bemerkungen; **tafod ~** *(ffig)* scharfe/spitze Zunge; **bod yn ~ wrth rn** streng sein mit jdm.

llymaid (llymeidiau) *g* Schlückchen *nt*; *(llwnc)* Schluck *m*; *(diod feddwol)* Gläschen *nt*, Stamperl[A] *nt*.

llymarch (llymeirch) *g (SÖOL)* Auster *f*.

llymder *g (miniogrwydd)* Schärfe *f*; *(caledwch)* Härte *f*, Strenge *f*; *(trafferthion)* Unbilden *pl*; **~ y gaeaf** die Strenge des Winters; **~ bywyd** die Unbilden des Lebens.

llymeitian *be.g* süffeln, picheln[D].

llymeitiwr (llymeitwyr) *g* Schluckspecht[D] *m*, Trankler[A] *m*.

llymru *g (COG)* Flammeri *m*, Haferschleim *m*.

llyn (-noedd) *g* See *m*; *(mewn parc neu ardd)* Teich *m*; *(argae)* Stausee *m*; **Ll~ Tegid** *(DAEAR)* Balasee *m*; **~ halen** Salzsee *m*, Schott *m*; **ardal y ~noedd** Seengebiet *nt*, Seenplatte *f*; *(yn Lloegr)* Lake District *m*.

llyncad (llynceidiau) *g* = **llymaid**.

llyncu *be.g* schlucken.

♦ *be.a* schlucken, hinunterschlucken; *(moddion)* einnehmen; *(FFIS)* absorbieren; *(ffig: credu)* schlucken, glauben; *(MASN)* aufkaufen; *(gwybodaeth)* aufsaugen; **~'r abwyd** *(llyth, ffig)* anbeißen; **~'r chwerw** *(ffig)* in den sauren Apfel beißen; **~'ch geiriau** *(ffig)* zu Kreuze kriechen; **~ mul** die beleidigte Leberwurst spielen; **mae'r holl wyliau yn ~ llawer o arian** *(ffig: costio)* die Urlaube verschlingen eine Menge Geld.

llyncwr (llyncwyr) *g* Schlucker *m*; **~ tân** Feuerschlucker *m*.

llynedd *adf* letztes Jahr, voriges Jahr.

llyo *be.a* = **llyfu**.

llys¹ (-oedd) *g (CYFR)* Gericht *nt*; *(corff o farnwyr)* Gerichtshof *m*; *(yr ystafell)* Gerichtssaal *m*; *(neuadd brenin)* Hof *m*, Königshof *m*; **~ apêl** Berufungsgericht *nt*; **~ barn** Gerichtshof *m*, Tribunal *nt*; **Ll~ Barn Rhyngwladol** Internationaler Gerichtshof *m*; **~ cyfansoddiadol** Verfassungsgericht *nt*; **Llys y Goron** Bezirksgericht *nt*; **Ll~ Goruchaf** Oberster Gerichtshof *m*; **~ milwrol** Militärgericht *nt*; **~ plant** Jugendgericht *nt*; **yr Uchel Lys** Oberster Gerichtshof *m*; **~ ynadon** Amtsgericht *nt*, Schöffengericht *nt*.

llys² *g (llysnafedd)* Schleim *m*.

llys³ *ll (eirin)* Beeren *pl*.

llysblentyn (llysblant) *g* Stiefkind *nt*.

llyschwaer (llyschwiorydd) *b* Stiefschwester *f*.

llysdad (-au) *g* = **llystad**.

llysenw (-au) *g* Spitzname *m*.

llysenwi *be.a:* **~ rhn** jdm einen Spitznamen geben.

llysfab (llysfeibion) *g* Stiefsohn *m*.

llysfam (-au) *b* Stiefmutter *f*.

llysferch (-ed) *b* Stieftochter *f*.

llysfrawd (llysfrodyr) *g* Stiefbruder *m*.

llysfwytawr (llysfwytawyr) *g* = **llysieuwr**.

llysgenhadaeth (llysgenadaethau) *b* Botschaft *f*, Gesandtschaft *f*.

llysgenhadwr *g* = **llysgennad**.

llysgennad (llysgenhadon) *g* Botschafter(in) *m(f)*, Gesandte *m/f*, Diplomat(in) *m(f)*.

llysiau *ll* Gemüse *nt*; *(i flasu)* Kräuter *pl*; *gw.* **llysieuyn**.

llysieueg *b* Botanik *f*.

llysieuog, llysieuol *ans* botanisch, pflanzlich; *(bwyd)* vegetarisch.

llysieuwr (llysieuwyr) *g* Vegetarier *m*.

llysieuwraig (llysieuwragedd) *b* Vegetarierin *f*.

llysieuydd (llysieuwyr) *g* Kräutersammler(in) *m(f)*; *(MEDD)* Naturheilkundiger(in) *m(f)*.

llysieuyn (llysiau) *g* Gemüse *nt*; *(planhigyn)* Pflanze *f*; **llysiau** *ll* Gemüse; *(perlysiau)* Kräuter *pl*; **cawl llysiau** Gemüsesuppe *f*, Kräutersuppe *f*; **gardd lysiau** Gemüsegarten *m*.

llysleuen (llyslau) *b (SÖOL)* Blattlaus *f*.

llysnafedd *g* Schleim *m*; **~ trwyn** Nasenschleim *m*, Rotz *m*.

llystad (-au) *g* Stiefvater *m*.

llystyfiant *g* Vegetation *f*, Flora *f*.

llysysydd (-ion) *g* Pflanzenfresser *m*.

llysywen (-nod *neu* **llysywod)** *b (SÖOL)* Aal *m*.

llythrennau *ll gw.* **llythyren**; *(gwyddor)* Schrift *f*; **~ Cyrilig** kyrillische Schrift *f*; **~ endoredig** Keilschrift *f*; **~ Lladin** lateinische Schrift *f*; **~ ogam** Ogam-Alphabet *nt*.

llythrennedd *g* Schreibkundigkeit *f*, Alphabetisierung *f*; **~ cyfrifiadurol** Computererfahrung *f*.

llythrennog *ans* alphabetisiert; **bod yn ~** lesen und schreiben können.

llythrennol *ans* wörtlich; *(person)* prosaisch; **roedd e'n drychineb yn ~** es war im wahrsten Sinne des Wortes eine Katastrophe; **ystyr ~** wörtliche Bedeutung.

llythrennu *be.a* eingravieren; *(ar faen)* einhauen, einritzen.

llythyr (-au *neu* **-on)** *g* Brief *m*; *(Beibl)* Epistel *f*; **~ brys** Eilbrief *m*; **~ bygythiol** Drohbrief *m*; **~ caru** Liebesbrief *m*; **~ ffarwel** Abschiedsbrief *m*; **~ geirda** Empfehlungsschreiben *nt*; **~au sothach**

Postwurfsendungen *pl*; **~ o ddiolch**
Dankschreiben *nt*; **oes yna lythyrau i mi?** ist Post
für mich da? **ysgrifennu ~ at rn** einen Brief an jdn
schreiben.

llythyrdy (**llythyrdai**) *g (swyddfa bost)* Postamt *nt*.

llythyren (**llythrennau**) *b* Buchstabe *m*, Zeichen *nt*;
(GRAM) Graphem *nt*; **~ fach** Kleinbuchstabe *m*; **~
fras** Großbuchstabe *m*; **~ y ddeddf** der Buchstabe
des Gesetzes; **~ gyntaf** Anfangsbuchstabe *m*,
Initiale *f*; **prif lythyren** Großbuchstabe; **~ rwnig**
Rune *f*; *gw.h.* **llythrennau**.

llythyru *be.g* korrespondieren; **~ gyda**
korrespondieren mit *+dat*.

llyw (**-iau**) *g* Steuer *nt*; *(car)* Lenkrad *nt*; *(MOR, AWYR)*
(Steuer)ruder *nt*; *(MOR: olwyn)* Steuerrad *nt*;
(arweinydd) Fürst *m*; **bod wrth y ~** *(ffig: arwain)* am
Ruder sein; **Llywelyn ein Ll~ Olaf** Llywelyn unser
letzter Prinz.

llywaeth *ans (anifail)* zahm; *(person)* charakterlos,
weich.

llywanen *b* = **llywionen**.

llyweth (**-au**) *b* Locke *f*, Haarlocke *f*.

llywio *be.a* lenken, dirigieren; *(car)* lenken; *(cwch)*
steuern.
  ♦ *be.e* **~ pweredig** Servolenkung *f*.

llywionen *b* Plane *f*, Zeltbahn *f*.

llywodraeth (**-au**) *b* Regierung *f*; **~ byped** *(ffig)*
Marionettenregierung *f*; **Ll~ Ffederal**
Bundesregierung *f*; **~ leiafrifol**
Minderheitsregierung *f*; **~ leol** Gemeinderat *m*,
Kommunalverwaltung *f*.

llywodraethol *ans* regierend; **bwrdd ~** *(MASN)*
Aufsichtsrat *m*; **corff ~** Führungsausschuss *m*.

llywodraethu *be.g* regieren; *(llywio)* leiten;
(ymerawdwr) herrschen; *(ffig: teimladau, tymer)*
beherrschen.

llywodraethwr (**llywodraethwyr**) *g* Verwalter *m*;
(carchar) Direktor *m*; *(ysgol)* Mitglied *nt* des
Schulbeirats; *(ar wladfa neu dalaith)* Gouverneur *m*,
Statthalter *m*.

llywydd (**-ion**) *g* Präsident(in) *m(f)*; *(pennaeth)*
Vorsitzende *m/f*.

llywyddiaeth *b* Präsidentschaft *f*, Vorsitz *m*.

llywyddu *be.g* den Vorsitz haben.

M

m *byrf (= metr)* m (Meter).

mab (meibion) *g* Sohn *m*; *(bachgen)* Junge[D] *m*, Bub[A] *m*; **y ~ afradlon** *(Beibl)* der verlorene Sohn; **~ bedydd** Patensohn *m*; **~ Duw** Gottessohn *m*; **~-yng-nghyfraith** Schwiegersohn *m*; *gw.h.* **ap**.

maban (-od) *g* Säugling *m*, Baby *nt*.

Mabinogi *ll (LLEN)* Mabinogion *nt*, walisisches Nationalepos; **Pedair Cainc y ~** *(LLEN)* die vier Zweige des Mabinogi.

Mabinogion *ll* = **Mabinogi**.

maboed *g* Kindheit *f*.

mabolgampau *ll (CHWAR)* Leichtathletik *f*.

mabolgampwr (mabolgampwyr) *g* Leichtathlet *m*, Sportler *m*.

mabolgampwraig (mabolgampwragedd) *b* Leichtathletin *f*, Sportlerin *f*.

mabsant (mabsaint) *g* Schutzpatron *m*, Schutzheilige *m/f*.

mabwysiad (-au) *g* Adoption *f*; **plentyn trwy fabwysiad** Adoptivkind *nt*.

mabwysiadu *be.a* adoptieren; *(syniad, agwedd)* übernehmen; *(GWLEID)* **~ ymgeisydd** einen Kandidaten aufstellen.

macai (maceiod) *g (SÔOL)* Made *f*.

macaroni *g (COG)* Makkaroni *pl*.

Macedonaidd *ans* mazedonisch.

Macedonia *b (DAEAR)* Mazedonien *nt*.

macrell (mecryll) *gb* Makrele *f*.

macsu *be.g* (Bier) brauen.

macwy (-aid) *g* Page *m*; *(marchog ifanc)* Knappe *m*, Schildknappe *m*.

macyn (-au *neu* **-on)** *g* Taschentuch *nt*.

mach (meichiau) *g* Kaution *f*, Sicherheit *f*; *(person)* Bürge *m*, Bürgin *f*; **rhyddhau ar feichiau** *(CYFR)* auf Kaution freilassen.

machlud¹ *g* Sonnenuntergang *m*.

machlud² *be.g:* **mae'r haul yn ~** die Sonne geht unter.

machludiad *g* = **machlud¹**.

machludo *be.g* = **machlud²**.

madam *b* Dame *f*; **M~ Cadeirydd** Frau Vorsitzende; **mae hi'n dipyn o fadam** *(dif)* sie ist eine eingebildete Gans.

madarchen (madarch) *b* Pilz *m*, Schwammerl[A] *nt*; **~ fwytadwy** Steinpilz *m*; **~ wenwynig** Giftpilz *m*.

madfall (-od) *b (SÔOL)* Eidechse *f*; **~ y dŵr** Lurch *m*, Olm *m*; **~ symudliw** Chamäleon *nt*.

madredd *g* Fäulnis *f*, Zersetzung *f*; *(medd)*

Wundbrand *m*.

madreddu *be.g* = **madru**.

madrigal (-au) *b (CERDD)* Madrigal *nt*, mehrstimmiges Gesangstück *nt*.

madru *be.g* faulen; *(MEDD)* eitern, faulen.

madruddyn (madrudd) *g* Knorpel *m*; **~ y cefn** Rückenmark *nt*.

maddau *be.a* verzeihen *+dat*; *(CREF)* vergeben *+dat*; **~ rth i rn** jdm etw verzeihen; **maddeuwch i mi** verzeihen Sie, entschuldigen Sie.

maddeuant *g* Verzeihung *f*; *(CREF)* Vergebung *f*; **gofyn am faddeuant** um Verzeihung bitten; *(CREF)* **~ pechodau** Vergebung der Sünden; **yn llawn ~** versöhnlich.

maddeugar *ans* versöhnlich, nachsichtig.

mae *be gw.* **bod¹**; *(bodoli)* es gibt; **sut ~?** wie geht's? *(fel cyfarchiad)* hallo! **~ Siôn a Siân wedi dod** Siôn und Siân sind gekommen; **~ angen** *gw.* **angen**; **~ gennych** *gw.* **bod¹**; **~ rhaid** *gw.* **rhaid**.

maeddu *be.a (trechu)* bezwingen; *(curo)* schlagen, besiegen; *(brwntio)* beschmutzen.

maen (meini *neu* **main)** *g* Stein *m*; *(i goginio)* Herdplatte *f*; **~ bedydd** Taufbecken *nt*; **~ capan** Deckstein *m*; **~ clo** *(PENS)* Schlussstein *m*; **~ coffa** Gedenkstein *m*; **~ gwerthfawr** Edelstein *m*; **~ hir** Menhir *m*; **~ hogi** Wetzstein *m*; **~ llifo** Schleifstein *m*; **~ llog** Altarstein *m* (im Gorsedd); **~ melin** Mühlstein *m*; **~ ogam** Ogamstein *m*; **~ prawf** Kriterium *nt*; *(ffig)* Prüfstein *m*; **~ tramgwydd** Stolperstein *m*, Hürde *f*; **gwaith ~** Mauerwerk *nt*; **saer ~** Steinmetz *m*; **mynd â'r ~ i'r wal** *(ffig)* sein gestecktes Ziel erreichen; **~ melin am y gwddf** *(ffig)* ein Klotz am Bein.

maenol *b* = **maenor**.

maenor (-au) *b (ystad)* Landgut *nt*, Gutshof *m*; *(maenordy)* Herrenhaus *nt*, Landsitz *m*.

maenordy (maenordai) *g* Herrenhaus *nt*, Landsitz *m*.

maentumio *be.a* beteuern, versichern.

maer (meiri) *g* Bürgermeister *m*.

maeres (-au) *b* Bürgermeisterin *f*.

maes¹ (meysydd) *g* Feld *nt*; *(CHWAR)* Spielfeld *nt*, Sportplatz *m*; *(cad)* Schlachtfeld *nt*; *(ffig: arbenigedd)* Gebiet *nt*, Domäne *f*; *(dylanwad)* Bereich *m*, Sphäre *f*; **~ arbenigol** Fachbereich *m*, Fachgebiet *nt*; **~ awyr** Flughafen *m*; **~ cyfrifoldeb** Verantwortungsbereich *m*; **~ dylanwad** Einflussbereich *m*; **~ yr eisteddfod** Gelände *nt* des Eisteddfod; **~ ffrwydron** Minenfeld *nt*; **~ y gad**

Schlachtfeld; ~ **glanio** Landeplatz *m*; ~ **glo** *(MWYN)*
Kohlenbecken *nt*; Kohlenlager *nt*; ~ **golff**
Golfplatz *m*; ~ **gweld** Blickfeld *nt*; ~ **llafur**
Programm *nt*, Arbeitsplan *m*; ~ **magnetig** *(FFIS)*
Magnetfeld *nt*; ~ **olew** Ölfeld *nt*; ~ **parcio**
Parkplatz *m*; ~ **pebyll** Campingplatz *m*; ~ **pêl droed**
Fußballplatz *m*; ~ **prawf niwclear** Atomtestgelände
nt; ~ **rygbi** Rugbyfeld *nt*; ~ **saethu** Schießplatz *m*;
swyddog ~ Feldforscher *m*; **gwaith** ~
Feldforschung *f*; *(YSG)* Exkursion *f*; **astudiaethau**
ym ~ **meddygyniaeth** Studien auf dem Gebiet der
Medizin; **ennill y** ~ *neu:* **cario'r** ~ den Sieg
davontragen; ~ **fy niddordeb yw ...** mein
Interessengebiet ist...; **ym mha faes ydych chi'n**
gweithio? in welcher Sparte arbeiten Sie?
maes² *adf* = **mas¹**; ~ **o law** in Kürze, bald; **tu faes**
draußen, außerhalb.
maestref (-i) *b* Vorstadt *f*, Vorort *m*.
maeth *g* Nahrung *f*; *(caloriau)* Nährwert *m*; **plentyn** ~
Pflegekind *nt*.
maethlon *ans* nahrhaft, gehaltvoll.
maetholyn (**maetholion**) *g* Nährstoff *m*.
maethu *be.a* ernähren; *(ffig)* nähren.
mafonen (**mafon**) *b* Himbeere *f*; ~ **goch** Himbeere; ~
ddu Brombeere *f*.
magïen (**magïod**) *b* *(SÖOL)* Leuchtkäfer *m*; ~ **y golau**
Glühwürmchen *nt*.
magl (-au) *b* Falle *f*, Schlinge *f*; *(rhwyd)* Masche *f*; ~
bysgod Reuse *f*.
maglu *be.a* fangen.
♦ *be.g* sich verfangen, sich verstricken.
magma *g* Magma *nt*.
magned *g* = **magnet**.
magnel (-au) *b* *(MIL)* Kanone *f*, Mörser *m*.
magnelaeth *b* Artillerie *f*.
magnelfa (**magnelfeydd**) *b* *(MIL)* Batterie *f*.
magneliad (-au) *g* Artilleriebeschuss *m*,
Bombardierung *f*.
magnelu *be.a* beschießen, bombardieren.
magnelwr (**magnelwyr**) *g* *(MIL)* Artillerist *m*.
magnesiwm *g* *(CEM)* Magnesium *nt*.
magnet (-au) *g* Magnet *m*; ~ **trydan** Elektromagnet
m; ~ **pedol** Hufeisenmagnet *m*.
magnetedd *g* *(FFIS)* Magnetismus *m*; ~ **daear**
Erdmagnetismus *m*.
magneteiddio *be.a* magnetisieren.
magnetig *ans* magnetisch; **maes** ~ Magnetfeld *nt*.
magu *be.a* *(plentyn)* aufziehen, großziehen; *(hyfforddi)*
erziehen; *(anifeiliaid)* züchten; *(hyder)* gewinnen,
schöpfen; *(babi)* (in den Armen) wiegen; ~ **bola**
einen Bauch ansetzen; ~ **bloneg** Fett/Speck
ansetzen; ~ **ceffylau** Pferde züchten; ~ **profiad**

Erfahrung sammeln; **ces i fy** ~ **yn Aberteifi** ich
wuchs in Cardigan auf.
magwr (**magwyr**) *g* Züchter(in) *m(f)*.
magwraeth *b* Erziehung *f*; *(anifeiliaid)* Zucht *f*.
magwrfa (**magwrfeydd**) *b* *(BIOL)* Brutstätte *f*.
maharen (**meheryn**) *g* Widder *m*, Schafbock *m*.
mahogani *g* *(pren)* Mahagoni *nt*.
mai *cys* dass (es ist); **rwy'n gwybod** ~ **ym Merthyr y**
mae hi'n byw ich weiß, dass sie in Merthyr lebt.
Mai *g:* *(mis)* ~ Mai *m*; **Calan** ~ Erster Mai; *(HAN)* die
Kalenden *pl* des Mai; **bedwen Fai** Maibaum *m*.
maidd *g* Molke *f*.
main¹ (*ll* **meinion**) *ans* *(tenau)* schmal, zierlich;
(person) schlank, mager; *(tlawd)* ärmlich, mager;
(heb fod yn fras) fein; *(clyw)* fein, empfindlich; *(swn)*
schrill, durchdringend; **clust fain** *(ffig)* feines
Gehör; **gobaith** ~ schwache Hoffnung; **gwynt** ~
scharfer Wind; **yr iaith fain** Englisch; **byw'n fain**
sein Dasein fristen.
main² *g:* ~ **y cefn** Kreuz *nt*.
main³ *ll gw.* **maen**.
mainc (**meinciau**) *b* Bank *f*; *(gweithle)* Werkbank *f*;
meinciau cefn *(GWLEID)* Parteiabgeordneten *pl*; **bod**
ar y fainc *(CHWAR)* auf der Ersatzbank sitzen; ~
flaen erste Reihe *f*; ~ **gosb** *(CHWAR)* Strafbank *f*;
(GWLEID) Regierungsbank *f*; ~ **gwaith** Werkbank.
maint (**meintiau**) *g* Größe *f*; *(mesur)* Dimensionen *pl*;
(safon) Norm *f*; *(nifer)* Menge *f*, Quantität *f*;
(casgen) Fassungsvermögen *nt*; ~ **dillad** Größe; ~ **yr**
elw *(MASN)* Gewinnspanne *f*; ~ **esgidiau**
Schuhgröße *f*; ~ **gronyn** Körnung *f*; ~ **y goler**
Kragenweite *f*; *(pa)* **faint?** wie viel? wie viele?
faint o'r gloch yw hi? wie spät ist es? **faint a fynnoch**
so viel Sie wollen.
maintioli *g* *(taldra)* (Körper)größe *f*, Statur *f*; *(mesur)*
Größenordnung *f*, Dimension *f*.
maip *ll gw.* **meipen**.
Mair *b* Maria *f*.
maith (*ll* **meithion**) *ans* lang, langwierig; **amser** ~ **yn ôl**
vor langer Zeit.
malais *ans* Bosheit *f*, Niederträchtigkeit *f*,
Böswilligkeit *f*; **gwneud rhth â** ~ etw aus
Boshaftigkeit tun.
malaria *g* *(MEDD)* Malaria *f*.
maldodi *be.a* verwöhnen, verziehen, verhätscheln.
Maleiaidd *ans* malaiisch.
Maleieg *b* Malaiisch *nt*.
maleisgar *ans* bösartig, gemein, böswillig; *(distryw)*
mutwillig.
Maleisia *b* *(DAEAR)* Malaysia *nt*.
Maleisiad (**Maleisiaid**) *g* Malaysier(in) *m(f)*.
Maleisiaidd *ans* malaysisch.

maleisus *ans* = **maleisgar**.

malio *be.g* sich kümmern, sich scheren; **nid yw'n ~ taten am hynny** er kümmert sich einen Dreck darum.

♦ *be.a* ausmachen +*dat*; **dw i ddim yn ~'r oerfel** die Kälte macht mir nichts aus, die Kälte stört mich nicht.

Malta *b* (*DAEAR*) Malta *nt*; **rhn o Falta** Malteser(in) *m(f)*; **croes ~** Malteserkreuz *nt*.

Maltaidd *ans* maltesisch.

Malteg *b* Maltesisch *nt*.

malu *be.a* mahlen; (*cig*) durch den Wolf drehen; (*dryllio*) zerschlagen, kaputtmachen; (*powdr*) pulverisieren; (*ffenestr*) einschlagen; **~ awyr** schwafeln, Unsinn verzapfen; **~ yn fân** zerbröseln; (*COG*) zerstoßen.

♦ *be.g* (*torri*) kaputtgehen, zerbrechen; **carreg falu** Mühlstein *m*.

malurio *be.a* pulverisieren.

♦ *be.g* zerfallen, abbröckeln.

malurion *ll* Trümmer *pl*, Schutt *m*.

malwen (**malwod**) *b* (*SÖOL*) Schnecke *f*; (*ffig*) Schnecke; **cragen ~** Schneckenhaus *nt*.

malwoden *b* = **malwen**.

mall *ans* faulig, verfault; (*BOT*) verwelkt.

♦ *b*: **y Fall** (*CREF*) Hölle *f*, Verdammnis *f*, Fegefeuer *nt*.

malltod *g* Fäulnis *f*, Zersetzung *f*.

mam (-**au**) *b* Mutter *f*; (*fel enw anwes*) Mutti *f*, Mama *f*; (*CREF: pennaeth lleianod*) Mutter; **cariad ~** Mutterliebe *f*; **M~ Duw** Muttergottes *f*; **~ faeth** Amme *f*, Ziehmutter *f*; **~ fedydd** (Tauf)patin *f*, Patentante *f*, Godl^ *f*; **~ feichiog** werdende Mutter; **y fam leian** Mutter Oberin; **~ y perl** Perlmutt *nt*; **~ trwy fabwysiad** Adoptivmutter *f*; **~ wen** Stiefmutter *f*; **~-yng-nghyfraith** Schwiegermutter *f*.

mamaeth (-**od**) *b* Kindermädchen *nt*, Amme *f*.

mamal *g* = **mamolyn**.

mamfaeth *b* Ziehmutter *f*, Pflegemutter *f*.

mam-gu *b* Großmutter *f*; (*fel enw anwes*) Oma *f*, Omi *f*.

mamiaith (**mamieithoedd**) *b* Muttersprache *f*.

mamieithwr (**mamieithwyr**) *g* Muttersprachler *m*.

mamog (-**iaid**) *b* Mutterschaf *nt*.

mamograffeg *b* (*MEDD*) Mammographie *f*.

mamol *ans* mütterlich; **taid/tad-cu ~** Großvater mütterlicherseits.

mamolaeth *b* Mutterschaft *f*; **gwyliau ~** Mutterschaftsurlaub *m*, Karenzurlaub^ *m*.

mamolyn (**mamolion**) *g* (*SÖOL*) Säugetier *nt*.

mamoth (-**iaid**) *g* (*SÖOL*) Mammut *nt*.

mamwlad (**mamwledydd**) *b* Heimat *f*; (*llen*) Vaterland *nt*.

man[1] (-**nau**) *gb* Stelle *f*, Platz *m*, Stätte *f*; (*bach*) Fleck *m*; **fan hyn** hier, an diesem Ort, an dieser Stelle; **~ a ~** egal, gleich, alles eins; **~ a ~ i ni ganslo'r cyfarfod** wir können genauso gut das Treffen absagen; **~ addoli** Kultstätte *f*; **~ cychwyn** (*ffig*) Ausgangspunkt *m*; **~ cyfarfod** Treffpunkt *m*; (*i grŵp o bobl*) Sammelpunkt *m*; (*cynhadledd*) Tagungsort *m*; **~ gwan** Schwachstelle *f*, Achillesferse *f*; **~ gwasgu** Druckstelle *f*; **~ gwyn ~ draw** (*ffig*) die Kirschen in Nachbars Garten; **~ llwytho** Verladestelle *f*; **nawr ac yn y ~** hin und wieder; **o fan i fan** von hinnen nach dannen; **un fan** *gw.* **unfan**; **yn y fan** (*ar unwaith*) sofort, auf der Stelle; **yn y fan a'r lle** an Ort und Stelle; **yn y ~** gleich, bald; **yr un ~** genauso gut, ebenso.

man[2] *g* (*marc*) Markierung *f*; **~ geni** Muttermal *nt*.

mân *ans* (*pitw*) winzig, klein; (*main*) fein; (*dibwys*) banal; **arian ~** Kleingeld *nt*; **~ ddaliad** (*AMAETH*) Kleinbauer *m*; **cerrig ~** Kieselsteine *pl*; **glaw ~** Nieselregen *m*; **print ~** Kleingedruckte(s) *nt*; **~ siarad** Gelaber *nt*, Blabla *nt*; **~ us** Spreu *f*; **yn fân ac yn fuan** zügig, hurtig, flott; **cerdded yn fân ac yn fuan** trippeln, hurteln^.

manbluen (**manblu**) *b* Flaumfeder *f*, Daune *f*.

Manceinion *b* (*DAEAR*) Manchester *nt*.

mandad *g* Mandat *nt*.

mandarin *g* (*oren fach*) Mandarine *f*; (*swyddog Tsieina*) Mandarin *m*; **yr iaith Fandarin** Mandarin *nt*.

mandwll (**mandyllau**) *g* Pore *f*.

mandyllog *ans* porös.

maneg (**menig**) *b* Handschuh *m*; **~ asbestos** Asbesthandschuh *m*; **~ ffwrn** Topflappen *m*; **~ weddw** ein einzelner Handschuh.

mangl (-**au**) *g* (Wäsche)mangel *f*.

manglo *be.a* durch die Mangel drehen.

mango (-**s**) *g* (*ffrwyth*) Mango *f*.

mangre (-**oedd**) *b* Gegend *f*; (*sanctaidd*) Kultstätte *f*; (*CREF*) Wallfahrtsort *m*.

maniffesto (-**s**) *g* Grundsatzerklärung *f*, Manifest *nt*.

manion *ll* Kleinigkeiten *pl*; (*pethau*) Krimskrams *m*, Kramuri^ *m*; **~ gwnïo** Kurzwaren *pl*.

manna *g* (*CREF*) Manna *nt*.

mannu *be.g* = **menu**.

mans *g* Pfarrhaus *nt*.

mantais (**manteision**) *b* Vorteil *m*, Vorzug *m*, Plus *nt*; (*CHWAR: tennis*) Vorteil; **cymryd ~ o'r cyfle** die Gelegenheit nützen; **cymryd ~ o rn** jdn ausnützen, jdn ausbeuten; **o fantais** von Vorteil, vorteilhaft.

manteisiaeth *b* Opportunismus *m*.

manteisio *be.g*: **~ ar** nützen, ausnützen; (*elwa*)

Vorteil ziehen aus *+dat*; *(defnyddio rhn)* benutzen;
(twyllo) übervorteilen; **manteisiodd arno i gyrraedd ei
hamcan** sie benutzte ihn um ihr Ziel zu
erreichen.

manteisiol *ans* vorteilhaft, nutzbringend.

manteisiwr (manteiswyr) *g* Opportunist(in) *m(f)*.

mantell (mentyll) *b* Umhang *m*, Mantel *m*; *(gŵn)*
Robe *f*, Talar *m*; *(ffig)* Mantel; **~ lamp**
Lampenschirm *m*.

mantol (-ion) *b* Waage *f*; *(CYLL)* Bilanz *f*; **y Fantol**
(ASTROL) Waage; **bod yn y fantol** auf der
Waagschale liegen; **troi'r fantol** den Ausschlag
geben; **~ daliadau** *(CYLL)* Zahlungsbilanz *f*.

mantoledd (-au) *g (CYLL)* Saldo *m*.

mantolen (-ni) *b* Abrechnung *f*, Bilanz *f*; **~ fasnach**
Handelsbilanz *f*; **~ gyfamser** Zwischenbilanz *f*.

mantoli *be.a* wägen, abwiegen; *(gwrthbwyso)*
aufwiegen, ausgleichen, austarieren; *(olwynion)*
wuchten; *(CYLL)* die Abrechnung machen.

mân-werthu *be.a* im Einzelhandel verkaufen.

mân-werthwr (mân-werthwyr) *g* Einzelhändler *m*;
(cymhwyster) Einzelhandelskaufmann *m*.

manwfro *be.a* manövrieren.

manwl *ans* genau, exakt, präzise; *(trylwyr)*
ausführlich, gründlich; **~ gywir** exakt, haargenau;
~ gywirdeb Präzision *f*, Genauigkeit *f*; **a bod yn
fanwl** um genau zu sein.

manyldeb *g* Ausführlichkeit *f*, Genauigkeit *f*.

manylder *g* = **manyldeb**.

manyleb *b* Spezifikation *f*; **~ swydd**
Stellenbeschreibung *f*.

manylion *ll* Einzelheiten *pl*, Details *pl*; *(data)*
Angaben *pl*, Daten *pl*; **~ pellach** nähere
Einzelheiten; **~ perthnasol** zweckdienliche
Hinweise.

manylrwydd *g* = **manyldeb**.

manylu *be.a* näher ausführen, ausführlich
beschreiben, detaillieren; *(rhestru)* einzeln
aufführen; **~ ar rth** bei etw *dat* ins Detail gehen.

manylyn *g* Einzelheit *f*, Detail *nt*; *gw.h.* **manylion**.

map (-iau) *g* Landkarte *f*, Karte *f*; **~ o'r dref** Stadtplan
m; **~ tywydd** Wetterkarte *f*, **rhoi rhth ar y ~** *(ffig)* etw
bekannt machen.

mapio *be.a* *(rhoi ar fap)* einzeichnen; *(creu map)* eine
Karte zeichnen von *+dat*.

mapiwr (mapwyr) *g* Kartograf *m*.

marathon (-au) *b (CHWAR, ffig)* Marathon *m*.

marblen (marblys) *b* Murmel *f*.

marc¹ (-iau) *g* Zeichen *nt*, Markierung *f*; *(nam)*
Kratzer *m*, Abdruck *m*; *(smotyn)* Fleck *m*; *(YSG)*
Note *f*; **cael ~ da yn Almaeneg** eine gute Note in
Deutsch bekommen; **gadael eich ~ ar rth** etw *dat*

seinen Stempel aufdrücken; **gwneud eich ~** einen
guten Eindruck hinterlassen; **~ cwestiwn**
Fragezeichen *nt*; **~ post** Poststempel *m*; **ar eich
~iau!** *(CHWAR)* auf die Plätze!

marc² (-iau) *g (arian Almaenig)* Mark *f*, D-Mark *f*;
(arian y Ffindir) Finnmark *f*.

marcio *be.a* markieren, kennzeichnen; *(gwneud staen
ar)* einen Fleck hinterlassen auf *+dat*; *(YSG)*
benoten; *(CHWAR)* decken; *(cardiau)* zinken.

marciwr (marcwyr) *g (arholiad)* Korrektor(in) *m(f)*; **~
ffelt** Leuchtstift *m*, Marker *m*.

Marcsaeth *b (GWLEID)* Marxismus *m*.

Marcsaidd *ans (GWLEID)* marxistisch.

Marcsydd (Marcswyr) *g* Marxist(in) *m(f)*.

march (meirch) *g* Hengst *m*, Pferd *nt*; *(henffasiwn)*
Ross *nt*; **gre o feirch** Pferdeherde *f*.

marchnad (-oedd) *b* Markt *m*; *(adeilad)* Markthalle *f*;
(sgwâr) Marktplatz *m*; *(MASN)* Markt, Absatzgebiet
nt; **ar y farchnad** *(ar werth)* auf dem Markt, im
Handel; **~ anifeiliaid** Viehmarkt *m*; **~ dai**
Wohnungsmarkt *m*; **diwrnod ~** Markttag *m*; **~ ddu**
Schwarzmarkt *m*; **ar y farchnad ddu** im
Schwarzhandel; **~ fyd-eang** Weltmarkt *m*; **~ gartref**
Binnenmarkt *m*; **y Farchnad Gyffredin** der
Gemeinsame Markt; **~ rydd** freier Markt; **~ waith**
Stellenmarkt *m*, Arbeitsmarkt *m*.

marchnadwerth (-oedd) *b* Marktwert *m*.

marchnata *be.a* vermarkten; **rheolwr ~** *(MASN)*
Marketing-Manager(in) *m(f)*.

marchnatwr (marchnatwyr) *g* Händler *m*; **~ glo**
Kohlenhändler *m*; **~ gwin** Weinhändler *m*.

marchnerth (-oedd) *g (TECH)* Pferdestärke *f*.

marchog (-ion) *g* Ritter *m*; *(rhn sy'n marchogaeth)*
Reiter *m*; *(gwyddbwyll)* Pferd *nt*, Springer[D] *m*; **~ion y
Ford Gron** die Ritter der Tafelrunde; **~ Temlaidd**
Templer *m*.

marchogaeth *be.g* reiten.

marchogaidd *ans* ritterlich.

marchoges (-au) *b* Reiterin *f*.

marchoglu *g (MIL)* Reiterei *f*, Kavallerie *f*.

marchogwr (marchogwyr) *g* Reiter *m*.

marchogwriaeth *b (HAN)* Rittertum *nt*.

marchruddygl *g (COG)* Meerrettich[D] *m*, Kren[A] *m*.

marchysgallen (marchysgall) *b* Artischocke *f*.

margarîn *g* Margarine *f*.

marian (-nau) *g* Moräne *f*; **~ terfynol** Endmoräne *f*.

marina (-s) *g* Bootshafen *m*, Jachthafen *m*.

marinâd (-au) *g (COG)* Beize *f*, Marinade *f*; *(salad)*
Salatsauce *f*, Dressing *nt*.

marinadu *be.a* marinieren.

mariwana *g* Marihuana *nt*, Gras *nt*.

marlad (-au) *g (SÖOL)* Erpel *m*.

marmalêd (-au) *g* Orangenmarmelade *f.*

marmor *g* Marmor *m*; *(gwyn)* Alabaster *m*; **cerflun o farmor** Marmorstatue *f.*

marmot (-iaid) *g* (SÖOL) Murmeltier *nt.*

marsiandïaeth *b* Handelsware *f*, Ware *f.*

marsiandïwr (marsiandïwyr) *g* Händler *m*, Kaufmann *m.*

marsipán *g* Marzipan *nt.*

marswpial (-od) *g* (SÖOL) Beuteltier *nt.*

mart (-au) *g* Viehmarkt *m.*

marw¹ *be.g* sterben; *(mewn damwain)* ums Leben kommen, umkommen, verunglücken; *(trengi)* krepieren, abkratzen; *(huno)* entschlafen, hinscheiden; *(anifail)* verenden; *(planhigyn)* eingehen; *(braich neu goes)* einschlafen; *(modur)* absterben; **~ allan** *(dod i ben)* aussterben; **ar fin ~** am Rande des Todes; **bu farw o gancr** er starb an Krebs; **~ fel clêr** wie die Fliegen sterben; **~'n naturiol** eines natürlichen Todes sterben; **~'n annaturiol** eines gewaltsamen Todes sterben; **~ o newyn** verhungern; **~ o syched** verdursten; **~ wrth roi genedigaeth** im Wochenbett sterben.

marw² *ans* *(difywyd)* tot; *(wedi marw)* gestorben, verstorben; **corff ~** Leiche *f*, *(anifail)* Kadaver *m*; **cwympo'n farw** tot umfallen; **~ gelain** mausetot; **iaith farw** tote Sprache; **y Môr M~** (DAEAR) das Tote Meer; **roedd y dref yn farw** die Stadt war wie ausgestorben.

marw³ (meirw) *g* Tote *m/f*, Verstorbene *m/f*; **dygwyl y Meirw** Allerseelen *nt.*

marwaidd *ans* leblos; *(araf)* lahm, lethargisch; *(poen)* dumpf; *(diflas)* öd; *(cyfres deledu)* seicht.

marw-anedig *ans* tot geboren.

marwdy (marwdai) *g* Leichenhalle *f*, Aufbahrungshalle *f.*

marweidd-dra *g* Leblosigkeit *f*, (MASN) Stagnation *f.*

marweiddio *be.g* erlahmen, stagnieren.
   ♦ *be.a* lahm legen; *(emosiwn)* abtöten.

marwnad (-au) *b* (LLEN) Elegie *f.*

marwol *ans* sterblich; *(cyffuriau)* tödlich; **pechod ~** Todsünde *f.*

marwolaeth (-au) *b* *(diwedd bywyd)* Tod *m*; *(gweithred o farw)* Sterben *nt*, Ableben *nt*; *(digwyddiad o farw)* Sterbefall *m*, Todesfall *m*; *(marwoldeb)* Sterblichkeit *f*; **~au babanod** Kindersterblichkeit *f*; **~ yn y crud** (MEDD) plötzlicher Kindstod *m*; **diflasu i farwolaeth** sich zu Tode langweilen; **rhewi i farwolaeth** erfrieren; **~ trwy grogi** Tod durch den Strang; **~ yr ymennydd** Gehirntod *m.*

marwoldeb *g* Sterblichkeit *f*; **cyfradd ~** Todesrate *f.*

marworyn (marwor) *g* glühendes Kohlestück *nt*; **marwor** *ll* Glut *f.*

marwydos *ll* Glut *f.*

mas¹ *adf* = **maes²**; = **allan**; **~ a hi!** *(dweda!)* raus mit der Sprache! **dere ~!** komm heraus! **~ fan'na** dort draußen; **~ o bren** aus Holz; **tu fas** draußen, außerhalb; **aeth ~ i Hongkong** er fuhr (rüber) nach Hongkong; **ar y ffordd ~** beim Hinausgehen.

màs² (masau) *g* (FFIS) Masse *f.*

masarnen (masarn) *b* (BOT) Ahorn *m.*

masg (-iau) *g* Maske *f*; **~ marwolaeth** Totenmaske *f.*

masgl (-au) *g* (BOT) Hülse *f*, Schote *f*; **~ wy** Eierschale *f.*

masgot (-iaid) *g* Maskottchen *nt.*

masgynhyrchiad (-au) *g* Massenproduktion *f.*

masgynhyrchu *be.a* in Serie herstellen.

masgynnyrch (masgynnyrchion) *g* Massenware *f.*

masiff (-s) *g* (Berg)massiv *nt.*

masiwn (masiyniaid) *g* Maurer *m.*

masnach (-au) *b* Handel *m*, Gewerbe *nt*; **~ adwerthu** Einzelhandel *m*; **~ arfau** Waffenhandel *m*; **~ arlwyo a gwestya** Gastgewerbe *nt*; **~ dramor** Außenhandel *m*; **~ gaethion** Sklavenhandel *m*; **~ gartref** Binnenhandel *m*; **~ lyfrau** Buchhandel *m.*

masnachol *ans* gewerblich, kaufmännisch, kommerziell; **banc ~** Kommerzbank *f*; **gwerth ~** Marktwert *m.*

masnachu *be.g* Handel treiben; **~ mewn** handeln mit +*dat*, handeln in +*dat.*

masnachwr (masnachwyr) *g* Händler *m.*

masocïaeth *b* Masochismus *m.*

masocist (-iaid) *g* Masochist(in) *m(f).*

masocistig *ans* masochistisch.

mast (-iau) *g* Mast *m*; *(teledu, radio)* Sendemast *m.*

mastyrbiad (-au) *g* Selbstbefriedigung *f*, Masturbation *f.*

mastyrbio *be.g* sich selbst befriedigen, masturbieren.

maswedd *g* Lüsternheit *f*, Schamlosigkeit *f*; **cerddi ~** erotische Gedichte *pl.*

masweddol *ans* lüstern, geil, schamlos.

masweddus *ans* = **masweddol**.

maswr (maswyr) *g* (CHWAR) Außenverteidiger *m.*

mat¹ (-iau) *g* Matte *f*; **~ drws** Fußmatte *f*; **~ bwrdd** Set *nt*, Tischdeckchen *nt*; **~ diod** Untersetzer *m*; **~ cwrw** Bierdeckel *m.*

mat² *ans* matt.

mater (-ion) *g* Sache *f*, Angelegenheit *f*, (FFIS) Materie *f*, Stoff *m*; **~ mewnol** interne Angelegenheit; **~ o farn** Ansichtssache *f.*

materol *ans* *(pethau)* dinglich, materiell; *(person)* materialistisch.

materoliaeth *b* Materialismus *m.*

materolwr (materolwyr) *g* Materialist *m.*

matres (-i) *gb* Matratze *f*; ~ **aer** Luftmatratze *f*.

matrics (-au) *g* Raster *m*; *(MATH)* Matrix *f*, Matrize *f*; **argraffydd** ~ Matrixdrucker *m*.

matryd *be* = **ymddihatru**.

matsen (**matsys**) *b* Zündholz *nt*, Streichholz *nt*; **bocs o fatsys** Streichholzschachtel *f*, Zündholzschachtel *f*.

math[1] (-au) *g* Art *f*, Sorte *f*; *(teip)* Type *f*; **pa fath o** welche Art, was für *+akk*; **o bob** ~ aller Art; **pob** ~ **o bethau** alle möglichen Dinge; **math ar/o gawl** eine Art Suppe.

math[2] *rhag b* solche(r,s); **y fath beth** eine derartige Sache; **y fath berson** ein solcher Mensch; **rhywbeth o'r fath** etwas in dieser Art, etwas derartiges; **dim byd o'r fath** nichts dergleichen.

mathemateg *b* Mathematik *f*.

mathemategol *ans* mathematisch.

mathemategwr *g* = **mathemategydd**.

mathemategydd (**mathemategwyr**) *g* Mathematiker(in) *m(f)*.

mathru *be.a* zertrampeln, zertreten.

mawl *g* Lob *nt*, Lobpreisung *f*; **emyn o fawl** Lobgesang *m*.

mawn *g* Torf *m*.

mawnog (-ydd) *b* Torfmoor *nt*.

mawr *ans* groß; *(maint)* stattlich; *(amser)* lang; *(dylanwadol, pwysig)* groß; *(cadarn)* mächtig; *(trwm)* schwer; **y Brenin M~** der Allmächtige *m*; **digwyddiad** ~ großes Ereignis; **diolch yn fawr** vielen Dank; **esgob ~!** du liebe Zeit! Wahnsinn! **fy mrawd ~** mein großer Bruder; **heol fawr** Hauptstraße *f*; **nifer fawr** eine große Anzahl; **pryd o fwyd** ~ üppiges Mahl; **tyfu'n fawr** in die Höhe wachsen; **tywydd** ~ raues Wetter.

♦ *adf:* **ni chawn wybod fawr ddim ganddo** wir haben so gut wie nichts von ihm gehört; **does gennyf fawr mwy i'w ddweud** ich habe nicht viel mehr hinzuzufügen; **fydda i fawr o dro yn gorffen fy ngwaith** ich werde die Arbeit im Nu fertig haben; **nid yw fawr o beth** das ist keine große Sache; **nid yw fawr o werth** das ist nicht viel wert.

mawredd *g* Größe *f*; *(ffig)* Großartigkeit *f*, Erhabenheit *f*; ~ **mawr!** herrje!

mawreddog *ans* imposant, majestätisch, grandios; *(maint)* stattlich; *(ymffrostgar)* pompös, hochtrabend.

mawrfrydedd *g* Großmut *f*, Freigebigkeit *f*.

mawrfrydig *ans* großmütig.

mawrhydi *g (teitl)* Majestät *f*; **Ei Fawrhydi** Ihre/Seine Majestät; **Eich M~** Eure Majestät.

mawrion *ll (pobl bwysig)* die Oberschicht *f*.

Mawritania *b (DAEAR)* Mauretanien *nt*.

Mawrth *g (mis)* März *m*; *(planed)* Mars *m*; **dydd** ~ Dienstag *m*; **nos Fawrth** Dienstag Abend; **dydd** ~ **Ynyd** Faschingsdienstag *m*, Fastnacht[D] *f*.

Mawrthiad (**Mawrthiaid**) *g* Marsmensch *m*.

mawrygiad (-au) *g* Ehrung *f*, Verherrlichung *f*.

mawrygu *be.a* verehren, verherrlichen, glorifizieren.

mayonnaise *g (COG)* Mayonnaise *f*.

MC *byrf* (= *Methodistiaid Calfinaidd*) methodistische Calvinisten.

mebyd *g* Kindheit *f*.

mecaneg *b* Mechanik *f*.

mecaneiddiad (-au) *g* Mechanisierung *f*, Automatisierung *f*.

mecaneiddio *be.a* mechanisieren; *(awtomateiddio)* automatisieren.

mecanig *g* = **mecanydd**.

mecanwaith (**mecanweithiau**) *g* Mechanismus *m*; *(TECH)* Mechanik *f*; ~ **anadlu** Atmungsmechanismus *m*.

mecanydd (-ion) *g* Mechaniker(in) *m(f)*.

mecanyddol *ans* maschinell; *(peiriannol)* mechanisch.

Mecsicanaidd *ans* mexikanisch.

Mecsicanes (-au) *b* Mexikanerin *f*.

Mecsicanwr (**Mecsicanwyr**) *g* Mexikaner *m*.

Mecsico *b (DAEAR)* Mexiko *nt*.

mechdeyrn (-edd) *g* Oberherr *m*; *(arweinydd)* Oberhäuptling *m*; *(brenin)* Hochkönig *m*.

mechnïaeth *b (CYFR)* Kaution *f*; **rhoi** ~ Kaution hinterlegen; **rhyddhau ar fechnïaeth** gegen Kaution freilassen.

mechnïo *be.g:* ~ **dros** sich verbürgen für *+akk*.
♦ *be.a:* **mechniwyd yn y llys** er wurde auf Kaution entlassen.

mechnïwr (**mechnïwyr**) *g (CYFR)* Bürge *m*, Bürgin *f*.

medal (-au) *gb* Medaille *f*; *(MIL)* Orden *m*, Abzeichen *nt*; ~ **arian** *(CHWAR)* Silbermedaille *f*; ~ **aur** Goldmedaille *f*; ~ **efydd** Bronzemedaille *f*.

medelu *be.g (AMAETH)* (nieder)mähen.

medelwr (**medelwyr**) *g* Schnitter *m*.

medi *be.a* mähen, schneiden, ernten; **oni heuir ni fedir** wer nicht säet, der nicht erntet.

Medi *g* September *m*, Erntemond *m*.

Mediteranaidd *ans* mediterran.

medr (-au) *g* Fähigkeit *f*; *(crefft)* Fertigkeit *f*, Kunstfertigkeit *f*.

medru *be.a* können, fähig sein, imstande sein; **ydych chi'n ~ Almaeneg?** können Sie Deutsch? **fedri ti ddod?** kannst du kommen?

medrus *ans* fähig; *(dawnus)* geschickt, begabt; *(hylaw)* tüchtig, patent; **disgybl** ~ begabter Schüler.

medrusrwydd *g* = medr.

medrydd (-ion) *g* Messgerät *nt*; ~ **gwasgedd**
Druckmesser *m*; ~ **petrol** Benzinuhr *f*; ~ **tanwydd**
Tankuhr *f*; ~ **teiar** Reifendruckmesser *m*; ~ **uchder**
Höhenmesser *m*.

medd[1] *g* Met *m*, Honigwein *m*.

medd[2] *be (ebe)* ~ **ef** spricht/sagt/entgegnet er.

meddal *ans* weich; *(gwan)* schwach, leicht; *(tyner)*
zart; *(diod)* alkoholfrei; **calon feddal** *(ffig)* weiches
Herz; **caws** ~ Weichkäse *m*; **cyffuriau** ~ weiche
Drogen; **dŵr** ~ weiches Wasser; **goleuni** ~
weiches Licht; **llyfr clawr** ~ Taschenbuch *nt*; **tegan**
~ Stofftier *nt*; **treiglad** ~ *(GRAM)* Lenition *f*.

meddalnod (-au) *g (CERDD) b* Senkungszeichen *nt*; **E
feddalnod** Es *nt*.

meddalu *be.a* weich machen, erweichen; *(gadael i
socian)* aufweichen; *(dŵr)* enthärten; *(golau, sŵn)*
dämpfen; *(person)* verweichlichen.
 ♦ *be.g* weich werden.

meddalwch *g* Weichheit *f*; *(agwedd)* Nachgiebigkeit
f.

meddalwedd *g (CYFDR)* Software *f*; ~ **cymhwyso**
Anwendersoftware *f*.

medd-dod *g* Rausch *m*, Trunkenheit *f*.

meddiangar *ans* besitzergreifend.

meddiannaeth *b* Inbesitznahme *f*; *(MIL)* Besatzung *f*,
Besetzung *f*.

meddiannau *ll* Besitztümer *pl*, Siebensachen *pl*.

meddiannol *ans* besitzergreifend; *(GRAM)* possessiv;
rhagenw ~ Possessivpronomen *nt*.

meddiannu *be.a* in Besitz nehmen, übernehmen;
(MIL) besetzen, einnehmen, okkupieren; *(tir, gwlad)*
annektieren; *(llong)* kapern; *(yn anghyfreithlon)* ~ **rhth**
sich *dat* etw einverleiben; *(gan ofn)* überkommen;
meddiannwyd gan ofn Furcht überkam ihn; ~'**r bêl**
den Ball an sich *akk* nehmen.

meddiant (meddiannau) *g* Besitz *m*; *(etifeddiaeth)*
Erbmasse *f*; *(pêl)* Ballbesitz *m*.

meddu *be.g:* ~ **ar** besitzen, im Besitz sein von +*dat*;
(bod â'r gallu) verfügen über +*akk*; ~ **ar eich holl
gyneddfau** bei klarem Verstand sein.

meddw *ans* betrunken, besoffen, blau; *(LLEN)*
trunken; ~ **gaib** sternhagelvoll, stockbesoffen.

meddwdod *g* Rausch *m*, Trunkenheit *f*.

meddwen (meddwon) *b* Alkoholikerin *f*, Säuferin *f*.

meddwi *be.g* sich betrinken, sich ansaufen; *(gwneud
yn feddw)* betrunken machen; *(ffig)* trunken
machen, berauschen; ~ **ar lwyddiant** vom Erfolg
trunken sein.

meddwl[1] (meddyliau) *g* Gedanke *m*; *(gweithred)*
Denken *nt*; *(gwrthwyneb corff)* Geist *m*; *(agwedd)*
Gesinnung *f*, Haltung *f*; *(cof)* Gedächtnis *nt*;

salwch ~ Geisteskrankheit *f*; **mae ar fy** ~ **es**
beschäftigt mich; **beth sydd ar dy feddwl?** *(beth sy'n
bod)* was hast du auf dem Herzen? **bod â** ~ **agored**
offen sein, aufgeschlossen sein; **cloffi rhwng dau
feddwl** schwanken, sich nicht im Klaren sein;
chwalu meddyliau Probleme wälzen, brüten;
darllen meddyliau rhn jds Gedanken lesen; **dweud
eich meddwl** sagen, was man auf dem Herzen
hat; **mae'n gofyn am feddwl clir** es erfordert klares
Denken.

meddwl[2] *be.g:* ~ **am** denken an +*akk*; *(ystyried)*
überlegen, nachdenken über +*akk*; ~ **am y dyfodol**
an die Zukunft denken; **beth mae hynny yn ei
feddwl?** was bedeutet das? ~ **bod ...** *(credu)*
denken, dass…, glauben, dass…; ~ **y byd o rn**
große Stücke auf jdn halten; ~ **dim am** nichts
halten von +*dat*, gering schätzen; ~ **dros rth** etw
überdenken; ~ **ddwywaith am rth** sich *dat* etw
zweimal überlegen; ~ **eich hun yn bwysig** sich
wichtig vorkommen; ~ **yn fawr o rn** eine hohe
Meinung von jdm haben; ~ **yn galed** scharf
nachdenken; ~ **yn ôl** zurückdenken; ~ **yn uchel**
laut nachdenken.

meddwol *ans* berauschend; *(diod)* alkoholisch,
schwer.

meddwyn (meddwon) *g* Säufer *m*, Trunkenbold *m*,
Alkoholiker *m*.

meddyg (-on) *g* Arzt *m*, Doktor *m*; *(PRIFYSG)*
Mediziner *m*; ~ **ar alwad** Notarzt *m*; **galw'r** ~ den
Arzt rufen; ~ **teulu** praktischer Arzt *m*, Hausarzt
m.

meddygaeth *b* Medizin *f*, Heilkunde *f*; ~ **amgen**
alternative Medizin *f*; ~ **gyffredinol** Schulmedizin
f.

meddyges (-au) *b* Ärztin *f*.

meddygfa (meddygfeydd) *b* Arztpraxis *f*, Praxis *f*;
(ystafell) Sprechzimmer *nt*, Ordination^ *f*.

meddyginiaeth (-au) *b* Medikament *nt*, Arznei *f*,
Arzneimittel *nt*.

meddygol *ans* ärztlich, medizinisch; **archwiliad** ~
ärztliche Untersuchung *f*; **myfyriwr** ~
Medizinstudent *m*.

meddylfryd *g (agwedd)* Geisteshaltung *f*, Denkweise
f, Neigung *f*; **dilyn eich** ~ seiner Neigung folgen.

meddylgar *ans* nachdenklich, gedankenvoll; *(ar
gyfer rhn arall)* rücksichtsvoll, bedacht.

meddyliol *ans* geistig; **nam** ~ geistige Behinderung;
salwch ~ Geisteskrankheit *f*; **straen** ~ geistige
Belastung.

meddyliwr (meddylwyr) *g* Denker *m*.

mefl (-au) *g* Makel *m*, Fehler *m*.

mefusen (mefus) *b* Erdbeere *f*; **tarten fefus**

Erdbeertorte *f*; ~ **wyllt** Walderdbeere *f*;

megabeit (-iau) *g (CYFDR)* Megabyte *nt*.

megaffon (-au) *g* Megafon *nt*, Sprachrohr *nt*.

megalith (-iau) *g* Megalith *m*.

megalomania *g* Größenwahn *m*.

megawat (-iau) *b* Megawatt *nt*.

megin (-au) *b* Blasbalg *m*.

megino *be.a* anfachen.

megis *cys* wie, so wie; *(sef)* nämlich; ~ **yn y nef felly ar y ddaear hefyd** wie im Himmel, also auch auf Erden; ~ **ddoe** wie gestern.

Mehefin *g* Juni *m*.

meheryn *ll gw.* **maharen.**

meibion *ll gw.* **mab;** ~ **Glyndŵr** Söhne Glyndwrs, eine geheime Terrorgruppe, welche die Unabhängigkeit von Wales erkämpfen wollte.

meicro- *rhagdd gw.* **meicro-** *neu* **micro-.**

meicrodon (-nau) *b* Mikrowelle *f*, Mikrowellenherd *m*.

meicroffon (-au) *g* Mikrofon *nt*.

meichiad (meichiaid) *g* Schweinehirt *m*.

meichiau *g* = **mechnïaeth.**

meidr (-au) *g* Pfad *m*, Weg *m*.

meidrol *ans* vergänglich, sterblich.

meidroldeb *g* Vergänglichkeit *f*.

meiddio *be.a* wagen.
  ♦ *be.g* sich unterstehen, getrauen.

meilart *g (SÖOL)* Erpel *m*, Enterich *m*.

meillionen (meillion) *b (BOT)* Klee *m*.

meim (-iau) *gb* Pantomime *f*.

meimio *be.a* mimen; *(dynwared)* nachahmen.

meinciwr (meincwyr) *g (CYFR)* Laienrichter *m*, Schöffe *m*; ~ **ôl** *(GWLEID)* Parteiabgeordnete *m/f*.

meincnod (-au) *g* Vermessungspunkt *m*, Höhenfestpunkt *m*.

meinder *g* Feinheit *f*; *(bod yn denau)* Schlankheit *f*.

meindio *be.a* sich kümmern um *+akk*; **meindiwch y gris!** Vorsicht Stufe! **meindia beth rwyt ti'n ei wneud!** pass doch auf! **meindia dy fusnes!** kümmer' dich gefälligst um deine Angelegenheiten! **meindia dy hun!** Achtung! **meindia dy iaith!** sprich anständig! **wyt ti'n ~?** würde es dir was ausmachen? **dyw hi ddim yn ~** es macht ihr nicht aus, es stört sie nicht; **os nad ydych chi'n ~** wenn Sie nichts dagegen haben; *gw.h.* **malio.**

meingefn *g* Kreuz *nt*; ~ **llyfr** Buchrücken *m*.

meini *ll gw.* **maen;** ~ **prawf perfformiad** Leistungskriterien *pl*.

meinion *ll gw.* **main¹.**

meinir *b* Maid *f*.

meintiol *ans* quantitativ.

meinwe (-oedd) *b* Gewebe *nt*; *(TECS)* Gaze *f*; ~ **gynhaliol** *(MEDD)* Stützgewebe *nt*.

meiopia *g (MEDD)* Kurzsichtigkeit *f*, Myopie *f*.

meipen (maip) *b* Kohlrübe *f*, Steckrübe *f*.

meiri *ll gw.* **maer.**

meirioli *be.g* auftauen, tauen; *(llifo i ffwrdd)* zergehen; *(ffig)* auftauen; **mae'r tywydd yn ~** es taut.
  ♦ *be.a* auftauen lassen, zergehen lassen; *(eira, rhew)* schmelzen lassen; ~ **menyn** Butter zerlassen.

meirw *ll gw.* **marw³.**

meistr (-i *neu* -iaid) *g* Herr *m*; *(mewn galwedigaeth)* Meister *m*; *(pennaeth teulu)* Familienvorstand *m*; *(YSG: athro)* Schulmeister *m*; **fi yw'r ~ nawr** jetzt bin ich der Herr; **bod yn feistr ar rth** etw beherrschen; **bod yn feistr ar y ffidl** ein Meister auf der Geige sein; **bod yn feistr ar y sefyllfa** Herr der Lage sein; **bod yn feistr arnoch chi'ch hun** sein eigener Herr sein.

meistres (-i) *b* Herrin *f*; *(athrawes)* Lehrerin *f*; **mae hi'n feistres ar y sefyllfa** sie ist Herr der Lage.

meistrolaeth *b* Herrschaft *f*; *(sgil)* Beherrschung *f*; *(gallu)* Können *nt*; *(ffig)* Oberhand *f*; **cael ~ o rth** die Oberhand über etw *akk* gewinnen.

meistrolgar *ans* meisterhaft, gekonnt; *(gormesol)* herrisch, gebieterisch; **chwarae'r piano yn feistrolgar** vollendet Klavier spielen.

meistroli *be.a* meistern; *(teimladau, problemau)* unter Kontrolle bringen; *(bod yn feistr)* beherrschen; ~ **diffygion** Mängel beseitigen; ~ **eich tymer** sich beherrschen; **~'r piano** das Klavierspielen beherrschen; **~'r sefyllfa** Herr der Lage sein.

meitin *g* eine Weile *f*; **ers ~** seit einer Weile, eine Zeit lang.

meitr (-au) *g (mewn saernïaeth)* Gehrung *f*, Gehre *f*, Schrägschnitt *m*.

meitro *be.a* gehren, zusammenfügen.

meitrog *ans:* **uniad ~** Gehrung *f*, Gehrfuge *f*.

meithion *ll gw.* **maith; oriau ~ y nos** die langen Stunden der Nacht.

meithrin *be.a* pflegen; *(magu)* großziehen, aufziehen; *(bwydo)* ernähren; *(BOT, bacteria)* kultivieren; ~ **cyfeillgarwch** eine Freundschaft pflegen; **ysgol feithrin** Kindergarten *m*; ~ **gobaith yn rhn** in jdm Hoffnung nähren.

meithrinfa (meithrinfeydd) *b* Kinderkrippe *f*, Krabbelstubeᴬ *f*; *(BOT)* Gärtnerei *f*; *(i goed)* Baumschule *f*.

mêl *g* Honig *m*; **mis ~** Flitterwochen *pl*, Hochzeitsreise *f*, **dil ~** Honigwabe *f*; **dyw bywyd ddim yn fêl i gyd** man ist im Leben nicht immer auf Rosen gebettet; **roedd yn fêl ar ei fysedd** *(ffig)* es war wie Musik in seinen Ohren; **roedd hi'n fêl i gyd** *(ffig)* sie tat zuckersüß.

melan *b* Schwermut *f*, Melancholie *f*; *(CERDD)* Blues *m*; **canu'r felan** den Blues singen; **roedd hi yn y felan** sie war melancholisch.

melanin *g* Melanin *nt*.

melen *b gw.* **melyn**.

melfaréd *g (TECS)* Cord *m*, Schnürlsamt[A] *m*; **trowsus ~** Cordhose *f*, Schnürlsamthose[A] *f*.

melfed *g (TECS)* Samt *m*, Velours *m*; **ffrog felfed** Samtkleid *nt*.

melfedaidd *ans* samtig; **llais ~** samtige Stimme.

melin (-au) *b* Mühle *f*; *(ffatri)* Fabrik *f*; **~ bapur** Papierfabrik *f*; **~ bupur** Pfeffermühle *f*; **~ droedlath** *(ffig)* Tretmühle *f*; **~ ddŵr** (Wasser)mühle *f*; **~ goffi** Kaffeemühle *f*; **~ lifio** Sägemühle *f*, Sägewerk *nt*; **maen ~** Mühlstein *m*; **~ nyddu** Spinnerei *f*; **rhod felin** Mühlrad *nt*; **~ wehyddu** Weberei *f*; **~ wynt** Windmühle *f*; **mynd trwy'r felin** *(ffig)* durch eine harte Schule gehen, viel durchmachen müssen; **y cyntaf i'r felin gaiff falu** wer zuerst kommt, mahlt zuerst; **siarad fel ~** reden wie ein Wasserfall; **troi'r dŵr at eich melin eich hun** sich *dat* etw zunutze machen.

melinydd (-ion *neu* **melinwyr**) *g* Müller *m*.

melinyddes (-au) *b* Müllerin *f*.

melodaidd *ans* melodisch.

melodi (**melodïau**) *b (alaw)* Melodie *f*.

melodrama (**melodramâu**) *b* Melodram *nt*.

melodramatig *ans* melodramatisch.

melon (-au) *g* Melone *f*; **~ dŵr** Wassermelone *f*; **~ mêl** Honigmelone *f*.

melyn (*b* **melen**) *ans* gelb; *(gwallt)* blond; **bachgen gwallt ~** blonder Junge; **tudalennau ~** *(MASN)* Branchenverzeichnis *nt*, Gelbe Seiten *pl*.

melynaidd *ans* gelblich.

melynfrown *ans* sandfarben, ockergelb.

melynu *be.g* gelb werden; *(papur)* vergilben; *(ŷd, lemwn)* reifen.
♦ *be.a* gelb färben.

melynwy *g* Dotter *m*, Eigelb *nt*.

melys *ans* süß; *(hyfryd)* süß, lieb, nett; **seiniau ~** süße Klänge; **bod â dant ~** eine Naschkatze sein, naschhaft sein; **~ gybolfa** *(COG)* Trifle *nt*.

melysion *ll* Süßigkeiten *pl*, Zuckerln[A] *pl*; **siop felysion** Süßwarengeschäft *nt*, Zuckerlgeschäft[A] *nt*.

melyster, melystra *g* Süße *f*.

melysu *be.a* süßen; *(â siwgr)* zuckern.

mellten (**mellt**) *b (TYW)* Blitz *m*; **mellt a tharanau** Blitz und Donner; **rhedodd fel ~** sie rannte wie der Blitz; **cael ei daro gan fellten** vom Blitz getroffen

werden.

melltennu *be.g* blitzen; *(ffig: llygaid)* blitzen.

melltigedig *ans* verflucht, mit einem Fluch belastet; *(sbeitlyd)* verdammt, lausig.

melltith (-ion) *b* Fluch *m*.

melltithio *be.a* verfluchen.

memo *g* Memo *nt*, Notiz *f*; **pad ~** Notizblock *m*.

memorandwm (**memoranda**) *g (GWLEID)* Memorandum *nt*.

memrwn (**memrynau**) *g* Pergament *nt*.

men (-ni) *b* Wagen *m*, Ochsenkarren *m*.

mên *ans (crintachlyd)* geizig, knauserig; *(cas)* gemein; **yr hen beth ~!** du Geizkragen!

menter (**mentrau**) *b* Unternehmen *nt*; *(antur)* Unterfangen *nt*, Wagnis *nt*; *(risg)* Risiko *nt*; *(MASN)* Unternehmen; **~ breifat** *(MASN)* Privatunternehmen *nt*; **~ fusnes** Unternehmen; **~ gydgyfalaf** Joint Venture *nt*; **~ iaith** Sprachförderungsinitiative *f*; **roedd hon yn fenter drychinebus i'r cwmni** dieses Projekt war für die Firma ein Fiasko; **roedd yn dipyn o fenter** es war ein gewagtes Vorhaben.

mentro *be.a (beiddio)* wagen; *(arian, bywyd ayb)* aufs Spiel setzen, riskieren; **fentra i 10 punt y daw e** ich wette 10 Pfund, dass er kommt.
♦ *be.g* sich trauen; **~ dweud rhth** etw zu äußern wagen; **~ gwneud rhth** sich trauen, etw zu tun.

mentrus *ans (beiddgar)* gewagt, kühn; *(peryglus)* riskant; *(jôc)* pikant.

menu, mennu *be.g:* **~ ar** *(effeithio ar)* betreffen, beeinträchtigen; *(dylanwadu ar)* beeinflussen, berühren; **nid yw ei eiriau yn ~ dim arnaf** seine Worte lassen mich völlig ungerührt.

menyn *g* Butter *f*; **bara ~** Butterbrot *nt*; **~ brandi** *(COG)* Brandybutter *f*; **mae hi'n edrych fel na fyddai ~ yn toddi yn ei cheg** sie sieht aus, als ob sie kein Wässerchen trüben könnte.

menyw (-od) *b* Frau *f*, Dame *f*; **cwrsio ~od** den Frauen nachlaufen; **hawliau ~od** Frauenrechte *pl*; **~ ddu** Schwarze *f*, Farbige *f*; **~ lanhau** Putzfrau *f*; **hen fenyw** Mütterchen *nt*; *(dif)* altes Weib; **~ sengl** allein stehende Frau.

mêr *g* (Knochen)mark *nt*; **~ esgyrn** Knochenmark *nt*; **ym ~ fy esgyrn** *(ffig)* in den Knochen.

mercwri *g (CEM)* Quecksilber *nt*.

merch (-ed) *b* Mädchen *nt*; *(plentyn rhn)* Tochter *f*; *(gwraig)* Frau *f*; **~ed** *ll (toiled)* Damen; **~ fedydd** Patentochter *f*; **hen ferch** alte Jungfer *f*; **~ siop** Verkäuferin *f*; **~ o'r Swistir** Schweizerin *f*; **~ ysgol** Schülerin *f*; **M~ed y Wawr** walisische Frauenbewegung *f*; **~-yng-nghyfraith** Schwiegertochter *f*; **~ y tywydd** Wetteransagerin *f*.

Mercher g *(y blaned)* Merkur *m*; **dydd ~** Mittwoch *m*; **dydd ~ Lludw** Aschermittwoch *m*.

mercheta *be.g* den Frauen nachlaufen.

merchetaidd *ans* weibisch, feminin.

merddwr (merddyfroedd) g abgestandenes/totes Wasser *nt*.

merfaidd *ans* geschmacklos, fade.

meridian (-au) g *(DAEAR)* Meridian *m*, Längengrad *m*.

merlen (merlod) b (weibliches) Pony *nt*.

merlota *be.g* Pony reiten.

merlyn (merlod) g Pony *nt*.

merllys (-iau) g Spargel *m*; **blaen ~** Spargelspitzen *pl*.

Mers *ll:* **y ~** *(HAN)* die Marschen *pl*.

merthyr (-on) g Märtyrer(in) *m(f)*.

merthyrdod g *(dioddefaint)* Martyrium *nt*; *(marwolaeth)* Märtyrertod *m*.

merthyru *be.a* martern.

merwino *be.g* absterben; **mae bysedd fy nhraed wedi ~** mir sind die Zehen abgestorben; **roedd ei ddwylo wedi ~ gan oerfel** seine Finger waren starr vor Kälte; **~ clustiau rhn** jdm auf die Nerven gehen; **~ poen** Schmerz betäuben.

meseia g *(CREF)* Messias *m*.

mesen (mes) b *(BOT)* Eichel *f*.

mesmereiddio *be.a* einlullen, hypnotisieren; **roedd y gynulleidfa wedi'i ~** die Zuschauer saßen wie gebannt.

mesul *ardd* je.

♦ *adf* **fesul mis** monatlich; **fesul tipyn** nach und nach; **fesul un** einzeln; **fesul dau** je zwei; *gw.h.* **fesul**.

mesur¹ (-au) g *(uned)* Maß *nt*; *(dimensiwn)* Maße *pl*, Abmessung *nt*; *(teclyn)* Maß; *(graddfa)* Maßstab *m*; *(cam)* Maßnahme *f*; *(LLEN)* Versmaß *nt*, Metrum *nt*; *(CERDD)* Takt *m*; *(GWLEID)* Gesetzesvorlage *f*; **heb fesur** *(ffig)* in Hülle und Fülle, unerschöpflich; **~ caeth** strenges Versmaß *nt*; **~ diogelwch** Sicherheitsvorkehrung *f*; **~ gorfodol** Zwangsmaßnahme *f*; **~ hylif** Flüssigkeitsmaß *nt*, Hohlmaß *nt*; **jwg ~** Messbecher *m*; **pren ~** Lineal *nt*, Zollstock *m*; **~ rhydd** freies Metrum; **~ seneddol** Gesetzesvorlage *f*; **tâp ~** Maßband *nt*; **wedi ei wneud i fesur** *(dilledyn)* maßgeschneidert; **cymryd ~au** Maßnahmen ergreifen; **cymerwch fesur bach o flawd** nehmen Sie ein wenig Mehl.

mesur² *be.a* messen; *(hyd)* abmessen; *(ystafell)* ausmessen; **pwyso a ~** *(ffig)* erwägen.

♦ *be.g* messen; **faint mae e'n ~?** wie viel misst es? **rwy'n ~ metr a chwe deg centimetr** ich bin ein Meter sechzig groß.

mesuradwy *ans* messbar.

mesuriad (-au) g Messung *f*; **~au** *ll* *(dimensiynau)*

Maße *pl*, Abmessungen *pl*.

mesuro *be.* = **mesur²**.

mesurydd (-ion) g Zähler *m*; *(CYFDR: riwl)* Messleiste *f*; **~ nwy** Gaszähler *m*; **~ dŵr** Wasserzähler *m*; **~ parcio** Parkuhr *f*; **~ trydan** Stromzähler *m*.

mêt (-s) g Kumpel *m*; *(ar long)* Maat *m*.

metabolaeth b *(MEDD)* Stoffwechsel *m*.

metaffiseg b Metaphysik *f*.

metaleg b = **meteleg**.

metalegol *ans* = **metelegol**.

metamorffig *ans* metamorph.

metamorffosis g Metamorphose *f*, Verwandlung *f*.

metathesis g *(GRAM)* Metathese *f*.

metel (-au) g Metall *nt*; **~ nobl** Edelmetall *nt*; **~ sgrap** Altmetall *nt*; **~ trwm** Schwermetall *nt*.

metelaidd *ans* metallisch, metallartig; **llais ~** metallische Stimme.

meteleg b Metallurgie *f*.

metelegol *ans* metallisch.

metelig *ans* metallisch.

meteor g Meteor *m*.

meteoroleg b Meteorologie *f*, Wetterkunde *f*.

meteorolegydd (meteorolegwyr) g Meteorologe *m*, Meteorologin *f*.

meteoryn (-nau) g *(ASTRON)* Meteorit *m*.

metr (-au) g Meter *m/nt*; **~ sgwâr** Quadratmeter *m*; **~ ciwbig** Kubikmeter *m*.

metrig *ans* metrisch; **system fetrig** metrisches System.

metron (-au) b Matrone *f*; *(mewn ysbyty)* Oberschwester *f*.

metronom (-au) g *(CERDD)* Metronom *nt*, Taktmesser *m*.

methdaliad (-au) g *(MASN)* Bankrott *m*, Konkurs *m*; *(ffig)* Ruin *m*.

methdalwr (methdalwyr) g *(MASN)* Bankrotteur *m*; **mynd yn fethdalwr** in Konkurs gehen.

methedig *ans* (körper)behindert, invalid.

methiant (methiannau) g Misserfolg *m*; *(camgymeriad)* Reinfall *m*, Fehlschlag *m*; *(anallu)* Inkompetenz *f*; *(person)* Versager(in) *m(f)*, Niete *f*, Flasche *f*; *(busnes)* Zugrundegehen *nt*; *(mewn arholiad)* Versagen *nt* in der Prüfung; **~ llwyr** ein totaler Reinfall; **~ y galon** *(MEDD)* Herzversagen *nt*.

method (-au) g Methode *f*, Arbeitsweise *f*.

Methodist (-iaid) g *(CREF)* Methodist(in) *m(f)*.

Methodistiaeth b *(CREF)* Methodismus *m*.

methodoleg b Methodologie *f*.

methu *be.g* *(bod yn aflwyddiannus)* keinen Erfolg haben; *(yn llwyr)* versagen, scheitern; *(gwaith, menter)* misslingen; *(ymdrechion)* fehlschlagen, scheitern; *(peidio â gallu)* nicht können; *(mewn* *arholiad)* durchfallen; *(busnes)* eingehen, zusperren; *(peidio â gweithio)* versagen; *(llais, traed)* versagen; *(trydan, radio, pwmp)* ausfallen; *(calon)* aussetzen, stehen bleiben; *(gwanhau)* schwächer werden; **~'n deg â** *neu:* **~'n lân â** auf die Schnauze fallen mit *+dat;* **ni fethodd hi ddod** sie verabsäumte nicht, zu kommen; **rwy'n ~ deall pam** ich kann nicht verstehen warum; **bydd y ffa yn ~ eleni** die Bohnen werden heuer nichts.

♦ *be.a (arholiad)* durchfallen in *+dat;* *(targed, nod)* verfehlen; *(bod yn hwyr i)* versäumen, verpassen; **methodd ei phrawf gyrru** sie fiel in der Fahrprüfung durch.

meudwy (-aid *neu* -od) *g* Einsiedler *m*, Eremit *m*.

mewial *be.g* = **mewian**.

mewian *be.g* miauen.

mewn *ardd* **1** *(tu ~)* in *+dat;* **~ blwch** in einer Schachtel; **bod ~ perygl** in Gefahr sein; **cymeriad ~ nofel** Romanfigur *f;* **roedd hi ~ du** sie war in Schwarz gekleidet, sie trug Schwarz; **~ pryd** zur rechten Zeit, rechtzeitig; **~ tiwn** *(offeryn)* gestimmt; **~ trefn** in Ordnung; **2** *(ymhen)* in *+dat;* **~ munud** in einer Minute; **dysgodd Cymraeg ~ tri mis** er lernte Walisisch in drei Monaten; **3** *(gyda)* mit; **~ awyren** mit dem Flugzeug; **~ du a gwyn** schwarz auf weiß; **ysgrifennu ~ inc** mit Tinte schreiben; **4** *(allan o)* **un ~ deg** einer von zehn.

    i mewn *adf* herein; *(gartref)* daheim, zu Hause; **dewch i ~** kommen Sie herein, treten Sie näher; *(galw trwy'r drws)* herein! *(CHWAR)* **a oedd y bêl i ~?** war der Ball da? **mae'r tân i ~ o hyd** das Feuer brennt noch; **rwy'n aros i ~ heno** ich bleibe heute Abend daheim.

    i mewn i *ardd* in *+akk;* **i mewn i'r blwch** in die Schachtel (hinein); **symud i ~ i dŷ** in ein Haus einziehen.

    o fewn *ardd* innerhalb *+gen;* **o fewn clyw** in Hörweite; **o fewn cyrraedd** in Reichweite; **o fewn dim** um Haaresbreite; **o fewn golwg** im Blickfeld; **o fewn tafliad carreg** nur einen Katzensprung entfernt; **o fewn wythnos** innerhalb einer Woche.

    (y) tu mewn *adf* innen, drinnen; **oer tu allan ond twym tu ~** außen kalt aber innen warm; **mae'r drws yn agor o'r tu ~** die Tür öffnet sich von innen.

    (y) tu mewn i *ardd* in *+dat,* innerhalb *+gen;* **y tu mewn i'r grŵp** innerhalb der Gruppe; **tu ~ i'r cwpwrdd** im Schrank drinnen.

mewnblannu *be.a (MEDD)* implantieren, einpflanzen.

mewnblyg *ans* introvertiert, in sich gekehrt.

mewnbwn (mewnbynnau) *g (CYFDR)* Eingabe *f*, Input *m;* **M~/Allbwn** I/O, Input/Output.

mewnbynnu *be.a (CYFDR)* eingeben, einspeisen.

mewndarddol *ans* endogen.

mewndirol *ans* im Landesinneren.

mewnforiad *g (MASN)* Einfuhr *f*, Import *m*.

mewnforio *be.a (MASN)* einführen, importieren.

mewnforion *ll gw.* **mewnforyn**; Importe *pl*, Importgüter *pl*.

mewnforiwr (mewnforwyr) *g* Importeur *m;* *(gwlad)* Importland *nt*.

mewnforyn (mewnforion) *g* Importartikel *m*.

mewnfudiad *g* Immigration *f*, Einwanderung *f*.

mewnfudo *be.g* einwandern, zuwandern, immigrieren (**i** in *+akk*).

mewnfudwr (mewnfudwyr) *g* Einwanderer *m*, Immigrant *m*.

mewnfudwraig (mewnfudwragedd) *b* Einwanderin *f*, Immigrantin *f*.

mewnffrwydrad (-au) *g* Implosion *f*.

mewngofnodi *be.g (CYFDR)* einloggen.

mewngyrchol *ans* zentripetal.

mewniad (-au) *g* Einschub *m*.

mewnlifiad *g (dŵr o afon)* Zufluss *m;* *(ffig: pobl)* Zustrom *m*, Andrang *m*.

mewnol *ans* innere(r,s), Innen-; *(o blith grŵp)* intern; *(domestig)* Inlands-, Innen-; *(tuag i mewn)* nach innen gerichtet; *(teimladau)* innerlich; **anafiadau ~** innere Verletzungen *pl;* **gwaedlif ~** innere Blutung *f;* **hediad ~** Inlandsflug *m;* **heddwch ~** innerer Frieden *m;* **neges ~** internes Memo *nt;* **odl fewnol** *(LLEN)* Binnenreim *m;* **penodi rhn yn fewnol** jdn intern ernennen, eine Stelle intern besetzen; **cymryd yn fewnol** *(moddion)* einnehmen.

mewnoli *be.a* verinnerlichen; *(ymyl tudalen)* einrücken.

mewnosod *be.a* einlegen; *(ychwanegu)* einfügen; *(gosod rhwng)* einbetten; *(sip, poced)* einsetzen.

mewnosodiad *g (ychwanegiad)* Einschub *m;* *(gosod rhwng)* Einbettung *f*, *(TECS)* Einsatz *m;* *(gwaith pren ayb)* Einlegearbeit *f*.

mewnwadn (-au) *g* (Schuh)einlage *f*, Einlegesohle *f*.

mewnwythiennol *ans (MEDD)* intravenös.

mewnwr (mewnwyr) *g (CHWAR)* **~ chwith** Halblinke(r) *m;* **~ de** Halbrechte(r) *m;* **~ blaen** Mittelstürmer *m;* *(rygbi)* Scrum-half *m*.

Mexico *ayb gw.* **Mecsico**.

meysydd *ll gw.* **maes**[1].

mg *byrf* (= miligram) mg (Milligramm).

mi[1] *rhag gw.* **fi**; **ti a ~** du und ich; **cyn i ~ fynd** bevor ich gehe; **siaradodd â ~** sie sprach mit mir.

mi[2] *geir:* **~ welais jac-y-do** ich sah eine Dohle; **~ af** ich werde gehen; **~ weli di** du wirst sehen.

miaren (mieri) *b (BOT)* Brombeerstrauch *m*.
mica *g* Glimmer *m*.
micro-[1] *rhagdd* Mikro-.
micro[2] *g* = meicrodon.
microb (-au) *g (BIOL)* Mikrobe *f*.
microbioleg *b* Mikrobiologie *f*.
microbrosesydd (-ion) *g* Mikroprozessor *m*.
microcosm *g* Mikrokosmos *m*.
microdon (-nau) *b (FFIS)* Mikrowelle *f*; *gw.h.* meicrodon.
microelectroneg *b* Mikroelektronik *f*.
microffilm (-iau) *gb* Mikrofilm *m*.
microffish *g* (Mikro)fiche *nt/m*.
microffon (-au) *g* Mikrofon *nt*.
microgyfrifiadur (-on) *g* Mikrocomputer *m*, Mikrorechner *m*.
microhinsawdd *g (TYW)* Kleinklima *nt*.
microlith (-iau) *g* Mikrolith *m*.
micromedr (-au) *g (medrydd)* Mikrometer *nt*, Mikrometerschraube *f*.
micrometr (-au) *g (mesur)* Mikrometer *nt*.
micron (-au) *g* Mikron *nt*, Mikrometer *nt*.
micro-organeb (-au) *b (BIOL)* Mikroorganismus *m*.
microsglodyn (microsglodion) *g* Mikrochip *m*.
microsgop (-au) *g* Mikroskop *nt*; ~ **electronig** Elektronenmikroskop *nt*.
microsgopig *ans* mikroskopisch.
mieri *ll gw.* miaren.
mig *b:* **chwarae** ~ Verstecken spielen.
mignen (-ni) *b* Moor *nt*, Marschland *nt*.
migwrn (migyrnau) *g (ANAT, bys neu droed)* Knöchel *m*.
mil[1] (-oedd) *b* Tausend *nt*; **y ~oedd** *(MATH)* die Tausender *pl*; **~oedd o lyfrau** tausende Bücher; **~oedd ar filoedd** Tausende und Abertausende; **mynd i'r ~oedd** in die Tausenden gehen; **cyrhaeddodd pobl yn eu ~oedd** die Menschen kamen zu Tausenden; **y flwyddyn ddwy fil** das Jahr zweitausend; **wyth y fil** acht Promille.
mil[2] *rhif* tausend, eintausend; **dwy fil** zweitausend; **y ~ blynyddoedd cyntaf** die ersten tausend Jahre; **~ o weithiau** tausendmal; **~ o filiynau** Milliarde *f*.
mil[3] (-od) *g* Tier *nt*; *e.e.* **milfeddyg**, **morfil**, **trychfil**.
milain *ans (maleisus)* böse, gemein, brutal; *(sbeitlyd)* gehässig; *(gwyllt)* wild, unbändig; *(ci)* scharf, bissig, gefährlich.
Milan *b (DAEAR)* Mailand *nt*.
miled *g* = milet.
mileindra *g* Bosheit *f*, Gemeinheit *f*; *(sbeit)* Gehässigkeit *f*; *(ci)* Bissigkeit *f*.
mileinig *ans* = milain.
mileniwm (milenia) *g* Jahrtausend *nt*, Millennium *nt*; **troad y ~** die Jahrtausendwende *f*.

milet *g (BOT)* Hirse *f*.
milfed *ans* tausendste(r,s).
　♦ *g* Tausendstel *nt*.
milfeddyg (-on) *g* Tierarzt *m*, Tierärztin *f*, Veterinär *m*.
milfeddygol *ans* tierärztlich, veterinär; **triniaeth filfeddygol** veterinäre Behandlung.
milgi (milgwn) *g (SÖOL)* Windhund *m*.
mili- *rhagdd (milfed ran)* Milli-.
miliast (milieist) *b (SÖOL)* Windhündin *f*.
milibar (-au) *g* Millibar *nt*.
miligram (-au) *g* Milligramm *nt*.
mililitr (-au) *g* Milliliter *m/nt*.
milimetr (-au) *g* Millimeter *m/nt*.
milisia *g (MIL)* Miliz *f*.
militaraidd *ans* militaristisch.
militariaeth *b* Militarismus *m*.
militarydd (militarwyr) *g* Militarist(in) *m(f)*.
miliwn (miliynau) *b* Million *f*; **dwy filiwn o drigolion** zwei Millionen Einwohner.
miliwnydd, miliynydd (-ion) *g* Millionär *m*.
miliynyddes (-au) *b* Millionärin *f*.
milomedr *g* Kilometerzähler *m*.
milwr (milwyr) *g* Soldat *m*; ~ **cyffredin** *(GRADD)* Wehrmann *m*; ~ **gerila** Guerilla *m*, Untergrundkämpfer *m*; ~ **hur** Söldner *m*; ~ **proffesiynol** Berufssoldat *m*; ~ **tun** Zinnsoldat *m*; ~ **y cenhedloedd unedig** Blauhelm *m*; **milwyr hunanleiddiol** Selbstmordkommando *nt*; **milwyr wrth gefn** Reserve *f*; ~ **wrth gefn** Soldat der Reserve.
milwriaethus *ans* militant.
milwrio *be.g:* ~ **o blaid rhth** für etw sprechen; ~ **yn erbyn rhth** gegen etw sprechen; **mae'r ffeithiau yn ~ yn erbyn hynny** die Fakten sprechen dagegen; **mae popeth yn ~ yn erbyn i ni wneud elw mawr** es spricht alles dagegen, dass wir einen großen Gewinn machen.
milwrol *ans* militärisch; **coleg ~** Militärakademie *f*; **heddlu ~** Militärpolizei *f*; **gwasanaeth ~** Wehrdienst *m*.
milwydd *g (BOT)* Kamille *f*.
milwyr *ll gw.* milwr; *(llu)* Truppe *f*; *(y fyddin)* Militär *nt*; ~ **traed** Infanterie *f*; ~ **hunanleiddiol** Selbstmordkommando *nt*; ~ **wrth gefn** Verstärkung *f*, Reserve *f*.
mill *ll gw.* millyn.
milltir (-oedd) *b* Meile *f*; ~ **fôr** *(MOR)* Seemeile *f*; ~ **sgwâr** *(MATH)* Quadratmeile *f*; *(ffig: cynefin)* (Heimat)gegend *f*, heimatliche Gefilde *pl*; **carreg filltir** Meilenstein *m*; **30 ~ yr awr** 30 Meilen pro Stunde, 50 km/h; **maen nhw'n seiclo am filltiroedd a**

~oedd sie radeln endlose Meilen.

millyn (mill) *g (BOT)* Veilchen *nt*.

mimosa (mimosâu) *g (BOT)* Mimose *f*.

min (-ion) *g (llafn)* Schneide *f*; *(blaen)* Spitze *f*; *(ymyl)* Kante *f*; *(ochr)* Rand *m*; *(glan)* Ufer *nt*; *(gwefus)* Lippe *f*; **~ y coed** Waldrand *m*; **~ y môr** Meeresufer *nt*; **fin nos** am Abend; **~ pensil** Bleistiftspitze *f*; **~ y ffordd** Straßenrand *m*; **rhoi ~ ar bensil** einen Bleistift spitzen; **troi'r tu ~ at rn** *(ffig)* jdn scharf anfahren.

    ar fin *ardd +be.e* gerade, eben; **bod ar fin gwneud rhth** im Begriff sein etw zu tun; **ar fin digwydd** bevorstehen; **mae'r siop ar fin agor** das Geschäft sperrt gerade auf.

minc (-od) *g (SÔOL)* Nerz *m*; **côt finc** Nerzmantel *m*.

mini- *rhagdd* Mini-.

miniatur (-au) *g (CELF)* Miniatur *f*.

minigolff *g* Minigolf *nt*.

minim (-au) *g (CERDD)* halbe Note.

minimalaidd *ans* minimalistisch.

minimaliaeth *b* Minimalismus *m*.

minimalydd (-ion) *g* Minimalist(in) *m(f)*.

minimwm *g* Minimum *nt*.

miniog *ans* scharf; *(â blaen)* spitz; *(treiddgar)* schneidend; **~ iawn** messerscharf; **pensil ~** spitzer Bleistift; *(newydd hogi)* gespitzter Bleistift; **llais ~** durchdringende Stimme; **tafod ~** *(ffig)* scharfe Zunge.

miniogi *be.a (cyllell)* schleifen, schärfen; *(eilliwr)* wetzen; *(pensil)* spitzen.

miniogrwydd *g* Schärfe *f*, Spitze *f*.

miniwr (minwyr) *g* (Bleistift)spitzer *m*.

minlliw (-iau) *g* Lippenstift *m*.

minnau *rhag* ich; *(fi hefyd)* ich auch; *(cyferbyniol)* doch ich, aber ich; **a ~ newydd dod o'r ysbyty** und ich kam gerade aus dem Spital; **fy mrawd a ~** mein Bruder und ich.

Minoaidd *ans (HAN)* minoisch.

minor (-iaid) *g* Minderjährige *m/f*.

minoriaeth *b (CYFR)* Minderjährigkeit *f*.

mintai (minteioedd) *b* Karawane *f*; *(MIL)* Kolonne *f*; *(cerbydau)* Konvoi *m*; *(grŵp o ffilwyr)* Kompanie *f*.

mintys *g (BOT)* Minze *f*; **~ y creigiau** Majoran *m*; **~ poeth(ion)** Pfefferminze *f*; **saws ~** *(COG)* Minzsauce *f*.

minws (minysau) *g (MATH)* Minus *nt*.

mirain *ans* anmutig, wundervoll, graziös.

mireinder *g* Anmut *f*, Grazie *f*.

miri *g (llawenydd)* Fröhlichkeit *f*, Heiterkeit *f*; *(hwyl)* Spaß *m*; *(cynnwrf)* Trubel *m*.

mis (-oedd) *g* Monat *m*; **~ Medi** September *m*; **ym ~ Medi** im September; **~ Medi hwn** diesen

September; **~ bach** Februar *m*, Feber[A] *m*; **chwe ~** halbes Jahr; **~ lleuad** Mondmonat *m*; **~ mêl** Flitterwochen *pl*, Hochzeitsreise *f*; **tocyn ~** Monatskarte *f*; **ers ~** seit einem Monat; **beichiog ers chwe ~** im sechsten Monat schwanger.

misglen (misgl) *b (SÔOL)* Miesmuschel *f*.

misglwyf (-au) *g (MEDD)* Periode *f*, Menstruation *f*.

mislif (-oedd) *g =* **misglwyf**.

misol *ans* monatlich; **cyflog ~** Monatsgehalt *nt*; **cylchgrawn ~** Monatszeitschrift *f*; **rhandal ~** Monatsrate *f*.

misolyn (misolion) *g (cylchgrawn)* Journal *nt*, Monatszeitschrift *f*.

Miss *b:* **~!** *(i athrawes)* Frau Lehrerin! **~ Jones** Fräulein Jones; *(hŷn na 18)* Frau Jones; **~ Cymru 1984** Miss Wales 1984.

miswrn (misyrnau) *g* Visier *nt*.

miten (-ni) *b* Fäustling *m*.

mitsio *be.g* (die Schule) schwänzen.

miw *g:* **doedd dim siw na ~ i'w glywed** man hörte keinen Ton; **ddwedodd ddim siw na ~** er machte keinen Mucks; *(dif)* er sagte nicht einmal Muh.

miwsig *g* Musik *f*; *gw.h.* **cerddoriaeth**.

miwsli *g (COG)* Müesli *nt*.

miwtini *g (MOR)* Meuterei *f*.

ml *byrf (= mililitr)* ml (Milliliter).

mm *byrf (= milimetr)* mm (Millimeter).

mo *byrf (= dim o)* **welais i ~'r car** ich sah das Auto nicht; **ni chlywais mohonot yn dod** ich hörte dich nicht kommen.

moch *ll gw.* **mochyn**; **traed ~** *(llanast)* Sauhaufen *m*, Unordnung *f*.

mochaidd *ans (fel mochyn)* wie ein Schwein; *(brwnt)* schweinisch.

mochel *be.g =* **ymochel**.

mochyn (moch) *g* Schwein *nt*; **~ budr** *(anwedd)* Sau *f*, Drecksau *f*; *(plentyn)* Ferkel *nt*, Schmutzfink *m*; **~ coed** *(BOT)* Tannenzapfen *m*, Bockerl[A] *nt*; *(SÔOL)* Bohrassel *f*; **~ cwta** *neu:* **~ Gini** Meerschweinchen *nt*; **~ daear** *(SÔOL)* Dachs *m*; **cig moch** *(COG)* Schweinefleisch *nt*; **traed moch** *(ffig)* Saustall *m*.

mochyndra *g (budreddi)* Schmutz *m*, Dreck *m*; *(ffig)* Schweinerei *f*, Sauerei *f*.

mochynnaidd *ans =* **mochaidd**.

model¹ (-au) *g* Modell *nt*; *(esiampl)* Muster *nt*, Vorbild *nt*; *(MASN)* Modell; *(ffasiwn)* Dressman *m*, männliches Model *nt*; **~ gwniyddes** Schneiderpuppe *f*.

model² (-au) *b (ffasiwn)* Mannequin *nt*, Modell *nt*, Model *nt*.

modelu *be.a (gwneud model)* nachbilden; *(CELF)* modellieren, formen; *(arddangos dillad)* vorführen.

♦ *be.g (FFOTO, CELF)* Modell stehen; *(ffasiwn)* als Mannequin/Dressman arbeiten.

modem (-au) *g (CYFDR)* Modem *nt*.

modern *ans* modern; *(HAN)* neuzeitlich; *(cyfoes i heddiw)* heutig, zeitgenössisch; **ieithoedd ~** moderne Fremdsprachen *pl*; **yr oes fodern** das Zeitalter der Moderne, Neuzeit *f*.

modernaidd *ans* modernistisch.

modernedd *g* Modernität *f*; *(ysbryd cyfoes)* Zeitgeist *m*.

moderneiddio *be.a* modernisieren.

moderniaeth *b* Modernismus *m*.

modernydd (-ion) *g* Modernist(in) *m(f)*.

modfedd (-i) *b* Zoll *nt*, Inch *nt/m*.

modiwl (-au) *g (YSG, PRIFYSG)* Unterrichtseinheit *f*; **~ lloerol** Mondfähre *f*, Mondfahrzeug *nt*.

modrwy (-au) *b* Ring *m*, Fingerring *m*; *(o wallt)* Locke *f*; **~ briodas** Trauring *m*, Ehering *m*.

modrwyog *ans (gwallt)* lockig.

modryb (-edd) *b* Tante *f*; *(hen fodryb)* Großtante *f*.

modur (-on) *g (injan)* Motor *m*; *(sgyrs: car)* Wagen *m*; **~ allanol** *(MOR)* Außenbordmotor *m*; **~ amnewid** Austauschmotor *m*; **beic ~** Motorrad *nt*; **~ trydan** Elektromotor *m*.

modurdy (modurdai) *g* (Reparatur)werkstatt *f*.

modureiddio *be.a* motorisieren.

moduro *be.g* (mit dem Auto) fahren; **y diwydiant ~** die Automobilindustrie *f*; **cylchgrawn ~** Motorjournal *nt*.

modurwr (modurwyr) *g* Autofahrer *m*, Verkehrsteilnehmer *m*.

modurwraig (modurwragedd) *b* Autofahrerin *f*, Verkehrsteilnehmerin *f*.

modwl (modylau) *g* = **modiwl**.

modd[1] (-ion) *g (ffordd)* Weise *f*, Art *f*; *(method)* Methode *f*; *(arian, cyfoeth)* Mittel *pl*, Gelder *pl*; *(cyfrwng)* Mittel *nt*, Möglichkeit *f*; **gwaetha'r ~** leider; **~ i fyw** ein großes Vergnügen; **yn y ~ hwn** auf diese Weise; **yn yr un ~** in derselben Weise; **mae ganddo ddigon o fodd** *(arian)* er ist gut bei Kasse, er schwimmt im Geld; **a oes ~ i ti ddarllen hwnnw?** könntest du das bitte lesen?

     fodd bynnag *cys* dennoch, nichtsdestotrotz; **daeth fodd bynnag** er kam dennoch.

modd[2] (-au) *g (GRAM)* Modus *m*; *(CYFDR)* Modus, Mode *m*; *(CERDD)* Kirchentonart *f*; **y ~ dibynnol** *(GRAM)* Konjunktiv *m*; **y ~ gorchmynnol** Imperativ *m*; **y ~ mynegol** Indikativ *m*.

moddion *g (MEDD)* Arznei *f*, Medizin *f*, Medikament *nt*; **~ peswch** Hustensaft *m*.

moddol *ans (GRAM)* modal.

moel[1] *ans* kahl; *(pen)* kahl, glatzköpfig; *(wedi eillio)* kahl geschoren; *(teiar)* abgefahren; *(heb goed)* baumlos; *(diaddurn, plaen)* schmucklos, nackt; *(ffig)* blank; **darn bach ~** kahle Stelle; **mae e'n foel** er hat eine Glatze; **mynd yn foel** eine Glatze bekommen, kahl werden; **y gwir ~** die nackte Wahrheit; **y ffeithiau ~** die blanken Tatsachen.

moel[2] (-ydd) *gb (DAEAR)* kahler Gipfel.

moeli *be.g* eine Glatze bekommen, die Haare verlieren; **~ clustiau** die Ohren spitzen, ganz Ohr sein; *(cath)* die Ohren anlegen.

moelni *g* Kahlheit *f*.

moelyd *be.a* umwerfen, umstoßen.

moes[1] *b gw.* **moesau**.

moes[2] *gorch (rho)* gib!

moesau *ll (egwyddorion)* Moral *f*; *(ymddygiad)* Manieren *pl*, Umgangsformen *pl*, Benehmen *nt*.

moeseg *b* Moral *f*, Ethik *f*.

moesegol *ans* ethisch.

moesgar *ans* höflich, manierlich.

moesgarwch *g* Höflichkeit *f*, gutes Benehmen *nt*.

moesol *ans* moralisch, sittlich.

moesoldeb *g* Anstand *m*, Sittlichkeit *f*; *(moesau)* Moral *f*, Ethik *f*.

moeswers (-i) *b (LLEN)* Parabel *f*.

moesymgrymiad *g* Verbeugung *f*, Diener *m*.

moesymgrymu *be.g* sich verbeugen, sich verneigen, einen Diener machen; *(merch)* einen Knicks machen.

moethus *ans* luxuriös, prunkvoll, prächtig.

moethusrwydd *g* Luxus *m*; *(car, cartref ayb)* luxuriöse Ausstattung *f*, Komfort *m*.

mofyn *be.a* = **ymofyn**.

mogfa *b (MEDD)* Asthma *nt*.

mogi *be.a (rhn arall)* ersticken; **bu'r nwy bron â ~'r glowyr** das Gas hätte die Kumpel beinahe umgebracht.

♦ *be.g* ersticken; **brawd ~ yw tagu** das ist gehupft wie gesprungen, das kommt aufs selbe raus.

molawd (-au) *gb* Lobrede *f*, Loblied *nt*; *(llen)* Eloge *f*.

mold (-iau) *g (llestr)* (Guss)form *f*; *(siâp, COG)* Form *f*.

moldio *be.a* formen, kneten.

Moldafia *b (DAEAR)* Moldawien *nt*.

moleciwl (-au) *g (CEM)* Molekül *nt*.

moleciwlaidd *ans* molekular.

molecwl (molecylau) *g* = **moleciwl**.

moli *be.a* = **moliannu**.

moliannu *be.a* loben, preisen, glorifizieren; **molwch yr Arglwydd!** lobet den Herrn!

♦ *be.g* jubeln, jauchzen; **moliannwn oll yn llon** lasst uns alle jubilieren.

moliannus *ans* lobenswert, bewundernswert.

moliant (**moliannau**) *g* Lob *nt*.

molwsg (**molysgiaid**) *g* (SŌOL) Weichtier *nt*, Molluske *f*, Mollusk *m*.

mollt (**myllt**) *g* Schafbock *m*, Widder *m*; **cig ~** (COG) Hammelfleisch *nt*.

moment[1] (**-au**) *b* (eiliad) Moment *m*; **gall ddod unrhyw foment** sie kann jeden Moment kommen; **un foment!** einen Augenblick!

moment[2] (**-a**) *g* (FFIS) (Dreh)moment *nt*; *gw.h.* **momentwm**.

momentwm (**momenta**) *g* (FFIS) Moment *nt*; (grym symud) Schwung *m*; (grym troelli) Drall *m*, Drehmoment *nt*; (grym trawiad) Wucht *f*; (ffig) Schwung *m*, Dynamik *f*; **colli ~** an Schwung verlieren.

monetariad (**monetariaid**) *g* Monetarist(in) *m(f)*.

monetariaeth *b* Monetarismus *m*.

Mongolaidd *ans* mongolisch; (hil) mongolid.

Mongoleg *b* Mongolisch *nt*.

Mongolia *b* (DAEAR) die Mongolei *f*; **~ Fewnol** (yn Tsieina) die innere Mongolei.

Mongoliad (**Mongoliaid**) *g* Mongole *m*, Mongolin *f*.

moni *byrf* (= dim ohoni hi) *gw.* **mo**.

monitor[1] (**-au**) *g* (sgrîn) Monitor *m*, Bildschirm *m*.

monitor[2] (**-au**) *g* (YSG) Klassensprecher(in) *m(f)*.

monni *be.g* schmollen, beleidigt sein.

mono[1] *byrf* (= dim ohono fe) *gw.* **mo**.

mono-[2] *rhagdd* Mono-.

monocrom *ans* (TECH) monochrom, einfarbig.

monocromatig *ans* (FFIS) monochromatisch.

monoffoni *g* (TECH) Monophonie *f*.

monogami *b* Monogamie *f*.

monograff (**-au**) *g* Monografie *f*.

monogram (**-au**) *g* Monogramm *nt*; **~ sanctaidd** Christusmonogramm *nt*.

monolith (**-iau**) *g* Monolith *m*.

monolithig *ans* monolithisch.

monopoleiddio *be.a* monopolisieren; (ffig) in Beschlag nehmen.

monopoli (**monopolïau**) *g* (MASN) Monopol *nt*, Monopolstellung *f*; **bod â ~ ar rth** (sgyrs, ffig) etw für sich gepachtet haben.

monswn (**monsynau**) *g* Monsun *m*; **yn nhymor y ~** während des Monsuns.

Monwys (**-ion**) *g* Bewohner(in) von Anglesey.

mop (**-iau**) *g* (llawr) Mopp *m*; (i olchi llestri) Abwaschbürste *f*; (sgyrs: gwallt) Mähne *f*; **ei ~ o wallt** hi ihre Mähne.

moped (**-au**) *g* (MODUR) Moped *nt*; (â phedalau) Mofa *nt*.

mopio *be.a* aufwischen; **~'r gegin** die Küche aufwischen.

♦ *be.g* (dwlu) **~'ch pen ar rn** sich in jdn vernarren/verknallen.

mor *adf* **1** (i'r fath raddau) dermaßen, so, derart; **rwy ~ flinedig** ich bin so müde; **coeden ~ hen** ein derart alter Baum; **mae hynny ~ wir** das ist ja so wahr; **a fyddech chi ~ garedig** würden Sie so liebenswürdig sein; **yr un ~ hyll** genauso häßlich; **yr un ~ hir** ebenso lange; **2** (mewn cymhariaeth) **~ ... â** so… wie; **~ dwp â slej** strohdumm; **~ dawel â llygoden** mäuschenstill; **~ ddiweddar â'r 19eg ganrif** noch im 19. Jahrhundert; **rwy'n mynd ~ bell â Llantrisant** ich fahre bis Llantrisant; **3** (mewn cwestiwn) **pa ~ fawr?** wie groß? **pa ~ hir?** wie lange? **pa ~ aml?** wie oft? **pa ~ gyfoethog yw e?** wie reich ist er?

môr (**moroedd**) *g* Meer *nt*, Ozean *m*, See *f*; (ASTRON) Mare *nt*; (DAEAR) **M~ Adria** Adria *f*, Adriatisches Meer; **M~ Aegea** Ägäis *f*; **M~ Bering** Beringsee *f*; **M~ y Canoldir** neu: y **M~ Canoldir** Mittelmeer *nt*; y **M~ Coch** Rotes Meer; **Moroedd y De** Südsee *f*; y **M~ Du** Schwarzes Meer; **M~ y Gogledd** Nordsee *f*; **M~ Hafren** Bristol Channel *m*; **M~ Iwerddon** Irische See *f*; **M~ Llychlyn** Ostsee *f*; y **M~ Marw** Totes Meer; y **M~ Udd** Ärmelkanal *m*; **~ garw** raue See; **~ sofran** Hoheitsgewässer *pl*; **addo ~ a mynydd i rn** jdm das Blaue vom Himmel herunter versprechen; **ar lan y ~** an der Küste; **bod yn sâl ar y ~** seekrank sein; **gwneud ~ a mynydd o rth** (sgyrs) aus einer Mücke einen Elefanten machen.

morbid *ans* morbid.

morcath (**-od**) *b* (SŌOL) Rochen *m*, Manta *m*.

morchwannen (**morchwain**) *b* (SŌOL) Sandfloh *m*.

mordaith (**mordeithiau**) *b* Seereise *f*; (gwyliau ar long) Kreuzfahrt *f*.

mordwyadwy *ans* = **mordwyol**.

mordwyaeth *b* Navigation *f*.

mordwyo *be.g* navigieren; (hwylio) fahren, segeln.

mordwyol *ans* (môr) befahrbar, schiffbar.

môr-ddraenog (**-od**) *g* (SŌOL) Seeigel *m*.

morddwyd (**-ydd**) *b* (ANAT) (Ober)schenkel *m*.

moresg *ll* (BOT) Riedgras *nt*, Segge[D] *f*.

morfa (**morfeydd**) *g* Fenn *nt*, Moorland *nt*.

môr-falwen (**môr-falwod**) *b* (SŌOL) Seeschnecke *f*.

môr-farch (**môr-feirch**) *g* (SŌOL) Seepferdchen *nt*; (walrws) Walross *nt*.

morfil (**-od**) *g* (SŌOL) Wal *m*, Walfisch *m*; **asgwrn ~** Walbein *nt*, Elfenbein *nt*; **~ glas** Blauwal *m*; **~ danheddog** Narwal *m*.

môr-filwr (**môr-filwyr**) *g* (MIL) Marinesoldat *m*.

morfilltir (**-oedd**) *b* Seemeile *f*; (MOR) Knoten *m*.

môr-forwyn (**môr-forynion**) *b* Meerjungfrau *f*, Nixe *f*.

morfran (**morfrain**) *b* (SŌOL) *b* Kormoran *m*.

morfuwch (morfuchod) *b (SÔOL)* Seekuh *f.*

morffin *g (MEDD)* Morphin *nt,* Morphium *nt.*

morffoleg *b* Morphologie *f.*

morgad (-au) *b* Seeschlacht *f.*

morgais (morgeisi *neu* **morgeisiau)** *g* Hypothek *f;* **codi ~ eine** Hypothek aufnehmen; **talu ~** (eine Hypothek) zurückzahlen.

morgeisiedig *ans (CYLL)* belastet.

morgeisio *be.a (tŷ, tir)* (mit einer Hypothek) belasten.

morgeisydd (morgeiswyr) *g (CYLL)* Hypothekar *m.*

morgi (morgwn) *g (SÔOL)* Hundshai *m; (siarc)* Hai(fisch) *m.*

morglawdd (morgloddiau) *g* (Ufer)damm *m,* Deich *m; (mewn porthladd)* Mole *f.*

morgrugyn (morgrug) *g (SÔOL)* Ameise *f;* **~ gwyn** Termite *f;* **twmpath morgrug** Ameisenhaufen *m.*

môr-hwch (môr-hychod) *gb (SÔOL)* Delfin *m.*

morio *be.g* zur See fahren; *(mordeithio)* eine Seereise machen; *(ffig: bod dan ddŵr)* unter Wasser stehen, schwimmen; *(canu â llais cryf)* schmettern, donnern; **byddai Dai yn ei ~ hi yn y dafarn** Dai pflegte in der Wirtsstube laut zu singen.

moriwr (morwyr) *g* = **morwr.**

môr-ladrad *g* Seeräuberei *f.*

môr-leidr (môr-ladron) *g* Seeräuber *m,* Pirat *m,* Freibeuter *m,* Korsar *m.*

morlew (-od) *g (SÔOL)* Seelöwe *m.*

morlo (-i) *g (SÔOL)* Seehund *m,* Robbe *f.*

morlwybr (-au) *g* Seeweg *m.*

morlyn (-noedd) *g* Lagune *f,* Haff *nt.*

Moroco *b (DAEAR)* Marokko *nt.*

morol *ans* maritim, Meeres-; *(MIL)* Marine-.

moronen (moron) *b* Karotte *f,* Möhre᷂ *f,* Mohrrübe᷂ *f.*

Morse *g* Morse *m;* **côd ~** Morsealphabet *nt.*

mortar *g (llestr malu)* Mörser *m; (MIL)* Mörser, Granatwerfer *m.*

morter *g (i adeiladu)* Mörtel *m.*

morthwyl (-ion) *g* Hammer *m; (piano)* Hammer; **~ niwmatig** Presslufthammer *m;* **~ y glust** *(ANAT)* Hammer.

morthwylio *be.a* hämmern; *(hoelen i'r wal)* einschlagen.

morwellt *g* Seegras *nt.*

morwr (morwyr) *g* Seemann *m,* Matrose *m;* **morwyr** Seeleute *pl.*

morwriaeth *g* Seefahrt *f,* Nautik *f.*

morwrol *ans* Seemanns-.

morwydden (morwydd) *b (BOT)* Maulbeerbaum *m; (ffrwyth)* Maulbeere *f;* **clywed si ym mrig y morwydd** etwas läuten hören.

morwyn (morynion) *b (yn gweini)* Dienstmädchen *nt,* Dienerin *f; (gwesty)* Stubenmädchen *nt; (i frenhines)* Zofe *f,* Kammerjungfrau *f; (gwyryf)* Jungfrau *f;* **y Forwyn** *(ASTROL)* Jungfrau; **y Forwyn Fair** *(CREF)* die (heilige) Jungfrau Maria; **~ briodas** Brautjungfer *f;* **~ plant** Kindermädchen *nt;* **~ tŷ** Hausangestellte *f.*

morwyndod *g* Jungfräulichkeit *f; (diweirdeb)* Keuschheit *f.*

morwynol *ans (gwyryfol)* jungfräulich; *(diwair)* keusch; **enw ~** Mädchenname *m.*

moryd (-au) *b* Flussmündung *f,* Delta *nt.*

moryn (-nau) *g (ton)* Brecher *m.*

mosäig (mosaigau) *g* Mosaik *nt.*

Mosco *b (DAEAR)* Moskau *nt.*

Moscofiad (Moscofiaid) *g* Moskauer(in) *m(f),* Moskowiter(in) *m(f).*

mosg (-iau) *g (CREF)* Moschee *f.*

mosgito (-s) *g (SÔOL)* Moskito *m; (gwybedyn)* (Stech)mücke *f,* Gelse᷂ *f.*

Mosgo *b (DAEAR)* = **Mosco.**

Moslem *g (CREF)* Moslem *m,* Mohammedaner(in) *m(f).*

Moslemaidd *ans (CREF)* mohammedanisch, moslemisch, islamisch.

MOT *byrf* ≈ TÜV᷂ *m.*

motél (-au) *g* Motel *nt.*

moto-beic (-iau) *g* Motorrad *nt.*

mowld *g* = **mold.**

mowldio *be.a* = **moldio.**

moyn *be.a* = **ymofyn; rwy'n ~ dod** ich möchte mitkommen; **be ti ~?** was willst du?

muchudd *g (MWYN)* Gagat *m,* Jett *m.*

mud *ans* stumm; *(heb air)* schweigend; *(di-sain)* tonlos; *(ffig)* wortlos; **~ a byddar** taubstumm; **wedi taro'n fud** sprachlos.

mudan (-od) *g* Stumme(r) *m.*

mudandod *g (MEDD)* Stummheit *f; (tawelwch)* Stille *f; (diffyg siarad)* Schweigen *nt.*

mudanes (-au) *b* Stumme *f.*

mudferwi *be.a (COG)* auf kleiner Flamme kochen lassen.

♦ *be.g* simmern.

mudiad (-au) *g (GWLEID)* Verband *m,* Bewegung *f;* **~ cyfrin** Untergrundbewegung *f;* **M~ y Ffermwyr Ifanc** Jungbauernverband *m;* **~ gwrthsafiad** Widerstandsbewegung *f;* **~ heddwch** Friedensbewegung *f;* **~ ieuenctid** Jugendbewegung *f;* **~ protest** Protestbewegung *f;* **~ rhyddid** Befreiungsbewegung *f;* **~ terfysgol** Terrororganisation *f.*

mudiant (mudiannau) *g* Bewegung *f;* **~ cylchdro**

Rotation *f*; ~ **mewn cylch** Kreisbewegung *f*.

mudlosgi *be.g* glimmen, schwelen; *(ffig)* schwelen.

mudo *be.g* wandern, ziehen; *(adar)* nach Süden ziehen; *(symud tŷ)* umziehen.

mudol *ans* Wander-; **aderyn** ~ Zugvogel *m*; **gweithiwr** ~ Gastarbeiter(in) *m(f)*; *(am dymor)* Saisonarbeiter(in) *m(f)*; **creaduriaid** ~ Tiere, die auf Wanderung gehen.

mudsain (**mudseiniau**) *b* stummer Laut.

mudwr (**mudwyr**) *g* Möbelpacker *m*.

mudydd (-**ion**) *g* *(CERDD)* Dämpfer *m*; *(gwn)* Schalldämpfer *m*.

mul (-**od**) *g* *(SÔOL)* Maultier *nt*, Maulesel *m*, Muli^A *nt*; *(asyn)* Esel *m*; **llyncu** ~ die beleidigte Leberwurst spielen; **oes** ~ *(ffig)* eine Ewigkeit; **ystyfnig fel** ~ stur wie ein Esel.

mulfran (**mulfrain**) *b* *(SÔOL)* Kormoran *m*.

munud[1] (-**au**) *gb* Minute *f*, *(MATH)* Minute; *(ysbaid)* Moment *m*; **mewn** ~ gleich, sofort; **y funud hon** *neu:* **y** ~ **hwn** in diesem Augenblick, gerade jetzt; **ar y** ~/**funud** im Augenblick, momentan; **funud olaf** in letzter Minute; **aros am funud!** warte (mal)! **i'r** ~/**funud** auf die Minute; ~ **o dawelwch** *(er cof am rn)* Gedenkminute *f*.

munud[2] (-**iau**) *g* Zeichen *nt*, Geste *f*.

mur (-**iau**) *g* Mauer *f*, *(wal)* Wand *f*; ~ **blaen** Fassade *f*; ~**iau castell** Burgmauer *f*; ~**iau'r dref** Stadtmauer *f*; ~ **sain** Schallmauer *f*; **M~ Berlin** die Berliner Mauer; **M~ Mawr Tsieina** die Chinesische Mauer; **M~ Wylofain** Klagemauer *f*.

murddun (-**nod**) *g* (Über)rest *m*, Ruinen *pl*.

murlun (-**iau**) *g* *(CELF)* Wandgemälde *nt*, Fresko *nt*.

murmur[1] (-**on**) *g* *(siarad tawel)* Murmeln *nt*, Raunen *nt*; *(anfodlon)* Murren *nt*; *(nant, gwynt, dail, traffig)* Rauschen *nt*; *(glaw)* Rieseln *nt*.

murmur[2] *be.a, be.g* murmeln; *(anfodlon)* murren.

mursennaidd *ans* affektiert, gekünstelt; *(ffyslyd)* umständlich; *(gorlednais)* prüde, zickig; *(anodd ei blesio)* wählerisch, heikel.

mursendod *g* Affektiertheit *f*; *(gorledneisrwydd)* Prüderie *f*, Zickigkeit *f*.

musgrell *ans* *(eiddil)* schwach, gebrechlich; *(hen)* tattrig, zittrig.

mwclis *ll* Halskette *f*.

mwd *g* Schlamm *m*, Dreck *m*; *(eira gwlyb)* Matsch *m*; **roedd yr heol yn fwd i gyd** die Straße war voller Matsch.

mwdlyd *ans* schlammig, matschig; *(brwnt)* schmutzig; *(hylif)* trüb.

mwdwl (**mydylau**) *g* Heuhaufen *m*; **cau pen y** ~ *(ffig)* einen Schlussstrich ziehen.

mwff (**myffiau**) *g* Muff *m*; **myffiau clust** Ohrenschützer *pl*.

mwg[1] *g* Rauch *m*, Qualm *m*; *(MODUR)* Abgase *pl*; **gwnawn arian fel y** ~ *(sgyrs)* wir scheffeln Geld wie Heu.

mẁg[2] (**mygiau**) *g* *(cwpan)* Häferl^A *nt*, Tasse *f*.

mwgwd (**mygydau**) *g* Maske *f*; *(rhwymyn dros y llygaid)* Augenbinde *f*; ~ **nwy** Gasmaske *f*.

mwng (**myngau**) *g* Mähne *f*.

mwlsyn *g* *(sgyrs: hurtyn)* Trottel *m*.

mwll *ans* *(tywydd)* schwül, drückend; *(awyr)* stickig; *(ystafell)* muffig.

mwmi (**mwmïau**) *gb* Mumie *f*.

mwmial *be* = **mwmian**.

mwmian *be.a, be.g* murmeln, brummeln; *(canu'n dawel)* summen; *(siarad yn aneglur)* nuscheln.

mŵn (**mwnau**) *g* = **mwyn**[2].

mwnci (**mwncïod**) *g* *(SÔOL)* Affe *m*; *(ffig: plentyn)* Bengel *m*, Lauser *m*, Fratz^A *m*.

mwngrel *g* Köter *m*, Promenadenmischung *f*.

mwnol *ans* mineralisch.

mwnt *g* *(twmpath)* (Grab)hügel *m*; *(bryn castell)* Burghügel *m*, Motte *nt/m*, Bergfried *m*; ~ **a beili** Motte und Bailey *nt*, normannische Burg.

mwnwgl (**mynyglau**) *g* *(anifail)* Nacken *m*, Hals *m*; ~ **y troed** Rist *m*; **bendramwnwgl** Hals über Kopf.

Mŵr (**Mwriaid**) *g* *(HAN)* Maure *m*.

Mwraidd *ans* maurisch.

mwrllwch *g* Dunstglocke *f*, Smog *m*.

mwrthwl (**myrthylau**) *g* = **morthwyl**.

mwsg *g* Moschus *m*; **ych** ~ *(SÔOL)* Moschusochse *m*; **hwyaden fwsg** *(SÔOL)* Moschusente *f*.

Mwslim (-**iaid**) *g* Mohammedaner(in) *m(f)*, Moslem *m*, Muselman *m*.

Mwslimaidd *ans* mohammedanisch, islamisch.

mwsogl (-**au**) *g* Moos *nt*.

mwstard, mwstart *g* Senf *m*; **pot** ~ Senfglas *nt*.

mwstás *g* Schnurrbart *m*, Schnauzer *m*.

mwstro *be.g* sich beeilen, dazuschauen^A; **rhaid i mi fwstro** ich muss mich beeilen.

mwstwr *g* Aufruhr *m*, Tamtam *nt*; *(sŵn)* Wirbel *m*, Radau *m*; *(MIL)* Appell *m*; **cadw** ~ Krawall machen.

mwswgl *g* = **mwsogl**.

mwswm *g* = **mwsogl**.

mwtadu *be.g* sich verwandeln, mutieren.

mwtan (-**au**) *g* Mutant *m*, Mutation *f*.

mwtrin *g* *(COG)* Mus *nt*; ~ **afalau** Apfelmus *nt*; ~ **tomato** Tomatenmark *nt*.

mwy[1] *ans cymh* größer; *(talach)* größer; *(tewach)* dicker; *(rhagor)* mehr; ~ **na** mehr als; ~ **na digon** mehr als genug; ~ **nag arfer** mehr als normal; ~ **na thebyg** höchstwahrscheinlich; ~ **neu lai** mehr oder

weniger; ~ o amser mehr Zeit; ~ o ffordd *(pellach)*
weiter; oes ~ o win ar gael? gibt es noch Wein?
does dim ~ gennyf ich habe keinen mehr; roedd e'n
fwy o reolydd na'i olynydd er war ein besserer
Manager als sein Nachfolger.

mwy² *adf* 1 *(i ffurfio'r cymharol)* -er; *e.e.* ~ dymunol
erstrebenswerter; ~ swnllyd lauter; ~ tebygol
wahrscheinlicher; 2 *(bellach)* byth ~ nie mehr
(wieder).

mwyach *adf* künftig; dim ~ nicht mehr; nid yw e'n
byw yma ~ er wohnt nicht mehr hier; welwn ni
mohono ~ wir werden ihn künftig nicht mehr
sehen.

mwyaf¹ *ans eith* größte(r,s); *(uchaf)* höchste(r,s);
(talaf) größte(r,s); *(nifer)* meiste; *(CERDD)* Dur; ar y ~
höchstens, maximal; gan fwyaf *neu:* rhan fwyaf
zum größten Teil, größtenteils; *(gan amlaf)*
meistens.

mwyaf² *adf (i ffurfio gradd eithaf)* -st; *e.e.* y ~ diddorol
der/die/das interessanteste; y gadair ~ gysurus der
bequemste Sessel.

mwyafiad *g* Maximierung *f*.

mwyafrif (-au *neu* -oedd) *g* Mehrheit *f*, Mehrzahl *f*; ~
y bobl leol die meisten Ortsansässigen.

mwyalchen (mwyeilch) *b (SÔOL)* Amsel *f*.

mwyara *be.g* Brombeeren pflücken.

mwyaren (mwyar) *b* Brombeere *f*; ~ goch
Loganbeere *f*; ~ Mair Maulbeere *f*.

mwydion *ll* Brei *m*; *(ffrwyth)* Fruchtfleisch *nt*; *(BOT)*
Mark *nt*; ~ papur Papiermaché *nt*.

mwydo *be.a* durchtränken, aufweichen.

mwydro *be.a* verwirren, durcheinander bringen;
paid â ~ dy ben ynglŷn â'r peth zerbrich dir darüber
nicht den Kopf.

mwydyn (mwydod) *g (SÔOL)* Regenwurm *m*.

mwyedig *ans* verstärkt.

mwyfwy *adf* immer mehr; mae'n pellhau fwyfwy es
entfernt sich immer weiter.

mwyhad *g* Vergrößerung *f*, *(TEL)* Verstärkung *f*.

mwyhadur (mwyaduron) *g (TEL)* Verstärker *m*.

mwyhau *be.a* vergrößern, ausweiten; *(TEL)*
verstärken.

♦ *be.g (cynyddu)* zunehmen, sich vermehren.

mwyhawr (mwyhawyr) *g (TECH)* Verstärker *m*.

mwyn¹ *ans* mild, zart; *(caredig)* sanftmütig; *(tywydd)*
mild.

mwyn² (-au) *g* Mineral *nt*, Erz *nt*, Gestein *nt*; ~
haearn Eisenerz *nt*.

mwyn³ *g:* er ~ um… zu, damit; er ~ gweld yn well um
besser zu sehen; er fy ~ meinetwegen; er ei fwyn e
ihm zuliebe, seinetwegen; er ~ Duw! um Gottes
willen!

mwynder (-au) *g* Milde *f*; ~au *ll* Komfort *m*,
Annehmlichkeiten *pl*.

mwyndoddfa (mwyndoddfeydd) *b* Hütte *f*,
Schmelzofen *m*, Hochofen *m*.

mwyndoddi *be.a* schmelzen, verhütten.

mwynglawdd (mwyngloddiau) *g* Bergwerk *nt*, Mine
f.

mwyngloddio *be.a* fördern, abbauen.

♦ *be.g* Bergbau betreiben.

mwynhad *g* Genuss *m*, Vergnügen *nt*.

mwynhau *be.a* genießen, Gefallen finden an +*dat*,
sich erfreuen an +*dat*; ~ eich hun sich amüsieren;
mwynhewch! viel Vergnügen! ~ iechyd da sich
bester Gesundheit erfreuen.

mwyniant (mwyniannau) *g* Genuss *m*, Lust *f*.

mwynol *ans* mineralisch; dŵr ~ Mineralwasser *nt*.

mwynoleg *b* Mineralogie *f*, Gesteinskunde *f*.

mwynwr (mwynwyr) *g* Bergmann *m*, Knappe *m*,
Kumpel *m*.

mwys *ans* doppeldeutig; gair ~ Wortspiel *nt*.

mwysair (mwyseiriau) *g* Wortspiel *nt*.

mwythair (mwytheiriau) *g (GRAM)* Euphemismus *m*.

mwythau *ll* Zärtlichkeiten *pl*, Liebkosungen *pl*;
(bwyd moethus) Leckerbissen *m*, Delikatesse *f*.

mwytho *be.a* streicheln; *(anwesu)* liebkosen; *(pen)*
kraulen.

mwythus *ans* anschmiegsam, kuschelig.

m.y.a. *byrf* (= milltir yr awr) m/h (Meilen pro Stunde).

mycoleg *b* Mykologie *f*, Pilzkunde *f*.

mycolegydd (mycolegwyr) *g* Mykologe *m*.

Myanmar *b (DAEAR)* Myanmar *nt*; *(HAN)* Birma *nt*,
Burma *nt*.

myctod *g (MEDD)* Erstickung *f*, Asphyxie *f*.

mydr (-au) *g* Versmaß *nt*, Metrum *nt*.

mydryddiaeth *b* Verslehre *f*.

mydryddol *ans* metrisch.

mydryddu *be.g* Verse komponieren.

mydylau *ll gw.* mwdwl.

mydylu *be.a* (Heu) aufhäufen.

myfi *rhag* ich selbst; ~ sy'n rheoli'r cyfarfod ich bin
es, der das Meeting leitet.

♦ *g* Ich *nt*, Ego *nt*.

myfiaeth *b* Egoismus *m*.

myfiol *ans* egoistisch.

myfiwr (myfiwyr) *g* Egoist *m*.

myfiwraig (myfiwragedd) *b* Egoistin *f*.

myfyrdod (-au) *g* Sinnen *nt*, Nachdenken *nt*,
Meditation *f*.

myfyrgar *ans* nachdenklich; *(llyfr ayb)* wohl
durchdacht.

myfyrio *be.g* hin- und herüberlegen; *(canolbwyntio)*
meditieren; ~ (dros) nachdenken (über +*akk*).

myfyriol *ans* besinnlich, nachdenklich.

myfyriwr (myfyrwyr) *g* Student *m*; **neuadd myfyrwyr** Studentenheim *nt*; **undeb myfyrwyr** Hochschülerschaft *f*, Studentenverband *m*.

myfyrwraig (myfyrwragedd) *b* Studentin *f*.

mẏff *g* Muff *m*.

mygdarth (-au *neu* -ion) *g* Dämpfe *pl*, Dunst *m*.

mygdarthu *be.a* ausräuchern.

mygedol *ans* ehrenamtlich.

mygfa (mygfeydd) *b* (MEDD) Asthma *nt*; (mygiad) Erstickungsanfall *m*; (simnai) Rauchabzug *m*, Kamin *m*; (COG) Räucherkammer *f*, Selch^A *f*.

mygiad (-au) *g* Erstickung *f*; (COG) Räuchern *nt*, Selchen^A *nt*.

mygio *be.a* überfallen und berauben.

myglyd *ans* rauchig, stickig; (person) nach Atem ringend.

mygu *be.g* rauchen, qualmen, dampfen; (mogi) ersticken.

♦ *be.a* (COG) räuchern, selchen^A; (mygdarthu) ausräuchern; (ysmygu) rauchen; (mogi) ersticken; (diffodd) abdämpfen, ausdämpfen; **~ pob sôn am rth** etw totschweigen.

mygydu *be.a* die Augen verbinden +*dat*; (ffig) hereinlegen.

mygyn *g* Zug *m* (von einer Zigarette).

myngial *be.a*, *be.g* grummeln, nuscheln.

myngus *ans* undeutlich, nuschelnd.

myllni *g* Schwüle *f*, Dunst *m*, stickige Luft.

myllu *be.g* (tywydd) schwül werden.

MYM *byrf* (= Mudiad Ysgolion Meithryn) walisischsprachige Kindergartenvereinigung *f*.

mymi (mymïaid *neu* mymïod) *g* Mumie *f*.

mymbo-jymbo *g* Hokuspokus *m*.

mympwy (-on) *g* Laune *f*, Marotte *f*, Mucke *f*, Mumpitz *m*; **yn ôl eich ~** nach Lust und Laune.

mympwyol *ans* launenhaft, unberechenbar, versponnen.

mymryn (-nau) *g* (gronyn) Körnchen *nt*, Teilchen *nt*, Partikelchen *nt*; (ychydig) Stückchen *nt*, das bisschen *nt*; **~ o wirionedd** ein Körnchen Wahrheit; **dewch fymryn yn nes** kommen Sie ein Stückchen näher.

myn[1] (-nod) *g* (SÖOL) Kitz *nt*; **~ gafr** Zicklein *nt*.

myn[2] *ardd* bei +*dat*; **~ diawl!** zum Henker!

mynach (-od *neu* mynaich) *g* Mönch *m*; **~ gwyn** Franziskaner *m*.

mynachaeth *b* Mönchstum *nt*.

mynachaidd *ans* Mönchs-.

mynachdy (mynachdai) *g* Kloster *nt*, Abtei *f*.

mynachlog (-ydd) *g* Kloster *nt*, Abtei *f*; (ag eglwys fawr) Münster *nt*, Stift *nt*.

mynawyd (-ydd *neu* -au) *g* Ahle *f*, Pfriem^D *m*; **~ y bugail** (BOT) Storchschnabel *m*.

mynd *be.g* gehen; (teithio) fahren; (ymadael) weggehen; (gweithio) funktionieren, gehen; (amser, arian) draufgehen; (cymryd tro mewn gêm) dran sein, an der Reihe sein; (troi yn) werden; **~ allan** ausgehen; (gyda rhn) gehen, zusammen sein; **~ am dro** spazieren gehen; **~ ar dân** Feuer fangen; **~ ar gefn beic** Rad fahren; **~ ar goll** (cael ei golli) verloren gehen; (colli'r ffordd) sich verirren; (mewn car) sich verfahren; **~ ar gyfeiliorn** (ffig) fehlgehen; **~ ar led** sich herumsprechen; **~ ar streic** in den Ausstand treten; **~ at rn** an jdn herantreten; **~ at waelod rhth** etw *dat* auf den Grund gehen; **~ ati** sich daranmachen; **cadw i fynd** durchhalten; **~ dros** durchgehen, durchsehen, kontrollieren; **~ dros ben llestri** zu weit gehen; **~ i'r gwely** schlafen gehen; **~ gyda** (gweddu) passen zu +*dat*; **~ heibio** vorbeigehen; **~ heibio i** passieren; **~ i ffwrdd** fortgehen, weggehen; **~ i lawr** hinuntergehen; (i'r ddaear) niedergehen; (ffig) sinken; **~ i mewn** hineingehen; **~ o'i le** schief gehen; **~ o gwmpas** umhergehen; **~ o'i chwmpas hi** rangehen an eine Sache; **~ i'r wal** (busnes) zugrunde gehen; **~ ymaith** weggehen; **~ ymlaen** weitergehen, fortsetzen; (digwydd) stattfinden; **~ ymlaen ac ymlaen** unaufhörlich reden; **~ yn ddall** erblinden; **~ yn goch** (gwrido) erröten; **~ yn grac** böse werden; **~ yn hen** alt werden; **~ yn ôl** zurückgehen; **~ yn sâl** erkranken; **~ yn wallgof** verrückt werden, den Verstand verlieren; **awn ni ymlaen!** machen wir weiter! **ble mae'r llyfr hwn yn ~?** wo kommt dieses Buch hin? **mae'r mater yn ~ rhagddo** die Sache läuft; **pwy sydd i fynd nesaf?** wer ist als nächstes dran? **sut mae'n ~?** wie läuft's?

♦ *be.cyn* (bod ar fin) dabei sein; **mae hi'n ~ i fwrw glaw** es wird gleich regnen; **~ i chwarae tennis** Tennis spielen gehen.

♦ *be.e*: **roedd ~ da ar ei llyfr** ihr Buch fand guten Absatz; **mae tipyn o fynd yn y pennaeth newydd** der neue Vorstand zeigt großen Einsatz.

mynd â *be.g* mitnehmen; (hebrwng) bringen; **mae hi'n ~ â nhw i'r ysbyty** sie bringt sie ins Spital; **~ â hi** (ennill y dydd) den Sieg davontragen.

wedi mynd *adf* (amser) vorbei, vorüber; (allan) weg, fort; **mae'r holl docynnau wedi ~** alle Eintrittskarten sind weg; **mae'r amser wedi ~** die Zeit ist um; **mae'r haf wedi ~** der Sommer ist vergangen; **mae'r ffiws wedi ~** es hat die Sicherung durchgehauen.

myned *be.g* = mynd.

mynedfa (mynedfeydd) *b* Eingang *m*; *(bws, trên)*
Einstieg *m*; *(i gerbydau)* Einfahrt *f*; *(cyntedd)*
Eingangsbereich *m*.

mynediad (-au) *g* Eintritt *m*, Zugang *m*; *(tâl)* Eintritt,
Eintrittsgeld *nt*; *(caniatâd i fynd i mewn)* Einlass *m*;
(CYFDR) Zugriff *m*; ~ **am ddim** Eintritt frei; **dim** ~
Eintritt verboten, kein Zutritt.

mynegai (mynegeion) *gb* Verzeichnis *nt*, Index *m*,
Register *nt*; *(LLEN)* Konkordanz *f*; ~ **cardiau** Kartei
f; ~ **costau byw** Preisindex *m*.

mynegair (mynegeiriau) *g* Konkordanz *f*.

mynegbost (mynegbyst) *g* Wegweiser *m*.

mynegeio *be.a* einen Index erstellen zu *+dat*.

mynegfys (-edd) *g* Zeigefinger *m*.

mynegi *be.a* ausdrücken, formulieren; *(datgan)*
aussagen, bekunden); ~ **eich barn** seine Meinung
äußern; ~ **eich diolchiadau** seinen Dank
ausdrücken.

mynegiad (-au) *g* Äußerung *f*, Formulierung *f*;
(ymadrodd) Ausdruck *m*; *(datganiad)* Aussage *f*;
(MATH) Formel *f*.

mynegiadaeth *b* Expressionismus *m*.

mynegiant (mynegiannau) *g* Ausdrucksweise *f*;
(CERDD) Ausdruck *m*.

mynegol *ans* ausdrucksvoll; *(GRAM)* **y modd** ~
Indikativ; **brawddeg fynegol** Aussagesatz *m*.

mynegrif (-au) *g* *(MATH)* Hochzahl *f*, Exponent *m*,
(CYLL) Index *m*, Indexziffer *f*; ~ **cyfrannau**
Aktienindex *m*; ~ **pris** Preisindex *m*.

mynnu *be.a* verlangen, fordern; *(hawlio)* bestehen
auf *+dat*, *(bod yn bendant)* an etw *dat* festhalten,
beharren auf *+akk*; **faint a fynnwch** so viel Sie
wollen; **mynnodd mai ti a welodd** er bestand
darauf, dass du es warst, den er sah; **gwnewch fel
y mynnwch** machen Sie wie es Ihnen beliebt.

mynwent (-ydd) *b* Friedhof *m*; ~ **eglwys** Kirchhof *m*.

mynwes (-au) *b* Busen *m*, Büste *f*; **ym ~ y teulu** *(ffig)*
im Schoß der Familie.

mynwesol *ans* innig, intim; **ffrind ~** Busenfreund *m*.

mynych *ans* häufig, zahlreich; *(rheolaidd)*
regelmäßig; **mae'n ymwelydd ~** er ist ein
Stammgast.

mynychnod (-au) *g* *(CERDD)* Wiederholungszeichen
nt.

mynychu *be.a* besuchen; *(tafarn)* frequentieren; ~
cwrs einen Kurs besuchen; ~ **ysgol** zur Schule
gehen, die Schule besuchen.

mynychwr (mynychwyr) *g* Besucher(in) *m(f)*; *(tafarn)*
Stammgast *m*; ~ **sinema** Kinogänger *m*; ~ **theatr**
Theaterbesucher *m*.

mynydd (-oedd) *g* Berg *m*; ~**oedd** *ll* Gebirge *nt*; ~
bwrdd Tafelberg *m*; ~ **iâ** Eisberg *m*; ~ **tân**

(llosgfynydd) Vulkan *m*; *(ffig)* ~ **o waith** ein Berg
Arbeit; **gwneud môr a ~ o rth** etw breittreten, aus
einer Mücke einen Elefanten machen.

mynydda *be.g* bergwandern; *(dringo)* bergsteigen.

mynydd-dir (-oedd) *g* Bergland *nt*.

mynyddig *ans* bergig, gebirgig; Berg-.

mynyddwr (mynyddwyr) *g* Bergsteiger(in) *m(f)*.

myopia *g* *(MEDD)* Kurzsichtigkeit *f*, Myopie *f*.

myopig *ans* kurzsichtig.

myrdwyn (-au) *g* Ameisenhaufen *m*.

myrdd (-iynau) *g* Myriade *f*; ~ **o sêr** eine Myriade
von Sternen.

Myrddin *g* Merlin *m*.

myrddiwn *g* = **myrdd**.

myrr *g* Myrre *f*.

myrtwydden (myrtwydd) *b* Myrte *f*.

mysg *g* Mitte *f*; **yn eu ~** in ihrer Mitte; **ymysg y
blodau** inmitten der Blumen.

myth (-au) *g* Mythos *m*; *(syniad anghywir)* Irrglaube *m*.

mytholeg *b* Mythologie *f*.

mytholegol *ans* mythologisch.

mywionyn (mywion) *g* Ameise *f*.

mywyn *g* (Knochen)mark *nt*.

N

N *byrf (FFIS:* = *newton)* N (Newton).

'n *rhag* = **ein¹, ein², yn.**

na¹, nac *geir* nicht, nein; **nac ydw** *neu:* **na 'dw** nein; ~ **minnau** ich auch nicht; ~ **thi** ~ **mi** ~ **fe** weder du noch ich noch er; **nac yma nac acw** weder hier noch dort; **heb ben** ~ **chynffon** weder Hand noch Fuß; ~ **phlyger!** nicht knicken!

na², nad *rhag perth* welche(r,s) nicht, der/die/das nicht; **y peiriant nad yw'n gweithio** der Apparat, der nicht funktioniert; **rhyw lyfr** ~ **chlywodd neb amdano** irgendein Buch von dem noch niemand etwas gehört hatte.

na³, nag *cys* als; **mwy nag arfer** mehr als gewöhnlich; **mwy nag unwaith** mehr als einmal; **llai** ~ **hanner** weniger als die Hälfte; **gwell gennyf siarad** ~ **chanu** ich spreche lieber als zu singen.

nabio *be.a (sgyrs)* erwischen, schnappen.

nac *geir gw.* **na¹.**

nacâd *g* Ablehnung *f*, Zurückweisung *f*; *(gwadiad)* Abstreiten *nt*, Dementi *nt*; *(GRAM)* Negation *f*, Verneinung *f*.

nacaol *ans* negativ, verneinend.

nacáu *be.a* ablehnen, verweigern; *(gwadu)* abstreiten, leugnen, dementieren.

♦ *be.g (dweud 'na')* verneinen; *(gwadu)* leugnen; *(gwrthod)* sich weigern; **'cau mynd i'r ysgol** sich weigern in die Schule zu gehen.

nacer (-i) *g* Schinder *m*.

nacr *g* Perlmutt *nt*.

nad *rhag perth gw.* **na².**

nâd-fi'n-angof *g (PLANH, llen)* Vergissmeinnicht *nt*.

nadir *g (ASTRON)* Nadir *m*.

Nadolig (-au) *g* Weihnachten *nt*; ~ **llawen!** frohe Weihnachten! **amser** ~ Weihnachtszeit *f*; **anrheg** ~ Weihnachtsgeschenk *nt*, **cerdyn** ~ Weihnachtskarte *f*.

Nadoligaidd *ans* weihnachtlich.

nadredd *ll gw.* **neidr**; **fel lladd** ~ *(ffig: brysur)* wie ein Verrückter.

nadreddu *be.g* sich schlängeln, sich winden.

nadroedd *ll gw.* **neidr.**

nadu¹ *be.g (udo)* heulen; *(rhuo)* brüllen; *(galarnadu)* wehklagen.

nadu² *be.a (atal)* hindern; **mae o'n** ~ **i mi fynd** er lässt mich nicht gehen.

naddion *ll* Schnitzel *pl*, (Holz)späne *pl*; ~ **haearn** Eisenspäne *pl*, Feilspäne *pl*.

naddo *adf* nein.

naddu *be.a (pren)* zuschnitzen; *(carreg)* behauen, meißeln; *(pensil)* spitzen; ~ **rhth o goed** etw aus Holz schnitzen.

naddwr (**naddwyr**) *g* Schnitzer *m*; *(pensil)* Spitzer *m*.

naddyn (**naddion**) *g* Span *m*.

nafi (-s) *g* Straßenarbeiter *m*.

nafftha *g (CEM)* Naphtha *nt/f*.

nafffthalen *g (CEM)* Naphthalin *nt*.

nage *adf* nein.

nai (**neiaint**) *g* Neffe *m*.

naid (**neidiau**) *b* Sprung *m*, Satz *m*; **blwyddyn** ~ Schaltjahr *nt*; ~ **bolyn** *(CHWAR)* Stabhochsprung *m*; ~ **cwantwm** *(FFIS)* Quantensprung *m*; ~ **cwningen** Häschenhüpfen *nt*; ~ **driphlyg** *(CHWAR)* Dreisprung *m*; ~ **hir** Weitsprung *m*; ~ **llyffant** Bocksprung *m*; ~ **sgi** Schispringen *nt*; ~ **uchel** Hochsprung *m*.

naïf *ans* naiv, arglos.

naïfrwydd *g* Naivität *f*.

naill *rhag:* **y** ~ der/die/das eine; **y** ~ **a'r llall** der eine und der andere; **y** ~ **blentyn** das eine Kind; **na'r** ~ **na'r llall** weder der eine noch der andere; ~ **ai ... neu** entweder... oder; **i'r** ~ **ochr** beiseite.

nain (**neiniau**) *b* Großmutter *f*; *(fel enw anwes)* Oma *f*, Omi *f*.

nam (-au) *g* Defekt *m*, Fehler *m*; **â** ~ **arno** defekt, fehlerhaft; ~ **ar y lleferydd** Sprachfehler *m*; ~ **corfforol** Körperbehinderung *f*; ~ **etifeddol** Erbfehler *m*; ~ **geni** Geburtsfehler *m*; ~ **meddyliol** geistige Behinderung *f*.

namyn *ardd* minus, abzüglich; **cant** ~ **un** neunundneunzig.

nanometr (-au) *g* Nanometer *nt*.

nant (**nentydd**) *b* Bach *m*.

napalm *g* Napalm *nt*; **bom** ~ Napalmbombe *f*.

napcyn (-au) *g* Serviette *f*; **modrwy** ~ Serviettenring *m*.

napi (-s) *g* = **cewyn.**

Naplaidd *ans* neapolitanisch.

Napliad (**Napliaid**) *g* Neapolitaner(in) *m(f)*.

Napoli *b (DAEAR)* Neapel *nt*.

naratif *ans* narrativ.

narcotig *g (MEDD)* Narkotikum *nt*.

♦ *ans* narkotisch; **gwn** ~ Narkosegewehr *nt*.

narsisaidd *ans* narzisstisch.

narsisiaeth *b* Narzissmus *m*.

narsisws *g (PLANH)* Narzisse *f*.

nas *rhag perth* den/die/das nicht; **yr hyn ~ gwelir** was man nicht sieht.

Natsi (Natsïaid) *g (HAN)* Nationalsozialist(in) *m(f)*, Nazi *m*.

Natsïaeth *b (HAN)* Nationalsozialismus *m*.

Natsïaidd *ans* nationalsozialistisch; **y blaid ~** *(HAN)* die NSDAP *f* (Nationalsozialistische Deutsche Arbeiterpartei).

natur *b* Natur *f*; *(cyfansoddiad)* Beschaffenheit *f*; *(anian)* Gemüt *nt*; *(hanfod)* Wesen *nt*; *(tueddfryd)* Veranlagung *f*; *(tymer)* Temperament *nt*; **cadwraeth ~** Naturschutz *m*; **~ ddynol** menschliche Natur; **wrth ~** von Natur aus.

natur-iachawr (natur-iachawyr) *g* Heilpraktiker *m*, Naturheilkundler *m*.

natur-iachawraig (natur-iachawyr) *b* Heilpraktikerin *f*.

naturiaeth (-au) *b* Natur *f*, Welt *f*, Schöpfung *f*.

naturiaetheg *b* Naturkunde *f*.

naturiaethwr (naturiaethwyr) *g* Naturkundler *m*.

naturiol *ans* natürlich; *(arferol)* gewöhnlich; *(dirodres)* ungezwungen, ungekünstelt; *(pur)* (natur)rein; *(diledryw)* reinrassig; **bu farw o achosion ~** er starb unter natürlichen Umständen; **nodyn ~** *(CERDD)* Note *f* ohne Vorzeichen; **arwydd ~** Auflösungszeichen *nt*.
   ♦ *adf* **yn ~** natürlich, selbstverständlich.

naturiolaeth *b (CELF)* Naturalismus *m*.

naturiolaidd *ans* naturalistisch.

naturioldeb *g* Natürlichkeit *f*; *(ymddygiad)* Ungezwungenheit *f*.

naturus *ans* hitzköpfig, jähzornig.

naw *rhif* neun; **ar y ~** extrem, äußerst, unsagbar; **~ wfft i** zur Hölle mit +*dat*.

nawdegau *ll:* **y ~** die neunziger Jahre *pl*.

nawdd (noddau) *g* Schutz *m*, Schutzherrschaft *f*; *(GWLEID)* Protektorat *nt*; *(cefnogaeth ariannol)* Finanzierung *f*; **~ cymdeithasol** Sozialfürsorge *f*; **dan ~** unter der Ägide von +*dat*.

nawddogaeth *b* Patronat *nt*, Schirmherrschaft *f*.

nawddogi *be.a* fördern, finanzieren, sponsern.

nawddoglyd *ans* herablassend, bevormundend.

nawddogol *ans* gönnerhaft.

nawddsant (nawddseintiau) *g* Schutzpatron *m*, Schutzheiliger *m*.

nawddsantes (-au) *b* Schutzheilige *f*.

nawf (nofion) *g* Schwimmen *nt*, Treiben *nt*; *(pysgod)* Schwimmblase *f*.

nawfed *ans* neunte(r,s).
   ♦ *g (MATH)* Neuntel *nt*; *(CERDD)* None *f*.

nawn (-iau) *g (HAN)* die neunte Stunde (3 Uhr nachmittags); *(CREF)* None *f*.

nawnddydd *g* Nachmittag *m*; *(hanner dydd)* Mittag *m*; **~ o Ebrill** ein Nachmittag im April.

nawnlin (-au) *b (DAEAR)* Meridian *m*.

nawplyg *ans* neunfach.

nawr *adf* jetzt; *(i ddenu sylw)* nun; **~ ac yn y man** hin und wieder; **dyna i gyd am ~** das ist alles im Moment; **~ 'te!** nun dann! **tan ~** bis jetzt.

naws (-au) *b* Hauch *m*, Nuance *f*, Gefühl *nt*; *(awyrgylch)* Ambiente *nt*; **mae ~ hafol ynddi heno** es liegt ein Hauch von Sommer in der Luft heute Abend.

neb *g (dim un person)* niemand, keine(r,s); *(rhywun)* jemand; **paid â dweud wrth ~** erzähl es niemandem.

nectarîn (nectarinau) *b* Nektarine *f*.

nedden (nedd) *b (SÖOL)* Nisse *f*.

nef *b (wybren)* Himmel *m*; *(CREF)* Himmel; *(paradwys)* Paradies *nt*; **mynd i'r ~** in den Himmel kommen, ins Paradies kommen; **bod yn eich seithfed ~** im siebenten Himmel sein.

nefoedd *b (CREF)* Himmel *m*; *(paradwys)* Paradies *nt*; *gw.h.* **nef**; **~ ar y ddaear** der Himmel auf Erden; **~ fawr!** du lieber Himmel! **roedd hi'n ~ cael gorwedd yn yr ardd** es war himmlisch, im Garten zu liegen.

nefol *ans* himmlisch; **corff ~** Himmelskörper *m*; **tad ~** Himmelvater *m*.

nefolaidd *ans* = **nefol**.

negatif¹ *ans (TRYD)* negativ.

negatif² (-au) *g (FFOTO)* Negativ *nt*.

neges (-au *neu* **-euon)** *b* Botschaft *f*, Nachricht *f*; *(mewn nofel, drama ayb)* Aussage *f*; *(siopa)* Weg *m*, Botendienst *m*; **mae gen i rai ~au** ich habe ein paar Wege (zu erledigen); **mynd ar ~ dros rn** einen Weg für jdn erledigen; **gadael ~ i rn** jdm eine Nachricht hinterlassen; **~ ffacs** Fax *nt*.

negeseua *be.g* einen Botengang machen; *(siopa)* einen Weg erledigen (**dros** für +*akk*).

negesydd (negeswyr) *g* Bote *m*, Kurier *m*; *(HAN)* Herold *m*; *(gwas negesau)* Laufbursche *m*; **~ brys** Eilbote *m*.

negro (-aid) *g (dif)* Neger(in) *m(f)*.

negydd (-ion) *g (FFOTO)* Negativ *nt*; *(GRAM)* Negation *f*.

negyddol *ans* negativ, verneinend; *(yn cyfleu gwrthodiad)* ablehnend, abschlägig; *(agwedd)* destruktiv; *(TRYD, MATH)* negativ; *(MEDD)* **HIV ~** HIV-negativ.
   ♦ *g (GRAM)* Negation *f*; **rhowch y ferf yn y ~** verneint das Verb.

negyddu *be.a* verneinen, negieren.

neidio *be.g* springen; *(calon)* hüpfen; *(fflam)* flackern, züngeln; *(tyfu neu gynyddu'n gyflym)* in die Höhe schießen; **~ ar rn/rth** sich auf jdn/etw stürzen; **~ caseg felen** Bock springen; **~'r ciw** sich vordrängen; **~ i ben rhn** jdn anfahren; **~ i fyny** *(brawychu)* hochfahren, aufschrecken; **~ trwy'r cortyn** seilhüpfen, seilspringen; **~ i'r adwy** in die Bresche springen; **~ o lawenydd** Freudensprünge machen; **neidiodd ei chalon â llawenydd** ihr hüpfte das Herz im Leibe.

neidiwr (neidwyr) *g (CHWAR)* Springer *m*; **~ hir** Weitspringer *m*.

neidr (nadredd *neu* nadroedd) *b (SŎOL)* Schlange *f*; **brathiad ~** Schlangenbiss *m*; **croen ~** *(lledr)* Schlangenleder *nt*; **~ ddefaid** Blindschleiche *f*; **~ ddu** Natter *f*, Otter *f*, Viper *f*; **~ filtroed** Tausendfüßer *m*; **~ gantroed** Hundertfüßer *m*; **gwas y ~** Libelle *f*; **~ lwyd/fraith** Ringelnatter *f*; **~ ruglo** Klapperschlange *f*; **swynwr nadredd** Schlangenbeschwörer *m*; **yn gweithio fel lladd nadredd** *(ffig: brysur)* arbeiten wie ein Berserker.

neidwraig (neidwragedd) *b (CHWAR)* Springerin *f*.

Neifion *g (ASTRON)* Neptun *m*.

neilon *g* Nylon® *nt*.

neilltu *g:* **o'r ~** zur Seite; **rhoi rhth o'r ~** etw zur Seite legen, etw in Reserve halten.

neilltuaeth *b (ymraniad)* Aussonderung *f*, Trennung *f*, Spaltung *f*; *(ynysiad)* Isoliertheit *f*; *(unigedd)* Abgeschiedenheit *f*, Klausur *f*; *(CREF)* Schisma *nt*.

neilltuedig *ans (wedi'i gadw)* reserviert; *(ar wahân)* getrennt; *(lle)* abgeschieden; *(bywyd)* zurückgezogen; *(agwedd)* reserviert.

neilltuo *be.a* reservieren; *(pennu)* bestimmen; *(didoli)* aussondern; *(gwahaniaethu)* differenzieren.

neilltuol *ans* besondere(r,s), außergewöhnlich; *(penodol)* spezifisch; *(hynod)* ausgesprochen; *(anarferol)* außerordentlich; **dim byd ~** nichts Außergewöhnliches; **beth sy'n ~ amdano?** was ist Besonderes an ihm? **~ o garedig** ausgesprochen freundlich.

neilltuolion *ll* Merkmale *pl*, Charakteristika *pl*.

neis *ans* nett; *(pert)* schön; *(blasus)* schmackhaft; *(twt)* ordentlich, nett; *(dymunol)* angenehm; **~ iawn!** sehr fein!

neisied (-i *neu* -au) *gb* Taschentuch *nt*; *(cadach gwddf)* Halstuch *nt*.

neithdar *g* Nektar *m*.

neithior (-au) *b* Hochzeitsmahl *nt*.

neithiwr *adf* gestern Abend.

nemor *adf* kaum; **~ ddim** kaum etwas, fast nichts; **~ neb** kaum jemand; **~ un** kaum jemand, kaum eine(r).

nen (-nau *neu* -noedd) *b (ffurfafen)* Himmel *m*; *(nenfwd)*

Decke *f*; *(to)* Dach *nt*; *(llen)* Herr *m*, Häuptling *m*; **glas y ~** das Blau des Himmels.

nenbren (-nau) *g (PENS)* Dachbalken *m*.

nendwr (nendyrau) *g (PENS)* Türmchen *nt*.

nenfwd (nenfydau) *g* (Zimmer)decke *f*.

nengrafwr (nengrafwyr) *g* Wolkenkratzer *m*.

nenlofft (-ydd) *b* Dachboden *m*; *(ystafell)* Mansarde *f*.

neno *ebych* (= *yn enw*) **~'r tad!** *(syndod)* Donnerwetter! *(erfyn)* in Gottes Namen!

neodr *ans (GRAM)* sächlich.

neoglasurol *ans* neoklassizistisch.

neolithig *ans* jungsteinzeitlich, neolithisch.

neon *g (CEM)* Neon *nt*; **arwydd ~** Neonreklame *f*; **golau ~** Neonlampe *f*.

nepell *adf* entfernt; **nid ~ o** unweit *+gen*; **nid ~ oddi yma** hier in der Nähe.

nepotistiaeth *b* Nepotismus *m*, Vetternwirtschaft *f*.

nerf (-au) *gb* Nerv *m*; *(dewrder)* Mut *m*; *(hyfdra)* Unverschämtheit *f*; **nwy ~au** *(MIL)* Nervengas *nt*; **~ optig** Sehnerv *m*; **colli'ch ~** die Nerven verlieren; **mae'n mynd ar fy ~au** es geht mir auf die Nerven.

nerfol *ans (ANAT)* Nerven-, neural; **system ~** Nervensystem *nt*.

nerfus *ans* nervös, aufgeregt; *(ofnus)* ängstlich.

nerfusrwydd *g* Nervosität *f*, Aufregung *f*.

nerfwst *g (MEDD)* Neurasthenie *f*, Nervenschwäche *f*.

nerth (-oedd) *g (cryfder)* Kraft *f*; *(grym)* Macht *f*, Gewalt *f*; *(TECH)* Schubkraft *f*, (Antriebs)kraft *f*; *(sain)* Lautstärke *f*; **â ~ bôn braich** mit roher Gewalt; **mynd o ~ i ~** einen Erfolg nach dem anderen erzielen; **~ braich ac ysgwyd** mit aller Kraft; **~ ceffyl** *(TECH)* Pferdestärke *f*; **gweiddi ~ eich pen** lauthals schreien, schreien wie am Spieß; *(rhedeg)* **~ eich traed** die Beine in die Hand nehmen, (rennen) was das Zeug hält; **o ~ kraft** *+gen*.

nerthol *ans* kräftig, mächtig.

nerthu *be.a* stärken, kräftigen, stark machen; *(cadarnhau)* bekräftigen.

nes[1] *ardd (tan)* bis *+dat*; **~ y dyddiau hyn** bis dahin; **~ mis Awst** bis August.

nes[2] *cys* bis; **~ i mi gael ateb** bis ich eine Antwort bekomme; **aros ~ iddi ddod yn ôl** warte, bis sie zurückkommt.

nes[3] *ans cymh* näher; *(yn)* **~ ymlaen** später; **wela i di ~ ymlaen!** bis später! bis nachher! **~ at y dyddiad** unmittelbar vor dem besagten Tag; **yn ~ ac yn ~** immer näher.

nesâd (nesadau) *g* Annäherung *f*.

nesaf *ans eith* nächste(r,s); *(amser)* nächste(r,s), kommende(r,s); **wythnos ~** kommende Woche; **drws ~** nebenan; **drws ~ i'r coleg** gleich neben

dem College; **y ~ at** neben *+dat*; **y ~ peth i ddim** so
gut wie nichts; **pwy sydd ~?** wer ist der Nächste?
♦ *adf* danach; **beth wnaeth e ~?** was tat er als
Nächstes? was tat er danach? **wel, beth ~!** Sachen
gibts!

nesáu *be.g* sich nähern; *(storm)* heraufziehen; **~ at rn**
sich jdm nähern; *(ffig: mynd i ddigwydd)* auf jdn
zukommen; **mae hi'n ~ at ei thrigain** sie nähert sich
den Dreißig.

nesu *be.g* = **nesáu.**

net *ans (MASN)* netto.

neu *cys* oder; **~ fel arall** sonst; **naill ai … neu …**
entweder… oder…; **tyrd ar unwaith, ~ mi gollwn
ni'r bws** komm sofort, sonst verpassen wir den
Bus.

neuadd (-au) *b* Saal *m*, Halle *f*; *(ysgol, prifysgol)* Aula
f, Festsaal *m*; *(i fyfyrwyr)* Studentenheim *nt*; **~
breswyl** Wohnheim *nt*; **~ y dref/ddinas** Rathaus *nt*;
~ chwaraeon Sporthalle *f*, *(YSG)* Turnsaal *m*; **~
ddawnsio** Ballsaal *m*.

newid¹ (-iadau) *g* Veränderung *f*, Wandel *m*;
(amrywiaeth) Abwechslung *f*, *(arian yn ôl)*
Wechselgeld *nt*; *(arian mân)* Kleingeld *nt*; **am ~** zur
Abwechslung; **~ er gwell** Verbesserung *f*, **~ er
gwaeth** Verschlechterung *f*, **~ cyfeiriad**
Richtungswechsel *m*; **~ golygfa** *(THEAT, ffig)*
Szenenwechsel *m*; **allwch roi ~ pum punt i mi?**
Können Sie mir fünf Pfund wechseln?

newid² *be.a (altro)* (ver)ändern, umgestalten;
(cyfnewid) wechseln, tauschen; *(troi yn)*
umwandeln; **~ arian** Geld wechseln; **~ cewyn
baban** Windeln wechseln; **~ cwrs** *(PRIFYSG)*
umsatteln; **~ cynfasau'r gwely** das Bett frisch
überziehen; **~ dillad** sich umziehen; **~ dwylo** den
Besitzer wechseln; **~ gêr** schalten; **~ lle â rhn** mit
jdm Platz tauschen; **~ eich meddwl** seine
Meinung ändern; **~ ochr** überlaufen, die Seiten
wechseln; **~ plygiau tanio** Zündkerzen
(aus)wechseln; **~ trên/bws** umsteigen.
♦ *be.g* sich verändern; *(dillad)* sich umziehen.

newidiad (-au) *g* Abänderung *f*, Neuerung *f*.

newidiadwy *ans* verstellbar.

newidiol *ans* variabel, wandelbar; *(tywydd)*
veränderlich.

newidydd (-ion) *g (TRYD)* Transformator *m*, Trafo *m*,
Umformer *m*.

newidyn (-nau) *g (MATH)* Variable *f*.

newton (-nau) *g (FFIS)* Newton *nt*.

newydd¹ *ans* neu; *(modern)* modern; **~ sbon**
brandneu, funkelnagelneu; **lleuad ~** Neumond *m*;
tatws ~ Frühkartoffeln *pl*, heurige Erdäpfel^ *pl*,
Heurige(n)^ *pl*.

newydd² (-ion) *g* Nachricht *f*, Neuigkeit *f*; **~ion** *ll*
Nachrichten *pl*; **papur ~** Zeitung *f*; **bwletin ~ion**
Kurznachrichten *pl*; **torri'r ~** verkünden; **o'r ~**
erneut, aufs Neue; **pan ddaeth y ~ion am ei
farwolaeth** als sein Tod bekannt wurde.

newydd³ *adf* gerade, soeben; **mae hi ~ ymadael** sie ist
gerade weggegangen; **~ ddod ydw i** ich bin
gerade erst gekommen.

newydd-anedig *ans* neugeboren.

newyddbeth (-au) *g* Neuheit *f*, Innovation *f*.

newydd-deb (-au) *g* Neuheit *f*.

newydd-ddyfodiad (newydd-dyfodiaid) *g*
Neuankömmling *m*.

newyddiadur (-on) *g* Nachrichtenblatt *nt*.

newyddiadur(i)aeth *b* Journalismus *m*.

newyddiadurwr (newyddiadurwyr) *g* Journalist *m*,
Berichterstatter *m*.

newyddiadurwraig (newyddiadurwyr) *b* Journalistin
f, Berichterstatterin *f*.

newyddian (-od) *g (dechreuwr)* Neuling *m*; *(THEAT)*
Debütant(in) *m(f)*; *(CREF)* Novize *m*, Novizin *f*.

newyddion *ll gw.* **newydd².**

newyn *g* Hunger *m*, Hungersnot *f*; **marw o ~**
verhungern, an Hunger sterben.

newynog *ans* hungernd, unterernährt; **bod yn ~**
Hunger leiden.

newynu *be.g* hungern, Hunger leiden; *(marw)*
verhungern; **rwy'n ~!** *(ffig)* ich sterbe vor Hunger!

nhw *rhag* sie; *(gwrthrych)* sie, ihnen; **dyna ~!** da sind
sie! **maen ~'n dod** sie kommen; **gyda ~** mit ihnen.
♦ *rhag dibynnol:* **hebddyn ~** ohne sie; **rwy'n eu gweld
~** ich sehe sie; **rho'r llyfr iddyn ~** gib ihnen das
Buch.

nhwy *rhag* = **nhw.**

ni¹ *rhag* wir; *(gwrthrych)* uns; **dyma ~!** hier sind wir!
yw'r gorau wir sind die Besten; **a welodd rhywun
~?** hat uns jemand gesehen? **gyda ~** mit uns.
♦ *rhag dibynnol:* **clywsom ~** wir haben gehört; **ein
hewythr ~** unser Onkel.

ni², nid *geir (negyddol)* nicht; **~ ddaeth** er ist nicht
gekommen; **nid canu ond chwerthin wnaeth hi** sie
sang nicht, sondern lachte; **nid oedd ef yno** er war
nicht dort; **nid oes neb yma** hier ist niemand; **nid
oes rhaid i chi ddod** sie brauchen nicht zu
kommen; **nid oes gennyf nac arian nac amser** ich
habe weder Zeit noch Geld, **nid oes ond llyfrau
yma** hier sind nur Bücher.

nicel *g (CEM)* Nickel *nt*; **~ coprog** Kupfer-Nickel.

nicotîn *g* Nikotin *nt*.

nid *geir* = **ni².**

nifer (-oedd) *gb* Anzahl *f*; **~ o bethau** ein paar Dinge;
~ fawr o bethau eine Menge Dinge; **~ o weithiau**

etliche Male; **~ o bobl** *(llawer)* viele Leute, eine Menge Menschen; *(rhywrai)* eine Reihe von Leuten; **mae hon yn un o'u ~** sie ist eine von ihnen/denen.

niferus *ans* zahlreich; *(teulu)* kinderreich.

nifwl (nifylau) *g (ASTRON)* Nebel *m*; **~ modrwy** Ringnebel *m*.

ninnau *rhag* wir ebenfalls, auch wir; *(cyferbyniol)* wir hingegen; **o'n rhan ~** für unser Teil.

nihilaidd *ans* nihilistisch.

nihiliaeth *b* Nihilismus *m*.

nionyn (nionod) *g* Zwiebel *f*; *gw.h.* **wynionyn**.

nis *rhag perth* ihn/sie/es nicht; **~ gwelodd** er sah es nicht.

nitrad (-au) *g (CEM)* Nitrat *nt*.

nitrogen *g (CEM)* Stickstoff *m*.

nith (-oedd) *b* Nichte *f*.

nithio *be.g* worfeln, die Spreu vom Weizen trennen.

niwclear *ans* atomar, nuklear, Atom-; **bom ~** Atombombe *f*; **ffiseg ~** Atomphysik *f*, Kernphysik *f*; **gorsaf ~** Kernkraftwerk *nt*, Atomkraftwerk *nt*; **ynni ~** Kernenergie *f*.

niwclews (niwclysau) *g (FFIS)* Atomkern *m*.

niwed (niweidiau) *g* Schaden *m*, Beschädigung *f*; *(anaf)* Verletzung *f*; **~ corfforol** körperlicher Schaden; **gwneud ~ i** einen Schaden zufügen *+dat*.

niweidio *be.a* schaden *+dat*; *(anafu)* verletzen; *(rhth)* beschädigen; *(amharu ar)* schädigen; **~ eich iechyd** seine Gesundheit schädigen; **mae'r peth yn ~ enw da y cwmni** die Sache schadet dem guten Ruf der Firma.

niweidiol *ans* schädlich; *(sylwadau)* abträglich; **~ i'r iechyd** gesundheitsschädlich.

niwl (-oedd) *g* Nebel *m*; *(ffig)* Schleier *m*; *(mewn hylif)* Trübung *f*; **bod yn y ~ ynglŷn â** im Unklaren sein über *+akk*.

niwlen (-ni) *b* Nebelschwade *f*.

niwlog *ans* nebelig; *(hylif)* trüb; *(ffig)* verschleiert, verschwommen; *(meddyliau)* verworren; *(sylwadau)* vage, nebulos; **mae fy atgofion amdano yn ~** meine Erinnerung an ihn ist verschwommen; **mae'n dal yn ~ i mi** es ist mir nach wie vor schleierhaft.

niwmatig *ans* Luft-; **dril ~** Pressluftbohrer *m*.

niwmonia *g (MEDD)* Lungenentzündung *f*.

niwralgia *g (MEDD)* Neuralgie *f*.

niwroleg *b* Neurologie *f*.

niwrolegol *ans* neurologisch.

niwrosis *g* Neurose *f*.

niwrotig *ans* neurotisch; **person ~** Neurotiker(in) *m(f)*.

niwsans *g* Plage *f*, Qual *f*; **bod yn ~** lästig sein; **dyna ~!** das ist aber ärgerlich! **mae'r gwynt yma'n ~** dieser Wind ist eine Plage; **mae e'n gallu bod yn ~** er kann einem auf die Nerven gehen.

niwtral *ans* neutral; *(o ran barn)* unparteiisch, unvoreingenommen; **gêr ~** Leerlauf *m*.

niwtraledd *g* Neutralität *f*.

niwtraleiddio *be.a* neutralisieren.

niwtrino (-s) *g (FFIS)* Neutrino *nt*.

niwtron (-au) *g (FFIS)* Neutron *nt*.

nobl *ans* edel, nobel; **bachgen ~** edler Jüngling.

nod¹ (-au) *gb (amcan)* Ziel *nt*; **cyrraedd y ~** das Ziel erreichen; **gyda'r ~ o wneud rhth** mit dem Ziel, etw zu tun; **beth yw dy ~ mewn bywyd?** was ist dein Lebensziel?

nod² (-au) *gb (marc)* Zeichen *nt*; *(marc ar anifail)* Brandzeichen *nt*; *(MASN)* Marke *f*; *(CYFRIF)* Zeichen; **~ clust** Ohrmarke *f*; **~ gwarant** Gütesiegel *nt*; **~ llin-borthiad** *(CYFRIF)* Symbol für den Zeilenvorschub; **~ masnach** Warenzeichen *nt*; **~ tudalen** Lesezeichen *nt*.

nod³ (-au) *g* Knoten *m*; **~ lymff** *(ANAT)* Lymphknoten *m*.

nodedig *ans* bemerkenswert; *(gwahaniaeth)* beträchtlich, bedeutend.

nodi *be.a (sylwi)* zur Kenntnis nehmen, beachten; *(gwneud nodyn)* notieren; *(tynnu sylw)* anmerken; *(marcio)* anzeichnen; **nodwch y teitl!** notiert euch den Titel! *(sylwi)* beachtet den Titel!

nodiadau *ll* Aufzeichnungen *pl*; *gw.* **nodyn²**.

nodiadur (-on) *g* Notizblock *m*; *(CYFRIF)* Notebook *nt*.

nodiant *g* Zeichensetzung *f*, Notation *f*; **~ cerddorol** Notenschrift *f*.

nodwedd (-ion) *b* Merkmal *nt*, Kennzeichen *nt*; *(hynodrwydd)* Besonderheit *f*, Eigenheit *f*; *(rhinwedd)* Eigenschaft *f*; **~ rywiol eilaidd** sekundäres Geschlechtsmerkmal *nt*; **mae ganddo holl ~ion aristocrat** er hat alle Züge eines Aristokraten.

nodweddiadol *ans* typisch, charakteristisch; **mae hynny'n ~ ohono** das ist typisch für ihn; **yn ~ Seisnig** typisch Englisch.

nodweddu *be.a* charakterisieren, bezeichnend sein für *+akk*; **mae e'n ~'r Cymro traddodiadol** er verkörpert den traditionellen Waliser; **mae'r het ddu uchel yn ~'r wisg Gymreig** der hohe schwarze Hut charakterisiert die walisische Tracht.

nodwydd (-au) *b* (Näh)nadel *f*; *(PLANH)* Nadel *f*; **crau ~** Nadelöhr *nt*; **~ cwmpawd** Magnetnadel *f*; **~ chwaraewr recordiau** Plattennadel *f*; **~ wnïo** Nähnadel; **~ hypodermig** Injektionsnadel *f*.

nodyn¹ (nodau) *g (CERDD)* Note *f*; *(sain y nodyn)* Ton *m*;

rhoi'r ~ den Ton angeben.

nodyn[2] **(nodiadau)** *g* Notiz *f*, Anmerkung *f*; *(mewn dogfen)* Vermerk *m*; ~ **byr i'th atgoffa** ein paar Zeilen um dich zu erinnern; ~ **diplomataidd** *(neges)* diplomatische Note *f*; ~ **godre** Fußnote *f*; **nodiadau darlith** *(PRIFYSG)* Skriptum *nt*; **gwneud ~ o** eine Notiz machen von +*dat.*

nodd (-ion) *g* *(PLANH)* Saft *m.*

nodded *b* = **nawdd.**

noddfa (noddfeydd) *b* *(i gerddwyr)* Unterstand *m*, Schutzhütte *f*; *(i ffoaduriaid)* Zufluchtsstätte *f.*

noddi *be.a* fördern, finanzieren, sponsern.

noddwr (noddwyr) *g* Förderer *m*, Gönner *m*; *(CELF)* Mäzen *m*; *(CHWAR)* Sponsor *m.*

noddwraig (noddwragedd) *b* Förderin *f*, Gönnerin *f.*

noeth *ans* nackt, unbekleidet; *(traed)* barfuß; *(heb orchudd)* unbedeckt; *(llwm)* kahl; *(ystafell)* leer; **celwydd ~** blanke Lüge; **craig ~** blanker Fels; **â'ch llygaid ~** mit bloßen Augen; **y ffeithiau ~** die nackten Tatsachen *pl.*

noethlun (-iau) *g* *(CELF)* Akt *m*; *(FFOTO)* Aktfoto *nt.*

noethlymun *ans* splitternackt.

noethlymunwr (noethlymunwyr) *g* FKKler(in) *m(f).*

noethni *g* Nacktheit *f.*

nofel (-au) *b* *(LLEN)* Roman *m*; ~ **ddictectif** Kriminalroman *m*, Krimi *m*; ~ **fer** Novelle *f*; ~ **serch** Liebesroman *m*; ~ **sothach** Schundroman *m.*

nofelydd (nofelwyr) *g* Romanschriftsteller(in) *m(f).*

nofio *be.g* schwimmen; *(arnofio)* treiben; ~ **ar y cefn** rückenschwimmen; ~ **broga** brustschwimmen; **cap ~** Badekappe[D] *f*, Badehaube[A] *f*; ~ **ci** hundskraulen; ~ **ymlusgo** kraulen; ~ **cydamserol** synchronschwimmen; **dillad ~** Badeanzug *m*; ~ **pilipala** schmetterlingsschwimmen, delfinschwimmen; **pwll ~** Schwimmbad *nt*; ~ **tanddwr** tauchen; **trowsus ~** Badehose *f*; ~ **mewn saim** im Fett schwimmen.

nofiwr (nofwyr) *g* Schwimmer *m*; ~ **tanddwr** Taucher *m.*

nofwraig (nofwragedd) *b* Schwimmerin *f.*

nogio *be.g* *(ceffyl)* verweigern; **mae'r asyn yn ~** der Esel bockt.

nôl *be.a* holen, herbeibringen; *(o siop neu orsaf)* abholen; **pryd ca i ~ e?** wann kann ich ihn abholen?

nomad (-iaid) *g* Nomade *m*, Nomadin *f.*

nomadig *ans* nomadisch, nomadisierend.

norm (-au) *g* Norm *f.*

normal *ans* normal, gewöhnlich; **coleg ~** Lehrerbildungsanstalt *f.*

normaleiddio *be.a* normalisieren.

Norman (-iaid) *g* *(HAN)* Normanne *m*, Normannin *f.*

Normanaidd *ans* normannisch.

normedig *ans* genormt.

Norseg *b* Altnordisch *nt.*

Norwy *b* *(DAEAR)* Norwegen *nt.*

Norwyad (Norwyaid) *g* Norweger *m.*

Norwyaidd *ans* norwegisch.

Norwyeg *b* Norwegisch *nt.*

Norwyes (-au) *b* Norwegerin *f.*

nos (-au) *b* Nacht *f*; ~ **Lun** Montag Abend; **Nos Galan** Silvester *m*; ~ **da!** gute Nacht! **aeth yn ~ arnaf** ich hatte eine Mattscheibe[D], bei mir setzte es kurz aus[A]; *(anobeithiol)* es sah schlecht aus für mich; **dydd a ~** Tag und Nacht; **gyda'r ~** am Abend; **hanner ~** Mitternacht *f*; **min ~** Abend *m.*

nosi *be.g* dämmern, dunkeln; **wrth iddi ~** als die Nacht hereinbrach.

nosol *ans* nächtlich.

noson (nosweithiau) *b* Abend *m*; ~ **lawen** Abendunterhaltung *f*; *(mewn gwersyll)* Heimabend *m*; ~ **rieni** *(YSG)* Elternabend *m*; ~ **tân gwyllt** Guy Fawkes (5. November); **y ~ gynt** der Abend zuvor; **cael ~ dda o gwsg** sich ordentlich ausschlafen; **aros am ddwy ~** zwei Nächte verbringen.

noswaith (nosweithiau) *b* Abend *m*; ~ **dda!** guten Abend!

nosweithiol *ans* abendlich.

noswyl *b* Vorabend *m*; ~ **Nadolig** Heiliger Abend *m*, Heiligabend *m.*

noswylio *be.g* *(mynd i'r gwely)* zu Bett gehen, sich niederlegen.

not (-iau) *b* *(MOR)* Knoten *m.*

notari (notariaid) *g* Notar(in) *m(f).*

nudd, nudden *b* Dunst *m*, Nebelschleier *m.*

nwdls *ll* Nudeln *pl*, Teigwaren *pl*; *(mewn cawl)* Einlage *f.*

nwl *g* *(MATH, FFIS)* Null *f.*

nwlbwynt (-iau) *g* *(FFIS)* Nullpunkt *m.*

nwy (-on) *g* Gas *nt*; *(MEDD)* Lachgas *nt*; ~ **dagrau** Tränengas *nt*; ~ **erosol** Treibgas *nt*; ~ **gwacáu** Abgas *nt*; **mwgwd ~** Gasmaske *f*; ~ **naturiol** Erdgas *nt*; ~ **nerfau** Nervengas *nt*; ~ **nobl** *(CEM)* Edelgas *nt*; ~ **propan** Propangas *nt*; **siambr ~** Gaskammer *f.*

nwyd (-au) *g* Gefühl *nt*, Leidenschaft *f*, Passion *f.*

nwydus *ans* leidenschaftlich, gefühlvoll.

nwydd (-au) *g* Gut *nt*, Annehmlichkeit *f.*

nwyddau *ll* Güter *pl*; *(MASN)* Waren *pl*; ~ **brand** Markenware *f*; ~ **brys** Expressgut *nt*; ~ **crai** Rohmaterialien *pl*; ~ **darfodus** verderbliche Ware *f*; ~ **gorffenedig** Fertigware *f*; ~ **haearn** Eisenwaren *pl*; ~ **moeth** Luxusgüter *pl*; ~ **prin** Mangelware *f*; ~ **traul** Gebrauchsgüter *pl*; **trên ~** Güterwagen *m*; ~

tŷ Haushaltsartikel *pl.*

nwyf *g (egni)* Einsatz *m*, Energie *f*, Schwung *m*; *(bywiogrwydd)* Lebhaftigkeit *f*, Temperament *nt.*

nwyfus *ans* lebhaft, stürmisch, rassig.

nychdod *g* (Gesundheits)schwäche *f*; *(MEDD)* Dystrophie *f*; ~ **cyhyrol** Muskelschwäche *f.*

nychu¹ *be.g (gwanhau)* dahinsiechen; *(hiraethu)* schmachten, sich sehnen (**am** nach +*dat*).

nychu² *be.a (poeni)* belästigen, plagen; *(bod yn straen ar)* belasten.

nyddu *be.g* spinnen.

nyni *rhag* wir selber.

nyrs¹ (**-ys**) *b (ysbyty)* Krankenschwester *f*, Pflegerin *f*; *(cartref)* ~ **plant** Kindermädchen *nt*, Gouvernante *f*; ~ **babanod** Säuglingsschwester *f*; ~ **nos** Nachtschwester *f*; ~ **practis** Arzthelferin *f.*

nyrs² (**-ys**) *g* Krankenpfleger *m.*

nyrsio *be.a* pflegen; *(gweithio fel nyrs)* als Krankenschwester arbeiten; ~ **annwyd** den Schnupfen bekämpfen; ~ **rhn yn ôl yn iach** jdn gesund pflegen.

nyten (**nytiau**) *b* (Schrauben)mutter *f.*

nytmeg *g* Muskat(nuss) *f.*

nyth (**-od**) *gb* Nest *nt*; ~ **cacwn** Wespennest *nt*, Hornissennest *nt*; **codi ~ cacwn** *(ffig)* in ein Wespennest stechen; **gadael y ~** *(llyth, ffig)* das Nest verlassen; **tynnu ~ cacwn am eich pen** *(ffig)* sich in die Nesseln setzen.

nythaid (**nytheidiau**) *b:* ~ **o ladron** Verbrechernest *nt.*

nythfa (**-oedd**) *b* Nistplatz *m.*

nythu *be.g* nisten; *(cwtsio yn erbyn ei gilydd)* sich aneinander kuscheln, sich aneinander schmiegen; **greddf ~** Nistinstinkt *m.*

o

o¹ *ardd* **1** *(tarddiad)* von, aus; *(allan o)* aus; ~ **ble** woher, von wo; **rwy'n dod ~ Lerpwl** ich komme aus Liverpool; **yfed ~ wydr** aus einem Glas trinken; **~'r llyfrgell** aus der Bibliothek; **2** *(nifer, maint)* **chwech ~ blant** sechs Kinder; **llawer ~ bobl** viele Leute; **digon ~ laeth** genügend Milch; **llwyth ~ waith** ein Berg Arbeit; *(wrth gymharu)* **mwy ~ lawer** um vieles mehr; **yn bellach ~ bum metr** fünf Meter weiter; **3** *(perthynas)* **aelod ~'r tîm** Mitglied des Teams; **rhan gyntaf ~'r llyfr** der erste Teil des Buches; **cwpanaid ~ de** eine Tasse Tee; **math ~ beth** so etwas; **math ~ gaws** eine Art Käse; **naw ~'r gloch** neun Uhr; **cawr ~ ddyn** ein Hüne von einem Mann; *(sut)* **ffordd ~ fyw** Lebensweise *f*; **4** *(achos)* vor, aus; **~ gariad** vor Liebe; **~ lawenydd** vor Freude; **5** *(defnydd)* aus; **ffrog ~ wlan** Kleid aus Wolle; **wats ~ aur** goldene Uhr; **cerflun ~ garreg** Skulptur aus Stein; **6** *(oddi ar)* **~ naw tan ddeg** von neun bis zehn; **~ ddydd Mawrth ymlaen** ab Dienstag, von Dienstag an; **~'r dechrau** von Anfang an; **~ ddrwg i waeth** immer schlimmer; *(pellter)* **10 km ~'r arfordir** 10 km vor der Küste; **7** *(fel rhan o adferf)* **~ ben i ben** von einem Ende zum anderen, insgesamt; **~ boptu** zu beiden Seiten; **~ bosib** *gw.* **o⁴**; **~'r braidd** kaum; **~ bryd i'w gilydd** von Zeit zu Zeit; **~'r diwedd** endlich; **~ ddifrif** im Ernst, ernstlich; **~ ganlyniad** infolgedessen; **~'r gorau!** einverstanden! **~ gwbl** überhaupt, ganz und gar; **dim ~ gwbl** überhaupt nicht, gar nicht; **~ linach y fam** mütterlicherseits; **~'r neilltu** zur Seite, beiseite; **siŵr ~ fod** sicherlich, bestimmt; **~ waith law** handgearbeitet, handgemacht; **~ wirfodd** aus freien Stücken, freiwillig; **y byd sydd ohoni** unsere Welt, die Welt, wie wir sie kennen.

o amgylch *ardd* um...+*akk* herum; **~ amgylch y bwrdd** um den Tisch; **aethom ni am dro ~ amgylch y dref** wir machten einen Stadtbummel; **~'n hamgylch** um uns herum.

o'r blaen *adf* vorher, zuvor; *(eisioes)* schon, bereits; **rwy wedi gweld y ffilm ~'r blaen** ich habe den Film schon gesehen; **y diwrnod ~'r blaen** am Tag zuvor.

o dan *ardd* unter +*dat*; **~ dan y bwrdd** unter dem Tisch; **~ dan ofal y meddyg** unter Aufsicht des Arztes; **~ dan yr amgylchiadau hyn** unter diesen Umständen.

o flaen *ardd* vor +*dat*/+*akk*; **~ flaen y tân**

(eistedd) vor dem Kamin; *(gosod, rhoi)* vor den Kamin; **~ flaen llaw** im Voraus.

o gwmpas *ardd* um... *akk* herum; **~ gwmpas y tân** ums Feuer, um das Feuer herum; **mynd ~ gwmpas** umhergehen; **~ gwmpas y lle** hier, dort, am Ort; **~'n cwmpas** um uns herum.

o hyd *adf* immer noch, noch immer; **~ hyd ac ~ hyd** immer wieder, in einem fort.

o² *ebych:* **~!** oh; *(rwy'n gweld)* aha!

o³ *rhag* = **ef**.

o⁴ *cys (os)* sofern; **~ bo angen** falls nötig; **~ ystyried** unter Berücksichtigung; **~ bosib** wenn möglich; *(trwy)* **~ wrando'n ofalus** beim genauen Hinhören; **~ cheir cyfle eto** wenn man es nochmals versucht.

obelisg (-au) *g* Obelisk *m*.

oblegid *cys* da, weil; **nid aeth ~ ei bod yn bwrw glaw** er ging nicht, da es regnete.

♦ *ardd* wegen +*gen*; **~ ei oed** wegen seines Alters; **o'ch plegid** wegen Ihnen, Ihretwegen.

obo (-i *neu* -au) *g (CERDD)* Oboe *f*.

obry *adf* unten, drunten, in der Tiefe.

obsesiwn (**obsesiynau**) *g* Manie *f*, Besessenheit *f*, fixe Idee *f*.

obstetreg *b (MEDD)* Geburtshilfe *f*.

obstetregydd (**obstetregwyr**) *g (MEDD)* Geburtshelfer(in) *m(f)*.

OC *byrf (= Oed Crist)* n.Chr. (nach Christus), A.D. (Anno Domini).

ocr¹ *g (usuriaeth)* Wucher *m*, Nepp *m*.

ocr² *g (pridd, lliw)* Ocker *m/nt*, **~ coch** roter Ocker.

ocraeth *b* = **ocr¹**.

ocrwr (**ocrwyr**) *g* Wucherer *m*.

ocsid *g (CEM)* Oxid *nt*.

ocsideiddiad *g* = **ocsidiad**.

ocsideiddiedig *ans* = **ocsidiedig**.

ocsideiddio *be* = **ocsidio**.

ocsidiad *g (CEM)* Oxidierung *f*.

ocsidiedig *ans* oxidiert.

ocsidio *be.a, be.g* oxidieren.

ocsigen *g (CEM)* Sauerstoff *m*; **mwgwd ~** Sauerstoffmaske *f*; **potel ~** Sauerstoffflasche *f*.

ocsiwn (**ocsiynau**) *g* Auktion *f*, Versteigerung *f*.

ocsiynwr (**ocsiynwyr**) *g* Auktionator *m*.

octaf (-au) *b (CERDD)* = **wythfed²**.

octagon (-au) *g (MATH)* Achteck *nt*; **â siâp ~** achteckig.

octan *g (CEM)* Oktan *nt*; **rhif ~** Oktanzahl *f*.

octopws (octopysau) g *(SŌOL)* Oktopus m.

ocwlt ans okkult.

ocwltiaeth b Okkultismus m.

ochain be.g seufzen; (griddfan) stöhnen, ächzen.

ochenaid (ocheneidiau) b Seufzer m; ~ o ryddhad Stoßseufzer m.

ochneidio be.g = **ochain**.

ochr (-au) b Seite f; (anifail, bryn) Flanke f; **wrth ei hochr hi** an ihrer Seite; ~ **wrth** ~ neu: ~ **yn** ~ nebeneinander, Seite an Seite; ~ **chwith** (MOR) Backbord nt; ~ **dde** (MOR) Steuerbord nt; ~ **flaen** Vorderseite f; **ar ~ pwy rwyt ti?** auf wessen Seite stehst du? **ar y dwy** ~ auf beiden Seiten; **dangos eich** ~ (ffig) Farbe bekennen; **rhoi i'r naill** ~ beiseite legen; **ar yr** ~ **arall i'r stryd** auf der anderen Straßenseite; **yr** ~ **arall i'r geiniog** (ffig) die Kehrseite der Medaille.

ochrgamu be.a (rygbi, pêl-droed) aussteigen lassen.

ochri be.g: ~ **â rhn** Partei ergreifen für jdn, sich auf jds Seite stellen.

ochrog ans Seiten habend; (MATH) flächig.

ochrolwg (ochrolygon) b Seitenansicht f.

od ans seltsam, eigenartig, sonderbar; (rhif) ungerade; (un o bâr) einzeln; **dyna beth ~!** komisch! **pâr o sgidiau** ~ ein ungleiches Paar Schuhe; **yn** ~ **o gyflym** bemerkenswert schnell.

ôd g (llen) Schnee m.

odfael (-ion) b Vergünstigung f.

odi be.g schneien; **mae'n** ~ es schneit.

odiaeth ans vorzüglich, auserlesen, exquisit.

   ◆ adf extrem; **da** ~ extrem gut.

odid adf kaum; ~ **ddim** kaum etwas; **ond** ~ wahrscheinlich; ~ **na ddaw, ~ y daw** vielleicht kommt er, vielleicht auch nicht.

odl (-au) b Reim m; ~ **fewnol** Binnenreim m; **mewn ~au** in Reimen.

odlaw g = **eirlaw**.

odli be.a reimen.

   ◆ be.g sich reimen.

odliadur (-on) g Reimlexikon nt.

odliw ans schneeweiß.

odlyd ans (tir) verschneit; (tywydd) schneereich.

odrif (-au) g (MATH) ungerade Zahl f.

odrwydd g Eigenheit f, Ausgefallenheit f; (cast) Macke f.

ods¹ b = **ots**.

ods² ll Gewinnchancen pl.

odyn (-au) b Trockenofen m, Brennofen m; ~ **enamlo** Brennofen m; ~ **galch** Kalkofen m.

oddeutu adf etwa, ungefähr; ~ **can punt** an die hundert Pfund; ~ **pump o'r gloch** um fünf herum.

oddf (-au) g (BOT: bwlb) Blumenzwiebel f; (cloronen)

Knolle f; (migwrn) Knorpel m; (coed) Knoten m.

oddfog ans zwiebelartig, zwiebelförmig.

oddi ardd von +dat; ~ **cartref** von zu Hause weg; (CHWAR) auswärts.

   oddi allan adf von draußen.

   oddi am ardd: **tynnodd ei got** ~ **amdano** er legte seinen Mantel ab.

   oddi amgylch ardd rings um +akk.

   oddi ar ardd von…+dat weg; (i lawr) von…+dat herunter; (ers) seit; **cododd y cês** ~ **ar y llawr** er hob den Koffer vom Boden auf; ~ **ar y bwrdd** vom Tisch herunter; ~ **ar i mi fod yma** seit ich hier bin.

   oddi draw adf von drüben; (o bellter) aus der Ferne; **gwelodd farchog yn nesáu** ~ **draw** er sah in der Ferne einen Ritter näherkommen.

   oddi fry adf von oben; **disgynnodd y glaw** ~ **fry** von oben fiel Regen herab.

   oddi isod adf von unten.

   oddi mewn adf von innen, von innerhalb.

   oddi tan ardd unter… +dat hervor; **daeth mwg** ~ **tan y bwrdd** Rauch kam unter dem Tisch hervor.

   oddi tanodd adf von darunter, von unten.

   oddi uchod adf von oben; **gorchymyn** ~ **uchod** Befehl von oben.

   oddi wrth ardd von +dat; **cefais lythyr** ~ **wrth fy mam** ich erhielt einen Brief von meiner Mutter.

   oddi yma adf von hier (weg); **rhaid i ni fynd** ~ **yma** wir müssen weg von hier.

   oddi yno adf von dort; **daethon nhw** ~ **yno heb obaith** sie kamen von dort ohne jede Hoffnung.

oddieithr ardd außer +dat, mit Ausnahme von +dat.

oed¹ b Alter nt; (CYFR) Volljährigkeit f; **faint yw dy ~?** wie alt bist du? **mae hi'n ugain** ~ sie ist zwanzig Jahre alt; **gwraig ganol** ~ eine Frau mittleren Alters; **O~ Crist** nach Christi Geburt; **bod yr un** ~ gleich alt sein; **bod mewn** ~ volljährig sein; **bod o dan** ~ minderjährig sein.

oed² (-au) g Stelldichein nt, Tête-à-tête nt; **gwneud** ~ sich verabreden.

oedfa (-on) b Gottesdienst m.

oedi be.a (gohirio) aufschieben; (cadw) aufhalten.

   ◆ be.g (aros rywle) verweilen, sich aufhalten, säumen; **heb** ~ unmittelbar, ohne Verzögerung; **ymddiheurwn am unrhyw** ~ wir bedauern etwaige Verzögerungen.

oediad (-au) g Verzögerung f, (gohiriad) Vertagung f, Aufschub m.

oedolyn (oedolion) *g* Erwachsene *m/f.*

oedran (-nau) *g* Alter *nt*; **~ teg** hohes Alter.

oedrannus *ans* älter; *(hen iawn)* betagt; **pâr priod ~** ein älteres Ehepaar.

oel *g* = **olew**.

oelio *be.a* ölen, schmieren.

oeliog *ans* ölig.

oen (ŵyn) *g* Lamm *nt*; **cig ~** Lammfleisch *nt*; **cynffon ~ bach** *(BOT)* Palmkätzchen *nt*; **O~ Duw** das Lamm Gottes; **~ Melangell** Hase *m*; **~ Pasg** Osterlamm *nt*;

oer *ans* kalt; **rwy'n ~** mir ist kalt, ich friere; **cig ~** kalter Aufschnitt *m*; **mewn gwaed ~** kaltblütig; **rhyfel ~** *(GWLEID)* kalter Krieg.

oeraidd *ans* kühl, frostig; *(dideimlad)* gefühllos; *(yn rhywiol)* frigid; **croeso ~** ein kühler Empfang.

oerfel *g* Kälte *f*, Kühle *f*.

oergell (-oedd) *b* Kühlschrank *m*.

oeri *be.a* kühlen, abkühlen; *(COG)* kalt stellen.
   ♦ *be.g* kalt werden, auskühlen, erkalten; **mae'r tywydd yn ~** das Wetter kühlt ab.

oeriad *g* Kühlung *f*.

oerllyd *ans* = **oeraidd**.

oernadu *be.g* heulen.

oerni *g* = **oerfel**.

oerydd (-ion) *g* Kühlflüssigkeit *f*.

oes[1] (-oedd *neu* -au) *b* Zeitalter *nt*; *(HAN)* Epoche *f*, Ära *f*; *(cyfnod bywyd)* Lebzeiten *pl*; **am ~** lebenslänglich; **am ~oedd** *(ffig)* eine Ewigkeit *f*; **ar ôl yr ~** seiner Zeit hintennach; **O~ Aur** das goldene Zeitalter; **o flaen yr ~** seiner Zeit voraus; **~oedd yn ôl** vor unzähligen Jahren; **yn ~ ~oedd** bis in alle Ewigkeit; **yr ~ sydd ohoni** unsere Zeit; *(HAN)* **O~ y Cerrig** *neu*: **yr O~ Garreg** Steinzeit *f*; **O~ yr Iâ** Eiszeit *f*; **yr O~ Efydd** die Bronzezeit *f*; **O~ y Goleuo** das Zeitalter der Aufklärung; **yr O~ Haearn** die Eisenzeit *f*; **yr O~oedd Canol** das Mittelalter.

oes[2] *be gw.* **bod**[1]; *(cwestiwn)* gibt es? *(fel ateb)* ja; **nac ~** nein; **nid ~ banc yma** hier gibt es keine Bank.

oesol *ans* dauernd, beständig; *(am oes)* lebenslänglich; *(am byth)* ewig.

oestrywydden (oestrywydd) *b* *(BOT)* Weißbuche *f*.

ofari (ofarïau) *g* *(ANAT)* Eierstock *m*; *(BOT)* Fruchtknoten *m*.

ofer *ans* vergeblich, zwecklos; **yn ~** umsonst; **mynd yn ~** vergeudet werden.

ofera *be.g* herumlungern, flanieren.

oferedd *g* *(gwastraff)* Vergeudung *f*; *(gwagedd)* Nutzlosigkeit *f*.

ofergoel (-ion) *b* Aberglaube *m*.

ofergoeledd *g* *(cred)* Aberglaube *m*.

ofergoliaeth *b* = **ofergoel**.

ofergoelus *ans* abergläubisch.

oferôl (-s) *gb* Overall *m*; *(cot)* Kittel *m*.

oferwr (oferwyr) *g* Taugenichts *m*, Nichtsnutz *m*.

ofn (-au) *g* Angst *f*, Furcht *f*; *(pryder)* Befürchtung *f*; **codi ~ ar rn** jdm Angst einjagen; **~ y llwyfan** Lampenfieber *nt*; **parchedig ~** Ehrfurcht *f*; **mae arnaf ~** ich habe Angst, ich fürchte mich; **dw i ddim yn gallu'ch helpu mae arna' i ~** ich fürchte, ich kann Ihnen nicht helfen; **rhag ~** für alle Fälle; **rhag ~ i ni fynd ar goll** falls wir uns verirren.

ofnadwy *ans* furchtbar, fürchterlich, schrecklich.
   ♦ *adf:* **poeth ~** fürchterlich heiß; **~ o ddrud** sündhaft teuer.

ofnadwyedd *g* ehrfürchtige Scheu.

ofni *be.a* Angst haben vor +*dat*, fürchten.
   ♦ *be.g* sich fürchten, Angst haben; **~ dros rn** Angst um jdn haben; **paid ag ~ gofyn** fürchte dich nicht zu fragen; **rwy'n ~ y byddwn ni'n hwyr** ich fürchte, wir werden zu spät kommen; *(wrth ymddiheuro)* es tut mir Leid, aber wir werden zu spät kommen.

ofnus *ans* ängstlich, bange, furchtsam, zaghaft.

ofnusrwydd *g* Ängstlichkeit *f*.

ofwl (-au *neu* ofylau) *g* *(BOT)* Samenanlage *f*.

ofwm (ofa) *g* *(BIOL)* Eizelle *f*.

ofyliad *g* *(BIOL)* Eisprung *m*, Ovulation *f*.

offeiriad (offeiriaid) *g* Priester *m*.

offeiriadaeth *b* Priestertum *nt*; *(offeiriaid)* Priesterschaft *f*.

offeiriades (-au) *b* Priesterin *f*.

offer *ll* Gerät *nt*, Handwerkszeug *nt*; *(cyfarpar)* Ausrüstung *f*; **~ clustfeinio** Abhörgerät *nt*; **~ garddio** Gartenwerkzeug *nt*; **~ glanio** *(AWYR)* Fahrgestell *nt*; **~ gwnïo** Nähzeug *nt*; **~ gwresogi** Heizanlage *f*; **~ mesur** Messgeräte *f*; **~ prosesu data** Datenverarbeitungsanlage *f*; **~ rhyfel** Rüstung *f*; **~ torri** Schneidwerkzeug *nt*; **~ ysgrifennu** Schreibzeug *nt*.

offeren (-nau) *b* *(CREF)* Messe *f*; **~ i'r meirw** Totenmesse *f*.

offerwr (offerwyr) *g* Werkzeugschlosser *m*.

offeryn (-nau *neu* offer) *g* Gerät *nt*, Werkzeug *nt*; *(CERDD, MEDD)* Instrument *nt*; **~ cerdd** Musikinstrument *nt*; **~ chwyth** Blasinstrument *nt*; **~ llinynnol** Saiteninstrument *nt*, Streichinstrument *nt*; **~nau taro** Schlagzeug *nt*.

offerynnol *ans* instrumental; **cerddoriaeth ~** Instrumentalmusik *f*.

offerynnwr (offerynwyr) *g* Musiker *m*, Musikant *m*; **~ taro** Schlagzeuger *m*.

offerynwraig (offerynwragedd) *b* Musikerin *f*.

offrwm (offrymau) *g* *(CREF)* Opfer *nt*; *(gweithred)*

Opferung *f*.

offrymu *be.a* opfern.

offthalmolegydd (-ion) *g* Augenarzt *m*, Augenärztin *f*, Ophthalmologe *m*.

og (-au) *b* (*AMAETH*) Egge *f*.

oged (-au *neu* -i) *b* = **og**.

ogedu *be.a* eggen.

ogfaenen (ogfaen) *b* (*BOT*) Hagebutte *f*.

oglau *g* = **aroglau**.

ogleuo *be.a* = **arogleuo**.

ogof (-âu *neu* -eydd) *b* Höhle *f*, Grotte *f*; ~ **stalactitau** Tropfsteinhöhle *f*.

ogofdy (ogofdai) *g* Grotte *f*.

ogofwr (ogofwyr) *g* Höhlenforscher *m*.

ogystal *adf:* **A yn ~ â B** sowohl A als auch B, A ebenso wie B.

ongl (-au) *b* Winkel *m*; ~ **aflem** stumpfer Winkel; ~ **goledd** Neigung *f*; ~ **lem** spitzer Winkel; ~ **sgwâr** rechter Winkel; **ar ~** schräg; **ar ~ 45°** in einem Winkel von 45°.

onglog *ans* abgewinkelt, eckig, winkelig.

onglydd (-ion) *g* Winkelmesser *m*.

oherwydd *cys* weil, da, denn.

♦ *ardd* wegen +*gen*, aufgrund +*gen*; ~ **y tywydd** wegen des Wetters; ~ **ei oed** aufgrund seines Alters; **o'm herwydd** meinetwegen, wegen mir.

♦ *adf* **o'r herwydd** deswegen.

ohm *g* (*TRYD*) Ohm *nt*.

ôl¹ (olion) *g* Spur *f*; (*trywydd*) Fährte *f*; (*gweddill*) Rest *m*, Überrest *m*; ~ **bys** Fingerabdruck *m*; ~ **llong** Kielwasser *nt*; ~ **troed** Fußspur *f*; (*yn yr eira*) Fußstapfen *m*; **olion bwyd** Speisereste *pl*; **olion Rhufeinig** römische Ruinen *pl*.

     ar ôl *ardd* nach +*dat*; (*yn dilyn*) im Anschluss an +*akk*; **ar ~ swper** nach dem Nachtmahl; **ar fy ~** hinter mir her, mir nach; **ar eich ~ chi!** nach Ihnen! **bod ar ei hôl hi** im Hintertreffen sein; **cau'r drws ar ~ rhn** die Tür hinter jdm schließen; **dro ar ~ tro** immer wieder; **ddydd ar ~ dydd** Tag für Tag; **rhedeg ar ~ rhn** jdm nachlaufen; **un ar ~ y llall** einer hinter dem andern, hintereinander; (*amserol*) nacheinander, einer nach dem andern.

♦ *adf* (*yn weddill*) übrig; **does dim byd ar ~** es ist nichts mehr übrig.

♦ *cys* nachdem; **ar ~ iddo gyrraedd** nachdem er gekommen war.

     tu ôl i *ardd* hinter +*dat*/+*akk*; **tu ~ i'r cwpwrdd** (*bod*) hinter dem Kasten; (*rhoi*) hinter den Kasten; **mae pawb y tu ~ i ti** (*ffig*) es stehen alle hinter dir.

     yn ôl *adf* zurück; (*yn y gorffennol*) vor +*dat*;

rhoi yn ~ zurückgeben; **yn ~ ac ymlaen** hin und her, vor und zurück; **chwe munud yn ~** vor sechs Minuten; **ychydig yn ~** vor einiger Zeit; **mor bell yn ~ â 1848** schon/bereits 1848; **tuag yn ~** rückwärts, verkehrt.

♦ *ardd* (*fel y dywed*) laut +*dat*, nach +*dat*; (*gan ddibynnu ar*) nach +*dat*, entsprechend +*dat*; **yn ~ y gofyn** nach Bedarf; **yn ~ Freud** nach Freud, laut Freud; **yn ~ y cynllun** laut/nach Plan.

ôl² *ans* hintere(r,s), rückwärtig; **pen ~** Po *m*, Popo *m*, Hintern *m*; **sedd ~** Rücksitz *m*.

ôl-³ *rhagdd* hinter-, rück-.

olaf *ans* letzte(r,s); ~ **ond un** vorletzte(r,s); ~ **ond dau** vorvorletzte(r,s), drittletzte(r,s); ~ **un** allerletzte(r,s); **yn ~** zum Schluss; **am y tro ~** zum letzten Mal, **ar y funud ~** (*ffig*) in letzter Minute.

ôl-dâl (ôl-daliadau) *g* (Gehalts)nachzahlung *f*.

ôl-daliad (-au) *g* Nachzahlung *f*.

ôl-daniad (-au) *g* Fehlzündung *f*.

ôl-dremiol *ans* rückblickend.

ôl-ddodiad (ôl-ddodiaid) *g* (*GRAM*) Suffix *nt*, Nachsilbe *f*.

ôl-ddyddio *be.a* rückdatieren.

ôl-ddyled (-ion) *b* (*CYLL*) (Zahlungs)rückstand *m*; ~**ion** *ll* Außenstände *pl*.

ôl-effaith (ôl-effeithiau) *b* Nachwirkung *f*.

olew *g* Öl *nt*; (*MWYN*) Erdöl *nt*, Petroleum *nt*; (*COG*) Speiseöl *nt*; (*pysgod*) Tran *m*; ~ **afu/iau pysgod** Lebertran *m*; ~ **castor** Rizinusöl *nt*; ~ **crai** Rohöl *nt*; **ffynnon ~** Ölquelle *f*; ~ **had llin** Leinöl *nt*; **lamp ~** Öllampe *f*; ~ **llysiau** Pflanzenöl *nt*; ~ **olewydd** Olivenöl *nt*; **paent ~** Ölfarbe *f*; **purfa ~** Erdölraffinerie *f*; ~ **rêp** Rapsöl *nt*; ~ **salad** Tafelöl *nt*; **slic ~** Ölteppich *m*; ~ **tanwydd** Heizöl *nt*.

olewaidd *ans* ölig.

olewydden (olewydd) *b* (*BOT*) Ölbaum *m*.

ôl-fysell *b* Rücktaste *f*.

ôl-fflach (-iau) *b* (*FFILM, LLEN*) Rückblende *f*.

ôl-gerbyd (-au) *g* Anhänger *m*.

ôl-gryniad (-au) *g* Nachbeben *nt*.

olif (-au) *b* Olive *f*.

oligarchiaeth *b* (*GWLEID*) Oligarchie *f*.

oligopoli *g* (*MASN*) Oligopol *nt*.

olinio *be.a* pausen, durchzeichnen.

olion *ll gw.* **ôl¹**; (*HAN*) Relikte *pl*, Überreste *pl*.

ôl-nodyn (ôl-nodiadau) *g* Nachsatz *m*, Schlussbemerkung *f*; (*llythyr*) Postskriptum *nt*.

olrediad (-au) *g* Regression *f*; (*MASN*) Rezession *f*.

olrewlifol *ans* nacheiszeitlich, postglazial.

olrhain *be.a* aufspüren; (*darganfod tarddiad*) zurückverfolgen, herleiten.

olrhead¹ (-aid) *g* Spürhund *m*.

olrhead² (-au) *g (ymchwiliad)* Nachforschung *f*; *(dargopi)* Pause *f*; ~ **achau** Ahnenforschung *f*, Genealogie *f*.

ôl-weithredol *ans* rückwirkend.

ôl-wewyr *g* Nachwehen *pl*.

olwr (**olwyr**) *g (CHWAR)* Verteidiger *m*.

olwyn (-**ion**) *b* Rad *nt*; **cadair** ~ Rollstuhl *m*; ~ **ddŵr** Wasserrad *nt*; *(melin)* Mühlrad *nt*; ~ **fawr** Riesenrad *nt*; ~ **ffortiwn** Glücksrad *nt*; ~ **gefn** Hinterrad *nt*; ~ **gocos** Zahnrad *nt*; ~ **grochenydd** Töpferscheibe *f*; ~ **lywio** *(MOR)* Steuerrad *nt*; ~ **nyddu** Spinnrad *nt*; ~ **sbâr** Reserverad *nt*, Ersatzreifen *m*; ~ **weili** Schwungrad *nt*; ~ **yrru** Lenkrad *nt*, Volant *nt*; *(MOR)* Steuerrad *nt*; **wrth yr** ~ am Steuer.

ôl-seddwr (**ôl-seddwyr**) *g (GWLEID)* Parteiabgeordnete *m/f*.

Olympaidd *ans* olympisch; **y gêmau** ~ die Olympischen Spiele *pl*.

olyniaeth *b* Nachfolge *f*; *(cyfres)* Abfolge *f*; *(CYFR)* Erbfolge *f*; *(i'r orsedd)* Thronfolge *f*.

olynol *ans* aufeinander folgend, hintereinander.

olynu *be.a (rhn)* (nach)folgen +*dat*; *(mewn swydd)* ablösen.

olynydd (**olynwyr**) *g* Nachfolger(in) *m(f)*.

oll *adf*: **ni** ~ wir alle; **dim** ~ **gar** nichts; **neb** ~ **gar** niemand; **gorau** ~! umso besser! **yn gyntaf** ~ zuallererst.

omled (-au) *gb (COG)* Omelett *nt*, Eierkuchen^D *m*.

omlet (-au) *gb* = **omled**.

ON *byrf* (= **ôl-nodyn**) PS (Postskriptum).

oncoleg *b* Onkologie *f*.

ond *cys* aber; *(ar ôl negydd)* sondern; *(heblaw)* außer +*dat*; **nid fe** ~ **ti** nicht er sondern du; **neb** ~ **myfi** keiner außer mir; **y tŷ olaf** ~ **un** das vorletzte Haus; **allwch chi** ~ **trio** sie können nicht anders als es zu versuchen.

> **dim ond** *adf* nur, bloß; *(amser)* erst; **dim** ~ **un ohonynt** nur einer von ihnen; **dim** ~ **fi** nur ich; **dim** ~ **heddiw** erst heute; **dim** ~ **pan** ... erst als/wenn...; **dim** ~ **plentyn ydyw** er ist bloß ein Kind.

onest *ans* = **gonest**.

oni(d)¹ *cys (os na)* wenn nicht, außer wenn; **ni ddof** ~ **chaf fy nhalu** ich komme nicht, wenn ich nicht bezahlt werde; **hyd** ~ bis; **hyd onid anfonaf amdanoch** bis ich Sie holen lasse; **onibai am fy mrawd** wenn mein Bruder nicht wäre.

oni(d)² *geir gofyn* **onid yw hi'n bert?** ist sie nicht hübsch? ~ **ddaeth e?** ist er nicht gekommen? **onid e?** *neu*: **on'd yw e?** nicht wahr?

onnen (**ynn** *neu* **onn**) *b (BOT)* Esche *f*.

onomatopoëig *ans* lautmalend, lautmalerisch.

ontoleg *b* Ontologie *f*.

opal (-au) *g* Opal *m*.

opera (**operâu**) *b (CERDD)* Oper *f*; **tŷ** ~ Oper, Opernhaus *nt*.

operatig *ans* Opern-; **cân** ~ (Opern)arie *f*; **canwr** ~ Opernsänger *m*.

opereta (-s *neu* **operetâu**) *b (CERDD)* Operette *f*.

opiniwn (**opiniynau**) *g* Meinung *f*; **pôl piniwn** Meinungsumfrage *f*.

opiniynllyd *ans* rechthaberisch.

opiwm *g* Opium *nt*.

oportiwnistiaeth *b* Opportunismus *m*.

oportiwnydd (-**ion**) *g* Opportunist(in) *m(f)*.

opsiwn (**opsiynau**) *g* Wahl *f*, Option *f*; *(YSG)* Wahlfach *nt*; **does gen i'r un** ~ **arall** mir bleibt keine andere Wahl; **gadael eich opsiynau'n agored** sich *dat* alle Möglichkeiten offen halten.

opsiynol *ans* nach Wahl, fakultativ; **tei yn** ~ kein Krawattenzwang.

opteg *b* Optik *f*.

optegol *ans* optisch.

optegydd (**optegwyr**) *g* Optiker(in) *m(f)*.

optimeiddio *be.a* optimieren.

optimist (-**iaid**) *g* Optimist *m*.

optimistaidd *ans* optimistisch, zuversichtlich.

optimistiaeth *b* Optimismus *m*, Zuversicht *f*.

opws (**opera**) *g (LLEN)* Werk *nt*, Werke *pl*; *(CERDD)* Opus *nt*.

oracl (-au) *g* Orakel *nt*.

orang-wtan (-**iaid** *neu* -**od**) *g (SÔOL)* Orang-Utan *m*.

oratorio (-s) *b (CERDD)* Oratorium *nt*.

orbit (-au) *gb (ASTRON)* Umlaufbahn *f*.

orbital (-au) *g (FFIS)* Orbit *m*, Umlaufbahn *f*.

ordeiniad *g (CREF)* Weihe *f*, Ordination *f*; ~ **i'r offeiriadaeth** Priesterweihe *f*.

ordeinio *be.a (CREF)* weihen, ordinieren; *(CYFR)* verordnen, verfügen.

ordinans *g* = **ordnans**.

ordinhad (-au) *g (CREF)* Sakrament *nt*; *(CYFR)* Erlass *m*.

ordnans *g (MIL)* Material *nt*, Versorgung *f*; **ffatri** ~ *(MIL)* Munitionsfabrik *f*; **swyddog** ~ *(MIL)* Ordonanz *f*; **arolwg** ~ Landesaufnahme *f*; *(swyddfa)* Amt für Landvermessung *nt*; **map** ~ amtliche Landkarte *f*.

oregano *g (BOT)* Oregano *m*.

oren¹ (-au) *gb* Orange *f*, Apfelsine^D *f*; **lliw** ~ orange; **sudd** ~ Orangensaft *m*.

oren² *ans* orange.

organ¹ (-au) *g (ANAT)* Organ *nt*; ~ **atgenhedlu** Fortpflanzungsorgan *nt*; ~**au cenhedlu** Geschlechtsteile *pl*, Genitalien *pl*; ~ **synhwyro**

Sinnesorgan *nt*.

organ² (-au) *b* *(CERDD)* Orgel *f*; ~ dro/faril Drehorgel *f*, Leierkasten *m*; ~ geg Mundharmonika *f*; ~ drydan Elektroorgel *f*.

organeb (-au) *b* *(BIOL)* Organismus *m*.

organedd (-au) *g* = **organeb**.

organig *ans* organisch.

organydd (-ion) *g* *(CERDD)* Organist *m*.

organyddes (-au) *b* *(CERDD)* Organistin *f*.

orgasm *g* *(BIOL)* Orgasmus *m*, (sexueller) Höhepunkt *m*.

orgraff *b* Orthografie *f*, Rechtschreibung *f*.

orgraffyddol *ans* orthografisch.

oriadurwr (oriadurwyr) *g* Uhrmacher *m*.

oriau *ll gw.* **awr**; am ~ *(ffig)* stundenlang; ~ agor Öffnungszeiten *pl*; ~ hamdden Freizeit *f*, Mußestunden *pl*; ~ hyblyg gleitende Arbeitszeit *f*, Gleitzeit *f*; yn ~ mân y bore zu früher Stunde.

oriawr (oriorau) *b* Armbanduhr *f*; ~ boced Taschenuhr *f*; *gw.h.* **wats**.

oriel (-au *neu* -i) *b* *(PENS)* Empore *f*, Galerie *f*; *(THEAT)* Balkon *m*; *(arddangosfa)* (Kunst)galerie *f*.

orig *b* Weilchen *nt*, kurze Weile *f*.

oriog *ans* launenhaft, launisch, unstet.

ornest *b* = **gornest**.

orthodeintydd (-ion) *g* *(MEDD)* Kieferorthopäde *m*.

orthograffig *ans* orthografisch.

orthopedeg *b* *(MEDD)* Orthopädie *f*.

orthopedig *ans* orthopädisch.

orthopedydd (-ion) *g* Orthopäde *m*.

os *cys* wenn, falls; ~ bydd eisiau im Bedarfsfall; ~ bydd/oes rhaid notfalls; ~ bydd tân im Brandfall; ~ ca' i ddweud wenn ich so sagen darf; ~ cofiaf yn iawn wenn ich mich recht entsinne; ~ gweli di'n dda bitte; ~ gwelwch chi'n dda bitte; ~ oes modd wenn möglich; heb ~ nac onibai ohne jeden Zweifel.

oselot (-iaid) *g* *(SÖOL)* Ozelot *m*.

osgam (-au) *g* *(CHWAR)* Haken *m*.

osgamu *be.g* *(CHWAR)* einen Haken machen.

osgiladu *be.g* oszillieren.

osgiliad (-au) *g* *(TECH)* Oszillation *f*, Schwingung *f*.

osgo *g* *(ymarweddiad)* Körperhaltung *f*; *(cerddediad)* Gangart *f*, Gang *m*; *(goleddf)* Schräge *f*, Neigung *f*; *(ASTRON)* Deklination *f*; ar ~ schief, schräg; ~ milwrol militärische Haltung *f*.

osgoi *be.a* vermeiden, meiden; *(peidio â tharo neu gwrdd)* ausweichen +*dat*; *(dianc rhag)* fliehen vor +*dat*; ffordd ~ Umgehungsstraße *f*; ~ gwaith sich vor einer Arbeit *dat* drücken; ~ rhn jdm aus dem Weg gehen; mae'r bocsiwr yn ~'r ergyd der Boxer weicht dem Schlag aus; ~ perygl eine Gefahr

vermeiden; ~ traffig dem Verkehr ausweichen.

oslef *gb* = **goslef**.

osmosis *g* *(CEM, BIOL)* Osmose *f*.

osmotig *ans* osmotisch; gwasgedd ~ osmotischer Druck.

osôn *g* *(CEM)* Ozon *nt*; haen ~ Ozonschicht *f*.

Otoman (-iaid) *g* *(HAN)* Osmane *m*.

Otomanaidd *ans* osmanisch.

ots *g* *(gwahaniaeth)* Unterschied *m*; dim ~! macht nichts! dim ~ pa mor fawr egal wie groß; does gen i dim ~ das ist mir egal, das ist mir Wurst; does dim ~ gen i am y glaw der Regen ist mir wurscht; oes ~ 'da chi os …? macht es Ihnen was aus wenn…? pa ~? was macht das schon? was soll's!

ow! *ebych* au! au weh!

owmal *g* Email *nt*.

owns (-ys *neu* -iau) *b* Unze *f* (28.35g); ~ lifyddol Flüssigunze *f*; does dim ~ o wirionedd yn y peth daran ist kein Fünkchen Wahrheit.

owtffit *b* Aufmachung *f*.

P

pa *rhag gofyn* welche(r,s); ~ **beth** was; ~ **bryd** wann; ~ **faint** wie viel; ~ **faint o** wie viele; ~ **fath ar/o** was für ein; ~ **mor bell** wie weit; ~ **sawl** wie viele; ~ **un** welche(r,s), was für eine(r,s); **am ba hyd** für wie lange; ~ **ddyddiad yw hi heddiw?** welches Datum haben wir heute? ~ **ffordd awn ni adre?** auf welchem Weg gehen wir heim? **(pa) sawl gwaith?** wie oft? **p'un bynnag** *neu:* **p'run bynnag** welche(r,s) auch immer; ~ **ots** was soll's! ~ **le** *gw.* **ble; i ba le** *gw.* **ble.**

pab (-au) *g* Papst *m.*

pabaeth *b* Papsttum *nt; (tymor gwasanaeth pab)* Amtszeit *f* (eines Papstes); **y Babaeth** der Heilige Stuhl.

pabaidd *ans* päpstlich.

pabell (**pebyll**) *b* Zelt *nt; (mawr)* Festzelt *nt;* ~ **gwrw** Bierzelt *nt;* **peg** ~ Zeltpflock *m,* Hering *m;* **polyn** ~ Zeltstange *f;* ~ **syrcas** Zirkuszelt *nt;* **codi** ~ ein Zelt aufstellen.

pabellu *be.g* zelten, campen.

pabi (**pabïau**) *gb (BOT)* Mohnblume *f;* ~ **coch** Klatschmohn *m.*

pabwyr *g* Docht *m.*

pabwyren (**pabwyr**) *b (BOT: brwynen)* Binse *f.*

pabwyryn (**pabwyr**) *g* = **pabwyren.**

Pabydd (-**ion**) *g (CREF)* Katholik *m.*

Pabyddes (-**au**) *b (CREF)* Katholikin *f.*

pabyddiaeth *b (CREF)* Katholizismus *m.*

pabyddol *ans* römisch-katholisch.

pac (-**iau**) *g (bwndel)* Bündel *nt,* Packen *m; (i grwydro)* Ränzel[D] *nt; (bag)* Gepäckstück *nt; (cardiau)* Kartenspiel *nt; (haid)* Horde *f,* Bande *f; (rygbi)* Sturm *m;* ~**iau** *ll* Gepäck *nt;* **hel eich** ~ *(ffig: ymadael)* sein Ränzel schnüren, seine Siebensachen packen; ~ **o gelwyddau** ein Haufen Lügen.

paced (-**au** *neu* -**i**) *g* Päckchen *nt;* ~ **cyflog** Lohntüte *f;* ~ **o sigarets** ein Päckchen Zigaretten.

pacio *be.a, be.g* packen, einpacken; *(lapio)* verpacken.

pacmon (**pacmyn** *neu* **pecmyn**) *g* Hausierer *m.*

pad (-**iau**) *g* Polster *nt/m; (CHWAR: coesau)* Schienbeinschützer *m;* ~ **brêc** Bremsbelag *m;* ~ **incio** Stempelkissen *nt;* ~ **ysgrifennu** Schreibblock *m;* ~ **ysgwydd** Schulterpolster *m.*

padell (-**au** *neu* -**i** *neu* **pedyll**) *b* Pfanne *f;* ~ **bobi** Backblech *nt;* ~ **clorian** Waagschale *f;* ~ **ffrio** Bratpfanne *f;* ~ **pen-glin** *(ANAT)* Kniescheibe *f;*

mynd o'r badell ffrio i'r tân vom Regen in die Traufe kommen.

pader (-**au**) *g* Gebet *nt; (gweddi'r Arglwydd)* Vaterunser *nt;* ~**au** *ll* Rosenkranz *m;* **dysgu** ~ **i berson** *(ffig)* einem Hund das Bellen beibringen.

padio *be.a* auspolstern, wattieren.

padl (-**au**) *gb (canŵ)* Paddel *nt; (llong)* Schaufel *f.*

padlen (-**nau**) *b* Paddel *nt.*

padlo *be.g* paddeln; *(sblasio)* planschen; **cwch** ~ Paddelboot *nt;* **pwll** ~ Planschbecken *nt.*

padog (-**au**) *g* Koppel *f.*

paen (-**au**) *g* Fensterscheibe *f.*

paent *g* Farbe *f; (farnais)* Lack *m;* ~ **enamel** Emailfarbe *f;* ~ **lacer** Lack; ~ **olew** Ölfarbe *f;* ~ **preimio** Grundierung *f;* ~ **sglein** Glanzfarbe *f;* ~ **gwlyb!** frisch gestrichen!

paentiad *g* Malerei *f;* ~ **dyfrlliw** Aquarell *nt;* ~ **haniaethol** abstrakte Malerei; ~ **ogof** Höhlenmalerei *f;* ~ **olew** Ölgemälde *nt.*

paentio *be.a* streichen; *gw.h.* **peintio.**

pafiliwn (**pafiliynau**) *g* Pavillon *m; (MASN)* Messehalle *f.*

pafin (-**au**) *g* = **palmant.**

paffio *be.g (CHWAR)* boxen.

paffiwr (**paffwyr**) *g (CHWAR)* Boxer *m,* Boxkämpfer *m.*

pagan (-**iaid**) *g* Heide *m,* Heidin *f.*

paganaidd *ans* heidnisch.

paganiaeth *b* Heidentum *nt.*

pagoda (**pagodâu**) *gb* Pagode *f.*

pang (-**au**) *g (MEDD)* Stich *m,* stechender Schmerz; *(pwl)* Anfall *m.*

pangfa (**pangfeydd**) *b (MEDD)* Anfall *m; (esgor)* Wehe *f,* Kontraktion *f.*

paham *adf* = **pam.**

paid *be gw.* **peidio.**

paill *g (BOT)* Blütenstaub *m,* Pollen *m; (blawd)* Mehl *nt.*

pair (**peiriau**) *g* Kessel *m;* **P~ Dadeni** *(LLEN)* Kessel der Wiedergeburt.

pais (**peisiau**) *b* Unterrock *m;* ~ **arfau** Wappen *nt;* ~ **ddur** Kettenhemd *nt;* **codi** ~ **ar ôl piso** *(anwedd)* etw machen wenn es bereits zu spät ist.

paith (**peithiau**) *g* Grasland *nt; (UDA)* Prärie *f; (Ariannin)* Pampas *f.*

pâl[1] (**palau**) *b* Spaten *m;* **palau** *ll (cardiau)* Pik *nt/f.*

pâl[2] (**palod**) *g (SÖOL)* Papageientaucher *m;* ~ **Manaw** Schwarzschnabel-Sturmtaucher *m.*

pâl³ *g (elorwisg)* Bahrtuch *nt*.

paladr¹ (pelydr) *g (pelydryn)* Strahl *m*.

paladr² (pelydr) *g (ffon)* Stab *m*; *(gwaywffon)* Lanze *f*; *(postyn)* Pfosten *m*, Stange *f*; *(cert)* Deichsel *f*; *(echel)* Achse *f*, *(BOT)* Stängel *m*.

palaeograffeg *b* Paläographie *f*.

palaeolithig *ans (HAN)* altsteinzeitlich, paläolithisch.

  ◆ *g* Paläolithikum *nt*, Altsteinzeit *f*.

palaeontoleg *b* Paläontologie *f*.

palalwyfen (palalwyf) *b (BOT)* Linde *f*.

palas (-au) *g* Palast *m*, Residenz *f*; **~ esgob** Residenz des Bischofs, Bischofspalast *m*.

paldaruo *be.g* schwätzen, palavern.

paldaruwr (paldaruwyr) *g* Schwätzer *m*.

paled (-au) *g* = palet.

Palestina *b (DAEAR)* Palästina *nt*.

Palestinaidd *ans* palästinensisch.

Palestiniad (Palestiniaid) *g* Palästinenser(in) *m(f)*.

palet *g (CELF)* (Farb)palette *f*.

palf (-au) *b* Handfläche *f*; *(pawen)* Pfote *f*.

palfais (palfeisiau) *b (ANAT)* Schulterblatt *nt*.

palfalu *be.g* tasten; *(mewn poced)* kramen; **~ mewn tywyllwch** *(ffig)* im Dunkeln tappen.

  ◆ *be.a* angreifen, anfassen, betasten; *(yn rhywiol)* befummeln, begrapschen.

palis (-au) *g* Trennwand *f*; *(pared)* Wandschirm *m*; *(ffens)* Bauzaun *m*, Plakatwand *f*.

palmant (-au *neu* **palmentydd)** *g* Gehsteig *m*, Bürgersteig^D *m*, Trottoir^AS *nt*.

palmantu *be.a* pflastern.

palmantwr (palmantwyr) *g* Pflasterer *m*, Plattenleger *m*.

palmwydden (palmwydd) *b (BOT)* Palme *f*; **~ gorsen** Rotangpalme *f*; **~ ddatys** Dattelpalme *f*; **~ goco** Kokospalme *f*.

palu *be.g* graben; *(torri'r pridd)* umstechen; *(archaeoleg)* Ausgrabungen machen.

  ◆ *be.a (twll, ffos)* graben, ausheben; *(codi o'r pridd)* ausgraben; *(gardd)* umgraben; **~ celwyddau** lügen wie gedruckt, ein Netz von Lügen spinnen; **~ ymlaen** durchhalten.

pall *g* Fehler *m*, Panne *f*.

pallu *be.a (gwrthod)* ablehnen, abschlagen; *(cynnig)* ausschlagen.

  ◆ *be.g (methu)* versagen; *(peiriant, trydan)* ausfallen; *(car)* eine Panne haben; *(ffynnon)* versiegen, austrocknen; *(iechyd)* sich verschlechtern; *(golwg, clyw)* nachlassen.

pam *cys ac adf* warum, wieso, weshalb, weswegen; *(i ba bwrpas)* wozu, wofür; **dyna ~** deshalb, darum; **y rheswm ~ yw** ... der Grund dafür ist...; **~ lai!** warum nicht! **~ yn y byd** warum um alles in der Welt.

pâm (pamau) *g* Beet *nt*.

pamffled (-au) *g* Flugblatt *nt*, Flugzettel *m*; *(llyfryn bach)* Broschüre *f*, Prospekt *m*; *(CREF)* Traktat *nt/m*.

pamffledyn (pamffledi) *g* Broschüre *f*, Prospekt *m*.

pan¹ *cys* wenn; *(gorffennol)* als; *(os)* falls, wenn; **~ fo angen** wenn/falls nötig; **~ fo niwl** bei Nebel; **~ o'n i'n blentyn** als Kind, in meiner Kindheit; **~ ddaw y gweinidog** *(dyfodol)* wenn der Pfarrer kommt; **~ yw'n ysgrifennu traethawd** *(bob tro)* wenn er einen Aufsatz schreibt.

pan² *ans (am wlân)* gewalkt, geblichen; **hanner ~** *(ffig)* debil, grenzdebil.

panasen (pannas) *b (BOT)* Pastinake *f*.

pancosen (pancos) *b (COG)* Pfannkuchen^D *m*, Eierkuchen^D *m*, Palatschinke^A *f*.

pancreas *g (ANAT)* Bauchspeicheldrüse *f*, Pankreas *nt*.

paned *b* = cwpanaid.

panel (-i *neu* **-au)** *g* Tafel *f*, Platte *f*; *(TRYD)* Schalttafel *f*, Konsole *f*; *(pwyllgor)* Gremium *nt*, Ausschuss *m*; *(o siaradwyr)* Podium *nt*; *(CHWAR)* Jury *f*; **~ deialau** Armaturenbrett *nt*; **~ gemau** Konsole *f*; **~ haul** Sonnenkollektor *m*; **~i** *ll (mur)* Täfelung *f*, Wandverkleidung *f*.

panelu *be.a* täfeln, auskleiden.

panico *be.g* in Panik geraten, die Panik kriegen.

panig *g* Panik *f*; **roedd pawb mewn ~** alle gerieten in Panik.

pannas *ll gw.* panasen.

pannu *be.a (gwlân)* walken.

pannwl (panylau) *g* Delle *f*; *(tir)* Mulde *f*; *(ar y foch)* Grübchen *nt*.

panorama (panoramau) *gb* Panorama *nt*.

pans *ll* Unterhose *f*.

pansi (blodau pansi) *g (BOT)* Stiefmütterchen *nt*.

pant (-iau) *g* Senke *f*, Mulde *f*; *(tir isel)* Niederung *f*; *(glyn)* Tal *nt*; **~ rhew** Frostaufbruch *m*; **ar bant a bryn** überall; **i'r ~ y rhed y dŵr** *(ffig)* wo Geld ist kommt Geld dazu, von Geld kommt Geld; **o bant i bentan** von Pontius zu Pilatus.

  ◆ *adf (i ffwrdd)* **bant** fort, weg; **bant â'r cart!** los geht's!

pantio *be.a* vertiefen, aushöhlen; *(gwneud pannwl)* eindellen.

  ◆ *be.g* sich senken; *(suddo yn y canol)* zusammensacken.

pantiog *ans (bochau)* hohl; *(llygaid)* eingesunken; *(ffordd)* holprig.

pantomeim (-iau) *g (THEAT)* Pantomime *f*.

pantri (pantrïau) *g* Speisekammer *f*, Vorratskammer *f*.

panther (-od) *g (SŌOL)* Panter *m*.
paprica *g (COG: perlysiau)* Paprika *m*.
papur (-au) *g* Papier *nt*; *(dogfen)* Dokument *nt*;
(newyddion) Zeitung *f*; *(arholiad)* Prüfung *f*; *(araith)*
Referat *nt*, Vortrag *m*; **~au** *ll* Unterlagen *pl*; **ar**
bapur auf dem Papier; *(ysgrifenedig)* schriftlich; **~**
arholiad schriftliche Prüfung; **~ arian** Alufolie *f*,
Stanniolpapier *nt*; **arian ~** Papiergeld *nt*; **~ banc**
Banknote *f*; **~ bro** Lokalzeitung *f*; **~ carbon**
Durchschlagpapier *nt*, Kohlepapier *nt*; **~ cegin**
Küchenpapier *nt*; **~ clawr** Umschlagpapier *nt*;
cyllell bapur Brieföffner *m*; **~ dargopïo** Pauspapier
nt; **darn o bapur** Zettel *m*; **~ decpunt**
Zehnpfundschein *m*; **~ dyddiol** Tageszeitung *f*; **~**
gwyn *(GWLEID)* Regierungsbericht *m*; **~ hidlo**
Filterpapier *nt*; **~ hwyrol** Abendzeitung *f*; **~ lapio**
Packpapier *nt*; *(i anrhegion)* Geschenkpapier *nt*; **~**
llathru Schmirgelpapier *nt*; **~ lliw** Buntpapier *nt*; **~**
llwyd Packpapier *nt*; **melin bapur** Papierfabrik *f*; **~**
newydd Zeitung; **plât ~** Papierteller *m*; **~ pleidleisio**
(GWLEID) Stimmzettel *m*; **~ sglein** Glanzpapier *nt*; **~**
sgrap Schmierpapier *nt*; **~ sidan** Seidenpapier *nt*;
~ sigaréts Zigarettenpapier *nt*; **~ sugno**
Löschpapier *nt*; **~ swnd** Sandpapier *nt*; **~ tŷ bach**
Klopapier *nt*; **~ tywod** Sandpapier *nt*; **~ wal** Tapete
f, **cyflwyno ~** einen Vortrag halten; **wedi'i lapio**
mewn ~ newydd in Zeitungspapier gewickelt.
papurfrwyn *ll* Papyrus *m*.
papuro *be.a* tapezieren.
pâr (**parau** *neu* **peiri**) *g* Paar *nt*; *(cariadon)* Pärchen *nt*;
(ceffylau o flaen cerbyd) Gespann *nt*; **~ priod** Ehepaar
nt; **~ o fenig** ein Paar Handschuhe; **~ o drowsus**
Hose *f*; **fesul ~** paarweise.
para *be.a* = **parhau**.
parablu *be.g* palavern; *(sgwrsio)* plaudern.
parablus *ans* redselig, beredt, schwatzhaft.
parabola (**parabolâu**) *g (MATH)* Parabel *f*.
paradocs (-au) *g* Paradoxon *nt*, Paradox[D] *nt*.
paradocsaidd *ans* paradox.
paradwys (-au) *b* Paradies *nt* (h. ffig); **~ ar y ddaear** das
Paradies auf Erden; **aderyn ~** *(SŌOL)*
Paradiesvogel *m*.
paradwysaidd *ans* paradiesisch.
paraffin *g* Petroleum *nt*; *(tanwydd awyren)* Kerosin *nt*;
olew ~ *(MEDD)* Paraffinöl *nt*.
paragraff (-au) *g* Paragraf *m*, Absatz *m*.
paralel *ans* parallel; *(ffig)* parallel, analog.
♦ (-au) *g (MATH, ffig)* Parallele *f*.
paralelogram *g (MATH)* Parallelogramm *nt*.
paramedr (-au) *g* Parameter *m*.
paraplegig *ans* querschnittgelähmt.
parasit (-au) *g* Parasit *m*, Schmarotzer *m*.

parasiwt (-iau) *g* Fallschirm *m*.
parasiwtydd (**parasiwtwyr**) *g* Fallschirmspringer(in)
m(f).
parasol (-au) *g* Sonnenschirm *m*.
paratoad (-au) *g* Vorbereitung *f*; *(cam, mesur)*
Vorkehrung *f*; *(MEDD)* Vorsorge *f*; **gwneud ~au ar**
gyfer rhth Vorkehrungen für etw *akk* treffen.
paratoi *be.a* vorbereiten, richten, zurechtlegen;
(bwyd) richten, zubereiten; *(dogfen)* anfertigen,
abfassen; *(araith)* aufsetzen; **~ ar gyfer y wasg** *(i*
argraffu) druckfertig machen.
♦ *be.g* sich vorbereiten; **~ ar gyfer arholiad** sich für
eine Prüfung vorbereiten, lernen.
parau *ll gw.* **pâr**; *(CHWAR)* Doppel *nt*; **~ cymysg** *(tennis)*
gemischtes Doppel; **~ dynion** Herrendoppel *nt*.
parc (-au *neu* -iau) *g* Park *m*, Parkanlage *f*; **~**
cenedlaethol Nationalpark *m*; **~ gwledig**
Countrypark *m*; **~ hamdden** Vergnügungspark *m*;
~ saffari Safaripark *m*; **~ thema** Themenpark *m*; **P~**
yr Arfau *(CHWAR)* Cardiff Arms Park Stadion *nt*.
parcdir (-au) *g* Parklandschaft *f*.
parcio *be.a* parken; *(bagiau)* abstellen; **~ dan do**
unterstellen.
♦ *be.g (person)* sich niederlassen.
♦ *be.e:* **dim ~** Parken verboten; **lle ~** Parkplatz *m*;
maes ~ Parkplatz.
parch *g* Respekt *m*, Achtung *f*; *(edmygedd)* Ansehen
nt; *(ofnadwyedd)* Ehrfurcht *f*; **dillad ~**
Sonntagsgewand *nt*; **~ mawr** Hochachtung *f*.
parchedig *ans* ehrwürdig; *(teitl)* Hochwürden; **~ ofn**
ehrfürchtige Scheu *f*.
Parch. *byrf* (= **parchedig**) Ew. (Ehrwürden); **y ~ Daniel**
Jones Ew. Daniel Jones.
parchu *be.a* respektieren, achten; *(edmygu)* zu jdm
aufblicken; **~ barn rhn** jds Meinung respektieren.
parchus *ans* (yn mynnu parch) ehrwürdig; *(llwyddiant)*
ehrbar, respektabel; *(bywyd)* solide; *(didwyll)*
seriös; *(heb droseddi)* unbescholten.
parchusrwydd *g* Würde *f*.
pardwn (**pardynau**) *g (CYFR)* Begnadigung *f*, *(GWLEID)*
Amnestie *f*.
♦ *adf* wie bitte?
parddu *g* Ruß *m*.
pardduo *be.a (ffig: difenwi)* anschwärzen,
verleumden.
pared (**parwydydd**) *g* Trennwand *f*; **am y ~** auf der
anderen Seite der Wand; **rhyngot ti a mi a'r ~** unter
vier Augen.
parêd (**paredau**) *g* Parade *f*, Aufmarsch *m*, Umzug
m; *(CHWAR)* Parade.
paredd *g* Parität *f*, *(CYLL)* Parikurs *m*.
parhad *g* Dauer *f*, Fortdauer *f*, Kontinuität *f*;

(cadernid) Haltbarkeit *f*, Bestand *m*; *(mewn cyfres)* Fortsetzung *f*; **~ y siwrnai** Weiterfahrt *f*.

parhaol *ans* anhaltend, andauernd; *(di-baid)* unaufhörlich, dauernd, laufend; *(swydd)* unbefristet; *(di-draul)* haltbar; *(afiechyd)* chronisch; *(lliw)* waschecht.

parhau *be.g* dauern, währen; *(bod yn ddigon)* genügen; *(heb dreulio)* halten; *(i fodoli)* fortleben, weiterbestehen; *(mynd ymlaen)* weitergehen; **~ i wneud rhth** eine Arbeit fortsetzen.

parhaus *ans* unablässig, permanent; **poen ~** ständiger Schmerz.

pariad *g (gwyddbwyll)* Remis *nt*.

pario *be.a* abwehren, parieren.

parlwr *(parlyrau) g* Salon *m*.

parlys *(-au) g (MEDD)* Lähmung *f*, Paralyse *f*.

parlysedig *ans* gelähmt, paralysiert.

parlysu *be.a* lähmen, paralysieren; *(traffig)* lahm legen.

parod *ans* fertig, bereit; *(awyddus)* gewillt, willig; *(bwyd)* fertig; *(dillad)* von der Stange; *(ateb)* prompt, schlagfertig; **arian ~** Bargeld *nt*; **bwydydd ~** Fertigkost *f*; **~ i'w argraffu** druckreif; **~ i'w ddefnyddio** gebrauchsfertig; **~ i helpu** hilfsbereit.

    yn barod *adf* schon, bereits; **rwyf wedi gweld y ffilm yn barod** ich habe den Film schon gesehen.

parodi *(parodïau) g* Parodie *f*.

parodïo *be.a* parodieren, verballhornen.

parodrwydd *g* Bereitschaft *f*; *(bodlonrwydd)* Bereitwilligkeit *f*; **~ i helpu** Hilfsbereitschaft *f*.

parot *(-iaid) g (SÖOL)* Papagei *m*.

parotyn *(-od) g (SÖOL)* Wellensittich *m*, Sittich *m*.

parsel *(parseli) g* Paket *nt*; *(darn o dir)* Parzelle *f*; **~ anrheg** Geschenkpaket *nt*, Packerl[A] *nt*; **~ bach** Päckchen *nt*; **post ~i** Paketpost *f*.

parti *(partïon) g* Fest *nt*, Fete[D] *f*, Party *f*; *(grŵp)* Gruppe *f*, Gesellschaft *f*; *(CYFR)* Klient *m*, Partei *f*; **~ ffarwél** Abschiedsfeier *f*; **~ gwâdd/preifat** geschlossene Gesellschaft *f*; **~ gwisg ffansi** Kostümfest *nt*; **~ pen blwydd** Geburtstagsfeier *f*.

partïol *ans* voreingenommen, parteiisch.

partisan *(-iaid) g (MIL)* Partisan(in) *m(f)*.

partisiwn *(partisiynau) g* Teilung *f*, Abtrennung *f*.

partner *(-iaid) g* Partner *m*, Gefährte *m*; *(CHWAR)* Mitspieler(in) *m(f)*; *(busnes)* Teilhaber *m*, Kompagnon *m*; *(cwmni)* Gesellschafter *m*; **~ dawns** Tanzpartner(in) *m(f)*.

partneres *(-au) b* Partnerin *f*, Gefährtin *f*; *(MASN)* Teilhaberin *f*, Gesellschafterin *f*.

partneriaeth *b* Partnerschaft *f*; **~ gyffredin** *(MASN)* offene Handelsgesellschaft *f*, OHG *f*; **~**

gyfyngedig *(MASN)* Kommanditgesellschaft *f*, KG *f*.

parth *(-au) g* Region *f*, Landesteil *m*; **~ cerddwyr** Fußgängerzone *f*.

parthed *ardd* betreffs +*gen*, bezüglich +*gen*; **~ eich llythyr** unter Bezugnahme auf Ihren Brief; **~ arian** in punkto Geld.

paru *be.g (anifeiliaid)* sich paaren; **~ â** begatten.

parwerth *(-oedd) g (CYLL)* Nominalwert *m*.

pas¹ *g: y ~ (MEDD)* Keuchhusten *m*.

pàs² *(pasiau) b (CHWAR)* Pass *m*, Vorlage *f*; *(lifft)* Mitfahrgelegenheit *f*; **~ hir** Steilpass *m*; **~ letraws** Querpass *m*.

pasbort *(-iau) g* (Reise)pass *m*.

Pasg *g* Ostern *nt*; **~ dedwydd!** Frohe Ostern! **gwyliau'r ~** Osterferien *pl*.

pasgedig *ans (mochyn)* gemästet; *(gwydd)* gestopft, geschoppt[A]; **llo ~** Mastrind *nt*.

pasiffistaidd *ans* pazifistisch.

pasio *be.a (mynd heibio)* passieren, überholen; *(arholiad)* bestehen, schaffen; *(deddf)* verabschieden; *(estyn, rhoi)* herüberreichen; *(pêl)* abspielen, abgeben; **~ amser** sich *dat* die Zeit vertreiben; **~ dŵr** Wasser lassen, urinieren; **pasiwch yr halen** reichen Sie das Salz herüber.

    ♦ *be.g (mynd heibio)* überholen, vorfahren; *(amser)* verstreichen, vergehen; *(mewn arholiad)* durchkommen; *(mewn gêm cardiau)* passen.

past *(-au) g* Paste *f*, Pasta[A] *f*; *(glud)* Kleister *m*; *(bwyd)* Streichpastete *f*, Aufstrich *m*; **~ caws** Streichkäse *m*; **~ dannedd** Zahnpasta *f*.

pasta *g* Nudeln *pl*, Teigwaren *pl*.

pastai *(pasteiod) b (COG)* Pastete *f*, Kuchen *m*; **~ afalau** Apfelkuchen *m*; **~ gig** Fleischpastete *f*; **~ Cernyw** cornische Pastete.

pasteiwr *(pasteiwyr) g* (Kuchen)bäcker *m*.

pastel *(-i) g (CELF)* Pastell *nt*.

pasteureiddio *be.a* pasteurisieren.

pastio *be.a* zukleistern, verkleben; *(CYFDR)* einfügen.

pastwn *(pastynau) g* Keule *f*, Knüppel *m*; *(ffon)* Schlagstock *m*; **~ rwber** Gummiknüppel *m*.

pastynu *be.a* niederknüppeln.

pate *g (COG)* Pastete *f*.

patent *(-au) g* Patent *nt*; **rhoi ~ ar rth** etw patentieren.

patentu *be.a* patentieren.

patina *g* Patina *f*.

patriarch *(-iaid) g (CREF)* Patriarch *m*.

patriarchaidd *ans* patriarchalisch.

patrôl *(-au) g* Streife *f*, Patrouille *f*; **~ yr heddlu** Polizeistreife *f*; **ar batrôl** auf Streife.

patrolio *be.a* abgehen, patrouillieren.

patrwm *(patrymau) g* Muster *nt*; *(pren, marmor)* Musterung *f*; *(trefn)* Schema *nt*; *(rheolaidd)*

Regelmäßigkeit *f*; *(TECS)* Dessin *nt*,
Schnittmuster *nt*; *(esiampl ragorol)* Vorbild *nt*,
Leitbild *nt*; ~ **o rinwedd** ein Ausbund an Tugend *f*;
~ **i eraill** ein Vorbild.

patrwn (patrynau) *g* = **patrwm**.

patrymog *ans* gemustert.

pathew (-od) *g* *(SÖOL)* Siebenschläfer *m*.

patholeg *b* Pathologie *f*.

patholegol *ans* pathologisch.

patholegydd (-ion) *g* Pathologe *m*, Pathologin *f*.

pau (peuoedd) *b* Heimatland *nt*, Vaterland *nt*; *(GRAM)*
Domäne *f*, Register *nt*; **i'r bur hoff bau** ins schöne
und geliebte Vaterland.

paun (peunod) *g* *(SÖOL)* Pfau *m*.

pawb *rhag* alle *ll*, jedermann *m*; **fe o bawb** gerade er,
ausgerechnet er; ~ **a phopeth** alles und jedes; ~
arall alle anderen; *(ffig)* jeder andere; **fel y gŵyr ~**
wie jeder weiß.

pawen (-nau) *b* Pfote *f*, *(arth)* Tatze *f*, Pratze *f*; *(llew)*
Pranke *f*.

pe, ped *cys* wenn, falls; ~ **bawn i** wenn ich wäre; ~
bawn i'n cael penderfynu wenn es nach mir ginge; ~
digwyddai hynny sollte das passieren; **ped awn i**
yno falls ich hinginge.

pebyll *ll gw.* **pabell**.

pecian *be.a* (auf)picken.

pecyn (-nau) *g* *(sypyn)* Packen *m*; *(blwch o gwmpas rhth)*
Packung *f*, Verpackung *f*; *(llyfrau, papurau)* Pack *m*;
(cardiau) Kartenspiel *nt*; ~ **meddalwedd** *(CYFDR)*
Softwarepaket *nt*.

pechadur (-iaid) *g* Sünder(in) *m(f)*, Frevler(in) *m(f)*.

pechadures (-au) *b* Sünderin *f*.

pechod (-au) *g* Sünde *f*, Frevel *m*; *(gweithred anfoesol)*
Untat *f*, Vergehen *nt*; ~ **gwreiddiol** *(CREF)*
Erbsünde *f*; **mae'n bechod** es ist schade; **bechod!**
jammerschade!

pechu *be.g* sündigen; ~ **yn erbyn** *rhth* sich an etw *dat*
versündigen; ~ **yn erbyn** *rhn* es sich *dat*
verscherzen mit jdm; **rwyt ti wedi ~ yn erbyn y**
prifathro *(ffig)* du hast es dir mit dem Direktor
verscherzt.

♦ *be.a:* ~ **rhn** bei jdm in Ungnade fallen; **paid â**
mhechu fi! fall mir nicht auf den Wecker!

ped *cys gw.* **pe**.

pedagogaidd *ans* pädagogisch.

pedair *rhif gw.* **pedwar**.

pedal (-au) *g* Pedal *nt*; ~ **brêc** Bremspedal *nt*; ~
sbardun Gaspedal *nt*.

pedantaidd *ans* kleinlich, pedantisch.

pedantiaeth *b* Pedanterie *f*.

pedestal (-au) *g* Sockel *m*, Podest *nt*.

pediatrydd (-ion) *g* Kinderarzt *m*, Kinderärztin *f*.

pedigri (-s) *g* Stammbaum *m*.

♦ *ans* reinrassig; **ci ~** Rassehund *m*.

pedler (-iaid) *g* Hausierer(in) *m(f)*; ~ **cyffuriau**
Dealer(in) *m(f)*.

pedlera *be.g* hausieren *(h. ffig)*.

pedoffil *ans* pädophil.

pedoffilia *g* Pädophilie *f*.

pedol (-au) *b* Hufeisen *nt*, Beschlag *m*; **u-bedol** U
wie Ulrich.

pedoli *be.a* *(ceffyl)* beschlagen.

pedrain (pedreiniau) *b* Hinterteil *nt*; *(ceffyl)*
Hinterhand *f*, Kruppe *f*.

pedrochrog *ans* vierseitig, viereckig.

pedrongl (-au) *b* *(agored)* Geviert *nt*, Hof *m*; *(PRIFYSG)*
Aula *f*.

pedronglog *ans* viereckig, rechteckig.

pedrwbl *ans* vierfach.

pedwar (*b* pedair) *rhif* vier; ~ **ar ddeg** vierzehn; ~
ugain achtzig; ~ **ar bymtheg** neunzehn; **ar eich ~**
auf allen Vieren; **o bedwar ban (y) byd** aus allen
Himmelsrichtungen; **i bedwar ban byd** in alle
Himmelsrichtungen; **y ~ degau** die
Vierzigerjahre.

pedwarawd (-au) *g* *(CERDD)* Quartett *nt*.

pedwaredd *ans gw.* **pedwerydd**.

pedwarplyg *ans* vierfach.

pedwartroedyn (-ion) *g* Vierbeiner *m*.

pedwerydd (*b* pedwaredd) *ans* vierte(r,s); ~ **ar ddeg**
vierzehnte(r,s); ~ **ar bymtheg** neunzehnte(r,s);
pedwaredd ran der vierte Teil, Viertel *nt*;
pedwaredd ganrif ar bymtheg neunzehntes
Jahrhundert.

pedyll *ll gw.* **padell**.

pefrio *be.g* glitzern, funkeln, flimmern; *(gwin)*
perlen; ~ **o hapusrwydd** vor Freude glitzern.

pefriol *ans* glitzernd, funkelnd; **gwin ~** Perlwein *m*.

pefrwydden (pefrwydd) *b* *(BOT)* Fichte *f*.

peg (-iau) *g* Stift *m*; *(postyn)* Pflock *m*; *(bachyn)* Haken
m; *(casgen)* Zapfen *m*; ~ **dillad** Wäscheklammer *f*,
Kluppe^A *f*; ~ **pabell** Hering *m*.

pegio *be.a* heften, anklammern; *(plwgio)* dübeln.

pegwn (pegynau) *g* Pol *m*; *(ffig)* Extrem *nt*; ~ **negyddol**
(TRYD) Minuspol *m*; ~ **positif** *(TRYD)* Pluspol *m*; **P~ y**
De *(DAEAR)* Südpol *m*; **P~ y Gogledd** *(DAEAR)*
Nordpol *m*.

pegynol *ans* polar.

pegynu *be.a* polarisieren.

peidio *be.g* nicht tun, sich unterstehen; *(gorffen)*
aufhören; **mae'r glaw wedi ~** der Regen hat
aufgehört; **wyt ti'n dod neu beidio?** kommst du
oder nicht? **paid â rhedeg!** lauf nicht! **peidiwch â**
phoeni! keine Sorge! **rhaid i ti beidio** du musst

damit aufhören.

peilon (-au) *g* Mast *m*, Strommast *m*, Telegrafenmast *m*.

peilot (-iaid) *g* Pilot(in) *m(f)*, Flieger(in) *m(f)*; *(MOR)* Lotse *m*.

♦ *ans:* **cynllun ~** Pilotprojekt *nt*, Testprogramm *nt*, Testversuch *m*.

peilliad (-au) *g (BOT)* Bestäubung *f*, Befruchtung *f*.

peillio *be.a* bestäuben, befruchten.

peint (-iau) *g* Pint *nt* (0,568 l); **~ o gwrw** Halbe[D] *f*, Krügel[A] *nt*; **mynd am beint** auf ein Bier gehen.

peintiad (-au) *g (CELF)* Gemälde *nt*.

peintio *be.a* malen, (an)streichen, pinseln; *(ystafell)* ausmalen; *(CELF)* malen; *(ffig: disgrifio)* malen; **~'ch ewinedd** sich die Nägel lackieren.

♦ *be.e (CELF)* Malerei *f*; **~ haniaethol** abstrakte Malerei.

peintiwr (peintwyr) *g (crefftwr)* Maler *m*, Anstreicher *m*; *(CELF)* Maler, Kunstmaler *m*; **~ arwyddion** Schildermaler *m*.

peipen (peipiau) *b* Leitung *f*, Rohr *nt*; **~ anadlu** Schnorchel *m*; **~ ddŵr rwber** (Garten)schlauch *m*; **~ stôf** Ofenrohr *nt*.

peipio *be.a (olew, dŵr)* in Rohren leiten; *(gorfodi mynd trwy beipen)* durchpressen.

peiran (-nau) *g* Kar *nt*.

peiri *ll gw.* **pâr**.

peiriandy (peiriandai) *g* Maschinenhaus *nt*.

peirianneg *b* Maschinenbau *m*, Mechanik *f*, Technik *f*; **~ drydan** Elektrotechnik *f*; **~ enetig** Gentechnik *f*.

peiriannol *ans* mechanisch, maschinell, automatisch.

peiriannwr (peirianwyr) *g* = **peiriannydd**.

peiriannydd (peiriannyddion) *g* Techniker(in) *m(f)*, Ingenieur(in) *m(f)*; *(sy'n delio â pheirianwaith)* Mechaniker(in) *m(f)*; **~ sain** Tontechniker *m*; **~ meddalwedd** Softwaretechniker *m*; **~ trydan** Elektrotechniker *m*.

peiriant (peiriannau) *g* Maschine *f*, Apparat *m*; *(injan)* Motor *m*; *(gyriant)* Antrieb *m*; *(awyren)* Triebwerk *nt*; **~ ateb** *(TEL)* Anrufbeantworter *m*; **~ coffi** Kaffeemaschine *f*; **~ drilio** Bohrmaschine *f*; **~ dyrnu** Dreschmaschine *f*; **~ golchi** Waschmaschine *f*; **~ golchi llestri** Geschirrspüler *m*; **~ gwerthu** Automat *m*; **~ gwnïo** Nähmaschine *f*; **~ jet** Düsentriebwerk *nt*; **~ pedair strôc** Viertaktmotor *m*; **~ sychu dillad** Wäscheschleuder *f*, Wäschetrockner *m*.

peirianwaith (peirianweithiau) *g* Maschinerie *f*, Werk *nt*; *(mecanyddiaeth)* Mechanismus *m*, Mechanik *f*; *(ffig)* Apparat *m*; **~ cloc** Uhrwerk *nt*.

peirianyddol *ans* mechanisch.

peithdir (-oedd) *g* Prärie *f*.

peithon (-iaid) *g (SÖOL)* Python *m/f*, Pythonschlange *f*.

pêl (peli) *b* Ball *m*; *(caled)* Kugel *f*; *(COG)* **~ gig** Fleischbällchen *nt*; **~ dennis** Tennisball *m*; **~ droed** Fußball *m*; **~ fagnel** Kanonenkugel *f*; **~ fasged** Basketball *m*; **~ filiard** *neu:* **~ snwcer** Billardkugel *f*; **~ foli** Volleyball *m*; **~ hirgron** *neu:* **~ rygbi** Rugbyball *m*; **~ gamffor** Mottenkugel *f*; **~ law** Handball *m*; **chwarae ~-droed** Fußball spielen; **chwarae'r bêl** den Ball spielen.

pelawd (-au) *b (criced)* 6 aufeinander folgende Würfe.

pêl-droed *b* Fußball(spiel) *nt*; **chwarae ~** Fußball spielen.

pêl-droediwr (pêl-droedwyr) *g* Fußballspieler *m*, Fußballer *m*.

pêl-droedwraig (pêl-droedwragedd) *b* Fußballerin *f*.

pelen (-ni) *b* Ball *m*; *(fach)* Kügelchen *nt*; *(MEDD)* Pille *f*; *(dryll)* Schrotkugel *f*; **~ eira** Schneeball *m*; **~ friwgig** Frikadelle[D] *f*, Fleischlaibchen[A] *nt*; **~ y droed** *(ANAT)* Fußballen *m*; **~ y llygad** *(ANAT)* Augapfel *m*.

pêl-fas *b (CHWAR)* Baseball *nt*.

pêl-fasged *b (CHWAR)* Basketball *nt*, Korbball *nt*; **chwarae ~** Basketball spielen.

pelferyn (-nau) *g (TECH)* Kugellager *nt*.

pelfis (-au) *g (ANAT)* Becken *nt*.

pêl-rwyd *b* Netzball *nt*.

pelten *b* Schlag *m*, Ohrfeige *f*.

pelydr[1] (-au) *g* = **pelydryn**.

pelydr[2] *ll gw.* **paladr**.

pelydriad (-au) *g* Strahlung *f*; **~ electromagnetig** elektromagnetische Strahlung; **~ gama** Gammastrahlung *f*.

pelydru *be.g* strahlen; *(golau)* scheinen; *(gwres)* ausgehen.

♦ *be.a (golau, gwres)* ausstrahlen; *(tonnau radio)* aussenden.

pelydryn (pelydrau) *g* Strahl *m*; **~ o haul** Sonnenstrahl *m*; **pelydrau X** Röntgenstrahlen *pl*; **pelydrau gama** Gammastrahlen *pl*.

pell *ans* weit, fern; *(ffig: golwg)* (geistes)abwesend, gedankenverloren; **cyn belled â'r gât** bis zum Tor; **mynd yn rhy bell** *(ffig)* zu weit gehen; **pa mor bell yw Caerdydd?** wie weit (weg) ist Cardiff? **mae golwg bell arni** sie ist geistesabwesend.

♦ *adf:* **o bell** aus der Ferne; **o bell ac agos** von nah und fern; **o bell ffordd** bei weitem, um vieles; **perthyn o bell i** entfernt verwandt sein mit +dat; **ymhell o fod yn hawdd** alles andere als leicht; **ymhell i ffwrdd** weit entfernt; **ymhell yn ôl** *(o ran* *amser)* weit zurück, lange her;

pellach *adf:* **bellach** *(o hyn ymlaen)* in Hinkunft; *(erbyn hyn)* nunmehr; **does neb yn gweithio yma bellach** es arbeitet keiner mehr hier.

pellen (-ni) *b* Wollknäuel *m/nt;* **~ gotwm** Wattebausch *m.*

pellennig *ans* fern; *(diarffordd)* entlegen, abgelegen.

pell-gyrhaeddol *ans* weit reichend.

pellhau *be.g:* sich entfernen; *(ffig: ffrindiau)* sich entfremden; **~ eich hun o rth/rn** sich von jdm/etw distanzieren.

pellter (-au) *g* Entfernung *f,* Distanz *f; (rhwng dau beth)* Abstand *m;* **cadw'ch ~ o rn** *(snobyddlyd)* die Distanz zu jdm wahren; **cadw ~ diogel o rn** jdm nicht zu nahe kommen; **o bellter** von weitem; **yn y ~** in der Ferne; **~ brecio** Bremsweg *m.*

pen¹ (-nau) *g* Kopf *m; (llen)* Haupt *nt; (copa)* Kuppe *f,* Gipfel *m; (bys)* Fingerspitze *f; (gwaelod)* Ende *nt; (gwely)* Kopfende *nt; (CHWAR: rhan o'r cae)* Hälfte *f; (COG: salad ayb)* Kopf, Häuptel^ *nt; (hoelen)* Kopf; *(ffig: arweinydd)* Leiter(in) *m(f); (meddwl)* Kopf; **~ bas** *(pwll nofio)* seichtes Ende, das Seichte *nt;* **benben** entgegengesetzt; **~ blaen** Vorderseite *f;* **~ blwydd** Geburtstag *m;* **~ y daith** Reiseziel *nt;* **~ darllen** *(TECH)* Lesekopf *m;* **~ draw** Ende, Grenze *f;* **~ draw'r byd** das Ende der Welt; **yn y ~ draw** am Ende; **~ dwfn** *(pwll nofio)* tiefes Ende, das Tiefe *nt;* **~ ffrwydrol** Sprengkopf *m;* **~ ffurf wy** Eierkopf *m;* **~ grisiau** (oberer) Treppenabsatz *m;* **hen ben** *(ffig)* alter Hase, schlauer Fuchs; **~ lleidr** Räuberhauptmann *m;* **~ mawr** *(ar ôl yfed)* Kater *m;* **~ ôl** Gesäß *nt,* Hinterteil *nt;* **~ ploryn** Mitesser *m;* **~ y rhes** vorderes Ende der Reihe; **~ saeth** Pfeilspitze *f;* **~ tost** Kopfweh *nt,* Kopfschmerzen *pl;* **~ ysgrifennu** *(TECH)* Schreibkopf *m;* **â'ch ~ yn y gwynt** *(ffig)* mit dem Kopf in den Wolken; **ar agor led y ~** weit offen, klaffend; **bod â'ch ~ yn eich plu** das Herz in der Hose haben; **cadw'ch ~** *(ffig)* den Kopf bewahren; **cadw'ch ~ uwchlaw'r dŵr** *(ffig)* sich über Wasser halten; **cau dy ben!** halt den Mund! **colli'ch ~** *(ffig: panigo)* den Kopf verlieren; *(gwylltio)* die Beherrschung verlieren; **crafu ~** *(ffig)* sich den Kopf zerbrechen; **cur ~** Kopfweh *nt;* **cymryd rhth yn eich ~** sich *dat* etw in den Kopf setzen; **dal ~ rheswm** diskutieren; **dros eich ~ a'ch clustiau** kopfüber; **methu gwneud ~ na chynffon o rth** aus etw *dat* nicht schlau werden; **mynd â'i ben iddo** *(dadfeilio)* zerfallen, sich in seine Bestandteile auflösen; **nerth eich ~** *(gweiddi)* aus vollem Halse; **~ neu gynffon?** Kopf oder Zahl? **o ben bwy'i gilydd** von einem Ende zum anderen; **o'ch ~ a'ch pastwn** aus eigenem Antrieb; **o'i ben i'w sawdl** von Kopf

bis Fuß; **rhoi llond ~ i rn** jdn zusammenschimpfen; **mae e uwch fy mhen i** *(ffig)* das ist mir zu hoch; **ben i waered** verkehrt, kopfüber; **~ ac ysgwydd yn uwch** *(ffig am berson)* um Meilen besser; **punt y ~** *(yr un)* ein Pfund pro Kopf.

   ar ben *ardd* auf *+dat/+akk;* **ar ben y cwpwrdd** *(gorwedd)* auf dem Schrank oben; *(rhoi)* auf den Schrank; *(ffig)* **ar ben hynny** *(yn ychwanegol)* darüber hinaus, zusätzlich; **ar ben eich digon** *(cyfoethog)* wohlhabend, gut betucht; *(wrth eich bodd)* im siebten Himmel; **ar eich ~ eich hun** *gw. isod.*

   ♦ *adf (wedi gorffen)* zu Ende, vorbei; **mae'r diwrnod ar ben** der Tag ist zu Ende; **mae hi ar ben arno** er ist am Ende; **ben bore** früh am Morgen; **ar ei ben** *(yn union)* exakt, genau; *(ar un llwnc)* auf einen Zug; **pum punt ar ei ben** genau fünf Pfund.

   ar eich pen eich hun *adf* allein; **mae'r plant ar eu ~nau eu hunain** die Kinder sind allein.

   dros ben *adf (yn weddill)* übrig; **yn dda dros ben** ausgesprochen gut; **mynd dros ben llestri** *(ffig)* zu weit gehen; **mae'n mynd dros fy mhen** *(ffig)* das ist mir zu hoch.

   i ben *adf* zu Ende; **dod i ben** *(cyrraedd y diwedd)* zu Ende gehen; **dod i ben â** zu Ende führen/bringen, erledigen; **dod i ben â darllen** zu Ende lesen; **dirwyn i ben** sich dem Ende nähern.

pen² *g* = pin².

pen³ *ans (prif)* Haupt-; *(blaen)* Vorder-; *(olaf)* Hinter-; **~-cogydd** Chefkoch *m.*

penagored *ans (heb ei benderfynu)* offen; *(heb ei ddatrys)* ungelöst.

penbaladr *adf* überall, von einem Ende zum andern; **Cymru benbaladr** ganz Wales.

penben *adf:* **bod benben â rhn** mit jdm auf Kriegsfuß stehen.

penbleth *b* Dilemma *nt,* Verwirrung *f;* **bod mewn ~** verwirrt sein, perplex sein, vor einem Dilemma stehen.

pen-blwydd (-i) *g* Geburtstag *m; (sefydliad)* Jahrestag *m;* **~ priodas** Hochzeitstag *m;* **~ ei farwolaeth** sein Todestag *m;* **anrheg ~** Geburtstagsgeschenk *nt;* **~ hapus!** alles Gute zum Geburtstag!

penboeth *ans* fanatisch, hitzköpfig.

penboethni *g* Fanatismus *m.*

penboethyn (penboethiaid) *g* Hitzkopf *m,* Fanatiker *m.*

penbwl (penbyliaid) *g (SÖOL)* Kaulquappe *f; (twpsyn)* Dickkopf *m.*

pencadfridog *g (MIL)* Oberbefehlshaber *m.*

pencadlys (-oedd) *g* Hauptquartier *nt; (MASN)*

Zentrale *f*; ~ **yr heddlu** Polizeidirektion *f*.

pencampwr (**pencampwyr**) *g (CHWAR)* Meister *m*, Champion *m*; ~ **y byd** Weltmeister *m*; ~ **Olympaidd** Olympiasieger *m*.

pencampwraig (**pencampwyr**) *b (CHWAR)* Meisterin *f*; ~ **y byd** Weltmeisterin *f*; ~ **Olympaidd** Olympiasiegerin *f*.

pencampwriaeth (**-au**) *b* Meisterschaft *f*; ~ **y byd** Weltmeisterschaft *f*.

pencenedl (**-oedd**) *g* Familienoberhaupt *nt*.

penci (**pencwn**) *g (SÔOL)* Hundshai *m*.

penchwiban *ans* zerstreut, schusselig.

pendant *ans (diamwys)* sicher, definitiv; *(prawf)* eindeutig, endgültig; **wyt ti'n bendant?** bist du sicher?

pendantrwydd *g* Sicherheit *f*, Bestimmtheit *f*.

pendefig (**-ion**) *g (arglwydd)* Fürst *m*, Edle(r) *m*, Adelige(r) *m*; **Pwyll P~ Dyfed** *(LLEN)* Pwyll, Fürst von Dyfed.

pendefigaeth *b* Adel *m*, Aristokraten *pl*; *(GWLEID)* Aristokratie *f*.

pendefigaidd *ans* aristokratisch, adelig.

pendefiges (**-au**) *b* Fürstin *f*, Adelige *f*.

penderfyniad (**-au**) *g (dewis)* Entscheidung *f*; *(bwriad)* Entschluss *m*; *(barn, casgliad)* Beschluss *m*; *(GWLEID)* Resolution *f*; **gwneud ~** eine Entscheidung fällen; *(bwriadu)* einen Entschluss fassen.

penderfynol *ans* entschlossen; *(personoliaeth)* resolut, entschlussfreudig; **maent yn benderfynol o ennill** sie sind entschlossen zu gewinnen.

penderfynu *be.a (dewis)* entscheiden; *(dod i gasgliad)* sich entschließen; **rwyf wedi ~ ein bod yn gwneud camgymeriad mawr** ich bin zu der Ansicht gekommen, dass wir einen großen Fehler begehen.

pendifaddau *adf* wahrlich.

pendil (**-iau**) *g* Pendel *nt*.

pendilio *be.g* pendeln.

pendramwnwgl *adf (a'i ben yn gyntaf)* mit dem Kopf voran, vornüber; *(ffig)* kopfüber; *(blith draphlith)* kreuz und quer; **mae popeth yn bendramwnwgl** alles liegt kreuz und quer herum; *(ffig)* alles steht Kopf.

pendro *b* Schwindelgefühl *nt*; **mae'r bendro arna i** mir ist schwindlig.

pendroni *be.g:* ~ **am/dros rth** sich den Kopf zerbrechen über etw *akk*; *(poeni)* nachgrübeln über etw *akk*.

pendwmpian *be.g* einnicken, dösen, tunken[A].

penddelw (**-au**) *b (CELF)* Büste *f*.

pendduyn (**-nod**) *g (chwydd)* Eiterbeule *f*; *(ploryn)* Mitesser *m*.

penelin (**-oedd**) *gb (ANAT)* Ellbogen *m*; **nes ~ nag arddwrn** *(ffig)* das Hemd ist näher als der Rock.

penelinio *be.a* (an)rempeln; ~ **eich ffordd ymlaen** sich vordrängen; *(ffig)* die Ellbogentechnik beherrschen.

peneuryn (**-nod**) *g (SÔOL)* Goldammer *f*, Goldfink *m*.

penfelyn *ans* blond.

penfoel *ans* kahl, glatzköpfig.

penfras (**-au**) *g (sôol)* Kabeljau *m*.

pengaled *ans (ystyfnig)* stur, hartnäckig, dickköpfig.

pen-glin (**pengliniau** *neu* **pennau gliniau**) *g* Knie *nt*.

penglog (**-au**) *b* Schädel *m*, Schädelknochen *m*.

Pengryniad (**Pengryniaid**) *g (HAN)* Rundkopf *m*.

penhwyad (**penhwyaid**) *g (SÔOL)* Hecht *m*.

peniad (**-au**) *g* Kopfstoß *m*; *(pêl-droed)* Köpfler *m*.

penigamp *ans* ausgezeichnet, hervorragend, fantastisch.

penillion *ll gw.* **pennill**; **canu ~** rezitatives Singen.

penio *be.a (CHWAR)* mit dem Kopf stoßen, köpfen[D], köpfeln[AS].

peniog *ans* aufgeweckt, clever.

penis *g (ANAT)* Penis *m*.

penisel *ans* niedergeschlagen, geknickt.

penisilin *g* Penizillin *nt*.

pen-lin (**penliniau**) *b* = **pen-glin**.

penlinio *be.g* knien; *(mynd ar eich pengliniau)* niederknien, sich hinknien.

penllanw *g* Hochwasser *nt*, Höchststand *m*; *(llanw)* Flut *f*; *(ffig)* Höhepunkt *m*, Zenit *m*.

penllinyn *g:* **cael dau benllinyn ynghyd** finanziell über die Runden kommen, ein Auslangen[A] finden.

pennaeth (**penaethiaid**) *g* Vorstand *m*, Leiter(in) *m(f)*, Chef(in) *m(f)*; *(ar lwyth)* Häuptling *m*; ~ **adran** *(MASN)* Abteilungsleiter(in) *m(f)*; *(YSG)* Fachbereichsleiter(in) *m(f)*; *(PRIFYSG)* Institutsvorstand *m*; ~ **milwrol** Kommandant *m*, Befehlshaber *m*; ~ **yr heddlu** Polizeichef *m*.

pennaf *ans* Haupt-; **y broblem bennaf** das Hauptproblem.

    ◆ *adf:* **yn bennaf** besonders, hauptsächlich; **yn bennaf oll** in erster Linie.

pennawd (**penawdau**) *g* Überschrift *f*, Titel *m*; *(papur newydd, radio)* Schlagzeile *f*.

pennill (**penillion**) *g (LLEN)* Strophe *f*.

pennod (**penodau**) *b* Kapitel *nt*; *(ar y teledu, radio)* Teil *m/nt*, Episode *f*; *(ffig)* Kapitel.

pennog (**penwaig**) *g (SÔOL)* Hering *m*.

pennu *be.a* bestimmen; *(disgrifo'n fanwl)* spezifizieren; ~ **amser** eine Zeit festlegen; ~ **dyddiad** einen Tag fixieren; ~ **lleoliad** die Position bestimmen.

penodi *be.a* ernennen, bestellen; ~ **pwyllgor** einen

Ausschuss einsetzen; **wedi'i benodi** designiert.

penodiad (**-au**) *g* Berufung *f*, Ernennung *f*.

penodol *ans* bestimmt, spezifisch; *(arbennig)* besondere(r,s); *(GRAM)* bestimmt; **heb reswm ~** ohne besonderen Grund.

pen-ôl (**penolau**) *g* Hinterteil *nt*, Gesäß *nt*; *(dif)* Hintern *m*.

penrhydd *ans* zügellos, ungeniert, ungezügelt.

penrhyddid *g* Zügellosigkeit *f*.

penrhyn (**-nau**) *g* Landspitze *f*, Kap *nt*; *(gorynys)* Halbinsel *f*; **P~ Gobaith Da** *(DAEAR)* Kap der Guten Hoffnung; **P~ Gŵyr** *(DAEAR)* Gower Halbinsel.

pensaer (**penseiri**) *g* Architekt(in) *m(f)*.

pensaernïaeth *b* Architektur *f*; **~ Othig** gotische Architektur.

pensaernïol *ans* architektonisch.

pensafiad (**-au**) *g* Kopfstand *m*.

pensel (**-i**) *g* = **pensil**.

pensil (**-iau**) *g* Bleistift *m*; **~ lliw** Buntstift *m*; **~ saer** Tischlerbleistift *m*; **~ siarcol** Kohlestift *m*; **mewn ~** mit Bleistift.

pensiwn (**pensiynau**) *g* Pension *f*, Rente *f*; **byw ar bensiwn** von der Rente leben; **~ yr anabl** Invalidenrente *f*; **~ henoed** Alterspension *f*.

pensiynwr (**pensiynwyr**) *g* Pensionist *m*, Rentner *m*.

pensiynwraig (**pensiynwragedd**) *b* Pensionistin *f*, Rentnerin *f*.

penstiff *ans* stur, dickköpfig.

pensyfrdan *ans* schwindlig.

pensynnu *be.g* nachsinnen, sinnieren; *(breuddwydio)* vor sich hinträumen.

pentan (**-au**) *g* Kamin *m*; *(ar ffwrn)* Herdplatte *f*; *(silff)* Kaminsims *nt/m*; **cadw gŵyl bentan** sich vor dem Kamin ausstrecken; **o bobtu i'r ~** um den Kamin herum.

pentathlon *g* *(CHWAR)* Fünfkampf *m*.

penteulu (**-oedd**) *g* Familienvorstand *m*, Ernährer *m*.

pentewyn (**-ion**) *g* brennendes Scheit *nt*.

pentir (**-oedd**) *g* Landzunge *f*, Landspitze *f*.

pentref (**-i**) *g* Dorf *nt*; **~ anghyfannedd** verlassenes Dorf, Geisterstadt *f*.

pentrefan *g* Weiler *m*.

pentrefwr (**pentrefwyr**) *g* Dorfbewohner *m*, Dörfler *m*.

pentrefwraig (**pentrefwragedd**) *b* Dorfbewohnerin *f*.

pentwr (**pentyrrau**) *g* Haufen *m*; *(trefnus)* Stapel *m*; *(papur)* Stoß *m*; **~ o bethau** ein Haufen Dinge; **~ o arian** ein Berg Geld.

pentyrru *be.a* *(casglu'n llwyth)* aufschichten, auftürmen; *(ar ben ei gilydd)* stapeln; *(ffig: arian)* scheffeln; *(pridd)* aufwerfen; **~ anrhegion ar rn** jdn mit Geschenken überhäufen; **~ dyledion**

Schulden machen.
♦ *be.g* sich ansammeln, sich anhäufen.

penuchel *ans* erhobenen Hauptes, ungebeugt.

penwaig *ll* *gw.* **pennog**.

penwan *ans* *(hurt)* blöd, hirnverbrannt; **mae'n fy hala i'n benwan** es macht mich verrückt.

penwisg (**-oedd**) *b* Kopfbedeckung *f*; *(addurn)* Kopfschmuck *m*.

penwythnos (**-au**) *b* Wochenende *nt*.

penyd (**-iau**) *g* Buße *f*, Sühne *f*; *(cosb)* Strafe *f*; **fel ~** als Strafe.

penydfa (**penydfeydd**) *b* Zuchthaus *nt*; *(carchar)* Strafanstalt *f*.

penydu *be.g* büßen.

penysgafn *ans* *(â phendro)* schwindlig, taumlig; *(ar ôl yfed)* beschwipst; *(cynhyrfus)* beschwingt.

penysgafnder *g* Taumel *m*, Schwindelgefühl *nt*; *(ar ôl yfed)* Schwips *m*.

pêr¹ *ans* süß; *(blas)* aromatisch, köstlich; *(tiwn)* süß, sanft; **arogli'n bêr** duften, gut riechen; **nodau ~ yr adar** der zauberhafte Gesang der Vögel.

pêr² *ll* *gw.* **peren**.

peraidd *ans* = **pêr¹**.

perarogl (**-au**) *g* Duft *m*, Wohlgeruch *m*; *(persawr)* Parfüm *nt*, Duftwasser *nt*.

perarogli *be.a* parfümieren; *(eneinio)* salben.

percoladur (**-on**) *g* Kaffeemaschine *f*, Espressomaschine *f*.

perchen (**-ogion**) *g* Eigentümer(in) *m(f)*, Besitzer(in) *m(f)*; *(siop)* Inhaber(in) *m(f)*; **~ cerbyd** *(CYFR)* Fahrzeughalter(in) *m(f)*; **~ llong** Reeder(in) *m(f)*.

perchennog (**perchenogion**) *g* = **perchen**.

perchenogaeth *b* Besitz *m*; **~ arfau** Waffenbesitz *m*; **~ gyhoeddus** Staatseigentum *nt*.

perchenogi *be.a* besitzen.

perchyll *ll* *gw.* **porchell**.

perdysen (**perdys**) *b* *(SÖOL)* Garnele *f*, *(COG)* Shrimp *m*, Krevette *f*.

pereiddio *be.a* *(melysu)* süßen; *(ffig)* versüßen; *(perarogli)* parfümieren.

pereidd-dra *g* Süße *f*.

peren (**pêr**) *b* *(gellygen)* Birne *f*.

pererin (**-ion**) *g* Wallfahrer(in) *m(f)*, Pilger *m*; **y Tadau P~** *(HAN)* die Pilgerväter *pl*.

pererindod (**-au**) *g* *(CREF)* Wallfahrt *f*, *(ffig)* Pilgerfahrt *f*.

pererindota *be.g* pilgern; *(CREF)* eine Wallfahrt machen.

pererino *be.g* = **pererindota**.

pererinol *ans* Pilger-.

perfedd (**-ion**) *g* *(ANAT)* Darm *m*; *(canol)* Mitte *f*, Tiefe *f*; **~ gwlad** Landesinnere(s) *nt*; **~ mawr** Dickdarm *m*; **ym mherfedd nos** mitten in der Nacht; **~ion** *ll* *(ANAT)* Gedärme *pl*, Eingeweide *pl*; *(COG)* Innereien *pl*; **o berfeddion y ddaear** aus den Tiefen der Erde; **tan berfeddion (nos)** bis mitten in der Nacht; **ym mherfeddion y jyngl** mitten im Dschungel.

perfeddlen (-ni) *b (ANAT)* Bauchfell *nt*.

perfeddwlad *b* Kernland *nt*; *(yn Lloegr)* Midlands *pl*.

perffaith *ans* vollkommen, perfekt; *(gwych)* tadellos; *(heb gamgymeriad)* fehlerfrei, einwandfrei; *(ymddygiad)* vollendet; **rwy'n berffaith hapus** ich bin vollends zufrieden.

perffeithiaeth *b* Perfektionismus *m*.

perffeithio *be.a* perfektionieren, vollenden, vervollkommnen.

perffeithrwydd *g* Vollkommenheit *f*, Perfektion *f*.

perfformiad (-au) *g (THEAT)* Aufführung *f*, Vorstellung *f*; *(cyflawniad)* Leistung *f*; **~ cyntaf** Erstaufführung *f*, Premiere *f*; **~ effeithiol** Effektivität *f*; **~ gwadd** Gastspiel *nt*.

perfformio *be.a (THEAT)* aufführen, spielen; *(tasg)* verrichten.

♦ *be.g (THEAT)* auftreten; *(cyflawni)* sich machen; *(mewn arholiad)* abschneiden; **~ ar y feiolin** auf der Geige spielen; **mae'r tîm wedi ~'n dda** das Team hat eine gute Leistung erbracht.

peri *be.a (achosi)* verursachen; *(arwain at)* bedingen, bewirken; *(annog)* veranlassen; **~ gofid i rn** jdm Sorgen bereiten; **~ i rn gredu** jdn glauben machen; **~ i rn newid ei feddwl** jdn umstimmen.

perifferi (-oedd) *g* Peripherie *f*.

perifferolyn (perifferolion) *g (CYFDR)* Zusatzgerät *nt*, Peripheriegerät *nt*.

perimedr (-au) *g (MATH)* Umfang *m*; *(tir)* Grenze *f*.

perisgop (-au) *g (MOR)* Periskop *nt*.

Periw *b (DAEAR)* Peru *nt*.

Periwaidd *ans* peruanisch.

Periwiad (Periwiaid) *g* Peruaner(in) *m(f)*.

perimedr (-au) *g* Umfang *m*, Perimeter *m*.

perisgop (-au) *g* Periskop *nt*.

perl (-au) *g* Perle *f (h. ffig)*; **~ gwneud** Zuchtperle *f*; **mam y ~** Perlmutt *nt*.

perlewyg (-on) *g* Trance *f*, Ekstase *f*.

perlysiau *ll (BOT)* Kräuter *pl*; *(COG)* Kräuter; *(powdr)* Gewürz *nt*.

perllan (-nau) *b* Obstgarten *m*.

perpendicwlar *ans* senkrecht, vertikal.

♦ *g* Senkrechte *f*.

Persaidd *ans (HAN)* persisch.

persain *ans* melodiös, wohlklingend.

persawr (-au) *g* Duft *m*; *(blas)* Aroma *nt*; *(gwin)* Blume *f*; *(MASN)* Parfüm *nt*, Duftwasser *nt*; **~ eillio**

Rasierwasser *nt*; **siop bersawr** Parfümerie *f*.

persawru *be.a* parfümieren.

persawrus *ans* wohlriechend, aromatisch.

persbectif (-au) *g* Perspektive *f*; **gweld rhth ym mhersbectif rhn** etw aus jds Perspektive betrachten.

Perseg *b* Persisch *nt*.

perseinedd *g* Euphonie *f*, Wohlklang *m*.

perseiniol *ans* melodiös, wohlklingend.

Persia *b (HAN)* Persien *nt*.

Persiad (Persiaid) *g (HAN)* Perser(in) *m(f)*.

persli *g* Petersilie *f*.

person¹ (-au) *g* Person *f*, Individuum *nt*; *(GRAM)* Person; **~ ffortunus** Glückskind *nt*; **~ graddedig** Akademiker(in) *m(f)*; **~ pwysig** wichtige Persönlichkeit; **yn ei briod berson** in eigener Person, in persona.

person² (-iaid) *g (CREF)* Geistliche(r) *m*.

persondy (persondai) *g* Pfarrhaus *nt*.

personél *g* Personal *nt*, die Angestellten *pl*; **swyddog ~** Personalchef(in) *m(f)*; **swyddfa bersonél** Personalabteilung *f*.

personi *be.a* personifizieren, verkörpern.

personol *ans* persönlich; *(preifat)* privat, intim; *(beirniadol neu gas)* unsachlich; **bywyd ~** Privatleben *nt*; **mae'r ddadl wedi troi'n bersonol** der Streit wurde persönlich.

personoli *be.a* personifizieren.

personoliad (-au) *g* Verkörperung *f*.

personoliaeth (-au) *b* Persönlichkeit *f*, Charakter *m*; *(person enwog)* Persönlichkeit; **~ gref** starker Charakter; **~ hollt** gespaltene Persönlichkeit.

perswâd *g* Überredung *f*; **dwyn ~ ar rn** jdn überreden.

perswadio *be.a* überreden, herumkriegen; *(annog)* verleiten.

pert *ans* hübsch, schmuck; *(chwim)* fein; **~ iawn** bildhübsch.

perth (-i) *b* Hecke *f*; *(llwyni)* Gebüsch *nt*.

perthnasau *ll gw.* **perthynas** *(tylwyth)* Sippe *f*, Verwandtschaft *f*.

perthnasedd (-au) *g* Relevanz *f*.

perthnasol *ans* relevant, sachdienlich.

perthog *ans* buschig.

perthyn *be.g:* **~ i** verwandt sein mit +*dat*; *(bod yn gysylltiedig â)* gehören zu +*dat*; *(bod yn eiddo i)* gehören +*dat*; *(bod yn aelod o)* angehören +*dat*; **~ i'w gilydd** zusammengehören; **mae Hwngareg yn ~ i'r ieithoedd Wralig** Ungarisch gehört zu den uralischen Sprachen; **i mi mae'r allwedd yn ~** mir gehört der Schlüssel.

perthynas (perthnasau) *b (pobl)* Verwandte(r) *m/f*,

Angehörige *m/f*; *(stâd o berthyn)* Verwandtschaft *f*; *(cysylltiad)* Beziehung *f*, Verhältnis *nt*; *(cyfrannedd)* Verhältnis, Relation *f*; *(teimlad)* Bindung *f*; ~ **agos** enge Beziehung; ~ **trwy waed** Blutsverwandte *m/f*; *(stâd)* Blutsverwandtschaft *f*; *(GWLEID)* ~ **ryngwladol** internationale Beziehungen.

perthynol *ans* relativ, verhältnismäßig; **rhagenw ~** *(GRAM)* Relativpronomen *nt*; **cymal ~** *(GRAM)* Relativsatz *m*.

perwyl (-ion) *g* Absicht *f*, Gesinnung *f*; **i ba berwyl** wozu; **ar berwyl drwg** in schlechter Absicht; **i'r ~ hwn** zu diesem Behuf.

perygl (-on) *g* Gefahr *f*, Risiko *nt*; ~ **bywyd** Lebensgefahr *f*; ~ **iechyd** Gesundheitsrisiko *nt*; ~! Achtung! **mewn ~** in Gefahr.

peryglu *be.a* gefährden, bedrohen.

peryglus *ans* gefährlich, riskant; ~ **i bawb** gemeingefährlich.

pes *cys gw.* pe; **hyd yn oed ~ gwelwn** selbst wenn ich ihn/sie sähe; ~ **adnabuasent** wenn sie ihn erkannt hätten.

pesgi *be.a* mästen; *(gwyddau)* stopfen, schoppen.
 ♦ *be.g* fett werden.

pesimist (-iaid) *g* Pessimist(in) *m(f)*, Schwarzseher(in) *m(f)*.

pesimistaidd *ans* pessimistisch.

pesimistiaeth *b* Pessimismus *m*.

pestl (-au) *g* Stößel *m*; ~ **a mortar** Mörser und Stößel.

peswch[1] *g* *(salwch)* Husten *m*; *(gweithred)* Husten *nt*; **pwl o beswch** Hustenanfall *m*.

peswch[2] *be.g* husten.

pesychiad (-au) *g* Husten *nt*; *(pwl o beswch)* Hustenanfall *m*.

pesychu *be.g* husten.

petai *cys* falls er/sie, wenn er/sie; ~ **ond** wenn doch.

petal (-au) *g* *(BOT)* Blütenblatt *nt*.

petawn *cys* falls ich, wenn ich.

petisiwn (petisiynau) *g* Gesuch *nt*, Petition *f*.

petrisen (petris) *b* *(SÖOL)* Rebhuhn *nt*.

petrol *g* Benzin *nt*; ~ **di-blwm** bleifreies Benzin; ~ **dwy seren** Normalbenzin *nt*; ~ **pedair seren** Super *nt*; **gorsaf betrol** Tankstelle *f*.

petroliwm *g* Erdöl *nt*.

petrual *g gw.* petryal.

petrus *ans* zögerlich, unentschlossen; *(siarad)* stockend.

petruso *be.g* zögern.

petruster *g* Zögern *nt*; *(ansicrwydd)* Unsicherheit *f*, Unentschlossenheit *f*.

petryal (-au) *g* Viereck *nt*, Rechteck *nt*.
 ♦ *ans* viereckig, rechteckig.

petwnia (-s) *g* *(BOT)* Petunie *f*.

peth[1] (-au) *g* **1** Sache *f*, Ding *nt*; *(gwrthrych)* Gegenstand *m*, Objekt *nt*; *(darn)* Stück *nt*; *(mater)* Angelegenheit *f*; ~**au** *ll* *(meddiant)* Hab und Gut *nt*, Habseligkeiten *pl*; ~ **a'r** ~ dies und das; ~ **agor potel** Flaschenöffner *m*; ~ **agor tun** Dosenöffner *m*; ~ **byw** Lebewesen *nt*; ~ **dibwys** *(ffig)* Bagatelle *f*, Lappalie *f*, ~ **gwerthfawr** Wertgegenstand *m*; **y ~ yw bod ...** die Sache ist die, dass…; **wyt ti eisiau ~ o'r gacen 'ma?** möchtest du ein Stück von dem Kuchen? **o gwmpas eich ~au** *(ffig)* im Vollbesitz seiner Kräfte; **gwybod eich ~au** *(ffig)* sein Geschäft verstehen; **mynd o gwmpas eich ~au** *(ffig)* sich seinen Angelegenheiten widmen; **sut mae ~au?** wie stehen die Dinge? **2** *(rhywbeth)* etwas; **dyna beth cas i'w ddweud** es ist schlimm so etwas zu sagen; ~ **gwarthus** Sauerei *f*, Skandal *m*; *(pa)* **beth** was; **pob ~** alles; **3** *(gweithred)* **y ~ gorau** das Beste; **y ~ nesaf** das Nächste; **y ~ olaf** das Letzte; ~ **cyntaf bore fory** gleich als Erstes morgen früh; **mae'n eithaf ~ i ni fynd** es ist genau das Richtige für uns hinzugehen.

peth[2] *adf*: ein wenig; ~ **amser** ein wenig Zeit, kurze Zeit; ~ **pellter** eine kurze Strecke, ein kurzes Stück; **mae gennyf beth arian ar ôl** ich habe ein wenig Geld übrig.

petheuach *ll* Nippes *m*, Klimbim *m*, Kramuri[A] *m*; *(hen a diwerth)* Kram *m*, Gerümpel *nt*.

pethma *g* Dings *nt*, Dingsbums *nt*, Dingsda *nt*.

peunes (-au) *b* *(SÖOL)* Pfauenhenne *f*.

peunod *ll gw.* paun.

peuo *be.g* schnaufen, keuchen.

piano (-s) *g* Klavier *nt*, Piano *nt*; ~ **traws** Flügel *m*; **gwers biano** Klavierstunde *f*; **canu'r ~** Klavier spielen.

pianydd (-ion) *g* Pianist *m*, Klavierspieler *m*.

pianyddes (-au) *b* Pianistin *f*, Klavierspielerin *f*.

piau *be.a* besitzen; **pwy biau'r bêl?** wem gehört der Ball?

pib[1] (-au) *b* *(pibell)* Röhre *f*, Rohr *nt*; *(cetyn)* Pfeife *f*; *(CERDD)* Flöte *f*; ~ **organ** Orgelpfeife *f*; **y ~au** Dudelsack *m*; ~**au Pan** *(CERDD)* Panflöte *f*.

pib[2] *b* *(dolur rhydd)* Durchfall *m*, Dünnschiss[D] *m*.

pibell (-au *neu* -i) *b* Rohr *nt*, Leitung *f*; *(ANAT)* Röhre *f*; *(rwber)* Schlauch *m*; *(cetyn)* Pfeife *f*; ~ **fwyd** *(ANAT)* Speiseröhre *f*; ~ **organ** Orgelpfeife *f*; ~ **waed** *(ANAT)* Blutgefäß *nt*; ~ **wacáu** Auspuffrohr *nt*; ~ **wastraff** Abflussrohr *nt*; ~ **wynt** *(ANAT)* Luftröhre *f*.

piben (-ni) *b* = pib[1].

pibgorn *g* *(CERDD)* Hornpfeife *f*.

piblin (-au) *g* *(TECH)* Pipeline *f*.

pibo *be.a* in Rohren leiten.

♦ *be.g* Durchfall haben.

pibonwyen (**pibonwy**) *b* Eiszapfen *m*.

pibydd (**-ion**) *g (CERDD)* Flötenspieler(in) *m(f)*; *(pibau)* Dudelsackpfeifer *m*.

picas (**-au**) *b* Spitzhacke *f*; *(dringo mynydd)* Pickel *m*.

picau *ll*: ~ **ar y maen** *(COG)* Welsh Cakes *pl*.

picedu *be.a* Streikposten aufstellen.

picedwr (**picedwyr**) *g* Streikposten *m*; ~ **gwib** mobiler Streikposten.

picell (**-au**) *b* Lanze *f*, Spieß *m*.

picellu *be.a* durchbohren.

picfforch (**picffyrch**) *b* Heugabel *f*.

picil *g (COG)* Lake *f*; *(finegr)* Essig *m*; *(y bwyd)* Essiggemüse *nt*; **bod mewn ~** *(ffig)* in der Klemme sitzen.

picio *be.g* kurz vorbeischauen; **rwy'n ~ drws nesaf i nôl llaeth** ich lauf kurz rüber, um Milch zu holen.

picl *g* = **picil**.

piclo *be.a* einmachen, einlegen; *(cig, pysgod)* pökeln.

picnic (**-s** *neu* **-iau**) *g* Picknick *nt*.

picolo *g (CERDD)* Pikkoloflöte *f*.

pictiwr (**pictiyrau**) *g (llun, darlun)* Bild *nt*; **does dim ~ ar y teledu** der Fernseher zeigt kein Bild.

pictogram *g* Piktogramm *nt*.

picwarch (**picweirch**) *b* Heugabel *f*.

picwnen (**picwn**) *b (SÖOL)* Hornisse *f*.

pidyn (**-nau**) *g* Glied *nt*; *(ANAT)* Penis *m*; *(anwedd)* Schwanz *m*.

piffian *be.g* kichern, kudern[A].

pig¹ (**-au**) *b (aderyn, tebot)* Schnabel *m*; *(fforch)* Spitze *f*, Zacke *f*; **gwthio'ch ~ i mewn i rth** *(ffig)* seine Nase in etwas *akk* stecken; **cael ~ i mewn i sgwrs** *(ffig)* seinen Senf dazugeben.

pig² *ans (blin)* empfindlich, angerührt.

pigad *g* = **pigiad**.

pigfain *ans* spitz.

pigiad (**-au**) *g* Stich *m*; *(chwistrelliad)* Spritze *f*, Injektion *f*; ~ **atgyfnerthol** Auffrischung *f*; ~ **pryfyn** Insektenstich *m*, Insektenbiss *m*.

pigion *ll (radio, teledu)* Auswahl *f*.

pigment (**-au**) *g* Pigment *nt*.

pigmentiad (**pigmentiaid**) *g* Pigmentierung *f*.

pigmi (**-s**) *g* Pygmäe *m*.

pigo *be.a* stechen; *(asid)* ätzen; *(dewis)* auswählen, aussuchen; *(blodau, ffrwythau)* pflücken; *(clo)* aufbrechen, knacken; **~'ch bwyd** im Essen herumstochern; **~'ch trwyn** in der Nase bohren; ~ **ar rn** auf jdm rumhacken; ~ **rhn i fyny** *(sgyrs)* jdn abholen.

♦ *be.g* stechen; *(bwrw glaw)* **mae'n dechrau ~** es fängt an zu tröpfeln.

pigog *ans* stachelig, stechend; *(planhigyn)* dornig; *(barf, deunydd)* kratzig; *(ffig: croendenau)* gereizt; *(sylwad)* beißend; **weiren bigog** Stacheldraht *m*; **mor bigog â draenog** stachelig wie ein Igel.

pigoglys *g (BOT)* Spinat *m*.

pigwn (**pigynau**) *g (mochyn coed)* Tannenzapfen *m*.

pigwrn (**pigyrnau**) *g (ANAT)* Fußgelenk *nt*, Knöchel *m*; *(mynydd)* Kegel *m*, Spitze *f*; *(tŵr)* Turmspitze *f*.

pigyn (**pigau**) *g* Zacke *f*; *(draenen)* Stachel *m*; *(BOT)* Dorn *m*; *(ar fforch)* Zinke *f*; *(ar fur castell)* Zinne *f*; *(poen yn yr ystlys)* Seitenstechen *nt*; ~ **clust** Ohrenstechen *nt*; **bod ar bigau'r drain** *(ffig)* wie auf Nadeln sitzen, gespannt sein.

pil (**-ion**) *g* Schale *f*; ~ **oren** Orangenschale *f*.

pila (**-on**) *g (SÖOL)* Fink *m*.

pilen (**-nau**) *b* Membran *f*; *(ewin)* Nagelhaut *f*; *(MEDD)* grauer Star *m*; *(BIOL: cellau)* Zellwand *f*; ~ **y glust** Trommelfell *nt*.

piler (**-i**) *g (PENS)* Säule *f*, Pfeiler *m*.

pilio *be.a* schälen, abschälen; *(paent)* abbeizen.

pilipala *g (SÖOL)* Schmetterling *m*; *(dull o nofio)* Schmetterlingsschwimmen *nt*.

pilo *be.a* = **pilio**.

pilsen (**pils**) *b (MEDD)* Pille *f*, Kapsel *f*; **y bilsen** die Pille; ~ **gysgu** Schlaftablette *f*; **mynd ar y bilsen** die Pille nehmen.

pilyn (**-nau**) *g* Kleidungsstück *nt*; **heb bilyn amdano** ohne Kleider.

pimp (**-iaid**) *g* Zuhälter *m*.

pin¹ (**-nau**) *g* Stecknadel *f*; *(gwallt)* Haarnadel *f*; *(tei)* Krawattennadel *f*; *(hoelen fach)* Stift *m*; ~ **bawd** Reißnagel *m*, Reißzwecke[D] *f*; ~ **cau** Sicherheitsnadel *f*; **fel ~ mewn papur** tipptopp in Ordnung, tadellos; **~nau bach** *(teimlad)* Kribbeln *nt*; **ar binnau** *(ffig)* auf Nadeln.

pin² (**-nau**) *g (ysgrifennu)* Stift *m*, Kugelschreiber *m*; ~ (**blaen**) **ffelt** Filzstift *m*; ~ **coch** Rotstift *m*; ~ **cwilsen** Federkiel *m*; ~ **golau** Leuchtstift *m*; ~ **llydan** Plakatstift *m*; ~ **ysgrifennu** Füllfeder *f*.

pîn *ll*: **coed ~** *(coedwig fach)* Kiefernhain *m*.

pinacl (**-au**) *g (mynydd)* Spitze *f*, Gipfel *m*; *(tŵr)* Turmspitze *f*; *(ffig)* Höhepunkt *m*.

pinafal (**-au**) *g (ffrwyth)* Ananas *f*.

pinc¹ *ans* rosa; *(ffig)* schwul.

pinc² (**-od**) *g (SÖOL)* Buchfink *m*.

pincas *g* Nadelkissen *nt*.

piner *g* Kittel *m*.

pinio *be.a* anstecken; *(gwaith gwnïo)* abheften; *(papurau)* zusammenheften; ~ **rhth ar y wal** etw an die Wand heften.

piniwn (**piniynau**) *g* Meinung *f*, Ansicht *f*; **pôl ~** Meinungsumfrage *f*.

pinsiad *g (gwasgiad)* Kneifen[D] *nt,* Zwicken *nt; (COG: ychydig)* Prise *f;* ~ **o halen** eine Prise Salz; **cymryd rhth gyda phinsiad o halen** *(ffig)* etw mit Vorsicht genießen.

pinsio[1] *be.a* kneifen[D], zwicken; *(rhwng dau beth)* einklemmen, einzwicken; ~ **pen ôl rhn** jdn in den Popo zwicken; ~ **eich bys yn y drws** sich *dat* den Finger in der Tür einklemmen.

♦ *be.g (esgid)* drücken.

pinsio[2] *be.a (dwyn)* stibizen, klauen; ~ **cariad rhn** jdm den Freund ausspannen, jdm die Freundin ausspannen.

pinsiwn (**pinsiynau**) *g* = **pinsiwrn**.

pinsiwrn (**pinsiyrnau**) *g* Beißzange *f.*

pinwydden (**pinwydd**) *b (BOT)* Kiefer *f,* Föhre *f;* *(canoldirol)* Pinie *f.*

pioden (**piod**) *b (SÖOL)* Elster *f.*

pis *g (anwedd)* Pisse[D] *f,* Pische[A] *f,* Urin *m.*

piser (-**i**) *g* Krug *m.*

pisgwydden (**pisgwydd**) *b (BOT)* Linde *f,* Lindenbaum *m.*

piso *be.g (sgyrs)* pinkeln, schiffen, pissen[D], pischen[A].

pistil (-**ion**) *g (BOT)* Stempel *m.*

pistol (-**ion**) *g (gwn)* Pistole *f.*

piston (-**au**) *g (TECH)* Kolben *m;* **cylch** ~ Kolbenring *m;* **rhoden biston** Pleuelstange *f.*

pistyll (-**oedd**) *g (ffrwd)* Stromschnellen *pl,* Sturzbach *m; (jet)* Wasserstrahl *m; (ffynnon)* Springbrunnen *m,* Fontäne *f.*

pistyllio *be.g (ffrydio)* strömen; *(tywallt)* **mae'n** ~ **glaw** es gießt in Strömen.

pisyn (-**nau** *neu* **pisys**) *g* (kleines) Stück *nt; (darn o rth)* Teil *m/nt; (gêm)* (Spiel)stein *m; (gwyddbwyll)* Figur *f; (sgyrs: am ferch)* Hase *m,* Puppe *f; (sgyrs: am fachgen)* Hecht *m;* ~ **dwy geniog** Zwei-Penny-Stück; ~ **o bapur** Zettel *m;* **mewn pisys** *(wedi torri)* kaputt; **mewn un** ~ *(yn gyfan)* ganz, unversehrt; **mae e'n bisyn!** er ist ein toller Mann!

piti *g (tosturi)* Mitleid *nt,* Mitgefühl *nt; (trueni)* **mae'n biti garw** es ist sehr schade; **dyna biti!** (wie) schade! **cymryd** ~ **dros rn** mit jdm Mitleid haben; **y** ~ **yw ...** es ist schade, dass…

pitio *be.a* bemitleiden, bedauern.

pitw *ans (bach)* winzig, klitzeklein; *(gwan, dibwys)* mickrig, kümmerlich; **creadur bach** ~ jämmerliche kleine Kreatur.

piw (-**au**) *g* Euter *nt.*

piwis *ans* mürrisch, griesgrämig, grantig[A], zwider[A].

piwritan (-**iaid**) *g (CREF, ffig)* Puritaner(in) *m(f).*

piwritanaidd *ans* puritanisch, sittenstreng.

piwritaniaeth *b (CREF)* Puritanismus *m.*

piwter *g* Zinn *nt;* **nwyddau** ~ Zinnwaren *pl.*

pla (**plâu**) *g (MEDD)* Seuche *f; (niwsans)* Plage *f; (rhn)* Nervensäge *f;* **y** ~ *(MEDD, HAN)* die Pest; **osgoi rhn fel y** ~ jdn wie die Pest meiden; ~ **o lygod** Mäuseplage *f;* ~ **o newyddiadurwyr** eine Horde von Reportern.

plac (-**iau**) *g* Plakette *f; (ar adeilad)* Tafel *f;* ~ **deintiol** Zahnbelag *m,* Zahnstein *m.*

pladur (-**iau**) *b* Sense *f.*

pladurio *be.g* sensen, (mit der Sense) mähen.

plaen[1] *ans* klar, deutlich; *(amlwg)* offensichtlich; *(syml, diaddurn)* einfach, schlicht; *(papur)* glatt, unliniert; *(nad yw'n hardd)* alltäglich, nicht ansprechend; *(bwyd heb ychwanegiad)* nature, unverfälscht, normal; **ateb** ~ klare Antwort; **bwyd** ~ einfaches Mahl; **dillad** ~ Alltagskleidung *f; (heddwas)* Zivil *nt;* **iogwrt** ~ normales Jogurt; **wal blaen** *(moel)* nackte Wand; **siarad** ~ **â rhn** jdm gegenüber direkt sein, unverblümt mit jdm reden; **siarad yn blwmp ac yn blaen** die Dinge beim Namen nennen, nicht lange drum herumreden; **dweud rhth yn blaen** etw frank und frei aussprechen.

plaen[2] (-**iau**) *g (erfyn saer)* Hobel *m.*

plaenio *be.a, be.g* hobeln.

plagio *be.a* plagen, belästigen; **cael eich** ~ **gan amheuon** von Zweifeln geplagt werden.

plaid (**pleidiau**) *b* Partei *f; (cynrychiolwyr)* Fraktion *f;* **o blaid** dafür; **bod o blaid rhth** für etw sein; **aelod y blaid** Parteimitglied *nt;* **P~ Cymru** Walisische Nationalpartei; **P~ Geidwadol** Konservative Partei; **P~ Gomiwnyddol** kommunistische Partei; **P~ Lafur** Arbeiterpartei *f,* Labour Party *f;* **P~ Natsïaidd** Nationalsozialistische Partei; **P~ Ryddfrydol** Liberaldemokratische Partei; **P~ Sosialaidd** Sozialistische Partei; **P~ yr Unoliaethwyr** Unionistenpartei *f;* **P~ Werdd** Grüne Partei, die Grünen *pl.*

plaleiddiad *g* Pestizid *nt.*

plân[1] (**planau**) *g (MATH)* Ebene *f,* Fläche *f;* ~ **ar oleddf** *(MATH)* schiefe Ebene; ~ **llorweddol** Horizontale *f.*

plân[2] *g* = **planwydden**.

planced (-**i**) *b* Decke *f;* ~ **o eira** Schneedecke *f;* ~ **o gymylau** Wolkendecke *f.*

plancton *g (BIOL)* Plankton *nt.*

planed (-**au**) *b* Planet *m.*

planedol *ans* planetarisch.

planhigfa (**planigfeydd**) *b* Plantage *f,* Pflanzung *f; (coed)* Aufforstungsgebiet *nt.*

planhigyn (**planhigion**) *g* Pflanze *f;* ~ **dringo** Kletterpflanze *f;* ~ **tŷ** Zimmerpflanze *f;* ~ **wy** *(COG)* Aubergine *f,* Melanzani[A] *f,* Eierfrucht[D] *f.*

plannu *be.a* pflanzen; *(AMAETH)* anbauen; *(cae)*

bepflanzen; **~ cae â maip** auf einem Feld Rüben anbauen; **~ syniadau ym mhen rhn** jdn auf Ideen bringen.

plant *ll gw.* **plentyn; bod yn chwarae ~** *(ffig: hawdd)* ein Kinderspiel sein, kinderleicht sein; **~ mewn angen** Kinder in Not.

plantos *ll* Kleinkinder *pl.*

planwydden (planwydd *neu* **plân)** *b (BOT)* Platane *f*.

plas (-au) *g* Palast *m*, Schloss *nt*; *(maenordy)* Landsitz *m*, Herrenhaus *nt*; *(mewn tref)* Palais *nt*; **~ esgob** Bischofspalast *m*, bischöfliches Palais.

plaster *g* = **plastr**.

plastig[1] **(-ion)** *g (deunydd)* Kunststoff *m*, Plastik *nt*.

plastig[2] *ans* Plastik-, aus Plastik; *(MEDD)* plastisch; **bag ~** Plastiktasche *f*, Plastiktüte[D] *f*; **ffrwydron ~** Plastiksprengstoff *m*; **llawfeddygaeth blastig** plastische Chirurgie *f*.

plastr (-au) *g* Gips *m*; *(ar friw)* Pflaster *nt*; *(adeiladu)* Verputz *m*; **cast ~** Gipsabguss *m*; **~ (Paris)** Gips; *(MEDD)* Gipsverband *m*; **~ sticio** Pflaster *nt*; **roedd ei braich mewn ~** ihr Arm war in Gips; *(sgyrs)* **yn blastar o bethau** gepflastert mit Dingen.

plastro *be.g (wal)* verputzen; *(ffig)* voll pappen, voll kleistern[D]; **~ twll yng nghau** ein Loch vergipsen; **~ wal â phosteri** eine Wand mit Plakaten voll kleben.

plastrwr (plastrwyr) *g (PENS)* Stuckateur *m*.

plasty (plastai) *g* Villa *f*; *(maenordy)* Herrenhaus *nt*.

plât (platiau) *g* Platte *f*; *(i fwyta)* Teller *m*; *(argraffu)* Druckplatte *f*; *(mewn llyfr)* Illustration *f*, Tafel *f*; *(plac)* Tafel; **~ enw** Namensschild *nt*; **~ rhif car** Kennzeichen *nt*, Nummerntafel *f*; **cael rhth ar blât** *(ffig)* etw auf einem Silberteller serviert bekommen; **cael gormod ar eich ~** zu viel am Hals haben.

plataid (plateidi *neu* **plateidiau)** *g* Teller *m*; **dau blataid o salad** zwei Teller Salat.

platfform *g (RHEILFF)* Bahnsteig *m*; *(llwyfan)* Podium *nt*, Tribüne *f*; *(GWLEID, ffig)* Plattform *f*.

platinwm *g* Platin *nt*.

platonaidd *ans* platonisch.

platŵn (platynau) *g (MIL)* Zug *m*, Einsatzkommando *nt*.

ple[1] **(pledion)** *g* Bitte *f*, Appell *m*; *(CYFR)* Plädoyer *nt*.

ple[2] *rhag gofyn:* **ym mhle** wo.

pledio *be.g* ersuchen; *(erfyn)* anflehen; **~ am** plädieren für *+akk*; *(CYFR)* **~'n euog** sich schuldig bekennen; **~'n ddieuog** sich nicht schuldig bekennen; **sut ydych chi'n ~?** bekennen Sie sich schuldig?

♦ *be.a (achos)* vertreten; *(gwneud esgus)* beteuern, sich berufen auf *+akk*; **~ achos rhn** *(CYFR)* jdn

vertreten; **~ hawliau rhn** sich für jds Rechte einsetzen; **~'ch anwybodaeth** sich auf Unwissenheit berufen.

pledren (-ni *neu* **-nau)** *b (ANAT)* Blase *f*; *(pêl droed)* Seele *f*.

plegid *g gw.* **oblegid**; *(achos)* **o'm ~** wegen mir, meinetwegen.

pleidiol *ans (i rn neu achos)* zugetan, ergeben; *(rhagfarnllyd)* voreingenommen; **~ wyf i'm gwlad** ich bin meinem Land treu ergeben.

pleidlais (pleidleisiau) *b (GWLEID)* Stimme *f*; *(proses)* Abstimmung *f*, Votum *nt*; *(gweithred)* Stimmabgabe *f*; *(hawl)* Stimmrecht *nt*, Wahlrecht *nt*; *(canlyniad)* Wahlergebnis *nt*; **~ atal** Veto *nt*; **~ gudd** geheime Abstimmung; **~ gwlad** Volksabstimmung *f*; **bwrw'ch ~** seine Stimme abgeben; **cymryd ~ ar rth** über etw *akk* abstimmen; **hoffem gynnig ~ o ddiolch i Dr Jones** wir möchten Dr. Jones unseren aufrichtigen Dank aussprechen; **enillodd o 800 ~** er gewann mit einer Mehrheit von 800 Stimmen; **mae'r bleidlais Lafur wedi cynyddu** der Stimmenanteil von Labour hat sich erhöht.

pleidleisio *be.g* wählen, seine Stimme abgeben; **~ dros** stimmen für *+akk*; *(cymeradwyo)* bewilligen; **bwth ~** Wahlkabine *f*; **hawl i bleidleisio** Stimmrecht *nt*; **papur ~** Stimmzettel *m*.

pleidleisiwr (pledleiswyr) *g* Wähler(in) *m(f)*.

plentyn (plant) *g* Kind *nt*; **~ amddifad** Waise *f*, Waisenkind *nt*; **~ dan anfantais** behindertes Kind; **~ maeth** Pflegekind *nt*; **~ llwyn a pherth** *neu:* **~ siawns** uneheliches Kind; **~ sugno** Säugling *m*; **~ ysgol** Schulkind *nt*; **chwarae plant yw e** *(ffig)* es ist ein Kinderspiel, es ist kinderleicht.

plentyndod *g* Kindheit *f*; **ail blentyndod** zweite Jugend.

plentynaidd *ans* kindisch, infantil.

pleser (-au) *g* Vergnügen *nt*; *(hapusrwydd)* Freude *f*; **â phleser** gerne, mit Vergnügen; **mae'n bleser gennyf** es freut mich, es ist mir eine Freude; **cael y ~ o wneud rhth** das Vergnügen haben etw zu tun; **gwaith neu bleser?** geschäftlich oder zum Vergnügen?

pleserdaith (pleserdeithiau) *b* Vergnügungsreise *f*; *(ar long)* Kreuzfahrt *f*.

pleserus *ans* erfreulich, angenehm.

plesio *be.a* Freude machen *+dat*; *(bodloni)* zufrieden stellen; **mae'n fy mhlesio i'w weld mor hapus** es freut mich, ihn so glücklich zu sehen; **cerddoriaeth sy'n ~'r glust** Musik, die das Ohr erfreut; **mae'n amhosibl ~ pawb** man kann es nicht allen recht machen; **mae'n un anodd ei blesio** er ist nie zufrieden; **plesiwch eich hun!** wie Sie wollen!

♦ *be.g:* **ydy'r syniad yn ~?** findet die Idee Anklang?

plêst *ans (hapus)* erfreut; **roedd hi'n blêst iawn** sie war sehr erfreut.

plet (pletiau) *b (plyg)* Falte *f.*

pleten *b* = **plet.**

pletio *be.a* falten; *(defnydd)* zerknautschen; *(sgyrt)* plissieren.

pletiog *ans* gefaltet; **sgyrt bletiog** Plisseerock *m.*

pleth (-i *neu* **-au)** *b* Zopf *m; (CELF)* Flechtmuster *nt.*

plethdorch (-au) *b* Kranz *m.*

plethen (plethau) *b* Zöpfchen *nt.*

plethu *be.a* flechten, schlingen; **~ breichiau** die Arme verschränken.

plethwaith *g* Flechtwerk *nt.*

plicio *be.a (plu)* rupfen; *(aeliau)* zupfen; *(pilio)* abschälen.

plisgyn (plisg) *g* Schale *f; (pys)* Hülse *f;* **~ wy** Eierschale *f;* **~ cnau** Nussschale *f.*

plismon (plismyn) *g* Polizist *m,* Gendarm^A *m.*

plismones (-au) *b* Polizistin *f.*

plismona *be.a* überwachen.

plith *g* Mitte *f;* **mynd i blith y bobl** sich unter die Leute mischen; **o blith y papurau** aus der Mitte der Papiere.

    blith draphlith *adf* drunter und drüber, kreuz und quer, durcheinander.

    ymhlith *ardd* unter +*dat;* mitten in +*dat,* inmitten +*gen;* **mae hi yn eu ~** sie ist in ihrer Mitte, sie ist unter ihnen.

plocyn (plociau) *g* Holzklotz *m; (i losgi)* Scheit *nt; (i chwarae)* Baustein *m,* Bauklötzchen *nt;* **~ torri** Hackklotz *m.*

ploryn (plorod) *g* Pickel *m,* Pustel *f; (MEDD)* Akne *f.*

plot¹ (-iau) *g (tir)* Grundstück *nt.*

plot² (-iau) *g (cynllwyn)* Verschwörung *f,* Komplott *nt; (ffilm, LLEN)* Handlung *f.*

plu *ll gw.* **pluen; pwysau ~** *(CHWAR)* Federgewicht *nt;* **~'r gweunydd** *(BOT)* Baumwollgras *nt.*

pluen (plu) *b* Feder *f;* **~ eira** Schneeflocke *f;* **~ bysgota** künstliche Fliege zum Angeln.

plufio *be.a* = **pluo.**

pluo *be.a* rupfen; *(pysgodyn)* abschuppen; **~ iâr** ein Huhn rupfen.

plufyn (pluf) *g* = **pluen.**

pluog *ans* gefiedert; **da ~** Federvieh *nt,* Geflügel *nt.*

plwc (plyciau) *g* Ruck *m; (dewrder)* Mut *m,* Schneid *m; (ysbaid)* Augenblick *m;* **mewn ~ o amser** gleich; **chwythu'ch ~** *(ffig)* sich verausgaben, an Schwung verlieren.

plwg (plygiau) *g (sinc, potel)* Stöpsel *m,* Stoppel^A *m;*

(caead) Verschluss *m; (ar gyfer sgriw)* Dübel *m; (TRYD)* Stecker *m;* **~ banana** *(TRYD)* Bananenstecker *m;* **~ diogelwch** Schukostecker *m;* **~ tanio** *(MODUR)* Zündkerze *f.*

plwm¹ *g* Blei *nt; (i fesur)* Lot *nt,* Senkblei *nt.*

plwm² *ans* bleiern, aus Blei; *(petrol)* verbleit; *(unionsyth)* senkrecht, im Lot.

plwmp *ans* direkt, frank; **siarad yn blwmp ac yn blaen** nicht um den heißen Brei herumreden, sehr direkt sein.

plws (plysau) *g* Plus *nt; (mantais)* Plus, Vorteil *m.*

    ♦ *adf* plus.

plwsh *g (TECS)* Plüsch *m.*

Plwton *g (ASTRON: planed)* Pluto *m.*

plwtoniwm *g* Plutonium *nt.*

plwyf (-i *neu* **-ydd)** *g* (Pfarr)gemeinde *f,* Pfarrei *f; (GWLEID)* Gemeinde *f;* **ennill eich ~** Anerkennung finden.

plwyfol *ans* Gemeinde-, Pfarr-, parochial; *(agwedd)* engstirnig, beschränkt, provinziell.

plwyfolyn (plwyfolion) *g* Gemeindemitglied *nt;* **plwyfolion** *ll* Gemeinde *f.*

plycio *be.a* zupfen; *(ffrwyth, blodau)* pflücken; *(COG: pluo)* rupfen; *(tynnu allan)* ausreißen, auszupfen.

    ♦ *be.g* zucken; *(car)* rucken.

plyg (-ion) *g* Falte *f; (ôl plygu)* Knick *m; (papur)* Falz *m; (dillad)* Knitter *m;* **yn ei blyg** gefaltet, zusammengelegt.

plygadwy *ans* zusammenfaltbar.

plygain (plygeiniau) *g (ceiliog)* Hahnenschrei *m; (gwawr)* Morgengrauen *nt; (CREF)* Morgenandacht *f.*

plygeiniol *ans* morgendlich; **yn blygeiniol** frühmorgens, beim ersten Hahnenschrei.

plygell (-au) *b* Mappe *f,* Aktenordner *m.*

plygiad (-au) *g (plyg)* Falte *f; (FFIS)* Brechung *f; (trwy smwddio)* Bügelfalte *f;* **~ y gliniau** *(CHWAR)* Kniebeuge *f.*

plygiannedd *g* Biegsamkeit *f.*

plygiant (plygiannau) *g* Beugung *f,* Biegung *f; (FFIS)* Brechung *f.*

plygio *be.a (cau twll)* zustopfen; **~ rhth i mewn** *(TRYD)* etw anstecken.

plygu *be.a* biegen, verbiegen; *(pletio'n dwt)* zusammenlegen, falten; *(papur)* falzen; *(blodyn)* knicken; *(FFIS: golau)* brechen; **~'n ôl i'w ffurf** gerade biegen; **~'ch pen** sich verbeugen.

    ♦ *be.g* sich biegen; *(FFIS)* sich brechen; *(gwyro'ch corff)* sich bücken; *(ffig: ymostwng)* sich beugen; **~ i'r drefn** sich unterordnen; **~ i lawr** sich hinunterbeugen.

plymaidd *ans* bleiern, wie Blei.

plymiad (-au) *g* Kopfsprung *m*, Köpfler *m*.

plymio *be.g* einen Köpfler machen, tauchen.

♦ *be.a (mesur dyfnder)* loten, ausloten.

plymiwr (plymwyr) *g* Taucher *m*; *(CHWAR)* Turmspringer *m*.

plymwr (plymwyr) *g* Installateur *m*, Klempner[D] *m*.

plymwaith (plymweithiau) *g* Rohrleitung *f*; *(dŵr)* Wasserleitung *f*; ~ **tŷ** Leitungen *pl*.

plysau *ll gw.* **plws**.

pnawn (prynhawniau) *g* = **prynhawn**; Nachmittag *m*; ~ **da!** guten Tag! ~ **dydd Mercher** am Mittwoch Nachmittag.

po *geir* je; **gorau ~ gyntaf** je früher desto besser; ~ **fwyaf y tâl, mwyaf y gwaith** wer mehr zahlt, bekommt auch mehr.

pob[1] *ans* jede(r,s); *(i gyd)* all(e); ~ **lwc!** viel Glück! ~ **hwyl!** tschüss![D] ciao! ~ **math o bethau** verschiedenste Dinge, allerlei Dinge; ~ **dydd** jeden Tag; *(beunyddiol)* (all)täglich; **bob o bunt** jedes einzelne Pfund; ~ **un** jede(r,s) einzelne; **bob yn ail** abwechselnd; **bob yn dipyn** nach und nach, Stück für Stück; **bob yn dri** *(fesul)* jeweils drei; **bob yn un** eins nach dem anderen; **o bob ochr** von allen Seiten; **ym mhob man** überall; **mae hi wedi colli ~ gobaith** sie hat alle Hoffnung aufgegeben.

pob[2] *ans (wedi'i pobi)* gebacken; **ffa ~** Baked Beans *pl*; **tatws ~** Bratkartoffel in der Schale.

pobi *be.a* backen; *(crasu)* rösten.

pobiad (-au) *g (gweithred o bobi)* Backen *nt*; ~ **o fara** eine Ofenladung voll Brot.

pobl (-oedd) *b neu ll* Leute *pl*; *(cenedl, hil)* Volk *nt*; ~ **fel fi** Leute wie ich; ~ **gyffredin** die kleinen Leute *pl*, der Durchschnittsmensch *m*; **yr hen bobl** die alten Leute; ~ **ifanc** die Jugend *f*; **~oedd brodorol** Urvölker *pl*.

poblach *ll* Pöbel *m*, Gesindel *nt*.

poblog *ans* dicht bevölkert.

poblogaeth (-au) *b* Bevölkerung *f*, Einwohnerschaft *f*.

poblogaidd *ans* beliebt, populär; *(perthyn i'r bobl)* volkstümlich; **diwylliant ~** Volkskultur *f*.

poblogeiddio *be.a* populär machen.

poblogi *be.a* bevölkern.

poblogrwydd *g* Beliebtheit *f*, Popularität *f*.

pobman *adf* überall.

pobo *ans (pob o)* jede(r,s) einzelne; ~ **afal** jeder Apfel.

pobwraig (pobwragedd) *b* Bäckerin *f*.

pobydd (-ion) *g* Bäcker *m*.

pobyddes (-au) *b* = **pobwraig**.

poced (-i) *b* Tasche *f*, Sack[A] *m*; *(snwcer)* Loch *nt*; ~

drowsus Hosentasche *f*, Hosensack[A] *m*; ~ **awyr** *(AWYR)* Luftloch *nt*; **â'i ddwylo yn ei bocedi** die Hände im Hosensack.

♦ *ans* Taschen-; **arian ~** Taschengeld *nt*; **llyfr ~** Taschenbuch *nt*.

pocedu *be.a* einstecken, in den Sack stecken; *(snwcer)* einlochen.

pocer (-i *neu* -au) *g* Schürhaken *m*; *(gêm)* Poker *nt*; *(set o gardiau)* Poker *m*.

poen (-au) *gb* Schmerz *m*, Qual *f*; *(cyson)* Beschwerde *f*; *(sydyn)* Reißen *nt*, Ziehen *nt*; *(llen)* Pein *f*; *(trais)* Folter *f*; *(dioddefaint)* Leid *nt*; *(ffig: anhawster)* Tortur *f*; *(ffig: rhn)* Nervensäge *f*, Quälgeist *m*, lästige Wanze *f*; ~ **cydwybod** Skrupel *m*, Gewissensbisse *pl*; ~ **marwolaeth** Agonie *f*, Todesqualen *pl*; ~ **yn y stumog** Magenschmerzen *pl*; **bod mewn ~** Schmerzen haben, leiden; **diolch am eich ~** danke für Ihre Bemühungen.

poendod (-au) *g (ffig: niwsans)* Plage *f*, Qual *f*; *(rhn)* Nervensäge *f*.

poeni *be.g (brifo)* wehtun, schmerzen; *(mynd i drafferth)* sich bemühen; *(gofidio)* ~ **am** sich *dat* Sorgen machen um +*akk*; **paid â phoeni!** mach dir keine Sorgen! sei unbekümmert! ~ **ynghylch rhn/rhth** um jdn/etw bangen.

♦ *be.a* wehtun +*dat*; *(yn greulon)* quälen; *(peri pryder)* kümmern, nahe gehen; *(blino)* belästigen, behelligen; *(tynnu coes)* auf die Nerven gehen +*dat*; **beth sy'n dy boeni?** was hast du auf dem Herzen? was ist los mit dir? **nid yw hynny'n fy mhoeni i** das kümmert mich nicht.

poenus *ans* schmerzhaft; *(ffig: digwyddiad)* schmerzlich; *(teimladwy)* empfindlich; *(plagus)* lästig; **rwy'n boenus trosof** *(ar ôl ymarfer corff)* ich habe einen Muskelkater.

poenydiad (-au) *g* Folter *f*, *(ffig, CREF)* Martyrium *nt*.

poenydio *be.a* foltern, peinigen, quälen, martern.

poenydiol *ans* qualvoll.

poenydiwr (poenydwyr) *g* Folterknecht *m*, Peiniger *m*.

poenyn *g* Scherzbold *m*, Schalk *m*.

poer (-ion) *g* Speichel *m*, Spucke *f*; *(o gasineb)* Geifer *m*.

poeri[1] *g* = **poer**.

poeri[2] *be.g* spucken, ausspucken; *(hisian)* zischen, fauchen; ~ **ar** anspucken.

♦ *be.a* (aus)spucken.

poeth (*ll* -ion) *ans* heiß; *(sbeislyd)* scharf; *(gast)* läufig; *(dif: am ferch)* geil; **rwy'n boeth** mir ist heiß; **danadl ~ion** *(BOT)* Brennnesseln *pl*; **tywydd ~** Hitzewelle *f*; **ci ~** *(COG)* Hot Dog *m*; **potel dŵr ~** Wärmflasche *f*,

Thermophor^A *m*.

poethder *g* Hitze *f*; *(MEDD)* Fieber *nt*.

poethgoch *ans* glühend heiß.

poethi *be.a* erhitzen, heizen.

♦ *be.g* heiß werden.

pôl¹ (polau) *g (TRYD: pegwn)* Pol *m*; ~ **magnetig** Magnetpol *m*.

pôl² (polau) *g (etholiad)* Wahl *f*, Abstimmung *f*; *(nifer a bleidleisiodd)* Wahlbeteiligung *f*; *(cyfran y pleidleisiau)* Stimmenanteil *m*; *(holi barn)* ~ **piniwn** Meinungsumfrage *f*.

polareiddio *be.a* polarisieren.

polaru *be.a* = **polareiddio**.

polemeg *b* Polemik *f*.

polemig *ans* polemisch.

polio(myelitis) *g (MEDD)* Kinderlähmung *f*, Polio *f*.

polisi (polisïau) *g* Politik *f*; *(tacteg)* Taktik *f*; *(gan gwmni)* Firmenpolitik *f*; *(yswiriant)* Police *f*, Polizze^A *f*; ~ **amaethyddol** Agrarpolitik *f*; ~ **ariannol** Währungspolitik *f*; ~ **iaith** Sprachpolitik *f*; ~ **tramor** Außenpolitik *f*.

politicaidd *ans (gwleidyddol)* politisch.

poliwr (polwyr) *g* Meinungsforscher *m*.

polo *g (CHWAR)* Polo *nt*; ~ **dŵr** Wasserball(spiel) *nt*.

polyesterau *ll* Polyester *m*.

polyethylen *g (CEM)* Polyäthylen *nt*.

polyfinyl *g (CEM)* ~ **clorid** Polyvinylchlorid *nt*, PVC *nt*.

polygon (-au) *g (MATH)* Polygon *nt*, Vieleck *nt*.

polyhedron (-au) *g (MATH)* Polyeder *nt*.

polymer (-au) *g (CEM)* Polymer *nt*.

polyn (polion) *g* Mast *m*, Pfahl *m*, Stange *f*; *(CHWAR)* Stab *m*; ~ **fflag** Fahnenstange *f*; ~ **Mai** Maibaum *m*; ~ **sgïo** Skistock *m*; ~ **telegraff** Telegrafenmast *m*; **naid uchel â pholyn** *(CHWAR)* Stabhochsprung *m*; **tenau fel** ~ spindeldürr, dünn wie eine Bohnenstange.

Polynesia *b (DAEAR)* Polynesien *nt*.

polyp (-au) *g (SÖOL, MEDD)* Polyp *m*.

polystyren *g* Styropor *nt*.

polythen *g (CEM)* Polyäthylen *nt*; *(sgyrs)* Plastik *nt*, Kunststoff *m*.

pomâd *g* Pomade *f*.

pomgranad (-au) *g (BOT)* Granatapfel *m*.

pompiwn (pompiynau) *g* Kürbis *m*.

pompren (-nau) *b* Fußgängerbrücke *f*; *(ar lyn)* Steg *m*; *(sioe ffasiwn)* Laufsteg *m*; *(llong)* Laufplanke *f*.

ponc (-au *neu* **-iau)** *b* Buckel *m*, Mugel^A *m*, Erdhaufen *m*; *(chwarel)* Galerie *f*, Stufe *f*.

ponciog *ans* bucklig, mugelig^A, holprig.

poni (-s) *b (SÖOL)* Pony *nt*.

ponsio *be.a* verpfuschen, vermasseln; *(trafferthu)* paid

â phonsio ysgrifennu llythyr du brauchst keinen Brief zu schreiben.

pont (-ydd) *b* Brücke *f*; *(MIL)* Ponton *m*; *(MOR)* (Kommando)brücke *f*; ~ **bwyso** Brückenwaage *f*; ~ **godi** Zugbrücke *f*; ~ **grog** Hängebrücke *f*; ~ **lanio** Landungssteg *m*; ~ **yr ysgwydd** *(ANAT)* Schlüsselbein *nt*.

pontio *be.a* überbrücken, überspannen.

pop¹ *g (diod)* Sprudel^D *m*, Kracherl^A *nt*, Brause *f*.

pop² *ans: cerddoriaeth bop* Popmusik *f*; ~ **art** Pop-Art *f*.

popeth *rhag* alles; ~ **a ddywed** alles, was er sagt; ~ **yn iawn!** alles in Ordnung! **pawb a phopeth** alles und jedes; **nid yw arian yn bopeth** Geld ist nicht alles.

popian *be.g (gwneud clac)* knallen, platzen, verpuffen.

poplin *g (TECS)* Popelin *m*.

poplysen (poplys) *b (BOT)* Pappel *f*.

poptu *g* jede Seite *f*; **o bobtu** zu beiden Seiten; **eistedd o boptu i'r tân** ums Feuer herumsitzen.

popty (poptai) *g (siop fara)* Bäckerei *f*; *(ffwrn)* (Back)ofen *m*, (Back)rohr *nt*.

porc *g (COG)* Schweinefleisch *nt*, Schweinerne(s)^A *nt*; ~ **wedi'i rostio** Schweinebraten^D *m*; Schweinsbraten^A *m*; **golwyth** ~ Schweinsschnitzel *nt*.

porcyn (ll pyrcs) *ans* nackt, splitternackt.

porchell (perchyll) *g* Ferkel *nt*; *(COG)* Spanferkel *nt*.

porfa (porfeydd) *b (glaswellt)* Gras *nt*; *(tir)* Weide *f*, Grasland *nt*; *(lawnt)* Rasen *m*; ~ **fynydd** Alm *f*, Bergwiese *f*.

porffor *ans* violett, purpur.

♦ *g* Violett *nt*, Purpur *nt*.

pori *be.g* weiden, grasen; *(danas)* äsen; *(ffig)* ~ **mewn llyfrau** schmökern.

pornograffi *g* Pornografie *f*.

pornograffig *ans* pornografisch; **ffilm bornograffig** Porno *m*.

porslen *g* Porzellan *nt*.

porter (-iaid) *g* Gepäckträger(in) *m(f)*.

portffolio (-s) *g (CYLL, GWLEID)* Portefeuille *nt*.

Portiwgal *b (DAEAR)* Portugal *nt*.

Portiwgalaidd *ans* portugiesisch.

Portiwgaleg *b* Portugiesisch *nt*; ~ **Brasil** brasilianisches Portugiesisch.

Portiwgales (-au) *b* Portugiesin *f*.

Portiwgaliad (Portiwgaliaid) *g* Portugiese *m*.

portread (-au) *g (llun, disgrifiad)* Porträt *nt*.

portreadu *be.a* porträtieren, zeichnen; *(disgrifio)* beschreiben, darstellen.

portwll (portyllau) *g (MOR)* Bullauge *nt*.

porth¹ (pyrth) *g* Pforte *f*, Tor *nt*; *(eglwys)* Portal *nt*;

(mynedfa) Vordach *nt*; *(CYFDR)* Anschluss *m*; **~ cyfresol** serieller Anschluss; **~ paralel** paralleler Anschluss.

porth² **(pyrth)** *b (porthladd)* Hafen *m*.

porth³ *g (cymorth)* Hilfe *f*.

porthi *be.a (bwydo)* füttern; *(cynnal)* ernähren, verköstigen; *(MIL)* versorgen, Nachschub bringen.

porthiannus *ans* voll gefressen.

porthiant (porthiannau) *g (AMAETH)* Futter *nt*.

porthladd (-oedd) *g* Hafen *m*; *(tref)* Hafenstadt *f*; *(ffig: lloches)* Hafen; **~ ar afon** Binnenhafen *m*; **~ llynges** *(MIL)* Flottenstützpunkt *m*; **~ pysgota** Fischerhafen *m*; **~ rhydd** Freihafen *m*; **~ terfynol** Bestimmungshafen *m*; **~ trawslwytho** Umschlaghafen *m*.

porthmon (porthmyn) *g* Viehtreiber *m*, Viehhändler *m*.

porthor (-ion) *g* Portier(in) *m(f)*, Pförtner(in) *m(f)*; *(gofalwr tŷ)* Hauswart *m*, Hausbesorger^A *m*; *(mewn gwesty)* Hotelportier *m*, Türsteher *m*; *(porter bagiau)* Gepäckträger(in) *m(f)*.

porthordy (porthordai) *g (ystafell)* Portiersloge *f*; *(o flaen maenordy)* Torhaus *nt*, Pförtnerhaus *nt*.

porthores (-au) *b* Portierin *f*; *(gofalwraig tŷ)* Hauswartin *f*.

pos (-au) *g* Rätsel *nt*; **~ croeseiriau** Kreuzworträtsel *nt*; **~ jigso** Puzzle *nt*.

posibiliadau *ll* Möglichkeiten *pl*, Potenzial *nt*.

posibilrwydd *g* Möglichkeit *f*; *(tebygolrwydd)* Wahrscheinlichkeit *f*.

posibl *ans* möglich, machbar; *(gall ddigwydd)* etwaig; *(tebygol)* wahrscheinlich; **does bosib!** nicht möglich! **cynted bosibl** so bald wie möglich; **os yn bosibl** wenn möglich; **gwneud popeth ~** alles (Erdenkliche) versuchen.

positif *ans* positiv.
 ♦ **(-au)** *g (FFOTO)* Positiv *nt*.

post¹ *g* Post *f*; *(swyddfa)* Post; **~ awyr** Luftpost *f*; **côd ~** Postleitzahl *f*; **~ electronig** E-Mail *f*; **swyddfa bost** Post, Postamt *nt*; **trwy'r ~** per Post, auf dem Postweg; **~ i'w gasglu** postlagernd.

post² **(pyst)** *g* = **postyn**; **taro'r ~ i'r pared glywed** *(ffig)* jdm einen Wink mit dem Zaunpfahl geben.

post³ *adf* total, stock-; **byddar bost** stocktaub; **dall bost** stockblind; **gwirion bost** strohdumm.

post-dafliad (-au) *g* Postwurfsendung *f*.

post-mortem (-s) *g (MEDD)* Autopsie *f*, Obduktion *f*.

poster (-i) *g* Poster *nt*; *(hysbyseb)* Plakat *nt*.

postio *be.a* aufgeben; *(i flwch post)* einwerfen.

postmon (postmyn) *g* Briefträger *m*, Postbote^D *m*.

postyn (pyst) *g* Pfosten *m*, Pfahl *m*; *(byr)* Pflock *m*;

(annel) Pfeiler *m*, Stützbalken *m*; *(pêl-droed)* Stange *f*; **~ gât** Torpfosten *m*; **~ gôl** (Tor)pfosten *m*; **~ lamp** *(ar heol)* Laternenpfahl *m*; **~ lein ddillad** Wäschestange *f*; **taro'r ~** an die Stange schießen.

pot (-iau) *g* Topf *m*; *(te, coffi)* Kanne *f*; *(ennaint)* Tiegel *m*; *(piso)* Nachttopf *m*; *(mariwana)* Marihuana *nt*; **~ blodau** Blumentopf *m*; **~ inc** Tintenfass *nt*; **~ piclo** Einmachglas *nt*.

potasiwm *g (CEM)* Kalium *nt*; **~ syanid** Zyankali *nt*.

potel (-i) *b* Flasche *f*; *(i faban)* Fläschchen *nt*; **~ dŵr poeth** Wärmflasche *f*, Thermophor^A *m*; **~ bersawr** Flakon *m/nt*, Riechfläschchen *nt*; **~ win** Weinflasche *f*; **~ o win** eine Flasche Wein; **mae'n gaeth i'r botel** er ist Alkoholiker.

potelaid (poteleidiau) *b* Flasche(voll) *f*; **~ o laeth** ein Fläschchen Milch.

potelu *be.a* abfüllen; *(jam, ffrwythau)* einmachen, einwecken^D; **~ ffrwythau** einkochen.

poten *b (ANAT)* **~ y goes** Wade *f*.

potensial (-au) *g* Potenzial *nt*.

potes (-i) *g* Suppe *f*; **~ clir** Bouillon *f*; **lol botes (maip)** Unsinn *m*, Schmarren^A *m*; **~ eildwym** *(ffig)* aufgewärmte Geschichte *f*; **mae rhyngddo ef a'i botes** das ist sein Bier.

potio *be.a (planhigyn)* eintopfen; *(meddwi)* in sich hineinsaufen; *(snwcer)* einlochen.

potsiar (-s) *g* Wilderer(in) *m(f)*, Wilddieb(in) *m(f)*.

potsio¹ *be.a, be.g (hela heb ganiatâd)* wildern.

potsio² *be.g (gwneud gwaith llaw)* basteln; *(bwnglera)* pfuschen, stümpern^D.

potyn (potiau) *g* Topf *m*, Pott *m*.

pothell (-i neu -au) *b (chwysigen)* Blase *f*; *(MEDD)* Pustel *f*, Bläschen *nt*.

powdr (-au) *g* Pulver *nt*; *(ar gyfer hylendid)* Puder *nt*; *(llifo)* Sägemehl *nt*; **~ codi** *(COG)* Backpulver *nt*; **~ golchi** Waschpulver *nt*; **~ gwn** Schießpulver *nt*.

powdro *be.a (rhoi powdr ar)* einpudern; *(malu'n fân)* pulverisieren, zerstäuben; **~'r trwyn** die Nase pudern.

powdrog *ans* pulverig.

powdwr *g* = **powdr**.

powl (-iau) *b* = **powlen**.

powld *ans* frech, vorlaut.

powlen (-ni) *b* Schüssel *f*, Schale *f*; *(basn)* Becken *nt*; **~ pib** Pfeifenkopf *m*; **~ siwgr** Zuckerdose *f*; **~ toiled** Klomuschel *f*.

powlennaid *b* eine Schale (voll) *f*.

powlio *be.g* rollen, kollern; **roedd dagrau'n ~ i lawr ei hwyneb** Tränen rannen ihr übers Gesicht.

practis (-au) *g (ymarfer)* Übung *f*; *(hyfforddiant)* Praxis *f*; *(THEAT)* Probe *f*.

prae *g* Beute *f*, Jagdbeute *f*.

praff *ans (cryf)* stämmig; *(byr a thew)* untersetzt; *(ffig: o bwys)* gewichtig, beträchtlich.

praffter *g* Stämmigkeit *f*.

Prâg *b (DAEAR)* Prag *nt*.

pragmatig *ans* pragmatisch.

pragmatydd (-ion) *g* Pragmatiker(in) *m(f)*.

praidd (preiddiau) *g (defaid)* Herde *f*; *(ffig: CREF)* Herde, Gemeinde *f*.

pram (-iau) *g* Kinderwagen *m*; ~ **dol** Puppenwagen *m*.

pranc (-iau) *g* Streich *m*, Schwank *m*; **chwarae** ~ **ar rn** jdm einen Streich spielen.

prancio *be.g* (herum)tollen, toben.

praw *g* = **prawf**.

prawf (profion) *g (tystiolaeth)* Beweis *m*, Nachweis *m*; *(arholiad)* Prüfung *f*, Test *m*; *(MEDD)* Test, Untersuchung *f*; *(CHWAR)* Freundschaftsspiel *nt*; *(gêm ar gyfer dethol tîm)* Auswahlspiel *nt*; *(CYFR)* Verhandlung *f*, (Gerichts)verfahren *nt*; **ar brawf** *(CYFR)* auf Bewährung; *(mewn swydd)* auf Probe; **blwyddyn brawf** Probejahr *nt*; ~ **cyffuriau** *(CHWAR)* Dopingkontrolle *f*; ~ **dewrder** Mutprobe *f*; ~ **gwaed** Blutprobe *f*; ~ **gyrru car** Fahrprüfung *f*; ~ **llafar** mündliche Prüfung *f*; **maen** ~ Prüfstein *m*, Kriterium *nt*; ~ **niwclear** Atomtest *m*, Atomversuch *m*; **swyddog** ~ *(CYFR)* Bewährungshelfer(in) *m(f)*; ~ **troeth** *(MEDD)* Harnprobe *f*.

preblan *be.g, be.a* brabbeln, plappern.

preblyn (-wyr) *g* Plaudertasche *f*, Plappermaul *nt*.

pregeth (-au) *b* Predigt *f*; **rhoi** ~ **i rn** jdm eine Predigt halten; **y Bregeth ar y Mynydd** *(Beibl)* die Bergpredigt *f*.

pregethu *be.g* predigen; *(dweud y drefn)* eine Strafpredigt halten (jdm).

pregethwr (pregethwyr) *g (CREF)* Prediger *m*.

preiddiau *ll gw.* **praidd**.

preifat *ans* privat; *(personol)* persönlich; *(mewnol)* intern; *(teuluol)* familiär; *(cyfrinachol)* vertraulich; **bywyd** ~ Privatleben *nt*; *(MASN)* **cwmni** ~ Privatunternehmen *nt*; **tir** ~ Privatgrund *m*.

preifateiddio *be.a (MASN)* privatisieren.

preliwd (-au *neu* -iau) *g (CERDD)* Vorspiel *nt*, Präludium *nt*; ~**iau** *ll* Präludien *pl*.

premiwm (premiymau) *g (CYLL)* Prämie *f*, Bonus *m*; ~ **yswiriant** Versicherungsbeitrag *m*; ~ **blynyddol** Jahresprämie *f*.

pren[1] (-nau) *g* Holz *nt*; *(coeden)* Baum *m*; *(ffon)* Latte *f*; ~ **almon** Mandelbaum *m*; ~ **balsa** Balsaholz *nt*; ~ **caled** Hartholz *nt*; ~ **crabas** Holzapfelbaum *m*; ~ **dioddef** Galgenbaum *m*; ~ **haenog** Sperrholz *nt*; ~ **meddal** Weichholz *nt*; ~ **mesur** Lineal *nt*; ~ **metr**

Messlatte *f*.

pren[2] *ans* hölzern; **ceffyl** ~ Steckenpferd *nt*.

prennaidd *ans (ffig)* hölzern, steif.

prentis (-iaid) *g* Lehrling *m*, Praktikant(in) *m(f)*, Auszubildende[D] *m/f*; ~ **gwirfoddol** Volontär *m*.

prentisiaeth *b (hyfforddiant)* Lehre *f*, Ausbildung *f*; *(cyfnod)* Lehrzeit *f*; *(lle)* Ausbildungsplatz *m*, Lehrstelle *f*; **bwrw** ~ in die Lehre gehen.

prepian *be.g* schwätzen, tratschen, plauschen[A].

pres *g* Messing *nt*; *(copr)* Kupfer *nt*; *(CERDD)* Blechbläser *pl*; *(arian)* Geld *nt*, Moneten *pl*; **seindorf bres** Blaskapelle *f*.

Presbyteraidd *ans* presbyterianisch.

Presbyteriad (Presbyteriaid) *g (CREF)* Presbyterianer(in) *m(f)*.

preseb (-au) *g* Futterkrippe *f*; *(CREF)* Krippe *f*.

presennol *ans* gegenwärtig, derzeitig, aktuell; *(yma)* anwesend, zugegen; **y llywydd** ~ der amtierende Präsident; **yr amser** ~ *(GRAM)* Gegenwart *f*, Präsens *nt*; **pwy oedd yn bresennol?** wer war da? **da** ~ *(CREF)* vergängliche Güter *pl*.
    ♦ *g (GRAM)* Präsens *nt*.

presenoldeb *g* Gegenwart *f*, Anwesenheit *f*; *(YSG)* Anwesenheit; **ym mhresenoldeb rhn** in jds Gegenwart.

preserfio *be.a* einmachen, einwecken[D].

presgripsiwn (presgripsiynau) *g (MEDD)* Rezept *nt*, Verschreibung *f*.

preswyl *ans* ansässig, wohnhaft; **ysgol breswyl** Internat *nt*, Pensionat *nt*; **neuadd breswyl** Wohnheim *nt*.

preswylfa (preswylfeydd) *b* Wohnstätte *f*, Behausung *f*; *(cartref)* Heim *nt*.

preswylio *be.g* wohnen, hausen.

preswyliwr *g* = **preswylydd**.

preswylydd (preswylwyr) *g* Bewohner(in) *m(f)*; *(mewn gwlad neu dref)* Einwohner(in) *m(f)*; *(mewn stryd)* Anlieger(in)[D] *m(f)*, Anrainer(in)[A] *m(f)*; ~ **tref** Städter(in) *m(f)*.

pric (-iau) *g* Stock *m*, Stecken *m*; *(coed tân)* Span *m*; *(anwedd: pidyn)* Schwanz *m*.

prid *ans (drud)* teuer, wertvoll.

pridwerth (-oedd) *g* Lösegeld *nt*.

pridwerthu *be.a* auslösen, loskaufen, freikaufen.

pridd (-oedd) *g* Erde *f*, Erdreich *nt*; ~ **y wadd** Maulwurfshügel *m*; **llestri** ~ Tonwaren *pl*.

priddfaen (priddfeini) *g* Lehmziegel *m*, Backstein *m*.

priddglai (priddgleiau) *g* Lehm *m*, Ton *m*.

priddin *ans* irden, aus Erde, aus Lehm.

priddio *be.a* = **priddo**.

priddo *be.a* eingraben, in die Erde legen.

prif *ans* primär, Haupt-, Spitzen-; *(gwreiddiol)*

original; **~ air** *(geiriadur)* Haupteintrag *m*; **~ allor** Hochaltar *m*; *(YSG)* **~ bwnc** Hauptfach *nt*; **~ dâp** Originalkassette *f*; **~ denant** Hauptmieter *m*; **~ ddisg** *(CYFDR)* Originaldiskette *f*; **~ echelin** Hauptachse *f*; **~ faen prawf** Hauptkriterium *nt*; **~ flaenoriaeth** Priorität *f* Nummer eins; **~ gyflenwad** *(TRYD)* Stromnetz *nt*; **~ hwylbren** *(MOR)* Großmast *m*; **~ olygydd** *(papur newydd)* Chefredakteur(in) *m(f)*; **~ orsaf** Hauptbahnhof *m*; **~ ran** *(THEAT)* Hauptrolle *f*, Titelrolle *f*; **~ swyddog** Amtsleiter(in) *m(f)*; **~ syniad** Leitgedanke *m*; **~ system nerfol** zentrales Nervensystem *nt*; **P~ Ustus** oberster Richter *m*; **~ weinidog** *(GWLEID)* Premierminister(in) *m(f)*, Ministerpräsident(in) *m(f)*; **~ weithredwr** geschäftsführender Direktor *m*; **~ wobr** Hauptgewinn *m*, Haupttreffer *m*; **~ ysgrifennydd** Generalsekretär *m*.

prifair (prifeiriau) *g (geiriadur)* Haupteintrag *m*.

prifardd (prifeirdd) *g* gekrönter Barde *m*.

prifathrawes (-au) *b* Direktorin *f*, Schulleiterin *f*.

prifathro (prifathrawon) *g (YSG)* Direktor *m*, Schulleiter *m*; *(PRIFYSG)* Rektor *m*; **dirprwy brifathro** stellvertretender Rektor.

prifddinas (-oedd) *b* Hauptstadt *f*, *(dinas bwysig)* Metropole *f*.

prifiant *g* Wachstum *nt*, Wuchs *m*; **ar ei brifiant** im Wachstum.

prifio *be.g* wachsen, gedeihen.

priflythyren (priflythrennau) *b* Großbuchstabe *m*, Blockbuchstabe *m*.

prifol *ans: rhif ~* *(MATH)* Kardinalzahl *f*.

prifolyn (prifolion) *g (MATH)* Kardinalzahl *f*.

prifysgol (-ion) *b* Universität *f*, Hochschule *f*; **~ fwyngloddio** Montanuniversität *f*; **P~ Agored** Fernuniversität *f*; **P~ Cymru** Universität von Wales; **athro ~** Universitätsprofessor *m*; **coleg ~** Universität *f*; **gradd brifysgol** akademischer Grad *m*.

priffordd (priffyrdd) *b* Hauptstraße *f*, *(ar draws y wlad)* Überlandstraße *f*.

prin *ans* selten, rar; *(dim yn ddigon)* knapp, spärlich; **~ o arian** knapp bei Kasse; **~ o le** räumlich begrenzt; **~ o weithwyr** unterbesetzt; **mae rhn yn brin o rth** jdm fehlt etw; **dwy bunt yn brin** zwei Pfund zu wenig; **mynd yn brin** *(gorffen)* zu Ende gehen.

♦ *adv* kaum; **go brin** wohl kaum; **~ y gallaf ei gredu** ich kann das kaum glauben; **eithr ~ ydynt** allerdings sind es nur wenige.

prinder (-au) *g* Mangel *m*, Knappheit *f*, *(eithriad)* Seltenheit *f*, Rarität *f*; **~ arian** Geldmangel *m*; **~ fitamin** *(MEDD)* Vitaminmangel *m*; **~ lle**

Platzmangel *m*; **~ o** Mangel an *+dat*; **~ o weithwyr** Personalmangel *m*.

prinhau *be.g* selten werden, knapp werden; *(mynd yn llai)* schwinden.

print (-iau) *g* Druck *m*; *(FFOTO)* (Papier)bild *nt*, Abzug *m*; **~ arbrofol** Probedruck *m*; **~ darlun** Kunstdruck *m*; **~ mân** Kleingedruckte(s) *nt*; **mewn ~** *(mewn du a gwyn)* gedruckt, schwarz auf weiß; *(llyfr)* erhältlich, nicht vergriffen; **allan o brint** *(llyfr)* vergriffen.

printiad *g (gweithred)* Druck *m*; **~ offset** Offsetdruck *m*.

printiedig *ans* gedruckt.

printio *be.a* drucken, abdrucken; *(stampio)* stempeln; *(cyhoeddi)* auflegen; *(FFOTO)* einen Abzug machen; *(ysgrifennu)* in Druckschrift schreiben; **~ ar** bedrucken; **gwall ~** Druckfehler *m*.

priod¹ *ans* verheiratet; *(addas)* jeweilig, eigene(r,s), richtig; **pâr ~** Ehepaar *nt*; **enw ~** *(GRAM)* Eigenname *m*; **gŵr ~** verheirateter Mann; **gwraig briod** verheiratete Frau; **ei briod waith** seine eigentliche Arbeit; **yn ei briod berson** in eigener Person.

priod² *gb* Gatte *m*, Gattin *f*, Ehepartner(in) *m(f)*; *(llen)* Gemahl(in) *m(f)*; *(llen: gwraig)* Weib *nt*.

priodadwy *ans* heiratsfähig.

priodas (-au) *b* Ehe *f*, *(seremoni)* Trauung *f*, Eheschließung *f*, *(llen, uniad)* Vermählung *f*; *(dathliad)* Hochzeit *f*, Heirat *f*; **~ arian** Silberhochzeit *f*; **~ aur** goldene Hochzeit; **biwro ~au** Heiratsvermittlung *f*; **cynghorydd ~** Eheberater(in) *m(f)*; **~ fantais** Vernunftehe *f*; **~ gymysg** Mischehe *f*; **modrwy briodas** Ehering *m*; **morwyn briodas** Brautjungfer *f*; **pen blwydd ~** Hochzeitstag *m*; **trwy briodas** angeheiratet.

priodasfab (priodasfeibion) *g* = **priodfab**.

priodasferch (-ed) *b* = **priodferch**.

priodasol *ans* ehelich, Ehe-.

priod-ddull (-iau) *g* Redewendung *f*, Ausdruck *m*; *(GRAM)* Idiom *nt*.

priodfab (priodfeibion) *g* Bräutigam *m*.

priodferch (-ed) *b* Braut *f*; **priodfab a phriodferch** Brautpaar *nt*.

priodi *be.a* heiraten, ehelichen; *(gweinyddu'r seremoni)* trauen, vermählen; *(ffig: uno)* verbinden, koppeln; **~ rhn â rhn arall** jdn unter die Haube bringen, jdn verheiraten mit jdm; **~ plwg a soced** einen Stecker anstecken; **priododd ef y ferch** *(llen)* er nahm sie zu seinem Weibe.

♦ *be.g* heiraten; **~ i mewn i fusnes** in ein Geschäft einheiraten; **rwy wedi ~** ich habe geheiratet; *(rwy'n briod)* ich bin verheiratet.

priodol *ans (addas)* passend, geeignet; *(pwrpasol)*

zweckmäßig, relevant; *(iawn)* recht; *(teg)*
angebracht; *(gweddus)* schicklich, geziemend; **ar
amser ~** zur rechten Zeit.

priodoldeb *g* Angemessenheit *f*; *(i bwrpas)*
Zweckmäßigkeit *f*, Relevanz *f*; *(iawnder)*
Richtigkeit *f*; *(gweddusrwydd)* Anstand *m*.

priodolder *g* = **priodoldeb**.

priodoledd (-au) *g* *(nodwedd)* Eigenschaft *f*; *(ansawdd)*
Eigenheit *f*; *(addasrwydd)* Eignung *f*, Tauglichkeit
f.

priodoli *be.a* beimessen, zumessen; **~ rhth i rn** jdm
etw zuschreiben.

priodwedd (-au) *b* Eigenschaft *f*; **~ ffisegol**
physikalische Eigenschaft.

prior (-iaid) *g* *(CREF)* Prior *m*, Priorin *f*.

priordy (priordai) *g* Kloster *nt*, Klause *f*.

pris (-iau) *g* Preis *m*; *(am wasanaeth)* Gebühr *f*; *(toll)*
Tarif *m*; *(amcangyfrif)* Quotierung *f*; *(ffig: cosb)*
Preis; **~ arbennig** Sonderpreis *m*; **~ cyfran** *(CYLL)*
Aktienkurs *m*; **~ cyfredol** *(CYLL)* aktuelle Notierung
f; **~ gostyngol** reduzierter Preis; **~ gwerthu**
Verkaufspreis *m*; **~ prynu** Kaufpreis *m*; **beth yw ~ y
cerdyn?** was kostet die Karte? **talu ~ uchel am
wneud rhth** *(ffig)* für etw teuer bezahlen, einen
hohen Preis für etw zahlen.

prisiad (-au) *g* = **prisiant**.

prisiant (prisiannau) *g* Wertbestimmung *f*,
Schätzung *f*, Einstufung *f*.

prisio *be.a* einen Preis festsetzen für *+akk*; *(cymharu)*
Preise vergleichen; *(amcangyfrif)* schätzen,
einstufen, taxieren.

prism (-au) *g* *(MATH, FFIS)* Prisma *nt*.

problem (-au) *b* Problem *nt*; *(anhawster)*
Schwierigkeit *f*; *(pos)* **~ ddirys** harte Nuss *f*; **dim ~!**
kein Problem! freilich! **beth yw'r broblem?** wo
liegt das Problem? **ateb i broblem** Lösung für ein
Problem.

problematig *ans* problematisch.

proc (-iau) *g* Stechen *nt*; *(gwthiad)* Rempler *m*, Stoß
m; **rhoi ~ i'r tân** das Feuer schüren.

procer *g* Schürhaken *m*.

prociad (-au) *g* = **proc**.

procio *be.a* stechen; *(gwthio)* rempeln; *(tân)* schüren;
~ rhn i wneud rhth jdn zu etw anstacheln; **~'ch
bwyd** im Essen stochern.

procsi *g* *(CYFR)* Vollmacht *f*; *(person)*
Bevollmächtigte *m/f*; *(dirprwy)* Stellvertreter(in)
m(f).

proest (-au) *g* *(LLEN)* konsonantischer Endreim *m*.

profadwy *ans* beweisbar, nachprüfbar.

profedig *ans* altbewährt, erprobt, geprüft.

profedigaeth (-au) *b* Kummer *m*, Gram *m*;

(marwolaeth) Trauerfall *m*.

profi *be.a* beweisen, belegen; *(rhoi ar brawf)* testen,
prüfen; *(mewn labordy)* experimentieren mit *+dat*;
(bwyd) kosten, probieren; *(mynd trwy brofiad)*
erfahren, erleben, Bekanntschaft machen mit
+dat, kennen; **yr eithriad sy'n ~'r rheol** die
Ausnahme bestätigt die Regel; **~ i rn gyflawni
trosedd** jdn einer Tat überführen; **~ eich bod yn
ddieuog** seine Unschuld beweisen.
   ♦ *be.g* sich herausstellen; **mae'r method wedi ~'n
werth chweil** die Methode hat sich bewährt.

profiad (-au) *g* Erfahrung *f*; *(sgiliau)* Kenntnis *f*;
(digwyddiad penodol) Erlebnis *nt*; **~ gwaith**
Berufserfahrung *f*; **~ iaith** Sprachkenntnisse *pl*; **~
uniongyrchol** eigene Erfahrung; **~au bywyd**
Lebenserfahrung *f*; **o'm ~ i** meiner Erfahrung
nach; **roedd hynny'n brofiad bythgofiadwy** das war
ein einmaliges Erlebnis.

profiadol *ans* erfahren, routiniert; *(medrus)* kundig,
gewandt; *(â llawer o ymarfer)* geübt; **dyn ~** Veteran
m.

profiannaeth (-au) *g* Bewährung *f*.

profiedydd (-ion) *g* Prüfgerät *nt*; *(MEDD)* Sonde *f*.

profion *ll gw.* **prawf**.

proflen (-ni) *b* Korrekturfahne *f*, (Druck)fahne *f*,
Probedruck *m*.

profocio *be.a* provozieren, herausfordern, reizen;
(ymateb, dicter) hervorrufen; *(chwant)* erwecken;
(achosi) auslösen; **~ trafodaeth** eine Diskussion
auslösen; *gw.h.* **pryfocio**.

profociwr (profocwyr) *g* Provokateur *m*.

profoclyd *ans* provokant, herausfordernd,
unerhört; *gw.h.* **pryfoclyd**.

proffes (-au) *b* Bekenntnis *nt*; **~ ffydd**
Glaubensbekenntnis *nt*.

proffesiwn (proffesiynau) *g* Beruf *m*; *(cangen)* Sparte
f, Metier *nt*; **y ~ meddygol** Ärztestand *m*,
medizinische Fachwelt *f*.

proffesiynol *ans* professionell, fachmännisch; *(wedi'i
hyfforddi)* ausgebildet; **barn broffesiynol** Fachurteil
nt; **bocsiwr ~** Profiboxer *m*; **cyngor ~** fachlicher
Rat *m*; **chwaraewr ~** Profi(sportler) *m*; **gyrrwr ~**
Berufsfahrer *m*; **llyfrgellydd ~** ausgebildeter
Bibliothekar.

proffesor (-iaid) *g* *(PRIFYSG)* *gw.* **athro**.

proffesu *be.a* bekennen.

proffeswr (proffeswyr) *g* Bekenner(in) *m(f)*.

proffidiol *ans* einträglich, gewinnbringend,
lukrativ, rentabel.

proffidioldeb (-au) *g* Rentabilität *f*.

proffil (-au) *g* Profil *nt*; *(llun)* Seitenansicht *f*, Profil;
(ffig: portread) Porträt *nt*, Überblick *m*; *(TECH)*

Querschnitt *m*; **~ delfrydol** klassisches Profil.

proffwyd (-i) *g* Prophet *m*, Seher *m*; **y Proffwydi** *(CREF)* die Propheten *pl*; **~ tywydd** Wetterprophet *m*.

proffwydes (-au) *b* Prophetin *f*.

proffwydo *be.a* prophezeien, weissagen, vorhersagen.

proffwydoliaeth *b* Prophezeiung *f*, Weissagung *f*.

proffylacsis *g (MEDD)* Prophylaxe *f*.

proffylactig *ans (MEDD)* prophylaktisch, vorbeugend.

project (-au) *g* = **prosiect**.

proletariad (proletariaid) *g* Proletarier(in) *m(f)*.

proletariat *g (GWLEID)* Proletariat *nt*, Arbeiterklasse *f*.

prolog (-au) *g (THEAT, LLEN)* Prolog *m*, Vorrede *f*; *(ffig)* Auftakt *m*, Vorspiel *nt*.

prom *byrf* = **promenâd**.

promenâd (promenadau) *g* Promenade *f*; **ar y ~** an der Promenade.

prop (-iau) *g* Pfeiler *m*, Stützbalken *m*; *(ffig)* Halt *m*.

propaganda *g (GWLEID)* Propaganda *f*.

propelor (-au) *g (llafn gwthio)* Propeller *m*; *(llong)* Schiffsschraube *f*.

propr *ans (gweddus)* proper, sauber; *(del)* hübsch.

propor *ans* = **propr**.

proses (-au) *gb* Prozess *m*, Vorgang *m*; *(TECH)* Verfahren *nt*; **~ bywyd** Lebensablauf *m*; **~ gemegol** chemischer Prozess, chemische Reaktion; **~ o heneiddio** Alterungsprozess *m*; **bod yn y broses o ... im Begriff sein zu...**

prosesiwn (prosesiynau) *g* Prozession *f*, Umzug *m*.

prosesu *be.a* verarbeiten; *(archeb, cais ayb)* bearbeiten; *(FFOTO)* entwickeln; **~ data** *(CYFDR)* Daten verarbeiten.

    ♦ *be.e* **~ data electronig** elektronische Datenverarbeitung *f*, EDV *f*.

prosesydd (-ion) *g* Verarbeitungsanlage *f*; *(TECH)* Prozessor *m*; **~ bwyd** Küchenmaschine *f*; **~ canolog** *(CYFDR)* Zentralrechner *m*; **~ geiriau** Textverarbeitungssystem *nt*.

prosiect (-au) *g* Projekt *nt*; *(cynllun)* Plan *m*.

protein (-au) *g (BIOL)* Protein *nt*.

protest (-iadau) *b* Protest *m*; *(rali)* Kundgebung *f*; **dan brotest** unter Protest; **mewn ~ yn erbyn rhth** aus Protest gegen etw *akk*.

Protestannaidd *ans (CREF)* protestantisch; *(Lwtheraidd)* evangelisch.

Protestant (Protestaniaid) *g (CREF)* Protestant(in) *m(f)*.

protestio *be.g* protestieren, *(GWLEID)* Einspruch erheben, Protest einlegen; **~ yn erbyn** protestieren gegen +*akk*.

protocol (-au) *g* Protokoll *nt*, Mitschrift *f*.

proton (-au) *g (FFIS)* Proton *nt*.

prototeip *g (TECH)* Prototyp *m*.

protractor (-au) *g* Winkelmesser *m*.

prudd *ans* düster, bekümmert, ernst; *(isel)* niedergeschlagen; **gwneud rhn yn brudd** jdn vergrämen.

pruddaidd *ans* wehmütig, melancholisch.

pruddglwyf *g* Depression *f*, Melancholie *f*, Wehmut *f*.

pruddglwyfus *ans (digalon)* deprimiert, niedergeschlagen; *(teimladol)* melancholisch, schwermütig, wehmütig.

pr'un *rhag gofyn* = **p'un**.

pry *g* = **pryf**.

pryd[1] (-iau) *g* Zeit *f*, Zeitpunkt *m*; **ar brydiau** zuzeiten, bisweilen; **ar hyn o bryd** zur Zeit, derzeit; **ar y ~** zu jener Zeit, damals; **cyfieithu ar y ~** simultandolmetschen; **ar yr un ~** gleichzeitig; *(cyfamserol)* zur selben Zeit; **cyn ~** frühzeitig; **nid cyn ~** nicht zu früh; **hen bryd** höchste Zeit; **mewn da bryd** rechtzeitig; **mewn pryd** pünktlich; **o bryd i'w gilydd** von Zeit zu Zeit; **pa bryd?** wann? um welche Zeit? **rhyw bryd arall** ein anderes Mal; **unrhyw bryd** irgendwann; *(unrhyw funud)* jederzeit.

pryd[2] *rhag gofyn (pa bryd)* wann; **pryd rwyt ti'n dod?** wann kommst du?

pryd[3] *cys (pan)* wenn; **dyna ~ y bydd ei angen e** das ist der Zeitpunkt, wo wir ihn brauchen.

pryd[4] (-au) *g* Speise *f*, Mahlzeit *f*; **mynd allan am bryd o fwyd** essen gehen; **~ ar glud** Essen auf Rädern; **~ parod** Essen zum Mitnehmen; **~ o dafod** Rüffel *m*, Anschiss *m*.

pryd[5] *g (lliw croen)* Teint *m*, Hautfarbe *f*; *(ymddangosiad)* **~ a gwedd** Erscheinung *f*, Gestalt *f*; **merch bryd tywyll** ein Mädchen mit dunklem Teint.

Prydain *b (DAEAR)* Großbritannien *nt*; **senedd ~** das britische Parlament *nt*; **Ynysoedd ~** die Britischen Inseln *pl*.

Prydeinig *ans* britisch; *(han: Brythonig)* britonisch; **yr Academi Brydeinig** British Academy *f*; **yr Amgueddfa Brydeinig** Britisches Museum *nt*; **y Cyngor ~** British Council *nt*; **yr Ymerodraeth Brydeinig** britisches Empire *nt*.

Prydeiniwr (Prydeinwyr) *g* Brite *m*.

Prydeinwraig (Prydeinwragedd) *b* Britin *f*.

pryder (-on) *g* Sorge *f*; **dyna'r lleiaf o'm pryderon** das ist die geringste meiner Sorgen.

pryderu *be.g* sich sorgen, sich ängstigen, bangen; **~ am** *(poeni)* sich *dat* Sorgen machen über +*akk*, fürchten um +*akk*; *(gofidio)* sich sorgen um +*akk*, bangen um +*akk*.

pryderus *ans* besorgt, bange.

prydferth *ans* hübsch, attraktiv, gut aussehend.

prydferthu *be.a* verschönern; *(addurno)* schmücken, verzieren.

prydferthwch *g* Schönheit *f.*

prydles (-au *neu* -i) *b* Pacht *f*; *(cytundeb)* Pachtvertrag *m*; **ar brydles** gepachtet.

prydlesu *be.a* verpachten.

prydleswr (prydleswyr) *g* Pächter(in) *m(f)*.

prydlon *ans* pünktlich.

prydlondeb *g* Pünktlichkeit *f.*

prydwedd *b* = **pryd⁵**.

prydydd (-ion) *g* *(llen)* Poet *m*, Dichter *m.*

prydyddes (-au) *b* *(llen)* Poetin *f*, Dichterin *f.*

prydyddiaeth *b* *(LLEN)* Poesie *f*, Lyrik *f*, Dichtung *f.*

pryddest (-au) *b* *(LLEN)* langes Gedicht, Ballade *f.*

pryf (-ed) *g* *(SÖOL: cleren)* Fliege *f*; *(sy'n pigo)* Stechmücke *f*; *(trychfil)* Insekt *nt*; *(cynrhonyn)* Larve *f*; *(dif)* Ungeziefer *nt*; ~ **clustiau** Ohrwurm *m*; ~ **copyn** Spinne *f*; ~ **ffenestr** Stubenfliege *f*; ~ **genwair** Regenwurm *m*; ~ **glas** Schmeißfliege *f*; ~ **llwyd** (Pferde)bremse *f*; *(broch)* Dachs *m*; ~ **mawr** Fleischfliege *f*; ~ **pren** Holzwurm *m*; ~ **sidan** Seidenraupe *f*; ~ **y gannwyll** *neu:* ~ **teiliwr** Schnake *f.*

pryfetach *ll* Ungeziefer *nt*, Geschmeiß *nt.*

pryfleiddiad *g* Insektenvertilgungsmittel *nt*, Insektizid *nt.*

pryfocio *be.a* provozieren, necken; *gw.h.* **profocio.**

pryfoclyd *ans* provozierend; *(yn rhywiol)* aufreizend; *gw.h.* **profoclyd.**

pryfyn (pryfed) *g* *(abwydyn)* Wurm *m*; *gw.h.* **pryf.**

pryfysydd (-ion) *g* *(SÖOL)* Insektenfresser *m.*

prŷn *ans* gekauft, erstanden.

prynhawn (-iau) *g* Nachmittag *m*; ~ **da!** guten Tag! ~ **dydd Mercher** am Mittwoch Nachmittag.

prynhawnol *ans* nachmittäglich.

pryniant (pryniannau) *g* Kauf *m*, Anschaffung *f*, Besorgung *f.*

prynu *be.a* kaufen; *(pwrcasu)* erstehen; *(ffig: llwgrwobrwyo)* kaufen, bestechen; ~ **rhth gan rn** jdm etw abkaufen; ~ **rhth i rn** etw für jdn besorgen; ~ **ar goel** auf Raten kaufen; ~ **cath mewn cwd** *(ffig)* die Katze im Sack kaufen; ~ **rhn rhag pechodau** *(CREF)* jdn erlösen; ~ **tocyn** *(trên, bws)* eine Fahrkarte lösen°.

prynwr (prynwyr) *g* Käufer *m*; *(defnyddiwr)* Verbraucher *m*, Konsument *m*; *(MASN)* Einkäufer *m*; *(CREF)* Erlöser *m.*

prynwraig (prynwragedd) *b* Käuferin *f*; *(cyffredinol)* Konsumentin *f.*

prysg (-au) *g* = **prysglwyn.**

prysglwyn (-i) *g* Buschwerk *nt*, Dickicht *nt*; *(mewn coedwig)* Unterholz *nt*; *(llwyni)* Sträucher *pl*,

Gestrüpp *nt.*

prysgwydden (prysgwydd) *b* *(BOT)* Strauch *m.*

prysur *ans* *(person)* beschäftigt; *(diwyd)* eifrig, geschäftig; *(hectig)* hektisch; *(siop, stryd)* belebt; *(ffôn)* besetzt; **rwy'n brysur iawn** ich habe viel zu tun, ich bin sehr beschäftigt.

prysurdeb *g* Hektik *f*; *(brwdfrydedd)* Eifer *m*, Geschäftigkeit *f*; *(brys)* Hast *f.*

prysuro *be.g* sich beeilen.

◆ *be.a* beschleunigen, ankurbeln; ~ **geni** *(MEDD)* die Geburt einleiten.

pulpud (-au) *g* *(CREF)* Kanzel *f.*

pum *rhif* = **pump;** ~ **cant** fünfhundert; ~ **mlynedd** fünf Jahre, ~ **niwrnod** fünf Tage.

pumawd (-au) *g* *(CERDD)* Quintett *nt.*

pumcanfed *ans* fünfhundertste(r,s).

pumed *ans* fünfte(r,s); ~ **ar ddeg** fünfzehnte(r,s); **y bumed ganrif ar ddeg** das fünfzehnte Jahrhundert.

pump *rhif* fünf; ~ **ar hugain** fünfundzwanzig; **yn bump oed** fünf Jahre alt.

pumwaith *adf* fünfmal.

p'un *rhag gofyn* *(pa un)* welche(r,s).

punt (punnau *neu* punnoedd) *b* Pfund *nt*; **papur pum** ~ Fünfpfundnote *f*, **mil o bunnau** eintausend Pfund.

pupur *g* Pfeffer *m*; *(llysieuyn)* Paprika *m*; *(powdr)* Paprika; ~ **a halen** Pfeffer und Salz; ~ **coch** roter Paprika; ~ **gwyrdd** grüner Paprika.

pur¹ *ans* rein, pur; *(sain)* klar, rein; **aur** ~ pures Gold; **dŵr** ~ **y ffynnon** reines Quellwasser; ~ **o galon** unverdorben, reinen Herzens; **yn bur** *(ar ddiwedd llythyr)* ergebenst.

pur² *adf* ziemlich, ganz; ~ **dda** ganz gut.

purdeb *g* Reinheit *f.*

purfa (purfeydd) *b* *(DIWYD)* Raffinerie *f*; ~ **olew** Ölraffinerie *f*; ~ **ddŵr** Kläranlage *f.*

purion *ans* recht gut.

◆ *adf* *(gweddol)* ganz gut, recht gut.

puro *be.a* reinigen; *(dŵr)* klären, aufbereiten; *(DIWYD)* raffinieren.

putain (puteiniaid) *b* Prostituierte *f*, Dirne *f*; *(dif)* Hure *f*, Nutte *f*; *(HAN)* Kurtisane *f*; ~ **wrywaidd** Strichjunge *m*, Gigolo *m.*

puteindra *g* Prostitution *f*; *(anwedd)* Hurerei *f.*

puteindy (puteindai) *g* Bordell *nt*, Freudenhaus *nt*, Puff *nt/m.*

puteinfeistr (puteinfeistri) *g* Kuppler *m*, Zuhälter *m.*

puteinfeistres (-au) *b* Kupplerin *f*, Puffmutter *f.*

puteinio *be.g* auf den Strich gehen.

pwca (pwcaod) *g* = **pwci.**

pwci (pwcïod) *g* Kobold *m*, Wicht *m*, Wichtel *m.*

pwdin (-au) *g* Nachspeise *f*, Dessert *nt*, Nachtisch *m*; *(blomonj)* Pudding *m*; ~ **Dolig** Christmas

Pudding *m*; **~ gwaed** Blutwurst *f*, Blunzen[A] *f*; **~ reis** Milchreis *m*; **beth sydd i bwdin?** was gibt's als Nachspeise?

pŵdl *g (ci)* Pudel *m*.

pwdlyd *ans* beleidigt, eingeschnappt, schmollend.

pwdr *ans* faulig, verfault; *(pren)* verrottet, morsch; *(anfoesol)* verdorben, unmoralisch.

pwdryn *g (diogyn)* Faulenzer *m*.

pwdu *be.g* schmollen, beleidigt spielen, ein Schnoferl[A] ziehen.

pŵer (pwerau) *g (grym)* Macht *f*; *(nerth)* Kraft *f*; *(cryfder)* Stärke *f*, Gewalt *f*; *(ffig: dylanwad)* Macht, Einfluss *m*; *(ynni)* Energie *f*; *(TRYD)* Elektrizität *f*; **gorsaf bŵer** Kraftwerk *nt*; **~ y gyfraith** der Arm des Gesetzes; **mewn ~** *(GWLEID)* an der Macht; **~ niwclear** *(TRYD)* Atomkraft *f*, *(GWLEID)* Atommacht *f*; **~ trydan dŵr** Wasserkraft *f*; **gwnaeth bopeth o fewn ei bŵer** er tat alles, was in seiner Macht stand; **does gen i ddim ~ drosti** ich habe keine Gewalt über sie; **pwerau'r tywyllwch** die Mächte der Finsternis; **y pwerau mawrion** *(GWLEID)* die Supermächte *pl*; **pwerau treiddio** Durchschlagskraft *f*; **Pwerau'r Acsis** *(HAN)* Achsenmächte *pl*; **~ o rth** eine immense Menge an +*dat*.

pwerdy (pwerdai) *g* Kraftwerk *nt*; *(ffig)* Triebkraft *f*; **~ hydro-electrig** Wasserkraftwerk *nt*.

pwerus *ans* mächtig; *(cryf)* stark; *(egnïol)* kraftvoll; *(ffig)* mitreißend; *(dadl)* handfest, schlagkräftig.

pwff (pyffiau) *g* Stoß *m*; *(anadl)* Atem *m*, Atemzug *m*; *(pwffian)* Keuchen *nt*; **~ o wynt** Windstoß *m*, Böe *f*; **~ o fwg** eine Rauchwolke; **~ o sigarét** Zug *m* (von einer Zigarette); **allan o bwff** *(sgyrs)* außer Atem; **diflannodd ein gobeithion mewn ~ o fwg** unsere Hoffnungen lösten sich in Rauch auf; **chwythodd y canhwyllau mewn un ~** er blies die Kerzen auf einmal aus.

pwffian *be.g* keuchen, schnaufen; *(gwynt)* blasen;*(tarw)* schnauben; *(gan fwg)* qualmen; *(gan ager)* dampfen; *(pib, sigarét)* paffen; **~ chwerthin** kichern.

pwffio *be.g* = **pwffian**.

pwl (pyliau) *g* Anfall *m*; *(MEDD)* Spasmus *m*, Krampf *m*; **~ o beswch** Hustenanfall *m*; **~ o chwerthin** Lachkrampf *m*; **mewn ~ o ddicter** in einem Anfall von Wut; **~ o haelioni** Anfall von Großzügigkeit; **cael ~ o hiraeth** von Sehnsucht befallen werden; **~ ar y galon** Herzanfall *m*.

pŵl[1] *ans* matt; *(heb awch)* stumpf.

pŵl[2] *g (gêm)* Poolbillard *nt*.

pwli (pwlïau) *g (TECH)* Flaschenzug *m*, Rolle *f*.

pwlofer (-i) *g* Pullover *m*.

pwll (pyllau) *g* Teich *m*, Tümpel *m*; *(bach mwdlyd)* Pfuhl *m*; *(o law)* Pfütze[D] *f*, Lacke[A] *f*; *(i nofio)* Schwimmbecken *nt*; **~ o waed** Blutlache *f*; **~ o olau** sonnige Stellen; **~ dŵr** Wasserloch *nt*; **~ glo** Kohlengrube *f*, Kohlebergwerk *nt*; **~ nofio** *(cyhoeddus)* Schwimmbad *nt*, Hallenbad *nt*; *(preifat)* Swimmingpool *m*; **~ nofio awyr agored** Freibad *nt*; **~ padlo** Planschbecken *nt*; **siarad fel ~ y môr** reden wie ein Wasserfall; **pyllau pêl-droed** *(gêm)* Toto *nt*; **~ pysgod** Fischteich *m*; **~ tro** *(trobwll)* Strudel *m*; **~ tywod** Sandgrube *f*.

pwmp (pympiau) *g* Pumpe *f*; **~ beic** Fahrradpumpe *f*; **~ petrol** Zapfsäule *f*.

pwmpen (-ni) *b* Kürbis *m*.

pwmpio *be.a* pumpen; *(gwagio)* auspumpen, leer pumpen; *(llenwi)* aufpumpen; **~ arian i mewn i rth** Geld in etw *akk* hineinpumpen; **~ stumog** den Magen auspumpen.

pwn[1] (pynnau) *g* Sack *m*, Bündel *nt*; *(llwyth)* Last *f*; **ceffyl ~** Tragtier *nt*, Lasttier *nt*; *(ffig)* Packesel *m*.

pwn[2] *g (prociad yn yr asennau)* Rippenstoß *m*.

pwnc (pynciau) *g* Thema *nt*; *(maes gwybodaeth)* Fach *nt*; **~ arbenigol** Spezialgebiet *nt*; **~ atodol** *(YSG)* Nebenfach *nt*; **~ craidd** *(YSG)* Hauptfach *nt*; **~ dadleuol** Streitpunkt *m*, Kontroverse *f*; **~ dewisol** Wahlfach *nt*; **~ gorfodol** Pflichtfach *nt*; **~ llosg** *(ffig)* heißes Eisen *nt*; **tra'n bod ar y ~ yma** da wir gerade beim Thema sind.

pwniad (-au) *g (â phenelin)* Rippenstoß *m*; *(â dwrn)* Faustschlag *m*.

pwnio *be.a (â phenelin)* rempeln, stoßen; *(â dwrn)* boxen; *(COG: stwnsio)* zerstampfen; **~ rhth i ben rhn** jdm etw einbläuen.

pwnsh (pynsiau) *g (i bapur)* Locher *m*; *(DIWYD)* Stanzmaschine *f*.

pwnsio *be.a (papur)* lochen; *(metel)* stanzen.

pwpa (pwpae) *g (SÖOL)* Puppe *f*.

pwrcas (-au) *g* Kauf *m*, Erwerb *m*.

pwrcasu *be.a* kaufen, erwerben.

pwrpas (-au) *g* Zweck *m*, Absicht *f*; **i bwrpas** zweckorientiert, sachbezogen; **i ddim ~** vergeblich, sinnlos; **i ba bwrpas?** wozu? zu welchem Zweck? **o bwrpas** *(yn fwriadol)* absichtlich; **~ hyn yw ...** Sinn und Zweck des Ganzen ist…; **does dim ~ mewn aros** es ist zwecklos länger zu bleiben; **yn llawn ~** resolut, voll entschlossen.

pwrpasol *ans* zweckmäßig, gezielt; **adeilad ~** Zweckbau *m*; **yn bwrpasol** absichtlich.

pwrs (pyrsau) *g* Geldbörse *f*, Portemonnaie *nt*; *(gwobr)* Preisgeld *nt*; *(buwch)* Euter *nt*; **~ y bugail** *(BOT)* Hirtentäschel *nt*; **~ y mwg** *(BOT)* Bovist *m*.

pwt[1] (pytiau) g Stummel m; (tamaid) Teilchen nt, Schnipsel m/nt; **cynffon bwt** Stummelschwanz m; **~ o bapur** Papierschnipsel m; (am blentyn bach) **beth sy'n bod, ~?** was ist los, Herzchen?

pwt[2] (pytiau) g (pwniad) Stups m, Schubs m.

pwt[3] ans (pitw) winzig; (sydyn) urplötzlich; **sorri'n bwt** eingeschnappt, beleidigt.

pwti g (Fenster)kitt m.

pwy rhag gofyn wer; **~ arall?** wer sonst? **~ arall ond fe** wer außer ihm; **~ arall oedd yno?** wer war noch da? **~ sy 'na?** wer ist da? **llyfr ~ yw hwn?** wessen Buch ist das? wem gehört dieses Buch? **~ yw ~?** (cyfeirlyfr) wer ist wer? **~ bynnag** wer (auch immer); **~ wyt ti'n meddwl wyt ti?** für wen hältst du dich eigentlich? **~ yn y byd ddwedodd hynny?** wer um alles in der Welt hat das gesagt?

Pwyl b (DAEAR) **Gwlad ~** Polen nt.

Pwylaidd ans polnisch.

Pwyleg b Polnisch nt.

Pwyliad (Pwyliaid) g Pole m, Polin f.

pwyll g (gofal) Umsicht f, Bedacht m; (doethineb) Vernunft f, Besonnenheit f; **cymryd ~** sich Zeit lassen; **gan bwyll** bedächtig, behutsam; **gan bwyll!** sachte! schön langsam! **yn eich iawn bwyll** bei vollem Verstand; **o'i bwyll** von Sinnen, geistesgestört.

pwyllgor (-au) g Ausschuss m, Komitee nt; **~ addysg** Bildungsausschuss m; **bod ar bwyllgor** in einem Ausschuss sitzen; **aelod o bwyllgor** Ausschussmitglied nt; **Cyd-Bwyllgor Addysg Cymru** (CBAC) Bildungsausschuss von Wales.

pwyllo be.g überdenken, sich Zeit lassen; (tawelu) sich besinnen.

pwyllog ans besonnen, bedacht.

pwynt (-iau) g Punkt m; (MATH) Komma nt; (cwmpawd) Strich m; (pwrpas) Sinn m, Zweck m; (stâd, cam) Phase f, Stufe f; (man) Punkt, Stelle f; (blaen) Spitze f; (sgôr) Punkt; **~ critigol** kritischer Punkt; **~ cyffwrdd** Berührungspunkt m; **~ degol** Dezimalpunkt m, Komma; **~ ffocal** Brennpunkt m; **beth yw'r ~?** was soll's? wozu? **cadw at y ~** beim Thema bleiben; **cyrraedd ~ tyngedfennol** in eine kritische Phase treten; **dim ~ saith** (0.7) null Komma sieben; **does dim ~ aros** es hat keinen Zweck zu bleiben; **ennill ar bwyntiau** (CHWAR) nach Punkten gewinnen; **hyd at bwynt** bis zu einem gewissen Punkt; **o'r ~ hwnnw roeddent yn ffrindiau** von da an waren sie Freunde; **pan ddaw i'r ~** wenn es darauf ankommt; **wyt ti'n deall fy mhwynt?** weißt du, worauf ich hinauswill? **rwy'n derbyn eich ~** ich verstehe Ihr Argument; **mae e'n gwneud ei bwynt yn glir** er bringt seine Ansicht

klar zum Ausdruck; **efallai fod ganddo bwynt** da könnte er Recht haben.

pwyntio be.g zeigen, deuten (at auf +akk); **~ i'r Gogledd** nach Norden zeigen/weisen;

♦ be.a: **~ at** (anelu) richten auf +akk; (cyfeirio) ausrichten auf +akk; **~'r bys at rn** (ffig: cyhuddo) mit dem Finger auf jdn zeigen, jdn beschuldigen; **~ rhth allan i rn** jdn auf etw akk hinweisen; **~'r ffordd i rn** jdm den Weg zeigen; **~ cwch i'r lan** das Boot Richtung Ufer drehen; **~ wal** die Mauer verfugen.

pwyntydd (-ion) g Zeiger m.

pwyo be.a (pwnio) stampfen; (curo) schlagen.

pwys[1] (-i) g (uned) Pfund nt (0.454 kg); **gwerthu wrth y ~** pfundweise verkaufen.

pwys[2] (-au) g Gewicht nt; (ffig: pwysigrwydd) Bedeutung f, Gewicht; (pwyslais) Betonung f; **bod o bwys** Bedeutung/Gewicht haben; **dim byd o bwys** nichts von Bedeutung; **rhoi ~ ar rth** etw betonen; **mae'r ~ ar yr ail sill** die Betonung liegt auf der zweiten Silbe.

pwysau ll neu g **1** Gewicht nt; (trymder) Schwere f; (ffig: straen) Druck m, Stress m; **~au atomig** (FFIS) Atomgewicht nt; **~au clir** (MASN) Füllgewicht nt, Nettogewicht nt; **~au'r corff** Körpergewicht nt; **~au cymdeithasol** sozialer Druck; **~au geni** Geburtsgewicht nt; **~au gwaed** (MEDD) Blutdruck m; **~au gwaith** Arbeitsbelastung f; **bod dan bwysau** (ffig) unter Druck stehen; **colli ~au** abnehmen; **ennill ~au** zunehmen; **rhoi ~au ar rn i wneud rhth** Druck auf jdn ausüben etw zu tun; **taflu eich ~au** (i mewn i ddadl) seinen Einfluss geltend machen; **tynnu'ch ~au** sein Scherflein beitragen; **wrth eich ~au** gemächlich, ohne Hast; **2** (CHWAR) Gewichtsklasse f; (pêl drom) Medizinball m; **codi ~au** Gewichtheben nt; **codwr ~au** Gewichtheber m; **~au bantam** Bantamgewicht nt; **~au canol** Mittelgewicht nt; **~au plu** Federgewicht nt; **~au pryf** Fliegengewicht nt; **~au trwm** Schwergewicht nt; **~au welter** Weltergewicht nt.

ar bwys ardd neben +dat/+akk; (agos at) nahe bei +dat; (oherwydd) wegen; **ar bwys y gadair** (sefyll) neben dem Stuhl; (gosod) neben den Stuhl; **dere i eistedd ar fy mhwys i** komm, setz dich zu mir; **byw ar bwys yr eglwys** nahe der Kirche wohnen; **ar bwys yr holl waith** wegen all der Arbeit.

pwysedd (-au) g (TECH) Druck m; **~ atmosfferig** Atmosphärendruck m; **~ gwaed** Blutdruck m; **~ aer** Reifendruck m; **~ isel** Unterdruck m; (TYW) Tiefdruck m; **~ uchel** Hochdruck m.

pwysfawr *ans* bedeutsam, folgenschwer, schwerwiegend.

pwysi[1] *ll gw.* **pwys**[1].

pwysi[2] (**pwysïau**) *g* Bund *m*, Strauß *m*; *(mwy drud)* Bouquet *nt*, Bukett[D] *nt*; **~ blodau** Blumenstrauß *m*.

pwysig *ans* wichtig; *(person)* bedeutend; *(digwyddiad)* bedeutungsvoll; *(penderfyniad)* schwerwiegend; *(perthnasol)* wesentlich; *(angen brys)* dringend, dringlich; **dyn ~** ein wichtiger Mann; **tasg bwysig** eine dringende Aufgabe; **ddim yn bwysig** unwichtig, unbedeutend, unwesentlich.

pwysigrwydd *g* Wichtigkeit *f*, Bedeutung *f*; *(dylanwad)* Gewicht *nt*.

pwysigyn (**pwysigion**) *g (dif)* Bonze *m*.

pwyslais (**pwysleisiau**) *g* Schwerpunkt *m*; *(GRAM: acen)* Betonung *f*, Akzent *m*; **dweud rhth gyda phwyslais** etw mit Nachdruck sagen.

pwysleisio *be.a* betonen, hervorheben, unterstreichen; *(acennu)* betonen; **~'r prif bwyntiau** Akzente setzen.

pwyso *be.a* (ab)wiegen, wägen; *(rhoi i orffwys)* (auf)stützen; *(lled-orffwys)* lehnen; *(gwasgu)* drücken; **~ a mesur** *(ystyried)* erwägen, abschätzen, sondieren; **~ bysell** *(CYFDR)* eine Taste drücken; **~ eich geiriau** seine Worte abwägen; **~ ysgol yn erbyn y wal** die Leiter an die Wand lehnen.

♦ *be.g* wiegen; *(corff)* beugen, lehnen; **~ a mesur** überlegen; **~ ar rn** *(perswadio)* jdn drängen, jdm zusetzen; *(dibynnu)* auf jdn zählen; **~ allan o'r ffenestr** sich aus dem Fenster lehnen; **mae rhth yn ~'n drwm ar rn** etw lastet schwer auf jdm; **~ yn erbyn** sich anlehnen an *+akk*.

pwysol *ans* gewichtet.

pwysyn (**-nau**) *g* Gewicht *nt*.

pwyth[1] (**-au**) *g (gwnïo)* Stich *m*; *(gwau)* Masche *f*; *(ffig)* Seitenhieb *m*; **~au** *ll* Naht *f*; **colli ~** eine Masche fallen lassen.

pwyth[2] (**-au** *neu* **-on**) *g (tâl)* Entlohnung *f*, Honorar *nt*; *(gwobr)* Preis *m*; **talu'r ~ yn ôl** sich revanchieren; **talu'r ~ yn ôl i rn** *(dial)* es jdm heimzahlen, eine Rechnung begleichen mit jdm, mit jdm ein Hühnchen rupfen.

pwytho *be.a* annähen; *(trwsio)* nähen; *(cau â phwythau)* zunähen; *(MEDD: clwyf)* nähen.

pybyr *ans (ffyddlon)* treu, ergeben; *(ymroddedig)* überzeugt; **cefnogwr pêl-droed ~** begeisterter Fußballanhänger *m*.

pydew (**-au**) *g (ffynnon)* Brunnen *m*, Wasserloch *nt*; *(olew)* Bohrloch *nt*.

pydredd *g* Fäulnis *f*, Fäule *f*; *(corff)* Verwesung *f*; *(MEDD: clwyf)* Wundbrand *m*; **~ dannedd** Karies *f*, Zahnfäule *f*; **~ sych** Hausschwamm *m*.

pydredig *ans* faul, faulig; *(pren)* morsch, verrottet.

pydru *be.g* verfaulen, verrotten; *(bwyd)* verderben; **~ arni** *(ffig: ymdrechu)* sich dranhalten[D], dazuschauen[A]; **~ mynd** rasen.

pyg[1] *g* Pech *nt*.

pyg[2] *ans* verdreckt.

pygddu *ans* pechschwarz, rabenschwarz.

pyglyd *ans* schmuddelig, verdreckt.

pyjamas *ll* Schlafanzug *m*, Pyjama *m/nt*.

pylgain *gb* = **plygain**.

pylni *g* Dumpfheit *f*, Trübheit *f*; *(cyllell)* Stumpfheit *f*.

pylor (**-ion**) *g (llwch)* Staub *m*; *(powdr)* Puder *nt*.

pylori *be.a* pulverisieren.

pylsadu *be.g* pulsieren.

pylu *be.g (colli awch)* stumpf werden; *(llygaid, dŵr)* sich trüben; *(disgleirdeb)* matt werden; *(lliw)* verblassen; *(FFOTO: colli ffocws)* verschwimmen; *(lladd y sain/llun)* ausblenden; *(golau)* abblenden, verdunkeln; *(ffig: meddwl)* abstumpfen, verblöden.

pyllau *ll gw.* **pwll**; **~ pêl-droed** Toto *nt*.

pymtheg *rhif* fünfzehn; **un ar bymtheg** sechzehn; **dau/dwy ar bymtheg** siebzehn, **pedwar/pedair ar bymtheg** neunzehn; **siarad ~ yn y dwsin** reden wie ein Wasserfall.

♦ *g (CHWAR)* Rugbyteam *nt*.

pymthegfed *ans* fünfzehnte(r,s).

pymtheng *rhif* = **pymtheg**; **~ mil** 15.000.

pymthengwaith *adf* fünfzehnmal.

pyncio *be.g (adar)* zwitschern, singen.

pyped (**-au**) *g (THEAT)* Puppe *f*, Marionette *f*; *(ar faneg)* Handpuppe *f*; *(ffig)* Marionette; **~ cysgod** Schattenspiel *nt*; **~ llaw** Handpuppe; **theatr bypedau** Kasperltheater *nt*, Puppenbühne *f*, Marionettentheater *nt*.

pypedwr (**pypedwyr**) *g (THEAT)* Puppenspieler *m*.

pyramid (**-iau**) *g* Pyramide *f*; **~ blaendor** *(MATH)* stumpfe Pyramide; **~ crwn** Kegel *m*; **~ trionglog** Tetraeder *m*.

pyrcs *ll gw.* **porcyn**.

pyrit *g* Pyrit *m*.

pyrm *g* Dauerwelle *f*.

pyrser (**-s**) *g* Zahlmeister(in) *m(f)*; *(PRIFYSG)* Quästor *m*.

pyrth *ll gw.* **porth**.

pyrwydden (**pyrwydd**) *b (BOT)* Fichte *f*.

pysen (**pys**) *b* Erbse *f*; **~ bêr** Wicke *f*; **~ felys** Zuckererbse *f*; **~ ar ei lygad** *(ffig)* keine reine Weste.

pysglodyn (**pysglodion**) *g (COG)* Fischstäbchen *nt*.

pysgod *ll gw.* **pysgodyn**; *(ASTROL)* **y P~** Fische *pl*.

pysgodfa (**pysgodfeydd**) *b* Fischgründe *pl*.

pysgodyn (**pysgod**) *g (SŎOL)* Fisch *m*; ~ **aur** Goldfisch
m; **y Pysgod** *(ASTROL)* Fische *pl*; **pysgod cregyn**
Schalentiere *pl*; *(COG)* Meeresfrüchte *pl*; ~ **rheibus**
Raubfisch *m*; ~ **a sglodion** *(COG)* Fish and Chips; ~
ysglyfeiniog Lungenfisch *m*.

pysgota *be.a* fischen, auf Fischfang gehen; *(fel hobi)*
angeln.

♦ *be.e* Fischerei *f*, Fischfang *m*; ~'**r cefnfor**
Hochseefischerei *f*.

pysgotwr (**pysgotwyr**) *g* Fischer *m*; *(hobi)* Angler *m*.

pysgoty (**pysgotai**) *g* öffentliches Aquarium *nt*,
Haus *nt* des Meeres.

pyst *ll gw.* **postyn**; ~ **dan yr haul** Sonnenstrahlen *pl*.

pystylad *be.g* (auf)stampfen, trampeln; **mae hi'n ~ y**
glaw es schüttet.

pytaten (**pytatws**) *b* Kartoffel *f*, Erdapfel[A] *m*; *gw.h.*
taten.

pytatws *ll gw.* **pytaten**.

pythefnos (**-au**) *b* vierzehn Tage *pl*, zwei Wochen
pl; **bythefnos i fory** morgen in vierzehn Tagen.

pythefnosol *ans* vierzehntägig, zweiwöchig.

R

'r *ban gw.* **y¹**.

rabbi (-niaid) *g* Rabbi(ner) *m*.

rac (-iau) *b* Ständer *m*, Gestell *nt*; *(ar do car)* Gepäckträger *m*; **~ feiciau** Fahrradständer *m*; **~ boteli** Flaschenregal *nt*; **~ gylchgronau** Zeitungsständer *m*; **~ hetiau** Hutständer *m*; **~ fagiau** *(mewn trên)* Gepäcknetz *nt*.

RAC *g* ≈ AvDᴰ *m*, ARBÖᴬ *m*.

raced (-i) *b* Schläger *m*, Racket *nt*; **~ dennis** Tennisschläger *m*.

radar *g* Radar *nt/m*; **gorsaf ~** Radarstation *f*; **sgrîn ~** Radarschirm *m*.

radial *ans* radial.

radical (-iaid) *g* Radikale *m/f*.

radicalaidd *ans* radikal.

radicaliaeth *b* Radikalismus *m*.

radio (-s) *g* Funk *m*; *(darlledu)* Rundfunk *m*, Hörfunk *m*; *(teclyn)* Radio *nt/m*; **ar y ~** im Radio; **~ car** Autoradio *nt*; **gorsaf ~** Funkhaus *nt*; **polyn ~** Funkmast *m*; **neges ~** Funkspruch *m*; **rhaglen ~** Radioprogramm *nt*; **~ rheolaeth** *(AWYR)* Funkkontrolle *f*; **gwrando ar y ~** Radio hören.

radio-carbon *g* Radiokarbon *nt*, C 14 *nt*; **dyddio ~** Radiokarbonmethode *f*.

radioleg *b* *(MEDD)* Radiologie *f*.

radiotherapi *g* *(MEDD)* Strahlenbehandlung *f*, Bestrahlung *f*.

radiwm *g* *(CEM)* Radium *nt*.

radiws (radiysau) *g* *(MATH)* Radius *m*; **o fewn ~ o bum milltir** im Umkreis von fünf Meilen.

radysen (radys) *b* *(BOT)* Rettich *m*; *(bach a choch)* Radieschen *nt*; **~ boeth** Meerrettichᴰ *m*, Krenᴬ *m*.

rafioli *ll* *(COG)* Ravioli *pl*.

raffia *g* Bast *m*, Jute *f*; **bag ~** Jutesack *m*.

raffl (-au) *b* Verlosung *f*, Tombola *f*; *(MASN)* Preisausschreiben *nt*.

rafflo *be.a* verlosen.

rafft (-iau) *b* Floß *nt*.

rafftio *be.g* *(CHWAR)* Rafting gehen, raften.
  ♦ *be.e* Rafting *nt*.

rali (ralïau) *b* Kundgebung *f*, Aufmarsch *m*; *(ras geir)* Rallye *f*; **~ brotest** Protestkundgebung *f*; **~ etholiad** Wahlkampagne *f*.

Ramadan *g* *(CREF)* Ramadan *m*.

ramp (-iau) *g* Rampe *f*.

ras (-ys) *b* Rennen *nt*; *(rhedeg)* Wettrennen *nt*, Wettlauf *m*; *(ffig)* Wettlauf; **~ arfau** *(MIL)*

Rüstungswettlauf *m*; **~ glwydi** Hürdenlauf *m*; **~ gan metr** *(CHWAR)* Hundertmeterlauf *m*; **~ geffylau** Pferderennen *nt*; **~ feiciau** Radrennen *nt*; **~ ffos a pherth** *(athletwyr)* Hindernislauf *m*; *(ceffylau)* Galopprennen *nt*; **~ gyfnewid** Staffellauf *m*; **~ yn erbyn y cloc** *(ffig)* Wettlauf mit der Zeit; *(CHWAR)* Wettlauf gegen die Uhr.

rasal (raselydd) *b* Rasierer *m*, Rasiermesser *nt*; **~ drydan** Rasierapparat *m*.

rasio *be.g* *(MODUR)* Rennen fahren; *(ceffyl)* Rennen laufen; *(gyrru'n gyflym)* rasen.
  ♦ *be.a* *(rhn)* um die Wette laufen mit +*dat*; *(ceffyl, ci)* bei einem Rennen mitlaufen lassen.
  ♦ *g* Rennsport *m*; **~ beiciau** Radrennsport *m*; **~ ceffylau** Pferderennsport *m*; **~ ceir** Motorsport *m*.

rasiwr (raswyr) *g* Rennfahrer(in) *m(f)*.

ratl (-s *neu* -au) *g* Rassel *f*, Klapper *f*; *(swn)* Klappern *nt*.

ratlo *be.g* rasseln, klappern, rattern.

real *ans* real, reell.

realaeth *b* Realismus *m*.

realaidd *ans* realistisch; *(llun)* naturalistisch, naturgetreu.

realistig *ans* = **realaidd**.

realiti *g* Realität *f*, Wirklichkeit *f*.

realydd (-ion) *g* Realist(in) *m(f)*.

rebel (-iaid) *g* Rebell *m*, Aufrührer *m*.

rebeles (-au) *b* Rebellin *f*, Aufrührerin *f*.

rebelio *be.g* rebellieren, revoltieren.

record (-iau) *b* *(sain)* (Schall)platte *f*; *(campwaith)* Rekord *m*; *(nodyn)* Eintrag *m*, Vermerk *m*; *(ffeil)* Akte *f*; **~ bersonol** Personalbogen *m*; **~ hir** Langspielplatte *f*, LP *f*.

recorder (-s) *g* *(CERDD)* Blockflöte *f*.

recordiad (-au) *g* Aufnahme *f*, Aufzeichnung *f*; *(rhaglen)* Mitschnitt *m*.

recordio *be.a* aufnehmen, aufzeichnen; *(rhaglen)* mitschneiden; **peiriant ~** = **recordydd**.

recordydd (-ion) *g* Aufnahmegerät *nt*; **~ casét** Kassettenrekorder *m*, Tonbandgerät *nt*; **~ tâp a radio** Radiorekorder *m*; **~ fideo** Videorekorder *m*.

recriwt (-iaid) *g* *(MIL)* Rekrut(in) *m(f)*.

recriwtio *be.a* *(MIL)* rekrutieren; *(cyflogi)* einstellen; **swyddog ~** Personalchef *m*.

rectwm *g* *(ANAT)* Mastdarm *m*.

reff *g* *(CHWAR)* = **dyfarnwr**.

refferendwm (refferenda) *b* Volksabstimmung *f*,
Referendum *nt*.

regalia *ll* Insignien *pl*.

reiat *b* Aufruhr *m*, Krawall *m*; *(GWLEID)* Aufstand *m*,
Unruhen *pl*; **cadw ~** Krach schlagen.

reid (-s) *b (ar geffyl)* Ausritt *m*; *(car, beic)* Fahrt *f*.

reidio *be.a, be.g* reiten; **~ beic** Fahrrad fahren.

reiffl (-au *neu* **-s)** *b (gwn)* Gewehr *nt*; **~ hela**
Jagdgewehr *nt*.

reifflwr (reifflwyr) *g* Schütze *m*, Schützin *f*.

reis *g* Reis *m*; **~ gwyllt** wilder Reis; **~ pwff** Puffreis *m*;
pwdin ~ Milchreis *m*.

reit *adf* ziemlich, recht, einigermaßen; **~ dda** recht
gut; **~ ar y gwaelod** ganz zuunterst; **~ yn y blaen**
ganz an der Spitze; **~ o'ch blaen** genau vor
Ihnen; **~ tu ôl i chi** genau hinter Ihnen.

relái (-s) *g (TRYD)* Relais *nt*.

remwlâd *gb (COG)* **saws ~** Sauce *f* Remoulade.

rêp *b (BOT)* Raps *m*; **olew ~** Rapsöl *nt*.

replica *g (dyblygiad)* Kopie *f*, Abguss *m*,
Nachahmung *f*.

resbiradaeth *b* Atmung *f*; **~ artiffisial** künstliche
Beatmung *f*.

resbiradu *be.g* atmen.

♦ *be.a* beatmen.

resin (-au) *g (BOT)* Harz *nt*, Baumharz *nt*; *(synthetig)*
Kunstharz *nt*.

resipi (-s) *gb (COG)* (Koch)rezept *nt*.

reslo *be.g (CHWAR)* ringen, catchen.

retina (retinae) *gb (ANAT)* Netzhaut *f*.

retórt (retortâu) *g* Retorte *f*.

ricordyr *g (CERDD)* = **recorder.**

rifolfer (-i) *g* Revolver *m*, Trommelrevolver *m*, Colt
m.

riff (-iau) *g (DAEAR)* Riff *nt*; **~ cwrel** Korallenriff *nt*.

rigio *be.a (MOR)* auftakeln.

rihyrsal (-s) *b (THEAT)* Probe *f*, Theaterprobe *f*,
Vorsprechen *nt*; *(canu)* Vorsingen *nt*.

rîl (riliau *neu* **-s)** *b* Rolle *f*, Spule *f*; *(ar gyfer edau)*
Haspel *f*.

risg (-iau) *g* Risiko *nt*; **~ o dân** Feuergefahr *f*.

risol (-ion) *b (COG)* Frikadelle[D] *f*, Fleischlaibchen[A] *nt*,
Bulette[D] *f*.

riwbob (-ion) *g (BOT)* Rhabarber *m*.

riwl (-iau) *b* Lineal *nt*; *(CYFDR)* Messleiste *f*; **~ gyfrif**
Rechenschieber *m*.

robin *g:* **~ goch** *(SÔOL)* Rotkehlchen *nt*.

robot (-au) *g* Roboter *m*; *(DIWYD)* Maschinenstraße *f*.

roboteg *b* Robotertechnik *f*, Robotik *f*.

roc *g (CERDD)* Rock *m*.

roced (-i) *b* Rakete *f*; *(MIL)* Marschflugkörper *m*; **~
bellreoledig** Lenkwaffe *f*; **~ oleuo** *(tân gwyllt)*
Leuchtrakete *f*.

rococo *g (HAN)* Rokoko *nt*.

rod (-iau) *b (rhoden)* Stange *f*; *(gwŷdd)* Spindel *f*.

rôg (-s) *g* Gauner *m*, Halunke *m*, Schurke *m*,
Spitzbube *m*.

rong *ans* falsch; **reit a ~** Recht und Unrecht, Gut
und Böse.

rôl (rolau) *b* = **rhôl.**

Romani¹ *b* Romanes *nt*, Zigeunersprache *f*.

Romani² (Romanïaid) *g* Roma *m*, Roma (Frau) *f*.

Románsh *b* Rhätoromanisch *nt*.

Romáwns *ans* romanisch; **yr ieithoedd ~** die
romanischen Sprachen.

rompyrs *ll* Strampelhöschen *nt*.

rosari (rosarïau) *b (CREF)* Rosenkranz *m*.

rotor (-au) *g (TECH, AWYR)* Rotor *m*.

rownd¹ *ans (crwn)* rund.

rownd² *ardd* um... herum *+akk*; **mur ~ y ddinas**
Mauer um die Stadt (herum); **~ y gornel** um die
Ecke; **mynd ~** herumgehen; **troi ~** sich umdrehen.

rownd³ (-iau) *b* Runde *f*, *(hegl)* Durchgang *m*;
(plismon) Rundgang *m*; *(cwrw)* Runde; **~ derfynol**
(CHWAR) Finale *nt*; **~ go-gyn-derfynol** Viertelfinale
nt; **~ gyn-derfynol** Halbfinale *nt*; **mae ganddo ~
bapur** er verteilt die Zeitungen.

ruban (-au) *g* Band *nt*; **~ gwallt** Haarband *nt*, Schleife
f.

rŵan *adf* jetzt, nun; *gw.h.* nawr.

rwbel *g* Trümmer *pl*; *(darnau bach)* Schutt *m*; *(graean)*
Schotter *m*.

rwbela *g (MEDD)* Röteln *pl*.

rwber (-i) *g* Gummi *m*; *(sudd coeden)* Kautschuk *m*;
(dilëwr) Radiergummi *m*, Radierer *m*; **band ~**
Gummiband *nt*; **~ sbwng** Schaumgummi *m*.

rwden (rwdins) *b (BOT)* Kohlrübe *f*, Steckrübe *f*.

rwdl *gb* Kauderwelsch *nt*.

rwdlan *be.g (siarad lol)* Unsinn verzapfen, labern,
dummes Zeug faseln.

rwdlian *be.g* = **rwdlan.**

Rwmanaidd *ans* rumänisch.

Rwmaneg *b* Rumänisch *nt*.

Rwmania *b (DAEAR)* Rumänien *nt*.

Rwmaniad (Rwmaniaid) *g* Rumäne *m*, Rumänin *f*.

Rwsia *b (DAEAR)* Russland *nt*.

Rwsiad (Rwsiaid) *g* Russe *m*, Russin *f*.

Rwsiaidd *ans* russisch.

Rwsieg *b* Russisch *nt*.

rwtsh *g* Unsinn *m*, Gefasel *nt*.

rwyf *be* *gw.* bod¹.

ryffl (-au) *g* Krause *f*, Halskrause *f*.

rỳg (-iau) *b* kurzer Teppich *m*; *(hir)* Läufer *m*; *(mat)* Matte *f*, Vorleger *m*; *(blanced)* Decke *f*, Wolldecke *f*.

rygbi *g (CHWAR)* Rugby *nt*.

rysáit (**ryseitiau**) *b (COG)* Rezept *nt*.

Rh

rhac (-au) *b* = **rac**, = **rhaca**.

rhaca (-nau) *gb* Rechen *m*; ~ **wair** Heurechen *m*.

rhacanu *be.a* rechen.

rhacs *ll gw.* **rhecsyn**; **mae'i chot hi'n** ~ ihr Mantel ist voller Flicken.

rhacsog *ans (dillad)* zerlumpt, geflickt; *(llyfr)* zerfleddert.

rhacsyn *g* = **rhecsyn**.

rhad¹ *ans* billig, preiswert, (preis)günstig; ~ **ac am ddim** gratis, kostenlos, frei; *(gwasanaeth)* unentgeltlich; **sampl** ~ Freiexemplar *nt*; **prynu rhth yn** ~ einen guten Kauf machen.

rhad² (-au) *g* Gnade *f*, Güte *f*; ~ **arno!** der Gute! ~ **arnaf!** Gott steh' mir bei!

rhadlon *ans (caredig)* liebenswürdig, großherzig, freundlich; *(graslon)* gnädig, gütig.

rhadlonrwydd *g* Liebenswürdigkeit *f*; *(graslonrwydd)* Gnädigkeit *f*.

rhaeadr (-au *neu* **rhëydr**) *b* Wasserfall *m*, Katarakt *m*.

rhael (**rheiliau**) *b* Geländer *nt*; *(MOR)* Reling *f*; *(llenni)* Schiene *f*.

rhaflo *be.g* (aus)fransen.

♦ *be.a* zerfransen; *(yn fwriadol)* fransen, mit Fransen versehen.

rhaflog *ans* fransig, Fransen-.

rhaff (-au) *b* Seil *nt*, Strang *m*; *(llinyn)* Strick *m*, Leine *f*; *(MOR)* Tau *nt*; ~ **cloch** Glockenstrang *m*; ~ **crogwr** Strang *m*, Schlinge *f*; ~ **ddringo** Kletterseil *nt*; ~ **halio** Abschleppseil *nt*, Schlepptau *nt*; ~ **o nionod/wynwns** Zwiebelzopf *m*; ~ **sgipio** Springschnur *f*; **rhoi** ~ **i rn/rth** jdm/etw freien Lauf lassen; **rhowch ddigon o raff iddi ac fe grogith ei hun** sie wird sich noch selber einen Strick daraus drehen.

rhaffgerddwr (**rhaffgerddwyr**) *g* Seiltänzer(in) *m(f)*.

rhaffordd (**rhaffyrdd**) *b* *(RHEILFF)* Standseilbahn *f*; ~ **awyr** Drahtseilbahn *f*.

rhaffu *be.a* verknüpfen, zusammenbinden; *(dringwr)* anseilen; ~ **celwyddau** ein Netz von Lügen spinnen.

rhaffwr (**rhaffwyr**) *g* Seiler *m*.

rhag¹ *ardd* vor *+dat*; *(yn erbyn)* gegen *+akk*; **achub** ~ retten vor *+dat*; **cadw** ~ abhalten von *+dat*; **gwared** ~ befreien von *+dat*; **mynd rhagddo** vor (sich *akk*) gehen; ~ **blaen** sofort, umgehend, unverzüglich; ~ **llaw** fortan, künftig; ~ **y glaw** vor dem Regen, gegen den Regen; ~ **ofn** vorsichtshalber; ~ **ofn i ti** anghofio falls du vergisst.

♦ *cys:* ~ **i** *(fel na)* damit nicht; ~ **iddo ddiflannu** damit er nicht verschwindet; ~ **i ni ddod** damit wir nicht kommen.

rhag-² *rhagdd* vor-.

rhagadail (**rhagadeiladau**) *b* Vorbau *m*.

rhagaeddfed *ans* frühreif.

rhaganghenraid (**rhagangenrheidiau**) *g* Voraussetzung *f*.

rhagair (**rhageiriau**) *g* *(mewn llyfr)* Vorwort *nt*, Prolog *m*; *(araith)* Einleitung *f*, Vorbemerkung *f*; *(dogfen)* Präambel *f*.

rhagamod (-au) *gb* Vorbedingung *f*, Prämisse *f*.

rhagaraith (**rhagareithiau**) *b* Vorrede *f*.

rhagarchebu *be.a* vorbestellen, buchen.

rhagarchwaeth *g* Vorgeschmack *m*.

rhagarchwiliad (-au) *g* Voruntersuchung *f*.

rhagarfaeth *b* Prädestination *f*.

rhagarfaethu *be.a* vorbestimmen, prädestinieren.

rhagargoel (-ion) *b* Vorzeichen *nt*.

rhagargraffiad (-au) *g* Vorabdruck *m*.

rhagarwain *be.a* einleiten, einführen.

rhagarweiniad (-au) *g* Einleitung *f*, Einführung *f*; *(llyfr)* Vorwort *nt*; *(cytundeb, pregeth)* Präambel *f*; *(CERDD)* Vorspiel *nt*, Ouvertüre *f*; *(THEAT)* Prolog *m*, Vorspiel.

rhagarweiniol *ans* einleitend, einführend.

rhagarwydd (-ion) *gb* Omen *nt*, Vorzeichen *nt*; *(MEDD)* Symptom *nt*.

rhagbaratoawl *ans* vorbereitend; **ysgol ragbaratoawl** Vorschule *f*.

rhagbrawf (**rhagbrofion**) *g* *(cystadleuaeth)* Vorrunde *f*; *(ymgeisiadau)* Vorauswahl *f*; *(CHWAR)* Qualifikation *f*, Vorrunde; *(YSG)* Vorprüfung *f*.

rhagchwaeth *g* Vorgeschmack *m*.

rhagchwarae (-on) *g* Vorspiel *nt*.

rhagchwiliad (-au) *g* Erkundung *f*; *(MIL)* Aufklärung *f*.

rhagchwilio *be.a* erkunden, auskundschaften; *(MIL)* aufklären; **awyren ragchwilio** Aufklärer *m*.

rhagchwiliwr (**rhagchwilwyr**) *g* Kundschafter *m*.

rhagdalu *be.a* im Voraus bezahlen.

rhagderfyniad (-au) *g* Vorentscheidung *f*.

rhagdraeth (-au) *g* Vorrede *f*.

rhagdrefnu *be.a* arrangieren.

rhagdybiaeth (-au) *b* Annahme *f*, Vermutung *f*; *(academaidd)* Hypothese *f*.

rhagdybied *be.a* = rhagdybio.

rhagdybiedig *ans* vermeintlich, mutmaßlich, angenommen.

rhagdybio *be.a* annehmen, vermuten.

rhagddamnio *be.a* vorverurteilen.

rhagddant (rhagddannedd) *g (ANAT)* Vorderzahn *m*, Schneidezahn *m*.

rhagddodi *be.a (GRAM)* präfigieren, voranstellen.

rhagddodiad (rhagddodiaid) *g (GRAM)* Vorsilbe *f*, Präfix *nt*; *(i ferf)* Präverb *nt*.

rhag-ddweud *be.a* vorhersagen, weissagen.

rhagddyddio *be.a* vordatieren.

rhagddywededig *ans* erwähnt, genannt.

rhagenw (-au) *g (GRAM)* Fürwort *nt*, Pronomen *nt*; ~ **atblygol** Reflexivpronomen *nt*; ~ **dibynnol ôl** nachgestelltes Pronomen; ~ **gofynnol** Interrogativpronomen *nt*; ~ **meddiannol** Possessivpronomen *nt*, besitzanzeigendes Fürwort; ~ **mewnol** infigiertes Pronomen; ~ **personol** Personalpronomen *nt*; ~ **personol dwbl** verstärktes Personalpronomen; ~ **perthynol** Relativpronomen *nt*.

rhagenwol *ans* pronominal.

rhagesiampl (-au) *b* Präzedenzfall *m*.

rhagetholiad (-au) *g* Vorwahl *f*.

rhagfarn (-au) *b* Vorurteil *nt*; *(pleidioldeb)* Befangenheit *f*; ~ **hiliol** Rassenvorurteil *nt*; **bod â ~ yn erbyn** ein Vorurteil haben gegenüber +*dat*.

rhagfarnllyd *ans* voreingenommen, befangen.

rhagfeddwl (rhagfeddyliau) *g* Vorgedanke *m*.

rhagflaenu *be.a* vorangehen +*dat*.

rhagflaenydd (rhagflaenwyr) *g* Vorgänger *m*; *(HAN)* Vorläufer *m*, Pionier *m*; *(peth)* Vorläufer.

rhagflas *g* Vorgeschmack *m*; *(o raglen deledu)* Vorschau *f*.

rhagfur (-iau) *g (mur)* Bollwerk *nt*; *(clawdd)* Wall *m*, Burgwall *m*.

rhagfwriad (-au) *g* Vorsatz *m*.

rhagfwriadol *ans* geplant; *(CYFR)* vorsätzlich.

rhagfwriadu *be.a* vorsätzlich planen.

rhagfynegi *be.a* voraussagen; *(proffwydo)* prophezeien, weissagen.

rhagfynegiad (-au) *g* Voraussage *f*.

Rhagfyr *g* Dezember *m*; **mis ~** Dezember.

rhagffurfiedig *ans (DIWYD)* vorgefertigt, Fertig-.

rhagffurfio *be.a (DIWYD)* vorfertigen.

rhaghysbysebu *be.a* vorankündigen.

rhaglaw (-iaid) *g* Statthalter *m*; *(gwladfa)* Gouverneur *m*; *(Rhufeinig)* Prokonsul *m*, Präfekt *m*; *(dirprwy)* Stellvertreter *m*.

rhaglawiaeth (-au) *b (GWLEID)* Gouvernement *nt*, Protektorat *nt*.

rhaglen (-ni) *b* Programm *nt*; *(un darllediad)* Sendung *f*; ~ **deledu** Fernsehprogramm *nt*; ~ **drochi** Immersionsprogramm *nt*; ~ **ddadfygio** *(CYFDR)* Fehlersuchprogramm *nt*; ~ **ddogfen** (teledu) (Fernseh)dokumentation *f*; ~ **gwis** Spielshow *f*; ~ **gyfrifiadur** Computerprogramm *nt*; ~ **hyfforddi** Ausbildungsprogramm *nt*; ~ **newyddion** Nachrichtensendung *f*; ~ **nodwedd** Programme zu einem bestimmten Thema; ~ **olchi** Waschprogramm *nt*; ~ **osod** *(CYFDR)* Installationsprogramm *nt*.

rhaglenedig *ans* (vor)programmiert.

rhaglennu *be.a (CYFDR)* programmieren.

rhaglennwr (rhaglenwyr) *g (CYFDR)* Programmierer(in) *m(f)*; ~ **systemau** Systemprogrammierer *m*.

rhaglith (-iau *neu* -oedd) *b* Vorwort *nt*, Präambel *f*; *(sgwrs)* Einleitung *f*.

rhaglofiaid *ll gw.* rhaglaw.

rhaglun (-iau) *g* Vorschau *f*; *(ffilm)* (Film)vorschau *f*.

rhagluniaeth *b* Vorsehung *f*.

rhaglunio *be.a* skizzieren; *(tynged)* vorherbestimmen.

rhagluniwr (rhaglunwyr) *g* Designer *m*.

rhaglyw (-iaid) *g (GWLEID)* Regent *m*.

rhaglywiaeth *b* Regentschaft *f*.

rhagnodi *be.a* vorschreiben; *(moddion)* verschreiben, verordnen.

rhagnodiad (-au) *g (MEDD)* Verschreibung *f*; **dim ond ar ragnodiad** nur gegen Rezept.

rhagnodol *ans* vorgeschrieben.

rhagnodyn *g (MEDD)* Rezept *nt*.

rhagod¹ (-ion) *g* Hinterhalt *m*.

rhagod² *be.a* überfallen, aus dem Hinterhalt angreifen.

♦ *be.g* lauern.

rhagofal (-on) *g* Vorsorge *f*, Vorkehrung *f*, Vorsichtsmaßnahme *f*; ~**on diogelwch** Sicherheitsvorkehrungen *pl*.

rhagolwg (rhagolygon) *g* Vorhersage *f*, Prognose *f*; *(gobeithion)* Aussicht *f*; *(rhaglenni)* Vorschau *f*; **rhagolygon y tywydd** Wetteraussichten *pl*, Wettervorhersage *f*; **rhagolygon am yrfa** Karriereaussichten *pl*, Berufschancen *pl*.

rhagor *ans* mehr, weiter; ~ **o** mehr; **hoffech chi ragor o de?** möchten Sie noch etwas Tee? **gaf i ragor?** kann ich nachbekommen? **ddweda i ddim ~** mehr sage ich nicht.

♦ *adf* weiterhin; **dim ~** nicht mehr; **dw i ddim yn mynd yno ragor** ich gehe nicht mehr hin.

rhagorach *ans cymh* überlegen.

rhagordeinio *be.a* vorherbestimmen, auserwählen.

rhagorfraint (**rhagorfreintiau**) *b* Vorrecht *nt*, Sonderrecht *nt*, Privileg *nt*.

rhagori *be.g* hervorstechen, dominieren, beherrschen; *(goruchafu)* vorherrschen, überwiegen; **~ ar** übertreffen, überbieten; **~ arnoch eich hunan** sich selbst übertreffen, über sich hinauswachsen.

rhagoriaeth (-au) *b* Überlegenheit *f*.

rhagorol *ans* überragend, erstklassig, mustergültig.

rhagosodiad (-au) *g* Prämisse *f*.

rhagras (-ys) *b (CHWAR)* Vorlauf *m*.

rhagrith (-ion) *g* Heuchelei *f*.

rhagrithio *be.a* heucheln, vorgeben.

   ◆ *be.g* so tun als ob.

rhagrithiol *ans* heuchlerisch, scheinheilig.

rhagrithiwr (**rhagrithwyr**) *g* Heuchler *m*.

rhagrithwraig (**rhagrithwragedd**) *b* Heuchlerin *f*.

rhagrybudd (-ion) *g* Vorwarnung *f*.

rhagrybuddio *be.a* vorwarnen, verwarnen.

rhagweladwy *ans* absehbar, vorhersehbar; **yn y dyfodol ~** in absehbarer Zukunft.

rhag-weld, rhagweled *be.a* vorhersehen, voraussehen.

rhagwelediad (-au) *g* Weitblick *m*.

rhagweledigaeth *b* Voraussicht *f*.

rhagwybodaeth *b* Vorwissen *nt*, vorherige Kenntnis.

rhagymadrodd (-ion) *g* Einleitung *f*, Vorwort *nt*.

rhagystafell (-oedd) *b* Vorzimmer *nt*.

rhai *rhag* (**nifer**) einige, etliche; *(rhywrai)* welche; **y ~ hyn** diese *pl*; **y ~ hynny** jene *pl*; **pa rai?** was für welche? **dyma rai** da sind welche; **fy ~ i** die meinen; **eich ~ chi** die euren/Ihren; **hoffet ti rai?** möchtest du welche?

rhaib (**rheibiau**) *b (gwanc)* Gier *f*; *(hud)* Hexerei *f*.

rhaid (**rheidiau**) *g* Notwendigkeit *f*, Zwang *m*; **o raid** notwendigerweise, gezwungenermaßen; **mae'n ~ i mi** ich muss; **~ i ti beidio â smocio yma** hier darfst du nicht rauchen; **does dim ~ i chi ddod** ihr braucht nicht (zu) kommen, ihr müsst nicht kommen; **mae'n ~ es** ist nötig/notwendig; **os bydd raid** wenn nötig.

rhaidd (**rheiddiau**) *b (bwch)* Geweihstange *f*; *(gwaywffon)* Lanze *f*, Ger *m*; **rheiddiau** *ll* Geweih *nt*.

rhain *rhag:* **y rhain** (**y rhai hyn**) diejenigen *pl*, die *pl*.

rhamant (-au) *b (serch)* Romanze *f*, Liebschaft *f*; *(stori)* Liebesgeschichte *f*, Liebesroman *m*; **y Tair Rh~** *(LLEN)* die drei großen Romanzen (Owain, Geraint, Peredur).

rhamantaidd *ans* = rhamantus.

Rhamantiaeth *b (HAN, LLEN)* Romantik *f*.

rhamantus *ans* romantisch; **antur ramantus** Liebesabenteuer *nt*.

rhamantydd (**rhamantwyr**) *g* Romantiker(in) *m(f)*.

rhan (-nau) *b* Teil *m/nt*; *(elfen)* Bestandteil *m*; *(o dref)* Viertel *nt*, Bezirk *m*; *(siâr, dogn)* Portion *f*, Ration *f*; *(THEAT)* Rolle *f*; *(CERDD)* Stimme *f*; **cyfres chwe ~** sechsteilige Serie *f*; **gwaith ~ amser** Teilzeitarbeit *f*; **~ Ladinaidd** *(DAEAR: ym Mharis)* Quartier Latin *nt*; **~ o'r bai** Mitschuld *f*; **~ ymadrodd** *(GRAM)* Wortart *f*, syntaktische Funktion *f*; **ar ran rhn** im Namen von +*dat*; **beth oedd ei rhan hi yn y peth?** was für eine Rolle spielte sie in der Angelegenheit? **cymryd ~** teilnehmen; **dwy ran o dair** zwei Drittel; *(COG)* **un ~ o reis i ddwy ran o laeth** ein Teil Reis auf zwei Teile Milch.

   o ran *ardd* in Bezug auf +*akk*; **o ran traffig** in Bezug auf den Verkehr; **o ran ei allu** in Bezug auf seine Fähigkeiten; **o'm ~ i** für mein Teil.

rhanadwy *ans* teilbar; *(MATH)* **mae wyth yn ~ â dau** acht ist durch zwei teilbar.

rhanbarth (-au) *g* Region *f*, Zone *f*; **~ amser** Zeitzone *f*; **~ hinsoddol** Klimazone *f*.

rhanbarthol *ans* regional.

rhandal (-iadau) *g (credyd)* Rate *f*; *(CYLL: am gyfran)* Dividende *f*; **~ misol** Monatsrate *f*.

rhandaliad (-au) *g* Teilzahlung *f*; *(CYLL)* Teilbetrag *m*, Quote *f*; **trwy randaliad** auf Raten.

rhandir (-oedd) *g (ardal)* Landstrich *m*; *(darn o dir)* Parzelle *f*; *(gardd)* ≈ Schrebergarten *m*.

rhanedig *ans* geteilt; **mae'r blaid yn ~** die Partei ist gespalten, die Partei ist geteilter Meinung.

rhangymeriad (-au) *g (GRAM)* Partizip *nt*; **~ presennol** Partizip Präsens; **~ gorffennol** Partizip Perfekt.

rhaniad (-au) *g* Teilung *f*; *(GWLEID)* Spaltung *f*; *(gwallt)* Scheitel *m*; *(dosbarthiad)* Einteilung *f*, Unterteilung *f*; *(MATH)* Division *f*.

rhannol *ans* teilweise, partiell; **yn ~** teilweise, zum Teil.

   ◆ *adf* **yn ~ gywir** zum Teil richtig.

rhannu *be.a (gwahanu)* teilen; *(dosbarthu)* verteilen, austeilen; *(dosrannu)* einteilen, unterteilen; *(MATH)* dividieren; *(GWLEID)* spalten; *(rhan o ystafell)* abtrennen; **~ â** teilen mit +*dat*; **beth yw 9 wedi'i rannu â 3?** wie viel ist 9 geteilt durch drei? **~ yn dair** in drei Teile teilen.

   ◆ *be.g* sich teilen; *(o anghydfod)* sich spalten; *(fforchio)* sich gabeln; *(BIOL)* **mae cell yn ~** die Zelle teilt sich; **mae'r ffordd yn ~** die Straße gabelt sich; **mae'r afon yn ~'n ddwy** der Fluss teilt sich.

rhannwr (**rhanwyr**) *g* Teiler *m*; **~ ystafell** Raumteiler *m*.

rhannydd (**rhanyddion**) *g (MATH)* Divisor *m*, Teiler *m*; **~ cyffredin mwyaf** größter gemeinsamer Teiler, ggT *m.*

rhannyn (**rhanynnau**) *g (MATH)* Dividend *m.*

rhasgl (**-au**) *b (teclyn saer)* Raspel *f; (plaen)*
Schabhobel *m;* ~ **bren** Holzraspel *f;* ~ **fetel** Feile *f.*

rasglio *be.a* raspeln.

rhastell (**rhystyll**) *b* Rechen *m; (dail)* Laubrechen *m.*

rhastl (**-au**) *b* (Futter)krippe *f.*

rhathell (**-au**) *b (teclyn saer)* Raspel *f; (ar gyfer metel)*
Feile *f.*

rhathellu *be.a* raspeln, feilen.

rhathu *be.a* schaben; *(rhathellu)* raspeln, feilen;
(llyfnhau) glätten.

rhaw (**-iau** *neu* **rhofiau**) *b* Schaufel *f,* Schippe^D *f; (pâl)*
Spaten *m; (cardiau)* Pik *nt/f,* Blatt *nt.*

rhawd *b (hynt)* Lauf *m; (gyrfa)* Laufbahn *f;* **dilyn ei
rawd** seinen Lauf nehmen.

rhawg *adf:* **ymhen y** ~ mit der Zeit, à la longue.

rhawio *be.a* schaufeln, schippen^D.

rhawn *g* Rosshaar *nt.*

rhecsyn (**rhacs**) *g* Fetzen *m,* Flicken *m,* Lumpen *m;*
yn rhacs voller Flicken, zerlumpt.

rhech (**-od**) *b* Furz *m,* Pups *m.*

rhechain *be.g* furzen, einen fahren lassen.

rhechu *be.g* = **rhechain.**

rhedeg *be.g* laufen; *(rasio)* rennen; *(llifo)* rinnen; *(lliw)*
abfärben, auslaufen^D, ausgehen^A; *(llwybr)* führen;
(bws, trên) gehen, fahren; *(ffig: gweithio)* gehen,
laufen; *(GRAM: enw, ansoddair)* deklinieren, beugen;
(GRAM: berf) konjugieren; ~ **ar betrol/nwy** mit
Benzin/Gas laufen; ~ **allan o win** keinen Wein
mehr haben; ~ **i ffwrdd** weglaufen, davonlaufen;
mae ei drwyn yn ~ seine Nase rinnt/läuft; **rhedodd
ias i lawr ei chefn** ein Schauer lief ihr den Rücken
hinab.
♦ *be.a (busnes)* führen, leiten; ~ **car** ein Auto
haben; ~ **bath** ein Bad einlassen.

rhedegfa (**rhedegfeydd**) *b* Rennbahn *f.*

rhedegog *ans* laufend, rinnend, fließend; **dŵr** ~
Fließwasser *nt.*

rhedfa (**rhedfeydd**) *b* Piste *f; (AWYR)* Startbahn *f,*
Landebahn *f,* Rollbahn *f,* Runway *f/m.*

rhedffordd (**rhedffyrdd**) *b (AWYR)* = **rhedfa.**

rhediad (**-au**) *g* Lauf *m; (CHWAR: at darged)* Anlauf *m;*
(llifeiriant) Fluss *m; (cyfeiriad, cwrs)* Verlauf *m;*
(argraffiad) Auflage *f; (GRAM: enw, ansoddair)*
Deklination *f; (GRAM: berf)* Konjugation *f; (mewn
hosan neilon)* Laufmasche *f; (gêm o gardiau)* Straße
f; ~ **arbrofol** Probelauf *m;* ~ **y tir** Gelände *nt.*

rhedlif *g* Strömung *f; (MEDD)* Ausfluss *m.*

rhedweli *b* = **rhydweli.**

rhedwr (**rhedwyr**) *g (CHWAR)* Läufer *m; (hamdden)*
Jogger *m.*

rhedwraig (**rhedwragedd**) *b* Läuferin *f; (hamdden)*
Joggerin *f.*

rhedynen (**rhedyn**) *b (BOT)* Farn *m,* Farnkraut *nt.*

rhefr *g (ANAT)* After *m,* Anus *m,* Darmausgang *m.*

rhefr-rwym *ans (MEDD)* verstopft.

rhefru *be.g (dweud y drefn)* poltern, toben.

rheffyn (**-nau**) *g* Strang *m,* Kordel *f; (ceffyl)* Halfter
nt/m.

rheg (**-feydd**) *b* Schimpfwort *nt.*

rhegen *b:* ~ **yr ŷd** *(SÖOL)* Wiesenläufer *m,*
Wachtelkönig *m.*

rhegi *be.g* schimpfen, fluchen.

rheng (**-oedd**) *b* Reihe *f; (gradd)* Rang *m; (ffig)* **yn y** ~
flaenaf erstklassig; ~ **flaen** erste Reihe.

rheibio *be.a* verhexen; *(anrheithio)* verheeren; **mae'r
peiriant 'ma wedi'i reibio** das Gerät ist verhext.

rheibiwr (**rheibwyr**) *g (fandal)* Vandale *m; (SÖOL)*
Raubtier *nt,* Räuber *m; (ffig)* Halsabschneider *m.*

rheibus *ans* räuberisch; *(barus)* gierig; **anifail** ~
Raubtier *nt.*

rheidrwydd *g* Notwendigkeit *f,* Zwang *m;* **dim o
reidrwydd** nicht unbedingt; **o reidrwydd**
gezwungenermaßen.

rheiddiadur (**-on**) *g* Heizkörper *m,* Radiator *m;*
(MODUR) Kühler *m.*

rheiddiol *ans* radial; **injan reiddiol** Sternmotor *m;* **teiar**
~ Gürtelreifen *m.*

rheilen (**rheiliau**) *b* Schiene *f;* **rheiliau** *ll* Gitter *nt,*
Geländer *nt; (RHEILFF)* Schienen *pl,* Gleis *nt;* ~
dywelion Handtuchhalter *m;* **mynd oddi ar y rheiliau**
(RHEILFF) entgleisen.

rheilffordd (**rheilffyrdd**) *b* Eisenbahn *f; (llinell)*
Bahnlinie *f;* ~ **danddaearol** U-Bahn *f;* ~ **gebl**
Drahtseilbahn *f;* ~ **halio** Standseilbahn *f;* ~ **rac a
phiniwn** Zahnradbahn *f;* ~ **uwchddaearol**
Schwebebahn *f.*

rheilin *g* Geländer *nt,* Gitterzaun *m; (MOR)* Reling *f.*

rheina, rheini *rhag* = **rheiny.**

rheiny *rhag:* **y** ~ *(y rhai hynny)* jene, diejenigen; **y** ~
ohonoch diejenigen von euch.

rheitiach *ans (gwell)* besser, passender.

rheitheg *b* Rhetorik *f.*

rheithegol *ans* rhetorisch.

rheithfarn (**-au**) *b (CYFR)* Rechtsspruch *m,*
Urteilsspruch *m.*

rheithgor (**-au**) *g* Geschworene(n) *pl; (mewn achos
sifil)* Schöffen *pl;* **bod ar y** ~ auf der
Geschworenenbank sitzen.

rheithiwr (**rheithwyr**) *g (CYFR)* Geschworene(r) *m;*
(mewn achos sifil) Schöffe *m.*

rheithor (**-ion** *neu* **-iaid**) *g (CREF)* Pfarrer *m.*

rheithwraig (**rheithwragedd**) *b* Geschworene *f; (mewn* *achos sifil)* Schöffin *f.*

rhelyw *g* Rest *m*; **y ~** *(pobl)* der Rest, alle Übrigen.

rhemp *b* Auswüchse *pl*, Exzess *m*; **mynd yn ~**
Auswüchse annehmen; **camp a ~** Stärken und
Schwächen.

rhenc (-iau) *b* Sitzreihe *f.*

rhent (-i) *g* Miete *f*; **gosod ar rent** vermieten.

rhentu *be.a* mieten; *(tir, siop)* pachten; *(i rn arall)*
vermieten, verpachten.

rheol (-au) *b* Regel *f*, Vorschrift *f*; *(trefniant)*
Regelung *f*; **~au'r tŷ** Hausordnung *f*; **~au'r ffordd
fawr** Straßenverkehrsordnung *f*, StVO *f*; **fel ~** *(fel
arfer)* für gewöhnlich; **~au gêm** Spielregeln *pl.*

rheolaeth *b* Kontrolle *f*; *(gwaith rheoli)* Regelung *f*;
(cwmni) Leitung *f*, Führung *f*, Management *nt*; **~
arfau** *(MIL)* Rüstungskontrolle *f*; **~ arswyd**
Angstherrschaft *f*; **~ bell** Fernsteuerung *f*; **~ data**
Datenverwaltung *f*; **o dan reolaeth** unter
Kontrolle; **colli ~ dros** die Kontrolle verlieren
über *+akk.*

rheolaidd *ans* regelmäßig, gesetzmäßig; *(wedi'i reoli)*
geregelt; *(propr)* regulär; *(parhaol)* ständig,
kontinuierlich; **ymwelydd ~** regelmäßiger
Besucher *m*, Stammgast *m.*

rheoledig *ans* reguliert; **economi reoledig**
Planwirtschaft *f.*

rheoleidd-dra *g* Regelmäßigkeit *f.*

rheoleiddio *be.a* regulieren.

rheoli *be.a* kontrollieren; *(llywodraethu)* führen,
leiten; *(gweinyddu)* verwalten; *(anifail, plant)*
bändigen; *(gwlad)* regieren; *(trefnu)* regeln; *(TECH)*
steuern; **~'r traffig** den Verkehr regeln; **eich ~ eich
hun** sich beherrschen.

rheolwaith *g* Arbeitsablauf *m*, Routinetätigkeit *f.*

rheolwr (rheolwyr) *g* Leiter *m*, Geschäftsführer *m*;
(cwmni mawr) Manager *m*; **~ adran** *(MASN)*
Abteilungsleiter *m*; **~ banc** Bankbeamter *m*; **~
gorsaf** Bahnhofsvorsteher *m*; **rheolwyr** *ll*
Management *nt*, Führung *f.*

rheolwraig (rheolwragedd) *b* Leiterin *f*,
Geschäftsführerin *f*; *(cwmni mawr)* Managerin *f.*

rheolydd (-ion) *g* *(TECH)* Regler *m*; **~ calon**
Herzschrittmacher *m*; **~ o bell** Fernbedienung *f.*

rhes (-i *neu* -au) *b* Reihe *f*; *(ystafelloedd)* Flucht *f*;
(llinell o liw) Streifen *m*; *(ceir)* Autoschlange *f*; **~ o
dai** Häuserzeile *f*; **~ gydosod** *(TECH)* Fließband *nt*; **~
o fynyddoedd** Bergkette *f*; **~ wen** Scheitel *m*; **sefyll
mewn ~** in einer Reihe stehen.

rhesel (-i) *b* Gestell *nt*, Ständer *m*; *(silff)* Regal *nt*;
(car) Dachträger *m*; **~ boteli** Flaschenregal *nt*; **~
ddillad** Kleiderständer *m*; **~ fagiau** *(mewn trên)*
Gepäcknetz *nt*; **~ hetiau** Hutständer *m*; **~ sychu**

Wäschetrockner *m*; **~ wair** Heureuter *f.*

rhesen (rhesi) *b* Streifen *m.*

rhesinen (rhesin) *b* *(COG)* Rosine *f*, Zibebe[A] *f.*

rhesog *ans* gestreift; *(am wehyddiad)* geribbt.

rhestl (-au) *b* = **rhesel.**

rhestr (-i) *b* Liste *f*; *(catalog)* Verzeichnis *nt*; *(eiddo)*
Inventarliste *f*; **~ aros** Warteliste *f*; **~ cwmnïoedd**
(MASN) Firmenregister *nt*; **~ fer** *(am swydd)* engere
Wahl *f*; **~ siopa** Einkaufsliste *f*; **~ termau** Glossar
nt.

rhestru *be.a* aufzählen, auflisten.

rheswm (rhesymau) *g* *(achos)* Grund *m*, Ursache *f*;
(esboniad) Begründung *f*; *(dadl)* Argument *nt*;
(pwyll) Verstand *m*; *(synnwyr)* Vernunft *f*; *(ysgogiad)*
Beweggrund *m*; **y mae tu hwnt i bob ~** das kommt
gar nicht in Frage; **wrth reswm**
selbstverständlich; **dal pen ~** ein Gespräch
führen.

rhesymeg *b* Logik *f.*

rhesymegol *ans* logisch, folgerichtig.

rhesymol *ans* vernünftig, rational; *(prisiau)*
preiswert, günstig, billig.

rhesymu *be.g:* **~ â rhn** *(dadlau)* mit jdm diskutieren.

rhethreg *b* Rhetorik *f.*

rhethregol *ans* rhetorisch; **cwestiwn ~** rhetorische
Frage.

rhew *g* Eis *nt*; *(tywydd)* Frost *m*; **~ du** Glatteis *nt.*

rhewbwynt (-iau) *g* Gefrierpunkt *m.*

rhewedig *ans* tiefgefroren; *(eira)* harschig.

rheweiddiad *g* Tiefkühlung *f.*

rheweiddio *be.a* tiefkühlen.

rhewfa (rhewfeydd) *b* Kühlanlage *f*, Kühlraum *m.*

rhewfryn (-iau) *g* *(mynydd iâ)* Eisberg *m.*

rhewfwyd (-ydd) *g* Tiefkühlkost *f.*

rhewgell (-oedd) *b* Tiefkühlschrank *m*; *(cist)*
Kühltruhe *f.*

rhewgig *g* Gefrierfleisch *nt.*

rhewgist (-iau) *b* Gefriertruhe *f*, Kühltruhe *f.*

rhewi *be.a* *(bwyd, ffig: cyflogau)* einfrieren; *(MEDD)*
vereisen.

♦ *be.g* frieren, gefrieren; *(methu gweithio)*
einfrieren; *(bod yn oer)* eiskalt sein; *(marw)*
erfrieren; *(ffig: aros yn stond)* erstarren; **wedi ~'n
gorn** steif gefroren.

rhewlif (-au) *g* Gletscher *m.*

rhewlifol *ans* glazial.

rhewlyn (-noedd) *g* Gletschersee *m.*

rhewllyd *ans* eisig, eiskalt, frostig.

rhewog *ans* frostig, frigid.

rhewydd (-ion) *g* Gefriermittel *nt.*

rhewyn (-au) *g* Rinnsal *nt*, Straßengraben *m*, Gosse
f.

rhëydr *ll gw.* **rhaeadr**.

rhiain (rhianedd) *b (llen)* Maid *f*.

rhiaint *ll* = **rhieni**; *gw.* **rhiant**.

rhialtwch *g* Freudenfeier *f*, Lustbarkeit *f*, Jubel *m*.

rhiant (rhieni *neu* rhiaint) *g* Elternteil *m*; ~ **sengl**
   Alleinerzieher *m*; **rhieni** *ll* Eltern *pl*; **rhieni**
   mabwysiadol Adoptiveltern *pl*; **rhieni maeth**
   Pflegeeltern *pl*; **rhieni-yng-nghyfraith**
   Schwiegereltern *pl*.

rhibidirês *b* schlampige Reihe *f*; *(o eiriau)* Blabla *nt*.

rhibin (-iau) *g* Streifen *m*; *(golau)* Strahl *m*.

rhic (-iau) *g* Kerbe *f*.

rhicio *be.a* kerben, einkerben.

rhidens *ll (TECS)* Franse *f*.

rhidyll (-au) *b* Sieb *nt*; *(pridd, ŷd)* Reiter *f*.

rhidyllu *be.a* (durch)sieben, reitern; ~ **am aur** Gold
   waschen.

rhieni *ll gw.* **rhiant**; **noson rieni** *(YSG)* Elternabend *m*;
   cymdeithas ~ Elternverein *m*.

rhif (-au) *g* Nummer *f*, *(MATH)* Zahl *f*, *(car)*
   Kennzeichen *nt*, Nummerntafel *f*; ~ **archeb**
   Bestellnummer *f*; ~ **bocs** *(mewn hysbyseb)* Chiffre
   f; ~ **côd** Code *m*, Codenummer *f*; ~ **côd y banc**
   Bankleitzahl *f*; ~ **cyfan** *(MATH)* ganze Zahl; ~ **cyfrif**
   banc *(CYLL)* Kontonummer *f*; ~ **cymhlyg** komplexe
   Zahl; ~ **cysefin** Primzahl *f*; ~ **deuaidd** Binärzahl *f*;
   ~ **ffacs** Faxnummer *f*; ~ **ffôn** Telefonnummer *f*; ~
   gwastad gerade Zahl; ~ **octan** *(petrol)* Oktanzahl *f*;
   ~ **prifol** Kardinalzahl *f*; ~ **real** reelle Zahl; ~ **safonol**
   rhyngwladol *(llyfr)* ISBN-Nummer *f*; ~ **trefnol**
   Ordinalzahl *f*.

rhifadwy *ans* zählbar.

rhifadwyedd *g* Zählbarkeit *f*.

rhifiadol *ans* nummerisch.

rhifiadur (-on) *g (MATH: ffracsiynau)* Zähler *m*.

rhifo *be.a (rhoi rhif i)* nummerieren; *(cyfrif)* zählen.
   ♦ *be.g* durchzählen.

rhifol[1] *ans* nummerisch, zahlenmäßig.

rhifol[2] *g* = **rhifolyn**.

rhifolyn (rhifolion) *g* Ziffer *f*, *(GRAM)* Zahlwort *nt*;
   rhifolion Arabaidd arabische Ziffern; **rhifolion**
   Rhufeinig römische Ziffern.

rhifydd (-ion) *g (TECH)* Zähler *m*; ~ **camau**
   Schrittzähler *m*; ~ **Geiger** Geigerzähler *m*; ~
   cylchdroeon Drehzahlmesser *m*.

rhifyddeg *b (MATH)* Arithmetik *f*, Rechnen *nt*.

rhifyddol *ans* arithmetisch, rechnerisch.

rhifyn (-nau) *g (cylchgrawn)* Nummer *f*, Ausgabe *f*,
   Heft *nt*; ~ **mis Awst** Augustheft *nt*.

rhigo *be.a* einkerben, rillen.

rhigod (-au) *g* Pranger *m*.

rhigol (-au) *b* Kerbe *f*, Nut *f*; *(record)* Rille *f*; *(ffig)*

Trott *m*; ~ **a thafod** Nut und Feder.

rhigwm (rhigymau) *g* Stanzel[A] *nt*, Reim *m*; ~ **cyfrif**
   Abzählreim *m*.

rhingyll (-iaid) *g (MIL)* Wachtmeister *m*, Feldwebel[D]
   m, Vizeleutnant[A] *m*; *(heddlu)* Wachtmeister.

rhimyn (-nau) *g* Rand *m*; *(llain)* Randlinie *f*; ~ **y bath**
   Badewannenrand *m*; ~ **y gwallt** Haaransatz *m*.

rhin (-iau) *b (rhinwedd)* Tugend *f*; *(cyfrinach)*
   Geheimnis *nt*; *(COG)* Extrakt *m/nt*.

rhincian *be.g* knirschen; *(papur)* knistern; *(gwydr)*
   klirren; *(gwichian)* quietschen.
   ♦ *be.a:* ~ **dannedd** mit den Zähnen knirschen.

rhinflas (-au) *g (COG)* Essenz *f*, Extrakt *m/nt*; ~ **almon**
   Mandelextrakt *nt/m*.

rhiniog (-au) *g* Türschwelle *f*.

rhiniol *ans* geheimnisvoll, mysteriös.

rhinoseros (-od *neu* -iaid) *g (SÖOL)* Nashorn *nt*,
   Rhinozeros *nt*.

rhinwedd (-au) *gb* Tugend *f*, Gut *nt*; *(nodwedd i'w*
   chanmol) gute Eigenschaft *f*.
   yn rhinwedd *ardd* aufgrund +*gen*, kraft
   +*gen*; **yn ~ ei swydd** kraft seines Amtes.

rhinweddol *ans* tugendhaft.

rhisgl *ll (BOT)* Borke *f*, Rinde *f*; *(crawen)* Kruste *f*,
   Schale *f*.

Rhisiart Lewgalon *g (HAN)* Richard Löwenherz *m*.

rhith (-iau) *g* Schein *m*; *(ymddangosiad)* Anschein *m*;
   (gwedd) Erscheinung *f*; *(lledrith)* Trugbild *nt*,
   Phantom *nt*; *(BIOL)* Spore *f*, Samenzelle *f*; *(ffetws)*
   Embryo *m*; ~ **beiriant** *(CYFDR)* virtuelle Maschine *f*;
   ~ **gof** *(CYFDR)* virtueller Speicher *m*; ~ **golygol**
   optische Täuschung.

rhithdyb (-iau) *b* Irrglaube *m*, falsche Vorstellung *f*.

rhithfawredd *g* Größenwahn *m*.

rhithio *be.g* scheinen, erscheinen.

rhithiol *ans* schemenhaft.

rhithlun (-iau) *g* Erscheinung *f*, Trugbild *nt*, Fata
   Morgana *f*.

rhithweledigaeth (-au) *b* Halluzination *f*.

rhithyn *g* Partikel *f*, Teilchen *nt*; *(ffig)* Jota *nt*,
   Körnchen *nt*; **does ganddo ddim ~ o ddiddordeb** er
   zeigt nicht das geringste Interesse.

rhiw (-iau) *b* Gefälle *nt*, Hang *m*; *(heol)* Steigung *f*,
   Berg *m*.

rhiwbob *g (BOT)* Rhabarber *m*.

rho *gorch gw.* **rhoi**; ~ **sylw!** gib Acht! hör zu!

rhoces (-i) *b (hogen)* Mädel *nt*.

rhocyn (rhociaid) *g (hogyn)* Bursch *m*.

rhoch *b* Grunzen *nt*; *(ar fin marw)* Röcheln *nt*.

rhochian *be.g* grunzen; *(chwyrnu)* schnarchen; *(cyn*
   marw) röcheln.

rhod (-au) *b (olwyn)* Rad *nt*; *(cylch)* Umlaufbahn *f*; ~

ddŵr Mühlrad *nt.*

rhodell (-au) *b* Kreisel *m*, Spindel *f.*

rhoden (-ni) *b* (gwialen) Rute *f*; (ffon) Stange *f*; ~ **fellt**
Blitzableiter *m*; ~ **piston** (TECH) Pleuelstange *f.*

rhodfa (rhodfeydd) *b* Promenade *f*, Passage *f*; ~ **goed**
Allee *f.*

rhodianna *be.g* promenieren, lustwandeln,
schlendern.

rhodiannwr (rhodianwyr) *g* Spaziergänger *m.*

rhodianwraig (rhodianwragedd) *b* Spaziergängerin *f.*

rhodio *be.g* (llen) wandeln, spazieren, flanieren.

rhodiwr (rhodwyr) *g* (THEAT) Statist *m.*

rhodl (-au) *gb* Paddel *nt*, Skull⁰ *nt.*

rhodlong *b* (MOR) Raddampfer *m.*

rhododendron (-au *neu* -s) *g* (BOT) Rhododendron *m.*

rhodres *g* Hochnäsigkeit *f*, Gehabe *nt*, Allüren *pl*;
(rhwysg) Pomp *m*, Prunk *m.*

rhodresa *be.g* sich aufspielen, sich aufblasen.

rhodresgar *ans* (rhn) eingebildet, affektiert,
aufgeblasen; (ymddygiad) ostentativ, zur Schau
getragen; (rhwysgfawr) pompös, protzig.

rhodd (-ion) *b* Gabe *f*, Geschenk *nt*; (elusennol)
Spende *f*, milde Gabe.

rhoddi *be.a* = rhoi.

rhoddwr (rhoddwyr) *g* Spender(in) *m(f)*; ~ **gwaed**
Blutspender(in) *m(f).*

rofiaid (rhofieidiau) *b* Schaufel(voll) *f.*

rofiau *ll gw.* rhaw.

rhofio *be.a* schaufeln.

rhoi *be.a* geben; (estyn) reichen; (yn swyddogol)
übergeben, überreichen; (yn anrheg) schenken;
(elusen) spenden; (gosod) legen, stellen, setzen;
(cyflwyno) angeben; (talu) bezahlen; (bloedd) von
sich geben; (nodi) hinschreiben; (torri lawr o dan)
nachgeben; (MATH) ergeben; ~ **ar bapur**
aufschreiben; ~ **ar bensiwn** in Pension schicken;
~ **ar brawf** testen; ~ **ar dân** in Brand stecken; ~ **ar**
ddeall i rn jdm zu verstehen geben; ~ **ar goedd**
unters Volk bringen; ~**'r argraff** den Eindruck
erwecken; ~ **benthyg** leihen, herborgen; ~
blaenoriaeth i den Vorzug geben +dat, vorrangig
behandeln; ~ **bod i** Leben einhauchen +dat; ~
bonclust i ohrfeigen; ~ **cawell i rn** (ffig) jdm einen
Korb geben, jdm eine Abfuhr erteilen; ~ **curfa i**
verprügeln, Prügel verabreichen +dat; ~ **cyfrif am**
Rechenschaft ablegen über +akk; ~ **cynnig ar**
versuchen; ~ **dillad amdanoch** sich anziehen; ~
bron i die Brust geben +dat; ~**'r ffidil yn y to** (ffig)
aufgeben, die Flinte ins Korn werfen; ~
genedigaeth i gebären, das Leben schenken +dat;
~ **gerbron** vorlegen; ~**'r gorau i** aufgeben,
verzichten auf +akk; ~ **gwaed** Blut spenden; ~

gwybod i benachrichtigen, verständigen; ~ **heibio**
(rhoi'r gorau i) aufgeben; ~ **i gadw** (storio) verstauen,
lagern; (tacluso) wegräumen; (cynilo) beiseite
legen; ~ **llety i** aufnehmen, beherbergen; ~ **llonydd**
i in Ruhe lassen; ~ **i mewn** (cais ayb) einreichen; ~
min ar schärfen; ~ **i'r naill ochr** beiseite legen; ~
pardwn i (CYFR) begnadigen; ~ **parti** eine Party
geben, eine Fete⁰ schmeißen; ~ **pryd o dafod i**
anschnauzen, die Leviten lesen +dat; ~ **rhn yn ei**
le jdn in die Schranken weisen; ~ **sêl bendith ar**
gutheißen, billigen; ~ **stop ar** Einhalt gebieten
+dat; ~ **sylw i** beachten, Aufmerksamkeit
schenken +dat; ~ **terfyn ar rth** etw ad acta legen; ~
trefn ar ordnen; ~ **eich troed ynddi** ins
Fettnäpfchen treten; ~ **rhn trwodd** (TEL)
durchschalten, verbinden; ~ **wrth gefn**
zurücklegen; ~ **ymlaen** einschalten; ~ **yn ôl**
zurückgeben; ~ **ysgytiad i** erschüttern.

rhôl (rholiau) *b* Rolle *f*; (THEAT) Rolle; (COG) ~ **fara**
Brötchen⁰ *nt*, Semmel^ *f*; ~ **gig** Fleischroulade *f*; ~
o'r Swistir Biskuitroulade *f.*

rholbren (-ni) *g* Nudelholz *nt*, Nudelwalker^ *m.*

rholer (-i) *gb* Rolle *f*, Walze *f*; ~ **metlin** Straßenwalze
f.

rholio *be.a* rollen; (edefyn, papur) aufrollen,
aufwickeln; (sigarét) drehen; (gwneud yn fflat)
walzen; (toes) ausrollen.

♦ *be.g* rollen; (yn y gwely, ar y llawr) sich wälzen.

rholiwr (rholwyr) *g* (TECH) Rolle *f*, Walze *f.*

rholyn (rholiau) *g* Rolle *f.*

rhombws (rhombysau *neu* rhombi) *g* (MATH) Raute *f*,
Rhombus *m.*

rhonc *ans* eingefleischt; mae e'n wladgarwr ~ er ist
ein Patriot durch und durch.

rhos[1] (-ydd) *b* Heide *f*, Hochmoor *nt.*

rhos[2] *g:* ~ **Mair** (BOT) Rosmarin *m.*

rhos[3] *ll gw.* rhosyn.

rhosbysgodyn (rhosbysgod) *g* (SÖOL) Rotbarsch *m.*

rhoséd (rhosedi *neu* rhosedau) *gb* Rosette *f.*

rhosen (-ni) *b* = rhoséd.

rhosglwm (rhosglymau) *g* Rosette *f.*

rhosmari *g* (BOT) Rosmarin *m.*

rhosod *ll gw.* rhosyn.

rhost *ans* gebraten; tatws ~ Bratkartoffeln *pl*, Rösti^S
nt.

rhostio *be.a* braten, rösten.

rhostir (-oedd) *g* Hochmoor *nt.*

rhosyn (-nau *neu* rhosod) *g* (BOT) Rose *f*; ~ **y mynydd**
Pfingstrose *f*; ~ **gwyllt** Heckenrose *f.*

rhu (rhuadau) *g* Brüllen *nt*; (rhaeadr) Tosen *nt.*

rhuad *g* = rhu.

rhuban (-au) *g* Band *nt*; (addurn) Schleife *f*; ~ **du**

Trauerflor *m*; ~ **teipiadur** Farbband *nt*.

rhuchen *b (MEDD)* Star *m*.

rhudd *ans (llen)* rot, rötlich.

rhuddem (-au) *gb* Rubin *m*.

rhuddgoch *ans* knallrot, scharlachrot, zinnober.

rhuddin *g* Kernholz *nt*; *(ffig)* Kern *m*.

rhuddo *be.a* ansengen, versengen.

rhuddwernen (rhuddwern) *b (BOT)* Vogelkirsche *f*.

rhuddygl *g (BOT)* Radieschen *nt*; ~ **poeth**
Meerrettich^D *m*, Kren^A *m*.

Rhufain *b (DAEAR)* Rom *nt*.

Rhufeines (-au) *b* Römerin *f*.

Rhufeiniad (Rhufeiniaid) *g* = Rhufeiniwr.

Rhufeinig *ans* römisch; **rhifolion** ~ römische Ziffern.

Rhufeiniwr (Rhufeinwyr) *g* Römer *m*.

rhugl *ans* fließend; **siarad Almaeneg yn** ~ fließend
Deutsch sprechen.

rhuglo *be.a (crafu)* abschaben; *(siglo)* beuteln,
schütteln.

rhuo *be.g* brüllen; *(carw)* röhren; *(gwynt)* heulen,
brausen; *(môr)* tosen; *(modur)* surren, rattern,
dröhnen; ~ **chwerthin** brüllen vor Lachen; ~ **ar rn**
jdn anbrüllen.

rhusio *be.g* es mit der Angst zu tun bekommen.

rhuthr (-adau) *g (tyrfa)* Hektik *f*, Hetze *f*; *(ymosodiad)*
Ansturm *m*; *(anifeiliaid)* Stampede *f*; ~ **dŵr** Schwall
m.

rhuthrad *g* = rhuthr.

rhuthro *be.g (brysio)* hetzen, sich beeilen; *(symud yn
gyflym)* rasen, sausen; *(ymosod)* stürmen; ~ **o
gwmpas** herumhetzen; ~ **tuag at** losstürzen auf
+akk; ~ **i mewn** hereinstürmen.

rhwbel *g* = rwbel.

rhwber *g* = rwber.

rhwbiad (-au) *g* Reiben *nt*, Scheuern^D *nt*; *(â brws)*
Schrubben *nt*; *(MEDD)* Abstrich *m*.

rhwbio *be.a* reiben; *(â brws)* schrubben; ~ **â lliain**
frottieren; ~ **allan** ausradieren; ~**'ch dwylo** sich *dat*
die Hände reiben.
 ♦ *be.g* reiben, sich reiben; *(brifo)* wund scheuern.

rhwch *g* = rhoch.

rhwd *g (gwaelodion)* Sediment *nt*, Ablagerung *f*; *(ar
haearn)* Rost *m*; ~ **gwyrdd** Grünspan *m*; *(ar gopr)*
Edelrost *m*, Patina *f*.

rhwdu *be.g* = rhydu.

rhwng *ardd* zwischen *+dat*; *(ymhlith)* unter *+dat*;
rhyngot ti a mi a'r pared unter uns gesagt, unter
vier Augen; **mae rhyngoch chi a'ch cawl** das ist ihr
Bier; ~ **dau feddwl** unschlüssig; ~ **popeth** alles in
allem.

rhwto *be.a, be.g* = rhwbio.

rhwth *ans* klaffend, weit offen.

rhwyd (-au *neu* -i) *b* Netz *nt*; *(gôl)* Netz; ~ **ddiogelwch**
Sicherheitsnetz *nt*.

rhwyden (-ni) *b (ANAT)* Netzhaut *f*.

rhwydo *be.a* (mit einem Netz) fangen; *(ffig: pêl)*
einnetzen.

rhwydwaith *g* Netz *nt*; *(pobl, CYFDR)* Netzwerk *nt*;
(radio) Funknetz *nt*; ~ **heolydd** Straßennetz *nt*; ~
cyflenwad Versorgungsnetz *nt*; ~ **rheilffyrdd**
Eisenbahnnetz *nt*.

rhwydd *ans (hawdd)* einfach, leicht; *(didrafferth)*
mühelos; *(rhugl)* flüssig, fließend; ~ **hynt** *(heb
rwystr)* freie Hand/Bahn; **rhoi** ~ **hynt i rn** jdm freie
Hand lassen; **siaradwr** ~ guter Redner *m*.

rhwyddineb *g* Leichtigkeit *f*.

rhwyf (-au) *b* Ruder *nt*, Riemen *m*.

rhwyfo *be.a, be.g* rudern.

rhwyfus *ans* zappelig.

rhwyfwr (rhwyfwyr) *g* Ruderer *m*.

rhwyg (-iadau) *g* Riss *m*, Bruch *m*; *(anghydfod)*
Zwiespalt *m*; *(CREF, GWLEID)* Schisma *nt*.

rhwygedig *ans* rissig, zerrissen; *(ffig)* zerrissen,
gespalten.

rhwygiad *g* = rhwyg.

rhwygo *be.a* reißen, zerreißen; *(GWLEID)* spalten; ~**'n
ddarnau** zerfetzen, zerreißen.
 ♦ *be.g* reißen; *(torri)* bersten.

rhwyll (-au) *b* Gitter *nt*, Rost *m*, Raster *m*; ~ **flaen** *(car)*
Kühlergrill *m*; ~ **wifrog** Drahtgitter *nt*,
Maschendraht *m*.

rhwyllen (-ni) *b (TECS)* Gaze *f*, Mull *m*.

rhwyllo *be.a* perforieren, lochen.

rhwyllog *ans* perforiert; *(delltwaith)* gitterartig,
vergittert.

rhwyllwaith *g (rhwyll)* Gitterwerk *nt*; *(gwaith coed)*
Laubsägearbeit *f*.

rhwym[1] (-au) *g* Bindung *f*; *(llyffethair)* Fessel *f*;
(cyfrifoldeb) Verpflichtung *f*; **mewn ~au** *(llen)* in
Banden; **~au teuluol** familiäre Bande *pl*.

rhwym[2] *ans* verpflichtet, gebunden; *(MEDD)*
verstopft.

rhwymedig *ans* gebunden, verpflichtet; *(llyfr)*
gebunden.

rhwymedigaeth (-au) *b* Verpflichtung *f*.

rhwymedd *g (MEDD)* Verstopfung *f*.

rhwymiad (-au) *g (llyfr)* Einband *m*; *(sgïau)* Bindung *f*;
(MEDD) Verband *m*; ~ **brys** Notverband *m*.

rhwymo *be.a* binden; *(carcharor)* fesseln; *(clwyf)*
verbinden, bandagieren; *(llyfr)* binden; *(ffig: gorfodi)*
zwingen, binden; *(MEDD)* stopfen.

rhwymyn (-nau) *g (bandin)* Binde *f*, Band *nt*; *(MEDD)*
Verband *m*, Bandage *f*; ~ **chwys** Schweißband *nt*;
~ **meinwe** Mullbinde *f*.

rhwysg *g* Pomp *m*, Aufwand *m*, Prunk *m*.

rhwysgfawr *ans* pompös, protzig.

rhwystr (-au) *g* Barriere *f*, Hindernis *nt*; *(heol)* Absperrung *f*; *(ffig)* Hindernis *nt*.

rhwystredig *ans* frustriert.

rhwystredigaeth *b* Frustration *f*.

rhwystro *be.a* hindern, behindern, hemmen; *(cau)* blockieren, sperren; *(atal)* verhindern, verhüten; *(cynllun)* vereiteln; **~ rhag** hindern an *+dat*; **~ rhn rhag gweithio** jdn von der Arbeit abhalten.

♦ *be.e* Behinderung *f*.

rhwystrol *ans* *(ataliol)* vorbeugend, präventiv.

rhy *adf* zu; **~ hwyr** zu spät; **~ gynnar** zu früh, verfrüht; **~ ychydig** zu wenig; **~ drwm** *(rhn)* übergewichtig; **mynd yn ~ bell** *(ffig)* zu weit gehen.

rhybed (-ion) *g* *(TECH)* Niete *f*.

rhybediad (-au) *g* *(naid yn ôl)* Abpraller *m*; *(sŵn)* Widerhall *m*.

rhybedio *be.g* abprallen, zurückspringen; *(sŵn)* widerhallen.

rhybedog *ans* genietet.

rhybedu *be.a* *(TECH)* nieten.

rhybudd (-ion) *g* Warnung *f*, *(CYLL)* Mahnung *f*; *(o gosb)* Verwarnung *f*, Ermahnung *f*; *(terfynu cytundeb)* Kündigungsfrist *f*; *(gwybodaeth ymlaen llaw)* Bescheid *m*, Vorwarnung *f*; **~ cyffredinol** Großalarm *m*; **~ olaf** *(i dalu)* letzte Mahnung; **~ storm** Sturmwarnung *f*; **ar fyr rybudd** kurzfristig.

rhybuddio *be.a* warnen, mahnen; *(o gosb)* verwarnen; *(rhoi gwybod)* informieren; **~'r heddlu** die Polizei alarmieren; **system ~ cynnar** Frühwarnsystem *nt*.

rhych (-au) *gb* *(AMAETH)* Furche *f*; *(mewn croen)* Fältchen *nt*, Runzel *f*; *(olwyn)* Fahrrille *f*; **tafod a ~** Nut und Feder; **ni allaf wneud na ~ na gwellt o'r peth** ich werde daraus nicht schlau.

rhychiog *ans* gewellt; **haearn/zinc ~** Wellblech *nt*; **papur ~** Wellpappe *f*.

rhychog *ans* *(wyneb)* faltig, runzlig, zerfurcht; *(person)* verhutzelt; *(ffrwyth)* verschrumpelt.

rhychu *be.a* furchen, Furchen ziehen.

rhychwant (-au) *g* *(hyd pont)* Spanne *f*; *(amser)* Zeitspanne *f*; *(rhwng bys a bawd)* Handspanne *f*; *(ffig)* Bandbreite *f*, Spektrum *nt*; **~ oes** Lebensspanne *f*.

rhychwantu *be.a* überspannen; *(amser, ffig)* umfassen, sich erstrecken über *+akk*.

rhyd (-au) *b* Furt *f*.

rhydio *be.g* waten; **~ trwy afon** durch einen Fluss waten.

rhydlyd *ans* rostig.

rhydu *be.g* rosten, verrosten.

rhydweli (**rhydwelïau**) *b* *(ANAT)* Arterie *f*, Schlagader *f*.

Rhydychen *b* *(DAEAR)* Oxford *nt*.

rhydyllu *be.a* lochen, perforieren.

rhydd *ans* frei; *(llac)* locker, lose; *(heb baced)* offen, unverpackt; *(sedd)* frei, unbesetzt; *(dim yn atebol)* ungebunden; **cic rydd** *(pêl-droed)* Freistoß *m*; **dod yn ~** sich befreien; **dolur ~** *(medd)* Durchfall *m*; **saer ~** Freimaurer *m*.

rhyddfarn (-au) *b* Freispruch *m*.

rhyddfarniad (-au) *g* = **rhyddfarn**.

rhyddfarnu *be.a* freisprechen.

rhyddfentrus *ans:* **economi ~** *(MASN)* freie Marktwirtschaft *f*.

rhyddfraint (**rhyddfreiniau**) *b* Emanzipation *f*.

rhyddfreinio *be.a* emanzipieren.

Rhyddfrydiaeth *b* Liberalismus *m*.

rhyddfrydig *ans* freiheitlich, liberal, weltoffen; *(hael)* freigebig, großzügig.

rhyddfrydol *ans* liberal, freisinnig; **y Blaid Ryddfrydol** *(GWLEID)* die Liberalen *pl*.

Rhyddfrydwr (**Rhyddfrydwyr**) *g* *(GWLEID)* Liberale(r) *m*.

Rhyddfrydwraig (**Rhyddfrydwragedd**) *b* *(GWLEID)* Liberale *f*.

rhyddhad *g* *(gwaredigaeth)* Befreiung *f*; *(teimlad)* Erleichterung *f*; *(carcharor)* Freilassung *f*; **~ o dreth** Steuerbefreiung *f*.

rhyddhau *be.a* befreien; *(o'r ysbyty neu garchar)* entlassen; *(anifail)* freilassen; *(nwy)* freisetzen; *(llacio beth sy'n sownd)* lösen; *(FFOTO: clicied)* auslösen; *(o ymrwymiad)* entbinden.

rhyddhawr (**rhyddhawyr**) *g* Befreier *m*.

rhyddiaith *b* *(LLEN)* Prosa *f*.

rhyddid *g* Freiheit *f*; **~ barn** Meinungsfreiheit *f*; **~ crefyddol** Religionsfreiheit *f*; **~ cydwybod** Gewissensfreiheit *f*; **~ y wasg** Pressefreiheit *f*.

rhyddieithol *ans* prosaisch.

rhyfedd *ans* seltsam, merkwürdig, sonderbar; *(od)* bizarr; *(person)* schrullig, verschroben; *(digrif)* drollig, komisch, spaßig; *(anarferol)* ungewöhnlich, erstaunlich, kurios.

rhyfeddod (-au) *g* Wunder *nt*; *(teimlad)* Verwunderung *f*, Erstaunen *nt*; **~ y byd** Weltwunder *nt*.

rhyfeddol *ans* erstaunlich, bewundernswert, bemerkenswert; *(anarferol)* verwunderlich, wundersam.

rhyfeddu *be.g* sich wundern, staunen; **~ at** staunen über *+akk*.

rhyfel (-oedd) *gb* Krieg *m*; **~ byd** Weltkrieg *m*; **~ cartref** Bürgerkrieg *m*; **~ gerila** Guerillakrieg *m*; **~**

niwclear Atomkrieg *m*; **~ oer** kalter Krieg; **Rh~ Byd Cyntaf** Erster Weltkrieg; **Ail Ryfel Byd** Zweiter Weltkrieg; **Rh~ y Boer** Burenkrieg *m*; **Rh~ Deng Mlynedd ar Hugain** Dreißigjähriger Krieg; **y Rh~ Mawr** der Erste Weltkrieg; **mynd i ryfel** in den Krieg ziehen.

rhyfela *be.g* Krieg führen.

rhyfelgar *ans* kriegerisch, aggressiv, feindselig.

rhyfelgarwch *g* Aggression *f*, Feindseligkeit *f*.

rhyfelgi (**rhyfelgwn**) *g* Kriegshetzer *m*.

rhyfelgri (**rhyfelgrïoedd**) *b* Kriegsschrei *m*, Schlachtruf *m*.

rhyfelgyrch (**-oedd**) *g* Feldzug *m*.

rhyfelwisg (**-oedd**) *b* Rüstung *f*.

rhyfelwr (**rhyfelwyr**) *g* Krieger *m*.

rhyferthwy *g* Sturm *m*, Unwetter *nt*; *(cenllif)* reißender Strom.

rhyfon *ll* Johannisbeeren *pl*, Ribiseln^ *pl*; **~ duon** schwarze Johannisbeeren.

rhyfyg *g* Arroganz *f*, Stolz *m*; *(beiddgarwch)* Dreistigkeit *f*.

rhyfygu *be.g* sich erdreisten.

rhyfygus *ans* dreist, unverschämt; *(hunanbwysig)* arrogant, stolz.

rhyg *g* *(BOT)* Roggen *m*; **bara ~** Roggenbrot *nt*, Pumpernickel *nt/m*.

rhygnu *be.g* *(sŵn crafu)* scharren, schären, kratzen, knirschen; *(drws)* knarren; **~ ymlaen am rth** etw breittreten.

rhyng- *rhagdd* zwischen-, inter-.

rhyngadrannol *ans* mehrere Abteilungen betreffend.

rhyngalactig *ans* = rhyngalaethog.

rhyngalaethog *ans* intergalaktisch.

rhyngbersonol *ans* zwischenmenschlich.

rhyngdalieithol *ans* überregional.

rhyngddi *ardd gw.* **rhwng**.

rhyngddisgyblaethol *ans* interdisziplinär.

rhyngddiwylliannol *ans* interkulturell.

rhyngddo *ardd gw.* **rhwng**.

rhyngddynt *ardd gw.* **rhwng**.

rhyng-gipio *be.a* *(pêl mewn gêm)* abfangen, wegschnappen.

rhyng-gyfandirol *ans* interkontinental.

rhyng-gyfarfod *be.g:* **~ â** *(AWYR)* abfangen.

rhyng-gysylltiad *g* *(TEL)* Konferenzschaltung *f*.

rhynglesio *be.g* sich verflechten, sich verschlingen.

rhyngoch *ardd gw.* **rhwng**.

rhyngof *ardd gw.* **rhwng**.

rhyngom *ardd gw.* **rhwng**.

rhyngosod *be.a* einschieben; *(sylw)* einwerfen.

rhyngosodiad (**-au**) *g* Einschub *m*.

rhyngrewlifol *ans* interglazial.

rhyngrwyd *b* *(CYFDR)* Internet *nt*.

rhyngu *be.a:* **~ bodd** eine Freude machen *+dat*, zufrieden stellen.

rhyngweithiad *g* Wechselwirkung *f*.

rhyngweithio *be.g* sich (gegenseitig) beeinflussen, interagieren.

rhyngweithiol *ans* wechselwirkend; *(CYFDR)* interaktiv.

rhyngwladol *ans* international, zwischenstaatlich; *(GWLEID)* multilateral.

rhyngwyneb *g* *(CYFDR)* Schnittstelle *f*; **~ cyfresol** serielle Schnittstelle.

rhynion *ll* Schrot *m/nt*, Haferkleie *f*.

rhynllyd *ans* fröstelnd, frierend; **mae'r claf yn ~ gan dwymyn** den Kranken schüttelt das Fieber, der Kranke hat Schüttelfrost.

rhynnu *be.g* frösteln, frieren.

rhystyll *ll gw.* **rhastell**.

rhythm (**-au**) *g* Rhythmus *m*.

rhythmig *ans* rhythmisch.

rhythol *ans* gaffend; *(golwg)* starr, stier.

rhython *ll* *(SÔOL)* Herzmuscheln *pl*.

rhythu *be.g* starren, gaffen, glotzen; **~ ar rn** jdn anstarren, jdn angaffen.

rhyw[1] (**-iau**) *gb* Geschlecht *nt*; *(cyfathrach rywiol)* Sex *m*; **addysg ryw** *(YSG)* Sexualkunde *f*; **y ~ deg** das schöne Geschlecht; **y ddynol ryw** die Menschheit *f*; **un o'r iawn ryw** einer von den Richtigen/Rechten.

rhyw[2] *ans* irgendein(e); *(penodol)* ein(e), ein gewisser; **~ ddyn** ein gewisser Mann; **~ air neu ddau** ein paar Worte, ein-zwei Worte; **am ryw reswm** aus irgendeinem Grund; **~ bum can punt** etwa 500 Pfund; **ryw ddydd** eines Tages; **i ryw raddau** zu einem gewissen Grad; **ar ~ ffurf neu'i gilydd** in der einen oder anderen Form.

♦ *adf:* **yn ~ gwyno** irgendwie klagen, leicht jammern.

rhywbeth[1] (**rhyw bethau**) *g* etwas, was; **~ arall** etwas anderes; **~ arall?** sonst noch was? **~ diddorol** etwas interessantes; **~ rywbeth** egal was.

rhywbeth[2] *adf* etwas, irgendwie; **maen nhw ~ yn debyg** sie sind sich etwas ähnlich.

rhywbryd *adf* irgendwann; **rywbryd wythnos nesaf** irgendwann nächste Woche.

rhywfaint[1] *g* *(ychydig)* ein wenig; **~ o** ein wenig von *+dat*, ein gewisses Maß an *+dat*.

rhywfaint[2] *adf* um ein wenig; **mae hi rywfaint yn well nag o'r blaen** sie ist um ein wenig besser als vorher.

rhywfodd *adf* *(rhywsut)* irgendwie.

rhywiol *ans* sexuell, geschlechtlich; *(yn creu cyffro)*
aufreizend, scharf, sexy, geil; **apêl rywiol**
erotische Ausstrahlung *f*, Sexappeal *m*; **anallu ~**
Impotenz *f*; **cyfathrach rywiol** Geschlechtsverkehr
m.

rhywioldeb *g* Sexualität *f*.

rhywle *adf* irgendwo; *(mynd)* irgendwohin; **mae e'n
mynd ~** er geht irgendwohin; **~ arall** irgendwo
anders, anderswo; **rywle rywle** egal wo, egal
wohin; **i rywle** irgendwohin; **o rywle** von
irgendwo(her); **o rywle arall** von irgendwo
anders, von woanders.

rhywogaeth (-au) *b (SÖOL, BOT)* Spezies *f*, Art *f*.

rhywrai *ll gw.* **rhywun**; irgendwelche; *(penodol)*
bestimmte.

rhywsut *adf* irgendwie, auf die eine oder andere
Art; **mae'n rhaid i mi ei gael e rywsut** ich muss es
irgendwie bekommen; **rywsut rywfodd** *(esgeulus)*
flüchtig, schlampig, schludrig.

rhywun (rhywrai) *g* jemand, eine(r,s), wer; **~ arall**
jemand anders, ein/wer anderer; **~ neu'i gilydd**
irgendjemand; **~ rywun** egal wer; **mae hi'n meddwl
ei bod hi'n ~** sie bildet sich ein, sie wäre jemand;
mae rhywrai'n dod i de es kommt jemand zum
Essen.

S

Sabath (-au) *g (CREF)* Sabbat *m*.

sabl (-au) *g (SÖOL)* Zobel *m*.

Saboth *g* = **Sabath.**

sabothol *ans (CREF)* Sabbat-; *(PRIFYSG)* forschungsfrei.

sabr (-au) *g* Säbel *m*.

sacarin *g* Saccharin *nt*; *(COG)* Süßstoff *m*.

sacrament (-au) *gb (CREF)* Sakrament *nt*; **y ~ sanctaidd** das heilige Sakrament.

sacsoffon (-au) *g (CERDD)* Saxofon *nt*.

Sacson (-iaid) *g (DAEAR, HAN)* Sachse *m*, Sächsin *f*.

Sacsonaidd *ans* sächsisch.

Sacsoni *b (DAEAR)* Sachsen *nt*.

sach (-au) *b* Sack *m*; **~ deithio** Rucksack *m*; **~ eistedd** Sitzball *m*; **~ gysgu** Schlafsack *m*; **~ lo** Kohlensack *m*; **~ sbwriel** Müllsack *m*.

sachaid (sacheidiau) *b* Sack *m*; **~ o lo** ein Sack Kohlen.

sachell (-au) *b* Beutel *m*, Säckchen *nt*; *(hen ffasiwn)* Ränzel[D] *nt*.

sachlïain *g* Sackleinen *nt*; **~ a lludw** *(CREF, ffig)* sich *dat* Asche aufs Haupt streuen.

sad *ans (cadarn)* stabil, fest, sicher; *(dibynadwy)* zuverlässig, verlässlich; *(personoliaeth)* ausgeglichen; *(CEM)* gesättigt; **â'r traed yn ~ ar y ddaear** mit den Füßen auf festem Boden.

sadio *be.a* stabilisieren, festigen.

♦ *be.g (person)* sich fangen.

sadistiaeth *b* Sadismus *m*.

sadiwr (sadwyr) *g* Stabilisator *m*; *(TECH)* Support *m*; *(car)* Heckflügel *m*.

sadrwydd *g* Stabilität *f*, Standfestigkeit *f*; *(cymeriad)* Ausgeglichenheit *f*.

Sadwrn (Sadyrnau) *g (dydd)* Samstag *m*; *(planed)* Saturn *m*; **mae e'n chwarae rygbi ddydd ~** am Samstag spielt er Rugby.

saer (seiri) *g (crefftwr)* Handwerker *m*; *(~ coed)* Tischler *m*, Schreiner[D] *m*; **~ coed** Tischler; *(PENS)* Zimmermann *m*; **~ llongau** Schiffbauer *m*; **~ maen** Steinmetz *m*; **S~ Rhydd** Freimaurer *m*; **~ troliau** Wagner *m*.

saernïaeth *b* Bau *m*, Konstruktion *f*; *(crefft)* Handwerkskunst *f*; **~ peiriant** Maschinenbau *m*.

saernïo *be.a* bauen, konstruieren; *(crefftio)* fertigen.

saernïol *ans* strukturell.

Saesneg *b* Englisch *nt*; **siarad ~** Englisch sprechen.

♦ *ans* englisch(sprachig); **llyfr ~** englisches

Buch; **siaradwr ~** Englischsprecher *m*.

Saesnes (-au) *b* Engländerin *f*.

Saesnig *ans* englisch.

Saeson *ll gw.* **Sais.**

saets *g (BOT)* Salbei *m*.

saeth (-au) *b* Pfeil *m*; **bwa a ~** Pfeil und Bogen; *(CYFDR)* **~ i fyny** Pfeil aufwärts; **~ i lawr** Pfeil abwärts.

saethflew *ll* Rauhaar *nt*, Borsten *pl*.

saethu *be.a* schießen; *(bwled, gwn)* (ab)feuern; *(roced)* abschießen; *(anafu â gwn)* anschießen; *(lladd rhn)* erschießen; *(anifail)* erlegen; *(ffoto)* schießen; *(ffilm)* drehen; *(cyffuriau)* sich *dat* einen Schuss geben; **~ at rn** auf jdn schießen; **saethpwyd ef yn ei goes** er wurde ins Bein getroffen; **~ cwestiynau at rn** jdm mit Fragen bombardieren; **saethodd ei hun** er hat sich erschossen.

♦ *be.g* schießen; *(hela)* jagen; *(tyfu'n gyflym)* in die Höhe schießen; *(symud yn gyflym)* schießen, sausen; **peidiwch ~!** nicht schießen! **saethodd syniad trwy ei ben** eine Idee schoss ihm in den Kopf; **~ i fyny** *(prisiau, tymheredd)* in die Höhe schnellen; *(adeiladau)* aus dem Boden schießen.

saethwr (saethwyr) *g* Schütze *m*; *(pêl-droed)* Torschütze *m*; *(MIL)* Scharfschütze *m*; **~ cudd** Heckenschütze *m*.

saethydd (-ion) *g (gyda bwa)* Bogenschütze *m*; *(ASTROL)* **y S~** Schütze *m*.

saethyddiaeth *b* Bogenschießen *nt*.

saethyn (-nau) *g* Projektil *nt*.

safadwy *ans* solide, fest, standfest; *(ffig)* standhaft.

safana (safanau) *g (DAEAR)* Savanne *f*.

safbwynt (-iau) *g (barn)* Standpunkt *m*; *(arwedd)* Gesichtspunkt *m*, Perspektive *f*; **beth yw ~ y llywodraeth ynglyn â ...?** welchen Standpunkt vertritt die Regierung zu…?

safiad (-au) *g (agwedd)* Einstellung *f*, Haltung *f*; *(sefyll yn gadarn)* Standhaftigkeit *f*; *(MIL)* Widerstand *m*; **gwneud ~** Widerstand leisten; *(ffig)* sich behaupten.

safio *be.a* = **achub**; = **cynilo.**

safle (-oedd) *g* Position *f*, Stellung *f*; *(man)* Standort *m*, Lage *f*, Platz *m*; *(stop)* Haltestelle *f*; *(ffig)* Position; **~ adeiladu** Baustelle *f*; **~ bysiau** Bushaltestelle *f*; **~ cychwynnol** Startposition *f*; **~ sbwriel** Mülldeponie *f*; **~ tacsis** Taxistand *m*; **~'r traed** Fußstellung *f*; **bod yn y ~ i wneud rhth** in der

Lage sein, etw zu tun; **bod yn y ~ cywir** an der richtigen Stelle sein; **mae ganddo ~ uchel** *(swydd)* er bekleidet eine hohe Stellung; **ym mha ~ rwyt ti'n chwarae?** *(CHWAR)* in welcher Position spielst du? **roedd e yn y trydydd ~** er lag auf dem dritten Platz; **mae'r llyfrgell mewn ~ canolog** die Bibliothek liegt sehr zentral.

safn (-au) *b* Maul *nt*; *(ANAT)* Kiefer *m*; **~ symudol** beweglicher Kiefer; **~ y llew** *(BOT)* Löwenmaul[D] *nt*, Froschgoscherl[A] *nt*.

safnrhwth *ans* mit offenem Mund.

safnrhwym (-au) *g* Knebel *m*.

safon (-au) *b (lefel)* Niveau *nt*; *(ansawdd derbyniol)* Norm *f*, Standard *m*; *(llinyn mesur)* Maßstab *m*; *(YSG: dosbarth)* Leistungsgruppe *f*, Stufe *f*; **~ byw** Lebensstandard *m*; **S~ Brydeinig** britische Norm; **~ foesol** Moral *f*, **o ~ uchel** auf hohem Niveau; **S~ Uwch** ≈ Abitur[D] *nt*, Matura[AS] *f*; **gosod y ~** Maßstäbe setzen.

safonedig *ans* genormt, normiert.

safoni *be.a* normen; *(cysoni)* vereinheitlichen.

safonol *ans (o ansawdd da)* qualitativ hochwertig; *(DIWYD)* Standard-; *(cyffredin)* üblich; *(maint, mesur)* Norm-; **amser ~** Normalzeit *f*, **iaith ~** Hochsprache *f*, Schriftsprache *f*; **llyfr ~** Standardwerk *nt*; **rhif ~ rhyngwladol** *(llyfr)* internationale Standardbuchnummer *f*, ISBN-Nummer *f*.

safri *b (BOT)* Bohnenkraut *nt*.

safwe (-oedd) *g (CYFDR)* Web-Seite *f*.

saff *ans (sgyrs: diogel)* sicher; **yn ~ i chi** darauf können Sie wetten.

saffari (saffarïau) *gb* Safari *f*.

saffrwm, saffrwn *g (BOT)* Krokus *m*; *(lliw, COG)* Safran *m*.

saga (sagâu) *b* Saga *f*, Familiengeschichte *f*.

sang (-au) *b* Tritt *m*; **dan ~** *(gorlawn)* gerammelt voll; **~-di-fang** kunterbunt durcheinander.

sangiad (-au) *g (GRAM)* Interpolation *f*, betonte Satzstellung *f*; *(mewn barddoniaeth)* Einschub *m*.

sangu *be.a* treten auf *+akk*; *(distrywio)* zertreten; *(bwriadol)* herumtrampeln auf *+dat*; *(grawnwin)* stampfen.

saib (seibiau) *g* Pause *f*; *(LLEN)* Zäsur *f*; *(CHWAR)* Time-out *nt*; **cymryd ~** eine Pause einlegen.

saig (seigiau) *b (COG)* Gericht *nt*.

sail (seiliau) *b (sylfaen)* Fundament *nt*; *(heol)* Unterbau *m*; *(ffig)* Grundlage *f*, Basis *f*; **ar ~ y prawf** aufgrund dieses Beweismaterials; **ar ba ~?** auf welcher Grundlage? **does dim ~ i'r sibrwd** das Gerücht entbehrt jeder Grundlage.

saim (seimiau) *g* Fett *nt*; *(COG)* Bratenfett *nt*; *(iraid)*

Schmiere *f*; **~ coco** Kokosfett *nt*; **~ llysiau** Pflanzenfett *nt*.

sain[1] (seiniau) *b* Ton *m*; *(sŵn)* Geräusch *nt*, Laut *m*; *(ansawdd sŵn)* Klang *m*; *(GRAM)* Laut, Phon *nt*; **~ drwynol** *(GRAM)* Nasal(laut) *m*; **~ felodaidd** Wohlklang *m*.

sain[2] *g (sant)* Heilige(r) *m*; **S~ Ffagan** St.Fagans.

saint[1] (seintiau) *g* = sant.

saint[2] *ll gw.* sant.

Sais (Saeson) *g* Engländer *m*; *(HAN)* Sachse *m*.

saith[1] *rhif* sieben; **un deg ~** siebzehn; **~ deg** siebzig; **~ gant** siebenhundert; **~ mlynedd yn ôl** vor sieben Jahren; **~ waith** siebenmal.

saith[2] (seithoedd) *g (sant)* Heilige(r) *m*; *e.e.* Tresaith.

sâl *ans* krank, unwohl; *(gwael)* miserabel, schlecht; *(cas)* übel, schmutzig; **mynd yn ~** *(taflu i fyny)* erbrechen, speien; **rwy'n teimlo'n ~** mir wird schlecht; **yn ~ eich meddwl** geisteskrank.

salad *g* Salat *m*; **~ tatws** Kartoffelsalat *m*; **~ ffrywthau** Obstsalat *m*.

saldra *g* Übelkeit *f*.

saliwt (-iau) *b* Salut *m*.

saliwtio *be.g* salutieren.

salm (-au) *b (CREF)* Psalm *m*.

salm-dôn (salmdonau) *b (CREF)* Gesang *m*.

salw *ans (hyll)* unansehnlich, hässlich, abstoßend.

salwch *g* Krankheit *f*; **~ môr** Seekrankheit *f*; **~ mynydd** Höhenkrankheit *f*.

sallwyr (-au) *g (CREF)* Psalter *m*.

samona *be.g* Lachs fischen.

sampl (-au) *b* Probe *f*; *(eitem)* Probeexemplar *nt*, Muster *nt*; *(o destun)* Auszug *m*; *(ystadegau)* Stichprobe *f*, Sample *nt*; *(MEDD)* **~ meinwe** Gewebsprobe *f*; **~ o waed** Blutprobe *f*.

samplu *be.a* eine Probe entnehmen aus *+dat*.

samwn *g* = eog.

sanau *ll gw.* hosan.

sanctaidd *ans* heilig; **y Tad S~** *(y pab)* der Heilige Vater *m*; **yr Ysgrythur S~** die Heilige Schrift *f*.

sancteiddfa (-oedd) *b* Weihestätte *f*.

sancteiddhad *g (CREF)* Seligsprechung *f*.

sancteiddio *be.a* selig sprechen; *(cysegru)* weihen.

sancteiddrwydd *g* Heiligkeit *f*.

sandal (-au) *g* Sandale *f*.

sandiwr (sandwyr) *g* Schleifmaschine *f*.

sant (saint *neu* seintiau) *g* Heilige(r) *m*; **byw fel ~** wie ein Heiliger leben; **S~ Steffan** *(GWLEID)* Westminster *nt*; **Dewi S~** Sankt David *m*; **dygwyl yr Holl Saint** Allerheiligen *nt*; **S~ Iago** Sankt Jakob *m*.

santaidd *ans* = sanctaidd.

santes (-au) *b* Heilige *f*.

sarff (seirff) *b (neidr)* Schlange *f*; *(ffig: twyllwr)* Schlange, Betrüger(in) *m(f)*; **y S~** *(ASTROL)* Skorpion *m*; **~ gapanog** *(SÖOL)* Brillenschlange *f*, Kobra *f*; **~ gynffondrwst** Klapperschlange *f*.

sarhad (-au) *g* Beleidigung *f*, Affront *m*; *(llen)* Schmähung *f*.

sarhau *be.a* beleidigen; *(llen)* schmähen.

sarhaus *ans* beleidigend, verletzend, schmähend.

sarn (-au) *b* aufgeschütteter Feldweg *m*, Straßendamm *m*; **S~ Helen** *(HAN)* ehemalige römische Straße von Caernarvon nach Südwales.

sarnu *be.a (chwalu)* kaputtmachen; *(sathru)* zertreten, zertrampeln; *(gwasgaru)* verstreuen; *(colli hylif)* ausschütten; **~ dan draed** mit den Füßen zerstampfen.

sarrug *ans* griesgrämig, grantig[A], zwider[A]; *(chwerw)* sauer, verbittert.

sarsiant (-au) *g* = **rhingyll**.

Satan *g* Satan *m*.

satanaidd *ans* satanisch; **S~** des Teufels.

sathredig *ans* vulgär, unschön, roh.

sathru *be.a* zertrampeln, niedertreten; *(lladd)* zu Tode trampeln.

♦ *be.g* trampeln, aufstampfen; *(ffig)* **~ ar deimladau rhn** auf jds Gefühlen herumtrampeln.

sawdl (sodlau) *gb* Ferse *f*; *(esgid)* Absatz *m*; **cicio'ch sodlau** *(ffig: gwneud dim byd)* Daumen drehen; **bod dan y ~** *(ffig)* unter Kuratel stehen; *(gan wraig)* unter dem Pantoffel stehen; **o'r corun i'r ~** vom Scheitel bis zur Sohle, von Kopf bis Fuß; **wrth droi ar eich ~** stante pede; **wrth ~ rhn** *(tyn ar ei ôl)* jdm dicht auf den Fersen.

sawdur *g* = **sodr**.

sawl *rhag* viele *pl*; **~ un** viele, etliche; **~ un ohonom** viele von uns; *(pa)* **~ brawd?** wie viele Brüder? **y ~** *(llen)* diejenigen, denjenigen.

sawr *g (aroglau)* Geruch *m*, Duft *m*; *(blas)* Geschmack *m*.

sawru *be.a* riechen; *(blasu)* schmecken.

♦ *be.g* riechen; *(ffig)* **mae'n ~ o fradwriaeth** das riecht nach Verrat.

sawrus *ans (blasus)* wohlschmeckend, lecker[D]; *(nid melys)* pikant.

saws (-iau) *g (COG)* Sauce *f*, Soße *f*; **~ mintys** Minzsauce *f*; **~ afal** Apfelmus *nt*; **~ bechamel** Béchamelsauce *f*; **~ tartar** Sauce Tatar *f*.

sawyr *g* = **sawr**.

sba *g* Kurbad *nt*; **tref ~** Kurort *m*.

sbaddu *be.a* = **ysbaddu**.

Sbaen *b (DAEAR)* Spanien *nt*; **llywodraeth ~** die spanische Regierung; **Armada ~** *(HAN)* die spanische Armada *f*.

Sbaenaidd *ans* spanisch.

Sbaen-Americaniad (Sbaen-Americaniaid) *g* Hispano-Amerikaner(in) *m(f)*, Latino *m*.

Sbaeneg *b* Spanisch *nt*, Kastilisch *nt*.

Sbaenes (-au) *b* Spanierin *f*.

Sbaenwr (Sbaenwyr) *g* Spanier *m*.

sbageti *g (COG)* Spagetti *pl*.

sbaner (-i) *g* Schraubenschlüssel *m*; **~ bocs** Steckschlüssel *m*.

sbâr *ans (dros ben)* übrig; *(neilltuedig)* Reserve-; **olwyn ~** Reserverad *nt*; **ystafell ~** Gästezimmer *nt*; **roedd ganddi amser yn ~** sie hatte noch Zeit (übrig).

sbardun (-au) *g (marchogaeth)* Spore *f*; *(MODUR)* Gaspedal *nt*; *(ffig)* Ansporn *m*.

sbarduno *be.a* beschleunigen; *(MODUR)* Gas geben; *(ffig)* anspornen, beleben.

sbario *be.a* übrig haben; *(rhoi)* erübrigen; **elli di ~ munud?** hast du eine Minute Zeit?

sbarion *ll gw.* **sbaryn**.

sbaryn (sbarion) *g* Überrest *m*, Überbleibsel *nt*; *(darn sbâr)* Ersatzteil *nt/m*.

sbec *g (cipolwg)* kurzer Blick *m*.

sbectol *b* Brille *f*, Augengläser *pl*; **~ eira** Schneebrille *f*; **~ haul** Sonnenbrille *f*.

sbectrol *ans* spektral.

sbectrwm (sbectra) *g* Spektrum *nt*; *(ffig: amrediad)* Palette *f*, Spektrum; **~ llinell** Linienspektrum *nt*.

sbeis (-ys) *g* Gewürz *nt*; *(ffig)* Würze *f*.

sbeislyd *ans* würzig, gewürzt; *(poeth)* scharf; *(sawrus)* pikant.

sbeit *b* Boshaftigkeit *f*, Gehässigkeit *f*.

sbeitio *be.a* ärgern, zufleiß[A] tun.

sbeitlyd *ans* boshaft, gehässig.

sbel (-iau) *b* Zeit(dauer) *f*; *(egwyl)* Unterbrechung *f*; **welais i mohono am ~** ich habe ihn einige Zeit nicht gesehen.

sbens (-ys) *b* Besenkammer *f*.

sberm (-au) *g (BIOL)* Samen *m*, Sperma *nt*.

sbermleiddiad *g* Spermizid *nt*.

sbesimen (-au) *g (sampl)* Probe *f*, Muster *nt*.

sbido (-s) *g (= sbidomedr)* Tacho *m*.

sbidomedr *g (MODUR)* Tachometer *m/nt*.

sbienddrych *g* = **ysbienddrych**.

sbigyn (-nau) *g* Spike *m*; *(ar esgid)* Stollen[D] *m*, Stoppel[A] *m*.

sbio *be.g (edrych)* schauen, gucken[D]; **sbia!** schau!

sbïwr *g* = **ysbïwr**.

sblasio *be.g (chwarae mewn dŵr)* planschen, pritscheln[A]; *(tasgu)* spritzen.

sblint (-iau) *g (MEDD)* Schiene *f*; **rhoi rhth mewn ~** etw schienen.

sbloet g Glanzleistung f, Heldentat f.

sbon adf: **newydd ~** nagelneu, brandneu.

sbonc (-iau) b Elastizität f; (pêl) Sprungkraft f.

sboncen b (CHWAR) Squash nt.

sboncio be.g (pêl, llyffant) hüpfen; (neidio'n ôl) zurückprallen; (TECH) federn; **~ ymaith** abprallen.

sbôr (sborau) g (BIOL: hedyn) Spore f.

sborion ll Abfälle pl, Ausschuss m; **ffair ~** Flohmarkt m.

sbort gb Scherz m, Jux m; **gwneud ~ am ben rhn** sich über jdn lustig machen, jdn auf den Arm nehmen; **~ a sbri** Spiel und Spaß.

sbortsmon (sbortsmyn) g Sportler m.

sbortsmones (-au) b Sportlerin f.

sbortsmonaeth b Sportsgeist m, sportliche Fairness f.

sbotolau (sbotoleuadau) g Scheinwerfer m.

sbotyn (sbotiau) g (smotyn) Fleck m, Tupfen m; (ploryn) Pickel m.

sbri g (hwyl) Spaß m, Gaudi f, Hetz^A f; **cael ~** sich amüsieren, sich vergnügen.

sbrigyn (-nau) g Zweiglein nt.

sbring (-iau neu -s) g Feder f, Sprungfeder f; **~ troellog** Spiralfeder f.

sbrint (-iau) b (CHWAR) Kurzstreckenlauf m, Sprint m.

sbrintio be.g (CHWAR) sprinten, spurten, laufen.

sbrintiwr (sbrintwyr) g Kurzstreckenläufer m.

sbrintwraig (sbrintwragedd) b (CHWAR) Kurzstreckenläuferin f.

sbwng (sbyngau) g (SÖOL) Schwamm m; (ymolchi) Badeschwamm m; (COG: teisen) Biskuitkuchen m.

sbŵl (sbwliau) g Spule f; (ffilm) Rolle f.

sbwlio be.a aufspulen, aufwickeln.

sbwnjwr (sbwnjwyr) g Schmarotzer m.

sbwriel g Abfall m, Müll m, Mist^A m, Unrat m; **bin ~** Abfalleimer m, Mistkübel^A m.

sbwylio be.a ruinieren, verschandeln; (difetha) verderben; (plentyn) verziehen, verwöhnen.

schadenfreude g Schadenfreude f.

schnaps g Schnaps m, Obstler^A m, Klare^D m,

sbyngau ll gw. **sbwng.**

sebon (-au) g Seife f; **dysgl ~** Seifenschale f; **~ eillio** Rasierschaum m; **~ golchi** Seifenflocken pl, Kernseife f; **~ hylif** flüssige Seife.

seboni be.a einseifen; (ffig) schmeicheln, schöntun +dat.

sebonllyd ans seifig; (ffig) schmeichelhaft.

sebonwr (sebonwyr) g Schmeichler m.

sebonwraig (sebonwragedd) b Schmeichlerin f.

sebra (-od) g (SÖOL) Zebra nt.

secant (-au) g (MATH) Sekans m.

seciwlar ans weltlich, profan, säkular.

seciwlareiddio be.a säkularisieren, verweltlichen.

secretiad (-au) g (MEDD) Absonderung f, Sekretion f.

secretu be.a absondern.

secstant (-au) g (MOR) Sextant m.

sect (-au) b (CREF) Sekte f.

sector (-au) gb Sektor m, Abschnitt m; **~ cyhoeddus** öffentlicher Dienst m, staatlicher Sektor; **~ goresgynedig** Besatzungszone f; **~ preifat** Privatwirtschaft f.

sectydd (-ion) g Sektenanhänger(in) m(f).

secwin (-au neu -s) g (TECS) Paillette f; **~s** ll Flitter m.

sedd (-au) b Sitz m, Sitzplatz m; (GWLEID) Sitz; **~ gôr** Chorgestühl nt; **~ doiled** Klobrille f; **~ ffenestr** Fensterplatz m; **~ flaen** (car) Vordersitz m, Beifahrersitz m; **~ gefn** (car) Rücksitz m; **~ yn y senedd** ein Sitz im Parlament; **seddau blaen** (THEAT) Parkett nt, Parterre nt; **cymryd ~** Platz nehmen; **cadwa ~ i mi!** halt mir einen Platz frei! **colli ~** (GWLEID) sein Mandat verlieren.

seddu be.a platzieren; (ffig) einsetzen.

sef cys nämlich, und zwar.

sefydledig ans etabliert; (ffeithiau) feststehend; **eglwys ~** staatlich anerkannte Kirche f.

sefydliad (-au) g Institution f, Einrichtung f; (adeilad, corff) Institut nt, Anstalt f; (elusennol) Stiftung f; (sylfaenu) Gründung f; (person) Einsetzung f; **y S~** die Gesellschaft f; **S~ Safonau Prydeinig** Britisches Norminstitut nt; **~ addysgol** Bildungseinrichtung f.

sefydliadol ans institutionell.

sefydliadu be.a institutionalisieren.

sefydlog ans (cadarn) stabil; (nad yw'n symud) fix, fest; (person) sesshaft; (prisiau) stabil; (parhaol) permanent, beständig; (sefydliad) etabliert; (cymeriad) ausgewogen; **perthynas ~** feste Beziehung f.

sefydlogi be.a stabilisieren, fixieren.

sefydlogrwydd g Stabilität f.

sefydlu be.a einrichten, gründen, schaffen; (adeiladu) errichten; (penderfynu) festlegen; (darganfod) ermitteln; (profi) nachweisen; **~ eich hun fel** sich einen Namen machen als; **~ cartref** einen Haushalt gründen; **~ heddwch** Frieden stiften; **~ rhn mewn swydd** jdn in ein Amt einführen, inaugurieren.

sefydlwr (sefydlwyr) g Gründer m, Stifter m.

sefydlwraig (sefydlwragedd) b Gründerin f, Stifterin f.

sefydlydd (-ion) g (FFOTO, CEM) Fixierer m.

sefyll be.g stehen; (codi ar eich traed) aufstehen; (stopio) anhalten, stehen bleiben, innehalten; (aros heb symud) verharren; (peiriant, gwaith) stillstehen;

(aros mewn grym) aufrechtbleiben; *(mewn etholiad)* kandidieren, antreten; *(economi)* stagnieren; *(cloc)* stehen bleiben; *(aros dros nos)* übernachten, absteigen; **~ allan** *(tynnu sylw)* auffallen, hervorstechen; **~ ar eich traed eich hunain** *(ffig)* auf eigenen Füßen stehen; **~ ar wahân** frei stehen; **~ yn y bwlch** in die Bresche springen, zu Hilfe kommen; **~ mewn ciw** sich anstellen; **gadewch i'r te ~!** lassen Sie den Tee ziehen! **gwybod lle rydych yn ~** *(ffig)* wissen, woran man ist; **~ mewn ystum** *(CELF)* posieren, eine Pose einnehmen; **pan welwch chi olau coch sefwch yma!** halten Sie hier, wenn die Ampel Rot zeigt! **sefwch 'nôl!** treten Sie zurück! **sut mae pethau'n ~?** wie stehen die Dinge?
♦ *be.a (symud i aros)* stellen; **~ arholiad** zu einer Prüfung antreten; **~ prawf** sich einem Test unterziehen; **~ eich tir** *(ffig)* seinen Mann stehen.
♦ *be.e* **yn ei ~** stehend, aufrecht.
sefyllfa (-oedd) *b* Lage *f*, Situation *f*; **bod mewn ~ i ...** in der Lage sein zu…; **~ ddiddatrys** *(ffig)* Sackgasse *f*; **~ economaidd** Wirtschaftslage *f*; **~ gyfreithiol** Rechtslage *f*; **~ barhaol** Dauerzustand *m*.
sefyllian *be.g* herumlungern, gammeln[D].
segment (-au) *g* Segment *nt*, Ausschnitt *m*; *(oren)* Spalte *f*.
segmentiad *g* Segmentierung *f*.
segur *ans* untätig, inaktiv, müßig; *(diog)* faul; *(heb waith)* unbeschäftigt.
segura *be.g* untätig sein; *(hamddena)* faulenzen, sich einen Lenz machen.
segurdod *g* Untätigkeit *f*, Nichtstun *nt*.
segurwr (segurwyr) *g* Faulenzer *m*, Schlendrian *m*.
sengi *be.a* = **sangu**.
sengl *ans* einzeln; *(dibriod)* allein stehend, ledig; *(heol, RHEILFF)* einspurig; **gwely ~** Einzelbett *nt*; **person ~** Single *m*; **tocyn ~** einfache Fahrt *f*; **ystafell ~** Einzelzimmer *nt*.
♦ (-au) *g (record)* Single *f*; **senglau** *ll* **dynion** *(CHWAR: tennis)* Herreneinzel *nt*.
seiat (seiadau) *b (CREF)* Versammlung *f*; **~ holi** Diskussionsrunde *f*.
seibernetaidd *ans* kybernetisch.
seiberneteg *b (FFIS)* Kybernetik *f*, Bewegungslehre *f*.
seibiant (seibiannau) *g* Pause *f*, Rast *f*, Ruhe *f*; *(ffig)* Atempause *f*; **~ mamolaeth** Karenzurlaub[A] *m*, Mutterschaftsurlaub *m*.
seibio *be.g* pausieren, aussetzen.
seicar (seiceir) *g (MODUR)* Beiwagen *m*.
seicdreiddiad *g* Psychoanalyse *f*.

seiciatreg *b (MEDD)* Psychiatrie *f*.
seicriatig *ans (MEDD)* psychiatrisch; **clinig ~** psychiatrische Anstalt *f*.
seicriatrydd (-ion) *g (MEDD)* Psychiater(in) *m(f)*.
seiclig *ans* zyklisch, wiederkehrend.
seiclo *be.g* Rad fahren, radeln.
seiclon (-au) *g (TYW)* Zyklon *m*.
seicoleg *b* Psychologie *f*; **~ ddofn** Tiefenpsychologie *f*; **~ plant** Kinderpsychologie *f*.
seicolegol *ans* psychisch, mental; *(sy'n defnyddio seicoleg)* psychologisch.
seicolegydd (-ion) *g* Psychologe *m*, Psychologin *f*.
seicosis (-au) *g (MEDD)* Psychose *f*.
seicosomatig *ans (MEDD)* psychosomatisch.
seicotherapi *b (MEDD)* Psychotherapie *f*; **~ teuluol** Familientherapie *f*.
seicotherapydd (-ion) *g* Psychotherapeut(in) *m(f)*.
seidin (-s) *g (RHEILFF)* Rangiergleis *nt*, Abstellgleis *nt*.
seidr *g* Apfelwein *m*, Cidre *m*, Sider *m*.
seifys *ll* Schnittlauch *m*.
seiffr (-au) *g* Chiffre *f*.
seiliedig *ans:* **~ ar** basierend auf +*dat*; **mae'r nofel yn ~ ar ffeithiau** der Roman basiert auf Tatsachen.
seilio *be.a:* **~ rhth ar** basieren auf +*dat*, fußen auf +*dat*, aufbauen auf +*dat*; **~ theori ar rth** etw einer Theorie zugrunde legen.
♦ *be.g:* **~ ar** basieren auf +*dat*; *(ffig)* begründen mit +*dat*, ausgehen von +*dat*.
seilo (-s) *g (AMAETH)* Silo *m/nt*, Getreidespeicher *m*; *(MIL)* Raketenbasis *f*.
seiloffon (-au) *g (CERDD)* Xylophon *nt*.
seimio *be.a (iro)* schmieren, einfetten.
seimlyd *ans* fettig; *(llithrig)* schlüpfrig, glitschig; *(dif: cymeriad)* aalglatt; *(ffig: gordeimladwy)* schmalzig; **gwallt ~** fettiges Haar.
seimllyd *ans* = **seimlyd**.
seindorf (seindyrf) *b* Blaskapelle *f*.
seineg *b* Lautlehre *f*, Phonetik *f*.
seinegol *ans* phonetisch, lautlich.
seinflwch (seinflychau) *g* Resonanzkörper *m*, Resonanzkasten *m*.
seinfwrdd (seinfyrddau) *g* Resonanzboden *m*.
seinfforch (seinffyrch) *b* Stimmgabel *f*.
seingar *ans* sonor.
seinglawr (seingloriau) *g* Tastatur *f*; *(piano)* Klaviatur *f*; *(organ)* Manual *nt*.
seinglos *ans* schalldicht.
seinio *be.g* klingen, tönen; *(ymledu)* schallen; *(cloch, ffôn)* läuten, klingeln; *(cael ei glywed)* ertönen, erschallen.

♦ *be.a:* ~ **rhybudd** Alarm schlagen; ~ **buddugoliaeth** den Sieg verkünden.

seintwar (**-au**) *b* Heiligtum *nt*, Allerheiligste(s) *nt*; ~ **natur** Naturschutzgebiet *nt*.

seinydd (**-ion**) *g* Lautsprecher *m*.

Seioniaeth *b (GWLEID)* Zionismus *m*.

seiren (**-nau**) *gb* Sirene *f*.

seirff *ll gw.* **sarff**.

seiri *ll gw.* **saer**; **S~ Rhyddion** Freimaurer *pl*.

seis *g (maint)* Format *nt*, Größe *f*.

seismig *ans* seismisch.

seismograff *g* Seismograf *m*.

seismoleg *b* Seismologie *f*.

Seisnig *ans* englisch.

Seisnigaidd *ans* anglisiert.

seisnigeiddio *be.a* = **seisnigo**.

seisnigo *be.a* anglisieren, verenglischen.

seithfed *ans* siebente(r,s), siebte(r,s)^D; ~ **ran** Siebtel *nt*; **bod yn y ~ nef** im siebten Himmel schweben.

♦ *g (math)* Siebtel *nt*; *(dyddiad)* **ar y ~** am Siebenten; **y ~ o fis Awst** der siebente August.

seithug *ans (ofer)* vergeblich, nutzlos, fruchtlos.

seithwaith *adf* siebenmal.

sêl[1] *b* Eifer *m*, Fleiß *m*, Begeisterung *f*.

sêl[2] (**seliau**) *b (arwydd crwn)* Siegel *nt*; ~ **bendith** Zustimmung *f*, Billigung *f*; ~ **fodrwy** Siegelring *m*.

sêl[3] (**-s**) *g (MASN)* Ausverkauf *m*, Abverkauf *m*.

Seland Newydd *b (DAEAR)* Neuseeland *nt*.

Selandiad Newydd (**Selandiaid Newydd**) *g* Neuseeländer(in) *m(f)*.

seld (**-au**) *b (dodrefnyn)* Dresser *m*, Anrichte *f*; *(gyda'r bwyd arni)* Büfett^D *nt*, Buffet^{AS} *nt*; ~ **lyfrau** Bücherschrank *m*.

seler (**-au** *neu* **-i**) *b* Keller *m*, Untergeschoß *nt*, Souterrain *nt*; ~ **win** Weinkeller *m*.

seleri[1] *g (BOT)* Sellerie *m/f*, Zeller^A *m*.

seleri[2] *ll gw.* **seler**.

seliedig *ans* hermetisch verschlossen, versiegelt.

selio *be.a (amlen)* zukleben, versiegeln; *(drws)* verriegeln; *(bargen)* abschließen.

seliwlos *g (BOT)* Zellstoff *m*, Zellulose *f*.

seloffan *g* Zellophan *nt*.

Selotep *g* Klebestreifen *m*, Tesafilm$^{®D}$ *m*, Tixoband$^{®A}$ *nt*.

selog *ans* eifrig, überzeugt, hingebungsvoll; *(CREF)* inbrünstig; *(GWLEID)* überzeugt.

selogion *ll* Anhänger *pl*.

selsigen (**selsig**) *b* Wurst *f*.

sêm (**-au**) *b* Naht *f*, Saum *m*; ~ **drosblyg** Aufschlag *m*.

semanteg *b* Semantik *f*, Bedeutungslehre *f*.

sembalo (**-s**) *g (CERDD)* Cembalo *nt*.

seminar (**-s**) *g (darlith)* Seminar *nt*.

Semitaidd *ans* semitisch.

seml *ans gw.* **syml**.

semolina *g (COG)* Grieß *m*.

sen (**-nau**) *b* Tadel *m*, Rüffel *m*; *(sarhad)* Kränkung *f*, Beleidigung *f*.

senedd (**-au**) *b* Parlament *nt*; *(HAN, PRIFYSG, Unol Daleithiau)* Senat *m*; ~ **ranbarthol** Landtag *m*; **S~ Ewrop** das Europäische Parlament *nt*; **S~ yr Alban** das Schottische Parlament; **S~ yr Almaen** Bundestag^D *m*.

seneddol *ans* parlamentarisch; **aelod ~** Abgeordnete *m/f*, Parlamentarier(in) *m(f)*.

seneddwr (**seneddwyr**) *g (GWLEID)* Senator *m*.

seneddwraig (**seneddwragedd**) *b* Senatorin *f*.

sennu *be.a* sich lustig machen über +*akk*, schmähen, brüskieren.

senoffobia *g* Ausländerfeindlichkeit *f*.

senon *g (CEM)* Xenon *nt*.

sensitif *ans* empfindlich, sensibel; *(addfwyn)* einfühlsam, feinfühlig; *(teimladwy)* gefühlvoll.

sensitifrwydd *g* Empfindlichkeit *f*, Sensibilität *f*; *(tact)* Feinfühligkeit *f*, Taktgefühl *nt*.

sensora *be.a* zensieren, zensurieren.

sensoriaeth *b* Zensur *f*.

sentiment *g* Schmalz *nt*, Gefühlsduselei *f*.

sentimental *ans* schmalzig, sentimental.

sentimentalaidd *ans* empfindsam, sentimental; *(drama)* rührselig.

sentimentaliaeth *b* Sentimentalität *f*; **roedd y ffilm yn ~ bur** der Film drückte auf die Tränendrüse.

sepal (**-au**) *g (BOT)* Kelchblatt *nt*.

sêr *ll gw.* **seren**.

Serbaidd *ans* serbisch.

Serbia *b (DAEAR)* Serbien *nt*.

Serbiad (**Serbiaid**) *g* Serbe *m*, Serbin *f*.

Serbocroateg *b* Serbokroatisch *nt*.

sercol *g* Holzkohle *f*; *(CELF)* (Zeichen)kohle *f*; **darlun ~ Kohlezeichnung** *f*.

serch[1] (**-iadau**) *g* Liebe *f*, Leidenschaft *f*, Zuneigung *f*; ~ **cibddal** Affenliebe *f*.

serch[2] *cys:* ~ **hynny** trotzdem, dennoch, nichtsdestotrotz.

serchog *ans (cariadlon)* liebevoll, zärtlich; *(siriol)* liebenswert.

serchus *ans* = **serchog**.

serchogrwydd *g* Herzlichkeit *f*.

sêr-ddewin (**sêr-ddewiniaid**) *g* Sterndeuter *m*, Wahrsager *m*.

sêr-ddewiniaeth *b* Sterndeuterei *f*, Astrologie *f*.

serebrwm *g (ANAT)* Großhirn *nt*.

seremoni (**seremonïau**) *b* Feier *f*, Zeremonie *f*; ~
briodas Trauung *f*; ~ **agoriadol** Eröffnungsfeier *f*;
~ **goffa** Gedächtnisfeier *f*, Gedenkfeier *f*; ~ **graddio**
(PRIFYSG) Sponsion *f*.

seren (**sêr**) *b* Stern *m*, Gestirn *nt*; *(darlun)* Stern; *(y
symbol ***)* Asterisk *m*; *(rhn enwog)* Star *m*; ~ **bren** *(ffig)*
ein Auto ohne Räder, wertloses Zeug; ~ **Dafydd**
Davidsstern *m*, Judenstern *m*; ~ **ddwbl** *(ASTRON)*
Doppelstern *m*; ~ **fôr** *(SÔOL)* Seestern *m*; ~ **gawr
goch** *(ASTRON)* roter Riese *m*; ~ **gawr las** *(ASTRON)*
blauer Riese *m*; ~ **y gogledd** Polarstern *m*; ~
gorrach wen *(ASTRON)* weißer Zwerg *m*; ~ **guriadol**
(ASTRON) Pulsar *m*; ~ **wib** Sternschnuppe *f*; ~ **wynt**
Windrose *f*; **gwesty dwy** ~ Zwei-Sterne-Hotel *nt*.

serenâd (**serenadau**) *b* *(CERDD)* Ständchen *nt*; *(clasurol)*
Serenade *f*.

serenllys (**-iau**) *g* *(BOT)* Aster *f*.

serennig (**serenigion**) *b* Sternchen *nt*, Asterisk *m*.

serennog *ans* voll Sterne, sternenklar; **wybren** ~
Sternenzelt *nt*.

serennu *be.g* funkeln, glitzern, gleißen, leuchten.

serf *b* *(CHWAR)* Aufschlag *m*, Service *nt*; **ail** ~ zweiter
Aufschlag.

serfiad (**-au**) *g* = **serf**.

serfio *be.a* *(CHWAR)* aufschlagen, servieren.

serio *be.a*: ~'**ch bysedd** sich *dat* die Finger
verbrennen.

sero (**-au**) *g* Null *f*; *(FFIS: tymheredd)* Nullpunkt *m*; ~
absoliwt *(FFIS)* absoluter Nullpunkt.

serol *ans* stellar, astral.

serog *ans* = **serennog**.

serth *ans* steil; **disgyn yn** ~ steil abfallen, jäh
abfallen.

serthedd *g* Steilheit *f*.

serthni *g* = **serthedd**.

serwm (**sera**) *g* *(MEDD)* Serum *nt*; *(i'w chwistrellu)*
Impfstoff *m*.

serydd (**-ion**) *g* = **seryddwr**.

seryddiaeth *b* Astronomie *f*.

seryddwr (**seryddwyr**) *g* Astronom(in) *m(f)*.

sesiwn (**sesiynau**) *g* Sitzung *f*; *(CYFR, GWLEID)* Tagung
f; *(tymor senedd)* Legislaturperiode *f*; *(YSG)*
Schuljahr *nt*; *(PRIFYSG)* akademisches Jahr *nt*;
(gwers) Stunde *f*; *(cerddoriaeth bop)* Session *f*; ~ **lawn**
Plenarsitzung *f*; ~ **yfed** Sauferei *f*.

set (**-iau**) *b* Satz *m*, Set *nt*, Reihe *f*; *(pâr)* Paar *nt*;
(MATH) Reihe, Menge *f*; *(llestri)* Service *nt*;
(stampiau) Serie *f*; *(grŵp o bobl)* Kreis *m*, Clique *f*;
(nifer) Reihe; *(radio, teledu)* Apparat *m*; *(THEAT)*
Bühnenbild *nt*; *(CHWAR: tennis)* Satz; ~ **deledu**
Fernsehapparat *m*, Fernseher *m*; ~ **o gardiau** ein
Pack Karten; ~ **law** Handapparat *m*; ~ **nodau**

(argraffu) Zeichensatz *m*; ~ **radio** Radioapparat *m*; ~
wyddbwyll Schachfiguren *pl*.

sêt (**seti**) *b* Stuhl *m*; *(eglwys, sinema)* Bank *f*; *(sedd)*
Sitzplatz *m*.

setin (**-oedd**) *g* Hecke *f*, Büsche *pl*.

setl (**-au**) *b* Küchenbank *f*.

setlo *be.g* sich niederlassen, sich ansiedeln; *(llwch,
gweddillion)* sich ansammeln; *(mewn swydd)* sich
einleben, sich eingewöhnen; *(ymdawelu)* sich
beruhigen; ~ **i lawr** sich einleben.
 ♦ *be.a* regeln; *(bil)* begleichen; *(dadl)* beilegen;
(amheuon) zerstreuen.

seth *ans* *gw*. **syth**.

sewin (**-od**) *g* *(SÔOL)* Meeresforelle *f*.

sffêr (**sfferau**) *gb* Kugel *f*; *(ffig)* Sphäre *f*; ~ **wybrennol**
Himmelskugel *f*; *(llen)* Himmelsfeste *f*,
Firmament *nt*.

sfferaidd *ans* kugelförmig, kugelig, rund; *(MATH)*
sphärisch.

sfferig *ans* = **sfferaidd**.

sgadenyn (**sgadan**) *g* *(SÔOL)* Hering *m*.

sgafell (**-au**) *b* Leiste *f*, Kante *f*; *(silff)* Vorsprung *m*; ~
gyfandirol *(DAEAR)* Kontinentalschelf *m/nt*,
Festlandsockel *m*; ~ **iâ/rew** Schelfeis *nt*.

sgaffaldau *ll* (Bau)gerüst *nt*.

sgaldanu *be.a* verbrühen; *(COG)* blanchieren;
(diheintio) abkochen, sterilisieren.

sgaldio *be.a* = **sgaldanu**.

sgampi *ll* *(COG)* Scampi *pl*.

sgandal (**-au**) *g* Skandal *m*.

Sgandinafia *b* *(DAEAR: Llychlyn)* Skandinavien *nt*.

Sgandinafiad (**Sgandinafiaid**) *g* Skandinavier(in) *m(f)*.

sganiwr *g* *(MEDD, CYFDR)* Scanner *m*.

sgarff (**-iau**) *b* Schal *m*, Schultertuch *nt*.

sgarmes (**-au**) *b* Scharmützel *nt*, Plänkelei *f*; *(rygbi)*
Gepränkel *nt*, Getümmel *nt*.

sgarmesydd (**-ion**) *g* *(AWYR)* Abfangjäger *m*,
Jagdflugzeug *nt*.

sgawt *g*: **mynd ar** ~ auf den Busch klopfen, auf
Erkundung gehen.

sgeintio *be.a* *(â dŵr)* besprenkeln, sprengen; *(â siwgr)*
bestreuen; ~'**r lawnt** den Rasen sprengen; ~ **dŵr
dros rth** etw mit Wasser besprenkeln.

sgeptig *ans* skeptisch, misstrauisch.

sgerbwd (**sgerbydau**) *g* Skelett *nt*, Gerippe *nt*; *(anifail)*
Kadaver *m*; *(ffig)* Grundgerüst *nt*; *(car)* Chassis *nt*;
~ **allanol** *(SÔOL)* äußeres Skelett.

sgert (**-iau**) *b* Rock *m*; ~ **bletiog** Faltenrock *m*,
Plisseerock *m*; ~ **fini** Minirock *m*; ~ **grychog**
gerafftes Kleid *nt*; ~ **dartan** Schottenrock *m*.

sgets (**-au** *neu* **-ys**) *b* *(THEAT)* Sketch *m*; *(braslun)*
Skizze *f*.

sgi (-s) *gb* Ski *m*, Schi *m*; ~ **ddŵr** Wasserschi *m*.

sgil[1] *gb* Seite *f*; ~ **effaith** Nebenwirkung *f*; ~ **gynnyrch** Nebenprodukt *nt*.

    yn sgil *ardd* neben +*dat*, im Gefolge +*gen*; **mae'n dod â llawer o fanteision yn ei** ~ es bringt zusätzlich/nebenher viele Vorteile.

sgil[2] **(sgiliau)** *g (deheurwydd)* Geschicklichkeit *f*; *(medr)* Fähigkeit *f*, Fertigkeit *f*; *(ffig: cyfathrebu)* Geschick *nt*; ~ **diplomataidd** diplomatisches Geschick; **sgiliau cymdeithasol** soziale Intelligenz *f*; **sgiliau iaith** Sprachbeherrschung *f*; **sgiliau ieithyddol** Sprachbegabung *f*; **sgiliau rheoli** Führungsqualitäten *pl*.

sgim *ans* entrahmt; **llaeth** ~ entrahmte Milch *f*.

sgimio *be.a* entrahmen, entfetten.

sgimbren *b* Schöpfkelle *f*; *(ffig)* Bohnenstange *f*.

sgïo *be.g* Ski fahren, Schi laufen[D]; *(traws gwlad)* langlaufen; ~ **dŵr** Wasserschi fahren.

sgipio *be.a* überspringen, auslassen.

    ♦ *be.g (â rhaff)* seilhüpfen, schnurspringen.

sgism *g (CREF)* Schisma *nt*, Kirchenspaltung *f*.

sgismatig *ans* schismatisch.

sgitls *ll (gêm)* Kegeln *nt*, Kegelschieben *nt*.

sgiw[1] (-ion) *b* Wandbank *f*, Holzbank *f*.

sgiw[2] *adf:* **ar** ~ *(cam)* verzogen, krumm; *(ar ogwydd)* schief; *(troellog)* verdreht.

sgiwer (-au) *g (COG)* (Brat)spieß *m*.

sgïwr (**sgïwyr**) *g* Schifahrer(in) *m(f)*; *(traws gwlad)* Langläufer(in) *m(f)*.

sglefrio *be.g (llithro)* schlittern; *(car)* schleudern; *(CHWAR)* Eis laufen, Schlittschuh laufen; **esgid** ~ Schlittschuh *m*.

sglefriwr (**sglefrwyr**) *g* Eisläufer *m*.

sglefrolio *be.g* Rollschuh fahren/laufen[D].

sglefrwraig (**sglefrwragedd**) *b* Eisläuferin *f*.

sglein *g* Glanz *m*; *(ar grochenwaith)* Glasur *f*; *(ar gacen)* Tortenguss *m*; *(ffig: perfformiad)* Schliff *m*, Perfektion *f*; **rhoi** ~ **ar** polieren; *(ffig)* den letzten Schliff geben +*dat*; **roedd** ~ **ar eu perfformiad** ihre Darbietung war perfekt.

sgleinio *be.a* polieren; *(ffenestr, drych)* putzen; *(llawr)* bohnern; *(crochenwaith)* glasieren, emaillieren.

    ♦ *be.g* strahlen, glänzen.

sgleiniog *ans* glänzend; **papur** ~ Glanzpapier *nt*.

sglodyn (**sglodion**) *g* Schnitzel *nt*, Schnipsel *m/nt*; *(pren)* Span *m*; *(CYFDR)* Chip *m*, Mikroprozessor *m*; *(COG)* **sglodion** *ll* Pommes frites *pl*; **pysgod a sglodion** Fish and Chips.

sgolor (-ion) *g* Wissenschaftler(in) *m(f)*, Gelehrte *m/f*; *(disgybl)* Schüler(in) *m(f)*.

sgoloriaeth (-au) *b* Gelehrtheit *f*; *(grant)* (Forschungs)stipendium *nt*.

sgon (-au) *b (COG)* Scone *m*, kleiner Kuchen *m*.

sgôr[1] (**sgorau** *neu* **sgoriau**) *gb (sefyllfa gêm)* Spielstand *m*; *(pwyntiau)* Punktestand *m*; ~ **derfynol** Endstand *m*; **beth yw'r** ~ wie (viel) steht's? **cadw'r** ~ mitzählen, mitschreiben.

sgôr[2] (**sgorau**) *b (CERDD)* Noten *pl*, Partitur *f*; ~ **biano** Klavierauszug *m*; ~ **ffilm** Filmmusik *f*.

sgori *be* = **sgorio**.

sgorio *be.a* erzielen; ~ **gôl** ein Tor schießen; ~ **cais** einen Touchdown machen.

    ♦ *be.g* punkten, einen Punkt machen; *(gêm gardiau)* einen Stich machen; *(ffig: mewn dadl)* punkten.

sgoriwr (**sgorwyr**) *g (pêl-droed)* Torschütze *m*; *(rygbi)* Punktemacher *m*.

sgorpion *g (SÖOL, ASTROL)* Skorpion *m*.

Sgotaidd *ans* = **Albanaidd**.

Sgotes (-au) *b* = **Albanes**.

Sgotland *b (DAEAR)* Schottland *nt*; *gw.h.* **yr Alban**.

Sgotyn (**Sgotiaid**) *g* = **Albanwr**.

sgowt (-iaid) *g (MIL)* Späher *m*; *(bachgen)* Pfadfinder *m*; *(CHWAR)* Talentsucher *m*.

sgrafell (-i) *b* Kratzer *m*, Schaber *m*.

sgraffiniad *g* = **ysgraffiniad**.

sgraffito *g (CELF: murlun)* Sgraffito *nt*.

sgramblo *be.a:* **wyau wedi'u** ~ Eierspeise[A] *f*, Rührei[D] *nt*.

sgramo *be.a* kratzen.

sgrap *g* Abfall *m*, Ausschuss *m*; **metel** ~ Schrott *m*, Altmetall *nt*.

sgrech (-iadau) *b* Schrei *m*, Kreischen *nt*, Quietschen *nt*; ~ **y coed** *(SÖOL)* Eichelhäher *m*.

sgrechain *be.g* = **sgrechian**.

sgrechian *be.g* kreischen, schreien, quietschen; *(wylo)* plärren, zetern, flennen[D]; ~ **chwerthin** kreischend lachen.

    ♦ *be.e* Gekreisch *nt*.

sgrepan *b* = **ysgrepan**.

sgri *g* Geröll *nt*.

sgriblan *be.a* kritzeln.

sgrifennu *be.a* = **ysgrifennu**.

sgrin (-iau) *b* Wandschirm *m*, Paravent *m*; *(o flaen tân)* Kamingitter *nt*; *(FFILM)* Leinwand *f*; *(teledu)* Fernsehschirm *m*; *(CYFDR)* Bildschirm *m*, Konsole *f*; ~ **blygu** spanische Wand *f*; ~ **wynt** Windschutz *m*; *(car)* Windschutzscheibe *f*; **rhoi nofel ar y** ~ einen Roman verfilmen.

sgript (-iau) *b* Notizen *f*; *(FFILM)* Drehbuch *nt*, Skript *nt*; **siarad heb** ~ frei sprechen.

sgriptoriwm (**sgriptoria**) *g (mynachlog)* Schreibstube *f*.

sgriw (-iau) *b* Schraube *f*; ~ **Pozidrive** Kreuzschraube *f*; ~ **bren** Holzschraube *f*; **caead** ~

Schraubverschluss *m*; ~ **fawd** *(HAN)* Daumenschraube *f*.

sgriwdreifar (-s) *g* Schraubenzieher *m*.

sgriwio *be.a* schrauben, festschrauben; *(cau caead rhth)* zuschrauben; *(troi allan o ffurf)* verdrehen; *(anwedd: cnuchio)* bumsen, vögeln; ~ **ar** anschrauben an +*dat*.

sgrotwm *g (ANAT)* Hodensack *m*.

sgrwb *g* Muskelkater *m*, Steifheit *f*.

sgrwbio *be.a* schrubben; *(sosban)* ausreiben.

sgrym (-iau) *b* Gewühl *nt*; *(rygbi)* Scrum *m*, Gedränge *nt*.

sgrytian *be.g* plaudern, schwätzen.

sgubell *b* = ysgubell.

sgubo *be* = ysgubo.

sgut *ans* = ysgut.

sguthan (-od) *b (SÖOL)* Ringeltaube *f*; *(dif: merch)* Kröte *f*, Weibsstück *nt*, Weibsbild *nt*; ~ **glai** Tontaube *f*.

sgwadron (-au) *b (MIL)* Schwadron *f*; *(AWYR)* Geschwader *nt*, Flugstaffel *f*.

sgwâr¹ (-iau) *gb (man cyhoeddus)* Platz *m*, Piazza *f*; *(MATH)* Quadrat *nt*; *(bwrdd chwarae, patrwm)* Feld *nt*; *(CHWAR: bocsio)* Ring *m*; ~ **4 yw 16** vier zum Quadrat (erhoben) ist 16; ~ **hud** magisches Quadrat.

sgwâr² *ans* quadratisch, rechteckig, vierkant; *(mesur)* Quadrat-; **ongl** ~ rechter Winkel; **metr** ~ Quadratmeter *m*; **rydym yn** ~ *(ariannol)* wir sind quitt/pari; **rhif** ~ *(MATH)* Quadrat *nt*.

sgwario *be.a (MATH)* quadrieren, hoch 2 nehmen.

sgwarnog (-od) *b (= ysgyfarnog)* Hase *m*; **codi** ~ *(wrth siarad)* vom Hundertsten ins Tausendste kommen.

sgwarog *ans (â phatrwm sgwariau)* kariert.

sgwâr-onglog *ans* rechtwinkelig.

sgwaryn (-nau) *g* Winkeleisen *nt*, Winkellineal *nt*; ~ **T** Reißschiene *f*.

sgwash *g (diod felys)* Sirup *nt*.

sgwatiwr (sgwatwyr) *g* Hausbesetzer(in) *m(f)*.

sgwd (sgydau) *g* Wasserfall *m*.

sgwennu *be* = ysgrifennu.

sgwib (-au) *gb* Kracher *m*; *(bach)* Knallfrosch *m*, Knallerbse *f*.

sgwïer (sgwieriaid) *g* Gutsherr *m*; *(gwas marchog)* Knappe *m*.

sgwlcan *be.g* schleichen, sich stehlen; *(llercian)* lauern, herumschleichen, umgeistern.

sgwlyn *g (sgyrs: prifathro)* Schuldirektor *m*, Direx *m*.

sgwner (-i) *g (MOR)* Schoner *m*.

sgwrio *be.a, be.g* reiben, schrubben, scheuern[D].

sgwrs (sgyrsiau) *b* Gespräch *nt*, Unterhaltung *f*;

(ymddiddan) Konversation *f*; *(cleber)* Plauderei *f*, Plausch[A] *m*; **testun** ~ Gesprächsthema *nt*; **cael** ~ **â rhn** sich mit jdm unterhalten; **mae hi'n rhoi** ~ **ar** sie spricht zu uns über +*akk*; **rhoi** ~ **ar y radio** im Radio sprechen.

sgwrsio *be.g* sich unterhalten, plaudern; ~ **â rhn am rth** mit jdm über etw *akk* sprechen.

sgwrydd (-ion) *g* Drahtschwämmchen *nt*.

sgwter (-i) *g* (Tret)roller *m*; *(MODUR)* (Motor)roller *m*; ~ **eira** Schneemobil *nt*, Snowmobil *nt*.

sgyrsiol *ans* umgangssprachlich.

sgyrt *b* = sgert.

sgyrtin *g* Wandleiste *f*.

shech (-iaid) *g* Scheich *m*; ~ **olew** Ölscheich *m*.

Shetland *b (DAEAR)* Shetland *nt*; **merlen/merlyn** ~ *(SÖOL)* Shetlandpony *nt*.

Shïad (Shïaid) *g* Schiit(in) *m(f)*.

Shïaidd *ans* schiitisch.

shifflo *be.a, be.g (cardiau)* mischen.

shiffon *g (TECS)* Chiffon *m*.

shifft (-iau) *g* Schicht *f*; **gwaith** ~ Schichtarbeit *f*; ~ **nos** Nachtschicht *f*.

shw *rhag gofyn* = **sut**; ~ **mae?** wie geht's?

shwt *rhag gofyn* = **shw**.

si (sïon) *g (gwenyn)* Summen *nt*; *(peiriant)* Surren *nt*; *(hisian)* Zischen *nt*; *(cath)* Fauchen *nt*, Pfauchen[A] *nt*; *(siffrwd)* Flüstern *nt*, Wispern *nt*; *(straeon)* Gerücht *nt*, Gerede *nt*; **clywed** ~ **ym mrig y morwydd** etwas läuten hören; **mae 'na** ~ **ar led** es ist ein Gerücht im Umlauf.

siaced (-i) *b* Jacke *f*; *(siwt)* Sakko *nt*; *(côt)* Rock *m*, Mantel *m*; *(plentyn)* Jäckchen *nt*; ~ **achub** Schwimmweste *f*; ~ **ddenim** Jeansjacke *f*; ~ **gaeth** Zwangsjacke *f*; ~ **lwch** *(llyfr)* Einband *m*, Schutzhülle *f*.

siachmat *g* Schachmatt *nt*, Matt *nt*.

siafins *ll* Sägespäne *pl*.

siafio, siafo *be.g* sich *akk* rasieren.

♦ *be.a* rasieren; ~**'r farf** den Bart abrasieren; ~**'ch coesau** sich *dat* die Beine rasieren.

siafiwr (siafwyr) *g (eilliwr)* Rasierer *m*.

siafft (-au *neu* -iau) *b (saeth ayb)* Schaft *m*; *(cert)* Deichsel *f*, Wagenstange *f*; *(bar, polyn)* Stange *f*; *(MWYN)* Schacht *m*; ~ **borthi** Zufuhrschacht *m*; ~ **lifft** Aufzugsschacht *m*.

sialc (-au *neu* -iau) *g* Kreide *f*; ~ **Ffrengig/teiliwr** Schneiderkreide *f*.

sialens *b* Herausforderung *f*; **cymryd y** ~ die Herausforderung annehmen.

siambr (-au) *b* Kammer *f*, Raum *m*; *(MASN)* Kammer; **cerddoriaeth** ~ Kammermusik *f*; ~ **danio** Brennkammer *f*; **S~ Fasnach** Handelskammer *f*; ~

gladdu Grabkammer *f.*

siamffer (-i) *g (TECH)* Fase *f.*

siamffr (-au) *g* = siamffer.

siampl (-au) *b* = sampl.

siampŵ (-au) *g* Shampoo *nt,* Kopfwaschmittel *nt.*

sianel (-i *neu* -au) *b (dŵr)* Rinne *f,* Kanal *m; (MOR)* Fahrrinne *f; (DAEAR: culfor)* Straße *f; (teledu, radio)* Kanal; **S~ 4 Cymru** Kanal 4 von Wales; **~ fordwyo** Fahrrinne; **trwy ~au swyddogol** auf dem Dienstweg; **Ynysoedd y S~** *(DAEAR)* die Kanalinseln *pl.*

sianelu *be.a* schleusen; *(cryno)* konzentrieren; **~ eich holl ynni** seine Kräfte konzentrieren.

siani *b:* **~ flewog** *(SÖOL: lindys)* Raupe *f,* brauner Bär *m.*

siant *b (CERDD)* Kirchengesang *m,* Choral *m.*

sianti *b* Seemannslied *nt,* Matrosenlied *nt.*

siantrel *gb (BOT)* Eierschwammerl^ *nt,* Pfifferling^D *m.*

siâp (siapau *neu* siapiau) *g* Gestalt *f,* Form *f; (gwedd)* Erscheinungsform *f,* Aussehen *nt; (corff)* Figur *f;* **~ a daflwyd** *(TECH)* Projektion *f;* **does dim ~ arno** *(ffig)* er ist hoffnungslos.

Siapan *b (DAEAR)* Japan *nt.*

Siapanead (Siapaneaid) *g* Japaner(in) *m(f).*

Siapaneaidd *ans* japanisch.

Siapaneg *b* Japanisch *nt.*

siapio *be.g* Gestalt annehmen; **mae'n dechrau ~ nawr** es nimmt langsam Gestalt an.

♦ *be.a* formen; *(brysio)* sich beeilen, zumachen^D; **siapia hi! dalli dalli!**

siapo *be.g* = siapio.

siapus *ans* wohlproportioniert, gut geformt, kurvig, wohlgestalt.

siâr (siariau) *b* Anteil *m; (CYLL)* Wertpapier *nt,* Aktie *f,* Pfandbrief *m;* **cael ~ o rth** Anteil haben an etw *dat;* **gwneud eich ~** sein Teil beitragen.

siarad *be.g* sprechen; *(rhoi darlith)* einen Vortrag halten, reden; **~ â rhn** mit jdm sprechen, sich mit jdm unterhalten; *(ar y ffôn)* mit jdm telefonieren; **~ am** sprechen über *+akk;* **~ am y byd a'r betws** über Gott und die Welt sprechen; **gwag ~** Unfug *m;* **~ lol** Unsinn verzapfen; **mân ~** plaudern, schwätzen; **~ fel melin** reden wie ein Wasserfall; **mewn ffordd o ~** in gewisser Weise; **~ o'r frest** aus dem Stegreif sprechen; **pwy sy'n ~?** wer spricht? **~ trwy'ch het** sich *dat* etw zusammenspinnen, Unsinn faseln; **~ yn blwmp ac yn blaen** sich *dat* kein Blatt vor den Mund nehmen; **a ~ yn fras** grob gesprochen.

♦ *be.a* sprechen, von sich *dat* geben; *(medru)* beherrschen, sprechen; **~ Cymraeg bratiog** Walisisch radebrechen; **mae hi'n ~ Rwsieg yn rhugl** sie spricht fließend Russisch; **~ siop** fachsimpeln, über die Arbeit sprechen.

siaradach *g* Smalltalk *m,* oberflächliche Konversation *f.*

siaradus *ans* gesprächig, redselig, beredt.

siaradusrwydd *g* Gesprächigkeit *f.*

siaradwr (siaradwyr) *g* Redner *m,* Referent *m; (mamiaith)* Sprecher *m,* Muttersprachler *m;* **~ gwadd** Gastvortragende(r) *m.*

siaradwraig (siaradwragedd) *b* Rednerin *f; (mamiaith)* Muttersprachlerin *f,* Sprecherin *f.*

siarc (-od) *g (SÖOL: morgi)* Hai *m,* Haifisch *m.*

siarcol *g* Holzkohle *f; (CELF)* Kohle *f.*

Siarl *g* Karl *m; (Saesneg)* Charles *m;* **~ Ddewr** Karl der Kühne; **~ Fawr** Karl der Große; **~ Foel** Karl der Kahle; **Tywysog ~** Prinz Charles.

siarp *ans (awchus)* scharf; *(ffig: meddwl, beirniadaeth)* scharf; *(blas sur)* sauer, herb, pikant; *(sydyn)* abrupt; *(CERDD)* zu hoch.

siarsio *be.a* warnen, ermahnen.

siart (-au *neu* -iau) *g (MOR)* Seekarte *f; (TECH)* Diagramm *nt,* Grafik *f;* Schaubild *nt;* **~ bar** Balkendiagramm *nt;* **~ bloc** Blockdiagramm *nt;* **~ cylch** Kreisdiagramm *nt;* **~ llif** Flussdiagramm *nt;* **~ pei** Kuchendiagramm *nt.*

siarter[1] (-i) *b (GWLEID)* Charta *f,* Urkunde *f;* **S~ Sosialaidd Ewrop** Europäische Sozialcharta *f.*

siarter[2] *ans:* **awyren ~** Charterflugzeug *m;* **hediad ~** Charterflug *m.*

siartro *be.a* chartern, heuern.

siasbi *g* Schuhlöffel *m.*

siasi *gb (MODUR)* Chassis *nt,* Fahrgestell *nt.*

siawns *b (lwc)* Glück *nt; (damwain)* Zufall *m; (posibilrwydd)* Chance *f,* Möglichkeit *f;* **plentyn ~** uneheliches Kind.

Siberia *b (DAEAR)* Sibirien *nt.*

sibrwd[1] *be.g (sisial)* flüstern, wispern; *(gyda'i gilydd)* tuscheln.

♦ *be.a* flüstern; *(yn y dirgel)* munkeln; *(i rn)* zuflüstern; *(YSG)* einsagen; *(THEAT)* soufflieren; **~ rhth yng nghlust rhn** jdm etw ins Ohr flüstern.

sibrwd[2] (sibrydion) *g (si)* Gerücht *nt,* Gerede *nt; (sisial)* Geflüster *nt,* Raunen *nt;* **mae 'na sibrydion bod ...** es gibt Gerüchte, dass…

sicori *g (BOT)* Chicorée *f/m.*

sicr *ans* sicher, gewiss; *(di-ddadl)* unbestreitbar; *(anochel)* unausweichlich; **hollol ~** hieb- und stichfest; **mae hi'n ~ o ddod** sie kommt bestimmt.

sicrhad *g* Zusicherung *f.*

sicrhau *be.a (diogelu)* sichern; *(clymu, cau)* befestigen, festmachen; *(cadarnhau)* zusichern, bestätigen; **~ rhn o rth** jdm etw versichern.

♦ *be.g* sicher gehen; ~ **bod** ... *(gofalu)* dafür
sorgen, dass…

sicrwydd *g* Sicherheit *f*; *(pendantrwydd)* Gewissheit *f*,
Bestimmtheit *f*.

sidan (-au) *g (TECS)* Seide *f*; **o ~** seiden; ~ **caerog**
Satin *m*; ~ **crai** Rohseide *f*; ~ **crych** Krepp *m*; **papur**
~ Seidenpapier *nt*; **pryf ~** Seidenraupe *f*.

sidanaidd *ans* seidig, geschmeidig.

sidanbryf (-ed) *g (SÔOL)* Seidenraupe *f*.

sidangod (-au) *b (SÔOL)* Kokon *m*.

sidellu *be.g* wirbeln, kreiseln; *(TECH)* rotieren.

sideru *be.g (TECS)* klöppeln, Spitze machen.

sidydd *g* Tierkreis *m*.

siec[1] (-iau) *b (CYLL)* Scheck *m*; ~ **am £15** ein Scheck
in Höhe von 15 Pfund; ~ **agored** Blankoscheck
m; ~ **deithio** Reisescheck *m*; **llyfr ~iau** Scheckheft
nt; ~ **heb ei chroesi** Barscheck *m*; ~ **wedi'i chroesi**
Verrechnungsscheck *m*.

siec[2] (-iau) *g (patrwm)* kariertes Muster.

siec[3] *g (gwyddbwyll)* ~**!** Schach! **mae'r brenin mewn ~**
der König steht im Schach.

siecrog *ans* kariert.

siech (-s) *g* Scheich *m*.

sied (-iau) *b* Schuppen *m*, Verschlag *m*; *(gwartheg)*
Stall *m*; *(ffatri)* Lagerhalle *f*; ~ **awyrennau**
(Flugzeug)hangar *m*.

sielo (-au) *g (CERDD)* Violoncello *nt*, Cello *nt*.

sierbet *g* Brausepulver *nt*.

sieri (**serïau**) *g* Sherry *m*.

siersi (-s) *gb* Sweater *m*, Pullover *m*; *(CHWAR)* Trikot
nt.

siew *b* = **sioe**.

sifalri *g (HAN)* Rittertum *nt*; *(cwrteisi)* Ritterlichkeit *f*,
Galanterie *f*.

sifil *ans (dinesig)* bürgerlich, zivil; **Cod S~** *(CYFR)*
Bürgerliches Gesetzbuch *nt*; **gwas ~** Beamte *m*;
gwasanaeth ~ öffentlicher Dienst *m*, Beamtentum
nt; **hawliau ~** Zivilrecht *nt*; **priodas ~** Zivilehe *f*.

sifiliad (**sifiliaid**) *g* Zivilist *m*.

sifys *ll* Schnittlauch *m*.

siffilis *g (MEDD)* Syphilis *f*.

siffon (-au) *g* Weinheber *m*; *(potel)* Siphon *m*.

siffrwd *be.g (dail, papur)* rascheln; *(dŵr)* rieseln; *(gwynt)*
säuseln.

sifft (-iau) *b (mewn ffatri)* Schicht *f*; **gweithio ~iau**
Schicht arbeiten.

sigâr (**sigarau**) *b* Zigarre *f*.

sigaren (-nau) *b* = **sigarét**.

sigarét (-s *neu* **sigaretau** *neu* **sigarennau**) *b* Zigarette *f*.

sigarilo (-s) *g* Zigarillo *m*.

sigl (-ion) *g* Schwingen *nt*, Schwanken *nt*; *(si-so)*
Wippe[D] *f*, Hutsche[A] *f*; *(TECH)* Oszillation *f*; ~ **a**

swae *(dawns)* Rock-and-Roll *m*.

siglad (-au) *g (ysgytwad)* Schütteln *nt*, Rütteln *nt*;
(cryndod) Wackeln *nt*; *(TECH)* Vibration *f*; *(ffig: cryd)*
Schauder *m*; ~ **llaw** Händedruck *m*, Handschlag
m; **cael ~** *(ffig)* schaudern; **rhoi ~ i** schütteln,
beuteln; *(clustog)* aufschütteln.

sigledig *ans* wackelig.

siglen[1] (-nydd) *b* Sumpf *m*, Morast *m*.

siglen[2] (-ni) *b (ar raff)* Schaukel *f*.

siglen[3] (-nod) *b (SÔOL)* ~ **benlas** Schafstelze *f*; ~ **felen**
Englische Schafstelze *f*; ~ **fraith**
Trauerbachstelze *f*; ~ **lwyd** Gebirgstelze *f*; ~ **wen**
Bachstelze *f*.

sigl-i-gwt *g (SÔOL)* Bachstelze *f*.

siglo *be.a (ysgwyd)* schütteln, rütteln, beuteln; *(daear)*
erschüttern; *(plentyn, cwch)* wiegen, schaukeln;
(cynffon) wedeln; *(ffig: ffydd)* erschüttern; ~**'r gynffon**
(ci) mit dem Schwanz wedeln; ~ **llaw rhn** jdm die
Hand schütteln; ~**'ch pen** den Kopf schütteln;
~**'ch pen ôl** *(dawnsio)* die Hüften schwingen.

♦ *be.g* schwingen, schwanken; *(crynu)* wackeln,
vibrieren; *(tonnau, glaswellt)* wogen; *(dail)* beben,
zittern; *(plentyn, cadair)* schaukeln; *(pendilio)*
pendeln; *(TECH)* oszillieren; **mae'r bwrdd yn ~** der
Tisch wackelt; ~ **chwerthin** sich vor Lachen
biegen, sich zerkugeln[A]; **cadair ~** Schaukelstuhl
m; **ceffyl ~** Schaukelpferd *nt*.

siglwr (**siglwyr**) *g (TRYD)* Kippschalter *m*.

signal (-au) *g* Signal *nt*; ~ **dechrau** Startzeichen *nt*,
Startsignal *nt*; **bocs ~** *(RHEILFF)* Stellwerk *nt*; **mae'r**
~ **yn wan** *(radio)* der Empfang ist schlecht.

sigo *be.a* verstauchen.

♦ *be.g (plygu dan bwysau)* nachgeben, einknicken.

Singapôr *b (DAEAR)* Singapur *nt*.

sil[1] *ll (SÔOL)* Laich *m*, Rogen *m*.

sil[2] (-iau) *gb* Vorsprung *m*; *(wal)* Sims *m/nt*; ~ **ffenestr**
Fenstersims *m/nt*.

sildyn (-nod) *g (SÔOL)* Elritze *f*.

Silesaidd *ans* schlesisch.

Silesia *b (DAEAR)* Schlesien *nt*; ~ **Uchaf** Oberschlesien
nt.

Silesiad (**Silesiaid**) *g* Schlesier(in) *m(f)*.

silff (-oedd) *b* Brett *nt*, Bord *nt*; *(rhesel)* Regal *nt*; *(ar
graig)* Felsvorsprung *m*; ~**oedd** *(archfarchnad)*
Einkaufsregale *pl*; ~**-ben-tân** Kaminsims *nt/m*; ~
lyfrau Bücherregal *nt*; **cael eich gadael ar y ~** *(merch)*
überbleiben, keinen Mann finden.

silicon *g (CEM)* Silicium *nt*; **sglodyn ~** *(CYFDR)*
Siliciumchip *nt*.

silicôn *g (CEM)* Silikon *nt*.

silindr (-au) *g* Zylinder *m*; *(rholer)* Walze *f*; *(MODUR)*
Zylinder *m*; ~ **brêc** Bremszylinder *m*.

silindrog *ans* zylindrisch.

silio *be.g* laichen.

silwair *g* Gärfutter *nt*, Silage *f*.

silwèt (silwetau) *g* Silhouette *f*, Umriss *m*, Schattenriss *m*; **~ papur** Scherenschnitt *m*.

sill (-au) *b* = sillaf; **gair deusill** zweisilbiges Wort.

sillaf (-au) *b* *(GRAM)* Silbe *f*; **~ olaf** letzte Silbe, Ultima *f*.

sillafiad *g* Schreibung *f*, Schreibweise *f*, Buchstabierung *f*.

sillafu *be.a* buchstabieren; *(ysgrifennu'n gywir)* schreiben; **sut mae ~ hynny?** wie buchstabiert man das? wie schreibt man das?

sillafydd (-ion) *g* *(CYFDR)* Spellchecker *m*, Rechtschreibprüfung *f*.

sillebu *be.a* = sillafu.

sillgoll (-au) *b* Auslassungszeichen *nt*, Apostroph *m*.

simdde *b* = simnai.

simnai (simneiau) *b* *(corn mwg)* Schornstein *f*, Rauchfang[A] *m*; *(ffatri)* Schlot *m*; **glanhawr ~** Schornsteinfeger[D] *m*, Rauchfangkehrer[A] *m*.

simpansî (simpansïaid) *g* = tsimpansî.

simsan *ans* wackelig, schwankend; *(meddw)* taumelnd, trunken; *(esgus)* schwach, dürftig; **bod yn ~** *(person)* wackelig auf den Beinen sein.

simsanu *be.g* torkeln, taumeln, schwanken; *(ffig: petruso)* schwanken.

sin (-au) *g* *(MATH)* Sinus *m*.

sinamon *g* *(COG)* Zimt *m*.

sinc¹ *g* *(CEM)* Zink *nt*.

sinc² (-iau) *b* Becken *nt*; *(ymolchi)* Waschbecken *nt*; **~ y gegin** Abwasch *f*, Spüle[D] *f*.

sine-camera (sine-camerâu) *g* Filmkamera *f*.

sinedaflunydd (-ion) *g* Filmvorführgerät *nt*.

sinema (sinemâu) *b* Kino *nt*, Lichtspieltheater *nt*; **mynd i'r ~** ins Kino gehen.

sinffonia *g* *(CERDD)* Sinfonie *f*, Symphonie *f*.

sinicaidd *ans* zynisch.

siniciaeth *b* Zynismus *m*.

sinig (-iaid) *g* Zyniker(in) *m(f)*.

sinolegydd (sinolegwyr) *g* Sinologe *m*, Sinologin *f*.

sinsir *g* *(COG)* Ingwer *m*.

sinws (sinysau) *g* *(ANAT)* Stirnhöhle *f*, Sinus *m*; **llid y sinysau** *(MEDD)* Stirnhöhlenkatarr *m*.

sïo *be.g* summen, brummen.

sioc (-iau) *gb* Schock *m*, Schreck *m*; *(teimlad)* Bestürzung *f*; *(MEDD)* Schockzustand *m*; **~ drydan** (elektrischer) Schlag *m*; *(poenydiad, MEDD)* Elektroschock *m*; **ces i ~!** mich hat fast der Schlag getroffen! **cafodd fy modryb ~ wrth weld hynny** meine Tante bekam einen Schreck, als sie das sah.

siocdon (-nau) *b* Druckwelle *f*.

siocladdwr (siocladdwyr) *g* *(MODUR)* Stoßdämpfer *m*.

siocled (-i) *g* Schokolade *f*; *(losin)* Praline[D] *f*, Schokoladenbonbon *m*; **~ poeth** Kakao *m*, heiße Schokolade; **bar o ~** eine Tafel Schokolade; **bocs o ~i** Bonboniere *f*.

siocleddfwr (siocleddfwyr) *g* *(MODUR)* Stoßdämpfer *m*.

sioe (-au) *b* Schauspiel *nt*, Show *f*, *(THEAT)* Revue *f*; *(MASN)* Messe *f*, Ausstellung *f*; **~ ffasiwn** Modeschau *f*; **~ geffylau** Reitturnier *nt*; **~ gerdd** Musical *nt*; **~ Pwnsh a Siwan** Kasperltheater *nt*; **S~ Frenhinol** *(AMAETH)* Landwirtschaftsmesse *f*; **digon o ~** spektakulär, Aufsehen erregend.

siofiniad (siofiniaid) *g* *(GWLEID)* Chauvinist *m*.

sofiniaeth *b* *(GWLEID)* Chauvinismus *m*.

siofinydd (-ion) *g* *(GWLEID)* Chauvinist(in) *m(f)*.

siôl (siolau) *b* Umhang *m*, Überwurf *m*, Schultertuch *nt*.

siom (-au) *gb* Enttäuschung *f*; **~ ar yr ochr orau** eine angenehme Überraschung; **cael ~** enttäuscht werden, eine Enttäuschung erleben.

siomedig *ans* *(yn achosi siom)* enttäuschend; *(perfformiad)* dürftig; *(yn teimlo siom)* enttäuscht.

siomedigaeth *b* Enttäuschung *f*, Frustration *f*.

siomi *be.a* enttäuschen.

Siôn *g*: **~ Corn** Weihnachtsmann *m*, Nikolaus *m*; **~ cwsg** Sandmännchen *nt*.

sionc *ans* behände, flink, quicklebendig; *(rhn hen)* agil, rüstig; *(meddwl)* wach, hell; **bachgen a'i feddwl yn ~** ein helles Köpfchen.

sioncrwydd *g* Behändigkeit *f*, Flinkheit *f*; *(bywiogrwydd)* Lebhaftigkeit *f*.

sioncyn *g*: **~ y gwair** *(SÖOL)* Grashüpfer *m*, Heuschrecke *f*.

Sioni *g*: **~ gwybod popeth** Schlauberger *m*, Schlaukopf *m*.

siop (-au) *b* Geschäft *nt*, Handlung *f*, Laden[D] *m*; **~ adrannol** Kaufhaus *nt*, Warenhaus *nt*; **~ anifeiliaid** Tierhandlung *f*; **~ arbenigol** Fachgeschäft *nt*; **~ bersawr** Parfümerie *f*; **~ bwydydd iach** Naturkostladen *m*, Reformhaus *nt*; **~ bysgod** Fischhandlung *f*; **~ y cigydd** Fleischerei *f*, Metzgerei[D] *f*; **~ drwyddedig** Weinhandlung *f*; **~ dybaco** Tabakladen[D] *m*, (Tabak)trafik[A] *f*; **~ ddillad** Kleiderhaus *nt*; *(bach)* Boutique *f*; **~ ddodrefn** Möbelhandlung *f*; **~ emau** Juwelier *m*; **~ fara** Bäckerei *f*; **~ flodau** Blumenhandlung *f*; **~ gadwyn** Kaufhauskette *f*; **~ gangen** Niederlassung *f*; **~ gig** Fleischerei *f*, Metzgerei[D] *f*; **~ gornel** Kaufmann *m*, Krämer[D] *m*, Greißler[A] *m*; **~ hen bethau** Antiquitätenhandlung *f*; **~ hufen iâ** Eiscafé *nt*, Eisdiele[D] *f*; **~ lanhau dillad** Reinigung *f*; **~ lyfrau**

Buchhandlung *f*; **~ lysiau** Obst- und Gemüsegeschäft *nt*; **~ nwyddau haearn** Eisenhandlung *f*; **~ werdd** Bioladen *m*; **~ wystlo** Pfandhaus *nt*; **siarad ~** über die Arbeit reden, fachsimpeln.

siopa *be.g* einkaufen, Besorgungen machen.

siopladrad *g* Ladendiebstahl *m*.

siopleidr (**siopladron**) *g* Ladendieb *m*.

siopwr (**siopwyr**) *g* (Laden)inhaber *m*, Besitzer *m*.

Siôr *g* Georg.

sip¹ (**-iau**) *g* Reißverschluss *m*, Zipp(verschluss)^A *m*.

sip² (**-iau**) *g* Schlückchen *nt*.

sipian *be.a* (*llymeitian*) nippen.

sipio *be.a* (*cau sip*) den Reißverschluss zumachen.

sipsi (**-wn**) *gb* Zigeuner(in) *m(f)*.

sir (**-oedd**) *b* Grafschaft *f*, Landkreis^D *m*, Bezirk *m*; **cyngor ~** Bezirksverwaltung *f*; (*yn Awstria*) Bezirkshauptmannschaft^A *f*.

siriol *ans* fröhlich, heiter, gut gelaunt.

sirioldeb *g* Fröhlichkeit *f*, Heiterkeit *f*, Frohsinn *m*.

sirioli *be.a* aufheitern, aufmuntern.

   ♦ *be.g* aufleben; (*tywydd*) aufheitern.

sirol *ans* Bezirks-.

sirosis *g* (*MEDD*) Zirrhose *f*.

sirydd (**-ion**) *g* königlicher Verwalter *m*, Vogt *m*, (*HAN*) Landverweser *m*.

siryf (**-ion**) *g* = **sirydd**.

sisial¹ *be.a* flüstern, raunen; (*YSG*) einsagen; (*THEAT*) soufflieren.

   ♦ *be.g* wispern, tuscheln; (*gwynt*) säuseln.

sisial² *g* Gewisper *nt*, Geflüster *nt*; (*gwynt*) Säuseln *nt*.

sisian *be.a, be.g* fauchen, zischen.

Sisilaidd *ans* sizilianisch.

Sisili *b* (*DAEAR*) Sizilien *nt*.

si-so (**-s**) *g* Wippe^D *f*, Hutsche^A *f*.

Sistersiad (**Sistersiaid**) *g* Zisterzienser *m*.

siswrn (**sisyrnau**) *g* Schere *f*; **~ tocio** Heckenschere *f*.

siw *g*: na **~** na miw kein Ton.

siwgr *g* Zucker *m*; **~ betys** Rübenzucker *m*; **~ taenu/bwrw** Staubzucker *m*; **~ cansen** Rohrzucker *m*; **clefyd y ~** Zuckerkrankheit *f*; **~ coch** brauner Zucker; **~ coeth** Raffinade *f*; **~ fanila** Vanillezucker *m*; **~ grawn** Traubenzucker *m*; **~ grisial** Kristallzucker *m*; **~ gwaed** (*MEDD*) Blutzucker *m*; **~ lwmp** Würfelzucker *m*; **~ llosg** Karamell *m/nt*; **~ mân** Staubzucker *m*.

siwmper (**-i**) *b* Pullover *m*, Pulli *m*; **~ heb lewys** Pullunder *m*.

siŵr *ans* gewiss, bestimmt; **~ o fod** (*tebyg*) sicherlich, wahrscheinlich; **maen nhw'n ~ o ddod** sie kommen bestimmt.

siwrnai¹ (**siwrneiau** *neu* **siwrneion**) *b* Reise *f*, Fahrt *f*; **~ adref** Heimweg *m*, Heimfahrt *f*; **~ dda!** gute Fahrt! gute Reise! **~ saff!** (*adref*) komm(t) gut nach Hause!

siwrnai² *adv* sobald; **~ y gwelodd e hi** im Moment als er sie sah.

siwt (**-iau**) *b* Anzug *m*; (*menyw*) Kostüm *nt*; (*cardiau*) Farbe *f*; **~ barch** Sonntagsanzug *m*; **~ blymio** Taucheranzug *m*; **~ drowsus** (*dynes*) Hosenanzug *m*; **~ nofio** Badeanzug *m*.

siwtces (**-ys**) *g* (Reise)koffer *m*.

siwtio *be.a* passen +*dat*, stehen +*dat*; **nid yw gwallt byr yn dy ~** kurze Haare stehen dir nicht; **mae'r amser yn fy ~ i** der Zeitpunkt ist mir angenehm.

siyntio *be.a* (*RHEILFF*) rangieren, verschieben.

slab (**-iau**) *g* Platte *f*, Block *m*; (*pren*) Tafel *f*.

slabyn *g* = **slab**.

slaes *b* Schrägstrich *m*; **~ ôl** linker Schrägstrich.

slaf (**-iaid**) *g* Leibeigene *m/f*, Sklave *m*, Sklavin *f*.

slafaidd *ans* sklavisch, unterwürfig.

slafdod *g* Schinderei *f*, Plackerei *f*.

Slafiad (**Slafiaid**) *g* Slawe *m*, Slawin *f*.

Slafig *ans* slawisch.

slafio *be.g* schuften, malochen^D, sich abrackern, sich abstrampeln.

slafiwr (**slafwyr**) *g* Rackerer *m*, Arbeitstier *nt*.

Slafonig *ans* slawisch.

slag *g* Schlacke *f*; **twmpath ~** Schlackenhalde *f*.

slalom *gb* Slalom *m*; **~ mawr** Riesenslalom *m*, Riesentorlauf *m*.

slapen (**slapiau**) *b* Klaps *m*.

slapio *be.a* patschen, klapsen; (*rhoi bonclust i*) ohrfeigen; **~ rhn** jdm eine runterhauen.

slapstic *g* (*THEAT*) Klamauk *m*.

slebog *b* (*dif*) Schlampe *f*.

slebogaidd *ans* liederlich, verderbt.

sled (**-iau**) *b* Schlitten *m*, Rodel *f*.

slefren *b*: **~ fôr** (*SÖOL*) Qualle *f*.

slei *ans* hinterhältig, hinterfotzig^A, gemein; **~ bach** heimlich, insgeheim.

sleid (**-iau**) *b* Rutsche *f*; (*FFOTO*) Diapositiv *nt*, Dia *nt*; **~ liw** Farbdia *nt*; **~ gwallt** Haarspange *f*.

sleifio *be.g* schleichen, sich stehlen; **~ ymaith** sich verkriechen, sich verdrücken, sich davonstehlen.

sleisen (**sleisys**) *b* (*tafell*) Scheibe *f*.

slic *ans* (*llithrig*) glitschig, rutschig, schlüpfrig; (*deheuig*) gewandt, geschickt.

slip (**-iau**) *g* Zettel *m*; **~ cyflog** Gehaltszettel *m*.

sling¹ (**-iau**) *b* Schlinge *f*, Schlaufe *f*.

sling² (**-s**) *g* Schleuder *f*.

sliper¹ (**-i**) *b* Hausschuh *m*, Pantoffel^D *m*, Schlapfen^A *m*.

sliper² (**-i** *neu* **-s**) *gb* (*RHEILFF*) Schwelle *f.*

slipffordd (**slipffyrdd**) *b* (*MODUR*) Auffahrt *f,* Zufahrtstraße *f.*

slipio *be.a* (*MODUR*) **~ cydiwr** die Kupplung schleifen lassen.

slobran *be.g* sabbern, trenzen^; (*ci*) schlabbern.

slochian *be.g* schlürfen.

Slofacaidd *ans* slowakisch.

Slofaceg *b* Slowakisch *nt.*

Slofacia *b* (*DAEAR*) die Slowakei.

Slofaciad (**Slofaciaid**) *g* Slowake *m,* Slowakin *f.*

Slofenaidd *ans* slowenisch.

Slofeneg *b* Slowenisch *nt.*

Slofenia *b* (*DAEAR*) Slowenien *nt.*

Slofeniad (**Slofeniaid**) *g* Slowene *m,* Slowenin *f.*

slogan (**-au**) *gb* Schlagwort *nt,* Losung *f;* (*hysbyseb*) Slogan *m,* Werbespruch *m.*

slorwm (**-od**) *b* (*SÔOL*) Blindschleiche *f.*

slot (**-iau**) *g* Schlitz *m;* (*ar gyfer arian*) Einwurf *m;* (*mewn amserlen*) Lücke *f.*

slotian *be.g* saufen, zechen.

slumyn *g* = **ystlum**.

slŵp (**slwpiau**) *g* (*MOR*) Slup *f.*

slwsh *g* Matsch *m.*

slwten (**slytiaid**) *b* (*anwedd*) Schlampe *f,* Flittchen *nt.*

slym (**-iau**) *b* Elendsviertel *nt,* Slum *m/nt.*

smala *ans* = **ysmala**.

smaldod *g* = **ysmaldod**.

smalio *be.g* (*cellwair*) spaßen, witzeln; (*cogio*) so tun als ob, vorgeben; (*cogio salwch*) simulieren.

smart *ans* fesch, elegant.

sment (**-iau**) *g* Zement *m;* (*ar gyfer ffenestri*) Fensterkitt *m;* (*dant*) Amalgam *nt.*

smentio *be.a* zementieren; (*dant*) füllen.

smoc (**-iau**) *b* Kittel *m;* (*gwisg gwraig feichiog*) Umstandskleid *nt.*

smôc (**-s**) *gb* Joint *m;* **cael ~** einen Joint rauchen.

smocio *be.a* = **smygu**.

smociwr (**smocwyr**) *g* Raucher *m.*

smocwraig (**smocwragedd**) *b* Raucherin *f.*

smonach *b* Unordnung *f,* Durcheinander *nt.*

smotiog *ans* getupft, gefleckt.

smotyn (**smotiau**) *g* Fleck *m;* (*bach crwn*) Tupfen *m;* (*pêl-droed*) Elfer *m,* Elfmeterpunkt *m;* **~ haul** (*ASTRON*) Sonnenfleck *m;* **~ saim** Fettfleck *m.*

smwddio *be.a* glätten; (*â haearn*) bügeln, plätten; **haearn ~** Bügeleisen *nt;* **bwrdd ~** Bügelbrett *nt.*

smwt *ans:* **trwyn ~** Stupsnase *f.*

smyglo *be.a, be.g* schmuggeln.

smyglwr (**smyglwyr**) *g* Schmuggler *m.*

smygu *be.a, be.g* rauchen, qualmen; **~ pot** kiffen; **~ sigarét** eine Zigarette rauchen.

♦ *be.e:* **~ goddefol** Passivrauchen *nt.*

sniffian *be.g* schnupfen; (*arogli*) schnuppern, schnüffeln; (*wfftian*) schnauben, prusten.

♦ *be.a* schnupfen; (*cocain*) koksen; (*glud*) schnüffeln.

snisin *g* Schnupftabak *m.*

snob (**snobiaid**) *g* Neureiche *m/f,* Snob *m,* Laffe^D *m.*

snobyddiaeth *b* Snobismus *m.*

snobyddlyd *ans* snobistisch, neureich, großtuerisch.

snorcel (**-i**) *g* Schnorchel *m.*

snorcelio *be.g* = **snorcelu**.

snorcelu *be.g* schnorcheln.

snwcer *b* (*CHWAR*) Snooker *nt.*

snwffian *be.g* = **sniffian**.

sobr *ans* trocken, nüchtern; (*rhesymol*) seriös; (*adroddiad*) unverblümt; (*nad yw'n feddw*) nüchtern; **~ o boeth** schrecklich heiß; **roedd y perfformiad yn ~ o wael** die Aufführung war unter jeder Kritik.

sobreiddio *be.g* nüchtern werden.

♦ *be.a* (*dod at eich coed*) ernüchtern; (*ar ôl meddwi*) ausnüchtern.

sobri *be* = **sobreiddio**.

sobrwydd *g* Nüchternheit *f;* (*dirwest*) Abstinenz *f.*

socas (**-au**) *b* Gamasche *f.*

soced (**-i** *neu* **-au**) *gb* (*TRYD*) Steckdose *f;* (*bŷlb*) Fassung *f.*

socian *be.a* durchnässen, durchtränken; **gadael i ~** einweichen.

soda *g* (*CEM*) Natron *nt;* **~ golchi** Soda *nt/f;* **dŵr ~** Soda(wasser) *nt.*

sodiwm *g* (*CEM*) Natrium *nt;* **~ deucarbonad** Natron *nt.*

sodlau *ll gw.* **sawdl**.

sodli *be.a* (*dilyn*) beschatten; (*CHWAR*) decken.

sodr (**-au**) *g* Lötzinn *nt.*

sodro *be.a* löten; **~ oer** kalt löten; **haearn ~** Lötkolben *m.*

soddgrwth (**soddgrythau**) *g* (*CERDD*) Cello *nt,* Violoncello *nt.*

soddgrythor (**-ion** *neu* **-iaid**) *g* Cellist *m.*

soddgrythores (**-au**) *b* Cellistin *f.*

soeglyd *ans* durchnässt, triefnass; (*bwyd*) angesogen, matschig; (*tir*) durchweicht.

sofiet *g* (*GWLEID*) Sowjet *m;* **S~ Goruchaf** Oberster Sowjet.

sofietaidd *ans* sowjetisch; **yr Undeb S~** (*HAN*) die Sowjetunion *f,* UdSSR *f.*

sofliar (**soflieir**) *g* (*SÔOL*) Wachtel *f;* **wyau ~** (*COG*) Wachteleier *pl.*

soflyn (**sofl**) *g* (*gwellt, ŷd*) Stoppeln *pl.*

sofraniaeth (**-au**) *b* Hoheit *f,* Oberherrschaft *f.*

soffa (-s) *b* Sofa *nt*, Couch *f*, Kanapee *nt*.

soffistigedig *ans* kultiviert, niveauvoll, fein;
(person) gebildet, differenziert; *(o ansawdd da)*
gepflegt, elegant; *(gair)* hochgestochen; *(peiriant)*
hoch entwickelt.

solariwm (**solaria**) *g* Solarium *nt*.

soledu *be.g* erstarren, hart werden.

solet *ans* fest; *(sad)* stabil, standfest, haltbar; *(person)*
solide; *(prawf)* fundiert; *(argyhoeddiad)*
unerschütterlich, felsenfest; *(am fabi)* pausbäckig;
am ddwy awr ~ volle/ganze zwei Stunden; **o aur ~**
aus reinem Gold *nt*.

sol-ffa *g* (*CERDD*) Solmisation *f*.

solid *ans* = **solet**.

solpitar *g* (*CEM*) Salpeter *m*.

sôn *be.g:* **~ am** erwähnen, sprechen über +*akk*; **wrth ~**
am apropos; **dim gwerth ~ amdano** nicht
erwähnenswert; **heb ~ am** *(ffig)* ganz zu schweigen
von +*dat*, ganz abgesehen von +*dat*.

   ♦ *be.e* Gerede *nt*; **mae ~ ei bod hi'n gadael** es heißt,
   sie verlässt uns; *(newyddion)* **oes unrhyw ~ amdano?**
   gibt es Nachrichten über ihn? **paid â ~!** *(syfrdan)*
   was du nicht sagst! *(llond bol)* frag mich nicht!

sonar *g* (*TECH*) Echolot *nt*.

sonata (**sonatâu**) *b* (*CERDD*) Sonate *f*.

soned (-au) *b* (*CERDD*) Sonett *nt*.

soniarus *ans* klangvoll, sonor, melodiös.

söoleg *b* Zoologie *f*.

söolegol *ans* zoologisch.

söolegydd *g* Zoologe *m*, Zoologin *f*.

soporiffig *ans* einschläfernd.

soprano (-s) *b* (*CERDD*) Sopran *m*; **~ goloratwra**
Koloratursopran *m*.

sorllyd *ans* verdrießlich; *(rhn)* verstimmt,
verdrossen, verhärmt.

sorod *ll* (*metel*) Schlacke *f*; *(gwin)* Bodensatz *m*.

sorri *be.g* (*pwdu*) beleidigt sein, angefressen sein,
schmollen; **~'n bwt** total eingeschnappt sein.

sortio *be.a* ordnen, sortieren, in Ordnung bringen.

SOS *byrf* (= *save our souls*) SOS *nt*.

sôs *g:* **~ coch** (*COG*) (Tomaten)ketchup *nt*.

sosban (-nau *neu* **sosbenni**) *b* Kochtopf *m*, Rein^A *f*,
Kasserolle *f*; *(padell)* Pfanne *f*; **~ bwysedd** *neu:* **~**
frys Druckkochtopf *m*, Schnellkochtopf *m*; **clwb y**
S- (*Fach*) (*CHWAR*) Llanelli Rugbyklub *m*.

sosej (-ys) *b* Wurst *f*, Würstchen *nt*.

soser (-i) *b* Untertasse *f*; *(erial)* Parabolantenne *f*; **~**
hedegog fliegende Untertasse *f*.

sosi *ans* neckisch, kess.

sosialaeth *b* (*GWLEID*) Sozialismus *m*.

sosialaidd *ans* sozialistisch.

sosialydd (**sosialwyr**) *g* (*GWLEID*) Sozialist(in) *m(f)*.

sothach *g* (*pethau diwerth*) Gerümpel *nt*, Kram *m*,
Plunder *m*; *(di-chwaeth)* Kitsch *m*; *(sbwriel)*
Überreste *pl*, Abfälle *pl*; *(rwtsh)* Schund *m*; *(am*
fwyd) (Hunde)futter *nt*, Müll *m*; *(lol)* Unsinn *m*,
Unfug *m*, Quatsch *m*; **siarad ~** dummes Zeug
faseln; **~ o nofel** Groschenroman *m*.

sothachlyd *ans* kitschig.

sownd *ans* fest; *(tyn)* straff; *(sad)* stabil; *(anystwyth)*
starr; *(am gwsg)* tief; **cysgu'n ~** fest schlafen; **mynd**
yn ~ klemmen, blockieren; **mae'r drws yn ~** die
Tür klemmt; **cau'r drws yn ~** die Tür fest
schließen.

soya *g:* **ffa ~** Sojabohnen *pl*.

stabl (-au) *b* Stall *m*, Pferdestall *m*, Stallung *f*.

stacio *be.a* aufschichten.

stad (-au) *b* Zustand *m*; *(o ddatblygiad)* Phase *f*;
Stadium *nt*; (*CEM*) Aggregatzustand *m*; *(tir)* Gut *nt*,
Landgut *nt*; *(eiddo)* Besitztümer *pl*, Güter *pl*; **~ o**
argyfwng Ausnahmezustand *m*; **~ o dai** Siedlung *f*;
~ dai cyngor Gemeindesiedlung *f*; **~au'r deyrnas**
Kronländer *pl*; **~ ddiwydiannol** Industriegelände
nt, Industriezone *f*; **~ meddwl** Geisteszustand *m*; **~**
naturiol Naturzustand *m*; **bod mewn ~** (*o anobaith*)
verzweifelt sein, völlig aufgelöst sein.

stadiwm (**stadia**) *b* (*CHWAR*) Stadion *nt*; **~ chwaraeon**
Sportstadion *nt*; **~ bêl-droed** Fußballstadion *nt*; **~**
seiclo Radstadion *nt*.

staen (-iau) *g* Fleck *m*; *(paent, inc)* Klecks^D *m*; *(saim)*
Fettfleck *m*; *(baw)* Schmutzfleck *m*; *(i liwio pren)*
Beize *f*; *(ffig: nam)* Makel *m*; **codwr ~** Fleckenlöser *m*;
~ inc Tintenfleck *m*; **~ olew** Ölfleck *m*.

staenedig *ans* befleckt, fleckig.

staenio *be.a* beflecken, beschmutzen, bekleckern^D;
(lliwio pren) beizen.

staer (-au) *b* Treppe *f*, Stiege *f*; **~ gefn** Hintertreppe
f; **lan ~** oben, im ersten Stock; **twll/cwts dan ~**
Stiegenkammer *f*.

staes (-iau *neu* -ys) *g* Korsett *nt*, Mieder *nt*.

stafell *b* = **ystafell**.

staff *g* (*busnes*) Mitarbeiterschaft *f*; *(gwasanaeth)*
Personal *nt*; *(ffatri)* Belegschaft *f*; (*YSG, PRIFYSG*)
Lehrkörper *m*, Kollegium *nt*; (*MIL*) Stab *m*; **~ daear**
(*AWYR*) Bodenpersonal *nt*; **~ golygyddol** Redaktion
f.

stâl (**stalau**) *b* (*ar gyfer un anifail*) Box *f*, Kobel *m*.

stalactid (-au) *g* Stalaktit *m*.

stalagmid (-au) *g* Stalagmit *m*.

stalwyn (-i) *g* Hengst *m*.

stamp (-au *neu* -iau) *g* Briefmarke *f*, Marke *f*,
Postwertzeichen *nt*; *(teclyn neu'i ôl)* Stempel *m*; **~**
ansawdd Gütesiegel *nt*; **~ derbyn** (*llythyr*)
Eingangsstempel *m*; **~ post** Poststempel *m*; **casglu**

~iau Briefmarken sammeln; **llyfr ~iau** Briefmarkenalbum *nt*.

stampio *be.a* stempeln; *(metel)* punzieren; *(ffig)* prägen.

♦ *be.g (curo traed)* (auf)stampfen, trampeln.

stanc (-iau) *g* Scheiterhaufen *m*.

stand (-iau) *gb* Ständer *m*, Gestell *nt*; *(ar gyfer peintio)* Staffelei *f*; *(FFOTO)* Stativ *nt*; *(CHWAR)* Tribüne *f*, Ränge *pl*; **~ miwisg** Notenpult *nt*, Notenständer *m*; **~ ymbarelau** Schirmständer *m*.

stapl (-au) *b* Klammer *f*; *(ar gyfer papur)* Heftklammer *f*; *(ar gyfer ceblau)* Krampe *f*.

staplo *be.a* heften, abheften.

starbord *g (MOR)* Steuerbord *nt*.

♦ *adf* steuerbord.

starn (-au) *b (MOR)* Heck *nt*.

starts *g* Stärke *f*, *(COG)* Kartoffelstärke *f*, Stärkemehl *nt*.

startsio *be.a* stärken.

stateg *b (TECH)* Statik *f*.

stategydd (stategwyr) *g* Statiker(in) *m(f)*.

statig *ans* statisch; **trydan ~** statische Elektrizität.

statud (-au) *b (CYFR)* Gesetz *nt*, Erlass *m*; *(clwb)* Vereinsstatut *nt*; **S~ Cymru** Statuten *pl* von Wales.

statudol *ans (CYFR)* gesetzlich, vorgeschrieben; *(clwb)* satzungsgemäß; **hawl ~** verbrieftes Recht; **gŵyl ~** staatlicher Feiertag.

statws *g (person)* Rang *m*; *(peth)* Status *m*, Stellenwert *m*; **~ credyd** Kreditwürdigkeit *f*; **~ cymdeithasol** Gesellschaftsstatus *m*, Prestige *nt*; **~ priodasol** Familienstand *m*.

stêc (-iau *neu* **-s)** *b (COG)* Steak *nt*, Beefsteak *nt*.

stecen *b* = **stêc**; **~ benfras** Fischfilet *nt*.

stecs *g* Nässe *f*, Schlamm *m*; **yn wlyb ~** patschnass, waschelnass^A.

steil¹ *g* Stil *m*; *(dyluniad)* Styling *nt*; **~ gwallt** Frisur *f*.

steil² (-iau) *g (camfa dros ffens)* Überstieg *m*.

steil³ *gb (cyfenw)* Nachname *m*, Familienname *m*.

steilio *be.a* stylen.

steilus *ans* schick, durchgestylt.

stelcian *be.g* schleichen, sich stehlen; *(llechu)* lauern; *(sgyrs: loetran)* bummeln, trödeln, brodeln^A.

stem (-iau) *b (cyfnod o waith)* Schicht *f*; **~ fore** Frühschicht *f*; **~ nos** Nachtschicht *f*.

stêm *g (ager)* Dampf *m*; **injan ~** Dampfmaschine *f*.

stêm-roler (-i) *gb* Dampfwalze *f*.

stemar (-s) *b (MOR)* Dampfer *m*; **~ olwyn** Raddampfer *m*.

stemian *be* = **stemio**.

stemio *be.g* dampfen; *(ffenestr)* anlaufen,

beschlagen.

♦ *be.a (COG)* dünsten, dämpfen; *(trin â stem)* dämpfen.

stên (stenau) *b* Krug *m*.

stensil (-au) *g* Schablone *f*; *(argraffu)* Matrize *f*.

stepen (stepiau) *b (bws ayb)* Trittbrett *nt*; **~ drws** Türschwelle *f*.

stepio *be.g (math ar ddawnsio)* steppen.

stereo (-s) *b* Stereo *nt*; *(peiriant)* Stereoanlage *f*.

♦ *ans* Stereo-.

stereoffonig *ans* stereofon.

stereoteip (-iau) *g* Klischeevorstellung *f*, Klischee *nt*, Stereotyp *nt*.

stereoteipio *ans* verallgemeinern.

sterics *ll* Hysterie *f*, Tobsuchtsanfall *m*; **cael ~** in Hysterie ausbrechen.

sterilaidd *ans* keimfrei, steril.

sterileiddiad (-au) *g* Sterilisierung *f*.

sterileiddio *be.a* sterilisieren.

sternwm (sterna) *g (ANAT)* Brustbein *nt*, Sternum *nt*.

sterylledig *ans* sterilisiert.

steryllu *be.a* = **sterileiddio**.

stesion (-s) *b (gorsaf)* Bahnhof *m*.

stethosgop (-au) *g (MEDD)* Stethoskop *nt*.

sticer (-i) *g* Aufkleber *m*, Pickerl^A *nt*.

sticil (sticlau) *b (camfa)* Zaunüberstieg *m*.

sticill *b* = **sticil**.

sticio *be.a (gludio)* ankleben, anpicken^A; *(ar rth)* aufkleben, aufpicken^A; **~ i mewn i** reinstecken in +*akk*.

♦ *be.g* haften, kleben, picken^A; **~ allan** vorstehen, überstehen.

stiff *ans* steif, starr; *(rhydlyd)* eingerostet; *(ffig: ffurfiol iawn)* steif.

stiffrwydd *g* Starre *f*, Steifheit *f*; **~ pen** Genickstarre *f*.

stigma (stigmâu *neu* **-ta)** *g (nod)* Mal *nt*, Kennzeichen *nt*; *(ar groen)* Wundmal *nt*; *(BOT)* Narbe *f*; *(ffig)* Stigma *nt*, Schandmal *nt*.

stilio *be.a* ausfragen, befragen.

stilo *be.a (smwddio)* bügeln.

stiw (-iau) *g (COG)* Eintopf *m*, Ragout *nt*; **~ ffrwythau** Kompott *nt*.

stiward (-iaid) *g* Ordner(in) *m(f)*; *(AWYR, MOR)* Steward *m*; *(HAN)* Mundschenk *m*; *(MIL)* Ordonanz *f*; **~ tir** (Guts)verwalter *m*.

stiwardes (-au) *b (AWYR)* Stewardess *f*, Flugbegleiterin *f*, Hostess *f*.

stiwardio *be.a* aufwarten, bewirten; *(cadw trefn ar)* aufpassen, einweisen; *(gofalu am dir)* verwalten.

stiwdio (-s) *b* Studio *nt*; *(CELF)* Atelier *nt*; *(FFILM)* Filmstudio *nt*.

stiwio *be.a* einkochen.

stoc (-iau) *b* *(cyflenwad)* Vorrat *m*, Bestand *m*; *(nwyddau)* Warenbestand *m*, Lagerbestand *m*; *(anifeiliaid)* Vieh *nt*; *(CYLL)* Anleihe *f*; ~ **fyw** Viehbestand *m*, Lebendvieh *nt*; **~iau** *ll* *(CYLL)* Wertpapiere *pl*, Effekten *pl*; *(cyfranddaliadau)* Aktien *pl*; **cyfnewidfa ~iau** Börse *f*; **cymryd ~** Inventur machen; **marchnad ~** Aktienhandel *m*; **mewn ~** auf Lager, in Reserve.

stocio *be.a* Vorräte anlegen; *(gwerthu)* auf Lager haben; *(mewn argyfwng)* horten.

stocrestr (-i) *b* Inventar *nt*.

stof (-au) *b* Ofen *m*, Küchenherd *m*; *(gwersylla)* Kocher *m*; ~ **deils** Kachelofen *m*; ~ **drydan** Elektroherd *m*; ~ **nwy** Gasherd *m*.

stoicaidd *ans* stoisch.

stôl[1] (**stolion**) *b* *(cadair)* Stuhl *m*; *(heb gefn)* Hocker *m*, Stockerl[A] *nt*; *(isel)* Schemel *m*; ~ **blygu** Campingsessel *m*; ~ **droed** Fußschemel *m*; ~ **far** Barhocker *m*; ~ **piano** Klavierhocker *m*; **syrthio rhwng dwy ~** *(ffig)* zwischen zwei Stühlen sitzen.

stôl[2] (**stolau**) *b* *(gwisg)* Stola *f*.

stomp *gb* *(llanast)* Unordnung *f*, Durcheinander *nt*; *(ffig: cawl)* Mist *m*; **gwneud ~** Mist bauen.

stompio *be.a* in Unordnung bringen; *(baeddu)* versauen; *(ffig)* verpfuschen.

stôn (**stonau**) *b* Stone *m* (6.384 kg).

stond *ans* stocksteif; **sefyll yn ~** wie angewurzelt dastehen.

stondin (-au) *b* Stand *m*; *(ffair)* Bude[D] *f*; ~ **bapurau** Zeitungsstand *m*; ~ **saethu** Schießbude *f*, Schießstand *m*; ~ **selsig** Würstchenbude[D] *f*, Würstelstand[A] *m*; ~ **fasnach** Messestand *m*.

stop (-iau) *g* Halt *m*, Stopp *m*; *(safle)* Haltestelle *f*; *(arhosiad)* Aufenthalt *m*; *(organ)* Register *nt*; ~ **brys** Vollbremsung *f*; **rhoi ~ ar** Einhalt gebieten.
 ♦ *ebych* stop! stopp!

stopio *be.a* anhalten, stoppen; ~ **rhn rhag gwneud rhth** jdn von etw abbringen.
 ♦ *be.g* anhalten, stehen bleiben; *(glaw)* aufhören; *(aros)* Halt machen; ~ **gwneud rhth** innehalten; **~'n stond** stillstehen.

stôr (**storau**) *g* Vorrat *m*, Reserve *f*, Lagerbestand *m*; **mae ganddo ~ o wybodaeth** er verfügt über ein breites Wissen.

storc (-iau) *g* *(SÖOL)* Storch *m*.

stordy (**stordai**) *g* Lagerhaus *nt*, Depot *nt*; *(nwyddau)* Warenlager *nt*, Magazin *nt*; *(AMAETH)* Speicher *m*; ~ **arfau** Waffenlager *nt*, Arsenal *nt*.

storfa (**storfeydd**) *b* Ablage *f*, *(ystafell)* Lagerraum *m*, Abstellraum *m*; *(stordy)* Lager *nt*, Depot *nt*; *(CYFDR)* Speicher *m*; ~ **arfau** Munitionsdepot *nt*,

Waffenlager *nt*; **~'r tollau** Zollgutlager *nt*; ~ **fagiau** Gepäckaufbewahrung *f*; ~ **dros dro** *(CYFDR)* Zwischenspeicher *m*.

storgeidwad (**storgeidwaid**) *g* Lagerarbeiter(in) *m(f)*, Lagerist(in) *m(f)*.

stori (**storïau** *neu* **straeon**) *b* Geschichte *f*, Erzählung *f*; *(chwedl)* Sage *f*, Legende *f*; *(celwydd)* Lügenmärchen *nt*; *(LLEN: plot)* Handlung *f*; *(cyfryngau)* Story *f*; ~ **ddigrif** Schwank *m*; ~ **fer** Kurzgeschichte *f*; ~ **tylwyth teg** Märchen *nt*; **hel straeon** tratschen, klatschen[D]; **a thorri'r ~'n fyr** um es kurz zu machen, mit einem Wort; **troi'r ~** das Thema wechseln.

storio *be.a* aufbewahren, lagern; *(dogfennau)* ablegen, archivieren; *(mewn siop)* führen, auf Lager haben; *(CYFDR)* speichern, ablegen.

storïwr (**storïwyr**) *g* Geschichtenerzähler(in) *m(f)*, Märchenonkel *m*.

storm (-ydd) *b* Gewitter *nt*, Unwetter *nt*; *(gwynt cryf)* Sturm *m*, Orkan *m*; ~ **eira** Schneesturm *m*; ~ **fellt a tharanau** Gewitter.

stormus *ans* stürmisch, gewittrig.

storom *b* = storm.

stôr-wresogydd (-ion) *g* Nachtspeicherheizung *f*.

straegar *ans* geschwätzig.

straen (-au) *gb* Belastung *f*, Anspannung *f*, Stress *m*; *(corfforol)* Anstrengung *f*, Strapaze *f*; **dan ~** angespannt; *(perthynas)* gespannt; ~ **ar y galon** Herzbeschwerden *pl*.

straenio *be.a* belasten; ~ **gormod** *(rhaff, person)* überlasten; *(pen-glin, llais ayb)* überanstrengen.

straeon *ll gw.* **stori**; **hel ~** tratschen, klatschen[D], Gerüchte verbreiten.

stranc (-iau) *b* *(tric)* Streich *m*, Schabernack *m*; *(plentyn)* Tobsuchtsanfall *m*.

strancio *be.g* strampeln, um sich schlagen.

strap (-iau) *b* *(lledr)* Riemen *m*; *(llabed)* Lasche *f*, *(bag)* Tragriemen *m*; ~ **oriawr** Uhrband *nt*; ~ **warthol** Steigriemen *m*.

strapen *b* = strap.

strapio *be.a* schnallen, schnüren; *(curo)* verprügeln, schnalzen; *(MEDD)* verbinden, bandagieren; **~'n dyn** festschnallen, fest verschnüren.

strategaeth *b* Strategie *f*; *(MIL)* Taktik *f*.

strategol *ans* strategisch.

strategydd (-ion) *g* Stratege *m*, Strategin *f*.

stratosffer *g* Stratosphäre *f*.

streic (-iau) *b* Streik *m*, Ausstand *m*; ~ **eistedd i lawr** Sitzstreik *m*; ~ **gwaith araf** Bummelstreik *m*; ~ **gweithio i reol** Dienst nach Vorschrift; ~ **gyffredinol** Generalstreik *m*; ~ **newyn** Hungerstreik *m*; **mynd ar ~** in den Ausstand treten, streiken.

916

streicio *be.g* streiken.
streiciwr (**streicwyr**) *g* Streiker(in) *m(f)*.
streipen (**streipiau**) *b* Streifen *m*.
streipiog *ans* gestreift.
stretsier (-i) *g (MEDD)* Tragebahre *f*.
stribed (-i) *g* Streifen *m*; ~ **ffilm** Filmstreifen *m*; ~ **cartŵn** Comicstreifen *m*.
stribyn (-nau) *g* Streifen *m*; ~ **olew** Ölspur *f*, Schlick *m*.
strim-stram-strellach *adf* drunter und drüber.
stripiwr (**stripwyr**) *g* Stripper *m*.
stripwraig (**stripwragedd**) *b* Stripperin *f*, Ausziehdame *f*.
strôc (**strociau**) *b (ergyd)* Streich *m*, Schlag *m*; *(nofio)* Tempo *nt*; *(llinell)* Strich *m*; *(MEDD: trawiad)* Schlag(anfall) *m*; *(tric)* Streich *m*, Coup *m*; *(MODUR)* Hub *m*; ~ **brws** Pinselstrich *m*; ~ **gyllell** Messerstich *m*; ~ **pilipala** Delfinschwimmen *nt*; ~ **o lwc** Glückssträhne *f*.
strwdl *g (COG)* Strudel *m*.
strwythur (-au) *g* Struktur *f*, Aufbau *m*, Gliederung *f*; ~ **cyflogau** Gehaltsschema *nt*.
strwythuro *be.a* gliedern, strukturieren.
strwythurol *ans* strukturell.
stryd (-oedd) *b* Straße *f*; ~ **unffordd** Einbahn(straße) *f*; ~ **fawr** Hauptstraße *f*.
stumog (-au) *b (ANAT)* Magen *m*; **briw ar y** ~ *(medd)* Magengeschwür *nt*; *(ffig)* **does gennyf ddim** ~ **am** mir ist nicht zumute nach *+dat*.
stwffin *g (clustog ayb)* Füllung *f*, Füllmaterial *nt*; *(COG)* Fülle *f*.
stwffio *be.a (gwthio)* stopfen, pressen; *(llenwi)* ausstopfen; *(COG)* füllen.
   ♦ *be.g* sich zwängen, sich quetschen; *(bwyta gormod)* sich voll stopfen.
stwfflwr *g* Heftmaschine *f*.
stwfwl (**styffylau**) *g* Heftklammer *f*; *(gwifrau) (ar gyfer ceblau)* Krampe *f*, Klampfe *f*.
stwmp (-iau) *neu* **stympiau**) *g* Stumpf *m*; *(sigarét)* Stummel *m*; *(COG: stwnsh)* Püree *nt*.
stwmpo *be.a* = **stwnsio**.
stwnsh *g* Püree *nt*.
stwnsio *be.a* zerstampfen; *(trwy hidl)* passieren.
stwnsiwr *g* Stößel *m*, Stampfer *m*.
stŵr *g* Krach *m*, Radau *m*, Lärm *m*, Krawall *m*.
stwrllyd *ans* aufrührerisch, lärmend; *(lle)* laut, voll Trubel; **rhn** ~ Randalierer *m*, Störenfried *m*, Rowdy *m*.
stwrsiwn (-od) *g (SŴOL)* Stör *m*.
styden (**stydiau**) *b* Druckknopf *m*, Niete *f*; *(ar goler)* Kragenknopf *m*; *(tlws)* Zierknopf *m*, Flinserl[A] *nt*; *(esgid bêl-droed)* Stoppel[A] *m*, Stollen[D] *m*; *(teiar)*

Spike *m*; ~ **wasgu** Druckknopf *m*.
styfnig *ans* (= **ystyfnig**) stur, unnachgiebig.
styffylu *be.a* staffeln; *(staplo)* zusammenheften.
styffylwr *g* Heftmaschine *f*.
styllen *b* = **ystyllen**.
su (-on) *g* = **si**.
sucan *g (COG)* Flammeri *m*, Haferbrei *m*.
sudd (-ion) *g* Saft *m*; ~ **afal** Apfelsaft *m*; ~ **coco** Kokosmilch *f*; ~ **ffrwythau** Fruchtsaft *m*; ~ **gastrig** *(MEDD)* Magensäure *f*.
suddlon *ans (ffrwyth)* saftig, fruchtig; *(planhigyn)* fleischig, sukkulent.
suddo *be.g (llong)* sinken, untergehen, kentern; *(ffig: calon)* sinken; *(ymdrech)* versacken.
   ♦ *be.a* versenken; *(buddsoddi)* investieren; *(snwcer, golff)* einlochen, versenken.
sugnedd (-au) *g* Sog *m*; *(cors)* Sumpf *m*, Morast *m*.
sugno *be.a* saugen; *(anadlu)* einatmen, Luft holen; *(lolipop ayb)* lutschen; *(baban)* säugen; *(papur, clwt)* aufsaugen, absorbieren; ~**'r bawd** Daumen lutschen; **plentyn** ~ Säugling *m*.
sugnwr *g:* ~ **llwch** Staubsauger *m*.
Sul (-iau) *g* Sonntag; ~ **y Blodau** Palmsonntag *m*; ~ **y Gwaed** Blutsonntag *m*; ~ **y Mamau** Muttertag *m*; ~ **y Pasg** Ostersonntag *m*; ~, **gŵyl a gwaith** tagein tagaus; ~ **y pys** Sankt- Nimmerleins-Tag *m*; **bwrw'r** ~ das Wochenende verbringen.
Sulgwyn *g (CREF)* Pfingstsonntag *m*.
sundae *g* Eisbecher *m*.
suo *be.g* = **sïo**.
suo-gân (**suo-ganeuon**) *b* Schlaflied *nt*, Schlummerlied *nt*, Wiegenlied *nt*.
sur[1] *ans* sauer; *(blas)* herb, säuerlich; *(llaeth)* sauer; *(menyn)* ranzig; *(ffig: rhn)* griesgrämig, zwider[A]; **troi yn** ~ *(llaeth)* schlecht/sauer werden.
sur[2] (-ion) *g (CEM)* Säure *f*; ~ **blorig** Salpetersäure *f*; ~ **helig** Salzsäure *f*; ~ **llaethig** Milchsäure *f*; ~ **llosfeinig** Schwefelsäure *f*; ~ **ulyfig** Kohlensäure *f*; **gw.h. asid**.
surbwch *ans* sauer, verdrießlich.
surdoes *g (COG)* Sauerteig *m*.
surni *g* saurer Geschmack *m*, Säuerlichkeit *f*, Bitterkeit *f*.
suro *be.a* säuern; *(ffig: rhn)* verbittern, verdrießen.
   ♦ *be.g* sauer werden *(h. ffig)*.
sut *rhag gofyn* wie, auf welche Weise; *(pa fath)* was für ein; ~ **bynnag** wie auch immer; ~ **mae?** wie geht's? ~ **mae!** Hallo! Tagchen[D]! ~ **wyt ti?** wie geht's dir? ~ **olwg sydd arno?** wie sieht er aus?
sw (**sŵau**) *g* Zoo *m*, Tiergarten *m*, zoologischer Garten *m*.
swab (-iau) *g* Tupfer *m*.

Swabaidd *ans* schwäbisch.
Swabia *b (DAEAR)* Schwaben *nt*.
Swabiad (Swabiaid) *g* Schwabe *m*, Schwäbin *f*.
swabio *be.a* betupfen.
swaden *b* Klaps *m*, Klatsch *m*; *(bonclust)* Dachtel[A] *f*.
swadiwr (swadwyr) *g (clêr)* Klatsche *f*, Patsche *f*, Fliegenklappe[D] *f*.
Swahili[1] (Swahilïaid) *g* Suaheli *m*.
Swahili[2] *b (iaith)* Suaheli *nt*.
swanco *be.g* sich aufspielen, sich aufplustern.
swastica (-s) *b* Hakenkreuz *nt*, Swastika *f*.
swatiad *g* Hocke *f*.
swatio *be.g* hocken, kauern; *(yn glud ac yn gynnes)* sich kuscheln; ~ **yn erbyn rhn** sich an jdn ankuscheln, sich an jdn anschmiegen; ~ **dan y blanced** sich unter die Decke kuscheln.
swbachu *be.g* schrumpfen, einschrumpeln.
swci *ans* zahm, zutraulich; **oen ~** Lamm, das mit dem Fläschchen aufgezogen wird, Hauslamm *nt*.
swcr *g* Beistand *m*, Ermutigung *f*.
swcro *be.a* beistehen +*dat*, aufmuntern, ermutigen.
swch (sychau) *g (AMAETH)* Pflugschar *f*; ~ **eira** Schneepflug *m*.
Swdan *b (DAEAR)* **y ~** der Sudan *m*.
Swdaniad (Swdaniaid) *g* Sudanese *m*, Sudanesin *f*.
swêd *g (TECS)* Rauleder *nt*, Wildleder *nt*, Velours *nt*.
Swedaidd *ans* schwedisch.
Swedeg *b* Schwedisch *nt*.
sweden (swêds) *b* Kohlrübe *f*.
Sweden *b (DAEAR)* Schweden *nt*.
Swediad (Swediaid) *g* Schwede *m*, Schwedin *f*.
swfenîr (-s *neu* **swfeniriau)** *g* Andenken *nt*, Souvenir *nt*; *(anrheg)* Mitbringsel *nt*.
swigen (swigod) *b* Blase *f*; ~ **ddŵr** Wasserblase *f*; ~ **sebon** Seifenblase *f*; ~ **siarad** Sprechblase *f*.
swing (-iadau *neu* **-iau)** *b (golff)* Schwung *m*, Schlag *m*; *(paffio)* Schwinger *m*.
swingio *be.a* schwingen, ausholen.
swil *ans* schüchtern, menschenscheu, zaghaft, zurückhaltend; *(tawel)* still.
swildod *g* Schüchternheit *f*, Zaghaftigkeit *f*.
Swisaidd *ans* schweizerisch.
Swisiad (Swisiaid) *g* Schweizer(in) *m(f)*, Eidgenosse *m*, Eidgenossin *f*; ~ **Almaenig** Deutschschweizer *m*; ~ **Ffrengig** frankophoner Schweizer *m*.
Swistir *g (DAEAR)* **y ~** die Schweiz *f*; *(HAN)* Eidgenossenschaft *f*, Helvetien *nt*.
Swistirol *ans* schweizerisch, helvetisch.
Swistirwr (Swistirwyr) *g* = **Swisiad**.
Swistirwraig (Swistirwragedd) *b* = **Swisiad**.
swît (switiau) *b (uned o ystafelloedd)* Suite *f*; *(dodrefn)*

Garnitur *f*; ~ **dridarn** Sitzgarnitur *f*.
switian *g* Gezwitscher *nt*.
swits (-ys) *g* Schalter *m*; ~ **siglo** Kippschalter *m*.
switsfwrdd (switsfyrddau) *g (TRYD)* Schalttafel *f*; *(TEL)* Vermittlung *f*, (Telefon)zentrale *f*.
switsio *be.a:* ~ **ymlaen** einschalten, andrehen, anknipsen[D]; ~ **i ffwrdd** *(diffodd)* ausschalten.
swltan (-iaid) *g* Sultan *m*.
swllt (sylltau) *g* englischer Shilling *m*.
swm (symiau) *g (MATH)* Summe *f*, *(MATH: tasg)* Rechenaufgabe *f*, Addition *f*; *(arian)* Betrag *m*, Summe; ~ **amcan** *(CYLL)* Pauschale *f*; ~ **bach teidi** ein hübsches Sümmchen; ~ **cyfalaf** *(CYLL)* Kapital *nt*; ~ **enfawr** Unsumme *f*; ~ **terfynol** Endsumme *f*; ~ **a sylwedd ei araith oedd ...** der Grundtenor seiner Rede war…, der Kernpunkt seiner Rede war…
swmbwl (symbylau) *g* Sporn *m*, Stachelstock *m*; *(ffig)* Ansporn *m*.
swmp (sympiau) *g* Masse *f*, Menge *f*, Größe *f*; ~ **o bapurau** ein Haufen Papiere.
swmp-brynu *g (MASN)* Großeinkauf *m*.
swmpo *be.a* abwägen, betasten.
swmpus *ans* sperrig, klobig, voluminös; *(cynhwysfawr)* umfangreich; **llyfr ~** Wälzer *m*.
sŵn (synau) *g* Geräusch *nt*; *(stŵr)* Lärm *m*; *(radio ayb)* Ton *m*; *(sain)* Klang *m*; ~ **y glaw** der Klang des Regens; **cadw ~** lärmen, Radau machen.
swnd *g (tywod)* Sand *m*.
swndio *be.a* (ab)schmirgeln, abschleifen.
swnian *be.g (achwyn)* nörgeln, querulieren, quengeln.
swnio *be.g* klingen, sich anhören; **mae hi'n ~'n flinedig iawn** sie hört sich müde an.
swnllyd *ans* laut, lautstark, lärmend.
swnt (-iau) *g (DAEAR)* Sund *m*, Straße *f*.
swoleg *b* = **sŵoleg**.
swolegol *ans* = **sŵolegol**.
swolegydd *g* = **sŵolegydd**.
swot (-iaid) *g (YSG)* Streber *m*.
swotio *be.a* büffeln, pauken[D].
   ♦ *be.g* strebern.
swp (sypiau) *g* Bündel *nt*, Ballen *m*, Haufen *m*; **bod yn ~ o annwyd** einen starken Schnupfen haben; **teimlo'n ~ sâl** sich wie ein Häufchen Elend fühlen, sich hundeelend fühlen.
sŵp *g (COG)* Suppe *f*.
swp-brosesu *be.a (CYFDR)* stapeln, staffeln.
   ♦ *be.e* Stapelverarbeitung *f*.
swper (-au) *gb* Abendessen *nt*, Nachtmahl[A] *nt*, Abendbrot[D] *nt*; **S~ yr Arglwydd** das Heilige Abendmahl; **cael ~** zu Abend essen.
swpera *be.g* zu Abend essen.

swrealaeth *b (CELF)* Surrealismus *m*.

swrealydd (-ion) *g* Surrealist *m*.

swrth *ans (sarrug)* missmutig, verdrießlich; *(trymaidd)* lethargisch, stoisch; *(cysglyd)* schläfrig, verschlafen.

swrwd *ll* Fetzen *pl*, Flicken *pl*.

sws (-ys) *g* Küsschen *nt*, Busserl^A *nt*, Bussi^A *nt*; **rhoi ~ i rn** jdm ein Küsschen geben.

swsio *be.g* schmusen, knutschen.

swta *ans (ateb)* brüsk, barsch; *(ymddygiad)* schroff, unwirsch; **llais ~** barsche Stimme.

swydd (-i *neu* -au) *b* Stelle *f*, Job *m*; *(safle)* Posten *m*, Amt *nt*; *(gwaith)* Arbeit *f*, Tätigkeit *f*; *(sir)* Grafschaft *f*, Regierungsbezirk *m*; **~ am oes** Anstellung *f* auf Lebenszeit; **~ barhaol** Dauerstellung *f*; **~ lawn amser** Vollzeitstelle *f*; **~ ran amser** Teilzeitarbeit *f*; **~ reoli** Führungsposten *m*; **~ wag** freie Stelle, freier Posten; **chwilio am ~** Arbeit suchen; **yn un~** einzig und allein.

swyddfa (swyddfeydd) *b* Büro *nt*, *(MASN)* Dienststelle *f*, Geschäftsstelle *f*; *(cyhoeddus)* Amt *nt*; *(MEDD)* Praxis *f*; *(CYFR)* Kanzlei *f*; **S~'r Alban** *(GWLEID)* Schottisches Staatssekretariat *nt*; **S~'r Amgylchedd** Umweltministerium *nt*; **~ adran nawdd cymdeithasol** Sozialamt *nt*; **S~ Archwiliadau** Rechnungshof *m*; **~ arolwg tir** Vermessungsamt *nt*; **~ barseli** Paketschalter *m*; **~ bost** Postamt *nt*; **~ breintlythyrau** Patentamt *nt*; **~ dderbyn** Empfangsbüro *nt*; **~ docynnau** Fahrkartenschalter *m*; *(THEAT)* Abendkasse *f*; **S~ Dramor** Außenministerium *nt*; **~ eiddo coll** Fundbüro *nt*; **~ fagiau** Gepäckabfertigung *f*; **~ feteorolegol** Wetteramt *nt*; **~ Gartref** *(GWLEID)* Innenministerium *nt*; **~ gofrestru** Einwohnermeldeamt *nt*; *(ar gyfer priodasau)* Standesamt *nt*; **gweithiwr ~** Büroangestellte(r) *m*; **~ gyflogi** Lohnbüro *nt*; **S~ Gymreig** Walisisches Staatssekretariat *nt*; **~'r heddlu** Polizei *f*; **~ is-gennad** Konsulat *nt*; **~ lety** Zimmervermittlung *f*; **~'r post** Post *f*, Postamt *f*; **~ wybodaeth** Auskunft *f*; **~ ysgrifennydd** Sekretariat *nt*.

swyddog (-ion) *g* Verantwortliche *m/f*; Leiter(in) *m(f)*; *(gwas sifil)* Beamte(r) *m*, Beamtin *f*; *(MIL)* Offizier *m*; *(mudiad, clwb)* leitendes Mitglied *nt*; **~ cyflenwi** Quartiermeister *m*; **~ cyllid** Buchhaltungsleiter *m*; **~ cysylltiadau cyhoeddus** PR-Chef *m*; **~ digomisiwn** *(MIL)* Unteroffizier *m*; **~ yr heddlu** Polizeibeamte(r) *m*; **~ y llynges** Marineoffizier *m*; **~ meddygol** Amtsarzt *m*, Amtsärztin *f*; **~ personél** *(MASN)* Personalchef(in) *m(f)*; **~ prawf** Bewährungshelfer(in) *m(f)*; **~ rheilffordd** Bahnbeamte(r) *m*; **~ y wasg**

Pressesprecher(in) *m(f)*.

swyddogaeth (-au) *b* Funktion *f*, Zweck *m*; *(person)* Aufgabe *f*, Funktion; **~ ymgynghorol** Beratungsfunktion *f*.

swyddogeg *b* Amtssprache *f*, Beamtendeutsch *nt*.

swyddogol *ans* offiziell; *(awdurdodol)* amtlich, behördlich; *(ar gyfer gwaith)* dienstlich.

swyn (-ion) *g* Zauber *m*, Bann *m*; *(rhin)* Charme *m*, Reiz *m*; *(tlws)* Talisman *m*, Glücksbringer *m*; **dŵr ~** Weihwasser *nt*; **~ serch** Liebeszauber *m*.

swynbeth (-au) *g* = swynogl.

swyndlws (swyndlysau) *g* = swynogl.

swynedig *ans* gebannt.

swyngwsg *g* Hypnose *f*.

swyngyfaredd (-ion) *g* Zauberei *f*, Hexerei *f*, Magie *f*.

swyngyfareddu *be.a* verzaubern, behexen, verzücken.
 ♦ *be.g* hexen, zaubern.

swyngysgol *ans* hypnotisch.

swyno *be.a (hudo)* verzaubern; *(cyfareddu)* bezaubern, entzücken, faszinieren, hinreißen; *(denu)* verführen; **swynwyd ef gan y ferch** er war von dem Mädchen sehr angetan.

swynogl (-au) *g* Amulett *nt*, Talisman *m*, Glücksbringer *m*.

swynol *ans (hudolus)* bezaubernd, zauberhaft, entzückend, reizend; *(gwych)* hinreißend; *(rhn)* charmant.

swynwr (swynwyr) *g* Hexenmeister *m*, Hexer *m*, Zauberer *m*.

swynwraig (swynwragedd) *b* Zauberin *f*.

sy *be gw.* bod[1]; **pwy ~ yno?** wer ist da? **y dyn ~'n darllen** der Mann, der liest.

syber *ans* höflich, wohlerzogen, solide; *(destlus)* ordentlich, manierlich.

sycamorwydden (sycamorwydd) *b (BOT)* Bergahorn *m*.

sych (*b* sech, *ll* sychion) *ans* trocken, dürr; *(gwin)* herb; *(planhigyn)* vertrocknet; *(angen diod)* durstig, ausgetrocknet; *(ffig: anniddorol)* trocken, sachlich; *(heb alcohol)* trocken; **arian ~ion** Kleingeld *nt*; **hiwmor ~** trockener Humor; **rhew ~** Trockeneis *nt*.

sychdaflwr (sychdaflwyr) *g* Wäschetrockner *m*.

sychdarthu *be.a (CEM)* sublimieren.

sychder, sychdwr *g* Trockenheit *f*; *(TYW)* Trockenheit, Dürre *f*.

syched *g* Durst *m*; **bod â ~ arnoch** Durst haben, durstig sein; **torri ~** Durst löschen.

sychedig *ans* durstig.

sychedu *be.g* dursten; **~ am** dürsten nach +*dat*.

sychlanhad *g* chemische Reinigung *f*.

sychlanhawyr *ll (siop)* Putzerei[A] *f*, chemische Reinigung *f*.

sychlyd *ans* trocken.

sychrewi *be.a* gefriertrocknen.

sychu *be.a* trocknen; *(llestri)* abtrocknen; *(â chlwt)* aufwischen; *(ffrwythau)* trocknen; *(draenio)* trockenlegen, entwässern; ~ **â pheiriant** *(gwallt)* föhnen; ~ **mewn mwg** *(COG)* räuchern; ~ **traed** *(wrth y drws)* die Füße abtreten; ~'**ch trwyn** sich schneuzen, sich die Nase putzen.

♦ *be.g* trocknen, eintrocknen; *(afon)* austrocknen; *(planhigyn)* vertrocknen.

sychwr (**sychwyr**) *g* Trockner *m*; ~ **ffenestr** *(car)* Scheibenwischer *m*; ~ **gwallt** Föhn *m*; *(mewn siop trin gwallt)* Trockenhaube *f*.

sydyn *ans* plötzlich, jäh, schlagartig; **yn ~** plötzlich, unvermittelt.

sydd *be gw.* **bod**[1].

syfien (**syfi**) *b (BOT)* Walderdbeere *f*.

syflyd *be.a* bewegen; *(cyffroi)* rühren, bewegen.

♦ *be.g* sich rühren, sich bewegen.

syfrdan *ans* erstaunt, verblüfft, perplex, verdutzt.

syfrdandod *g* Verblüffung *f*, Verwunderung *f*, Erstaunen *nt*.

syfrdanol *ans (ffantastig)* atemberaubend, sensationell, faszinierend; *(hynod)* erstaunlich, verwunderlich, wundersam.

syfrdanu *be.a* erstaunen, (ver)wundern; *(synnu)* verblüffen, überraschen; *(rhoi sioc i)* schocken.

♦ *be.g* staunen, sich wundern, überrascht sein; *(cael sioc)* geschockt sein.

sygn (**-au**) *b (ASTROL)* Sternzeichen *nt*.

sylfaen (**sylfeini**) *gb (PENS)* Fundament *nt*; *(ffig)* Grundlage *f*, Basis; **gosod y sylfeini** *(ffig)* den Grundstein legen.

sylfaenol *ans* grundlegend, fundamental; *(lefel isaf)* Grund-; **cyflog ~** Grundgehalt *nt*; **geirfa ~** Grundwortschatz *m*.

sylfaenu *be.a:* ~ **ar** basieren auf +*dat*.

sylfaenwr (**sylfaenwyr**) *g* Gründer *m*; *(CREF)* Stifter *m*.

sylfaenydd *g* = **sylfaenwr**.

sylffad *g (CEM)* Sulfat *nt*; ~ **copr** Kupfersulfat *nt*.

sylffwr *g (CEM)* Schwefel *m*; ~ **deuocsid** Schwefeldioxid *nt*.

sylffwraidd *ans* schwefelig.

sylffwrig *ans (CEM)* schwefelig, Schwefel-; **asid ~** Schwefelsäure *f*.

syltana (**-s**) *b (COG)* Sultanine *f*.

sylw (**-adau**) *g* Aufmerksamkeit *f*, Beachtung *f*; *(dywediad)* Bemerkung *f*, Kommentar *m*; ~**adau** *ll* Kommentar, Anmerkungen *pl*; **cymryd ~ o rth** etw Beachtung schenken; **dan ~** fraglich, zur

Debatte stehen; **osgoi ~** Aufsehen vermeiden; **rhoi ~** zuhören, Acht geben; **tynnu ~** ins Auge stechen; **tynnu ~ rhn** jdn ablenken; **tynnu ~ at** hinweisen auf +*akk*; **tynnu ~ rhn at** jdn aufmerksam machen auf +*akk*, jds Aufmerksamkeit lenken auf +*akk*; ~ **ymylol** Randbemerkung *f*; **at ~ Mr Gruffudd** *(llythyr)* zu Händen[D]/Handen[A] Mr. Gruffudd.

sylwebaeth (**-au**) *b (radio, teledu)* Reportage *f*.

sylwebu *be.g:* ~ **ar** kommentieren.

sylwebydd (**-ion**) *g* Kommentator(in) *m(f)*, Reporter(in) *m(f)*.

sylwedydd (**-ion**) *g* Beobachter(in) *m(f)*.

sylwedd (**-au**) *g* Materie *f*, Substanz *m*, Stoff *m*; *(craidd)* Kernpunkt *m*, Essenz *f*; ~ **actif** Wirkstoff *m*; ~ **gwenwynig** Giftstoff *m*; **swm a ~** Quintessenz *f*, Grundtenor *m*.

sylweddol *ans* beachtlich, beträchtlich, erheblich, ansehnlich.

sylweddoli *be.a* erkennen; *(amgyffred)* sich *dat* bewusst sein +*gen*; *(gwireddu)* verwirklichen, in die Tat umsetzen.

sylweddu *be.g* sich materialisieren, Gestalt annehmen.

sylwgar *ans* aufmerksam, achtsam.

sylwgarwch *g* Aufmersamkeit *f*.

sylwi *be.a* bemerken, merken, erkennen; *(gwylio)* beobachten.

♦ *be.g:* ~ **ar** feststellen.

sylliad (**-au**) *g* Blick *m*.

syllol *ans* starr, stier.

sylltau *ll gw.* **swllt**.

syllu *be.g* starren, stieren, glotzen; ~ **ar** anstarren, fixieren.

sym (**-iau**) *b (MATH)* Rechenaufgabe *f*; ~ **adio** Addition *f*; ~ **dynnu** Subtraktion *f*.

symbal (**-au**) *g (CERDD)* Becken *nt*, Tschinellen *pl*.

symbol (**-au**) *g* Symbol *nt*, Zeichen *nt*; *(CEM)* Zeichen, Formel *f*; *(ffig)* Wahrzeichen *nt*, Sinnbild *nt*; ~ '**at**' (= @) Affenschwanz *m*; ~ **cemegol** chemisches Zeichen; ~ **o statws** Statussymbol *nt*.

symbolaeth *b* Symbolik *f*.

symbolaidd *ans* symbolisch, sinnbildlich.

symboleiddio *be.a* symbolisieren, versinnbildlichen.

symbyliad (**-au**) *g* Anreiz *m*, Motivation *f*, Ansporn *m*; *(ysgogiad)* Veranlassung *f*, Anregung *f*.

symbylu *be.a* ermuntern, anregen; *(ysgogi)* veranlassen, stimulieren.

symbylydd (**-ion**) *g* Aufputschmittel *nt*.

symffoni (**symffonïau**) *b (CERDD)* Sinfonie *f*,

Symphonie *f*.

syml (*b* **seml**) *ans* einfach, unkompliziert, simpel; *(diaddurn)* schlicht, schmucklos; *(diniwed)* naiv, einfältig; *(mynegiant)* lapidar; **mewn termau ~** in einfachen Worten; **pobl ~** *(cyffredin)* einfache Leute.

symledd *g* = **symlrwydd**.

symleiddiad (**-au**) *g* Vereinfachung *f*.

symleiddio *be.a* vereinfachen, simplifizieren.

symlen (**-nod**) *b* *(dif)* Landpomeranze *f*.

symlrwydd *g* Einfachheit *f*, Unkompliziertheit *f*; *(plaender)* Schlichtheit *f*, Schmucklosigkeit *f*; **er ~** der Einfachheit halber.

symlyn (**-nod**) *g* Einfaltspinsel *m*.

symol *ans* passabel, mittelprächtig.

symp (**sympiau**) *g* *(MODUR)* Ölwanne *f*; *(MWYN)* Sumpf *m*.

symposiwm (**symposia**) *g* Symposium *nt*.

symptom (**-au**) *g* Symptom *nt*, Anzeichen *nt*; **~ diddyfnu** *(MEDD)* Entzugserscheinung *f*.

symptomaidd *ans* symptomatisch.

symud *be.a* bewegen; *(cadair, bwrdd)* rücken; *(i ffwrdd)* entfernen, beseitigen; *(cludo)* transportieren, transferieren; *(tenant)* delogieren; *(i rywle arall)* umquartieren; **~ o'r ffordd** aus dem Weg räumen; **ei ~ hi** dazuschauen[A], sich dahinter klemmen.

♦ *be.g* sich bewegen, sich rühren; *(gwyddbwyll)* ziehen; *(i ffwrdd)* ausziehen, fortziehen; *(newid tŷ)* umziehen; *(allfudo)* auswandern; *(trafnidiaeth)* fließen; **~ i mewn** einziehen; **~ o gwmpas** umherziehen; **~ tŷ** umziehen; **~ ymlaen** fortschreiten; **ti sydd i ~** du bist am Zug; **mae pethau'n dechrau ~** jetzt kommt Bewegung in die Sache.

symudadwy *ans* beweglich; *(cludadwy)* mobil.

symudedd *g* Beweglichkeit *f*.

symudiad (**-au**) *g* Bewegung *f*; *(gwarediad)* Entfernung *f*, Beseitigung *f*; *(mewn dawns)* Schritt *m*; *(gwyddbwyll)* Zug *m*; *(CERDD)* Satz *m*; *(GWLEID)* Bewegung; **~ cylchdro** Rotation *f*; **~ docio** Koppelungsmanöver *nt*; **~ ffeministaidd** Frauenbewegung *f*; **~ rhydd** *(CHWAR)* Freistil *m*; **~ ymlaen** Vormarsch *m*; *(ffig)* Fortschritt *m*.

symudliw *ans* schimmernd.

symudlun (**-iau**) *g* Zeichentrickfilm *m*.

symudol *ans* beweglich; *(corfforol)* gelenkig; *(cludadwy)* mobil; **ffôn ~** Mobiltelefon *nt*, Handy *nt*.

symudoldeb *g* Beweglichkeit *f*; *(corfforol)* Gelenkigkeit *f*.

symudwr (**symudwyr**) *g*: **~ dodrefn** Möbelpacker *m*.

symudydd (**-ion**) *g* *(TECH)* Transport *m*; **~ papur** *(teipiadur)* Papiervorschub *m*; **~ belt** Förderband *nt*.

symudyn (**symudion**) *g* *(CELF)* Mobile *nt*.

symylrwydd *g* = **symlrwydd**.

syn *ans* fassungslos, perplex; **edrych yn ~** verdutzt dreinsehen, verblüfft sein; **edrych yn ~ ar rth** etw bestaunen.

synagog (**-au**) *g* *(CREF)* Synagoge *f*.

synau *ll gw.* **sŵn**.

syncro-mesh *g* *(MODUR)* Synchrongetriebe *nt*.

syncronaidd *ans* synchron.

syndicet (**-iau**) *gb* Syndikat *nt*.

syndod *g* Überraschung *f*, Erstaunen *nt*, Verblüffung *f*; **er mawr ~ i mi** zu meiner großen Überraschung.

syndrom (**-au**) *g* Syndrom *nt*; **~ Down** *(MEDD)* Downsyndrom *nt*; **S~ Diffyg Imiwnolegol Caffaeledig** *(MEDD)* Aids *nt*, erworbenes Immunschwächesyndrom *nt*.

synergaidd *ans* synergetisch.

synfyfyrdod (**-au**) *g* In-Sich-Gehen *nt*, Sinnen *nt*, Meditation *f*, Träumerei *f*.

synfyfyrio *be.g* *(myfyrio)* nachsinnen, grübeln, reflektieren; *(canolbwyntio arnoch eich hun)* meditieren; *(breuddwydio)* träumen.

synfyfyriol *ans* besinnlich, nachdenklich.

synhwyraidd *ans* sinnlich; *(ANAT)* sensorisch.

synhwyrgraff *ans* geistesgegenwärtig.

synhwyro *be.a* wahrnehmen, spüren, fühlen; *(clywed)* vernehmen; *(canfod)* heraushören; *(arogli, ffroeni)* riechen, wittern; **ci ~** Spürhund *m*; *(cyffuriau)* Drogenhund *m*.

synhwyrol *ans* besonnen, vernünftig.

synhwyrus *ans* sinnlich, wollüstig.

synhwyrydd (**synwyryddion**) *g* *(TECH)* Sensor *m*, Detektor *m*; **~ celwyddau** Lügendetektor *m*.

syniad (**-au**) *g* Idee *f*, Einfall *m*; *(dychymyg)* Vorstellung *f*, Gedanke *m*; *(barn)* Meinung *f*; *(amcan)* Sinn *m*; **dim ~** keine Ahnung; **~ gwallgof** Wahnwitz *m*, Irrwitz *m*; **~ gwych** Geistesblitz *m*; **~ twp** Schnapsidee *f*; **~ ystradebol** Klischeevorstellung *f*; **~ da!** eine gute Idee!

syniadaeth *b* Gedankengut *nt*, Ideologie *f*; *(amgyffred)* Begriff *m*, Konzept *nt*, Auffassung *f*; **~ wleidyddol** politisches Gedankengut.

synied *be.a* sich vorstellen, denken, annehmen; **~ rhn yn rhth** jdn für etw *akk* halten.

synio *be.a* = **synied**.

synnu *be.a* überraschen, erstaunen.

♦ *be.g* sich wundern, staunen; **~ at** *(edmygu)* bewundern, bestaunen; *(rhyfeddu)* sich wundern über +*akk*; **rwy'n ~ atoch chi** ich wundere mich über euch.

synnwyr (**synhwyrau**) *g* Sinn *m*; *(teimlad)* Gefühl *nt*, Empfindung *f*; *(myfyrdod)* Besonnenheit *f*; *(rheswm)* Vernunft *f*; ~ **arogli** Geruchssinn *m*; ~ **blasu** Geschmackssinn *m*; ~ **cyfeiriad** Orientierungssinn *m*; ~ **cyffredin** gesunder Menschenverstand *m*; ~ **cyffwrdd** Tastsinn *m*; ~ **digrifwch** Sinn für Humor *m*; ~ **o gyfiawnder** Gerechtigkeitssinn *m*; ~ **y fawd** Faustregel *f*; **synhwyrau** *ll* (die fünf) Sinne *pl*; **mae'n gwneud ~ es** macht Sinn; **gwneud ~ o** schlau werden aus +*dat*; **all neb wneud ~ o hyn** das ergibt für niemanden einen Sinn, daraus wird niemand schlau.

synod (**-au**) *gb* *(CREF)* Synode *f*.

synoptig *ans* überblicksartig.

synopsis (**-au**) *g* Übersicht *f*, Synopse *f*.

synthesis (**-au**) *g* Synthese *f*.

synthetig *ans* synthetisch, Kunst-.

synthetigyn (**-ion**) *g* *(TECS)* Kunstfaser *f*.

sypyn (**-nau**) *g* Bündel *nt*; *(papurau)* Packen *m*; *(parsel)* Paket *nt*.

sypynnu *be.a* bündeln, zusammenschnüren.

syr (**-iaid**) *g* Herr *m*; *(YSG)* Herr Lehrer; **S~** *(teitl)* Sir *m*; **annwyl S~** sehr geehrter Herr; **ie ~!** *(MIL)* jawohl!

syrcas (**-au**) *b* Zirkus *m*.

syrfëwr (**syrfëwyr**) *g* Begutachter *m*; *(adeiladu)* Bausachverständige(r) *m*.

syrffed *g* Überdruss *m*, Langeweile *f*; ~ **o** ein Überfluss an +*dat*.

syrffedu *be.a* übersättigen, überfüttern.

syrffedus *ans* überdrüssig, angeödet.

syrffio *be.g* *(CHWAR)* wellenreiten, surfen.

syrffwr (**syrffwyr**) *g* Wellenreiter *m*, Surfer *m*.

syrffwraig (**syrffwragedd**) *b* Wellenreiterin *f*, Surferin *f*.

Syria *b* *(DAEAR)* Syrien *nt*.

Syriad (**Syriaid**) *g* Syrer(in) *m(f)*.

Syriaidd *ans* syrisch.

syrlwyn (**-au**) *g* *(COG)* Filet *nt*; ~ **rhost** Lendenbraten *m*; **stecen ~** Filetsteak *nt*.

syrthfa (**syrthfeydd**) *b* Sturz *m*, Fall *m*.

syrthio *be.g* fallen; *(baglu)* hinfallen, stürzen; *(adeilad)* einstürzen; *(MIL: tref)* fallen; *(marw mewn brwydr)* fallen; ~ **ar eich bai** seinen Fehler einsehen, den Gang nach Canossa antreten; ~ **ar eich hyd** der Länge nach hinfallen; ~ **drwy'r iâ** ins Eis einbrechen; **syrthiodd ei hwyneb** sie machte ein langes Gesicht; ~ **i ddwylo rhn** jdm in die Hände fallen; ~ **i gysgu** einschlafen; *(sgyrs)* einnicken, einpennen[D]; ~ **mewn cariad â rhn** sich in jdn verlieben; ~'**n ddarnau** zerfallen,

auseinander fallen, kaputtgehen; ~ **rhwng dwy stôl** zwischen zwei Stühlen sitzen.

syrthni *g* Trägheit *f*, Lustlosigkeit *f*, Lethargie *f*.

syst (**-iau**) *gb* *(MEDD)* Zyste *f*.

system (**-au**) *b* System *nt*; *(dull)* Methode *f*; *(corff)* Organismus *m*; ~ **addysg** Bildungswesen *nt*; ~ **ddegol** Dezimalsystem *nt*; ~ **fetrig** metrisches System; ~ **gwota** Quotenregelung *f*; *(CYFDR)* ~ **gyfrifiadurol** Computersystem *nt*; ~ **gyhyrol** Muskulatur *f*; ~ **nerfol** Nervensystem *nt*; ~ **oeri** Kühlsystem *nt*; ~ **rifo** Zahlensystem *nt*; ~ **sain** Lautsprecheranlage *f*; ~ **sgerbydol** *(ANAT)* Knochenbau *m*.

systematig *ans* systematisch.

systemu *be.a* systematisieren.

systitis *g* *(MEDD)* Blasenentzündung *f*.

syth (*b* **seth**) *ans* gerade; *(i fyny)* aufrecht; *(ffig)* direkt; *(wyneb)* ernst; *(gwallt)* glatt; **cadw wyneb ~** eine ernste Miene machen.

♦ *adf:* ~ **ymlaen** geradeaus; **yn ~ (bin)** *(ar unwaith)* geradewegs, unverzüglich.

sythblymiad (**-au**) *g* Sturzflug *m*.

sythder *g* Steifheit *f*.

sythlin *ans* senkrecht, vertikal.

sythlin (**-au**) *b* Senkrechte *f*.

sythu *be.a* begradigen, regulieren.

♦ *be.g* *(crynu)* frieren.

sythweledol *ans* intuitiv.

sythwr (**sythwyr**) *g:* ~ **dannedd** Zahnspange *f*.

T

t. *byrf (= tudalen)* S. (Seite).

'ta *byrf* ebenso, also; ~ **beth** wie auch immer; ~ **waeth!** was soll's! ~ **waeth am hynny** wie dem auch sei.

tabernacl (-au) *g* Tabernakel *nt*.

tabl (-au) *g* Tabelle *f*, Tafel *f*; *(YSG)* Einmaleins *nt*; ~ **amser** Zeittafel *f*; ~ **cynghrair** *(CHWAR)* Tabelle, Bundesliga *f*; ~ **lluosi** Einmaleins; ~ **logarithmau** *(MATH)* Logarithmentafel *f*; ~ **trawsnewid** Umwandlungstabelle *f*; ~ **pedwar** Vierereinmaleins *nt*; ~**au llanw** *(MOR)* Gezeitentafel *f*.

tablaidd *ans* tabellarisch.

tabled (-i *neu* -au) *b* Tafel *f*, Gedenktafel *f*; *(HAN)* (Schrift)tafel *f*; *(MEDD)* Tablette *f*, Pulver^A *nt*.

tabloid (-au) *g* Boulevardblatt *nt*, Massenblatt *nt*.

tablen *b* Bier *nt* (vom Fass).

tablu *be.a (rhoi mewn tabl)* in Tabellenform bringen; *(teipio)* ausrichten, Tabulatoren setzen.

tablwr (**tablwyr**) *g (teipiadur)* Tabulator *m*.

tabŵ (-au *neu* -s) *g* Tabu *nt*.

 ♦ *ans* tabu, verboten, verpönt.

tabwrdd (**tabyrddau**) *g (CERDD)* Tamburin *nt*.

tac (-au) *gb* Stift *m*, kleiner Nagel *m*; *(esgidiau)* Täcks^D *m*, Tacks^A *m*; *(hwylio)* Schlag *m*, Zickzackkurs *m* hart am Wind; *(gwniadwaith)* Heftstich *m*; *(AGR)* Weiderecht *nt*.

tacio *be.a* annageln; *(gwnïo)* abheften.

 ♦ *be.g (hwylio)* kreuzen, gegen den Wind segeln.

tacl (-au *neu* **tacliadau**) *gb (CHWAR)* Attacke *f*, Tackling *nt*; ~ **floc** Sperre *f*.

taclau *ll gw.* **teclyn** *neu* **tacl**; *(geriach)* Ausrüstung *f*, (Werk)zeug *nt*; *(MIL)* Montur *f*; *(pobl ddrygionus)* Lumpenpack *nt*, Gesindel *nt*; ~ **ymolchi** Waschzeug *nt*.

tacliad *=* **tacl**.

taclo *be.a (CHWAR)* attackieren, angehen; *(problem)* anpacken.

taclu *be.a (MOR)* auftakeln, Segel setzen.

taclus *ans* ordentlich, sauber; *(perffaith)* tadellos, tipptopp; **ysgrifennu rhth yn daclus** etw ins Reine schreiben.

tacluso *be.a* in Ordnung bringen; *(ystafell)* aufräumen; *(ffeiliau, pethau)* ordnen, sortieren; *(bwrdd)* abräumen; *(cael gwared ar bethau dibwys)* ausmisten; ~ **eich hunan** sich schönmachen; *(MIL)* sich adjustieren.

taclusrwydd *g* Ordnung *f*; *(YSG: ysgrifen)* Schönschrift *f*; *(teimlad)* Ordnungssinn *m*.

taclwr (**taclwyr**) *g (CHWAR)* Angreifer *m*.

tacograff (-au) *g* Fahrtenschreiber *m*.

tacsi (-s) *g* Taxi *nt*; **gyrrwr** ~ Taxifahrer *m*, Taxler^A *m*; **safle** ~ Taxistand(platz) *m*.

tacsonomeg *b* Taxonomie *f*.

tact *g* Feingefühl *nt*, Takt *m*, Taktgefühl *nt*.

tacteg (-au) *b* Taktik *f*; ~ **sbwylio** Zerstörungstaktik *f*.

tactegol *ans* taktisch.

tactegydd (-ion) *g* Taktiker(in) *m(f)*.

Tachwedd *g* November *m*.

tad (-au) *g* Vater *m*; *(CREF: mynach)* Pater *m*; *(fel enw anwes)* Papa *m*, Vati *m*; **T~** *(Duw)* Vater, Himmelvater *m*; ~ **bedydd** Taufpate *m*; ~ **maeth** Ziehvater *m*; ~**-yng-nghyfraith** Schwiegervater *m*; **Sul y ~au** Vatertag *m*; **T~au Pererin** *(HAN)* Pilgerväter *pl*; **nhad** (mein) Vater.

tada *g* Papi *m*, Vati *m*.

tadaeth *b* Vaterschaft *f*.

tadaidd *ans* väterlich.

tad-cu (**tadau cu**) *g* Großvater *m*; *(enw anwes)* Opa *m*; ~ **a mam-gu** Großeltern *pl*; **hen dad-cu** Urgroßvater *m*.

tadenw (-au) *g* Patronym *nt*.

tadmaeth (**tadau maeth**) *g* Pflegevater *m*, Ziehvater *m*.

tadogaeth *b* Vaterschaft *f*.

tadogi *be.a* zuschreiben; **mae'r gerdd hon yn cael ei thadogi ar Aneurin** dieses Gedicht wird Aneurin zugeschrieben.

tadol *ans* väterlich.

taen (-ion) *f*: **ar daen** verbreitet, in Umlauf; *(lliain)* aufgebreitet.

taenelliad (-au) *g (â dŵr)* Besprühen *nt*; *(â siwgr ayb)* Drüberstreuen *nt*; *(glaw)* ein paar Tropfen *pl*; *(CREF: â dŵr bendigaid)* Besprengen *nt*.

taenellu *be.a* anspritzen; *(powdr)* drüberstreuen; *(bedyddio)* besprengen, segnen; *(â siwgr)* anzuckern.

taeniad (-au) *g* Verbreitung *f*.

taenu *be.a* verbreiten, ausstreuen; *(si)* in Umlauf bringen; *(MASN)* vertreiben; *(lliain)* aufbreiten, ausbreiten; *(menyn)* (auf)streichen, auftragen; ~ **gwely** das Bett machen; ~ **dillad ar y lein** die Wäsche aufhängen; ~ **pabell** ein Zelt aufstellen.

taeog¹ (-ion) *g (HAN)* Lehnsmann *m*, Leibeigener *m*; *(dif)* Kuli *m*, Knecht *m*.

taeog² *ans* unterwürfig, untertänig, knechtisch.

taeogaidd *ans* = **taeog²**.

taer *ans* eindringlich, inständig, dringend; *(erfyniad)* flehentlich; **mewn ~ angen** in aller Dringlichkeit.

tafarn (-au) *b* Lokal *nt*, Kneipe^D *f*, Bar *f*; *(tŷ bwyta)* Gasthaus *nt*, Gaststätte *f*, Beisl^A *nt*; *(gwesty)* Gasthof *m*; **~ win** Weinstube *f*, Taverne *f*, Heurige(r)^A *m*; *(yn y wlad)* Schenke *f*, Schankstube *f*.

tafarndy (tafarndai) *g* Gasthaus *nt*.

tafarnwr (tafarnwyr) *g* Gastwirt *m*, Wirt *m*.

tafarnwraig (tafarnwragedd) *b* Wirtin *f*.

tafell (-au *neu* -i) *b* Scheibe *f*; *(bara)* Schnitte *f*; *(selsig)* Blatt *nt*, Scheibe; *(caws)* Scheibe; *(cig)* Aufschnitt *m*; **~ gras** Knäckebrot *nt*; **~ gyntaf** Anschnitt *m*, Scherzel^A *nt*.

tafellu *be.a* aufschneiden, in Scheiben schneiden.

tafladwy *ans* Wegwerf-, Einweg-.

taflegryn (taflegrau) *g* Wurfgeschoß *nt*; *(MIL)* Rakete *f*, Marschflugkörper *m*; **~ niwclear** Atomrakete *f*; **~ rhyng-gyfandirol** Interkontinentalrakete *f*.

tafleisydd (-ion) *g* Bauchredner(in) *m(f)*.

tafleisiwr *g* = **tafleisydd**.

taflen (-ni) *b* Flugblatt *nt*, Flugzettel *m*; *(ar gyfer darlith)* Handout *nt*, Handzettel *m*; **~ gyfarwyddiadau** Anleitung *f*; **~ sgorio** Punktezettel *m*; **~ wybodaeth** Merkblatt *nt*, Info^D *nt*.

taflennu *be.a* tabellarisch darstellen, auflisten.

tafliad (-au) *g* Wurf *m*; *(pêl-droed)* Einwurf *m*; *(gan geffyl)* Abwurf *m*; **~ carreg** *(ffig)* Katzensprung *m*; **~ dros ysgwydd** Schulterwurf *m*.

tafliedydd (-au) *g* Schleuder *f*, Katapult *nt*.

taflod (-ydd) *b* Heuboden *m*; *(llofft)* Dachboden *m*, Speicher *m*; *(ystafell atig)* Mansarde *f*; **~ y genau** *(ANAT)* Gaumen *m*.

taflu *be.a* werfen; *(lluchio, hyrddio)* schleudern, schmeißen, katapultieren; *(CHWAR)* schießen; *(gwialen bysgota)* auswerfen; *(lluniau, ffilm)* projizieren; *(cael gwared ar)* wegwerfen; *(crochenwaith)* formen; *(dis)* würfeln; **~ rhn allan** jdn hinauswerfen; **~ goleuni ar rth** *(ffig)* Licht in eine Sache bringen; **~ rhth i rn** jdm etw zuwerfen; **~ pàs** den Ball abgeben, passen, zuspielen; **~ dŵr oer ar** eine kalte Dusche verabreichen.

♦ *be.g:* **~ i fyny** *(chwydu)* erbrechen; **~ i mewn** einwerfen.

♦ *be.e (CHWAR)* **~'r waywffon** Speerwerfen *nt*; **~'r ddisgen** Diskuswerfen *nt*; **~'r maen** Kugelstoßen *nt*; **~'r ordd** Hammerwerfen *nt*.

tafluniad (-au) *g* Projektion *f*, Abbildung *f*.

taflunio *be.a* projizieren.

taflunydd (-ion) *g (TECH)* Projektor *m*; **~ ffilmiau** Filmprojektor *m*; **~ sleidiau** Diaprojektor *m*; **~ dros ysgwydd** Overheadprojektor *m*.

taflwr (taflwyr) *g* Werfer(in) *m(f)*.

tafod (-au) *g* Zunge *f*; *(esgid)* Zunge; *(pentir)* Landzunge *f*, Nehrung *f*; *(tywod)* Sandbank *f*; *(cloch)* Schwengel *m*; *(ar fwcl)* Dorn *m*; **~ drwg** Beschimpfung *f*; **~ tân** Stichflamme *f*; **~ tegell** *(TRYD)* Heizstäbe *pl*; **a'ch ~ yn eich boch** nicht ehrlich gemeint; **ar dafod leferydd** *(ar lafar)* umgangssprachlich; *(ar gof)* auswendig; *(yn wybyddus i bawb)* allgemein bekannt; **bod ar flaen eich ~** auf der Zunge liegen; **cael (blas) ~** eine Standpauke erhalten; **dal eich ~** den Mund halten, still sein; **heb flewyn ar eich ~** frank und frei; **pryd o dafod** Standpauke^D *f*, Predigt *f*; **rhoi pryd o dafod i rn** jdm die Leviten lesen, jdm den Marsch blasen; **rhoi ~ drwg i rn** jdn zusammenschimpfen, jdn ausschimpfen^D; **~ a rhych** *(saernïaeth)* Nut und Feder; **tynnu ~ ar rn** jdm die Zunge zeigen.

tafodi *be.a* zusammenschimpfen, ausschimpfen^D.

tafodiaith (tafodieithoedd) *b* Dialekt *m*, Mundart *f*; **~ Fienna** Wienerisch *nt*; **~ Cwlen** Kölsch *nt*.

tafodieithol *ans* dialektal, mundartlich; **gair ~** Dialektausdruck *m*.

tafodrydd *ans* geschwätzig, redselig.

tafodryddid *g* Indiskretion *f*.

Tafwys *b (DAEAR)* die Themse *f*.

tafol¹ (-au) *b (clorian)* Waage *f*.

tafol² *ll gw.* **tafolen**.

tafolen (tafol) *b (BOT)* (Sauer)ampfer *m*.

tafoli *be.a* wiegen, wägen; *(ffig)* werten, beimessen, abschätzen.

taffi (-s) *g (COG)* Toffee *nt*.

tagell (-au) *b* Doppelkinn *nt*; *(pysgod)* Kieme *f*.

tagfa (tagfeydd) *b (diffyg symud)* Verstopfung *f*, Stau *f*; *(diffyg anadl)* Atemnot *f*; **~ draffig** (Verkehrs)stau *m*.

tagu *be.a* erwürgen, erdrosseln; *(gan raff)* strangulieren; *(MODUR)* abwürgen.

♦ *be.g* ersticken (**â** an +*dat*); *(car)* absterben; **~ ar rth** *(wrth yfed)* sich verschlucken, etw in die falsche Kehle bekommen; **~ ar eich geiriau** herumstottern; **brawd mogi yw ~** das ist gehupft wie gesprungen.

tagydd *g (MODUR)* Choke *m*, Starterzug *m*.

tai *ll gw.* **tŷ**; **~ cyngor** Wohnsiedlung *f*, Gemeindebau *m*.

taid (teidiau) *g* Großvater *m*; *(enw anwes)* Opa *m*; **~ a nain** Großeltern *pl*; **hen daid** Urgroßvater *m*.

tail *g* Mist *m*, Dung *m*, Dünger *m*; *(hylifol)* Jauche *f*,

Gülle^{DS} *f*; ~ **ceffyl** Pferdeäpfel *pl*; **tomen dail**
Misthaufen *m*.

tair *rhif gw.* **tri**¹; ~ **gwaith** dreimal; ~ **mil** dreitausend; ~
hwrê Hipphipphurra *nt*.

taith (teithiau) *b* Reise *f*, Fahrt *f*; *(THEAT)* Tournee *f*,
Gastspielreise *f*; ~ **dramor** Auslandsreise *f*; ~ **drên**
Bahnfahrt *f*; ~ **fusnes** Dienstreise *f*,
Geschäftsreise *f*; ~ **gerdded** Wanderung *f*; **ar daith**
auf Reisen; **mynd ar daith** auf Reisen gehen.

tal¹ *ans* groß.

tal² *g* = **tâl**³; *e.e.* **Tal-y-llyn, Talyllychau**.

tâl¹ **(taliadau)** *g* Bezahlung *f*, *(am waith)* Lohn *m*;
(CYFR, THEAT, CELF) Honorar *nt*; *(PRIFYSG)*
Remuneration^A *f*, *(am wasanaeth)* Gebühr *f*; *(MIL)*
Sold *m*; *(MOR)* Heuer *f*; *(awdur)* Tantieme *f*; ~ **ar**
gyfrif *(CYLL)* Einzahlung *f*, ~ **cludo** Frachtgebühr *f*;
~ **cofrestru** Einschreibegebühr *f*; ~ **colli gwaith**
Abfindung *f*, Abfertigung *f*; ~ **mynediad** Eintritt
m, Eintrittsgeld *nt*; ~ **presgripsiwn** Rezeptgebühr
f; ~ **ychwanegol** Zuschlag *m*.

tâl² *be gw.* **talu; (ni) thâl hi ddim** das zahlt sich nicht
aus, das hat keinen Zweck.

tâl³ **(-oedd)** *g* Stirn(seite) *f*; ~ **maen** *(adeilad)* Giebel *m*.

taladwy *ans* zahlbar; **gwneud siec yn daladwy i rn**
einen Scheck auf jdn ausstellen.

talaith (taleithiau) *b* Land *nt*, Provinz *f*; *(UDA)*
Bundesstaat *m*; ~ **ffederal** Bundesland *nt*; **Unol**
Daleithiau die Vereinigten Staaten *pl*; **Taleithiau**
Cydffederal *(HAN)* Konföderierten *pl*.

talar (-au) *b* *(AMAETH)* (Acker)rain *m*; *(pentir)*
Landspitze *f*, Landzunge *f*; **dod i ben y dalar** sich
dem Ende zuneigen.

talc *g* Talk *m*.

talcen (-ni *neu* **-nau)** *g* Stirn *f*; ~ **caled**
Mammutaufgabe *f*; ~ **glo** *(MWYN)* Streb *m*, Flöz *nt*;
~ **slip** nullachtfünfzehn, Pseudo-; ~ **tŷ**
Dachgiebel *m*; **troi ar ei dalcen** auf den Kopf
stellen; **yfed ar ei dalcen** auf ex (aus)trinken.

talcwm *g* Talk *m*.

talch *g* Fragment *nt*, Bruchstück *nt*, Scherbe *f*.

talchu *be.a* zertrümmern, zerschmettern.

taldra *g* Größe *f*, Körpergröße *f*.

taleb (-au) *b* Zahlungsbeleg *m*, Kassenzettel *m*,
Kassenbon^D *m*; *(tocyn)* Gutschein *m*; *(derbynneb)*
Empfangsbestätigung *f*.

taledig (-ion) *g* *(CYLL)* Wechselnehmer *m*, Remittent
m.

taleithiol *ans* Provinz-, provinziell.

talent (-au) *b* *(dawn)* Begabung *f*, Talent *nt*; *(person)*
Talent; ~**au ifainc** junge Talente.

talentog *ans* begabt, talentiert.

talfyriad (-au) *g* Verkürzung *f*, *(crynhoad)*

Zusammenfassung *f*; *(byrfodd)* Abkürzung *f*;
(GRAM) Kontraktion *f*.

talfyrru *be.a* abkürzen; *(crynhoi)* verkürzen,
zusammenfassen.

talgrwn *ans* rund, ganz; *(MATH)* aufgerundet; **yn**
dalgrwn deg alles in allem.

talgryf *ans* robust; *(person)* stämmig.

talgrynnu *be.a* *(MATH)* runden; *(i fyny)* aufrunden; *(i*
lawr) abrunden.

talgudyn (-nau) *g* Stirnlocke *f*.

tali *adf:* **byw** ~ in wilder Ehe leben.

taliad (-au) *g* Bezahlung *f*; *(trwy'r post)*
Postanweisung *f*; *(trwy'r banc)* Bankauftrag *m*; ~**au**
ll *(CYLL)* Debet *nt*; ~**au dysgu** Lehrgeld *nt*; *(PRIFYSG)*
Inskriptionsgebühr *f*; ~ **arian parod** Barzahlung *f*;
~ **cynnal** Unterhaltszahlung *f*; ~ **lles**
Sozialzuschuss *m*; ~ **mewn nwyddau** Sachleistung
f; ~ **ychwanegol** Aufschlag *m*.

talïaidd *ans* höflich, wohlerzogen.

talismon (-au) *g* Talisman *m*.

talm (-au) *g* Weile *f*, Zeitraum *m*, Periode *f*.

talog *ans* *(bywiog)* (spring)lebendig; *(digywilydd)*
frech, vorwitzig.

talp (-au) *g* Klumpen *m*; *(CYFDR)* Byte *nt*.

talpiog *ans* klumpig.

talsyth *ans* straff, stramm.

talu *be.a* bezahlen, zahlen; *(swm)* leisten; *(setlo dyled)*
begleichen, abbezahlen; *(morgais)* zurückzahlen;
(rhn) entgelten; ~ **diolch** Dank sagen; ~'**ch ffordd**
seinen Unterhalt bestreiten; ~'**r ffordd** *(ffig)* sich
lohnen; ~ **gwrogaeth** Gefolgschaft leisten; ~'**r**
gymwynas olaf i rn jdm die letzte Ehre erweisen;
~ **iawndal** Schadenersatz leisten; ~'**r pwyth yn ôl**
(ffig) sich revanchieren, es heimzahlen +*dat*; ~
sylw i seine Aufmerksamkeit schenken +*dat*; ~ **toll**
ar verzollen; ~ **treth ar** versteuern.

♦ *be.g* *(bod o fantais)* sich lohnen, sich auszahlen,
sich rentieren; *(yn ddrud)* blechen; ~ **am rn** für jdn
aufkommen; ~ **am rth** etw bezahlen; ~ **dros rn** jdn
einladen, jdm etw spendieren; ~ **iawn am** wieder
gutmachen.

talwm *g* = **talm; ers** ~ seit geraumer Zeit, geraume
Zeit.

talwr (talwyr) *g* Zahler *m*.

talwrn (talyrnau) *g* Feld *nt*, Wiese *f*; *(llawr dyrnu)*
Tenne *f*; *(blodau)* Beet *nt*; *(CHWAR)* Arena *f*; ~
ceiliogod Hahnenkampfplatz *m*; ~ **y beirdd**
Dichterwettstreit *m*; ~ **teirw** Stierkampfarena *f*.

talwyneb (-au) *g* *(adeilad)* Fassade *f*.

tamaid (tameidiau) *g* Stück *nt*, Brocken *m*; *(bwyd)*
Bissen *m*; ~ **bach yn hwyr** ein bisschen zu spät;
ennill eich ~ sich *dat* seinen Lebensunterhalt

verdienen; **~ i aros pryd** Zwischenmahlzeit *f*; *(ffig)*
Vorgeschmack *m*.

tambwrîn (tambwrinau) *g (CERDD)* Tamburin *nt*.

tameidiog *ans* unvollständig, fragmentarisch.

tameidyn (tameidiau) *g* Stückchen *nt*; *(o rth wedi torri)*
Bruchstück *nt*, Fragment *nt*; **tameidiau** *ll*
Krimskrams *m*.

tamp *ans* feucht.

tampiwr (tampwyr) *g* Pfeifenstopfer *m*.

tampon (-au) *g* Tampon *m*.

tamprwydd *g* Feuchtigkeit *f*.

tan[1] *ardd* = **dan**.

tan[2] *ardd (hyd)* bis; *(hyd at)* bis zu *+dat*; **~ toc** bis bald;
~ y diwedd bis zum Schluss.
   ♦ *cys (nes)* bis.

tân (tanau) *g* Feuer *nt*; *(damweiniol)* Brand *m*; *(aelwyd)*
Kamin *m*; *(stof)* Herd *m*, Ofen *m*; *(i gynnau sigarét)*
Feuer, Feuerzeug *nt*; **allanfa dân** *neu:* **dihangfa dân**
Notausgang *m*; **brigâd dân** Feuerwehr *f*; **coed ~**
Brennholz *nt*; **~ coedwig** Waldbrand *m*; **diffoddwr**
~ Feuerlöscher *m*; **drws ~** Brandschutztür *f*; **~**
gwersyll Lagerfeuer *nt*; **~ gwyllt** Feuerwerk *nt*; *(ffig)*
Lauffeuer *nt*; **injan dân** Feuerwehrauto *nt*; **larwm ~**
Feueralarm *m*; **lle ~** Kamin *m*; **~ trydan** Heizstrahler
m; **~ ar eich croen** *(ffig)* Qual *f*, Ärgernis *nt*; **bod ar**
dân brennen, in Flammen stehen; **rhoi rhth ar dân**
etw in Brand stecken; **lledodd y neges fel ~ gwyllt**
die Nachricht verbreitete sich wie ein
Lauffeuer; **oes gennych chi dân?** haben Sie
Feuer?

tanbaid *ans* brennend, glühend; *(ffig: brwd)* feurig,
inbrünstig, leidenschaftlich; *(golau)* grell.

tanbeidio *be.g* glühen, brennen.

tanbeidrwydd *g* Glut *f*; *(ffig)* Feuer *nt*, Inbrunst *f*,
Leidenschaft *f*; *(golau)* Intensität *f*.

tanbrisio *be.a* unterschätzen, verkennen.

tanc (-iau) *g* Tank *m*; *(MIL)* Panzer *m*; **~ dŵr**
Wassertank *m*, Speicher *m*; *(agored)* Reservoir *nt*;
~ petrol *(MODUR)* Benzintank *m*; **~ pysgod**
Aquarium *nt*.

tancard (-iau) *g* Humpen *m*, Maßkrug *m*, Krügel[A] *nt*;
~ cwrw Bierkrug *m*.

tancdop (-iau) *g* Trägerhemdchen *nt*.

tancer (-i) *gb (MOR)* Tanker *m*, Tankschiff *nt*; *(lorri)*
Tankwagen *m*; **~ llaeth** Milchtanker *m*; **~ olew**
Öltanker *m*.

tanchwa (-oedd) *b* Explosion *f*.

tandem (-au) *g* Tandem *nt*.

tandwf *g* Unterholz *nt*, Gestrüpp *nt*.

tanddaearol *ans* unterirdisch; **rheilffordd danddaearol**
U-Bahn *f*.

tanddwr *ans* unter dem Meer; *(wedi suddo)*
versunken.

tanerdy (tanerdai) *g* Gerberei *f*.

tanfaethedig *ans* unterernährt.

tanfaethu *be.a* unterernähren.

tanfor *ans* unterseeisch, Untersee-; **llong danfor**
Unterseeboot *nt*, U-Boot *nt*.

tanffordd (tanffyrdd) *b* Unterführung *f*.

tangiad (-au) *g (MATH)* Tangente *f*.

tangiadol *ans* tangential.

tangloddio *be.a* unterhöhlen, untergraben; *(ffig)*
unterminieren, untergraben.

tango (-s) *gb (dawns)* Tango *m*.

tangyflogaeth *b (MASN)* Unterbeschäftigung *f*.

taniad (-au) *g (MODUR)* Zündung *f*; *(ergyd dryll)* Schuss
m, Feuer *nt*; *(roced)* Abschuss *m*; **~ i'r awyr**
Schreckschuss *m*; **~ coil** Zündspule *f*.

tanio *be.a (cynnau)* anzünden, anstecken; *(saethu)*
feuern, schießen; *(roced)* abfeuern; *(injan)* starten;
(ffig) anfeuern; **~ brwdfrydedd rhn** jdn begeistern;
~'r dychymyg die Fantasie anregen.
   ♦ *be.g* Feuer fangen, sich entzünden; *(injan)*
anspringen; *(saethu)* abdrücken, feuern; **~'n ôl**
nach hinten losgehen; **rownd o danio** Salve *f*,
Gewehrsalve *f*.

taniwr (tanwyr) *g* Heizer *m*, Maschinist *m*; *(CHWAR)*
Starter *m*; *(TECH)* Anzünder *m*; *(car)* Anlasser *m*;
(ffrwydron) Zünder *m*; **~ sigaréts** Feuerzeug *nt*; *(yn y*
car) Zigarettenanzünder *m*.

tanjerîn (-s *neu* **tanjerinau)** *g* Mandarine *f*.

tanlinellu *be.a* unterstreichen; *(ffig)* betonen,
unterstreichen, hervorheben.

tanlwybr (-au) *g* (Fußgänger)unterführung *f*.

tanlli *ans:* **newydd sbon danlli** funkelnagelneu,
brandneu, nigelnagelneu[S].

tanllwyth (-i) *g* Brand *m*.

tanllyd *ans* feurig, zündend; *(tymer)* hitzig; *(CREF)*
glühend; **coch ~** feuerrot.

tannau *ll gw.* **tant**; **~ llais** Stimmbänder *pl*.

tannin *g (CEM)* Gerbsäure *f*, Tannin *nt*.

tannu *be.a* = **taenu**.

tanodd *adf* darunter, unterhalb.

tanoleuo *be.a (FFOTO)* unterbelichten.

tanseilio *be.a* untergraben, unterhöhlen; *(ffig)*
sabotieren, unterminieren; **~ hyder rhn** jdn
verunsichern.

tanseiliol *ans* subversiv, zersetzend.

tansoddi *be.a* untertauchen.

tansuddo *be.g* untergehen, untertauchen.

tant (tannau) *g* Saite *f*; **tannau llais** Stimmbänder *pl*; **~**
coludd Darmsaite *f*; **taro ~** *(CERDD)* zupfen; *(ffig)*
den richtigen Ton treffen.

tantio *be.a* Saiten aufziehen auf *+akk*, mit Saiten

bespannen.

tanwydd (-au) *g* Brennstoff *m*, Brennmaterial *nt*; *(coed)* Brennholz *nt*; *(ar gyfer injan)* Treibstoff *m*, Kraftstoff *m*; ~ **biolegol** Biotreibstoff *m*; ~ **ffosil** fossiler Brennstoff; ~ **solet** fester Brennstoff.

tanysgrifennwr (**tanysgrifenwyr**) *g (yswiriant)* Versicherungsnehmer *m*.

tanysgrifiad (-au) *g* Abonnement *nt*, Abo *nt*; ~ **blwyddyn** Jahresabonnement *nt*.

tanysgrifio *be.g:* ~ **i** *(elusen)* spenden +*dat*; *(cylchgrawn)* abonnieren, beziehen; *(clwb)* sich einschreiben in +*akk*.

tanysgrifiwr (**tanysgrifwyr**) *g* Abonnent *m*.

tanysgrifwraig (**tanysgrifwragedd**) *b* Abonnentin *f*.

tap¹ (-iau) *g* Hahn *m*, Wasserhahn *m*; *(RHEILFF)* Kran *m*; ~ **dŵr cymysg** Mischbatterie *f*; ~ **dŵr poeth** Warmwasserhahn *m*; ~ **nwy** Gashahn *m*; **cwrw ar dap** Bier vom Fass, offenes Bier.

tap² (-iadau) *g* Klaps *m*, Klopfen *nt*, leichter Schlag *m*; *(â'r bys)* Antupfen *nt*.

tâp (**tapiau**) *g* Band *nt*, Streifen *m*; *(sain)* Tonband *nt*, (Tonband)kassette *f*; ~ **fideo** Videoband *nt*; ~ **glynu** Klebeband *nt*, Klebstreifen *m*; ~ **magnetig** Magnetband *nt*; ~ **mesur** Maßband *nt*, Metermaß *nt*; ~ **ynysu** Isolierband *nt*.

tapddawns (-iau) *b* Stepptanz *m*.

tapddawnsio *be.g* steppen.

taped (-i) *g (MODUR)* Kolben *m*.

tapestri (**tapestrïau**) *g* Wandteppich *m*, Gobelin *m*.

tapio¹ *be.a* klopfen; *(â'r bys)* antupfen; *(drwm)* schlagen.

tapio² *be.a (casgen)* anzapfen, anstechen; *(hylif)* abzapfen, abfüllen; *(sgwrs ffôn)* abhören.

tapio³ *be.a (recordio)* aufnehmen.

tapioca *g* Tapioka *f*.

tapo *be.a (esgid)* besohlen, doppeln.

tar¹ *g* Teer *m*; **sigaréts isel mewn** ~ Zigaretten mit niedrigem Teergehalt.

TAR² *byrf* (= *Tystysgrif mewn Addysg i Raddedigion*) Lehramt *nt*, Lehramtsprüfung *f*.

taradr (-au *neu* **terydr**) *g* Stangenbohrer *m*, Bohrer *m*; ~ **y coed** *(SÖOL)* Specht *m*.

taragon *g (COG)* Estragon *m*.

taran (-au) *b* Donner(schlag) *m*; ~**au** *ll* Donner *m*; **mellt a tharanau** Gewitter *nt*, Blitz und Donner.

taranfollt *b* Blitzschlag *m*.

taraniad (-au) *g* Donnerschlag *m*.

taranllyd *ans* donnernd, gewitterig.

tarantwla (-od) *g (SÖOL)* Tarantel *f*, Vogelspinne *f*.

taranu *be.g* donnern; *(pistyll)* tosen; *(ffig)* poltern, wettern.

tarddair (**tarddeiriau**) *g (GRAM)* Ableitung *f*.

tarddiad (-au) *g (gwraidd)* Ursprung *m*, Herkunft *f*; *(nant)* Quelle *f*; *(gair)* Etymologie *f*; ~ **ethnig** ethnische Zugehörigkeit *f*; ~ **goleuni** Lichtquelle *f*.

tarddiant (**tarddiannau**) *g* Hervorquellen *nt*, Entspringen *nt*.

tarddle (-oedd) *g* Ursprungsort *m*; ~ **perygl** Gefahrenquelle *f*; ~ **tân** Brandherd *m*.

tarddu *be.g (blaguro)* sprießen; *(nant)* entspringen; ~ **o** *(deillio)* herrühren von +*dat*, stammen von +*dat*.

tarfu *be.g:* ~ **ar** belästigen, stören; *(brawychu)* Angst machen; **dw i ddim eisiau** ~ **arnoch chi** ich möchte (Sie) nicht stören.

targed (-au) *g* Ziel *nt*, Zielscheibe *f*; *(ffig: nod)* Ziel; *(cynhyrchu)* Plansoll *nt*; *(am watwar)* Opfer *nt*.

targedu *be.a* anvisieren, abzielen auf +*akk*; *(MASN)* ~ **cwsmeriaid** auf Kundenfang gehen.

tarian (-au) *b* Schild *m*; *(CHWAR)* Siegestrophäe *f*.

tariff (-au) *g (MASN)* Tarif *m*; ~ **tollau** Zolltarif *m*.

tarmac *g* Asphalt *m*, Straßenbelag *m*.

tarmacio *be.a* asphaltieren.

taro *be.a* schlagen; *(bwrw'n erbyn)* anschlagen, anstoßen; *(car)* anfahren an +*akk*; *(yn ysgafn)* (an)tupfen, antippen; *(targed)* treffen; *(matsen)* anzünden; *(cofnodi)* notieren; *(bod yn amlwg)* auffallen; *(ffig: gan syniad)* durchzucken; ~ **bargen** sich einigen, sich *dat* einig werden; ~ **cân** ein Lied anstimmen; ~ **deuddeg** *(ffig)* richtig liegen, es voll treffen; *(cloc)* zwölf schlagen; ~ **gwydrau** anstoßen; ~**'r hoelen ar ei phen** *(ffig)* den Nagel auf den Kopf treffen; ~**'ch pen** sich den Kopf anschlagen; ~ **tant** *(CERDD)* zupfen; *(ffig)* eine Saite anschlagen; ~ **troed** aufstampfen; **mae'n fy nharo fi** es fällt mir auf.

♦ *be.g* schlagen; *(pêl, car ayb)* anprallen; *(gweddu)* zusammenpassen; ~ **ar rth** *(dod o hyd i)* auf etw *akk* stoßen; ~ **ar rn** jdm begegnen; ~ **heibio** eine Stippvisite machen; ~ **i mewn** hereinplatzen; ~ **yn erbyn** prallen gegen +*akk*, anschlagen an +*dat*; ~ **yn ôl** zurückschlagen, kontern.

tarot *g* Tarock *nt/m*, Tarot *nt*.

tarpolin (-au) *g* Plane *f*, Zeltbahn *f*; *(dillad)* Ölzeug *nt*.

Tartar *g* Tatar(in) *m(f)*.

tarten (-ni *neu* -nau) *b* Torte *f*; *(cig)* Pastete *f*; ~ **afalau** Apfelkuchen *m*.

tarth (-au) *g* Nebel *m*, Dunst *m*.

tarthiad *g* Verdunstung *f*.

tarthog *ans* diesig, dunstig.

tarthu *be.g* verdunsten, verflüchtigen.

tarw (**teirw**) *g* Stier *m*, Bulle *m*; ~ **dur** Bulldozer *m*, Planierraupe *f*; **ci** ~ Bulldogge *f*; *(SÖOL)* ~ **eliffant** Elefantenbulle *m*; ~ **morfil** männlicher Wal *m*; **y**

T~ *(ASTROL)* Stier; **fel ~ mewn siop lestri** wie ein Elefant im Porzellanladen; **ymladd teirw Stierkampf** *m*.

tarwden *b (MEDD)* Scherpilzflechte *f*; **~ y traed** Fußpilz *m*.

tas (teisi) *b:* **~ wair** Heuhaufen *m*; **~ coed** Holzstoß *m*.

tasel (-i *neu* **-au)** *g* Quaste *f*, Bommel^D *m*, Troddel^D *f*.

tasg (-au) *b* Aufgabe *f*, Auftrag *m*.

tasgu *be.a* anspritzen; **~ dŵr ar** mit Wasser bespritzen.

♦ *be.g* spritzen; *(mewn ton)* schwappen; *(chwarae mewn dŵr)* platschen; **~ drosodd** überschwappen.

taten (tatws *neu* **tato** *neu* **tatw)** *b (BOT)* Kartoffel *f*, Erdapfel^A *m*; **tato potsh** *neu:* **tatws stwnsh/stwmp** Kartoffelpüree, Erdäpfelpüree^A *nt*; **tatws rhost** Röstkartoffeln *pl*; **tatws trwy'u crwyn** gebackene Kartoffeln, Pellkartoffeln^D; **tatws wedi'u berwi** Salzkartoffeln; **tatws wedi'u ffrio** Bratkartoffeln; **does dim ~ o ots gen i** das schert mich einen Dreck, das ist mir völlig egal.

tato *ll gw.* **taten**.

tatw *ll gw.* **taten**.

tatŵ (-s *neu* **-au)** *g* Tätowierung *f*.

tatwio *be.a* tätowieren.

tau *be* es wird schweigen.

taw¹ *g* Stille *f*, Schweigen *nt*; **~ piau hi** kein Wort darüber, Mund halten; **rhoi ~ ar rn** jdn zum Schweigen bringen, jdm das Maul stopfen.

taw² *cys* = **mai¹**.

TAW³ *byrf* (= Treth ar werth) MWSt (Mehrwertsteuer).

tawch *g* Dunst *m*.

tawchlyd *ans* diesig, dunstig.

tawdd *ans* geschmolzen, flüssig.

tawddgyffur (-iau) *g (MEDD)* Zäpfchen *nt*.

tawddlestr (-i) *g* Schmelztiegel *m*.

tawedog *ans* schweigsam, wortkarg, verschlossen.

tawedogrwydd *g* Schweigsamkeit *f*, Verschlossenheit *f*.

tawel *ans* leise, still; *(llonydd)* ruhig; *(heb siarad)* schweigend, stumm; *(rhn)* still; *(yn cadw cyfrinach)* verschwiegen; *(lliw)* dumpf, matt; **~ fach** klammheimlich, stillschweigend; *(yn y dirgel)* heimlich, vertraulich; **~ eich meddwl** unbesorgt, mit ruhigem Gewissen; **y Môr T~** *(DAEAR)* der Stille Ozean, der Pazifik; **bydd yn dawel!** sei still!

tawelu *be.a* beruhigen, besänftigen; *(gwaredu rhag ofn)* beschwichtigen.

♦ *be.g* sich beruhigen; *(gwynt)* nachlassen; *gw.h.* **ymdawelu**.

tawelwch *g* Ruhe *f*, Stille *f*; *(tymer)* Gelassenheit *f*, Ruhe; *(dweud dim)* Schweigen *nt*; *(MASN)* Flaute *f*; *(gwynt)* Flaute, Windstille *f*; **~ meddwl** ruhiges

Gewissen *nt*, Seelenfriede *m*.

tawelydd (-ion) *g (MEDD)* Beruhigungsmittel *nt*; *(TECH)* Schalldämpfer *m*; *(MODUR)* Auspufftopf *m*; **~ poen** Schmerzmittel *nt*.

tawelyn (tawelion) *g* Beruhigungsmittel *nt*.

tawgar *ans* verschwiegen.

tawgarwch *g* Verschwiegenheit *f*.

tawlbwrdd (tawlbyrddau) *g* Damebrett *nt*, Schachbrett *nt*.

tawnod (-au) *g (CERDD)* Pausezeichen *nt*.

tawtoleg (-au) *b* Tautologie *f*.

'te *cys* = **ynteu**; **nawr ~!** nun denn! also dann!

te *g (BOT, COG)* Tee *m*; *(pryd ysgafn)* Jause^A *f*; *(swper)* Abendessen *nt*; **~ camri** Kamillentee *m*; **~ deg** Kaffeepause *f*; **~ llysieuol** Kräutertee *m*; **paned o de** eine Tasse Tee.

tebot (-au) *g* Teekanne *f*; **~ olew** Ölkanne *f*.

tebotaid *g* eine Teekanne voll.

tebyg¹ *ans* ähnlich, vergleichbar; *(posibl)* wahrscheinlich; **~ i** ähnlich *+dat*; **~ at ei debyg** Gleich und Gleich gesellt sich gern; **mae hi'n debyg i'w mam** sie schlägt nach ihrer Mutter; **mae'n debyg** *(amlwg)* offenbar, offensichtlich.

tebyg² *g* Wahrscheinlichkeit *f*; **y ~ yw ...** aller Wahrscheinlichkeit nach…

tebygol *ans* wahrscheinlich, voraussichtlich, plausibel, erdenklich; **mae hi'n debygol o ymadael** sie verlässt uns wahrscheinlich; **fe yw'r mwyaf ~ o ennill** er wird voraussichtlich gewinnen.

tebygolrwydd *g* Wahrscheinlichkeit *f*.

tebygrwydd *g* Ähnlichkeit *f*; *(cyfatebiaeth)* Analogie *f*.

tebygu *be.a:* **~ i** vergleichen mit *+dat*; **mae'n cael ei debygu i'w dad** er wird mit seinem Vater verglichen.

♦ *be.g* denken, meinen; **mae hon, debygaf i, yn bert iawn** sie ist in meinen Augen sehr hübsch.

tecell (-au *neu* **-i)** *g* = **tegell**.

teclyn (taclau) *g* Werkzeug *nt*, Gerät *nt*, Utensil *nt*; **~ agor poteli** Flaschenöffner *m*; **~ clywed** Hörapparat *m*; **~ codi** Seilwinde *f*; **~ diogelu** Schutzvorrichtung *f*; **taclau** *ll* Ausrüstung *f*; *gw.h.* **taclau**.

tecstil (-au) *g* Stoff *m*, Textil *nt*; **~au** *ll* Textilien *pl*, Textilwaren *pl*.

tectonig *ans* tektonisch.

techneg *b* Technik *f*; *(sgil)* Technik, Methode *f*; **~ leisiol** Stimmtechnik *f*.

technegol *ans* technisch, fachlich; **term ~** Fachausdruck *m*, Terminus *m* technicus.

technegwr (technegwyr) *g* = **technegydd**.

technegydd (technegwyr) *g* Techniker(in) *m(f)*; **~**

dannedd Zahntechniker(in) *m(f)*; **~ goleuo** *(FFILM, THEAT)* Beleuchter(in) *m(f)*.

technoleg *b* Technik *f*, Technologie *f*; **~ amgen** Alternativtechnologie *f*; **~ gwybodaeth** *(CYFDR)* Informatik *f*; **~ gyfrifiadurol** Computertechnologie *f*.

technolegol *ans* technologisch.

teflyn (-nau) *g* (Wurf)geschoß *nt*; *(bwled)* Kugel *f*, Projektil *nt*.

Teflon® *g* Teflon® *nt*.

teg *ans (cytbwys)* gerecht, fair; *(gonest)* aufrecht; *(prydferth)* hold; *(tywydd)* heiter, schön; *(CHWAR)* fair; **methu'n deg** total versagen; **chwarae ~ iddo** das muss man ihm lassen; **yn araf deg** schön langsam, behutsam; **yn araf deg mae dal yr iâr** *(ffig)* langsam kommt man ans Ziel; *(wrth ymarfer)* es ist noch kein Meister vom Himmel gefallen; **yn union deg** direkt, unmittelbar; **~ edrych tuag adref** daheim ist es am schönsten.

tegan (-au) *g* Spielzeug *nt*; **~ adeiladu** Bausatz *m*; **~ meddal** Plüschtier *nt*, Stofftier *m*; **trên ~** Modelleisenbahn *f*; **~au** *ll* Spielsachen *pl*; *(mewn siop)* Spielwaren *pl*.

tegeirian (-au) *g (BOT)* Orchidee *f*.

tegell (-au *neu* -i) *g* Kessel *m*; *(te)* Teekessel *m*; *(dŵr)* Wasserkessel *m*; **~ trydan** elektrischer Teekessel.

tegil *g =* tegell.

tegwch *g (cyfiawnder)* Gerechtigkeit *f*; *(prydferthwch)* Schönheit *f*; **er ~ i Meinir** aus Fairness gegenüber Meinir.

tengl (-au) *b* Gurt *m*, Riemen *m*; *(ceffyl)* Sattelgurt *m*.

tei (-s *neu* -au) *gb* Krawatte *f*, Schlips *m*; **~ bô** Fliege *f*.

teiar (-s) *g* Reifen *m*, Pneu[s] *m*; **~ fflat** Platte(r)[D] *m*, Patschen[A] *m*; **~ rheidiol** Gürtelreifen *m*; **~ sbâr** Reservereifen *m*, Ersatzreifen *m*.

teidi *ans* nett; **swm ~ o arian** ein nettes Sümmchen.

teidiau *ll gw.* taid; *(hynafiaid)* Vorfahren *pl*.

teiffoid *g (MEDD)* Typhus *m*.

teiffŵn (teiffwnau) *g (TYW)* Taifun *m*.

teigr (-od) *g (SÖOL)* Tiger *m*; **~ yr ardd** *(SÖOL)* Bärenspinner *m*, Tigermotte *f*.

teigres (-au) *b (SÖOL)* Tigerin *f*; *(mewn sŵ)* Tigerdame *f*.

teilchion *ll* Scherben *pl*, Stücke *pl*; **torri'n deilchion** in Scherben brechen; **yn deilchion** in Scherben, in Stücken, kaputt.

teilfforch (teilffyrch) *b* Mistgabel *f*.

teilio *be.a* kacheln; *(llawr)* verfliesen, fliesen.

teiliwr (teilwriaid) *g* Schneider *m*; **~ Llundain** *(SÖOL)* Stieglitz *m*, Distelfink *m*.

teilo *be.a (AMAETH)* düngen.

teilsen (teils) *b* Kachel *f*, Fliese *f*, *(ar lwybr)* Bodenplatte *f*; *(ar y to)* Dachziegel *m*; **~ bren** Schindel *f*; **llawr teils** Kachelboden *m*.

teilsiwr (teilswyr) *g* Fliesenleger *m*; *(to)* Dachdecker *m*.

teilwng *ans* verdient, ehrwürdig; *(gwobr)* wohlverdient; **bod yn deilwng o rth** etw verdienen, einer Sache *gen* würdig sein.

teilwra *be.a, be.g* schneidern, anfertigen; *(addasu i bwrpas)* zuschneiden.

teilwredig *ans* maßgeschneidert.

teilwres (-au) *b* Schneiderin *f*.

teilyngdod *g* Verdienst *nt*.

teilyngu *be.a* verdienen.

teim *g (BOT)* Thymian *m*.

teimlad (-au) *g (corfforol)* Gefühl *nt*, Empfindung *f*; *(ymwybyddiaeth, cred)* Gefühl; *(emosiwn)* Gemütsbewegung *f*, Regung *f*, Rührung *f*; **~ o euogrwydd** Schuldgefühl *nt*; **beth yw eich ~ ynghylch y peth?** was halten Sie von der Sache? **fy nheimlad i yw ...** mein Gefühl sagt mir, dass…; **~ anesmwyth** ein ungutes Gefühl; **dan deimlad** unter dem Eindruck von Gefühlen; **brifo ~au rhn** jds Gefühle verletzen.

teimladol *ans* gefühlsbetont, emotional; *(rhn)* sensibel.

teimladrwydd *g* Sentimentalität *f*.

teimladwy *ans* merklich, fühlbar; *(ffig: rhn)* emotional, empfindlich; *(sensitif)* feinfühlig, sensibel; *(rhth)* sentimental; *(gordeimladol)* rührselig, schmalzig.

teimlo *be.a (cyffwrdd)* anfühlen, angreifen, betasten; *(synhwyro)* spüren, empfinden; **~ ar eich calon** etw liegt jdm am Herzen; **~ rhth i'r byw** von etw *dat* tief getroffen sein.

♦ *be.g* sich anfühlen, sich angreifen; *(meddwl)* meinen, denken; **rwy'n ~ bod ...** ich bin der Ansicht, dass…; **~ fel ...** Lust haben auf +*akk*, sich fühlen nach +*dat*; **~'n oer** frieren, frösteln; **~'n sâl** sich nicht wohl fühlen.

teimlydd (-ion) *g (SÖOL)* Fühler *m*, Antenne *f*.

teios *ll* Häuschen *pl*.

teip (-iau) *g (math)* Typ *m*; *(argraffu)* Type *f*; *(ysgrifen)* Druck *m*; **~ mân** Kleingedruckte(s) *nt*.

teipiadur (-on) *g* Schreibmaschine *f*.

teipiedig *ans* maschingeschrieben.

teipio *be.a* tippen, mit der Maschine schreiben.

♦ *be.g* Maschine schreiben.

teipydd (-ion) *g* Schreibkraft *f*; **~ llaw-fer** Stenotypist *m*.

teipyddes (-au) *b* Schreibkraft *f*; **~ law-fer** Stenotypistin *f*.

teipysgrif (-au) *b* maschingeschriebener Text *m*, Manuskript *nt*.

teirgwaith *adf* dreimal, dreifach; ~ **y maint** die dreifache Größe; ~ **cymaint** dreimal so viel.

teirw *ll gw*. **tarw**.

teisen (-nau *neu* -ni) *b* Torte *f*, Kuchen *m*; ~ **Fadeira** Sandkuchen *m*; ~ **geirios y Goedwig Ddu** Schwarzwälder Kirschtorte *f*; ~ **gaws** Käsesahnetorte^D *f*, Topfentorte^A *f*; ~ **ffrwythau** Obsttorte *f*.

teisennwr (**teisenwyr**) *g* Konditor *m*, Zuckerbäcker *m*.

teisi *ll gw*. **tas**.

teitl (-au) *g* Titel *m*; (*pennawd*) Überschrift *f*, Titel; (*mewn papur newydd*) Schlagzeile *f*; (CYFR) Rechtsanspruch *m*.

teitlo *be.a* betiteln, titulieren.

teitheb (-au) *b* Visum *nt*, Sichtvermerk *m*.

teithfintai (**teithfinteion**) *b* Karawane *f*.

teithi *ll* Merkmale *pl*, Eigenschaften *pl*.

teithio *be.a* (*pellter*) zurücklegen; (*ymweld â gwlad*) bereisen; ~'r **wlad** (THEAT) auf Tournee gehen.
    ♦ *be.g* reisen, fahren; (*yn rheolaidd*) verkehren; ~ **ar y bws/trên** mit dem Bus/Zug fahren; **bag** ~ Reisetasche *f*; **pamffledyn** ~ Reiseprospekt *m*; **salwch** ~ Reisekrankheit *f*; **siec deithio** Reisescheck *m*; **swyddfa deithio** Reisebüro *nt*.

teithiol *ans* Wander-, umziehend; **arddangosfa deithiol** Wanderausstellung *f*; **athro** ~ an mehreren Schulen tätiger Lehrer.

teithiwr (**teithwyr**) *g* Reisende(r) *m*, Fahrgast *m*; (MOR, AWYR) Passagier *m*; (*ar awyren*) Fluggast *m*.

teithlyfr (-au) *g* Reiseführer *m*.

teithrestr (-au) *b* (MASN) Frachtbrief *m*.

teithwraig (**teithwragedd**) *b* Reisende *f*; *gw.h*. **teithiwr**.

telathrebiaeth *b* Nachrichtentechnik *f*, Fernmeldetechnik *f*.

telathrebu *be.g* (*anfon*) übermitteln; ~ **â rhn** mit jdm kommunizieren.

telecs (-au) *g* Fernschreiben *nt*, Telex *nt*.

teledestun *g* Teletext *m*.

telediad (-au) *g* Fernsehübertragung *f*, Fernsehausstrahlung *f*.

teledu[1] *g* Fernsehen *nt*; (*set*) Fernseher *m*; **ar y** ~ im Fernsehen; ~ **cebl** Kabelfernsehen *nt*; **drama deledu** Fernsehfilm *m*; (*cyfres*) Fernsehserie *f*; ~ **lliw** Farbfernsehen *nt*; (*set*) Farbfernseher *m*; ~ **lloeren** Satellitenfernsehen *nt*; ~ **masnachol** Werbefernsehen *nt*; **gwylio'r** ~ fernsehen.

teledu[2] *be.a* (*darlledu*) ausstrahlen, im Fernsehen übertragen.

teledydd (-ion) *g* Fernseher *m*, Fernsehapparat *m*.

teleffon (-au) *g* Telefon *nt*, Fernsprecher *m*; **bwth** ~ Telefonzelle *f*; **cyfnewidfa deleffon** Telefonzentrale *f*; **llyfr** ~ Telefonbuch *nt*; **galwad deleffon** Telefonat *nt*; *gw.h*. **ffôn**.

teleffonio *be* = **ffonio**.

teleffonydd (-ion) *g* Telefonist(in) *m(f)*.

telegraff (-au) *g* Fernschreiber *m*; **polyn** ~ Telegrafenmast *m*.

telegraffi *g* Telegrafie *f*.

telegraffig *ans* telegrafisch.

telegraffio *be.a, be.g* telegrafieren.

telegram (-au) *g* Telegramm *nt*, Fernschreiben *nt*.

telepathi *g* Telepathie *f*, Gedankenübertragung *f*.

telepathig *ans* telepathisch.

telerau *ll* Bedingungen *pl*; (*perthynas*) Beziehung *f*, Bezug *m*; ~ **cludiant** Lieferbedingungen *pl*; **bod ar delerau da â** (*rhn*) auf gutem Fuß stehen mit +*dat*; (*rhth*) einen guten Bezug haben zu +*dat*; **dod i delerau â rhn** sich mit jdm ins Einvernehmen setzen; **dod i delerau â rhth** sich mit etw *dat* abfinden.

telesgop (-au) *g* Teleskop *nt*, Fernrohr *nt*.

telesgopig *ans* teleskopisch; (*erial*) ausziehbar.

teletestun (-au) *g* Teletext *m*, Bildschirmtext *m*.

teliffon *g* = **teleffon**.

telor (-iaid) *g* (SÖOL) Rohrsänger *m*; ~ **yr ardd** Grasmücke *f*; ~ **y coed** Laubsänger *m*; ~ **yr helyg** Fitis *m*; ~ **yr hesg** Schilfrohrsänger *m*; ~ **penddu** Mönchsgrasmücke *f*.

telori *be.g* trällern, tirilieren.

telpyn (**talpau**) *g* Stückchen *nt*; (*pren*) Klötzchen *nt*; (*ar y corff*) Beule *f*.

telyn (-au) *b* (CERDD) Harfe *f*; **canu'r delyn** Harfe spielen.

telyneg (-ion) *b* (LLEN) lyrisches Gedicht.

telynegol *ans* lyrisch.

telynor (-ion) *g* Harfenspieler *m*.

telynores (-au) *b* Harfenspielerin *f*.

teml (-au) *b* Tempel *m*.

Temlydd (-ion) *g* (HAN) Templer *m*, Kreuzritter *m*.

tempo (**tempi**) *g* (CERDD) Tempo *nt*, Zeitmaß *nt*; (*ffig*) Rhythmus *m*.

tempro *be.a* (TECH: *metel*) härten, tempern.

temtasiwn (**temtasiynau**) *gb* Versuchung *f*; (*deniad*) Verlockung *f*.

temtio *be.a* in Versuchung bringen, verleiten; (*denu*) verführen, verlocken; ~ **eich ffawd** sein Schicksal herausfordern; ~ **rhn i wneud rhth** jdn zu etw *dat* verleiten; **rwy'n cael fy nhemtio i fynd** ich bin versucht hinzugehen.

temtiwr (**temtwyr**) *g* Verführer *m*.

temtwraig (**temtwragedd**) *b* Verführerin *f*.

tenant (-iaid) *g* Mieter(in) *m(f)*; *(siop)* Inhaber(in) *m(f)*, Pächter(in) *m(f)*; *(tir, fferm)* Pächter(in).

tenantiaeth *b* Mietverhältnis *nt*, Pacht *f*.

tenau (*ll* teneuon) *ans* dünn; *(cul)* schmal; *(rhn)* schlank; *(esgyrnog)* mager, dürr, spindeldürr; *(dyfrllyd)* dünnflüssig, wässrig; *(gwallt)* licht, schütter, spärlich; *(wedi'i dreulio)* durchgewetzt; *(ffig: heb sylwedd)* seicht; **tafell denau o fara** eine dünne Schnitte Brot.

tendans *g:* **dawnsio ~ ar rn** jdn von hinten und vorn bedienen, um jdn herumscharwenzeln.

tendinitis *g* *(MEDD)* Sehnenscheidenentzündung *f*.

tendio *be.a* pflegen, sich kümmern um +*akk*.
   ♦ *be.g* aufpassen; **tendiwch rhag y ci** nehmen Sie sich vor dem Hund in Acht; **tendiwch rhag ofn i chi syrthio** passen Sie auf, dass Sie nicht hinfallen.

tendr (-au) *g* *(MASN)* Offerte *f*, Offert[A] *nt*, Anbot[A] *nt*.

tendril (-au) *g* *(BOT)* Ranke *f*.

tendro *be.g* *(MASN)* **~ am** eine Offerte erstellen für +*akk*.

teneuo *be.a* *(diod)* verdünnen; *(dif)* verwässern, panschen; *(coed)* ausholzen, lichten.
   ♦ *be.g* abmagern, abnehmen; *(gwallt)* ausgehen, sich lichten.

teneuon *ll gw.* **tenau**.

teneuwch *g* Magerkeit *f*, Dünnheit *f*.

teneuydd (teneuwyr) *g* Verdünnungsmittel *nt*.

tenewyn (-nau) *g* *(ANAT: anifail)* Flanke *f*.

tennis *g* *(CHWAR)* Tennis *nt*; **~ bwrdd** Tischtennis *nt*, Pingpong *nt*; **cwrt ~** Tennisplatz *m*; **raced dennis** Tennisschläger *m*.

tennyn (tenynnau) *g* *(ci)* (Hunde)leine *f*; *(rhaff)* Leine *f*, Strick *m*; **dod i ben eich ~** *(ffig)* am Ende seiner Kraft sein.

tenor (-iaid) *g* *(CERDD)* Tenor *m*; **cleff y ~** Tenorschlüssel *m*.
   ♦ *ans* Tenor-, **sacsoffon ~** Tenorsaxofon *nt*.

tensiwn (tensiynau) *g* Spannung *f*; **llawn ~** angespannt.

tentacl (-au) *g* *(SÖOL)* Fangarm *m*.

teras (-au) *g* Terrasse *f*; *(rhes o dai)* Häuserzeile *f*; *(RHEILFF)* Trasse *f*; **tŷ ~** Reihenhaus *nt*.

terasu *be.a* abstufen, terrassieren.

terfan (-nau) *b* Grenze *f*; *(MATH)* Limes *m*, Grenzwert *m*; **~ goddefiant** *(TECH)* Toleranzgrenze *f*; **~ isel** untere Grenze; **~ uchel** obere Grenze.

terfyn (-au) *g* Ende *nt*; *(ffin)* Grenze *f*; *(terfyniad)* Beendigung *f*; *(ffig)* Limit *nt*; **ar derfyn dydd** am Ende des Tages; **rhoi ~ ar rth** *(gwahardd)* etw *dat* ein Ende setzen, etw unterbinden; **~ amser** Termin *m*; **~ nerf** *(ANAT)* Nervenende *nt*.

terfynadwy *ans* *(cytundeb)* kündbar.

terfynell (-au) *b* *(AWYR)* Terminal *m*; *(CYFDR)* Terminal *m/nt*, Workstation *f*; *(TRYD)* Pol *m*.

terfynfa (terfynfeydd) *b* Kopfbahnhof *m*.

terfyniad (-au) *g* *(GRAM)* Endung *f*, Suffix *nt*; *(diwedd)* Schluss *m*; *(stop ar rth)* Abbruch *m*; **~ beichiogrwydd** Schwangerschaftsabbruch *m*; **gosod ~au ar rth** etw begrenzen, etw eingrenzen.

terfynol *ans* abschließend; *(na ellir ei newid)* endgültig, unabänderlich, definitiv; *(afiechyd)* unheilbar.

terfynu *be.a* abschließen, beendigen; *(torri)* abbrechen; *(cytundeb)* (auf)kündigen.
   ♦ *be.g* aufhören, enden, zu Ende gehen.

terfysg (-oedd) *g* Aufruhr *m*, Tumult *m*; *(gwrthryfel)* Aufstand *m*, Unruhe *f*; *(twrw)* Getöse *nt*, Gedröhn *nt*; **~oedd Beca** *(HAN)* Rebecca-Aufstand *m*.

terfysgaeth *b* Terrorismus *m*.

terfysglyd *ans* aufständisch, aufrührerisch.

terfysgu *be.g* randalieren, meutern; *(gwrthryfela)* revoltieren, sich erheben.
   ♦ *be.a* terrorisieren, Terror ausüben.

terfysgwr (terfysgwyr) *g* *(brawychwr)* Terrorist *m*; *(gwrthryfelwr)* Aufständische(r) *m*, Aufrührer *m*.

terfysgwraig (terfysgwragedd) *b* Terroristin *f*; *(gwrthryfelwraig)* Aufständische *f*, Aufrührerin *f*.

term (-au) *g* *(priod-ddull)* Ausdruck *m*; **~ technegol** Fachausdruck *m*, (Fach)terminus *m*; **mewn ~au ehangach** im weiteren Sinn.

terminoleg *b* Terminologie *f*.

termit (-iaid) *g* *(SÖOL)* Termite *f*.

terydr *ll gw.* **taradr**.

tes *g* Hitze *f*, Sonnenschein *m*; *(niwlach)* Dunst *m*, Flimmern *nt*.

tesog *ans* sonnig, heiß; *(niwlog)* diesig, verschwommen.

testament (-au) *g* *(Beibl)* Testament *nt*; **yr Hen Destament** das Alte Testament; **y T~ Newydd** das Neue Testament.

testun (-au) *g* Text *m*; *(pwnc)* Thema *nt*; *(ar gyfer pregeth)* Bibelstelle *f*; **~ sgwrs** Gesprächsthema *nt*; **~ gofid** wunder Punkt; **~ gwawd** Anlass *m* zu Spott; *(rhn)* Witzfigur *f*.

tetanws *g* *(MEDD)* Tetanus *m*, Wundstarrkrampf *m*.

teth (-au) *b* Brustwarze *f*; *(anifail)* Zitze *f*; *(teclyn plastig)* Schnuller *m*; *(ar botel)* Sauger *m*.

tethan (-au) *b* Brustwarze *f*.

teulu (-oedd) *g* Familie *f*; *(perthnasau)* Sippe *f*, Verwandtschaft *f*; *(dif)* Sippschaft *f*, Anhang *m*; *(llinach)* Geschlecht *nt*; *(SÖOL, BIOL, ayb)* Familie; **~ un rhiant** Alleinerzieherhaushalt *m*; **~ cnewyllol** Kleinfamilie *f*; **~ dyn** Menschheit *f*; **~ estynedig**

Großfamilie *f*; **meddyg ~** Hausarzt *m*, Hausärztin *f*; **oes gennych chi deulu?** haben Sie Familie?

teuluol *ans* familiär, häuslich; **bywyd ~** Familienleben *nt*; **ffrae deuluol** häusliche Schwierigkeiten.

tew *ans* dick, fett, korpulent; *(trwchus)* dick, stark; *(hylif)* dickflüssig; *(COG)* dick; *(llais)* belegt; **cawl ~** dicke Suppe, gehaltvolle Suppe; **mae'r stori'n dew bod** ... es ist schon bekannt, dass…; **~ach gwaed na dŵr** Blut ist dicker als Wasser.

tewder *g* = **tewdra**.

tewdra *g* Dicke *f*; *(corfforol)* Fettleibigkeit *f*, Fülle *f*; *(hylif)* Dickflüssigkeit *f*.

tewhau *be.a* verdicken, konzentrieren; *(pesgi)* mästen; *(COG)* eindicken.

 ♦ *be.g* dick werden; *(llaeth, gwaed)* gerinnen.

tewi *be.a* zum Schweigen bringen; *(radio ayb)* abdrehen.

 ♦ *be.g* verstummen, still werden.

tewychu *be.a, be.g* = **tewhau**.

teyrn (-oedd *neu* -edd) *g* Monarch *m*, Herrscher *m*; *(gormeswr)* Tyrann *m*, Diktator *m*.

teyrnach (-au) *b* Dynastie *f*.

teyrnas (-oedd) *b* Reich *nt*, Königreich *nt*; **T~ Nefoedd** das Himmelreich *nt*; **y Deyrnas Unedig** *neu:* **y Deyrnas Gyfunol** *(DAEAR)* das Vereinte Königreich *nt*; **~ yr anifeiliaid** Tierreich *nt*, Tierwelt *f*.

teyrnasiad *g* Regentschaft *f*, Regierungszeit *f*.

teyrnasu *be.g* herrschen, regieren, walten; *(ffig)* den Ton angeben; **gartref mae fy mam yn ~** zu Hause herrscht meine Mutter.

teyrndlws (teyrndlysau) *g* Kronjuwel *nt*.

teyrnfradwr (teyrnfradwyr) *g* Hochverräter *m*.

teyrnfradwriaeth *b* Hochverrat *m*, Landesverrat *m*.

teyrngar *ans* treu, loyal.

teyrngarwch *g* Treue *f*, Loyalität *f*, Ergebenheit *f*.

teyrngarwr (teyrngarwyr) *g* Getreue(r) *m*; *(i frenin)* Königstreue(r) *m*; **T~ Ulster** Loyalist *m*.

teyrnged (-au) *b* *(tâl)* Tribut *m*; *(arwydd o barch)* Tribut, Huldigung *f*; **talu ~ i** Tribut zahlen +*dat*; *(ffig)* Tribut zollen +*dat*.

teyrnladdiad (-au) *g* Königsmord *m*.

teyrnwialen (teyrnwiail) *b* Zepter *nt*.

TGAU *byrf (Tystysgrif Gyffredinol Addysg Uwchradd)* mittlere Reife[D] *f*, Pflichtschulabschluss[A] *m*.

ti *rhag* **1** *(annibynnol)* du, dich, dir; **~ yw'r unig obaith iddynt** du bist ihre einzige Hoffnung; **~ a fi** du und ich; **2** *(dibynnol)* **sut wyt ~?** wie geht es dir? **mae gennyt ~ gath** du hast eine Katze; **i ~ y rhoddais** ich gab es dir; **3** *(ar ôl 'dy')* **dy dei di** deine Krawatte; **rwy'n dy weld di** ich sehe dich; *(ar ôl berf*

gryno) **fe/mi weli di** du wirst sehen; **dos di gyntaf!** geh du zuerst! **os gweli di'n dda** bitte.

tic (-iau) *g* Kreuz *nt*, Häkchen *nt*; *(cloc)* Ticken *nt*; **rhoi ~ i** ankreuzen; *(ar ôl cyflawni)* abhaken; **~-toc** Tick-Tack *nt*.

ticed (-i) *g* *(tocyn)* Fahrkarte *f*; *(AWYR)* Flugticket *nt*; *(gan heddlu)* Strafzettel *m*; *(MASN: dangos y pris)* Preiszettel *m*; **~ cosb** Strafmandat *nt*; **~ ponio** Pfandschein *m*.

tician *be.g* *(cloc)* ticken.

ticio *be.a* ankreuzen; *(ar ôl cyflawni)* abhaken.

tid (-au) *b* *(cadwyn)* Kette *f*.

til (-s *neu* -iau) *g* *(MASN)* Kasse *f*, Kassa[A] *f*.

tila *ans* *(bach)* kümmerlich, mickrig; *(gwan)* kläglich, mager; *(heb werth)* lausig.

tîm (**timau**) *g* Mannschaft *f*, Team *nt*; *(pêl-droed)* Elf *f*; *(gymnasteg)* Riege *f*; **~ cenedlaethol** Nationalmannschaft *f*; **~ gwaith** Brigade *f*; **gwaith ~** Teamarbeit *f*.

tin (-au) *b* *(anwedd)* Arsch *m*, Hintern *m*; **dan din** hinterhältig, hinterfotzig[A]; **llyfu ~ rhn** jdm in den Arsch kriechen; **~ dros ben** Purzelbaum *m*; *(gymnasteg)* Salto *m*; **~ y nyth** Nesthäkchen *nt*.

tin-droi *be.g* lungern.

tinc *g* *(sŵn)* Klingeln *nt*; *(arian)* Klimpern *nt*; *(cloch)* Bimmeln *nt*; **~ o rth** *(arlliw)* Spur *f*, Anflug *m*; **~ o obaith** Hoffnungsschimmer *m*.

tincer (-iaid) *g* Kesselflicker *m*; *(crwydryn)* Vagabund *m*, Landstreicher *m*.

tincera *be.g:* **~ gyda rhth** an etw *dat* herumbasteln.

tincial *be.g* *(cloch)* bimmeln; *(arian)* klimpern; *(metel)* scheppern; *(gwydr)* klirren; *(dŵr)* plätschern, rieseln.

tincian *be.g* = **tincial**.

tin-dros-ben *b gw.* **tin**.

tinsel *g* Lametta *nt*.

tip[1] (-iau) *g* Halde *f*, Kippe *f*; *(glo)* Kohlenhalde *f*; *(sbwriel)* Müllhalde *f*, Schuttabladeplatz *m*.

tip[2] (-s) *g* *(awgrym)* Tip *m*, Hinweis *m*, Wink *m*.

tip[3] *g* *(cildwrn)* Trinkgeld *nt*.

tip[4] (-iadau) *g* *(cloc)* Ticken *nt*.

tipian *be.g* ticken.

tipiau *ll gw.* **tipyn**; *(yfflon)* Scherben *pl*, Stücke *pl*; **tynnu'n dipiau** in Stücke reißen.

tipyn (**tipiau**) *g* *(darn)* Stückchen *nt*; *(ychydig)* ein bisschen *nt*, ein wenig *nt*; **~ bach** ein klein wenig; **cryn dipyn** ziemlich viel; **bob yn dipyn** *neu:* **o dipyn i beth** allmählich; **fesul ~** nach und nach; **siarad ~ o Almaeneg** ein wenig Deutsch sprechen; **mae ganddo dipyn o asgwrn cefn** er hat ziemliches Rückgrat; *(gwawdlyd)* **fy nhipyn cyflog** mein bisschen Gehalt; **y ~ gardd** das bisschen Garten.

tir (**-oedd**) *g* Land *nt*; *(tirlun)* Gelände *nt*, Terrain *nt*; *(pridd)* Boden *m*; *(eiddo)* Grundstück *nt*, Grund *m*; *(stâd)* Ländereien *pl*, Landgut *nt*; *(DAEAR: gwlad) e.e.* Swistir, Ffindir; ~ **âr** *(AMAETH)* Ackerland *nt*; ~ **coediog** Wälder *pl*; ~ **comin** Gemeindegrund *m*, öffentliches Weideland *nt*, Anger *m*; ~ **corsiog** Marsch *f*; ~ **cyffredin** *(ffig)* Gemeinsamkeit *f*; ~ **diffaith** Brachland *nt*; ~ **glas** Grasland *nt*, Prärie *f*, Steppe *f*; *(porfa)* Weideland *nt*; ~ **y goron** königliche Ländereien; ~ **goror** Grenzland *nt*; ~ **gwastad** Flachland *nt*; ~ **hela** Jagdrevier *nt*; ~ **mawr** Festland *nt*; *(prif ynys)* Hauptinsel *f*; ~ **neb** Niemandsland *nt*; ~ **pori** Weideland *nt*; ~ **sofran** Hoheitsgebiet *nt*; ~ **sych** Festland *nt*; ~ **uchel** *(DAEAR)* Hochland *nt*; **bod ar dir y byw** unter den Lebenden weilen; **colli ~** *(ffig)* an Boden verlieren; **dal eich ~** seinen Mann stehen; **ennill ~** *(ffig)* an Boden gewinnen; ~ **a daear** Grund und Boden; **torri ~ newydd** *(gwyddoniaeth)* wissenschaftliches Neuland betreten; *(TECH)* bahnbrechende Fortschritte machen.

tirf *ans* üppig, wuchernd.

tirfeddiannwr (**tirfeddianwyr**) *g* Grundbesitzer *m*.

tirfeddianwraig (**tirfeddianwragedd**) *b* Grundbesitzerin *f*.

tirfesurydd (**tirfesurwyr**) *g* Landvermesser *m*, Vermessungsingenieur *m*.

tirffurf (**-iau**) *g* Landschaft *f*, Relief *nt*.

tirgwymp (**-au** *neu* **-iadau**) *g* Erdrutsch *m*, Bergrutsch *m*.

tirio *be.g* *(glanio)* landen; *(llong)* anlegen; *(morwr)* an Land gehen; *(cyffwrdd â'r ddaear)* den Boden berühren.

♦ *be.a* *(rygbi)* ~**'r bêl** mit dem Ball den Boden berühren, einen Touchdown machen.

tiriog *ans* *(cyfoethog)* begütert.

tiriogaeth (**-au**) *b* Staatsgebiet *nt*, Territorium *nt*; *(i anifail)* Revier *nt*; *(BOT,SÔOL)* Areal *nt*, Verbreitungsgebiet *nt*; *(ffig)* Revier, Gebiet *nt*; ~ **ddibynnol** Hoheitsgebiet *nt*; ~ **feddianedig** Besatzungszone *f*, besetztes Gebiet; ~ **frodorol** Reservat *nt*, Reservation *f*; **mae'r Ynys Las yn diriogaeth ddibynnol i Ddenmarc** Grönland gehört zu Dänemark, Grönland ist dänisches Hoheitsgebiet.

tiriogaethol *ans* territorial.

tirion *ans* *(caredig)* gütig, freundlich; *(mwyn)* lind, mild, lau; *(lle)* lauschig; *(tosturiol)* einfühlsam, mitfühlend; *(graslon)* gnädig.

tiriondeb *g* Güte *f*; *(cydymdeimlad)* Mitgefühl *nt*, Einfühlungsvermögen *nt*.

tirlithriad (**-au**) *g* Erdrutsch *m*, Mure *f*,

Schlammlawine *f*.

tirlun (**-iau**) *g* Landschaft *f*; *(ffurf y tir)* Gelände *nt*; ~ **diwylliannol** Kulturlandschaft *f*.

tirwedd (**-au**) *g* Relief *nt*.

tisian *be.g* niesen.

titw (**titŵod**) *g* *(SÔOL)* Meise *f*; ~ **barfog** Bartmeise *f*; ~ **cynffon hir** Schwanzmeise *f*; ~ **mwyaf** Kohlmeise *f*; ~ **penddu** Tannenmeise *f*; ~**'r helyg** Weidenmeise *f*; ~**'r wern** Sumpfmeise *f*; ~ **tomos las** Blaumeise *f*.

tithau *rhag* du; *(ti hefyd)* du auch, selbst du; *(ateb i gyfarch)* **a thithau!** ebenfalls!

tiwb (**-iau**) *g* Röhre *f*; *(cynhwysydd)* Tube *f*; *(RHEILFF)* **y T~** die Londoner U-Bahn *f*; ~ **capilari** Kapillare *f*; ~ **Eustachio** *(ANAT)* eustachische Röhre *f*; ~ **neon** Neonröhre *f*; ~ **prawf** Reagenzglas *nt*; ~ **Fallopio** *(ANAT)* Eileiter *m*.

tiwba (**tiwbâu**) *g* *(CERDD)* Tuba *f*.

tiwl *g* *(TECS)* Tüll *m*.

tiwlip (**-au**) *g* *(BOT)* Tulpe *f*.

tiwmor (**-au**) *g* *(MEDD)* Tumor *m*, Krebsgeschwür *nt*.

tiwn (**-iau**) *g* *(CERDD)* Melodie *f*, Weise *f*; **allan o diwn** verstimmt; **mewn ~** im Einklang.

tiwna (**-od**) *g* *(SÔOL)* Tunfisch *m*.

tiwnig (**-au**) *b* Tunika *f*.

tiwnio *be.a* *(CERDD)* stimmen; ~**'r radio** einen Sender einstellen; ~**'r teledu** einen Kanal einstellen.

♦ *be.g* *(aderyn)* zwitschern, ein Liedchen pfeifen.

Tiwnisaidd *ans* tunesisch.

Tiwnisia *b* *(DAEAR)* Tunesien *nt*.

Tiwnisiad (**Tiwnisiaid**) *g* Tunesier(in) *m(f)*.

tiwtor (**-iaid**) *g* Privatlehrer(in) *m(f)*; *(PRIFYSG)* Betreuer(in) *m(f)*; *(am ddoethuriaeth)* Doktorvater *m*; ~ **dosbarth** Klassenvorstand *m*.

tlawd (*ll* **tlodion**) *ans* arm, mittellos, ärmlich; *(safon)* dürftig, armselig.

♦ *g*: **yr hen dlawd!** das arme Würstchen! **tlodion** *ll* die Armen *pl*.

tlodi[1] *be.a* an den Bettelstab bringen, verarmen lassen.

tlodi[2] *g* Armut *f*.

tlodion *ll* die Armen *pl*.

tlos *ans gw.* **tlws**[1].

tloten (**tlodion**) *b* Arme *f*.

tloty (**tlotai**) *g* Armenhaus *nt*.

tlotyn (**tlodion**) *g* Arme(r) *m*.

tlws[1] (*b* **tlos**, *ll* **tlysion**) *ans* hübsch, zierlich, schmuck; **merch dlos** hübsches Mädchen *nt*.

tlws[2] (**tlysau**) *g* Schmuckstück *nt*, Schmuck *m*; *(addurn gwisg)* Brosche *f*; *(gem)* Juwel *nt/m*; *(ar gyfer clust)* Ohrgehänge *nt*; *(CHWAR: gwobr)* Trophäe *f*, Medaille *f*; ~ **crog** Anhänger *m*; **tlysau** *ll*

Schmuck.

tlysni *g* hübsches Aussehen.

to¹ (**-eau** *neu* **-eon**) *g* Dach *nt*; (*MODUR*) Verdeck *nt*; ~ **bach** (*acen grom*) Zirkumflex *m*; ~ **clwt** Vordach *nt*; ~ **gwellt** Strohdach *nt*; ~ **llechi** Schieferdach *nt*; ~ **ar oleddf** Schrägdach *nt*; ~ **talcen** Giebeldach *nt*; **dan do** unter Dach, in der Halle; (*pwll nofio*) Hallen-, überdacht; **aderyn y** ~ (*SÔOL*) Spatz *m*, Sperling *m*; **heb do dros eich pen** ohne Dach über dem Kopf, obdachlos; **rhoi'r ffidl yn y** ~ (*ffig*) die Flinte ins Korn werfen, das Handtuch werfen.

to² *gb* Generation *f*; **y** ~ **sy'n codi** Nachwuchs *m*, die nächste Generation; **y** ~ **ifanc** die Jugend *f*; **yr hen do** die Alten *pl*.

toc¹ *adf* bald; **rwy'n dod** ~ ich komme gleich; **tan** ~! bis gleich!

toc² *g* (*bara*) Scheibe *f*, Schnitte *f*.

tocio *be.a* stutzen, zurückschneiden; (*cynffon*) kupieren; (*blew*) trimmen; (*ffig: traethawd, cyflog*) kürzen; (*hawliau*) beschneiden.

tocyn¹ (**-nau**) *g* Karte *f*, (*taith*) Fahrkarte *f*, Fahrschein *m*; (*mynediad*) Eintrittskarte *f*; (*THEAT*) Theaterkarte *f*; (*parcio*) Parkschein *m*; (*MASN: stamp cynilo*) Wertmarke *f*; (*yn dangos y pris*) Preiszettel *m*; (*gan yr heddlu*) Strafzettel *m*; ~ **bagiau** Gepäckschein *m*; ~ **blwyddyn** Jahreskarte *f*; ~ **bwyd** Essensmarke *f*; **casglwr** ~**nau** Schaffner(in) *m(f)*; ~ **crwydro** Netzkarte *f*; ~ **dirwy** Strafmandat *nt*; ~ **dwyffordd** Rückfahrkarte *f*; ~ **gwystlo** Pfandschein *m*; ~ **mis** Monatskarte *f*; ~ **platffform** (*RHEILFF*) Bahnsteigkarte *f*; ~ **pris** Preiszettel, Preisschild *nt*; ~ **sedd gadw** Platzkarte *f*; ~ **tymor** Zeitkarte *f*; (*THEAT*) Abonnement *nt*; ~ **undydd** Tageskarte *f*; ~ **unffordd** einfache Fahrt *f*; ~ **wythnos** Wochenkarte *f*; ~ **y wasg** Presseausweis *m*.

tocyn² *g* (*tafell o fara*) Scheibe *f*, Schnitte *f*; (*brechdanau*) Gabelfrühstück^A *nt*, Jause^A *f*; (*pecyn cinio*) Lunchpaket *nt*.

tocynnwr (**tocynwyr**) *g* Schaffner *m*.

toddadwy *ans* schmelzbar.

toddbwynt (**-iau**) *g* Schmelzpunkt *m*.

toddi *be.a* schmelzen; (*bloneg*) auslassen; (*menyn*) zerlassen; (*dadrewi*) abtauen.

◆ *be.g* schmelzen, zergehen; (*dadmer*) auftauen; (*mynd yn hylif*) zerfliessen, zerschmelzen.

toddiad *g* Schmelze *f*; ~ **niwclear** Kernfusion *f*.

toddiant (**toddiannau**) *g* (*CEM*) Lösung *f*; ~ **cannu** Bleichmittel *nt*; ~ **halwynog** Salzlösung *f*, Salzlake *f*.

toddydd *g* Lösemittel *nt*.

toes *g* Teig *m*.

toesen (**-ni**) *b* (*COG*) Krapfen *m*, Berliner^D *m*, Beignet *m*.

toeslyd *ans* teigig.

toi *be.a* überdachen, (das Dach) decken.

toiled (**-au**) *g* Toilette *f*, WC *nt*, Klosett *nt*; **papur** ~ Toilettpapier *nt*.

tolach *be.a* liebkosen, streicheln.

tolc (**-au** *neu* **-iau**) *g* Delle *f*, Einbuchtung *f*.

tolcio *be.a* eindellen, verbeulen, eindepschen^A.

tolciog *ans* verbeult.

tolch (**-au**) *b* (*MEDD*) Blutklümpchen *nt*, Thrombose *f*.

tolchen (**-ni**) *b* = **tolch**.

tolchennu *be.g* stocken, gerinnen, klumpen.

tolio *be.a* sparen, knausern.

toll (**-au**) *b* Maut *f*, Straßengebühr *f*, Weggeld *nt*; (*treth fewnforio*) Zoll *m*, Einfuhrsteuer *f*; ~ **allforio** Ausfuhrzoll *m*; ~ **borthladd** (*MOR*) Hafengebühr *f*; ~ **farwolaeth** Nachlasssteuer *f*, Erbschaftssteuer *f*; ~ **fewnforio** Einfuhrsteuer; **swyddog** ~**au** Zollbeamte(r) *m*, Zollbeamtin *f*.

tollbont (**-ydd**) *b* Mautbrücke *f*.

tollborth (**tollbyrth**) *g* Schlagbaum *m*, Zollschranke *f*.

tolldal *g* Zollabgabe *f*.

tollfa (**tollfeydd**) *b* Mautstelle *f*, (*MASN*) Zollamt *nt*; **mynd trwy'r dollfa** durch den Zoll gehen.

tollffordd (**tollffyrdd**) *b* Mautstraße *f*.

tollty (**tolltai**) *g* (*MASN*) Zollamt *nt*; (*stordy*) Zolllager *nt*.

tom (**-ydd**) *b* Mist *m*, Dung *m*; (*hylif*) Jauche *f*, Gülle^DS *f*; ~ **ceffyl** Pferdeäpfel *pl*.

tomato (**-s**) *g* Tomate *f*, Paradeiser^A *m*; **cawl** ~ Tomatensuppe *f*, Paradeissuppe^A *f*.

tomboiaidd *ans* burschikos.

tomen (**-ni** *neu* **-nydd**) *b* Haufen *m*; ~ **dail** Misthaufen *m*; ~ **geir** Autofriedhof *m*; ~ **gladdu** Grabhügel *m*; ~ **hen heyrn** Schrotthaufen *m*; ~ **rwbel** Schutthalde *f*; (*adfail*) Trümmerhaufen *m*; ~ **sbwriel** Müllhalde *f*, Müllkippe^D *f*; ~ **a beili** (*HAN*) Motte und Bailey *nt*, Fort *nt*; **ar eich** ~ **eich hun** (*ffig*) in seinem Bereich, auf seinem Gebiet; **bod ar y domen** (*ffig*) zum alten Eisen gehören; **yn wlyb domen** patschnass, klatschnass.

ton (**-nau**) *b* Welle *f*, Woge *f*; (*cudyn*) Welle, Locke *f*; (*radio*) Welle; (*caseg fôr*) Brecher *m*; ~ **gario** (*TEL*) Trägerfrequenz *f*; ~ **llanw** Flutwelle *f*; ~ **seismig** seismische Welle; ~ **wres** (*TYW*) Hitzewelle *f*; **mae ganddi donnau yn ei gwallt** sie hat gewelltes Haar.

tôn¹ (**tonau**) *g* Ton *m*; (*goslef*) Tonfall *m*; (*GRAM: acen*) Betonung *f*; (*ffig*) Ton; **hanner** ~ (*CERDD*) Halbton(schritt) *m*; ~ **cynnes** (*lliw*) warmer Ton.

tôn² (**tonau**) *b* (*alaw*) Melodie *f*; ~ **fyddar** unmusikalisch; ~ **gron** (*CERDD*) Kanon *m*.

tonc *b* Bimmeln *nt*; **cael** ~ **ar y piano** auf dem

Klavier herumklimpern.

toncian *be.g (clychau)* klingeln, bimmeln; *(ar y piano)* klimpern.

tonfedd (-i) *b (FFIS, ffig)* Wellenlänge *f*; *(radio)* **~ fer** Kurzwelle *f*; **~ hir** Langwelle *f*; **maen nhw ar yr un donfedd** *(ffig)* sie liegen auf derselben Wellenlänge.

toniad (-au) *g* Wogen *nt*; *(FFIS)* Schwingung *f*, Fluktuation *f*.

tonig (-au) *g* Tonikum *nt*, Stärkungsmittel *nt*.

tonni *be.g* wogen; *(cwch)* schaukeln; *(gwallt, sgert)* wallen; *(FFIS)* schwanken, fluktuieren.

tonnog *ans* wellig; *(gwallt)* gewellt; *(sy'n tonni)* wogend, wallend.

tonsil (-iau) *g (ANAT)* Mandel *f*.

tonsilitis *g (MEDD)* Mandelentzündung *f*.

tonydd (-ion) *g (CERDD)* Tonika *f*, Grundton *m*.

tonyddiaeth *b (CERDD)* Tonlage *f*, Intonation *f*; *(GRAM)* Intonation, Satzmelodie *f*.

tonyddu *be.a (lliwiau, offerynnau)* aufeinander abstimmen.

tonystod (-au *neu* -ion) *b (FFIS)* Wellenbereich *m*.

top (-iau) *g* Spitze *f*; *(mynydd)* Gipfel *m*; *(coeden)* Wipfel *m*, Krone *f*; *(caead, cap)* Verschluss *m*; *(dillad)* Oberteil *nt*, Top *nt*; *(tegan)* Kreisel *m*; *(rheolwyr cwmni)* Führung *f*; *(tudalen, rhestr)* Anfang *m*; **yn llawn dop** randvoll; *(ar ôl bwyta)* bis oben hin voll; **~ y bwrdd** Kopfende *nt* der Tafel, oberes Tischende *nt*.

topi *be.a (hwrdd)* (mit dem Kopf) stoßen.

topograffi *g* Topografie *f*.

topograffig *ans* topografisch.

topyn (-nau) *g (potel)* Stöpsel *m*, Stoppel^A *m*, Pfropfen *m*; **~ corc** Korken *m*.

tor[1] (-rau) *b (ANAT)* Bauch *m*, Unterleib *m*; *(moch bach)* Wurf *m*; *(rywbeth dorri)* Bruch *m*; **~-cytundeb** Vertragsbruch *m*; **~ y llaw** Handfläche *f*; **rhoi ~** *(hwch)* werfen.

tor[2] (-ion) *g* Bruch *m*, Riss *m*; *(toriad)* Unterbrechung *f*; **~ llengig** *(MEDD)* Bruch, Hernie *f*; **~ priodas** Ehebruch *m*; **~-ion** *ll* Scherben *pl*, Bruchstücke *pl*.

torasgwrn (**toresgyrn**) *g (MEDD)* (Knochen)bruch *m*; **~ agored** offener Bruch.

torcalonnus *ans* herzzerreißend.

torcyfraith *g* Gesetzesübertretung *f*.

torch (-au) *gb* Ring *m*; *(wedi'i blethu)* Kranz *m*; *(am wddf)* Halsschmuck *m*, Torquis *f*; **~ allwedd** Schlüsselring *m*; **~ o flodau** (Blumen)kranz *m*; **~ llawes** Manschette *f*; *(trowsus)* Stulpe *f*.

torchi *be.a* aufwickeln, aufrollen; **~ llewys** die Ärmel aufkrempeln; *(ffig)* sich hineinknien, in die Hände spucken.

toredig *ans* unterbrochen, abgehackt.

toreithiog *ans* reichhaltig; *(ffrwythlon)* fruchtbar, ergiebig; *(glaswellt)* saftig, üppig; *(dyfeisgar)* erfinderisch, produktiv.

toreth *b* Fülle *f*, Reichtum *m*.

torf (-eydd) *b* Menge *f*, Menschenmenge *f*; *(GWLEID)* die breite Masse *f*.

torgest (-i) *b (MEDD)* (Leisten)bruch *m*.

torgoch *g (SÔOL)* Saibling *m*.

torgwmwl (**torgymylau**) *g* Wolkenbruch *m*.

torheulo *be.g* sonnenbaden, sich sonnen, bräunen.

Tori (**Torïaid**) *g (GWLEID)* Tory *m*, Konservative *m/f*.

torïad (-au) *g* Bruch *m*; *(rhwyg)* Riss *m*; *(tociad)* Schnitt *m*; *(saib)* Unterbrechung *f*; *(gostyngiad)* Senkung *f*, Einschnitt *m*; *(TECS)* Schnitt; *(trychiad)* Querschnitt *m*; *(o gylchgrawn)* Zeitungsausschnitt *m*; *(llinellau testun)* Umbruch *m*; *(o blanhigyn)* Ableger *m*; *(MEDD)* Fraktur *f*, Knochenbruch *m*; **~ Cesaraidd** *(MEDD)* Kaiserschnitt *m*; **~ colofn** Spaltenumbruch *m*; **~ dydd** Tagesanbruch *m*; **~ ffilm** Filmriss *m*; **~ gwallt** Haarschnitt *m*; **~ hysbysebion** *(rhaglen deledu)* Werbung *f*; **~ paragraff** neuer Absatz *m*; **~ pibell** Rohrbruch *m*; **~ trydan** Stromausfall *m*; **~ tudalen** Seitenumbruch *m*; **~ â'r gorffennol** Bruch mit der Vergangenheit.

Torïaidd *ans (GWLEID)* konservativ; **y Blaid ~** die konservative Partei *f* (Großbritanniens).

torion *ll gw.* **tor**[2]; Schnitzel *pl*, Häcksel *pl*; *(papur)* Schnipsel *pl*.

torlan (-nau) *b* unterspültes Ufer *nt*; **glas y dorlan** *(SÔOL)* Eisvogel *m*.

torllwyth (-i) *b (torraid)* Wurf *m*.

tornado (-s) *g (TYW)* Tornado *m*.

torpido (-s) *g* Torpedo *m*.

torraid (**toreidiau**) *b (anifeiliaid bach)* Wurf *m*.

torri *be.a* brechen; *(â chyllell/siswrn)* schneiden, zerschneiden; *(coeden)* fällen, umschneiden; *(chwalu)* zerbrechen, kaputtmachen; *(tocio)* abschneiden; *(ffilm)* schneiden, kürzen; *(lawnt)* mähen; *(ffig: cwtogi)* kürzen, beschneiden; *(rheol)* verletzen, verstoßen gegen +*akk*; *(ysfa, syched)* stillen; *(MIL: cod)* entschlüsseln; **~ allan** *(o gylchgrawn ayb)* ausschneiden; **~ asgwrn cefn** *(ffig)* das Schlimmste hinter sich haben; **~ barf** den Bart schneiden, rasieren; **~ bedd** ein Grab schaufeln; **~ bol** darauf brennen etw zu tun; **~'ch bys** sich in den Finger schneiden; **~ calon rhn** jdm das Herz brechen; **~'r cardiau** abheben; **~ ceffyl i mewn** ein Pferd zureiten; **~'ch coes** sich *dat* ein Bein brechen; **~ cornel** eine Abkürzung nehmen, den Weg abkürzen; **~ crib rhn** *(ffig)* jdm einen Dämpfer geben; **~ Cymraeg â** ein paar

Worte wechseln mit *+dat*; **~ cysylltiad â** den Kontakt abbrechen zu *+dat*; **~ dadl** einen Streit beilegen; **~ dannedd** *(baban)* zahnen, Zähne kriegen; **~ enw** unterzeichnen, unterschreiben; **~ i ffwrdd** wegschneiden, abschneiden; **~ gair â** ein Wort wechseln mit *+dat*; **~'r garw** *(ffig)* das Eis brechen; **~ gwallt** Haare schneiden; **~ gwynt** aufstoßen, rülpsen; *(rhechain)* einen fahren lassen; **~'r gyfraith** das Gesetz übertreten, das Gesetz brechen; **~ mawn** Torf stechen; **~ newydd wrth rn** jdm eine Neuigkeit überbringen; **~ priodas** Ehebruch begehen; **~ record** *(cerddoriaeth)* auf Platte pressen; *(CHWAR)* einen Rekord brechen; **~ syched** den Durst löschen; **~ tir newydd** *(ffig)* Neuland betreten; **~ ymaith** wegschneiden, abhacken.

♦ *be.g* brechen, zerbrechen, kaputtgehen; *(ffrwydro)* platzen, (zer)bersten; *(cael saib)* pausieren, eine Pause einlegen; *(methu)* versagen; *(ffig: dydd)* anbrechen; *(MASN: cwmni)* Bankrott gehen; **~ â** *(ymbellhau)* brechen mit *+dat*; **~ allan** *(carcharor)* ausbrechen; **~ ar draws** unterbrechen; **~ i lawr** kaputtgehen, zusammenbrechen; *(car)* eine Panne haben; *(rhn)* zusammenbrechen; **~ i lawr ar** *(cwtogi)* beschränken; **~ i mewn** einbrechen; **~ trwodd** durchbrechen; **~ a gludo** *(CYFDR)* ausschneiden und einfügen; **wedi ~** kaputt; **mae ei gyfeillion wedi ~ ag ef** *(osgoi)* seine Freunde schneiden ihn.

♦ *be.e* **~'r ddadl** *(tennis)* Tie-Break *nt*.

torrog *ans* trächtig.

torrwr (torwyr) *g* *(FFILM)* Cutter *m*; *(TRYD)* Drahtzange *f*; **~ beddau** Totengräber *m*; **~ bollt** Bolzenschneider *m*; **~ coed** Holzfäller *m*; **~ cylched** *(TRYD)* Unterbrecher *m*; **~ ewinedd** Nagelschere *f*; **~ streic** Streikbrecher *m*.

torryn (torion) *g* Ausschnitt *m*.

torso (-s) *g* *(CELF)* Torso *m*, Rumpf *m*.

torsythu *be.g* stolzieren.

torts (-ys) *gb* Taschenlampe *f*; **~ asio/weldio** Schweißbrenner *m*.

torth (-au) *b* Laib *m*; **~ o fara** Brotlaib *m*; **~ o gaws** Käselaib *m*; **~ hir** Stangenbrot *nt*, Baguette *f/nt*; **~ sinsir** Pfefferkuchen *m*; **~ siwgr** Zuckerhut *m*.

torthen (-ni) *b* Klumpen *m*, Geronnene(s) *nt*; *(ar glwyf)* (Blut)kruste *f*.

tost¹ *g* *(bara cras)* Toast *m*; *(math ar fara)* Toastbrot *nt*; **fel ~** *(ffig)* mollig (warm).

tost² *ans* krank; *(poenus)* wund, schmerzhaft; **pen ~** Kopfweh *nt*.

♦ *adf* schrecklich, fürchterlich; **anniben ~** schrecklich chaotisch.

tostedd *g* Erkrankung *f*.

tostio *be.a* *(COG)* toasten, rösten.

tostiwr (tostwyr) *g* Toaster *m*.

tostrwydd *g* = tostedd.

tosturi *g* Mitleid *nt*, Mitgefühl *nt*; *(trugaredd)* Erbarmen *nt*; *(CREF)* Barmherzigkeit *f*, Nächstenliebe *f*.

tosturio *be.a:* **~ wrth** bemitleiden, Mitleid haben mit *+dat*; *(trugarhau)* sich erbarmen *+gen*.

tosturiol *ans* mitleidig, mitfühlend; *(CREF)* barmherzig, gnädig.

tosyn (tosau) *g* Hautunreinheit *f*, Pickel *m*, Wimmerl^A *nt*.

totalitaraidd *ans* *(GWLEID)* totalitär.

totem *g* Totem *nt*; **polyn ~** Totempfahl *m*.

tow *g:* **o dow i dow** im Schlendrian.

towio *be.a* *(halio)* abschleppen.

towt (-iaid) *g* *(gwerthwr tocynnau ar y stryd)* Schwarzhändler(in) *m(f)*.

tra¹ *adf* ziemlich, sehr; **rydych yn dra charedig** sehr freundlich von Ihnen; **~ cheidwadol** erzkonservativ; **~ chyfrinachol** streng geheim; **~ ffasiynol** der letzte Schrei; **~ modern** hochmodern; **~ oeredig** unterkühlt; **~ phrysur** vielbeschäftigt.

tra² *cys* *(yn ystod)* solange, während; *(ond)* während, jedoch, indessen; **~ bo dau** solange wir zu zweit sind; **aeth i gysgu ~ oedd yn darllen** er schlief während des Lesens ein; **mae ganddo het ddu ~ mae gan ei frawd un frown** er hat einen schwarzen Hut, während sein Bruder einen braunen hat.

tra-arglwyddiaethu *be.a* dominieren, tyrannisieren.

tra-arglwyddiaethol *ans* herrisch, tyrannisch.

trabŵd *ans:* **yn chwys drabŵd** schweißbedeckt, total verschwitzt.

trac (-iau) *g* Bahn *f*; *(RHEILFF)* Gleis *nt*; *(heol anwastad)* Feldweg *m*, Waldweg *m*; *(olion)* Spur *f*, Fahrrinne *f*; *(cadwyn tanc)* Kette *f*, Raupe *f*; *(CERDD)* (Ton)spur *f*; *(CHWAR: sgïo)* (Schi)piste *f*; **rheilffordd ~ cul** Schmalspurbahn *f*; **~ lludw** Aschenbahn *f*; **~ rasio** Rennbahn *f*; *(MODUR, sgïo)* Rennstrecke *f*; **~ sain** Tonspur *f*; *(TECH)* **~ treigl** Raupe *f*.

tractor (-au) *g* Traktor *m*; *(ar gyfer towio)* Schlepper *m*; **~ treigl** Raupenfahrzeug *nt*.

tracwisg (-oedd) *b* Trainingsanzug *m*, Jogginganzug *m*.

trachadarn *ans* *(chwisgi)* hochprozentig.

trachefn *adf* wieder(um), erneut; *(eto)* noch einmal, zum wiederholten Mal; **drachefn a thrachefn** immer und immer wieder.

tracht *gb* = dracht.

trachwant (-au) *g* Gier *f*, Begierde *f*; *(am feddiant)* Habgier *f*; *(ariannol)* Geldgier *f*, Gewinnsucht *f*.

trachwantu *be.a* begehren; ~ **am** gieren nach +*dat*, lechzen nach +*dat*.

trachwantus *ans* gierig; *(am feddiant)* habgierig, habsüchtig; *(am arian)* geldgierig; *(bwyd)* verfressen; *(rhywiol)* begehrlich, lüstern.

trachywir *ans* präzise, exakt, haargenau.

tradwy *adf* in drei Tagen, überübermorgen.

traddodi *be.a* überliefern; *(adrodd)* vortragen; *(mewn carchar)* einweisen, überstellen; ~ **araith** eine Rede halten; ~ **barn ar rn** das Urteil über jdn sprechen; ~ **dedfryd ar rn** eine Strafe verhängen über jdn; **cafodd ei draddodi i dri mis o garchar** er wurde zu drei Monaten Gefängnis verurteilt.

traddodiad (-au) *g* Tradition *f*, Überlieferung *f*; *(arferiad)* Brauch *m*; *(arferion gwerin)* Brauchtum *nt*; *(ffig: arfer)* Brauch, Usus *m*; ~ **llafar** mündliche Überlieferung.

traddodiadol *ans* traditionell, überliefert, herkömmlich; *(person)* traditionsbewusst.

traean *g* Drittel *nt*.

traeaniad *g* Dreiteilung *f*.

traed *ll gw.* **troed**; ~ **brain** *(ffig)* Klaue *f*, Geschmiere *nt*; ~ **crafanc** *(aderyn)* Klauen *pl*, Fänge *pl*; ~ **ar led** Grätsche *f*; ~ **moch** *(ffig)* Durcheinander *nt*, Sauhaufen *m*; **cael ~ oer** *(ffig)* kalte Füße kriegen; **wrth draed athro** unter den Fittichen des Lehrers; **yn nhraed eich sanau** in Strümpfen; **bod ar flaenau eich ~** *(ffig)* auf Zack sein; **aros ar eich ~** aufbleiben, auf den Beinen sein; **cael eich ~ danoch** *(ffig)* sich zurechtfinden; **dan draed rhn** in jds Gewalt; **hel eich ~** schlendern, bummeln, flanieren; **hel dy draed!** hau ab! verschwinde! mach', dass du wegkommst! **llusgo ~** schlurfen; *(oedi)* trödeln; **rhoi eich ~ i fyny** *(ffig)* sich auf die faule Haut legen, die Füße hochlegen; **sefyll rhth ar ei draed** etw aufrecht hinstellen; **teimlo gwres eich ~** sich ins Zeug legen.

traenio *be.a* = **draenio**.

traeth (-au) *g* Strand *m*, Badestrand *m*, Sandstrand *m*; ~ **awyr** Schäfchenwolken *pl*; ~ **byw/gwyllt** Treibsand *m*.

traethawd (traethodau) *g* Aufsatz *m*, Erzählung *f*, Schilderung *f*; *(LLEN)* Essay *m/nt*; *(arholiad)* Examensarbeit *f*; *(PRIFYSG)* Abhandlung *f*, Traktat *nt/m*; ~ **ymchwil** *(doethuriaeth)* Dissertation *f*, Doktorarbeit *f*.

traethell (-au) *b* sandiges Ufer *nt*; *(llen)* Gestade *nt*; *(yn y môr)* Watt *nt*, Sandbank *f*.

traethiad (-au) *g* Erzählung *f*; *(GRAM)* Prädikat *nt*, Satzaussage *f*.

traethiadol *ans* erzählerisch, narrativ.

traethu *be.a* darlegen, abhandeln; ~ **ar rth** etw kommentieren.

traefaelio *be.g* herumreisen, herumfahren.

trafaeliwr (trafaelwyr) *g (teithiwr)* Reisende(r) *m*; *(MASN)* Vertreter *m*, Handlungsreisende(r) *m*.

trafaelu *be.g* = **trafaelio**.

traflyncu *be.a (llowcio)* verschlingen.

trafnidiaeth *b* Verkehr *m*; ~ **awyr** Flugverkehr *m*; ~ **drwodd** Durchzugsverkehr *m*; *(nwyddau)* Transitverkehr *m*; ~ **gludo** Güterverkehr *m*; ~ **gyhoeddus** öffentlicher Verkehr *m*; ~ **leol** Nahverkehr *m*; ~ **oriau brig** Hauptverkehr *m*.

trafod *be.a* diskutieren, erörtern; *(pwyso a mesur)* besprechen; *(telerau)* verhandeln, aushandeln; *(â'r dwylo)* handhaben, hantieren mit +*dat*; ~ **problemau** Probleme wälzen; ~ **data** *(CYFDR)* Daten verarbeiten.

  ◆ *be.e (CYLL)* ~ **ariannol** (Geld)transaktion *f*.

trafodaeth (-au) *b* Diskussion *f*, Debatte *f*; *(telerau)* Verhandlung *f*; *(busnes)* Besprechung *f*; ~ **banel** Podiumsdiskussion *f*; ~**au cyflog** *(GWLEID)* Tarifverhandlungen *pl*.

trafodion *ll* Protokoll *nt*, Sitzungsbericht *m*.

trafodwr (trafodwyr) *g* Unterhändler(in) *m(f)*.

trafferth (-ion) *gb (anhawster)* Schwierigkeit *f*, Problem *nt*; *(helbul)* Ärger *m*, Schererei *f*, Unannehmlichkeit *f*; *(ymdrech)* Mühe *f*; **mynd i drafferth** Mühe auf sich *akk* nehmen; **cael ~** Schwierigkeiten haben; **beth yw'r drafferth?** wo liegt das Problem? **bod mewn ~** in Schwierigkeiten sein.

trafferthu *be.a* belästigen, bemühen.

  ◆ *be.g* sich *dat* Mühe geben, sich bemühen; *(dif)* sich bequemen.

trafferthus *ans* lästig, langwierig, ärgerlich.

traffig *g (ar y ffordd)* (Straßen)verkehr *m*; *(bwrlwm)* Verkehr *m*, Betrieb *m*; ~ **awyr** Flugverkehr *m*; ~ **gwyliau** Reiseverkehr *m*; ~ **oriau brig** Stoßverkehr *m*; ~ **trwodd** Durchzugsverkehr *m*.

traffordd (traffyrdd) *b* Autobahn *f*; *(HAN, MIL)* Rollbahn *f*.

tragwyddol *ans* ewig; *(llen)* ewiglich.

tragwyddoldeb *g* Ewigkeit *f*.

tragywydd *ans* = **tragwyddol**.

traha *g* Arroganz *f*, Überheblichkeit *f*, Einbildung *f*.

trahaus *ans* eingebildet, arrogant, hochmütig, überheblich.

trahauster *g* = **traha**.

trai *g* Ebbe *f*; *(MASN)* Flaute *f*; *(ffig)* Tiefstand *m*; **ar drai** im Rückgang; **distyll ~** Niedrigwasser *nt*; **llanw a thrai** Ebbe und Flut.

trais *g* Gewalt *f*; *(GWLEID)* Unterdrückung *f*; *(rhywiol)*

Vergewaltigung *f*, Notzucht *f*; *(ffig: llygriad)* Schändung *f*, Beschmutzung *f*.

♦ **(treisiau)** *g* Gewalttat *f*.

trallod (-ion) *g* Leid *nt*, Kummer *m*, Gram *m*.

trallodi *be.a* betrüben.

trallodus *ans* verstört, beklommen; *(sefyllfa)* katastrophal.

trallwysiad (-au) *g (MEDD)* Transfusion *f*; **~ gwaed** Bluttransfusion *f*, Blutübertragung *f*; **~ mêr** Rückenmarkstransfusion *f*.

trallwysio *be.a (MEDD)* **~ gwaed** Blut übertragen.

tram (-iau) *g* Straßenbahn *f*, Tramway^A *f*.

tramffordd (tramffyrdd) *b* Straßenbahnlinie *f*.

tramgwydd (-au) *g* Behinderung *f*; *(trosedd)* Delikt *nt*, Rechtsverletzung *f*; **maen ~** *(ffig)* Stolperstein *m*, Hürde *f*.

tramgwyddaeth *b* Straffälligkeit *f*, Delinquenz *f*; *(troseddau)* Kriminalität *f*; **~ ieuenctid** Jugendkriminalität *f*.

tramgwyddo *be.a (digio)* kränken, verletzen.

♦ *be.g (troseddu)* eine Straftat begehen, straffällig werden, das Gesetz übertreten.

tramgwyddol *ans* anstößig, unflätig.

tramgwyddus *ans* ungesetzlich.

tramgwyddwr (tramgwyddwyr) *g* Delinquent *m*, Gesetzesbrecher *m*.

tramor *ans* ausländisch, auswärtig; *(dros y môr mawr)* überseeisch; **Swyddfa Dramor** Außenamt *nt*, Außenministerium *nt*, Auswärtiges Amt^D *nt*.

♦ *adf:* **dramor** im Ausland; **mynd dramor** ins Ausland fahren.

tramorwr (tramorwyr) *g* Ausländer *m*, Fremde(r) *m*.

tramorwraig (tramorwragedd) *b* Ausländerin *f*, Fremde *f*.

tramp *g:* **ar dramp** auf Schusters Rappen, per pedes; **mynd ar dramp** herumziehen.

trampio *be.g* umherziehen, wandern.

trampolîn (trampolinau) *g* Trampolin *nt*.

trampyn (trampiaid) *g* Landstreicher *m*, Vagabund *m*; *(mewn tref)* Obdachlose(r) *m*, Pennbruder^D *m*, Sandler^A *m*.

tramwy *be.a* = tramwyo.

tramwyadwy *ans* befahrbar, passierbar.

tramwyfa (tramwyfeydd) *b* Durchgang *m*, Durchfahrt *f*, Passage *f*; *(DAEAR)* Passage.

tramwyo *be.a* durchqueren, überqueren; *(môr)* befahren.

tranc (trangau) *g (llen)* Tod *m*, Hinscheiden *nt*.

trannoeth *adf* am nächsten Tag, tags darauf.

transept (-au) *g (PENS)* Querschiff *nt*.

transistor (-au) *g (TRYD)* Transistor *m*.

trap (-iau) *g (magl)* Falle *f*; *(rhagod)* Hinterhalt *m*;

(CHWAR: ras gwn) Stall *m*, Box *f*; *(saethu)* Trapschießen *nt*; **~ gyrwyr** Radarfalle *f*; **~ llygod** Mausefalle *f*; **~ pysgod** Reuse *f*; **~ twyll** Reinfall *m*.

trapesiwm (trapesiymau) *g (MATH)* Trapez *nt*.

trapio *be.a* fangen; **cael eich ~ mewn** gefangen sein in +*dat*.

trapîs (trapisau) *g (syrcas)* Trapez *nt*.

traphlith *adf gw.* plith.

traphont (-ydd) *b* Viadukt *m/nt*, Talbrücke *f*; **~ ddŵr** Aquädukt *nt/m*.

tras (-au) *b* Abstammung *f*, Herkunft *f*; *(achau)* Stammbaum *m*; **ci o dras** Rassehund *m*, ein Hund mit Stammbaum.

traserch *g* Leidenschaft *f*, Liebe *f*.

trasiad (-au) *g* Lichtpause *f*.

trasicomig *ans* tragikomisch.

trasiedi (trasiedïau) *b (THEAT, ffig)* Tragödie *f*, Trauerspiel *nt*, Drama *nt*.

trasio *be.a* durchpausen, abpausen.

traul (treuliau) *b* Abnutzung *f*, Verbrauch *m*, Verschleiß *m*; *(gwariant)* Ausgabe *f*, Auslagen *pl*; *(bwyd)* Konsum *m*, Verzehr *m*; *(BIOL)* Verdauung *f*; **ôl ~** Abnutzungserscheinung *f*; **diffyg ~** *(MEDD)* Verdauungsstörung *f*; **treuliau** *ll (CYLL)* Spesen *pl*.

ar draul *ardd* auf Kosten +*gen*; **ar draul pobl ifanc** auf Kosten der jungen Generation.

traw¹ *g (CERDD)* Tonhöhe *f*, Tonlage *f*; *(cwmpas)* Stimmumfang *m*; **~ cyngerdd** Konzerttonlage *f*.

traw² *adf gw.* draw; **yma a thraw** da und dort, hüben und drüben, überall.

trawaf *be gw.* taro.

trawfforch (trawffyrch) *b (CERDD)* Stimmgabel *f*.

trawiad (-au) *g* Schlag *m*; *(gwrthdrawiad)* Aufprall *m*; *(CERDD, teipio)* Anschlag *m*; *(cloc)* Schlag; *(pensel, brws)* Strich *m*; *(MEDD)* Schlaganfall *m*, Gehirnschlag *m*; **~ ar ogwydd** Schrägstrich *m*; **~ ar y galon** Herzinfarkt *m*, Herzanfall *m*; **~ gwres** Hitzschlag *m*; **~ haul** Sonnenstich *m*; **~ gwrthlaw** *(CHWAR)* Rückhand *f*.

trawiadol *ans* auffallend, markant, eindrucksvoll.

trawma (trawmâu) *g* Trauma *nt*.

trawmateiddio *be.a* traumatisieren.

trawmatig *ans* traumatisch.

traws *ans* Kreuz-, Quer-; **draws gwlad** querfeldein; **ras draws gwlad** Geländelauf *m*; **sgïo ~ gwlad** langlaufen.

ar draws *ardd* über +*akk*, durch +*akk*; **rhwyfodd ar draws y llyn** er ruderte über den See; **heol ar draws y goedwig** eine Straße durch den Wald; **y tŷ ar draws y ffordd** das Haus auf der anderen Straßenseite.

trawsaceniad (-au) *g (CERDD)* Synkope *f*.

trawsacennu *be.g (CERDD)* synkopieren.

trawsblaniad (-au) *g* Verpflanzung *f; (MEDD)* Transplantation *f.*

trawsblannu *be.a (planhigyn)* umsetzen, verpflanzen; *(i bot arall)* umtopfen; *(MEDD)* verpflanzen, transplantieren.

trawsdoriad *g* = **trawstoriad.**

trawsddodi *be.a* umstellen, transponieren.

trawsfeddiannwr (**trawsfeddianwyr**) *g* Usurpator *m.*

trawsffurfiad (-au) *g* Verwandlung *f*, Umformung *f*, Transformation *f; (pryfed)* Metamorphose *f.*

trawsffurfio *be.a* umformen, transformieren.

trawsgludiad *g* Beförderung *f*, Transport *m; (HAN: carcharorion)* Aussiedlung *f.*

trawsgludo *be.a* befördern, transportieren; *(pobl)* umsiedeln; *(HAN: fel cosb)* aussiedeln.

trawsgrifiad (-au) *g* Transkription *f*, Transliteration *f.*

trawsgrifio *be.a* transkribieren, transliterieren.

trawsgyweirio *be.g (CERDD)* modulieren.

trawsiwerydd *ans* transatlantisch.

trawsnewid *be.a* umformen, verwandeln, transformieren; *(TRYD)* umwandeln.

♦ *be.g:* ~ (**yn**) sich verwandeln (in *+akk*).

trawsnewidiad (-au) *g* Verwandlung *f; (TRYD)* Umwandlung *f.*

trawsnewidiol *ans* Übergangs-, vorübergehend.

trawsnewidydd (-ion) *g* Umformer *m*, Umwandler *m; (TRYD)* Transformator *m;* ~ **catalytig** Katalysator *m.*

trawsrywiol *ans* transsexuell.

trawst (-iau) *g* Balken *m*, Träger *m*, Traverse *f; (RHEILFF)* Schwelle *f;* ~ **cynnal** Verstrebung *f;* ~ **diogelwch** *(ar ochr ffordd)* Leitplanke *f.*

trawstoriad (-au) *g* Querschnitt *m; (MATH)* Aufriss *m.*

trawsyriant (**trawsyriannau**) *g* Übertragung *f; (TECH)* Übersetzung *f;* ~ **data** *(CYFDR)* Datenübertragung *f;* ~ **tair gêr** Dreigangschaltung *f.*

trawsyrru *be.a* übertragen; *(gwres)* leiten.

tre *b* = **tref; tua thre** *neu:* sha thre nach Hause; *(mewn enwau lle)* *e.e.* **T~ Taliesin, Trecelyn.**

trebl (-au) *g (CERDD)* Oberstimme *f;* **cleff y** ~ Violinschlüssel *m.*

treblu *be.a* verdreifachen.

trech *ans* stärker, überlegen; **bod yn drech na rhn** bezwingen, übermannen; *(ffig)* die Oberhand haben, am längeren Ast sitzen; **mae'r gwaith wedi mynd yn drech na fi** die Arbeit wurde mir zu viel; **roedd cwsg yn drech nag ef** der Schlaf übermannte ihn.

trechol *ans* dominant, beherrschend.

trechu *be.a* überwältigen; *(gorchfygu)* besiegen, übermannen, überwinden; *(ffig)* kleinkriegen.

trechwr (**trechwyr**) *g* Sieger *m.*

tref (-i *neu* -ydd) *b* Stadt *f*, Kleinstadt *f; (canol)* Stadt, Stadtmitte *f;* ~ **borthladd** Hafenstadt *f;* ~ **ddibynnol** Trabantenstadt *f;* ~ **farchnad** Marktort *m;* ~ **ffynhonnau** Kurort *m;* ~ **Hansa** Hansestadt *f;* ~ **lan môr** Seebad *nt*, Badeort *m;* ~ **sirol** Kreisstadt⁰ *f;* **canol y dref** Stadtmitte *f;* **neuadd y dref** Rathaus *nt;* **tua thre** *neu:* sha thre nach Hause.

trefedigaeth (-au) *b (HAN, GWLEID)* Kolonie *f.*

trefedigaethol *ans* kolonial.

trefedigaethu *be.a* kolonisieren.

treflan (-nau) *b* Kleinstadt *f*, Städtchen *nt.*

trefn *b* Ordnung *f; (trefnusrwydd)* Ordentlichkeit *f; (rhestr)* Reihenfolge *f*, Anordnung *f; (cyfundrefn)* System *nt; (disgyblaeth)* Disziplin *f;* ~ **arferol/sefydledig** Routine *f*, Trott *m;* ~ **ddegol** Dezimalsystem *nt;* ~ **y dydd** Tagesablauf *m;* ~ **esgynnol** aufsteigende Reihenfolge; ~ **ffiwdal** Feudalsystem *nt;* ~ **y gad** Schlachtordnung *f;* ~ **maint** Größenordnung *f;* ~ **restrol** Rangordnung *f;* **dweud y drefn wrth rn** jdn zur Ordnung rufen, jdm die Leviten lesen; **cael i drefn** in Ordnung bringen; **diolch i'r drefn** Gott sei Dank, glücklicherweise; **mewn** ~ geordnet, sortiert; *(taclus)* ordentlich; **allan o drefn** durcheinander, unordentlich; **yn nhrefn yr wyddor** alphabetisch, in alphabetischer Reihenfolge.

trefniad (-au) *g* Organisation *f*, Arrangement *nt; (ar lafar)* Verabredung *f*, Absprache *f;* ~ **blodau** (Blumen)gesteck *nt;* ~**au** *ll* Vorbereitungen *pl*, Vorkehrungen *pl.*

trefniant (**trefniannau**) *g* Anordnung *f*, Formation *f*, Gestaltung *f; (CERDD)* Bearbeitung *f*, Arrangement *nt;* ~ **cerddorfaol** Orchesterversion *f;* ~ **cylch** Kreisformation *f.*

trefnol *ans (GRAM)* **rhif** ~ Ordnungszahl *f*, Ordinalzahl *f.*

trefnolyn (**trefnolion**) *g (GRAM)* Ordnungszahl *f*, Ordinalzahl *f;* **trefnolion** *ll* Ordinalia *pl.*

trefnu *be.a* ordnen; *(digwyddiad)* organisieren, arrangieren, sorgen für *+akk; (gosod mewn trefn)* sortieren, ordnen, sichten; *(gosod allan)* anordnen, ausrichten; *(ar lafar)* verabreden, absprechen; *(trwy orchymyn)* anordnen, verfügen; *(CERDD)* bearbeiten; ~ **cyfarfod** *(MASN)* eine Sitzung anberaumen; **trefnwch bod taflen i bawb** sorgen Sie dafür, dass genügend Merkblätter für jeden vorhanden sind.

trefnus *ans* ordentlich, geordnet; *(person)* ordentlich, ordnungsliebend.

trefnydd (-ion) *g* Organisator(in) *m(f)*,

Veranstalter(in) *m(f)*; ~ **angladdau** *(cwmni)*
Beerdigungsunternehmen *nt*; ~ **personol**
Terminplaner *m*; ~ **teithiau** Reiseveranstalter *m*.

trefol *ans* städtisch, urban.

treftadaeth *b* (kulturelles) Erbe *nt*, Bildungsgut *nt*,
Lebensweise *f*; ~ **gerddorol** musikalisches Erbe.

trefwr (trefwyr) *g* Städter *m*.

trefwraig (trefwragedd) *b* Städterin *f*.

trengi *be.g* sterben, hinscheiden.

treial (-on) *g (prawf)* Erprobung *f*, Test *m*; *(CYFR)*
Prozess *m*, (Gerichts)verhandlung *f*; *(CHWAR)*
Wettkampf *m*; *(trallod)* Prüfung *f*.

treiddgar *ans (sylw, golwg)* scharf; *(poen)* stechend;
(sŵn) durchdringend, schrill, gellend.

treiddiad (-au) *g* Durchschlagskraft *f*.

treiddiadwy *ans* durchlässig.

treiddio *be.a* durchdringen; ~ **i rth** in etw *akk*
eindringen.

treiddiol *ans* = treiddgar.

treiffl (-s *neu* **-au)** *g (COG)* Trifle *m*.

treigl *g* Lauf *m*, Verlauf *m*; *(cylchdro)* Umdrehung *f*;
gyda threigl amser im Verlauf der Zeit; **trac ~**
(TECH) Raupenkette *f*.

treiglad (-au) *g (GRAM)* Mutation *f*; ~ **llaes**
Aspirierung *f*; ~ **meddal** Lenition *f*; ~ **trwynol**
Nasalierung *f*.

treigliad (-au) *g* Rollen *nt*; *(tonnau)* Branden *nt*; ~ **y**
tonnau Brandung *f*; ~ **y blynyddoedd** das
Vergehen der Jahre.

treiglo *be.g (rholio)* kullern, kollern; *(amser)*
verstreichen; *(GRAM)* lenieren, mutieren.
♦ *be.a (GRAM)* lenieren, mutieren.

treillio *be.a* mit dem Schleppnetz fangen.
♦ *be.g* mit dem Schleppnetz fischen.

treill-long (-au) *b* Fischerboot *nt*.

treillrwyd (-au *neu* **-i)** *b* Schleppnetz *nt*.

treinio *be.a* ausbilden; *(anifail)* abrichten, dressieren;
(CHWAR) trainieren; *(planhigyn)* trimmen, ziehen.
♦ *be.g (CHWAR)* trainieren.

treio *be.g* abebben.

treisgar *ans* gewalttätig, gewaltsam, tätlich.

treisiad (treisiedi) *b (AMAETH)* Färse *f*.

treisicl, treisigl (-au) *g* Dreirad *nt*.

treisio *be.a* vergewaltigen, schänden, sich
vergehen an *+dat*; *(gorthrymu)* bedrängen,
unterdrücken.

treisiol *ans* brutal, gewalttätig.

treisiwr (treiswyr) *g* Gewalttäter *m*.

trelar (-s) *g (MODUR)* Anhänger *m*.

trem (-au *neu* **-iau)** *b* Blick *m*; *(FFILM)* Schwenk *m*; ~ **o'r**
awyr Vogelperspektive *f*; ~ **yn ôl** Rückblick *m*,
Rückschau *f*; **bwrw ~ dros** einen Blick werfen auf

+*akk*.

tremio *be.g* blicken; *(syllu)* starren, glotzen; *(FFILM)*
schwenken.
♦ *be.a (camera)* schwenken.

trempyn (tramps *neu* **trampiaid)** *g* Landstreicher *m*;
(mewn tref) Penner[D] *m*, Sandler[A] *m*.

trên (trenau) *g* Zug *m*; *(injan)* Lokomotive *f*; ~ **araf**
Bummelzug *m*; ~ **arbennig** Sonderzug *m*; ~ **cyflym**
Express *m*, Schnellzug *m*, D-Zug *m*; ~ **brys**
Eilzug *m*; ~ **lleol** Lokalbahn *f*.

trennydd *adf* übermorgen, in zwei Tagen.

tres (-i) *b (gwallt)* Strähne *f*; *(ceffyl)* Zügel *pl*; ~**i aur**
(BOT) Goldregen *m*; **cicio dros y ~i** über die
Stränge schlagen.

tresbasu *be.g* = tresmasu.

tresbaswr *g* = tresmaswr.

tresglen (tresglod) *b (SÖOL)* Misteldrossel *f*.

tresi *ll gw.* tres; *(BOT)* ~ **aur** Goldregen *m*.

tresio *be.g*: **mae'n ~ bwrw** es schüttet, es regnet
Bindfäden[D].

tresmasiad (-au) *g (CYFR)* Hausfriedensbruch *m*.

tresmasu *be.g* unbefugt betreten; *(ffig)* seine
Befugnis überschreiten; **'dim ~'** 'kein Zutritt',
'Betreten verboten'.

tresmaswr (tresmaswyr) *g* Eindringling *m*.

trestl (-au) *g* Bock *m*.

treth (-i) *b (CYLL)* Steuer *f*, Abgabe *f*; *(ffig: baich)*
Strapaze *f*; ~ **ar betrol** Mineralölsteuer *f*; ~ **ar**
eiddo/gyfoeth Vermögenssteuer *f*; ~ **ar werth**
Mehrwertsteuer *f*; ~ **ar werthiant** Umsatzsteuer *f*;
~ **enillion cyfalaf** Kapitalertragssteuer *f*; ~ **foduro**
Kraftfahrzeugsteuer *f*; ~ **gymunedol**
Gemeindesteuer *f*; ~ **incwm** Einkommenssteuer *f*,
Lohnsteuer *f*; ~ **y pen** Kopfsteuer *f*; ~ **stamp**
Stempelmarke *f*; **mae hi'n dreth ar f'amynedd** *(ffig)*
sie ist der Nagel zu meinem Sarg, sie ist eine
Nervensäge.

trethadwy *ans* steuerpflichtig.

trethdalwr (trethdalwyr) *g* Steuerzahler(in) *m(f)*.

trethu *be.a* besteuern; *(ffig: blino)* abverlangen,
strapazieren.

treuliad *g* Abnutzung *f*; *(MEDD)* Verdauung *f*.

treuliadwy *ans* verdaulich.

treuliant *g (nwyddau)* Konsum *m*, Verbrauch *m*;
(bwyd) Verzehr *m*; *(DAEAR)* Verkarstung *f*.

treuliau *ll gw.* traul; *(CYLL)* Spesen *pl*.

treuliedig *ans* abgenutzt, abgetragen, lumpig;
(esgus) abgeschmackt, fadenscheinig; *(peiriant)*
ausgeleiert.

treulio *be.a (amser)* verbringen; *(deunydd)* abnutzen,
verschleißen; *(dillad)* abtragen, auftragen; *(bwyta)*
konsumieren, verzehren; *(peiriant)* ausleiern;

(MASN) verbrauchen; *(BIOL)* verdauen; **hawdd ei dreulio** leicht verdaulich; **~ wythnos yn Llydaw** eine Woche in der Bretagne verbringen.

♦ *be.g (deunydd)* sich abnutzen, verschleißen; *(DAEAR)* verkarsten.

tri[1] *(b* **tair***) rhif* drei; **~ ar ddeg** dreizehn; **~ chant** dreihundert; **~ chwarter** drei viertel; **~ chwarter awr** Dreiviertelstunde *f*; **~ chynnig i Gymro** *(ffig)* aller guten Dinge sind drei; **~ math ar nofel** dreierlei Romane.

tri[2] *(-oedd) g (rhif)* Drei[D] *f*, Dreier[A] *m*; *(LLEN)* Triade *f*.

triad *(-au) g (CEM)* dreiwertiges Element *nt*; *(CERDD)* Dreiklang *m*.

triagl *g (melyn)* Zuckersirup *m*; *(du)* Melasse *f*.

triaglog *b (BOT)* Baldrian *m*.

triathlon *g (CHWAR)* Triathlon *m/nt*.

triawd *(-au) g (CERDD)* Trio *nt*; *(unsain)* Terzett *nt*; *(trioleg)* Trilogie *f*; *(grŵp o ffrindiau)* Kleeblatt *nt*.

triban *(-nau) g (GWLEID)* Symbol der Walisischen Nationalpartei.

tribiwnlys *(-oedd) g* Tribunal *nt*, Schiedsgericht *nt*; **~ diwydiannol** Arbeitsgericht *nt*.

tric *(-iau) g* Trick *m*, Finte *f*; *(cast)* Streich *m*; *(cardiau)* Stich *m*; *(twyll)* List *f*, Winkelzug *m*; **~ budr** schmutziger Trick; **~ consurio** Zauberkunststück *nt*; **chwarae ~ ar rn** jdn reinlegen, jdm einen Streich spielen.

trichant *rhif* dreihundert.

tridiau *ll* drei Tage; **ymhen ~** in drei Tagen.

trigain *rhif* sechzig.

trigfa *(trigfeydd) b* = **trigfan**.

trigfan *(-nau) b* Wohnort *m*, Wohnsitz *m*; *(cartref)* Heim *nt*; *(llen)* Heimstatt *f*.

trigiannol *ans* sesshaft, wohnhaft.

trigiannu *be.g* = **trigo**[1].

trigo[1] *be.g (preswylio)* residieren, wohnen; **~ mewn** okkupieren, bewohnen.

trigo[2] *be.g (trengi)* verenden, eingehen.

trigolion *ll* Bewohner *pl*, Einwohner *pl*; **~ Graz** Grazer *pl*; **~ Madrid** Madrilenen *pl*; **~ Rhufain** Römer *pl*.

trigonometreg *b (MATH)* Trigonometrie *f*.

trigonometrig *ans* trigonometrisch.

tril *(-iau) g (CERDD)* Triller *m*.

triliwn *(triliynau) g* Billion *f*.

trilliw *ans* dreifarbig; **cath drilliw** getigerte Katze *f*, Schildpattkatze *f*.

trim *(-s neu -iau) g* Zierleiste *f*.

trimio *be.a* trimmen, stutzen; *(addurno)* aufputzen.

trimis *g* Vierteljahr *nt*, Quartal *nt*.

trimisol *ans* vierteljährlich.

trin[1] *be.a* **1** *(rhn)* behandeln, umgehen mit *+dat*;

(MEDD) behandeln, versorgen; *(ystyried)* betrachten; **~ â phelydrau** *(MEDD)* bestrahlen; **~ fel plentyn** bevormunden, gängeln[D]; **~ rhn yn ofalus iawn** jdn mit Glacéhandschuhen anfassen; **~ rhth yn ysgafn** etw auf die leichte Schulter nehmen; **2** *(sylwedd)* bearbeiten; *(crwyn)* gerben; *(deunydd, data)* verarbeiten; *(pren, lledr)* behandeln, einlassen; *(COG: cig)* beizen; *(gwallt)* frisieren; *(tir)* bebauen, bepflanzen; *(thema)* behandeln; **~ a thrafod** besprechen; **siop ~ gwallt** Friseur *m*, Frisör *m*; **3** *(erfyn, arf)* handhaben, hantieren mit *+dat*; *(peiriant)* betätigen; *(delio â)* umgehen mit *+dat*; **~ cyllell a fforc** Messer und Gabel benutzen; **~ rhth yn wael** mit etw *dat* Schindluder treiben.

trin[2] *(-oedd) b (brwydr)* Schlacht *f*; **trannoeth y drin** Vorabend der Schlacht.

trindod *b (CREF)* Dreifaltigkeit *f*, Dreieinigkeit *f*.

tringar *ans (ymarferol)* praktisch, handlich; *(anifail)* zahm, sanftmütig; *(deheuig)* geschickt, flink; *(caredig)* umgänglich.

tringarwch *g* Feingefühl *nt*, Taktgefühl *nt*.

triniaeth *(-au) b* Behandlung *f*; *(mewn crefft)* Bearbeitung *f*; *(MEDD)* Behandlung, Therapie *f*, Kur *f*; **~ allanol** ambulante Behandlung; **~ derfynol** letzter Schliff *m*; **~ dwylo** Maniküre *f*, Handpflege *f*; **~ y traed** Pediküre *f*, Fußpflege *f*; **lawfeddygol** *(MEDD)* chirurgischer Eingriff *m*.

triniaethol *ans (MEDD)* therapeutisch.

triniwr *(trinwyr) g:* **~ gwallt** Friseur *m*.

trio *be.a (ceisio)* versuchen, probieren; **~ ymlaen** *(dillad)* anprobieren.

trioedd *ll gw.* **tri**[2]; **ill ~** alle drei; *(LLEN)* **T~ Ynys Prydain** Britannische Triaden *pl*.

triog *g* = **triagl**.

trioglyd *ans* zähflüssig.

trioleg *(-au) b (LLEN, FFILM)* Trilogie *f*.

triongl *(-au) g (MATH)* Dreieck *nt*; *(CERDD)* Triangel *m/f*; **~ hafalochrog** gleichschenkeliges Dreieck; **~ rhybudd** Warndreieck *nt*.

trionglog *ans* dreieckig.

trip *(-iau) g* Ausflug *m*; *(yn y car)* Spritztour *f*; *(YSG, PRIFYSG)* Exkursion *f*; **~ tramor** Auslandsreise *f*.

tripled *(-i) g* Drilling *m*; *(CERDD)* Triole *f*.

triphlyg *ans* dreifach; **naid driphlyg** *(CHWAR)* Dreisprung *m*.

trist *ans* traurig, unglücklich, betrübt; *(sefyllfa)* trist, aussichtslos.

tristáu *be.a* traurig stimmen, betrüben, beklemmen.

♦ *be.g* traurig/unglücklich sein, Trübsal blasen.

tristwch *g* Traurigkeit *f*, Leid *nt*.

triw *ans* treu.

triwant *(-iaid) g* Schulschwänzer *m*; **chwarae ~**

(Schule) schwänzen.

triwantiaeth *b* Schwänzen *nt*, unentschuldigtes Fehlen in der Schule.

tro (-eon) *g* **1** *(symudiad)* Drehung *f*, Umdrehung *f*; *(CHWAR)* Runde *f*; *(cerddediad)* Spaziergang *m*; *(yn y car)* Spazierfahrt *f*, Ausfahrt *f*; *(taith hir)* Rundfahrt *f*, Tour *f*; *(ffig: newid)* Wende *f*; **~ cyflawn** volle Umdrehung; **~ prawf** Probefahrt *f*; **mynd am dro** spazieren gehen, eine Runde drehen; *(â'r ci)* den Hund ausführen, äußernᴬ gehen; **2** *(trofa)* Kurve *f*, Bogen *m*; *(cornel)* Biegung *f*; **~ chwith** Linkskurve *f*; **~ de** Rechtskurve *f*; **~ pedol** *(heol)* Haarnadelkurve *f*; *(bachdro)* (Spitz)kehre *f*, Serpentine *f*; *(afon)* Schlinge *f*; **3** *(amser)* Mal *nt*; **am y ~** vorläufig; **ambell dro** hin und wieder, ab und zu; **ar dro** manches Mal, das eine oder andere Mal; **ar fyr o dro** gleich, in Kürze; **bob ~** jedes Mal; **dau ar y ~** zwei auf einmal; **un ar y ~** eine(r,s) nach dem andern; **dro ar ôl ~** immer wieder, mehrfach; **dros dro** vorübergehend, temporär, provisorisch; **drwodd a thro** alles in allem; **ers ~ byd** immer schon, seit eh und je; **gwneud y ~** (vorläufig) genügen; **hen dro!** schade! **o dro i dro** von Zeit zu Zeit; **un ~** einmal; *(chwedl)* es war einmal; **y ~ hwn** diesmal; **gwneud ~ gwael â rhn** jdm einen schlechten Dienst erweisen, jdm übel mitspielen; **colli ~** *(gêm)* aussetzen; **ei thro hi yw hi** sie ist an der Reihe; *(gêm)* sie kommt/ist dran.

troad (-au) *g* Kurve *f*; *(bachdro)* (Spitz)kehre *f*; *(ffig: dechrau newydd)* Wendepunkt *m*; **~ y ganrif** Jahrhundertwende *f*; **~ y rhod** Sonnenwende *f*; **~ flwyddyn** Jahreswechsel *m*; **~ milflwyddiant** Jahrtausendwende *f*; **gyda throad y post** postwendend.

trobwll (trobyllau) *g* Strudel *m*, Sog *m*; *(bath)* Whirlpool® *m*.

trobwynt (-iau) *g* Wendepunkt *m*.

trochfa (trochfeydd) *b* Eintauchen *nt*, Sprung *m* ins Wasser; **cael ~** patschnass werden.

trochi *be.a* tauchen, eintauchen; *(gadael i socian)* einweichen; *(bwyd mewn saws)* (ein)tunken; *(baeddu)* beschmutzen; **addysg drochi** *(mewn iaith)* Immersion *f*.

trochiad (-au) *g* Eintauchen *nt*; *(mewn iaith)* Immersion *f*; **~ rhannol/llawn** partielle/volle Immersion.

trochion *ll* Seifenschaum *m*, Seifenlauge *f*.

trochiwr (trochwyr) *g* *(CHWAR)* Turmspringer *m*; *(SÖOL)* Taucherente *f*.

trochwraig (trochwragedd) *b* Turmspringerin *f*.

troed (traed) *gb* Fuß *m*; *(gwaelod)* Fuß, unteres Ende

nt; *(sylfaen)* Basis *f*, Sockel *m*; *(bwyell ayb)* Stiel *m*; **~ flaen** Vorderfuß *m*; **~ glwb** Klumpfuß *m*; **~ segur** Standbein *nt*; **~ weog** Schwimmfuß *m*; **ar droed** *(ar waith)* im Gange; **mae rhywbeth ar droed** *(ffig)* da ist irgendwas im Gange; **ar droed y tudalen** unten auf der Seite; **rhoi eich ~ i lawr** *(ffig)* ein Machtwort sprechen, Einhalt gebieten; *(gyrru)* auf die Tube drücken; **rhoi eich ~ ynddi** *(ffig)* ins Fettnäpfchen treten; **wrth droed y mynydd** am Fuß des Berges; **~ y gwely** Fußende des Bettes; **~ y llew** *(BOT)* Edelweiß *nt*; gw.h. **traed**.

troedfainc (troedfeinciau) *b* Schemel *m*, Fußbank *f*.

troedfedd (-i) *b* Fuß *m/nt* (30.5 cm); **pum ~ o hyd** fünf Fuß lang.

troedfilwr (troedfilwyr) *g* *(MIL)* Fußsoldat *m*, Infanterist *m*, Grenadier *m*.

troëdig *ans* bekehrt; *(CREF)* konvertiert.

tröedigaeth (-au) *b* Bekehrung *f*, Übertritt *m*.

troedio *be.g* marschieren; *(trwy eira)* stapfen; *(trwy ddŵr)* waten, stelzen; *(yn swnllyd)* trampeln; *(dawnsio)* steppen.

　♦ *be.a:* **ei throedio hi** zu Fuß gehen; **~'r dŵr** Wasser treten.

troedlath (-au) *b* Pedal *nt*; *(peiriant gwnïo)* Tretkurbel *f*.

troednodyn (troednodiadau) *g* Fußnote *f*.

troednoeth *ans* barfuß, bloßfüßig.

troell (-au) *b* *(nyddu)* Spinnrad *nt*; *(cylchdro)* Drehung *f*, Rotation *f*; **~ crochenydd** Töpferscheibe *f*.

troelli *be.a* *(nyddu)* spinnen.

　♦ *be.g* *(troi)* rotieren, sich drehen; *(yn gyflym)* wirbeln; *(symud mewn cylch)* kreisen; *(gwallt)* sich ringeln; **~'r bêl** den Ball (an)schneiden; **~ o dan y bêl** den Ball unten anschneiden; **~'r bêl tros ben** den Ball oben anschneiden.

troelliad (-au) *g* Drehung *f*; *(pêl)* Drall *m*, Effet *m*; **rhoi ~ i'r bêl** dem Ball einen Effet geben.

troellog *ans* *(ffordd)* kurvig, gewunden; *(patrwm)* verschlungen, verwoben; *(mewn ffurf cylchoedd)* spiralig; *(ffig)* verworren, wirr, verwickelt; **grisiau ~** Wendeltreppe *f*.

troellwr (troellwyr) *g:* **~ dillad** Wäscheschleuder *f*.

troellwynt (-oedd) *g* Wirbelwind *m*, Windhose *f*.

troetrwm *ans* schwerfällig, umständlich.

troeth *g* Harn *m*, Urin *m*.

troethfa (troethfâu *neu* troethfeydd) *b* Pissoir *nt*.

troethi *be.g* urinieren, Wasser lassen.

trofa (trofâu *neu* trofeydd) *b* Kurve *f*, Biegung *f*.

trofan (-nau) *g* *(DAEAR)* Wendekreis *m*; **y T~nau** *ll* die Tropen *pl*; **T~ Cancr** Wendekreis des Krebses; **T~ Capricorn** Wendekreis des Steinbocks.

trofannol *ans* tropisch.

trofwrdd (**trofyrddau**) *g* Drehscheibe *f*; *(recordiau)* Plattenteller *m*.

troffi (**-s**) *g* Trophäe *f*.

trogen (**trogod**) *b* (SÔOL) Zecke *f*.

trogylch (**-au**) *g* Umlaufbahn *f*, Orbit *m*.

troi *be.a* drehen; *(i'r ochr arall)* wenden, umdrehen; *(cael y tu mewn allan)* umstülpen, umdrehen; *(wyneb i waered)* auf den Kopf stellen; (COG: cymysgu) (um)rühren; *(geiriau)* verdrehen; *(cert)* wenden; ~ **allan** *(pobl)* ausweisen, vertreiben; *(gwartheg)* auf die Weide treiben; ~ **dalen newydd** *(ffig)* einen neuen Anfang machen; ~ **drosodd** umstürzen, kippen; ~ **i ffwrdd** *(diffodd)* abdrehen, abschalten; ~ **i lawr** *(radio)* leiser drehen; *(gwrthod)* zurückweisen; ~ **lan** *(radio)* lauter drehen; ~ **eich migwrn** sich *dat* den Fuß verknacksen; ~**'r stori** das Thema wechseln; ~**'r tir** (AMAETH) ackern, pflügen; ~**'r tudalen** umblättern; **ei throi hi** sich auf den Weg machen; *(tua thre)* sich auf den Heimweg machen; ~ **ymlaen** *(golau, dŵr)* aufdrehen; ~ **rhth yn rhth** etw zu etw machen, etw in etw verwandeln; **mae hi wedi ~ hanner nos** es ist Mitternacht geworden.

♦ *be.g* sich drehen; *(edrych yn ôl)* sich umdrehen; *(newid cyfeiriad)* abbiegen; *(gwynt)* umschlagen; *(newid yn rhth)* werden, sich verwandeln; *(llaeth)* sauer werden; ~ **lan** auftauchen, kommen; ~ **i mewn** auftauchen, dazukommen; ~ **drosodd** (MOR) kentern; ~ **a throsi** sich herumwälzen; ~ **yn rhth** zu etw *dat* werden; ~ **yn ôl** umkehren; **mae'r drewdod yn ~ arna i** der Gestank dreht mir den Magen um.

trol (**-iau**) *b* Karren *m*; **rhoi'r drol o flaen y ceffyl** *(ffig)* den Wagen vor's Pferd spannen, das Pferd beim Schwanz aufzäumen; **troi'r drol** *(ffig)* alles über den Haufen werfen.

troli (**trolïau**) *gb* Handwagen *m*, Wägelchen *nt*; ~ **de** *neu:* ~ **fwyd** Servierwagen *m*; ~ **bagiau** Kofferkuli *m*; ~ **siopa** Einkaufswagen *m*.

trolibws (**trolïbysiau** *neu* **trolïbysys**) *g* Obus *m*.

trolio *be.g* kollern, trudeln.

trom *ans gw.* **trwm**.

trombôn (**trombonau**) *g* (CERDD) Posaune *f*.

trôns (**tronsiau**) *g* Unterhose *f*, Slip *m*.

trontol *b* Henkel *m*, Griff *m*; *(drws)* Türschnalle *f*.

tros *ardd (ar draws)* über +*akk*; *(uwchben)* über +*dat*; *(ar ran)* für +*akk*; *(mwy na)* über +*akk*; **pont ~ yr afon** eine Brücke über den Fluss; *gw.h.* **dros**.

trosben (**-nau**) *g* (CHWAR) Salto *m*, Überschlag *m*.

trosbennu *be.g* einen Salto machen.

trosdeipio *be.a* (CYFDR) überschreiben, ersetzen.

trosedd (**-au**) *gb* Verbrechen *nt*, Straftat *f*; *(treisiol)* Gewaltverbrechen; *(bychan)* Delikt *nt*, Vergehen *nt*; *(moesol)* Schandtat *f*, Verfehlung *f*; ~ **drafnidiol** Verkehrsvergehen *nt*; ~ **farwol** Kapitalverbrechen *nt*.

troseddol *ans* kriminell, verbrecherisch, sträflich.

troseddu *be.g* ein Verbrechen begehen; *(torri'r gyfraith)* das Gesetz brechen; (CREF) sündigen, fehlen; ~ **yn erbyn** verstoßen gegen +*akk*.

troseddwr (**troseddwyr**) *g* Verbrecher *m*, Kriminelle(r) *m*, Täter *m*; *(plentyn)* Übeltäter *m*; (CYFR) Rechtsbrecher *m*; *(mewn carchar)* Sträfling *m*, Strafgefangene(r) *m*; ~ **ifanc** jugendlicher Straftäter *m*; ~ **rhyfel** Kriegsverbrecher *m*; ~ **rhyw** Triebtäter *m*, Sexualverbrecher *m*; ~ **traffig** Verkehrssünder *m*.

troseddwraig (**troseddwragedd**) *b* Verbrecherin *f*, Täterin *f*, Kriminelle *f*; *(mewn carchar)* Sträfling *m*, Strafgefangene *f*; *gw.h.* **troseddwr**.

trosfeddiannu *be.a* (MASN) übernehmen, aufkaufen.

trosffordd (**trosffyrdd**) *b* *(pont)* Überführung *f*.

trosglwyddadwy *ans* übertragbar; *(salwch)* ansteckend.

trosglwyddiad (**-au**) *g* *(parsel)* Überbringung *f*, Übergabe *f*; (CYLL) Überweisung *f*; *(ail-leoli)* Überstellung *f*, Verlegung *f*; *(i swydd wahanol)* Versetzung *f*; *(etifeddu)* Vererbung *f*; (MEDD) Übertragung *f*, Ansteckung *f*.

trosglwyddo *be.a* überbringen; *(ail-leoli)* transferieren; *(cludo)* befördern, verfrachten; *(i swydd arall)* versetzen; *(FFIS, MEDD)* übertragen; *(trydan, gwres)* leiten; (CYLL) überweisen; (TEL) senden, übermitteln; *(etifeddu)* vererben; ~ **data** (CYFDR) Daten übertragen; ~ **egni** (FFIS) Kraft übertragen; ~ **eiddo** Eigentum überschreiben; ~**'r gost** Kosten umlegen.

trosglwyddwr (**trosglwyddwyr**) *g* Überbringer *m*.

trosglwyddydd (**-ion**) *g* (TEL, RADIO) Sender *m*.

trosglwyddyn (**trosglwyddion**) *g* Abziehbild *nt*; ~ **gwreslynol** aufbügelbares Bild *nt*.

trosgynnol *ans* transzendental.

trosi *be.a* drehen, wenden; *(cyfieithu)* übertragen, übersetzen; *(rygbi)* verwandeln; **troi a throsi** sich herumwälzen.

trosiad (**-au**) *g* *(cyfieithu)* Übertragung *f*, Übersetzung *f*; (LLEN) Metapher *f*; *(rygbi)* Verwandlung *f*.

trosiadol *ans* (LLEN) metaphorisch, übertragen.

trosiant (**trosiannau**) *g* (MASN) Umsatz *m*; ~ **gwerthu** Absatz *m*; ~ **blynyddol** Jahresumsatz *m*.

trosleisio *be.a* (FFILM) synchronisieren.

troslun (**trosluniau**) *g* Abziehbild *nt*.

trosodd *adf* darüber; *(ar draws)* hinüber; *(ar yr ochr arall)* drüben; *(amserol)* vorbei, vorüber; **plant chwech oed a throsodd** Kinder ab sechs Jahren;

mynd dros rth ~ **a throsodd** *(adolygu)* etw durchkauen; *(dweud eto ac eto)* etw wiederkäuen; ~ *(ar daflen)* bitte wenden; gw.h. **drosodd.**

trosol (-ion) *g* Hebel *m*; *(i dorri'n agored)* Brecheisen *nt*, Brechstange *f*.

trosoledd *g* Hebelwirkung *f*.

troswisg (-oedd) *b* Kittel *m*, Arbeitsgewand *nt*, Overall *m*; *(gwarchodol)* Schutzanzug *m*.

trosysgrifo *be.a* überschreiben.

trot (-iau *neu* -iadau) *g* Trab *m*, Trott *m*.

trotian *be.g* traben, trotten.

Trotsgïad (**Trotsgïaid**) *g* *(GWLEID)* Trotzkist(in) *m(f)*.

trothwy (-au *neu* -on) *g* Schwelle *f*; *(ffig)* Limit *nt*; ~ **perygl** Gefahrenschwelle *f*; **ar drothwy** *(ffig)* an der Schwelle zu +*dat*, am Rande +*gen*.

trowsus (-au) *g* Hose *f*, Hosen *pl*; ~ **byr** kurze Hose *f*, Shorts *pl*; ~ **lledr** Lederhose *f*; ~ **nofio** Badehose *f*.

truan[1] (**trueiniaid**) *g* armer Teufel *m*, Tropf *m*; ~ **bach** armes Würstchen *nt*, armes Schwein *nt*; ~ **bach diniwed** Unschuldslamm *nt*; ~ **ohoni!** die Arme! ~ **ag ef!** der Arme!

truan[2] *ans* arm, jämmerlich, elend.

trueiniaid *ll gw.* **truan**[1].

trueni *g (gresyn)* Jammer *m*; *(tosturi)* Mitleid *nt*; **mae'n drueni bod** ... es ist schade, dass...; **dyna drueni!** (wie) schade! was für ein Jammer!

truenus *ans* bedauernswert, erbärmlich; *(tlawd)* ärmlich, armselig; *(prin)* karg, kärglich; *(gwael)* kläglich, jämmerlich, miserabel; **chwarae'r piano'n druenus** jämmerlich Klavier spielen.

truenusrwydd *g* Jämmerlichkeit *f*.

trugaredd (-au) *gb* Milde *f*, Erbarmen *nt*, Gnade *f*; *(CREF)* Barmherzigkeit *f*; *(cydymdeimlad)* Mitleid *nt*; **trwy drugaredd** glücklicherweise; **bod ar drugaredd** rhn jdm ausgeliefert sein.

trugareddau *ll* Krimskrams *m*, Nippes *pl*, Kramuri[A] *m*.

trugarhau *be.g* sich erbarmen; ~ **wrth** sich erbarmen +*gen*; *(cydymdeimlo)* bemitleiden, Mitleid haben mit +*dat*.

trugarog *ans* mild, gnädig; *(CREF)* barmherzig; *(llawn cydymdeimlad)* mitleidig.

trulliad (**trulliaid**) *g* Butler *m*, Kammerdiener *m*.

trum (-iau) *g* Bergrücken *m*, Kamm *m*.

truth *g* Palaver *nt*, Stuss *m*.

trwbadŵr (**trwbadwriaid**) *g* *(HAN)* Minnesänger *m*, Troubadour *m*.

trwbl *g* *(trafferth)* Schwierigkeiten *pl*, Ärger *m*; **bod mewn** ~ in Schwierigkeiten sein; **chwilio am drwbl** sich *dat* Ärger einhandeln.

trwblus *ans* gestört; *(gofidus)* verstört.

trwco *be.a* tauschen.

trwch (**trychion**) *g* Dicke *f*, Breite *f*, Tiefe *f*; *(haen)* Lage *f*; **20 cm o drwch** 20 cm dick; ~ **o eira** Schneedecke *f*; ~ **wal** Wandstärke *f*; **i drwch y blewyn** *(ffig: i'r dim)* haarscharf, haargenau; **o drwch blewyn** *(o fewn ychydig)* um Nasenlänge; **o fewn** ~ **blewyn** *(bron â bod)* um Haaresbreite, beinahe; **trwy'r** ~ durcheinander.

trwchus *ans* dick; *(llydan)* breit, stark; *(niwl, gwallt)* dicht; *(hylif)* dickflüssig; *(aeliau)* buschig; *(dodrefn)* sperrig; **llyfr** ~ Wälzer *m*, Schinken *m*; **â phoblogaeth drwchus** dicht besiedelt.

trwm (*b* **trom**, *ll* **trymion**) *ans* schwer; *(traffig)* stark; *(cwsg)* tief; *(trist)* schwermütig; *(caled)* schwer, schwierig; *(bwyd)* schwer verdaulich; *(dwys)* schwer verständlich; **glaw** ~ dichter Regen, starke Regenfälle; **yfwr** ~ schwerer Alkoholiker; ~ **eich clyw** schwerhörig.

trwmp (**trympiau**) *g* *(cardiau)* Trumpf *m*, Atout *nt*.

trwmped (-i) *g* *(CERDD)* Trompete *f*.

trwmpedwr (**trwmpedwyr**) *g* Trompeter *m*.

trwmpo *be.g* *(cardiau)* stechen; *(ffig)* übertrumpfen.

trwnc (**trynciau**) *g* *(corff)* Rumpf *m*; *(eliffant)* Rüssel *m*; *(cist)* Truhe *f*, Koffer *m*.

trwodd *adf* durch, hindurch; *(i mewn)* herein; **darllen** rhth **drwodd** etw durchlesen; **rhoi** rhn **drwodd** *(ffôn)* jdn durchstellen.

trwser (-i) *g* = **trowsus**.

trwsgl (*b* **trosgl**) *ans* plump, schwerfällig, unbeholfen; *(nad yw'n gain)* grobschlächtig.

trwsiad (-au) *g* Reparatur *f*; ~ **gwallt** Haarschnitt *m*.

trwsiadus *ans* gepflegt, elegant, fesch.

trwsio *be.a* reparieren; *(bai)* ausbessern; *(clytio)* flicken; *(brodio)* stopfen; *(tacluso)* rausputzen.

trwsiwr (**trwswyr**) *g* Mechaniker *m*; *(clociau)* Uhrmacher *m*, Feinmechaniker *m*.

trwst (**trystau**) *g* Krach *m*, Getöse *nt*; *(taranau)* Donnern *nt*.

trwstan *ans* = **trwsgl**; **tro** ~ peinlicher Moment *m*, zweideutige Situation *f*.

trwy *ardd* durch +*akk*; *(gan)* über +*akk*; *(oherwydd)* wegen +*gen*; *(gyda)* anhand +*gen*, mittels +*gen*; *(gyda chyfnod)* hindurch +*akk*; ~'**r amser** in einem fort, ständig; ~'**r dydd** den ganzen Tag; ~'**r wythnos** die ganze Woche hindurch; ~ **gyfrwng y Gymraeg** auf Walisisch; ~ **deg neu dwyll** auf Biegen oder Brechen; ~ **gamsyniad** aus Versehen, irrtümlich, versehentlich; ~'**r post** per Post; **cefais y swydd** ~ **fy chwaer** ich bekam den Posten über meine Schwester; **drwyddi draw** durch und durch, ganz und gar, durchweg; ~ **ddefnyddio** mit Hilfe +*gen*, unter Zuhilfenahme

+*gen*; **mynd ~'r drws** aus der Tür gehen; **~ wneud rhth** indem man etw macht; **~ gydol** *gw.* **cydol.**

trwyadl *ans* gründlich, erschöpfend, eingehend.

trwydded (-au) *b* Erlaubnis *f*, Bewilligung *f*, Genehmigung *f*; *(MASN)* Lizenz *f*; **~ allforio** Ausfuhrgenehmigung *f*; **~ beilot** Pilotenschein *m*; **~ breswylio** Aufenthaltsgenehmigung *f*; **~ bysgota** Angelschein *m*; **~ deithio** Reisepass *m*; **~ far** Schankkonzession *f*; **~ fasnachu** Gewerbeschein *m*; **~ waith** Arbeitserlaubnis *f*; **~ yrru** Führerschein *m*.

trwyddedig *ans* qualifiziert, lizenziert; *(meddyg)* approbiert; *(car)* zugelassen.

trwyddedu *be.a* zulassen, konzessionieren, eine Genehmigung erteilen +*dat*.

trwyn (-au) *g* Nase *f*; *(anifail)* Schnauze *f*; *(llong)* Bug *m*; *(awyren, car)* Schnauze; *(piben)* Düse *f*; *(DAEAR)* Landspitze *f*; *(trwnc)* Rüssel *m*; **~ crwbi** Hakennase *f*; **~ smwt** Stupsnase *f*; **~ y llo** *(BOT)* Löwenmaul[D] *nt*, Froschgoscherl[A] *nt*; **cadw ~ rhn ar y maen** *(ffig)* jdm im Genick sitzen; jdn schinden; **dan eich ~** *(ffig)* vor jds Nase; **hen drwyn** Angeber(in) *m(f)*; **talu trwy eich ~** *(ffig)* teuer bezahlt, teuer zu stehen kommen; **troi ~ ar** die Nase rümpfen über +*akk*, herabblicken auf +*akk*.

trwynblymiad (-au) *g (aderyn, AWYR)* Sturzflug *m*; *(nofio)* Kopfsprung *m*, Köpfler *m*.

trwynol *ans* nasal; **treiglad ~** Nasalierung *f*.

trwyth *g* Gebräu *nt*, Aufguss *m*; *(MEDD)* Infusion *f*; **~ baban** Baby Lotion *f*; **~ echdynnyn** Extrakt *nt/m*; **~ eidion** Bouillon *f*, Kraftbrühe[D] *f*, Rindsuppe[A] *f*; **~ glanhau** Reinigungswasser *nt*.

trwythedig *ans* gesättigt.

trwythiad (-au) *g* Sättigung *f*; *(GWLEID)* Indoktrinierung *f*.

trwytho *be.a (mwydo)* einweichen, aufweichen; *(CEM)* sättigen; *(te)* ziehen lassen; *(ffig)* **~ eich hun yn** sich vertiefen in +*akk*.

trybedd (-au) *b* Dreifuß *m*; *(FFOTO)* Stativ *nt*.

trybeilig *ans (sgyrs)* **yn ddrwg drybeilig** ganz arg, fürchterlich, grauenhaft.

trybestod *g* Aufruhr *m*, Tumult *m*.

trybini *g* Unglück *nt*, Pech *nt*; *(trwbl)* Schlamassel *nt/m*.

tryblith *g (dryswch)* Verwirrung *f*; *(cawl)* Wirrwarr *m*, Durcheinander *nt*.

trỹc (**tryciau**) *g (RHEILFF)* Güterwagen *m*; *(lorri)* Schwertransporter *m*, Sattelschlepper *m*.

trychfil (-od) *g (SÖOL)* Insekt *nt*.

trychfilyn *g* = **trychfil**.

trychiad (-au) *g (toriad)* Querschnitt *m*, Aufriss *m*; *(MATH)* Schnittfläche *f*; *(MEDD)* Amputation *f*,

Resektion *f*.

trychineb (-au) *gb* Katastrophe *f*, Unglück *nt*; *(bach)* Malheur *nt*.

trychinebus *ans* katastrophal, tragisch, verheerend.

trychu *be.a (MEDD)* amputieren, abnehmen.

trydan *g (cerrynt)* (elektrischer) Strom *m*; *(egni)* Elektrizität *f*; **~ dŵr** Wasserkraft *f*; **~ statig** statische Elektrizität.

♦ *ans* elektrisch; **cadair drydan** elektrischer Stuhl *m*; **cerrynt ~** elektrischer Strom *m*; **ffwrn drydan** Elektroherd *m*; **golau ~** elektrisches Licht *nt*; **sioc drydan** Stromstoß *m*, (elektrischer) Schlag *m*.

trydaneiddio *be.a* elektrifizieren, auf Strom umstellen; *(ffig)* elektrisieren.

trydaniad *g* Elektrifizierung *f*.

trydanol *ans* elektrisch; *(ffig: cyffrous)* elektrisch, faszinierend; *(teimlad)* kribbelnd.

trydanu *be.a* mit Strom versorgen; *(gwefru)* aufladen; *(trydaneiddio)* elektrifizieren, auf Strom umstellen; *(ffig)* elektrisieren.

trydanwr (**trydanwyr**) *g* Elektriker *m*.

trydar *be.g* zwitschern, piepsen, trillern; *(trychfil)* zirpen.

trydarthiad *g* Transpiration *f*.

trydarthu *be.g* transpirieren.

trydedd *ans gw.* **trydydd[1]**; **y Drydedd Reich** *(HAN)* das Dritte Reich *nt*.

trydydd[1] (*b* **trydedd**) *ans* dritte(r,s); **~ ar ddeg** dreizehnte(r,s); **y T~ Byd** die Dritte Welt; **~ isradd** *(MATH)* Kubikwurzel *f*; **~ person** *(GRAM)* dritte Person.

trydydd[2] (-au) *g (MATH)* Drittel *nt*; *(CERDD)* Terz *f*.

tryfalu *be.a (uno)* verzahnen.

tryfer (-i) *gb* Dreizack *m*, Harpune *f*.

tryferu *be.a* harpunieren.

tryfesur *g* Durchmesser *m*; *(gwn)* Kaliber *nt*.

trylediad *g (FFIS)* Diffusion *f*, Streuung *f*.

tryleu *ans* durchscheinend.

tryloyw *ans* durchsichtig, transparent.

tryloywder *g* Durchsichtigkeit *f*, Transparenz *f*; *(taflunydd)* Overheadfolie *f*; *(sleid)* Dia *nt*.

tryloywedd *g* = **tryloywder**.

tryloywlun (-iau) *g (sleid)* Dia(positiv) *nt*; *(taflunydd)* Overheadfolie *f*.

trylwyr *ans* gründlich, intensiv, tief greifend; *(cydwybodol)* gewissenhaft, sorgfältig.

trylwyredd *g* Gründlichkeit *f*; *(cydwybodoldeb)* Gewissenhaftigkeit *f*.

trymaidd *ans* drückend, dumpf; *(awyr, ystafell)* stickig, muffig; *(tywydd)* schwül, drückend.

trymder *g* Schwere *f*; *(cysgadrwydd)* Schläfrigkeit *f*; *(tristwch)* Schwermut *f*, Melancholie *f*,

Niedergeschlagenheit *f.*

trymgwsg *g* Tiefschlaf *m.*

trymhau *be.a* beschweren.

♦ *be.g* schwerer werden.

trymllyd *ans* = **trymaidd**.

trymped (-i) *g* = **trwmped**.

trympedwr (**trympedwyr**) *g* = **trwmpedwr**.

trympio *be.a* = **trwmpo**.

trynewid *be.a (MATH)* permutieren, umstellen.

♦ *be.e* Permutation *f.*

trysor (-au) *g* Schatz *m*; *(person annwyl)* Schatz, Schätzchen *nt*; **helfa drysor** Schatzsuche *f.*

trysorfa (**trysorfeydd**) *b* Schatzkammer *f*; *(ffig)* Fundgrube *f.*

trysori *be.a (gwerthfawrogi)* schätzen.

trysorlys *g (GWLEID)* Finanzministerium *nt*, Schatzamt *nt*; **~ y dref** Stadtkasse *f*; **~ y wlad** Fiskus *m.*

trysorydd (-ion) *g (clwb, mudiad ayb)* Kassier(in) *m(f)*, Kassenverwalter(in) *m(f)*; *(brenhinol)* Schatzmeister *m.*

trystau *ll gw.* **trwst**; *(taranau)* Donner *m.*

trystio *be.g* poltern, rumpeln, tosen, krachen.

trystiog *ans* laut, polternd, lärmend.

trywaniad (-au) *g* Stich *m*, Stoß *m*; *(â chyllell)* Messerstich *m.*

trywanu *be.a* aufspießen, durchbohren; *(rhn â chyllell)* niederstechen; *(ffig: swn)* durchdringen.

trywel (-i) *g* (Maurer)kelle *f*; *(garddio)* Blumenkelle[D] *f*, Blumenschaufel[A] *f.*

trywser (-au) *g* = **trowsus**.

trywsus (-au) *g* = **trowsus**.

trywydd (-au) *g* Spur *f*; *(anifail gwyllt, ffig)* Fährte *f*; **ar y ~ iawn** *(ffig)* auf der richtigen Spur/Fährte; **ar y ~ anghywir** auf dem Holzweg *m*; **bod ar drywydd rhth etw** *dat* auf der Spur sein.

tsar (-iaid) *g (HAN)* Zar *m.*

tsiaff *g* Sägemehl *nt*, Häcksel *m/nt.*

Tsiec *ans* tschechisch; **y Weriniaeth ~** *(DAEAR)* Tschechien *f*, die Tschechische Republik *f*; *(HAN)* Tschechei *f.*

Tsiecaidd *ans* = **Tsiec**.

Tsieceg *b* Tschechisch *nt.*

Tsieciad (**Tsieciaid**) *g* Tscheche *m*, Tschechin *f.*

Tsiecoslofacia *b (HAN)* Tschechoslowakei *f.*

Tsieina *b (DAEAR)* China *nt*, *(ffig)* das Reich der Mitte.

tsieina *g* = **tsieni**.

Tsieinead (**Tsieineaid**) *g* Chinese *m*, Chinesin *f.*

Tsieineaidd *ans* chinesisch.

Tsieinëeg *b* Chinesisch *nt.*

tsieini *g* Porzellan *nt*; *(llestri)* Porzellangeschirr *nt.*

♦ *ans* Porzellan-.

Tsieinî (-s) *g* = **Tsieinead**.

Tsilead (**Tsileaid**) *g* Chilene *m*, Chilenin *f.*

Tsileaidd *ans* chilenisch.

tsili (-s) *g (COG)* Chili *m*; *(bwyd)* Chili con carne *nt.*

tsimpansî (**tsimpansïaid**) *g (SÖOL)* Schimpanse *m.*

tsips *ll gw.* **sglodyn**.

tsita (-od) *g (SÖOL)* Gepard *m.*

tu (-oedd) *g* Seite *f*; *(ystlys)* Flanke *f*; **~ allan** Außenseite *f*; **~ blaen** Vorderseite *f*; **~ chwith** Rückseite *f*, Kehrseite *f*; **gyda'r ~ chwith allan** umgestülpt, verkehrt; **~ blaen ynteu ~ chwith?** Kopf oder Zahl? **~ isaf** Unterseite *f*; **o du fy nhad** väterlicherseits; **ar bob ~ i'r ddalen** auf beiden Seiten des Blattes.

(**y**) **tu allan** *adf* draußen; **oherwydd y glaw allwn ni ddim chwarae ~ allan** wegen des Regens können wir nicht draußen spielen.

(**y**) **tu allan i** *ardd* außerhalb +*gen*; **y ~ allan i'r ysgol** außerhalb der Schule; **gweithgareddau ~ allan i'r ysgol** außerschulische Aktivitäten.

(**y**) **tu cefn** *adf* = (**y**) **tu ôl**.

(**y**) **tu draw** *adf* drüben.

(**y**) **tu draw i** *ardd* jenseits +*gen*; **~ draw i'r llen** *(CREF)* im Jenseits.

(**y**) **tu hwnt** *adf* darüber hinaus, weiter; *(ar yr ochr arall)* drüben; *(ffig: gormod)* zu viel; **yn India a'r ~ hwnt** in Indien und darüber hinaus.

(**y**) **tu hwnt i** *ardd* jenseits +*gen*; **~ hwnt i'r Alpau** jenseits der Alpen; **~ hwnt i bob amheuaeth** über jeden Zweifel; **~ hwnt i'ch cyrraedd** außer Reichweite; **y ~ hwnt i fesur** *(ffig)* über alle Maßen; **mae hynny y ~ hwnt i mi** das geht über meinen Verstand.

(**y**) **tu mewn** *adf* innen, drinnen; **mae'n dywyll ~ mewn** drinnen ist es dunkel; **o'r ~ mewn** von innen.

(**y**) **tu mewn i** *ardd* in +*dat*, innerhalb +*gen*; **beth sy ~ mewn i'r blwch?** was ist in dem Kasten drin? **~ mewn i'r grŵp** innerhalb der Gruppe.

(**y**) **tu ôl i** *ardd* hinter +*dat*; **ymguddiodd y ~ ôl i'r goeden** er versteckte sich hinter dem Baum; **mae pawb y ~ ôl i ti** *(ffig)* es stehen alle hinter dir.

(**y**) **tu yma** *adf* auf dieser Seite, hier.

tua, tuag *ardd* **1** *(i gyfeiriad)* nach +*dat*, gegen +*akk*; **~'r dwyrain** Richtung Osten, ostwärts; **tuag i fyny** nach oben, aufwärts; **tuag i lawr** hinunter, abwärts; **~ thre** heimwärts; **tuag yn ôl** rückwärts, verkehrt; **2** *(o gwmpas)* um +*akk*; *(bron â bod)* an +*akk*; **~ dau gant o bobl** an die zweihundert Leute; **~ phump o'r gloch** gegen fünf Uhr.

♦ *adf* ungefähr, etwa; **~ phythefnos yn ôl** vor etwa

zwei Wochen.

tuag at *ardd* auf *+akk*... zu, gegen *+akk*; *(ynglŷn â)* gegenüber *+dat*; *(er budd)* zugunsten *+gen*; **daeth tuag ataf** er kam auf mich zu; **eisteddodd â'i chefn tuag ataf** sie saß mit dem Rücken zu mir.

tuchan *be.g* murren, grollen, sich beklagen.

tudalen (-nau) *gb* Seite *f*; **~ blaen** Umschlagseite *f*; *(papur newydd)* Titelseite *f*; **y T~nau Melyn** die Gelben Seiten, das Branchenverzeichnis *nt*; **~ hafan** *(CYFDR)* Homepage *f*.

tudaleniad *g* Paginierung *f*.

tudalennu *be.a* paginieren.

tuedd (-iadau) *b* Tendenz *f*, Trend *m*; *(medr, hoffter, rhagfarn)* Hang *m*, Neigung *f*.

tueddfryd *g* Vorliebe *f*, Neigung *f*; *(dawn)* Eignung *f*, Begabung *f*.

tueddiad (-au) *g* = **tuedd**.

tueddol *ans* geneigt; **~ o dorri lawr** *(peiriant)* anfällig; **bod yn dueddol o** tendieren zu, neigen zu.

tueddu *be.g*: **~ i** neigen zu *+dat*, tendieren zu *+dat*.

tulath (-au) *b* Verstrebung *f*, Querbalken *m*.

tun[1] *g* *(CEM)* Zinn *nt*; *(llenfetel)* Blech *nt*.
 ♦ *adf* aus Zinn, Zinn-, aus Blech, Blech-.

tun[2] (-iau) *g* *(blwch)* Büchse[D] *f*, Dose *f*; *(can)* Dose, Getränkedose *f*; *(petrol)* Kanister *m*; **~ lludw** Mülleimer *m*; **~ pobi** Backform *f*, Kuchenform *f*; **agorwr ~** Büchsenöffner[D] *m*, Dosenöffner *m*.

tunelledd *g* Tonnage *f*.

tunnell (tunelli) *b* Tonne *f* (1016 kg); **~ fetrig** Tonne (1000 kg).

tunplat *g* Weißblech *nt*.

turio *be.a, be.g* baggern; *(tyllu)* bohren; **~ am olew** nach Öl bohren.

turiwr (turwyr) *g* (Schaufel)bagger *m*.

turn (-au) *g* *(ar gyfer metel)* Drehbank *f*; *(ar gyfer coed)* Drechselbank *f*.

turnio *be.a* *(coed)* drechseln; *(metel)* drehen.

turniwr (turnwyr) *g* *(coed)* Drechsler *m*; *(metel)* Dreher *m*.

turtur (-od) *b* *(SÖOL)* Turteltaube *f*.

tusw (tuswau) *g* *(blodau)* Sträußchen *nt*, Bund *m*; *(glaswellt)* Büschel *nt*.

tuth (-iau) *g* Trab *m*, Trott *m*.

tuthian *be.g* traben, (dahin)trotten.

tuthio *be.g* = **tuthian**.

tuthiwr (tuthwyr) *g* *(CHWAR)* Schrittmacher *m*.

twb (tybau *neu* tybiau) *g* Bottich *m*, Wanne *f*, Zuber *m*.

twba *g* = **twb**.

twbercwlosis *g* *(MEDD)* Schwindsucht *f*, Tuberkulose *f*.

twbyn *g* = **twb**.

twf *g* Wachstum *nt*; *(siâp)* Wuchs *m*; *(cynnydd)* Wachstum, Zuwachs *m*; *(datblygiad)* Entwicklung *f*, *(MASN)* Wirtschaftswachstum *nt*; *(CYLL)* **~ cyfalaf** Kapitalzuwachs *m*; **yn ei lawn dwf** voll ausgewachsen.

twffyn (twffiau) *g* Büschel *nt*; *(gwallt)* Haarbüschel *nt*, Schopf *m*, Schüppel[A] *m*.

twgu *be.a* *(dwyn)* entwenden, stibitzen, mitgehen lassen.

twgyd *be.a* = **twgu**.

twlc (tylcau *neu* tylciau) *g* Stall *m*; **~ mochyn** Saustall *m*, Schweinestall *m*.

twll (tyllau) *g* Loch *nt*; *(gwagle)* Hohlraum *m*; *(trigfan anifail)* Bau *m*; *(dif: hofel)* Bruchbude *f*, *(trafferth)* Klemme *f*, Zwickmühle *f*; **~ awyr** Luftloch *nt*; **~ botwm** Knopfloch *nt*; **~ y clo** Schlüsselloch *nt*; **~ y llygad** Augenhöhle *f*; **~ mŵn** *(MWYN)* Schacht *m*, Stollen *m*; **~ tin** Arschloch *nt*; **~ turio** Bohrloch *nt*; **~ o le** *(pentref)* Kaff *nt*; *(tafarn)* Spelunke *f*; **~ osôn** Ozonloch *nt*; **~ saethu** *(PENS)* Schießscharte *f*; **~ yn y ffordd** Schlagloch *nt*; **~ yn y wal** *(sgyrs)* Geldautomat *m*; **bod mewn ~** *(ffig)* in der Klemme sitzen.

Twm *g*: **~ Pip** Spanner *m*, Voyeur *m*, Spechtler[A] *m*; **~ Pwt** Dreikäsehoch *m*.

twmffat (-au) *g* Trichter *m*; **~ diferu** Tropfer *m*.

twmpath (-au) *g* Mugel[A] *m*, kleiner Hügel *m*; *(pentwr)* Haufen *m*, Stapel *m*; **~ dawns** Volkstanzabend *m*; **~ morgrug** Ameisenhaufen *m*.

twmplen (-ni) *b* *(COG)* Knödel[A] *m*, Kloß[D] *m*; *(merch dew)* Dickerchen *nt*.

twndis (-iau) *g* Trichter *m*; **~ diferu** Tropfer *m*.

twndra *g* *(DAEAR)* Tundra *f*.

twnelu *be.g* einen Tunnel bauen, Gänge graben, unterhöhlen.

twngsten *g* *(CEM)* Wolfram *nt*.

twnnel (twnelau *neu* twneli) *g* Tunnel *m*, Tunell[A] *nt*; **~ ffordd** Straßentunnel *m*; **~ gwynt** Windkanal *m*.

twp *ans* dumm, blöd.

twpdra *g* Dummheit *f*, Blödheit *f*.

twpsen (twpsod) *b* Dummkopf *m*, Närrin *f*.

twpsyn (twpsod) *g* Dummkopf *m*, Narr *m*, Tor *m*.

twr (tyrau) *g* Turm *m*; **~ ifori** Elfenbeinturm *m*; **~ eglwys** Kirchturm *m*.

twr (tyrrau) *g* Haufen *m*; *(torf)* Menge *f*, Schar *f*; **~ o sêr** Konstellation *f*; **T~ Tewdws** *(ASTRON)* Plejaden *pl*, Siebengestirn *nt*.

twrban (-au) *g* Turban *m*.

Twrc (Tyrciaid) *g* Türke *m*.

Twrcaidd *ans* türkisch.

Twrceg *b* Türkisch *nt*.

twrcen (-nod) *b* (SÔOL) Pute *f*,Truthenne *f*.

Twrces (-i) *b* Türkin *f*.

twrci[1] (**twrcïod** *neu* **twrcïaid**) *g* (SÔOL) Truthahn *m*, Puter[D] *m*.

Twrci[2] *b* (DAEAR) die Türkei *f*; **melysyn ~** ≈ türkischer Honig *m*.

twrch (tyrchod) *g* (SÔOL) Eber *m*, Keiler *m*; **~ daear** Maulwurf *m*.

twrf (tyrfau) *g* Lärm *m*, Krach *m*, Krawall *m*, Radau *m*; *gw.h.* **twrw**.

twrio *be.g* wühlen, kramen.

twrist (-iaid) *g* Tourist(in) *m(f)*, Fremde *m/f*, Urlauber(in) *m(f)*.

twristaidd *ans* touristisch.

twristiaeth *b* Fremdenverkehr *m*, Tourismus *m*; *(pwnc)* Touristik *f*.

twrlla (-od) *g* (SÔOL) Murmeltier *nt*.

twrnai (**twrneiod**) *g* Jurist(in) *m(f)*, Anwalt *m*, Anwältin *f*, Rechtsberater(in) *m(f)*.

twrnamaint (**twrnameintiau**) *g* Turnier *nt*.

twrw *g* = **twrf**; **mwy o dwrw nag o daro** alles leeres Gerede; **codi ~** Krach machen.

Twsgani *b* (DAEAR) Toskana *f*.

twsian *be.g* niesen.

twt[1] *ans* ordentlich, proper, nett.

twt[2] *ebych* **~ lol!** pah! Unsinn!

twtio *be.a* in Ordnung bringen, aufräumen; **~ eich hunan** sich schönmachen, sich rausputzen.

twyll *g* Betrug *m*, Schwindel *m*, Täuschung *f*; **~ llygaid** optische Täuschung; **trwy dwyll** durch Irreführung.

twyllo *be.a* (craff) überlisten, täuschen; *(anonest)* reinlegen, betrügen.
   ♦ *be.g* (mewn gêm) schwindeln, mogeln, schummeln.

twyllodrus *ans* irreführend, täuschend; *(camarweiniol)* tückisch; *(anonest)* betrügerisch.

twyllwr (twyllwyr) *g* Betrüger *m*, Gauner *m*, Hochstapler *m*, Scharlatan *m*, Schwindler *m*.

twym *ans* warm; *(poeth)* heiß; **rwy'n dwym** mir ist warm.

twymgalon *ans* warmherzig.

twymo *be.a* wärmen, aufwärmen, erhitzen.
   ♦ *be.g* sich erwärmen, warm werden, sich aufheizen; *(rhn, CHWAR)* sich aufwärmen; *(peiriant)* warm laufen; **gadael i'r peiriant ~** den Motor warm laufen lassen; **~ yn y tŷ** sich im Haus aufwärmen.

twymwr *g* = **twymydd**.

twymydd (-ion) *g* Heizgerät *nt*, Heizer *m*; *(rheiddiadur)* Radiator *m*; **~ dŵr** Boiler *m*; **~ tanddwr** Tauchsieder *m*.

twymyn (-au) *b* (MEDD) Fieber *nt*, Temperatur *f*; **~ y**

gwair Heuschnupfen *m*; **y dwymyn doben** Mumps *m/f*; **y dwymyn goch** Scharlach *m*; **~ gwynegon** Rheuma *nt*, **~ haul** Sonnenstich *m*.

twyn (-i) *g* Düne *f*; **~ tywod** Sanddüne *f*.

tŷ (tai) *g* Haus *nt*; *(adeilad)* Gebäude *nt*, Bau *m*; *(trigolion a gorchwylion)* Haushalt *m*; **T~'r Arglwyddi** (GWLEID) Oberhaus *nt*; **~ ar wahân** freistehendes Haus; **~ bach** Toilette *f*; **~ bwyta** Restaurant *nt*, Gasthof *m*; **~ clwb** Klubhaus *nt*; **T~'r Cyffredin** Unterhaus *nt*; **~ cyhoeddi** (MASN) Verlag *m*; **~ dol** Puppenhaus *nt*; **~ fferm** Bauernhaus *nt*; **~ gwydr** Glashaus *nt*, Treibhaus *nt*, Gewächshaus *nt*; **T~ Gwyn** (GWLEID) das Weiße Haus; **~ haf** Ferienhaus *nt*, Chalet *nt*; **~ opera** Opernhaus *nt*, Oper *f*; **~ pâr** Zweifamilienhaus *nt*, Doppelhaus[D] *nt*; **~ parod** Fertighaus *nt*; **~ rhes** *neu:* **~ teras** Reihenhaus *nt*; **~ tafarn** Pub *nt/m*, Wirtshaus *nt*, Kneipe[D] *f*, Beisl[A] *nt*; **cadw ~** den Haushalt führen; **gwraig (cadw) ~** Hausfrau *f*; **gŵr cadw ~** Hausmann *m*; **yn nhŷ fy modryb** bei meiner Tante.

tyb (-iau) *b* Auffassung *f*, Meinung *f*, Ermessen *nt*; **yn fy nhyb i** meiner Meinung nach, meines Erachtens.

tybaco *g* Tabak *m*.

tybed *adf* ich frage mich; **~ a fydd e'n dod** ich bin gespannt, ob er kommt; **pam, ~!** ich frage mich warum.

tybiaeth (-au) *b* Annahme *f*, Vermutung *f*, Mutmaßung *f*.

tybied *be.a* = **tybio**.

tybiedig *ans* angeblich, vermeintlich, mutmaßlich.

tybio *be.a* annehmen, vermuten; **hwn, dybiwn i, yw'r dyddiad gorau** das ist vermutlich der beste Termin.

tycio *be.g* nutzen, nützen, fruchten; **ni thyciodd** es war vergebens; **ni thycia i ti ddod** es bringt dir nichts zu kommen.

tydi *rhag* du selbst; **~ yw dy feistr dy hun** du bist dein eigener Herr.

tyddyn (-nod *neu* -nau) *g* (AMAETH) kleines Gut *nt*.

tyddynnwr (tyddynwyr) *g* Kleinbauer *m*.

tyfiannol *ans* (BIOL) vegetativ.

tyfiant *g* Wachstum *nt*; *(maint)* Wuchs *m*; *(MEDD)* Geschwür *nt*, Wucherung *f*; *(BOT)* Gewächs *nt*, Gebüsch *nt*; *(MASN)* Wirtschaftswachstum *nt*; **~ adwythig** bösartiges Geschwür; **~ gwyllt** wildes Fleisch *nt*, Wucherung *f*; **~ trwchus** Dickicht *nt*.

tyfu *be.g* wachsen; *(cynyddu)* anwachsen, sich vermehren; **~ i fyny** *neu:* **~ lan** (cael eich magu) aufwachsen, heranwachsen; **~'n wyllt** (gardd) verwildern; *(planhigyn)* ins Kraut schießen.
   ♦ *be.a* (plannu) anbauen, anpflanzen; *(blodau, coed)*

setzen; *(magu)* ziehen, züchten; ~ **tomatos** Tomaten ziehen.

tỹg (tygiau) *g (tynfad)* Schlepper *m*, Schleppkahn *m*.

tynged (tynghedau) *b* Schicksal *nt*, Geschick *nt*, Los *nt*; *(gwael)* Verhängnis *nt*.

tyngedfennol *ans (allweddol)* entscheidend, ausschlaggebend; *(gwael)* verhängnisvoll, fatal.

tyngu *be.a:* ~ **llw** ein Eid ablegen; ~ **anudon** einen Meineid leisten.

♦ *be.g* schwören; *(rhegi)* fluchen.

tyle *g* Anhöhe *f*, Berghang *m*.

tyliniad *g* Massage *f*.

tylino *be.a* kneten, walken; *(corff)* massieren.

tylinwr (tylinwyr) *g* Masseur *m*.

tylinwraig (tylinwragedd) *b* Masseurin *f*, Masseuse *f*.

tylwyth (-au) *g* Familie *f*, Geschlecht *nt*, Sippe *f*; ~ **teg** Elfen *pl*, Feenvolk *nt*.

tylwythen (tylwyth) *b:* ~ **deg** Elfe *f*, Fee *f*.

tylwythyn (tylwyth) *g:* ~ **teg** Elf *m*.

tyllog *ans* löchrig; *(TECH)* gelocht, perforiert.

tyllu *be.a* durchbohren, ein Loch machen in *+akk*, durchlöchern; *(â phwnsh)* lochen; *(metel)* stanzen; *(TECH)* perforieren; *(tocyn)* knipsen, entwerten, zwicken^A; **cael** ~'**ch clustiau** sich *dat* die Ohren (durch)stechen lassen.

tylluan (-od) *b (SÖOL)* Eule *f*, Kauz *m*; ~ **fach** Käuzchen *nt*, Steinkauz *m*; ~ **fawr** Uhu *m*; ~ **frech** Waldkauz *m*; ~ **glustiog** Sumpfohreule *f*; ~ **gorniog** Waldohreule *f*; ~ **wen** Schleiereule *f*.

tyllwr (tyllwyr) *g* Locher *m*.

tymer (tymherau) *b* Laune *f*, Stimmung *f*; ~ **ddrwg** schlechte Laune, Unmut *m*; ~ **wyllt** Jähzorn *m*; **mae ef mewn ~ ddrwg** er ist schlechter Laune; **sut dymer sydd arno?** wie ist er gelaunt? **colli ~** die Beherrschung verlieren; **cadw ~** die Fassung bewahren.

tymeredig *ans* klimatisiert.

tymestl (tymhestloedd) *b* Unwetter *nt*, Sturm *m*.

tymheredd (tymereddau) *g* Temperatur *f*; ~ **isaf** Tiefsttemperatur *f*; ~ **y corff** Körpertemperatur *f*.

tymheru *be.a (TECH)* härten; *(awyr)* klimatisieren; *(CERDD)* temperieren; *(cymedroli)* abschwächen, entschärfen.

tymherus *ans (hinsawdd)* gemäßigt, mild; *(awyr)* wohl temperiert.

tymhestlog *ans* stürmisch; **môr ~** stürmische See *f*.

tymhorol *ans* saisonal, saisonbedingt; **gwaith ~** Saisonarbeit *f*.

tymhorwynt *g* Monsun *m*.

tymor (tymhorau) *g* Jahreszeit *f*; *(MASN, THEAT)* Saison *f*; *(PRIFYSG)* Trimester *nt*, Semester *nt*; *(YSG)* Halbjahr *nt*; ~ **gwaharddedig** *(hela)* Schonzeit *f*; ~

seneddol Legislaturperiode *f*; ~ **byr** kurzfristig; ~ **hir** langfristig; **yn y ~ hir** auf längere Sicht, à la longue.

tymp *g* (Geburts)termin *m*.

tympan (au) *g (CERDD)* Pauke *f*; ~ **y glust** *(ANAT)* Trommelfell *nt*.

tympanwr (tympanwyr) *g (CERDD)* Pauker *m*.

tyn *ans* fest; *(prin)* eng, straff, knapp; *(rhaff)* gespannt; *(cybyddlyd)* geizig; **bydd yn dyn arnom** *(amser)* es wird knapp für uns; *(arian)* wir werden den Gürtel enger schnallen müssen; **rhaglen dyn** gedrängtes Programm; **dillad ~** enge Kleidung; **gwasgu'n dyn** zusammenpferchen; **gafael yn dyn yn rhth** etw fest halten.

tyndra *g* Spannung *f*; *(prinder)* Knappheit *f*; *(diffyg lle)* Enge *f*; *(cyhyrau, nerfau)* Anspannung *f*; ~ **dwys** *(TRYD)* Hochspannung *f*.

tyndro (-eon) *g* Schraubenschlüssel *m*, Engländer^D *m*, Franzose^A *m*.

tyner *ans* sanft; *(meddal)* weich, delikat; *(mwyn)* mild, lau; *(poenus)* empfindlich; *(cig)* zart; *(ffig)* sanftmütig, zart, zärtlich; **bod â chalon dyner** ein weiches Herz haben.

tyneru *be.g* sanfter/milder werden, abflauen.

♦ *be.a* mildern.

tynerwch *g* Sanftmut *f*, Zärtlichkeit *f*.

tynfa (tynfeydd) *b* Attraktion *f*; *(MOR)* Sog *m*; ~ **disgyrchiant** (Erd)anziehung *f*.

tynfad (-au) *g (MOR)* Schlepper *m*.

tynfaen (tynfeini) *g* Magnetit *m*.

tynhau *be.a* spannen, straffen; *(sgriw)* anziehen; *(clymu)* festbinden, festmachen, fest zurren.

tyniad (-au) *g (MATH)* Subtraktion *f*; *(FFIS)* Zugkraft *f*, Zug *m*.

tynnu *be.a* ziehen, anziehen an *+dat*, reißen; *(llusgo)* schleppen, nachschleifen; *(cau)* zuziehen; *(MEDD)* zerren, verreißen; *(dillad)* ausziehen, ablegen; *(arian o'r banc)* abheben; *(MATH)* abziehen, subtrahieren; *(hylif)* abzapfen; *(cleddyf)* zücken; *(bwa)* spannen; *(cynaeafu)* pflücken; *(denu)* anziehen, anlocken; ~ **anadl** Luft holen, einatmen; ~ **blewyn o drwyn rhn** jdn provozieren; ~ **byrra tocyn** losen; ~ **clawr y sosban** den Deckel abnehmen; ~ **coes rhn** jdn auf den Arm nehmen; ~ **dant** einen Zahn ziehen/reißen; ~'**ch dillad** sich ausziehen; ~'**r dŵr** spülen, runterlassen; ~ **dŵr o'r dannedd** *(bwyd)* das Wasser im Mund zusammenlaufen lassen; *(awgrymu)* den Mund wässerig machen *+dat*; ~'**n ddarnau** zerlegen, auseinander nehmen; *(difa)* zerreißen, zerfetzen; ~ **gwaed** *(MEDD)* Blut abnehmen; ~ **o gylchrediad** *(MASN)* aus dem Verkehr ziehen; ~ **beirniadaeth am**

eich pen sich *dat* Kritik einhandeln; ~ braslun o
skizzieren; ~ het *(llyth, ffig)* den Hut ziehen; ~ rhth
o het *(ffig)* etw aus dem Ärmel schütteln; ~ i lawr
(adeilad) abreißen; ~'r llenni die Vorhänge
vorziehen; ~ llinell *(ffig)* einen Strich ziehen; ~
llinynnau *(ffig)* Fäden ziehen, Beziehungen
spielen lassen; ~ llun ein Foto machen; *(darlunio)*
zeichnen; ~ llwch Staub wischen, abstauben; ~
rhn i mewn i rth jdn in etw *akk* hineinziehen; ~'n ôl
zurücknehmen, zurückziehen; pedwar ~ dau vier
weniger zwei; ~ rhaff Tauziehen *nt*; ~ sylw ins
Auge stechen; ~ sylw rhn jdn ablenken; ~ sylw at
hinweisen auf +*akk*; ~ sylw rhn at rth jdn auf etw
aufmerksam machen; ~ tir tan draed rhn *(ffig)* jdm
den Boden unter den Füßen wegnehmen; ~
wyneb ein Gesicht machen; ~ wynebau
Grimassen schneiden; ~ rhn yn eich pen sich mit
jdm anlegen, sich *dat* jds Zorn zuziehen.
♦ *be.g* (an)ziehen; *(tân)* ziehen; ~ allan aufgeben;
(canslo) seine Anmeldung zurückziehen; *(car)*
ausschwenken; ~ am y deugain auf die vierzig
zugehen; ~ ar brofiad auf Erfahrung
zurückgreifen; ~ ar ôl rhn jdm nachgeraten, nach
jdm schlagen; ~ at y terfyn dem Ende zugehen;
mae'r got wedi ~ ati der Mantel ist eingegangen; ~
i'r chwith nach links ziehen, einen Linksdrall
haben; ~'n groes sich quer legen; ~'n ôl
einlenken, einen Rückzieher machen, kneifen[D];
~ trwyddi durchkommen.

tynnwr (tynwyr) *g:* ~ corcyn Korkenzieher *m*; ~
llinynnau *(ffig)* Drahtzieher(in) *m(f)*.

tyno (-au) *g (TECH)* Zapfen *m*.

tyrau *ll gw.* **tŵr**.

tyrbin (-au) *g (TECH)* Turbine *f*; ~ ager Dampfturbine
f.

tyrches (-od *neu* -au) *b (SÖOL)* Bache *f*.

tyrchu *be.a* aufwühlen, graben, baggern.
♦ *be.g* wühlen, umgraben.

tyrd *be.gorch. gw.* **dod**; ~ ymlaen! mach schon! ~ yma!
komm her!

tyrfa (-oedd) *b* Menge *f*, Menschenmenge *f*, Gewühl
nt; *(TYW, AWYR)* Turbulenz *f*.

tyrfau *ll gw.* **twrf**; *(taranau)* Donner *m*.

tyrfo *be.g* donnern, krachen.

tyrfu *be.g* = **tyrfo**.

tyrnsgriw (-iau) *g (TECH)* Schraubenzieher *m*; ~
Pozidrive Kreuzschraubenzieher *m*.

Tyrol *b:* y ~ *(DAEAR)* Tirol *nt*.

Tyrolaidd *ans* tirolerisch.

Tyroliad (Tyroliaid) *g* Tiroler(in) *m(f)*.

tyrpant *g* Terpentin *m/nt*.

tyrpeg (-au) *g* Schlagbaum *m*, Mautschranke *f*.

tyrrau *ll gw.* **twr**.

tyrru *be.a* aufhäufen, stapeln; *(pobl)* um sich *akk*
scharen.
♦ *be.g* sich anhäufen, sich ansammeln; mae gwyr
ieuainc yn ~ ato junge Männer scharten sich um
ihn.

tyst (-ion) *g* Zeuge *m*, Zeugin *f*; *(rhn a welodd)*
Augenzeuge *m*, Augenzeugin *f*; *(rhn a glywodd)*
Ohrenzeuge *m*, Ohrenzeugin *f*; ~ i briodas
Trauzeuge *m*, Trauzeugin *f*; bod yn dyst i Zeuge
sein bei +*dat*.

tysteb (-au) *b* Anerkennung *f*.

tystio *be.g* Zeuge sein, Zeugnis ablegen; ~ i
bezeugen; *(ar bapur)* bescheinigen; ~ o blaid rhn
sich für jdn verbürgen, für jdn einstehen.

tystiolaeth (-au) *b* Zeugenaussage *f*, Zeugnis *nt*;
(prawf) Beleg *m*, Beweismittel *nt*; ~ gyhuddol
Belastungsmaterial *nt*.

tystiolaethu *be.g* = **tystio**.

tystlythyr (-au) *g* Beglaubigungsschreiben *nt*,
Referenz *f*, Zeugnis *nt*; *(gan yr heddlu)*
Leumundszeugnis *nt*.

tystysgrif (-au) *b* Bescheinigung *f*, Urkunde *f*,
Bestätigung *f*; *(MASN)* Zertifikat *nt*; *(YSG)* Zeugnis
nt; *(PRIFYSG)* Diplom *nt*; ~ addysg i raddedigion *(TAR)*
Lehramtsprüfung *f*; ~ briodas Heiratsurkunde *f*,
Trauschein *m*; ~ fedydd Taufschein *m*; ~ feddygol
ärztliches Attest *nt*; ~ gadael ysgol
Abgangszeugnis *nt*; ~ geni Geburtsurkunde *f*; T~
Gyffredinol Addysg Uwchradd *(TGAU)* ≈ Mittlere
Reife[D] *f*, Pflichtschulabschluss[A] *m*; ~ marwolaeth
Totenschein *m*, Sterbeurkunde *f*.

tywallt *be.a (arllwys)* gießen, schütten; *(diod)*
einschenken; ~ eich dicter seinen Zorn abladen; ~
i ffwrdd weggießen, wegschütten; mae'n ~ y glaw
es gießt in Strömen; ~ gwaed Blut vergießen.
♦ *be.g (llifo)* fließen, strömen; *(llenwi gwydryn)*
einschenken.

tywalltiad (-au) *g* Ergießen *nt*, Erguss *m*; *(o law)*
Regenguss *m*; *(ffig)* Erguss.

tywarchen (tywyrch) *b* Erdscholle *f*; *(parc, CHWAR)*
Rasenteppich *m*; *(mawn)* Mull *m*; dan y dywarchen
(ffig: yn y bedd) unter der Erde, in der Grube.

tywel (-ion) *g* Tuch *nt*; *(lliain)* Handtuch *nt*; *(llestri)*
Geschirrtuch *nt*; *(papur)* Papierhandtuch *nt*; *(cegin)*
Küchentuch *nt*; ~ bath Badetuch *nt*; ~ misglwyf
Monatsbinde *f*.

tywod (-ydd) *g neu ll* Sand *m*; pwll ~ *(i blant)* Sandkiste
f; castell ~ Sandburg *f*; ~ chwyth Flugsand *m*.

tywodfaen (tywodfeini) *g* Sandstein *m*.

tywodfryn (-iau) *g* Sandhaufen *m*; *(twyn)* Düne *f*.

tywodlyd *ans* sandig, voll Sand, Sand-.

tywodyn (tywod) *g* Sandkorn *nt.*

tywydd *g* Wetter *nt,* Witterung *f,* **~ mawr** *(storm)*
Unwetter *nt,* Gewitter *nt;* **rhagolygon y ~**
Wettervorhersage *f.*

tywyll *ans (nid yn olau)* dunkel; *(heb olau)* finster; *(ffig:*
trist) düster, schwarz; *(aneglur)* obskur,
undurchsichtig, opak; *(dall)* blind; **glas ~**
dunkelblau; **siocled ~** Zartbitterschokolade *f;*
edrych ar yr ochr dywyll *(ffig)* schwarz malen.
♦ *g* Dunkel *nt,* Finsternis *f;* **~ a golau** Licht und
Schatten.

tywyllu *be.a* verdunkeln; *(arlunio)* schattieren; *(ffig)*
verschleiern; **~ drws y tŷ** *(ffig)* seinen Fuß über die
Schwelle setzen, betreten.
♦ *be.g* sich verfinstern; *(nosi)* dunkeln.

tywyllwch *g* Dunkelheit *f,* Finsternis *f,* Dunkel *nt;*
(nos) Nacht *f,* *(caddug)* Düsternis *f.*

tywyn[1] (-nau) *g* Düne *f,* *(traeth)* Meeresufer *nt,*
Strand *m,* Sandstrand *m.*

tywyn[2] *g* Schimmer *m,* Schein *m.*

tywyniad *g* Schimmern *nt.*

tywynnu *be.g* scheinen, strahlen; *(tanbeidio)*
glimmen; *(metel)* schimmern; **mae'r haul yn ~** die
Sonne scheint/lacht.

tywyrch *ll gw.* **tywarchen.**

tywys *be.a* führen, leiten; *(hebrwng)* geleiten; *(MOR,*
AWYR) lotsen; **ci ~** Blindenhund *m.*

tywysen (-nau *neu* **tywys**) *b (AMAETH)* Ähre *f;* **~ corn**
Maiskolben *m.*

tywysog (-ion) *g* Fürst *m;* *(mab brenin)* Prinz *m;* **~**
coronog Kronprinz *m;* **T~ Cymru** Prince of Wales
m; **~ hawddgar** Märchenprinz *m.*

tywysogaeth (-au) *b* Fürstentum *nt.*

tywysogaidd *ans* fürstlich.

tywysoges (-au) *b* Fürstin *f;* *(brenhinol, chwedlonol)*
Prinzessin *f.*

tywyswr *g* = **tywysydd.**

tywyswraig (tywyswragedd) *b* Reiseführerin *f,*
Reiseleiterin *f;* *(THEAT)* Platzanweiserin *f.*

tywysydd (tywyswyr) *g* Führer(in) *m(f);* *(MOR, AWYR)*
Lotse *m;* *(ar daith)* Reiseführer(in) *m(f),*
Reiseleiter(in) *m(f);* *(amgueddfa)* Führer(in) *m(f);*
(THEAT) Platzanweiser(in) *m(f);* **~ mynydd**
Bergführer *m,* **~ twristiaid** Fremdenführer *m.*

Th

'th *rhag* = ti, = dy; *e.e.* **ni'th welais** ich sah dich nicht;
myfi a'th frawd dein Bruder und ich.

theatr (-au) *b* Theater *nt*, Schauspielhaus *nt*, Bühne
f; *(MEDD)* Operationssaal *m*; *(PRIFYSG)* Hörsaal *m*; ~
awyr agored Freilichtbühne *f*; ~ **bypedau**
Puppentheater *nt*.

theatraidd *ans* Theater-; *(ffuantus)* theatralisch.

thema (**themâu**) *b* Thema *nt*, Gegenstand *m*; *(LLEN,
CERDD)* Motiv *nt*.

theorem (-au) *b* Theorem *nt*.

theori (**theorïau**) *b* Theorie *f*, Annahme *f*, Ansatz *m*;
mewn ~ theoretisch; *gw.h.* **damcaniaeth**.

therapi (**therapïau**) *g* Therapie *f*, Heilkur *f*; ~
galwedigaethol Beschäftigungstherapie *f*; ~ **grŵp**
Gruppentherapie *f*; ~ **teulu** Familientherapie *f*.

therapiwtig *ans* therapeutisch.

therapydd (-ion) *g* Therapeut(in) *m(f)*; ~ **lleferydd**
Sprachtherapeut(in) *m(f)*, Logopäde *m*,
Logopädin *f*.

therm (-au) *g* britische Wärmeeinheit *f*, Therm *m*.

thermodynameg *b* Thermodynamik *f*.

thermol *ans* thermisch; **baddon ~** Thermalbad *nt*,
Therme *f*.

thermomedr (-au) *g* Thermometer *nt*; *(MEDD)*
Fieberthermometer *nt*, Fiebermesser *m*.

Thermos® *gb* Thermoskanne *f*, Thermosflasche *f*.

thermostat (-au) *g* *(TECH)* Thermostat *m*,
Temperaturregler *m*.

thesawrws (**thesawri**) *g* Thesaurus *m*, Sprachlexikon
nt.

thesis (-au) *g* *(dadl)* These *f*; *(PRIFYSG)* Dissertation *f*,
Doktorarbeit *f*.

thoracs (-au) *g* *(ANAT)* Brustkorb *m*, Brustkasten *m*,
Thorax *m*.

throtl (-au) *b* *(MODUR)* Drosselventil *nt*, Drossel *f*; *(falf)*
Ventil *nt*.

thus *g* Weihrauch *m*.

thuser (-au) *b* *(CREF)* Weihrauchgefäß *nt*.

thyroid *g* *(ANAT)* Schilddrüse *f*.

U

U, u *b*: ~**-bedol** U wie Ulrich.

'u *rhag* = eu.

ubain *be.g* schreien, heulen, klagen.

UCAC *byrf* (= Undeb Cenedlaethol Athrawon Cymru)
walisische Lehrergewerkschaft *f*.

uchaf *ans eith* höchste(r,s); *(o ran safle neu reng)*
oberste(r,s).

uchafbwynt (-iau) *g* Scheitelpunkt *m*, Spitze *f*; *(pwynt
uchaf posibl)* Maximum *nt*; *(HAN)* Blütezeit *f*; *(ffig)*
Höhepunkt *m*; ~ **tymheredd** Höchsttemperatur *f*.

uchafiaeth *b* Vorrangstellung *f*, Dominanz *f*.

uchafion *ll* Höhen *pl*.

uchafrif (-au) *g* Höchstzahl *f*.

uchafswm (**uchafsymiau**) *g* Höchstsumme *f*,
Höchstbetrag *m*; *(hapchwarae)* Limit *nt*.

uchafu *be.a* maximieren.

uchder *g* Höhe *f*; *(awyren)* (Flug)höhe *f*; *(DAEAR)*
Höhenlage *f*; ~ **mwyaf** Maximalhöhe *f*.

uchedydd (-ion) *g* *(SÖOL)* Lerche *f*.

uchel *ans* hohe(r,s), hoch; *(swnllyd)* laut, lautstark;
(afon) angeschwollen; *(pris)* hoch, erhöht; **U~
Almaeneg** Hochdeutsch *nt*; ~ **dywysog** Großfürst

m; ~ **fam** *(CREF)* Oberin *f*; ~ **feistr** Großmeister *m*; ~
frad Hochverrat *m*; **U~ Lys** Oberster Gerichtshof
m; ~ **yn yr awyr** hoch in der Luft; **safon ~** hohes
Niveau; **bod â meddwl ~ o rn** viel von jdm halten;
nodyn ~ *(CERDD)* hoher Ton; **costau ~** hohe
Kosten; **marciau ~** gute Noten; **mae hi'n ~ ei chloch**
sie hat ein lautes Organ.

uchel-ael *ans* intellektuell, hochtrabend.

uchelder (-au) *g* Höhe *f*; *(urddasrwydd)* Hoheit *f*,
Majestät *f*; **eich U~ Brenhinol** eure königliche
Hoheit.

ucheldir (-oedd) *g* Hochland *nt*; *(bryniau)* Höhen *pl*;
yn yr ~oedd in den Bergen, auf den Höhen;
U~oedd yr Alban *(DAEAR)* das Schottische
Hochland.

uchelfar *g* = **uchelwydd**.

uchelfraint (**uchelfreintiau**) *b* Vorrecht *nt*, Privileg *nt*.

uchelgais (**uchelgeisiau**) *gb* *(agwedd)* Ehrgeiz *m*,
Zielstrebigkeit *f*; *(nod)* Ziel *nt*; Ambition *f*; **beth
yw dy ~?** was sind deine Ziele?

uchelgeisiol *ans* ehrgeizig, zielstrebig.

uchelion *ll* Höhen *pl*.

uchelradd *ans* hochrangig, hochgradig; *(ansawdd)* hochwertig.

uchelseinydd (**-ion**) *g (TECH)* Lautsprecher *m*.

uchelwr (**uchelwyr**) *g* Aristokrat *m*, Adelige(r) *m*; *(HAN)* Edelmann *m*; *(Rhufain)* Patrizier *m*; **uchelwyr** *ll* Adel *m*, Aristokratie *f*.

uchelwraig (**uchelwragedd**) *b* Aristokratin *f*, Adelige *f*.

uchelwrol *ans* aristokratisch, adelig, nobel.

uchelwydd *g (BOT)* Mistel *f*; *(addurn Nadolig)* Mistelzweig *m*.

uchgapten (**uchgapteiniaid**) *g (MIL)* Major *m*; *(awyrlu)* Geschwaderführer *m*.

uchod *ans (uwchben)* obig; *(wedi sôn amdano)* erwähnt, oben genannt, oben angeführt.

♦ *adf:* **gweler ~** siehe oben.

UDA *byrf (DAEAR: = Unol Daleithiau America)* USA *pl* (Vereinigte Staaten von Amerika).

udfa (**udfeydd**) *b* Geheul *nt*.

udfil (**-od**) *g (SÖOL)* Hyäne *f*.

udo *be.g* heulen, jaulen.

u.f.a. *byrf (= unryw fater arall)* Sonstiges *nt*.

ufudd *ans* gehorsam, ergeben; *(plentyn)* brav, artig, folgsam; **bod yn ~ i** *rn* jdm gehorchen, jdm folgen.

ufudd-dod *g* Gehorsam *m*; *(plentyn)* Folgsamkeit *f*, Artigkeit *f*.

ufuddgar *ans* pflichtbewusst.

ufuddhau *be.g* gehorchen; *(cryfach)* parieren, spuren, kuschen; **~ i** *(rhn)* gehorchen *+dat*, folgen *+dat*; *(gorchmynion)* befolgen, Folge leisten *+dat*.

uffern (**-au**) *b* Hölle *f*; *(trychineb)* Inferno *nt*; *(sgyrs)* **~ o foi** Teufelskerl *m*, Mordskerl *m*; **~ o gar cyflym** ein mörderisch schnelles Auto; **~!** verdammt! sakra! Kruzitürken!

ufferngi (**ufferngwn**) *g* Zerberus *m*.

uffernol *ans* höllisch, teuflisch, infernalisch; *(gwael iawn)* grauenhaft, inferior[A]; *(anwedd)* beschissen, lausig; *(diawledig)* verteufelt, verflixt.

♦ *adf* höllisch, mörderisch; **sâl ~** höllisch krank.

ugain *rhif* zwanzig; **un ar hugain** einundzwanzig; **unfed ar hugain** einundzwanzigste(r,s); **deg ar hugain** dreißig; **pedwar ~** achtzig; **~ mlynedd** zwanzig Jahre.

♦ (**ugeiniau**) *g* Zwanziger *m*; **yr ugeiniau** *ll (degawd)* die Zwanzigerjahre *pl*; *(oedran)* Twens *pl*; **merch yn ei hugeiniau** Twen *m*.

ugeinfed *ans* zwanzigste(r,s); **yr ~ ganrif** das 20. Jahrhundert.

ulw *ll* Asche *f*; **U~-Ela** Aschenbrödel *nt*; **yn ~** total, komplett; **meddwi'n ~** stockbesoffen.

umlaut *g (GRAM)* Umlaut *m*.

un¹ *rhif* eins; **~ ar bymtheg** sechzehn; **~ ar ddeg** elf; **~ ar hugain** einundzwanzig; **am ~ o'r gloch** um ein Uhr, um eins; **~ a hanner** eineinhalb; **~ awr a hanner** eineinhalb Stunden; **~ mlynedd ar hugain** einundzwanzig Jahre; **~ arall** *(un yn fwy)* noch eine(r,s); **~ darn** ein (einzelner) Teil; **fesul ~** einzeln; **yn ~ ac** Stück für Stück.

♦ *gb* Eins[D] *f*, Einser[A] *m*.

un² *ans* **1** *(rhyw)* eine(r,s); **~ dydd Sul** einen Sonntag; **~ tro** einmal, eines Tages; **mae gen i ~** ich habe eine(n,s); **2** *(unfath)* derselbe, dieselbe, dasselbe; **ar yr ~ pryd** zur selben Zeit, gleichzeitig; **yn yr ~ lle** am selben Ort; **yr ~ peth** dasselbe; **yr ~ ffunud â rhn** jdm wie aus dem Gesicht geschnitten; **gwnest ti'r ~ camgymeriad** du begingst den gleichen Fehler; **3** *(tebyg)* gleich, ähnlich; **yr ~ feddwl** derselbe Gedanke; **4** *(eithaf)* **ar waelod ~** ganz unten; **yn olaf ~** ganz zuletzt.

un³ *rhag* eine(r,s); *(person)* jemand; **ambell ~** manch einer; **~ arall** ein anderer, eine andere; **dim ~** nicht einer, keiner; **fy ~ i** meine(r,s); **pa ~** *neu:* **p'~** *neu:* **pr'~** welche(r,s); **pob ~** jede(r,s); **sawl ~** viele, etliche; **unrhyw ~** irgendeine(r,s); **~ ar ôl y llall** *(pobl)* einer nach dem anderen; *(digwyddiadau)* nacheinander, eins nach dem anderen; **~ fel hi** eine wie sie; **~ ohonynt** einer von ihnen; **~ o'r ddau** einer von beiden; **dwy bunt yr ~** *(MASN)* das Stück zwei Pfund; *(pob person)* zwei Pfund für jeden, zwei Pfund pro Kopf; **yr un ~** derselbe, dieselbe, dasselbe; **yr ~ rhai** dieselben *pl*; **yr unig ~** der/die/das einzige; **~ gall yw hi** sie ist eine ganz Schlaue.

unawd (**-au**) *g (CERDD)* Solo *nt*; *(opera)* Arie *f*.

unawdydd (**unawdwyr**) *g (CERDD)* Solist(in) *m(f)*.

unben (**-iaid**) *g (GWLEID)* Despot *m*, Diktator *m*, Alleinherrscher *m*.

unbenaethol *ans* diktatorisch, absolutistisch.

unbennaeth (**unbenaethau**) *b* Diktatur *f*, Alleinherrschaft *f*; *(gwlad)* Diktatur.

uncorn (**uncyrn**) *g* Einhorn *nt*.

undarn *ans* einteilig.

undeb (**-au**) *g* Einigkeit *f*; *(GWLEID)* Union *f*, Bund *m*; *(o weithwyr)* Gewerkschaft *f*; **U~ Ewropeaidd** Europäische Union *f*; **U~ Rhyngwladol** *(GWLEID)* die Internationale *f*; **U~ Sofietaidd** *(HAN)* Sowjetunion *f*; **Jac yr U~** Union Jack *m*; **~ llafur** Arbeitergewerkschaft *f*; **~ myfyrwyr** *(PRIFYSG)* Studentenvertretung *f*, Hochschülerschaft *f*; **mewn ~ mae nerth** Einigkeit macht stark.

undebol *ans* gewerkschaftlich; *(unedig)* einheitlich, vereinigt.

undebwr (**undebwyr**) *g* Gewerkschaftler(in) *m(f)*.

undod (-au) *g* Einheit *f*, Einigkeit *f*; *(cydsafiad)*
Solidarität *f*; *(cyfuniad)* Vereinigung *f*, Union *f*; ~
ariannol Währungsunion *f*.

undodaidd *ans* unitarisch, zentralistisch.

Undodiaeth *b* (CREF) Unitarismus *m*.

Undodwr (**Undodwyr** *neu* **Undodiaid**) *g* (CREF)
Unitarier(in) *m(f)*.

undonedd *g* (ffig) Monotonie *f*, Eintönigkeit *f*,
Gleichklang *m*.

undonog *ans* eintönig, monoton.

undydd *ans* eintägig.

undduwiaeth *b* Monotheismus *m*.

uned (-au) *b* Einheit *f*; *(adran)* Abteilung *f*; *(rhan o
llyfr)* Kapitel *nt*; *(elfen, dodrefnyn)* Element *nt*; (TECH)
Modul *nt*; (MATH) Einer *m*, einstellige Zahl *f*; (MIL)
Einheit; ~ **arddangos weledol** Datensichtgerät *nt*; ~
arian Währungseinheit *f*; ~ **brosesu ganolog** (CYFDR)
Zentralrechner *m*, zentrale Recheneinheit *f*; ~
fesur Maßeinheit *f*; ~ **bwyso** Gewichtseinheit *f*; ~
ddamweiniau Unfallstation *f*, Unfallklinik *f*; ~
ddysgu (YSG) Unterrichtseinheit *f*; ~ **gadarn**
(carchar) Sicherheitstrakt *m*; ~ **gofal arbennig** (MEDD)
Intensivstation *f*; ~ **reoli** (TECH) Kontrolleinheit *f*;
~ **wres** Wärmeeinheit *f*.

unedig *ans* vereint, vereinigt; **y Cenhedloedd U~** die
Vereinten Nationen *pl*, UNO *f*; **y Deyrnas U~**
(DAEAR) das Vereinte Königreich *nt*; **Emiradau**
Arabaidd ~ Vereinigte Arabische Emirate *pl*.

unedol *ans* einheitlich, Einheits-.

unfan *g* Platz *m*, Stelle *f*; **yn eich ~** auf der Stelle,
unbeweglich.

unfarn *ans* einstimmig.

unfath *ans* identisch, gleich; **gefeilliaid ~** eineiige
Zwillinge *pl*.

unfed *ans*: ~ **ar ddeg** elfte(r,s); ~ **ar hugain**
einundzwanzigste(r,s); ~ **ar bymtheg**
sechzehnte(r,s); **yr ~ awr ar ddeg** (ffig: munud olaf) in
letzter Minute, fünf vor zwölf.

unflwydd *ans* einjährig, Einjahres-.

unfryd *ans* einstimmig, einhellig; **yn ~ unfarn**
einstimmig, einmütig.

unfrydedd *g* Einstimmigkeit *f*.

unfrydol *ans* = **unfryd**.

unffordd *ans*: **heol ~** Einbahn(straße) *f*; **tocyn ~**
einfache Fahrt *f*.

unffurf *ans* einheitlich, gleichförmig; **gwisg ~**
Uniform *f*.

unffurfiaeth *b* Einheitlichkeit *f*.

ungellog *ans* (BIOL) einzellig.

uniad (-au) *g* Verbindung *f*, Vereinigung *f*; (GWLEID)
Zusammenschluss *m*; *(saernïaeth)* Fuge *f*; *(asiad)*
Schweißnaht *f*; ~ **cynffonnog**

Schwalbenschwanzverbindung *f*; ~ **mortais a**
thyno Zapfenverbindung *f*; ~ **tafod a rhych** Nut
und Feder; ~ **meitro** Gehrung *f*, Gehrfuge *f*.

uniadu *be.a* fügen, zusammenfügen.

uniaethu *be.g*: ~ **â** sich identifizieren mit +*dat*;
(cydymdeimlo) mitfühlen mit +*dat*.

uniaith *ans* einsprachig, monoglott.

uniawn *ans* = **union**.

unig *ans* (heb un arall) einzig; *(unigryw)* einzigartig;
(neb/dim arall) alleinig; *(trist)* einsam; *(heb bobl)*
einsam, verlassen; ~ **blentyn** Einzelkind *nt*;
plentyn ~ einsames Kind; **teimlo'n ~** sich einsam
fühlen.

♦ *adf*: **yn ~** nur, erst, bloß; **deng munud yn ~** nur
zehn Minuten.

unigedd (-au) *g* Einsamkeit *f*, Verlassenheit *f*; **~au** *ll*
Einöde *f*.

unigol *ans* (arbennig) einmalig; *(yn ôl y person)*
individuell; *(fesul un)* einzeln; (GRAM) **ffurf ~**
Singular *m*, Einzahl *f*; *(ar sail y lluosog)* Singulativ
m; **sylw ~** *(i bobl)* individuelle Betreuung.

♦ *g* (GRAM) Singular, Einzahl.

unigoliaeth *b* Individualität *f*.

unigolydd (-ion) *g* Individualist(in) *m(f)*.

unigolyn (**unigolion**) *g* Einzelne *m/f*; *(creadur)*
Individuum *nt*.

unigrwydd *g* Einsamkeit *f*, Alleinsein *nt*.

unigryw *ans* einzigartig, unverwechselbar,
einmalig.

unigrywiaeth *b* Einzigartigkeit *f*.

union[1] *ans* (syth) direkt; *(diwyro)* gerade; *(manwl gywir)*
exakt, präzise; *(gonest)* aufrichtig, rechtschaffen;
ar eich ~ schnurstracks, geradewegs.

union[2] *adf*: **yn ~** *(hollol)* völlig, ganz; *(ar ei ben)* genau;
deg punt yn ~ genau zehn Pfund; **yn ~!** jawohl!
sehr richtig! **byddaf gyda chi'n ~** ich komme
sofort zu Ihnen.

uniondeb *g* Rechtschaffenheit *f*, Aufrichtigkeit *f*.

unionder *g* = **uniondeb**.

uniongred *ans* (CREF) orthodox, strenggläubig; **yr**
Eglwys U~ die Orthodoxe Kirche *f*.

uniongyrchol *ans* direkt, unmittelbar.

unioni *be.a* begradigen; *(cywiro)* berichtigen,
korrigieren; *(argraffu)* den Rand ausgleichen;
(CHWAR) **~'r sgôr** ausgleichen, den Ausgleich
erzielen.

unioniad *g* (teipio) Randausgleich *m*.

unionsyth *ans* aufrecht, gerade; *(fertigol)* senkrecht,
vertikal; *(uniongyrchol)* unverwandt, direkt.

unllaw *ans* einhändig.

unlle *rhag* = **unman**.

unlliw *ans* einfarbig, einfärbig; **bod yn ~ â** dieselbe

Farbe haben wie *+nom.*

unllygeidiog *ans* einäugig.

unman *rhag:* dim yn ~ nirgends, nirgendwo; **nid aethom i** ~ wir gingen nirgendwohin.

unnos *ans* einer Nacht, über Nacht; **tŷ** ~ *(hanes)* Haus, das über Nacht errichtet wird.

uno *be.a* vereinigen, vereinen; *(TECH)* verbinden, fügen; *(MASN)* fusionieren; **~'r ddeuddyn** *(priodi)* zwei Menschen vereinen.

♦ *be.g* sich vereinigen, sich zusammentun; *(TECH)* verschmelzen.

unochredd *g* Einseitigkeit *f.*

unochrog *ans* einseitig; *(adroddiad)* tendenziös; *(GWLEID)* unilateral.

unodl *ans (LLEN)* mit durchgehendem Reim.

unol *ans* vereinigt; **yn ~ â** entsprechend *+dat*, gemäß *+dat*; **U~ Daleithiau (America)** *(DAEAR)* die Vereinigten Staaten (von Amerika) *pl.*

unoliaeth *(-au)* *b* Einigkeit *f*, Übereinstimmung *f*; *(GWLEID)* Vereinigung *f*, Union *f.*

unoliaethwr (unoliaethwyr) *g (GWLEID)* Unionist(in) *m(f).*

unplyg *ans (gonest)* integer, redlich; *(penderfynol)* zielstrebig.

unplygrwydd *g* Redlichkeit *f*; *(bod yn bendant)* Zielstrebigkeit *f.*

unrhyw *ans* beliebig, irgendein(e); *(pob, pob math)* jede(r,s); **~ beth** irgendetwas; **~ bryd** jederzeit; *(rhywbryd)* irgendwann; **~ le** irgendwo; **~ un** irgendjemand, irgendwer; **~ rai** irgendwelche; **a oes ~ gwestiwn?** gibt es irgendeine Frage? **a yw hynny o ~ werth?** hat das irgendwelchen Wert? **byddaf yn falch o ~ gymorth** ich bin froh über jede Hilfe; **mae ~ blentyn yn gwybod hynny** jedes Kind weiß das; **nid ~ faen yw hwn** das ist kein gewöhnlicher Stein.

unsain *ans* im Einklang, einstimmig, unisono.

unsill *ans* einsilbig.

unsillafog *ans* = unsill.

unswydd *ans* ausdrücklich; **yn ~** einzig und allein, ausschließlich; **daethant yn ~ er mwyn cwrdd ag ef** sie kamen, nur um ihn zu sehen.

untrac *ans (RHEILFF)* einspurig, eingleisig.

unwaith *adf* einmal; **ar ~** sofort, unverzüglich, auf der Stelle; **~ eto** noch einmal, nochmals; *(drachefn)* wiederum, erneut, abermals; **fwy nag ~** mehr als einmal; **~ ac am byth** ein für alle Mal; **~ yn y pedwar amser** alle heiligen Zeiten.

unwedd *ans* einheitlich, gleichartig.

urdd *(-au)* *b* Orden *m*; *(MASN)* Gilde *f*, Zunft *f*; *(cymdeithas)* Gemeinschaft *f*; **~au sanctaidd** *(CREF)* Priesterweihe *f*; **U~ Gobaith Cymru** walisische

Jugendbewegung; **~ grefyddol** Ordensgemeinschaft *f*; **U~ Oren** Oranierorden *m*; **U~ Sant Dominic** Dominikanerorden *m*; **U~ Sant Ffransis** Franziskanerorden *m*; **U~ y Jeswitiaid** Jesuitenorden *m*; **~ marchog** Adelsstand *m.*

urddas *g* Ehrwürdigkeit *f*, Majestät *f*; *(ymddygiad)* Würde *f.*

urddasol *ans (rhn)* würdevoll, erhaben, nobel; *(ymddangosiad)* stattlich; *(achlysur)* würdig.

urddasu *be.a* würdigen.

urddo *be.a* einsetzen; *(CREF)* weihen; **~'n farchog** in den Adelsstand erheben; *(HAN)* zum Ritter schlagen; **~'n frenin** zum König ausrufen.

urddol *ans* ehrwürdig, nobel, adelig.

us *ll* Spreu *f*, Kleie *f.*

ust *ebych* pst! still!

ustus *(-iaid)* *g (CYFR)* Bezirksrichter(in) *m(f)*; **~ lleyg** Laienrichter(in) *m(f)*, Schöffe *m*, Schöffin *f.*

usuriaeth *b* Wucher *m*, Nepp *m.*

usuriaidd *ans* überzahlt.

usuriwr (usurwyr) *g* Wucherer *m*, Wucherin *f*, Kredithai *m.*

utganu *be.g, be.a* trompeten.

utgorn (utgyrn) *g (CERDD)* Trompete *f*, Fanfare *f.*

uwch *ans cymh* höher; *(rheng)* übergeordnet; *(YSG)* fortgeschritten; **addysg ~** Hochschulbildung *f*, **~ ddarlithydd** ≈ Dozent *m.*

uwchben¹ *ardd* über *+dat*, oberhalb *+gen*; **~ y cymylau** über den Wolken; **~ eich digon** überglücklich; **~ lefel y môr** über dem Meeresspiegel.

uwchben² *adf (ar y top)* oben, obenauf; *(uwch ei ben)* darüber, drüber.

uwchddaearol *ans* oberirdisch; *(goruwchnaturiol)* überirdisch.

uwchfarchnad *(-oedd)* *b (archfarchnad)* Supermarkt *m*, Einkaufsmarkt *m.*

uwchfioled *ans* ultraviolett, UV-.

uwchganolbwynt *(-iau)* *g* Epizentrum *nt.*

uwchlaw *ardd* oberhalb *+gen*; **~ pob dim** *(ffig)* über alles.

uwchnofa (uwchnofâu) *b (ASTRON)* Supernova *f.*

uwcholwg (uwcholygon) *g* Grundriss *m*; *(MATH)* Aufriss *m.*

uwchradd *ans (YSG)* weiterbildend, höher, weiterführend; **ysgol ~** Gymnasium *nt*, höhere Schule *f*, AHS[A] *f.*

uwchraddio *be.a (CYFDR)* upgraden, aufbessern.

uwchreolaeth *b (MIL)* Oberbefehl *m.*

uwch-ringyll *(-iaid)* *g (MIL)* Oberfeldwebel[D] *m.*

uwchsain *g* Ultraschall *m.*

uwchseinaidd *ans* Ultraschall-; **llun ~** *(MEDD)* Ultraschallbild *nt*, Sonographie *f.*

uwchsonig *ans* Überschall-.
uwd *g (COG)* (Hafer)brei *m*, Grütze[D] *f*, Porridge *m*.

W

'w *rhag* = **ei**; = **eu**.

wad[1] *b* Klaps *m*.

wad[2] *b (swp)* Packen *m*, Haufen *m*; *(arian papur)* Bündel *nt*.

wadin *g (TECS)* Material zum Ausstopfen, Füllung *f*; *(ar gyfer dillad)* Wattierung *f*; *(cotwm)* Watte *f*.

wado *be.a* schlagen; **wada bant!** fang an! mach' dich dran!

waffl (**-au**) *gb* Waffel *f*; **~ tato** Kartoffelpuffer *m*, Reibekuchen[D] *m*.

wagen (**-i**) *b* Pferdewagen *m*, Kutsche *f*; *(cert)* Karren *m*; *(MWYN)* Lore *f*; *(RHEILFF)* Güterwaggon *m*.

wal (**-iau**) *b* Wand *f*; *(mur)* Mauer *f*; **~ allanol** *(adeilad)* Fassade *f*; **~ cynnal pwysau** Stützmauer *f*, Tragemauer *f*; **~ ddringo** Kletterwand *f*, Sprossenwand *f*; **mynd i'r ~** *(MASN)* Bankrott gehen, Pleite machen.

waldio *be.a (rhoi curfa i)* verdreschen; *(cosbi)* versohlen, eine Abreibung geben.

waled (**-i**) *b* Brieftasche *f*.

walrws (**walrysod**) *g (SÖOL)* Walross *nt*.

walts (**-ys**) *b (dawns)* Walzer *m*.

waltsio *be.g* Walzer tanzen.

Walwniad (**Walwniaid**) *g* Wallone *m*, Wallonin *f*.

wanciwr (**wancwyr**) *g (anwedd)* Wichser *m*, Hosenscheißer *m*.

ward[1] (**-iau**) *b (ysbyty)* (Kranken)station *f*; *(etholaeth)* Wahlbezirk *m*; **~ arwahanu** Isolierstation *f*.

ward[2] (**-iaid**) *g (CYFR)* Mündel *nt*.

warden (**wardeiniaid**) *g* Aufseher(in) *m(f)*; *(neuadd breswyl)* Heimleiter(in) *m(f)*; **~ eglwys** Küster *m*.

wardrob (**-au**) *b* Garderobe *f*.

warws (**warysau**) *gb (MASN)* Lager(haus) *nt*, Depot *nt*.

wasier (**-i**) *b (TECH)* Dichtung *f*; **~ rwber** Gummidichtung *f*; *(dam gwahanu)* Distanzscheibe *f*.

wast *g (gwastraff)* Abfall *m*.

wastad *adf gw.* **gwastad**.

wat (**-iau**) *g (FFIS)* Watt *nt*.

wats (**-ys**) *b* Armbanduhr *f*; **ar fy ~** auf meiner Uhr; **strap ~** Uhrband *nt*.

Wcráin *b (DAEAR)* die Ukraine *f*.

Wcrainiad (**Wcrainiaid**) *g* Ukrainer(in) *m(f)*.

Wcreineg *b* Ukrainisch *nt*.

wedi[1] *ardd* **1** nach +*dat*; **~'r ysgol** nach der Schule; **~'r cwbl** schließlich, schlussendlich, zu guter Letzt; **~ hynny** danach, hierauf, anschließend; **2** *(adferfol)* **~ i mi orffen** nachdem ich fertig war; **~ iddo ymolchi** nachdem er sich gewaschen hatte.

wedi[2] *geir* **1** *(ffurf gwmpasog)* haben, sein; **rwyf ~ gweld** ich habe gesehen; **2** *(ansoddair berfol)* **~ blino** erschöpft, müde; **~ cau** geschlossen, zu; **~ dyddio** veraltet; **~ ei ffrio** gebraten; **~ marw** tot, verstorben; **~ meddwi** betrunken, blau; **~ mynd** weg, fort, ausverkauft; **~ torri** kaputt; **~ treulio** verbraucht, abgenutzt; **~ ymddeol** pensioniert, in Pension; **~ ymlâdd** fertig, groggy; **~ ysgaru** geschieden;

wedyn *adf* danach, daraufhin, nachher; *(felly)* also, folglich; **y diwrnod ~** am Tag danach, tags darauf.

weiar (**-s**) *b* = **weiren**.

weindio *be.a (dirwyn)* aufrollen; *(cloc, peirianwaith)* aufziehen.

weipar (**-s**) *g (MODUR)* Scheibenwischer *m*.

weiren *b* Draht *m*; *(TRYD)* Kabel *nt*; **~ bigog** Stacheldraht *m*; **~ caws** *(COG)* Käseschneider *m*; **~ ddannedd** Zahnspange *f*.

weirio, weiro *be.a* verkabeln.

weithiau *adf* manchmal, mitunter, gelegentlich.

wel *ebych* na! tja! **~?** und nun? ja? **~! ~!** *(syndod)* soso! aha! **~, dyna ni 'te!** na also!

weldio *be.a* schweißen.

weldiwr (**weldwyr**) *g* Schweißer *m*.

wele *ebych* sieh' da!

wermod *b (BOT, diod)* Wermut *m*; **~ lwyd** *(BOT)* Wermut.

wfft *ebych* pah! **~ i beth fydd yn digwydd** nach mir die Sintflut!

wfftian *be.a* ignorieren, abtun; *(negyddu)* negieren; *(gwawdio)* verspotten; *(THEAT)* ausbuhen.

wfftio *be.a* = **wfftian**.

whad *b* = **wad**[1].

whado *be* = **wado**.

whilber (**-i**) *gb (berfa)* Schubkarren *m*, Scheibtruhe[A] *f*.

wic *g* Docht *m*.

wiced (**-i**) *b (CHWAR: criced)* Wicket *nt*.

wicedwr (**wicedwyr**) *g (CHWAR: criced)* Fänger *m*.

wilia *be* = **chwedleua**.

winc *b* = **wincad**.

wincad *b (= chwinciad)* Zwinkern *nt*; *(amrantiad)* Augenblick *m*; **mewn ~** im Handumdrehen, im Nu.

wincio *be.g* zwinkern; *(oherwydd golau cryf)* blinzeln; *(car)* blinken; *(seren)* funkeln; **~ ar rn** jdm zuzwinkern.

wins (-ys) *b (TECH)* Winde *f*, Flaschenzug *m*.

winsio *be.a* heben, hochziehen.

winwnsyn *g* = **wynionyn**.

wisgi *g* = **chwisgi**.

wit-wat *ans (person)* flatterhaft, unstet.

wlna (wlnâu) *g (ANAT)* Elle *f*.

wlser (-au) *g (MEDD)* Geschwür *nt*, Wucherung *f*.

wltimatwm *g* Ultimatum *nt*.

wmbredd *g* Fülle *f*, Menge *f*; **peth ~ o waith** eine Menge Arbeit.

wncl *g* = **ewythr**.

wnionyn (wnionod) *g* = **wynionyn**.

woblyn *g* Seifenschaum *m*.

wraniwm *g (CEM)* Uran *nt*.

Wranws *g (planed)* Uranus *m*.

Wrdw *b (iaith)* Urdu *nt*.

wrlyn *g (chwydd)* Beule *f*.

wrn (yrnau) *g* Urne *f*.

wrth¹ *ardd* **1** *(ar bwys)* bei *+dat*, neben *+dat*; *(yn cyffwrdd â)* an *+dat*; **foch ~ foch** Wange an Wange; **eistedd ~ y bwrdd** bei Tisch sitzen; **~ droed y mynydd** am Fuß des Berges; **~ y drws** bei/neben der Tür; **mae rhn ~ y drws** es ist jemand an der Tür; **~ gefn** in Reserve; **~ law** *(ffig)* griffbereit, zur Hand; *(ar gael)* verfügbar; **roedd help ~ law** es war Hilfe zur Stelle; **~ y tân** am/beim Kamin; **wrth eich hunan** allein; **~ eich bodd** außer sich vor Freude, hocherfreut; **2** *(trwy)* durch *+akk*; *(pan fo)* **~ angen** auf Bedarf, bei Bedarf; **~ gwrs** freilich, natürlich, selbstverständlich; **~ gwrs!** klar! **~ lwc** zum Glück, glücklicherweise; **~ reswm** natürlich, sicher, freilich; **ni all wrtho** er kann nicht anders; **3** *(gyda mesurau)* **~ y litr** literweise; **~ y dwsin** im Dutzend; *(ffig)* reihenweise; **pum metr ~ dri metr** fünf mal drei Meter; **4** *(gyda rhai berfau)* **bod wrthi'n gwneud rhth** dabei sein etw zu tun; **bod yn garedig ~ rn** zu jdm nett sein; **dweud rhth ~ rn** jdm etw sagen, jdm etw mitteilen; **trugarha wrthym!** erbarme dich unser!

wrth² *cys (tra yn gwneud)* bei *+dat*, als; *(trwy wneud)* indem; *(oherwydd)* da, weil; **~ eu bod nhw mor dlawd ...** da sie so arm sind…; **~ ddychwelyd** bei der Rückkehr; **~ ddweud hynny** dennoch; **~ glywed y neges** als er die Nachricht hörte; **~ edrych yn ôl** rückblickend; **~ fynd heibio** nebenbei, beiläufig; **mae hi'n ennill arian ~ ysgrifennu nofelau** sie verdient Geld, indem sie Romane schreibt.

wterws (wteri) *g (ANAT)* Gebärmutter *f*, Uterus *m*.

wtra (wtreydd) *b* Landstraße *f*; *(mewn tref)* Gasse *f*.

wy (-au) *g* Ei *nt*; *(BIOL)* Eizelle *f*; **~ batri** Ei eines Batteriehuhns; **~ clwc** faules Ei; **~ maes** Freilandei *nt*; **~ Pasg** Osterei *nt*; **~ wedi'i ferwi** weiches Ei; **~ wedi'i ferwi'n galed** hartes Ei; **~ wedi'i ffrio** Spiegelei *nt*; **~ wedi'i sgramblo** Eierspeise^A *f*, Rührei^D *nt*; **bacwn ac ~** Ham and Egg *nt*, strammer Max^D *m*.

wybren (-nau) *b* Himmel *m*, Firmament *nt*, Himmelszelt *nt*.

Wyddfa *b (DAEAR)* **yr ~** Snowdon *m*.

wyfa (wyfeydd) *b (ANAT)* Eierstock *m*.

wylo *be.g* weinen, Tränen vergießen; *(llefain)* heulen; **~'n hidl** sich in Tränen auflösen.

wylofain *be.g* wehklagen, lamentieren, jammern.

ŵyn *ll gw.* **oen**.

wyna *be.g* lammen; **tymor ~** Lämmerzeit *f*.

wyneb (-au) *g* Gesicht *nt*; *(golwg)* Miene *f*; *(gwep)* Grimasse *f*; *(cloc)* Zifferblatt *nt*; *(arwynebedd)* Oberfläche *f*; *(adeilad)* Fassade *f*; *(blaen, top)* Vorderseite *f*, Oberseite *f*; *(MATH)* Fläche *f*; **~ allanol** Außenseite *f*; **~ gweithio** Arbeitsfläche *f*; **~ mewnol** Innenseite *f*; **i waered** verkehrt herum, umgestülpt; *(dros bob man)* drunter und drüber; **~ y ddaear** Erdoberfläche *f*; **~ y dŵr** Wasseroberfläche *f*; **bod â digon o ~** *(ffig)* die Stirn haben; **ar yr ~** oberflächlich; **cadw ~ syth** sich *dat* das Lachen verkneifen; **derbyn ~** *(ffig)* nach dem Schein urteilen; **tynnu ~au** Gesichter schneiden; **tynnu ~ hir** ein langes Gesicht machen; **~ yn ~** von Angesicht zu Angesicht, Aug in Auge; **yn ~ yr anawsterau** angesichts der Schwierigkeiten.

wynebddalen (-nau) *b* Titelseite *f*.

wynebddarlun (-iau) *g* Titelbild *nt*, Titelfoto *nt*.

wynebgaled *ans* unverschämt, impertinent.

wynebiad *g* Konfrontation *f*.

wynebol *ans* Gesichts-; *(sy'n wynebu)* zugewandt, Vorder-.

wynebu *be.a* sehen nach *+dat*; *(ffenestr)* gehen nach *+dat*; *(bod gyferbyn)* gegenüberliegen *+dat*, gegenüberstehen *+dat*; *(rhn)* gegenübertreten *+dat*; *(problemau)* ins Auge sehen; **rhth yn wynebu rhn** jd ist mit etw *dat* konfrontiert; **mae'r balconi'n ~'r de** der Balkon geht nach Süden; **~'r ffeithiau** den Tatsachen ins Auge sehen; **~ eich gilydd** sich gegenüberstehen; **mae'r ochr yma yn ~ i fyny** diese Seite sieht nach oben.

wynebwerth *g (stamp, papur arian)* Nennwert *m*, Nominalwert *m*.

wynepryd *g (llen)* Antlitz *nt*, Angesicht *nt*; *(golwg)* Gesichtszüge *pl*.

wynionyn (wynionod) *g (COG)* Zwiebel *f*.

wynwns *ll gw.* **wynionyn**.

wynwynyn (wynwyn) *g* = **wynionyn**.

ŵyr (wyrion) *g* Enkelkind *nt*; *(mab)* Enkel *m*.

wyres (-au) *b* Enkeltochter *f*, Enkelin *f*.

wysg *g (ôl)* Spur *f*; ~ **eich pen** kopfüber; ~ **eich trwyn**
(croes i'ch ewyllys) gegen den Strich; ~ **eich cefn**
rückwärts, verkehrt.

wystrysen (wystrys) *b (SÔOL)* Auster *f*; **gwely wystrys**
Austernbank *f*.

wyth *rhif* acht; ~ **gant** achthundert; **yr hoelion** ~ die
Hautevolee *f*, die oberen zehntausend.
 ♦ *g* Acht^D *f*, Achter^A *m*; *(siâp)* Schleife *f*.

wythawd (-au) *g (CERDD)* Oktett *nt*.

wythfed¹ *ans* achte(r,s); **Harri'r W~** *(HAN)* Heinrich der
Achte.

wythfed² (-au) *g (MATH)* Achtel *nt*; *(CERDD)* Oktave *f*.

wythnos (-au) *b* Woche *f*; *(cyfnod gwaith)* Woche,
Arbeitswoche; **yn ystod yr** ~ unter der Woche,
werktags; ~ **i ddydd Sul** Sonntag in einer Woche;
~ **i heddiw** heute in acht Tagen; **yr** ~ **diwethaf**
letzte/vorige Woche; ~ **rag** *(PRIFYSG)*
Aktionswoche *f*; **W~ y Pasg** *(CREF)* Osterwoche *f*;
ymhen ~ in einer Woche.

wythnosol *ans* wöchentlich.

wythnosolyn (wythnosolion) *g* Wochenzeitung *f*,
Zeitschrift *f*.

wythongl (-au) *b* Achteck *nt*.

wythonglog *ans* achteckig.

wythwaith *adf (wyth gwaith)* achtmal, achtfach.

wythwr (wythwyr) *g (rygbi)* Nummer Acht *f*.

Y

y¹, yr, 'r *ban* **1** der *m*, die *f*, das *nt*; **yr haul** die Sonne *f*; **yr iechyd** die Gesundheit *f*; **~ wlad** das Land *nt*; **yr wyneb** das Gesicht; **i'r dref** in die Stadt; **yn ~ flwyddyn 1962** im Jahre 1962; **hwn yw'r un gorau** das ist der beste; *(yr un gorau)* **dyma 'y' llyfr** das ist 'das' Buch; *(gweithred)* **~ codi** das Aufstehen *nt*; **~ gallu** die Fähigkeit *f*; **yr wyth** die Acht *f*; **~ meirw** die Toten *pl*; **2** *(cyffredinol)* **yn ~ gwely** im Bett; **yn ~ gwaith** in der Arbeit; **yn ystod yr wythnos** unter der Woche; **3** *(rhaniad)* pro, per, in *+dat*; **~ cant** Prozent *nt*, Hundertstel *nt*; **~ fil** Promille *nt*, Tausendstel *nt*; **~ pen** pro Kopf; **ugain milltir yr awr** 20 Meilen pro Stunde; **pum deg ceiniog ~ litr** 50 Pence der Liter; **faint ydych chi'n talu ~ mis?** wieviel zahlt ihr im Monat? **4** *(mewn teitlau)* **yr Athro Williams** Professor Williams; **yr Arglwydd Rhys** Lord Rhys; **~ Br Jones** *(ar lythyr)* Herrn Jones; *(gyda enwau priod)* **~ Dadeni** die Renaissance *f*; **~ Ddaear** die Erde *f*; **~ Ffindir** Finnland; **~ Groes Goch** das Rote Kreuz; *(salwch)* **~ geri** Cholera *f*; **~ frech goch** Masern *pl*; **5** *(hwn, hon)* **~ bore 'ma** heute Morgen; **~ ferch 'na** jenes Mädchen; **~ ddarlith hon** dieser Vortrag; **~ fath berson** ein solcher Mensch; **6** *(o flaen genidol)* **hanes ~ byd** die Weltgeschichte *f*; **llyfr newydd yr awdur** das neue Buch des Autors; **7** *(amrywiol)* **~ cyfan** das Ganze; **~ llynedd** voriges Jahr; **~ tu mewn** drinnen, innen; **~ tu hwnt** jenseits, drüben; **yr un dyn** derselbe Mann; **canu'r piano** Klavier spielen.

y², yr *geir:* **~ mae** es ist, es gibt; **yr wyt** du bist; **yr oeddwn** ich war; **fel ~ gwyddoch** wie Sie wissen; **gwn ~ byddaf yn ennill** ich weiß, dass ich gewinnen werde.

y³, yr *rhag perth* der, die, das, welche(r,s); **y ferch ~ soniaist ti amdani** das Mädchen, das du erwähntest; **y fflat yr wyf yn byw ynddo** die Wohnung, in der ich wohne; **er lleied ~ bo** wie klein es auch sein mag.

ych¹ (**-en**) *g* Ochse *m*, Rind *nt*; *(SÖOL)* Büffel *m*; **~ yr afon** Wasserbüffel *m*.

ych² *be* (**ydych**) *gw.* **bod¹**; **pwy ~ chi?** wie heißen Sie?

ych³ *ebych* pfui! **~ a fi!** pfui Teufel! **igitt**[D]! *(fel ymateb)* schrecklich!

ychwaith *adf* = **chwaith**.

ychwaneg *ans* = **chwaneg**.

ychwanegiad (**-au**) *g* Ergänzung *f*, Zusatz *m*; *(GRAM)* Augment *nt*.

ychwanegol *ans* zusätzlich, weiter, extra.
   ♦ *adf* außerdem, darüber hinaus.

ychwanegu *be.a* hinzufügen, dazutun; *(atodi)* anhängen; **~ at** ergänzen.

ychwanegyn (**ychwanegion**) *g* Zusatzmittel *nt*, Zusatz *m*; *(mewn bwydydd)* Geschmackstoff *m*, Konservierungsmittel *nt*; **~ lliw** Farbstoff *m*.

ychydig¹ *g:* **~ o bobl** wenige Leute; **~ o halen** etwas Salz.

ychydig² *ans* wenig; **~ fwyd** nicht viel Essen.

ychydig³ *adf* ein bisschen, ein wenig, etwas; **~ yn ôl** unlängst; **allwch chi symud draw ~?** können Sie ein wenig rüberrücken?

ŷd (**ydau**) *g* Getreide *nt*, Korn *nt*.

ydfran (**ydfrain**) *b* *(SÖOL)* Saatkrähe *f*.

ydw *be gw.* **bod¹**; *(ateb)* ja; **nac ~** nein; **~ i'n hwyr?** bin ich zu spät? **Cymro ~ i** ich bin Waliser.

ydy *be gw.* **bod¹**; *(ateb)* ja; **nac ~** nein; **Cymraes ~ hi?** ist sie Waliserin? **on'd ~?** nicht wahr?

ydych *be gw.* **bod¹**; *(ateb)* ja; **nac ~** nein.

ydys *be gw.* **bod¹**; **yr ~ yn disgwyl** es wird erwartet.

ydyw *be* = **ydy**; *gw.* **bod¹**.

yfadwy *ans* trinkbar, genießbar; **dŵr ~** Trinkwasser *nt*.

yfed *be.a* trinken; *(anifail)* saufen; **~ iechyd da i rn** auf jds Gesundheit trinken, jdm zuprosten; **~ rhth ar ei ben** etw ex trinken.
   ♦ *be.g (diota)* trinken, saufen, zechen; **~ i** begießen; **~ a gyrru** Trunkenheit am Steuer.

yfory *adf* morgen; **bore ~** morgen Früh; **wythnos i ~** morgen in einer Woche.

yfwr (**yfwyr**) *g* Trinker(in) *m(f)*, Säufer(in) *m(f)*, Zecher(in) *m(f)*.

yfflon *ll* Stücke *pl*; **yn ~** in tausend Stücken.

yng *ardd gw.* **yn¹**.

yngan *be.a (mynegi, dweud)* äußern, von sich *dat* geben, artikulieren.

ynganiad *g* Aussprache *f*, Artikulation *f*.

ynganu *be.a* aussprechen, artikulieren; **sut mae ~ hwnna?** wie spricht man das aus?

ynghau *adf* zu, geschlossen.

ynghlwm *adf:* **~ wrth** (an)gebunden an *+akk*; **~ wrth ei gilydd** zusammengebunden; *(ffig)* **~ wrth waith** eingedeckt mit Arbeit.

ynghrog *adf* hängend, aufgehängt; **bod ~** hängen.

ynghudd *adf* verborgen, versteckt.

ynghwsg *adf* schlafend.

ynghyd *adf* zusammen, gemeinsam, miteinander; *(bod)* beisammen; **~ â** samt *+dat*, gemeinsam mit *+dat*, nebst *+dat*.

ynghylch *ardd* hinsichtlich *+gen*, in Bezug auf *+akk*, in punkto *+nom*.

ynghynn *adf:* **bod ~** brennen; *(golau, nwy)* an sein; **roedd y golau ~** das Licht brannte, das Licht war an.

ynghynt *adf* früher, vorher, zuvor.

ynglŷn *adf:* **~ â** bezüglich *+gen*, in Bezug auf *+akk*.

ym[1] *ardd gw.* **yn**[1].

ym-[2] *rhagdd* sich; *e.e.* **ymolchi** sich waschen.

yma *adf* hier, hierher; *(hwn, hon)* diese(r,s); **~ ac acw** da und dort, stellenweise; **hyd ~** bis jetzt; **y ferch 'ma** dieses Mädchen; **nac ~ nac acw** *(ffig: amherthnasol)* irrelevant; **tyrd ~!** *neu:* **dere 'ma!** komm her!

ymadael *be.g* weggehen, aufbrechen; *(trên, bws)* abfahren; *(llong)* auslaufen; *(llen)* scheiden; **~ â** verlassen; **~ â'r fuchedd hon** aus diesem Leben scheiden, verscheiden; **~ â'i gilydd** sich (voneinander) trennen.

ymadawedig[1] *ans* verstorben, verblichen.

ymadawedig[2] (-ion) *g* Verstorbene *m/f*, Verblichene *m/f*.

ymadawiad (-au) *g* Abschied *m*; *(trên)* Abfahrt *f*; *(AWYR)* Abflug *m*; *(llong)* Auslaufen *nt*.

ymadfer *be.g* genesen.

ymado *be.g* = **ymadael**.

ymadrodd (-ion) *g* Ausdruck *m*, Phrase *f*, Syntagma *nt*; *(idiom)* Redewendung *f*, Redensart *f*; **rhan ~** Wortart *f*, syntaktische Kategorie *f*.

ymadwaith *g* Wechselwirkung *f*.

ymaddasiad *g* Anpassung *f*, Adaption *f*.

ymaddasu *be.g* sich anpassen, sich akklimatisieren; **~ i** sich umstellen auf *+akk*.

ymaelodi *be.g:* **~ â** beitreten *+dat*.

ymafael *be.g:* **~ yn** packen, ergreifen.

ymaflyd *be.a* ergreifen, packen; **~ codwm** ringen, catchen.

ymagor *be.g* sich öffnen, aufgehen; *(golygfa)* sich ausbreiten; *(blodeuyn)* sich entfalten; *(dylyfu gên)* gähnen.

ymaith *adf* fort, weg, davon; *(llen)* von dannen.

ymarddangosydd (**ymarddangoswyr**) *g* Exhibitionist *m*.

ymarfer[1] *be.a* üben, trainieren; *(adolygu)* wiederholen, einstudieren.

♦ *be.g* üben; *(CHWAR)* trainieren; *(MIL)* exerzieren; *(THEAT)* proben.

ymarfer[2] (-ion) *gb* Übung *f*; *(CHWAR)* Training *nt*; *(THEAT)* Probe *f*; *(côr)* Chorprobe *f*; **~ anadlu**

Atemübung *f*; **~ corff** Turnen *nt*, Leibesübung *f*; **~ cydadfer** Ausgleichsübung *f*; **~ cynhesu** *(CHWAR)* Lockerungsübung *f*; **~ da** *(ffig)* allgemeine Empfehlung *f*; **~ dysgu** ≈ Referendarjahr *nt*, Lehrerpraktikum *nt*; **~ gwisgoedd** Kostümprobe *f*; **~ion ymlacio** Entspannungsübungen *pl*.

ymarferiad (-au) *g* = **ymarfer**[2].

ymarferol *ans* praktisch; *(posibl)* durchführbar, machbar, praktikabel, realisierbar; **gwaith ~** *(YSG)* praktische Übung *f*; **yn ~** in der Praxis.

ymarferoldeb *g* Realisierbarkeit *f*, Durchführbarkeit *f*.

ymarfogi *be.g* sich bewaffnen; *(ffig)* sich rüsten, sich wappnen.

ymarweddiad (-au) *g* Verhalten *nt*.

ymasiad (-au) *g* Fusion *f*, Verschmelzung *f*; **~ niwclear** Kernfusion *f*.

ymatal *be.g* sich zurückhalten, sich zügeln; *(peidio)* sich enthalten; **~ rhag** verzichten auf *+akk*, sich *dat* etw versagen; **~ rhag gwneud rhth** davon absehen etw zu tun.

ymatalgar *ans* enthaltsam, abstinent.

ymataliad *g* Abstinenz *f*, Enthaltsamkeit *f*.

ymateb[1] *be.g* antworten, reagieren (**i** auf *+akk*).

ymateb[2] (-ion) *g* Reaktion *f*, Antwort *f*; *(ffafriol)* Resonanz *f*.

ymbalfalu *be.g* herumfummeln, wühlen; **~ yn y tywyllwch** *(ffig)* im Dunkeln tappen.

ymbaratoi *be.g* sich bereitmachen, sich herrichten; **~ ar gyfer rhth** sich auf etw *+akk* einstellen.

ymbarél (-s *neu* **ymbarelau** *neu* **ymbareli**) *g* Schirm *m*, Regenschirm *m*; **~ haul** Sonnenschirm *m*; **~ telesgopig** Knirps® *m*.

ymbelydredd *g* *(FFIS)* Strahlung *f*, Radioaktivität *f*.

ymbelydrol *ans* radioaktiv.

ymbelydru *be.g* strahlen.

ymbellhau *be.g* sich entfernen; *(ffig ymddieithrio)* sich entfremden; **~ oddi wrth** *(anghytuno)* sich distanzieren von *+dat*.

ymbil *be.g* flehen; **~ ar rn** jdn beschwören, jdn anrufen.

ymbilgar *ans* flehentlich, bittend.

ymbincio *be.g* sich schminken, sich zurechtmachen.

ymbleseru *be.g:* **~ mewn** frönen *+dat*, sich ergehen in *+dat*, genießen.

ymboeni *be.g* sich *dat* Sorgen machen.

ymborth *g* Speise *f*, Nahrung *f*; *(anifeiliaid)* Futter *nt*.

ymborthi *be.g:* **~ ar** sich ernähren von *+dat*.

ymbresenoli *be.g* antreten.

ymbwyllo *be.g* sich beruhigen, zur Vernunft kommen.

ymchwil *gb* Forschung *f*; *(darn o waith)* Studie *f*,
Forschungsarbeit *f*; ~ **marchnata** Marktstudie *f*,
Marktforschung *f*; ~ **niwclear** Kernforschung *f*.

ymchwiliad (-au) *g* Untersuchung *f*; *(ymchwilio)*
Erforschung *f*, Ergründung *f*; *(swyddogol)*
Ermittlung *f*, Nachforschung *f*; ~ **rhagarweiniol**
(CYFR) Voruntersuchung *f*.

ymchwilio *be.g* forschen, Forschung betreiben;
(heddlu) ermitteln; ~ **i** erforschen, studieren,
untersuchen.

ymchwiliwr *g* = **ymchwilydd**.

ymchwilydd (ymchwilwyr) *g* Forscher(in) *m(f)*; ~ **barn**
Meinungsforscher(in) *m(f)*.

ymchwydd *g* *(MEDD)* Schwellung *f*, Beule *f*; *(môr)*
Seegang *m*, Wellengang *m*; *(MASN)* Hausse *f*.

ymchwyddo *be.g* anschwellen; *(môr)* wogen.

ymdaenu *be.g* sich verbreiten.

ymdaeru *be.g* streiten, sich zanken[D].

ymdaith (ymdeithiau) *b* Marsch *m*; *(pellter)* Tagesreise
f, Tagesmarsch *m*; *(ffig: cynnydd)* Fortschritt *m*.

ymdawelu *be.g* sich abreagieren, sich abregen, sich
fangen; *(cynnwrf)* sich legen.

ymdebygu *be.g:* ~ **i** ähneln +*dat*.

ymdeimlad (-au) *g* Gefühl *nt*; ~ **o israddoldeb**
Minderwertigkeitsgefühl *nt*.

ymdeithgan (ymdeithganeuon) *b* *(CERDD)* Marschlied
nt, Wanderlied *nt*; *(clasurol)* Marsch *m*; ~ **angladd**
Trauermarsch *m*.

ymdeithio *be.g* marschieren.

ymdoddi *be.g* verschmelzen, ineinander übergehen.

ymdoniad (-au) *g* Undulation *f*.

ymdonni *be.g* *(ŷd)* wogen; *(FFIS)* undulieren,
fluktuieren.

ymdopi *be.g* zurechtkommen; ~ **â** bewältigen,
packen, verkraften, fertig werden mit +*dat*; **offer**
~ Bastelgerät *nt*; **siop** ~ Bastelgeschäft *nt*.

ymdrafferthu *be.g* sich bemühen.

ymdrech (-ion) *b* Anstrengung *f*, Bemühung *f*,
Mühe *f*; *(cais)* (Be)streben *nt*, Versuch *m*; *(FFIS)*
Kraft *f*; ~ **i fodoli** Existenzkampf *m*, ~ **i oroesi**
Überlebenskampf *m*; **gwneud** ~ sich *dat* Mühe
geben.

ymdrechgar *ans* fieberhaft, emsig.

ymdrechu *be.g* sich anstrengen, sich abmühen; ~
am streben nach +*dat*; ~ **i gael** anstreben; ~ **i wneud**
rhth danach trachten etw zu tun.

ymdreiddio *be.g* eindringen; *(hylif yn y ddaear)*
versickern; *(person)* eindringen, vordringen; ~ **i**
eindringen in +*akk*.

ymdreiglo *be.g* sich wälzen; *(mochyn)* sich suhlen.

ymdrin *be.g:* ~ **â** behandeln, sich befassen mit +*dat*.

ymdriniaeth (-au) *b* Behandlung *f*, Abhandlung *f*.

ymdrochi *be.g* baden; ~ **yn** eintauchen in +*akk*; *(ffig)*
sich vertiefen in +*akk*.

ymdrochwr (ymdrochwyr) *g* Badende *m/f*.

ymdroelli *be.g* sich schlängeln, sich winden.

ymdrybaeddu *be.g* sich suhlen; *(ffig)* schwelgen.

ymdwymo *be.g* sich erwärmen, warm werden.

ymdyrru *be.g* sich scharen, zusammenströmen.

ymddaliad *g* Haltung *f*; ~ **da** gute Haltung; ~
unionsyth aufrechte Haltung.

ymddangos *be.g* *(dod i'r golwg)* erscheinen, zum
Vorschein kommen, auftauchen; *(THEAT)*
auftreten; *(edrych fel petai)* scheinen, aussehen; ~
gerbron y llys vor Gericht erscheinen.

ymddangosiad (-au) *g* Erscheinen *nt*; *(THEAT)* Auftritt
m, Auftreten *nt*; ~ **cyntaf** Debüt *nt*.

ymddangosiadol *ans* anscheinend, scheinbar.

ymddatod *be.g* aufgehen; *(FFIS)* zerfallen.

ymddatodiad *g* *(FFIS)* Zerfall *m*.

ymddeol *be.g* in Pension gehen, in den Ruhestand
treten, pensioniert werden; **mae hi wedi** ~ sie ist
pensioniert, sie ist in Pension.

ymddeoledig *ans* außer Dienst; *(PRIFYSG)* emeritiert.

ymddeoliad (-au) *g* Pensionierung *f*, Ruhestand *m*; ~
cynnar Frühpension *f*.

ymddiddan[1] *be.g* sich unterhalten, ein Gespräch
führen.

ymddiddan[2] (-ion) *g* Gespräch *nt*, Konversation *f*,
Dialog *m*.

ymddiddori *be.g:* ~ **mewn** sich interessieren für +*akk*.

ymddieithrio *be.g* sich auseinander leben.

ymddifyrru *be.g* sich amüsieren.

ymddihatru *be.g* sich entkleiden, sich ausziehen;
(ffig) ~ **o** sich entledigen +*gen*.

ymddiheuriad (-au) *g* Entschuldigung *f*.

ymddiheuro *be.g* sich entschuldigen, um
Verzeihung bitten, Abbitte tun.

ymddiheurol *ans* entschuldigend.

ymddiorseddiad (-au) *g* Abdankung *f*.

ymddiorseddu *be.g* abdanken.

ymddiried *be.g:* ~ **yn** trauen +*dat*, vertrauen +*dat*;
gellwch ~ **ynddo** Sie können sich auf ihn
verlassen.

♦ *be.a:* ~ **rhth i rn** jdm etw anvertrauen.

ymddiriedaeth (-au) *b* Vertrauen *nt*.

ymddiriedolaeth (-au) *b* *(MASN)* Trust *m*; **yr Y~**
Genedlaethol National Trust *m*.

ymddiriedolwr (ymddiriedolwyr) *g* *(MASN)* Treuhänder
m, Verwalter *m*.

ymddiriedus *ans* gutgläubig, vertrauensselig,
vertrauensvoll.

ymddiswyddiad (-au) *g* *(GWLEID)* Rücktritt *m*.

ymddiswyddo *be.g* zurücktreten, abtreten,

kündigen; **~ o** niederlegen, quittieren.

ymddoleniad (**-au**) *g* Windung *f.*

ymddwyn *be.g* sich benehmen, sich verhalten; *(YSG)* sich betragen; **~ fel** sich gebärden wie; **~ fel pe** so tun als ob; **~ yn swil** sich zieren.

ymddygiad *g* Benehmen *nt*, Verhalten *nt*; *(YSG)* Betragen *nt*; *(CYFR)* Führung *f*, **~ aflonyddgar** gestörtes Verhalten; **~ gwrthgymdeithasol** unsoziales Verhalten; **~ ymosodol** Aggression *f.*

ymddyrchafu *be.g* sich emporarbeiten, Karriere machen, emporkommen.

ymegnïo *be.g* sich anstrengen.

ymelwa *be.g:* **~ ar** ausnutzen, ausbeuten.

ymennydd (**ymenyddiau** *neu* **ymenyddion**) *g* *(ANAT)* Gehirn *nt*, Hirn *nt*; **~ yn farw** gehirntot.

ymenyddglwyf *g:* **Y~ Sbwngffurf Gwartheg** BSE *f.*

ymenyn *g* = **menyn**.

ymerawdwr (**ymerawdwyr**) *g* Kaiser *m*, Imperator *m*; **Y~ Glân Rhufeinig** *(HAN)* Kaiser des Heiligen Römischen Reiches Deutscher Nation.

ymerodraeth (**-au**) *b* Kaiserreich *nt*, Reich *nt.*

ymerodres (**-au**) *b* Kaiserin *f.*

ymerodrol *ans* kaiserlich, imperial.

ymesgusodi *be.g* sich entschuldigen, sich herausreden.

ymesgusodol *ans* entschuldigend.

ymestyn *be.g* sich erstrecken, sich ausdehnen; *(corff)* sich strecken, sich dehnen, sich recken; **~ hyd at** reichen bis zu +*dat.*

ymestynnol *ans (rhan o beiriant)* ausfahrbar.

ymfalchïo *be.g:* **~ yn** stolz sein auf +*akk*, sich brüsten +*gen.*

ymfalurio *be.g* abbröckeln, verfallen.

ymfodloni *be.g:* **~ ar** sich zufriedengeben mit +*dat*, sich fügen in +*dat.*

ymfudiad (**-au**) *g* Wanderung *f*, Migration *f*, *(pobl)* Völkerwanderung *f*, *(adar)* Zug *m.*

ymfudo *be.g (allfudo)* auswandern, emigrieren; *(adar)* ziehen; *(ceirw)* wandern, ziehen.

ymfudol *ans* Wander-, Zug-; **aderyn ~** Zugvogel *m.*

ymfudwr (**ymfudwyr**) *g* Auswanderer *m*, Emigrant *m*, Aussiedler *m.*

ymfudwraig (**ymfudwragedd**) *b* Auswanderin *f*, Emigrantin *f*, Aussiedlerin *f.*

ymfflamychol *ans* aufrührerisch, hetzerisch.

ymffrost *g* Angeberei *f*, Prahlerei *f.*

ymffrostgar *ans* angeberisch, prahlerisch.

ymffrostio *be.g* angeben, aufschneiden, prahlen, sich rühmen.

ymffrostiwr (**ymffrostwyr**) *g* Angeber(in) *m(f)*, Prahlhans[D] *m.*

ymffurfio *be.g* sich bilden, entstehen, sich

entwickeln, Gestalt annehmen.

ymgadw *be.g:* **~ rhag** sich enthalten +*gen*, absehen von +*dat*; *(ofni)* sich scheuen vor +*dat*, zurückschrecken vor +*dat.*

ymgais (**ymgeisiau**) *gb* Versuch *m*, Bemühung *f*, Bestreben *nt*; **~ i lofruddio** Mordanschlag *m*, Attentat *nt.*

ymgaledu *be.g* sich abhärten.

ymganghennu *be.g* sich verzweigen.

ymgartrefu *be.g (setlo)* sich niederlassen, sich ansiedeln; *(dod yn gyfarwydd)* sich einleben.

ymgarthion *ll* = **ysgarthion**.

ymgasgliad (**-au**) *g* Ansammlung *f.*

ymgasglu *be.g (cyfarfod)* zusammenkommen, sich versammeln; *(mewn niferoedd)* sich scharen; *(tyrru)* sich häufen; *(dyledion)* sich ansammeln; *(dŵr)* sich stauen; *(cramen)* sich ablagern.

ymgecru *be.g* sich streiten, zanken.

ymgeisiaeth *b* Kandidatur *f.*

ymgeisio *be.g* kandidieren; **~ am** sich bewerben für +*akk.*

ymgeisydd (**ymgeiswyr**) *g* Kandidat(in) *m(f)*; *(am swydd)* Bewerber(in) *m(f)*; *(YSG)* Prüfling *m*, Prüfungskandidat(in) *m(f)*; *(am grant)* Antragsteller(in) *m(f)*; **~ ffiniol** *(YSG)* Grenzfall *m.*

ymgeisyddiaeth *b* Kandidatur *f.*

ymgeledd *g* Fürsorge *f.*

ymgeleddu *be.a* sich sorgen um +*akk*, beistehen +*dat.*

ymgilio *be.g* sich verkriechen, sich entfernen.

ymgiprys *g* Handgemenge *nt*, Gezerre *nt.*

ymgnawdoli *be.a* personifizieren, verkörpern.

ymgnawdoliad *g (CREF)* Menschwerdung *f*, Fleischwerdung *f*, *(ffig)* Verkörperung *f.*

ymgodi *be.g* aufragen, sich erheben, sich auftürmen.

ymgodymu *be.g* ringen, raufen; *(er mwyn hwyl)* sich balgen, rangeln; **~ â** ringen mit +*dat*; *(ffig)* sich herumschlagen mit.

ymgodymwr (**ymgodymwyr**) *g* Ringer *m.*

ymgofrestru *be.g* sich anmelden, sich eintragen, sich einschreiben; *(PRIFYSG)* inskribieren, immatrikulieren; **~ ar gyfer cwrs** einen Kurs belegen; **~ gyda'r heddlu** sich polizeilich melden.

ymgolli *be.g:* **~ yn** aufgehen in +*dat*, sich vertiefen in +*akk.*

ymgom (**-ion**) *gb* Konversation *f*, Gespräch *nt.*

ymgomio *be.g* konversieren, ein Gespräch führen.

ymgordeddu *be.g (BOT)* sich ranken, sich winden.

ymgorffori *be.a* verkörpern.

ymgorfforiad *g* Verkörperung *f*, Inbegriff *m.*

ymgreinio *be.g* kriechen, buckeln, sich

einschleimen.

ymgripio *be.g* sich einschleichen.

ymgroesi *be.g* sich bekreuzigen, das Kreuz schlagen.

ymgrymiad (-au) *g* Verbeugung *f*, Diener *m*.

ymgrymu *be.g* sich verbeugen, sich verneigen.

ymguddio *be.g* sich verstecken.

ymgychwyn *be.g* (CYFDR) initialisieren.

ymgydiad *g* Beischlaf *m*, Kopulation *f*.

ymgydio *be.g* kopulieren; *(anifeiliaid)* sich begatten; ~ **â** schlafen mit *+dat*; *(anifeiliaid)* begatten; *(buwch, dafad)* decken; *(ceirw)* beschlagen.

ymgyfarwyddo *be.g* sich einarbeiten; ~ **â** sich vertraut machen mit *+dat*.

ymgyfeirio *be.g* sich orientieren.

ymgyflwyno *be.g* (cyfle) sich eröffnen, sich darbieten.

ymgyfoethogi *be.g* sich bereichern.

ymgyfuno *be.g:* ~ **â** sich eingliedern.

ymgyfyngu *be.g* sich einschränken; ~ **i** sich beschränken auf *+akk*.

ymgynghori *be.g* sich beraten, beratschlagen, konferieren; ~ **â** konsultieren, zu Rate ziehen.

ymgynghoriad *g* Beratung *f*.

ymgynghorol *ans* beratend; *(dogfen)* konsultativ.

ymgynghorydd (ymgynghorwyr) *g* Berater(in) *m(f)*; *(MEDD)* Facharzt *m*, Fachärztin *f*, *(MASN)* Konsulent *m*; ~ **gyrfaoedd** Berufsberater(in) *m(f)*; ~ **treth** Steuerberater(in) *m(f)*.

ymgynghreirio *be.g* (GWLEID) sich verbünden.

ymgymhwyso *be.g* sich qualifizieren.

ymgymodi *be.g:* ~ **â** sich versöhnen mit *+dat*; ~ **â'ch gilydd** sich versöhnen, sich aussöhnen.

ymgymryd *be.g:* ~ **â** sich kümmern um *+akk*, *(dyletswydd)* übernehmen.

ymgymysgu *be.g* sich vermischen.

ymgynefino *be.g:* ~ **â** sich gewöhnen an *+akk*.

ymgynhesu *be.g* sich erwärmen.

ymgynnal *be.g* seinen Unterhalt bestreiten, sich ernähren.

ymgynnull *be.g* sich versammeln, sich treffen.

ymgynulliad (-au) *g* Versammlung *f*, Zusammenkunft *f*.

ymgyrch (-oedd) *gb* Kampagne *f*, Aktion *f*, (GWLEID) Bürgerinitiative *f*, (MIL) Feldzug *m*; ~ **achub** Rettungsaktion *f*; ~ **ddifenwi** Hetzkampagne *f*; ~ **etholiad** Wahlkampf *m*; ~ **gosbi** (MIL) Strafexpedition *f*; ~ **hysbysebu** Werbekampagne *f*, Werbefeldzug *m*.

ymgyrchu *be.g:* ~ **(yn erbyn)** kämpfen (gegen *+akk*), agitieren (gegen *+akk*).

ymgysegru *be.g:* ~ **i** sich hingeben *+dat*, sich

widmen *+dat*.

ymharddu *be.g* sich schönmachen.

ymhél *be.g:* ~ **â** sich einlassen auf *+akk*, sich einmischen in *+akk*; ~ **â rhn** sich mit jdm einlassen.

ymhelaethu *be.g* ausufern; ~ **ar** sich auslassen über *+akk*, sich verbreitern über *+akk*.

ymhell *adf* weit, weithin; ~ **o** weit entfernt von *+dat*; ~ **o fod** lange nicht, nicht annähernd; ~ **i ffwrdd** weit weg.

ymhellach *adf* (rhagor) weiter, weiterhin; (ychwanegol) weiters; (dyfodol) in Hinkunft, fürderhin; ~ **yn y flwyddyn** später im Jahr.

ymhen *ardd* in *+dat*, innerhalb *+gen*, innerhalb von *+dat*, binnen *+gen*; ~ **blwyddyn** in einem Jahr; ~ **tair wythnos** binnen drei Wochen, innerhalb von drei Wochen; ~ **fawr o dro** in null Komma nichts; ~ **pythefnos** in vierzehn Tagen; ~ **yr amser penodol** termingerecht; ~ **yr wythnos** vor Ende der Woche; ~ **hir a hwyr** kurz darauf; (i ddod) in Kürze.

ymherodr (ymerodron) *g* = **ymerawdwr**.

ymhidlo *be.g:* ~ **yn** unterwandern.

ymhlith *ardd* unter *+dat*, inmitten *+gen*, zwischen *+dat*; ~ **arbenigwyr** unter Fachleuten, in Fachkreisen; ~ **eraill** unter anderem.

ymhlyg *ans* implizit, impliziert; (cytundeb) stillschweigend.

ymhoelyd *be.a* = **moelyd**.

ymholi *be.g:* ~ **(ynghylch)** sich erkundigen (nach *+dat*), anfragen (wegen *+gen*).

ymholiad (-au) *g* Erkundigung *f*, Anfrage *f*, (heddlu) Nachforschung *f*, Ermittlung *f*.

ymholltiad (-au) *g* Spaltung *f*; ~ **niwclear** Kernspaltung *f*.

ymhongar *ans* affektiert.

ymhoniad (-au) *g* Vortäuschung *f*, Vorgeben *nt*.

ymhonni *be.a* vorgeben, vortäuschen.
   ♦ *be.g* sich verstellen.

ymhonnwr (ymhonwyr) *g* Hochstapler *m*.

ymhyfrydu *be.a:* ~ **yn** genießen, Freude haben an *+dat*, sich ergötzen an *+dat*, sich weiden an *+dat*; ~ **yn eich golwg** eitel sein.

ymlaciad (-au) *g* Entspannung *f*, Erholung *f*, (cyhyrau) Lockerung *f*.

ymlacio *be.g* sich entspannen; (gorffwys) sich erholen, ausspannen; (cyhyrau) lockern.

ymladd *be.g* kämpfen; (â dyrnau) sich prügeln; (bechgyn) raufen; ~ **am** kämpfen um *+akk*; ~ **dros** kämpfen für *+akk*.
   ♦ *be.a* kämpfen mit *+dat*; (yn erbyn) bekämpfen; (ceisio rhwystro) ankämpfen gegen *+akk*; ~ **bwganod**

(ffig) gegen Windmühlen ankämpfen; **~ cwsg** gegen den Schlaf ankämpfen.

♦ *be.e:* **~ ceiliogod** Hahnenkampf *m.*

ymlâdd *be.g* sich verausgaben, sich überanstrengen; **wedi ~** fertig, kaputt, halb tot.

ymladdfa (ymladdfeydd) *b* Kampf *m; (cad)* Schlacht *f; (sgarmes)* Gefecht *nt,* Scharmützel *nt; (gornest)* Duell *nt; (â'r dyrnau)* Schlägerei *f,* Prügelei *f;* **~ deirw** Stierkampf *m.*

ymladdgar *ans* aggressiv, angriffslustig; *(bechgyn)* rauflustig, streitsüchtig.

ymladdgarwch *g* Aggression *f.*

ymladddwr (ymladdwyr) *g* Kämpfer *m; (hwligan)* Schläger *m,* Raufbold *m;* **~ dros ryddid** Freiheitskämpfer *m;* **~ teirw** Stierkämpfer *m,* Torero *m.*

ymladddwraig (ymladdwragedd) *b* Kämpferin *f.*

ymlaen *adf* vorwärts, vor(aus), fort; *(ymhellach)* weiter, **~ â ni!** vorwärts! avanti![A] *(MOR)* mit Volldampf voraus! volle Fahrt voraus! **o hyn ~** von nun an; *(yn y gorffennol)* von da an; **~ llaw** im Voraus, vorweg; **ac felly ~** und so fort; **aeth yn ei flaen** er ging weiter; **awn ni ~!** machen wir weiter! fahren wir fort! **beth sy'n mynd ~?** was geht hier vor? **nes ~** später; **syth ~** geradeaus; **edrych ~ (at)** sich freuen (auf *+akk*); **troi ~** aufdrehen, einschalten.

ymlafnio *be.g* rackern, malochen[D], roboten.

ymlawenhau *be.g* jubeln, frohlocken.

ymlediad (-au) *g* Ausbreitung *f,* Verbreitung *f,* Ausdehnung *f; (ehangiad)* Erweiterung *f; (FFIS)* Streuung *f.*

ymledol *ans* expansiv.

ymledu *be.g* sich erstrecken, sich ausdehnen; *(symud ymhellach)* sich ausbreiten, sich verbreiten; *(MIL)* ausschwärmen; *(si)* sich herumsprechen; *(tân)* **~ i** übergreifen auf *+akk;* **~ fel tân gwyllt** wie ein Lauffeuer um sich greifen.

ymledydd (-ion) *g (BOT)* Ableger *m.*

ymlid *be.a* hetzen; *(CYFR)* verfolgen.

ymlithro *be.g* schleichen.

ymlonyddu *be.g* abflauen, sich legen; *(person)* sich beruhigen, sich abregen.

ymlosgiad (-au) *g (MEDD)* Verbrennung *f.*

ymlusgiad (ymlusgiaid) *g (SÖOL)* Kriechtier *nt,* Reptil *nt,* Echse *f.*

ymlusgo *be.g* kriechen; *(MIL)* robben; *(yn ddirgel)* schleichen; *(nofio)* kraulen.

ymlusgwr (ymlusgwyr) *g* Nachzügler *m.*

ymlwybro *be.g* sich auf den Weg machen; *(yn araf)* latschen; **~ ar hyd** entlanggehen.

ymlyniad *g* Zuneigung *f; (hoffter)* Vorliebe *f;*

(teyrngarwch) Anhänglichkeit *f,* Ergebenheit *f.*

Ymneilltuaeth *b (CREF)* Nonkonformismus *m.*

ymneilltuo *be.a:* **~ o rth** sich abkapseln von *+dat.*

Ymneilltuwr (Ymneilltuwyr) *g (CREF)* Nonkonformist *m.*

Ymneilltuwraig (Ymneilltuwragedd) *b* Nonkonformistin *f.*

ymochel *be.a* Schutz suchen; *(rhag glaw)* sich unterstellen; **~ rhag** sich schützen vor *+dat;* **~ y tu ôl i rth** sich hinter etw *dat* verschanzen.

ymoeri *be.g* abkühlen, erkalten.

ymofyn *be.a (nôl)* holen, besorgen; *(eisiau)* wollen; **beth rwyt ti'n moyn?** was willst du?

ymolchi *be.g* sich waschen; **ystafell ~** Badezimmer *nt.*

ymollwng *be.g* sich gehen lassen, sich fallen lassen; *(anwedd)* die Sau rauslassen.

ymorol *be.g:* **~ am** *(chwilio)* suchen; *(gofalu am)* sorgen für *+akk;* **~ bod ...** Sorge tragen, dass...

ymosod *be.a:* **~ (ar)** angreifen, attackieren, stürmen; *(ffig)* angreifen; **~ ar rn** jdn überfallen, über jdn herfallen; *(yn rhywiol)* sich an jdm vergehen.

ymosodiad (-au) *g* Angriff *m; (MIL)* Offensive *f,* Attacke *f; (terfysgwyr)* Anschlag *m,* Attentat *nt; (troseddwr)* Überfall *m;* **~ ffug** Scheinangriff *m,* Täuschungsmanöver *nt.*

ymosodol *ans* aggressiv, angriffslustig; *(GWLEID)* militant; *(pêl-droed)* offensiv.

ymosodwr (ymosodwyr) *g* Angreifer *m; (GWLEID)* Aggressor *m; (terfysgwr)* Attentäter *m.*

ymosodwraig (ymosodwragedd) *b* Angreiferin *f; (terfysgwraig)* Attentäterin *f.*

ymostwng *be.g* klein beigeben; *(MIL)* sich ergeben, kapitulieren; *(ffig)* sich unterwerfen, die Flagge streichen; *(nawddoglyd)* sich herablassen; *(digalonni)* resignieren; **~ i** *(dygymod)* sich abfinden mit *+dat.*

ymostyngar *ans* gefügig, unterwürfig.

ymostyngiad (-au) *g* Unterwerfung *f; (MIL)* Kapitulation *f; (nawddoglyd)* Herablassung *f; (digalondid)* Resignation *f.*

ympryd (-iau) *g* Fasten *nt; (GWLEID)* Hungerstreik *m.*

ymprydio *be.g* fasten.

ymrafael (-ion) *g* Auseinandersetzung *f,* Disput *m; (llen)* Zwist *m,* Fehde *f.*

ymraniad (-au) *g* Teilung *f,* Spaltung *f.*

ymrannu *be.g* sich teilen, sich spalten, sich aufgliedern; *(ffordd)* sich gabeln.

ymreolaeth *b* Autonomie *f,* Selbstverwaltung *f.*

ymreolus *ans* autonom.

ymrestru *be.a* sich eintragen, sich einschreiben.

ymresymiad (-au) *g* Argumentation *f; (CYFR)*

Beweisführung *f*.

ymresymu *be.g* argumentieren, Argumente ins Feld führen.

ymrithiad (-au) *g* Spuk *m*.

ymrithio *be.g* sich abzeichnen, sich anbahnen.

ymroddedig *ans* engagiert, ergeben, überzeugt, begeistert.

ymroddgar *ans* = **ymroddedig**.

ymroddi *be.g* = **ymroi**.

ymroddiad *g* Hingabe *f*, Widmung *f*.

ymroi *be.g:* ~ **i** sich widmen +*dat*, sich hingeben +*dat*, sich zuwenden +*dat*; *(aberthu'ch hun)* sich aufopfern für +*akk*.

ymron *adf* fast, beinahe.

ymrwymedig *ans* verbindlich.

ymrwymiad (-au) *g* Verbindlichkeit *f*; *(addewid)* Zusage *f*.

ymrwymo *be.g* sich festlegen, sich verpflichten.

ymryson[1] (-au) *g* Wettkampf *m*, Wettstreit *m*.

ymryson[2] *be.g* kämpfen, sich messen, konkurrieren.

ymrysonfa (ymrysonfeydd) *b* Austragungsort *m*, Arena *f*; *(CHWAR)* Ring *m*.

ymsefydlu *be.g* sich niederlassen, sich ansiedeln; *(MASN)* sich etablieren; *(ar y farchnad)* sich behaupten.

ymsefydlwr (ymsefydlwyr) *g* Siedler(in) *m(f)*.

ymserchu *be.g:* ~ **yn** sich verlieben in +*akk*.

ymson[1] (-au) *g* Selbstgespräch *nt*; *(THEAT)* Monolog *m*.

ymson[2] *be.g* Selbstgespräche führen; *(THEAT)* einen Monolog halten.

ymsuddo *be.g* sinken, sich senken, absacken.

ymsymudiad (-au) *g* Fortbewegung *f*.

ymsythu *be.g* sich aufrichten, strammstehen; *(ceffyl)* sich aufbäumen; *(clogwyn)* aufragen, emporragen.

ymuno *be.g:* ~ **â** *(ymaelodi)* beitreten +*dat*, eintreten in +*akk*; *(GWLEID)* sich anschließen +*dat*; ~ **â rhn** sich zu jdm gesellen; *(wrth fwrdd)* sich zu jdm setzen; ~ **â'r fyddin** sich verpflichten; ~ **yn** mitmachen bei +*dat*.

ymwadiad *g* Verzicht *m*; ~ **â** Verzicht auf +*akk*.

ymwadu *be.g:* ~ **â** verzichten auf +*akk*, entsagen +*dat*; ~ **â rhth ar lw** etw *dat* abschwören.

ymwahaniad (-au) *g* Trennung *f*, Separation *f*, Absonderung *f*.

ymwahaniaeth *b* *(GWLEID)* Separatismus *m*.

ymwahanu *be.g* sich trennen, auseinander gehen, scheiden.

ymwared *g* Erleichterung *f*, Befreiung *f*; *(achubiaeth)* Heil *nt*.

ymwasgaru *be.g* sich zerstreuen.

ymwasgu *be.g:* ~ **at rn** sich an jdn kuscheln.

ymweld *be.g:* ~ **â** besuchen, aufsuchen; *(bwrw golwg ar)* besichtigen; oriau ~ Besuchszeiten *pl*.

ymweliad (-au) *g* Besuch *m*; *(gan feddyg)* Visite *f*; *(ar daith)* Besichtigung *f*; ~ **brys** Stippvisite *f*; ~ **â chlaf** Krankenbesuch *m*; ~ **cartref** Hausbesuch *m*.

ymwelydd (ymwelwyr) *g* Besucher(in) *m(f)*; *(twrist)* Tourist(in) *m(f)*, Urlauber(in) *m(f)*; ~ **mewn darlith** Gasthörer *m*.

ymwingo *be.g* sich winden.

ymwisgo *be.g* sich anziehen, sich bekleiden.

ymwneud *be.g:* ~ **â** betreffen, anbelangen, sich handeln um +*akk*; *(llyfr, drama)* handeln von +*dat*; *(delio â)* sich befassen mit +*dat*.

ymwroli *be.g* Mut fassen, sich zusammennehmen.

ymwrthod *be.g:* ~ **â** sich enthalten +*gen*.

ymwrthodiad (-au) *g* Enthaltsamkeit *f*, Abstinenz *f*.

ymwthgar *ans* aufdringlich, lästig; *(rhywiol)* zudringlich.

ymwthiad (-au) *g* Störung *f*, Einmischung *f*; *(CHWAR)* Liegestütz *m*.

ymwthio *be.g* sich aufdrängen; *(ymyrryd)* sich einmischen; ~ **allan** vorstehen; *(clustiau)* abstehen; ~ **i mewn** eindringen; ~ **trwodd** sich durchzwängen.

ymwthiol *ans* aufdringlich.

ymwthiwr (ymwthwyr) *g* Eindringling *m*.

ymwybod *g* Bewusstsein *nt*, Besinnung *f*.

ymwybodol *ans* bewusst, wissentlich; *(MEDD)* bei Bewusstsein; mae'n ~ iawn o'r perygl er ist sich der Gefahr wohl bewusst; ~ **o ddyletswydd** pflichtbewusst; gwneud pobl yn fwy ~ o rth das allgemeine Verständnis für etw *akk* fördern/erhöhen.

ymwybyddiaeth *b* Bewusstsein *nt*, Besinnung *f*, Wachzustand *m*; ~ **genedlaethol** Nationalbewusstsein *nt*.

ymyl (-on) *gb* Rand *m*, Kante *f*; *(tudalen)* Rand; *(min)* Schneide *f*; ~ **addurn** Zierleiste *f*; ~ **befel** Schrägkante *f*; ~ **y ffordd** Straßenrand *m*; ~ **olwyn** Felge *f*; yn ~ in der Nähe von +*dat*; wrth ~ rhn an jds Seite; ~on *ll* *(dinas)* Randbezirke *pl*.

ymylfaen (ymylfeini) *g* Randstein *m*, Bordstein[D] *m*.

ymylnod (-au) *g* Randbemerkung *f*, Glosse *f*.

ymylol *ans* Rand-; *(dibwys)* unwesentlich, marginal.

ymylon *ll* *gw.* **ymyl**; *(cyrion)* Randbezirke *pl*, Vororte *pl*; *(ffig)* pobl yr ~ Menschen am Rande der Gesellschaft.

ymylu *be.g:* ~ **ar** grenzen an +*akk*; *(ffig)* nahe kommen +*dat*.

ymylwaith *g* *(TECS)* Besatz *m*, Borte *f*.

ymyriad (-au) *g* Eingriff *m*; *(GWLEID)* Intervention *f*;

(toriad) Störung *f.*

ymyrraeth *b* Einmischung *f*; *(TEL, RADIO)* Störung *f.*

ymyrryd *be.g* eingreifen; *(GWLEID)* intervenieren; *(busnesa)* sich einmischen.

ymysg *ardd* unter *+dat*; **~ eu ffrindiau** unter ihren Freunden.

ymysgaroedd *ll (ANAT)* innere Organe *pl*, Eingeweide *pl.*

ymysgwyd *be.g* sich aufraffen.

ymystwyro *be.g* sich rekeln.

yn¹, yng, ym *ardd* in *+dat*; **~ y gwely** im Bett; **ym mis Mai** im Mai; **mynd ~ y cyfeiriad anghywir** in die falsche Richtung fahren; **yng nghanol rhth** inmitten *+gen*; **ynof fi** in mir; **~ awr = nawr.**

yn² *geir traethiadol:* **roedd y ffilm ~ dda** der Film war gut; **mae ei thad ~ athro** ihr Vater ist Lehrer; **mae e'n mynd ~ araf** er geht langsam; **cwympodd ~ ddarnau** es zerfiel in Stücke; **etholwyd ef ~ llywydd** er wurde zum Präsidenten gewählt.

♦ *adferfol:* **~ iawn!** gut! o.k.! **~ llwyr** völlig, total; **~ union** genau; **roedd hi'n deall ~ iawn** sie verstand genau; **diolch ~ fawr** vielen Dank.

    yn erbyn *ardd* gegen *+akk*; **~ ei herbyn** gegen sie; *gw.h.* **erbyn.**

    yn ôl *adf* zurück; *(yn y gorffennol)* vor *+dat*; **rhoi ~ ôl** zurückgeben; **~ ôl ac ymlaen** hin und her, vor und zurück.

♦ *ardd (fel y dywed)* laut *+dat*, nach *+dat*; *(gan ddibynnu ar)* nach *+dat*, entsprechend *+dat*; **~ ôl y disgrifiad** der Beschreibung nach; **~ ôl Freud** nach Freud, laut Freud; *gw.h.* **ôl¹.**

yn³ *geir berfenwol:* **byddaf ~ dod yfory** ich werde morgen kommen; **mae e'n siarad am** er spricht über *+akk*; **~ cynnwys** einschließlich, inklusive.

yna *adf (lle)* da, dort; *(amser)* da, dann; *(hwnnw)* jene(r,s); **y llyfr 'na** das Buch da, jenes Buch; **ac ~ digwyddodd y ddamwain** da passierte der Unfall.

ynad *(-on) g* Amtsrichter *m*; **~ archwilio** Untersuchungsrichter *m*; **Y~ Heddwch** Amtsrichter; **~ lleyg** Schöffe *m*, Schöffin *f*, Laienrichter(in) *m(f)*; **Llys Y~on** Amtsgericht *nt.*

ynadaeth *b* Amtsjustiz *f.*

ynfyd *ans* idiotisch, wahnwitzig, unsinnig.

ynfydrwydd *g* Schwachsinn *m*, Wahnwitz *m*, Torheit *f.*

ynfytyn *(ynfydion) g* Idiot *m*, Narr *m*, Trottel *m*; *(llen)* Tor *m.*

ynn *ll gw.* **onnen.**

ynni *g* Energie *f*; *(awydd)* Tatendrang *m*; **~'r haul** Sonnenenergie *f*, Solarenergie *f*; **~ gwynt** Windenergie *f*; **~ niwclear** Kernkraft *f*, Atomkraft *f*, Atomenergie *f.*

yno *adf* dort, dorthin; *(draw)* drüben, rüber; **rwy'n mynd ~ yfory** ich fahre morgen dorthin.

yntau *rhag* er auch, auch er, sogar er.

ynte *geir gofyn* nicht wahr?

ynteu *cys (felly)* also, denn; *(neu)* oder; **ai gwrywaidd ~ benywaidd yw'r gair yma?** ist das Wort maskulin oder feminin? **beth ~ a wnawn?** was sollen wir denn tun?

Ynyd *g:* **dydd Mawrth ~** Faschingsdienstag *m.*

ynys *(-oedd) b* Insel *f*; *(DAEAR)* **yr Y~oedd Dedwydd** die Kanarischen Inseln *pl*; **Y~oedd Erch** Orkneys *pl*, Orkaden *pl*; **Y~oedd Ffaröe** Färöer *pl*; **Y~oedd Heledd** Hebriden *pl*; **yr Y~ Hir** Isle of Skye *f*; **yr Y~ Las** Grönland *nt*; **Y~ Manaw** Isle of Man *f*; **Y~ Môn** Anglesey *nt*; **Y~oedd Prydain** Britische Inseln; **Y~oedd y Sianel** Kanalinseln *pl*; **Y~oedd Sili** Scilly Inseln; **Y~ Wyth** Isle of Wight *f*; **~ groesi** Verkehrsinsel *f.*

ynysedig *ans* isoliert.

ynysfor *(-oedd) g* Archipel *m*, Inselgruppe *f.*

ynysiad *(-au) g* Isolation *f*; *(TECH)* Isolierung *f*; **~ thermol** Wärmedämmung *f*; **~ rhag sŵn** Lärmschutz *m.*

ynysig *(-au) b* Insel *f*, Inselchen *nt*; **~ ieithyddol** Sprachinsel *f.*

ynysu *be.a (gwahanu)* isolieren, absondern; *(ardal)* abriegeln; *(amddiffyn)* abschirmen; *(TECH)* dämmen, isolieren; *(rhag treiddio)* abdichten.

ynyswr *(ynyswyr) g* Inselbewohner *m*; *(brodorol)* Insulaner *m.*

ynysydd *(-ion) g* *(TRYD)* Isolator *m.*

yr *gw.* **y.**

ys *cys* wie, so wie; **~ gwn i** ich frage mich.

ysbaddu *be.a* sterilisieren, kastrieren.

ysbaid *(ysbeidiau) gb (ennyd)* Zeitspanne *f*, Weile *f*; *(toriad)* Unterbrechung *f*, Intervall *nt*, **ysbeidiau heulog** *(TYW)* sonnige Auflockerungen *pl.*

ysbail *(ysbeiliau) b* Beute *f*, Raub *m*; *(gan ladron)* Diebsgut *nt*, heiße Ware *f.*

ysbardun *(-au) g* = **sbardun.**

ysbarduno *be.a* = **sbarduno.**

ysbeidiol *ans* sporadisch; **cawodydd ~** vereinzelte Schauer *pl.*

ysbeiliad *(-au) g* Plünderung *f*, Raubzug *m.*

ysbeilio *be.a* plündern, rauben.

ysbeiliwr *(ysbeilwyr) g* Plünderer *m*, Räuber *m.*

ysbienddrych *(-au) g* Fernrohr *nt*; *(ASTRON)* Teleskop *nt*; *(binocwlars)* Feldstecher *m*, Fernglas *nt.*

ysbigoglys *g (BOT)* Spinat *m.*

ysbïo *be.a* auskundschaften.

♦ *be.g* spionieren; *(edrych) gw.* **sbio**; **~ ar** bespitzeln, überwachen, beobachten.

ysbïwr (ysbiwyr) *g* Spion *m*, Geheimagent *m*; *(heddlu)*
  Spitzel *m*.
ysbïwraig (ysbiwragedd) *b* Spionin *f*,
  Geheimagentin *f*.
ysbïwriaeth *b* Spionage *f*; ~ **ddiwydiannol**
  Wirtschaftsspionage *f*.
ysblander *g* Pracht *f*, Glanz *m*, Herrlichkeit *f*.
ysbleddach *gb* Freudenfest *nt*, Festlichkeit *f*.
ysblennydd *ans* herrlich, prächtig, prachtvoll,
  glänzend.
ysbodol (-au) *b* Spachtel *m/f*; ~ **deisen** *(COG)*
  Tortenheber *m*.
ysbonc *b* = **sbonc**.
ysboncio *be.g* = **sboncio**.
ysborion *ll* = **sborion**.
ysbryd (-ion) *g* Geist *m*; *(enaid)* Seele *f*; *(natur)* Wesen
  nt; *(bwgan)* Geist, Gespenst *nt*; *(hwyliau)* Stimmung
  f; ~ **aflan** Dämon *m*, böser Geist; **Y~ Glân** *(CREF)*
  der Heilige Geist; ~ **mentrus**
  Unternehmungsgeist *m*; ~ **oes** Zeitgeist *m*; ~ **tîm**
  Teamgeist *m*.
ysbrydol *ans* geistig, spirituell, seelisch; **arweinydd**
  ~ *(CREF)* religiöser/geistiger Führer *m*.
ysbrydoledig *ans* geistreich, genial; *(rhn)* beseelt;
  (creadigol) inspiriert.
ysbrydoli *be.a* beseelen; *(teimlad)* hervorrufen;
  (creadigol) inspirieren.
ysbrydoliaeth *b* Inspiration *f*, Eingebung *f*; **fflach o** ~
  Geistesblitz *m*.
ysbwng *g* = **sbwng**.
ysbwriel *g* = **sbwriel**.
ysbyty (ysbytai) *g* Krankenhaus *nt*, Spital *nt*, Klinik
  f; *(MIL)* Lazarett *nt*; *(lletyy)* Hospiz *nt*; ~ **dydd** Klinik;
  ~ **maes** *(MIL)* Feldlazarett *nt*; ~ **mamolaeth**
  Entbindungsheim *nt*; ~ **meddwl** psychiatrische
  Klinik *f*, Nervenheilanstalt *f*; ~ **prifysgol**
  Universitätsklinik *f*.
ysfa (ysfeydd) *b* *(cosi)* Juckreiz *m*; *(ffig)* Verlangen *nt*,
  Trieb *m*; ~ **am ryddid** Freiheitsdrang *m*; ~ **greadigol**
  Schaffensdrang *m*.
ysgadenyn (ysgadan) *g* *(SÖOL)* Hering *m*.
ysgafala *ans* sorglos, unbekümmert.
ysgafell (-au) *b* Felsvorsprung *m*.
ysgafn *(ll ysgeifn)* *ans* leicht; *(bwyd)* bekömmlich;
  (gwan) mild, sanft, gelind; *(chwareus)* unernst,
  spielerisch; *(adloniant)* seicht; *(pridd)* locker;
  colledion ~ leichte Verluste *pl*; **dedfryd** ~ mildes
  Urteil; **cymryd rhth yn** ~ etw auf die leichte
  Schulter nehmen.
ysgafnder *g* Leichtigkeit *f*, Zierlichkeit *f*; *(cellwair)*
  Unernst *m*.
ysgafndroed *ans* leichtfüßig.

ysgafnfryd *ans* unbeschwert.
ysgafnhad *g* Entlastung *f*, Erleichterung *f*.
ysgafnhau *be.a* entlasten, erleichtern; *(ffig h.)*
  mildern.
ysgafnu *be.a* = **ysgafnhau**.
ysgaffaldau *ll* = **sgaffaldau**.
ysgaldanu *be.a* verbrühen; *(COG)* abbrühen,
  blanchieren.
ysgallen (ysgall) *b* *(BOT)* Distel *f*.
ysgariad (-au) *g* (Ehe)scheidung *f*.
ysgarlad *ans* scharlachrot.
ysgarmes *b* = **sgarmes**.
ysgarthiad (-au) *g* Ausscheidung *f*, Stuhlgang *m*;
  (MEDD, BIOL) Defäkation *f*, Exkretion *f*.
ysgarthion *ll* Fäkalien *pl*, Exkremente *pl*, Kot *m*.
ysgarthu *be.a* ausscheiden.
ysgaru *be.a* sich scheiden lassen von +*dat*; *(barnwr)*
  scheiden.
  ♦ *be.g* sich scheiden lassen; ~ **â** sich scheiden
  lassen von +*dat*; **wedi** ~ geschieden.
ysgawen (ysgaw) *b* *(BOT)* Holunder *m*, Holler[A] *m*; ~
  Sbaen Flieder *m*.
ysgeifn *ans gw.* **ysgafn**.
ysgeintio *be.a* = **sgeintio**.
ysgeintiwr (ysgeintwyr) *g* Sprenganlage *f*, Sprinkler
  m; *(yn erbyn tân)* Sprinkleranlage *f*; ~ **lawnt**
  Rasensprenger *m*.
ysgeler *ans* hinterhältig, heimtückisch, bösartig.
ysgellyn (ysgall) *g* = **ysgallen**.
ysgerbwd (ysgerbydau) *g* = **sgerbwd**.
ysgewyllen (ysgewyll) *b* *(BOT)* Rosenkohl[D] *m*,
  Kohlsprosse[A] *f*.
ysgithr (-au *neu* **-edd)** *g* Stoßzahn *m*; *(baedd)* Hauer
  m.
ysgithrog *ans* *(anifail)* mit Stoßzähnen/Hauern; *(tir)*
  felsig, zerklüftet.
ysgiw *b* = **sgiw**[1].
ysglefrio *be.g* = **sglefrio**.
ysglodyn *g* = **sglodyn**.
ysglyfaeth (-au) *b* Beute *f*, Fang *m*; *(hela)* Strecke *f*;
  (ffig) Opfer *nt*; *(rhn budr)* Schmutzfink *m*; ~ **gynnau**
  Kanonenfutter *nt*.
ysglyfaethu *be.a* zur Strecke bringen, erlegen;
  (aderyn) schlagen.
ysglyfaethus *ans* räuberisch, Raub-; **aderyn** ~
  Raubvogel *m*; **deinosor** ~ Raubsaurier *m*.
ysglyfaethwr (ysglyfaethwyr) *g* *(SÖOL)* Raubtier *nt*,
  Räuber *m*, Fleischfresser *m*.
ysgogi *be.a* anregen, motivieren, anspornen; *(i
  wrthryfela)* aufstacheln, aufwiegeln, verhetzen.
ysgogiad (-au) *g* Anstoß *m*, Ansporn *m*, Motivation
  f; *(awgrym)* Anregung *f*; *(reswm)* Motiv *nt*; *(MEDD)*

Reiz *m*, Stimulierung *f*; *(TRYD)* Impuls *m*.
ysgogol *ans* motorisch.
ysgogrym (-oedd) *g (FFIS)* Impuls *m*.
ysgol[1] (-ion) *b* Schule *f*, Lehranstalt *f*; *(PRIFYSG)*
Institut *nt*; ~ **alwedigaethol** Berufsschule *f*; ~
anenwadol säkulare Schule; ~ **arbennig**
Sonderschule *f*, Hilfsschule *f*; ~ **y babanod**
Vorschule *f*; ~ **breifat** Privatschule *f*; ~ **breswyl**
Internat *nt*; ~ **elfennol** Elementarschule *f*,
Grundschule *f*; ~ **enwadol** Kolleg *nt*; ~ **fasnach**
Berufsschule; ~ **feithrin** Hort *m*, Kindergarten *m*,
Kindertagesstätte *f*; ~ **fonedd** Privatschule; ~
gyfun Gesamtschule *f*; ~ **gynradd** Grundschule *f*,
Volksschule[A] *f*; ~ **haf** Sommerkurs *m*; ~ **nos**
Abendschule *f*, zweiter Bildungsweg *m*; ~
ramadeg Gymnasium *nt*; ~ **Sul** *(CREF)*
Sonntagsschule *f*; ~ **uwchradd** Hauptschule *f*,
Mittelschule *f*, Realschule[D] *f*; ~ **yrru** Fahrschule *f*;
plant ~ Schulkinder *pl*, Schüler *pl*.
ysgol[2] (-ion) *b* Leiter *f*; ~ **ddihangfa dân** Feuerleiter *f*;
~ **fach** Stufenleiter *f*; ~ **raff** Strickleiter *f*.
ysgoldy (**ysgoldai**) *g* Gemeindesaal *m* (für die
Sonntagsschule).
ysgolfeistr (-i) *g* Schulmeister *m*, Lehrer *m*.
ysgolhaig (**ysgolheigion**) *g* Gelehrte *m/f*,
Wissenschaftler(in) *m(f)*.
ysgolheictod *g* Gelehrtheit *f*, Wissenschaft *f*.
ysgoloriaeth (-au) *b* Stipendium *nt*,
Förderungspreis *m*.
ysgrafell (-od) *b* Bürste *f*, Striegel *m*.
ysgrafellu *be.a* striegeln.
ysgraff (-au) *b (MOR)* Barke *f*, Kahn *m*; *(llen)* Nachen
m.
ysgraffiniad (-au) *g* Abschürfung *f*, Schramme *f*;
(crafiad) Kratzwunde *f*, Kratzer *m*.
ysgraffinio *be.a* aufschürfen, schrammen; *(gan ewin
neu grafanc)* zerkratzen.
ysgrech *b* = sgrech.
ysgrechain *be.g* = sgrechian.
ysgrechian *be.g* = sgrechian.
ysgrepan (-au) *b* Bündel *nt*, Ränzel[D] *nt*.
ysgreten (-nod) *b (SÔOL)* Schleie *f*.
ysgrif (-au) *b (LLEN)* Schilderung *f*, Essay *m/nt*; ~**au**
Schriften *pl*; ~ **goffa** Nachruf *m*.
ysgrifbin (-nau) *g* Feder *f*; *(TECH)* Tuschestift *m*; ~ **pêl**
Kugelschreiber *m*.
ysgrifell (-au) *b* Griffel *m*, Stichel *m*.
ysgrifen *b* Schrift *f*; *(llawysgrifen)* Handschrift *f*; *(traed
brain)* Klaue *f*, Gekritzel *nt*; *(testun)*
Geschriebene(s) *nt*; ~ **brintiedig** Druckschrift *f*;
mewn ~ in schriftlicher Form.
ysgrifenedig *ans* schriftlich, handgeschrieben.

ysgrifennu *be.a, be.g* schreiben; ~ **â llythrennau
breision** in Blockbuchstaben schreiben; ~ **at**
schreiben +*dat*; ~ **mewn llaw-fer** stenografieren; ~
mewn un gair zusammenschreiben; ~ **i lawr** *(HAN)*
niederschreiben; *(cofnodi)* festhalten.
ysgrifennwr (**ysgrifenwyr**) *g* Schreiber *m*; *(awdur)*
Autor(in) *m(f)*; ~ **copi** Werbetexter(in) *m(f)*.
ysgrifennydd (-ion) *g* Sekretär *m*; *(cymdeithas, clwb)*
Schriftführer *m*; *(cwmni)* Prokurist *m*; *(GWLEID)*
Staatssekretär *m*; **Y~ Cartref** Innenminister *m*,
Justizminister *m*; ~ **cyffredinol** Generalsekretär *m*;
Y~ Gwladol Staatssekretär; ~ **llaw-fer** Stenograf *m*.
ysgrifenyddes (-au) *b* Sekretärin *f*; ~ **law-fer**
Stenografin *f*; **swyddfa** ~ Sekretariat *nt*.
ysgrifrwym (-au) *g (CYLL)* Pfandbrief *m*.
ysgrîn *b* = sgrin.
ysgryd *g* Schauder *m*, Schauer *m*; **aeth** ~ **i lawr fy
nghefn** es lief mir kalt den Rücken hinunter.
ysgrythur (-au) *b* Schrift; *(pwnc ysgol)*
Religionserziehung *f*; **Y~ Lân** die Heilige Schrift.
ysgrythurol *ans* biblisch, die Heilige Schrift
betreffend; **sgolor** ~ Schriftgelehrte(r) *m*.
ysgub (-au) *b* Garbe *f*; *(brwsh)* Reisigbesen *m*;
(arwyddlun gwleidyddol) Faszes *pl*.
ysgubell (-au) *b* Besen *m*.
ysgubion *ll* Mist *m*, Kehricht *m*.
ysgubo *be.a* kehren, fegen[D]; *(ffig)* wegwischen; ~'**r
simnai** den Schornstein fegen[D], den Rauchfang
kehren[A].
♦ *be.g* zusammenkehren, fegen[D]; ~ **heibio**
vorbeisausen.
ysgubol *ans* überwältigend, durchschlagend,
umwälzend; *(newid)* radikal; *(TECH)* revolutionär;
llwyddiant ~ umwerfender Erfolg.
ysgubor (-iau) *b* Scheune *f*, Schober[A] *m*; *(yty)*
Speicher *m*; ~ **awyrennau** Hangar *m*.
ysgubwr (**ysgubwyr**) *g (peiriant)* Kehrmaschine *f*; ~
carpedi Teppichkehrer *m*; ~ **strydoedd** *(person)*
Straßenkehrer *m*.
ysgut *ans* flink, flott, zügig; **mae hi'n sgut am wyliau**
sie ist schnell zur Stelle, wenn es um Urlaub
geht.
ysgutor (-ion) *g (CYFR)* Nachlassverwalter *m*,
Testamentvollstrecker *m*.
ysguthan (-od) *b* = sguthan.
ysgwâr *ans* = sgwâr[2].
ysgwrio *be* = sgwrio.
ysgwyd *be.a* schütteln, beuteln, rütteln an +*dat*;
(oddi wrth rth) abbeuteln; *(cynffon)* wedeln mit +*dat*;
(ffig) erschüttern; ~ **eich pen** den Kopf schütteln; ~
llaw rhn jdm die Hand schütteln.
♦ *be.g* wackeln; *(baner)* flattern, wehen; *(person:*

crynu) schlottern.

ysgwydd (-au) *b (ANAT)* Schulter *f;* *(heol)* Bankett *nt;*
codi'r ~au mit den Achseln zucken; **nerth braich ac
~** mit aller Kraft, mit brachialer Gewalt; **pen ac ~
yn uwch** *(ffig am berson)* um Häuser besser; **pont yr
~** *(ANAT)* Schlüsselbein *nt;* **strap ~** Schulterriemen
m; **~ wrth ~** Schulter an Schulter.

ysgwyddo *be.a* schultern; **~ rhth** sich *dat* etw
umhängen.

ysgydwad *g* = **ysgytwad.**

ysgydwr (ysgydwyr) *g* Streuer *m.*

ysgyfaint *ll (ANAT)* Lunge *f;* **canser yr ~** *(MEDD)*
Lungenkrebs *m;* **llid yr ~** Lungenentzündung *f;*
gw.h. **ysgyfant.**

ysgyfant (ysgyfaint) *g (ANAT)* Lungenflügel *m.*

ysgyfarnog (-od) *b (SÖOL)* Hase *m.*

ysgymun *ans* verdammt; *(CREF)* exkommuniziert.

ysgymuniad (-au) *g* Exkommunikation *f.*

ysgymuno *be.a (CREF)* exkommunizieren.

ysgyren (ysgyrion) *b* Splitter *m;* **torri'n ysgyrion**
zersplittern.

ysgyrnygu *be.a* knirschen.

♦ *be.g* mit den Zähnen knirschen; *(anifail)*
knurren, die Zähne fletschen.

ysgytiad (-au) *g* Erschütterung *f;* *(ffig: sioc)*
Bestürzung *f*, Erschütterung; **~ ymennydd** *(MEDD)*
Gehirnerschütterung *f.*

ysgytian *be.g* rütteln, holpern, rumpeln.

ysgytiedig *ans (mewn sioc)* erschüttert, bestürzt.

ysgytlaeth *g (COG)* Milchmixgetränk *nt;* *(diod)*
Frappé *nt.*

ysgytlyd *ans* zuckend, krampfartig.

ysgytwad (-au) *g* Ruck *m*, Erschütterung *f;* *(ffig)*
Schock *m*, Bestürzung *f*, Erschütterung; **~ llaw**
Händedruck *m;* **~ seismig** Erdstoß *m;* **rhoi ~ i n**
jdn stoßen, jdn rempeln; *(ffig)* jdm einen Schock
versetzen.

ysgytwol *ans* erschütternd, schockierend,
niederschmetternd.

ysgythriad (-au) *g (CELF)* Stich *m*, Radierung *f;* **~ copr**
Kupferstich *m.*

ysgythrog *ans* schroff.

ysgythru *be.a (CELF)* gravieren, radieren, ritzen,
stechen.

ysictod *g* = **ysigiad.**

ysig *ans* verstaucht; *(wedi plygu)* geknickt; **calon ~**
gebrochenes Herz.

ysigiad (-au) *g* Verstauchung *f.*

ysigo *be.a* = **sigo.**

yslafan *gb (BIOL)* Wasserblüte *f*, Algenpest *f.*

yslotian *be.g* = **slotian.**

ysmala *ans* humorvoll; *(doniol)* witzig, lustig,

komisch.

ysmaldod *g* Humor *m*, Witz *m.*

ysmicio *be.a:* **~ llygad** blinzeln.

ysmotyn *g* = **smotyn.**

ysmudiad *g* Gemütsbewegung *f.*

ysmygu *be.a, be.g* = **smygu;** *(arwydd)* **dim ~** 'Rauchen
verboten'.

ysol *ans* ätzend; *(ffig)* brennend, glühend,
verzehrend.

ystabl *b* = **stabl.**

ystad (-au) *b (eiddo)* Besitz *m*, Güter *pl;* *(a etifeddir)*
Nachlass *m;* **~ o dai** Siedlung *f;* **~ ddiwydiannol**
Industriegelände *nt;* *gw.h.* **stad.**

ystadegaeth *b* Statistik *f.*

ystadegau *ll gw.* **ystadegyn.**

ystadegol *ans* statistisch.

ystadegydd (ystadegwyr) *g* Statistiker(in) *m(f).*

ystadegyn (ystadegau) *g (tabl)* Statistik *f.*

ystafell (-oedd) *b* Zimmer *nt*, Raum *m;* *(neuadd)* Saal
m; *(bach)* Kammer *f;* **~ aros** Wartezimmer *nt;*
(gorsaf) Wartesaal *m;* **~ athrawon** *(YSG)*
Lehrerzimmer *nt*, Konferenzzimmer *nt;* **~
ddosbarth** Klassenzimmer *nt*, Klasse *f;* **~ driniaeth**
Behandlungsraum *m;* **~ dywyll** *(FFOTO)*
Dunkelkammer *f;* **~ ddwbl** Doppelzimmer *nt;* **~
eni** Kreißsaal *m;* **~ fwyta** Esszimmer *nt;* *(gwesty)*
Speisesaal *m;* **~ fyw** Wohnzimmer *nt;* **~ gyffredin**
Aufenthaltsraum *m;* **~ gysgu** *(neuadd breswyl)*
Schlafsaal *m;* **~ newid** Umkleidekabine *f;* **~ sengl**
(gwesty) Einzelzimmer *nt;* **~ wely** Schlafzimmer *nt;*
~ westeion Gästezimmer *nt;* **~ ymolchi**
Badezimmer *nt;* *(cyhoeddus)* Waschraum *m.*

ystanc (-iau) *g* Pfosten *m*, Pfahl *m;* *(HAN)*
Schandpfahl *m*, Scheiterhaufen *m.*

ystelcian *be.g* schleichen, sich stehlen; *(llechu)*
lauern; *(sgyrs: loetran)* trödeln, brodeln^.

ystên (ystenau) *b* Krug *m.*

ystifflog (-od) *g (SÖOL)* Tintenfisch *m.*

ystlum (-od) *g (SÖOL)* Fledermaus *f.*

ystlys (-au) *gb* Seite *f;* *(anifail, MIL)* Flanke *f;* *(llong)*
Breitseite *f;* *(CHWAR)* Seitenlinie *f.*

ystlysgar (ystlysgeir) *g (MODUR)* Beiwagen *m*,
Seitenwagen *m.*

ystlyswedd *b* Seitenansicht *f.*

ystlyswr (ystlyswyr) *g (CHWAR)* Linienrichter *m.*

ystod (-au) *b (amrediad)* Bereich *m*, Spanne *f*,
Bandbreite *f;* *(radio)* Band *nt;* *(AMAETH)* Schwaden
m; **~ oedran** Altersbereich *m.*

     yn ystod *adf* während *+gen*, im Laufe
+gen; **yn ~ yr egwyl** in der Pause.

ystof (-au) *gb (TECS)* Kette *f*, Kettfaden *m;* **~ ac anwe**
Schuss und Kette.

ystordy (ystordai) *g* = stordy.
ystori *b* = stori.
ystorm *b* = storm.
ystrad (-au) *g* breites Tal *nt*.
ystrydeb (-au) *b* Klischee *nt*, Stereotyp *nt*, Plattitüde *f*.
ystrydebol *ans* abgedroschen, klischeehaft, stereotyp.
ystryw (-iau) *gb* List *f*, Schliche *pl*.
ystrywgar *ans* listig, raffiniert, schlau.
ystudfach (-au) *g* Stelze *f*.
ystum (-iau) *gb* Geste *f*, Gebärde *f*, Haltung *f*, *(gwep)* Miene *f*; *(CELF)* Pose *f*; *(tro)* Biegung *f*; **~iau** *ll* Gestik *f*; **gwneud ~iau** *(tynnu gwep)* Gesichter schneiden; **~ afon** Flussbiegung *f*, Schlaufe *f*; **~ fygythiol** Drohgebärde *f*; **~ glasurol** klassische Haltung/Pose.
ystumdro *g:* **~ amser** Zeitlupe *f*.
ystumiad (-au) *g* Entstellung *f*, Verzerrung *f*.
ystumio *be.a* verbiegen; *(llurgunio)* entstellen, verzerren; **~ geiriau rhn** jdm die Worte im Mund umdrehen.
♦ *be.g* gestikulieren; *(ymddwyn yn annaturiol)* posieren; *(cerdded)* stolzieren.
Ystwyll *g* *(CREF)* Dreikönigsfest *nt*, Heiligendreikönigstag *m*.
ystwyrian *be.g* sich aufraffen.
ystwyth *ans* biegsam, beweglich, geschmeidig; *(ffig)* flexibel.
ystwythder *g* Biegsamkeit *f*, Beweglichkeit *f*; *(sylwedd)* Elastizität *f*, Geschmeidigkeit *f*; *(ffig)* Flexibilität.
ystwytho *be.a* lockern; *(CHWAR)* auflockern.
ystyfnig *ans* stur, starrsinnig, dickköpfig; *(cul ei feddwl)* borniert, verbohrt; *(penderfynol)* beharrlich, hartnäckig; *(hunanol)* eigensinnig; *(anifail)* störrisch.
ystyfnigo *be.g* sich stur stellen.
ystyfnigrwydd *g* Sturheit *f*, Starrsinn *m*; *(penderfynol)* Beharrlichkeit *f*, Hartnäckigkeit *f*; *(culder meddwl)* Borniertheit *f*, *(hunanoldeb)* Eigensinn *m*.
ystyllen (ystyllod) *b* Brett *nt*, Latte *f*; *(trwchus)* Planke *f*, Bohle⁰ *f*.

ystyr (-on) *gb* Bedeutung *f*, Sinn *m*; **beth yw ~ y gair hwn?** was bedeutet dieses Wort?
ystyriaeth *b* Berücksichtigung *f*, Betrachtung *f*, Erwägung *f*, Überlegung *f*; *(ffactor)* Faktor *m*, Aspekt *m*; **cymryd i ~** in Erwägung ziehen, berücksichtigen; **bod dan ~** in Betracht kommen.
ystyried *be.a* bedenken, berücksichtigen, in Betracht ziehen, erwägen, überlegen; **~ rhn yn rhth** jdn als etw ansehen, jdn für etw halten; **ac ~** in Anbetracht +*gen*, angesichts +*gen*.
♦ *be.g* nachdenken; *(bwriadu)* gedenken, beabsichtigen; **roeddem yn ~ mynd i Sbaen** wir wollten nach Spanien fahren.
ystyriol *ans* verständnisvoll, taktvoll, bedacht.
ystyrlon *ans* *(arwyddocaol)* bedeutungsvoll; *(pwyllog)* umsichtig; *(ateb)* wohl überlegt.
ysu *be.a* vernichten.
♦ *be.g* *(cosi)* jucken; **~ am** starke Lust haben auf +*akk*, sich sehnen nach +*dat*.
Ysw. *byrf* (= yswain) Hr. (Herr); **Iolo Walters, Ysw.** Hr. Iolo Walters.
yswain (ysweiniaid) *g* *(HAN)* Gutsherr *m*; *(gwas marchog)* Knappe *m*.
yswiriant *g* *(CYLL)* Versicherung *f*; *(swm)* Versicherungssumme *f*; **~ bywyd** Lebensversicherung *f*; **~ car** *(MODUR)* Haftpflichtversicherung *f*; **~ cyfun** *(MODUR)* Vollkaskoversicherung *f*; **Y~ Gwladol** Sozialversicherung *f*, Sozialabgaben *pl*; **~ iechyd** Krankenversicherung *f*; **~ rhag damwain** Unfallversicherung *f*; **~ tân** Feuerversicherung *f*; **~ trydydd person** *(MODUR)* Haftpflichtversicherung.
yswiriedig *ans* *(CYLL)* versichert.
yswirio *be.a* *(CYLL)* versichern.
yswiriwr (yswirwyr) *g* Versicherer *m*, Versicherungsträger *m*; *(cwmni)* Versicherung *f*.
yswitian *be.g* zirpen, zwitschern.
ysywaeth *adf* leider, unglückseligerweise.
yty (ytai) *g* Getreidespeicher *m*, Silo *m/nt*.
yw¹ *be gw.* bod¹.
yw² *ll gw.* ywen.
ywen (yw) *b* *(BOT)* Eibe *f*.

Z

zinc *g* *(CEM)* Zink *nt*.
zip (-iau *neu* -s) *g* Reißverschluss *m*, Zipp^A *m*.

ABKÜRZUNGEN

≈	ungefähre Entsprechung	*komp*	Komparativ
®	eingetragenes Warenzeichen	*kompos*	Kompositum
abk	Abkürzung	*konj*	Konjunktion
adj	Adjektiv	*KUNST*	bildende Kunst
adv	Adverb	*LIT*	Literatur
AERO	Luftfahrt	*m*	maskulin
AGR	Agrarkontext	*MATH*	Mathematik
akk	Akkusativ	*MED*	Medizin
ANAT	Anatomie	*MET*	Meteorologie
ARCHIT	Architektur	*MIL*	Militärwesen
art	Artikel	*MUS*	Musik
ASTROL	Astrologie	*NAUT*	Schifffahrt
ASTRON	Astronomie	*nom*	Nominativ
AUTO	Kraftfahrzeug	*nt*	Neutrum
aux	Hilfsverb	*num*	Zahlwort
BAHN	Eisenbahn	*od*	oder
BERGB	Bergbau	*pej*	pejorativ, abwertend
BIOL	Biologie	*PHYS*	Physik
BOT	Botanik	*pl*	Plural
CHEM	Chemie	*POL*	Politik
COMM	Handel	*poss*	possessiv
COMP	Computer	*pp*	Partizip Perfekt
dat	Dativ	*präp*	Präposition
def	bestimmt, definit	*präs*	Präsens
ELEKT	Elektrotechnik	*pron*	Pronomen
etw	etwas	*ptkl*	Partikel
excl	Ausruf	*RADIO*	Radio
f	feminin	*rel*	relativ
fig	figurativ	*REL*	Religion
FILM	Filmwesen	*SCH*	Schule
FIN	Finanzwesen	*sg*	Singular
FOTO	Fotografie	*SPORT*	Sport
geh	gehobener Stil	*superl*	Superlativ
gen	Genitiv	*TECH*	Technik
GEOG	Geografie	*TEL*	Telekommunikation
GEOL	Geologie	*TEX*	Textilwesen
GRAM	Grammatik	*THEAT*	Theater, Kino
HIST	Geschichte	*TV*	Fernsehen
imperf	Imperfekt	*ugs*	umgangssprachlich
IND	Industrie	*UNIV*	Universität
indef	unbestimmt, indefinit	*unpers*	unpersönlich
indekl	indeklinabel	*untrenn*	untrennbares Verb
interj	Interjektion	*usw*	usw, etc
interrog	interrogativ	*vb*	Verb
irreg	unregelmäßig	*vi*	Verb intransitiv
jd	jemand	*vr*	Verb reflexiv
jdm	jemandem	*vt*	Verb transitiv
jdn	jemanden	*vulg*	vulgär
jds	jemandes	*wtl*	wörtlich
JUR	Jurisdiktion	*ZOOL*	Zoologie, Fauna
KOCH	Kochen		